Internet-Recht

Praxishandbuch zu Dienstenutzung, Verträgen, Rechtsschutz und Wettbewerb, Haftung, Arbeitsrecht und Datenschutz im Internet, zu Links, Peer-to-Peer-Netzen und Domain-Recht, mit Musterverträgen

Von

Dr. Frank A. Koch

2., völlig neubearbeitete und erweiterte Auflage

R. Oldenbourg Verlag München Wien

Urteile und sonstige Zuschriften bitte senden an:

Rechtsanwalt Dr. Frank A. Koch
Maximilianstr. 24
80538 München
Tel.: 089/221 330 und 221 339
Telefax: 089/227 673
E-Mail: koch@anwaltskanzlei-koch.de

Bibliografische Information Der Deutschen Bibliothek

Die Deutsche Bibliothek verzeichnet diese Publikation in der Deutschen Nationalbibliografie; detaillierte bibliografische Daten sind im Internet über <http://dnb.ddb.de> abrufbar.

Rosenheimer Straße 145, D-81671 München
Telefon: (089) 45051-0
www.oldenbourg.de

Gedruckt auf säure- und chlorfreiem Papier
Gesamtherstellung: Druckhaus „Thomas Müntzer“ GmbH, Bad Langensalza

ISBN 3-486-57801-4

SCHNELLÜBERSICHT:

Bei Einrichtung oder Nutzung einer Website werden zumeist folgende Punkte rechtlich relevant:

INHALT (kurze Fassung)

INHALT (ausführliche Fassung)

Vorwort zur zweiten Auflage

Seit Erscheinen der ersten Auflage hat das Internet-Recht tiefgreifende Wandlungen erfahren. Zugleich ist die Fülle des zu behandelnden Stoffes erheblich angewachsen. Dies hat es erfordert, die Darstellung nicht nur neu, sondern auch deutlich komprimierter abzufassen. Zugleich bot sich aus der Perspektive einer integrierten Darstellung die Möglichkeit aufzuzeigen, dass das Internet in der Mehrzahl der Rechtsbereiche zu einer deutlichen Rechtsvereinheitlichung geführt hat, teilweise mit einer Geschwindigkeit, wie sie in „Vor-Internet-Zeiten" nicht vorstellbar erschien (etwa im Urheber- und Wettbewerbsrecht), und zunehmend Verknüpfungen zwischen Rechtsbereichen aufweist.

Zu berücksichtigen waren insbesondere

- die **Verbraucherrechte** bei Vertragsabschluss und –durchführung im Internet,
- **barrierefreie** Webseitengestaltung,
- telekommunikationsrechtliche **Meldepflicht** des Arbeitgebers, der seinen Arbeitnehmern die private Nutzung von E-Mail- und Internet-Zugängen ermöglicht,
- das neue Urheberrecht zur Werknutzung in der Informationsgesellschaft 2003, insbesondere das **Recht der öffentlichen Zugänglichmachung**, die (auch für den privaten Gebrauch bestehende) Unzulässigkeit des Herunterladens einer rechtswidrig zugänglich gemachten Werkkopie und ein Ausblick auf die Regelungen im „Zweiten Korb" (Referentenentwurf),
- das neue **Wettbewerbsrecht** 2004 mit einer besonderen Ergänzung zur Abwehr unerwünschter E-Mail-Werbung (die die EG-Richtlinie unvollständig umsetzt) und das Verhältnis von „Herkunftslandprinzip" und Marktortprinzip im EG-Recht, ebenso das neue **EG-Kartellrecht** der Verordnungen von 2004,
- die wichtigsten Grundsätze zur Feststellung, welches **Recht** international **anwendbar** und welches Gericht entscheidungszuständig ist,
- das neue Recht der **Anbieterhaftung** nach dem Teledienstegesetz für rechtswidrige Informationen einschließlich der öffentlich-rechtlichen **Sperrungsverfügungen** gegen Provider und der weiterhin nichtharmonisierten Haftung für Links und Suchmaschinen,
- das Recht der **Online-Auktionen** (mit der geänderten BGH-Rechtsprechung zu umgekehrten Versteigerungen umd dem Urteil vom 3.11.2004 – VIII ZR 375/03 zum Bestehen eines **Widerrufsrechts** des Verbrauchers),
- die geänderten Bestimmungen für den Arzneimittelvertrieb über **Internet-Apotheken,**
- das Recht der Eintragung und Nutzung von **Domain-Namen** sowie, in der Darstellung getrennt hiervon, der rechtliche Schutz von bzw. gegen Domain-Namen,
- die aktuellen Bestimmungen des **Telekommunikationsgesetzes** 2004 und
- die nach wie vor unzureichend in der Praxis beachtete datenschutzrechtliche Unzulässigkeit der Verwendung von „Cookies" und Data Warehouse-Auswertungen,

Neu sind die Abschnitte

- zur Nutzung des Internet im **Arbeitsverhältnis,**
- Nutzung von Inhalten und Haftung hieraus in **Peer-to-Peer-Netzen,**

Außerdem wurden die internet-typischen Fragen des **Linking**, Framing, Metatagging und der Nutzung von Suchmaschinen zur besseren Übersicht mit den verschiedenen rechtlichen Aspekten in einem eigenen Kapitel zusammengefasst.

Kritisch war auf einige teilweise kontrovers diskutierte Rechtsfragen einzugehen, so

- so das mit der EG-Urheberrechtsrichtlinie vom 22.5.2001 nicht zu vereinbarende Freistellen eines Vervielfältigens von einer nichtoffensichtlich rechtswidrigen Vorlage,
- das Fehlen der Umsetzung des gemeinschaftsweit einheitlichen Abwehrrechts gegen Werbe-E-Mails aus der EG-Datenschutzrichtlinie für elektronische Kommunikation,

Die **Vertragsmuster** wurden erweitert und an das schuldrechtsmodernisierte BGB angepasst.

Die 2.Auflage ist auf dem Stand **Herbst 2004**, ergänzt um einzelne, bei den Korrekturen eingearbeitete, spätere ergangene Entscheidungen und Rechtsänderungen.

Frank A. Koch, München

Einleitung

Die Darstellung behandelt die wichtigsten Rechtsfragen, die durch das Eröffnen und Verwalten von Webpräsenzen durch Anbieter und ihre Nutzung durch Kunden und andere Nutzer aufgeworfen werden. Folgende hauptsächliche Fragen stellen sich hier:

Zunächst müssen Anbieter sicherstellen, dass ihre Websites und Portals mit den technisch geeigneten und ausreichend gesicherten **Leistungen** eingerichtet und unterstützt werden. Von der genauen vertraglichen Festlegung dieser Leistungen hängt wesentlich ab, welche Rechte Anbieter aus den Verträgen über diese Leistungen haben und welche Pflichten die Leistungserbringer (§ 1). Genaue Leistungsdefinition empfiehlt sich schon deshalb, weil zu vielen Leistungen und an ihnen anzuknüpfenden Vertragstypen bisher kaum Rechtsprechung existiert.

Anbieter im Internet werden zur Vorbereitung ihrer Leistungsangebote im nächsten Schritt zu prüfen haben, wie sie ihre **Allgemeinen Vertragsbedingungen** als wirksame zu gestalten müssen und inwieweit etwa die Haftung für Systemverfügbarkeiten und rechtswidrige Fremdinhalte eingeschränkt werden darf (§ 2).

Dann ist zu fragen, ob **Verträge** auch **elektronisch**, d.h. etwa durch Austausch von E-Mails oder im Chat wirksam geschlossen werden können und zu welchem Zeitpunkt elektronische Erklärungen als zugegangen gelten (§ 3).

Erklärungen können **elektronisch signiert** werden, ein sinnvoller Ersatz für die im Netz nicht einhaltbare Schriftform, aber auch mit nicht unerheblichen Beweisrisiken für den Signaturinhaber verbunden (§ 4).

Der **Vertrieb** von Waren und Dienstleistungen über Websites führt zu einer Fülle von neuen Fragen, so etwa der Zulässigkeit des Direktvertriebs, das Recht von Wettbewerbern auf Zugang zu Portals, die Unzulässigkeit von Werbe-E-Mails oder von verschreibungspflichtigen Medikamenten im Internet sowie die Durchführung von Internet-Auktionen (§ 5).

Verbraucher können sich im Internet auf wichtige Schutzregelungen berufen, bei deren Nichtbeachtung Anbieter wesentliche Nachteile haben, weil etwa Widerrufsfristen nicht laufen. Auch treffen Anbieter mehrstufige Informationspflichten (§ 6).

Die Nutzung von E-Mail-Systemen und Internet-Zugängen durch **Arbeitnehmer** bedarf der (bisher oft unzureichend erfolgten) Regelung, soll diese Nutzung wirksam beschränkt und etwa durch Kündigung sanktionierbar sein. Andererseits dürfen Arbeitnehmer nicht unter Ausschöpfen aller bestehenden technischen Möglichkeiten überwacht werden (§ 7).

Urheberrechtsschutz findet auch in elektronischen Netzen Anwendung und führt zu neuen Streitfragen, so etwa zur Zulässigkeit der digitalen Privatkopie und der Ausgestaltung technischer Schutzmaßnahmen (§ 8).

Ähnlich relevant ist auch das **Markenrecht**, da es die wohl hauptsächliche Grundlage des Rechtsschutzes von Domain Namen im E-Commerce bildet (§ 9).

Schließlich müssen Anbieter auch im Internet die Grundagen des (neugefassten) **Wettbewerbsrechts** beachten, das etwa die Unzulässigkeit unaufgeforderter Werbe-E-Mails regelt (§ 10).

Besonders riskant ist für Internet Provider die **Haftung** für über ihre Systeme zugängliche fremde Informationen (§ 11), zumal die Haftung für dauerhaft bereitgehaltene Informationen Dritter nur noch dann eingeschränkt ist, wenn der Provider diese Informationen für einen Nutzer eingegeben hat.

Rechtsverletzende Informationen können zu **strafrechtlicher Haftung** führen (§ 12) und hieraus sogar Anbieter mit Sitz in anderen Staten betroffen sein.

Das Web ist durch besondere Techniken gekennzeichnet. So ergeben sich aus der

Nutzung von **Links**, Metatags oder Suchmaschinen neue Rechtsprobleme, etwa aus dem Setzen von Links auf fremde Websites (§ 13). Gleiches gilt für die grenzüberschreitende Nutzung von **Peer-to-Peer-Netzen** (§ 14). Schließlich haben sich Grundsätze zur Verwaltung von **Domain-Namen** herausgebildet (§ 15).

Auch Nutzer können, wenn sie eine Webseite betreiben, Anbieter von **Diensten** im Internet sein (§ 16), wobei das Recht der Tele-, Medien- und Telekommunikationsdienste abzugrenzen ist.

E-Commerce ist fast definitionsgemäß grenzüberschreitend. Deshalb muss festgelegt werden, welches **Recht** z.B. auf Verträge im Internet **anwendbar** und welches Gericht im Streitfall zuständig ist (§ 17).

Schließlich müssen Anbieter prüfen, welche **Datenschutzrechte** Nutzer etwa von Telediensten zustehen und inwieweit Nutzerdaten gesammelt werden dürfen (§ 18).

Auszug aus der Einleitung zur 1. Auflage 1998

Rechtsfragen zum Internet und Online-Diensten gewinnen in der täglichen Nutzungspraxis stetig an Bedeutung. Millionen Anwender nutzen bereits Online-Dienste und Angebote im Internet, ebenso jedes dritte deutsche Unternehmen sowie jedes sechste Unternehmen mit einer eigenen Web-Seite. Fast alle PCs werden heute „internettauglich“ ausgeliefert. Unternehmen verlagern ihre Kommunikation und Werbung zunehmend in das Internet und koppeln ihre Intranets an dieses an. Die Internet-Nutzung wird weiter wachsen, wenn die Medien zusammenwachsen, Rundfunk und Fernsehen ebenso aus dem PC kommen wie Zeitungen und beliebige sonstige „Push“-Dienste.

Die vorliegende Darstellung kann nur die wichtigsten Rechtsprobleme der Internet-Nutzung herausgreifen. Im Mittelpunkt stehen Fragen, die sich **jedem Nutzer** stellen (z.B. Verträge mit Service-Providern, Haftung und Urheberrechtsschutz für Inhalte), aber auch - und mit besonderem Schwergewicht - Fragen, die **Unternehmen** lösen müssen, die **im Web präsent** sein wollen. Der Darstellung liegt ein aus der Beratungspraxis entwickelter **integrierter Ansatz** zugrunde, der die verschiedenen Problembereiche und vertraglichen Vorkehrungen bündelt. Für jedes Kapitel werden **für die Praxis mögliche und notwendige technische und vertragliche Absicherungen** diskutiert, soweit hierzu jeweils bereits gesicherte Aussagen möglich sind.

Die Antworten für zentrale Fragen greifen vielfach ineinander: Welche Leistungen müssen für eine solche Internet-Anbindung erbracht werden und wie läßt sich ihre Erfüllung kontrollieren? Welche Haftung besteht für die Sicherheit des Web-Serversystems und die auf ihm abgespeicherten Inhalte ? Was bringt das neue Recht für Tele- und Mediendienste? Gilt der Urheber- und Markenschutz auch im Netz ? Welche *Schutzlücken* bestehen? In welchen Grenzen können sie *vertraglich* kompensiert werden ? In welchen Fällen ist Hyperlinking und Meta-Tagging unzulässig ? Dürfen nur Public Key-Systeme zur Verschlüsselung eingesetzt werden ?

Hierbei ist teilweise etwas tiefer in technische Zusammenhänge „einzusteigen“, da sich anders Beschreibungen der zu erbringenden Leistung (z.B. Kopplung an das Internet oder Erstellung einer Web-Präsenz) oder Mängelrügen, der Übertragungen von Domain-Namens aus dem Markenrecht (durch geeignete Antragstellung) oder technische Absicherungen (z.B. Firewalls) nicht überprüfbar formulieren lassen. ...

Frank A. Koch, München

Literatur

Die nachfolgend aufgeschlüsselten Fundstellen werden im Text zur Entlastung des Fußnotenapparat nur mit dem Verfassernamen und bei längeren Titeln nur mit dem Kurztitel zitiert.

Aigner/Hofmann	Fernabsatzrecht im Internet 2004
Auernhammer	Bundesdatenschutzgesetz. Kommentar, 3.Aufl. 1993
Badach	/Rieger/Schmauch, Web-Technologien. Architekturen, Konzepte, Trends 2003
Balzert	Lehrbuch der Software-Technik, 2. Aufl. 2000
Barlow	Selling Wine Without Bottles, Wired March 1994 (s. Gopher.eff.org)
Barton	Multimedia-Strafrecht 1999
Baumbach/Hefermehl	/Köhler/Bornkamm, Wettbewerbsrecht, 23. Aufl. 2004
Bäumler	(Hrg.), E-Privacy. Datenschutz im Internet 2000
Becker	/Becker, (Hrg.),Rechtsprobleme internationaler Datennetze 1996
Bejot	European Treatment of Internet Privacy Issues, Journal of Internet Law, Vol. 4, No. 7, Jan. 2001, 1
Bergmann	/Möhrle/Herb, Datenschutzrecht, Handkommentar
Bettinger/Leistner	Werbung und Vertrieb im Internet 2003
Beyer	/Götting/Lehmann/Moufang, Urhebervertragsrecht. Festgabe für G. Schricker, München 1995
Bing	From footprints to electronic trails: Some current issues of data protection policy, 17th International Conference of Data Protection and Privacy Commisioners, Sept. 7th, 1995
Bizer	Datenschutz im Data Warehouse Die Verwendung von Kunden- und Nutzerdaten in: Hoerster/Fox (Hrg.), Datenschutz und Datensicherheit. Konzepte, Realisierungen, rechtliche Aspekte, Anwendungen 1999, zu Zwecken der Marktforschung, in: Hoerster/Fox (Hrg.), Datenschutz und Datensicherheit. Konzepte, Realisierungen, rechtliche Aspekte, Anwendungen 1999, 60
Black	Internet-Technologien der Zukunft 1999
BMWi-Bericht	Zwischenbericht zu den Ergebnissen der Arbeitsgruppe „ordnungspolitische und rechtliche Rahmenbedingungen der Informationsgesellschaft“, herausgeg. vom Bundesministerium für Wirtschaft, Referat Öffentlichkeitsarbeit www.kp.dlr.de/BMWi/gip/fakten/petersberg/index.html
Boehme-Neßler	CyberLaw 2001
Borges	Verträge im elektronischen Geschäftsverkehr. Vertragsabschluss, Beweis, Form, Lokalisierung, anwendbares Recht 2003
Brief History	Leiner/Cerf/Clark/Kahn/Kleinrock/Lynch/Postel/Roberts/Wolff, A Brief History of the Internet, www.isoc.org/internet-history
Bröhl/Tettenborn,	Das neue Recht der elektronischen Signaturen. Kommentierende Darstellung von Signaturgesetz und Signaturverordnung, 2001
Brolin	/Tyvsner, BITLAW - Internet Law: Linking 1996 (www.bitlaw.com/ internet/ linking.html
Bücking	Namens- und Kennzeichenrecht im Internet 1999
Büllesbach/Dreier	(Hrg.) Konvergenz in Medien und Recht 2002
Burk	Trademarks Along the Infobahn: A First Look at the Emerging Law of Cybermarks, Richmond Journal of Law& Technology 1 (1995) 1 (http://www.urich.edu/jolt/v1i1/burk.html)
Burkert	Some Preliminary Comments on he Directive 95/46/EC of the European Parliament and of the Council of 24.Oct. 1995 on the protection of individuals with regard to the processing of personal data and on the free movement of such data, CyberNews Vol. II, No. III, Spring 1996 www.DROIT.UMontreal.CA/CRDP/CyberNews/Art1No3.html

Cavoukian	/Tapscott, Who Knows. Safeguarding Your Privacy in a Networked World, 1996
Cichon	Internetverträge 2000
Cheong	Internet Agents. Spiders, Wanderers, Brokers, and Bots 1996
Cheswick	/Bellovin, Firewalls and Internet Security 1994
Church	/Katz, New Case Raises Difficulty of Proving Infringement of Software Merely by Operating a Computer, Computer Lawyer, Vol. 13 No.6/ June 1996, www.coudert.com/copyinfr.htm
Cranor	Agents of Choice: Tools that Facilitate Notice and Choice about Web Site Data Practices, Proceedings of the 21st International Conference on Privacy and Personal Data Protection, 13-15 9. 1999, Hongkong, verfügbar unter http://lorrie.cranor.org/pubs/hk.pdf
Dammann	/Simitis, EG-Datenschutzrichtlinie, Kommentar 1997
Däubler	Internet und Arbeitsrecht, 2001
Dauner-Lieb	/Heidel/Lepa/Ring, Schuldrecht – Schuldrecht. Erläuterungen der Neuregelung zum Verjährungsrecht, Schuldrecht, Schadensersatzrecht und Mietrecht, 2002
Dix	Datenschutz und Fernmeldegeheimnis, in: Büllesbach (Hrg.), Datenschutz im Telekommunikationsrecht. Deregulierung und Datensicherheit in Europa, 1997, 41
Dix	Internationale Aspekte, in: Bäumler (Hrg.), E-Privacy. Datenschutz im Internet, 2000
Dreier	(Hrg.), Urheberrecht und digitale Technologie 1994
Dreier/Schulze	UrhG. Kommentar 2004
Dronsch	Datenschutzprobleme im Internet, Pressemitteilung des Landesbeauftragten für den Datenschutz Niedersachsen vom 27.08.1996, www.datenschutz-berlin.de/aktuelle/andere/niedersa.htm
Dumke	/Lother/Wille/Zbrog, Web Engineering 2003
Dyson	Release 2.0. Die Internet-Gesellschaft, 1997
Ebnet	Der Informationsvertrag 1995
Eckel/Steen	Intranets. Technik, Aufbau und effektiver Nutzen im Unternehmen 1997
Eckert	IT-Sicherheit, 2001
Ehmann	/Helfrich, EG-Datenschutzrichtlinie. Kurzkommentar 1999
Eklund,	Controlling and Securing Personal Privacy and Anonymity in the Information Society (http://www.niksula.cs.hut.fi/~eklund/Opinnot/netsec.html)
Emery	Internet im Unternehmen. Praxis und Strategien 1996
Emmerich	Unlauterer Wettbewerb, 6. Aufl. 2002
Ende/Klein	Grundzüge des Vertriebsrechts im Internet. Fernabsatz und Vertrieb von Waren und Dienstleistungen 2001
Engel	/Flechsig, Zusammenarbeit und Abgrenzung von Telekommunikationsgesetz des Bundes und Mediendienstestaatsvertrag der Länder, in: Büllesbach (Hrg.), Datenschutz im Telekommunikationsrecht. Deregulierung und Datensicherheit in Europa, 1997, 83
Ensthaler	/Bosch/Völker, Handbuch Urheberrecht und Internet 2002
Ernst/	Vassilaki/Wiebe, Hyperlinks. Rechtsschutz. Haftung. Gestaltung 2002
Ernst (Hrg.)	Hacker, Cracker & Computerviren 2004
Ezor	Opinion: Avoiding trademark, copyright infringement, AdvertisingAge, Dec. 1996
Follow-up	Communications from the Commission 20.11.1996, Follow-Up to the Green Paper on Copyright and Related Rights in the Information Society, COM(96)586final

Fox	Sourcebook on digital libraries: Report for the NSF, Tech.Rep. TR 93-35, zit. nach CommACM April 1995, vol. 38 No. 4, S. 24, 28.
Freeling	/Levi, Will Provider Liability Unravel the Web? The New York Law Journal, www.ljx.com/internet/0121liab.html
Freiwald	Die private Vervielfältigung im digitalen Kontext am Beispiel des Filesharing 2004
Fröhle	Web Advertising, Nutzerprofile und Teledienstedatenschutz 2003
Fromm	/Nordemann/Bearbeiter, Urheberrecht, 8. Aufl. 1994
Garfinkel	/Spafford, Web Security & Commerce 1997 (June)
Garfinkel	/Spafford, Practical Unix & Internet Security, 2. Aufl. 1996 (April)
Garfinkel	Database Nation, 2000
Gergen	Internetdienste. Aufbau von Mail, Diectory, www,Certificate Authority und Co. 2002
Gerling	Internet: Juristische Probleme und kein Ende? (http:// www.dfn.de/jur-problem.html)
Goebel	Informations- und Datenbankenschutz in Europa, in: Heymann (Hrg.), Informationsmarkt und Informationsschutz in Europa 1995
Gola	/Schomerus, Bundesdatenschutzgesetz, 7. Aufl. 2002
Gounalakis	(Hrg.), Rechtshandbuch Electronic Business. Rechtsgrundlagen. Branchenspezifische Geschäftsfelder. Auslandsmärkte 2003
Gounalakis/Rhode	Persönlichkeitsschutz im Internet. Grundlagen und Online-Spezifika 2002
Graf/Gründer	eBusiness. Grundlagen für den globalen Wettbewerbern 2003
Gramlich	/Kröger/Schreibauer (Hrg.), Rechtshandbuch B2B Plattformen. Rahmenbedingungen elektronischer Marktplätze 2003
Green Paper	der EG-Kommission on the Protection of Minors and Human Dignity in Audiovisual and Information Services 1996, (www2.echo.lu/en/internet/content/gpenxt.html#intro)
Grimm	P3P and the privacy legislation in Germany: Can P3P help to protect privacy worldwide ?August 2000, (http://sit.gmd.de/~grimm/texte/P3P-Germany-e.pdf)
Gundermann	Das Teledienstedatenschutzgesetz – ein virtuelles Gesetz ?, in: Bäumler (Hrg.), E-Privacy. Datenschutz im Internet 2000
Gringras	The Laws of the Internet 1997
Grünbuch	Grünbuch Urheberrechte und verwandte Schutzrechte in der Informationsgesellschaft, Kommission der Europäischen Gemeinschaften, Brüssel 19.7.1995, KOM(95) 382 endg.
Haberstumpf	in: Lehmann (Hrg.), Rechtsschutz und Verwertung von Computerprogrammen, 2. Aufl. 1993, zit. nach Teil/Randnummer
Haberstumpf	Handbuch des Urheberrechts 1996
Haberstumpf	/Hintermeier, Einführung in das Verlagsrecht 1985
Halabi	Internet Routing Architectures 1997
Hamann/Weidert	(Hrg.) E-Commerce und Recht 2002
Hamburgischer	Datenschutzbeauftragter, Orientierungshilfe Tele- und Mediendienste, Stand: Feb. 2000, (verfügbar unter: www.hamburg.de/Behoerden/HmbDSB/material/ohtmd-htm)
Hardy	Contracts, Copyright and Preemption in a Digital World. 17.4.1995 (www.urich.edu/jolt/v1i1/hardy.html)
Heermann/Ohly (Hrg.)	Verantwortlichkeit im Netz. Wer haftet wofür ? 2003
Herdegen	Internationales Wirtschaftsrecht, 4. Aufl. 2003
Herrmann	Rundfunkrecht. Fernsehen und Hörfunk mit den neuen Medien 1994
Heyms/Prieß	Werbung online 2002
Hilty	(Hrg.), Information Highway. Beiträge zu rechtlichen und tatsächlichen Fragen 1996.

Hoebbel	Der Schutz von elektronischen Datenbanken nach deutschem und kommendem europäischen Recht, in: Lehmann (Hrg.), Rechtsschutz und Verwertung von Computerprogrammen, 2. Aufl. 1993
Höckelmann	Die Produkthaftung für Verlagserzeugnisse 1994
Hoeren	Datenschutz als Wettbewerbsvorteil, in: Bäumler (Hrg.), E-Privacy. Datenschutz im Internet, 263
Hoeren	/Sieber, Handbuch Multimediarecht. Rechtsfragen des elektronischen Geschäftsverkehrs, 2000
Hoeren	Rechtsfragen des Internet, Online-Version Juli 2001
Holznagel	/Enaux/Nienhaus, Grundzüge des Telekommunikationsrechts, 2001
Holznagel	Recht der IT-Sicherheit 2003
Holznagel	/Nelles/Sokol, Die neue TKÜV 2002
Huitema	Routing in the Internet 1995
IGE	Stellungnahme des Eidgenössischen Institutes für Geistiges Eigentum (IGE) vom 30.5.1996: Datenautobahnen aus der Sicht des Urheberrechts und der verwandten Schutzrechte (www.admin.ch/ejpd/d/bj/internet/inan2igd.htm)
Ingerl/Rohnke	Markengesetz, 2. Aufl. 2003
INTA White	„The Intersection of Trademarks and Domain Names" des Internet Subcommittee of the International Trademark Association, Version 1.12 vom 1.4.1997, www.inta.org/wptoc.htm; zit. als: INTA White Paper
Interim	Commission, Illegal and harmful content on the Internet, Interim report on Initiatives in EU Member States with respect to Combating, version 7, 4.6.97 www2.echo.lu/legal/en/internet/wp2en-chap.html#intro
Jaeger	Computerkriminalität, 2. Aufl. 1998
JurPC	JurPC Internet-Zeitschrift für Rechtsinformatik Zit. werden Urteile unter der „Web-Dok."-Nummer. Im Internet kann diese Nummer aufgerufen werden, Beispiel: Web-Dok. 104/2001 findet sich unter www.jurpc.de/rechtspr/20010104.htm
Kaminski u.a.,	Rechtshandbuch E-Business, Kaminski/Henßler/Kolaschnik/Papathoma-Baethge, Rechtshandbuch E-Business. Rechtliche Rahmenbedingungen für Geschäfte im Internet, 2002
Kappes	Rechtsschutz computergestützter Informationssammlungen 1996
Kegel/Schurig	Internationales Privatrecht, 9. Aufl. 2004
Kelly/Kumor	Trade Marks: Intellectual Property Protection on the Information Super Highway, [1995] 10 EIPR 481
Kibele	Multimedia im Fernsehen. Die gesetzlichen Grundlagen audiovisueller Informations- und Kommunikationsdienste auf der Basis des deutschen und europäischen Medienrechts 2001
Koch	Computer-Vertragsrecht, 6. Aufl. 2002, zit. als: *Koch, CVR*
Koch	Referat: Ist das Internet ein rechtsfreier Raum? Die aktuelle Rechtssituation und die neueste Rechtsprechung zu Internet und Online-Diensten, München, 1. und 2.7.1996 EUROFORUM Fachkonferenz Recht im Netz
Koch	Software-Recht, 2. Auflage 2003
Koch	*Datenschutz-Handbuch* für die betriebliche Praxis, 2. Aufl. 1997
Koch	Kollisionsrecht und Electronic Commerce, in: Bartsch/Lutterbeck, Neues Recht für neue Medien 1998, 83
Koch	Nutzung und Überwachung elektronischer Kommunikationssysteme im Unternehmen, in: Glaubrecht/Halberstadt/Zander, Betriebsverfassung in Recht und Praxis, 3/2001, 743

Koenig/	Kulenkampff/Kühling/Loetz/Smit, Internetplattform in der Unternehmenspraxis 2002
Königshofen,	Die Umsetzung von TKG und TDSV durch Netzbetreiber, Service-Provider und Telekommunikationsanbieter, RDV 1997, 97-108 und in: Büllesbach (Hrg.), Datenschutz im Telekommunikationsrecht. Deregulierung und Datensicherheit in Europa, 1997, 111
Königshofen	TDSV, Telekommunikations-Datenschutzverordnung 2002
Kröger/Gimmy	Handbuch zum Internetrecht, 2. Aufl. 2002
Kur	Internet und Kennzeichenrecht, in: Loewenheim/Koch (s. dort).
Kyas	Corporate Intranets 1997
Kyas	Internet Professionell 1996
Kyas	Sicherheit im Internet 1996
LAB	Reply: EU-Legal Advisory Board, Reply to the Green Paper on Copyright and Related Rights in the Information Society 1995 (www2.echo.lu/legal/en/ipr/reply.html)
Larenz	Wolf, Allgemeiner Teil des Bürgerlichen Rechts, 8. Aufl. 1997
Lean	Copyright and the World Wide Web. First Australian Web Conference 1995 (http.//www.scu.edu.au/ausweb95/papers/future/Lean)
Lediger	(Hrg.) Der Onlineauftritt in der rechtlichen Praxis 2003
Lehman	(ed.) Intellectual Property and the National Information Infrastructure,The Report of the Working Group on Intellectual Property Rights (zit. als „White Paper"), Sept. 1995
Lehmann/Lehmann	Top-Platzierungen in Suchmaschinen 2002
Lehmann	(Hrg.) Rechtsschutz und Verwertung von Computerprogrammen, 2. Aufl. 1993
Lehmann	(Hrg.) Internet- und Multimediarecht 1997
Lehmann	(Hrg.) Electronic Business in Europa. Internationales, europäisches und deutsches Online-Recht 2002
Leibowitz	National Laws Entangle the 'Net: It's A Small, Small, Litigious Web National Law Journal v. 30.6.1997, www.ljx.com/internet/0630natlaw.html
Lettau	Das Web-Pflichtenheft 2000
Lettl	Das neue UWG 2004
Litman	Revising Copyright Law for the Information Age, 2.10.1995 swissnet.ai.mit.edu/6805/articles/int-prop/litman-revising/revising.html
Loewenheim	/Koch (Hrg.), Praxis des Online-Rechts 1998
Loewenheim	(Hrg.), Handbuch des Urheberrechts 2003
Losey	Practical and Legal Protection of Computer Databases 1995
Loundy	Revising the Copyright Law for Electronic Publishing (http://www.leepfrog.com/E-Law/Revising-HyperT.html)
Madoff	Freedom to Link Under Attack, Law Journal Extra/ The New York Law Journal vom 23.6.1997 (www.ljx.com/internet/0623link.html)
Marke	Database Protection Acts and the 105th Congress,The National Law Journal, (www.ljx.com/copyright/0318dbase.html)
Martinek	/Semler, Handbuch des Vertriebsrechts 1996
Mayer-Schönberger,	The Internet and Privacy Legislation: *Cookies* for a Treat ? West Virginia Journal of Law&Technology (www.wvu.edu/~wvjolt/Arch/Mayer/Mayer.htm)
Medicus AT	Allgemeiner Teil des BGB, 6. Aufl. 1994
Medosch	Freie Netze. Geschichte, Politik und Kultur offener WLAN-Netze 2004
Mehrings	Datenschutzrechtliche Aspekte beim Aufbau und Betrieb von Online-Datenbanken, DuD 1989, 598-605
Meyer zu Natrup/	Ernestus, *Orientierungshilfe „Verzeichnisdienste"*, erstellt durch den Arbeitskreis technische und organisatorische Datenschutzfragen, AG Datenschutzrechtliche Aspekte beim Einsatz von Verzeichnisdiensten,

	www. bfd.bund.de/technik/Ori_int2/oh_verdi.html (Abruf 21.09.01)
Möncke	Sicherheit im Data Warehouse – Profilbildung und Anonymität, in: Hoerster/Fox (Hrg.), Datenschutz und Datensicherheit. Konzepte, Realisierungen, rechtliche Aspekte, Anwendungen 1999, 31
Mehrings	Der Rechtsschutz computergestützter Fachinformationen 1990
Merz	E-Commerce und E-Business. Marktmodelle, Anwendungen und Technologien, 2. Aufl. 2002
MHN	Skriptum: Internetdienste im Münchner Hochschulnetz, Stand 25.2.1997, www.lrz-muenchen.de/services/netzdienste/internet
Möhring/Nicolini	UrhG. Kommentar, 2. Aufl. 2000
Moritz/Dreier	Rechtshandbuch zum E-Commerce, 2002
Moufang	Datenbankenverträge, in: Beyer/Götting/Lehmann/Moufang, Urhebervertragsrecht. Festgabe für G. Schricker, München 1995
Negroponte	Total digital. Die Welt zwischen 0 und 1 oder Die Zukunft der Kommunikation 1995
Neumann	Computer-Related Risks 1995
Noack/Spindler	Unternehmensrecht und Internet 2001
Norderhaug	/Oberhaug, Designing a Web of Intellectual Property, 3. Int.World-Wide-Web Conf., Proceed. , in: Computer Networks and ISDN Systems, 27 (6), 1995,1037 (http://www.ifi.uio.no/~terjen/pub/webip/950220.html)
O'Mahoney	Web Publishing – What is Protected, in: The Copyright website /Internet issues (http:// www.benedict.com/ intnet.htm # Intnet)
Oram (ed.)	Peer-to-Peer. Harnessing the Power of Disruptive Technologies 2001
Ott	Urheber- und wettbewerbsrechtliche Probleme von Linking und Framing 2004
Paefgen	Bildschirmtext aus zivilrechtlicher Sicht 1988
Pankoke	Von der Presse- zur Providerhaftung. Eine rechtspolitische und rechtsvergleichende Untersuchung zur Inhatsverantwortlichkeit im Netz 2000
Perritt	Law and the Information Superhighway 1996
Petersen	Medienrecht 2003
Picot (Hrg.)	Digital Rights Management 2003
Pierson/Seiler	Internet-Recht im Unternehmen. B2B, B2C in der Praxis 2002
Post	„Plugging In", The American Lawyer, July/August 1997
Pützhoven	Europäischer Verbraucherschutz im Fernabsatz. Die Richtlinie 97/7/EG und ihre Einbindung in nationales Verbraucherrecht 2001
Raab	/Bennett/Gellman/Waters, Final Report, Application of a Methodology Designed to assess the Adequacy of the Level of Protection of Individuals with Regard to Processing Personal Data: Test of the Method on Several Categories of Transfer, University of Edinburgh, Sept. 1998, European Commission Tender No. XV/97/18/D
Rapp	Rechtliche Rahmenbedingungen und Fomqualität elektronischer Signaturen 2002
Racicot	/Hayes/Szibbo/Trudel, The Cyberspace is not a „No Law Land", A Study of the Issues of Liability for Content Circulating on the Internet, Feb, 997, Canada, http://strategis.ic.gc.ca/nme.
Rayle	Die Registrierungsprktiken für Internet-Domain-Namen in der EU 2003
Rehbinder	Urheberrecht, 13. Aufl. 2004
Resch	Marktplatz Internet. Das Internet als strategisches Instrument für Marketing und Werbung 1996

Response	Consultation Paper on the EC Data Protetion Directive 95/46/EC. Response of the Data Protection Registrar, www.open.gov.uk:80/dpr/answer/content.htm
Robbe	SAN – Storage Area Network. Technologie und Konzepte komplexer Speicherumgebungen 2001
Rolfes	Internetapotheken. Rechtliche Probleme der Heilmittelwerbung im Internet und die Zulässigkeit des E-Commerce mit Arzneimitteln 2003
Rose	IRC Frequently Asked Questions (FAQs)s.<news alt.irc>
Rose	Verwaltung von TCP/IP-Netzen. Netzwerkverwaltung und das Simple Network Management Protocol (SNMP) 1993
Rosenthal	Projekt Internet. Was Unternehmen über Internet und Recht wissen müssen 1997
Roßnagel	Recht der Multimedia-Dienste. Kommentar zum IuKDG und zum MDStV.
Röttgers	Mix, Burn & R.I.P.. Das Ende der Musikindustrie 2003
Ruess	Die E-Commerce-Richtlinie und das deutsche Wettbewerbsrecht 2003
Sampson	Hyperlinking at Your Own Risk, Law Journal Extra/The New York Law Journal vom 24.6.1997, www.ljx.com/internet/0624hyper.html
Sataluri	Towards a Distributed Internet Directory Service, InterNIC Directory and Database Services (gopher:// ds1.internic.net:70/00/internic.info)
Schaar	Der Schutz des Teilnehmers – die aktuelle Rechtslage: TDSV (neu) und Telekommunikationsgesetz (TKG), in: Büllesbach (Hrg.), Datenschutz im Telekommunikationsrecht. Deregulierung und Datensicherheit in Europa, 1997, 111
Schaar	Datenschutz im Internet. Die Grundlagen 2002
Schack	Urheber- und Urhebervertragsrecht 1997
Schack	Internationales Zivilverfahrensrecht, 3. Aufl. 2001
Schätzler	/Eilingsfeld, Intranets. Firmeninterne Informationssysteme mit Internet-Technologie 1997
Scherer	Das deutsche Telekommunikationsgesetz und sein europarechtlicher Rahmen, in: Büllesbach (Hrg.), Datenschutz im Telekommunikationsrecht. Deregulierung und Datensicherheit in Europa, 1997, 59
Schlachter,	Cyberspace, the Free Market and the Free Marketplace of Ideas: Recognizing Legal Differences in Computer Bulletin Board Functions, Hastings Communications and Entertainment Law Journal 87 (1994) 16(= ftp.eff.org/pub/EFF/Policy/Legal)
Schlömer/Dittrich	eBay & Recht 2004
Schmittmann	Werbung im Internet. Recht und Praxis 2003
Schmitz	TDDSG und das Recht auf informationelle Selbstbestimmung 2000
Schneider	Verträge über Internet-Access. Typisierung der Basisverträge mit nicht-kommerziellen Anwendern 2001
Schneiderman	/Kornreich, Personal Jurisdiction and Internet Commerce, The New York Law Journal v. 4.6.1997, www.ljx.com/internet/0604pjur.html
Schneier	Angewandte Kryptografie, 2. Aufl. 1996
Schneier	Secrets & Lies – IT-Sicherheit in einer vernetzten Welt, 2001
Schricker	/Bearbeiter, Urheberrecht. Kommentar, 2. Aufl. 1999; zit.als: Schricker/Bearbeiter
Schricker	(Hrg.), Urheberrecht auf dem Wege zur Informationsgesellschaft, 1997 zit. als: Schricker; Informationsgesellschaft
Schulzki-Haddouti	(Hrg.), Vom Ende der Anonymität. Die Globalisierung der Überwachung 2000
Schulzki-Haddouti	Unsichtbar und raffiniert – die verdeckte Ermittlungen der kleinen Schwestern, in: Bäumler (Hrg.), E-Privacy. Datenschutz im Internet, 2000

Sieber	Verantwortlichkeit im Internet. Technische Kontrollmöglichkeiten und multimediarechtliche Regelungen 1999
Simitis	/Dammann/Geiger/Mallmann/Walz, Kommentar zum Bundesdatenschutzgesetz
Singh	Heterogeneous Internetworking 1996
Sinrod/Jolish	Controlling Chaos: The Emerging Law of Privacy and Speech in Cyberspace, 1999 Stanford Technology LawReview 1, http://stanford.edu/STLR/Articles/99_STLR_1/
Smith	/Perritt jr./Kent/Mencik/Crider/Shyong/Reynolds, IITF Research Institute (IITR) – Independant Technical Review of the Carnivore System, Final Report (IITRI CR-030-216) vom 8.12.2000 (www.epic.org/privacy/carnivore/carniv_final.pdf)
Smith	(ed.) Internet Law and Regulation 1997
Sommers	Cyber Infringement: The Next Generation (www.TechnoLaw.com/ sommers1.txt)
Spindler/Wiebe	Internet-Auktionen. Rechtliche Rahmenbedingungen 2001
Stadler	Haftung für Informationen im Internet 2002
Stellin	Study, c|net, Law and the Web: What You don't know can hurt you 17.7.1997, www.cnet.com/Content/Features/Dlife/Law/index.html;zit. werden verschiedene, im Text genannte Dateien der Study.
Stoffels	AGB-Recht 2003
Strassmann	Risk-Free Access Into the Global Information Infrastructure Via Anonymous Re- Mailers (Paul@Strassmann.com)
Strobel	Firewalls. Einführung. Praxis. Produkte, 2. Aufl. 1999
Strömer	Online-Recht, 2. Aufl. 1999
Tanenbaum	Computernetzwerke, 3. Aufl. 1997
Ulmer	/Brandner/Hensen, Kommentar zum Gesetz zur Regelung des Rechts der Allgemeinen Geschäftsbedingungen, 8. Aufl. 1997, zit.: Ulmer/Brandner/Hensen
Ulrich	„Protection Profile" – ein industriepolitischer Ansatz zur Förderung des „neuen Datenschutzes", Europäische Akademie zur Erforschung von Folgen wissenschaftlich-technischer Entwicklungen (Graue Reihe, Nr. 17) 1999
Walter	(Hrg.) Europäisches Urheberrecht 2001
Wand	Technische Schutzmaßnahmen und Urheberrecht 2001
Wandtke/Bullinger	UrhR. Praxiskommentar zum Urheberrecht 2002
Wandtke/Bullinger	Gesetz zur Regelung des Urheberrechts in der Informationsgesellschaft. Ergänzugsband zum Praxiskommentar UrhR 2003
Weinstein	Forming Contracts and Licenses on the Internet, www.faegre.com:80/areas/areaip22.html
Weiss	Metasites Linked T IP Violations, Law Journal Extra/The National Law Journal, 21.7.1997 (www.ljextra.com/ cgi-bin/f_cat?prod/ljextra/data/ texts//1997_0715_97.html)
Weiß/Herrmann	Welthandelsrecht 2003
Wendtlandt	Cybersquatting, Metatags und Spam. Gemeinsamkeiten und Gegensätze im amerikanischen und deutschen Wettbewerbs- und Markenrecht 2002
Whalen	The Unofficial Cookie FAQ, Version 2.54, 10.5.1999, www.cookiecentral.com/faq
Widmer	/Bähler, Rechtsfragen beim Electronic Commerce, 1997
Wiese	Unfreiwillige Spuren im Netz, in: Bäumler (Hrg.), E-Privacy. Datenschutz im Internet 2000
Wolf	/Horn/Lindacher, AGB-Gesetz. Kommentar, 3. Aufl.

Teil 1 Leistungen und Verträge im Internet

§ 1 Verträge zur rechtlich und technisch gesicherten Nutzung von Kommunikationsnetzen

Verträge zur Anbindung an das Internet und Nutzung von Diensten im Internet sowie zur Einrichtung und laufenden Unterstützung von Webpräsenzen bedürfen um so sorgfältigerer Vorbereitung und Durchführung, je größer die Investition und die spätere Abhängigkeit der Nutzer von der Erreichbarkeit im Netz sind. Im vorliegenden Kapitel werden deshalb die wichtigsten Leistungsbilder behandelt, ebenso ihre Zuordnung zu dem jeweils anwendbaren Vertragsrecht, aus der sich die Leistungspflichten der Vertragsparteien und die Rechtsfolgen bei Nicht- oder Schlechterfüllung dieser Pflichten bestimmen. Zu beachten ist, dass einerseits selbst bei typischen Massenverträgen bisher nur teilweise auf bereits bestehende Rechtsprechung zurückgegriffen werden kann (etwa bei Webhosting, s. S. 55) und andererseits in rascher Folge neue Leistungen angeboten werden, für die selbst in der Literatur noch keine gefestigte Meinung zur vertragsrechtlichen Zuordnung besteht. In beiden Fällen kann der hieraus entstehenden Rechtsunsicherheit noch am ehestens durch möglichst klare, vollständige, widerspruchsfreie und detaillierte Leistungsbeschreibungen vorgebeugt werden. Aus diesem Grund werden nachfolgend auch relevante technische Leistungsmerkmale etwas ausführlicher aufgelistet, zumal mit deren Wahl (etwa bei E-Mail-Systemen, s. S. 53) zugleich auch Weichenstellungen für deutlich unterschiedene Nutzbarkeiten und rechtliche Auswirkungen (bis hin zum Datenschutz) gestellt werden.

Dargestellt werden

sowie **mit technischen Merkmalen die notwendigen Vertragsleistungen** für

unter Berücksichtigung des anwendbaren **Vertragsrecht** für die Grundelemente

sowie bei

I. Anbieter und Leistungen im Überblick

Internet-Nutzung ist mit einer Vielzahl unterschiedlicher technischer Leistungen und mit verschiedenen Typen der Anbieter solcher Leistungen verbunden. Die jeweilige Leistung oder das Leistungsbündel kann meist nur im Einzelfall näher bestimmt werden. Voraussetzung hierfür ist, dass zunächst die typisierten Leistungselemente betrachtet werden, aus denen sich die vereinbarte Vertragsleistung zusammensetzen soll. Außerdem ist zu unterscheiden, in welcher selbst typisierten Funktion Leistungsanbieter auftreten. Meist werden in der Praxis verschiedene der nachfolgend zunächst getrennt vorgestellten **Funktionen** kombiniert. So können Internet Service Provider (ISPs) eigene und fremde Informationen in ihrem eigenen Dienst bereithalten, aber auch den Zugang zum Internet und in diesem wiederum den Zugang zu fremden Informationen vermitteln. Access Provider übernehmen ihrerseits neben der Zugangsvermittlung oft auch Routing-Funktionen und betreiben teilweise sogar eigene Netze.

1. Anbietertypen

Die in der Internet-Praxis anzutreffenden Anbietertypen werden hauptsächlich von ihrer jeweiligen technischen Funktion her charakterisiert. Diese Funktionen können vertrags- und etwa auch haftungsrechtlich zu unterschiedlichen Anknüpfungen führen. Dies ist insbesondere dann zu beachten, wenn derselbe Provider kumulativ verschiedene Funktionen anbietet.

Nachfolgend werden die wichtigsten grundsätzlichen Anbietertypen von ihren Funktionen her knapp aufgeschlüsselt, wobei die Aufschlüsselung nicht abschließend sein kann. Mit der nach wie vor raschen Entwicklung und insbesondere Konvergenz von Kommunikationsmedien und –techniken treten nämlich immer wieder **neue Anbietertypen** und **–leistungen** auf, die getrennnter Prüfung und rechtlicher Zuordnung bedürfen. Zu denken ist etwa an Provider, die das Einloggen in WLANs an Hot Spots oder etwa das Downloading von Inhalten bis hin zu TV-Programmen auf PCs, Notebooks, Mobiltelefone, etc. gestatten.

a) Access Provider

Access Provider ermöglichen Nutzern den Zugang zum Netz, insbesondere zum Internet. Ihre Tätigkeit wird als Angebot zur Nutzung des Internet und damit als **Teledienst** eingestuft (§ 2 Abs. 2 Nr. 3 TDG) und haftungsrechtlich als „Durchleitung von Informationen“ erfasst (§§ 9 TDG, 7 MDStV). Der Begriff „**Durchleitung**“ kann insoweit missverständlich sein, als vom Wortsinne her eigentlich nur das Weiterleiten in einer Datenleitung gemeint zu sein scheint; hiernach würden nur Carrier erfasst. Doch stellen die §§ 9 Abs. 2 TDG, 7 Abs. 2 MDStV klar, dass auch automatische kurzzeitige **Zwischenspeicherungen** mit umfasst sein sollen, soweit diese nur zur Durchführung der Übermittlung im Kommunikationsnetz erfolgen und die Informationen nicht länger gespeichert werden, als für die Übermittlung üblicherweise erforderlich. Auch das Zwischenspeichern in Routing-Rechnern ist damit einbezogen, da es grundsätzlich diese Vorbedingungen erfüllt. Bei Access Providern ist allerdings zu differenzieren. Bloßes Durchleiten liegt nicht mehr vor, wenn die Speicherung nicht bloß technisch der Übermittlung dient, sondern z.B. allen Kunden des Providers laufend der Zugriff auf besonders beliebte Websites erleichtert werden soll und die Site-Auswahl durch den Provider erfolgt. Auch ein Online-Dienst ist insoweit Access Provider, als er seine Kunden „ins Netz bringt". Die gesetzliche Haftungsfreistellung in den §§ 9 TDG/ 7 MDStV bezieht sich hierbei nicht auf den technischen Vorgang der Zugangsvermittlung des Zuganges generell zum Internet (also das Eröffnen der Möglichkeit, eine fremde Webseite „anzusurfen" oder nutzereigene Webseiten zu konnektieren), sondern auf den Transport (das „Durchleiten") von **Informationen** durch den Rechner des Providers und das Vermitteln des Nutzungszuganges zu solchen Informationen. Die Zuordnung von Access Providern ist etwa bei öffentlich-rechtlichen Sperrungsanordnungen streitig, die eine Zuständigkeit nach dem Mediendienstestaatsvertrag voraussetzen (s.n. S. 49).

Vertragsrechtlich ist zu unterscheiden, ob nur der Zugang zum Internet oder (auch) die Nutzung einer bestimmten Netzinfrastruktur (z.B. Miete einer Standleitung) geschuldet sein soll. Wesentliche Parameter des Access Providing sind insbesondere die Bandbreite der Verbindung (von der der mögliche Datendurchsatz abhängt) und Verfügbarkeit der Hostrechner (zum Leistungsbild s.n. S. 539).

b) Website-Betreiber

Website-Betreiber verwalten eine Sammlung von einzelnen, miteinander durch Hyperlinks verknüpften und geordneten Webseiten, auf die jedermann (bzw. nur ein registrierter Nutzer) aus dem Internet zugreifen kann. „Eingangsseite" ist bei kleinen Betreibern die „Home Page" mit Angaben zu Betreiber und Seiteninhalt[1], bei größeren Betreibern die „Portal"-Seite, die eine (oft grafisch anspruchsvolle) Gestaltung etwa nach dem Merkmal einer Corporate Identity und/oder das Zusammenfassen verschiedener Inhalteanbieter gestattet. Wer hier jeweils **Vertragspartner** ist, muss nach der konkreten Ausgestaltung entschieden werden, für die Portalpräsenz etwa der Portalbetreiber, für die einzelnen Inhalte deren Anbieter. Host-Provider oder andere Dienstleister können mit der technischen Betreuung der Web-Präsenz beauftragt sein.

Soweit die Website-Betreiber ein eigenes, an die Allgemeinheit gerichtetes, redaktionell bearbeitetes Angebot verfügbar machen, sind sie Anbieter von „**Mediendiensten**" im Sinne von § 2 MDStV, ansonsten Anbieter von „**Telediensten**" (so etwa von Angebote „im Bereich der Individualkommunikation" wie Telebanking bzw. Datenaustausch, etwa über ftp, oder „zur Nutzung des Internets", § 2 Abs. 2 Nr. 1 und 3 TDG). Funktionskombinationen sind möglich, so etwa bei redaktionellen Textangeboten, die um herunterladbare Software oder Videos etc. ergänzt werden.

Auf den Web-Seiten des Betreibers können eigene und fremde **Informationen** (etwa zuliefernder Content Provider) verwaltet werden. Für eigene Informationen muss der Betreiber als Diensteanbieter voll haften (§ 8 Abs. 1 MDStV/TDG), für „durchgeleitete"

---

[1] Zu den Informationspflichten des Diensteanbieters aus den § 6 und 7 TDG s. S.225.

Informationen unter bestimmten Voraussetzungen überhaupt nicht (§ 9 TDG), für zwischengespeicherte Informationen nur eingeschränkt (§§ 10 und 11 TDG). Das gilt auch für Unternehmen, die eigene oder fremde Inhalte im Web präsentieren, etwa Waren, Leistungen oder sonstige Informationen.

c) Informationsanbieter („Content Provider")

Informationsanbieter (auch oft „Content Provider" genannt) liefern Inhalte zu, betreiben aber **in dieser Funktion** nicht notwendig selbst im Netz für Dritte zugängliche Web-Sites. „Content Providing" im engeren Sinne bezeichnet andererseits das Anbieten von Informationen im Netz. Im Einzelfall muss geprüft werden, ob die jeweilige Leistung nur das (auch offline mögliche) Zuliefern der Informationen umfasst oder (auch) deren Angebot im Netz. Mit zuliefernden Informationsanbietern müssen in der Regel Verträge über den Erwerb der Rechte an ihren Inhalten („Content") geschlossen werden. Auf **nur** offline **zuliefernde** Informationsanbieter sind weder MDStV noch TDG und damit auch nicht deren Haftungsprivilegierungen anwendbar, da (bzw. soweit) sie keine eigenen Dienste betreiben. Informationsanbieter sind vielmehr (wie bisher) nach den allgemeinen Bestimmungen verantwortlich, z.B. aus Äußerungs- oder Presserecht.

d) Online-Dienste

Online-Dienste (wie etwa AOL, Compuserve oder T-Online) bieten einerseits eigene und fremde Informationen im eigenen Netz oder im Internet an (Content Providing), außerdem regelmäßig den Zugang zum Internet und weitere Dienstleistungen, wie etwa Electronic Banking. **Vertragspartner** des Kunden ist hier grundsätzlich allein der Online-Dienst, sofern nicht vom Kunden ausdrücklich (zusätzlich) Verträge mit Dritten, etwa mit Inhalteanbietern abgeschlossen werden. Zugleich können aber etwa über die Nutzung des Internetzuganges und die Nutzung von Inhalten getrennte Verträge abzuschließen sein.

Soweit Online-Dienste Informationen zugänglich machen, werden diese Dienste grundsätzlich als an die Allgemeinheit gerichtete **Informations- und Kommunikationsdienste** (also „Mediendienste" im Sinne von § 2 MDStV) eingestuft. Der Mediendienstestaatsvertrag ist auf diese Online-Dienste anwendbar, unabhängig davon, ob sie ihre Dienste im eigenen Netz oder im Internet anbieten. Werden aber etwa Leistungen im Bereich der Individualkommunikation (wie E-Mail oder Telebanking) erbracht, arbeiten Online-Dienste als **Teledienste** im Sinne von § 2 TDG, ebenso, soweit sie die Nutzung des Internets oder von Datenbanken oder Telespielen anbieten (s. § 2 Abs. 2 TDG).

e) Web-Presence-Provider

Web-Presence-Provider erstellen Home Pages und weitere Web-Seiten sowie komplette Websites (teilweise auch unter Lieferung und Installation von Hardware). Sie erbringen auch weitere Leistungen wie etwa Consulting (z.B. Client-Server-Entwicklung, Intranet-/Extranet-Implementierung mit Firewallabsicherung, Training, „Low-end"-HTML-Coding), Datenbankanbindung, Announcement-Services (Integration von Werbung in die Website, Zählen der log-ins („hits") auf der Site als Berechnungsbasis für Werbepreisgestaltung, sog. „Web-Site-Promotion“, Domain-Registrierung). Entsprechend vielgestaltig sind die in der Praxis vorfindlichen **Vertragsgestaltungen**. Nicht mehr zum Presence Providing im vorgenannten Sinne gehört das im Kundenauftrag erfolgende, laufende Verwalten und Im-Netz-Verfügbarhalten der Präsenz (Hosting), ebensowenig die Zugangsvermittlung zum Internet (Konnektierung). Diese Leistungen müssen (u.U. im selben Vertrag mit demselben Anbieter) getrennt definiert werden.

Ein Web-Presence-Provider gilt nicht als „Diensteanbieter“ im Sinne von MDStV/TDG, da er in dieser Funktion keinen (elektronischen) Dienst zur Leistungserbringung verwendet (wohl aber für die weiteren Leistungen des Hosting und der Konnektierung). Er kann aber als zuliefernder Informationsanbieter einzustufen sein, wenn er selbst Informationen zur Verfügung stellt, die der Kunde dann im Netz anbietet.

f) Routing

Routing ist das rein technisch definierte Weiterleiten von Datenpaketen im Internet. Die Informationen werden hierbei einheitlich in Dateien erfasst und diese in viele kleine, leicht „transportable“ Nachrichtenpakete aufgeteilt. Jedes Paket trägt im Dateikopf (*header*) eine Nummer und Dateiinformationen zur Versendung und zum Empfänger. Bei diesem wird – anhand der Nummern und weiterer Angaben – die Vollständigkeit der Übersendung aller einzelnen Teilpakete überprüft und anschließend die Information wieder zusammengesetzt. Routing-Leistungen werden meist von Host-Providern kontraktiert, aber auch von anwendenden Unternehmen mit eigenen Netzen (z.B. Virtual Private Networks, VPNs).

Das Weiterleiten von Datenpaketen (**Routing**) in Kommunikationsnetzen – die Grundvoraussetzung für die Funktionsfähigkeit des Internet – ist eine eigenständige, wirtschaftlich zunehmend relevante Leistung und vom Access Providing wie vom Zurverfügungstellen der Netze als solcher durch Carrier zu unterscheiden. Online-Dienste übernehmen das Routing in der Regel selbst. Aus Unternehmenssicht gehört das Routing zumeist zur vom beauftragten Provider geschuldeten Netznutzung. Routing findet auch in LANs (Local Area Networks) statt, ebenso in Intranets, der innerbetrieblichen Verbindung verschiedener Rechnersysteme. Hier ist die Herstellung und laufende Unterstützung der Möglichkeit des Routing Teil der geschuldeten Leistung des Systemanbieters.

Routing-Anbieter präsentieren nicht selbst Inhalte (bzw. „Informationen“ im Sinne des TDG). Sie ermöglichen auch keinen Zugang zum Netz; man muss schon im Netz sein, um ein Paket mittels ihrer Dienstleistung zwischen Knotenrechnern versenden zu können. Routing-Betreiber sind also keine „Diensteanbieter“ im Sinne von MDStV/TDG (wohl aber Anbieter von Telekommunikationsdiensten im Sinne von § 3 Nr. 24 TKG).

g) Netzbetreiber

Netzbetreiber (Carrier) transportieren keine Dateien, sondern halten die Netze für den Transport bereit und vermieten teilweise auch Netze. Sie nehmen in ihrer Funktion als Carrier auch kein Routing vor. Da sie weder Inhalte bereithalten noch den Zugang zum Netz vermitteln (sondern das Netz selbst betreiben), sind Carrier keine „Diensteanbieter“ im Sinne von MDStV/TDG, wohl aber TK-Diensteanbieter, auf die das TKG anwendbar ist.

h) Software-Anbieter

Software wird ebenfalls im Netz (aber auch offline auf CDs/DVDs) angeboten, aber nicht nur übliche Anwendungssoftware, sondern etwa auch besondere Software für den Online-Dienste- und Internet-Zugang, die eine fast vollautomatische Installation erlaubt, aber auch etwa Browser-Software und Software für besondere Suchmaschinen, für Video-Streaming oder spezifischen Zwecken dienende Robot-Programme. Die entsprechenden Anbieter bieten nur die Software an, betreiben aber keine (elektronischen) Dienste im Internet; anderes gilt, wenn etwa ein Access Provider zugleich auch die Zugangssoftware (u.U. sogar online) anbietet.

i) Nutzer

Nutzer sind natürliche und juristische Personen, die Tele- oder Mediendienste **nachfragen** (§ 3 Nr. 2 TDG/MDStV). Die (nicht privilegierte) Inanspruchnahme von Diensten ist von dem (privilegierten) Anbieten dieser Dienste zu unterscheiden. Mit seiner eigenen Website kann ein Nutzer freilich auch Anbieter sein, und zwar auch dann, wenn er einen Provider (als Erfüllungsgehilfen) mit der Site-Verwaltung beauftragt.

2. Typen der Anbieterleistung

Nachfolgend werden die wichtigsten typischen **Hauptkomponenten** internetbezogener Leistungen knapp von ihrer Funktion her dargestellt. Hierauf aufbauend werden dann ab S. 39 einzelne typische Verträge mit einer genaueren Schilderung des (technischen) Leistungsbildes dargestellt.

Meist werden Anbieter in der Praxis verschiedene der oben zunächst getrennt vorgestellten **Funktionen** zu einem Leistungspaket kombinieren. So können Online-Dienste eigene und fremde Informationen in ihrem eigenen Dienst bereithalten, aber auch den Zugang zum Internet und in diesem wiederum den Zugang zu fremden Inhalten vermitteln. Access Provider übernehmen ihrerseits oft auch Routing-Funktionen und betreiben teilweise sogar eigene Netze (insbesondere eigene Transatlantik-Backbones). Webhosting-Anbieter können eine Webpräsenz verwalten und zugleich Zugang zum Internet vermitteln. An diese Leistungselemente oder deren Kombinationen muss dann die vertragsrechtliche Zuordnung anknüpfen, die die Rechte und Pflichten der Vertragsparteien festlegt.

a) Downloading und Uploading von Daten als Grundelemente der Internetnutzung

Unter „**Downloading**" versteht man das Herunterladen von Dateiinhalten vom Host-rechner des Anbieters (oder direkt eines Dritten) auf Rechner des einzelnen Nutzers. Das Herunterladen erfolgt in der Regel aus dem Host-Rechner des Anbieters in den Proxy-Cache-Rechner des kundenseits beauftragten Providers und von diesem Rechner dann in den Kundenrechner. Downloading ist wesentliches Leistungselement von

Datenbanken-Nutzungsverträgen.

Vertraglich geschuldete Leistung ist beim Downloading seitens des Providers das Bereithalten der betreffenden Dateien für den Online-Abruf durch den Kunden und erforderliche Unterstützung des Downloading-Vorganges (Vollständigkeitsprüfung bei Dateiübertragung, etc.). Der Kunde muss seinerseits als Mitwirkungsleistung die technischen Voraussetzungen für einen solchen Abruf herstellen und aufrechterhalten.

Unter „**Uploading**" versteht man das Heraufladen von Dateiinhalten (z.B. Informationen, Grafiken, Computerprogrammen) auf den Hostrechner des Anbieters durch dessen Kunden oder Dritte (etwa bei eintreffender E-Mail an die Kunden). Beim Uploading ist vom Provider das Abspeichern der jeweiligen Dateien auf dem Serverrechner des Providers sowie eine erforderliche Unterstützung des Uploading-Vorganges (Vollständigkeitsprüfung, etc.) **vertraglich** geschuldet, außerdem die Verwaltung der Datei auf dem Serverrechner oder das Weiterleiten der Datei, etwa als E-Mail, oder das Zurverfügunghalten für Zugriffe Dritter (wofür wiederum eine gewisse Mindestverfügbarkeit und –speicherkapazität des Server-Rechners vorausgesetzt werden muss).

b) Content Providing

Content-Providing erfolgt durch Zurverfügungstellen von Inhalten („Content") im elektronischen (teilweise auch nichtelektronischen) Format gegenüber Anbietern von Medien- bzw. Telediensten.

Vertraglich geschuldet sein kann das reine Zurverfügungstellen von Informationen, oft aber auch deren redaktionelle Auswahl und Bearbeitung. In seiner Funktion als zuliefernder Informationsanbieter ist der Anbieter nicht Diensteanbieter im Sinne des TDG/MDStV, wohl aber dann, wenn er diese Informationen selbst im Netz zugänglich macht. Dargestellt werden kann Content über statische Seiten, die gegenüber jedem abrufenden Nutzer unverändert bleiben, oder durch dynamische Seiten, die sogar individuell auf Anwender angepasst werden können.

Zunehmend werden Inhalte von Dritten, etwa Agenturen oder Redaktionen (z.B. News-Diensten) einheitlich (und damit kostengünstiger) produziert und an verschiedene Kunden vertrieben. Diese Vertriebsfunktion wird teilweise an eigene Agenturen (Informationsmakler, Content Broker) unterbeauftragt (sog. „**Content Syndication**"), die Inhalte weiterverwerten[1]. Die entsprechenden Verträge müssen für solche mehrstufige Rechteverwertung ausgelegt sein. Für die Abrechnung des „*Content Stream*" muss ein Abrechnungsmodus vereinbart werden, der sich z.B. an der Anzahl der „Pageviews" (s.S. 164) orientieren kann. Näher zu regeln sind die **Modalitäten** der Auslieferung (auf zu definierendem Datenträger wie CD oder DVD oder online) und die Vergütung (regelmäßige, z.B. monatliche, mengen-, umsatz- oder benutzerzugriffsabhängige Vergütung).

c) Access Providing

In Access-Provider-Verträge erbringen Anbieter technische Dienstleistungen (Dienstleistungen im nichtvertragsrechtlichen Sinne) für den technischen Zugang zum Internet bzw. zu Websites in diesem und zur Nutzung des Host-Rechners durch Herstellen, Aufrechterhalten und nötigenfalls Resynchronisieren des Zuganges, etwa für E-Mail-

[1] *Bager*, Marktplätze für Inhalte, c't 7/2001, 212.

Kommunikation.

Vertraglich geschuldete Leistung beim „Access Providing" ist das Einrichten, Aufrechterhalten und nötigenfalls Resynchronisieren des technischen Zuganges zu Netzen durch eigenständige Diensteanbieter oder auch durch anbietereigener Dienste oder Dienste im Internet über gesicherte Protokolle und Leitungen. Die Zugangsvermittlung kann in ein Inhaltsangebot eines Providers integriert sein.

Access Providing erfasst nicht nur die bloße Vermittlung des Zuganges zu einem Internet-Dienst oder zu Informationen, sondern auch **„Hyperlinking"** zu Informationen, wobei der Teilnehmer erst durch eigenes Aktivieren der Links den Zugang erhält, ihm dafür aber jedenfalls zumindest die Möglichkeit eröffnet wird. Access Providing kann auch über sog. **Frames** erfolgen, die in einem separaten Fenster den Inhalt eines weiteren Web Sites zeigen, während der Teilnehmer in der **ersten Site** (unter erkennbar gleichbleibendem URL) eingeloggt bleibt. Dies kann dazu führen, dass sich die Zugangsvermittlung zu einem betreiberseitigen eigenen Bereithalten fremder Inhalte ausweitet.

d) Routing

Das Weiterleiten von Datenpaketen (Grundvoraussetzung für die Funktionsfähigkeit des Internet) in Netzen ist ebenfalls eine eigenständige, wirtschaftlich zunehmend relevante Leistung. Online-Dienste übernehmen das Routing i.d.R. selbst. Routing findet aber auch in LANs statt, ebenso in Intranets, der innerbetrieblichen Verbindung verschiedener Rechnersysteme. Bei Webhosting und vergleichbaren Leistungen ist Routing grundsätzlich Teil der geschuldeten **Vertragsleistung** des Systemanbieters, wobei der Transport von Datenpaketen an sämtliche Orte im Netz möglich sein muss, insbesondere im Internet. Routing erfolgte in den Anfangszeiten des Internet weitgehend ohne vertragliche Verpflichtungen, also auf Freiwilligkeitsbasis. Mit der weitgehenden Kommerzialisierung des Web bieten Betreiber großer Backbone-Verbindungsleitungen in Europa und nach/von den USA **Routing-Dienstleistungen** an (Netznutzung und Routing). Diese Verträge werden mit lokalen/regionalen Betreibern geschlossen, die dann den einzelnen Teilnehmern den Zugang ermöglichen. Soweit solche Kommunikationsinfrastrukturen zwischen Vertragspartnern genutzt werden, ist auch das Risiko der Informationsübertragung im Internet steuer- und damit beherrschbar und deshalb ein ISP verpflichtet, für die „Zustellung" von E-Mails innerhalb bestimmter Fristen einzustehen. Treten Verzögerungen durch massierten Datenverkehr („Traffic") auf, werden Access- und Routing-Provider nur dann haftungsentlastet sein, wenn ausreichende Ersatzkapazitäten vorhanden waren und aufgetretene Traffic-Spitzen nicht vorhersehbar waren. Übliche Lastspitzen (z.B. werktags am Nachmittag) müssen aber grundsätzlich durch entsprechende Vorkehrungen berücksichtigt werden.

e) Net Providing (Carrier)

Net Providing durch Carrier beinhaltet das Zurverfügungstellen des bzw. eines Kommunikationsnetzes durch Netzbetreiber (Carrier). Net-Providing-Verträge haben teilweise internationalen Bezug, insbesondere Peering-Verträge mit oder zwischen Backbone-Betreibern, können sich aber auch auf die (kauf- oder mietweise) Überlassung von kleineren Netzen beziehen. Die Leistungen müssen nicht notwendig leitungsgebunden erfolgen, sondern können etwa auch satellitengestützt bzw. über Funk erbracht werden (wie beim W(ireless)-LANs, s. S. 9).

f) Web-Seiten-Erstellung und Web-Presence-Providing

Unter diesen Begriff fällt mittlerweile eine Vielzahl teilweise völlig unterschiedlicher **Erstellungsleistungen**, so reine Codierung und Positionierung einer Home Page, Gestaltung von Websites für Nutzer und von kompletten Serversystemen für Host-Betreiber, Einfügen und Verwaltung von Fremdwerbung in das jeweilige System, etc. Die reine Erstellung setzt nicht voraus, dass der Anbieter einen elektronischen Dienst zur Verfügung hat. Das Presence Providing kann hingegen die Dienstenutzung umfassen, wenn der Anbieter den Kunden mit bestimmten Inhalten „ins Netz bringen" soll (Webhosting mit Konnektierung).

g) Nutzung von WLANs

Zunehmend werden Netze genutzt, in denen die Daten nicht mehr leitungsgebunden, sondern drahtlos, also mittels Funk übertragen werden (Wireless Local Area Networks, WLANs) und durch den offenen Zugang über Funk auch Dritte angeschlossen werden können. Dies ist an Orten sinnvoll, an denen sich mehrere Nutzer aufhalten, die sich über Notebook etc. in das WLAN einloggen können. Mittlerweile finden sich solche „Hotspots", also Zugangspunkte, bereits recht zahlreich an Flughäfen, Bahnhöfen, in Hotels, Cafés, etc[1]. Diese Hotspots bestehen ihrerseits aus Sende- und Empfangsstationen, die mit einem Serverrechner verkabelt sind[2].

Hotspots können als **eigene Leistung** von Anbietern betrieben werden. Diese Hotspot-Betreiber schließen ihrerseits Verträge mit Netzbetreibern, die die Hotspots in deren Netzinfrastruktur einbinden.

Für die **Abrechnung** der Leistung ist zu unterscheiden zwischen einer Abrechnung durch den Netzbetreiber direkt mit dem Nutzer (und einer prozentualen Beteiligung des Hotspot-Betreibers)[3] und einer Abrechnung im Verhältnis Hotspot-Betreiber zum Kunden.

Technisch sind die Übergänge zwischen den verschiedenen Leistungstypen oft fließend, wie sich gerade bei funkbasierter Internet-Nutzung erfolgen. Eingesetzt wird der Standard IEEE 802.11a. Anstatt der (bisher) räumlich auf etwa maximal 100 Meter begrenzten Reichweite in WLANs kann der Zugang zum Internet auch über UMTS-Karten für Notebooks erfolgen, die diese Begrenzung nicht aufweisen.

h) Typische kombinierte Leistungen

aa) Nutzung eines Online-Dienstes

Leistungsinhalt ist die Nutzung diensteeigener und fremder Inhalte über den Dienst, E-

---

[1] Plastisch wurde hier von Hotspot-Nutzern als von Nomaden gesprochen, die von Wasserloch zu Wasserloch reisen (*Hill*, Computerwoche 21/2003, 10).

[2] *Hoenike/Boes*, MMR 2003, 457.

[3] *Hoenike/Boes*, MMR 2003, 457.

Mail-Transfer, Zugriff auf diverse Diskussionsforen sowie die Vermittlung des Internet-Zuganges. Die Leistung kann von ISPs oder von Online-Diensten (z.B. T-Online) angeboten werden. Die Informationsnutzung ist in der Regel in der monatlichen Pauschalgebühr enthalten, während Mail und Internet-Zugang meist nutzungsabhängig abgerechnet werden. Damit können fast alle vorgenannten Grundtypen internetbezogener Leistungen in einem Providervertrag im Paket geschuldet sein.

bb) Datenbanknutzung

Möglicher Leistungsinhalt ist der Zugriff auf zum Abruf bereitgehaltene Informationen bzw. die Recherche sowie die Unterstützung bei der Recherche nach diesen Informationen. Der Zugriff erfolgt durch die Kunden des Anbieters in der Regel online. Möglich ist auch die Zwischenschaltung von Online-Diensteanbietern, die dem Kunden einen Einzelzugriff zu Datenbanken vermitteln und abrechnen und den Erlös an den Datenbanken-Anbieter abführen (womit ein zweistufiges Vertragsverhältnis entsteht, nämlich zwischen Datenbanken-Anbieter und Diensteanbieter einerseits und zwischen Diensteanbieter und abfragendem Kunden andererseits).

cc) Hostrechner-Nutzung

Die Nutzung von Hostrechnern ist ein zentrales Element der Leistungserbringung durch Online-Dienste (etwa für E-Mail-Transfer und Home Page-Präsentation) und im Internet entsprechend durch Internet Service Provider[1]. Abzugrenzen ist hier, ob der Kunde den Rechner mietet und dann unter Ausschluss anderer Nutzer in den Räumen des Anbieters allein nutzen darf (etwa für eine Unternehmenspräsentation) oder ob der Kunde nur die Funktionalität des Rechners nutzen will, wobei andere Nutzer (fast) zeitgleich auch auf den Rechner zugreifen können, was eine entsprechende technische Dimensionierung in Kapazität und Geschwindigkeit sowie Absicherung der Datenbestände der verschiedenen Kunden voraussetzt. Schließlich kann der Kunde auch die komplette Administration eines dedizierten Rechners des ISP übernehmen, den der Anbieter konnektiert. Die Leistungen werden unten näher dargestellt.

dd) Application Service Providing

Bei dem sog. „Application Service Providing“ (ASP) können Kunden via Web auf serverbasierte Anwendungen zugreifen, diese nach Bedarf nutzen und bezahlen. Verfügbar sind Standardpakete aus dem Office-Bereich, die Entwicklung geht jedoch bis zur Nutzung von ERP-Software[2]. **Vorteil** für den Kunden ist, dass er immer die neueste Version der Software nutzen kann und Updates, Wartung/Pflege im Hause

---

[1] Der Begriff des „Host Providers“ wird in der Netzpraxis für alle Dienste verwendet, die im Netz Kunden angeboten werden, also für reines Access Providing wie auch für Content Providing. „Host Providing“ ist also nicht auf das Bereithalten fremder Inhalte auf eigenem Rechner beschränkt, sondern erfasst etwa auch Proxy-Caching im Host für den Kunden beim Access-Providing oder Server-Housing, also die miet-/pachtweise Überlassung von Rechnerkapazität. „Host Providing“ bzw. „Host-Rechnernutzung“ ist auch kein im IuKDG bzw. TDG/MDStV verwendeter Begriff.

[2] CW 11 vom 17.3.2000, S. 22: „... ERP aus der Steckdose“ und S. 8 :„ ASP's sind die Integratoren des Internet-Zeitalters“.

entfallen, ebenso Datensicherung. Die komplette Software ist außerdem von überall her zugreifbar, auch mit Notebooks. **Nachteilig** ist, dass ASP grundsätzlich nur für die wichtigsten Standardanwendungen möglich ist und Customizing nur eingeschränkt angeboten wird. ASP kann außerdem u.U. hohe Kosten verursachen. Auch ist der Datenbestand auf einem fremdem Server und der Zugang über Internet noch teuer und störanfällig, so dass jederzeitiger Zugriff nicht gesichert erscheint. Problematisch kann die Angriffssicherheit der Serversysteme sein, ebenso eine erhöhte Angriffsgefahr bezüglich Kundensystemen.

Der Begriff des ASP ist nicht eindeutig definiert. So wurde bereit ein IMAP-fähiges E-Mailsystem[1] als ASP eingestuft, da bei IMAP die E-Mails auf dem Anbietersystem abrufbar verbleiben[2].

ee) Web-Services

E-Commerce sollte unabhängig davon möglich sein, welche IT-Systeme bei Kunden uns Anbietern eingesetzt werden. Deshalb werden Dienste im Web vereinheitlicht und sytem-, hersteller- wie plattformunabhängig in der Web Service Description Language definiert und in Universal Description, Discovery and Integration (UDDI)- Registries registriert, in denen sie zukünftige Anwender finden können, die die Funktionen des Dienstes unter Verwendung des Protokolls Soap (Simple Object Access Protocol) im XML-Format aufrufen können[3]. **Web-Services** sind aktive Programme bzw. Prozesse oder Software-Komponenten in einer speziellen Umgebung, die den Zugriff und das Management gewisser Ressourcen erlauben, um bestimmte Funktionen für diese Umgebung erfüllen zu können[4].

3. Typische Verträge zur Internetnutzung

Nachfolgend werden die wichtigsten Regelungskonstellationen für internetbezogene Leistungen behandelt, jeweils mit einer aktuellen Zusammenstellung **wichtiger**, auch technikbezogener **Leistungsmerkmale**. Die Leistungsmerkmale werden aus zwei Gründen ausführlicher dargestellt. Zum einen sind teilweise wichtige Entscheidungen zwischen unterschiedlichen Ausgestaltungsvarianten erforderlich, was nicht immer allen Anwendern ausreichend bewusst ist. Dies kann zu mitunter erheblichen Mehrkosten führen, um die jeweils notwendigen technischen Voraussetzungen zu schaffen, oder aber dazu, dass ein System für die zu bewältigende Aufgabe falsch bzw. unzureichend dimensioniert wird. Zum anderen sollten die Leistungsmerkmale schon deshalb detailliert festgelegt werden, um später eine Leistungskontrolle und im Streitfalle dem Gericht eine Prüfung zu ermöglichen, welche Leistung tatsächlich geschuldet sein sollte (und welcher Vertragstyp hieraus ableitbar ist, worauf nachfolgend getrennt eingegangen wird, s. S. 43ff).

---

1 Zu IMAP s. S. 28, 29.

2 *Bager/Kossel*, c't 7/2001, 190.

3 Computerwoche 35/2001, 18 und 46/2001, 12.

4 *Dumke/Lother/Wille/Zbrog*, Web Engineering, 41.

a) Einfache Internet-Anbindung eines Unternehmens[1]

aa) Planung: Zu klären sind meist die Leistungspunkte

- **Mindestvertragsdauer**, Zulässigkeit von Tarifwechsel und Kündigung, keine Vorfälligkeitsentschädigung, keine Ablösezahlung für eigenen Domain-Namen.
- Zusammenstellung benötigter **Dienste**: E-Mail, FTP (mit archie), Telnet[2], WWW, Usenet/News, etc.
- Zugriffserleichterung durch **Proxy Caching**. Bei diesem werden auf einem Proxy Server besonders häufig abgefragte Informationen zwischengespeichert. **Vorteil**: Der Internetzugang bleibt performant, da er von Abfragen entlastet wird. Auch werden die Abfragezeiten verkürzt (wodurch sich in größeren Unternehmen mitunter Mann-/Personentage sparen lassen) und kann eine teure Aufrüstung der Verbindung ersparen. **Nachteil**: Ein Proxy-Serverrechner ist zu beschaffen. Die ge„cachten" Kopien müssen regelmäßig einer Aktualisierungsprüfung unterworfen werden. Hierzu kann der Proxy entweder regelmäßig beim Ursprungsserver die Aktualität des Dokuments, etwa am „Last Modified"-Vermerk, nachprüfen (was auch wieder Verbindungszeiten und u.U. eine dauernde Verbindung zum Internet erfordert) oder intern die Dokumente nur bis zu einem Verfallsdatum liefern[3]. Zugriffe beim Cache werden außerdem naturgemäß nicht in der Zugriffsstatistik des Betreibers der Webseite erfasst, die das Dokument liefert.
- **Proxy-Routing** erlaubt, mehrere Proxy-Rechner ausfallsicher und performant in einer Proxy-Architektur mit Load Balancing zwischen den Rechnern zu verbinden. Hier ist **verteiltes Cachen** möglich: Um zu vermeiden, dass verschiedene Proxies dieselbe externe Quelle abfragen, ist eine Prüfung vorzusehen, ob benachbarte Proxies die gesuchte Information bereits haben (dynamischer Abgleich der Caches). Vor der Lieferung eines Dokumentes fragt der Cache zunächst die anderen Caches ab (wofür die Anfrage zunächst zum anderen Proxy geroutet wird, sog. *„Proxy Chaining"* über das Internet Cache Protocol, *icp*); findet er es nicht, fragt er den Originalserver ab. Wächst die Zahl der Proxy Cache-Rechner, kann sich die Zugriffszeit wieder verlängern, weil alle Services damit beschäftigt sind, Anfragen zu stellen und gleichzeitig zu beantworten[4]. Das Zwischenspeichern kann schließlich (mit dem Cache Array Routing Protocol, *carp*) gleich auf einen ganzen **Array** von Caches verteilt werden. Vorteil: Die Proxy-Lösung ist auch bei Ausfall eines Proxy Servers funktionsfähig[5].
- Feste **IP-Adresse** des Webservers.
- Möglichkeit der Nutzung von Gateways zu anderen Netzen.
- Möglichkeit, die Nutzung von Diensten für Mitarbeiter einzuschränken ?

---

1 Unter anderem nach *Kyas*, Internet, 371.

2 „Telnet" steht für Terminalemulation. Telnet ermöglicht es (über Port 23), sich auf einem entfernten Rechner anzumelden und über das Netzwerk an diesem zu arbeiten (etwa über Unix-Server, AS 400 oder Mainframes). Dabei werden alle Tastatureingaben vom Telnet-Client zum Telnet-Server übertragen und alle Bildschirmausgaben bzw. Terminalsteuerzeichen vom Server an den Client geschickt. Eine Zugriffssicherung über User-IDs oder Passwörter ist möglich, jedoch werden alle entsprechenden Eingaben unverschlüsselt übertragen (*Strobel*, Firewalls, 36). *Keinesfalls darf von außen auf ein internes Netz über Telnet zugegriffen werden können*, da ein potentieller Angreifer alle übertragenen Daten mitlesen und sich dann mit User-ID oder Passwort selbst einloggen kann (*Strobel*, Firewalls, 36: „*...sicherheitstechnisch eine Katastrophe*").

3 *Gergen*, Internetdienste, 322f.

4 *Gergen*, Internetdienste, 327.

5 *Gergen*, Internetdienste, 331.

- Möglichkeit der internen Kostenkontrolle und -abrechnung der Zugangsnutzung (nach Mitarbeiter, Abteilung oder allgemein für den Zugang als solchen) ?
- Beseitigung von Störungen des jeweiligen Dienstes 24 Stunden am Tage für sieben Wochentage; zu definierende **Reaktionszeit** bis zum Beginn mit der Störungsbeseitigung; Durchführung regelmäßig erforderlicher Aktualisierungsarbeiten („*refreshing*") am Providersystem in den Nachtstunden und rechtzeitige Benachrichtigung über voraussehbare Unterbrechungen (per E-Mail).
- Kundenunterstützung durch Hotline/HelpDesk.
- Einsetzbarkeit kundeneigener CGI-Skripts.
- **Domain-Name**-Anmeldung (NIC-Dienste) als .de- oder .com- oder neue Domain.
- zusätzliche Domain-Namen mit URL-Redirect.
- Datenbank-Anbindung mit geeigneten DB-Modulen, Möglichkeit der Anbindung kundeneigener Datenbanken und Applikationen.
- Fail-Safe-Sicherung durch Laden der Kundendaten auf andere Rechner im Internet.
- (gleichzeitig) aktivierten WWW-Server (Spiegelsysteme).
- NetNews-Dienste (comp.*, sci.*, news.*, etc.).
- Herstellen der Connectivity: Zugang über kundeneigenen Rechner mit Stand-/Wählleitung (Betriebs- und Rebootrisiko beim Kunden) *oder* mit anbieterseitigem virtuellem Server, Speicherplatz-Kontingent (z.B. 10, 25, 100 oder 500 MB, 2 GB), LAN-Anbindung des Rechners an Internet-Backbone.
- Bereitstellen/Verwendbarkeit von CGI-Standard-Skripten (oft in Perl erstellt) und Integrieren (beliebig vieler ?) kundeneigener Skripten.
- Standort des Webservers möglichst in Deutschland; Zuweisung fester IP-Adresse zum Webserver.
- Secure-Socket-Layer (SSL) zur Transaktionssicherung.
- Back-up der Server-Inhalte mit regelmäßiger Sicherung, Bereitstellen und Aktualisieren der Inhalte, Erstellen von Zugriffsstatistiken beim Provider.
- **E-Mail-Dienst**, Einrichten einer Mailbox, Weiterleiten eingehender Mails.
- Mail-Server (Sicherung gegen Zugriffe von außen auf den internen Server[1]),
- geeignete Verfahren (z.B. Protokolle POP[2]3, IMAP4[3]) zum Senden und Empfangen.
- *Blackberry*-Nutzung (E-Mails werden hier im Push-Verfahren zugestellt, wobei der nutzende Empfänger **immer online** ist und deshalb die E-Mail jeweils sofort erhält, Attachments werden hingegen erst auf Anforderung übertragen. Notwendig ist der Betrieb eines eigenen Blackberry-Servers[4].)
- Software zur Verwaltung des elektronischen „Postfaches", SMTP.
- Eigener Informations-Server des Unternehmens.
- Primary-DNS (**Domain-Name-Server**)[5]. Mit einem http/1.1-fähigen Server können unter derselben IP-Adresse zwei unterschiedliche Domains auf dem Standardport 80

---

1 *Riehm*, NJW-CoR 1997, 338 (für Einrichtung externer dedizierter Mailhosts).

2 „POP" steht für Post Office Protocol. Bei *POP* lädt der Nutzer alle E-Mails vom Server herunter.

3 Bei *IMAP* (Internet Mail Access Protocol) bleibt die Mail auf dem Server und wird auch dort bearbeitet (ausf. *Holighaus*, iX 1997, 142; *Brauch*, c't 2001, 152). IMAP nutzt SMTP, wickelt aber viele Operationen auf dem Server ab.

4 Computerwoche 36/2004, 16.

5 Der Domain-Name-Server favorisiert als Hauptserver einer Domain die Beantwortung von Anfragen. Ein Secondary-Server lädt die Domain-Datenbank vom Primary Server und aktualisiert sie bei Bedarf. Ein Caching-only-Server fragt nur beim Primary oder Secondary-Server ab. Der Slave-Server reicht die Anfragen, die er aus seinem Cache nicht beantworten kann, an andere Server (Forwarders) weiter, die den zuständigen Server kontaktieren (s. *Weihrich*, c't 10/1997, S. 351f).

verwaltet werden. Die Auflösung des Domain-Namens erfolgt über Software des Client („Software Virtual Server").

- Verfügbarkeit (s.unten S. 25).
- Benötigte **Übertragungsbandbreiten**.
- Verwendung eines WWW-Cache-Servers.
- **Serverrechner**: Anzahl der unterstützten CPUs, Skalierbarkeit der Anzahl der Concurrent User, Massenspeicher, I/O-Protokolle (z.B. SCSI, Fibre Channel), Systemverfügbarkeit, Eignung für primäre Anwendungen (z.B. OLTP, E-Commerce, Web Serving, Messaging).
- Verfügbare Betriebssysteme: Unix/Linux, XP, OS 400, etc.
- Kosten: Kauf/Miete, Implementierungskosten pro Mann-/Personentag [1].
- ISP für alle Leistungen alleiniger Vertragspartner.
- Vorgehen bei Beseitigung aufgetretener Mängel, Kundenmitwirkung hierbei.
- Schutz der Kundendaten.

Bei **Full-Service-Providing** werden grundsätzlich alle Leistungsmerkmale durch den ISP abgedeckt. Hierzu gehören das Bereitstellen einer garantierten Bandbreite, die Sicherheit der übertragenen Daten und permanente Verfügbarkeit der Webserver. Hierfür müssen oft Leitungskapazitäten von Backbone-Betreiber (Carrier) angemietet und an den ISP-Kunden weiter**vermietet** werden (vertragsrechtlich nicht korrekt oft „*Reselling*" genannt). Geklärt werden sollte, welche Kapazität/Bandbreite der ISP selbst zur Verfügung gestellt erhält.

Bei der **Preisgestaltung** sollte berücksichtigt werden/verhandelbar sein, ob die Bandbreite etwa auf einer 34 Mbit-Leitung in Schritten von 2 Mbit/sec. erhöht oder verringert werden kann, ohne dass beim Aufrüsten neue Installationskosten entstehen. Bei benötigten hohen Übertragungsgeschwindigkeiten sollte die Verwendung von Frame Relay geprüft werden (bis 1.544 Mbit/sec.) bzw. von Asynchronous Transfer Mode (ATM, bis 622 Mbit/sec.).

Bei **Hosting**/Konnektierung sollte die Serverfarm des ISP direkt und möglichst redundant an das Backbone angeschlossen und durch permanente Stromversorgung gesichert werden. Leistungsabstufungen des Hosting: Bei **Collocated-Hosting** stellt der Kunde seiner Serverrechner in die RZ-Räume des ISP, wo der ISP den Rechner anbindet und auf Wunsch administriert. Bei **Dedicated Hosting** stellt der ISP dem Kunden einen ISP-eigenen Rechner zur alleinigen Verfügung und Verwaltung, während der Kunde bei **Virtual Hosting** nur eine vereinbarte Kapazität auf einem ISP-Rechner zugeteilt bekommt, den er sich mit anderen Kunden teilt (eher bei geringerem Datentransfer geeignet).

bb) Kriterien zur Auswahl des Internet-Providers [2]:

- **Nähe des Zugangsknotens** (Point of Presence, PoP, bzw. Internet Service Centers, ISC) zum Unternehmen zwecks Reduzierung der Telefonkosten oder der Kosten der Anschlussmietleitung (Festleitung).
- Notwendige Mindestnetzkapazität (Kundennutzbandbreite) von 10 Mbit/s, Sterntopologie der POPs zur schnelleren Anbindung der Kunden.
- Verfügbarer Plattenplatz („Webspace"), zu berechnen aus Umfängen für alle Texte, Grafiken und andere Dateien.

[1] *Riehm*, a.a.O., 342.

[2] S. etwa *Kyas*, Internet, 376; für eine Übersicht der Hosting-Anbieter s. www.webhostlist.de.

- **Auswahl der Datenleitung**: Wähl- oder Festverbindung ? Weitere Fragen[1]: Verfügt der Provider über genügend Wählzugänge, sodass keine Wartezeiten entstehen ? Ausfallsicherheit ? Zugriff auf eigenen Backbone ? Max. Transfervolumen (max. Übertragungsbandbreite, Skalierbarkeit) ?
- Maximal zulässige **Überbuchung** eines Dienstes (mit Differenzierung zwischen nationalen/lokalen und internationalen Verbindungen)[2].
- Welche **Zugangsgeschwindigkeiten** werden unterstützt ? Wichtige Parameter: Datendurchsatz und Übermittlungszeit[3]. Vereinbart werden sollte der Einsatz besonderer, vom Kunden nutzbarer Messsoftware, mit der etwa der Weg eines Nachrichtenpakets zum Bestimmungsort und der Rückweg der Bestätigung gemessen werden kann („*ping*")[4], da sonst für beide Vertragspartner erhebliche Beweisprobleme auftreten können (für den Provider bezüglich der erbrachten Quality of Service und für den Kunden hinsichtlich teilweiser/Nichterfüllung oder Mängel der Übertragungsleistung).
- Ausreichende Erfahrung des Providers ? Referenzkunden ?
- Peering-Vereinbarungen mit anderen Providern in geographisch angrenzenden Gebieten (um Umleitung über (transatlantische) Backbones zu vermeiden) ?
- Verfügbarkeitsgarantien ? (Kann Garantie i.S.d. §§ 639, 443 BGB darstellen !)
- Unterstützung bei Entwicklung eines Sicherheitskonzeptes ?
- Vorhandensein von Ausweich-PoPs (redundante Auslegung)?
- Können ausreichend IP-Adressen (der C-Class[5]) zur Verfügung gestellt werden ?
- Statistik (der Seitennutzung).
- Unterstützung bei Installation und Konfiguration ?
- Hotline ? Dauer der Reaktion auf Anfrage per E-Mail ? FAQ ?
- Geeigneter Web-Server: Ein großer Provider setzt etwa 2000 Server und 10000 dedizierte Server ein[6].
- Abgrenzung des *demarcation point*[7], ab dem der Nutzer für das (sein) Netz verantwortlich ist.
- Unterbrechungsfreie Stromversorgung (USV).
- Leistungsfähiges Firewall-System.
- Vollständige Abschirmung des Produktionsnetzes gegenüber Kunden.
- *Hot-Swap*-Backups (Backups im laufenden Betrieb ohne Systemneustart).
- Service- und Wartungsverträge mit Telekommunikationsanbietern und Hardware-Herstellern.
- Servicekapazität vor Ort.
- Service auch an Wochenenden?
- Garantien für Service, Zugangs- und Bandbreitenverfügbarkeit.

---

1 *Resch*, Marktplatz Internet, 31f.

2 *Rosenthal*, Projekt Internet, 44, 50 mit dem Hinweis, dass jedenfalls bei internationalen Verbindungen Überbuchung unvermeidbar ist.

3 S. ausf. *Rosenthal*, Projekt Internet, 40 ff.

4 *Rosenthal*, a.a.O.

5 Man unterscheidet zwischen der A Class (1.x.x.x bis 127.x.x.x), der B Class (128.0.x.x.x bis 192.255.x.x) und der C Class (193.0.0.x bis 223.255.255.x). Die D Class ist für Multicast vorgesehen. A wird nur an wenige große Unternehmen vergeben, B an die Mehrzahl der Unternehmen, ist jedoch knapp.

6 c't aktuell 20.2.2003 (www.heise.de).

7 *Halabi*, Internet Routing Architectures, 44.

- Prozedur für Fehlermeldungen.
- Rückgabe des Domain-Namens nach Beendigung des Provider-Vertrages[1].

cc) Typische Sicherheitslücken:[2]

- BIND (Berkeley Internet Name Domain) zum Auffinden der IP-Nummern von Internet-Seiten. Die Anfragen können durch Sicherheitslücken umgeleitet werden. Release ab 8.2.2 pl5 einsetzen.
- CGI-Programme: CGI-Skripts können Sicherheitslücken enthalten.
- RPC (Remote Procedure Call): Module wie RPC erlauben Root-Missbrauch.
- Sendmail Buffer Overflow, Pipe Attack etc. können durch Sicherheitsmängel Passwort-Dateien etc. kompromittieren.
- Filesharing über Netze
- Kennungen des Root-Administrators ohne (sicheren) Passwortschutz
- Umgehen von Firewalls über E-Mail-Protokolle wie IMAP, POP3

Die **Datenschutzaufsichtsbehörden** empfehlen für die Internet-Anbindung folgende Sicherheitsmaßnahmen[3]:

1. Anschluss (der Mitarbeiterplätze) nur, wenn erforderlich,
2. Sicherheitskonzept für Anbindung, Nutzung vorhandener Netzsicherheitsmechanismen,
3. Einsatz von Firewall-Systemen (gestaffelt für Subnetze),
4. Gesonderte interne Adressstruktur gegen Ausforschung und Maskeraden,
5. Verschlüsselung und digitale Signaturen,
6. Für E-Mail Nachweismöglichkeiten für Zustellung/Empfang und Sende-/Empfangsübergabe.

Zu **beachten** ist, dass diese Merkmale in aller Regel nicht oder nur mit erheblichem zusätzlichen Aufwand nachträglich implementierbar sind, sodass sie unbedingt als geschuldete Leistungsmerkmale **im Vertrag** vereinbart werden müssen.

b) Zugangsabsicherung des Systems durch Firewalls

Eine der wichtigsten Absicherungsformen für Providersysteme und Intranet-/Internet-Kopplungen sind Firewalls, gewissermaßen technische Sperr- bzw. Brandmauern. Solche Absicherungen sind gerade bei vernetzten Arbeitsplätzen erforderlich, da eine Sicherheitslücke an einem Arbeitsplatz auch alle anderen Systeme gefährden kann[4]. Eine „Firewall" ist eine Gesamtheit von Komponenten, die folgende Eigenschaften aufweisen[5]:

---

1 Eine entsprechende *Verpflichtung* bejaht das LG Hamburg, Urt.v.17.9.1996 – 404 O 135/96, CR 1997, 157, wenngleich dem Provider bei Zahlungsverzug des Kunden ein *Zurückbehaltungsrecht* zustehen kann (LG Berlin, Beschl.v.3.4.1997 – 15 O 148/97, www.online-recht.de).

2 Nach CW 24/2000, 25.

3 Zitiert nach *Müthlein*, RDV 1996, 224, 226.

4 *Strobel*, Firewalls, 4.

5 *Cheswick/Bellovin*, Firewalls and Internet Security, 9, 10.

- Jeder ein- und ausgehender Datenverkehr geht über die Firewall.
- Nur von einer „local security policy" zugelassener Datenverkehr darf passieren.
- Die Firewall ist gegen Angriffe abgesichert.

Die technische Realisierung hängt von den jeweiligen Gegebenheiten ab, nämlich der Art der Datenkommunikation und der Frage, ob auch interne Sicherungen benötigt werden. In der **Vertragspraxis** ist entscheidend, dass der Anbieter von zu implementierenden Firewall-Systemen nicht gerade die Haftung für aus Firewall-Mängeln entstehende Schäden ausschließt. Firewalls erlauben eine alle Systeme übergreifende Absicherung; sie sind gewissermaßen „Sicherheitsschleusen" am Internet-Zugang[1]. Generell sollte über eine Firewall **jede Datenkommunikation protokolliert** werden, um etwa Angriffsversuche nachweisen zu können. Die Protokolle sollten im abgesicherten Bereich intern abgespeichert und nochmals gesichert werden[2], damit Angreifer nicht die „Spuren" ihrer Angriffe selbst beseitigen können. Einige Grundzüge der richtigen Firewallnutzung werden nachfolgend zusammengefasst.

Firewalls bestehen grundsätzlich aus Hard- und Software-Komponenten und werden als alleiniger Übergang *zwischen* zwei zu trennenden TCP/IP-Netzen eingesetzt[3]. Allgemein sollten bei der **Beschaffung** folgende Punkte berücksichtigt werden:

- Die Struktur des zu schützenden Netzes (Rechnernummern, -namen und Mail-Adressen) muss verdeckt werden können, damit keine Rückschlüsse auf die interne Netzstruktur und die internen Anwender möglich sind. Mögliche Maßnahme: Einsatz eines Application-Gateway und zweier DNS-Server. Die notwendige Sicherheit ist meist nur durch ein Zwei-Ebenen-Konzept erreichbar; wenn der Angreifer die erste Ebene überwindet, kann dies die zweite Ebene erkennen und Alarm auslösen[4]. Mehrstufige Firewalls sind freilich **teurer**, da die Kosten für Hardware, Installation und Integration der benötigten Funktionen steigen, ebenso die für Betreuung und Wartung[5].
- Schutz auch von Rechnern, die nicht im zu schützenden Teilnetz stehen[6].
- Komponentenverwaltung über einen vertrauenswürdigen Pfad.
- In Firewall-Systemen müssen, je nach Kommunikationszweck, **Demilitarized Zones** (DMZ) eingerichtet, über die Kunden nach Registrierung Daten übermitteln oder frei E-Mail übertragen können.
- Probleme und zusätzliche Kosten kann die **Integration** existierender E-Mail-Systeme mit sich bringen, insbesondere die Integration mehrerer Mail-Systeme, und auch die Benutzerverwaltung für Internet-Zugänge der Mitarbeiter, zumal, wenn diese von anderen Mitarbeitern durchgeführt wird[7].
- Die Kommunikation der Firewalls mit internen Servern (etwa interne Nameserver, Loghosts oder Netzwerk-Managementsysteme, Mail-Relays oder Mailserver, Proxies, Newsserver, Intranet-WWW-Server) muss verwaltet und besonders gesichert

---

1 *Strobel*, Firewalls, 5.

2 *Strobel*, Firewalls, 7.

3 S. das auch für Provider wichtige „IT-Grundschutzhandbuch 2001" des Bundesamtes für Sicherheit in der Informationstechnik (i.f. BSI-Grundschutzhandbuch), www.vieweg.de/dud/dud/grundschutz/b/73.htm.

4 *Strobel*, Firewalls, 85.

5 *Strobel*, Firewalls, 86.

6 Ausf. zur sicheren Anordnung weiterer Komponenten s. BSI-Grundschutzhandbuch, www.vieweg.de/dud/dud/grundschutz/m/m277.htm, etwa zu Informations-, DNS- und Mailservern.

7 *Strobel*, Firewalls, 88.

sein.

- Risiken gegen von Remote Access-Verbindungen aus müssen ausgeschlossen werden.
- Private, d.h. nicht geroutete, weil unregistrierte, nur unternehmensinterne IP-Adressen (RFC 1918) müssen intern verwaltbar bleiben. Notwendig sein kann ein Umschreiben in offizielle Adressen[1].
- Die Einbindung von VPNs bedarf besonderer Konzeption[2]: Stateful Filtering von Protokollen mit dynamischer Port-Aushandlung, Möglichkeit zur Definition benutzerbezogener Regeln in Verbindung mit VPN, Aufbau und Verbindung von VPNs über Ipsec und Unterstützung des Verschlüsselungsalgorithmus Advanced Encryption Standard (AES), hochverfügbare Firewall-Auslegung, VPN-Clients zur sicheren Anbindung von Außendienstmitarbeitern /Heimarbeitsplätzen an das Internet, Unterstützung von Network Address Translation (NAT) zum Umschreiben von IP-Adressen und Ports.

Es sind mehrere **Firewall-System -Varianten**[3] zu unterscheiden: Bei **„Packet-Filtern"** erfolgt die Filterung der Nachrichtenpakete über den vorhandenen Router IP-adress- und protokollbasiert sowie applikationsunabhängig. Einzelne Dienste oder Rechner können ausgeschlossen werden. Nutzer lassen sich aber nicht bestimmten Diensten zuordnen. Ebenso ist anhand bloßer *header*-Angaben in der Regel keine Authentikation des Absenders und keine Überwachung des Inhaltes des Dienstes bzw. keine Ausblendung von ActiveX-Komponenten möglich[4]. Spoofing-Angriffe sind möglich[5]. Filterregeln sind komplex. Testmöglichkeiten bestehen nicht[6]. **Anforderungen**:

- Filterung getrennt für jedes Interface möglich ?
- Filterung getrennt nach Quell- und Zieladressen für einzelne Rechner oder für komplette Teilnetze sowie getrennt nach Quell- und Zielport möglich ?
- Keine automatische Veränderung der Reihenfolge der Filterregeln durch Packet-Filter.
- Nur die IP-Pakete sollten passieren können, die explizit erlaubt sind[7].
- Bei mehr als zwei Interfaces getrennte Filterung für kommende und gehende Pakete.
- Möglichkeit der Unterscheidung bei TCP-Paketen, ob Verbindungsaufbau stattfindet oder bestehende Verbindung genutzt wird.
- Protokollierbarkeit von IP-Nummer, Dienst, Zeit und Datum für *jedes* Paket.
- Adressierung sämtlicher Protokollinformationen an externen Host.
- Auslösbarkeit einer Warnung durch bestimmte Ereignisse, z.B. durch mehrfache Authentisierungsversuche.
- Benutzbarkeit statischer Routingtabellen.

Vorteilhaft ist die Verwendung **dynamischer Filter**, die den Status jeder bestehenden Verbindung in einer Tabelle speichern und diese Information in die weitere Filterung

1 *Strobel*, Firewalls, 186.
2 CW 49/2002, 22.
3 *Sreball* RDV 1996, 181, 183.
4 *Riehm*, NJW-CoR 1997, 337, 339. Ein Schutz gegen IP-Spoofing besteht nicht (*Bernhard/Jandach*, Sicherung von Internet-Anschlüssen, DuD 1997, 698, 699).
5 BSI-Grundschutzhandbuch, G 5.48 www.vieweg.de/dud/dud/grundschutz//g548.htm.
6 BSI-Grundschutzhandbuch, M.2.73 www.vieweg.de/dud/dud/grundschutz/m/m273.htm.
7 *Strobel*, Firewalls, 95.

einbeziehen[1].

Programmtechnisch auf höherer Ebene als IP-Filter arbeiten **TCP-/UDP-Relays**, d.h. kleine Programme, die mit Socket-Programmierung auf eine Verbindung mit einem bestimmten Port (teilweise sogar beschränkbar auf eine bestimmte Absendermaschine) warten. Bei Zustandekommen der Verbindung öffnen sie ihrerseits eine Verbindung zu einer vorher definierten Zielmaschine. Sie lesen danach Daten aus der ersten Verbindung und schreiben die gelesenen Daten in die zweiten Verbindung (Relay). Man spricht von einem „**Dual-Homed-Gateway**"[2]. Dieser wird auf einem eigenen Rechner (Bastion Host) implementiert, der die Kommunikation steuert und Internet-Dienste stellvertretend für das interne Netz zur Verfügung stellt (Proxy Server), sodass keine direkte Verbindung zum internen Netz besteht. Datenpakete werden ausschließlich vom Proxy Server empfangen und analysiert bzw. kontrolliert (etwa E-Mails bezüglich Viren)[3]. Er kann verschiedene Protokolle interpretieren und „gefährliche" Dokumenttypen aussortieren[4]. IP-Forwarding ist nicht möglich. Einsatz bei Protokollen wie dem WWW, mit denen Benutzer direkt arbeiten, ist *nicht* möglich[5].

Application Gateways (auch „Proxies" genannt) arbeiten voll auf der Applikationsebene, z.B. Mail-Relay. Sie nehmen Verbindungen über ein spezielles Protokoll auf. Der Benutzer fragt z.B. einen fremden WWW-Server nicht über den Browser auf seinem Rechner ab, sondern über den WWW-Proxy und erwartet die angefragte Seite von diesem[6]. Mit Proxies lassen sich Kommunikationsverbindungen in einen internen und einen externen Teil trennen. Für jede Applikation muss allerdings ein spezialisierter Proxy verwendet werden, was zu hohen Kosten und Performance-Einbußen führt[7].

Externe Eingänge lassen sich protokollieren und Benutzerberechtigungen zuordnen. Authentisierungen sind benutzerbezogen möglich, da die Verbindung der Clients zum Proxy von einem Passwort abhängig gemacht werden kann[8]. Bei WWW-Proxy-Servern ist eine Cache-Funktion implementierbar. Jeder Proxy-Server benötigt aber ein getrenntes Serverprogramm[9]. Das System ist sehr sicher, kann jedoch durch Flooding-Angriffe mattgesetzt werden. Die Übernahme des Application-Gateways durch den Angreifer führt zu vollständigem Verlust der Sicherheit[10].

Ein „**Screened Subnet**"[11] kombiniert Elemente der vorgenannten Varianten. Hier werden auch Ausgänge protokolliert, womit aber Aufwand bei Einrichtung und Pflege verbunden ist. Ein Screened Subnet besteht aus einem Application-Gateway und einem oder zwei Packet-Filtern, die sich vor oder hinter dem Gateway befinden[12]. Vorteil ist, dass kein direkter Zugang um Gateway möglich ist, nachteilig hingegen der hohe Preis (leistungsfähiger Rechner mit ein/zwei Netz-Interfaces und mindestens ein Packet-

---

1 *Strobel*, Firewalls, 98.

2 *Bernhard/Jandach*, Sicherung von Internet-Anschlüssen, DuD 1997, 698, 699.

3 *Riehm*, a.a.O., 340.

4 *Riehm*, a.a.O., 340.

5 *Strobel*, Firewalls, 100.

6 *Strobel*, Firewalls, 102.

7 *Strobel*, Firewalls, 103.

8 *Riehm*, a.a.O.

9 *Riehm*, a.a.O.

10 BSI-Grundschutzhandbuch, M 2.73, www.vieweg.de/dud/dud/grundschutz/m/m273.htm.

11 *Bernhard/Jandach*, a.a.O., 690.

12 BSI-Grundschutzhandbuch, M 2.73, www.vieweg.de/dud/dud/grundschutz/m/m273.htm ausführlich mit fünf Konfigurationsbeispielen.

Filter)[1]. Alle Systeme müssen Datenverkehr nicht nur filtern, sondern auch protokollieren[2].

Alle wesentlichen **Protokolle** sollten unterstützt werden (telnet, FTP, SMTP, NNTP, HTTP), jedes mit spezifischen Filterregeln. Wichtig ist weiter, dass jede aufgebaute und abgewiesene Verbindung mit Netznutzernummer, IP-Nummer, Dienst, Zeit und Datum protokollierbar ist und sich Protokollinformationen an einen externen Host schicken lassen (um Angriffe erkennen und nachweisen zu können).

Als typische Quellen **technischen Versagens** gelten bei Firewalls[3]

- das Bekanntwerden von Software-Schwachstellen,
- Komplexität der Zugangsmöglichkeiten zu vernetzten IT-Systemen,
- fehlende Authentisierung zwischen NIS-Server und NIS-Client,
- fehlende Authentisierung zwischen X-Server und X-Client,
- Datenverlust bei erschöpftem Speichermedium

Wichtige **Schutzmaßnahmen** sind:

- Entwicklung eines **Firewall-Konzeptes**:[4]
  Zunächst muss eine umfassende Sicherheitspolitik definiert werden, die in das IT-Sicherheitskonzept einzupassen ist. Weiter ist die Firewall korrekt zu installieren und zu administrieren. Es ist sicherzustellen, dass
  - jede Kommunikation zwischen beiden Netzen ausnahmslos über die Firewall läuft, diese also die **einzige Schnittstelle** bildet.
  - die Firewall ausschließlich als schützender Übergang zum internen Netz eingesetzt wird, also keine weiteren Dienste wie remote-login möglich sind.
  - ein administrativer Zugang zur Firewall nur über einen gesicherten Weg möglich ist (z.B. über gesicherte Konsole, verschlüsselte Verbindung oder separates Netz).
  - nur unternehmensintern verwendete, **private Adressbereiche** (definiert in RFC 1918), die nicht im Internet geroutet werden, nach außen verborgen werden[5].
  - bei heterogenen Netzwerken (z.B. Kombinationen aus Backbone-Netz (FDDI-Ring oder ATM-Switch) mit unterschiedlichen Links, z.B. ISDN, Standleitung, X.25, müssen die Netzwerkteile über Router verknüpft und/oder bei größeren Rechnerzahlen der Datenverkehr begrenzt werden.
- Festlegen einer Sicherheitspolitik[6].
- Auswahl zugelassener/verbotener Dienste sowie für die Filter für die Dienste der OSI-Schichten 3 und 4 (IP[7], ICMP[8], ARP[1], TCP[2]) und die Dienste der

---

1 BSI-Grundschutzhandbuch, M 2.73.

2 BSI-Grundschutzhandbuch, M 4.47.

3 BSI-Grundschutzhandbuch, www.vieweg.de/dud/dud/grundschutz/b/73.htm.

4 Nach: BSI-Grundschutzhandbuch, M.2.70, www.vieweg.de/dud/dud/grundschutz/m/m270.htm.

5 *Strobel*, Firewalls, 14. Die privaten IP-Adressbereiche sind die Bereiche 10.0.0.0 bis 10.255.255. 255(10/8), 172.16.0.0 bis 172.31.255.255(172.16/12) und 192.168.0.0 bis 192.168.255. 255 (192. 168/16), zit. nach *Strobel*, Firewalls, 14.

6 BSI-Grundschutzhandbuch, M.2.71, www.vieweg.de/dud/dud/grundschutz/m/m271.htm.

7 IP steht für „Internet Protocol". IP prüft nicht, ob ein Paket zugestellt wird, und ordnet Pakete auch nicht Applikationen zu. Diese Zuordnung und Kontrolle erfolgt über TCP (*Strobel*, Firewalls, 14). IP wurde bereits im RFC 791 von 1981 definiert.

8 Internet Control Message Protocol (RFC 792), sortiert Fehler- und Diagnoseinformationen für IP. ICMP-Pakettypen sind in RFC 1700 definiert. ICMP-Typen sind etwa Echo (Typ 8) und Echo Reply (Typ 0), zusammen bekannt als „*ping*". Mit ping kann man feststellen, ob ein Rechner über IP

Anwendungsschicht (z.B. telnet, FTP, SMTP, DNS, NNTP, HTTP).

- Festlegen der Verantwortlichkeiten für das Aufstellen und Testen der Filterregeln, der Protokollerstellung und ihrer -auswertung, der Aktionen bei externen Angriffen (z.B. Rückverfolgung von Angreifern). Wichtige Fragen betreffen den möglichen Schaden durch Angriffe, die die Firewall überwinden, den Zeitraum, bis ein Angriff bemerkt wird und die Nutzbarkeit von Protokollinformationen nach einem Angriff.
- Filterregeln sollten so formuliert werden, dass alle Zugänge, die nicht explizit erlaubt werden, verboten sind. Alle Rechner im inneren Netz müssen berücksichtigt werden[3].

Sicherheitsprobleme können auch über **WWW-Browsern** entstehen, etwa durch ungefragtes Laden von Programmen aus dem Internet (z.B. ActiveX, Java-Applets[4]) oder von Dokumenten mit Makroviren[5]. Das Anlegen von Benutzerprofilen in *cookie*-Dateien sollte verhindert werden oder es sind diese wenigstens zu löschen. Auch Benutzerdaten auf Proxy-Servern sind sensibel. Beim Internet Explorer führte gerade die Verbindung von WWW und Windows zu Sicherheitsproblemen.

c) Directory-Services

Directories erlauben, Daten von Mitarbeitern oder sonstigen Nutzern zentral zu verwalten. Vorteil ist, dass Daten wie Mail-Adressen, Telefonnummern, User-IDs und Passwörter an einer einzigen Stelle im Unternehmen verwaltet werden können. Änderungen müssen nicht an vielen Stellen dezentral und damit arbeitsaufwendig mit Wiederholungen durchgeführt werden. Datenredundanzen werden vermieden.

Solche **Namensdienste** können global ausgelegt werden (z.B. NetWare Directory Services, NDS). Die X.500-Spezifikation enthält die grundlegenden Festlegungen für solche Dienste. Auf ihr basiert etwa *ldap* (Lightweight Directory Access Protocol)[6].

Directories werden zumeist auf eigenen **Servern** verwaltet, die hierfür ausgelegt und entsprechend vertraglich auszuschreiben sind. Datenbankysteme sind meist nicht für eine solche Aufgabe geeignet bzw. optimiert, da sie transaktionsorientiert arbeiten (also ein Datum erst dann für gültig erklären, wenn alle damit verbundenen Datenänderungen abgeschlossen sind), während bei Directory Servern Änderungen sequentiell (operationsorientiert) abgearbeitet werden (die einzelne Datenänderung wird entweder abgebrochen, ist also ungültig, oder wird zu Ende geführt)[7]. Directory Server sind außerdem auf eine Priorität von Lesezugriffen ausgelegt.

Directory Server müssen im Umfang der verwaltbaren Datenmengen **skalierbar**

erreichbar ist. Deshalb sollte ping auch durch die Firewall nicht blockiert werden (*Strobel*, Firewalls, 18). „*traceroute*" (unter NT/2000 „tracert") listet die Adressen der Router auf dem Weg zum entfernten System.

1 Address Resolution Protocol, findet zu einer 32-Bit großen IP-Adresse die zugehörige 48-Bit große Hardware- oder Ethernet-Adresse.

2 TCP (Transmission Control Protocol) steuert die Paketversendung zu bestimmten Empfängern. TCP enthält ein besonderes Address Resolution Protocol (ARP), das die IP-Adressen in MAC (Netzwerkadressen von Rechnern) auflöst.

3 Ausf.s. BSI-Grundschutzhandbuch, M 2.76, www.vieweg.de/dud/dud/grundschutz/m/ms76.htm.

4 Zum „*Sandbox*"-Sicherheitsmodell von Sun s. *Fox*, 1998, 96.

5 BSI-Grundschutzhandbuch, M 5.45 www.vieweg.de/dud/dud/grundschutz/m/m545.htm.

6 *Gergen*, Internetdienste, 29.

7 *Gergen*, Internetdienste, 31.

sein. Die bestehenden und benötigten Skaliermöglichkeiten sollten ausdrücklich **vertraglich** definiert und **garantiert** sein. Horizontal kann Skalierung über Hinzufügen einer Maschine erfolgen, vertikal durch Aufrüsten der Hardware. Bei horizontaler Skalierung können die Mechanismen zur kontrollierten Verteilung der Daten auf verschiedene Systeme anzupassen sein[1]. Diese Leistung muss anbieterseits erbracht bzw. vorgehalten werden können.

Ist regelmäßig mit einer großen Zahl von Zugriffen zu rechnen, sollte zur Performanzsteigerung bzw. Vermeidung von Wartezeiten grundsätzlich die **Replikation** des Servers auf andere Server vorgesehen werden. Freilich ist durch die erwähnten Kontrollmechanismen sicherzustellen, dass zwischen den Servern nicht Dateninkonsistenzen auftreten, weil verschiedene Server ein Datum unterschiedlich ändern. Hierfür muss ein Server (als „*Master*" bzw. „*Supplier*") die zentrale „Informationshoheit" erhalten, also allein zu Änderungen befugt sein, während alle anderen Server (als „*Slaves*" bzw. „*Consumer*") lesen, aber nicht ändern dürfen[2].

Soll die Gefahr eines Master-Server-Ausfalles ausgeschlossen werden (der, als am Single Point of Failure erfolgend, zum Ausfall der gesamten Systems führen würde), kann eine **Multi-Master-Umgebung** eingerichtet werden, in der zwei oder mehr Master-Server ihre Daten wechselseitig in vollem Umfang replizieren und die Verteilung der Datenänderungen über Load-Balancing-Mechanismen steuern. Fällt ein Master aus, übernimmt der andere die volle Last der Datenänderungen[3]. Multi-Master-Umgebungen und deren Implementierung bedürfen besonderer Vereinbarung und Funktionstests (und sind in der Beschaffung teurer).

Ein weiteres Problem kann sich bereits bei der Implementierung daraus ergeben, dass kaum ein Directory zu hundert Prozent **in ein bestehendes Netzwerk integriert** werden kann, noch weniger in ERP-Systeme[4]. Hier können Anpassungen des Directory oder von Applikationen (etwa bezüglich verwendeter Attributnamen) erforderlich sein, die getrennt zu beauftragen und zu testen sind. Einige Applikationen (v.a. installierte ältere Versionen) sind nicht *ldap*-fähig und können also nicht integriert werden[5]. Auch können (u.U. auch mitbestimmungspflichtige) Umorganisationen erforderlich sein, wenn Abteilungen ihre u.U. schon jahrelang laufende Datenpflege abgeben sollen. Hohe Kosten können entstehen, wenn große vorhandene Datenmengen migriert werden müssen[6]. Vermieden werden sollten proprietäre Schemaerweiterungen, da auf diese nicht unternehmensweit zugegriffen werden kann[7] und sie mit Zusatzkosten gepflegt werden müssen.

Sicherheitsbezogen ist insbesondere zu klären, ob und unter welchen Sicherungen ein anonymer Zugriff auf Daten möglich ist, welche Gruppierungen im Unternehmen besondere Zugriffsrechte haben, ob Informationen über verschlüsselte Verbindungen ausgetauscht werden müssen und wie die Zugriffskontrollen im Server umgesetzt werden[8].

---

1 *Gergen*, Internetdienste, 57 .

2 *Gergen*, Internetdienste, 61. „*Master*" und „*Slave*" wurden in den USA inzwischen als politisch inkorrekte Begriffe kritisiert.

3 *Gergen*, Internetdienste, 63.

4 *Gergen*, Internetdienste, 72.

5 *Gergen*, Internetdienste, 85.

6 *Gergen*, Internetdienste, 72.

7 *Gergen*, Internetdienste, 73.

8 *Gergen*, Internetdienste, 79.

d) Intranet-Einführung[1]

(1) Hardware-Anpassung, Einführung von TCP/IP, E-Mail, Aufbau von internem WWW-Server, FTP, News-Services,
(2) Einsatz von universellen Intranet-Clients Web-Browser, Host- und Datenbankintegration, Herstellen von „Connectivity“, Internet-Anbindung, CGI (Common Gateway Interface), Fax-, Pager-Gateway, Search Engine.
(3) Intranet-Groupware, Video Conferencing,
(4) Einbindung von Buchhaltungs-, Warenwirtschafts- oder PPS-Applikationen in das Intranet,
(5) SNA-Integration über Web/SNA-Gateways (HTML-Translatoren) oder Telnet-3270/5250-Emulatoren (zur Verkapselung von 3270/5250-Datenströmen in TCP/IP-Netzen)[2].

Intranets werden auch als „**Virtual Private Networks**“ (VPNs) bezeichnet. Hier kann etwa die Konzernmutter über durch Verschlüsselung gesicherte Internet-Verbindungen mit der Tochter kommunizieren. **IP-Hiding** erlaubt, intern verwendete IP-Adressen nicht nach außen erkennbar werden zu lassen[3]. Auch bei einem Überwinden des Firewalls sind so von außen keine IP-Adressen zugreifbar; außerdem müssen nur die für die Außenkommunikation benötigten Adressen angemeldet werden.

Auswahlkriterien für Intranet-WWW-Server[4]

- Leistungsfähigkeit der Server-Implementation.
- Allgemeiner Funktionsumfang (Logging, Scriptsprache, Aktualität der HTTP-Protokollversion), Dokumentmanagement (z.B. Dokumentformate wie Adobe Acrobat PDF), HTML[5]/XML[6], Java-Script, integrierte Suchmaschine, automatische Versionskontrolle gespeicherter Web-Seiten, WWW-Clients mit zusätzlichen Grafikerweiterungen, News, E-Mail etc.
- Die HT/XML-Vorgabe ist wichtig, um eine einheitliche Wiedergabe von Texten etwa auch in den Umlauten zu ermöglichen. Das HTTP-Protokoll stellt sicher, dass die so definierten Texte auch in alle Teile des Intranet in gleicher Weise übertragen werden können.
- Die Programmsprache Java hat den Vorteil, dass nicht einfach nur Dateien, sondern *ausführbarer Code* (Bytecode) übertragen wird. Dieser wird durch einen Client ausgeführt, der auf der Java-Virtual Machine installiert ist.
- Unterstützung der in LAN eingesetzten Verzeichnisdienste.
- Leistungsfähiges Server-Cache-Management (Prüfung des Cache vor Downloading), Peer-to-Peer-Replikation von URL-Gruppen.

---

1 *Kyas*, Intranet, 81.

2 *Alesi*, Gateway 8/1997, 95, 96.

3 *Riehm*, NJW-CoR 6/1997, 337, 339.

4 S. n. ausführlich *Kyas*, Intranet, 93 – 114.

5 Mit Unterstützung von dynamischen Elementen (Dynamic HTML), Cascading Style Sheets (CSS) zur Definition von Dokumenteigenschaften.

6 „XML“ steht für „eXtensible Markup Language“, eine Auszeichnungssprache für strukturierte Daten, die durch das Definieren von Grammatiken oder das Einbetten von Subdokumenten in umschließende Dokumente erweitert werden kann (*Merz*, E-Commerce und E-Business, 201).

- Unterstützung von Datenschnittstellen (CGI, NSAPI[1], ISAPI[2]).
- Verfügbarkeit von Entwicklungsumgebungen und Website-Management-Tools (Erstellung, Verifikation und Reorganisation von Server-Applikationen).
- Routerkonfiguration.
- Multimedia-Erweiterungen zum Ausbau als Media-Server, insbesondere Document-Sharing, Chat-Funktionalität, gemeinsame Web-Nutzung, Voice-Mail.
- Integrationsfähigkeit in Netzwerkmanagementsystemen, Überwachbarkeit der Serveraktivitäten, Unterstützung des Netzwerkmanagementprotokolls SNMP; OLAP (OnLine Analytical Processing).
- Bedienerfreundlichkeit.
- Sicherheitsfunktionen wie SSL oder S-HTTP; Proxy-Betrieb.

Leistungsmerkmale:
- durchschnittliche und maximale Verbindungs- und Antwortzeit, Datendurchsatzraten, Anzahl der übertragenen Seiten und Dateien,
- Bandbreiten: extern 2,4 bis 28 kbit/s, intern bis 10 Mbit/s.
- Für kleine Anwendungen kann zunächst ein FastTrack-Server genügen, etwa ein kompletter Internet Server.
- Als nächstes kann der Umstieg auf größere Server, etwa einen Enterprise Server, in Betracht kommen.

Dokumentation:
- **Systemdokumentation** zur Netzwerk-Konfigurierung, Konfigurierung der Internsegmentkomponenten (wie Bridges, Router) von Firewallsystemen und von Intranet-Diensten.
- **Betriebsdokumentation** zu allen systembezogenen Tätigkeiten, etwa die Durchführung von Backups, Wartungsarbeiten oder Konfigurationsänderungen, Systembedienung und Shutdown, Verhalten bei Eintritt von Betriebsproblemen.

Weitere Regelungspunkte:
- Erforderliche Mitarbeiterschulung
- Test, Abnahme: Funktions- und Integrationstests
- Modus der Mängelbeseitigung

e) Intranet-Anbindung an das Internet („Intranet-/Internet-Kopplung“)

aa) Begriff des „Intranets“

Intranets sind unternehmensinterne, auf dem Transportprotokoll TCP/IP basierende Netze, die auf der Basis von offenen Internet-Standards eine leistungsfähige Infrastruktur für Benutzerdienste wie Informationsaustausch, Kommunikation, Applikationen und Hauptnetzwerkdienste wie Sicherheit (Datensicherung, Verschlüsselung, Authentisierung), Replikation (von Datenbeständen), Management- und Verzeichnisdienste (Informationen über Zugriffsrechte, Server-Konfigurationen, E-Mail-Adressen

---

1 NetScape Server Application Programming Interface.

2 Internet Server API.

etc.) umfassen[1].

Alle internettypischen Merkmale wie Netzwerkschicht (IP), Transportschicht (TCP), die Internet-Anwendungen Telnet, FTP, SMTP, NNTP, DNS (Domain Name System-Server) und objektorientierte Technologien wie Java oder Active-X lassen sich in *Intra*nets übernehmen und ermöglichen so – dies ist der große Vorteil – Kommunikation zwischen völlig verschiedenen Systemarchitekturen und, wenn gewünscht, mit dem Internet (teilweise „Extranet“ genannt, v.a. bei Kommunikation mit Partner/ Zweigniederlassungen).

bb) Architektur

Intranets enthalten in der Regel folgende Software-Module[2]:

- WWW-Server (für Hardware und Software), TCP/IP-Stack, Browser, Firewalls, HotJava, Perl, Shockwave
- Informationssuch- und Indizierungssystem
- Public-Key-Server
- Directory-Server
- Mail-Server
- News-Server
- Applikations-Server (Intranet - Java/Java-Script-Applikationen)
- Multimedia-Server für Audio/Video

Intranet-**Gateways** stellen Übergänge zu verschiedenen proprietären Datenformaten und Anwendungen her[3]. Bei Datenbanken von Anbietern wie Oracle oder Informix entstehen keine Probleme, wohl aber bei transaktionsorientierten Mainframe-Systemen, da TCP/IP keine Transaktionsorientierung kennt. Hier muss eine bidirektionale Umsetzung von Host-Daten in das WWW-Format implementiert werden. Firewalls koppeln gesicherte an ungesicherte Netze (etwa ein Intranet an das Internet) [4], aber auch Intranet-Teile mit besonderer Sicherung an die sonstigen Intranet-Teile im Unternehmen.

Intranets weisen, wie das Internet, eine **Client-Server-Architektur** auf. Unternehmensweit lassen sich WWW-Clients (in Browser-Software) installieren, die mit zentralen (aufgabenspezifischen) Servern im Intranet kommunizieren. Browser und Server setzen auf das Kommunikationsprotokoll TCP/IP auf [5]. Diese Architektur ist von Hardware-Plattformen und Betriebssystemen unabhängig. In diesen Systemen sind alle Java-Applikationen lauffähig, da ebenfalls plattform- bzw. betriebssystemunabhängig. *Die Client-Server-Architektur ist so ein Grundstein für eine universale und netzgestützte Verknüpfung verschiedenster Systeme und auch für weltweiten Software-Vertrieb.*

HTTP ist im Intranet ein zentrales, sog. „zustandsloses“ Kommunikationsprotokoll, bei dem also jede Client-Anforderung an den Server mit einem einzigen HTTP-Datenpaket beantwortet wird (*single state protocol*). Der Server muss also keine Verbindungszustände abspeichern, nicht auf Bestätigungspakete warten und keine Handshake-Protokolle durchführen[6]. HTTP bedarf freilich der Protokoll*ergänzung*.

---

1 *Kyas*, Intranet, 39.

2 Nach: *Kyas*, Intranets, 47.

3 *Kyas*, Intranet, 47.

4 S. *Kyas*, Intranet, 47.

5 *Kyas*, Intranet, 52.

6 *Kyas*, Intranet, 55.

Verfügbar sind hierfür SSL (Secure Socket Layer) und S-HTTP (für Secure-HTTP) mit RSA- und DES-Algorithmen[1].

cc) Intranet-/Internet-Kopplung

Auch bei Verwendung von Internet-„Features" im Intranets bleiben diese doch geschlossene Systeme, wenn nicht eigens eine Anbindung des Intranets an das Internet realisiert wird. Bei der Einrichtung einer Intranet-/Internet-Kopplung ist eine **Grundsatzentscheidung** zu treffen: Soll das Einrichten und Verwalten von Schlüsselkomponenten wie Firewall-Systemen, Mail-Servern, DN-Servern und Informations-Servern des Unternehmens mittels Outsourcing einem Internet-Provider übertragen werden oder soll ein eigener, autarker Internet-Knoten einschließlich Firewall-System aufgebaut und betrieben werden? Beide Ansätze haben Vor- und Nachteile[2]. Die erste Lösung bietet sich vor allem an, wenn noch nicht genügend eigenes spezifisches Know-how im Unternehmen vorhanden ist und/oder die Intranet-Internet-Kopplung nicht ausreichend intensiv genutzt werden soll.

dd) Vertragswahl

Bei **Zeitverträgen** dienen die zur Verfügung gestellten Bandbreiten und die Datenübertragungsdauer als Berechnungsgrundlage. Dies kann nachteilig sein, wenn erzielbare Datenübertragungsraten nicht garantierbar sind[3]. **Volumenverträge** sind deshalb in der Regel günstiger, da hier auch der Anbieter an schneller Übermittlung großer Datenmengen interessiert sein muss. Nutzungsunbhängige **Flat-Rates-Verträge** (etwa mit einheitlichen Monatsgebühren) finden sich meist nur im Privatkundenbereich.

f) Nutzung von hochverfügbaren Systemen

Zentrales Leistungsmerkmal für serverbasierte Anwendungen ist „Hochverfügbarkeit". Insbesondere für E-Commerce-Anwendungen etwa im B2B-Bereich ist sie unverzichtbar. Es gibt aber weder „die" Hochverfügbarkeit noch einen einheitlich-schematischen Weg ihrer Herstellung. Vielmehr muss die jeweils herzustellende Hochverfügbarkeit für jeden Einzelfall geprüft, definiert und vertraglich festgelegt werden. Gleiches gilt für die Prozeduren, um Systeme hochverfügbar auszugestalten.

Üblicherweise lassen sich **vier Stufen** zur Realisierung von **Hochverfügbarkeit** unterscheiden:[4]

- Die **Basisverfügbarkeit** umfasst alle Maßnahmen zur generellen Erhöhung der Verfügbarkeit, so etwa Service- und Schulungskonzepte, Qualitätssicherung, Dokumentation. Grundlage sind außerdem servergesteuerte Routinen zur Diagnose und Fehlerbehandlung zur Reduzierung von Ausfallzeiten, z.B. Prüfungen durch Testprogramme beim Systemstart, ob sich die erforderliche Hardware (Prozessoren, Speicher, Controller, etc.) ansprechen lässt. Wird etwa eine Hardware-Störung

---

1 *Kyas*, Intranet, 56.
2 *Kyas*, Intranet, 292.
3 *Kyas*, Intranet, 297.
4 Nach: *Stiel*, CW 14/2000, 61f.

gefunden, wird die betroffene Komponente „auskonfiguriert" und, soweit vorhanden, eine redundante Komponente einbezogen. Erst dann wird das Betriebssystem geladen. Das Einbeziehen redundanter Komponenten setzt freilich voraus, dass diese (z.B. Netzteile, Lüfter, Plattencontroller und Netzwerkkarten) mehrfach ausgelegt sind, – mit entsprechenden Mehrkosten für den Kunden.

- Die **Anlagenverfügbarkeit** dient dazu, (die Wahrscheinlichkeit von) Hardware-Störungen weiter zu verringern bzw. abzumildern. Automatische Selbsttests können hier genutzt werden, um *zur Laufzeit* permanente oder transiente (gelegentlich auftretende) Fehler zu entdecken und den Zustand von Komponenten zu diagnostizieren und ggf. fehlerhafte auszukonfigurieren („*Online Replacement*", OLR).
- **Datenverfügbarkeit** zielt auf fehlerfreie Arbeitsweise und hohe Präsenz der Datenmedien wie Haupt- und Massenspeicher und Systembusse ab. Weiter kann es erforderlich sein, mit Hilfe eines Änderungsprotokolls (*Intent Logging*) alle noch nicht abgeschlossenen **Änderungen** an der Dateisystemstruktur in einen reservierten Festplattenbereich zu schreiben. Hierdurch können Dateisystem-operationen, die zur Zeit des Auftretens eines Systemfehlers aktiv waren, beendet werden, um danach das Dateisystem ohne eine vollständige Konsistenz-prüfung schnell einzuklinken. Speicher und Busse verfügen außerdem über Mechanismen **automatischer Fehlererkennung** und ggf. –korrektur (Busse etwa über eine Parity-Kontrolle, die Übertragungsfehler erkennen und ausschließen kann, Speicher und Second Level Cache über einen Error Correction Code, ECC, der alle Mehr-Bit-Fehler erkennt sowie Ein-Bit-Fehler im laufenden Betrieb selbsttätig korrigiert, während Mehr-Bit-Fehler dadurch ausgeschlossen werden können, dass beim Refresh des Hauptspeichers aller erkannten Fehler korrigiert werden[1]). Bei Festplatten werden zyklische Redundanzverfahren eingesetzt. Ergänzend sind aber zur Vorkehrung gegen den Ausfall von Datenträgern **Backups** erforderlich. Zur Erhöhung der Absicherung können Spiegelplatten eingerichtet werden (Redundant Array of Independent Disks, RAID Level 1[2]), wodurch das System (durch doppelten Schreibvorgang) permanent ein Abbild der Originalfestplatte mitführen kann und ein nahtloser, automatischer Wechsel zur zweiten Platte im Hintergrund möglich wird. RAID 1 erlaubt außerdem Mehrfachspiegelungen (bis drei Abbilder), wodurch sich Daten auf unterschiedliche Speicher verteilen lassen, was den Zugriff auf diese beschleunigt (etwa bei großen Nutzerzahlen). Gespiegelte Platten können in anderen Plattenschränken / Gebäuden untergebracht sein (etwa zum Schutz vor Bränden,

---

1 *Stiel*, CW 14/2000, 61, 62.

2 Gespiegelt werden hier Datenplatten, bei Root- und SWAP-Spiegelung hingegen Systemplatten. Bei RAID0 werden nur Daten sequentiell auf mehrere Festplatten im Array verteilt; fällt eine Platte aus, sind alle Daten aller im Array befindlichen Festplatten unbrauchbar (*Robbe*, SAN – Storage Area Network, 14). Bei RAID1 werden die Daten zur gleichen Zeit auf zwei verschiedene Festplatten geschrieben, so dass beim Ausfall einer Platte auf die andere zugegriffen werden kann (*Robbe*, a.a.O., 14). Bei RAID5 erfolgt die Datenverteilung wie bei RAID1; zusätzlich werden aber die zur Rekonstruktion der Daten benötigten Parity-Informationen (Addition der binären Datenblöcke) auch über alle Festplatten verteilt. Fällt eine Platte im RAID5-Array aus, können die verlorenen Daten mittels der verbleibenden Parity-Informationen auf den anderen Festplatten rekonstruiert werden (*Robbe*, a.a.O., 16). Außerdem wird im RAID5-Array meist eine „*Hot Spare*"-Festplatte eingefügt, die bei Ausfall einer anderen Platte sofort einspringt. RAID5 weist allerdings ein „*Write Penalty*" auf, da vier Arbeitsschritte notwendig sind (Lesen der alten Daten, Lesen der alten Parity-Informationen, Schreiben der neuen Daten und Schreiben der neuen Parity-Informationen). Hier muss ein zusätzlicher *Cache* auf den Adapterkarten eingesetzt werden, der die Daten zwischenspeichert, bevor sie endgültig auf die Platte geschrieben werden (*Robbe*, a.a.O., 17).

Hochwasser, Erdbeben, etc.). Auch Zugriffspfade (z.B. Fibre Channels) lassen sich unter demselben logischen Kanal redundant auslegen, um Unterbrechungen bei Ausfall von Plattencontrollern vorzubeugen.

- **Systemverfügbarkeit** soll Unterbrechungszeiten, wenn sie schon auftreten, möglichst gering halten. Möglich ist etwa das **Clustering** von Serversystemen, das einen Single Point of Failure ausschließt. Jeder Cluster-Knoten ist ein eigenständiges System. Alle Einzelrechner arbeiten über eine gemeinsame Peripherie (Terminals, Plattenpools, Drucker und Datenbank). Bei Ausfall eines Rechners kann diese über einen anderen Cluster-Knoten angesprochen werden. Die Plattensubsysteme müssen hierfür extern ausgelegt und über unterschiedliche Rechnerknoten erreichbar sein; außerdem muss auf jedem Knoten eine spezielle Software zum Monitoring der Hochverfügbarkeit laufen, die Ausfälle erkennt und automatisch auf diese reagiert. Eine weitere Software muss diese Informationen ständig im Rahmen einer „**Lebendüberwachung**" zwischen den Knoten kommunizieren. Diese Konzeption erlaubt dann den Zugriff vom Knoten auf die Peripherie über zwei Methoden, nämlich den exklusiven, umschaltbaren Zugriff für beliebige Anwendungen („*Failover-Cluster*") oder über eine parallelen Zugriff („*Shared Database Cluster*"). Das sog. „*Load-Balancing*" ist die Fähigkeit des Clusters, Benutzeranfragen auf unterschiedliche Server im Cluster zu verteilen. Alle Server im Verbund kennen den Zustand der anderen Server (teilweise „*Heartbeating*" genannt) und überwachen dauernd ihren eigenen Workload, um zu entscheiden, ob ihr Workload-Status den Zustand „*Available*" oder „*Busy*" aufweisen, und Benutzeranfragen gegebenenfalls mittels Failover-Mechanismen an andere Server weitergeleitet werden. Für wissenschaftliche Zwecke wurden Linux-Cluster mit mehr als 1000 Prozessoren zusammengeschaltet.

Die Aufzählung ist natürlich nicht abschließend. Sie soll nur zeigen, dass Hochverfügbarkeit nur über verschiedene Parameter erreichbar ist und eine teilweise erhebliche Mitwirkung des Kunden (auch in finanzieller Hinsicht) sowie Wahlentscheidungen bereits bei der Systemkonzipierung erfordert.

So müssen etwa **Uptime-Garantien** für den unterbrechungsarmen Betrieb von Systemen spezifisch definiert und vereinbart werden. Soweit diese Uptime-Garantien nicht erreichbar sind, empfiehlt sich zumindest die MTTR[Mean-Time-To-Restore]-Vereinbarung über die mittlere Dauer der Fehlerbehebung[1].

Wichtig ist weiter zu beachten, dass solche Garantien nicht isoliert für einzelne Komponenten vereinbart werden sollten, sondern für das gesamte System mit allen Applikationen. Auch wenn nämlich z.B. sechs Einzelkomponenten eine Verfügbarkeit von über 99 % haben, kann (aufgrund der Wechselwirkungen und –abhängigkeiten) die Gesamtverfügbarkeit doch unter 96 % liegen, mit der Folge einer Downtime von 350 Stunden jährlich (!) bei Rund-um-die-Uhr-Betrieb (wie etwa bei Webshops)[2]. Selbst die „Five Nines"-Beschreibung besonders ausfallkritischer Server (nämlich 99,999 %) muss im Einzelfall überprüft werden, da sie zu einer maximalen Ausfallzeit von 5,25 Minuten pro Jahr führen kann[3]. Schon eine 99,93%ige Verfügbarkeit führt zu Unterbrechungszeiten von 60 Sekunden pro 24 Stunden[4]. Robbe[1] listet folgende

---

1 *Towle/Bruggeman*, CRi 2002, 75, 78.

2 *Ewe*, CW 14/2000, 63, 64.

3 *Robbe*, SAN – Storage Area Network, 12. In dieser Zeit kann bereits ein hoher Schaden entstehen, wenn etwa eine Börsentransaktion nicht möglich ist.

4 *Towle/Bruggeman*, CRi 2002, 75, 78.

möglichen Schäden auf:

Geschäftszweig:	**Kosten pro Stunde Systemausfall:**	
Aktienhandel	US-$	6.450.000
Kreditkarten-autorisierungen	US-$	2.600.000
Versandhandel	US-$	90.000
Flugreservierungen	US-$	69.000

Ein **Systemausfall** bei „eBay" am 12.6.1999 von 22 Stunden führte etwa zu direkten Kosten von 5 Mio. US-$ und zu einem Wertverlust der Aktie von 26 % (also von 5 Milliarden US-$). Aber auch die Arbeitsleistung der Mitarbeiter kann eingeschränkt sein: „Wenn ... 1000 Anwender nach jedem Mausklick 15 Sekunden warten müssen, bevor das System wieder freigegeben wird, ergibt sich daraus bei nur einem Mausklick pro Tag und Anwender alleine eine Zeitspanne von rd. 917 Stunden im Jahr, die die Anwender nicht arbeiten können"[2].

Bei **Netzwerken** sollten Verfügbarkeiten differenziert werden nach dem eigentlichen Backend-Netzwerk (für den RZ-Betrieb, Server-Anschaltung und Storage Area Network, SAN), der Gebäudeanschaltung und Backbone und schließlich der Etagenausstattung und Endgeräteanbindung[3]. Notwendig kann etwa sein, für den ersten Bereich zwei oder mehr Router unter derselben IP-Adresse verfügbar zu halten.

Die Systemverfügbarkeit kann durch Einsatz von **Storage Area Networks** (SANs) erhöht werden. Hier kann jeder Server mit jedem Speichersubsystem kommunizieren. Das SAN wird getrennt von einer einzigen Stelle aus verwaltet. Das System ist leichter skalierbar. Datensicherungen müssen nicht mehr zwingend in der „arbeitsfreien" Zeit durchgeführt werden[4]. Freilich sind die Investitionen deutlich höher. Auch bestehen Risiken, wenn verschiedene Serversysteme im SAN verknüpft werden. Beim Booten eines NT-Mailservers im (R/3-) Unix-System fragt der Mailserver (über SCSI-Reset) alle angeschlossenen Subsysteme ab, also auch die Festplatten des Unix-Systems, die er nur als unformatiert erkennt und bei Bestätigung durch den Mailserver-Administrator neu formatiert, wodurch z.B. die dort gespeicherte Oracle/R/3-Datenbank verlorengehen kann[5]. Hier muss bei Systemkonzeption festgelegt werden, ob die notwendige Absicherung gegen diese und ähnliche Konflikte im Subsystem, in der Netzinfrastruktur (Switch) oder durch die Server erfolgt. Weiter muss ein SAN-Subsystem bei Verwendung verschiedener Serversysteme deren unterschiedlichen Betriebssysteme unterstützen und hierfür ausgelegt sein, um den gemeinsamen Zugriff (*„True Data Sharing"*) zu ermöglichen und Inkonsistenzen durch gleichzeitige Zugriffe aus verschiedenen Systemen zu vermeiden[6].

Verfügbarkeiten und weitere Leistungsmerkmale lassen in Service Level Agreements (SLAs) **gestuft** vereinbaren. Sinnvoll kann auch die Vereinbarung eines Tracking Service sein, der dem Kunden erlaubt, automatisiert zu prüfen, ob und bis zu welchem

1 *Robbe*, SAN – Storage Area Network, 13.
2 *Robbe*, a.a.O., 183.
3 *Borowka*, CW 14/2000, 65.
4 *Robbe*, SAN – Storage Area Network, 31.
5 Beispiel bei *Robbe*, a.a.O., 191.
6 *Robbe*, a.a.O., 208, 211f.

Grad die Dienste tatsächlich erbracht werden[1].

g) E- Mail-Services

Die Einrichtung von Mail-Services gehört zum Standard-„Leistungspaket" aller Provider, verlangt aber einige spezifische Auswahlentscheidungen, wenn die Mailnutzung durch Unternehmen erfolgen soll. Hier muss ein passendes Mailsystem konzipiert werden.

Das **Standardprotokoll** für Mails ist 1982 im RFC 822 festgelegt worden. Multimediale Erweiterungen sind in RFC 2045 und 2046 veröffentlicht[2]. Der RFC legte die erste *smtp* (simple mail transfer protocol)-Definition fest. Smtp (bzw. die Erweiterung *esmtp*) wird zur Übertragung einer Mail (*smtp accept*) von einem Client (Nutzer) an einen Mail Transfer Agent (MTA), der Mails empfängt oder weiterleitet, und zur Weiterleitung (smtp deliver) an andere MTAs verwendet. *MIME* (Multipurpose Internet Mail Extensions), in den RFC 2045 und 2046 definiert, erfasst Erweiterungen etwa für Audio- und Image-Dateien. Das *POP3*(Post Office Protocol Version 3)-Protokoll wird zwischen Client (Nutzer) und Server eingesetzt, ebenso aber *IMAP4* (Internet Message Access Protocol Version 4), smtp oder http (etwa bei Webmail-Accounts). POP3 läuft als eigener Prozess auf dem Mailserver und wird internetweit über Portnummer 110 angesprochen.[3] Nach Abruf einer **Nachricht** wird diese **auf dem Mailserver gelöscht**. POP3 eignet sich als sehr einfaches Protokoll nicht für umfangreiche Operationen auf dem Mailserver[4].

Die Besonderheit bei **IMAP4**[5] ist, dass die **Mails auf dem Mailserver belassen** werden (können) und man sich bei der Verbindung (zeit- und kostensparend) nur die Header-Informationen der Mail angeben lassen kann[6]. Will der Anwender eine Mail lesen, wird eine Kopie von dieser auf den Client-Rechner übertragen, die Nachricht auf dem Serverrechner aber (anders als bei POP3) weiter vorgehalten. **Vorteil**: Verschiedene Clients können auf dieselbe Mail(zeitlich versetzt) zugreifen. **Nachteil**: Während des Lesens der Mail benötigt man immer eine Netzverbindung[7]. Außerdem kann, wenn die Mails längerfristig gespeichert bleiben, die Inbox des Mailservers die Speicherkapazität des Rechners erschöpfen. Deshalb werden User Quotas definiert, die Nutzer nicht überschreiten dürfen. IMPAP4 läuft in der Standardkonfiguration über Port 143.

Bei der Auslegung des Mailsystems ist festzulegen,

- ab wann „alternde" Mails gelöscht werden dürfen bzw. müssen,
- ob bei größeren Anwenderzahlen Mailmultiplexer einzusetzen sind, die Mails auf mehrere Rechner verteilen, aber die Einrichtung eines die Verteilung verwaltenden Proxy-Rechners bedürfen.

Ein eigenes „Message Handling System" wird in der *X.400-Architektur* definiert, die hier nur erwähnt werden kann.

---

1 *Towle/Bruggeman*, CRi 2002, 75, 79.

2 Die RFCs sind verfügbar unter www. ietf.org/rfc.

3 Das Protokoll ist in RFC 1939 definiert, *Gergen*, Internetdienste, 101.

4 *Gergen*, Internetdienste, 102. Mailserver sind Rechner, auf denen ein „Mail Transport Agent" läuft, z.B. sendmail (*Strobel*, Firewalls, 39).

5 IMAP4 ist in RFC 2060 definiert.

6 *Gergen*, Internetdienste, 100.

7 *Gergen*, Internetdienste, 106.

Webmail basiert auf der jeweils installierten Browser-Software. Sie wird oft verwendet, um direkt über Webseiten zu korrespondieren, etwa Bestellungen aufzugeben. Webmail kann deshalb für Webpräsenzen von Unternehmen wichtig sein. Benötigt wird ein Mailserver, der über smtp für den Benutzer vorgesehene Mails entgegennimmt und über IMAP4 bereitstellt. Über einen vorangestellten Webserver kann sich der Benutzer auf einer html-Seite anmelden. Eine Applikation auf dem Webserver generiert dann einen IMAP4-Request, der die Betreffzeilen der eingegangenen und bereits gelesenen Mails vom Mailserver anfordert, in html-Seiten umwandelt und sie dem Benutzer darstellt. Dieser kann nun über weitere Links auf die einzelnen Mails zugreifen, die jedes Mal vom Webserver in html-Seiten übersetzt und vom Browser auf der Benutzerseite dargestellt werden. Umgekehrt kann der Benutzer eine Mail schreiben, indem er den Text in ein Feld im html-Formular schreibt und durch Anklicken absendet. Hierauf übernimmt die Applikation auf dem Webserver die Daten des Textfeldes und sendet sie über smtp an den Mailserver, der die Nachricht weiterleitet. Gegenüber dem Mailserver ist der Webserver also ein smtp- und IMAP4-Client, der die Mails von der einen in die andere Form überträgt[1]. Nur IMAP4 kommt als Zugriffsprotokoll in Frage, da bei POP3 die Mails auf dem Webserver hinterlegt würden, bei IMAP4 hingegen richtigerweise auf dem Mailserver, auf dem sie jederzeit und überall gelesen werden können.

In größeren Unternehmen muss die **Mailarchitektur** den spezifischen Erfordernissen angepasst sein. Möglich sind eine verteilte oder eine zentrale Topologie. Beim verteilten Ansatz ist etwa in jeder Geschäftsstelle ein Mailserver aufgebaut, der in vollem Umfang die Dienste durchführt; beim zentralen Ansatz erfolgt hingegen der gesamte Mailverkehr von einem einzigen Standort aus. Mischformen sind möglich. Die jeweilige Architektur kann grundsätzlich nur im Einzelfall festgelegt werden, um spezifischen Anforderungen ausreichend Rechnung zu tragen. Dies spricht für einen individuellen Implementierungsauftrag, der schwerpunktmäßig **Werkvertragsrecht** folgt. Bei der Erwerbsentscheidung ist zu berücksichtigen, mit welchem jeweiligen Mailumfang an welchen Orten zu rechnen ist, welche Mitarbeiter zur Administration qualifiziert sind, welche Bandbreiten jeweils zur Verfügung stehen, wie eine Absicherung gegen den Diensteausfall realisiert werden kann und welche Kosten bei unterschiedlichen Architekturen jeweils entstehen[2].

Zur **Angriffsabsicherung** sollte der Mailserver im Netz nach außen durch eine Demilitarized Zone (DMZ) mit äußerer Firewall (mit smpt-Connect von überall her auf Port 25) und innerer Firewall (die nur eine smtp-Verbindung zwischen Mailserver und internem Server gestattet) abgesichert werden. Ein interner weiterer Mailserver (smtp in, Inbound Mailhub) nimmt die Nachrichten entgegen und verteilt sie ähnlich einer Poststelle[3]. Bestehen besondere Sicherheitserfordernisse, kann über authenticated smtp eine gesicherte Kette von Servern eingerichtet werden, allerdings meist nur innerhalb von Unternehmen oder mit Zulieferern.

---

1 *Gergen*, Internetdienste, 117.

2 *Gergen*, Internetdienste, 120, 121.

3 *Gergen*, Internetdienste, 135.

h) Hosting[1], Server-Housing, dedizierte Rechner

aa) Hosting

Beim **Hosting** nutzt der Kunde den Serverrechner des Anbieters, um kundeneigene Daten auf diesen Rechner heraufzuladen und durch den Anbieter verwalten und für Dritte im Internet zugänglich zu machen.

Leistung des Providers ist das Abspeichern der jeweiligen Dateien auf dem Host-Rechner sowie erforderliche Unterstützung des Uploading-Vorganges (Vollständigkeitsprüfung, etc.), außerdem die Verwaltung der Datei auf dem Server-Rechner oder das Weiterleiten der Datei, etwa als E-Mail, oder das Zurverfügunghalten für Zugriffe Dritter (wofür wiederum eine gewisse Mindestverfügbarkeit des Server-Rechners vorausgesetzt werden muss). Die Leistungsmerkmale sind in der Regel die der Internet-Anbindung (s.S. 11) bzw. der Intranet-/Internet-Kopplung (s. S. 24).

bb) Server-Housing

Bei **Server-Housing** stellt der Kunde seinen eigenen Rechner in das Rechenzentrum des Providers. Geschuldet wird der Aufstellplatz und die Konnektierung an das Internet. Man spricht auch von „Co-Location" bzw. „Collocation". **Leistungsmerkmale:**

- Rechnerinstallation und Software-Implementierung in den Räumen des Anbieters, verschließbare Türen, Abstellplatz auf Regalen für Hardware, ausreichende Stromversorgung, Brandsicherung, Stromausfallsicherung, Zugangssicherung, Video-Überwachung; Unterstützung bei Installation, auf Wunsch Onsite-Installation durch Provider, ICMP („*ping*")-Test in kurzen Zeitabständen, regelmäßige technische Wartung (Diagnose etc.).
- IP-Adresse für Rechner, Herstellen der Connectivity des Kundenrechners durch Provider etwa mit bis zu 100 Mbps Fast Ethernet und gebundener Bandbreite (also mit Obergrenze, etwa 20 MB, „*tiered connectivity*") oder bedarfsabhängiger, erweiterbarer Bandbreite („*burstable connectivity*") über Markenrouter.
- Bandbreite des Anschlusses des Providers an das Internet ? Wieviele Domains teilen sich diese Bandbreite ? Kosten für monatliches Transfervolumen (degressive Kostengestaltung ?); maximales Volumen.
- 24-Stunden-Administration des Server (7x24) ?
- Ausreichend häufige Backups zur Disaster Recovery ?
- Möglichkeit der freien Systemauswahl (Plattform und Serverbetriebssystem) ?
- Wie werden Info-Updates für den Server an den Provider übermittelt ?
- Kundenseitiger Zugriff auf Original-Server-Logfiles (die die Daten insbesondere der Benutzerzugriffe enthalten).
- Stromversorgung (mit USV).
- Mindestlaufzeit des Vertrages.
- Einhaltung des Datenschutzes bezüglich der Nutzerdaten.

Kosten: einmalig: ____ laufend pro GB/Monat: ______

[1] Hosting ist nicht mit Presence Providing zu verwechseln (missverständlich insoweit *Pierson/Seiler*, Internet-Recht, 63).

cc) Dedizierte Rechner

Der Kunde kann aber auch vom Provider einen dedizierten Rechner mieten, den nicht der Provider, sondern der **Kunde selbst administriert**. Die vorgenannten Leistungsmerkmale sind auch hier einschlägig, ergänzt allerdings um Merkmale für den Rechner selbst. Meist verwendet man sog. „*LAMP*“-Systeme (für: Linux-Apache-MySQL-PHP), bei denen die Maschine startklar ist sowohl für Webserver-Dienste als auch für Datenbank-Importe und dynamische Inhalte[1]. Der Rechner hängt meist mit Bandbreite von 100 MBit/s direkt im Internet. Der Kunde benötigt auch hier ausreichende Administratorenkenntnisse, um etwa auch den Server bezüglich Sicherheitslücken upzudaten. Er erhält vom Provider ein *Root*-Passwort.

Eine weniger anspruchsvolle, aber auch teurere Alternative ist die **Fremdadministrierung** durch den Provider.

dd) Gemeinsame Leistungsmerkmale von Hosting, Server-Housing und dedizierten Rechnern

- Herstellen der Internet-Anbindung mit zu vereinbarenden Protokollen,
- garantierte Bandbreite (besonders bei Web-Hosting für mehrere Kunden auf demselben Rechner wichtig)
- (Hoch-)Verfügbarkeit des/der Webserver,
- verfügbare Speicherkapazität für Up- und Download von Dateien

Genau zu prüfen ist die jeweilige Gestaltung der **Kostenstruktur**, bei der insbesondere der Traffic (Datenverkehr) ins Gewicht fällt. Back-up-Vorgänge sollten nicht als kostenpflichtiger Traffic angerechnet werden. Die bei Überschreiten eines monatlichen Traffic-Limits anfallenden Kosten sollten klar bezeichnet sein. Der Provider sollte bei solchem Überschreiten eine Warnung des Kunden per E-Mail vorsehen.

i) Präsentation des Unternehmens im Internet/Web[2] (Web Presence Providing)

- Auswahl des geeigneten Dienstes: WWW, ergänzend FTP, Mailing-Liste.
- Beantragen einer Internet-Adresse und eines Domain-Namens („.de“ bei DENIC e.G. oder „.com“ bei NSI).
- Providerauswahl: Eigener Internet-Server oder Anmietung von Speicherplatz- und Übertragungsbandbreite am Server des Providers?
- Entwurf der Präsentationsinhalte, regelmäßige Präsentationsbetreuung.
- Einhaltung des neuesten Standes der Technik, maximale Download-Zeit/Seite, Browser-Kompatibilität, max. Anzahl gleichzeitig möglicher Zugriffe.
- Reichweitenmessung durch Zählung abgerufener Seiten (Pageviews unter Herausrechnen von Seiten, die mittels Frames nur auf andere Seiten verweisen)[3].
- Vermietung von Werbeflächen (Banner) mit zielgruppengesteuerter Auswahl

---

1 *Bleich*, Slot-Machines, c't 26/2002, 170.

2 *Kyas*, Internet, 405.

3 S.a. zur Messung die VDZ-Site www.pz-online.de/pmonl/medonl/verfahren.htm. Die Teilnahme am Verfahren ist kostenlos.

rotationsfähiger Banner[1].

- Datenbankanbindung.
- Mainframe-Integration.
- *Web Services* basieren auf in XML definierten Standard-Kommunikationsmechanismen und umfassen bestimmte Geschäfts- oder Systemfunktionalitäten und sind im Internet und in Intranets einsetzbar. Kernstandards[2]: Web Services Description Language (WSDL, Format der Anforderungs- und Antwort-Nachrichtenströme zum Absetzen von Funktionsaufrufen), Simple Object Access Protocol (Soap, Komunikationsprotokoll mit XML-Syntax), Universal Description, Discovery and Integration (UDDI, verteilte webbbasierte Dienstekataloge).
- Auslegung für E-Procurement, etwa mit CBL (Common Business Library).
- Online-Shop-Funktionalität (Zugriff auf Warenkatalogdaten, Auftragserfassung, Abwicklung der Bezahlung einschl. Entscheidung über Rabattgewährung).
- Log-File-Analyse zur Erfassung der meistgefragten Seiten.
- Verfahren zur Abwicklung von Online-Bestellungen und –Bezahlung.
- Dokumentation.
- Einsatz qualifizierten Personals.
- Consulting-Paket möglich ?
- Verfahren für Auftragsänderungen („*Change Management*" bzw. Verfahren für die Bearbeitung von „*Change Requests*"). Hier ist zu unterscheiden, ob in einem solchen Verfahren erst eine (ergänzende) vertragliche Vereinbarung getroffen werden muss (die also Zustimmung beider Seiten erfordert) oder ob der Anbieter ein **einseitiges Leistungsbestimmungsrecht** nach § 315 BGB eingeräumt erhält, das nach billigem Ermessen auszuüben ist und, bei Vereinbarung im Formularvertrag, für den Kunden zumutbar sein muss (§ 308 Nr. 4 BGB).
- Urheber- und sonstige Schutzrechte beim Auftraggeber (Ausnahme: Tools).
- Haftungsfreistellung des Unternehmens bezüglich aufraggeberseits zur Verfügung gestellter Unterlagen, Werke, Cliparts, Software, Codes (HTML) etc.

Näheres Vorgehen:[3]

(1) Konzept und Planung

- Analyse der Ziele der Präsenz, wesentliche Aussagen/Inhalte und Zielgruppen (sowie deren technische Ausstattung), funktionale Anforderungen.
- Sind Abonnements für Informationen möglich? Integration von Inhalten Dritter? (Urheberrechte beachten!).
- Integration von Werbeflächen für Partnerfirmen?
- Was machen die Wettbewerber? Fehler, Anregungen!
- Entwicklung hausintern oder Auftragsvergabe an Drittfirma („Web Presence Provider")?

Die Entwicklung hat in besonderem Maße inkrementellen bzw. evolutionären Charakter; Prototyp-, Produktentwicklung und abschließende Pflege können

---

[1] Bannerserver (also die *Programme* zur Verwaltung der austauschbaren Banner) werden von verschiedenen Herstellern zu Preisen von 1.000 – 30.000 US$ angeboten.

[2] Computerwoche 15/2002, 12.

[3] *Resch*, Marktplatz Internet, 173 ff.

miteinander verschmelzen[1]. Diese größere Flexibilität bedingt freilich, dass sich die Phasen schwerer voneinander trennen und auf verschiedene Verträge abbilden lassen.

(2) Design, Spezifikation

- Grafische Darstellung des Informations- und Navigationsdesign (Buttons, Links), Screendesign, Bildbearbeitung, 2-D-Scans, Tondigitalisierung, MIDI-Editing.
- Programmierung in SQL, Perl, Java, Javascript (für HTML), VRML Programmierung in SQL, Perl, Java[2], Javascript[3] (für HTML), PHP[4].
- Verteilung der Inhalte auf Seiten/Bereiche.
- Texte sollten als Textformat übertragen werden. Grafiken sind im richtigen Format bereitzustellen (z.B. Compuserve Graphics Interchange Format, GIF, oder JPEG, nicht in nichtkomprimierbaren Bitmaps wie BMP oder TIFF).[5] Bilder sollten nicht mehr als 20 KB Datenvolumen haben.
- Standards z.B. für Grafiken (ISO 8805, 11072) und Textdarstellungen (ISO 14478, ISOC RFC 822), Zugriffskontrollen (ISO 9796, NIST FIPS 196), Integritätskontrollen (ISO 10116, ISO RFC 1825), Anwendungsprogrammier-Schnittstellen (APIs als ISO 9945, ISO RFC 1961), Datenbanken (ISO 9579) und Sprachen (ISO 10774)[6], Qualität (ISO 9126)
- Möglichst keine Cookies verwenden[7].
- Einbeziehung der Corporate Identity.
- Style Guide (Farbenverwendung etc.).
- Web-Seiten-Verknüpfung (Links, Frames), Link-Pflege (um etwa „tote" Links auszuscheiden).
- Spezifikation der zu verwendenden Server-Plattform und -Software, Datenbankeneinbindung (Rechtsschutz an Datenbanken beachten!).
- **Zugangsbeschränkungen**, erforderliche Log-in-Prozeduren. Notwendig sind aktive Zugriffssteuerungen, mit denen festgelegt werden kann, welche Nutzer (oder Applikationen) welche Zugriffsrechte („*Access Rules*" oder „*Access Control Informations*", ACIs) auf Webseiten/Daten haben, und mit denen (über Pop-up-Fenster) User-ID und Passwort abgefragt werden können. Zugriffe können auf

---

1 *Dumke/Lother/Wille/Zbrog*, Web Engineering, 48.

2 Java ist eine Programmiersprache. Java-Quellcode wird von einem Java-Compiler in einen Bytecode übersetzt, der dann von einem Java-Interpreter („Java Virtual Machine") ausgeführt werden kann. „*Applets*" sind kleine Programme, die von einem Browser von einer html-Seite heruntergeladen und auf Seiten des Client ausgeführt werden. „*Java Server Pages*" sind Webseiten mit eingebettetem Java-Code, die auf dem Webserver ausgeführt werden. „*Servlets*" sind in Java implementierte, auf dem Webserver hinterlegte Anwendungen.

3 *Javascript* ist eine Scriptsprache, mit der Webseiten mit zusätzlicher Funktionalität versehen werden kann. Javascript-Anweisungen sind in html-Dokumente eingebettet.

4 „*PHP*" steht rekursiv für Hypertext Preprocessor. PHP ist eine in html-Dokumente eingebettete (Open Source-) Programmiersprache, die vom Webserver interpretiert wird, bevor die Seite an den Client ausgegeben wird.

5 *Gergen*, Internetdienste, 275.

6 *Dumke/Lother/Wille/Zbrog*, Web Engineering, 20.

7 *Gergen*, Internetdienste, 276 formuliert zutreffend: „Das Misstrauen der Anwender vor diesen Datenschnipseln hat sich seit ihrer Einführung nicht geändert. Wenn die Funktionalität einer Webseite auf diesen Daten beruht, muss man sich überlegen, was man den Anwendern anbietet, die auf ihren Browsern die Verwendung von Cookies grundsätzlich abgeschaltet haben." Zusätzlich muss natürlich eine datenschutzrechtlich wirksame Einwilligung eingeholt werden.

Wochentage, Tageszeiten, IP-Adressbereiche oder Domains eingeschränkt werden[1]. Sinnvoll ist die *Default*-Regel, dass ohne definierte ACI nur ein Lesezugriff möglich ist. Die jeweiligen Festlegungen müssen durch den Systemadministrator erfolgen können.

- **Session-Tracking** ermöglicht auch bei nichtpersistenten http-Verbindungen die Nutzung verschiedener Webseiten zu verknüpfen, etwa beim virtuellen Einkaufskorb. Der Nutzer erhält beim ersten Request im Server Response eine Session ID, die beim Client abgespeichert wird. Bei jeder erneuten Verbindung des Clients mit dem Server wird diese ID in der URL mit übergeben, wodurch sich alle *Clients* bis zum Timeout der Session ID **identifizieren** lassen. Nachteil: Die Session-Daten werden im Klartext übertragen. Angreifer können URLs verwenden, in denen die Session ID eines anderen Users hinterlegt ist (sog. *„URL-Hijacking“*).[2] Für die Verbindungsverfolgung können auch *Hidden Fields* verwendet werden, die die ID des Nutzers beim Seitenwechsel übertragen (und Aufschluss erlauben, von welcher Seite aus die Nachfolgerseite aufgerufen wurde), ohne dass diese Felder vom Client unmittelbar wahrgenommen zu werden[3].
- **Absicherung der Webseiten** gegen Modifikationen von außen: Über das http-Protokoll ist es von außen relativ leicht, Inhalte auszutauschen (z.B. Hinterlegen einer referenzierten Datei auf dem Webserver mit „*PUT*“ und Löschen mit „*DELETE*“). Deshalb sollte die http-Unterstützung unterbunden werden[4]. Zum Schutz gegen direkte Zugriffe auf das Filesystem des Webservers und ein direktes Modifizieren von Webdokumenten sollten die Webseiten außerdem auf einem Server hinter der Firewall liegen und ein Zugriff durch die Firewall nur durch den davor liegenden Proxy erfolgen (Reverse Proxy)[5].
- **Usability:** Benutzbarkeit des Websystems etwa hinsichtlich des Lernaufwands, Qualität der Anwendungsunterstützung[6].

(3) Tool-Auswahl, Prototyping, Leistungsbeschreibung

- HTML, Java oder Active-X, CGI, Virtual Reality Modeling Language (VRML), Shockwave (für Animation)
- Benutzertests am entwickelten Prototyp
- Abschließende **Beschreibung** der gewünschten und von Drittfirma geschuldeten Leistung
- Maximale *Download*-Zeit für eine Web-Seite; zusätzlich Einrichten einer Low-graphics-Version der Web-Seite,
- *Cross-Platform-Compatibility*: Verschiedene Browser müssen mit der Web-Seite lauffähig sein.
- *Web-Site-Portability* bei Wechsel des Providers durch den Auftraggeber.
- Einräumung aller **Verwertungsrechte** an der Web-Seite. Ausdrückliche Bezeichnung aller vom Auftragnehmer eingebrachter „fertiger“ Module, die er für andere Aufträge weiterverwenden will.

---

1 *Gergen*, Internetdienste, 265.
2 *Gergen*, Internetdienste, 279.
3 *Gergen*, Internetdienste, 279.
4 *Gergen*, Internetdienste, 285.
5 *Gergen*, Internetdienste, 285.
6 *Dumke/Lother/Wille/Zbrog*, Web Engineering, 66.

- Regelung, ob und in welcher Form Auftragnehmer auf den Web-Seiten als Entwickler zu nennen ist (einschließlich evtl. Hyperlink zum Auftragnehmer).
- Verpflichtung des Auftragnehmers, alle ihm vom Auftraggeber mitgeteilten oder sonst bekannt werdenden Informationen vertraulich zu behandeln.
- *Mängelhaftung* für Entwicklungsleistungen, Modus der Durchführung von Nachbesserungen.
- Dokumentation des HTML- und sonstigen Codes (z.B. Java-Applets).

(4) Produktion

- Erstellung der Website mit Programm- und Betriebsdokumentation.
- Milestones: Zahlung nach Leistungsfortschritt.

(5) Test, Abnahme

- **Maßstab**: Leistungsbeschreibung gemäß Ziffer (4).
- **Prüfung**: Vollständigkeit aller Leistungsmerkmale.
- **Belastungstests**: Maximale Anzahl gleichzeitig ablauffähiger Prozesse (legt fest, wieviele Kunden den Server gleichzeitig nutzen können), Leistungsfähigkeit bei starker Netzbelastung. Mit Testprogrammen lässt sich die volle Last einer Anwendung (durch tausende, auf Applikationen zugreifende Nutzer) vor dem Produkt-Rollout simulieren.
- **Performance**: Eine Webseite sollte innerhalb von 10 – 15 Sekunden vollständig auf dem Client-Browser erscheinen[1]; je länger diese Zeitdauer ist, desto eher klicken Nutzer weg.
- Performance Tests zu verschiedenen Tageszeiten; einige Programme erlauben kontiunierliches Erfassen von Laufzeitdaten der Anwendung mit Warnung bei Über- oder Unterschreiten bestimmter Schwellenwerte, wobei diese Messungen auch als Web Service angeboten werden[2].
- **Konfigurationstests** (Kompatibilität zu verschiedenen *Browsern* der Nutzer!).

(6) Promotion

- Eintragung in Search Engines
- Eröffnen des Zuganges zum Internet
- Cross-Linking: Wechselseitige Verweisung zwischen Web Sites
- Banner-Kampagnen
- Sponsoring

(7) Betrieb und laufende Pflege in Eigenregie oder als Auftragswerk

Hier sind übliche **Providerleistungen** zu kontraktieren, so etwa Zugangsvermittlung, Bereithalten eingegangener und Zustellen eigener E-Mails, Bereithalten von Speicherkapazität auf dem Host-Rechner, Domain-Namenregistrierung, etc.

Genauer abzugrenzen ist, ob Provider oder Entwickler für die Seitenaktualisierung oder -weiterentwicklung durchzuführen haben. Ebenso ist regelungsbedürftig, ob und

---

1 *Gergen*, Internetdienste, 274.

2 *Niemann*, CW 14/2000, 27.

welche Rechte der Provider an Daten/sonstigen Informationen der Kunden des Auftraggebers haben/nicht haben soll.

j) Portal-Präsenz

(Web-)Portale sind Umgebungen für die Bereitstellung von Web-Services. Man unterscheidet Unternehmens-, Handels- und öffentliche Portale[1].

Leistungsgegenstand

- Einrichten eines neuen Servers, Herstellen von Links, Ankündigung in marktgängigen Verzeichnissen (Suchmaschinen).
- Webserver und –Browser[2].
- Content Management (Generieren statischer und dynamischer Webseiten).
- Integration von Business Objects (z.B. Kapselung als Enterprise Java Beans[3]).
- Datenhaltung (Zugriff auf Daten im Backend etwa über ODBC, JDBC oder direkt).
- Technischer Support.
- Implementieren vom Mall-Shop-Software.
- Datenbanken.
- *Content Distribution Service* (Beauftragter Anbieter übernimmt mit eigenen Servern schnellere Verteilung von Inhalten im Web; statt einigen hundert Streams vom eigenen Server werden mehrere hunderttausend möglich[4]).
- Kompatibilität zu Legacy Systems wie Point-of-Sale, Inventor Control-Systems.
- Payment- und Transaction System (SSL, CyberCash, Pre-Payment, etc.),
- Verschlüsselung.
- Website Design Tools unterstützt ?
- Benutzerfreundliche Client-Oberfläche.
- Kundendatenauswertung ?

Serverbenutzung
Kosten pro MB im Monat:

Bannerwerbung
Logo auf Home Page Kosten /Monat:

---

1 *Dumke/Lother/Wille/Zbrog*, Web Engineering, 42.

2 Zu den folgenden vier Positionen s. *Merz*, E-Commerce und E-Business, 290f.

3 „Java Beans“ sind wiederverwendbare Komponenten, die über GUIs bearbeitet werden können. Enterprise Java Beans, *EJBs*, (mit einer Spezifikation der Schnittstellen und Basisklassen) sind Teil der Java-2-Plattform, Enterprise Edition, zu denen weiter Java-Servlets (die vom Webserver aufgerufen werden), Java Server Pages, das Java Naming and Directory Interface (Standardschnittstelle zum Aufsuchen von Verzeichnisdiensten), die Java Transaction *API* (Kapselung der Funktionen eines verteilten Transaktionsmonitors), *CORBA* (Common Object Request Broker Archicture) und die Java Database Connectivity (Schnittstelle zum DB-System) gehören (*Merz*, E-Commerce und E-Business, 306f). EJBs lassen sich auf den Serverrechner hochladen und ausführen.

4 *Höge*, netmanager 1/2002, 66.

Kosten

- Einrichten und Unterhalten von
  - Home Pages
  - weiteren Content Pages
- Linkherstellung
  - Installation
  - laufende Unterstützung
- Servernutzung
  - Installation
  - volumenabhängige Preisstaffelung.
- Home Pages für einzelnen Online-Shop oder komplette Mall
  - weiteren Content Pages
  - Einzellizenz
  - Lizenzstaffel (5/10/20/50 stores)
  - Upgrade-Kosten
  - Support monatlich
  - Training
- Linkherstellung
  - Installation
  - laufende Unterstützung

Unter „**Portals**" werden meist unterschiedliche Dienstleistungen angeboten. Zu unterscheiden sind Unternehmens-Portals von Portals (etwa von Lycos), die sich der Nutzer auf seinem Browser als „Anlaufstelle" einrichtet und die mit häufig genutzten Diensten, z.B. Suchmaschinen, verlinkt wird. In beiden Fällen sollte eine „Single Sign On"-Lösung realisiert werden, die erlaubt, dass sich der Nutzer nicht bei jedem Seitenwechsel neu ausweisen muss (Verwenden von Session-Ids beim URL-Rewriting). Portals von Unternehmen können kundenspezifisch angepasst (individualisiert) werden, etwa durch Präsentieren von Angeboten je gespeicherten Kundenpräferenzen.

k) IP-Networking-Vertrag

Leistungsgegenstand:

- Vermietung von Netzkapazität an Provider (als Provider-Network, class C blocks) durch Backbone-Betreiber/Carrier.
- Unterstützung des Providers bei der Domain-Name Registrierung für dessen Kunden.

l) Electronischer-Marktplatz

Leistungsgegenstand

- Einrichten eines neuen Servers, Herstellen von Links, Ankündigung in marktgängigen Verzeichnissen (Suchmaschinen).
- Elektronisches Payment-System, technischer Support.
- Implementieren vom Mall-Shop-Software.
- Server-Betriebssysteme, z.B. WindowsXP, Solaris, SGI IRIX, HP/UX, AIX.
- Datenbanken: z.B. Sybase SQL Server, Informix, Oracle, DB/2.

- Kompatibilität zu Legacy Systems wie Point-of-Sale, Inventor Control-Systems.
- Verschlüsselung.
- Website Design Tools.
- Benutzerfreundliche Client-Oberfläche.
- Kundendatenauswertung.

Serverbenutzung
Kosten pro MB im Monat

Bannerwerbung
Logo auf Home Page Kosten /Monat

Kosten:
- Einrichten und Unterhalten von Home Pages und weiteren Content Pages.
- Linkherstellung, Installation, laufende Unterstützung.
- Lizenzstaffel (5/10/20/50 stores).
- Upgrade-Kosten.
- Servernutzung, Installation, volumenabhängige Preistaffelung.

m) Link-License-Agreement

Aufgrund der zunehmenden Probleme urheber- und wettbewerbsrechtlicher Art durch Hyperlinking zu fremden Sites empfiehlt sich der Abschluss einer (meist englischsprachigen) Vereinbarung mit dem Betreiber der fremden Site über die Zulässigkeit des Linking:
- Format des Link.
- Hinweis auf Logos, Urheber- und Markenrechte des anderen Betreibers an Produkten und an der Website.
- Verwendung von Markenzeichen des anderen Betreibers nur in Verbindung mit dem Link und nicht in Verbindung mit Bezeichnungen, Logos etc. von Waren oder Dienstleistungen des Verweisenden oder eines Dritten oder sonstigen Inhalten.
- Verbot der Veränderung von Logos oder sonstigen Kennzeichen und jedes Hinweises, dass der andere Betreiber im Zusammenhang mit Waren oder Dienstleistungen des Verweisenden stehe.
- Befugnis des anderen Betreibers, Logos oder sonstige Kennzeichen jederzeit zu ändern oder nicht weiterzunutzen oder Links zu seiner Site (durch entsprechende Codierung) auszuschließen.
- Ausschluss jeglicher Haftung des anderen Betreibers gegenüber dem Verweisenden oder Dritten aus dem Inhalt seines Site oder hinsichtlich seiner Waren oder Dienstleistungen aus dem Hyperlinking; Haftungsfreistellung durch Verweisenden.
- Verbot der Einrichtung eines Metatag zum anderen Site.

n) Interconnection-Vereinbarung

Bestandteile einer Vereinbarung über besondere Netzzugänge einschließlich der Zusammenschaltung:[1]

a) Beschreibung der einzelnen Leistungen sowie Festlegung, wie und innerhalb welcher Frist diese bereitzustellen sind.
b) Zugang zu zusätzlichen Dienstleistungen (Hilfs-, Zusatz- und fortgeschrittene Dienst -leistungen).
c) Sicherstellung eines gleichwertigen Zuganges.
d) Standort der Anschlußpunkte.
e) Gemeinsame Nutzung von Einrichtungen und Kollokation[2].
f) Technische Normen für den besonderen Netzzugang.
g) Interoperabilitätstests.
h) Verkehrs-/Netzmanagement.
i) Aufrechterhaltung und Qualitätssicherung der Dienstleistungen (einschließlich Entstörung).
j) Festlegung der Entgelte und deren Laufzeit für die bereitzustellenden Leistungen und den Zugang zu zusätzlichen Dienstleistungen.
k) Zahlungsbedingungen einschließlich Abrechnungsverfahren.
l) Festlegung der Haftungs- und Schadensersatzpflichten.
m) Regelungen in bezug auf geistiges Eigentum.
n) Maßnahmen zur Erfüllung grundlegender Anforderungen.
o) Schulung des Personals.
p) Laufzeit und Neuaushandlung der Vereinbarung.
q) Verfahren für den Fall, dass Änderungen der Leistungen einer der Parteien vorgeschlagen werden.
r) Verfahren, die die Parteien einleiten, um eine Entscheidung der Regulierungsbehörde herbeizuführen.
s) Schutz der vertraulichen Teile der Vereinbarung.

Die Zusammenschaltung wurde als Dauerschuldverhältnis mit miet-, dienst- oder werkvertraglichen Elementen qualifiziert.[3]

o) Application Service Providing

Bei dem sog. „Application Service Providing“ (ASP) können Kunden via Web auf serverbasierte Anwendungen auf Rechnern des Anbieters zugreifen, diese nach Bedarf nutzen und bezahlen. Verfügbar sind etwa Standardpakete aus dem Office-Bereich, die Entwicklung geht jedoch bis zur Nutzung von ERP-Software[4].

Der Vorteil von ASP für den Kunden ist, dass dieser immer die neueste Version einer Software nutzen kann und Updates, Wartung/Pflege im Hause entfallen, ebenso vielfach bzw. weitgehend Datensicherung. Auch ist die komplette Software von überall her zugreifbar. ASP wird allerdings nur für Standardanwendungen angeboten; auch ist Customizing meist nur eingeschränkt möglich. Zu beachten sind auch Risiken, wichtige

---

1 Anl. zu § 5 Abs. 2 der VO über besondere Netzzugänge (NZV) v.23.10.1996, BGBl. I S. 1568.

2 „Kollokation“ meint hier das Unterbringen von Einrichtungen in den Räumen des verpflichteten Betreibers, § 3 NZV, der auch grundsätzlich jederzeit Zutritt gewähren muss.

3 *Schuster/Schmitz*, Vertragshandbuch Telemedia, 354.

4 CW 11 vom 17.3.2000, 22: „... ERP aus der Steckdose“ und S. 8 :„ ASP's sind die Integratoren des Internet-Zeitalters“.

eigene Datenbestände auf fremden Serverrechnern verwalten zu lassen, sowie Kosten der laufenden Kommunikation mit diesen Rechnern. Schließlich müssen die Serversysteme besonders gegen externe Angriffe geschützt sein.

4. Zuordnung internetbezogener Leistungen zu den gesetzlichen Vertragstypen

Die Netznutzung ist zumeist mit verschiedenen, teilweise technisch recht komplexen Vorgängen verbunden. Um eine Zuordnung von Nutzungshandlungen zu **Vertragstypen** zu ermöglichen, müssen zunächst verschiedene typisierbare Leistungselemente unterschieden werden. Diese Leistungen oder Leistungsbündel sind dann Vertragstypen zuzuordnen, wobei oft typenkombinierte Verträge gebildet werden[1]. Die Zuordnungen von Leistung zu Vertragstyp sind von entscheidender Bedeutung, denn sie legen wesentlich fest, **welche Leistungspflichten die Vertragsparteien eingehen und welche Ansprüche aus (teilweiser) Nichterfüllung, Mängelhaftung oder sonstigen Pflichtverletzungen bestehen können**. Im vorliegenden Zusammenhang kann von Leistungs„bausteinen" wie Uploading, Downloading und Access Providing ausgegangen werden, aus denen sich dann komplexere Leistungsstrukturen bilden lassen, wie sie etwa bei der Internet-Anbindung, der Intranet-/Internet-Kopplung und der Web-Präsenz-Erstellung erkennbar werden.

Anbieterseits ist nicht selten die **Tendenz zu** erkennen, durch Vertragsgestaltung, soweit möglich, zu **Dienstvertragsrecht** zu gelangen, weil dieses keine verschuldensunabhängige Mängelhaftung vorsieht, sondern nur verschuldensabhängige Haftung. Übersehen wird hier z.T., dass die Ergebnisse in der Praxis oft nicht sehr von denjenigen nach Werkvertragsrecht abweichen. Zum einen ist auch eine Schadensersatzverpflichtung primär durch Naturalrestitution zu erfüllen (§ 249 Abs. 1 BGB), also etwa durch Beschaffen gleichartiger bzw. gleichwertiger Sachen[2], was einer Nachlieferung gleichkommen kann. Zum anderen greift (seit der Schuldrechtsmodernisierung) nicht mehr das Argument, dem Geschädigten werde der notwendige Nachweis eines Verschuldens des Dienstverpflichteten in der Praxis nur schwer gelingen[3]. Nach § 280 Abs. 1 S. 2 BGB muss nämlich der Dienstverpflichtete (wie jeder sonstige Leistungsschuldner) beweisen, dass er die Pflichtverletzung **nicht** zu vertreten hat[4], sich als von einem Verschulden **entlasten**. Hierdurch wird die Position des geschädigten Kunden auch bei Anwendbarkeit von Dienstvertragsrecht deutlich verbessert.

Nachfolgend werden aus der Praxis für verschiedene typische Vertragskonstellationen die wichtigsten, jeweils als Minimum zu vereinbarenden Leistungsmerkmale und **notwendigen Vereinbarungsinhalte** zusammengestellt. Für jedes Projekt wird in unterschiedlicher Weise ergänzender Regelungsbedarf bestehen. Wesentlich ist, jede

---

1 *Spindler*, BB 1999, 2037. Teilweise wird eine *Typenverschmelzung* angenommen, bei der die Leistungselemente zu einer Leistungspflicht verbunden werden. Über diese Zuordnung stuft *A. Schneider* (Verträge über Internet-Access) praktisch alle ISP-Leistungen Dienstvertragsrecht zu, während die Rechtsprechung dieser pauschalen Zuordnung wohl nicht folgt (krit. auch *Pierson/Seiler*, Internet-Recht, 66).

2 *Palandt/Heinrichs*, § 249 Rdn. 2.

3 So etwa noch *Pierson/Seiler*, Internet-Recht, 60.

4 Nur im Bereich des Arbeitsrecht gelangt die Sondervorschrift des § 619 a BGB zur Anwendung, nach der der Arbeitgeber dem Arbeitnehmer ein Verschulden nachweisen muss. Für sonstige Verträge bleibt es bei der Regelung des § 280 Abs. 1 S. 2 BGB (so ausdrücklich *Palandt/Heinrichs*, § 280 Rdn. 16 für die Verletzung von Hauptpflichten im „immer wichtiger werdenden Dienstleistungsbereich").

Leistung einem Vertragstyp oder einer Kombination von Vertragstypen zuzuordnen und hiernach die Vertragsgestaltung vorzunehmen. Diese Zuordnung ist unumgänglich. Zwar können Rechtsgeschäfte grundsätzlich frei vereinbart werden (§ 311 Abs. 1 BGB), jedoch darf in den branchentypisch verwendeten Formularverträgen nicht von den gesetzlichen Vertragstypen abgewichen werden[1] (sondern nur durch Individualvereinbarung).

Bei der Vertragsvorbereitung sollte unbedingt beachtet werden, die **Leistungsinhalte so konkret** zu **formulieren**, dass eine **Prüfung möglich ist, ob auch tatsächlich alle Positionen vertragsgemäß erfüllt wurden**. Unklarheiten gehen erfahrungsgemäß zumeist – jedenfalls beweislastmäßig und oft auch durch Mehrkosten – zu Lasten des Kunden. Rechtzeitige Rechtsberatung bei Vertragsvorbereitung erfordert zudem in der Regel nur einen Bruchteil des Aufwandes, der notwendig wird, wenn auch nur eine unklar gebliebene Leistungsposition in Streit gerät oder die Rechtsprechung nicht beachtet wurde.

Vertragsgestaltung - Wichtige Regelungsinhalte im Überblick

Auf jeden Fall sollte **jeder Vertrag** Regelungen zu folgenden Punkten treffen:

- Leistungsdefinition, Zugang zum Netz, Aufstellen eigener Rechner, Nutzen fremder Rechner(kapazität), Unterstützung, Konnektierung.
- Einmalkosten, laufende Kosten.
- Nutzungsrechte an Software und Dateiinhalten.
- Mängelhaftung.
- Kündigungsmöglichkeiten.
- Sonstige Haftung aus Pflichtverletzung.
- Schutzrechte an Web-Seiten, Inhalten, Datenbanken oder Software.
- Vertraulichkeit.
- Leistungsarten: Zeitverträge oder Volumenverträge, Dienste-Mix.
- Vertrag für Betreuung von Informations-Server.
- Anwendbares Recht.
- Erfüllungsort, Gerichtsstand.

a) Downloading-/Content Providing-Verträge

Bei dem Herunterladen wird eine Information als Datei-Inhalt und damit letztlich als Bitfolge übertragen (etwa bei einer Datenbankabfrage). Die Übertragung erfolgt unkörperlich durch Datenleiter (Kabel) oder etwa auch durch Funk (WLAN oder GPSR). Vom wirtschaftlichen Ergebnis her steht der Kunde ähnlich, als ob er die Information auf Datenträger, z.B. CD-ROM, erhalten hätte. Hieraus folgt für die vertragsrechtliche Zuordnung:

---

1 BGH NJW 1993, 2436 = CR 1993, 681 unter Hinweis auf den Regelungsgedanken des § 9 AGBG a.F., nunmehr § 307 BGB.

aa) Kaufrecht

Kaufrecht ist auf Downloading anwendbar, wenn die Datei zeitlich unbegrenzt und gegen Einmalvergütung überlassen wird[1]. Der Umstand, dass die Datei **während** der Übertragung (*in transitu*) nicht verkörpert ist, steht der jedenfalls entsprechenden Anwendbarkeit von Kaufrecht nicht entgegen. Diese hat der BGH für eine leitungsgebundene Dateiübertragung von Computerprogrammen bejaht[2]. Gleiches muss sinngemäß gelten, wenn sonstige Inhalte, die auf Datenträger übereignet werden können (z.B. Datenbank auf CD-ROM), online – und zwar drahtgebunden oder über Funk – an den Kunden übertragen werden. Der Kunde erhält bei Online-Übertragung in gleicher Weise **Sachherrschaft** über die Datei wie bei Zusendung der Inhalte auf Datenträger, von dem er die Datei auf den Speicher seines Rechners kopieren könnte. Die wertbildende Eigenschaft des Datenträgers (im Rechner des Kunden) wird durch diese Übertragung hergestellt, so dass jedenfalls nach der Verkehrsauffassung eine neue Sache entsteht. Technisch bedingte Zufälligkeiten der Übertragungsart ändern nach Auffassung des BGH nichts am eintretenden wirtschaftlich-technischen Erfolg. Gleiches muss deshalb auch für die zukünftige (satellitengestützte) *Funk*übertragung von Dateien im Internet oder in sonstigen Kommunikationsnetzen gelten, da (bzw. wenn) ein Wechsel in der technischen Form der Übertragung am Ergebnis der Einräumung einer Nutzungsmöglichkeit nichts ändert.

Ungeklärt ist allerdings, ob das online erfolgende Downloading als „**Lieferung**" einzustufen ist. Dagegen spricht zunächst, dass offensichtlich *während* der Übertragung kein verkörpertes Exemplar vorhanden ist, vielmehr eine Art „Fernkopieren" erfolgt. Dafür spricht, dass der wirtschaftliche Erfolg in der Regel derselbe ist wie bei der Versendung auf Datenträger. Folgt man der zweiten Auffassung, kann **§ 651 BGB** (jedenfalls analog) und damit – ungeachtet der Erfolgsbezogenheit der versprochenen Leistung – anwendbar sein.

Beim übertragenden Anbieter muss **keine Entreicherung** eintreten. Beim Übertragungsvorgang wird zwar das jeweilige Dateiexemplar (fern-)kopiert, der Verkäufer behält aber die Kopiervorlage. Dies ändert aber nichts daran, dass beim Kunden ein Vermögens**zuwachs** eintritt[3]. Der kundenseitige Vermögenszuwachs muss freilich nicht notwendig mit der Summe der übermittelten Informationen identisch sein. Im Extremfall kann sogar die Information, dass etwa **keine** Urteile eines Höchstgerichts im Berichtszeitraum ergangen oder keine neue chemische Formel, Patente oder Domain Namen registriert sind, selbst schon einen wirtschaftlich relevanten Wert darstellen. Für die Erteilung dieser Auskunft wird allerdings eher Werk- oder Dienstvertragsrecht in Betracht kommen.

Beim **bloßen Lesen** von Informationen und der Kenntnisnahme sonstiger Informationsinhalte **ohne** Herunterladen (etwa mittels Telnet) scheidet Kaufrecht mangels körperlicher Festlegung der Datei bzw. von derem Inhalt zwangsläufig aus[4], während das Herunterladen einer nur lese-, aber nicht ausdruckfähigen Datei (etwa der Online-Version einer Ausgabe des Bundesgesetzblattes) dessenungeachtet Kaufrecht folgen

---

[1] Spindler/*Schuppert*, Vertragsrecht, II 56; Kröger/Gimmy/*Gottschalk*, Handbuch, 248.

[2] BGHZ 109, 97, 108 = CR 1990, 24, 26; ähnlich AG Ansbach (jur-PC 1994, 2765 für die Übergabe durch Datenträger „in der Form der Übermittlung über Btx").

[3] *Mehrings*, NJW 1993, 3102, 3105.

[4] Generell ist zu beachten, dass bei *telnet*-Anschlüssen das Lesen von Informationen am Bildschirm nicht notwendig mit einem Herunterladen und Abspeichern dieser Informationen verbunden sein muss. Vielmehr wird der Bildschirmarbeitsplatz wie ein speicherloses, externes Terminal behandelt, das unmittelbar an den Hostrechner des Anbieters angeschlossen wird.

kann, wenn eine Vergütung geschuldet sein soll.

Kaufgegenstand ist grundsätzlich die bei Download online übertragene, auf dem Speicher des Kunden durch Magnetisierung verkörperte **Dateikopie** von Software (z.B. Browser-Software) oder bestimmten Inhalten (z.B. Texte, Audio- und Video-Files). Entscheidend ist allein, dass der Kunde als Transferempfänger **zeitlich unbegrenzt über die Datei verfügen** können soll. Wirksame zeitliche Nutzungssperren (z.B. „Testdauer" von 30 Tagen für herunterladbare Textverarbeitungsprogramme) schließen die Anwend-barkeit von Kaufrecht zwingend aus, es sei denn, es liegt ein **Kauf auf Probe** vor (§ 454 BGB) vor, bei dem der Käufer den Gegenstand aber billigen und dann frei nutzen können muss. Kopierverbote stehen andererseits der Anwendbarkeit von Kaufrecht nicht entgegen, jedenfalls soweit sie sich auf Urheberrecht stützen.

Auch im Rahmen anwendbaren Kaufrechts sind (formularvertragliche) **Einschränkungen der** kundenseitigen **Nutzungsbefugnis** möglich, jedenfalls soweit Urheberrecht die Eigentumsposition aus § 903 BGB wirksam einschränken kann. Ausgeschlossen wird oft eine kommerzielle Weiterverbreitung, gleich, in welchem Medium. Zu beachten sind durch die Schrankenbestimmungen der §§ 53 ff UrhG zustimmungsfrei gestellte Nutzungsbefugnisse.

bb) Dienstvertragsrecht

Nach Dienstvertragsrecht kann sich das Einrichten und Aufrechterhalten, Aktualisieren und Absichern der Kommunikationsverbindung zum Kunden bestimmen, (wenn es nicht kundenindividuell und erfolgsbezogen erfolgt und dann Werkvertragsrecht unterliegt), ebenso eine allgemeine Beratung und Information zur Datenbankrecherche, das Vorhalten inhaltlich redigierter Informationen zur Dienstenutzung oder das Moderieren von News- oder Chatgroups oder Online-Konferenzen.

Dienste im Sinne der §§ 611 ff. BGB müssen nicht notwendig unmittelbar durch eine Person erbracht werden[1], sondern können auch **automatisiert** erfolgen. Dieser Personenbezug ist außerdem vertraglich abdingbar und wird von § 613 BGB als Auslegungsregel nicht zwingend vorausgesetzt. Zudem darf die Dienstleistung im vertragsrechtlichen Sinne nicht auf den einzelnen Downloading-Vorgang reduziert verstanden werden. Sie umfasst vielmehr auch das Einrichten und Aufrechterhalten, Aktualisieren und Absichern der Kommunikationsverbindung zum Kunden sowie dessen Betreuung durch Beratung und das Vorhalten entsprechender persönlicher qualifizierter Leistungsbereitschaft, etc. Die Automatisierung bestimmter Abläufe dient hier nur als **technisches Hilfsmittel**, das von Mitarbeitern des Betreibers eingesetzt, gesteuert und kontrolliert wird. Existenz und Nutzung dieser technischen Elemente steht nicht der übergreifenden Wertung der Leistung als Dienstleistung entgegenstehen.

Auch das Argument, dass Dienste in diesem erweiterten Sinne der Systemeinrichtung bereits vor Vertragsschluss erbracht werden und damit nicht Vertragsgegenstand sein können, erscheint nicht zwingend. Zumindest diejenigen **Leistungen**, die **kundenbezogen** (und damit nach Vertragsschluss) **erbracht** werden, qualifizieren sich (einzeln und/oder in ihrer Gesamtheit) als Dienstleistungen, etwa die Unterstützung des Kunden bei dessen eigenständiger Datenbank-Recherche, das Ermöglichen des Lesens von Informationen auf Host-Rechnern, die (online erfolgende) Beantwortung von Kundenfragen durch Mitarbeiter, das Überprüfen der Modemkonfiguration, das Löschen veralteter Informationen anlässlich des Einloggens, das Vorhalten von abrufbaren, inhaltlich

[1] So aber etwa *Redeker*, Der EDV-Prozess, Rdn. 499.

teilweise sogar redigierten Informationen. Die Qualifikation als Dienstvertrag kann und muss damit vom jeweiligen konkreten Leistungsbild her fallspezifisch erfolgen. Auch neben eindeutig Dienstvertragsrecht zuzuordnenden Leistungen können unterschiedliche weitere Leistungselemente zu berücksichtigen sein, etwa das Herstellen von Kommunikationsverbindungen via E-Mail oder zu Newsgroups oder die E-Mail-Account-Verwaltung (also etwa das regelmäßige Aussortieren veralteter E-Mails oder News).

Soweit bei **Datenbanken-Recherchen** und anbieterseits unterstützter Suchtätigkeit des Nutzers nicht die Überlassung der einzelnen Information in Dateiformat im Vordergrund steht, sondern das Ermöglichen und Unterstützen der Recherchetätigkeit selbst und der Kunde eigenständig Suchziele festlegen kann (wenn auch stichwortgesteuert), schuldet der Anbieter grundsätzlich nur eine entsprechende Unterstützung dieser Tätigkeit und wird Dienstvertragsrecht anzuwenden sein.

cc) Werkvertragsrecht

Werkvertragsrecht ist in all den Fällen anwendbar, in denen ein individualisierter **Leistungserfolg** vereinbart und damit geschuldet ist. Hierzu kann gehören:

- Das **Herunterladen** einer bestimmten Datei, deren Übermittlung vom Anbieter an den Kunden geschuldet ist (etwa bei E-Mail-Zustellung[1]),
- eine gezielte, etwa stichwortgesteuerte, **Suche** nach Informationen oder sonstigen Dateiinhalten und deren Zusammenfassung (z. B. über Suchmaschinen oder News-Diensten),
- das Herstellen einer Hyperlink-Verbindung zu einem Fremdrechner oder Erstellen einer themenorientierten Link-Liste,
- je nach Lage des Einzelfalls u.U. auch beim Installieren von Browser-Software auf dem Teilnehmerrechner, wenn das Installieren vom Anbieterrechner gesteuert wird.

Da das jeweilige System des Anbieters (etwa der Webserver) in der Grundfunktionalität in der Regel vor Abschluss des Vertrages mit dem Einzelkunden bereits eingerichtet sein muss, kann nicht das Erstellen dieser Grundfunktionalität, sondern nur eine **zusätzliche**, in der Zielorientierung (kundenspezifisch) individualisierbare Leistung („Erfolg") dem Werkvertragsrecht zugeordnet werden. Damit scheidet jedenfalls eine generelle werkvertragliche Qualifikation des Downloading-Vertrages aus. Diese erscheint aber dann möglich, wenn bestimmte, kundenspezifisch vom Anbieter ausgewählte (und aktualisierte Inhalte) laufend zum Abruf durch Download bereitgehalten werden. Werkvertragsrecht ist anwendbar, wenn etwa die Wiedergabe eines bestimmten Informationsstandes aus der Datenbank durch den Anbieter erfolgen soll (etwa bei dem kundenindividuell definierten Suchauftrag: „alle Entscheidungen des BAG zum ‚Betriebsübergang' aus den Jahren 1994-2004"). Hier müssen tatsächlich als geschuldeter Werkerfolg **alle** vorhandenen bzw. überhaupt alle verfügbaren Informationen durch den Anbieter berücksichtigt werden.

Der Charakter eines **Dauerschuldverhältnisses** steht einer werkvertraglichen Zuordnung nicht von vornherein entgegen[2], da die auf Dauer geschuldete Leistung meist ohnehin anderen Leistungskomponenten vertragsrechtlich zuzuordnen ist (z. B. das Zurverfügungstellen von Rechner- und Speicherkapazität auf dem Host-Rechner)

---

1 Ähnlich *Spindler*, BB 1999, 2037.

2 So wohl *Tellis*, CR 1990, 290.

und außerdem vielfach ein Rahmenvertrag der zeitlich gestaffelten Leistungserbringung zugrunde liegen kann[1].

dd) Miete/Pacht

Miet-/Pachtvertragsrecht kann auch bei Downloading (etwa aus Datenbanken) anwendbar sein, etwa bei der zeitbegrenzten Informationsübertragung mit Löschpflicht, aber auch auf das Überlassen von Speicherkapazität des Host-Rechners des Anbieters, auf den der Kunde aus dem Netz ausgewählte Dateien oder Mails zwischenspeichert. Ob der Kunde Sachherrschaft über bestimmte Speicherbereiche eingeräumt erhält, ist nach den Einzelfallumständen festzustellen[2].

Die Nutzung einer Datenbank folgt grundsätzlich Dienst- oder im Einzelfall auch Werkvertragsrecht, in der Regel aber nicht Mietvertragsrecht, da der Nutzer bei der einzelnen Abfrage nur ein entsprechendes Suchprogramm (in einer anbieterseits definierten Weise) ablaufen lässt und damit keine Sachherrschaft über den Rechner selbst eingeräumt erhält. Zwar ist also die Datenbank im Speicher des Rechners verkörpert abgespeichert, doch beherrscht der Nutzer nicht die Datenbank, auch nicht in dieser Verkörperung, sondern nur das Suchprogramm, was sich bereits daran zeigt, dass in der Regel gleichzeitig viele andere Nutzer ebenfalls Anfragen/Recherchen durchführen können. Der Kunde, der z.B. bei „Juris" online eine Urteilsrecherche durchführt, mietet also die Datenbank Juris nicht. Miet-/Pachtrecht scheitert in seiner Anwendbarkeit im übrigen zumeist schon an dem anderen Umstand, dass die gegen Einmalvergütung übertragene Information auf **Dauer** überlassen bleiben soll, wodurch nach den Kriterien der Rechtsprechung des BGH in der Regel Eigentum an dem Dateiexemplar eingeräumt wird.

ee) Leihe

Leihe kann bei nach wie vor anzutreffender **kostenfreier** Überlassung von Informationen (in welcher technischen Form immer) in Betracht kommen, wenn die Nutzungszeit **begrenzt** werden und eine Rückgabe- bzw. Löschpflicht soll, ansonsten Schenkung oder ein Gefälligkeitsverhältnis. Soweit die kostenfrei zur Nutzung überlassenen Informationen (oder auch Computerprogramme) Urheberrechtsschutz genießen, führt die Kostenfreiheit der Nutzung weder zu einem auf den Urheberrechtsschutz selbst noch auf die Urheberpersönlichkeitsrechte bezogenen Verzicht. Selbst die weitere Verwertung ist nicht pauschal freigegeben, sondern richtet sich, mangels besonderer Vereinbarungen, nach dem Zweck der Nutzungseinräumung (§ 31 Abs. 5 UrhG).

Unabhängig vom anwendbaren Vertragsrecht sind geeignete Regelungen zur „**Herausgabe**" von Daten zu treffen, genauer zum (Rück-)Übermitteln an den Kunden durch Übertragen oder anschließendes **Löschen**. Rückübertragen ist meist nicht sinnvoll, da nur eine Kopie übertragen wird und die Kopiervorlage trotzdem gelöscht werden muss. Die Daten sollten in einem Standardformat verfügbar gemacht werden, damit sie auf anderen Systemen verwendbar sind, heute etwa im praktisch universellen

---

[1] In diesem Sinne etwa *Mehrings*, a.a.O., 3104.

[2] Vgl. *Sieber* (ed), Liability for Online Data Bank Services in the European Community, 1992, 117, 162; zur Abgrenzung von Pachtrecht s. u. a. *Moszka*, Die Haftung des Nutzers und des Betreibers computergestützter Auskunftssysteme, 1994, 134.

XML-Format.

b) Uploading

Das Heraufladen (Uploading) von Dateien vom Nutzerrechner (des Kunden) auf den (Proxy-)Server-Rechner des Anbieters ist technisch meist Teil eines größeren Leistungspaketes, zu dem auch das Zurverfügungstellen von Speicherkapazität und etwa das Weiterleiten heraufgeladener E-Mails gehören. Beim Teilvorgang des Uploading lädt der Kunde Datenbestände auf den Host-Rechner des Anbieters, um diese verarbeiten zu lassen oder Dritten im Internet für einen Zugriff verfügbar zu machen. Der Anbieter erbringt diese Leistungen als Teil des **Webhosting**, das auch die Konnektierung umfasst. Diese ist selbst Voraussetzung für das Uploading, aber von der Konnektierung zu unterscheiden.

aa) Miete/Pacht

Das (zumeist) zeitlich begrenzte Nutzen von Speicherkapazität des Host-Rechners ist **Miet-/Pachtvertragsrecht** zuzuordnen. Dies gilt auch, wenn der Kunde nur Teilbereiche des Speichers (*Partitions*) zur Nutzung zugewiesen erhält (Webhosting)[1]; der Kunde muss also nicht bestimmte Speicher ausschließlich nutzen können. Auch hier treten aber in der Regel ergänzende Leistungen des Einrichtens und Überwachens des Rechners hinzu, die Dienst- bzw. Werkvertragsrecht folgen können. Miete setzt Sachherrschaft des Mieters voraus; diese scheidet aus, wenn der Provider das Abspeichern und Zurverfügungstellen von (online) angelieferten Dateien (etwa aus Sicherheitsgründen) ausschließlich selbst vornimmt, der Nutzer also keinen direkten Zugriff auf den Speicher des Host-Rechners erhält. Hier ist **Auftragsdatenverarbeitung** (§§ 675 BGB) anzunehmen.

Miete des ganzen Rechners und nicht nur bestimmter Speicherpartitions liegt vor, wenn der Kunde einen dedizierten Rechner selbst administriert. Mietrecht ist auch bei **Server-Housing** anwendbar, bei dem der Anbieter nur den eingerichteten Raum zum Einstellen von Kundenrechnern zeitlich begrenzt zur Verfügung stellt.

Bei Web-Hosting wie Server-Housing ist der Anschluss an das Internet in der Regel wesentlicher Teil des Leistungsbildes[2]. Bei Server-Housing wird eine Zuordnung der Gesamtleistung zum Mietrecht ausscheiden, wenn nur Stellplatz verfügbar gemacht wird und Konnektierung den Leistungsschwerpunkt darstellt.

---

[1] So etwa AG Charlottenburg, Urt.v.11.1.2002 – 208 C 192/01, CR 2002, 297 = ZUM-RD 2002, 162 = JurPC Web-Dok. 66/2002 (allerdings ohne Begr.), die *Nichtabrufbarkeit* gehosteter Inhalte als Mangel der Mietsache (§ 536 BGB) einstufend und einen Schadensersatzanspruch aus den §§ 249 S. 1, 252 BGB annehmend. Das Gericht wendete Mietrecht freilich auf den gesamten Vertrag an, also auch auf den Konnektierungsteil der Leistungen. Dies kann zu Problemen führen, wenn die Nichterreichbarkeit Gründe hat, die außerhalb der Providersphäre liegen, etwa bei Netzüberlastung.

[2] Deshalb wird nicht der Auffassung zu folgen sein, dass *Connectivity* nicht geschuldet sein soll, wenn sie nicht im Vertrag ausdrücklich erwähnt wird (so *Schuppert*, CR 2000, 227, 229). Es würde kaum Sinn machen und insbesondere nicht der Verkehrserwartung entsprechen, in den Räumen eines Providers einen Webserver-Rechner gegen Vergütung aufzustellen, der dann ohne Netzanschluss bleibt.

bb) Dienstvertragsrecht

Die Inanspruchnahme der Rechnerleistung als solcher, z.B. Abspeichern, Absenden von zwischengespeicherten Mails oder stichwortbasierte Suche in Dateien, wird grundsätzlich Dienstvertragsrecht (etwa in einem typenkombinierten Vertrag) zuzuordnen sein, sofern nicht im Einzelfall ein Leistungserfolg geschuldet ist.

cc) Werkvertragsrecht

Werkvertragsrecht sind bestimmte, zielbestimmte steuernde Aktivitäten des Anbieters zuzuordnen (z.B. Aktualisierungsdienste, wenn das Einhalten eines aktuellen Standes versprochen wird), ebenso ein kundenspezifisches Einrichten der Software („*Customizing*“) oder eines vom Kunden genutzten Rechner, oder das Verfügbarmachen der Datei gegenüber Dritten. Auch das Herstellen der Internet-Anbindung („*Connectivity*“) oder die Vereinbarung einer **Mindestverfügbarkeit** („*Availability*“) folgen grundsätzlich Werkvertragsrecht (zur Verfügbarkeit s. S. 25). Das Erhalten und Verwalten der Verbindung kann je nach Leistungsdefinition Dienst- oder Werkvertragsrecht folgen[1], die Übermittlung von E-Mails an bestimmte, kundenseits bezeichnete Empfänger Werkvertragsrecht, die Unterstützung des Kunden, der selbst eine Verbindung zu Websites herstellt, hingegen Dienstvertragsrecht. Da die Zuordnung zum Werk- oder Dienstvertragsrecht nicht abschließend geklärt ist, wurde zutreffend empfohlen, auf jeden Fall eine (vom Vertragstyp unabhängige) Vereinbarung zur Verfügbarkeit und zur Übertragungsgeschwindigkeit zu treffen[2], wobei die Form einer Garantieübernahme im Sinne von § 276 Abs. 1 S. 1 BGB gewählt werden sollte.

Besonderer Vereinbarung bedürfen **Reseller**-Regelungen[3], bei denen der Kunde seinen eigenen Abnehmern/Auftraggebern Speicherkapazität oder sonstige Leistungen des Anbieters einräumt. Hierin kann etwa ein *Weiter*vermieten zu sehen sein (im Wortsinne also gerade kein Re*selling*). Auch müssen die Zugriffsrechte der Auftraggeber des Kunden geregelt werden, der z.B. auf einer vom Kunden des Anbieters eingerichteten und gemieteten Webpräsenz (bzw. einem Webshop) eigene Inhalte/ Informationen verwaltet. Reseller können gegen Anbieter als Vertragshändler wie Handelsvertreter Ausgleichsansprüche aus § 89 b HGB geltend machen, wenn der Reseller in die Absatzorganisation des Anbieters eingebunden ist und er diesem den Kundenstamm überlassen muss[4].

c) Access Providing

Typische Leistungsmerkmale des Access Providing sind das Herstellen und Verwalten von Kundenanschlüssen in geschlossenen Kommunikationssystemen (wie AOL oder T-Online) oder offenen (wie dem Internet). Verschiedene Leistungselemente werden meist in einem typenkombinierten Vertrag zusammengefasst sein[5]. **Leistunginhalt** ist das

---

1 Ähnlich *Schuppert*, CR 2000, 227, 229.

2 *Petri/Göckel*, CR 2002, 329, 331.

3 *Schuppert*, a.a.O., 234.

4 Schuppert, CR 2000, 227, 234 m.w.N.; Moritz/Dreier/*Jessen/Müller*, Rechts-Handbuch zum E-Commerce, Teil B, Rdn. 607; Spindler/*Schuppert*, Vertragsrecht der Internet-Provider, Teil V, Rdn.245, 248.

5 Eher unklar scheint die Zuordnung durch Moritz/Dreier/*Petri/Göckel*, Rechtshandbuch zum E-

Gewähren/Vermitteln von Zugang zum Internet generell bzw. zu bestimmten Sites *im* Netz, Aufrechterhalten und nötigenfalls Resynchronisieren des technischen Zuganges zu Netzen durch eigenständige Diensteanbieter oder auch durch anbietereigene Dienste oder Dienste im Internet über gesicherte Protokolle und Leitungen. Die Leistungen werden in der Regel im Rahmen eines Dauerschuldverhältnisses erbracht. Zugang ist zu gewähren zunächst zum Serverrechner des Anbieters und über diesen dann zum Netz. Access Providing ist meist ein Teil eines größeren Leistungsbündels in Providerverträgen.

Der Kunde ist zur Zahlung der vereinbarten Vergütung verpflichtet. Dies ist oft in eine pauschale Grundrate und verbrauchsabhängige Anteile aufgeteilt; möglich sind aber auch pauschale Flatrates.

aa) Anschlussherstellung

Die Anschlussherstellung wird vom Provider bei Beginn der Internet-Nutzung durchgeführt. Dieser Leistungsteil wird vielfach eindeutig **Werkvertragsrecht** zuzuordnen sein, wenn das Herstellen der Funktionsfähigkeit eines konkreten Anschlusses geschuldet wird[1]. Hier liegt auch keine Werklieferung im Sinne von § 651 BGB vor, da die herunterzuladende Client-Software nur Werkzeug für die Anschlussherstellung auf dem Kundenrechner als geschuldetes Werk ist. Liefert der Anbieter aber nur Zugangssoftware auf Diskette/CD-ROM oder online und muss der Kunde alle individualisierenden Vorbereitungshandlungen vornehmen oder erfolgt diese automatisiert (bzw. muss der Kunde hierbei nur noch einige Wahloptionen „anklicken"), kann eine bloße Software-Überlassung mit den allgemeinen entsprechenden vertraglichen Zuordnungen (jedenfalls analoge Anwendbarkeit von Kaufrecht) vorliegen. Werkvertragsrecht wiederum greift ein, wenn die Anschlussherstellung im Rahmen einer umfassenden, individuellen beauftragten Entwicklung einer Web-Präsenz erfolgt. Gegen die Anwendbarkeit von Werkvertragsrecht spricht nicht, dass die Leistung der Zugangsgewährung nicht nachholbar ist[2]; zum einen ist die Leistung durchaus nachholbar (z.B. durch erneute Einwahl) und i.ü. Verzugsrecht anwendbar, zum anderen ist die Nachholung in der Regel technisch nicht unmöglich, aber u.U. wirtschaftlich nicht zumutbar, was aber nichts an der Anwendbarkeit von Werkvertragsrecht ändert, sondern nur möglicherweise ein Verweigerungsrecht des Unternehmers aus § 635 Abs. 3 BGB begründet. Eine auch nur teilweise Überlassung von providereigenen Netzen (z.B. Backbones) nach **Mietrecht** wird nur in Ausnahmefällen anzunehmen sein, da der Provider i.d.R. nur Datenpakete weitertransportiert, nicht aber etwa Datenleitungen zum Gebrauch überlässt[3]. Anderes gilt, wenn der Kunde selbst Netze mietet. Auch erfasst Miete allein nicht das Herstellen des Abschlusses als technischen Vorgang (Konnektierung), so dass insoweit zumindest ergänzend eine werkvertragliche Leistung hinzutreten kann.

Commerce, 53, wonach ein „rahmenähnliches Dauerschuldverhältnis" als gemischter Vertrag vorliegen soll. Rahmenverträge sollten nicht mit den eigentlichen Vertragstypen verwechselt werden.

1 *Pierson/Seiler*, Internet-Recht, 57; a.A. etwa Kaminski/Henßler/Kolaschnik/*Gottschalk*, Rechtshandbuch E-Business, 14 (Anwendung von Mietrecht bejahend).

2 So etwa Kröger/Gimmy/*Gottschalk*, Handbuch, 258.

3 Schuster/Schmitz/*v.Netzer*, Vertragshandbuch Telemedia, 638. Allerdings wendete der BGH auf Rechenzentrumsverträge Mietrecht an (als „besitzlose" Miete, BGH WM 1989, 725; Kröger/Gimmy/*Gottschalk*, Handbuch, 258), doch kann dies nur die reine Nutzung des Anbietersystems umfassen, nicht aber die Gewährung des Zuganges zu Kommunikationsnetzen (Konnektierung).

Soweit **Dienstvertragsrecht** mit dem Argument angewendet wurde, vernünftigerweise könne nicht ein jederzeitiger Einwahlerfolg, sondern nur das Bereitstellen der für die Einwahl erforderlichen Dienstleistung geschuldet sein[1] (etwa im Rahmen eines Dienstvertrages mit Geschäftsbesorgungscharakter[2]), ist dem entgegenzuhalten, dass der Access Provider die Leistung der Backbone-Nutzung selbst vertraglich von Backbone-Betreibern beschafft und hieraus grundsätzlich Erfüllungsansprüche bzw. Mängelrechte hat, also nicht mehr von den Widrigkeiten eines früher teilweise chaotisch ungeordneten Netzes und dessen vertragsloser Nutzung abhängt.

Soweit **Konnektierung** durch IP-Adress- und Domain-Registrierung geschuldet ist, muss der Access Provider die Nutzung eines Primary Name-Serverrechners ermöglichen, die Werkvertragsrecht folgt, da die Konnektierung den Leistungsschwerpunkt bildet, nicht die Rechnernutzung als solche.

bb) Laufende Anschlussunterstützung und Datentransfer

Die laufende Anschlussunterstützung, also das Erhalten eines reservierten Zugangs und Accounts sowie die Unterstützung einer Homepage und Folgeseiten erfolgen zwar weitgehend automatisiert, bedürfen aber in der Regel der Einrichtung und regelmäßigen Überprüfung durch den Systemoperator, wobei je nach individuellem Leistungsbild werkvertragliche oder dienstvertragliche Elemente überwiegen können. Dogmatisch ist ein „Dauerwerkvertrag" möglich. Als hiervon trennbare Leistung ist das Unterstützung beim Versenden von Dateien zu sehen, das, soweit erfolgsbezogen, Werkvertragsrecht unterliegt[3].

Wichtig ist der Unterschied in der vertraglichen Zuordnung u.a. hinsichtlich des Umstandes, dass ein völlig unterbrechungs- und generell störungsfreier Betrieb eines Dienstes im Internet nach dem gegenwärtigen Stand der Technik als nicht möglich angesehen wird[4]. Dies wirkt sich auf den nach Dienstvertragsrecht anzulegenden Sorgfaltsmaßstab aus. Wenn die Empfangbarkeit nicht an jedem Ort (technisch) garantiert werden kann, wurde insoweit (für Mobilfunk) die Erfolgsbezogenheit abgelehnt[5]. Für das Internet ist aber zunächst zwischen der anbieterseits nicht steuerbaren Kommunikation im Netz selbst und der technischen Infrastruktur des Anbieters zu differenzieren, für deren Funktionsfähigkeit der Anbieter durchaus werkvertraglich einstehen kann. Eine **Entstörungspflicht** des Access Providers sollte mit maximalen Beseitigungsfristen vereinbart werden[6]. Zur Anschlussunterstützung gehört auch eine dem Stand der Technik entsprechende Absicherung des Host-Rechners und seiner Verbindung zum Kundenrechner. Diese Sicherungspflichten bestehen übrigens auch bei kostenfreier Probenutzung des Systems durch zukünftige Kunden und – jedenfalls aus Deliktsrecht – auch gegenüber allen Dritten.

Außerdem ist, wie erwähnt, das Internet in wesentlichen Teilen seiner Infrastruktur (etwa Backbones) kommerziell (durch Carrier) betrieben und auch in der Verfügbarkeit kontrolliert. Der Provider wird sich also nicht durch pauschalen Hinweis auf die

---

1 Moritz/Dreier/*Petri/Göckel*, Rechts-Handbuch zum E-Commerce, Teil B, Rdn. 110.

2 *Ernst*, Vertragsgestaltung im Internet, Rdn. 547.

3 Spindler/*Schuppert*, Vertragsrecht der Internet-Provider, Teil II, Rdn. 20 (jedenfalls für den Dateitransport bis zur Schnittstelle zum Fremdnetz).

4 *Rosenthal*, Projekt Internet, 10.

5 OLG Düsseldorf, Urt.v.31.10.1996 – 6 U 206/95, BB 1996, 2643, 2647.

6 Moritz/Dreier/*Petri/Göckel*, Rechts-Handbuch zum E-Commerce, Teil B, Rdn.124.

chaotische Struktur des Internet entlasten können, wenn die Möglichkeit einer gesicherten Kommunikation durch Vertragsschluss mit Netzprovidern bestand und versprochen wurde bzw. verkehrsüblich ist. Allerdings kann sich der Anbieter im Einzelfall von einem Verschulden entlasten (§ 280 Abs. 1 S. 1 BGB), wenn er darlegt und beweist, dass eine von ihm nicht beeinflussbare Störung im Netz bzw. Internet aufgetreten ist[1].

Datentransport im Internet (**Routing**) geht zwar über das reine Vermitteln des Zuganges überhaupt hinaus, ist aber wohl typischerweise mitumfasste Leistung, für die der Access Provider jedoch entsprechende Kapazität und Bandbreite von Carriern anmieten muss. Uploading-Kapazität und das Einrichten eines E-Mail-Account gehören nicht mehr zu den genuinen Access-Providing-Angeboten[2], sondern zum Host-Providing.

Auch eine tatsächlich erreichte Verfügbarkeit von 100% reicht aber nicht aus, wenn wegen unzureichender Bandbreite die Übertragungsgeschwindigkeit und damit der Datendurchsatz zu gering ist[3]. Auch ein **Mindestdatendurchsatz** sollte also garantierte Beschaffenheit sein.

Für den Bereich der **TK**-Leistungen ist die **Haftungsbeschränkung** der Anbieter auf 12.500 Euro von Bedeutung (§ 7 Abs. 2 S. 1 TKV). Diese (fast einem Ausschluss gleichkommende) Haftungsbeschränkung erfasst aber nicht Anbieter, die TK-Leistungen gegenüber der Öffentlichkeit erbringen (§ 7 Abs. 2 S. 2 TKV). Sie gilt außerdem nicht bei Vorsatz (§ 7 Abs. 2 S. 7 TKV). Gegenüber der Gesamtheit der Geschädigten haftet der Anbieter mit maximal zehn Millionen Euro (§ 7 Abs. 2 S. 5 TKV). Soweit die Haftungsbegrenzung eingreift, hat sie Vorrang vor den AGB-rechtlichen Bestimmungen der §§ 305 ff BGB[4].

Die Zugangsvermittlung kann in ein **Inhaltsangebot** eines Providers integriert sein. Access Providing erfasst nicht nur die bloße Vermittlung des Zuganges zu einem Internet-Dienst oder zu Informationen, sondern auch das Linking zu bestimmten Webseiten als rein technischen Verbindungsvorgang über von Dritten gesetzte Links. Dies gilt auch, wenn der Teilnehmer erst durch eigenes Aktivieren der Links den Zugang erhält, da ihm zumindest diese Möglichkeit eröffnet wird.

Kundenseitiges Abspeichern von Daten auf zugewiesenen Partitionen kann **Mietvertragsrecht** folgen. Der Erwerb zeitlich unbegrenzt nutzbarer Browser-**Software** und technischer Zusatzgeräte wie Modems, Schnittstellen, Kabel etc. wird in der Regel **Kaufrecht** folgen. Für die Nutzung der Kapazitäten eines (seinerzeit über Datex-P erreichbaren) Rechenzentrum wurde vom BGH Mietvertragsrecht angewendet[5], wobei hier der Leistungsschwerpunkt bei der Nutzung der Rechenkapazitäten lag, nicht bei der Connectivity.

Wichtig ist der Unterschied in der vertraglichen Zuordnung u.a. hinsichtlich des Umstandes, dass ein völlig **unterbrechungs**- und generell **störungsfreier Betrieb** eines Dienstes im Internet nach dem gegenwärtigen Stand der Technik nicht möglich sein dürfte[6]. Dies wirkt sich auf den nach Dienstvertragsrecht anzulegenden Sorgfaltsmaßstab aus. Eine Störungsfreiheit von 95 % und eine Erreichbarkeit von 80% wurde noch

---

1 So waren große Teile des Internet Mitte Juli 1997 für mehrere Stunden nicht erreichbar, da im Domain Name System falsche Daten gespeichert worden (SZ Nr. 164 v. 19./20.7.1997, 12).

2 So aber *Pierson/Seiler*, Internet-Recht, 53.

3 Moritz/Dreier/*Petri/Göckel*, Rechts-Handbuch zum E-Commerce, Teil B, Rdn. 118.

4 *Spindler*, BB 1999, 2037f.

5 BGH, Beschl.v.28.10.1992 – XII ZR 92/91, NJW-RR 1993, 178; *Spindler*, Vertragsrecht der Internet-Provider, 248.

6 *Rosenthal*, Projekt Internet, 10.

als zumutbar angesehen[1], jedoch wird auf den jeweiligen Einzelfall abzustellen sein.
Wichtige besondere **Regelungspunkte** im Vertrag:

- Genaue Beschreibung der zentralen Merkmale verfügbare Bandbreite und maximaler *Traffic* (Datendurchsatz).
- Abstufung der Vergütung nach Traffic-Menge
- Reaktionszeit bei Mängelmitteilung
- Vertrags(mindest)laufzeit, Kündigung

d) E-Mail-Übermittlung

E-Mail-Übermittlung bedarf wie die sonstigen Leistungen von Anbietern vertraglicher Absicherung. E-Mail-Dateien werden wie sonstige Post von Punkt zu Punkt befördert (d. h. vom Absender zum Empfänger, wenngleich die „Beförderung" elektronisch erfolgt), oft aber auch (über Remailer) gleichzeitig an viele Empfänger (wie Werbe-Mails) oder Mailing-Lists. Bei Beauftragung von Providern erfolgt die Übermittlung vom Mail-Server des Providers des Absenders zum Mail-Server des Providers des Empfängers. Geschuldet ist regelmäßig der Empfang von E-Mails an den Kunden und das Weiterleiten an diesen sowie das Versenden der E-Mails des Kunden.

Auf diese Leistung kann **Werkvertragsrecht** anwendbar sein[2], wenn die gesicherte Zustellung der versprochene Leistungserfolg ist, ansonsten Dienstvertragsrecht. Zu prüfen ist aber, ob nur die Absendung geschuldet ist oder auch die Zustellung (womit der Provider Risiken der Übermittlung übernimmt). Der Verweis auf Übertragungsrisiken im Netz stützt freilich nicht die Auffassung, auf die E-Mail-Übertragung insgesamt Dienstvertragsrecht anzuwenden[3]; zumindest das Absenden kann ein geschuldeter Erfolg im Sinne des Werkvertrages sein. Auch ist die Zustellung in geschlossenen Systemen wie AOL oder CompuServe leichter realisier- und insbesondere kontrollierbar als im offenen Internet. Gesicherte Zustellung ist aber auch im Internet möglich, wenn Authentikationstechniken mit **Empfangsbestätigungsfunktion** eingesetzt werden[4]. Auch sind Routing-Leistungen kommerzieller Anbieter zu vergüten, sodass eine Mindestqualität dieser Leistungen (z.B. Mindestverfügbarkeit, Zustellprüfungen) verlangt werden kann. Der „Erfolg", d.h. das Gelingen der Übertragung werden damit zunehmend besser kontrollierbar, etwa über Empfangsbestätigungen, so dass die Anwendung von Werkvertragsrecht interessengerecht erscheint. Vor Durchführung der Übersendung kann etwa die Empfangsbereitschaft des Empfängers (d.h. seines Servers) festgestellt werden[5]. Auch lässt sich protokollieren, ob eine Mail nicht versandt oder nach Empfang nicht korrekt verarbeitet werden konnte[6]. Meist verwaltet außerdem der providerseits beauftragte Carrier komplette Infrastrukturen (Backbones) bis zum Zielort oder jedenfalls zu den Schnittstellen anderer Carrier-Netze, so dass der Provider auch die Zustellung vertraglich sicherstellen kann. Die vertragstypologische Zuordnung muss

---

1 *Rosenthal*, Projekt Internet, 54 und 55.

2 *Redeker*, Der EDV-Prozess, Rdn. 507; *Schuster*/Hülbach, Vertragshandbuch Telemedia, 724f; *Ernst*, Vertragsgestaltung im Internet, Rdn.575; Spindler/*Schuppert*, Vertragsrecht der Internet-Provider, Teil II, Rdn. 23.

3 So aber *Pierson/Seiler*, Internet-Recht, 57.

4 Sog. „Host-to-host-authentication" (*Hughes*, 130).

5 *Rosenthal*, Projekt Internet, 60 mit dem wichtigen Hinweis, dass der Weg der Mail also kontrollierbar ist und die meisten Mails nicht im Internet, sondern im Sender- oder Empfängersystem verloren gehen.

6 *Rosenthal*, a.a.O.

also wesentlich auf die jeweils vorgegebenen technischen Bedingungen abstellen.

Denkbar ist auch die Annahme einer **entgeltlichen Geschäftsbesorgung**, bei der wieder Dienst- oder Werkvertragsrecht zur Anwendung gelangen kann. Hierdurch lässt sich dem Charakter des Dauerschuldverhältnisses leichter Rechnung tragen, da die Geschäftsbesorgung quasi die Klammer für die einzelnen geschuldeten Erfolge oder Dienste bildet.

Für das Abspeichern eingegangener E-Mails und deren **Bereithalten** zum Abruf kann (eventuell im Rahmen eines typenkombinierten Vertrages) Mietrecht anwendbar sein[1], ebenso für ein Zwischenspeichern abzusendender E-Mails. Die eigentliche Leistung des Empfangs der E-Mails und deren Bereithalten bis zum Abruf durch den Kunden ist aber erfolgsbezogen und damit nach Werkvertragsrecht zu behandeln[2]. Miet- und werkvertragliche Elemente können in dieser Leistung typenkombiniert sein bzw., je nach den Fallumständen, Werkvertragsrecht den gesamten Vertrag prägen (Typenverschmelzung).

Wird die Leistung kostenfrei erbracht (wie etwa bei einigen Webangeboten), ist zunächst zu prüfen, ob die Leistung nicht Teil eines selbst (etwa pauschal) zu vergütenden Leistungsbündels ist. Ist aber tatsächlich keine Vergütung geschuldet (etwa, weil sich der Provider über Werbung finanziert), kann ein Auftrag vorliegen, also das unentgeltliche Besorgen eines Geschäftes (§ 662 BGB)[3], oder ein bloßes Gefälligkeitsverhältnis (bei dem der Leistende keinen Rechtsbindungswillen hat). Bei Vorliegen eines Auftrags haftet der Beauftragte aus Pflichtverletzung (§ 280 BGB). Er kann also nicht beliebig E-Mails oder Adresslisten des Nutzers vom Account löschen.

Der Kunde hat regelmäßig die **Obliegenheit** oder sogar Vertragspflicht, eingegangene E-Mails in ausreichend kurzen zeitlichen Abständen abzurufen, um eine Überfüllung des E-Mail-Accounts und dem löschungsbedingten Verlust von E-Mails vorzubeugen.

e) Routing

Bei reinem Routing werden nur (vorformatierte und fragmentierte) Nachrichtenpakete über den Router-Rechner des Betreibers weitergeleitet. Die übermittelten Inhalte bleiben unverändert und in der Regel auch ungeprüft. Die Identifikation der Pakete erfolgt über entsprechende Angaben im Header des Nachrichtenpaketes. Routing ist mittlerweile eine technisch-wirtschaftlich eigenständige Leistung (die nicht mit dem Access Providing[4] und dem Net Providing von Carriern[5] verwechselt werden darf).

---

[1] Kaminski/Henßler/Kolaschnik/*Gottschalk*, Rechtshandbuch E-Business, 714.

[2] Spindler/*Schuppert*, Vertragsrecht der Internet-Provider, Teil II, Rdn. 24.

[3] Spindler/*Schuppert*, Vertragsrecht der Internet-Provider, Teil II, Rdn. 38 will auch bei unentgeltlicher Leistungserbringung Werkvertragsrecht anwenden, da der Kunde einen konkreten Erfolg erwarte. Dies erscheint zweifelhaft, da der Vertragstyp Werkvertrag wohl unabhängig von der Kundenerwartung (die nicht einmal Vertragsinhalt sein muss) bei Vergütungsfreiheit der Leistungserbringung nicht zur Anwendung gelangen kann. Wohl deshalb bietet Schuppert (a.a.O.) zugleich Schenkung als mögliche Zuordnung an, die aber ebenfalls nicht passt, da nicht ein Vermögenswert als solcher zugewendet, sondern eine Leistung kostenfrei erbracht werden soll. Auch würde der Providervertrag insoweit (in der Praxis nicht durchsetzbar) wegen § 518 Abs. 1 BGB der notariellen Form bedürfen.

[4] Internet Access Provider (IAPs) vermitteln über ihre Host-Rechner nur den *Zugang* zum Netz, routen jedoch keine Nachrichtenpakete.

[5] Net-Provider (Carrier) halten nur die Netz*infrastruktur* vor, nehmen jedoch in dieser Funktion keinen Nachrichtentransport vor. Freilich bündeln Anbieter aber Net-Providing- und Routing-Leistungen.

Eine pauschale Zuordnung des Routing zu einem bestimmten Vertragstyp erscheint nicht möglich. Für die Anwendbarkeit von **Werkvertragsrecht** muss ein Leistungserfolg geschuldet sein. Die Weiterleitung bestimmter Pakete zu einem bestimmten Zielrechner kann als ein solcher Erfolg anzusehen sein. Dies gilt auch dann, wenn die jeweilige Übermittlungsroute nicht von vornherein festliegt, sondern mittels eingesetzter Routing-Algorithmen, die den jeweils möglichen bzw. günstigsten Weg im Netz suchen, erst bei Übertragung festgelegt werden, aber am Zielort die Vollständigkeit der Sequenz der Übertragung der Datenpakete (protokollgestützt) überprüft wird. Die Übermittlung an einen geeigneten weiteren Router-Rechner (gewissermaßen als Zwischenstation) kann außerdem selbst einen – freilich entsprechend eingeschränkt definierten – Erfolg darstellen, wenn sie individuellen Leistungszielbezug aufweist. Dies ist aber die Ausnahme; wird nämlich die Auswahl des jeweils nächsten Router-Rechners automatisiert und in Abhängigkeit vom Routing-Algorithmus (also unabhängig vom Kundenauftrag) durchgeführt, liegt kein *individuelles* Tätigwerden des Anbieters von Routing-Anbieters vor, scheidet Werkvertragsrecht aus und wird das bestimmten Standards folgende Routing **Dienstvertragsrecht** zuzuordnen sein.

f) Content Providing

Auch beim Bereithalten von Inhalten bzw. Informationen entscheidet die konkrete Leistung über die vertragsrechtliche Einstufung. Es gibt nicht „das" Content Providing. Vielmehr kann eine gezielte Informationssuche geschuldet sein oder nur das Zugangsgewähren zu eigenen oder fremden Informationssammlungen, in denen der Nutzer selbst frei sucht. Sowie aber bestimmte Providerleistungen erbracht werden sollen, die auf einen Zielstatus gerichtet sind (etwa Suche nach einer bestimmten Information), kann **Werkvertragsrecht** anwendbar sein[1]. Content Providing wird immer im Bezug auf Kommunikationsnetze bezogen verstanden. Zeitungs- und Buchverlage sind z.B. auch Anbieter von Inhalten, aber vielfach (noch) nicht in Kommunikationsnetzen, sondern nur für Provider (offline) zuliefernd, insoweit also nicht Content Provider im netzbezogenen Sprachgebrauch.

g) Webhosting

Der Anbieter stellt dem Kunden Speicherkapazität zwecks Uploading zu Verfügung, administriert die gespeicherten Datenbestände und stellt den Zugang zum Internet her (Konnektierung). Während für das Verfügbarmachen der Speicherkapazität **Mietrecht** zumindest in entsprechender Anwendung in Betracht kommt[2] (s. zum Uploading S. 45),

---

1 In diesem Sinne wohl LG Berlin, Beschl.v. 2.4.1997 (www.netlaw.de/Urteile/index.htm).

2 AG Charlottenburg, Urt.v. 11.1.2002 – 208 C 192/01, ZUM-RD 2002, 162; *Schuppert*, CR 2000, 227, 228 („sehr mietähnlich"); Hoeren/Sieber/*Kormanicki*, Handbuch Multimedia-Recht, Teil 12, Rdn. 26. Für direkte Anwendung von Mietrecht Kröger/Gimmy/*Gottschalk*, Handbuch, 248 und Kaminski/ Henßler/Kolaschnik/*Bulst*, Rechtshandbuch E-Business, 734; allgemein für *Rechenzentrumsverträge* BGH; Urt.v. 28.10.1992 – XII ZR 92/91, NJW-RR 1993, 178 (Miete auch dann, wenn Speicherkapazität über Datex-P genutzt werden konnte). Allerdings muss beim Hosting nicht eine von vornherein fest definierte Partition (oder eine logische sonstige Speichereinheit) zur Verfügung gestellt werden; vielmehr kann der Anbieter Speichermedien und deren Organisation beliebig ändern (etwa bei der Aufrüstung seines Rechenzentrums), wenn nur eine einheitliche Zugriffsadresse und gleiche Kapazität vorgehalten bleibt.

wird die Administration bei Bestehen eines Erfolgsbezuges **Werkvertragsrecht**[1], ansonsten Dienstvertragsrecht folgen. Für die Administration ist deshalb weiter zu differenzieren: Das Herstellen und Aufrechterhalten des Anschlusses an das Internet („*Connectivity*") ist wesentlicher Teil des Leistungsbildes[2] des Hosting-Vertrages und folgt als eigenständige Leistung Werkvertragsrecht[3], das Erbringen sonstiger, nicht auf einen Leistungserfolg bezogener Unterstützungsleistungen hingegen Dienstvertragsrecht (zum Access Providing s. S. 49). Bei **Colocation** erhält der Nutzer Raum im Anbieter-RZ, Bandbreite und begrenzte Überwachung zur Verfügung gestellt. Bei „Carrier-neutraler" Colocation ist das RZ durch mehrere Carrier an das Internet angebunden. Bei **Shared Hosting** befinden sich Anwendungen mehrere Kunden auf dem Serverrechner, während bei **Dedicated Hosting** ein Server bereitgestellt wird. Bei Managed Hosting übernimmt der Anbieter bestimmte weitere Tätigkeiten wie Planung und Einkauf von Hardware, Überwachung auch von Datenbanken, Betriebssystem und Firewall[4]. Der Webhosting-Vertrag stellt damit eine Typenkombination aus Miet- und Werk- und/oder Dienstvertragselementen dar[5].

Soweit ergänzend etwa das Beantragen der **Registrierung** (z.B. bei DENIC eG) geschuldete Leistung sein soll, kann eine Geschäftsbesorgung mit werkvertraglichem Charakter vorliegen. Gleiches gilt für ergänzende Leistungen wie Einrichten von E-Mail-Account, das Eintragenlassen in Suchmaschinen, etc. Ein diese Leistungen umfassender Vertrag mit einem Provider kann ein Typenkombinationsvertrag sein, bei dem die einzelnen unterscheidbaren Leistungen verschiedenen Vertragstypen zuzuordnen sind, oder ein Typenverschmelzungsvertrag, soweit eine der verschiedenen Leistungen den Leistungsschwerpunkt bildet und so den ganzen Vertrag prägt, etwa als Werkvertrag[6].

Wesentliches Leistungsmerkmal sind die **Verfügbarkeit** der vom Anbieter verwen-

---

1 So etwa OLG München, Zahrnt, DV-Rechtsprechung I, 203 für Geschäftsbesorgung nach § 675 BGB mit Dienstleistungscharakter; AG Charlottenburg, Beschl.v. 22.4.1997 – 18 C 1003/97, ZUM-RD 2002, 162; Bettinger/Leistner/*Steins*, Werbung und Vertrieb im Internet, Teil 3 E, Rdn. 24; *Ernst*, Vertragsgestaltung im Internet, Rdn. 610; Kaminski/Henßler/Kolaschnik/*Bulst*, Rechtshandbuch E-Business, 737 (für einen erweiterten Vertragstyp „Dauerwerkvertrag").

2 Deshalb wird nicht der Auffassung zu folgen sein, dass *Connectivity* nicht geschuldet sein soll, wenn sie nicht im Vertrag ausdrücklich erwähnt wird (so *Schuppert*, CR 2000, 227, 229). Es würde, wie ausgeführt, kaum Sinn machen und der Verkehrserwartung widersprechen, in den Räumen eines Providers einen Webserver-Rechner aufzustellen, der dann ohne Netzanschluss bleibt. Connectivity kann zudem technisch nicht mit dem Herstellen der Dialogfähigkeit gleichgesetzt werden (so Spindler/*Schuppert*, Vertragsrecht der Internet-Provider, Teil II, Rdn. 49), da dieser Begriff eher für die Bezeichnung einer bestimmten (ergonomische) Eigenschaft von Software verwendet wird.

3 Hoeren/Sieber/*Kormanicki*, Handbuch Multimedia-Recht, Teil 12, Rdn. 52 wendet Mietvertragsrecht mit den Argument an, dass der Provider seine gesamte Infrastruktur zur Anbindung an das Netz zur Verfügung stelle und damt das Aufrechterhalten der Gebrauchstauglichkeit dieser Infrastruktur aus Miete geschuldet sei. Dieser Ansatz greift dann nicht, wenn der Anbieter generell die Konnektierung schuldet, ungeachtet der Geräte, die er hierzu einsetzen muss, da es insoweit nicht auf das Überlassen bzw. sonstige Zurverfügungstellen bestimmter Geräte ankommt.

4 Computerwoche 28/2002, 24.

5 Eher zweifelhaft erscheint für die meisten Fälle von Hosting-Leistungen die Annahme eines Typenverschmelzungsvertrages (bei dem eine das Schwergewicht bildende Leistung den gesamten Vertragstyp prägt) unter Mietrecht (hierfür wohl Bettinger/Leistner/*Steins*, Werbung und Vertrieb im Internet, Teil 3 E, Rdn. 27), da das Ermöglichen der Datenkommunikation mittels Konnektierung zumeist das gleiche Gewicht wie das Zuverfügungsstellen von Speicherkapazität hat.

6 LG Berlin, Beschl.v. 22.4.1997 – 18 C 1003/97, zit. nach Hoeren/Sieber/*Kormanicki*, Handbuch Multimedia-Recht, Teil 12, Rdn. 31 und Hoeren/Sieber/*Kormanicki*, Handbuch Multimedia-Recht, Teil 12, Rdn. 39.

deten Serverrechner und sonstigen Systemkomponenten[1] und deren Kompatibilität untereinander und zur vorhandenen Netzinfrastruktur Dritter. Definiert der Anbieter nicht ausdrücklich und transparent in der Leistungsbeschreibung, welche Einschränkungen für die Leistungserbringung gelten sollen – etwa für Wartungs- und sonstige zulässige, d.h. keine Nacherfüllungsansprüche oder Mängelrechte begründende Unterbrechungen – schuldet er die **Verfügbarkeit uneingeschränkt**[2]. Vertreten wurde, dass mangels besonderer Regelung der Verfügbarkeit von Leistungen vom Provider ständige Verfügbarkeit geschuldet sei, da dieser nach Miet- wie Werkvertragsrecht die versprochene Leistung vollständig schulde[3]. Dieser weitreichenden Auffassung kann nicht uneingeschränkt gefolgt werden, da jedenfalls bei Gattungsschuld nur eine Sache von mittlerer Art und Güte zu leisten ist (§ 243 Abs. 1 BGB). Zu einer Gattung gehören aber alle nach Typ gekennzeichneten Gegenstände, also etwa Serverrechner eines Typs, die mietweise zu überlassen sind. Damit ist dann auch nur eine mittlere, d.h. dem üblichen Stand dieser Rechner entsprechende Verfügbarkeit geschuldet. Dem steht das erwähnte BGH-Urteil vom 12.12.2000 nicht entgegen, da dieses nicht auf Leistungsmerkmale üblichen Equipments Bezug nimmt, sondern auf ein 24 Stunden/7 Tage-Leistungsversprechen im Bankgeschäft.

Andererseits soll die Zuordnung von Webhosting-Verträgen zum Werkvertragsrecht insgesamt an dem Umstand scheitern, dass der Anbieter die Verbindung der Servers zum Internet auf Grund der Unwägbarkeiten des weltweiten Netzes nicht garantieren könne[4]. Wie auf S. 49 ausgeführt, kontrahieren aber Provider in der Regel mit Backbone-Providern, so dass in den meisten Fällen die ganze Übertragungsstrecke durch Vertragsleistungen abgedeckt sein wird.

Bei Anwendbarkeit von **Mietrecht**[5] haftet der Anbieter von Hosting-Leistungen verschuldensunabhängig für bei Vertragsschluss vorhandene Mängel und bei Verschulden für nachträglich auftretende Mängel (§ 536 a Abs. 1 BGB), wobei die verschuldensunabhängige Haftung für anfängliche Mängel in AGB wirksam abbedungen werden kann. Hiervon unberührt bleibt eine verschuldensabhängige Haftung des vermietenden Anbieters. Bei dieser wie auch bei einer Haftung aus Dienstvertragsrecht ist zu beachten, dass nicht der Kunde das Verschulden darlegen und beweisen, sondern der Anbieter sich von einem Verschulden **entlasten** muss[6]. Diese gesetzliche Umkehr der Beweislast hat gerade bei der Nutzung von internetbezogenenen Diensten besondere Bedeutung, da es hiernach der **Anbieter** ist, der die **Beweislast dafür** trägt, dass bestimmte Unterbrechungen in der Datenkommunikation im Internet nicht von ihm zu vertreten bzw. nicht seiner Risikosphäre zuzuordnen sind. Man kann bei Leistungsstörungen, die nicht das Speichern und Administrieren betreffen (also den eigenen Risikobereich des Providers), sondern z.B. Datenverluste während der Übertragung, nicht generell unterstellen, dass der für Störungen jenseits des Übergabepunktes zum Netz überhaupt keinerlei Risiken tragen würde, weil das Internet

---

1 Zur Verfügbarkeit s. näher S. 45.

2 BGH, Urt.v.12.12.2000 – XI ZR 138/00, BB 2001, 325 = CR 2001, 185 = MMR 2001, 225 – Online-Banking (für „Rund-um-die-Uhr-Service").

3 Hoeren/Sieber/*Kormanicki*, Handbuch Multimedia-Recht, Teil 12, Rdn. 43.

4 *Wulf*, CR 2004, 43, 44. Diese Auffassung scheint unschlüssig: Vorbei sind die Zeiten, in denen Datenpakete auf unvorhersehbaren Wegen durch das Internet geführt werden, etwa über kostenlos nutzbare Universitäts-Serverrechner. Auch ist nicht erkennbar, weshalb wegen Unsicherheiten auf der Übertragungsstrecke selbst etwa auch das Einrichten und Bereithalten der Konnektierung, das der Anbieter allein auf seinen Systemen steuert, nicht Werkvertragsrecht folgen soll.

5 Hierfür wohl AG Charlottenburg, Urt.v. 11.1.2002 – 208 C 192/01, CR 2002, 197 = MMR 2002, 258.

6 Allgemein Palandt/*Heinrichs*, § 280, Rdn. 40.

chaotisch sei. Das Internet ist weitgehend – gerade auf Hauptkommunikationsstrecken, etwa im Transatlantikbereich – nicht mehr ein technisch völlig unkontrollierbares Netz. Vielmehr wurde zutreffend darauf hingewiesen, dass der Provider von selbst kommerziellen Netz- bzw. Backbone-Betreiber netzbezogene Leistungen „zukauft" (also mit allen Erfüllungsansprüchen und Mängelrechten erwirbt) und für solche Leistungen ihrer Erfüllungsgehilfen wie für eigene einstehen muss (§ 278 S. 1 BGB) und kann, ebenso für den beauftragten Netzbetreiber als Erfüllungsgehilfen[1]; auch schließen Netzbetreiber untereinander Peering-Verträge ab[2]. Reine Zuordnung zum Mietvertragsrecht erlaubt i.ü. nicht, spezifische Leistungen der Anschlussherstellung und –unterstützung zu erfassen[3], da aus Miete nur eine (zeitlich begrenzte) Sachüberlassung geschuldet sein kann.

Auch bei Anwendbarkeit von Dienstvertragsrecht (wie generell unter jedem Vertragstypus) ist die volle Einhaltung bestimmter **technischer Standards** geschuldet[4], soweit diese für die Leistungserbringung erforderlich ist, also etwa die Einhaltung der Telekommunikations- und Internet-Standards. Allgemein ist (gerade auch im Dienstvertrag) ohne besondere Vereinbarung eine Leistung nach dem Stand der Technik geschuldet[5]. Grundsätzlich geschuldet ist auch eine regelmäßige Virenkontrolle und eine zumutbare Absicherung gegen missbräuchliche Zugriffe durch Dritte[6].

Aus vertraglichen **Nebenpflichten** zur Rücksichtnahme kann der Provider verpflichtet sein, vorhersehbare Betriebsunterbrechungen (z.B. Servicearbeiten), soweit möglich und zumutbar, außerhalb der Hauptgeschäftszeiten durchzuführen und den Kunden rechtzeitig (etwa per E-Mail) zu benachrichtigen[7]. Höhere Anforderungen können zu stellen sein, wenn der Kunde über das Providersystem rund um die Uhr erreichbar sein muss, etwa bei Online-Handel, insbesondere, soweit der Kunde nach dem Leistungs-versprechen auf die ununterbrochene Nutzbarkeit vertrauen durfte. Auch Datensiche-rungspflichten können vertragswesentlich sein, wenn etwa das laufende Sichern einer Webpräsenz die Voraussetzung für deren erfolgreiche Nutzung ist.

Bei sog. **„dedizierten Servern"**, die allein vom Kunden administriert werden, ist auf den Webhosting-Vertrag Werkvertragsrecht anwendbar, wenn die Internetpräsenz rund um die Uhr geschuldet ist[8]. Allerdings müssen diejenigen Aktivitäten aus der geschuldeten Leistung ausgeklammert werden, die vom Kunden selbst bei dem Administrieren

---

1 Hoeren/Sieber/*Kormanicki*, Handbuch Multimedia-Recht, Teil 12, Rdn. 55 (gleichzeitig allerdings mit der Einschränkung, das Internet sei nach der Verkehrsanschauung eben doch ein anarchischer, nicht beherrschbarer Verbund verschiedener Netze, was gerade bei B2B-Kommunikation in Netzen weitgehend nicht mehr zutrifft); ähnlich für die Haftung von Mobilfunkanbietern für ausländische Netzbetreiber OLG Düsseldorf, BB 1996, 2643f.; für Access Provider als Subunternehmer Bettinger/Leistner/*Steins*, Werbung und Vertrieb im Internet, Teil 3 E, Rdn. 49.

2 Hoeren/Sieber/*Kormanicki*, Handbuch Multimedia-Recht, Teil 12, Rdn. 56; zu Peering-Verträgen s. S. 66.

3 So aber wohl *Wulf*, CR 2004, 43, 46, der eine Parallele zur Vermietung von TK-Anlagen ziehen will, aber übersieht, dass beim Webhosting nicht einfach nur der Serverrechner beim Kunden aufgestellt wird, sondern der Provider das regelmäßige Herstellen eines Anschlusses schuldet. Dies ist vom TK-Anlagenanbieter nicht notwendig geschuldet, da die TK-Verbindung als solche von einem Netzanbieter herzustellen ist.

4 Allgemein Hoeren/Sieber/*Kormanicki*, Handbuch Multimedia-Recht, Teil 12, Rdn. 48f. (Verpflichtung zur Einhaltung anerkannter Standards).

5 Allg. BGH WM 1978, 1411.

6 Hoeren/Sieber/*Kormanicki*, Handbuch Multimedia-Recht, Teil 12, Rdn. 60.

7 Hoeren/Sieber/*Kormanicki*, a.a.O., Teil 12, Rdn. 68.

8 OLG Düsseldorf, Urt.v. 26.2.2003 – 18 U 192/02, MMR 2003, 474 = JurPC Web-Dok. 156/2003.

durchgeführt werden. Das Zurverfügungstellen des Stellplatzes ist hingegen eine eigenständige Hauptpflicht, die regelmäßig Mietvertragsrecht folgen wird[1]. Nicht Raum-, sondern Sachmietrecht ist anwendbar, wenn Flächen überlassen werden, auf denen sich kein Mensch aufhalten kann[2], also etwa Stellflächen auf Server**racks**. Diese Unterscheidung ist insoweit von praktischer Bedeutung, als bei Anwendung von Sachmietrecht kein Vermieterpfandrecht im Sinne von § 562 BGB entstehen kann[3].

Da Hosting-Provider als Diensteanbieter zur **Sperrung** von rechtsverletzenden Informationen Dritter (oder gar der Kunden) auf ihren Systemen verpflichtet sein können (§§ 8 Abs. 2 S. 2 TDG, 6 Abs. 2 S. 2 MDStV), liegt es nahe, dass sie in den Verträgen mit ihren Kunden entsprechende Sperr- bzw. Löschrechte vorsehen und sich auch von etwaiger Haftung gegenüber geschädigten Dritten freistellen lassen[4]. Soweit die Informationen vom Kunden stammen, können dem Provider (bei jeder vertragsrechtlicher Zuordnung) ein Recht auf außerordentliche, fristlose Vertragskündigung und Schadensersatz zustehen.

Nutzer werden anderseits Regelungen vorsehen wollen, die Anbieter daran hindern, auf deren Systemen gespeicherte **Datenbestände** (etwa wertvolle Kundendaten) Dritten zugänglich zu machen. Hierfür ist ein Hinweis auf Verpflichtungen aus geltendem Datenschutzrecht hilfreich[5], aber nicht ausreichend, sondern durch (u.U. mit einem Vertragsstrafenversprechen bewehrte) Verschwiegenheitsverpflichtungen und Weitergabeverbote zu ergänzen.

Oft können diese Datenbestände vom Kunden bei Vertragsende nicht bruchlos einfach weiterverarbeitet werden. Deshalb ist neben einer Verpflichtung zu rechtzeitiger **Datenrückübergabe/-übertragung** zu regeln, welche anbieterseits erstellte und zur Datennutzung erforderliche Software mit zu übertragen ist[6] (und ggf. gegen welche Vergütung). Zwar kann sich eine solche Unterstützungspflicht auch aus der Auslegung des insoweit nicht expliziten Vertrages ergeben[7], doch sind hiermit (jedenfalls kostenmäßig) erhöhte Risiken verbunden. Beim Anbieter weiter vorhandene Programm- oder Dateikopien sind von diesem zu löschen.

h) Online-Dienste

Nach wie vor werden internet-bezogene Leistungen gebündelt von großen Anbietern von Online-Diensten (z.B. AOL, T-Online) erbracht. Da diese Leistungen unterschiedlich sind und meist keine dieser Leistungen das gesamte Leistungsbild prägen, werden insoweit typenkombinierte Verträge anzunehmen sein, in deren Rahmen für jede Leistung getrennt eine Vertragstypzuordnung erfolgen muss [8].

---

1 *Wulf*, CR 2004, 43, 46.

2 Palandt/*Weidenkaff*, Einf. vor § 535, Rdn. 95; *Wulf*, CR 2004, 43, 46.

3 Palandt/*Weidenkaff*, § 562, Rdn. 5; *Wulf*, CR 2004, 43, 46.

4 Bettinger/Leistner/*Steins*, Werbung und Vertrieb im Internet, Teil 3 E, Rdn. 89; *Schuppert*, CR 2000, 227, 232.

5 Hierfür Bettinger/Leistner/*Steins*, Werbung und Vertrieb im Internet, Teil 3 E, Rdn. 93 – 95.

6 Ähnlich auch Bettinger/Leistner/*Steins*, Werbung und Vertrieb im Internet, Teil 3 E, Rdn. 99; *Koch*, ITRB 2001, 42.

7 Wie dies nach dem Sachverhalt OLG München, Urt.v. 22.4.1999 – 6 U 1657/99, CR 1999, 484 bei einem ASP-Vertrag der Fall war.

8 Spindler/*Schuppert*, Vertragsrecht der Internet-Provider, Teil II, Rdn. 31 will unter Bezug auf LG Hamburg, Beschl.v. 17.9.1996 – 404 O 135/96, CR 1997, 157 die Gesamtheit der Leistungen als Dienstvertrag besonderer Art mit Geschäftsbesorgungscharakter zuordnen.

i) Server-Housing

Beim Server-Housing richtet der Provider einen Stellplatz für den Kundenrechner ein, der außerdem zu konnektieren ist. Hier kann ein typenkombinierter Vertrag aus mietvertraglichen Elementen (Überlassen von Räumen oder Raumteilen als Stellpatz)[1] einerseits und dienst- bzw. werkvertraglichen Elementen (Connectivity) andererseits vorliegen.

j) Application Service Providing

Entscheidend für die vertragsrechtliche Qualifikation ist das jeweilige, einzelfallspezifisch festzustellende Leistungsbild. Kauf und Miete/Leasing scheiden mangels Übereignung bzw. Überlassung aus, wenn bzw. soweit die Nutzung auf dem Anbieterrechner erfolgt und der Kunde auch keine Sachherrschaft über diesen eingeräumt erhält. Überträgt der Kunde z.B. nur Daten an den Serverrechner und lässt sie auf diesem z.B. in einem Textverarbeitungsprogramm bearbeiten, um sie anschließend wieder abzurufen, bedient er sich nur der Funktionalität, führt aber die Verarbeitung nicht selbst durch (also auch keine Nutzung der Software, an die dinglich wirkend eine Vergütung geknüpft werden könnte). Hier wird vielmehr überwiegend **Dienst-** oder **Werkvertragsrecht** anzuwenden sein. Kann der Kunde hingegen ein Programmexemplar auf dem Anbietersystem frei nutzen, wird **Miete** (des Programmexemplares wie des von diesem benötigten Speicherplatzes) in Betracht kommen[2]. Miete ist auch auf das Abspeichern von Verarbeitungsergebnissen anwendbar. Pacht kann in Betracht kommen, wenn der Kunde selbst die Leistungen gegenüber seinen Abnehmern verwerten darf, etwa in eigenen Webpräsenz-Angeboten durch Untervermieten.

k) Erstellung von Webseiten, Presence Providing, Bannerwerbung, barrierefreie Gestaltung

Ziel ist die Erstellung einer individuell, meist in Zusammenwirken mit dem Auftraggeber zu entwickelnden, oft auch schöpferischen Web-Seite oder Folge von Webseiten. Diese individuelle Auftragsarbeit unterliegt grundsätzlich **Werkvertragsrecht**. Anderes kann für zu erwerbende fertige Tools, Funktionsbibliotheken oder Entwicklungsumgebungen zur Erstellung von Websites oder von spezifischer Software oder bei Lieferung des Erstellungsproduktes gelten (Anwendbarkeit von **Kaufrecht**) oder für die laufende Beratung bezüglich Aktualisierung, Kundenorientierung, soweit kein spezifisches Ziel der Beratung definiert, sondern allgemeines Beratungs-Know-how zur Verfügung gehalten wird (Anwendbarkeit von **Dienstvertrag**).

Die Entwicklung einer Web-Präsenz (Homepage, Webseiten, Portals, etc.) entspricht in vielem dem mittlerweile fast klassischen Modell der Software-Entwicklung[3]. Die Webseitendarstellung des Inhaltes muss **skalierbar** sein. Werden bei der Implementierung der Darstellung Präsentationsschicht und Applikationen miteinander vermischt (sog. „*Page Centric Model*“), kann eine Erweiterung der Funktionalität fast so teuer wie

---

[1] Ähnlich Spindler/*Schuppert*, Vertragsrecht der Internet-Provider, Teil II, Rdn. 47, der von „Website-Housing“ spricht.

[2] *Ernst*, Vertragsgestaltung im Internet, Rdn. 744; *Koch*, ITRB 2001, 39f; Kaminski/Henßler/Kolaschnik/*Gottschalk*, Rechtshandbuch E-Business, 722.

[3] Zu den Leistungstypen s. ausf. *Lettau*, Das Web-Pflichtenheft 2000.

eine Neuentwicklung werden. Anfangs teurer, aber später kostengünstiger ist eine Trennung der Präsentationsschicht von der funktionalen Logik (sog. „*Component Centric Model*"); hier kann die Business-Logik leichter und ohne Eingriff in die Präsentationslogik verändert werden[1]. Die Wahl des jeweiligen Entwicklungsmodells muss im Vertrag ausdrücklich vereinbart werden. Für ergänzende Beratungsleistungen kann Dienstvertragsrecht in Betracht kommen.

Webpräsenzen und Programmoberflächen von Bundesbehörden müssen **barrierefrei** gestaltet sein[2]. Die (am 24.7.2002 in Kraft getretene) BITV enthält einen ausführlichen Anforderungskatalog, der von den Bundesbehörden spätestens bis zum 31.12.2005 umgesetzt werden müssen. Vor dem 24.7.2002 bereits veröffentlichte Angebote waren bis zum 31.12.2003 anzupassen (§ 4 Abs. 2 BITV). Die Geltung dieses (mehr als fünfseiten) Anforderungskataloges kann in **Unternehmen** Inhalt einer Betriebsvereinbarung sein. Die BITV macht keine Vorgaben zu einzusetzenden Techniken, legt aber die Zugänglichkeitsrichtlinie für Web-Inhalte 1.0 (Web Content Accessibility Guidelines 1.0) des World Wide Web Consortiums vom 5.5.1999 zugrunde. Aus Raumgründen können hier nur einzelne Anforderungen genannt werden. So ist etwa für jedes Nichttextelement (z.B. Bilder) ein äquivalenter Text bereitzustellen (Anl. Teil 1 zu den §§ 3 und 4 Abs. 1 BITV, Priorität I, Anforderung 1, Bedingung 1.1), für Multimedia-Präsentationen eine Audio-Spur (BITV, a.a.O., Bedingung 1.3). Pop-ups sind zu vermeiden (Priorität I, Anforderung 10, Bedingung 10.1) und Frames auch in ihrer Beziehung zueinander zu beschreiben (Priorität I, Anforderung 12, Bedingung 12.1). Das Ziel jedes Hyperlinks muss auf eindeutige Weise identifizierbar sein (Priorität I, Anforderung 13, Bedingung 13.1).

Die laufende **Pflege** der Webpräsenz-Software unterliegt als eigener Vertrag grundsätzlich, da auf einen Leistungserfolg bezogen, ebenfalls Werkvertragsrecht. Neben die Entwicklungsleistung kann **Webhosting** treten (s. näher S. 55), wenn der Anbieter die erstellte Präsenz auf seinen Systemen verwalten soll. Hier ist auch die Miete nicht nur von Speicherkapazität, sondern auch der Software möglich, wenn diese nur befristet überlassen werden soll.

Auf die „Fertigung" und Lieferung der Software für eine Internet-**Auktionsplattform** wurde Werkliefervertragsrecht angewendet[3].

Der Anbieter wird daran interessiert sein, **Schutzrechte** nur am konkreten Entwicklungsprodukt auf den Kunden zu übertragen, nicht auch Rechte an Tools und Entwicklungsumgebungen, die als *run-time*-Routinen mitgeliefert werden müssen. Für ergänzende Beratungsleistungen kann Dienst- oder Werkvertragsrecht in Betracht kommen.

Bei **Portals** im B2B-Bereich und in sonstigen Bereichen sind die Sites oft bei Vertragsabschluss mit dem Kunden meist schon erstellt. Hier kommt eine Nutzung nach Miet-/Pachtvertrag in Betracht, während ergänzende Leistungen wie kundenspezifische Anpassungen (Customizing, Personalisierung) **Werkvertragsrecht** folgen können. Portals wenden sich aber auch an Endkunden und sonstige Nutzer. In den USA spricht man von „*Affinity Portals*", die für politische Parteien und Initiativen, Kirchen, Hobbies, etc. eingerichtet werden[4]. Hier müssen die Nutzungsverhältnisse nach den

---

1 *Gergen*, Internetdienste, 243 ff.

2 Verordnung zur Schaffung barrierefreier Informationstechnik nach dem Behindertengleichstellungsgesetz (Barrierefreie Informationstechnik-Verordnung – BITV) v. 17.7.2002, BGBl 2002 I 2654. Auf der Webseite www.barrierefinder.de kann *getestet* werden, ob die eigene Webseite barrierefrei ist. Ausf. zu technischen Aspekten *Schweibenz*, JurPC Web-Dok. 193/2004.

3 OLG Köln, Urt.v. 7.3.2003 – 19 U 200/02, JurPC Web-Dok. 209/2003.

4 New York Times on the Web, 17.4.2000, www.nytimes.com/library/tech/00/04/cyber/commerce/

Umständen des Einzelfalles qualifiziert werden. Oft kommt kein Vertragsverhältnis zustande, sondern ein bloßes **Gefälligkeitsverhältnis**, das dennoch eine Haftung aus den §§ 823 ff BGB begründen kann. Das Leistungsspektrum weitet sich freilich aus (etwa bei „Enterprise Portals" wie mySAP.com Workplace). Hier werden Geschäftsabläufe und Management-Aufgaben zumindest auch über die Webpräsenz steuerbar. Entsprechend komplex wird die (auch vertragsrechtliche) Verknüpfung mit der jeweils vorhandenen betrieblichen IT. Auch hier steht die individuelle Entwurfsleistung im Sinne des Werkvertragsrecht im Mittelpunkt.

Bei **Bannerwerbung** wird eine Werbefläche auf einer Webseite des Providers angeordnet und mit einem Link zur Webseite des Werbenden verbindet[1]. Zu regeln ist die Verwendung einer bestimmten Standardschnittstelle und die Art der Vergütungsberechnung (z.B. Anknüpfung an nutzerseitige „Clicks" oder „Adviews"). Einrichtung und Aufrechterhalten wurde Werkvertragsrecht zugeordnet[2], wobei letzteres auch Dienstvertragsrecht folgen kann. Die Überlassung von „Werbeflächen" auf einer Web-Seite kann – über die Seitenrepräsentation auf dem Speicher – als **Miete** von Speicherkapazität eingeordnet werden, verbunden mit der werkvertraglichen Komponente zur Erstellung und Repräsentation der Werbeinhalte und von Links/Tags mit Bezug auf den Werbenden. Vermietet wird hier also keineswegs nur ein bestimmter Speicherplattenblock, sondern eine bestimmte, gestaltbare Freifläche auf einer Webseite. Vorgeschlagen wurde auch die Zuordnung zum Werkvertragsrecht; der Erfolg bestehe im Einbinden und Zugänglichmachen des Banners[3].

Für Fälle, in denen der Website-Betreiber eine Vergütung vom Banner-Betreiber nur erhält, wenn dieser über den Banner einen Vertrag mit einem Nutzer abschließt, wurde als **Nachweismaklervertrag** qualifiziert[4]. Hierzu muss freilich die anbieterspezifische Leistung des Einbindens des Banners in die Webseite gegenüber der Vertragsvermittlung in den Hintergrund treten[5]. Das ist in der Praxis bereits immer dann nicht der Fall, wenn der Anbieter „Clicks" oder „Visits" abrechnen können soll, nicht aber (eventuell anschließende) Vertragsabschlüsse.

Soweit der Auftraggeber selber **Content** beisteuert, muss der Anbieter sicherstellen (oder sich zumindest durch wirksame Freizeichnung absichern), dass sich der Auftraggeber alle Rechte zur Verwertung des Contents hat einräumen lassen. Hierzu gehört bei Webhosting insbesondere auch das Recht, im Content enthaltene Werke öffentlich (für den Abruf) zugänglich zu machen (§ 19 a UrhG, s näher S. 352).

Für die Begründung einer Pflicht zur Zahlung der vereinbarten Vergütung genügt es, dass die Erstellung gemäß schriftlicher Auftragsbestätigung vorgenommen wurde[6]. Wird zusätzlich nicht von der Vereinbarung umfasstes Werbematerial mit dem Ziel übergeben, diese Inhalte ebenfalls in die Webseitendarstellung aufzunehmen, ist hierfür eine zusätzliche Vergütung in üblicher und angemessener Höhe geschuldet, außer, das Einstellen dieser Inhalte erfolgt ohne ausdrückliche Zustimmung des Auftraggebers,

---

17commerce.html.

[1] Zu den Bannertypen s.näher S. 650.

[2] *Pierson/Seiler*, Internet-Recht, 80; Bettinger/Leistner/*Steins*, Werbung und Vertrieb im Internet, Teil 3 E, Rdn. 153 (Mietvertragsrecht ablehnend, da keine Gebrauchsüberlassung vorliegt, Rdn. 156); *Ernst*, Vertragsgestaltung im Internet, Rdn. 648 (Werkvertragsrecht mit mietvertraglichen Elementen).

[3] *Bettinger/Leistner*, Werbung und Vertrieb im Internet, S. 849; ähnlich Spindler/*Schuppert*, Vertragsrecht der Internet-Provider, Teil IX, Rdn. 3.

[4] Bettinger/Leistner/*Steins*, Werbung und Vertrieb im Internet, Teil 3 E, Rdn. 158; Spindler/*Schuppert*, Vertragsrecht der Internet-Provider, 587.

[5] Bettinger/Leistner/*Steins*, Werbung und Vertrieb im Internet, Teil 3 E, Rdn. 159.

[6] LG Stuttgart, Urt.v.31.5.2001 – 20 O 401/00, CR 2002, 376.

wobei eine das Schweigen des Auftraggebers als Zustimmung fingierende AGB-Klausel unwirksam ist[1].

l) Herstellen einer Internet-Anbindung, Konnektierung, IP-Adressvergabe und -Registrierung

Die Einrichtung der Anbindung erfolgt heute weitgehend automatisiert über besondere Installationssoftware. Der Nutzer muss nur noch das Dateiverzeichnis zum Abspeichern der Software wählen und im Auswahlmenü durch bloßes Anklicken beim Installationslauf einige weitere Angaben machen. Jedenfalls für diese automatisierte Anbindung von Kundensystemen liegt eine Typenkombination aus **Kauf** oder (bei Zeitbegrenzung) Miete der Zugangssoftware und allenfalls dienstvertraglicher Unterstützung bei der Rechnereinrichtung nahe (wenn nicht insoweit ohnehin nur eine kaufvertragliche Nebenpflicht anzunehmen ist). Sind aber größere Kundensysteme zur Anbindung erst individuell vorzubereiten und dann schrittweise zu verbinden, kommt eher eine auf diesen individuellen Erfolg abzielende **Werkleistung** in Betracht. Dies gilt naturgemäß erst recht für die Einrichtung einer (oft recht komplexen) Intranet-/Internet-Kopplung.

Die Durchführung der **Konnektierung** (Registrierung der Domain) wurde im Verhältnis Provider – Kunde als Geschäftsbesorgung eingeordnet[2]. Kommt der Provider seiner Vertragspflicht nicht nach, hat der Kunde einen Anspruch auf Herausgabe der Domain; ist der Kunde Mitbewerber, wurde ein Anspruch auf Herausgabe auch aus § 1 UWG bejaht[3]. Konnektierung etwa bei DENIC setzt voraus, dass der zu Registrierende zwei Domain-Name-Server benennt und bereithält, die meist von dem durch ihn beauftragten Provider unterstützt werden.

Der Provider kann verpflichtet sein, eine *Whois*-Abfrage durchzuführen um festzustellen, ob die vorgesehene Domain bereits eingetragen ist. Allerdings wird er bereits insoweit nur eingeschränkt haften wollen und können, als zwischen Abfrage und Durchführen der Registrierung ein Dritter eingetragen worden sein kann. Erst recht kann er in der Regel nicht feststellen, ob eine Domain-Bezeichnung Namens- oder Kennzeichenrechte Dritter verletzt.

Beantragt der Provider für den Kunden bei den zuständigen Stellen (für „.de" DENIC e.G.) eine **Domain** (genauer: stellt er einen sog. „Konnektivitäts-Koordinations" -(KK)-Antrag, wurde insoweit eine entgeltliche Geschäftsbesorgung angenommen, die einen Werkvertrag beinhaltet (§§ 675 ff BGB)[4]. Der Vertrag zum Betrieb des Domain-Servers als administrativer bzw. als technischer Ansprechpartner (*Admin-c* bzw. *Tech-c*) wurde als Geschäftsbesorgung mit dienstvertraglichen Charakter eingeordnet[5], wobei allerdings zwischen dem eigentlichen Rechnerbetrieb und dem Bereithalten eines Ansprechpartners unterschieden werden sollte. Im Rahmen der Geschäftsbesorgung ist der Provider gegenüber dem Kunden bezüglich des Standes des Geschäftes auskunftspflichtig (§§ 675, 666, 667 BGB)[6]. Die Registrierung durch DENIC (oder eine

---

1 LG Stuttgart, Urt.v.31.5.2001 – 20 O 401/00, CR 2002, 376.

2 Spindler/*Schuppert*, Vertragsrecht der Internet-Provider, Teil VI, Rdn. 11.

3 LG Stuttgart, Urt.v.26.4.2000 – 11 KfH O 28/00, JurPC Web-Dok. 194/2000.

4 OLG München, Urt.v. 5.12.2002 – 6 U 5770/01, JurPC Web-Dok. 257/2003 – ritter.de; Vorinstanz LG München, Urt.v. 17.10.2001 – 1 HKO 1417/01, JurPC Web-Dok. 86/2003; *Ernst*, MMR 2002, 714, 717 und *Ernst*, Vertragsgestaltung im Internet, Rdn. 466.

5 *Ernst*, MMR 2002, 714, 717.

6 *Ernst*, MMR 2002, 714, 719.

vergleichbare Registrierungsstelle) wurde als **Werkvertrag** qualifiziert, der auch den Charakter eines Dauerschuldsverhältnisses haben kann[1], da für die Vertragslaufzeit das Aufrechterhalten der Registereintragung geschuldet ist.

Der Provider schließt den Vertrag mit DENIC als **Stellvertreter** des Kunden ab, der damit unmittelbar Vertragspartner von DENIC wird[2]. Der Vertrag Kunde – DENIC begründet einen schuldrechtlichen Anspruch des Kunden auf Einräumung eines Nutzungsrechts an einem beantragten Domain-Namen; auf diesen Vertrag wurde Werkvertragsrecht angewendet[3]. Wird „das Besorgen" der Domain vereinbart, kann der Erwerber davon ausgehen, dass die Übertragung auf ihn und die Anmeldung für ihn als Domaininhaber geschuldet ist[4]. Dem Vertrag DENIC – Kunde liegen die DENIC-AGB (Vertragsbedingungen, verfügbar unter www.denic.de[5]) zugrunde. Der Kunde muss einen „Admin-c" als Zustellungsbevollmächtigten des Domaininhabers bestellen, wobei meist der kundenseits beauftragte Provider benannt wird, der die entsprechende Verwaltung als Vertragsleistung schuldet. Auch hinsichtlich Verträgen mit **NSI** tritt der Provider als Stellvertreter auf und kann deshalb nicht pauschal alle Verträge mit NSI kündigen[6].

Kommt der Provider seiner Vertragspflicht nicht nach, hat der Kunde einen Anspruch auf Herausgabe der Domain; ist der Kunde Mitbewerber, kann er die Herausgabe auch aus § 1 UWG verlangen[7].

Wechselt der Kunde seinen Provider, bleibt das Vertragsverhältnis Kunde – DENIC unberührt, da der Kunde praktisch nur seinen Stellvertreter auswechselt. Der neue Provider stellt einen KK„-Antrag" auf Umschreibung der Domain auf ihn, dem der bisherige Provider zustimmen muss (s. näher S. 765). Die Leistungspflichten der Registrierungsstellen bleiben unberührt. Außerdem muss der Kunde natürlich den Vertrag mit dem bisherigen Provider kündigen.

Ein **Verkauf** der Domain durch den Kunden an Dritte wurde grundsätzlich als Rechtskauf eingestuft[8]. Die Domain kann aber auch zeitlich begrenzt und damit **miet-weise** überlassen werden, wobei der Kunde (oder der Provider, wenn dieser vermietet) selbst gegenüber DENIC Inhaber bleibt; hier wurde Pachtrecht als anwendbar angesehen, das weitgehend auf Mietrecht verweist[9]. Möglich ist auch die Vergabe der Nutzung von Unter-Domain, z.B. auf dem Third Level (z.B. www. xxx.de/*yyy*), wobei insoweit keine Eintragung bei DENIC erfolgt, sondern die Vergabe allein durch den SLD-Inhaber[10].

Versäumt der Provider die rechtzeitige Bezahlung der Registriergebühr, ist er aus dem hieraus resultierenden Rechtsverlust haftbar[11].

---

1 *Ernst*, Vertragsgestaltung im Internet, Rdn. 450.

2 *Ernst*, MMR 2002, 714.

3 *Ernst*, MMR 2002, 714, 715f.

4 OLG München, Urt.v. 5.12.2002 – 6 U 5770/01, NJW-RR 2003, 1423 .

5 Einschlägig sind die DENIC-Registrierungsbedingungen und -richtlinien, jeweils mit Stand 15.8.2000.

6 *Dambeck*, Website offline, Domain futsch, Spiegel online 10.2.2004, www.spiegel.de/netzwelt/ politik/ 0,1518m285700,00.html

7 LG Stuttgart, Urt.v.26.4.2000 – 11 KfH O 28/00, JurPC Web-Dok. 194/2000; *Ernst*, Vertragsgestaltung im Internet, Rdn. 490.

8 *Ernst*, MMR 2002, 714, 720.

9 *Ernst*, MMR 2002, 714, 720.

10 *Ernst*, MMR 2002, 714, 721.

11 LG Frankfurt, Urt.v. 30.4.2004 – 2-8 S 83/03, CR 2004, 852.

m) Intranet-/Internet-Kopplung, Einrichten von Netzwerken

Jede Kopplung von Intranets an das Internet bedarf sorgfältiger Planung und Vorbereitung hinsichtlich der Leistungsfähigkeit wie der Absicherung. Von der CD-ROM herunterladbare, „*self-executing*"-Lösungen existieren hierfür (jedenfalls gegenwärtig) noch nicht. Das Herstellen der individuellen Kopplung liegt deshalb grundsätzlich **Werkvertragsrecht**. Das schließt freilich nicht aus, dass bestimmte eigenständige Leistungskomplexe anderen Zuordnungen folgen, etwa, soweit standardisierte Browser-Software zur Nutzung (zeitbegrenzt) überlassen wird oder zwar individuell erstellte Software geliefert wird (§ 651 BGB).

Zur werkvertraglichen kann eine **miet**- oder pachtrechtliche Komponente hinzutreten, wenn Hardware des auftraggebenden Kunden in Räumen des Anbieters unterzubringen und dort an das Internet anzuschließen sind (sog. Server Housing). Die Nutzung der Übertragungsleistungen folgt (in der vertragsrechtlichen Anknüpfung zumeist klar trennbar) **Dienstvertragsrecht**, soweit der Anbieter die Übertragung selbst organisiert, oder Mietvertragsrecht, soweit der Kunde selbst Fremdleitungen nutzt. Bei Corporate Networks findet sich zuweilen auch ein Ankauf kompletter Netze.

Soweit das Intranet des auftraggebenden Kunden schon installiert ist, treffen diesen teilweise wesentliche erweiterte **Mitwirkungspflichten**, so bezüglich der Offenlegung aller zur Kopplungsdurchführung notwendigen technischen Daten.

Das Planen und Implementieren von Netzwerken folgt regelmäßig Werkvertragsrecht, da es auf einen individuellen Zielstatus ausgerichtet ist; dies gilt selbst dann, wenn Hardware-Lieferungen nicht unbeträchtlichen Umfanges vereinbart sind[1], da diese Teil der Erreichung des individuellen Zielstatus darstellen. Schuldet der Anbieter in solchen Fällen außerdem die Absicherung des Netzwerkes gegen Angriffe Dritter (aus dem Netz), so muss er eine entsprechende Planungsgrundlage frühzeitig schriftlich fixieren[2].

n) Domain-Name-Verwaltung

Die Verwaltung von Domain-Namen des Kunden wird von Providern meist zusammen mit anderen, hiervon zu unterscheidenden Leistungen erbracht. Anmeldung und Verwaltung kann als (entgeltliche) Geschäftsbesorgung[3] in der Form eines Werkvertrages eingestuft werden (§ 675 BGB), die fortlaufende Verwaltung der Domain hingegen Miet- oder Pachtvertrag[4].

---

[1] LG Köln, Urt.v. 16.7.2003 – 90 O 68/01, CR 2003, 724 = JurPC Web-Dok. 62/2004, das mit BGH Z 2, 33; NGH NJW 1992, 2481 auf den Leistungsschwerpunkt abstellt.

[2] LG Köln, Urt.v. 16.7.2003, a.a.O., wobei das Erstellen des Sicherheitskonzepts Hauptbestandteil des Auftrages sein sollte.

[3] OLG München, Urt.v.5.12.2002 – 6 U 5770/01, MMR 2003, 795 – ritter.de.

[4] OLG Köln, Urt.v.13.5.2001 – 19 U 211/01, MMR 2003, 191. Das Gericht sieht Pachtrecht in den Fällen als anwendbar an, in denen ein Domainname verpachtet werde, da dieser keine Sachqualität aufweise. Ob allein die mangelnde Sachqualität zur Anwendung von Pachtrecht führen muss, erscheint zweifelhaft; jedenfalls wird im Regelfall der Provider nicht den Domain-Namen im eigenen Namen registrieren lassen und dann an den Kunden verpachten, sondern als Stellvertreter mit Wirkung für und gegen den Kunden als dessen Namen registrieren lassen, so dass ein Verpachtung bezüglich des Domain-Namens ausscheiden wird. Bei Anwendung von Mietrecht kann erleichtert gekündigt werden (§ 580 a Abs. 3 BGB), bei Anwendung von Pachtrecht aber nur zum Ende des Pachtjahrs.

o) Advertising und Sponsoring Agreements

In Bannern kann der Webseiten-Betreiber Kunden Platz für Werbung zur Verfügung stellen[1], wobei insoweit Miete möglich ist. Möglich ist auch das finanzielle Unterstützen von Websites durch Sponsoren[2].

p) Online-Shops

Das Einrichten eines Online-Shop wurde als Kombination aus unterschiedlichen Leistungen eingestuft, Miete von Speicherkapazität, Erstellung nach Werkvertrag[3].

q) Erstellen einer B2B-Plattform

Das Erstellen und Einrichten sowie das Unterstützen einer technischen Plattform wurde als gemischter Vertrag[4] aus verschiedenen Leistungen eingestuft. Meist wird hier der Leistungsschwerpunkt bei Werkleistungen liegen, so dass Werkvertragrecht anwendbar ist. Überlassen von Speicherkapazität (etwa auf Sicherungsmedien) kann Miet- oder Pachtrecht folgen. Für den Anbieter entsprechender Leistungen werden i.ü. die zum Hosting dargestellten Grundsätze anwendbar sein (s. S. 55).

r) Link-License-Agreement

Kaum Literatur gibt es bisher zur **Rechtsnatur** von Linking-Verträgen. Angenommen wurde ein Gestattungsvertrag mit lizenzrechtlicher Prägung mit mietvertragsrechtlichem Charakter[5] oder ein Vertrag sui generis[6].

s) Peering

Mit „Peering“ wird der Datenaustausch **zwischen** Providern bezeichnet, die in ihrem Backbone-Netz jeweils Daten für den anderen Provider „durchleiten“ und es hierfür mit anderen Backbones zusammenschalten[7]. Peering-Verträge können bilateral zwischen räumlich benachbarten Providern oder quasi vertikal mit Betreibern von Interconnection-Punkten (auch Network Access Points, NAPs genannt) wie DE-CIX (Frankfurt)[8] geschlossen werden[9] oder auch über zentrale nationale Network Access Points (NAPs), die selbst kein Netz betreiben, sondern nur den Austauschpunkt

---

1 *Mankowski*, CR 1999, 512, 522.

2 *Mankowski*, CR 1999, 512, 522f.

3 AG Ulm, Urt.v.29.10.1999 – 2 C 1038/99, MMR 2000, 224 = JurPC Web-Dok. 124/2000.

4 Gramlich/Kröger/Schreibauer/*Thun*, Rechtshandbuch B2B Plattformen, § 10, Rdn. 9.

5 *Ernst/Vassilaki/Wiebe*, Hyperlinks, Rdn. 208; *Ernst*, Vertragsgestaltung im Internet, Rdn. 716.

6 *Müller*, in: *Schuster*, Vertragshandbuch Telemedia, Kap. H, Rdn. 162.

7 Ausf. s. *Petri/Göckel*, CR 2002, 418, 419.

8 DE-CIX wird betrieben durch den Verein Electronic Commerce Forum (eco) e.V.

9 *A. Schneider*, Verträge über Internet-Access, 111 ff; allgemein zum Peering s.a. Moritz/Dreier/ *Petri/Göckel*, Rechts-Handbuch zum E-Commerce, Teil B, Rdn. 158ff; *Petri/Göckel*, CR 2002, 418, 419.

verwalten[1]. Die zentralen nationalen NAPs sind selbst wieder untereinander international verbunden[2].

Ein Provider kann an DE-CIX teilnehmen, wenn er über eine eigene internationale Anbindung verfügt und von mindestens zwei DE-CIX-Teilnehmern unabhängig von der DE-CIX-Struktur erreicht werden kann[3]. Außerdem müssen mindestens 15 % der Mitglieder der AG (Arbeitsgruppe) DE-CIX der Zulassung zustimmen.

Weisen Provider nicht eine ausreichende Größe auf, um Peering-Partner zu sein, können sie unmittelbar mit großen Providern, etwa Backbone-Betreibern, Vereinbarungen schließen. Eine **Backbone-Vereinbarung** eröffnet aber noch nicht den Zugriff auf ein fremdes Netzwerk mit neuen Kunden, sondern nur auf neue Transitstrecken zu anderen Netzwerken. Backbones werden mittlerweile überwiegend privatwirtschaftlich betrieben, so etwa das European Backbone (Ebone) durch die Ebone Ltd. in Dänemark[4]. Kunden müssen eine Verbindung von ihrem Netz zu einem sog. Ebone Point of Presence als Exterior Node unterhalten[5]. Ein Backbone ist ein Netzwerk von durch besondere Knotenpunkte (*Core nodes*) verbundene Hochleistungsstandleitungen. Ebone beschreibt in einem Service Level Agreement (das grundsätzlich einer Nichtoffenlegungspflicht unterliegt (sog. *Nondisclosure Agreement*) genau die angebotenen Leistungen und hierbei auch Erreichbarkeit (*Availability*) einschließlich Wartungszeiten, Übertragungsgeschwindigkeiten (*Performance and Backup Loss*). Der Kunde erhält einen Access Point zugewiesen und die Berechtigung, das Netzwerk bis zu einer festgelegten Kapazität zu nutzen[6].

Bei der direkten Anbindung an das Internet können Probleme auftreten. So dürfen nur ISPs Verträge mit den drei europäischen Internet Exchange Points abschließen, so dass insoweit doch wieder ein Provider beauftragt und zwischengeschaltet werden muss. Drei *Exchange Points* stehen zur Verfügung[7]. Deutsche Nutzer werden den deutschen Punkt wählen wollen, der aber nicht sehr leistungsfähig ist.

Peering-Leistungen wurden je nach Ausgestaltung Dienst- oder Werkverträgen zugeordnet[8]. Für ein Zusammenschalten von Netzwerken und das Aufrechterhalten dieser Zusammenschaltung kommt wohl Werkvertragsrecht in Betracht, ebenso für das gesicherte Weiterleiten von Datenpaketen. Allerdings treten Zuordnungsschwierigkeiten auf, wenn die Backbone-Betreiber ihre Leistungen einander wechselseitig kostenfrei erbringen, da dann keine Werk- oder Dienstvergütung geschuldet ist. Möglich erscheint hier die Zuordnung als wechselseitige unentgeltliche Geschäftsbesorgung (Auftrag, § 662 BGB).

Jedoch können solche Vereinbarungen zwischen Backbone-Betreibern u.U. auch als **BGB-Gesellschaft** nach den §§ 705 ff BGB anzusehen sein, soweit hier ein gemeinsamer Zweck verfolgt wird, d.h. etwa jeder Betreiber als Gesellschafter

---

1 Moritz/Dreier/*Petri/Göckel*, Rechts-Handbuch zum E-Commerce, Teil B, Rdn. 174 nennt hier eine Unterscheidung zwischen sog. Tier 1-ISPs, die als globale Provider eigene, weltweite Backbone-Netze betreiben, überregionalen Tier 2-ISPs mit nur teilweise eigenen nationalen Backbones und Tier 3-ISPs, die kein eigenes Backbone-Netzwerk betreiben, sondern mit einem Backbone-Betreiber über Standleitung verbunden sind.

2 *Petri/Göckel*, CR 2002, 418, 419.

3 *A. Schneider*, a.a.O., 114 unter Verweis auf Klausel IV der DE-CIX-Bedingungen.

4 *A. Schneider*, a.a.O., 117.

5 *A. Schneider*, a.a.O., 118.

6 *A. Schneider*, a.a.O., 119.

7 Angaben nach: EuroInternet http://w3.marktplatz.ch/eurointernet/summary.htm.

8 Moritz/Dreier/*Petri/Göckel*, Rechts-Handbuch zum E-Commerce, Teil B, Rdn. 164; *Petri/Göckel*, CR 2002, 418, 420.

Förderung von dem bzw. den anderen verlangen kann[1]. Die unmittelbare Konsequenz einer solchen Zuordnung ist, dass alle Betreiber als BGB-Gesellschafter mit den in die Gesellschaft eingebrachten Gegenständen haften und als BGB-Gesellschaft im Prozess parteifähig sind, also verklagt werden, aber auch selbst klagen können. Besonders relevant wird diese Zuordnung, wenn die Backbone-Netze selbst als in die Gesellschaft eingebrachte Gegenstände zu betrachten sind.

Auf jeden Fall festzulegen[2] sind die einzelnen Peering-Leistungen, z.B. Transit-Peering (Weiterleiten an Netze Dritter), die Peering Points zur Datenpaketübergabe, Übertragungsraten, Netz-Maintenance, Festlegen der Peering-Routes in einer Internet Routing Registry Policy (d.h. ein sog. Routing Announcement) und Ansprechpartner.

t) Verträge zur WLAN-Nutzung

Ausgangspunkt für eine vertragstypologische Zuordnung muss die Leistung sein, die die Vertragspartner als geschuldet vereinbaren. Hier können mehrere Komponenten zu unterscheiden sein:

Der **Kunde** nutzt zunächst die technischen Einrichtungen des **Access Points** des Hotspot-Betreibers, um in das Internet zu gelangen. Hier gelten die oben dargelegten Grundsätze zum Access Providing (s. S. 7), die Werkvertragsrecht zugeordnet wurden[3]. Außerdem erfolgt eine Nutzung der Netzinfrastruktur des Netzbetreibers. Insoweit schuldet der Betreiber des Hotspots gegenüber dem Kunden Routing-Leistungen (s. S. 8), die der Hotspot-Betreiber seinerseits vom Netzbetreiber erbracht erhält.

Der **Hotspot-Betreiber** benötigt seinerseits die Anbindung und laufende Unterstützung seines Access Points an die Backbone-Struktur des Netzbetreibers, also die typischen Leistungen des Access Providing.

Erbringt allerdings der Netzbetreiber die WLAN-Leistungen direkt gegenüber den Kunden, ändert sich die vertragsrechtliche Konstellation. Gegenüber den Kunden kann der Netzbetreiber selbst als Vertragspartner auftreten, während der Hotspot-Betreiber dann etwa ähnlich einem Handelsvertreter auftritt[4]. Der Netzbetreiber kann hier das Equipment des Hotspot-Betreibers anmieten, um die Zugangsgewährung gegenüber den Kunden zu erbringen[5].

Das Angebot der Nutzung eines WLANs stellt einen Teledienst im Sinne von § 2 Abs. 1, Abs. 2 Nr. 3 TDG dar[6], außerdem einen TK-Dienst gemäß § 3 Nr. 24 TKG, der der **Anmeldung** nach § 6 TKG bedarf, wenn TK-Dienste (als die das Angebot der Hotspot-Nutzung einzustufen ist) durch die Öffentlichkeit genutzt wird[7] und der Anbieter die steuernde Kontrolle über die gesamten Übertragungswege des WLAN ausübt[8]. Anmeldepflicht besteht also auch, wenn sich die technische Nutzungsmöglichkeit eines WLAN auf ein Flughafengelände oder die Räume eines Cafés, also ein „Grundstück" beschränken, aber an die Öffentlichkeit wenden. Bisher bestand etwa für eine in einem Café angebotene kostenlose WLAN-Nutzung keine Anzeigepflicht, es

1 Allgemein BGH WM 1965, 795.
2 Nach Moritz/Dreier/*Petri/Göckel*, Rechts-Handbuch zum E-Commerce, Teil B, Rdn. 176 – 181.
3 *Hoenike/Boes*, MMR 2003, 457.
4 *Hoenike/Boes*, MMR 2003, 457, 458.
5 *Hoenike/Boes*, MMR 2003, 457, 458.
6 *Röhrborn/Katko*, CR 2002, 882, 887.
7 *Röhrborn/Katko*, CR 2002, 882, 884.
8 *Röhrborn/Katko*, CR 2002, 882, 884; Beckscher TKG-Komm/*Schütz*, § 6 Rdn. 33 .

sei denn, dass hierdurch eine Umsatzerhöhung eintritt oder angestrebt wird[1].

5. Leistungsstörungen

Zwei Grundformen der Leistungsstörungen sind zu unterscheiden: Nichterfüllung bzw. verspätete Erfüllung einerseits und Mängelhaftung andererseits. Wird eine Leistung nicht oder zu spät erbracht, liegt Pflichtverletzung vor (bzw. Verzug). Ist die Leistung mangelhaft erbracht, greift **Mängelhaftung** ein und hat der Kunde Mängelrechte. Bei kombinierten Verträgen mit „mehrfach typischen Leistungen"[2] ist grundsätzlich auf denjenigen trennbaren Leistungsteil abzustellen, der von der jeweiligen Leistungsstörung betroffen ist. Soweit dieser Leistungsteil mängelhaftungsrechtlichen Regelungen der entsprechenden Vertragstypen unterliegt, bedürfen näherer Begriffsbestimmung und Abgrenzung. Die Abgrenzung kann oft nur im Einzelfall abschließend erfolgen, so etwa bei zeitlichen Unterbrechungen des Internetzugangs etc.[3]

a) Mängel

Mangelhaft im mängelhaftungsrechtlichen Sinne kann nur eine Werk-, Miet- oder Kaufvertragsleistung sein, nicht aber etwa eine Leistung aus Dienstvertrag (bei der Haftung aus Pflichtverletzung – früher: aus positiver Vertragsverletzung – eingreift). *Ob* ein Mangel vorliegt, muss am Maßstab der vertraglich vereinbarten Beschaffenheit bzw. der vertraglich vorausgesetzten oder jedenfalls gewöhnlichen Verwendung geprüft werden. Auch unwesentliche Abweichungen begründen Gewährleistungsrechte, aber weder ein Rücktrittsrecht (§ 323 Abs. 5 S. 2 BGB) noch einen Schadensersatzanspruch (§ 281 Abs. 1 S. 3 BGB). **Beispiele** für Mängel:

- Falsch oder unvollständig erstellte Web-Seite,
- zu einfache oder bereits „geknackte" und damit unsichere Verschlüsselungsalgorithmen,
- unzureichende oder unsichere Intranet-/Internet-Kopplung,
- unrichtige, unvollständige oder inaktuelle Informationen,
- Nichtabrufbarkeit auf einem Serverrechner gehosteter Inhalte[4],
- unvollständige E-Mail-Übermittlung,
- technische Defekte von Speicher- oder Übertragungsmedien,
- Unterbrechungen des Netzzuganges oder Netzüberlastungen, fehlende Sicherung von „Plug-in"-Software gegen Missbrauch.

b) Mängelrechte

aa) **Nacherfüllung** (in der Form **Mängelbeseitigung** oder **Nachlieferung**)

Der Kunde kann Beseitigung des Mangels oder Nachlieferung eines mangelfreien Exemplares verlangen (§§ 437 Nr. 1, 439 BGB). Der Anbieter muss kostenfrei

---

1 *Röhrborn/Katko*, CR 2002, 882, 884.

2 *Larenz/Canaris*, Lehrbuch des Schuldrechts II/2, BT § 63 II 3, S. 51.

3 Auf Leistungsstörungen kann im vorliegenden Zusammenhang nur knapp eingegangen werden.

4 AG Charlottenburg, Urt.v. 11.1.2002 – 208 C 192/01, ZUM-RD 2002, 162.

nacherfüllen (§ 439 Abs. 2 BGB). **Beispiele**:

- Aktualisierung mangelhafter Information,
- Neuimplementieren von Zugangssoftware („Browser-Software"),
- Wiederholen einer Datenbanken-Recherche, etc.
- Korrigieren oder Ergänzen der Web-Seite.
- Wiederherstellen des Zuganges.
- Neuübermittlung der E-Mail.

bb) Minderung

Die Herabsetzung der Vergütung (§§ 437 Nr. 2, 441 BGB) macht nur in den Fällen Sinn, in denen auch die mangelhafte Leistung noch sinnvoll nutzbar ist. Im vorliegenden Rahmen ist dies eher die Ausnahme. Für die Zeit, in der bei Hosting ein Serverrechner vertragswidrig nicht genutzt werden kann (etwa Up- und/oder Downloading nicht möglich sind), kann der Mietzins gemindert werden (§ 536 BGB).

cc) Rücktritt

Hat der Kunde inzwischen Nutzungen gezogen, müssen die entsprechenden Nutzungsvorteile ausgeglichen werden. Ist etwa eine Datenbankenrecherche mangelhaft, so können doch einzelne Informationen nutzbar sein. Dennoch darf dies den Rücktritt nicht generell ausschließen. Schlägt die Nacherfüllung fehl oder ist sie dem Anbieter unzumutbar, kann der Kunde vom Vertrag zurücktreten (§§ 437 Nr. 2, 440 S. 1 BGB). Ausgeschlossen ist der Rücktritt, wenn die Pflichtverletzung (und damit der Mangel) unerheblich ist (§ 323 Abs. 3 S. 2 BGB). Durchgeführt werden kann der Rücktritt durch Löschung von Zugangssoftware und Weiterverwendungsverbot und/oder Rückgabe von Lieferdatenträgern Kenntnisnahme übermittelter Information kann nicht rückgängig gemacht werden; denkbar sind aber Nutzungsverbote mit Wirkung ex nunc.

Hat der Kunde zwischenzeitlich Nutzungen gezogen, müssen die entsprechenden Nutzungsvorteile ausgeglichen werden. Ist etwa eine Datenbankenrecherche mangelhaft, so können doch einzelne Informationen nutzbar sein. Dennoch darf dies den Rücktritt nicht generell ausschließen.

dd) Kündigung

Kann ein Serverrechner nach **Absturz** nicht wieder funktionsfähig gemacht werden, kann der Kunde fristlos kündigen (§ 543 Abs. 2 S. 1 Nr. 1 BGB, Nichtgewähren des Gebrauches) und Schadensersatz (§ 536 a BGB) verlangen[1].

ee) Schadensersatzhaftung

Im **Kaufrecht** ist mit der Schuldrechtsmodernisierung auch Schadensersatzhaftung möglich. Der Verkäufer haftet selbst dann, wenn der Käufer Rücktritt erklärt hat (§ 325

1 *Schuppert*, CR 2000, 227, 229.

BGB), aber nur, wenn die Pflichtverletzung nicht unerheblich ist (§ 281 Abs. 1 S. 3 BGB).

Im **Werkvertragsrecht** folgt der Schadensersatzanspruch aus den §§ 634 Nr. 4, 636, 280, 281 BGB. Der Anbieter muss sich von einem Verschulden entlasten (§ 280 Abs. 1 S. 2 BGB), doch haftet er nur aus nicht unerheblichen Pflichtverletzungen (§ 281 Abs. 1 S. 2 BGB).

Aus **Mietrecht** kann der Mieter Schadensersatz wegen Nichterfüllung verlangen (§ 536 a Abs. 1 BGB), so etwa bei Nichtabrufbarkeit gehosteter Inhalte auf dem Serverrechner des Hosting-Providers und hieraus resultierendem zeitweisem Ausfall eines Internet-Shops des Mieters[1]. Ist der Mangel bereits bei Vertragsschluss vorhanden, haftet der Anbieter unabhängig von einem Vertretenmüssen (§ 536 a Abs. 1 BGB), bei später entstehenden Mängeln oder bei Verzug mit deren Beseitigung bei Vertretenmüssen (bei Verzug schon auf Grund § 286 Abs. 4 BGB). Haftung für anfängliche Mängel kann insoweit formularvertraglich abbedungen werden, als sie verschuldensunabhängig ist[2]. Dieser Haftungsausschluss greift damit nur ein, wenn er besonders vereinbart war. Außerdem bleibt die Haftung für zu vertretende Mängel unberührt. Vertretenmüssen kann bereits dann vorliegen, wenn nicht der Stand der Technik bei Systemkonzeption und Datensicherung eingehalten wird. **Beispiele**: Schäden aus verzögerten oder unterbliebenen E-Mail-Übermittlungen/aus inkompatibilitätsbedingten Datenverlusten, der Nichterreichbarkeit des Providers, verspäteter providerseitiger Domain-Registrierung[3] oder des E-Mail-Empfängers bei vorhersehbarer Überlastung des Dienstes des Anbieters.

Eine Direktbank wurde nicht als verpflichtet angesehen, durch ein Guthaben des Auftraggebers nicht gedeckte, im **Online-Verfahren** erteilte Aufträge zurückzuweisen, da keine kundenindividuelle Überprüfung erwartbar sei[4]. Der Kunde müsse aber über diejenigen Umstände und Abläufe der Geschäftsabwicklung informiert werden, von denen allein die Bank Kenntnis hat und die für die Erfassung der Kundenaufträge von Bedeutung sind[5]. Stimmen bei einem Mail-Order- oder Internetgeschäft Nummer und Inhaber einer Kreditkarte nicht überein, darf ein Kreditunternehmen dem Vertragsunternehmen keine Genehmigungsnummer übermitteln, andernfalls Haftung aus Pflichtverletzung entstehen kann[6]. Schadensersatzpflicht aus Pflichtverletzung kann dadurch begründet sein, dass im Rahmen eines Online-Bankingvertrages aufgrund eines Systemfehlers die Verfügungsgewalt über zuvor erworbene Aktien verloren geht, obwohl der Kunde zu diesem Zeitpunkt bereits die Verfügungsgewalt über den Kaufpreis verloren hat[7].

c) Verzug

Es gelten die allgemeinen Grundsätze zum Verzugsrecht, die aus Raumgründen hier nicht näher erläutert werden können. Anbieter können im Online-Bereich zur Erbrin-

---

1 AG Charlottenburg, Urt.v. 11.1.2002 – 208 C 192/01, ZUM-RD 2002, 162, 164.

2 S. etwa BGH NJW-RR 1993, 519, 520.

3 LG Frankfurt, Urt.v.30.4.2004 – 2-8 S 83/03, JurPC Web-Dok. 244/2004 – muehlhausen.de; LG Görlitz, Urt.v. 31.8.2004 – 1 O 127/03 (www.heise.de/newsticker/meldung/51809).

4 OLG Nürnberg, Urt.v.9.10.2002 – 12 U 1346/02, MMR 2003, 183.

5 OLG Schleswig, Urt.v. 18.7.2002 – 5 U 116/01, CR 2003, 378.

6 LG Frankfurt, Urt.v. 11.12.2000 – 2/26 O 234/00, CR 2001, 414.

7 LG Itzehoe, Urt.v. 10.7.2001 – 1 S 92/01, JurPC Web-Dok. 191/2001 (zum BGB a.F. noch positive Vertragsverletzung annehmend).

gung ihrer Leistungen in besonders kurzen Fristen verpflichtet sein. Betreibt etwa eine Online-Bank Depotgeschäfte online, muss sie organisatorisch in der Lage sein, Reklamationen am Börsentag noch in dessen Verlauf zu erledigen[1].

6. Pflichtverletzungen durch Kunden

Verschiedene Verhaltensweisen oder sonstige Umstände im Kundenbereich sind möglich, die die anbieterseitige Leistungserbringung gefährden oder unmöglich machen können und in der Regel eine kundenseitige Verletzung des Nutzervertrages darstellen, so etwa exzessive Nutzung des Netzes, etwa durch andauernde, sich wiederholende Abfragen an den Server (durch falsche Konfiguration) oder durch Einbinden von fremden Dateisystemen in das eigene über WAN, Verbreitung rechtsverletzender Inhalte, unaufgefordertes Verbreiten von Werbung, Spamming (s. hierzu S. 172), etc.

Der Anbieter kann und muss sich (auch im Interesse der *anderen* Nutzer) vorbehalten, entsprechende Inhalte zu sperren zu sperren/löschen und Störungen zu beseitigen sowie bei schweren Vertragsverletzungen den Vertrag mit dem Nutzer fristlos zu kündigen.

Schadensersatzpflicht des Kunden besteht jedoch nur bei Verschulden. Der Kunde muss sich von einem Verschulden entlasten (§ 280 Abs. 1 S. 2 BGB).

7. Kündigungsrecht der Vertragsparteien

Der Besteller hat aus **Werkvertragsrecht** ein jederzeitiges Kündigungsrecht, also auch in jeder Phase der Auftragsausführung (s. § 649 BGB). Der Unternehmer kann jedoch, als Kompensation, die vereinbarte Vergütung verlangen, freilich reduziert um dasjenige, was der Unternehmer an Aufwendungen oder durch anderweitige Verwendung seiner Arbeitskraft erspart bzw. erwirbt. Der Werkvertrag als solcher bedarf aber keiner Kündigung, um zu enden. Er endet mit Herstellung des Werkes bzw. reduziert sich dann auf die fortbestehende Mängelhaftung.

Wird Speicherkapazität auf einem Host-Rechner **vermietet**, können der Anbieter etwa bei Zahlungsverzug des Kunden (§ 543 Abs. 2 Nr. 3 BGB) oder bei vertragswidrigem Gebrauch durch diesen (§ 543 Abs. 1 BGB), etwa bei gewerblicher statt privater Nutzung) und der Kunde bei Nichtgewährung des Gebrauches des Speicherplatzes fristlos kündigen. Ein (bezüglich dem Bereitstellen von Speicherkapazitäten) Miet- bzw. Pachtrecht folgender Vertrag über die Einrichtung und Verwaltung von **Domains** ist bei Fehlen der Vereinbarung einer festen Vertragslaufzeit mit einer Frist von zwei Tagen zu jedem beliebigen Termin kündbar, wenn Mietrecht anwendbar ist, bei Anwendbarkeit von Pachtrecht hingegen erst zum Schluss des Pachtjahres[2].

Für sämtliche Fälle der Vertragsbeendigung ist die „**Herausgabe**“, d.h. Rückübertragung der Daten zu vereinbaren, die etwa vom Anbieter auf dessen System „gehostet“ werden. Zwar muss der Anbieter dem Kunden die Daten auch ohne besondere Vereinbarung in einem gängigen Format rücküberlassen[3], doch sollten zur Sicherheit die jeweiligen Modalitäten die Datum, zu verwendende Datenträger etc. unbedingt klar definiert werden.

---

1 LG Itzehoe, Urt. 21.9.2000 – 6 O 197/00, CR 2001, 44.
2 OLG Köln, Urt.v.13.5.2001 – 19 U 211/01, MMR 2003, 191.
3 OLG München, CR 1999, 484f.

§ 2 Wirksamkeit von Allgemeinen Geschäftsbedingungen in internetbezogenen Verträge

Einleitung

Auch im Bereich von Online-Diensten und des Internet legen Anbieter den Verträgen für ihre Leistungen zumeist **Allgemeine Geschäftsbedingungen** zugrunde. Diese AGB unterliegen, wie alle sonstigen Formularverträge auch, der Kontrolle durch die §§ 305 ff BGB. Es ist kein Grund ersichtlich, den Bereich der Verträge über im Internet erbrachte oder jedenfalls vereinbarte Leistungen aus dieser Kontrolle auszunehmen. Vielmehr erfordern die Vielgestaltigkeit der Anbieter-AGB und besondere Umstände beim elektronischen Vertragsschluss eine solche Kontrolle in erhöhtem Maße. Nachfolgend werden die wichtigsten Grundelemente des AGB-Rechts knapp rekapituliert und in diesem Zusammenhang für die Internet-Nutzung relevante AGB-rechtliche Fragen erläutert.Das Recht der Allgemeinen Geschäftsbedingungen ist im **deutschen Recht** in den §§ 305 – 310 BGB geregelt. Diese Bestimmungen haben mit der am 1. Januar 2002 in Kraft getretenen Schuldrechtsmodernisierung das AGB-Gesetz vom 9.12.1976 abgelöst. Hierbei wurden die wesentlichen AGB-rechtlichen Grundsätze unverändert über-nommen, jedoch vereinzelt Verschärfungen vorgenommen, so hinsichtlich der Unwirksamkeit von unklaren bzw. nicht verständlichen Bestimmungen (§ 307 Abs. 1 S. 2 BGB).

Auf **EU**-Ebene hat die EG-Richtlinie 93/13/EWG[1] zu einer Harmonisierung des Formularvertragsrechts zumindest für Verbraucherverträge geführt, die jedoch nicht alle Begriffe des deutschen AGB-Rechts erfasst, etwa nicht den Begriff der „Allgemeinen Geschäftsbedingungen" definiert.

Prüfreihenfolge und Übersicht über die nachfolgende Darstellung:

- Die Vertragsbedingungen müssen überhaupt **Allgemeine Geschäftsbedingungen** (AGB) sein. Individuelle Vereinbarungen werden nicht erfasst (s. S. 74).
- Die AGB müssen in den zu prüfenden Vertrag **einbezogen** worden sein (s. S. 75).
- Die jeweilige Klausel muss ausreichend **klar** und prüffähig (klar) sein (s. S. 84).
- Die Klausel darf **keine überraschende** sein (s. S. 84).
- Sind die vorstehenden Voraussetzungen erfüllt, ist die **inhaltliche Kontrolle** der jeweiligen Klausel durchzuführen, weitgehend auch gegenüber Kaufleuten.

Ergänzend ist zu beachten, dass selbst dann, wenn eine Klausel auch der Inhaltskontrolle stand hält, diese Klausel doch gegen Treu und Glauben (§ 242 BGB) verstoßen kann[2].

Im folgenden werden alle relevanten Prüfpunkte in einer **Checkliste** systematisiert, die den Phasen der Vertragsdurchführung folgt und so eine durchgängige und vollständige Prüfung erlaubt.

---

[1] EG-Richtlinie über missbräuchliche Klauseln in Verbraucherverträgen (93/13/EWG vom 5.4.1993, ABl EG Nr. L 95 vom 21.4.1993, 29. Die Richtlinie wurde durch Gesetz vom 19.7.1996 (in Kraft getreten mit etwa eineinhalb Jahren Verspätung am 25.7.1996) mittels Einfügung des § 24 a AGBG a.F. umgesetzt (BGBl I 1996, 1013). § 24 a AGBG a.F. erweiterte die AGB-rechtliche Kontrolle für Verbraucherverträge auch auf Unternehmer-AGB, die von Dritten, z.B. Notaren, erstellt wurden. Erfasst werden außerdem auch nur *einmal* verwendete Bedingungen, auf deren Formulierung der Verbraucher keinen Einfluss nehmen konnte (nun § 310 Abs. 3 Nr. 2 BGB).

[2] BGHZ 93, 391, 399 ff; 105, 71, 88.

1. Allgemeine Geschäftsbedingungen als Vertragsteil

a) Begriff der „Allgemeinen Geschäftsbedingungen“

Allgemeine Geschäftsbedingungen (AGB) sind vorformulierte, bei einer Vielzahl von Vertragsabschlüssen verwendbare Vertragsbedingungen, die vom „Verwender“, also zumeist dem Anbieter, „gestellt“ werden. Aus dem Kontrollbereich des AGB-Rechts (aber nicht des § 242 BGB) ausgeklammert sind Individualvereinbarungen.

Ein Vertragstext unterliegt dem AGB-Recht auch dann, wenn neben dem computergespeicherten Standardtext die einzelnen Leistungen lediglich nach einem vorgegebenen Leistungsverzeichnis variiert werden[1]. Reine Leistungsbeschreibungen sind nicht kontrollfähig, ebenso nicht individuelle Vereinbarungen. Die Verwendung eines **elektronischen** Darstellungsmediums steht der Einordnung eines Regelungstextes als AGB nicht entgegen. Der Text muss damit nicht in einem Druckexemplar verkörpert sein; es genügt seine Darstellung in Textform (§ 126 b BGB).

Die **Richtlinie** 93/13/EWG enthält keine Definition des Begriffes der „Allgemeinen Geschäftsbedingungen“. Die Richtlinie erfasst aber Vertragsklauseln, die nicht im einzelnen ausgehandelt wurden (Art. 2 a) i.V.m. 3 Abs. 1 RL). Als nicht im einzelnen ausgehandelt gilt eine Klausel, „wenn sie im voraus abgefasst wurde und der Verbraucher deshalb, insbesondere im Rahmen eines vorformulierten Standardvertrages, keinen Einfluss auf ihren Inhalt nehmen konnte“ (Art. 3 Abs. 2 S. 1 RL). Selbst wenn aber einzelne Klauseln oder Teile von diesen einzeln ausgehandelt wurden, ist Art. 3 anwendbar, sofern es sich nach der Gesamtwertung dennoch um einen Standardvertrag handelt. Verträge zwischen Nichtverbrauchern werden nicht erfasst.

b) Ausländische AGB und ausländisches Recht

Auch **ausländische** Anbieter können „Verwender“ von AGB sein. Ausländische **AGB** können, wenn sie zur Vertragsgrundlage gemacht werden, nach deutschen AGB-Recht zu prüfen sein. So war nicht die deutsche CompuServe GmbH, sondern die CompuServe, Inc. Ohio, Verwender(in) der AGB des Dienstes im Sinne des AGB-Gesetzes. Eine Klage gegen die deutsche Gesellschaft wurde deshalb wegen fehlender Passivlegitimation abgewiesen[2].

Allgemein können auch fremdsprachige AGB in Verträge wirksam **einbezogen** werden. Dies wird zumindest bei Verwendung von Sprachen wie insbesondere Englisch, aber auch Französisch oder Italienisch gelten. Die Einbeziehung scheitert nicht notwendig an einer Unzumutbarkeit im Sinne von § 305 Abs. 2 Nr. 2 BGB. Eine Sprache kann als Verhandlungssprache vom Kunden dadurch akzeptiert werden, dass dieser sich vorbehaltlos auf die Sprache des Verhandlungsortes einlässt[3].

Der Schutz des deutschen AGB-Rechts bleibt allerdings dem Kunden, soweit er **Verbraucher** ist, auch bei Anwendbarkeit ausländischen Rechts erhalten (Art. 29 EG BGB), wenn folgende Voraussetzungen erfüllt sind:

- Angebot oder Werbung im Land, in dem der Verbraucher seinen gewöhnlichen

---

[1] KG, Urt. v. 30.1.1995 – 20 U 6573/93, CR 1995, 734.

[2] LG München I, Urt. v.19.9.1996 – 21 O 5002/96 (s. www.netlaw.de/urteile/lgm_1.htm im Volltext der Entscheidung Verbraucherzentrale Baden-Württemberg e.V. ./. CompuServe GmbH, Unterhaching).

[3] S. allgemein OLG Nürnberg, NJW 1991, 232, 235.

Aufenthalt hat und Vornahme von zum Vertragsabschluss erforderlichen Rechtshandlungen in diesem Land (Art. 29 Abs. 1 Nr. 1 EGBGB),

- Entgegennahme der Bestellung des Verbrauchers durch Verwender oder dessen Vertreter (Art. 29 Abs. 1 Nr. 2 EGBGB) oder
- Vertrag betrifft Kauf von Waren und Verbraucher ist in einen anderen Staat gereist und hat von diesem die Bestellung aufgegeben, sofern diese Reise vom Verkäufer mit dem Ziel herbeigeführt wurde, den Verbraucher zum Vertragsschluss zu veranlassen (Art. 29 Abs. 1 Nr. 3 EGBGB, Beispiel: Kaffeefahrten).

Billigt der ausländische Kunde die AGB eines deutschen Anbieters, erfolgt hierdurch eine stillschweigende Vereinbarung der Anwendbarkeit deutschen Rechts[1]. Dies gilt auch, wenn der ausländische Kunde die entsprechende Erklärung auf der Webseite des deutschen Anbieters ausfüllt (bzw. anklickt)[2].

Erfolgt eine **Rechtswahl**, ist zwischen dieser Rechtswahl als eigenständigem, kollisionsrechtlichen Verweisungsvertrag einerseits und dem Hauptvertrag andererseits zu unterscheiden, wobei beide Verträge jeweils getrennt auf ihr Zustandekommen und ihre Wirksamkeit hin zu untersuchen sind[3]. Zustandekommen und Wirksamkeit des Verweisungsvertrages bestimmen sich gemäß Art. 27 Abs. 4, 31 Abs. 1 EGBGB grundsätzlich nach der Rechtsordnung, die in dem Vertrag als maßgeblich vereinbart wurde[4].

c) Wirksame Einbeziehung der AGB in den Vertrag

Die (hier vorauszusetzenden) Grundsätze zur Einbeziehung von AGB in den Vertrag (§§ 305, 306 BGB) müssen Besonderheiten Rechnung tragen, die sich aus der elektronischen Darstellung von AGB-Texten im Internet ergeben.

Lassen sich mehrseitige Nutzungsbedingungen nur am Bildschirm lesen, kann eine solche Form der Kenntnisnahme vom Text – und erst recht die Beurteilung seines Inhaltes – erschwert werden, deshalb für den Kunden **unzumutbar** sein[5] und die Einbeziehung in den Vertrag scheitern (§ 305 Abs. 2 Nr. 2 BGB). Das gilt um so mehr bei einem Umfang von 14 Seiten[6], da der Text auch bei längerer Einblendung flüchtig bleiben muss[7]. Bei bloßer Darstellung am Bildschirm sollen sich allenfalls relativ kurze, klar gegliederte und problemlos abrufbare Texte wirksam in den Vertrag einbeziehen lassen[8], während nach überwiegender Auffassung die bloße Wiedergabe am Bildschirm generell als nicht ausreichend angesehen wird[9], da es am Merkmal der dauerhaften Verfügbarkeit fehlt. Deshalb muss eine Download-Möglichkeit bestehen, während eine

1 OLG Hamm, NJW 1983, 523; OLG Karlsruhe, RIW 1979, 642.

2 *Koehler*, MMR 1998, 289, 293.

3 *Stoffels*, AGB-Recht, Rdn. 237.

4 BGH NJW 1994, 262.

5 LG Wuppertal, Urt.v.16.5.1990 – 8 S 21/91, NJW-RR 1991, 1148; LG Bielefeld Urt.v. 20.2.1990 – 18 S 295/89, NJW-RR 1991, 1145; LG Freiburg Urt.v. 7.4.1992 – 9 S 139/90, NJW-RR 1992, 1018; *Marly*, Softwareüberlassungsverträge, Rdn.194; offengelassen in LG Frankenthal NJW-RR 1992, 954.

6 LG Aachen, Urt.v. 24.01.1991 – 6 S 192/90, CR 1981, 222.

7 *Bultmann/Rahn*, NJW 1988, 2432, 2435.

8 LG Freiburg, Urt.v. 7.4.1992, a.a.O.

9 LG Aachen, MDR 1991, 540; LG Bielefeld, NJW-RR 1991, 1145f; LG Freiburg NJW-RR 1992, 1018; in diesem Sinne auch Begr. zum RegE zu § 312 3 BGB, BR-Drucks. 338/01, 396.

Möglichkeit zum Ausdrucken der heruntergeladenen Datei beim Nutzer nicht Voraussetzung für die wirksame Einbeziehung ist[1]. Die technische Ausgestaltung kann also mitentscheidend dafür sein, ob die Kenntnisnahme eines AGB-Textes zumutbar ist. Bei der Zumutbarkeitsprüfung zu berücksichtigen ist auch, ob in Fenstern durch „Scrollen" schneller zu vorangegangenen Klauseln zurückgegangen werden kann und auch größere Textmengen übersichtlich auf dem Bildschirm darstellbar sind (u.U. durch Verändern der Schriftgröße). Zutreffend wird auch empfohlen, den herunterzuladenden Text für die Formate der gängigen Webbrowser vorzubereiten (und zu testen), um die Lesbarkeit sicherzustellen[2]. Das Verwenden einer pdf-Datei wird grundsätzlich ausreichen[3], wobei zur Sicherheit ergänzend mit einem Link der Download eines Acrobat Reader angeboten werden sollte.

Nach der Rechtsprechung zu dem alten **Btx-System** konnte die Kenntnisnahme mehrseitiger AGB über den Bildschirm für die Benutzer durch den hierfür notwendigen Bildschirmseitenwechsel unzumutbar sein [4], erst recht bei einem Umfang von etwa 14 Seiten[5], da der Text auch bei längerer Einblendung flüchtig bleiben musste[6]. Deshalb ließen sich nur relativ kurze, klar gegliederte und problemlos abrufbare Texte wirksam einbeziehen[7]. Für die **neuen Dienste** im Internet wird (aufgrund Download-Möglichkeit) weniger auf den Umfang des Textes abgestellt als vielmehr auf seine **Transparenz**[8]. Dies wurde auch bereits durch frühere Urteile herausgearbeitet: Von den in gedruckter Form dem Kunden vorliegenden AGB sei zu verlangen, dass sie für einen Durchschnittskunden mühelos lesbar sind, ein Mindestmaß an Übersichtlichkeit sowie einen im Verhältnis zur Bedeutung des Geschäfts vertretbaren Umfang aufweisen [9].

Aktuelle READ-ME-Dateien und sonstige Texte in kleinen Ausschnittsfenstern müssen, insbesondere, wenn sie nicht ausdruckbar sind, ebenfalls die obigen Voraussetzungen sinngemäß vom Schutzzweck her ähnlich erfüllen, wenn sie vertragliche Regelungsinhalte aufweisen, z.B. Kopierverbote, Regelungen zur rechtebegründenden Kundenregistrierung etc.. Zu beachten ist, dass in solchen Textdateien schneller zu vorangegangenen Klauseln (mit „Scrollen") zurückgegangen werden kann und auch größere Textmengen übersichtlich auf dem Bildschirm darstellbar sind (u.U. durch Verändern der Schriftgröße). Kenntnisnahmemöglichkeit durch (kostenfreie) Download-Möglichkeit reicht grundsätzlich aus[10]. Einbeziehungsklauseln können gemäß § 305 c BGB als überraschende aus dem Vertrag ausgeklammert und dieser sogar insgesamt nichtig sein [11].

---

1 *Köhler*, NJW 1998, 185, 188; *Borges*, Verträge im elektronischen Geschäftsverkehr, 291.

2 *Ernst*, Vertragsgestaltung im Internet, Rdn. 196.

3 a.A. *Ernst*, Vertragsgestaltung im Internet, Rdn. 197, der den Acrobat Reader als noch nicht hinreichend verbreitet ansieht.

4 S.n. LG Wuppertal, Urt.v.16.5.1990 – 8 S 21/91, NJW-RR 1991, 1148; LG Bielefeld Urt.v. 20.2.1990 – 18 S 295/89, NJW-RR 1991, 1145 ; LG Freiburg Urt.v. 7.4.1992 – 9 S 139/90, CR 1993, 433 = NJW-RR 1992, 1018; *Marly*, Softwareüberlassungsverträge, Rdn.194; offengelassen in LG Frankenthal NJW-RR 1992, 954.

5 LG Aachen, Urt.v. 24.1.1991 – 6 S 192/90, CR 1981, 222.

6 *Bultmann/Rahn*, NJW 1988, 2432, 2435.

7 LG Freiburg, Urt.v. 7.4.1992, a.a.O.

8 *Ernst*, Vertragsgestaltung im Internet, Rdn. 187.

9 LG Freiburg Urt.v. 7.4.1992, a.a.O.

10 *Ulmer/Brandner/Hensen*, § 2 Rdn. 49a m.w.N. Ulmer, a.a.O., sieht eine elektronische Verzichtserklärung des Kunden bezüglich der Einräumung zumutbarer Kenntnisnahmemöglichkeiten als zulässig an.

11 LG Dortmund, Urt.v.24.4.1991 – 1 S 466/90, CR 1992, 210, 214; ähnlich LG Wuppertal,a.a.O.; LG

Wirksame Einbeziehung auch **längerer Texte** ist aber möglich, wenn der Nutzer die AGB herunterladen und speichern **kann**[1]. Der Download muss jedoch nicht tatsächlich vom Kunden durchgeführt worden sein. Für die wirksame Einbeziehung genügt es, dass die Download-**Möglichkeit** besteht und der Nutzer die AGB durch Herunterladen kopieren kann[2]. Diese Download-Möglichkeit muss spätestens bei Vertragsschluss bestanden haben (§ 305 Abs. 1 S. 1 BGB). Der Anbieter ist außerdem aus § 312 e Abs. 1 S. 1 Nr. 4 BGB verpflichtet, dem Kunden die Möglichkeit zu verschaffen, die Vertragsbestimmungen einschließlich der Allgemeinen Geschäftsbedingungen bei Vertragsschluss **abzurufen** und in wiedergabefähiger Form zu **speichern**. Die AGB müssen damit zum Herunterladen zur Verfügung stehen[3]. Diese Pflicht soll auch beim Austausch von E-Mails gelten, während bei M-Commerce das Bestehen einer anderweitigen Kenntnisnahmemöglichkeit genügen soll[4]. Bei Einsatz der neuen Mobilfunktechniken wird freilich auch ein Abruf von Texten und damit der AGB möglich sein und damit deren Bereithalten verlangt werden können.

Der Anbieter muss auf seine AGB auf seinen Webseiten klar und unmissverständlich **hinweisen** (§ 305 Abs. 2 Nr. 1 BGB, s. unten). Der AGB-Text muss nicht unmittelbar auf der Seite präsentiert werden, auf der sich der Hinweis auf die AGB findet; vielmehr genügt es, wenn mit einem Link auf eine separate Seite mit dem AGB-Text verwiesen wird, während ein bloßer Hinweis ohne Text nicht ausreicht [5]. Der Hinweis (per Link) auf die AGB ist bei Verwendung eines elektronischen Bestellformulars oberhalb der Bestellleiste und abgegrenzt von den übrigen Daten zu setzen [6].

Der Anbieter kann die AGB freilich auch in zu schließende Verträge einbeziehen, indem er sie seinen Kunden postalisch oder auch elektronisch **übermittelt**. Zu beachten ist aber, dass der Kunde in diesen Fällen die AGB spätestens bei Vertragsschluss übermittelt erhalten haben muss, soll die Einbeziehung wirksam sein. Der Anbieter trägt insoweit das Risiko der rechtzeitigen Zusendung, aber auch die Beweislast für die Zusendung. Hierbei erbringt weder der Einzelverbindungsnachweis der Telekom noch das sog. Leonardo-Protokoll[7] den Nachweis, dass eine übertragene E-Mail gerade diejenige Fassung enthalten hat, deren Einbeziehung der Anbieter behauptet[8].

Einbeziehungsklauseln können gemäß § 305 c BGB als überraschende aus dem Vertrag ausgeklammert und dieser sogar insgesamt nichtig sein [9]. Außerdem helfen sie

---

Frankenthal, Urt.v. 9.10.1991 – 2 S 167/91, NJW-RR 1992, 954; LG Ravensburg, Urt.v. 13.6.1991 – 2 S 6/91, CR 1992, 472.

1 *Waldenberger*, BB 1996, 2365, 2369.

2 Palandt/*Heinrichs*, § 2 AGBG, Rdn. 12.

3 *Borges*, Verträge im elektronischen Geschäftsverkehr, 278.

4 *Borges*, Verträge im elektronischen Geschäftsverkehr, 278, 279.

5 *Ernst*, Vertragsgestaltung im Internet, Rdn. 189.

6 LG Essen, Urt.v.13.2.2003 – 16 O 416/02, NJW-RR 2003, 1207.

7 Das *Leonardo*-Protokoll registriert nur Angaben über die Größe und die durch den Absender vorgegebenen Bezeichnungen der einzelnen Dateien. Das OLG Hamburg sieht deshalb „bestenfalls eine gesteigerte Indizwirkung gegenüber den Fax-Protokollen, bei denen auch immer nur das Bestehen einer Verbindung zu einer bestimmten Zeit registriert wird (OLG Hamburg Urt.v.13.6.2002 – 3 U 168/00, JurPC Web-Dok. 288/2002 unter Bezug auf BGH NJW 1995, 665, 667), jedoch keine Rechtfertigung für den Schluss, es sei ein bestimmter und v.a. auch unbeschädigter Dateiinhalt übertragen worden, weshalb der Kunde auch nicht zur Vorlage des Leonardo-Protokolls im Prozess verpflichtet sei.

8 OLG Hamburg Urt.v.13.6.2002 – 3 U 168/00, JurPC Web-Dok. 288/2002.

9 LG Dortmund, Urt.v.24.4.1991 – 1 S 466/90, CR 1992, 210, 214; ähnlich LG Wuppertal,a.a.O.; LG Frankenthal, Urt.v. 9.10.1991 – 2 S 167/91, NJW-RR 1992, 954; LG Ravensburg, Urt.v. 13.6.1991 – 2 S 6/91, CR 1992, 472.

natürlich nicht in den AGB, die überhaupt erstmals (gegenüber Neukunden) einbezogen werden sollen.

Bei einem **UN-Kaufrecht** folgenden Vertrag muss der Verkäufer nach Art. 8 CISG dem Käufer den Willen zur Einbeziehung der Verkäufer-AGB deutlich machen und ihm den Text zusenden oder anderweitig zugänglich machen; dies gilt auch dann, wenn es im jeweiligen nationalen kaufmännischen Verkehr ausreichen würde, dass der Käufer den Text vom Verkäufer anfordern kann.[1] Insoweit bestehen also auch bei Geltung von UN-Kaufrecht keine wesentlichen Abweichungen.

Eine **Änderung** der AGB durch den Anbieter ist naturgemäß jederzeit möglich. Nach Vertragsschluss hat eine solche Änderung freilich keine Auswirkung auf den bestehenden Vertrag, wenn keine Änderungsvereinbarung getroffen wurde. Das Risiko, den Beweis für eine solche Änderungsvereinbarung zu führen, trägt nach den allgemeinen Grundsätzen der Anbieter. Ein Problem kann freilich auftreten, wenn der Anbieter behauptet, der aktuelle (tatsächlich modifizierte) AGB-Text habe bereits bei Vertragsschluss den jetzigen Inhalt gehabt und der Kunde den AGB-Text in der damaligen Version nicht verfügbar hat. Der Kunde wird deshalb gut daran tun, vor bzw. bei Vertragsschluss den AGB-Text tatsächlich herunterzuladen und mit Einstellungen der Browser-Software auszudrucken, die zugleich das Abrufdatum wiedergeben. Außerdem sollte der Anbieter die jeweilige AGB-Fassung datieren.

d) Rechtslage in den USA

In den Staaten beginnt die Diskussion über die Wirksamkeit von sog. „Point and Click Agreements“[2]. Hier werden Ansätze aus der *ProCD*-Entscheidung[3] und aus der bevorstehenden Neuregelung des Art. 2 C des Uniform Commercial Code (UCC)[4] dahingehend diskutiert, dass der Text der jeweiligen AGB (auch online) *nicht vor* Vertragsabschluss zugreifbar sein muss[5], jedoch unter der zusätzlichen Bedingung, dass der Kunde nach tatsächlicher Kenntnisnahme oder Kenntnisnahmemöglichkeit vom Vertrag zurücktreten und geleistete Zahlungen zurückverlangen kann[6].

e) Hinweis auf AGB als Einbeziehungsvoraussetzung

Die AGB werden nur dann wirksam als Bestandteil in den jeweiligen Vertrag einbezogen, wenn ein deutlicher Hinweis des Anbieters auf seine AGB bei den Vertragsverhandlungen erfolgt (§ 305 Abs. 2 Nr. 1 BGB) und die Möglichkeit besteht, dass der Kunde von den AGB in zumutbarer Weise Kenntnis nehmen kann (§ 305 Abs. 2 Nr. 2 BGB). Das Erfordernis eines ausdrücklichen Hinweises schließt aus, über die §§ 133, 157 BGB die Einbeziehungserklärung als in der Vertragsschlusserklärung des

---

[1] BGH, Urt.v.31.10.2001 – VIII ZR 60/01, NJW 2002, 370, 372.

[2] *Perdue*, Challenges of Online Contracts With a Point And a Click, The Internet Newsletter, Dec. 1997, www.ljx.com/internet/97_12_click.html.

[3] ProCD v. Zeidenberg, 86 F. 3d 1447, 39 U.S.P.Q. 2d (7th Cir. 1996); ähnlich CompuServe Inc. v. Patterson, 89 F.3d 1257, 1260 (6th Cir. 1996).

[4] Verfügbar über www.law.upenn.edu/library/ulc.

[5] Draft UCC, § 2 B-112, § 2B-113, § 2B-307.

[6] Draft UCC, § 2B-112(a)(2), § 2B-113.

Verwenders mitenthalten anzusehen[1]. Grundsätzlich können AGBs auch **online** wirksam in Verträge einbezogen werden, wenn der sie verwendende Anbieter auf seiner Webseite ausdrücklich auf diese hingewiesen und dem Vertragspartner Gelegenheit gegeben hat, in zumutbarer Weise von den Bedingungen Kenntnis zu erlangen[2], wobei die Möglichkeit zur Kenntnisnahme vor oder bei Vertragsabschluss bestehen muss. Ausreichend für eine wirksame Einbeziehung ist, dass der Hinweis besagt, der Nutzer erkenne die AGB durch Anklicken einer „Bestell"-Fläche an und wenn mit dem Hinweis ein Link auf den AGB-Text direkt oberhalb dieser Schaltfläche verbunden ist[3]. Die bloße Download-Möglichkeit wurde als nicht ausreichend angesehen, wenn ein deutlicher Hinweis fehlt, den jeder Nutzer passieren muss und/oder der Vertrag außerhalb des Internet geschlossen wird und auf die AGB im Internet nicht deutlich hingewiesen wird[4]. Der Hinweis muss auf Bildschirmseiten so platziert sein, dass er vom Kunden nicht übersehen werden kann[5].

Ausreichend ist, dass ein solcher Hinweis auf der Webseite, also in **Textform** erfolgt. Der Hinweis muss freilich so gestaltet und auf den Webseiten **positioniert** sein, dass der Kunde gleich beim Einloggen auf den Hinweis stoßen muss[6]. Der Hinweis muss selbst über den Bildschirm erfolgen[7]. Es genügt nicht, dass der Kunde lediglich die Möglichkeit hat, bei einer Recherche im Internet-Auftritt des Anbieters auf dessen AGB zu stoßen; vielmehr muss der Hinweis auf die AGB an einer Stelle erfolgen, die jeder Nutzer passieren muss[8]. Zu empfehlen ist, bei kommerziellen Angeboten auf jeder Webseite durch Link auf die AGB zu verweisen und diese auf einer getrennten Seite darzustellen und herunterladbar zu halten. Bei Präsentation eines Warenkorbes zur Bestellungsabwicklung soll für jede Einzelbestellung in den Warenkorb vor Durchführen der Bestellung mit Link auf die AGB verwiesen werden[9].

Dient ein Internet-Angebot reinen Informationszwecken und nicht geschäftlichen Zwecken und kommen Einigungen hiervon unabhängig zustande, muss ein eindeutiger Hinweis auf die AGB durch deren Verwender im Zuge der vertraglichen Einigung gegeben werden[10].

f) Einverständnis des Kunden mit der Geltung von AGB

Hinweis auf die AGB und Kenntnisnahmemöglichkeit führen schließlich nur zur Einbeziehung dieser AGB in den Vertrag, wenn der Kunde mit ihnen einverstanden ist (§ 305 Abs. 2 2. Satzteil BGB). Diese Voraussetzung wird von Anbietern nicht selten übersehen. Die Einverständniserklärung ist im kaufmännischen Verkehr regelmäßig entbehrlich, wenn der Vertragspartner trotz erkennbarem Hinweis und der Möglichkeit,

---

1 *Stoffels*, AGB-Recht, Rdn. 262, 267.

2 So etwa das LG Münster, Urt.v.21.1.2000 – 4 O 424/99; ähnlich das AG Sinsheim, Urt.v.10.1.2000 – 4 C 257/99.

3 LG Essen, Urt.v. 13.2.2003 – 16 O 416/02, MMR 2004, 49.

4 OLG Hamburg, Urt.v.13.6.2002 – 3 U 168/00, CR 2002, 915.

5 *Mehrings*, BB 1998, 2375; *Stoffels*, AGB-Recht, Rdn. 271.

6 OLG Hamburg Urt.v.13.6.2002 – 3 U 168/00, MMR 2002, 677 = JurPC Web-Dok. 288/2002.

7 *Marly*, Softwareüberlassungsverträge, Rdn.192 (Hinweis auf derselben Seite wie die invitatio ad offerendum).

8 OLG Hamburg Urt.v.13.6.2002 – 3 U 168/00, JurPC Web-Dok. 288/2002.

9 *Ernst*, Vertragsgestaltung im Internet, Rdn. 191.

10 OLG Hamburg Urt.v.13.6.2002 – 3 U 168/00, CR 2002, 915 = JurPC Web-Dok. 288/2002.

die AGB zur Kenntnis zu nehmen, der Einbeziehung **nicht widerspricht**[1].

Auch eine **Bestätigung per „Maus-Klick“** (etwa auf ein „Bestätigungs-Icon“[2]) ist grundsätzlich wirksam, da die Erklärung des Einverständnisses nicht der Schriftform (oder elektronischen Form) bedarf. In einer pauschalen elektronischen Bestätigung der Registrierung durch Anklicken ist kein Verzicht auf die Einbeziehensvoraussetzungen des § 305 BGB zu sehen. Der Anbieter trägt die **Beweislast** dafür, dass der Kunde den „Klick“ tatsächlich ausgeführt hat.

Eine Einverständnisklausel kann das **tatsächliche** Einverständnis nicht ersetzen[3], das freilich auch schlüssig, etwa durch Vertragsschluss, erklärt werden kann[4]. Hier ist aber genau zwischen dem tatsächlich erfolgenden schlüssigen (und zulässigen[5]) Anerkenntnis von Anbieter-AGB durch Dienste-Nutzung einerseits und einer Klausel andererseits zu unterscheiden, die tatsächliche Nutzung als solches Anerkenntnis fingiert; eine solche Klausel stellt eine nach § 309 Nr. 12 lit. b BGB unzulässige Tatsachenbestätigung dar[6]. Gleiches muss sinngemäß für alle Klauseln gelten, denen zufolge der Kunde durch eine wie immer geartete Nutzung des Netzes die AGB des Diensteanbieters **anerkennen** soll.

Selbst ein tatsächlich erfolgtes Anerkenntnis solcher AGB des Anbieters bedeutet nicht, dass der Kunde deshalb auch den Inhalt dieser AGB in vollem Umfang gegen sich gelten lassen müsste, also insbesondere nach AGB-Recht an sich unwirksame Klauseln. Der Anbieter kann nicht auf diese Weise eine Klauselkontrolle unterlaufen.

g) Nachträgliche Einbeziehung von AGB

Eine nachträgliche AGB-Einbeziehung – etwa, wenn der Text dem Kunden erst nachträglich im Druck oder im Download zugänglich gemacht wird – ist nur aufgrund besonderer Vereinbarung möglich[7]. Sie kann grundsätzlich auch **stillschweigend** geschlossen werden. Zweifelhaft erscheint jedoch, ob diese Vereinbarung durch einfachen „Mausklick“ des Kunden zustande kommen kann[8].

Erhält der Kunde die AGB erst nach Vertragsschluss durch Registrierung etwa per E-Mail durch den Provider übersandt, ist jedenfalls im Registrierungszeitpunkt noch **keine** Einbeziehung der Nutzungsbedingungen in den durch die Registrierung geschlossenen Nutzungsvertrag erfolgt. Die bloße nachträgliche Zusendung der AGB führt damit nicht zu deren Einbeziehung in den Vertrag; vielmehr muss der Kunde nachträglich mit deren Geltung **einverstanden** sein, was zu einer **Vertragsänderung** führt. An die Kundenzustimmung zu einer solchen Änderung sind grundsätzlich erhöhte Anforderungen zu stellen, insbesondere, wenn die AGB seine gesetzlichen Kundenrechte einschränken. Allein aus dem Schweigen des Kunden nach der AGB-Zusendung kann noch nicht auf

---

1 BGHZ 102, 293, 304; OLG Dresden, NJW-RR 1999, 846f.

2 *Ernst*, Vertragsgestaltung im Internet, Rdn. 185.

3 *Wolf/Horn/Lindacher*, § 2 Rdn 44.

4 *Ernst*, Vertragsgestaltung im Internet, Rdn. 184.

5 BGH NJW 1982, 1388f.

6 A.A. Spindler/*Spindler*, Vertragsrecht der Internet-Provider, Teil IV, Rdn. 39 m.w.N. (unzulässige Einbeziehungsvoraussetzung).

7 BGHZ 86, 135, 137.

8 Kritisch *Ernst* (NJW-CoR 3/1997, 165, 167; abl. etwa KG, MDR 1981, 933 für die Wertung der nachträglichen Unterzeichnung von AGB als deren Annahme).

den Abschluss einer entsprechenden Änderungsvereinbarung geschlossen werden[1], ebenso wenig wohl auch aus der bloßen kommentarlosen Fortsetzung der Nutzung. Unzulässig wäre es, in einer AGB-Klausel dieses Einverständnis gleich zu fingieren. Hierin läge ein Verstoß gegen § 309 Nr. 12 b BGB, aber auch ein Fehlen der Einbeziehung, da der Kunde der Geltung der AGB selbst erst hätte zustimmen müssen, damit die Klausel überhaupt Vertragsbestandteil werden kann.

Eine wirksame Einbeziehung wurde in den Fällen als möglich angesehen, in denen der Anbieter bei einem **fernmündlichen** Vertragsabschluss auf seine AGB **hinweist** und diese dann unverzüglich übersendet. Das Schweigen des Kunden soll unter diesen besonderen Voraussetzungen in der Regel als Zustimmung zur nachträglichen Einbeziehung dieser AGB gelten[2]. Dieser Grundsatz kann aber nicht ohne weiteres auf die Kommunikation zwischen Anbieter und Kunden in einem Online-Dienst übertragen werden, schon weil es an einer „Echtzeit"-Kommunikation fehlt.

h) Entbehrlichkeit der Einbeziehung der AGB

Entbehrlich ist die Einbeziehung in Verträgen über TK-, Informations- und anderen **Dienstleistungen**, die unmittelbar durch Einsatz von Fernkommunikationsmitteln und **während** der Erbringung einer TK-Dienstleistung **in einem Mal erbracht** werden, wenn die AGB der anderen Vertragspartei nur unter unverhältnismäßigen Schwierigkeiten vor dem Vertragsschluss zugänglich gemacht werden können (§ 305 a Nr. 2 b BGB). Erfasst werden hier etwa Vertragsschlüsse im sog. Call-by-Call-Verfahren oder Dienstleistungen über 0190-Verbindungen bzw. die Telefonauskunft[3]. Hierzu gehören auch **Tele- und Mediendienste.**

§ 305 a Nr. 2 b BGB ist generell bei Einsatz von „**Fernkommunikationsmitteln**" anwendbar[4]. Diese werden in § 312 b Abs. 2 BGB definiert als „Kommunikationsmittel, die zur Anbahnung oder zum Abschluss eines Vertrages zwischen einem Verbraucher und einem Unternehmer ohne gleichzeitige körperliche Anwesenheit der Vertragsparteien eingesetzt werden können, insbesondere Briefe, Kataloge, Telefonanrufe, Telekopien, E-Mails sowie Rundfunk, Tele- und Mediendienste". Privilegiert sind aber nur während der jeweiligen Online-Verbindung in einem Mal erbrachte Leistungen[5], also jedenfalls nicht erst nach Verbindungsende erbrachte Leitungen (z.B. Online-Buchbestellungen). Eine Abspeichermöglichkeit muss nicht vorgesehen werden[6].

i) Berücksichtigung körperlicher Behinderungen

Neu ist die Verpflichtung des Anbieters in § 305 Abs. 2 Nr. 2 BGB, eine für den Verwender erkennbare körperliche Behinderung der anderen Vertragspartei angemessen zu berücksichtigen. Die bisherige Literatur zu diesem Punkt ist wenig ergiebig, erst recht zu der Frage, was im Kontext einer Internet-Nutzung gelten soll. Die Begründung

1 S. etwa OLG Karlsruhe, BB 1996, 1581.
2 Palandt/*Heinrichs*, AGBG, § 2 Rdn. 19.
3 Gesetzesbegr. zum SMG, BT-Drucks, 14/6040, 153; Dauner-Lieb/Heidel/Lepa/Ring/*Hennrichs*, Schuldrecht, § 305 a Rdn. 6.
4 Gesetzesbegr. zum SMG, BT-Drucks, 14/6040, 153.
5 Gesetzesbegr. zum SMG, BT-Drucks, 14/6040, 153.
6 Überholt insoweit *Kamanabrou*, CR 2001, 421, 424.

zum Regierungsentwurf nannte als typisches Beispiel für Behinderungen Sehbehinderungen[1]. Keine Verpflichtung soll bestehen, Texte in unterschiedlicher Schriftgröße verfügbar zu halten, um Sehbehinderungen Rechnung zu tragen[2]. Dies muss um so mehr bei Dateien gelten, die im Nutzerrechner beim Lesen in der Schriftgröße frei skalierbar sind (z.B. über „Zoom" im pdf-Reader). Kann ein Anbieter objektiv die Behinderung seines Vertragspartners erkennen, soll er gehalten sein, sich vor Abschluss des Vertrages danach zu erkundigen, in welcher Weise der Kunde vom Inhalt Kenntnis nehmen will[3]. Denkbar erscheint, eine Voice-Mail- oder eine sonstige Audio-Fassung zur Verfügung zu stellen.

2. Ausschluss einer „geltungserhaltenden Reduktion" unwirksamer Klauseln

Eine unwirksame Klausel kann in ihrem Inhalt nicht auf das gerade noch zulässige Maß reduziert werden[4] (§ 306 Abs. 2 BGB). Statt dieser Klausel gelangen die gesetzlichen Vorschriften zur Anwendung[5]. Es gilt also auch nicht eine Klauselfassung, die zu einem möglichst ähnlichen wirtschaftlichen Erfolg führen würde[6], – auch nicht, wenn dies selbst in AGB vereinbart wird. Nicht gangbar ist auch der scheinbare Ausweg einer Formulierung, nach der die Haftungseinschränkung nur wirksam sein soll, „soweit dies gesetzlich zulässig ist"[7].

Zu prüfen ist freilich, ob die jeweilige Klausel mehrere inhaltlich selbständige und damit trennbare Regelungen enthält, die eine gesonderte Wirksamkeitsprüfung erlauben[8]. Aus sich heraus verständliche und sinnvolle Klauselteile können hiernach wirksam sein, der unwirksame Teil hingegen entfallen[9]. Diese Grundsätze gelten auch im kaufmännischen Geschäftsverkehr[10].

3. Teilunwirksamkeit

Grundsätzlich bleiben bei Entfallen einer Klausel die übrigen Klauseln wirksam (§ 306 Abs. 1 BGB), sofern die wesentlichen Regelungspunkte des Vertrages (die sogenannten „*essentialia negotii*") unberührt bleiben[11]. Gegenüber nichtkaufmännischen Kunden scheitert ein solcher Klauselzusatz bereits am Verständlichkeitsgebot des § 2 Abs. 1 Nr. 2 BGB, gegenüber kaufmännischen wie nichtkaufmännischen Kunden zudem an § 307 BGB [12].

---

1 RegE zum SMG, BT-Drucks. 14/6040, 150, der freilich darauf hinweist, der Verwender müsse nicht Textversionen in unterschiedlichen Schriftgrößen verfügbar halten.

2 Gesetzesbegründung zum SMG, BT-Drucks. 14/6040, 150; Dauner-Lieb/Heidel/Lepa/*Ring*, Schuldrecht, 2002, § 305 Rdn. 9.

3 *Henssler/Graf v. Westphalen*, Praxis der Schuldrechtsreform, § 305 Rdn. 4.

4 BGHZ 84,109,115; 86, 284, 297; Z 96, 18, 25, 26; 120, 108, 122; NJW 1994, 378.

5 *Wolf/Horn/Lindacher* § 6 Rdn.14,15: § 1 Rdn 6.

6 *Ulmer/Brandner/Hensen*, § 6 Rdn.39, 40; *Wolf/Horn/Lindacher* § 6 Rdn.38.

7 LG Köln, Urt.v. 29.1.2003 – 26 O 33/02, CR 2003, 697; allgemein bereits BGH, Urt.v.12.10.1995 – I ZR 172/93. NJW 1996, 1407.

8 BGH NJW 1982, 178; 1984, 2687, 2688, 2816, 2817; 1989, 831, 833; 1990, 576, 577; 1992, 896, 897.

9 BGH NJW 1982, 178,179, *Ulmer/Brandner/Hensen*, § 6 Rdn 12.

10 BGH NJW 1993, 1786, 1787.

11 *Ulmer/Brandner/Hensen*, § 6, Rdn.10.

12 *Wolf/Horn/Lindacher*, § 6 Rdn.38. *Lindacher* verdeutlicht diesen Gesichtspunkt: „Im Rahmen des

4. Kaufmännischer Geschäftsverkehr

Gegenüber Kaufleuten ist AGB-Recht in den §§ 305 c Abs. 2, 306, 307 – 309 BGB entsprechend anwendbar (§ 310 Abs. 3 Nr. 2 BGB). Der Anbieter muss auch gegenüber Kaufleuten ausdrücklich auf einen Einbeziehungswillen hinweisen[1] bzw. muss ein solcher Wille wenigstens aus den Umständen deutlich erkennbar sein[2] und der kaufmännische Kunde die Möglichkeit zumutbarer Kenntnisnahme haben[3]. Schweigen auf ein die AGB erstmals in Bezug nehmendes kaufmännisches Bestätigungsschreiben des Anbieters gilt als Zustimmung des kaufmännischen Kunden[4].

Die Möglichkeit zumutbarer Kenntnisnahme von AGB im kaufmännischen Verkehr genügt nicht für die Einbeziehung solcher Klauseln, die die Geltung der Bedingungen für **künftige Verträge** regeln[5]; notwendig ist vielmehr die tatsächliche Kenntnisnahme. Das gilt auch zwischen Kaufleuten. Zwar müssen, dem BGH zufolge, gegenüber kaufmännischen Kunden die durch § 305 Abs. 2 BGB gegenüber dem allgemeinen Vertragsrecht formalisierten Einbeziehungsvoraussetzungen nicht erfüllt sein. Es bleibe indessen dabei, dass auch im kaufmännischen Geschäftsverkehr AGB nur Kraft rechtsgeschäftlicher Vereinbarung Vertragsbestandteil werden können[6]. Hierfür bedürfe es einer ausdrücklichen oder stillschweigenden Willensübereinstimmung zur Geltung der AGB. Der bloße Hinweis auf AGB im Zusammenhang mit einem bestimmten Vertragsschluss habe grundsätzlich nur Bedeutung für diese konkrete Rechtsgeschäft. Die Einbeziehung von AGB in den konkreten Einzelvertrag beruhe wesentlich auf der Erwartung des Verwenders, der Vertragspartner sei hiermit stillschweigend einverstanden[7]. Hinsichtlich der Geltungserstreckung auf künftige Verträge sei eine solche Erwartung nicht gerechtfertigt, wenn dem Vertragspartner die diese Folge anordnende Klausel mangels Beifügung der AGB nicht bekannt sein kann. Der Anbieter muss also sicherstellen, dass der Kunde von solchen in die Zukunft wirkenden Klauseln tatsächlich Kenntnis erlangt hat und mit ihnen einverstanden ist.

Typisch für den kaufmännischen Verkehr ist die beiderseitiges Verwenden von AGB, die miteinander **kollidieren** können. Die Rechtsprechung sieht die (von den AGB des Anbieters abweichenden) AGB des Angebotsempfängers als Ablehnung, verbunden mit einem neuen Antrag (§ 150 Abs. 2 BGB), es sei denn, der Besteller verwendet Abwehrklauseln in seinen AGB, nach denen er nur zu seinen AGB abschließen will, da diese Klausel alle AGB des Lieferanten ausschließt[8]. Wenn der Lieferant hier den Vertragsschluss dann doch bestätigt, ist die widerspruchslose Annahme der Leistung durch den Besteller nicht als Einverständnis des Bestellers mit dem modifizierten Angebot des Lieferanten darstellen. Hier gilt aber nicht allgemein das dispositive Recht,

---

Zumutbaren muss der Verwender gehalten sein, das Ausmaß der Abweichung von der Vorschlagsregelung des dispositiven Rechts unmittelbar aus der Klausel ersichtlich zu machen. Das Recht kann dem Verwender nicht erlauben, seinem Vertragspartner zu sagen: Ich will das dispositive Recht bis zur Grenze des Gerade-noch-zulässigen abbedingen; ermittle selbst, was das im einzelnen bedeutet" (*Wolf/Horn/Lindacher* , a.a.O.).

1 OLG Koblenz, BB 1983, 1635.

2 BGH NJW 1992, 1232; 1988, 1210; BGH NJW-RR 1991, 570.

3 BGH NJW 1988, 1210; BGH NJW-RR 1989, 1104.

4 BGH NJW 1864, 589; 1978, 2273ff; *Ulmer/Brandner/Hensen*, § 2 Rdn.88 m.w.N.

5 BGH Urt.v. 12.02.1992 – 8 ZR 84/91, ZIP 1992, 404 = WM 1992,657 (noch zu § 2 AGBG a.F.).

6 BGH, a.a.O., ZIP 92,405 unter Hinweis auf BGH ZIP 1985, 544.

7 BGH a.a.O., 407 unter Hinweis auf BGH WM 1985, 522.

8 BGH NJW-RR 2001, 484.

sondern es sollen nach der Rechtsprechung entsprechend dem Parteiwillen vom dispositiven Recht abweichende oder dieses ergänzende Regelungen gelten, die in den beiderseitigen AGB mit übereinstimmendem Inhalt getroffen und dementsprechend gewollt seien[1]. § 150 Abs. 2 BGB bleibt in denen Fällen anwendbar, in denen entweder der Besteller keine Abwehrklausel oder diese zwar vorhanden ist, der Anbieter jedoch ebenfalls eine Abwehrklausel verwendet.

5. Überraschende AGB-Klauseln

Ungewöhnliche Klauseln, mit denen der Kunde nicht zu rechnen braucht, sind unwirksam (§ 305 c Abs. 1 AGBG). Was als „überraschend" gilt, muss jeweils nach den Umständen des Einzelfalls beurteilt werden. Eine AGB-Klausel ist überraschend, wenn zwischen den durch die Umstände bei Vertragsschluss begründeten Erwartungen (bei denen auch die Werbung zu berücksichtigen ist) und dem tatsächlichen Inhalt der AGB ein deutlicher Widerspruch besteht. Wird etwa eine Programmseite mit 0,12 DM angeboten, so wurde es als überraschend beurteilt, wenn dann die AGB noch eine Aufnahme- und monatliche Zugangsgebühr bei einjähriger Bindung enthielten, so dass die Gesamtbelastung das 20.000-fache einer Programmseite ist[2].

6. Vorrang von Individualabreden

Individuelle Vertragsabreden haben Vorrang vor den AGB (§ 305 b BGB). Eine Individualabrede liegt nur vor, wenn der Inhalt der Abrede *individuell* ausgehandelt wurde. Der BGH schließt grundsätzlich eine „Luftindividualabrede" aus. Ein zu einer Individualabrede führendes Aushandeln liegt nur vor, wenn der Verwender den in seinen AGB enthaltenen „gesetzesfremden" Kerngehalt, also gerade die den wesentlichen Inhalt der gesetzlichen Regelung ändernden oder ergänzenden Bestimmungen, inhaltlich ernsthaft zur Disposition stellt und dem Vertragspartner Gestaltungsfreiheit zur Wahrung eigener Interessen einräumt, mit zumindest der realen Möglichkeit, die inhaltliche Ausgestaltung der Vertragsbedingungen beeinflussen zu können[3]. Dies gilt auch im Anwendungsbereich von § 310 Abs. 3 BGB[4].

7. Transparenzgebot

Durch die Schuldrechtsmodernisierung hat das AGB-Recht im Bereich der Kontrolle der Transparenz von Vertragsklauseln eine Klarstellung erfahren. In § 307 Abs. 1 S. 2 und Abs. 3 S. 2 BGB wird nun geregelt, dass eine Bestimmung, die nicht klar und verständlich ist und hierdurch zu einer unangemessenen Benachteiligung der anderen Vertragspartei führt, unwirksam ist. Dies gilt sogar für leistungsbeschreibende und preisfestlegende Klauseln[5]; nur als klare und verständliche sind diese Klauseln wirksam,

1 BGH NJE 1985, 1838f; ausf. s. *Stoffels*, AGB-Recht, Rdn. 316 – 319.
2 LG Wuppertal CR 1992, 93 (noch zu Btx).
3 BGH, NJW-RR 1996, 783, 787; BGH, NJW 1992, 1107, 2759.
4 *Heinrichs*, NJW 1997, 1407, 1409.
5 RegE zum SMG, BT-Drucks. 14/6040, 153, in Umsetzung von Art. 5 S. 1 der Klausel-RL 93/13/EWG.

andernfalls jedoch der Inhaltskontrolle unterworfen[1], sofern die Gefahr einer inhaltlichen Benachteiligung des anderen Teils begründet ist[2]. Unter dieser Voraussetzung unterliegen also auch Providerklauseln hinsichtlich Preis- und Leistungsfestlegung der Inhaltskontrolle. Ist die Klausel freilich überraschend, wird sie nicht Bestandteil des Vertrages (§ 305 c Abs. 1 BGB). Eine unklare Klausel kann zugleich überraschend sein, wodurch die Bestimmung des § 305 c Abs. 1 BGB als vorrangige dazu führt, dass mangels Einbeziehung keine Inhaltskontrolle mehr erforderlich bzw. möglich ist.

Eine Klausel verstößt gegen das Transparenzgebot, wenn die Klausel nicht hinreichend deutlich macht, was nach ihrem Regelungsgehalt genau gelten soll, und wenn sie gedanklich so schwer nachvollziehbar ist, dass sie für einen aufmerksamen und sorgfältigen Vertragspartner nicht verständlich ist[3].

8. Unangemessene Benachteiligungen

In der Form einer Generalklausel verbietet § 307 BGB AGB-Bestimmungen, die den Vertragspartner unangemessen benachteiligen, wobei eine unangemessene Benachteiligung im Zweifel anzunehmen ist, wenn die Bestimmung mit wesentlichen Grundgedanken einer Regelung, von der abgewichen wird, nicht zu vereinbaren ist (§ 307 Abs. 2 Nr. 1 BGB) oder wenn wesentliche Rechte oder Pflichten, die sich aus der Natur des Vertrages ergeben, so eingeschränkt werden, dass das Erreichen des Vertragszweckes gefährdet wird (§ 307 Abs. 2 Nr. 2 BGB). Diese Grundsätze gelten auch im kaufmännischen Verkehr (arg. e §§ 305 Abs. 2, 308, 309 BGB). Die §§ 308 und 309 BGB enthalten außerdem Katalogtatbestände für Fälle unwirksamer Bestimmungen (auf die hier nur hingewiesen werden kann).

9. Unwirksame Klauseln

a) Online-Registrierung

Als zulässig wurde eine Klausel angesehen, nach der der Vertragsschluss von einer Online-Registrierung abhängig gemacht wird[4].

b) Änderungsvorbehalt des Anbieters (mit Kündigungspflicht des Kunden)

Behält sich der Anbieter des Recht vor, die Nutzungsbedingungen jederzeit abzuändern, und erhält der Kunde nur das Recht, bei Nichteinverständnis mit der Änderung jederzeit zu kündigen[5] und soll außerdem die Weiternutzung bei Kenntnis der Änderungen als stillschweigende Anerkennung der geänderten Nutzungsbedingungen gelten, so ist hierin eine unangemessene Benachteiligung des Kunden im Sinne von § 307 Abs. 2 BGB zu sehen. Der Provider will hier berechtigt sein, jederzeit den Vertrag nach

---

1 RegE zum SMG, BT-Drucks. 14/6040, 154.

2 Palandt/*Heinrichs*, Ergänzungsband, § 307, Rdn. 20.

3 LG Köln, Urt.v.29.1.2003 – 26 O 33/02, JurPC Web-Dok. 256/2003 – Online-AGB.

4 Spindler/*Spindler*, Vertragsrecht der Internet-Provider, Teil IV, Rdn. 38.

5 Ein völlig freies Recht zu jederzeitigen AGB-Änderungen ist ohnehin nach einhelliger Auffassung unwirksam (BGH NJW 1998, 454f.).

Belieben ändern zu können, ohne diese Änderung begründen und eine grundsätzlich erforderliche[1] Änderungskündigung aussprechen zu müssen. Vielmehr soll Kunde seinerseits bei Nichteinverstandensein den Vertrag kündigen müssen, wodurch aus der Nichtkündigung das stillschweigende Anerkenntnis der Änderung der Nutzungsbedingungen seitens des Kunden abgeleitet wird. Hierdurch wird der Kunde unangemessen benachteiligt, da es der Anbieter ist, der den Vertrag ändern will, nicht der Kunde[2]. Diese Überwälzung der Kündigungsverpflichtung wäre zudem ist mit den wesentlichen Grundgedanken des Dienst- wie auch des Werkvertragsrechts nicht vereinbar. In beiden Fällen kann der Auftragnehmer nicht beliebig die Vertragsgrundlage ändern und das stillschweigende Einverständnis des Auftraggebers unterstellen, wenn dieser nicht kündigt. Dies gilt insbesondere angesichts der sehr weitgehenden Formulierung, nach der *jegliche* Vertragsänderung zulässig sein soll. Der Anbieter würde sich hiermit letztlich einen Freibrief ausstellen, mit unterstellter Zustimmung des Kunden dessen Rechte aus AGB beliebig einzuschränken.

Außerdem stellt ein „stillschweigendes Anerkenntnis" (etwa durch Weiternutzen) eine **fingierte Erklärung** dar, die nach § 308 Nr. 5 b) BGB unwirksam ist, wenn der Anbieter nicht verpflichtet ist, den Kunden mit Bekanntgabe der Änderung auf die vorgesehene Bedeutung des kundenseitigen Verhaltens besonders hinzuweisen. Auch müsste ausdrücklich eine angemessene Erklärungsfrist in den Nutzungsbedingungen vorgesehen sein[3]. Bei Beginn des Laufes dieser Erklärungsfrist ist der Hinweis auf die Verhaltensbedeutung zu geben. Ein Hinweis allein in AGB (wie hier die Nutzungsbedingungen) genügt nicht. Auch müssen die AGB selbst ausdrücklich die Verpflichtung des Verwenders enthalten, zum fraglichen zukünftigen Zeitpunkt den Hinweis auch tatsächlich zu geben. Die bloße spätere Hinweiserteilung als solche genügt ebenfalls nicht.

c) Vorbehalt des PoP-Weiterbetriebes

Unwirksam ist eine Klausel, nach der ein kundenseitiger Anspruch auf **Weiterbetrieb** eines vertraglich bestimmten Point-of-Presence (PoP) nicht bestehen soll. Wird der Betrieb eines PoP eingestellt, so bedeutet dies nicht, dass der Anbieter die vertragliche Leistung überhaupt nicht mehr zu erbringen braucht, sondern nur, dass diese Leistung über einen anderen, unter Umständen weiter entfernten PoP zu erbringen ist (wodurch die Kostenbelastung des Kunden steigen kann). Die Regelung des Ausschlusses des Leistungsanspruches in solchen Fällen stellt eine nach § 308 Nr. 4 BGB unzulässige Berechtigung des Anbieters dar, die versprochene Leistung zu ändern. § 308 Nr. 4 BGB erfasst nicht nur Vertragsbestimmungen (etwa zur Gewährleistung und Haftung) und deren Abänderung, sondern auch Änderungen in Leistungsmodalitäten wie Ort und Zeit der Leistung.[4] Der Provider ist damit nicht berechtigt, aufgrund seiner AGB beliebig PoPs zu schließen und hierdurch die vertraglich vereinbarte Leistung zu verändern. Vielmehr muss er die vertraglichen oder gesetzlichen Kündigungsfristen beachten. Grundsätzlich gleiche Überlegungen gelten für den Weiterbetrieb von Übergängen zu anderen Netzen. Der Provider ist nicht berechtigt, ohne triftigen Grund und ohne Berücksichtigung der Zumutbarkeit für den Kunden den Weiterbetrieb zu beenden.

---

1 *Ulmer/Brandner/Hensen*, § 2 Rdn. 77.

2 Spindler/*Spindler*, Vertragsrecht der Internet-Provider, Teil IV, Rdn. 56f.

3 Zu diesem Erfordernis *Ulmer/Brandner/Hensen*, § 10 Nr. 5, Rdn. 13.

4 OLG Hamm, NJW-RR 1992, 445; *Palandt/Heinrichs*, AGBG, § 10 Rdn. 22.

d) Liefervorbehalte

Für Liefervorbehalte gelten die allgemeinen Grundsätze. Die Klausel „*Angebote, Bestellungen, Liefermöglichkeiten und -fristen sind freibleibend*“ etwa enthält ein freies Vertragslösungsrecht, dessen Vereinbarung nach § 308 Nr. 3 BGB unwirksam ist[1].

Das gilt auch für Klauseln, die die Erfüllung eigener Vertragspflichten, insbesondere der Lieferung, von der Selbstbelieferung abhängig machen (oder zum Beispiel von einer Vorratshaltung)[2].

e) Ausschluss der Mängelhaftung, Auferlegen einer Rügepflicht

Unwirksam ist der Ausschluss der (verschuldensunabhängigen) vertragliche Mängelhaftung (§ 309 Nr. 8 b) aa) BGB). Das gilt auch für die Lieferung von Content und Software und auch gegenüber Kaufleuten[3].

Gegen § 475 Abs. 1 BGB verstößt eine Regelung in den AGB eines Versandhauses, nach der der Kunde offensichtliche Mängel der im Rahmen eines Verbrauchsgüterkaufs gelieferten Ware umgehend gegenüber dem Lieferanten oder dem Versandhaus zu reklamieren hat[4].

Unwirksam ist eine Klausel mit einer „Bitte“ an den Kunden, dieser möge bei offensichtlichen Material- und Herstellungsfehlern (einschließlich Transportschäden) sofort gegenüber dem Anbieter **reklamieren**, da sie (im Unterlassungsklagenprozess bei kundenfeindlichster Auslegung) beinhaltet, dass der Kunde andernfalls seine Mängelhaftungsansprüche verliert[5] (wodurch zudem faktisch gegenüber Verbrauchern eine nur für Kaufleute geltende Untersuchungs- und Rügepflicht mittels AGB eingeführt würde). Auch die AGB-mäßige Vereinbarung einer Pflicht zur Untersuchung auf Transportschäden nach Lieferung ist unwirksam[6].

Unwirksam ist weiter eine Klausel, nach der der Kunde verpflichtet sein soll, einen im Rahmen der Gewährleistungserbringung gelieferten neuen Programmstand zu übernehmen, wenn dies nicht zu unangemessenen Anpassungs- bzw. Umstellungsproblemen führt, weil dem Kunden die Beweislast für die Unzumutbarkeit der Übernahme auferlegt wird[7].

---

1 *Wolf/Horn/Lindacher*, § 10 Nr. 3 Rdn 13.

2 *Wolf/Horn/Lindacher*, a.a.O.

3 *Wolf/Horn/Lindacher*, § 11 Nr.10 a Rdn 31.

4 LG Hamburg, Urt.v. 5.9.2003 – 324 O 224/03, CR 2004, 136. Das Gericht begründet dies u.a. damit, dass die (in der Schuldrechtsmodernisierung umgesetzte) Verbrauchsgüterkaufrichtlinie zwar eine Regelung von Rügefristen vorsehe, aber (anders als die zu prüfende Klausel) die Frist erst ab dem Zeitpunkt der positiven Kenntnis vom Mangel zu laufen beginnen lasse. Dies kann aber für Anbieter keine Lösung bei der AGB-Abfassung sein, da diese Möglichkeit ohnehin nur zum Tragen gekommen wäre, wenn der Gesetzgeber die Richtlinie insoweit in deutsches Recht umgesetzt hätte, was nicht der Fall ist (ebenso Anm. *Föhlisch*, CR 2004, 141, 142).

5 LG Hamburg, Urt.v. 5.9.2003 – 324 O 224/03, MMR 2004, 190.

6 LG München I, Urt.v. 14.8.2003 – 12 O 2393/03, MMR 2004, 265, 266 = JurPC Web-Dok. 68/2004.

7 LG München I, Urt.v. 14.8.2003 – 12 O 2393/03, MMR 2004, 265.

f) Sperrklauseln

Als grundsätzlich zulässig sind Klauseln, nach denen der Anbieter berechtigt ist, auf seinen Systemen gespeicherte rechtswidrige Inhalte des Nutzers sperren oder zu löschen[1]. Der Anbieter muss in der Lage sein, einer ihm selbst obliegenden (nach § 8 Abs. 2 S. 2 TDG aus der Haftungsfreistellung ausgeklammerten) Verpflichtung zu Sperrung oder Entfernung von Informationen nachzukommen; einer besonderen Klausel in seinen AGB würde hierzu ohnehin nicht bedürfen. Dies wird auch zu gelten haben, wenn dem Anbieter zwar bestimmte rechtsverletzende Informationen zwar nicht positiv bekannt sind, wohl aber Tatsachen oder Umstände, aus denen die rechtswidrige Handlung oder Information offensichtlich wird (§ 11 S. 1 Nr. 1 TDG).

Sind diese Voraussetzungen nicht erfüllt, kann der Anbieter nicht aus sonstigen Gründen (etwa, weil er bestimmte Inhalte ablehnt) Sperrung und Löschung von kundenseitigen Informationen durchführen, da er sonst Ansprüchen des Kunden aus Mängelhaftung bzw. Nichterfüllung ausgesetzt wäre.

Unzulässig sind Klauseln, nach denen bei kundenfeindlichster Auslegung der Anbieter die Löschung, Sperrung oder fristlose Kündigung des Zugangs gegenüber dem Kunden erklären kann, ohne dass ein kundenseitiges Verschulden vorzuliegen braucht (Verstoß gegen die §§ 309 Nr. 7 b, 307 Abs. 2 Nr. 1 BGB)[2].

g) Haftungsausschluss für Netzverfügbarkeit

Eine Klausel, nach der Anbieter für auch zeitlich unbestimmte Leistungsunterbrechungen nicht einstehen will, ist, jedenfalls für den Bereich der eigenen Leistungsüberbringung (also etwa für vom Anbieter zu vertretende Systemausfälle[3]) wegen Verstoßes gegen § 309 Nr. 8 a BGB bzw. gegen § 307 Abs. 2 BGB unwirksam. Unwirksam ist weiter eine Haftungsbegrenzung auf Fälle von Vorsatz und grober Fahrlässigkeit, da nach der Rechtsprechung auch für **leicht fahrlässige** Pflichtverletzungen zu haften ist, wenn es sich bei der verletzten Pflicht um eine **vertragswesentliche** (eine sogenannte „Kardinalpflicht“) handelt, so etwa die Verkehrssicherungspflicht[4]. Auch gegenüber Kaufleuten darf die Haftung nicht auf Vorsatz eingeschränkt werden, sondern muss der Anbieter zumindest auch für grobe Fahrlässigkeit einstehen[5].

Ein Haftungsauschluss für Fälle **grober Fahrlässigkeit** verstößt gegen § 309 Nr. 7 BGB, ein Haftungsausschluss für **Vorsatz** sogar gegen das generelle, auch Individualverträge erfassende Verbot des § 276 Abs. 2 BGB. Als wirksam wurden aber Klauseln angesehen, nach denen in Fällen **höherer Gewalt** und vom Anbieter nicht vorhersehbarer Leistungsausfälle Ersatz- bzw. Rückzahlungsansprüche des Kunden ausgeschlossen sein sollen[6].

---

1 Spindler/*Spindler*, Vertragsrecht der Internet-Provider, Teil IV, Rdn. 179, 182.

2 LG München I, Urt.v. 14.8.2003 – 12 O 2393/03, MMR 2004, 265 = JurPC Web-Dok. 68/2004.

3 Spindler/*Spindler*, Vertragsrecht der Internet-Provider, Teil IV, Rdn. 87.

4 *Wolf/Horn/Lindacher* § 11 Nr. 7 Rdn 30.

5 *Wolf/Horn/Lindacher* § 11 Nr. 7. Ausgenommen sind nur einzelne Handelsbräuche und Sonderregelungen wie in § 41 a ADSp.

6 Spindler/*Spindler*, Vertragsrecht der Internet-Provider, Teil IV, Rdn. 92 (allerdings eine Klausel als unwirksam ansehend, derzufolge der Kunde erst nach vier Wochen ein Rücktrittsrecht haben soll, woraus folge, dass der Anbieter für diese Zwischenzeit keine Vergütung zurückgewähren müsste).

h) Schadenspauschalierung

Unwirksam ist eine Pauschalierung von Schadensersatzansprüchen, wenn mit ihr höhere Schäden auch dann abgeschnitten würden, soweit diese vorhersehbar sind. Selbst unter Kaufleuten ist nämlich die Vereinbarung von Haftungshöchstsummen nur wirksam, wenn diese Summen die vertragstypischen, vorhersehbaren Schaden abdecken[1].

Schließlich wurde sogar vertreten, dass im Online-Bereich angesichts unterschiedlichster Tätigkeitsbereiche typische Vermögensschäden und deren Höchstsummen kaum zu ermitteln sind, weswegen von der Verwendung von Haftungshöchstsummenklauseln abzuraten sei[2].

i) Haftungsbeschränkung im TK-Bereich

Eine Ausnahme gilt für **Telekommunikation-Provider** nach § 7 Abs. 2 TKV bezüglich Angeboten von TK-Dienstleistungen i.S.v. § 3 Nr. 19 TKG, für die die Haftung für Vermögensschäden im einzelnen Schadensfall auf **12.500 Euro** begrenzt wurde; hierbei ist vorsätzliche Schädigung ausgenommen, nicht aber grobe Fahrlässigkeit[3]. Für Provider ist die Bezugnahme auf diese Haftungsbeschränkung dann nicht unproblematisch, wenn für den Kunden unklar bleibt, in welchen Fällen die TKV anwendbar ist[4]. In der Literatur wird von „hohen Unsicherheiten" bezüglich der Abgrenzung des Anwendungsbereiches der TKV gesprochen[5], während die Rechtsprechung aus diesem Grund sogar (noch nach altem AGB-Recht) im pauschalen Verweis auf die TKV (in einer Regelung zum Zahlungsverzug) einen Verstoß gegen das Transparenzgebot ansah[6]. Dies muss um so mehr unter der **strengeren** Fassung des Transparenzgebotes nach § 307 Abs. 1 S. 2 BGB gelten; führt hier die Unklarheit der Abgrenzung zu einer inhaltlichen Benachteiligung des Vertragspartners (Kunden), etwa, weil dieser aufgrund der Unklarheit den Eindruck haben muss, bestimmte Ersatzansprüche der Höhe nach nicht geltend machen zu können, ist die Klausel **unwirksam** (§ 307 Abs. 1 S. 1 BGB).

§ 7 Abs. 2 TKV erfasst nur **Vermögensschäden**. Die Regelung legt nur eine Haftungs**höchstsumme** fest, enthält aber keine völlige Haftungsfreistellung nach Verschuldensformen, so dass auch für leichte Fahrlässigkeit zu haften ist, wenn auch summenmäßig begrenzt[7]. Da von § 7 TKV nicht zuungunsten des Kunden abgewichen werden darf (§ 1 Abs. 2 TKV), ist jegliche (formular- wie individualvertragliche)

---

1 *Wolf/Horn/Lindacher* § 11 Nr. 7 Rdn 55 mit Rechtsprechungsnachweisen.

2 Spindler/*Spindler*, Vertragsrecht der Internet-Provider, 366.

3 *Spindler*, CR 1999, 626, 627 (der die Regelung einen „*safe harbour*" vor Ansprüchen auch im Internet-Bereich ansieht).

4 Spindler/*Spindler*, Vertragsrecht der Internet-Provider, Teil IV, Rdn. 20, 37, 246. Das gilt umso mehr, wenn möglicherweise mancher Provider selbst nicht genau weiß, welche seiner Leistungen unter die TKV fällt.

5 Spindler/*Spindler*, Vertragsrecht der Internet-Provider, Teil IV, Rdn. 246, 264 mit dem Hinweis, dass eine Spaltung der AGB mehr Risiken als Vorteile bringen könne, wenn nicht völlig klar ist, dass sich eine TKV-bezogene Haftungsbeschränkung nur auf TK-Leistungen bezieht (und welche dies sind). Auch enthalte die TKV nur eine Haftungshöchstsummenregelung, die deshalb auch Fälle leichtfahrlässiger Verletzung nichtwesentlicher Pflichten erfasse, für die sonst eine vollständige Freizeichnung möglich wäre.

6 OLG Köln, Urt.v.8.5.1988 – 6 U 149/96, ArchPT 1998, 252, 257 = K&R 1999, 27, 32; Spindler/*Spindler*, Vertragsrecht der Internet-Provider, 228.

7 Spindler/*Spindler*, Vertragsrecht der Internet-Provider, 354.

Haftungsbeschränkung unwirksam, sogar hinsichtlich leichter Fahrlässigkeit bei Verletzung **nicht** vertragswesentlicher Pflichten[1].

Zu beachten ist die zweijährige **Verjährungsfrist** im TK-Bereich (§ 8 TKV). Eine nach § 202 Abs. 2 BGB mögliche Verlängerung der Verjährung (etwa von Zahlungsansprüchen gegen den Kunden) ist zuungunsten des Kunden nicht möglich (§ 1 Abs. 2 TKV).

k) Haftungsausschluss für höhere Gewalt, „Online-Banking"-Klausel

Zulässig ist eine Klausel, mit der die Haftung für Fälle höherer Gewalt („*force majeure*") ausgeschlossen wird[2], also für von beiden Seiten nicht zu vertretende Leistungsausfälle. Nicht unproblematisch ist aber ein pauschaler Ausschluss für „Streik und Aussperrung", da er auch Fälle vom Anbieter selbst zu vertretender rechtswidriger Arbeitskampfmaßnahmen umfassen würde und deshalb nach § 307 Abs. 2 Nr. 1 u. 2 BGB unwirksam wäre[3]. Unwirksam sind aber zu weitreichende Klauseln, die etwa auch Fälle groben Verschuldens einschließen. Der **BGH**[4] sah in einer solchen Klausel einen Verstoß gegen § 309 Nr. 7 b) BGB), da eine Haftung auch für grobes Verschulden ausgeschlossen wird. Schadensersatz aus pVV wurde angenommen, wenn etwa aufgrund eines Systemfehlers die Verfügungsgewalt über zuvor erworbene Aktien verloren geht, obwohl der Kunde zu diesem Zeitpunkt bereits die Verfügungsgewalt über den Kaufpreis verloren hatte[5].

l) Aufrechnung und Zurückbehaltung

„*Gegenansprüche von S. kann der Kunde nur mit unbestrittenen oder rechtskräftig festgestellten Ansprüchen aufrechnen. Dem Kunden steht die Geltendmachung eines Zurückbehaltungsrechtes nur wegen Gegenansprüchen aus diesem Vertragsverhältnis zu.*" Diese übliche Ausschlussklausel wird grundsätzlich als wirksam angesehen[6], jedoch legt die Rechtsprechung die Vorschrift des § 309 Nr. 3 BGB n.F. / § 11 Nr. 3 AGBG dahin aus, dass auch entscheidungsreife (also nicht rechtskräftig entschiedene) Forderungen nicht von der Aufrechnung ausgeschlossen werden dürfen[7]. Diese Fallgruppe der entscheidungsreifen Forderungen hat in der Praxis die größte Bedeutung, da sie sowohl unbestrittene als auch bestrittene, aber voll bewiesene Forderungen umfasst[8]. Die Klausel schließt also

---

1 Spindler/*Spindler*, Vertragsrecht der Internet-Provider, 354.

2 Spindler/*Spindler*, Vertragsrecht der Internet-Provider, 260.

3 OLG Koblenz, NJW-RR 1993, 1078f; OLG Hamm, NJW-RR 1987, 311, 315; Spindler/*Spindler*, Vertragsrecht der Internet-Provider, 261.

4 BGH, Urt.v.12.12.2000 – XI ZR 138/00, CR 2001, 181 = BB 2001, 326 = JurPC Web-Dok. 53/2001 – **Online-Banking** für folgende Klausel: „*Aus technischen und betrieblichen Gründen sind zeitweilige Beschränkungen und Unterbrechungen des Zugangs zum ... Online-Service möglich. Zeitweilige Beschränkungen und Unterbrechungen können beruhen auf höherer Gewalt, Änderungen und Verbesserungen an den technischen Anlagen oder auf sonstigen Maßnahmen, z.B. Wartungs- oder Instandsetzungsarbeiten, die für einen einwandfreien oder optimierten ... Online-Service notwendig sind, oder auf sonstigen Vorkommnissen, z.B. Überlastung der Telekommunikationsnetze*".

5 LG Itzehoe, Urt.v.10.7.2001 – 1 S 92/01, JurPC Web-Dok. 191/2001; Vorinstanz AG Pinneberg, Urt.v.16.2.2001 – 64 C 376/00, JurPC Web-Dok. 192/2001.

6 *Ulmer/Brandner/Hensen*, § 11 Nr. 3 Rdn 3.

7 *Wolf/Horn/Lindacher*, § 11 Nr. 3 Rdn 7.

8 *Wolf/Horn/Lindacher*, a.a.O.

das Recht des Kunden, mit entscheidungsreifen Forderungen im obengenannten Sinne aufzurechnen, nicht aus.

m) Asymmetrisches Kündigungsrecht

Unwirksam ist eine Klausel, nach der nur der Anbieter mit einer Frist von vier Wochen kündigen kann, der Kunde aber nur mit einer Frist von einem Jahr[1].

n) Zahlungspflicht trotz Widerruf, Vorauszahlung

Unwirksam ist eine Klausel, derzufolge eine Zahlungsverpflichtung auch bei rechtzeitigem Widerruf weiterbestehen soll[2]. Unwirksam ist auch die Verpflichtung, das Entgelt für ein ganzes Jahr im voraus zahlen zu müssen[3].

o) Datenschutzbezogene Klauseln

aa) Einwilligung des Kunden in personenbezogene Datenverarbeitung

„Das Mitglied erteilt C. die in nachstehender Klausel 11 aufgeführten Einwilligungen und Bestätigungen. Das Mitglied erkennt an, dass seine persönlichen Daten im Zusammenhang mit dem Anmeldeverfahren durch C. in den USA gespeichert und anschließend dort verwaltet werden. Das Mitglied willigt ein, das C. weltweit Kundenlisten und Informationen aus Auswertungen an andere natürliche oder juristische Personen weitergeben, übertragen, vermieten, verkaufen oder diesen anderweitig zur Verfügung stellen, jedoch nur soweit mit dem geltenden Recht und dieser Klausel 11 vereinbar."

Die Einwilligung ist nicht ausreichend bestimmt formuliert und damit zu Lasten des Verwenders auszulegen (§ 305 c Abs. 2 BGB). Aus der Formulierung wird nicht deutlich, welche Datenempfänger in welchem Teil der Welt welche Datennutzungen vornehmen können sollen und welche staatlichen Datenschutzgesetzgebungen den Kunden jeweils schützen. Unklar ist auch, was unter „Auswertungen" zu verstehen ist und in welchem Zusammenhang die Auswertungsergebnisse verwendet werden können sollen. In einem späteren Satz der Klausel werden nur „Informationen aus Auswertungen" näher definiert, nicht aber die Auswertungen selbst. Auch erfolgt insoweit keineswegs eine abschließende und eingrenzende Formulierung. Die Einwilligung ist damit weder gegenständlich noch zeitlich beschränkt, ebensowenig auf einen konkreten Verwendungszweck bezogen. Weiter ist auch ganz offensichtlich eine Vorratsspeicherung (insbesondere durch Dritte Datenempfänger) nicht gesichert ausgeschlossen.

Weiter verletzt die Klausel § 4 a Abs. 1 Satz 3 BDSG dadurch, dass die Einhaltung der **Schriftform** bei der Einwilligungserteilung nicht (zwingend) vorgesehen ist. Besondere Umstände, aufgrund deren eine andere Form angemessen ist, werden auch nicht ansatzweise dargetan. Die Möglichkeit einer elektronischen Erklärung sehen zwar die

1 OLG Koblenz, Urt.v. 25.11.2003 – 2 U 504/03, MMR 2004, 106.
2 LG München I, Urt.v. 14.8.2003 – 12 O 2393/03, MMR 2004, 265.
3 LG München I, Urt.v. 14.8.2003 – 12 O 2393/03, MMR 2004, 265.

§§ 3 Abs. 3, 4 Abs. 2 TDG vor, doch allein in Bezug auf den Datenschutz bei Telediensten, nicht aber allgemein für über das Internet abgeschlossene Rechtsgeschäfte[1] und auch nicht für sonstige Datenverwendungen, auf die allein das BDSG anwendbar ist.

Weiter fehlt es an einer ausreichenden **Hervorhebung** der Einwilligungsklausel. Die Klausel müsste deutlich vom anderen Text abgehoben werden. Die Mitgliedsvereinbarung ist dabei in einer einheitlichen Drucktype gehalten. Die datenverarbeitungsbezogene Einwilligungserklärung weicht im äußeren Erscheinungsbild nicht vom übrigen Text ab (so das auch das Erfordernis nach § 4 a Abs. 1 Satz 4 BDSG verletzt ist).

Die Einwilligung entspricht also in keinem der genannten Punkte den gesetzlichen Voraussetzungen aus § 4 a BDSG und ist damit sowohl datenschutzrechtlich als auch aus Verstoß gegen § 307 Abs. 2 Nr. 1 BGB **unwirksam**. Mangels zulässiger geltungserhaltender Reduktion ist der Provider deshalb zur Kundendatenverarbeitung nur insoweit befugt, als diese zur Erfüllung der jeweiligen Nutzungsverträge erforderlich ist. Weitergabe der Daten in welcher Form immer an Dritte insbesondere gar in Drittstaaten ist deshalb ausgeschlossen.

„Lokalisierende Daten und personenbezogene Daten werden von M. in den Vereinigten Staaten von Amerika bearbeitet und gespeichert und, sollten Sie außerhalb der Vereinigten Staaten von Amerika leben, möglicherweise in dem Land Ihres Wohnsitzes. Sie können sich an M. wenden, um herauszufinden, ob derartige Daten korrekt gespeichert wurden, und sofern dies nicht der Fall sein sollte, können Sie Berichtigung jedweder Ungenauigkeiten in den von M. gespeicherten Daten verlangen.“

Der Provider räumt dem Kunden einen Berichtigungsanspruch ein. Dem Kunden stehen aber nach § 6 BDSG *unabdingbare* Rechte auch auf Sperrung zeitweise in ihrer Richtigkeit/Unrichtigkeit nicht klärbarer personenbezogener Daten (§§ 6 Abs. 1, 35 Abs. 3 BDSG) sowie auf Löschung unzulässig gespeicherter oder nicht mehr benötigter personenbezogener Daten zu (§§ 6 Abs. 1, 35 Abs. 2 BDSG). Die Klausel ist deshalb **wegen Gesetzesverstoßes nichtig**.

bb) Datenverwendung [2]

„M. darf die Bestandsdaten des Kunden für Arbeiten nutzen, soweit dies für Zwecke der Beratung der Kunden, der Werbung, der Marktforschung und zur bedarfsgerechten Gestaltung seiner Telekommunikationsleistungen erforderlich ist und der Kunde nicht widersprochen hat.“
Diese Klausel verstößt gegen § 307 Abs.1 u. Abs. 2 Nr. 1 BGB, da, nach Auffassung des OLG Düsseldorf[3], der Betreiber jede Möglichkeit habe, durch unterschiedliche Ausgestaltung des Auftragsformulars zu bestimmen, welche Daten des Kunden Bestandsdaten seien und als solche aufgrund der Vertragsklausel verarbeitet und genutzt werden dürfen. Eine Klausel, nach der der Anbieter die Bestandsdaten des Kunden für Arbeiten nutzen darf, soweit dies für Zwecke der Beratung der Kunden, der Werbung, der Marktforschung und zur bedarfsgerechten Gestaltung seiner Telekommunikationsleistungen erforderlich ist und der Kunde nicht widersprochen hat[4], verstößt gegen

---

1 *Ernst*, Vertragsgestaltung im Internet, Rdn. 276.

2 Klausel eines Mobilfunknetzbetreibers.

3 OLG Düsseldorf, Urt.v. 31.10.1996 – 6 U 206/95, BB 1996, 2643, zu § 9 AGBG a.F.

4 Klausel eines Mobilfunknetzbetreibers.

§ 307 Abs. 1 und Abs. 2 Nr. 1 BGB[1], wenn der Betreiber jede Möglichkeit hat, durch unterschiedliche Ausgestaltung des Auftragsformulars (über die UDSV hinaus) zu bestimmen, welche Daten des Kunden Bestandsdaten seien und als solche aufgrund der Vertragsklausel verarbeitet und genutzt werden dürfen.

p) „Payback"- Klausel

In einer uneingeschränkt zu Datenweitergaben berechtigenden Klausel wurde eine unangemessene Benachteiligung des Kunden gemäß § 307 Abs. 1 und Abs. 2 Nr. 1 BGB gesehen, da durch die Klausel auch die Möglichkeit der Telefonwerbung eröffnet werde, die nach BGH-Rechtsprechung nur nach ausdrücklicher oder konkludenter Einwilligung zulässig ist[2].

q) Rechtswahlklausel

Als zulässig wurde eine Rechtswahlklausel angesehen, die in elektronischen AGB enthalten ist und lediglich mit Point-and-Click einbezogen wird, da sie im Rechtsverkehr mit ausländischen Anbietern nicht überraschend sei[3]. Freilich bleibt bei elektronisch oder in sonstiger Weise erfolgender Rechtswahl deutsches Verbraucherschutzrecht zwingend anwendbar (Art. 29 und 29 a EGBGB).

r) Rückgabeausschlussklausel

In den AGB eines Fernabsatzvertrages dürfen keine Klauseln vorgesehen werden, nach denen das Recht des Käufers zur Rückgabe benutzter oder nicht mehr original verpackter Ware ausgeschlossen wird, dem Käufer die Kosten der Rücksendung auferlegt werden oder in denen festgelegt wird, dass die Frist zur Ausübung des Rückgaberechts mit dem Rechnungsdatum beginnt oder der Erfüllungsort als Gerichtsstand bestimmt wird[4].

---

1 OLG Düsseldorf, Urt.v. 31.10.1996 - 6 U 206/95, BB 1996, 2643 (noch zu § 9 Abs.1, Abs. 2 Nr.1 AGBG a.F.).

2 LG München I, Urt.v.1.2.2001 – 12 O 13009/00, CR 2001, 470 = JurPC Web-Dok. 117/2001 zu der Klausel: *„Ich bin damit einverstanden, zusätzliche Informationen und Angebote von ...und den Partnerunternehmen ... zu erhalten."* Das Gericht sah eine Klausel als nach den §§ 4, 28 BDSG unwirksam an, durch die der Nutzer in eine Verarbeitung und Nutzung „im Rahmen der jeweils geltenden Datenschutzgesetze" einwilligen soll, da Umfang und Zweck der Verarbeitung und Nutzung sowie nutzungsberechtigter Personenkreis nicht hinreichend bestimmt sind. Geklagt hatte der Berliner Verbraucherschutzverein. Bereits im März waren 20 Unternehmen datensammelnd am Payback-System beteiligt, wobei Daten auch bei Barzahlung gesammelt wurden. Während des laufenden Berufungsverfahrens änderte die AGB-verwendende Fa. Loyalty-Partner die Bedingungen und fügte einen Satz ein: „Ein Verkauf Ihrer Daten findet nicht statt". Hier wurde kritisiert, dass die übliche *Vermietung* weiter zulässig bleiben sollte (Heise online, 10.3.2001, www.telepolis.de/deutsch/inhalt/te/7102.html).

3 *Ernst*, Vertragsgestaltung im Internet, Rdn. 176.

4 LG Waldshut-Tiengen, Beschl.v. 7.7.2003 – 3 O 22/03 KfH, JurPC Web-Dok. 255/2003.

s) Rückgabepflicht

Unwirksam ist eine Klausel, nach der der Anbieter bei Zahlungsverzug des Kunden berechtigt sein soll, zur Anspruchssicherung die Ware nach Ankündigung zurückzunehmen[1].

t) Schriftformklauseln

Allgemein darf der AGB-Verwender für die Aufhebung einer vereinbarten Schriftform nicht selbst noch die Einhaltung der Schriftform verlangen[2]. Deshalb ist eine Schriftformklausel unwirksam, wenn sie dazu dient, insbesondere nach Vertragsschluss getroffene Individualvereinbarungen zu unterlaufen, indem sie beim anderen Vertragsteil den Eindruck erweckt, eine mündliche Abrede sei entgegen allgemeinen Grundsätzen unwirksam[3]. Als überraschend wurde eine Klausel qualifiziert, die den Kunden verpflichtet, Erklärungen im Rahmen eines online geschlossenen Vertrages in Schriftform abzugeben [4].

Gegen § 307 Abs. 2 Nr. 1 BGB wird eine Regelung verstoßen, derzufolge der Kunde eine Erklärung in Schriftform abgeben muss, für die das Gesetz aber nur Textform verlangt, so etwa und insbesondere der in Textform mögliche Widerruf bei Verbraucherverträgen (§ 355 Abs. 1 S. 2 BGB).

u) Sicherungsschein im Reiserecht

Wirksam ist eine Klausel, nach der der Veranstalter dem Reisenden die nach § 651 k erforderliche Sicherstellung von Reisepreis und Aufwendungen nicht in Schriftform und durch Übergabe, sondern nur in Textform etwa auf den Webseiten des Veranstalters nachweist (§ 9 Abs. 3 – 6 BGB-InfoV)[5].

v) Vertragslaufzeitklauseln

Bei Verträgen über die regelmäßige Warenlieferung oder Dienstleistungserbringung ist eine Klausel unwirksam, die den Verbraucher als Kunden länger als zwei Jahre binden würde (§ 309 Nr. 9 BGB), während längere Fristen mit Unternehmern wirksam vereinbart werden können, wobei jedoch eine Angemessenheitsprüfung nach den §§ 310 Abs. 1, 307 BGB erforderlich ist.

w) Vertragsstrafenklauseln

Gegenüber Verbrauchern sind Vertragsstrafenvereinbarungen für den Fall des Verzuges des Kunden oder eine Vertragslösung durch diesen unwirksam (§ 309 Nr. 6 BGB),

---

1 LG München I, Urt.v. 14.8.2003 – 12 O 2393/03, MMR 2004, 265.

2 Spindler/*Spindler*, Vertragsrecht der Internet-Provider, Teil IV, Rdn. 46 m.w.N.

3 BGH NJW 1995, 1488f; BGH NJW 2001, 292; *Stoffels*, AGB-Recht, Rdn. 354.

4 *Ernst*, Vertragsgestaltung im Internet, Rdn. 264.

5 Palandt/*Sprau*, § 651 k, Rdn. 5.

gegenüber Unternehmern als Vertragspartnern des Verwenders dann, wenn sie den Verwender unangemessen benachteiligen. Verschuldensunabhängige Vertragstrafen können nur in Sonderfällen wirksam vereinbart werden, wenn nämlich gewichtige Umstände vorliegen, die eine solche Abweichung vom dispositiven Recht noch mit Recht und Billigkeit vereinbar erscheinen lassen[1]. Auch kann kein Ausschluss des Fortsetzungszusammenhangs vereinbart werden, der zur Folge hätte, dass jede Zuwiderhandlung trotz dieses Zusammenhangs eine weitere Vertragsstrafe verwirken würde[2]. Die Höhe einer zulässigen Vertragsstrafe bestimmt sich wesentlich nach der branchentypischen Gewinnspanne; im Baubereich wurde sie auf maximal 5 % der Auftragssumme reduziert[3]. Generell müsse sich die Kompensationsfunktion der Vertragsstrafe in einem angemessenen Verhältnis zum Werklohn halten[4]. Die typischerweise erwartbare Schadenshöhe darf nicht überstiegen werden[5].

x) Widerrufsklauseln

Unzulässig ist eine Klausel, nach der bei kundenfeindlichster Auslegung Fälle denkbar sind, in denen ein Entgelt ohne Nutzung nach erfolgtem Widerruf zu zahlen wäre (Verstoß gegen die §§ 312 d, 355, 357, 346 BGB)[6].

y) Zugangsfiktion, Volljährigkeitsbestätigung

Die Vertragsbestimmung, nach der etwa eine Rechnung als zugegangen gelten soll, verstößt gegen § 308 Nr. 6 BGB, wonach eine Erklärung des AGB-Verwenders von besonderer Bedeutung nicht gegenüber dem Kunden als zugegangen fingiert werden darf. Rechnungsstellungen- und Abschlüsse sind Erklärungen von besonderer Bedeutung[7]. Bei derartigen Erklärungen darf der Zugang nicht durch ein anderes Ereignis ersetzt werden[8]. Die eine Volljährigkeitsbestätigung regelnde Klausel ist unwirksam; sie verstößt gegen § 309 Nr. 12 BGB sowie gegen § 307 Abs. 2. Der Einwand, mit einem Minderjährigen könne ohnehin kein wirksamer Vertrag geschlossen, so dass es auch an einer Einbeziehung der Klausel fehle[9], erscheint nicht ganz zutreffend. Immerhin kann ein Minderjähriger im Rahmen des § 112 BGB sogar ein Erwerbsgeschäft führen und für dieses etwa Leistungen zur Internet-Präsenz kontraktieren. Weiter sind vom Minderjährigen geschlossene Verträge genehmigungsfähig (§ 108 Abs. 1 BGB); weiter bedarf es nicht einmal dieser Genehmigung, wenn der Minderjährige Leistungen mit ihm überlassenen Mitteln bewirkt (§ 110 BGB). In diesen (wie etwa das Beispiel der Handy-Nutzung zeigt, nicht seltenen) Fällen gewinnt das Verbot der Tatsachenbestätigung in § 309 Nr. 12 lit. b BGB durchaus erhebliche praktische Bedeutung.

1 BGH NJW 1999, 2662f; BGH NJW 1998, 2600f; *Stoffels*, AGB-Recht, Rdn. 914.
2 LG München I, Urt.v. 14.8.2003 – 12 O 2393/03, MMR 2004, 265.
3 BGH NZBau 2003, 321 und NZBau 2004, 609.
4 BGH NJW 1998, 2600, 2602.
5 BGH NJW 2000, 2106f.
6 LG München I, Urt.v. 14.8.2003 – 12 O 2393/03, JurPC Web-Dok. 68/2004.
7 BGH NJW 1985, 2699; *Wolf/Horn/Lindacher*, AGB-Gesetz, § 10 Nr.6 Rdn 8.
8 Ulmer-Brandner-*Hensen*, § 10 Nr.6 Rdn 5.
9 *Ernst*, Vertragsgestaltung im Internet, Rdn. 247.

§ 3 Elektronischer Abschluss von Verträgen und elektronische Form

A. Verträge im Web

Verträge können durch Angebot und Annahme auch auf elektronischem Wege und damit im Internet und in anderen Kommunikationsnetzen (z.B. Online-Diensten) wirksam abgeschlossen werden. Besonders zu prüfen ist, ob nur eine unverbindliche Bestellaufforderung vorliegt oder ein bindendes Angebot (S. 103). Der rechtzeitige Widerruf einer Erklärung ist technisch bedingt kaum noch möglich (S. 120). Auch für „elektronische Postfächer" gelten übliche Zugangszeiten (S. 112). Anstelle der Schriftform kann teilweise die elektronische Signatur verwendet werden (S. 124).

Zunächst ist nachstehend kurz der internationale Rahmen der einschlägigen Regelungen aufzuzeigen.

I. Internationale Abkommen und Regelungen

1. UNCITRAL-Modellgesetz zum elektronischen Geschäftsverkehr

Das UNCITRAL Model Law on Electronic Commerce[1] ist von den UN-Mitgliedsstaaten (ohne genaue Zeitvorgabe) in ihre Rechtsordnungen umzusetzen. Das Modellgesetz enthält eine gemeinsame Basis für die rechtliche Absicherung internationalen elektronischen Handelsverkehrs. In der nachfolgenden Darstellung wird auf Regelungen des UNCITRAL Model Law on Electronic Commerce jeweils im Problemzusammenhang hingewiesen. Eine systematische Kommentierung ist (schon aus Raumgründen) nicht möglich. Außerdem hat bisher nur eine relativ kleine Anzahl von Staaten das Modellgesetz als solches in nationales Recht umgesetzt[2]. Allerdings enthalten die E-Commerce- und Signaturrichtlinie der EG einerseits und der UETA (Uniform Electronic Transactions Act 1999) der USA andererseits ebenfalls weitgehend dem Modellgesetz vergleichbare Regelungen. Der UETA sieht allerdings keine mit der EG-Signaturrichtlinie vergleichbare Vorgaben für eine elektronische Signatur vor[3]; damit gilt auch die bloße Namensangabe am Ende einer E-Mail als elektronische Signatur im Sinne des UETA[4].

2. Entwurf für ein UNCITRAL-Übereinkommen zum elektronischen Vertragsabschluss

Das Übereinkommen soll die einzelstaatlichen Regelungen zum elektronischen Abschluss von Verträgen regeln. In Art. 5 a wird der Begriff der elektronischen

---

1 UNCITRAL Model Law on Electronic Commerce with Guide to Enactment, United Nations, New York, General Assembly Resolution 51/162, 16.12.1996 (www.uncitral.org/english/texts/ electcomm/ ml-ecomm.htm). „UNCITRAL" steht für „United Nations Commission on International Trade Law".

2 Zum aktuellen Umsetzungsstand s. www.uncitral.org/english/status/status-e.htm. Ausf. zu UNCITRAL s. *Borges*, Verträge im elektronischen Geschäftsverkehr, 77 ff.

3 *Borges*, Verträge im elektronischen Geschäftsverkehr, 90 führt eine Auflistung der Übereinstimmungen an.

4 *Borges*, Verträge im elektronischen Geschäftsverkehr, 85 unter Bezug auf den Comment. zu § 2 UETA.

Nachricht („*data message*") aus dem UNCITRAL-Modellgesetz 1996 übernommen. Art. 7 stellt klar, dass die Verwendung einer Domain oder einer E-Mail-Adresse in einem Staat keine Vermutung einer Niederlassung in diesem Staat begründet. Art. 8 regelt das Zustandekommen von Verträgen durch Angebot und dessen Annahme, die nach Art. 10 auch durch elektronische Nachrichten übermittelt werden können. Zugang erfolgt durch Erreichen des DV-Systems (Art. 11 Abs. 2). Der Übereinkommensentwurf war bei Redaktionsschluss (Herbst 2004) noch in Vorbereitung[1].

3. UN-Modellgesetz zu elektronischen Signaturen

Am 5.7.2001 wurde durch eine UNCITRAL-Arbeitsgruppe der Entwurf für ein Modellgesetz zu elektronischen Signaturen verabschiedet[2], das das Modellgesetz zum E-Commerce ergänzt. Vorgesehen sind Voraussetzungen für die elektronische Signatur, die denen der fortgeschrittenen Signatur im Sinne der EG-Signaturrichtlinie gleichen, verlangt aber eine – der Rechtssicherheit wohl eher abträgliche – Einzelfallprüfung der Zuverlässigkeit der Signaturerstellung[3].

Auf **internationaler Ebene** verlangt das UNCITRAL Model Law on Electronic Signatures als Ersatz für die eigenhändige Unterzeichnung die Anwendung eines Verfahren zur Feststellung der Identität einer Person und ihres Einverständnisses mit der elektronisch gespeicherten Information sowie die für die verfolgten Zwecke ausreichende Zuverlässigkeit der Verfahrens (Art. 7 „*Signature*").

II. EG-rechtliche Vorgaben und Umsetzung

1. E-Commerce-Richtlinie

Mit der E-Commerce-Richtlinie (ECRL)[4] und deren Umsetzung in deutsches Recht wurden auch wichtige Aspekte des Bereiches des Abschlusses elektronischer Verträge EG-einheitlich richtlinienharmonisiert. Art. 9 ECRL zielt wesentlich darauf ab, elektronisch und konventionell angeschlossene Verträge gleichzustellen bzw. eine Ungleichbehandlung zu verhindern (**Diskriminierungsverbot**). Insbesondere darf der Umstand des Abschlusses auf elektronischem Wege Wirkung oder Gültigkeit der Verträge nicht einschränken (Art. 9 Abs. 1 S. 2 ECRL), etwa durch Formvorschriften. Ausnahmen gelten aber für immobilienbezogene Verträge, Verträge, bei denen Behörden, Gerichte oder öffentlich-rechtliche Befugnisse ausübende Berufe (z.B. Notare) mitwirken, Bürgschaftsverträge und Verträge über Sicherheiten, familien- und erbrechtliche Verträge (Art. 9 Abs. 2 lit. a) bis d) ECRL). Die Umsetzung in deutsches Recht erfolgte durch Einführung der elektronischen Form in § 126 a BGB. Insbesondere ist nach der

---

1 UN Commission on International Trade Law, Workung Group IV (Electronic Commerce), w ww.uncitral.org/english/workinggroups/wg_ec/index.htm (Stand 18.12.2003). Einführend *v. Bernstorff*, RIW 2002, 179.

2 Text abrufbar unter www.uncitral.org/en-index.htm

3 Krit. *Borges*, Verträge im elektronischen Geschäftsverkehr, 114f

4 Richtlinie 2000/31/EG des Europäischen Parlaments und des Rates über bestimmte rechtliche Aspekte der Dienste der Informationsgesellschaft, insbesondere des elektronischen Geschäftsverkehrs, im Binnenmarkt („Richtlinie über den elektronischen Geschäftsverkehr" oder auch „E-Commerce-Richtlinie", ECRL) v. 8.6.2000, ABl EG 2000 Nr. L 178, 1.

ECRL die Einhaltung der Textform (s. S. 128) nicht Voraussetzung der Wirksamkeit des Vertragsschlusses[1].

Art. 10 Abs. 1 lit. a) bis d) ECRL sieht außerdem Verpflichtungen der Diensteanbieter vor, den Nutzer vor dessen Abgabe der Bestellung folgende **Informationen** klar, verständlich und unzweideutig zu erteilen zu

a) den einzelnen technischen Schritte, die zu einem Vertragsschluss führen,

b) Angaben dazu, ob der Vertragstext nach Vertragsschluss vom Diensteanbieter gespeichert wird und ob er zugänglich sein wird,

c) den technischen Mitteln zur Erkennung und Korrektur von Eingabefehlern vor Abgabe der Bestellung,

d) den für den Vertragsschluss zur Verfügung stehenden Sprachen.

2. Umsetzung in deutsches Recht

Die **Umsetzung** in deutsches Recht erfolgte in § 312 e Abs. 1 S. 1 Nr. 2 in Verbindung mit § 3 BGB-Informationspflichten-Verordnung (BGB-InfV) gemäß Art. 241 EGBGB. Der Diensteanbieter muss weiter (soweit nicht mit Nutzern, die keine Verbraucher sind, anders vereinbart) alle einschlägigen **Verhaltenskodizes** angeben, denen er sich unterwirft, ebenso Informationen, wie diese Kodizes auf elektronischem Wege zugänglich sind (Art. 10 Abs. 2 ECRL). Die Verpflichtungen aus Art. 10 Absätze 1 und 2 ECRL gelten jedoch nicht, soweit Verträge ausschließlich durch den Austausch elektronischer Post oder durch damit vergleichbare individuelle Kommunikation geschlossen werden (Art. 10 Abs. 4 ECRL), umgesetzt in § 312 e Abs. 2 BGB.

Außerdem müssen die Vertragsbestimmungen und die **allgemeinen Geschäftsbedingungen** (auch in den Fällen der in Abs. 4 genannter individueller Kommunikation) dem Nutzer so zur Verfügung gestellt werden, dass er sie speichern und reproduzieren kann (Art. 10 Abs. 3 ECRL), umgesetzt in § 312 e Abs. 1 S. 1 Nr. 4 BGB („in wiedergabefähiger Form speichern").

Weiter sieht Art. 11 Abs. 1 1. Spiegelstrich ECRL eine Verpflichtung des Diensteanbieters vor, den **Eingang** der Bestellung auf elektronischem Wege **zu bestätigen**, ausgenommen Verträge, die ausschließlich durch den Austausch von elektronischer Post oder durch vergleichbare individuelle Kommunikation geschlossen werden (Art. 11 Abs. 3 ECRL). Umsetzung erfolgte in § 312 e Abs. 1 S. 1 Nr. 3 BGB. Die Bestätigung kann selbst automatisch, etwa durch Autoresponder durchgeführt werden[2].

Art. 11 Abs. 1 2. Spiegelstrich ECRL behandelt Bestellung und Empfangsbestätigung als **eingegangen**, wenn die Parteien, für die sie bestimmt sind, sie abrufen können. Umsetzung erfolgte in § 312 e Abs. 1 S. 2 BGB (auf Abrufbarkeit unter gewöhnlichen Umständen abstellend).

Schließlich muss der Diensteanbieter dem Nutzer angemessene, wirksame und zugängliche technische Mittel zur Verfügung stellen, mit denen der Nutzer **Eingabefehler** vor Abgabe der Bestellung erkennen und **korrigieren** kann (Art. 11 Abs. 2 ECRL). Umsetzung erfolgte in § 312 e Abs. 1 S. 1 Nr. 1 BGB.

Die Verpflichtungen aus Art. 11 Abs. 1 1. Spiegelstrich und Abs. 2 ECRL gelten nicht in Fällen individueller Kommunikation, wie in Art. 10 Abs. 4 ECRL bezeichnet (Art. 11 Abs. 3 ECRL, § 312 e Abs. 2 BGB).

---

1 *Arndt/Köhler*, EWS 2001, 102, 109

2 *Tettenborn/Bender/Lübben/Karenfort*, K&R Beilage 1 zu Heft 12/2001, 25

III. Elektronische Verträge - Abschluss und Form im deutschen Recht

Auf den Abschluss von Verträgen sind im deutschen Recht die Bestimmungen des Allgemeinen Teils des BGB, insbesondere die §§ 145 ff BGB, auch dann anwendbar, wenn die zum Vertragsschluss führenden Erklärungen (Antrag und Annahme) elektronisch übermittelt werden.

- Eine Willenserklärung, etwa ein Vertragsangebot oder dessen Annahme, können auch online wirksam abgegeben werden (s. S. 99).
- Die Abgabe der Willenserklärung kann mündlich (z.B. telefonisch oder per Voice-Mail) abgegeben werden, wenn nicht Schriftform oder elektronische Form verlangt wird.

1. Elektronischer Vertragsschluss, Wirksamkeit von Angebots- und Annahmeerklärungen

a) Willenserklärung

Eine **Willenserklärung**[1] kann „offline" schriftlich oder mündlich, jedoch auch „online" abgegeben werden, etwa als schriftliche (Mail) oder mündlich (Telefonat, Voice-Mail). Willenserklärungen können, soweit nicht Schriftform (§ 126 BGB) oder elektronische Form (§ 126 a BGB) erfordert wird, **mündlich** abgegeben werden. Neben der mündlichen Abgabe der Willenserklärung ist die elektronische Abgabe und Übermittlung in allen Fällen möglich, in denen weder Schriftform noch gar notarielle Form erfordert werden. Deshalb sind überall dort, wo mündliche Erklärungen möglich sind, auch elektronische Erklärungen zugelassen[2]. Dies gilt grundsätzlich für jede Form der elektronischen Übermittlung von Erklärungen, von der IP-Telefonie über internetbasiertes Conferencing bis zum Chat, ebenso für E-Mails, für die aber die Besonderheit gilt, dass mit einer E-Mail auch die Textform eingehalten werden kann (wenn die E-Mail einen Abschluss durch Namensbezeichnung „oder anders" aufweist, § 126 b BGB). Damit können Verträge auch durch als elektronische Erklärung abgegebenen Antrag (§ 145 BGB) und dessen Annahme (§ 147 BGB) auf gleichem Wege wirksam abgeschlossen werden. Für E-Commerce ist damit festzuhalten, dass alle diejenigen Verträge, deren Abschluss mündlich möglich ist (in der Praxis wohl die Mehrzahl), auch auf elektronischem Wege abgeschlossen werden können. Dies mag zum Teil erklären, weshalb die Einführung der elektronischen Signatur (s. § 4) nur begrenzt fördernden Einfluss auf die Entwicklung des E-Commerce hat (bzw. ihre bisher nur begrenzte Verbreitung diese Entwicklung kaum behindert hat).

Die Kommunikationstechnik wirkt sich bis in die Ausgestaltung der jeweiligen Erklärung aus. So kann sogar der rein technischen Handlung eines „**Mausklicks**" Erklärungswert zugewiesen sein, wenn sich dies aus dem Kontext ergibt, so etwa durch die Gestaltung einer Webseite mit Hinweisen und einem in dieser enthaltenen Schaltfeld eine Erklärungswirkung zuordnen, z.B. einem „Bestell"-Button[3].

---

1 Der Begriff der „Willenserklärung" wird im BGB nicht definiert. Die Literatur versteht hierunter die Äußerung eines auf die Herbeiführung einer Rechtswirkung (nämlich auf die Begründung, inhaltliche Änderung oder Beendigung eines privaten Rechtsverhältnisses) gerichteten Willens (für alle Palandt/*Heinrichs*, Einf. v. § 116, Rdn. 1).

2 BGH, Urt.v. 7.11.2001 – VIII ZR 13/01, CR 2002, 213 – ricardo (Online-Auktion).

3 Moritz/Dreier/*Terlau*, Rechts-Handbuch zum E-Commerce, Teil C, Rdn. 69 m.w.N.

Die Erklärung muss jedoch, um Willenserklärung im erwähnten Sinne zu sein, auch im elektronischen Bereich immer von einem **Menschen** abgegeben werden. Ein **zufallsgesteuert** textgenerierendes Computerprogramm (wie etwa zuweilen in experimenteller Poesie eingesetzt) ist keine taugliche Quelle wirksamer Erklärungen, da es am Willen der Herbeiführung einer Rechtswirkung fehlt.

b) Automatische Erklärungen („Computererklärungen")

Werden in **Computerprogrammen** für einen interaktiven Dialog mit einem Netznutzer Antworten bzw. rechtlich relevante Willenserklärungen vorgesehen, so ist der **Programmierer** (oder sein Auftraggeber/Arbeitgeber) als Erklärender anzusehen (und liegt also ein menschlicher Wille vor), da er hinsichtlich jedes Falles einer Textausgabe durch sein Programmieren einen allgemeinen Erklärungs- und Bindungswillen manifestiert[1]. Die einzelne „automatisierte" Willenserklärung mittels eines Computers[2] kann unter diesen Voraussetzungen dem Betreiber des Computers zugeordnet werden[3], wobei die (objektivierte) Sicht des Erklärungsempfängers maßgeblich ist[4]. Wesentlich und im Einzelfall festzustellen ist damit die softwareseitige Gestaltung des jeweiligen Vorganges.

Prüft also etwa der Rechner eines Versandhauses nach Eingang einer Online-Bestellung selbsttätig den Lagerbestand, die Lieferbarkeit und gegebenenfalls die Bonität eines Kunden[5], so wird bei diesem konkreten Vorgang kein menschliches Handeln zwischengeschaltet. Der Ablauf erfolgt rein computergestützt. Dennoch kann in der vom Rechner erstellten Bestellbestätigung[6] eine Willenserklärung des Versandhändlers zu sehen sein, wenn der Rechner entsprechend programmiert ist, da er nur als Erklärungshilfsmittel dient, da nur auf diese Weise bestimmte Massengeschäfte durchführbar sind[7]. Der Rechnerbetreiber hat (in der Regel) einen **allgemeinen Erklärungs-**

---

1 *Fritzsche/Malzer*, DNotZ 1995, 3, 7; Hoeren/Sieber/*Mehrings*, Handbuch Multimedia-Recht, Teil 13.1, Rdn. 43; *Borges*, Verträge im elektronischen Geschäftsverkehr, 194.

2 Im strengen Sinne kann natürlich nicht von einer „*Willens*erklärung eines Computers" gesprochen werden (und wird deshalb die Formulierung „mittels eines Computers" verwendet), da Computer (jedenfalls bisher) keinen Willen haben, den sie erklären könnten. Selbst wenn aber Rechner eines Tages den (in den Computerwissenschaften) bekannten „Turing-Test" bestehen können (der verlangt, dass sich in bestimmten neutralen Situationen ohne persönliche Anwesenheit des Gesprächsteilnehmers, etwa im Chat, in einem Dialog nicht feststellen lässt, ob der Gesprächspartner ein Mensch oder nur ein Rechner ist), wird doch jede Erklärung zumindest indirekt einem Menschen zuzurechnen sein (und sei es nur, dass der Gesprächspartner das Dialogprogramm in Gang setzt und sich die jeweiligen Ablaufergebnisse zurechnen lassen muss, selbst wenn die Zwischenschaltung des Computers nicht erkennbar ist).

3 Hoeren/Sieber/*Mehrings*, Handbuch Multimedia-Recht, Teil 13.1, Rdn. 45: da ein zumindest stillschweigendes Zueigenmachen vorliegt. Das gilt etwa auch für eine automatisierte Antwortfunktion („*Auto-Reply*"), die zur Auftragsbestätigung bei Warenbestellung benutzt wird, und mit dem Inhalt, der Auftrag werde umgehend bearbeitet, eine rechtsverbindliche Annahmeerklärung darstellt (LG Köln, Urt.v. 16.4.2003 – 9 S 289/02, JurPC Web-Dok. 138/2003). Die Erklärung ist demjenigen zuzurechnen, der das System betreibt, von dem aus die Erklärung abgegeben wird.

4 Hoeren/Sieber/*Mehrings*, Handbuch Multimedia-Recht, Teil 13.1, Rdn. 46.

5 *Kuhn*, Rechtshandlungen mittels EDV und Telekommunikation, 1991, 56.

6 Auch Entscheidungen und insbesondere Absagen von Bewerbungen können elektronisch bearbeitet werden.

7 Vgl. etwa Palandt/*Heinrichs*, Bürgerliches Gesetzbuch, Einf. vor § 116, Rdn. 1; *Heun*, CR 1994, 595, 596.

und Bindungswillen[1], die jeweiligen computergenerierten „Erklärungen" als Willenserklärungen für und gegen sich gelten zu lassen, was für die Zurechnung der Erklärung zur Betreibersphäre ausreicht[2]. Erforderlich ist allerdings, dass der entsprechende **Rechtsfolgenwille** des Rechnerbetreibers nach außen hin erkennbar ist[3]. Die automatisierte Erklärung ist ihm normativ zuzurechnen, wenn er die Deutung seines Verhaltens als Willenserklärung erkennen und verhindern konnte[4]. Gleiche Grundsätze gelten für computergenerierte E-Mails[5]. Nicht entgegen steht, dass der Erklärende die **einzelne** Erklärung und ihren Zeitpunkt bzw. Empfänger meist **nicht kennt**, da er sonst gleich selbst jede einzelne, automatisiert generierte Erklärung abgeben könnte. Er weiß aber, dass das – entsprechend programmgesteuerte – System nur genau vordefinierte Erklärungen aus einem festgelegten Erklärungskatalog abgeben wird.

Auch wenn der Computer bestimmte Auswertungen scheinbar eigenständig vornehmen kann (z.B. Überprüfung des Lagers, ob ein Produkt lieferbar ist), hat er doch, bedingt durch seine programmtechnische Festlegung, nicht einen gewissen „Entscheidungsspielraum", der auch für das Handeln eines Vertreters vorauszusetzen ist. Der Computer stellt keine Rechtsperson dar, verfügt über keinen eigenen Willen und keine Eigenverantwortlichkeit. Deshalb fehlt es bereits an einem „Handeln" im Rechtssinne[6] und ist **Stellvertretungsrecht** weder unmittelbar noch analog anwendbar[7]. Ein Handeln kann nur ein solches des Betreibers sein, der den Rechner einrichtet und in Betrieb setzt[8]. Der Computer ist damit ein Werkzeug des Betreibers und die „Erklärung" des Computers immer nur als Willenserklärung des Betreibers zu verstehen[9]. Für elektronisch übermittelte wie auch automatisiert generierte Erklärungen ist nach den Grundsätzen im Ergebnis entscheidend, ob die Erklärung, vor allem die computergenerierte Erklärung, aus der Perspektive des Empfängers als dem Erklärenden zugeordnet angesehen werden kann[10], also objektiv als **Willens**erklärung eines Menschen erscheint, der sich eines Computers nur als Hilfsmittel bedient. Ist dies der Fall, muss sich der Erklärende die vom Computer generierte Erklärung als **seine** Willenserklärung zurechnen lassen, auch wenn er zuvor weder Inhalt noch Adressat der Erklärung kennt[11].

Die Grundsätze zur automatisierten Erklärung gelten auch für neue technische Entwicklungen, so etwa **Agentensoftware**, also Programme, die z.B. weltweit Websites absuchen, um Preise zu vergleichen oder etwa Angebote anzunehmen. Hier sind sogar Konstellationen möglich, bei denen **auf beiden Seiten nur Programme in ihrem Ablauf miteinander agieren**. Da beide Programme hier gerade auch in der durch

---

1 *Kuhn*, Rechtshandlungen mittels EDV und Telekommunikation, 58.

2 Ebenso i.E. *Larenz/Wolf*, § 30, Rdn. 59.

3 *Kuhn*, a.a.O., 70

4 *Kuhn*, a.a.O., 78.

5 Moritz/Dreier/*Holzbach/Süßenberger*, Rechts-Handbuch zum E-Commerce, Teil C, Rdn. 89.

6 BGHZ 39, 103 ff., 106 („ein menschliches Tun, das der Bewusstseinskontrolle und Willenslenkung unterliegt und somit beherrschbar ist.")

7 *Kuhn*, Rechtshandlungen mittels EDV und Telekommunikation, 65 ff.

8 *Kuhn*, a.a.O., 70.

9 *Kuhn*, a.a.O., 72

10 *Kohl*, Telematikdienste im Zivilrecht: Rechtsgeschäfte – allgemeine Geschäftsbedingungen – unlauterer Wettbewerb und Urheberrecht, in: Scherer (Hrg.), Telekommunikation und Wirtschaftsrecht, 91, 96.

11 *Kohl*, a.a.O., 97 m.w.N. zur h.M.

Programmierung vorgegebenen Erklärungsausgestaltung vom jeweiligen Anbieter bzw. allgemein Nutzer festgelegt sind (also etwa Angebote unter definierten Bedingungen abgegeben oder angenommen werden), liegen wirksame Willenserklärungen eines Menschen vor und können auch auf solchem Wege Verträge wirksam geschlossen werden[1], etwa bei Internet-Auktionen[2] durch Einsatz von Biet-Software.

c) Vertragsabschluss im Internet

Der Vertragsabschluss kommt dadurch zustande, dass ein Vertragspartner dem anderen den Abschluss des Vertrages anbietet (Antrag, § 145 BGB) und der andere Vertragspartner diesen Antrag annimmt (§ 147 BGB). Antrag und Annahme setzen nicht die Einhaltung der Schriftform voraus, wenn die Vertragspartner nicht vereinbart hatten, dass die Schriftform oder die elektronische Form gelten sollen (sog. „gewillkürte" bzw. vereinbarte Schriftform, § 127 Abs. 1 BGB), oder der Gesetzgeber die Einhaltung de Schriftform oder elektronischen Form verlangt. Antrag und Annahme können damit grundsätzlich auch **mündlich** erfolgen. Das Mitteilen eines Antrages ist sogar durch schlüssige Handlung möglich[3], ebenso die Annahme[4]. Der Vertrag kommt nur zustande, wenn Angebot und Annahme inhaltlich übereinstimmen.

Weicht die Annahme in ihrem Inhalt von dem Angebot ab, kommt ein Vertrag **nicht** zustande, da es an der erforderlichen Einigung fehlt. Die Übereinstimmung muss aber (nur) **im Inhalt** bestehen, nicht im Übermittlungsmedium. Der Einigung steht deshalb nicht entgegen, dass der eine Erklärende seine Erklärung schriftlich oder mündlich/telefonisch abgibt, der andere über das Netz.

Die Grundsätze des **Schweigens** auf kaufmännische Bestätigungsschreiben sind auch auf E-Mail-Kommunikation anwendbar[5].

d) Schriftform, elektronische Form

Für Verträge, bei deren Abschluss **Schriftform** einzuhalten, ist die eigenhändige Namensunterschrift (§ 126 Abs. 1 BGB) erforderlich. Ist keine solche Unterzeichnung möglich (etwa bei Kommunikation mittels E-Mail), kann statt der Schriftform die **elektronische Form** gewählt werden, die freilich das Hinzufügen einer qualifizierten elektronischen Signatur im Sinne von § 2 Nr. 3 SigG erfordert (§ 126 a Abs. 1 BGB, s. S. 124). Die **Richtlinie** zur elektronischen Signatur[6] (SigRL) hat in Art. 5 Abs. 1 die Angleichung von elektronischen Signaturen an handschriftliche Unterschriften in der Rechtswirkung vorgeschrieben. In die gleiche Richtung geht auch die Regelung im **UNCITRAL** Model Law, dem zufolge Wirksamkeit und Durchsetzbarkeit nicht an der Verwendung eines elektronischen Formates („*data message*") der Willenserklärung („*declaration of will or other statement*") scheitern darf (Art. 11 *Formation and validity*

---

1 *Cornelius*, MMR 2002, 353.

2 AG Hannover, Urt.v.7.9.2001 – 501 C 1510/01, CR 202, 359 (Ls) = MMR 2002, 262 = NJW-RR 2002, 131.

3 Palandt/*Heinrichs*, § 145 Rdn. 1.

4 BGH, NJW 1963, 1248: durch Entgegennahme der Leistung; Palandt/*Heinrichs*, § 148 Rdn. 2.

5 *Ernst*, BB 1997, 1057.

6 Richtlinie 1999/93/EG des Europäischen Parlamentes und des Rates über gemeinschaftliche Rahmenbedingungen für elektronische Signaturen, vom 13.12.1999, ABl. Nr.L 13 v.19.1.2000, 12.

of contracts).

Mit § 126 a Abs. 1 BGB wurde durch das Formanpassungsgesetz[1] auf der Grundlage der SigRL die „**elektronische Form**" in das BGB eingeführt. Nach § 126 a Abs. 2 BGB müssen die Parteien bei einem Vertrag jeweils ein gleichlautendes Dokument in dieser Weise elektronisch signieren. Auch in an sich gesetzlich nicht erforderten Fällen kann die Einhaltung der elektronischen Form zwischen den Parteien **vereinbart** werden (§§ 127 Abs. 1, 126 a BGB). Durch die Gleichsetzung von elektronischen mit sonstigen Erklärungen können Verträge somit auch dann wirksam abgeschlossen werden, wenn die jeweilige Erklärung des Antrages oder von dessen Annahme elektronisch über das Internet oder vergleichbare Kommunikationsmedien abgegeben wird.

e) Abgrenzung des bindenden Vertragsangebotes von der unverbindlichen Bestellungsaufforderung

Gegenüber einer Vielzahl von Kunden (etwa in Schaufenstern) gemachte Offerten zur Warenbestellung stellen nach allgemeiner Rechtsauffassung als solche noch **kein** Angebot zum Abschluss eines konkreten Vertrages dar, sondern nur eine **Aufforderung zur Abgabe von Angeboten**[2] an jedermann. Diese Aufforderung hat nicht die Bindungswirkung eines Angebotes, gleich ob in elektronischer oder sonstiger Weise übermittelt. Erst der Kunde, der auf das Produkt verweist und erklärt, es erwerben zu wollen, gibt ein **Angebot** ab[3], das der Anbieter dann annimmt. Der Anbieter will (zumeist) erkennbar erst gebunden sein, wenn er nach Eingang des Kundenangebots die Bonität des Kunden und eventuell den Lieferbestand (und ein Haftungsrisiko aus Nichtlieferbarkeit) prüft[4]. Kritisiert wurde, dass man, wenn man auf den Empfängerhorizont des nicht juristisch vorgebildeten Kunden abstellt, dem solche feinsinnigen Abgrenzungen nicht bekannt seien, häufiger als bisher zu verbindlichen Angeboten gelange[5]. Auch werde dem Kunden oft bewusst der Eindruck einer besonders großen Produktauswahl vermittelt, auf die der Kunde unmittelbaren und jederzeitigen Zugriff hat, was aus Empfängersicht zur Qualifizierung als verbindliches Angebot führe[6]. Die überwiegende Auffassung hält aber an der erläuterten Abgrenzung fest[7]. Jedoch nimmt die Rechtsprechung bei der Versendung von Prospekten, Preislisten oder Katalogen ein verbindliches Angebot an[8], während bei Warenautomaten erst der Kunde das Angebot

---

1 Gesetz zur Anpassung der Formvorschriften des Privatrechts und anderer Vorschriften an den modernen Rechtsgeschäftsverkehr v. 13.7.2001, BGBl 2001 I Nr. 35v. 18.7.2001, 1542.

2 Sog. „*invitatio ad offerendum*". Die Grundsätze zur invitatio gelten auch für Abschlüsse von Kaufverträgen im Bereich des CISG (*Borges*, Verträge im elektronischen Geschäftsverkehr, 315 zu Art. 14 CISG). Harmonisierung außerhalb des Kaufrechts bleibt aber Desiderat. Die ECRL enthält hierzu keine Regelung.

3 Für alle siehe *Kuhn*, Rechtshandlungen mittels EDV und Telekommunikation, 111 ff. (noch für Btx); AG Westerburg, Urt.v.14.3.2003 – 21 C 26/03, CR 2003, 699.

4 *Kuhn*, Rechtshandlungen mittels EDV und Telekommunikation, 112 ff. m.w.N.

5 Hoeren/Sieber/*Mehrings*, Handbuch Multimedia-Recht, Teil 13.1, Rdn. 60, 61 (mit dem Beispiel eines Angebotes „*Sonderangebot ! Bestellen Sie sofort ! Wir liefern prompt !*"); ähnlich MünchKomm/*Kramer*, § 145 Rdn. 8.

6 Kaminski/Henßler/Kolaschnik/*Baetge*, Rechtshandbuch E-Business, 97 gegen die überw. Auffassung.

7 wenngleich *Borges*, Verträge im elektronischen Geschäftsverkehr, 200 für die jüngere Zeit einen starken Verlust an Rückhalt für diese herrschende Meinung vermerkt.

8 LG Berlin, VersR 1967, 698, 700; *Borges*, Verträge im elektronischen Geschäftsverkehr, 200.

machen soll[1].

Doch sind auch nach der überwiegender Auffassung Gestaltungen möglich, bei denen sich der Anbieter mit einem **Angebot an jedermann**[2] sofort **binden** will und deshalb von seiner Seite keine weitere Erklärung, etwa einer Angebotsannahme, erforderlich ist. Dies ist anzunehmen, wenn neben Adresse auch Kreditkartennummer, Liefertermin etc. online festgelegt werden[3], der Nutzer schon im Rahmen der Bestellung Zahlung veranlassen muss[4] oder der Anbieter in sonstiger Weise seine unbedingte Leistungsbereitschaft erkennen lässt[5], so etwa beim Freischalten eines Angebotes (in der Form einer vorformulierten Erklärung) bei einer Internet-Auktion[6] oder durch die Aussage: „... *bei Bestellung bis 15 Uhr Auslieferung noch am gleichen Tag*"[7]. Die Prüfung muss deshalb einzelfallbezogen erfolgen[8].

Diese Grundsätze gelten auch für Vertragsabschlüsse durch elektronische Mittel im **Internet**[9]. So wurde ein nicht auf Überbieten bezogenes Preisgebot bei Online-**Auktionen** vom LG Münster als (unverbindliche) Aufforderung zur Abgabe von Angeboten angesehen[10], vom Instanzgericht OLG Hamm hingegen als (verbindliches) Angebot[11]. Keine Bindungswirkung liegt vor, wenn ein Angebot mit dem Zusatz „... *dies ist vorerst eine Umfrage*" versehen wird, der deutlich macht, dass ein Rechtsbindungswille (noch) nicht vorhanden ist[12]. Das **Einstellen eines elektronischen Warenkorbes** in das Internet wurde als unverbindliche Aufforderung zur Angebotsabgabe eingestuft[13]. Wird aber beim Zusammenstellen eines elektronischen Warenkorbes der **Gesamtpreis berechnet** und ein Lieferdatum angegeben, liegt bereits ein Vertragsabschluss vor. Ohne erklärten besonderen Vorbehalt bleibt der Anbieter hier auch dann an den Vertrag gebunden, wenn die erst nachträglich durchgeführte Bonitätsprüfung des Kunden seine Bedenken wecken sollte. Erklärt der Anbieter in seinen AGB *„die Annahme Ihrer Bestellung erfolgt durch Versendung der Ware"*, so kommt ein Kaufvertrag über die im Internet bestellte Ware nicht mit Bestätigung der Bestellung,

---

1 OLG Düsseldorf, ZMR 1987, 328; *Borges*, Verträge im elektronischen Geschäftsverkehr, 201.

2 Sog. Angebote *„ad incertas personas"* etwa durch Aufstellen von Warenautomaten, bei denen dieses Angebot durch Einwerfen einer Münze angenommen wird (s. etwa Palandt/*Heinrichs*, § 145 Rdn. 7).

3 Ähnlich Moritz/Dreier/*Holzbach/Süßenberger*, Rechts-Handbuch zum E-Commerce, Teil C, Rdn. 266.

4 *Borges*, Verträge im elektronischen Geschäftsverkehr, 217.

5 *Bettinger*/Leistner, Werbung und Vertrieb im Internet, Teil 3 A, Rdn. 8.

6 BGH, Urt.v. 7.11.2001 – VIII ZR 13/01, MMR 2002, 95 – ricardo. Dem BGH zufolge unterliegt die vorformulierte Erklärung nicht AGB-rechtlicher Kontrolle.

7 *Hoffmann*, Entwicklung des Internet-Rechts, NJW-Beilage 14/2001, 7.

8 Gounalakis/*Wiebe*, Rechtshandbuch Electronic Business, § 15 Rdn. 114.

9 AG Butzbach, Urt.v. 14.6.2002 – 51 C 25/02, (71), CR 2002, 765 = MMR 2002, 765 = NJW-RR 2003, 54 für die Ausschreibung von Waren auf Webseiten und auch für die Sachverhaltsvariante, in der der Kunde nur noch auf die (auf der Seite eingeblendete) Schaltfläche „Kaufen" klicken muss. Allerdings bestand die weitere Besonderheit, dass das Formular die Option enthielt, die Menge der bestellten Waren gesondert festzulegen. Deshalb habe der Kunde mit einer internen Überprüfung des Anbieters rechnen müssen, ob der Warenbestand ausreicht, da (zumal angesichts des günstigen Preises) auch andere Kunden kurz nach Erscheinen der Präsentation bestellen.

10 LG Münster, Urt.v.21.1.2000 – 4 O 424/99, JurPC Web-Dok. 60/2000.

11 OLG Hamm, Urt.v. 14.12.2000 – 2 U 58/00, CR 2001, 117 = JurPC Web-Dok. 255/2000.

12 LG Darmstadt, Urt.v.24.1.2002 – 3 O 289/01, JurPC Web-Dok. 374/2002.

13 LG Essen, Urt.v.13.2.2003 – 16 O 416/02, NJW-RR 2003, 1207.

sondern erst mit dem Versand der Ware zustande[1].

Sieht der Anbieter in seinen AGB wirksam[2] vor, dass eine Bestellung des Kunden nur ein Angebot sei, so ist allein die (nach § 312 e Abs. 1 S. 1 Nr. 3 BGB erforderliche und erfolgende) elektronische Bestätigung des Zuganges des Angebotes keine solche Annahme des Kaufangebotes[3]. Aus der Perspektive des Empfängers liegt hingegen dann ein Bindungswille des Anbieters vor, wenn dieser eindeutig zu erkennen gibt, dass er jeden beliefern will, der antwortet[4] und hierbei alle erforderlichen persönlichen Daten übermittelt[5]. Hierbei kann der Adressatenkreis auch unbestimmt sein kann[6]. In diesen Fällen stellt die nutzerseitige Antwort bereits die **Annahme** des Angebotes des Anbieters dar, nicht erst das Abgebot. Der Anbieter muss hier also nicht mehr den Vertragsabschluss erklären bzw. bestätigen. Diese Fälle einer Bindung des Anbieters sind aber bisher Ausnahmefälle, die Regel hingegen unverbindliche Warenpräsentationen[7]. Auch aus dem Ausfüllen eines „Bildschirmformulars" (CGI-Skript) allein kann ein Bindungswille noch nicht abgeleitet werden. Anderes kann gelten, wenn der Anbieter außerdem zu erkennen gibt, dass er z.B. jede elektronisch aufgenommene Bestellung ausführen wird. Entscheidend ist deshalb immer die Auslegung der jeweiligen Erklärung[8]. Teilt der Anbieter nur mit, dass er den Auftrag umgehend bearbeiten werde, ist in dieser Erklärung noch keine Angebotsannahme zu sehen (sondern nur eine Angebotsüberprüfung); dies gilt unabhängig davon, ob die Erklärung als Einzelfallmitteilung oder durch *„Auto-Reply"*-Funktion erfolgt[9], also durch eine mittels vorheriger Programmierung erstellte Nachricht, die nur den Eingang der Bestellung bestätigt[10]. Teilt der Anbieter hingegen dem Kunden (auch elektronisch durch „Auto-Reply"-Funktion) mit, ein vom Kunden erteilter Auftrag werde bald ausgeführt, so wurde hierin zutreffend eine rechtlich verbindliche Willenserklärung des Inhalts gesehen, das Vertragsangebot des Kunden anzunehmen[11], wobei aber auch hier

---

1 LG Essen, Urt.v.13.2.2003 – 16 O 416/02, NJW-RR 2003, 1207.

2 Hier ist freilich AGB-rechtlich zusätzlich die Wirksamkeit einer solchen Klausel in den Fällen zu prüfen, in denen der Anbieter rein tatsächlich sein Online-Bestellverfahren so gestaltet, dass keine bloße Bestellaufforderung, sondern ein Angebot vorliegt. Das ist etwa der Fall, wenn nach Anklicken der Bestellung durch den Kunden gleich eine elektronische Abbuchung aktiviert und/oder ein Auslieferungstermin genannt wird.

3 AG Wolfenbüttel, Urt.v. 14.3.2003 – 17 C 477/02, CR 2003, 622 = JurPC Web-Dok. 237/2003 – Empfangsbestätigung bei Internethandel.

4 Nicht zu folgen ist der Auffassung, wolle der Verkäufer bei einer Auktion kein rechtsverbindliches Verkaufangebot abgeben, so habe er dies eindeutig zu erklären (so Kröger/Gimmy/*Thot/Gimmy*, Internet-Recht, 6).

5 Sog. Angebot *„ad incertas personas"*.

6 Vertragsangebot an eine unbestimmte Anzahl von Adressaten, „ad incertas personas", im Internet eine besonders treffende Bezeichnung, da grundsätzlich weltweit alle Teilnehmer adressiert werden. Aber auch außerhalb des Internets sind solche Angebote möglich und üblich, etwa durch Aufstellen von Warenautomaten (*Fritzsche/Malzer*, DNotZ 1995, 3, 7).

7 *Paefgen*, Bildschirmtext aus zivilrechtlicher Sicht, 27.

8 *Kohl*, Telematikdienste im Zivilrecht: Rechtsgeschäfte – allgemeine Geschäftsbedingungen – unlauterer Wettbewerb und Urheberrecht, in: Scherer (Hrg.), Telekommunikation und Wirtschaftsrecht, 91, 93.

9 AG Butzbach, Urt.v.14.6.2002 – 51 C 25/02/(71), CR 2002, 765 = MMR 2002, 765 = JurPC Web-Dok. 348/2002.

10 Rechtsgeschäftliche Annahmeerklärung sowie Lieferanspruch ablehnend auch LG Essen, Urt.v. 13.2.2003 – 16 O 416/02, MMR 2004, 49.

11 LG Köln, Urt.v.16.4.2003 – 9 S 289/02, CR 2003, 613 = MMR 2003, 481 = JurPC Web-Dok.

noch Einschränkungen zu beachten sein können[1].

f) Abgabe und Zugang der Willenserklärung im Netz

aa) Abgabe der Erklärung

Die Abgabe der Willenserklärung ist erfolgt, wenn der Erklärende seinen rechtsgeschäftlichen Willen erkennbar so geäußert hat, „dass an der Endgültigkeit der Äußerung kein Zweifel möglich ist“[2], und die Erklärung außerdem mit Willen des Erklärenden in den Verkehr gebracht wird[3], also etwa in das Internet[4]. Der Erklärende muss schließlich alles getan haben, was seinerseits zum Wirksamwerden der Willenserklärung nötig ist[5]. Dies gilt auch im internet-technischen Zusammenhang. Nicht ausreichend ist das Abspeichern in einer elektronischen „Outbox“ im eigenen Rechner oder die Übermittlung an den Provider als Erfüllungsgehilfen des Erklärenden. Er hat hier noch nicht alles getan, was zur „endgültigen Entäußerung“[6] der Erklärung erforderlich ist. Die Erklärung ist in diesen Fällen noch nicht abgegeben. Vielmehr muss der Erklärende bzw. der beauftragte Provider die Erklärung **absenden**[7], andernfalls sie die Absendersphäre (zu der auch der vom Anbieter beauftragte [Host- oder Web Presence-]Provider gehört) nicht verlassen hat. Erst zu diesem Zeitpunkt der Weiterleitung in den Kommunikationsverkehr kann die Erklärung als abgegeben gelten. Bis zu diesem Zeitpunkt hat der Erklärende noch die Möglichkeit, die Absendung zu verhindern[8] bzw. muss er das Risiko der (rechtzeitigen) Absendung tragen. Wird der Provider z.B. nach absenderseitiger Übermittlung einer E-Mail an das System des Providers, aber vor Weiterübertragung der E-Mail an den Zielrechner insolvent und unterbleibt diese Weiterübertragung, muss dieses Risiko vom Absender getragen

138/2003 – Auto-Reply (die automatische Erklärung als vollwertige Erklärung einstufend); ähnlich AG Westerburg, Urt.v.14.3.2003 – 21 C 26/03, MMR 2003, 609 = JurPC Web-Dok. 184/2003 (für den Anbietertext: „Vielen Dank für Ihre Bestellung ... die wir so schnell wie möglich für Sie bearbeiten werden“, wobei das Gericht aus dem Begriff „Bestellung“ ein berechtigtes Vertrauen des Kunden darauf ableitet, dass ein Vertragsschluss bestätigt werden soll. Ganz überzeugt diese Auffassung nicht, wenn man die Bestellung als Vertragsangebot einordnet, dessen Bearbeitung auch zum Ergebnis etwa einer Nichtlieferbarkeitsmitteilung führen könnte. Auch aus dem kundenseitigen Empfängerhorizont gesehen bedeutet „bearbeiten“ zudem weniger als etwa „ausführen“.)

1 Das LG Gießen (Urt.v. 4.6.2003 – 1 S 413/02, CR 2003, 856 = NJW-RR 2003, 1206 = JurPC Web-Dok. 278/2003 – Vertragsschluss im Internet-Handel) sah die Erklärung in einer E-Mail des Anbieters „„...wir wünschen Ihnen viel Freude mit der Sie in Kürze erreichenden Bestellung“ dann nicht als bindende Annahme an, wenn diese E-Mail noch am Tage der Bestellung automatisiert mit dem Zusatz „keine Auftragsbestätigung“ gekennzeichnet zugeht. Die Annahme liege erst in der Zusendung der Ware, während bei Nichtübersendung Angebot und Annahme nicht übereinstimmten und ein Vertragsabschluss nicht anzunehmen sei, ebenso nicht bei Übersendung anderer Ware. Übrigens kann eine Bestellung, entgegen der Formulierung des Anbieters, nur den Anbieter erreichen, nicht den Kunden.

2 Palandt/*Heinrichs*, § 130 Rdn. 4.

3 BGHZ 65, 14.

4 Moritz/Dreier/*Holzbach/Süßenberger*, Rechts-Handbuch zum E-Commerce, Teil C, Rdn. 147.

5 *Medicus*, AT, Rdn. 266.

6 *Kuhn*, Rechtshandlungen mittels EDV und Telekommunikation, 86.

7 Erforderlich ist die Eingabe des Sendebefehls (*Fritzsche/Malzer*, DNotZ 1995, 3, 11).

8 *Kuhn*, Rechtshandlungen mittels EDV und Telekommunikation, 87.

werden, da er den Provider als seinen Erfüllungsgehilfen ausgewählt hat[1].

bb) Zugang der Erklärung

Zugegangen ist die Erklärung, wenn sie als verkörperte[2] so in den Machtbereich des (abwesenden) Empfängers gelangt ist, dass dieser die Möglichkeit hat, sie unter gewöhnlichen Verhältnissen zur Kenntnis zu nehmen (§ 130 Abs. 1 S. 1 BGB)[3] bzw. im elektronischen Geschäftsverkehr von den Parteien, für die sie bestimmt sind, unter gewöhnlichen Umständen abgerufen werden können (§ 312 e Abs. 1 S. 2 BGB).

Vollendet ist der Zugang damit erst, **wenn die Kenntnisnahme durch den Empfänger möglich und nach der Verkehrsauffassung zu erwarten ist**[4], nicht schon immer dann, wenn eine Mail-Datei zu irgendeiner Tages- oder Nachtzeit im Zielrechner eingetroffen ist, aber auch nicht auf den (beliebig verzögerbaren) tatsächlichen Abruf. Abzustellen ist nicht auf den individuellen Absenderhorizont, sondern die objektivierte Erwartung in der Praxis. Bei zweiseitigen (bzw. mehrseitigen) Rechtsgeschäften (z.B. Verträgen) muss eine empfangsbedürftige Erklärung (z.B. Angebot) abgegeben werden und dem Empfänger zugehen, wenn dieser **abwesend** ist. Erst mit ihrem Zugang wird die Erklärung wirksam (§ 130 Abs. 1 Satz 1 BGB). Ist der Empfänger einer zugangsbedürftigen Erklärung **anwesend** (etwa bei einem Gespräch), wird die Erklärung wirksam, wenn der Empfänger sie wahrnimmt[5]. Allerdings führt eine tatsächlich frühere Kenntnisnahme des Abwesenden auch zu einem früheren Zugang[6], wodurch der Widerruf ausgeschlossen wird. Nimmt der Empfänger also etwa um 3^{00} in der Frühe Kenntnis, ist Widerruf nicht mehr bis zu Beginn der üblichen Bürozeiten möglich. Nicht zugangsbedürftig sind hingegen **einseitige** Willenserklärungen, auf deren Empfang es für das Wirksamwerden nicht ankommt, so etwa die Testamentserrichtung (§ 2247 BGB)[7].

Für **Vertragsangebote** sieht § 147 Abs. 1 Satz 2 vor, dass auch ein mittels Fernsprecher (den bereits das BGB von 1896 kannte) von Person zu Person gemachter Antrag wie unter persönlich (im selben Raum) **Anwesenden** nur „sofort" (§ 147 Abs. 1 Satz 1 BGB) angenommen werden kann. Hieraus ergibt sich, dass auch **fern**mündliche (telefonische) Anträge wie Anträge unter Anwesenden zugehen, denn ohne Zugang eines Antrags wäre keine Verpflichtung des Empfängers denkbar, diesen sofort (also so

---

1 A.A. wohl *Borges*, Verträge im elektronischen Geschäftsverkehr, 221, der nur darauf abstellt, dass sich die beim Provider gespeicherte E-Mail nicht mehr im Machtbereich des Erklärenden befinde.

2 Für die Verkörperung genügt das Abspeichern auf Datenträger (*Fritzsche/Malzer*, DNotZ 1995, 3, 10).

3 BGHZ 67, 275; BGH, NJW 1980, 990; 1983, 930.

4 BGH LM Nr. 2 zu § 130 BGB; Palandt/*Heinrichs*, § 130 Rdn. 5 m.w.N.

5 Allg. s.Palandt/*Heinrichs*, § 130 Rdn. 5, 13.

6 *Fritzsche/Malzer*, DNotZ 1995, 3, 12f m.w.N., die zudem einen sofortigen Zugang auch in den Fällen bejahen, in denen das System des Empfängers automatisiert den Empfang der Erklärung bestätigt. Dies erscheint zweifelhaft, da zu Nachtzeiten oder an Feiertagen nicht mit Kenntnisnahme (unter gewöhnlichen Umständen) gerechnet werden kann. Ebensowenig wird eine bloße Antwort-Mail mit einem „*Out-of-Office-Reply*" zu einem Zugang außerhalb der üblichen Bürozeiten führen können.

7 Einseitige Willenserklärungen dürfen nicht mit einseitigen Rechtsgeschäften verwechselt werden. Zu letzeren gehört etwa auch die Bevollmächtigung (§ 167 BGB), die eine empfangsbedürftige Willenserklärung erfordert.

schnell wie objektiv möglich)[1] anzunehmen. Die mündlich oder auch fernmündlich übermittelte Erklärung ist zugegangen, wenn der Empfänger sie wahrnimmt[2]. Können hier Absender und Empfänger einer Erklärung direkt durch gleichzeitige Eingabe und Empfang kommunizieren, erfolgt der Vertragsabschluss unter **Anwesenden**[3]. § 147 Abs. 1 BGB verlangt für das Bestehen einer sofortigen Annahmepflicht eine telefonische Verbindung von Person zu Person[4], die also einen Dialog ermöglicht[5].

Sofortige Annahmepflicht besteht damit **nicht** bei Übermittlung von E-Mails[6] oder Voice-Mails[7]. Diese gelten als (jedenfalls im Empfängersystem **verkörperte**[8]) Erklärung unter **Abwesenden**, ebenso eine auf den Anrufbeantworter des Empfängers gesprochene Nachricht[9] oder die Rückäußerung per Telefax[10]. Eine sofortige Annahme über **IRC** (Internet Relay Chat) wurde als möglich angesehen[11]. Notwendig ist grundsätzlich ein akustisch richtiges Verständnis, wobei es nach wohl überwiegender Auffassung genügt, wenn für den Erklärenden kein Grund ersichtlich ist, am richtigen Vernehmen zu zweifeln[12], er also nach den gewöhnlichen Umständen vom Empfang ausgehen durfte[13]. Wird eine Erklärung gegenüber einem Anwesenden **schriftlich** abgegeben, ist sie ebenfalls zugegangen, wenn sie in den Herrschaftsbereich des Empfängers gelangt ist (z.B. persönliche Übergabe eines Briefes). Das Dokument muss also nicht persönlich übergeben werden, aber doch für den Empfänger jederzeit erreichbar sein. Bei elektronischer Übermittlung ist hierzu eine Abspeicherung erforderlich. Sie muss nicht unbedingt „dauerhaft" sein[14], wenn darunter ein zeitlich unbegrenztes Speichern verstanden wird. Es muss genügen, wenn die Willenserklärung für einen üblicherweise zur Kenntnisnahme ausreichenden Zeitraum gespeichert wird (etwa im Proxy Cache des Providers).

Wird eine Erklärung hingegen erst zwecks späteren Abrufes zwischengespeichert, erfolgen Erklärung und Vertragsabschluss unter **Abwesenden**[15]. Wesentlich ist, dass eine zeitlich unmittelbare Reaktion, etwa ein Nachfragen (wie im persönlichen Gespräch oder im Telefonat) nicht möglich ist[16]. Da die Erklärung in der E-Mail nicht unmittelbar (von Person zu Person) im Sinne von § 147 Abs. 1 Satz 2 BGB zugeht, sondern zunächst den Rechner des Empfängers (oder den des von ihm beauftragten

---

1 *Palandt/Heinrichs*, § 148 Rdn. 6; *Herget/Reimer*, DstR 1996, 1288, 1291.

2 BGH, WM 1989, 652.

3 *Larenz/Wolf*, § 30, Rd. 54; *Fritzsche/Malzer*, DNotZ 1995, 3, 11.

4 Allgemein *Larenz/Wolf*, § 30 Rdn. 55; für das Internet *Herwig*, MMR 2001, 145; *Nowak*, MDR 2001, 841, 842.

5 *Nowak*, MDR 2001, 841, 842.

6 *Larenz/Wolf*, § 30 Rdn. 55; *Herwig*, MMR 2001, 145; *Nowak*, MDR 2001, 841, 842.

7 *Nowak*, MDR 2001, 841, 842.

8 S. etwa *Ernst*, NJW-CoR 1997, 165f, wobei für die Verkörperung als ausreichend angesehen wird, wenn nach der unverkörperten Übertragung beim Empfänger eine Verkörperung möglich ist (*Dietrich*, K&R 2002, 138, 139), nämlich durch Abspeichern (s.a. *Burgard*, AcP 195 (1995) 74, 82).

9 *Fritzsche/Malzer*, DNotZ 1995, 3, 11.

10 S. etwa *Heun*, CR 1994, 595, 598.

11 Kröger/Gimmy/*Thot/Gimmy*, Internet-Recht, 7; *Heun*, CR 1994, 595, 597.

12 *Kuhn*, Rechtshandlungen mittels EDV und Telekommunikation, 92; Palandt/*Heinrichs*, §130 Rdn. 14.

13 *Kuhn*, a.a.O., 95.

14 So aber *Kuhn*, a.a.O., 96.

15 *Larenz/Wolf*, § 30, Rdn. 55.

16 *Herwig*, MMR 2001, 145; *Dietrich*, K&R 2002, 138, 139.

Providers) erreicht, besteht je nach den technischen Bedingungen und dem üblichen Nutzungsverhalten keine Möglichkeit zu sofortiger Reaktion, wie sie § 147 Abs. 1 BGB im Rahmen des (grundsätzlich auch telefonisch möglichen) persönlichen Gesprächs richtig unterstellt. Die Erklärung geht nicht unmittelbar (von Person zu Person) im Sinne von § 147 Abs. 1 S. 2 BGB zu, sondern erreicht zunächst den Rechner des Empfängers (oder den des von ihm beauftragten Providers); es besteht deshalb je nach den technischen Bedingungen und dem üblichen Nutzungsverhalten keine Möglichkeit zu sofortiger Reaktion, wie sie § 147 Abs. 1 BGB im Rahmen des (grundsätzlich auch telefonisch möglichen) persönlichen Gesprächs richtig unterstellt. Dies wird selbst dann zu gelten haben, wenn der Empfänger ständig online ist und deshalb die Mail sofort nach Erhalt beantworten kann. Auch dann, wenn eine mündliche Erklärung als Sprachdatei abgespeichert und per E-Mail (im Wege des sog. „*Voice Mailing*") versandt wird, gilt sie als gegenüber einem Abwesenden zugegangen[1].

Ist auch nur auf einer Seite ein Computer anstelle eines Nutzers beteiligt, kann (nicht: muss) es am notwendigen Personenbezug[2] bzw. an der Unmittelbarkeit der Kommunikation fehlen[3] und muss die betreffende Person als abwesend betrachtet werden, so dass § 147 Abs. 2 BGB anwendbar ist[4]. Freilich ist zu differenzieren: Computereinsatz ist auch unter „Anwesenden" möglich, nämlich etwa bei computergestützter **Internet**- bzw. IP-**Telefonie**, beim Chatting oder Instant Messaging. Computer haben hier nur Hilfsfunktion bei simultaner Kommunikation zwischen Personen.

Zum **Machtbereich des Empfängers** zählen etwa Briefkästen, Fax-Geräte oder Anrufbeantworter[5]. Deren Funktionsfähigkeit ist dem **Risikobereich** des Empfängers zugeordnet. Der Erklärende trägt hingegen das Risiko, dass die Erklärung auf dem Übertragungsweg durch technische Fehler unlesbar wird, falsch übermittelt wird (§ 120 BGB) oder in einem Routerrechner verlorengeht[6] (Übermittlungsrisiko). Geht die Erklärung hingegen fehlerfrei im Empfängerbereich ein und wird sie z.B. beim Abspeichern durch technische Defekte inhaltlich verändert, verkürzt oder gelöscht, so trägt der Empfänger dieses Risiko, das seiner Sphäre zuzuordnen ist[7], so etwa auch bei Verlust einer E-Mail bei deren Herunterladen[8]. Die E-Mail gilt dann trotzdem als

1 Vgl. etwa *Heun*, a.a.O., 598.

2 Ebenso *Redeker*, Rdn. 482.

3 *Heun*, CR 1994, 595, 597; *Ernst*, NJW-CoR 1997, 165f.

4 Ähnlich für Fernschreiben *Greulich*, BB 1954, 492.

5 Der Empfänger ist aber nicht verpflichtet, überhaupt solche Einrichtungen wie einen E-Mail-Account vorzuhalten (allgemein BGHZ 67, 271, 278; BGH NJW 1996, 1967f; *Borges*, Verträge im elektronischen Geschäftsverkehr, 258).

6 Moritz/Dreier/*Holzbach/Süßenberger*, Rechts-Handbuch zum E-Commerce, Teil C, Rdn. 153.

7 Ähnlich wurde es dem Risikobereich einer Online-Bank zugerechnet, dass sie ihr System nicht für einen großen Kundenandrang ausgelegt hat und Kundenaufträge verspätet ausführt (LG Nürnberg-Fürth, WM 2000, 1005f).

8 Kaminski/Henßler/Kolaschnik/*Baetge*, Rechtshandbuch E-Business, 110, der allerdings in Fällen von Mailbombing mangels pflichtwidrigen Verhaltens des Empfängers das Risiko des Überlaufes der Mailbox nicht dem Empfänger, sondern dem Absender zuordnen will. Hier ist zu differenzieren: Der Empfänger muss das Zugehen dann als rechtzeitig gegen sich gelten lassen, wenn der Erklärende alles für einen rechtzeitigen Zugang Erforderliche und Zumutbare getan hat (BGHZ 137, 205). Der Erklärende kann aber keine Maßnahmen zum Schutz des Empfängers gegen Mailbombing treffen. Zugang wird deshalb zumindest auch dann anzunehmen sein, wenn der Empfänger zu knappe Speicherkapazität zur Verfügung gestellt bzw. angemietet hat oder auf Nachricht seines Providers vom Überlaufes des elektronischen Postfaches nicht sofort reagiert hat. Liegt auch auf Empfängerseite

(fristgerecht) zugegangen[1]. Entscheidend ist also, ob und wann mit der Kenntnisnahme des Empfängers zu rechnen ist[2]. Technische **Abwesenheitsmitteilungen** durch automatisch generierte E-Mails verhindern den Zugang nicht[3]. Andererseits ist eine regelmäßige Prüfung des Mail-Accounts keine Zugangsvoraussetzung.

Zum Macht- und Risikobereich gehört auch ein vom Empfänger beauftragter **Provider**. Scheitert das Abspeichern auf Empfängerseite aus technischen Gründen, ist diese Störung dem Risikobereich des Empfängers zuzuordnen (auch, wenn die Speicherkapazität nicht ausreicht[4]), wobei aber der Absender dieses Übermittlungsrisiko tragen soll, wenn eine technische Inkompatibilität auftritt[5], allerdings wohl nur, wenn der Empfänger übliche Dateiformate verwendet, der Absender aber nicht. Eine elektronische Erklärung (etwa in einer E-Mail) gilt damit bereits dann als zugegangen, wenn sie auf dem Rechner des Empfängers oder zumindest auf dem **Serverrechner** des vom Empfänger beauftragten **Providers** gespeichert ist[6]. Im ersten Fall ist auf das Passieren der Schnittstelle zum internen Datennetz des Empfängers abzustellen, im zweiten Fall auf den Zeitpunkt, zu dem eine Nachricht im System des vom Empfänger beauftragten Providers **abrufbar** ist[7]; auf den tatsächlichen Abruf durch den Empfänger bzw. den Zeitpunkt dieses Abrufs kommt es nicht an.

Nicht zu überzeugen vermag die Auffassung, der Empfänger könne seinen von ihm beauftragten Provider nicht beeinflussen, weshalb dieser Provider nicht dem Machtbereich des Empfängers zuzuordnen sei[8], denn es ist Sache und Risiko des Empfängers, durch entsprechende Vertragsgestaltung und Anspruchsdurchsetzung (oder Anbieterauswahl) seine Erreichbarkeit durch elektronische Medien sicherzustellen, wenn er denn diese für seine Kommunikation mit anderen wählt. Durch das zwischen Empfänger und Provider des Empfängers begründete Vertragsverhältnis bestehen aber grundsätzlich ausreichende Einwirkungsmöglichkeiten des Empfängers, um den Provider zu einer vertragsgerechten Leistung zu bewegen, so dass es auch als zumutbar erscheint, dem Empfänger die Risiken von Verschlechterung oder Untergang von E-Mails im Providerbereich zuzuweisen. Außerdem erschiene es unbillig, dem Empfänger eine Verschiebung des Zeitpunktes des Zuganges und eine teilweise Verlagerung des Übermittlungsrisikos auf den Absender allein aus dem Umstand zuzubilligen, dass der

---

keinerlei Vertretenmüssen vor, kann eine Schadensteilung eingreifen (Palandt/*Heinrichs*, § 130 Rdn. 18).

1 Die Rechtsprechung, nach der diese Zugangsfiktion nur eingreift, wenn der Ansender unverzüglich einen erneuten Zustellversuch unternommen hat (BGHZ 137, 205, 208; *Borges*, Verträge im elektronischen Geschäftsverkehr, 257), ist nur eingeschränkt auf E-Mail-Kommunikation übertragbar. Hat die E-Mail den Serverrechner des vom Empfänger beauftragten Providers erreicht, gilt sie ohnehin als zugegangen (jedenfalls bei Abrufbarkeit in den üblichen Geschäftszeiten). Hat sie diesen Rechner nicht erreicht (weil sie etwa auf vorgeschalteten Routerrechnern verlorengegangen ist), scheidet Zugang aus. Ist der Serverrechner jedoch (temporär) nicht erreichbar, etwa wartungsbedingt dekonnektiert, kann ein zweiter Zustellversuch in ausreichendem zeitlichen Abstand erforderlich sein.

2 *Kuhn*, Rechtshandlungen mittels EDV und Telekommunikation, 1991, 101.

3 *Pierson/Seiler*, Internet-Recht, 216, 217.

4 Gounalakis/*Wiebe*, Rechtshandbuch Electronic Business, § 15 Rdn. 56.

5 Gounalakis/*Wiebe*, Rechtshandbuch Electronic Business, § 15 Rdn. 54.

6 Hoeren/Sieber/*Mehrings*, Handbuch Multimedia-Recht, Teil 13.1, Rdn. 76 (den herkömmlichen Briefkasten mit dem elektronischen Briefkasten gleichstellend).

7 OLG Köln, NJW 1990, 1608f (noch für Btx); Hoeren/Sieber/*Mehrings*, Handbuch Multimedia-Recht, Teil 13.1, Rdn. 78

8 *Dietrich*, K&R 2002, 138, 140, der freilich letztlich weitgehend zu ähnlichen Ergebnissen kommt, indem er ein Nichtabrufen über einen längeren Zeitraum als Zugangsvereitelung behandelt.

Empfänger die Erklärung nicht selbst empfängt, sondern über einen beauftragten Dritten. Allerdings wird auch insoweit nicht auf den Zeitpunkt des tatsächlichen Eintreffens einer elektronischen Erklärung beim Provider des Empfängers abzustellen sein, sondern auf die Zeiten, zu denen üblicherweise mit einem Abruf gerechnet werden kann.

Gegenüber **Abwesenden** ist der Antragende bis zu dem Zeitpunkt **gebunden**, zu dem der Antragende den Eingang der Antwort unter regelmäßigen Umständen erwarten darf (§ 147 Abs. 2 BGB). Hierbei sind drei Zeitspannen zu unterscheiden und zu berücksichtigen: die Dauer der Übermittlung des Antrags an dem Empfänger, eine Überlegungs- und Bearbeitungszeit beim Empfänger und die Dauer der Rückübermittlung[1]. Die Verwendung von E-Mail allein führt nicht notwendig zu einer Verkürzung dieser Zeitspannen.

Wenn ein Telekommunikationsmittel erkennbar nur zur Vereinfachung der Übertragung verwendet wird, kann aus einem solchen Einsatz objektiv noch keine **Eilbedürftigkeit** abgeleitet werden[2]. E-Mail muss deshalb ebenso wenig wie ein Fax in jedem Fall sofort beantwortet werden. Dass auch für das Fax keine Vermutung der Eilbedürftigkeit (mehr) besteht, lässt sich an der Werbeflut durch das sog. „Fax-Spamming“ gut belegen.

Der in Beratung befindliche **UNCITRAL**-Übereinkommensentwurf über internationale Verträge, die mit elektronischen Mitteln geschlossen oder nachgewiesen werden[3], sieht eine Annahme des Zugangszeitpunktes bei **tatsächlichem Abruf** vor (Draft Art. 11.2 „... *the data message is deemed to be received ... at the time when the data is retrieved by the adressee*“). Diese Regelung verschiebt den erwartbaren Zugangszeitpunkt erheblich und kann Rechtsunsicherheit schaffen, da es der Empfänger in der Hand hat, den Zugangszeitpunkt zu steuern.

Ist eine E-Mail nicht mit den gängigen **E-Mail-Programmen lesbar**, wurde die Möglichkeit ihres Zuganges abgelehnt[4]. Schwierigkeiten werden freilich weniger einige relativ unbekannte (aber meist weitgehend kompatible) Textverarbeitungsprogramme (wie „Papyrus“) bereiten, sondern Übergänge zwischen unterschiedlichen Betriebssystemplattformen. So kann ein unter WindowsXP erstelltes Textdokument zumindest in Dokumentteilen unter den Linux-Systemen wie Office.org (oder umgekehrt) nur eingeschränkt darstellbar sein (etwa Tabellenkalkulationen). Will der Absender hier sicher gehen, sollte er das Dokument in beiden Formaten zur Verfügung stellen (zumal eine zunehmende Anzahl von Anwendern gerade auch im Bereich der Öffentlichen Hand Linux einsetzen).

Für Fälle, in denen der Absender seine Erklärung **elektronisch signiert**, wurde vertreten, dass kein Zugang vorliegt, wenn es dem Adressaten technisch nicht möglich ist, die elektronische signierte Erklärung zu lesen, und zwar auch dann, wenn der Adressat Inhaber eines Signaturschlüssel sei[5]. In der Tat kann der Absender nicht einfach die Ausstattung von Empfängersystemen mit Kartenlesegeräten unterstellen (allein schon, weil Standardarbeitsplatzrechner üblicherweise noch nicht serienmäßig mit solchen Lesegeräten ausgestattet werden).

---

1 BGH, NJW 1996, 921; ähnlich MünchKomm-*Cramer*, § 147 Rdn. 6; *Kuhn*, 115.

2 *Kuhn*, Rechtshandlungen mittels EDV und Telekommunikation, 115 m.w.N.

3 U.N. General Assembly, U.N.Commission on International Trade Law, Working Group IV (Electronic Commerce), Doc. A/CN.9/WG.IV/WP.95, 20.9.2001.

4 Gesetzesbegründung zum FormanpassungsG, BT-Drucks. 14/4987, 20; Dauner-Lieb/Heidel/Lepa/*Ring*, Schuldrecht, § 126 b Rdn. 18.

5 *Schmidl*, CR 2002, 508, 514.

g) Zeitpunkt des Zugangs elektronischer Willenserklärungen

Vollendet ist der Zugang erst zu dem Zeitpunkt, ab dem die **Kenntnisnahme** durch den Empfänger **möglich** und nach der Verkehrsauffassung zu erwarten ist[1]. Zugang ist im Geschäftsverkehr zu dem Zeitpunkt anzunehmen, zu dem ein eingeworfene Brief **üblicherweise** gelesen wird, also während der üblichen Geschäfts- oder Bürozeiten sofort (8^{00} bzw. 9^{00} – 17^{00}) bzw. zumindest am selben Arbeitstag[2], gegenüber privaten Nutzern erst am nächsten Tag[3]. Trifft eine Willenserklärung erst nach Ablauf dieser Bürozeiten ein, gilt sie als am Beginn der Bürozeit des nächsten Tages zugestellt[4]. Das bloße Eintreffen der Erklärung in der Empfängersphäre z.B. um 23^{00} an diesem Tage reicht deshalb als solches noch nicht für die Annahme des Zuganges im rechtlichen Sinne aus[5]. Nimmt der Empfänger tatsächlich eher, also außerhalb der üblichen Bürozeiten, von der Erklärung Kenntnis, ist auf diesen Zeitpunkt der tatsächlichen Kenntnisnahme abzustellen[6]. Abwesenheiten durch Krankheit, Urlaub etc. hindern den Eintritt des Zugangs nicht[7], ebensowenig fehlende Sprach- und Lesefähigkeit des Empfängers[8]. Gleiches gilt grundsätzlich beim Einsatz von Telekommunikationsmitteln[9], also bei Nutzung von *E-Mail,* und wohl auch für die Mitteilung von Willenserklärungen und insbesondere Angeboten mittels SMS zu gelten haben. Deren Eingang wird meist durch (z.B. akustisches) Zeichen im Handy kenntlich gemacht, so dass eine sofortige Kenntnisnahme möglich ist. Fehlfunktionen des Mailservers des vom Empfänger beauftragten Providers sind dem Risikobereich des Empfängers zuzuordnen[10].

Bejaht wurde eine Pflicht von **Kaufleuten**, ihre elektronischen Briefkästen **mehrmals täglich** zu leeren[11] oder mindestens einmal täglich[1]. Diese **Verpflichtung**

---

1 BGH LM Nr. 2 zu § 130 BGB.

2 Hoeren/Sieber/*Mehrings*, Handbuch Multimedia-Recht, Teil 13.1, Rdn. 80.

3 Moritz/Dreier/*Holzbach/Süßenberger*, Rechts-Handbuch zum E-Commerce, Teil C, Rdn. 262.

4 S. n. *Kuhn*, Rechtshandlungen mittels EDV und Telekommunikation, 102 m.w.N.

5 Nicht ausreichend differenziert erscheint deshalb die pauschale Auffassung des LG Nürnberg-Fürth, Urt.v.7.5.2002 – 2 HK O 9434/01, CR 2003, 293, 294, wonach generell vom Zugang an dem Tage auszugehen sei, an dem die Erklärung in dem „elektronischen Empfängerbriefkasten" eingehe.

6 *Palandt/Heinrichs*, § 130 Rdn. 5 m.w.N.

7 BAG, NJW 1989, 606, 2213.

8 LAG Köln, NJW 1988, 1870; s.n. *Palandt/Heinrichs*, § 130 Rdn. 7 (für Beiziehung eines Dolmetschers)..

9 *Kuhn*, Rechtshandlungen mittels EDV und Telekommunikation, a.a.O.

10 Moritz/Dreier/*Holzbach/Süßenberger*, Rechts-Handbuch zum E-Commerce, Teil C, Rdn. 170ff, die aber das Risiko einer „Überfüllung" des Mail-Accounts des Empfängers vom Absender tragen lassen wollen, da keine Pflichtverletzung des Empfängers vorliege. Die Zuordnung zum Risikobereich des Empfängers setzt aber nicht eine Pflichtverletzung durch diesen voraus. Der Empfänger muss dieses Risiko ebenso tragen wie das einer Fehlfunktion der Rechner des von ihm beauftragten Providers. Werden freilich zwischengeschaltete Routerrechner durch Spamming „überschwemmt", ist dieses Risiko dem Absender zuzuordnen, da seine Risikosphäre grundsätzlich bis zum Empfänger ausgeweitet ist.

11 Kröger/Gimmy/*Thot/Gimmy*, Internet-Recht, 9; *Vehslage*, AnwBl 2002, 86; *Schuster/Kemper* u.a., MMR Beilage 5/2003 9 m.w.N. leiten sogar aus dieser Verpflichtung zur mehrmaligen „Leerung" des E-Mail-Account mit Vehslage die Folge ab, dass eine im Laufe eines Werktages vor Geschäftsschluss *abgesandte* E-Mail dem Empfänger sofort, ansonsten aber am nächsten Tag zugeht. Die Leerungspflicht könnte aber allenfalls eine Folge, nicht aber Voraussetzung für die Festlegung des Zugangszeitpunktes sein. Außerdem ist keineswegs in jedem Fall gesichert, dass eine kurz vor

zur **regelmäßigen Überprüfung** des Empfängers soll dadurch begründet werden, dass er seine E-Mail-Adresse (im Internet oder im Online-Dienst) bekannt gemacht hat und in der üblichen Korrespondenz verwendet (z.B. durch Angabe auf dem Briefkopf)[2]. Die Prüfpflicht beschränkt sich aber auf die üblichen Geschäfts- bzw. Bürozeiten. Freilich ist hier zu **differenzieren**: Da für den Zugangszeitpunkt die bloße Möglichkeit der Kenntnisnahme entscheidend ist, kommt es nicht darauf an, wann bzw. ob überhaupt der Empfänger tatsächlich Kenntnis genommen hat. Selbst wenn er also eine im Laufe eines Werktages (in den Geschäftszeiten) eingegangene E-Mail erst am Folgetag zur Kenntnis nimmt, gilt sie hiervon unabhängig am vorherigen Tage als zugegangen. Damit kommt es für die Bestimmung des Zugangszeitpunktes nicht auf die Durchführung oder gar Häufigkeit der empfängerseitigen Kontrollen an (sondern nur auf die Möglichkeit zu deren Durchführung). Das Recht des Zugangs von Willenserklärungen in § 130 Abs. 1 BGB begründet also als solches auch keine Kontrollpflichten des Empfängers, sondern ist von diesen gerade unabhängig. Eine von der Feststellung des Zuganges zu trennende Frage ist, ob der Empfänger auf die übermittelte, zugegangene E-Mail noch am selben Tag reagieren soll (etwa, um ein auf denselben Tag oder gar wenige Stunden befristetes Angebot anzunehmen). Hier mag es durchaus im Interesse liegen, die E-Mails mehrmals täglich zu überprüfen, doch begründet dieses Interesse als solches wohl keine generelle Prüf**pflicht**. Selbst wenn man aber eine solche Prüfpflicht annähme, müsste sie nicht zwingend mehrmalige Prüfungen pro Tag umfassen, soweit eine einzelne Prüfung bei Zuendegehen des Geschäftstages ausreichen würde. Allein der Umstand, dass eine Mitteilung per E-Mail erfolgt, kann keine Verpflichtung des Empfängers begründen, etwa innerhalb von ein- bis zwei Stunden zu antworten. Diese Verpflichtung wäre nur anzunehmen, wenn zugleich eine Frist zur Beantwortung (etwa auf ein Leistungsangebot) in der Mitteilung selbst oder auf andere Weise (z.B. telefonisch) mitgeteilt wurde.

Bei **Privatpersonen** soll Zugang der E-Mail am Tag des Eintreffens in der Mailbox, bei Eintreffen zur „Unzeit" Zugang erst am folgenden Tag anzunehmen sein[3], teilweise auch erst ein Abruf am nächsten Tag[4], jedenfalls bei proxyserver-vermittelter elektronischer Kommunikation, – wobei zur Zeit noch nicht damit gerechnet werden kann, dass der Rechner des Empfängers (angesichts der TK-Kostenproblems) ständig ans Netz angeschlossen („online") ist (zumal die Anzahl der Flatrate-Angebote seit 2000 wieder deutlich reduziert wurde, also das permanente „Online-Sein" kein nach der Verkehrserwartung übliches Leistungsmerkmal ist). Da jedes Einloggen beim Provider mit Kosten verbunden ist, wird man allenfalls in Ausnahmefällen[5] vom Empfänger verlangen können, dass er etwa stündlich beim Provider nachprüft, ob bei diesem Post eingegangen ist, oder gar ständig online bleibt. Sinn der Beauftragung des Providers ist gerade, dass der Kunde nicht selbst einen Rechner rund um die Uhr am Netz angeschlossen halten muss, vielmehr der Provider für ihn (und für andere Kunden und

Geschäftsschluss abgesandte E-Mail auch tatsächlich ebenfalls vor Geschäftsschluss eintrifft, da gerade nachmittags mitunter „Staus" im Internet bzw. bei den E-Mail-Diensten auftreten können und sogar reguläre Laufzeiten teilweise nicht unbeträchtlich sein können. Das merkt man in der Praxis schnell, wenn man mit einem Empfänger telefoniert, ihm gleichzeitig eine E-Mail sendet, um deren Inhalt mit ihm zu besprechen; Fax kann hier u.U. wesentlich schneller sein.

1 Moritz/Dreier/*Holzbach/Süßenberger*, Rechts-Handbuch zum E-Commerce, Teil C, Rdn.169.

2 Wohl für regelmäßige laufende Prüfpflicht *Kuhn*, Rechtshandlungen mittels EDV und Telekommunikation, 102.

3 Kröger/Gimmy/*Thot/Gimmy*, Internet-Recht, 9.

4 *Dietrich*, K&R 2002, 138, 142.

5 *Nowak*, MDR 2001, 841, 842.

damit kostengünstiger) regelmäßig gegen Vergütung den Rechner empfangsbereit hält. Eine Verpflichtung von Privaten, ihnen zugegangene E-Mails rund um die Uhr zu überprüfen[1], kann deshalb in dieser Allgemeinheit nicht angenommen werden, sondern nur dann, wenn nach den Umständen des Einzelfalles auch bisher eine häufigere Prüfung (und Beantwortung) erfolgte. Soweit die Privatpersonen tagsüber berufstätig sind, können sie in dieser Zeit auch nicht ihre E-Mails abrufen[2]. Allerdings kann eine Privatnutzung betrieblicher Mail-Systeme vereinbart und damit zugelassen sein. Trotzdem wird kein sofortiger Zugang in den Arbeitszeiten generell unterstellt werden dürfen, da die jeweils zu erledigende Arbeit private Abrufvorgänge verhindern kann. Auch der Abruf von E-Mails auf Mobiltelefonen mit erweiterter Funktionalität ist (noch) nicht die Regel und kann also nicht die Annahme rechtfertigen, dass alle Teilnehmer von Mobilkommunikation solche Systeme einsetzen bzw. laufend den E-Mail-Eingang nutzen.

Außerdem ist der Zeitpunkt, zu dem ein Teilnehmer üblicherweise die ihn betreffende elektronische Post „durchsieht" (*Browsing*), die für ihn von einem Diensteanbieter zwischengespeichert wird, nicht allgemein, sondern nur unter Berücksichtigung der jeweiligen **dienstespezifischen** Besonderheiten festzustellen. So kann für eine „reguläre" E-Mail anderes gelten als für eine Nachricht im IRC oder in einer Newsgroup oder für eine Antwort an eine Webseite. Eine Verpflichtung jedes Nutzers, den elektronischen Briefkasten mehrmals täglich zu leeren[3], erscheint nicht erforderlich und praxisfremd. Private Nutzer leeren ihren Account in der Regel allenfalls einmal am Tage.

Privat verwendete E-Mail-Anschriften können nicht von vornherein als zustellfähig angesehen werden, wenn nämlich nicht erkennbar ist, dass die Anschrift (auch) für geschäftliche Korrespondenzzwecke genutzt werden können soll. Elektronische Gerichtszustellungen an Privatpersonen sind noch nicht möglich, da noch keine gesicherten Verfahren automatisierter Zustellungsbestätigungen in jedem Nutzerrechner installiert sind.

h) Beweislast

Im Rahmen von Online-Auktionen und dort online geschlossenen Verträgen wurde die Frage problematisch, wer die Beweislast dafür trägt, dass der tatsächliche Inhaber einer E-Mail-Adresse selbst den Vertrag geschlossen hat und nicht ein (unberechtigter) Dritter. Die Rechtsprechung ist insoweit zu einer Antwort auf diese Frage gelangt, die weit über Online-Auktionen hinaus, nämlich für alle online erfolgenden Vertragsabschlüsse, Bedeutung hat. Hiernach trägt der **Anbieter** in der Auktion die **Beweislast** für das Zustandekommen des Vertrages, ohne sich auf einen Anscheinsbeweis[4] stützen zu können, dass der Inhaber der E-Mail-Adresse tatsächlich auch der Absender einer

---

1 So etwa *Heun*, CR 1994, 595, 598 (Verzicht auf übliche Zustellzeiten).

2 Kröger/Gimmy/*Thot/Gimmy*, Internet-Recht, 10.

3 *Nowak*, MDR 2001, 841, 842, der unterstellt, Kommunikation per E-Mail habe gerade den Sinn des schnellen Informationsautausches. Bei Privatleuten kann dies nicht generell unterstellt werden. Außerdem kann E-Mail einfach zum bequemeren Übersenden von Dokumenten im elektronischen Format dienen und den Weg zur Post sparen.

4 Ein Anscheinsbeweis kommt (dem BGH NJW 2001, 1140f zufolge) nur bei einem typischen Geschehensablauf in Betracht, bei dessen Vorliegen nach der Lebenserfahrung von einem feststehenden Erfolg auf eine bestimmte Ursache zu schließen ist.

Mail ist[1]. Die bloße Angabe einer E-Mail-Adresse ist (auch in Verbindung mit einem Passwort) nach dieser Auffassung als solche noch kein ausreichendes Indiz dafür, dass tatsächlich der Inhaber dieser E-Mail-Adresse an einer Internet-Auktion teilgenommen hat, da jedermann, dem Mail-Adresse und Passwort eines Nutzers bekannt sind, an der Auktion teilnehmen kann[2]. Eine fremde Mailanschrift kann zudem problemlos simuliert werden[3]. Die Absenderadresse im Header der E-Mail genügt deshalb auch nicht für den Beweis, dass der genannte Absender der tatsächliche Absender ist, ebensowenig wie der OK-Bericht des eigenen Fax-Gerätes für einen Anscheinsbeweis des Zuganges eines Fax[4]. Bezogen auf Online-Aktionen ging etwa am 23.4.2003 ein die Missbrauchsmöglichkeiten verdeutlichender Fall durch die Presse, in dem unter dem Account eines Münchner Gärtners ohne dessen Wissen auf seinen Namen ein Grundstück in Leipzig für 1,2 Mio. Euro, ein PKW und ein Leichtflugzeug ersteigert wurden (s. S. 201).

Folge ist allerdings, dass, da die Auktionsbetreiber meist die **Haftung** für die Identität der Teilnehmer ausschließen, das Risiko beim Anbieter in der Auktion (und sonst im E-Commerce) verbleibt, was freilich auch im „klassischen" Offline-Versand immer schon galt. Über den Bereich von Auktionen hinaus hat diese Risikoverteilung insoweit grundsätzliche Bedeutung, als generell der Kaufpreiskläger den Vertragsabschluss darlegen und beweisen muss. Folgt man dem AG Erfurt, genügt es hier nicht, wenn der Kläger die Anschrift und das Passwort benennt, da sich der Beklagte auf Nichtidentität berufen kann[5].

---

1 LG Bonn, Urt.v.7.8.2001 – 2 O 450/00, CR 2002, 293.

2 AG Erfurt, Urt.v.14.9.2001 – 28 C 2354/01, CR 2002, 767 = MMR 2002, 127. Ähnlich das LG Bonn, Urt.v.7.8.2001 – 2 O 450/00, CR 2002, 293, bestätigt durch das OLG Köln, Urt.v.6.9.2002 – 19 U 16/02, MMR 2002, 813 = JurPC Web-Dok. 364/2002, wonach aus der „Lebenserfahrung" *nicht* gefolgert werden darf, der Verwender eines Passwortes sei derjenige, auf den es ausgestellt wurde. Auch ein Anscheinsbeweis komme *nicht* zum Tragen (wie er für EC-Karte und PIN entwickelt wurde, OLG Hamm, NJW 1997, 1711), da ein Passwort vielfältigen Angriffen aus dem Internet ausgesetzt und nicht einmal begrifflich klar definiert ist, außerdem auch ohne Entschlüsseln lesbar sein kann. Die 2004 gehäuften „*Phishing*"-Angriffe (Erschleichen von Passwörtern, TANs, etc.) verdeutlichen das Risiko. Aus der Sperrung seines Mail-Accounts muss ein Nutzer nicht schließen, dass jemand in seinem Namen und mit seinem Passwort Verträge im Internet abschloss. *Hoeren* (CR 2002, 295f., Urteilsanmerkung) sah hier „weite Bereiche des elektronischen Handels aus dem System rechtlicher Handelsformen herausbrechen". Die rasche Zunahme der E-Commerce-Umsätze in 2004 sprechen eher gegen diese Einschätzung. Auch das LG Konstanz, Urt.v.19.4.2002 – 2 O 141/01 A, MMR 2002, 835 = CR 2002, 606 lehnt die Annahme ab, es sei ein Identitätsbeweis geführt, wenn bei einer Online-Auktion ein Gebot über einen bestimmten, passwortgesicherten Account abgegeben wird, da eine unter diesen Umständen abgegebene Willenserklärung angesichts vielfältiger Manipulationsmöglichkeiten keinen sicheren Rückschluss auf die Person des Erklärenden zulässt; der beauftragte Sachverständige hatte ausgeführt, es sei (wie ihm selbst widerfahren) möglich, durch ein „Trojanisches Pferd" Passwörter auszukundschaften.

3 *Ernst*, Vertragsgestaltung im Internet, Rdn. 24.

4 BGH, NJW 1995, 665f. *Ernst*, Vertragsgestaltung im Internet, Rdn. 24 zieht diesen Vergleich, wobei freilich die Zugangsrisiken wiederum anders strukturiert sind als die Risiken, eine abgegebene Erklärung einem Absender zuzuordnen.

5 *Winter*, CR 2002, 768, 768 (Urteilsanm. zu AG Erfurt) will freilich einen Anscheinsbeweis zugunsten des Klägers annehmen, da die Erklärungsabgabe über einen gesicherten Useraccount einen typischen Geschehensablauf darstelle, solange nicht ein Missbrauch augenfällig sei. Missbrauch sei atypisch, da das Sichbeschaffen des Passwortes und das Gebrauchmachen zweck Erklärungsabgabe „nicht ohne strafrechtliche Relevanz" sei. Ähnlich will *Mankowski*, NJW 2002, 2822 einen Anscheinsbeweis annehmen, da es der typische Geschehensablauf sei, dass eine E-Mail von dem stamme, der sie absende; es gebe keine signifikanten Fälschungszahlen, – eine freilich rein empirische, bisher nicht belegte Behauptung). *Roßnagel/Pfitzmann*, NJW 2003, 1209 weisen hingegen zutreffend darauf hin, dass das Bemühen um Entwicklung einer elektronischen Signatur nicht nur einem Missverständnis

Die Möglichkeit eines **Anscheinsbeweises** wird man jedenfalls nicht undifferenziert annehmen dürfen[1]. Zumindest bei Online-Auktion ist bekannt, dass sich jedermann mit beliebig vielen Namen und E-Mail-Adressen bei den Auktionshäusern anmelden kann, etwa um selbst mitzusteigern und sich selbst gut zu bewerten[2]. Hierbei können (mangels Kontrolle bzw. Kontrollmöglichkeit) auch Adressen Dritter genutzt werden. Auch im Versandhandel ist eine Adressmissbrauchsquote bekannt. Und schließlich werden Werbe-E-Mails oft unter falscher Adresse verschickt[3]. Nicht stichhaltig erscheint das Gegenargument, das Versandhaus werde kaum versuchen, auf diese Weise Kunden zu binden, zumal hier ein Betrugstatbestand verwirklicht werde[4], da es vielmehr Nachbarn, Kollegen oder sonstige Dritte sein können, die den vermeintlichen Absender schaden (ohne aber einen Vermögensvorteil für sich oder Dritte erlangen zu) wollen. Auch reicht der Umstand, dass eine große Anzahl von E-Mails tatsächlich von dem angegebenen Absender stammen, nicht zur Begründung eines Anscheinsbeweises[5]. Sonst könnte auch für abgesendete Briefe ein Anscheinsbeweis ihres Zugangs angenommen werden, weil unstreitig täglich Millionen Briefe problemlos zugestellt werden, und müsste folglich der (vermeintliche) Empfänger den Anscheinsbeweis erschüttern und damit das Übermittlungsrisiko jedenfalls teilweise übernehmen. Nähme man hingegen (mit der Mindermeinung in der Literatur) einen Anscheinsbeweis an, müsste der im Missbrauchsfall in der Regel unbeteiligte Inhaber den Beweisanschein widerlegen. In der Interessenabwägung scheint es weniger vertretbar, das Risikos den Inhaber der E-Mail-Anschrift anstatt dem Empfänger zuzuweisen. Dem Empfänger wird die Einholung einer schriftliche Auftragsbestätigung im Regelfall leichter fallen als dem Inhaber die Aufklärung eines Missbrauches durch Dritte.

Und selbst bei Annahme bzw. Beweis der Übereinstimmung zwischen Inhaber der E-Mail-Adresse und Absender der Erklärung ist noch nicht gesichert, dass auch der zugegangene Inhalt tatsächlich vom Absender stammt, da auch der Inhalt der E-Mail verändert worden sein kann[6]. So kann dem AG Bonn[7] zufolge selbst bei Gewissheit über den Absender einer E-Mail dem Ausdruck der Mail im Hinblick auf den Vertragsschluss **kein Beweiswert** zukommen, da die zugrundeliegenden Dateien von Dritten durch Abänderung einzelner Wörter oder Sätze **inhaltlich manipuliert** sein können. Ähnlich sind E-Mail-Header kein geeignetes Beweismittel für den **Versand** der E-Mail.

---

geschuldet sei und diese nicht einfach durch einen Rückgriff auf den Anscheinsbeweis ersetzbar ist. Außerdem gebe es im Bereich der E-Mail-Nutzung gerade keinen typischen Geschehensablauf, auf den ein Anscheinsbeweis aufbauen könne. Das OLG Köln, Urt.v.6.9.2002, weist hingegen (wohl zutreffend) darauf hin, dass es nicht auf die Probleme einer Entschlüsselung des Passwortes ankomme, da diese für einen Misbrauch nicht vorausgesetzt werde. „Vielmehr kann jemand, der mit den Abläufen im Netz ausreichend vertraut ist, was heute schon bei einer Vielzahl Jugendlicher gegeben ist, ohne allzu großen Aufwand jdes Passwort „lesen“.“

1 Für einen solchen Anscheinsbeweis *Mankowski*, CR 2003, 44 mit dem wohl bewusst überspitzten Vermerk: „Sie wollen nicht mehr an eine per E-Mail abgegebene Vertragserklärung gebunden sein ? Kein Problem (jedenfalls wenn Sie später bestätigende Handlungen, die nachweisbar wären, vermieden haben): Behaupten Sie einfach, die E-Mail stamme gar nicht von Ihnen, und überlassen Sie es Ihrem Vertragspartner, Ihnen nachzuweisen, dass Sie es doch waren.“ Mankowski sieht hier ein „Widerrufsrecht kraft Beweislastverteilung“ drohen.

2 *Goergen*, Surfen bis der Hammer fällt, SZ Nr. 292 v. 18.12.2002, 22.

3 *Ernst*, MDR 2003, 1091.

4 *Mankowski*, a.a.O., 48.

5 AG Bonn, Urt.v. 25.10.2001 – 3 C 193/01, CR 2002, 301; *Ernst*, MDR 2003, 1091, 1092.

6 *Ernst*, MDR 2003, 1091, 1092.

7 AG Bonn, Urt.v.25.10.2001 – 3 C 193/01, CR 2002, 301 = JurPC Web-Dok. 332/2002.

Allerdings soll eine pauschale Behauptung, E-Mails könnten gefälscht werden, nicht die Annahme stützen können, eine E-Mail sei (entgegen der Header-Angabe) nicht versandt worden[1]. Andererseits wurde der Empfänger einer E-Mail vom LG Nürnberg-Fürth für den Vortrag als beweispflichtig angesehen, dass ihm eine bestimmte Mail **nicht** zugegangen sei[2]. Zugleich stellte das Gericht aber klar, mit Eingang der Erklärung in das elektronische Postfach des Empfängers gehe das Verlust- und Verzögerungsrisiko auf den Empfänger über, da es zum Risikobereich des Empfängers gehöre, wenn Störungen in seinem Machtbereich eintreten (wozu das Gericht offensichtlich auch den unterlassenen Abruf der Mailbox zählt[3]). Daraus ergibt sich die Klarstellung, dass jedenfalls das Risiko der Übertragung der Datei bis zu dieser Mailbox des Empfängers vom Absender zu tragen ist (also etwa Zusammenbrüche im Internet durch DoS-Angriffe auf zentrale Serverrechner). Dann gilt die E-Mail freilich am selben oder spätestens (bei Eingang nach Ende der Bürozeiten) am nächsten Werktag als zugegangen, – unabhängig davon, ob der Empfänger Gründe des verspäteten oder nichterfolgten Abrufes zu vertreten hat.

Nach dem OLG Düsseldorf[4] sind **Verbindungslogs**, mit denen Internet-Anbieter den IP-Traffic ihrer Kunden erfassen und auswerten, **nicht** beweiskräftig.

i) Technische Möglichkeiten der Zugangsbestätigung

Der Beweis des Zuganges ist bei E-Mail unter Berücksichtigung der technischen Besonderheiten zu führen. Wie bei Fax genügt der Beweis der Absendung nicht und kann durch ein Sendeprotokoll allenfalls das Herstellen der Verbindung, nicht aber die Datenübermittlung bewiesen werden[5], da das Protokoll eine Verbindung auch anzeigt, wenn diese gestört oder unterbrochen wird, und ein Protokoll auch manipulierbar ist[6]. Selbst ein Anscheinsbeweis setzt einen Nachweis mittels wissenschaftlicher Methoden voraus, dass die Verlustquote von Informationen geringer als im Briefdienst ist[7].

E-Mail-Protokolle enthalten aber Rückkopplungsmechanismen, die als beweistauglich angesehen wurden[8]. So lässt sich über die – in RFC 1891 beschriebene – **DSN** (*Delivery Status Notification*)-Erweiterung des E-Mail-Protokolls SMTP (Simple Mail Transfer Protocol) feststellen und bestätigen, dass das Versenden störungsfrei erfolgte

---

1 LG Düsseldorf, Urt.v. 23.4.2003 – 12 O 157/02, CR 2003, 859.

2 OLG München, Urt.v. 26.6.1992 – 23 U 2229/92, CR 1994, 402; LG Nürnberg-Fürth, Urt.v.7.5.2002 – 2 HK O 9434/01, CR 2003, 293.

3 LG Nürnberg-Fürth, Urt.v.7.5.2002 – 2 HK O 9434/01, CR 2003, 293, 294.

4 OLG Düsseldorf, Urt.v. 26.2.2003 – 18 U 192/02, MMR 2003, 474 = JurPC Web-Dok. 156/2003. Ein Anwender hatte einen dedizierten Rechner genutzt und hierbei monatlich DM 3.000,00 bezahlt. Da im Streitfall im August 2001 eine Datenmenge von 200 Gigabyte anfiel, berechnete der Provider fast den zehnfachen Betrag, wobei dieser Traffic wohl durch einen Unberechtigten verursacht worden war. Das Gericht lehnte den Mehrvergütungs-anspruch mit dem Argument ab, es handle sich bei der Abrechnung nach Volumen um eine neue Methode, weshalb noch nicht von einen gesicherten Standard gesprochen werden könne. Das (technische) Verfahren hätte im einzelnen dargestellt und unter Beweis gestellt werden müssen; die Benennung von Zeugen für die Richtigkeit von Logfiles genügt nicht.

5 BGH NJW 1995, 665; OLG Dresden NJW-RR 1994, 1485, 1486.

6 *Herwig*, MMR 2001, 145, 146.

7 BGH NJW 1995, 665; *Herwig*, MMR 2001, 145, 146.

8 *Herwig*, MMR 2001, 145, 146.

und den Mailserver des Empfängers erreichte[1], sofern dieser Server den DSN-Standard unterstützt[2]. Auch kann die in RFC 2298 definierte Lesebestätigung (*Message Disposition Notification*, **MDN**) verwendet werden, die der Absender vom Empfänger beim Öffnen der Mail von letzterem fordern und durch E-Mail zurückübermittelt erhalten kann, die für eine Anscheinsbeweisführung tauglich ist[3]. Derartige Bescheinigungen können als Augenscheinsbeweis zugelassen werden[4].

j) Stellung mit der Erklärungsübermittlung beauftragter Provider, Risikobereiche

Absender und Empfänger bedienen sich häufig der Dienste eines Providers. Dieser kann als **Erklärungsbote** des Absenders bzw. als **Empfangsbote** des Empfängers auftreten. Der Erklärende erweitert mit der Providerzwischenschaltung seine Risikosphäre durch eine „zur Übermittlung verwendete Person" (§ 120 BGB), ebenso aber auch der Empfänger. Erst mit der tatsächlichen Absendung durch den Erklärungsboten gilt die Erklärung als abgegeben, aber bereits mit Eintreffen der Erklärung beim Empfangsboten (hier also dem Mail-Serviceprovider) als zugegangen[5], jedoch nicht vor dem Zeitpunkt, in dem nach dem regelmäßigen „Verlauf der Dinge" die Weiterleitung an den Adressaten (bzw. der Abruf durch diesen) zu erwarten war[6]. Telekommunikationsdienstleister können als solche Erklärungs- und Empfangsboten tätig werden.

Fehler der zur Übermittlung verwendeten Person muss sich der **Erklärende** zurechnen lassen. Das gilt auch für den **vom Erklärenden beauftragten Provider**. Geht die jeweilige Nachricht, technisch bedingt, während der Übermittlung unter (etwa bei einem Netzzusammenbruch) oder wird sie inhaltlich verändert (etwa technisch bedingt verkürzt), so ist dieses Risiko dem Erklärenden zuzuordnen (der schließlich das Übermittlungsmedium gewählt hat). Der Erklärende muss sich hier so behandeln lassen, als habe er **keine** Willenserklärung abgegeben. Wird die Erklärung verändert (z.B. verkürzt durch Datenverlust) und geht sie in diesem veränderten Zustand dem Empfänger zu, ist der Erklärende an diesen veränderten Erklärungsinhalt gebunden (wenn für den Empfänger die Auswirkung des Übermittlungsfehlers nicht erkennbar war bzw. sein musste). Allerdings hat der Erklärende die Anfechtungsmöglichkeit des § 120 BGB. § 120 BGB greift freilich nur ein, wenn die Person (oder Anstalt) als Bote handelt und die Erklärung **unbewusst** unrichtig übermittelt[7]. Durfte der Empfänger auf die Richtigkeit der Erklärung vertrauen (war also z.B. deren Fehlerhaftigkeit nicht offen erkennbar), kann er nach § 122 BGB vom Erklärenden Ersatz des ihm entstandenen

---

1 wobei beim Abrufen der auf dem Mailserver (über die Protokolle Internet Message Access Protocol, IMAP) oder Post Office Protocol (POP) gespeicherten) Nachrichten eine Lieferbestätigung versandt wird.

2 *Herwig*, MMR 2001, 145, 146, der hierdurch den Hauptgrund für das Verweigern des Anscheinsbeweises beim Fax entfallen sieht, da der Übermittlungsnachweis führbar sei.

3 *Herwig*, MMR 2001, 145, 146, wobei die MDN aber nicht verschlüsselt und nicht digital signiert sind, also Manipulation nicht auszuschließen ist (*Herwig*, a.a.O., 147).

4 S. etwa *Herwig*, MMR 2001, 146f.

5 Moritz/Dreier/*Holzbach/Süßenberger*, Rechts-Handbuch zum E-Commerce, Teil C, Rdn. 167.

6 BGH, NJW-RR 1989, 758; *Paefgen*, Bildschirmtext aus zivilrechtlicher Sicht, 18 ff.

7 Palandt/*Heinrichs*, § 120 Rdn. 3. Der bewusst falsch übermittelnde Bote haftet hingegen wie ein vollmachtloser Vertreter (Palandt/*Heinrichs*, a.a.O., Rdn. 4) nach § 179 BGB bzw. aus Delikt, wenn der Erklärende nicht genehmigt. Die ausgewählte Person darf auch nicht zum Vertreter bestellt sein, da sie in dieser Eigenschaft selbst eine eigene Erklärung abgeben würde.

Schadens verlangen und der Erklärende den Boten bei dessen Vertretenmüssen aus Pflichtverletzung (§ 280 Abs. 1 BGB) bzw. aus Mängelrechten in Regress nehmen.

Das Risiko von Veränderungen oder Verlust beim **Provider des Empfängers** trägt hingegen der Empfänger selbst[1]. Eine Erklärung gilt damit auch dann als zugegangen, wenn sie zwar in die Empfängersphäre gelangt ist, dort aber aufgrund einer technischen Störung vom Empfänger nicht mehr zur Kenntnis genommen werden kann. Der Empfänger ist gehalten, für die Betriebsfähigkeit von ihm eingesetzter technischer Empfangsmittel zu sorgen. Das gilt auch bei Beauftragung eines Providers durch den Erklärungsempfänger. Ist dieser beauftragte Provider nicht leistungsfähig oder –willig, so ist dieses Risiko dem Empfänger zuzuordnen. Dies muss grundsätzlich auch dann gelten, wenn der Provider etwa seinen Host-Rechner abschaltet und damit ein elektronisches (wie auch bisher ein herkömmliches) Postfach für einen Abruf durch den Nutzer unzugänglich macht (auch dann, wenn es kostenlos angeboten wird), ebenso dann, wenn das Providersystem durch Viren-/Wurma-ngriffe oder Überlastung des Internet (etwa durch distributed Denial-of-Service-Angriffe) für den Nutzer temporär nicht erreichbar und die E-Mail also nicht abrufbar ist. Der Erklärende trägt das Risiko, eine elektronische **Anschrift** des Empfängers ausfindig zu machen, der Empfänger hingegen das Risiko, unter einer Dritten bekanntgemachten Anschrift auch tatsächlich erreichbar zu sein und bleiben.

Die genauere Abgrenzung der Risikosphären des Erklärenden wie des Empfängers muss dienstespezifisch erfolgen und sich an der jeweiligen technischen Ausgestaltung orientieren. So gelten bei E-Mail andere Grundsätze als etwa beim (in Echtzeit möglichen) Chat. Bei E-Mail ruft der Nutzer (meist zeitversetzt) Mails aus für ihn reservierten Speicherbereichen auf dem Host-Rechner des von ihm beauftragten Providers ab, während beim **Chat** telefonieähnlich Texte unmittelbar kommuniziert werden können und eine Botenstellung des Providers (wie bei Telefonie) nicht anzunehmen ist.

k) Bindungswirkung einer fehlerhaften „Computererklärung“

Die allgemeinen Grundsätze der Abgrenzung von Risikosphären führen dazu, dass sich der Erklärende **auch fehlerhafte automatisierte Computererklärungen zurechnen** lassen muss, allerdings nur soweit, wie das EDV-Resultat bei einer automatisierten Computererklärung nach Treu und Glauben als plausibel erscheint[2], der Erklärungsempfänger also redlicherweise auf eine bestimmte Erklärungsbedeutung vertrauen durfte[3]. Der Erklärungsempfänger ist in diesem Vertrauen grundsätzlich schutzbedürftig, da er die Sphäre des Computerbetreibers nicht zu durchschauen vermag. Der Betreiber seinerseits hat das Risiko einer fehlerhaften und/oder missverständlichen Computererklärung geschaffen und zieht den Nutzen aus diesem EDV-Einsatz und kann zudem allein für die Systemsicherheit sorgen[4], also am ehesten das Risiko steuern. Der objektive Erklärungstatbestand ist als wirksame Willenserklärung zu behandeln, die freilich unverzüglich (rückwirkend) anfechtbar ist (§ 119 Abs. 1 BGB)[5].

Fehlt dem Erklärenden aber bereits der (allgemeine) Handlungswille, etwa durch

---

1 S. n. *Kuhn,* Rechtshandlungen mittels EDV und Telekommunikation, 99.

2 *Kuhn*, Rechtshandlungen mittels EDV und Telekommunikation, 121.

3 *Kuhn,* a.a.O., 76.

4 *Kuhn,* a.a.O., 75.

5 *Kuhn,* a.a.O.,77.

reflexartiges Drücken einer Taste[1], so liegt eine **Scheinerklärung** bzw. eine nach § 105 Abs. 2 BGB nichtige Erklärung vor[2]. In diesen Fällen von Bewusstlosigkeit oder Beeinträchtigung der Geistestätigkeit besteht **kein Vertrauensschutz** des Empfängers (auch wenn dieser das Vorliegen eines solchen Falles nicht erkennen kann), – freilich ein beim E-Mail-Versand wohl eher seltener Fall. Ansonsten wird[3] aber wohl nicht generell ebenfalls § 105 Abs. 2 BGB analog anwendbar sein. Das berechtigte Interesse des Empfängers am Vertrauensschutz kann nämlich nicht völlig ausgeklammert bleiben. Vielmehr erscheint zwar eine analoge Anwendung, allerdings nur unter Berücksichtigung der Einzelfallumstände, möglich. Auch das Gesetz stellt den Empfänger nicht in allen Fällen fehlenden Handlungswillens schutzlos, sondern explizit nur in den Fällen des § 105 BGB.

2. Widerruf von elektronischen Erklärungen

Eine empfangsbedürftige Willenserklärung kann gegenüber abwesenden Empfängern bis zu dem Zeitpunkt widerrufen[4] werden, zu dem das Angebot dem Empfänger zugegangen ist. Als empfangsbedürftige Willenserklärung ist etwa das Angebot zum Abschluss eines Vertrages erst mit Zugang wirksam (§ 130 Abs. 1 Satz 1 BGB). Die Erklärung wird damit **nicht wirksam**, wenn der Widerruf vor oder spätestens gleichzeitig mit der Willenserklärung, also hier mit dem Angebot beim Empfänger zugeht (§ 130 Abs. 1 S. 2 BGB). Gleiches gilt natürlich sinngemäß für den Widerruf der Erklärung der Angebotsannahme. Diese Grundsätze gelten auch für den **elektronischen Zugang** einer Willenserklärung. Bei elektronischen Erklärungen entfallen allerdings (meist) längere Laufzeiten (schließlich einer der Hauptvorteile elektronischer Nachrichtenübermittlung ist). Der fast sofort erfolgende Zugang der Erklärung[5] beseitigt auch die Überlegungsfristen und **hebt die Widerrufsmöglichkeiten faktisch auf**, da der Widerruf nämlich in der Regel zeitlich erst nach der ursprünglichen Erklärung elektronisch versandt werden kann, also zwangsläufig (meist) auch nach der Erklärung dem Empfänger zugehen muss. In elektronischen Netzen verliert deshalb die Widerrufsmöglichkeit ihre praktische Bedeutung, da der Widerruf in aller Regel die zu widerrufende Erklärung nicht „überholen" kann.

Wird die abgegebene Erklärung erst bei dem vom Empfänger beauftragten Anbieter **zwischengespeichert**, so gilt sie als in dem Zeitpunkt zugegangen, in dem sie der Empfänger berechtigterweise erwartbar – bei seinem Provider – zumindest abrufen *kann.* Bis zu diesem Zeitpunkt ist also z.B. telefonisch ein Widerruf möglich (also etwa vor Beginn der üblichen Bürozeiten), damit auch noch nach Abspeicherung beim Provider des Empfängers, aber nur bis zu Beginn des Zeitraumes der erwartbaren Abrufbarkeit.

---

1 *Kreis*, jur-PC 1994, 2879.

2 *Medicus*, AT, Rdn. 606.

3 Entgegen *Medicus* a.a.O.

4 Der hier erläuterte Widerruf einer Willenserklärung nach § 130 Abs. 1 S. 2 BGB darf nicht mit dem vertraglichen Recht zum Widerruf bei Fernabsatzverträgen mit Verbrauchern verwechselt werden (s. hierzu S. 233).

5 „Praktische Koinzidenz" von Abgabe und Zugang der Willenserklärung s. *Paefgen*, Bildschirmtext aus zivilrechtlicher Sicht, 20.

3. Anfechtung elektronischer Willenserklärungen

Ist der Widerruf nicht mehr möglich, bleibt noch die Anfechtung der Erklärung. Sie ist auch in Bezug auf „elektronische" Willenserklärungen möglich[1]. Wenn es möglich ist, mit Hilfe von Computern und Kommunikationsnetzen Erklärungen mit der Rechtswirkung von Willenserklärungen abzugeben, so muss es auch möglich sein, diese Erklärungen wie jede sonstige Willenserklärung anzufechten. Der Empfänger der Willenserklärung bedarf bei Verwendung elektronischer Kommunikationsmittel keines höheren Schutzes als bei Verwendung sonstiger (traditioneller) Mittel. Die Anfechtung unterliegt aber Einschränkungen. Allerdings ist andererseits auch der Bereich der Anfechtungsmöglichkeiten bei elektronischer Kommunikation nicht weiter zu ziehen als in anderen Fällen.

Anfechtbar sind Willenserklärungen wegen Inhalts- oder Erklärungsirrtums (§ 119 Abs. 1 1. Fall oder 2. Fall BGB) und wegen falscher Übermittlung (§ 120 BGB)[2], allerdings jeweils „unverzüglich" (ohne schuldhaftes Zögern, § 121 Abs. 1 S. 1 BGB) und unter **Schadensersatzpflicht** des Anfechtenden (§ 122 BGB), wegen Täuschung oder Drohung (§ 123 BGB) binnen Jahresfrist ab Entdecken der Täuschung oder Beendigung der durch die Drohung entstandenen Zwangslage (und natürlich .

Zu Erklärungsirrtümern im Sinne von § 119 Abs. 1, 2. Alt. BGB gehören etwa **Eingabe**- und Bedienungs**fehler** („Vertippen" wie bei einer Schreibmaschine)[3], z.B. die Eingabe falscher Zeichen oder ein versehentliches Drücken der Bestätigungs(Return-) taste[4]. Nicht anfechtbar sind hingegen Erklärungen, die aufgrund fehlerhafter Software, Hardware oder Daten oder durch Rechenfehler[5] unrichtig werden, da sie, einem Irrtum bei der Willensbildung vergleichbar, die der eigentlichen Willenserklärung vorausgeht[6]. Diese Fallgruppe wird dem Bereich der unbeachtlichen **Motiv**- und Kalkulations**irrtümer** zugerechnet[7]. Das wurde auch für das Einstellen falscher Preise im Internet[8], etwa bei Verwechslung von DM und Euro, angenommen[9]. Ein Übermittlungsfehler kann während der Übertragung vom Erklärenden an den Empfänge auftreten und etwa zur Verstümmelung von Nachrichten führen[10]. Ein Inhaltsirrtum wird bei versehentlicher Eingabe einer falschen E-Mail-Adresse[11] (oder deren versehentliches Anklicken im Adressverzeichnis des Mailprogramms). Durch die Telekom oder einen anderen Provider verursachte Übermittlungsfehler sind dem Risikobereich des Erklärenden zuzuordnen, begründen aber ein Anfechtungsrecht nach § 120 BGB.

---

1 OLG Hamm, Urt.v.12.1.2004 – 13 U 165/03, MMR 2004, 761 (Möglichkeit der Anfechtung wegen Übermittlungsfehlers bejaht)

2 § 120 BGB wurde auch auf private Datennetze als anwendbar angesehen (*Fritzsche/Malzer*, DNotZ 1995, 3, 13).

3 S. etwa *Heun*, CR 1994, 595, 596; für ein Anfechtungsrecht bei Eingabefehler etwa OLG Hamm, NJW 1993, 2321.

4 Moritz/Dreier/*Holzbach/Süßenberger*, Rechts-Handbuch zum E-Commerce, Teil C, Rdn. 101.

5 Hier wird ein unbeachtlicher Motivirrtum angenommen (z.B. LG Frankfurt, CR 1997, 738; AG Frankfurt, CR 1990, 469; Hoeren/Sieber/*Mehrings*, Handbuch Multimedia-Recht, Teil 13.1, Rdn. 101).

6 Moritz/Dreier/*Holzbach/Süßenberger*, Rechts-Handbuch zum E-Commerce, Teil C, Rdn. 106.

7 Vgl. *Heun*, a.a.O.

8 AG Herford, Urt.v. 21.8.2003 – 12 C 574/03, CR 2003, 934.

9 LG Köln, Urt.v.16.4.2003 – 9 S 289/02, CR 2003, 613 = MMR 2003, 481 – Auto-Reply.

10 Kaminski/Henßler/Kolaschnik/*Baetge*, Rechtshandbuch E-Business, 113 m.w.N.

11 Moritz/Dreier/*Holzbach/Süßenberger*, Rechts-Handbuch zum E-Commerce, Teil C, Rdn. 101.

Ein Anfechtungsrecht der Verkäuferseite nach § 120 BGB wurde bejaht, wenn der Kaufpreis, zu dem der Käufer bestellt hat, infolge einer Formeländerung in der Software des Providers niedriger dargestellt wurde als er tatsächlich war[1].

Die **Anfechtungserklärung** selbst unterliegt grundsätzlich keinem besonderen Schriftformerfordernis, kann also auch elektronisch übermittelt werden, wenngleich aus Beweisgründen Einhaltung der Schriftform anzuraten ist.

IV. Schriftform, elektronische Form und „Textform“

Das Gesetz schreibt in vielen Fällen die Einhaltung der Schriftform vor. Das BGB kennt hierbei die gesetzliche und die gewillkürte Schriftform. Der Form der elektronischen Signatur wird sie nicht schon durch das Signaturgesetz, sondern erst durch das zusätzliches Gesetz zur „Formanpassung“ gleichgestellt.

1. Gesetzliche Schriftform

Die gesetzliche Schriftform ist eingehalten, wenn der Aussteller eine Urkunde „eigenhändig durch Namensunterschrift oder mittels notariell beglaubigten Handzeichens unterzeichnet“ hat (§ 126 Abs. 1 BGB). Die Unterschrift kann in handschriftlicher Form (bei Lesbarkeit) zumeist einem bestimmten Verfasser zugeordnet werden, und zwar nicht nur über die Namensbezeichnung (wobei es mehrere Personen geben kann, die denselben Namen tragen), sondern vor allem über die Handschrift selbst. Die handschriftlich erstellte Unterschrift hat insoweit eine Authentisierungsfunktion[2]. Die Unterzeichnung muss außerdem auf dem Dokument selbst erfolgen, nicht etwa auf einem Notepad, wie ihn etwa Paketzustellerdienste verwenden. Ebensowenig genügt die mittels Fax kopierte Unterschrift, ein Stempelaufdruck oder ein sonstiges Faksimile[3].

Unter einer „**Urkunde**“ im Sinne der §§ 415 ff ZPO (auf die auch §§ 126 ff. BGB Bezug nehmen) versteht man in der Rechtslehre (eine gesetzliche Begriffsbestimmung existiert nicht) eine *schriftlich verkörperte Gedankenäußerung, die auf einem gegenständlich oder räumlich abgegrenzten Träger verkörpert (also dauerhaft ist), unmittelbar aus sich heraus wahrnehmbar (Schriftlichkeit) und allgemein oder für Eingeweihte verständlich ist, den Aussteller erkennen lässt und schließlich zum Beweis einer rechtserheblichen Tatsache bestimmt ist*[4].

Elektronische Dateien sind bei Speicherung auf Datenträger dauerhaft verkörpert[5] (im RAM jedoch nicht[6]), aber nicht aus sich heraus (also ohne technische Hilfsmittel) wahrnehmbar[7], wie das für Urkunden erforderlich und möglich ist. Der Gleichsetzung steht entgegen, dass das Dokument gerade in dem Augenblick, in dem es (am Bildschirm) wahrnehmbar wird, nicht verkörpert ist, während es in der Verkörperung

1 OLG Frankfurt, Urt.v. 20.11.2002 – 9 U 94/02, JurPC Web-Dok. 91/2003.

2 *Wegscheider*, CR 1989, 925 ff.

3 *Ebbing*, a.a.O., 274.

4 Zu den Erfordernissen siehe u.a. *Heun*, CR 1995, 2, 3, *Seidel*, CR 1993, 409, 410.

5 *Borges*, Verträge im elektronischen Geschäftsverkehr, 429.

6 *Borges*, Verträge im elektronischen Geschäftsverkehr, 432.

7 *Heun*, a.a.O., 3; *Borges*, Verträge im elektronischen Geschäftsverkehr, 429 mit dem Hinweis, dass das US-Recht dieses Erfordernis der unmittelbaren Wahrnehmbarkeit nicht enthält, sondern Aufzeichnungen (*records*) dem Geschriebenen (*writing*) gleichsetzt.

auf Datenträger gerade nicht wahrnehmbar ist[1], sondern hierfür erst noch technische Hilfsmittel eingesetzt werden müssen. Notwendig ist aber, dass das elektronische Dokument, um eine „Urkunde“ zu sein, als **verkörpertes** Dokument **wahrnehmbar** ist. Auf elektronische Datenträgern als Urkundenträgern kann außerdem eine **eigenhändige Unterschrift** nicht vollzogen werden. Sie lässt sich nicht durch den eingescannten und in einer Grafikdatei (zum Einkopieren in Textdateien) vorgehaltenen Schriftzug ersetzen[2]. Elektronische Textdateien sind deshalb keine Urkunden[3]. Der Ausdruck einer zugegangenen E-Mail ist (wie bei Telefax) keine Urkunde des Absenders, kann aber Urkunde des Empfängers dahingehend sein, die E-Mail empfangen zu haben[4].

Für die meisten – gerade für E-Commerce relevanten – Verträge besteht ein solcher Formzwang nicht (z.B. Kauf von beweglichen Sachen)[5], wohl aber etwa bei Verbraucherkreditverträgen („Verbraucherdarlehensvertrag“ nach § 491 BGB, Schriftformerfordernis mit ausdrückliche Ausschluss der elektronischen Form: § 492 Abs. 1 S. 2 BGB; früher: § 4 VerbrKrG) oder die Kündigung von Wohnraum (§§ 568 Abs. 1, 126 BGB), weshalb in diesen Fällen die jeweilige Erklärung weder durch Telefax noch durch E-Mail abgegeben werden kann, auch nicht durch E-Mail mit eingescannter Unterschrift[6]. Die Kündigung von Wohnraum bedarf zwar auch der Schriftform (§§ 568 Abs. 1, 126 BGB), kann aber auch durch elektronische Form erfolgen (§ 126 a BGB).

Online können Urkunden nicht im Original übermittelt, sondern nur „fernkopiert“ werden. In Online-Kommunikation kann damit die traditionelle gesetzliche **Schriftform** nicht eingehalten werden. Die **Kopie** (etwa ein Telefax) einer Urkunde kann das unterzeichnete Original nicht ersetzen und damit die Schriftform nicht einhalten[7]. Erst recht gelten diese Grundsätze für eine E-Mail, da diese zwar auf einem Datenträger, nicht aber schriftlich auf einer Urkunde fixiert ist, allein schon, weil hier ein Unterzeichnen nicht möglich ist. Die verwendete Urkunde muss geeignet sein, Schriftzeichen dauerhaft festzuhalten[8]; schon deshalb stellt eine Textwiedergabe auf dem Bildschirm keine Urkunde dar. Dem Schriftformerfordernis ist natürlich auch genügt, wenn der Computerausdruck eines Textes unterzeichnet wird[9]. Nur die Unterschrift muss eigenhändig erfolgen, nicht aber die Texterstellung selbst[10].

Allerdings können gemäß § 130 a Abs. 1 ZPO Schriftsätze bei Gericht als „elektronische Dokumente“ bzw. per Telefax eingereicht werden. Die Rechtsprechung

---

1 Dem steht nicht entgegen, dass das am Bildschirm gezeigte und das außerdem in einem Speicher abgespeicherte Dokument identisch sein können. Ob sie es tatsächlich sind oder bei dem Vorgang der Übertragung auf den Bildschirm Fehler oder sonstige Veränderungen auftreten, lässt sich am Bildschirm aber nicht ohne weiteres feststellen.

2 *Ebbing*, a.a.O., 274.

3 Die von *Ebbing*, a.a.O., S. 274 vorgeschlagene weiterreichende Auslegung mag zwar technologiefreundlich sein, sie ist aber dogmatisch nicht tragfähig. Ein Tätigwerden des Gesetzgebers zur Klarstellung kann sie nicht ersetzen.

4 So *Borges*, Verträge im elektronischen Geschäftsverkehr, 444.

5 Deswegen war das Fehlen der elektronischen Form auch nicht der Hauptgrund für die eher begrenzte Akzeptanz von E-Commerce-Angeboten.

6 Staudinger/*Sonnenschein*, § 563 Rdn. 16; *Borges*, Verträge im elektronischen Geschäftsverkehr, 629.

7 BGH, JZ 1993, 1005 für § 766 Satz 1 BGB.

8 Palandt/*Heinrichs*, § 126 Rdn. 2.

9 Vgl. *Seidel*, CR 1993, 409, 410.

10 Ausnahme: eigenhändige Testamentserstellung, §§ 2231 Nr. 2, 2247 BGB. Ein per E-Mail erstelltes Testament kann deshalb, jedenfalls nach deutschem Recht, nicht wirksam sein. Das muss selbst dann gelten, wenn es qualifiziert elektronisch signiert ist.

lässt die Unterschriftskopie für die besonderen Zwecke der §§ 129, 130 ZPO genügen, ebenso das elektronische Übertragen einer Textdatei mit eingescannter Unterschrift per Telefax[1], doch betrifft dies nur die Feststellung desjenigen, der berechtigt ist, den jeweiligen Schriftsatz einzureichen (sog. Postulationsfähigkeit)[2]. Von diesen Ausnahmefällen abgesehen müssen schriftformbedürftige Erklärungen, wie z.B. Kündigungen von Wohnraummietverträgen (§ 568 BGB), schriftlich zugestellt werden, also nicht (nur) in elektronischer Form, sondern als eigenhändig unterzeichnete Urkunden (§ 126 Abs.1 BGB).

Werden schriftformbedürftige Geschäfte mündlich oder mittels elektronischer Willenserklärungen abgeschlossen, ist das Rechtsgeschäft wegen Formmangels **nichtig** (§ 125 S. 2 BGB), also ohne Rechtswirkungen. Auch der Versuch, über eine Bestätigung das nichtige Rechtsgeschäft zumindest mit Wirkung für die Zukunft zu einem wirksamen zu machen, muss scheitern, da § 141 BGB hierfür ebenfalls Formwahrung voraussieht[3], andernfalls der Formzwang bequem unterlaufen werden könnte. Werden die genannten Voraussetzungen nicht erfüllt, kann ein Dokument nicht zu einem Urkundsbeweis i.S.d. §§ 415 ff ZPO verwendet werden, sondern nur als Objekt eines Augenscheinsbeweises dienen (§§ 371 ff ZPO), der meist deutlich geringeren Beweiswert hat.

Neben den Fällen gesetzlicher Schriftform besteht ergänzend die Möglichkeit, dass die Vertragsparteien Schriftform durch Rechtsgeschäft vereinbaren (§ 127 Abs. 1 Satz 1 BGB, **gewillkürte Schriftform**). Auch in diesen Fällen müssen Urkunden also eigenhändig unterschrieben werden (bzw. notariell beglaubigtes Handzeichen). Für die gewillkürte Schriftform lässt das BGB jedoch Ersatzformen, nämlich Briefwechsel (also den Verzicht der Unterzeichnung auf derselben Urkunde) und telekommunikative Übermittlung (§ 127 Abs. 2 S. 1 BGB) zu; für letztere ist eine eigenhändige Unterschrift weder möglich noch erforderlich[4]. Da es den Vertragsparteien freisteht, überhaupt die gewillkürte Schriftform zu wählen, können sie auch die eingeschränkte Form wählen.

Durch Parteienvereinbarung kann die Schriftform durch die **elektronische Form** ersetzt werden (§ 126 Abs. 3 BGB, s. unten), bei der der Aussteller seiner jeweiligen Erklärung seinen Namen hinzufügen und dann das elektronische Dokument mit einer qualifizierten elektronischen Signatur versehen muss (§ 126 a Abs. 1 BGB). Diese elektronische Form gilt rechtlich (auch hinsichtlich der Schutzfunktion) als gleichwertige Alternative[5], hat in der Praxis (wegen Fehlens flächendeckender Infrastruktur) aber noch wenig Bedeutung.

2. Elektronische Form

Die elektronische Form wird eingehalten, wenn der Aussteller seiner Erklärung seinen Namen hinzufügt und das elektronische Dokument mit einer **qualifizierten elektronischen Signatur** (im Sinne von § 2 Nr. 3 SigG) versieht (§ 126 a Abs. 1 BGB). Bei einem Vertrag müssen die Parteien jeweils ein gleichlautendes Dokument in der genannten Weise elektronisch signieren (§ 126 a Abs. 2 BGB). Vom Schutzzweck her

---

1 Gemeinsamer Senat, GmSOGB, ZIP 2000, 1356.

2 S. näher *Heun*, CR 1995, 2, 5.

3 Palandt/*Heinrichs*, § 141 Rdn. 4.

4 Palandt/*Heinrichs*, § 127 Rdn. 2.

5 Dauner-Lieb/Heidel/Lepa/*Ring*, Schuldrecht, 2002, § 126 Rdn. 9.

werden gesetzliche Form und Schriftform im BGB als gleichwertige Alternative behandelt[1]. Durch Parteienvereinbarung kann gesetzliche Schriftform durch die elektronische Form ersetzt werden (§ 126 Abs. 3 BGB)[2] etwa auch für den eigenhändig zu unterzeichnenden Frachtbrief (§ 408 Abs. 2 HGB).

Ausgeschlossen ist die elektronische Form als Substitut der Schriftform, soweit dies im Gesetz angeordnet ist. Für Grundstücksgeschäfte sieht Art. 9 Abs. 2 lit a **ECRL** die Möglichkeit des Ausschlusses des Abschlusses von Verträgen auf elektronischem Wege vor, ebenso bei Verträgen, bei denen Gerichte, Behörden oder öffentliche Befugnisse ausübende Berufe mitwirken (Art. 9 Abs. 2 lit b ECRL), Bürgschaftsverträgen und Verträgen über Sicherheiten, die von Personen außerhalb ihrer gewerblichen, geschäftlichen oder beruflichen Tätigkeit eingegangen werden (Art. 9 Abs. 2 lit c ECRL) sowie Verträgen im Bereich des Familien- und Erbrechts (Art. 9 Abs. 2 lit d ECRL).

Der deutsche Gesetzgeber sieht den Ausschluss der elektronischen Form insbesondere vor für die Kündigung von Arbeitsverträgen (§ 623 BGB) und die Erteilung des Arbeitszeugnisses (§ 630 S. 3 BGB) und nach Handelsrecht (§ 73 HGB), den Nachweis wesentlicher Vertragsbedingungen im Arbeitsverhältnis (§ 2 Abs. 1 NachweisG), Kündigungen von Wohnraummietverträgen (§ 564a BGB), für die Erteilung von **Bürgschaften** (§ 766 S. 2 BGB) und Schuldversprechen (§ 780 BGB), erfasst dabei aber auch Freiberufler[3]. Der Ausschluss gilt auch für **Schuldanerkenntnisse** und **–versprechen** (§§ 780, 781 S. 2 BGB)[4] und Leibrentenversprechen (§ 761 BGB). Ebenso können auch **Verbraucherdarlehensverträge** nicht mittels elektronischer Form abgeschlossen werden (§ 492 Abs. 1 S. 2 BGB), ausgenommen Vertragsabschlüsse im Fernabsatz und unter der Voraussetzung, das die Angaben nach § 502 Abs. 1 BGB (wie Bezeichnung der Teilzahlungen und des effektiven Jahreszinses) rechtzeitig mitgeteilt wurden, was allerdings dazu führt, dass das Schriftformerfordernis entfällt und nicht einmal die elektronische Signatur des Verbrauchers benötigt wird[5]. Für Immobiliarverträge besteht Notarzwang (§ 311 b BGB) und muss Eintragung im Grundbuch erfolgen (§ 873 BGB). Die Eigenhändigkeit der Unterschrift ist aber etwa bei mietrechtlichen „Massenkündigungen" verzichtbar (§ 8 MHG, § 10 Abs. 1 Nr. 5 WoBindG).

Der **Nachweis** der ausschließlichen Signatur umfasst den Beweis der ausschließlichen Zuordnung der Signatur zum Signaturschlüsselinhaber. Der Beweis wird unter Hinzuziehen eines Prüfprogrammes und des (dem Zertifikat zu entnehmenden) öffentlichen Schlüssels (Signaturprüfschlüssel) des Signaturverwenders geführt[6].

Soweit der Beweisführer keine Vertragsbeziehung zum Zertifizierungsanbieter hat, jedoch dessen nach § 10 SigG zu erstellende Dokumentation zu Beweiszwecken benötigt, wird er das Gericht aufzufordern haben, dem Prozessgegner gemäß den §§ 371 Abs. 2, 428, 142 bzw. 144 ZPO die **Herausgabe** der Dokumentation aufzugeben[7].

1 Dauner-Lieb/Heidel/Lepa/*Ring*/Noack, Schuldrecht, § 126 Rdn. 9.

2 Diese Vereinbarung nach § 126 Abs. 3 BGB darf nicht mit der gewillkürten Schriftform verwechselt werden, die nur in Fällen in Betracht kommt, in denen gerade *kein* gesetzliches Schriftformerfordernis besteht.

3 *Tettenborn/Bender/Lübben/Karenfort*, K&R Beilage 1 zu Heft 12/2001, 21.

4 *Tettenborn/Bender/Lübben/Karenfort*, K&R Beilage 1 zu Heft 12/2001, 21 haben hier bezweifelt, ob diese Regelungen mit dem Diskriminierungsverbot der ECRL vereinbar sind.

5 *Tettenborn/Bender/Lübben/Karenfort*, K&R Beilage 1 zu Heft 12/2001, 22.

6 *Fischer-Dieskau/Gitter/Paul/Steidle*, MMR 2002, 709, 711.

7 *Fischer-Dieskau/Gitter/Paul/Steidle*, a.a.O.

Dass die Zuordnung ausschließlich zum Signaturschlüsselinhaber erfolgt ist, kann **akkreditierten** Anbietern vermutet werden[1] (§ 15 Abs. 1 S. 4 SigG), bedarf hingegen bei sonstigen Anbietern qualifizierter Signaturen des Nachweises durch Vorlage der Dokumentation des Anbieters gemäß § 10 SigG; dies kann zu Problemen in der Anspruchsdurchsetzung führen, soweit der Signaturempfänger keine vertraglichen Beziehungen zum Zertifizierungsanbieter hat[2].

Die **Identifizierung** des Signaturschlüsselinhabers kann mit dessen **Zertifikat** erfolgen, weil die vorherige eindeutige Identifizierung des Signaturschlüsselinhabers zwingende Bestandteil der Ausstellung eines Zertifikates gemäß den §§ 5 Abs. 1, 7 Abs. 1 Nr. 1 SigG und § 3 SigV ist[3]. Der nichtakkreditierte Anbieter qualifizierter Zertifikate ist nach § 4 Abs. 1 SigV allerdings nur fünf Jahre nach Ablauf des Zertifikates verpflichtet, dieses weiter vorzuhalten, der akkreditierte Anbieter hingegen 30 Jahre lang (§ 4 Abs. 2 SigV). Der Nachweis der Gültigkeit des Zertifikates setzt voraus, dass es **bis zu seiner Wurzel durchgeprüft** und diese als vertrauenswürdiger Anker anzusehen ist, was wiederum die Echtheit des Zertifikates des Verzeichnisdienstes voraussetzt, die allerdings nur bei akkreditierten Anbietern sichergestellt ist[4], nicht bei qualifizierten Anbietern, die sich ihre Vertrauenswürdigkeit selbst oder gegenseitig bestätigen[5].

Zu beweisen ist weiter, dass die Signatur mit Mitteln **erzeugt** wurde, die der Signaturschlüsselinhaber unter seiner alleinigen Kontrolle galten kann (§ 2 Nr. 2 c SigG). Der Prozessgegner kann gemäß § 144 ZPO verpflichtet werden, die Signaturerstellungseinheit vorzulegen[6].

Der Nachweis der Unverfälschtheit setzt voraus, dass die Signatur mit den Daten, auf die sie sich bezieht, so verknüpft ist, dass eine nachträgliche **Änderung** der Daten **erkannt** werden kann, was die Verwendung sicherer Hash- und Signaturverfahren voraussetzt[7]. Weiter muss die Signatur mit einer sicheren Erstellungseinheit erzeugt worden sein (§ 2 Nr. 3 b SigG), die den Anforderungen der §§ 17 Abs. 1 und Abs. 3 SigG, 15 Abs. 1 SigV entsprechen muss. Schließlich muss die Signatur auf einem zum Zeitpunkt ihrer Erzeugung gültigen qualifizierten Zertifikat beruhen. Wird die Gültigkeit dieses Zertifikates bestritten, muss der Beweisführer die Erfüllung sämtlicher Anforderungen nachweisen[8]. Wurde das Zertifikat durch eines akkreditierten Anbieter erstellt, genügt der Nachweis der umfassenden Prüfung dieses Anbieters gemäß § 15 Abs. 1 S. 4 SigG. Bei (nur) qualifizierten Anbieter mit nur behaupteter umfassender organisatorischer und technischer Prüfung muss der Beweisführer hingegen für alle Anforderungen den Vollbeweis führen und hierzu auf die Dokumentation des Anbieters gemäß § 10 Abs. 1 SigG zurückgreifen können (ggfs. über gerichtliche Vorlageanordnung)[9].

Die **Beweiswirkung** der qualifizierte elektronischen Signatur ist stärker als die der

---

1 *Fischer-Dieskau/Gitter/Paul/Steidle*, a.a.O.

2 *Fischer-Dieskau/Gitter/Paul/Steidle*, a.a.O., die eine Aufforderung an das Gericht empfehlen, der Gegenseite gemäß den §§ 371 Abs. 2, 428, 142 bzw. 144 ZPO die Herausgabe aufzugeben.

3 *Fischer-Dieskau/Gitter/Paul/Steidle*, MMR 2002, 709, 711.

4 *Fischer-Dieskau/Gitter/Paul/Steidle*, a.a.O.

5 *Fischer-Dieskau/Gitter/Paul/Steidle*, a.a.O.

6 *Fischer-Dieskau/Gitter/Paul/Steidle*, MMR 2002, 709, 712.

7 *Fischer-Dieskau/Gitter/Paul/Steidle*, a.a.O..

8 *Fischer-Dieskau/Gitter/Paul/Steidle*, a.a.O..

9 *Fischer-Dieskau/Gitter/Paul/Steidle*, a.a.O.

Schrifturkunde. Während bei dieser bei Bestreiten bewiesen werden muss, dass die Unterschrift vom Aussteller stammt (§ 440 Abs. 1 ZPO), wird dies für die qualifizierte elektronische Signatur vermutet[1]. Nach **§ 292 a ZPO** begründet die qualifizierte elektronische Signatur die Anscheinsvermutung der Echtheit der abgegebenen Erklärung, die nur durch Tatsachen erschüttert werden kann, die ernsthafte Zweifel daran begründen, dass die Erklärung mit dem Willen des Signaturschlüsselinhabers abgegeben worden ist[2]. Dieser Anscheinsbeweis wirkt gegen den Inhaber. Er muss sich darauf einstellen, dass er dem Empfänger haftet, wenn er durch fehlerhaftes Verhalten Unberechtigten ermöglicht, seine elektronische Signatur zu benutzen[3]. Voraussetzung der Führung eines solchen Anscheinsbeweises ist, dass ein im Zeitpunkt der Signaturerzeugung gültiges Zertifikat vorgelegt wird, aus dessen Angaben sich das Vorliegen einer qualifizierten elektronischen Signatur ergibt.

Der Beweisführer muss zunächst vortragen und **beweisen**, dass seine oder die ihm übermittelte Signatur eine qualifizierte ist[4]. Hierzu gehört

- der Nachweis der ausschließlichen Signatur (§ 2 Nr. 2 a SigG),
- die Identifizierung des Signaturschlüsselinhabers (§ 2 Nr. 2 b SigG),
- der Nachweis der Schlüsselerzeugung (§ 2 Nr. 2 c SigG),
- der Nachweis der Unverfälschtheit (§ 2 Nr. 2 d SigG),
- die Erzeugung durch eine sichere Signaturerstellungseinheit (§ 2 Nr. 3 b SigG) und
- die Gültigkeit des Zertifikates (§ 2 Nr. 3 a SigG).

Soweit der Beweisführer keine Vertragsbeziehung zum Zertifizierungsanbieter hat, jedoch dessen nach § 10 SigG zu erstellende Dokumentation zu Beweiszwecken benötigt, wird er das Gericht aufzufordern haben, dem Prozessgegner gemäß den §§ 371 Abs. 2, 428, 142 bzw. 144 ZPO die Herausgabe der Dokumentation aufzugeben[5].

§ 292 a ZPO setzt für den **Anscheinsbeweis** eine Prüfung nach dem SigG voraus. Zu prüfen (und vorzutragen) ist,

- auf welche Daten sich die Signatur bezieht (§ 17 Abs. 2 S. 2 Nr. 1 SigG),
- ob die signierten Daten unverändert sind (§ 17 Abs. 2 S. 2 Nr. 2 SigG),
- welchem Signaturschlüsselinhaber die Signatur zuzuordnen ist (§ 17 Abs. 2 S. 2 Nr. 3 SigG),
- welche Inhalte das qualifizierte Zertifikat, auf dem die Signatur beruht, und zugehörige Attribute aufweisen (§ 17 Abs. 2 S. 2 Nr. 4 SigG) und
- zu welchem Ergebnis die Nachprüfung von Zertifikaten nach § 5 Abs. 1 S. 2 SigG geführt hat (§ 17 Abs. 2 S. 2 Nr. 5 SigG).

Vorzulegen ist das Dokument, die hierauf bezogene Signatur, der öffentliche Schlüssel

---

1 Dauner-Lieb/Heidel/Lepa/*Ring*/Noack, Schuldrecht, § 126 a Rdn. 8.

2 Der hier vorausgesetzte Anschein beruht nicht auf einem (noch nicht vorhandenen) Erfahrungswissen, sondern auf gesetzlicher Vorgabe (so ausdrücklich die Bundesregierung in ihrer Gegenäußerung, BT-Drucks. 14/4897, 44, zur die Streichung des § 292 a ZPO fordernden Stellungnahme des Bundesrates), so dass letztlich nicht ein Anscheinsbeweis, sondern eine gesetzliche Beweisregel normiert wurde, nach der nicht derjenige, der sich auf die Signatur beruft, die Sicherheit des Signatursystems beweisen muss, sondern der Schlüsselinhaber die Unsicherheit (*Borges*, Verträge im elektronischen Geschäftsverkehr, 507, 510f).

3 *Geis*, K&R 2002, 59, 61.

4 *Borges*, Verträge im elektronischen Geschäftsverkehr, 511.

5 *Fischer-Dieskau/Gitter/Paul/Steidle*, MMR 2002, 709, 711.

und das Zertifikat der Durchführung der diesbezüglichen Prüfung[1]. Der Aussteller kann die Authentizität einer Erklärung **angreifen**, wenn er vorträgt und beweist, dass ihm beim Signiervorgang nicht oder nicht vollständig diejenigen Daten präsentiert wurden, die er signieren wollte[2]. Während akkreditierte Signaturen selbst kaum angreifbar erscheinen, kann bei Erstellung durch **nichtakkreditierte** (qualifizierte) Zertifizierungsanbieter bestritten werden, dass diese tatsächlich über die erforderliche technische und administrative Sicherheit verfügen. Sachverständige müssen dann (zu u.U. hohen Kosten) prüfen, ob die Anforderungen erfüllt sind. Der Nutzer trägt das Risiko der Beweisführung. Gelingt freilich der Beweis, kommt dies i.E. inhaltlich einer Akkreditierung des Zertifizierungsanbieters auf Kosten der unterlegenen Partei nahe; gelingt der Beweis nicht, führt dies zu einem *Verlust der Vertrauenswürdigkeit für alle Verwender solcher Signaturen und zur Nichtigkeit aller diese Signaturen verwendenden formbedürftigen Geschäfte*[3].

Nach § 371 Abs. 1 S. 2 ZPO unterliegen elektronische Dokumente dem **Augenscheinsbeweis**. Die Datei ist vorzulegen oder zu übermitteln und zur Beweisaufnahme auf einem Computer des Gerichtes sichtbar zu machen. Bloße **Mails** haben angesichts ihrer möglichen Änderbarkeit keinen Beweiswert[4]. Beweis kann mit einem elektronischen Dokument angetreten werden (§ 130 a ZPO), nämlich durch Vorlegung oder Übermittlung (§ 371 S. 2 ZPO).

3. Textform

Das Gesetz sieht ergänzend außerdem die Möglichkeit der „Textform" vor (§ 126 b BGB). Die Erklärung kann in einer Urkunde oder auf andere, zur dauerhaften Wiedergabe in Schriftzeichen abgegeben werden. Es reicht **jede Erklärung in lesbar zu machenden Zeichen** aus; Verkörperung, eigenhändige Unterschrift bzw. qualifizierte elektronische Signatur sind nicht erforderlich[5]. Entsprechend gering ist die Warn- und Beweisfunktion[6].

Genannt werden muss die Person des Erklärenden. Der **Abschluss** der Erklärung muss durch Nachbildung der Namensunterschrift oder anders erkennbar gemacht werden (§ 126 b BGB)[7]. Ein Fax eines unterzeichneten Schreibens erfüllt also das Textformerfordernis[8], da es selbst (wenngleich nicht eigenhändig unterschriebene) Urkunde ist, freilich nur die Fernkopie des Schreibens. Aber auch die Wiedergabe mittels eines anderen Mediums ist ausreichend, sofern sich in diesem Schriftzeichen dauerhaft wiedergeben lassen. Nur die Dauerhaftigkeit der Wiedergabe wird vorausgesetzt, nicht eine Sicherung gegen Veränderung[9]. Textformdarstellung ist damit

---

1 *Fischer-Dieskau/Gitter/Paul/Steidle*, a.a.O., 713.

2 *Fischer-Dieskau/Gitter/Paul/Steidle*, a.a.O., 713, die die Präsentationskomponente eine Art „Achillesferse" der Beweistauglichkeit elektronischer Signaturen nennen.

3 *Fischer-Dieskau/Gitter/Paul/Steidle*, MMR 2002, 709, 713.

4 AG Bonn, Urt.v.25.10.2001 – 3 C 193/01, JurPC Web-Dok. 332/2002.

5 Dauner-Lieb/Heidel/Lepa/*Ring*/Noack, Schuldrecht, § 126 b Rdn. 2.

6 Dauner-Lieb/Heidel/Lepa/*Ring*/Noack, Schuldrecht, § 126 b Rdn. 6.

7 Der Bundesrat (BR-Äußerung, BT-Drucks. 14/6044 v. 15.5.2001, 1) sprach zutreffend von „qualifizierter Formlosigkeit".

8 Dauner-Lieb/Heidel/Lepa/*Ring*/Noack, Schuldrecht, § 126 b Rdn. 9.

9 Dauner-Lieb/Heidel/Lepa/*Ring*/Noack, Schuldrecht, § 126 b Rdn. 14.

möglich auf **Websites**, auch wenn deren Betreiber die Webpages beliebig verändern kann. Auch **E-Mails** und Computerfax werden in diesem Sinne als zur dauerhaften Wiedergabe geeignet angesehen[1], ebenso Datenträger wie Disketten, CD, DVDs, etc.[2]. Mündliche Erklärungen wahren hingegen nicht die Textform[3]. Das muss auch für Internet-Telefonie (*Voice over IP*, VoIP) gelten. Bei Voice-Mail (akustische Datei-Attachments) erfolgt zwar eine Abspeicherung, aber nicht von erforderlichen Schriftzeichen.

„Nachbildung der Unterschrift" wird als Verwenden von Faksimilestempeln oder sonstigen mechanischen Vervielfältigungen der Unterschrift verstanden, bei E-Mail und Computer-Fax das Einfügen der gescannten Unterschrift (als eigene Datei)[4]. Das bloße Schreiben des Namens ist keine Nachbildung der Unterschrift, kann aber eine andere Form der Kenntlichmachung des Abschlusses der Erklärung sein. Verkörperung, eigenhändige Unterschrift bzw. qualifizierte elektronische Signatur sind für die Textform also nicht erforderlich[5]. Entsprechend gering ist die Warn- und Beweisfunktion[6].

Anwendbar ist die Textform etwa bei der unterschriftslosen Form für Mieterhöhungserklärungen (§ 558 a Abs. 1 BGB) und Erklärungen und Anzeigen nach den §§ 554 Abs. 3, 556 a Abs. 2 S. 1, 556 b Abs. 2, 557 b Abs. 3, 559 b Abs. 1, 560 Abs. 1 u. 4 BGB, oder börsenrechtliche Informationen nach den §§ 45 Abs. 4, 53 Abs. 2, 73 Abs. 2 BörsenG.

4. Funktionen der Schriftform und elektronischen Form

Schriftform und nunmehr auch die elektronische Form sollen

- durch die Unterschrift den Nachweis über die Urheberschaft der Erklärung erbringen **(Echtheitsfunktion)**, allerdings nur, soweit der Beweisgegner die Echtheit der Unterschrift nicht bestreitet[7]. Die elektronische Signatur soll diese Funktion erfüllen, indem die signierten Daten in die elektronische Signatur eingehen und jede Änderung bei der Signaturprüfung festgestellt wird[8]. Als wesentlich wurde die mathematisch-logische Verknüpfung zwischen Text und Signierung bezeichnet[9]. **Beispiele**: Erteilung einer Bürgschaftserklärung (§ 766 BGB), Verbraucherdarlehensvertrag (§ 492 Abs. 1 BGB) Schuldanerkenntnis, §§ 780, Schuldversprechen 781 BGB[10] . In diesen Fällen ist übrigens der Ersatz der Schriftform durch die elektronische Form ausdrücklich ausgeschlossen (§§ 492 Abs. 1 S. 2 BGB, 766 S. 2 BGB, § 780 Abs. 1, 781 S. 2 BGB). Bezweifelt wurde, ob der

---

1 Dauner-Lieb/Heidel/Lepa/*Ring*/Noack, Schuldrecht, § 126 b Rdn. 17 (auch für E-Mails im Dateianhang).

2 Dauner-Lieb/Heidel/Lepa/*Ring*/Noack, Schuldrecht, § 126 b Rdn. 18.

3 Dauner-Lieb/Heidel/Lepa/*Ring*/Noack, Schuldrecht, § 126 b Rdn. 19.

4 Dauner-Lieb/Heidel/Lepa/*Ring*/Noack, Schuldrecht, § 126 b Rdn. 24.

5 Dauner-Lieb/Heidel/Lepa/*Ring*/Noack, Schuldrecht, § 126 b Rdn. 2.

6 Dauner-Lieb/Heidel/Lepa/*Ring*/Noack, Schuldrecht, § 126 b Rdn. 6.

7 Begr zum RegE zu § 126 a BGB, BR-Drucks. 535/00, 29.

8 Begr. zur SigV, 24.

9 Dauner-Lieb/Heidel/Lepa/*Ring*/Noack, Schuldrecht, § 126 a Rdn. 7.

10 *Tettenborn/Bender/Lübben/Karenfort*, K&R Beilage 1 zu Heft 12/2001, 21 sehen diese Ausschlussbestimmung als nicht mit dem Diskriminierungsverbot des Art. 9 ECRL vereinbar an.

gegenwärtig bestehende Standard angesichts des schnellen technischen Fortschrittes auch noch nach Jahren garantiert werden könne, weshalb insoweit die Funktionsäquivalenz nicht gegeben sei[1].

- durch die Informations- bzw. **Perpetuierungsfunktion** sicherstellen, dass der Inhalt eines Rechtsgeschäfts später nachprüfbar ist[2].
- den Beweis über rechtliche Beratung sichern (**Beweisfunktion**). Bewiesen werden kann der Inhalt und die Abgabe der Erklärung (letzteres allerdings nur indirekt über einen Schluss nach der Lebenserfahrung, dass eine unterschriebene Erklärung auch abgegeben wurde).
- durch die **Identitätsfunktion** den Aussteller der Urkunde durch seine eigenhändige Unterschrift ausweisen[3]. Die Unterschrift kann in handschriftlicher Form (bei Lesbarkeit) zumeist einem bestimmten Verfasser zugeordnet werden, und zwar nicht nur über die Namensbezeichnung (wobei es mehrere Personen geben kann, die denselben Namen tragen), sondern vor allem über die Handschrift selbst. Die handschriftlich erstellte Unterschrift hat insoweit eine Authentisierungsfunktion[4]. Die elektronische Signatur soll (als qualifizierte) die Identitätsfunktion dadurch erfüllen, dass die Signaturschlüssel durch behördlich genehmigte Zertifizierungsstellen[5] bestimmten Personen zuverlässig zugeordnet werden und ein privater Signaturschlüssel nicht ohne den Willen des Inhabers eingesetzt werden kann, wenn dieser den Datenträger mit dem privaten Signaturschlüssel und die PIN vor dem Zugriff Unbefugter schützt. Er kann die Nutzung des Schlüssels bei Bedarf zusätzlich zu Besitz und Wissen an ein biometrisches Merkmal (z.B. Fingerstruktur) binden, sodass eine Schlüsselnutzung durch Unbefugte praktisch völlig ausgeschlossen ist[6]. Für § 126 a BGB wurde die Verwendung eines öffentlichen Schlüsselzertifikates vorausgesetzt[7]; dies impliziert, dass für eine Signatur nach § 126 a BGB nur asymmetrische Verschlüsselungsverfahren eingesetzt werden können.
- durch die **Abschlussfunktion** den Abschluss der Willenserklärung anzeigen[8]. Deshalb muss sie am Dokument*ende* stehen. Die am Dokumentanfang stehende „Oberschrift", z.B. bei Banküberweisungsformularen, genügt deshalb nicht[9] (und wurde auch wieder aufgegeben). § 126 a Abs. 1 BGB sieht vor, dass der Aussteller seinen Namen dem Dokument „hinzufügen" muss, das erst dann verschlüsselt wird. Die Unterzeichnung kann aber als solche nicht zum Beweis für die Abgabe der Erklärung herangezogen werden[10].
- durch die **Warnfunktion** dem Erklärenden bei typischerweise riskanten Geschäften (wie etwa Verbraucherkrediten) die Bedeutung seiner Erklärung vorführen

---

1 *Sieber/Nöding*, ZUM 2001, 199, 204; *Redeker*, CR 2000, 455, 458.

2 *Borges*, Verträge im elektronischen Geschäftsverkehr, 587.

3 Begr. Zum RegE zu Art. 1 Nr. 3 FormAnpG, BR-Drucks. 535/00, 29; *Borges*, Verträge im elektronischen Geschäftsverkehr, 588.

4 *Wegscheider*, CR 1989, 925 ff.

5 S. mittlerweile etwa debisZERT, TÜV Product Service GmbH, TÜViT, s. DuD 22 (1998) 4, 222ff.

6 Begr. zur SigV, 26.

7 Dauner-Lieb/Heidel/Lepa/Ring/*Noack*, Schuldrecht, § 126 a Rdn. 6

8 Begr. zum RegE, BT-Drucks. 14/4987, 1, 16.

9 BGHZ 113, 48, 51

10 *Borges*, Verträge im elektronischen Geschäftsverkehr, 590

(Übereilungsschutz)[1]. Sie muss auch von der elektronischen Form erfüllt werden[2] und wurde für das umständliche Hantieren mit Chipkarten, Lesegerät und persönlicher Identifikationsnummer bejaht.[3] In der Praxis hat dies sogar eher zu einer Verhinderung der Nutzung geführt. Man kann hier auch von einer „Lästigkeitsfunktion" sprechen.

In einer Grundsatzentscheidung hat das **Bundesverfassungsgericht**[4] festgestellt, es sei Sinn und Zweck der einfachen Schriftform zu gewährleisten, dass zum einen aus dem Schriftstück der Inhalt der Erklärung und die Person, von der sie ausgeht, hinreichend zuverlässig entnommen werden können und zum anderen das Schriftstück mit Wissen und Wollen des Berechtigten dem Empfänger zugeleitet worden ist. Deshalb ist vom Zweck des Schriftformerfordernisses her die eigenhändige Unterzeichnung keine wesentliche Voraussetzung der Schriftlichkeit; vielmehr genügt es, wenn aus dem Schriftstück ansonsten in einer jeden Zweifel ausschließenden Weise ersichtlich ist, von wem die Erklärung herrührt und dass kein bloßer Entwurf vorliegt. Die Entscheidung bezieht sich zwar zunächst nur auf die Auslegung verfahrensrechtlicher Vorschriften (hier: § 345 Abs. 2 StPO), die durch Gerichte nicht in unzumutbarer, aus Sachgründen nicht mehr zu rechtfertigender Weise erschwert werden darf. Die Grundüberlegung des Urteils wird aber auch im Rechtsverkehr nicht völlig außer acht bleiben können.

Wirksam war ein Verzicht einer Arbeitnehmerin auf zusätzliche Zahlungsansprüche, den sie in einer **E-Mail** erklärte, der jedoch nicht in den schriftlichen Arbeitsvertrag aufgenommen wurde[5].

IV. Elektronische Rechnungsstellung

Rechnungen können auch als elektronische gestellt werden, wenn der abrechnende Unternehmer die Rechnung mit einer elektronischen Signatur versieht (§ 14 Abs. 4 S. 2 UStG). Das Vorliegen einer Rechnung im umsatzsteuerrechtlichen Sinne setzt damit nicht (mehr) eine Urkunde voraus[6]. Zugleich ist gemäß den „Grundsätzen zum Datenzugriff und zur Prüfbarkeit digitaler Unterlagen (GDPbU)" der Vorsteuerabzug aus elektronischen Rechnungen mit der elektronischen Signatur möglich.

---

1 Für alle *Ebbing*, 275; s.a. Begr. zum RegE zum FormAnpG, § 126 a BGB, BR-Drucks. 545/00, 29

2 5. Zwischenbericht der Enquete-Komm.Zukunft der Medien in Wirtschaft und Gesellschaft, BT-Drucks. 13/11003, 17

3 Dauner-Lieb/Heidel/Lepa/*Ring*/Noack, Schuldrecht, § 126 a Rdn. 9; a.A. etwa *Sieber/Nöding*, ZUM 2001, 199, 205 (Der online abgegebenen Erklärung werde nicht das gleiche Gewicht wie handschriftlicher Erklärung beigemessen).

4 BVerfG, Beschl.v.4.7.2002 – 2 BvR 2168/00, CR 2003, 28 (für Einspruch gegen Strafbefehl durch nicht handschriftlich unterzeichnetes Fax).

5 ArbG Frankfurt, Urt.v.14.1.2002 – 7 Ca 5380/01, Heise Online, 14.1.2002, www.heise.de/newsticker/data/anw-14.01.02-004/).

6 *Mietbrodt*/*Mayer*, MDR 2001, 432, 435.

§ 4 Das Recht der elektronische Signaturen

Die Verwendung der elektronischen Signatur hat für Verträge wesentliche Bedeutung, soweit die Schriftform im elektronischen Geschäftsverkehr substituiert werden muss, ist aber nicht auf diesen Bereich beschränkt; aus diesem Grunde wird dieser Themenbereich in einem eigenen Kapitel behandelt. In § 3 werden die Abgrenzungen zwischen Schriftform, elektronischer Form und Textform erläutert, ebenso die Beweiswirkung von elektronischen Signaturen (Abschnitt B.).

Rechtsquellen sind die EG-Signaturrichtlinie[1] und das Signaturgesetz[2]. Das **Signaturgesetz** trat am 1.8.1997 (SigG 97) als Teil des IuKDG in Kraft und regelte die Verwendung von damals sog. „digitalen" Signaturen im Geschäftsverkehr. Am 22.5. 2001 trat das (das SigG 97 novellierende) Gesetz über Rahmenbedingungen für elektronische Signaturen (SigG) in Kraft, das die EG-Signaturrichtlinie 1999/93/EG (Sig-RL)[3] umsetzte. Am 24.6.2004 wurde der Entwurf für ein Änderungsgesetz zum SiG[4] in das Gesetzgebungsverfahren eingebracht. Auf die vorgesehenen Änderungen wird nachfolgend verwiesen (soweit sie nicht nur redaktioneller Art sind).

Ziel der Sig-RL ist, gemeinschaftsweit die rechtliche Anerkennung elektronischer Signaturen zu harmonisieren und sicherzustellen. Mit dem SigG soll eine Rechtssicherheit erreicht werden, wie sie bei der Anwendung der Schriftform möglich ist[5]. Ausgeklammert bleiben hingegen diejenigen Regelungsbereiche, in denen die Ersetzung der Schriftform durch die elektronische Form ausgeschlossen wurde. Auf der Grundlage von § 24 SigG wurde am 16.11.2001 die **Signaturverordnung**[6] erlassen.

Auf **internationaler Ebene** verlangen die UNCITRAL Uniform Rules[7] als Ersatz für die eigenhändige Unterzeichnung die Anwendung eines Verfahren zur Feststellung der Identität einer Person und ihres Einverständnisses mit der elektronisch gespeicherten Information sowie die für die verfolgten Zwecke ausreichende Zuverlässigkeit der Verfahrens (Art. 7 „*Signature*"). Die Regelungen sind technologieneutral ausgelegt, so dass sie bei Einsatz unterschiedlicher technischer Verfahren angewendet werden können. Die Signaturrichtlinie basiert auf den Uniform Rules, betont aber den erforderlichen hohen Sicherheitsstandard stärker[8].

Bisher ist die **Gleichwertigkeit** elektronischer Signaturen aber nicht gewährleistet. Man kann also z.B. nicht eine nach dem Digital Signatur Act des US-Staates Utah erstellten Signatur in Deutschland als qualifizierte elektronische Signatur nutzen und

---

1 Richtlinie 1999/93/EG des Europäischen Parlamentes und des Rates über gemeinschaftliche Rahmenbedingungen für elektronische Signaturen, vom 13.12.1999, ABl. Nr. L 13 v.19.1.2000, 12.

2 Gesetz über Rahmenbedingungen für elektronische Signaturen (Signaturgesetz – SigG) v. 16.5.2001, BGBl 2001 I 876.

3 Die Richtlinie ist nach Roßnagel ein kompliziertes Regelungsgeflecht, das durch differierende Regelungsansätze und divergierende Regelungsziele geprägt sei, nämlich eine eigenartige Mischung aus Marktfreiheit (Art. 3 Abs. 1 und Art. 4), Marktkorrektiv (Art. 6), organisatorische Anforderungen an Zertifizierungsdienste und technische Komponenten und Etablierung von Überwachungssystemen (*Roßnagel*, K&R 2000, 313, 315).

4 Entwurf eines Ersten Gesetzes zur Änderung des Signaturgesetzes (1. SigÄndG), BT-Drucks. 15/3417 v. 24.6.2004. Das 1. SigÄndG trat am 11.Januar 2005 **in Kraft** (BGBl I 2005, 2; s. *Roßnagel*, NJW 2005, 385).

5 *Bieser*, CR 1996, 564, 566.

6 Verordnung zur elektronischen Signatur (Signaturverordnung – SigV) v. 16.11.2001, BGBl 2001 I 3074.

7 UNCITRAL Uniform Rules on Electronic Signatures (www.uncitral.org).

8 Gounalakis/Kühne/*Bledjahn*, Rechtshandbuch Electronic Business, § 7 Rdn. 47.

damit nicht die elektronische Form einhalten[1], was für Abschluss und Erfüllung internationaler Verträge nicht förderlich ist.

In der **Praxis** ist die Akzeptanz von Signaturkarten noch eher zögerlich. Bis Anfang 2004 wurden erst etwa 30.000 Karten ausgegeben[2], so dass eine „kritische Masse" noch lange nicht erreicht ist, die ihrerseits zum Erwerb motivieren könnte, da sie noch von zuwenig Kommunikationspartnern eingesetzt wird. Auch scheint der Nachweis noch nicht erbracht, dass elektronisch signierte Dokumente auch nach Jahren und Jahrzehnten noch zur Beweisführung geeignet sind[3].

1. Regelung des Signaturgesetzes

Die Einhaltung der vom Gesetz verlangten Schriftform (s. S. 121) ist im elektronischen Dokumentenaustausch nicht möglich, da nicht die eigenhändige Unterschrift, sondern nur deren Kopie elektronisch übermittelt werden kann. Hieraus hat sich das Erfordernis ergeben, mit der elektronischen Signatur eine (insbesondere im Internet und im E-Commerce verwendbare) funktionsgleiche Ersatzform zu schaffen.

Das **Signaturgesetz 1997** (SiG 97) baute ausdrücklich auf asymmetrischen Verschlüsselungsverfahren auf. Das SigG 97 definierte in § 2 Abs. 1 „digitale Signatur" als ein „mit einem privaten Signaturschlüssel erzeugtes Siegel zu digitalen Daten, das mit Hilfe eines zugehörigen öffentlichen Schlüssels, der mit einem Signaturschlüssel-Zertifikat einer Zertifizierungsstelle ... versehen ist, den Inhaber des Signaturschlüssels und die Unverfälschtheit der Daten erkennen lässt". Dieses Siegel wird mit einem privaten Schlüssel erzeugt und kann mit einem anderen öffentlichen Schlüssel geprüft werden. In dieser Prüfung ist der Inhaber des (privaten) Signaturschlüssels erkennbar sowie die Unverfälschtheit der Daten. Die Verwendung der Ausdrücke „privater Signaturschlüssel" und „öffentlicher Signaturschlüssel" stellte klar, dass das SigG auf asymmetrische Verschlüsselungsverfahren Bezug nimmt, eine auch in der Novellierung beibehaltene Unterscheidung. Zugleich stellte das SigG 1997 die Verwendung anderer Verfahren für die digitale Signatur frei, soweit digitale Signaturen nicht durch Rechtsvorschrift vorgeschrieben sind (so § 1 Abs. 2 SigG).

Die **Signaturrichtlinie** unterscheidet zwischen der „elektronischen Signatur", also „Daten in elektronischer Form, die anderen elektronischen Daten beigefügt oder logisch mit ihnen verknüpft sind, und die zur Authentifizierung dienen" (Art. 2 Nr. 1 Sig-RL) und der „fortgeschrittenen elektronischen Signatur", die ausschließlich dem Unterzeichner zugeordnet ist, die Identifizierung des Unterzeichners ermöglicht, mit Mitteln erstellt wird, die der Unterzeichner unter seiner alleinigen Kontrolle halten kann, und die so mit den Daten verknüpft ist, auf die sie sich bezieht, dass eine nachträgliche Veränderung der Daten erkannt werden kann (Art. 2 Nr. 2 lit. a) bis d) Sig-RL)[4].

Das **Signaturgesetz 2001** unterscheidet drei Signaturformen, die (einfache)

---

1 *Borges*, Verträge im elektronischen Geschäftsverkehr, 126, 127. Zusätzlich notwendig wäre vielmehr ein Anerkennungszertifikat nach § 23 Abs. 1 S. 2 SigG für Signaturen aus Nicht-EWR-Staaten, die zumeist die EU-Anforderungen nicht erfüllen (*Borges*, Verträge im elektronischen Geschäftsverkehr, 129).

2 Heise online, 16.1.2004, *Krempl*, Markt für E-Signaturen kommt nur langsam in Schwung, www.heise.de/newsticker/data/anw-16.01.04-000.

3 *Fischer-Dieskau/Roßnagel/Steidle*, MMR 2004, 451.

4 Ähnlich unterscheidet der UNCITRAL-Entwurf zwischen einer (einfachen) „*electronic signature*" und einer „*enhanced electronic signature*" (www.ilpf.org/digsig/survey.htm), s.n. *Blum*, K&R 2000, 64, 65.

„elektronische Signatur", die „fortgeschrittene elektronische Signatur" und die „qualifizierte elektronische Signatur". Eine Sonderform der qualifizierten elektronischen Signatur unterscheidet sich von dieser dadurch, dass zusätzlich Zertifizierung durch einen akkreditierten Anbieter erfolgt.

a) Elektronische Signatur

Als „elektronische Signaturen" definiert § 2 Nr. 1 SigG „Daten in elektronischer Form, die anderen elektronischen Daten beigefügt oder logisch mit ihnen verknüpft sind und die zur Authentifizierung dienen". Anders als das SigG 97 lautet die Bezeichnung nicht mehr „digitale Signatur". Elektronische Signaturen sind in ihrer Funktion auf eine Identifizierung des Urhebers der Daten beschränkt. Beispiele sind die eingescannte Unterschrift[1], aber etwa auch ein frei wählbares Passwort, das zur Absicherung bei Erstellung eines Dokumentes in ein Textfeld eingegeben wird. Für solche einfachen Signaturen ist keine Public-Key-Infrastukturen erforderlich und Vertrauenswürdigkeit nicht gesichert. Als Signatur nach Nr. 1 lässt sich auch eine eingescannte Unterschrift verstehen. Die vom deutschen Gesetzgeber zusätzlich eingeführte „qualifizierte elektronische Signatur" ist in der Sig-RL nicht vorgesehen.

Nicht ganz zutreffend erscheint die Auffassung, eine mit einer elektronischen Signatur versehene Erklärung erfülle nicht ohne weiteres auch die Textform im Sinne von § 126 b BGB, da nach letzterer auch der Abschluss erkennbar gemacht werden muss[2]; ist die Signatur am Dokumentende angebracht, zeigt sie selbst den Dokumentabschluss an.

b) Fortgeschrittene elektronische Signatur

Als „fortgeschrittene elektronische Signatur" definiert § 2 Nr. 2 SigG elektronische Signaturen nach Nummer 1, die

1. ausschließlich dem Signaturschlüssel-Inhaber zugeordnet sind (§ 2 Nr. 1 SigG),
2. die Identifizierung des Signaturschlüssel-Inhabers ermöglichen (§ 2 Nr. 2 SigG),
3. mit Mitteln erzeugt werden, die der Signaturschlüssel-Inhaber unter seiner alleinigen Kontrolle halten kann (§ 2 Nr. 3 SigG), und
4. mit den Daten, auf die sie sich beziehen, so verknüpft sind, dass eine nachträgliche Veränderung der Daten erkannt werden kann (§ 2 Nr. 4 SigG).

Als Inhaber des Signaturschlüssels wird der Inhaber desjenigen Schlüssels verstanden, mit dem die Signatur erzeugt wird, bei asymmetrischen Verfahren also der geheime Schlüssel[3]. Die Identifizierung des Inhabers kann durch einfaches Zertifikat nach § 2 Nr. 6 SigG erfolgen[4]. Beispiel für eine fortgeschrittene elektronische Signatur ist etwa *Pretty Good Privacy* (PGP)[5], ein kryptographisches Verschlüsselungsprogramm.

---

1 Gesetzesbegr., BT-Drucks. 14/4662, 18.

2 *Jungermann*, DuD 2003, 69, 71.

3 Kröger/Gimmy/*Bizer*, Internet-Recht, 57.

4 Kröger/Gimmy/*Bizer*, Internet-Recht, 57.

5 Kröger/Gimmy/*Bizer*, Internet-Recht, 57.

c) Qualifizierte elektronische Signatur

Als „qualifizierte elektronische Signaturen" definiert § 2 Nr. 3 SigG elektronische Signaturen nach Nummer 2, die

1. auf einem zum Zeitpunkt ihrer Erzeugung gültigen qualifizierten Zertifikat beruhen (§ 2 Nr. 3 a SigG) und
2. mit einer sicheren Signaturerstellungseinheit erzeugt werden (§ 2 Nr. 3 b SigG).

Die qualifizierte elektronische Signatur muss die Voraussetzungen der fortgeschrittenen elektronischen Signatur nach § 2 Nr. 2 (a) – (d) SigG erfüllen (also die der elektronischen Signatur im Sinne von § i.S.v. Art. 5 Abs. 1 RL[1]), jedoch dürfen nur von einem Zertifizierungsdiensteanbieter erstellte Schlüsselpaare verwendet werden. Der private Schlüssel des Nutzers befindet sich in der Regel auf einer Chipkarte. Das erforderliche qualifizierte Zertifikat muss den Anforderungen der §§ 4 – 14, 23 SigG, SigV entsprechen.

d) Qualifizierte elektronische Signatur mit Anbieterakkreditierung

Als vierte Stufe wurde unter Ausschöpfen eines Regelungsspielraumes in Art. 2 Nr. 13, 3 Abs. 2 SigRL qualifizierte elektronische Signaturen mit Anbieterakkreditierung eingeführt (§ 15 SigG). Vorausgesetzt ist hier, dass sich der Zertifizierungsdiensteanbieter von der zuständigen Behörde akkreditieren lässt. Die Akkreditierung ist freiwillig, also keine Voraussetzung generell für seine Tätigkeit[2]. Der Betreiber muss zur **Akkreditierung** zunächst bei der zuständigen Behörde eine Lizenz beantragen (§ 4 Abs. 1 SigG; zulässig nach Art. 3 Abs. 7 SigRL). Der Antragsteller muss die erforderliche Zuverlässigkeit und Fachkunde besitzen (§ 4 Abs. 2 und 3 SigG). Die erfolgte Akkreditierung durch die Regulierungsbehörde (RegTP) nach § 15 Abs. 1 S. 3 SigG stellt eine Art Gütezeichen dar[3]. Erfüllt der Antragsteller die Voraussetzungen, hat er einen Anspruch auf Akkreditierung. Die RegTP stellt als „Wurzel" (*root*) ein Zertifikat[4] für den akkreditierten Anbieter aus und hat dieses bei Widerruf der Akkreditierung zu sperren. Auf dieser Grundlage kann dann der Anbieter seinerseits Zertifikate ausstellen. Nur bei akkreditierten Zertifizierungsdiensteanbietern ist (über § 13 SigG) sichergestellt, dass bei Tätigkeitsbeendigung andere Anbieter die Tätigkeit oder eine Abwicklung der Verträge übernehmen und Signaturen langfristig überprüfbar bleiben[5].

e) Weitere zentrale Begriffe

Weitere enthält das SigG 2001 die nachfolgend erläuterten **zentralen Definitionen**: „**Signaturschlüssel**" sind „einmalige elektronische Daten wie private krytographische Schlüssel, die zur Erstellung einer elektronischen Signatur verwendet werden" (§ 2 Nr.

---

1 *Bröhl/Tettenborn*, Das neue Recht der elektronischen Signaturen, 55.

2 Die definierende Bestimmung in § 2 Nr. 15 SigG ist insoweit etwas missverständlich, als dort von einem Verfahren zur Erteilung einer Erlaubnis für den Betrieb des Zertifizierungsdienstes gesprochen wird. Zulässig ist dieser Betrieb auch ohne Erlaubnis.

3 Kröger/Gimmy/*Bizer*, Internet-Recht, 78.

4 Zum Wurzelzertifikat s. *Bizer*, DuD 2002, 107.

5 *Bertsch/Fleisch/Michels*, DuD 2002, 69, 72.

4 SigG). „**Signaturprüfschlüssel**“ sind „elektronische Daten wie öffentliche kryptographische Schlüssel, die zur Überprüfung einer elektronischen Signatur verwendet werden“ (§ 2 Nr. 5 SigG). „**Signaturschlüssel-Inhaber**“ sind „natürliche Personen, die Signaturschlüssel besitzen und denen die zugehörigen Signaturprüfschlüssel durch qualifizierte Zertifikate zugeordnet sind“ (§ 2 Nr. 9 SigG). Das 1. SigÄndG sieht vor, dass bei qualifizierten elektronischen Signaturen den Inhabern die zugehörigen Signaturprüfschlüssel durch qualifizierte Zertifikate zugeordnet sein muss[1].

„**Sichere Signaturerstellungseinheiten**“ sind „Software- oder Hardwareeinheiten zur Speicherung und Anwendung des jeweiligen Signaturschlüssels, die mindestens die Anforderungen nach § 17 oder § 23“ SigG und § 24 SigVO „erfüllen und die für qualifizierte elektronische Signaturen bestimmt sind“ (§ 2 Nr. 10 SigG). Sie werden für die Erzeugung qualifizierter elektronischer Signaturen eingesetzt, weshalb sie Fälschungen von Signaturen und Verfälschungen signierter Daten zuverlässig erkennbar machen und gegen unberechtigte Nutzung der Signaturschlüssel schützen müssen (§§ 17 Abs. 1 S. 1 SigG, 15 Abs. 1 SigV).

„**Signaturanwendungskomponenten**“ sind dazu bestimmt, Daten dem Prozess der Erzeugung oder Prüfung qualifizierter elektronischer Signaturen zuzuführen oder qualifizierte elektronische Signaturen zu prüfen (§ 2 Nr. 11 lit. a SigG) oder qualifizierte Zertifikat nachzuprüfen und die Ergebnisse anzuzeigen (§ 2 Nr. 11 lit b SigG). Zum Nachweis der Sicherheit genügt hinsichtlich Signaturanwendungskomponenten und technischen Komponenten für Zertifizierungsdienste eine Erklärung des Herstellers des Produktes (§ 17 Abs. 2 u. 3 i.V.m. Abs. 4 S. 2 SigG), während bezüglich der sicheren Signaturerstellungseinheiten und technische Komponenten zur Erzeugung und Übergabe von Signaturschlüsseln die Bestätigung anerkannter Stellen nach § 18 SigG erforderlich ist. Signaturanwendungskomponenten müssen gewährleisten, dass

- bei der Erzeugung einer qualifizierten elektronischen Signatur die Identifikationsdaten nicht preisgegeben und diese nur auf der jeweiligen sicheren Signaturerstellungseinheit gespeichert werden (§ 15 Abs. 2 Nr. 1 lit. a SigV), eine Signatur nur durch die berechtigt signierende Person erfolgt (§ 15 Abs. 2 Nr. 1 lit. b SigV) und die Erzeugung einer Signatur vorher eindeutig angezeigt wird (§ 15 Abs. 2 Nr. 1 lit. c SigV).
- bei der Prüfung einer qualifizierten elektronischen Signatur die Korrektheit der Signatur zuverlässig geprüft und zutreffend angezeigt wird (§ 15 Abs. 2 Nr. 2 lit. a SigV) und eindeutig erkennbar wird, ob die nachgeprüften qualifizierten Zertifikate im jeweiligen Zertifikatverzeichnis zum angegebenen Zeitpunkt vorhanden und nicht gesperrt waren (§ 15 Abs. 2 Nr. 2 lit. b SigV).

„**Qualifizierte Zeitstempel**“ sind nach § 2 Nr. 14 SigG „elektronische Bescheinigungen eines Zertifizierungsdiensteanbieters, der mindestens die Anforderungen nach den §§ 4 bis 14 sowie § 17 oder 23“ des SigG „und der sich darauf beziehenden Vorschriften der Rechtsverordnung nach § 24 erfüllt, darüber, dass ihm bestimmte elektronische Daten zu einem bestimmten Zeitpunkt vorgelegen haben“.

„**Technische Komponenten für Zertifizierungsdienste**“ sind nach § 2 Nr. 12 SigG „Software- oder Hardware-Produkte, die dazu bestimmt sind,

a) Signaturschlüssel zu erzeugen und in eine sichere Signaturerstellungseinheit zu übertragen,
b) qualifizierte Zertifikate öffentlich nachprüfbar und gegebenenfalls abrufbar zu halten oder

[1] Entwurf eines Ersten Gesetzes zur Änderung des Signaturgesetzes, BT-Drucks. 15/3417.

c) qualifizierte Zeitstempel zu erzeugen".

„**Produkte für qualifizierte elektronische Signaturen**" sind nach § 2 Nr. 13 SigG „sichere Signaturerstellungseinheiten, Signaturanwendungskomponenten und technische Komponenten für Zertifizierungsdienste". Anlage 1 zur § 11 Abs. 3 SigV enthält die Vorgaben über die Prüfung von Produkten für qualifizierte elektronische Signaturen (§ 2 Nr. 13 SigG), zu denen die Signaturerstellungseinheiten, die Signaturanwendungskomponenten und technische Komponenten für Zertifizierungsdienste gehören. Die Prüfung muss nach den „Gemeinsamen Kriterien für die Prüfung und Bewertung der Sicherheit von Informationstechnik" (*Common Criteria* – CC) oder nach den „Kriterien für die Bewertung von Systemen der Sicherheit der Informationstechnik" (ITSEC) erfolgen.

§ 15 SigV regelt die näheren Anforderungen. Hiernach müssen die sicheren Signaturerstellungseinheiten gewährleisten, dass der Signaturschlüssel darf erst nach Identifikation des Inhabers durch Besitz und Wissen oder durch Besitz und ein oder mehrere biometrische Merkmale angewendet werden kann (§ 15 Abs. 1 S. 1 SigV). Der Signaturschlüssel darf nicht preisgegeben werden (§ 15 Abs. 1 S. 2 SigV). Werden biometrische Verfahren genutzt, muss hinreichend sichergestellt sein, dass eine unbefugte Nutzung des Signaturschlüssels ausgeschlossen ist und eine dem wissensbasierten Verfahren gleichwertige Sicherheit gegeben sein (§ 15 Abs. 1 S. 3 SigV).

Schließlich müssen die zur Erzeugung und Übertragung von Signaturschlüsseln erforderlichen technischen Komponenten gewährleisten, dass aus einem Signatur*prüf*schlüssel oder einer Signatur nicht der Signaturschlüssel errechnet werden kann und die Signaturschlüssel nicht dupliziert werden können (§ 15 Abs. 1 S. 4 SigV).

f) Zertifikate und Zertifizierung

„**Zertifikate**" sind „elektronische Bescheinigungen, mit denen Signaturprüfschlüssel einer Person zugeordnet werden und die Identität dieser Person bestätigt wird" (§ 2 Nr. 6 SigG). „**Qualifizierte Zertifikate**" sind „elektronische Bescheinigungen nach Nummer 6 für natürliche Personen[1], die die Voraussetzungen des § 7 erfüllen und von Zertifizierungsanbietern ausgestellt werden, die mindestens die Anforderungen nach den §§ 4 bis 14 oder § 23" SigG und § 24 SigVO „erfüllen" (§ 2 Nr. 7 SigG)[2]. Qualifizierte Zertifikate müssen über ihre Eigenschaft als qualifiziertes Zertifikat informieren (§ 7 Abs. 1 Nr. 8 SigG), um ihre Rechtswirkungen und auch eine Rechtsscheinhaftung zu begründen[3], ebenso über den Namen des Signaturschlüssel-Inhabers (§ 7 Abs. 1 Nr. 1 SigG) und den Signaturprüfschlüssel (§§ 7 Abs. 1 Nr. 2, 2 Nr. 5 SigG), weiter die Algorithmen, mit denen die Signaturprüfschlüssel benutzt werden können (§ 7 Abs. 1 Nr. 3 SigG), die laufende Nummer des Zertifikates (§ 7 Abs. 1 Nr. 4 SigG), Beginn und Ende seiner Gültigkeit (§ 7 Abs. 1 Nr. 5 SigG), den Namen der Zertifizierungsstelle (§ 7 Abs. 1 Nr. 6 SigG) und Angaben über mögliche Beschränkungen der Nutzung des Signaturschlüssels auf bestimmte Anwendungen (§ 7 Abs. 1 Nr. 7 SigG). **Technisch** hat sich der ITU-T Standard X.509 als Format für digitale

---

1 Nur natürliche Personen können qualifizierte Zertifikate erhalten, GesB BT- Drucks. 14/4662, 19, während sonstige Zertifikate auch für juristische Personen erstellt werden dürfen.

2 Hieraus wurde der Umkehrschluss gezogen, dass die §§ 4 – 13 SiG für die Anbieter oder fortgeschrittener elektronischer Signaturen unbeachtlich sind (Kröger/Gimmy/*Bizer*, Internet-Recht, 60).

3 Kröger/Gimmy/*Bizer*, Internet-Recht, 64.

Zertifikate durchgesetzt, das den Namen des Besitzers, den Namen der Zertifizierungsinstanz, den öffentlichen Schlüssel, eine Gültigkeitsdauer und weitere Angaben enthält[1].

Dem Zertifikat hinzugefügt werden können bestimmte **Attribute** (§ 7 Abs. 1 Nr. 9 SigG) etwa zu Berufsangaben wie Notar, Steuerberater oder Rechtsanwalt. Die Vergabe qualifizierter Zertifikate ist in § 5 SigG geregelt. Beantragende Personen sind zuverlässig zu identifizieren (§ 5 Abs. 1 S. 1 SigG), nämlich durch Vorlage eines Personalausweises, Reisepasses oder eines Dokuments mit gleichwertiger Sicherheit. Die Zuordnung der identifizierten Person zum Signaturprüfschlüssel ist durch qualifiziertes Zertifikat zu bestätigen und dieses jederzeit und für jeden über öffentlich erreichbare Kommunikationsverbindungen nachprüfbar und abrufbar zu halten (§ 5 Abs. 1 S. 2 SigG), wobei für den Abruf die Zustimmung des Signaturschlüssel-Inhabers erforderlich ist (§ 5 Abs. 1 S. 3 SigG). Attribute können aufgenommen werden, wenn die jeweiligen gesetzlichen Vorausssetzungen erfüllt sind, was der Antragsteller nachzuweisen hat (§ 5 Abs. 2 SigG).

Der Zertifizierungsdiensteanbieter muss durch geeignete technische Vorkehrungen sicherstellen, dass Daten für qualifizierte Zertifikate **nicht unbemerkt gefälscht** oder verfälscht werden können (§ 5 Abs. 4 S. 1 SigG). Insbesondere ist der Signaturschlüssel nur auf der jeweiligen sicheren Signaturerstellungseinheit erzeugt werden. Möglich ist, dass der Nutzer selbst einen Signaturschlüssel generiert. Dieser darf aber nur zertifiziert werden, wenn der Nutzer eine sichere Signaturerstellungseinheit verwendet, etwa eine Chipkarte, und sich der Zertifizierungsdiensteanbieter hiervon überzeugt und den Signaturschlüssel sicher auf seine Einheit überträgt [2].

Auch muss die **Geheimhaltung** sichergestellt sein (§ 5 Abs. 4 S. 2 SigG), etwa durch persönliche Übergabe von Signaturschlüssel und Identifikationsdaten. Eine Speicherung von Signaturschlüsseln außerhalb der sicheren Signaturerstellungseinheit ist unzulässig (§ 5 Abs. 4 S. 3 SigG).

Technische Komponenten müssen gewährleisten, dass die Sperrung eines Zertifikates nicht unbemerkt rückgängig gemacht werden kann und die Auskünfte auf ihre Echtheit überprüft werden können (§ 15 Abs. 3 S. 1 und 2 SigV). Die Auskünfte müssen beinhalten, ob die nachgeprüften qualifizierten Zertifikate im Verzeichnis der qualifizierten Zertifikate vorhanden und ob sie nicht gesperrt waren (§ 15 Abs. 3 S. 3 SigV). Schließlich muss gewährleistet sein, dass die zum Zeitpunkt der Erzeugung des qualifizierten Zeitstempels gültige gesetzliche **Zeit** unverfälscht in diesen aufgenommen wird (§ 15 Abs. 3 S. 4 SigV).

Auf Verlangen des Antragstellers hat die Zertifizierungsstelle im Zertifikat anstelle seines Namens ein **Pseudonym** aufzuführen (§ 5 Abs. 3 SigG). Im Zusammenhang hiermit ist § 4 Abs. 6 TDDSG 2001 zu beachten, der den Telediensteanbieter (etwas tautologisch) verpflichtet, die Pseudonymverwendung, soweit dies technisch möglich und zumutbar ist, zu ermöglichen. Eine Aufdeckung des Pseudonyms gegenüber Sicherheitsbehörden muss unter Voraussetzung des § 14 Abs. 2 S. 1 SigG erfolgen. Auskünfte sind zu dokumentieren (§ 14 Abs. 2 S. 2 SigG). Das 1.SigÄndG erweitert diese Übermittlungspflicht des Zertifizierungsdiensteanbieters von pseudonymbezogenen Daten generell auf „Daten über die Identität eines Signaturschlüssel-Inhabers".

Die Beschränkung der Vergabe an **natürliche**, nicht aber an juristische **Personen** wurde als „enorme Einschränkung" angesehen, die für Anwendungen nicht akzeptabel sei, in denen die Signaturerstellung von mehreren Personen mit bestimmten Rollen

---

1 *Niesing/Schmeh*, Schlüssel des Vertrauens, c't 2001, 224, 228. Eingesetzt wird Version X.509v3.

2 Kröger/Gimmy/*Bizer*, Internet-Recht, 67.

gemeinsam kontrolliert werden soll[1]. In der Praxis werde hier ein Zertifikat zu einem Pseudonym ausgestellt, das auf eine natürliche Person verweise. Tritt diese Person etwa aus dem Unternehmen aus, übernehme eine andere Person das Pseudonym, wodurch das Pseudonym zweckentfremdet und die die eindeutige Zuordnung eines öffentlichen Schlüssels zu einer natürlichen Person aufgehoben werde[2].

Die Zertifizierungsstelle muss eine ein Zertifikat beantragende **Person** zuverlässig **identifizieren** (§ 5 Abs. 1 S. 1 SigG)[3]. Die Stelle muss weiter die genannte Zuordnung bestätigen und Signatur- wie Attribut-Zertifikate „jederzeit für jeden über öffentlich erreichbare Telekommunikationsverbindungen nachprüfbar und mit Zustimmung des Signaturschlüssel-Inhabers abrufbar" halten (§ 5 Abs. 1 S. 2 SigG).

Das qualifizierte **Zertifikat** bedarf als elektronisches Dokument selbst einer qualifizierten **elektronischen Signatur**, die die Identität des Signatuschlüssel-Inhabers bestätigt und von einem Zertifizierungsdiensteanbieter nach § 2 Nr. 7 SigG ausgestellt wird (§ 7 Abs. 1 SigG). Nun benötigt der dieses Zertifikat ausstellende Zertifizierungsdiensteanbieter selbst ein qualifiziertes elektronisches Zertifikat („Wurzelzertifikat"). Akkreditierte Zertifizierungsdiensteanbieter erhalten dieses von der zuständigen Behörde (§§ 3, 16 Abs. 1 SigG). Andere solche Anbieter können sich entweder selbst[4] oder gegenseitig zertifizieren; eine gesetzliche Regelung fehlt insoweit.

Die **Zertifikatserstellung** durch den Diensteanbieter folgt grundsätzlich Werkvertragsrecht[5]. Der vom Berechtigten geheim zu haltende private Signaturschlüssel darf keinesfalls bei der Zertifizierungsstelle gespeichert werden (§ 5 Abs. 4 S. 3 SigG).

Die Zertifizierungsstelle hat den Antragsteller über die für die digitale Signatur und deren Prüfung notwendigen Maßnahmen zu **unterrichten** (§ 6 SigG). Zu unterrichten ist auch über die Rechtswirkungen qualifizierter elektronischer Signaturen (§ 6 Abs. 2 SigG). Die Unterrichtung muss schriftlich erfolgen und dem Antragsteller ausgehändigt werden, der die Kenntnisnahme durch gesonderte Unterschrift zu bestätigen hat (§ 6 Abs. 3 S. 1 SigG), womit jede Form der elektronischen Unterrichtung ausgeschlossen war[6], jedoch durch die Gesetzesänderung 2004 in Textform zulässig ist.

Auf Verlangen des Inhabers sind qualifizierte Zertifikate unverzüglich zu **sperren**, ebenso, wenn sie auf Grund falscher Angaben erstellt wurden oder wenn der Diensteanbieter seine Tätigkeit beendet und diese nicht von einem anderen Anbieter fortgeführt wird, ebenso bei Anordnung durch die Aufsichtsbehörde oder dann, wenn berufsbezogene Attributangaben nicht mehr zutreffen (§ 8 Abs. 1 SigG).

Ausländische digitale Signaturen sind deutschen digitalen Signaturen **gleichgestellt**, wenn für sie ein ausländisches Zertifikat aus dem EU- bzw. EWR-Raum vorliegt bzw. wenn mit anderen Staaten zwischenstaatliche Vereinbarungen über die Zertifikatsanerkennung getroffen wurden (s. § 15 Abs. 1 und 2 SigG). Die §§ 23 SigG, 18 SigV

---

1 *Bertsch/Fleisch/Michels*, DuD 2002, 69, 71.

2 *Bertsch/Fleisch/Michels*, DuD 2002, 69, 71.

3 Hierbei darf gemäß § 5 I 2 SigG auf schon vorliegende Identifizierungsdaten zurückgegriffen werden.

4 Kröger/Gimmy/*Bizer*, Internet-Recht, 63 bezeichnen eine solche Selbstzertifizierung als „sinnwidrig" (da es die Funktion des Zertifikates sei, die Identität einer natürlichen Person zu bestätigen), sehen in ihr aber doch eine „wirtschaftlich sinnvolle Lösung" und verweisen auf die Regelung in Anhang I h) der SigRL, die den Weg der Selbstzertifizierung weise. Das eine Regelungslücke enthaltende SiG sei deshalb im Sinne der Richtlinienregelung durch deren analoge Anwendung auszulegen, so dass für das Wurzelzertifikat eine fortgeschrittene elektronische Signatur des ausstellenden Zertifizierungsdiensteanbieters genüge.

5 *Holznagel*, Recht der IT-Sicherheit, § 5 Rdn. 31.

6 GesB, BT-Drucks. 14/4662, 22 und BT-Drucks. 15/5324, 24.

regeln die Feststellung der gleichwertigen Sicherheit ausländischer elektronischer Signaturen.

Die **Zertifizierung** erfolgt aufgrund eines Vertrages zwischen Zertifizierungsstelle und Antragsteller. Inhalt des Vertrages ist die zuverlässige Identifizierung der (antragstellenden) Person (§ 5 Abs. 1 S. 1 SiG) sowie die Zuordnung eines öffentlichen Schlüssels („*public key*") zur identifizierten Person (§ 5 Abs. 1 S. 2 SigG). Beide Leistungsziele stellen einen individualisierten Erfolg dar, sodass auf den Zertifizierungsvertrag **Werkvertragsrecht** anwendbar ist[1], wobei freilich Abgrenzungsprobleme bei massenweiser, rein maschineller Erstellung auftreten können. Die gleiche Zuordnung wird für die Unterhaltung des Zertifikatsverzeichnisses sowie des Sperr- und Zeitstempeldienstes angenommen[2].

Qualifizierte Zertifikate werden höchstens fünf Jahre **prüfbar gehalten** (§ 14 Abs. 3 SigV) und mindestens weitere fünf Jahre im Verzeichnis geführt (§ 4 Abs. 1 SigV). Wurde das Zertifikat durch einen akkreditierten Anbieter erstellt, muss das Zertifikat hingegen dreißig Jahre im Verzeichnis geführt werden (§ 4 Abs. 2 SigV). § 17 SigV sieht außerdem vor, dass längere Zeit benötigte qualifizierte elektronische Signaturen in geeigneten zeitlichen Abständen neu signiert werden sollen. Hierbei soll das Signieren der Hash-Werte der Signaturen genügen[3]. Während für „qualifizierte" Verfahren Zertifikate und Dokumentationen nur für fünf Jahre prüfbar gehalten bzw. für weitere fünf Jahre aufbewahrt werden müssen, läuft diese Frist für „akkreditierte" Verfahren hingegen mindestens 30 Jahre[4]. Ist ein Zertifikat nicht mehr prüfbar, **entfällt** die **Beweiserleichterung** des § 292 a ZPO und damit die Beweismitteltauglichkeit[5]. Für Anwendungen, die eine langfristige Überprüfbarkeit verlangen, können deshalb nur akkreditierte Anbieter in Betracht kommen[6].

Nicht definiert wurde der zentrale Begriff des „**Zertifizierungsdienstes**"[7]. Der Betrieb eines Zertifizierungsdienstes ist „genehmigungsfrei" (§ 4 Abs. 1 SigG), aber anzeigepflichtig (§ 4 Abs. 3 SigG), wobei die Anzeige spätestens mit Betriebsaufnahme erfolgen muss (§ 4 Abs. 3 S. 1 SigG), andernfalls ein Bußgeld verwirkt sein kann (§ 21 Abs. 1 Nr. 2 SigG). Der Anbieter muss im Zeitpunkt der Betriebsaufnahme die erforderliche Zuverlässigkeit und Fachkunde sowie eine Deckungsvorsorge nach § 12 SigG und ein Sicherheitskonzept nachweisen und die Einhaltung über den gesamten Tätigkeitszeitraum sicherstellen (§ 4 Abs. 2 S. 2 – 4 SigG). Andernfalls kann die zuständige Behörde Maßnahmen zur Sicherstellung der Einhaltung der Anforderungen treffen (§ 19 Abs. 2 SigG) oder, wenn diese Maßnahmen keine Erfolg versprechen, den

---

1 *Büllesbach/Pooth/Stauder*, Die Haftung der Zertifizierungsstelle nach dem deutschen Signaturgesetz, in: *Hoeren/ Schüngel*, Rechtsfragen der digitalen Signatur 1999, 175, 191; a.A. ohne Begr. *Timm*, DuD 21 (1997) 9, 525, 526 (Annahme eines Sui-generis-Vertrag mit vorwiegend dienstvertraglichen Elementen; hiergegen spricht aber, dass die Zertifizierungsstelle bei der Durchführung weder der Identifizierung noch der Schlüsselgenerierung von Weisungen des Antragstellers abhängig ist. Vielmehr ist die Zertifizierungsstelle gehalten, in eigener Verantwortung erforderliche Vorkehrungen zu treffen (§ 5 Abs.4 S.1 SigG). Für die Annahme von Werklieferrvertragsrecht (da Schlüssel und Datenträger vom Anbieter geliefert werden) *Büllesbach/ Pooth/Stauder*, a.a.O., 188.

2 *Büllesbach/Pooth/Stauder*, Die Haftung der Zertifizierungsstelle nach dem deutschen Signaturgesetz, in: *Hoeren*/Schüngel, Rechtsfragen der digitalen Signatur 1999, 175, 193; a.A. *Peters/Wernsmann*, Vertragsbeziehungen bei der Verwendung von Signaturen, in: *Hoeren/Schüngel*, a.a.O., 127, 136.

3 *Roßnagel*, BB 2002, 261, 263.

4 *Roßnagel*, BB 2002, 261, 262.

5 *Roßnagel*, BB 2002, 261, 262.

6 *Bertsch/Fleisch/Michels*, DuD 2002, 69, 72.

7 Kröger/Gimmy/*Bizer*, Internet-Recht, 60 schlagen hier die Definition als „Angebot eines qualifizierten Zertifikats nach § 2 Nr. 7 SigG" vor.

Betrieb vorübergehend, teilweise oder ganz untersagen (§ 19 Abs. 3 SigG). Außerdem kann bei Nichteinhaltung eine Ordnungswidrigkeit vorliegen (§ 21 Abs. 1 Nr. 1 SigG). Technische Komponenten für Zertifizierungsdienste sind dazu bestimmt, Signaturschlüssel zu erzeugen und in eine sichere Signaturerstellungseinheit zu übertragen (§ 2 Nr. 12 lit a SigG) oder qualifizierte Zertifikate öffentlich nachprüfbar und ggf. abrufbar zu halten (§ 2 Nr. 12 lit b SigG) oder qualifizierte Zeitstempel zu erzeugen (§ 2 Nr. 12 lit c SigG).

„**Zertifizierungsanbieter**" sind „natürliche oder juristische Personen, die qualifizierte Zertifikate oder qualifizierte Zeitstempel ausstellen" (§ 2 Nr. 8 SigG). Auch Private können damit Betreiber eines Zertifizierungsdienstes sein. Dieser kann genehmigungsfrei betrieben werden. Der Betreiber muss zunächst bei der zuständi-gen Behörde eine Lizenz beantragen (§ 4 Abs. 1 SigG; zulässig nach Art. 3 Abs. 7 SignaturRL). Der Antragsteller muss die erforderliche Zuverlässigkeit und Fachkunde besitzen (siehe näher § 4 Abs. 2 und 3 SigG). Für den **öffentlichen Bereich** kann für die Zertifikatserteilung bezüglich qualifizierter elektronischer Signaturen eine besondere **Akkreditierung** vorgeschrieben werden.

Fortgeschrittene elektronische Signaturen können auf einem einfachen Zertifikat (§ 2 Nr. 6 SigG) beruhen oder auf einem qualifizierten Zertifikat (§ 2 Nr. 7 SigG), ohne aber auf einer sicheren Signaturerstellungseinheit erzeugt zu werden, aber auch auf einem einfachen Zertifikat und auf einer sicheren Signaturerstellungseinheit erzeugt sein. Sie können von Zertifizierungsanbietern erstellt werden, die nicht alle oder sogar keine der Anforderungen der §§ 4 – 14 bzw. § 23 SigG und der SigV erfüllen[1]. Nur bei akkreditierten Zertifizierungsdiensteanbietern ist aber (über § 13 SigG) sichergestellt, dass bei Tätigkeitsbeendigung andere Anbieter die Tätigkeit oder eine Abwicklung der Verträge übernehmen und Signaturen langfristig überprüfbar bleiben[2].

Für „qualifizierte" Verfahren müssen Zertifikate und Dokumentationen nur für weitere fünf Jahre **prüfbar gehalten** bzw. aufbewahrt werden, für „akkreditierte" Verfahren hingegen mindestens 30 Jahre[3]. Ist ein Zertifikat nicht mehr prüfbar, entfällt die Beweiserleichterung des § 292 a ZPO und damit die Beweismitteltauglichkeit[4]. Für Anwendungen, die eine langfristige Überprüfbarkeit verlangen, können deshalb **nur akkreditierte** Anbieter in Betracht kommen[5]. Im Rahmen seiner Unterrichtungspflicht muss der Zertifizierungs-diensteanbieter darauf hinweisen, den privaten Schlüssel nicht an Dritte weiterzugeben[6].

Aus der Formulierung ist durch die Verwendung der Ausdrücke „privater kryptographischer Signaturschlüssel" in § 2 Nr. 4 SigG und „öffentlicher kryptographischer Signaturschlüssel" in § 2 Nr. 5 SigG zu entnehmen, dass das SigG auf **asymmetrische Verschlüsselungsverfahren** Bezug nimmt.

Zugleich stellt es aber die Verwendung **anderer** Verfahren für die digitale Signatur frei, soweit nicht bestimmte elektronische Signaturen durch Rechtsvorschrift vorgeschrieben sind (so § 1 Abs. 2 SigG).

Die elektronische Signatur ist in asymmetrischen Verfahren ein Wert, der mit einer kryptographischen Signierfunktion aus einer Bitfolge *m* (aus einem digitalen Text-, Bild- oder auch Tondokument) und einem vom Ersteller geheimzuhaltenden Signier-

---

1 Kröger/Gimmy/*Bizer*, Internet-Recht, 57f.

2 *Bertsch*/*Fleisch*/*Michels*, DuD 2002, 69, 72.

3 *Roßnagel*, BB 2002, 261, 262.

4 *Roßnagel*, BB 2002, 261, 262.

5 *Bertsch*/*Fleisch*/*Michels*, DuD 2002, 69, 72.

6 *Holznagel*, Recht der IT-Sicherheit, § 5 Rdn. 38.

schlüssel berechnet wird. Dieser Wert wird als „Siegel“ zusammen mit der Bitfolge *m* verschickt. Damit kann die Bitfolge *m* während der Übertragung oder Speicherung nicht unbemerkt verändert werden (Integrität); außerdem wird die Herkunft der Daten bestätigt (Authentizität)[1]. Der Empfänger überprüft dieses „Siegel“ mit dem passenden *öffentlichen* Schlüssel des Erstellers. Die Zuordnung dieses öffentlichen Schlüssels zum Ersteller wird über das Zertifikat sichergestellt. Es genügt dann, dass die Zertifizierungsstelle den öffentlichen Schlüssel authentisch verteilt[2]. Existieren mehrere Zertifizierungsstellen, übernimmt diese Aufgabe die „Wurzel-Zertifizierungsstelle“, im Rahmen des SigG die Behörde. Mit Stand Mai 2003 waren immerhin 23 Zertifizierungsdiensteanbieter akkreditiert, darunter mehrheitlich Rechtsanwalts- und Steuerberaterkammern [3].

g) Akkreditierung

„Freiwillige Akkreditierung“ sind nach § 2 Nr. 15 SigG „Verfahren zur Erteilung einer Erlaubnis für den Betrieb eines Zertifizierungsdienstes, mit der besondere Rechte und Pflichten verbunden sind“. Eine Zulassungspflicht für Anbieter von Zertifizierungsdiensten besteht nicht, jedoch können sich die Anbieter freiwilllig akkreditieren lassen. Das entsprechende Zulassungsverfahren regelt die SigV. Sonstige Anbieter sind nur zu einer Anzeige nach § 4 SigG verpflichtet. Das Verfahren zur freiwilligen Akkreditierung (nach § 15 SigG) ist in § 11 SigV geregelt. Der Anbieter muss durch Vorlage der Ergebnisse der (von der Regulierungsbehörde zugelassenen) Prüf- und Bestätigungsstelle nachweisen, dass er alle Anforderungen aus SigG und SigV erfüllt (§ 11 Abs. 1 und Abs. 2 S. 1 SigV). Regelmäßige Prüfungen sind im Abstand von drei Jahren durchzuführen (§§ 15 Abs. 2 S. 2 SigG, 11 Abs. 2 S. 2 SigV). Akkreditierte Diensteanbieter erhalten von der Regulierungesbehörde für Telekommunikation und Post (RegTP) ein Gütezeichen mit dem Zusatz *„accredited“*.

Prüf- und **Bestätigungsstellen** bedürfen ihrerseits einer Anerkennung nach § 18 SigG. Hierzu muss der Antragsteller Führungszeugnisse, einen Handelsregisterauszug, den Nachweis finanzieller Unabhängigkeit und der technischen, administrativen und juristischen Fachkunde sowie eine Erklärung beifügen, auf welche gesetzlichen Tätigkeiten sich der Antrag bezieht (§ 16 Abs. 1 Nr. 1 – 6 SigV). Zusätzlich sind ausreichende Erfahrungen in der Anwendung der Prüfkriterien nach Anlage 1 sowie nachweisen, dass er eine geeignete Überwachung der Prüftätigkeit sicherstellt, ebenso seine Zuverlässigkeit, Unabhängigkeit und Fachkunde.

Die **Erteilung** der Akkreditierung ist **Verwaltungsakt**. Gegen diesen ist zunächst Widerspruch (§§ 68, 40 VwGO) und bei ablehnendem Widerspruchsbescheid Anfechtungsklage möglich.

Jeder EG-Mitgliedsstaat kann frei entscheiden, ob er freiwillige Akkreditierungssysteme anbietet (so Erwägungsgrund 11 der Sig-RL), ohne dass die Voraussetzungen für solche Systeme selbst harmonisiert worden wären. Dies kann zur Folge haben, dass die einzelnen ausländischen Zertifizierungsdiensteanbieter sich bei einem geplanten europaweiten Angebot auf unterschiedliche Anforderungen der einzelnen Mitgliedsstaaten einrichten müssen, wodurch die Markteintrittsschwelle angehoben ist[4].

---

1 *Fox*, iX 12/1997, 98, 99.

2 *Fox*, a.a.O., 99.

3 S. die Auflistung der RegTP unter www.regtp. de.

4 *Bertsch/Fleisch/Michels*, DuD 2002, 69, 70

h) Anzeige des Betriebs eines Zertifizierungsdienstes

Die Anzeige muss neben Angaben zum Anbieter bzw. zu seinem gesetzlichen Vertreter (§§ 4 SigG, 1 Abs. 2 Nr. 1 und 2 SigV) auch aktuelle Führungszeugnisse nach § 30 BZRG für die gesetzlichen Vertreter des Zertifizierungsdienstes, einen Handelsregisterauszug, Belege zum Nachweis der erforderlichen technischen, administrativen und juristischen Fachkunde nach § 4 Abs. 2 S. 3 SigG und ein Sicherheitskonzept mit einer genauen Darlegung zu dessen Umsetzung enthalten (§ 1 Abs. 2 Nr. 3 bis 6 SigV), ebenso schließlich einen Nachweis der Deckungsvorsorge nach § 12 SigG (§ 1 Abs. 2 Nr. 7 SigV). Notwendig ist eine schriftliche oder mit qualifizierter elektronischer Signatur versehene Anzeige gegenüber der zuständigen Behörde. Bis zur vollständigen Erfüllung der Anforderungen der §§ 1 und 2 SigV darf der Anbieter seine Zertifikate nicht als „qualifizierte" im Sinne des SigG bezeichnen[1].

i) Haftung

§ 11 SigG enthält eine **Haftungsregelung** für Zertifizierungsdiensteanbieter. Durch den Zertifizierungsanbieter zu ersetzen ist der einem **Dritten** entstandene Vertrauensschaden. Der Dritte muss **berechtigt**[2] **dem Inhalt des Zertifikates vertraut** haben. Die Haftung des Anbieters setzt Verschulden voraus (arg. e § 11 Abs. 2 SigG). Der Zertifizierungsanbieter haftet also nicht, wenn er beweisen kann, dass er die Rechtsverletzung nicht zu vertreten hat (**Beweislastumkehr** nach § 11 Abs. 2 SigG), ebenso nicht, wenn der Signaturempfänger die Fehlerhaftigkeit von Angaben kannte oder kennen musste § 11 Abs. 1 S. 2 SigG). Der Signaturempfänger muss aber weiter vortragen und beweisen, dass für den jeweiligen Schaden keine anderen Ursachen in Betracht kommen[3] (Beweislast für den Ausschluss alternativer Kausalität). Keine Haftung besteht für zufällig entstandene Schäden[4]. Die Haftung erfasst auch **Auskünfte** nach § 5 Abs. 1 S. 2 SigG sowie beauftragte **Dritte** und ausländische Zertifikate (§ 11 Abs. 4 SigG). Das mögliche Eingreifen weiterer Haftungstatbestände wie vorsätzliche sittenwidrige Schädigung (§ 826 BGB), Verletzung eines Schutzgesetzes (§ 823 Abs. 2 BGB) etc. bleibt unberührt. Von § 11 SigG nicht umfasst ist die Haftung des Zertifizierungsdiensteanbieters gegenüber dem Zertifikatinhaber. Hier können aber vertragliche Ansprüche aus den §§ 634 Nr. 4, 636, 280, 281, 283 BGB bestehen.

Der Anbieter muss nach § 12 SigG eine **Mindestdeckungsvorsorge** von zumindest Euro 250.000 treffen. Diese kann durch eine Haftpflichtversicherung oder alternativ durch eine Freistellungs- oder Gewährleistungsverpflichtung erbracht werden (§ 9 Abs. 1 Nr. 1 und 2 SigV). Die versicherte Deckungssumme muss pro Einzelfall 2,5 Millionen Euro betragen (§ 9 Abs. 2 Nr. 2 S. 1 SigV), die Jahreshöchstleistung aus der Versicherung mindestens 10 Millionen Euro (§ 9 Abs. 2 S. 4 SigV). Die Regelung zur Deckungsvorsorge ist nicht von der Sig-RL vorgegeben. Für den Fall, dass andere Mitgliedsstaaten nicht vergleichbare Regelungen einführen, wurde die Gefahr von Wettbewerbsverzerrungen vorausgesehen[5]. Dies ist umso mehr von Bedeutung, als die

---

1 *Roßnagel*, BB 2002, 261.

2 Kröger/Gimmy/*Bizer*, Internet-Recht, 73.

3 *Thomale*, MMR 2004, 80, 82.

4 *Thomale*, MMR 2004, 80, 81.

5 *Bertsch*/*Fleisch*/*Michels*, DuD 2002, 69, 70.

Sig-RL die zusätzliche Einführung von Deckungsvorsorgeregelungen (so positiv sie für zu schützende Nutzer bzw. Dritte sein mögen) nicht freigestellt hat.

2. Signaturverordnung

Mit der Novellierung des SigG wurde von der Bundesregierung am 16.11.2002 die neue Signaturverordnung (**SigV**) auf Grundlage des § 24 SigG erlassen[1]. Im Antragsverfahren auf Genehmigung einer Zertifizierungsstelle nach § 4 Abs. 1 SigG kann die zuständige Behörde vom Antragsteller aktuelle Führungszeugnisse nach § 30 BZRG für die gesetzlichen Vertreter des Zertifizierungsdienstes und die Beibringung eines Handelsregisterauszuges und verlangen (§ 1 Abs. 2 Nr. 2 und 2 SigV). Für die Darlegung der Fachkunde hat der Antragsteller darzulegen, dass das am Zertifizierungsverfahren oder an der Ausstellung beteiligte Personal über die erforderlichen beruflichen Qualifikationen verfügt (§ 1 Abs.1 S. 2 SigV). Ein Zertifizierungsdienst muss sich mindestens in einem Abstand von zwei Jahren durch eine von der zuständigen Behörde anerkannten Stelle **prüfen** lassen (s. §§ 4 Abs. 3 S. 3, 13 Abs. 2 S. 1 SigG und 15 Abs. 1 SigV).

3. Technische Funktion der „elektronischen Signatur“[2]

Die „**elektronische Signatur**“ besteht aus einem verschlüsselten Code, der nach bestimmten mathematischen Algorithmen erstellt wurde. Aus einer Erklärung wird hierbei ein sog. „*Hash*“-Wert errechnet, der mit dem privaten Signaturschlüssel durch den Absender verschlüsselt wird. Der Empfänger kann unter Anwendung derselben Verfahren die elektronische Signatur unter Verwendung des öffentlichen Schlüssels entschlüsseln und den Inhalt lesen. Die digitale Signatur setzt sich (in dem vielfach verwendeten Public-Key-Verfahren) aus öffentlichem und privatem Schlüssel zusammen. Diese Schlüssel dürfen keinesfalls mit der eigentlichen Unterschrift des Absenders verwechselt werden. Die Schlüssel enthalten vielmehr einen Teil des Textes verschlüsselt, zu dem die Grußformel und der Name des Absenders gehören können, nicht aber die Unterschrift als solche. Entgegen manchen Missverständnissen wird also üblicherweise nicht die eigenhändig erstellte Unterschrift durch irgendein Verfahren elektronisch repräsentiert und verschlüsselt, sondern vielmehr ausschließlich Fließtext transformiert. Dies hat naheliegenderweise zur Konsequenz, dass bei der Rückentschlüsselung nicht wieder die eigenhändige Unterschrift generiert werden kann. Die elektronische Signatur kann einen Absender authentisieren und zur Überprüfung der Integrität der Nachricht dienen[3]. Die Authentisierung erfolgt also über den Schlüssel und nicht über die Unterschrift. Die elektronische Signatur kann aber den Abschluss eines Dokumentes und dessen Unverändertsein bestätigen[4]. Jede Veränderung am Text würde zwangsläufig zu einer Veränderung im Verschlüsselungscode führen und wäre beim Entschlüsseln erkennbar.

---

1 SigV, BGBl I, 2001, 3074. Die Kosten sind im VerwKostG v. 23.6.1970, BGBl I 1970, 821 geregelt.

2 Zu den Verfahren s. etwa *Schmidl*, CR 2002, 508, 510.

3 *Müller-Berg*, DuD 1993, 87, 89.

4 *Seidel*, CR 1993, 484, 485.

a) Technische Funktion

Der absendende Nutzer signiert einen Text mit dem privaten Schlüssel (*private key*). Hierzu wird aus dem Text (mit einem Hash-Algorithmus) eine Prüfsumme („Hash") gebildet (der einer mathematischen Quersumme vergleichbar ist). Aus dieser kann nicht auf den Text zurückgeschlossen werden. Die Prüfsumme wird verschlüsselt und diese Verschlüsselung an den Text angehängt. Der Empfänger entschlüsselt mit dem zum privaten Schlüssel gehörenden öffentlichen, jedermann zugänglichen Schlüssel (*public key*) des Absenders die Verschlüsselung. Hierzu errechnet er ebenfalls aus dem offen lesbaren Dokument die Prüfsumme und entschlüsselt mit dem öffentlichen Schlüssel des Absenders die Verschlüsselung. Hierdurch kann der Empfänger feststellen, ob die Prüfsummen übereinstimmen und der Absender die Verschlüsselung vorgenommen hat. Die elektronische Signatur kann einen Absender authentisieren und zur Überprüfung der Integrität der Nachricht dienen[1]. Die elektronische Signatur kann zudem den Abschluss eines Dokumentes und dessen Unverändertsein bestätigen[2].

Der Text des jeweiligen Dokumentes selbst bleibt offen („klar") lesbar, wird also nicht verschlüsselt. Doch kann dieses seinerseits verschlüsselt werden, wobei der Absender den öffentlichen Schlüssel des Empfängers zum **Ver**schlüsseln verwendet, der Empfänger hingegen seinen privaten Schlüssel zum **Ent**schlüsseln des Dokuments und seinen öffentlichen Schlüssel zum Entschlüsseln der elektronischen Signatur. Der zur Entschlüsselung benötigte öffentlicher Schlüssel ist in einem Verzeichnis jederzeit für jeden Empfänger abfragbar (über online abfragbare Rootserver). Naturgemäß ist der private Schlüssel in hohem Maße schutzbedürftig.

Jedes unterschiedliche Dokument erhält einen spezifischen Hash-Wert. Eine Veränderung der Daten des jeweiligen Dokuments führt auch zu einer Änderung des Hash-Wertes. Der Empfänger kann unter Anwendung derselben Verfahren die elektronische Signatur unter Verwendung des öffentlichen Schlüssels entschlüsseln, d.h. den Hash-Wert des erhaltenen Dokuments ermitteln (um die Integrität des Dokuments zu überprüfen, wobei der aus der Signatur errechnete Hash-Wert mit dem des Dokuments übereinstimmen muss) und den Inhalt lesen.

Die Verknüpfung zwischen Person und elektronischer Signatur muss getrennt in einem gesicherten Verfahren erfolgen, das durch eine unabhängige, zuverlässige und vertrauenswürdige dritte Person oder Instanz durchgeführt wird[3]. Auch bleibt zu prüfen, ob nach der Verkehrsauffassung beteiligter Kreise die Signaturverwendung dieselbe Warnfunktion zu entfalten vermag wie die eigenhändige Unterschrift. Bisher dürfte dies bereits daran scheitern, daß sich die Signatur ohnehin noch nicht ausreichend durchgesetzt hat.

Der geheime (private) Schlüssel kann auf einer **Chipkarte** gespeichert werden. Der Inhaber führt diese in das Lesegerät ein und gibt außerdem eine PIN über die Tastatur ein. Das Gerät errechnet dann anhand des geheimen Schlüssels und der zu signierenden Datei (etwa einer E-Mail) mit der Verschlüsselungssoftware die digitale Signatur und fügt diese der Datei an. Der Empfänger kann durch sein Gerät mittels des mitgeteilten öffentlichen Schlüssels des Absenders prüfen, ob die Datei mit dem geheimen Schlüssel signiert wurde und unverfälscht ist[4].

Wohl das wichtigste asymmetrische Verschlüsselungsverfahren ist **RSA** (benannt

---

1 *Müller-Berg*, DuD 1993, 87, 89.

2 *Seidel*, CR 1993, 484, 485.

3 *Seidel*, a.a.O., S. 485 (für die Errichtung entsprechender „Trust-Center").

4 *Schindler*, K&R 1998, 433f; *Borges*, Verträge im elektronischen Geschäftsverkehr, 53f.

nach den Entwicklern Ron **R**ivest, Adi **S**hamir und Leonard **A**dleman). Mit RSA lassen sich Schlüssellängen von 768 Bit (z.B. bei eCash), 1024 Bit (bei PGP) oder sogar 2048 Nit (Wurzel-CA für SET) einsetzen[1].

Wesentliches **Hindernis** für einen breiten Einsatz von elektronischen Signaturen scheint (neben einer gewissen Zögerlichkeit in der Nutzerakzeptanz[2]) das **Fehlen einheitlicher Standards**. Der von Signtrust verwendete Standard ISIS (Industrial Signatur Interoperability Specification) und der von Telesec und der RegTP verwendete Standard Telesec-Messages (TTP-Messages) waren nicht interoperabel[3] und werden nun in der interoperablen Spezifikation **ISIS-MTT** zusammengeführt[4]. Dies ist erforderlich, damit Signaturen uneingeschränkt nutzbar sind. Im Sommer 2003 war die Testphase noch nicht abgeschlossen[5]. Im Herbst 2003 waren 110 Installationen eines „ISI-MTT-*Testbed*“ durchgeführt worden[6].

Die Bundesverwaltung nutzt eine eigene Zertifizierungsinfrastruktur („SPHINX“).[7] Die von der RegTP evaluierten Signaturprüfprodukte sollen außerdem laut Prüfbericht unvollständig sein; sie sollen die Formate der RegTP nicht interpretieren und auch nur zur Systemzeit prüfen können, weshalb alle Signaturen nach Sperrung eines Zertifikates als ungültig gewertet werden. Hierdurch sei die Nichtabstreitbarkeit der geleisteten Signatur offensichtlich nicht gewährleistet[8].

Gemeinschaftsweit wurden einheitliche technische Standards von der European Electronic Signatur Standardisation Initiative (EESSI) erarbeitet, so etwa Sicherheitsprofile für Chipkarten (allerdings mit unterschiedlichen Prüftiefen, nämlich EAL4 und EAL4+)[9], für vertrauenswürdige Produkte, wobei in Deutschland nur nicht-akkreditierte Anbieter frei sind zu entscheiden, welche Produkte sie einsetzen[10].

Nach wie vor werden auch **symmetrische Verschlüsselungsverfahren** eingesetzt. Ein heute noch gebräuchliches Verfahren ist **DES** (Data Encryption Standard). Mit der maximalen Schlüssellänge von 56 Bit erlaubt es nur eine schwache Verschlüsselung[11]. Das erweiterte Triple-DES-Verfahren erlaubt eine Verwendung von drei DES-Schlüsseln (mit einer Gesamtlänge von 168 Bit). **AES** (Advanced Encryption Standard) basiert auf dem Rijndael-Algorithmus und wird seit 2000 in den USA eingesetzt. Das von der Schweizer Firma Ascom AG entwickelte **IDEA** (International Data Encryption Standard) ist ebenfalls ein starkes Verschlüsselungsverfahren und unterliegt keinen US-Exportrestriktionen. IDEA verwendet einen 128 Bit-Schlüssel und arbeitet schneller als DES[12].

---

1 *Merz*, E-Commerce und E-Business, 158.

2 Dies gilt wohl auch für die Nutzung der Signatur nach dem neugefassten Recht. Sie wurde (etwas plakativ) als „Totgeburt“ bezeichnet (*Hoeren*, CR 2002, 295, 296; *Mankowski*, NJW 2002, 2822, 2827). *Mankowski*, a.a.O., stellt zutreffend fest, dass die „kritische Masse“ der Nutzer nicht erreicht sei und die beweisinteressierten Unternehmen die Finanzierungslast für die flächendeckende Einführung übernehmen müssten.

3 *Bertsch/Fleisch/Michels*, DuD 2002, 69, 74.

4 *Bertsch/Fleisch/Michels*, DuD 2002, 69, 74.

5 Mitteilung zum ISIS-MTT 1.02 Release, www.T7-isis.de/ISIS-MTT/isis-mtt.html, Abruf:5.9.2003 .

6 *Fiedler/Steiert*, DuD 2003, 563, 564.

7 Editorial, *Roßnagel*, Eine konzertierte Aktion für die elektronische Signatur, MMR 2003, 1, 2.

8 *Bertsch/Fleisch/Michels*, DuD 2002, 69, 74.

9 *Bertsch/Fleisch/Michels*, DuD 2002, 69, 70.

10 *Bertsch/Fleisch/Michels*, DuD 2002, 69, 71.

11 *Merz*, E-Commerce und E-Business, 157.

12 *Merz*, E-Commerce und E-Business, 160.

Insbesondere im Bereich von SSL wird der **Diffie-Hellman**-Algorithmus eingesetzt, mit dem sich online Sitzungsschlüssel vereinbaren lassen. Mit Hash-Algorithmen lässt sich sicherstellen, dass Daten unverändert beim Übermittlungsempfänger eintreffen. Hierzu werden aus großen Datenmengen sog. Hash-Werte gewonnen. Jede auch geringfügige Änderung des Original-Strings führt zu einem anderen Hash-Wert, weshalb solche Änderungen nur mit sehr geringer Wahrscheinlichkeit unentdeckt bleiben[1]. Die Hash-Funktion SHA-1 wurde allerdings 2004 **geknackt**, womit die Sicherheit von digitalen Signaturen gefährdet scheint[2].

Nicht mit PKI(Public-Key-Infrastructure)-Ansätzen zu verwechseln sind sonstige Verschlüsselungen, etwa die browser-gestützte Einmalverschlüsselung SSL(Secure Socket Layer) oder die von W3C und IETF erarbeitete „XML Signature“[3].

b) Funktion öffentlicher Schlüsselsysteme im Rahmen kryptographischer Absicherung

Public-Key-Systeme werden häufig erwähnt, aber nur selten erläutert. Hier einige ergänzende Hinweise[4]: Bei Public-Key-Systemen müssen öffentliche und private Schlüssel zusammenarbeiten. Jeder Benutzer hat *zwei* Schlüssel, einen öffentlichen und einen privaten. Der Schlüssel zum Verschlüsseln **E** (für: *Encrypt*) muß sich von dem Schlüssel zum Entschlüsseln **D** (für: *Decrypt*) unterscheiden. Weiter gilt:

(1) Die mit Hilfe von *E* verschlüsselte Nachricht P muß sich mittels *D* entschlüsseln lassen[5].
(2) *D* darf nur extrem schwierig von E ableitbar sein.
(3) *E* darf nicht durch eine Klartextattacke aufbrechbar sein.

Wollen nun Alice und Bob, das klassische Paar aus fast allen kryptographischen Darstellungen, miteinander kommunizieren, so entwirft Alice zunächst zwei Algorithmen, E_A zum Verschlüsseln und D_A zum Entschlüsseln. Bob erstellt ebenfalls einen Verschlüsselungsalgorithmus, nämlich E_B. E_A und E_B werden in Dateien *öffentlich* mit den zugehörigen Schlüsseln zugänglich gemacht. Es sind dies die sogenannten „Public Keys“. Alice veröffentlicht auch den Entschlüsselungs*algorithmus* D_A, aber *nicht* den Schlüssel hierzu. Dieser bleibt geheim (*private key*).

Um eine Nachricht P an Bob zu senden, verschlüsselt Alice P mit E_B. Sie berechnet also E_B (P) und sendet das Ergebnis an Bob. Bob entschlüsselt P mit seinem ebenfalls geheimen Schlüssel D_B (er berechnet also $D_B (E_B(P)) = P$). Da D_B sehr schwer von E_B ableitbar ist, kann sonst niemand P lesen. Der Sinn dieser Doppelkonstruktion aus privatem und öffentlichem Schlüssel besteht darin, daß Alice nicht auf das Problem stößt, Bob auf irgendeinem geheimen Weg den verwendeten Schlüssel mitteilen zu können. Es genügt, dass Alice einen privaten Schlüssel besitzt und Bob ebenfalls und

1 *Merz*, E-Commerce und E-Business, 162.

2 *Schneier*, Weblog „Schneier on Security“ (www.schneier.com/blog/archives/2005/02/ sha1_broken.html): „SHA-1 has been broken. Not a reduced-round version. Not a simplified version. The real thing.“ SHA-1 wurde bisher als starke und deshalb gut geeignete Funktion angesehen (*Eckert*, IT-Sicherheit, 2001, 245).

3 Computerwoche 12/2002, 20.

4 Nach *Tanenbaum*, Computernetzwerke, 617 ff.

5 Formel: $D (E(P)) = P$.

diese Schlüssel mit öffentlichen Schlüsseln zusammenarbeiten.

Besonders sicherheitssensibel ist in Public-Key-Systemen der private/geheime Schlüssel. Mit diesem kann jeder Unberechtigte Signaturen erzeugen und etwa Rechtsgeschäfte zulasten Dritter tätigen. Für die Zertifizierung wird der Private Key nicht benötigt[1]. Um sichere Verfahren zu implementieren, muss ein geeigneter Schlüssel gewählt werden. 40-bit-Schlüssel gelten mittlerweile als nicht ausreichend[2]. Auch 56-bit-Schlüssel – wie von DES verwendet – werden heute als zu kurz angesehen. Schlüssel müssen heute mindestens 75 bit lang sein, 90 bit werden empfohlen[3], teilweise sogar 230-310 Stellen[4]. Kryptographische Verfahren sind heute mittlerweile weitgehend standardisiert[5]. Hinterlegungs- bzw. Key recovery-Systeme sind immer angreifbar und fehleranfällig (etwa bei Herausgabe falscher Schlüssel)[6].

c) Ergänzende kryptographische Erläuterung:

Wie sehen nun verschlüsselungsgeeignete Algorithmen aus? Der RSA-Algorithmus[7] sei hier kurz erläutert, natürlich ohne den gesamten mathematischen Rahmen:

Ausgangspunkt ist die Euler-Funktion[8] *F(n)*, also die *Anzahl* der positiven ganzen, zu *n* teilerfremden Zahlen i<n. So gilt etwa F(6)=2 [nämlich 4 und 5, da 1, 2, und 3 nicht teilerfremd sind], F(10)=4 , F(15)=8. Für eine Primzahl p gilt F(p)=p-1. Für zwei Primzahlen p und q gilt: F(pq)=(p-1)(q-1).

Nach dem Eulerschen Theorem gilt, wenn der größte gemeinsame Teiler ggT(m,n)=1 und m<n vorausgesetzt wird, $m^{F(n)}$ mod n = 1. a mod b bezeichnet hier den *Rest* der ganzzaligen Division von a durch b. Beispiel (s.o. die Euler-Funktion F(6)): $13^{F(6)}$ mod 6 = 13^{2} mod 6 = 169 mod 6 = 1. Für den RSA-Algorithmus ergibt sich auf dieser Grundlage:

1. Zwei Primzahlen p und q jeweils größer als 10^{100} sind zu wählen.
2. Zu berechnen sind n = p*q und z = (p - 1) x (q - 1).
3. Zu wählen ist eine Zahl d, die teilerfremd („relativ prim„) zu z ist.
4. Gesucht ist nun e < n, so dass e*d = 1 mod z (bzw. e*d /mod z = 1) gilt.

Dies bedeutet, daß e und (p - 1) x (q - 1) keinen anderen gemeinsamen Teiler als 1 haben dürfen (bzw. ed - 1 durch z teilbar ist)[9]. Nun wird die Klartextnachricht p als

1 *Federrath*, DuD 1997, 98, 101.

2 *Blaze*, DuD 1997, 209, 211.

3 *Blaze*, a.a.O., 211 m.w.N. (etwa zum *Minimum Key Length*-Paper der BSA).

4 *Fox*, DuD 1997, 69, 71, auch zu Verfahrensalternativen mit erhöhten Sicherheitseigenschaften.

5 S. die ausf. Übersicht bei *Fumy*, DuD 1996, 479, etwa FIPS Publication 46 (1977) für DES, IEEE P1363 für den RSA-Standard, ISO/IEC 10118-1 bis -3 für Hash-Funktionen oder ISO/IEC 9796 (1991) für RSA-basierte Signaturmechanismen mit Zufallszahlen, die mit Hilfe eines Referenzbaumes authentisiert werden und so einem Fälscherzugriff entzogen sind.

6 *Blaze*, a.a.O.

7 *Rivest/Shamir/Adelman*, CommACM, Band 21, Febr. 1978, 120-126; *Schneier*, 531.

8 S.die Erläuterungen bei *Gerling*, DuD 1997, 197, 198 zu RSA.

9 Hier nicht näher (zahlentheoretisch) ausgeführt werden kann, daß D_B (E_B(P)) ebenso P ergibt wie E_B (D_B(P) und dies für alle möglichen P, da e x d /mod z entsprechend besonders gewählt wurden, s.n. *Harel*, Algorithmics. The Spirit of Computing 1987, 324.

Bitkette zu je k Bit aufgeteilt [1]. Hierbei ist k<=n.

Für das Verschlüsseln werden also die Werte *e* und *n* benötigt, für das Entschlüsseln die Werte *d* und *n.* Der *öffentliche* Schlüssel besteht aus dem Wertepaar (e, n), der *private* Schlüssel aus dem Paar (d, n). Die Zerlegung (Faktorierung) von *n* ist äußerst schwierig. Darin liegt die Sicherheit des Public-Key-Systems. *n* muss allerdings eine ausreichend große Stellenzahl aufweisen, andernfalls lassen sich *p* und *q* zu leicht errechnen. So liegt z.B. nahe, dass „21" als Produkt aus den Primzahlen 3 und 7 berechnet wurde. Wenn *p* und *q* bekannt sind, lassen sich auch *z* und *e* leicht errechnen, womit auch *d* festliegt und die Nachricht P komprimittiert ist. Nach dem skizzierten Verfahren kann auch eine digitale Signatur erstellt werden[2]. Mit dem öffentlichen Schlüssel allein kann die Signatur jederzeit überprüft werden[3]. p und q müssen natürlich vernichtet werden[4]. **Beispiel** [5]: Zu verschlüsseln sei der Bitstring 6882326879666683 einer Nachricht.

(1) Mit p = 3 und q = 11 ergibt sich
(2) n = p * q = 3 * 11 = 33 und z = [(p-1) * (q-1) =] (3-1) * (11-1) = 20.
(3) d muss teilerfremd zu 20 sein, also eignet sich d = 7 (da nur 1 gemeinsamer Teiler ist).
(4) Aus e * 7 = x (wobei x mod 20 = 1) ergibt sich e = 3.

Chiffretext C entsteht aus Nachricht P mit $C = P^3$ (mod 33). 6^3 mod 33 = 216 mod 33 = 18. Der verschlüsselte Nachrichtenblock hat den Wert 18. Die Entschlüsselung folgt $P = C^7$ (mod 33). 18 mod 33 = 612220032 mod 33 = 6. Alle verwendeten Zahlen sind im Bereich zwischen 0 und mod z.

Um aus dem öffentlichen Schlüssel e und der Zahl n den privaten Schlüssel d zu berechnen, benötigt man F(n), wobei nicht bewiesen ist, daß dies der einzige Weg zu d ist[6]. Der RSA-Algorithmus ist für lange Textmengen sehr langsam. Microsoft bietet mit WindowsNT 4 eine Crypto-API an, die auch den RSA-Algorithmus implementiert enthält[7]. Ordnet man jedem Buchstaben im Alphabet seine laufende Nummer zu, ergeben sich für den Namen „Suzanne" folgende Ver- und Entschlüsselung:

Klartext (P):			**Chiffretext (C)**			
Buchstabe	Ziffer ®	P^3 ®	P^3 (mod 33) ®	C^7 ®	C^7 (mod 33)	Buchstabe
S	19	6853	28	13.492.928.512	19	S
U	21	9261	21	1.801.088.541	21	U
Z	26	17.576	20	1.280.000.000	26	Z
A	01	1	1	1	1	A
N	14	2744	5	78.125	14	N
N	14	2744	5	78.125	14	N
E	05	125	26	8.031.810.176	5	E

---

1 wobei k die größte Ganzzahl ist, auf die die Bedingung 2k < n zutrifft. P wird nun *ver*schlüsselt: $C = P^e$ (mod n). C wird wiederum durch $P = C^d$ (mod n) *ent*schlüsselt.

2 RSA Laboratories, Answers to Frequent Asked Questions About Today's Cryptography , 1996.

3 S. zur Mathematik hierfür *Fox*, DuD 1997, 69, 71.

4 *Schneier*, 533.

5 Beispielrechnung nach *Merz*, E-Commerce und E-Business, 159.

6 *Gerling*, a.a.O.. Der Autor stellt auch ein kleines ANSI-C Programm für die RSA-Implementierung für *kleine* Zahlen dar.

7 *Gerling*, a.a.O., 200.

Derartige Verschlüsselungssysteme sind nur sicher, wenn ausreichend große Primzahlen verwendet werden, die sich durch leichtes Ausprobieren „knacken“ lassen. In diesem Fall kann die Verschlüsselung *ohne* die privaten Schlüssel gebrochen werden. Ob dies gelingt, ist weniger eine Frage des Glücks oder der Findigkeit als der verfügbaren Rechenleistung. PEM und PGP verwenden Public-Key-Verfahren. PGP setzt außerdem den IDEA-Algorithmus zur *Ver*schlüsselung ein sowie probabilistische Primzahlenverfahren[1].

---

1 *Schneier*, S. 664

Teil 2 Vertrieb, Verbraucher- und Arbeitnehmerschutz

§ 5 Vertrieb und Werbung im Internet, Werbe-E-Mails, Online-Auktionen, Wetten

Das Internet – und hier insbesondere das Web[1] – schafft neue Absatzwege für den Vertrieb von Waren und Dienstleistungen. Leistungen können so grundsätzlich weltweit angeboten werden. Dies erhöht die Anzahl potentieller Kunden, aber auch die Anforderungen an die Angebote. Das gilt für das Verbraucherrecht (s. S. 222), die Feststellung des anwendbaren Rechts (s. S. 824), aber auch im eigentlichen Vertriebsrecht etwa in der Vertriebskette, auf das nachfolgend einzugehen ist.

Werbung ist zwar eng mit dem Vertrieb von Waren verknüpft, wird aber zur besseren Orientierung im Kapitel „Wettbewerbsrecht" in einem eigenen Abschnitt behandelt (s. S. 482). Da bei Arzneimitteln allerdings eher der Versand und damit Vertrieb als die Werbung im Vordergrund steht, wird dieser Problembereich im vorliegenden Kapitel dargestellt.

Spezifische Probleme treten insbesondere bei unverlangter E-Mail-Werbung (s. S. 173) und bei Auktionen im Internet (S. 189) auf.

I. Vertrieb

1. Elektronischer Warenvertrieb, B2B-Plattformen

Waren oder Dienstleistungen können über das Web prinzipiell weltweit angeboten werden, da von (fast) allen Staaten der Welt aus der Zugriff auf die jeweilige Homepage des Anbieters möglich ist und Absatzmittlerketten entfallen können. Das Web führt so zu einer erheblichen Chancenverbesserung gerade für mittelständische Unternehmer, die vielfach nicht mehr ein personal- und kostenintensives Vertriebsnetz aufbauen müssen, sondern den Vertrieb direkt über das Netz durchführen können. Zugleich ermöglichen elektronische Plattformen den Anbietern Handel („*Business-to-Business*", B2B) untereinander[2] und mit Endkunden („*Business-to-Customer*", B2C).

Auch Dienstleistungen werden zunehmend im Internet angeboten, so etwa Versicherungen[3]. Ein Versicherer, der den Abschluss seine Versicherungen online anbietet, ist zugleich Anbieter eines Teledienstes.

a) Vertriebsbindungen

Zu beachten ist, dass ein Hersteller, der seine Waren oder Dienstleistungen selbst (auch) im Web anbietet, grundsätzlich nicht daneben ausschließliche Vertriebsgebiete an Dritte vergeben kann. Möglich ist aber, dass sich der Hersteller den eigenen Direktvertrieb an Kunden vorbehält, jedoch die Verpflichtung eingeht, in einem definierten Gebiet

---

[1] Im folgenden wird das Web pars pro toto für alle Internet-Dienste genommen.

[2] Beispiele sind Covisint (Beschaffungsplattform der Automobilindustrie), Elemica.com (chemische Industrie).

[3] Übersichten finden sich etwa auf Sites wie bundderversicherten.de oder deutscheversicherungs-boerse.de. Auch Makler, Marktplätze und Versicherungsvergleiche treten auf; ausf. *Altmann*, Handschlag virtuell, c't 2001, 128.

keinem Dritten Vertriebsbefugnisse einzuräumen. Dann erhält der Absatzmittler einen eingeschränkten Gebietsschutz.

Grundsätzlich ist der Hersteller beim Neuaufbau eines Vertriebes nicht verpflichtet, **Absatzmittler** wie etwa Vertragshändler überhaupt einzuschalten. Ein entsprechendes allgemeines Kontrahierungsgebot ist nicht aus § 20 Abs. 2 GWB ableitbar, da es dem Grundsatz der Vertragsfreiheit widerspräche[1]. Ein Direktvertrieb ist auch nicht wettbewerbswidrig[2], und zwar auch dann nicht, wenn der Hersteller zu günstigeren Preisen anbietet[3]. Dies gilt nicht nur bei klassischer Auslieferung per Lieferdienst (bei Computern z.B. Dell), sondern auch bei „Auslieferung via Web" (z.B. von Software-Updates).

Besteht eine **Alleinvertriebsberechtigung** des Absatzmittlers, so darf der Hersteller nicht beliebig selbst den Vertrieb über das Internet aufnehmen. Hierdurch würden konkret die Vertriebsgebietsbindung und allgemein die vertragliche Treuepflicht[4] des Herstellers verletzt werden und entstünden entsprechende Schadensersatzansprüche[5]. Vertreibt ein Hersteller etwa ein Markenparfum über ein selektives Vertriebssystem, stellt es eine ungerechtfertigte Ungleichbehandlung dar, wenn der Hersteller einerseits seinen Depositären den Verkauf über das Internet unter der Bedingung gestattet, dass die Umsätze nicht mehr als die Hälfte der im stationären Handel erzielten Umsätze ausmachen, und andererseits Händler von der Belieferung ausschließt, die ausschließlich über das Internet verkaufen[6], – womit aber der Ausschluss von Internet-Händlern aus zulässigen selektiven Vertriebssystemen grundsätzlich zulässig ist[7].

Zumindest eine Treuepflichtverletzung kann vorliegen, wenn der Hersteller zwar bisher auch schon zum Direktvertrieb an den Kunden berechtigt ist, nun aber diesen Vertrieb über das Web durchführt und hierdurch einen wesentlichen Teil der Kunden des Vertragshändlers im Vertriebsgebiet unmittelbar selbst adressiert. Dieses Vorgehen kann den Vertragshändler als Absatzmittler zu einer fristlosen Kündigung wegen einer schwerwiegenden Vertragsverletzung berechtigen, die ebenfalls Schadensersatzansprüche begründet[8].

Grundsätzlich muss der Hersteller angemessene Fristen zur **Kündigung** laufender Vertriebsverträge beachten; ein Kündigungsrecht allein aus dem Grund des Wechsels zum internetgestützten Direktvertrieb wird abgelehnt[9]. Diese Fristen müssen ausreichen, um dem Vertriebshändler zu ermöglichen, seine geschäftlichen Dispositionen den geänderten Verhältnissen anzupassen[10]. Bei Produktabhängigkeit kann der Hersteller (aus § 20 Abs. 1 und 2 GWB) verpflichtet sein, dem Vertragshändler den Abschluss eines neuen Vertrages anzubieten, wenn ein befristeter Vertrag endet[11].

Geschaffene Kundenbeziehungen können außerdem bei Vertragsbeendigung einen **Ausgleichsanspruch** des Vertragshändlers begründen (aus analoger Anwendung des

---

1 *Flohr*, in: Martinek/Semler, Handbuch des Vertriebsrechts, § 24 Rdn. 99 (noch zu § 26 Abs. 2 GWB).

2 *Flohr*, a.a.O., Rdn. 101 (kein Direkt-Marketing-Verbot aus §1 UWG).

3 S. etwa BGHZ 74, 215, 221; *Flohr*, a.a.O., Rdn. 102 mit Rechtsprechungsnachweisen.

4 Zur Treuepflicht s. näher *Manderla*, in: Martinek/Semler, Handbuch des Vertriebsrechts, § 14 Rdn. 16.

5 Vgl. allgemein BGH, NJW 1964, 151.

6 BGH, Versäumnisurt.v. 4.11.2003 – KZR 2/02, CR 2004, 295 = MMR 2004, 536 = JurPC Web-Dok. 88/2004 – Depotkosmetik im Internet.

7 *Ohrtmann*, Urteilsanm. zu BGH Urt.v. 4.11.2003, CR 2004, 297.

8 S. etwa BGH LM Nr. 8 zu § 687 BGB; BGH, NJW 1984, 2411.

9 *Ende/Klein*, Grundzüge des Vertriebsrechts im Internet, 68.

10 BGH, NJW 1985, 623.

11 *Manderla*, a.a.O.; *Ullrich*, in: Martinek/Semler, a.a.O., § 15 Rdn. 72; für den Fachhändlervertrag: *Flohr*, a.a.O., § 22 Rdn. 106.

§ 89 b HGB). Der Ausgleichsanspruch gemäß § 89 b HGB analog setzt voraus: (1) Eingliederung des Händlers in die Vertriebsorganisation des Unternehmens derart, dass dieser wirtschaftlich in erheblichem Umfang einem Handelsvertreter vergleichbare Aufgaben zu erfüllen hat[1], ebenso (2) die vertragliche Verpflichtung des Vertragshändlers, dem Unternehmer bei Vertragsende seinen Kundenstamm zu übertragen, so dass dieser sich die Vorteile des Kundenstammes sofort und ohne weiteres nutzbar machen kann[2]. Der Ausgleichsanspruch ist **nicht** vertraglich **abdingbar** (s. § 89 b Abs. 4 Satz 1 HGB in analoger Anwendung)[3].

b) Vertrag mit Plattformbetreibern

Das Implementieren und das Betreiben einer Business-Plattform umfasst eine Vielzahl von einzelnen Leistungen, die eine einzelfallbezogene Prüfung der vertragsrechtlichen Zuordnung erforderlich machen. Das Einrichten der Plattform und deren Anbindung an das Web wird grundsätzlich **Werkvertragsrecht** folgen, ebenso das Durchführen technisch qualitätsgesicherter Transaktionen mit vereinbarten Leistungsmerkmalen wie der Plattformverfügbarkeit. Hiervon ist der – auf der Plattform ermöglichte – Abschluss von Kaufverträgen zwischen Anbieter und Erwerber zu unterscheiden; der Plattformbetreiber ist regelmäßig nicht Vertragspartei dieser Erwerbsverträge (und stellt dies in seinen AGB meist auch klar[4]). Getrennter Beurteilung bedürfen außerdem ergänzende Leistungen, die der Plattformbetreiber den Vertragsparteien anbietet, etwa bezüglich Logistik und Zahlungsabwicklung[5].

2. Unzulässige Verweigerung des Zugangs zu Plattformen und anderen elektronischen Märkten, zulässiger Informationsaustausch

Das Internet ermöglicht eine deutliche Beschleunigung für Vertrieb und Beschaffung von Waren und Dienstleistungen. Auf vertikalen Marktplätzen können unterschiedliche Anbieter Nachfrager bestimmter Industriezweige adressieren, während auf horizontalen Marktplätzen branchenunabhängig Anbieter und Nachfrager verknüpft werden können[6]. Die Anbindung an elektronische Marktplätze kann technisch komplex und aufwendig sein, wenn etwa betriebssteuernde ERP-Systeme einzubinden sind. Hierfür ist die Implementierung einheitlicher Schnittstellen erforderlich, die in den Teilnehmersystemen vorgesehen sein müssen.

a) Geänderte EG-kartellrechtliche Grundlagen

In rechtlicher Sicht besteht die Gefahr, dass Wettbewerber von der Teilnahme an Plattformen ausgeschlossen oder (als Anbieter bzw. als Nachfrager) mit deren erhöhter

---

[1] BGH, NJW 1984, 2012; BGH, DB 1987, 1730; BGH, WM 1988, 1642; BGH, NJW-RR 1992, 421.
[2] BGH, ZIP 1993, 1788; BGH ZIP 1994, 126.
[3] *Wauschkuhn*, BB 1996, 1517; BGH, BB 1985, 218 (Unvereinbarkeit mit § 9 Abs. 2 Nr. 2 AGBG a.F.).
[4] Gramlich/Kröger/Schreibauer/*Thun*, Rechtshandbuch B2B Plattformen, § 10, Rdn. 30.
[5] Gramlich/Kröger/Schreibauer/*Thun*, a.a.O., Rdn. 92
[6] *Koenig/Kulenkampff/Kühling/Loetz/Smit*, Internetplattformen in der Unternehmenspraxis, 33/34 (mit Beispielen 47 – 73).

Marktmacht konfrontiert werden. Dieser Gefahr ist v.a. aus Kartellrecht zu begegnen. Die einschlägigen Regelungen des Kartellrechts können im vorliegenden Zusammenhang schon aus Raumgründen nicht ausführlicher dargestellt werden. Notwendig ist aber ein kurzer Hinweis auf eine grundlegende **Änderung im EG-Kartellrecht**. Dieses regelt in Art. 81 EG das Kartellverbot (als Verbot wettbewerbsbeschränkender Vereinbarungen) und in Art. 82 EG das Verbot der Missbrauchs einer marktbeherrschenden Stellung. EG-Kartellrecht findet immer dann Anwendung, wenn Wirtschaftsverkehr die Grenzen von EG-Mitgliedsstaaten überschreitet[1], aber auch bereits dann, wenn z.B. eine missbräuchliche Verhaltensweise nur auf einem nationalen Markt durchgeführt wird, aber indirekte Auswirkungen auf andere Märkte hat[2], so etwa, wenn Wettbewerbern aus einem anderen Mitgliedsstaat die Teilnahme an einem elektronischen Marktplatz verwehrt wird. Der EuGH sieht sogar generell die Gefahr, dass ein in einem Mitgliedsstaat gebildetes Kartell die „Vermachtung" des nationalen Marktes verfestigt und hierdurch die vom EG-Vertrag gewollte gegenseitige wirtschaftliche Durchdringung hindert und die inländische Produktion schützt[3]. EG-Kartellrecht war deshalb bisher schon in weitem Umfang zumindest neben deutschen Kartellrecht auch anwendbar.

Neu ist, dass mit Art. 3 der ab dem 1.4.2004 in Kraft getretenen Verordnung Nr. 1/2003[4] ausdrücklich die parallele Anwendung der Art. 81 und 82 EGV geregelt ist[5]. Dies bedeutet zum einen, dass **nach EG-Kartellrecht zulässige Kartellvereinbarungen nicht nach nationalem Recht als unzulässig beurteilt** werden dürfen[6]. Zum anderen ergibt sich aus Art. 3 der VO 1/2003 die umfassendere **Konfliktregel**[7], dass mitgliedsstaatliche Gerichte und Behörden Gemeinschaftsrecht zwar stets parallel, aber dann mit Vorrang vor ihrem eigenen (insoweit faktisch subsidiären[8]) Recht anzuwenden haben, wenn eine Vereinbarung geeignet ist, den zwischenstaatlichen Handel zu beeinträchtigen[9]. Jede Abweichung des vorrangigen Gemeinschaftsrechts führt dazu, dass das mitgliedsstaatliche Recht zurückzutreten hat[10]. Eine weitere wesentliche

---

1 Allgemein s. die Leitlinien der Kommission über den Begriff der Beeinträchtigung des zwischenstaatlichen Handels in den Art. 81 und 82 EGV, ABl 2004, Nr. C 101 v. 27.4.2004, 81.

2 EuGH, Slg. 1979, 1869, 1899 Rdn. 18 – Hugin/Kommission; *Mestmäcker/Schweitzer*, Europäisches Wettbewerbsrecht, § 4 Rdn. 19, 22.

3 EuGH, Slg. 1972, 977, 991 Rdn. 28, 30 – Cementhandelaren; EuGH, Slg. 2002, 1577, 1687 Rdn. 95 – Wouters.

4 Verordnung Nr. 1/2003 des Rates v. 16.12.2004, ABl EG 2003 Nr. L 1, 1 = GRUR 2003, Beilage zu Heft 5/2003, die VO Nr. 17 des Rates v. 6.2.1962, ABl EG 1962, L Nr. 13, 204 ersetzend.

5 Die Anwendung der Art. 81 und 82 EGV wird in der Verordnung (EG) Nr. 139/2004 des Rates v. 20.1.2004 über die Kontrolle von Unternehmenszusammenschlüssen („EG-Fusionskontrollverordnung", FKVO), ABl 2004 Nr. L 24 v. 29.1.2004, 1 konkretisiert. Die FKVO ist am 1.5.2004 in Kraft getreten. Die Durchführung der Kontrolle der VO Nr. 139/2004 wird in der weiteren VO Nr. 802/2004 v. 7.4.2004, ABl 2004, Nr. L 133 v. 30.4.2004, 1 konkretisiert, die ausführliche Formblätter enthält. Außerdem sind die Leitlinien zur Bewertung horizontaler Zusammenschlüsse gemäß der Ratsverordnung über die Kontrolle von Unternehmenszusammenschlüssen, ABl. 2004, Nr. C 31 v. 5.2.2004, 5 heranzuziehen.

6 *Mestmäcker/Schweitzer*, Europäisches Wettbewerbsrecht, § 1 Rdn. 9 und § 5 Rdn. 21.

7 *Mestmäcker/Schweitzer*,a.a.O., § 5 Rdn. 15.

8 *Mestmäcker/Schweitzer*, a.a.O., § 5 Rdn. 17.

9 *Mestmäcker/Schweitzer*, a.a.O., § 5 Rdn. 16.

10 *Mestmäcker/Schweitzer*, Europäisches Wettbewerbsrecht, § 4 Rdn. 4 mit der wichtigen Schlussfolgerung: „Wollen Behörden oder Gerichte Konflikte vermeiden, so werden sie im Zweifel das Gemeinschaftsrecht ausschließlich anwenden". Eine Ausnahme des Vorrangs des Gemeinschaftsrechts greift ein, wenn strengere innerstaatliche Vorschriften *einseitige* Handlungen von Unternehmen unterbinden oder ahnden (Art. 3 Abs. 2 S. 2 VO 1/03), wobei diese Regelung also nicht für

Änderung ist, dass bestimmte Vereinbarungstypen nicht mehr der Freistellung bedürfen, sondern Unternehmen sowie nationale Behörden und Gerichte prüfen (Art. a Abs. 2 VO 1/2003), ob die jeweilige Vereinbarung den Voraussetzungen des Art. 81 Abs. 3 EGV entsprechen[1]. Art. 81 Abs. 3 EGV setzt voraus, dass die jeweilige Vereinbarung zur Warenerzeugung oder -verteilung oder zur Förderung des technischen oder wirtschaftlichen Fortschritts beiträgt (Effizienzgewinn), die Verbraucher eine angemessene Beteiligung an dem entstehenden Gewinn erhalten müssen (die Weitergabe der Vorteile die tatsächlichen oder voraussichtlichen negativen Auswirkungen zumindest ausgleichen[2]), die Beschränkungen für die Verwirklichung dieser Ziele unerlässlich sein müssen und die Vereinbarung den Parteien nicht die Möglichkeit eröffnet, für einen wesentlichen Teil der betreffenden Waren den Wettbewerb auszuschalten[3]. Besondere Regelungen sieht die VO Nr. 772/2004[4] für Technologietransfer-Vereinbarungen vor, nach denen nunmehr auch **Softwarelizenzen** erfasst werden und allgemein die Freistellung als erfolgt gilt, wenn der gemeinsame Marktanteil der Parteien auf dem betroffenen relevanten Technologie- und Produktmarkt 20% nicht überschreitet. Allgemein bleiben bestehende Gruppenfreistellungen allerdings unberührt. Eigentlich wäre aber nach dem Ansatz der VO Nr. 1/2003, mit der das Freistellungskonzept aufgehoben wird, die VO N. 772/2004 nicht mehr erforderlich.

b) Kartellrechtliche Beurteilung von Gründung und Betrieb von Internet-Plattformen

Da Warenvertrieb bzw. -bezug über Internet-Plattformen zumeist grenzüberschreitend erfolgt oder zumindest indirekte Auswirkungen auf Wettbewerber in anderen Mitgliedsstaaten hat, unterliegt die kartellrechtliche Kontrolle solcher Plattformen letztlich primärem Gemeinschaftsrecht.

aa) Zugang

Die Gründung einer B2B-Plattform darf also nicht dazu führen, dass der entstehende Marktplatz durch seine wirtschaftliche Bedeutung und Zugangsgestaltung andere Anbieterunternehmen an der wirksamen Wettbewerbsteilnahme hindert (Art 82 EGV[5]; § 19 Abs. 4 Nr. 4 GWB). Dies setzt freilich voraus, dass eine gesamte Branche ihre Geschäftstätigkeit über diesen elektronischen Marktplatz abwickelt (allerdings bisher

Vereinbarungen, Beschlüsse und abgestimmte Verhaltensweisen i.S.v. Art. 81 Abs. 1 EGV gilt.

1 Konkretisiert werden die Kriterien dieser Prüfung in den Leitlinien der Kommission zur Anwendung von Art. 81 Abs. 3 EG-Vertrag, ABl 2004 Nr. C 101 v. 27.4.2004, 97. Die direkte Einreichung von Beschwerden bei der Kommission wird in deren Bekanntmachung über die Behandlung von Beschwerden, ABl 2004, Nr. C 101 v. 27.4.2004, 65 geregelt.

2 Leitlinien der Kommission zur Anwendung von Art. 81 Abs. 3 EG-Vertrag, ABl 2004 Nr. C 101, 97, Nr. 85.

3 Leitlinien der Kommission, a.a.O., Nr. 33.

4 Verordnung (EG) Nr. 772/2004 der Kommission v. 27.4.2004 über die Anwendung von Art. 81 Abs. 3 EGV auf Gruppen von Technologietransfer-Vereinbarungen, ABl. 2004 Nr. L 123 v. 27.4.2004, 11.Die nationalen Behörden können unter Anwendung der VO Nr. 1/2003 den Rechtsvorteil der Gruppenfreistellung entziehen. Ergänzend sind die sehr ausführlichen Leitlinien der Kommission zur Anwendung von Art. 81 EGV auf Technologietransfer-Vereinbarungen, ABl 2004, Nr. C 101 v. 27.4.2004, 2 heranzuziehen.

5 *Emmerich*, Kartellrecht, § 38, 7 c, bb.

wohl eine seltene Ausnahme)[1].

In einer solchen Zugangsverweigerung kann der **Missbrauch** einer marktbeherrschenden Stellung eines oder mehrerer Unternehmen durch Verweigerung des Zuganges zu Netzen oder anderen Infrastruktureinrichtungen zu sehen sein (Art. 82 EGV; § 19 Abs. 1 und Abs. 4 Nr. 4 GWB, sog. „*Essential Facilities Doctrine*" [2]). Für Telekommunikationsdienste ist dieser Grundsatz in § 42 TKG 2004 (§ 33 TKG a.F.) für wesentliche (d.h. unentbehrliche[3]) Leistungen festgelegt, gegenüber Kunden in § 2 TKV. Verhindert werden soll durch diesen Regelungsgrundsatz, dass Unternehmen der Zugang zu Vorprodukten oder Infrastuktureinrichtungen ohne sachliche Rechtfertigung verwehrt wird, ohne deren Mitbenutzung es dem Unternehmen nicht möglich ist, auf dem vor- oder nachgelagerten Markt als Wettbewerber des marktbeherrschenden Unternehmens aufzutreten[4]. Zu den genannten Infrastruktureinrichtungen können etwa auch Verkaufs- oder Beschaffungsplattformen gehören. Ein Verstoß gegen Art. 82 EGV wurde angenommen, wenn ein Unternehmen mit marktbeherschender Stellung auf einem verbundenen Markt zugunsten der eigenen Tätigkeit diskriminierende Handlungen vornimmt, ebenso, wenn der Eigentümer seine Marktmacht dazu nutzt, seine Stellung auf einem anderen verbundenen Markt zu stärken, indem er etwa einem Mitbewerber den Zugang verweigert oder der Zugang unter weniger günstigen Bedingungen als für die eigenen Dienste gewährt und damit seinem Wettbewerber einen Wettbewerbsnachteil aufzwingt[5].

Aber auch als Kunden nutzenden Unternehmen darf der **Zugang nicht** willkürlich **verweigert** werden (§ 20 Abs. 1 GWB; Art. 82 EGV), also keine Ungleichbehandlung ohne sachliche Berechtigung erfolgen. Insoweit sind nach deutschem Kartellrecht nicht nur marktbeherrschende, sondern auch (nur) marktstarke Unternehmen verpflichtet, wenn sie gegenüber kleinen und mittleren Unternehmen eine überlegene Marktmacht besitzen (§ 20 Abs. 2 und 4 S. 1 GWB). Die Gefahr eines „Flaschenhalses" für potentielle Nutzer darf nicht entstehen[6]. Andererseits dürfen auch Anbieter (z.B. Lieferanten) bzw. Nutzer nicht gezwungen sein, ihre Angebote oder ihren Einkauf nur über den Marktplatz abzuwickeln (§ 1 GWB; Art. 81 Abs. 1 EGV)[7]. Für konkrete Fälle nutzbare Abgrenzungen sind bisher allerdings nur teilweise entwickelt, da die Marktstrukturen von B2B-Plattfirmen bisher noch weitgehend ungefestigt ist[8].

Allgemein verbietet § 20 Abs. 1 GWB unbillige Behinderung, sachlich ungerechtfertigt unterschiedliche Behandlung und die Veranlassung der Gewährung sachlich nicht gerechtfertigter Vorzugsbedingungen (§ 20 Abs. 3 GWB). Zu diesem Regelungsbereich gehört auch die Verweigerung des Abschlusses von Verträgen über Waren oder Dienstleistungen, insbesondere die Verweigerung, Geschäftsbeziehungen mit einem

---

1 Gramlich/Kröger/Schreibauer/*Sura*, Rechtshandbuch B2B Plattformen, § 6, Rdn. 46. Allerdings kann ein zu ähnlichen Ergebnissen führender „*Lock-in*"-Effekt auftreten, wenn von verschiedenen Märkten in der Praxis nur der bekannteste genutzt wird (Gramlich/Kröger/Schreibauer/*Thun*, Rechtshandbuch B2B Plattformen, § 10, Rdn. 17).

2 Wobei der Markt insoweit eine „wesentliche Einrichtung" („*Essential facility*") darstellt, Gramlich/Kröger/Schreibauer/*Sura*, Rechtshandbuch B2B Plattformen, § 6, Rdn. 43.

3 Nach dem EuGH (Urt.v. 26.11.1998, Slg. 1998, I-7791 – Oscar Bronner) darf kein tatsächlicher oder potentieller Ersatz für die begehrte Leistung verfügbar sein (für das Zustellsystem einer Zeitung).

4 Hoeren/Sieber/Moritz/*Scheffelt*, Handbuch Multimedia-Recht, Teil 4, Rdn. 92.

5 KomE v. 21.12.1993, ABl 1994 Nr. L 15, 8, 16 Rdn. 66 – Sea Container / Stena Sealink.

6 BKartA, Beschl.v. 25.9.2000 – B 5-34100 – U 40/00 – Covisint (www.bundeskartellamt.de/fusion.htm oder www.bkarta.de/B5-40-00.pdf).

7 Gramlich/Kröger/Schreibauer/*Lange*, Rechtshandbuch B2B Plattformen, § 11, Rdn. 22.

8 BKartA, Beschl.v. 25.9.2000 – B 5 – 34100 – U 40/00, D I 1, – Covisint.

Unternehmen neu zu begründen[1]. Nicht mit § 20 Abs. 2 S. 1 GWB vereinbar sind selektive Einzelhandelsvertriebssysteme, und zwar auch im Internet, wenn dort nur gebundene Depositäre vertreiben dürfen sollen[2].

Stellt die Plattform ein **Gemeinschaftsunternehmen** der teilnehmenden Unternehmen dar, muss eine marktbeherrschende Stellung dieser Plattform dadurch verhindert werden, dass alle Teilnehmer offenen und diskriminierungsfreien Zugang erhalten, keine Ausschließlichkeit der Nutzung gerade dieser Plattform verlangt wird und kein gemeinsamer Einkauf über die Plattform erfolgt[3]. Wesentlich ist außerdem die (für die Feststellung einer möglichen Marktbeherrschung wichtige) Unterscheidung der Märkte der auf der Plattform gehandelten Waren und Dienstleistungen einerseits und für Plattformen einschließlich Plattformtechniken und -dienstleistungen andererseits[4]. Für IT-Dienstleistungen für B2-Plattformen kann ein eigener Markt bestehen[5]. Bei der Prüfung nach § 19 GWB bzw. Art. 81 EG wird der sachlich relevante Markt grundsätzlich nach dem Bedarfsmarktkonzept bestimmt, nach dem solche Waren oder Dienstleistungen einen Markt bilden, die aus Nachfragersicht nach ihren Eigenschaften, dem wirtschaftlichen Verwendungszweck und der Preislage austauschbar sind[6].

Im Zusammenhang mit der Web-Nutzung sind also etwa Betreiber von **Portals** oder B2B-Plattformen nicht berechtigt, ohne sachlich rechtfertigenden Grund einzelne Hersteller von der Aufnahme in ihren Präsentationsdienst auszunehmen, wenn Portal oder Plattform wirtschaftlich so bedeutend geworden sind, dass andere Unternehmen ohne Zugang zu diesem Marktplatz nicht mehr wirksam am Wettbewerb teilnehmen können[7] und wenn außerdem der den Zugang begehrende Bewerber nachweisen kann, dass es für ihn (allein oder gemeinsam mit anderen Unternehmen) unzumutbar ist, einen konkurrierenden B2B-Markt (oder ein ähnliches Portal) einzurichten[8] (gegenwärtig wohl eher noch ein Ausnahmefall). Ein die Zugangsverweigerung sachlich rechtfertigender Grund kann etwa in der objektiven Begrenztheit zur Verfügung stehender elektronischer „Präsentationsflächen" bestehen oder darin, dass ein bestimmter *Code of Conduct* einzuhalten ist, mit dem der B2B-Markt seine Qualität und sein Image schützen will[9]. So hat ein Content Provider keinen Anspruch auf Anschluss an das Internet (Konnektierung), wenn er bestimmte technische Vorgaben nicht einhält, etwa die Registrierung unter dem Kürzel *WWW# verlangt[10]. Service Provider dürfen den Zugang zu ihren Angeboten nicht aus sachfremden, willkürlichen Gründen sperren (§§ 19, 20 GWB, Art. 86 EGV)[11]. Auch bei dieser Fallgruppe ist aber sorgfältig zu prüfen, ob ein Kontrahierungszwang anzunehmen ist, der zwangsläufig die Vertragsfreiheit entsprechend einschränkt. So muss der Mall-Betreiber marktbeherrschend (Missbrauchsverbot im deutschen Recht nach den §§ 2 Abs. 1, 19, 20 GWB bzw. im EG-

---

1 S. allgemein Hoppe, in: *Martinek/Semler*, § 28 Rdn. 104.

2 OLG München, Urt.v.6.12.2001 – U (K) 3338/01, CR 2002, 367.

3 BKartA, Beschl.v. 25.9.2000 – B 5 – 34100 – U 40/00, D I 5, – Covisint.

4 BKartA, Beschl.v. 23.10.2000 – B 3 – 72303 – U 76/00, Nr. 13, 43, – CC-markets.

5 Kommission, COMP/M.2027, 13.7.2000, Nr. 11 – Deutsche Bank/SAP, emaro (CELEX Dok.Nr. 300M2027) und COMP/M.2172, 7.11.2000 – Babcock Borsig/MG Technologies/SAP Markets.

6 *Bechtold*, GWB, § 19 Rdn. 6; *Koenig/Kulenkampff/Kühling/Loetz/Smit*, Internetplattformen in der Unternehmenspraxis, 187.

7 Gramlich/Kröger/Schreibauer/*Sura*, Rechtshandbuch B2B Plattformen, § 6, Rdn. 43.

8 EuGH, Slg. 1998, I-7817, 7831 = WuW/E EU-R 127 – Oscar Bronner.

9 Gramlich/Kröger/Schreibauer/*Sura*, Rechtshandbuch B2B Plattformen, § 6, Rdn. 49.

10 OLG Frankfurt, Urt.v.10.2.1998 – 11 U (Kart) 40/97, MMR 1998, 40 (Anschluss bei T-Online, irreführendes Kürzel).

11 OLG Frankfurt, CR 1996, 599 – Dialogsystem.

Recht nach Art. 82 Abs. 1 EGV) oder zumindest marktstark sein (§ 20 Abs. 2 GWB). Dies ist dann zu verneinen, wenn es bundesweit mehrere vergleichbare Betreiber von solchen Portals für den deutschen Markt gibt[1], hingegen wohl aber zu bejahen, wenn nur ein Anbieter für eine geographische Region existiert oder wenn etwa eine gesamte Branche ihre Geschäftstätigkeit über ein und denselben B2B-Marktplatz abwickelt[2], der Zugang also unentbehrlich ist; dann ist (nach der *Essential-Facilities*-Doktrin[3]) Zugang zu gewähren. Unentbehrlich kann der Zugang sein, wenn die Errichtung einer konkurrierenden Plattform am Markt keinen Erfolg verspräche, weil zu wenig Teilnehmer (angesichts bereits für die bestehende Plattform getätigter Investitionen zur Teilnahme) wechseln würden[4] bzw. die Plattform nur die erwarteten Netzwerkeffekte zeitigt, wenn sämtliche Anbieter und Nachfrager einer Sparte sie nutzen[5]. Art. 81 Abs. 1 d EGV ist nicht anwendbar, wenn keine Vereinbarung mehrerer Unternehmer (im Sinne von Art, 81 Abs. 1) vorliegt, sondern einseitig diskriminierendes Verhalten eines Unternehmens[6].

§ 20 GWB führt aber nicht unmittelbar zur Unwirksamkeit z.B. von rechtsverletzenden Absprachen, sondern ermächtigt nur die Behörden zu Unterlassungsverfügungen.

bb) Koordination des Marktverhaltens

Unzulässig ist das Koordinieren des Marktverhaltens zwischen Wettbewerbern (§ 1 GWB, Art. 81 EGV), so insbesondere das Koordinieren von Nachfrageverhalten und der Austausch wettbewerbsrelevanter Informationen, der seinerseits die Gefahr der unzulässigen Abstimmung von Verhaltensweisen zwischen Wettbewerbern erhöhen kann[7]. Damit ist aber ein Informationsaustausch nicht in jedem Fall unzulässig, sondern nur dann, wenn sich aus den Informationen Rückschlüsse auf das Wettbewerbsverhalten eines einzelnen Unternehmens ziehen lassen könnten[8] bzw. wenn es den beteiligten Unternehmen durch die Offenlegung der Informationen insbesondere über Preise ermöglicht wird, die Umsätze ihrer Abnehmer und Wettbewerber zu ermitteln, und dadurch die Ungewissheit über das Verhalten der Marktteilnehmer verloren geht sowie Preiszugeständnisse oder Preisvorstöße als Wettbewerbsmittel eingeengt werden, weil

---

1 Bis 2002/2003 haben weder die EG-Kommission noch das BKartA einen elektronischen Marktplatz untersagt, wohl allein schon deshalb, weil keiner der existierenden Markplätze einen Marktanteil von 15% erreichte (Gounalakis/*Ende/Taschner*, Rechtshandbuch Electronic Business, § 27 Rdn.57). Nach den Leitlinien der Kommission zu Art. 81 EGV bezüglich Vereinbarungen über horizontale Zusammenarbeit (ABl. EG 2001, Nr. C 2, 2, Rdn. 130) ist eine Nachfragebündelung zulässig, wenn die Beteiligten sowohl auf den Einkaufs- wie den Verkaufsmärkten einen *gemeinsamen* Marktanteil von weniger als 15 % haben. Liegt der Marktanteil über 15%, ist zu prüfen, ob den Auswirkungen einer solchen Einkaufsvereinbarung eine mögliche Gegenmacht starker Lieferanten gegenübersteht (Gounalakis/*Ende/Taschner*, Rechtshandbuch Electronic Business, § 27 Rdn. 66).

2 Immenga/*Lange*, RIW 2000, 733, 738; Gramlich/Kröger/Schreibauer/*Sura*, Rechtshandbuch B2B Plattformen, § 6, Rdn. 45.

3 Gounalakis/*Ende/Taschner*, Rechtshandbuch Electronic Business, § 27 Rdn. 58; *Jestaedt*, BB 2001, 581, 586; *Gassner*, MMR 2001, 140, 143.

4 *Koenig/Kulenkampff/Kühling/Loetz/Smit*, Internetplattformen in der Unternehmenspraxis, 273.

5 *Koenig/Kulenkampff/Kühling/Loetz/Smit*, a.a.O., 275.

6 EuGH, Slg. 1995 II, 17, 39 Rdn. 61 – Viho/Kommission; EuGH, Slg. 1996 I, 5457, 5491 Rdn. 63 – Viho/Kommission.

7 Gramlich/Kröger/Schreibauer/*Sura*, Rechtshandbuch B2B Plattformen, § 6, Rdn. 54.

8 EuGH, Slg. 1998, I-3111 – John Deere/Kommission für den „UK Tractor Exchange".

jeder Partner des (insbesondere Preise identifizierenden) Marktinformationsverfahrens sofort auf die veränderte Marktlage reagieren und so Wettbewerbsvorsprünge verhindern kann[1]. Hiernach gelten rein statistische Informationssysteme grundsätzlich als zulässig, ebenso Systeme zur Sammlung allgemein zugänglicher, aber verstreuter Daten[2], nicht aber identifizierende, d.h. individualisierende Informationssysteme[3], also etwa identifizierende Preismeldeverfahren[4]. Allerdings wurde auch vermerkt, dass die Markttransparenz auf Internet-Marktplätzen Teil des Such- und Ausleseprozesses ist, aus dem unter Beteiligung der Marktgegenseite Wettbewerb entsteht[5].

Eine unter § 1 GWB fallende **Aufhebung des Geheimwettbewerbes** wurde angenommen, wenn durch das Offenlegen von Daten (etwa Preisen) die Ungewissheit der Marktteilnehmer über die Wettbewerbssituation verloren geht und Preiszugeständnisse oder -vorstöße als Wettbewerbsmittel eingeengt werden, weil jeder Partner am Markt sofort auf die veränderte Marktlage reagieren und so Wettbewerbsvorsprünge verhindern kann[6]. Konsequenz ist freilich, dass Vorteile computergestützter und vernetzter Informationsbeschaffung gerade nicht uneingeschränkt ausgeschöpft werden dürfen, sondern tendenziell wettbewerbsbeeinträchtigend wirken können. Anderes kann gelten, wenn jeweils auch die Marktgegenseite auf alle relevanten Informationen zugreifen kann und deshalb nicht benachteiligt wird[7].

Soweit bei B2B-Marktplätzen oder in Online-Auktionen notwendig **Informationen ausgetauscht** werden müssen, sind diese auf das erforderliche Mindestmaß zu beschränken und etwa sicherzustellen, dass beteiligte Unternehmen keinen Zugriff auf die aus dem Geschäftsverlauf resultierenden Daten der Betreibergesellschaft erhalten[8]. Je konzentrierter außerdem der Markt ist, desto abstrakter und älter müssen die Daten sein, die ausgetauscht werden dürfen[9].

cc) Einkaufsgemeinschaften

Nachfragebündelung („*demand bundling*") kann etwa bei gemeinsamer Beschaffung relevant werden (z.B. in Einkaufsgemeinschaften von Unternehmen oder u.U. auch Shopping Communities Privater) und über eine *economy of scales* zu relevanten Preisreduzierungen führen (wenn für größere Bestellmengen höhere Rabatte gewährt werden)[10]. Haben die beteiligten Unternehmen auf den relevanten Märkten zusammen weniger als 5% Marktanteil, griff EG-rechtlich das Kartellverbot des Art. 81 EGV nicht ein[11]. Bei höheren Anteilen galten **Leitlinien** der Kommission, nach denen der

---

1 BGH WuW/E BGH 1337 – Aluminium Halbzeug; BGH WuW/E 2313 – Baumarkt-Statistik; Gramlich/Kröger/Schreibauer/*Sura*, Rechtshandbuch B2B Plattformen, § 1, Rdn. 56.

2 *Koenig/Kulenkampff/Kühling/Loetz/Smit*, Internetplattformen in der Unternehmenspraxis, 246.

3 *Koenig/Kulenkampff/Kühling/Loetz/Smit*, a.a.O., 244 m.w.N.

4 *Mestmäcker/Schweitzer*, Europäisches Wettbewerbsrecht, § 9 Rdn. 43 zur Prüfung nach Art. 81 Abs. 1 EGV).

5 *Mestmäcker/Schweitzer*, a.a.O., § 9 Rdn. 46, jedoch auch auf das Anonymisierungserfordernis hinweisend, um Konflikte mit dem Kartellverbot zu vermeiden.

6 BGH, WuW/E BGH 1337 – Aluminium-Halbzeug; BGH, WuW/E BGH 2313 – Baumarkt-Statistik.

7 *Jestaedt*, BB2001, 581, 583.

8 Kommission, Pressemitt. 31.7.2000 (IP/00/896) – Volbroker, zit. nach Gramlich/Kröger/Schreibauer/*Sura*, Rechtshandbuch B2B Plattformen, § 1, Rdn.60.

9 *Jestaedt*, BB 2001, 581, 582.

10 *Jestaedt*, BB 2001, 581, 584.

11 Kommission, Bekanntmachung über Vereinbarungen von geringfügiger Bedeutung, die nicht unter

gemeinsame Einkauf bei gemeinsamen Marktanteil der beteiligten Unternehmen auf dem Einkaufs- und Verkaufsmarkt unter 15 % unschädlich ist, während über 15% eine Freistellung möglich war[1]. Nach den Leitlinien[2] Nr. 18 zur VO Nr. 139/**2004** wird vermutet, dass keine Wettbewerbsbehinderung besteht, wenn die beteiligten Unternehmen zusammen nicht mehr als 25 % Marktanteil haben.

Das deutsche Recht lässt nur Einkaufskooperationen kleiner und mittlerer Unternehmen zu und auch nur, wenn die beteiligten Unternehmen keinem rechtlichen oder faktischen Bezugszwang unterworfen werden, was in der Regel aber schon bei Marktanteilen unter 15 % angenommen wurde[3] bzw. nunmehr 25%. Mit Geltung der VO (EG) Nr. 1/2003 dürfen freilich keine strengeren Anforderungen als nach EG-Recht durchgesetzt werden. Im Einzelfall können Einkaufsgemeinschaften den Wettbewerb fördern, wobei aber Bezugsbindungen und Mindestabnahmen zu berücksichtigen sind[4].

Unzulässig ist eine **Verpflichtung** der beteiligten Unternehmen, sämtliche oder Teile ihrer Umsätze über den B2B-Marktplatz abzuwickeln, wenn die Auswirkungen dieser Beschränkung spürbar sind (§ 1 GWB; Art. 81 EGV)[5]. Gleiches gilt sinngemäß für eine Verpflichtung von Lieferanten, ihre Geschäfte mit den Betreibern (die z.B. gleichzeitig Hersteller sind), ausschließlich oder zu einem erheblichen Teil über die Plattform abzuwickeln[6]. In der Absprache, außenstehende Wettbewerber nicht zur Plattform zuzulassen, kann eine nach § 1 GWB unzulässige Kartellvereinbarung zu sehen sein, wenn sie den Wettbewerb auf den relevanten Produktmärkten zwischen den Plattformbetreibern und außenstehenden Konkurrenten beeinträchtigen[7].

Allgemein verbietet Art. 86 Abs. 1 EGV behindernde Maßnahmen, etwa beim Warenbezug[8], durch missbräuchliche Ausübung einer marktbeherrschenden Stellung auf dem gemeinsamen Markt. Bezugsverpflichtungen sind nur erlaubt, wenn sie zur Erzielung von Größenvorteilen unerlässlich sind[9].

dd) Vertriebsbeschränkungen

Außerdem enthält die sog. „**Vertikal-GVO**“[10] Grundsätze zur Unzulässigkeit von

Art. 83 Abs. 1 EGV fallen (Bagatellbekanntmachung), ABl. EG Nr. C 372 v. 19.12.1997, 13.

1 Gramlich/Kröger/Schreibauer/*Sura*, Rechtshandbuch B2B Plattformen, § 6, Rdn. 64.

2 Leitlinien zur Bewertung horizontaler Zusammenschlüsse gemäß der Ratsverordnung über die Kontrolle von Unternehmenszusammenschlüssen, ABl. 2004 Nr. C 31 v. 5.2.2004, 5.

3 Gramlich/Kröger/Schreibauer/*Sura*, Rechtshandbuch B2B Plattformen, § 6, Rdn. 65 m.w.N.

4 *Mestmäcker/Schweitzer*, Europäisches Wettbewerbsrecht, § 11 Rdn. 27.

5 Für die Zulässigkeit kann ausreichend sein, dass die beteiligten Unternehmen ihre Einkäufe zwar über die Plattform abwickeln, aber nicht in gemeinsamen Beschaffungsabläufen (so bei Covisint, BKartA, Beschl.v.25.9.2000, WuW DE-V 321, 324), also nur für individuelle Einkäufe (wie bei CC-Market, BKartA, Beschl.v. 23.10.2000, B 3-72303 – U-76/00), Gramlich/Kröger/Schreibauer/*Sura*, Rechtshandbuch B2B Plattformen, § 6, Rdn. 70. Freilich wird damit, wie erwähnt, ein Teil des möglichen Rationalisierungsgewinns aufgegeben.

6 Gramlich/Kröger/Schreibauer/*Lange*, Rechtshandbuch B2B Plattformen, § 11, Rdn. 23.

7 *Koenig/Kulenkampff/Kühling/Loetz/Smit*, Internetplattformen in der Unternehmenspraxis, 264.

8 S. etwa EuGH Slg. 1979, 461 ff., 538 ff. – Hoffmann-La Roche/Vitamine.

9 Leitlinien zur Anwendbarkeit von Art. 81 EG-Vertrag auf Vereinbarungen über horizontale Zusammenarbeit, Bekanntmachung der Kommission, ABl EG 2001, Nr. C 3, 2; Tz. 133.

10 Verordnung der Europäischen Kommission Nr. 2790/99 über die Anwendung von Art. 81 Abs. 3 EGV auf Gruppen von vertikalen Vereinbarungen und aufeinander abgestimmten Verhaltensweisen, ABl EG 1999, Nr. L 336, 21. Die Vertikal-GVO (auch „Schirm-GVO“ genannt) gilt bis zum 31.12.**2010** (Art. 13).

vertikalen Wettbewerbsbeschränkungen auch im Internet. Eine Einschränkung des Internet-Vertriebs in einer Vertriebsvereinbarung stellt hiernach stets eine Beschränkung des Kundenkreises und damit eine schwerwiegende Wettbewerbsbeschränkung im Sinne von Art. 4 b Vertikal-GVO dar[1], die zum Wegfall der Freistellungsprivilegs führt. Ein Totalverbot des Internetvertriebes ist damit nur dann zulässig, wenn das Verbot seinen Grund im Produkt selbst hat, etwa in seiner Gefährlichkeit[2]; ansonsten würde eine Beschränkung des Händlers, Waren im Internet zu vertreiben, für den Vertriebsvereinbarungen zum Verlust der Gruppenfreistellung führen[3]. Nach Art. 4 b Vertikal-GVO ist es aber zulässig, den aktiven Verkauf in Gebiete oder an Kundengruppen zu beschränken, die einem anderen Käufer (z.B.Vertriebshändler) exklusiv zugewiesen sind oder die sich der Verkäufer selbst vorbehalten hat[4]. Unzulässig sind hingegen nach Art. 4 lit. b Vertikal-GVO Beschränkungen des Verkaufs in Gebiete oder an Kundengruppen, das oder die keinem Händler zugewiesen sind[5]. Die Abgrenzung zum zulässigen passiven Verkauf ist streitig. Bereits das **Zusenden unaufgeforderter Werbe-E-Mails** wird von der Kommission als aktiver Verkauf gesehen[6], ebenso das Setzen von Links auf gebietsfremde Websites, hingegen das bloße Präsentieren einer Webseite, die ein potentieller Kunde annavigieren muss, als passiver Verkauf[7]. Zulässig ist es, Mitglieder eines selektiven Vertriebssystems zu verpflichten, den Warenverkauf nur von autorisierten Niederlassungen aus zu betreiben (Art. 4 c Vertikal-GVO). Damit kann ein reiner Internet-Vertrieb ohne Ladengeschäft ausgeschlossen werden[8]. Zulässig ist ein Verbot, Waren an nicht zugelassene Händler außerhalb des Vertriebssystems zu veräußern (Art. 4 b, 3. Spiegelstrich Vertikal-GVO). Ein solches Verbot kann aber nur nichtautorisierte Händler als mögliche Käufer erfassen, nicht Endverbraucher[9]. Dem Käufer können nach den Leitlinien außerdem für den Vertrieb im Internet die gleichen Qualitätsstandards wie beim Verkauf aus einem Ladengeschäft auferlegt werden[10]. Der Verkäufer soll zudem berechtigt sein, bestimmte Qualitätsmerkmale für die Erstellung der Webseiten etwa bezüglich der Produktpräsentation vorzugeben[11].

Problematisch kann bei Anbieterplattformen ein Informationsaustausch zwischen Wettbewerbern sein, soweit hierdurch der Geheimwettbewerb eingeschränkt wird[12] (s. oben S. 158f). Unzulässig ist der Austausch aller solcher Informationen, die auf ein

---

1 *Pautke/Schultze*, BB 2001, 317, 318.

2 *Pautke/Schultze*, BB 2001, 317, 318 unter Bezug auf die Leitlinien der Kommission vom 24.5.2000 zur Vertikal-GVO (ABl EG 2000, Nr. C 291 v. 13.10.2000, 1), Teilziff. 49, 51; Bettinger/Leistner/*Pautke/Schultze*, Werbung und Vertrieb im Internet, Teil 2 A, Rdn. 53.

3 Bettinger/Leistner/*Pautke/Schultze*, Werbung und Vertrieb im Internet, Teil 2 A, Rdn. 53.

4 *Pautke/Schultze*, BB 2001, 317, 320.

5 Internet-Kunden gelten als keiner definierbaren Gruppe zugehörig, an die zu liefern Händlern untersagt werden könnte (Bettinger/Leistner/*Pautke/Schultze*, Werbung und Vertrieb im Internet, Teil 2 A, Rdn. 59). Auch kann sich der Hersteller oder Lieferant nicht selbst den Internet-Vertrieb exklusiv vorbehalten (Leitlinien, Tz. 51 Satz 13).

6 Leitlinien, Tz. 51 Satz 8.

7 Leitlinien, Tz. 51 Satz 5; *Pautke/Schultze*, BB 2001, 317, 320; krit. Bettinger/Leistner/*Pautke/Schultze*, Werbung und Vertrieb im Internet, Teil 2 A, Rdn. 60.

8 *Pautke/Schultze*, BB 2001, 317, 322.

9 *Pautke/Schultze*, BB 2001, 317, 322.

10 *Pautke/Schultze*, BB 2001, 317, 322.

11 *Pautke/Schultze*, BB 2001, 317, 322.

12 *Gassner*, MMR 2001, 140, 142.

zukünftiges Verhalten von Wettbewerbern schließen lassen[1].

c) Fusionskontrolle bei Plattformgründung

Fusionskontrolle wird relevant, wenn zwei Unternehmen verschmelzen (bei B2B-Plattformen bisher kaum relevant) oder gemeinsame Kontrolle über ein neu gegründetes Gemeinschaftsunternehmen, etwa eine B2B-Plattform, ausüben. Ein solcher Kontrollerwerb ist erfolgt, wenn eine Stimmrechtsmehrheit erworben wird oder ein Minderheitsgesellschafter das Recht hat, über die Hälfte der Mitglieder der Geschäftsführung oder des Vorstandes des erworbenen Unternehmens zu benennen[2]. Die EG-rechtliche **Fusionskontrollverordnung** (FKVO)[3] war nur anwendbar, wenn das Gemeinschaftsunternehmen auf Dauer alle Funktionen einer selbständigen wirtschaftlichen Einheit erfüllt (Art. 3 Abs. 2 FKVO), was für B2B-Plattformen bejaht wurde[4], und außerdem die Zusammenschlüsse gemeinschaftsweite Bedeutung hatten, d.h. alle beteiligten Unternehmen einen weltweiten Umsatz von zusammen mehr als 5 Milliarden Euro aufwiesen und der gemeinschaftsweite Umsatz von mindestens zwei beteiligten Unternehmen jeweils mehr als 250 Millionen Euro betrug (Art. 1 Abs. 1 FKVO).

Die frühere FKVO Nr. 4064/89 wurde mit Wirkung zum 1.5.2004 durch die **neue** Fusionskontroll-VO Nr. 139/2004[5] abgelöst. Hiernach ist gemeinschaftsweite Bedeutung gegeben, wenn der gemeinschaftsweite Umsatz mehr als 250 Millionen Euro beträgt (bzw. der weltweite Umsatz mehr als 5 Mrd. Euro); werden diese Schwellen nicht erreicht, ist dennoch gemeinschaftsweite Bedeutung anzunehmen, wenn der Gesamtumsatz aller beteiligten Unternehmen in mindestens drei Mitgliedsstaaten jeweils 100 Millionen Euro übersteigt oder weltweit mehr als 2,5 Mrd. Euro beträgt (Art. 1 Abs. 2 und 3 VO Nr. 139/2004).

Soweit EG-Fusionskontrollrecht nicht eingreift, erfolgt eine § 35 Abs. 1 GWB folgende Fusionskontrolle. Das deutsche Kartellrecht setzt als entsprechende **Umsatzgrenzen** weltweit mehr als 500 Millionen Euro und deutschlandweit mehr als 25 Millionen Euro an (§ 35 Abs. 1 GWB). Außerdem wird nicht ein alleiniger oder gemeinsamer Kontrollerwerb vorausgesetzt, sondern genügt der Erwerb einer 25%-igen Kapitalbeteiligung bzw. einer 50%-igen Stimmrechtsbeteiligung (§ 37 Abs. 1 Nr. 3 GWB)[6]. Zu untersagen ist ein Zusammenschluss, wenn dieser eine marktbeherrschende

---

1 EuGH, Dlg. 1998, I – 3111, John Deere/UK Tractor Exchange.

2 Kommissionsmitteilung über den Begriff des Zusammenschlusses der Verordnung (EWG) Nr. 4064/89 des Rates über die Kontrolle von Unternehmenszusammenschlüssen, ABl EG Nr. C 66 v. 2.3.1998, 5, Tz. 13; Gramlich/Kröger/Schreibauer/*Sura*, Rechtshandbuch B2B Plattformen, § 6, Rdn. 9.

3 Verordnung (EG) Nr. 4064/89 des Rates über die Kontrolle von Unternehmenszusammenschlüssen v. 21.12.1989, ABl EG 1989 Nr. L 395, 1.

4 Gramlich/Kröger/Schreibauer/*Sura*, Rechtshandbuch B2B Plattformen, § 6, Rdn. 10.

5 Verordnung (EG) Nr. 139/2004 des Rates v. 20.1.2004 über die Kontrolle von Unternehmenszusammenschlüssen („EG-Fusionskontrollverordnung"), ABl. 2004 Nr. L 24 v. 29.1.2004, 1; Leitlinien zur Bewertung horizontaler Zusammenschlüsse gemäß der Ratsverordnung über die Kontrolle von Unternehmenszusammenschlüssen, ABl. 2004 Nr. C 31 v. 5.2.2004, 5; zum Verfahren s. Verordnung (EG) Nr. 802/2004 der Kommission v. 7.4.2004 zur Durchführung der Verordnung (EG) Nr. 139/2004 über die Kontrolle von Unternehmenszusammenschlüssen, ABl. 2004 Nr. L v. 30.4.2004, 1. Zum Verfahren erläuternd *Rosenthal*, EuZW 2004, 327.

6 Deshalb unterlagen die B2B-Plattformen „Covisint", „RubberNetwork.com", „CC-markets" und „BuyForMetals" der deutschen Fusionskontrolle, da die Beteiligungshöhe der jeweiligen Muttergesellschaften 25% der Geschäftsanteile der Betreibergesellschaft überschritten (Gramlich/Kröger/Schreibauer/*Sura*, Rechtshandbuch B2B Plattformen, § 6, Rdn. 15 mit Nachweisen in Fußn. 36).

Stellung verstärkt oder begründet. Allgemein gilt ein Unternehmen als marktbeherrschend, wenn es auf einem bestimmten Markt keinem oder keinem wesentlichen Wettbewerb ausgesetzt ist oder jedenfalls auf dem Markt eine im Verhältnis zu seinen Wettbewerbern überragende Marktstellung hat (§ 19 Abs. 2 GWB). Der der Fusionskontrolle zugrundeliegende **Marktbegriff** muss die Besonderheiten elektronischer Märkte berücksichtigen. Die Marktabgrenzung folgt dem erwähnten **Bedarfsmarktkonzept**, das darauf abstellt, ob bestimmte Produkte (Güter oder Dienstleistungen) aus Abnehmersicht austauschbar sind, also denselben Verwendungszweck befriedigen können[1], wodurch sie als zum selben Markt gehörend gezählt werden[2]. In dieser Perspektive werden B2B-Dienstleistungen einem eigenständigen Markt zugeordnet, da sie ein eigenständiges Gepräge und besondere Vernetzungsmöglichkeiten aufweisen[3], zugleich aber auch in ihrer Auswirkung auf den Markt für die gehandelten Güter und Dienstleistungen geprüft[4]. Weder nach EG-Recht noch nach deutsche Recht erfolgte bis Ende 2002 eine Untersagung von Zusammenschlüssen bei B2B-Märkten[5].

Allgemein wird Marktbeherrschung nach EG-Kartellrecht angenommen, wenn ein Unternehmen durch seine wirtschaftliche Machtstellung in der Lage ist, das Aufrechterhalten eines wirksamen Wettbewerbes auf dem relevanten Markt zu verhindern, da sie ihm die Möglichkeit verschafft, sich seinen Wettbewerbern, Abnehmern und letztlich auch dem Verbraucher gegenüber in einem wesentlichen Umfang unabhängig zu verhalten[6]. Das deutsche Kartellrecht verlangt eine im Verhältnis zu den Wettbewerbern überragende Markstellung, wobei Marktbeherrschung ab einem Marktanteil von 33,3% (widerlegbar) vermutet wird (§ 19 Abs. 3 S. 1 GWB).

d) Beschaffungsplattformen, Marktinformationssysteme

Im „Automotive“[7]- und Bankenbereich werden Plattformen („Marktplätze“, etwa für *M*(aintenance)*R*(epair)*O*(rder) genutzt, von denen aus mehrere Anwender gemeinsam die Beschaffung organisieren und „Größenverträge“ abschließen können, von der EDV bis zum Radiergummi. Die Preise sinken degressiv mit den bestellten Mengen. Zulieferer können (weltweit) gleichzeitig Angebote abgeben. Teilweise finden sogar schon spezielle Auktionen um das günstigste Angebot statt. Software signalisiert den Bietern, wo sie mit ihren Angeboten liegen, die nachgebessert werden können[8].

Von Einkaufsgemeinschaften zu unterscheiden sind **Marktinformationssysteme** zu unterscheiden. Bei diesen dürfen keine Daten ausgetauscht werden, aus denen sich auf das Wettbewerbsverhalten eines einzelnen Unternehmens schließen lassen könnte[9].

Die Einrichtung solcher Systeme ist kartellrechtlich grundsätzlich unbedenklich, soweit sie sich auf die **reine Informationsbeschaffung** beschränken. Wird aber das

---

1 Gramlich/Kröger/Schreibauer/*Sura*, Rechtshandbuch B2B Plattformen, § 6, Rdn. 17f.

2 Gramlich/Kröger/Schreibauer/*Sura*, a.a.O., § 6, Rdn. 17.

3 Gramlich/Kröger/Schreibauer/*Sura*, a.a.O., § 6, Rdn. 20F unter Hinweis auf die Entscheidung des BKartA, Beschl.v. 23.10.2000, B 3-72303 – U 76/00, WuW/DE-V 355, 357 – CC-Markets.

4 BKartA, Beschl.v. 23.10.2000 (CC-Markets).

5 Gramlich/Kröger/Schreibauer/*Sura*, Rechtshandbuch B2B Plattformen, § 6, Rdn. 35.

6 EuGH ständig seit Urt.v. 13.12.1979, Slg. 1979, 461, 520 – Hoffmann/La Roche.

7 Z.B. GM's Trade-Xchange und Ford's auto-xchange.

8 So etwa Reifenhersteller für auto-xchange (ZEIT Nr.11/2000, 28).

9 So die 5. Beschlussabteilung des BKartA, 25.9.2000, K&R 2000, 604 = WuW/DE-V231 – Covisint (Elektronischer Marktplatz von Ford, General Motors, DaimlerChrysler und Renault/Nissan).

Marktverhalten der Beteiligten beeinflusst, (etwa durch Erzielen günstigerer Einkaufskonditionen, die bei getrennter Beschaffung durch die systembeteiligten Unternehmen nicht erzielbar gewesen wären), kann ein solches System EG-kartellrechtlich gegen Art. 81 Abs. 1 EGV verstoßen, nach deutschem Kartellrecht etwa gegen das Abstimmungs- oder Empfehlungsverbot der §§ 1, 22 Abs. 1 GWB[1].

Eine **Kooperation** verschiedener Anwender (nicht nur im EDV-Bereich) kann zu einer Marktbeherrschung der Nachfrager führen (§ 19 GWB), die der Missbrauchskontrolle unterliegt. Ergänzend kann zu prüfen sein, ob einer der Betreiber der Plattform eine kontrollierende Beteiligung an dieser erwerben will, die die Ausübung eines bestimmenden Einflusses gestattet[2]. Ein solcher unterliegt der kartellrechtlichen Fusionskontrolle.

Die Bildung von Einkaufsgemeinschaften (sog. „*community shopping*") kann aber auch wettbewerbswidrig sein[3], wobei ein gegen § 1 UWG verstoßendes übertriebenes Anlocken bzw. sittenwidriges Ausnützen der Spiellust (Werben mit aleatorischen Reizen) vorliegen kann[4]. Auch kann unzulässige Laienwerbung vorliegen[5], aber wohl nur bei Hinzutreten besonderer Unlauterkeitskriterien[6].

3. Reichweitenmessung im Web

Wie bei Zeitschriften lässt sich die Nutzung von Webseiten durch Kunden/Interessenten messen[7] (wobei diese Messung etwa bei der Vergütungsbemessung von Bannerwerbung relevant sein kann):

- **Visits**: Anzahl der Hosts, die während einer bestimmten Zeit mindestens eine Seite aus dem Angebot der gemessenen Web-Seite abgerufen haben. Aus dem Zeitintervall zwischen dem Laden der ersten und der letzten Datei kann auf die Dauer der Nutzung eines Angebotes geschlossen werden[8]. Die Zahl der User gibt die Anzahl der Personen an, die sich ein Internet-Angebot angesehen haben[9].
- **Hits** stehen für die Anzahl der für die Darstellung einer Website benötigten Elemente, sind aber wegen der unterschiedlichen Zahl von Grafiken auf Webseiten für eine Logfile-Analyse nicht sehr aussagekräftig[10].
- **Page-Views** oder -Impressions: Anzahl der Sichtkontakte, die beliebige Nutzer mit einer kompletten Seite einschließlich der sich darauf befindlichen Grafiken hatten.
- **Ad-Clicks** oder Clickthrough: Anzahl von Nutzern, die sich über einen geschalteten Werbebanner zu der damit verknüpften Web-Seite geklickt haben (Response).

---

[1] BGH, WuW /E BGH 1337, 1341f – Aluminium-Halbzeug (für bloße Preismeldeverfahren, da hier die Ungewissheit der Wettbewerbslage beseitigt werde; dies muss umso mehr bei elektronisch gestützten Vergabe-verfahren gelten)

[2] Ausf. s. Gramlich/Kröger/Schreibauer/*Sura*, Rechtshandbuch B2B Plattformen, § 6, Rdn. 8ff.

[3] OLG Hamburg, MMR 2000, 278, allerdings offenlassend, ob neben dem Verstoß gegen den (inzwischen entfallenen) § 1 Abs. 1 RabattG auch ein Verstoß gegen § 1 UWG vorlag.

[4] OLG Köln, GRUR-RR 2002, 40 – Powershopping; LG Köln, Urt.v. 25.11.1999 – 31 O 990/99, CR 2000, 318; LG Köln, 2000, 44; ähnlich LG Nürnberg, Beschl.v. 8.2.2000 – 4 HK O 976/00, MMR 2000, 640; LG Hamburg, CR 2000, 774.

[5] LG Köln, CR 2000, 318.

[6] Gounalakis/*Backhaus*, Rechtshandbuch Electronic Business, § 26 Rdn. 36.

[7] S.n. *Resch*, Marktplatz Internet 1996, 144 ff.

[8] *Fröhle*, Web Advertising, Nutzerprofile und Teledienstedatenschutz, 27.

[9] *Fröhle*, Web Advertising, a.a.O., 27.

[10] *Fröhle*, Web Advertising, a.a.O., 28.

- **Ad-Views** oder **Ad-Impressions**: Anzahl der Aufrufe der Website, auf der die Bannerwerbung geschaltet ist. Die Kosten einer Bannerwerbung werden oft pro Tausend Ad-Impressions berechnet[1]. Tatsächliche Kenntnisnahme ist insoweit nicht relevant[2].

Server-Statistiken erlauben entsprechende Auswertungen und sind Grundlage für die Preisgestaltung bei der Werbeflächenvergabe. Die Auswertungssoftware sollte ergänzend folgende Auswertungen erlauben:

- Woher ist der Besucher gekommen ?
- Welche Teile der Website werden bevorzugt ?
- Welche Transaktionen werden unterbrochen ?
- Welche Browser-Software/Betriebssysteme verwenden die Besucher ?

Verzerrungen der Messergebnisse können sich durch technische Besonderheiten ergeben, etwa den Umstand, dass Nutzerzugriffe auf solche Inhalte nicht gemessen werden, die Provider in ihren Proxy-Cache-Servern zwischenspeichern[3].

II. Vertrieb von und Werbung für Arzneimittel

2001 wurden Arzneimittel im Werte von rund 31 Mrd. Euro vertrieben und (außerhalb von Fachkreisen) mit 438 Mill. Euro für Heilmittel geworben[4]. 2003 haben etwa eine Million Bundesbürger im Internet Medikamente gekauft[5]. Damit ist nachvollziehbar, dass das Auftreten der Internet-Apotheke „*DocMorris*“[6] zu kontroversen Diskussionen und zu verschiedenen Gerichtsentscheidungen führte, die überwiegend die Unzulässigkeit des Online-Versands und der Werbung hierfür annahmen. Teilweise Klärung hat hier ein EuGH-Urteil vom 11.12.2003 und die ab Januar 2004 geltende Novellierung des Arzneimittelgesetzes gebracht (s. S. 171).

In ihrer Zulässigkeit nicht streitige Zwischenformen internetbasierter Leistungen werden freilich längst angeboten, etwa die Möglichkeit, unter „www.aponet.de“ Arzneimittel online vorzubestellen, die dann in der Apotheke zur Abholung bereitliegen[7].

Jeder Versand aus Drittstaaten (etwa aus den USA[8] oder auch aus der Schweiz[9]) bleibt unverändert unzulässig. Das gilt erst recht für die Internet-Bestellung von verschreibungspflichtigen und gar in Deutschland nicht zugelassenen Arzneimitteln direkt durch Internet-Nutzer (etwa von in den USA frei verkäuflichen Medikamenten[10]). Solcher Arzneimittelbezug ist nicht nur mit deutlich erhöhten Gesundheitsrisiken verbunden (etwa, weil Medikamente ohne Beipackzettel und damit ohne Hinweise zu Kontraindikationen oder mit bereits eingetretenen Verfallsdaten versandt werden),

---

1 *Schmittmann*, Werbung im Internet, 2003, 12 m.w.N.
2 *Fröhle*, Web Advertising, Nutzerprofile und Teledienstedatenschutz, 28.
3 *Rosenthal*, 70.
4 *Rolfes*, Internetapotheken, 14.
5 Heise online news 29.10.2003, w ww.heise.de/newsticker/data/anw-29.10.03-004.
6 „0800Docmorris.com“.
7 *Rolfes*, Internetapotheken, 15.
8 z.B. „drugstore.com“ (*Rolfes*, Internetapotheken, 15).
9 z.B. „mediservice.com“ (*Rolfes*, Internetapotheken, 15).
10 *Grote*, Bittere Pillen, c't 1999, 198.

sondern auch strafbar; außerdem sind mögliche Haftungsansprüche in Drittstaaten nur erschwert durchsetzbar.

1. Werbung

Für Arzneimittel darf außerhalb der „Fachkreise" nur eingeschränkt geworben werden, nämlich nur unter Angabe u. a. der Zusammensetzung, der Anwendungsgebiete, der Gegenanzeigen und Nebenwirkungen, der Warnhinweise und der Wartezeiten (Pflichtangaben nach § 4 Abs. 3 Heilmittelwerbe-Gesetz, (HWG), wobei in audiovisuellen Medien – zu denen das Internet nicht gezählt wurde, weshalb die eingeschränkten Pflichtangaben erforderlich bleiben[1] – ein allgemeiner Warnhinweis genügt, § 4 Abs. 5 HWG), für Fachkreise nur bei Absicherung gegen Zugriffe von Dritten, etwa durch Passwortsysteme[2]. Öffentlichkeitswerbung (außerhalb dieser Fachkreise) ist unzulässig (§ 11 HWG). Zur „**Werbung**" werden auch digitale Bestellformulare einer Internet-Apotheke, die Namen, Wirkstoff, Konzentration pharmakologischer Bestandteile und Preise nennen, gezählt[3]. Für verschreibungspflichtige Arzneimittel darf überhaupt nicht allgemein in den Medien, sondern nur bei Ärzten geworben werden (§ 10 Abs. 1 HWG), für nicht zugelassene, aber zulassungspflichtige überhaupt nicht (§ 3 a HWG)[4]. Das schließt generell jede Werbung für verschreibungspflichtige Arzneimittel im Web oder in sonstigen Internet-Diensten aus[5], ebenso auf der Webseite eröffnete Bestellmöglichkeiten für die Öffentlichkeit[6]. **Zulässig** ist Werbung für verschreibungspflichtige Arzneimittel allenfalls in geschlossenen Online-Diensten für Ärzte (und generell für Fachkreise[7]), wie sie teilweise bereits angeboten werden, aber nicht allgemein für Vertrieb im Versand (insbesondere also nicht im Internet) und auch nicht bezogen auf eine (durch § 8 Abs. 2 HWG verbotene) Einzeleinfuhr[8]. Unzulässig ist auch jede Werbung, die auf den Versand oder die Einzeleinfuhr von Arzneimitteln

---

1 OLG München, Urt.v.7.3.2002 – 29 U 5688/01, CR 2002, 445 = NJW-RR 2002, 985; *Rolfes*, Internetapotheken, 67, 70. Das OLG München, Urt.v. 7.3.2002 sah einen *Link* auf Pflichtangaben als ausreichend an, jedoch nicht, wenn diese nur über *mehrere Schritte* erreichbar sind (zust. *Rolfes*, Internetapotheken, 72).

2 Hoeren/Sieber/*Marwitz*, Handbuch Multimedia-Recht, Teil 11.2, Rdn. 94.

3 *Mand*, WRP 2003, 192, 195.

4 Für die Zulässigkeit des Werbeverbotes in § 3 a HWG *Mand*, WRP 2003, 192, 196.

5 S. etwa LG Essen, Urt.v.15.7.1998 – 44 O 110/98, www.online-recht.de/ – Viagra für über einen US-Serverrechner laufende Werbung (Urteilsabruf 13.4.00), Wettbewerbswidrigkeit einer gegen § 3 a HWG verstoßenden Werbung.

6 Hoeren/Sieber/*Marwitz*, Handbuch Multimedia-Recht, Teil 11.2, Rdn. 108.

7 Für Zulässigkeit *Rolfes*, Internetapotheken, 83, 87.

8 OLG Frankfurt, Urt.v.31.5.2001 – 6 U 240/00, MMR 2001, 751 = JurPC Web-Dok. 171/2001 – Internetapotheke DocMorris; Erstinstanz LG Frankfurt, Urt.v.9.11.2000 – 2/03 O 366/00, CR 2001, 185 = MMR 2001, 243, 246 (Zuständigkeit nach den §§ 5 Nr. 3 EuGVÜ, 32 ZPO bejahend, wobei es nicht auf den Serverstandort ankommt, sondern auf den Ort der bestimmungsgemäßen Abrufbarkeit). Das OLG sah im eigentlichen Angebot und Verkauf in Deutschland einen Verstoß gegen die Bestimmungen der §§ 43 Abs. 1, AMG, 8 Abs. 1 HWG, die auch mit europäischem Recht vereinbar seien; ähnlich das KG, Urt.v. 29.5.2002 – 5 U 10150/00, JurPC Web-Dok. 160/2002 – Internet-Apotheke (wobei nach dem KG mangels persönlicher Anwesenheit der Kunden in der ausländischen Apotheke auch nicht die Ausnahmebestimmung des § 73 Abs. 2 Nr. 6 AMG eingreife). Das OLG Frankfurt hatte im Verfügungsverfahren zu entscheiden. Das LG Frankfurt legte mit Beschl. v. 10.8.2001 – 3 / 11 O 64/01, MMR 2001, 758 in der Hauptsache dem EuGH die Rechtsfrage zur Entscheidung vor, ob das nationale Einfuhrverbot der genannten Regelungen mit den Grundsätzen des freien Warenverkehrs (Art. 28 ff EGV) vereinbar ist (s. S. 167).

hinwirkt (§ 8 Abs. 1 HWG). Eingeschränkt ist die Werbung für den (allerdings nicht durch Private erfolgenden) Import aus einem anderen EU-Mitgliedsstaat zulässig (§ 8 Abs. 2 2. Alt HWG). Im Inland werbende Unternehmen mit Sitz außerhalb des räumlichen Geltungsbereiches des HWG müssen eine Person oder ein Unternehmen mit (Wohn-)Sitz im Geltungs-bereich des HWG oder in einem anderen Mitgliedsstaat der EG bzw. des EWR mit der Erfüllung der nach dem HWG bestehenden Pflichten beauftragen (§ 13 HWG). Die Werbung von Anbietern in Drittstaaten wird nur dann vom HWG erfasst, wenn die Werbung (auch) auf dessen Geltungsbereich zielt[1]. EG-rechtlich ist aber zu beachten, dass Werbemaßnahmen allgemein und etwa auch einer Online-Apotheke aufgrund des Herkunftslandprinzips in Deutschland nicht untersagt werden dürfen, wenn sie im Niederlassungsstaat zulässig sind[2]. Zwar sind nationale Maßnahmen zum Schutz der öffentlichen Gesundheit nach Art. 3 Abs. 4 a (i), 2. Spiegelstrich ECRL zulässig, jedoch nimmt diese Bestimmung nur konkrete Maßnahmen gegen bestimmte einzelne Dienste aus der Geltung des Herkunftslandprinzips aus, nicht jedoch notwendig allgemein geltende gesetzliche Regelungen[3]. Außerdem muss der einzelne Mitgliedsstaat vor Durchführen der Maßnahme den Niederlassungsstaat auffordern, selbst Maßnahmen zu ergreifen, und zudem die Kommission über die Absicht unterrichten, derartige Maßnahmen zu ergreifen (Art. 3 Abs. 4 b ECRL). Nach EG-Recht sind Werbeverbote des nationalen Rechts zulässig, Importverbote aber nicht generell[4]. Der EuGH[5] sieht das **Einfuhrverbot** für in Deutschland nicht zugelassene Arzneimittel (§ 73 Abs. 1 AMG) als wirksam an. Außerdem ist ein nationales Versandhandelsverbot für verschreibungspflichtige Arzneimittel mit Art. 30 EGV vereinbar[6], nicht jedoch ein Werbe- oder Versandhandelsverbot für nicht verschreibungspflichtige Arzneimittel. Dies gilt in gleicher Weise für den Import von in einem Mitgliedsstaat zugelassenen Arzneimitteln, die eine in einem anderen Mitgliedsstaat ansässige Apotheke zuvor von Großhändlern im Einfuhrmitgliedsstaat bezogen hat. Grundlage im **sekundären Gemeinschaftsrecht** ist die Richtlinie 2001/83/EG[7], deren Art. 87 Abs. 1 jede Werbung für Arzneimittel verbietet, denen keine Geneh-migung nach den Rechtsvorschriften der Gemeinschaft erteilt wurde. Art. 88 verbietet jede Werbung für verschreibungspflichtige sowie für erstattungsfähige Arzneimittel in der Öffentlichkeit (wenn von den Mitgliedsstaaten jeweils untersagt), während Öffentlichkeitswerbung für nicht verschreibungspflichtige Medikamente erlaubt ist (Art. 88 Abs. 2)[8].

Soweit Werbung zulässig ist, müssen die **Pflichtangaben** nach § 4 Abs. 1 i.V.m. Abs.

---

1 LG Köln, Urt.v.20.4.2001 – 81 O 160/99, CR 2002, 58; LG Frankfurt, MMR 2001, 243, 247; *Rolfes*, Internetapotheken, 27 mit dem Hinweis (a.a.O., 31), dass es nicht auf eine spürbare Marktbeeinträchtgung nicht ankommt, da das HWG nicht den Wettbewerb, sondern Gesundheitsinteressen des einzenen und der Allgemeinheit schütze.

2 *Rolfes*, Internetapotheken, 35.

3 *Rolfes*, Internetapotheken, 49.

4 So bereits die Schlussanträge in der Rechtssache C-322/01 vor dem EuGH, JurPC Web-Dok.103/2003; s. s. Mand, MMR 2003, 77.

5 EuGH, Urt.v. 11.12.2003 – Rs C-322/01 Deutscher Apothekerverband e.V. / 0800 DocMorris NV, MMR 2004, 149 = NJW 2004, 131 = www.jurpc.de/rechtspr/20030341.htm.

6 Für die Unzulässigkeit des Versandhandels verschreibungspflichtiger Arzneimittel an deutsche Endverbraucher OLG Frankfurt, Urt.v. 28.1.2005 – 5 U 300/01.

7 Richtlinie 2001/83/EG des Europäischen Parlaments und des Rates v. 6.11.2001 zur Schaffung eines Gemeinschaftskodex für Humanarzneimittel, ABl. Nr. L 311 v. 28.11.2001, 67, in der die frühere Richtlinie 92/28/EWG des Rates über die Werbung für Humanarzneimittel v. 31.3.1992, ABl. Nr. L 113 v. 30.4.1992, 13.

8 Ausf. zur Ausgestaltung s. *Marwitz*, MMR 2004, 218, 219.

4 HWG in leicht erreichbarer Form gemacht werden und ist also nicht ausreichend, wenn der Werbeadressat diese Angaben nur über mehrere Schritte (mehrfaches Anklicken von Links) erreichen kann[1]. Bei Arzneimittelwerbung müssen die Pflichtangaben nach § 4 HWG unmittelbar im Zusammenhang mit der Werbung zur Kenntnis gelangen (können), also als sachlich-informativer Teil der Gesamtwerbung erkennbar sein und dieser deshalb eindeutig und unmittelbar zugeordnet werden können; hiernach genügt es nicht, wenn der Nutzer über einen Klick auf das Feld „Fachinfos" nicht unmittelbar zu den Pflichtangaben gelangt, sondern diese erst nach drei weiteren Zwischenschritten einsehen kann[2]. Auch müssen die Pflichtangaben der übrigen Werbung für das jeweilige Arzneimittel zugeordnet werden[3]. Diese Grundsätze gelten uneingeschränkt auch für **Web-Präsentationen**, wobei auch Informationen über Wirkstoffe, den Arzneimittelnamen selbst, Packungsbeilagen und Pflichtangaben als Werbung eingestuft wurden[4].

Störerhaftung aus wettbewerbswidriger Werbung für eine Internet-Apotheke besteht noch nicht, wenn nur eine Domain registriert wird, die nicht auf eine Apotheke hinweist und die erst vom späteren Erwerber als Portal für Internet-Arzneimittelversand nutzt[5].

Bisher kaum behandelt wurde in der Rechtsprechung der Bereich der Online-Information über Medikamente (etwa auch durch Dritte). 4,25 Millionen Bundesbürger haben 2003 hierfür Geld ausgegeben[6].

2. Vertrieb

a) Grundsätze

Arzneimittel dürfen in Deutschland nur in Verkehr gebracht werden, wenn sie durch die zuständige Bundesbehörde **zugelassen** ist (§ 21 Abs. 1 AMG). Nichtzugelassene Arzneimittel dürfen nur dann eingeführt werden, wenn sie **im Herkunftsland zugelassen** und von Apotheken in geringen Mengen auf ärztliche Verschreibung bestellt werden (§ 73 AMG), wobei Werbung für solche Medikamente untersagt ist (§ 8 Abs. 2 HWG). Importverbote für nichtverschreibungspflichtige Medikamente sind nach der EuGH-Rechtsprechung unzulässig (s. unten Abschnitt (b)) .

Verschreibungspflichtige (und apothekenpflichtige) Arzneimittel dürfen von (von wenigen nicht therapeutischen Ausnahmen abgesehen, §§ 44, 43 Abs. 3 AMG) grundsätzlich **nur in Apotheken in den Verkehr gebracht** werden (§ 43 Abs. 1 AMG), weshalb Vertrieb durch Versand über sog. „Internet-Apotheken" bis einschließlich Ende 2003 grundsätzlich als rechtswidrig angesehen wurde[7] (s. S. 171). Das Versand-(handels)verbot (der §§ 43 Abs. 1 S. 1 AMG, 17 Abs. 2 S. 1 ApoBetrO) gilt auch für die Belieferung von Fachkreisen, auch bezüglich des Versandes aus einem anderen Mitgliedsstaat (§ 73 Abs. 1 AMG). Versendung aus der Apotheke war nur in begründeten Einzelfällen zulässig. Geworben werden durfte für diesen Versand nicht (§ 8 Abs.

1 OLG München, Urt.v. 7.3.2002 – 29 U 5688/01, CR 2002, 445 MMR 2002, 463 = JurPC Web-Dok. 335/2002.

2 OLG Hamburg, Urt.v. 3.5.2002 – 3 U 355/01, JurPC Web-Dok. 325/2003.

3 OLG München, Urt.v. 7.3.2001, a.a.O.

4 Hoeren/Sieber/*Marwitz*, Handbuch Multimedia-Recht, Teil 11.2, Rdn. 92.

5 LG Hamburg, Urt.v. 29.2.2000 – 406 O 156/00, JurPC Web-Dok. 97/2001.

6 Heise online news 29.10.2003, www.heise.de/newsticker/data/anw-29.10.03-004.

7 LG Frankfurt, Urt.v.9.11.2000 – 2/03 O 366/00, CR 2001, 185 = MMR 2001, 243; LSG NRW, Beschl. v. 28.1.2003 – L 16 B 92/02 KR ER, JurPC Web-Dok. 70/2003.

1 HWG), ebensowenig für einen Bezug über Teleshopping oder durch Einzeleinfuhr (§§ 73 Abs. 2 Nr. 6a, 73 Abs. 3 AMG).

Bereits vor 2004 war die **Einfuhr** von Arzneimitteln im Versandwege erlaubt, wenn diese in einem anderen EG-Mitgliedsstaat[1] rechtmäßig in den Verkehr gebracht und für den persönlichen Bedarf bezogen werden, sofern dies ohne gewerbsmäßige oder berufsmäßige Vermittlung erfolgte (§ 73 Abs. 2 Nr. 6 a AMG). Die deutsche Rechtsprechung sah Einfuhrverbote als zulässig an[2].

„**Bezogen**" im Sinne von § 73 Abs. 2 Nr. 6 a AMG hat der Verbraucher ein Medikament auch, wenn die Apotheke es an ihn versendet[3], der Erwerb muss nicht in den Räumen der Apotheke erfolgt sein[4]. Betreibt die Apotheke einen solchen Versand gewerbsmäßig, greift § 73 Abs. 2 Nr. 6 a AMG nicht ein und ist die entsprechend durchgeführte Einfuhr nach den §§ 73 Abs. 1, 43 Abs. 1 S. 1 AMG unzulässig[5].

Der **Versand** über das Internet angebotener apothekenpflichtiger Arzneimittel (außerhalb des § 47 AMG) durch einen niederländischen Apotheker wurde vom KG als mit § 43 Abs. 1 S. 1 AMG unvereinbar und wettbewerbswidrig angesehen[6]. Diese Unzulässigkeit bestätigte der EuGH für verschreibungspflichtige bzw. in Deutschland nicht zugelassene, jedoch nicht für verschreibungsfreie Arzneimittel (s. unten S. 171). Sie verstößt außerdem gegen das – mit europäischem Recht vereinbare – Heilmittelwerbeverbot des § 8 Abs. 2 HWG[7]. § 43 Abs. 1 AMG verbietet ausdrücklich den Versand apothekenpflichtiger Arzneimittel. Importe nach Deutschland sind nach § 73 Abs. 1 AMG nur zulässig, wenn die importierten Arzneimittel über eine deutsche Zulassung oder über ein entsprechendes Äquivalent verfügen und außerdem der Importeur pharmazeutischer Unternehmer, Großhändler, Tierarzt oder Apotheker ist[8]. Dieses **Verbringungsverbot** des § 73 Abs. 1 AMG gilt entsprechend § 73 Abs. 2 AMG nicht, wenn die Arzneimittel im Herkunftsland in Verkehr gebracht werden dürfen und ohne gewerbs- oder berufsmäßige Vermittlung in einer dem üblichen persönlichen Bedarf entsprechenden Menge aus einem anderen Mitgliedsstaat bezogen werden.

---

1 Der Bezug aus der Schweiz wird nicht freigestellt, da die Schweiz weder der EG noch dem EWR angehört (*Rolfes*, Internetapotheken, 161).

2 OLG Frankfurt, Urt.v. 31.5.2001 – 6 U 240/00, GRUR-RR 2001, 250 = MMR 2001, 751 – DocMorris (bezogen auf das Werbeverbot nach § 8 HWG und das Versandhandelsverbot des § 43 Abs. 1 AMG), ebenso KG, Urt.v. 29.5.2001 – 5 U 10150/00, CR 2001, 556 = MMR 2001, 759. Das LG Berlin, Urt.v.7.11.2000 – 103 O 19/00, CR 2001, 268 = MMR 2001, 249 sah dann keine Verletzung von § 43 Abs. 1 AMG als erfolgt an, wenn i.S.v. 73 Abs. 2 Nr. 6 a AMG nur eine dem persönlichen Bedarf entsprechende Menge versandt wird.

3 OLG Frankfurt, MMR 2001, 751f; KG MMR 2001, 759, 762; LG Frankfurt, Urt.v.9.11.2000 – 2/03 O 366/00, CR 2001, 185 = MMR 2001, 243, 245; a.A. LG Berlin, MMR 2001, 249, 250.

4 *Rolfes*, Internetapotheken, 123.

5 *Rolfes*, Internetapotheken, 123.

6 KG, Urt.v.29.5.2001 – 5 U 10150/00, CR 2001, 556 = MMR 2001, 759, auch ein „Beziehen" i.S.v. § 73 Abs. 2 Nr. 6 AMG ablehnend, da hierfür ein Kauf unter persönlicher Anwesenheit in der EG-ausländischen Apotheke erforderlich ist, auch wenn die Ware dann im Versandwege importiert wird. Ähnlich OLG Frankfurt, Urt.v. 31.5.2001 – 6 U 240/00, GRUR-RR 2001, 250 = MMR 2001, 751 = JurPC Web-Dok. 171/2001 (bereits das Angebot des Versands als unzulässig ansehend). Nach § 73 Abs. 2 Nr. 6 a AMG als zulässig sah noch das LG Berlin, Urt.v.7.11.2000 – 103 O 192/00, CR 2001, 268 = MMR 2001, 249 = JurPC Web-Dok. 50/2001 (Vorinstanz zu KG) den Betrieb der Internet-Apotheke an; ebenso wurde ein Wettbe-werbsverstoß verneint. Eine ablehnende Entscheidung des LG Stuttgart, Urt.v.4.1.2001 – 17 O 548/00, JurPC Web-Dok. 48/2001 ist durch die Einzelfallumstände bedingt: Der Antrag auf einstweilige Verfügung bezog sich auf ein inländisches Auslieferungslager, das nicht dem Antragsgegner, sondern einem anderen Unternehmen gehörte.

7 OLG Frankfurt, Urt.v. 31.5.2001 – 6 U 240/00, GRUR-RR 2001, 250 = MMR 2001, 751.

8 *Mand*, WRP 2003, 37, 38.

Insoweit wird auch Versand als zulässig angesehen[1], allerdings nur, wenn das Arzneimittel zuvor persönlich in den Geschäftsräumen einer Apotheke gekauft wurde[2] (der Kunde sich also nur bei Anlieferung eines bestellten Medikamentes am nächsten Tag den zweiten Weg zur Apotheke sparen will).

Das **Abholen** eines Medikamentes durch den Verbraucher war bisher schon nicht vom Versandverbot umfasst[3], auch nicht eine Abholung durch Boten oder Vertreter[4]. Als „Inverkehrbringen" gilt zwar insbesondere die „Abgabe an andere" (§ 4 Abs. 17 AMG), also grundsätzlich etwa die Abgabe an Verbraucher, wenn die Übergabe im Geltungsbereich des AMG erfolgt[5], aber nicht bei vom Verbraucher beauftragter Abholung aus der Apotheke durch ein gewerbliches Unternehmen im Rahmen der mit diesem vereinbarten Betreuungsleistung[6] (wobei die Abgabe aber wohl durch die Apotheke erfolgt[7], aber eben nicht zusätzlich auch durch das Unternehmen).

Streitig war, ob eine Online-Apotheke unter das ausschließende Tatbestandsmerkmal der gewerbs- oder berufsmäßigen **Vermittlung** fiel und der Versand deshalb nicht von § 73 Abs. 2 Nr. 6 a AMG gestützt war. Die Anwendbarkeit dieser Bestimmung auf die Online-Apotheke wurde vom LG Frankfurt a.M. abgelehnt; der Grundsatz des freien Warenverkehrs (Art. 26 EGV) werde nicht verletzt, da die Bestimmung durch den Schutz der Gesundheit im Sinne von Art. 30 EGV gerechtfertigt sei[8].

Das OLG Frankfurt[9] bestätigte die Auffassung des LG Frankfurt, sah jedoch § 73 Abs. 2 Nr. 6 a AMG als anwendbar und damit den **Versand** als **zulässig** an, jedoch nicht die (nach § 8 HWG verbotene) Werbung für den Versand auf Bestellung von in Deutschland nicht zugelassenen Arzneimitteln[10]; Art. 28 EGV werde nicht verletzt, außerdem sei die Ausnahmebestimmung des Art. 3 Abs. 4 ECRL anwendbar[11]. Das KG[12] lehnte hingegen die Anwendbarkeit des § 73 Abs. 2 Nr. 6 a AMG ab, der nach Art. 30 EGV gerechtfertigt sei[13], und beurteilte das **Online-Bestellformular** als gegen § 8 Abs. 1 HWG verstoßend[14]. Auch die Bundesvereinigung deutscher Apothekerverbände betreibt ein Portal (aponet.de), das schon 2003 zulässig unter bestimmten Voraussetzungen Medikamente an Privatpersonen lieferte, insbesondere, wenn weder der Kunde selbst noch eine Person seines Vertrauens zur Abholung in der Apotheke in der Lage war[15].

---

1 *Mand*, WRP 2003, 37, 38.

2 *Mand*, WRP 2003, 37, 40.

3 *Rolfes*, Internetapotheken, 97 m.w.N.

4 *Rolfes*, Internetapotheken, 97.

5 *Rolfes*, Internetapotheken, 97 m.w.N.

6 OLG Köln, Urt.v.7.9.2001 – 6 U 186/00, OLG-Rechtspr. Köln 2002, 48f, zit. nach *Rolfes*, Internetapotheken, 97.

7 Auch insoweit eine Abgabe abl. OLG Köln, Urt.v.7.9.2001, a.a.O.; krit. *Rolfes*, Internetapotheken, 98.

8 So das LG Frankfurt in zwei Entscheidungen, Urt.v.9.11.2000 – 2/03 O 365/00, K&R 2001, 153 sowie Urt.v.9.11.2000 – 2/03 O 366/00, CR 2001, 185 = MMR 2001, 243.

9 OLG Frankfurt, Urt.v.31.5.2001 – 6 U 240/00, MMR 2001, 751 = GRUR Int. 2001, 771 = NJW-RR 2001, 1408.

10 OLG Frankfurt, Urt.v.31.5.2001, a.a.O., 751, 752.

11 OLG Frankfurt, Urt.v.31.5.2001, a.a.O., 751, 753.

12 KG, Urt.v.29.5.2001 – 25 U 10150/00, MMR 2001, 759 = NJW-RR 2002, 113.

13 KG, Urt.v.29.5.2001, a.a.O., 759, 762.

14 KG, Urt.v.29.5.2001, a.a.O., 759, 764.

15 heise online 2.11.2003, www.heise.de/newsticker/data/tig-02.11.03-001.

b) Rechtslage nach dem EuGH-Urteil vom 11.12.2003

Der EuGH[1] sah das Einfuhrverbot für in Deutschland nicht zugelassene Arzneimittel (§ 73 Abs. 1 AMG) als **wirksam** an, ebenso ein nationales Versandhandelsverbot für verschreibungspflichtige Arzneimittel, das mit Art. 30 EGV vereinbar ist. **Unwirksam** ist jedoch ein Verbot für nicht verschreibungspflichtige Arzneimittel. Dies gilt in gleicher Weise für den Import von in einem Mitgliedsstaat zugelassenen Arzneimitteln, die eine in einem anderen Mitgliedsstaat ansässige Apotheke zuvor von Großhändlern im Einfuhrmitgliedsstaat bezogen hat.

Bemerkenswert ist, dass der EuGH das arzneimittelbezogene Versandhandelsverbot als **Maßnahme gleicher Wirkung** im Sinne von Art. 28 EGV einstufte. Nach der Keck-Rechtsprechung des EuGH[2] sind Handelsregelungen zulässig, die nur Verkaufsmodalitäten betreffen. Diese Regelungen müssen aber für alle Wirtschaftsteilnehmer gelten, die ihre Tätigkeit im Inland ausüben, und sie müssen den Absatz der inländischen Erzeugnisse aus anderen Mitgliedsstaaten rechtlich wie tatsächlich in gleicher Weise berühren[3]. Die zweite Voraussetzung sah der EuGH als nicht erfüllt an, da sich das Verbot auf außerhalb des deutschen Hoheitsgebietes ansässige Apotheken stärker zugangsbehindernd auswirken könnte.

c) Änderungen durch das Gesetz zur GKV-Modernisierung vom 19.11.2003

Mit dem Gesetz zur GKV-Modernisierung[4], in Kraft seit dem 1. Januar 2004, wurde ein Versandhandel apothekenpflichtiger Medikamente innerhalb von Deutschland (als dem Geltungsbereich des Gesetzes) durch behördlich zugelassene Versandhändler zulässig, wobei solche Versandapotheken freilich die gleichen Voraussetzungen wie bisher die Apotheken vor Ort erfüllen müssen und einer besonderen Erlaubnis bedürfen (§§ 11 a und 11 b ApoG), also Betriebsräume und ein Vollsortiment aufweisen müssen. Der Versand ist **erlaubnispflichtig** und muss aus einer öffentlichen Apotheke zusätzlich zum üblichen Apothekenbetrieb und unter einem Qualitätssicherungssystem erfolgen (§§ 11 a GKV-ModernisierungsG, 11 a Nr. 2 a ApoG), um etwa sicherzustellen, dass die Arznei dem Besteller ausgeliefert wird, beim Transport in Qualität und Wirksamkeit erhalten bleibt, der Patient bei Problemen mit der Medikation auf das Erfordernis einer Kontaktaufnahme mit dem behandelnden Arzt hingewiesen wird und die Beratung in deutscher Sprache erfolgt. Damit erscheint zumindest zweifelhaft, ob etwa ein Versand über Drogerieketten zulässig ist, wenn diese keinen qualitätsgesicherten Apothekenbetrieb führen. Gleiches gilt für Versteigerungen von Medikamenten in Online-Auktionen, wie bereits vereinzelt durchgeführt.

Der Versand muss innerhalb von zwei Tagen ab Bestellung erfolgen, wenn nichts anderes vereinbart wurde (§ 11 a Nr. 3 a ApoG). Alle Medikamente müssen geliefert werden, die im Geltungsbereich des AMG in den Verkehr gebracht werden dürfen und verfügbar sind (§ 11 a Nr. 3 b ApoG)[5].

Der **Versand** durch ausländische Versender wird im GKV-ModernisierungsG nicht

---

[1] EuGH, Urt.v. 11.12.2003 – Rs C-322/01 Deutscher Apothekerverband e.V. / 0800 DocMorris NV, MMR 2004, 149 = NJW 2004, 131 = www.jurpc.de/rechtspr/20030341.htm.

[2] EuGH, Slg. 1993, I-6097, 6131 – Keck und Mithouard.

[3] *Lenz*, NJW 2004, 332.

[4] Gesetz zur Modernisierung der gesetzlichen Krankenversicherung (GKV-Modernisierungsgesetz), BGBl 2003 I Nr. 55, 2190 v. 19.11.2003.

[5] Zu weiteren Einzelheiten s. *Marwitz*, MMR 2004, 218, 220.

geregelt. Zumindest aus anderen EU-Mitgliedsstaaten wird aber ein Versand als zulässig anzusehen sein, wenn der Versender einen mit einer öffentlichen Apotheke vergleichbaren Rechtsstatus aufweist und ähnliche Sorgfaltspflichten erfüllt. Die bisherige Rechtslage bleibt insoweit unverändert.

d) Unzulässige Vertriebsformen, Haftung

Arzneimittel dürfen außerdem nicht durch Automaten und nicht „durch andere Formen" der **Selbstbedienung** in den Verkehr gebracht werden (§ 52 Abs. 1 AMG). Hierzu gehören grundsätzlich auch Formen des Abrufes angebotener Medikamente über das Internet. Wird hier die Auftragsabwicklung (z.B. in den USA) automatisiert durchgeführt und die Lieferung veranlasst, so unterscheidet sich diese Form des Vertriebes nicht substantiell unter dem Gesichtspunkt des Schutzzweckes von der Selbstbedienung aus Automaten. In beiden Fällen greift der Kunde auf bestimmte Medikamente zu, wobei sich nur die Modalitäten des Zugriffs unterscheiden, nicht aber der mögliche Schutz des Kunden und seine Aufklärung.

Die besonderen Regelungen des HWG finden auf im elektronischen Handel verwendete **Bestellformulare** keine Anwendung (§ 1 Abs. 5 und 6 HWG).

Wer entgegen § 43 Abs. 1 AMG verschreibungspflichtige Medikamente in den Verkehr bringt, kann mit einer Freiheitsstrafe bis zu drei Jahren bestraft werden (§ 95 Abs. 1 AMG). Strafbar ist aber nicht nur der Vertreibende, sondern auch jeder abrufende Teilnehmer (!), der, ohne Krankenhausträger, Großhändler etc. zu sein, verschreibungspflichtige Medikamente via Internet bezieht (§§ 95 Abs. 1 Nr. 5 und 47 Abs. 1 AMG).

§ 73 Abs. 2 Nr. 6 a AMG gestattet (in Abweichung von § 43 Abs. 1 AMG) den Bezug von zulassungspflichtigen Arzneimitteln aus EU-Mitgliedsstaaten, wenn diese im Herkunftsland in den Verkehr gebracht werden dürfen und ohne gewerbs- oder berufsmäßige Vermittlung an den Verbraucher für dessen üblichen Bedarf abgegeben werden. Bezug durch gewerbsmäßige Importeure ist damit ausgeschlossen[1]. Die Vereinbarkeit dieser Regelung mit Art. 30 EGV wurde angezweifelt[2], wird aber wohl überwiegend bejaht[3]. Ergänzend kommt das Verbringungsverbot des § 73 Abs. 1 AMG zum Tragen, nachdem im Geltungsbereich des AMG nur im Versender-Mitgliedsstaat der EU zugelassene Arzneimittel verbracht werden dürfen, nicht jedoch zulassungspflichtige, aber nicht zugelassene Medikamenten.

Den importierenden Hersteller trifft außerdem die volle **Gefährdungshaftung** aus § 84 AMG, wenn das Medikament bei dem Patienten Gesundheitsschäden verursacht, die durch geeignete Kennzeichnung und Hinweise auf Gegenanzeigen vermeidbar gewesen wären beziehungsweise auch durch Auswahl des gesetzlich vorgeschriebenen Vertriebsweges (der mit besonderer Aufklärung und Medikamentenauswahl verbunden ist). Der Hersteller ist ebenfalls strafbar, wenn er (auf welchem Weg auch immer) verschreibungspflichtige Medikamente importiert, ohne die nach § 94 AMG erforderliche Haftpflichtversicherung abzuschließen (Freiheitsstrafe bis zu einem Jahr, § 96 Nr. 14 AMG).

---

1 Gounalakis/*Backhaus*, Rechtshandbuch Electronic Business, § 26 Rdn. 26 m.w.N.

2 LG Berlin, MMR 2001, 249f.

3 KG GRUR-RR 2001, 244; OLG Frankfurt, GRUR-RR 250, 253; LG Frankfurt, Urt.v. 9.11. 2000 – 2/03 O 366/00, CR 2001, 185 = MMR 2001, 243, 246 – DocMorris. Für Zulässigkeit der Verbotsregelung des § 73 Abs. 1 AMG auch die Schlussanträge der Generalanwältin beim EuGH, C-322/01 für nichtzugelassene Arzneimittel.

III. Rechtliche Abwehr unverlangter Werbe-E-Mails

Die unverlangte Versendung von Werbe-E-Mails ist, so lässt sich vorab zusammenfassen, grundsätzlich unzulässig. Privatpersonen können aus Verletzung ihres Persönlichkeitsrechts Abwehr- und Schadensersatzansprüche geltend machen, Unternehmen aus eingerichtetem und ausgeübtem Gewerbebetrieb sowie (bei Bestehen eines Wettbewerbsverhältnisses) aus Wettbewerbsrecht.

Die unaufgeforderte Versendung von Werbe-E-Mails im Internet hat viel weitgehend berechtigte Kritik hervorgerufen[1]. Zumindest teilweise findet hier eine Verlagerung von **Kosten** statt. Während die Absender die Kosten von Mailing-Aktionen durch die Nutzung von E-Mail-Systemen erheblich (teilweise fast gegen Null) senken können, steigen die Kosten der adressierten Nutzer. Schon 2001 wurden weltweit die durch die Versendung von „Junk-E-Mails“ verursachten Kosten auf etwa 10 Mrd. Euro geschätzt[2]. 2002 betrugen die Kosten allein in Unternehmen in der EU 2,5 Mrd. Euro[3]. Es wundert nicht, wenn in den USA mittlerweile 86 % der befragten Nutzer Spam-Mail sofort löschen[4]. Dies liegt nicht zuletzt am hohen Anteil anonymer Werbe-E-Mails und solcher mit fragwürdigen Inhalten oder Absendern. Werbende sollten deshalb prüfen, ob sie sich mit elektronischer Werbung in einem solchen „Werbeumfeld“ angesichts möglicher Seriositätseinbußen (durch das Image als „Spammer“) und das grundsätzliche kundenseitige Löschen von Hand oder durch Spamfilterprogramme nicht eher schaden als nützen.

Die Störwirkung unaufgeforderter E-Mail-Werbeaktionen wird empirisch auf mehrere Gründe gestützt. Entscheidendes Kriterium ist der bei dem adressierten Nutzer verursachte **Ressourcenverbrauch**[5]. So müssen eintreffende Werbe-E-Mails zunächst auf dem Serverrechner des kundenseits beauftragten Providers oder auf dem kundeneigenen Mail-Server gespeichert werden. Speicherung beim Provider lässt Kosten für den benötigten Speicherplatz entstehen, aber auch TK-Kosten für die Übertragung beim Abruf der E-Mails. Selbst bei Kennzeichnung der Werbe-E-Mails und zugleich dem Bestehen der technischen Möglichkeit, die Mails schon auf dem Providersystem zu löschen, fallen Kosten für die Miete des verbrauchten Speicherplatzes an, zudem – und meist um Größenordnungen gravierender – Kosten für die zum Durchsehen und Löschen der Mails erforderlichen Arbeitszeit. Spam beeinträchtigt also Betriebsabläufe und damit den eingerichteten und ausgeübten Gewerbebetrieb. Liegt der Anteil der Werbung an den täglich eintreffenden Mails zudem (wie immer öfter der Fall) um bis zu 50%[6], steigen die auf der Kundenseite verursachten Kosten fast exponentiell an, insbesondere hinsichtlich der **Arbeitskosten**. Eine solche Kostenverlagerung auf die Werbeadressaten kann nicht durch berechtigte Kommunikationsinteressen der Werbetreibenden gerechtfertigt werden.

---

1 Nach Bettinger/*Leistner*, Werbung und Vertrieb im Internet, Teil 1 A, Rdn. 23, bildet sie mittlerweile die gerichtsnotorischste Problematik des Werberechts.

2 So die Kommission in einer am 2.2.2001 vorgestellten Studie, verfügbar unter: europa.eu.int/comm/internal_market/de/media/dataprot/studies/spam.htm.

3 Heise online news 15.7.2003, www.heise.de/newsticker/data/anw-15.07.03-003.

4 Repräsentative Umfrage des Pew Internet&American Life Project, heise online v. 23.10.2003, verfügbar unter: www.heise.de/newsticker/data/anw-23.10.03-005/.

5 Bettinger/*Leistner*, Werbung und Vertrieb im Internet, Teil 1 A, Rdn. 25.

6 Mittlerweile soll bei einigen US-Providern Werbe-Spam über 50% der Post ausmachen (Computerwoche, 7/2002, 24). Eine Double-Click-Studie nennt 56 % Spam-Anteil und 65 % der Empfänger, die Werbe-E-Mails ungeöffnet löschen (heise online v. 16.10.2003, www.heise.de/newsticker/data/bbe-16.10.03-000/.

Ergänzend tritt eine gerade bei solcher Massierung von Werbe-E-Mails drohende Gefahr auf, nämlich dass die Nutzer andere, gewünschte E-Mails nicht mehr erhalten, weil die Speicherkapazität der Mailsysteme zumindest temporär erschöpft ist und eintreffende E-Mails zurückgeschickt werden oder verlorengehen[1]. Hierdurch kann ein Auftrags**entgang** drohen. Da die Nutzer als Erklärungsempfänger selbst das Risiko ihrer Erreichbarkeit auch in technischer Sicht tragen, müssten sie mit dem Anwachsen der Werbe-E-Mailflut ihre Systeme mit teils erheblichen Zusatzkosten nachrüsten.

Die Belästigung wird besonders intensiv, wenn die Absender nicht unter ihren tatsächlichen Adressen auftreten, sondern unter Adressen beliebiger anderer Netznutzer. Diese erhalten dann alle Mails, die an nichtexistente E-Mail-Adressen angeblicher Absender nicht zugestellt werden können, was zu einem **Überlaufen** des E-Mail-Faches führen kann[2]. Mittlerweile werden ungesicherte Nutzerrechner sogar mittels Virenprogrammen wie *„SoBig"* zur Weiterverbreitung der Spam-Mails eingerichtet (sog. „Zombies")[3]. Außerdem häufen sich (Mitte 2004) rassistische Spams, die über infizierte Rechner die Mail an alle auf dem Rechner befindlichen Adressen weiterverteilen und gegenüber den betroffenen Rechnerbetreibern rufschädigend wirken können[4]. Mindestens so schadensträchtig erscheinen die sog. *„Phishing"*-Angriffe, die, als imitierte Benachrichtigungen von Kreditinstituten oder ISPs, versuchen, bei Nutzern persönliche Daten, Passwörter, PIN-Codes etc. abzufragen, um dann die Konten der Nutzer zu plündern[5] oder auch Keylogger-Programme installieren, die jeden Tastendruck protokollieren und so an Passwörter gelangen[6].

Auch Provider können in der Erbringung ihrer Leistungen gegenüber ihren Kunden beeinträchtigt werden, da sie im Rahmen ihrer E-Mail-Services naturgemäß noch größere E-Mail-Mengen weiterleiten und gegebenenfalls filtern müssen[7]. Der Einsatz von **Filterprogrammen** ist zwar möglich, aber mit Fehlerrisiken behaftet. Der Provider riskiert eigene Vertragshaftung, wenn er neben der Werbung irtümlich auch tatsächlich von Kunden erwartete E-Mails (als *„false positives"*) mit aussortiert und löscht. Virenangriffen sind auch Serverrechner von Providern ausgesetzt, wobei mittels „Portscan" gefundene Lücken ausgenutzt werden, um den Server zum Spam-Verteiler-Netzwerk umzufunktionieren[8].

Inzwischen mussten die ersten (SMS-)Werbe-Mails auch auf **Mobiltelefonen** festgestellt werden. Auch hier kann der Ressourcenverbrauch zu Nachteilen des Netznutzers führen, wenn etwa tatsächlich erwünschte und erwartete Nachrichten nicht mehr empfangen werden können.

Technisch ist eine **Rückverfolgung** von Werbe-Mail-Absendern (z.B. „abc@cd.

---

1 LG Berlin, MMR 1999, 43, MMR 2000, 441f und 704; *Härting/Eckart*, CR 2004, 119, 120 sprechen sogar von „Denial of Service", wobei dieser Begriff aber eher für die Bezeichnung gezielter Angriffe („DoS-Attacks") vieler Nutzer auf einen bestimmten Serverrechner verwendet wird, während hier umgekehrt ein „Spam"-Versender viele Rechner adressiert.

2 Heise online, 15.9.2003, www. heise.de/newsticker/data/uma-15.09.03-000.

3 *Jesdanun*, Heim-PC als Spam-Versender, Spiegel Online 24.2.2004, www.spiegel.de/netzwelt/technologie/0,1518,287738,00.html.

4 Mitteilung des Bundesamts für Sicherheit in der Informationstechnik (BSI), www.bsi.bund.de/presse/pressinf/ sober150604.htm.

5 Heise online 6.5.2004, Milliardenschäden durch betrügerische E-Mails, www.heise.de/newsticker/meldung/ 47170, eine Gartner-Studie zitierend, nach der in 2003 etwa 11 Millionen US-Bürger auf eine Phishing-Mail reagiert und 1,78 Millionen ihre Daten preisgegeben hätten.

6 *Lang*, World Wide Cash, SZ Nr. 99 v. 29.4.2004, 11.

7 *Härting/Eckart*, CR 2004, 119, 121.

8 Spiegel Online 25.6.2004, www.spiegel.de/netzwelt/technologie/0,1518,305754,00.html.

com") nur begrenzt möglich. Mit dem Befehl „>finger abc@cd.com" kann eine Suche erfolgen, soweit ISPs diesen Dienst unterstützt (meist ist er abgeschaltet). Außerdem findet sich in jeder Mail eine Message-ID (z.B. „3557.FAA.003@1011.colo2.cd.com"), die eine eindeutige Kennung der Mail ist. Diese Kennung wird vom Server generiert, bei dem die Nachricht zum ersten Mal erscheint, also beim Versenden der Mail beim smtp-Server des Absenders. Dem Betreiber dieses smtp-Servers sollten evtl. Beschwerden mitgeteilt werden. Möglich ist aus dieser Kennung die Abfrage „> whois cd. com.", die meist auch Aufschluss über den beauftragten ISP gibt. Über *tracert* lässt sich der Weg der Mail zurückverfolgen, wenn man die IP-Adresse eingibt, von der die Mail abgesendet wurde[1]. Hilfreich kann sein, dem „Adressklau" von E-Mail-Anschriften dadurch vorzubeugen, dass man die E-Mail-Adresse auf der Webseite als *gif*-Datei einfügt (was allerdings zur Folge hat, dass die Adresse nicht als mailto-Link genutzt werden kann, sondern von Nutzern neu eingegeben werden muss).

Unter www.e-robinson.de oder www.e-mps.org kann sich der Nutzer in **Listen** eintragen lassen, um keine Werbemails zu erhalten[2], ohne dass aber eine Rechtspflicht Werbender zur Beachtung der Listen besteht.

Problematisch kann der Einsatz von **Filterprogrammen** sein. Einerseits sind diese nur begrenzt wirksam, solange Werbe-E-Mails nicht einheitlich gekennzeichnet sind[3]. Andererseits kann solcher Programmeinsatz, wie erwähnt, zum Verlust auch durch den Empfänger erwünschter Nachrichten führen. Provider dürfen deshalb nicht uneingeschränkt alle Werbe-E-Mails löschen. Einzelne Provider (z.B. T-Online) bieten serverseits implementierte Spam-Filter an, die als „Spam" erkannte E-Mails mit dieser Bezeichnung kennzeichnen und ein Löschen ermöglichen[4]; Vorteil dieser Lösung ist, dass der Nutzer selbst noch prüfen kann, ob er löschen will oder nicht. Er trägt so nicht das Risiko, dass E-Mails fälschlicherweise als Spam identifiziert („*false positives*") und automatisch gelöscht werden. Zutreffend wurde freilich vertreten, dass Provider die **Einwilligung** ihrer Kunden in die Löschung virenbehafteter oder unerwünschter E-Mails vorab einholen müssen, wobei diese Einwilligung schriftlich erfolgen muss (§§ 3 Abs. 1 TDSV, 4 Abs. 2 S. 2 BDSG)[5]; andernfalls würde durch die Löschung jedenfalls von Werbe-E-Mails das Post- und Fernmeldegeheimnis verletzt (§ 206 Abs. 2 Nr. 2 StGB), während die Löschung von virenbehafteten E-Mails auch ohne Einverständnis des Adressaten als nach § 34 StGB gerechtfertigt angesehen und empfohlen wird, verdächtige E-Mails automatisiert in „Spam-Ordner" zu sortieren und dem Kunden die Entscheidung zu überlassen, ob die E-Mail gelöscht werden soll[6]. Das wird aber wohl nur für Werbe-E-Mails erforderlich sein. Einige Schutzprogramme errechnen die Wahrscheinlichkeit, dass es sich bei eine E-Mail um Spam handelt, und löschen die E-Mail bei Überschreiten eines bestimmten Wertes[7]. Bei anderen Programmen kann der Nutzer bestimmte Filterregeln festlegen[8].

Diskutiert wurden Anfang 2004 zwei Modelle zur **Spam-Vermeidung**. Jede E-Mail-Versendung soll mit der Lösung einer kleinen Rechenaufgabe verbunden sein, die bei einzelnen E-Mails wirtschaftlich kaum ins Gewicht fällt, wohl aber bei Versendung von

1 Ausführlicher mit Protokollbeispielen *Gergen*, Internetdienste, 131 – 135.
2 *Bruns*, c't, 15/2001, 94, 95.
3 *Wendlandt*, Cybersquatting, Metatags und Spam, 76.
4 Heise online 18.12.2003, heise.de/newsticker/data/uma-18.12.03-001/.
5 *Heidrich/Tschoepe*, MMR 2004, 75, 78.
6 *Heidrich/Tschoepe*, MMR 2004, 75, 79 sprechen von einer „Quarantäne-Lösung".
7 So der Spamihilator (www.spamihilator.com) oder SpamPal (www.spampal.spxs.net).
8 So etwa PasSpam Light (www.heitho.de).

Millionen von Werbe-E-Mails. Dies kann freilich die Versuchung vergrößern, Spam über Fremdserver „umzuleiten“, deren Betreiber dann diese Kosten aufgelastet bekommen. Ein anderer Ansatz will für jede E-Mail-Versendung eine geringe Gebühr in Anschlag bringen, wodurch große Werbe-E-Mailaktionen ebenfalls wirtschaftlich uninteressant werden können; dies setzt freilich eine weltweit einheitliche Regelung unter Beteiligung aller ISPs voraus.

Im Frühjahr 2004 wurde der Entwurf für einen gemeinsamen Anti-Spam-Maßnahmenkatalog und ein Gesetzentwurf vorgelegt, der **Straftatbestände** vorsieht, so etwa für das Verwenden von Rechnern als Spam-Relays[1]. Sogar die OECD veranstaltete Anfang Februar 2004 einen Kongress zu diesem Thema, auf dem von EU-Kommissar Erkki Liikanen wirksame Gesetze und grenzüberschreitende Strafverfolgung gefordert wurden[2].

1. EG-rechtliche Regelungen der Zulässigkeit von Werbe-E-Mailaktionen

EG-kartellrechtlich erscheinen Einschränkungen von unaufgeforderter E-Mail als zulässig, da keine unzulässige Beschränkung des freien Warenverkehrs i.S.v. Art. 28 ff EG-Vertrag (EG) vorliegt, sondern nur die Regelung einer bloß vertriebsbezogenen Verkaufsmodalität, die als keine Behinderung des Handels angesehen wird, da sie für alle Wettbewerber im Inland gilt[3] und nicht Werbung als solche betrifft[4].

Allerdings enthalten verschiedene Richtlinien Regelungen zur Zulässigkeit von „kommerziellen Kommunikationen“ mit unterschiedlichen Regelungsinhalten und -bereichen.

a) Fernabsatzrichtlinie

Die EG-Fernabsatzrichtlinie (FARL) verlangt in Art. 10 Abs. 2 die vorherige Zustimmung (Opt-in) des Verbrauchers für die Verwendung von Kommunikation mit Automaten (wie Voice Mail oder Telefax), für nichtbenannte Fernkommunikationstechniken aber in Art. 10 Abs. 2 FARL nur das Vorsehen von Schutzmaßnahmen für E-Mails, wenn der Verbraucher diese offenkundig ablehnt (Opt-out), für Voice-Mails hingegen eine Opt-in-Regelung. Die FARL enthält aber nur eine Mindestregelung[5], so dass schon nach der FARL die Mitgliedsstaaten strengere Regelungen treffen konnten[6]. Außerdem regelt Art. 9 ein Verbot, unbestellte Waren zuzusenden.

---

1 *Ermert*, Deutsche Anti-Spam-Taskforce diskutiert Maßnahmenkatalog, heise online news 25.3.2004, w wwheise.de/newsticker/Meldung/46013.

2 Spiegel Online 4.2.2004, www.spiegel.de/netzwelt/technologie/0,1518,284919,00.html.

3 *Ayad*, CR 2001, 533, 535 unter Hinweis auf die allgemeine Entscheidung des EuGH NJW 1994, 121 – Keck/Mithouard.

4 *Ayad*, CR 2001, 533, 535.

5 BGH NJW 2000, 2788, 2678 – Telefonwerbung VI.

6 BGH, Urt.v.27.1.2000 – I ZR 241/97, JurPC Web-Dok. 144/2000 – Telefonwerbung VI; *Leistner/ Pothmann*, WRP 2003, 815, 819, die Vereinbarkeit solcher strengerer Regelungen mit den Grundfreiheiten der Art. 28 ff EGV bejahend).

b) E-Commerce-Richtlinie

Auch die E-Commerce-Richtlinie (ECRL) sieht in Art. 7 nur eine Opt-out-Lösung vor. Die E-Commerce-Richtlinie verlangt, dass

- kommerzielle Kommunikationen klar als solche zu erkennen sein müssen (Art. 6 lit. (a) ECRL), ebenso ihr Auftraggeber (Art. 6 lit. (b)) und Angebote zur Verkaufsförderung oder Preisausschreiben oder Gewinnspiele (Art. 6 lit (c) und (d) ECRL).
- nicht angeforderte „kommerzielle Kommunikationen" bei Eingang beim Nutzer klar und unzweideutig als solche erkennbar sind (Art. 7 Abs. 1 ECRL),
- die solche kommerzielle Kommunikationen übermittelnden Diensteanbieter regelmäßig sog. Robinson-Listen konsultieren und beachten, in die sich natürliche Personen eintragen können, die keine derartigen kommerziellen Kommunikationen zu erhalten wünschen (Art. 7 Abs. 2 ECRL),
- kommerzielle Kommunikationen reglementierter Berufe den berufsrechtlichen Regeln entsprechen (Art. 8 Abs. 1 ECRL).

Ergänzend hat die ECRL die Regelungen zu Werbe-Mails aus dem Geltungsbereich des Herkunftslandprinzips herausgenommen.

Das (die ECRL umsetzende) Elektronischer Geschäftsverkehr-Gesetz[1] sieht für kommerzielle Kommunikationen in § 7 im wesentlichen nur die klare **Erkennbarkeit** der Kommunikationen und Identifizierbarkeit des Auftraggebers und verweist i.ü. nur auf die Geltung des Wettbewerbsrechts. Die erläuternden Hinweise heben hervor, dass die Zulässigkeit der Zusendung nichtangeforderter kommerzieller E-Mails in der RL 97/7 EG (Art 10)[2] geregelt ist, sodass insoweit nicht das Herkunftslandprinzip anwendbar ist.[3] Vielmehr ist darauf abzustellen, ob der Mitgliedsstaat des Empfängers schärfere Anforderungen stellt[4].

Die Kennzeichnungspflicht wurde in § 7 TDG aufgenommen. Sie wurde schon auf der Grundlage der ECRL nicht als Argument für die Zulässigkeit solcher Werbeformen verstanden[5].

c) Datenschutzrichtlinie für elektronische Kommunikation

Die Kommission hatte bereits 2001 festgestellt, dass eine national unterschiedliche Implementierung von Opt-In- oder Opt-Out-Lösungen zu Wettbewerbsverzerrungen führen kann und die EU-Vorschriften zum „Datenschutz im Internet untergräbt"[6]. Die Kommission sprach sich deshalb für die Opt-In-Lösung aus, die schon im Vorschlag zur Aktualisierung der Richtlinie 97/66/EG (Datenschutz in der TK) vom Juli 2000 berücksichtigt war. Dieser Vorschlag wurde in die Datenschutzrichtlinie zur Elektronischen Kommunikation aufgenommen.

1 Gesetz über rechtliche Rahmenbedingungen für den elektronischen Geschäftsverkehr (EGG) v. 14.12.2001, BGBl 2001 I 3721.

2 Richtlinie 97/7/EG über den Verbraucherschutz bei Vertragsabschlüssen im Fernabsatz, ABl. L 144 v. 4.6.1997, 19.

3 Erläuternde Hinweise zum Arbeitspapier „Entwurf eines Gesetzes über rechtliche Rahmenbedingungen für den elektronischen Geschäftsverkehr – EGG", 16

4 Erläuternde Hinweise, a.a.O., 16.

5 *Tettenborn/Bender/Lübben/Karenfort*, K&R Beilage 1 zu Heft 12/2001, 18.

6 Mitteilung der Kommission v. 2.2.2001, www.europa.eu.int/comm/internal_market/de/media/dataprot /studies/spam.htm.

Die EK-Datenschutz-Richtlinie (EKDSRL)[1] regelt in Art. 13 die Zulässigkeit der Versendung „unerbetener Nachrichten". Die Umsetzung in deutsches Recht erfolgte im UWG (s. näher S. 485). Art. 13 Abs. 2 EKDSRL macht die Zulässigkeit der Verwendung elektronischer Post[2] (und SMS[3]) für Zwecke der Direktwerbung (und die Verwendung automatischer Anrufmaschinen) von der vorherigen Einwilligung des Teilnehmers abhängig, womit insoweit eine Opt-in-Lösung verwirklicht wird. Hierbei wird die Erteilung einer konkludenten Einwilligung etwa durch Markieren („Anklicken") eines Feldes auf einer Webseite oder das Hinterlassen einer E-Mail-Adresse als ausreichend angesehen[4]. Erwägungsgrund 40 begründet die Opt-in-Lösung insbesondere mit der leichten Versendung von E-Mails zu geringen Kosten und der Belästigung und Kosten auf der Empfängerseite, womit die auch für die deutsche Rechtsprechung wesentlichen Argumente aufgegriffen sind.

Auch ohne vorherige Einwilligung zulässig ist E-Mail-Werbung, wenn der Anbieter eine Kundenadresse (in Art. 13 Abs. 2 RL „elektronische Kontaktinformation" genannt) im Zusammenhang mit dem Verkauf eines Produktes oder Erbringen einer Dienstleistung erhalten hat[5] und diese Adresse zur Werbung für eigene ähnliche[6] Produkte oder Dienstleistungen verwendet (Art 13 Abs. 2 EKDSRL), jedoch nur unter der Voraussetzung, dass der Kunden klar und deutlich die Möglichkeit erhalten hat, eine solche Nutzung der Kontaktinformation bei deren Erhebung und bei jeder Übertragung gebührenfrei und problemlos **abzulehnen**, wenn der Kunde die Nutzung nicht von vornherein abgelehnt hat. Außerdem darf nur der Anbieter diese Daten verwenden, der sie von seinen Kunden erhalten hat, nicht aber ein Dritter[7].

Geschützt werden nur **natürliche Personen** (Art. 13 Abs. 5 S. 1 i.V.m. Abs. 1 EKDSRL), also nicht juristische Personen, aber wohl etwa auch Freiberufler. Die Umsetzung im deutschen reformierten UWG erfasst allerdings gerade natürliche Personen nicht, soweit sie Verbraucher sind, da Wettbewerbsrecht nur Ansprüche für Wettbewerber vorsieht. Deshalb bleibt das Recht der Abwehransprüche aus den §§ 823, 1004 BGB analog unharmonisiert.

Anonyme Werbung ist generell **unzulässig** (Art. 13 Abs. 4 EKDSRL). Anders als der Schutz aus Art. 13 Abs. 1 und 2 EKDSRL, der auf natürliche Personen beschränkt ist, wurde der Schutz gegen anonyme Werbung als auf natürliche wie juristische Personen ausgedehnt angesehen[8]. Die Mitgliedsstaaten können aber auch im Regelungsbereich von Art. 13 Abs. 1 und 2 zusätzlich Schutz für berechtigte Interessen juristischer Personen vorsehen (§ 13 Abs. 5 EKDSRL). Ergänzend ist Erwägungsgrund 45

---

1 Richtlinie 2002/58/EG v. 12.7.2002 über die Verarbeitung personenbezogener Daten und den Schutz der Privatsphäre in der elektronischen Kommunikation, ABl. Nr. L 201 v. 31.7.2002, 37 ff.

2 Art. 2 h EKDSRL definiert „elektronische Post" als „jede über ein öffentliches Kommunikationsnetz verschickte Text-, Sprach-, Ton- oder Bildnachricht, die im Netz oder im Endgerät des Empfängers gespeichert werden kann, bis sie von diesem abgerufen wird", womit etwa auch Voice-Mail, Videos und andere Nachrichtenformen erfasst werden, nicht nur eine bloße Textmail.

3 So ausdrücklich Erwägungsgrund 40 der RL.

4 *Leistner/Pothmann*, WRP 2003, 815, 821.

5 Hieraus wurde abgeleitet, dass bereits Vertrags*verhandlungen* zum Bestehen einer Kundenbeziehung führen (*Leistner/Pothmann*, WRP 2003, 815, 822).

6 Vorgeschlagen wurde, als „ähnlich" solche Produkte zu betrachten, die aus Verbrauchersicht austauschbar sind (*Leistner/Pothmann*, WRP 2003, 815, 822); zu weit erscheint hingegen die Auffassung von *Eckhardt*, MMR 2003, 557, 559, nach dem Sinn der Regelung sei Werbung von denjenigen auszuschließen, die nicht in einer Geschäftsbeziehung stehen, da hier in Geschäftsbeziehungen beliebige sonstige Waren ungeachtet ihrer Ähnlichkeit beworben werden dürften.

7 *Eckhardt*, MMR 2003, 557, 559.

8 *Leistner/Pothmann*, WRP 2003, 815, 823.

die Klarstellung zu entnehmen, dass Schutzvorkehrungen der Mitgliedsstaaten zum Schutz dieser berechtigten Interessen unberührt bleiben, woraus abgeleitet wurde, dass auch die bisherige, natürliche wie juristische Personen erfassende Rechtsprechung weiterhin Bestand hat[1].

Nach Art. 13 Abs. 3 EKDSRL muss der Anbieter den Kunden bei Erhebung der Kontaktinformationen deutlich über deren weitere Nutzung zum Zweck der Direktwerbung unterrichten. Der Kunde muss außerdem die Möglichkeit haben, eine derartige Nutzung gebührenfrei und problemlos abzulehnen.

Die EKDSRL war (nach deren Art. 17 Abs.1) bis zum 31.10.2003 in nationales Recht umzusetzen. Die Umsetzung in deutsches Recht ist im Rahmen der Novellierung des UWG verspätet erfolgt. In § 7 Nr. 4 UWG wurde 2004 ein Verbot ohne Einwilligung erfolgender, belästigender Werbung eingefügt, das ein Opt-in-Prinzip umsetzt. Dies sollte bei den betroffenen privaten Nutzern nicht zu dem Missverständnis führen, dass nach deutschem Recht unaufgeforderte Werbe-Mails nur zwischen Wettbewerbern unzulässig wären. Zudem wird ein gesondertes Widerspruchsrecht von Betroffenen diskutiert, das sich unmittelbar auf die EKDSRL stützt (s. S. 485).

d) Richtlinie über den Fernabsatz von Finanzdienstleistungen

Die Richtlinie über den Fernabsatz von Finanzdienstleistungen[2] (FAFinDLRL) sieht wiederum für Voice-Mail- und Telefax-Mitteilungen nur eine Opt-out-Lösung vor, während für E-Mail Opt-out- oder Opt-in-Lösungen von den Mitgliedsstaaten vorgesehen werden können. Da das Opt-in-Prinzip der EKDSRL nach Erwägungsgrund 23 der FAFinDLRL unberührt bleiben soll, wurde nur in den Fällen Raum für eine Opt-in.Lösung Raum gesehen, in denen Art. 13 EKDSRL nicht einschlägig ist[3]. Die FAFinDLRL war nach ihrem Art. 21 Abs. 1 bis zum 9.10.2004 umzusetzen.

2. Deutsche Rechtsprechung

Dem BGH zufolge war bereits bisher Werbung per Telefon[4] und Telefax[5] ohne vorherige Zustimmung des Adressaten **unzulässig**. Diese Grundsätze sind teilweise auf E-Mails übertragbar, wobei aber der empfängerseitige Ressourcenverbrauch deutlich mehr Relevanz aufweist[6]. Es fallen nämlich beim Empfänger wie bei dem von ihm beauftragten Provider Speicher- und Übertragungskosten an, außerdem beim

---

1 *Leistner/Pothmann*, WRP 2003, 815, 823.

2 Richtlinie 2002/65/EG v. 23.9.2002 über den Fernabsatz von Finanzdienstleistungen an Verbraucher, ABl L 271 v. 9.10.2002, 16.

3 *Leistner/Pothmann*, WRP 2003, 815, 824.

4 BGH NJW 1970, 826 – Telefonwerbung I; BGH NJW 1989, 2820 = CR 1989, 994 – Telefonwerbung II; BGH NJW-RR 1990, 359 = CR 1990, 333 – Telefonwerbung III; BGH, Urt.v. 27.1.2000 – I ZR 241/97, GRUR 2000, 818f – Telefonwerbung VI (Unzulässigkeit gegenüber Privaten); BGH, Urt.v. 25.1.2001 – I ZR 53/99, GRUR 2001, 1181f – Telefonwerbung für Blindenwaren (Unzulässigkeit auch im geschäftlichen Verkehr, solange der Anzurufende weder ausdrücklich noch konkludent Einverständnis mit derartigen Anrufen erklärt hat und ein solches aufgrund konkreter tatsächlicher Umstände auch nicht vermutet werden kann).

5 BGH, Urt.v. 25.10.1995 – I ZR 255/93, GRUR 1996, 208f = NJW 1996, 660 – Telefaxwerbung (begründet mit dem Belästigungseffekt beim Empfänger durch Blockieren des Anschlusses und Materialkosten, der durch die Nachahmungsgefahr noch verstärkt wird).

6 *Leistner/Pothmann*, WRP 2003, 815, 816

gewerblichen Kunden Kosten der Arbeitszeit für das Aussortieren der unverlangten Werbung (nicht selten summenmäßig der größte Posten). Diese Kosten fallen umso mehr ins Gewicht, als der Versender bezogen auf die einzelne Werbe-E-Mail fast gegen Null gehende Kosten hat, worin der Keim zu weiterem Umsichgreifen durch Nachahmung und Übersteigerung begründet ist und durch einen **Lawineneffekt** eine Verwilderung der Wettbewerbssitten droht[1]. Die Rechtsprechung ist deshalb relativ schnell zu einer (fast) einheitlichen Beurteilung gelangt[2]. 1997 hatte das LG Traunstein[3] als wohl erstes deutsches Gericht einen Unterlassungsanspruch im Verfügungsverfahren bejaht. Dieser Entscheidung sind die meisten Gerichte gefolgt. Im Wettbewerbsverhältnis bejahte der BGH die Sittenwidrigkeit der Zusendung unverlangter E-Mails[4].

Unterschieden werden grundsätzlich **drei Anspruchsgrundlagen** bzw. –konstellationen:

(a) Mitwettbewerber haben einen Unterlassungsanspruch gegen den Versender unaufgeforderter Werbe-E-Mails (also ohne ausdrückliche oder konkludente Einwilligung versandter) aus **Wettbewerbsrecht**[5]. Aus dem Bestehen einer Geschäftsbeziehung kann nicht ein vermutetes Einverständnis abgeleitet werden[6], ebenso nicht der Bezug zum beworbenen Gegenstand[7], u.U. aber aus dem Besuch einer Homepage[8]. Wettbewerbswidrig sind etwa als private Mitteilung (oder in sonstiger Weise) getarnte Werbe-E-Mails[9] oder ähnlich getarnte Werbeaussagen in Chats oder Mailing-Lists (wobei insoweit auch die Kennzeichnungspflicht aus § 7 TDG verletzt wird), ebenso belästigende, insbesondere den Kunden in seiner Entscheidungsfreiheit beeinträchtigende Mails.

(b) Andere konkret betroffene Gewerbetreibende ohne Wettbewerbsverhältnis zum Absender können Ansprüche aus einem **Eingriff in das Recht am eingerichtetem und ausgeübten Gewerbebetrieb** (§§ 823 Abs. 1, 1004 BGB) und hieraus einen Unterlassungsanspruch geltend machen[10], wobei nicht allein auf die (oft eher geringe)

---

1 *Leistner/Pothmann*, WRP 2003, 815, 816 m.w.N.

2 S.ausf. Hinweise bei *Schmittmann*, CR 2000, 851.

3 LG Traunstein, Beschl. v. 14.10.1997 – 2 HKO 3755/97, NJW-CoR 1997, 494, bestätigt durch Beschl.v.18.12.1997 – 2 HKO 3755/97 (im PKH-Verfahren), CR 1998, 171 = K&R 1998, 117, einen Unterlassungsanspruch im Verfügungsverfahren bejahend. Bereits im Beschluss v. 18.12.1997 wies das LG Traunstein darauf hin, dass Art. 10 der Fernabsatz-RL die Annahme der Rechtswidrigkeit von „*Junk-Mail*" nicht ausschließe, da Art. 4 FARL auch strengere Vorschriften durch Einzelmitgliedsstaaten zulässt. Art. 10 FARL gewährt aber nur einen Mindestschutz; Art. 14 I erlaubt auch eine Opt-In-Lösung, bei der die Empfänger der Zusendung vorher zugestimmt haben müssen. Die E-Commerce-RL verlangt nur eine Kennzeichnung.

4 BGH, Urt.v. 11.3.2004 – I ZR 81/01, CR 2004, 445 = NJW 2004, 1655 = JurPC Web-Dok. 176/2004 – E-Mail-Werbung.

5 BGH, Urt.v. 11.3.2004 – I ZR 81/01, a.a.O. Der BGH sieht den Werbenden außerdem als verpflichtet an, durch geeignete Maßnahmen sicherzustellen, dass es nicht zu einer fehlerhaften Zusendung einer E-Mail zu Werbezwecken aufgrund Schreibversehens kommt.

6 OLG Stuttgart, Urt.v.7.3.1997 – 2 U 216/96, NJWE-WettbR 1997, 270; *Schmittmann*, Werbung im Internet, 75.

7 LG Berlin, Urt.v.16.5.2002 – 16 O 4/02, CR 2002, 606.

8 LG Braunschweig, Urt.v.11.8.1999 – 22 O 1683/99, MMR 2000, 50 = CR 2000, 854 jedenfalls für die Fälle, in denen der Empfänger die Möglichkeit hat, sich durch Übermittlung einer E-Mail wieder aus der Versandliste *auszutragen*. Allein diese Opt-out-Möglichkeit reicht aber nunmehr nicht mehr aus.

9 *Wendlandt*, Cybersquatting, Metatags und Spam, 48 m.w.N.

10 KG, Beschl.v.8.1.2002 – 5 U 6727/00, CR 2002, 759 = MMR 2002, 685 = K&R 2002, 547; OLG Koblenz, Beschl.v. 10.6.2003 – 1 W 342/03, CR 2003, 766; LG Berlin, Urt.v. 16.5.2002 – 16 O 4/02, CR 2002, 606; LG Berlin, Urt.v. 10.8.2000 – 16 O 421/00, MMR 2000, 441f = JurPC Web-Dok. 16/2002; LG Berlin, Beschl.v. 2.4.1998 – 16 O 201/98, CR 1998, 623; *Leistner/Pothmann*, WRP 2003,

Kostenbelastung durch die einzelne Werbe-E-Mail für deren Empfänger abgestellt wird, sondern auch auf das Drohen massenweiser Versendung. Bereits die Absendung nur einer E-Mail wurde als ausreichend für die Annahme eines solchen Eingriffs angesehen[1]. Betroffene Provider können Abwehransprüche aus den §§ 823 Abs. 1 bzw. 826 in Verbindung mit 1004 BGB haben, da die von ihnen für ihre Kunden zur Verfügung stellbaren Speicher- und Leistungskapazitäten durch die Werbe-E-Mail-Flut deutlich reduziert sein kann[2]. Außerdem müssen sie zudem ständig zusätzlichen Aufwand zur regelmäßigen Aktualisierung von Filterprogrammen treiben (auch, um nicht ihrerseits ihren Kunden gegenüber ersatzpflichtig zu werden).

(c) Für privat betroffene E-Mail-Empfänger bejahte das KG ebenfalls einen Unterlassungsanspruch aus den §§ 823 Abs. 1, 1004 BGB (analog) aus **Eigentumsstörung**[3], verbunden mit einem Anspruch aus Verletzung des Allgemeinen Persönlichkeitsrechts (Art. 2 Abs. 1 GG)[4] durch rechtswidrige Beeinträchtigung der Privatsphäre des Empfängers (§ 1004 BGB analog), wenn der E-Mail-Anschluss im häuslichen Bereich genutzt wird[5]. Herangezogen wurde auch die Beeinträchtigung der negativen Informationsfreiheit des Empfängers[6]. Zulässig ist Werbe-E-Mailing, wenn der Empfänger in deren Zusendung **eingewilligt** hat[7]. Aus der bloßen Angabe der E-Mail-Adresse eines Empfängers ist noch keine Einwilligung abzuleiten, ebenso nicht einmal aus dem Eintragen in eine Mailing-Liste des Werbenden, wenn der Werbende nicht beweisen kann, dass der Empfänger diese Eintragung vorgenommen hat[8]. Das bloße Kennzeichnen der E-Mail als Werbung macht deren Zusendung noch nicht zulässig, wenn keine Einwilligung erfolgt ist. Wettbewerbswidrigkeit einer Werbung kann unmittelbare vertragliche Auswirkungen haben, so etwa, wenn der Dienstleister im Rahmen eines Werbevertrages eine wettbewerbswidrige Werbeleistung erbringt, da dieser Wettbewerbsverstoß den Wert oder die Tauglichkeit der Werbeleistung der Werbeleistung einschränkt oder aufhebt, die für den Auftraggeber nicht verwendbar ist,

---

815, 816; AG Bonn, Urt.v. 13.5.2003 – 14 C 3/03, ITRB 2004, 11 (die Beseitigung der Wiederholungsgefahr nur durch Abgabe einer strafbewehrten Unterlassungserklärung gesichert ansehend).

1 LG Berlin, Urt.v. 26.8.2003 – 16 O 339/03, CR 2004, 544 für Versendung eines Newsletters.

2 *Härting/Eckart*, CR 2004, 119, 121.

3 KG, Urt.v. Urt.v.20.6.2002 – 10 U 54/02, JurPC Web-Dok. 31/2003 (Urteilsfaksimile) unter Bezug auf Telefonkosten, Nutzungsgebühren des Netzbetreibers und Stromkosten des Computers, ebenso der zeitliche Aufwand für das Aussortieren, die dagegen sprechen, eine indifferente Haltung des Empfängers unterstellen zu können. Unzulässig sei nicht nur produkt-, sondern auch unternehmensbezogene Werbung.Ähnlich etwa Bettinger/*Leistner*, Werbung und Vertrieb im Internet, Teil 1 A, Rdn. 27.

4 *Schmittmann*, Werbung im Internet, 73; abl. bei konkretem Vertragsangebot LG Kiel, CR 2000, 848, 850. In Betracht kommt aber auch die negative Informationsfreiheit (Art. 5 Abs. 1 S. 1 GG), bestimmte Informationen nicht bekommen zu müssen (LG Berlin, MMR 2000, 704). Allerdings kann sich auch der Werbende auf die Meinungsfreiheit (Art. 5 Abs. 1 S. 1 GG) und die Berufsfreiheit (Art. 12 Abs. 1 GG) berufen, womit eine Interessenabwägung erforderlich wird. Die positive Informationsfreiheit (Art. 5 Abs. 1 S. 1 GG) des Empfängers kann beeinträchtigt sein, wenn dieser durch das Überfüllen seines Account Informationen aus allgemein zugänglichen Quellen nicht mehr zugänglich sind (*Wendlandt*, Cybersquatting, Metatags und Spam, 67), wobei allerdings vorausgesetzt wird, dass diese Informationen mittels E-Mail übermittelt werden (etwa Newsletter), da der sonstige Internet-Zugang in der Regel unbeeinträchtigt bleibt, ebenso sogar der Sendemodus für die E-Mails (*Wendlandt*, a.a.O., 68).

5 *Leistner/Pothmann*, WRP 2003, 815, 817.

6 LG Berlin, Urt.v. 14.5.1998 – 16 O 301/98, CR 1998, 499; AG Essen-Borbeck, MMR 2001, 261; AG Brakel, NJW 1998, 3209.

7 aber nicht erst zwei Jahre nach Einwilligungserteilung (LG Berlin, Beschl.v.2.7.2004 – 15 O 653/03, CR 2004, 941 = MMR 2004, 688).

8 LG Berlin, K&R 2000, 517f.

es sei denn, die Vertragsparteien haben Abweichendes vereinbart[1].

Soweit vertreten wurde, E-Mail-Werbung sei, da Art. 10 Abs. 2 Fernabsatzrichtlinie (FARL) ein Opt-out-Prinzip vorsieht, solange zulässig, wie der Empfänger die Werbung nicht ausdrücklich abgelehnt hat, ist dies schon angesichts Art. 14 FARL nicht haltbar, der die (in Deutschland ausgeschöpfte) Möglichkeit strengerer nationaler Regelungen zulässt. Außerdem hat die uneingeschränkte **Einwilligungsbedürftigkeit** (Opt-in-Prinzip, s. S. 485) bei Adressierung natürlicher Personen (nach Art. 13 Abs. 1 i.V.m. Abs. 5 EKDSRL 2002/58/EG) Regelungsvorrang. Selbst bei Vorliegen einer Einwilligung muss die natürliche Person die Möglichkeit eingeräumt erhalten, die Nutzung der elektronischen Werbeinformationen jederzeit **kostenfrei** und problemlos **abzulehnen.**

Auch gegenüber juristischen Personen wie insbesondere **Unternehmen** sind elektronische Werbe-Mailings aber nicht uneingeschränkt zulässig. Einerseits bleiben auch diese Empfänger berechtigt, die Mails von vornherein abzulehnen (Art. 13 Abs. 2, letzte Satzhälfte EKDSRL), andererseits muss bei jeder Übertragung einer Werbe-E-Mail die Möglichkeit eröffnet werden, deren Nutzung gebührenfrei und problemlos abzulehnen (Art. 13 Abs. 2 EKDSRL). Die (von einer Mindermeinung) vertretene weitere Auffassung, die Belästigung für den einzelnen Nutzer wiege nicht so schwer[2], ist jedenfalls durch Art. 13 EKDSRL für natürliche Personen überholt, während sie bezüglich Unternehmen jedenfalls empirisch angesichts des mittlerweile bis zu 50 % gehenden Anteil von Werbe-E-Mails an der gesamten elektronischen Post als widerlegt gelten muss. Die erforderliche Einwilligung kann nicht in **AGB** als bestehend unterstellt werden[3]. Eine **stillschweigende Erteilung** der Einwilligung wurde angenommen, wenn der Nutzer seine E-Mail-Adresse bei einem Besuch auf der Webseite des Werbenden oder in einer Newsgroup im Zusammenhang mit werblichen Aktivitäten des Werbenden hinterlassen hat, sofern sich die Werbe-Mails gerade auf die Angebote beziehen, in deren Zusammenhang die Mailadresse hinterlassen wurde[4]. Allerdings muss hier der Empfänger ausdrücklich auf seine Möglichkeit hingewiesen werden, die Nutzung solcher Mails ohne Kostenaufwand für ihn abzulehnen. Der werbende Absender muss darlegen und beweisen, dass der Empfänger diese Möglichkeit hatte, aber auch, dass eine genutzte Anschrift tatsächlich von deren Inhaber und nicht von einem Dritten hinterlassen wurde[5]. Bei Werbe-E-Mails mit anonymen Absender wird regelmäßig keine Einwilligung des/der Empfänger anzunehmen sein.

Dem Empfänger der Werbe-E-Mail kann nicht vorgeworfen werden, dass er ein **Filtersystem** nicht eingesetzt hat, da solche Systeme noch nicht fehlerfrei arbeiten und auch zum Unterdrücken erwünschter E-Mails (von Mandanten) führen können[6]. Generell wird der Nichteinsatz technischer Schutzmaßnahmen nicht als (auch nur stillschweigende) Einwilligung auszulegen sein, weil hierin überhaupt kein Erklärungswille zu erkennen ist.

Das LG Berlin bejahte eine **Persönlichkeitsrechtsverletzung** des Empfängers[7] und

---

1 OLG Düsseldorf, Urt.v. 13.3.2003 – I – 5 U 39/02, JurPC Web-Dok. 269/2003 – Haftung für Werbe-Mailings.

2 Etwa *Leupold/Bräutigam/Pfeiffer*, WRP 2000, 575, 593.

3 BGH GRUR 1990, 280d – Telefonwerbung IV (eine unangemessene Benachteiligung gemäß § 9 Abs. 2 Nr. 1 AGBG a.F., jetzt § 307 Abs. 2 BGB annehmend).

4 Bettinger/*Leistner*, Werbung und Vertrieb im Internet, Teil 1 A, Rdn. 35.

5 LG Berlin, K&R 2000, 517.

6 OLG München, Urt.v.12.2.2004 – 8 U 4223/03, JurPC Web-Dok. 131/2004.

7 LG Berlin, Urt.v. 10.8.2000 – 16 O 421/00, JurPC Web-Dok. 16/2001 (Unterlassungsanspruch aus den §§ 823, 1004 BGB) und Urt.v.19.9.2002 – 16 O 515/02, CR 2003, 219 MMR 2003, 202 = JurPC Web-Dok. 333/2002 (Unterlassungsanspruch aus den §§ 823, 1004 BGB bei Persönlichkeitsrechts-

eine Eigentumsverletzung[1]. Das LG Braunschweig sah im Hinblick auf die FernabsatzRL die Werbung nur dann als unzulässig an, wenn der Empfänger eine solche offenkundig ablehnt[2]. Der BGH wies aber darauf hin, dass die RL der deutschen Rechtsprechung zur telekommunikativen Werbung nicht entgegensteht[3].

Die Zulässigkeit von Werbe-Mailings bejahten hingegen nur einzelne Gerichte, etwa das AG Kiel[4] oder das LG Kiel (jedenfalls gegeben, wenn die Mail ein konkretes Leistungsangebot enthalte)[5] und, jedenfalls bei einmaliger Zusendung, das AG Dachau[6] sowie allgemein das OLG Hamburg[7]. Eine Rechtsgutverletzung im Sinne von § 823 Abs. 1 BGB liege nicht vor, da das bloße Vermögen insoweit nicht geschützt sei[8]. Zulässigkeit war nach Auffassung des LG Kiel jedenfalls gegeben, wenn die Mail ein konkretes Leistungsangebot enthalte[9]; damit könnte aber jedes Verbot einfach dadurch unterlaufen werden, dass in der Spam-Mail ein konkretes Angebot gemacht wird. Das LG Augsburg sah kein unaufgefordetes Übersenden als gegeben an, wenn zuvor eine Kontaktaufnahme des Werbe-Mail-Empfängers mit der (kostenpflichtigen) Internetdatenbank des Werbenden zustandekam und die Werbe-Mail im Vertrauen auf ein fortbestehendes Interesse an der Internetdatenbank abgesandt worden war[10]. Ein Verbraucherschutzverband wurde nicht als berechtigt angesehen, einen Anspruch auf Auskunft über den Identität von E-Mail-Spammern mit Hilfe einer Einstweiligen Verfügung durchzusetzen, da die dem Antrag zugrundeliegende Regelung des § 13 UKlaG keinen einstweiligen Rechtsschutz hinsichtlich des Auskunftsanspruches vorsehe; auch ergebe die Gesetzessystematik in den §§ 5 und 6 UKlaG keinen solchen Anspruch[11]. Das LG Düsseldorf lehnte einen Antrag auf einstweilige Verfügung ab, da nicht jede Werbe-E-Mail automatisch rechtswidrig sei[12].

In den meisten Fällen hatten die Gerichte über **deliktsrechtliche Ansprüche** zu entscheiden. Das KG bejahte einen Unterlassungsanspruch aus den §§ 823 Abs. 1, 1004

---

verletzung); ähnlich das LG München I, Urt.v. 11.5.2000 – 7 O 5412/00, ITRB 2002, 131; AG Brakel, Urt.v.11.2.1998 – 7 C 747/97, MMR 1998, 492 = NJW 1998, 3209; a.A. AG Kiel, Urt.v. 30.9.1999 – 110 C 243/99, MMR 2000, 51 und LG Kiel, Urt.v.20.6.2000 – 8 S 263/99, NJW-RR 2001, 412.

[1] LG Berlin, Urt.v. 31.5.2002 – 16 O 15/02, MMR 2002, 759 (Kosten für Papier und Toner).

[2] LG Braunschweig, Urt.v. 11.8. 1999 – 22 O 1683/99, CR 2000, 854.

[3] BGH BB 2000, 1540.

[4] AG Kiel, Urt.v.30.9.1999 – 110 C 243/99, JurPC Web-Dok. 31/2000.

[5] LG Kiel, Urt.v. 20. 6.2000 – 8 S 263/99, CR 2000, 848.

[6] AG Dachau, Urt.v. 10.7.2001 – 3 C 167/01, JurPC Web-Dok. 190/2001, das einen Eingriff in eingerichteten und ausgeübten Gewerbebetrieb verneinte, während das LG Berlin, Urt.v. 13.10.1998 – 16 O 320/98 und Urt.v.19.9.2002 – 16 O 515/02, CR 2003, 219 = JurPC Web-Dok. 333/2002 (mangels Zustimmung des Empfängers) einen Eingriff bejahte, ebenso das LG Hannover, Urt.v. 26.7.2001 – 21 O 3607/01, JurPC Web-Dok. 101/2002 und das KG, Beschl.v. 8.1.2002 – 5 U 6727/00, ZUM-RD 2003, 23.

[7] OLG Hamburg, Beschl.v.2.8.1999 – 12 W 17/99, (http://home.t-online.de/home/rahilpusch/recht/olghh.htm). Das OLG sieht die Kosten für Telefon und Online-Verbindung sowie für das Sichten und Löschen der Mails als „minimal“ an. Dies gilt nicht in jedem Fall; außerdem wäre dann – entgegen der BGH-Rechtsprechung – auch Fax-Werbung zulässig.

[8] Übersehen wird hier eine teilweise Blockierung gemieteter Speicherkapazität, da sie als Sachbeschädigung eingeordnet werden kann, sodass auch § 823 BGB einschlägig sein kann.

[9] LG Kiel, Urt.v. 20. 6.2000 – 8 S 263/99, CR 2000, 848.

[10] LG Augsburg, Urt.v.4.5.1999 – 2 O 4416/98, JurPC Web-Dok. 89/2000.

[11] LG München I, Urt.v.17.9.2002 – 7 O 10982/02, JurPC Web-Dok. 259/2003.

[12] LG Düsseldorf, bestätigt durch OLG Düsseldorf, I-15 W 25/03, www.heise.de7newsticker/data/jk-10.04.03-002; ähnlich OLG Koblenz, Beschl. v. 10.6.2003 – 1 W 342/03, www.heise.de/newsticker/data/hob-25.06.03-000 für E-Mail mit rechtsradikalem Inhalt.

BGB[1]; dies gilt auch für die Versendung einer „Newsletter"-E-Mail mit Werbung an eine Rechtsanwaltskanzlei[2] und für sonstige Werbezwecken dienende Newsletters[3]; soweit der Versender die (zustimmende) Eintragung des Empfängers in eine Liste behauptet, ist er beweispflichtig[4]. Unzulässig ist die Versendung des Newsletters auch dann, wenn der Empfänger die Möglichkeit erhält, sich durch Anklicken aus dem Verteiler auszutragen[5]. Möglich ist auch ein Eingriff in den eingerichteten und ausgeübten Gewerbebetrieb (im Sinne von § 823 BGB), der aber nicht schon bei einem einmaligen Herunterladen angenommen wurde[6].

Bereits die Versendung **einer** einzigen E-Mail wurde als unzulässig angesehen[7] (und Wiederholungsgefahr bejaht[8]), und zwar auch dann, wenn diese E-Mail dazu verwendet werden soll, ein Anmeldeverfahren zur Zustimmungserteilung einzuleiten[9]. Die Zusendung bleibt auch dann unaufgefordert und damit unzulässig, wenn der Empfänger durch Rücksenden einer ablehnenden E-Mail die zukünftige Zusendung weiterer Mails verhindern könne[10]. Gleiches gilt, wenn dem Adressaten die Möglichkeit eingeräumt wird, die Zusendung weiterer Mails durch Anklicken einer „**Abbestell**"-E-Mail zu unterbinden; auch dies lässt den Unterlassungsanspruch des Empfängers unberührt[11]. Dies muss umso mehr gelten, als diese Rück-E-Mails selbst zum Zweck der Sammlung von Adressen genutzt werden, die Rechtsverletzung also im Gegenteil gerade perpetuiert wird. Unzulässig ist auch das Versenden einer **E-Mail mit politischen Inhalt** an einen Rechtsanwalt, die in keinem Zusammenhang mit seiner Tätigkeit steht (Eingriff in eingerichteten und ausgeübten Gewerbebetrieb)[12], ebenso das Versenden in Newsletter-Form[13]. Der Rechtsanwalt (oder sonstige beruflich tätige Betroffene) verliert

---

1 KG, Urt.v. Urt.v.20.6.2002 – 10 U 54/02, JurPC Web-Dok. 31/2003 (Urteilsfaksimile) unter Bezug auf Telefonkosten, Nutzungsgebühren des Netzbetreibers und Stromkosten des Computers, ebenso der zeitliche Aufwand für das Aussortieren, die dagegen sprechen, eine indifferente Haltung des Empfängers unterstellen zu können.

2 LG Berlin, Urt.v.16.5.2002 – 16 O 4/02, CR 2002, 606 = MMR 2002, 631.

3 AG Mannheim, Urt.v.12.12.2003 – 5 C 260/03, JurPC Web-Dok. 95/2004.

4 LG Berlin, Urt.v. 26.8.2003 – 16 O 339/03, MMR 2004, 44 = JurPC Web-Dok. 93/2004.

5 AG Mannheim, Urt.v. 10.3.2004 – 5 C 260/03, JurPC Web-Dok. 95/2004.

6 AG München, Urt.v. 24.11.2003 – 213 C 29365/03, CR 2005, 379.

7 OLG Düsseldorf, Urt.v.22.9.2004 – I-15 U 41/04, JurPC Web-Dok. 261/2004; LG Berlin, Urt.v.16.5.2002 – 16 O 4/02, CR 2002, 606, 608 und Urt.v. 26.8.2003 – 16 O 339/03, JurPC Web-Dok. 93/2004; KG, Urt.v.8.1.2002 – 5 U 2767/00, CR 2002, 759; OLG München, Urt.v.12.2.2004 – 8 U 4223/03, JurPC Web-Dok. 131/2004; AG Mannheim, Urt.v.12.12.2003, a.a.O.

8 OLG Düsseldorf, Urt.v.22.9.2004 – I-15 U 41/04, MMR 2004, 820.

9 LG Berlin, Urt.v.19.9.2002 – 16 O 515/02, CR 2003, 219 MMR 2003, 202 = JurPC Web-Dok. 333/2002 (Werbemail mit Newsletter-Anmeldung, sog. „double-opt-in").

10 LG Berlin, Urt.v.16.5.2002 – 16 O 4/02, CR 2002, 606, 608 = JurPC Web-Dok. 281/2002 (Eingriff in eingerichteten und ausgeübten Gewerbebetrieb, den Schutz auch auf Freiberufler ausdehnend).

11 OLG Koblenz, Beschl.v. 10.6.2003 – 1 W 342/03, CR 2003, 766 = MMR 2003, 590; AG Mannheim, Urt.v.12.12.2003 – 5 C 260/03, JurPC Web-Dok. 95/2004; LG Berlin, Urt.v. 26.8.2003 – 16 O 339/03, JurPC Web-Dok. 93/2004.

12 LG München I, Urt.v. 5.11.2002 – 33 O 17 030/02, NJW-RR 2003, 764 = JurPC Web-Dok. 196/2003 – E-Card und LG München I, Urt.v.15.4.2003 – 33 O 5791/03, CR 2003, 615 = JurPC Web-Dok. 152/2003 (ebenfalls Eingriff in eingerichteten und ausgeübten Gewerbebetrieb bejahend); bestätigt durch OLG München, Urt.v.12.2.2004 – 8 U 4223/03, JurPC Web-Dok. 131/2004; LG Leipzig, Urt.v.13.11.2003 – 12 S 2595/03, JurPC Web-Dok. 66/2004.

13 OLG München, Urt.v.12.2.2004 – 8 U 4223/03, CR 2004, 695; Vorinstanz LG München I, Urt.v.8.7.2003 – 33 O 1607/03, wobei bereits das einmalige Zusenden eines Unterlassungsanspruch begründe. Das Einverständnis wird jedoch bei der Werbung eines Versorgungswerks unterstellt (AG Bochum, Urt.v.25.2.2004 – 44 C 640/03, MMR 2004, 707).

den Schutz nicht dadurch, dass er über Filtermechanismen verfügt oder diese, obwohl leicht möglich, nicht installiert hat, da ein sicheres Funktionieren dieser Filtermechanismen nicht gewährleistet ist[1]. Mittelbarer Störer ist, wer die Versendung solcher Mails über seinen Rechner und eine dort eingerichtete Option zum E-Mail-Verschicken („E-Card") ermöglicht; dies gilt umso mehr dann, wenn der versendende Dritte namentlich nicht in Erscheinung tritt[2]. Auch eine politische Partei kann in diese Sinne Mitstörerin sein, wenn sie über eine E-Card-Funktion anonymes Spamming ermöglicht[3]. Bei Versendung an **Privatpersonen** kommt durch unverlangte Zusendung von Werbemails eine Verletzung des Persönlichkeitsrechts des Empfängers in Betracht[4]. Die Rechtswidrigkeit der Werbe-E-Mail entfällt nicht dadurch, dass die Anschrift des Empfängers durch unbefugte Dritte in die Mailing-Liste das Absenders eingetragen wurde[5]. Der E-Mail-Absender trägt also das Risiko der Adressbeschaffung.

Deliktshaftung setzt eine **Rechtsgutverletzung** voraus. Diese kann durch Speicherplatzverbrauch und Erhöhung der Kommunikationskosten begründet sein. Sind Werbe-Mailaktionen mit Kosten für den Nutzer verbunden sind (für Speicherkapazität auf dem Serverrechner, TK-Übertragungskosten, etc.), wird das unaufgeforderte Übersenden als Verstoß gegen § 823 Abs. 1 BGB eingestuft[6], der für die Betroffenen Ansprüche gegen den Werbenden aus den §§ 1004, 823 Abs. 1 BGB begründen kann[7].

Auch **Wettbewerbsrecht** kann Grundlage für Ansprüche gegen Werbe-Mailings bieten. Der BGH sah das unverlangte Zusenden von E-Mails zu Werbezwecken als wettbewerbswidrig an[8]. Zulässigkeit sei ausnahmsweise dann gegeben, wenn der Empfänger ausdrücklich oder konkludent sein Einverständnis erklärt hat, E-Mail-Werbung zu erhalten (wofür der Versender **beweispflichtig** ist[9]) oder wenn bei der Werbung gegenüber Gewerbetreibenden ein sachliches Interesse des Empfängers vermutet werden kann[10]. Der Werbende muss außerdem durch geeignete Maßnahmen sicherstellen, dass es nicht zu einer fehlerhaften Zusendung einer Werbe-E-Mail

---

[1] LG München I, Urt.v.15.4.2003 – 33 O 5791/03, CR 2003, 615, 616 = MMR 2003, 483 – milch-macht-schoen.de. Nach Auffassung des Gerichtes begründet allein die Erreichbarkeit über Kommunikationsmittel keine Vermutung dahingehend, der Empfänger sei mit jedweder werbender Kontaktaufnahme einverstanden.

[2] LG München I, Urt.v. 5.11.2002 – 33 O 17 030/02, NJW-RR 2003, 764; bestät. OLG München, Urt.v. 16.2.2004 – 8 U 4223/03.

[3] KG, Beschl.v. 22.6.2004 – 9 W 53/04, MMR 2004, 616.

[4] LG Leipzig, Urt.v.13.11.2003 – 12 S 2595/03, JurPC Web-Dok. 66/2004; AG Rostock, Urt.v.28.1.2003 – 43 C 68/02, CR 2003, 621.

[5] LG Berlin, Urt.v.23.6.2000 – 16 O 115/00, NJW-RR 2001, 628.

[6] LG Berlin, Urt.v.14.5.1998 – 16 O 301/98, CR 1998, 623 NJW 1998, 3208 = MMR 1998, 491 = K&R 1998, 304, bestätigt durch Urt.v.13.10.1998 – 16 O 320/98, MMR 1999, 43 (unaufgeforderte Mailing-Zusendung ist Eingriff in den eingerichteten und ausgeübten Gewerbebetrieb; im Internet ist jeder Ort Begehungsort, an dem Mail Empfänger bestimmungsgemäß zur Kenntnis gelangt, d.h. abgerufen werden kann, sodass *internationale Zuständigkeit* besteht; ebenso LG Berlin, Urt.v. 7.1.2000 – 15 O 495/99, ITRB 2/2001, 31 (§§ 823 Abs.1, 1004 BGB, unzulässiger Eingriff in eingerichteten und ausgeübten Gewerbebetrieb; Entscheidung vor Inkrafttreten des FernAbsG); LG Berlin, Beschl.v. 19.9.2002 – 16 O 515/02, JurPC Web-Dok. 333/2002; AG Brakel, Urt.v. 11.2.1998 – 7 C 748/97, MMR 1998, 492 (für §§ 823 Abs.1, 1004 BGB bei Eingriff in das allgemeine Persönlichkeitsrecht).

[7] AG Essen-Borbeck, Urt.v.16.1.2001 – 6 C 658/00, JurPC Web-Dok. 62/2001 (Störung des Eigentums- und Persönlichkeitsrechts; unzumutbare Belästigung, mit zeitlichem und finanziellem Aufwand Werbe-Mails abzurufen und zu löschen).

[8] BGH, Urt.v. 11.3.2004 – I ZR 81/01, JurPC Web-Dok. 176/2004 – E-Mail-Werbung.

[9] KG, Urt.v. 8.1.2002 – 5 U 6727/00, CR 2002, 759 = ZUM-RD 2003, 23; OLG Düsseldorf, Urt.v.22.9.2004 – I-15 U 41/04, JurPC Web-Dok. 261/2004.

[10] BGH, Urt.v. 11.3.2004, a.a.O.

aufgrund eines Schreibversehens kommt. Der BGH betont, dass E-Mail-Werbung weite Verbreitung gefunden habe, weil sie eine billige und schnelle Versendungsmöglichkeit biete. Diese Werbeart sei daher auf ein immer weiteres Umsichgreifen angelegt und führe zu einem **Nachahmungseffekt** bei anderen Mitbewerbern, die bisher nicht mit E-Mail geworben haben, woraus sich (neben der Belästigung des Empfängers) die Unlauterkeit begründe. Auch Art. 13 Abs. 1 und 5 S. 1 der Richtlinie 2002/58/EG (s. S. 485) sehe vor, dass Direktwerbungs-E-Mails nur bei vorheriger Zustimmung des Empfängers gestattet sind, wenn dieser eine natürliche Person ist (während für die übrigen Teilnehmer die Mitgliedsstaaten für einen ausreichenden Schutz zu sorgen haben). Die Verjährung des Unterlassungsanspruches beträgt nach § 11 Abs. 1 UWG (§ 21 UWG a.F.) sechs Monate von dem Zeitpunkt an, zu dem der Anspruchsberechtigte von der Handlung (Zusendung) und der Person des Verpflichteten Kenntnis erlangte[1].

Auch die bisherige Rechtsprechung ging grundsätzlich in diese Richtung[2]. Ein Konkurrent kann über § 3 UWG (§ 1 UWG a.F.) **Unterlassung** von Mailing-Aktionen verlangen[3]. Das unverlangte Zusenden von E-Mail-Werbung wurde auch bei Kennzeichnung der Werbung als Verstoß gegen § 1 UWG a.F. qualifiziert, wenn durch die Versendung eines E-Mail-Formulars an Bekannte des Werbers die persönlichen Beziehungen des Werbers zu Dritten für den Kundenfang nutzbar gemacht werden sollen (sog. „Laienwerbung") und zudem durch das Inaussichtstellen einer prozentualen Provision, die von der schneeballartigen Verbreitung des Produkts abhängig ist, versucht wird, weitere Kunden zu werben (sog. „progressive Kundenwerbung")[4].

Bereits bei einem geringeren Anteil von Werbemails an der jeweiligen gesamten elektronischen Post eines Empfängers kann die wirtschaftliche Belastung relevant werden, teilweise durch vermeidbare Übertragungskosten (für den Download) und Kosten für verbrauchte Ressourcen auf dem Serverrechner des Providers, mehr noch aber durch frustrierte Arbeitszeit insbesondere bei Adressierung von Unternehmen, die für das Aussortieren und Löschen der Werbemails erforderlich ist[5]. Weiter wurde schon vor dem **BGH**-Urteil vom 11.3.2004 zutreffend darauf hingewiesen, dass angesichts der verschwindend geringen Grenzkosten des Absenders für die Versendung seiner Werbemails die Gefahr eines lawinenartigen Umsichgreifens derartiger Werbemaßnahmen und eine Verwilderung der Werbesitten drohe[6]. Dies ist wohl mittlerweile zumindest teilweise eingetreten[7]. So soll bei einigen US-Providern Werbe-Spam über 50% der Post ausmachen[8].Der Provider AOL konnte gegen einen Spam-Versender ein Urteil auf Schadensersatzzahlung in Höhe von US-$ 7.000.000 erreichen[9].

---

1 BGH, Urt.v. 11.3.2004, a.a.O..

2 LG Ellwangen, Urt.v. 27.8.1999 – 2 KfH O 5/99, MMR 1999, 675f; LG Hamburg, WRP 1999, 250; LG Traunstein, NJW 1998, 1648; LG Berlin, MMR 1999, 43 und MMR 2000, 704.

3 LG Ellwangen, Urt.v.27.8.1999 – 2 KfH O 5/99, JurPC Web-Dok. 198/1999, für Anspruch auf Unterlassen der Angabe von Nettopreisen als Angebotspreisen; LG Leipzig, Urt.v.13.11.2003 – 12 S 2595/03, JurPC Web-Dok. 66/2004.

4 LG München I, Urt.v. 28.11.2002 – 4 HKO 9685/02, MMR 2003, 758 = JurPC Web-Dok. 230/2003.

5 LG Berlin, Urt.v.16.5.2002 – 16 O 4/02, CR 2002, 606, 608 = JurPC Web-Dok. 281/2002; allgemein Bettinger/*Leistner*, Werbung und Vertrieb im Internet, Teil 1 A, Rdn. 25.

6 LG Berlin, Urt.v.16.5.2002 – 16 O 4/02, CR 2002, 606, 608 = JurPC Web-Dok. 281/2002; BGH GRUR 1988, 614, 616 (noch zu Btx-Werbung, die aber mit ähnlich geringen Grenzkosten verbunden war).

7 *Leistner/Pothmann*, WRP 2003, 815, 816; Bettinger/*Leistner*, Werbung und Vertrieb im Internet, Teil 1 A, Rdn. 26.

8 Computerwoche, 7/2002, 24.

9 Spiegel Online v. 17.12.2002.

Unaufgefordertes Zusenden von E-Mail-Werbung unter Ausnutzung eines fremden Kundenkreises ist auch dann sittenwidrig, wenn die E-Mail-Adressen aus Eintragungen in einer **fremden Homepage** bezogen wurden[1]. Zur Absicherung hiergegen kann und muss der Provider geeignete Sperrprogramme einsetzen, andernfalls der Kunde Ersatzansprüche aus Nichterfüllung, Mängelhaftung oder jedenfalls Pflichtverletzung (bisher: positiver Vertragsverletzung) gegen den Anbieter bei Nichtzustellbarkeit von E-Mails oder verzögerter Zustellung haben kann. Das Versenden von Werbe-E-Mails für **karitative Zwecke** wurde nicht als sittenwidrige Gefährdung des Wettbewerbs beurteilt, wenn der humanitäre Aspekt eine Spendenaktion im Vordergrund steht[2]. Wettbewerbsrechtlich unzulässig ist auch das werbliche Auffordern an Verbraucher zur Versendung von Werbe-E-Mails an Freunde und Bekannte (mittelbare E-Mail-Werbung), da das Einverständnis der potentiellen Adressaten nicht abgefragt wird und Abwehrmaßnahmen umgangen werden[3].

Der Domain-Inhaber ist unabhängig von seiner Kenntnis zumindest bezüglich solcher Werbe-E-Mails **Zustandsstörer**, für die von einer unter seiner Domain liegenden Subdomain aus für seine Domain geworben wird; der Domain-Inhaber hat in dieser Fallkonstellation bezüglich der Subdomains und verschickter Werbe-E-Mails eine Kontrollpflicht, wenn er durch das Vermieten der Subdomains eine Ursache für die Mail-Versendung gesetzt hat[4]. Dies gilt etwa dann, wenn der Provider Subdomains vermietet und der Absender von E-Mails mit gefälschter Adresse nicht ausfindig zu machen sind; hier wurde er als verpflichtet angesehen zu kontrollieren, ob die Adressen derjenigen, an die er Subdomains vermietet, tatsächlich existieren, um zu verhindern, dass von anonymisierten Subdomains aus Werbe-E-Mails versandt werden[5]. Weder unmittelbar noch mittelbar als Störer haftet der Vermieter von Mehrwertdiensterufnummern für von seinen Kunden versandte Werbe-E-Mails jedenfalls dann, wenn er die vermietete Rufnummer nach Abmahnungseingang sperrt[6]. Auch ein Provider, der Premium-Rate-Dienste für Spam-Versendung anbietet, kann jedoch als unmittelbarer Täter wettbewerbswidrigen Verhaltens haften, wenn er dieses veranlasst und steuert[7].

Besteht eine **Unterlassungsverpflichtung** des Werbe-E-Mail-Versenders, muss die E-Mail-Adresse des Betroffenen in der Weise blockiert werden können, dass keine E-Mails an diese versendet werden können und nicht an solchen Versendungen mitgewirkt wird[8].

Der Absender der E-Mail trägt die **Beweislast** für ein Einverständnis des Empfängers mit der Übersendung[9]. Der Versender muss sogar beweisen, dass eine auf der Homepage des Versenders eingetragene E-Mail-Adresse des Empfängers tatsächlich

---

[1] LG Ellwangen, Urt.v.27.8.1999 – 2 KfH O 5/99, MMR 1999, 675.

[2] AG Hannover, Urt.v.19.2.2003 – 526 C 15759/02, NJW-RR 2003, 1272 – DRK „Nachbarn in Not".

[3] LG Nürnberg-Fürth, Beschl.v. 4.3.2004 – 4 HKO 2056/04, CR 2004, 703.

[4] AG Leipzig, Urt.v. 27.2.2003 – 2 C 8566/02, CR 2003, 935 = MMR 2003, 610; AG Hamburg, Urt.v.4.3.2003 – 36 a C 37/03, JurPC Web-Dok. 265/2003.

[5] AG Leipzig, Urt.v. 27.2.2003 – 2 C 8566/02, CR 2003, 935 = MMR 2003, 610 = JurPC Web-Dok. 205/2003 – Haftung des Subdomain-Vermieters für Spam; bestätigt durch LG Leipzig, Urt.v. 13.11.2003 – 12 S 2595/03, ITRB 2004, 76 = CR 2004, 943.

[6] AG Bad Homburg, Urt.v. 23.7.2003 – 2 C 3419/02 (23), MMR 2003, 682.

[7] OLG Hamburg, Urt.v. 2.10.2003 – 5 U 25/03, CR 2004, 376.

[8] LG Rostock, Beschl.v. 24.6.2003 – 1 S 49/03, CR 2003, 855.

[9] BGH, Urt.v. 11.3.2004 – I ZR 81/01, NJW 2004, 1655 = JurPC Web-Dok. 176/2004 – E-Mail-Werbung; KG, Urt.v. Urt.v.20.6.2002 – 10 U 54/02, JurPC Web-Dok. 31/2003; KG, Urt.v. 8.1.2002 – 5 U 6727/00, CR 2002, 759 = JurPC Web-Dok. 362/2002; LG Berlin, Urt.v. 26.8.2003 – 16 O 339/03, MMR 2004, 44 = JurPC Web-Dok. 93/2004

von diesem und nicht von einem Dritten eingetragen wurde[1]. Der Empfänger trägt hingegen die Beweislast dafür, die unaufgeforderte Werbe-E-Mail überhaupt erhalten zu haben.

Abwehransprüche sind auch in **Eilverfahren** durchsetzbar, da nicht auf die Versendung der einzelnen Mail abzustellen ist, sondern darauf, dass angesichts der Ausweitung von Werbe-E-Mailings die Gefahr besteht, täglich eine Unzahl von solchen Mails zu erhalten[2].

Als **Streitwert** wurden bei unverlangter Zusendung von Werbe-E-Mails von geringer wirtschaftlicher Bedeutung bis zu € 4.000,00 angesetzt, im Verfahren des einstweiligen Rechtsschutzes bis zu € 2.000,00[3]. Der Streitwert für den Aufwand zum Blocken einer E-Mail-Adresse beim Versender wurde auf der Basis eines Stundensatzes von € 250,00 berechnet und mit maximal zwei Stunden angesetzt[4], bei Versenden einer einzigen Werbe-E-Mail auf € 3000,00[5].

Ist ein Absender rechtskräftig zur **Unterlassung** unverlangter Werbe-Mail-Zusendung verurteilt, muss er die Adresse des betroffenen Empfängers **löschen** (allerdings nur diese) und außerdem dafür Sorge tragen, dass Werbe-Mails, die er bereits vor Erlass des Urteils an verschiedene Verteilerstelle weitergeleitet hat, diesem Empfänger nicht mehr zugeleitet werden[6]. Der Provider des Anbieters kann und muss sich (auch im Interesse der anderen Nutzer) vorbehalten, entsprechende Inhalte zu sperren zu sperren/löschen und Störungen zu beseitigen sowie bei schweren Vertragsverletzungen den Vertrag mit dem Nutzer fristlos zu kündigen.

Die Grundsätze zur Unzulässigkeit unaufgeforderter E-Mail-Werbung wurden auch auf Werbung mittels **SMS** als anwendbar angesehen[7]. Nach § 13 UWG klagebefugte Verbände können aus § 1 UWG Unterlassungsansprüche geltend machen, nicht aber der privat Betroffene selbst.

3. Rechtslage in den USA

In den USA sieht der „*Unsolicited Commercial Electronic Mail Act of 2001*" (H.R. 718)[8] ein „Opt-out"-Recht des Internet Service Providers (ISP) vor. Am 22.11.2003 billigte das US-Repräsentantenhaus ein am 1. Januar 2004 in Kraft getretenes Anti-Spam-Gesetz (Controlling the Assault of Non-Solicited Pornography and Marketing Act, „*Can Spam Bill*"), das das systematische Sammeln zum Zwecke der Spam-Versendung verbietet, ebenso das Benutzen von Betreffzeilen mit täuschenden Themenangaben; außerdem ist die Einrichtung einer Liste („*Do Not Mail*"-Liste) vorgesehen, in der sich private Nutzer zum Blockieren ihrer Adresse eintragen lassen

---

1 LG Berlin, Urt.v.16.5.2002 – 16 O 4/02, CR 2002, 606, 608 = JurPC Web-Dok. 281/2002.

2 KG, Urt.v. Urt.v.20.6.2002 – 10 U 54/02, JurPC Web-Dok. 31/2003; a.A. LG Düsseldorf, Beschl.v. 6.2.2003 – 13 O 39/03, JurPC Web-Dok. 129/2003 (zutr. jedenfalls für den Fall, dass nach Eingang der Mail zwei Monate mit dem Verfügungsantrag gewartet wird).

3 LG Münster, Urt.v.3.4.2003 – 12 O 160/03, MMR 2003, 485.

4 LG Rostock, Beschl.v. 24.6.2003 – 1 S 49/03, MMR 2003, 595.

5 AG Hamburg-Wandsbek, Urt.v. 4.11.2003 – 715 C 48/03, JurPC Web-Dok. 16/2004.

6 LG Paderborn, Beschl.v. 3.5.2001 – 3 T 42/01, CR 2002, 301.

7 LG Berlin, Urt.v. 14.1.2003 – 15 O 420/02, CR 2003, 359 (*SMS*-Werbung ohne Zustimmung als Eingriff in das Allgemeine Persönlichkeitsrecht); ähnlich AG Brakel, MMR 1998, 492 für E-Mail-Werbung.

8 Quelle: http://thomas.loc.gov/cgi-bin/query/C?c107:./temp/~c1075x815U.

können[1]. Als Sanktionen sind Haftstrafen bis zu fünf Jahren und fünf Millionen US-Dollar Geldstrafe vorgesehen. Das Gesetz setzt allerdings mit dem Opt-Out-Ansatz voraus, dass sich der Empfänger gegen die Zusendung ausgesprochen hat. Durchgesetzt werden die Sanktionen durch die Federal Trade Commission (FTC).

AOL hat gegen den Inhalteanbieter CN Productions auf Grund des Rechts von Virginia ein Urteil auf Schadensersatz in Höhe von sieben Millionen Dollar erstritten[2] und 2003 etwa 500 Millionen Werbe-E-Mails identifiziert und gelöscht, also etwa 15.000 Spams pro Mitglied[3].

Eine Umfrage im Februar 2004 in den USA ergab, dass (trotz des Can Spam-Acts) der spamverursachte Verdruss der Nutzer weiter anwächst. 29 % der E-Mail-Nutzer hatten spambedingt ihre E-Mail-Nutzung reduziert, 63 % sahen einen Verlust der Vertrauenswürdigkeit des Mediums E-Mail und 77% waren verärgert[4].

Gegen Spamming aus den USA kann Kontakt mit der Federal Trade Commission aufgenommen werden (uce@ftc.gov).

IV. Online-Auktionen

Online-„Auktionen", also Versteigerungen im Internet/Web, haben mittlerweile zu verschiedenen Urteilen geführt. Im vorliegenden Rahmen können nur einige Grundsätze zusammengefasst werden.

1. Zulässigkeit nach Gewerberecht

Online-Auktionen wurden teilweise dem Gewerberecht zugeordnet und als Versteigerungen i.S.v. § 34 b GewO und der VersteigerungsVO[5] eingestuft[6], teilweise wurde die Zuordnung zu § 34 b GewO abgelehnt[7]. **Versteigern** heißt, „innerhalb einer zeitlich

---

1 heise online 22.11.2003, heise.de/newsticker/data/gr-22.11.03-001 und heise online 23.10.2003, heise.de/Newsticker/data/wst-23.10.03-000/ zum Senatsbeschluss. Die Unterzeichnung durch den Präsidenten erfolgte Mitte Dezember 2003 (heise online 3.1.2004, heise.de/newsticker/data/anw-03.01.04-001/).

2 Quelle: Spiegel Online, www. spiegel.de/netzwelt/politik/0.1518,227537,00.htm.

3 heise online 3.1.2004, heise.de/newsticker/data/anw-03.01.04-001/.

4 Pew Internet & American Life Project, www.pewtrusts.com/pubs.

5 Verordnung über gewerbsmäßige Versteigerungen (Versteigerungsverordnung, VerstV), BGBl 1976 I, 1345.

6 LG Hamburg, Urt.v.14.4.1999 – 315 O 144/99, CR 1999, 526 = MMR 1999, 678 = JurPC Web-Dok. 29/2000 – ricardo.de, das wesentlich darauf abstellt, dass den Teilnehmern die konkurrierenden Angebote und das Ende der Veranstaltung erkennbar sind (ebenso Spindler/*Wiebe*, Internet-Auktionen, S. 62). Der Unterlassungsanspruch wurde aber abgelehnt, weil zwar ein Verstoß gegen § 34 b GewO, nicht aber gegen die guten Sitten vorgelegen habe. Wer von der Aufsichtsbehörde die Auskunft erhalte, die Online-Auktion sei erlaubnisfrei, handle nicht sittenwidrig im geschäftlichen Verkehr. § 34 Abs. 6 Nr. 5 b GewO sei eine „wertneutrale" Vorschrift und deren Verletzung als solche noch kein Wettbewerbsverstoß. Das Gericht sah außerdem die EG-FernabsatzRL als vor Ablauf der Umsetzungsfrist nicht unmittelbar anwendbar an. Für Erlaubnispflichtigkeit auch Spindler/Wiebe/*Ernst*, Internet-Auktionen, 15.

7 KG, Urt.v.11.5.2001 – 5 U 9486/00, CR 2002, 47 = JurPC Web-Dok.181/2001, da keine zeitliche und örtliche Begrenzung gegeben sei; LG Münster, Urt.v. 21.1.2000 – 4 O 424/99, CR 2000, 313 = JurPC Web-Dok. 60/2000 (keine Versteigerung i.S.v. § 34 b GewO, wenn lediglich eine Frist zur Abgabe von Geboten eingeräumt wird, nach deren Ablauf keine Übergebote möglich sind; durch das Internet

und örtlich begrenzten Veranstaltung ein Mehrzahl von Personen auffordern, ein Sache oder ein Recht in der Weise zu erwerben, dass diese Personen im gegenseitigen Wettbewerb, ausgehend von einem Mindestgebot, Vertragsangebote (Preisangebot) in Form des Überbietens dem Versteigerer gegenüber abgeben, der das höchste Gebot im eigenen oder fremden Namen annimmt"[1]. Gegenüber dem sonst üblichen Vertragsabschluss ist die Anwesenheit einer Mehrheit von Personen erforderlich.

Das LG Hamburg sah es nicht als Hindernis für die Anwendbarkeit von Gewerberecht an, dass zeitliche[2] und räumliche[3] Begrenztheit bei Online-Auktionen nicht gegeben ist, da diese Merkmale nur funktionale Bedeutung für den Ablauf der Versteigerung hätten[4] und das entscheidende Merkmal das Vorliegen eines – in der Öffentlichkeit durchgeführten – Verfahrens zur Erzielung eines Höchstpreises sei, bei dem Erwerbsinteressenten (Bieter) in der Regel durch Abgabe von jeweils höheren Geboten zur Erlangung des Zuschlages in Konkurrenz treten[5]. Es bleibt damit nach dieser funktionalen Auffassung als wesentliches Kriterium, dass es den Teilnehmern möglich sein muss zu erkennen, wann die Veranstaltung endet und welche konkurrierenden Gebote abgegeben werden[6].

§ 34 b GewO wurde nicht als anwendbar angesehen, wenn dem Kaufinteressenten lediglich eine Frist zur Abgabe von Gebotes eingeräumt wird, nach deren Ablauf keine Übergebote möglich sind, und es deshalb zur Abgabe eines Höchstgebots nicht kommen kann[7].

Der **BGH** sah eine „umgekehrte Versteigerung" (bei der die Preise ausgehend vom Höchstgebot fallen) nicht als erlaubnispflichtige Auktion an (da eine solche Auktion durch öffentlich bestellte und vereidigte Auktionatoren im Rahmen der Gewerbeordnung durchgeführt wird), sondern als Vertrieb mit einer besonderen Form der Kaufpreisfestlegung[8]. Selbst bei Verstoß gegen § 34 b GewO ist die Auktion nicht nichtig.[1]

übermittelte Aufforderungen zu Bestellungen im Zweifel als invitatio ad offerendum einstufend).

1 Zit.nach: Landmann/Rohmer/*Bleutge*, Komm.zur GewO, § 34 b, Rdn. 6A.

2 Nach Spindler/Wiebe/*Ernst*, Internet-Auktionen, 11 ist die Zeitdauer von Internet-Auktionen zwar länger, aber nicht unbestimmt.

3 Immerhin ist auch bei traditionellen Versteigerungen telegraphisches Bieten möglich (BGH NJW 1981, 1204; Spindler/Wiebe/*Ernst*, Internet-Auktionen, 11, das telegraphische mit dem E-Mail-Gebot gleichsetzend) womit der strenge räumliche Bezug aufgehoben wird. Wenig nachvollziehbar erscheint (schon semantisch) die Auffassung, örtliche Begrenztheit sei gegeben, denn die örtliche Begrenzung liege in dem virtuellen Raum (so Gramlich/Kröger/Schreibauer/*Mulch*, Rechtshandbuch B2B Plattformen, § 16, Rdn. 15); der virtuelle Raum ist gerade *ortlos*.

4 Ähnlich *Huppertz*, MMR 2000, 65, 66 (Internet als virtueller Raum sei hinreichend begrenzter Ort i.S.v. § 34 b GewO und das Kriterium der örtlichen Begrenztheit funktional zu verstehen). Gramlich/Kröger/Schreibauer/*Mulch*, Rechtshandbuch B2B Plattformen, § 15, Rdn. 9 sieht eine zeitliche Begrenzung als gegeben an, wenn die Auktion durch Zeitablauf endet.

5 LG Hamburg, Urt.v. 14.4.1999, a.a.O., unter Bezugnahme auf *Schalhorn*, DB 1972, 2453.

6 Das LG Hamburg, a.a.O. bejahte das Bestehen dieser Möglichkeit für „Ricardo.de" (am 17.11.2003 eingestellte Versteigerungsplattform, heide online 5.11.2003, heise.de/newsticker/data/hod-05.11.03-000/). Der *Bund-Länder-Ausschuss „Gewerberecht"* sah hingegen bei einer auf mehrere Wochen angesetzten Internet-Auktion eine erforderliche zeitliche Begrenzung nicht als gegeben (und folglich § 34 b GewO nicht als anwendbar) an, da den Bietern keine versteigerungsbezogene Reaktion möglich sei; auch an der örtlichen Begrenzung fehlt es (*Fuchs/Demmer*, Sitzungsbericht, GewArch 1997, 60, 63 und GewArch 2000, 49; a.A. *Huppertz*, MMR 2000, 65, 66).

7 LG Münster, Urt.v.21.1.2000 – 4 O 424/99, DB 2000, 663 = JurPC Web-Dok. 60/2000; ähnlich LG Wiesbaden, MMR 2000, 376.

8 BGH, Urt.v. 13.11.2003 – I ZR 141/02, CR 2004, 290 = MMR 2004, 162 = NJW 2004, 852 = JurPC Web-Dok. 118/2003 – Hamburger Auktionatoren; Gramlich/Kröger/Schreibauer/*Mulch*, Rechtshandbuch B2B Plattformen, § 15, Rdn. 29 (da kein „Steigern" des Preises, wie von „Versteigerung"

Als erlaubnispflichtig wurden Auktionen eingestuft, bei denen der Veranstalter im eigenen oder fremden Namen das Höchstgebot durch Zuschlag annimmt[2]. Auch wurde kein Verstoß gegen die §§ 1 und 7 Abs. 1 UWG a.F. gesehen, wenn sich der „Auktionssieger" nach Veranstaltungsabschluss ohne finanzielle Nachteile erkennbar frei entscheiden kann, ob er das ersteigerte Produkt zu dem erzielten Preis erwerben will[3].

Bei Anwendbarkeit des Gewerberechts ist das Durchführen einer Online-Auktion nach § 34 b Abs. 6 Nr. 5 b GewO **erlaubnispflichtig**, soweit fremde oder neue eigene Waren (§ 34 Abs. 7 GewO) versteigert werden. Die bloße Anzeige gegenüber der Aufsichtsbehörde nach § 14 GewO (Beginn der Gewerbeausübung) genügt nicht[4]. Aus § 34 b GewO wurde abgeleitet, dass keine Erlaubnispflicht besteht, wenn Großhändler ihre Waren nur an gewerbliche Kunden vertreiben[5]. Ungebrauchte Sachen, die sonst in „offenen Verkaufsstellen" veräußert werden, dürfen in einer Versteigerung im Sinne von § 34 b Abs. 6 GewO nicht versteigert werden[6]. Das Versteigern ungebrauchter Handelswaren im Internet wurde als Verstoß gegen § 34 b Abs. 6 Nr. 5 b GewO und die VerstV angesehen[7].

Die **VerstV** ist freilich (bei unterstellter Erlaubnispflicht von Online-Auktionen) nur begrenzt anwendbar. Nicht anwendbar ist etwa das Erfordernis des dreimaligen Wiederholens des Höchstgebotes vor Zuschlag (§ 18 VerstV)[8] oder das Gebot, eine Besichtigung des Versteigerungsgutes zu ermöglichen (§ 9 S. 1 VerstV)[9]. Nicht angewendet werden sollte das Sonn- und Feiertagsverbot (§ 10 Abs. 1 VerstV)[10], das Erfordernis der Anzeige jeder Versteigerung bei der zuständigen Behörde (§ 5 VerstV)[11], das Gebot der Bekanntmachung der Versteigerung spätestens einen Tag vor deren Durchführung (§ 6 VerstV), das (eine Untersuchung vor Ort voraussetzende) Gebot zur Schätzung und Begutachtung des Versteigerungsgutes (§ 3 VerstV) und das Bargebot (§ 2 Nr. 3 VerstV)[12]. Nicht anwendbar sind weiter[13] die Einschränkungen bei

---

vorausgesetzt); *Huppertz*, MMR 2000, 65, 67; a.A. *Schafft*, CR 2001, 393, 396.

1 BGH, Urt.v. 7.11.2001 – VIII ZR 13/01, MMR 2002, 95 = NJW 2002, 363 – ricardo

2 LG Hamburg, MMR 1999, 678f – ricardo.de; LG Wiesbaden, CR 2000, 317; *Ernst* CR 2000, 304, 306; Gounalakis/*Backhaus*, Rechtshandbuch Electronic Business, § 26 Rdn. 29 m.w.N.

3 BGH, Urt.v. 13.11.2003 – I ZR 40/01, a.a.O.

4 LG Hamburg, a.a.O., jedoch mit der Einschränkung, es liege im zu entscheidenden Fall kein sittenwidriges Handeln im Geschäftsverkehr und kein Verstoß gegen § 1 UWG a.F. (§ 3 UWG 2004) vor, da die Aufsichtsbehörde in einer Auskunft i.S.v. § 25 VwVfG die Antragstellerin dahingehend *beraten* habe, dass die Aktivitäten nicht erlaubnispflichtig seien. Zukünftige Antragsteller (und befasste Aufsichtsbehörden) müssen freilich die Auffassung des LG Hamburg in Betracht ziehen, die allerdings noch keine gefestigte Rechtsprechung darstellt (wie das LG Hamburg selbst betont). Das OLG Hamburg, Urt.v.18.11.1999 – 3 U 230/99, JurPC Web-Dok. 48/2000 bestätigte den Verstoß gegen die (inzwischen aufgehobene) Vorschrift der §§ 1 Abs. 1, 12 RabattG.

5 Gramlich/Kröger/Schreibauer/*Mulch*, Rechtshandbuch B2B Plattformen, § 15, Rdn. 11, 14.

6 Gounalakis/*Backhaus*, Rechtshandbuch Electronic Business, § 26 Rdn.30; *Ernst*, CR 2000, 304, 311; Bullinger, WRP 253, 255.

7 LG Hamburg, Urt.v. 14.4.1999 – 315 O 144/99, K&R 1999, 424 – ricardo.de.

8 Spindler/Wiebe/*Ernst*, Internet-Auktionen, 17.

9 Spindler/Wiebe/*Ernst*, Internet-Auktionen, S. 18f, da die fehlende Besichtigung von den Bietern bewusst in Kauf genommen werde.

10 Spindler/Wiebe/*Ernst*, Internet-Auktionen, 19.

11 Spindler/Wiebe/*Ernst*, Internet-Auktionen, 19f.

12 Spindler/Wiebe/*Ernst*, Internet-Auktionen, 20.

13 Aufzählung bei *Schafft*, CR 2001, 393, 396, der Online-Auktionen bei Anwendung dieser Auktionen als undurchführbar ansieht.

der Versteigerung von Neuwaren (§ 34 b Abs. 6 Nr. 5 b GewO), das Schriftformerfordernis für den Vertrag zwischen Auftraggeber und Versteigerer (§ 1 VerstV), die Erforderlichkeit von Besichtigungsterminen für das Versteigerungsgut (§ 9 VerstV). Bei Ausgestaltung der Auktion durch elektronisches Verfahren ist naturgemäß auch nicht ein dreimaliges Wiederholen des Höchstgebotes möglich (§ 18 VerstV). Wenn freilich die Mehrzahl der Kernbestimmungen der VerstV unanwendbar erscheinen, muss gefragt werden, ob deren Regelungszweck im Bereich von Internet-Auktionen überhaupt erfüllt werden kann, was freilich dafür spricht, dass der gesamte Regelungskomplex § 34 b GewO/VerstV systematisch und teleologisch für Online-Auktionen nicht „passt".

Empfohlen wurde, bei den Ordnungsbehörden eine Erlaubnis nach § 34 b GewO zu beantragen; zwar werde diese in der Regel wegen fehlender Erlaubnispflicht abgelehnt, woraus sich aber ein „**Negativattest**" fehlender Sittenwidrigkeit in wettbewerbsrechtlichen Streitigkeiten ergebe, da der Veranstalter auf die Auskunft der Ordnungsbehörde vertrauen dürfe[1]. Dies erscheint in dieser Allgemeinheit aber zweifelhaft, da aus dem Fehlen einer Erlaubnispflicht nicht auf Wettbewerbsmäßigkeit einer Veranstaltung geschlossen werden muss, wie das Beispiel umgekehrter Auktionen zeigt. Es ist nicht einmal ausgeschlossen, dass eine Versteigerung im Sinne von § 156 BGB vorliegt.

Ein Verstoß gegen § 34 b GewO führt nicht zur Nichtigkeit des in der Auktion geschlossenen Vertrages zwischen Einlieferer und Bieter[2]. Das Unterbleiben einer Anmeldung wurde nicht bereits als solches, sondern nur dann als Wettbewerbsverstoß angesehen, wenn sich der Wettbewerber planmäßig und bewusst über die Norm hinwegsetzt[3]. Hingegen wurde der Verstoß gegen das – dem Schutz des Einzelhandels dienende – Verbot der Neuwarenversteigerung als Wettbewerbsverstoß angesehen[4].

2. Vertragsrecht[5]

Online-Auktionen weichen, technisch bedingt, von Versteigerungen im „klassischen" Sinne ab. Die Steuerung durch einen persönlich anwesenden und moderierenden Auktionator entfällt.

a) Auktionsverfahren

Die Steuerung des Auktionsablaufes wird weitgehend in das technisch definierte Verfahren verlagert. Meist kann der das jeweilige Auktionsobjekt anbietende Verkäufer einen Mindestpreis, die Gebotsschritte und einen Endzeitpunkt für die Auktion festlegen[6]. Die Interessenten können Gebote angeben, das höchste Gebot führt zum Vertragsschluss („**Englische**" **Aufwärtsauktion**). Das Risiko des Interessenten ist hier, im letzten Augenblick doch noch überboten zu werden. Möglich sind auch umgekehrte Auktionen („reverse auctions"), bei denen der (anfangs meist sehr hoch festgelegte)

---

1 *Schafft*, CR 2001, 393, 397; Bettinger/*Leistner*, Werbung und Vertrieb im Internet, Teil 1 A, Rdn. 60.

2 BGH, Urt.v.7.11.2001 – VIII ZR 13/01, BB 2001, 2600 = MMR 2002, 95 = NJW 2002, 363 – ricardo; OLG Hamm, Urt.v. 14.12.2000 – 2 U 58/00, CR 2001, 117 = MMR 2001, 105 = JurPC Web-Dok. 255/2000 – ricardo.de.

3 Spindler/Wiebe/*Ernst*, Internet-Auktionen, 31.

4 Spindler/Wiebe/*Ernst*, Internet-Auktionen, 32.

5 Überblick bei *Wilmer*, NJW-CoR 2/2000, 94ff.

6 *Hoffmann*/*Höpfner*, EWS 2003, 107.

Preis in festgelegten Zeitabständen sinkt („**Holländische**" Auktion bzw. „**Abwärtsversteigerung**")[1]. Hier besteht das Risiko des Interessenten darin, zu lange die Preisreduzierungen abzuwarten und mit dem eigenen Gebot nicht mehr zum Zuge zu kommen, weil bereits ein anderer Interessent geboten hat. Varianten der Englischen Auktion sind die „*First Price Sealed Bid Auction*", bei der jeder Nachfrager nur ein verdecktes Gebot abgeben darf und das höchste Gebot den Zuschlag erhält, sowie die „*Second Price Sealed Bid Auction*" (bzw. „*Vickrey Auction*"), die ebenfalls verdeckt abläuft und bei der der Nachfrager mit dem höchsten Gebot aber nur den Preis des zweithöchsten Gebotes bezahlt[2]. Bei „umgekehrten Auktionen" werden Produkte nicht angeboten, sondern mittels Gebot nachgefragt und von den Benutzern dann angeboten, wober sich der Preis sukzessive reduziert[3], wobei sich bei der Variante der „Reverse Auction" der Preis durch Zeitablauf ermäßigt.

b) Vertragrechtliche Aspekte

Grundlegend ist zunächst die Unterscheidung von drei **Beteiligten** des Auktionsverfahrens, nämlich Einlieferer, Auktionshaus (Versteigerer) und Bieter. Der Beginn der Auktion setzt zunächst einen Vertragsschluss im Verhältnis Einlieferer – Auktionshaus voraus. Durch die Auktion kommt es dann zum Vertragsschluss im Verhältnis Einlieferer – Bieter. Das Auktionshaus kann als **Stellvertreter** für Einlieferer wie Bieter auftreten[4]. In der Praxis überwiegt aber die Rolle des Auktionshauses als bloßer Anbieter einer technisch-organisatorischen Plattform, also nicht als Stellvertreter für eine oder gar beide Parteien; hier kann das Auktionshaus aber als Erklärungs- und Empfangsbote fungieren[5]. Ist ein Zuschlag im Sinne von § 156 BGB nicht möglich (da dessen Voraussetzungen nicht erfüllt sind), kann als Substitut in den Veranstalter-AGB der Verzicht des Bietenden auf eine Annahmeerklärung oder durch Übernahme der Rolle als Empfangsbote durch das Auktionshaus geregelt werden[6]. Die Vereinbarung einer Fortgeltung von Angeboten in AGB wurde als unwirksam angesehen[7].

Das Vertragsverhältnis Einlieferer – Auktionshaus wurde als Zivil**maklervertrag** (§§ 652 ff BGB) bzw. als Handelsmaklervertrag (§§ 93 ff HGB) mit dienstvertraglicher Ausrichtung eingestuft[8]. Das Vertragsverhältnis Einlieferer – Bieter folgt in der Regel Kaufrecht[9].

Umstritten ist, ob im Rahmen der Vertragsbeziehung Verkäufer – Ersteigerer der Verkäufer mit der genannten Verfahrensfestlegung bereits ein **verbindliches Angebot** abgibt[10] (etwa auch durch Einstellen der Option „Sofortkauf"[1]) oder nur zur Abgabe von

---

1 Die umgekehrte Auktion ist keine Erfindung des Internet. *Hager*, JZ 2001, 786, 787 erwähnt, dass *Windscheid* 1870 von derartigen Auktionen für Fische und *Kindervater* 1865 von Versteigerungen berichtete, die mit dem Verlöschen einer Kerze endeten (also dem wächsernen Äquivalent der elektronischen „Sanduhr").

2 Gramlich/Kröger/Schreibauer/*Hoppe/Krohn*, Rechtshandbuch B2B Plattformen, § 1, Rdn. 42.

3 Gramlich/Kröger/Schreibauer/*Jaekel*, Rechtshandbuch B2B Plattformen, § 7, Rdn. 4.

4 Spindler/*Wiebe*, Internet-Auktionen, 58.

5 Spindler/*Wiebe*, Internet-Auktionen, 58.

6 Spindler/*Wiebe*, Internet-Auktionen, 63, der grundsätzlich keinen Raum für eine Moderatorfunktion für das Auktionshaus sieht.

7 Spindler/*Wiebe*, Internet-Auktionen, 80.

8 Spindler/*Wiebe*, Internet-Auktionen, 55, 56.

9 Spindler/*Wiebe*, Internet-Auktionen, 59.

10 So das OLG Hamm, Urt.v. 14.5.2000 – 2 U 58/00, MMR 2001, 105 – ricardo.de; LG Berlin,

Angeboten durch die Interessenten auffordert[2].

Der BGH[3] konnte diese allgemeine Frage offen lassen, da im zu entscheidenden Fall der Verkäufer besondere ergänzende Vertragsbedingungen akzeptiert hatte, die ihn auf ein verbindliches Angebot festlegten. Nimmt man mit dem Freischalten der Angebotsseite durch den Auktionsanbieter nicht nur eine Aufforderung zur Angebotsabgabe, sondern ein verbindliches Angebot des Verkäufers an[4] (das in der Regel – jedenfalls nach den AGB des Veranstalters[5] – nach Einstellen des Artikels in die Versteigerung nicht mehr zurückgenommen werden kann), kommt der Vertrag mit dem höchsten Gebot durch den Interessenten zustande bzw. bei umgekehrten Auktionen mit dem Angebot innerhalb des letzten Vergütungsschrittes vor dem festgelegten Endzeitpunkt. Im ersten Fall kommt nur das höchste Gebot zum Zuge.

Das – zunächst unbestimmt an alle Interessenten gerichtete und gegenüber dem Auktionsveranstalter abgegebene – Angebot des Verkäufers richtet sich nur an den Bieter mit dem höchsten Gebot[6]. Alle niedrigeren Gebote **erlöschen**. Alle Gebote sind nämlich, in dieser Sicht, (ebenfalls gegenüber dem Auktionsveranstalter[7] abzugebende) Erklärungen der Annahme des verkäuferseitigen Angebotes, jedoch wird diese Erklärung nur wirksam, wenn der Erklärende das höchste Angebot abgegeben hat (was erst mit Ende der Auktion feststeht). Dann entfällt die Wirkung der niedrigeren Angebote. Bis dahin sind alle Gebote aber bindend, also nicht rücknehmbar.

Grundlage der Auktion sind die **AGB** des Anbieters; insoweit gelten weder Käufer noch Verkäufer als Verwender dieser AGB des Teilnahmevertrages[8]; sie müssen diese also im Verhältnis zueinander auch nicht wirksam einbeziehen[9]. Zusätzlich kann der Einlieferer dem Vertrag mit dem Bieter aber eigene AGB zugrundelegen.

Durch das Abgeben des Höchstgebotes im Rahmen einer Internet-Auktion unter Zugrundelegen der Nutzungsbedingungen kommt ein **Kaufvertrag** über den erstei-

---

Urt.v.20.7.2004 – 4 O 293/04, CR 2004, 940 = NJW 2004, 2831; LG Memmingen, Urt.v. 23.6.2004 – 1 H O 1016/04, CR 2004, 850; AG Menden, Urt.v. 10.11.2003 – 4 C 183/03, NJW 2004, 1329 = JurPC Web-Dok. 187/2004 (Bindung mit Freischalten des Angebotes auch vor Ende der Auktionsfrist). A.A. LG Münster, Urt.v. 21.2.2000 – 4 O 424/99, MMR 2000, 280 – ricardo (keine Verbindlichkeit der Annahmeerklärung bei Höchstgebot am Ende des Angebotszeitraumes deutlich unter dem Einstandspreis).

1 AG Moers, Urt.v. 11.2.2004 – 532 C 109/03, MMR 2004, 562 = NJW 2004, 1330; LG Saarbrücken, Urt.v. 7.1.2004 – 2 O 255/03, MMR 2004, 556.

2 Sog. „*invitatio ad offerendum*“, so etwa AG Neumarkt i.d.Oberpfalz, Urt.v.26.9.2000 – 3 C 385/00, CR 2000, 852 (auch für die Fallkonstellation, in der der anbietende Teilnehmer mit Freischalten der Angebotsseite bereits die Annahme des höchsten, wirksam abgegebenen Kaufangebots in den AGB erklärt, jedenfalls dann, wenn dem Veräußerer hierdurch offensichtlich ungewöhnlich hohe Vermögenseinbußen entstehen).

3 BGH, Urt.v.7.11.2001 – VIII ZR 13/01, BB 2001, 2600 = CR 2002, 213 = NJW 2002, 363 = ZIP 2002, 39 – ricardo.de. *Mehrings*, BB 2002, 469, 472 sah deshalb das Urteil gerade nicht als die erhoffte Grundsatzentscheidung an.

4 So das OLG Hamm, Urt.v. 14.12.2000 – 2 U 58/00, CR 2001, 117.

5 Mögliche AGB des Nutzers werden in der Regel nicht akzeptiert (Gramlich/Kröger/Schreibauer/*Jaekel*, Rechtshandbuch B2B Plattformen, § 7, Rdn. 71 m.w.N.), wohl allein schon, weil dann eine automatisierte Administrierung des Ablaufes kaum mehr möglich wäre.

6 *Hoffmann/Höpfner*, EWS 2003, 107. Das AG Sinsheim, Urt.v. 14.1.2000 – 4 C 257/99, JurPC Web-Dok. 50/2000 – Internet-Auktion (Zustandekommen eines Kaufvertrages im Rahmen einer „Internet-Auktion“, da der Kläger bis zum Ende der Auktionszeit der höchste Bieter war).

7 der insoweit jeweils als Empfangsvertreter i.S.v. § 164 Abs. 3 BGB gilt (*Hoffmann/Höpfner*, EWS 2003, 107f).

8 AG Moers, Urt.v. 11.2.2004, a.a.O.; Spindler/*Wiebe*, Internet-Auktionen, 71.

9 OLG Hamm, Urt.v. 14.12.2000 – 2 U 58/00, CR 2001, 117 = JurPC Web-Dok. 255/2000.

gerten Gegenstand zustande und hat der Ersteigerer einen Anspruch auf Eigentumsverschaffung[1]. Sind keine Übergebote möglich, sondern wird nur eine **Frist zur Abgabe von Geboten** eingeräumt, stellt ein solches Angebot selbst erst das Vertragsangebot dar, das der Annahme bedarf[2]. So wurde ein nicht auf Überbieten bezogenes Preisgebot bei Online-Auktionen vom LG Münster als (unverbindliche) Aufforderung zur Abgabe von Angeboten angesehen[3], vom Instanzgericht OLG Hamm hingegen als (verbindliches) Angebot[4], ebenso vom BGH[5]. Das Gebot des Interessenten ist, wenn das Einstellen des Angebotes eine Aufforderung zur Abgabe von nutzerseitigen Erwerbsangebotes darstellt, verbindliches Angebot[6], andernfalls verbindliche Erklärung der Annahme des verkäuferseitigen Angebotes.

Grundsätzlich sind die meisten Waren **auktionsfähig**, sofern ihr Handel nicht rechtswidrig ist (z.B. Organhandel). Auch Unternehmen können über Auktionen veräußert werden, jedoch wurde der Kaufvertrag nur als wirksam angesehen, wenn die zu übertragenden einzelnen Wirtschaftsgüter und Verbindlichkeiten konkret festgelegt wurden[7]. Problematisch sind außerdem besonderen Regelungen unterliegende Produkte wie Medikamente, die ebenfalls bereits vereinzelt von Apotheken bei Online-Versteigerungen angeboten werden. Entscheidungen bleiben abzuwarten. In den USA wurde sogar ein ganzes Dorf (Bridgeville, bei San Francisco) mit 33 Hektar Land für 1.78 Mio. US-Dollar versteigert[8].

Bejaht wurde die Möglichkeit, durch Auslösen einer „**Sofort-Kauf-Option**“ bei einer Auktion einen wirksamen Kaufvertrag zu schließen[9], wobei das Angebot des Verkäufers verbindlich ist[10]; hierin wurde keine Versteigerung im Sinne von § 156 BGB gesehen[11]. Der Anbieter kann in seinen AGB wirksam folgende Klausel vorsehen: „Mit Ablauf der vom Verkäufer bestimmten Zeit kommt zwischen dem Verkäufer und dem Höchstbieter ein Kaufvertrag zustande.“[12]

Keine Auktion liegt vor, wenn der Vertrag etwa unter Nutzung eines sog.

---

1 OLG Hamm, Urt.v. 14.12.2000 – 2 U 58/00, CR 2001, 117 = JurPC Web-Dok. 255/2000; AG Sinsheim, Urt.v.14.1.2000 – 4 C 257/99, JurPC Web-Dok. 50/2000.

2 LG Münster, Urt.v.21.1.2000 – 4 O 424/99; AG Neumarkt i.d.Oberpfalz, Urt.v. 26.9.2000 – 3 C 385/2000, CR 2000, 852.

3 LG Münster, Urt.v.21.1.2000 – 4 O 424/99; ähnlich AG Kerpen, Urt.v.25.5.2001 – 21 C 53/01, JurPC Web-Dok. 167/2002 und LG Darmstadt, Urt.v.24.1.2002 – 3 O 289/01, JurPC Web-Dok. 374/2002 (für die Fallgestaltung des Einstellens des Angebotes mit dem Zusatz „... dies ist vorerst eine Umfrage“).

4 OLG Hamm, Urt.v. 14.12.2000 – 2 U 58/00, CR 2001, 117 = MMR 2001, 105 = JurPC Web-Dok. 255/2000 – ricardo.de.

5 BGH, Urt.v.7.11.2001 – VIII ZR 13/01, BGHZ 149, 129 = BB 2001, 2600 = MMR 2002, 95 = NJW 2002, 363 – ricardo.

6 AG Hannover, Urt.v.7.9.2001 – 501 C 1510/01, CR 2002, 539.

7 LG Köln, Urt.v. 2.4.2004 – 7 O 87/04, ITRB für die Veräußerung eines Krankenpflegedienstes, bei der außerdem das Erfordernis der Einwilligung aller Patienten auf ihrem Recht auf informationelle Selbstbestimmung zu erfüllen war.

8 SZ Nr. 300 v. 30.12.2002, 9.

9 LG Bonn, Urt.v. 19.12.2003 – 2 O 472/03, JurPC Web-Dok. 74/2004 – Internet-Auktion; LG Saarbrücken, Urt.v. 2.1.2004 – 12 O 255/03, JurPC Web-Dok. 203/2004 (Bindung an einen gesetzlich zulässigen Mängelhaftungsausschluss annehmend); AG Moers, Urt.v. 11.2.2004 – 532 C 109/03, JurPC Web-Dok. 201/2004.

10 AG Moers, Urt.v. 11.2.2004 – 532 C 109/03, CR 2004, 706.

11 LG Memmingen, Urt.v. 23.6.2004 – 1 HO 1016/04, NJW 2004, 2389. Gleiches für die Einstellung der Ware zu einem Mindestpreis annehmend.

12 KG, Urt.v.15.8.2001 – 29 U 30/01, CR 2002, 604 = NJW 2002, 1583.

„**Festpreisformats**“ geschlossen wird. Das Angebot richtet sich hier an denjenigen, der das zum fixen Preis eingestellte Angebot annimmt, ohne dass also Laufzeiten oder andere Gebote berücksichtigt werden[1]. Es gibt auch Mischformen, bei denen vor dem ersten Gebot die Wahl zwischen einem Auktionsangebot besteht und einem Festpreisangebot; jedoch entfällt diese Wahl in dem Augenblick, in dem das erste Auktionsangebot tatsächlich erfolgt, so dass dann keine Festpreisangebote mehr möglich sind[2].

Soweit in den AGB des Veranstalters der Auktion Regelungen hinsichtlich des Vertragsschlusses unter Teilnehmern enthalten sind, muss und darf jeder Teilnehmer aus der maßgeblichen Sicht des objektivierten Empfängerhorizontes davon ausgehen, dass den angegebenen Erklärungen der in diesen AGB beigemessene Erklärungswert zukommt[3]. Bei besonderer Gestaltung der Erklärung eines Anbieters von Produkten kann die Bindungswirkung entfallen[4]. Die AGB des Veranstalters entfalten ihre Wirkung nur zwischen Veranstalter – Käufer und Veranstalter – Verkäufer, nicht zwischen Verkäufer und Käufer[5].

Der Produktanbieter kann den Kreis derjenigen, an die er zu verkaufen bereit ist, **einschränken** (z.B. nur auf Unternehmer). Ein Vertrag über den Produkterwerb kommt nicht allein deshalb zwischen Ersteigerer und Veranstalter zustande, weil die Veranstaltung unter dem Domain-Namen des Veranstalters durchgeführt wird[6]. Ein Vertrag kommt nicht zustande, wenn in der Bietfrist keine Einigung erzielt wurde (bzw. der Eindruck einer Einigung nur durch einen Schreibfehler hervorgerufen wurde)[7].

Gegen § 307 BGB verstößt eine Klausel, wonach mit Ablauf der vom Verkäufer bestimmten Zeit zwischen dem Verkäufer und dem Höchstbieter ein Kaufvertrag zustande kommt[8].

Im Vertrag zwischen privatem Anbieter und Erwerber kann die **Mängelhaftung** ausgeschlossen werden[9]. Wegen Verstoßes gegen § 307 BGB unwirksam ist aber eine Klausel, nach der bei gebrauchten Gegenständen der Verkauf unter **Ausschluss** der Gewährleistung erfolgt[10].

Der Käufer darf sich darauf verlassen, dass für Produkte in der Internet-Auktion veröffentlichte Fotos und Beschreibungen mit dem Gegenstand **übereinstimmen**, da eine vorherige intensive Besichtigung des Kaufobjektes nicht möglich ist[11].

---

1 *Schlömer/Dittrich*, eBay & Recht, Rdn. 60.

2 *Schlömer/Dittrich*, eBay & Recht, Rdn. 61.

3 OLG Hamm, Urt.v. 14.12.2000 – 2 U 58/00, NJW 2001, 1142f; LG Düsseldorf, Urt.v.29.10.2002 – 4 a O 464/01, CR 2003, 211, 214.

4 So das LG Darmstadt, Urt.v.24.1.2002 – 3 O 289/01, MMR 2002, 768 für den Einleitungssatz in einem Angebot: „Achtung, dies ist vorerst eine Umfrage ! Nicht bieten!“. Ähnlich das AG Kerpen, Urt.v.25.5.2001 – 21 C 53/01, für den Vermerk „Verhandlungsbasis: 1900 DM. Nicht bieten!“ (c't 19/2003, 83).

5 AG Moers, Urt.v. 11.2.2004 – 532 C 109/03, NJW 2004, 1330 AG Moers, Urt.v. 11.2.2004 – 532 C 109/03, NJW 2004, 1330.

6 LG Düsseldorf, Urt.v.29.10.2002 – 4 a O 464/01, CR 2003, 211, 214, mit dem Hinweis, dass sich auch aus den Angaben „e-Käufe sind versichert“ oder einem Copyright-Vermerk nichts Abweichendes ergebe.

7 OLG Oldenburg, Urt.v. 30.10.2003 – 8 U 136/03, CR 2004, 298 = JurPC Web-Dok. 51/2004.

8 LG Berlin, Urt.v.20.12.2000 – 26 O 397/00, CR 2001, 412 = VuR 2001, 254.

9 LG Berlin, Teilurt.v. 16.3.2004 – 18 O 533/03, MMR 2004, 630, eine Beschaffenheitsgarantie und Arglist ablehnend, wenn der Anbieter formuliert, es seien noch „etwa Restarbeiten“ erforderlich, obwohl der Gegenstand erhebliche Mängel aufweist.

10 LG Berlin, Urt.v.20.12.2000 – 26 O 397/00, CR 2001, 412 = VuR 2001, 254 (noch zu § 9 AGBG a.F.).

11 LG Trier, Beschl.v. 22.4.2003 – 1 S 21/03, JurPC Web-Dok. 149/2003; Erstinstanz AG Bitburg, Urt.v.

Tritt der Betreiber einer Internet-Auktionsplattform nur als Vermittler von Kontakten zwischen den Auktionsteilnehmern auf, haftet er nicht für die ordnungsgemäße Abwicklung des Vertrages zwischen Anbieter und Ersteigerer und ist er auch nicht zu einer Identitäts- und Bonitätsprüfung des Anbieters verpflichtet[1].

Benutzt jemand bei einer Internet-Auktion die Kennung (z.B. den Mitgliedsnamen) eines anderen, handelt er „**unter**" (nicht „in") **fremdem Namen** im Sinne der §§ 164 ff BGB; erfolgt die Willenserklärung mit Einwilligung des wahren Inhabers der verwendeten Kennung, kommt der Vertrag mit dem Namensträger zustande, andernfalls der Handelnde selbst aus § 179 Abs. 1 BGB haftet[2]. Legt der anbietende Verkäufer nicht eine Vertretung für einen Lieferanten offen, kommt der Vertrag also mit ihm selbst zustande (§ 164 Abs. 2 BGB), während ein Geschäft für den, den es angeht, bei Internet-Käufen nicht in Betracht kommt, da kein sofort abwickelbarer Kaufvertrag des täglichen Lebens möglich ist[3]. Verkäufe über Internet-Plattformen werden regelmäßig als Versendungsverkauf nach § 447 BGB vereinbart, weshalb die Gefahr erst mit Übergabe an die zur Versendung bestimmte Person übergeht[4].

Unterläuft dem Anbieter bei Eingabe der Mindestangebotssumme ein **Tippfehler** oder Zahlendreher, soll er nicht an den falschen Preis gebunden sein, wenn er den Käufer auf den Fehler aufmerksam macht und hierdurch den Kaufvertrag anficht[5]. Irrtumsanfechtung ist bei der „Sofort-Kaufen"-Option grundsätzlich möglich[6].

Bei einem mittels Online-Auktion geschlossenen Kaufvertrag wurde der Verkäufer als verpflichtet angesehen, das **Transportrisiko** zu tragen und im Falle des Verlustes des Kaufgegenstandes den Kaufpreis zurückzuerstatten, wenn er die ihm im Rahmen eines solchen Versendungskaufs obliegenden Pflichten nicht erfüllt[7]. Mit der Warenzustellung (neudeutsch „*Fulfilment*") werden insbesondere bei Versand von größeren Mengen häufig Dienstleister beauftragt, die teilweise auch weitere Leistungen wie Finanzierung, Beschaffung, Direktmarketing, Verkauf und Customer Relation Management übernehmen[8].

Einzelne Veranstalter bieten (gegen meist vom Käufer zu tragende Gebühr) einen **Treuhanddienst** an, der es ermöglicht, käuferseits die Zahlung zunächst auf ein Treuhandkonto des vom Veranstalter beauftragten Treuhanddienstleisters zu leisten, die dann bei Wareneingang freigegeben werden kann, wenn der Kunde in einem bestimmten Zeitraum die Ware billigt. Dies kann sich bewähren, um den Verkäufer zur Lieferung zu motivieren, oder um zu verhindern, dass er einfach nur eine leere Verpackung schickt[9]. Bei Mängeln muss der Kunde die Ware binnen sieben Tagen versichert zurücksenden. Hier wird kundenseits zu beachten sein, dass ihm als **Verbraucher** zustehende Rechte nicht in den Treuhandbedingungen eingeschränkt oder aufgehoben werden, so etwa sein freies Widerrufsrecht aus § 312 d BGB (wobei freilich abweichende Vereinbarungen ohnehin unwirksam sind, § 312 f BGB, was in der Praxis

---

12.2.2003 – 6 C 276/02, JurPC Web-Dok. 148/2003.

1 AG Westerstede, Urt.v. 19.12.2001 – 21 G 792/01 (v), CR 2002, 377.

2 OLG München, Urt.v. 5.2.2004 – 19 U 5114/03, MMR 2004, 625 = NJW 2004, 1328 = JurPC Web-Dok. 195/2004.

3 LG Berlin, Urt.v. 1.10.2003 – 18 O 117/03, CR 2004, 306 = JurPC Web-Dok. 43/2004.

4 LG Berlin, Urt.v. 1.10.2003, a.a.O.

5 OLG Oldenburg, Urt.v. 30.10.2003 – 8 U 136/03, NJW 2004, 168 (Eingabe von „100" anstatt „1000" Euro).

6 AG Moers, Urt.v. 11.2.2004 – 532 C 109/03, MMR 2004, 562 = NJW 2004, 1330.

7 LG Berlin, Urt.v.1.10.2003 – 18 O 117/03, CR 2004, 306 = JurPC Web-Dok. 43/2004.

8 *Ruschitzka*, Stets zu Diensten, c't eBay-Ratgeber, c't special 03/ 2004, 22, 25.

9 PC Professionell 8/2003, 22, 23.

jedoch nicht selten übersehen wird).

Dem erwerbenden Verbraucher wurde vom BGH bei Internet-Auktionen ein **Widerrufsrecht** (§ 312 d Abs. 1 BGB) eingeräumt, wenn der Verkäufer Unternehmer ist[1] (andernfalls auch vor Ablauf der Auktion kein Widerrufsrecht besteht[2]). Nach § 312 Abs. 4 Nr. 5 BGB ist das Widerrufsrecht ausgeschlossen, wenn eine Internet-Auktion eine Versteigerung im Sinne von § 156 BGB darstellt. Jedoch hat der BGH die Zuordnung von Internet-Auktionen als **„Versteigerung" im Sinne von § 156 BGB** abgelehnt[3]. Nach dieser Vorschrift käme der Vertrag erst durch den **Zuschlag** (eine nicht empfangsbedürftige Willenserklärung) zustande (§ 156 S. 1 BGB) und würde ein Angebot erlöschen, wenn ein Übergebot abgegeben oder die Versteigerung ohne Erteilung des Zuschlages geschlossen wird (§ 156 S. 2 BGB). Die Vorschrift setzt dabei Eindeutigkeit und Erkennbarkeit von Wirksamkeit und Erlöschen der Gebote voraus[4], die wiederum in der klassischen Auktion nur bei gemeinsamer Anwesenheit der Bietenden möglich ist und Fernauktionen ausschließt[5].

Gegen diese Beurteilung von Internet-Auktionen als Versteigerung spricht, dass Versteigerer und Bietende **nicht gleichzeitig persönlich anwesend** sind. Auch setzt § 156 BGB voraus, dass der Versteigerer den Zuschlag bewusst vornimmt und nach seiner eigenen Interessenlage entweder erteilen oder verweigern kann[6]. Entschieden worden war bereits, dass § 156 BGB nicht anwendbar sei, wenn die Verträge durch Angebot und Annahme zwischen Anbieter und Bietendem zustandekommen; auch komme eine analoge Anwendung von § 156 BGB nicht in Betracht, da keine Regelungslücke vorliege[7]. Weiter fehle es bei Online-Auktionen an einer für Versteigerungen im Rechtssinne wesentlichen örtlichen Begrenzung und einer Einlieferung der Artikel an den Betreiber sowie einer Zuschlagserteilung[8].

Die Rechtsprechung begründet die Ablehnung der Anwendung des § 156 BGB weiter damit, dass es an einer rechtlich wesentlichen örtlichen Begrenzung fehle, an einer

---

1 BGH, Urt.v.3.11.2004 – VIII ZR 375/03, CR 2005, 53; LG Hof, Urt. v. 26.4.2002 – 22 S 10/02, CR 2003, 854 = MMR 2002, 760 = NJW 2005, 53 (Widerrufsrecht anwendbar, da die Internet-Auktion keine Versteigerung i.S.v. § 156 BGB sei); AG Kehl, Urt.v.19.4.2002 – 4 C 716/01, CR 2004, 60 = NJW-RR 2003, 1060 (keine Versteigerung i.S.v. § 156 BGB, sondern Verkauf gegen Höchstgebot; nach red.Anm. wurde die Berufung unter LG Offenburg, Urt. 8.10.2002 – 1 S 89/02 zurückgewiesen). Auch private Verkäufer gelten als „Unternehmer" i.S.v. § 14 BGB, wenn sie etwa über 1000 Auktionen im Jahr durchführen, da hier bereits eine dauerhafte, selbständige Tätigkeit vorliegt (*Hoffmann/Höpfner*, EWS 2003, 107, 108).

2 AG Menden, MMR 2004, 502 = NJW 2004, 1329.

3 BGH, Urt.v.3.11.2004 – VIII ZR 375/03, CR 2005, 53, für eBay, da kein Zuschlag, sondern ein verbindliches Verkaufsangebot vorlag und die Ausschlussregelung des § 312 d Abs. 4 Nr. 5 BGB eng auszulegen sei; überholt deshalb etwa LG Hof, Urt.v.26.4.2002 – 22 S 10/02, JurPC Web-Dok. 368/2002 (ohne Begr.); AG Bad Hersfeld, Urt.v. 22.3.2004 – 10 C 153/04, CR 2004, 625 (Ls.); AG Osterholz-Scharmbeck, Urt.v. 23.8.2002 – 3 C 415/02, JurPC Web-Dok. 330/2003; *Ende/Klein*, Grundzüge des Vertriebsrechts im Internet, 197; *Wiebe*, MMR 2000, 323f. *Spindler/Wiebe*, Internet-Auktionen, 2001, 13; *Schafft*, CR 2001, 393, 400; *Lindenberg*, CR 2003, 518, 520; wie BGH etwa AG Schwäbisch-Gmünd, Urt.v. 23.7.2002 – 8 C 130/01, JurPC Web-Dok. 46/2004; AG Radolfszell, NJW 2004, 3342. *Pützhoven* (Europäischer Verbraucherschutz im Fernabsatz, 58) kritisiert, dass ein europäisch-autonom bestimmbarer Versteige-rungsbegriff *fehle*. Die RL erfasst jedoch nur Verfahren zur Abgabe *steigender* Gebote, also nicht etwa umgekehrte Auktionen, für die damit auch kein Widerrufsrecht vorgesehen ist.

4 BGH NJW 1983, 1186f.

5 BGH, Urt.v. 3.11.2004, a.a.O.; Spindler/*Wiebe*, Internet-Auktionen, 60.

6 Heiderhoff, MMR 2001, 640, 641 m.w.N.

7 AG Kehl, Urt.v. 19.4.2002 – 4 C 716/01, JurPC Web-Dok. 243/2003.

8 OLG Brandenburg, Urt.v. 16.12.2003 – 6 U 161/02, ZUM-RD 2004, 177.

Einlieferung der Artikel an der Auktionator und an der Erteilung eines Zuschlages[1]; auch erfolge kein offener Bieterstreit mit obsiegendem Höchstgebot, sondern es würden auf der Plattform angebotene Artikel an denjenigen verkauft, der zum Zeitpunkt des Ablaufes der vom Verkäufer gesetzten Frist das höchste Gebot abgegeben hat[2]. Schließlich sei der Verkäufer, anders als bei bisherigen Versteigerungen, nicht frei, über den Zuschlag zu entscheiden[3]. Immerhin wendete der BGH nur die §§ 145 ff BGB an, da auf das Gebot des Käufers kein Zuschlag erfolgt sei, da nicht die Mitteilung des Auktionshauses vom „Zuschlag", sondern bereits bei Einstellung des Objektes in das Verfahren die Erklärung des Verkäufers angegeben wurde[4]. Tatsächlich wird die Bindung des Verkäufers von der Entscheidung während des Ablaufes der Auktion über die Erteilung des Zuschlages auf die Entscheidung vorverlagert, überhaupt ein Objekt in das Verfahren einzustellen.

Kommt das Widerrufsrecht zum Tragen, wird die Wirkung des Gebotes aufgehoben. Eigentlich könnte der Verkäufer dann auf das nächsthohe Gebot zurückgreifen, das aber ebenfalls seine Bindungswirkung (durch das höhere Gebot des widerrufenden Käufers) verloren hat. Bei Wählen der Option „Sofortkauf" oder Einstellen zum Mindestpreis besteht (unabhängig von der streitigen Zuordnung zu § 156 BGB) das Widerrufsrecht[5].

Bei **Bestehens eines Widerrufsrechts** des kaufenden Verbrauchers[6] besteht das Risiko, dass bei Widerruf die Online-Auktion ins Leere läuft, wenn der Verkäufer nicht nachträglich mit dem Teilnehmer an der Auktion mit dem nächstniedrigeren Angebot kontraktieren kann[7]. Denkbar ist, in den Anbieter-AGB eine Bindung jenes „nachgeordneten" Teilnehmers zu regeln; dies Regelung könnte mit § 308 Nr. 1 BGB vereinbar sein. Allerdings müsste dieser Teilnehmer zwei Wochen in Ungewissheit über das Zustandekommen des Vertrages leben. Dies würde Online-Auktionen unattraktiv machen. Zudem würde der Teilnehmer das Risiko tragen müssen, bei inzwischen erfolgter Auslieferung gebrauchte Ware in beschädigter Verpackung abnehmen zu müssen.

Bei Online-Auktionen wurde bis zum BGH-Urteil vom 3.11.2004 meist nicht auf das Bestehen eines Widerrufsrechts hingewiesen. Ohne diese **Belehrung** läuft aber keine **Widerrufsfrist** (§ 355 Abs. 3 S. 3). Dies führt dazu, dass i.E. alle Verträge zwischen Unternehmern und Verbrauchern widerrufen werden können, die seit dem 13.12.2001 über Online-Auktionen geschlossen wurden[8]. Soweit außerdem (wie wohl zumeist) der Verbraucher nicht bei Vertragsschluss auf eine Pflicht zum **Wertersatz** für entstandene Verschlechterungen hingewiesen wurde, besteht auch eine solche Wertersatzpflicht selbst dann nicht, wenn die Benutzung noch im Dezember 2001 begonnen wurde. Zweifelhaft erscheint, ob allein die Veröffentlichung der BGH-Entscheidung die Nachholung einer Belehrung durch den Anbieter ersetzen kann.

Auch bei **Powershopping** und vergleichbaren Beschaffungsformen soll der Kunde, der Verbraucher ist, ebenfalls ein (in AGB nicht wirksam abdingbares) Widerrufsrecht haben, soweit ein Fernabsatzvertrag im Sinne von § 312 b BGB vorliegt und

---

1 KG, Urt.v. 11.5.2001 – 5 U 9586/00, NJW 2001, 3272; OLG Frankfurt, NJW 2001, 1434.

2 LG Düsseldorf, Urt.v.29.10.2002 – 4 a O 464/01, CR 2003, 211, 213.

3 *Hoffmann/Höpfner*, EWS 2003, 107f.

4 BGH, Urt.v. 7.11.2001, a.a.O. (ohne aber abschließend zur Zuordnung der Online-Auktion zu § 156 BGB Stellung zu nehmen).

5 LG Memmingen, Urt.v. 23.6.2004 – 1 HO 1016/04, NJW 2004, 2389.

6 Hierfür etwa AG Itzehoe, Urt.v. 18.5.2004 – 57 C 361/04, CR 2004, 705 = MMR 2004, 637.

7 *Hoffmann/Höpfner*, EWS 2003, 107, 110.

8 An diesem Tag trat das OLG-VertretungsänderungsG in Kraft, mit dem auch § 355 Abs. 3 S. 3 BGB eingeführt wurde (s. unten S. 237). .

Powershopping keine Versteigerung im Sinne von § 156 BGB darstelle[1].

Ein Anbieter bei einer Internet-Auktion soll nicht wettbewerbswidrig handeln, wenn er nicht ausdrücklich auf seine **Händlereigenschaft** hinweist, da ein durchschnittlich informierter und verständiger Nutzer der Auktionsplattform nicht davon ausgehe und auch nicht davon ausgehen könne, dass dort nur Angebote von Privaten zu finden sind[2]. Es kann aber ein Verstoß gegen die Informationspflicht von Anbietern aus § 6 TDG vorliegen. Auch ist die Angabe der Händlereigenschaft für den Nutzer insoweit wichtig, als sich aus ihr ergibt, dass auf den Erwerb Fernabsatzrecht (§§ 312 b ff BGB) zur Anwendung gelangt. Bei „eBay" handelt der Verkäufer nicht in fremdem Namen, sondern unter seinen Pseudonym; es kommt über die Internet-Plattform ein Versendungskauf zustande, in dessen Rahmen die Gefahr erst dann auf den Käufer übergeht, wenn der Verkäufer die Ware an die „zur Versendung bestimmte Person" übergeben hat[3]. Das (nach der BGH-Rechtsprechung ohnehin nicht mehr erforderliche) **Abbedingen** von § 156 BGB wurde als nicht gegen § 307 Abs. 2 Nr. 1 BGB verstoßend angesehen, da nicht ein Moderator die Veranstaltung leite, sondern die feste Zeitdauer oft auch Zufälligkeiten bei der Höhe der Gebote zur Folge habe[4].

Bei Vergabe von **Aufträgen** durch die Öffentliche Hand sprechen der Grundsatz der Vertraulichkeit und das Nachverhandlungsverbot gegen die Nutzung von Auktionsverfahren[5] (§§ 24 Nr. 3 VOB/A, 24 Nr. 2 Abs. 1 VOL/A).

Zu den AGB der Auktionsveranstalter ist bisher kaum Rechtsprechung ergangen. Grundsätzlich unterliegen auch solche Bedingungen formularvertraglichen Kontrolle. Der Veranstalter ist grundsätzlich berechtigt, den Handel mit solchen Warengruppen auszuschließen, bei denen staatliches Recht verletzt wird, z.B. Waffenhandel[6].

Ein rechtlich bisher wenig beachteter Aspekt ist das Auftreten von Internet-„**Auktionsläden**" wie „Clever&Easy" oder „dropshop", die als Zwischenhändler bzw. „Verkaufsagenten" für Anbieter von Waren den Verkauf mittels Auktion gegen Provision von 5 – 40 % durchführen, ohne dass diese Anbieter selbst online sein müssen[7]. Hier wird zu unterscheiden sein, ob eine solche „Verkaufsagentur" als Vertreter des Anbieter auftritt oder im eigenen Namen als Händler. Im ersten Fall kommt der Vertrag mit dem Anbieter zustande, im zweiten Fall hingegen mit zwischen dem Ersteigerer und dem Zwischenhändler, der die Ware zunächst selbst vom Anbieter erwirbt.

Ein Nutzer verliert seine **Verbrauchereigenschaft** auch dann nicht, wenn er eine

---

1 Spindler/*Wiebe*, Internet-Auktionen, S. 84. *Schmittmann*, Werbung im Internet, 108. Unzutreffend ist der Hinweis von Schmittmann, da eine Widerrufsbelehrung regelmäßig nicht erfolge (was empirisch wohl zutreffend ist), laufe die Widerrufsfrist innerhalb von sechs Monaten ab Vertragsschluss ab. Durch das OLG-VertretungsÄndG v. 23.7.2002 wurde § 355 Abs. 3 *Satz 2 BGB* eingefügt, nach dem die Widerrufsfrist (zeitlich unbegrenzt) nicht zu laufen beginnt, wenn der Verbraucher nicht ordnungsgemäß über sein Widerrufsrecht belehrt wurde.

2 LG Osnabrück, Beschl.v. 6.11.2002 – 12 O 2957/02, CR 2003, 293; OLG Oldenburg, Beschl.v. 20.1.2003 – 1 W 6/03.

3 LG Berlin, Urt.v. 1.10.2003 – 18 O 117/03, NJW 2003, 3493 – Gefahrübergang bei ebay-Kauf.

4 Gramlich/Kröger/Schreibauer/*Thun*, Rechtshandbuch B2B Plattformen, § 10, Rdn. 48ff.

5 Gramlich/Kröger/Schreibauer/*Sura*, Rechtshandbuch B2B Plattformen, § 22, Rdn. 50, allerdings nur für inverse Auktionen, jedoch gilt Gleiches auch für Aufwärtsauktionen, da hier ebenfalls Angebote offengelegt werden müssen und Preise verhandelt werden.

6 Ende 2003 nahm eBay z.B. das Angebot eines *Flugzeugträgers* aus der Auktion, wonei das höchste Gebot fast 1000 Millionen US-$ erreicht hatte (Spiegel Online, 2.1.2004, www.spiegel.de/netzwelt/ netzkultur/ 0,1518,280421,00.html).

7 Spiegel Online 23.1.2004, eBay für Computermuffel, www.spiegel.de/netzwelt/netzkultur/ 0,1518, 283062, 00.html. mit dem Hinweis, dass rund 10.000 Menschen in Deutschland ihren Lebensunterhalt mit dem „Handel per Mausklick bestreiten".

Vielzahl von Geschäften über Internetauktionen tätigt, solange eine – für die Annahme einer gewerblichen Tätigkeit erforderliche – planmäßige Ausrichtung des Tätigwerdens nicht dargelegt ist[1].

c) Beweislast

Im Rahmen von Online-Auktionen und dort online geschlossenen Verträgen wurde die Frage problematisch, wer die Beweislast dafür trägt, dass der tatsächliche Inhaber einer E-Mail-Adresse den Vertragsschluss geschlossen hat und nicht ein (unberechtigter) Dritter.

Die Rechtsprechung ist hier zu einer Antwort auf eine Frage gelangt, die Bedeutung weit über Online-Auktionen hinaus haben kann. Hiernach trägt der Anbieter in der Auktion die Beweislast für das Zustandekommen des Vertrages, ohne sich auf einen Anscheinsbeweis stützen zu können, dass der Inhaber der E-Mail-Adresse tatsächlich auch der Absender einer Mail ist[2]. Die Angabe einer E-Mail-Adresse ist (auch in Verbindung mit einem Passwort) nach dieser Auffassung kein ausreichendes Indiz dafür, dass tatsächlich der E-Mail-Inhaber an einer Internet-Auktion teilgenommen hat, da jedermann, dem Mail-Adresse und Passwort eines Nutzers bekannt sind, an der Auktion teilnehmen kann[3]. Durch die Presse ging am 23.4.2003 ein Fall, in dem unter dem Account eines Münchner Gärtners ohne dessen Wissen auf seinen Namen von einem Freund sogar ein 30.000 m² großen Grundstück in Leipzig für 1,2 Millionen Euro, einen PKW und ein Ultraleichtflugzeug sowie weitere Gegenstände ersteigert wurden[4]. Auch werden fremde E-Mail-Adressen nicht selten als „Fake-Absender" von Spam-Mails verwendet, was dazu führen kann, dass der Inhaber der betroffenen Adresse mit einer Unzahl von unzustellbare Rückläufer (*Bounces*) solcher Spam-Mails fertig werden muss[5]. Dies indiziert ein nicht unbeträchtliches **Missbrauchsrisiko**.

Die Rechtsprechung ordnet i.E. das Risiko, den Abschluss des Vertrages mit dem Bieter zu beweisen, dem Anbieter zu. Dies entspricht den allgemeinen Grundsätzen. Die Auktionsbetreiber schließen ihrerseits meist die Haftung für die Identität der Teilnehmer

---

1 LG Hof, Urt.v. 29.8.2003 – 22 S 28/03, JurPC Web-Dok. 41/2004.

2 LG Bonn, Urt.v.7.8.2001 – 2 O 450/00, CR 2002, 293.

3 AG Erfurt, Urt.v.14.9.2001 – 28 C 2354/01, CR 2002, 767 = MMR 2002, 127 = JurPC Web-Dok. 71/2002. Ähnlich das LG Bonn, Urt.v.7.8.2001 – 2 O 450/00, CR 2002, 293, bestätigt durch das OLG Köln, Urt.v.6.9.2002 – 19 U 16/02, CR 2003, 55 = MMR 2002, 813 = JurPC Web-Dok. 364/2002, dem zufolge aus der „Lebenserfahrung" *nicht* gefolgert werden darf, der Verwender eines Passwortes sei derjenige, auf den es ausgestellt wurde. Auch ein Anscheinsbeweis komme *nicht* zum Tragen (wie er für EC-Karte und PIN entwickelt wurde, OLG Hamm, NJW 1997, 1711), da ein Passwort vielfältigen Angriffen aus dem Internet ausgesetzt und nicht einmal begrifflich klar definiert ist, außerdem auch ohne Entschlüsseln lesbar sein kann. Aus der Sperrung seines Mail-Accounts muss ein Nutzer nicht schließen, dass jemand in seinem Namen und mit seinem Passwort Verträge im Internet abschloss. *Hoeren* (CR 2002, 295f., Urteilsanmerkung) sieht hier „weite Bereiche des elektronischen Handels aus dem System rechtlicher Handelsformen herausbrechen". Auch das LG Konstanz, Urt.v.19.4.2002 – 2 O 141/01 A, MMR 2002, 835 = CR 2002, 606 lehnt die Annahme ab, es sei ein Identitätsbeweis geführt, wenn bei einer Online-Auktion ein Gebot über einen bestimmten, passwortgesicherten Account abgegeben wird, da eine unter diesen Umständen abgegebene Willenserklärung angesichts vielfältiger Manipulationsmöglichkeiten keinen sicheren Rückschluss auf die Person des Erklärenden zulässt; der beauftragte Sachverständige hatte ausgeführt, es sei (wie ihm selbst widerfahren) möglich, durch ein „Trojanisches Pferd" Passwörter auszukundschaften (oder nunmehr durch „Phishing").

4 Abendzeitung (München) v. 23.4.2003, 11; die Staatsanwaltschaft leitete ein Verfahren wegen Datenveränderung ein (heise online news 4.7.2003, www.heise.de/newsticker/data/jk-04.07.03-007).

5 *Bleich/Heidrich*, c't 17/2003, 134, 136

aus. Über den Bereich von Auktionen hinaus hat diese insoweit grundsätzliche Bedeutung, als z.B. allgemein der Kaufpreiskläger den Vertragsabschluss darlegen und beweisen muss. Folgt man dem AG Erfurt, genügt es hier nicht, wenn der Kläger die Anschrift und das Passwort benennt, da sich der Beklagte auf Nichtidentität berufen kann (bzw. auf Missbrauch durch Dritte)[1].

Die Möglichkeit eines Anscheinsbeweises wird man jedenfalls nicht undifferenziert annehmen dürfen[2]. Zumindest bei Online-Auktion ist bekannt, dass sich jedermann mit beliebig vielen Namen und E-Mail-Adressen bei den Auktionshäusern anmelden kann, etwa um selbst mitzusteigern und sich selbst gut zu bewerten[3]. Hierbei können (mangels Kontrolle bzw. Kontrollmöglichkeit) auch Adressen Dritter genutzt werden. Auch im Versandhandel ist eine Adressmissbrauchsquote bekannt. Nicht stichhaltig erscheint das Gegenargument, das Versandhaus werde kaum versuchen, auf diese Weise Kunden zu binden, zumal hier ein Betrugstatbestand verwirklicht werde[4], da es vielmehr Nachbarn oder Kollegen oder sonstige Dritte sein können, die den vermeintlichen Bestellungsabsender schädigen wollen.

Für die passwortgeschützte Teilnahme an einer Internet-Auktion wurde sowohl eine tatsächliche Vermutung für die Identität der Teilnehmer als auch eine Anscheinsvollmacht für ein Handeln unter fremdem Namen abgelehnt, da auch hier die Beweislast für eine Gebotsabgabe beim Anbieter in der Auktion liege und auch die Mitgliedschaft in einem Internetauktionshaus mit Mitgliedsnamen und Passwort nicht zur Überbürdung der Missbrauchsgefahr auf dieses Mitglied führe[5]; der Anbieter des Produkts mache sich die Vorteile des Internet zunutze, also eines komplexen Systems, auf dessen Funktionieren allenfalls derjenige, der eine Webseite präsentiere, einen gewissen

1 *Winter*, CR 2002, 768, 768 (Urteilsanm. zu AG Erfurt) will freilich einen Anscheinsbeweis zugunsten des Klägers annehmen, da die Erklärungsabgabe über einen gesicherten Useraccount einen typischen Geschehensablauf darstelle, solange nicht ein Missbrauch augenfällig sei. Missbrauch sei atypisch, da das Sichbeschaffen des Passwortes und das Gebrauchmachen zweck Erklärungsabgabe „nicht ohne strafrechtliche Relevanz" sei. Ähnlich will *Mankowski*, NJW 2002, 2822 einen Anscheinsbeweis annehmen, da es der typische Geschehensablauf sei, dass eine E-Mal von dem stamme, der sie absende; es gebe keine signifikanten Fälschungszahlen, – eine freilich rein empirische, bisher nicht belegte Behauptung). *Roßnagel/Pfitzmann*, NJW 2003, 1209 weisen hingegen darauf hin, dass das Bemühen um Entwicklung einer elektronischen Signatur nicht nur einem Missverständnis geschuldet sei und diese nicht einfach durch einen Rückgriff auf den Anscheinsbeweis ersetzbar ist. Außerdem gebe es im Bereich der E-Mail-Nutzung gerade keinen typischen Geschehensablauf, auf den ein Anscheinsbeweis aufbauen könne. Das OLG Köln, Urt.v.6.9.2002, weist hingegen (wohl zutreffend) darauf hin, dass es nicht auf die Probleme einer Entschlüsselung des Passwortes ankomme, da diese für einen Missbrauch nicht vorausgesetzt werde. „Vielmehr kann jemand, der mit den Abläufen im Netz ausreichend vertraut ist, was heute schon bei einer Vielzahl Jugendlicher gegeben ist, ohne allzu großen Aufwand des Passwort „lesen"."

2 Für einen solchen Anscheinsbeweis *Mankowski*, CR 2003, 44 mit dem bewusst pointierten Vermerk: „Sie wollen nicht mehr an eine per E-Mail abgegebene Vertragserklärung gebunden sein ? Kein Problem (jedenfalls wenn Sie später bestätigende Handlungen, die nachweisbar wären, vermieden haben): Behaupten Sie einfach, die E-Mail stamme gar nicht von Ihnen, und überlassen Sie es Ihrem Vertragspartner, Ihnen nachzuweisen, dass Sie es doch waren." Mankowski sieht hier ein „Widerrufsrecht kraft Beweislastverteilung" drohen.

3 *Goergen*, Surfen bis der Hammer fällt, SZ Nr. 292 v. 18.12.2002, 22.

4 *Mankowski*, a.a.O., 48.

5 LG Bonn, Urt.v. 19.12.2003 – 2 O 472/03, MMR 2004, 179 = JurPC Web-Dok. 74/2004 – Internet-Auktion. Bemerkenswert ist die Fallgestaltung: Der elfjährige Sohn des Beklagten hatte bei der Internet-Auktion mitgeboten, bei der ein PKW für € 49.000 angeboten wurde, und bei € 54.900 die Sofort-Kauf-Option ausgelöst.Die Eltern erfuhren erst nachträglich nach Rückkunft von einer Reise hiervon. Sie hatten vorsorglich das Modemkabel vor dem Sohn versteckt, der aber als Ersatz ein Kabel seiner Playstation verwendete und das Passwort des Vaters auf einer Diskette fand.

Einfluss ausüben könne, weshalb ihm auch mit der Internet-Nutzung verbundene Risiken zuzuordnen seien. Für die Annahme eines Anscheinsbeweises fehle ein typischer Geschehensablauf, denn allein aus der Tatsache, dass tagtäglich weltweit Millionen von Rechtsgeschäften abgewickelt werden, folge nicht die Verlässlichkeit dieses Mediums und von Auktionsplattformen[1]. Damit haben selbst passwortgeschützte E-Mails keinen erhöhten Beweiswert[2].

Aufgrund der Manipulationsmöglichkeiten wurde auch E-Mail-Ausdrucken bezüglich eines Vertragsabschlusses kein Beweiswert zugeordnet[3].

3. Wettbewerbsrecht

a) Preisangaben

Die Preisfindung kann etwa dann eine wettbewerbsrechtlich unzulässige Rabattgewährung beinhalten, wenn sich der Endpreis infolge steigender Preisnachlässe ändert[4]. Unter dem Gesichtspunkt des übertriebenen **Anlockens** als sittenwidrig wurde ein „Powershopping" angesehen, bei dem Waren aus frei wählbaren Preisgruppen mit der Möglichkeit einer Kaufpreisreduzierung bis zu 50% angeboten werden[5]. Als sittenwidrig wurde hierbei nicht das Powershopping-System als solches angesehen, sondern nur die besondere Ausgestaltung (Ausnutzen der Spiellust).

Beim Powershopping sinkt für jeden Teilnehmer der zu zahlende Preis mit dem Anwachsen der Zahl der Teilnehmer auf der jeweiligen Preisstufe. Das Risiko des Teilnehmers ist hier, dass auf der von ihm gewünschten niedrigeren Preisstufe die notwendige Einkaufsgruppengröße nicht erreicht wird und er entscheiden muss, ob er doch die höhere Preisstufe wählt[6].

Die nach § 1 PAngV erforderliche Angabe eines festen **Endpreises** ist bei Auktionen naturgemäß nicht möglich. Zwar nimmt § 9 Abs. 1 Nr. 5 PAngV Warenangebote bei Versteigerungen von dieser Verpflichtung aus, doch hilft dies in den Fällen nicht, in denen keine Versteigerung im Sinne von § 156 S. 1 BGB (Vertragsabschluss durch Zuschlag) vorliegt. Ein Verstoß durch innovative Vertriebsmodelle soll aber dennoch nicht vorliegen, wenn der Preis aus der Natur des Preisfindungssystems nicht angegeben werden kann[7]. Näher liegt eine analoge Anwendung des § 9 Abs. 1 Nr. 5 PAngV[8], wobei die Internet-Versteigerung im Sinne von § 1 Abs. 1 S. 3 PAngV darstellen kann.

Als zulässig wurde angesehen, die Verpflichtung zur vollständigen Angabe der Endpreise (§ 1 Abs. 1 S. 1 PAngV) dadurch zu erfüllen, dass die Preisangaben auf einer weiteren Webseite enthalten sind, zu der der Nutzer über ausreichend gekennzeichneten Link hingeführt wird[9].

---

1 LG Bonn, Urt.v. 19.12.2003 – 2 O 472/03, JurPC Web-Dok. 74/2004 – Internet-Auktion.

2 *Mankowski*, Urteilsanm. Zu LG Bonn, Urt.v.19.12.2003, MMR 2004, 181.

3 AG Bonn, Urt.v.25.10.2001 – 3 C 193/01, CR 2002, 301.

4 OLG Hamburg, Urt.v.18.11.1999 – 3 U 230/99 , JurPC Web-Dok. 48/2000 – „Powershopping".

5 OLG Köln, Urt.v.1.6.2001 – 6 U 204/00, CR 2001, 545 = JurPC Web-Dok. 151/2001 – Powershopping.

6 *Schmittmann*, Werbung im Internet, 107.

7 Bettinger/*Leistner*, Werbung und Vertrieb im Internet, Teil 1 A, Rdn. 63 unter Hinweis auf BGH GRUR 1999, 261 (allgemein zu Vertriebsmodellen). Offen bleibt aber, ob Internet-Versteigerungen etwa von Gegenständen auch durch Private mit Warenvertriebsmodellen gleichgesetzt werden können.

8 Ähnlich Bettinger/*Leistner*, Werbung und Vertrieb im Internet, Teil 1 A, Rdn. 63.

9 OLG Köln, Urt.v. 7.5.2004 – 6 U 4/04, JurPC Web-Dok. 210/2004 – Preisinformation durch Link.

Eine **Korrektur** der Preisangabe ist zulässig, wenn der Preis aufgrund eines Softwarefehlers extrem niedrig angegeben wurde[1]. Das muss zumindest dann gelten, wenn der Fehler für den Nutzer ohne weiteres erkennbar ist[2].

b) Rabatte und Zugaben

Rabattgesetz und Zugabeverordnung wurden ersatzlos gestrichen. Bisherige Urteile, die sich auf diese Bestimmungen stützten, sind deshalb überholt. Allerdings gelten wettbewerbs- bzw. genauer lauterkeitsrechtliche Grundsätze weiter, die auch bezüglich Rabatten (bisher max. 3 % des Verkaufspreises) und Zugaben (z.B. kleine zusätzliche Geschenke) Einschränkungen verlangen[3]. In einem Angebot kann deshalb weiterhin wetbewerbswidrig im Sinne der §§ 1, 3 UWG zu sehen sein.

c) § 1 UWG

Das Angebot von Waren mit begrenztem Vorrat im Wege der umgekehrten Versteigerung (auch „*reverse auction*" oder holländische Auktion[4] genannt), bei der in Zeitintervallen Verkaufspreise fallen (hier: alle 20 Sekunden um DM 250,00) und der Zuschlag durch Anklicken des Button „Ich kaufe" durchgeführt wird, wurde zunächst von einigen Instanzgerichten als gegen § 1 UWG verstoßend beurteilt[5], ebenso generell eine Auktion, bei der der Preis der Ware täglich um DM 100,00 sank[6].

Allerdings änderte der BGH (zumindest für Auktionen im Bereich des Gebrauchtwagenverkaufs) seine Auffassung und sah umgekehrte Versteigerungen **nicht** als **wettbewerbswidrig** an[7]; abweichende bisher ergangene Instanzrechtsprechung ist damit überholt. Der Einsatz von Elementen der Wertreklame oder aleatorischer Reize sei nicht bereits als solcher unlauter, sondern nur dann, wenn hierdurch die freie

---

1 OLG Frankfurt, Urt.v. 26.2.2003 – 9 U 94/02, heise online 26.2.2003, www.heise.de/newsticker/data/jk-26.02.03-002 (für die Angabe DM 72,15 anstatt DM 7215).

2 OLG München, Beschl.v. 15.11.2002 – 19 W 2361/02, NJW 2003, 367.

3 Ausf. s. *Steinbeck*, ZIP 2001, 1741.

4 *Schafft*, CR 2001, 393. Als „Reverse Auction" wird teilweise auch eine Auktion bezeichnet, bei der der Preis mit Zeitablauf sinkt, während bei einer „umgekehrten Auktion" der Preis allein in Abhängigkeit durch die Gebote sinkt (Gramlich/Kröger/Schreibauer/*Jaekel*, Rechtshandbuch B2B Plattformen, § 7, Rdn. 4). Überbieten sich hingegen Nachfrager in einem mit einem Mindestgebot beginnenden Verfahren, spricht man von einer „Englischen Auktion" (Gramlich/Kröger/Schreibauer/*Hoppe*/*Krohn*, Rechtshandbuch B2B Plattformen, § 1, Rdn. 41).

5 OLG Hamburg, Urt.v.25.4.2002 – 3 U 190/00, CR 2002, 753 = JurPC Web-Dok. 341/2002 (Unlauterkeit i.S.v. § 1 UWG durch Ausnutzen der Spiellust) zu einem Sachverhalt aus 1999; OLG Hamburg, Urt.v.7.12.2000 – 3 U 116/00, CR 2001, 340 = GRUR-RR 2001, 113 = MMR 2001, 539 – Schnäppchenbörse (für täglich höhere Reduzierung des Preises); OLG Köln, Urt.v. 27.11.1987 – 6 U 121/87, WRP 1988, 326; *für* Zulässigkeit OLG München, Urt.v. 14.12.2000 – 6 U 2690/00, CR 2001, 338 = GRUR-RR 2001, 112 – Sixt (da der Zuschlag hier im besonderen Fall für Verkäufer wie Käufer unverbindlich blieb).

6 BGH, Urt.v.20.3.1986 – I ZR 228/83, GRUR 1986, 622 = WRP 1986, 381 – Umgekehrte Versteigerung.

7 BGH, Urt.v.13.3.2003 – I ZR 212/00, MMR 2003, 465 – Umgekehrte Versteigerung II, in Bestätigung von OLG Düsseldorf, Urt.v.23.8.2000 – 27 U 34/00, für die Fallvariante einer Verbilligung von DM 300,00 wöchentlich; zust. Urteilsanm. *Lindenberg*, CR 2003, 518. Diese Entscheidung entspricht auch dem Absatz in der EG-Verkaufsförderungs-VO, verkaufsfördernde Veranstaltungen wie Gewinnspiele etc. als zulässig zu behandeln.

Entschließung der angesprochenen Verkehrskreise so nachhaltig beeinflusst wird, dass ein Kaufentschluss nicht mehr von sachlichen Gesichtspunkten, sondern maßgeblich durch das Streben nach der in Aussicht gestellten Gewinnchance bestimmt wird[1]. Der angesprochene durchschnittlich informierte, situationsadäquat aufmerksame und verständige Verbraucher, der sich mit dem Erwerb des beworbenen Pkws befasse, werde von dem Angebot nur nach reiflicher Überlegung und Prüfung von Vergleichsangeboten Gebrauch machen, die i.A. in ausreichendem Maße zur Verfügung stünden und ausreichend zugänglich seien[2]. Auch sei der Gewerbetreibende in seiner Preisgestaltung grundsätzlich frei; er könne seine allgemein angekündigten Preise zu jedem ihm sinnvoll erscheinenden Zeitpunkt nach Belieben erhöhen oder senken, sofern nicht Preisvorschriften entgegenstünden oder z.B. das systematische Herauf- oder Heruntersetzen von Preisen zur Verschleierung von „Mondpreisen" erfolge[3]. In einer weiteren Entscheidung stellte der BGH fest, dass eine umgekehrte „Versteigerung", bei der der Anfangspreis alle 20 Sekunden um 250 DM fällt, weder gegen § 7 Abs. 1 UWG (unzulässige Sonderveranstaltung) noch gegen § 1 UWG verstoße, wenn sich der „Auktionssieger" nach Abschluss der Veranstaltung ohne finanzielle Nachteile erkennbar frei entscheiden kann, ob er das „ersteigerte" Fahrzeug zu dem erzielten Preis erwerben will[4]; ein besonderer Schutz des Verbrauchers, wie er beim hier nicht vorliegenden Kaufvertragsabschluss durch Zuschlag im Sinne von § 156 S. 1 BGB bei einer herkömmlichen Versteigerung erforderlich ist, bedürfe es nicht, da der im zu entscheidenden Fall erfolgte Auktionsgewinn noch nicht zu einer Kaufverpflichtung führte. Auch der Einsatz aleatorischer Reize sei erst dann wettbewerbswidrig, wenn der Kaufentschluss nicht mehr durch sachliche Gesichtspunkte, sondern durch ein Streben nach der in Aussicht gestellten Gewinnchance bestimmt wird.

Diese Grundsätze werden auch auf **Rückwärtsauktionen anderer Gegenstände** anzuwenden sein. Sind diese Gegenstände allerdings nicht hochpreisig und prüft der Verbraucher deshalb weniger sorgfältig, kann ein aleatorischer Reiz stärker wirken. Doch wird, mit dem BGH, nicht auf einen einzelnen Verbraucher abzustellen sein, der einen Kauf getätigt hat, sondern auf den Einfluss auf die beteiligten Verkehrskreise. Andererseits kann bei kurzen Zeittakten, die keine sorgfältige Prüfung mehr zulassen, u.U. doch Unlauterkeit zu bejahen sein[5]. Umgekehrt ist bei B2B-Auktionsplattformen, an denen nur Gewerbetreibende als Bietende teilnehmen, die Gefahr übertriebenen Anlockens geringer, da diese Erwerber ihre Kaufentscheidung eher Preiswürdigkeit und Güte der Ware orientieren[6]. Nach diesen Grundsätzen wird auch „Powershopping" nicht als solches[7], sondern nur in besonderen Fallgestaltungen als unzulässig anzusehen sein.

Die Rückwärtsauktion wurde – auch unter Bezugnahme auf eine (inzwischen

---

1 BGH, Urt.v. 13.3.2003, a.a.O., 517, unter Bezug auf BGH GRUR 1989, 757 – McBacon; BGH 1998, 735f – Rubbelaktion; BGH GRUR 2000, 8201 und unter ausdrücklicher Abkehr vom Urt.v. 20.3.1986.

2 BGH, Urt.v.13.3.2003, a.a.O., 518. Nach Auffassung des BGH gehöre die bloße Befürchtung eines potentiellen Kunden, dass ihm ein anderer Kaufinteressent bei weiterem Abwarten zuvor kommen könne, zum Wesen des Angebotes eines bestimmten Gegenstandes.

3 BGH, Urt.v.13.3.2003, a.a.O., 518.

4 BGH, Urt.v. 13.11.2003 – I ZR 40/01, CR 2004, 290 = MMR 2004, 160 = JurPC Web-Dok. 117/2004 – Umgekehrte Versteigerung im Internet (Sixt).

5 Ähnlich *Lindenberg*, CR 2003, 518, 520, allerdings mit dem treffenden Hinweis auf die vielzitierte „Trierer Weinversteigerung" (*Larenz/Wolf*, AT BGB 1997, § 24 Rdn. 7; *Schafft*, CR 2001, 393, 398), bei der das Handzeichen genauso schnell wie ein Mausklick im Internet erfolgen könne.

6 Gramlich/Kröger/Schreibauer/*Mulch*, Rechtshandbuch B2B Plattformen, § 15, Rdn. 20.

7 Hierfür aber wohl etwa die Bundesregierung in der Beantwortung der Kleinen FDP-Anfrage BT-Drucks. 14/3365 und 3618.

geänderte, s. unten) BGH-Rechtsprechung[1] – als eine nach § 1 UWG a.F. unzulässige Verkaufsmaßnahme angesehen, wenn kein ausreichender Übereilungsschutz besteht[2] bzw. ein übertriebenes Anlocken vorliegt, bei dem primär intendiert ist, die Spiellust (die sog. „aleatorischen Anreize") und das Streben des Verbrauchers nach Gewinn auszunutzen[3]. Generell wurde bei umgekehrten Auktionen aber kein unzulässiger psychischer Kaufanreiz angenommen[4]. Jedoch könnten aleatorische Elemente einen sittenwidrigen Gewinnanreiz begründen, etwa bei einer durch bloßes Zuwarten erspielbare Vorteilszuwendung ohne konkrete Gegenleistung, woraus (z.B. beim sog. „*Coshopping*") die Gefahr entstehen kann, dass die Kaufentscheidung nicht mehr auf sachlichen Erwägungen beruht, sondern wegen des Gewinnanreizes erfolgt[5]. Ob ein solches aleatorisches Element vorhanden ist und außerdem die Kaufentscheidung beeinflussen kann, wird nur im Einzelfall zu entscheiden sein. Nicht das System fallender Preise als solches, sondern seine spezifische Ausgestaltung wird zu einer Ausnutzung der Spiellust führen, etwa dadurch, dass der Anreiz mit jedem ablaufenden Zeitintervall stärker wird[6]. Zu verneinen ist dies etwa dann, wenn der Kunde automatische Bietagenten einsetzen kann, durch die er von vornherein festlegt, zu welchem Preis er kaufen möchte[7]. Ein Spielanreiz entfällt hier regelmäßig.

Kam bei einer „Rückwärtsauktion" mit automatischen Preisherabstufung der Vertrag nicht durch Drücken des Zuschlag-Buttons, sondern später auf herkömmliche Weise zustande, wurde keine unzulässige Sonderveranstaltung nach § 7 UWG a.F. angenommen, sondern eine Art Preisfindung in einem neuartigen Medium; auch ein übertriebenes Anlocken i.S.v. § 1 UWG a.F. lag nicht vor[8]. Die **preisrechtliche** Befreiung in § 7 Abs. 1 Nr. 5 PreisAngV wurde auch auf Abwärtsversteigerungen ausgeweitet[9]. Als wettbewerbswidrig, da Kunden unlauter anlockend, wurde das Online-Versteigern von hochwertigen Markenprodukten zu einem Mindestgebot von DM 1,00 angesehen[10]. Die Buchpreisbindung bleibt unberührt[11]. Das Anbieten von Zigarren in einer Internetversteigerung unter dem gesetzlich festgelegten Kleinverkaufspreis ist wegen Verstoßes gegen das TabaksteuerG wettbewerbswidrig[12].

Als unlauter werden auch (teilweise sogar durch Händlerringe organisierte) **Selbstkäufe** zu beurteilen sein, bei dem der Verkäufer, um Gebühren zu sparen, die Ware nur zu einem geringen Preis einstellt und für diesen Preis über einen anderen Account oder gar deren zwei) gleich selbst das erste Gebot abgibt[13].

---

1 BGH WRP 2000, 724; BGH WRP 1998, 424; BGH GRUR 1986, 622 – Umgekehrte Versteigerung.

2 *Huppertz*, MMR 2000, 65, 67f.

3 LG Köln, Urt.v. 25.11.1999 – 31 O 990/99, JurPC Web-Dok. 100/2000.

4 BGH GRUR 1986, 326.

5 BGH GRUR 1986, 622; Schafft, CR 2001, 393, 397 m.w.N.

6 OLG München, Urt.v. 14.12.2000 – 6 U 2690/00, CR 2001, 338 = GRUR-RR 2001, 112 = JurPC Web-Dok. 105/2001 – Sixt (unzulässige Sonderveranstaltung i.S.v. § 7 UWG ablehnend).

7 *Schafft*, CR 2001, 393, 399.

8 OLG München, Urt.v.14.12.2000 – 6 U 2690/00, CR 2001, 338 = MMR 2001, 233 = JurPC Web-Dok. 105/2001 (für den Fall, dass der „Zuschlag" durch den Teilnehmer nicht verpflichtend ist, sondern der Kaufvertrag erst hinterher abgeschlossen wird).

9 LG Hamburg, MMR 1999, 678; *Schafft*, CR 2001, 393, 399; *Huppertz*, MMR 2000, 65, 69.

10 OLG Hamburg, Urt.v. 5.7.2001 – 3 U 35/01, CR 2002, 291 = ZUM-RD 2002, 243 (für Angebot eines TV-gerätes zum Marktpreis von rd. DM 4.600,00).

11 OLG Frankfurt, Urt.v.15.6.2004 – 11 U (Kart) 18/2004, MMR 2004, 685 für geschäftsmäßigen Verkauf über Online-Auktionen.

12 OLG Frankfurt, Beschl.v. 2.6.2004 – 6 W 79/04, MMR 2004, 617.

13 Zu dieser Praxis s. etwa *Kossel*, Vorsicht Falle, c't eBay-Ratgeber, c't special 03/ 2004, 16, 19.

d) § 3 UWG

Der gewerbliche Anbieter von Produkten (oder Dienstleistungen) in Internet-Auktionen ist nicht verpflichtet, im Angebotstext auf seine Händlereigenschaft hinzuweisen[1]. Das Fehlen des Hinweises auf die Händlereigenschaft ist nicht wettbewerbswidrig, da eine Irreführung nicht erfolgt[2]. Dies erscheint sachgerecht, da Nutzern bekannt sein muss, dass immer häufiger gewerbliche Anbieter in Internet-Auktionen auftreten.

Die Bezeichnung „Auktion" oder „Versteigerung" für Verkäufe gegen Höchstgebot im Internet, die keine Versteigerung i.S.v. § 34 b GewO darstellen, ist, ohne Hinzutreten weiterer Umstände, **nicht irreführend**[3]. Ebenso ist die Ankündigung einer Auktion im Internet nicht irreführend im Sinne von § 3 UWG, da die beteiligten Verkehrskreise darüber informiert sind, dass Internet-Auktionen anders als Versteigerungen vor Ort verlaufen[4]. Ein Wettbewerbsverstoß liegt nicht vor, wenn der Betreiber der Auktion von der zuständigen Stadtverwaltung die Auskunft erteilt bekam, die Versteigerung bedürfe keiner Erlaubnis nach § 34 g GewO[5].

e) Preisbindung

Die Preisbindung bei Veräußerung von neuen Büchern muss auch bei regelmäßiger Veräußerung durch Privatleute über Online-Auktionen eingehalten werden[6].

f) Einsatz von Biet-Software

Der Teilnehmer an Internet-Auktionen kann Wartezeiten dadurch verkürzen, dass er Programme (teilweise auch „*Sniper*-Software" genannt) nutzt, die als automatisierte Bietagenten fungieren und z.B. zum vom Bieter festgelegten Zeitpunkt sein Maximalangebot abgeben („Sniping"), etwa kurz vor Ende der Laufzeit der Auktion[7]. Der Einsatz von Sniper-Software kann anhand der IP-Adresse nachgewiesen werden, wenn die Sniper-Dienste über Server erbracht werden, jedoch nicht bei Einsatz lokaler Software[8]. Freilich greift die bekannte „*tragedy of the commons*" auch hier ein, wenn immer mehr Teilnehmer Sniper-Software einsetzen und praktisch alle auf die letzte Sekunde warten, die Auktion aber damit vorher zum Leerlauf zwingen.

Das Angebot von entsprechenden Funktionen als Internet-Dienst wurde vom LG Hamburg als unlautere und damit **wettbewerbswidrige Absatzbehinderung** eingestuft; solches „Sniping" wirke sich, wenn es häufig durchgeführt wird, für Verkaufs- wie für Kaufinteressenten abschreckend aus[9], da verschiedene Bieter im letzten Moment

---

1 OLG Oldenburg, Beschl.v. 20.1.2003 – 1 W 6/03, CR 2003, 374.

2 LG Osnabrück, Beschl.v. 6.11.2002 – 12 O 2957/02, JurPC Web-Dok. 19/2003.

3 OLG Frankfurt, Urt.v.1.3.2001 – 6 U 64/00, MMR 2001, 451 = NJW-RR 2001, 903 = JurPC Web-Dok. 114/2001.

4 LG Wiesbaden, Urt.v. 13.1.2000 – 13 O 132/99, MMR 2000, 376.

5 LG Wiesbaden, Urt.v. 13.1.2000, a.a.O., 376.

6 OLG Karlsruhe, Urt.v. 15.6.2004 – 11 U 18/04, JurPC Web-Dok. 237/2004 für Verkauf von 48 Büchern innerhalb eines Jahres über eBay. Ähnlich OLG Frankfurt, Urt.v. 15.6.2004 – 11 U (Kart) 18/04.

7 *Leible/Sosnitza*, CR 2003, 344.

8 *Beyer*, c't 17/2002, 118, 121.

9 LG Hamburg, Urt.v. 16.7.2002 – 312 O 271/02, CR 2002, 763 = ZUM-RD 2003, 95 = JurPC Web-

überboten werden und deshalb von der weiteren Nutzung der Auktion Abstand nehmen könnten[1]. Außerdem liege im kostenlosen Bereitstellen solcher Programme ein Eingriff in den eingerichteten und ausgeübten Gewerbebetrieb des Auktionsveranstalters, der einen Unterlassungsanspruch aus den §§ 823 Abs. 1, 1004 BGB begründe[2].

Das LG Berlin[3] sah hingegen keine Wettbewerbsgefährdung als gegeben an, denn letztlich sei Sniper-Software nichts anderes als der für den abwesenden Interessenten im Saal präsente, aber weisungsgebundene Strohmann in einer echten Versteigerung.

Wenden Bieter selbst solche Software an, wird zwar nicht Wettbewerbsrecht eingreifen (insbesondere nicht bei privaten Bietern), kann aber im Einzelfall durch den Einsatz solcher Programme ein Eingriff in den eingerichteten und ausgeübten Gewerbebetrieb des Auktionators vorliegen[4].

Noch nicht geklärt ist, ob der Betreiber von Auktionssystemen in seinen AGB die Abgabe von Geboten mittels Bietagentenprogrammen (z.B. „Biet-O-Matic") ausschließen darf. Die entsprechende Verbotsklausel in Veranstalter-AGB wurde als nicht mit § 307 BGB vereinbar eingestuft[5]. Selbst wenn der Einsatz solcher Software wettbewerbswidrig und/oder in den AGB des Veranstalters untersagt ist, ist der solchermaßen geschlossene Vertrag doch wirksam[6].

In den USA wurde der Einsatz von „Web bots" zur Gewinnung von Daten aus Auktionen als unzulässig („*trespass*") eingestuft[7].

4. Störerhaftung des Auktionsveranstalters

In technischer Hinsicht kann der Auktionsbetreiber wie jeder sonstige Systembetreiber haftungsverpflichtet sein, wenn er unsichere Systeme oder etwa unzureichende Absicherungen etwa gegen Virenangriffe verwendet (s. näher S. 533).

Bei rechtsverletzenden Angeboten können – neben den unmittelbar haftenden Anbietern selbst – auch die Auktionshäuser jedenfalls als Störer aus § 1004 BGB bzw.

Dok. 325/2002 – ebay gegen safebay. Das Gericht nahm außerdem ein sittenwidriges Verleiten zum Vertragsbruch an, da die Nutzung des Dienstes zwingend eine den AGB des Auktionsveranstalters widersprechende Weitergabe von Nutzernamen und Passwort vorsah.

1 *Leible/Sosnitza*, CR 2003, 344, 348.

2 LG Hamburg, Urt.v.27.2.2003 – 315 O 624/02, K&R 2003, 296 – Biet-O-Matic, die Möglichkeit der Gefahr annehmend, dass die Auktion kurzfristig Schaden leiden könnte, da eine Vielzahl potentieller Kunden das Interesse an der Teilnahme verlieren könne, die nicht über ein solches Programm verfügen.

3 LG Berlin,Urt.v.11.2.2003 – 15 O 704/02, CR 2003, 857 = K&R 2003, 294f; zust. Anm. *Leible/Sosnitza*, a.a.O.,300 (mit Berufungsrücknahme am 23.9.2003 rechtskräftig, CR 2003, 869). Das Gericht nahm auch kein Verleiten zum Vertragsbruch an, da das (antragstellende) Auktionshaus zwar eine strikte zeitliche Befristung für den Auktionsablauf vorgesehen, die Bietstrategie aber freigestellt habe, damit aber auch ein Gebot in letzter Sekunde vor Gebotsschluss. Auch sei niemand verpflichtet, sein Gebot schon vorher offenzulegen.

4 Eher ablehnend *Leible/Sosnitza*, CR 2003, 344, 348f. Das Argument der Autoren, die Wirkung der sog. „Sniper"-Software sei auch dadurch erreichbar, dass das Höchstgebot manuell im letzten Augenblick eingegeben werde, erscheint in den Fällen nicht tragfähig, in denen solche Software gerade wegen der Automatisierung ihrer Funktionen schneller als jeder Nutzer bei manueller Eingabe reagieren kann. Entscheidend dürfte deshalb sein, ob Nutzer, die keine solche Software einsetzen, überhaupt noch Chancen zur Platzierung ihres Angebotes haben.

5 *Leible/Sosnitza*, CR 2003, 344, 347 (ohne Begr.).

6 *Schlömer/Dittrich*, eBay & Recht, Rdn. 36.

7 Ebay Inc. v. Bidder's Edge Inc. 100 F.Supp. 2D 1058 (N.D. Cal. 2000).

aus besonderen Vorschriften des Wettbewerbs- oder Markenrechts haftbar sein. Grundlage dieser Haftung kann etwa Wettbewerbs-, Urheber- oder Markenrecht sein, aber etwa auch Deliktsrecht bei in das Netz gestellten Äußerungen der Nutzer, die das Persönlichkeitsrechte anderer verletzen (z.B. unrichtige Hinweise auf Vertragsverletzungen oder beleidigende Kommentare). Zur Haftungsbegründung reichen Mitwirkungshandlungen aus.

Im Wettbewerbsrecht genügt bereits das ohne eigene Wettbewerbsabsicht und ohne Verschulden in irgendeiner Weise erfolgende Mitwirken an dem Wettbewerbsverstoß eines Dritten (etwa des Anbieters eines Auktionsobjekts), wenn das Mitwirken (allgemein: an dem Herbeiführen einer rechtswidrigen Beeinträchtigung) willentlich und adäquat kausal erfolgt[1]. Notwendig ist aber, dass der als Störer in Anspruch Genommene die rechtlich durchsetzbare Möglichkeit hatte, die Handlung des Dritten zu verhindern[2]. Von diesen Grundsätzen her sind auch Veranstalter von Internet-Auktionen dann Störer, wenn sie in erheblicher Weise an den Verletzungshandlungen mitwirken, da sie dem Anbieter überhaupt erst technisch (durch Einräumen von Speicherplatz und Abrufbarhalten der Angebote) und organisatorisch (durch Einbetten in die Internetpräsenz und Abrechnen der Transaktion) die Möglichkeit geben, seine rechtsverletzenden Angebote einer unbeschränkten Anzahl von Personen zugänglich zu machen[3]. In wettbewerbsrechtlicher Sicht kommt hinzu, dass ein Veranstalter von Internet-Auktionen im geschäftlichen Verkehr und in der erklärten Absicht handelt, den Wettbewerb eines Dritten zu fördern, woraus sich eine Teilnehmerhaftung begründen kann[4].

Eingeschränkt wird die Störer- und auch Teilnehmerhaftung in den Fällen, in denen dem in Anspruch Genommenen eine Prüfpflicht überhaupt nicht oder nur eingeschränkt zumutbar ist, etwa bei erschwerter Erkennbarkeit des Störungszustandes[5], wobei die Beweislast für diesen Entlastungstatbestand beim in Anspruch Genommenen liegt[6].

5. Haftung des Auktionsveranstalters

a) Grundsätze

Die Haftung für Mängel der Ware oder aus Zahlungs- bzw. Lieferverzug trifft jeweils die beteiligten Einlieferer oder Bieter aus zwischen ihnen geschlossenem Vertrag unmittelbar. Der Auktionsveranstalter übernimmt – schon mangels Anlieferung an den Auktionsort – keine Pflichten zur Prüfung des Versteigerungsgutes[7]. Möglich sind aber Pflichten des Veranstalters zur Prüfung der Identität oder Bonität von Teilnehmern[8] (z.B. ob ein Lieferant tatsächlich existent ist), soweit die Pflichten in seinen AGB

---

1 S. etwa BGH WRP 2002, 532f – Meißner Dekor.

2 BGH GRUR 1997, 313, 315 – Architektenwettbewerb.

3 *Lehment*, WRP 2003, 1058, 1059 m.w.N. unter Hinweis auf die eine entsprechende Störerhaftung des Veranstalters einer offline, also traditionell erfolgenden Auktion bejahende Entscheidung OLG Stuttgart, WRP 1987, 57f.

4 *Lehment*, WRP 2003, 1058, 1059 m.w.N.

5 BGH GRUR 1997, 313, 315 – Architektenwettbewerb; für Markenrechtsverletzung OLG Köln, MMR 2002, 101, 111.

6 BGH, a.a.O.

7 Spindler/*Wiebe*, Internet-Auktionen, 102f.

8 Spindler/*Wiebe*, Internet-Auktionen, 105.

(wirksam[1]) ausgeschlossen wurden. Außerdem kann der Veranstalter in vollem Umfang aus übernommenen Treuhandpflichten haften, etwa bei Durchführung zur Freigabe des Kaufpreises erst nach tatsächlich erfolgter Lieferung durch eine Transportperson.

Außerdem haftet der Veranstalter selbstverständlich wie jeder sonstige Leistungsanbieter aus den von ihm im Teilnahmevertrag übernommenen Leistungspflichten, insbesondere also aus der Pflicht zum Einrichten und Instandhalten bzw. Betreiben der Auktionsplattform sowie zum Zugänglichmachen bzw. Bereithalten für den Abruf von Warenangeboten und Geboten für diese. Verspricht der Veranstalter die Rund-um-die-Uhr-**Erreichbarkeit** der Plattform, muss er für diese voll einstehen.

Im Rahmen des technisch Möglichen und wirschaftlich Zumutbaren wird der Veranstalter auch verpflichtet sein, **Manipulationen von Bewertungsseiten** (z.B. verdeckte Eigenbewertungen) zu erkennen und zu korrigieren. Durch einstweilige Verfügung kann die Untersagung einer Bewertung nur verlangt werden, wenn die Unwahrheit einer Tatsachenbehauptung offensichtlich ist; bei Nichtoffensichtlichkeit der Unwahrheit muss es der Produktanbieter hingegen hinnehmen, dass solche Bewertungen im Bewertungsverfahren des Auktionsveranstalters veröffentlicht werden, der eine größtmögliche Vielzahl von Kunden erreichen und akquirieren will[2].

Soweit keine Kenntnis besteht und das Auktionsverfahren automatisiert durchgeführt wird, können aus rechtsverletzenden Informationen keine Unterlassungsansprüche gegen den Auktionsbetreiber geltend gemacht werden[3]. Die Haftung der Auktionsteilnehmer bleibt freilich unberührt. Eine solche Haftung kann sich aus Bewertungen von Angeboten ergeben; sie wurde als Verletzung einer vertraglichen Nebenpflicht qualifiziert[4]. In einem Bewertungsforum sind außerdem Äußerungen zulässig, die sich auf konkrete Angebote beziehen[5], wobei aber eine einzelfallbezogene Beurteilung erforderlich ist. Wenn die AGB des Veranstalters dies vorsehen, so wird es als möglich angesehen, dass der Veranstalter Bewertungen bei konkreten Anhaltspunkten für einen Verstoß gegen die AGB löschen könne[6]. Zumindest dann, wenn der Veranstalter sich in seinen AGB ein solches Recht selbst einräumt, wird näher zu prüfen sein, ob der Veranstalter zu einer solchen Prüfung auch verpflichtet ist, wobei die umfassende Befreiung von solchen Prüfpflichten auf der Grundlage der „ambiente"-Entscheidung des BGH (s. S. 783) schon deshalb nicht ohne weiteres möglich sein wird, weil kein vollautomatisiertes Registrieren eines Kennzeichen erfolgt, sondern allgemein ein Speichern für die Teilnehmer. Dies gilt insbesondere dann, wenn der Veranstalter etwa die Teilnahme an einem besonderen gesicherten Zahlungs- und Abwicklungsverfahren (z.B. „*Paypal*") von dem Erreichen hoher Positivbewertungsraten (z.B. 98%) abhängig macht.

---

1 Die Wirksamkeit des Ausschlusses einer Aufklärungspflicht bezüglich der Identität in AGB abl. Spindler/*Wiebe*, Internet-Auktionen, 107.

2 LG Düsseldorf, Urt.v. 18.2.2004 – 12 O 6/04, CR 2004, 623 = MMR 2004, 496 für Bewertungen bei eBay.

3 LG Potsdam, Urt.v.10.10.2002 – 51 O 12/02, CR 2003, 217 = MMR 2002, 829, für bei eBay angebotene jugendgefährdende bzw. gewaltverherrlichende und volksverhetzende Schriften.

4 AG Erlangen, Urt.v. 26.5.2004 – 1 C 457/04, MMR 2004, 635.

5 So das AG Koblenz, Urt.v. 2.4.2004 – 142 C 330/04, MMR 2004, 638 = JurPC Web-Dok. 217/2004 – eBay-Bewertungen zur immerhin recht plastischen, aber nicht als unzulässig eingestuften Bewertung: „Nie wieder ! So was habe ich bei 500 Punken nicht erwartet !! Rate ab !!".

6 AG Koblenz, Urt.v. 2.4.2004 – 142 C 330/04, JurPC Web-Dok. 217/2004 – eBay-Bewertungen; AG Erlangen, Urt.v. 26.5.2004 – 1 C 457/04, MMR 2004, 635 (den Löschanspruch auch bei Bestehen eines Gegendarstellungsrechts bejahend).

b) Strafrecht

Internet-Auktionen können auch Teil der Ausführung von Straftaten werden, etwa als Hehlermarkt. Ein Nutzer fand etwa seine ihm in Hamburg gestohlene Gitarre bei eBay wieder, die er an Merkmalen wie fehlender Abdeckklappe wiedererkannte[1]. Über die sofort eingeschaltete Polizei und Staatsanwaltschaft konnte noch vor Ende der Auktion der Verkäufer ausfindig gemacht werden.

c) Urheberrecht

Der Betreiber einer Internet-Auktion haftet nicht aus der Versteigerung von Imitaten urheberrechtlich geschützter Werkexemplare, da im automatisierten Massenverfahren keine Kenntnis des Betreibers begründet wird[2].

d) Markenrecht

Das LG Düsseldorf wendete das TDG auf Markenrechtsverletzungen an[3]. Das Gericht betont zutreffend, dass (abweichend von der Auffassung des OLG Köln[4], das Markenrecht sei wegen seiner EG-Rechtsgrundlage höherrangig als das deutsche TDG) die Regelungen des TDG, da sie selbst EU-Recht umsetzen (nämlich die E-Commerce-RL) neben dem auch auf EU-Recht basierenden Markenrecht anwendbar sind. Abgelehnt wird die Auffassung, dass die Anwendung des TDG (in der seit dem 21.12.2001 in Kraft getretenen Fassung) dem TRIPS-Abkommen[5] widerspreche[6], da die Artikel 16, 41 und 45 TRIPS lediglich die Haftungsvoraussetzungen für unmittelbare Rechtsgutverletzungen festlegen, nicht aber für mittelbare Verletzungen. Erlangung der Kenntnis von diesen fremden Angeboten durch den Auktionsveranstalter liegt nicht schon bei Eingabe eines bestimmten Angebotes durch einen Anbieter vor, da nur aktuelles Wissen Haftung begründen kann, da Diensteanbieter nach § 8 Abs. 2 TDG gerade nicht überwachungspflichtig sind[7]. Haftungsbegründende Kenntnis von

---

1 Heise online news 11.8.2003, www.heise.de/newsticker/data/hod-11.08.03-000.

2 LG Berlin, Urt.v. 25.2.2003 – 16 O 476/01, MMR 2004, 195 = JurPC Web-Dok. 313/2003 – Wagenfeld-Bauhaus-Tischleuchte.

3 LG Düsseldorf, Urt.v.29.10.2002 – 4 a O 464/01, CR 2003, 21 = MMR 2003, 120 = JurPC Web-Dok. 11/2003, zugleich bezogen auf Verletzungen der Gemeinschaftsmarke für Unterlassungsanspruch aus Art. 98 i.V.m. Art 9 Verordnung (EG) Nr. 40/94 (GMVO). Das Gericht sah i.ü. Versteigerungsangebote im Internet als im Verhältnis zum Veranstalter *fremde Informationen* an, die er sich bei deutlichem Hinweis auf die Verantwortlichkeit des Verkäufers nicht zueigen mache und von denen er regelmäßig keine Kenntnis habe.

4 OLG Köln, Urt.v. 2.11.2001 – 6 U 12/01, OLG Report Köln 2002, 80 = MMR 2002, 110 = JurPC Web-Dok. 69/2002 – Rolex; a.A. jedoch LG Düsseldorf, Urt.v.29.10.2002 – 4 a O 464/01, CR 2003, 211, 217 auch für das TDG a.F.mit dem Argument, Höherrangigkeit sei schon deshalb nicht gegeben, weil das allein maßgebliche nationale Transformationsgesetz ohnehin nicht höherrangig sei als sonstiges deutsches Recht.

5 Übereinkommen über handelsbezogene Aspekte der Rechte des geistigen Eigentums v. 15.4.1995, Anh. 1 C , BGBl II 1730.

6 LG Düsseldorf, Urt.v.29.10.2002 – 4 a O 464/01, CR 2003, 211, 215 = MMR 2003, 120.

7 LG Düsseldorf, Urt.v.29.10.2002, a.a.O., 215. Der allgemeine Hinweis eines Markenrechtsinhabers auf frühere Markenrechtsverletzungen führte nach Auffassung des Gerichtes nicht zur Kenntnisbegründung. Auch sei der Einsatz eines Programms zur Suche bestimmter Schlüsselwörter („*black list*“) nicht geeignet, die Veröffentlichung von Anzeigen mit rechtsverletzendem Inhalt zuverlässig zu verhindern.

Umständen, die die Begehung rechtswidriger Handlungen oder das Vorhandensein rechtswidriger Inhalte nahelegen, kann nach Auffassung des LG Düsseldorf nicht durch allgemeine Hinweise begründet werden, die keinen konkreten Rückschluss auf Informationen zulassen, – so etwa nicht durch Hinweise, dass bestimmte Plagiate oder Raubkopien systematisch angeboten werden, da die Tatsache des Angebotes solcher Plagiate etc. allgemein bekannt sei und die Anbieter wegen § 8 Abs. 2 TDG nicht verpflichtet werden dürften, diese Angebote (manuell) auf Rechtsverletzungen zu untersuchen[1].

Notwendig zur **Haftungsbegründung** ist damit die positive Kenntnis vom konkreten Einzelangebot[2]. Hier wurde zutreffend festgestellt, dass die vom BGH in seiner „Ambiente"-Entscheidung entwickelten, nur in Fällen offensichtlicher Rechtsverletzungen zur Haftung führenden Grundsätze auf Veranstalter von Internet-Auktionen in der Regel nicht anwendbar sind[3]. Diese böten kommerzielle Dienste an, erfüllten keine im öffentlichen Interesse liegenden Funktionen und könnten sich nicht (wie etwa die Presse) auf eine grundrechtlich verbürgte Institutsgarantie berufen[4]. Streitig ist allerdings die Auffassung in der Literatur, die Veranstalter könnten sich nicht auf die Unmöglichkeit der vollständigen oder auch nur kursorischen Kontrolle aller in ihrem Dienst bereitgehaltenen Angebote berufen, sondern sie müssten umgekehrt, wenn sie besonders viele Angebote auf ihren Seiten versammeln, auch einen risikoadäquaten Überwachungsapparat betreiben, dessen Umfang mit der Zahl der Angebote Schritt hält[5]. Das LG Düsseldorf nahm demgegenüber an, dass eine solche Kontrolle technisch unmöglich und wirtschaftlich unzumutbar sei[6].

Der **BGH**[7] stellte klar, dass die Haftungsprivilegregelungen des TDG nur für Schadensersatzansprüche gelten, nicht aber für Unterlassungsansprüche, weshalb **Störerhaftung unberührt** bleibt. Bezüglich markenrechtlicher Unterlassungsansprüche verlangt der BGH, dass die Anbieter gefälschter Produkte eine Markenbezeichnung im geschäftlichen Verkehr benutzt haben muss und dass der in Anspruch genommene Provider **zumutbare Kontrollmöglichkeit** (gehabt) hat, um derartige Markenrechtsverletzungen zu unterbinden, wofür das Eröffnen einer Plattform allein noch nicht ausreicht. Hierbei sei eine Überprüfung jedes im automatischen Verfahren in das Internet gestellten Angebotes auf Schutzrechtsverletzungen unzumutbar, jedoch müsse im Falle einer bekannt gewordenen Markenrechtsverletzung das konkrete Angebot gesperrt und Vorsorge getroffen werden, dass es nicht zu weiteren solchen

---

1 LG Düsseldorf, Urt.v.29.10.2002 – 4 a O 464/01, CR 2003, 211, 216.

2 LG Potsdam, Urt.v. 10.10.2002 – 51 O 12/02, CR 2003, 217, 219. Das Gericht lehnte zutreffend auch eine Haftung über § 242 BGB ab, die sich daraus ergeben sollte, dass der Veranstalter sich bewusst ihrer Eröffnung des erheblichen Gefahrenpotentials verschließe. § 8 Abs 2 TDG kann in der Tat nicht über § 242 BGB in sein Gegenteil verkehrt werden.

3 *Lehment*, WRP 2003, 1058, 1060.

4 *Lehment*, WRP 2003, 1058, 1060.

5 *Lehment*, WRP 2003, 1058, 1060.

6 LG Düsseldorf, Urt.v. 29.10.2002 – 4 a O 464/01, – Rolex/E-Bay (zit. nach *Lehment*, WRP 2003, 1058); abl. *Lehment*, a.a.O., da für rein wirtschaftliche Anbieter fehlende Wirtschaftlichkeit nicht zu einer Beschränkung der Teilnehmerhaftung führen könne und allgemein ein Verletzter sich nicht entgegenhalten lassen müsse, ein Geschäftsmodell und der Wettbewerb unter Internet-Auktionsveranstaltern lasse einen ordentlich überwachten Betrieb nicht zu. Zumindest sei bei mitgeteilter Verletzung (und damit Kenntnisbegründung) für die Zukunft eine Pflicht zur Unterlassung zukünftiger Verbreitung in der Form möglich, dass in der Datenbank identische Datensätze gesperrt werden. Das OLG München, CR 1998, 300f bejahte (für Last-Minute-Angebote) ebenfalls eine Sperrpflicht.

7 BGH, Urt.v. 11.3.2004 – I ZR 304/01, GRUR 2004, 860 = NJW 2004, 3102.

Rechtsverletzungen kommt. Eine Teilnahme an der vom Anbieter begangenen Markenverletzung durch den Provider setzt dessen zumindest bedingten Vorsatz voraus.

Bei den §§ 14 Abs. 2 MarkenG und 1 UWG zu prüfendes Handeln im geschäftlichen Verkehr wurde auch bei Verkauf durch eine Privatperson angenommen, wenn dieser Verkauf einen gewissen Umfang angenommen hat[1]. Angebote von Warenanbietern in der Auktion werden nicht schon dadurch zu eigenen Inhalten, dass der Betreiber für die Auktionsplattform ein Programm betreibt[2]. Eine Mitwirkung sei nicht anzunehmen, da wegen des Umfanges des zu verarbeitenden Datenmaterials die Veröffentlichung der Angebote wie auch die vorgeschaltete Zulassung und Registrierung im automatisierten Verfahren durchgeführt werden. Als **Störer** haftet jedoch, wer sein Konto einem aus eigenem Antrieb handelnden Dritten zur Verfügung stellt, über das dieser den Zahlungsverkehr aus einem Handel mit gefälschten Waren über ein Internet-Auktionshaus abwickelt[3]. Das Anbieten von Waren in 39 Fällen über einen Zeitraum von fünf Monaten stellt ein Handeln im geschäftlichen Verkehr im Sinne von § 14 MarkenG dar[4].

Bei Auktionen, an denen Privatpersonen unter Pseudonym teilnehmen können und allein der Auktionsveranstalter den Vertragsschluss zwischen Privatperson und Bieter durchführt, wurde ein Zueigenmachen der Gebote als eigene Inhalte im Sinne von § 5 Abs. 1 TDG a.F. angenommen; dies gilt auch für § 8 TDG, wenn durch die Art der Darstellung der fremde Ursprung der Information bzw. das Einspeichern für einen Nutzer nicht erkennbar ist.

Weist ein Anbieter von Online-Auktionen Privatpersonen für die Versteigerung der von ihnen zu verkaufenden Waren ein **Pseudonym** zu und führt dieser Anbieter allein den Vertragsschluss zwischen Privatperson und Bieter herbei und wird der Bieter darüber informiert, so macht er sich die von den Privatpersonen jeweils angebotenen Inhalte (i.S.v. § 5 TDG a.F.) zueigen, da Anbieter und Privatperson einem Nutzer als untrennbare Einheit gegenüberstehen (zum Vertrieb von Uhren mit falscher Markenbezeichnung)[5]. Dies wird auch nach § 9 Abs. 1 S. 1 TDG 2001 zu gelten haben, da die Durchleitung der gebotsbezogenen Informationen gerade vom Anbieter veranlasst wurden, also bereits die Voraussetzung des § 9 Abs. 1 S. 1 Nr. 1 TDG 2001 nicht erfüllt ist.

Die Angabe eines Markennamens in der Warenbeschreibung wurde als Zusicherung (garantierte Beschaffenheit im Sinne des modernisierten Schuldrechts) der Originalität angesehen, weshalb der Erwerber vom Vertrag zurücktreten könne, wenn sich die Sache als Fälschung herausstellt[6].

---

1 LG Berlin, Urt.v.9.11.2001 – 103 O 149/01, CR 2002, 371 (für 39 getätigte Geschäfte).

2 OLG Köln, Urt.v.2.11.2001 – 6 U 12/01, CR 2002, 50 = K&R 2002, 93 (krit. Anm. *Spindler*, K&R 2002, 83) = JurPC Web-Dok. 69/2002. Das Gericht lehnt eine Anwendung des § 5 TDG a.F. auf die Verletzung von Markenrechten ab, da das Markengesetz auf einer höherrangigen, nämlich europarechtlichen Rechtsgrundlage beruht. § 5 TDG a.F. habe hingegen als spezialgesetzlich geregelte Vorfrage als „Filter“ vor den allgemeinen Haftungsregelungen zunächst die grundsätzliche Verantwortlichkeit der Telediensteanbieter festlegen sollen. Nunmehr wird allerdings nach § 11 Abs. 1 Nr. 1 TDG Haftung auch schon dann begründet, wenn dem Anbieter Tatsachen oder Umstände bekannt sind, aus denen die rechtswidrige Handlung oder die Information offensichtlich wird. Auch weiterhin haben Anbieter aber keine Nachforschungspflicht (§ 8 Abs. 2 S. 1 TDG); dies muss auch für marken- und auch urheberrechtliche Schutzrechtsverletzungen gelten.

3 LG Hamburg, Urt.v.14.6.2002 – 406 O 52/02, CR 2002, 919.

4 LG Berlin, Urt.v.9.11.2001 – 103 O 149/01, JurPC Web-Dok. 220/2002.

5 LG Köln, Urt.v.31.10.2000 – 33 O 251/00, CR 2001, 417.

6 AG Neu-Ulm, Urt.v. 17.3.2004 – 1 C 943/03, MMR 2004, 562.

e) Haftung aus Telediensterecht

Online-Auktionen sind Angebote zur Nutzung des Internet für eine individuelle Nutzung von kombinierbaren Daten (§ 2 Abs. 1 und Abs. 2 Nr. 3 TDG), die sich zwar an eine unbestimmte Vielzahl von potentiellen Bietern richtet, den Schwerpunkt aber eindeutig in der individuellen Kommunikation haben [1], damit also **Teledienste** und die Auktionshäuser die Diensteanbieter darstellen[2].

Versteigerungsangebote wurden im Verhältnis zum Auktionsveranstalter als **fremde Informationen** eingestuft[3], nicht als von diesem zu eigen gemachte, wobei auf den verobjektivierten Empfängerhorizont eines verständigen (Durchschnitts-)Nutzers abgestellt wurde und nach Auffassung des Gerichts jedes Angebot getrennt zu prüfen ist[4]. Entscheidend war für das LG Düsseldorf, dass der Veranstalter nur eine „Handelsplattform" zur Verfügung stellte und sich zudem vom jeweiligen Produkt distanzierte und für nähere Angaben zum jeweiligen Produkt auf dessen Anbieter verwies [5].

Ein Zueigenmachen erfolge auch nicht dadurch, dass Anbieter ihre Produkte unter Pseudonym erstellen dürfen, da Veranstalter nach § 4 Abs. 6 TDG gesetzlich verpflichtet sind, die Dienstenutzung unter Pseudonym einzuräumen[6]. Auch das Zurverfügungstellen eines „Bieteragenten" gegenüber den Kaufinteressenten führe zu keinem Zueigenmachen, da diese Bieteragenten als Software nur automatisiert die zuvor festgelegten Erhöhungsschritte beim Bieten durchführen und allein der Nutzer bestimmt, ob der diese Funktionen verwendet oder nicht[7]. Schließlich habe auch das finanzielle Interesse des Veranstalters an einer kaufpreisabhängigen Provision kein Zueigenmachen zur Folge, da es nicht maßgeblich sei, sondern der Veranstalter, ähnlich einem Makler, nur im Hintergrund stehe[8]. Und außerdem könne ein automatisches Verfahren zur Registrierung von Angeboten noch keine Kenntnis des Veranstalters von einer rechtswidrigen Handlung begründen, während das Angebot unverzüglich nach Kenntniserlangung beseitigt worden war[9].

Dem wurde entgegengehalten, dass Erwägungsgrund 42 der E-Commerce-Richtlinie den Haftungsbeschränkungstatbestand des Art. 14 ECRL (umgesetzt in § 11 TDG) nur auf Fälle beschränkte, „in denen die Tätigkeit des Anbieters auf den technischen Vorgang beschränkt ist, ein Kommunikationsnetz zu betreiben und den Zugang zu diesem zu vermitteln", was auf Veranstalter von Internet-Auktionen mit ihren detaillierten Vorgaben für Auktionsangebote nicht zutreffe[10]. Den Beweis, dass Haftung nach den §§ 8 – 11 TDG eingreift, soll der Anspruchsinhaber führen[11].

Nach der Rechtsauffassung, nach der § 8 Abs. 2 TDG das Bestehen von Prüfpflichten

---

1 LG Düsseldorf, Urt.v.29.10.2002 – 4 a O 464/01, CR 2003, 211.

2 *Leible/Sosnitza*, WRP 2004, 592, 593.

3 OLG Brandenburg, Urt.v. 16.12.2003 – 6 U 161/02, ZUM-RD 2004, 177; OLG Düsseldorf, Urt.v. 24.2.2004 – I-20 U 204/02, WRP 2004, 627.

4 LG Düsseldorf, Urt.v.29.10.2002 – 4 a O 464/01, CR 2003, 211, 21; i.E ähnlich *Lehment*, WRP 2003, 1058, 1062. Das Gericht ließ offen, ob der „Vor"- oder der „Nachfilter"- Lösung zu folgen ist.

5 LG Düsseldorf, Urt.v.29.10.2002 – 4 a O 464/01, CR 2003, 211, 213.

6 LG Düsseldorf, Urt.v.29.10.2002, a.a.O., 213f.

7 LG Düsseldorf, Urt.v.29.10.2002, a.a.O., 214.

8 LG Düsseldorf, Urt.v.29.10.2002, a.a.O., 211, 214.

9 Ebenso LG Berlin, Urt.v. 25.2.2003 – 16 O 476/01.

10 Hinweis bei *Lehment*, WRP 2003, 1058, Fn. 57.

11 OLG Düsseldorf, Urt.v. 24.2.2004 – I-20 U 204/02, WRP 2004, 627; *Leible/Sosnitza*, WRP 2004, 592, 593.

im Hinblick auf besondere Rechtsverletzungen, von denen der Anbieter durch Abmahnung oder Unterlassungsverfügung Kenntnis erlangt hat, unberührt lässt und deshalb solche Unterlassungsansprüche nicht von § 11 TDG erfasst werden[1], soll auch für Veranstalter von Internet-Auktionen nicht die Befreiung von (jedenfalls unterlassungsbezogenen) Prüf- und Kontrollpflichten zum Tragen kommen, soweit nach Kenntniserlangung zukünftig weitere Rechtsverletzungen drohen, da insoweit nicht eine allgemeine (ausgeschlossene), sondern eine spezifizierte besondere (nicht ausgeschlossene) Prüf- und Kontrollpflicht bestehe[2]. Ähnlich wie bei DENIC wird aber zu prüfen sein, ob dem jeweiligen Anbietertypus Kontrollen technisch möglich und wirtschaftlich zumutbar sind[3]. Hierbei ist zu differenzieren: Die Angebote können aufgrund ihrer großen Anzahl schwerer zu kontrollieren sein als etwa die Wahl eines Mitgliedsnamens, für die – wie bei Domains – allein das Prioritätsprinzip gelten soll. Auch hier sind zeichenrechtliche Konflikte möglich, für die eine auf Unterlassungspflichten bezogene Prüfpflicht des Auktionsveranstalters zu prüfen bleibt.

Ein Zueigenmachen wurde erst dann angenommen, wenn der Diensteanbieter aus Nutzersicht die Informationen als eigene übernehmen will[4]. Dies ist nicht der Fall, wenn die Informationen z.B. keinen Bezug zur sonstigen Tätigkeit des Diensteanbieters haben[5] bzw. sich die Tätigkeit des Diensteanbieters erkennbar auf die Vorgabe der Rahmenbedingungen für die Auktion beschränkt[6]. Im Rahmen von § 11 TDG kommt es freilich nicht mehr auf ein Zueigenmachen an, sondern greift die Haftungsprivilegierung nur ein, wenn die Speicherung für einen Nutzer erfolgt und betreiberseits keine Kenntnis vorliegt. Dies wird bei Auktionsangeboten grundsätzlich zu bejahen sein[7]. Die Haftung des Anbieters des Versteigerungsobjekts bleibt unberührt. Keine Haftung für jugendgefährdende Angebote wurde angenommen, wenn kein Zueigenmachen erfolgt war[8].

Auktionsplattform setzen zuweilen **Rating**-Systeme ein, in denen Nutzer Erfahrungen über andere Teilnehmer, insbesondere Anbieter, mitteilen können. Meist liegen nur Werturteile vor („schlechte Qualität"). Werden hingegen falsche Tatsachenbehauptungen aufgestellt, kann der Verfasser aus Deliktsrecht haftbar sein, u.U. sogar aus Kreditgefährdung (§ 842 BGB). Umgekehrt können falsche positive Eigenbewertungen von Anbietern einen Betrug darstellen. Die Täuschung erfolgt etwa dadurch, dass die falsche Bewertung mittels eines kleinen, die Anbieterdaten nach

---

1 *Lehment*, WRP 2003, 1058, 1063.

2 *Lehment*, WRP 2003, 1058, 1064; *Spindler*, WRP 2003, 1, 3.

3 Dies kann fraglich sein, wenn ein Auktionsanbieter wie eBay täglich vier bis fünf Millionen Auktionen online durchführt (*Dambeck*, c't 8/2003, 34).

4 LG Potsdam, Urt.v. 10.10.2002 – 51 O 12/02, CR 2003, 217 bezüglich (abgelehnter) Haftung des Auktionshauses eBay für jugendgefährdende Inhalte; *Leible/Sosnitza*, WRP 2004, 592, 595.

5 LG Potsdam, Urt.v. 10.10.2002, a.a.O., 219, jedoch eine „ernsthafte Distanzierung" verlangend, wenn diese Erkennbarkeit nicht gewährleistet ist.

6 LG Potsdam, Urt.v. 10.10.2002, a.a.O., 219.

7 i.E. wohl ähnlich *Ehret*, CR 2003, 754, 758, aber noch das Zueigenmachen prüfend. Auf dieses kommt es aber nicht (mehr) an: Wird nicht für einen Nutzer gespeichert (nämlich sein Gebot), hilft ein Fehlen des Zueigenmachens nicht, da die Privilegierung auch bei diesem Fehlen nicht eingreift. Auch wenn der Betreiber die Informationen als fremd kennzeichnet oder sich von diesen distanziert, ist er nicht haftungsprivilegiert, wenn die Einspeicherung allgemein („auf Vorrat") und nicht für einen (bestimmten) Nutzer erfolgt ist.

8 OLG Brandenburg, Urt.v. 16.12.2003 – 6 U 161/02, CR 2004, 696 = JurPC Web-Dok. 222/2004 (noch zu § 5 TDG a.F.). Soweit das Gericht allerdings zum gleichen Ergebnis auch unter den §§ 9 – 11 TDG gelangen will, wird übersehen, dass im neuen Recht gerade nicht mehr auf ein Zueigenmachen abstellt, sondern auf das Speichern im Auftrag eines Nutzers.

Belieben austauschenden Javascripts beim Aufrufen der Seite durch Nutzer angezeigt wird, nicht aber, wenn die Javascript-Option im Browser des Nutzers deaktiviert wird, wodurch das echte Anbieterprofil erkennbar wird[1].

Für eine Haftung des Betreibers aus falschen (oder gefälschten) Bewertungen ist zu prüfen, ob ein Speichern des jeweiligen Textes für einen Nutzer (in der Regel den Verfasser) automatisiert erfolgt und der Betreiber keine Kenntnis von der Bewertung oder von Umständen hatte, die auf ihre Rechtswidrigkeit hinweisen; in diesem Fall kann der Betreiber nach § 11 TDG haftungsfreigestellt sein. Bietet der Betreiber aber eine **redaktionell betreute Auswahl** solcher Wertungen an, wird eine eigene Information des Betreibers als Diensteanbieter vorliegen, für die dieser voll haftet[2]. Falsche Eigenbewertungen dürfen jedenfalls im Verfügungsverfahren nur dann gelöscht werden, wenn es sich um unwahre Tatsachenbehauptungen in Form einer offensichtlichen Rechtsverletzung handelt[3]. Auch der bewertende Teilnehmer kann (aus vertraglicher Nebenpflicht) zu Löschung und Schadensersatz verpflichtet sein[4], ebenso der Betreiber zumindest als Mitstörer.

f) Kollisionsrecht

Auch gegenüber einem im Ausland (etwa in der Schweiz) ansässigen Diensteanbieter können in Deutschland Ansprüche geltend gemacht werden, allerdings nur hinsichtlich der in Deutschland begangenen Verletzungshandlungen[5].

h) Fehlen der Anbieterkennzeichnung

Bietet ein gewerblicher Händler in einer Internet-Auktion Produkte an, wurde er nicht als verpflichtet angesehen, auf seine Händlereigenschaft hinzuweisen, da keine Irreführung erfolgt[6]. Das Gericht sah auch die PreisangabenVO nicht als anwendbar an (§ 9 Abs. 1 Nr. 5 PAngV). Ist allerdings der Anbieter nicht bekannt und folgt man der Auffassung, dass das nach § 312 d Abs. 4 Nr. 5 BGB bestehende Widerrufsrecht des Verbrauchers auch beim Erwerb in einer Internet-Auktion besteht (weil § 156 BGB nicht anwendbar ist), so läuft einerseits die Widerrufsfrist nicht (§§ 312 Abs. 2, 355 Abs. 1 S. 2 und Abs. 3 S. 3 BGB) und kann das Fehlen der ordnungsgemäßen Belehrung einen gegen § 1 UWG verletzenden Verstoß durch Rechtsbruch darstellen[7].

Wirbt ein US-Fernsehsender mit in Deutschland abrufbaren Aussagen im Internet, kann die Unterlassung einer solchen Werbung nur verlangt werden, wenn die internetgestützte Werbung für die Bundesrepublik Deutschland bestimmt ist[8].

---

1 Tagesschau.de 23.1.2004, Warnung vor gefälschten Verkäuferprofilen bei eBay, www.tagesschau.de

2 Ähnlich i.E. Gramlich/Kröger/Schreibauer/*Thun*, Rechtshandbuch B2B Plattformen, § 10, Rdn. 87.

3 LG Düsseldorf, Urt.v. 18.2.2004 – 12 O 6/04, heise online news 16.4.2004, www.heise.de/newsticker/meldung/46587 und www.lg-duesseldorf.nrw.de mit dem Hinweis der Kammer, der Betroffene habe die Möglichkeit der unmittelbar im Zusammenhang erfolgenden Gegenäußerung.

4 AG Erlangen, Urt.v.26.5.2004 – 1 C 457/04, CR 2004, 780.

5 LG Düsseldorf, Urt.v.29.10.2002 – 4 a O 464/01, CR 2003, 211, 216.

6 OLG Oldenburg, Beschl.v. 20.1.2003 – 1 W 6/03, K&R 2003, 243 = NJW-RR 2003, 1061.

7 Urteilsanm. Seifert zu OLG Oldenburg, a.a.O., 244, 245 mit Rechtsprechungsnachweisen, der hieraus ableitet, dass die anonyme Auktion im B2C-Geschäft scheitern müsse.

8 LG Hamburg, Urt.v. 5.5.1999 – 315 O 271/98, CR 1999, 785 – Animal Planet.

i) USA

Die FTC verfolgt das Projekt „Safe Bid", um „online auction fraud" zu verhindern. 1999 hatte die FTC mehr als 10.000 Reklamationen registriert[1]. Das FBI und das National White Collar Crime Center bildeten eine Meldestelle für Internet-Betrug (Internet Fraud Complaint Center). Bereits in den ersten sechs Monaten (Mai – November 2000[2]) gingen mehr als 20.000 Beschwerden ein, 64 % mit Bezug auf Versteigerungen.

6. Kartellrecht

Ähnlich wie bei Suchmaschinen bilden sich auch dominierende Marktpositionen bei Anbietern von Online-Auktionen heraus. So kontrollierte eBay bereits 2002 80 % des weltweiten Online-Marktes, wodurch potentiellen Konkurrenten der Zugang zum Auktionsgeschäft erschwert wurde[3]. Hierdurch liegt die Annahme des Bestehens einer marktbeherrschenden Stellung nahe, wobei freilich nach nationalen Märkten oder für den Markt der Gemeinschaft zu differenzieren sein wird. Berichtet wurde bereits, dass eBay mangels attraktiver Alternativen seine Gebühren „fast ungestraft" erhöhen könne[4].

7. Wetten und Glücksspiele im Internet

Eine Sportwette im Internet wurde als ein nach § 284 Abs. 1 StGB (ohne behördliche Erlaubnis[5]) strafbares Glücksspiel[6] bzw. eine nach § 287 Abs. 1 StGB (ohne behördliche Erlaubnis[7]) strafbare Lotterie zugeordnet und zugleich als sittenwidriger Wettbewerbsverstoß gemäß § 1 UWG[8]. Nach diesen Bestimmungen ist bereits die Werbung für unerlaubte Glücksspiele und Lotterien strafbar. Die Lotterie stellt hierbei nur eine besondere Form des Glücksspiels dar[9]. Der Schutzzweck beider Strafbestimmungen ist identisch[10].

---

1 www6.nytimes.com/library/tech vom 15.2.2000.

2 S. den ersten Bericht unter www. ifccfbi.gov/strategy/6monthreport.pdf.

3 Computerwoche 21/2002, 10.

4 C't 3/2002, 80, 81.

5 Rechtsgrundlage einer Erlaubnis sind entsprechende besondere Spielbankgesetze bzw. -verordnungen der Bundesländer.

6 Auch Wetten sind als auf den Ausgang bestimmter Ereignisse zufallsabhängig und damit i.d.R. Glücksspiele (BVerwGE 96, 293).

7 Einschlägig sind hier das „Rennwett- und Lotteriegesetz" bei Pferderennen, die Landeslotteriegesetze bei anderen Sportwetten (ausf. s. *Stögmüller*, K&R 2002, 27, 29).

8 OLG Hamburg, Urt.v.10.1.2002 – 3 U 218/01, MMR 2002, 471 = NJW-RR 2003, 760 = JurPC Web-Dok. 122/2002 – Wetten im Internet. Das Gericht sah das die Werbung schaltende Unternehmen nicht als Diensteanbieter i.S.v. § 3 Nr. 1 TDG an, weshalb nicht § 4 Abs. 2 TDG (Herkunftslandprinzip), sondern deutsches Recht nach dem Marktortprinzip anwendbar sei. Auch sei auf das im Schalten des Werbebanners liegende mittelbare Anbieten eines Teledienstes das TDG nicht anwendbar, sondern gelte wie bei Links die Ausnahmeregelung des Art. 22 Abs. 2 S. 1 ECRL (das Gericht gibt irrtümlich Art. 23 ECRL an, der aber nur das Inkrafttreten regelt). Wettbewerbswidrigkeit bejahend auch OLG Hamburg, Urt.v.14.7.2004 – 5 U 160/03, CR 2004, 836 = JurPC Web-Dok. 247/2004 – Domain Parking.

9 BGHSt 34, 171, 179

10 Gesetzesbegr., BT-Drucks. 13/8587, 67; BGHSt 11, 209, 210; s.a. *Fritzemeyer/Rindele*, CR 2003,

Ein Glücksspiel liegt dann vor, wenn der Teilnehmer das Ergebnis des Spiels nicht maßgeblich durch Geschicklichkeit beeinflussen kann, sondern dieses wesentlich vom Zufall abhängt[1]. Veranstalter des Glücksspiels ist, wer verantwortlich und organisatorisch den Rahmen für die Abhaltung des Glücksspiels schafft[2] oder zumindest Spielern ein Vertragsangebot macht[3]. Veranstalter im Internet ist grundsätzlich, wer auf seiner Webseite die Teilnahme an einem Glücksspiel anbietet, aber nicht, wer lediglich als Beauftragter des Kunden dessen Vertragsangebot an den Glücksspiel- oder Lotteriebetreiber weiterleitet[4]. Die Betrieb eines Online-Roulettes in Hamburg wurde als unzulässig angesehen, da die Erlaubnis nicht auf ein Spielbankgesetz gestützt werden kann, das sich erkennbar auf Präsenzglücksspiele bezieht und etwa visuelle Überwachungsmaßnahmen sowie körperliche Anwesenheit voraussetzt[5].

Wenn ein ausländischer Betreiber die Möglichkeit eröffnet, Wetten in Deutschland zu platzieren, veranstaltet er ein Glücksspiel auf deutschem Territorium und liegt der Handlungsort im Sinne von § 284 Abs. 1 StGB in Deutschland[6], da das Angebot bestimmungsgemäß in Deutschland abrufbar ist; dies umfasst nicht nur das Versenden von Teilnahmescheinen, sondern auch im Internet geschaffene Teilnahmemöglichkeiten[7]. Bereits das Werben für solche nach deutschem Recht (in der Beurteilung „vor Gambelli") unzulässigen ausländischen Angebote ist strafbar, wobei schon das Setzen eines Link zur Internetpräsenz eines Glücksspielanbieters eine derartige Werbung im Sinne von § 284 Abs. 4 StGB darstellen soll[8]. Ob in anderen EU-Mitgliedsstaaten ein solches Glücksspiel zulässig ist, entlastet auch über das Herkunftslandprinzip nicht, da die E-Commerce-Richtlinie und das diese umsetzende Elektronischer Geschäftsverkehr-Gesetz (in dessen § 4 Abs. 4 Ziff. 4) Glücksspiele von der Anwendung des Herkunftslandprinzips ausnimmt.

Strafbarkeit entfällt, wenn eine tatbestandsausschließende behördliche Erlaubnis vorliegt, wobei aber eine ausländische Erlaubnis nicht ausreicht[9]. Ein zusätzliches Problem entsteht dadurch, dass eine behördliche Genehmigung nur für das Bundesland gilt, durch das und für das die Genehmigung erteilt wurde, während Internet-Angebote naturgemäß bundesweit mögliche Kunden adressieren. Hier müssen dann von jedem Bundesland Genehmigungen eingeholt und außerdem die Zuordnung der jeweiligen Spieler zu einem Bundesland geprüft werden[10].

599, 600.

[1] OLG Hamburg, Urt.v.10.1.2002 – 3 U 218/01, MMR 2002, 471 = NJW-RR 2003, 760 – Wetten im Internet, a.a.O., 472 m.w.N.

[2] BayObLG, NJW 1993, 2821.

[3] BGH, Urt.v.14.3.2002 – I ZR 279/99, BGHReport 2002, 505 – Sportwetten II, zit. nach *Fritzemeyer/Rindele*, CR 2003, 599, 600.

[4] OLG Karlsruhe, Urt.v. 27.3.2002 – 6 U 200/01, CR 2002, 682; *Fritzemeyer/Rindele*, CR 2003, 599, 600.

[5] Hamburg. Verfassungsgericht, Urt.v. 21.10.2003 – HVerfG 10/02, MMR 2004, 169 = JurPC Web-Dok. 308/2003 – Online-Roulette.

[6] OLG Hamburg, Urt.v.10.1.2002 – 3 U 218/01, MMR 2002, 471 = NJW-RR 2003, 760 – Wetten im Internet, a.a.O.472 m.w.N.

[7] OLG Hamburg, CR 2000, 385f = MMR 2000, 92 – Golden Jackpot.

[8] OLG Hamburg, Urt.v.10.1.2002 – 3 U 218/01, MMR 2002, 471 = NJW-RR 2003, 760 – Wetten im Internet, a.a.O.

[9] BGH, Urt.v. 14.3.2002 – I ZR 172/99, NJW 2002, 1500 – Sportwetten I. Allerdings kann, wenn der Betreiber darauf vertraute, dass die ausländische Genehmigung ausreicht, nach Auffassung des BGH wettbewerbsrechtliche Unlauterkeit zu verneinen sein (BGH, a.a.O.) und deshalb Vorsatz entfallen (*Fritzemeyer/Rindele*, CR 2003, 599, 600).

[10] *Fritzemeyer/Rindele*, CR 2003, 599, 601.

Am 14.11.2003 stimmten die Ministerpräsidenten der Länder einem Staatsvertrag zum Lotteriewesen in Deutschland zu, der die Veranstaltung von Lotterien mit einem Höchstgewinn von mehr als einer Million Euro dem Staat vorbehält und für sonstige Veranstaltungen Erlaubnis (§ 6 ff. Lotteriestaatsvertrag) und Überwachung durch die zuständigen Behörden vorsieht. Nach § 3 Nr. 1 S. 1 Lotteriestaatsvertrag liegt ein Glücksspiel vor, wenn im Rahmen eines Spiels für den Erwerb einer Gewinnchance ein Entgelt verlangt wird und die Entscheidung über den Gewinn ganz oder überwiegend vom Zufall abhängt. Nach § 6 Lotteriestaatsvertrag erlaubnispflichtige Lotterien darf nur veranstalten, wer seinen Sitz oder Wohnsitz in Deutschland hat (§ 8 Abs. 2 S. 1 Nr. 3 Lotteriestaatsvertrag). Anbieter aus anderen EU-Mitgliedsstaaten müssen zumindest eine inländische Niederlassung haben (§ 8 Abs. 2 S. 2 Lotteriestaatsvertrag). Dies bedeutet einerseits, dass Anbieter aus Drittstaaten keine Erlaubnis erhalten dürfen und Anbieter aus anderen EU-Mitgliedsstaaten in einem Bundesland eine Niederlassung eröffnen müssen. Damit bleiben internet-weite Lotterienveranstaltungen von Anbietern aus Drittstaaten in Deutschland weiterhin unzulässig. Die Erläuterungen zum Lotteriestaatsvertrag stellen ausdrücklich (unter Ziff. B, zu § 6 Abs. 1 S. 4) klar, das die Grenzgebiete überschreitende Lotterieangebote unerlaubte Lotterien darstellen. Bei Angeboten in mehreren Bundesländern muss der Spielplan in jedem Bundesland erlaubt werden. Auch in diesem Rahmen bleibt eine etwa im Internet mögliche Veranstaltungsform mit interaktiver Teilnahme unzulässig (§ 7 Abs. 2 Nr. 2 Lotteriestaatsvertrag); hierdurch soll vermieden werden, dass Spieler aufgrund der schnellen, wenn nicht sogar unmittelbaren Abfolge von Erfolg und Misserfolg gesteigerten Spielanreizen ausgesetzt sind und dass die größere Verfügbarkeit und Griffnähe von Glücksspielen (in den neuen Medien rund um die Uhr) zu einem erheblichen Anstieg problematischen Spielverhaltens führt (Erläuterungen, Ziff. B, zu § 7). Die Einschränkung der Möglichkeiten, Lotterien zu veranstalten, ist nach Auffassung der Bundesländer angesichts des von Lotterien ausgehenden Gefährdungspotentials mit EG-Recht zu vereinbaren[1].

Der **EuGH** hat allerdings ein (strafbewehrtes) Sportwettenverbot als unzulässige Beschränkung der Niederlassungsfreiheit und des freien Dienstleistungsverkehrs im Sinne der Art. 43 und 49 EGV angesehen[2], da der Mitgliedsstaat (Italien) selbst Verbraucher zur Teilnahme an Lotterien, Glücksspielen und Wetten ermunterte, weshalb das Verbot von Glücksspielen weder zwingend erforderlich noch geeignet war. Diese Auslegung des (primären) Gemeinschaftsrechts bindet auch die Gerichte in den Mitgliedsstaaten[3]. Erste Zweifel am staatlichen Glücksspielmonopol äußerte bereits der VGH Hessen[4]. Hier wurde mittlerweile vertreten, dass wohl die verwaltungsrechtlichen Anforderungen noch „europafest“, die strafrechtlichen Sanktion aber nach „Gambelli“ nicht mehr haltbar seien[5]. Das LG München erstreckte die Wirkung einer Erlaubnis

---

1 EuGH, Rs. C-275/92, NJW 1994, 2013, 2016; EuGH, Rs C-124/97, GewArch 1999, 476; EuGH, Rs-67/98, GewArch 2000, 19. EG-rechtlich soll das Glücksspielverbot selbst unzulässig sein können, wenn es auch der Erhaltung einer staatlichen Einnahmequelle diene. Dies wurde bereits aus den Schlussanträgen des Generalanwaltes vor dem EuGH im Strafverfahren Gambelli EuGH – Rs C-243/01 (s. unten) deutlich (Hinweis bei *Fritzemeyer/Rindele*, CR 2003, 599). Gambelli hatte leitete von Italien aus Wetten an britische Buchmacher weiter.

2 EuGH (Plenum), Urt.v.6.11.2003 – Rs C-243/01, MMR 2004, 92 = NJW 2004, 129 – Piergiorgio Gambelli.

3 *Hoeller/Bodemann*, NJW 2004, 122, 123.

4 VGH Hessen, Beschl.v. 9.2.2004 – 11 TG 3060/03, CR 2004, 370; das Sportwettenverbot hingegen bestätigend VG Koblenz.

5 *Fritzemeyer/Rinderle*, CR 2004, 367, 370.

eines anderen EG-Mitgliedsstaates zur Durchführung einer Wettveranstaltung im Hinblick auf Art. 59 EGV auch auf Deutschland[1].

Die Veranstaltung von Lotterien und Glücksspielen über das Internet wurde als Teledienst im Sinne von § 2 TDG eingeordnet, wobei der Veranstalter eigene Informationen anbietet, für die er voll haftet[2]. Der Betreiber eines Domain-Name-Serverrechners, der die Konnektierung des Rechners des Spieleanbieters herstellt und unterhält sowie als *„technical contact"* und *„billing contact"* auftritt, kann (als Mitstörer) wettbewerbsrechtlich haften und auf Unterlassung in Anspruch genommen werden können; er soll kein (haftungsrechtlich privilegierter) Diensteanbieter im Sinne des § 3 Nr. 1 TDG sein[3]. Dies überzeugt nicht, da DNS-bezogene Leistungen (also das Verknüpfen von IP-Nummern und Domain-Namen) eine typische und für die Internet-Nutzung spezifische, die Zugangsvermittlung unterstützende Leistung ist. Das Gericht verlangt für die Annahme eines Teledienstes als Voraussetzung das Vorliegen einer „inhaltsbezogenen" Komponente, wogegen aber spricht, dass die Freistellung der reinen Zugangsvermittlung nach § 5 Abs. 3 TDG a.F. ebenfalls diese Voraussetzung nicht erfüllte. Auch kann im Bereithalten eines DNS-Rechners noch keine konkrete Unterstützungshandlung (etwa im Rahmen eines unzulässigen Glücksspielangebotes) gesehen werden, da in diesem Rechner nur allgemein bestimmte Teilbereiche von Domain-Namen in IP-Adressen umgerechnet werden. Die hierzu benötigte Datenbank ist von der Architektur des Domain-Name-Systems vorgegeben, also nicht vom Provider kundenspezifisch erstellt oder ergänzt. Anderes kann gelten, wenn der Provider bei DENIC eine bestimmte Domain-Bezeichnung seines Kunden mit erkennbar rechtsverletzendem Inhalt registrieren lässt (was aber eine nicht mit dem Vorhalten eines DNS-Rechners identische Leistung ist); tatsächlich knüpft das Gericht auch wesentlich an das Aufrechterhalten der Registrierung des Domain-Namens (hier bei InterNIC) an, die durch den Provider als technischer Verwalter (*admin-c*) erfolgte[4], weshalb das Betreiben eines DNS-Rechners, über den diese Registrierung dann abrufbar ist, in ihrer Gewichtung deutlich zurücktritt und das Gericht eigentlich die Haftung und Störereigenschaft des domain-registrierenden Providers behandelt, nicht die des DN-Rechner-Betreibers. Hinzu kommt, dass ein Kunde auch jederzeit DNS-Rechner Dritter in seinem System eintragen kann, etwa solche der DENIC selbst, ohne dass aber eine DENIC-Haftung aus diesem Angebot resultieren kann, da solche Leistungen für die Internet-Nutzung unabdingbar sind, die Sperrung eines Provider-DNS-Rechners leicht umgangen werden kann und die Nutzung dieser Dienste zu rechtswidrigen Zwecken vom Provider (meist schon mangels Kenntnis und organisatorischer Zumutbarkeit von Kontrollen) nicht ausgeschlossen werden kann. Vergleichbar wäre etwa eine Telefonauskunft, die zu angefragten Namen die Rufnummer mitteilt; allein in der Auskunftserteilung wird keine Handlung zur Unterstützung eines rechtsverletzenden Namensgebrauches gesehen werden können.

8. Werbung

Aus einer Internet-Anzeige eines Filialunternehmens auf einer mit „shop" gekennzeichneten Seite ist nicht der Schluss zu ziehen, dass die beworbene Ware über

1 LG München, Beschl.v. 27.10.2003 – 5 Qs 41/03, CR 2004, 464 = NJW 2004, 171.
2 *Stögmüller*, K&R 2002, 27, 30, 31.
3 OLG Hamburg, Urt.v. 4.11.1999 – 3 U 274/98, CR 2000, 385 = MMR 2000, 92 – Golden Jackpot.
4 OLG Hamburg, Urt.v. 4.11.1999, O., 387.

den Weg der Bestellung hinaus auch in den Filialen zur sofortigen Mitnahme bereitsteht[1].

Aus einer Internet-Anzeige eines Filialunternehmens auf einer mit „shop" gekennzeichneten Seite ist nicht der Schluss zu ziehen, dass die beworbene Ware über den Weg der Bestellung hinaus auch in den Filialen zur sofortigen Mitnahme bereitsteht[2].

9. „Geprüfter Online-Shop"

Verbrauchervereinigungen und EuroHandelsinstitut haben ein Logo zur Abgrenzung vertrauenswürdiger Online-Anbieter entwickelt[3]. Geprüft werden Identität des Anbieters, Klarheit der Preisstellung, der Lieferbedingungen, der Zahlungsvorgänge, des Datenschutzes und der Datensicherheit. Das Logo auf der Anbieterseite ist nur echt, wenn es zum Server www.shopinfo.net führt. Außerdem existiert ein Gütesiegel mit Geld-zurück-Garantie „Trusted Shop"[4]. Trusten Shop listete die 10 häufigsten Fehler von Online-Shops auf[5]:

1. Fehlende oder unvollständige nach vertragliche Informationen.
2. Nicht ausreichende Hinweise zum Datenschutz.
3. Fehlender Hinweis zur Einsicht in den Vertragstext.
4. Offensichtlich unzulässige Klauseln in den AGB.
5. Fehlender Hinweis zum Widerrufsrecht im Verlauf der Bestellung.
6. Unzulässige Einzelheiten oder Einschränkungen des Widerrufsrechts.
7. Unzulässige Ausschlüsse des Widerrufsrechts.
8. Fehlende Angaben zum Vertragsschluss.
9. Zweifelhafte Einbeziehung der AGB.
10. Unvollständige Anbieterkennzeichnung, missverständlicher Verweis.

---

1 OLG Frankfurt, Beschl..v.30.4.1998 – 6 W 58/98, CR 1998, 688

2 OLG Frankfurt, Beschl..v.30.4.1998 – 6 W 58/98, CR 1998, 688

3 www.shopinfo.net/page.html

4 www.agv.de und insbesondere www.trustedshops.de/de/shops/obligations_de.html (AGB).

5 heise online news 10.7.2003, www.heise.de/newsticker/data/ola-10.07.03-006

§ 6 Anbieterpflichten und Verbraucherschutzrecht im Internet

Verbraucherschutz im Internet gewinnt an Bedeutung. Deutlich nimmt die Anzahl der Fälle zu, in denen Anbieter Widerrufs-, Rückgabe- und Mängelhaftungsrechte der Verbraucher nicht beachten[1]. Auch Verbraucherrechte im Internet ist deshalb nachfolgend ausführlicher einzugehen.

I. Verbraucherschutz durch Schriftform, elektronische Form und AGB-Recht

Schriftform (s. S. 121) und elektronische Form (s. S. 124) dienen wesentlich auch zum Schutz von Verbrauchern vor übereilten Vertragsschlüssen. Auch das Recht der Formularverträge (s. S. 73) hat eine wichtige verbraucherschutzbezogene Komponente.

II. Schutz bei Fernabsatzgeschäften

1. EG-Recht

Für den Verbraucherschutz bei Vertragsabschlüssen im Fernabsatz war EU-weit eine wichtige Erweiterung von Kundenrechten in der Fernabsatzrichtlinie (FARL) umzusetzen[2]. Hierzu wurde zunächst das Fernabsatzgesetz geschaffen. Im Rahmen der ohnehin erforderlichen Umsetzung der Verbrauchsgüterkauf-RL wurde das FernAbsG in die §§ 312 a – 312 f des modernisierten BGB integriert. Die Kundenrechte aus der Richtlinie sind unabdingbar (Art. 12 RL; § 312 f BGB).

Als einen „**Vertragsabschluss im Fernabsatz**" definiert Art. 2 Nr. 1 FARL „jeden zwischen einem Lieferer und einem Verbraucher geschlossenen, eine Ware oder Dienstleistung betreffenden Vertrag, der im Rahmen eines für den Fernabsatz organisierten Vertriebs- bzw. Dienstleistungssystem des Lieferers geschlossen wird, wobei dieser für den Vertrag bis zu dessen Abschluss einschließlich des Vertragsabschlusses selbst ausschließlich eine oder mehrere Fernkommunikationstechniken verwendet". Die Richtlinie ist auf den Abschluss wie auf die Erfüllung des Vertrages anwendbar[3]. Zu diesen „Fernkommunikationstechniken" gehören Varianten wie der E-Mail-Verkauf und Internetvertrieb: Der Begriff ist offen für zukünftige Formen[4]. Rechtzeitig vor Abschluss solcher Verträge muss der Verbraucher über folgende **Informationen** verfügen:

- Identität des Lieferers und im Fall von Verträgen, bei denen eine Vorauszahlung erforderlich ist, seine Anschrift (Art. 4 Abs. 1 Buchst.a FARL);
- wesentliche Eigenschaften der Ware oder Dienstleistung (Art. 4 Abs. 1 Buchst. b FARL);
- Preis der Ware oder Dienstleistung einschließlich aller Steuern (Art. 4 Abs. 1 Buchst. c FARL);
- gegebenenfalls Lieferkosten (Art. 4 Abs. 1 Buchst. d FARL);
- Einzelheiten hinsichtlich der Zahlung und der Lieferung oder Erfüllung (Art. 4 Abs.

---

1 So die Zentrale zur Bekämpfung des unlauteren Wettbewerbes in ihrem Jahreberieht 2003, in dem sie mehr als 3200 Fälle dieser Art registrierte (heise online news 11.5.2004, www.heise.de/newsticker/meldung/47263).

2 Richtlinie 97/7/EG des Europäischen Parlaments und des Rates vom 20.5.1997 über den Verbraucherschutz bei Vertragschlüssen im Fernabsatz, ABl Nr. L 144 v.4.6.1997, 19.

3 *Arnold*, CR 1997, 526, 528.

4 *Reich*, EuZW 1997, 581, 582.

1 Buchst. e RL);
- Bestehen eines Widerrufsrechts (Art. 4 Abs. 1 Buchst. f RL);
- Kosten für den Einsatz der Fernkommunikationstechnik, sofern nicht nach dem Grundtarif berechnet (Art. 4 Abs. 1 Buchst. g FARL);
- Gültigkeitsdauer des Angebotes oder des Preises (Art. 4 Abs. 1 Buchst. h FARL);
- gegebenenfalls Mindestlaufzeit des Vertrags über die Lieferung von Waren oder Erbringung von Dienstleistungen, wenn dieser eine dauernde oder regelmäßig wiederkehrende Leistung zum Inhalt hat (Art. 4 Abs. 1 Buchst. i FARL).

Diese Informationen müssen „unzweideutig erkennbar", klar und verständlich und der verwendeten Fernkommunikationstechnik angepasst sein (Art. 4 Abs. 2 FARL). Mangels abweichender Vereinbarung muss der Lieferer die Bestellung spätestens 30 Tage nach der Bestellungsübermittlung ausführen (s. Art. 7 Abs. 1 FARL).

2. Deutsches Fernabsatzrecht

Erfolgt der Vertrieb von Waren (wie Rechnern oder Computerprogrammen) in einem für den **Fernabsatz** organisierten Vertriebs- oder Dienstleistungssystem (§ 312 b Abs. 1 BGB), hat ein Kunde, der **Verbraucher** ist[1], gegenüber dem vertreibendem **Unternehmer**[2] besondere Rechte (auf Unterrichtung, Widerruf und Rückgabe). Nicht erforderlich ist, dass die Eigenschaft des Kunden, Verbraucher zu sein, für den Unternehmer erkennbar ist[3]. Tritt aber eine natürliche Person als Strohmann für einen anderen auf, der einen Kredit für gewerbliche Zwecke benötigt, ist dieser Strohmann nicht als Verbraucher zu behandeln[4].

Als „Dienstleistungen" sind nicht nur solche des Dienstvertragsrechtes im Sinne der §§ 611 ff BGB zu verstehen, sondern auch Leistungen im Rahmen von Geschäftsbesorgungs- und Werkverträgen[5]; damit gibt es seit der Schuldrechtsmodernisierung einen „Verbraucherwerkvertrag". Das Fernabsatzrecht enthält Schutzbestimmungen, die auf der Grundlage der EG-Richtlinien zum Fernabsatz und zum elektronischen Geschäftsverkehr, zunächst in dem diese Richtlinien umsetzenden Fernabsatzgesetz und

---

1 Der Begriff „*Verbraucher*" ist in § 13 BGB legaldefiniert als „jede natürliche Person, die ein Rechtsgeschäft zu einem Zweck abschließt, der weder ihrer gewerblichen noch ihrer selbständigen beruflichen Tätigkeit zugerechnet werden kann". Zur privaten Sphäre des Verbrauchers werden auch Urlaub, Freizeit, Sport, Gesundheit sowie Verwaltung und Anlage von Vermögen gerechnet (Gounalakis/*Leßmann/Leßmann*, Rechtshandbuch Electronic Business, § 11 Rdn. 33). Eine Gesellschaft des bürgerlichen Rechts (§§ 705 ff BGB) soll hingegen dem Verbraucherbegriff zugeordnet werden können, wenn sie von einer Mehrheit natürlicher Personen gebildet wird, die alle ausschließlich zu privaten Zwecken handeln (Palandt/*Heinrichs*, § 13 Rdn. 2; *Ernst*, Vertragsgestaltung im Internet, Rdn. 34). Diese Abgrenzung kann etwa bei *Einkaufsgemeinschaften* (sog. „*shopping communities*") relevant werden, denen unter dieser Voraussetzung Verbraucherschutz zukommen kann. Der Begriff des „Verbrauchers" (Art. 2 b Richtlinie 93/13/EWG) ist als auf ausschließlich natürliche Personen bezogen auszulegen (EuGH, Urt.v. 22.11.2001 – verb.Rs. C-541/99 und C-542/99, NJW 2002, 205).

2 Der Begriff „*Unternehmer*" ist in § 14 Abs.1 BGB legaldefiniert als „eine natürliche oder juristische Person oder eine rechtsfähige Personengesellschaft, die bei Abschluss eines Rechtsgeschäfts in Ausübung ihrer gewerblichen oder selbständigen beruflichen Tätigkeit handelt".

3 MünchKomm-*Wendehorst*, § 312 b BGB, Rdn. 20; *Aigner/Hofmann*, Fernabsatzrecht im Internet, Rdn. 67.

4 BGH, Urt.v. 13.3.2002 – VIII ZR 292/00, NJW 2002, 2030.

5 BT-Drucks. 14/2658, 30; *Roth*, JZ 2000, 1013, 1015.

nach der Schuldrechtsmodernisierung in den §§ 312 b – 312 d BGB geregelt werden.

Parallel zu den Pflichten aus dem Fernabsatzrecht sind vom Anbieter zusätzlich die Anbieter allgemein betreffenden Pflichten aus § 7 TDG (s. S. 254) und § 312 e BGB (s. S. 243) zu beachten.

a) Begriff des „Fernabsatzes"

Als „Fernabsatzverträge" sind Verträge über die Lieferung von Waren oder über die Erbringung von Dienstleistungen definiert, die zwischen einem Unternehmer und einem Verbraucher unter ausschließlicher Verwendung von Fernkommunikationsmitteln abgeschlossen werden, ausgenommen Vertragsabschlüsse, die nicht im Rahmen eines für den Fernabsatz organisierten Vertriebs- oder Dienstleistungssystems erfolgen (§ 312 b Abs. 1 BGB).

Fernabsatzrecht gelangt nur zur Anwendung, wenn der Kunde einen Vertrag über Waren oder Dienstleistungen für seine Zwecke als Verbraucher abschließt, also nicht für Zwecke einer gewerblichen oder sonstigen selbständigen beruflichen Tätigkeit (arg. e § 13 BGB). Bei möglicher **gemischter Nutzung** (etwa dem Erwerb eines PC) muss ein beruflicher Anteil der Nutzung nicht ausgeschlossen sein, der private Anteil jedoch überwiegen[1]. Außerdem setzt die Anwendung von Fernabsatzrecht voraus, dass die Vertragsparteien bei Vertragsschluss nicht gleichzeitig körperlich anwesend sind[2]. Der Verbraucher soll für das Vorliegen der Voraussetzungen für die Anwendung von Fernabsatzrecht beweispflichtig sein[3].

Providerverträge, die über Webseiten angeboten werden, unterliegen dem Fernabsatzrecht[4]. Auch **Reiseverträge** können im Fernabsatz geschlossen werden (etwa Last-Minute-Buchungen über das Web). Den Veranstalter trifft hier (über § 312 c Abs. 1 BGB hinaus) eine spezifische Informationspflicht (Verpflichtung zur Reisebeschreibung, § 651 a Abs. 3 BGB), während das durch den Fernabsatz begründete Widerrufsrecht auch im Reisevertrag bestehen soll[5]. Verträge zwischen Rechtsanwälten und Verbrauchern als Mandanten unterliegen Fernabsatzrecht, wenn die Kanzlei ein organisiertes Vertriebs- und Dienstleistungssystem aufweist. Es muss aber über dieses System eine Dienstleistung erbracht werden; das bloße telefonische Vereinbaren eines Kanzleitermins reicht nicht aus[6], wohl aber eine Online-Beratung. Der Mandant kann allerdings nicht widerrufen, wenn er die Ausführung der Dienstleistung, z.B. eine Ratserteilung, selbst veranlasst hat (§ 312 d Abs. 3 BGB). Der Wissenserwerb des Mandanten durch diese Beratung kann nicht rückgängig gemacht werden, was Voraussetzung für einen Widerruf wäre.

---

1 *Lütcke*, Fernabsatzrecht, § 312 b Rdn. 16.

2 Gounalakis/*Leßmann/Leßmann*, Rechtshandbuch Electronic Business, § 11 Rdn. 18. Umgekehrt verlangen Haustürgeschäfte diese gleichzeitige Anwesenheit. § 312 f BGB ist damit auf Fernabsatzgeschäfte nicht anwendbar.

3 *Schmittmann*, K&R 2003, 385, 386.

4 LG Hamburg, Urt.v.21.12.2000 – 310 O 425/00, CR 2001, 475.

5 Gounalakis/*Leßmann/Leßmann*, Rechtshandbuch Electronic Business, § 11 Rdn. 28.

6 *Bürger*, NJW 2002, 465, 466.

b) Organisiertes Vertriebs- und Dienstleistungssystem

Voraussetzung ist die Einrichtung eines für den Fernabsatz **organisierten Vertriebs- und Dienstleistungssystemes**[1]. In dessen Rahmen müssen die Fernkommunikationsmittel bewusst eingesetzt werden, um Vertragsabschlüsse mit Verbrauchern zu erzielen[2]. Die **Darstellung auf einer Webseite** reicht zur Annahme eines solchen Systems aus[3], etwa wenn angeboten wird, mittels einer E-Mail eine Zeitschrift zu abonnieren[4]. Ähnlich kann eine Online-Rechtsberatung ein Fernabsatzgeschäft darstellen[5]. Die Versendung eines telefonisch bei einer Bestell-Hotline bestellten Artikels ist auch dann Fernabsatz, wenn die Ware durch ein Logistikunternehmen übersandt wird und bei Ablieferung durch Unterschrift im PostIdent-Verfahren die Ablieferung gegenüber dem Zusteller bestätigt wird, da der Vertrag hier bereits gemäß § 151 BGB durch Auslieferung zustandekommt[6]. Nicht erfasst werden Fälle, in denen nur zufällig oder gelegentlich eine telefonische Bestellung entgegengenommen wurde[7]. Der Unternehmer muss beweisen, dass **kein** solches System eingerichtet ist[8]. Auch muss zumindest die Anbahnung (sowie außerdem der wirksame Abschluss) des Vertrages über die Fernkommunikationsmittel möglich bzw. erfolgt sein. Die §§ 312 b ff. BGB sind auch anwendbar, wenn die telefonisch oder per E-Mail im Rahmen eines solchen Systems bestellte Ware dann später vom Kunden selbst abgeholt wird, ebenso, wenn dem Kunden bei Warenauslieferung durch einen Mitarbeiter des Logistikunternehmens ein schriftlicher Vertrag zur Unterschrift vorgelegt wird[9], jedoch nicht auf telefonische Einzelbestellungen (wenn also kein solches System eingerichtet ist). Die Abgrenzung der Fälle, in denen ein solches System vorliegt, wird im Gesetz nicht vorgenommen, sondern muss von der Rechtsprechung erarbeitet werden[10]. Bestellt der Kunde nach persönlicher Beratung im Ladenlokal telefonisch, hat er das Widerrufsrecht; kauft er gleich im Laden, hat er es nicht[11].

Keine Anwendung findet Fernabsatzrecht in einer (hier nur beispielhaft aufzählbaren) Reihe von Fällen, z.B. bei Fernunterrichts- und Time-Sharing-Verträge (§ 312 b Abs. 3 Nr. 1 und 2 BGB), Veräußerung von Grundstücken (§ 312 b Abs. 3 Nr. 4 BGB), aber auch bei Lieferung von Waren des täglichen Bedarfes[12] (§ 312 b Abs. 3 Nr.

---

1 Der Begriff „Fernkommunikationsmittel" ist in § 312 b Abs. 2 BGB (in Umsetzung von Art. 2 Nr. 4 FARL) legaldefiniert und bezeichnet „Kommunikationsmittel, die zur Anbahnung oder zum Abschluss eines Vertrages zwischen einem Verbraucher und einem Unternehmer ohne gleichzeitige körperliche Anwesenheit der Vertragsparteien eingesetzt werden können, insbesondere Briefe, Kataloge, Telefonanrufe, Telekopien, E-Mails sowie Rundfunk, Tele- und Mediendienste."

2 Gounalakis/*Leßmann/Leßmann*, Rechtshandbuch Electronic Business, § 11 Rdn.16.

3 Gounalakis/*Leßmann/Leßmann*, a.a.O., § 11 Rdn. 17.

4 OLG München, Urt.v.25.1.2001 – 29 U 4113/00, CR 2001, 404 = MMR 2001, 536.

5 *Schmittmann*, K&R 2003, 385, 387.

6 Schleswig-Holst. OLG, Urt.v. 28.8.2003 – 7 U 240/01, JurPC Web-Dok. 111/2004.

7 BT-Drucks. 14/2658, 30; Roth, JZ 2000, 1013, 1015.

8 Palandt/*Heinrichs*, FernAbsG 1, Rdn. 7.

9 OLG Schleswig, Urt.v. 28.8.2003 – 7 U 240/01, CR 2004, 300, bestätigt durch BGH, Urt.v.21.10.2004 – III ZR 380/03, JurPC Web-Dok. 3/2005.

10 Palandt/*Heinrichs*, FernAbsG 1, Rdn. 7; *Meents*, CR 2000, 610, 611.

11 krit. *Meents*, CR 2000, 610 (mit dem Argument, i.E. sei der besonnenere Verbraucher besser geschützt als der schneller entschlossene; dies gilt wohl aber auch sonst).

12 Zu diesen zählen Lebensmittel, Getränke oder Haushaltsgegenstände. Verträge über solche Waren sollen schnell und unkompliziert abgewickelt werden können (BT-Drucks. 14/2658, 33). Daten- und

5 BGB) und Leistungen zur Unterbringung, Beförderung und Lieferung von Speisen (also Reiseleistungen etwa bei Pauschalreisen[1], § 312 b Abs. 3 Nr. 6 BGB), ebenso bei unter Verwendung von Warenautomaten oder automatisierten Geschäftsräumen geschlossene Verträge (§ 312 b Abs. 3 Nr. 7 a BGB), worunter aber zutreffend Verträge mit Providern nicht zugeordnet wurden[2].

Ausgeschlossen sind auch Finanzgeschäfte, etwa Bankgeschäfte, Finanz- und Wertpapierdienstleistungen und Versicherung einschließlich deren Vermittlung (§ 312 b Abs. 3 Nr. 3 BGB), damit **Verbraucherdarlehensverträge** im Fernabsatz. Allerdings ist dieser Ausschluss nur ein temporärer, da der Verbraucherschutz bei Finanzdienstleistungen auf der Grundlage einer EG-Richtlinie zu Finanzdienstleistungen getrennt zu regeln ist. Zunächst gelten für Verbraucherdarlehensverträge die §§ 491 – 507 BGB weiter, die freilich Probleme im elektronischen Fernabsatz aufwerfen. Bereits der Abschluss des Verbraucherdarlehensvertrages bedarf der **Schriftform** (§ 492 Abs. 1 S. 1 BGB); ein Abschluss in elektronischer Form (§ 126 a BGB) ist ausdrücklich ausgeschlossen (§ 492 Abs. 1 S. 2 BGB), Textform mangels ausdrücklicher Zulassung ebenfalls[3] (und erst recht, wenn selbst die elektronische Form nicht zugelassen ist). Für **Darlehensvermittlungsverträge** genügt allerdings die Einhaltung der elektronischen Form (§§ 312 b Abs. 3 Nr. 3, 655 b, 126 b, 126 Abs. 3 BGB). Eine weitere Ausnahme vom Schriftformerfordernis gilt bei Teilzahlungsgeschäften im Fernabsatz, wenn dem Verbraucher die Angaben nach § 502 Abs. 1 BGB in Textform rechtzeitig vor Vertragsschluss mitgeteilt werden (§ 502 Abs. 2 BGB). Hierzu gehören insbesondere Bar- und Teilzahlungspreis, Betrag, Zahl und Fälligkeit der einzelnen Teilzahlungen und effektiver Jahreszins.

Verträge über ein **Zeitschriftenabonnement** im Internet unterliegen nicht dem Schriftformerfordernis nach § 505 Abs. 2 S. 1 BGB, wenn die bis zum frühest möglichen Kündigungszeitpunkt zu entrichtenden Teilzahlungen 200 Euro nicht übersteigen (§§ 505 Abs. 1 S. 2 i.V.m. 491 Abs. 2 Nr. 1 BGB)[4].

§ 495 BGB räumt dem Verbraucher ein **Widerrufsrecht** nach § 355 BGB ein. Damit greift auch § 355 Abs. 3 S. 3 BGB ein, nach dem das Widerrufsrecht nicht erlischt, wenn der Verbraucher nicht ordnungsgemäß über sein Widerrufsrecht belehrt worden ist[5]. Soweit ein Fernabsatzvertrag mit einem Verbraucherdarlehensvertrag verbunden ist, beseitigt der verbraucherseitige Widerruf des Fernabsatzvertrages auch den mit diesem verbundenen Darlehensvertrag (§ 358 BGB). Ein Widerrufsrecht aus § 355 BGB steht dem Verbraucher auch bei Ratenlieferungsverträgen zu (§ 505 BGB). Hierzu gehören etwa Zeitschriftenabonnements[6]; es wurde aber etwa bei Datenbankabrufverträgen wegen fehlender Regelmäßigkeit der Lieferung abgelehnt[7].

Überholt ist die Rechtsprechung zum Anwendungsbereich des früheren VerbrKrG, der auch die Lieferung von Sachen (z. B. auch von Zeitschriften im Abonnement oder

Tonträger sollen ausgeschlossen sein (*Ernst*, Vertragsgestaltung im Internet, Rdn.52).

1 BT-Drucks. 14/2658, 92.

2 *Schmittmann*, K&R 2003, 385, 387.

3 Palandt/*Putzo*, § 492 Rdn. 7.

4 BGH, Urt.v. 5.2.2004 – I ZR 90/01, MMR 2004, 395 = JurPC Web-Dok. 162/2004.

5 Überholt insoweit *Ernst*, Vertragsgestaltung im Internet, Rdn. 58, der noch von der Sechsmonatsfrist des § 355 BGB a.F. ausgeht.

6 Palandt/*Putzo*, § 505 Rdn. 7.

7 So wohl *Ernst*, Vertragsgestaltung im Internet, Rdn. 71.

Ergänzungslieferungen[1]) umfasste. Das in den §§ 607 – 609 BGB geregelte Sachdarlehen ist aus dem Verbraucherschutz ausgeklammert[2]. Jedoch liegt nun ein **Ratenlieferungsvertrag** i.S.v. § 505 BGB vor, der ein Widerrufsrecht gemäß § 355 BGB vorsieht (§ 505 Abs. 1 S. 1 BGB) bzw. ein Verbraucherdarlehensvertrag, dessen Bestimmung zum Widerrufsrecht in § 495 BGB Vorrang hat (§ 312 b Abs. 3 Nr. 3 BGB). Erfasst werden Teil- und Sukzessivlieferungsverträge, also etwa die Lieferung eines mehrbändigen Lexikons oder Abonnementverträge über Zeitungen[3]. Schon bisher wurde eine weite Auslegung abgelehnt, die die Lieferung mit dem *Abruf* elektronischer Kopien im Internet gleichsetzte[4].

c) Informationspflichten des Anbieters

Den Anbieter treffen unterschiedliche Informationspflichten:

- Zunächst muss er auf seinen Webseiten eine Anbieterkennzeichnung vorsehen (§ 6 TDG, s. S. 246).
- Weiter muss er „Kommerzielle Kommunikationen" besonders kennzeichnen (§ 7 TDG, s. S. 254).
- Außerdem muss der Anbieter generell im elektronischen Geschäftsverkehr besondere Informationen und Hilfestellungen geben (§ 312 e BGB, s. S. 243).
- Beim Abschluss von Fernabsatzverträgen muss der Anbieter zunächst den Verbraucher vor Abschluss des Vertrages zu unterrichten (§§ 312 c BGB und § 1 Abs. 1 BGB-InfoV, s. S. 227) **und**
- bei Abschluss des Fernabsatzvertrages den Verbraucher spätestens bis zur Erfüllung zusätzlich weiter zu unterrichten, insbesondere über das Widerrufsrecht (§ 312 c Abs. 2, Art. 240 EGBGB und § 1 Abs. 2 BGB-InfoV, s. S. 231).

d) Verbraucherunterrichtung

(1) Informationen vor Vertragsschluss

Der Anbieter ist gegenüber dem Verbraucher aus den (§§ 312 c Abs. 1, Art. 240 EG BGB, Informationspflichtenverordnung (InfV), Umsetzung von Art. 4 Abs. 1 und 2 FARL) zur klaren und verständlichen **Unterrichtung** verpflichtet, muss also **rechtzeitig vor Vertragsabschluss** unterrichten insbesondere über die Einzelheiten des Vertrages gemäß der auf Art. 240 BGB gründenden Informationspflichtenverordnung (InfV) sowie über ein Widerrufsrecht. Das Gesetz zur Änderung der Vorschriften über

---

1 OLG München, Urt.v.23.8.2001 – 6 U 1982/01, CR 2002, 287 = MMR 2002, 47 (Verpflichtungen aus § 7 VerbrKrG und aus § 3 FernAbsG anwendbar). Das Gericht sah bei einem im Wege des Fernabsatzes (§ 1 FernAbsG a.F.) geschlossenen Sukzessivlieferungsvertrag i.S.v. § 2 VerbrKrG a.F. zwei Widerrufsrechte nebeneinander als anwendbar an, nämlich das aus § 7 VerbrKrG a.F. und das aus § 3 FernAbsG a.F. Folge sei (gewesen), dass *zwei* Belehrungen erforderlich (gewesen) seien.

2 Dauner-Lieb/Heidel/*Lepa*/Ring, Schuldrecht, § 491 Rdn. 1.

3 Voraussetzung für die Annahme eines Sukzessivliefervertrages soll die Lieferung zu festen periodischen Terminen sein (Dauner-Lieb/Heidel/Lepa/*Reiff*, Schuldrecht, § 505 Rdn. 9), womit freilich (unregelmäßig erscheinende) Ergänzungslieferungen (etwa zum „Schönfelder") nicht erfasst werden.

4 Hierfür wohl aber *Waldenberger*, BB 1996, S. 2365, 2369.

Fernabsatzverträge bei **Finanzdienstleistungen**[1] weitet die Informationspflichten deutlich aus. Hierauf wird unten jeweils ergänzend eingegangen (InfV 2004). § 312 c Abs. 1 S. 1 BGB verpflichtet aufgrund des erwähnten Entwurfes den Unternehmer, dem Verbraucher die Informationen „rechtzeitig vor Abgabe von dessen Vertragserklärung" zur Verfügung zu stellen, wodurch der späteste Zeitpunkt für die Vorabinformation näher abgegrenzt wird, wobei die genauere Abgrenzung der Rechtsprechung überlassen bleiben soll[2]. Zu nennen sind insbesondere

- **Identität** und ladungsfähige **Anschrift** des Anbieters mitteilen (§ 1 Abs. Nr. 1 u. 2 InfV für *Online*-Angebote, ebenso § 6 Nr. 1 TDG), weiter Land, Ort, Postleitzahl und Straße[3] sowie der Vertretungsberechtigte bei juristischen Personen[4]. Die Angabe einer Postfachanschrift ist nicht ausreichend[5]. Die verbraucherschützende Funktion ist nach Auffassung des OLG Frankfurt[6] nur erfüllt, wenn der Nutzer die Information aufrufen muss, **bevor** er den Vertrag schließt. § 1 Abs. 1 Nr. 1 InfV **2004** verpflichtet Finanzdienstleister außerdem, auch das öffentliche **Unternehmensregister**, bei dem der Rechtsträger eingetragen ist, und die zugehörige Registernummer oder gleichwertige Kennung anzugeben. Nach § 1 Abs. 1 Nr. 2 InfV 2004 ist außerdem die Identität eines **Vertreters** des Unternehmens in dem Mitgliedsstaat anzugeben, in dem der Verbraucher seinen Wohnsitz hat, wenn es einen solchen Vertreter gibt, andernfalls die Identität einer anderen gewerblich tätigen Person als dem Anbieter, wenn der Verbraucher mit dieser geschäftlich zu tun hat, und die Eigenschaft, in der diese Person gegenüber dem Verbraucher tätig wird. Nach § 1 Abs. 1 Nr. 3 InfV 2004 ist neben der ladungsfähige Anschrift auch jede andere Anschrift anzugeben, die für die Geschäftsbeziehung zwischen dem Unternehmer, seinem Vertreter oder einer anderen gewerblich tätigen Person im Sinne von § 1 Abs. 1 Nr. 2 InfV 2004 und dem Verbraucher maßgeblich ist, bei juristischen Personen, Personenvereinigungen oder -gruppen auch den Namen eines Vertretungsberechtigten.
- **wesentliche Merkmale der Ware oder Dienstleistung**[7] sowie darüber, wie der Vertrag zustandekommt[8], wann also die rechtliche Bindung des Verbrauchers eintritt[9] (§ 1 Abs. 1 Nr. 3 InfV), ebenso über die technischen Schritte des Vertragsschlusses (§ 3 Abs. 1 Nr. 1 InfV), die Speicherung und Zugänglichkeit des Vertragstextes (§ 3 Abs. 1 Nr. 2 InfV), für den Vertragsschluss zur Verfügung

---

1 vom 2.12.2004, BGBl 2004 I v. 7.12.2004.

2 Begr.zum Entwurf für ein Gesetz zur Änderung der Vorschriften über Fernabsatzverträge bei Finanzdienstleistungen, 39.

3 Palandt/*Heinrichs*, BGB-InfV § 1, Rdn. 2.

4 Und hierbei eine natürliche Person, an die nach den § 166 f ZPO zugestellt werden kann.

5 OLG Hamburg, Urt.v.27.3.2003 – 5 U 113/02, CR 2003, 927 – Cinema Filmkalender; BGH WRP 2002, 832.

6 OLG Frankfurt, Beschl.v. 17.4.2001 – 6 W 37/01, CR 2001, 782 = MMR 2001, 529 (noch zu § 2 FernAbsG), das in der Verletzung der Informationspflicht zugleich einen Verstoß gegen § 1 UWG sah. Dem Gericht zufolge reichte es nicht aus, dass die Möglichkeit bestand, die Informationen mittels entsprechender Links zu erschließen.

7 Die Angaben müssen zumindest so konkret sein, dass der Verbraucher in der Lage ist, das Leistungsangebot des Unternehmers zu bewerten (BT-Drucks. 14/2658, 38), also insbesondere zu vergleichen.

8 Zu eng wäre es, allein auf den Zeitpunkt abzustellen, zu dem der Kunde durch ein Angebot seiner Seite gebunden wird. Umfasst ist vielmehr auch eine Unterrichtung, ab welchem Zeitpunkt dem Kunden vertragliche Ansprüche gegen den Anbieter zustehen.

9 *Hoenike/Hülsdonk*, MMR 2002, 415, 419.

stehende Sprachen (§ 3 Abs. 1 Nr. 4 InfV) und schließlich zur Verfügung gestellte technische Mittel zur Erkennung und Korrektur von Eingabefehlern (§ 3 Abs. 1 Nr. 3 InfV), zu deren Einrichtung der Anbieter nach § 312 e Abs. 1 S. 1 Nr. 1 BGB verpflichtet wird.

- die **Mindestlaufzeit** des Vertrages bei einer dauernden oder regelmäßig wiederkehrenden Leistung (§ 1 Abs. 1 Nr. 4 InfV),
- einen **Vorbehalt** bezüglich der Lieferung einer in Preis und Qualität gleichwertigen Leistung oder bezüglich der Nichtverfügbarkeit der Ware (§ 1 Abs. 1 Nr. 5 InfV),
- den **Preis** der Ware oder Dienstleistung einschließlich aller Steuern und sonstiger Preisbestandteile (§ 1 Abs.1 Nr. 6 InfV) und nach § 1 Abs. 1 Nr. 7 InfV 2004 dann, wenn kein genauer Preis angegeben werden kann, die Grundlage für seine Berechnung, die dem Verbraucher eine Überprüfung des Preises ermöglicht.
- zusätzlich anfallende Liefer- und Versand**kosten** (§ 1 Abs. 1 Nr. 7 InfV) sowie nach § 1 Abs. 1 Nr. 8 InfV 2004 mögliche weitere Steuern und Kosten, die nicht über den Unternehmer abgeführt oder von ihm in Rechnung gestellt werden.
- Einzelheiten bezüglich Zahlung, Lieferung oder Erfüllung (§ 1 Abs. 1 Nr. 8 InfV),
- Hinweis auf das **Bestehen eines Widerrufs- oder Rückgaberechts** (§ 1 Abs. 1 Nr. 9 InfV), nach § 1 Abs. 1 Nr. 10 InfV 2004 außerdem über die Bedingungen, Einzelheiten der Ausübung, insbesondere Namen und Anschrift desjenigen, gegenüber dem der Widerruf zu erklären ist, und die Rechtsfolgen des Widerrufs oder der Rückgabe, einschließlich Informationen über den Betrag, den der Verbraucher im Falle des Widerrufs oder der Rückgabe gemäß § 357 Abs. 1 BGB für die erbrachte Dienstleistung zu zahlen hat.
- ebenso auf Kosten aus der Nutzung von Fernkommunikationsmitteln, sofern sie über die üblichen Grundtarife hinausgehen, mit denen der Verbraucher rechnen muss (§ 1 Abs. 1 Nr. 10 InfV) sowie
- auf die Gültigkeitsdauer befristeter Angebote, insbesondere hinsichtlich des Preises (§ 1 Abs. 1 Nr. 11 InfV).

Die Informationen müssen „in einer dem eingesetzten Fernkommunikationsmittel entsprechenden Weise klar und verständlich", also **transparent** gestaltet (§ 312 c Abs. 1 BGB), d.h. „in einer hervorgehobenen und deutlich gestalteten Form" (§ 1 InfV) abgefasst sein und im selben Medium (z.B. Web) wie die Werbung zugänglich gemacht werden[1]. Als klar und verständlich gelten diejenigen Informationen, von denen der Unternehmer vernünftigerweise erwarten darf, dass der Kunde sie versteht[2]. So ist ausdrücklich auf das Widerrufs-/Rückgaberecht hinzuweisen; ein Hinweis in der Form einer „100%-Geld-Zurück-Garantie innerhalb 30 Tagen" ist nicht ausreichend[3]. Soweit sich der Unternehmer ausschließlich an eine deutsche Zielgruppe wendet, sollen englischsprachige Informationen nicht als verständlich gelten[4], wohl aber dann, wenn auch die Werbung in Englisch abgefasst ist[5]. Nicht ausreichend ist, die Pflichtinformationen über das Widerrufs- oder Rückgaberecht lediglich im Internet bereitzuhalten[6] oder die Möglichkeit einer Warenbestellung nur mit dem Anklicken einer

1 *Hoenike/Hülsdonk*, MMR 2002, 415, 417.

2 Palandt/*Heinrichs*, BGB-InfoV § 3 Rdn. 2.

3 In diesem Sinne OLG Köln, Urt.v. 20.10.2000 – 6 U 101/00, NJW 2001, 1288; *Schmittmann*, K&R 2003, 385, 388.

4 *Ernst*, Vertragsgestaltung im Internet, Rdn. 142.

5 *Hoenike/Hülsdonk*, MMR 2002, 415, 417.

6 *Schmittmann*, K&R 2003, 385, 387.

Bestätigung der AGB freizumachen[1], ebensowenig das Einfügen der Informationen in kleiner Schrift an versteckter Stelle, wenn der Verbraucher nach Sachlage keine Veranlassung hat, nach weiteren Angaben zu suchen, weil er annimmt, die vollständigen Informationen bereits erhalten zu haben[2]. Auch ein Link mit der Bezeichnung „Pflichtangaben" wurde als unzureichend angesehen[3].

Die Informationen) über die Einzelheiten des Vertrages und dessen geschäftlichen Zweck müssen **rechtzeitig vor Vertragsabschluss** verfügbar gemacht werden (§ 312 c Abs. 1 BGB), so dass der Verbraucher sie zur Kenntnis nehmen und eine informierte Entscheidung treffen kann[4]. Die sonstigen Informationen müssen nach § 1 Abs. 1 InfV spätestens bis zur vollständigen Erfüllung des Vertrages, bei Waren spätestens bei Lieferung an den Verbraucher in Textform mitgeteilt werden (§ 312 c Abs. 2 BGB).

Die Mitteilung muss in **Textform** erfolgen (§ 1 Abs. 2 InfV)[5]. Notwendig ist auch hier die Eignung zur dauerhaften Wiedergabe der Schriftzeichen. Ausreichend ist, wenn die Information auf der Web-Seite des Anbieters enthalten ist[6], aber nicht, sofern die Angaben über einen **Link** „Kontakt" und dort unter „Impressum" bereithält[7] und dem Kunden nochmals in Textform mitgeteilt werden (§ 1 Abs. 2 InfV). Die Verletzung der Unterrichtungspflichten zieht **keine Sanktion** nach sich[8]. Allerdings muss der Anbieter die Information nachträglich, spätestens aber bei Lieferung dokumentieren (§ 312 c Abs. 2 BGB, § 1 Abs. 2 InfV).

Die Möglichkeit des Herunterladens und Ausdruckens der hierfür bereitgehaltenen Informationen genügt nicht; der Kunde muss die Informationen tatsächlich heruntergeladen haben[9]. Der Unternehmer ist nach § 355 Abs. 2 S. 4 BGB bei Ausübung des Widerrufsrechts für den Fristbeginn beweispflichtig. Die Frist beginnt aber erst mit Mitteilung der Rechtebelehrung an den Verbraucher (§ 355 Abs. 2 S. 1 BGB). Damit muss der Anbieter wie bisher die Mitteilung, d.h. deren Zustellung beweisen. Die „Zustellung" der Informationen per E-Mail wurde als ausreichend angesehen[10]. Sie

---

1 LG Kleve, Urt.v. 22.11.2002 – 5 S 90/02, MMR 2003, 424.

2 OLG Hamburg, Urt.v.27.3.2003 – 5 U 113/02, CR 2003, 927 = JurPC Web-Dok. 150/2003.

3 OLG Frankfurt, Beschl.v. 5.1.2001, CR 2001, 782; OLG Karlsruhe, Urt.v. 27.3.2002, WRP 2002, 849f.

4 Gounalakis/*Leßmann/Leßmann*, Rechtshandbuch Electronic Business, § 11 Rdn. 52.

5 Das Erfordernis der Verwendung eines „dauerhaften Datenträgers" (i.S.v. § 126 b BGB a.F.) ist entfallen; nunmehr genügt die Verwendung der Textform nach § 126 b BGB.

6 OLG München, MMR 2001, 536f; *Waldenberger*, K&R 1999, 345, 348; Palandt/*Heinrichs*, § 312 c, Rdn. 3; a.A. *Horn*, MMR 2002, 209, 212. Allerdings hielt die Gesetzesbegründung (BT-Drucks. 14/2658, 40) ein tatsächliches Herunterladen und Abspeichern oder Ausdrucken von AGB für erforderlich.

7 OLG Karlsruhe, Urt.v. 27.3.2002 – 6 U 200/01, GRUR-RR 2003, 92 = MMR 2002, 618 = JurPC Web-Dok. 245/2002.

8 *Roth*, JZ 2000, 1013, 1016, jedoch auf einen möglichen Schadensersatzanspruch aus Verschulden bei Vertragsschluss verweisend.

9 *Roth*, JZ 2000, 1013, 1017; a.A. Dauner-Lieb/Heidel/Lepa/*Ring*, Schuldrecht, § 312c Rdn. 4 (im Internet Downlod*möglichkeit* ausreichend; diese Auffassung überzeugt nicht, da Dauner-Lieb/Heidel/Lepa/*Ring*/Noack, Schuldrecht, § 126 b Rdn. 13 selbst kommentieren, dass das bloße Zugänglichmachen der textlichen Erklärung in einem Medium zur *dauerhaften* Wiedergabe bei dem Empfänger grundsätzlich ungeeignet ist).

10 *Bülow/Artz*, NJW 2000, 2049, 2055; *Roth*, JZ 2000, 1013, 1017; a.A. *Meents*, CR 2000, 610, 612 unter Hinweis auf die Probleme, den Zugang der E-Mails durch Log-Files etc. zu beweisen, und mit der Schlussfolgerung, dass über die Hintertür der Beweislastverteilung die Schriftform faktisch wieder eingeführt worden sei.

kann mit einer automatischen Bestätigung der Bestellungsannahme übermittelt werden. Zu beachten ist, dass die Mitteilungspflicht nur für die Angaben nach § 312 c Abs. 2 BGB gilt, nicht für die vorvertraglichen Informationen nach § 312 c Abs. 1 BGB.

Nach § 355 Abs. 2 BGB genügt die Mitteilung der Belehrung „in Textform", die aber vom Verbraucher nach Abs. 2 S. 2 gesondert zu unterschreiben oder mit einer qualifizierten elektronischen Signatur zu versehen ist. Sinnvollerweise wird der Anbieter einen **Ausdruck** der Informationen seinem Produkt bei Zustellung beifügen. Das Risiko, den Zugang der E-Mail zu beweisen, trägt freilich der Anbieter.

Die Unterrichtung muss **rechtzeitig vor Vertragsabschluss** erfolgen (§ 312 c Abs. 1 BGB)[1]. Hierzu wurde vertreten, dass der Verbraucher eine informierte Entscheidung über den Vertragsschluss treffen können und ihm eine angemessene Bedenkzeit bleiben muss[2]. Der Kunde muss diese Möglichkeit nicht tatsächlich ausgeschöpft haben. Die Bedenkzeit kann kurz sein[3], so etwa bei einer unmittelbar online über CGI-Formular auf einer Webseite erfolgenden Bestellung. Bei Fernabsatzverträgen beginnt die **Widerrufsfrist** (abweichend von § 312 d Abs. 2 BGB) nicht vor Erfüllung der Informationspflichten aus § 312 c Abs. 2 BGB.

Auf **AGB** ist ausdrücklich **hinzuweisen** (§ 305 Abs. 2 Nr. 1 BGB). Ein Link auf AGB darf nicht versteckt dargestellt werden, etwa in Kleinschrift oder auf Folgeseiten. Der Link ist in den Bestellvorgang zu integrieren[4]. Hierfür kann es genügen, dass unmittelbar oberhalb eines Bestellfeldes Linkfelder mit Verweisen auf die AGB, die Anbieterkennzeichnung und die Fernabsatzinformationen nach § 312 c Abs. 1 BGB implementiert werden, während die Mitteilung der Angaben nach § 312 c Abs. 2 BGB durch E-Mail oder durch sonstige Zustellung erfolgen sollte.

Ähnliche Grundsätze zur Erreichbarkeit von Pflichtangaben gelten bei Online-Werbung für **Arzneimittel** gegenüber Fachkreisen. Hier genügt ein Link zu den Angaben dann nicht, wenn für den Werbeadressaten mehrere Schritte erforderlich sind, um zu den Pflichtangaben zu gelangen[5]. Ein **Verstoß** gegen die §§ 312 c BGB, § 1 BGB-InfoV und Art. 240 EGBGB kann zugleich einen Verstoß gegen § 1 UWG darstellen[6] , etwa unter dem Gesichtspunkt des Vorsprungs durch Rechtsbruch[7], also bei planmäßigem Sichhinwegsetzen über die Normen.

(2) Pflichtangaben bis zur Vertragserfüllung

Nach Vertragsschluss, aber spätestens bis zur Vertragserfüllung sind dem Verbraucher vom Anbieter **weitere Informationen** in **Textform** und in einer hervorgehobenen und

---

1 So bereits vorher die Rechtsprechung, etwa OLG Frankfurt, Beschl.v.17.4.2001 – 6 W 37/01, MMR 2001, 529 = K&R 2002, 43 = JurPC Web-Dok. 135/2001 noch zu den §§ 2 Abs. 2 Nr. 8, 3 Abs. 1 FernAbsG a.F. Das OLG sah es als erforderlich an, dass der Verbraucher die Informationen aufrufen muss, bevor er den Vertrag schließt.

2 *Härting*, CR 2000, 691, 692 m.w.N.

3 *Härting*, CR 2000, 691, 692.

4 OLG Frankfurt, MMR 2001, 529 (Notwendigkeit des Aufrufes der Informationen nach § 312 c Abs. 1 BGB vor Vertragsschluss).

5 OLG München, Urt.v. 7.3.2002 – 29 U 5688/01, GRUR-RR 2002, 206.

6 LG Frankfurt, Urt.v.14.2.2002 – 2/3 O 422/01, GRUR-RR 2002, 269 – Werbefax ohne Pflichtangaben.

7 *Schmittmann*, K&R 2003, 385, 393.

deutlich gestalteten Form[1] mitzuteilen (312 c Abs. 2 BGB, Art. 240 EGBGB, § 1 Abs. 3 BGB-InfV), nämlich

1. Informationen über die Bedingungen, Einzelheiten der Ausübung und Rechtsfolgen des Widerrufs- oder Rückgaberechts sowie über den Ausschluss des Widerrufs- und Rückgaberechts, wobei diese Informationen in hervorgehobener und deutlich gestalteter Form gegeben werden müssen (§ 1 Abs. 3 S. 1 Nr. 1 BGB-InfV).
2. die Anschrift der Niederlassung des Unternehmens, bei der der Verbraucher Beanstandungen vorbringen kann, sowie eine ladungsfähige Anschrift des Unternehmers und bei juristischen Personen, Personenvereinigungen oder -gruppen auch den Namen des Vertretungsberechtigten (§ 1 Abs. 3 S. 1 Nr. 2 BGB-InfV).
3. Informationen über Kundendienst und geltende Gewährleistungs- und Garantiebedingungen (§ 1 Abs. 3 S. 1 Nr. 3 BGB-InfV).
4. die Kündigungsbedingungen bei Verträgen, die ein Dauerschuldverhältnis betreffen und für eine längere Zeit als ein Jahr oder für unbestimmte Zeit geschlossen werden (§ 1 Abs. 3 A. 1 Nr. 4 BGB-InfV).

Die Informationen nach § 312 c Abs. 2 BGB müssen in Textform (§ 126 b BGB) erfolgen, insbesondere also auch die **Belehrung** zum **Widerrufsrecht**, ohne die die Widerrufsfrist nicht zu laufen beginnt. Diese Belehrung muss nur in Textform erfolgen und bedarf damit keiner Unterschrift, muss aber Namen und Anschrift des Widerrufsempfängers enthalten[2]. Belehrung durch E-Mail genügt[3]. Für selbständig angebotene Nebenleistungen muss eine eigene Widerrufsbelehrung erfolgen[4]. Auch Provider sind bei Vertragsangeboten auf ihren Webseiten zum Hinweis auf das Widerrufsrecht verpflichtet[5].

Zu Recht würde eine gewisse **Überregulierung** hinsichtlich der Belehrung zum Widerrufsrecht kritisiert[6]. Zunächst ist nämlich vorvertraglich allgemein über das Bestehen eines Widerrufsrecht zu informieren (§§ 312 c Abs. 1 BGB, 1 Abs. 1 Nr. 1 BGB-InfoV), dann bei Vertragserfüllung über die Bedingungen, Einzelheiten der Ausübung und Rechtsfolgen des Widerrufs- und Rückgaberechts (§§ 312 c Abs. 2 BGB, 1 Abs. 3 Nr. 1 BGB-InfoV) und schließlich nach § 355 Abs. 2 S. 1 BGB zum Ingangsetzen der Widerrufsfrist. Der Anbieter wird aber die Pflichtangaben nach § 312 c Abs. 2 BGB mit der Widerrufsbelehrung nach § 355 Abs. 2 S. 1 BGB **verbinden** können[7].

Das Erfordernis des Verfügbarmachens auf einem dauerhaften Datenträger (§ 355 Abs. 2 BGB a.F.) ist entfallen. Die Zusendung einer E-Mail ist damit ausreichend[8], nicht jedoch Mitteilungen etwa auf Anrufbeantwortern, Voice-Mailbox, in Soundfiles,

---

1 Die Pflichtangaben müssen deutlich von sonstigen Informationen in Vertragstexten, Lieferscheinen oder Rechnungen hervorgehoben werden, damit sie auch bei flüchtiger Lektüre nicht übersehen werden (BT-Drucks. 14/2658, 39).

2 Palandt/*Heinrichs*, § 312 d Rdn. 5.

3 Gounalakis/*Leßmann/Leßmann*, Rechtshandbuch Electronic Business, § 11 Rdn. 74 m.w.N.

4 LG München I, Urt.v.23.7.2003 – 1 HK O 1755/03, JurPC Web-Dok. 246/2003 – Leiterplatten.

5 LG Hamburg, Urt.v.21.12.2000 – 310 O 425/00, CR 2001, 475.

6 Gounalakis/*Leßmann/Leßmann*, Rechtshandbuch Electronic Business, § 11 Rdn. 74; *Härting*, § 3 FernAbsG, Rdn. 19.

7 Ähnlich wohl Gounalakis/*Leßmann/Leßmann*, Rechtshandbuch Electronic Business, § 11 Rdn. 74. Zu „Verbundkonzeptionen" *Aigner/Hofmann*, Fernabsatzrecht im Internet, Rdn. 163.

8 Gounalakis/*Leßmann/Leßmann*, Rechtshandbuch Electronic Business, § 11 Rdn. 62 m.w.N.

etc.[1]. Die Möglichkeit zum Herunterladen und Ausdrucken muss bestehen, ohne dass der Verbraucher diese Möglichkeit aber ausgeschöpft haben muss[2].

Ein Unternehmer, der die Widerrufsbelehrung **unterlässt**, handelt grundsätzlich wettbewerbswidrig im Sinne von § 1 UWG[3].

Bei weltweiten Angeboten in **englischer Sprache** wurde die Unterrichtung in englischer Sprache als ausreichend angesehen[4]. Allerdings ist es technisch nicht sehr aufwendig, das Angebot über ein Auswahlmenü in eine deutsch- und eine englischsprachige Fassung (bzw. weitere lokalisierte Fassungen) aufzuteilen. Außerdem muss im Einzelfall im Hinblick auf Art. 29 Abs.2 EGBGB geprüft werden, ob die adressierten Verbraucherkreise berechtigterweise auch von einem ausländischen Anbieter eine Unterrichtung in deutscher Sprache erwarten dürfen bzw. ob andererseits eine englischsprachige Belehrung zum deutschen Recht ausreichend verständlich ist. Erfolgt keine oder keine ausreichende Information zum Widerrufsrecht, beginnt die Widerrufsfrist nicht zu laufen (§ 355 Abs. 2 BGB, s. S. 234); außerdem können Ersatzansprüche des Kunden aus Verschulden bei Vertragsschluss (§ 311 Abs. 2 BG) bestehen[5].

Die InfV enthält als Anlage 2 zu § 14 InfV ein „**Muster für eine Widerrufsbelehrung**". Dieses Muster hat besondere Bedeutung, da eine Belehrung bei Verwendung dieses Musters den Anforderungen des § 355 Abs. 2 BGB und den ergänzenden Bestimmungen des BGB genügen soll. Kritisiert wurde, dass der Unternehmer (auf eigenes Risiko) über die jeweils einschlägige Widerrufsfrist, das eventuelle Weglassen des Hinweises auf die Widerrufsfolgen und den Hinweis zum finanzierten Geschäft entscheiden müsse[6]. Auch fehle im Mustertext der Hinweis auf verschiedene Sonderregelungen, nach denen die Frist später zu laufen beginne, und werde auf Widerrufsfolgen hingewiesen, was nur bei Haustürgeschäften erforderlich sei, aber nicht im Fernabsatz oder bei Verbraucherkrediten[7].

e) Widerrufs- und Rückgaberecht des Verbrauchers

Der Verbraucher ist berechtigt, den abgeschlossenen Vertrag innerhalb von zwei Wochen zu **widerrufen** und die Ware zurückzusenden (§§ 312 d, 355 Abs. 1 BGB)[8]. Begründet wird das freie Widerrufsrecht damit, dass der Verbraucher im Fernabsatz keine Möglichkeiten zur Kontrolle der Leistung des Unternehmers hat und ein Überrumplungseffekt ausgeschlossen werden soll[9]. Sonstige Kundenrechte bleiben unberührt. Die Ausübung setzt also keine Nicht- oder Schlechterfüllung voraus und ist dem Unternehmer ungeachtet der mit der Rücknahme der Ware verbundenen Nachteile zumutbar[10].

---

1 Gounalakis/*Leßmann/Leßmann*, a.a.O. § 11 Rdn. 62.

2 Gounalakis/*Leßmann/Leßmann*, a.a.O., § 11 Rdn. 62.

3 BGH, Urt.v.13.3.2003 – I ZR 290/00, MMR 2003, 527.

4 *Härting*, CR 2000, 691, 693.

5 Palandt/*Heinrichs*, FernAbsG 2, Rdn. 22.

6 *Bodensiek*, MDR 2003, 1, 3.

7 *Bodensiek*, MDR 2003, 1, 3, der hieraus aber nicht die Konsequenz ziehen will, dass § 14 InfV wegen Überschreiten des dem VO-Gebers zustehenden Verordnungsermessens unwirksam sei (so *Masuch*, NJW 2002, 2933).

8 Ausf. und kritisch *Roth*, a.a.O., 1013.

9 *Willingmann*, VuR 1998, 399.

10 BGH NJW 2003, 1665f = MMR 2003, 463 für „built-to-order"-Notebook.

(1) Widerrufsrecht

Das Widerrufsrecht ist als (unwiderrufliches, bedingungsfeindliches) **Gestaltungsrecht**, d.h. als **rechtsvernichtende Einwendung** ausgestaltet[1]. Bis zu seiner Ausübung ist der Vertrag „schwebend wirksam“[2]. Das Widerrufsrecht wirkt also in die Zukunft wirkt (*ex nunc*) und wandelt den Vertrag in ein Rückabwicklungsschuldverhältnis (§§ 346 ff BGB) um[3].

Voraussetzung des Beginnes des Laufes der Widerrufsfrist ist das erwähnte Zurverfügungstellen[4] einer deutlich gestalteten (aber nicht vom Unternehmer unterschriebenen[5]) Belehrung mit Namen und Anschrift des Widerrufsempfängers und Hinweis auf den Fristbeginn sowie das Textformerfordernis. Wirksam wird die Widerrufserklärung erst mit **Zugang** beim Anbieter (§§ 130 Abs. 1, 355 Abs. 1 S. 2 BGB).

Erfolgt keine oder keine ausreichende Belehrungsinformation nach § 312 c **Abs. 2** BGB, **erlischt das Widerrufsrecht nicht**, auch nicht (mehr) nach der Frist von sechs Monaten des § 355 Abs. 3 BGB[6]. Das Unterbleiben der Information nach § 312 c **Abs. 1** BGB lässt aber den Lauf der Widerrufsfrist unberührt.

Der Widerruf muss zumindest in **Textform** erfolgen[7] (d.h. E-Mail-Übermittlung genügt[8]), aber nicht unterschrieben sein[9].

Der Widerruf kann auch unmittelbar durch **Rücksendung** erfolgen (§ 355 Abs. 1 S. 2 BGB), insoweit also konkludent. Diese Rücksendung ist von der vereinbarten Rückgabe im Sinne von § 356 BGB zu unterscheiden. Die Erklärung des Widerrufs bedarf **keiner Begründung** (§ 355 Abs. 1 S. 2 BGB), worauf der Verbraucher hinzuweisen ist (§§ 355 Abs. 2 S. 1 BGB, 1 Abs. 3 S. 1 Nr. 1 BGB-InfV) .

Ein nach § 13 a UWG a.F. bestehendes **Rücktrittsrecht** bei unwahren und irreführenden Werbeangaben wurde als unabhängig vom Widerrufsrecht aus Fernabsatzvertrag bestehend angesehen[10]. Der Rücktritt nach § 13 a UWG a.F. war allerdings nicht (wie der Widerruf im Fernabsatzrecht) frei, also ohne Begründung möglich, sondern erlegt dem Abnehmer (der nicht Verbraucher sein muss) die Beweislast für die Unwahrheit und Eignung zur Irreführung auf[11]. Das Rücktrittsrecht aus § 13 a UWG a.F. ist mit der UWG-Reform **entfallen**.

---

1 *Horn*, MMR 2002, 209, 212

2 Begr. zum RegE des FernabsatzG, BT-Drucks. 14/2658, 47.

3 Palandt/*Heinrichs*, § 361 a Rdn. 10, 28; *Schmittmann*, K&R 2003, 385, 392.

4 Das Bereithalten zum Download genügt nicht, da das Zurverfügungstellen der Belehrung ein Verbleiben beim Verbraucher voraussetzt (Palandt/*Heinrichs*, § 361 a Rdn. 15).

5 Palandt/*Heinrichs*, § 361 a Rdn. 13.

6 Palandt/*Heinrichs*, § 355 Rdn. 22.

7 *Aigner/Hofmann*, Fernabsatzrecht im Internet, Rdn. 190 weisen darauf hin, dass der Unternehmer verpflichtet sei, den intransparenten Begriff für den Laien verständlich zu machen. Regelmäßig wird aber wohl der Zusatz „z.B. durch E-Mail“ ausreichen (so Anlage 2 zu § 14 BGB-InfV).

8 Palandt/*Heinrichs*, § 361 a Rdn. 17.

9 Palandt/*Heinrichs*, § 361 a Rdn. 17 zum alten Recht.

10 Gounalakis/*Leßmann/Leßmann*, Rechtshandbuch Electronic Business, § 11 Rdn. 29.

11 Baumbach/*Hefermehl*, Wettbewerbsrecht, § 13 a, Rdn. 10.

Bis zur Ausübung des Widerrufsrechts oder dessen Wegfall (durch Fristablauf) ist der Vertrag **schwebend wirksam**[1]. Lässt der Kunde also die Frist verstreichen, bleibt der Vertrag wirksam. Nach Widerruf muss der Anbieter die erhaltene Zahlung binnen 30 Tagen an den Kunden rückerstatten (§ 286 Abs. 3 S. 1 BGB)[2]. Abweichende Vereinbarungen in Fernabsatzverträgen sind grundsätzlich unwirksam (§ 312 f BGB).

(2) Gesetzlicher Ausschluss des Widerrufs

Ausgeschlossen ist der Widerruf bei Fernabsatzverträgen

- zur Lieferung von **Kundenspezifikation** gefertigten oder auf persönliche Bedürfnisse zugeschnittenen oder auf Grund Beschaffenheit nicht für eine Rücksendung geeigneten bzw., schnell verderblichen Waren (§ 312 d Abs. 4 Nr. 1 BGB). Der Ausschluss der Kundenspezifikation greift nicht ein, wenn die Ware zwar auf Bestellung des Verbrauchers hin aus vorgefertigten Standardbauteilen zusammengebaut wird, die aber mit verhältnismäßig geringem Aufwand ohne Beeinträchtigung der Substanz oder Funktionsfähigkeit wieder getrennt werden können[3], also keine Fertigung nach besonderem Kundenwunsch erfolgt ist, sondern die zusammengebauten Teile wieder voneinander gelöst und anderweitig verwendet werden können. Dies gilt nach Auffassung des BGH jedenfalls dann, wenn für Dekonfiguration und Zerlegen des Gerätes weniger als 5 % des Warenwertes erforderlich sind. Ein Ausschluss des Widerrufsrechts ist auch für **elektronische Bauteile** wie RAM-Speicher und Speichermedien **nicht** ausgeschlossen; dies gilt auch, wenn die Bauteile benutzt wurden, da ein Wertverlustrisiko nicht die Anwendung der Ausnahmebestimmung rechtfertige[4].
- zur Lieferung von **Audio**- oder **Videoaufzeichnungen** oder von **Software**, sofern die gelieferten Datenträger vom Verbraucher entsiegelt worden sind (§ 312 d Abs. 4 Nr. 2 BGB). Ein Ausschluss greift sinngemäß für kundenspezifisch erstellte Software oder bei Erwerb über eine Versteigerung im Sinne von § 156 BGB (§ 312 Abs. 4 Nr. 5 BGB)[5]. Als „Entsiegeln" soll das Aufreißen einer Cellophanhülle ausreichen[6] oder im Menü das Bestätigen des Zustandekommens einer Lizenzvereinbarung[7], aber nicht die Eingabe eines Passwortes in ein mit einem BIOS-Passwort geschütztes Notebook[8]. Bei Auslieferung eines Rechners mit vorkonfigurierter Software wurde

---

1 BT-Drucks. 14/2658, 41f; Dauner-Lieb/Heidel/Lepa/*Ring*, Schuldrecht, § 355 Rdn. 313.

2 *Tonner*, BB 2000, 1413, 1415.

3 BGH, Urt.v. 19.3.2003 – VIII ZR 295/01, CR 2003, 480 = MMR 2003, 463 = DB 2003, 1109; ähnlich OLG Dresden, Urt.v.23.8.2001 – 8 U 1535/01, CR 2001, 819 = MMR 2002, 172 = JurPC Web-Dok. 237/2001. Überholt ist damit Rechtsprechung, die Bauteile wie RAM-Bausteine, Motherboards der Speichermedien generell von der Rücksendung ausschloss (z.B. LG Frankfurt, Urt.v. 18.12.2002 – 2/1 S 20/02, JurPC Web-Dok. 298/2003).

4 OLG Dresden, Urt.v.23.8.2001 – 8 U 1535/01, CR 2001, 819 = JurPC Web-Dok. 237/2001 (noch zu § 3 Abs. 2 Nr. 1 FernAbsG).

5 Wobei „Internet-Versteigerungen" wiederum vom Ausschluss ausgeklammert (also dem Widerruf unterworfen) sein sollen, die sich in Wirklichkeit als Kaufverträge gegen Höchstgebot darstellen, da sich der Unternehmer hier die Annahme trotz Zuschlages vorbehält (*Roth*, JZ 2000, 1013, 1018).

6 LG Frankfurt, Urt.v. 18.12.2002 – 2/1 S 20/02, JurPC Web-Dok. 298/2003; *Schmittmann*, K&R 2003, 385, 390.

7 LG Frankfurt, Urt.v. 18.12.2002, a.a.O.

8 LG Frankfurt a.M., Urt.v. 18.12.2002, a.a.O.

ein „Entsiegeln“ als nicht möglich angesehen, weshalb die Ausnahmebestimmung nicht eingreife[1]. Ein „elektronisches“ Siegel soll nicht erfasst werden[2]. Auch bei erfolgter Entsiegelung soll Widerruf bezüglich mitgelieferter Hardware möglich bleiben, auch wenn der Verbraucher allein mit der Software nichts anfangen kann[3]. Ein genereller Ausschluss des Rückgaberechts wurde als Verstoß gegen § 312 d BGB eingestuft[4]. Das gilt auch für telefonische Bestellung von Software[5]. Die **Online**-Distribution von Software ist nicht ausdrücklich ausgeklammert[6], so dass der Kunde beim Download ein Widerrufsrecht haben soll[7], bei Lieferung derselben Software aber nur, solange er die Software noch nicht entsiegelt hat. Dies führt insoweit zu einer Ungleichbehandlung, als der Kunde bei Downloading der Software testen und trotzdem widerrufen könnte, während bei Lieferung auf Datenträger diese Möglichkeit gerade nicht besteht, da hierfür der Datenträger entsiegelt werden müsste. Vorgeschlagen wurde, dass beim Download das Widerrufsrecht durch Inanspruchnahme der Software mittels Download erlöschen soll[8]. Abs. 4 erfasst freilich Fälle, in denen ein Widerrufsrecht gar nicht erst entsteht („besteht ... nicht“). Als verbraucherschutzeinschränkende Regelung ist Abs. 4 grundsätzlich **eng auszulegen**, sodass wohl eine entsprechende Anwendung der Ausschlussbestimmung auf datenträgerlose Lieferung (online) ohne Entsiegelung ausscheiden muss[9]. Jedoch kann Abs. 4 Nr. 1 anwendbar sein, sofern man vertritt, dass Download-Programmkopien **nicht für eine Rücksendung geeignet** sind[10] (weil immer nur Kopien der heruntergeladenen Programmexemplare rückübermittelt werden können und zudem eine Löschung über den Wortlaut hinaus hinzutreten müsste). Gleiche Überlegungen müssen für heruntergeladene Audio- oder Videodateien gelten.

- zur Lieferung von Zeitungen, Zeitschriften und Illustrierten (§ 312 d Abs. 4 3 BGB),
- zur Erbringung von Wett- und Lotterie-Dienstleistungen (§ 312 d Abs. 4 Nr. 4 BGB)[11].
- die in der Form von Versteigerungen (§ 156 BGB) geschlossen werden (§ 312 Abs. 4 Nr. 5 BGB, zu Online-Auktionen s. S. 192). Nur wenn Online-Auktionen als solche Versteigerungen qualifiziert werden, ist ein Widerrufsrecht ausgeschlossen[12].

---

1 *Brönneke*, MMR 2004, 127, 128.

2 *Brönneke*, MMR 2004, 127, 128; Micklitz/*Tonner*, Vertriebsrecht, § 312 d Rdn. 32. Gestützt wird dies durch den Gesetzeswortlaut, der auf ein Entsiegeln des *Datenträgers* (z.B. durch Aufreißen der Cellophanhülle) abstellt. Damit stellt auch das Eintragen einer Kunden- oder Programmexemplarnummer in ein Abfragefeld bei Installation des Programmes kein „Entsiegeln“ dar.

3 *Brönneke*, MMR 2004, 127, 128f.

4 LG Memmingen, Urt.v. 10.12.2003 – 1 HO 2319/03, JurPC Web-Dok. 116/2004.

5 LG Memmingen, a.a.O.

6 BT-Drucks. 14/2920, 13; *Meents*, CR 2000, 610, 613.

7 So etwa *Aigner/Hofmann*, Fernabsatzrecht im Internet, Rdn. 107.

8 Palandt/*Heinrichs*, FernAbsG 3, Rdn. 9, in § 312 d Rdn. 10 nicht aufrechterhalten.

9 BT-Drucks. 14/2658, 121.

10 Ähnlich *Schmittmann*, K&R 2003, 385, 390 m.w.N.; Kaminski/Henßler/Kolaschnik/*Börner/Rath*, Rechtshandbuch E-Business, 148.

11 Die Geschäftsbesorgung der Weiterleitung eines Lottotips an eine Lottogesellschaft soll keine Dienstleistung im Sinne von Nr. 4 darstellen, so dass ein Widerrufsrecht bestünde (*Schmittmann*, K&R 2003, 385, 390).

12 So AG Kehl, Urt.v. 19.4.2002 – 4 C 716/01, JurPC Web-Dok. 243/2003 (noch zu § 3 Abs. 2 Nr. 5 FernAbsG); AG Bad Hersfeld, Urt.v. 22.3.2004 – 10 C 153/04, MMR 2004, 500; *Schmittmann*, K&R

Die Ausnahmetatbestände sind, da den Verbraucherschutz beschränkend, eng auszulegen[1]. Der Unternehmer muss darlegen und **beweisen**, dass ein Ausschlussgrund vorliegt, auf den er sich berufen kann[2].

(3) Widerrufsfrist

Der Widerruf muss **nicht begründet** werden, aber **binnen zwei Wochen** erfolgen (§ 355 Abs. 1 S. 2 BGB[3]), und zwar in Textform oder durch Rücksendung der Sache (§ 355 Abs. 1 S. 2 BGB). Erfolgt die Belehrung über das Widerrufsrecht erst nach Vertragsschluss, beträgt die Frist einen Monat (§ 355 Abs. 2 S. 2 BGB).

Die **Widerrufsfrist** beginnt im Bereich der Fernabsatzverträge aber erst ab dem Zeitpunkt zu laufen, zu dem die geschuldeten Belehrung über das Widerrufsrecht zugegangen ist; für sonstige Belehrungen greift diese aufschiebende Wirkung nicht ein, wohl aber bezüglich der Pflichten im elektronischen Geschäftsverkehr aus. Die Frist beginnt also **nicht** zu laufen, wenn eine Belehrung des Verbrauchers über sein Widerrufsrecht unterblieben ist[4] (§ 355 Abs. 3 S. 3 BGB[5]). Im Falle des elektronischen Geschäftsverkehrs setzt der Beginn des Fristenlaufs außerdem die Erfüllung der Pflichten aus § 312 e Abs. 1 BGB voraus (§ 312 e Abs. 3 BGB). Unterbleibt diese Belehrung, führt dies zu einem **„ewigen"** (d.h. unbefristeten) **Widerrufsrecht**[6]. Diese strenge Rechtsfolge ist aber nur auf die Nichtbelehrung über das Widerrufsrecht (und die Pflichten aus § 312 3 Abs. 1 BGB) bezogen; sie tritt nicht ein, wenn (nur) die anderen Informationen nach § 1 Abs. 3 BGB-InfoV nicht übermittelt wurden. Hier wird es dabei bleiben, dass das Widerrufsrecht nach sechs Monaten erlischt (§ 355 Abs. 3 S. 1 BGB), wobei diese Frist aber bei Warenlieferungen erst ab dem Tag ihres Eingangs beim Empfänger berechnet wird (§ 355 Abs. 3 S. 2 BGB). Allerdings wird § 355 Abs. 3 S. 3 BGB in den Fällen analog anzuwenden sein und zu einem unbefristeten Weiterbestehen des Widerrufsrecht führen, in denen der Anbieter weder vorvertraglich noch in der Vertragserfüllung eine zustellfähige Anschrift mitgeteilt hat, an die die Rücksendung adressiert werden könnte.

Bei Erbringung einer **Dienstleistung** erlischt das Widerrufsrecht auch, wenn der Unternehmer mit der Ausführung der Dienstleistung mit **ausdrücklicher** Zustimmung

---

2003, 385, 390 mit dem Hinweis, dass Teilnahmeverträge zwischen Bieter und Auktionshaus Fernabsatzverträge sein können. Für das Bestehen eines Widerrufsrechts etwa LG Hof, MMR 2002, 760; AG Schwäbisch-Gmünd, ITRB 2003, 239.

1 EuGH, Urt.v. 13.12.2001 – Rs. C-481/99, Rdn. 31 – Heininger.

2 BGH, Urt.v. 19.3.2003 – VIII ZR 295/01, CR 2003, 480 = DB 2003, 1109 = MMR 2003, 463 = NJW 2003, 1665f (die Ausübung des Widerrufsrechts als dem Unternehmer grundsätzlich zumutbar ansehend); Palandt/*Heinrichs*, § 312 d Rdn. 9.

3 Eine eher versteckte Rechtsänderung durch Art. 25 des Gesetzes zur Änderung des Rechts der Vertretung durch Rechtsanwälte vor den Oberlandesgerichten, OLG-Vertretungsänderungsgesetz v. 23.7.2002, BGBl 2002 I Nr. 53, 2850.

4 Palandt/*Heinrichs*, § 355 Rdn. 20; Bettinger/*Leistner*, Werbung und Vertrieb im Internet, Teil 3 B, Rdn. 34.

5 In der Fassung der Änderung durch das OLG-VertretungsänderungsG, BGBl I 2002, 2850, 2857 (in Kraft seit dem 13.12.2001), das aufgrund des Urteils des EuGH NJW 2002, 281f eingeführt wurde, das ein Inlaufsetzen der Widerrufsfrist auch bei nicht vorgenommener oder fehlerhafter Belehrung (für den Bereich der Haustürwiderrufsgeschäfte) als unzulässig ansah.

6 *Bodensiek*, MDR 2003, 1, 2.

des Verbrauchers vor Ende der Widerrufsfrist begonnen hat oder der Verbraucher diese selbst veranlasst hat (§ 312 d Abs. 3 BGB). Die ausdrückliche Zustimmung kann nicht über die AGB des Anbieters als erteilt fingiert werden[1].

Der Unternehmer muss behaupten und **beweisen**, dass er die Frist wirksam in Lauf gesetzt, also die hierfür erforderlichen Pflichten (auch aus § 312 e Abs. 1 BGB) erfüllt hat[2].

Ob die jetzige Regelung der Wechselverweisungen zwischen den §§ 312 c und 312 d BGB einerseits und § 355 BGB andererseits gerade für Verbraucher ausreichend transparent ist, ist eher fraglich. Diese **Transparenz** verlangt der Gesetzgeber aber von der Unternehmerinformation („klar und deutlich", § 312 c Abs. 1 BGB). Hier wird der Anbieter im Zweifel entsprechend ausführlicher informieren müssen (ohne aber unerlaubte Rechtsberatung zu betreiben!). Ein Verstoß gegen die Pflichten aus § 312 e Abs. 1 BGB stellt zugleich auch eine Wettbewerbsverstoß dar[3], wobei der Verstoß aber bewusst und planmäßig erfolgen und die geschäftliche Unerfahrenheit ausgenutzt werden muss[4]. Die Anlage 2 zu § 14 Abs. 1 und 3 InfV enthält ein **Muster** für eine Widerrufs-belehrung.

(4) Rücksendung bei Widerruf

Bei Widerruf ist der Kunde zur **Rücksendung** auf Kosten und Gefahr (Gegenleistungsgefahr[5]) des Unternehmers verpflichtet (§§ 312 d Abs. 1 S. 2, 357 Abs. 2 S. 1 BGB), bei Paketversand zur Rücksendung durch Paket (§ 357 Abs. 2 S. 1 BGB). Leistungsort liegt insoweit beim Verbraucher[6]. Ist Paketversendung nicht möglich, muss der Unternehmer die Ware am Leistungsort (§ 269 BGB), also dem Wohnsitz des Kunden, abholen[7]. Nach § 241 Abs. 2 BGB ist der Verbraucher grundsätzlich zur Wahl einer **kostengünstigen Versandart** verpflichtet; er ist aber nicht verpflichtet, von sich aus nach dem günstigsten Tarif zu suchen[8]. Die Beauftragung eines Unternehmens, das die Ware **abholt**, wurde als zulässig betrachtet[9]. Der Unternehmer trägt die Gefahr der Rücksendung (§ 357 Abs. 2 S. 2 BGB). Dem Verbraucher können (in den AGB) Rücksende**kosten** bei einer Bestellung im Wert bis zu 40 Euro (früher: DM 78,23) auferlegt werden, es sei denn, die gelieferte Ware entspricht nicht der bestellten (§ 357 Abs. 2 S. 3 BGB). Seit dem 8.12.2004 gilt dies auch, wenn der Bestellwertüber 40 Euro liegt, der Kunde die Ware im Widerrufszeitpunkt aber noch nicht bezahlt hat[10] und auf diese Kostentragungspflicht **hingewiesen** wurde. Vom Anbieter rückzuerstatten sind auch zusätzlich berechnete Kosten der **Hinsendung**[11].

---

1 *Schmittmann*, K&R 2003, 385, 391 m.w.N.

2 *Aigner/Hofmann*, Fernabsatzrecht im Internet, Rdn. 177.

3 Begr. zum SchuldrechtsmodernisierungsG, BT-Drucks. 14/6040, 173.

4 BGH WRP 2002, 1263 – Belehrungszusatz; ähnlich für die Verletzung der Verpflichtungen aus § 1 Abs. 1 und 2 BGB-InfV OLG Frankfurt, MMR 2001, 529, 530; OLG Karlsruhe, WRP 2002. 849.

5 *Roth*, JZ 2000, 1013, 1019.

6 *Roth*, JZ 2000, 1013, 1018.

7 *Aigner/Hofmann*, Fernabsatzrecht im Internet, Rdn. 200.

8 *Brönneke*, MMR 2004, 127, 131 unter Verweis auf LG Düsseldorf, VuR 2002, 452, 454.

9 *Brönneke*, MMR 2004, 127, 132.

10 Heise news 8.12.2004, www.heise.de/newsticker/meldung/54009.

11 OLG Frankfurt, Urt.v. 28.11.2001 – 9 U 148/01, JurPC Web-Dok. 334/2002; *Brönneke*, MMR 2004,

Sonstige Kosten, etwa Kosten für das Löschen der Software (etwa Personalkosten für das teils zeitaufwendige Änderungen bzw. deren Rückgängigmachen in der „*Registry*" des Betriebssystems) hat der Kunde zu tragen. Der Unternehmer trägt die Gefahr von Verschlechterung oder Untergang der Ware (§ 357 Abs. 2 S. 2 BGB).

(5) Rückzahlungspflicht

Bei Ausübung des Widerrufsrechts durch den Verbraucher ist der Unternehmer zur Rückzahlung des Kaufpreises verpflichtet (§§ 357 Abs. 1 S. 1, 346 Abs. 1 BGB), worauf der Verbraucher hinzuweisen ist (§ 1 Abs. 3 S. 1 BGB-InfV).

(6) Rückgaberecht

Das Widerrufsrecht nach § 355 BGB kann, soweit gesetzlich zugelassen (so in § 312 d Abs. 1 S. 2 BGB für den Warenkauf im Fernabsatz), durch ein uneingeschränktes, aber besonders (mindestens durch Textform) zu vereinbarendes Rückgaberecht ersetzt werden (§ 356 Abs. 1 BGB). Rückgabe kann auch durch Nichtannahme erfolgen[1]. Das Rückgaberecht ist etwa im Versandhandel üblich. Notwendig ist eine **Belehrung** im Verkaufsprospekt (§ 356 Abs. 1 S. 2 Nr. 1 BGB). Hierfür wurde eine Belehrung auf der Webseite als ausreichend angesehen[2], so dass also für das Erstellen eines „Verkaufsprospektes" das Einhalten der Textform genügt, etwa bei Internet-Katalogen[3]. Erfüllungsort des Rückabwicklungsschuldverhältnisses nach erfolgtem fernabsatzrechtlichen Widerruf durch den Warenkäufer ist dessen Wohnsitz; dies gilt auch dann, wenn der Käufer die Ware zwischenzeitlich an einen anderen Ort (etwa den Unternehmersitz) versandt hat[4]. Rückgabe muss **innerhalb** der **Widerrufsfrist** erfolgen, die ab Erhalt der Sache läuft (§ 356 Abs. 2 S. 1 BGB). Auch die Frist zur vereinbarten Rückgabe soll nicht zu laufen beginnen, wenn die Belehrungspflicht nach § 312 c Abs. 2 BGB nicht erfüllt ist, da dann die Substituierung des gesetzlichen Widerrufsrechts eine vorvertragliche korrekte Rückgabebelehrung voraussetzt, andernfalls es beim gesetzlichen Widerrufsrecht bleibe[5].

Die **Rücktransportkosten** dürfen dem Verbraucher auch dann nicht auferlegt werden, wenn der Bestellwert unter 40 Euro liegt (arg. e. § 357 Abs. 2 S. 2 BGB). Die Gefahr von Verschlechterung und Untergang trägt der Unternehmer auch bei vereinbarter Rückgabe (§ 357 Abs. 2 S. 2 BGB).

(7) Wertersatz für Verschlechterung

Der Verbraucher muss (anders als sonst Rücktrittsberechtigte) auch für eine durch die

---

127, 129, der dies aus der mit Art. 6 Abs. 2 S. 2 FARL konformen Auslegung ableitet, der allein die Auferlegung von Rücksendungskosten zulasten des Verbrauchers gestattet und die Vereinbarung eines zusätzlichen Transportvertrages oder eines Kaufs auf Probe als Umgehung einstuft.

1 *Brönneke*, MMR 2004, 127, 130.

2 *Ernst*, Vertragsgestaltung im Internet, Rdn. 44.

3 Palandt/*Heinrichs*, § 356 Rdn. 4.

4 LG Kleve, Urt.v. 22.11.2002 – 5 S 90/02, NJW-RR 2003, 196.

5 *Aigner*/*Hofmann*, Fernabsatzrecht im Internet, Rdn. 236.

zwischenzeitliche bestimmungsgemäße **Benutzung** entstandene Verschlechterung Nutzungsentschädigung leisten (§ 357 Abs. 3 BGB)[1]. Die Nutzungsentschädigung ist nach dem üblichen oder gedachten Mietzins zu berechnen[2], wobei sich der Mietzinssatz aus der Aufteilung des Kaufpreises für die jeweilige Software auf die jeweilige wirtschaftliche Nutzungsdauer (etwa 48 Monate) ableitet. Der Verbraucher muss aber spätestens bei Vertragsschluss in Textform auf diese Rechtsfolge und eine Möglichkeit **hingewiesen** worden sein, diese zu vermeiden. Die Haftung für Verschlechterung greift nicht ein, wenn die Verschlechterung ausschließlich auf die Prüfung der Sache zurückzuführen ist (§ 357 Abs. 3 S. 2 BGB). Die Verpflichtung zum Ersatz eines Wertverlustes, der durch bestimmungsgemäße Ingebrauchnahme entsteht, wurde als mit Art. 6 Abs. 1 S. 2 FARL nicht vereinbar angesehen[3] und dem Kunden ein Recht zu kurzer Ingebrauchnahme zugestanden[4]. Jedoch ist es dem Unternehmer gemäß Anlage 2 zu § 14 BGB-InfV gestattet, den Verbraucher darauf hinzuweisen, dass dieser eine Wertminderung in dem Umfang ersetzen muss, in dem die Prüfung über das im Ladengeschäft mögliche Maß hinausgeht[5]. Im Streitfall wird ein zur Entscheidung berufenes Gericht hier zur Vorlage zum EuGH verpflichtet sein.

Zu beachten ist, dass eine in Benutzung genommene Sache als „gebraucht" gilt[6]. Der Anbieter kann sie damit nicht mehr als „neu hergestellt" im Sinne von § 309 Nr. 8 b BGB verkaufen. Dieser Wertverlust als solcher ist vom Anbieter zu tragen. Er kann höher sein als der Wertersatz.

III. Finanzdienstleistungen im Fernabsatz

1. EG-Richtlinie 2002/65/EG

Die Richtlinie über Finanzdienstleistungen im Fernabsatz (FinanzDLFA-RL)[7] harmonisiert den Bereich der Finanzdienstleistungen, die für Verbraucher im Fernabsatz erbracht werden. Die Richtlinie ist bis zum 9.10.2004 in nationales Recht umzusetzen (Art. 21 Abs. 1 FinanzDLFA-RL). Sie dient zur EG-weiten Angleichung der Rechtsvorschriften über den Vertrieb von Finanzdienstleistungen. Als **Finanzdienstleistung** erfasst wird „jede Bankdienstleistung sowie jede Dienstleistung im Zusammenhang mit einer Kreditgewährung, Versicherung, Altersversorgung von Einzelpersonen, Geldanlage oder Zahlung" (Art. 2 b FinanzDLFA-RL).

Die Art. 3 – 5 sehen umfassende **Unterrichtungspflichten** der Anbieter von

---

1 *Tonner*, BB 2000, 1413, 1415.

2 Palandt/*Heinrichs*, § 361 a Rdn. 36.

3 *Brönneke*, MMR 2004, 127, 132.

4 *Lütcke*, Fernabsatzrecht, § 357 Rdn. 27, a.A. *Aigner/Hofmann*, Fernabsatzrecht im Internet, Rdn. 140, 141 (mit dem nicht ganz unzutreffenden Hinweis auf den Wertverlust auch nur kurz benutzter Produkte, z.B. Kraftfahrzeuge).

5 *Aigner/Hofmann*, Fernabsatzrecht im Internet, Rdn. 145 zweifeln, ob der Verordnungsgeber für diese Einschränkung eine Ermächtigungsgrundlage hatte, und befürchten, dass eine insoweit unzutreffende Belehrung ungeeignet sein könnte, die Widerrufsfrist in Gang zu setzen.

6 Palandt/*Putzo*, § 475 Rdn. 11.

7 Richtlinie 2002/65/EG/des Europäischen Parlamentes und des Rates vom 23.9.2002 über den Fernabsatz von Finanzdienstleistungen an Verbraucher und zur Änderung der Richtlinie 90/619/EWG des Rates und der Richtlinien 97/7/EG und 98/27/EG, ABl. Nr. L271 v. 9.10.2002, 16. Einführend s. *Härting/Schirmbacher*, CR 2002, 809.

Finanzdienstleistungen vor. So muss der Anbieter den Verbraucher etwa über seine „Hauptgeschäftstätigkeit" unterrichten (Art. 3 Abs. 1 Nr. 1 a FinanzDLFA-RL), bei Nichtansässigkeit im Wohnsitzstaat des Verbrauchers einen Vertreter in diesem Staat benennen (Art. 3 Abs. 1 Nr. 1 b FinanzDLFA-RL) und die Identität und Eigenschaft eingeschalteter Vermittler mitteilen (Art. 3 Abs. 1 Nr. 1 c FinanzDLFA-RL). Nach Art. 3 Nr. 2 FinanzDLFA-RL sind insbesondere alle wesentlichen Merkmale der Finanzdienstleistung und ihr Gesamtpreis anzugeben. Auf besondere Risiken (etwa bei Börsengeschäften) ist hinzuweisen (Art. 3 Nr. 2 c FinanzDLFA-RL). Rechtzeitig vor Vertragsabschluss müssen alle Vertragsbedingungen in Papierform oder auf einem anderen dauerhaften Datenträger übermittelt werden (Art. 5 Abs. 1 FinanzDLFA-RL).

Der Verbraucher hat ein **Widerrufsrecht**, das auf 14 Kalendertage befristet ist, bei Fernabsatzverträgen über Lebensversicherungen oder Altersversorgung auf 30 Kalendertage (Art. 6 Abs. 2 FinanzDLFA-RL).

Nach Art. 10 darf **Werbung** per Telefon mit einem Anrufautomaten (Voice-Mail-System) oder per Telefax nur nach Einwilligung des Nutzers verwendet werden (Art. 10 Abs. 1 FinanzDLFA-RL), während die Verwendung sonstiger Kommunikationsmittel, etwa E-Mail, von den Mitgliedsstaaten untersagt werden soll (Art. 10 Abs. 2 FinanzDLFA-RL).

2. Gesetz zur Änderung der Vorschriften über Fernabsatzverträge bei Finanzdienstleistungen

Seit dem 3.12.2004 ist das Gesetz zur Änderung der Vorschriften über Fernabsatzverträge bei Finanzdienstleistungen anzuwenden[1]. Das Gesetz führt die umfassenden Informationspflichten auch für Finanzdienstleistungen in das BGB ein, die auch mittels E-Mail erfüllt werden können. Der Kunde erhält ein auf zwei Wochen befristetes Widerrufsrecht, ausgenommen beim Kauf von Aktien oder anderen handelbaren Wertpapieren. Als „**Finanzdienstleistungen**" werden im neuen § 312 b Abs. 1 S. 2 BGB definiert „Bankdienstleistungen sowie Dienstleistungen im Zusammenhang mit einer Kreditgewährung, Versicherung, Altersversorgung von Einzelpersonen, Geldanlage oder Zahlung".

§ 312 b BGB enthält einen neuen Abs. 4: „Bei Vertragsverhältnissen, die eine erstmalige Vereinbarung mit daran anschließenden aufeinander folgenden Vorgängen oder eine andere daran anschließende Reihe getrennter, in einem zeitlichen Zusammenhang stehender Vorgänge der gleichen Art umfassen, finden die Vorschriften über Fernabsatzverträge nur Anwendung auf die erste Vereinbarung. Wenn derartige Vorgänge ohne eine solche Vereinbarung aufeinander folgen, gelten die Vorschriften über Informationspflichten des Unternehmers nur für den ersten Vorgang. Findet jedoch länger als ein Jahr kein Vorgang der gleichen Art mehr statt, so gilt der nächste Vorgang als der erste Vorgang einer neuen Reihe im Sinne von Satz 2."

§ 312 c Abs. 1 BGB enthält redaktionelle Änderungen. § 312 c Abs. 2 BGB weitet die **Informationspflichten** aus, die „1. bei Finanzdienstleistungen rechtzeitig vor Abgabe von dessen Vertragserklärung oder, wenn auf Verlangen des Verbrauchers der Vertrag telefonisch unter Verwendung eines anderen Fernkommunikationsmittels geschlossen wird, das die Mitteilung in Textform vor Vertragsschluss nicht gestattet, unverzüglich nach Abschluss des Fernabsatzvertrages."

§ 312 c Abs. 3 BGB verpflichtet den Unternehmer, dem Verbraucher auf Verlangen

---

[1] Vom 2.12.2004, BGBl 2004 I, 3102.

jederzeit während der Laufzeit des Vertrages die Vertragsbestimmungen einschließlich der AGB in einer **Urkunde** zur Verfügung zu stellen, die aber kein Unterschrift bedürfen soll[1].

In § 312 d Abs. 3 BGB wird festgelegt, dass das **Widerrufsrecht** bei einer Finanzdienstleistung **erlischt**, wenn der Vertrag von beiden Seiten auf ausdrücklichen Wunsch des Verbrauchers vollständig erfüllt ist, bevor der Verbraucher sein Widerrufsrecht ausgeübt hat. Nach der neuen § 312 d Abs. 4 Nr. 6 BGB besteht das Widerrufsrecht (mangels abweichender Bestimmmung) nicht bei Fernabsatzverträgen, die (die Lieferung oder) „die Erbringung von Finanzdienstleistungen zum Gegenstand haben, deren Preis auf dem Finanzmarkt **Schwankungen** unterliegt, auf die der Unternehmer keinen Einfluss hat und die innerhalb der Widerrufsfrist auftreten können, insbesondere Dienstleistungen im Zusammenhang mit Aktien, Anteilsscheinen, die von einer Kapitalgesellschaft ausgegeben werden, und anderen handelbaren Wertpapieren, Devisen, Derivaten oder Geldmarktinstrumenten".

Der Verbraucher hat bei Fernabsatzverträgen über Finanzdienstleistungen abweichend von § 357 Abs. 1 BGB **Wertersatz** für die erbrachte Dienstleistung nach den Vorschriften über den gesetzlichen Rücktritt nur zu leisten, wenn er vor Abgabe seiner Vertragserklärung auf diese Rechtsfolge hingewiesen worden ist und wenn er ausdrücklich zugestimmt hat, dass der Unternehmer vor Ende der Widerrufsfrist mit der Ausführung der Dienstleistung beginnt.

§ 355 Abs. 3 S. 3 BGB ist durch einen angefügten Satz ergänzt, nachdem das **Widerrufsrecht** nicht nur bei Unterbleiben der Belehrung des Verbrauchers durch den Unternehmer **fortbesteht**, sondern auch, wenn der Finanzdienstleister seine Mitteilungspflichten nach § 312 c Abs. 2 Nr. 1 BGB nicht ordnungsgemäß erfüllt hat. Auch insoweit wird für das Fortbestehen des Widerrufsrechts keine zeitliche Obergrenze festgelegt[2].

§ 357 Abs. 1 S. 2 BGB erstreckt schließlich die Geltung des § 286 Abs. 3 BGB auf die Verpflichtung zur **Erstattung** von Zahlungen. Diese Frist läuft 30 Tage und berechnet sich für den Unternehmer hinsichtlich zu erstattender Zahlungen ab Zugang der Widerrufserklärung des Verbrauchers, für den Verbraucher ab dem Zeitpunkt der Abgabe der Widerrufserklärung[3].

In den **Überleitungsvorschriften** ist bestimmt, dass das bisherige Recht auf Schuldverhältnisse anwendbar ist, die bis zum Ablauf des 7.12.2004 gebründet wurden (Art. 229 § 11 EGBGB).

Die **Informationspflichten** bei Fernabsatzverträgen sind deutlich **ausgeweitet** worden (s. S. 241). Neu eingeführt sind die Informationspflichten bei Fernabsatzverträgen über Finanzdienstleistungen. Nach § 1 Abs. 2 BGB-InfoV muss der Unternehmer zusätzlich zu Abs. 1 folgende Informationen zur Verfügung stellen:

1. „die Hauptgeschäftstätigkeit des Unternehmens und die für seine Zulassung zuständige Aufsichtsbehörde,
2. gegebenenfalls den Hinweis, dass sich die Finanzdienstleistung auf Finanzinstrumente bezieht, die wegen ihrer spezifischen Merkmale oder der durchzuführenden Vorgänge mit speziellen Risiken behaftet sind oder deren Preis Schwankungen auf dem Finanzmarkt unterliegt, auf die der Unternehmer keinen Einfluss hat, und dass in der Vergangenheit erwirtschaftete Erträge kein Indikator für

---

1 Begr. zum Entwurf für ein Gesetz zur Änderung der Vorschriften über Fernabsatzverträge bei Finanzdienstleistungen, 43.

2 Begr. zum Entwurf, a.a.O., 47.

3 Begr. zum Entwurf, a.a.O., 48.

künftige Erträge sind,
3. die vertraglichen Kündigungsbedingungen einschließlich etwaiger Vertragsstrafen,
4. die Mitgliedsstaaten der Europäischen Union, deren Recht der Unternehmer der Aufnahme von Beziehungen zum Verbraucher vor Abschluss des Fernabsatzvertrags zugrunde legt,
5. eine Vertragsklausel über das auf den Fernabsatzvertrag anwendbare Recht oder über das zuständige Gericht,
6. die Sprachen, in welchen die Vertragsbedingungen und die in dieser Vorschrift genannten Vorabinformationen mitgeteilt werden, sowie die Sprachen, in welchen sich der Unternehmer verpflichtet, mit Zustimmung des Verbrauchers die Kommunikation während der Laufzeit dieses Vertrags zu führen,
7. einen möglichen Zugang des Verbrauchers zu einem außergerichtlichen Beschwerde- und Rechtsbehelfsverfahren und gegebenenfalls die Voraussetzungen für diesen Zugang und
8. das Bestehen eines Garantiefonds oder anderer Entschädigungsregelungen, die nicht unter die Richtlinie 94/19/EG des Europäischen Parlaments und des Rates vom 30. Mai 1994 über Einlagensicherungssysteme (ABl. EG Nr. L 135 S. 5) und die Richtlinie 97/9/EG des Europäischen Parlaments und des Rates vom 3. März 1997 über Systeme für die Entschädigung der Anleger (ABl EG Nr. L 84 S. 22) fallen.“

IV. Pflicht zur Hilfestellung und Anbieterkennzeichnung im elektronischen Geschäftsverkehr

1. Hilfestellungen

§ 312 e BGB verpflichtet (unabdingbar gegenüber Verbrauchern) den Unternehmer, der sich zum Zwecke des Abschlusses eines Vertrages über die Lieferung von Waren oder die Erbringung von Dienstleistungen eines Tele- oder Mediendienstes (i.S.d. §§ 2 TDG bzw. 2 MDStV) bedient, etwa beim Fernversand von Hardware oder Software, dem Kunden

1. angemessene, wirksame und zugängliche technische Mittel zur Verfügung zu stellen, mit deren Hilfe der Kunde **Eingabefehler** vor Abgabe seiner Bestellung erkennen und berichtigen kann (§ 312 e Abs. 1 S. 1 Nr. 1 BGB). Bestätigt der Anbieter eine Bestellung auf Grund eines Formelfehlers mit der Angabe von nur 1 % des tatsächlichen Preises, wurde diese Auftragsbestätigung als wegen eines Übermittlungsfehlers anfechtbar angesehen[1]. Bei versehentlich falscher Eingabe (Irrtum um zwei Kommastellen) besteht unabhängig davon ein Anfechtungsrecht aus § 120 BGB, ob anbieterseits eine elektronische Bestätigung erfolgte[2].
2. rechtzeitig vor Abgabe von dessen Bestellung klar und verständlich die (nach der Verordnung zu Art. 241 EG BGB bestimmten) vertragsbezogenen **Informationen** zu geben (§ 312 e Abs. 1 S. 1 Nr. 2 BGB),
3. den **Zugang** von dessen Bestellung unverzüglich auf elektronischem Wege zu **bestätigen**[3] (§ 312 e Abs. 1 S. 1 Nr. 4 BGB, Umsetzung von Art. 11 Abs. 1

---

[1] OLG Frankfurt, Urt.v. 20.11.2002 – 9 U 94/02, MMR 2003, 405.

[2] OLG Hamm, Urt.v. 12.1.2004 – 13 U 165/03, NJW 2004, 2601.

[3] Die Bestätigung durch Autoresponder wurde als ausreichend angesehen (*Tettenborn/Bender/Lübben/Karenfort*, K&R Beilage 1 zu Heft 12/2001, 25).

Spiegelstrich 1 ECRL, wobei in dieser Bestätigung keine Annahme eines Angebotes zu sehen ist[1]), und
4. die Möglichkeit zu verschaffen, die Vertragsbestimmungen einschließlich der Allgemeinen Geschäftsbedingungen bei Vertragsschluss **abzurufen** (Downloading ausreichend[2]) und in wiedergabefähiger Form zu speichern (§ 312 e Abs. 1 S. 1 Nr. 4 BGB).

Art. 11 Abs. 1 2. Spiegelstrich ECRL verlangt von den Mitgliedsstaaten sicherzustellen, dass Bestellung und Empfangsbestätigung als eingegangen gelten sollen, wenn die Parteien, für die sie bestimmt sind, sie abrufen **können**. Nach der Richtlinie wäre Eingang also zu dem Zeitpunkt anzunehmen, zu dem eine Mail auf einem Serverrechner abrufbar ist, gleich, zu welcher Tages- oder Nachtzeit dies erfolgt. Hier wurde deshalb unter Berücksichtigung „wertender Gesichtspunkte" eine Auslegung dahin vorgenommen, von Privatpersonen nicht ein ständiges Abrufen von deren Malboxen zu verlangen und auch Unternehmen nicht als verpflichtet anzusehen, „zur Unzeit" eingetroffene Mails sich als eingegangen anrechnen lassen zu müssen[3]. § 312 e Abs. 1 S. 2 BGB nimmt deshalb einen Zugang nicht zu jedem beliebigen Zeitpunkt an, sondern dann, wenn „unter gewöhnlichen Umständen" abgerufen werden kann[4].

§ 3 InfV verlangt zudem **Informationen über die einzelnen technischen Schritte**, die zu einem Vertragsschluss führen[5], über die Speicherung des Vertragstexts nach Vertragsschluss beim Anbieter und die Zugänglichkeit des Vertrags-/AGB-Textes für den Kunden, über die Möglichkeit der Berichtigung von Eingabefehlern, die für den Vertragsschluss zur Verfügung stehenden Sprachen und einschlägige Verhaltenskodizes, denen sich der Unternehmer unterwirft, und deren Zugänglichkeit. Der Diensteanbieter muss nur vortragen und beweisen, dass der Nutzer die AGB herunterladen *konnte*, nicht aber, dass er sie tatsächlich heruntergeladen hat[6]. Die Download-Möglichkeit reicht jedoch nicht aus, soweit der Diensteanbieter die Informationen nach der InfV dem Nutzer „in Textform mitzuteilen" hat (§ 312 c Abs. 2 BGB). Die Mitteilung kann durch Übersenden einer Textdatei auf Datenträger oder mittels E-Mail erfolgen[7]. Es soll bereits (jedenfalls für die Anforderungen des § 126 BGB) ausreichen, wenn der Anbieter die Informationen in Textform in das Internet stellt und der Nutzer

---

1 Deshalb wird sich in der Regel nicht die (von *Tettenborn/Bender/Lübben/Karenfort*, K&R Beilage 1 zu Heft 12/2001, 25 aufgeworfene) Frage stellen, ob die Empfangsbestätigung als Annahmeerklärung zu qualifizieren sei. Wenn der Anbieter nur den *Eingang* der Erklärung des Nutzers bestätigt, äußert er sich noch nicht inhaltlich zu dieser Erklärung. Nach diesem Ansatz bedarf es freilich einer zweiten anbieterseitigen Erklärung zur Annahme des Angebotes.

2 *Tettenborn/Bender/Lübben/Karenfort*, K&R Beilage 1 zu Heft 12/2001, 24.

3 *Tettenborn/Bender/Lübben/Karenfort*, a.a.O., 26.

4 Zutreffend kritisiert wurde, dass bei Abrufbarkeit i.S.d. genannten Bestimmung die Erklärung nicht nur als zugegangen gilt, sondern zugegangen *ist*, ebenso die Begrenzung der Wirkung der Bestimmung auf Bestellung und Empfangsbestätigung(Palandt/*Heinrichs*, § 312 e Rdn. 7). Außerdem ist zu fragen, ob noch eine korrekte Richtlinienumsetzung vorliegt, da die RL nun einmal auf den theoretischen, nicht den zumutbaren Abrufzeitpunkt abstellt und Abweichungsmöglichkeiten durch Mitgliedsstaaten insoweit nicht vorgesehen wurden.

5 Erforderlich sind nicht Informationen über technische Vorgänge, aber wohl, dass der Nutzer in die Lage versetzt wird zu wissen, ab welchem Zeitpunkt er ein verbindliches Angebot abgegeben hat, etwa durch bloßen Mausklick oder durch – näher zu beschreibendes – digitales Signieren (*Tettenborn/Bender/Lübben/Karenfort*, a.a.O., 24).

6 *Tettenborn/Bender/Lübben/Karenfort*, a.a.O., 24.

7 Palandt/*Heinrichs*, § 312 Rdn. 7.

diese herunterladen kann[1]. Allerdings beginnt die Widerrufsfrist bei Fernabsatzverträgen erst zu laufen, wenn der Anbieter sowohl den Zugang der Information als auch deren Vollständigkeit beweisen kann, weshalb es als sinnvoll angesehen wurde, dass sich der Anbieter den Empfang der Informationen vom Verbraucher bestätigen lässt[2]. Das setzt aber in der Regel eine Übersendung der Informationen voraus.

Anfechtung wegen fehlenden Erklärungsbewusstseins ist möglich, wenn der Kunde auf Grund eines Irrtums über die Ausgestaltung der einzelnen technischen Schritte, die zum Vertragsschluss führen, den Vertrag irrtümlich abschließt[3]. Möglich ist auch eine Vertragsaufhebung als Schadensersatz nach den §§ 280 Abs. 1, 249 S. 1, 312 e Abs. 1 Nr. 2, § 3 InfV.

Ergänzend kann aus **Vertrag** eine Anbieterverpflichtung bestehen, geeignete technische und organisatorische Vorkehrungen zu treffen, die sicherstellen, dass im Internet erteilte unplausible und offensichtlich irrtümliche Eingaben als solche erkannt werden[4], wobei der Irrtum des Kunden bei der Eingabe nicht als schuldhafte Mitverursachung im Sinne von § 254 BGB angesehen wurde[5].

Stellt das **Angebot** eine Aufforderung zur Angebotsabgabe (*invitatio ad offerendum*) dar[6], ist die Bestellung durch den Kunden Antrag i.S.v. § 145 BGB und die Empfangsbestätigung grundsätzlich zugleich die Annahmeerklärung (wenn nicht nur der Eingang bestätigt wird). Ist das Angebot hingegen (durch seine besondere Gestaltung, s. S. 103) bereits selbst Antrag i.S.v. § 145 BGB, wird der Vertrag bereits mit der Bestellung durch den Kunden abgeschlossen[7]. Nach § 312 e Abs. 1 S. 2 BGB gelten Bestellung und Empfangsbestätigung als zugegangen, wenn die Parteien, für die sie bestimmt sind, sie unter gewöhnlichen Umständen abrufen **können**. Damit wird erstmals vom Gesetzgeber vorausgesetzt, dass der Mailserver als Empfangsvorrichtung dem Machtbereich des Empfängers zugeordnet ist.

§ 312 e Abs. 1 S. 1 Nr. 1 – 3 BGB gelten nicht (wohl aber Nr. 4), wenn der Vertrag ausschließlich durch **individuelle Kommunikation** geschlossen wurde (§ 312 e Abs. 2 S. 1 BGB n.F.) Zwischen **Kaufleuten** können die Pflichten aus § 312 e Abs. 1 BGB abbedungen werden (§ 312 e Abs. 2 S. 2 BGB). Nach § 312 e Abs. 1 S. 2 BGB gelten Bestellung und Empfangsbestätigung ab dem Zeitpunkt als zugegangen, zu dem die adressierte Vertragspartei sie unter gewöhnlichen Umständen abrufen kann. Vertragsschlüsse durch Brief- und Telefonverkehr werden nicht erfasst[8]. § 312 e ist auch anwendbar, wenn die Erbringung der Leistungen offline erfolgt[9].

§ 312 e BGB setzt Informationspflichten nach den Artt. 10 und 11 der ECRL, die auch zwischen Unternehmen gelten[10]. Art. 10 Abs. 1 **ECRL** verlangt, dass der Diensteanbieter gegenüber Verbrauchern klar, verständlich und unzweideutig über „die

1 Palandt/*Heinrichs*, a.a.O.

2 Palandt/*Heinrichs*, a.a.O.

3 Gesetzesbegr., BT-Drucks. 14/6040, 173.

4 LG Nürnberg, Urt.v.23.1.2002 – 10 O 8034/01, CR 2003, 222 (für Organisationspflichten von Online-Direktbanken).

5 LG Nürnberg, Urt.v.23.1.2002, a.a.O., 222.

6 Was für online offerierte Dienste nach deutschem Rechtsverständnis anzunehmen sein soll (*Tettenborn/Bender/Lübben/Karenfort*, K&R Beilage 1 zu Heft 12/2001, 25).

7 *Hassemer*, MMR 2001, 635, 636.

8 Gesetzesbegründung, a.a.O., 171.

9 Gesetzesbegründung, a.a.O., 171.

10 Gesetzesbegründung, BT-Drucks. 14/6040, 169.

einzelnen technischen Schritte, die zu einem Vertragsschluss führen", informiert (Art. 10 Abs. 1 lit a ECRL), ebenso über Angaben dazu, ob der Vertragstext nach Vertragsschluss vom Diensteanbieter gespeichert wird und ob er zugänglich sein wird (Art. 10 Abs. 1 lit b ECRL), weiter über die technischen Mittel zur Erkennung und Korrektur von Eingabefehlern vor Angabe der Bestellung (Art. 10 Abs. 1 lit c ECRL) und schließlich über die für den Vertragsschluss zur Verfügung stehenden Sprachen (Art. 10 Abs. 1 lit s ECRL). Die RL gibt keine Sanktionen bei Verletzung der Informationspflichten vor, so dass insoweit auf (unterschiedliches) nationales Recht zurückzugreifen ist[1].

2. Anbieterkennzeichnung

§ 6 TDG sieht (in der Novellierung durch das EGG vom 14.12.2001; für Mediendienste wurde eine entsprechende Verpflichtung in § 10 MDStV, Fassung vom 1.7.2002, aufgenommen, die auch eine Angabe des Verantwortlichen für das redaktionelle Angebot umfasst) allgemeine Informationspflichten der Anbieter von Telediensten vor. § 6 TDG setzt Art. 5 ECRL um. Diese Pflichten gelten nicht nur gegenüber jetzigen oder zukünftigen Vertragspartnern, sondern für **sämtliche Diensteangebote in Kommunikationsnetzen**. Über § 6 S. 1 TDG hinausgehende Informationspflichten etwa aus Fernabsatzgeschäften oder der Preisangabenverordnung bleiben unberührt (§ 6 S. 2 TDG). Regelungszweck des § 6 TDG bzw. des § 10 MDStV ist, Identität und Sitz eines Anbieters in Kommunikationsnetzen für die Nutzer (und insbesondere, aber keineswegs nur die Verbraucher) erkennbar zu machen[2]. Auch im Ausland registrierte Teledienste-Anbieter werden als kennzeichnungspflichtig angesehen[3]. Folgende **Angaben** sind vorzuhalten:

1. Namen und Anschrift, unter der sie niedergelassen sind, bei juristischen Personen zusätzlich den (gesetzlichen[4]) Vertretungsberechtigten, sowie
2. Angaben, die eine schnelle elektronische Kontaktaufnahme und unmittelbare Kommunikation mit ihnen ermöglichen[5], einschließlich der Adresse der elektronischen Post,
3. soweit der Teledienst im Rahmen einer Tätigkeit angeboten oder erbracht wird, die der behördlichen Zulassung bedarf, Angaben zur zuständigen Aufsichtsbehörde,
4. das Handelsregister, Vereinsregister, Partnerschaftsregister oder Genossenschaftsregister, in das sie eingetragen sind, und die entsprechende Registernummer,
5. Angaben über Berufskammern, gesetzliche Berufsbezeichnung und berufsrechtliche Regelungen (im Falle von § 6 Nr. 5 TDG),
6. eine vergebene Umsatzsteueridentifikationsnummer.

---

1 *Tettenborn/Bender/Lübben/Karenfort*, K&R Beilage 1 zu Heft 12/2001, 24.

2 In der Praxis war die Befolgungsrate bezüglich der Anbieterkennzeichnung unzureichend (s. den Bericht bei *Wolters*, DuD 1999, 633), weshalb mit dem Elektronischer Geschäftsverkehrgesetz (EGG) v. 14.12.2001 im § 12 TDG eine Bußgeldbewehrung für Verletzungen der Anbieterkennzeichnungspflicht eingeführt wurde.

3 LG Frankfurt, Urt.v. 28.3.2003 – 3/12 O 151/02, JurPC Web-Dok. 153/2003.

4 Überholt ist die Rechtsprechung, dass die Benennung eines rechtsgeschäftlichen Vertreters ausreicht (so OLG München, Urt.v. 26.7.2001 – 29 U 3265/01, CR 2002, 55), a.A. *Hoß*, CR 2003, 687, 688.

5 Das OLG Hamm, Urt.v. 17.3.2004 – 20 U 222/03, MMR 2004, 549 sah die Angabe einer Telefonnummer nicht als erforderlich ab, da (bzw. wenn) Kontaktaufnahme auch über Bildschirmmasken oder per E-Mail möglich ist.

§ 10 Abs. 3 MDStV verlangt zusätzlich Angaben zu den redaktionell verantwortlichen Personen. Die Angaben nach § 6 TDG müssen **leicht erkennbar, unmittelbar erreichbar und ständig verfügbar** sein (§ 6 S. 1 TDG). Maßgeblich bei der Beurteilung der Gestaltung der Anbieterkennzeichnung soll das Leitbild des durchschnittlich informierten und verständigen Verbrauchers sein (s. hierzu S. 484)[1], jedoch ist zu sehen, dass die Anbieterkennzeichnung nicht nur im Verbraucherschutzbereich, sondern generell im Bereich im elektronischen Geschäftsverkehr verlangt wird; soweit auch Verbraucher adressiert werden (also nicht im reinen B2B-Bereich) muss aber die Verbraucherperspektive zugrunde gelegt werden. Neben der Postanschrift und E-Mail-Adresse wurde die Angabe entweder eines Telefon- oder eines Telefaxanschlusses verlangt[2].

Als **leicht erkennbar** wurden Informationen angesehen, die effektiv optisch wahrnehmbar sind[3]. Hierzu wird gehören, dass die Informationen unmittelbar beim Aufrufen der Seite lesbar sind, also nicht erst zu einem verdeckten Teil der Seite ge„scrollt" werden muss[4] oder die Informationen erst auf der vierten, durch Anklicken zu erreichenden Webseite lesbar sind[5]. Zur Verbesserung der Erkennbarkeit bietet sich an, den Kennzeichnung- oder Linkvermerk **farblich** besonders hervorzuheben[6]. Zu beachten ist weiter, dass die verschiedenen Browser eine Webseite unterschiedlich darstellen können[7].

Als **unmittelbar erreichbar** werden Informationen angesehen, wenn sie ohne wesentliche Zwischenschritte erreichbar[8] und nicht auf unterschiedlichen Seiten verstreut sind[9]. Hierbei wird es jedoch als nicht erforderlich angesehen, dass sämtliche erforderlichen Informationen auf der Eingangsseite dargestellt werden (um deren „Überfrachtung" zu vermeiden), sondern es soll ausreichen, wenn die Informationen auf einer separaten, **über** einen **Link**[10] **aufrufbaren Seite** zusammengefasst werden, wobei ein Mausklick zur Aktivierung des Link (auch kostenmäßig) als zumutbar angesehen wird, wenn der Link unübersehbar angeordnet ist[11]. Entsprechend müssen die Pflichtangaben auch nicht auf jeder Webseite wiederholt werden, sondern es genügt, dass auf jeder Seite ein Link vorgehalten wird[12]. Ausreichend soll sein, dass die Anbieter-

1 *Hoß*, CR 2003, 687, 688.

2 OLG Köln, Urt.v. 13.2.2004 – 6 U 109/03, MMR 2004, 412 = JurPC Web-Dok. 159/2004 mit der Begründung, es müsse eine *unmittelbare* Kommunikation ermöglicht werden. Nicht ausreichend sei die dem Nutzer eingeräumte Möglichkeit, online (etwa per E-Mail) um Rückruf zu bitten.

3 *Hoenike/Hülsdonk*, MMR 2002, 415, 416.

4 *Hoenike/Hülsdonk*, MMR 2002, 415, 417.

5 LG Düsseldorf, Urt.v. 29.1.2003 – 34 O 188/02 Q, CR 2003, 380 (allerdings irtümlich von viertem „Website" sprechend, während der Tatbestand richtig von Webseiten (innerhalb derselben Site) spricht. Ähnlich Düsseldorf, Urt.v. 7.1.2002 – 34 O 172/02, CR 2003, 380 = MMR 2003, 380 und Urt.v. 11.7.2003 – 12 O 310/03, JurPC Web-Dok. 216/2003.

6 *Grimm*, DuD 1999, 628, 629.

7 *Schaefer*, DuD 2003, 348, 352.

8 *Hoenike/Hülsdonk*, MMR 2002, 415, 417.

9 *Hoß*, CR 2003, 687, 689.

10 Genau genommen handelt es sich hier um einen „Anker", von dem aus der Link auf die Seite mit den Kennzeichnungsangaben gesetzt wird (s. *Grimm*, DuD 1999, 628).

11 *Hoenike/Hülsdonk*, MMR 2002, 415, 417.

12 *Hoenike/Hülsdunk*, MMR 2002, 415, 417; *Hoß*, CR 2003, 687, 689.

kennzeichnung erst beim **zweiten Klick** erreichbar ist[1]. Die Darstellung auch des Impressums auf der Webseite muss unmittelbar erreichbar und leicht erkennbar sein. Dies ist nach Auffassung einzelner Gerichte nicht der Fall, sofern die Impressumsdarstellung erst erkennbar ist, wenn bei einer Bildschirmauflösung von 800x800 Pixel nach rechts (oder in eine andere Richtung) gescrollt[2] oder bei üblicher Bildschirmauflösung von 1024X 768 Pixeln der Link „Impressum" erst auf der vierten Bildschirmseite sichtbar wird[3]. Die Rechtsprechung hat es insoweit nicht als ausreichend angesehen, dass der Hinweis bei einer höheren Bildschirmauflösung (1024x768 Pixeln) dargestellt wird[4]. Ähnlich wurde es als unzureichend angesehen, wenn etwa der anklickbare Hinweis auf AGB am unteren Rand der Bestellseite präsentiert wird und dieser Rand für den Nutzer wegen der unterschiedlichen Bildschirmauflösung nicht zu sehen ist, sofern der Nutzer nicht nach unten „scrollt"[5]. Gleiches muss für den Hinweis auf die erforderlichen Anbieterangaben gelten.

Wird ein Link als Verweis zur Anbieterkennzeichnung (d.h. technisch als Anker im Text) verwendet, muss er freilich auf **jeder** Webseite gesetzt werden[6] (und ist dies aber auch ausreichend[7]), um etwa auch Nutzer zu informieren, die mittels Deep Links direkt auf tieferliegende Seiten gelangen. Nicht unmittelbar erreichbar ist die Information zum Namen des Websitebetreibers, wenn in der Kennzeichnung selbst nur der Nachname und der vollständige Name (mit Vornamen) erst im oberen Teil der AGB zu finden ist[8].

Als **ständig verfügbar** gelten Angaben, wenn sie der Nutzer jederzeit, also auch schon vor Abschluss des Vertrages, auf sie zugreifen kann[9]. Geraten wird zu einer sog. „Zwangsführung" des Nutzers, bei der sich dieser von der Homepage jeweils mittels

---

1 OLG München, Urt.v.11.9.2003 – 29 U 2681/03, CR 2004, 53 = MMR 2004, 36 = JurPC Web-Dok. 276/2003 – Anbieterkennzeichnung nach zwei Klicks, gegen OLG Karlsruhe, Urt.v. 27.3.2002 – 6 U 200/01, CR 2002, 682. Dem OLG München zufolge ergibt sich aus den Verhaltensregeln für den unlauteren elektronischen Handel der Internationalen Liga für Wettbewerbsrecht vom 30.9.2000 (www. wettbewerbszentrale.de), dass der Nutzer nicht mehr als zwei Schritte benötigen soll, um die Identifizierungsinformation zu erhalten. Angesichts der Üblichkeit der Verwendung von Links sind die Informationen auch dann „unmittelbar erreichbar", wenn man zu ihnen über zwei Links gelangt. Nicht entgegen stehe das Urteil des Senates v. 7.3.2002 – 29 U 5688/01, Pharma Recht 2002, 254-257 = MMR 2002, 463 = JurPC Web-Dok. 335/2002, nach dem die Verweisung auf die Pflichtangaben nach § 4 Abs. 1 i.V.m. 4 HWG nur per Link nicht ausreiche, wenn für den Werbeadressaten mehrere Schritte zu diesen Angaben erforderlich sind, da dieses Urteil auf den Besonderheiten des Heilmittelwerberechts beruht habe.

2 LG Hamburg, Urt.v.26.8.2002 – 416 O 94/02, JurPC Web-Dok. 370/2002; bestätigt durch OLG Hamburg, Beschl.v. 20.11.2002 – 5 W 80/02, CR 2003, 283 = GRUR-RR2003, 92f = MMR 2003, 105; a.A. *Grimm*, DuD 1999, 628, 630 (Zumutbarkeit der Nutzung von „*Scroll Bars*", wenn auf den so erreichbaren Inhalt auf dem ohne Scrollen erkennbaren Seitenteil hingewiesen wird).

3 OLG München, Urt.v. 12.2.2004 – 29 U 4564/03, JurPC Web-Dok. 136/2004 – Anbieterkennzeichnung.

4 Krit. etwa *Ott*, WRP 2003, 945, 947 mit dem Hinweis, der durchschnittlich informierte und verständige Verbraucher rechne (jedenfalls bei Vorhandensein von vertikalen oder horizontalen Bildlaufleisten) damit, dass nicht die ganze Webseite an seinem Bildschirm wiedergegeben wird. Zumindest bei langen Webseiten wird aber längeres Scrollen unmittelbare Erreichbarkeit scheitern lassen.

5 *Hoffmann*, Entwicklung des Internet-Rechts, NJW-Beilage 14/2001, 10, Fn. 74.

6 *Grimm*, DuD 1999, 628, 629; *Hoenike/Hülsdonk*, MMR 2002, 415, 417; allgemein ähnlich die Kommission in ihrem Vorschlag zur ECRL, S. 25.

7 *Kaestner/Tews*, WRP 2002, 1011, 1015.

8 LG Berlin, Beschl.v. 17.9.2002 – 103 O 102/02, CR 2003, 139 = MMR 2003, 200f.

9 *Hoenike/Hülsdonk*, MMR 2002, 415, 419.

Links zur Seite mit den Pflichtangaben, von dieser zur Seite mit den AGB und schließlich zur Seite mit dem Hinweis zu den bestehenden Korrekturmöglichkeiten „durchklicken“ muss[1]. Zumindest für die AGB-Seite wird aber das Setzen eines getrennten Link genügen, von dem aus nicht weitergeklickt werden muss. Zu weitgehend wäre es zu verlangen, dass von jedem Element wie Frames aus Links auf die Homepage zu verlangen[2]. Bei Bannerwerbung auf Webseiten Dritter sollte zumindest ein Link auf die Kennzeichnung des werbenden Anbieters gesetzt sein. Die Möglichkeit, Ausdrucke nutzerseits herzustellen, sollte nicht technisch ausgeschlossen sein, um eine dauerhafte Archivierung zu ermöglichen[3].

Die **Kennzeichnungspflicht** besteht für alle Anbieter von **geschäftsmäßigen** Diensten (§ 6 S. 1 TDG). Anbieter **privater Homepages** sollen auch zur Kennzeichnung verpflichtet sein[4] , wenn ihre Homepage für eine bestimmte Zeit in das Internet gestellt wird, da hierin bereits eine nachhaltige (und damit „geschäftsmäßige“) Tätigkeit liege[5]. Anbieter von privaten Homepages sind nach dieser Auffassung auch Diensteanbieter im Sinne von § 3 S. 1 Nr. 1 TDG, gleich, ob hierbei Entgelt erzielt wird (etwa durch Bannerwerbung) oder nicht (§ 2 Abs. 3 TDG). Ein Blick in das Web zeigt, dass diese Anforderung offensichtlich (noch) nicht Praxis ist. Zu geschäftsmäßigen Diensten sollen nachhaltige Tätigkeiten mit oder ohne Gewinnerzielungsabsicht[6] zählen, also etwa auch Teledienste von öffentlichen Bibliotheken und Museen, aber nicht private Gelegenheitsgeschäfte[7], die etwa über „Schwarze Bretter“ erfolgen[8]. Hier erscheint in doppelter Hinsicht Differenzierung erforderlich, einmal zur Abgrenzung des „Angebotes“ und zum anderen bezüglich des Erfordernisses der Nachhaltigkeit des Angebotes. Abzustellen ist wohl nicht auf die Dauer einzelner inhaltlicher Angebote auf einer Webseite, etwa zum Verkauf gebrauchter Gegenstände, sondern auf die **Dauerhaftigkeit der Webpräsenz** als solcher, auf der die verschiedenenen Angebote erfolgen. Das einzelne Angebot (im Beispiel das Verkaufsangebot auf dem „Schwarzen Brett“) mag nur ein paar Tage aktuell sein, während die private Webseite (also das Schwarze Brett selbst) meist dauerhaft vorgehalten wird. Zutreffend wurde angemerkt, dass letztlich damit jede dauernd abrufbare Webseite nachhaltig ist oder auch rein private Homepages erfasst werden[9]. Nicht geklärt und zweifelhaft erscheint, ob die in Art. 5 ECRL normierte Pflicht zur Anbieterkennzeichnung als richtlinienbegründete, autonom auszulegende Regelung nicht durch das Merkmal nationalen Rechts der

1 *Hoenike/Hülsdonk*, MMR 2002, 415, 420.

2 *Brunst*, MMR 2004, 8, 12.

3 *Brunst*, MMR 2004, 8, 12.

4 *Müller*, WRP 2002, 160, 165. Der Hinweis von Müller, die Nichtkennzeichnung sei nicht sanktionsbewehrt, ist inzwischen überholt, da § 12 TDG nunmehr eine Ordnungswidrigkeit normiert.

5 *v. Olenhusen/Crone*, WRP 2002, 160, 165.

6 Gesetzesbegr. zum TDG, BT-Drucks. 13/7385.

7 BR-Drucks. 136/01 v. 16.2.2001, 34.

8 BT-Drucks. 13/7385.

9 *Stickelbrock*, GRUR 2004, 111, 112. Sie lehnt diese Auffassung (gegen *Woitke*, NJW 2003, 871f) allerdings i.E. mit dem Argument ab, der Gesetzgeber habe ausweislich der Begr. BT. 13/7385 private Gelegenheitsgeschäfte nicht erfassen wollen, etwa An- und Verkäufe über virtuelle „Schwarze Bretter“. Dies vermag nicht ganz zu überzeugen: Das einzelne Angebot mag ein Gelegenheitsgeschäft darstellen und nur kurz präsentiert werden, die Webseite, auf der es erscheint, ist jedoch (von Ausnahmen abgesehen) nicht nur gelegentlich, sondern ständig abrufbar. Nicht erforderlich ist, dass auf der Webseite bestimmte Waren oder Dienstleistungen für eine gewisse Zeitdauer angeboten werden, sondern ausreichend, wenn die Webseiten überhaupt irgenwelche Informationen enthält und nicht nur kurzfristig abrufbar ist.

„**Nachhaltigkeit**“ aus § 3 Nr. 5 TKG ergänzt und der Anwendungsbereich hierdurch wesentlich ausgeweitet werden kann. Jedenfalls wird für die **autonome Auslegung** des Richtlinienbegriffes des „Dienstes“ nicht mittels eines Begriffes des deutschen TK-Rechts bewältigt werden können.

Die ECRL verwendet außerdem den Dienstebegriff der Transparenzrichtlinie 98/48/EG, die in Art. 1 Nr.2 darauf abstellt, ob der Dienst in der Regel **gegen Vergütung** erbracht wird, so dass vor diesem Richtlinienhintergrund kostenfrei nutzbare Homepages Privater von der ECRL nicht erfasst werden. Konsequent wurde deshalb auch das Adjektiv „geschäftsmäßig“ mit dem anderen Adjektiv „kommerziell“ gleichgesetzt[1], nicht mit „nachhaltig“. Vom Regelungszweck erscheint es etwa nicht nachvollziehbar, warum der private Betreiber einer Homepage, auf der er nur, wenn auch dauerhaft, Familie und Hobbies darstellt, kennzeichnungspflichtig sein sollte. In jedem Fall erfasst werden über ihre Webseite werbende Freiberufler, etwa Anwälte[2].

Der verpflichtete Anbieter muss die Angaben für alle Angebote machen, also auch im vorvertraglichen Bereich[3]. Empfohlen wird die Verwendung einer **Bezeichnung** wie „gesetzliche Pflichtangaben“[4]. Die Angabe von „für den Inhalt verantwortlichen“ Personen anstelle des gesetzlichen Vertreters ist nicht ausreichend und begründet einen Unterlassungsanspruch[5]. Ebenso ist es nicht ausreichend, wenn der vollständige Name des Inhabers im oberen Teil der auf der Webseite einsehbaren AGB genannt ist, nicht aber auf der Homepage neben dem Namen und der Anschrift des Firma[6].

Vom OLG Karlsruhe wurde es als nicht ausreichend angesehen, dass die Angaben zu Identität und Anschrift nur über einen Link „**Kontakt**“ und dort unter „Impressum“ erreichbar sind; vielmehr müsse der Kunde gleichsam zwangsläufig auf die Informationen stoßen[7]. Das OLG München sah hingegen einen doppelten Klick, nämlich zunächst auf „Kontakt“ und dann auf „Impressum“ als zulässig an[8]. Bei

---

1 *Bröhl*, MMR 2001, 67, 70.

2 *Weber*, Adressatenkreis der Verpflichtung zur Anbieterkennzeichnung, JurPC Web-Dok. 76/2002; *Schaefer*, DuD 2003, 348, 349.

3 *Pernice*, DuD 1999, 635.

4 *Hoenike/Hülsdonk*, MMR 2002, 415, 417.

5 OLG München, Urt.v.26.7.2001 – 29 U 3265/01, CR 2002, 55.

6 LG Berlin, Urt.v. 17.9.2002 – 103 C 102/02, MMR 2003, 202.

7 OLG Karlsruhe, Urt.v.27.3.2002 – 6 U 200/01, CR 2002, 682 = NJW-RR 2002, 11227 (Ls.) = ZUM-RD 2002, 604 = JurPC Web-Dok. 245/2002; ähnlich OLG München, Urt.v.12.2.2004 – 29 U 4564/03, CR 2004, 844 (neben weiteren Links stehendes „Impressum“ nicht leicht erkennbar). Das OLG Karlsruhe konstatiert (für die §§ 312 c BGB i.V.m. 1 BGB.InfV) im Web einen verfestigten Gebrauch dahin, unter „Kontakt“ eine Seite zu verstehen, die den Benutzer in die Lage versetzen soll, mit dem Anbieter in Kontakt zu treten, also um einen sog. „*mailto*“-Link, nicht aber um eine Seite mit allen für die Anbieterkennzeichnung erforderlichen Informationen. Auch sieht das Gericht den Begriff „*Impressum*“ als missverständlich an, weil im Impressum einer Veröffentlichung die nach dem Presserecht verantwortlichen Personen genannt werden (skeptisch auch *Bettinger*/Leistner, Werbung und Vertrieb im Internet, Teil 3 A, Rdn. 40). Freilich ergibt sich aus der feststellbaren Praxis, dass der Begriff „Impressum“ sehr häufig eher lax auch für die Anbieterkennzeichnung verwendet wird (s.etwa *Hoß*, CR 2003, 687, 689) und vom Nutzer in dieser Verwendung zumindest auch erwartet werden kann (i.E. ähnlich *Ernst*, GRUR 2003, 759, 760). Abschließend geklärt ist diese Frage in der Rechtsprechung aber nicht, weshalb nicht der Auffassung gefolgt werden kann, mit der Verwendung des Begriffs „Impressum“ befinde sich der Anbieter auf der „sicheren Seite“ (so aber *Ott*, WRP 2003, 945, 949). Immerhin kann im Einzelfall außerdem eine Irreführungsgefahr bestehen, wenn Nutzer unter „Impressum“ einen Mediendienst erwarten sollten.

8 OLG München, Urt.v.11.9.2003 – 29 U 2681/03, CR 2004, 53 = MMR 2004, 36 = JurPC Web-Dok. 276/2003 – Anbieterkennzeichnung nach zwei Klicks. Das OLG München verweist darauf, dass das

Arzneimittelwerbung müssen die Pflichtangaben nach § 4 HWG unmittelbar im Zusammenhang mit der Werbung zur Kenntnis gelangen (können), also als sachlich-informativer Teil der Gesamtwerbung erkennbar sein und dieser deshalb eindeutig und unmittelbar zugeordnet werden können; hiernach genügt es nicht, wenn der Nutzer über einen Klick auf das Feld „Fachinfos" nicht unmittelbar zu den Pflichtangaben gelangt, sondern diese erst nach drei weiteren Zwischenschritten einsehen kann[1].

Das LG München I[2] und das LG Essen[3] sahen bereits die Verweisform „Kontakt" hingegen als ausreichend an, wenn das Feld „Kontakt" auf jeder Seite der Website eingefügt ist. Als unzureichend wurde ein mit dem Begriff „*Backstage*" markierter Link angesehen, insbesondere, wenn der Nutzer den Bildschirmausschnitt erst nach rechts scrollen muss, um den Begriff zu sehen, die Information also nicht leicht wahrnehmbar ist[4]. Dem OLG Hamburg zufolge muss die Information optisch leicht wahrnehmbar sein; zwar sind Links zulässig, jedoch müssen sie mithilfe verständlicher Oberbegriffe gegliedert werden. Zugang zu den Angaben müsse ohne wesentliche Zwischenschritte möglich sein[5]. Nicht ohne weiteres haltbar ist damit das „*Two-Clicks-Away*"-Prinzip, da hier keinen unmittelbare Erreichbarkeit mehr gegeben ist[6].

Aus dem neuen Verbraucherleitbild des EuGH (s. S. 484) wurde freilich nicht zu Unrecht abgeleitet, dass dem durchschnittlich informierten, aufmerksamen und verständigen Verbraucher eine gewisse „Informationsbeschaffungslast" auferlegt sei[7]. Natürlich kann hieraus nicht folgen, dass die (immerhin richtlinienbasierte, Art. 5 ECRL) Kennzeichnungspflicht entbehrlich wäre. Doch wird dem Verbraucher zumindest ein Scrollen oder ein Anklicken zumutbar sein[8]. Dies gilt jedenfalls dann, wenn aus der Seitengestaltung deren Fortsetzung an der Unterseite des Webseite erkennbar ist, etwa durch eine durchgängige Auflistung von anklickbaren „Buttons". Dem Nutzer ist es andererseits auch als aufmerksamem und verständigem nicht zuzumuten, sich auf der Suche nach der Kennzeichnung durch alle Webseiten klicken zu müssen.

Die Regelung in § 6 TDG zur Anbieterkennzeichnung wurde als **Schutzgesetz** im Sinne von § 823 Abs. 2 BGB qualifiziert, so dass die Verletzung der Impressumspflicht

---

Gesetz keine Vorgabe enthalte, welche Bezeichnung die Anbieterkennzeichnung zu tragen habe, und sich die Bezeichnungen „Kontakt" oder „Impressum" im Verkehr duchgesetzt haben. Die Bezeichnungen „Kontakt" oder „Impressum" haben sich nach Ansicht des Gerichtes im Verkehr durchgesetzt, um den Nutzer auf die Angaben zur Person des Anbieters hinzuweisen.

1 OLG Hamburg, Urt.v. 3.5.2002 – 3 U 355/01, JurPC Web-Dok. 325/2003.

2 LG München I, Urt.v.23.7.2003 – 1 HK O 1755/03, JurPC Web-Dok. 246/2003 – Leiterplatten.

3 LG Essen, Schlussurteil v. 4.6.2003 – 44 O 18/03, JurPC Web-Dok. 312/2003 – Leiterplatten (für den Fall, dass Angaben zur Vertretungsberechtigung, zur Eintragung in das Handelsregister und Steuernummer unter einer anderen Unterrubrik erreichbar sind).

4 OLG Hamburg, Beschl.v.20.11.2002 – 5 W 80/02, CR 2003, 283 = GRUR-RR 2003, 92 = MMR 2003, 105 = JurPC Web-Dok. 79/2003. Ob ein übliches Scrollen bereits dazu führt, dass die Wiedergabe nicht ausreichend leicht erkennbar ist, erscheint fraglich. Das Gericht stellt selbst auf die Gepflogenheiten der beteiligten Verkehrskreise ab, die aber überwiegend wohl mit einer Scroll-Notwendigkeit rechnen. Dies gilt umso mehr, als das Gericht das Erfordernis, die Seite mit den Informationen anklicken zu müssen, als üblich und ausreichend einstuft. Das Gericht sah in der Verletzung der Pflicht aus § 6 TDG zugleich einen Verstoß gegen § 1 UWG.

5 Ebenso LG Düsseldorf, Urt.v. 29.1.2003 – 34 O 188/02, JurPC Web-Dok. 102/2003 (Urteilsfaksimile).

6 Ähnlich *Steins*, WM 2002, 53, 54.

7 *Stickelbrock*, GRUR 2004, 111, 112; *Klute*, MMR 2003, 107.

8 *Stickelbrock*, GRUR 2004, 111, 114.

zu Schadensersatz verpflichtet, – wobei eine Haftung aber auch aus Aufnahme von Vertragsverhandlung oder Anbahnung eines Vertragsverhältnisses entstehen kann (§§ 311 Abs. 2, 241 Abs. 2 BGB). § 6 TDG hat **verbraucherschützenden** Charakter und ist Verbraucherschutzgesetz im Sinne von § 2 UKlaG[1].

Zugleich kann die Rechtsverletzung auch **unlauter** sein, also einen Verstoß gegen § 1 UWG darstellen[2]. Die Rechtsprechung sieht teilweise § 6 TDG als wertbezogene Norm an, deren Verletzung zugleich unlauter ist[3], während die (bisher) überwiegende Rechtsprechung[4] und Literatur annimmt, dass das TDG keine wertbezogenen Normen enthalte, also wertneutral sei[5] (da die Vorschrift kein besonders wichtiges Gut schütze[6]). Selbst wenn man letzterer Auffassung folgt, kann das Verhalten des Anbieters jedenfalls dann unlauter sein, wenn dieser den Gesetzesverstoß bewusst und planmäßig (d.h selbst nach Hinweis bzw. Abmahnung weiterhin) begeht, um sich im Wettbewerb einen Vorsprung vor gesetzestreuen Konkurrenten zu verschaffen[7] (Vorsprung durch Rechtsbruch) und der Gesetzesverstoß nicht nur von geringer Bedeutung ist[8]. Das dauernde Unterlassen der Anbieterkennzeichnung kann als solches

---

1 OLG München, Urt.v.26.7.2001 – 29 U 3265/01, CR 2002, 55 = NJW-RR 2002, 348 und Urt.v. 12.2.2004 – 29 U 4564/03 CR 2004, 844; LG Berlin, Urt.v. 17.9.2002 – 103 C 102/02, MMR 2003, 202 (den Inhaber einer Domain, der diese einem Dritten zur Verfügung stellt, für dessen Verstöße als Mitstörer haftbar ansehend).

2 OLG Hamburg, Beschl.v.20.11.2002 – 5 W 80/02, CR 2003, 283 = JurPC Web-Dok. 79/2003; LG Düsseldorf, Urt.v. 29.1.2003 – 34 O 188/02, JurPC Web-Dok. 102/2003. LG Frankfurt, Urt.v. 28.3.2003 – 3-12 O 151/02, JurPC Web-Dok. 153/2003.

3 So etwa LG Berlin, Urt.v.17.9.2002 – 103 O 102/02, CR 2003, 139f; LG Düsseldorf, Urt.v.29.1.2003 – 34 O 188/02, CR 2003, 380f, Urt.v. 11.7.2003 – 12 O 310/03, JurPC Web-Dok. 216/2003, Urt.v. 7.11.2002 – 34 O 172/02, MMR 2003, 340; LG Frankfurt, Urt.v.28.3.2003 – 3/12 O 151/02, GRUR-RR 2003, 347 = JurPC Web-Dok. 153/2003 – Online-Stellenmarkt; offen gelassen in OLG Hamburg, Beschl.v. 20.11.2002 – 5 W 80/02, CR 2003, 283 = MMR 2003, 105. Abl. OLG Hamm, Urt.v. 3.9.2002 – 4 U 90/02, MMR 2003, 410f = JurPC Web-Dok. 204/2003; LG Essen, Schlussurteil v. 4.6.2003 – 44 O 18/03, JurPC Web-Dok. 312/2003 – Leiterplatten und LG Düsseldorf, Urt.v. 19.9.2001 – 12 I 311/01, zit.nach Stickelbrock, GRUR 2004, 111, 115.

4 Etwa OLG Hamm, Urt.v. 9.12.2002 – 4 U 79/02, MMR 2003, 410.

5 *Ernst*, GRUR 2003, 759, 760. Ähnlich sah das LG Berlin, Versäumnis- u. Teilurt.v. 1.10.2002 – 16 O 531/02, MMR 2003, 200 = JurPC Web-Dok. 146/2003 die Vorschrift des § 6 TDG als wertneutrale Vorschrift an, die insoweit mit den §§ 35 a GmbHG, 80 AktG vergleichbar sei, die auch bestimmte Angaben auf Geschäftsbriefen vorschreiben; ebenso i.E. LG Düsseldorf, Urt.v. 19.9.2001 – 12 O 311/01, JurPC Web-Dok. 175/2003; LG Hamburg, 312 O 512/00, MMR 2001, 546 = JurPC Web-Dok. 150/2002.

6 *Hoß*, CR 2003, 687, 689. Dieser Ansatz erscheint zweifelhaft, da die Anbieterkennzeichnungspflicht eben nicht nur eine „reine Ordnungsvorschrift" (*Hoß*, CR 2003, 687, 690) darstellt und nicht nur der Durchsetzung zivilrechtlicher Individualansprüche dient, sondern durch Verbesserung der Transparenz den elektronischen Geschäftsverkehr und aus ihm erhebliche Beschäftigungsmöglichkeiten entwickeln helfen soll (Erwägungsgrund 2 der ECRL, die vom TDG nur umgesetzt wird), um so auch Schranken zwischen den europäischen Völkern zu beseitigen (Erwägungsgrund 1). Diese Zielsetzung erscheint eindeutig wertgebunden (a.A. wohl *Ernst*, GRUR 2003, 759, 760, übersehend, dass die ECRL – und mit ihr das die umsetzende TDG – auf die Stärkung der Wettbewerbsfähigkeit der europäischen Wirtschaft abzielt). Ebensowenig scheint das Gegenargument stichhaltig, das Fehlen der erforderlichen Angaben sei ohnehin kontraproduktiv, da es Zweifel an der Seriosität der Anbieter wecken könne (*Hoß*, CR 2003, 687, 690), da dieses Argument, genauer besehen, überschießend auf das (wohl von niemand befürwortete) Streichen des § 6 TDG abzielt.

7 OLG Hamm, Urt.v.3.9.2002 – 4 U 90/02, CR 2003, 859 (Ls) = JurPC Web-Dok. 204/2003 – Anbieterkennzeichnung; *Ernst*, GRUR 2003, 759, 760; *Stickelbrock*, GRUR 2004, 111, 116.

8 BGH GRUR 1996, 786, 788; *Ernst*, GRUR 2003, 759, 761 m.w.N. und Hinweis, dass ein Unlauterkeit begründender Wettbewerbsverstoß nur im Einzelfall feststellbar und etwa zu bejahen ist,

bereits einen planmäßigen Verstoß darstellen. Außerdem verfolgt die Harmonisierung des europäischen Wettbewerbsrecht die Zielrichtung, Verbotstatbestände durch Informationspflichten der Wettbewerber zu ersetzen. Hierin kann das Herstellen eines Wertbezuges auch solcher Informationspflichten gesehen werden. Als unzulässig wurde das Anbieten von Waren oder Dienstleistungen ohne Anbieterkennzeichnung einschließlich Umsatzsteueridentifikationsnummer nach § 27 a UStG beurteilt[1].

Nach den §§ 12 TDG bzw. 24 MDStV stellt die Verletzung der Kennzeichnungspflicht eine **Ordnungswidrigkeit** dar (Geldbuße bis zu € 50.000). Anbieter sollten außerdem das Risiko einer Abmahnung durch Konkurrenten in Betracht ziehen. Die Einführung der Kennzeichnungspflicht führte bereits 2002 zu „Abmahnwellen“[2].

Vereinzelt wurde bereits eine Kennzeichnungspflicht auch **im Ausland registrierter Anbieter** bejaht, die das ausländische Register und die Registernummer offenlegen müssen, wenn sie ihre Geschäftstätigkeit im Inland entfalten, da auch und gerade bei im Ausland registrierten Gesellschaften ein Verbraucherinteresse besteht, leicht erkennbare und unmittelbar erreichbare Informationen darüber zu erlangen, welchem Recht eine ausländische „Limited“ unterliegt, wer die Gesellschafter sind und wie die Vertretungsverhältnisse aussehen[3].

Die umgekehrte Problematik ergibt sich aus der neuen „**Überseering**“-Rechtsprechung zum Niederlassungsrecht[4]. Hiernach kann eine unter dem Schutz der EG-Niederlassungsfreiheit stehende Gesellschaft ihre Rechte in jedem Mitgliedsstaat geltend machen, wenn sie nach der Rechtsordnung des Staates, in dem sie gegründet worden ist und in dem sie nach einer eventuellen Verlegung ihres Verwaltungssitzes in einen anderen Mitgliedsstaat weiterhin ihren satzungsmäßigen Sitz hat, rechtsfähig ist, ohne dass sie im Gründungsstaat wirtschaftliche Aktivität entfalten muss[5]. Der andere Mitgliedsstaat muss die dem Recht des Gründungsstaats folgende Rechts- und Parteifähigkeit achten[6]. Verbunden mit der „*Centros*“-Rechtsprechung[7], nach der Dänen in Großbritannien auf einer Urlaubsreise eine Private Limited Company gründen und in Dänemark für diese eine Zweigniederlassung eintragen lassen konnten, ergibt sich, dass Anbieter also ebenfalls in Großbritannien eine PLC und in Deutschland eine Zweigniederlassung für diese gründen können, die sie in die Anbieterkennzeichnung aufnehmen lassen. Der Vorteil der Gründung einer (englischen oder irischen) Limited

---

wenn auf der Website ein unmittelbares Geschäft gemacht wird, nicht aber bei Verkaufsplattformen für Werbezwecke.

1 LG Düsseldorf, Beschl.v. 11.7.2003 – 12 O 310/03, JurPC Web-Dok. 216/2003 (Urteilsfaksimile) – Anbieterkennzeichnung (Entsch. im Verfügungsverfahren).

2 Der Nachrichtendienst heise online (v. 24.4.2002, www. Heise.de/newsticker/data/fin-24.04.02-000/) berichtete von einer Anwaltskanzlei, die 1000 Abmahnungen wegen Verstoßes gegen die Kennzeichnungspflicht versandte (und bei einem Streitwert von Euro 50.000,- jeweils Euro 1.000,- Gebühren berechnete).

3 LG Frankfurt, Urt.v. 28.3.2003 – 3-12 O 151/02, JurPC Web-Dok. 153/2003; i.E. zustimmend *Hoß*, CR 2003, 687, 688; s. auch § 17 zu den IPR-bezogenen Aspekten.

4 EuGH, Urt.v. 5.11.2002, BB 2002, 2402; ihm folgend BGH, Urt.v.13.3.2003 – VII ZR 370/98, BB 2003, 915 – = NJW 2002, 3614 – Überseering BV(„B.V.“ steht für Besloten Vennootschap, eine Kapitalgesellschaftsform).

5 Deshalb war schon von der richterrechtlichen Schaffung einer „Europäischen Briefkastengesellschaft“ gesprochen worden (*Kindler*, NJW 2003, 1073, 1077).

6 EuGH, a.a.O.,s.a. *Schulz*, NJW 2003, 2705, 2706.

7 EuGH, Urt.v. 9.3.1999, Slg. 1999, I-1492 ff = NJW 1999, 2027 – Centros; s. auch *Kindler*, NJW 1999, 1993.

ist, dass für diese kein Stammkapital erforderlich ist[1]. Folge ist, dass Anbieter ihr **Haftungsrisiko** über solche „Umweggründungen" als Ltd. bequem reduzieren können. Außerdem darf der andere Mitgliedsstaat (hier also etwa Deutschland) der Gesellschaft keine rechtlichen Erschwernisse auferlegen (etwa besondere Publizitätspflichten, Mindestkapital, persönliche Haftung der Geschäftsführer für formal ausländische Gesellschaften), falls diese nicht durch zwingende Gründe des Allgemeininteresses geboten oder im Einzelfall durch einen konkreten, nachgewiesenen Missbrauch gerechtfertigt sind[2].

3. Kennzeichnung von Mediendiensteanbietern

Eine entsprechende Verpflichtung enthält § 6 Abs. 1 MDStV für Mediendienste. Für Anbieter von journalistisch- redaktionell gestalteten Angeboten, in denen vollständig oder teilweise Inhalte periodischer Druckerzeugnisse im Text oder Bild wiedergegeben oder in periodischer Folge Texte verbreitet werden, müssen zusätzlich einen **Verantwortlichen** mit Angabe des Namens und der Anschrift benennen (§ 6 Abs. 2 Satz 1 MDStV). Bei Benennung mehrerer Verantwortlicher ist kenntlich zu machen, für welchen Teil des Mediendienstes der jeweils benannte verantwortlich ist (§ 6 Abs. 2 Satz 2 MDStV). Die genannten Verpflichtungen gelten auch für *ausländische* Anbieter, soweit ihre Angebote im Geltungsbereich von TDG und MDStV zugreifbar sind und auf Nutzer in diesem Bereich auch (mit) abzielt. Damit sind nicht weltweit alle Anbieter kennzeichnungspflichtig, sondern nur diejenigen, die Nutzer in Deutschland adressieren.

4. Kennzeichnung von Werbung

Besonders zu kennzeichnen sind **kommerzielle Kommunikationen** (Art. 6 ECRL, umgesetzt in § 7 S. 1 und 2 Nr. 1 und 2 TDG und § 10 MDStV), ebenso Verkaufsförderaktionen wie etwa Preisnachlässe oder Preisausschreiben bzw. Gewinnspiele mit Werbecharakter (§ 7 S. 2 Nr. 3 und 4 TDG). Sie müssen klar als solche zu erkennen sein (§ 7 S. 1 Nr. 1 TDG / Art. 6 lit a. ECRL), ebenso die natürliche oder juristische Person, in deren Auftrag sie erfolgt (§ 7 S. 1 Nr. 2 TDG / Art. 6 lit. b ECRL), ebenso Angebote zur Verkaufsförderung wie z.B. Preisnachlässe (§ 7 S. 1 Nr. 3 TDG / Art. 6 lit c ECRL) und Preisausschreiben und Gewinnspiele (§ 7 S. 1 Nr. 4 TDG / Art. 6 lit. d ECRL). Klare Erkennbarkeit im Sinne von § 7 S. 1 Nr. 1 TDG erfordert in der Regel die Trennung von Werbung und Inhalt[3]. Eine Verletzung der Kennzeichnungspflicht wird auch dann anzunehmen sein, wenn sich Produktanbieter in Diskussionsforen „einschleichen" und (über verschiedene Rechner) eine positive Diskussion über ihre Produkte simulieren[4].

---

1 *Lutter*, BB 2003, 7.

2 EuGH, NJW 2003, 3331 – Inspire Art gegen BGH NJW 2002, 3539.

3 *Tettenborn/Bender/Lübben/Karenfort*, K&R Beilage 1 zu Heft 12/2001, 17.

4 S. den Bericht von *Stöcker*, Guerillakampf im Chatroom, Südd. Zeitung Nr. 186 v. 13.8.2004, 10.

5. Angaben in Geschäftsbriefen

Nach verschiedenen spezifischen Regelungen (insbesondere die §§ 37 a, 125 a, 177 a HGB, 35 a GmbHG, 80 AktG, 25 a GenG) sind auf Geschäftsbriefen Informationen zu Firma, Rechtsform, Sitz, Registergericht und Handelsregisternummer, Geschäftsführer, etc. mitzuteilen, wobei diese Angaben auch auf Bestellscheinen mitzuteilen sind (§§ 37 a Abs. 3, 125 a Abs. 2 HGB, 35 a Abs. 3 GmbHG, 80 Abs. 3 AktG, 25 a Abs. 3 GenG).

Gerichtlich noch ungeklärt ist die Frage, ob auch geschäftliche **E-Mails** die gleichen Angaben wie E-Mails aufweisen müssen[1]. Eine Ausweitung der bestehenden gesetzlichen Informationspflichten wird aber wohl nicht durch erweiternde Auslegung des Begriffes des „Geschäftsbriefes" zu erreichen sein, sondern nur de lege ferenda durch Einbeziehen der Textform in die einzelnen gesetzlichen Bestimmungen.

6. Preisangaben

Bereits Art. 9 IuKDG änderte die Preisangabenverordnung und verpflichtet Diensteanbieter, für eine über Bildschirmanzeige erbrachte und nach Einheiten berechnete Leistung eine **gesonderte Anzeige** über den Preis der fortlaufenden Nutzung **unentgeltlich** anzubieten[2]. Eine ähnliche Regelung trifft Art. 8 IuKDG für Preisangaben. Auch diese Verpflichtung gilt ebenso für **ausländische** Anbieter von Diensten, soweit sie Nutzer im Geltungsbereich des IuKDG adressieren.

Mail-Werbung mit **Nettopreisangaben** und dem Zusatz „zuzügl. gesetzlicher Mehrwertsteuer", aber ohne Endpreisangabe verstößt gegen § 1 UWG und § 1 Abs. 1 S. 1 PAngV und ist eine nach § 3 UWG irreführende Werbung[3]. Dies gilt auch für die im Fließtext gehaltene Werbeangabe zum **Festpreis**, wenn dieser tatsächlich nur für ein Gigabyte gilt und für jedes weitere Gigabyte weitere Gebühren anfallen[4]. Der Hinweis in Provider-AGB, dass die Preise zuzüglich USt. zu verstehen sind, genügt, wenn privaten Endverbrauchern erkennbar ist, dass sich die Tarife ausschließlich an Unternehmen etc. richten[5].

Nach § 1 PAngV (Fassung BGBl 2002 I Nr. 76 v. 25.10.2002, in Kraft seit dem 1.1.2003) müssen gegenüber Letztverbrauchern diejenigen Preise angegeben werden, die einschließlich Umsatzsteuer und sonstiger Preisbestandteile zu zahlen sind (**Endpreise**). Bei Fernabsatzverträgen ist zusätzlich anzugeben, dass die Preise die Umsatzsteuer (bzw. die sonstigen Preisbestandteile) enthalten, § 1 Abs. 2 PAngV. Anzugeben ist weiter, ob und ggf. in welcher Höhe Liefer- und Versandkosten anfallen. Die jeweiligen Angaben müssen leicht erkennbar, deutlich lesbar und dem Angebot bzw. der Werbung eindeutig zugeordnet sein. Der Hinweis, dass sich Preise exklusive der Mehrwertsteuer verstehen, wurde als Ankündigung verstanden, nicht den Endpreis

---

1 Bejahend etwa *Ernst*, Vertragsgestaltung im Internet, Rdn. 132 mit dem Argument, dass jede E-Mail, die eine Willenserklärung enthält, als Geschäftsbrief anzusehen sei.

2 Die Arbeitsgemeinschaft der Verbraucherverbände hat mittlerweile die Online-Dienste aufgefordert, die entsprechenden laufenden Preisangaben in den Dienst einzufügen.

3 LG Ellwangen, Urt.v.27.8.1999 – 2 KfH O 5/99, MMR 1999, 675 = JurPC Web-Dok 198/1999.

4 KG, Urt.v. 6.4.2001 – 5 U 6/01, JurPC Web-Dok. 180/2001 zu der Klausel: „Sie können surfen, solange Sie wollen. Sie zahlen nicht nach Stunden, sondern monatlich einen Festpreis".

5 OLG Karlsruhe, Urt.v. 11.3.1998 – 6 U 141/97, CR 1998, 361 (für Web-Space-Angebote auf Serverrechnern).

anzugeben, und damit als Verstoß gegen § 1 UWG und § 1 Abs. 1 S. 1 PAngVO[1]. Gegen die PreisangabenVO verstößt auch ein Angebot mit der Angabe „Top-Tagespreis", wenn man den Preis erst durch Anklicken dieser Worte in Erfahrung bringen kann[2].

Ein **Reservierungssystem** für Linienflüge verstößt, dem BGH zufolge, weder gegen § 1 Abs. 1 S. 1, Abs. 6 PangV noch gegen § 1 UWG, wenn in ihm bei der erstmaligen Bezeichnung von Preisen nicht bereits der Endpreis angegeben, sondern dieser erst bei der fortlaufenden Eingabe in das Reservierungssystem ermittelt wird, sofern der Nutzer hierauf zuvor klar und deutlich hingewiesen wird[3]. Endpreise im Sinne der Legaldefinition von § 1 Abs. 1 S. 1 PangV sind gemäß dem BGH Preise, die einschließlich der Umsatzsteuer und sonstiger Preisbestandteile unabhängig von einer Rabattgewährung zu zahlen seien; dazu gehörten bei einer Flugreise neben dem Flugtarif auch diejenigen Leistungen Dritter, die bei jeder Flugreise in Anspruch genommen werden müssen, wie Flughafen- und Sicherheitgebühren sowie die bei der Flugreise anfallenden Steuern[4]. Der durchschnittlich informierte und verständige Verbraucher werde nach dem Hinweis, dass die anfallenden Steuern und Gebühren vom jeweiligen Flugziel und der Flugroute abhängen und der endgültige Preis nach der Auswahl der gewünschten Flugverbindung angezeigt wird, den dort angegebenen Preis als Endpreis auffassen. Die Angabe von Flugtarifen ohne Steuern und Gebühren bereits vor der Kalkulation des Endpreises sei erkennbar vorläufig erfolgt. Der Endpreis habe sich durch Auswahl des gewünschten Fluges einschließlich Steuern und Gebühren eindeutig, leicht erkennbar und gut wahrnehmbar bestimmen lassen. Ausreichend sei gewesen, dass die Endpreise auf Grund einfacher elektronischer Verknüpfung, etwa durch Wechsel in ein Preisverzeichnis[5], oder durch weitere laufende Eingabe in das Reservierungssystem festgestellt werden konnte.

Gegen § 1 Abs. 1 S. 1 1. Alt PAngV verstößt ein System, bei dem der Kunde für einen gewünschten **Flug** einen beliebigen Preis bietet und das Angebot je nach Kapazität und Angemessenheit des gebotenen Preises angenommen wird oder nicht; es kann auch zu einer wesentlichen Beeinträchtigung des Wettbewerbes auf dem relevanten Markt i.S.v. § 13 Abs. 2 Nr. 2 UWG führen[6]. Ein Verstoß gegen § 1 Abs. 1 u. 5 PAngV (und gegen § 1 UWG) wurde auch für eine Werbung mit der Aussage „*Rund um die Uhr für null Pfennig surfen*" bejaht, wenn der monatliche Grundpreis nicht genannt wird; auch kann ein Link, der nicht erkennen lässt, dass er zu einer Angabe über die monatliche Grundgebühr (auf einer anderen Webseite führt), nicht wie ein Sternchenhinweis die Zuordnung zum Angebot ersetzen[7].

---

1 LG Essen, Schlussurteil v. 4.6.2003 – 44 O 18/03, JurPC Web-Dok. 312/2003 – Leiterplatten.

2 OLG Hamburg, Urt.v. 6.11.2003 – 5 U 48/03, CR 2004, 460.

3 BGH, Urt.v.3.4.2003 – I ZR 222/00, CR 2003, 849 = GRUR 2003, 889 = NJW 2003, 3055 = JurPC Web-Dok. 248/2003 – Internet-Reservierungssystem. Ähnlich OLG Köln, Urt.v. 7.5.2004 – 6 U 4/04, MMR 2004, 617 (deutliche Kennzeichnung des Links verlangend).

4 BGH, Urt.v. 5.7.2001 – I ZR 104/99, GRUR 2001, 1166, 1168 = WRP 2001, 1301 – Fernflugpreise.

5 In diesem Sinne OLG Frankfurt, NJW-RR 2001, 1696.

6 OLG Düsseldorf, Urt.v.9.11.2000 – 2 U 49/00, CR 2001, 122 – Biet & Flieg.

7 OLG Frankfurt, Urt.v.12.7.2001 – 6 U 38/01, JurPC Web-Dok. 187/2001. Der red. LS ist übrigens ein plastisches Beispiel für eine typische Sprachverwirrung. Während das OLG zutreffend von einer anderen Web*seite* (auf demselben Site) spricht, bezieht sich der LS auf eine andere Web*site*, damit auf eine andere Web*seiten*sammlung. „Site" sollte also nicht mit der einzelnen (Web-)Seite (page) verwechselt werden. Auf diese Verwechslung scheint auch der Genus „die" Website zurückzuführen zu sein, während etwa im Französischen richtig von „le" website gesprochen wird. „Site" meint eigentlich *den* „Sitz" wie in „company site" oder „rocket site".

Nach § 3 UWG irreführend ist eine Werbung für einen **Internet-Zugang** zum „**Pauschalpreis**", also zu einem einheitlichen Preis ohne zusätzliche Abrechnung einzelner Leistungen, wenn vom Anbieter zusätzlich die Telefonverbindungskosten hinzutreten, da der „Inklusivpreis" auch diese umfasse[1]. Nicht wettbewerbswidrig ist ein Angebot zur kostenlosen Registrierung einer „.de"-Adresse, da Interessenten nicht ursächlich beeinflusst und übertrieben angelockt werden und auch keine allgemeine Marktstörung bewirkt werde[2].

Überraschend und damit nicht wirksam in den Vertrag einbezogen (§ 305 c BGB) ist die Angabe einer hohen Jahresgebühr versteckt in AGB[3].

7. „Elektronische" Haustürgeschäfte

Das Gesetz über den Widerruf von Haustürgeschäften (§ 312 BGB; früher HausTWG a.F.) soll die Verbraucher davor schützen, beim Direktvertrieb überrumpelt zu werden und Leistungen aufgedrängt zu bekommen, für die kein Bedarf besteht oder deren Finanzierung nicht den Möglichkeiten der Verbraucher entspricht.

Der Übereilungsschutz aus dem Widerrufsrecht bei Haustürgeschäften greift im Bereich des Teleshopping grundsätzlich **nicht** ein[4], ebenso und erst recht nicht bei Verbrauchergeschäften über das Internet. § 312 Abs. 1 S. 1 Nr. 1 BGB verlangt nämlich „mündliche" Verhandlungen. Bereits für telefonische Gespräche hat der BGH ausdrücklich die Anwendbarkeit von § 1 Abs. 1 Nr. 1 HausTWG abgelehnt [5].

Weniger eindeutig erscheint, ob zu den **Freizeitveranstaltungen** (in deren Rahmen abgeschlossene Verträge ebenfalls einem Widerrufsrecht unterliegen, § 312 Abs. 1 S. 1 Nr. 2 BGB) auch elektronisch vermittelte Veranstaltungen gehören, etwa Verkaufsveranstaltungen in Electronic Malls[6]. Selbst wenn hier eine Funktionsgleichheit zwischen elektronischen und nichtelektronischen Veranstaltungen zu bejahen wäre, ist nur eine entsprechende Anwendung denkbar, die aber gerade ausgeschlossen sein sollte[7]. Der kundenschutzbezogene Eingriff in die Rechte des Verkäufers/Anbieters verlangt eine enge, nach klaren Kriterien erfolgende, also überschaubare Auslegung.

---

1 OLG Hamburg, Urt.v.11.5.2000 – 3 U 278/99, GRUR-RR 2001, 19 – Pauschalpreis und OLG Hamburg, Urt. V. 11.5.2000 – 3 U 252/99, GRUR-RR 2001, 15 – Festpreis. Nach Auffassung des Gerichtes in der Pauschalpreis-Entscheidung soll dies selbst dann gelten, wenn der Verkehr es bisher gewohnt war, die nutzungsabhängig getrennt in Rechnung gestellten Telefonkosten zu entrichten, und ist also eine Beschränkung auf AOL-Leistungen nicht offensichtlich. In der Festpreis-Entscheidung wurde dies dahingehend relativiert, dass sich aus dem Begrif „Festpreis" und dem textlichen Zusammenhang die Beschränkung auf die Anbieterleistungen ergeben könne. Das OLG Köln, Urt.v.26.5.2000 – 6 U 191/99, GRUR-RR 2001, 17 nahm auch für „Festpreis" Irreführung an.

2 KG, Urt.v. 24.11.2000 – 5 U 7264/00, GRUR-RR 2001, 279.

3 AG München, Urt.v.18.11.2002 – 262 C 19532/02, n.rkr.

4 Palandt/*Putzo*, § 1 Rdn. 7.

5 BGH NJW 1996, S. 929; ebenso i. E. *Eckert*, BB 1994, S. 717, 721; a. A. *Waldenberger*, BB 1996, S. 2365, 2367. Auch eine entsprechende Anwendbarkeit kommt nicht in Betracht (Palandt/*Putzo*, § 1 HausTWG Rdn 6 unter Hinweis auf die Gesetzesbegründung, BT-Drucks. 10/2876, S. 9) Das AG Göttingen (NJW-RR 1996, 241) hatte noch angenommen, das HausTWG sei auf telefonische Bestellungen jedenfalls dann anwendbar, wenn der Kunde erstmalig von einem Vertreter in seiner Privatwohnung zum Zwecke des Vertragsschlusses angerufen wird. Diese Rechtsprechung muss als überholt gelten.

6 Für die Anwendbarkeit etwa *Waldenberger*, BB 1996, 2365, 2367.

7 Wie die oben erwähnte Gesetzesbegründung festgehalten hat.

8. US-Rechtsprechung

Eine zunehmende Anzahl von Entscheidungen in den USA befassen sich mit „Internet-Verbraucherrecht". Nur einige können hier erwähnt werden. In *Interactive Gaming* [1] wurden Verbrauchern aus einzelstaatlichem Verbraucherrecht Zahlungen von insgesamt etwa US-$ 60.000 auferlegt. Die Beklagte hatte im Internet unerlaubte Glücksspiele angeboten und durchgeführt. In *Coeur d'Alene Tribe*[2] kommt als Besonderheit hinzu, dass der beklagte Indianerstamm, der aufgrund des Indian Gaming Regulatory Act (25 U.S.C. § 2701) *im Stammesgebiet* Glückspiele durchführen darf, auf einem im Stammesgebiet installierten Rechner einen Website eingerichtet hat, von dem aus nun *weltweit* eine Internet-Lotterie angeboten wird. In *Lipsitz*[3] war die Nichtauslieferung kundenseits im Internet bestellter und vorausbezahlter Zeitschriften Verfahrensgegenstand.

1 State of Missouri v Interactive Gaming & Communications Corp. Case No. CV 97-7808, Circuit Court of Jackson County, Missouri at Kansas City, 22.5.1997, www.bna.com/e-law/cases/intergame.html.

2 U.S.D.C.,W.D.Miss,W.Div.State Miss. J.W.Nixon v.Coeur d'Alene Tribe, No. 97-0914-CV-W-6, Sept 29, 1997 (www.leepfrog.com/E-Law/Cases/Missouri_v_Coeur_D'Alene.html). Der Rechtsstreit befindet sich noch in der Phase der Zuständigkeitsklärung.

3 *People of the State of New York v. Kevin Jay Lipsitz,* Supreme Court of the State of New York, No. 400945/97, June 23, 1997, N.Y. Misc.LEXIS 382, 1997 WL 555721, www.jmls.edu/cyber/cases/lipsitz.html.

§ 7 Internetnutzung durch Arbeitnehmer – Arbeitsrecht und Datenschutz*

Das Internet verändert zunehmend auch die Arbeitswelt. Der Einsatz von IT-Systemen mit Internetzugang erlaubt Mitarbeitern erstmals den weltweiten Zugriff auf das und Datenaustausch im Internet vom Arbeitsplatz aus. Diese Verknüpfung führt zu einer Vielfalt neuer Rechtsfragen, die insbesondere die Zulässigkeit und Kontrolle solcher Nutzung, die Rechtsfolgen bei Missbrauch, die Mitwirkung des Betriebsrates bei der Ausgestaltung der Nutzungsbedingungen und die Zulässigkeit der Überwachung solcher Nutzung betreffen.

I. Elektronische Kommunikationssysteme im Unternehmen

Das Internet ermöglicht mit einer zunehmenden Anzahl von unterschiedlichen elektronischen Diensten die Kommunikation innerhalb des Betriebes und nach außen, so etwa mittels E-Mail-Systemen, die eine (theoretisch) papierlose Kommunikation der Mitarbeiter untereinander und mit Kunden und sonstigen Dritten erlauben, z.B. mit Banken für Electronic Banking, aber auch Internet- und insbesondere Web-Zugänge. Diese Anwendungen sind durch Serverrechner gesteuert oder haben eher dezentralen Charakter wie Peer-to-Peer-Systeme (s. S. 712). Nutzung ist auch in der Form der abgeschotteten, innerbetrieblichen Netze („Intranets“) möglich. Intranets verschiedener Unternehmen können wiederum über (etwa durch Verschlüsselung) gesicherte Kommunikationswege miteinander verbunden werden („*Virtual Private Networks*“, VPNs). Auch können Diskussionsgruppen (*Chat Groups*), Mailing Lists und „Schwarze Bretter“ im Betrieb genutzt werden, aber auch etwa Instant Messaging und Chatting als Formen (fast) in Echtzeit erfolgender Kommunikation. Mails können außerdem verschiedene Dateien mit Text-, Ton- und Bildinhalten angehängt enthalten (sog. *Attachments*), manchmal auch Viren- oder andere Schadprogramme. Mailing-Systeme können mit entsprechenden zusätzlichen Programmen schließlich leicht zur internetbasierten Telefonie genutzt werden. In jedem Fall werden Daten gespeichert, die die jeweilige Verbindung betreffen können, aber auch kommunikative Inhalte (etwa auf Mailservern). Auch die Anwendung besonderer, Communicator-ähnlicher Mobilrechner mit Eingabetastatur und Einbindung in Firmennetze („*Blackberries*“) kann sich unmittelbar im Arbeitsverhältnis auswirken, da sie Mitarbeiter praktisch rund um die Uhr erreichbar machen, zugleich aber auch private Kommunikation zwischen Mitarbeitern ermöglichen.

II. Nutzung der Kommunikationssysteme als Teil der Arbeitsleistung

1. Verpflichtung zur Nutzung von elektronischen Kommunikationsmitteln

Der Arbeitgeber ist nach den arbeitsrechtlichen Grundsätzen in der Gestaltung der Arbeitsverhältnisse und damit auch in der Auswahl der Arbeitsmittel (vorbehaltlich der mitbestimmungsrechtlich vorgesehenen Mitwirkung des Betriebsrates) grundsätzlich

---

* Das vorliegende Kapitel basiert teilweise auf Ausführungen des Verf. zur „Nutzung und Überwachung elektronischer Kommunikationssysteme“ in: *Glaubrecht/Halberstadt/Zander*, Betriebsverfassung in Recht und Praxis, Heft 3, Juni 2001, 743 ff

frei[1] und kann deren Nutzung durch die Mitarbeiter verlangen. Der Arbeitgeber hat ein entsprechendes **Direktionsrecht** gegenüber den Arbeitnehmern. Der Arbeitnehmer darf damit die Nutzung von E-Mail-Systemen, Internet-Zugängen und anderen elektronischen Kommunikationsmitteln und Arbeitsmitteln nicht grundsätzlich ablehnen (zumal diese ohnehin mittlerweile fast durchgängig zur üblichen betrieblichen Ausstattung gehören). Die Weisung zur Nutzung solcher Systeme muss sich aber, wenn die Tätigkeit nur fachlich umschrieben ist, in den Grenzen des jeweiligen Berufsbildes halten[2]. Der Arbeitgeber kann den Arbeitnehmer in diesem Rahmen **verpflichten**, an einem vernetzten Rechner zu arbeiten[3] und E-Mail-Systeme oder Internetzugänge zu nutzen. Allein der Umstand, dass bei einem solchen Arbeiten am Rechner personenbezogene Daten erfasst (bzw. durch Zuordnung gewonnen) werden können, berechtigt noch nicht zur Verweigerung dieser Arbeit. Der Arbeitgeber muss aber sein Direktionsrecht nach billigem Ermessen, also unter Berücksichtigung auch der Interessen des Arbeitnehmers auszuüben[4], also etwa vorhandene Vorkenntnisse oder Schwierigkeiten des Arbeitnehmers bei der Einarbeitung in neue Systeme angemessen berücksichtigen. Außerdem müssen die betriebsverfassungs- und datenschutzrechtlichen Erfordernisse erfüllt sein.

Der Arbeitnehmer kann seinerseits grundsätzlich **nicht verlangen**, an seinem Arbeitsplatz an ein vorhandenes **E-Mail-System** angeschlossen zu werden, da der Arbeitgeber über dessen Einsatz frei entscheiden kann, freilich aber den Gleichbehandlungsgrundsatz zu beachten hat[5]. Die gleichen Grundsätze gelten für die Nutzung des **Zuganges** zum **Internet/Web**. Benötigt der Arbeitnehmer zur Durchführung seiner umschriebenen Arbeit Informationen aus dem Web, kann er vom Arbeitgeber angewiesen werden, diese Informationsquelle zu nutzen und sich gegebenenfalls vorher entsprechend (auf Unternehmenskosten) zur Vorbereitung schulen zu lassen. Die Nutzung betrieblicher Rechner für den Internet-Zugang ist deshalb ebenfalls nur für betriebliche Zwecke zulässig, nicht für private, wenn diese nicht gesondert erlaubt oder eine tatsächliche Nutzungspraxis geduldet wurde. Der Arbeitgeber kann im Rahmen seines Weisungsrechts vorgeben, zu welchen Zeiten und jeweils für welche Zeitdauer eine Internet-Nutzung erfolgen muss bzw. maximal erfolgen darf, ebenso, welche Websites in welchen Zeitabständen mindestens bzw. maximal „besucht“ werden dürfen und wann bzw. wie oft etwa Mailserver auf Posteingang zu prüfen sind, wenn nicht eine Dauerverbindung besteht.

Die Nutzung betrieblicher IT-Systeme für E-Mail-Kommunikation oder den Zugang zum Internet ist, wie nachfolgend zu erläutern, **nur für betriebliche Zwecke** zulässig, nicht für private, wenn diese nicht gesondert erlaubt oder eine tatsächliche Nutzungspraxis geduldet wurde. Der Arbeitgeber ist auch insoweit über die Nutzung von Betriebsmitteln grundsätzlich allein entscheidungsbefugt.

Nicht übersehen werden sollte, dass selbst rein betrieblich veranlasste elektronische Kommunikation einen zunehmenden Teil der täglichen Arbeitszeit verbraucht. Manche Mitarbeiter erhalten jeden Tag etwa 100 bis 200 E-Mails (oft Werbe-E-Mails), die sie, zudem ständig vom Handy unterbrochen, neben ihren eigentlichen Aufgaben sortieren und bearbeiten sollen. E-Mail-Verteiler „an alle“ können auch betriebliche Hierarchien verwischen, wenn auch höhere Vorgesetzte über jede Detailfrage per E-Mail informiert

---

1 *Däubler*, Internet und Arbeitsrecht, 324.

2 BAG AP Nr. 84 zu § 611 BGB (Urlaubsrecht); BAG AP Nr. 19, 22, 26 zu § 611 BGB (Direktionsrecht).

3 *Däubler*, Internet und Arbeitsrecht 2001, Rdn. 87.

4 BAG AP Nr. 26, 27 u. 36 zu § 611 BGB – Direktionsrecht.

5 *Däubler*, a.a.O., Rdn. 93 m.w.N.

und um Rückäußerung gebeten werden.

Zunehmend wird schon die **Stellenausschreibung** und Prüfung der Bewerber elektronisch durchgeführt (sog. *„eCruiting“*, auch eHR, *electronic Human Resources*). Hier sind verschiedene Aspekte zu beachten, etwa solche des Datenschutzes oder der Mitbestimmung bei der Gestaltung der elektronisch durchgeführten Auswahl und der Richtlinien hierzu. Auch der IT-Einsatz in der **Vertragsanbahnung** kann rechtliche Probleme aufwerfen. So schrieb ein Automobilzulieferer ein Traineeprogramm für Hochschulabsolventen im Internet aus. Die Bewerbung konnte (auch) online übermittelt werden, wobei nach wenigen Sekunden für die automatisierte Auswertung nach vordefinierten Kriterien die ablehnende Entscheidung rückgemeldet wurde[1]. Unabhängig von der arbeits- und insbesondere mitbestimmungsrechtlichen Zulässigkeit solcher Verfahren scheitern diese an § 6 a BDSG, der das automatisierte Herbeiführen von Einzelentscheidungen untersagt, die zu rechtlichen Folgen für den Betroffenen führen (wie hier zur Nichtaufnahme in das Programm und gegebenenfalls später in das Unternehmen). Schließlich werden Testverfahren (zum Online-Assessment) auch eingesetzt, um bereits eingestellte Mitarbeiter zu beurteilen[2].

2. Zulässigkeit privat veranlasster Nutzung betrieblicher Kommunikationssysteme durch Arbeitnehmer

E-Mail-Systeme können grundsätzlich technisch problemlos genutzt werden, um nicht nur betrieblich, sondern auch privat veranlasste Mails zu versenden, soweit das System Mail-Adressen ohne Einschränkungen bzw. Sperren akzeptiert. Deshalb bedarf die Frage der Klärung, ob und gegebenenfalls in welchem Umfang Arbeitnehmer Mail-Systeme des Arbeitgebers privat nutzen dürfen. Die gleiche Frage stellt sich für die private **Nutzung von Internet-Zugängen**.

Vorab sei auf den Umstand hingewiesen, dass der Arbeitgeber, der seinen Arbeitnehmern die private Nutzung von E-Mail-Systemen und/oder Internet-Zugängen gestattet, für diese Arbeitnehmer einen **Telekommunikationsdienst** (§ 3 Nr. 24 TKG) erbringt[3], den er bereits mit Aufnahme des Dienstes der Regulierungsbehörde **melden** muss (§ 6 Abs. 1 S. 1 TKG). Allerdings verlangt § 6 Abs. 1 TKG, dass der TK-Dienst „für die Öffentlichkeit“ (also für einen unbestimmten Personenkreis) erbracht wird, während der Kreis der Mitarbeiter aber meist bestimmt ist. Jedoch bilden jedenfalls die möglichen **Empfänger** der E-Mails von Mitarbeitern einen unbestimmten Personenkreis und damit Öffentlichkeit, insbesondere, wenn Antwort-E-Mails dieser Empfänger ebenfalls verwaltet werden. Gleiches gilt für die Betreiber möglicherweise angesurfter Webseiten, die beim Ansurfen zudem mit den surfenden Nutzern Daten austauschen, etwa durch Setzen von Cookies. Nichtmeldung ist eine mit Geldbuße bewehrte Ordnungswidrigkeit (§§ 149 Abs. 1 Nr. 2, 6 Abs. 1 TKG).

Bisher kaum diskutiert wurde eine dritte Fallgruppe, nämlich die Nutzung von **Mitarbeiterportalen**. Einige Unternehmen ermöglichen den Mitarbeitern in solchen als Intranets realisierten Portalen, von zu Hause oder unterwegs Leistungen der Betriebskrankenkasse, der Versicherungen, des Reisebüros etc. in Anspruch zu nehmen[4]. Teilweise können über Suchmaschinen externe Daten und Verzeichnisse ausgewertet werden. Schließlich werden standortübergreifende Produktentwicklungen

---

1 Spiegel 23/1997, 104.

2 S. etwa *Schupelius*, Bewerber online vorsortieren, Computerwoche 37/2004, 34.

3 *Hanau/Hoeren*, Private Nutzung durch Arbeitnehmer, 41.

4 Computerwoche 4/2003, 12 zum „Audi mynet“.

und Erfahrungsaustausch in virtuellen Gemeinschaften unterstützt und sollen vom Portal aus auf Datenbanken und Systeme externer Partner zugegriffen und auf elektronischen Markt-plätzen eingekauft werden[1]. Durch diese Angebote zeichnet sich eine Vielzahl neuer arbeitsvertraglicher, mitbestimmungs- und datenschutzrechtlicher Probleme ab, deren Bearbeitung erst am Anfang steht. Die Grenzen von Betriebseinheiten werden hier immer durchlässiger und schwerer kontrollierbar. Andererseits verlagern sich bisher private Bereiche in die Betriebssphäre, wobei der Arbeitgeber zugleich als Dienstleister auftritt und Betriebsräte mitwirken bzw. Datenschutzbeauftragte kontrollverpflichtet sind.

Betrieblich veranlasst ist eine Nutzung, wenn bzw. soweit ein spezifischer Bezug zu den dienstlichen Aufgaben des Arbeitnehmers besteht, diese also durch das Tun des Arbeitnehmers gefördert werden sollen[2], wozu auch Mitteilungen bezüglich Überstunden an den Ehegatten gezählt werden[3]. Als **privat veranlasst** gelten alle anderen Motive der Dienstenutzung[4].

Schon bisher wurden zuweilen betriebliche Kommunikationsmitteln durch Arbeitnehmer privat genutzt, so insbesondere Telefonsysteme. Um zu beurteilen, ob die private Nutzung betrieblicher elektronischer Kommunikationssysteme **arbeitsvertraglich zulässig** ist, kann deshalb auf die Grundsätze zur privaten Nutzung betrieblicher Telefonsysteme zurückgegriffen werden, wobei freilich Unterschiede zu beachten sind. Auch die private Nutzung betrieblicher Telefonsysteme ist grundsätzlich nicht zulässig, soweit keine entsprechende Erlaubnis des Arbeitgebers vorliegt, der über die Nutzung seines Betriebsmittels Telefonanlage **frei entscheiden** kann[5]. Der Arbeitnehmer kann aus seinem Arbeitsvertrag nicht verlangen, Betriebsmittel des Arbeitgebers wie etwa dessen Telefon zu eigenen Zwecken nutzen zu dürfen[6]. Eine Ausnahme besteht für **Notfälle**, etwa bei unvorhergesehen längeren, betriebsseits veranlassten Terminen oder Überstunden[7] oder bei Krankheitsfällen Angehöriger, ebenso bei dringenden Behördenangelegenheiten[8]. Der Arbeitnehmer muss die (anteiligen) Kosten gestatteter privater Telefonate grundsätzlich erstatten, außer in den erwähnten betrieblich veranlassten Notfällen. Diese Grundsätze gelten entsprechend für eine private Nutzung von Fax-Geräten.

Da auch **E-Mail**-Kommunikationssysteme und eingerichtete Internet-Zugänge wie Telefonsysteme als Betriebsmittel im Eigentum und zur freien Verfügung des Arbeitgebers stehen, gelten auch hier die gleichen Grundsätze. Die Nutzung von **Mailing-Systemen** erfordert Rechnerzeit, Speicherkapazität und (teilweise über die Kosten privater Telefonate weit hinausgehende) Kommunikationskosten, die das Unter-nehmen zu tragen hat. Auch wird das Verfassen eigener und das Lesen fremder Mails (zumeist) in bezahlter **Arbeitszeit** durchgeführt, was bei betrieblich veranlasster Kommunikation arbeitsvertragsgerecht ist, bei privat veranlasster Kommunikation aber nicht. Der Arbeitgeber ist deshalb grundsätzlich nicht verpflichtet, die Nutzung dieser technischen Einrichtungen generell (jedenfalls kostenfrei) zu gestatten. Damit dürfen auch E-Mail-

1 Computerwoche 4/2003, 12, 13.

2 *Hanau/Hoeren*, Private Internetnutzung durch Arbeitnehmer, 19.

3 *Hanau/Hoeren*, a.a.O., 20.

4 *Hanau/Hoeren*, a.a.O.,19; *Däubler*, Internet und Arbeitsrecht, Rdn. 177.

5 *Schaub*, Arbeitsrechtshandbuch, § 55 Rdn. 14; *Hanau/Hoeren*, Private Internetnutzung durch Arbeitnehmer, 20; *Däubler*, Internet und Arbeitsrecht, Rdn. 180; *Raffler/Hellmich*, NZA 1997, 862.

6 *Däubler*, K&R 2000, 323, 324; für Telefonnutzung ArbG Berlin, Urt.v.27.3.1980 – 12 Ca 3/80, BB 1980, 1105; *Raffler/Hellmich*, NZA 1997, 862, *Balke-Müller*, DB 1997, 326.

7 *Schaub*, a.a.O.

8 *Hanau/Hoeren*, Private Internetnutzung durch Arbeitnehmer, 21.

Systeme (ohne besondere Erlaubnis) nicht privat genutzt werden, auch hier mit Ausnahme von Notfällen[1]. Einem Arbeitnehmer, der ohne Erlaubnis am Arbeitsplatz eine private E-Mail von einer Person außerhalb des Unternehmens erhält, kann aber (jedenfalls nach erfolgter Abmahnung) fristlos gekündigt werden[2] (zur Kündigung s. S. 274). Entbehrlich ist die Abmahnung, wenn der Arbeitnehmer zu erkennen gibt, nicht willens zu sein, sich vertragsgetreu zu verhalten, indem er etwa kundtut, wieder Vertragsverletzungen zu begehen, ebenso bei schwerwiegenden Verstößen[3].

Auch die Nutzung von betrieblichen **Internet-Anschlüssen** zum „Surfen" kann sich schnell kostenintensiv auswirken. Bei längerem Surfen oder langem Downloading von großen Dateien können hohe Telekommunikationskosten entstehen und nichtgenutzte bezahlte Arbeitszeit frustriert werden. Nach einer Schätzung soll von Mitarbeitern durchschnittlich 5,8 mal wöchentlich mit jeweils 11,4 Min. im Durchschnitt auf das Web zugegriffen werde, was im Jahr zu einem Arbeitsausfall von 204 Mio. Arbeitsstunden führt[4]. Bei niedersächsischen Beamten wurde ein privater Nutzungsanteil von 44 % in der Arbeitszeit gemessen[5]. Die Kostenbelastung kann geringer sein, wenn Flatrate- oder Standleitungsverbindungen genutzt werden, doch bleibt die teilweise nicht unerhebliche Einschränkung der verfügbare Bandbreite dieser Verbindungen durch private Nutzung (etwa stundenlanges Herunterladen von Filmen).

Der Arbeitgeber kann – aus Arbeitsvertrag und im Rahmen seines Weisungsrechts – Art und Umfang betrieblicher E-Mail-Kommunikation festlegen, ebenso Art und Umfang der jeweils zulässigen privaten Nutzung von Internet-Zugängen[6] und die Nutzung von Mitarbeiterportalen. Eine privat veranlasste Nutzung durch Arbeitnehmer ist grundsätzlich nur zulässig, wenn der Arbeitgeber diese (zumindest konkludent[7]) **gestattet** oder sich durch stillschweigende Duldung des Arbeitgebers eine betriebliche Übung zulässiger Nutzung herausgebildet hat[8]. Deren genaue Erfassung und Abgrenzung ist freilich meist deutlich schwieriger als eine von vornherein erfolgende klare Festlegung. Zulässigkeit privater Nutzung in einem gewissen Umfang stellt keineswegs die Regel dar und kann auch als betriebliche Übung (s. unten) nicht einfach unterstellt, sondern muss im Einzelfall festgestellt werden. So haben sieben Großunternehmen jedes private Surfen untersagt[9].

Telefon- und E-Mail-/Internet-Nutzung sind außerdem **getrennt** zu **beurteilen**. Wurde die private Telefonnutzung gestattet, folgt hieraus allein noch nicht zwingend, dass auch die private E-Mailsystem-Nutzung gestattet ist[10], ebenso wenig das „Surfen"

---

1 *Schaub*, a.a.O., § 55 Rdn. 21; *Hanau/Hoeren*, a.a.O., 21; a.A. allerdings der Eidgenössische Datenschutzbeauftragte in seinem 8. Tätigkeitsbericht 2000/2001 (www.edsb.ch), 14 für das schweizerische Recht (ohne besondere Nutzungsregelung sei Internet-Nutzung [im Bericht plastisch „Surftouren"genannt] erlaubt, auch wenn privates Telefonieren verboten ist).

2 ArbG Frankfurt, Urt.v. 20.3.2001 – 5 Ca 4459/00, MMR 2001, 547 = RDV 2001, 189 = JurPC Web-Dok. 155/2001.

3 ArbG Frankfurt, Urt.v.20.3.2001, a.a.O.

4 Wirtschaftsmagazin BIZZ, zit. nach heise online, 21.1.2001 (www.heise.de/newsticker).

5 Auswertung des Landesrechnungshofes von 33 Millionen Zugriffen durch 20 000 Beamte, wobei Einkäufe und Auktionen immerhin einen Anteil von 7,3 % aufwiesen (Spiegel 10/2002, 34).

6 *Däubler*, a.a.O., 324.

7 *Däubler*, Internet und Arbeitsrecht, 325; *Däubler*, K&R 2000, 323.

8 *Däubler*, K&R 2000, 323, 325.

9 Heise online news 19.10.2003 (w ww.heise.de/newsticker/data/tol-19.10.03-001) unter Bezug auf eine „Focus"-Umfrage, nach der Siemens, Bayer, Telekom, RWE, Deutsche Bank, Schering und Allianz privates Surfen untersagen. Andere der 20 befragten Unternehmen beschränken die Gestattung auf Arbeitspausen, während Betriebe mit bis zu 50 Beschäftigten auf Kontrollen verzichten.

10 So aber wohl *Däubler*, K&R 2000, 323, 325; *Hanau/Hoeren*, Private Internetnutzung durch

im Internet. Der Arbeitnehmer kann also nicht verlangen, über betriebliche Netze zu privaten Zwecken im Internet surfen zu dürfen[1]. Nutzt er trotzdem privat veranlasst, kann dies, wie erwähnt, eine Verletzung arbeitsvertraglicher Pflichten darstellen[2]. Auch aus der Einführung von **IP-Telefonie** folgt nicht die Zulässigkeit einer Nutzung von E-Mailsystemen und/oder Internet-Zugängen, es sei denn, diese Dienste sind freigeschaltet.

Die Zulässigkeit der privaten Nutzung kann auch aus einer **konkludenten Erlaubnis** begründet sein[3]. Ob eine konkludente Erlaubnis erteilt wurde, lässt sich nur im Einzelfall unter Würdigung aller Sachverhaltsumstände **feststellen**[4].

Zudem kann sich eine **Betriebsübung** herausgebildet haben[5], die einen Rechtsanspruch auf private Nutzung begründet[6]. Eine betriebliche Übung besteht, wenn der Arbeitgeber bestimmte Verhaltensweisen wiederholt, aus denen Arbeitnehmer schließen können, dass ihnen die aufgrund dieser Verhaltensweisen gewährten Leistungen oder Vergünstigungen auch in Zukunft erhalten bleiben sollen[7]. Es genügt also nicht, dass Arbeitnehmer betriebliche Systeme privat nutzen; vielmehr muss der Arbeitgeber hiervon **Kenntnis** (oder die Möglichkeit der Kenntniserlangung gehabt) haben und es muss über eine längere Zeit eine widerspruchslose Duldung erfolgt sein[8]. Auch die Herausbildung einer Betriebsübung lässt sich nur einzelfallbezogen klären. Ist also z.B. das Abfassen einzelner Mails oder gelegentliches Surfen zulässig (geduldet), erfasst diese Duldung nicht auch eine zusätzliche zeitlich wesentlich längere oder abweichende Nutzung im Rahmen des *Grid Computing*, bei dem der Rechner für die Zwecke Dritter genutzt wird. Schon aus der Nutzung von Mailservices wird nicht generell die Zulässigkeit auch des Surfens abgeleitet werden können, wenn der Arbeitgeber von diesem keine Kenntnis hat[9].

Der Arbeitnehmer muss grundsätzlich die aus seiner privat veranlassten Nutzung anfallenden anteiligen **Kosten erstatten** und hierzu gegebenenfalls die Privatnutzung für die Zwecke der Kostenberechnung trennen und kennzeichnen[10]. Die erteilte **Erlaubnis** stellt eine **freiwillige Sozialleistung** dar (und kann als Einkommensteil selbst steuerpflichtig sein, wobei die Finanzverwaltung aber gegenwärtig von einer entsprechenden Handhabung absieht) und kann wieder **zurückgenommen** werden[11], es sei

Arbeitnehmer, 21, 22; wie hier *Bijok/Class*, RDV 2001, 52, 53.

1 S. etwa *Raffler/Hellmich*, NZA 1997, 862.

2 *Bijok/Class*, RDV 2001, 52.

3 *Däubler*, Internet und Arbeitsrecht, 325; *Däubler*, K&R 2000, 323.

4 *Däubler*, Internet und Arbeitsrecht, 325.

5 *Däubler*, a.a.O., 325.

6 *Naujock*, DuD 2002, 592, 593. Allerdings besteht wohl kein Rechtsanspruch darauf, dass überhaupt ein Mail-System im Unternehmen weiterhin eingerichtet bleibt.

7 BAG NZA 1998, 423.

8 *Hanau/Hoeren*, Private Internetnutzung durch Arbeitnehmer, 22, die einen Mindestzeitraum von sechs bis zwölf Monaten der Duldung verlangen.

9 A.A. wohl *Hanau/Hoeren*, a.a.O., 26, die auch noch die Nutzung des Usenet und von IRC-Diensten wegen seiner Ähnlichkeit mit Mailservices als gestattet ansehen wollen (auf S. 28 andererseits aber zwischen den Diensten zutreffend differenzieren). *Usenet* ist aber von Maildiensten grundverschieden, allein schon, weil die Verwaltung der kommunizierten Inhalte nicht auf Unternehmensrechnern erfolgt. Auch eröffnet IRC (anders als Mailing und allgemein Surfen) eine Online-Verbindung zu u.U. unbekannten Dritten in (Fast-)Echtzeit, die (selbst durch Systemoperatoren) kaum kontrollierbar ist und Gefährdungen des Unternehmensnetzes begründen kann, wenn sie Firewalls unterläuft.

10 *Schaub*, Arbeitsrechtshandbuch, § 55 Rdn. 21.

11 *Däubler*, Internet und Arbeitsrecht, 325.

denn, es liegt eine Regelung im Arbeitsvertrag oder in einer Betriebsvereinbarung vor[1]. Im letzteren Fall liegt eine einvernehmlich oder sonst nur durch Änderungskündigung mögliche Vertragsänderung vor[2]. Gleiches gilt, wenn sich eine betriebliche Übung herausgebildet hat. In diesen Fällen kann nur eine einvernehmliche oder sonst nur durch Änderungskündigung mögliche Vertragsänderung erfolgen[3]. Jederzeitige Rücknahme bleibt möglich, wenn der Arbeitgeber bereits bei Gewährung jede Bindung für die Zukunft ausschließt (Freiwilligkeitsvorbehalt) oder sich jedenfalls den Widerruf vorbehält[4].

Der **Umfang der Nutzung** muss je nach den betrieblichen Gegebenheiten ausgestaltet werden. Gestattete private Mail-Nutzung muss sich in einem angemessenen zeitlichen Rahmen bewegen[5]. Die Überschreitung geregelter zeitlicher Nutzungsgrenzen kann Anlass einer berechtigten Abmahnung darstellen[6]. Sinnvoll kann es sein, die Nutzung auf bestimmte **Zeiträume** zu beschränken, z.B. Pausenzeiten. Auch **quantitative** Beschränkungen sind möglich, z.B. Anzahl der Mails pro Tag und maximale Länge, die privat veranlasst verfasst werden dürfen, sowie ein Verbot von Attachments. Möglich ist auch die Beschränkung der Gestattung auf bestimmte (besonders gegen Angriffe Dritter gesicherte) Rechner[7]. Weiter sollten besondere Regelungen für Notebooks mit WLAN-Karten, Communicators mit Web-Funktionalität und PDAs getroffen werden, wenn diese Geräte Betriebsmittel des Arbeitgebers sind.

Für die **Löschung** älterer Mails sind Fristen festzulegen. Auch für die **Größe** und die maximal zulässige Anzahl der Mails können Beschränkungen sinnvoll oder sogar notwendig sein. Der Systemoperator/-administrator muss meist aufgrund von Ressourcenbegrenzungen ältere Mails löschen, die bei inzwischen nicht erfolgtem Abruf (längerfristig auch auf IMAP-Systemen) verloren gehen.

Für jeden Typ der DV-Vorgänge müssen die Zulässigkeitsvoraussetzungen geprüft werden, also etwa auch für Übermittlungen **personenbezogener Daten** an andere Unternehmen, – insbesondere dann, wenn die Empfänger ihren Sitz in Drittstaaten haben. Solche Übermittlungen sind nicht immer sofort erkennbar. Dies gilt etwa für den Dokumenttausch in *Workflow*-Systemen, wenn sich einzelne Empfänger (etwa bei Unternehmens-Argen) in Drittstaaten befinden. Aber auch zwischen Unternehmen innerhalb von Deutschland stellt die **Dokumentübertragung** mittels solcher Systeme eine Datenübermittlung dar. Außerdem können Workflow-Systeme als mitbestimmungsbedürftige technische Einrichtung im Sinne von § 87 Abs. 1 Nr. 6 BetrVG einzustufen sein, wenn aus Dokumentmarkierung und zusätzlichen Protokolldaten auf Leistung oder Verhalten einzelner Mitarbeiter oder Gruppen von Mitarbeitern (oder der Teilnehmer am Workflow-System) zurückgeschlossen werden kann. Diese Zuordnung ist umso wichtiger als in Workflow-Systemen eine „*Realtime*"-Kontrolle parallel zum Arbeitsprozess möglich ist[8]. Auch **Firewalls** sind (neben ihrer Schutzfunktion gegen externe Angriffe auf Rechnernetze) dazu geeignet, um Tätigkeiten innerhalb des

1 *Däubler*, K&R 2000, 323, 325.

2 *Bijok/Class*, RDV 2001, 52, 53.

3 *Bijok/Class*, RDV 2001, 52, 53.

4 *Hanau/Hoeren*, Private Internetnutzung durch Arbeitnehmer, 23.

5 *Däubler*, K&R 2000, 323, 326.

6 *Däubler*, K&R 2000, 323, 326.

7 *Hanau/Hoeren*, Private Internetnutzung durch Arbeitnehmer, 26.

8 S. Hinweis im Rapport d'Étude et de Consultation Publique, La CyberSurveillance des Salaires dans l'Entreprise, de H. Bouchet, vice-président de la CNIL, Mars 2001 (www.cnil.fr), 9.

Unternehmens zu überwachen[1] und laufend zu protokollieren. Weiter werden auf **Proxyserver**-Rechnern (auch von Arbeitnehmern) angesurfte Webseiten zwischengespeichert; in In- und Outboxes von Mailsystemen wird die gesamte elektronische Korrespondenz gespeichert, die ein Arbeitnehmer bearbeitet bzw. erhält. Auf Intranet-Ebene werden der Benutzername, die IP-Adresse, Zeitangabe und Gegenstandsbezeichnung, Ein- und Ausloggen, Ausdrucke, Applikationsabrufe, etc. gespeichert[2].

Zu regeln ist auch, ob bzw. unter welchen **technischen** Absicherungen ein Arbeitnehmer berechtigt sein soll, **extern** (etwa über Datenleitung oder über Handy) z.B. **von zu Hause** betriebliche oder auch privat an ihn gerichtete **Mails abzurufen**. Eine solche externe Datenübertragung bedarf regelmäßig besonderer technischer Absicherung; es muss etwa durch Verschlüsselung sichergestellt sein, dass Dritte nicht die Mails „mitlesen" können, weder durch unberechtigten Zugriff auf den Unternehmensrechner noch im privaten Umfeld des Arbeitnehmers. Dies gilt insbesondere auch, wenn personenbezogene Daten übertragen werden, etwa von Krankenversicherten mit medizinischen Befunddaten. Sind Außendienstmitarbeitern nur berechtigt, betriebliche Mails abzurufen, folgt hieraus nicht ihre Berechtigung, auch private Mails extern abzurufen.

Sinnvoll erscheint, **getrennte Mail-Accounts** (E-Mail-Adressen) für betrieblich veranlasste einerseits und privat veranlasste Nutzung (etwa E-Mail oder Internet-Zugang) andererseits einzurichten. Dies gilt insbesondere, wenn der Arbeitgeber dem Arbeitnehmer die Nutzung als Teledienst anbietet und abrechnet, da er nach Teledienstedatenschutzrecht die anfallenden Nutzungsdaten des Arbeitnehmers streng getrennt von den sonstigen Daten aus dem Arbeitsverhältnis verwalten muss. Freilich sind in der Praxis die vorhandenen Systeme oft nicht für eine solche Trennung der Personendatenverwaltung ausgelegt; auch können CIOs die erforderlichen Zusatzaufwendungen (insbesondere in letzter Zeit) oft nicht durchsetzen. Dies kann freilich zur Folge haben, dass der Arbeitgeber dann auch nicht Daten des Mitarbeiters aus dieser privat veranlassten Nutzung speichern und weiter verarbeiten darf. Auch dienstliche E-Mails (und Webzugriffe) dürfen dann nicht kontrolliert oder auch nur datenmäßig erfasst werden[3] bzw. nur soweit, wie dies auch für private Nutzung zulässig ist. Nicht gangbar ist der „Ausweg", einfach privat veranlasste E-Mails im Betreff als solche zu bezeichnen[4]. Ohne Account-Trennung kann im Notfall ein Freischalten des Accounts des Mitarbeiters erforderlich sein, bei dem sich Kenntnisnahme auch der privat veranlassten E-Mails nicht immer vermeiden lässt[5].

Grundsätzlich gleiche Überlegungen gelten auch für die private Nutzung von **Internet**-Zugängen. Diese wird in dem Umfange wie die private Nutzung von Telefonanlagen als zulässig angesehen[6]. Der Arbeitnehmer kann also nicht verlangen, über betriebliche Netze zu privaten Zwecken im Internet surfen zu dürfen[7]. Nutzt er trotzdem privat veranlasst, kann dies eine Verletzung arbeitsvertraglicher Pflichten darstellen[8].

---

1 Nach dem Rapport, a.a.O., 12 ist ein Firewall (französisch: le pare-feu) „le meilleur ‚espion' de l'activité internet".

2 So der Eidgenössische Datenschutzbeauftragte in seinem 8. Tätigkeitsbericht 2000/2001 (www.edsb.ch), 11.

3 *Naujock*, DuD 2002, 592, 593.

4 *Naujock*, DuD 2002, 592, 593.

5 *Naujock*, DuD 2002, 592, 593.

6 *Kronisch*, AuA 1999, 550; *Raffler/Hellmich*, NZA 1997, 862, 863.

7 S. etwa *Raffler/Hellmich*, a.a.O., 862.

8 *Bijok/Class*, RDV 2001, 52.

3. Nutzung durch den Betriebsrat

Der Betriebsrat kann beanspruchen, im Rahmen der Erfüllung seiner gesetzlichen Aufgaben ein bereits bestehendes **Intranet** zu nutzen[1] (also ein betriebsinternes Rechnernetzes mit Internet-Protokollen); er muss sich nicht auf Benachrichtigungen per E-Mail oder Aushang am Schwarzen Brett verweisen lassen[2]. Der Betriebsrat kann aber nicht die Einrichtung eines Intranets verlangen, da es dem Arbeitgeber nach § 40 Abs. 2 BetrVG freisteht, welche Sachmittel zur Unterrichtung den Arbeitnehmer verfügbar gemacht werden[3], ebenso nicht das Eröffnen eines von der Kontrolle durch den Systemadministrator unabhängigen Zugangs[4]. Nach dem LAG Schleswig-Holstein[5] ist außerdem zur Begründung eines Nutzungsanspruches erforderlich, dass die betriebsinterne Kommunikation mittels Intranet im betreffenden Betrieb gängige Praxis ist (etwa in High-Tech-Unternehmen). Das unternehmensinterne Intranet erfüllt die Funktion eines „Schwarzen Brettes", dessen Nutzung als geeignetes Sachmittel (§ 40 Abs. 2 BetrVG) geeignet ist. Der Betriebsrat kann ohne vorherige Genehmigung des Arbeitgebers Beiträge in das Intranet stellen[6].

Auch ein Recht des Betriebsrat auf Nutzung des und Zugang zum **Internet** wurde jedenfalls für Fälle bejaht, in denen das Internet im großen Umfang als Betriebsmittel eingesetzt wird[7]. Überholt ist damit die ablehnende Auffassung, die sich auf das Argument stützte, dass sich der Betriebsrat auf Grund des Gebotes vertrauensvoller Zusammenarbeit (§ 2 Abs. 1 BetrVG) nicht ohne besondere Veranlassung im Internet oder auf andere Weise an die Öffentlichkeit wenden dürfe[8]. Es geht aber wohl vielmehr umgekehrt gerade um Informationsgewinnung aus dem Internet. Private Nutzung ist auch Betriebsräten nur in dem Umfang gestattet, in dem sie auch durch sonstige Arbeitnehmer zulässig ist. Ist der Betriebsrat berechtigt, ein **E-Mailsystem** für seine Betriebsratstätigkeit zu nutzen, muss er für diese Zwecke einen separaten E-Mail-Account eröffnen und führen[9].

Bei der Verarbeitung **personenbezogener Daten** muss der Betriebsrat das BDSG beachten; er unterliegt jedoch nicht der Kontrolle durch den betrieblichen Datenschutzbeauftragten[10].

Unwirksam ist der nur elektronisch, d.h. durch E-Mail (nach § 102 Abs. 2 BetrVG)

---

1 BAG, Beschl.v. 3.9.2003 – 7 ABR 12/03, CR 2004, 451 = JurPC Web-Dok. 221/2004.

2 BAG, Beschl.v. 3.9.2003 – 7 ABR 12/03, JurPC Web-Dok. 221/2004.

3 BAG, Beschl.v. 3.9.2003 – 7 ABR 12/03, JurPC Web-Dok. 221/2004; LAG Baden-Württemberg, Beschl.v. 26.9.1997 – 5 TaBV 1/97, DB 1998, 887; LAG Schleswig-Holstein, Beschl.v. 28.1.203 – 5 TaBV 25/02, LAG-Report 2003, 216 = ITRB 2004, 53; ArbG Paderborn, Urt.v. 29.1.1998 – 1 BV 35/97, DB 1998, 678 = JurPC Web-Dok. 261/2003.

4 ArbG Frankfurt. a. M., Urt.v.13.11.2001 – 8 BV 633/00, JurPC Web-Dok. 297/2002.

5 LAG Schleswig-Holstein, Beschl.v. 28.1.2003 – 5 TaBV 25/02, JurPC Web-Dok. 236/2003 bereits unter Bezugnahme auf das Betriebsverfassungs-Reformgesetz, das durch explizite Aufnahme der Informations- und Kommunikationstechnik in den § 40 Abs. 2 BetrVG ausdrücklich klargestellt habe, dass die modernen Kommunikationstechniken grundsätzlich auch zum normalen Geschäftsbedarf des Betriebsrats gehörten.

6 BAG, Beschl.v.7.9.2003 – 7 ABR 12/03, CR 2004, 465 = JurPC-Web-Dok. 220/2004.

7 BAG, Beschl.v.7.9.2003, a.a.O. (das Internet als sachliches Mittel i.S.v. § 40 Abs. 2 BetrVG einstufend); LAG Schleswig-Holstein, Beschl.v.31.10.2002 – 1 TaBV 16/02, JurPC Web-Dok. 235/2003 (auch eine Kontaktaufnahme mit anderen Betriebsräten über Internet als zulässig ansehend).

8 ArbG Paderborn, Urt.v. 29.1.1998 – 1 BV 35/97, DB 1998, 678 = JurPC Web-Dok. 261/2003.

9 *Bijok/Class*, RDV 2001, 52, 54.

10 BAG, Beschl.v. 11.11.1997 – 1 ABR 21/97, CR 1998, 328.

erfolgte **Widerspruch** des Betriebsrats gegen eine Kündigung[1].

4. Gewerkschaftliche Nutzung von betrieblichen Kommunikationssystemen

Elektronische Kommunikationssysteme des Unternehmens dürfen auch für **gewerkschaftliche Zwecke** genutzt werden, z.B. für Mitgliederwerbung[2], die als zum Kernbereich gewerkschaftlicher Tätigkeit gehörend angesehen wird[3]. Der Betriebsablauf oder Betriebsfriede darf durch diese Nutzung aber nicht gestört werden[4]. Information und Werbung müssen zur Wahrung der gewerkschaftlichen Koalitionsfreiheit unerlässlich sein[5]. Die Funktionsfähigkeit bzw. Nutzbarkeit der betrieblichen IT-Systeme darf aber nicht beeinträchtigt werden[6].

Als zulässig wurde das arbeitnehmerseitige **Lesen von E-Mails** der Gewerkschaft in der Arbeitszeit angesehen, wenn keine nennenswerte Arbeitszeit verlorengeht[7], ebenso die Ankündigung von Gewerkschaftsveranstaltungen[8]. Hingegen kann die Versendung von Massen-Mailings die Nutzung des betriebsinternen Netzes beeinträchtigen oder die Lektüre einen nicht unwesentlichen Teil der Arbeitszeit beanspruchen und deshalb unzulässig sein. Unzulässig ist auch, die gewerkschaftliche und politische Tätigkeit eines Arbeitnehmers in der Form einer Anprangerung auf einer Homepage darzustellen[9]. Ein ergangenes Verbot der arbeitnehmerseitigen privaten Nutzung der betrieblichen Kommunikationssysteme schließt nicht von vornherein eine gewerkschaftliche Nutzung aus[10].

III. Kontrolle der Kommunikation der Arbeitnehmer

IT-Technik erlaubt eine deutlich intensivierte Überwachung von Arbeitnehmern sowohl bei der Leistungserbringung als auch im sonstigen Verhalten am Arbeitsplatz (etwa in Pausenzeiten). Wie so oft kommt auch diese Entwicklung aus den USA, für die das Office of Technology Assessment (OTA) bereits 1988 feststellte, es würden 20 bis 35% aller Büroangestellten, also etwa 4 bis 6 Millionen Arbeitnehmer durch Computer überwacht[11]. In der Zwischenzeit haben sich freilich die technischen Möglichkeiten erheblich verfeinert und erweitert. Dies gilt insbesondere für die Nutzung von IT-Systemen zum Internet-Zugang und E-Mail-Austausch. Mit der Ausweitung dieser technischen Möglichkeiten von Nutzung und deren Kontrolle sind auch die rechtlichen Grenzen jeweils neu zu bestimmen.

---

1 ArbG Frankfurt a.M., Urt.v. 24.3.2004 – 4 G 43/04, JurPC Web-Dok. 211/2004.

2 LAG Schleswig-Holstein, Urt.v. 1.12.2000 – 6 Sa 562/99, AuR 2001, 71 = CR 2003, 530.

3 Zentral: BVerfG, Urt.v.14.11.1995 – 1 BvR 601/92, DB 1996, 1627.

4 *Klebe/Wedde*, AuR 2000, 401.

5 *Lelley*, BB 2002, 252, 254.

6 *Lelley*, BB 2002, 252, 255

7 *Klebe/Wedde*, AuR 2000, 401, 403

8 LAG Schleswig-Holstein, Urt.v.1.12.2000 – 6 Sa 562/99, AuR 2001, 71 (bejaht auch Zulässigkeit der Verteilung von Gewerkschaftsmaterial per E-Mail während der Arbeitszeit).

9 Thüringer OLG, Beschl.v. 16.8.2000 – 3 W 486/00, AuR 2000, 472 = JurPC Web-Dok. 122/2001.

10 *Klebe*/Wedde, a.a.O., 403.

11 *Hoffmann*, Alles unter Kontrolle, Zeit Nr. 19 v. 6.5.1988, 24.

1. Zulässigkeit von Kontrollen

Wie schon bisher bei telefonischer Kommunikation ist der Arbeitgeber unter bestimmten Einschränkungen auch zur Kontrolle der Kommunikation über E-Mails oder im Web berechtigt[1]. Hierzu können die Grundsätze zur Zulässigkeit der Durchführung wie der Kontrolle des privaten und dienstlichen Telefonierens entsprechend herangezogen werden, und zwar auch bezüglich des eigentlichen „Surfens“[2]. Anzuwenden sind sie nicht nur auf Mail-Dienste, sondern auch auf **alle** sonstigen **Internet-Dienste** wie etwa telnet, Chats, Instant Messaging und die zunehmend aktuelle Internet-(IP)Telefonie.

Der Arbeitgeber ist grundsätzlich berechtigt, die Leistungserbringung des Arbeitnehmers zu überprüfen. Hierbei hat der Arbeitgeber aber die **Vertraulichkeit** von **Telefongesprächen** des Arbeitnehmers respektieren und zwar bei privat wie bei betrieblich veranlassten Telefonaten[3] sowie unabhängig davon, ob die Kommunikation internetgestützt oder in sonstiger Weise erfolgt. **Heimliches Mithören** ist unzulässig, da es das Persönlichkeitsrecht der Gesprächspartner verletzt[4], und zwar auch dann, wenn der Arbeitnehmer Kenntnis von einer bestehenden Mithörmöglichkeit hat[5]. Im Einzelfall[6] kann aber ein durch den Arbeitgeber erfolgendes Mithören **gerechtfertigt** sein, wenn dieses (auch heimliche) Mithören als Eingriff in die Persönlichkeitssphäre des Arbeitnehmers nach Inhalt, Form und Begleitumständen erforderlich und das schonendste Mittel ist[7], etwa zur Aufklärung erheblicher Warenverluste mittels einer Kontrolle durch versteckte Kameras[8]. Das Mithören bzw. Aufzeichnen ist hierbei grundsätzlich nur nach Ankündigung zulässig, ohne Ankündigung (damit heimlich) allein in Ausnahmefällen, etwa bei drohender Beeinträchtigung der Sicherheit des Unternehmens[9] oder bei Verdacht auf Straftaten und/oder Verrat von Geschäftsgeheimnissen[10] oder bei Verdacht des Angriffes auf das eigene oder ein fremdes EDV-System etwa durch Hacking.

Generell unzulässig ist jede inhaltliche Überwachung und Telefondatenerfassung, wenn der Arbeitnehmer **Vertraulichkeit** im Sinne von § 203 Abs. 1 StGB zu wahren hat, etwa ein bei einem Landkreis angestellter Psychologe oder ein Betriebsarzt[11]. Der Arbeitgeber (oder ein von diesem beauftragte Provider) darf nicht einmal Zielnummern der Teilnehmer gespeichert werden, mit denen diese vertraulichen Telefongespräche geführt werden[12]. Der Betriebsrat und der betriebliche Beauftragte für den Datenschutz

---

[1] Der vorliegende Abschnitt bezieht sich auf die Kontrolle der *Inhalte* der Kommunikation, während sich der Abschnitt IV, S. 277 mit der Kontrolle der bei der Kommunikation anfallenden *Daten* befasst.

[2] *Däubler*, a.a.O., 324.

[3] BVerfG, Urt.v.19.12.1991, DB 1992, 786 = CR 1992, 498.

[4] BAG, Urt.v. 29.10.1997 – 5 AZR 508/96, CR 1998, 219.

[5] *Schaub*, Arbeitsrechtshandbuch, § 55 Rdn. 15; *Däubler*, Internet und Arbeitsrecht, Rdn. 245.

[6] Ein berechtigtes Interesse des Arbeitgebers kann nicht als Regelfall unterstellt werden (s. etwa BAG DB 1998, 371).

[7] BAG, Beschl.v. 30.8.1995 – 1 ABR 4/95, NZA 1996, 218, 221 (etwa für Ausbildungszwecke bei einem Reservierungscenter einer Luftfahrtgesellschaft oder eines Service-Callcenters).

[8] BAG DB 1998, 403.

[9] *Linnenkohl*, RDV 1992, 205; *Däubler*, AiB 1995, 149, 150 m. w. N.

[10] LAG Berlin, Urt.v. 15.2.1988 – 9 Sa 114/87, DB 1988, 1024, allerdings nur bei Verwendung eines Anschlusses des Arbeitgebers, nicht etwa bei Verwendung des eigenen Handy des Arbeitnehmers, es sei denn, die besonderen strafprozessualen Voraussetzungen hierfür sind erfüllt.

[11] BAG, Urt.v.13.1.1987 – 1 AZR 267/85, NZA 1987, 515 = CR 1987, 593 = DB 1987, 1153; VGH Baden-Württemberg, Beschl.v. 12.12.2000 – PL 15 S 518/00, RDV 2001, 185.

[12] BGH Urt.v. 13.1.1987, a.a.O., 515 (für die Zielnummernerfassung bei angestellten Psychologen).

genießen nicht diesen absolute Schutz.

Grundsätzlich unzulässig sind (insbesondere heimliche) **Videoaufzeichnungen**[1]. Sie dürfen im Zivilprozess nicht verwertet werden, außer, es liegen ausnahmsweise gewichtige Sicherheits- und Verdachtsgründe vor[2], etwa dann, wenn Mitarbeiter auf besonders sensitive Datenbestände zugreifen (etwa bestimmte Prozeduren in Zertifizierungsinstanzen für die elektronische Signatur) oder bestimmte, oft zu Systemabstürzen führende Programmfunktionen testen[3]. Aus nicht gerechtfertigten Überwachungen erlangte Beweismittel dürfe nicht gegen den Arbeitnehmer verwendet werden[4]. Die Verwertung rechtswidrig erlangter Beweismittel ist unzulässig[5]. Unberechtigte Videoüberwachung kann zur Zahlung eines Schmerzensgeldes verpflichten[6]. Erstellte Aufzeichnungen sind hier umgehend zu löschen, wenn sie nicht mehr benötigt werden. Die Erstellung eines Überwachungsarchives ist in der Regel unzulässig, wenn nicht fallbezogen eine Beweisführung vorbereitet wird.

Für die Kontrolle von **E-Mail-Kommunikation** gelten ähnliche Grundsätze wie für Telefonate, allerdings mit Einschränkungen[7]. Geschäftlich veranlasste **E-Mails** kann der Arbeitgeber uneingeschränkt kontrollieren, da der diese Korrespondenz verfassende Arbeitnehmer in Erfüllung seiner arbeitsvertraglichen Verpflichtungen handelt und insoweit voll rechenschaftspflichtig, also auch zur Offenlegung der betrieblich veranlassten E-Mails verpflichtet ist[8]. Bei betriebsbezogenen E-Mails wird der Arbeitgeber grundsätzlich berechtigt sein zu prüfen (und prüfen müssen), ob sie das Unternehmen **rechtlich binden** sollen, etwa als Leistungsangebote. Andernfalls könnte die Geschäftsleitung nicht feststellen, ob und welche Rechtspflichten sie aus der Kommunikation durch ihre Mitarbeiter eingeht.

Die Grundsätze zur Telefonüberwachung sind insoweit nicht einfach übertragbar, da nicht das gesprochene Wort kontrolliert wird. Jedoch muss auch bei E-Mail-Kontrollen das **Persönlichkeitsrecht** des Arbeitnehmers beachten werden[9]. Nach einer engen Auffassung sollen Kontrollen des Inhaltes auch von Mails mit betrieblichem Inhalt nur in Sonderfällen zulässig sein[10] und etwa ein als privat erkennbares Attachment zu einer Mail nicht geöffnet werden dürfen[11]. Jedenfalls sind aber auch besondere berechtigte und dauerhaft bestehende Interessen des Arbeitgebers zu berücksichtigen, die auf die technische Absicherung der Kommunikation im Netz oder den Schutz von Geschäfts-

---

1 BAG, Urt.v. 15.5.1991 – 5 AZR 115/90, CR 1993, 230; BAG Beschl.v. 29.6.2004 – 1 ABR 21/03, Pressemitt. Nr. 50/04 zur Unzulässigkeit einer dauerhaften, verdachtsunabhängigen Videoüberwachung und LAG Mannheim, Urt.v. 6.5.1998 – 12 Sa 115/97, RDV 2000, 27 zur Videoüberwachung ohne Betriebsratsmitbestimmung.

2 LAG Mannheim, Urt.v. 6.5.1998 – 12 Sa 115/97, RDV 2000, 27; LAG Hamm, Urt.v. 24.7.2001 – 11 Sa 1524/00, RDV 2001, 288; Hess. LAG, Urt.v. 2.10.2001 – 2 Sa 879/01, RDV 2002, 86.

3 Man zeichnet hier mit *Video-Capture* die Tastaturbedienung auf, um Sicherheitsmängel rekonstruieren zu können.

4 LAG Mannheim, Urt.v.6.5.1998, a.a.O., 27; LG Zweibrücken, Beschl.v. 3.11.2003 – Qs 10/03 und Qs 11/03, NJW 2004, 85 für Strafverfahren.

5 LAG Hamm, Urt.v.24.7.2001 – 11 Sa 1524/00, RDV 2001, 288.

6 ArbG Frankfurt a.M., Urt.v.26.9.2000 – 18 Ca 4036/00, RDV 2001, 190.

7 So auch der Arbeitskreis Technik und der Arbeitskreis Medien der Konferenz der Datenschutzbeauftragten des Bundes und der Länder, Nov. 2000, (www.bfd.bund.de/technik/Ori_int2/ohint_4.html), 2.

8 Gounalakis/*Nägele*, Rechtshandbuch Electronic Business, § 28 Rdn. 23.

9 Ebenso *Däubler*, a.a.O., Rdn. 248 m.w.N.; *Gola*, MMR 1999, 326; *Raffler/Hellmich*, NZA 1997, 863; *Hoeren*, Recht der Access Provider, Rdn. 271.

10 *Däubler*, a.a.O., Rdn. 249.

11 *Jofer/Wegerich*, K&R 2002, 235, 238.

geheimnissen gerichtet sind. Von diesen Interessen her ist zu bestimmen, ob und in welchem Umfang der Systemadministrator Mails der Arbeitnehmer vor Versendung in das Netz bezüglich der Empfängerdaten und des Inhaltes kontrollieren darf[1]. Als zu berücksichtigende Interessen des Arbeitgebers wurden zutreffend Kostenkontrolle, Absicherung gegen Überlastung der Kommunikationsleitung und der Schutz von Geschäfts- und Betriebsgeheimnissen genannt[2]. Auch ist der Arbeitgeber grundsätzlich gehalten, die Übermittlung von E-Mails mit strafbarem Inhalt zu unterbinden[3]. Er kann (und muss) außerdem die Herausgabe der an das Unternehmen gerichteten oder von diesem abgesandten Mails verlangen[4]. Der Einsatz technischer Mittel zur Kontrolle kann nicht mit dem Argument untersagt werden, dass dieser generell das Persönlichkeitsrecht der Arbeitnehmer verletze[5]. Das Persönlichkeitsrecht kann nicht weiter geschützt sein als bei herkömmlich-brieflicher Kommunikation, die meist auch offen für Vorgesetzte zugänglich ist. Bei heute anfallenden Datenmengen werden Kontrollen außerdem nur **automatisiert** durchführbar sein. Möglich erscheint aber eine Lösung dahingehend, dass Ergebnisse solcher Kontrollen nicht laufend, sondern nur in Verdachtsfällen ausgewertet werden (dürfen), wobei das Überwachungsprogramm aber selbst nach Anhaltspunkten für Verdachtsfälle wird suchen dürfen. Unzulässige, da undifferenziert-umfassende Kontrollen mit laufender Auswertung, werden nicht durch (gar formularmäßige) Einwilligung der Arbeitnehmer zu zulässigen, da es hier meist schon an der ausreichenden Freiwilligkeit der Einwilligungserklärung fehlt[6].

Schon aus Sicherungsgründen ist der Arbeitnehmer, wie ausgeführt, verpflichtet zu dulden, dass der Arbeitgeber eine Kopie des Inhaltes der Festplatte des PC anfertigt, an dem er für den Arbeitgeber Aufträge bearbeitet[7]. Auch dürfen im Rahmen des Erforderlichen durch Mailserver **Logfiles** geführt werden, wenn anders Systeme nicht sachgerecht administriert werden können. Aus diesen Logfiles sind Fehlermeldungen erkennbar, aber auch Angriffe Dritter oder Versuche, unberechtigt Mails zu verschicken oder auf Postfächer zuzugreifen, womit letzten Endes auch im Sinne des betrieblich oder privat nutzenden Arbeitnehmers eine Sicherung des Dienstes möglich wird. Auch Web- und FTP-Server führen solche Logfiles.

Bei **privat veranlassten E-Mails** dürfen deren Inhalte überhaupt nicht bzw. nur in den Fällen kontrolliert werden, in denen Missbrauchsgefahr besteht oder Rückverfolgung einer technischen Störung erforderlich ist. Die Kontrollmöglichkeiten des Arbeitgebers gehen hier nicht weiter als die eines vom Arbeitnehmer privat beauftragten fremden Providers. Der Arbeitgeber ist insoweit auch zur Wahrung des Fernmeldegeheimnisses verpflichtet und darf Dritten (zu denen insoweit auch andere Arbeitnehmer gehören) keinen Zugriff zu Inhalten oder auf Verkehrsdaten ermöglichen.

---

1 Eine Kontrollbefugnis des Arbeitgebers bzw. Dienstherren bejaht auch der Bundesbeauftragter für den Datenschutz, Orientierungshilfe „Internet“, Fassung November 2000, Abschnitt 4.2 (www.bfd.bund.de/technik/Ori_int2/ohint_4.html), 4.

2 *Schaub*, Arbeitsrechtshandbuch, § 55 Rdn. 20. Zu berücksichtigen sind auch erweiterte Aufzeichnungspflichten nach „Basel II“ und dem US-Sarbanes-Oxley Act, die sicherstellen sollen, dass vertrauliche Mitteilungen nicht zu Insider-Geschäften oder sonst zum Nachteil von Anlegern verwendet werden (*Borchers*, Überwachung total, c't 2004, 146, 148).

3 *Post-Ortmann*, RDV 1999, 102, 106.

4 *Bijok/Class*, RDV 2001, 52, 54; Bundesbeauftragter für den Datenschutz, Orientierungshilfe „Internet“, Fassung November 2000, Abschnitt 4.2 (www.bfd.bund.de/technik/Ori_int2/ohint_4.html), 2 (für eine Verpflichtung des Arbeitnehmers bzw. Dienstverpflichteten, eine Ausdruck der jeweiligen Mail zur Verfügung zu stellen).

5 A.A. wohl *Hoeren*, Recht der Access Provider, Rdn. 271.

6 Ähnlich *Hoeren*, Recht der Access Provider, Rdn. 273.

7 LAG Schleswig-Holstein, Urt.v.20.1.2000 – 4 Sa 389/99, DuD 2001, 235.

Teilweise ist allerdings eine Mail-Kontrolle bereits technisch nicht oder nur erschwert möglich, so etwa bei webbasierter elektronischer Post; diese lässt sich (mit HTTPS/SSL) verschlüsseln und kann dann vom Arbeitgeber nicht inhaltlich kontrolliert werden, zumal sie auch nicht auf dessen System gespeichert wird[1]. Sie kann deshalb vom Arbeitgeber wegen den mit ihr verbundenen erhöhten Risiken untersagt werden. Auch bei solcher Einschränkung ist zu sehen, dass jede rechnergestützte Tätigkeit, insbesondere, wenn sie Internet-Bezug hat, Datenspuren hinterlässt[2].

Der Arbeitgeber ist grundsätzlich berechtigt, auch die von Mitarbeitern heruntergeladenen **Webseiten** zu kontrollieren[3]. Über Proxy Server lassen sich alle Internetzugriffe und Dateiabrufe anhand von Log-Dateien kontrollieren, ebenso, von welcher IP-Adresse der Request kommt, und auch die User-ID[4]. Wenn der Arbeitgeber etwa als nicht berechtigt angesehen wurde zu überwachen, welche Webseiten der Arbeitnehmer auf den Rechner im Unternehmen bzw. an seinem Arbeitsplatz heruntergeladen hat[5], so geht dies haftungsrechtlich und praktisch an den Erfordernissen vorbei. Das Unternehmen muss grundsätzlich prüfen, ob bzw. welche fremden (u.U. gar strafbaren) Inhalte auf seinem System verfügbar gemacht werden, sei es durch Abspeichern oder durch Setzen von Links, allein schon, um nicht eventuellen kennzeichen- oder wettbewerbsrechtlichen Unterlassungsansprüchen (aus Störerhaftung) ausgesetzt zu sein. Eine Haftungsentlastung des Arbeitgebers ergibt sich nicht allein schon aus dem Umstand, dass die Inhalte von einem Arbeitnehmer heruntergeladen wurden. Heruntergeladene Webseiten sind außerdem (je nach Auslegung des Rechnersystems) auch für andere Arbeitnehmer und teilweise sogar für Externe zugreifbar, so dass ein eigenes Inhalteangebot vorliegen kann, das besondere Haftung des Arbeitgebers begründet. So werden schon rein von der technischen Auslegung her alle heruntergeladenen Webseiten in Speichern (im **Cache** des Proxy-Server-Rechners) abgelegt, um bei Neuaufrufen der Seite das Downloading zu ersparen. Beim Neuaufruf wird die Seite dann nur aus dem lokalen Speicher geladen. In diesem sind dann alle heruntergeladenen Seiten einsehbar. Außerdem ist meist eine **Log-Funktion** vorgesehen, die die vom jeweiligen Nutzer besuchten Sites auflistet. Wollte man Kontrollmöglichkeiten ausschließen, müssten beide Funktionen voll deaktiviert werden, was in der Praxis fast nie der Fall ist. Auch dürfte der Arbeitgeber letztlich wesentliche Teile der Speicherbereiche von unternehmenseigenen Systemen überhaupt nicht mehr auch nur einsehen. Hierdurch würde ein – auch für die Datensicherheit erforderliches – System Operating und eine Kontrolle der Ressourcen teilweise unmöglich gemacht. Sinnvoller und praxisnäher erscheint es, die **Verwendung** der durch solche Kontrollen gewonnenen Ergebnisse einzuschränken (etwa durch Betriebsvereinbarung).

Mail-Verteiler sollten auf die jeweils tatsächlich notwendigen Empfänger beschränkt werden, da es leicht fällt, automatisiert durch das Mailsystem einer beliebigen Anzahl von Empfängern von einer Mail Kopien (mit „cc", *carbon copy*) zu schicken. Dies erhöht das Risiko unberechtigter Kenntniserlangung und verbraucht unnötig **Arbeitszeit** bei zwar berechtigten, aber nicht betroffenen anderen Mitarbeitern, die

---

1 So der Eidgenössische Datenschutzbeauftragte in seinem aufschlussreichen Bericht: Leitfaden über Internet- und E-Mail-Überwachung am Arbeitsplatz, Bericht Nr. 7 v.16.5.2001, (www.edsb.ch), 5.

2 Rapport d'Étude et de Consultation Publique, La CyberSurveillance des Salaires dans l'Entreprise, de H. Bouchet, vice-président de la CNIL, Mars 2001 (www.cnil.fr), 8 („Le traçage est inherent à l'informatique").

3 a. A. LAG Braunschweig, Urt.v.18.3.1999 – 12 S 23/97 (Fundstelle: www.tse-hamburg.de/Betriebsvereinbarungen).

4 *Gergen*, Internetdienste, 335f.

5 LAG Braunschweig, Urt.v.18.3.1999, a.a.O.

täglich mit Mails überhäuft werden und in diesen die sie betreffenden heraussuchen müssen. Auch sollten technisch Vorkehrungen dagegen getroffen werden, dass aus einer innerbetrieblich angelegten Kommunikation Mails an externe Adressen weitergeleitet werden.

Die Überwachung ist mit unterschiedlichen **technischen Mitteln** möglich. Neben Videokameras, die zunehmend miniaturisiert sind und damit unauffälliger angebracht werden können, kommen auch (z.B. auf einem PC festinstallierte) **Webcams** zum Einsatz (die mittlerweile auch integriert im Notebook mobil nutzbar sind und insoweit ein mobiles Verarbeitungsmedium im Sinne von § 6 c BDSG darstellen können). Solche Webcams erlauben eine internetbasierte und damit (wenn keine Beschränkung auf Intranets erfolgt) weltweite Bildübertragung. Auch dann, wenn der Arbeitnehmer mit der Aufstellung solcher Geräte (etwa zu Konferenzzwecken) einverstanden ist, folgt hieraus nicht seine Einwilligung mit einer laufenden Beobachtung seiner Tätigkeit am Rechner. Zur Arbeitnehmerüberwachung geeignet sind auch neue **GPS**-Systeme[1], die mittels zur satellitengestützten Überwachung (etwa von Frachttransporten) eine durchgängige Routenüberwachung und Leistungskontrolle (ebenso wie bisher schon mit Fahrtenschreibern, aber online, also in Echtzeit) ermöglichen. Hier müssen gleiche Grundsätze gelten, jedenfalls bei der Zuordnung der gewonnenen Daten zu Mitarbeitern. Zutreffend wurde festgestellt, dass jede Nutzung des Internets personenbezogene Spuren hinterlässt[2]. So kann der Arbeitgeber (im gesamten Intranet) alle Mails lesen und letztlich sogar jede einzelne Tastaturbedienung (*key stroke*) aufzeichnen[3] und jede Adresse der vom Arbeitnehmer „angesurften" Websites speichern oder eine entsprechende Log- oder Präferenzliste erstellen.

Der Arbeitnehmer ist seinerseits nicht berechtigt, von sich aus ein entdecktes **Kontrollprogramm** auf seinem Rechner zu löschen. Hierin kann u.U. eine strafbare Datenveränderung (s. S. 632) zu sehen sein. Der unberechtigte Einsatz solcher Programme durch den Arbeitgeber kann aber eine Pflichtverletzung aus Arbeitsvertrag darstellen und den Arbeitgeber zur Unterlassung, Löschung der gewonnenen Daten und Schadensersatz verpflichten.

Der Einsatz von Überwachungstechniken durch Arbeitnehmer ist unzulässig, so etwa die Verwendung von „**Foto-Handies**" ohne Wissen und Einwilligung Betroffener, um solche Bilder etwa in das Internet gestellt werden. Auch können solche Geräte bequem und unauffällig für Werkspionage und Geheimnisverrat genutzt werden[4]. Durch einen passiven „Flugzeug-Modus" können einige Geräte auch nicht elektronisch kontrolliert und entdeckt werden, wodurch das Risiko weiter steigt. Der Verstoß gegen ein ausdrückliches Foto-Handy-Verbot kann bei Gefahr erheblicher Beeinträchtigung von schutzwürdigen Interessen des Unternehmens eine fristlose Kündigung rechtfertigen. Bei Besuchern kann aus dem Hausrecht ein Verlangen gerechtfertigt sein, entsprechende Geräte am Eingang zu deponieren.

Eine **Kontrolle der** dem Arbeitnehmer vom Arbeitgeber zur Verfügung gestellten **Arbeitsmittel** wird grundsätzlich als zulässig angesehen. So darf der Arbeitgeber Dateien auf dem Speicher des Arbeitsplatzrechners des Arbeitnehmers grundsätzlich kontrollieren, gleich, ob der Arbeitnehmer dort auch private Dateien speichern oder

---

1 *Däubler*, Internet und Arbeitsrecht, Rdn. 214.

2 *Tinnefeld/Viethen*, NZA 2000, 977, 979.

3 So etwa mit Programmen wie „*Boss Everywhere*" oder „*Timbuktu Pro*", die auch messen, wie lange ein Mitarbeiter *keine* Aktivität am Bildschirm entfaltet (*Borchers*, c't 15/2002, 132, 133).

4 *Sydow*, US-Firmen verbannen Foto-Handies, heise online news 22.10.2003, www.heise.de/newsticker/data/wst-22.10.03-000.

Programme (z.B. Spiele) gespeichert hat[1], da der Rechner im Arbeitgebereigentum steht. Der Speicher eines solchen Rechners stellt insoweit auch keine Ausweitung der Privatsphäre des Arbeitnehmers dar[2]. Eine Ausnahme gilt nur für aus zulässiger privater Nutzung erstellte Mails und den für diese reservierten Speicherplatz (*Partition*). Der Arbeitnehmer ist nicht berechtigt, den Speicher, also insbesondere die Festplatte, über das BIOS mit einem besonderen, nur ihm bekannten **Passwort** zu sichern und so oder in vergleichbarer anderer Weise dem Arbeitgeber jeden Zugriff unmöglich zu machen. Schon aus Sicherungsgründen ist der Arbeitnehmer verpflichtet zu dulden, dass der Arbeitgeber eine **Kopie** des Inhaltes der Festplatte des PC anfertigt, an dem er für den Arbeitgeber Aufträge bearbeitet[3], und dass diese Sicherungskopie dem weiteren Zugriff des Arbeitnehmers entzogen wird (und z.B. auf einem zentralen Server durch den Systemadministrator verwaltet wird). Das Verweigern des Erstellens einer Sicherungskopie berechtigt zur außerordentlichen Kündigung[4].

Technisch sind Nutzungskontrollen in unterschiedlicher Form möglich, so etwa als Sperren von Websites/URLs (Abgleich gegen in Datenbank gespeicherte Sites), Stichwortsuche in aufgerufenen Texten, Begrenzung der Surfmöglichkeit auf bestimmte Zeiten, Sperren des Downloads oder Versendens von MP3- oder JPEG-Files, Sperren von ActiveX-Controls (etwa unter Webwasher), aber auch ein- und ausgehende E-Mails (etwa mit Superscout E-Mail).

Soweit Überwachung von Arbeitnehmern mittels **Logfiles** möglich ist, greift diese in die Persönlichkeitssphäre des Arbeitnehmers ein und setzt damit ein besonderes berechtigtes Interesse des Arbeitgebers voraus, das etwa bei unberechtigter privater Nutzung bestehen kann, aber grundsätzlich nicht bei gestatteter privater Nutzung[5]. Auch ist diese wie jede sonstige Überwachung mitbestimmungspflichtig.

Bei rechtswidriger Überwachung durch den Arbeitgeber kann der Arbeitnehmer gegen jenen **Unterlassung** und **Löschung** der erhobenen Daten aus den §§ 823 Abs. 1 i.V.m. 1004 Abs. 1 S. 2 BGB sowie Schadensersatzansprüche aus § 823 Abs. 1 und 2 BGB geltend machen[6].

2. Rechtsfolgen unberechtigter Nutzung

Privat veranlasste Nutzung von Internet-Zugängen bedarf besonderer Erlaubnis. Deshalb kann die **unberechtigte Nutzung** betrieblicher Mail-Systeme zu privaten Zwecken eine **fristlose Kündigung** rechtfertigen; jedoch ist grundsätzlich eine **Abmahnung** erforderlich[7] (wie bisher schon beim unberechtigten privaten Telefo-

[1] Eine solche Kontrolle ist dem Systemadministrator etwa über Windows 2000 (und Folgeversionen) möglich.

[2] So aber wohl *Däubler*, a.a.O., Rdn. 260.

[3] LAG Schleswig-Holstein, Urt.v.20.1.2000 – 4 Sa 389/99, DuD 25 (2001) 4, 235 = JurPC Web-Dok. 202/2000.

[4] LAG Schleswig-Holstein, Urt.v.20.1.2000, a.a.O.

[5] *Hanau/Hoeren*, Private Internetnutzung durch Arbeitnehmer, 67, allerdings Fälle ausnehmend, in denen der Arbeitgeber eine private Nutzung kontrolliert, die in Pausenzeiten erfolgen darf, wobei konsequent auch dann die Verknüpfung der so erhobenen Daten mit anderen Daten als unzulässig angesehen wird.

[6] S. n. *Hanau/Hoeren*, a.a.O., 70 ff

[7] LAG Schleswig-Holstein, Urt.v. 1.12.2000 – 6 Sa 562/99, CR 2003, 530; LAG Hessen, Urt.v. 13.12.2001 – 5 Sa 987/01, JurPC Web-Dok. 359/2002; Vorinstanz: ArbG Frankfurt a.M., Urt.v. 20.3.2001 – 5 Ca 4459/00, JurPC Web-Dok. 155/2001 (Abmahnung auch bei vorherigem Verbor durch interne Arbeitsanweisung erforderlich); ArbG Frankfurt, Urt.v. 2.1.2000 – 2 Ca 5340/01, RDV

nieren[1]); das gilt auch, wenn zuvor in einer generellen internen Arbeitsanweisung das Versenden privater E-Mails verboten und eine außerordentliche Kündigung für den Fall des Zuwiderhandelns angedroht worden war[2]. Gleiches gilt für das Surfen am Arbeitsplatz. Wird die private Internetnutzung nicht ausdrücklich untersagt, ist eine (außerordentliche) Kündigung nur zulässig, wenn die Nutzung in einem Ausmaß erfolgt, von dem der Arbeitnehmer nicht mehr annehmen darf, diese sei noch vom Einverständnis bzw. von der Duldung des Arbeitgebers gedeckt[3]. Grundsätzlich muss zunächst eine Abmahnung erfolgen[4]. Fehlen hier klare arbeitgeberseitige Vorgaben zur Zulässigkeit der Nutzung und besteht etwa nur eine Betriebsübung, kann bereits die Abmahnung unwirksam sein, wenn die gerügte Nutzung durch den Arbeitnehmer tatsächlich nicht den Rahmen dieser Betriebsübung überschreitet. Der Arbeitgeber trägt das volle **Beweislastrisiko** für die behauptete Rechtsverletzung, muss also zunächst diese Betriebsübung genau feststellen. Das Herunterladen eines Computerspiels oder das Übermitteln von Daten vom Dienstrechnern auf den privaten E-Mail-Anschluss wurde als nicht ausreichend für eine Kündigung aus wichtigem Grund angesehen[5]. Anderes wird aber wohl gelten müssen, wenn in einer Datenübermittlung an Dritte zugleich ein Geheimnisverrat im Sinne von § 17 UWG zu sehen ist.

Die Abmahnung ist entbehrlich und **fristlose Kündigung zulässig**, wenn der Arbeitnehmer zu erkennen gibt, nicht willens zu sein, sich vertragsgetreu zu verhalten, indem er etwa kundtut, wieder Vertragsverletzungen zu begehen, ebenso bei schwerwiegenden Verstößen[6], etwa beim Herunterladen von größeren Mengen von Dateien mit pornografischen Inhalten während der Arbeitszeit[7] (es sei denn, der Arbeitnehmer gibt durch sein Verhalten zu erkennen, dass das arbeitsvertragliche Vertrauensverhältnis wieder hergestellt werden kann und deshalb zunächst eine Abmahnung erforderlich und ausreichend ist[8]), bei Verbreiten kinderpornographischer Dateien über Unternehmensrechner[9] oder sonstigem Verbreiten pornographischer Inhalte[10], in jedem Fall bei

---

2002, 195 und Urt.v.14.7.2004 – 9 Ca 10256/03, MMR 2004, 829.

1 LAG Nürnberg, Urt.v. 28.5.2002 – 6 (5) Sa 472/01 (beck-aktuell, 24.1.2003, http://rws.beck.de).

2 ArbG Frankfurt a.M., Urt.v. 20.3.2001 – 5 Ca 4459/00, RDV 2001, 189 = JurPC Web-Dok. 155/2001.

3 ArbG Wesel, Urt.v.21.3.2001 – 5 Ca 4021/00, CR 2001, 861 = NJW 2001, 2490 = RDV 2001, 291 (für 80 – 100 Stunden unerlaubte Privatnutzung).

4 Eine Abmahnung ist erforderlich, wenn eine Pflichtverletzung des Arbeitnehmers dem steuerbaren Verhalten des Arbeitnehmers zuzurechnen ist und durch die Abmahnung sichergestellt werden kann, dass weitere Pflichtverletzungen in Zukunft ausgeschlossen sind (BAG, NZA 1997, 281). Entbehrlich ist die Abmahnung, wenn bei besonders schweren Pflichtverletzungen mit einer Wiederherstellung des Vertrauens nicht zu rechnen ist, etwa bei dem Arbeitnehmer erkennbarer Rechtswidrigkeit.

5 ArbG Hildesheim, Urt.v. 30.5.2002 – 3 Ca 261/01, JurPC Web-Dok. 172/2003.

6 ArbG Frankfurt, Urt.v.20.3.2001 – 5 Ca 4459/00, MMR 2001, 547 = RDV 2001, 189 = JurPC Web-Dok. 155/2001.

7 LAG Hannover, Beschl.v.26.4.2002 – 3 Sa 726/01 B, MMR 2002, 766; ArbG Düsseldorf, Urt.v.1.8.2001 – 4 Ca 3437/01, JurPC Web-Dok. 100/2002; ArbG Frankfurt a.M., Urt.v. 2.1.2002 – 2 Ca 5340/01, RDV 2002, 195 = JurPC Web-Dok. 117/2003 (bei umfangreicher Sammlung der Downloads Abmahnung als entbehrlich ansehend, während kein Grund zur außerordentlichen Kündigung gegeben sei, wenn das Schwergewicht der Störungen die Wiederholungsgefahr und der Missbrauch der betrieblichen Einrichtungen bilden); ArbG Hannover, Urt.v. 1.12.2000 – 1 Ca 504/00 B, CR 2002, 226 = NZA 2001, 1022 = JurPC Web-Dok. 162/2002; *Hanau/Hoeren*, Private Internetnutzung durch Arbeitnehmer, 29.

8 LAG Rheinland-Pfalz (Mainz), Urt.v. 18.12.2003 – 4 Sa 1288/03, MMR 2004, 475 = JurPC Web-Dok. 207/2004.

9 *Däubler*, Internet und Arbeitsrecht, Rdn. 210 mit Rechtsprechungsnachweisen.

10 ArbG Iserlohn, Urt.v.30.11.2000 – 4 Ca 1543/00, zit. nach Gounalakis/*Nägele*, Rechtshandbuch Electronic Business, § 28 Rdn. 30.

Begehen von Straftaten bei der privaten Internet-Nutzung[1] oder bei Speichern von Betriebsgeheimnisse darstellenden Daten auf dem privaten PC des Arbeitnehmers[2]. Gleiches gilt für das Verbreiten oder Zugänglichmachen von Raubkopien urheberrechtlich geschützter Werke[3] (wobei aber die Freistellung von der Zustimmungsabhängigkeit nach § 53 UrhG zu beachten ist) oder dann, wenn der Arbeitnehmer unberechtigt sein Passwort bewusst an Dritte weitergibt[4] oder sich in Chatgroups beleidigend über seinen Arbeitgeber äußert[5] oder entgegen ausdrücklichem Verbot einen Internet-Zugang privat nutzt[6].

Fristlose Kündigung ist auch berechtigt, wenn ein Arbeitnehmer personenbezogene **Daten missbraucht**, sich etwa die User ID und Codes des Vorgesetzten verschafft, behält und dies dem Vorgesetzten nicht offenbart[7], wiederholt (trotz Abmahnung) auf ihm nicht berechtigt zugängliche Datenbestände zugreift[8] oder sich weigert zu dulden, dass der Arbeitgeber eine **Kopie** des Inhaltes **der Festplatte** des PCs des Arbeitgebers erstellt, an dem der Arbeitnehmer arbeitet[9]. Gerechtfertigt ist die außerordentliche Kündigung auch bei **unbefugtem Ausspähen** von Daten durch einen PC-Administrator[10], dem heimlichen Lesen von Mails oder das unbefugte Abspeichern von betrieblichen, Betriebsgeheimnisse darstellenden Daten auf einem privaten PC eines leitenden Mitarbeiters[11]. Das pflichtwidrige **Unterlassen** erforderlichen **Sicherungskopierens**[12] wird als solches grundsätzlich nur nach Abmahnung eine außerordentliche Kündigung rechtfertigen[13]. Abmahnung ist somit in all den Fällen erforderlich, in denen eine Änderung des Verhaltens des Arbeitnehmers (erwartbarerweise) herbeigeführt werden kann, der Arbeitnehmer also z.B. diese Änderung nicht verweigert, und keine schwere schuldhafte Pflichtverletzung vorliegt[14].

Die Rechtsprechung kann die Problematik naturgemäß nur punktuell aufarbeiten, allein schon, weil zum einen nicht alle außerordentlichen Kündigungen angegriffen werden und zum anderen viele Probleme durch neue technische Entwicklungen noch nicht überall ausreichend bekannt sind. So wurde festgestellt, dass die meisten Zugriffe auf eBay in der Arbeitszeit erfolgen (einmal zur Kostenersparnis und weil bei Nutzung vom privaten PC der Partner/die Partnerin Kenntnis erlangen würde). Etwa 18 % der Beschäftigten bestellen regelmäßig über den Firmenanschluss bei Online-Shops und Auktionsplattformen. Auch bei beruflich bedingten Bestellungen werden gerne private

---

1 Gounalakis/*Nägele*, Rechtshandbuch Electronic Business, § 28 Rdn. 31.

2 LAG Köln, Urt.v. 17.8.2001 – 11 (7) Sa 484/00, RDV 2002, 194.

3 *Hanau/Hoeren*, Private Internetnutzung durch Arbeitnehmer, 30.

4 *Däubler*, Internet und Arbeitsrecht, Rdn. 203.

5 LAG Schleswig-Holstein, NZA-RR 1999, 132; ArbG Wiesbaden, Urt.v.2.5.2001 – 3 Ca 33/01, JurPC Web-Dok. 178/2003 (Versenden metaphorisch verschlüsselter E-Mail).

6 ArbG Wesel, NZA 2001, 1022.

7 ArbG Hannover, Urt.v.10.1.2002 – 10 Ca 250/01, CR 2002, 226 = JurPC Web-Dok. 6/2003; ebenso ArbG Hannover NZA 2001, 1002.

8 LAG Köln, Urt.v.19.11.1999 – 11 Sa 768/99, RDV 2001, 30.

9 LAG Schleswig-Holstein, Urt.v.20.1.2000 – 4 Sa 389/99, DuD 2001, 235 = JurPC Web-Dok. 202/2000. Nutzt der Arbeitnehmer hingegen einen eigenen Rechner (etwa ein Notebook), kann der Arbeitgeber nach Auffassung des Gerichtes nur Kopien der Daten von Arbeitsvorgängen aus dem Arbeitsverhältnis verlangen.

10 VG Frankfurt, Beschl.v.28.8.2000 – 23 L 1642/00 (V), RDV 2000, 279.

11 LAG Köln, Urt.v. 17.8.2001 – 11 (7) Sa 484/00, RDV 2002, 194.

12 Zur Pflichtwidrigkeit s. *Hanau/Hoeren*, Private Internetnutzung durch Arbeitnehmer, 32.

13 ArbG Wesel, NZA 2001, 786.

14 Zu den allgemeinen arbeitsechtlichen Grundlagen s. *Hanau/Hoeren*, Private Internetnutzung durch Arbeitnehmer, 34.

Bestellungen miterledigt. Einzelne Arbeitgeber mussten inzwischen den Zugang zu eBay sperren, wodurch der Datendurchsatz deutlich verringert wurde[1].

Entstandene **Schäden** kann der Arbeitgeber vom Arbeitnehmer aus Pflichtverletzung ersetzt verlangen, insbesondere bezüglich der aus der unzulässigen Nutzung angefallenen Kosten[2].

IV. Arbeitgeberseitige Verarbeitung und Kontrolle der Kommunikationsdaten

1. Schutz aus „klassischem" Datenschutzrecht

Der Arbeitgeber muss für die Verarbeitung von (Kunden- und) Mitarbeiterdaten die Vorgaben des Bundesdatenschutzgesetzes (BDSG) beachten (zum Datenschutz s. § 18), so etwa, wenn Arbeitgeber Daten ihrer Arbeitnehmer (z.B. Privatangaben wie private E-Mail-Adressen) auf der Unternehmens-Webseite präsentieren[3]. Je nach dem Arbeitsverhältnis ist festzustellen, ob sich eine solche Datenspeicherung und -weitergabe noch im Rahmen der Zweckbestimmung des Arbeitsverhältnisses hält oder die Einwilligung des Arbeitnehmers erforderlich ist. Zu beachten ist, dass etwa eine Präsentation der Daten von Mitarbeitern im Web eine – weltweite – Datenübermittlung darstellt, also auch an Staaten gerichtet ist, in denen kein mit der EG vergleichbares Datenschutzrechtsniveau realisiert ist. Für nicht aus allgemein zugänglichen Quellen stammende Daten kann eine solche Präsentation deshalb unzulässig sein, da die (Weiter-)Verwendung der Daten im Empfängerstaat nicht kontrollierbar und Auskunft, Sperrung, Berichtigung oder Löschung dort oft nicht durchsetzbar sind. Keinesfalls darf also die „Elektronische Personalakte" im Internet (und damit weltweit) zugänglich gemacht werden. Soweit solche Datenbestände überhaupt in Kommunikationsnetzen wie VPNs zugänglich sind, müssen sie durch geeignete Maßnahmen wie Login mit Chipkarte, Protokollierung sämtlicher Zugriffe und Verschlüsselung gesichert werden.

Auch **Kontrollen** der abgesendeten und empfangenen **Mails** oder der Nutzung von Internet-Zugängen müssen sich im Rahmen des § 28 BDSG halten. Die Kontrolle kann datenschutzrechtlich bereits aus dem Zweck des Arbeitsverhältnisses zulässig sein (§ 28 Abs. 1 S. 1 Nr. 1 BDSG), wenn sie etwa der (betriebsverfassungsrechtlich zulässig in einer Betriebsvereinbarung festgelegten) Leistungsmessung dient oder der Angriffssicherung des Systems (z.B. Schutz gegen Ausspähung der Mitarbeiter). Außerdem wird ein berechtigtes Interesse des Arbeitgebers im Sinne von § 28 Abs. 1 S. 1 Nr. 2 BDSG zu bejahen sein, sein System generell gegen Störungen, Abstürze, Virenangriffe etc. abzusichern und zu prüfen, ob das Mailing-System tatsächlich nur für betriebliche Zwecke genutzt wird[4]. Sieht eine Dienstvereinbarung über die Kontrolle von Daten zu privaten Telefonaten vor, dass diese Daten nicht zum Zwecke der Verhaltenskontrolle verarbeitet werden dürfen, können die gleichwohl gewonnenen Daten nicht zum Zwecke des Beweises eines Fehlverhaltens im Kündigungsrechtsstreits herangezogen werden, da in diesem Fall dem grundrechtlich verbürgten Persönlichkeitsschutz des Betroffenen Vorrang vor dem Interesse an der Wahrheitsfindung zukommt[5].

---

1 Ausf. s. Financial Times Deutschland Online, 2.4.2003, www.ftd.de/tm/it/1080371892640.html?nv =hpm.

2 *Hanau/Hoeren*, Private Internetnutzung durch Arbeitnehmer, 40.

3 *Tinnefeld/Viethe*, NZA 2000, 977, 980.

4 *Bijok/Class*, RDV 2001, 52, 54.

5 ArbG Kiel, Urt.v.1.2.2001 – 2 Ca 2248 d/00, JurPC Web-Dok. 367/2002.

Gestattet der Arbeitgeber freilich die **privat** veranlasste Systemnutzung durch seine Arbeitnehmer und tritt er diesen gegenüber insoweit als Telediensteanbieter auf, unterliegt er den Verarbeitungsbeschränkungen und Löschpflichten aus dem **Teledienstedatenschutzrecht**[1]. Da diese Daten aus **nicht**betrieblicher Nutzung stammen, darf er sie grundsätzlich auch nur abrechnungsbezogen bzw. zur Störungsbeseitigung verwenden und nicht mit Daten aus dem Arbeitsverhältnis (insbesondere nicht zu einer Leistungs- und Verhaltenskontrolle) verknüpfen. In der Praxis können Abgrenzungsprobleme auftreten, wenn die privat veranlasste Nutzung in der Arbeitszeit erfolgt. Hier sind unbedingt klare Vorgaben für einen Zeitrahmen zulässiger Nutzung zu beachten. Allgemein sind die Vorschriften der TDG, TDDSG/MDStV im Arbeitsverhältnis dann nicht anwendbar, wohl aber bei privater Nutzung dieser Dienste durch den Arbeitnehmer[2].

BDSG und TDDSG bzw. MDStV greifen allerdings nur ein, wenn ein Datum **Personenbezug** aufweist oder dieser jedenfalls hergestellt werden kann. Hier ist je nach Datenart zu differenzieren. IP-Adressen (für privat genutzte Rechner von Mitarbeitern) haben als statische grundsätzlich Personenbezug, aber meist nicht als wechselnde („dynamische“) IP-Adressen[3]. Doch kann zumindest der die Adresse zuweisende Provider auch für dynamische IP-Adressen den Personen/Nutzerbezug herstellen[4].

Bedient sich der Arbeitgeber für die technische Leistungserbringung eines konzerneigenen (aber juristisch selbständigen) **Service-Providers**, erfolgt insoweit eine Auftragsdatenverarbeitung, für die gegenüber den Betroffenen der Arbeitgeber (als Auftraggeber) verantwortlich bleibt (§ 11 Abs. 1 S. 1 BDSG), und zwar auch hinsichtlich der technischen Systemsicherheit (§ 9 BDSG)[5]. Dies ändert nichts an der Stellung des Arbeitgebers bei betrieblicher Nutzung und seiner Stellung als Diensteanbieter bei privater Nutzung.

Nutzen **Arbeitnehmer** elektronische Kommunikationssysteme zu betrieblichen Zwecken, also im Rahmen des Arbeitsverhältnisses, handeln sie als **Teil der verantwortlichen Stelle**. Hier muss der Arbeitgeber die üblichen datenschutzrechtlichen Voraussetzungen und Pflichten erfüllen. Kommunikationspartner sind hier die Vertragspartner des Unternehmens, also insbesondere Kunden und Zulieferer. Soweit Daten der Arbeitnehmer mitgespeichert werden (etwa als jeweils zuständiger Sachbearbeiter), müssen die entsprechenden Voraussetzungen aus dem Arbeitsverhältnis erfüllt sein. Nutzen Arbeitnehmer diese Kommunikationssysteme hingegen zu eigenen, also privaten und damit nichtbetrieblichen Zwecken, stellt ihnen der Arbeitgeber insoweit nur ein technisches Hilfsmittel zur Kommunikation zur Verfügung bzw. erbringt er einen entsprechenden **Teledienst** (oder Mediendienst) sowie bei E-Mail auch einen TK-Dienst. Der Arbeitgeber tritt hier nicht als solcher, sondern wie ein sonstiger Diensteanbieter auf. Dies ergibt sich aus arbeitsvertraglicher Sicht aus dem Umstand, dass der Arbeitnehmer weisungsunabhängig entscheiden kann, ob er ein solches Kommunikationsangebot nutzt oder nicht. Der Arbeitnehmer ist insoweit nicht in die Organisation des Arbeitgebers als datenschutzrechtlich verantwortliche Stelle integriert. Damit bleibt nur, ihn insoweit im Verhältnis zum Arbeitgeber insoweit als **Dritten** einzustufen. Folge ist freilich, dass jeder Abruf einer beim Arbeitgeber gespeicherten,

---

1 *Bijok/Class*, RDV 2001, 52, 54.

2 Bericht der Bundesregierung über die Erfahrungen und Entwicklungen bei den neuen Informations- und Kommunikationsdiensten im Zusammenhang mit der Umsetzung des Informations- und Kommunikationsdienste-Gesetzes (IuKDG), BT-Drucks. 14/1191, 18.

3 *Schmitz*, TDDSG und das Recht auf informationelle Selbstbestimmung 2000, 38f, 46.

4 *Schmitz*, a.a.O., 93f.

5 *Bijok/Class*, RDV 2001, 52, 56.

an den Arbeitnehmer adressierten, privat veranlassten Mail oder Instant Message[1] eine **Datenübermittlung** darstellt (auch wenn sie technisch innerhalb des Betriebes erfolgt). Weiter wird der **Arbeitnehmer** zwangsläufig **selbst zur verantwortlichen Stelle**, soweit er personenbezogene Daten anderer privat veranlasst verwendet; das muss auch dann gelten, wenn er sich der technischen Mittel des Arbeitgebers bedient, der insoweit als Auftragnehmer fungiert. Der Arbeitnehmer ist damit bei Erheben, Verarbeiten und Nutzen personenbezogener Daten mit technischen Mitteln des Arbeitgebers wie jeder sonstige Datenverarbeiter verantwortliche Stelle und gegenüber Betroffenen auskunfts-, berichtigungs-, sperrungs- und löschungsverpflichtet, wenn die jeweiligen Voraussetzungen erfüllt sind, es sei denn, er verfolgt nur persönliche oder familiäre Zwecke (§ 27 Abs. 2 S. 2 BDSG). Mail-Kontakt mit einer Gewerkschaft gehört nicht zu diesen Zwecken, da hier das Arbeitsverhältnis als Außenbezug tangiert ist. Der **Arbeitgeber** ist im Rahmen der arbeitnehmerseitigen Nutzung des vom Arbeitgeber angebotenen Teledienstes **Auftragsdatenverarbeiter für den Arbeitnehmer**. Dieses Abgrenzung gilt auch in den Fällen, in denen der Arbeitnehmer personenbezogene Daten enthaltende, private Mails im Betrieb abruft, da der Begriff der verantwortlichen Stelle nicht räumlich, sondern funktional abzugrenzen ist.

Ruft der Arbeitnehmer extern, d.h. außerhalb des Betriebes, etwa im **Außendienst** oder privat, Mails ab, sei es auf seinen privaten PC oder ein entsprechend ausgestattetes Handy bzw. einen Personal Digital Assistant oder Webpad, so ist wiederum funktional (und nicht räumlich) zu differenzieren. Werden rein **firmenbezogene** Daten übertragen, etwa Kundendaten bei einem Termin vor Ort, bleibt der Arbeitnehmer sogar beim Kunden Teil der verantwortlichen Stelle. Diese Datenübertragung stellt keine Datenübermittlung im Sinne von § 3 Abs. 4 Nr. 3 BDSG dar, sondern ein **Nutzen** im Sinne von § 3 Abs. 5 BDSG. Ruft der Arbeitnehmer hingegen eine an ihn **privat** adressierte, aber im System des Arbeitgebers gespeicherte Mail (etwa eines Arbeits-kollegen oder eines Dritten) ab, erfolgt hier eine **Datenübermittlung**. Befindet sich der Arbeitnehmer in einem Staat außerhalb der EU, etwa in der Schweiz, gilt er nach den erläuterten Grundsätzen aber auch bei rein betrieblich veranlasster Nutzung für die Fälle der Übertragung personenbezogener Daten nicht als Teil der verantwortlichen Stelle, sondern als Dritter und die Datenübertragung als Datenübermittlung im Sinne von § 3 Abs. 4 Nr. 3 BDSG, so etwa bei einem Abruf der Daten von der Schweiz aus, weshalb auf einen solchen Abruf das Datenschutzgesetz der Schweiz anwendbar.

Für die Beurteilung der **Zulässigkeit** der Speicherung und weiteren Verarbeitung von Daten der Arbeitnehmer aus der Nutzung von Internet-Diensten kann auf die für Telefongespräche erarbeiteten Grundsätze zurückgegriffen werden. Das Aufzeichnen bzw. Speichern von bei **Telefongesprächen** anfallenden Daten, etwa über Gesprächsdauer, verbrauchte Einheiten, (zumindest um einige Stellen verkürzte) Zielnummer des

1 *Instant Messaging*-(IM)Systeme (wie etwa ICQ und AOL Instant Messenger AIM) erlauben dem Nutzer, in Echtzeit neben laufender Web-Nutzung zu kommunizieren (chatten). In öffentlichen Verzeichnissen und privaten „*Buddy Lists*“ kann der Nutzer am Rechner in einem Bildschirmfenster feststellen, welche Freunde und Geschäftspartner ebenfalls gerade online sind. Bei der Anmeldung zu IM-Diensten muss der Nutzer in der Regel seinen Namen, ein beliebiges Passwort und eine E-Mail-Adresse angeben. Die Dienste teilen außerdem eindeutige Benutzerkennungen (Unique Identifier Numbers) zu (*Jurran*/*Brauch*, Kommunikationsbeschleuniger, c't 15/2001, 104, 106). All das sind personenbezogene Daten, die etwa bei ICQ (ohne Prüfung der Safe Harbor-Kriterien) in die USA übertragen werden. Der IM-Client Odigo bietet sogar die Möglichkeit, in einem Bildschirmfenster „Site-Radar“ festzustellen, welche *anderen* Nutzer bestimmte Web Sites ebenfalls angesurft haben (!); man kann sich die URLs aller dieser anderen Nutzer übermitteln lassen und so die http-Verbindungen von Sites überwachen (*Brauch*, Instant Vorsicht, c't 15/2001, 114). Zumindest für deutsche Sites liegt, da Verbindungsdaten (nämlich die URLs) aufgezeichnet werden können, insoweit eine (für Private auf jeden Fall) unzulässige Überwachung des Fernmeldeverkehrs vor.

Gesprächspartners, etc. wird grundsätzlich als zulässig angesehen[1], und zwar bezüglich betrieblich wie privat veranlasster Telefonate[2]. Der Arbeitgeber ist grundsätzlich berechtigt, die Arbeitsleistung des Arbeitnehmers und damit auch dessen „Telefonverhalten" zu kontrollieren[3]. Er darf hierfür Daten über Telefongespräche, die der Arbeitnehmer dienstlich (betrieblich) führt, aber nur erheben und verarbeiten, soweit die Verarbeitung im Rahmen der Zweckbestimmung des Arbeitsverhältnisses erfolgt und zudem erforderlich ist, so etwa Tag und Uhrzeit des Gesprächs, ebenso Zielnummer[4] sowie Beginn und Ende des Gespräches und verbrauchte Gebühreneinheiten[5]. Telefonatsdaten dürfen damit **nicht umfassend automatisiert aufgezeichnet** werden[6] bzw. nur dann, wenn der Arbeitnehmer private Telefonate durch Wählen einer bestimmten Kennziffer deutlich machen kann[7]. Daten von **Dritten** (einschließlich deren vollständiger Telefonnummern) dürfen grundsätzlich nur verarbeitet werden, wenn die Einwilligung dieser Dritten vorliegt. Unzulässig ist das Speichern der Daten und erst recht Kommunikationsinhalte) des Dritten, wenn dieser selbst anruft. Zwar wird auch hier die betriebliche Telefonanlage genutzt, ohne dass aber solche passiven Telefonate aber Kosten verursachen (allerdings Kosten aus Arbeitszeit).

Soweit Nutzungsdaten von Arbeitnehmern aus betrieblich veranlasster **E-Mail-Kommunikation** festgehalten (erfasst, gespeichert, ausgewertet) werden, greifen ebenfalls die allgemeinen datenschutzrechtlichen Grundsätze des Bundesdatenschutzgesetzes ein, bei privat veranlasster Kommunikation das Recht des TDDSG. Im Rahmen der Zweckbestimmung von **Arbeitsverhältnissen** ist der Arbeitgeber grundsätzlich berechtigt, die entsprechenden Gesprächsdaten des Mitarbeiters zu speichern (§ 28 Abs. 1 S. 1 Nr. 1 BDSG), aber auch die des adressierten (nicht: des anrufenden) Dritten (§ 28 Abs. 1 S. 1 Nr. 2 BDSG)[8], nämlich auf Grund berechtigter Interessen der verantwortlichen Stelle an einer Vermeidung von Missbrauch, einer Kostenrechnung und -kontrolle sowie einer Abrechnung von Privatgesprächen[9] (ein bei E-Mails von Dritten nicht bestehendes Interesse). Dies trifft etwa für die Dokumentation von Sende- und Empfangsdaten zu, um beispielsweise Beweis führen zu können, wann welche Mail-Dokumente abgesandt/empfangen wurden. An Dritte (außerhalb des Unternehmens) dürfen diese Daten grundsätzlich nicht weitergegeben werden.

Bereits von der technischen Systemauslegung her werden freilich in **Mailserver**-Rechnern des absendenden Unternehmens bezüglich betrieblich veranlasster wie privater Mails Daten zu Absender, Empfänger, Übermittlungsdatum gespeichert (SMTP-Protokoll des Senders). Der Mail-Server verschickt die Nachricht über mehrere Mail-Transfer-Agents, die jeweils die Mail kurzzeitig zwischenspeichern und den Kopf (Header) der Nachricht um einen Received-Eintrag ergänzen. Der POP-Server speichert

1 S. bereits BAG DB 1986, 2080, 2082.

2 *Däubler*, a.a.O., Rdn. 247.

3 BAG, DB 1986, 2086; BAG, Urt.v. 13.1.1987 – 1 AZR 267/85, NZA 1987, 515, 515; ebenso BVerwG, NJW 1982, 840; DÖV 1990, 576.

4 BAG, EzA § 87 BetrVG 1972 – Kontrolleinrichtung Nr. 16 S. 159 f, allerdings nur die Zulässigkeit gegenüber dem Arbeitnehmer prüfend, nicht gegenüber dem Dritten, im Verhältnis zu dem die Wahrung berechtigter Interessen des Arbeitgebers zu prüfen ist.

5 BAG EZA § 87 BetrVG 1972 – Kontrolleinrichtung, a.a.O.; ebenso VGH München, CR 1989, 424 (zum Personalvertretungsrecht), *Däubler*, CR 1994, 754, 757 m.w.N. = AiB 1995, 149, 151.

6 LAG Hamburg, Beschl. v. 31.1.1986 – 8 TaBv 1/85, CR 1986, 733.

7 BAG, Beschl.v.27.5.1986, SAE 1989, 283.

8 Nach *Naujock*, DuD 2002, 592 darf der Arbeitgeber nur die „äußeren Verbindungsdaten" speichern, also Zeit, IP-Adresse, E-Mail-Adresse.

9 *Gola/Wronka*, S.134, m.w. N.

die Mail bis zum „Abholen“ mit Volltext der Nachricht einschließlich Kopf mit Informationen über Absender- und Empfängeradressen, Betrefftext, Länge der Nachricht, Datum und Uhrzeit der Erstellung, eindeutiger Kennzeichnung und Pfad, den die Mail zurückgelegt hat[1]. Der IMAP-Server behält überhaupt die E-Mails gespeichert. Soweit hier Daten nur zu Sicherungszwecken gespeichert werden (etwa in Firewall-Systemen), dürfen sie nicht zu anderen Zwecken verarbeitet oder genutzt werden (§ 31 BDSG)[2]. Außerdem sind die jeweiligen Datenbestände zu trennen, da Daten aus betrieblich veranlasster Kommunikation für das Unternehmen und Daten aus für Arbeitnehmer privat veranlasster Kommunikation für diese im Rahmen eines frei gewählten Teledienstes vom selben System verarbeitet werden, weshalb **zwei getrennte Accounts** geführt werden sollten. Gegenüber dem angerufenen Dritten ist die mögliche Zulässigkeit ohnehin allein aus Datenschutzrecht zu prüfen, wobei es Sache des Arbeitgebers ist, die entsprechenden Zulässigkeitsvoraussetzungen zu schaffen[3], etwa durch Einholen der Einwilligung des Dritten, da sie nicht durch Betriebsvereinbarung ersetzt werden kann, oder durch Anonymisieren der Anschlussnummer, um den Personenbezug aufzuheben, so etwa, wenn die Daten des Dritten unverzüglich gelöscht und nicht, auch nicht als kopierter Datensatz, anderweitig genutzt werden. Sind diese Voraussetzungen nicht erfüllbar, bleibt nur der Rückgriff auf ein berechtigtes Interesse des Arbeitgebers im Sinne von § 28 Abs. 1 S. 2 BDSG, das – bei der erforderlichen Einzelfallprüfung – bejaht werden kann, wenn für den Arbeitgeber kein Grund zur Annahme besteht, dass schutzwürdige Interessen des angerufenen Dritten durch das Speichern von dessen Anschlussnummer beeinträchtigt werden. Hierfür genügt eine summarische Prüfung dieser schutzwürdigen Interessen des Dritten.

Daten des Arbeitnehmers werden aber nicht nur bei E-Mail-Korrespondenz oder Internet-Nutzung gespeichert, sondern etwa auch bei dem unmittelbar dienstlich veranlassten Arbeiten am Rechner (also bei der eigentlichen Rechnernutzung), wenn der **Nutzungslauf** durch die Software bzw. mittels Datenfernleitung durch einen Leistungsanbieter gemessen wird, etwa, um die einzelnen Nutzungsläufe nach einer Vergütungsstaffel abzurechnen oder bei Nutzung von Software auf dem Anbieterrechner in der Form des Application Service Providing. In beiden Fällen werden Arbeitsabläufe und oft auch die Nutzernamen mit ihrer jeweiligen Berechnung abgespeichert, um den Nachweis der Leistungserbringung führen zu können. Möglich ist jeweils eine detaillierte Überwachung von Leistung oder Verhalten der beteiligten Arbeitnehmer.

Das Speichern der Daten des **Dritten** als Mail-Empfängers verletzt nicht das Fernmelde- bzw. Telekommunikationsgeheimnis, ist aber datenschutzrechtlich zu prüfen. Das Fernmeldegeheimnis umfasst zwar auch die Daten über die Verbindungsaufnahme und –durchführung und damit die Daten des angerufenen Dritten[4], doch bestehen grundsätzlich berechtigte Interessen des Arbeitgebers an der Kontrolle dieser Daten. Das gilt auch, wenn der Dritte betrieblich veranlasst vom Arbeitnehmer privat angerufen wird, da der Arbeitgeber auch insoweit die Kosten trägt[5].

Gegenüber dem Arbeitnehmer ist die Datenverarbeitung aus **Betriebsvereinbarung**[6] bzw. Gesetz (BDSG) zulässig, gegenüber dem angerufenen Dritten (allerdings nicht aus

---

1 *Köhntopp/Köhntopp*, CR 2000, 248, 254.

2 *Gerling*, DuD 1997, 703.

3 BAG, Urt.v. 27.5.1986, – 1 ABR 48/84, NZA 1986, 643.

4 BAG, Beschl.v. 27.5.1986, a.a.O., 643.

5 BAG, Urt.v. 27.5.1986, a.a.O., 648.

6 Für ein Regelungsmuster s. *Gerling*, Betriebsvereinbarung E-Mail und Internet, DuD 1997, 703.

Betriebsvereinbarungen, deren Partei er nicht ist) vielmehr allein aus Datenschutzrecht. Die frühere Auffassung des BAG, nach der in Betriebsvereinbarungen von BDSG-Vorschriften auch zuungunsten des Betroffenen abgewichen werden könne[1], erscheint nach neuem Recht nicht mehr haltbar, da die Rechte der Betroffenen bereits nach § 6 BDSG 1990[2] unabdingbar waren und außerdem vom diese Rechte festschreibenden entsprechenden Recht der EG-Datenschutzrichtlinie, wie es in der BDSG-Novellierung 2001 umgesetzt wurde, nicht abgewichen werden kann[3]. Arbeitgeber und Betriebsrat können also **nicht** (mehr) Datenschutzrechte betroffener Arbeitnehmer **durch Betriebsvereinbarung wirksam einschränken**. Eine Betriebsvereinbarung kann auch die Verpflichtung des Arbeitgebers zur Einhaltung des Fernmeldegeheimnisses einschränken[4].

Greift der Arbeitnehmer trotz Abmahnung auf für ihn nicht freigegebene Datenbestände zu, kann dies eine **fristlose Kündigung** rechtfertigen[5], ebenso die Mitwirkung eines PC-Administrators an einer unbefugten Ausspähung[6].

Eine unzulässige Überwachung kann der Arbeitnehmer andererseits als **Verletzung** seines **Persönlichkeitsrechts** mit einem Unterlassungsanspruch (§§ 823 Abs. 1, 1004 Abs. 1 BGB) angreifen sowie die Löschung der hierbei gespeicherten Daten (§ 35 Abs. 2 Nr. 1 und 3 BDSG) und Schadensersatz verlangen, wenn nachweisbarer Schaden entstanden ist[7], außerdem bei schweren Beeinträchtigungen des Persönlichkeitsrechts Schmerzensgeld[8].

2. Zulässigkeit der und Pflicht zur Verschlüsselung von E-Mails

Da der Arbeitgeber frei entscheiden kann, ob und in welcher Gestalt er elektronische Kommunikationssysteme in den Betrieb einführt, kann er auch festlegen, ob, mit welchen Techniken und für welche Zwecke Verschlüsselungstechniken einzusetzen sind. Der Arbeitgeber kann den Arbeitnehmer deshalb **anweisen**, bestimmte vorhandene Techniken zu verwenden bzw. bestimmte Mails oder Mail-Typen zu verschlüsseln, wenn hierfür kein unverhältnismäßiger Einarbeitungsaufwand erforderlich ist. Diese Techniken können unmittelbar auch zum Schutz von personenbezogenen Daten eingesetzt werden, wenn diese etwa zwischen Unternehmen im Internet kommuniziert werden. Allerdings muss der jeweils verwendete Schlüssel den ebenfalls zuständigen anderen Mitarbeitern bzw. dem Arbeitgeber zugänglich und der Arbeitgeber in der Lage bleiben, zumindest anlassbezogene Prüfung die abzusendenden bzw. abgesendeten Mails zu prüfen.

Weiter müssen die anderen Mitarbeiter etwa bei **Abwesenheit** des betreffenden Arbeitnehmers (durch Urlaub oder Krankheit) in gleicher Weise verschlüsselte, aus- und eingehende Mails lesen können. Soweit die Verschlüsselung eingeführt ist, müssen unverschlüsselte Kopien von betrieblich veranlassten, zu versendenden E-Mails dem Arbeitgeber jederzeit zugänglich sein. Der Arbeitgeber ist bei betrieblich veranlasster

---

1 BAG, Beschl.v. 27.5.1986 – 1 ABR 48/84, AP Nr. 15 zu § 87 BetrVG = NJW 1987, 674 = DuD 1989, 100.

2 Unverändert in § 6 BDSG 2001.

3 *Bergmann/Möhrle/Herb*, Datenschutzrecht, Stand Feb. 2002, § 4 BDSG 01, Rdn. 25.

4 *Naujock*, DuD 2002, 592, 594.

5 LAG, Urt.v. 19.11.1999 – 11 Sa 768/99, RDV 2001, 30.

6 VG Frankfurt, Beschl.v. 28.8.2000 – 23 L 1642/00 (V), RDV 2000, 279 (zu §§ 55 Abs. 1, 53 Abs. 3 BAT).

7 Gounalakis/*Nägele*, Rechtshandbuch Electronic Business, § 28 Rdn. 36.

8 ArbG Frankfurt, zit. nach Gounalakis/*Nägele*, Rechtshandbuch Electronic Business, § 28 Rdn. 36.

Kommunikation berechtigt, ein **Doppel** der vom Arbeitnehmer verwendeten privaten Schlüssel[1] behalten bzw. herausverlangen. Der Arbeitnehmer darf seine zu versendenden oder empfangenen, betrieblich veranlassten Mails nicht dadurch dem Zugriff entziehen, dass er den geschützten privaten Schlüssel nicht offenlegt oder eigenmächtig ändert oder z.B. Dienste wie *ZeroKnowledge* nutzt, die mittels dreifacher Verschlüsselung bereits verdecken können, dass eine bestimmte Datei überhaupt eine Mail enthält. Dies würde freilich auch bei privat veranlasster Nutzung zu Problemen führen, sofern der Anbieter/Arbeitgeber die Mail nicht mehr einem bestimmten Empfänger zuordnen kann.

Der Arbeitnehmer kann seinerseits bei betrieblich veranlasster Kommunikation nicht verlangen, dass die **Möglichkeit** zur Verschlüsselung von Mails geschaffen wird, gleich, ob es sich um betrieblich veranlasste oder private Mails handelt. Dies gilt auch dann, wenn der Arbeitgeber rein technisch die Möglichkeit hätte, privat veranlasste Mails Dritter an den Arbeitnehmer zu lesen.

Ist die private Nutzung von E-Mail-Systemen im Unternehmen zulässig, so folgt hier nicht, dass die privaten Mails verschlüsselt abgesandt werden dürfen. Der Arbeitgeber kann die **Verschlüsselung** derartiger Mails **untersagen**[2] bzw. nur das Versenden unverschlüsselter Mails gestatten oder umgekehrt bestimmte Verfahren vorschreiben[3]. Wie andere Diensteanbieter kann der Arbeitgeber außerdem bei privater Dienstenutzung nur eine bestimmte, von ihm gewählte Form der Verschlüsselung zulassen, aber grundsätzlich nicht ein Doppel des privaten Schlüssel des Nutzers behalten oder verlangen.

Eine Ausnahme kann u.U. gelten, wenn der Anbieter eine Prüfung der Sicherheit seiner Systeme durchführen muss (etwa bei aktuellen Virenangriffen) und hierfür auch die verschlüsselten Mails auf Anhänge etc. zu prüfen hat. Public und private keys sind selbst **personenbezogene Daten**.

---

1 Der Ausdruck wird im kryptographischen Sinne des *public* und *private key* verwendet.

2 a.A. wohl *Däubler*, Internet und Arbeitsrecht, Rdn. 250, der den Arbeitnehmer als berechtigt ansieht, seine E-Mails zu verschlüsseln, ihn jedoch bei überwiegendem Arbeitgeberinteresse verpflichten will, die Mails zu entschlüsseln. Auch unterliege ein Verschlüsselungsverbot der Mitbestimmung nach § 87 Abs.1 Nr. 1 BetrVG; dieses sei außerdem ein unzulässiger Eingriff in das Persönlichkeitsrecht. Übersehen wird hierbei, dass der Arbeitgeber frei entscheiden kann, ob überhaupt und in welcher Form er E-Mail-Systeme einführt. Die Anspruchsgrundlage für eine Verschlüsselung der Mail-Kommunikation durch den Arbeitnehmer zum generellen Schutz gegen den Arbeitgeber ist nicht ersichtlich. Mitbestimmungspflichtig ist nur die Einführung des E-Mail-Systems als solchen (§ 87 Abs.1 Nr. 6 BetrVG), nicht aber das Vorsehen von Verschlüsselungsmöglichkeiten (die in der Praxis ohnehin oft noch nicht vorhanden oder nicht genutzt werden). Auch eine Verletzung des Persönlichkeitsrechts liegt bei Nichtzuverfügungstellen von Kryptosystemen grundsätzlich nicht vor, ebensowenig wie bei der unternehmensüblichen Postverwaltung, in der auch die offenen Schreiben in der Poststelle kuvertiert und frankiert werden. Der Arbeitnehmer kann schließlich auch nicht beanspruchen, von ihm gefertigte betriebliche Schreiben selbst in den Umschlag stecken, frankieren und zum Briefkasten bringen zu dürfen, damit niemand sie zu Gesicht bekommt; auch Mails sind nicht schutzbedürftiger.

3 *Hanau/Hoeren*, Private Internetnutzung durch Arbeitnehmer, 66 sehen eine Verschlüsselung privater Mails durch den Arbeitnehmer als zulässig an, wenn der Arbeitgeber nicht zwei getrennte Accounts einrichtet und deshalb der Mail-Inhalt lesbar ist, weil mit Aufruf der Mail im Mail-Programm auch der Inhalt der Mail einsehbar ist. Man wird hier wohl auf die Ausgestaltung der jeweiligen Mail-Programme abzustellen haben.

V. Kommunikationsdienste des Arbeitgebers

1. Schutz bei Telediensten

Bietet der Arbeitgeber seinen Mitarbeitern zur Nutzung **Teledienste** an, etwa als Bank den Mitarbeiter Electronic Banking oder generell eine privat veranlasste Nutzung von **Internet-Zugängen** oder **Versendung von E-Mails**, wird gewissermaßen das Arbeitsverhältnis verlassen (erkennbar daran, dass der Arbeitnehmer dieses Angebot ablehnen kann) und ist das Teledienstegesetz (TDG) anwendbar[1], nicht aber bei betrieblich bzw. dienstlich veranlasster Nutzung[2]. Dies gilt entsprechend, wenn ein konzerneigenes Unternehmen als Teledienstleister auftritt[3]. Dieser Dienstleister muss, wenn er auch privat veranlasste Dienstenutzung anbietet, entsprechend **getrennte Accounts** einrichten[4]. Das wird auch bereits zu gelten haben, wenn private Nutzung über Betriebsübung zugelassen wurde. Der Arbeitnehmer darf dann freilich nicht betrieblich veranlasste Mails über den privaten Account versenden und so der Kontrolle entziehen. Umgekehrt darf er nicht privat veranlasste Mails über den betrieblichen Account versenden, um etwa Kosten zu sparen.

Bei einer direkten Kostenabrechnung mit den Mitarbeitern dürfen lediglich die für die Abrechnung erforderlichen Daten gespeichert und verwendet werden, also regelmäßig nur Zeitpunkt und Dauer der Inanspruchnahme; trägt das auftraggebende Unternehmen die Kosten, dürfen diesem nur anonymisierte und aggregierte Daten für Abrechnungszwecke weitergegeben werden[5]. Das Auftrags-verhältnis als solches folgt § 11 BDSG, nicht dem TDDSG[6].

Im Verhältnis zu einem ausländischen auftraggebenden Unternehmen ist der Dienstleister aber Dritter[7]. Dies ist besonders in den (nicht seltenen) Fällen relevant, in denen etwa deutsche Nieder-lassungen oder Töchter ausländischer Unternehmen ihre gesamte Mail auf einem Mailserver-Rechner mit Standort in EG-Drittstaaten (etwa in den USA) verwalten lassen.

Da der **Dienstleister** insoweit **Dritter** ist, stellt jede Datenübertragung an ihn und von ihm eine gesondert auf Zulässigkeit zu prüfende Datenüber**mittlung** dar. Bei privat veranlassten E-Mails unterliegt der Dienstleister dem Fernmeldegeheimnis auch gegenüber dem auftraggebenden Unternehmen (§ 88 TKG)[8].

Erfolgt die Verarbeitung personenbezogener Daten durch den **Arbeitgeber als Diensteanbieter** nach den Vorgaben des **TDDSG**, muss der Arbeitgeber die personenbezogene Datenverarbeitung auf das notwendige Minimum beschränken (§ 3 Abs. 4 TDDSG).

Neben den erforderlichen Bestandsdaten dürfen Nutzungsdaten **nur für**

---

1 Begr. zum IuKDG/TDG-Entwurf, BRat –Drucks. 13/7385, 52; *Post-Ortmann*, RDV 1999, 102, 104 ; s.a. Hinweise des Innenministeriums Baden-Württemberg zum Datenschutz für die private Wirtschaft Nr. 37 vom 18.1.1999, 1.

2 *Post-Ortmann*, RDV 1999, 102, 105; *Dix/Schaar*, in: *Roßnagel*, Recht der Multimedia-Dienste, TDDSG 3, § 6 Rdn. 56.

3 Hinweise des Innenministeriums Baden-Württemberg zum Datenschutz für die private Wirtschaft Nr. 37 v. 18.1.1999, 2.

4 Hinweise des Innenministeriums Baden-Württemberg Nr. 37, a.a.O., 3.

5 Hinweise des Innenministeriums Baden-Württemberg Nr. 37, a.a.O., 3.

6 Hinweise des Innenministeriums Baden-Württemberg Nr. 37, a.a.O., 2.

7 Hinweise des Innenministeriums Baden-Württemberg Nr. 37, a.a.O., 7.

8 Hinweise des Innenministeriums Baden-Württemberg Nr. 37, a.a.O. , 4.

Abrechnungszwecke erhoben werden (§ 6 TDDSG). Für betrieblich veranlasste Nutzung dürfen die Daten deshalb nur in den Grenzen der Zweckbestimmung des Arbeitsverhältnisses erhoben und verarbeitet werden, bei privater in den noch engeren Grenzen des Nutzungsverhältnisses im Sinne des TDDSG. In beiden Fällen dürfen von Arbeitnehmern keine Nutzungs- oder gar vollständige Persönlichkeitsprofile erstellt werden. Auch soweit Daten der Arbeitnehmer aus privater Nutzung der Teledienste von Anbietern erhoben und verarbeitet werden, kann die **Mitbestimmungsbedürftigkeit** nach § 87 Abs. 1 Nr. 6 BetrVG dann zu prüfen sein, wenn nämlich aus dieser privaten Nutzung (etwa in Pausen oder in der Arbeitszeit) eine Kontrolle des Verhaltens des/der Arbeitnehmer zumindest möglich wird. Die anonyme/pseudonyme Möglichkeit der Nutzung von Telediensten ändert hieran nichts; sie erlaubt nur, etwa gegenüber anderen Anbieter im Netz anonym/pseudonym aufzutreten, während aber gegenüber dem Anbieter des Teledienstes (Arbeitgeber), der die anonyme/pseudonyme Nutzung einrichten muss, selbst natürlich nicht auch noch Anonymität/Pseudonymität möglich sein kann. Das bedeutet aber, dass der Arbeitgeber etwa die Pseudonyme der Arbeitnehmer (wie die anderer Kunden) auch bei **privat** veranlasster Nutzung kennt, weil er sie verwaltet.

Die Verpflichtung der Diensteanbieter nach § 5 Abs. 3 TDDSG, Bestandsdaten auf Ersuchen an zuständige Stellen im Rahmen von **Strafverfahren** und zur **Gefahrenabwehr** zu übermitteln[1], gilt grundsätzlich auch für Daten von Nutzern, die Arbeitnehmer des Anbieters sind. Sonstige Übermittlungen sind grundsätzlich, auch bei Vorliegen einer Einwilligung, unzulässig, einmal, weil nicht im Gesetz zu gelassen, zum anderen, weil die Freiwilligkeit der Einwilligung des Arbeitnehmers im Arbeitsverhältnis zuweilen problematisch sein kann. Die Einwilligung kann auch nicht aus dem Umstand abgeleitet werden, dass zwischen Anbieter und Nutzer auch ein Arbeitsverhältnis besteht bzw. begründet wurde, da das **TDDSG** überhaupt **nur anwendbar** ist, **wenn der Nutzer als Kunde und nicht als Arbeitnehmer auftritt**. Der Nutzer darf nicht aus dem Arbeitsverhältnis verpflichtet werden, in die Verarbeitung oder Nutzung seiner Daten für andere Zwecke einzuwilligen (§ 3 Abs. 3 TDDSG); dies muss auch für Einwilligungen gelten, die er nicht als Nutzer des Teledienstes, sondern allgemein im Arbeitsverhältnis bezüglich solcher Dienstenutzung abgeben soll. Damit kann auch nicht indirekt erreicht werden, dass der Arbeitnehmer in eine weitere Nutzung etwa zur Verhaltenskontrolle wirksam einwilligt. Ein bestehendes Arbeitsverhältnis kann den Arbeitnehmer grundsätzlich auch nicht verpflichten, auf einen Widerruf der Einwilligung zu verzichten, da die Nutzung außerhalb des Arbeitsverhältnisses stattfindet.

2. Schutz bei Mediendiensten

Wenden sich die Diensteangebote des Arbeitgebers an die Allgemeinheit (z.B. Abonnements von Online-Publikationen), gelangt der von den Ländern geschlossene Mediendienstestaatsvertrag (MDStV) auf solche Mediendiensteangebote zur Anwendung. § 6 MDStV verlangt eine Anbieterkennzeichnung. Diese ist auch datenschutzrechtlich relevant, da sich aus der Kennzeichnung der datenschutzrechtliche Anspruchsgegner ergeben muss. Im Übrigen gelten die zu den Telediensten des Arbeitgebers gemachten Ausführungen.

---

[1] Diese allgemein gehaltene Übermittlungsverpflichtung ist von der 53. Konferenz der Datenschutzbeauftragten des Bundes und der Länder vom 17./18.4.1997 abgelehnt worden, da sie das Recht auf informationelle Selbstbestimmung der Betroffenen verletzt (BT-Ausschussdrucksache 13/61 5b vom 6.5.1997 zur öffentlichen Anhörung zum IuKDG-Entwurf).

3. Schutz bei TK-Diensten

Bietet der Arbeitgeber dem Arbeitnehmer zur privaten Nutzung oder sonstigen Kunden Telekommunikations(TK)-Diensten an, etwa Telefonie oder Internet-Telefonie nach außen, Mail-Nutzung oder Internet-Zugänge, ist das TKG anwendbar[1], das seit seiner Novellierung 2004 die Datenverwendung unmittelbar regelt. Voraussetzung ist, dass der Arbeitgeber einen **Telekommunikationsdienst** geschäftsmäßig (d.h. nachhaltig, also auf gewisse Dauer angelegt) für Dritte (hier: den Arbeitnehmer) erbringt, z.B. eine WLAN-Nutzung. Erfasst werden also auch Corporate Networks, Nebenstellenanlagen in Hotels, Betrieben und Behörden, soweit eine private Nutzung durch Mitarbeiter erfolgt. Das TKG ist also auch anwendbar, wenn nur eine Erstattung der tatsächlichen Kosten aus der – privat veranlassten – Nutzung vorgesehen ist[2], aber nicht bei vereinzelten Nutzungen etwa in Notfällen. Nutzerdaten dürfen auch insoweit nur in dem Umfang erhoben und verarbeitet werden, der erforderlich ist, um die Verbindung herzustellen und deren Nutzung abzurechnen.

4. Wahrung des Fernmeldegeheimnisses durch den Arbeitgeber

Unabhängig davon, ob im Einzelfall eine Verarbeitung personenbezogener Daten erfolgt, ist das Fernmeldegeheimnis im Sinne von Art. 10 GG auch vom Arbeitgeber zu wahren, und zwar bei herkömmlichem, analogen Telefonieren wie auch bei dem Betreiben von Telekommunikationsanlagen durch Private[3], soweit Arbeitnehmer seine TK-Leistungen privat in Anspruch nehmen. Das Post- oder Fernmeldegeheimnis gilt hingegen **nicht** im Verhältnis zwischen Arbeitnehmer und Arbeitgeber, wenn bzw. soweit der Arbeitgeber nur betriebliche Kommunikation durchführt und damit (im Verhältnis zum Arbeitnehmer) als Unternehmer nicht geschäftsmäßig Post- oder Telekommunikationsdienstleistungen für Dritte erbringt[4]. Nimmt der Arbeitnehmer hingegen entsprechende Leistungen des Arbeitgebers zur privaten Nutzung in Anspruch (etwa einen Internet-Zugang), gilt der Arbeitnehmer als Dritter, der das entsprechende Leistungsangebot annehmen oder auch ablehnen könnte. Für solche private Nutzung seiner Telekommunikationseinrichtungen ist der Arbeitgeber als ein sonstiger TK-Dienstleister verpflichtet[5]. Auch die in einem E-Mail-System (zwischen)gespeicherten **Mails** sind Inhalte der Telekommunikation und als solche durch das Fernmeldegeheimnis geschützt[6].

Die Nutzung des **Usenets** und des IRC soll nicht unter das Fernmeldegeheimnis fallen, da die dort übertragenen Mitteilungen grundsätzlich für die Öffentlichkeit bestimmt sind, wohl aber ein mit Passwort geschützter Chat, ebenso ein Download von Webseiten und von Dateien aus FTP-Servern[7].

---

1 *Post-Ortmann*, RDV 1999, 102, 103.

2 *Post-Ortmann*, RDV 1999, 102, 103.

3 So ausdrücklich das BVerfG, Beschl.v. 9.10.2002 – 1 BvR 1611/96 und 805/98, ZUM-RD 2003, 57.

4 *Gola*, MMR 1999, 323; *Jaspers/Müthlein*, Tele-Gesetze. Datenschutz bei Multimedia, 1998, 22; *Post-Ortmann*, RDV 1999, 103; *Hanau/Hoeren*, Private Internetnutzung durch Arbeitnehmer, 54.

5 *Büchner*, Beckscher Komm. zum TKG, § 75 Rdn. 4; *Gola*, MMR 1999, 324; *Post-Ortmann*, RDV 1999, 103.

6 S. etwa LG Hanau, Beschl.v. 23.9.1999 – 3 Qs 149/99, RDV 2001, 27 (für eine – abgelehnte – Beschlagnahme nach StPO); *Däubler*, Internet und Arbeitsrecht, Rdn. 236ff, 239.

7 *Hanau/Hoeren*, Private Internetnutzung durch Arbeitnehmer, 48.

5. Überwachung durch berechtigte Stellen

Der Arbeitgeber muss Vorkehrungen dafür treffen, dass die Fernmelde-Kommunikation der Arbeitnehmer, gleich, ob betrieblich oder privat, unter engen Voraussetzungen **überwacht** werden kann (s. näher S. 923). Da oft Provider mit der Verwaltung des Mail-Servers beauftragt werden, muss der Arbeitgeber den Provider als Auftragnehmer vertraglich zur Einrichtung und Einhaltung einer Mail-Policy verpflichten. Der „*Postmaster*" muss beim Systemmonitoring genau zwischen betrieblich und privat veranlassten Mails unterscheiden (können), was in der Praxis meist nur durch Einrichtung verschiedener Accounts erreichbar ist; diese Leistung muss der Arbeitgeber als Kunde des System- oder Dienstleistungsanbieters aber zusätzlich kontraktieren.

6. Arbeitnehmerdaten in Kommunikationsnetzen

Der Schutz für personenbezogene Daten von Arbeitnehmern greift auch und gerade für Personendatenverarbeitung im oder mittels des Internet. Aus der Verknüpfung betrieblicher personenbezogener Datenverarbeitung mit dem Internet kann sich sogar ein besonderes Gefährdungspotential für das informationelle Selbstbestimmungsrecht der Betroffenen ergeben. Schlagwortartig kann man deshalb formulieren: **Personenbezogene Datenverarbeitung und Internet sind** grundsätzlich **inkompatibel**. Aus dem Internet ist nämlich weltweit von einer beliebigen Anzahl von – oft unbekannten – Datenempfängern der Zugriff auf die personenbezogene Datenbestände möglich. Betriebliche Verarbeitung von Arbeitnehmerdaten unterliegt aber strenger Zweckbindung und Kontrollen durch Betriebsrat und betrieblichen Datenschutzbeauftragten und ist mit derartigen Zugriffs- (und gar Veränderungs-) Möglichkeiten nicht vereinbar. Notwendig ist hier eine technisch strikte Intranet-/Internet-*Ent*kopplung von der jeweils erfolgenden Personendatenverarbeitung. Der betriebliche Datenschutzbeauftragte, der Betriebsrat und die Aufsichtsbehörden müssen aus ihrer gesetzlichen Aufgabe sicherstellen, dass diese Sperre zwischen personenbezogener und internetbezogener Datenverarbeitung eingerichtet wird und bleibt. Allgemein gelten für die Grundsätze **arbeitnehmer**bezogener betrieblicher Datenverarbeitung keine hier relevanten Besonderheiten[1].

Die **Weitergabe** von Daten **innerhalb** eines Unternehmens (etwa von der Personalabteilung an die Fachabteilung und umgekehrt) stellt grundsätzlich keine Übermittlung dar, da keine Daten an Dritte weitergeleitet werden. Das gesamte Unternehmen gilt rechtlich als einheitliche verantwortliche Stelle. Die Weitergabe stellt aber ein Nutzen der Daten dar, das ebenfalls in vollem Umfange die Voraussetzungen des § 28 BDSG erfüllen muß. Datenschutzrechtlich bedenklich ist etwa das Aushängen oder Verteilen von „Schwarzen Listen" über Mitarbeiter und deren jährliche Krankheitstage. Im **Konzern** als Verbund juristisch selbständiger Unternehmenseinheiten stellt eine Datenweitergabe oder das Abrufenlassen eine Datenübermittlung dar.

Bei **Auftragsdatenverwaltung** durch die Konzernmutter bleibt die auftraggebende Stelle, also das einzelne Tochterunternehmen, verantwortliche Stelle im Sinne von § 3 Abs. 7 BDSG. Zwar wird die personendatenverarbeitende Konzernmutter als Auftragnehmer der Datenverarbeitung wegen § 3 Abs. 8 S. 3 BDSG nicht zum Dritten und stellt die Weiterleitung von Daten an die Konzernmutter deshalb auch keine Übermittlung i.S.v. § 3 Abs. 4 S. 2 Nr. 3 lit. b BDSG dar. Doch ist die im Auftrag datenverarbeitende Konzernmutter nicht berechtigt, faktisch sämtliche Personalakten im

---

1 S. bereits die ausführliche Darstellung in *Koch*, Datenschutzhandbuch 1997, Rdn. 693 ff.

Konzern auf einem System zusammenzuführen. Jedes einzelne Tochterunternehmen muss vielmehr generell Herr der Daten bleiben[1].

Übermittlungen von Arbeitnehmerdaten in das Ausland sind generell unzulässig, wenn im Empfängerland keine vergleichbare Datenschutzgesetzgebung existiert[2]. Hieran scheitert grundsätzlich ein supranationaler, konzernweiter Personaldatenverbund. Eine angemessene und zwingende Datenschutzgesetzgebung existiert z.B. in den USA noch nicht. Für Arbeitnehmerdatenschutz wurden in den Staaten nur unverbindliche Verhaltensgrundsätze zum Umgang mit Mitarbeiterdaten geschaffen[3]. Übermittlungen können im Einzelfall dennoch zulässig sein, wenn das datenempfangende Unternehmen die Safe-Harbor-Kriterien (s. unten S. 970) erfüllt. Auf die Einwilligung des bzw. der betroffenen Arbeitnehmer kann sich eine Übermittlung sowie die Verarbeitung und Nutzung (und auch eine Weiterübermittlung) dann stützen, wenn eine umfassende Aufklärung des Arbeitnehmers über die zu übertragenden Daten und die Verarbeitungsvorgänge im Empfängerland erfolgt ist. Eine Pauschaleinwilli-gung ist nicht möglich[4]. Für die verantwortliche Stelle bleibt das – auch haftungsmäßige – Risiko, dass jedes Überschreiten des in der Aufklärung gezogenen Rahmens durch die tatsächliche spätere Verarbeitung oder Nutzung rechtswidrig erfolgt, da die übermittelnde Stelle die Verantwortung für die Zulässigkeit der Übermittlung trägt (§ 4 b Abs. 5 BDSG). Vertragliche Vereinbarungen zwischen übermittelnder Stelle und Empfänger sind kein vollständiger Ersatz für die fehlende oder unzureichende Datenschutzgesetzgebung im Empfängerland, da die wesentliche Komponente staatlicher Aufsichtsorgane (Datenschutzbeauftragte von Bund und Ländern, Aufsichtsbehörden) fehlt. Eine **Vertragslösung** mit dem Empfänger der Übermittlung von Arbeitnehmerdaten in einem Drittland im Ausland kann zur Zulässigkeit dieser Übermittlung führen, sofern[5]

- im Ausland nicht mehr Verarbeitungsmöglichkeiten eröffnet werden, als sie im Inland zulässig wären,
- die Informations- und Kontrollrechte entsprechend den §§ 33 ff BDSG festgeschrieben werden,
- die betriebliche Interesssenvertretung die Einhaltung der Vereinbarung kontrollieren kann,
- eine Vertragsstrafe für den Fall der Verletzung einer Vertragspflicht vereinbart ist.

1 *Ordemann/Schomerus/Gola*, BDSG Anm. zu § 37.
2 *Gola/Wronka*, 206.
3 *Klug*, RDV 1999, 109, 110.
4 *Klug*, a.a.O., 112.
5 *Däubler*, CR 1999, 49, 54.

VI. Mitbestimmung bei dem Einsatz von Online-Kommunikationssystemen

1. Kontrollkompetenz des Betriebsrates

Aus den §§ 75 Abs. 2, 80 Abs. 1 Nr. 1 BetrVG ergibt sich eine grundlegende Kompetenz sowie Verpflichtung des Betriebsrats, die Einhaltung **datenschutzrechtlicher** Bestimmungen zu überwachen, zu denen auch das TDDSG bzw. der MDStV gehören. Zu diesen Bestimmungen gehören ebenso die Regelungen zur Zulässigkeit der Datenübermittlung aufgrund der §§ 28 und 29 BDSG, soweit **Arbeitnehmer**daten in Kommunikationsnetzen an Dritte übermittelt oder (innerbetrieblich) durch Weitergabe genutzt werden sollen. Die Erhebung und Verarbeitung von Daten aus und die Kontrolle der Nutzung von Internet-Zugängen und E-Mail-Systemen ist mitbestimmungspflichtig[1], soweit hierbei Daten der Arbeitnehmer gespeichert werden. Eine elektronische Mitarbeiterbefragung ist nach § 94 Abs. 1 BetrVG mitbestimmungspflichtig[2]. Die Verwendung der Daten der Arbeitnehmer aus privat veranlasster Nutzung, die der Arbeitgeber als Diensteanbieter ermöglicht, unterliegt nicht der Mitbestimmung, da die Arbeitnehmer insoweit nicht als solche, sondern als Kunden wie andere auch auftreten. Mitbestimmungspflichtig ist aber jede Verknüpfung der Daten aus dem Bereich betrieblicher und privater Nutzung.

2. Unterrichtungsrecht des Betriebsrats (§§ 90 Abs. 1 Nr. 2-4, 80 Abs. 2 BetrVG)

Plant das Unternehmen die Einführung eines Online-Kommunikationssystems in der Personalverwaltung, hat es den Betriebsrat umgehend und umfassend zu informieren, insbesondere **Auskunft** über die vorhandenen Dateien und EDV-Programme zu geben, die zur Verarbeitung der Arbeitnehmerdaten verwendet werden. Der Arbeitgeber muss dem Betriebsrat außerdem eine kurze Beschreibung dieser EDV-Programme und des Online-Systems zur Verfügung stellen sowie Informationen über den Datenflussplan, den Pflichtenkatalog und das Organisationsschema. Der Arbeitgeber muss dem Betriebsrat Einblick in die **Übersicht der Dateien** gewähren, in denen personenbezogene Daten der Arbeitnehmer verarbeitet werden, ihn außerdem informieren, ob und an welche Unternehmen die Daten übermittelt werden, welche Maßnahmen zur Missbrauchsverhinderung getroffen wurden und ob Verknüpfungsmöglichkeiten derartiger Arbeitnehmerdaten mit Management Information Systems bestehen. Der Arbeitgeber hat außerdem der Zuziehung eines **Sachverständigen** für die Beratung des Betriebsrates über die Einführung des Online-Systems zuzustimmen sowie die sich hieraus ergebenden Kosten zu tragen[3]. Diese Grundsätze sind auch für die Einführung eines systemübergreifenden Intranets und einer Intranet-/Internet-Kopplung anwendbar, bei der ergänzend die Möglichkeiten eines Zugriffschutzes durch „Firewalls" zu prüfen sind.

---

1 *Bijok/Class*, RDV 2001, 52, 54.

2 LAG Hessen, Beschl.v. 5.7.2001 – 5 Ta BV 153/00, JurPC Web-Dok. 200/2001.

3 LAG Hamburg, CR 1986, 1476.

3. Mitbestimmung und sonstige Beteiligung des Betriebsrates

a) Mitbestimmung bei der Einführung und Anwendung von technischen Einrichtungen (§ 87 Abs. 1 Nr. 6 BetrVG)

Diese Vorschrift ist eine **Schlüsselbestimmung** für die Einführung und Anwendung von Personalinformationssystemen und vergleichbaren betrieblichen Systemen zur arbeit-nehmerbezogenen Datenverarbeitung. Geschützt werden sollen die Arbeitnehmer gegen alle Eingriffe in den Persönlichkeitsbereich der Arbeitnehmer[1] durch Verwendung anonymer technischer Kontrolleinrichtungen. Soll im Betrieb eine **technische Einrichtung** eingeführt und angewendet werden, die **dazu bestimmt** ist, das **Verhalten** oder die **Leistung der Arbeitnehmer zu überwachen**, so ist der Betriebsrat nach § 87 Abs. 1 Nr. 6 BetrVG mitbestimmungsberechtigt und -verpflichtet. Erfasst werden sämtliche Formen technischer Einrichtungen, die einer Überwachung dienen können – unabhängig von ihrer Steuerung durch Computer. Entscheidend ist, ob die technische Einrichtung dazu bestimmt ist, das Verhalten oder die Leistung des Arbeitnehmers zu überwachen. Erfasst werden sämtliche technischen Einrichtungen, die einer Überwachung dienen können.

Soweit erhobene Daten **anonymisiert** sind und der Personenbezug nicht mehr oder nur mit unverhältnismäßigem Aufwand wieder herstellbar ist, kann auch Mitbestimmungsbedürftigkeit entfallen. Eine technische Einrichtung, die nichtindividualisierbar einzelne Arbeitnehmer überwacht, ist nicht nach § 87 Abs. 1 Nr. 6 BetrVG mitbestimmungspflichtig. Mitbestimmungspflichtigkeit setzt voraus, dass objektiv ein Bezug zu einzelnen Arbeitnehmern hergestellt wird oder herstellbar ist[2]. Eine Zuordnungsmöglichkeit ist in der Regel bereits dann gegeben, wenn die Arbeitnehmerdaten in den jeweiligen Datenfeldern einer Datenbank mittels einer Abfragesprache erreichbar sind. Durch den Einsatz dieser Abfragesprache entsteht im System der Datenbank objektiv einer Vielzahl konkreter potentieller Datenverknüpfungen. Darauf, ob diese Verknüpfungsmöglichkeiten tatsächlich genutzt werden, kommt es nicht an[3].

„**Technische Einrichtungen**" können etwa Bildschirmarbeitsplätze bzw. Textverarbeitungssysteme sein, die vielfältige Möglichkeiten der Benutzeridentifikation vorsehen, ebenso etwa Systeme zur betrieblichen Datenerfassung (etwa einem Soll-/Ist-Vergleich von Arbeitszeiten mit Hilfe von Stamm- und Bewegungsdaten), Kostenstellenrechnungs- oder Produktionsplanungssysteme, **Personalinformationssysteme**[4], ebenso automatisierte Zeiterfassungsgeräte[5] und Sicherungssysteme[6], **Zugangskontrollsystem**[7] (und zwar auch, wenn rein software-seitig in Netzwerken implementiert), Telearbeitsplätze[8], Telefonnebenstellenanlagen[9], Dokumentstatistiken in

1 Vgl. etwa *Wiedemeyer/Schuster*, BB 1991, 970; für die Mitbestimmung des *Personalrates* s. *Preschel*, CR 1995, 350.

2 *Boewer*, Personaldatenverarbeitung, 35.

3 *Klebe*, DB 1986, 318.

4 BAG, Urt.v. 22.10.1986 – 5 AZR 660/85, ZIP 1987, 1006, 1010.

5 LAG Düsseldorf, Urt.v.21.11.1978 – 19 Ta BV 39/78, DB 1979, 459 (Einführung von Zeitstemplern); BAG Beschl.v. 15.12.1992 – 1 ABR 24/92, CR 1994, 111 (UNIDAT M16); ähnlich BVerwG, CR 1993, 159 (für § 75 Abs.3 Nr.17 BPersVG).

6 ArbG Düsseldorf, Beschl.v. 9.1.1980 – 10 BV 79/79, DB 1980, 691 (Einführung von Zugangskontrollsystem).

7 Hamb.OVG, BB 1988, 2245 (Leitsatz).

8 *Wedde*, CR 1994, 230,234.

9 ArbG Siegburg, Beschl. v. 18.3.1988 – 1 BV Ga 1/1988, CR 1990, 599 (für Hicom-Anlage).

Textverarbeitungssystemen wie MS-Word[1], elektronische Terminkalender[2], Telefondatenerfassungssysteme[3], Handy-Überwachung über Telefonanlage[4] und ISDN-Anlagen[5], Videoüberwachung[6], aber auch ein komplettes Computernetzwerk mit Intranet-/Internet-Koppelung, ein Data Warehouse-System oder nur ein (mit dem Intranet verbundenes) Notebook. Wie bisher schon Anlagen der Telefondatenerfassung sind auch Dienste für die Internet-Telefonie in diesem Rahmen regelmäßig technische Einrichtungen im Sinne von § 87 Abs.1 Nr. 6 BDSG[7]. Gleiches muss sinngemäß auch für alle Systeme gelten, die zur Kontrolle von innerbetrieblicher E-Mail (Überwachungseignung etwa durch Lesen der unternehmensinternen E-Mail der Arbeitnehmer durch Arbeitgeber[8]), Voice-Mail (mit entsprechender auswertbarer Mailbox: Wann ist der Arbeitnehmer selbst erreichbar/nicht erreichbar?) und Internet-Telefonie zumindest geeignet sind. Überwachungsgeeignet können auch bestimmte Programme zur Verhinderung von Spielenutzungen sein[9]. Mittlerweile existieren („*Spy*"-)Programme, die sämtliche Arbeitsschritte bis hin zur Geschwindigkeit beim Abheben des Telefonhörers, Profile der Tastaturanschläge und alle Mail-Inhalte protokollieren[10]. Die aus Kontrolle oder Datenerfassung gewonnenen Nutzungsdaten können, insbesondere bei Nutzung in der Arbeitszeit, mit Zustimmung des Betriebsrates als Leistungs- und Verhaltensdaten ausgewertet werden[11]. Ähnlich kann auch ein Data Warehouse, in dem (auch) Arbeitnehmerdaten gesammelt und ausgewertet werden, als technische Einrichtung einzustufen sein. Das Bereitstellen von auf Mitarbeiter bezogenen Daten auf einer Webseite unterliegt der Mitbestimmung[12], ebenso das Erfassen von Daten über die von Arbeitnehmern geführten Telefongespräche nach § 87 Abs. 1 Nr. 6 BetrVG[13]. Keinesfalls kann selbst eine erfolgte Zustimmung des Betriebsrates den Arbeitgeber berechtigen, Verbindungsdaten Dritter und deren Mail-Inhalte zu überwachen. Fernsehkameras[14] können zur Überwachung geeignet sein, etwa bei rechnergestützten Video-Conferencing-Systemen (in die sich der Arbeitgeber einschaltet und bei denen am Arbeitsplatz jederzeit die Kamera aktiviert werden kann) oder Webcams am Arbeitsplatz.

Die Verarbeitung der Arbeitnehmerdaten in Informationssystemen muss **programmgemäß** (d.h.: programmgestützt) erfolgen, so in einem Technikerberichtssystem, in dem Aussagen über die Aktivitäten, den Zeitaufwand, den Ersatzteilverbrauch und die von den Technikern verursachten Kosten getroffen werden[15], in einem TÜV-

1 *Müller/Wettmann*, DuD 1995, 384, 387.
2 *Wächter*, DuD 1995, 321.
3 BAG, Beschl.v.27.5.1986 – 1 ABR 48/94, NJW 1987, 674 = BB 1987, 1461 = DB 1987, 1048.
4 ArbG Frankfurt a.M., Beschl.v. 20.1.2004 – 5 BVGa 14/04, JurPC Web-Dok. 119/2004.
5 *Kilz/Reh/Schröder*, ArbuR 1994, 221, 223; allg. s. *Linnenkohl*, RDV 1992, 205, 208 (Mitbestimmung bei „betrieblicher Informatisierung").
6 BAG, Beschl.v. 29.6.2004 – 1 ABR 21/03, NJW 2005, 313.
7 *Matthes*, CR 1987, 108, 109.
8 *Balke/Müller*, DB 1997, 326, 327 unter Herstellung einer Parallele zur Telefonüberwachung.
9 Die Software meldet dem SysOp, wer spielt (SZOnline, 22.3.2000). Xerox kündigte im Oktober 1999 40 Mitarbeitern wegen „*surfing to forbidden sites*" fristlos (NYT 16.12.1999).
10 S. bereits *Kaltenborn*, Die neue Kontrollkultur, SZ Nr. 174 v. 31.7./1.8.1999, 10.
11 *Bijok/Class*, RDV 2001, 52, 54.
12 OVG Nordrhein-Westfalen, Beschl.v. 20.1.2000 – 1 A 128/98.PVL, RDV 2000, 171 = JurPC Web-Dok. 231/2000, herunterladbar über: http://www.jurpc.de/rechtspr/20000231.htm.
13 BAG, Beschl.v. 27.5.1986 – 1 ABR 48/84, NZA 1986, 643.
14 *Fitting/Auffarth/Kaiser/Heither*, § 87 Rdn 73.
15 BAG, Beschl.v. 14.9.1984 – 1 ABR 23/82, BB 1985, 193.

Aufzeichnungssystem, das maschinell aufzeichnet, welche Zeiten für die Auftragserledigung benötigt werden[1] sowie etwa in Personalinformationssystemen, wie PAISY, mit deren Hilfe sich Aussagen über krankheitsbedingte Fehlzeiten, attestfreie Krankheitszeiten und unentschuldigte Fehlzeiten erarbeiten lassen[2]. Ähnlich lässt sich etwa im *Browser Cache* genau aufzeichnen, welche Seiten in welcher Reihenfolge in den Rechner geladen wurden, woraus Rückschlüsse für eine Leistungsmessung möglich werden. Die technische Einrichtung muß die Überwachung **unmittelbar**, also im wesentlichen selbst bewerkstelligen. Es genügt nicht, dass die Überwachung durch zusätzliche andere Einrichtungen erst möglich gemacht werden kann[3]. Eine solche unmittelbare Überwachung erfolgt etwa durch moderne Sicherungssysteme für Rechenzentren oder Kontrollsoftware auf Proxy Servern. Auch wenn Mails verschlüsselt werden, ist noch eine Überwachung möglich, nämlich bezüglich der Verbindungsdaten, der Nutzungszeiten etc., aber nur in dem Umfang, in welchem bestimmte Rechner einzelnen Arbeitnehmern zugeordnet sind.

Die Überwachung muss auf **Verhalten oder Leistung von Arbeitnehmern** bezogen sein. Am Beispiel von als mitbestimmungsbedürftig eingestuften Personalinformationssystemen[4] hat das BAG diese Begriffe näher abgegrenzt. „Das Personalabrechnungs- und -Informationssystem verarbeitet unter anderem individualisierte, d.h. auf einen bestimmten Arbeitnehmer bezogene Daten über Krankheitszeiten und unentschuldigte Fehlzeiten zu Aussagen über Häufigkeit und Dauer von Krankheiten und unentschuldigte Fehlzeiten. Solche Aussagen sind Aussagen über das Verhalten des Arbeitnehmers.“ Unter **Verhalten** versteht das Gericht ein vom Arbeitnehmer willentlich gesteuertes Tun oder Unterlassen. Zwar werde Verhalten damit zu einem Querbegriff, der letztlich auch die Leistung im Sinne von § 87 S. 1 Ziff. 6 BetrVG umfasse, doch sei eine klare Abgrenzung zwischen Leistung und Verhalten im Sinne dieser Vorschrift nicht erforderlich. Daten über Online-Nutzung von Arbeitnehmern sind damit, wenn nicht als jedenfalls mittelbare Leistungsdaten, so doch jedenfalls als Verhaltensdaten mit Überwachungs**eignung** einzustufen, deren Verarbeitung Mitbestimmungsbedürftigkeit begründet. Außerdem kann eine Vielzahl anderer Daten zu berücksichtigen sein; es komme bei der technischen Datenverarbeitung darauf an, ob die Daten durch die technische Einrichtung zu Aussagen über Verhalten und Leistung der Arbeitnehmer verarbeitet werden. Das Erarbeiten solcher Aussagen ist Teil des Überwachungsvorganges[5]. Auch zusätzliche Daten, etwa aus dem Zusammenhang der Datensicherung, aus *header*-Angaben von **E-Mails** oder aus Antworten Dritter aus Netzkommunikation können also zu auswertungs- und damit überwachungsgeeigneten Daten führen.

Seit dem „Produktographen“-Beschluss des BAG vom 9.9.1975[6] genügt für die Mitbestimmungspflichtigkeit die **objektive Überwachungseignung** des Systems, so etwa, wenn in einem weiteren Programmierungsschritt die Fehlzeiten gezielt ausgewertet werden können. Der tatsächliche Einsatz muss nicht erfolgen. Nicht erforderlich

---

1 BAG, Beschl.v. 23.4.1985 – 1 ABR 39/81, NZA 1985, 669.

2 BAG, Beschl.v. 11.3.1986 – 1 ABR 12/84, BB 1986, 1292.

3 BAG, BB 1975, 1480 – Produktograph.

4 BAG, Beschl.v. 11.3.1986 – 1 ABR 12/84, BB 1986, 1292 = CR 1986, 392 = ArbuR 1986, 285 (Anm. *Hinrichs*) – *PAISY* (Einsatz eines Personalinformationssystems bei Opel 1982); s. *Matthes*, RDV 1989, 1, 3ff; krit. *Ehmann*, NZA 1986, 657; *Gaul*, RDV 1987, 109, 114.

5 BAG, Beschl.v. 11.3.1986, a.a.O., 1283; *Hinrichs* (ArbuR 1986, 287) weist auf den Umstand hin, dass das BAG hier über die Bildschirm-Entscheidung hinausging und nicht mehr auf die Datenart, sondern das Ergebnis der Datenverarbeitung abstellt.

6 BAG BB 1975, 1480.

ist, dass eine Überwachung tatsächlich durchgeführt wird oder (auch) die Auswertung der Überwachungsdaten durch technische Einrichtung erfolgt[1]. Es genügt, wenn das System „auf technischem Weg zur Gewinnung (Erfassung) und Aufzeichnung (Speicherung) von Informationen (Daten) über das Verhalten und die Leistung der Arbeitnehmer durch vorhandene und verwendete Programme objektiv bestimmt ist und eine Auswertung der Arbeitnehmerdaten unmittelbar und aktuell möglich ist“[2]. Reine Planungen werden aber noch nicht erfasst.

Von dieser Abgrenzung her entsteht das Mitbestimmungsrecht nach § 87 Abs. 1 Nr. 6 BetrVG bereits dann, wenn ein EDV-Programm (hier: zur Qualitätssicherung der Produktion) entwickelt und geprüft wird und hierbei Echtdaten von Arbeitnehmern „programmgemäß“ verarbeitet und Verarbeitungsergebnisse einzelnen Arbeitgebern zugeordnet werden, da hier die Planungsphase beendet und die Phase der Umsetzung in die betriebliche Praxis eingeleitet ist[3]. Soweit also etwa die gespeicherten Daten der E-Mail-Kommunikation der Mitarbeiter zu Leistungs- oder Verhaltenskontrollen verwendet werden **können** (etwa zur Messung der Anzahl abgesandter Mails pro Tag), unterliegt deren Verarbeitung und Nutzung der Mitbestimmung, und zwar bereits bei Einführung des entsprechenden Kontrollsystems (§ 87 Abs. 1 Nr. 6 BetrVG)[4]. Dies gilt für betriebliche wie auch für private Nutzung, deren Überwachung jedenfalls eine Verhaltenskontrolle ermöglichen kann.

Dem BAG zufolge stellt auch der Vorgang der (auswertungsbezogenen) **Verarbeitung als solcher** bereits erhobener Verhaltens- und Leistungsdaten selbst als solcher eine **Überwachung** im Sinne von § 87 Abs. 1 Ziff. 6 BetrVG dar[5]. Das BAG bezieht damit die Verarbeitung jeder Form von Leistungs- und Verhaltensdaten ein; hierbei ist ein **Überwachen ohne** jedes **Beobachten** möglich[6]. Nach Auffassung des BAG „birgt auch die bloße Verarbeitung von Verhaltens- und Leistungsdaten durch eine technische Einrichtung“ Gefahren für das Persönlichkeitsrecht des Arbeitnehmers. Diese Überlegungen gelten auch für reine Auswertungen von Daten, die über Arbeitnehmer während ihrer Online-Tätigkeit aufgezeichnet werden, etwa in der Kommunikation mit Partnerfirmen über eine Intranet-/Internet-Kopplung oder bei Telearbeit. Bereits das Wissen um eine derartige Verarbeitung und Verhaltens- und Leistungsdaten erzeugt einen **Anpassungsdruck**, der zu erhöhter Abhängigkeit des Arbeitnehmers führt und damit die freie Entfaltung der Persönlichkeit hindern kann. Hierin ist nach der Rechtsprechung des Bundesverfassungsgerichts bereits ein Eingriff

---

1 BAG, BB 1974, 1164 – Multimomentkamera; *Jobs*, Mitbestimmung, 131ff.

2 *Jobs*, a.a.O.

3 LAG Berlin, Beschl.v. 12.8.1986 – 8 Ta BV 4/86, CR 1987, 26.

4 *Däubler*, K&R 2000, 323, 324, m.w.N.

5 So das BAG in der sog. *Techniker-Berichtsystem-Entscheidung,* Beschl. v. 14.09.1984 – 1 ABR 23/82, BB 1985, 193 = NJW 1985, 540 – RANK XEROX; krit. *Kraft*, Einrichtungen, 150-158 und für § 75 Abs.3 Nr.17 BPersVG der Hess.VGH, Beschl.v. 10.10.1984; BPV TK 29/83, RDV 1986, 268 ausdrücklich übereinstimmend mit der Entscheidung des BAG v. 14.9.1984 („Die Speicher- und Rechenkapazität der EDV-Anlage hält die Daten jederzeit bereit und gewährleistet damit eine ständige Überwachung der Beschäftigten.“). Die Entscheidung wurde bestätigt durch BAG Beschl.v. 15.12.1992 – 1 ABR 24/92, CR 1994, 111 (Unidat M 16): Das Verarbeiten von Verhaltens- und Leistungsdaten zu Aussagen über Verhalten und Leistung eines Arbeitnehmers stellt schon für sich allein etwa dann eine „Überwachung“ dar, wenn sich die manuell erhobenen Daten nur auf einen bestimmten zeitlichen Ausschnitt beziehen, aber als Grundlage für eine Schätzung der Gesamtleistung des Arbeitnehmers dienen. Entscheidend sei, dass die technische Auswertung einer persönlichen, individualisierenden Beurteilung entbehrt und die Kenntnis des Arbeitnehmers von einer derartigen Verarbeitung von Verhaltens- und Leistungsdaten bei ihm einen *Anpassungsdruck* erzeugt.

6 S. hierzu kritisch *Kraft*, Einrichtungen, 153ff.

in das oder Gefährdung des Persönlichkeitsrechts des Betroffenen zu sehen[1].

Auch die Einführung eines automatisierten Systems der **Zugangskontrolle** ist gemäß § 87 Abs. 1 Nr. 6 BetrVG insoweit mitbestimmungsberechtigt[2], also etwa ein System, mit dem der Zugang und Abgang von Beschäftigten in und aus einem Rechenzentrum im Schutzbereich automatisch **aufgezeichnet** wird. Dies gilt auch für Zugangs- und Zugriffskontrollen in Netzen/Intranets und Intranet-/Internet-Kopplungen, insbesondere **Firewalls**, soweit personenbezogene Daten gespeichert werden. Die meisten solchen Schutzsysteme erfassen mit ihren zentralen Protokollfunktion immer auch personenbezogene Daten von Arbeitnehmern und Dritter.

Mitbestimmungspflichtig ist auch das Bereitstellen von auf Mitarbeiter bezogenen Daten auf einer **Webseite**[3], ebenso das Erfassen von Daten über die von Arbeitnehmern geführten Telefongespräche nach § 87 Abs. 1 Nr. 6 BetrVG[4]. Dem BAG zufolge enthält der Ausdruck, nach dem von einer bestimmten Nebenstelle an einem bestimmten Tag zu einer bestimmten Zeit mit einer bestimmten Zielnummer ein Telefongespräch von bestimmter Dauer geführt worden ist, eine Aussage über Verhalten und/oder Leistung des Nebenstelleninhabers[5]. Gleiches gilt entsprechend auch für Verbindungsdaten aus internetbasierter Telefonie und E-Mail- oder Internet-Nutzung.

§ 9 Abs. 1 BDSG lässt den Betreiber einer Datenverarbeitungsanlage einen Ermessensspielraum für die zu treffenden **Datensicherungsmaßnahmen**; dies bedeutet zugleich, dass für Mitbestimmung Platz bleibt[6]. Gleiches gilt für Sicherungssysteme zur Intranet-Absicherung wie Firewalls.

b) Mitbestimmung bei der Einführung von Bildschirmarbeitsplätzen (§ 87 Abs. 1 Nr. 7 BetrVG)

Nur kurz hinzuweisen ist ergänzend auf die Mitbestimmungsbefugnis des Betriebsrats hinsichtlich der ergonomischen Ausgestaltung von Bildschirmarbeitsplätzen auch in Intranets und von besonderen Internet-Terminals.

c) Mitbestimmung bei Versetzung (§§ 99 i.V.m. 95 Abs. 3 BetrVG)

Das Herstellen eines Anschlusses des Arbeitsplatzes an das Intranet „und erst recht das Internet“ kann als mitbestimmungsbedürftige Versetzung einzustufen sein (die auch bei Verbleib am selben Arbeitsplatz möglich ist), da eine gravierende Änderung des Arbeitsbereiches und damit eine neue Qualität von Arbeit vorliege und einen Schulungsaufwand von mehr als drei Stunden erfordere[7]. Ob dies der Fall ist, wird aber nur im Einzelfall beurteilt werden können. Zu berücksichtigen sind etwa auf bisherige Arbeitsumgebung, die Vorkenntnisse des Arbeitnehmers und die objektiv erforderliche Umstellung.

---

[1] *Matthes*, Beteiligung, 20.

[2] Ebenso *Kilian*, in: *Kilian/Heussen*, Computerrechtshandbuch, § 75 Rdn. 55.

[3] OVG Nordrhein-Westfalen, Beschl.v. 20.1.2000 – 1 A 128/98.PVL, RDV 2000, 171 = JurPC Web-Dok. 231/2000, herunterladbar über: http://www.jurpc.de/rechtspr/20000231.htm.

[4] BAG, Beschl. v. 27.5.1986 – 1 ABR 48/84, NZA 1986, 643.

[5] BAG, Beschl.v. 27.5.1986, a.a.O.

[6] ArbG Düsseldorf, Beschl. v. 9.1.1980 – 10 B 79/79, DB 1980, 691 ff..

[7] *Däubler*, Internet und Arbeitsrecht, Rdn. 121.

d) Mitbestimmung bei Änderung von Arbeitsplätzen, Arbeitsabläufen oder -umgebungen (§ 91 BetrVG)

Der Betriebsrat hat darauf hinzuwirken, Belastungen der Arbeitnehmer abzuwenden, zu mildern oder anderweitig auszugleichen. Voraussetzung ist jedoch immer, daß die Änderungen gesicherten arbeitswissenschaftlichen Erkenntnissen über die menschengerechte Arbeitsgestaltung **offensichtlich widersprechen** (§ 91 Satz 1 BetrVG). Bei Bildschirmarbeitsplätzen wird dies bisher meist **verneint**.

Ein wichtiges Prüfkriterium ist, ob die Grundsätze der EG-Richtlinie zur Sicherheit an Bildschirmarbeitsplätzen bzw. der diese umsetzenden deutsche VO eingehalten ist[1]. Gleiche Prüfpflichten können bei dem Einsatz von CAD-, CAM-, etc. -Techniken bestehen. Zu denken ist an technische Vorrichtungen, mit denen der Arbeitnehmer selbst seine Leistung registriert, etwa beim Protokollieren von Internet-Aktivitäten des Mitarbeiters. Führen diese (im übrigen auch unter § 87 Abs. 1 Nr. 6 BetrVG fallenden) Kontrollen etwa zu erheblicher Dekonzentration, kann § 91 BetrVG eingreifen. § 91 BDSG gibt aber nur ein „korrigierendes" Mitbestimmungsrecht. Der Betriebsrat kann keine spezifischen Regelungen zur menschengerechten Arbeitsgestaltung im Betrieb erzwingen[2].

e) Arbeitsplatzbezogene Unterrichtung, Informationsrecht, Schulungen

Der Arbeitgeber muss den **Betriebsrat** generell über die Planung von

1. Neu-, Um- oder Erweiterungsbauten von Fabrikations-, Verwaltungs- und sonstigen betrieblichen Räumen (also z.B. Rechenzentren),
2. technischen Anlagen (etwa NC-, CNC-, CAD-/CAM-Systemen oder Robotern)[3], Umstellung von Off-Line auf Online-Betrieb[4], Netzwerke, Multimedia-Systeme, elektronische Datenkommunikation (EDI)[5], aber auch Intranet-/Internet-Kopplungen,
3. Arbeitsverfahren und Arbeitsabläufen [6] oder
4. Arbeitsplätzen (z.B. Bildschirmarbeitsplätzen).

rechtzeitig unter Vorlage der erforderlichen Unterlagen **unterrichten** und die vorgesehenen Maßnahmen insbesondere im Hinblick auf ihre Auswirkungen auf die Art der Arbeit und die Anforderungen an die Arbeitnehmer mit ihm beraten. Der Arbeitgeber muss die Unterrichtung von sich aus vornehmen. Er darf nicht auf ein entsprechendes Verlangen des Betriebsrates warten[7]. Bei komplexen Planungen kann eine Unterlagenüberlassung für längere Zeit erforderlich sein[8]. Die Unterrichtung muss

---

1 Vgl. Richtlinie des Rates vom 29.05.1990 über die Mindestvorschriften bezüglich des Sicherheits-und des Gesundheitsschutzes bei der Arbeit an Bildschirmgeräten (90/270/EWG, Amtsblatt Nr. L 156 vom 21.6.1990, 14).

2 BGH, Urt.v. 6.12.1983 - 1 ABR 43/81, BB 1984, 850 – Bildschirmarbeitsplatz; krit. *Latendorf*, CR 1988, 851ff.

3 *Linnenkohl*, CR 1991, 100.

4 LAG Hamburg, BB 1985, 2110.

5 *Kilian*, in: *Kilian/Heussen*, § 77/Rdn.14.

6 So nach *Kilian* (a.a.O., § 77/Rdn.14) etwa die Einführung von Bildschirmarbeit, Umstellung auf CAD/CAM/CIM-Verfahren bzw. EDI.

7 *Engels/Natter*, Beilage 8 zu Heft 12 des BB 1989, 24.

8 *Engels/Natter*, a.a.O.

rechtzeitig, also frühestmöglich erfolgen[1]. Die Beratung des Arbeitgebers mit dem Betriebsrat muss alle (erkennbaren) sozialen, personellen, wirtschaftlichen, gesundheitlichen und arbeitstechnischen Auswirkungen umfassen[2].

Die Beratung muss so **rechtzeitig** erfolgen, dass Vorschläge und Bedenken des Betriebsrats berücksichtigt werden können (§ 90 Abs. 2 S. 2 BetrVG). Arbeitgeber und Betriebsrat sollen dabei die gesicherten **arbeitswissenschaftlichen Kenntnisse** über die menschengerechte Gestaltung der Arbeit berücksichtigen (§ 90 Abs. 2 S. 3 BetrVG). Ein typischer **Beispielsfall** ist der Bau und die Einführung eines **Rechenzentrums** und/oder dessen Kopplung mit dem Internet. Der Arbeitgeber ist zunächst zur umfassenden und rechtzeitigen Information verpflichtet. Treten offensichtliche Widersprüche zwischen Planung und menschengerechter Arbeitsplatzgestaltung auf, greift das Mitbestimmungsrecht des Betriebsrats nach § 91 BetrVG ein.

Datenschutzrechtlich relevant ist § 90 BetrVG insoweit, als der Arbeitgeber bereits frühzeitig den geplanten EDV-Einsatz („technische Anlagen" im Sinne von § 90 Abs. 2 BetrVG) dem Betriebsrat mitzuteilen hat, der u.a. Mitbestimmungsrechte nach § 87 Abs. 1 Nr. 6 geltend machen kann[3].

Der Arbeitgeber hat den **Arbeitnehmer** über die aufgrund einer Planung von technischen Anlagen, von Arbeitsverfahren und Arbeitsabläufen oder der Arbeitsplätze vorgesehenen Maßnahmen und ihrer Auswirkungen auf seinen Arbeitsplatz, die Arbeitsumgebung sowie auf Inhalt und Art seiner Tätigkeit unmittelbar zu unterrichten (§ 81 Abs. 3 S. 1 BetrVG). Sobald feststeht, dass sich die Tätigkeit des Arbeitnehmers ändern wird und seine beruflichen Kenntnisse und Fähigkeiten zur Erfüllung seiner Aufgaben nicht ausreichen, hat der Arbeitgeber mit dem Arbeitnehmer zu erörtern, wie dessen berufliche Kenntnisse und Fähigkeiten im Rahmen der betrieblichen Möglichkeiten den künftigen Anforderungen angepasst werden können. Der Arbeitnehmer kann bei der Erörterung ein Mitglied des Betriebsrates hinzuziehen (§ 81 Abs. 3 S. 2 BetrVG).

Der Betriebsrat hat ein **Informationsrecht** über die Hardware einschließlich des Betriebssystems und etwaiger Anwendungsprogramme sowie über Verknüpfungsmöglichkeiten mit anderen Systemen[4]. Hierzu sind im Betriebsrat Hardware- und Software-Beschreibungen zu übergeben und alle gespeicherten Datenfelder mit Personaldaten und die Arbeitsweise bzw. Verwendungszusammenhänge der Programme einschließlich der Möglichkeit der Verknüpfungen der Datenfelder offenzulegen[5]. Gleiche Rechte des Betriebsrats bestehen bei der Einrichtung von Bildschirmarbeitsplätzen für **Telearbeit**[6] und bei Internet-Arbeitsplätzen. Die Unterrichtung durch den Arbeitgeber muß rechtzeitig und umfassend erfolgen[7]. Die mitgeteilten Informationen müssen dem Betriebsrat verständlich sein[8]. Sie sind deshalb entsprechend zu entschlüsseln und zu erläutern. Erst wenn diese Informationspflichten voll erfüllt sind, stellt sich die Frage, ob der Betriebsrat ergänzend gemäß § 80 Abs. 3 BetrVG andere Informationsquellen erschließen muß, etwa durch Hinzuziehen eines Sachverständigen.

Unterbleibt die **Unterrichtung** des Betriebsrats durch den Arbeitgeber, kann der

1 BAG, AP Nr.2 zu § 113 BetrVG 1972 = BB 1977, 142.

2 *Wlotzke*, DB 1989, 111; *Engels/Natter*, a.a.O.

3 S. allg. *Linnenkohl*, CR 1991, 100.

4 *Jobs*, RDV 1987, 125, 126.

5 *Jobs*, a.a.0.

6 *Wedde*, CR 1994, 230, 234.

7 *Jobs*, a.a.0.

8 *Jobs*, a.a.0.

Arbeitgeber aus bestimmten Maßnahmen keine (rechtlich wirksamen) Folgerungen ziehen[1]. Außerdem kann der Tatbestand der Ordnungswidrigkeit der verspäteten Information des Betriebsrats erfüllt sein[2]. Auch die Information des Betriebsrats lässt die Kontrollpflicht des betrieblichen Datenschutzbeauftragten unberührt. Der Betriebsrat erfüllt keine datenschutzrechtliche Kontrollfunktion für die Speicherstelle, sondern betriebsverfassungsrechtliche Funktionen für die Mitarbeiter. Auf die personenbezogene Datenverarbeitung des Betriebsrates findet das BGSG Anwendung, jedoch ist der betriebliche Datenschutzbeauftragte insoweit nicht kontrollbefugt[3].

Der Anschluss von Arbeitsplätzen an das Intranet und/oder Internet kann auch eine **grundlegende Änderung der Betriebsorganisation** darstellen, die eine Unterrichtungspflicht des Arbeitgebers nach § 111 BetrVG begründet. Der Wechsel zur nächsthöheren Version einer Anwendungssoftware (etwa eines Mailprogrammes) reicht hierfür nicht aus, wohl aber die Installation eines völlig neuen Systems, etwa bei Einführung eines Nutzung in der Form des Application Service Providing (ASP). Die Durchführung einer Vernetzung kann eine grundlegende Änderung darstellen, doch ist dies jeweils im Einzelfall zu prüfen.

Bei Internet-Einsatz wird sehr oft zusätzlicher Schulungsbedarf entstehen. Die **Schulung** von Betriebsräten zur ISDN-Technik ist wurde dann als nicht erforderlich im Sinne von § 37 Abs. 6 BetrVG angesehen, wenn die betriebliche Telefonanlage zwar ISDN-fähig ist, aber weitere technische Gegebenheiten fehlen, die zur Durchführung des ISDN-Einsatzes notwendig wären, und wenn der Arbeitgeber den Betriebsrat vor der Schulung ausdrücklich klar macht, den ISDN-Einsatz der Telefonanlage nicht durchzuführen; die Kosten einer derartigen Schulung braucht der Arbeitgeber nicht zu tragen[4]. Die Erfüllung der Aufgabe kann es aber erforderlich machen, das sich der Betriebsrat Grundkenntnisse über computergestützte Warenwirtschaft aneignet, wenn ein solches System vorhanden ist und erneuert werden soll[5].

Grundsätzlich muss der Arbeitgeber die **Kosten** der Teilnahme eines Betriebsratsmitgliedes an einer Schulungsveranstaltung über den Datenschutz gemäß den §§ 37 Abs. 6, 40 Abs. 1 BetrVG tragen. Die Schulung ist erforderlich im Hinblick darauf, dass die vom Unternehmer geplanten Informationssysteme betriebsverfassungsrechtliche Kompetenzen des Betriebsrates tangieren[6], insbesondere, wenn sie dazu dienen soll, dem Betriebsrat einen Überblick über die Möglichkeiten neuer Technologien zu verschaffen[7] bzw. generell der Betriebsrat sie benötigt, um seine derzeitige oder demnächst anfallenden Arbeiten sachgerecht wahrnehmen zu können, wobei eine vom Arbeitgeber zu finanzierende PC-Schulung auf Vorrat ohne konkreten Zusammenhang mit einer Betriebsratsaufgabe aber nicht als erforderlich angesehen wurde[8]. Die Schulung ist hingegen noch nicht erforderlich, solange die Planungen des Arbeitgebers zur Einführung eines neuen EDV-Systems noch keine greifbaren Formen angenommen habe[9]. Dem Betriebsrat sind wenigstens einfache DV-technische Grundkenntnisse zu

---

1 *Jobs*, Mitbestimmung, 133.

2 OLG Stuttgart, Beschl.v.22.11.1984 – 4 Ss (25) 342/84, CR 1986, 414.

3 BAG, Beschl.v. 11.11.1997, DuD 1998, 227.

4 LAG Kiel, Beschl.v. 25.11.1993 – 4 TaBV 27/93, CR 1994, 762.

5 LAG Berlin, Beschl.v. 10.3.1987 – 3 TaBV 8/86, CR 1987, 699.

6 LAG Niedersachsen, Beschl.v.18.09.1978 – 3 Ta BV 5/78 und Beschl.v.28.09.1978 - 3 Ta BV 3/79, Simitis-Dokumentation, § 1 Abs.1 E 1 und E 3 sowie LAG Düsseldorf, Beschl.v.28.08.1979 - 8 Ta BV 31/79, Simitis-Dokumentation, § 1 Abs.1 E 2.

7 LAG Düsseldorf, Urt.v. 7.3.1990 – 4 Sa 1455/89, CR 1990, 785.

8 BAG, 7 ABR 49/94, NJW 1995, 37.

9 BAG, Urt.v. 10.11.1993 – 7 AZR 68/92, zitiert nach *Etzel*, NJW 1994, 2580, 2581 (Fn. 19).

vermitteln[1], die auch die bestehenden Ansprüche der Arbeitnehmer aus Datenschutzrecht umfassen müssen. Bei Internet-Einsatz wird sehr oft zusätzlicher Schulungsbedarf entstehen. Generell ist eine EDV-Schulung bereits dann erforderlich im Sinne von § 37 Abs. 6 BetrVG, wenn sie dazu dienen soll, dem Betriebsrat einen Überblick über die Möglichkeiten neuer Technologien zu verschaffen[2] bzw. generell der Betriebsrat sie benötigt, um seine derzeitige oder demnächst anfallenden Arbeiten sachgerecht wahrnehmen zu können.

f) Hinzuziehen eines Sachverständigen, Kostenerstattung

Die Hinzuziehung eines externen Sachverständigen nach § 80 Abs. 3 S. 1 BetrVG zur Beratung des Betriebsrates anlässlich der Einführung oder Änderung EDV-gestützter technischer Einrichtungen i.S.v. § 87 Abs. 1 Nr. 6 BetrVG setzt voraus, dass dem Betriebsrat die erforderliche **Sachkunde fehlt** und er sie sich auch nicht kostengünstig etwa durch den Besuch einschlägiger Schulungen oder durch Inanspruchnahme sachkundiger Betriebs- und Unternehmensangehöriger verschaffen kann[3] oder der Betriebsrat begründete Zweifel an der Stichhaltigkeit oder Objektivität der Darstellung eines betriebsinternen Sachverständigen hat[4]. Soweit die Hinzuziehung erforderlich ist, muss vorab eine Vereinbarung des Betriebsrats mit dem Arbeitgeber erfolgen, in der das zu klärende Thema, die voraussichtlichen Kosten der Hinzuziehung und die Person des Sachverständigen festzuhalten sind[5]. Der Arbeitgeber trägt die anfallenden Kosten (§ 40 BetrVG). Der Betriebsrat hat Anspruch auf **Kostenerstattung** für geeignete Kommentare und Fachzeitschriften[6]. Gleiches gilt grundsätzlich für andere aufgabenbedingte Ausgaben.

Anders als § 4 Abs. 1 BDSG nimmt § 89 Abs. 3 S. 3 TKG nicht auf „andere Rechtsvorschriften“ als mögliche Rechtsgrundlage für die Datenverarbeitung Bezug, weshalb im Bereich des Internet[7] und generell der TK keine Regelungskompetenz des Betriebsrates für spezifisch datenschutzrechtliche Fragen besteht.

1 *Jobs*, a.a.O., 127.
2 LAG Düsseldorf, Urt.v. 7.3.1990 – 4 Sa 1455/89, CR 1990, 785.
3 BAG, Beschl.v. 26.2.1992 – 7 ABR 51/90, DB 1992, 2245; ähnlich für das Ausschöpfen betriebsinterner Informationsquellen BAG, Beschl.v. 4.6.1987 – 6 ABR 63/85, AiB 1988, 87. Mitarbeiter der Herstellerfirma werden i.d.R. nicht als zur Beratung des Betriebsrates ausreichend angesehen (ArbG Nürnberg, Beschl.v. 22.12.1986 – 3 BV 16/86, AiB 1987, 144).
4 ArbG Oberhausen, Beschl.v. 5.9.1985 – 4 BV 36/84, AiB 1986, 69.
5 BAG, ARSt 1989, 184.
6 BAG, NJW 1984, 2309; BVerwG, DVwL 1988, 269
7 *Hoeren*, Rechtsfragen des Internet, Fassung März 2002, 288

Teil 3 Schutzrechte und Wettbewerb

§ 8 Urheberrechte

Urheberrecht prägt die Nutzung von Werken auch, soweit die Werke im elektronischen Format innerhalb und außerhalb des Internet genutzt werden. Umgekehrt hat aber auch das Internet das Urheberrecht deutlich verändert. So brachte die Novellierung des Urheberrechts im Jahr 2003 die wohl wichtigste internet-bezogene Änderung, nämlich die Einführung eines neuen Rechts der „öffentlichen Zugänglichmachung" (§ 19 a UrhG), das auf einer Urheberrechtsrichtlinie der EG und auf internationalen Verträgen beruht. Damit wurde erstmals ein unmittelbar auf die Nutzung von Kommunikationsnetzen bezogenes Verwertungsrecht geschaffen, das fast weltweit Geltung beanspruchen kann, allerdings nur das Bereithalten auf dem Serverrechner erfasst, nicht die eigentliche Datenübertragung beim Abrufen. Weiter wurde nunmehr geregelt, dass sämtliche, auch noch so kurzzeitige Kopien als (zustimmungsbedürftige) Vervielfältigungen gelten, es sei denn, die so erstellten Kopien haben keine eigenständige wirtschaftliche Bedeutung (§ 44 a UrhG). Fast unerschöpflich scheinende Diskussionen in der urheberrechtlichen Literatur wurden damit abrupt beendet. In der Umsetzung in deutsches Recht wurde schließlich neben der analogen nun auch die „digitale Privatkopie" als zulässig geregelt (§ 53 Abs. 1 S. 1 UrhG), wobei aber nicht eine offensichtlich rechtswidrig hergestellte Vorlage verwendet werden darf. Das Tauschen raubkopierter Musikwerke in Peer-to-Peer-Netzen ist damit in den meisten Fällen unzulässig.

Grundlage der genannten Novellierung war die Richtlinie 2001/29/EG zur Harmonisierung des Urheberrecht in der Informationsgesellschaft[1] (nachfolgend „Harmonisierungs-RL"). Sie harmonisiert die nationalen urheberrechtlichen Regelungen insbesondere zum Vervielfältigungsrecht (Art. 2 Harmonisierungs-RL), zum Recht der öffentlichen Wiedergabe und zum öffentlichen Zugänglichmachen (Art. 3 Harmonisierungs-RL) sowie zum Verbreitungsrecht (Art. 4 Harmonisierungs-RL), ebenso zum Schutz von technischen Maßnahmen und Informationen für die Wahrnehmung der Rechte (Art. 6 u. 7 Harmonisierungs-RL). Zutreffend wurde betont, dass die Harmonisierungs-RL die ganze Breite des Urheberrecht erfasst und hierdurch **Urheberrecht im Kern europäisches Recht** ist[2].

Die Richtlinie hätte bis zum 22.12.2002 in nationales Recht umgesetzt werden müssen (Art. 13 Abs. 1 S. 1 Harmonisierungs-RL). Tatsächlich ist das **Transformations**gesetz erst am 13.9.2003 in Kraft getreten, also etwa ein Dreivierteljahr nach dem gesetzten Stichtag. Zumindest für Teilbereiche, etwa bezüglich der Privatkopie, wurde inhaltliche Unbedingtheit, also das Nichtbestehen von Gestaltungsspielraum, und damit insoweit im erwähnten Zwischenzeitraum eine unmittelbare Wirkung sowie ein Staatshaftungsanspruch aus verzögerter Umsetzung bejaht[3].

Freilich muss noch weitere Harmonisierung der verschiedenen nationalen Urheberrechtsordnungen internet-, damit also weltweit durchgeführt werden. Die jeweiligen nationalen Regelungen für die Werknutzung im Internet müssen nicht identisch, aber

---

1 Richtlinie 2001/29/EG des Europäischen Parlaments und des Rates v. 22.5.2001 zur Harmonisierung besimmter Aspekte des Urheberrechts und der verwandten Schutzrechte in der Informationsgesellschaft, ABl EG v. 22.6.2001, Nr. L 167, 10.

2 *Berger*, CR 2004, 360, 361.

3 *Mayer*, CR 2003, 274, 275.

doch kompatibel sein, wenn sie in globalen Kommunikationsnetzen möglich sein soll[1].

1. Schutzfunktion des Urheberrechts und Internet

Das Durchsetzen von Urheberrechten im Internet führt nach wie vor zu Kontroversen. Deren Inhalte haben sich aber geändert. Während zunächst teilweise gefordert wurde, alle Inhalte müssten im Internet frei sein, hat sich die Diskussion mittlerweile auf die Art und Weise der Durchsetzung von Schutzansprüchen aus Urheberrecht verlagert, deren Berechtigung als solche kaum noch problematisiert wird.

a) Urheberrechtsfreie Werke

Die ursprüngliche Position, im Internet sollten Werke urheberrechte**frei** sein, war eigentlich meist nur unscharf dargestellt und schon deshalb kontrovers. Unklar blieb, ob alle Werke auch im Netz verfügbar zu machen seien, und zwar kostenfrei, oder ob die Urheber zwar in ihrer Entscheidung frei bleiben sollten, ihre Werke auch im Netz anzubieten, diese netzbezogenen Angebote aber, wenn sie denn erfolgten, kostenfrei zu sein hätten. Die erste Position wurde kaum ernsthaft vertreten; sie scheint auch nicht haltbar, denn aus dem bloßen Auftreten eines neuen Kommunikationsmediums allein kann wohl nicht folgen, dass alle vorhandenen und noch zu schaffenden Werke in diesem überhaupt und zudem kostenfrei verfügbar gemacht werden müssten. Die zweite Position ist hingegen grundsätzlich aus urheberrechtlicher Sicht unproblematisch. Jeder Urheber kann natürlich (und zwar ganz unabhängig vom Internet) frei entscheiden, ob er seine urheberrechtlich geschützten Werke überhaupt unentgeltlich verfügbar macht oder nicht. Hierauf bauen die Modelle der „Open Source" bzw. des „Open Content"[2] auf. Nicht durchsetzbar erscheint aber ein Verwertungs„modell", in dem die Nutzung von Werken nur deshalb kostenfrei ermöglicht werden soll, weil ein bestimmtes technisches Medium (wie das Internet) genutzt wird. Auch könnte dies dazu führen, dass viele Urheber von solchen Angeboten ganz absehen und das Internet immer weniger Content aufweist, also letztlich das Gegenteil erreicht würde. Selbst Open Source-Modelle setzen i.ü. ein funktionsfähiges Urheberrecht voraus, wenn es etwa darum geht zu unterbinden, dass Empfänger unentgeltlich verfügbar gemachter Werkexemplare diese ihrerseits gegen Vergütung weitergeben[3]. In der Praxis wird man freilich oft Mischformen finden, bei denen bestimmte Inhalte zum „Einstieg" frei angeboten werden, andere hingegen gegen Vergütung.

Eine Korrektivfunktion der Vergütungsabhängigkeit der Inhaltenutzung sollte außerdem nicht übersehen werden. Muss der Nutzer Inhalte vergüten, wird er tendenziell höhere Ansprüche an die Qualität der Inhalte stellen, die dann auch besser erstellt und

---

[1] WIPO, Intellectual Property on the Internet: A Survey of Issues, WIPO/INT/02, December 2002, 44 (http: //ecommerce.wipo.int).

[2] Inhalte können über die „Open Content License" (OPL) verfügbar gemacht werden. Quelle: http: //opencontent.org/opl.shtml. Ein Beispiel für „Open Content" ist die Online-Enzyklopädie „*Wikipedia*", für die Anfang 2004 der einhunderttausendste Eintrag erfolgte (heise online news 5.7.2003, www.heise.de/ newsticker/data/psz-05.07.03-001/). Im September 2004 wurde bereits der millionste Artikel registriert (www.heise.de/newsticker/meldung/51243). Die Wikipedia-Inhalte unterliegen der GNU Free Documentation License (www.gnu.org/copyleft/fdl.html).

[3] „Open Source" ist nicht mit freiem Gemeingut gleichzusetzen, sondern stellt nur bestimmte Nutzungen im nichtkommerziellen Bereich frei.

gepflegt werden müssen, als es in vielen kostenfreien Angeboten oft der Fall ist[1].

b) Durchsetzbarkeit des Urheberrechts im Internet

Eine weitere Kritik richtete sich nicht gegen die Anwendbarkeit von Urheberrecht auf Werke im Internet an sich, sondern argumentierte, Urheberrechte seien technisch bedingt im Internet **nicht durchsetzbar**[2]. Auch hier ist zu differenzieren. Tatsächlich zeigen etwa die Erfahrungen mit Napster, Kazaa und insbesondere Freenet und ähnlichen dezentralen Peer-to-Peer-Netzen[3], dass teilweise erhebliche Schwierigkeiten bestehen können, das Zugänglichmachen von Werkexemplaren in solchen (insbesondere dezentralen) Netzen weltweit zu kontrollieren. Ein jedenfalls bis zu einem gewissen Grade vergleichbares Problem bestand freilich bereits schon bei den sog. „Copy Shops", in denen grundsätzlich unkontrolliert und in beliebiger Anzahl Kopien von Druckwerken erstellt werden können. Auch hier wurde allerdings nicht einfach auf die Durchsetzung von Urheberrechten verzichtet, sondern vielmehr über eine Kopiergeräteabgabe und eine zweckbezogene Beschränkung des zulässigen Kopierens ein Weg gefunden, für solche Nutzungen (wenn auch wenig differenziert) einen Modus der Vergütungsberechnung zu finden. Mit Bezug auf das Internet führte die technische Entwicklung sogar zu wesentlich differenzierteren Kontrollmöglichkeiten. Es bestehen Ansätze, grundsätzlich jedes einzelne elektronische Werkexemplar, das über das Internet verfügbar gemacht wird, zu markieren und für es zulässige Nutzungen einschränkend zu definieren (also etwa eine Druckausgabe verhindern oder die Anzahl der möglichen Abläufe von Computerprogrammen oder die Nutzungsdauer für Dokumente zu beschränken[4]). Nichtdurchsetzbarkeit von Rechten ist hier insoweit nicht mehr das Problem, sondern vielmehr eher die Sicherung der Möglichkeit einer vergütungsfreien Nutzung in bestimmten Fällen sowie die Entwicklung von Standards.

c) Schutzrechtsausübung und Kartellrecht

Häufig wird das Urheberrecht (nicht nur im Internet) in einen Gegensatz zu einem **Anspruch auf Informationen** gebracht und argumentiert, über das Urheberrecht dürfe nicht der Zugang zu Informationen blockiert werden. Fehl geht diese Kritik insoweit, als Informationen als solche ohnehin keinen Urheberrechtsschutz genießen (ebenso wenig wie Ideen und Grundsätze) und deshalb aus diesem heraus auch nicht blockiert werden können. Berichtet etwa eine Zeitung über ein aktuelles Ereignis, sind andere Zeitungen nicht gehindert, auf der Basis dieses Berichtes eigene Meldungen zu formulieren (wohl aber, die individuell formulierte Meldung einfach nachzudrucken).

Hat ein Urheber hingegen durch bestimmte tatsächliche Umstände allein **Zugang zu Informationen**, kann er kartellrechtlich verpflichtet sein, diese auch anderen Wettbewerbern zugänglich zu machen[5] (nicht aber sämtlichen Nutzern in einem

---

[1] Natürlich gibt es auch hier Ausnahmen. So stellt etwa das Massachusetts Institute of Technology (MIT) Vorlesungsskripten als „OpenCourseWare" online zur Verfügung (www.mit.edu/ocw).

[2] S. etwa *Barlow*, Wired, 3/199.4.

[3] Zu Peer-to-Peer-Systemen s. näher S. 712.

[4] Zum Digital Rights Management s. S. 388.

[5] EuGH, Urt.v.6.4.1995 – C 241/91 und C 242/91, GRUR Int. 1995, 490 – Magill TV Guide (für die Verweigerung des Zugangs zu Programminformationen zwecks Herausgabe einer TV-Programmzeit-

Kommunikationsnetz). Umgekehrt kann die Lizenzverweigerung den Missbrauch einer marktbeherrschenden Stellung darstellen. Dies gilt aber nicht generell für das Ausüben eines Urheberrechts, sondern nur, wenn diese Ausübung unter außergewöhnlichen Umständen ein missbräuchliches Verhalten im Sinne von Art. 82 EG darstellt[1](wobei dies auch in den Fällen gilt, in denen die Informationen nicht urheberrechtlich geschützt sind). Dies ist etwa der Fall, die Information unentbehrlich (d.h. weder tatsächlich noch potentiell ersetzbar bzw. die Entwicklung alternativer Produkte für einen „wagemutigen Unternehmer“ unrentabel[2]) und die Weigerung durch sachliche Erwägungen nicht gerechtfertigt sowie geeignet ist, jeglichen Wettbewerb auf dem abgeleiteten Markt auszuschließen[3], z.B. wenn der Markt nur eine bestimmte Struktur von Informationen akzeptiert[4].

Der EuGH [5] hat mehrfach festgestellt, dass ausschließliche Urheberrechte (hier das Vervielfältigungsrecht) zu den Vorrechten des Inhabers von Immaterialgüterrechten gehören, so dass die Verweigerung einer Lizenz als solche keinen Missbrauch einer beherrschenden Stellung darstellen kann, selbst wenn sie von einem Unternehmen in beherrschender Stellung ausgehen sollte. Nur unter außergewöhnlichen Umständen kann die Ausübung eines ausschließlichen Rechts ein missbräuchliches Verhalten darstellen. Der *IMS Health*-Entscheidung des EuGH vom 29.4.2004 zufolge kann die Weigerung eines Unternehmens in beherrschender Stellung, Zugang zu einem durch ein Recht des geistigen Eigentums geschütztes Erzeugnis zu gewähren, obwohl dieses Erzeugnis für die Tätigkeit auf einem abgeleiteten Markt unerlässlich ist, als missbräuchlich einzustufen sein. Das gilt aber nur, wenn sich das Unternehmen, das um die Lizenz ersucht hat, nicht im wesentlichen darauf beschränken will, Erzeugnisse oder Dienstleistungen anzubieten, die vom Inhaber des Rechts des geistigen Eigentums bereits auf dem abgeleiteten Markt angeboten werden, sondern beabsichtigt, neue Erzeugnisse oder Dienstleistungen anzubieten, die der Inhaber nicht anbietet und für die eine potentielle Nachfrage der Verbraucher besteht sowie die Entwicklung alternativer Schutzrechte unrentabel wäre[6]. Außerdem muss die Weigerung sachlich ungerechtfertigt sowie geeignet sein, dem Inhaber des ausschließlichen Immaterialgüterrechts den nachgelagerten Markt vorzubehalten und jeden Wettbewerb auf diesem auszuschließen[7]. Eine ähnliche Konstellation ist etwa zwischen Betreibern von Suchma-

schrift, also die Verwendung der Informationen auf einem abgeleiteten Markt).

1 EuGH, Urt.v.6.4.1995 – C 241/91 und C 242/91, GRUR Int. 1995, 490 – Magill TV Guide.

2 EuGH, Urt.v. 29.4.2004 – C-418/01, MMR 2004, 456 (www.computerundrecht.de/docs) – IMS Health unter Bezug auf EuGH, Slg. 1998, I-7791 Rdn. 40 = NJW 1999, 2259 – Oscar Bronner.

3 EuGH, Slg. 1998, I-7791 Rdn. 40 = NJW 1999, 2259 – Oscar Bronner. Nach Auffassung des EuGH war der Ausschluss vom einzigen nationalen Zeitungszustellungssystem nicht missbräuchlich, da Ladenverkauf und Postzustellung möglich waren, so dass die Wesentlichkeit der Einrichtung (i.S.d. „*essential facility*“) zu verneinen war. Im „Bronner“-Urteil war nicht über eine Zwangslizenzierung zu entscheiden.

4 EuG, Entsch. v. 10.8.2001, Rs T-184/01 R1 und R2 – IMS Health; Kommissionsentsch.v. 3.7.2001, Case Comp. D3/38.044 – NDC Health/IMS Health ; EuG GRUR Int. 2002, 67 Rdn. 24f – IMS Health I; EuGH, GRUR Int. 2002, 852 – IMS Health II, auf Grund Vorlage des OLG Frankfurt, Urt.v. 19.6.2001 – 11 U 66/00; ausf. s. *Lober*, GRUR Int. 2002, 7.

5 EuGH, Urt.v. 29.4.2004 – C-418/01, MMR 2004, 456 – IMS auf Grund der Vorlage durch das LG Frankfurt im Parallelverfahren; EuGH, Urt.v.6.4.1995 – C 241/91 und C 242/91, GRUR Int. 1995, 490 – Magill TV Guide. In der IMS Health-Entscheidung ging es erstmals allein um eine Lizenzverweigerung auf demselben Markt.

6 EuGH, Urt.v. 29.4.2004 – C-418/01, MMR 2004, 456 – IMS (für geographisch aufgeschlüsselte Daten über Apothekenabsatz pharmazeutischer Produkte).

7 EuGH, Urt.v. 29.4.2004, a.a.O.; *Wirtz/Holzhäuser*, WRP 2004, 683, 688.

schinen und solchen von Metasuchmaschinen vorstellbar, wenn man Suchmaschinen als nach den §§ 87 a ff UrhG schutzfähige Linksammlungen ansieht.

Die *essential-facilities*-Doktrin ist freilich nur anwendbar, wenn ein Tätigwerden auf einem abgeleiteten Markt geplant ist, während eine Lizenzgewährung für den Primärmarkt selbst nur bei Missbrauch der Marktstellung (Art. 82 EGV) in Betracht kommt[1].

d) Zustimmungsfreie Werknutzung über Schrankenbestimmungen

Das Urheberrechtsgesetz enthält zudem für verschiedene typisierte Fälle sog. **Schrankenbestimmungen** (§§ 45 ff UrhG, s. näher S. 367). Beschränkt wird hier die Durchsetzung der Urheberrechte, nicht deren Begründung. So soll nach § 53 Abs. 1 S. 1 UrhG jedermann grundsätzlich berechtigt sein, von einem Werk einzelne Vervielfältigungsstücke zum privaten Gebrauch zu erstellen, ohne der Zustimmung des Urhebers zu bedürfen bzw. eine Vergütung bezahlen zu müssen. Die Werkexemplare verlieren aber auch im Rahmen dieser Schrankenbestimmungen nicht ihren Urheberrechtsschutz. Zulässig erstellte Vervielfältigungsstücke dürfen so nicht ihrerseits weitervervielfältigt oder weitergegeben werden. Das Urheberrecht selbst ermöglicht damit nur in engen Grenzen eine einwilligungsunabhängige, (vergütungs) freie Werknutzung für bestimmte privilegierte Zwecke. Diese Grundsätze gelten auch für die Nutzung von Werken im Internet, wenngleich mit zusätzlichen Einschränkungen. Das Hauptproblem besteht darin, diese Schranken für die Geltendmachung von Urheberrechten **internet-spezifisch** zu definieren, um durch eine Feinabstimmung den „kulturellen Kommunikationskreislauf“[2] aufrechtzuerhalten[3]. Die Nutzung von Werken im Internet als solche ist damit keineswegs pauschal freigestellt. Auch stellt das Internet selbst keine Schranke für die Ausübung von Urheberrechten im Sinne der §§ 45 ff UrhG dar. Umgekehrt besteht aber auch kein Anlass, die bestehenden Schranken nur deshalb pauschal aufzugeben, weil ein Werk im Internet genutzt wird und dort die Nutzung umfassend kontrolliert werden kann. Diesem differenzierten Ansatz folgt auch das Gesetz[4].

Auch das Urheberrecht selbst enthält schließlich keine Voraussetzung, die seine Anwendung auf Werke im Internet ausschließen würde. So sind etwa Werke unabhängig davon geschützt, ob sie auf irgendeinem Träger verkörpert wurden[5], also auch während einer Bildschirmdarstellung oder Übertragung in Kommunikationsnetzen[6].

Der Schutzzweck des Urheberrechts wird in verschiedenen Rechtsordnungen unterschiedlich akzentuiert. Während das deutsche Recht die Sicherung des Lohnes des Urhebers für seine Arbeit der Werkschöpfung in den Vordergrund stellt[7], hat der U.S.

---

1 *Wirtz/Holzhäuser*, WRP, 2004, 683, 690.

2 *Haberstumpf*, Handbuch des Urheberrechts 1996, Rdn. 204.

3 S. n. zu den Schrankenbestimmungen S. 367.

4 Zur Novellierung s. näher S. 299.

5 Vgl. Schricker/*Loewenheim*, Urheberrecht, § 2 Rdn. 9.

6 Diese Feststellung ist von der Frage zu unterscheiden, ob eine bestimmte Wiedergabeform ein Vervielfältigen darstellt. Dies ist für die reine Bildschirmwiedergabe eines Werkexemplares zu verneinen (wenn kein Abspeichern erfolgt). Auch während dieser Wiedergabe ist das Werk selbst aber urheberrechtlich geschützt.

7 Vgl. *Schricker*, Urheberrecht, Einleitung Rdn. 14. Diese Regelungsmotiv ist nicht neu. Bereits das erste Copyright Statute, das Statute of Anne von 1710 sollte „Learned men“ ermutigen, to „write useful Books“, eine frühe ökonomische Komponente des Urheberrechts (*Patterson*, Copyright in Historical Perspective 1968, zit.nach *Samuelson*, CommACM April 1995, vol. 38 No.3, S. 15, 19).

Supreme Court explizit den Vorrang der Förderung von Wissenschaft und Künsten als Schutzzweck und -ziel des Urheberrechts betont[1]. Dieses Schutzziel ist in besonderer Weise mit der Absicht der Gesetzgeber und beteiligten Kreise vereinbar, das Internet als weltweites Kommunikationsmittel zu entwickeln und fördern. In beiden Rechtsordnungen wird der Urheberrechtsschutz aber nicht auf tatsächlich und nachweislich förderliche Werke beschränkt.

2. Urheberrechtsschutz von Werken im Internet

Werke verlieren nicht dadurch ihren urheberrechtlichen Schutz, dass sie im Internet (etwa mittels Digitalisieren) zugänglich gemacht oder in diesem erstellt werden[2]. Allerdings ergeben sich durch technische Besonderheiten des Mediums Abgrenzungsprobleme, auf die sich die nachfolgende Darstellung konzentriert. Zunächst ist knapp auf wesentliche urheberrechtliche Grundsätze (Abschnitt a)) einzugehen, sodann auf den Schutz vorbestehender Werke im Netz (Abschnitt b)) und im Internet hergestellter Werke (Abschnitt c)) sowie schließlich auf die verschiedenen Verwertungsformen (Abschnitt 3).

a) Allgemeine Grundsätze

Die Werkschöpfung begründet den Urheberrechtsschutz (Abschnitt (1)), der auch Werkteile erfasst (Abschnitt (2)) und keine Registrierung voraussetzt (Abschnitt (3)). Aus der Werkschöpfung ergeben sich die Rechte der Urheber (Abschnitt (4)) und Miturheber (Abschnitt (5)), etwa auf Anerkennung als Urheber (Abschnitt (6)). Probleme wirft die Frage nach dem „Erscheinen" eines Werkes im Internet auf (Abschnitt (7)), ebenso die Einordnung der digitalisierten Form des Werkes (Abschnitt (8)).

(1) Werkschöpfung

Ein Werk ist urheberrechtlich schutzfähig, wenn es eine **persönliche geistige Schöpfung** (§ 2 Abs. 2 UrhG) darstellt. Das Werk muss von einem Menschen stammen. Rein durch Computerprogramme generierte Werke sind nicht schutzfähig, auch wenn sie schöpferisch gestaltet **wirken** (so etwa automatisch generierte Grafiken oder Texte). Die urheberrechtliche Schutzfähigkeit des generierenden Computerprogramms führt als solche noch nicht zur Schutzfähigkeit des vom Programm generierten Ergebnisses[3]. Die einzelnen Werkarten können eine unterschiedliche Gestaltungshöhe aufweisen[4]. Datenbanken können bei schöpferischer Gestaltung als urheberrechtliches Werk geschützt sein (Datenbank**werk**, § 4 Abs. 2 UrhG). Für nichtschöpferische Datenbanken ist ein Schutz eigener Art als **„Datenbank"** im Sinne der §§ 87 a ff UrhG möglich[5], so

---

[1] So in der Entscheidung Feist Publications, Inc. v. Rural Telephone Service Inc, 111 S. Ct. 1282 (1991).

[2] *Koch*, GRUR 1997, 417.

[3] Loewenheim/*Loewenheim*, Handbuch des Urheberrechts, § 6 Rdn. 8.

[4] Schricker/*Loewenheim*, Urheberrecht, § 2 Rdn. 18.

[5] Zu Datenbanken s. näher S. 318.

etwa für einen umfangreichen E-Mail-Adresskatalog[1]. Auch **Vorstufen** des Werkes sind geschützt, also etwa Entwürfe, Skizzen, Ablaufpläne etc.[2].

Weiter ist ein „**geistiger Gehalt**" erforderlich, der keine ästhetische Wirkung entfalten[3], jedoch erkennbare **individuelle** Ausprägungen aufweisen muss. Eine bloße alphabetische Auflistung von Telefonteilnehmern erfüllt dieses Kriterium offensichtlich nicht. Anderes kann bereits gelten, wenn diese Aufstellung individuelle Merkmale wie drucktechnische Hervorhebungen, Markierungen von Berufsbezeichnungen und Wohnadressen enthält.

Schutzfähig ist die **Formgestaltung**, nur begrenzt der Inhalt eines Werkes[4]. **Nicht schutzfähig** sind Lehren, Ideen, Spielregeln[5] und Darstellungsmethoden[6]. Man bezeichnet sie als „gemeinfrei". Schutzfähig ist also z.B. nicht die Idee des Hyperlinking oder des Gestaltungselementes der Web-Seite, wohl aber die individuelle Ausgestaltung oder Einbettung etwa von Icons, Links und Pages. Die Abgrenzung von Werken zu gemeinfreien Ideen und Methoden sowie zu anderen Werken wird immer dann relevant, wenn einem fremden Werk bestimmte Gestaltungselemente (wie Pull-Down-Menüs[7] bei Computerprogrammen oder Button-Leisten[8], anklickbare Link-Auflistungen oder Logos bei Home Pages und andere „Look-and-Feel"-Elemente) kann hier immer nur unter sorgfältiger Prüfung aller Umstände des Einzelfalles erfolgen.

Für das Entstehen eines urheberrechtlichen Schutzes ist eine **Verkörperung** des Werkes **nicht erforderlich**, da nicht die Fixierung, sondern ein immaterielles geistiges Gut geschützt wird[9]. Eine Grafik verliert also nicht dadurch ihren Schutz, dass sie nur am Bildschirm wiedergegeben wird[10]. Wesentlich ist das Verkörperungserfordernis aber für das Vervielfältigungs- und das Verbreitungsrecht.

(2) Werkteile und übergreifende Gestaltungen

Auch Werkteile sind eigenständig schutzfähig, wenn sie die Schutzvoraussetzungen aufweisen[11], also selbst aus sich hinreichend individuell gestaltet sind. Nach diesen Grundsätzen können auch einzelne Bildschirmdisplays und sonstige Elemente der Ausdrucksformen von Computerprogrammen schutzfähig sein, so etwa Menüteile und, bei ausreichender Gestaltungsqualität, Teile von Home Pages oder sonstigen Webseiten. Umgekehrt können mehrere Webseiten eine einheitliche, durchgehende Gestaltung aufweisen und als solche schutzfähig sein (ähnlich einem Buch, das meist auch nicht nur kapitel- oder gar seitenweise geschützt wird).

---

1 LG Düsseldorf, Urt.v.23.4.2003 – 12 O 157/02, MMR 2003, 539.

2 Schricker/*Loewenheim*, Urheberrecht, § 2 Rdn. 10.

3 Schricker/*Loewenheim*, Urheberrecht, § 2 Rdn. 7.

4 Für Werke, deren Inhalt nicht wissenschaftlicher oder technischer Art ist, wird auch ein Schutz des Inhalts, etwa eines Romanstoffes, als möglich angesehen (Loewenheim/*Loewenheim*, Handbuch des Urheberrechts, § 7 Rdn. 9 m.w.N.).

5 OLG Frankfurt, Urt.v. 7.2.1995 – 11 U 76/94, ZUM 1995, 795 – Rules of Golf.

6 S. allg. Schricker/*Loewenheim*, Urheberrecht, § 2 Rdn 25, 26 m.w.N.

7 S. näher *Koch*, Handbuch Software- und Datenbank-Recht, § 9 Rdn. 190.

8 Diese Druckknöpfe oder Unterstreichungen auswählbarer Texte sind ebenfalls Teile der schutzfähigen Ausdrucksform der die Website und ihre Pages generierenden Server-Software.

9 BGHZ 37, 1, 7 (für TV-Bilder).

10 Loewenheim/*Loewenheim*, Handbuch des Urheberrechts, § 6 Rdn. 11.

11 Schricker/*Loewenheim*, Urheberrecht, § 2 Rdn. 33.

(3) Begründung des Schutzes

Urheberrechtsschutz **entsteht** mit dem Schaffen des Werkes, also während dessen individuellen Gestaltens. Registrierungen, Anmeldungen, Eintragungen, etc. sind nach deutschem Recht nicht erforderlich. Ein „Copyright"- oder ©-Vermerk ist nicht erforderlich, jedenfalls nicht in Europa und den USA, aber als Hinweis auf Schutzrechte nützlich. Bei international zugreifbaren Web-Seiten allgemein üblich und sinnvoll sind englischsprachige Urheberbezeichnungen, meist als **„Copyright-Notice"**. Soweit einzelne Webseiten direkt, also ohne den „Umweg" über die Home Page, mittels Hyperlink angesteuert werden, empfiehlt es sich, in der Fußleiste oder an anderer passender Stelle entweder die Copyright-Notice zu wiederholen oder zumindest mit einem Link auf die an anderer Stelle erreichbare Notice zu verweisen[1].

Aus dem Urhebervermerk muss erkennbar sein, auf welche Werke er sich bezieht. **Wettbewerbsrechtlich** unzulässig wäre ein Vermerk, der den Eindruck erweckt, das Urheberrecht des Web-Seitenbetreibers umfasse auch alle sonstigen, von Dritten stammenden Werke auf der Seite bzw. den Seiten. Außerdem kann ein solcher Vermerk sogar gemäß § 107 Abs. 1 Nr. 2 UrhG **strafbar** sein.

(4) Der Urheber und seine Rechte

Urheber und also Inhaber von Urheberrechten ist derjenige, der das Werk geschaffen, also die schöpferische Leistung erbracht hat[2]. Arbeitgeber eines Entwicklers sind nicht Urheber, weil sie das Werk nicht selbst geschaffen haben (von Miturheberschaft einmal abgesehen), juristische Personen wie eine GmbH nicht, da sie überhaupt kein Werk schaffen können. Ihnen können aber (ausschließliche) Nutzungsrechte eingeräumt werden. Das Werk muss von einem **Menschen** stammen, der es geschaffen hat. Computergenerierte Werke werden durch das UrhG nicht geschützt. Am geschützten Werke hat der Urheber zwei grundsätzliche Arten von **Rechten** aus dem UrhG, nämlich

- **Urheberpersönlichkeitsrechte** (Veröffenlichungsrecht aus § 12 UrhG, Anerkennung der Urheberschaft aus § 13 UrhG und das Recht, Entstellung zu verbieten, § 14 UrhG) sowie
- **Verwertungsrechte** für das Vervielfältigen (§ 16 UrhG), Verbreiten (§ 17 UrhG), Ausstellen (§ 18 UrhG), Vortragen/Aufführen/Vorführen (§ 19 UrhG), Senden (§ 20 UrhG), das öffentliche Zugänglichmachen (§ 19 a UrhG), die Wiedergabe durch Bild- oder Tonträger (§ 21 UrhG) oder von Funksendungen (§ 22 UrhG) sowie Bearbeitungen und sonstige Umgestaltungen (§§ 3, 23 UrhG).

Die Urheberschaft ist für jedes Werk getrennt festzustellen. Sorgfältige Prüfung ist hier etwa bei der Erstellung von Websites und erst recht von Online-Diensten erforderlich, da Inhalte, angebotene Dienste und die zu ihrer Erstellung verwendete Software zu unterscheiden sind (und von verschiedenen Urhebern beigetragen worden sein können), ebenso weitere Komponenten wie Schnittstellen, Protokolle oder Dateiformate, soweit sie individuell implementiert sind.

---

[1] *Koch*, NJW-CoR 1997, 298, 299.

[2] Schricker/*Loewenheim*, Urheberrecht, 7 Rdn. 2. § 7 UrhG stellt knapp fest: „Urheber ist der Schöpfer des Werkes."

(5) Miturheber

Miturheber im Sinne von § 8 UrhG ist jeder, der mit anderen gemeinsam ein schöpferisches Werk erstellt hat, das eine persönliche geistige Schöpfung darstellt[1], sofern der beigetragene Anteil nicht getrennt verwertbar ist. Die Miturheber müssen **gemeinsam** an der Werkerstellung **gearbeitet** haben. Keine solche Zusammenarbeit liegt bei **nachträglicher** Bearbeitung des Werkes vor (etwa beim Erstellen einer neuen Software-Version oder einer Änderung eines HTML-Programmes)[2]. Die Miturheber müssen sich über die gemeinsame Aufgabe verständigt und ihre Tätigkeit der Gesamtidee untergeordnet haben[3]. Die Werkschöpfung muss also eine **einheitliche** und der jeweilige Gestaltungsbeitrag ein schöpferischer sein[4]. Letzteres ist nicht der Fall, wenn von einem Beteiligten nur fertige bzw. nur alphabetisch geordnete Listen (z.B. von Links) beigetragen werden oder bereits erstellte, fertige Dateien, die nur mehr in eine Webseite integriert werden. Miturheberschaft ist typisch für Open Source-Software.

Miturhebern steht das Recht zur **Werkverwertung zur gesamten Hand** zu (§ 8 Abs. 2 UrhG). Die Erträgnisse aus der Werknutzung sind zwischen den Urhebern nach dem Umfang ihrer Mitwirkung an der Schöpfung des Werkes aufzuteilen (§ 8 Abs. 3 UrhG).

Miturheberschaft entsteht durch tatsächliches gemeinsames schöpferisches Gestalten, also auch dann, wenn dieses zunächst als solches nicht vorgesehen war. Möglich ist also auch eine Miturheberschaft zwischen **Auftraggeber und Auftragnehmer**, bei der der Auftragnehmer Mitverwertungsrechte bei Vertrieb der erarbeiteten Lösung (etwa eines Webshops) an andere Kunden haben kann.

(6) Anerkennung als Urheber

Auch in Kommunikationsnetzen haben Autoren Anspruch auf **Anerkennung ihrer Urheberschaft** und **Nennung** in einer Urheberbezeichnung (§ 13 S. 1 und 2 UrhG), die zudem eine Vermutung der Urheberschaft begründet (§ 10 UrhG). Die Urheberbezeichnung darf ohne Vereinbarung mit dem Rechtsinhaber nicht verändert oder beseitigt werden (§ 39 Abs. 1 UrhG). Dies gilt gerade auch für leicht veränderbare elektronische Dokumente. Rechtsinhaber sind zunächst die Urheber selbst, sodann alle, denen sie Nutzungsrechte ausschließlicher oder nichtausschließlicher Art eingeräumt haben. Das Recht auf Anerkennung der Urheberschaft und Festlegen einer Urheberbezeichnung ist international über Art. 6 bis RBÜ abgesichert.

Die Urheberschaft ist für jedes Werk **getrennt festzustellen**. Sorgfältige Prüfung ist hier etwa bei der Erstellung von Websites erforderlich, da Inhalte, angebotene Dienste und die zu ihrer Erstellung verwendete Software zu unterscheiden sind, ebenso weitere Komponenten wie Schnittstellen, Protokolle oder Dateiformate, soweit sie individuell implementiert sind.

---

1 BGH GRUR 1963, 40, 41 – Straßen, gestern und morgen; OLG München GRUR 1956, 432, 434; KG GRUR 1984, 507 – Happening.

2 Streitig ist, ob „HTML" ein Programm ist. HTML ist eine aus Darstellungsbefehlen bestehende Seitenbeschreibungssprache. Zur Schutzfähigkeit s. unten S. 325.

3 Schricker/*Loewenheim*, Urheberrecht, § 8 Rdn. 9.

4 Schricker/*Loewenheim*, Urheberrecht, § 8 Rdn. 4.

(7) Erscheinen und Veröffentlichen von Werken

Der Autor hat das **Erstveröffentlichungsrecht** (§ 12 Abs. 1 UrhG). Er kann also frei bestimmen, ob und wie er sein Werk veröffentlicht. Veröffentlicht ist das Werk, wenn es mit Zustimmung des Berechtigten der Öffentlichkeit zugänglich gemacht worden ist, diese das Werk also mit Auge oder Ohr oder auch durch technische Hilfsmittel wie PCs und/oder das Internet wahrnehmen kann[1]. Nimmt er aber eine Veröffentlichung vor, entstehen auch mögliche Interessen der Allgemeinheit an der Werknutzung und greifen etwa die Schankenbestimmungen ein. Diese Wirkung kann nicht mehr rückgängig gemacht werden[2]. Für den Autor ist deshalb von Bedeutung, ob und zu welchem Zeitpunkt sein Werk als veröffentlicht bzw. als erschienen gelten muss. Auch wegen der erwähnten Wirkung der Veröffentlichung ist es also unzulässig, dass Dritte ein Manuskript ohne Einwilligung des Berechtigten „in das Netz stellen“[3]. Verletzt wird insoweit auch das Geheimhaltungsinteresse des Urhebers aus § 12 Abs. 2 UrhG[4], der z.B. in der Regel keine unfertigen Fassungen der Öffentlichkeit zugänglich machen will.

Unter welchen Voraussetzungen ein **Werk im Internet** (oder in vergleichbaren Kommunikationsnetzen) als **veröffentlicht** gelten kann, ist nicht abschließend geklärt. § 6 Abs. 1 UrhG legt nur fest, dass ein Werk als veröffentlicht gelten soll, wenn es mit Zustimmung des Berechtigten „der Öffentlichkeit zugänglich“ gemacht worden ist. „Öffentlichkeit“ ist anzunehmen, wenn ein Personenkreis adressiert wird, der nicht abgegrenzt wird[5]. Diese Voraussetzung wird im Internet grundsätzlich erfüllt sein[6], nicht aber bei geschlossenen Benutzergruppen oder in firmeninternen Intranets mit festgelegten Nutzern. Die Veröffentlichung gilt auch dann als erfolgt, wenn noch niemand auf die entsprechende Webseite zugegriffen hat[7]. Im Rahmen des § 6 UrhG wird nach überwiegender Auffassung[8] außerdem nicht verlangt, dass eine Mehrzahl von Personen auf ein Werk gleichzeitig zugreifen kann (wie dies der Öffentlichkeitsbegriff des § 15 Abs. 3 UrhG voraussetzt[9]), weshalb insoweit auch die **Möglichkeit nur zeitlich versetzter Abrufe ausreicht**. Begründet wird diese Auffassung damit, dass die Ausübung des Veröffentlichungsrechts nicht auf ein Verwertungsrecht in unkörperlicher Form abstellt (auf das § 15 Abs. 3 UrhG Bezug nimmt), sondern die Ausübung eines Persönlichkeitsrechts im Sinne von § 12 UrhG darstelle; deshalb komme es nicht auf das Vorhandensein einer gleichzeitigen Zugriffsmöglichkeit an und werde auch eine stets wiederholbare Datenausgabe in unkörperlicher Form von § 6 Abs. 1 UrhG erfasst[10]. Demgegenüber wird allerdings – systematisch wohl zutreffend – daran

---

1 Loewenheim/*W. Nordemann*, Handbuch des Urheberrechts, § 4 Rdn. 18.

2 Wandtke/Bullinger/*Marquardt*, UrhR – Praxiskommentar zum Urheberrecht, § 6 Rdn. 10.

3 *Gounalakis/Rhode*, Persönlichkeitsschutz im Internet, Rdn. 80.

4 *Gounalakis/Rhode*, a.a.O., Rdn. 81.

5 Schricker/*Katzenberger*, Urheberrecht, § 6 Rdn. 11. Die Allgemeinheit muss die Möglichkeit erhalten haben, das Werk mit Auge oder Ohr wahrzunehmen (so Regierungsentwurf BT-Drucks. IV/270, 40).

6 Möhring/Nicolini/*Ahlberg*, Urheberrechtsgesetz, § 6, Rdn. 8; *Gounalakis/Rhode*, Persönlichkeitsschutz im Internet, Rdn. 80.

7 Wandtke/Bullinger/*Marquardt*, UrhR – Praxiskommentar zum Urheberrecht, § 6 Rdn. 7.

8 Möhring/Nicolini/*Ahlberg*, § 6, Rdn. 11; ähnlich i.E. wohl Wandtke/Bullinger/*Marquardt*, § 6 Rdn.5, 6.

9 Schricker/*v.-Ungern-Sternberg*, Urheberrecht, § 15 Rdn. 30.

10 Möhring/Nicolini/*Ahlberg*, Urheberrechtsgesetz, § 6, Rdn. 11. Ahlberg relativiert dieses Ergebnis aber mit der Überlegung (a.a.O.), es sei problematisch, innerhalb des UrhG denselben Rechtsbegriff (der „Öffentlichkeit“) je nach Interessenlage unterschiedlich auszulegen. Schricker/*Katzenberger*, Urheberrecht, § 6 Rdn. 9 stellt noch deutlicher klar, die Übertragung des Öffentlichkeitsbegriffes des

festgehalten, den Öffentlichkeitsbegriff einheitlich und damit auch im Rahmen des § 6 Abs. 1 UrhG anzuwenden[1].

Nach dem das Urheberrechtsänderungsgesetz 2003 das Recht der „öffentlichen Zugänglichmachung" einführte, hat sich das Abgrenzungsproblem bezüglich des Gleichzeitigkeitserfordernis dahingehend gelöst, dass jeder Mitglied der Öffentlichkeit im Sinne des § 15 Abs. 3 S. 2 UrhG 2003 ist, dem das Werk (im Sinne von § 19 a UrhG) zugänglich gemacht wird und der mit dem jeweils Berechtigten, der das Werk zugänglich macht, **nicht durch persönliche Beziehungen verbunden** ist. Da vom § 19 a UrhG **Zugänglichkeit nach freier Wahl des Ortes und der Zeiten** erfasst wird, ist nunmehr in § 15 Abs. 3 S. 2 UrhG 2003 auch der zeitlich versetzte, online erfolgende Zugriff einbezogen. Die Veröffentlichung setzt (anders als das Erscheinen, s. unten) **keine Verkörperung** in einem Vervielfältigungsexemplar voraus. Ausreichend ist damit die Möglichkeit eines online erfolgenden Abrufes.

Erschienen ist ein Werk, wenn es, als in einem Vervielfältigungsexemplar **verkörpert**[2], in den Verkehr gebracht oder zumindest der Öffentlichkeit hierzu angeboten ist (§ 6 Abs. 2 UrhG). Über das Veröffentlichen hinaus kann ein erschienenes Werk etwa in den Unterrichtsgebrauch genommen (§ 46 UrhG), ohne Zustimmung zitiert (§ 51 Nr. 1, 2 UrhG), nichtentgeltlich öffentlich wiedergegeben (§ 52 UrhG) und zum sonstigen eigenen Gebrauch in kleinen Teilen oder einzelnen Beiträgen vervielfältigt werden (§ 53 Abs. 2 Nr. 4 a UrhG).

Bei Online-Dateiübertragung erfolgt aber nun gerade kein Inverkehrbringen eines (auch **während** der Übertragung) verkörperten Werkexemplares, weshalb das Uploading und Zugänglichmachen eines Werkexemplares auf einen Serverrechner nicht zu einem Erscheinen im Sinne von § 6 Abs. 2 UrhG führen kann[3]. Inverkehrbringen kommt hingegen bei Datenträgerversand in Betracht.

Führt aber Uploading und Online-Zugänglichmachen nicht zu einem Erscheinen, hat dies zur Konsequenz, dass insoweit kein Erscheinen im Geltungsbereich des UrhG erfolgt und deshalb ausländische Staatsangehörige nicht den Schutz für ihre zugänglich gemachten Werke über § 121 Abs. 1 UrhG genießen können. Hier wird vorgeschlagen, in analoger Anwendung von § 6 Abs. 2 S. 2 UrhG das Zugänglichmachen des Werkexemplars auf dem Serverrechner mit Standort im Ausland als ausreichend anzusehen, wenn es für eine gewisse Dauer erfolgt[4]. Folge wäre freilich, dass sämtliche auf irgendeinem Serverrechner irgendwo auf der Welt zugänglich gemachten Werke immer auch in Deutschland als erschienen anzusehen wären[5].

(8) Digitale Werkform

Ein Werk verliert oder gewinnt nicht allein deshalb Urheberrechtsschutz, weil es in

§ 15 Abs. 3 UrhG auf § 6 UrhG dürfe nicht dazu führen, dass die mit der Veröffentlichung verbundenen negativen Folgen der Veröffentlichung zu früh eintreten.

1 Wandtke/Bullinger/*Marquardt*, UrhR – Praxiskommentar zum Urheberrecht, § 6 Rdn. 6, der eine Veröffentlichung auch dann annimmt, wenn ein Werk im Internet zugänglich gemacht wird, ohne dass bereits tatsächlich ein Herunterladen der Datei erfolgt sein müsse. Dies ist insoweit zutreffend, als ein Werk schon dann zugänglich ist, wenn es wahrgenommen werden *kann*.

2 *Fromm/Nordemann*, Urheberrecht, § 6 Rdn.2.

3 Ähnlich (für Live-TV-Sendung) Möhring/Nicolini/*Ahlberg*, Urheberrechtsgesetz, § 6, Rdn. 19; a.A. ohne Begr. Kröger/Gimmy/*Freitag*, Handbuch, 374.

4 *Dreier*/Schulze, UrhG, § 6 Rdn. 16.

5 Ähnlich *Süßenberger*/*Czychowski*, GRUR 2003, 489, 493 (Contra-Position *Czychowski*).

Rechnern gespeichert und/oder in Kommunikationsnetzen übermittelt wird. Zu prüfen ist aber, welchen Einfluss dieses Speicher- und v.a. Vermittlungsmedium auf die Werkgestalt und die Verwertungsrechte hat. Als **Grundsatz** gilt: Jede der nachstehend aufgeführten Werkarten bleibt auch dann urheberrechtlich schutzfähig, wenn sie mit wie immer gearteten Mitteln in eine digitale Werkform gebracht werden, ohne hierdurch ihre Qualität als eine persönliche geistige Schöpfung zu verlieren.

Die Unterschiede zwischen den Werkarten in ihrer elektronischen Mediatisierung entstehen erst durch gezielte Verknüpfung der Bits und Bytes im Rahmen unterschiedlicher Dateiformate[1]. Auf der Ebene des maschinenlesbaren Codes lässt sich eine Werkform – die eine Zuordnung zu den Werkarten erlaubt – überhaupt nicht oder nur von Spezialisten erkennen, keinesfalls aber nicht sinnlich als Werkgestalt wahrnehmen. Fast alle Werkarten sind damit in eine werkartenübergreifend einheitliche elektronische Verkörperungsform[2] transformierbar, wobei für die einzelnen Werkarten freilich unterschiedliche technische Wege zur entsprechenden Transformation gegangen werden müssen. Die historisch bedingt unterschiedliche Ausgestaltung werkartspezifischer Nutzungsrechte scheint für den elektronischen Bereich an Plausibilität zu verlieren (insbesondere im Internet, das nur noch „*Content*“ zu kennen scheint). Diese einheitliche digitale Werkform ist aber keine eigene oder gar alle vorhandenen Werkarten umfassende übergreifende Werkart, sondern nur eine eigene **Form** der Verkörperung verschiedener Werke, soweit ein Abspeicherung erfolgt und damit ein werkartneutrales Darstellungsmedium[3]. Diese bleiben auch in digitaler Werkgestalt durch die entsprechend unterschiedlich definierten Dateiformate abgrenzbare Werktypen. An die digitale Werkform als solche können deswegen keine eigenständigen Nutzungsrechte angeknüpft werden, sondern nur an die einzelnen Werkarten, wobei aber eine Werkart auf digitaler Basis erweiterte Nutzungsformen zulassen kann.

b) Schutzfähige Werke

Digitalisierung gestattet es, fast alle Arten von „vorbestehenden“, d.h. außerhalb des Internet existierenden Werke in die Speicher von Rechnern einzulesen und im Dateiformat im Web zu übertragen. Zugleich lassen sich im Rechner besondere, netzbezogene Werktypen schaffen, die grundsätzlich in gleicher Weise urheberrechtlich schutzfähig und, soweit möglich, den gesetzlich enumerierten Werkarten zuzuordnen sind. In elektronischen Kommunikationsnetzen lassen sich zwei Typen von Werkkategorien unterscheiden:

- **Vorbestehende** Werke können im Internet repräsentiert werden, sind von diesem aber unabhängig (z.B. Buchtexte). Der Schutz an diesen Werken bleibt auch bei ihrer Nutzung im Netz bestehen. Diese Nutzung bedarf deshalb grundsätzlich der Zustimmung des jeweils Berechtigten.
- **Netzbezogene** Werke werden im und für das Internet oder vergleichbare Kommunikationsnetze generiert und genutzt (z.B. Webseiten oder Portals). Auch diese Werke sind schutzfähig und nicht beliebig durch Dritte nutzbar.

---

[1] *Koch*, GRUR 1997, 417.

[2] *Koch*, GRUR 1997, 417.

[3] S.etwa *v. Gamm*, ZUM 1994, 591, 593.

(1) Rechte an vorbestehenden Werken

Die Zuordnung eines Werkes zu einer bestimmten **Werkkategorie** des § 2 Abs. 1 UrhG ist nicht zwingend notwendig, aber üblich. § 2 Abs. 1 UrhG enthält einen offenen Katalog („insbesondere"). Auch andere nicht in § 2 Abs. 1 UrhG erfasste Werkarten können damit geschützt sein, wenn sie individuell-schöpferisch gestaltet sind. Kann also, etwa im Bereich von Konstrukten wie Webseiten, eine plausible Zuordnung zu den Ziffern 1 bis 7 des § 2 Abs. 1 UrhG nicht gefunden werden, so hindert dies nicht das Entstehen von Urheberrechtsschutz. Jedoch ist die Urheberrechtslehre bei der Annahme solcher neuer Werkarten (und Verwertungsrechte) sehr zurückhaltend und bemüht, möglichst zu jeder Werkform eine Zuordnung zu den enumerierten Werkarten zu finden[1]. Die einzelnen Werkarten können eine unterschiedliche **Gestaltungshöhe** aufweisen[2]. Folgende Werkarten unterscheidet das Gesetz:

(aa) Sprachwerke

Sprachwerke sind nach § 2 Abs. 1 Nr. 1 UrhG **Schriftwerke** und **Reden** sowie **Programme für die Datenverarbeitung**. Gemeinsamer Nenner dieser Kategorie ist, dass der Werkinhalt durch Ausdrucksmittel der Sprache ausgedrückt wird[3]. Auch in Kommunikationsnetzen und insbesondere auf Webseiten finden sich Sprachwerke. Typische **Beispiele** für Sprachwerke sind die besonders häufig übertragenen Textdateien (wie E-Mails[4] und öffentliche Nachrichten[5]), Artikel in Zeitungen und Zeitschriften, Reden (in Druckversion oder als Tonaufzeichnung auf Band oder als digitale Voice Mail im Sound-File-Format auf Datenträger). Schriftwerke sind urheberrechtlich schutzfähig, wenn sie eine individuelle geistige Schöpfung darstellen, die sowohl in der von der Gedankenführung geprägten Gestaltung der Sprache als auch in der Sammlung, Auswahl, Einteilung und Anordnung des Stoffes zum Ausdruck kommen kann[6]. Wissenschaftliche Werke sind nur schutzfähig, soweit sie in ihrer Darstellung individuell-schöpferisch sind, nicht jedoch hinsichtlich des wissenschaftlichen Forschungsergebnisses selbst[7]. Geschützt sind auch z.B. in das Netz gestellte Seminararbeiten und vergleichbare Texte, die zuweilen einfach heruntergeladen und unberechtigt als eigene Werke (z.B. Prüfungsarbeiten) aus- bzw. abgegeben werden; inzwischen existieren mehrere Suchprogramme, die das Auffinden solcher verheimlichter Quellen im Netz erleichtern sollen.

Einige Werke werden auch bzw. nur als **eBooks** vertrieben (bzw. online zugänglich gemacht). Hierdurch werden neue Vetriebswege für Produkte mit neuer Produktgestaltung eröffnet, so dass eine neue Nutzungsart (s. S. 331) vorliegt.

Zu den geschützten Sprachwerken gehören auch **Computerprogramme**[8], auf dem

---

1 Vgl. etwa Schricker/*Loewenheim*, Urheberrecht, § 2 Rdn. 54.

2 Schricker/*Loewenheim*, Urheberrecht, § 2 Rdn. 18.

3 Schricker/*Loewenheim*, Urheberrecht, § 2 Rdn.55.

4 *Threads* aus Mailings können als Sammelwerke im Sinne von § 4 Abs.1 UrhG geschützt sein (s.a. *Bechtold*, ZUM 1997, 427, 438).

5 *Koch*, GRUR 1997, 417, 418.

6 BGH GRUR 1981, 352, 353 – Staatsexamensarbeit; BGH GRUR 1981, 520, 521 – Fragensammlung; BGHZ 116, 136, 144 = GRUR 1992, 382, 384 – Leitsätze.

7 OLG Hamburg, Urt.v.22.5.2003 – 3 U 192/00, JurPC Web-Dok. 234/2003.

8 Schricker/*Loewenheim*, Urheberrecht, § 2, Rdn.55.

Rechner des Nutzers ablauffähige (Java-Script-)Applets und Perl-Programme sowie andere Programme, die erforderlich sind, um das Netz überhaupt erst zu konfigurieren (Router Software) und dem einzelnen Nutzer Zugang zu verschaffen (z. B. Browser Software). Der Schutz von Computerprogrammen bestimmt sich auch insoweit nach den §§ 69 a – 69 g UrhG.

Nach § 69 a Abs. 2 S. 1 UrhG sind auch alle **Ausdrucksformen** von Computerprogrammen geschützt[1], zu denen sich etwa Bildschirmdisplays rechnen lassen[2], wie man sie etwa in Webseiten, Benutzeroberflächen von Online-Diensten oder in der Bedienerführung von Entwickler-Software findet. Die einzelne Webseite kann insoweit als Ausdrucksform des sie generierenden HTML- und/oder Java-Programmes verstanden werden. Folgt man dieser Zuordnung nicht, ist meist Schutz der jeweiligen Gestaltung als Darstellung wissenschaftlicher oder technischer Art möglich (§ 2 Abs. 1 Nr. 7 UrhG).

International werden Computerprogramme ausdrücklich von dem WIPO (World Intellectual Property Organisation) Copyright Treaty (WCT) vom 20.12.1996[3] in dessen Artikel 4 als Sprachwerke (*literary works*) ausdrücklich geschützt. Allerdings ist der Schutz (generell für Werke unter dem WCT) auf Ausdrucksformen beschränkt, erfasst also nicht Gedanken, Verfahren, Methoden oder mathematische Konzepte als solche (Art. 2 WCT, der damit ausdrücklich den ähnlichen, Ideen, Verfahren, Arbeitsweisen und mathematische Konzepte betreffenden Grundsatz des Art. 9 Abs. 2 TRIPS aufnimmt).

Schutzfähig sind auch **Bildersprachen** und **Sprachsymbole**[4], etwa Icons *in ihrer Kommunikationsfunktion,* soweit sie schöpferisch ausgestaltet sind. Als solche nicht schutzfähig sind Programmiersprachen wie etwa XML oder Java, C ++ oder Assembler, da sie als **Methode des Schaffens** bzw. als Verfahrensweise (Technik) gemeinfrei, also für alle zugänglich bleiben müssen[5].

(bb) Werke der Musik

Werke der Musik (§ 2 Abs. 1 Nr. 2 UrhG) sind auch im Internet geschützt[6]. Es genügt, wenn das Werk einfache Individualität aufweist[7].

Für Musikwerke ist (wie auch sonst) zur Begründung des Schutzes **keine** körperliche **Fixierung** notwendig[8]. Für die Schutzbegründung kann es deshalb genügen, dass Noten über entsprechende Software nur mittels Tastatur eingegeben und am Bildschirm reproduziert werden. Eine Abspeicherung oder gar ein Ausdruck müssen nicht erfolgen, erfolgt aber in der Regel zumindest im RAM. Schutzfähig sind auch Tonfolgen und

---

1 *Koch*, GRUR 1997, 417, 418.

2 So etwa ausdrücklich OLG Karlsruhe, GRUR 1994, 726 – Bildschirmmasken; LG Mannheim ,NJW-RR 1994, 1007; ähnlich Kröger/Gimmy/*Freitag*, Handbuch, 342.

3 Diplomatic Conference on Certain Copyright and Neighboring Rights Questions (Genf, 2. bis 20.12.1996, www.wipo.org/eng/diplconf/distrib/89c.htm), umgesetzt durch EG-Ratsbeschluss vom 16.3.2000 über die Zustimmung zum WCT zum WPPT (2000/278/EG), ABl. EG L 89 v. 11.4.2000, 6.

4 Schricker/*Loewenheim*, Urheberrecht, a.a.O.

5 Schricker/*Loewenheim*, Urheberrecht, § 2 Rdn. 25.

6 *Koch*, GRUR 1997, 417, 418.

7 BGH GRUR 1988, 814.

8 Schricker/*Loewenheim*, Urheberrecht, § 2 Rdn. 82.

Rhythmen, wenn sie individuell gestaltet sind[1]. Einzelne Anbieter haben Partituren zum kostenlosen Download (als „Open Content") in das Netz gestellt[2].

Schutz besteht auch, wenn die Werkexemplare **komprimiert** werden, etwa in das **MP3-Format**[3], sofern trotz Komprimierung noch die Werkgestalt erkennbar bleibt. Dies gestattet, Musikwerke „*Sound Files*"[4] in Netzen weltweit und aufgrund der digitalen Form qualitativ weitgehend „verlustfrei" zu übertragen[5]. Geschützt ist nicht nur die Tonfolge, sondern auch die jeweilige Instrumentierung und Orchestrierung[6].

Musikwerke können live „**gestreamt**" oder zum Abruf bereitgehalten werden[7]. Mittlerweile ist es sogar möglich, nutzerseits über Streaming-Suchmaschinen hunderte Internet-Streams zu überwachen und vorher gewählte und in eine Suchliste aufgenommene Werke automatisiert herunterzuladen, wenn sie bei einem **Frequenzvergleich** gefunden werden[8]. Der „Empfang" durch Streaming ist nicht nur über PCs möglich, sondern mittlerweile auch mittels separaten Geräten wie Mini-Stereoanlagen[9] und sogar Mobiltelefonen. Das in Vorbereitung eines Streaming durch eine Sendestation erfolgende Vervielfältigen (Erstellen einer Werkkopie auf dem Serverrechner) ist, da Streaming keine territorial beschränkte Rundfunksendung ist, nicht durch § 55 UrhG von der Einwilligung (und Vergütungspflicht) freigestellt[10].

In den USA wurde in einem Rechtsstreit festgestellt, dass ein Anbieter nicht TV-Sendungen (z.B. aus dem Kabel) im **Internet weiterübertragen** darf (retransmission), da das Aufführungsrecht verletzt wird[11]. Mit der Digitalisierung wird dieses Problem verstärkt auch in der EU auftreten, da etwa digitale TV-Sendungen auch jederzeit im Internet gestreamt werden können.

Das Herstellen von **Links** zu MP3-Sites kann bereits eine Mitwirkung an einer Urheberrechtsverletzung darstellen (zu Links s. S. 697). Gleiches wird für Suchmaschinen gelten müssen, die von privaten Sites Hits zusammenstellen. Zu Peer-to-Peer-Netzen s. S. 712.

---

1 Schricker/*Loewenheim*, Urheberrecht, § 2 Rdn. 83.

2 So etwa capella software 6200 Partituren (www.whc.de), heise online 4.9.2002, www.heise.de/newsticker/data/pmz-04.09.02-001/.

3 Das Fraunhofer-Institut entwickelte mit MP3 ein Verfahren zur Komprimierung von Musikwerken im WAV-Format im Verhältnis 12:1, bei dem für das menschliche Ohr nicht hörbare Bestandteile des Audiosignals aus dem Datensatz herausgefiltert werden (s.n. *Gottschalk*, GRUR Int. 2002, 95, 96). Hierdurch konnten die Download-Zeiten entsprechend reduziert werden. Die Komprimierung wird im Differential MP3-Verfahren noch gesteigert, in dem sich identisch oder nahezu identisch wiederholende Sequenzen wie Refrains in einer Sprungtabelle am Beginn der Datei abgelegt werden und beim Abspielen aufgerufen und hierdurch oft 30% Speicherplatz gespart werden (heise online news, 1.4.2004, www.heise.de/newsticker/meldung/46192).

4 Im sog. MIDI-File-Format.

5 Die Übertragung erfolgt zunehmend „live" im sog. „Internet Radio".

6 Vgl.etwa BGH GRUR 1981, 267 – Dirlada.

7 Zum Streaming s. S. 353.

8 *Bortloff*, GRUR Int. 2003, 669, 671 unter Hinweis auf Audio Mill's Radio Active Tuner.

9 *Bortloff*, GRUR Int. 2003, 669, 672.

10 *Bortloff*, GRUR Int. 2003, 669, 674.

11 National Football League et al. v. iCraveTV.com, U.S.D.C., W.D. Penn., 8.2.2000, 53 U.S.P.Q.2D (BNA) 1831, Copy.L.Rep. (CCH) P28,030, zit. nach WIPO, Intellectual Property on the Internet: A Survey of Issues, WIPO/INT/02, December 2002, 48 (http: //ecommerce. wipo.int).

(cc) Werke der bildenden Kunst

Werke der bildenden Kunst (§ 2 Abs. 1 Nr. 4 UrhG) sind ebenfalls in Netzen schutzfähig[1]. Zu diesen Werken gehören zwei- und dreidimensionale Werke wie Gemälde, Plastiken und sonstige Werktypen quer durch die documenta (die auch im Web präsent ist). Werke der Kunst lassen sich (mittlerweile sogar über sog. „Multimedia-Streams" für „Live audio" oder teilweise dreidimensional im Format „virtueller Realität" als „Live video"-360°-Visualisierungen) elektronisch darstellen und in Netzen digital kommunizieren[2]. Grafiken mit Motiven von einfachen Symbolen bis zu vollständigen Werken lassen sich einscannen oder etwa durch Grafiksoftware direkt im Rechner, d.h. am Bildschirm erzeugen. Derartige Grafiken („clip arts") werden auch fertig in *libraries* gesammelt veräußert. Zu dieser Werkart können auch **virtuelle Figuren** (von Zeichentrick-/Animationsfiguren bis zu digitalen Kopien echter Schauspieler) zählen. Für die Nutzung und insbesondere Einbindung dieser Grafiken können eigenständige Nutzungsbedingungen gelten. Die gilt auch für Logos und sonstige optische Symbole, die etwa in Webseiten integriert werden sollen.

Auch üblicherweise als klassisch eingestufte Kunstwerke werden in „Web Museums" und ähnlichen Institutionen zugänglich gemacht, ebenso Abbildungen von Gemälden. In diesem Zusammenhang zu erwähnen sind auch **zwei- oder dreidimensionale Repräsentationen** der Nutzer im elektronischen Raum („Cyberspace"). Die schon bisher bekannten Pseudonyme in Usenet-Newsgroups oder Chatgroups haben sich hier zu Masken oder Phantasiefiguren entwickelt, die etwa auch schon beim Electronic Conferencing eingesetzt werden. Man kann diese Figuren (*Avatare*) nach individuellen Wünschen bekleiden und durch Cyber-Umgebungen bewegen (MUDs, Multi-User-Dungeons/Dimensions für Spiele)[3] oder in MOOs (Multi-User, object oriented) eigene Sozietäten aufbauen. In erster Näherung ließe sich also der Schutz dieser Figuren als Ausdrucksform des generierenden Computerprogramms im Sinne von § 69 a Abs. 2 UrhG vorstellen, aber auch als Kunstwerk im Sinne von § 2 Abs.1 Nr. 4 UrhG oder, hilfsweise, die als Werk eigener Art (da § 2 Abs. 1 UrhG keinen abgeschlossenen Werkkatalog enthält).

Noch mehr Zuordnungsprobleme treten auf, wenn man versucht, **Verwertungsrechte** für diese Figuren zu definieren. Sie werden im elektronischen „Raum" bewegt und hierbei weder verbreitet (mangels Verkörperung) noch als agierende Figuren vervielfältigt. Dem steht auch nicht die vorgeschlagene Einstufung als Ausdrucksform eines Computerprogrammes entgegen, da dieses beim Generieren der Ausdrucksform nur abläuft, nicht aber vervielfältigt wird, und die generierte Ausdrucksform selbst ebenfalls nicht vervielfältigt, sondern nur am Bildschirm erzeugt wird.

Auch Werke der **Baukunst** werden geschützt, und zwar bereits als Entwürfe[4] und in der Planform. Der entsprechende Urheberrechtsschutz erfasst damit den gesamten Bereich der virtuellen Architektur, die gestattet, Bauten am Bildschirm dreidimensional zu „errichten" und sich in ihnen zu bewegen (mit VRML-Software sogar in virtueller Realität), Lichtverhältnisse zu studieren und zu verändern, die Einrichtung auszuwählen und alle von Kunden gewünschten Modifikationen vorzunehmen.

An **Grafikdateiformaten** können im Einzelfall besondere Schutzrechte bestehen, so etwa Patentrechte am *.GIF-Format. Nicht schutzfähig sind Stil, Technik und Manier

---

1 *Koch*, GRUR 1997, 417, 418.

2 *Koch*, GRUR 1997, 417, 418.

3 *Mitchell*, Die neue Ökonomie der Präsenz, in: *Münker/Roesler*, Mythos Internet 1997, 15, 28.

4 Schricker/*Loewenheim*, Urheberrecht, § 2 Rdn. 99.

des Gestaltens[1], auch im digitalen Bereich.

(dd) Lichtbildwerke, Filmwerke

Lichtbildwerke einschließlich lichtbildähnlichen Werken (§ 2 Abs. 1 Nr. 5 UrhG) und Filmwerke einschließlich filmähnlichen Werken (§ 2 Abs. 1 Nr. 6 UrhG) lassen sich ebenfalls digitalisieren (bzw. direkt digital aufnehmen) und in Netzen übertragen. Hierzu gehören Video- und Computerspiele einerseits, Filmclips (etwa als „Previews" aktueller Filme) und komplette Kinofilme bzw. Videos andererseits. Der Urheberrechtsschutz bleibt hierbei unberührt[2].

Lichtbildwerke im Sinne von § 2 Abs.1 Nr. 5 UrhG müssen eine persönliche geistige Schöpfung darstellen. Sie kann beispielsweise aus der Perspektiven- und Motivwahl erkennbar werden. Lichtbilder werden durch Einwirkung von Licht-, Infrarot- oder sonstiger elektromagnetischer Strahlung auf *fotochemische Schichten* erzeugt. Digitalisierte Bilder können als lichtbildwerk*ähnliche* Werke schutzfähig sein[3], etwa bei Verwendung unmittelbar in digitalen Aufzeichnungsverfahren, wenn sie entsprechende schöpferische Qualität aufweisen.

Lichtbilder und lichtbildähnliche Erzeugnisse sind über § 72 UrhG Lichtbildwerken gleichgestellt, genießen also gleichen Schutz, jedoch aus dem „verwandten Schutzrecht" des § 72 UrhG, das nicht das Vorliegen einer Werkqualität, sondern nur ein Mindestmaß an geistiger Leistung[4] verlangt und die Schutzfrist verkürzt (§ 72 Abs. 3 UrhG). Einfache am Computer erzeugte „Bilder", etwa von Benutzeroberflächen, sollen jedoch nicht unter § 72 UrhG fallen, da sie ohne reale Vorlage erzeugt werden[5]. Rein elektronisch hergestellte Bilder werden nicht vom Lichtbildschutz i.S.v. § 72 UrhG erfasst, da nur eine Dateiumgestaltung erfolgt[6]. Das Werk entsteht hier auf elektronischem Weg, nicht unter unmittelbarer Benutzung des Lichts[7]. Mit *Paintbox* und sonstigen Formen der digitalen Bildmanipulation bearbeitete Bilder genießen also keinen Lichtbildschutz und keinen Schutz als selbständige Lichtbildwerke (i.S.v. § 2 Abs. 1 Nr. 5 UrhG). Allerdings kann die Bearbeitung, wenn sie selbst schöpferisch ist, eigenständigen Urheberrechtsschutz begründen[8].

Nach § 60 UrhG darf der Besteller des **Bildnisses** einer Person dieses selbst vervielfältigen und unentgeltlich an einzelne Dritte weitergeben, jedoch nicht durch Einstellen in das Internet öffentlich wiedergeben[9]. Sind einer Fotoagentur ausschließliche und inhaltlich unbegrenzte Nutzungsrechte eingeräumt zur Veröffentlichung im Internet worden, kann sie Unterlassung der Veröffentlichung dieser Fotos in Zeitschriften verlangen[10].

---

1 Schricker/*Loewenheim*, Urheberrecht, § 2 Rdn 95.
2 *Koch*, GRUR 1997, 417, 418.
3 *Maaßen*, ZUM 1992, 338, 340.
4 BGH GRUR 2000, 317f – Werbefotos.
5 *Haberstumpf*, Handbuch Rdn. 92.
6 Vgl. *Maaßen*, ZUM 1992, 338, 341. Zum Abgrenzungskriterium siehe BGH GRUR 1962, 470 - Aki.
7 *Maaßen*, a.a.O.
8 *Maaßen*, a.a.O.
9 OLG Köln, Urt.v. 19.12.2003 – 6 U 91/03, CR 2004, 533 = MMR 2004, 253 = JurPC Web-Dok. 152/2004 – Porträtfoto im Internet; ähnlich OLG Jena, Urt.v. 10.12.2003 – 2 W 658/03, MMR 2004, 418 für Veröffentlichung auf passwortgeschützter Subdomain.
10 LG München I, Urt.v. 7.5.2003 – 21 O 5250/03, MMR 2004, 192.

Filmwerke sind individuell schöpferische, bewegte Bild- oder Bild-Tonfolgen, die durch Aneinanderreihung fotografischer oder fotografie*ähnlicher* Einzelbilder entstehen[1]. Fehlt die schöpferische Qualität, so sind die Bestimmungen des Leistungsschutzrechts aus den §§ 95 in Verbindung mit 88, 90 - 94 UrhG anwendbar. Auch elektronisch, etwa über Fernsehkameras erstellte Werke können als Filme geschützt sein, also Fernsehfilme und sogar Live-Sendungen[2], damit auch **Live-Übertragungen mit Webcams**. Eine fotochemische Fixierung ist nicht erforderlich [3].

Inzwischen bestehen mehrere Angebote von Filmen im Internet, einige illegal (als „*Moviez*" bezeichnet[4]), andere legal. Solche „Video-on-Demand"(VoD)-Angebote im Internet arbeiten mit Videostreaming und Videokompressionsverfahren zum Codieren/Decodieren (Codecs) wie etwa DivX[5]. Videorechte werden regional aufgeteilt und vergeben, weshalb viele Angebote außerhalb der USA nicht heruntergeladen werden können[6]. Die Angebote sind regelmäßig durch DRM-Systeme in der Nutzung begrenzt (z.B. zeitlich auf 24 Stunden für das Ablaufenlassen der gespeicherten Kopie). Das Anschauen des Films direkt beim Streaming ist möglich, wobei nur kleine Dateiteile kurz zwischengespeichert werden; am Stream-Ende bleibt keine Kopie vorhanden, da jede folgende Zwischenspeicherung die vorangehende löscht[7]. Streaming erlaubt Live-Übertragung (Live-Stream) etwa einer TV-Sendung[8] oder auch deren späteren On-Demand-Download zur vom Nutzer gewählten Zeit (On-Demand-Stream), wenn die Sendung als abrufbare Datei gespeichert und bereitgehalten wird. Streaming kann aber (bisher) durch ruckende Wiedergabe (selbst bei DSL-Nutzung) beeinträchtigt werden. Werkteile werden in Paketen nacheinander kurz zwischengespeichert, um eine durchgängige Wiedergabe zu ermöglichen. Abspeichern erfordert hingegen den Einsatz von spezieller Software (z.B. Real Time Streaming Protocol, RTSP). Die Abgrenzung ist teilweise nur noch beliebig, weil zufällig: Downloading und damit Vervielfältigung wird angenommen, wenn der Nutzer beim Streaming zusätzlich den Button „Aufnahme" drückt, bloßes Streaming, wenn er dies nicht tut[9] (oder vergisst). Abrufbar

---

1 Schricker/*Loewenheim*, Urheberrecht, § 2 Rdn.117.

2 BGHZ 37, 1. 6; Schricker/*Loewenheim*, Urheberrecht, § 2 Rdn. 117

3 Schricker/*Loewenheim*, Urheberrecht, § 2 Rdn. 117

4 Vereinzelt wurden Filme bereits Wochen vor dem Start in den USA im Netz zugänglich gemacht, z.B. der Film „The Hulk" durch einen zu Geldstrafe von 2000 US-$ verurteilten Täter (heise online 28.9.2003, heise.de/Newsticker/data/tol-28.09.03-000) oder die „Star Wars Episode II" eine Woche vor dem Filmstart über IRC (WIPO, Intellectual Property on the Internet: A Survey of Issues, WIPO/INT/02, December 2002, 49 (http://ecommerce. wipo.int).

5 MPEG 4 definiert Kompressionsverfahren und Dateiformate wie AVI (Audio Video Interleave)., RealMedia und QuickTime Movie. Von MPEG 4 und DivX gibt es mehrere Versionen (ausf. *Zota*, DivX im Griff, c't 2002, 94 ff).

6 *Zota*, Virtuelle Videotheken, c't 3/2003, 124.

7 Ausf. *Bortloff*, GRUR Int. 2003, 669, 670.

8 Anders als beim wahlfreien Abruf bereitgehaltener Dateien wird eine laufende Radio- oder TV-Übertragung allen zugeschalteten Nutzern gleichzeitig zugänglich gemacht, d.h. gesendet (sog. „Simulcasting", *Bortloff*, GRUR Int. 2003, 669, 670), wobei das Zuschalten, wenn der Nutzer die Anfangszeit verpasst, nur in das laufende Programm erfolgen kann, also kein Neuabruf möglich ist. Allerdings gibt es auch Mischformen, etwa, wenn TV-Nachrichten einzelner Sender (z.B. des Bayerischen Fernsehens) live gestreamt und auch nachträglich individuell abgerufen werden können.

9 *Bortloff*, GRUR Int. 2003, 669, 672, 675, der aus dem Umstand, dass der Unterschied zwischen interaktiver Zugänglichmachung und nichtinteraktiver Sendung verwischt sei, ableitet, dass Simulcasting eher einem Zugriffsdienst ähnele und deshalb ein interaktives Zugänglichmachen (i.S.v. Art. 14 WPPT) darstelle, also wohl § 19 a UrhG folgt. Ganz kann dies nicht überzeugen, denn es sollte vom Regelungszweck her keinen Unterschied machen, ob man eine Radiosendung über ein

sind Streaming-Inhalte vom Media-Server, der eingehende Streams in IP-Pakete aufteilt, die der Webserver dann überträgt. Auf dem Media-Server wird der Bitstrom in ein vorgegebenes Format kodiert, auf dem Rechner des abrufenden Nutzers dekodiert bzw. dekomprimiert (wofür entsprechende Software, „*Codec*" genannt, eingesetzt wird). Bei großer Nachfrage und zeitkritischem Content werden nicht mehr einzelne Serverrechner, sondern vollständige **Content Delivery/Distribution Networks** eingesetzt, in denen Content auf Surrogat-Server ausgelagert[1] und dort zwischengespeichert werden.

Die von Musikwerken im MP3-Format bekannte Problematik unzulässigen Kopierens/Downloadings kann in diesem Umfang mit Zunahme von DSL-Anschlüssen auch für Filme auftreten (wenngleich wohl weniger für Filmkunstwerke). Eine Schutzlücke wurde für den Augenblick der Rückwandlung eines digitalen, geschützten Formats in ein analoges Format festgestellt, das auf einen Server heraufgeladen und im Internet zugänglich gemacht werden kann[2].

2004 begann der „digitale Roll-Out" von Filmen (anstelle der traditionellen Auslieferung von Filmkopien), die mittels Beamern auch digital auf die Leinwand projiziert werden[3]. Hier wird bereits vom „**digitalen Kino**" gesprochen und auch mit unberechtigter Nutzung zu rechnen sein.

Bei fotografisch erstellten Bildern von Personen ist ergänzend der Schutz des Persönlichkeitsrechts sowie das **Recht am eigenen Bild** und die hierauf begründete Einwilligungsbedürftigkeit nach § 22 KUG zu berücksichtigen[4]. Bildnisse im Sinne der §§ 22 f KUG können auch computergeneriert[5] bzw. auf Webseite enthaltene Bilder sein[6]. Eine Beeinträchtigung der Interessen des Berechtigten können sich durch digitale Veränderung (etwa sog. „Morphing") oder durch heimliche Aufnahme ergeben, etwa mittels Webcams[7], aber auch durch Übernehmen eines Fotos aus einer lokalen Tageszeitung in eine Online-Werbung[8] oder im Präsentieren von Mitarbeiterfotos im Web, wenn weder deren Einwilligung vorliegt noch diese Präsentation aus der Zweckbestimmung des Arbeitsverhältnisses erforderlich ist. Bei fehlender Einwilligung kann der Berechtigte aus Eingriffskondiktion einen Anspruch auf angemessene Vergütung haben[9]. Einwilligungsunabhängig ist die Nutzung von Bildnissen der Zeitgeschichte zulässig (§ 23 Abs. 1 Nr. 1 KUG), allerdings auch nur, soweit nicht Rechte anderer an diesen Bildnissen bestehen, die sie gefertigt haben. Auch von Personen der Zeitgeschichte können also nicht Fotos z.B. aus Nachrichtenmagazinen in eigene Webseiten übernommen werden.

Radiogerät oder den danebenstehenden PC hört; ein wahlfreier Abruf der kompletten Sendung ist in beiden Fällen nicht möglich, sondern nur ein Zuschalten in die laufende Sendung.

1 *Badach/Rieger/Schmauch*, Web-Technologien, 287f, 291.

2 WIPO, Intellectual Property on the Internet: A Survey of Issues, WIPO/INT/02, December 2002, 49 (http: //ecommerce. wipo.int), vom „*analog hole*" sprechend.

3 Spiegel Online 24.5.2004, Digitales Kino – Testfall Europa, www.spiegel.de/netzwelt/technologie/0,1518, 301278,00.html.

4 Ausf. hierzu *Gounalakis/Rhode*, Persönlichkeitsschutz im Internet, Rdn. 51 ff.

5 *Gounalakis/Rhode*, Persönlichkeitsschutz im Internet, Rdn. 54.

6 Ein typisches Beispiel der Verletzung von Rechten aus § 22 KUG stellte eine Webseite eines Nutzers des Münchner Verkehrsverbunds dar, der Bilder von 95 Kontrolleuren erstellt und (natürlich ohne Einwilligung) im Web präsentiert hatte (SZ Nr. 198 v. 29.8.2001, 45).

7 *Gounalakis/Rhode*, Persönlichkeitsschutz im Internet, Rdn. 55.

8 OLG Hamburg, AfP 1999, 486, 488 – Backstreet Boys.

9 BGH, Urt.v. 14.4.1992 – VI ZR 285/91, CR 1993, 621.

(ee) Darstellungen wissenschaftlicher oder technischer Art

Zu Darstellungen wissenschaftlicher oder technischer Art (§ 2 Abs. 1 Nr. 7 UrhG) gehören im elektronischen Bereich sowohl die gewohnten Benutzeroberflächen von Anwenderprogrammen als auch diejenigen von Online-Diensten oder die „Home Pages“ im World Wide Web. Auch diese Darstellungen bleiben im Web urheberrechtlich schutzfähig[1]. An die urheberrechtliche Qualität dieser Darstellungen werden keine hohen Anforderungen gestellt[2].

(ff) Datenbankwerke, Datenbanken

Die meisten Inhalte bzw. Informationen werden im Internet über Datenbanken auf Serverrechnern zugänglich gemacht. Von entsprechend fundamentaler Bedeutung ist der Schutz solcher Datenbanken. Mit Art. 7 Nr. 1 und Nr. 7 IuKDG[3] wurde auf der Grundlage der Datenbankrichtlinie der EU vom 11.3.1996[4] die Unterscheidung dem urheberrechtlichen Schutz eines „Datenbankwerkes“ im § 4 Abs. 2 UrhG einerseits und dem Schutz eigener Art („sui generis“) von „Datenbanken“ im Sinne der § 87 a ff UrhG andererseits eingeführt[5]. Datenbanken können bei schöpferischer Gestaltung wie sonstige Werke geschützt sein (Datenbankwerk, § 4 Abs. 2 UrhG). Für nichtschöpferische Datenbanken ist ein Schutz eigener Art als „Datenbank“ im Sinne der §§ 87 a ff UrhG möglich, der wesentlich als Investitionsschutz konzipiert ist. Die Schutzfähigkeit als Sammelwerk wurde etwa für eine Datenbank mit pharmazeutischen Daten bejaht[6].

Schutzfähig ist bei **Datenbankwerken** die Auswahl[7] und Anordnung der Beiträge[8] in Datenbanken, soweit sie gegenüber vorbestehenden Datenbanken individuelle Eigenheiten aufweisen und sich diese Eigenheiten nicht in rein handwerksmäßiger, mechanisch-technischer Aneinanderreihung von Daten erschöpfen[9]. Schutzfähig ist also grundsätzlich nur die Struktur der Datenbank, nicht deren Inhalt. Eine Verletzungshandlung kann deshalb nur dann vorliegen, wenn diese Struktur ganz oder in einem schützbaren Teil übernommen wird[10].

Nicht schutzfähig sind nach diesen Kriterien auf **Vollständigkeit** angelegte und nach

---

1 *Koch*, GRUR 1997, 417, 418.

2 BGH GRUR 1985, 129f – Elektrodenfabrik; BGH GRUR 1991, 529f – Explosionszeichnungen.

3 Ausf. s. *Leistner*, GRUR Int. 1999, 819 ff.

4 Richtlinie 96/9/EG des Europäischen Parlaments und des Rates vom 11.3.1996 über den rechtlichen Schutz von Datenbanken, ABl. Nr. L 77 vom 27.3.1996, 20.

5 Ausführlicher zum Urheberrechtsschutz von Datenbanken s. Loewenheim/*Loewenheim*, Handbuch des Urheberrechts, § 9 Rdn. 238ff.; Loewenheim/*Koch*, Handbuch des Urheberrechts, § 77 Rdn. 3ff zu Datenbankverträgen; *Koch*, Handbuch Software- und Datenbank-Recht, § 10.

6 LG Frankfurt, Urt.v. 12.7.2001 – 2/3 O 628/00, ZUM-RD 2002, 94.

7 Die rein zweckbezogen erfolgende Auswahl (z.B. alle Veröffentlichungen zum RSA-Algorithmus in 1996) kann keinen Schutz begründen (BGH, GRUR 1987, 704 f – Warenzeichenlexika).

8 BGH GRUR 1980, 227, 230 – Monumenta Germaniae Historica; BGH GRUR 1981, 520, 521 – Fragensammlung; BGH GRUR 1984, 659, 660 – Ausschreibungsunterlagen; BGH GRUR 1985, 1041, 1047 – Inkassoprogramm (für Computerprogramme mit inzwischen überholten hohen Schutzanforderungen); BGH GRUR 1991, 130, 132 – Themenkatalog.

9 *Heinrich*, WRP 1997, 275, 276 m.w.N.

10 OLG München, Urt.v. 10.10.2002 – 29 U 4008/02, GRUR-RR 2003, 329 = MMR 2003, 593 = JurPC Web-Dok. 279/2003 – Zusammenstellung von Daten aus Chart-Listen.

logischen und praktischen Gesichtspunkten gegliederte Datensammlungen, insbesondere Adress- oder Warenverzeichnisse, Sammlungen von Börsenkursen oder Messwerten[1]. Eine bloße Faktensammlung war bisher und ist nach Urheberrecht auch weiterhin als solche nicht schutzfähig, auch, wenn sie (z. B. alphabetisch) geordnet ist[2]. Auch eine Sammlung von Telefon- und Telefaxdaten ist nicht urheberrechtlich schutzfähig[3]. Hier kann jeweils der Schutz als Datenbank (§§ 87 a ff UrhG) eingreifen.

Sui-generis-Schutz (Schutz eigener Art) erfasst Datenbanken (im Sinne der Art. 7 Datenbank-RL, § 87 a UrhG) als Datensammlungen und die Investition in diese. Auch online zugreifbare Datenbanken werden geschützt[4], und zwar auch gegen wiederholte und systematische Verbreitung oder öffentliche Wiedergabe[5]. Als Datenbank schutzfähig sind etwa E-Mail-Adresskataloge[6], Telefonbücher[7], Linklisten im Internet[8], Ticketverkauf[9] oder Sammlungen von Stellenanzeigen[10] oder Schlagzeilen[11], wobei ergänzend auch Schutz aus Verletzung von § 1 UWG in Betracht kommt[12]. Schutzfähig sind weiter in Internet-Nachrichtendiensten angebotene Rubriken nebst jeweiliger Verbindung zu darunter rubrizierten Schlagwörtern[13].

---

1 *Heinrich*, a.a.O. Allerdings ist zu differenzieren: Sollen *alle* Elemente aus einer Sachgesamtheit in einer Datenbank aufgenommen werden, entfällt durch diese Entscheidung die Freiheit in der Auswahl der Elemente. Jedoch kann noch eine individuell-schöpferische *Anordnung* der Elemente möglich sein und Urheberrechtsschutz begründen.

2 BGH, GRUR 1987, 704 f – Warenzeichenlexika. Erst das Sammeln begründete hiernach den Schutz. Die Einhaltung eines alphabetischen Sortierverfahrens kann aber in sich als solche nicht schöpferisch sein. Auch das neue Recht verlangt in seiner *urheberrechtlichen* Schutzkomponente eine persönliche geistige Schöpfung (§ 4 Abs. 2 UrhG), so dass auch hier das bloße alphabetische Auflisten gesammelter Elemente noch keinen urheberrechtlichen Schutz begründen kann (wohl aber Sui-generis-Schutz).

3 OLG Frankfurt, Urt.v. 29.10.1996 – 11 U 44/95, CR 1997, 275. Das Kopieren einer solchen Sammlung kann damit nicht ein Vervielfältigungsrecht aus § 16 UrhG verletzen.

4 LG Berlin, Urt.v.29.9.1998 – 16 O 446/98, JurPC Web-Dok. 8/2000 – SZ-Online.

5 LG Köln, Urt.v.2.12.1998 – 28 O 431/98, JurPC Web-Dok. 6/2000.

6 LG Düsseldorf, Urt.v. 23.4.2003 – 12 O 157/02, CR 2003, 859.

7 S. den *leading case* BGH, Urt.v. 6.5.1999 – I ZR 199/96, GRUR 1999, 923 = CR 1999, 496 – Tele-Info-CD (ausdrücklich auch nichtelektronische Datensammlungen einbeziehend).

8 LG Köln, Urt.v.25.8.1999 – 28 O 527/98, CR 1999, 593; AG Rostock, Urt.v. 20.2.2001 – 49 C 429/99, MMR 2001, 631 = ZUM-RD 2002, 31 (Linksammlung als Datenbank nach § 87 a ff UrhG schutzfähig).

9 KG, Urt.v. 9.6.2000 – 5 U 2172/00, CR 2000, 812 mit dem Hinweis, dass nur derjenige als Hersteller der Datenbank gelten kann, der die Initiative zu ihrer Erstellung ergreift und Investitionen hierzu trägt, nicht aber diejenigen, die (bei ihrer Nutzung) Daten(sätze) eingeben.

10 LG Köln, Urt.v. 28.2.2001 – 28 O 692/00, JurPC Web-Dok. 138/2001, die Unzulässigkeit von „Deep Links" bejahend, durch die unter Umgehung der Eingangsseite mit Bannerwerbung direkt das fremde Programm verknüpft wird, während das LG Berlin, Urt.v.30.1.2001 – 16 O 792/00, JurPC Web-Dok. im Verwenden von „Deep Links" durch Suchmaschinen jedenfalls dann eine zulässige Auswertung von Datenbanken sah, wenn der Anbieter seine Informationen uneingeschränkt zugänglich macht. Das LG Köln sah in der gezielten und systematischen Durchsuchung der Datenbank durch einen Internetsuchdienst und das Weiterleiten der Suchergebnisse an den Suchauftraggeber eine Ausbeutung des Leistungsergebnisses des Datenbankherstellers.

11 LG München I, Urt.v.18.9.2001 – 7 O 6910/01, MMR 2002, 58.

12 OLG Celle, Urt.v.12.5.1999 – 13 U 38/99, CR 1999, 523 ff (Aufnahme fremder, mit erheblichem Aufwand erstellter Homepages durch Link als sittenwidrige Leistungsübernahme).

13 LG München I, Urt.v. 18.9.2001 – 7 O 6910/01, MMR 2002, 58. Das Gericht sah die Übernahme verlinkter Schlagzeilen einschließlich der dahinter liegenden Ordnungstrukturen in ein eigenes Internet-Angebot als Verletzung der Rechte des Datenbankherstellers an, da diese Übernahme der normalen Nutzung der Datenbank zuwiderläuft.

Das ausschließliche Recht zur Vervielfältigung, (Verbreitung) und öffentlichen Wiedergabe aus § 87 b Abs. 2 S. 2 UrhG wird durch **Frame-Linking** verletzt, bei dem das Internet-Angebot in einem fremden Rahmen geöffnet wird[1]. Bereits das **Pflegen** und laufende Aktualisieren von Datenbanken kann eine schutzbegründende wesentliche Investition darstellen[2]. Das systematische Zugreifen auf eine Datenbank durch eine **Metasuchmaschine** stellt ein Vervielfältigen dar und kann berechtigte Interessen des Datenbankherstellers in unzumutbarer Weise beeinträchtigen[3]. Das „Auslesen" einer fremden Datenbank für eigene Zwecke wurde als gegen die §§ 97, 87 b Abs. 1 S. 1 UrhG und 1 UWG verstoßend angesehen[4].

International wurde der Datenbankrechtsschutz über Art. 10 Abs. 2 **TRIPS** auch für die WTO-Mitgliedsstaaten[5] als nationales Recht eingeführt[6]. TRIPS geht über die RBÜ hinaus (Schutz auch für Computerprogramme und Zusammenstellungen von Daten (Art. 11 TRIPS), sog. „Bern plus"-Ansatz[7]) und schützt Sammlungen, die geistige Schöpfungen darstellen, also im Ergebnis Sammelwerke im Sinne von § 4 UrhG, nicht aber die Daten oder das Material selbst[8]. Art. 10 Abs. 2 TRIPS ist nicht auf inländische Leistungen, sondern nur auf internationale Sachverhalte anwendbar[9]. Zudem stellt die Bestimmung auch kein unmittelbar anwendbares bzw. in nationales Recht transformiertes Recht dar[10].

Der **WIPO-Copyright Treaty (WCT)** vom 20.12.1996 schützt in seinem Artikel 5 ausdrücklich *„compilations of data (databases)"*, die durch Auswahl oder Anordnung ihrer Inhalte **schöpferische** Gestaltungen darstellen, führt also zu keiner Abweichung von der bisherigen Rechtslage[11] und regelt damit nur Urheberrechtsschutz[12], also keinen sui-generis-Rechtsschutz. Der Vertrag wirkt aber nicht unmittelbar als national

---

1 LG Köln, Urt.v.2.5.2001 – 28 O 141/01, JurPC Web-Dok. 211/2001 – Frame-Linking; ähnlich OLG Hamburg, Urt.v.22.2.2001 – 3 U 247/00, MMR 2001, 533 = JurPC Web-Dok. 147/2001.

2 LG Berlin, Urt.v.8.10.1998 – 16 O 448/98, CR 1999, 388 – Online-Kleinanzeigenmarkt.

3 LG Berlin, Urt.v.8.10.1998, a.a.O.

4 LG Düsseldorf, Urt.v. 23.4. 2003 – 12 O 157/02, ZUM 2004, 147.

5 Ausführlich s. *Lehmann* CR 1996, 2 ff. Ausf. zu TRIPS *Dreier*, GRUR 1996, 205 ff.; *Katzenberger*, GRUR 1995, 447.

6 stellt also kein unmittelbar im nationalen Kontext wirkendes Recht dar, s. *Ullrich*, GRUR Int 1995, 623, 639.

7 *Katzenberger*, GRUR Int. 1995, 447, 464.

8 *Katzenberger*, GRUR Int. 1995, 447, 465.

9 OLG Frankfurt, Urt.v. 29.10.1996 – 11 U 44/95, CR 1997, 275, 277; *Katzenberger*, GRUR Int. 1995, 447, 459.

10 EuGH, verbund. Rs 21-24/72, International Fruit Comp., Slg. 1972, 1219; Rs 226/81, SIOT, Slg. 1983, 731; Rs. 70(87, Fediol III, Slg. 1989, 1781. Abw. bezüglich der neuen Entscheidungsbefugnis des Dispute Settlement Board (Nr. 16.4 des DS-Understanding) s. *Haedicke*, Jura 1996, 64, 65. Auch wenn die WTO den Status einer dauerhaften internationalen Organisation erhalten hat, folgt hieraus aber noch nicht, dass wie immer geartete Rechtssetzungsakte dieser Organisation ohne ausdrückliche entsprechende vertragliche Verpflichtung der WTO-Mitglieder unmittelbar als nationalen Recht wirken sollen.

11 Art. 4 WCT schützt Datenbanken nur insoweit, als sie den *Feist*-Test bestehen (*Marke*, S.3). Anders noch der Entwurf vom 30.8.1996 (CRNR/DC/6, ww.wipo.org/eng/diplconf/6dc_sta.htm), der Schutz vorsah für „any database that represents a substantial investment in the collection, assembly, verification, organization or presentation of the contents of the database" (Draft, Art. 1 (1)). In der Begründung wird ausdrücklich die Beziehung zum US-Gesetzesentwurf H.R. 3531 zum „Database Investment and Intellectual Property Antipiracy Act of 1996" genannt, der allerdings, anders als das Sui-generis-Schutzrecht, wiederum *nicht* im außerwettbewerblichen Bereich gelten sollte.

12 Hoeren/Sieber/*v.Lewinski*, Handbuch Multimedia-Recht, Teil 7.9, Rdn. 44.

geltendes Recht, sondern bedarf der Ratifikation.

In die grundsätzlich gleiche Richtung geht das zur Ergänzung von **Artikel 13 RBÜ** vorgeschlagene Protokoll. Die genannten Bestimmungen werden zu einer entsprechenden Anpassung auch des US-Rechts führen. Bis zu diesem Zeitpunkt der Rechtsanpassung bleibt freilich ein Schutzgefälle zwischen Europa und den USA.

Das **US-Recht** schützt Datenbanken ebenfalls grundsätzlich als Sammelwerke („*compilations*", 17 U.S.C. § 101). Der Aufwand für Erstellung und Erhaltung wurde von der Instanzrechtsprechung zwar einige Zeit unter Urheberrechtsschutz als schutzfähig angesehen („*sweat of the* [*author's*] *brow*" *doctrine*)[1]. Der Supreme Court hat jedoch in einer dogmatisch überzeugenden Grundsatzentscheidung wieder rein auf urheberrechtliche Kriterien, insbesondere also die schöpferischen Merkmale der Datenbank abgestellt[2]. Einen explizit normierten sui-generis-Schutz für Datenbanken sieht das US-Recht nicht vor, so dass der territoriale Bezug der Datenbanknutzung im Netz wesentlich ist. Lizenzen nach dem neuen Sui-generis-Datenbankschutz können damit für Deutschland und generell für die EG erteilt werden, aber nicht für die USA oder die Schweiz oder Norwegen. Die Datenbank eines US-Anbieters wird nämlich aufgrund des Reziprozitätsgrundsatzes im Bereich der EU keinen sui-generis-Schutz genießen, solange das US-Recht keinen vergleichbaren Schutz einräumt.

Sehr umstritten ist, ob es an Datenbanken trotz Fehlen des Urheberrechtschutzes eine Lizenzeinräumung geben kann[3]. Allerdings kann mit Nutzern vertraglich ein Geheim-

---

1 S. etwa Financial Information, Inc. v. Moody's Investors Service, Inc. 808 F.2d 204, 207 (2d Cir. 1986).

2 *Feist Publications, Inc. v Rural Telephone Service, Inc.*(499 U.S. 340, 111 S.Ct. 1282, 113, 1991 U.S. LEXIS 1856; L.Ed.2d 358 (1991); GRUR Int. 1991, 933): Ablehnung des Schutzes für ein rein *alphabetisch* organisiertes Telefonanschlussverzeichnis: „... there is nothing remotely creative about arranging names alphabetically in a white pages directory", wobei aber kein hohes, sondern nur ein „minimal requirement" verlangt und der urheberrechtliche Schutz auch für „factual compilations" grundsätzlich als möglich angesehen wird, nämlich für „the compiler's selection and arrangement". Unzweifelhaft sei aber „that originality, not 'sweat of the brow', is the touchstone of copyright protection in directories and other fact-based works". Feist hatte die Anschriften überprüft und jeweils Straßennamen hinzugefügt. Auch diese Tätigkeit ist, nach obigen Kriterien, noch nicht schöpferisch. Selbst ein urheberrechtlicher Schutz für Auswahl und Anordnung der Datenbank lässt nach dieser Auffassung die Möglichkeit unberührt, Daten aus dieser Datenbank zustimmungsfrei aus der Datenbank herunterzuladen, solange nicht die Anordnung der Fakten selbst kopiert wird. Der Supreme Court weist freilich darauf hin, dass nicht schutzfähige Datenbanken wie in *Feist* eher die Ausnahme seien. Kein Schutz entsteht, wenn gesammelte Urteile jeweils um Bearbeiterhinweise wie „rehearing denied" oder die Angabe der beteiligten Anwälte ergänzt und mit 'docket number' und Datum gelistet werden (Matthew Bender Comp., Inc. v West Publishing Comp., Inc. und Hyperlaw, Inc.v.West Publ.Comp., Inc.; U.S.D.C., S.D.N.Y. Order 19.5.1997).
Für **Kanada** ähnlich wie die Feist-Entscheidung Tele-Direct Publications, Inc. v. American Business Information, Inc., 28.6.1996, Federal Court of Canada, Trial Division T-1373-94 (McGillis J.), 23; zit. nach *Smith* Lyons, Copyrights, Trade-marks and the Internet (www.smithlyons.com/it/cti/cr_prot.htm).

3 Dafür: *ProCD vs. Matthew Zeidenberg and Silken Mountain Web Services, Inc.*, No. 96-1139, 20.6.1996, 908 F. Supp. 640 (W.D.Wis. 1996; www.sgpdlaw.com/cases/procd_op.html), kritisch etwa *Kochinke/Günther*, CR 1997, 129, 131. Der Fifth Circuit nahm hier eine wirksame *shrink-wrap-license* an. Diese stützte sich freilich auf einzelstaatliche Gesetzgebung, die vom Bundesrecht im Urheberecht nicht *preempted* wurde (s.n. www.bitlaw.com/source/17usc/301.html zu 15 U.S.C. § 301 „Preemption with respect to other laws"). Aus diesem Grunde sind die Überlegung dieses Urteils allenfalls eingeschränkt auf deutsches Urheberrecht übertragbar. Auch hier kann eine solche lizenzrechtliche Vereinbarung freilich *schuldrechtliche* Wirksamkeit haben, aber eben keine *dingliche*, die der Hersteller dem Endkunden ohne Vertragskette entgegenhalten könnte. Die lizenzvertragliche Vereinbarung muß allerdings *formularvertraglich* wirksam einbezogen werden. Im Online-Kontext bedeutet dies, vor dem Download auf dem Bildschirm ein Display mit einer „*Click-on-license*" zu

nisschutz ähnlich § 17 Abs. 2 UWG als *trade secret protection* vereinbart werden. Außerdem gelangen allgemeine Grundsätze bei Leistungsübernahme zur Anwendung. Dennoch verbleibt ein Schutzgefälle, zumindest, soweit keine Vertragsbeziehungen bestehen.

(2) Netzbezogene Werke

Im folgenden werden verschiedene netzbasierte technische Werktypen in Kommunikationsnetzen wie dem Internet und Online-Diensten näher behandelt, wobei die Aufzählung derartiger Werke beziehungsweise Werkelemente notwendig unvollständig bleiben muss. Die vorliegende Darstellung zielt vor allem darauf ab, einige Grundprinzipien der urheberrechtlichen Beurteilung derartiger technischer Werktypen zu verdeutlichen.

Zu dieser Gruppe sollen Werke gezählt werden, die den Betrieb von Netzen überhaupt erst ermöglichen (insbesondere **netzgenerierende** Software[1]) oder zumindest voraussetzen (**netzbasierte** Software wie etwa für „Home Pages")[2]. Die hier vorfindlichen technischen Werktypen lassen sich in aller Regel den vorbestehenden urheberrechtlichen Werkarten und Kombinationen aus diesen zuordnen (zumeist als Computerprogramme und insbesondere als deren Ausdrucksformen). Sie werden aber bisher in der Eigenständigkeit ihrer urheberrechtsbegründenden Werkgestalt nicht immer ausreichend beachtet, was nicht ohne Folgen auf die Anknüpfung von vergütungspflichtigen Nutzungen bleibt.

Die Darstellung dieser Werke im digitalen Format steht ihrer Schutzfähigkeit nicht entgegen. Zum einen ist zur Begründung von urheberrechtlichem Schutz keine körperliche Festlegung erforderlich[3], zum anderen ermöglichen auch und gerade diese Werkformen schutzbegründendes[4] gestalterisches Tätigwerden (wie an den verschiedenen Formen der Bildbearbeitung deutlich wird). Die Werke lassen sich auch in unverkörperter Form (etwa bei bloßer Bildschirmdarstellung ohne Abspeichern) direkt der Wahrnehmung durch die menschlichen Sinne zugänglich machen. Moderne dreidimensionale Systeme der virtuellen Realität (VRML) lassen sich sogar *nur noch* unverkörpert darstellen und nutzen, da man sich (scheinbar) *in* der künstlichen Dimensionalität bewegt (etwa bei der Präsentation eines virtuell konstruierten und beliebig modifizierbaren Hauses durch einen Architekten).

---

plazieren. Richter Easterbrook des 7th Circuit hielt den bloßen Hinweis auf Lizenzbedingungen allerdings für ausreichend (krit. *Kochinke/Günther*, a.a.O, 134.)

1 Zur *netzgenerierenden* Software gehören alle Programme (mit Dokumentation), mit deren Hilfe Server-Rechner des Anbieters und angeschlossene Rechner der Nutzer konfiguriert und miteinander verbunden werden. Der Schutzumfang dieser (nach § 2 Abs. 1 Nr. 1, 3. Fall UrhG) als Computerprogramme schutzfähigen Werke ist im Einzelfall genauer abzugrenzen, weil zum Beispiel vom Server-Rechner auf dem Rechner des Nutzers generierte Displays Ausdrucksformen desjenigen Computerprogramms sein können, das auf dem Server-Rechner des Anbieters läuft.

2 Zur Einteilung s. *Koch*, GRUR 1997, 417, 419, ebenso *Loewenheim*, Urheberrecht, in: Loewenheim/ Koch, Praxis des Online-Rechts 1998, Abschnitt. 2.3.

3 Schricker/*Loewenheim,* Urheberrecht, § 2, Rdn. 9.

4 Schricker/*Loewenheim,* Urheberrecht, § 2, Rdn. 4.

(aa) Webseiten und Portals

In Home Pages – gewissermaßen dem „Entrée" der einzelnen Website – und weiteren verknüpften Webseiten können sich Internet-Anwender im Web mit wenig Aufwand weltweit präsentieren. Gestaltungsfreiraum und -höhe sind individuell für jede solche Webseite und die an sie angeknüpften weiteren Webseiten zu prüfen[1], ebenso getrennt für eine Website. Soweit eine Website nur eine mehr oder weniger mechanische Aneinanderreihung einiger der vom Editor-Programm zur Auswahl gestellten Elemente (etwa Logos, Buttons etc.) darstellt, wird die erforderliche Schöpfungshöhe meist nicht erreicht werden können[2]. Für die Begründung von Urheberrechtssschutz ist auch beim Erstellen von Webseiten das Schaffen individueller Merkmale erforderlich.

Funktional und gestalterisch wesentlich erweiterte Eingangsseiten sind die sog. „Portals". Die verwendbaren Elemente Text, Graphiken, Audio- und Videocaptures, Links etc. eröffnen in der Regel einen ausreichend weiten **Gestaltungsfreiraum**, der aber nicht von jedem Home Pages-Inhaber auch ausgeschöpft wird. In die Webseite integrierte Werke wie Texte oder Grafiken verlieren hierdurch nicht ihren vorbestehenden Schutz.

Als Werk kann die einzelne **Webseite**[3] oder (auch) eine **Sequenz solcher Seiten**[4] (Website) zu beurteilen sein, wenn sie ausreichende *schöpferische Qualität* erkennen lässt (§ 2 Abs. 2 UrhG)[5]. Buttons, kleine, zum Teil (als Java-Applets) sogar bewegliche Grafiken sind zunehmend Teil von Webseiten und können schutzbegründende Merkmale für eine individuelle Gestaltung und u.U. sogar eigenständige Werke darstellen. Direkt in Web Seiten aufgenommene Werke (z.B. Grafiken[6]) oder durch Hyperlink verknüpfte Werke verlieren weder durch diese Integration noch durch das Linking ihren Urheberrechtsschutz. Die schutzbegründende Schöpfung ist jedoch vielfach – vom Inhalt der einzelnen Seite abgesehen – auch in der besonderen Auswahl und Anordnung von verschiedenen, miteinander verknüpften Webseiten zu erkennen [7]. Als Teil dieser schöpferischen Anordnung kann die Art und Weise zu sehen sein, wie zwischen den Seiten(inhalten) durch Link verwiesen wird. Das Vorliegen einer ausreichend schöpferischen Qualität kann zu verneinen sein, wenn die Webseiten nur standardisiert die

---

1 *Koch*, GRUR 1997, 417, 420.

2 *Plaß*, WRP 2000, 599, 600.

3 OLG Düsseldorf, Urt.v. 29.6.1999 – 20 U 85/98, CR 2000, 184 = MMR 1999, 729, 731 = JurPC Web-Dok. 42/2000 (in Bezug auf den Schutz als Datenbankwerk, der bei auf Vollständigkeit zielender Datenbank aber entfallen muss).

4 So der österreich. OGH, Beschl.v. 10.7.2001 – 4 Ob 155/01z, ZUM-RD 2002, 135 für einen durch Links verbundenen, systematisch angeordneten Webauftritt.

5 OLG Düsseldorf, Urt.v. 29.6.1999 – 20 U 85/98, MMR 1999, 729 = JurPC Web-Dok. 42/2000; OLG Hamm, Urt.v. 24.8.2004 – 4 U 51/04, JurPC Web-Dok. 260/2004; *Koch*, NJW-CoR 1997, 298.

6 Vom Österreich. OGH, Beschl.v. 24.4.2001 – 4 Ob 94/01d, ZUM-RD 2002, 133 wurde etwa auch eine Webseite als Gebrauchsgrafik eingestuft und das Layout (nach § 3 Abs. 1 öUrhG) als schutzfähig angesehen, für das nach Rechtsprechung des OGH keine „gewisse Werkhöhe", sondern nur das Vorhandensein individueller Gestaltungsmerkmale verlangt. Das Gericht sieht außerdem den Schutz als Sammelwerk, als Sprachwerk, Darstellung wissenschaftlicher oder technischer Art, als filmähnliches Werk oder Werk der bildenden Kunst als möglich an (mit Schricker/*Loewenheim*, Urheberrecht, § 2 Rdn. 93). Nach deutschen Recht kommt in vergleichbaren Fällen ein Schutz als Werk der angewandten Kunst in Betracht, der allerdings (zur Abgrenzung gegenüber dem Geschmacksmusterschutz) höhere Anforderungen an die Schöpfungsqualität stellt (BGH GRUR 1995, 581f – Silberdistel). Die Folge ist freilich, dass dieselbe Webseite in Österreich schutzfähig sein kann, in Deutschland aber nicht, so dass weitere Harmonisierung erforderlich erscheint.

7 *Koch*, NJW-CoR 1997, 298.

Angaben zum Diensteanbieter und einige alphabetisch aufgelistete, auswählbare Dateibezeichnungen enthalten[1], lediglich Produkte eines Anbieters in nichtschöpferischer Weise darstellen[2] oder nur am Seitenrand vertikale und/oder horizontale Laufleisten aufweisen[3]. Alle individuell, etwa graphisch und mit besonderer Schrifttype ausgestalteten Home Pages dürfen jedoch deutlich über die Anforderungen der (noch schutzfähigen) sogenannten „kleinen Münze" hinausgehen und einen individuell variablen Schutzumfang begründen.

Das Entstehen des Urheberrechtsschutzes setzt **keine Verkörperung** voraus[4]. Auch eine erst *on-screen* entwickelte, noch nicht abgespeicherte Web Seite ist schutzfähig. Das Verkörperungserfordernis wird erst in der Verwertungsphase relevant. Auch **Teile** einer Webseite können schutzfähig sein, wenn sie schöpferische Merkmale aufweisen.

Auch die Zuordnung zu einer **Werkart** muss nach den Umständen des Einzelfalles entschieden werden. Webseiten lassen sich Fällen als Schriftwerke (§ 2 Abs. 1 Nr. 1 UrhG)[5], als wissenschaftliche oder jedenfalls als technische Darstellung (§ 2 Abs. 1 Nr. 7 UrhG), Grafiken und sonstige ästhetisch-bezogene Gestaltungen unter Umständen als Werke der angewandten Kunst, Fotos als Lichtbildwerke oder Lichtbilder[6] und die genannten Elemente außerdem als Teil der technischen Darstellung zuordnen beziehungsweise als **Ausdrucksform** desjenigen Computerprogramms, das die Web Pages generiert (vgl. § 69a Abs. 2 S. 1 UrhG)[7].

Der zur Seitendefinition verwendete Code (etwa aus der Erstellung mit **Java**[8]) kann,

---

1 nicht zu verwechseln mit der URL-Bezeichnung.

2 LG Düsseldorf, Urt.v.29.4.1998 – 12 O 347/98, CR 1998, 763 = MMR 1998, 670 – baumarkt.de. Über Frames hatte die Beklagte auf Produktdarstellungen der Klägerin im Netz Link-Verbindung hergestellt, die hierin eine unzulässige Bearbeitung sah. Mangels Beweisangebot blieb zudem unentschieden, ob die Beklagte wettbewerbswidrig durch das Framing den Eindruck erweckte, es handle sich um ihre eigenen Seitengestaltungen.

3 Österr. OGH, Urt.v.17.12.2002 – 4 Ob 248/02b, medien und recht, 1/2003, 35 – METEO-data.

4 *Koch*, NJW-CoR 1997, 298.

5 Nicht in jedem Fall muss die schriftliche Information bereits vor Website-Erstellung vorliegen (so wohl *Leistner/Bettinger*, Creating Cyberspace, Beilage CR 12/1996, 15). So können ausreichend schöpferische Texte auch unmitelbar während der Erstellung geschaffen werden, etwa zu Links hinzugefügte Erläuterungen und Kommentierungen.

6 OLG Hamm, Urt.v. 24.8.2004 – 4 U 51/04, JurPC Web-Dok. 260/2004.

7 *Koch*, NJW-CoR 1997, 298 und GRUR 1997, 417, 420; generell die urheberrechtliche Schutzfähigkeit von Bildschirmmasken bejahend OLG Karlsruhe GRUR 1994, 726; ablehnend OLG Düsseldorf, Urt.v. 29.6.1999 – 20 U 85/98, JurPC Web-Dok. 42/2000 (nur Code selbst geschützt, nicht Ablaufergebnis auf Bildschirm). Gegen einen Schutz einer Benutzeroberfläche wird teilweise eingewendet, ein solcher Schutz könne nicht am generierenden Programm anknüpfen, sondern nur unabhängig an der auf dem Bildschirm erkennbaren Gestaltung als solcher, da unterschiedliche Programme gleiche Benutzeroberflächen generieren könnten. Das ändert aber nichts daran, dass sich solche Oberflächen als „Ausdrucksform" des jeweils generierenden Programmes einstufen lassen. Erstellt nun ein Entwickler mit einem anderen Programm die gleiche Oberfläche, kann das Programm bezüglich gerade dieser Ausdrucksform seinen Schutz verlieren, wenn es in dieser keine eigenständigen individuellen Gestaltungsmerkmale aufweist. Abl. auch *Wiebe*, GRUR Int. 1990, 21, 26; Schricker/*Loewenheim*, Urheberrecht, § 69 a, Rdn. 7.

8 Für in *HTML* erstellten Code wurde die Zuordnung als Computerprogramm auch dann als möglich angesehen, wenn reiner HTML-Code ohne Formulare, Java-Skripte, Java-Applets oder sonstige zusätzlich eingefügte Skripte lediglich den statischen Aufbau einer Bildschirmseite durch das Browserprogramme rmöglich, ohne interaktive oder dynamische Prozesse zu steuern, da auch dann ein „Computerprogramm" im Sinne der Mustervorschriften der WIPO (GRUR Int. 1978, 286) vorliegt, da eine Befehlsfolge vorliegt, die nach Aufnahme in einen maschinenlesbaren Träger fähig ist, in einer informationsverarbeitenden Maschine (Rechner) ein bestimmtes Ergebnis anzuzeigen (Webseite), so dass auch HTML-Code ein Computerprogramm darstellt (Bettinger/*Leistner*, Werbung

folgt man einer maßgeblichen Definition, selbst ein Computerprogramm darstellen, der bei individuell-schöpferischer Gestaltung, die vorhandene Gestaltungsspielräume ausschöpft, urheberrechtlich geschützt sein kann[1]. Möglich ist aber ergänzend auch ein Schutz des jeweiligen spezifizierenden Codes als technisch-wissenschaftliche Darstellung. Problemlos ist die Zuordnung zur Schutzfähigkeit als Computerprogramm, wenn bzw. soweit Codeteile selbst ablauffähige Programme darstellen, z.B. Java-Applets[2]. Bezweifelt wurde, dass mit der reinen Seitenbeschreibungssprache schöpferische Individualität der Gestaltung von Webseiten möglich ist, da letztlich nur Text und andere Elemente angeordnet würden und die Webseite grafisch-konzeptionell vorgegeben sei[3]. Wird freilich nur eine feste Vorgabe umgesetzt, begründet deren programmtechnische Darstellung keinen zusätzlichen Schutz, jedoch kann das entstehende Programm als Bearbeitung oder jedenfalls Umgestaltung der Vorlage schutzfähig sein, während ein (vorlagen)freies, schöpferisches Gestalten unmittelbar mit dem Programm möglich bleibt. Auch die Gestaltung des HTML-Codes selbst kann zumindest gewisse schöpferische Züge aufweisen[4], da zwar der einzelne Befehl durch die Programmsyntax in seiner Auswirkung klar festgelegt ist (soll er überhaupt verwendbar sein), jedoch unterschiedliche Sequenzen solcher Befehle zusammengesetzt werden können, die als Code schöpferisch und damit geschützt sein können[5]. Unzweifelhaft ist das „schöpferische Potential" aber jedenfalls bei XML (Extension Markup Language)[6], da XML nicht einzelne Markierungen definiert, sondern sich der Autor im eigenen Ermessen selbst passende Markierungen überlegen kann[7]. Dynamisches, schutzbegründendes Gestalten ist wie mit Java bzw. Java Script auch mit der Skript-Sprache **PHP4** zur Verarbeitung dynamischer Inhalte möglich.

Keine Ausdrucksform dürfte vorliegen, wenn über seitenbeschreibenden HTML-Code nur Gestaltungselemente der Seite in ihrer räumlichen Anordnung fixiert werden. Diese Fixierung ähnelt einer Festlegung von Textformaten in der Textverarbeitung (bei der auch Absätze und Fußnotendarstellungen, Schriftgrößen und -positionen, Einbindung von Grafiken und Tabellen definierbar sind). Aus dieser vortypisierten Festlegung entsteht kein eigenes Programm, sondern es werden vielmehr Auswahlmöglichkeiten im ohnehin bereits laufenden Programm ausgeschöpft. Schutz als filmähnliches Werk (im Sinne von § 2 Abs. 1 Nr. 6 UrhG) wird wohl nur in Ausnahmefällen oder in Teilbereichen in Betracht kommen, in denen Webseiten in einer einheitlichen Bewegungsfolge organisiert sind[8], so etwa für in integrierten Fenstern ablaufenden Trailern von Filmen oder auch für Bannerwerbung mit Bewegungsfolgen.

---

und Vertrieb im Internet, Teil 1 B, Rdn. 22).

1 Ebenso *Leistner/Bettinger*, Creating Cyberspace, Beilage CR 12/1996, 17; Bettinger/*Leistner*, Werbung und Vertrieb im Internet, Teil 1 B, Rdn. 21.

2 Ähnlich *Leistner/Bettinger*, Creating Cyberspace, Beilage CR 12/1996, 18.

3 Bettinger/*Leistner*, Werbung und Vertrieb im Internet, Teil 1 B, Rdn. 26 mit dem Hinweis, mittels des IMG-Tags <IMD SRC=„Dingdatei" Align=„Anordnung zum Text in der Zeile" Alt=„Bildersatztext" width=„Breite in Pixel" height=„Höhe in Pixel" werde schlicht ein Bild in der vorgegebenen Pixelgröße auf der Seite positioniert und eine Gestaltungsvorgabe umgesetzt, nicht aber ein programmiertechnischer Spielraum eröffnet.

4 Vorsicht ist allerdings angebracht, die schöpferische Qualität eines Code am Bildschirm zu studieren (hierfür wohl Bettinger/*Leistner*, Werbung und Vertrieb im Internet, Teil 1 B, Rdn. 30), da die Darstellung der Webseite je nach Typ und Einstellung der Browser selbst unterschiedlich sein kann.

5 Dies gilt umso mehr für den HTML 4.0-Standard mit 400 Markierungen (tags).

6 Ebenso i.E. Bettinger/*Leistner*, Werbung und Vertrieb im Internet, Teil 1 B, Rdn. 28.

7 *Balzert*, Lehrbuch der Software-Technik, Software-Entwicklung, 2. Aufl. 2001, 970.

8 Ähnlich *Leistner/Bettinger*, Creating Cyberspace, Beilage CR 12/1996, 15

Möglich ist auch die Qualifikation von **auflistenden Inhalten** von Webseiten (z.B. Link- oder Schlagzeilensammlungen[1]) bei schöpferischer Auswahl und Anordnung als Datenbankwerk (§ 4 Abs. 2 UrhG)[2] oder bei nicht unwesentlicher Investition als Datenbank (§ 87 a UrhG)[3]. Eine bloß alphabetisch erfolgende Auflistung von Links wird das für Datenbankwerke erforderliche schöpferische Minimum nicht erreichen, erst recht nicht, wenn die Auflistung *automatisiert* von Suchmaschinen (Search Engines) wie AltaVista oder Yahoo erstellt werden[4].

Eine **Sammlung einzelner**, etwa durch Links verbundener **Webseiten** kann Schutz als Datenbank (§§ 87 a ff UrhG) oder sogar Datenbankwerk (§ 4 Abs. 2 UrhG) genießen. Erforderlich ist in beiden Fällen, dass mehrere voneinander unabhängige[5] und einzeln zugreifbare Elemente methodisch oder systematisch angeordnet sind. Solche Elemente können die einzelnen Informationen der Webseite (etwa Linklisten auf dieser) oder auch (miteinander verknüpfte, aber doch eigenständig annavigierbare) Webseiten selbst sein[6]. Die gesamte, durch mehrere Ebenen reichende konkrete, linkbasierte **Verweisungsstruktur** zwischen den verschiedenen Web Pages eines bestimmten Site[7] (nicht aber das Konzept solcher Verweisungsstrukturen) kann außerdem selbst als individuelles Gestaltungselement integraler Teil mehrerer, über eine Suchbaumstruktur zu einer einheitlichen Benutzeroberfläche verbundenen Webseiten und damit Teil einer technischen Darstellung im Sinne von § 2 Abs. 1 Nr. 7 UrhG sein[8], auch wenn gewisse inhaltliche Grundstrukturen der Darstellung von Bildschirmmenüs üblicherweise vorgegeben sind, individuelle Ausgestaltung aber möglich (und erforderlich) bleiben[9]. So, wie mehrere zusammenhängende Detail- und Gesamtpläne[10] eine **einheitliche** Darstellung bilden können, lassen sich auch Display-Elemente auf verschiedenen Darstellungsebenen über eine Baumstruktur verbinden. Schutzfähig ist dann nicht nur die Verweisungsstruktur selbst, sofern sie ausreichend individuell ausgestaltet wurde, sondern die Gesamtheit aus Struktur und inkorporierten inhaltlichen Elementen. Freilich haben Verweisungsstrukturen in und zwischen den Webseiten durch Links vielfach nur funktionalen, nicht individuell-schöpferisch gestalteten Charakter[11]. Auch können im

---

1 Für einen Schutz von Schlagzeilensammlungen im Internet nach § 87 a UrhG LG München I, Urt.v.18.9.2001 – 7 O 6910/01, JurPC Web-Dok.83/2002 – Newsline (a.A. LG Berlin, Urt.v. 30.1.2001 – 16 O 792/00, JurPC Web-Dok. 185/2001). Das LG München I sah in der Übernahme der Daten und Link-Verbindung eine unbefugte Datenbanknutzung nach § 87 b UrhG.

2 Bettinger/*Leistner*, Werbung und Vertrieb im Internet, Teil 1 B, Rdn. 36 (S. 88).

3 Den Schutz nach § 87 a Abs. 1 S. 1 UrhG bejahte das AG Rostock, Urt.v.20.2.2001 – 49 C 429/99, MMR 2001, 631 = ZUM-RD 2002, 31 = JurPC Web-Dok. 82/2002. Für das österreichische Recht bejahte der österreichische Oberste Gerichtshof, Beschl.v. 10.7.2001 – 4 Ob 155/01, GRUR Int. 2002, 452 – C-Villas den Schutz des *gesamten Internetauftrittes* als Datenbank.

4 Ähnlich *Bechtold*, ZUM 1997, 427, 429.

5 Unabhängigkeit der Elemente voneinander setzt nicht notwendig voraus, dass kein gemeinsamer Themenbezug besteht. Ausreichend ist, dass die Informationen im jeweiligen Themenbezug als Aussage auch eigenständig verständlich sind.

6 S. etwa *Leistner*/*Bettinger*, Creating Cyberspace, Beilage CR 12/1996, 8

7 Websites werden hier verstanden als strukturierte und verknüpfte Sammlungen der einzelnen Webseiten.

8 BGH, GRUR 1979, 464, 465 = BGHZ 73, 288 – Flughafenpläne; BGH, GRUR 1980, 227, 230 – Monumenta Germaniae Historica (für die Sammlung, Anordnung und Darbietung von Texten einschließlich des wissenschaftlich konzipierten Registers, S. 231).

9 LG München I, GRUR 1984, 737.

10 BGH, GRUR 1979, 464, 465 = BGHZ 73, 288 – Flughafenpläne; BGH, GRUR 1980, 227, 230 – Monumenta Germaniae Historica.

11 *Koch*, GRUR 1997, 417, 420.

Einzelfall die **Markierungen** dieser Links, z.B. Unterstreichungen, als Gestaltungselemente für die Webseiten genutzt werden und damit als Teil einer schöpferisch erstellten Web Pages geschützt sein. Die einzelnen Elemente können aus sich heraus urheberrechtlich schutzfähig sein, etwa gescannte und integrierte Grafiken oder Lichtbilder, aber auch Hintergrundmuster, Buttons etc.[1].

Webseiten können selbst unterschiedlich **verwertet** werden, etwa durch Abbildung als *screen shots* in einem Buch über Web-Page-Design, in „Utility"-Sammlungen auf CD-ROMs oder durch Präsentationen in TV-Sendungen oder auf Messen, üblicherweise aber durch Präsentation im Internet.

Die **Übernahme** fremder Webseiten kann technisch recht einfach durch Herunterladen der entsprechenden Datei vom fremden Site erfolgen. Stimmt der Betreiber jenes Site nicht zu, erfolgt das Vervielfältigen bei dem Speichern der Seite im RAM oder auf Festplatte des Rechners des herunterladenden Nutzers rechtswidrig und kann eine wettbewerbswidrige Leistungsübernahme vorliegen.

(bb) Bildnisse

Bildnisse von Personen dürfen auch als digital erzeugte und/oder bearbeitete grundsätzlich nur mit Einwilligung des Abgebildeten verbreitet oder öffentlich zur Schau gestellt werden (§ 22 KunstUrhG).

Auch wenn ein „Verbreiten" am Verkörperungserfordernis scheitert, kann doch eine (vom Urheberrecht unabhängige) Verletzung des Allgemeinen Persönlichkeitsrechts des Betroffenen i.S.v. § 823 Abs. 1 BGB vorliegen. Die Rechtsverletzung ist hier allein inhaltsbezogen zu sehen und von der schöpferischen Qualität der einzelnen Äußerung völlig unabhängig.

(cc) Software

Ein geradezu paradigmatisches Beispiel für netzbasierte **Software** sind die in der Programmiersprache *Java* geschriebenen Programme. Die hierdurch erzeugten Anwendungen (sog. „**Applets**") sind meist nur in einer bestehenden, unterstützenden Online-Verbindung lauffähig (Client-Server-Applikation). Der Anwender lädt damit nicht ein vollständiges Computerprogramm auf seinen Rechner, sondern nur diejenigen unmittelbar ausführbaren Programmteile, die er jeweils benötigt.

(dd) Schrifttypen und Zeichensätze (Fonts)

Im EDV-Bereich häufig verwendet werden etwa Schrifttypen wie *Times New Roman*, *Century Gothic*, *Arial Black* oder *Courier New*. Hiervon ist das einzelne Buch-

---

[1] Zu eng scheint es, solchen Elementen generell eine eigenständige Schutzfähigkeit abzusprechen, da sie von vornherein in Abstimmung auf die einheitliche Gesamtgestaltung geschaffen würden (*Leistner/Bettinger*, Creating Cyberspace, Beilage CR 12/1996, 12). Dies kann, muss aber nicht der Fall sein. Vielmehr werden in der Entwicklungspraxis solche Elemente nicht selten als quasi „vorgefertigte" aus erworbenen Funktions-/ Elementbibliotheken („Libraries") übernommen und über vorgegebene Parameter nur noch angepasst; hier kann bereits die Library selbst jedenfalls aus den §§ 87 a ff UrhG geschützt sein.

stabenzeichen in diesen Schrifttypen zu unterscheiden, z.B. „B", „B", „**B**" oder „B". Ausreichend schöpferische **Schrifttypen** (als komplette Buchstabensätze) können urheberrechtlich schutzfähig sein, nicht aber das einzelne Buchstabenzeichen, das durch die Schrifttype und das Alphabet festgelegt wird. Schrifttypen werden im Rechner durch Fontdateien und generierende Programme wiedergegeben[1]. Man unterscheidet zwei Fonttypen, Bitmap[2]- und Postscript-Fonts[3]. Soweit Fonts eine einheitlich konzipierte geistige Schöpfung darstellen, sind sie in toto urheberrechtlich schutzfähig[4], nicht jedoch das einzelne Schriftzeichen aus dem Font. Hierbei darf der Font, also das Computerprogramm bzw. die Datei, die die Schrifttype im Rechner zur Darstellung bringt, nicht mit der Schrifttype selbst verwechselt werden. Da das Alphabet die Schriftzeichen abschließend vorschreibt, bleibt ein Gestaltungsfreiraum grundsätzlich nur bei der Gestalt der Schriftzeichen und bei Sonderzeichen. Klärungsbedürftig erscheint, ob Font-Lizenzen an Steuerbytes (embeddable status bits by TrueType) angeknüpft werden können, die zur Laufzeit der Programme abgefragt werden[5].

Für einzelne typographische Schriftzeichen und ganze **Fonts** (Zeichensätze) ist außerdem Schutz möglich nach dem

- **Schriftzeichengesetz** (v. 6.7.1981) für vollständige Zeichensätze, soweit sie neue *und* eigentümliche Schriftzeichen aufweisen[6],
- **Geschmacksmustergesetz**[7], soweit der Zeichensatz Vorlagefunktion hat und durch eigenpersönliche schöpferische Tätigkeit geschaffen wurde[8].

Ergänzend kann der allgemeine wettbewerbsrechtliche Nachahmungsschutz eingreifen, soweit eine wettbewerbliche Eigenart besteht, die auf die betriebliche Herkunft oder Besonderheiten des Erzeugnisses verweist[9].

(ee) IRC

Internet Relay Chat (IRC) erlaubt weltweiten textbasierten Informationsaustausch in Echtzeit. IRC-Software ist meist Shareware[10], aber zunehmend auch Teil von WWW-Browser-Software von Online-Anbietern oder eigenständigen Internet-Software-Anbietern integriert. IRC ist client-server-basiert[11]. Operatoren kontrollieren bestimmte

---

1 S. ausf. *Watts/Blakemore*, Protection of Software Fonts in UK Law, [1995] 3 EIPR 133.

2 Bitmapped Fonts enthalten Daten zur Beschreibung der Anordnung von Punkten zur Zeichenwiedergabe. Als Verfahren zur Wiedergabe vorgegebener Zeichen werden einzelne Bitmap-Fonts nicht als schutzfähig angesehen.

3 Postscript-Fonts sind eigenständige Computerprogramme zur Beschreibung von Schriftzeichen.

4 Ähnlich Terry *Carroll*, Copyright FAQ – *bricolage* Common miscellaneous questions, S.6, http://bel. avonibp.co. uk/bricolage/issues/issue3/copyright/part3.html) unter Hinweis auf Eltra Corp. v. Ringer, 579 F 2d 294, 208 U.S.P.Q. 1 (4th Cir., 1978). *Fonts* sind in den USA unter geltendem Patentrecht (35 U.S.C. 171) patentfähig.

5 Zu diesem Problemkreis s. www.Bitstream.com/W3/W3CEMBED.HTM.

6 *Eichmann/v. Falckenstein*, GeschmG, § 1 Rdn. 41.

7 *Eichmann/v. Falckenstein* Einf. Rdn.9.

8 *Eichmann/v. Falckenstein*, § 1 Rdn 24.

9 *Eichmann/v. Falckenstein*, Einf. Rdn. 15.

10 Das Protokoll wurde 1988 von J. *Iokarinen* (Finnland) entwickelt und durch den Einsatz 1991 im Golfkrieg bekannt (*Rose*, IRC Frequently Asked Questions (FAQs)s.<news alt.irc>).

11 Über IRC sind Grafiken im *.GIF-Format erreichbar, ein rechtlich bisher wenig beachteter

Channels („*hacks*"). Wer zuerst einen Kanal aktiviert, erhält Operatorenstatus und kann andere teilnehmen lassen oder ausschließen[1], ist deshalb grundsätzlich auch für die Kontrolle des Uploading urheberrechtsverletzender Beiträge (mit)verantwortlich[2]. Der übergeordnete IRC-Operator kontrolliert das IRC-Network, nicht aber die Kommunikation in den einzelnen Kanälen; er kann also nicht Teilnehmer oder Beiträge ausschließen[3], ein für mögliche Providerhaftung wichtiger Umstand. IRC- und MUD-Kommunikation erfolgt aufgrund des essentiell simultanen interaktiven und responsiven Zugriffs aller Teilnehmer **öffentlich**. Persönliche Verbundenheit liegt zumeist nicht vor, da sich die Teilnehmer jederzeit beliebig in die laufende Kommunikation ein- und ausloggen können und vielfach nur über Pseudonym (*Alias*) interagieren.

Werke verlieren auch einer Kommunikation im IRC nicht ihre bestehende urheberrechtliche Schutzfähigkeit. Allerdings kann vielfach ein (stillschweigender) Verzicht auf die Vergütung für die Werknutzung unterstellt werden, wenn der Urheber bei Verfügbarmachen des Werkes keinen Vorbehalt erklärt.

(ff) Internet und „geschlossene" Online-Dienste

Die urheberrechtliche Schutzfähigkeit kompletter Kommunikationsnetze wurde bisher wenig diskutiert. Da das **Internet** in toto nicht ein einheitliches Netz darstellt, sondern aus einer Vielzahl miteinander verwobene, durch die gemeinsame Protokollverwendung zusammengehaltener Netze besteht. Ein schutzfähiges Werk kann außerdem nicht in der technischen Infrastruktur des Netzes gesehen werden, möglicherweise aber in der verteilten Struktur von Informationssammlungen, die Datenbankmerkmale aufweist und als „*library without walls*" beschrieben wurde[4]. Als Daten enthält sie alle einbezogenen URLs[5], die wiederum den weltweiten Zugriff auf über Home Pages aufgeschlüsselte Dateien eröffnen. Möglich ist ein Schutz der in Suchmaschinendatenbanken gesammelten URL-Daten zumindest als Datenbank (im Sinne der §§ 87 a ff UrhG). Auf den URL bezogene **Suchprogramme** (sog. „*Search Engines*")[6] erlauben nun – ähnlich Suchbefehlen einer Datenbankensuchsprache – den direkten, weltweiten Zugriff auf Dateisammlungen.

Komplette **geschlossene Online-Dienste** wie etwa AOL, T-Online oder CompuServe mit einem eigenen, weltweiten Kommunikationsnetz mit einheitlich gestalteten Benutzeroberflächen und zentraler Verwaltung sind grundsätzlich als einheitlich konzipiertes

Verbreitungsweg in Netzen. Ähnlich können Teilnehmer weltweit gleichzeitig elektronische Spiele interaktiv über sog. Multi-User Dungeons (MUDs) durchführen, teilweise bereits mit Virtual Reality-Komponenten. MUD-Agent- und Robot-Programme assistieren den Teilnehmern hierbei, etwa durch Auskunftserteilung. Sog. Chatterbots hingegen betreiben schlicht Konversation mit den Teilnehmern.

1 *Rose*, a.a.O.

2 *Koch*, GRUR 1997, 417, 421.

3 *Rose*, a.a.O. Teilnehmer können Kanäle außerdem durch IRC (Ro)bot-Programme der Client-Software vor dem Zugriff sichern.

4 *Leon*, The World of Internet: Teil 1: Protocols and Mainstream Services, Online & CDROM Review 1994, vol. 18/4; Teil 2: A Client-Server Architecture and the New Generations of Informations Servers, Online & CDROM Review 1994, vol. 18/5S.229.

5 Der Uniform Resource Locator (URL) ist die WWW-Adresse mit der Syntax: Dienst:/ Rechnername:Port/Pfad/Datei (*Kimmig*, Internet 1995, 130).

6 Wie etwa Allzwecksuchmaschinen, die jedes Wort auf jeder Webseite absuchen (wie Google oder Yahoo) und *Meta*suchmaschinen, die auf andere Maschinen verweisen (wie MetaCrawler, MetaSearch, SavvySearch), vgl. Computerwoche 32/96 v. 9.8.1996, 17f.

Werk im Sinne einer einheitlichen persönlichen geistigen Schöpfung im Sinne von § 2 Abs.1 UrhG schutzfähig[1]. Die vielfach gestaffelte, softwaregestützte und mit optischen Elementen angereicherte Oberfläche kann, je nach individueller technischer Ausgestaltung, einer oder mehreren Werkarten zuzuordnen sein, insbesondere als eine (wenn nicht wissenschaftliche, so doch zumindest) technische Darstellung gemäß § 2 Abs. 1 Nr. 7 und /oder als die Ausdrucksform eines Computerprogrammes verstehen (§§ 2 Abs. 1 Nr. 1, 3. Fall i.V.m. 69 a Abs. 1 S. 1 UrhG) oder als Datenbank im Sinne der §§ 87 a ff UrhG.

(gg) Kommunikationsprotokolle und -software, „Knowbots“

Die verschiedenen Internet-**Kommunikationsprotokolle** bauen auf einer gemeinsamen Grundlage auf, dem zentralen Protokollpaar Internet Protocol (IP)[2] auf der Ebene der Netzwerkschicht (ISO/OSI-Modellebene 3) und Transmission Control Protocol (TCP) auf der Ebene der Transportschicht (ISO/OSI-Ebene 4)[3]. Serial Line Internet Protocol (SLIP) erlaubt den IP-Dateitransfer über eine serielle Leitung (RFC 1055), das Point-to-Point Protocol (PPP) die Paketübermittlung (RFC 1171) über alle Leitungen. Soweit Ethernet-Leitungen für das Routing verwendet werden, müssen die 32-bit-Adressen über das Address Routing Protocol (ARP) in 48-bit-Ethernet-Adressen umgewandelt werden[4]. Diese Protokolle haben wie etwa technische Schnittstellenspezifikationen für Software urheberrechtlich den Charakter von Grundsätzen oder technischer Verfahrensmethoden[5] und sind deshalb als solche dem Urheberrechtsschutz grundsätzlich nicht zugänglich (wohl aber natürlich in der Ausgestaltung in einem beschreibendem Dokument)[6]. Die urheberrechtliche **Gemeinfreiheit** der Protokolle sichert, dass Anbieter nicht mittels Lizenzverweigerung faktisch Zugangssperren zu Netzen verhängen[7].

3. Verwertungsformen und -rechte

a) Grundsätze zur Rechtseinräumung

Für die Abgrenzung von Nutzungsrechten muss nach den einzelnen **Diensten**[8] des Internet technisch differenziert werden. In einigen Diensten findet z.B. regelmäßig ein Downloading statt (ftp, Web), in anderen nicht (telnet). Und selbst für den einzelnen Dienst kann zu differenzieren sein. So mag der einzelne Zugriff nicht das Gleichzeitig-

---

1 *Koch*, GRUR 1997, 417, 422.

2 Das IP-Protokoll enthält ein Adress-System und ein Datenverkapselungssystem. Byte-Orientierung erlaubt erst das für das Pakettieren notwendige Fragmentieren mit variabler Segmentgröße (*Leon*, a.a.O., S. 229, 231)

3 Hinzu treten weitere Protokolle wie etwa as Internet Control Message Protocol (ICMP) zur Fehlerprüfung und -berichtigung.

4 *Cheswick*, S. 22.

5 für das US-Recht s. *Perritt*, Law and the Information Superhighway 1996, 80.

6 *Koch*, GRUR 1997, 417, 422.

7 *Perritt* , a.a.O., 79.

8 Telnet und ftp weisen andere technische Abgrenzungen und wirtschaftliche Bedeutung als das WWW und Push-Dienste auf, sodass man schon aus diesem Grunde „das Internet“ nicht als kohärente Nutzungsart wird definieren können.

keitserfordernis des Senderechts erfüllen, wohl aber der Einsatz der vom Anbieter voll steuerbaren Push-Technologie. Auch **Verträge** über die Einräumung urheberrechtlicher Nutzungsrechte müssen diesen unterschiedlichen Gegebenheiten Rechnung tragen, soll eine Nutzungsrechtseinräumung wirksam erfolgen.

Fehlen klare Festlegungen im Vertrag, ist auf den Zweck der Einräumung des Nutzungsrechts abzustellen (§ 31 Abs. 5 S. 2 UrhG, sog. „Zweckübertragungsgrundsatz“). Gleiches gilt für die Abgrenzung der Nutzungsarten (§ 31 Abs. 5 S. 1 UrhG). Der Zweckübertragungsgrundsatz des § 31 Abs. 5 UrhG regelt, dass Rechte als nur in dem Umfange eingeräumt gelten, der zur Erreichung des Vertragszweckes unbedingt erforderlich ist[1]. Das Urheberrecht soll so weit wie möglich beim Urheber bleiben[2]. Deshalb können grundsätzlich nur diejenigen Nutzungsrechte als stillschweigend eingeräumt gelten, durch die die Erreichung des Vertragszwecks ermöglicht wird[3]. Dies gilt grundsätzlich auch im Verhältnis der Urheber zu den **Verwertungsgesellschaften**, denen gegenüber der Urheber interessiert bleiben kann, die Rechtewahrnehmung selbst vorzunehmen[4]. Eine Weiterübertragung eingeräumter Nutzungsrechte ist nur mit Zustimmung des Rechtsinhabers zulässig (§ 34 Abs. 1 S. 1 UrhG), der diese Zustimmung aber nicht wider Treu und Glauben verweigern darf (§ 34 Abs. 1 S. 2 UrhG). In AGB kann dieses Zustimmungserfordernis nicht wirksam abbedungen werden[5].

b) Nutzung als solche

Zwar regelt das UrhG Nutzungsrechte, aber nicht die **Nutzung** des Werkes **als solche**[6]. Die Benutzung eines Werkes, etwa das Nachschlagen eines Stichwortes im Lexikon, ist kein urheberrechtlich relevanter Vorgang. „Dies gilt für das Benutzen eines Computerprogrammes“ (d.h. das Ablaufenlassen) „ebenso wie für das Lesen eines Buches, das Anhören einer Schallplatte, das Betrachten eines Kunstwerkes oder eines Videofilmes“[7]. Deshalb sollte in Verträgen auch nicht pauschal auf die Nutzung an sich abgestellt werden, sondern konkret auf ein Vervielfältigen, Verbreiten, Zugänglichmachen, Senden, etc.

c) Unbekannte Nutzungsarten

Nach § 31 Abs. 4 UrhG ist die Einräumung von Nutzungsrechten an Werken bezüglich (im Vertragsabschlusszeitpunkt) noch unbekannten Nutzungsarten unwirksam. Konkret

---

1 BGH GRUR 1996, 121 = NJW 1995, 3252 – Pauschale Rechtseinräumung; BGH GRUR 1998, 680 = NJW 1998, 3716 – Comic-Übersetzung.

2 Vgl. BGH GRUR 1979, 637, 639 – White Christmas.

3 BGH GRUR 1998, 680 = NJW 1998, 3716 – Comic-Übersetzung.

4 BGH GRUR 1986, 62, 65 – GEMA-Vermutung I, einschränkend Schricker/*Loewenheim*, Urheberrecht, §§ 31/32, Rdn. 29f.

5 BGH GRUR 1984, 45, 52 – Honorarbedingungen.

6 In diesem Sinne formuliert Wandtke/Bullinger/*Heerma*, Ergänzungsband zum UrhR, § 15 Rdn. 3, es werde nicht der schlichte Genuss des Werkes erfasst, also das Lesen, Hören und Anschauen. Missverständlich scheint aber die Folgerung, private Nutzung sei „gemeinfrei“. Vielmehr ist jeder, auch jeder kommerzielle Werkgenuss vom Urheberrecht nicht erfasst, wenn nicht zugleich urheberrechtliche Nutzungshandlungen erfolgen.

7 BGHZ 112, 264, 278.

kann dies bedeuten, dass das Recht zur Nutzung von Werken im Internet/Web, das z.B. im Sommer 2004 eingeräumt wird, nicht die erst nach diesem Zeitpunkt bekannt werdenden Nutzungsarten (etwa in Grids) erfasst. So wurde die Nutzung einer Kinderbuchfigur im Internet aus der Sicht eines 1995 geschlossenenen Vertrages als unbekannte Nutzung eingestuft[1]. Regelungszweck von § 31 Abs. 4 UrhG (wie auch von § 31 Abs. 5 UrhG) ist, die Urheber davor zu schützen, auch für erst in der Zukunft bekanntwerdende Nutzungsarten Rechte einzuräumen und hierdurch (aufgrund unzureichender Regelungen) unzureichend am wirtschaftlichen Erfolg solcher zukünftiger Verwertungen beteiligt zu werden[2]. Ob eine Nutzungsart bekannt ist, muss aus der Sicht des durchschnittlichen Urhebers und nicht aus der technischer Fachkreise entschieden werden[3]. In dieser Sicht wird etwa *Grid Computing* 2003/2004 noch als unbekannt einzustufen sein, da es jedenfalls den breiteren Kreisen zu diesem Zeitpunkt nicht bekannt war.

Allerdings sieht ein **Gesetzesentwurf**[4] in einem neuen § 31 a Abs. 1 S. 1 UrhG-E vor, dass auch über unbekannte Nutzungsarten Verträge geschlossen werden können sollen, jedoch wirksam nur in schriftlicher Form. Bis zum Beginn der Nutzung soll der Urheber die Rechtseinräumung oder Verpflichtung hierzu widerrufen können (§ 31 a Abs. 1 S. 2 UrhG-E), allerdings nicht, wenn die Vertragsparteien eine angemessene Vergütung für die neue Art der Werknutzung bei deren Beginn durch den Verwerter vereinbart haben (§§ 31 a Abs. 2, 32 c Abs. 1 UrhG-E)[5]. Regelungszweck ist, dass Verwerter in die Lage versetzt werden sollen, sich Werkverwertungsrechte umfassend einräumen zu lassen[6].

Als **neue Nutzungsarten** gelten alle neuen, nach der Verkehrsauffassung hinreichend klar abgrenzbaren, technisch eigenständigen sowie wirtschaftlich relevanten Verwertungsarten für geschützte Werke[7]. An den aus solchen neuen Verwertungen erzielbaren Erträgnissen soll der Urheber Anteil haben. Notwendig ist eine qualitative Verbesserung oder quantitative Erweiterung der Nutzungsmöglichkeiten[8]. Die bloße technische Eigenständigkeit der Verwertungsart genügt nicht, vielmehr muss auch eine wirtschaftliche Relevanz dieser Verwertung gegeben sein[9], damit eine dingliche Wirkung eintreten kann. Eine neue Nutzungsart ist etwa die Videozweitauswertung von Spielfilmen[10], die aber nicht der Einräumung eines spezifischen Videoverfilmungsrechts bedarf[11]. Gleiches ist für „DVD-Auswertung" anzunehmen[12], die CD-ROM-

1 OLG München, Urt.v.22.5.2003 – 29 U 5051/02, ZUM-RD 2003, 581 – Pumuckl.

2 BGHZ 11, 135, 143 – Schallplatten-Lautsprecherübertragung.

3 *Wandtke/Schäfer*, GRUR Int. 2000, 187, 188.

4 Referentenentwurf für ein Zweites Gesetz zur Regelung des Urheberrechts in der Informationsgesellschaft v. 27.9.2004 (verfügbar über www.itrb.de).

5 Die Regelungen der §§ 31 a Abs. 2, 32 c Abs. 1 UrhG-E scheinen freilich noch der Anpassung zu bedürfen. § 32 c Abs. 1 S. 1 räumt nämlich nur (einigungsunabhängig) einen Anspruch auf eine besondere angemessene Vergütung ein, während § 31 a Abs. 2 das Widerrufsrecht nur bei Erfolgtsein einer Einigung entfallen lässt.

6 Referentenentwurf für ein Zweites Gesetz zur Regelung des Urheberrechts in der Informationsgesellschaft v. 27.9.2004. Begr. 47.

7 BGH GRUR 1992, 310, 311 – Taschenbuchlizenz; BGH NJW-RR 1990, 1061 – Bibelreproduktion.

8 Fromm/Nordemann/*Hertin*, Urheberrecht, §§ 31/32 Rdn. 6.

9 So die vielzitierte Entscheidung des BGH, Urt.v.26.1.1995 – I ZR 63/93, GRUR 1996, 212 = ZUM 1995, 713 – Videozweitauswertung III.

10 BGH, Urt.11.10.1990 – I ZR 59/89, GRUR 1991, 133 – Videozweitauswertung.

11 BGH, Urt.v.8.7.1993 – I ZR 196/91, GRUR 1994, 41 – Videozweitauswertung II.

12 So das LG München I, Urt.v.4.10.2001 – 7 O 3154/01, CR 2002, 132 – DVD = ZUM 2002, 71 =

Technologie[1] oder die Verwendung eines Musikwerkes als Handy-Klingelton[2].

Keine neue Nutzungsart liegt vor, wenn eine schon bisher übliche Nutzungsmöglichkeit durch den technischen Fortschritt erweitert und verstärkt wird, ohne sich aber dadurch aus der Sicht der Endverbraucher, deren Werknutzung durch das System der Verwertungsrechte letztlich erfasst werden soll, **in ihrem Wesen entscheidend zu verändern**[3], so etwa bei bloßer Erhöhung der Kapazität von Speichermedien. Nicht ausreichend ist also die bloße Verwendung einer neuen Technik, auch wenn sie zu Qualitätsverbesserungen führt, sich aber kein **eigener neuer Markt** gebildet hat und dadurch neue Verbraucherkreise angesprochen werden, wofür Umsatzerhöhungen und Mehrerlöse auf dem vorhandenen Markt nicht ausreichen, insbesondere, wenn zudem vorhandene Vertriebsstrukturen genutzt werden[4]. War eine solche neue Nutzungsart im Zeitpunkt des Abschluss eines Vertrages über die Einräumung der urheberrechtlicher Nutzung eines Werkes noch nicht bekannt, erfasst der Vertrag damit diese Nutzungsart nicht (§ 31 Abs.4 UrhG)[5]. Rechtseinräumung und Verpflichtung hierzu sind unwirksam.

Nutzungsart und Nutzungsrecht sind zu **unterscheiden**. Zunächst ist festzustellen, ob eine (neue) technisch und wirtschaftlich eigenständige und bedeutsame Verwertungsform vorliegt[6]. Ist dies der Fall, muss dieser Verwertung ein Verwertungsrecht zugeordnet werden, also etwa dem technischen Vorgang des Downloading früher das unbenannte Recht öffentlicher Wiedergabe (§ 15 Abs. 2 UrhG) oder nunmehr das Recht öffentlicher Zugänglichmachung (§ 19 a UrhG). Ähnlich sind Music-on-Demand („MoD“) und Video-on-Demand („VoD“) neue Nutzungsarten, da sie bekannt, technisch (freilich nicht im strengen Sinne des Patentrechts) neu und wirtschaftlich eigenständig sind[7]. Für diese Verwertungen sind Nutzungsrechte einzuräumen[8]. Hierzu gehören für das Uploading auf Serverrechnern und das Downloading und Abspeichen auf Nutzerrechnern das Vervielfältigungsrecht. Der Übertragungsvorgang kann durch das Senderecht erfasst werden, wenn kein Abruf zu frei gewählten Zeitpunkten, sondern nur z.B. mittels Streaming zeitgleich für alle Nutzer eine Konzertveranstaltung im Internet übertragen wird. Bei zeitlich versetzt möglichen Abrufen durch einzelne Nutzer kam früher das unbenannte Recht öffentlicher Wiedergabe in Betracht und ist seit dem 13.9.2003 das Recht öffentlicher Zugänglichmachung aus § 19 a UrhG anwendbar.

Eine der ersten Entscheidungen zu diesem Problembereich ist in den **USA** ergangen.

JurPC Web-Dok. 38/2002 – Zauberberg; das OLG München, Urt.v.31.10.2002 – 6 U 5487/01, GRUR 2003, 50 – Zauberberg sah die DVD-Verwertung im Verhältnis zur Verwertung desselben Werkes auf Videokassette allerdings *nicht* als neue Nutzungsart an; ähnlich OLG München, Urt.v. 10.10.2002 – 6 U 5487/01, JurPC Web-Dok. 358/2002.

1 OLG Hamburg, Urt.v. 5.11.1998 – 3 U 212/97, MMR 1999, 225; KG, Urt.v. 30.7.1999 – 5 U 3591/99, JurPC Web-Dok. 68/2000 (Musik-CD als im Jahre 1979 unbekannte Nutzungsart).

2 OLG Hamburg, Beschl.v. 4.2.2002 – 5 U 106/01, GRUR-RR 2002, 249, ebenso Vorinstanz LG Hamburg, Urt.v. 4.4.2001 – 308 O 112/01, GRUR-RR 2001, 259. Gleiches muss für die Verwendung als Teil einer Web-Animation gelten.

3 BGH, Urt. v.4.7.1996 – I ZR 101/94, ZUM 1997, 128, 130 – Klimbim/Satellitenausstrahlung.

4 OLG München, Urt.v.31.10.2002 – 6 U 5487/01, GRUR 2003, 50, 54 – Zauberberg unter Bezug auf BGH GRUR 1986, 62 = NJW 1986, 1244 – GEMA.

5 So war etwa die Veröffentlichung elektronischer Zeitungen im Jahr 1980 eine in Art, Intensität und Reichweite nicht bekannte Nutzungsart i.S.v. § 31 Abs. 4 UrhG (OLG Hamburg, Urt.v.11.5.2000 – 3 U 269/98, NJW-RR 2001, 123 – digitaz).

6 BGH NJW 1995, 1496; Schricker/*Schricker*, Urheberrecht, §§ 31/32, Rdn. 26.

7 *Wandtke/Schäfer*, GRUR Int. 2000, 187, 189.

8 Übersicht bei *Wandtke/Schäfer*, GRUR Int. 2000, 187, 190.

In *Tasini* [1] wurde bemerkenswerterweise ein Verwertungsrecht der New York Times an den Artikeln freier Autoren bezüglich einer Sammlung und Ausgabe auf CD-ROM **bejaht**. Der langerwarteten Entscheidung lag ein Sachverhalt zugrunde, in dem die Artikel von vornherein einen Tag nach Publikation in der Printversion der Zeitungen/ Zeitschriften in der elektronischen Datenbank NEXIS[2] verfügbar sind, freilich ohne Fotografien und nicht im originalen Artikelformat. Aus *denselben* Daten wurde dann eine CD-ROM „The New York Times OnDisc“ und vergleichbare Produkte zusammengestellt und veröffentlicht. Unstreitig war die Einstufung der Werke als Sammelwerke[3], streitig aber das Verwertungsrecht an dem Sammelwerk, das das Gericht bejahte, da eine zulässige „*revision*“ erfolgt sei, kein unzulässiges (weiteres) Vervielfältigen. Nach der US-Rechtslage ist der Urheber des Sammelwerkes zu „*any revision*“ berechtigt, wenn nichts anderes vereinbart wurde. Ähnlich wurde die ungenehmigte Veröffentlichung eines Zeitungsartikels in einem Bulletin Board als Urheberrechtsverletzung beurteilt[4].

Mehrfach wurde vorgeschlagen, etwa **Multimediawerke** oder die Internet-Nutzung von Werken als solche neue Nutzungsart i.S.v. § 31 Abs. 4 UrhG einzustufen. Zwar ist es zutreffend, daß die überwiegende Auffassung jede als solche hinreichend klar abgrenzbare, wirtschaftlich-technische Verwendungsform als Nutzungsart versteht[5], jedoch einerseits nur im Rahmen der **Verkehrsauffassung**[6] und außerdem nur innerhalb des Systems der Verwertungsrechte. Schließlich muss sich die Werknutzung in ihrem Wesen entscheidend verändern[7]. Hierdurch werden die Aufspaltungsmöglichkeiten deutlich beschränkt[8]. Nur, soweit die Verkehrsauffassung Verwertungsarten als technisch und wirtschaftlich eigenständige ansieht, gelten diese als „verkehrsfähig“ und damit verdinglichbar (also mit Rechtswirkung gegenüber Dritten einräumbar)[9]. Erst diese **Verdinglichung** ermöglicht Rechtssicherheit. Diese

1 Tasini et al. v. The New York Times Conrad., Newsday Inc., Time Inc., The Atlantic Monthly Corp, Mead Data Central Corp. and University Microfilms Inc., Opinion and Order 13.8.1997, U.S.D.C., S.D. N.Y., 93 Civ.8678 (SS), bestätigt durch U.S.Supreme Court, Urt.v. 25.6.2001, GRUR Int. 2002, 276 – Tasini.

2 Juristen ist die parallele Urteils- und Gesetzesdatenbank LEXIS bekannt.

3 Im deutschen Urheberrecht sind „Sammelwerke“ als eigenständige Werke nach § 4 UrhG geschützt, wobei das Urheberrecht an den aufgenommenen Werken unberührt bleibt. Im US-Recht ist ein „collective work“ ein Werk, „in which a number of contributions, constituting separate and independent works in themselves, are assembled into a collective works“ (17 U.S.C. § 101). Für die Rechteverwertung bestimmt § 38 Abs. 2 UrhG, dass der Verleger oder Herausgeber einer Zeitung am Beitrag mangels abweichender Vereinbarung ein einfaches Nutzungsrecht. Räumt der Urheber ein ausschließliches Nutungsrecht ein, so ist er (der Urheber) mangels abweichender Vereinbarung sogleich nach Erscheinen des Beitrages berechtigt, ihn anderweit zu vervielfältigen und zu verbreiten. Nach 17 U.S.C. § 201 (c) gilt für die Rechteverwertung: „In the absence of an express transfer of the copyright or of any rights under it, the owner of copyright in the collective work is presumed to have acquired only the privilege or reproducing and distributing the contribution as part of that particular collective work, any revision of that collective work, and any later collective work in the same series“. Das Gericht führte aus, eine „revision“ setze keine Veränderung des Inhaltes voraus, sondern es genüge, wenn die in die (CD-ROM-)Sammlung aufgenommenen Artikel ausgewählt und mit Angaben zu Verfasser, Publikation, Ausgabe und Seitennummer gekennzeichnet werden (um den Datenbankzugriff zu ermöglichen), auch wenn Fotos und ursprüngliche Formate entfallen seien.

4 Los Angeles Times v. Free Republic, Order v. 9.11. 1999, U.S. D.C. Col. , CRi 2001, 81.

5 Fromm/Nordemann/*Hertin*, Urheberrecht, Vor § 31 Rdn. 5.

6 *Hertin*, a.a.O.

7 KG, Urt.v. 24.7.2001 – 5 U 9427/99, GRUR 2002, 252, 254 – Mantellieferung.

8 Vgl. Fromm/Nordemann/*Hertin*, Urheberrecht, § 31/32 Rdn. 6.

9 S. näher Fromm/Nordemann/*Hertin*, a.a.O. Rdn. 6.

Voraussetzungen haben aber auch zur Konsequenz, dass Nutzungsarten weder einfach in Formularverträgen als solche deklariert noch aus dem Begriff der Nutzungsart durch Auslegung abgeleitet werden können, sondern aus vorfindlichen Gegebenheiten, also wirtschaftlich-technischen Auswertungsformen und der faktischen und hinlänglichen Bekanntheit in den einschlägigen Urheberkreisen erschlossen werden müssen[1]. Die Behauptung, eine neue Verwertungsform sei eine neue Nutzungsart i.S.v. § 31 Abs. 4 UrhG, stellt damit eine empirische Hypothese dar, die der Überprüfung in der Rechtswirklichkeit bedarf. Deswegen begegnet es Bedenken, die „Online-Nutzung im Internet“[2] einfach als neue Nutzungsart zu deklarieren. Vielmehr müssen die einzelnen Dienste wie E-Mail, WWW, telnet oder Newsgroups auch im Hinblick auf § 31 Abs.4 UrhG getrennt betrachtet werden, ebenso etwa eine Nutzung in einem Internet-Pressearchiv[3]. Nutzungsarten sind von den ihnen übergeordneten Nutzungsrechten zu unterscheiden. Nutzungsarten erfassen inhaltlich grundsätzlich nur spezifische Teile des eingeräumten Nutzungsrechts[4]. Nutzungsrechte können damit mehrere, oft zahlreiche verschiedene Nutzungsmöglichkeiten umfassen[5]. Die Voraussetzungen der Nutzungsrechte definieren hierbei auch die Grenzen der Nutzungsarten: Setzt das Nutzungsrecht z.B. Werkverkörperung voraus (wie § 17 Abs. 1 UrhG), so kann nicht kompensatorisch eine verkörperungsunabhängige Nutzungsart des Online-Verbreitens konstruiert werden.

d) Richtliniendefinierte Verwertungsrechte

Die in der Praxis zentralen Verwertungsrechte wurden durch die Harmonisierungsrichtlinie vom 22.5.2001[6] EU-weit vereinheitlicht, so dass das Urheberrecht (nicht nur) in diesem Bereich transformiertes EG-Recht darstellt, nämlich das Vervielfältigungsrecht (Art. 2), das Recht der öffentlichen Wiedergabe von Werken und das Recht öffentlichen Zugänglichmachung sonstiger Schutzgegenstände Art. 3) und das Verbreitungsrecht (Art. 4). Außerdem wurden die urheberrechtlichen Schranken in Art. 5 (partiell) und der Schutz von technischen Maßnahmen in Art. 6 geregelt[7].

Die Urheberrechtsrichtlinie gründet sich ihrerseits auf den WIPO[8] Copyright Treaty (**WCT**) und den WIPO Performances and Phonograms Treaty (**WPPT**), jeweils vom 20.12.1996, beide in Kraft seit dem 6.3.2002[9]. Der WCT und der WPPT umfassen das

---

1 Zu beiden Kriterien s. Schricker/*Schricker*, Urheberrecht, §§ 31/31, Rdn. 26, 27, ausdrücklich darauf hinweisend, dass nicht die begriffsjuristische, sondern die (technisch-)wirtschaftliche Sicht maßgeblich ist.

2 So etwa *Ubber*, Online-Piraterie, Rechtsschutz, insbesondere Urheberrecht und Markenrecht, www. boesebeck-droste.com/Ubber2.htm. Hier bleibt unklar, was für die Nutzung in getrennten Netzen wie dem Wissenschaftsnetz (WiN) oder in eigenständigen, aber problemlos über Gateways aus dem Internet heraus erreichbaren Diensten wie dem Usenet, Online-Dienste und E-Mail gelten soll.

3 KG, Urt.v. 24.7.2001 – 5 U 9427/99, GRUR 2002, 252, 254 – Mantellieferung.

4 *Schack*, Urheber- und Urhebervertragsrecht, Rdn. 535.

5 Schricker/*Schricker*, Urheberrecht, § 31/32 Rdn. 38 und allgemein: Vor §§ 28 ff Rdn. 51.

6 Richtlinie 2001/29/EG des Europäischen Parlaments und des Rates vom 22.5.2001 zur Harmonisierung bestimmter Aspekte des Urheberrechts und der verwandten Schutzrechte in der Informationsgesellschaft, Abl. EG L Nr. 167 v. 22.6.2001, 10.

7 Vorbereitet worden war die Richtlinie durch das Grünbuch „Urheberrecht und verwandte Schutzrechte in der Informationsgesellschaft“, KOM (95) 385, endg.

8 World Intellectual Property Organization.

9 Mitteilung in CRi 2002, 25. Die Frist zur Umsetzung in nationales Recht lief bis zum 22.12.2002.

Verbreitungsrecht (Art. 6 WCT, Art. 8 WPPT), das Vermietrecht (Art. 7 WCT, Art. 9 WPPT), das Recht der öffentlichen Wiedergabe (Art. 8 WCT, Art. 10 WPPT[1]), eine Schrankenbestimmung (Art. 10 WCT und Art. 16 WPPT) und den Schutz technischen „Vorkehrungen" (Art. 11 WCT und Art. 18 WPPT).

Den Begriff der „**Öffentlichkeit**" selbst hat die Diplomatische Konferenz auf WIPO-Ebene nicht neu definiert[2]. Vielmehr wird ein auch zeitlich versetztes, d.h. von verschiedenen (und untereinander nicht verbundenen) Personen zu verschiedenen Zeitpunkten erfolgendes Zugreifen aus der Öffentlichkeit erfasst, die aber nach wie vor bestehen muss[3].

Abgestellt wird nämlich nicht auf den einzelnen Abruf als solchen, sondern auf das für alle zur gleichen Zeit erfolgende Zurverfügungstellen des Werkes (auf dem mit dem Internet konnektierten Serverrechner)[4]. Erfasst wird aber nur das Verfügbarmachen für individuelle Abfragen („*individually chosen by them*"), nicht jedoch im Ablauf einseitig festgelegte Programme, Hörschleifen[5] oder Push-Dienste.

Über die einheitliche Beurteilung des **Vervielfältigungsrechts** konnte in der WIPO keine Einigung erzielt werden. In einem „*Basic Proposal*" (in Art. 7) war die Festschreibung des Schutzes aus Art. 9 Abs. 1 RBÜ auch für temporäre Vervielfältigungen vorgeschlagen worden. Diese Regelung ist im Dezember 1996 in Genf auf der dortigen WIPO Konferenz **gescheitert**[6], wodurch Unsicherheit in beträchtlichem Grade fortbestand[7]. Immerhin wurde aber durch Mehrheitsbeschluss festgehalten, dass der Schutz aus Art. 9 RBÜ in vollem Umfange auch im digitalen Kontext und eine digitale Speicherung als Vervielfältigungsexemplar gelten (können) soll[8]. Auch wurde in Art. 7 und 11 WPPT das Recht der unmittelbaren und mittelbaren Vervielfältigung vorgesehen[9]. Klargestellt wurde aber, dass eine elektronische Kopie kein körperliches und damit verbreitungsfähiges Vervielfältigungsexemplar im Sinne des **Verbreitungsrechts** darstellt[10]. International regelt Art. 9 Abs. 1 **RBÜ** das Vervielfältigungsrecht als

---

1 Bereits im WCT und WPPT ist die Formulierung „einschließlich der Zugänglichmachung ihrer Werke in der Weise, das sie Mitgliedern der Öffentlichkeit an Orten und zu Zeiten ihrer Wahl zugänglich sind" („the exclusive right of autorizing any communication to the public of their works, by wire or wireless means, including the making available to the public of their works in such a way that members of the public may access these works from a place and at a time individually chosen by them").

2 So ausdrücklich *v.Lewinski*, CR 1997, 438, 441.

3 *v. Lewinski*, GRUR Int. 1997, 667, 675.

4 Hoeren/Sieber/*v.Lewinski*, Handbuch Multimedia-Recht, Teil 7.9, Rdn. 28.

5 Hoeren/Sieber/*v.Lewinski*, a.a.O., Rdn. 29.

6 S. für eine engagierte Kritik *Samuelson*, Wired March 1997, www.wired.com/wirde/5.03/netizen.html. Nach der dort entwickelten Auffassung wird sich eine solche Zuordnung aber jedenfalls dann nicht umgehen lassen, wenn die entstehenden Kopien dem Zugriff nicht nur temporär erhalten bleiben (wobei selbst eine temporäre Speicherung fungible Nutzung ermöglicht, etwa in sicherndes Abspeichern auf Platte). Eine andere Frage ist, ob (insbesondere international) die Nutzung der gespeicherten Vervielfältigungsexemplare *zustimmungsfrei* gestellt werden sollte.

7 So ausdrücklich die EG-Kommission im *Follow-Up,* S. 8, die in den Fällen, in denen berechtigte Urheberinteressen nicht oder wenig gefährdet werden, das ausschließliche Vervielfältigungsrecht nicht als anwendbar ansehen will.

8 *v. Lewinski*, GRUR Int. 1997, 667, 673.

9 S. näher Hoeren/Sieber/*v.Lewinski*, Handbuch Multimedia-Recht, Teil 7.9, Rdn. 21-23.

10 *v. Lewinski*, GRUR Int. 1997, 667, 674. Bereits 1982 hatten die Delegierten eines WIPO-Sachverständigenausschusses eine Empfehlung angenommen, nach der die Speicherung von Werken in einem Computer als Vervielfältigung i.S.v. Art. 9 Abs. 1 RBÜ und Werke dann als vervielfältigt anzusehen sind, wenn sie „fixed in a form sufficiently stable to permit its communication to an individual"

das ausschließliche Recht der Urheber, die Vervielfältigung ihrer Werke zu erlauben, „gleichviel, auf welche Art und in welcher Form sie vorgenommen wird". Damit sind aber nicht zwingend auch alle Formen temporärer Kopien erfasst, da Art. 9 RBÜ immer die Erstellung eines Vervielfältigungsexemplares voraussetzt. Ob eine temporäre Kopie als solch ein Vervielfältigungsstück einzustufen ist, bestimmt sich aber nach nationalem Recht.

Bezüglich der urheberrechtlichen Qualifikation der temporären Vervielfältigung geht die **Harmonisierungsrichtlinie** über die WIPO-Verträge hinaus und klammert explizit Vervielfältigungshandlungen von der Zustimmungsabhängigkeit aus, die „flüchtig oder begleitend sind und einen integralen und wesentlichen Teil eines technischen Verfahrens darstellen und deren alleiniger Zweck es ist, a) eine Übertragung in einem Netz zwischen Dritten durch einen Vermittler oder b) eine rechtmäßige Nutzung eines Werkes oder sonstigen Schutzgegenstandes zu ermöglichen" (Art. 5 Abs. 1 RL, umgesetzt in § 44 a UrhG). Für den Bereich der Online-Nutzung von Werken wurde ein Recht der **Zugänglichmachung** (Making Available) eingeführt (Art. 8 WCT, 11 WPPT).

Außerdem wurden Bestimmungen zur Zulässigkeit und zum Umgehungsschutz von technischen Schutzmaßnahmen getroffen Art. 11 WCT und 18 WPPT), die ein elektronisches Rechtemanagement ermöglichen.

Ungeregelt blieb die Frage, ob das Verfügbarmachen eines Werkes nur im Internet als „Veröffentlichen" gelten kann.

e) Verwertungsrechte

(1) Vervielfältigungsrecht

Fast alle Nutzungen von Werken im Internet bestehen in Vervielfältigungen oder sind mit diesen verbunden. Jeder Download führt zu einer Vervielfältigung (zumindest im Arbeitsspeicher des Rechners), ebenso jedes Abspeichern von Werken nach durchgeführten Änderungen oder Ergänzungen.

Das elektronische Format erlaubt zudem beliebiges Kopieren fast ohne Qualitätsverluste. Deshalb erstaunt es nicht, wenn das Internet einmal als „*the world's biggest copy machine*" bezeichnet wurde[1].

(aa) Kopie und Vervielfältigung

Besonderheit elektronischen Kopierens ist, dass beliebig viele Kopien erstellt werden können, ohne dass Qualitätsverluste auftreten[2], und zwar auch dann, wenn die Kopien selbst immer wieder Kopiervorlage sind. Außerdem führt zusätzliches Kopieren zu kaum noch messbaren Grenzkosten, da kein oder nur ein marginaler zusätzlicher Material- und Zeitaufwand erforderlich ist, um etwa Online-Abrufe zu ermöglichen.

erlauben (Second Committee of Governmental Experts on Copyright Problems Arising from the Use of Computers for Access to or the Creation of Works, Copyright 1982, 239, 245ff; Hoeren/Sieber/*v.Lewinski*, Handbuch Multimedia-Recht, Teil 7.9, Rdn. 24).

[1] PC Week, 27.1.1997, zit. nach WIPO, Intellectual Property on the Internet: A Survey of Issues, WIPO/INT/02, December 2002, 30 (http://ecommerce. wipo.int).

[2] *Reinbothe*, ZUM, 2002, 43, 49.

Das Vervielfältigungsrecht beinhaltet das Recht, Vervielfältigungsstücke mittels beliebiger Verfahren und in beliebiger Anzahl herzustellen (§§ 15 Abs. 1 Nr. 1, 16 Abs. 1 UrhG). Das Vervielfältigungsrecht gilt als das „Kernstück des Urheber- und Leistungsschutzrechts“[1]. Mit dem Begriff des „Vervielfältigungs**stückes**“ soll zum Ausdruck gebracht werden, dass eine **körperliche Fixierung** erfolgen muss[2]. Diese kann etwa durch Ausdrucken oder auch bereits durch Speichern auf einem Datenträger erfolgen[3], etwa einer Festplatte (hard disk)[4]. Als Vervielfältigung wird auch das **erstmalig** fixierte Werk angesehen[5], so etwa die Erstabspeicherung einer am Bildschirm erzeugten Grafik. Das Vorhandensein einer verkörperten Vorlage wird also nicht vorausgesetzt, – anders als bei dem Begriff der Kopie. Eine Kopie ist zwangsläufig immer eine Kopie *von etwas*. Keine körperlichen Fixierungen sind etwa Projektionen auf eine Leinwand[6] oder die Anzeige am Bildschirm[7]. Nicht erfasst wird also ein reiner **Lesezugriff**, bei dem bereits das Abspeichern blockiert wird.

Wichtig war bisher die Unterscheidung zwischen Kopien im technischen Sinne und Vervielfältigungsexemplaren im Sinne des Urheberrechts. Diese Unterscheidung hat durch die Änderung des Urheberrechts auf der Grundlage der Harmonisierungsrichtlinie an Bedeutung verloren. § 16 UrhG erfasste unverändert nur solche körperliche Festlegungen, die geeignet sind, das Werk den menschlichen Sinnen auf irgendeine Weise unmittelbar oder mittelbar wahrnehmbar zu machen[8]. Für die hierzu erforderliche gewisse Kontinuität der Festlegung genügte nach fast einhelliger Auffassung (für alle Werkarten, also etwa Kopien (eingescannter) Texte oder auch schutzfähige Bilder[9]) das Abspeichern auf der Festplatte (hard disk)[10], während die urheberrechtliche Beurteilung der Speicherung im RAM[11] oder in schnellen Zwischenspeichern umstritten war[12]. Ein

---

1 EG-Kommission, Grünbuch Urheberrecht und verwandte Schutzrechte in der Informationsgesellschaft, 19.7.1996, 52 (KOM (95) 382 endg.), S. 49.

2 Schricker/*Loewenheim*, Urheberrecht, § 16 Rdn. 2.

3 Obwohl auf der WIPO-Konferenz keine Vereinbarung über Eigenschaft von digitalen Kopien als Vervielfältigungsexemplare erreicht werden konnte, wurde doch festgestellt, dass das Vervielfältigungsrecht i.S.v. Art. 9 RBÜ auch in dem digitalen Bereich anwendbar sei: „It is understood that the storage of a protected work in a digital form in an electronic medium constitutes a reproduction within the meaning of Article 9 of the Berne Convention“ (Agreed Statement with Art. 1 (4) of the WIPO Copyright Treaty).

4 Für das schweizerische Recht s. IGE-Stellungnahme, S. 7 für Art. 10 Abs.2 Buchst. a URG.

5 Schricker/*Loewenheim*, Urheberrecht, § 16 Rdn. 6.

6 Schricker/*Loewenheim*, Urheberrecht, § 16 Rdn. 2.

7 *Haberstumpf*, Handbuch, Rdn. 158.

8 BGH GRUR 1982, 102, 103 – Masterbänder; BGH GRUR 1983, 28, 29 .

9 Für das US-Recht s. Playboy Enterprises, Inc. v. Frena. 839 F.Supp. 1552 (M.D. Fla. 1993). Das Gericht stellt ausdrücklich fest, dass es auf Vorsatz oder auch nur Kenntnis des BBS-Betreibers vom Weiterübertragen oder auch nur vom Darstellen des Werkes am Bildschirm (display) nicht ankomme (*„innocent infringer“*); abweichend RTC v. Netcom 3, 907 F. Supp. 1361 (N.D. Cal.), ein *„element of volition“* als erforderlich ansehend, aber eine Haftung aus dem Umstand begründend, dass der Betreiber nach Kenntniserlangung die Dateien nicht vom Server entfernt hat (*„contributory infringement“*).

10 So etwa OLG Düsseldorf, Urt. v. 14.5.1996 – 20 U 126/95, CR 1996, 728 für Computerprogramme.

11 Vervielfältigung im Rahmen einer Online-Übertragung bejaht durch OLG Hamburg, ZUM 2001, 513 – Frosch-Medizin-Lexikon.

12 Für die Schutzfähigkeit auch im RAM schon die Communication from the Commision, Follow Up to the Green Paper on Copyright and Related Rights in the Information Society vom 20.11.1996 (COM (96) 586 final), 7. Die Kommission schlug eine *Ausweitung des Anwendungsbereiches des Vervielfältigungsrechts* vor, um die berechtigten Verwertungsinteressen der Urheber sicherzustellen, außer, diese Ansprüche sind nicht durchsetzbar („not enforcable for whatever reason“, Communi-

Abgrenzungskriterium war, ob solche Kopien getrennte Nutzungen erlauben, an denen die Urheber berechtigterweise partizipieren sollen (was etwa bei schnellen Zwischenspeicherungen in Level-2- oder Routerrechner-Speichern zu verneinen war). Vervielfältigungsexemplare entstehen auch durch das Abspeichern von Computerprogrammes im RAM[1], da hier ein fungibles, d.h. voll gemäß der jeweiligen Bestimmung nutzbares und verkörpertes Exemplar verfügbar ist[2]. Auch Zwischenspeicherungen auf Serverrechnern führen zu Vervielfältigungen, die nach § 44 a Nr. 1 UrhG zulässig sind[3].

Von der **Harmonisierungsrechtsrichtlinie** wird nunmehr jedes unmittelbare oder mittelbare, vorübergehende oder dauerhafte Vervielfältigen erfasst, das auf jede Art und Weise und in jeder Form ganz oder teilweise erfolgen kann (Art. 2 RL). Damit führt **jeder noch so flüchtige** („ephemere") **oder begleitende technische Kopiervorgang** zu einem Vervielfältigungsstück (wie sich aus Art. 5 Abs. 1 Harmonisierungs-RL im Umkehrschluss ergibt). Die Zulässigkeit von Vervielfältigungsakten soll sich nicht an der Definition der Vervielfältigung bestimmen, sondern erst im Zusammenhang mit der Bestimmung angemessener Schranken und Ausnahmen vorgenommen werden[4]. Dies bedeutet freilich einen **Abschied vom klassischen Begriff des Vervielfältigungsrechts**, der nur solche körperlichen Festlegungen einbezieht, die geeignet sind, das Werk den menschlichen Sinnen auf irgendeine Art unmittelbar oder mittelbar wahrnehmbar zu machen[5] und eine getrennte Nutzung erlauben, an der der Urheber

cation, a.a.O., 9). Dem folgte Art. 5 der Urheberrechtsrichtlinie.

1 S.n. etwa *Haberstumpf*, in: Lehmann, Rechtsschutz, Rdn 117 m.w.N; *Loewenheim*, Urheberrecht, in: Loewenheim/*Koch*, Praxis des Online-Rechts 1998, Abschnitt. 3.4.2; *Koch*, GRUR 1997, 417. 423; *Maaßen*, ZUM 1992, 338, 344; *Cherpillod*, Droit d'auteur et droits voisins, in: *Hilty* (Hrg.), Information Highway. Beiträge zu rechtlichen und tatsächlichen Fragen 1996, 261, 263; *Becker*, ZUM 1995, 231, 244 (für eine „flüchtige" Speicherung, sofern sie geeignet ist, das Werk den menschlichen Sinnen auf irgendeine Weise wiederholt wahrnehmbar zu machen); *Mehrings*, GRUR 1983, 275, 278. Abl. zur Vervielfältigungseigenschaft von RAM-Kopien s. etwa *Spindler*, ZUM 1996, 533, 543 m.w.N.. Für das **US-Recht** ähnlich bejahend zur *„temporary fixation"* s. etwa MAI Systems Corp. v. Peak Computer, Inc., 991 F. 2d 511 (9 th Cir. 1993); Advanced Computer Systems of Michigan, Inc. v. MAI Systems Corp., 845 F.Supp. 356 (E.D. Va 1994), Triad Corp. v. Southeastern Express, 95 D.D.O.S. 6889 (9th Cir. 1995) und Fonar Corp. v. Magnetic Resonance Plus Inc., Slip. Op. 699 (August Term, 2d Cir. 1996); krit. s. *Katz*, National Law Review 12.5.1997, www.ljx.com/copyright/0512cpsoft.html, und *Church/Katz* sowie *Soma* IIC Vol.27/No.6/1996, 804, 806f.).
Technisch ist die Diskussion um die RAM-Kopien ohnehin bereits teilweise längst überholt, da Rechner im gewerblichen oder wissenschaftlichen Einsatz regelmäßig den ganzen Tag oder sogar rund um die Uhr eingeschaltet bleiben und das RAM damit aktiviert bleibt und außerdem, gerade angesichts der großen Datenmengen im Web, Zwischenspeicherungen zunehmend nicht mehr im (teuren) RAM erfolgen, sondern gleich auf Platte, nämlich in der sog. „RAM-Disk", also i.E.ohnehin *auf einem dauerhaften Speicher* (*Arnold-Moore*, Beitrag Law.listserv.cni-copyright, + 6618, vom 6.8.1996). *Tenney* (law.listserv.cni-copyright + 6605 v. 5.8.1996) nennt für eine zu übermittelnde Grafikdatei *s i e b e n* Zwischenspeicherungen und damit Vervielfältigungen: Eine Kopie jeweils im Pufferspeicher des Sende- und des Empfängermodems, (mindestens) eine Kopie im Router-Rechner, eine Kopie im Cache-Speicher des Zielrechners, eine weiter im hiervon zu unterscheidenden Cache-Speicher der *Browser-Software* sowie je eine Kopie im Cache-Speicher des JPEG-Dekompressionschip und im RAM des Video-Board, in dem *30 mal in der Sekunde* eine Kopie erstellt werden muss, um alle Bildpixel am Bildschirm sichtbar zu machen. Aus diesem Grund kann für die heutige Rechnertechnologie nicht mehr ohne weiteres behauptet werden, bloßes Anzeigen am Bildschirm sei nicht mit einem Vervielfältigen verbunden.

2 LG München I, MMR 2003, 197 – Framing III; Wandtke/Bullinger/*Heerma*, Ergänzungsband zum UrhR, § 16 Rdn. 2; *Koch*, GRUR 1997, 417, 423 m.w.N.; a.A. KG ZUM 2002, 828, 830 – Pressespielversendung.

3 Wandtke/Bullinger/*Heerma*, Ergänzungsband zum UrhR, § 16 Rdn. 3.

4 *Reinbothe*, GRUR Int. 2001, 733, 736.

5 BGHZ 17, 269 ff.

berechtigt partizipieren können soll. Nunmehr sind sämtliche Kopien als Vervielfältigungen erfasst[1], seien sie auch noch so kurzzeitig erstellt, also auch solche im Arbeitsspeicher (RAM), im Routerrechner oder auf einem Proxy-Server[2]. Jedoch bedarf das Erstellen solcher Vervielfältigungen dann keiner Zustimmung des Berechtigten, wenn sie in einem technischen Verfahren entstehen, dessen alleiniger Zweck es ist, eine Übertragung in einem Netz oder eine rechtmäßige Nutzung zu ermöglichen und wenn die Vervielfältigungshandlungen keine eigenständige wirtschaftliche Bedeutung haben (Art. 5 Abs. 1 Harmonisierungs-RL). Abzugrenzen ist also nicht mehr, ob eine Kopie im technischen Sinne eine Vervielfältigung im urheberrechtlichen Sinne darstellt (da jede technische Kopie nunmehr eine solche urheberrechtliche Vervielfältigung ist), sondern nur, welche Vervielfältigungen auf Grund ihres technikspezifischen Charakters nicht dem vervielfältigungsbezogenen Erlaubnis- und Verbietungsrecht des Art. 2 der Harmonisierungs-RL zuzuordnen sind[3].

(bb) Temporäre, nicht zustimmungsbedürftige Vervielfältigungen

Nach der Harmonisierungsrichtlinie unterliegen solche Vervielfältigungshandlungen nicht dem Einwilligungserfordernis aus Vervielfältigungsrecht nach Art. 2 Harmonisierungs-RL, die flüchtig oder begleitend sind und einen integralen und wesentlichen Bestandteil eines technischen Verfahrens darstellen und deren alleiniger Zweck es ist, eine Übertragung in einem Netz zwischen Dritten durch einen Vermittler oder eine rechtmäßige Nutzung eines Werkes oder sonstigen Schutzgegenstandes zu ermöglichen, und die keine eigenständige wirtschaftliche Bedeutung haben (Art. 5 Abs. 1 Harmonisierungs-RL[4]). Diese Ausnahmebestimmung wurde nahezu wortgleich in **§ 44 a UrhG** für alle Arten von Werke und sonstige Schutzgegenstände umgesetzt. Zustimmungsunabhängig zulässig sind aber „vorübergehende" Vervielfältigungshandlungen im Sinne von § 44 a UrhG. Für jeden Typ der Vervielfältigungshandlung ist damit spezifisch zu prüfen, ob das Vervielfältigen flüchtig oder begleitend ist **und** zugleich einen integralen und wesentlichen[5] Teil eines technischen Verfahrens darstellt sowie ob eine wirtschaftliche Bedeutung besteht. Letzteres wurde etwa bejaht, wenn durch **Caching** von Webseiten (auf die Festplatte) die Wiederholung des Annavigierens dieser Seiten erspart wird und hierdurch etwa Werbeeinnahmen des Betreibers dieser Seiten

---

1 *Reinbothe*, GRUR Int. 2001, 733, 736.

2 *Kröger*, CR 2001, 316, 317.

3 *Dreier*, ZUM 2002, 28, 30 scheint die Art. 2 und 5 der RL dahin auszulegen, dass durch die gesetzestechnische Regel-Ausnahme-Konstruktion doch wieder nicht jede technische Vervielfältigungshandlung eine urheberrechtlich relevante Vervielfältigung sei. Man wird aber unterscheiden müssen, ob überhaupt eine Vervielfältigung erfolgt (was nach dem Ansatz generell der Fall ist) und ob diese Vervielfältigung der Zustimmung des Berechtigten bedarf (was in den in Art. 5 Abs. 1 RL angeführten Fällen nicht zutrifft). Auch wenn im Sinne von Art. 5 Abs. 1 RL kein Zustimmungserfordernis besteht, geht die Richtlinie dennoch davon aus, dass die derart freigestellten Handlungen *Vervielfältigungs*handlungen sind, wie sich aus dem Wortlaut von Art. 5 Abs. 1 und Erwägungsgrund 33 ergibt. Konsequenz ist freilich eine erhebliche Ausweitung des Vervielfältigungs*begriffes*.

4 Bereits die RBÜ erfasste in ihrem Art. 9 Abs. 1 jedes Vervielfältigen, „gleichviel, auf welche Art und in welcher Form". Auch Art. 7 und 11 WPT regeln „jede unmittelbare oder mittelbare Vervielfältigung" auf Tonträger.

5 Die doppelte Adjektivzuschreibung wirkt *tautologisch*: Ist ein Verfahrensteil integral, wird er wohl auch in der Regel wesentlich sein, nicht nur nebensächlich.

entfallen[1].

Auch das Laden von Dateien oder Computerprogrammen in den **Arbeitsspeicher** eins Rechners zwecks Ablaufenlassen oder Lesen fallen unter § 44 a UrhG[2], wobei sich dies für Computerprogramme bereits aus § 69 c Nr. 1 UrhG ergibt („dauerhafte oder vorübergehende Vervielfältigung")[3]. Diese Beurteilung war Grundlage auch der WIPO-Verträge[4].

Das Vervielfältigen ist im Rahmen von § 44 a UrhG unabhängig davon zulässig, ob die Nutzung, der die **Übermittlung** durch einen Vermittler nach § 44 a Nr. 1 UrhG dient, rechtmäßig ist[5].

Im **Routing**-Verfahren erstellte Vervielfältigungsexemplare sind durch § 44 a UrhG von der Zustimmungsbedürftigkeit freigestellt. Während des Transportes von Nachrichtenpaketen im Internet werden auf den zwischengeschalteten Routerrechnern pakettierte Dateikopien abgespeichert, die grundsätzlich kein Vervielfältigungsexemplar darstellen, da sie **nicht als Werke genutzt**, sondern nur weitertransportiert werden können. Bereits die verwendeten Routerrechner erlauben grundsätzlich keinen Zugriff auf einzelne Dateiinhalte. Vielmehr besteht die Aufgabe dieser Rechner darin, einzelne IP(Internet-Protokoll)-Pakete zu empfangen und zu übertragen. Diese Aufgabe wird automatisiert durch Anwendung von Routing-Algorithmen gelöst. Eine Wiedergabe von Dateiinhalten ist über die die Übertragung vermittelnden Routerrechner nicht möglich, sondern erst im Zielrechner. Auch das Übertragen der Dateien als solches ist keine Nutzung des Werkes.

Weiter werden Dateien in vorformatierte und so leichter übermittelbare Teile („*packets*", also IP-Pakete) aufgeteilt und nur diese Datei**teile** im einzelnen Routerrechner gespeichert. Meist weisen diese Dateiteile als Teile der übermittelten Werkkopie keine an diesen Teilen erkennbare, schöpferische Werkstruktur auf; insoweit sind diese Dateiteile als solche urheberrechtlich nicht schutzfähig, da sie keine aus sich schöpferisch gestalteten Werkteile enthalten. Hinzu kommt, dass die verschiedenen Teile einer Datei oft nicht sequentiell über ein und denselben Rechner „laufen", sondern – je nach gewählter optimierter Route – über verschiedene Rechner. Selbst wenn ein Dateiteil aber schutzfähig sein sollte, beginnt seine bestimmungsgemäße Nutzbarkeit grundsätzlich erst im Zielrechner nach Wiederzusammenführen der Teile („*reassembly*") zur ursprünglichen, vollständigen Werkkopie, da grundsätzlich erst diese wieder ein fungibles Vervielfältigungsexemplar darstellt, an das berechtigte Partizipationsinteressen der Urheber geknüpft werden können[6]. Das einzelne Datei-„fragment" ist während der jeweiligen Übertragung – und damit in den Routerrechnern

---

1 *Ruiz*, CRi 2003, 1 f.

2 *Dreier*/Schulze, UrhG, § 44 a Rdn. 4.

3 Wandtke/Bullinger/*v. Welser*, Ergänzungsband zum UrhR, § 44 a Rdn. 25.

4 WCT, agreed statement concerning Art. 1 (4); WPPT, agreed statement concerning Articles 7, 11 and 16: „The reproduction right ... and the exceptions permitted thereunder, fully apply in the digital environment, in particular to the use of works in digital form. It is understood that the storage of a protected work in digital form in an electronic form constitutes a reproduction .." (zit. nach WIPO, Intellectual Property on the Internet: A Survey of Issues, WIPO/INT/02, December 2002, 33 (http: //ecommerce. wipo.int).

5 Wandtke/Bullinger/*v. Welser*, Ergänzungsband zum UrhR, § 44 a Rdn.9; *Reinbothe*, GRUR Int. 2001, 733, 738.

6 So bereits der Legal Advisory Board (LAB), Reply to the Green Paper on Copyright and Related Rights in the Information Society, verfügbar über http://www2.echo.lu/legal/en/ipr/reply/reply.html), *Loewenheim*, Urheberrecht, in: Loewenheim/*Koch*, Praxis des Online-Rechts 1998, Abschnitt. 3.4.7

– nicht als **fungibles** (vollständiges oder teilweises[1]) Vervielfältigungsexemplar anzusehen[2]. Selbst wenn man aber eine Zuordnung als teilweises Vervielfältigungsexemplar annimmt, ist jedenfalls § 44 a UrhG anwendbar. Auf den zwischengeschalteten Router-Rechnern findet man also in den IP-Paketen grundsätzlich keine vollständige Werkkopie, sondern nur Fragmente, die oft wenig oder keine Merkmale schöpferischen Gestaltens erkennen lassen. Die Aufteilung erfolgt nämlich rein schematisch, unabhängig vom Inhalt. Soweit Computerprogramme über das Internet transportiert werden, bleibt die Zustimmungsbedürftigkeit dennoch bestehen, da § 69 c Nr. 1 UrhG ausdrücklich auch **teilweises** Vervielfältigen erfasst, doch sind diese Programmteile in ihrer routingbedingten Fragmentierung überhaupt nicht nutzbar.

Auch **Caching** in Zwischenspeichern wird von § 44 a UrhG erfasst, sofern solches Zwischenspeichern ein effizientes Funktionieren der Übertragungssysteme ermöglicht, der Vermittler die Information nicht verändert und nicht die erlaubte Anwendung von Technologien zur Sammlung von Daten über die Nutzung der Informationen beeinträchtigt[3]. § 44 a UrhG privilegiert damit das Erstellen von Kopien in schnellen Zwischenspeichern des Rechners, etwa in *Second-Level(L2)-Caches* oder auch in schnellen Grafikkartenspeichern. Dieses Caching ist integraler und wesentlicher Teil des technischen Verfahrens des Speicherns bzw. Wiedergebens. Auf diese temporären Kopien erhält der Anwender nämlich in der Regel keinen getrennten Zugriff. Sie werden rein hardware-intern zur Beschleunigung der Kommunikation zwischen schnellem Prozessor und langsamer Platte genutzt, sind auch körperlich fixiert, aber nicht eigenständig als Werk nutzbar. Der Anwender greift vielmehr nur auf die Kopie im RAM oder auf Platte zu. Diese Beurteilung galt auch bisher schon, allerdings mit dem Unterschied, dass bereits die Vervielfältigungseigenschaft der Kopie verneint wurde. Für Computerprogramme gehören diese rein technisch bedingten Kopiervorgänge beim Caching und das mit ihnen verbundene Vervielfältigen regelmäßig zum bestimmungsgemäßen Gebrauch im Sinne von §§ 69 d Abs. 1 i.V.m. 69 c Nr. 1 S. 1 UrhG. Ergänzend ist die technische Gestaltung der Cache-Speicher zu beachten, da diese oft weder ganze Werke[4] noch auch nur Werkteile erfassen können, sondern nur Adressbefehle oder kleine Dateiteile, damit aber insoweit meist keine in sich schutzfähigen Werkteile, so dass schon deshalb kein Vervielfältigen erfolgt.

Von rechnerarchitekturspezifischen Caching-Formen ist das **Web-Caching** zu unterscheiden. Diese haben in der Praxis erhebliche Bedeutung; 10% aller Webseiten sollen ca. 90 % aller Anfragen erhalten[5]. Beim Web-Caching werden Webinhalte (u.U. weltweit) verteilt und lokal, d.h. möglichst nahe am jeweiligen Nutzer gespeichert, der

---

[1] Die Auffassung von Schricker/*Loewenheim*, Urheberrecht, § 16 Rdn 8, auch das Vervielfältigen von Teilen eines Werkes werde von § 16 UrhG erfasst, steht der hier vertretenen Auffassung nicht entgegen, da sie auf eigenständig verwertbare Kopien von Werkteilen abstellt, wie sich aus dem Hinweis auf die §§ 46 Abs.1 S.1 und 53 Abs. 3 UrhG ergibt (ebenso i.E. LG Frankfurt, GRUR 1996, 125). Paketinhalte sind aber erst nach dem Zusammenfügen wieder verwertbar.

[2] *Koch*, GRUR 1997, 417, 425. Ebenso wohl im Ergebnis *Nordemann/Goddar/Tönhardt/Czychowski*, CR 1997, 645, 647, allerdings mit der stark verkürzten Begründung, der Router habe keinerlei Nutzen von dem Werk. Dies ist sicher bereits deshalb zutreffend, weil der „Router" ein Kommunikations*programm* ist. Richtig ist aber auch, dass der Betreiber des Routerrechners keine Verwertungshandlung vornimmt.

[3] So Erwägungsgrund 33 der Urheberrechtsrichtlinie.

[4] So aber wohl Wandtke/Bullinger/*v. Welser*, Ergänzungsband zum UrhR, § 44 a Rdn.5, der insoweit nicht ganz zutreffend von „*Client-Caching*" spricht. Schnelle Zwischenspeicher zwischen Prozessor und RAM haben aber nichts mit Client-Server-Systemen zu tun (die auf einer Software-Architektur beruhen), sondern sind Teil einer Hardware-Architektur.

[5] *Badach*/*Rieger*/*Schmauch*, Web-Technologien, 226.

dann nur auf den lokalen Serverrechner jedenfalls zunächst zugreifen muss und auf den entfernten Rechner nur bei einem „*Cache-Miss*“[1], so etwa, wenn der Inhalt im Cache-Rechner nicht vorhanden oder nicht mehr aktuell ist (was durch „Validierung“ des Web-Content überprüft wird). Bei solchem Web-Caching wird nicht nur kurzzeitig und technisch bedingt zwischengespeichert, sondern können gecachte Seitenkopien auch längere Zeit für den Zugriff vorgehalten werden. Web-Caches können in unterschiedlicher Form implementiert werden, nämlich in der Browser-Software auf dem jeweiligen (Arbeitsplatz-)Rechner, als Netzwerk-Cache in Unternehmen, als Web-Caches bei ISPs und bei Content-Providern (als sog. *Reverse-Caches*)[2]. Web-Caching soll den Zugriff auf Inhalte im Web beschleunigen, indem Inhalte mit vermutlich hohen Zugriffszahlen verteilt angeboten werden. Die Effizienz des Web-Caching lässt sich deutlich steigern, wenn **mehrere Web-Caches** in einer hierarchischen Struktur selbst wieder **verbunden** werden, wobei Gleichordnung (als Nachbar-Web-Caches bzw. – *Siblings*) oder Unterordnung (als Web-Cache-*Children*/*Parents*) möglich sind[3]. Dies erlaubt, gleich in der ganzen Struktur nach einem Inhalt zu suchen (sog. Kooperatives Web-Caching), wofür die verschiedenen Web-Cache-Server zu Web-Cache-*Clustern* zusammengefasst werden können[4], die über das ICP (Internet Cache Protocol) verwaltet und mit spezieller Software (z.B. *Squid*) werden. Web-Caching bei ISPs kann auch auf Streaming-Media-Dienste ausgeweitet werden, so dass die ISPs Video-on-Demand oder (zukünftig) webbasiertes TV anbieten können[5].

Wohl nicht zutreffend ist die Auffassung, dass sogar das „**Mirroring**“, also das Spiegeln von Dateien auf externe Rechner, von Art. 5 Abs. 1 der Harmonisierungsrichtlinie (und damit von § 44 a UrhG) erfasst sein soll, wenn jene Bedingungen erfüllt sind[6], da das Einrichten solcher Mirroring-Rechner nicht erforderlich ist, um das Funktionieren des Übertragungssystems überhaupt erst (im Sinne von Erwägungsgrund 33 der Richtlinie) zu ermöglichen. Versteht man unter „Übertragungssystem“ das Internet in toto, so setzt dessen Funktion nicht zwingend die Nutzung von Mirrors voraus (wenn diese auch Datenübertragungen durch Denzentralisieren der Zugriffe erleichtern mögen). Versteht man hingegen (m.E. näherliegend) unter „Übertragungssystem“ enger nur die jeweiligen Server- und Router*rechner*, so scheidet die Installation anderer Rechner schon begrifflich aus und sind vielmehr bestimmte interne, schnelle Zwischenspeicher gemeint, nicht aber wahlfrei einrichtbare „Mirror“-Rechner. Durch Spiegeln oder „**Cloning**“ von Sites werden außerdem die Speicherinhalte kompletter Serverrechner auf andere Rechner oft zum Zweck längerfristiger Speicherung übertragen, etwa zum Zwecke der Sicherung der Datenbestände vor Systemausfall oder zur Erleichterung der Zugriffes auf Dateien durch (teilweise weltweite) Verteilung der Dateien auf verschiedene Rechner[7]. Durch solches Kopieren entstehen Vervielfältigungen kompletter Rechnerspeicherinhalte. Hier muss für jedes zu spiegelnde Werkexemplar geprüft

---

1 *Badach/Rieger/Schmauch*, Web-Technologien, 227.

2 *Badach/Rieger/Schmauch*, Web-Technologien, 228.

3 *Badach/Rieger/Schmauch*, Web-Technologien, 250f.

4 *Badach/Rieger/Schmauch*, Web-Technologien, 253.

5 *Badach/Rieger/Schmauch*, Web-Technologien, 260.

6 *Spindler*, GRUR 2002, 105, 112, jedoch mit dem Hinweis, dass für das Spiegeln erforderliche Kopien eher den Vervielfältigungen mit wirtschaftlicher Bedeutung zuzurechnen sind.

7 Mirroring darf nicht mit „Caching“ verwechselt werden, das schnelle Zwischenspeicherungen in Server- oder Routerrechnern bezeichnet (missverständlich insoweit Wandtke/Bullinger/*Heerma*, § 16 Rdn. 15), ebenso Speicherungen im Browser-Bereich bei Nutzerrechnern, während „Mirroring“ das Herstellen zusätzlicher Kopien auf *anderen* Rechnern zur Beschleunigung zusätzlicher Abrufe bezeichnet.

werden, ob eine entsprechende Vervielfältigungsbefugnis besteht. Fehlt auch nur eine der erforderlichen Befugnisse, ist ein pauschal erfolgendes Spiegeln urheberrechtlich unzulässig.

Nach § 44 a UrhG ist zu prüfen, ob das Kopieren eines Werkes (oder sonstigen Schutzgegenstandes wie einer Datenbank im Sinne der § 87 a ff UrhG) in den Arbeitsspeicher Nutzungsmöglichkeiten **eigenständiger wirtschaftlicher Bedeutung** eröffnet. Dies ist zumindest dann nicht der Fall, wenn das in den Arbeits-speicher geladene Werkexemplar (etwa ein Computerprogramm) bestimmungsgemäß benutzt wird (da eine solche Nutzung ohne das Laden in das RAM technisch nicht möglich ist). Betrachtet man dieses Laden in den Arbeitsspeicher als „technisches Verfahren" im Sinne von § 44 a UrhG, so dient es damit allein dazu, eine rechtsmäßige Nutzung zu ermöglichen.

Als Vervielfältigungen gelten auch Kopien von Werken oder sonstigen Schutzgegenständen, die im Verlauf eines **Downloads** auf dem Nutzerrechner erstellt werden[1]. Soweit **Computerprogramme** zu Übertragungszwecken dorthin vervielfältigt werden, bedarf auch dieses – nach dem Download erfolgende – Vervielfältigen[2] der Zustimmung des Berechtigten (so § 69 c Nr. 1 S. 2, 4. Fall ausdrücklich für das mit einem Übertragen verbundene Vervielfältigen). Nach den §§ 69 d Abs. 1 i.V.m. 69 c Nr. 1 UrhG ist die Zustimmung des Rechtsinhabers jedoch entbehrlich, soweit diese Übertragung mit der bestimmungsgemäßen Benutzung verbunden ist, so etwa beim Download von einer Webseite mit inkorporierten Java-Applets.

Wird eine digitale Kopie auf einen Serverrechner **heraufgeladen (Uploading)**, um sie für Dritte im Internet abrufbar zu machen, entsteht hierbei ein Vervielfältigungsexemplar im Speicher des Serverrechners[3]. Wird die heraufgeladene Datei im Internet zugreifbar gemacht, erfolgt hierdurch ein öffentliches Zugänglichmachen (§ 19 a UrhG), das getrennter Zustimmung bedarf. Bei Uploading auf **anonyme ftp-Rechner** überträgt Nutzer ohne besonders erteilte Berechtigung des Rechnerbetreibers Dateien. Auch dieses Uploading führt zu einem Vervielfältigen.

Bei durch **Browsing** erstellten Kopien ist zu differenzieren. Die heruntergeladenen Werkexemplare werden zunächst im Arbeitsspeicher vervielfältigt, in der Regel aber zusätzlich (bei üblicher Optionseinstellung der Browsersoftware) auch **auf der Festplatte** des herunterladenden Nutzerrechners (z.B. bei NetScape unter netscape/ cache)[4]. So wurde bereits das Laden eines im Internet zugänglichen Lexikons in den **Arbeitsspeicher** als Vervielfältigen eingestuft, das auch bei Privatgebrauch ebenso wie Framing zustimmungspflichtig ist[5]. Das gilt erst recht für das Kopieren des Werkexemplars auf die Harddisk. Das oft sog. „Browsing" ist freilich als solches keine Nutzungshandlung im Sinne des Urheberrechts, sondern setzt sich aus verschiedenen technischen Vorgängen zusammen (Annavigieren einer Website, Aufrufen unterschiedlicher Seiten dieser Website, Herunterladen einzelner Seiten und deren Vervielfältigen auf dem Nutzerrechner).

Sicherungskopien von Webseiten-generierenden Programmen (i.S.v. § 69 d Abs. 2 UrhG) durch den Nutzer auf deren Site sind zur Nutzung der jeweiligen Webseiten eines Websites nicht erforderlich und damit auch nicht zulässig. Der Nutzer kann jederzeit erneut auf die Site selbst zugreifen. Etwas anderes kann für Applet-Programme

---

1 Wandtke/Bullinger/*Heerma*, § 16 Rdn. 14; Wandtke/Bullinger/*Thum*, § 72 Rdn. 16.

2 *Loewenheim*, Urheberrecht, in: Loewenheim/Koch, Praxis des Online-Rechts 1998, Abschnitt. 3.4.5.

3 OLG München, ZUM 2001, 420, 426; Wandtke/Bullinger/*Heerma*, § 16 Rdn. 13 m.w.N.

4 a.A. wohl *Bechtold*, ZUM 1997, 427, 430.

5 OLG Hamburg, Urt. v. 22.2.2001 – 3 U 247/00, NJW-RR 2001, 1198 – Roche-Lexikon (Medizin).

gelten, die auf dem Nutzerrechner selbst auszuführen und für die Nutzung eines heruntergeladenen Dokuments/Programms erforderlich sind, ebenso für die vom Betreiber des Website selbst zu erstellenden Kopien, um auch den zukünftigen Site-Betrieb zu sichern.

Ein Vervielfältigen einer **Datenbank** im Sinne der §§ 87 a ff UrhG erfolgt nur dann, wenn die Gesamtheit oder ein wesentlicher Teil einer Datenbank auf einem anderen Datenträger verfügbar gemacht wird, nicht jedoch, wenn bei Chart-Listen die äußeren Gestaltungsmerkmale nicht übernommen werden[1]. Das Auslesen einer **E-Mail**-Adressdatenbank für Zwecke der E-Mail-Werbung wurde als rechtswidriges Vervielfältigen der Datenbank und zudem u.U. als eine unlautere Übernahme einer fremden Leistung qualifiziert[2].

E-Mail wie auch **Usenet**-Nachrichten werden oft in der Form beantwortet, dass der Empfänger seine Kommentare in den Text des Absenders an passender Stelle einfügt und den so ergänzten Text zurückübermittelt, also hierdurch vervielfältigt. Dieses **Weiterübertragen von Nachrichten** und sonstigen Inhalten (sog. „*Remailing*") führt grundsätzlich zu einem zustimmungsbedürftigen Vervielfältigen, erst recht das „*Cross-Posting*"[3] einer Mail an mehrere andere Newsgroups im selben Mailingvorgang. Das gilt jedenfalls dann, wenn Werke Dritter in der Mail inkorporiert sind. Zumindest, soweit eine derartige Verwendung (in bestimmten Verwendergruppen) üblich ist, ist die (stillschweigende) Zustimmung des Rechtsinhabers zu unterstellen[4], aber nicht, wenn in der jeweiligen E-Mail über den Rahmen des § 51 UrhG (Zitatrecht) hinausgehende Auszüge aus Werken Dritter (z.B. Texte, Abbildungen oder auch Computerprogramme im Source Code-Format oder als angehängte EXE-Datei bzw. „News", also Nachrichtentexte aus Newsgroups oder von Agenturen) enthalten sind[5] oder Linksammlungen, die auch per E-Mail übermittelt werden können.

Das Übertragen eines noch nicht digitalisierten Werkexemplares in ein digitales Format durch **Scannen** bzw. **Digitalisieren** ist regelmäßig mit einem urheberrechtlich relevanten Vervielfältigen verbunden[6], sofern die digitale Werkkopie mit allen schutzbegründenden Merkmalen auf einem Datenträger verkörpert wird und wie sonstige Vervielfältigungsexemplare fungibel (d.h. bestimmungsgemäß benutzbar) ist[7]. Der mit dem Einscannen verbundene technische Vorgang, nämlich das Abtasten der einzelnen Bildpunkte mit einem Laserstrahl, das Einlesen der elektronischen Impulse in einen Rechner und das Speichern der Daten führt zu einer fungiblen Kopie, also damit zu einem Vervielfältigungsstück, das bestimmungsgemäß benutzt werden kann. Ein schöpferisches Bearbeiten ist mit dem Vorgang des Einscannens selbst nicht verbunden[8]. Damit scheidet ein eigener Lichtbildschutz nach § 73 UrhG aus, da es bei der

---

1 OLG München, Urt.v. 10.10.2002 – 29 U 4008/02, MMR 2003, 593 = JurPC Web-Dok. 279/2003 – Zusammenstellung von Daten aus Chart-Listen.

2 LG Düsseldorf, Urt.v. 23.4.2003 – 12 O 157/02, JurPC Web-Dok. 249/2003 – E-Mail Adressdatenbank.

3 RFC 1855 Netiquette Guidelines Oct.1995, offizielle Fassung (Quelle: ftp nic.ddn.mil über fyi 28).

4 *Loundy*, Revising, S. 32.

5 *Loundy*. a.a.O., S. 5.

6 OLG Köln, GRUR 2000, 417, 420 – Elektronischer Pressespiegel; OLG Frankfurt, CR 1997, 275, 276 – D-Info 2.0 (noch zum Recht vor Einführung der §§ 87 a ff UrhG); ähnlich bereits White Paper, *Lehman,* (ed.) Intellectual Property and the National Information Infrastructure. The Report of the Working Group on Intellectual Property Rights („White Paper"), Sept. 1995, S. 234.70.

7 Ähnlich *Becker*, ZUM 1995, 231, 244 und bereits BGH GRUR 1991, 449 – Betriebssystem.

8 *Maaßen*, ZUM 1992, 338, 340.

elektronischen Produktion an einem Mindestmaß an persönlicher Leistung fehlt[1]. Möglich ist aber ein **Umgestalten**, da im erstellten elektronischen Format verschiedene Bildkorrekturverfahren eingesetzt werden können. Diese Umgestaltungsmöglichkeiten werden bereits beim Scannen selbst eröffnet. Ein Vervielfältigen erfolgt auch beim Konvertieren einer Datei in ein MP3-Format[2].

Nicht schon das Setzen, aber das Aktivieren gesetzter **Links**[3] zu Webseiten führt zu einer Vervielfältigung der „gelinkten" Seite, jedoch nicht auf dem Rechner des verweisenden Anbieters, sondern auf dem des abrufenden Nutzers[4]. Im Setzen eines Hyperlinks wurde eine neue Nutzungsart gesehen[5]. Das kann aber wohl nicht für jeden Link gelten, da Links auch einfach im Text als Fußnotenfunktion eingesetzt werden, sondern nur für Links zu anderen Werken.

Auch durch **Ausgabe** einer Datei auf externe Datenspeicher (z. B. CD-ROM, DVD) oder durch Ausdruck auf Papier entsteht ein Vervielfältigungsstück, aber nicht durch bloße Ausgabe am Bildschirm[6].

Die Anwendbarkeit von § 44 a UrhG auf **Links** wurde abgelehnt, weil Links kein integraler und wesentlicher Teil eines technischen Verfahrens seien[7]. Tatsächlich sind Links durchaus untrennbarer Teil des für das Web integralen Verweisungstechnik zwischen HTML/XML-Dokumenten, jedoch ist § 44 a UrhG nicht anwendbar, weil das Linksetzen als solches noch zu keinem Vervielfältigen führt, während das Aktivieren gesetzter Links durch den Nutzer selbst bei bloßem Abspeichern zu einer Vervielfältigen (also ohne Caching auf der Festplatte) eigene wirtschaftliche Bedeutung hat, da der Nutzer die Werkkopie ausdrucken, auf Harddisk kopieren oder mit E-Mail als Attachment weiterschicken kann.

Das vollautomatische Kopieren durch **Suchmaschinen**[8] kann ebenfalls zu zumindest teilweisen Vervielfältigungsexemplaren führen. Für jede Suchmaschine ist zu prüfen, ob bzw. inwieweit diese Kopien urheberrechtlich als Vervielfältigungsexemplare einzustufen sind. Suchmaschinen wie Lycos, AltaVista oder Google stellen eine Index-Datei von Millionen Webseiten her. Diese Datei wird regelmäßig aktualisiert. Auf Anfrage des Nutzers wird stichwortbezogen eine Sammlung von einschlägigen Webseiten zusammengestellt[9]. Anders arbeiten Dienste wie Yahoo oder Magellan, die von Betreiber übermittelte und von Mitarbeitern gesammelte Webseiten registrieren und themenbezogen ordnen[10]. In beiden Fällen findet ein *partielles* Kopieren auch der jeweiligen Webseiten (zumeist hinsichtlich der ersten zehn Zeilen) statt. Soweit die Seiten ohne Nutzungseinschränkungen zum kundenseitigen Abruf bereitgehalten werden, ist die Befugnis zum Vervielfältigen grundsätzlich zu bejahen, während ein weitergehendes Kopieren längerer Textteile rechtswidrig sein kann. § 44 a Nr. 1 UrhG ist auf von Suchmaschinen erstellte Vervielfältigungen nicht anwendbar, soweit die Abspeicherung in der Datenbank der Suchmaschine dauerhaft ist, u.U. aber § 44 a Nr. 2

---

1 *Maaßen*, ZUM 1992, 338, 340.

2 *Mönkemöller*, GRUR 2000, 663, 667.

3 Zu Links ausführlich S. 647

4 Ernst/Vassilaki/*Wiebe*, Hyperlinks, Rdn. 29; *Koch*, GRUR 1997, 427, 430.

5 Ernst/Vassilaki/*Wiebe*, Hyperlinks, Rdn. 36.

6 S. etwa *Maaßen*, ZUM 1992, 338, 344, da es hier an der notwendigen Verkörperung fehlt.

7 Wandtke/Bullinger/*v. Welser*, Ergänzungsband zum UrhR, § 44 a Rdn.28.

8 Zu Suchmaschinen s. S. 698.

9 *Freeling*, 3.

10 *Freeling*, a.a.O.

UrhG[1], wenn die Voraussetzungen des „*Paperboy*"-Urteils des BGH erfüllt sind (s. S. 647).

Als problematisch wurde die seit November 2001 betriebene „*The Wayback Machine*" angesehen, in der 10 Mrd. Webseiten dauerhaft **archiviert** sind[2]. Zum einen erfolgt ein Vervielfältigen in ein elektronisches Archiv ohne Zustimmung der Berechtigten (die insbesondere für eine dauerhafte Archivierung nicht unterstellt werden kann), zum anderen sind in der *Machine* auch solche Seiten abrufbar, die wegen urheberrechtlichen oder wettbewerbsrechtlichen Verstößen gelöscht wurden.

Auch beim **Einrichten von Webseiten** müssen Rechte an zu integrierenden Werken, etwa Texten oder Bildern, gewahrt bleiben. Keinesfalls dürfen z.B. beliebig GIF.- oder JPG.-Dateien in die Seite aufgenommen werden, wenn nicht für jede Datei die Zustimmung der Berechtigten vorliegt[3]. Gleiches gilt für vorhandene Templates, Cliparts und erst recht für C++ -Class Libraries. Bei Fotografien kann außerdem das Recht am Bild des Betroffenen verletzt werden.

(2) Verbreitungsrecht

(aa) Grundsätze

Sollen das Original oder Vervielfältigungsstücke eines Werkes der Öffentlichkeit[4] angeboten oder in Verkehr gebracht werden, ist hierzu die Zustimmung des Berechtigten nach den §§ 15 Abs. 1 Nr. 2, 17 UrhG erforderlich. Die Berechtigung, ein Werk zu vervielfältigen, umfasst nicht die weitere, eigenständige Befugnis, vervielfältigte Werkexemplare zu verbreiten, also der Öffentlichkeit anzubieten oder in Verkehr zu bringen (§ 17 Abs. 1 UrhG). Wer berechtigt ist zu vervielfältigen, darf also die erstellten Vervielfältigungsexemplare allein deshalb noch nicht veräußern, sondern bedarf hierfür der zusätzlichen Zustimmung des Rechtsinhabers.

Zustimmungsbedürftigkeit nach § 17 UrhG besteht aber nur, wenn das Werkexemplar auf einem Datenträger fixiert, also ein **körperliches** Werkstück ist[5], also etwa eine Datei auf Datenträger. Eine wie immer geartetes Transferieren des Dateiinhaltes in unkörperlicher Form durch Punkt-zu-Punkt-Übertragung oder Senden stellt kein Verbreiten im Sinne von § 17 Abs. 1 UrhG dar[6]. Dies gilt auch, wenn beim *telnet*-Betrieb das Werk vom Host-Rechner auf den Bildschirm des Systems des Nutzers übertragen und dort wiedergegeben, aber nicht abgespeichert wird. Gegenüber dem Endkunden verliert das erläuterte Zuordnungsproblem aber an praktischer Relevanz, da das online übertragene Werkexemplar im Zielrechner (und zwar sogar bei den neuen Internet-Rechnern) zumindest im RAM abgespeichert und hierdurch ein Vervielfältigungsexemplar erstellt wird, weshalb an dieses mit dem Übertragen verbundene

1 *Dreier*/Schulze, UrhG, § 44 a Rdn. 6.

2 *Bahr*, The Wayback Machine und Google Cache – eine Verletzung deutschen Urheberrechts, JurPC Web-Dok. 29/2002.

3 *Oppedahl*/Larson, Web Law FAQ, rev. 6.7.1997, www.patents.com/weblaw.sht#ui, S. 3.

4 Der Begriff der „Öffentlichkeit" wird weiter als der in § 15 Abs. 3 UrhG ausgelegt, um auch Angebote an Einzelpersonen zu erfassen (s. BGH CR 1991, 405).

5 Schricker/*Loewenheim*, Urheberrecht, § 17 Rdn. 2. Ein Beispiel ist der Vertrieb von Zeitschriften, Artikeln auf CD-ROM (*Katzenberger*, AfP 1997, 434, 437).

6 Schricker/*Loewenheim*, a.a.O., *Becker*, ZUM 1995, 231, 244. Ähnlich für das schwedische Urheberrecht etwa Urt. des Högsta Domstolen (Oberster Gerichshof) v. 15.6.2000 – B 413-00, GRUR Int. 2001, 264 – Olssons Links.

Vervielfältigen aber Zustimmungsbedürftigkeit und Vergütungspflichtigkeit angeknüpft werden kann. Auch kann die nichtkörperliche Übermittlung nicht einfach als neue, unbenannte, wirtschaftlich-technisch eigenständige Nutzungsart im Rahmen des Verbreitungsrechts eingestuft werden, da das durch das Verkörperungserfordernis wesentlich bestimmte Verwertungsrecht auch den Rahmen möglicher berücksichtigungsfähiger und verdinglichungsgeeigneter Nutzungsarten absteckt, diese also ebenfalls zwingend Verkörperung des Werkes voraussetzt[1].

Das **Angebot** des Verbreitens muss gegenüber der Öffentlichkeit i.S.v. § 15 Abs.3 UrhG erfolgen[2].

(bb) Kein Vermieten und Verleihen bei Online-Übertragung

Für Computerprogramme wurde das Vermietrecht in § 69 c Nr. 3 S. 1 UrhG gesondert geregelt[3]. Für sonstige Werke bestimmt § 17 Abs. 3 UrhG[4] (im Rahmen gemeinschaftsweiter Rechtsanpassung[5]) Vermietung als eigene Nutzung, für die § 17 Abs. 2 UrhG die Anwendung der Erschöpfungswirkung ausschließt. Damit darf der Erwerber das Werkexemplar zwar weiterveräußern, aber **nicht vermieten oder verleihen**. Wird ein Werkexemplar **online** übertragen, tritt (mangels Verkörperung) ohnehin keine Erschöpfungswirkung ein und darf also keine Weiterverbreitung – und auch kein Weiterübertragen online – erfolgen, ebenso kein Vermieten/Verleihen als abspaltbare Sonderformen des Verbreitens.

Unaufgelöst bleibt freilich ein dogmatischer Widerspruch, der durch den Ausschluss der Anwendung des Verbreitungsrechts auf die Online-Übertragung begründet ist. So ist auf den nutzungsvertraglichen Erwerb eines Werkexemplares durch Online-Übertragung Kaufrecht zumindest entsprechend anwendbar[6] und damit eine **Übereignung** möglich, wenn nur der Nutzer die Dateikopie auf seinen Rechner „fernkopiert" erhält. Urheberrechtlich gilt dieser Vorgang – obwohl mit einem Veräußern verbunden – nicht als „Verbreiten". Deshalb kann freilich auch keine Erschöpfungswirkung im Sinne von § 17 Abs. 2 UrhG eintreten und darf der Erwerber das Exemplar – *trotz kaufweisen Erwerbes zu Eigentum* – nicht weiterverbreiten, und zwar auch dann nicht, wenn mittels der Online-Übertragung eine verkörperte Kopie und also ein Vervielfältigungsexemplar auf dem Speicher des Rechners des Empfängers dauerhaft und damit nutzbar gemacht wird, da die Übertragung als solche nichtkörperlich erfolgt ist. Dies führt zu einem Wertungswiderspruch: Mit dem online erfolgenden Vertrieb würde technologiegestützt also einen Weg eröffnen, Werkexemplare zu veräußern und zusätzlich an der sonst freien erwerberseitigen Weiterveräußerung des voll bezahlten

---

1 *Koch*, GRUR 1997, 417, 425.

2 BGH GRUR 1991, 316, 617 – Einzelangebot; *Loewenheim*, Urheberrecht, in: Loewenheim/Koch, Praxis des Online-Rechts 1998, Abschnitt. 3.3.2.

3 Art. 4 lit. c der Richtlinie vom 14.5.1991, § 69 c Nr. 3 S. 2 UrhG.

4 Eingefügt durch Ges.v. 23.6.1995 (BGBl. I S.842).

5 Richtlinie 92/100/EWG vom 19.11.1992 zum Vermietrecht und Verleihrecht sowie zu bestimmten dem Urheberrecht verwandten Schutzrechten im Bereich des geistigen Eigentums, ABl.Nr. L 346 v. 27.11.1992, 61.

6 Für die Anwendbarkeit von Kaufrecht BGHZ 102, 135, 140ff, auch bei *online* erfolgender Übertragung (BGHZ 109, 97, 100f), sodass auch bei entgeltlicher Software-Überlassung eine Erschöpfung des Verbreitungsrechts möglich ist (BGH CR 1991, 80, 85; OLG Nürnberg CR 1990, 118, 121; *Köhler/Fritzsche*, Die Herstellung und Überlassung von Software im bürgerlichen Recht, in: Lehmann, Rechtsschutz, Rdn.33f. Allgemein siehe *Becker*, ZUM 1995, 231, 244.

Exemplares zu partizipieren, während bei „klassischem“ Vertrieb verkörperter Exemplare die Erschöpfungswirkung des § 17 Abs. 2 UrhG eingreifen und Weiterveräußerung des erworbenen Exemplares erlauben würde[1]. Ein berechtigtes Interesse der eine Partizipation erstrebenden Urheber an dieser – durch eine technische Zufälligkeit neuer technischer Vertriebswege geschaffenen – **Privilegierung durch Doppelvergütung** [2] ist nicht erkennbar, da sich die eigentliche Nutzbarkeit des Werkes nicht ändert[3]. Der Erschöpfungsgrundsatz wirkt in dieser dogmatischen Folgerung dysfunktional und kontraproduktiv, da der Online-Erwerber und Vergleich zum Erwerber des Datenträgers benachteiligt wird.

Trotzdem hat die EG-Kommission Bedenken gesehen, den Erschöpfungsgrundsatz auch auf eine online erfolgende „Verbreitung“ auszudehnen[4], da das Werk oder die geschützte Leistung nicht auf einem materiellen Träger enthalten[5], sondern eine – im Prinzip unendlich oft wiederholbare – **Dienstleistung** sei, auf die der Grundsatz der Rechtserschöpfung nicht angewandt werden könne[6]. Die deshalb vorgeschlagene entsprechende Anwendung der Vermiet- und Verleihrichtlinie[7] würde zwar die Anwendbarkeit des Erschöpfungsgrundsatzes ausschließen, allerdings um den Preis, online erfolgende Eigentumsübertragung durch „*electronic delivery*“[8] qua Einstufung als Dienstleistung praktisch auszuschließen und durch eine aus Miete ohne Rückgabepflicht erfolgende Überlassung zu ersetzen, womit wohl die Analogiegrenzen des Zeitweiligkeit voraussetzenden Vermietungsbegriffes überdehnt werden[9]. Auch wird übersehen, dass regelmäßig keine Rückgabe erfolgt[10]. Deutlich wird dieser Wertungswiderspruch etwa, wenn z.B. die Überlassung derselben Internet-Browsersoftware bei Vertrieb auf CD-ROM als „Veräußerung“ gilt, bei Online-Vertrieb hinge-

---

1 Von einer nicht nachvollziehbaren Differenzierung spricht etwa *Spindler*, GRUR 2002, 105, 110.

2 Wandtke/Bullinger/*Wandtke/Ohst*, Ergänzungsband zum UrhR, § 95 b Rdn. 1.

3 *Koch*, GRUR 1997, 417, 426.

4 EG-Kommission, Grünbuch Urheberrecht und verwandte Schutzrechte in der Informationsgesellschaft, 19.7.1996, 52 (KOM (95) 382 endg.), 47f. Mit der Communication from the Commision, Follow Up to the Green Paper on Copyright and Related Rights in the Information Society vom 20.11.1996 (COM (96) 586 final), 14 wurden die Fragen weiter vertieft. Der Erschöpfungsgrundsatz soll hiernach nicht auf Online-Dienste anwendbar sein. Im *Follow-Up*, 10 räumt die Kommission ein, dass die Mehrheit der Mitgliedsstaaten nicht dem Modell der Kommission zu folgen geneigt ist, sondern das Senderecht erweiternd auslegen will (als right of communication to the public). So schlug die Kommission eine weitere Harmonisierung dieses Rechts vor. Allerdings sollte der Begriff der „Öffentlichkeit“ *nicht* neu definiert, jedoch der individuelle Online-Zugriff auf Werke einbezogen werden (l.c., S. 11).

5 Tatsächlich ist aber in den meisten Fällen beim Empfänger ein verkörpertes, voll fungibles Vervielfältigungsexemplar vorhanden.

6 Hier liegt die Annahme einer Verwechslung zwischen dem (in einer Kopie) zu übermittelnden Werk und der Dienstleistung der Übertragung selbst nahe. Die auf dem Rechner vorhandene, abrufbare Werkkopie ist nicht die Dienstleistung.

7 Die Kommission (a.a.O.) schlägt vor, das Vermiet- und Verleihrecht der Richtlinie 91/250/EWG über Computerprogramme und der Richtlinie 92/100/EWG zum Vermiet- und Verleihrecht durch erweiternde Auslegung auf die elektronische Übertragung als Punkt-zu-Punkt erfolgende „elektronische Vermietung“ anzuwenden (S. 60); erläuternd *Gaster*, ZUM 1995, 740, 749; ausf. *v. Lewinski*, ZUM 1995, 442; kritisch LAB, a.a.O.

8 *Flechsig*, a.a.O. , 33.

9 S. auch die Kritik des LAB-Reply, Datei scope.html, S. 2f, wonach das Vermietrecht gerade als Ausnahme zum Erschöpfungsgrundsatz eingeführt wurde, die nicht beibehalten werden könne, wenn man diesen Grundsatz im Online-Bereich aufgebe.

10 *Schricker*, Informationsgesellschaft, 129.

gen als „Vermietung"[1]. Der Online-Vertrieb wird deshalb nicht ausschließlich auf Grundlage des Vermietungsbegriffes definiert werden können.

Art. 11 TRIPS sieht einen Mindestschutz der Vermietrechte des Urhebers vor, allerdings nur für Computerprogramme und Filmwerke sowie bezogen auf gewerbliche Vermietung.

(3) Bearbeitungs- und Umgestaltungsrecht

Die Berechtigung zum Downloading von Werken umfasst nicht die eigenständige Befugnis zur Bearbeitung oder sonstigen Umgestaltung. Für **Computerprogramme** ist bereits das Bearbeiten und das sonstige Umarbeiten selbst zustimmungsabhängig (§ 69 c Nr. 2 S.1, 2. Fall UrhG), für sonstige Werke jedenfalls aber das Veröffentlichen oder Verwerten der Ergebnisse dieser Bearbeitungen/Umgestaltungen (§ 23 S. 1 UrhG). Zu diesem „Verwerten" gehört nach den §§ 15 Abs. 1 Nr. 1, 16 UrhG bereits jedes Vervielfältigen, sodass schon das Laden eines veränderten Vervielfältigungsexemplars dieser Werke bzw. Bearbeitungsergebnisse im RAM zustimmungsbedürftig ist, nicht erst dessen Verbreiten.

Der Urheber einer Homepage bzw. sonstigen **Webseite** und/oder von in dieser inkorporierten Dateien darf diese regelmäßig auf den neuesten Stand bringt und hierfür bearbeiten. § 11 UrhG beinhaltet auch den Schutz der Urheberbefugnis, sein Werk nach seiner Vorstellung zu ändern oder zu ergänzen, neu anzuordnen oder zu vernichten[2]. Für alle anderen bedarf die Bearbeitung oder Umgestaltung des Werkes[3] (also des Datei*inhaltes)* der Zustimmung des Urhebers, sowie das Ergebnis wiederum abgespeichert wird (Vervielfältigen als Verwertungshandlung nach § 23 S. 1 UrhG). Gleiches gilt grundsätzlich für die Umgestaltung etwa eines Textes zu einer webfähigen HTML-Version, die bereits für das mit dem Abspeichern verbundene Vervielfältigen zustimmungsbedürftig ist, weiter für digitale Bildbearbeitung[4] und die Durchführung von allen beeinträchtigenden oder **entstellenden Eingriffen** (§ 14 UrhG) hinsichtlich aller weiteren Verwertungshandlungen (§ 23 UrhG). Zu solchen Eingriffen können wesentliche Kürzungen (z.B. eines Textes) oder das Positionieren in einem unpassenden Kontext darstellen[5].

Eine Form des Umgestaltens[6] und teilweise auch Bearbeiten ist das **Digitalisieren**, bei dem Vorlagen automatisiert in das digitales Format umgewandelt (Umgestalten) und nicht selten außerdem Korrekturen oder Formatanpassungen vorgenommen werden (Umgestalten oder, bei schöpferischer Qualität, Bearbeiten). Digitalisieren eröffnet ein breites Spektrum von Verwendungs- und Bearbeitungsmöglichkeiten[7]. Die Zustimmung des Rechtsinhabers zum Übertragen eines Werkes auf einen digitalen Datenträger umfasst nur das hiermit verbundene Vervielfältigen, während zusätzliches Bearbeiten/

---

1 *Koch*, GRUR 1997, 417, 427.

2 Zu diesem „Recht auf Schaffensfreiheit" s.n. Schricker/*Dietz*, Urheberrecht, vor §§ 12ff Rdn 16, 27, Fromm/Nordemann/*Hertin*, vor § 31 Rdn 25.

3 *Becker*, ZUM 1995, 231, 241.

4 Den Bearbeitungscharakter bejahend *Maaßen*, ZUM 1992, 338, 342 (allerdings ein eigenes Schutzrecht aus den §§ 72 bzw. 2 Abs.1 Nr. 4 UrhG ablehnend).

5 *Gounalakis/Rhode*, Persönlichkeitsschutz im Internet, Rdn. 91, 92.

6 *Maaßen*, ZUM 1992, 338, 340.

7 Dies übersehen *Nordemann/Goddar/Tönhardt/Czychowski*, CR 1996, 645, 647, die Digitalisierung *nur* als Vervielfältigung qualifizieren.

Umgestalten besonderer Vereinbarung bedarf, die sich im Einzelfall nach dem Zweckübertragungsgrundsatz (§ 31 Abs. 5 S. 1 UrhG) auch aus dem Zusammenhang der Vereinbarung ergeben kann.

Das für das **Routing** technisch erforderliche Fragmentieren des digitalen Werkexemplares in einzelne Nachrichtenpakete kann als Umgestalten einzustufen sein, da beim Fragmentieren von Dateiinhalten die Gestalt des Werkexemplares grundlegend verändert wird. Diese Veränderung erfolgt durch eigene Steuerprogramme, also automatisiert und damit als nichtschöpferische, aus § 23 UrhG zustimmungsbedürftige sonstige Umgestaltung. Die Zustimmung kann als zumindest stilschweigend erteilt gelten, wenn das Werkexemplar im Internet/Web zum Download zugreifbar gemacht wird, der ohne solches Routing nicht möglich ist.

Grundsätzlich gleiche Erwägungen gelten für das **Komprimieren** (dichteres „Packen") von Dateien, um die Transferzeiten der Übertragung zu reduzieren. Durch solches Komprimieren können die gestalterischen Elemente des Werkes verändert werden; jedoch lassen sich diese Veränderungen regelmäßig durch die Umkehrung, die Dekomprimierung rückgängig machen, weshalb hier keine dauerhafte Umgestaltung erfolgt. In der komprimierten Form ist das Werk nicht ablauffähig und damit nicht nutzbar. Das Komprimieren ist außerdem mit einem Kopieren verbunden, das aber kein Vervielfältigen im urheberrechtlichen Sinne darstellt, soweit die jeweilige Werkkopie vor der Rückgewinnung in der komprimierten Form nicht lauffähig und damit nicht fungibel, jedenfalls aber nach § 44 a UrhG zulässig ist[1].

Anderes gilt für das **Dekomprimieren**, das in der Tat zu einem wieder fungiblen Vervielfältigungsexemplar führt. Zumindest das Dekomprimieren muss also Teil der bestimmungsgemäßen Benutzung oder vom Berechtigten besonders gestattet sein. Soweit das Übertragen des Werkes im Dateiformat zur bestimmungsgemäßen Benutzung gehört, gilt dies auch für das übertragungserleichternde Komprimieren/ Dekomprimieren[2], da der Rechteinhaber mit der Anwendung solcher üblicher Techniken rechnen muss.

Grundsätzlich gleiche Überlegungen gelten weiter für das Transformieren zwischen verschiedenen Codeformaten[3], das Bündeln mehrerer Dateien in eine einzige[4] sowie für das **Verschlüsseln** von Werken im Dateiformat. Mit einem Algorithmus wird das Werk, i.d.R. ein Text, in einen ohne Schlüssel nicht lesbaren Code umgewandelt. Entsprechend entstehen auch hier nicht schon beim Verschlüsseln, sondern erst beim Entschlüsseln bestimmungsgemäß nutzbare Vervielfältigungsexemplare. Diese Vorgänge sind außerdem mit einem Umgestalten verbunden.

Getrennt zustimmungsbedürftig sind – im Rahmen redaktioneller Gestaltung – erfolgende **Eingriffe** in dateigespeicherte Werke anderer Autoren oder gar die aktualitätsbedingte Dateilöschung durch den Website-Betreiber.

Während die Anordnung und Umordnung dieser Dateien in der Webseite zumeist die schöpferische Gestalt des Dateiinhaltes unverändert lassen, bedarf jedoch Bearbeitung oder Umgestaltung des Werkes[5] selbst der Zustimmung des Autors, sowie das Ergebnis wiederum abge-speichert wird (Vervielfältigen als Verwertungshandlung nach § 23 S. 1 UrhG), ebenso naturgemäß das Löschen als ultimative Form der Umgestaltung.

---

1 *Koch*, GRUR 1997, 417, 428.

2 Erkennbar an den *.zip- bzw. *.unizp-Endungen der Dateien.

3 Z.B. von ASCII in das Binärformat über „uuencode" bzw. „uudecode" (vgl RFC 1636, How to Use Anonymous FTP, May 1994, S. 8; verfügbar über: ftp:nic.ddn.mil).

4 Etwa mittels *.tar bzw. *.untar unter UNIX.

5 S. hierzu etwa *Becker*, ZUM 1995, 231, 241.

Das Setzen eines **Link** auf eine Webseite, um diese zugänglich zu machen, stellt als solches kein Bearbeiten dar[1].

(4) „Senden“ im Internet

Das Senderecht ist das Recht, das Werk durch Funk, wie Ton- und Fernsehfunk, Drahtfunk oder ähnliche technische Einrichtungen, der Öffentlichkeit zugänglich zu machen (§§ 20, 15 Abs. 2 Nr. 3 UrhG). Das Senderecht selbst blieb in der Urheberrechtsreform 2003 unverändert[2].

Als „**Öffentlichkeit**“ definiert § 15 Abs. 3 UrhG eine Mehrzahl von Personen, zu der jeder gehört, der nicht durch persönliche Beziehungen mit demjenigen, der das Werk verwertet, oder mit den anderen Personen verbunden ist, denen das Werk in unkörperlicher Form wahrnehmbar oder zugänglich gemacht wird[3].

§ 20 UrhG setzt weiter Gleichzeitigkeit voraus, so dass sukzessive Abrufe aus der Öffentlichkeit nicht unter das Senderecht fallen[4]. Gleiches soll für das Web-Streaming von Programmen gelten[5]. § 20 UrhG setzt außerdem ein inhaltlich und in der zeitlichen Reihenfolge ausschließlich vom Sendeunternehmen definiertes **Programm** voraus[6].

„Öffentlichkeit“ ist im Rahmen des § 20 UrhG hergestellt, wenn durch vielfache, **gleichzeitig** mögliche Abrufe aus einem System eine im Ergebnis zumindest rundfunksender*ähnliche*[7] Werkwiedergabe unter Teilnahme einer großen Zahl von Empfängern durchgeführt wird. Wesentlich ist, dass die Inhalte nicht zeitlich versetzt abgerufen werden, sondern sich die Nutzer quasi in ein laufendes Programm „einschalten“, wie es im Internet etwa bei Push-Diensten möglich ist.

Alle „zugeschalteten“ Nutzer erhalten bei solchem zeitgleichen „Streaming“ im

---

1 So für das österreichische Recht der österr. OGH, Urt.v.17.12.2002 – 4 Ob 248/02b, medien und recht, 1/2003, 35.

2 Der Diskussionsentwurf des BMJ v. 7.7.1998 für ein Fünftes Urheberrechtsänderungsgesetz sah noch eine Änderung des § 20 UrhG dahingehend vor, dass nur das Zugänglichmachen „innerhalb eines gestalteten Programms“ erfasst werden sollte. Die Begründung zum Entwurf unterschied diese Form des Zugänglichmachens vom Abruf, also einem Zugänglichmachen außerhalb eines gestalteten Programmes. Hier ergab sich das Abgrenzungsproblem, dass einzelne Sendungen im laufende Programm gleichzeitig mit der Ausstrahlung (und später aus einem Online-Archiv) im Internet auf Abruf durch Streaming verfügbar gemacht werden können, womit programmäßige Gestaltung und Abruf nicht disjunkt sind.

3 Die frühere Fassung ging vom Veranstalter aus, der für die Werkwiedergabe organisatorisch und finanziell verantwortlich ist (BGH GRUR 1960, 606f – Eisrevue II), während der Verwerter derjenige ist, der eine verwertungsrechtlich definierte Handlung ausführt. Persönliche Beziehungen der Nutzer zum Verwerter oder untereinander sind weiter erforderlich (*Dreier*/Schulze, UrhG, § 15 Rdn. 43).

4 Wandtke/Bullinger/*Ehrhardt*, UrhR – Praxiskommentar zum Urheberrecht, § 20 Rdn. 10.

5 Wandtke/Bullinger/*Ehrhardt*, UrhR – Praxiskommentar zum Urheberrecht, § 20 Rdn. 12 mit dem Hinweis, dass das ARD-Webradio lediglich über 200 gleichzeitige Zugänge verfüge. 200 – gar weltweit verteilte – Nutzer können freilich durchaus „Öffentlichkeit“ konstituieren. Ein „Senden“ wird hier immer dann vorliegen, wenn die Nutzer auf denselben Stream durch Abruf zugreifen können, der Abruf also nicht einen jeweils wieder von vorne beginnenden Download auslöst, sondern wie ein Einschalten in die laufende Radiosendung wirkt.

6 S.n. Wandtke/Bullinger/*Ehrhardt*, UrhR – Praxiskommentar zum Urheberrecht, § 20 Rdn. 8.

7 Die Konsequenz dieser Auslegung ist, dass jeder Homepage-Inhaber im Internet potentiell erfüllt sind, „Sender“ i.S.v. § 20 UrhG sein kann (ohne damit aber notwendig immer „Rundfunk“ im rundfunkrechtlichen Sinne zu sein). Meist werden aber bereits die technischen Voraussetzungen für ein gleichzeitiges Versenden an eine Mehrzahl von Nutzern nicht erfüllt sein, da hier entsprechend viele Ports des Rechners bzw. Rechner vorhanden sein müssen.

gleichen Zeitpunkt die gleichen Inhalte übermittelt, etwa im Internet übertragenen Radio- oder TV-Sendungen. Bei einzelabruforientierter Online-Übertragung Punkt-zu-Punkt wird das Werk hingegen nicht im Sinne von §§ 15 Abs. 3, 20 UrhG gesendet[1], da die Abrufe in der Regel (und sei es nur um Sekundenbruchteile) zeitlich versetzt erfolgen.

Ob bestimmte **Nutzerforen** „Öffentlichkeit" im Sinne von § 20 UrhG begründen, bedarf der Abgrenzung im Einzelfall. Öffentlichkeit kann nicht angenommen werden und das Senderecht nicht eingreifen, wenn Nutzergruppen in Online-Diensten bzw. Teilnehmer am **IRC**[2] eine **Beziehung persönlicher Verbundenheit** unmittelbar untereinander oder doch zumindest zum moderierenden Systemadministrator als gemeinsamen Veranstalter[3] gewinnen[4]. Bei freien und bei moderierten Newsgroups mit beliebigem Teilnehmerwechsel wird eine solche Verbundenheit zumeist nicht bestehen, wohl hingegen bei geschlossenen Benutzergruppen. Im **Usenet** und bei **LISTSERV** ist andererseits zumeist keine **Gleichzeitigkeit** des Abrufes feststellbar, bei einigen aktuellen Newsgroups und v.a. Chatgroups aber durch aus möglich sein. Die Prüfung muss auf den einzelnen News- oder Diskussionsgruppen bezogen erfolgen.

Internet-TV wird grundsätzlich als Senden eingeordnet[5]. Soweit vertreten wurde, aus der fast zu 100 % erfolgte Verbreitung von TV-Geräten in Privathaushalten folge, dass bei Empfang von Sendern mittels Internet keine relevante Nutzungsintensivierung vorliege[6], wird zu differenzieren sein, da z.B. inzwischen TV-Sender nur im Internet übertragen (etwa Hauptversammlungen von AGs). Hier werden nicht vorhandene Programme zusätzlich verwertet (wie etwa durch öffentlich-rechtliche Anstalten, die ihre Sendungen mittels Streaming zum Abruf bereithalten[7]), sondern die Übertragung im Internet ist die einzige (oder hauptsächliche) Verwertungsform. Bei jeder Form von Internet-TV wird zu unterscheiden sein, ob eine Sendung (etwa im „Push"-Verfahren) allen eingeloggten Nutzern zeitgleich übertragen wird oder ob die Nutzer bestimmte Sendungen wahlfrei abrufen können, wobei die jeweilige Sendung nach der Abrufaktivierung individuell für den jeweiligen Nutzer zum von diesem gewählten Zeitpunkt zu laufen beginnt[8], dieser sich also nicht quasi in ein bereits laufendes Programm (wie im bisherigen TV) einfach einschaltet.

In beiden Fällen kann außerdem ein „**Streaming**"-Verfahren eingesetzt werden, bei

---

[1] Schricker/*v. Ungern-Sternberg*, Urheberrecht, § 20 Rdn.21; Flechsig, a.a.O. , 30; *Koch*, GRUR 1997, 417, 429; für den Verzicht auf das Gleichzeitigkeitserfordernis etwa *Loewenheim*, Urheberrecht, in: Loewenheim/Koch, Praxis des Online-Rechts 1998, 304. Eine analoge Anwendung von § 20 UrhG sah das KG, Urt.v. 24.7.2001 – 5 U 9427/99, GRUR 2002, 252 – Mantellieferung (in einer nichtragenden Begründung) als möglich an, da die Zeitversetzung des Abrufes wegen der sekundenschnellen Abfolge für den Nutzer keinen wesentlichen Unterschied bedeute. Außerdem folge das Gleichzeitigkeitserfordernis allenfalls aus dem Begriff des „Rundfunks", nicht aber aus § 15 Abs. 3 UrhG.

[2] Internet Relay Chat.

[3] Schricker/*v. Ungern-Sternberg*, Urheberrecht, Rdn.33.

[4] S.etwa *Maaßen*, ZUM 1992, 338, 343.

[5] *Schwarz*, ZUM 2000, 816, 822.

[6] *Schwarz*, ZUM 2000, 816, 824, 826, auf Fälle anstellend, in denen dasselbe Programm nur mit unterschiedlichen Geröten empfangen wird.

[7] S. etwa *Gerlach*, ZUM 2000, 856, 857 (sog. „Simulcast"-Verfahren). Wenn Gerlach eine Zuordnung dieser Übertragungsart zum Making-Available-Right wegen des flüchtigen Charakters der Übermittlung ablehnt, so kann dies nicht für zum Download bereitgehaltene Sendungen gelten.

[8] Nach *Schwarz*, ZUM 2000, 816, 825, 828 eine On-Demand-Nutzung, bei der eine Wiedergabe erfolge, da mangels Gleichzeitigkeit keine Sendung vorliege. Bei Abruf von Musikwerken spricht man auch von „Music Online Distribution" (MOD), *Sasse*/*Waldhausen*, ZUM 2000, 837, 839

dem Werke komprimiert als Bitströme auf den Nutzerrechner übertragen werden. Hierbei erfolgt auf diesem meist nur die reine Wiedergabe, aber kein Abspeichern (da immer nur Werkteile – als Dateiteile –) übertragen und bei Eintreffen des nächsten Teils wieder gelöscht werden[1]. Jedoch gibt es auch Systeme (oder Hilfsprogramme Dritter), die es erlauben, den Datenstrom abzuspeichern. Sowie ein solches Verfahren zu zeitversetzten und zumindest teilweise interaktiven Nutzungshandlungen führt, wurde aber keine Zuordnung zum Senderecht mehr vorgenommen[2], sondern die Zuordnung zu § 19 a UrhG vorgeschlagen[3].

Eine Beziehung zu einem Werkverwerter kann beim Präsentieren von Werkkopien über Bildschirme in sog. „**Internet Cafés**", in Internet Stations in Kaufhäusern oder auf Messen bestehen, die für eine größere, nicht begrenzte Gruppe von nicht untereinander verbundenen Personen zugänglich sind. Auf die Anzahl der Adressaten[4] oder eine gemeinsame Anwesenheit[5] kommt es nicht an, ebenso nicht auf den tatsächlichen Empfang[6].

Ergänzend ist bei internationalen Netzen zu beachten, dass Art. 11bis Abs. 2 i.V.m. 1 **RBÜ** es den nationalen Gesetzgebern freistellt, für ihr jeweiliges Hoheitsgebiet die Voraussetzungen des Senderechts festzulegen. Art. 3 des TRIPS-Abkommens hat diese Freistellung ausdrücklich bestätigt. Außerdem eröffnet Art. 8 des WIPO Copyright Treaty (WCT) die Befugnis der Urheber, ihre Werke auch der Öffentlichkeit zugänglich zu machen (any communication of the works to the public), und zwar drahtgebunden wie drahtlos, wobei Empfänger **individuell** (!) Ort und Zeit des Zuganges wählen können. Diese Regelung wurde in § 19 a UrhG umgesetzt (s. unten).

(5) Recht der öffentlichen Zugänglichmachung

Im Jahre 2003 wurde mit § 19 a UrhG[7] ein neues[8], technologieneutrales[9] **Recht der öffentlichen Zugänglichmachung**[10] von Werken als Recht eingeführt, das Werk Mit-

---

1 Deshalb wird man Streaming auch nicht in jedem Fall undifferenziert dem Senderecht zuordnen können (so wohl noch *Sasse*/*Waldhausen*, ZUM 2000, 837, 842f).

2 LG München I, Urt.v. 21.12.2000 – 7 O 21228/00, ZUM 2001, 260 – Streaming Webcast. Das Gericht stufte Downloading als neue Nutzungsart i.S.v. § 31 Abs. 4 UrhG ein, musste aber nicht auf die Abgrenzung Senderecht/unbenanntes Recht der öffentlichen Wiedergabe eingehen.

3 *Dreier*/Schulze, UrhG, § 20 Rdn.16.

4 Schricker/*v. Ungern-Sternberg*, Urheberrecht, § 15 Rdn 29; *Becker*, ZUM 95, 231, 245.

5 *Dreier*/Schulze, UrhG, § 20 Rdn.10; Schricker (Hrg)/*Dreier*, Urheberrecht auf dem Weg zur Informationsgsellschaft 1997, 136.

6 BGH GRUR 1994, 45f – Verteileranlagen.

7 § 19 a UrhG lautet: „Das Recht der öffentlichen Zugänglichmachung ist das Recht, das Werk drahtgebunden oder drahtlos der Öffentlichkeit in einer Weise zugänglich zu machen, dass es Mitgliedern der Öffentlichkeit von Orten und zu Zeiten ihrer Wahl zugänglich ist." § 19 a UrhG wurde durch das Gesetz zur Regelung des Urheberrechts in der Informationsgesellschaft v. 10.9.2003, BGBl.2003 I , 1774, in Kraft seit dem 13.9.2003, eingeführt.

8 Wandtke/Bullinger/*Bullinger*, Ergänzungsband zum UrhR, § 19 a Rdn. 1 sieht ein neues Verwertungsrecht eingeführt. *Dreier*/Schulze, UrhG, § 15 Rdn. 32 sieht kein neues Recht eingeführt.

9 Gesetzesbegr. BT-Drucks. 15/38 v. 6.11.2002, 39, *Dreier*/Schulze, UrhG, § 15 Rdn. 33.

10 Nach Wandtke/Bullinger/*Bullinger*, Ergänzungsband zum UrhR, § 19 a Rdn. 2 eine wegen ihrer Substantiierung sprachlich unschöne, aber präzise Begriffsbildung. Als Übersetzung von „*communication to the public*" scheint sie aber auch eher unpräzise, da der englische Begriff nicht nur das bloße Bereithalten zum Abruf, sondern auch eine transitive Beziehung der Mitteilung an die Öffentlichkeit umfasst, womit auch die technische Handlung der Übertragung des Werkexemplars auf

gliedern der Öffentlichkeit von Orten und zu Zeiten von deren Wahl zugänglich zu machen. Vom Regelungswillen des Richtlinien- und Gesetzgebers her ist das Recht auf die Nutzung von Werken in Kommunikationsnetzen ausgelegt[1]. Mit § 19 a UrhG wurde Art. 3 Abs. 1 Urheberrechtsrichtlinie[2] in nationales Recht umgesetzt. Diese Bestimmung hat ihrerseits die Regelung zum Recht des Zugänglichmachens gegenüber der Öffentlichkeit („*Making available to the public*") nach Art. 8 WCT [3] bzw. Art. 10, 14 WPPT[4] in europäisches Recht transformiert. § 19 a UrhG ist im deutschen Urheberrecht als Recht der öffentlichen Wiedergabe in unkörperlicher Form, § 15 Abs. 2 S. 2 Nr. 2 UrhG zugeordnet.

(aa) Bereithalten zum Abruf

§ 19 a UrhG erfasst nach wohl überwiegender Auffassung nur das Verfügbarmachen und Bereithalten für Abrufe aus der Öffentlichkeit, also kurz gesagt das „**Uploading**" auf einen Serverrechner und dessen **Freischalten**[5], nicht aber die (durch einen Abruf ausgelöste) Punkt-zu-Punkt erfolgende Übertragung beim Downloading durch Nutzer[6]. Ein solches Herunterladen ist ohnehin nicht in jedem Fall erforderlich, da der Zugriff z.B. bei Telnet ohne Download erfolgt, das Werk also quasi per Fernterminal so wahrnehmbar wird, als arbeite der Nutzer nur an einem Terminal in einem lokalen Netz.

Bereitgehalten werden kann für drahtgebundenen (über Festnetz, Faxabruf, etc.) und drahtlosen Abruf (über W-LANs und sonstige Funknetze)[7]. Rein vom Wortlaut und der Systematik her erfasst § 19 a UrhG nicht nur Abrufe im Internet, sondern auch andere wahlfreie Abrufe aus der Öffentlichkeit, etwa beim sog. „**Fax-Polling**", bei dem etwa Texte gegen Vergütung zum Abruf per herkömmlichen Fax-Gerät oder Computerfax

---

Abrufanforderung hin einbegriffen wäre.

1 Wandtke/Bullinger/*Bullinger*, Ergänzungsband zum UrhR, § 19 a Rdn. 7.

2 Richtlinie 2001/29/EG v. 22.5.2001 zur Harmonisierung bestimmter Aspekte des Urheberrechts und der verwandten Schutzrechte in der Informationsgesellschaft, ABl Nr. L 167 v. 22.6.2001, 32.

3 in der Form einer – auch das Recht der öffentlichen Wiedergabe umfassenden – „Umbrella"-Lösung (*Reinbothe*, ZUM 2002, 43, 48).

4 WIPO Copyright Treaty (WCT) und WIPO Performances and Phonogram Treaty (WPPT), beide am 20.12.1996 unterzeichnet und in Kraft seit 2002 durch Unterzeichnung von 30 Signatarstaaten; *amtliche* deutsche Fassung nunmehr in BGBl. 2003 II Nr. 20, 755 = GRUR Int. 2004, 112 und 116.

5 Das bloße Heraufladen (Uploading) stellt (entgegen Hoeren/Sieber/*Ernst*, Handbuch Multimedia-Recht, Abschnitt 7.1, Rdn. 55) wohl noch kein öffentliches Zugänglichmachen dar, da nur eine Datenverbindung vom Rechner des Heraufladenden zum Rechner (meist eines Providers) hergestellt wird, auf den das Heraufladen erfolgt. Bei diesem Vorgang wird noch kein öffentlicher Dateizugriff ermöglicht, sondern erst durch das anschließende Freishalten der vorher heraudgeladenen Dateien im Internet bzw. Web.

6 *Mayer*, EuZW 2002, 325, 326. Der Diskussionsentwurf des BMJ v. 7.7.1998 sprach noch von einem „Übertragungsrecht" und erfuhr hierfür einige Kritik. Auch der Entwurf erfasste nicht ausdrücklich den Vorgang der Übertragung beim Abruf durch Nutzer aus der Öffentlichkeit. Hingegen spricht Art. 3 Abs. 1 der Harmonisierungsrichtlinie durchaus vom (ausschließlichen) Recht der drahtgebundenen oder drahtlosen öffentlichen Wiedergabe einschließlich der öffentlichen Zugänglichmachung. In Erwägungsgrund 15 der Richtlinie wird ausdrücklich klargestellt, dass dieses Recht jegliche „drahtgebundene oder drahtlose öffentliche *Übertragung* ..." (Hervorhebung durch Verf.) umfassen solle. Allerdings bezieht sich die RL in diesem Punkt nur auf eine vom Anbieter durchgeführte Übertragung (etwa bei Push-Diensten), was sich schon aus der Parallelisierung dieser Übertragung mit der Weiterverbreitung und Rundfunkübertragung ergibt (ähnlich i.E. *Lehmann*, CR 2003, 553, 555).

7 Ebenso Wandtke/Bullinger/*Bullinger*, Ergänzungsband zum UrhR, § 19 a Rdn. 5; *Dreier*/Schulze, UrhG, § 19 a Rdn. 6.

bereitgehalten werden. Gleiches könnte entsprechend auch für Melodien oder Texte gelten, die auf Anrufbeantwortern oder in „Warteschleifen" von Telefon-Callcentern bereitgehalten werden. Der Zugriff kann drahtgebunden oder drahtlos erfolgen. Es muss aber eine **Übertragung** des Werkes in einem **technischen Format** erfolgen oder jedenfalls möglich sein. Das bloße Zurschaustellen des Werkes gegenüber der Öffentlichkeit (z.B. in einem Schaukasten) fällt hingegen unter das Ausstellungsrecht, § 18 UrhG[1]. Erfasst werden alle Werkarten[2].

Das bloße Bereitstellen von technischen Einrichtungen stellt noch kein Zugänglichmachen dar[3].

(bb) Abruf

Der Abruf muss von Orten und zu Zeiten nach Wahl der Nutzer als Mitgliedern der **Öffentlichkeit** erfolgen können. **Räumlich** bedeutet diese Wahlfreiheit des Abrufs, dass der Nutzer weltweit an jedem Ort, an dem die technischen Voraussetzungen erfüllt sind (etwa über W-LANs, GPRS) mit einem Rechner (etwa einem Notebook) den Abruf durchführen kann. Der **Ort** des Zugänglichmachens (als hier relevanter Verwertungshandlung) ist in der Harmonisierungs-RL nicht geregelt, jedoch soll an den Ort der „Abrufbarkeit" anzuknüpfen sein, also an den Ort, an dem die Inhalte zugreifbar gemacht werden[4], nicht aber an die Orte, von denen aus die Abrufe erfolgen. Auch mit dieser Feststellung ist noch keine vollständige Klarheit geschaffen, da Ort der Abrufbarkeit in technischer Hinsicht der Standort des Serverrechners (in einem beliebigen Drittstaat) sein kann[5], aber auch der Ort, von dem aus der Anbieter den Upload-Vorgang steuert (nämlich an seinem Sitz)[6]. Letztere Auffassung ist vorzuziehen, da sie auf den Ort abstellt, an dem die Steuerung der eigentlichen Verwertungs*handlung* erfolgt, nicht aber auf den zuweilen zufälligen (und austauschbaren) Standort des Serverrechners als bloßes Hilfsmittel. Nachteil dieser Auffassung ist, dass hierdurch eine Flucht in „Haftungsoasen" motiviert werden kann, während der Server mit rechtsverletzenden Angeboten im EG-Gebiet stehen kann, da sich die rechtliche Beurteilung seiner Steuerung nach dem Recht des Haftungsoasen-Staates bestimmt.

Zeitlich ist die Wahlfreiheit zur Abgrenzung vom Senderecht wesentlich. Zwar kann auch ein Radiosender wahlfrei an jedem Ort empfangen werden, doch nur in Gestalt des einheitlich für alle Hörer ausgestrahlten Programms. § 19 a UrhG erfasst demgegenüber Fälle, in denen bei jedem Abruf zum beliebig vom Nutzer gewählte Zeitpunkt das Werk vom Anbieter verfügbar gemacht und speziell für den abfragenden und nicht für alle Teilnehmer gleichzeitig übertragen wird[7]. Für das Zugänglichmachen wird damit **keine**

---

1 das Wiedergeben mittels eines Bildschirms in einem Schaufenster aber wohl wieder unter § 19 a UrhG (Bröcker/Czychowski/Schäfer/*Wirtz*, Praxishandbuch Geistiges Eigentum im Internet 2003, § 8 Rdn. 148).

2 Wandtke/Bullinger/*Bullinger*, UrhR – Praxiskommentar zum Urheberrecht , § 19 a Rdn. 4.

3 So ausdrücklich das Agreed Statement Concerning Art. 8 WCT (das freilich Haftungsfragen nicht erfasst), zit. nach WIPO, Intellectual Property on the Internet: A Survey of Issues, WIPO/INT/02, December 2002, 44 (http: //ecommerce. wipo.int).

4 *Spindler*, GRUR 2002, 105, 109; *Reinbothe*, GRUR Int. 2001, 733, 736.

5 Hierfür *Flechsig*, CR 1998, 225, 228.

6 *Schack*, MMR 2000, 59; *Spindler*, GRUR 2002, 105, 109.

7 *Dreier*/Schulze, UrhG, § 19 a Rdn. 9.

Gleichzeitigkeit der Wiedergabe vorausgesetzt[1]. § 19 a UrhG erweitert somit für den Bereich des Zugänglichmachens den Begriff der Öffentlichkeit zur sog. „sukzessiven Öffentlichkeit"[2]. Eine nähere Abgrenzung des Öffentlichkeitsbegriffes enthält die Harmonisierungs-RL nicht[3].

E-Mail-Transfers werden nicht von § 19 a UrhG erfasst, da auf E-Mails weder gleichzeitig noch auch nur zeitlich versetzt aus der Öffentlichkeit zugegriffen wird[4]. Vielmehr laden nur jeweils einzelne Nutzer im Rahmen einer Vertragsbeziehung vom Mailserver ihres Providers zwischengespeicherte Mails auf ihren Nutzerrechner. Hier fehlt es zwingend an der Öffentlichkeit, wenn nur einzelne Empfänger adressiert werden (und zudem das Fernmeldegeheimnis eingreift). Außerdem werden Mails vom Absender nicht gewissermaßen passiv zum Abruf bereitgehalten, sondern aktiv an bestimmte einzelne Empfänger versandt, so dass auch insoweit mangels bloßen Bereithaltens § 19 a UrhG nicht anwendbar ist. Anderes soll gelten, wenn Mailinhalte in öffentlich zugreifbaren Bulletin Board Systemen zum Abruf bereitgehalten[5] oder Massen-Mails versandt werden[6], wobei aber zu beachten ist, dass der Betreiber solche Mails nicht bloß zum Abruf bereithält, sondern selbst versendet, d.h. überträgt, so dass kein bloßes Zugänglichmachen auf dem Serverrechner vorliegt.

Ähnlich fallen **Internet-Printdienste** dann nicht unter § 19 a UrhG, bei denen Nutzer ihre Digitalbilder elektronisch an das Fotolabor schicken und als Print postalisch erhalten. Wie bei E-Mail werden die Dateien nicht der Öffentlichkeit zugänglich gemacht. Es erfolgt nicht einmal ein Abruf, sondern der Kunde muss die Datei selbst versenden.

Push-Media, bei denen der Anbieter von sich aus z.B. Nachrichten übersendet (etwa Videotext) wurden § 19 a UrhG nicht zugeordnet[7]. Freilich ist zu differenzieren: Wahlfreien Abruf im erläuterten Sinne erlauben Push-Media jedenfalls dann nicht, wenn der Anbieter nur einen einheitlich, zeitlich nicht unterschiedlich abrufbaren Datenstrom zur Verfügung stellt (etwa eine Veranstaltung oder ein TV-Programm im Internet live überträgt)[8]. Nicht erfasst wird außerdem das bloße Zurverfügungstellen von Einrichtungen, die Wiedergaben ermöglichen oder bewirken[9], also etwa beim Webhosting.

Der Abruf muss erfolgen **können**. Nicht erforderlich ist, dass tatsächlich Abrufe erfolgen bzw. erfolgt sind. Ein technisch vorgesehenes Freischalten der Dateien auf dem Serverrechner muss aber erfolgt sein.

Der Abruf muss aus der **Öffentlichkeit** erfolgen können. Der Begriff der „Öffent-

---

1 Begr. zum Gesetzentwurf, BT-Drucks. 15/38 v. 6.11.2002, 39, 40.

2 *Dreier*/Schulze, UrhG, § 15 Rdn. 42.

3 *Spindler*, GRUR 2002, 105, 108 mit dem Hinweis, dass dieser Begriff als RL-Begriff freilich richtlinienkonform (d.h. autonom) ausgelegt werden muss.

4 Wandtke/Bullinger/*Bullinger*, Ergänzungsband zum UrhR, § 19 a Rdn. 31.

5 S.etwa *Gaster*, ZUM 1995, 740, 748.

6 *Dreier*/Schulze, UrhG, § 19 a Rdn. 7.

7 Wandtke/Bullinger/*Bullinger*, Ergänzungsband zum UrhR, § 19 a Rdn. 30; Loewenheim/*Hoeren*, Handbuch des Urheberrechts, § 21 Rdn. 63 (mit dem Argument, dass bei Push-Diensten der Nutzer den Zeitpunkt des Abrufs gerade nicht frei bestimme); a.A. wohl *Dreier*/Schulze, UrhG, § 19 a Rdn. 10, hierbei freilich voraussetzend, dass es bei solchen Diensten kein einheitliches Sendesignal und deshalb auch keine „echte" Zeitgleichheit gibt. Bei Push-Diensten wie Digital-TV wird aber (etwa bei Live-Übertragungen) wohl zumeist ein einheitliches Sendesignal verwendet.

8 Wandtke/Bullinger/*Bullinger*, Ergänzungsband zum UrhR, § 19 a Rdn. 30; a.A. wohl *Dreier*/Schulze, UrhG, § 19 a Rdn. 10

9 *Kröger*, CR 2001, 316, 318.

lichkeit“ wird nicht definiert; ausreichend soll eine „gewisse Distanz“ zwischen Ursprungsort und Empfangsort sein[1]. Nicht erfasst wird damit etwa das Versenden eines Werkexemplares als Attachment zu einer E-Mail, wohl aber das Versenden derselben an eine öffentlich zugreifbare Mailing-List. Der Begriff der „Öffentlichkeit“ (neugefasst in § 15 Abs. 3 UrhG 2003) wird als grundsätzlich unverändert angesehen[2] (und bleibt in seiner Definition weiter den Mitgliedsstaaten überlassen[3]), doch sind einige wichtige Abweichungen gegenüber der früheren Rechtslage festzustellen. § 15 Abs. 3 UrhG 2003[4] stellt zur Festlegung des Begriffes der „Öffentlichkeit“ darauf ab, ob der einzelne Teilnehmer durch persönliche Beziehungen mit dem Verwerter des Werkes oder mit anderen Personen verbunden ist, denen das Werk ebenfalls in unkörperlicher Form wahrnehmbar oder zugänglich gemacht wird[5]. Verbundenheit durch persönliche Beziehungen und damit keine öffentliche Wiedergabe soll in File-Sharing-Systemen (z.B. Peer-to-Peer-Systemen) nicht bestehen[6], da sie im wesentlichen nur zu einer technischen Verbindung zur Werknutzung führen[7], ebenso (mangels persönlicher Verbundenheit) nicht bereits in kleineren Betriebseinheiten[8] oder kleineren Netzen bzw. Intranets[9], also grundsätzlich nicht in mittleren und größeren Unternehmen. Nutzung durch deren Mitarbeiter ist damit eine öffentliche. Persönliche Verbundenheit wurde in der Rechtsprechung hauptsächlich in den Fällen bejaht, in denen die einzelnen Mitglieder in Räumen gemeinsam anwesend sind[10]. Außerdem muss der Personenkreis eine „gewisse Abgeschlossenheit” aufweisen[11].

Von Art. 3 Abs. 1 der Urheberrechtsrichtlinie (Art. 8 WCT, Art. 14 WPPT) und den §§ 15 Abs. 2, 19 a UrhG **nicht** erfasst sind Wiedergaben **unter Anwesenden**[12], sondern nur durch Übermittlungsvorgänge **auf Distanz** erfolgende Wiedergaben[13], also Handlungen des Zugänglichmachens von Schutzgegenständen für Mitglieder der Öffentlichkeit, die an dem Ort, an dem das Zugänglichenmachen seinen Ursprung nimmt, nicht anwesend sind[14]. Nicht erfasst wird außerdem das bloße Zurverfügungstellen von Einrichtungen, die Wiedergaben ermöglichen oder bewirken[15].

1 *Reinbothe*, GRUR Int. 2001, 733, 736.

2 Begr. zum Gesetzentwurf, BT-Drucks. 15/38 v. 6.11.2002, 39.

3 *Mayer*, EuZW 2002, 325, 326; *Dreier*, ZUM 2002, 28, 32.

4 § 15 Abs. 3 UrhG 2003 regelt: „Die Wiedergabe ist öffentlich, wenn sie für eine Mehrzahl von Mitgliedern der Öffentlichkeit bestimmt ist. Zur Öffentlichkeit gehört jeder, der nicht mit demjenigen, der das Werk verwertet, oder mit den anderen Personen, denen das Werk in unkörperlicher Form wahrnehmbar oder zugänglich gemacht wird, durch persönliche Beziehungen verbunden ist.“

5 In der früheren Fassung wurde hingegen zum Ausschluss der Öffentlichkeitseigenschaft darauf abgestellt, ob der Personenkreis bestimmt abgegrenzt ist und diese Personen durch gegenseitige Verbindung oder durch Beziehung zum Veranstalter persönlich untereinander verbunden sind. Entfallen ist damit das Kriterium der Abgegrenztheit des Personenkreises, ebenso dasjenige der möglichen Beziehung zu einem Veranstalter, der im Begriff des Werkverwerters erfasst sein soll (Begr. zum Gesetzesentwurf der BReg., BT-Drs. 15/38 v. 6.11.2002, 39).

6 *Dreier*/Schulze, UrhG, § 19 a Rdn. 6.

7 Begr. zum Gesetzesentwurf der BReg., BT-Drs. 15/38 v. 6.11.2002, 39.

8 BGHZ 17, 376, 380 = GRUR 1955, 549; *Spindler*, GRUR 2002, 105, 109.

9 *Dreier*/Schulze, UrhG, § 19 a Rdn. 7.

10 S. etwa die Übersicht bei *Dreier*/Schulze, UrhG, § 15 Rdn. 45.

11 *Dreier*/Schulze, UrhG, § 15 Rdn. 45.

12 So klarstellend Erwägungsgrund 24 der Harmonisierungsrichtlinie.

13 *Dreier*, ZUM 2002, 28, 30.

14 Erwägungsgrund 15 a der Harmonisierungs-RL.

15 *Kröger*, CR 2001, 316, 318. Beispiel solcher Einrichtungen sind etwa Hostrechner,

(cc) Unbenanntes Verwertungsrecht der Übertragung neben § 19 a UrhG ?

Bis zum 13.9.2003 war die internetbezogene Werknutzung als **unbenanntes Recht** der öffentlichen Wiedergabe im Sinne von § 15 Abs. 2 UrhG erfasst worden[1]. Bereits dieses unbenannte Verwertungsrecht wurde als auf das Bereithalten und Anbieten beschränkt verstanden, weshalb es unabhängig davon eingriff, ob tatsächlich ein Abruf und damit eine Wiedergabe erfolgte[2].

Der Abruf der Nutzer ist aus dieser Sicht nicht zustimmungsbedürftig, da er keine öffentliche Wiedergabe darstellt[3]. Das eigentliche Übertragen wird damit durch dieses unbenannte Wiedergaberecht nicht erfasst, das sich in dieser engen Auslegung wenig vom neuen Recht öffentlicher Zugänglichmachung unterscheidet und insoweit kaum zu Änderungen in der Vertragspraxis nötigen würde[4]. Klärungsbedürftig ist nun, ob das neue Recht aus § 19 a UrhG das bisherige unbenannte Recht der öffentlichen Wiedergabe voll in sich aufnimmt, also dieses quasi nur „ersetzt", ohne zusätzlich noch ein neues Recht einzuführen[5], oder ob das bestehende unbenannte Recht der öffentlichen Wiedergabe neben § 19 a UrhG als eigenständigem neuem Recht[6] etwa bezüglich der Übertragungshandlung zur Anwen-dung gelangt. Von dieser Abgrenzung hängt ab, ob ein oder zwei Rechte vertraglich einzuräumen sind, bisherige Rechte u.U. gar neben Rechten aus § 19 a UrhG weiter-bestehen und ob für alle Abrufländer Rechte erworben werden müssen.

Allerdings gehen einige Stimmen in der Literatur auch deutlich weiter, so etwa mit der Unterscheidung (a) eines Übertragungsrechts und (b) eines Bereithaltungsrechts[7]. Im bisherigen Recht ließ sich zwanglos annehmen, dass beide Teilaktrechte zusammen im bisherigen unbenannten Recht der öffentlichen Wiedergabe übertragen wurden. Reduziert man nun jedoch mit der wohl überwiegenden Auffassung das neue Recht der öffentlichen Zugänglichmachung auf den Teilakt des Bereithaltens, führt dies zur weiteren Frage, ob für den Übertragungsakt zusätzlich wiederum ein unbenanntes Wiedergaberecht im Sinne von § 15 Abs. 2 UrhG angenommen werden muss – was dann u.U. auch getrennt vertraglich einzuräumen wäre[8].

Zweifelhaft erscheint freilich, ob die (den Mitgliedsstaaten nicht freigestellte) Implantierung eines unbenannten Wiedergaberechts in das EG-einheitliche Recht der Zugänglichmachung auf nationaler Ebene mit der Harmonisierung durch Art. 3 der Richtlinie zum Urheberrecht in der Informationsgesellschaft und den WIPO-Verträgen zu vereinbaren ist. Das Zugänglichmachungsrecht würde praktisch leerlaufen, wenn

---

1 So etwa durch das LG München I, Grundurt.v.30.3.2000 – 7 O 3625/98, CR 2000, 389 = NJW 2000, 2215 – MIDI-Files

2 Wandtke/Bullinger/*Bullinger*, UrhR – Praxiskommentar zum Urheberrecht 2002, § 15 Rdn. 15 mit dem zutreffenden Hinweis, wer ein Werk digitalisiert in einem Netz bereithalte, übertrage nicht selbst, vielmehr werde der Empfänger aktiv.

3 Wandtke/Bullinger/*Heerma*, a.a.O., § 15 Rdn. 16. Dies übersieht Bröcker/Czychowski/Schäfer/*Wirtz*, Praxishandbuch Geistiges Eigentum im Internet 2003, § 8 Rdn. 148, der die elektronische Werknutzung in der Form des Abrufs vom Recht aus § 19 a UrhG umfasst sieht.

4 Schricker (Hrg)/*Dreier*, Urheberrecht auf dem Weg zur Informationsgesellschaft 1997, 133.

5 *Dreier*/Schulze, UrhG, § 15 Rdn. 32 sieht kein neues Recht eingeführt.

6 Wandtke/Bullinger/*Bullinger*, Ergänzungsband zum UrhR, § 19 a Rdn. 1 sieht ein neues Verwertungsrecht eingeführt.

7 Schricker/*v. Ungern-Sternberg*, Urheberrecht, § 15 Rdn. 24 und 27; zust. *Haberstumpf*, Handbuch des Urheberrechts, 2.Aufl. 2000, Rdn. 286 – 288, von einem „zweigliedrigen Recht" sprechend.

8 Hierfür wohl etwa Gounalakis/*Backhaus*, Rechtshandbuch Electronic Business, § 23 Rdn. 33.

seine Ausübung davon abhinge, dass in den einzelnen Mitgliedsstaaten zusätzlich nichtharmonisierte Übertragungsrechte eingeräumt werden müssten.

(dd) Vervielfältigen im Zusammenhang mit dem Zugänglichmachen

Das Zugänglichmachen setzt zunächst ein Uploading auf den **Serverrechner** des Anbieters voraus. Diese Speicherung erfolgt grundsätzlich dauerhaft, um über einen gewissen Zeitraum Abrufe durch Nutzer zu ermöglichen, jedoch ist die Speicherung auch bei laufenden Aktualisierungen nicht nur „vorübergehend" im Sinne von § 44 a UrhG. Das Uploading ist deshalb regelmäßig mit einem einwilligungsbedürftigen **Vervielfältigen** verbunden[1]. Soweit allgemein ein Vervielfältigungsrecht eingeräumt ist, umfasst dieses nicht auch das Recht, das vervielfältigte Werkexemplar öffentlich zugänglich zu machen[2]. Wird umgekehrt ein Recht zum Zugänglichmachen eingeräumt, schließt dieses grundsätzlich das Vervielfältigen eines Werkexemplars auf dem Serverrechner als technisch notwendige Voraussetzung für ein solches Zugänglichmachen ein.

Lädt der **Nutzer** durch Abruf eine Datei auf seinen **Rechner** herunter, wird sie auf diesem Rechner ebenfalls vervielfältigt. Das gilt bei zeitlich nicht begrenzter Abspeicherung auf Harddisk oder einem sonstigen Speichermedium, aber auch schon beim Abspeichern im Arbeitsspeicher, wenn von diesem aus eine Nutzung dieser Kopie durch dauerhaftes Abspeichern möglich ist. Dieses Vervielfältigen wird vom Nutzer durchgeführt, nicht vom Anbieter[3].

Der Anbieter muss jedoch berechtigt sein, den Nutzern jedenfalls für diesen Zweck Vervielfältigungsrechte einzuräumen, soll die Durchführung des Abrufes technisch überhaupt möglich sein. Hat der Anbieter aber das Recht, ein Werk (oder einen sonstigen Schutzgegenstand) öffentlich für Abrufe zugänglich zu machen, so schließt dies auch das Recht ein, dem abrufenden Nutzer ein Vervielfältigungsrecht einzuräumen, soll der Abruf überhaupt möglich sein, es sei denn, es wird nur ein Lesezugriff (wie bei Telnet) eingeräumt; diese Einschränkung bedarf aber besonderer Vereinbarung.

(ee) Punkt-zu-Punkt-Übertragung beim Abruf

Ob auch die **Handlung des Übertragens** von Anbieter (Datenquelle) zu Empfänger (Datensenke) von § 19 a UrhG erfasst wird, ist, wie ausgeführt, streitig[4]. Klärung wird durch die Rechtsprechung erfolgen müssen. Hierbei wird der Begriff der „Zugänglichmachung„ richtlinienkonform und autonom auszulegen und der Regelungsgehalt der Art. 8 WCT und 10, 14 WPPT zu berücksichtigen sein.

Die Auffassung, § 19 a UrhG umfasse neben dem Bereithalten für den Abruf auch den Übertragungsakt selbst, setzt hierfür voraus, dass das Zugänglichmachen eine Verbindung zum Abrufenden erfordert[5]. § 19 a UrhG verlangt aber weder das tatsäch-

1 Wandtke/Bullinger/*Bullinger*, Ergänzungsband zum UrhR, § 19 a Rdn. 12.
2 Wandtke/Bullinger/*Bullinger*, UrhR – Praxiskommentar zum Urheberrecht, § 15 Rdn. 13.
3 Wandtke/Bullinger/*Heerma*, UrhR – Praxiskommentar zum Urheberrecht, § 15 Rdn. 15.
4 Für Einbeziehung auch des Übertragungsaktes etwa *Dreier*/Schulze, UrhG, § 19 a Rdn. 6; abl. etwa *Mayer*, EuZW 2002, 325, 326.
5 *Dreier*/Schulze, UrhG, § 19 a Rdn. 6.

liche Herstellen des Zuganges zu Mitgliedern der Öffentlichkeit noch gar eine vollständige oder auch nur teilweise Übertragung, sondern nur das Bestehen der Möglichkeit eines Zuganges (also die Konnektierung des Serverrechners, ohne dass auch nur ein Abruf tatsächlich erfolgt sein muss). Bereits für die Art. 8 WCT und 10, 14 WPPT, die in Art. 3 der Richtlinie und nachfolgend in § 19 a UrhG umgesetzt sind, führt nicht erst der Übertragungsakt bzw. Abruf, sondern schon die vorangehende Handlung des vorherige Anbietens zur Nutzung[1] zur Rechtsverletzung. Der Grund für diese Beschränkung des Rechts auf die Handlung des Anbietens auf dem Serverrechner ist darin zu sehen, dass sich die Vertragspartner der WIPO-Verträge nicht auf eine weite Definition des Begriffs der Öffentlichkeit einigen konnten, der auch wahlfreie Einzelabrufe umfasst hätte. Als Ausweg beschränkte man sich deshalb auf das Bereithalten und Anbieten zum Abruf, da jedenfalls ein solches Anbieten gleichzeitig gegenüber mehreren untereinander nicht verbundenen Personen erfolgt[2].

Unter Berücksichtigung dieser historischen und systematischen Auslegungsaspekte gilt ein Werk bereits dann im Sinne von § 19 a UrhG zugänglich gemacht, wenn es durch „Uploading" auf dem Serverrechner gespeichert, freigeschaltet und durch Hinweise auf der Anbieter-Website für die Nutzer im Netz auffindbar und abrufbar gemacht wird. Der Akt der anschließenden, Punkt-zu-Punkt erfolgenden Übertragung beim Downloading durch Nutzer wird **nicht** erfasst[3]. Nicht notwendig ist also, dass auch nur ein Nutzer eine Verbindung zum Serverrechner des Anbieters des zugänglich zu machenden Werkes hergestellt und einen Download durchgeführt hat, sofern nur die Angebots-Website überhaupt gefunden werden **kann**[4]. Der Download als solcher stellt damit keine Verletzungshandlung dar.

Auch ist, wie ausgeführt, ohnehin schon rein technisch bedingt nicht jedes Zugänglichmachen mit einem Übertragungsvorgang verbunden, da etwa beim Internet-Dienst **Telnet** kein Herunterladen erfolgt[5], vielmehr das Werk quasi per Fernterminal so wahrnehmbar wird, als arbeite der Nutzer nur an einem Terminal in einem lokalen Netz des Anbieters, und damit dem Nutzer zugänglich gemacht wird.

Klammert man jedoch den Übertragungsakt aus dem Begriff der Verwertungshandlung nach § 19 a UrhG aus, gelangt als Konsequenz beim Zugänglichmachen für Abrufe aus anderen Staaten – die internettypische Konstellation – nicht die zum Senderecht entwickelte **Bogsch**-Theorie zur Anwendung[6], nach der der Programmveranstalter die jeweils erforderlichen Verwertungsrechte für sämtliche Empfangsländer erwerben muss[7]. Wenn nämlich das Recht aus § 19 a UrhG keine (für das Senderecht freilich spezifische) Übertragungskomponente enthält, sondern nur das reine Bereithalten zum Abrufen umfasst, adressiert der Anbieter auch nicht bestimmte Empfangs-

1 *Reinbothe*, ZUM 1998, 429, 434 und GRUR Int. 2001, 733, 736; *Kröger*, CR 2001, 316, 318 und bereits die WIPO Diplomatic Conference, die klar zwischen dem „*making available of the work to the public*" und der späteren, nicht notwendig folgenden tatsächlichen „*on-demand transmission*" unterschied (ausführlich s. *v. Lewinski*, GRUR Int. 1997, 667, 675 und CR 1997, 438, 441).

2 *v. Lewinski*, GRUR Int. 1997, 667 675 und MMR 1998, 115, 116.

3 *Mayer*, EuZW 2002, 325, 326.

4 Für diese Auslegung kann auch die Gesetzesbegr. BT-Drucks. 15/38 v. 6.11.2002, 38 herangezogen werden, nach der maßgebliche Verwertungshandlung bereits „das Zugänglichmachen des Werks für den interaktiven Abruf" sei, woraus im Umkehrschluss ableitbar ist, dass Zugänglichmachen nicht erst dann erfolgt, wenn ein Abruf tatsächlich ausgelöst wird.

5 Loewenheim/*Hoeren*, Handbuch des Urheberrechts, § 21 Rdn. 66; Wandtke/Bullinger/*Bullinger*, UrhR – Praxiskommentar zum Urheberrecht, § 15 Rdn. 13.

6 So aber wohl Wandtke/Bullinger/*Grützmacher*, Ergänzungsband zum UrhR, § 69 c Rdn. 13.

7 *Schack*, Urheber- und Urhebervertragsrecht, Rdn. 933.

länder (wie etwa beim Fernsehen bestimmte Nachbarländer). Bei unterstellter Anwendbarkeit der Bogsch-Theorie auf das Zugänglichmachen im Internet müsste der Anbieter grundsätzlich weltweit von den Verwertungsgesellschaften oder sonstigen Berechtigten die Verwertungsrechte erwerben, bevor ein Zugänglichmachen zulässig ist. Ein Zugänglichmachen im Internet wäre damit in der Praxis unmöglich gemacht.

Außerdem ist es ohnehin nicht der Anbieter, der von sich aus die Übertragung durchführt, sondern der Nutzer (anders freilich bei Push-Medien), weshalb die Einräumung eines Übertragungsrechts gegenüber dem Nutzer erfolgen müsste, nicht gegenüber dem Anbieter, der nur den Rechner bereithält.

Das Recht des öffentlichen Zugänglichmachens wird als Teil des Rechts der **öffentlichen Wiedergabe** gefasst (Art. 3 Abs. 1 Harmonisierungs-RL)[1], das sich durch den Vorgang der interaktiven Nutzung etwa vom Senderecht abgrenzen soll[2]. Hier wird bei jeder einzelnen technischen Applikation die Zuordnung zu prüfen sein. Wesentlich ist hier etwa, ob ein individueller Abruf möglich ist. So schaltet sich z.B. sog. „Live-Streams" der Nutzer in eine „laufende" Sendung (wie bei Radio oder TV) ein, weshalb das Senderecht eingreift[3], während bei sog. *„Library Streams"* individuelle Abrufe (u.U. derselben Sendung zeitversetzt) möglich sind[4] (z.B. beim Rundfunksender Bayern 5 und beim Fernsehsender Bayern 3 jeweils die Nachrichtensendungen), die nunmehr unter das Recht der Zugänglichmachung fallen, wenn sie aus der Öffentlichkeit möglich sind.

Für die Übermittlung via im Aufbau befindlicher **satellitenbasierter** Kommunikationsinfrastrukturen gelten grundsätzlich die gleichen Grundsätze. Die entsprechende EU-Richtlinie[5] setzt eine öffentliche Wiedergabe voraus (Art. 2 Harmonisierungs-RL). Individualabrufe werden also nicht erfasst, da es an dem Merkmal der Öffentlichkeit fehlt.

Das Abgrenzungsproblem verliert schließlich in den Fällen an Aktualität, in denen die jeweils übertragene Datei **abgespeichert** wird, da hier ein Vervielfältigen auf dem Zielrechner erfolgt, das seinerseits eine Vergütungspflichtigkeit auslösen kann[6].

---

1 In Übernahme der „*Umbrella*"-Lösung von Art. 8 WCT, s. *Reinbothe*, ZUM, 2002, 43, 48.

2 *Dreier*, ZUM 2002, 28, 30, mit dem zutreffenden Hinweis auf Schwierigkeiten der Abgrenzung zum Senderecht. Ob damit etwa Webcasting, also das zeitgleiche Übertragen von Sendungen über verschiedene Abrufkanäle, in die sich deren Nutzer zu unterschiedlichen Zeiten einloggen können, ohne dass das Streaming hierbei jeweils neu starten würde), als Zugänglichmachen, Senden oder bisher unbekannte Form der Wiedergabe einzustufen sei, müsse der Rechtsprechung überlassen bleiben. Das Kriterium interaktiver Nutzung wird auch deshalb nicht als abschließendes dienen können, da mittlerweile auch bei herkömmlichen zeitgleich ausgestrahlten TV-Sendungen im Wege interaktiver Nutzung Nutzer z.B. die Möglichkeit haben, mehrheitlich bestimmte Handlungsvarianten auszuwählen, etwa Sendungen später zum Streaming individuell abzurufen.

3 Für diese Zuordnung zum Senderecht kann es nicht darauf ankommen, dass keine dauerhafte Kopie durch Abspeichern entsteht (so wohl Hoeren/Sieber/*Ernst*, Handbuch Multimedia-Recht, Abschnitt 7.1, Rdn.70), da das Senden seinen rechtlichen Charakter nicht dadurch ändert, dass ein gesendeter Inhalt beim Empfänger aufgezeichnet wird. Ein *„Live-Stream"* wird also auch dann gesendet i.S.v. § 20 UrhG, wenn der Empfänger den erhaltenen *Stream* aufzeichnet und hierdurch (u.U. rechtswidrig) vervielfältigt.

4 Moritz/Dreier/*Jessen/Müller*, Rechts-Handbuch zum E-Commerce, Teil B, Rdn. 381 unter Hinweis auf LG München I, Urt.v.10.3.1999 – 21 O 15039/98, CR 2000, 467 = JurPC Web-Dok. 25/2000 – Focus TV, nach dem das Recht zur Ausstrahlung im Fernsehen nicht auch eine Internet-Nutzung umfasst.

5 Richtlinie 93/83/EWG des Rates vom 27.9.1993 zur Koordination bestimmter urheber- und leistungsschutzrechtlicher Vorschriften betr. Satellitenrundfunk und Kabelweiterverbreitung (ABl. EG Nr. L 284/15 v. 6.10.1993).

6 ebenso *Haberstumpf*, in: Lehmann, a.a.O., Rdn. 137. Deshalb begegnet es auch Bedenken, generell

(ff) Weiteres Zugänglichmachen

Der Nutzer benötigt für jedes nach dem Download erfolgende weitere Zugänglichmachen gegenüber anderen Nutzern selbst wieder eine **erneute Rechtseinräumung** voraus[1]. Ein einwilligungsunabhängige Zugänglichmachen durch Nutzer in Peer-to-Peer-Netzen ist unzulässig. Der Nutzer kann insbesondere nicht als solche zulässig erstellte „Privatkopien" im Netz zugänglich machen. Das Zugänglichmachen im Netz stellt offensichtlich das Gegenteil eines privaten Gebrauches im Sinne von § 53 Abs. 1 UrhG dar.

Außerdem erfolgt bereits das Erstellen eines auf dem Nutzerrechner oder gar dem Rechner des nutzerseits beauftragten Providers jederzeit abrufbaren Vervielfältigungsexemplares rechtswidrig.

(gg) Keine Rechtserschöpfung

Das Recht der öffentlichen Zugänglichmachung unterliegt keiner Erschöpfung (Art. 3 Abs. 3 Harmonisierungs-RL). Dies wird damit begründet, dass angesichts der unbegrenzten Wiederholbarkeit öffentlicher Wiedergaben eine umfassende Entlohnung bei der ersten öffentlichen Wiedergabe kaum je erfolgen dürfte[2]. Erschöpfung soll aber bezüglich des Verbreitungsrechts des Berechtigten an demjenigen Exemplar eintreten, das sich der Nutzer nach dem Downloading auf seinem Rechner erstellt, da andernfalls ein anders als mit der Post versandtes Exemplar innerhalb der Gemeinschaft nicht frei zirkulieren könne[3].

(hh) Hyperlinking

In seinem zentralen „*Paperboy*"-Urteil stellte der BGH klar, dass das Setzen eines Links nicht zu einem Zugänglichmachen im Sinne des § 19 a UrhG führt[4]. Das Setzen eines Links auf eine vom Berechtigten zugänglich gemachte Webseite mit einem urheberrechtlich geschützten Werk stelle keine urheberrechtliche Nutzungshandlung dar, sondern **verweise** lediglich auf das Werk in einer Weise, die Nutzern den bereits eröffneten Zugang erleichtert[5].

Der Linksetzer halte weder das geschützte Werk öffentlich zum Abruf bereit noch übermittle er dieses selbst auf Abruf an Dritte. Es sei derjenige, der das Werk in das Internet stellt, der darüber entscheidet, ob das Werk der Öffentlichkeit zugänglich bleibt[6].

Zwar werde einem Nutzer, der den URL (Uniform Resource Locator) als genaue

---

das „Blättern" als Senden einzustufen (so *Müller-Hengstenberg*, NJW 1996, 1777, 1778), da die Öffentlichkeit der Abrufmöglichkeit nur im Einzelfall nach den unterschiedlichen technischen Randbedingungen geprüft werden kann.

1 *Kröger*, CR 2001, 316, 318.

2 *Dreier*, ZUM 2002, 28, 32 unter Verweis auf die dem Art. 3 Abs. 3 zugrundeliegende Rechtsprechung des EuGH Slg. 1980, 881 – Coditel I und Slg. 1982, 3381 – Coditel II.

3 *Dreier*, ZUM 2002, 28, 32.

4 BGH, Urt.v. 17.7.2003 – I ZR 259/00, GRUR 2003, 958, 962 = CR 2003, 920 (ausf. s. S. 647 ff).

5 BGH, Urt.v. 17.7.2003, a.a.O., 962, mit ausf. Nachweisen; a.A. wohl Ernst/Vassilaki/*Wiebe*, Hyperlinks, Rn. 34.

6 BGH, Urt.v. 17.7.2003, a.a.O., 962.

Bezeichnung des Fundorts der Webseite im Internet noch nicht kennt, der Zugang zu dem Werk durch den Link erst ermöglicht und damit das Werk im Wortsinne zugänglich gemacht; dies sei aber auch bei einem Hinweis auf ein Druckwerk oder eine Webseite in der Fußnote einer Veröffentlichung nicht anders[1]. Der BGH stellt ergänzend fest, dass sich Beurteilung auch nicht durch die Richtlinie zum Urheberrecht in der Informationsgesellschaft 2002/29/EG ändere, deren Art. 3 Abs. 1 die öffentliche Wiedergabe regelt, da das Setzen von Links keine Wiedergabe sei; es bewirke weder das (weitere) Bereithalten des Werks noch eine Abrufübertragung des Werks an den Nutzer[2].

Das Setzen eines Link führt damit nicht zu einem solchen Zugänglichmachen, sondern setzt dieses und damit Öffentlichkeit, aus der zugegriffen werden kann, bereits voraus, damit der Link nicht ins Leere geht. Ein Link erleichtert nur den Mitgliedern der Öffentlichkeit den (bereits eingerichteten) Zugriff[3]. Der Link ist also **dem Abruf zuzuordnen**, nicht dem Einrichten und Bereithalten zum Abruf. Folge ist, dass mit einem sog. „**Link-License-Agreement**" zwar eine Gestattung des Herstellens von Links auf eine Webseite vereinbart, aber kein Recht des öffentlichen Zugänglichmachens eingeräumt wird.

(ii) Routing

Erfolgt beim Uploading auf den Serverrechner oder beim Downloading auf einen Nutzerrechner ein zwischengeschaltetes Routing (d.h. Weiterleiten über Rechner mit reiner Transportfunktion), mag hierbei zwar ein **Vervielfältigen** erfolgen, das aber nur die Netzübertragung bezweckt und deshalb nach § 44 a UrhG einwilligungsfrei ist[4].

Ein **Zugänglichmachen** scheidet beim Routing schon deshalb aus, weil ein öffentlicher Zugriff durch Nutzer auf Dateien auf Routerrechner nicht möglich ist. Diese übertragen die Dateien bzw. Dateifragmente vielmehr nur an die festgelegten Zielrechner, von denen aus erst ein Zugänglichmachen möglich ist.

(jj) Versand mit E-Mail

Der Übermitteln einer Werkkopie in einer E-Mail oder als deren Anhang (Attachment) führt zu keinem Zugänglichmachen, da nicht die Öffentlichkeit, sondern nur ein bestimmter Empfänger adressiert wird.

Anderes kann für Massen-E-Mails oder Mailing-Lists geltend, allerdings nur, wenn aus der Öffentlichkeit ein Abruf erfolgen kann, nicht hingegen bei aktivem Versenden

1 BGH, Urt.v. 17.7.2003, a.a.O., 962

2 BGH, Urt.v. 17.7.2003, a.a.O., 962

3 Zutreffend sprechen Ernst/Vassilaki/*Wiebe*, Hyperlinks, Rdn. 35 auch davon, dass der Link neue Nutzerkreise zu erschließen geeignet ist, hierdurch die Nutzung des Werkes zumindest quantitativ erweitert wird und dies den eigentlichen verwertungsrechtlichen Beitrag des Linksetzers darstellt. Aber gerade dieser Ansatz setzt seinerseits voraus, dass das Werk heraufgeladen und der Öffentlichkeit bereits zugänglich gemacht ist. Es ist nicht der Link, der erst die Öffentlichkeit herstellt. Die Datei muss bereits zugänglich sein. Wenn die Öffentlichkeit aber bereits mit dem Heraufladen (und Konnektieren des Rechners) hergestellt ist, sind alle vom Recht nach Art. 3 Abs. 1 der Richtlinie erfassten Handlungen bereits ausgeführt. Das Heranführen weiterer Nutzerkreise ändert nichts mehr am dann vorgängigen Bestehen der Öffentlichkeit und ist selbst keine Verwertung.

4 Hoeren/Sieber/*Ernst*, Handbuch Multimedia-Recht, Abschnitt 7.1, Rdn. 61.

an eine Mehrzahl von Empfängern, da § 19 a UrhG nur das Bereithalten zum Abruf erfasst, nicht aber ein absenderveranlasstes Versenden.

(kk) Altverträge

Das Recht der öffentlichen Zugänglichmachung bedarf besonderer **vertraglicher Einräumung**. Soweit bereits entsprechende Verwertungen vor[1] Inkrafttreten der Novellierung 2003 erfolgten und einem unbenannten Verwertungsrecht zugeordnet wurden, bedarf es keiner zusätzlichen neuen Rechtseinräumung.

Wie erwähnt wurde nur die gesetzliche Regelung auf der Basis der Richtlinie und WCT/WPPT geändert und das unbenannte Recht nach § 15 Abs. 2 UrhG durch das benannte des § 19 a UrhG ersetzt. Folgt man freilich der Auffassung, dass auch der Übertragungsakt von § 19 a UrhG mitumfasst sein soll, führt dies zu einer Ausweitung des Regelungsbereiches von § 19 a UrhG.

Hier bestehen zunächst erhebliche Zweifel, ob die Annahme einer solchen erweiternden Auslegung noch richtlinienkonform ist. Sieht man diese Auslegung als zulässig an, kann das Erfordernis einer zusätzlichen Rechtseinräumung zu prüfen sein. Diese wird nicht erforderlich sein, wenn bereits zur Erreichung des Zwecks des Altvertrages die Übertragung oder jedenfalls deren Möglichkeit gehört, das Nutzungsrecht diese also mitumfasst (§ 31 Abs. 5 S. 2 UrhG).

Bisher schon wurde ein unbenanntes Recht nach § 15 Abs. 2 UrhG angenommen, das allerdings nicht neben dem neuen § 19 a UrhG weiterbesteht. Folgt man außerdem der Auffassung, dass § 19 a UrhG nur das Zugänglichmachung auf dem Serverrechner umfasst, nicht aber abrufinitiierte Übertragungsvorgänge, hatte das auch diese Übertragung erfassende unbenannte Verwertungsrecht einen weiterreichenden Regelungsbereich, der mit Inkrafttreten des § 19 a UrhG entfallen ist.

Soweit in Altverträgen damit das unbenannte Verwertungsrecht eingeräumt worden war, wird es zwar nunmehr benannt, ist aber funktionsgleich für den Leistungsteil des Bereithaltens auch weiterhin als geregelt anzusehen.

Soll hingegen auch der Übertragungsteil der Leistung geregelt werden, käme nur ein Rückgriff auf das insoweit residual verbleibende unbenannte Verwertungsrecht in Betracht, wobei aber erhebliche Zweifel bestehen, ob die Annahme eines solchen Rechts außerhalb der Richtlinie gemeinschaftskonformer Auslegung entspricht. Jedenfalls ist mit der Einräumung eines Senderechts in Altverträgen nicht auch ein Recht im Sinne von § 19 a UrhG verbunden[2].

(6) Nutzung von Datenbankinhalten

Aus **Urheberrecht** kann der Urheber (oder der von ihm Berechtigte) eines Datenbankwerkes gemäß § 55 a S. 1 UrhG das Bearbeiten und Vervielfältigen gestatten.

Aus **verwandtem Schutzrecht** kann der Datenbankhersteller (oder der von ihm Berechtigte) nach § 87 b Abs. 1 S. 1 UrhG das Vervielfältigen, Verbreiten und die öffentliche Wiedergabe der Datenbank gestatten. Dieses Recht des Datenbankherstellers ist allerdings auf den Geltungsbereich der Datenbankrichtlinie, also die EU, beschränkt.

---

1 Schricker/*v. Ungern-Sternberg*, Urheberrecht, § 15 Rdn. 24

2 *Dreier*/Schulze, UrhG, § 19 a Rdn. 9, 12.

Hersteller oder Rechtsinhaber müssen Staatsangehörige eines Mitgliedstaates der EU sein oder ihren gewöhnlichen Aufenthalt im Gebiet der Gemeinschaft haben (Art. 11 Abs. 1 Datenbank-RL). Berechtigter aus Drittstaaten (z.B. aus den USA) sind damit aus der Richtlinie **nicht** geschützt.

Der Schutz gilt auch für Datenbankwerke und Datenbanken, deren Herstellung während der letzten 15 Jahre vor dem 1. Januar 1998 abgeschlossen wurde (§ 137 g Abs. 1 UrhG, Art. 14 Abs. 3 Datenbank-RL). Diese Datenbanken sind 15 Jahre ab dem 1. Januar geschützt, der auf den Erstellungszeitpunkt folgt (Art. 14 Abs. 1 Datenbank-RL).

Für Sui-generis-Datenbanken ist ein Recht des **Zugänglichmachens** nicht geregelt[1]. Zwar sieht die Datenbankrichtlinie in ihrem Art. 7 Abs. 2 b als Form der Weiterverwendung auch ein öffentliches Verfügbarmachen vor[2], doch ist dieses nicht in § 87 b Abs. 1 UrhG umgesetzt, der nur eine öffentliche Wiedergabe im Sinne einer gleichzeitigen Öffentlichkeit (§ 15 Abs. 3 UrhG) umfasst.

Für **Datenbanken** wurde ein Verbreiten im Sinne von § 87 b Abs. 1 S. 1 UrhG in Anknüpfung an den Begriff der Weiterverwendung in Art. 7 Abs. 2 b Datenbankrichtlinie weit als Verbreiten sowie als jede andere Form des öffentlichen Verfügbarmachens ausgelegt[3].

In den **USA** umfasst das Recht der Verbreitung (distribution) auch die Online-Übertragung[4].

(7) Analyse fremder Werke (insbesondere Webseiten)

Durch die besondere Art der zur Webseitenerstellung verwendeten Software fällt es technisch leicht, Seitenbeschreibungen zu analysieren. Web-Browsersoftware ermöglicht mit der Funktion „`View.Source`“, die HTML-Markups, GIF-Dateien, Identifizierungsskripts und allgemein die innere Struktur der Home Pages fremder Rechner im **Quellformat** zu analysieren und passende Elemente, etwa Inline-Images mit entsprechenden URL-Referenzen, zu übernehmen (soweit nicht Wettbewerbsrecht entgegensteht). Ein Dekompilieren findet hier **nicht** statt. Der Code wird gewissermaßen durch bloßes Anklicken des Befehlsbuttons auf einer erscheinenden Oberfläche komplett lesbar. Gleiches gilt im wesentlichen auch für Perl-Codes, die interpretiert, nicht kompiliert werden.

Nach § 69 d Abs. 3 UrhG dürfen freilich nur Ideen und Grundsätze ermittelt, nach § 69 e UrhG nur interoperabilitätsbezogene „Informationen“ rückerschlossen werden. In keinem Fall ist es zulässig, einfach Quellcodes oder oberflächenbezogene Gestaltungselemente zu kopieren oder in sonstiger Form zu übernehmen (etwa durch Abschreiben des am Bildschirm gezeigten Codes, „*screen shots*“ von Displayinhalten, Abmalen von Displays, etc.) oder Oberflächen- oder sonstige Elemente mittels eigenständigen Programmierens nachzuahmen[5].

---

1 *Koch*, ZUM 2001, 839, zur EG-konformen Auslegung der Datenbank-RL.

2 Hinweis bei *Dreier*, ZUM 2002, 28, 31.

3 OLG München, Urt.v. 10.10.2002 – 29 U 4008/02, MMR 2003, 593, 595 = JurPC Web-Dok. 279/2003 (allerdings in einem nichttragenden Urteilsgrund).

4 So ausdrücklich der Report of the Working Group on Intellectual Property Rights, Information Infrastructure Task Force, Intellectual Property and National Information Infrastructure. NII-White Paper, Washington 1995, 213, 220, während international diese Rechte getrennt werden.

5 Einschränkend ist freilich zu beachten, dass bei Verwendung am Markt verfügbarer Tools zur

§ 69 e UrhG sieht zudem sehr enge, im vorliegenden Rahmen nicht erläuterbare Verwendungsbindungen für die gewonnenen Informationen vor. Diese Vorschrift greift freilich nur ein, wenn eine bestimmte „Codeform" in eine andere übersetzt wird. Zumeist ist dies bei HTML-Programmen aber nicht der Fall, da sie über die View-Funktion direkt im Quellformat lesbar sind.

Soweit § 69 e UrhG nicht anwendbar ist, zurücktritt oder die Analyse auf § 69 d Abs.3 UrhG gestützt wird, greift ergänzend das Wettbewerbsrecht ein, wie § 69 g Abs. 1 UrhG ausdrücklich sicherstellt. Nicht mehr vom bestimmungsgemäßen Benutzen oder der Untersuchung nach § 69 d Abs. 3 UrhG umfasst ist jede weitere Verwendung des Codes, etwa in der eigenen Home Page, gleich, ob der Code hierzu dekompiliert wird oder nicht. Das **Dekompilieren** des Quellcodes der Home Page ist seinerseits immer dann unzulässig, wenn es über die rein interoperabilitätsbezogenen Codeteile hinausgeht, was beim vollständigen Dekompilieren unvermeidbar der Fall ist. Jedes Laden und Im-Netz-zur-Verfügungstellen der derart „übernommenen" Homepage stellt eine Verletzungshandlung dar, ebenso jedes Aktivieren eines Hyperlinks, soweit dieser im Code mit übernommen wurde.

Bereits das Herunterladen des Programmcodes der Webseiten des fremden Host-Rechners ist mit einem **Vervielfältigen** dieses Codes verbunden, die uneingeschränkt zustimmungsabhängig ist. Diese Zustimmung darf grundsätzlich nur insoweit als erteilt angesehen werden, als die Webseiten betrachtet und durch Anklicken von Hyperlinks bestimmungsgemäß benutzt wird. Das bloße Betrachten der Funktionsweise des berechtigt heruntergeladenen Exemplars einer Webseite ist nach § 69 d Abs. 3 UrhG zustimmungsunabhängig zulässig, wobei entgegenstehende vertragliche Vereinbarungen sogar nichtig sind (§ 69 g Abs. 2 UrhG).

Nicht mehr vom bestimmungsgemäßen Benutzen oder der Untersuchung nach § 69 d Abs. 3 UrhG umfasst ist aber jede **weitere Verwendung** des Codes, etwa in der eigenen Webseite.

(8) Herstellen von Hyperlinks im Web

Zu Links, Frames, Metatags und Suchmaschinen s. § 13, S. 647.

4. Freistellung von Gebrauchszwecken - Schranken des Urheberrechts

a) Grundsätze

Schrankenbestimmungen erlauben unter besonderen Voraussetzungen bestimmte Nutzungshandlungen, ohne dass die Einwilligung der Berechtigten erforderlich oder für die konkrete Nutzungshandlung eine Vergütung anfallen würde. Im vorliegenden Zusammenhang relevante Beispiele sind das Vervielfältigen zum privaten und sonstigen eigenen Gebrauch (§ 53 UrhG) und das öffentliche Zugänglichmachen oder Forschung (§ 52 a UrhG). Solche Schranken begrenzen Verwertungsrechte der Urheber (bzw. der von ihnen Berechtigten, etwa Verlage). Hierbei ist ein Ausgleich der Interessen der Rechteinhaber und Werknutzer herzustellen. Dieser Interessenausgleich mittels einer

Erstellung von Websites die entstehenden Erstellungsprodukte zwangsläufig werkzeugbedingt gewisse Merkmale wie Formate etc. gemeinsam haben werden, ohne dass hierin eine Verletzungshandlung liegt.

Schrankenbestimmung kann nicht von den nationalen Gesetzgebern nach freiem Gutdünken erfolgen, sondern muss den sog. „**Dreistufentest**" bestehen. Der Dreistufentest ist in den Art. 13 TRIPS, Art. 10 WCT und 16 Abs. 2 WPPT festgeschrieben und gründet seinerseits auf Art. 9 Abs. 2 RBÜ. Art. 5 Abs. 5 Harmonisierungs-RL setzt nun (in Umsetzung dieser Vorgaben) für die Anwendung der in den Abs. 1 bis 4 des Art. 5 vorgesehenen Ausnahmen und Beschränkungen bestimmte **Sonderfälle** (wie etwa das Vervielfältigen zum privaten Gebrauch) voraus (1. Stufe), in denen die **normale Verwertung** des Werkes oder des sonstigen Schutzgegenstandes **nicht beeinträchtigt** wird (2. Stufe), und die **berechtigten Interessen** des Rechtsinhabers **nicht** ungebührlich **verletzt** werden[1] (3. Stufe). Eine Beeinträchtigung der normalen Verwertung wurde angenommen, wenn die eigentliche Ausnahme vom Verwertungsrecht mit der normalen Art der Verwertung durch den Berechtigten in ökonomischen Wettbewerb tritt[2], also etwa eine alternative, das Original ersetzende Nutzungsmöglichkeit schafft[3], eine ungebührliche Interessenverletzung dann, wenn die Ausnahme zu einem unzumutbaren Einkommensverlust des Berechtigten führt oder führen kann[4]. Innerstaatliches Urheberrecht muss im Einklang mit Art. 9 Abs. 2 RBÜ ausgelegt werden[5]. Zugleich bedarf es richtlinienkonformer Auslegung, soweit es eine EG-Richtlinie umsetzt. Verletzt also eine nationale Regelung den Dreistufentest, so stellt sie zugleich keine dem Gemeinschaftsrecht entsprechende Umsetzung der Richtlinie dar. Wie auf S. 374 zu zeigen ist, trifft dies für die Regelung zum Vervielfältigen von rechtswidrig erstellten Vorlagen zu.

Die Harmonisierungsrichtlinie sieht in Art. 5 für die einzelnen Schranken unterschiedliche Umsetzungsspielräume vor. Teilweise wurde diese Regelungsheterogenität als Hemmnis für eine umfassende Harmonisierung kritisiert[6], teilweise hingegen sogar als Möglichkeit für einen Wettbewerb der Schrankensysteme begrüßt[7].

(b) Freistellung von Vervielfältigungen

Die Ausnahmetatbestände des § 53 UrhG[8] sind, zwecks Gewährleistung eines

---

1 *Schack*, AfP 2003, 1, 7.

2 *Freiwald*, Die private Vervielfältigung im digitalen Kontext am Beispiel des Filesharing, 111.

3 *Freiwald*, a.a.O., 112, eine solche substituierende Wirkung der Privatkopie anzweifelnd.

4 *Freiwald*, a.a.O. 113 m.w.N.

5 *Schack*, ZUM 2002, 497, 500.

6 *Kröger*, CR 2001, 316, 31f8 („nur vor dem Hintergrund offensichtlich schwieriger politischer Verhandlungen und als politischer Kompromiss zu verstehen", wobei Ungleichgewichte des europäischen Urheberrechts bestehen bleiben können).

7 *Dreier*, ZUM 2002, 28, 34. Dieses Argument erscheint nur in den Fällen tragfähig, in denen Nutzer faktisch in der Lage sind, zwischen Anbietern zu wählen, die den verschiedenen Schrankensystemen unterliegen.

8 § 53 Abs. 1 UrhG lautet: „Zulässig sind einzelne Vervielfältigungen eines Werkes durch eine natürliche Person zum privaten Gebrauch auf beliebigen Trägern, sofern sie weder unmittelbar noch mittelbar Erwerbszwecken dienen, soweit nicht zur Vervielfältigung eine offensichtlich rechtswidrig hergestellte verwendet wird. Der zur Vervielfältigung Befugte darf die Vervielfältigungsstücke auch durch einen anderen herstellen lassen, sofern dies unentgeltlich geschieht oder es sich um Vervielfältigungen auf Papier oder einem ähnlichen Träger mittels beliebiger photomechanischer Verfahren oder anderer Verfahren mit ähnlicher Wirkung handelt." Die Regelung im zweiten Relativanschluss wurde quasi erst im letzten Moment auf Beschlussempfehlung des Vermittlungsausschusses eingefügt (BT-Drucks. 15/1353 v. 2.7.2003). Eine Begründung enthält die Beschlussempfehlung zu diesem Punkt nicht.

effektiven Urheberrechtsschutzes, grundsätzlich **eng auszulegen**[1], so etwa die Begriffe des privaten oder des sonstigen eigenen Gebrauchs. Zu berücksichtigen ist, dass Schranken des Urheberrechts in ihrer Auswirkung Vergütungsansprüche der Urheber einschränken oder aufheben können (so durch Freistellen von Vervielfältigungen zum privaten Gebrauch) und deshalb grundsätzlich eng auszulegen sind. Das Verständnis der privilegierenden Norm hat sich hierbei vor allem an den technischen Gegebenheiten der Information im Zeitpunkt der Einführung des Privilegierungstatbestandes zu orientieren[2]. Dies schließt eine erweiternde Auslegung im Einzelfall nicht aus. Zu prüfen ist, ob dann, wenn an die Stelle einer privilegierten Nutzung eine neue Form tritt, die Gesichtspunkte (verfassungsrechtlicher Grundsatz der angemessenen Beteiligung der Urheber einerseits, der mit der Schrankenregelung verfolgte Zweck andererseits) ausnahmsweise eine weitergehende Auslegung erlauben (bzw. erfordern), wie es etwa bei der Einbeziehung der digitalen Speichermöglichkeiten in das Privileg von Vervielfältigungen zum privaten und sonstigen eigenen Gebrauch der Fall war[3].

(1) Grundlagen

Das Urheberrecht stellt bestimmte Zwecke der Nutzung urheberrechtlich geschützter Werke von der Zustimmungsabhängigkeit und damit Vergütungspflichtigkeit frei, allerdings nur, soweit ein **Vervielfältigen** erfolgt[4]. Der Urheber kann im Rahmen der Schrankenbestimmungen das Erstellen von einzelnen Vervielfältigungsexemplaren zum **privaten** und sonstigen **eigenen Gebrauch** nicht unterbinden (§ 53 Abs. 1 und Abs. 2 Nr. 1 UrhG). Insoweit bedarf das Vervielfältigen weder der Einwilligung des Berechtigten noch ist es vergütungspflichtig. Dies gilt für **analoge** wie für **digitale Kopien** in gleicher Weise.

Zwei zentrale Punkte sind zu dieser Regelung anzumerken: Einerseits werden „**Privatkopien**“ im digitalen und im analogen Format in gleicher Weise behandelt. Ein berechtigt aus dem Internet heruntergeladener Soundfile im MP-3-Format darf also in gleicher Weise zum privaten Gebrauch vervielfältigt werden wie eine gedruckte Textvorlage. Andererseits wird das zustimmungsunabhängige Vervielfältigungsrecht in doppelter Weise eingeschränkt[5]. Erwerbszwecke dürfen nicht verfolgt werden. Die Vorlage darf außerdem nicht **offensichtlich rechtswidrig** erstellt sein.

Alle sonstigen Verwertungen wie Verbreiten, Senden und Bearbeiten werden **nicht** freigestellt, ausgenommen das öffentliche Zugänglichmachen für Unterricht und Forschung (§§ 19 a, 52 a UrhG), wobei aber im Falle der Forschung eine angemessene Vergütung zu zahlen ist (§ 52 a Abs. 3 S. 1 UrhG), die durch eine Verwertungsgesellschaft geltend gemacht werden kann (§ 52 a Abs. 3 S. 3 UrhG). Kommunikation im Internet ist per se kein freigestellter Gebrauchszweck bzw. (im Sinne des US-

---

1 BGHZ 134, 250, 263 – CB-Infobank I; BGHZ 144, 232, 235 – Parfumflakon; BGH GRUR 2002, 605, 606 – Verhüllter Reichstag; *Katzenberger*, AfP 1997, 434, 438 mit weiteren Nachweisen.

2 BGHZ 17, 266, 282 – Grundig-Reporter; BGHZ 134, 250, 263f – CB-Infobank I.

3 BGH, Urt.v.5.7.2001 – I ZR 335/98, GRUR 2002, 246 – Scanner.

4 *Schricker*, Informationsgesellschaft, 163.

5 Diese Regelung ist freilich sprachlich (stilistisch wie grammatisch) verunglückt, nämlich als doppelte Relativanknüpfung („ ... sofern, ... soweit ...“) formuliert. Sie wirkt außerdem (wie bei solchen Konstruktionen nicht selten der Fall) objektiv sinnentstellend, besagt sie doch in wortlautbezogener Auslegung im Umkehrschluss (ohne dies natürlich, in historischer Auslegung aus Sicht des Gesetzgebers, zu meinen), dass bei Verwendung einer offensichtlich rechtswidrig hergestellten Vorlage auch Erwerbszwecke verfolgt werden dürfen.

Recht, Sec. 107 Copyright Act) kein *fair use.* Vielmehr ist für die einzelnen Zwecke zu differenzieren.

Regelungsmotiv der Regelung in § 53 Abs. 1 UrhG war bisher, dass Nutzungshandlungen nicht verboten werden sollten, die ohnehin nicht kontrolliert werden können. Dies gilt insbesondere für das Vervielfältigen zu privaten Zwecken[1], wobei aber eine Vergütungspflicht in der Form einer Geräteabgabe etwa für Kopiergeräte Einnahmeverluste der Berechtigten teilweise kompensieren sollen. Die Freistellung des Vervielfältigens für private Zwecke wurde also eingeführt, weil sich dieses Vervielfältigen im privaten Bereich ohne Eingriff in den Grundsatz der Unverletzlichkeit der Wohnung (Art. 13 GG) nicht kontrollieren ließ[2] und solche Kontrollen zu einer erheblichen Störung des Rechtsfriedens geführt hätten[3]. Damit wurde freilich **kein Recht** auf **Privatkopie** eingeführt[4], sondern sollte nur ein massenweises Ausforschen im häuslichen Bereich vermieden werden[5]. Diese Begründung kann, im Umkehrschluss, also nicht herangezogen werden, wenn die Kontrolle diesen Bereich der Privatsphäre nicht tangiert, sondern unmittelbar an öffentlichen zugänglichen Teilnehmerverzeichnissen auf zentralen Serverrechnern ansetzt. Selbst der Privatbereich ist außerdem nicht quasi aus dem Urheberrechtsschutz ausgeklammert. Vielmehr wurde, angesichts der praktischen Kontrollprobleme, als Ausgleich der wenngleich pauschalierte Vergütungsanspruch des § 54 a UrhG (bzw. damals des § 53 Abs. 5 UrhG 1965) in der Form von Geräte- bzw. Leerkassettenabgaben eingeführt, was freilich das grundsätzliche Bestehen des Urheberrechtsschutzes auch im privaten Bereich voraussetzt. Allerdings darf die „Privatkopie“ nicht als bloß technisch bedingte Notlösung verstanden werden. Sie fördert die dezentrale Informationsverbreitung und Innovationen. Hieraus wurde sogar eine Verfestigung des Vervielfältigens zum privaten Gebrauch in eine „gesetzliche Lizenz“[6] gesehen, was einer zumindest eigentumsähnlichen Position nahekäme. Allein aus Urheberrecht scheint ein solches Recht aber nicht zwingend ableitbar[7].

Teilweise wurde ein Gegensatz zwischen Verwertung von Urheberrechten und **Informationsrechten** der Nutzer gesehen, die sich aus Art. 5 Abs. 1 S. 1 und Abs. 3 S. 1 GG, 10 Abs. 1 S. 2 EMRK gesehen. Diese Informationsrechte sind bei der Auslegung der Schrankenbestimmungen zu berücksichtigen, ohne dass aber alle Werke frei zugänglich sein müssten bzw. zumal digitales Kopieren frei zulässig wäre[8]. Zur Wahrung der grundrechtlichen Position soll genügen, dass Möglichkeiten zum analogen Vervielfältigen offenbleiben[9]. Auch haben Begünstigte grundsätzlich keinen Anspruch auf Zurverfügungstellen der Werke in vervielfältigungstauglicher Form[10].

Gleiche Überlegungen müssen für Vervielfältigungen mit digitalen Techniken gelten

---

1 Für alle *Schack*, ZUM 2002, 497, 499.

2 Begr. zu § 54 Abs. 3 UrhG-E v. 23.3.1962, in: *Schulze*, Materialien zum Urheberrechtsgesetz 1993, 30.

3 BGH GRUR 1965, 104, 107 – Personalausweise, damals im Bezug auf die Nutzung von Tonbandgeräten.

4 So nun auch der Referentenentwurf für ein Zweites Gesetz zur Regelung des Urheberrechts in der Informationsgesellschaft v. 27.9.2004, Begr. 35 (verfügbar über www.itrb.de).

5 BVerfG GRUR 1972, 488, 491 – Tonbandvervielfältigungen; *Freiwald*, Die private Vervielfältigung im digitalen Kontext am Beispiel des Filesharing, 59.

6 Schricker/*Melichar*, Urheberrecht, Vor §§ 45 ff Rdn. 6.

7 Ausgenommen freilich Fälle, in denen die „Magill“- bzw. „IMS Health“-Kriterien eingreifen (s.S. 301).

8 *Schack*, AfP 2003, 1, 5.

9 *Schack*, ZUM 2002, 497, 505; *Wand*, Technische Schutzmaßnahmen und Urheberrecht, 178.

10 *Schack*, ZUM 2002, 497, 504.

(zumal auch Kopiergeräte heute vielfach rein mit Digitaltechnik arbeiten), da die Kontrolle von privat genutzten Rechnern, Scannern etc. zu ähnlichen Problemen einer Verletzung des häuslichen Bereiches führt[1].

Privater Gebrauch berechtigt weiterhin zum Durchführen „einzelner Vervielfältigungen" (§ 53 Abs. 1 S. 1 UrhG)[2]. Die in der Rechtsprechung angegebene Anzahl von maximal sechs oder sieben Vervielfältigungsstücken[3] greift nicht für alle Zwecke, da im Einzelfall auch schon das Erstellen von einer oder zwei Kopien zur Zweckerreichung ausreichen kann[4]. Die Vervielfältigung kann auf einen **beliebigen** – digitalen oder analogen[5] – „**Träger**" (d.h. Datenträger) erfolgen.

Der Rahmen der Freistellung ist verlassen und das Vervielfältigen als zustimmungsunabhängiges nicht möglich, da nicht zum privaten Gebrauch erfolgend, wenn das Vervielfältigungsexemplar zum **Download** angeboten wird[6]. Das Angebot zum Downloading im Internet ist also nicht privat.

Auf der Grundlage von § 53 UrhG erstellte Vervielfältigungsstücke dürfen außerdem **weder verbreitet noch zu öffentlichen Wiedergaben benutzt** werden (§ 53 Abs. 6 S. 1 UrhG). Unzulässig ist also etwa das Weitergeben auf Datenträger oder das Vorführen auf Messen. Deshalb darf z.B. ein iPod zwar als gebrauchter weiterveräußert werden, aber nicht mit den in ihm im Rahmen von § 53 UrhG (etwa von CDs) gespeicherten MP3-Musikdateien.

Die Vervielfältigungsvorlage muss nicht im Eigentum des Begünstigten stehen[7], darf aber nicht offensichtlich rechtswidrig erstellt sein (s. hierzu näher S. 375). Soweit der Berechtigte **technische Schutzmaßnahmen** implementiert hat, dürfen diese von Nutzern auch dann nicht umgangen werden, wenn diese aus einer Schrankenbestimmung begünstigt sind, da die Schutzmaßnahmen sonst entscheidend geschwächt würden [8].

Für **Computerprogramme** ist in den §§ 69 c und d UrhG die ausnahmslose gesonderte Zustimmungsbedürftigkeit jedes Vervielfältigens jenseits besonderer vertraglicher Bestimmungen oder der bestimmungsgemäßen Benutzung festgelegt (§ 69 d UrhG). Zu beachten ist, dass § 69 c Nr. 1 UrhG ausdrücklich auch **teilweises** Vervielfältigen erfasst, und zwar sogar ausdrücklich Vervielfältigen zu Übertragungszwecken (so § 69 c Nr. 1 S. 2 , 4. Fall UrhG). Freistellungen für bestimmte Zwecke, etwa privaten oder sonstigen eigenen Gebrauch oder Unterrichtszwecke, sind – anders als in den USA – **nicht** vorgesehen. „*Fair Use*" gibt es nicht für Software im deutschen Recht. Diese Regelung gilt für jede Form des Vervielfältigens von Programmen (§ 69 a Nr. 1 UrhG), also auch für Vervielfältigungen mittels digitaler Übertragung und für temporäre Vervielfältigungen, soweit hierbei fungible, also bestimmungsgemäß benutzbare Exemplare erstellt werden, nicht hingegen verkapselte Datenfragmente während des Routing.

---

1 Gesetzesbegr.BT-Drucks. 15/38, 20.

2 In der früheren Fassung hat § 53 Abs. 1 S. 1 UrhG vom Herstellen einzelner Vervielfältigungs*stücke* gesprochen. Eine inhaltliche Änderung ist in der Verwendung des neuen Sprachgebrauches nicht zu sehen.

3 BGH GRUR 1978, 474 – Vervielfältigungsstücke; von *Schack*, ZUM 2002, 497, 501 als willkürlich kritisiert.

4 Wandtke/Bullinger/*Lüft*, Ergänzungsband zum UrhR, § 53 Rdn. 10.

5 *Mayer*, CR 2003, 274, 276f

6 LG München I, Urt.v. 16.7.2003 – 21 O 8790/03, ZUM-RD 2003, 607 – mp3-Network. In diesem Netz war jedem Teilnehmer eine ICQ-Nummer und ein frei wählbarer *Avatar* zugeordnet, über dessen Schutzfähigkeit das Gericht aber nicht zu entscheiden hatte.

7 Wandtke/Bullinger/*Lüft*, Ergänzungsband zum UrhR, § 53 Rdn. 12.

8 *Schack*, ZUM 2002, 497, 505.

Für **sonstige Werkarten**, also insbesondere Texte, Bilder[1], Videoclips, etc. sind jedoch grundsätzlich die Schranken des Urheberrechts aus dem Sechsten Abschnitt des UrhG als Schranken der Zustimmungsabhängigkeit des Vervielfältigens[2] zu beachten, also etwa hinsichtlich (Text-) Sammlungen für Schul- oder Unterrichtszwecke (§ 46 UrhG)[3], der Zitierfreiheit (§ 51 UrhG) und der partiellen Freistellung privaten oder sonstigen eigenen Gebrauchs (§ 53 UrhG)[4]. Aber auch diese Freistellungen sind nicht mit *„Fair Use"* identisch.

Die Vervielfältigung muss durch eine **natürliche Person** durchgeführt werden. Hierzu zählen alle privat „surfenden" Nutzer, nicht jedoch Arbeitnehmer, soweit sie im Rahmen des Arbeitsverhältnisses (also nicht privat) tätig werden. Schließlich darf das Vervielfältigen weder unmittelbar noch mittelbar Erwerbszwecken dienen. Für juristische Personen kann es damit keinen privaten Gebrauch geben (wohl aber einen eigenen wissenschaftlichen Gebrauch, s. unten). Das Laden eines im Internet zugänglichen Lexikons in den Arbeitsspeicher wurde als Vervielfältigen eingestuft, das auch bei Privatgebrauch ebenso wie Framing zustimmungspflichtig ist[5].

Vervielfältigungen im Sinne von § 53 Abs. 1 UrhG dürfen auch durch **Dritte** erfolgen, wenn dieses Vervielfältigen unentgeltlich geschieht oder die Vervielfältigungen auf Papier oder einem ähnlichen Träger mittels beliebiger fotomechanischer Verfahren oder anderer Verfahren mit ähnlicher Wirkung handelt (§ 53 Abs. 1 S. 2 UrhG). Ein solches Vervielfältigen kann auch durch einen **Bibliotheksdienst** erfolgen[6]. Vergütetes Vervielfältigen durch Dritte (z.B. „Copyshops") ist also dann zulässig, wenn die Vervielfältigung nur auf Papier oder ähnliche Träger erfolgt. Im Umkehrschluss ist elektronisches Vervielfältigen durch Dritte nur als unentgeltliches zulässig (und nur als Erstellen einzelner Vervielfältigungen). Ein solcher Dritter kann der Proxy-Cache-Provider sein, ebenso der Betreiber eines Internet-Cafés, auf dessen Systemen ein Nutzer eine CD „brennen" lässt. Privatpersonen können füreinander private Vervielfältigungen durchführen[7].

Im Entwurf zu einem **neuen** § 53 a UrhG-E[8] zum **Kopienversand auf Bestellung** wird ein Vervielfältigen und Verbreiten einzelner in Zeitungen und Zeitschriften erschienener Beiträge sowie kleiner Teile eines erschienenen Werkes im Wege des Post- oder Faxversandes durch öffentliche Bibliotheken auf Einzelbestellung gestattet, sofern sich der Besteller auf einen durch § 53 privilegierten Zweck berufen kann (§ 53 a

1 Für das US-Recht s. Playboy Enterprises, Inc. v. Frena. 839 F.Supp. 1552 (M.D. Fla. 1993).

2 Zum gemeinschaftsweiten Harmonisierungsbedarf s. das EG-Grünbuch, a.a.O. , 52.

3 Diese gewinnen etwa durch die Aktion „Schulen im Netz" besondere Bedeutung, ebenso aber für den Bereich beruflicher Fortbildung.

4 Im US-Urheberrecht wird in ähnlicher Weise der „fair use" von Werken von der Zustimmungspflichtigkeit freigestellt (17 U.S.C. § 107).

5 OLG Hamburg, Urt. v. 22.2.2001 – 3 U 247/00, NJW-RR 2001, 1198 – Roche-Lexikon (Medizin).

6 BGH, Urt.v. 25.3.1999 – I ZR 118/96, GRUR 1999, 928 = NJW 1999, 1953, 1959. Klärungsbedürftig ist, ob ein solcher Kopieversand auch digital erfolgen darf, etwa durch den Dokumentlieferdienst „subito", der von der Bund-Länder-Initiative zur Beschleunigung der Literatur- und Informationsdienste gegründet wurde. Jede angefragte Kopie wird durch erneutes Einscannen der Vorlage erstellt und weist nur eine geringe Auflösung von 200 bis 300 dpi auf (*Sietmann*, c't 16/2003, 47). Das Einzelerstellen wird wohl grundsätzlich möglich bleiben müssen, wenn es digital erfolgt, jedoch sollte nicht ein beliebiges Verwerten ermöglicht werden, weshalb die erstellten Kopien nicht die volle Qualität des Originals aufweisen dürfen.

7 *Mayer*, CR 2003, 274, 277; *Reinbothe*, ZUM 2002, 43, 49

8 Referentenentwurf für ein Zweites Gesetz zur Regelung des Urheberrechts in der Informationsgesellschaft v. 27.9.2004 (verfügbar über www.itrb.de).

Abs. 1 S. 1 UrhG-E). Damit soll das Übermitteln zu kommerziellen Zwecken des Bestellers ausgeschlossen werden[1]. Das Vervielfältigen und Verbreiten in sonstiger elektronischer Form ist ausschließlich als grafische Datei und nur dann zulässig, wenn die Beiträge oder kleinen Teile eines Werkes von Mitgliedern der Öffentlichkeit nicht von Orten und zu Zeiten ihrer Wahl mittels einer vertraglichen Vereinbarung erworben werden können (§ 53 a Abs. 1 S. 2 UrhG-E).

Nicht anwendbar ist die Freistellung auf den Abruf von Exemplaren geschützter Werke aus **Datenbankwerken** anwendbar (§ 53 Abs. 5 UrhG). Ein Abruf aus Datenbanken im Sinne der §§ 87 a ff UrhG wird damit nicht freigestellt; dies gilt auch dann, wenn das einzelne aus der Datenbank abgerufene Datenbankelement selbst ein Vervielfältigungsexemplar eines geschützten Werkes ist. Hier greift der allgemeine Grundsatz des § 53 Abs. 1 S. 1 UrhG ein, da der Schutz am einzelnen, aus sich geschützten Datenbankelement ansetzt, nicht an der Datenbank selbst.

Das Vervielfältigen beim Weiterübertragen zwischen den **Router**-Rechnern stellt einen privaten oder sonstigen eigenen Gebrauch durch den Empfänger mithilfe Dritter dar. Die für sonstige Werke in den §§ 45 ff UrhG festgelegten, vervielfältigungsbezogenen **Schranken**, etwa für privaten oder sonstigen eigenen Gebrauch, decken grundsätzlich auch das Zwischenspeichern von Werkkopien in fremden Routerrechnern in der Übertragungskette ab. Das Weiterübertragen – und damit auch das hierzu erforderliche temporäre Vervielfältigen – zwischen den Routerrechnern erfolgt zur Ermöglichung eines privaten oder sonstigen eigenen Gebrauch durch den Empfänger mithilfe Dritter dar.

Das eigentliche **Übertragen** zwischen Rechnern (Netzknoten) wird von den urheberrechtlichen Verwertungsrechten nicht erfasst. Eine Ausnahme könnte nur gelten, wenn die Datei gleichzeitig an eine Vielzahl von Empfängern übertragen würde (und ein „Senden" vorläge). Dies scheidet aber beim Routing aus, da algorithmenbedingt jeweils immer nur ein Rechner als (temporärer) Routerrechner adressiert wird. Auch ein Zugänglichmachen gegenüber der Öffentlichkeit im Sinne von § 19 a UrhG scheidet aus, da dieses Recht nur das Eröffnen des Zugriffes aus der Öffentlichkeit auf einen Serverrechner durch Uploading umfasst, nicht aber das Übertragen beim Downloading.

(2) Streitfall „digitale Privatkopie"

Umstritten ist[2], ob im Wege der weiteren Reform des UrhG das Rechtsinstitut der „digitalen Privatkopie" ganz abgeschafft werden sollte. Ein vollständiges Verbot wurde bereits als rechtspolitischer Fehler und in der Praxis nicht durchsetzbar eingestuft und gefordert, nur solche digitalen Vervielfältigungen auszunehmen, die den Urheber stark belasten[3]. Die Regelungen zur elektronischen „Privatkopie" werden auch im Regelungsentwurf zum „Zweiten Korb" [4] beibehalten.

1 Referentenentwurf, a.a.O., Begr. 55.

2 *Poll/Braun*, ZUM 2004, 266, 268 m.w.N.

3 *Schack*, ZUM 2002, 497, 509 m.w.N. mit dem Hinweis, dass bei einem solchen Verbot auch der Anspruch auf eine mittelbare Vergütung durch pauschale Geräte- und Leermedienabgaben nicht mehr zu rechtfertigen sei (ähnlich das Grünbuch der EG-Kommission „Urheberrecht und verwandte Schutzrechte" v. 19.7.1995, KOM(95) 382 endg.).

4 Referentenentwurf für ein Zweites Gesetz zur Regelung des Urheberrechts in der Informationsgesellschaft v. 27.9.2004 (verfügbar über www.itrb.de).

In der Einbeziehung auch digitaler Kopien in den Regelungsbereich des § 53 Abs. 1 S. 1 UrhG wurde ein erhöhtes „Gefahrenpotential" der erleichterten Herstellung elektronischer Kopien mit zugleich identischer (oder bei Komprimierung weitgehend identischer) Qualität gesehen[1]. Dennoch soll § 53 Abs. 1 UrhG nach dem Willen des Gesetzgebers[2] einheitlich analoge wie digitale Kopien erfassen. Die jetzige Regelung wurde deshalb als nicht mit dem erwähnten **Dreistufentest** vereinbar angesehen[3], dessen Anwendung bei der nationalen Normausgestaltung von Art. 5 Abs. 5 der Richtlinie 2001/29/EG verlangt und vom BGH zutreffend als entscheidender Maßstab für die Anwendung der Schrankenbestimmungen des UrhG angesehen wird[4]. Nur die analoge Kopieerstellung könne als bestimmter (für eine Schrankenbestimmung tragfähiger) Sonderfall angesehen werden, da jede Kopie Qualitätsverluste aufweist, die sich sukzessive vergrößern, wenn jeweils die erstellten Kopien wieder als Vorlage verwendet werden, während dies bei elektronischen Kopie nicht der Fall ist[5].

Dem ist freilich entgegenzuhalten, dass die Zuordnung zu einem Sonderfall der Nutzung nicht aus der verwendeten Kopiertechnik abzuleiten ist, sondern aus der privaten Verwendung, bei deren bestimmungsgemäßer Einhaltung es keine Rolle spielt, ob die Vervielfältigung auf analoge oder digitale Weise erfolgt (weshalb Art. 5 Abs. 2 lit. a der RL auch ausdrücklich von „Vervielfältigungen auf beliebigen Trägern" spricht)[6]. Wird außerdem der Rahmen des privaten Gebrauchs der elektronischen Kopie beachtet, ist auch keine Beeinträchtigung der normalen Werkverwertung zu befürchten (wird er überschritten, greift § 53 Abs. 1 UrhG ohnehin nicht ein), ebenso nicht eine ungebührliche Verletzung berechtigter Interessen der Rechteinhaber.

Zutreffend ist aber, dass die Überschreitung der Grenzen privaten Gebrauches bei Nutzern (etwa durch unzulässiges Mehrfachkopieren) nur begrenzt kontrolliert werden kann, ohne tief in den häuslichen Bereich bzw. die Privatsphäre einzudringen (während ein rechtwidriges Anbieten von Privatkopien im Wege des Filesharing unmittelbar im öffentlichen Bereich kontrollierbar ist). Auch hier ist aber der Weg über Geräteabgaben (§§ 54, 54a UrhG) gangbar und auch bereits gegangen worden[7]. Jedoch muss bei der Ausgestaltung von Regelungen die Gefahr von Doppelvergütungen vermieden werden: Ist eine Abgabe z.B. für PCs, Drucker[8], MP3-Player[9] oder allgemein für bzw. Datenträger zu entrichten, darf nicht gleichzeitig jedes Kopieren auf diesen Geräten zusätzlich über ein DRM-System (s.S. 390) Vergütungsansprüche begründen. § 13 Abs.

1 Sehr kritisch wurde (neben der Geräteabgabe) die Privatkopie auf einer GEMA-Veranstaltung Anfang Mai 2003 diskutiert; ein Vertreter des BMJ sah in ihr gar einen „Gefahrenherd" (*Krempl*, heise online 2.5.2003, www.heise.de/newssticker/data/jk-02.05.03-005).

2 Gesetzesbegr. BT-Drucks. 15/38, 20.

3 *Poll/Braun*, ZUM 2004, 266, 271.

4 BGH NJW 1999, 1953, 1959 – Kopienversand.

5 *Poll/Braun*, ZUM 2004, 266, 272.

6 Außerdem ist zu sehen, dass ein weiteres Bilden von Sonderfällen in den Schranken von Art. 5 RL als widersinnig eingestuft wurde, nachdem der Richtliniengeber ohnehin schon den umfangreichen Schrankenkatalog direkt mit dem Dreistufentest verbunden hat (*Senftleben*, GRUR Int. 2004, 200, 206).

7 Ausf. *Paul/Naskret*, CR 2003, 473.

8 Für PCs und Drucker verlangen die Verwertungsgesellschaften bereits Geräteabgaben (s. näher *Paul/Naskret*, CR 2003, 473, 474). Für Scanner hat der BGH (Urt.v. 5.7.2001 – I ZR 335/98, CR 2002, 176) bereits deren Eigenschaft als Vervielfältigungsgerät i.S.v. § 54 a Abs. 1 UrhG bestätigt, für Telefax-Geräte mangels Vorlagenglas aber verneint (BGH GRUR 1999, 928, 930).

9 Nach Pressemeldungen von Anfang Juli 2004 plant das BMJ auch Abgaben auf MP3-Player (heise online news 4.7.2004, www.heise online.de/newsticker/meldung/48848).

4 UrhWahrnG verlangt eine entsprechende Berücksichtigung, ohne aber bereits nähere Prüfkriterien an die Hand zu geben. Nach der Rechtsprechung des BGH[1] wird aber zu prüfen sein, ob ein Gerät funktional ähnlich wie ein zur Vornahme von Vervielfältigungen bestimmtes Gerät (z.B. ein Fotokopiergerät) eingesetzt wird bzw. werden kann. Nicht entgegen steht, dass diese Nutzbarkeit nur mit anderen Geräten möglich ist (beim Scanner z.B. nur mit einem Rechner), wobei in solchen Kombinationen aber nur das Gerät mit der Abgabe zu belasten ist, das am deutlichsten für die Vervielfältigung bestimmt ist[2], während *de lege ferenda* auch mehrere Geräte abgabenbelastet werden können sollen[3]. Nach diesen Kriterien ist auch ein MP3-Player abgabepflichtig, da auf ihm Musikwerke durch dauerhaftes Speichern vervielfältigt werden, aber wohl nicht Multimedia-Mobiltelefone, wenn auf ihnen kein dauerhaftes Speichern möglich ist.

Im **Gesetzentwurf**[4] zur **Neufassung** der §§ 54, 54 a ff UrhG soll das Entstehen einer Pauschalvergütungspflicht nicht mehr daran angeknüpft werden, dass bestimmte Geräte(typen) zum Kopieren bestimmt sind, sondern allein an die tatsächliche nennenswerte Nutzung der einzelnen Geräte oder Speichermedien, wie sie typischerweise erfolgt (§ 54 a Abs. 1 UrhG-E)[5]. Ein geringer Anteil der Kopiertätigkeit an der gesamten Gerätenutzung soll sich entsprechend vergütungsmindernd auswirken[6].

(3) Problem des Vervielfältigens von rechtswidrigen Vorlagen

§ 53 Abs. 1 S. 1 UrhG lässt ein einwilligungsunabhängiges Vervielfältigen auch dann zu, wenn es von einer rechtswidrig erstellten Vorlage erfolgt, es sei denn, diese Rechtswidrigkeit ist offensichtlich bzw. musste es sein (zur Offensichtlichkeit s. unten S. 376). Nach dieser Regelung dürfen also nicht als solche offensichtlich rechtswidrig hergestellte Raubkopien als Kopiervorlagen verwendet werden, um von diesen berechtigt Kopien für den privaten Gebrauch herzustellen [7].

Für die Systematik des novellierten Urheberrechtsgesetzes folgt, dass die Regelung des § 53 Abs. 1 S. 1 UrhG von der Funktion der Schrankenbestimmungen her überprüft werden sollte[8]. Die Regelungen in den §§ 45 ff UrhG sehen ein begrenzten Vorrang der Interessen der Allgemeinheit im Sinne einer Sozialbindung vor[9]. Eine Aufhebung von Ausschließlichkeitsrechten darf grundsätzlich nicht ersatzlos erfolgen, so etwa nicht zugunsten eines Vervielfältigens für persönliche oder sonstige eigene Zwecke (wenn keine Geräteabgabe[10] vorgesehen wäre)[1]. Aus diesem Grund begegnet eine Regelung

---

1 BGH, Urt.v.5.7.2001, a.a.O.

2 *Paul/Naskret*, CR 2003, 473, 477

3 *Paul/Naskret*, CR 2003, 473, 478

4 Referentenentwurf für ein Zweites Gesetz zur Regelung des Urheberrechts in der Informationsgesellschaft v. 27.9.2004 (verfügbar über www.itrb.de).

5 Referentenentwurf, a.a.O., Begr. 23.

6 Referentenentwurf, a.a.O., Begr. 23.

7 Zutreffend ist der Hinweis, dass Vervielfältigen von einer rechtswidrigen Vorlage *stets* berechtigte Interessen des Rechtsinhabers i.S.v. Art. 5 Abs. 5 der Richtlinie 2001/29/EG verletzt, da, selbst bei Vervielfältigen zum privaten Gebrauch der mit Herstellung der Vorlage begründete rechtswidrige Zustand perpetuiert werde (*Jani*, ZUM 2003, 842, 845).

8 *Jani*, ZUM 2003, 842, 846 fordert deshalb de lege ferenda die Abschaffung der Regelung, meint aber, dass mit einer solchen Änderung wohl kaum gerechnet werden könne.

9 Schricker/*Melichar*, Urheberrecht, Vor §§ 45 ff, Rdn. 3 ff.

10 Zur Geräteabgabe s. *Paul/Naskret*, CR 2003, 473.

Bedenken, die die **Nutzung** (wenn auch nicht offensichtlich) **rechtswidriger Kopiervorlagen ausgleichsfrei** als zulässig behandelt[2]. Vom urheberrechtsdogmatischen Grundsatz her darf wohl eigentlich nur eine Werknutzung als zustimmungsfrei privilegiert werden, die nicht auf einer Rechtsverletzung aufbaut und diese gar noch perpetuiert[3]. Genau dies lässt § 53 Abs. 1 S. 1 UrhG aber zu. Mit einer solchen Konstruktion wird eindeutig der Bereich einer rechtfertigbaren Schrankenregelung überschritten. Das Institut der „Privatkopie“ sollte nicht dazu herangezogen werden, die Nutzung von Raubkopien auch nur in Teilbereichen zu einer rechtmäßigen zu machen.

Zudem ist die Regelung des § 53 Abs. 1 S. 1 UrhG insoweit **nicht richtlinienkonform**. Art. 5 Abs. 2 lit. b Harmonisierungs-RL sieht vor, dass die Vervielfältigung weder direkt noch indirekt kommerziellen Zwecken dienen darf. Sie verlangt weiter, dass Rechtsinhaber einen gerechten Ausgleich unter Berücksichtigung getroffener technischer Maßnahmen zu erhalten haben. Eine Regelung, nach der unter bestimmten Voraussetzungen auch rechtswidrige Vorlagen (nämlich bei Nichtoffensichtlichkeit ihrer Rechtswidrigkeit) verwendet werden dürfen, enthält die Richtlinie nicht. Sie sieht insoweit auch keine Möglichkeit für Mitgliedsstaaten vor, vom Richtlinienrecht abzuweichen und Schranken zulasten der Urheber auszuweiten. Deshalb erscheint es zweifelhaft, ob der deutsche Gesetzgeber die Richtlinie in diesem Punkt gemeinschaftsrechtskompatibel umgesetzt hat. Dadurch, dass außerdem das Erstellen von (auch digitalen) Privatkopie mit einem gerechten Ausgleich für die Urheber verbunden sein muss, ergibt sich im Umkehrschluss die Unzulässigkeit einer Regelung, nach der ein solcher Ausgleich nicht realisiert werden kann, weil die Rechtsinhaber, wie beim Raubkopieren oft der Fall, überhaupt keine Kenntnis von Vervielfältigungsakten erlangen. Die Regelung des § 53 Abs. 1 S. 1 UrhG macht hingegen das Vervielfältigungen rechtswidriger (wenn auch nicht offensichtlich rechtswidriger) Vorlagen zulässig, ohne richtlinienkompatibel den erforderlichen Interessenausgleich auch nur ansatzweise sicherzustellen. Hierdurch wird in Abweichung von Art. 5 Abs. 4 RL die normale Werkverwertung beeinträchtigt und wird der Dreistufentest nicht bestanden .

Im **Gesetzentwurf**[4] werden in § 53 Abs. 1 S. 1 UrhG-E nach dem Wort „hergestellt“ die Wörter „öffentlich zugänglich gemachte“ vorgesehen. Damit sollen auch Fälle einer offensichtlich rechtswidrigen Zugänglichmachung erfasst werden[5].

Eine rechtswidrig erstellte Kopiervorlage darf nach § 53 Abs. 1 S. 1 UrhG nur dann nicht zum Vervielfältigen benutzt werden, wenn diese Rechtwidrigkeiten offensichtlich ist. Hier ist zunächst auf den vorstehend dargestellten Umstand hinzuweisen, dass das Vervielfältigen von nichtoffensichtlich rechtswidrigen Vorlagen zwar gesetzes-, aber nicht richtlinienkonform ist.

Weiter wurde aus der gesetzlichen Regelung gefolgert, es solle der „gutgläubige“ Nutzer einer zum privaten Gebrauch hergestellten Kopie geschützt werden[6]. Dies ist bemerkenswert, wird doch hierdurch der (bisher nicht mögliche[7]) gutgläubige

1 BVerfGE 31, 255 – Tonbandvervielfältigung.

2 *Jani*, ZUM 2003, 842, 845.

3 In diesem Sinne die Anrufung des Vermittlungsausschusses durch den Bundesrat, BT-Drucks. 15/1066 v. 27.5.2003, 2; ähnlich bereits in teleologischer Auslegung *Leupold/Demisch*, ZUM 2000, 379, 385.

4 Referentenentwurf für ein Zweites Gesetz zur Regelung des Urheberrechts in der Informationsgesellschaft v. 27.9.2004 (verfügbar über www.itrb.de).

5 Referentenentwurf, a.a.O., Begr. 53.

6 Wandtke/Bullinger/*Lüft*, Ergänzungsband zum UrhR, § 53 Rdn. 13.

7 *Schack*, Urheber- und Urhebervertragsrecht, Rdn. 537.

Nutzungsrechtserwerb in das Urheberrecht eingeführt.

Ob die Rechtswidrigkeit **offensichtlich** ist, wird nach objektiviert-abstrakten Sorgfaltsmaßstäben[1], der auch bei der Prüfung der möglichen Rechtswidrigkeit der Vorlage zugrunde zu legen ist[2], und von dessen Einhaltung auch nicht eingerissene Verkehrsunsitten und Nachlässigkeit befreien können[3]. Allgemein gilt, dass derjenige, der das Offensichtliche nicht beachtet (also dasjenige, was im jeweiligen Fall jedem einleuchten muss[4]), **grob fahrlässig** handelt. Im Hinblick auf eine mögliche Schadensersatzhaftung werden aber auch **subjektive Umstände** zu berücksichtigen sein.

Nicht zu verlangen ist wohl das ständige Verfolgen der Fachpresse oder der Dienste im Web, ob gerade irgendwo irgendwelche Raubkopien angeboten werden. Das Merkmal der Offensichtlichkeit wird vielmehr dahin auszulegen sein, dass der Makel der Rechtswidrigkeit dem Vorlageexemplar gewissermaßen „auf die Stirn geschrieben" sein oder unmittelbar aus dem Verwendungszusammenhang bei subjektiv zumutbarer Prüfung erkennbar sein musste, dem die Vorlage entnommen wird (etwa durch Downloading aus dem früheren Napster). Das Abstellen auf die Offensichtlichkeit einer Rechtsverletzung bewirkt aber selbst bei Berücksichtigen nur objektivierter Kriterien eine Relativierung des Begriffes der Rechtmäßigkeit der Privatkopie und damit einen Verlust an Rechtsklarheit.

Nur im Einzelfall wird feststellbar sein, ob eine Kopiervorlage als offensichtlich rechtswidrig erkannt werden musste. Indiz hierfür kann die Herkunft der Vorlage aus einem Peer-to-Peer-Netz wie KaZaA (oder dem früheren Napster) sein, doch gilt dies keineswegs für alle solche P2P-Netze. Umgekehrt darf der Nutzer wohl andererseits in der Regel davon ausgehen, dass im Netz durch kommerzielle Content Provider verfügbar gemachte Inhalte, z.B. Artikel, rechtmäßig erworben und auch zugänglich gemacht wurden.

Die **Offensichtlichkeit** der Herstellung von Kopiervorlagen kann auch im **Internet erkennbar** sein, so etwa, wenn Musik- oder Filmwerke vor Veröffentlichung zugänglich gemacht werden[5], wobei freilich Kenntnis des herunterladenden Nutzers vorausgesetzt werden muss, wann welche Werke tatsächlich von den Berechtigten veröffentlicht wurden.

Aus dem Fehlen eines Kopierschutzes heruntergeladener Werke wird außerdem nicht in jedem Fall die Offensichtlichkeit der Rechtswidrigkeit abzuleiten sein[6], da dieser Kopierschutz nicht notwendig rechtswidrig beseitigt, sondern u.U. bloß anbieter-seits nicht implementiert wurde. Eher kann bei neuen Werken von der Kostenfreiheit der Downloadmöglichkeit auf eine offensichtliche Rechtswidrigkeit zu schließen sein.

Nicht gefolgt werden kann der Auffassung, es bleibe das Herunterladen aus illegalen **Tauschbörsen** zum privaten Gebrauch sanktionslos, da für deren Nutzer nicht erkennbar sei, ob die dort verwendeten Vorlagen rechtmäßig oder rechtswidrig erstellt wurden[7]. Einerseits kann über § 53 Abs. 1 UrhG nur das (auf privaten Gebrauch

---

1 Allg. BGH NJW 2000, 2812; *Jani*, ZUM 2003, 842, 850, 851 den Bezug auf subjektive Elemente ausdrücklich ausschließend, aber doch auf ein „überschießendes" subjektives Element abstellend, wenn der einzelne Nutzer positive Kenntnis hat.

2 *Jani*, ZUM 2003, 842, 850.

3 BGHZ 5, 319.

4 BGH NJW-RR 2002, 1108; BGH NJW 1992, 3236.

5 *Pleister/Ruttig*, MMR 2003, 763, 764.

6 So aber wohl *Pleister/Ruttig*, MMR 2003, 763, 765.

7 Wandtke/Bullinger/*Lüft*, Ergänzungsband zum UrhR, § 53 Rdn. 13.

bezogene) Vervielfältigen privilegiert sein, nicht aber das diesem vorangehende Zugänglichmachen (im Sinne von § 19 a UrhG), das bei (nichtoffensichtlich) rechtswidriger Erstellung der Kopiervorlage selbst rechtswidrig erfolgen muss. § 53 Abs. 1 UrhG erfasst andererseits nur Fälle **privilegierend**, in denen die Kopiervorlage selbst (von einer anderen Vorlage) rechtswidrig **erstellt** (also etwa unberechtigt von einer CD auf den Serverrechner kopiert) wurde, **nicht** aber Fälle, in denen diese Vorlage dann rechtswidrig **zugänglich** gemacht wird[1] (und zwar auch nicht, wenn die Rechtswidrigkeit des Zugänglichmachens nicht offensichtlich ist)[2]. Folge ist, dass § 53 UrhG dem Begünstigten nur über die Hürde der rechtswidrigen Erstellung hinweghilft, nicht aber über die Hürde der rechtswidrigen Zugänglichmachung, da diese Zugänglichmachung der (von § 53 Abs. 1 UrhG allein erfassten) Herstellung der Vorlage (Speichern in den Serverrechner) nachfolgt (Konnektieren des Serverrechners mit dem Internet). **Bezüglich des Zugänglichmachens kommt es auch nicht auf die Offensichtlichkeit der Rechtsverletzung an**, da nach § 53 Abs. 1 UrhG diese Offensichtlichkeit nur hinsichtlich der Herstellung der Kopiervorlage zu prüfen ist, nicht aber hinsichtlich des anschließenden Zugänglichmachens der rechtswidrig erstellten Vorlage. **Online** rechtswidrig zugänglich gemachte Vervielfältigungsvorlagen dürfen also, auch im Rahmen des § 53 Abs. 1 UrhG, grundsätzlich auch dann nicht vervielfältigt werden, wenn die Rechtswidrigkeit des Zugänglichmachens gegeben, aber nicht offensichtlich ist. Aus Tauschbörsen können deshalb nicht rechtswidrig erstellte und zugänglich gemachte Werkkopien rechtmäßig im Rahmen von § 53 UrhG heruntergeladen und im Rechner abgespeichert werden.

(4) Keine Freistellung rechtswidrigen Zugänglichmachens

Im Kontext des **Internet** ist ergänzend zu beachten, dass dem Erstellen einer Privatkopie regelmäßig ein Downloading von einer fremden Website vorausgeht, auf der die Vorlage im Sinne von § 19 a UrhG **zugänglich** gemacht und gehalten wird. § 52 a UrhG sieht nun nur für Unterrichts- und Forschungszwecke ein zustimmungsfrei zulässiges Zugänglichmachen vor, aber nicht für das Herunterladen zum privaten Gebrauch. Wenn nun aber eine **Kopiervorlage** (wenn auch nicht offensichtlich) **rechtswidrig erstellt** wurde, so ist dem Ersteller dieser Kopie regelmäßig auch nicht das Recht zum Zugänglichmachen des erstellten Vervielfältigungsexemplares eingeräumt.

Die Freistellung in § 53 Abs. 1 S. 1 UrhG erfasst jedoch nur das rechtswidrige Erstellen der Vorlage (etwa durch Speichern auf dem Serverrechner), **nicht** auch das

---

1 Ähnlich wohl i.E. *Pleister/Ruttig*, MMR 2003, 763, 765; nicht zuzustimmen ist den Autoren aber, wenn sie im Gesetz insoweit eine Klarstellung sehen wollen. Die Rechtslage ist eher unklarer geworden. Auch ist, genauer betrachtet, entgegen der Auffassung der Autoren, auch nicht das Herunterladen als solches rechtswidrig, sondern das Zugänglichmachen auf einem Serverechner i.S.v. § 19 a UrhG. Das Downloading als solches ist keine im UrhG erfasste Nutzungshandlung. Zutreffend ist aber i.E., dass § 53 Abs. 1 UrhG nur das Kopieren von einer nichtoffensichtlich rechswidrigen Kopiervorlage privilegiert, nicht aber das rechtswidrige Zugänglichmachen dieser Vorlage im Netz. Nicht überzeugen kann die Auffassung, das online erfolgende Zugänglichmachen der erstellten (also auf dem Serverrechner gespeicherten) Kopiervorlage sei selbst noch diesem „Herstellen" zuzurechnen (*Jani*, ZUM 2003, 842, 847). Dieser Herstellungsvorgang ist aber mit dem Abspeichern der Werkkopie auf dem Serverrechner abgeschlossen und ein Zugänglichmachen nicht erforderlich, um dieses Abspeichern durchzuführen. Ob das mit dem späteren Downloading verbundene Zugänglichmachen rechtswidrig ist oder nicht, ändert am Vorgang der Erstellung der Vorlage selbst nichts.

2 Offengelassen bei *Pichlmaier*, CR 2003, 910, 911.

rechtswidrige **Zugänglichmachen** des bereits erstellten Werkexemplares, so dass die Unterlassung jeder Nutzung des privat kopierten Werkexemplares verlangt werden kann, wenn das Zugänglichmachen selbst (auch nichtoffensichtlich) rechtswidrig erfolgte. § 53 Abs. 1 S. 1 UrhG wird damit in der Praxis meist für offline erfolgendes Kopieren relevant sein können, für Online-Angebote hingegen nur, wenn für die Nutzer offensichtlich ist oder sein muss, dass eine Vorlage rechtswidrig vervielfältigt wurde und/oder dass der Anbieter eine Schutzvorrichtung im Sinne von § 95 a UrhG rechtswidrig umgangen hat.

(c) Sonstiger eigener Gebrauch, weitere Freistellungen

Einzelne Vervielfältigungsstücke dürfen außerdem erstellt werden durch zum sonstigen eigenen Gebrauch. Hierzu gehört der **eigene wissenschaftliche Gebrauch**, wenn und soweit die Vervielfältigung zu diesem Zweck geboten ist (§ 53 Abs. 2 Nr. 1 UrhG). Freigestellt ist auch das Vervielfältigen zur Aufnahme in ein eigenes Archiv (§ 53 Abs. 2 Nr. 2 UrhG), zur eigenen Unterrichtung über Tagesfragen, wenn es sich um ein durch Funk gesendetes Werk handelt (§ 53 Abs. 2 Nr. 3 UrhG, zum sonstigen eigenen Gebrauch bezüglich kleiner Teile eines erschienenen Werkes oder einzelner Zeitungs- oder Zeitschriftenbeiträge (§ 53 Abs. 2 Nr. 3 lit. a UrhG) oder eines mindestens zwei Jahre vergriffenen Werkes (§ 53 Abs. 2 Nr. 3 lit. b UrhG). Für Schulunterricht oder in nichtgewerblichen Einrichtungen der Weiterbildung oder der Berufsbildung in einer für die Schulklasse erforderlichen Anzahl dürfen kleine Teile eines Werkes, Werke geringen Umfanges oder einzelne Beiträge vervielfältigt werden (§ 53 Abs. 3 Nr. 1 und 2 UrhG. Einzelne Exemplare dürfen außerdem insbesondere hergestellt werden

- für kirchliche, schulische- und Unterrichtszwecke (§§ 46, § 53 Abs. 3 Nr. 1 UrhG) sowie von Schulfunksendungen (§ 47 UrhG), Datenbanken für eigenen Gebrauch im Schulunterricht, in nichtgewerblichen Einrichtungen der Aus- und Weiterbildung sowie der Berufsbildung in der für eine Schulklasse erforderlichen Anzahl (§87 c Abs.1 Nr. 3 UrhG).
- begrenzt von öffentlichen Reden (§ 48 UrhG), Zeitungsartikeln und Rundfunkkommentaren (§ 49 UrhG),
- zum privaten oder sonstigen eigenen Gebrauch (§§ 53, 87c Abs.1 Nr. 1 UrhG), verbunden teilweise mit gesetzlichen Vergütungspflichten (§§ 54ff UrhG).
- teilweise zu Zitatzwecken (§ 51 UrhG).

Vollständige **Vervielfältigungsstücke** von Werken dürfen hergestellt werden

- zur Verwendung in Gerichtsverfahren etc (§ 45 UrhG),
- zur Bild- und Tonberichterstattung (§ 50 UrhG),
- zur unentgeltlichen öffentlichen Wiedergabe mit begrenzter Vergütungspflicht (§ 52 UrhG).

Der eigene wissenschaftliche Gebrauch kann (anders als der private Gebrauch) auch gegen technische Schutzmaßnahmen durchgesetzt werden (§ 95 b Abs. 1 Nr. 6 b UrhG)[1], wobei aber auch hier kein Selbsthilferecht besteht[2].

---

1 *Pichlmaier*, CR 2003, 910, 912.

2 *Pichlmaier*, CR 2003, 910, 912.

Der „eigene Gebrauch" muss für jede Anwendung abgegrenzt werden. Zu bejahen sein kann er bei Nutzung elektronischer Werkkopien im **Intranet**. Die Werknutzung kann aber durch ihre Intensität unzulässig sein. § 53 Abs. 2 UrhG gestattet nämlich nur die Herstellung **einzelner** Werkexemplare, nicht aber etwa das Abspeichern auf alle Client-Rechner im Intranet.

(d) Schranken der Zustimmungsbedürftigkeit des öffentlichen Zugänglichmachens

Einwilligungsunabhängig zulässig ist ein öffentliches Zugänglichmachen nur in sehr engem Rahmen, nämlich nur für Zwecke des Unterrichts und der Forschung und nur bezüglich veröffentlichter Werke (§ 52 a UrhG). Hierbei muss dieses Zugänglichmachen für den jeweiligen Zweck geboten und zur Verfolgung nichtkommerzieller Zwecke gerechtfertigt sein (§ 52 a Abs. 1 2. Halbsatz UrhG[1]) und eine angemessene Vergütung gezahlt werden (§ 52 a Abs. 4 UrhG).

Schließlich darf das Zugänglich-machen nur gegenüber einem bestimmt abgegrenzten Kreis von Unterrichtsteilnehmern oder wissenschaftlich Forschenden erfolgen (§ 52 a Abs. 1 Nr. 1 und 2 UrhG). Ein uneingeschränktes Zugänglichmachen im Internet kann damit nicht auf § 52 a UrhG gestützt werden.

Für Zwecke von Unterricht und Forschung ist ein öffentliches Zugänglichmachen nach § 52 a UrhG unter mehrfacher Einschränkung zulässig. Zunächst muss dieses Zugänglichmachen für den jeweiligen Zweck geboten und zur Verfolgung nichtkommerzieller Zwecke gerechtfertigt sein (§ 52 a Abs. 1 2. Halbsatz UrhG).

Öffentlich zugänglich gemacht werden dürfen unter dieser Voraussetzung

- zur Veranschaulichung im **Unterricht** nur veröffentlichte kleine Teile eines Werkes, Werke geringen Umfanges sowie einzelne Beiträge aus Zeitungen oder Zeitschriften zur Veranschaulichung im Unterricht an Schulen, Hochschulen, nichtgewerblichen Einrichtungen der Aus- und Weiterbildung sowie an Einrichtungen der Berufsbildung ausschließlich für den bestimmt abgegrenzten Kreis von Unterrichtsteilnehmern (§ 52 a Abs. 1 Nr. 1 UrhG). Was als kleiner Teil anzusehen ist, bestimmt sich nach der Werkart. Die Grenze ist jedenfalls überschritten, wenn der vervielfältigte Anteil praktisch den gesamten Werkinhalt wiedergibt[2].
  Zulässig ist die Wiedergabe nur für den bestimmt abgegrenzten Kreis der Unterrichts-teilnehmer. Damit ist die Wiedergabe allerdings ohnehin nichtöffentlich[3]. Genauer betrachtet liegt damit ohnehin in diesen Fällen kein öffentliches Zugänglichmachen vor.
- oder für einen bestimmt abgegrenzten Kreis von Personen für deren eigene **wissenschaftliche Forschung** veröffentlichte Teile eines Werkes, Werke geringen Umfangs sowie einzelne Beiträge aus Zeitungen oder Zeitschriften (§ 52 a Abs. 1 Nr. 2 UrhG).
- Das öffentliche Zugänglichmachen eines für den Unterrichtsgebrauch an Schulen bestimmen Werkes darf stets nur mit Einwilligung des Berechtigten erfolgen (§ 52 a Abs. 2 UrhG).

  Schulbücher, Fachbücher für berufliche Bildung, Unterrichts-materialien,

[1] § 52 a UrhG wurde durch das Gesetz zur Regelung des Urheberrechts in der Informationsgesellschaft v. 10.9.2003, BGBl 2003 I Nr. 46 v. 12.9.2003, 1774 eingefügt.

[2] *Haupt*, ZUM 2004, 104, 110.

[3] *Haupt*, ZUM 2004, 104, 110.

Lernhilfen sowie Lern- und Bildungssoftware dürfen deshalb generell nicht ohne Einwilligung zugänglich gemacht werden[1].

Für das nach § 52 a Abs. 1 Nr. 1 und 2 UrhG zulässige öffentliche Zugänglichmachen erforderliche **Vervielfältigungen** sind zustimmungsunabhängig zulässig (§ 52 a Abs. 3 UrhG), also das Abspeichern einerseits auf dem Serverrechner desjenigen, der ein Werk zugänglich macht, und andererseits auf dem Rechner des Abrufenden[2]. Mit privilegiert sein müssen aber auch Zwischenspeicherungen auf Serverrechnern von Provider, die für Abrufende des Download-Vorgang technisch unterstützen.

Bereits das Zugänglichmachen begründet einen Anspruch auf angemessene Vergütung, der jedoch nur durch eine Verwertungsgesellschaft geltend gemacht werden kann (§ 52 a Abs. 4 UrhG). § 52 a UrhG erfasst alle Werke im Sinne von § 2 UrhG. Sie müssen veröffentlicht, nicht aber (verkörpert) erschienen sein (§ 6 Abs. 1 UrhG). Allerdings kann (und muss) § 52 a UrhG nicht für Werke eingreifen, die ohnehin im Internet ohne besondere Zugangs-sperren zugänglich gemacht sind, etwa ein elektronisches Begriffslexikon.

„**Kleine Teile**" im Sinne von Nr. 1 können grundsätzlich Teile sein, die etwa bis zu 10% des Gesamtwerkes ausmachen[3]. Zu Werken geringen Umfanges werden etwa Gedichte, Liedtexte etc. gerechnet[4]. Nr. 1 setzt weiter voraus, dass die wiedergegebenen Werk(teile) vor der Nutzungshandlung[5] im Sinne von § 6 Abs. 1 UrhG veröffentlicht worden sind. Ein „Erscheinen" von in genügender Anzahl angebotenen Werkexemplaren ist nicht erforderlich[6].

Alle **Schulformen** werden erfasst, also auch private Schulen, wenn sie öffentlich zugänglich sind, nicht aber Veranstaltungen der Volkshochschulen[7]. Das Zugänglichmachen muss für den jeweiligen **Zweck** geboten sein, der seinerseits im Veranschaulichen besteht. Kommerzielle Zwecke werden nicht privilegiert, also etwa nicht gewerbliche Bildungseinrichtungen[8], ebenso nicht kommerzielle Computer-kurse gewerblicher Veranstalter oder Online-Kurse.

Auch eigene wissenschaftliche **Forschung** ist privilegiert[9]. Anders als der eigene wissenschaftliche Gebrauch im Sinne von § 53 Abs. 2 S. 1 Nr. 1 UrhG schließt die Beschränkung auf „Forschung" die Nutzung für Zwecke der Lehre (als anderem Teil der Wissenschaft) aus[10]. Damit wäre es nicht zulässig, Werke oder Werkteile in das Intranet einer Universität einzustellen, da hier der Personenkreis nicht mehr abgegrenzt ist[11] und auch Personen Zugriff erhielten, die keine eigene Forschung betreiben. Auch der Kreis der so privilegierten Wissenschaftler muss ein bestimmt abgegrenzter sein, was ein Zugänglichmachen außerhalb dieses Kreises (oder etwa gar weltweit im Internet) ausschließt.

---

1 *v.Bernuth*, ZUM 2003, 438, 443.

2 *v.Bernuth*, ZUM 2003, 438, 443.

3 OLG Karlsruhe, GRUR 1987, 818 – Referendarkurs ; *v.Bernuth*, ZUM 2003, 438, 440.

4 BGH GRUR, 1972, 432f; *v.Bernuth*, ZUM 2003, 438, 440.

5 *v.Bernuth*, ZUM 2003, 438, 440.

6 *v.Bernuth*, ZUM 2003, 438, 440.

7 *v.Bernuth*, ZUM 2003, 438, 440 m.w.N.

8 *v.Bernuth*, ZUM 2003, 438, 441.

9 Etwa solche in kleinen Wissenschaftlerteams (Beschlussempfehlung und Bericht des Rechtsausschusses, BT-Drucks. 15/837, 78 (elektron. Fassung).

10 *v.Bernuth*, ZUM 2003, 438, 442.

11 *v.Bernuth*, ZUM 2003, 438, 443.

Die Regelungen des § 52 a Abs. 1 UrhG setzen das Bestehen eines **bestimmt abgegrenzten Kreises von Personen** voraus. Da die Beschränkung der Nichtöffentlichkeit auch in der Neufassung des § 15 Abs. 3 UrhG 2003 gegenüber der bisherigen Rechtslage keine Änderung herbeiführen soll[1], ist das Bestehen eines abgegrenzten Personenkreises auch weiterhin eines von zwei erforderlichen Kriterien für den Ausschluss des Bestehens von Öffentlichkeit. Kumulativ muss außerdem das weitere Merkmal der **persönlichen Verbundenheit** zwischen den Mitgliedern des abgegrenzten Personenkreises hinzutreten. Ist diese ebenfalls gegeben, entfällt also auch nach neuem Recht das Merkmal der Öffentlichkeit im Sinne von § 15 Abs. 3 UrhG. Das bloße Bestehen einer Abgegrenztheit genügt aber nicht. Dies ergibt sich schon aus der Regelungssystematik und -logik, da andernfalls von vornherein kein öffentliches Zugänglichmachen vorläge und die Privilegierungsregelung keine Anwendungsfälle hätte. Persönliche Verbundenheit setzt unter allen Beteiligten einen engen Kontakt und das Bewusstsein voraus, persönlich untereinander verbunden zu sein[2]. Ein solches Bewusstsein wird z.B. nicht zwischen allen Schülern einer Schule[3], kann aber zwischen den Schülern einer Klasse bestehen[4]. Anstelle der persönlichen Verbundenheit untereinander genügt aber auch das Bestehen wechselseitiger Beziehungen zum Veranstalter, also zu demjenigen, der organisatorisch und finanziell für die Wiedergabe verantwortlich ist[5]. Erforderlich ist aber ein inneres persönliches Band[6]. Dieses kann etwa zur Lehrkraft oder einem Kursleiter einer Klasse bestehen. Diskussionsforen im Internet sind grundsätzlich öffentlich[7], ebenso Chats, Instant Messaging oder Mailing-Lists. Nach diesen Grundsätzen kann bereits ein in der Schule betriebenes, klassenübergreifendes Intranet öffentlich, aber zulässig im Sinne von § 52 a UrhG sein; Öffentlichkeit besteht auch, wenn das Intranet technisch durch Firewalls gegen Zugriffe von schulexternen Dritten abgesichert ist, da zwischen den Klassen zumeist nicht eine ausreichende persönliche Verbundenheit besteht.

In allen Fällen des § 52 a UrhG ist die **Quelle** anzugeben (§ 63 Abs. 2 S. 2 UrhG). Die Regelung des § 52a UrhG hat nur bis zum 31.12.2006 Geltung (§ 137 k UrhG)[8].

(e) Verwendung von Pressefotos und anderen Inhalten im Internet

Ein Presseunternehmen darf erworbene Fotos ohne ausdrückliche Zustimmung des (freien) Fotografen nicht im Internet (auf einer Homepage bzw. in einem Internet-Archiv) genutzt[9] und nicht einmal auf CD-ROM gespeichert und vertrieben[1] oder für

---

[1] Begr. zum Gesetzentwurf, BT-Drucks. 15/38 v. 6.11.2002, 39.

[2] BGH GRUR 1975, 33f – Alterswohnheim; BGH GRUR 1984, 875f – Krankenhauszweibettzimmer.

[3] Ähnlich wurde für Hochschulvorlesungen Öffentlichkeit bejaht (OLG Koblenz, NJW-RR 1987, 699, 700; Schricker/*v. Ungern-Sternberg*, Urheberrecht, § 15 Rdn. 71. In Seminaren mit besonderer Zulassung kann Öffentlichkeit hingegen zu verneinen sein.

[4] Schricker/*v. Ungern-Sternberg*, Urheberrecht, § 15 Rdn. 72.

[5] BGH GRUR 1960, 253, 255 – Autoskooter; BGH GRUR 1960, 606f – Eisrevue II.

[6] BGH GRUR 1960, 338f – Tanzstundenabschlussbälle.

[7] Schricker/*v. Ungern-Sternberg*, Urheberrecht, § 15 Rdn. 73; *Koch*, GRUR 1997, 417.

[8] Von *Hilty*, ZUM 2003, 983, 1002 bereits als „Bewährungsfrist" bezeichnet.

[9] LG Berlin, Urt.v.14.10.1999 – 16 O 803/98, ZUM-RD 2001, 36, 39 – Tagesspiegel, eine rechtswidrige Vervielfältigungshandlung durch das Uploading annehmend sowie die Online-Ausgabe der Zeitung als eigenständige Nutzungsart (im Sinne einer klar abgrenzbaren, wirtschaftlich-technisch als einheitlich und selbständig erscheinenden Verwertungsform, BGH GRUR 1990, 669, 671 – Bibelreproduktion, BGH GRUR 1992, 310, 311 – Taschenbuchlizenz) ansehend, ebenso KG, Urt.v.

einen Internet-Auftritt nutzen[2]. Der BGH bejahte das Vorliegen einer neuen Nutzungsart, da mit dem CD-ROM-Medium neue Marktpotentiale erschlossen wurden. Auch an Fotos sind also die Rechte zu erwerben, bevor sie in eine Webpräsenz eingefügt werden. Die Autoren können jedenfalls nach Treu und Glauben zur Einräumung der Nutzungsrechte verpflichtet sein, freilich nur gegen angemessene Vergütung[3].

Auch für ein Printmedium erworbenes Nachrichtenmaterial ist, wenn nur die Verwertung in einer Tageszeitung vereinbart wurde, nicht die weitergehende Berechtigung der Nutzung dieses Materials für deren elektronische Ausgabe zulässig[4].

(f) Digitale Archive

Zu Archivzwecken sind nur Vervielfältigungen auf Papier oder einem ähnlichen Träger mittels beliebiger fotomechanischer Verfahren oder anderer Verfahren mit ähnlicher Wirkung zulässig (§§ 53 Abs. 2 S. 1 Nr. 2 und S. 2 Nr. 1 UrhG) *oder* ausschließlich eine analoge Nutzung erfolgt (§§ 53 Abs. 2 S. 1 Nr. 2 und S. 2 Nr. 2 UrhG) *oder* (bei digitalen Formaten) das Archiv keinen unmittelbar oder mittelbar wirtschaftlichen oder Erwerbszweck verfolgt (§§ 53 Abs. 2 S. 1 Nr. 2 und S. 2 Nr. 2 UrhG). Zugleich muss die Vervielfältigung für die Aufnahme in das Archiv geboten sein und als Vorlage für die Vervielfältigung ein eigenes Werkstück benutzt wird § 53 Abs. 2 S. 1 Nr. 2 UrhG). Vorausgesetzt wird jeweils der bestandswahrende Zweck der Vervielfältigung, wobei kein Selbsthilferecht besteht[5]. Das von Nr. 2 vorausgesetzte „eigene Werkstück" kann auch ein online übermitteltes sein, wenn nur diese Übermittlung selbst zulässig erfolgt, der Empfänger als berechtigt ist.

Ein elektronisches Archiv stellt kein „Archiv" im Sinne von § 53 Abs. 2 Nr. 2 UrhG an, da diese Vorschrift (vor dem Hintergrund der Eigentumsgarantie des Art. 14 GG) eng auszulegen ist und ein elektronisches Archiv wesentlich mehr Nutzungsmöglichkeiten als ein traditionelles Archiv eröffnet[6]. Der **BGH** hat dies ausdrücklich für ein elektronisches Pressearchiv bestätigt, das in einem Unternehmen einer Mehrzahl von Mitarbeitern verfügbar gemacht wurde[7]. Dessen Gebrauch müssen sich auf interne Zwecke beschränken. Eine zusätzliche Verwertung dürfe nicht erfolgen, sondern die

24.7.2001 – 5 U 9427/99, CR 2002, 127 = GRUR 2002, 252 = JurPC Web-Dok. 218/2001 – Mantellieferung (Einräumung von Rechten an Pressefotos zwecks Abdruck in Printmedium umfasst nicht Nutzung auf Webseite oder durch andere Tageszeitung) und OLG Hamburg, Urt.v.11.5.2000 – 3 U 269/98, JurPC Web-Dok. 187/2000 für Nutzung von Nachrichtenmaterial in Internet-Zeitung.

1 BGH, Urt.v.15.1.2001 – I ZR 311/98, GRUR 2002, 248, 251 = NJW 2002, 896 – Spiegel-CD-ROM. Der BGH stufte die Verwertung auf CD-ROM aufgrund deren wesentlich intensiverer Nutzbarkeit als selbständige Nutzungsart ein (weshalb eine gesonderte Zustimmung erforderlich war). Das Gericht betonte weiter, dass die Inanspruchnahme eines Verletzers im Wege der Lizenzanalogieberechnung nicht zum Abschluss eines Vertrages und damit auch nicht zur Einräumung eines Nutzungsrechts führt.

2 KG, GRUR 2002, 252ff – Mantellieferung.

3 BGH, Urt.v.15.1.2001 – I ZR 311/98, GRUR 2002, 248, 251 = NJW 2002, 896 – Spiegel-CD-ROM; KG, GRUR 2002, 252ff – Mantellieferung.

4 OLG Hamburg, Urt.v. 11.5.2000 – 3 U 269/98, NJW-RR 2001, 123 – digitaz. Das OLG Hamburg ergänzt, das Internet werde generell erst seit 1995 als eigenständige Nutzungsart angesehen (ohne aber für die einzelnen Dienste zu differenzieren).

5 *Pichlmaier*, CR 2003, 910, 912.

6 OLG Düsseldorf, Urt.v. 14.5.1996 – 20 U 126/95, CR 1996, 728, 729 – Elektronische Archive.

7 BGH, Urt.v.10.12.1998 – I ZR 100/06, GRUR 1999, 325 – Elektronische Pressearchive, unter Bezug auf BGHZ 134, 240, 257 – CB-Infobank I.

zulässige Einzelverwertung nur technisch gesichert werden. Die Rechtsprechung gilt für alle Dokumentarchive, etwa auch elektronische Vertragsarchive im Konzern. Die einzelnen Unternehmen können auf diese Dokumente nur dann wechselseitig zugreifen, wenn die entsprechenden Verwertungsrechte geregelt sind. Dies kann in **unternehmensübergreifenden Workflow-Systemen** zu Problemen führen. Elektronische Archive würden hingegen unzulässig den Nutzungsumfang erheblich erweitern und etwa zu einem teilweisen oder vollständigen Verzicht von Mehrfachabonnements führen[1].

Aus einem zulässigen Archiv dürfen Exemplare weder für Dritte vervielfältigt[2] noch zur öffentlichen Wiedergabe benutzt werden[3]. Die Privilegierung greift also nicht, wenn das Archiv außenstehenden Dritten zugänglich gemacht wird. Privilegiert ist durch § 53 Abs. 2 Nr. 2 UrhG nur ein **interner** Gebrauch (typischerweise etwa eine Mikroverfilmung eines Bibliotheksarchivs). Unzulässig ist hingegen bereits das Herstellen von Vervielfältigungsstücken für Dritte. Ein beauftragtes Unternehmen darf zwar das interne Vervielfältigen durchführen, nicht aber (die vorgelagerte) eigenständige Recherchentätigkeit[4].

Das (kostenpflichtige) Zusammenstellen einer Übersicht über von verschiedenen Medien im Internet angebotenen Presseartikeln mit Verweisung auf diese Artikel durch Deep Links wurde als urheberrechtlich zulässig angesehen, wenn nur die ersten Zeilen des jeweiligen Beitrages angegeben werden[5].

Archivnutzung in **Intranets** erscheint besonders problematisch, da die Intensität dieser Nutzung – etwa beim Zugänglichmachen der aktuellen Tageszeitung an 30.000 Arbeitsplätzen in einem Unternehmen – nicht in jedem Fall, aber doch sehr häufig über das für § 53 UrhG zulässige Maß hinausgeht[6]. § 53 Abs. 2 UrhG gestattet außerdem nur das Erstellen einzelner Vervielfältigungsexemplare. Dies schließt die Umwidmung bestehender Archive in beliebig zugriffsfreie Datenbanken in Kommunikationsnetzen grundsätzlich aus[7]. Dies gilt insbesondere dann, wenn im internen Netz auf **Arbeitsplatzrechnern** weitere Vervielfältigungsexemplare erstellt werden[8]. Aber auch bei bloßem Lesen am Bildschirm (also ohne zusätzliches Vervielfältigen) ist der Rahmen der Ausnahmevorschrift überschritten, da der Hauptzweck einer solchen Nutzung nicht mehr die Bestandssicherung ist[9]. Auch ein **Recherchedienst** wird nicht von § 53 Abs. 2 Nr. 2 UrhG abgedeckt[10]. Der Gesetzgeber wollte diejenigen Fälle vom urheberrechtlichen Erlaubnisvorbehalt freistellen, in denen z.B. eine Bibliothek ihre Bestände auf Mikrofilm aufnimmt, um Raum zu sparen oder um die Filme an einem vor Katastro-

1 BGH, Urt.v.10.12.1998, a.a.O., 327.

2 BGH, Urt.v.16.1.1997 – I ZR 9/95, CR 1997, 403 – CB-Infobank I. Dies gilt auch, wenn das Vervielfältigungsstück im Betrieb verbleibt, aber mit seiner Hilfe die Vervielfältigungsstücke für Dritte hergestellt werden (BGH, a.a.O., unter Hinweis auf *Ulmer*, GRUR 1971, 297, 301).

3 BGH a.a.O. 1366 (für die Schutzfähigkeit von Zeitschriften, Artikeln).

4 BGH, Urt. v. 16.1.1997 – I ZR 38/96, NJW 1997, 1368, 1370 = GRUR 1997, 459,461 (ausdrücklich gegen eine Ausweitung des Informationsanspruchs der Allgemeinheit im Rahmen der Auslegung des Archivprivilegs).

5 LG München I, Urt.v. 1.3.2002 – 21 O 9997/01, CR 2002, 452.

6 Ähnlich *Loewenheim* in der Urteilsanmerkung zum BGH-Urteil vom 16.1.1997, CR 1997, 408, 409.

7 *Koch*, NJW-CoR 1997, 298, 299.

8 *Loewenheim*, Urheberrecht, in: Loewenheim/Koch, Praxis des Online-Rechts 1998, Abschnitt. 3.5.3.

9 BGH, Urt.v.16.1.1997 – I ZR 9/95, CR 1997, 403 – CB-Infobank I; *Loewenheim*, a.a.O., Abschnitt. 3.5.3.

10 BGH, Urt.v.16.1.1997 – I ZR 9/95, CR 1997, 403 – CB-Infobank I.

phen sicheren Ort aufzubewahren[1].

Hieraus folgt nicht, dass Archive überhaupt nicht im digitalen Format eingerichtet werden dürfen. Entscheidend ist, dass die Funktion als Sammel- und Aufbewahrungsstelle[2] gewahrt bleibt. Das Sammeln und Erschließen des Materials in einem Archiv darf – im Rahmen des § 53 Abs. 2 Nr.2 UrhG – ausschließlich der Bestandssicherung und der betriebsinternen Nutzung dienen[3]. Nur im Rahmen dieser Funktion ist auch der interne Gebrauch nach § 53 Abs. 2 Nr. 2 UrhG freigestellt.

Das neue Recht des § 53 Abs. 2 Nr. 2 UrhG 2003 gründet auf Art. 5 Abs. 2 c Urheberrechtsrichtlinie[4]. Die Richtlinie schließt unternehmenseigene Archive von einer Privilegierung aus, auch wenn sie betriebsintern geführt werden[5].

(g) Abstracts und Pressespiegel

Abstracts, also kurze Zusammenfassungen von Dokumentinhalten, berühren keine Urheberrechte an den Dokumenten, wenn diese Abstracts von Dritten eigenständig, insbesondere mit eigenen Formulierungen erstellt werden und eigenständige Werke darstellen[6]. Das Erstellen solcher Abstracts stellt jedoch eine in der Verwertung *zustimmungsbedürftige* Bearbeitung oder gar Vervielfältigung dar, wenn sie Teile des Dokumenttextes unmittelbar (oder leicht paraphrasiert) übernehmen[7]. Die Zusammenstellung der Abstracts ist nicht durch § 49 UrhG gedeckt[8]. Unzulässig ist das Erstellen von elektronischen Pressespiegeln aus Abstracts[9]. Umgekehrt kann das Erstellen von Abstracts aus einer Datenbank eine systematische Auswertung von unwesentlichen Teilen dieser Datenbank darstellen, die einer normalen Auswertung nicht zuwiderläuft und die Interessen des Datenbankherstellers nicht unzumutbar beeinträchtigt[10].

Pressespiegel dürfen zustimmungsfrei nur von Artikeln erstellt werden, die sich auf politische, wirtschaftliche oder religiöse Tagesfragen beziehen (§ 49 Abs. 1 S. 1 UrhG, eine grundsätzlich eng auszulegende Schrankenregelung[11]). Allgemeine Dokumentations-, Recherche-, Speicherungs- und Archivfunktionen sind also nicht privilegiert[12], auch nicht für juristische Zwecke, ebenso nicht bei Führung des Pressespiegels durch einen Politiker[13]. Die Verwendung einzelner Artikel aus Zeitungen und anderen

---

1 Amtl.Begr., BT- Drucks. IV/270, 73, ausdrücklich vom BGH in seiner Entscheidung vom 16.1.1997 in Bezug genommen.

2 Schricker/*Loewenheim*, Urheberrecht, § 53 Rdn. 16.

3 BGH, Urt.v.16.1.1997 – I ZR 9/95, CR 1997, 403, 405 – CB-Infobank I.

4 Kritisiert wurde an der Regelung in Art. 5, dass angesichts der ausgeuferten Schrankenbestimmungen in Gestalt zahlloser den Mitgliedsstaaten eingeräumter Optionen von einer Harmonisierung kaum ernsthaft die Rede sein könne (*Schack*, AfP 2003, 1, 3).

5 *Schack*, AfP 2003, 1, 4.

6 Ähnlich *Stintzing*, GRUR 1994, 871, 873.

7 LG Frankfurt, Urt.v.25.10.2001 – 2/03 O 371/01, MMR 2002, 488; *Flechsig* ZUM 1996, 833, 835.

8 LG Frankfurt, Urt.v.25.10.2001, a.a.O., 488.

9 LG Frankfurt, Urt.v. 25.10.2001, a.a.O., 488.

10 OLG Frankfurt, Urt.v. 1.4.2003 – 47/02, JurPC Web-Dok. 54/2004.

11 OLG Hamburg, Urt.v.6.4.2000 – 3 U 211/99, NJW-RR 2001, 551 – Berliner Zeitung und OLG Hamburg, Urt.v. 12.10.2000 – 3 U 119/00, GRUR-RR 2002, 51 – Goldman-Kommunikationssystem.

12 OLG Hamburg, Urt.v. 12.10.2000 – 3 U 119/00, GRUR-RR 2002, 51 – Goldman-Kommunikationssystem; *Katzenberger*, AfP 1997, 434, 438.

13 AG Heilbronn, Urt.v. 24.4.2001 – 10 C 5419/00, ZUM-RD 2002, 27.

Informationsblättern im Rahmen von sog. „elektronischen Pressespiegeln" bedarf der Zustimmung der Berechtigten[1]. Wochenzeitschriften sind generell nicht von § 49 UrhG erfasst[2].

Vom Privileg des § 49 Abs. 1 UrhG umfasst sind dem BGH zufolge **herkömmliche** Pressespiegel insoweit, als sie nur betriebs- und behördenintern (als „Informationsblatt") verbreitet werden (sog. „Inhouse"-Pressespiegel); das gilt auch für **elektronische** (auch als Informationsblatt einzuordnende) Pressespiegel bei in gleicher Weise eingeschränkter, der herkömmlichen Pressespiegelnutzung vergleichbaren (z.B. betriebs- oder behördeninternen) Nutzung, allerdings nur, wenn sie in einer Form übermittelt werden, die eine Volltextrecherche ausschließt und generell nur herkömmliche Pressespiegel substituieren[3], nicht aber bei entgeltlichem Vertrieb an Dritte[4]. Kritisiert wurde, dass jedenfalls nach der Art. 5 Abs. 2 a Richtlinie 2001/29/EG nur Presseunternehmen selbst Pressespiegel erstellen dürfen und außerdem nach derselben Bestimmung nur Vervielfältigungen auf Papier oder einem ähnlichen Träger mit fotomechanischer Verfahren oder anderer Verfahren mit ähnlicher Wirkung zulässig sind[5].

Unzulässig, da nicht von § 49 Abs. 1 UrhG abgedeckt, ist ein elektronischer Pressespiegel auf der **Homepage** eines Politikers[6]. Zulässig ist das Erstellen eines Pressespiegels gegen Entgelt unter Angabe von Fundstelle, Überschrift und einer kurzen Zusammenfassung oder der ersten Zeilen des Textes; zulässig ist insoweit auch das Einrichten sog. „Deep Links" auf den jeweiligen Text, wobei keine wettbewerbswidrige Übernahme einer fremden Leistung vorliegt[7]. Als unzulässig wurde die Herausgabe eines unternehmensinternen Pressespiegels angesehen, da es am Merkmal der „öffentlichen Wiedergabe" fehlt, so dass keine Privilegierung nach § 49 UrhG möglich ist[8]. Das kommerzielle Anbieten von Artikeln aus einem Wirtschaftsmagazin in

---

1 OLG Hamburg, Urt.v.6.4.2000 – 3 U 211/99, NJW-RR 2001, 551 – Berliner Zeitung.

2 KG, Urt.v. 30.4.2004 – 5 U 98/02, CR 2004, 689 = MMR 2004, 540.

3 BGH, Urt.v.11.7.2002 – I ZR 255/00, CR 2002, 827 = MMR 2002, 739 = WRP 2002, 1296, 1301 = JurPC Web-Dok. 302/2002 – Elektronischer Pressespiegel (mit Urteilsnachweisen). Der 1. Senat sieht diese Auslegung ausdrücklich in Übereinstimmung mit der Urheberrechtsrichtlinie 2001/29/EG, die in der Privilegregelung des Art. 5 Abs. 3 lit. c auch elektronisch übermittelte (d.h. öffentlich zugänglich gemachte) Pressespiegel erfasst. Überholt ist damit OLG Köln, Urt.v.30.12.1999 – 6 U 151/99, K&R 2000, 300 = JurPC Web-Dok. 136/2000 – Elektronischer Pressespiegel, insoweit dort generell höhere Nutzungsintensität angenommen und Anwendbarkeit des § 49 UrhG bei Einscannen sowie Speicherung abgelehnt wird.

4 KG, Urt.v. 30.4.2004 – 5 U 98/02, MMR 2004, 540. Dem Gericht zufolge ist auch die Versendung per Fax oder per E-Mail nicht durch § 49 UrhG gedeckt und außerdem eine Verletzung des Vervielfältigungsrechts auch durch Abspeicherung im Hauptspeicher des PC (des Absenders oder Empfängers); § 44 a UrhG greife mangels Begenzung der Vervielfältigung auf bloße Übertragung im Netz nicht ein.

5 *Berger*, CR 2004, 360, 364, 366.

6 AG Heilbronn, Urt.v. 24.4.2001 – 10 C 5419/00, ZUM-RD 2002, 27.

7 LG München I, Urt.v.1.3.2002 – 21 O 9997/01, CR 2002, 452 = MMR 2002, 760 – Online-Pressespiegel. Das Gericht sah die Angabe der Fundstelle und Übernahme der Artikelüberschrift bzw. der ersten Zeilen des jeweiligen Beitrages weder als (jedenfalls rechtswidrige) Vervielfältigung noch als Verbreitung oder Bearbeitung/Umgestaltung an, ebenso nicht als Verletzung der Rechte des Datenbankherstellers. Ähnlich OLG Köln, MMR 2001, 387 – Paperboy; anders noch die 7. Kammer des LG München, Urt.v. 1.3.2002, MMR 2002, 58 – Newsclub. Dem LG München I wird insoweit nicht ohne weiteres gefolgt werden können, wenn es in der Aktualisierung einer Online-Datenbank eine täglich erfolgende Neuerstellung sieht; vielmehr werden sukzessiv erfolgende, kleinere Änderungen anzunehmen sein (ähnlich *Hartmann/Ph.Koch*, CR 2002, 441, 443).

8 OLG Köln, Urt.v.30.12.1999 – 6 U 151/99, JurPC Web-Dok. 136/2000.

elektronischer Form kann weder auf § 49 UrhG noch auf § 53 UrhG gestützt werden, da unter § 49 UrhG allenfalls eine unternehmens- oder behördeninterne Verbreitung in Betracht kommt und der digitale gewerbliche Versand beim Vervielfältigen zum privaten oder sonstigen eigenen Gebrauch darstellt[1]. Pressespiegel von redaktionellen Kurzmeldungen stellen i.A. keine freie Benutzung, sondern eine zustimmungsbedürftige Bearbeitung im Sinne von § 23 UrhG dar[2]. Zieht eine **Verwertungsgesellschaft** für die Nutzung solcher elektronischer Pressespiegel Vergütungen ein, wirkt sie an einer Urheberrechtsverletzung mit und ist sie zur Unterlassung ihres Handlungsbeitrages verpflichtet[3].

Der BGH betont in seinem Urteil vom 11.7.2002 zu den elektronischen Pressespiegeln, dass urheberrechtliche **Schrankenbestimmungen** grundsätzlich eng auszulegen sind, um den Urheber tunlichst angemessen an der wirtschaftlichen Nutzung seiner Werke zu beteiligen[4]. Das Gericht weist aber auch darauf hin, dass dann, wenn an die Stelle einer privilegierten Nutzung eine neue Form tritt, im Einzelfall zu prüfen ist, ob die Gesichtspunkte angemessener Beteiligung einerseits und Zweck der Schrankenregelung andererseits eine weitergehende Auslegung der fraglichen Bestimmung erlauben[5]. Auch sei bei der ausnahmsweisen extensiven Prüfung zu differenzieren, ob die Nutzung unentgeltlich erfolgt oder als gesetzliche Lizenz.

Für die **Schweiz** hat der Appellationshof des Kantons Bern ähnlich die Zulässigkeit der Präsentation elektronischer Pressespiegel abgelehnt, da kein Eigengebrauch nach Art. 19 lit. a URG vorliege[6].

(h) Recherchedienste

Für die Versendung von Vervielfältigungsstücken von (im Original archivierten) Presseartikeln ist die Zustimmung der Urheber erforderlich[7]. Der Versand von Presseartikel im Rahmen eines Recherchedienstes wurde als nicht von Eigengebrauch im Sinne von § 53 Abs. 2 Nr. 4 a UrhG abgedeckt angesehen[8]. Urheberrechtlich zulässig ist ein Internet-Suchdienstsystem, mit dem Zeitungsartikel aufgespürt werden, die Verlage neben der Veröffentlichung in Printform auch in das Internet stellen, wobei die Beiträge dem Nutzer zunächst nicht vollständig auf den Bildschirm geliefert werden, sondern ihm im ersten Schritt eine Auflistung aller gefundenen Presseinformationen übermittelt wird, die das eingegebene Stichwort enthalten und das dann über einen

---

1 OLG Hamburg, Urt.v. 24.4.2003 – 5 U 127/01, ZUM-RD 2004, 26 unter Hinweis auf BGH ZUM 2002, 740 – Elekronischer Pressespiegel. (zu § 49 UrhG) und BGH ZUM 1999, 240 – Elektronische Pressearchive (zu § 53 UrhG).

2 LG Frankfurt, Urt.v. 25.10.2001 – 2/03 O 371/01, MMR 2002, 488.

3 OLG Hamburg, Urt.v.6.4.2000 – 3 U 211/99, NJW-RR 2001, 551 – Berliner Zeitung.

4 BGH, Urt.v.11.7.2002 – I ZR 255/00, CR 2002, 827 = JurPC Web-Dok. 302/2002 – Elektronischer Pressespiegel unter Hinweis auf BGHZ 144, 232, 235 – Parfumflakon; BGH GRUR 2002, 605).

5 BGH, Urt.v.11.7.2002. a.a.O., 827, 830 mit dem Hinweis, dass, obwohl 1965 digitale Speichermedien noch nicht bekannt waren, auch digitale Vervielfältigungen als privilegiert angesehen werden (also schon vor der Novellierung des UrhG 2003). Damit ist die Auffassung überholt, eine zeitgemäß erweiternde Auslegung des § 49 Abs. 1 UrhG sind grundsätzlich nicht möglich (so OLG Hamburg, Urt.v. 12.10.2000 – 3 U 119/00, GRUR-RR 2002, 51 – Goldman-Kommunikationssystem).

6 Appellationshof des Kantons Bern, Nr. I-0299/I/00 Luev/Bral, 21.5.2001 (www.weblaw.ch/jusletter/), nun auch in MMR 2002, 30.

7 OLG Köln, Urt.v. 2.12.1994 – 6 U 215/92, GRUR 1995, 265 – Infobank/Genios.

8 KG, Urt.v. 30.4.2004 – 5 U 98/02, CR 2004, 689 = MMR 2004, 540.

„Deep Link“ unmittelbar auf den Volltext leitet, ohne dass die Homepage des betreffenden Presseunternehmens zwischengeschaltet wird; die unmittelbare Leitung auf den Volltext ist auch nicht wettbewerbswidrig[1]. **Wettbewerbswidrig** ist aber das planmäßige und systematische Übernehmen von Stellenanzeigen für eine bestimmte Berufsgruppe (Journalisten)im Internet, die ohne Erlaubnis dem als führend bekannten Stellenmarkt einer Tageszeitung entnommen sind (Übernahme eines schutzwürdigen Leistungsergebnisses).[2]

5. Schutzdauer

Das an **Werken** begründete Urheberrecht erlischt siebzig Jahre nach dem Tode des Urhebers (§ 64 UrhG), bei Miturhebern siebzig Jahre nach dem Tode des längstlebenden Miturhebers (§ 65 Abs. 1 UrhG).

Die Rechte an Datenbanken erlöschen fünfzehn Jahre nach der Veröffentlichung der Datenbank bzw. fünfzehn Jahre nach Herstellung der Datenbank, wenn die Datenbank in dieser Frist nicht veröffentlicht wurde (§ 87 d S. 1 UrhG).

6. Internationales Recht

Zu den Regelungen der internationalen Übereinkommen und EG-Richtlinie s. S. 822.

7. Digitale Schutzmechanismen und andere Kontrollformen

Digitale Schutzmechanismen werden gegenwärtig hauptsächlich als Kopierschutz eingesetzt, noch kaum hingegen zur werkexemplarspezifischen Nutzungsabrechnung. Zielvorstellung für die Entwicklung von Digital-Rights-Management-Systemen sind als vollautomatisierte, elektronische Vertriebs- und Abrechensysteme für alle Arten digitaler Inhalte (unabhängig von ihrer urheberrechtlichen Schutzfähigkeit)[3]. Sie sind zur Zeit aber noch nicht marktreif entwickelt.

Technische Schutzmaßnahmen genießen Schutz aus den §§ 95 a ff UrhG, soweit sie für urheberrechtlich geschützte Werke eingesetzt werden.

a) Projekte

International und insbesondere auf EU-Ebene wird in verschiedenen Projekten versucht, Werkexemplare in ihrem Digitalformat zu kennzeichnen, ihnen gewissermaßen ein elektronisches Wasserzeichen einzuprägen und so eine Kontrolle des Transfers sämtlicher Exemplare im Netz zu ermöglichen[4], da das Wasserzeichen beim Kopieren

---

1 OLG Köln, Urt.v.27.10.2000 – 6 U 71/00, GRUR-RR 2001, 97 = MMR 2001, 387 – Suchdienst für Zeitungsartikel.

2 KG, Urt.v.26.5.2000 – 5 U 1171/00, GRUR-RR 2001, 102.

3 *Schippan*, ZUM 2004, 188, 190.

4 S.näher *Oppenheim*, The Legal Issues Associated with Electronic Copyright Management Systems, 19.2.1996, http://ukoln.bath.ac.uk/ariadne/issue2/copyright; ausf. auch *Gonthier* DG III, Intellectual Property Rights, 15.1.1997, IPR Management Issues, www.ispo.be/commerce/ipr.html#1.

erhalten bleibt. Nachfolgend werden einige Projekte knapp vorgestellt[1]. Die Aufstellung kann naturgemäß nicht vollständig sein. Auch ist keine Technik bereits absolut oder auch nur annähernd „wasserdicht" gegen Umgehungshandlungen, wie etwa das Ausdrucken eines Exemplares und sein neues Einscannen, wodurch alle digitalen Markierungen entfallen.

CITED (Copyright in Transmitted Electronic Documents) umfasste als Studie Ansätze zur Markierung von Werkkopien für alle gängige Datenträger und Tools für die Erfassung von Nutzern und Hardware (Event Capture Tool, ECT), das Sammeln der Nutzungsdaten (Use Right Collector, URC) und die Verknüpfung beider Datentypen (Clearance Service Agent, CSA)[2].

IMPRIMATUR (Intellectual Multimedia Property Rights Model and Teminology for Universal Reference) soll verschiedene einzelne Projekte für elektronische Lizenzierungssysteme koordinieren. Die Mechanical-Copyright Society (MCPS) entwickelt ein „Authoring System" unter Lotus Notes und InterNotes Web Publisher. Der IMPRIMATUR-Server und das Authoring System sollen ein besonderes Numerierungssystem (z.B. wie ISBN), ein Intellectual Property Rights Management System und ein „Licensing Work Flows-Revenue Distribution System" umfassen[3].

COPEARMS (Co-Ordinating Project for an Electronic Authors' Right Management System) lief als das ESPRIT-Projekt 20460 bis November 1998 und zielt auf die Entwicklung von Electronic Copyright Management Systems (ECMS)[4]. Mit dem ESPRIT-Projekt 8195 **COPICAT** (Copyright Ownership Protection in Computer Assisted Training) sollte konkret ein Mechanismus entwickelt werden, der verhindert, daß der Nutzer von seinem PC heruntergeladene Dateien weiterübertragen kann[5]. COPICAT baut hier auf CITED (ESPRIT-Projekt 5469) auf, das einen Schutz fast aller digitaler Dateiformate erlaubt, und verwendet verschiedene kryptographische Verfahren, die Weiterübertragung verhindern sollen. Das zu schützende Material wird gewissermaßen in einen digitalen Schutzumschlag „gewickelt" (*wrapped*), der erst am Ziel ausgewickelt wird. Auf CITED-Basis arbeitet auch das auf den Massenmarkt abzielende Projekt **COPYSMART** (CITED based multimedia IPR management on cost effective smart device) als elektronisches Lizenzierungssystem mit Smart-Card-Technologie und PCMCIA-Schnittstellen[6]. **AMIDE** (Advanced Multimedia Information Dissemination Environment) soll v.a. die Verbreitung von Multimediawerken steuern helfen[7] und verwendet hierbei mindestens drei unterschiedliche „Umgebungen" für einfache Endnutzer- bis zu Entwicklerzwecke[8]. Die Studie **TALISMAN** (Tracing Author's rights by labelling image services and monitoring access network) befasste sich mit den Möglichkeiten der digitalen Markierung von Videosequenzen. Das Fraunhofer Institut

---

1 S. etwa *Briem*, MMR 1999, 256, 260; *Wand*, GRUR Int. 1996, 897.

2 *Gonthier*, a.a.O.; *Wand*, GRUR Int. 1996, 897, 900.

3 www.imprimatur.alcs.co.uk/html/authorsy.htm.

4 http://portico.bl.uk/ifla/copearms.html.

5 www.mari.co.uk/copicat; *Gonthier*, a.a.O.

6 *Gonthier*, a.a.O.

7 *Gonthier*, a.a.O.

8 Weitere Projekte sind **MUSE** (Research & Development of Digital Media Management Systems in he European music sector including methods and systems for Embedded Signalling and Encryption) für Musikwerke, **MENHIR** (Multimedia European network of high quality image registration) zur Registrierung hochwertiger Bilder/bildgebender Verfahren, **VENIVA** (Venetian Virtual Archives) für ein komplexes historisches, virtuelles Archiv zur Verbindung von Venedig, Korfu, Kreta und Wien (*Gonthier*, a.a.O.) und **VERDI** (Very Extensive Rights Data Information), ein Projekt, in dem verschiedene Projekte zusammengefasst werden sollen (s. n. *Schippan*, E.I.P.R 2000, 24, 27).

für Integrierte Publikations- und Informationssysteme (IPSI) entwickelte für das Deutsche Rundfunkarchiv ein System zur Markierung von etwa 20.000 digitalen Tondokumenten[1].

Langfristig sollen alle Inhalte wie Texte, Grafiken und Musikwerke markiert und in jedem einzelnen Werkexemplar durchnumeriert werden können (sog. digitale Wasserzeichen[2]), um Electronic Commerce mit diesen Exemplaren zu ermöglichen und mit Electronic Copyright Management Systemen (ECMS) zu verwalten[3]. Zugriffs- und Verwendungskontrollen sollen sich einrichten lassen[4]. Zugleich sollen automatische Suchsysteme im Netz nach unerlaubten Vervielfältigungen suchen[5] und Referenzdatenbanken eingerichtet werden, in denen Vergleichswerke auffindbar sind (so etwa Digimarc, Netrights und Highwater Signum)[6]. Hierfür ist allerdings erforderlich, daß einheitliche Markierungsstandards gefunden werden, die sich dann in allen Browsern, Betriebssystemen, Bildbearbeitungsprogrammen etc. integrieren lassen[7]. Die Wasserzeichen müssen auch enthalten bleiben, wenn nur Bild*teile* kopiert werden oder ein Bild ausgedruckt und dann weiter vervielfältigt wird. Die Kompressionsalgorithmen sind ebenfalls angreifbar. Deshalb werden Bilder als Koeffizienten von Frequenzkomponenten dargestellt, wobei Pixel in Frequenzkoeffizienten transformiert werden[8]. Das World Wide Web Consortium (W3C) arbeitet daran, PICS (Platform for Internet Content Selection) auch für Copyright-Kontrollen einzusetzen. Nach wie vor ist kein Projekt bisher in die Lizenzpraxis umgesetzt.

Neben den Projekten sind die verschiedenen Modelle für Standardisierungen der Identifikation von Werkexemplaren in der Entwicklung[9], etwa auch für Pay-TV[10].

b) Kontrollformen

Elektronische Werkkopien lassen sich markieren, auf ihrem Vertriebsweg verfolgen, gegen Kopieren schützen und in der Nutzungsdauer beschränken. Die Nutzung kann unterschiedlich ausgestaltet sein und mit beliebigen „Rechtebündeln" definiert werden[11]. So sind Einstellungen (z.B. bei PDF-Dokumenten) möglich, die nur ein Lesen

---

1 *Senft-Werner*, heise online 21.8.2002, www .heise.de/ newsticker/data/jk-21.08.02-001/.

2 *Gass*, ZUM 1999, 815, 816 unterscheidet als Markierungsformen „*Labeling*" (Zusatzinformation einer Datei in deren Header), „*Tatooing*" (Einfügen sichtbarer Zusatzinformationen), *Digital Fingerprints* (eingefügte Zahlenfolgen zur Identifikation) und *Digital Watermarks* (eingefügte Informationen zum Urheber, Zeitpunkt der Entstehung des Bildes, etc.).

3 Einführend etwa *Bechtold*, GRUR 1998, 18f, 22 zur grenzüberschreitenden Datenübertragung.

4 *Gass*, ZUM 1999, 815f.

5 *Rink*, c't 8/1997, 162, 163.

6 *Rink*, a.a.O. Digimark hat mit „MarcSpider" den ersten Online-Suchdienst vorgestellt (*Rink*, a.a.O.).

7 *Rink*, a.a.O.

8 durch diskrete Kosinustransformation, die auch bei der JPEG-Kompression verwendet wird (Rink, a.a.O., S. 164).

9 Zu den Standards International Standard Work Code (ISWC), International Standard Recording Code (ISRC), International Standard Music Number (ISMN), International Standard Book and Serial Number (ISBN/ISSN), Publisher Item Identifier (PII), Serial and Book Item and Contribution Identifiers (SICI), Compositeur, Auteuer, Editeur Code (CAE/IPI) und Digital Object Identifier (DOI) ausf. s. *Gervais*, Electronic Rights Management Systems, International Conference on Electronic Comerce and Intellectual Property, Geneva 14.-16.9.1999, WIPO/EC/CONF/99/SPK/10-A, 10 ff.

10 Hoeren/Sieber/*Bechtold*, Handbuch Multimedia-Recht, Abschnitt 7.11, Rdn. 21.

11 *Guggemos*, ZUM 2004, 183, 184.

am Bildschirm erlauben, aber nicht ein Abspeichern und/oder in Ausdrucken bzw. dieses nur gegen Bezahlung[1]. Herkömmliche Vertriebswege und mit ihnen verbundene Kosten entfallen; die Grenzkosten der Auslieferung können deshalb gegen Null tendieren[2].

Möglich ist, die (volle) Nutzung zeitlich (z.B. auf einen Monat) oder nutzungsbezogen (z.B. auf 10 Nutzungsläufe) zu beschränken[3]. Werke können für Stunden, Tage oder Wochen „ausgeliehen“ (und nach Fristablauf gesperrt) werden[4]. Teilweise werden auch „*encryption envelopes*“ (IBM: „cryptologes“) verwendet, also Verschlüsselungs„umschläge“ um eine Werkkopie, die nur gegen Bezahlung entfernt werden können[5]. Mit „Metering“-Geräten kann die tatsächliche Nutzung eines Werkes gemessen werden[6]. Java Applets und ActiveX-Programme erlauben, nur zur Laufzeit online jeweils neu heruntergeladen und wieder gelöscht zu werden, sodass gezielt jede einzelne Nutzung abrechnungsfähig wird[7]. Freilich gab es auch bisher schon Versuche, unabhängig von DRM-Systemen Nutzungskontrollen durchzuführen, etwa durch zeitliche Begrenzung der Nutzungsdauer von DVDs, die sich nach zwei Tagen selbst zerstören (etwa beim DVD-Verleih)[8].

Mittlerweile existieren eigene IPM(Intellectual Property Management)-Geschäftsmodelle, mit deren Hilfe sich Inhalte katalogisieren, zugriffsgesichert verpacken, lizenzieren und (online) vertreiben lassen[9].

In der Praxis präferieren Nutzer freilich Rechtebündel, die etwa wie das physische Buch ausgestaltet sind[10], es also gestatten, das Werk auf unterschiedlichen Systemen zu nutzen oder zu verleihen.

Kartellrechtliche Aspekte einer unzulässigen Bindung sind zu berücksichtigen, wenn etwa in bestimmter Weise formatierte Musikdateien nicht auf Geräten eines anbietereigenen Gerätetyps abspielbar sind, sich also nicht auf andere Geräte laden und dort abspielen lassen und eine Codeumformatierung nicht möglich ist, weil die Formate durch Verschlüsselung geschützt sind.

c) Schutz technischer Maßnahmen

Rechteinhaber dürfen Werke und andere Gegenstände von Leistungsschutzrechten[11] in der Nutzung durch technische Maßnahmen schützen. Grundlage der auf technische Maßnahmen bezogenen Schutzbestimmungen sind die 2003 eingeführten §§ 95 a bis 95 d UrhG, die Schutzgesetz i.S.v. § 823 Abs. 2 BGB sind[12]. Sie setzen die Art. 6 und 7 der Urheberrechtsrichtlinie um, die ihrerseits auf den Art. 11 und 12 WCT bzw. Art. 18 und

---

1 *Schickora*, production reality, 1/2003, 26.
2 *Guggemos*, ZUM 2004, 183, 184.
3 *Schlachter*, IP, 14.
4 *Guggemos*, ZUM 2004, 183, 184.
5 *Schlachter*, IP, a.a.O.
6 *Schlachter*, IP,a.a.O.
7 *Schlachter*, IP, a.a.O.
8 Spiegel Online 20.5.2003, DVD mit Selbstzerstörungsmechanismus, www.spiegel.de/netzwelt/technologie/0, 1518, 249342,00.html.
9 *Schickora*, production reality, 1/2003, 26, 27.
10 *Guggemos*, ZUM 2004, 183, 186.
11 Wandtke/Bullinger/*Wandtke/Ohst*, Ergänzungsband zum UrhR, § 95 a Rdn. 5.
12 Wandtke/Bullinger/*Wandtke/Ohst*, Ergänzungsband zum UrhR, § 95 a Rdn. 89.

19 WPPT beruhen. Die Regelungen führen nur ergänzenden Schutz ein, stellen aber kein eigenes neues Leistungsschutzrecht dar[1] und zählen nicht zum Urheberrecht im klassischen Sinne[2]. Regelungsziel ist, das durch den Einsatz digitaler Technologien beliebig möglich gewordene Kopieren zu steuern.

Befürchtet wurde andererseits, dass sich die Anbieter durch Einsatz technischer Schutzmaßnahmen ihr eigenes Urheberrecht (im Sinne von Lessigs „*Code as code*") schaffen und durch entsprechendes Codieren entsprechend ausgestalten[3]. So lassen sich technische Maßnahmen auch zur Sicherung **nicht** (mehr) **schutzfähiger Werke** einsetzen (etwa nach Ablauf von Schutzfristen) oder zur differenzierbaren Steuerung der Nutzungsläufe, etwa zur Begrenzung der Anzahl von Ladevorgängen oder auch Nutzungsläufe in den Rechner geladener Computerprogramme. Zurecht abgelehnt wird ein Umgehungsschutz für nicht schutzfähige bzw. gemeinfreie Werke[4] oder nicht vom Urheberrecht erfasste Nutzungshandlungen[5] (wozu auch Abrufhandlungen zu zählen sind, sofern man mit der wohl überwiegenden Auffassung nur das Bereithalten zum Abruf auf dem Rechner von § 19 a UrhG umfasst sieht, nicht den Abruf selbst); jedoch wird auch hier ein Selbsthilferecht der Nutzer zwecks Umgehung abzulehnen, der Nutzer vielmehr auf vertragliche Erfüllungsansprüche bzw. Mängelrechte zu verweisen sein. Auch scheidet wohl ein Anspruch auf Zurverfügungstellung der Umgehungsmittel nach § 95 b UrhG mangels Vorliegen eines schutzfähigen Werkes aus, selbst wenn der Nutzer zugleich Begünstigter ist.

Das Versehen von nicht geschützten Werken mit technischen Schutzmaßnahmen kann aber einen unlauteren **Vorsprung durch Rechtsbruch** begründen und wettbewerbswidrig sein, da der Anbieter insoweit einen ihm aus dem UrhG nicht zustehenden Schutz beansprucht. Der Rechtsbruch besteht hier darin, dass sich der Anbieter einer mit strengen, auch strafrechtlichen Sanktionen verknüpften Schutzform bedient, ohne mit seinen Inhalten die Schutzrechtsvoraussetzungen hierfür zu erfüllen. Hierdurch kann er Nutzungsrechte in einer Weise einschränkend regeln, die AGB-rechtlich mangels Schutzrecht unzulässig wäre. Zugleich kann hierin eine **Schutzrechtsanmaßung** zu sehen sein[6], da mit einem Hinweis auf den Einsatz einer technischen Schutzmaßnahme nach § 95 a UrhG zugleich das Bestehen eines Urheberrechtsschutzes des technisch gesicherten Inhaltes behauptet wird. Auch wird schließlich der eigentliche Regelungszweck unterlaufen, da die Motivation, urheberrechtlich schutzfähige Werke zu erstellen, reduziert wird oder ganz entfällt, wenn auch nichtschutzfähige Inhalte in gleicher Weise verwertet werden können. Dies gilt auch und insbesondere, wenn geschützte Werke nur noch online zugänglich gemacht werden und hierdurch der komplette Katalog der Schrankenbestimmungen entfällt (§ 95 b Abs. 3 i.V.m. Abs. 1 und 2 UrhG).

Als **„technische Maßnahmen"** gelten Technologien, Vorrichtungen und Bestandteile, die im normalen Betrieb dazu bestimmt sind, nicht genehmigte Handlungen zu verhindern oder einzuschränken (§ 95 a Abs. 2 S. 1 UrhG; Art. 6 Abs. 3 S. 1 RL; sog.

---

1 *Dreier*, ZUM 2002, 28, 38; *Reinbothe*, GRUR Int. 2001, 733, 742.

2 Hoeren/Sieber/*Bechtold*, Handbuch Multimedia-Recht, Abschnitt 7.11, Rdn. 26 m.w.N. Bechtold nennt (a.a.O., Rdn. 29) DRM-Systeme plastisch „in Silikon gegossenes Urheberrecht".

3 *Mayer*, CR 2003, 274, 278.

4 *Dreier*/Schulze, UrhG, § 95 a Rdn. 3, 9; Hoeren/Sieber/*Bechtold*, Handbuch Multimedia-Recht, Abschnitt 7.11, Rdn. 49.

5 Hoeren/Sieber/*Bechtold*, Handbuch Multimedia-Recht, Abschnitt 7.11, Rdn. 52.

6 Zur Schutzrechtsanmaßung s. etwa *Baumbach*/*Hefermehl*, § 3 Rdn. 167.

„digital self help“[1]). Diese Definition erfasst grundsätzlich auch Technologien für das Digital Rights Management (DRM), mit deren Hilfe bestimmte Nutzungshandlungen werkspezifisch definiert werden können, da hierdurch indirekt weitergehende Nutzungshandlungen ausgeschlossen werden, ebenso Markierungstechniken wie digitale „Wasserzeichen“[2], aber auch Mechanismen der TCPA[3] und Nutzungskontrollen[4]. Kann etwa ein Text im elektronisches Format nur dreimal zum Lesen in den Arbeitsspeicher geladen werden, so verhindert eine solche Sperre jedes weitere Laden. Auch eine solche Sperre ist als technische Maßnahme im Sinne von § 95 a UrhG geschützt. Technische Maßnahmen sind also nicht streng allein mit urheberrechtlich erfassten Nutzungshandlungen verknüpft, sondern können auch die Anzahl der Nutzungsläufe im Arbeitsspeicher steuern, damit also die – vom Urheberrecht nicht erfasste – eigentliche Nutzung von Werken und sonstigen Schutzgegenständen. Die §§ 95 a ff UrhG schützen insoweit auch Maßnahmen, die nicht vom Urheberrecht erfasste Nutzungen steuern oder ganz verhindern. Hierdurch entsteht faktisch ein **eigenes technisches Schutzrecht sui generis**[5]. Andererseits besteht keine Verpflichtung von Urhebern oder sonstigen Berechtigten, mögliche technische Sicherungsmaßnahmen auch tatsächlich einzusetzen (Erwägungsgrund 48 S. 2 der Richtlinie 2001/29/EG). Zu den technischen Maßnahmen werden gerechnet:

- Digitale Signaturen zusammen mit Verschlüsselungsmethoden für Content- und Monitoring-Provider[6],
- Digital Transmission Content Protection (DTCP) System bzw. High -bandwith Digital Content Protection (HDCP) zur Vergabe von Identifikationsnummern für Endgeräte wie DVD- oder MP3-Player[7],
- digitale Wasserzeichen („watermarks“)[8],
- „Fingerprinting“-Technologien zur Identifikation von Inhalten bzw. von Dateimerkmalen[9],
- Electronic Copyright Management System (ECMS) zur individualisierte Abrech-

---

1 Zit. nach *Dreier*, ZUM 2002, 28, 35 m.w.N.

2 Hoeren/Sieber/*Bechtold*, Handbuch Multimedia-Recht, Abschnitt 7.11, Rdn. 46 mit dem Hinweis, dass ein digitales Wasserzeichen sowohl eine Information i.S.v. § 95 c UrhG als auch Teil eines Kopierkontrollsystems und damit technische Maßnahme i.S.v. § 95 a UrhG sein kann.

3 „TCPA“ steht für Trusted Computing Platform Alliance. Diese entwickelt Standards für DRM-Systeme, die in PC-Hard- und Software implementiert wird.

4 Wandtke/Bullinger/*Wandtke/Ohst*, Ergänzungsband zum UrhR, § 95 a Rdn. 15, 16; *Dreier*, ZUM 2002, 28, 36; *Kröger*, CR 2001, 316, 321; *Reinbothe*, GRUR Int. 2001, 733, 741.

5 Nach *Hugenholtz* ein „brandneues Eigentumsrecht“ (zit. nach *Mühlbäuer*, Content is King, Bericht von der DRM-Konferenz 2002, heise online 15.2.2002, www.telepolis.de/deutsch/inhalt/co/ 11844/1. html). *Mühlbäuer*, a.a.O., zitiert die Darstellung von Anbietern, die weit über den Kopierschutz hinausgehen und Geschäftsregeln sowie den „gesamten Lebenszyklus“ von Werken kontrollieren wollen. Gegen die Annahme eines neuen Leistungsschutzrechts Wandtke/Bullinger/*Wandtke/Ohst*, Ergänzungsband zum UrhR, § 95 a Rdn. 4; *Dreier*, ZUM 2002, 28, 38; *Reinbothe*, GRUR Int. 2001, 733, 742. In der Tat ist ein neues Schutzrecht nicht intendiert, aber jenseits der Grenzen des Urheberrechts faktisch entstanden.

6 Wandtke/Bullinger/*Wandtke/Ohst*, Ergänzungsband zum UrhR, § 95 a Rdn. 27; *Breim*, MMR 1999, 256, 260.

7 Wandtke/Bullinger/*Wandtke/Ohst*, a.a.O., § 95 a Rdn. 22.

8 Wandtke/Bullinger/*Wandtke/Ohst*, a.a.O., § 95 a Rdn. 24; *Cunard/Hill/Barlas*, Current Developments in the Field of Digital Rights Management, Standing Committee on Copyright and Related Rights, Geneva 3.-5.11.2003, SCCR/10/2, 29.

9 *Cunard/Hill/Barlas*, Current Developments in the Field of Digital Rights Management, Standing Committee on Copyright and Related Rights, Geneva 3.-5.11.2003, SCCR/10/2, 28.

nung der Nutzung von geschützten (und international eindeutig durch Digital Object Identifier, DOIs, identifizierten und zugeordneten) Leistungen und Schutzgegenständen[1],

- Serial Copyright Management System (SCMS) etwa für DAT (Digital Audio Tape), durch dessen Einsatz gesteuert werden kann, dass eine digitale Kopie nur vom Original erfolgen kann, nicht von einer anderen digitalen Kopie[2], ähnlich Content Protection for Recordable and Prerecorded Media (CPRM/CPPM) zum sicheren Speichern digitaler Audio- und Videodaten in fester Verbindung mit dem Datenträger zwecks Verhindern der Entschlüsselung auf einem anderen Datenträger[3],
- symmetrische und asymmetrische Verschlüsselung, Steganographie[4],
- Produktaktivierungen und „*disabling devices*“[5] und
- Systeme, die Kopierqualität verschlechtern[6].

Implementiert sein muss eine **technisch** funktionierende Maßnahme. Bloße Hinweise auf solche Maßnahmen oder auf sich aus dem Urheberrecht ergebende Vervielfältigungsverbote stellen keine äquivalente Maßnahme dar.

Technischen Maßnahmen sind insoweit als **wirksam** anzusehen, als der Rechteinhaber die Nutzung durch Maßnahmen wie eine Zugangskontrolle, einen Schutzmechanismus wie Verschlüsselung, „Verzerrung“ oder sonstige Umwandlung oder einen Mechanismus zur Kontrolle der Vervielfältigung unter Kontrolle hält und diese Maßnahme die Erreichung des Schutzzieles sicherstellen (§ 95 a Abs. 2 S. 2 UrhG; Art. 6 Abs. 3 S. 2 RL). Zutreffend wurde ein (norm-)logischer Widerspruch darin gesehen, dass eine unwirksame Maßnahme zu keinem Schutz führt, eine wirksame Maßnahme aber eigentlich keines Schutzes bedarf[7]. Praktisch relevant wird dieser Widerspruch angesichts des Umstandes, dass über kurz oder lang fast alle Sicherungsmechanismen „gehackt“, also gebrochen werden können. Deshalb soll es bei der Beurteilung der Wirksamkeit einer Maßnahme nicht auf solche einzelnen Angriffe, sondern darauf ankommen, ob der **Durchschnittsbenutzer** von unerwünschten Nutzungen abgehalten wird[8]. Wirksamkeit gegenüber Hackern soll nicht erforderlich sein[9]. Jedoch ergibt sich eine solche Bezugnahme auf den Durchschnittsbenutzer nicht aus dem Wortlaut des Gesetzes (oder der Richtlinie). Sie kann allenfalls in der Bezugnahme auf Maßnahmen gesehen werden, die „die Erreichung des Schutzzieles sicherstellen“. Das Schutzziel kann, in dieser Auslegung, auch dann erreicht werden, wenn einzelne Angriffe erfolgreich waren, die Nutzung durch die Mehrheit der Benutzer aber kontrollierbar bleibt[10].

---

1 Wandtke/Bullinger/*Wandtke/Ohst*, a.a.O., § 95 a Rdn. 36.

2 Wandtke/Bullinger/*Wandtke/Ohst*, Ergänzungsband zum UrhR, § 95 a Rdn. 29, ausdrücklich §§ 95 a ff UrhG als anwendbar ansehend.

3 Wandtke/Bullinger/*Wandtke/Ohst*, Ergänzungsband zum UrhR, § 95 a Rdn. 30.

4 Wandtke/Bullinger/*Wandtke/Ohst*, Ergänzungsband zum UrhR, § 95 a Rdn. 20, 25.

5 *Ernst*, CR 2004, 39, 40.

6 *Ernst*, CR 2004, 39, 40.

7 *Mayer*, CR 2003, 274, 279.

8 *Hoeren*, MMR 2000, 515, 520; *Mayer*, CR 2003, 274, 279; *Kröger*, CR 2001, 316, 322.

9 Wandtke/Bullinger/*Wandtke/Ohst*, Ergänzungsband zum UrhR, § 95 a Rdn. 50.

10 Hoeren/Sieber/*Bechtold*, Handbuch Multimedia-Recht, Abschnitt 7.11, Rdn. 47 weist hier auf Diskrepanzen zwischen technischen Standards und Praxis hin, etwa bezüglich 40-Bit-Verschlüsselungsverfahren, die nicht mehr als sicher gelten, aber doch die Mehrheit der Nutzer vom Vervielfältigen abhalten können.

Ob eine solche Kontrollierbarkeit fortbesteht, kann nur nach den Umständen des Einzelfalles festgestellt werden. Sie kann bereits dann entfallen, wenn „gehackte" Schutzcodes im Internet (etwa von Anbietern in Drittstaaten) zum Abruf bereitgehalten und gerade durch den Durchschnittsnutzer bequem über Google gefunden, abgerufen und eingesetzt werden können (wie dies bei den Aktivierungscodes bestimmter Anwendungssoftware bereits der Fall war). Hier ist zudem bereits fraglich, ob (angesichts des Territorialitätsprinzips) überhaupt eine Verletzungshandlung vorliegt, wenn die **Umgehung** selbst im **Drittstaat** durchgeführt und die Information vom Drittstaat aus im Internet zugänglich gemacht wird. Folgt man dieser Auslegung zur Wirksamkeit, wird die Wirksamkeit der technische Maßnahme sehr oft nur temporär sein[1]. Auch wird zu differenzieren sein, da es nicht „den" Durchschnittsnutzer von digitalisierten Werken gibt, sondern der Nutzer eine MP3-Datei andere Voraussetzungen mitbringt als der Nutzer, der neue Versionen oder Updates von Betriebssystemen herunterlädt und konfiguriert. Nicht ausreichend sind freilich in jedem Fall Maßnahmen, die derart leicht auszuschalten sind, dass sie lediglich auf ein Verbot des Rechtsinhabers hinauslaufen[2] oder etwa nur einfachste Kopierschutzvorrichtungen darstellen wie z.B. mit künstlichen Fehlern versehene CDs[3].

Die **Beweislast** für die Wirksamkeit der technischen Maßnahme trägt grundsätzlich der Rechtsinhaber, der diese Maßnahme anwendet und deren Verletzung behauptet. Er muss damit darlegen und beweisen, dass eine bestimmte technische Maßnahme aus der Sicht des Durchschnittsnutzers wirksam ist.

Die technischen Schutzmaßnahmen müssen ihre Wirkung **im normalen Betrieb** entfalten. Wissenschaftliche Arbeiten (etwa zu Sicherheitstechnologien) sollen nicht beeinträchtigt werden und die wissenschaftliche und praktische Diskussion über Sicherheitslücken weiter zulässig sein[4], allerdings wohl nur in den Grenzen des § 53 Abs. 2 S. 1 Nr. 1 UrhG.

Wirksame technische Schutzmaßnahmen dürfen **nicht** ohne Zustimmung des Rechteinhabers **umgangen** werden (§ 95 a Abs. 1 1. Halbsatz UrhG). Die Umgehung muss auf einen Zugang zum Werk (oder sonstigen Schutzgegenstand) abzielen. Das Verbot gilt aber nur, soweit dem Handelnden **bekannt** ist oder bekannt sein muss[5], dass die Umgehung erfolgt, um den Zugang zu einem geschützten Werk oder Schutzgegenstand oder deren Nutzung zu ermöglichen (§ 95 a Abs. 1 1. Halbsatz UrhG).

Erfasst werden nur **umgehungsbezogene Handlungen**, nicht aber allgemein ein bloßes Kopieren oder Analysieren der technischen Maßnahme. Hier wird eine Abgrenzung in den Fällen erforderlich, in denen die Schutzvorrichtung schlicht mitkopiert wird[6]. Bloßes Kopieren kann nicht per se schon als „Umgehen" gewertet werden (insbesondere dann, wenn dem Kopierenden nicht bewusst zu sein brauchte, dass das Kopieren möglicherweise Schutzvorrichtungen überwindet, sondern etwa neuinstallierte Inhalte routinemäßig mit dem Gesamtsystem täglich mitgesichert werden). In der Praxis wird jede Handlung konkret zu beurteilen sein, ob sie für sich

---

1 Deshalb will *Dreier*/Schulze, UrhG, § 95 a Rdn. 16 auch für die Frage der Wirksamkeit zutreffend differenzieren, ob ein Umgehungsmittel nur in relativ kleinen Internetzirkeln zirkuliere oder ob es auch von einem nicht unerheblichen Teil der Nutzer tatsächlich genutzt werde.

2 Wandtke/Bullinger/*Wandtke/Ohst*, Ergänzungsband zum UrhR, § 95 a Rdn. 47 m.w.N.

3 *Pleister/Ruttig*, MMR 2003, 763, 765.

4 Wandtke/Bullinger/*Wandtke/Ohst*, Ergänzungsband zum UrhR, § 95 a Rdn. 46.

5 Wandtke/Bullinger/*Wandtke/Ohst*, Ergänzungsband zum UrhR, § 95 a Rdn. 63.

6 *Störing*, Lücken im Gesetz, Spiegel Online 31.3.2005, www.spiegel.de/netzwelt/politik/0,1518, 293329,00.html

oder im Zusammenhang eine Umgehung darstellt, so etwa das Deaktivieren von Autostartfunktionen, das bloße Drücken der „*Shift*"-Taste, das Markieren von Spuren auf der CD mit Filzstift oder die Verwendung des „falschen" Betriebssystems[1] oder der Einsatz allgemeiner technischer Verfahren zur Korrektur von Lesefehlern für CDs. Zweifelhaft ist, ob das übliche Aufnehmen von Audiodaten über den Audio-Ausgang einer Soundkarte ohne zusätzliche technische Maßnahmen eine Umgehung darstellt[2]. Hierzu müsste zumindest dem Nutzer erkennbar gemacht werden, dass er bestimmte Peripheriegeräte nicht einschalten bzw. nutzen darf. In der bestimmungsgemäß möglichen analogen Wiedergabe (etwa durch Aufzeichnen auf Bandgeräte vom analogen Ausgang des Wiedergabegerätes aus) wird aber ohnehin keine Umgehung zu sehen sein. Für das anschließende Umwandeln in das digitale Format wird zu prüfen sein, ob das hierbei erfolgende Vervielfältigen rechtmäßig erfolgt.

Auch kann kein Schutz gewährt werden, soweit Werke gemeinfrei oder nicht schutzfähig sind[3]. Anbieter dürfen nicht das Urheberrecht mit Mitteln der Technik beliebig ausweiten. Nicht abschließend geklärt ist, ob jede Umgehung ungeachtet der mit ihr verfolgten **Zwecke** unzulässig ist. Zumindest Umgehungshandlungen, die rein **wissenschaftliche** Zwecke verfolgen, werden als zulässig angesehen[4]. Auch das private, unentgeltliche Verbreiten von Umgehungsanleitungen wurde als zulässig angesehen[5]. Der bloße private Besitz solcher Anleitungen ist nicht rechtswidrig, wohl aber der gewerblichen Zwecken dienende Besitz.

Ob eine Umgehung vorliegt, ist außerdem in Abhängigkeit von der implementierten technischen Maßnahme zu entscheiden. So wird vertreten, dass das Fertigen einer analogen Kopie von einer kopiergeschützten digitalen Kopie keine wirksame Umgehung darstelle, und zwar auch, wenn aus der analogen Kopie anschließend eine wenn auch geringfügig in der Qualität eingeschränkte neue digitale Kopie erstellt wird[6].

Ergänzend bestimmt § 95 a Abs. 3 UrhG (in Umsetzung von Art. 6 Abs. 2 RL), dass auch **Vorbereitungshandlungen**[7] wie das Herstellen (industrielle oder handwerkliche Fertigung von Vorrichtungen mit Zweckbestimmung der Umgehung[8]), die Einfuhr (Verbringen in den Geltungsbereich des UrhG[9]), das Verbreiten[10] auch im Sinne unkörperlichen Zugänglichmachens[11], der Verkauf und Vermietung sowie bereits die Werbung im Hinblick auf Verkauf und Vermietung verboten sind, ebenso der zu gewerblichen Zwecken dienende **Besitz** (i.S.d. §§ 854 ff BGB) von Vorrichtungen, Erzeugnissen oder Bestandteilen (nicht also der private Besitz[12]), ebenso **Dienst-**

1 *Störing*, Lücken im Gesetz, a.a.O.

2 Hierzu etwa *Röttgers*, Mix, Burn & R.I.P., 81.

3 Wandtke/Bullinger/*Wandtke/Ohst*, Ergänzungsband zum UrhR, § 95 a Rdn. 43.

4 So bereits die Gesetzesbegr. BT-Drucks. 15/38, 26; *Dreier/Schulze*, UrhG, § 95 a Rdn. 12.

5 *Schwarz*, ZUM 2002, 451, 456; a.A. *Spindler*, GRUR 2002, 105, 116; *Pleister/Ruttig*, MMR 2003, 763, 764.

6 *Ernst*, CR 2004, 39, 40.

7 Diese wurden, soweit kommerziell durchgeführt, als Hauptgefährdung für Verwertungsrechte gesehen (*Fallenböck/Weitzer*, CRi 2003, 40, 44).

8 Wandtke/Bullinger/*Wandtke/Ohst*, Ergänzungsband zum UrhR, § 95 a Rdn. 72.

9 BT-Drucks. 15/38, 26; Wandtke/Bullinger/*Wandtke/Ohst*, Ergänzungsband zum UrhR, § 95 a Rdn. 73.

10 Der Gesetzgeber schränkte das „Verbreiten" i.S.v. § 95 a Abs. 3 UrhG nicht auf den engeren Begriff des § 17 UrhG ein.

11 Hoeren/Sieber/*Bechtold*, Handbuch Multimedia-Recht, Abschnitt 7.11, Rdn. 100.

12 Wandtke/Bullinger/*Wandtke/Ohst*, Ergänzungsband zum UrhR, § 95 a Rdn. 78.

leistungen. Verboten sind aber nur solche Vorbereitungshandlungen,

- die die Verkaufsförderung, Werbung oder Vermarktung einer Umgehung zum Gegenstand haben (§ 95 a Abs. 3 Nr. 1 UrhG)
- oder, von der Umgehung wirksamer technischer Maßnahmen abgesehen, nur begrenzten wirtschaftlichen Zweck oder Nutzen haben (§ 95 a Abs. 3 Nr. 2 UrhG), bei denen also die Umgehung der Hauptzweck ist[1], oder
- hauptsächlich entworfen, hergestellt, angepasst oder erbracht werden, um die Umgehung zu ermöglichen oder zu erleichtern (§ 95 a Abs. 3 Nr. 3 UrhG), also Anbieten oder Anleiten zur Umgehung[2], etwa das Veröffentlichen von Seriennummern oder Hacks[3], aber nur bei kommerzieller Leistung, nicht bei Weitergabe von Informationen durch Private an Private[4] oder hinsichtlich allgemeiner Informationen oder wissenschaftlicher Auseinandersetzung[5].

Für gemeinfreie Werke greift der Umgehungsschutz nicht ein[6].

Vertreten wurde, dass die Verwendung von Software zum **Brennen** von CDs (oder DVDs) zulässig ist, wenn diese Software nur künstliche, zum Verhindern des Kopierens gesetzte Fehler in der Vorlage-CD/DVD korrigiert und hierdurch nur wieder den offiziellen *Red-Book*-Standard herstellt[7]. Zunächst wird hier zu prüfen sein, ob der Hauptzweck solcher Brennsoftware in der Umgehung eines Kopierschutzes besteht. Dies erscheint zweifelhaft, da gleiches dann auch für die von dieser Software gesteuerten CD- bzw. DVD-Laufwerke mit automatischer Fehlerkorrektur gelten müsste und diese überhaupt nicht mehr serienmäßig in PCs eingebaut werden dürfen. Vielmehr werden diese Geräte häufig allein zur Datensicherung eingesetzt und auch hierbei automatisiert beim Kopierlauf Fehlerkorrekturen durchgeführt. Zulässig bleibt Kopiersoftware, soweit sie keine implementierten technischen Schutzmaßnahmen umgeht[8]. Dies soll auch für Software gelten, die ein „Image“ einer CD erstellt und den Datenträger anschließend 1:1 kopiert[9].

Streitig ist, ob als Dienstleistungen im Sinne von § 95 a Abs. 3 UrhG nur Handlungen gelten, die **gewerblich** erbracht werden. Die Auffassung, diese Bestimmung erfasse auch nichtgewerbliche Dienstleistungen, wird damit begründet, dass nur beim Besitz zusätzlich die Gewerblichkeit als Merkmal genannt wird, weshalb im Umkehrschluss Dienstleistungen auch als nichtgewerbliche erfasst würden[10]. Dieser Schluss ist nicht zwingend. Vielmehr kann sogar umgekehrt gefolgert werden, dass alle Handlungen wie Herstellung, Einfuhr, Verbreitung, Vermietung und Werbung

---

1 Wandtke/Bullinger/*Wandtke/Ohst*, a.a.O., § 95 a Rdn. 85. Hoeren/Sieber/*Bechtold*, Handbuch Multimedia-Recht, Abschnitt 7.11, Rdn.106, der Herstellung und Verbreitung allgemeiner Analysesoftware als zulässig ansieht, außer, sie wird mit der Aussage beworben, dass mit ihr die Umgehung technischer Schutzmaßnahmen möglich sei.

2 BT-Drucks. 15/38, 26; Wandtke/Bullinger/*Wandtke/Ohst*, Ergänzungsband zum UrhR, § 95 a Rdn. 79.

3 Wandtke/Bullinger/*Wandtke/Ohst*, Ergänzungsband zum UrhR, § 95 a Rdn. 79.

4 So Wandtke/Bullinger/*Wandtke/Ohst*, a.a.O., § 95 a Rdn. 80.

5 Wandtke/Bullinger/*Wandtke/Ohst*, a.a.O., § 95 a Rdn. 81, hier abgrenzend, ob die Anleitung so konkret ist, dass der Durchschnittsnutzer die Umgehung ohne weitere Information umgehen könne.

6 Hoeren/Sieber/*Bechtold*, Handbuch Multimedia-Recht, Abschnitt 7.11, Rdn. 104 m.w.N.

7 *Mayer*, CR 2003, 274, 279; *Spindler*, GRUR 2002, 105, 116; *Strömer/Gaspers*, K&R 2004, 14, 18.

8 *Ernst*, CR 2004, 39, 41.

9 *Strömer/Gaspers*, K&R 2004, 14, 18; *Mayer*, a.a.O., 279.

10 *Pleister/Ruttig*, MMR 2003, 763, 764.

grundsätzlich gewerblichen Zwecken dienen müssen und deshalb das Merkmal „gewerblich" zum Begriff „Besitz" hinzugesetzt wurde, um nicht bezüglich dieses Begriffes den sachlichen Geltungsbereich der Regelung auf private Zweckverfolgung auszudehnen, da Besitz auch privat veranlasst sein kann[1], eine Klarstellung, die nur bei Besitz erforderlich ist. Hinzu kommt, dass Dienstleistungen ebenfalls grundsätzlich gewerblich erbracht werden und das Erbringen von nichtgewerblichen, unvergüteten Dienstleistungen schon im BGB nur als Schenkung oder Gefälligkeitsverhältnis erfassbar sind, nicht als Dienstleistung[2]. Schließlich hätte die Auffassung, alle Handlungen außer dem Besitzen seien auch als private erfasst, zur Konsequenz, dass dann auch (entgegen der Auffassung des Gesetzgebers) Forschungszwecke nicht zulässig verfolgt werden könnten.

Die in Umgehungsabsicht erfolgende wissentliche unbefugte Veränderung oder Entfernung von technischen Schutzmaßnahmen ist ebenso wie das Entfernen einer von Rechteinhabern stammenden Information und das Verbreiten, Einführen, Senden, öffentliche Wiedergeben oder Zugänglichmachen **strafbar**, ausgenommen allerdings ausschließlich zum eigenen Gebrauch erfolgende Taten (§ 108 b Abs. 1 UrhG). Strafbarkeit setzt weiter voraus, dass der Täter wenigstens leichtfertig die Verletzung von Urheberrechten oder verwandten Schutzrechten veranlasst, ermöglicht, erleichtert oder verschleiert (§ 108 b Abs. 1 2. Halbsatz UrhG)[3]. Vorausgesetzt wird positive Kenntnis von der Wirksamkeit der technischen Maßnahme und entsprechender Vorsatz. Ist das Ungehungsmittel frei im Internet (aus Drittstaaten) verfügbar, kann es bereits an dieser Kenntnis fehlen, weil die Wirksamkeit als entfallen gelten durfte. Strafbar ist auch das Herstellen, Einführen, Verbreiten, Verkaufen oder Vermieten von umgehungsbezogenen Erzeugnissen oder Bestandteilen, allerdings nur bei Verfolgen gewerblicher Zwecke (§ 108 b Abs. 2 UrhG)[4]. Ist letztere Voraussetzung nicht erfüllt, kommt eine Ordnungswidrigkeit nach § 111 a Abs. 1 Nr. 1 a UrhG in Betracht. Das Entfernen einer Kopierschutzsicherung kann auch als Computerbetrug (§ 263 a StGB) oder als Datenveränderung (§ 303 a StGB) strafbar sein[5].

Rechteinhaber können ihre Werke oder sonstigen Schutzumstände aber nicht uneingeschränkt durch technische Schutzmaßnahmen in der Nutzung kontrollieren. Sie müssen vielmehr nach § 95 b Abs. 1 S. 1 UrhG denjenigen, die durch bestimmte **Schrankenbestimmungen** begünstigt sind, die **notwendigen Mittel zur Verfügung stellen**, damit diese Begünstigten von den Schrankenbestimmungen im erforderlichen Maße Gebrauch machen zu können. Dieser Anspruch besteht seit dem 1.9.2004[6].

§ 95 b Abs. 1 UrhG führt einen längeren Katalog eingreifender Schranken**bestimmungen** an, auf die im vorliegenden Zusammenhang aus räumlichen Gründen nicht umfassend eingegangen werden kann.

Die Verpflichtung aus § 95 b Abs. 1 S. 1 UrhG ist nicht abdingbar (§ 95 b Abs. 1 S. 2 UrhG). Bei Nichteinhaltung der Verpflichtung aus § 95 b Abs. 1 UrhG besteht die

---

1 Ähnlich Loewenheim/*Peukert*, Handbuch des Urheberrechts, § 34 Rdn. 21.

2 Palandt/*Putzo*, Einf. v. § 611, Rdn. 27.

3 Krit. *Sieber*, MMR 2002, 701 f, der diese Bestimmung als Freibrief für Hacker und generell die Strafbestimmung wegen „ihrer beispiellos komplexen Verweisungstechnik und ihren – neben den normalen Vorsatzanforderungen bestehenden (!) – insgesamt vier (!) weiteren speziellen subjektiven Merkmale!" als „ohnehin kaum verständlich und anwendbar" ansieht.

4 Von der Strafbarkeit ausgeklammert gesehen wurde hier der in der Praxis dominierende, aus sportlichem Ehrgeiz handelnde Tätertyp.

5 Hoeren/Sieber/*Bechtold*, Handbuch Multimedia-Recht, Abschnitt 7.11, Rdn. 147.

6 Art. 6 Abs. 2 Gesetz zum Urheberrecht in der Informationsgesellschaft, BGBl. 2003 I, 1774.

Möglichkeit der Verbandsklage (§§ 2 a, 3 a UKlaG).

Die gebrauchsermöglichenden technischen Maßnahmen sind selbst nach § 95 a UrhG geschützt (§ 95 b Abs. 4 UrhG). Zu solchen Mitteln können Schlüsselinformationen zum ein- oder mehrfachen Überwinden von technischen Maßnahmen gehören[1], etwa das Mitteilen von Passwörtern[2]. Stellt der Verwender die Mittel nicht zur Verfügung, darf der Begünstigte nicht im Wege der „Selbsthilfe" Maßnahmen zur Umgehung des Schutzes treffen[3]. Erhält der Begünstigte Umgehungsvorrichtungen, darf er sie nicht an Dritte weitergeben[4].

Erhebliche praktische Bedeutung hat etwa das **Vervielfältigen** einer begrenzten Anzahl von Kopien zum privaten und sonstigen eigenen Gebrauch durch natürliche Personen (§§ 95 b Abs. 1 S. 1 Nr. 6, 53 Abs. 1 UrhG). Das Vervielfältigen zum privaten Gebrauch im Sinne von § 53 Abs. 1 UrhG („Privatkopie") ist aber nur umfasst, soweit die Vervielfältigungen auf Papier oder einen ähnlichen Träger mittels beliebiger fotomechanischer oder anderer Verfahren mit ähnlicher Wirkung – also analog – erfolgen (§ 95 b Abs. 1 S. 1 Nr. 6 lit. a UrhG)[5], etwa durch Ausdrucken aus einem eBook, während das Kopieren auf den Rechner nicht ermöglicht werden muss[6]. Dies bedeutet in der Praxis, dass bei Einsatz technischer Maßnahmen im Sinne von § 95 a UrhG die Durchführung des privaten Digitalkopierens generell unzulässig ist und auch nicht über notwendige Mittel im Sinne von § 95 b Abs. 1 S. 1 UrhG ermöglicht werden muss. Da durch die Bestimmung nicht nur das Vervielfältigung im vorgegebenen Umfang als zulässig erklärt[7], sondern ein Anspruch des Begünstigten gegen den Rechteinhaber auf **Zurverfügungstellen notwendiger Mittel** begründet wird (§ 95 b Abs. 2 UrhG), ist (abweichend von § 53 Abs. 1 S. 1 UrhG) nicht jedes Vervielfältigen auf beliebigen Datenträgern freigestellt, sondern nur ein Vervielfältigen in dem Umfange, wie es Dritte für den Begünstigten nach § 53 Abs. 1 S. 2 UrhG durchführen darf. Die Bestimmung setzt die Art. 6 Abs. 4 S. 2 in Verbindung mit 5 Abs. 2 lit. b der Urheberrechtsrichtlinie um. Diese Umsetzung war den Mitgliedsstaaten in Art. 6 freigestellt worden.

Bezüglich der Aufnahme in ein eigenes **Archiv** hat der Begünstigte nur bezüglich analoger Kopien oder bei Aufnahme **digitaler** Kopien in ein keinen Erwerbszwecken dienendes Archiv einen Anspruch aus § 95 b Abs. 1 S. 1 UrhG (§§ 95 Abs. 1 S. 1 Nr. 6 c, 53 Abs. 2 S. 2 Nr. 1, 3 UrhG). Für Zwecke der Unterrichtung über Tagesfragen (§ 53 Abs. 2 S. 1 Nr. 3 UrhG) oder zum sonstigen eigenen Gebrauch (§ 53 Abs. 2 S. 1 Nr. 4 UrhG) besteht nur bezüglich **analoger** Kopien ein Anspruch (§ 95 b Abs. 1 S. 1 Nr. 6 d UrhG).

Von auf digitalen Datenträgern ausgelieferten Werkexemplaren (z.B. Musikwerken auf CD) darf jede Privatperson eine Vervielfältigung zum privaten Gebrauch erstellen. Ist der jeweilige Datenträger aber durch eine technische Maßnahme geschützt (z.B.

---

1 BT-Drucks. 15/38, 27.

2 *Schippan*, ZUM 2004, 188, 194.

3 *Reinbothe*, GRUR 2001, 742; *Spindler*, GRUR 2002, 105, 117; Hoeren/Sieber/*Bechtold*, Handbuch Multimedia-Recht, Abschnitt 7.11, Rdn. 70.

4 *Dreier*, ZUM 2002, 28, 39; *Reinbothe*, GRUR Int. 2001, 733, 742; Hoeren/Sieber/*Bechtold*, Handbuch Multimedia-Recht, Abschnitt 7.11, Rdn. 71.

5 Der Gesetzgeber hat nicht von der Möglichkeit Gebrauch gemacht, auch das Vervielfältigen auch digitale Träger einzubeziehen, wie es Art. 6 Abs. 4 Unterabs. 2 Harmonisierungs-RL vorsah.

6 Hoeren/Sieber/*Bechtold*, Handbuch Multimedia-Recht, Abschnitt 7.11, Rdn. 88.

7 *Schippan*, ZUM 2004, 188, 194 nennt als Beispiel das Erstellen einer analogen Papierkopie eines Textes aus einem E-Book zwecks Weitergabe an die kleine Schwester des Nutzers.

Kopierschutz), darf der private Nutzer diesen Schutz nicht beseitigen und kann er auch nicht die Einrichtung des Schutzsystems dergestalt beanspruchen, dass das Erstellen einer privaten Kopie möglich bleibt[1].

Allerdings wird Art. 6 Abs. 4 4. Unterabsatz der Harmonisierungs-RL mit dem Verweis auf den 2. Unterabsatz dahin verstanden, dass Kopien im Rahmen eines vertraglich geregelten Online-Dienstes ohne weiteres technisch geschützt werden können, und zwar unabhängig auch von Art. 5 Abs. 2 der Harmonisierungs-RL[2].

Anspruchsbegründend sind weiter **eigener wissenschaftlicher Gebrauch** (§ 95 b Abs. 1 S. 1 Nr. 6 lit. b, 53 Abs. 2 S. 1 Nr. 1 UrhG), die Aufnahme in ein **eigenes Archiv**, aber (wie ausgeführt) beschränkt auf fotomechanische oder ähnliche Verfahren oder auf nichtwirtschaftliche bzw. nicht erwerbsbezogene Zwecke (§ 95 b Abs. 1 S. 1 Nr. 6 lit. b, 53 Abs. 2 S. 1 Nr. 2 in Verbindung mit S. 2 Nr. 1 oder 3 UrhG), die eigene **Unterrichtung** über Tagesfragen und sonstiger **eigener Gebrauch**, ebenfalls jeweils beschränkt auf fotomechanische oder ähnliche Verfahren oder auf nichtwirtschaftliche bzw. nicht erwerbsbezogene Zwecke (§ 95 b Abs. 1 S. 1 Nr. 6 lit. d, 53 Abs. 2 S. 1 Nr. 3 und 4 in Verbindung mit S. 2 Nr. 1 oder 3 UrhG), Gebrauch für Schulunterrichts- oder Prüfungszwecke beschränkt auf fotomechanische oder ähnliche Verfahren oder auf nichtwirtschaftliche bzw. nicht erwerbsbezogene Zwecke (§ 95 b Abs. 1 S. 1 Nr. 6 lit. e, 53 Abs. 3 UrhG).

Der Begünstigte kann den Rechteinhaber unmittelbar auf **Zuverfügungstellen** der jeweils notwendigen **Mittel** in Anspruch nehmen, um nichtdigitale Vervielfältigungen herzustellen (§ 95 b Abs. 2 S. 1 UrhG). Dieser Anspruch muss also nicht gegenüber in einer Lieferkette zwischengeschalteten Vertragspartner des Begünstigten (etwa den letztveräußernden Händler) geltend gemacht werden. Als **ausreichend** gilt ein vom Rechteinhaber angebotenes Mittel, wenn es einer Vereinbarung zwischen Vereinigungen der Rechteinhaber und der durch die Schrankenbestimmungen Begünstigten entspricht (Vermutung nach § 95 b Abs. 2 S. 2 UrhG). Diese Vermutung ist durch den Begünstigten widerlegbar. Der Anspruch auf Zurverfügungstellen der Mittel kann auch im Wege der Verbandsklage geltend gemacht werden (§§ 2 a, 3 a, 6 Abs. 1 S. 2 Nr. 3 UKlaG).

Außerdem hat der Begünstigte freilich einen vertraglichen **Mängelhaftungsanspruch** gegen den Händler als seinen Vertragspartner, wenn das erforderliche Vervielfältigen nicht möglich ist, also etwa Musikdateien aufgrund der technischen Schutzmaßnahme nicht von der CD in den CD-Player geladen und abgespielt werden können oder gar (wie bei Macs) eine CD den Rechner zum Absturz bringt und den Neustart verhindert, so dass eine Reparatur in der Werkstatt erforderlich wird[3] oder nicht einmal auf gängigen älteren, den Standards entsprechenden CD-Player-Modellen abspielbar ist[4]. Ein Händler, der solche Produkte nach Erlangen der Kenntnis von solchen Mängeln weiterhin verkauft, kann arglistig handeln.

Keine Verpflichtung des Rechteinhaber zum Zurverfügungstellen notwendiger Mittel besteht, wenn die technisch geschützten Werke oder sonstigen Schutzgegenstände **der Öffentlichkeit aufgrund** einer **vertraglichen Vereinbarung** in der Weise **zugänglich**

---

1 Regierungsentwurf, 33; *Mayer*, CR 2003, 274, 276.

2 *Spindler*, GRUR 2002, 105, 119, der durch diese Regelung „de facto das Recht zur privaten Kopie bei Internet-Nutzungen völlig ausgehebelt" sieht.

3 *Röttgers*, Mix, Burn & R.I.P., 89f.

4 Ein CD-Player muss CDs abspielen können, die der Lehre und dem Standard der Patentrechtsinhaber Philips und Sony entsprechen (AG Aachen, Urt.v. 28.11.2003 – 84 C 210/03, JurPC Web-Dok. 172/2004).

gemacht werden, dass sie Mitgliedern der Öffentlichkeit von Orten und zu Zeiten ihrer Wahl zugänglich sind (§ 95 c Abs. 3 UrhG), also etwa bei Web-Angeboten und in **interaktiven Online-Diensten**, hingegen nicht bei Multicast, Streaming, Pay-per-View, Near-on-Demand oder Webcasting[1]. Damit **greifen** sämtliche **Schranken**bestimmungen wohl **im Regelfall der Online-Nutzung**[2] (nämlich eines vertraglich geregelten Online-Abrufes) **nicht ein** und müssen auch keine Mittel zur Ermöglichung der Nutzung zur Verfügung gestellt werden, wenn der Rechteinhaber den jeweiligen Schutzgegenstand im Rahmen eines jeweils abzuschließenden Nutzungsvertrages nach § 19 a UrhG öffentlich zugänglich macht und dieser jedes Vervielfältigen ausschließt[3]. Dies gilt selbst dann, wenn ein Vervielfältigen zu Zwecken der Rechtspflege oder der öffentlichen Sicherheit (§§ 45, 95 b Abs. 1 S. 1 Nr. 1 UrhG) erfolgt[4].

Folge ist freilich, dass selbst jedes nach dem Download erfolgende Vervielfältigen eines Schutzgegenstandes auf Papier oder einen ähnlichen Träger unzulässig ist, wenn der Begünstigte einen entsprechend restriktiven Vertrag mit dem Rechteinhaber geschlossen hat und der Rechteinhaber dem Vervielfältigen nicht zustimmt[5]. Letzterer kann also die Ausdruckmöglichkeit technisch sperren (wie dies etwa bei Adobe-Acrobat-PDF-Dokumenten möglich ist) und braucht keine Mittel zur Freischaltung vorzusehen oder zur Verfügung zu stellen. Allgemein könnte diese Bestimmung dazu führen, dass die Schrankenbestimmungen insgesamt ins Leere laufen, wenn für die jeweiligen Werke (und sonstigen Schutzgegenstände) **nur** eine **Online-Version** gegen Nutzungsvertrag zum Abruf verfügbar gemacht wird[6]. Nicht ganz ausgewogen erscheint der Regelungsansatz, nach dem in solchen Fällen nicht einmal die dem Gemeinwohl dienenden und deshalb eigentlich als zwingend angesehenen Schrankenbestimmungen (im Sinne von Art. 6 Abs. 4 Unterabs. 1 RL) eingehalten werden müssen[7], was Anbieter zu einer „Flucht in vertragliche Online-Angebote" motivieren könnte. Jedoch bleibt eine Inhaltskontrolle von Formularverträgen der Anbieter nach § 307 BGB möglich, wobei die Schrankenbestimmungen jedoch bisher nicht als gesetzliches Leitbild angesehen wurden[8], also nicht über AGB-Recht zum Prüfmaßstab gemacht werden können. Dennoch können die Grundgedanken der Schrankenbestimmungen bei der im Rahmen von § 307 Abs. 1 S. 1 BGB erforderlichen Interessenabwägung zu berücksichtigen sein.

Alle Exemplare von Werken und sonstigen Schutzgegenständen, die durch technische Maßnahmen geschützt sind, **müssen** deutlich sichtbar mit Angaben über die

---

1 Wandtke/Bullinger/*Wandtke/Ohst*, Ergänzungsband zum UrhR, § 95 b Rdn. 44.

2 *Dreier*, ZUM 2002, 28, 37 (zutreffend kritisierend, eine ausgewogene Lösung sei wohl nicht gelungen, da insoweit nicht einmal die nach Art. 6 Abs. 4 Unterabsatz 1 RL aus Gründen des Gemeinwohles vorgesehenen Schrankenbestimmungen berücksichtigt wurden); *Kröger*, CR 2001, 316, 323; *Mayer*, CR 2003, 274, 280; *Fallenböck/Weitzer*, CRi 2003, 40, 43.

3 *Reinbothe*, GRUR Int. 2001, 733, 742; *Mayer*, CR 2003, 274, 280.

4 Ähnlich für die Richtlinie *Mayer*, CR 2003, 274, 280.

5 S. auch *Mayer*, CR 2003, 274, 280. Ihm zufolge hängt die Zulässigkeit der Anfertigung einer Privatkopie ausschließlich vom Rechteinhaber ab. Dann kann freilich ohnehin nicht mehr von „*Privatkopie*" im bisherigen, zustimmungsunabhängigen Sinne gesprochen werden. Die Privatkopie wäre damit im Bereich interaktiver Online-Nutzung entfallen (i.E. ähnlich *Mayer*, CR 2003, 274, 283).

6 Skeptisch auch *Metzger/Kreuzer*, MMR 2002, 139, 141, die auf längere Sicht ein „Aussterben der Privatkopie" befürchten; ähnlich *Mayer*, CR 2003, 274, 280.

7 *Mayer*, CR 2003, 274, 280 („nicht mehr nachvollziehbare Zunichtemachung der vorher diffizil ausgestalteten Schrankenbestimmungen").

8 BGH GRUR 1984, 45 – Honorarbedingungen; a.A. *Spindler*, GRUR, 2002, 105, 118.

Eigenschaften der technischen Maßnahmen **gekennzeichnet** werden (§ 95 d UrhG)[1]. Kennzeichnungspflichtig ist der Rechteinhaber, nicht aber der Hersteller der technischen Maßnahmen[2]. Anzugeben ist etwa, unter welchen Systemvoraussetzungen das System funktionsstörungsfrei läuft[3]. Die Kennzeichnung der Schutzgegenstände als technisch geschützt ist nicht Voraussetzung dafür, dass der Berechtigte Ansprüche aus einer Umgehung dieser Maßnahme geltend machen kann. Dem Nutzer können aber Mängelrechte[4] bzw. ein Anfechtungsrecht (§ 123 Abs. 1 BGB) zustehen, Wettbewerbern Abwehransprüche etwa aus Irreführung. Die Kennzeichnungspflicht wurde als dem **Verbraucherschutz** sowie dem Lauterkeitsrecht zugeordnet[5]. Weitergehend als nach § 95 d Abs. 1 UrhG muss gemäß den §§ 312 c Abs. 1 S. 1 Nr. 1 in Verbindung mit 1 Abs. 1 Nr. 3 BGB-InfoV über „wesentliche Merkmale der Ware oder Dienstleistung" informiert werden, zu denen auch die technischen Maßnahmen im Sinne der §§ 95 a ff UrhG gehören[6].

Der Anbieter technisch geschützter Werke und anderer Schutzgegenstände (der nicht mit dem Rechteinhaber identisch sein muss) hat diese zur Ermöglichung der Geltendmachung von Ansprüchen mit seinem Namen bzw. seiner Firma und der zustellungsfähigen[7] Anschrift zu kennzeichnen (§ 95 d Abs. 2 S. 1 UrhG). Die Kennzeichnung muss mit den Schutzgegenständen selbst verbunden sein; eine allgemeine Anbieterkennzeichnung im Online-Bereich nach § 6 TDG reicht nicht aus.

Soweit der Rechteinhaber Vervielfältigungsstücke mit **zur Rechtewahrnehmung erforderlichen Informationen** versieht, dürfen diese Informationen weder beim Vervielfältigen noch beim Zugänglichmachen wissentlich unbefugt entfernt oder verändert werden (§ 95 c Abs. 1 UrhG in Umsetzung von Art. 7 Abs. 2 Unterabs. 1 Harmonisierungs-RL). Als „Informationen für die Rechtewahrnehmung" gelten Informationen, die Werke oder andere Schutzgegenstände, den Urheber oder jeden anderen Rechtsinhaber identifizieren, Informationen über die Modalitäten und Bedingungen für die Nutzung sowie die Zahlen und Codes, durch die derartige Informationen ausgedrückt werden (§ 95 c Abs. 3 UrhG), aber nicht Informationen zur Identifikation von Nutzern[8]. Vervielfältigungsexemplare, bei denen diese Informationen unbefugt entfernt oder geändert wurden, dürfen nicht wissentlich unbefugt verbreitet, zur Verbreitung eingeführt, gesendet, öffentlich wiedergegeben oder öffentlich

---

1 Ob die knappe Angabe „*copy protected*" ausreichend ist (so *Diesbach*, K&R 2004, 8, 11), erscheint in dieser Allgemeinheit zweifelhaft. Einmal kann bei Massenprdukten auf dem deutschen Markt (etwa CDs) nicht notwendig ein ausreichendes Verständnis der englischen Sprache unterstellt werden (wohl angesichts der Massennutzung auch nicht mehr für deutsche Internet-Nutzer), zum anderen kann „*copy protected*" mit dem Begriff „*copy**right** protected*" verwechselt werden, der allgemein nur das Bestehen von Urheberrechtsschutz mitteilt, nicht aber notwendig die Implementierung von technischen Schutzmaßnahmen..

2 *Diesbach*, K&R 2004, 8, 10.

3 *Schippan*, ZUM 2004, 188, 196

4 Nicht gefolgt werden kann der Auffassung, das Fehlen der Kopiermöglichkeit sei ein übliches Merkmal, weshalb das Unterbleiben des Hinweises auf die Kopiersperre keinen Sachmangel begründe (so aber *Diesbach*, K&R 2004, 8, 13). Tatsächlich weisen Produkte wie CDs zwar vielfach Kopiersperren, aber zumeist auch Hinweise auf diese auf, so dass ohne diesen Hinweis nicht generell trotzdem mit Kopiersperren gerechnet werden muss.

5 Gesetzesbegr., BT-Drucks. 15/38, 28.

6 Hoeren/Sieber/*Bechtold*, Handbuch Multimedia-Recht, Abschnitt 7.11, Rdn. 181.

7 Da ein Postfach nicht ladungs- und zustellfähig ist, genügt die Angabe des Postfaches nicht (a.A. *Diesbach*, K&R 2004, 8, 12) und liegt insoweit eine Ordnungswidrigkeit nach § 111 a Abs. 1 Nr. 3 UrhG vor.

8 Hoeren/Sieber/*Bechtold*, Handbuch Multimedia-Recht, Abschnitt 7.11, Rdn. 154.

zugänglich gemacht werden, wenn dem Handelnden bekannt ist oder nach den Umständen bekannt sein muss, das er dadurch die Verletzung von Urheberrechten oder verwandten Schutzrechten veranlasst, ermöglicht, erleichtert oder verschleiert (§ 95 c Abs. 3 UrhG). Der Vorsatz muss sich auch auf das Unbefugtsein beziehen[1].

Soweit durch die technischen Schutzmaßnahmen personenbezogene Daten der Nutzer verwendet werden, muss der Anbieter die **datenschutzrechtlichen** Vorgaben einhalten (Erwägungsgrund 57 der Harmonisierungsrichtlinie).

Kritisch wurde vermerkt, dass die Regelung in Art. 6 der Urheberrechtsrichtlinie (und damit in den §§ 95 a – c UrhG) zu einer „Verabsolutierung" des Urheberrechts führen könne, da der Urheber selbst in der Lage sei, durch Schranken erlaubte Nutzung zu unterbinden und sich hierdurch sein eigenes Urheberrecht zu schaffen[2]. Das Programm würde als kodifizierte Regelung dienen („*Code as Code*")[3]. Der Punkt scheint aber eher ein anderer zu sein: Der Umgehungsschutz muss nur die Wirksamkeit der technischen Maßnahmen voraussetzen, nicht aber zwingend die urheberrechtliche Schutzfähigkeit von Werken und sonstigen Schutzgegenständen. Technische Schutzmaßnahmen dürfen also auch dann nicht umgangen werden, wenn ein von diesen geschütztes Datenbankwerk nicht die von der Rechtsprechung verlangten hohen Anforderungen an die Schutzfähigkeit erfüllen (wenngleich ihr Einsatz dann u.U. wettbewerbsrechtlich angegriffen werden kann). Vorausgesetzt wird auch nicht die urheberrechtliche Schutzfähigkeit der in der technischen Maßnahme implementierten Software; vielmehr ist der Schutz der technischen Maßnahmen überhaupt kein Schutz von Werken oder sonstigen Schutzgegenständen, sondern rein **technisch definierter Umgehungsschutz**. Deshalb führt der Einsatz technischer Schutzmaßnahmen weniger zur Verabsolutierung als vielmehr tendenziell zur Ablösung des Urheberrechts durch Technik[4]. Tatsächlich könnte Urheberrecht insoweit, als voll funktionsfähige DRM-Systeme einsatzfähig werden leerlaufen. Hier wird sich jeder Anbieter sein eigenes „*Copyright on a chip*" definieren können und nur noch der rechtliche Schutz der DRM-Systeme benötigt werden.

Rechtsvergleichend ist anzumerken, dass in den **USA** der Digital Millenium Copyright Act (DMCA), der die WCT und WPPT umsetzte, eine weitgehend vergleichbare Regelung für Kopierschutz- und Lizenzmanagementsysteme (und zur ISP-Haftung[5]) enthält[6]. Hiernach ist das unbefugte Umgehen (circumventing) von Kopierschutzmechanismen oder das Herstellen oder Vertreiben umgehungsbezogener Geräte strafbar (17 U.S.C. §§ 1201 (a), (b)). Kritisiert wurde, dass die jeweiligen Maßnahmen auch nicht in Fällen eines *fair use* umgangen werden dürfen[7] und Strafbarkeit unabhängig davon besteht, ob die Umgehung zu einer Urheberrechtsverletzung geführt

---

1 Wandtke/Bullinger/*Wandtke/Ohst*, Ergänzungsband zum UrhR, § 95 c Rdn. 16.

2 *Mayer*, CR 2003, 274, 278; *Spindler*, GRUR 2002, 105, 115.

3 *Mayer*, CR 2003, 274, 278.

4 *Fallenböck/Weitzer*, CRi 2003, 40, 44 („Technology is about to displace law as the primary defense of intellectual property in cyberspace.")

5 *Mayer*, CR 2003, 274, 278.

6 Ausf. s. *Gottschalk*, GRUR Int. 2002, 95, 100.

7 *Gottschalk*, a.a.O., 100 m.w.N. Hier wird argumentiert, „fair use" sei nur eingeführt worden, weil analoges Vervielfältigen schlecht kontrollierbar ist; Digitalisierung erlaube jedoch eine Kontrolle jedes Werkexemplares durch DRM, so dass „fair use" als Konsequenz einer früheren ineffizienten Technologie entfallen könne (s. etwa *Fallenböck/Weitzer*, CRi 2003, 40, 43); a.A. z.B. *Cohen*, 28 Conn.L.Rev. 1996, 981f (zit nach *Fallenböck/Weitzer*, CRi 2003, 40, 43) für die Zulässigkeit der Umgehung im Umfange des bestehenden fair use plädierend.

hat[1]. Gegen Entfernen oder Verändern geschützt sind auch Copyright Management Informations, die Auskunft über den Autor des Werkes, Inhaber des Urheberrechts und die für es geltenden Lizenzbedingungen (§ 1202 Copyright Act), damit also auch „*clickwrap licenses*" oder digitale „Wasserzeichen"[2].

Ein Umgehungsschutz besteht auch nach dem **Zugangskontrolldiensteschutzgesetz** (ZKDSG)[3], jedoch werden nur Dienste (z.B. Pay-TV) geschützt, nicht Werke. Auch ist das Bestehen von Urheberrechtsschutz keine Voraussetzung für das Eingreifen des ZKDSG. Kopiersperren und vergleichbare technische Schutzmaßnahmen stellen keinen Zugangskontrolldienst dar[4].

8. Verwertungsgesellschaften

Verwertungsgesellschaften sollen Urhebern die Rechtewahrnehmung erleichtern. Werknutzer müssen nicht die einzelnen Urheber ausfindig machen, sondern können mit der Verwertungsgesellschaft einen Nutzungsvertrag abschließen. Diese kann – bei Bedarf vielfach auch mit Wirkung für andere Staaten, mit deren Verwertungsgesellschaften sie Gegenseitigkeitsverträge geschlossen hat – die Nutzung sogar für mehrere Staaten einräumen[5].

Allerdings können Verwertungsgesellschaften nur für jeweils **eine** Werkart Verträge schließen. Es existiert keine einheitliche Verwertungsgesellschaft Urheberrecht. Bei Multimediawerken können also in Deutschland bis zu zehn Nutzungsverträge anzuschließen sein (so viele Gesellschaften gibt es)[6]. Dann ist aber immer noch nicht sicher, daß das einzelne, z.B. ein Multimediaprodukt aufnehmende, Werk von einem Autor stammt, der seine Verwertungsrechte einer Verwertungsgesellschaft übertragen hat. Autoren sind nicht verpflichtet, die Rechteausübung zu übertragen[7]. Software-Urheber werden außerdem durch keine Verwertungsgesellschaft vertreten, ebensowenig Hersteller von Multimedia-Werken. Auch das neue Verwertungsrecht aus § 19 a UrhG muss erst eingeräumt werden. Es ist nicht in bestehende Rechtsübertragungen eingeschlossen.

Die Kommission hat eine gemeinschaftliche Regelung für die kollektive Rechtewahrnehmung und die Tätigkeit von Verwertungsgesellschaften vorgeschlagen[8]. Zugleich forderte sie, dass vor dem Einsatz von DRM-Systemen (s. S. 390) deren Interoperabilität sowie deren Akzeptanz bei allen Beteiligten gewährleistet sein müsse. Wichtiger noch erscheint der Hinweis der Kommission an die Verwertungsgesellschaften von Großbritannien (PRS), Frankreich (SACEM), Deutschland (GEMA) und den Niederlanden (BUMA) und angeschlossene weitere europäische Verwertungsgesellschaften, dass deren eine wechselseitige Lizenzgewährung gewährleistende Vereinbarung im Santiago-Agreement 2001 im Online-Bereich Bedenken begegnen, da

---

1 *Gottschalk*, GRUR Int. 2002, 95, 100.

2 *Gottschalk*, GRUR Int. 2002, 95, 100.

3 Zugangskontrolldiensteschutzgesetz, BGBl 2002 I, 1090.

4 S. näher *Bär/Hoffmann*, MMR 2002, 654, 656.

5 S. die einführende Darstellung bei *Rehbinder*, Urheberrecht 2004, § 64.

6 *Haberstumpf*, Handbuch, Rdn. 310.

7 Freilich können bestimmte Ansprüche nur von Verwertungsgesellschaften durchgesetzt (s. § 54 h UrhG) werden.

8 Pressemitt. DN: IP/04/492 der Kommission v. 19.4.2004, www.europa.eu.int/comm/internal _market/ en/ intprop/docs/com-2004-261_de.pdf.

sich der kommerzielle Nutzer nur an die **monopolistische** Verwertungsgesellschaft im eigenen Mitgliedsstaat wenden könne, während auch insoweit Wettbewerb wünschenswert ist.

Im Juli 2001 führte die GEMA Online-Tarife ein[1]. Die VG Wort nimmt (über § 1 Nr. 18 Wahrnehmungsvertrag) Rechte zum Pay-TV, TV-on-demand, Pay-per-view wahr, aber nicht für Texte auf Webseiten[2]. Die VG Bild-Kunst nimmt die digitalen Rechte von Fotografen für den Bildungsbereich wahr, ebenso die Rechte von Filmurhebern und -produzenten zur Digitalisierung, öffentlichen Wiedergabe und elektronischen Übermittlung analogen Filmmaterials.

9. Ansprüche aus Verletzung von Verwertungsrechten

a) Unterlassung, Beseitigung

Das rechtswidrige Erstellen von Vervielfältigungsstücken begründet Ansprüche der Berechtigten auf Unterlassung und Beseitigung (§ 97 UrhG) und gegebenenfalls auf Vernichtung/Löschung (§ 98 UrhG). Diese Ansprüche bestehen unabhängig von der Kenntnis oder einem Vermeidenkönnen des Verletzers[3]. Da nicht auf durch Kenntnis oder Kennenmüssen begründete Verantwortlichkeit abgestellt wird, führt § 11 TDG / § 5 Abs. 2 TDG a.F. nicht zu einer Entlastung von der Verletzerhaftung. Liegen weder Vorsatz noch Fahrlässigkeit vor, kann eine Entschädigungszahlung an den Verpflichteten unter den engen Voraussetzungen des § 101 UrhG in Betracht kommen. Bei drohender Gefahr der Erstbegehung besteht ein vorbeugender Unterlassungsanspruch [4]. Verlangt werden kann nur die Beseitigung einer **konkreten** Störung. Die Beseitigungsmaßnahme muss notwendig, geeignet und dem Verletzer zumutbar sein[5]. Eine andere Maßnahme darf nicht in Betracht kommen[6].

Personen, die nicht selbst rechtswidrige Nutzungshandlungen vornehmen, unterliegen nur dann einer urheberrechtlichen **Störerhaftung**, wenn von ihnen Prüfpflichten verletzt werden[7]. Eine solche Prüfung gilt etwa als unzumutbar, wenn durch sie die tägliche Arbeit über Gebühr erschwert würde (etwa durch Erholen eines Rechtsrates oder die Verzögerung des Vertragserfüllung) und ein Hinweis auf eine Rechtsverletzung diese nicht so eindeutig darlegt, daß eine schnelle und rechtlich abgesicherte Entscheidung erfolgen kann[8]. Eltern sind für Urheberrechtsverletzungen durch ihre Kinder grundsätzlich nicht verantwortlich, es sei denn, daß sie die Rechtsverletzung unterstützen oder ausnützen[9].

---

1 VR-W1 (Nutzung von Werken des GEMA-Repertoires in Websites zu Präsentationszwecken), VR-W2 (Nutzung von Werken des GEMA-Repertoires in Websites mit Electronic Commerce), S-VR/Int (Nutzung von Werken des GEMA-Repertoires durch Veranstalter von Internetradio) und VR-OD1 (Nutzung von Werken des GEMA-Repertoires für den On-Demand Download von Klingeltönen für Mobiltelefone), BAnz Nr. 106 v. 9.6.2001, 11472f.

2 *Melichar*, ZUM 1999, 12, 15.

3 Schricker/*Wild*, Urheberrecht, § 97 Rdn. 41: „Verschulden ist irrelevant."

4 Schricker/*Wild*, Urheberrecht, § 97 Rdn. 43.

5 Schricker/*Wild*, Urheberrecht, § 97 Rdn. 47.

6 BGH GRUR 1954, 337, 342 – Radschutz und BGH GRUR 1964, 82, 87 – Lesering.

7 BGH Urt.v.15.10.1998 – I ZR 120/96, MMR 1999, 280 – Le Corbusier (Verlegerhaftung aus der Veröffentlichung einer Anzeige für Plagiate verneint).

8 *Decker*, MMR 1999, 282 (Urteilsanm. zu BGH MMR 1999, 280).

9 OLG Hamburg, Urt.v.18.5.1995 – 3 U 279/94, CR 1995, 603.

b) Schadensersatzansprüche

Urheberrechtliche **Schadensersatzansprüchen** (§ 97 Abs. 1 S. 1 UrhG) setzen ein Verschulden des Verletzers voraus. Fehlendes Verschulden lässt also Ersatzansprüche entfallen. Access Provider werden deshalb – mangels technischer Prüfmöglichkeiten – grundsätzlich keiner Ersatzhaftung unterliegen[1], wohl aber Content Provider[2]. Abzustellen ist auf **mögliche und (wirtschaftlich zumutbare) Anstrengungen zur Verhinderung des Uploading** von rechtswidrigen Dateikopien oder zur Beseitigung vorhandener solcher Kopien. Das bloße Bereithalten von Proxy-Cache-Rechnern begründet noch keine Ersatzpflicht, soweit der Provider deren kundenseitige Nutzung (ähnlich dem Betreiber eines Kopierladens[3]) nicht kontrollieren kann – und deshalb den Betrieb sonst einstellen müsste. Anderes gilt freilich, wenn der Provider selbst raubkopierte Software oder sonstige urheberrechtlich geschützte Werke zum Download anbietet. Der Provider wirkt hier kausal an der nutzerseitigen Kopieerstellung mit. Rechtswidriges Verbreiten kommt jedoch mangels Verkörperung **während** des Download-Vorganges nicht in Betracht, rechtswidriges Senden (nach noch überwiegender Auffassung) bei fehlender Gleichzeitigkeit des Abrufes ebenfalls nicht. Auch das Übersenden fremder Lichtbilder zur Veröffentlichung im Internet an einen Homepagebetreiber kann bereits kausal wirken, selbst wenn der Verletzer von der Veröffentlichung nichts wusste, weil sie auf einer passwortgeschützten Domain erfolgte[4]. Handelt ein Arbeitnehmer eines Providerunternehmens rechtswidrig, so trifft den Inhaber ebenfalls die vorgenannte Haftung, allerdings mit Ausnahme des Schadensersatzanspruches (§ 100 UrhG).

Ein Anspruch auf Schadensersatz (und Unterlassung) kann sich auch aus den §§ 1 UWG, 242 BGB ergeben, wenn ein **Wettbewerbsverhältnis** besteht. Aus Wettbewerbsrecht kann sich auch ein Auskunftsanspruch über Dritte, etwa Bezugsquellen, ergeben (§§ 1 UWG, 242 BGB)[5], der auf die Vorbereitung von Beseitigungs- und Schadensersatzansprüchen gerichtet ist, wobei Auskunftsansprüche aus Urheberrecht (s. unten) aber Vorrang haben. Zu Einschränkung der Providerhaftung aus dem TDG s. S. 583.

c) Auskunftsansprüche

Eigenständige urheberrechtliche Auskunftsansprüche **gegen Dritte** ergeben sich aus den §§ 101 a, 97 ff UrhG. § 101 a UrhG setzt ein Herstellen oder Verbreiten von Vervielfältigungsstücken im geschäftlichen Verkehr voraus[6]. Derartige Dritte sollen etwa auch Host-Provider sein, die von ihren Kunden heraufgeladene Dateien speichern und für Abrufe durch Dritte im Internet bereithalten[7], da diese zur Rechtsverletzung

1 Vgl. *Sieber* JZ 1996, 429, 442.

2 S. etwa *Jäger/Collardin* CR 1996, 236, 239.

3 BGH GRUR 1984, 54 – Kopierläden.

4 Thür. OLG, Beschl.v. 10.12.2003 – 2 W 658/03, JurPC Web-Dok. 233/2004.

5 *v. Olenhusen/Crone*, WRP 2002, 164, 168.

6 Unter einem Handeln im geschäftlichen Verkehr wird alles verstanden, was mit der Berufsausübung oder dem Erwerbsverhalten zu tun hat, während private und amtliche Bereiche ausgeklammert sind (*v. Olenhusen/Crone*, WRP 2002, 160, 167).

7 *v. Olenhusen/Crone*, WRP 2002, 164, 166. Die Verfasser verweisen auf die Besonderheit, dass es der heraufladende Nutzer ist, der das Vervielfältigungsexemplar erstellt, nicht der Provider, jedoch der Provider einen adäquat-kausalen Beitrag zur Rechtsverletzung leiste, da das Heraufladen ohne die technischen Mittel des Providers nicht möglich seien. In der Tat stellt der Provider nicht nur

einen adäquat-kausalen Beitrag leisten. Die Dritten sind nach § 101 a UrhG **verschuldensunabhängig**[1] zur unverzüglichen Auskunft über Herkunft und Vertriebswege von Vervielfältigungsstücken verpflichtet, jedoch nur, soweit sie im **geschäftlichen Verkehr** Vervielfältigungsstücke herstellen oder verbreiten. Private Nutzer werden insoweit nicht erfasst[2], auch nicht bei Dateitausch in P2P-Börsen. Aus der Erwähnung des Vertriebsweges von Vervielfältigungsstücken wurde abgeleitet, dass § 101 a UrhG im Internet nicht anwendbar ist[3].

Auskunft ist zu geben über Namen und Anschrift des Herstellers, des Lieferanten und anderer Vorbesitzer der Vervielfältigungsstücke, gewerblicher Abnehmer oder Auftraggeber sowie über die Menge der hergestellten, ausgelieferten, erhaltenen oder bestellten Vervielfältigungsstücke (§ 101 a Abs. 2 UrhG), wohl aber **nicht bezüglich** der öffentlichen **Wiedergabe** bzw. **Zugänglichmachung** von Werken[4] im Internet. Nach anderer Auffassung sind auch im Online-Bereich nicht nur die Nutzer, die Vervielfältigungsstücke durch Herauf- und Herunterladen auf bzw. von Serverrechnern erstellen, sondern auch Provider auskunftspflichtig, weil sie durch das Stellen des benutzten Rechners einen adäquat kausalen Beitrag zur Rechtsverletzung leisten[5]. Nutzer sind jedoch nicht auskunftsverpflichtet, wenn sie nicht im geschäftlichen Verkehr handeln (also im Zusammenhang mit einer Berufsausübung oder einem sonstigen Erwerbsverhalten), sondern privat oder amtlich[6]. Ist eine Rechtsverletzung offensichtlich, kann die Verpflichtung zur Auskunftserteilung auch im Wege der **einstweiligen Verfügung** durchgesetzt werden (§ 101 a Abs. 3 UrhG).

Allgemein folgen **Auskunftsansprüche aus Urheberrecht** den §§ 97 ff UrhG, 242, 259 BGB. Verpflichtet sind alle, die Urheberrechte verletzt haben. Deshalb können auch **Provider** auf dieser Grundlage auskunftspflichtig sein, wenn die etwa nach § 97 Abs. 1 UrhG erforderliche besondere rechtliche Beziehung zum Rechteinhaber dadurch entsteht, dass die Provider adäquat kausal an der Rechtsverletzung durch ihre Kunden oder sonstige Nutzer mitwirken[7]. Anders als im vorgenannten Anspruch aus § 101 a UrhG wird hier nicht eine Rechtsverletzung durch Herstellen oder Verbreiten von Vervielfältigungsstücken vorausgesetzt. Ausreichend ist der Eingriff in das Recht der öffentlichen Wiedergabe durch die Abrufmöglichkeit auf dem Server und eine Unterlassung auf Beseitigen oder jedenfalls Sperren der Exemplare gerichtet.

Ein **Besichtigungsanspruch** aus § 810 BGB kann gegenüber (Access) Providern nur eingreifen, wenn die zu besichtigende Urkunde im Interesse des Anspruchsstellers erstellt wurde oder ein Rechtsverhältnis dokumentiert, an dem er beteiligt ist. Dies wurde für Zugangsvermittler verneint, da Verbindungsdatenaufstellungen nur das Rechtsverhältnis zum Nutzer dokumentierten und nicht zum Zwecke der Rechtsverfolgung durch Dritte erstellt seien[8]. Allerdings begründet Deliktshaftung ein

„Speicherkapazität" zur Verfügung, sondern auch steuernde Funktionalität seines Hostrechners, um den Uploading-Vorgang aus Vertragspflicht zu unterstützen.

1 *v. Olenhusen/Crone*, WRP 2002, 164, 167.

2 *v. Olenhusen/Crone*, WRP 2002, 164, 167.

3 *v. Olenhusen/Crone*, WRP 2002, 160, 166, für eine zumindest analoge Anwendung des § 101 a UrhG.

4 Möhring/Nicolini/*Lütje*, UrhG, § 101 a Rdn. 3.

5 *v. Olenhusen/Crone*, WRP 2002, 164, 166; gegen analoge Anwendung *Sieber/Höfinger*, MMR 2004, 575, 581; gegen eine Providerauskunftspflicht OLG Frankfurt, Urt.v. 25.1.2005 – U 51/04 und OLG München, 6 U 4696/04.

6 *v. Olenhusen/Crone*, WRP 2002, 164, 167.

7 *v. Olenhusen/Crone*, WRP 2002, 164, 167.

8 *Kitz*, GRUR 2003, 1014, 1016.

gesetzliches Schuldverhältnis zwischen Verletztem und Verletzer einschließlich den an einer Verletzung (adäquat) kausal Mitwirkenden, etwa Access Providern, damit also eine Sonderverbindung, aus der auch Sperrungsansprüche durchsetzbar sein können (§ 9 Abs. 1 S. 2 TDG).

In den **USA** wurden zugangsvermittelnde Service Provider vom Court of Appeals als **nicht** verpflichtet angesehen, auf vereinfachten Gerichtsbeschluss (Subpoena) hin Auskunft über behauptete Urheberrechtsverletzer zu geben[1]. Der Courts of Appeals stützt sich freilich auf Besonderheiten des den Entscheidungen zugrundeliefenden Digital Millenium Copyright Act (DMCA)[2], das, anders als die Urheberrechtsrichtlinie und das UrhG, eine Notice-and -Takedown-Procedure zur Verpflichtung von Anbietern enthält (17 U.S.C. §§ 512 (h)(2)(A) und 512 (c)(3)(A)), nach Inkenntnissetzung einer konkreten Rechtsverletzung diese zu beseitigen[3]. Das Berufungsgericht rügt, dass die RIAA (die von den ISPs[4] Auskunft über die Zuordnung von IP-Adressen und den diese IP-Adressen nutzenden SP-Kunden verlangte[5]) „identifies absolutely no material Verizon could remove or access to which it could disable". Der DMCA erfordert eine klare Identifizierung der rechtsverletzenden Dateien (wie etwa MP3-Files), die auf den Rechnern des in Anspruch genommenen ISP gespeichert sein müssen. Gegen einen ISP, der nur „as a mere conduit" agiere (im deutschen Recht also nur durchleitet), sei ein Notice-and Takedown-Verfahren nach § 512 (c)(3)(A) nicht möglich. Das gelte für ISP-Funktionen wie E-Mail-Transfer, Instant Messaging und das Ermöglichen der Dateiübertragung (File Transfer) zwischen Nutzern. Ein in Anspruch genommener ISP könne außerdem nicht verletzende Dateien von Rechnern der Nutzer beseitigen oder den Zugang zu diesen Rechnern ingesamt blockieren.

Als möglich wurde es angesehen, dass auch **deutsche** Service Provider Auskunftsansprüchen nach § 512 (h) U.S.C. ausgesetzt sein könnten, wenn sie urheberrechtlich geschützte Werke anbieten und US-Bürger diese herunterladen[6]. Allerdings ist im deutschen Recht gerade kein der formalisierten Notice-and Takedown-Procedure vergleichbares Verfahren vorgesehen. Möglich ist nur die Durchsetzung der genannten Auskunftsansprüche nach deutschem Recht. Auch für diese wird aber grundsätzlich erforderlich sein, eine konkrete Rechtsverletzung darzulegen und im Bestreitensfalle zu beweisen. Auch muss der Provider technisch mögliche und wirtschaftlich zumutbare Handlungsoptionen haben, um eine als rechtsverletzend mitgeteilte Datei überhaupt zu löschen oder den Zugang sperren zu können.

Allgemein sieht der DMCA auch in weiteren Fällen eine Beschränkung der ISP-Haftung vor: Dies gilt etwa für ein „**System Caching**"[7], wenn das Uploading durch eine andere Person erfolgt, die Übermittlung an einen Dritten auf dessen Anforderung erfolgt, das Zwischenspeichern automatisiert auf dem ISP-System als Teil des Über-

---

1 Recording Industry Association of America (RIAA) v. Verizon Internet Service, Inc., U.S. App.D.C., Dec. 19.12.2003, www.cadc.uscourts.dov gegen U.S.D.C., D.C.Cal., Urt.v. 21.1.2003, MMR 2003, 325 auf der Grundlage des Digital Millenium Copyright Act (DMCA) 17 U.S.C. § 501, Sec. 512, chap. 5 für einen Fall, in dem ein Nutzer 600 Raubkopien aus Kazaa heruntergeladen hat.

2 Ausf. zum DMCA s. *Lubitz*, GRUR Int. 2001, 283, 285 ff.

3 Zur Notice-and-Takedown-Procedure s. etwa *Freytag*, MMR 1999, 207, 211.

4 „ISP" steht für „Internet Service Provider".

5 § 512 (h)(2)(A) verlangt, dass die Subpoena eine Kopie der Mitteilung der konkreten Verletzung enthält.

6 *Schlegel*, MMR 2003, 329, 330.

7 Zu den Voraussetzungen s. *Oktay*, A Look Back at the Notice-Takedown-Provisions of the U.S. Digital Millenium Copyright Act one Year after Enactment, WIPO-Doc. 1.12.1999; *Freytag*, MMR 1999, 207, 211.

tragungsprozesses erfolgt und der ISP keine Änderungen an den Dateiinhalten vornimmt, die Cacheinhalte bestehenden Standards folgend aktualisiert, technische Schutz- bzw. Zugangskontrollmaßnahmen nicht umgehen hilft und nach Notification das als rechtsverletzend bezeichnete Material unverzüglich („*expeditiously*") zugriffssperrt oder löscht. Für das **Hosting** kommt zusätzlich Haftungsbeschränkung in Betracht, wenn der ISP keine Kenntnis von der Speicherung rechtsverletzender Materialien hatte oder angemessene Maßnahmen zur Zugriffsperrung oder Löschung nach Kenntniserlangung trifft, wobei einerseits weder tatsächliche Kenntnis (actual knowledge) noch Kenntnis von Umständen vorhanden sei darf, aus denen die rechtswidrige Tätigkeit erkennbar ist (... not aware of facts or circumstances from which the infringing activities is apparent). Auch bezüglich des **Linking** ist Haftungsbeschränkung möglich, wenn durch „information location tools" wie Suchmaschinen mit Linkverzeichnissen auf rechtsverletzende Inhalte verwiesen wird, ohne dass der ISP tatsächliche Kenntnis hiervon hat, aus der Verlinkung, soweit er sie kontrollieren kann, keine finanziellen Vorteile zieht und nach Notification, für deren Zustellung ein Bevollmächtigter zu benennen ist, unverzüglich angemessen tätig wird[1]. Kritisiert wurde der mitunter nicht unbeträchtlich Zeitraum zwischen Notification und Maßnahmendurchführung durch den ISP, in dem noch hunderte oder tausende von Downloads möglich sind[2].

10. EG-weite Harmonisierung der Anspruchsdurchsetzung

Die Durchsetzung von Ansprüchen aus Rechten an geistigem Eigentum ist EU-weit teilweise in Bezug auf gerichtliche Verfahren vereinheitlicht worden[3], allerdings nicht hinsichtlich der (gerade internetbezogen besonders relevant) Bestimmung der internationalen Zuständigkeit von Gerichten. Angestrebt wird mit der **Durchsetzungsrichtlinie** ein homogener, wirksamer Schutz der Rechte an geistigem Eigentum, mehr Transparenz bei den Sanktionsregelungen und die wirksame Anwendung der Instrumente. Hierzu gehören etwa einheitliche Regelungen zur Beschlagnahme zur Beweisführung (Art. 6) und Abwendung der Beweismittelvernichtung (Art. 7), zu Auskunftsrechten (Art. 8), einstweiligen Maßnahmen (Art. 9), Abhilfemaßnahmen wie Rückruf, Entfernen aus Vertriebswegen und Vernichtung (Art. 10), Schadensersatz (Art. 13), Prozesskosten (art. 14), Veröffentlichung von Gerichtsentscheidungen (Art. 15), etc. Außerdem wird zur Vereinfachung der Rechtsverfolgung eine einheitliche Urheber- oder Inhabervermutung eingeführt, die an der Namensangabe auf dem Werkstück anknüpft (Art. 5). Anders als noch im Richtlinienvorschlag vom 23.1.2003 vorgesehen, ist der Anwendungsbereich nicht mehr auf zu gewerblichen Zwecken begangene Rechtsverletzungen oder Fälle nachhaltiger Schäden begrenzt[4], sondern werden alle Verletzungen von Rechten des geistigen

---

1 Eine parallele Regelung von Links ist im EG- und im deutschen Recht, obwohl zur Klarstellung erforderlich, bisher nicht implementiert (krit. auch *Freytag*, MMR 1999, 207, 211).

2 *Oktay*, a.a.O., 13

3 Richtlinie des Europäischen Parlaments und des Rates v. 29.4.2004 zur Durchsetzung der Rechte des geistigen Eigentums, ABl. 2004 Nr. L 157 v. 30.4.2004, 45. Eine ausführliche Begründung enthält der Vorschlag für eine Richtlinie des Europäischen Parlaments und des Rates über die Maßnahmen und Verfahren zum Schutz der Rechte an geistigem Eigentum vom 23.1.2001 (http://europa.eu.int/comm/internal_market/eu/intprop/docs/com2003_46 /com2003_46_de.pdf).

4 Krit. zur Einschränkung etwa *Drexl/Hilty/Kur*, GRUR Int. 2003, 605, 607; *Metzger/Wurmnest*, ZUM 2003, 922, 924.

Eigentums (im Sinne des Gemeinschaftsrecht oder des nationalen Rechts) erfasst. Für Provider relevant werden Art. 11 S. 3, wonach Rechtsinhaber eine gerichtliche Anordnung gegen „Mittelspersonen" beantragen können, deren Dienste von einem Dritten zwecks Verletzung eines Rechts des geistigen Eigentums in Anspruch genommen werden.

11. Strafbarkeit

Strafbar ist, wer rechtswidrig (also ohne Einwilligung des Berechtigten oder außerhalb der gesetzlich zustimmungsfrei gestellten Fälle) ein Werk vervielfältigt, verbreitet der öffentlich wiedergibt (§ 106 UrhG). Das Analogieverbot untersagt in diesem Zusammenhang, die Begriffe des „Vervielfältigens", „Verbreitens" oder der „öffentlichen Wiedergabe" weit auszulegen. Als Vervielfältigen strafbar ist etwa das Herunterladen (genauer: das anschließende Abspeichern) aus einem FTP-Server[1]. Nicht von § 106 UrhG umfasst werden mangels ausdrücklicher gesetzlicher Festlegung (nulla poena sine lege[2]) das Kopieren in das RAM, das Quasi-Verbreiten durch Online-Übertragen oder das quasi-öffentlich erfolgende Zugänglichmachen mittels sukzessiver Abrufe. Hiergegen kann nicht abstrakt argumentiert werden, dass etwa der Vervielfältigungsbegriff im gesamten UrhG einheitlich verwendet werden müsse. Es ist weder logisch noch wertungsbezogen ein Widerspruch darin zu sehen, auf zivilrechtlicher Ebene im Wege der Interessenabwägung zwischen Urhebern und Werknutzung einen weiterreichenden Vervielfältigung-, Verbreitungs- oder Öffentlichkeitsbegriff zu verwenden als bei der Festlegung, unter welchen Voraussetzungen der Staat strafend eingreifen soll. Folgt man jedoch dem genannten Argument, so empfiehlt sich wohl, die erforderlichen Klarstellungen de lege ferenda vorzunehmen, da dann die enge *straf*rechtsbezogene Auslegung auch die Möglichkeiten zivilrechtlichen Auslegung begrenzen müsste. Straftat ist auch das **Umgehen** einer wirksamen technischen Maßnahme nach § 95 a Abs. 1 UrhG (§ 108 b Abs. 1 Nr. 1 UrhG), das Entfernen oder Verändern einer Information zur Rechtewahrnehmung (§ 108 b Abs. 1 Nr. 2 lit. a UrhG) und das Verbreiten, Einführung zur Verbreitung, Senden, öffentliche Wiedergeben oder öffentliche Zugänglichmachen (§ 108 b Abs. 1 Nr. 2 lit. b UrhG). Voraussetzung ist jeweils, dass die Rechtsverletzung wenigstens leichtfertig veranlasst, ermöglicht, erleichtert oder verschleiert wird und die Tat nicht ausschließlich zum eigenen privaten Gebrauch des Täters oder mit ihm verbundener Personen erfolgt oder sich auf einen derartigen Gebrauch bezieht.

12. US-Rechtsprechung und -Gesetzgebung

Eine Haftung des Betreibers eines zum Up- und Downloading benutzten Usenet-Rechners wurde mangels Kenntnis des Betreibers (eines ISP) abgelehnt[3]. Kennen-

---

[1] LG Braunschweig, Urt.v. 8.7.2003 – 6 Kls 1/03, MMR 2003, 755.

[2] Ähnlich i.E. Fromm/Nordemann/*Vinck* § 106 Rdn. 4.

[3] *Religious Technology Center v Netcom, Erlich and Klemesrud* ((U.S.D.C., N.D. California 21.11.1995, 907 F.Supp. 1361). Eine Verletzungshandlung (*direct infringement*) setzt nach Auffassung des Gerichts „some element of volition or causation" voraus, das bei fehlender Kenntnis ausgeschlossen sei (in Abweichung von PEI v. Frena). Das Gericht sah aber, bei Kenntnisnachweis, eine Haftung aus „*contributory infringement*" als möglich an. Sie besteht, wenn der Betreiber von Netcom „with knowledge of the infringing activity, induces, causes or materially contributes to the

müssen hätte hierbei ausgereicht[1]. Vorbereitet wird ein Gesetz gegen die Verbreitung urheberrechtlich geschützten Materials über das Internet (insbesondere in P2P-Netzen), in dem erstmals auch Gefängnistrafen vorgesehen werden sollen[2]. Im Juni 2004 stimmte der US-Senat einstimmig dem *Pirate Act* zu, der Bundesbehörden erlaubt, mit Zivilklagen gegen Urheberrechtsverletzungen vorzugehen[3]. In Vorbereitung ist auch ein Gesetz, der die Haftung von jedermann vorsieht, der bewusst Urheberrechtsverletzungen ermöglicht oder zu ihnen verleitet[4].

infringing conduct of another" (*Gershwin Publishing Comp. v. Columbia Artists Management, Inc.*, 443 F.Supp. F.2d 1159, 1162 (2d Cir. 1971)), etwa durch mögliches Nichtentfernen des Materials oder Kündigen des user account, nachdem er durch Mitteilung Dritter Kenntnis erlangt hat. Nach *Sony Corp. v. Universal City Studios Inc.*, 464 U.S. 417, 437 (1984) ist ein contributory infringer eine Person, who „was in a position to control the use of copyrighted works by others and had authorized the use without permission from the copyright owner". Kein contributrory infringement liegt vor, „if the product is widely used for legitimate, unobjectionable purposes" wie etwa ein Video-(oder nunmehr DVD-)Recorder, der zum zeitversetzten Aufzeichnen verwendet wird. Nach den Kriterien von *Gershwin* wie von *Sony* ist damit Kenntnis des ISP von dem verletzenden Handeln erforderlich (ebenso der 9th Circuit of Appeals in Fonovisa v Cherry Auction, 37 U.S.P.Q., 2d 1590,1595 (9th Cir. 1996). Möglich ist auch die Haftung aus *„vicarious liability"* für Handlungen des eigentlichen Verletzers (hier der heraufla-denden Nutzer), wenn „the defendant (1) has the right and ability to control the infringer's acts and (2) receives a direct financial benefit from the infringement" (s. Shapiro, Bernstein & Conrad.. v. H.L.Green Comp., 316 F. 2d 304, 306 (2d Cir. 1963).) Beide Anspruchsgrundlagen waren im gegenständlichen summary judgment-Verfahren nicht näher zu prüfen. Vicarious liability setzt keine Kenntnis vom verletzenden Handeln voraus.

1 *Burcher/Hughes*, ISP: The Knowledge Standard for Contributory Copyright Infringement and The Fair Use Defense, 3, Rich J.L Tech 5 (1997), 5.

2 Piracy Deterrence and Education Act of 2003, H.R 2517 (www.theorator.com/bills108/hr2517.html).

3 Protecting Intellectual Rights Against Theft and Expropriation Act of 2004, www.publicknowledge.org/contebt/legislation/s2237/attachment.

4 Inducing Infringement of Copyrights Act of 2004, www.publicknowledge.org/content/ legislation/ legislation-induce-act/attachment, jeden erfassend, der *„aids, abets"* (Beihilfe leistet), *„induces, counsels, or procures"*.

§ 9 Namens- und kennzeichenrechtlicher Schutz für Domains

Das Internet wurde als der weltweit wichtigste „Ort" der Verwendung aller Arten von geschäftlichen Kennzeichen bezeichnet[1]. Auch bei Benutzung im Internet schutzfähig sind Namen, Geschäftsbezeichnungen und Marken, allerdings grundsätzlich begrenzt auf den Rahmen des jeweiligen nationales Recht (von der EG-Gemeinschaftsmarke abgesehen). Insbesondere die Benutzung von Namen und Marken im Internet hat zu einer nach wie vor anwachsenden und sich auch weiterentwickelnden Rechtsprechung geführt, die im vorliegenden Kapitel zumindest in den zentralen Elementen für beiden Stufen Rechtsbegründung und Rechtsdurchsetzung zusammenzufassen ist. Die Darstellung muss sich Raumgründen auf Aspekte mit besonderer Internetrelevanz beschränken.

Zwei Problemkreise sind bezüglich des Namens- und Kennzeichenschutzes im Internet zu unterscheiden[2]: Zum einen kann jeder Domain-Name, bedingt durch das technische Vergabesystem, **nur einmal vergeben** werden. Die Benutzung solcher Domain-Namen wirkt sich deshalb faktisch tiefgreifend auf bestehende Namensrechte und Kennzeichenrechte (z.B. Marken[3]) aus. So blockiert die Registrierung eines Domain-Namens, wenngleich nur in einem Staat als Marke eingetragen, dennoch diese Domain weltweit und damit auch gleiche Markenbezeichnungen Dritter in allen anderen Staaten[4]. Jeweils zu prüfen ist damit, ob die Verwendung eines Domain-Namens bestehende nationale Namens- oder Kennzeichenrechte verletzt.

Zum anderen begründet das bloße Verwenden von Domain-Namen als solchen noch nicht notwendig Rechtsschutz für diese Namen[5], schließt solchen Schutz aber auch nicht aus[6] (zumal bereits die bloße Benutzung eines Domain-Namens nach den kennzeichenrechtlichen Grundsätzen zur Entstehung von Kennzeichenrechten führen kann[7]). Zu prüfen ist hier, welche Voraussetzungen erfüllt sein müssen, damit die verwendete Domain-Bezeichnung namens- oder kennzeichenmäßig geschützt wird bzw. ohne diesen Schutz frei verwendet werden darf. Hierbei ist zwischen kennzeichenrechtlicher Schutzfähigkeit von Domain-Namen einerseits und dem Schutz (außerhalb des Internet) bestehender Kennzeichen gegen Verwendung (bzw. kennzeichenrechtliche Benutzung) als Domain-Namen andererseits zu unterscheiden.

Ansprüche von Rechtsinhabern können bestehen aus

- Namensrecht, § 12 BGB (S. 417),
- Schutz von Unternehmenskennzeichen, § 15 MarkenG (S. 437),
- Schutz als Werktitel, § 15 Abs. 3 MarkenG (S. 440) oder
- Markenschutz, § 14 MarkenG (S. 443).

Für einen **internationalen** Schutz von Marken muss eine internationale Markenregistrierung gemäß dem Madrider Markenabkommen beantragt werden (§§ 107

---

1 *Ingerl/Rohnke*, Markengesetz, § 14 Rdn. 115.

2 Zur Unterscheidung s. etwa *Welzel*, MMR 2001, 131, 133.

3 Auch das Madrider Markenabkommen (BGBl II 1995, 1016) schützt Marken nur für die Vertragsstaaten, ermöglicht also keinen uneingeschränkt weltweiten Markenschutz.

4 *Willmer*, CR 1997, 562, 565.

5 Der BGH GRUR 2001, 1061, 1063 – Mitwohnzentrale stellte ausdrücklich klar, dass Domain-Namen als solche keine Ansprüche gegen Dritte begründen (ebenso *Rohnke*, AIPPI-Bericht, GRUR Int. 2003, 608 gegen *Fezer*, Markenrecht, 3.Aufl. 2001, § 3 Rdn. 301).

6 *Heinrich*, MarkenR 2003, 89f.

7 *Rohnke*, AIPPI-Bericht, GRUR Int. 2003, 608.

– 118 MarkenG). Nur die Inhalte internationaler Marken können grundsätzlich weltweit die Nutzung dieser Marken durch Unberechtigte verhindern, freilich außerdem nur jeweils für diejenigen Staaten, die als Vertragsstaaten das MMA ratifiziert haben. EU-weit wurde das Markenrecht weitgehend durch die Richtlinie 89/104/EWG[1] angeglichen. Diese Richtlinie war Rechtsgrundlage für die Novellierung des Markengesetzes, führte aber nur zur Harmonisierung des jeweiligen nationalen Rechts. Mit der Gemeinschaftsmarkenverordnung (GMV)[2] wurde hingegen übernationales, einheitliches Schutzrecht der Gemeinschaft geschaffen.

Auch gegen ausländische rechtsverletzende generische Second Level Domains kann aus einem in Deutschland bestehenden Kennzeichenrecht vorgegangen werden, wenn ein hinreichender Inlandsbezug besteht[3].

1. Technischer Rahmen und rechtliche Grundlagen des namens- und kennzeichenrechtlichen Schutzes im Internet

Jedem Rechner mit Internet-Anschluss wird grundsätzlich eine Internet-Protocol (IP)-Adresse[4], d.h. eine Nummernfolge, zugeordnet. Eine typische IP-Adresse lautet etwa: „124.33.45.112". Über die Eingabe einer solchen IP-Adresse ist der Rechner weltweit annavigierbar. Da die meisten Nutzer die Verwendung solcher Zahlenreihen wenig praktisch finden, wurde als wesentliche Erleichterung die Verknüpfung von IP-Adressen mit frei wählbaren Domain-Namen (wie etwa „www.denic.de") eingeführt, also alphanumerische Zeichenkombinationen, die sich naturgemäß wesentlich leichter merken und eingeben lassen. Verwaltet werden diese Verknüpfungen über Tabellen im Domain-Name-System (DNS)[5], auf denen sich Internet-Adressen zu Domain-Namen und umgekehrt zuordnen lassen. Die eigentliche Übertragung von Datenpaketen zwischen Rechnern im Internet erfolgt unter Bezug allein auf die IP-Adressen. In technischer Sicht werden hierfür Domain-Namen nicht benötigt.

Mit Einführung der Domain-Namen öffnete sich (als anfangs wohl nicht intendierte Konsequenz) ein neuer Anwendungsbereich insbesondere für Namens- und Markenschutz, der an den bloßen Ziffernfolgen der IP-Adressen grundsätzlich nicht in Betracht käme, da Ziffernfolgen in der Regel weder Waren noch Dienstleistungen oder Unternehmen bzw. Personen bezeichnen können. IP-Adressen als solche Ziffernfolgen verweisen außerdem selbst nicht auf Personen im Internet, sondern immer nur auf Rechner[6]. Rein technisch gesehen wird freilich durchaus in diesem Rahmen eine Kennzeichnungsfunktion erfüllt, da jede Internet-Adresse genau einen Rechner bezeichnet (bei dynamischen IP-Adressen zumindest temporär). Die namens- und kennzeichenrechtliche Schutzfunktion wird aber erst über die Domain-Namen eröffnet. Freilich kann nicht an jeder Domain-Bezeichnung ein namens- oder kennzeichenrechtlicher Schutz begründet sein, wenn etwa Fantasiebegriffe, Pseudonyme oder Gattungsbezeichnungen (z.B. „Mitwohnzentrale") gewählt werden.

Auch eine Domain-Bezeichnung hat zunächst nur eine reine Adressfunktion und stellt als solche weder eine Marke (§ 1 Nr. 1 MarkenG) noch eine geschäftliche Bezeichnung

---

1 Richtlinie 89/104/EWG vom 21.12.1988, ABl. Nr. L 40/1 vom 11.12.1989.

2 Verordnung Nr. 40/94/EG über die Gemeinschaftsmarke v. 20.12.1993, ABl. 1994 Nr. L 11, 1.

3 OLG Hamburg, MMR 2002, 822, 823 – hotel-maritim.dk; *Rohnke*, AIPPI-Bericht, GRUR Int. 2003, 608, 611. Zur kollisionsrechtlichen Beurteilung s. näher S. 822.

4 Zur IP-Adresse s. näher S. 758.

5 Zu den DNS-Rechnern (etwa der DENIC e.G.) s. S. 769.

6 *Kur*, CR 1996, 325, 327.

(§ 1 Nr. 2 MarkenG), eine geographische Herkunftsangabe (§ 1 Nr. 3 MarkenG) oder einen Namen (§ 12 BGB) dar[1]. Die Domain-Bezeichnung gewinnt aber kennzeichnende Wirkung, wenn sie etwa unter Verwendung einer Marke oder eines prägenden und kennzeichnungskräftigen Firmenschlagwortes gebildet wird oder unter ihr Waren oder Dienstleistungen angeboten werden[2] oder ein Gebrauch der Domain als Name erfolgt. Insoweit hat die Domain-Bezeichnung neben der technischen Adressfunktion rechtlich eine Sekundärfunktion[3]. Allerdings existiert (nicht nur im Internet) kein einheitlicher Schutz für Namen von Personen und für Firmen sowie Marken etc., sondern nur eine (historisch gewachsene) Vielfalt und hieraus eine nicht immer klar (etwa gegenüber dem Wettbewerbsrecht) abgegrenzte Rechtsgrundlage für diesen Schutz[4].

Markenrechtlicher Schutz setzt Tätigwerden des Verletzers im geschäftlichen Verkehr voraus, kommt also bei Homepages oder sonstigen Webseiten mit privatem, politischem oder wissenschaftlichen[5] Inhalt nicht zum Tragen[6], die aber Ansprüchen aus den §§ 12, 823, 826 BGB ausgesetzt sein können.

Wettbewerbsrecht gelangt zur Anwendung, wenn ein wettbewerbswidriges Verhalten zu beurteilen ist, das als solches nicht Gegenstand der markengesetzlichen Regelung ist[7]. Damit genügt das Vorliegen einer Herkunftstäuschung oder Anlehnung nicht, sondern es müssen stets zusätzlich besondere Unlauterkeitselemente hinzutreten, die nicht markengesetzlich relevant sind[8], so etwa alle nichtkennzeichenmäßigen Verwendungen[9]. Scheitert hingegen der Schutz eines Kennzeichens, weil die jeweiligen kennzeichenrechtlichen Schutzvoraussetzungen nicht erfüllt sind, darf dieses Ergebnis nicht über das UWG „ausgehebelt" werden[10]. Diese Grundsätze gelten unverändert auch nach der UWG-Reform 2004[11].

Zutreffend wurde festgestellt, dass der **Domain-Name als solcher kein Recht** und insbesondere kein Immaterialgüterrecht darstellt[12], sondern zunächst nichts anderes ist als eine rein tatsächliche Adresszuordnung ähnlich einer Telefonnummer. Der Domain-Name kann, muss aber nicht zusätzlich eine Namensfunktion haben und sein Gebrauch Kennzeichenrechte begründen. Jedoch ist hier nicht der Domain-Name selbst das Recht, sondern seine Benutzung begründet das Recht, wie etwa „ein Ladenschild das Recht an einer Unternehmenskennzeichnung begründen kann. Das Ladenschild selbst wird dadurch nicht seinerseits zu einem Recht"[13].

Die nachfolgende Darstellung hat zwei Grundkonstellationen (und Fallgruppen) zu

---

1 *Heinrich*, MarkenR 2003, 89, 90.

2 *Heinrich*, MarkenR 2003, 89, 90.

3 KG, Urt.v. 4.4.2003 – 5 U 335/02, GRUR-RR 2003, 370 = CR 2004, 301, 303 = MMR 2004, 40 – arena-berlin.de

4 Baumbach/*Hefermehl* § 16 Rdn. 4: „Flickarbeit des Wettbewerbsrechts".

5 Ein Handeln im geschäftlichen Verkehr liegt z.B. nicht bei einem unentgeltlichen, rein wissenschaftlichen Angebot einer Hochschule vor (LG Berlin, Urt.v. 21.3.2000 – 16 O 663/99, JurPC Web-Dok. 77/2001 – Digitale Bibliothek.

6 *Ingerl/Rohnke*, Markengesetz, Nach § 15, Rdn. 40.

7 BGH WRP 2004, 360, 364 – Davidoff II; BGH GRUR 2003, 332, 335 – Abschlussstück.

8 *Ingerl*, WRP 2004, 809, 811.

9 *Ingerl*, WRP 2004, 809, 811.

10 *Ingerl*, WRP 2004, 809, 811, mit Nachweisen der BGH-Rechtsprechung und Kritik an der Entscheidung BGH GRUR 2003, 973 – Tupperwareparty, nach der Wettbewerbsrecht bei fehlender Markenfähigkeit anwendbar sein soll.

11 *Ingerl*, WRP 2004, 809, 815; zur UWG-Reform s. S. 482.

12 BGH GRUR 2002, 622, 626 – shell.de; *Ingerl/Rohnke*, Markengesetz, Nach § 15, Rdn. 37 gegen *Fezer*, Markenrecht, § 3 Rdn. 301.

13 So plastisch verdeutlichend *Ingerl/Rohnke*, Markengesetz, Nach § 15, Rdn. 38.

unterscheiden, einerseits den **Erwerb kennzeichenrechtlicher Schutzpositionen durch Benutzen von Domain-Bezeichnungen**, und andererseits die **Verletzung** (offline) vorhandener derartiger **Schutzpositionen durch Verwenden von Domain-Bezeichnungen**. Für ein Kennzeichen, etwa eine eingetragene Marke, kann eine Registrierung als Domain-Name beantragt und gegen einen nichtberechtigten Inhaber einer bereits bestehenden, gleichlautenden Domain ohne damit verbundenes Markenrecht auch durchgesetzt werden. Jedoch kann ein Domain-Name auch allein durch Registrierung und Benutzung unabhängig von einer Markeneintragung durch originäre Kennzeichnungskraft oder durch Verkehrsgeltung kennzeichenrechtlichen Schutz erwerben[1]. Fehlt es aber etwa an der Verkehrsgeltung, kann es sein, dass eine prioritätsältere Domain einer prioritätsjüngeren Marke weichen muss[2].

Im Namens- und kennzeichenrechtlichen Schutz konfligieren die technische Struktur des **Internet** und die Konzeption dieser Schutzrechte: Kennzeichenrecht beruht auf nationalem Recht; eine Unterlassungs- und Beseitigungsverpflichtung z.B. aus deutschem Markenrecht führt nämlich nicht nur in Deutschland, sondern faktisch internet- und damit weltweit zu einer Blockierung (bzw. Entfernung der Domain-Bezeichnung), für die zeichenrechtlich eigentlich erst entsprechende Ansprüche in sämtlichen Schutzländern durchgesetzt werden müssten[3]. Hierdurch entsteht technisch bedingt ein „Schutzüberschuss". Dieses **Problem** ist bisher **nicht gelöst**. Die WIPO sucht eine Lösung in dem Ansatz, für die Annahme einer Kennzeichenrechtsverletzung eine wirtschaftliche Wirkung der Zeichen-verwendung im betreffenden Mitgliedsstaat vorauszusetzen[4]. Die technisch bedingte Blockierwirkung ist damit freilich noch nicht eingeschränkt. Der ausländische Domain-Inhaber blockiert die Domain-Registrierung durch einen Inländer auch dann, wenn seine Zeichenbenutzung keine wirtschaftliche Auswirkung im Inland hat und obwohl er u.U. nur in seinem Heimatstaat kennzeichenrechtlichen Schutz beanspruchen kann. Andererseits besteht kaum Aussicht, die nationalen Markenrechtsregelungen so einzuschränken, dass auf die kommerzielle Auswirkung der Benutzung abzustellen wäre[5].

Auch ausländische Netznutzer können andererseits Zeichen mit Wirkung auf das nationale Recht benutzen, wenn das Zeichen als Domain-Name verwendet und dieser im Internet auch in Deutschland zugreifbar ist[6].

Kennzeichnungsrechtliche Probleme treten freilich nicht nur durch Verwenden von Domain-Namen auf, sondern auf durch Verwenden der Namen oder Kennzeichen als

---

1 OLG München, Urt.v. 16.9.1999, CR 1999, 778; *Hoeren*, Internetrecht, 65.

2 *Hoeren*, Internetrecht, 66.

3 *Bettinger/Leistner*, Werbung und Vertrieb im Internet, 262. Eine andere Frage ist freilich, mit welchen Erfolgsaussichten von Deutschland aus gegen eine Neuregistrierung etwa in Australien vorgegangen werden könnte. Ein Urteil kann schließlich grundsätzlich nur die unterlegene Partei, hier den Rechtsverletzer binden, allenfalls indirekt auch die nationale Registrierungsstelle, aber keinesfalls weltweit sämtliche möglichen zukünftigen Antragsteller und/oder Registrierungsstellen. Insoweit entsteht nur bei Registrierung, nicht aber bei Löschen der Registrierung zwingend technisch bedingt eine weltweite Auswirkung, nämlich Blockierung.

4 WIPO (World Intellectual Property Organization) Standing Committee on the Law of Trademarks, Industrial Designs and Geographical Indications, „Joint Recommendations concerning the Protection of Marks and other Industrial Property Rights in Signs on the Internet" (verfügbar etwa unter www.domain-info.de/joint-recommendation/signs-on-the-internet.htm)

5 *Kur*, GRUR Int. 2001, 961, 964.

6 *Völker/Weidert*, WRP 1997, 652, 662. Hier ist aber der kollisionsrechtliche Aspekt des Kennzeichenrechts zu beachten, der etwa im Inland als dem Schutzterritorium eine Benutzungshandlung verlangt (s. S. 448).

Inhalt der Homepage oder als E-Mail-Adresse[1]. Hier gelten die gleichen Grundsätze zur Begründung und Durchsetzung des Schutzes. Zu beachten ist aber der wesentliche Unterschied, dass hier die Verwendung bestimmter Bezeichnungen keine mit der Domain-Registrierung vergleichbare Blockierwirkung hat. Die Verwendung einer Domain nur als E-Mail-Adresse stellt keine unlautere Blockierung des Domain-Namens dar[2].

Allgemein muss der zu einer **Beseitigung** und Unterlassung Verpflichtete aktiv und umfassend dafür Sorge tragen, dass die Domain, die er nicht mehr verwenden darf, über das Internet nicht mehr erreichbar ist; er muss auch eventuelle Erfüllungsgehilfen wie Provider unter Hinweis auf mögliche Regressansprüche von der Notwendigkeit schnellen Handelns in Kenntnis setzen[3]. Der Verpflichtete muss also auch einen von ihm beauftragten Provider zur Freigabe veranlassen[4] (da die endgültige Wirkung vorweggenommen würde). Die Aufgabe einer Registrierung kann nicht durch einstweilige Verfügung beansprucht werden[5]. Dem Schuldner, dem die Verwendung einer Domain untersagt wurde, kann aber nicht als schuldhafte Zuwiderhandlung gegen dieses Unterlassungsgebot angelastet werden, dass später noch über Suchmaschinen auf die verbotene Domain verwiesen wird, weil weder der Schuldner noch der Provider die Möglichkeit haben, Zugriff auf die Datenbanken der Betreiber der Suchmachinen zu nehmen[6].

Kennzeichenrechtliche Ansprüche aus Markenrecht sind **vorrangig** vor dem Namensrecht aus § 12 BGB zu prüfen[7], getrennt hingegen außerhalb des Schutzbereiches des § 15 MarkenG[8], etwa bezüglich der (in § 15 MarkenG nicht erfassten) Namensleugnung und nicht im geschäftlichen Verkehr erfolgenden Verletzungshandlungen. Dies führt zu einem Schutz von Unternehmenskennzeichen außerhalb des Markenrechts, also in die private Sphäre hinein[9]. Ansprüche aus den §§ 3, 4 UWG (§§ 1, 3 UWG a.F.) und 823 Abs. 1 BGB sind im Regelungsbereich des § 14 Abs. 2 MarkenG grundsätzlich nicht anwendbar, es sei denn, es kommen weitere unlautere Umstände hinzu[10], etwa bei einer wettbewerbswidrigen Behinderung durch Registrieren einer Vielzahl von Domains (sog. „Domain-Grabbing"), insbesondere dem spekulativen Registrieren von Domain-Namen, um diese zu veräußern[11]. Wird eine im

---

1 Die bei Domain-Namen aufgetretenen namens- und kennzeichenrechtlichen Probleme der Zuordnung von technischer Kennzeichnung und rechtlicher Zeichenwirkung stellen sich in gleicher Weise auch für *Distinguished Names* (DN), die bei der Zertifizierung signaturerzeugender asymmetrischer Schlüsselpaare zugeordnet werden. Auch hier können nämlich z.B. Namen i.S.v. § 12 BGB oder Markenzeichen als DN verwendet werden. Da die DNs über öffentliche X.500-Verzeichnisse abfragbar sind, kommt auch eine namens- oder kennzeichenrechtliche Benutzung in Betracht.

2 OLG Frankfurt, Urt.v. 4.5.2000 – 6 U 81/99, NJW-RR 2001, 547.

3 LG Berlin, Urt.v. 14.10.1999 – 16 O 84/98, MMR 2000, 495.

4 OLG Nürnberg, Urt.v.11.1.2000 – 3 U 1352/99, JurPC Web-Dok. 146/2000. Die Besonderheit war hier, dass die Beklagte im Zeitpunkt der mündlichen Verhandlung nicht mehr registriert war, sondern eine andere Firma, und das Gericht hier eine Störerhaftung des Verpflichteten annahm, weil dieser (nicht rechtzeitig) die Rücknahme der Registrierung durch den Provider veranlasste.

5 OLG Frankfurt, Urt. 27.7.2000 – 6 U 50/00, CR 2001, 412 – mediafacts.de.

6 OLG Köln, Beschl..v.13.6.2001 – 6 W 25/01, JurPC Web-Dok. 234/2001.

7 OLG Hamm, Urt.v.19.6.2001 – 4 U 32/01, JurPC Web-Dok. 208/2001 – veltins.com; *Ingerl/Rohnke*, MarkenG, nach § 15 Rdn. 7.

8 BGH, Urt.v. 22.11.2001 – I ZR 138/99, CR 2002, 525 – shell.de.

9 In dogmatischer Sicht krit. *Foerstl*, CR 2002, 518, 520.

10 BGH, GRUR 1999, 161 – Mac Dog; OLG Frankfurt, CR 2000, 698f – alcon.de; OLG München, GRUR 2000, 518f – buecherde.com.

11 OLG Frankfurt, Urt.v.8.3.2001 – 6 U 31/00, MMR 2001, 532 = JurPC Web-Dok. 221/2001 –

Inland nicht geschützte, aber im Ausland bekannte Bezeichnung verwendet, kann dies allein noch nicht Sittenwidrigkeit begründen[1].

Die Verwendung des Begriffes „*Electronic Commerce*" im Firmennamen greift nicht in das Namens- oder Markenrecht eines ähnlich benannten Unternehmens ein, da es sich hierbei um eine gängige Bezeichnung für das Handeltreiben mit Hilfe elektronischer Medien handelt[2].

2. Schutz des Namens (§ 12 BGB)

Der „Name" individualisiert eine Person oder einen Gegenstand (§ 12 BGB). Auch ein Kaufmann kann durch die Namensbezeichnung individualisiert werden (§ 17 HGB). § 12 BGB schützt in analoger Anwendung auch Unternehmensbezeichnungen, soweit sie wie ein Name wörtliche und aussprechbare Bezeichnungen sind[3].

Eine Domain-Bezeichnung kann mit dem Namen einer natürlichen oder juristischen Person übereinstimmen und hierdurch an deren namensrechtlichen Schutz teilhaben. Umgekehrt kann der aus diesem Namensrecht Berechtigte die Unterlassung der Benutzung seines Namens durch Dritte als Domain-Bezeichnung verlangen, soweit diese Benutzung sein Namensrecht verletzt. Der Domain-Name selbst kann im Einzelfall als Name nach § 12 BGB geschützt sein[4].

Markenrechtliche Ansprüche haben Vorrang vor namensrechtlichen Ansprüchen, die damit vor allem im nichtgeschäftlichen Verkehr relevant sind, nicht aber (auch nicht ergänzend) im geschäftlichen Verkehr, um Wertungen des Kennzeichenrechts nicht zu unterlaufen[5]. Das Namensrecht kann im Kollisionsfall auch neben einem Markenrecht Bestand haben, wenn ein berechtigtes eigenes Interesse besteht[6].

a) Namensfunktion

Die Benutzung von Domain-Namen[7] kann das Namensrecht einer **Person** und damit ihr Persönlichkeitsrecht verletzen[8]. Domain-Namen (wie etwa „www.meier.de") können aber auch selbst individuelle, namensähnliche[9] Kennzeichen sein, die zumindest

praline.tv (Verstoß gegen die §§ 823, 826 BGB; der Beklagte hatte weit über 1000 Domains registrieren lassen); ähnlich OLG Frankfurt, Urt.v. 12.4.2000 – 6 W 33/00, MMR 2000, 424 – weideglueck.de .

1 LG Hamburg, CR 1999, 785, 787 – animalplanet.com; *Ingerl/Rohnke*, Markengesetz, Nach § 15, Rdn. 136.

2 AG Bretten, Urt.v.27.3.1998 – C 684/97, JurPC Web-Dok 78/1999.

3 BGH GRUR 1953, 446.

4 OLG Hamburg, CR 1999, 186, 187 – emergency.de.

5 BGH WRP 2002, 694, 696 – shell.de; OLG Frankfurt, CR 2000, 698f – alcon.de; *Ingerl/Rohnke*, Markengesetz, Nach § 15, Rdn. 3, 4 und 46.

6 Abgelehnt wurde das Bestehen eines berechtigten Interesses an der Namensverwendung für die Domain, wenn die Registrierung auf Vorrat erfolgt (OLG Frankfurt, MMR 2001, 532 – praline-tv.de) oder wenn Zuordnungsverwirrung und Verwechslungsgefahr besteht (OLG München, Urt.v. 2.4.1998 – 6 U 4798/97, CR 1998, 556 = MMR 1998, 668 – freundin.de; Erstinstanz LG München I, Urt.v. 18.7.1997 – 21 O 17599/96, NJW-RR 1998, 984).

7 Auf Adresskennzeichnungen in anderen Internet-Diensten als dem WWW wird aus Raumgründen nur vereinzelt eingegangen.

8 LG Magdeburg, Urt.v. 18.6.1999 – 36 O 11/99, K&R 1999, 426 – foris.de.

9 LG Köln, Urt.v. 23.2.2000 – 14 O 322/99, MMR 2000, 437 – maxem.de; vgl. *Kur*, CR 1996, 590,

mittelbar Namensfunktion haben[1] und nach Namensrecht (§ 12 BGB) schutzfähig sind[2]. Schutzvoraussetzung ist, dass die Domain-Bezeichnungen **namensbezogene Unterscheidungskraft** aufweisen[3], also auf eine bestimmte Person[4], einen Staat[5], eine Stadt oder Firma oder als namensartiges Kennzeichen zur Unternehmenskennzeichnung wirkt[6], während (anders als bei Geschäftsabzeichen im Sinne von § 5 Abs. 2 S. 2 MarkenG) Verkehrsgeltung nicht als erforderlich angesehen wurde[7]. Auch prägende **Namensteile** können schutzfähig sein[8], ebenso Kurzbezeichnungen bzw. Namensab-

591; a.A. *Wilmer* CR 1997, 562, 564, dem zufolge § 12 BGB nicht anwendbar sei, da die Zuordnung der Domains zum Namensrecht von der jeweiligen Gestaltung der Domains, der Nutzung von Suchmaschinen und schwankenden Nutzungsgewohnheiten abhängen würden, was zu einer beträchtlichen Rechtsunsicherheit führen würde. Die Veränderlichkeit von Verkehrsauffassungen ist jedoch kein internetspezifisches Problem.

1 OLG Köln, Urt.v.18.12.1998 – 13 W 48/98 – herzogenrath.de. Das OLG Köln sieht diese Auffassung als gesicherte Erkenntnis an und verweist auf LG Mannheim NJW 1996, 2736; LG Braunschweig NJW 1997, 2687; LG Ansbach NJW 1997, 2688; KG NJW 1997, 3321; LG Frankfurt NJW-RR 1998, 974). Ähnlich auch OLG Brandenburg, Urt.v. 12.4.2000 – 1 U 25/99, JurPC Web-Dok. 79/2000, – luckau.de, das Namensrecht öffentlich-rechtlicher Körperschaften bejahend. Die Möglichkeit der Namensfunktion von Domain-Bezeichnungen lehnte in der (veröffentlichten) Rechtsprechung nur das LG Köln ab (LG Köln in drei Urteilen v. 17.12.1996, nämlich 3 O 60/96, GRUR 1997, 377 = JurPC Web-Dok. 8/1997 – huerth.de, 3 O 477/96, BB 1997, 1121 = JurPC Web-Dok. 9/1997 – kerpen.de und 3 O 507/96, CR 1997, 291 = NJW-RR 1998, 976 = JurPC Web-Dok. 10/1997– pulheim.de), da die Domains frei wählbar seien und nur eine Orientierungshilfe darstellten (was freilich tatsächlich bei Einführung ihre eigentliche Funktion sein sollte).

2 OLG Hamburg, Urt.v. 5.11.1998 – 3 U 130/98, CR 1999, 186f, – emergency.de.

3 OLG Köln, MMR 2001, 170 – maxem.de.

4 Hoeren/Sieber/*Viefhues*, Handbuch Multimedia-Recht, Teil 6.1, Rdn. 133 verlangt, der Name müsse *aus sich heraus* geeignet sein, seinen Träger von anderen Personen zu unterscheiden; deswegen könnten „Allerweltsfamiliennamen" nichts über die Identität einer Person aussagen. Dem ist nicht zu folgen, denn nach dieser Auffassung käme etwa allen Personen mit dem Namen „Müller" oder „Meier" kein Namensrecht zu. Es muss genügen, dass zusätzliche Merkmale außerhalb des Bezeichnungsinhaltes zur Identifikation herangezogen werden (können). Dies sollte mit der längst gefestigten Büscheltheorie zur Funktion von Eigennamen in der analytischen Philosophie (*Kripke*) eigentlich gesicherte Basis sein. Würde man zudem nur die bloße Bezeichnung als solche betrachten und alle sonstigen Umstände außer acht lassen, wäre zumeist überhaupt keine Personenidentifikation möglich sein. *Ingerl/Rohnke*, Markengesetz, § 5 Rdn. 37 formulieren wünschenswert eindeutig: „Die Familiennamen natürlicher Personen sind gewissermaßen der Grundfall der Unterscheidungskraft. Sie dienen seit unvordenklichen Zeiten zur Unterscheidung von Personen und ihren jeweiligen geschäftlichen Betätigungen. Auch häufige Namen führen nicht dazu, dass die Namensträger nicht mehr unterscheidbar wären, schon weil sie in aller Regel nicht sämtlich in der gleichen Branche tätig sind." Wenn nicht Gleichnamigkeit, sondern die Benutzung des Namens durch sonstige Dritte in Frage stehe, müsse „Kennzeichenschutz unabhängig von der Häufigkeit des Namens bestehen". Es sei auch nicht mit der Rechtssicherheit zu vereinbaren und ein Verstoß gegen den Gleichheitsgrundsatz, häufige Namen vom Namensschutz auszuschließen.

5 LG Berlin, Urt.v. 10.8.2000 – 16 O 101/00, CR 2000, 700 – deutschland.de.

6 OLG Hamburg, Urt.v.5.11.1998 – 3 U 130/98, CR 1999, 184 = NJW-RR 1999, 625 – Emergency (Computerspiel), krit. *Hackbarth*, CR 1999, 186; Vorinstanz LG Hamburg, Urt.v.10.6.1998 – 315 O 107/98 – emergency.de (www.online-recht.de). Das OLG Hamburg will den Schutz jedem wie auch immer gearteteten Subjekt gewähren (krit. *Hoffmann*, MarkenR 2001, 387, 389).

7 OLG Hamburg, Urt.v. 5.11.1998 – 3 U 130/98, CR 1999, 186f, – emergency.de .

8 OLG Hamm, Urt.v. 13.1.1998 – 4 U 135/97, CR 1998, 241f = MMR 1998, 214f = NJW-RR 1998, 909f – krupp.de (außerdem einen Übertragungsanspruch ablehnend); Vorinstanz LG Bochum, Urt.v. 24.4.1997 – 14 O 33/97 (www.online-recht.de); OLG Stuttgart, CR 1998, 621 = MMR 1998, 543 = NJW-RR 1998, 1341 – steiff.com; LG Berlin, Urt. v. 6.3.2001 – 16 O 33/01, MMR 2001, 630 = ZUM-RD 2002, 7 = JurPC Web-Dok. 141/2001 – „oil-of-elf.de" (eine Zuordnungsverwirrung bejahend), während das KG (Urt.v. 23.10.2001 – 5 U 101/01, CR 2002, 760 MMR 2002, 686 = JurPC Web-Dok. 130/2002 – oil-of-elf) zwar ebenfalls die Möglichkeit einer Verwechslungslungsgefahr sah, aber nur „auf den ersten Blick", weshalb ein Abwehranspruch nicht bestehe.

kürzungen[1], denen auch eine Namensfunktion zukommen kann[2] und in gleicher Weise der isoliert verwendete Nachname[3].

Der Domain Name individualisiert also nicht Rechner, sondern (natürliche oder juristische) Personen[4]. Keine Voraussetzung der Schutzbegründung ist, dass die Top Level Domain „.name" verwendet wird. § 12 BGB schützt den bürgerlichen Namen **natürlicher Personen** (Familien- und Vornamen)[5], Künstler- und Adelsnamen[6], Wappen, Decknamen[7] (Alias), **Pseudonyme**[8] (wenn dessen Verwender unter diesem Namen im Verkehr bekannt ist, also mit diesem Namen Verkehrsgeltung besitzt[9]) und sonstige namensartige, d.h. für eine Personenidentifizierung geeignete Kennzeichen[10], Glaubensgemeinschaften (als Körperschaften des öffentlichen Rechts)[11], die Firma[12] des Einzelhandelskaufmanns (§ 17 HGB), einer Personengesellschaft, einer Kapitalgesellschaft, Gesellschaften des bürgerlichen Rechts[13], generell den Namen **juristischer Personen**, nicht rechtsfähiger Vereine etc.[14] oder juristische **Gebietskörperschaften** wie etwa Städte[15] oder Gemeinden[16] sowie Stadt- oder Gemeindeteile[17], ebenso Bundesbehörden[18], Teile der Bundeswehr[1], jedenfalls wenn ein Zusammenhang

---

1 OLG München, Urt.v.11.7.2001 – 27 U 922/00, JurPC Web-Dok. 236/2001 – boos.de (Vorinstanz LG Augsburg, Urt.v.15.11.2000 – 6 O 3636/00, JurPC Web-Dok. 89/2001), OLG Düsseldorf, NJW-RR 1999, 626f – ufa.de (jedenfalls für den bekannten Namen „Ufa").

2 OLG Düsseldorf, NJW-RR 1999, 626 – ufa.de.

3 LG Flensburg, Urt.v. 18.10.2001 – 3 O 178/01, JurPC Web-Dok. 321/2002 – hasselberg.de.

4 i.E. ähnlich LG Frankfurt, Urt.v. 26.2.1997 – 2/06 O 633/96, CR 1997, 287 – das.de (einen Unterlassungsanspruch aus § 12 S.2 BGB bejahend). Das Gericht verwechselt allerdings wohl die tatsächlich (relativ, s.o.) frei wählbaren Domain-Namen und die numerischen Internet-Adressen, die nicht frei wählbar sind, soll im Internet nicht ein völliges Chaos ausbrechen.

5 OLG Dresden, Urt.v. 28.11.2000 – 14 U 2486/00, WRP 2001, 706 = JurPC Web-Dok. 98/2001 – Kurt-Biedenkopf.de; OLG Köln, CR 2000, 696 – maxem.de; OLG München, GRUR-RR 2002, 234 – duck.de (einen Unterlassungsanspruch des Namensträgers bejahend, da der Domaininhaber unter dieser fünf Jahre keine Inhalte anbot).

6 Das LG Hamburg, Urt.v. 22.12.2003 – 315 O 377/03, MMR 2004, 557 – schaumburg-lippe.de sah Adelsbezeichnungen als Teil des bürgerlichen Namens schutzfähig an („Fürst zu Schaumburg-Lippe"), jedoch nur in der vollständigen Bezeichnung, nicht in einem bloßen Teil (etwa im Teil „schaumburg-lippe", der vom gleichnamigen Landkreis benutzt wird).

7 BGH, Urt.v.26.6.2003 – I ZR 296/00, CR 203, 845 – maxem.de; Baumbach/*Hefermehl* § 16 Rdn. 16 m. w.N.

8 LG Köln, Urt.v. 23.2.2000 – 14 O 322/99, MMR 2000, 437 – maxem.de.

9 BGH, Urt.v. 26.6.2003 – I ZR 296/00, NJW 2003, 2978 = JurPC Web-Dok. 258/2003 – maxem.de.

10 LG Düsseldorf, Beschl.v.5.1.1999 – 34 O 2/899, – klugsuchen.de (www.online-recht.de).

11 LG Frankfurt/M, Urt.v. 27.2.2003 – 2/3 O 536/02, MMR 2004, 113 – mormonen.de.

12 OLG Hamm, CR 1998, 241 = JurPC Web-Dok. 104/2000 – krupp.de.

13 BGH GRUR 2002, 706f – vossius.de.

14 *Kur*, CR 1996, 590 m.w.N.

15 OLG Brandenburg, K&R 2000, 406 = MMR 2001, 174 – luckau.de; OLG Karlsruhe, CR 1999, 783f = MMR 1999, 604 – badwildbad.com; OLG Köln, GRUR 2000, 798 – alsdorf.de; OLG Köln, CR 1999, 385 = NJW-RR 1999, 622 – herzogenrath.de; OLG München, MMR 2001, 692, 692 – boos.de; LG Ansbach, NJW 1997, 2688 – ansbach.de; LG Braunschweig, NJW 1997, 2687 – braunschweig.de; LG Mannheim, NJW 1996, 2736f – heidelberg.de; östOGH GRUR Int. 2003, 260 – galtuer.at; *Kur*, CR 1996, 590, 591.

16 OLG Brandenburg, MMR 2001, 174 – luckau.de; LG Mannheim, Urt.v. 8.3.1996 – 7 O 60/96, CR 1996, 353f = GRUR 1996, 377f = NJW 1996, 2736 – heidelberg.de.

17 LG Oldenburg, Urt.v. 17.12.2003 – 5 S 651/03, JurPC Web-Dok. 115/2004 – ruest.de, eine Übertragbarkeit der Ausübung des prioritären Namenrechts annehmend.

18 LG Hannover, Urt.v.12.9.2001 – 7 O 349/01 (18), CR 2001, 860 = JurPC Web-Dok. 207/2001 – verteidigungsministerium.de. Das Gericht bejahte das Vorliegen einer erheblichen Zuordnungs-

zwingend gegeben ist[2], und schließlich sogar die Bundesrepublik Deutschland[3]. Der namensrechtliche Schutz von Städtenamen setzt nicht einen Zusatz „Stadt" voraus[4].

Bestehender Namensschutz einer Stadt entfällt nicht dadurch, dass das Präfix „**.info**" (Zusatz zur Second Level Domain) vorangestellt wird[5]. Ebenso wirkt die Verwendung der Top Level Domain „.info" rechtsverletzend[6], wobei vor einer einschränkungslosen Unterlassungsverpflichtung zunächst die Möglichkeit von Umgestaltungen der Homepage zur Beseitigung von Zuordnungsverwirrungen zu prüfen sei[7].

Auch beliebige Zahlen- und/oder Buchstaben**kombinationen** sind schutzfähig, wenn sie Kennzeichnungsfunktion als Namen haben können[8]. Dies wurde für beschreibende Angaben verneint[9]. Außergeschäftliche Benutzungen führen grundsätzlich nicht zur Beeinträchtigung geschäftlicher Kennzeichen[10].

Der **Prioritätsgrundsatz** für Internet-Domains gilt auch im Verhältnis politischer Gemeinden zu Personen des Privatrechts[11], auch hinsichtlich der Namensteile von

verwirrung, auch wenn der richtige Behördenname „Bundesministerium der Verteidigung" lautet, und sah neben einem Unterlassungsanspruch einen Anspruch auf Freigabe gegenüber der Domain-Vergabestelle als gegeben an.

1 LG Hamburg, CR 2001, 131 – marine.de.

2 Verneint wurde dieser Zusammenhang bei „www.marine.de", da hierfür ein weiterer Zusatz wie mit em Präfix „Bundes" hätte erfolgen müssen, LG Hamburg, Urt.v.13.10.2000 – 416 O 129/00, CR 2001, 131. Wettbewerbsrechtliche Ansprüche schieden aus, da weder Benutzung im geschäftlichen Verkehr erfolgte noch Anhaltspunkte für Domain-Grabbing vorlagen.

3 LG Berlin, Urt.v.10.8.2000 – 16 O 101/00, CR 2000, 700 = MMR 2001, 57 = JurPC Web-Dok. 211/2000 – http://deutschland.de

4 OLG Köln, Beschl.v. 18.12.1998 – 13 W 48/98, CR 1999, 385 – herzogenrath.de (Städtenamensverwendung als unbefugte Namensanmaßung; das Gericht weist darauf hin, die namensrechtliche Funktion von Domain-Namen sei „gesicherte Erkenntnis" und nennt als Beleg die (oben angeführten) Entscheidungen LG Mannheim, LG Braunschweig, LG Ansbach, LG Frankfurt und KG NJW 1997, 3321).

5 LG Düsseldorf, MMR 2001, 626 – info-duisburg.de (den Zusatz „info" als nicht unterscheidungskräftig einstufend); dem OLG Düsseldorf, Urt.v.15.7.2003 – 20 U 43/03, ITRB 2004, 59 zufolge reicht der Zusatz „.info" nicht aus, um eine Zuordnungsverwirrung zu verhindern, weshalb die Gemeinde auch Unterlassung der Namensverwendung mit diesem Zusatz verlangen kann; ähnlich bereits OLG Düsseldorf, Urt.v. 15.1.2002 – 20 U 76/01, CR 2002, 447 = WRP 2002, 1085 – duisburg-info.de).

6 OLG Düsseldorf, Urt.15.7.2003 – 20 U 43/03, CR 2004, 538 = MMR 2003, 748 – solingen.info (Namensleugnung ablehnend, Namenanmaßung und Zuordnungsverwirrung bejahend). Das Gericht sah es als möglich an, dass andere TLDs wie „karlsruhe.at" oder allgemein „.com" nicht der Gebietskörperschaft zugeordnet werden. Hier wird zusätzlich auf die Einzelfallumstände abzustellen sein, etwa auf den Inhalt der jeweiligen Webseiten.

7 OLG Düsseldorf, Urt.15.7.2003 – 20 U 43/03, MMR 2003, 748 – solingen.info unter Verweis auf BGH NJW 2002, 2096 = MMR 2002, 456 – vossius und BGH NJW 2003, 504 = MMR 2003, 252 – rechtsanwaelte-notar.de; BGH NJW 2003, 662 = MMR 2003, 252 – presserecht.de. Das OLG Düsseldorf, Urt.v.15.7.2003 weist aber einschränkend darauf hin, dass auch bei solchen Klarstellungen auf der Homepage der Berechtigte von der Nutzung der Domain (bereits mit deren Registrierung) ausgeschlossen bleibe und eine Domain „solingen.info" der Stadt zuzuordnen ist. Nach *Ernst* (Urteilsanm. MMR 2003, 749) erwartet der Nutzer unter einer Domain www.stadt.info offizielle Informationen über diese Stadt und nicht einen privaten Anbieter. Fraglich kann aber sein, ob hierdurch auch solche privaten Anbieter auszuschließen sind, die ebenfalls Informationen zu dieser Stadt anbieten (etwa aus Reiseführern).

8 LG Frankfurt, Urt.v. 10.9.1997 – 1/6 O 261/97, NJW-RR 1997, 974 – lit.de.

9 KG CR 1997, 685 – concert-concept.com; OLG München, MMR 1999, 547f – buecher.de; OLG Stuttgart, MMR 2002, 734 – herstellerkatalog.com .

10 BGH GRUR 1976, 379 – KSB.

11 OLG Koblenz, Urt.v.25.1.2002 – 8 U 1842/00, ZUM 2002, 477. Das Urteil stellt außerdem klar, dass

Städten[1]. Geschützt sind auch **ausländische** Personen und Personenvereinigungen unabhängig von Inlandssitz, inländischer Geschäftstätigkeit oder Gegenseitigkeit[2].

Daraus, dass ein **Domain-Name** technisch eine Namensfunktion hat, folgt nicht notwendig sein namens- und allgemein kennzeichenrechtlicher Schutz. Vielmehr muss die einzelne Domain-Bezeichnung namensrechtlich (bzw. sonst kennzeichenrechtlich) schutzfähig sein[3]. Maßgeblich sind hierbei die Vorstellungen der durchschnittlich informierten, aufmerksamen und verständigen Nutzer des Internet[4].

§ 12 BGB schützt (in analoger Anwendung) **Unternehmensbezeichnungen**[5], aber nur, soweit sie wie ein Name wörtliche und aussprechbare Bezeichnungen sind[6]. Schutzfähig sind auch **Firmenabkürzungen** und –schlagworte mit originärer oder durch Verkehrsgeltung erlangter Namensfunktion[7].

Wenn nichtunterscheidungskräftige Namen[8] überragende Verkehrsgeltung haben, besteht Schutz gegen Verwechslungs- und auch Verwässerungsgefahr[9], die etwa auch durch Hinzufügen der Top-Level-Domain „.com" begründet sein kann[10]. Ein solcher **Verwässerungsschutz** der berühmten Marke und deren Werbewirkung besteht auch außerhalb der §§ 14, 14 MarkenG, 12 BGB aus § 823 BGB (aus Eingriff in den eingerichteten und ausgeübten Gewerbebetrieb) und auch bei Gleichnamigkeit[11]; aus Namensrecht wurde ein Schutz gegen eine Verwendung im politischen Meinungskampf jedoch verneint, wenn der Namensgebrauch nicht geeignet ist, eine namensmäßige Identitäts- oder Zuordnungsverwirrung hervorzurufen[12].

Bejaht wurde der Namensschutz für

- „ansbach.de"[13],
- „alsdorf.de"[14],
- „badwildbad.com"[1],

Vertragspartner der DENIC der Domain-Inhaber ist, nicht der „Admin-C" als vom Domain-Inhaber bevollmächtigte natürliche Person.

1 LG Flensburg, Urt.v.8.1.2002 – 2 O 351/01, CR 2002, 537 = JurPC Web-Dok. 42/2002 – sandwig.de (allerdings Priorität der Domain eines Privatmannes gegenüber Gemeinde annehmend).

2 BGH GRUR 1971, 517f – SWOPS; *Ingerl/Rohnke*, Markengesetz, Nach § 15, Rdn. 10.

3 *Heinrich*, MarkenR 2003, 89, 91, 95.

4 OLG München, CR 2001, 463, 465 = MMR 2001, 615, 617 – autovermietung.com; LG Düsseldorf, MMR 2001, 626, 628 – duisburg-info.de.

5 OLG Hamburg, Urt.v.5.11.1998 – 3 U 130/98, CR 1999, 184, – Emergency (Computerspiel), krit. Hackbarth, CR 1999, 186; Vorinstanz LG Hamburg, Urt.v.10.6.1998 – 315 O 107/98, – emergency.de. Das OLG Hamburg will den Schutz jedem wie auch immer gearteteten Subjekt gewähren (krit. Hoffmann, MarkenR 2001, 387, 389)

6 S. etwa BGH GRUR 1953, 446; LG Düsseldorf, Urt.v.18.6.1998 – 160/98, CR 1998, 688 hat auch einem nicht aussprechbaren Kürzel Namensschutz gewährt („jpnw.de" für „junge Presse Nordrhein-Westfalen e.V.").

7 OLG Hamm, CR 1998, 241f – krupp.de; LG Frankfurt, CR 1997, 287 – das.de; LG München I, CR 1997, 479f – juris.de

8 OLG Köln, CR 2000, 696f = MMR 2001, 170 – maxem.de.

9 OLG München, Urt.v.12.8.1999 – 6 U 4484/98, ZUM-RD 2000, 15 – Rolls-Royce.

10 OLG Hamm, Urt.v.19.6.2001 – 4 U 32/01, JurPC Web-Dok. 208/2001.

11 LG Hamburg, Urt.v. 1.8.2000 – 312 O 328/00, MMR 2000, 620 – joop.de.

12 OLG Hamm, Urt.v. 18.2.2003 – 9 U 136/02, NJW-RR 2003, 759 = ZUM–RD 2004, 31 – castor.de (Aufgrund der hochspezialisierten Produkte und des zahlenmäßig höchst beschränkten Kundenkreises keine Verwechslungsgefahr); Vorinstanz LG Essen, Urt.v.23.5.2002 – 11 O 96/02, MMR 2002, 631 – castor.de; LG Frankfurt, Urt.v. 10.10.2001 – 3/8 O 86/01, JurPC Web-Dok. 30/2002 – digamma-portal.de; LG Berlin, Urt.v. 6.3.2001 – 16 O 33/01, MMR 2001, 630 – oil-of-elf.

13 LG Ansbach, Urt.v. 5.3.1997 – 2 O 99/97, NJW 1997, 2688 – ansbach.de.

14 LG Aachen, Beschl.v.15.10.1998 – 10 O 437/98 (www.online-recht.de) – alsdorf.de.

- „braunschweig.de“[2],
- „budenheim.de“[3],
- „celle.de“[4],
- „deutschland.de“[5],
- „das.de“[6] ,
- „duck.de“[7],
- „epson.de“[8]
- „fordboerse.de“[9],
- „heidelberg.de“[10],
- „herzogenrath.de“[11],
- „karriere.de“[12],
- „literaturhaus.de“[13],
- „neuschwanstein.de“[14],

1 OLG Karlsruhe, K&R 1999, 423, – bad-wildbad.com, den Schutz also auch auf die „.com“-TLD und auf Fälle ausweitend, in denen der Serverrechner im Ausland steht. Der Bestandteil „.com“ trete gegenüber dem Namen zurück.

2 LG Braunschweig, Urt.v. 28.1.1997 – 9 O 450/96, CR 1997, 414 = NJW 1997, 2687 – braunschweig.de. Das OLG stellt, in einer Analogie zu § 50 MarkenG, auf eine mögliche Zuordnungsverwirrung ab, gegen den auch der (bürgerlich-rechtliche) Namensschutz schütze. Der persönlichkeitsrechtliche Kern des Namensschutzes gehe über den Bereich der kennzeichenrechtlichen Verwechslungsgefahr sogar weit hinaus (unter Verweisung auf BGH GRUR 1955, 122). § 12 BGB umfasst auch einen Schutz gegen Zuordnungsverwirrung.

3 LG Mainz, Urt.v. 9.8.2001 – 1 O 488/00, JurPC Web-Dok. 127/2002.

4 LG Lüneburg, GRUR 1997, 470 – celle.de.

5 LG Berlin, Urt.v. 10.8.2000 – 16 O 101/00, CR 2000, 700, – deutschland.de.

6 LG Frankfurt, Urt.v.3.3.1997 – 2/6 O 633/96, CR 1997, 287: Der Schutz aus § 12 BGB erfasse auch Abkürzungen und Schlagworte, insbesondere, wenn sie als Worte aussprechbar, unterscheidungskräftig und von den angesprochenen Verkehrskreisen als Hinweis auf den Namensinhaber verstanden wird. Das LG Frankfurt lehnt ausdrücklich die Entscheidungen des LG Köln *„kerpen.de“, „Hürth.de“* und *„pulheim.de“* ab, da eine Namensfunktion nicht an der freien Wählbarkeit der Zahlen- und Buchstabenkombination scheitere.

7 OLG München, Urt.v. 10.1.2002 – 6 U 3512/01, GRUR-RR 2002, 243 = MMR 2002, 627 = ZUM-RD 2002, 368 – duck.de (Schutz auch des Familiennamens als solchen ohne Bezug auf den Vornamen; kein „schutzwürdiger Besitzstand“, wenn die Domain fünf Jahre nicht mit Inhalten belegt werde).

8 LG Düsseldorf, Urt.v.4.3.1997 – 34 O 191/96 (www.netlaw.de/Urteile/lgd_1.htm).

9 LG München I, Urt.v.14.2.2001 – 21 O 10131/00, ZUM-RD 2002, 105 – fordboerse.de.

10 LG Mannheim, Urt.v. 8.3.1996 – 7 O 60/96, NJW 1996, 2736 = CR 1996, 353 für die Stadt Heidelberg, allerdings nur bezüglich derselben Domain „.de“, nicht hinsichtlich anderer Domains „.com“ oder „.edu“, die ebenfalls für Heidelberg eingetragen sind (s. *Kur*, CR 1996, 590, 593). *Kur*, a.a.O., S. 594 weist zu Recht daraufhin, dass ein Nutzer namens „Heidelberg“ nicht an der Eintragung seines bestehenden Familiennamens gehindert werden könne. Allerdings unterlag die Stadt Heidelberg vor dem WIPO Arbitration and Mediation Center (Administrative Panel Decision Stadt Heidelberg v. Media Factory, Case No. D 2001-1500) abrufbar unter http://arbiter.wipo.int/ domains/decisions/html/2001/ d2001-1500.html), da die Uniform Domain Name Dispute Resolution Policy (UDRP) auf Streitigkeiten über bzw. die missbräuchliche Nutzung von geographischen Namen nicht als anwendbar angesehen wurde.

11 OLG Köln, NJW-RR 1992, 622 – herzogenrath.de.

12 LG Köln, Urt.v. 10.5.1996 – 31 O 315/96 (www.netlaw.de/Urteile/index.htm).

13 OLG München, Urt.v. 15.11.2001 – 29 U 3769/01, CR 2002, 449 – literaturhaus.de (Anspruch eines gleichnamigen Vereins gegen Werbeagentur als Domaininhaber bejahend).

14 LG München I, Urt.v.14.12.2000 – 4 HK O 10643/99, ZUM-RD 2002, 107.

- „verona.tv“[1],
- „verteidigungsministerium“[2],
- offengelassen für „celle.com“[3]. „.com“ ist nicht eigenständig (markenrechtlich) schutzfähig[4].

Abgelehnt wurde die Annahme einer Namensfunktion im Sinne von § 12 BGB für die – auf Städte bezogenen – Bezeichnungen „Hürth.de“[5], „Pulheim.de“[6] sowie „kerpen. de“[7]. Die Kammer sah in den genannten Fällen in der Reservierung und in dem Gebrauch des jeweiligen Namenskürzels keine Verletzung des Namensrechtes der jeweiligen Verfügungsklägerin. Derartige frei wählbare Buchstabenkombinationen würden zwar in der Praxis durchaus als Kennzeichnungselement verwendet und sie stünden oftmals im Zusammenhang mit Name und Funktion des Benutzers, jedoch gelange diese Funktion weder durchgängig zur Anwendung noch werde sie zwingend durch gesetzliche oder rechtsgeschäftliche Vorgaben gefordert. Diese Auffassung hat sich nicht durchgesetzt.

Abgelehnt wurde ein Abwehranspruch der Stadt Duisburg aus den §§ 12, 823, 1004 BGB gegen die Verwendung der Domain www.duisburg-info.de, da eine Zuordnungsverwirrung nicht feststellbar sei[8], ebensowenig eine Namensleugnung[9], und zwar auch bei Kollision von Namensrechten. Nicht eigenständig schutzfähig ist außerdem markenrechtlich das Suffix „.de“ innerhalb des Domain-Namens[10]. Abgelehnt wurde der namensrechtliche Schutz für „Marine“, wenn dem Namen das Präfix „Bundes“- nicht beigefügt ist[11].

Eine natürliche Person mit dem bürgerlichen Namen „**Netz**“ kann nicht einem Unternehmen untersagen, sich unter „www.netz.de“ registrieren zu lassen, da „Netz“ hier als Sachbegriff, nicht als Name verwendet werde[12]. Das „**@“-Zeichen** ist kein

1 OLG Hamburg, Beschl.v. 27.8.2002 – 3 W 78/02, CR 2002, 910 – verona.tv (mit dem Hinweis, das die meisten deutschen Internetnutzer diese Adresse jedenfalls in der Kombination mit „.tv“ (TLD für Tuvalu) nicht mit der Stadt in Italien verbinden würden)

2 LG Hannover, Urt.v. 12.9.2001 – 7 O 349/01, zit. nach *Bettinger/Leistner*, Werbung und Vertrieb im Internet, Teil 1 C, Rdn. 111, Fn. 224.

3 OLG Celle, Beschl.v.21.3.1997 – 13 U 202/96 (www.netlaw.de/Urteile/index.htm); Erstinstanz LG Lüneburg Urt. v. 29.1.1997 – 3 O 336/96, CR 1997, 288 zu „celle.com“ und „celle.de“. Das LG bejahte einen Abwehranspruch aus den §§ 12 S.2 BGB, 1004 Abs.1 BGB sowie über § 249 BGB die Verpflichtung zu einem Verzicht auf die *Reservierung* der Domain-Bezeichnung. Bereits diese bloße Resevierung habe das klägerseitige Namensrecht verletzt.

4 LG München I, Beschl.v.24.2.1997 – 17 HKO 3447/97 (www.netlaw.de/Urteile/index.html).

5 LG Köln Urteil v. 17.12.1996 – 3 O 478/96, GRUR 1997, 377 – huerth.de.

6 LG Köln Urteil v. 17.12.1996 – 3 O 507/96 (Stadt Pulheim ./. IPOS), CR 1997, 291 – pulheim.de.

7 LG Köln Urteil v. 17.12.1996 – 3 O 477/96 (Stadt Kerpen ./. IPOS) – kerpen.de.

8 LG Düsseldorf, Urt.v.9.5.2001 – 34 O 16/01, MMR 2001, 626, mit dem Hinweis, die Stadt könne auch die Domain „www.duisburg.de\info“ verwenden; bestätigt durch OLG Düsseldorf, Urt.v. 15.1. 2002 – 20 U 76/01, CR 2002, 447 = JurPC Web-Dok. 300/2002) außerdem eine Rufausbeutung zulasten der Gemeinde ablehnend, da dem Verkehr bewusst sei, dass Gebietskörperschaften üblicherweise lediglich ihre Namen als Bezeichnung ihre Internet-Auftrittes einsetzen und von einer Autorisierung anderer Domain-Namen nicht auszugehen sei).

9 So die Berufungsinstanz OLG Düsseldorf, Urt.v.15.1.2002 – 20 U 76/01, GRUR-RR 2003, 25.

10 LG Düsseldorf, Urt.v.4.3.1997 – 34 O 191/96 (www.netlaw.de/Urteile/lgd_1.htm).

11 LG Hamburg, Urt.v. 13.10.2000 – 416 O 129/00, CR 2001, 131 = K&R 2000, 613 – marine.de.

12 OLG Stuttgart, Urt. v. 7.3.2002 – 2 U 184/01, CR 2002, 529 = GRUR-RR 2002, 192 = ZUM-RD 2002, 617 – netz.de.

zulässiger Bestandteil einer Firmenbezeichnung[1], kann nicht in das Handelsregister eingetragen werden[2] und ist mangels Unterscheidungskraft auch nicht markenfähig, jedoch besteht für das Zeichen im Bereich der Telekommunikation und Online-Dienste ein Freihaltebedürfnis[3].

Der Schutz aus § 12 BGB umfasst jedes **Interesse** an der Namensverwendung, gleich, ob es nichtwirtschaftlicher Art ist[4] oder geschäftlichen Interessen dient[5], setzt aber weder eine Wettbewerbsposition im Markt noch eine Markenverwendung voraus, wenngleich im Unternehmensbereich § 5 MarkenG zur grundlegenden Norm werden dürfte[6]. Auch eine Verkehrsgeltung wie bei Geschäftszeichen (§ 5 Abs. 2 S. 2 MarkenG) ist nicht erforderlich[7]. § 12 BGB geht insoweit über den Schutzbereich des Wettbewerbs- und des Markenrechts hinaus. Es muss allerdings ein Namensgebrauch vorliegen, nicht nur eine beschreibende Erwähnung. So kann sich ein Restaurant nicht gegen die Verwendung seines Namens „canalgrande.de" für einen Bericht über diesen Kanal in Venedig wehren[8].

§ 12 BGB schützt den Namen „virtuell"[9] im gesamten Bundesgebiet[10], im gewerblichen Bereich aber nur, soweit die Kennzeichnungskraft im Geschäftsverkehr reicht[11]. Das Namensrecht aus § 12 BGB ist, anders als dasjenige aus § 17 HGB, nicht übertragbar. Deutsches Namensrecht ist auch dann anwendbar, wenn die Domain auf einem Server in den USA gespeichert wird, aber im Inland bestimmungsgemäß abgerufen werden kann[12], da sich der Schutz gegen Verletzungen des Namens nach dem Tatort richtet; ausreichend ist, dass die Verletzung im Inland eintritt[13].

Hat der Benutzer der Domain selbst ein schutzwürdiges Interesse, gilt der Grundsatz,

---

1 OLG Braunschweig, Urt.v.27.11.2000 – 2 W 270/00, JurPC Web-Dok. 158/2001 – Met@box. Begründung: Es handle sich nicht um ein zum gebräuchlichen Zeichensatz gehörendes Zeichen, das nicht selbst aussprechbar ist, auch wenn hierfür ein aussprechbares Wort existiert, und deshalb nicht in das Handelsregister eintragbar ist. Ähnlich LG München I, Urt.v.25.1.2001 – 17 HKO 24115/00, BB 2001, 854. Das „@"-Zeichen findet sich freilich mittlerweile auf allen Computertastaturen und wird gewöhnlich als „ät" ausgesprochen bzw. im Wort als „a".

2 BayObLG, Beschl.v.4.4.2001 – 3 Z BR 84/01, JurPC Web-Dok. 169/2001 – D@B; krit. *Obergfell*, CR 2000, 855; Eintragungsfähigkeit bejahen LG Cottbus, Beschl.v. 2.8.2001 – 11 T 1/00, CR 2002, 134 und LG Berlin, Beschl.v. 13.1.2004 – 102 T 122/03, MMR 2004, 498 (das @-Zeichen nicht als Bild-, sondern als Wortzeichen einstufend, das als Bestandteil einer Firmenbezeichnung eintragungsfähig sei).

3 BPatG, Beschl.v.6.10.1999 – 29 W (pat) 195/98 (Ls).

4 BGH GRUR 1958, 302.

5 BGHZ 15, 107.

6 Palandt/*Heinrichs*, § 12 Rdn. 1.

7 OLG Hamburg, Urt.v.5.11.1998 – 3 U 130/98, CR 1999, 184 – emergency.de OLG Hamburg, Urt.v.5.11.1998 – 3 U 130/98, CR 1999, 184, – Emergency (Computerspiel) , krit. *Hackbarth*, CR 1999, 186; Vorinstanz LG Hamburg, Urt.v.10.6.1998 – 315 O 107/98, – emergency.de. Das OLG Hamburg will den Schutz jedem wie auch immer gearteteten Subjekt gewähren (krit. *Hoffmann*, MarkenR 2001, 387, 389).

8 LG Düsseldorf, Urt.v.12.6.2002 – 2a O 346/01, MMR 2002, 756.

9 So ausdrücklich Baumbach/*Hefermehl* § 16 Rdn. 35.

10 BGH GRUR 1955, 300.

11 Baumbach/*Hefermehl* § 16 Rdn. 35; „sat-shop" wurde als nicht unterscheidungskräftig angesehen (LG München I, Urt.v.10.4.1997 – 17 HKO 3447/97, NJW-RR 1998, 978).

12 OLG Karlsruhe, Urt.v.9.6.1999 – 6 U 62/99, CR 1999, 783 = ZUM-RD 2000, 71 = JurPC Web-Dok. 40/2000 – badwildbad.com. Dem Gericht zufolge stellt die Verwendung eines Namens als SLD eine namensmäßige Benutzung dar.; eine Verletzung des Namensrechts scheitert nicht an der Verwendung der TLD „.com".

13 OLG Karlsruhe, Urt.v.9.6.1999 – 6 U 62/99, – Bad-Wildbad.de.

dass sich jeder unter seinem Namen im geschäftlichen Verkehr betätigen darf und ist § 12 BGB nicht anwendbar; vielmehr gilt das Prioritätsprinzip[1]. Grundsätzlich hinzunehmen ist, dass Nutzer mit einer Registrierung alle anderen Interessenten hindern, identische Domains für sich reservieren/registrieren zu lassen[2]. Zur Rechtslage bei Gleichnamigkeit s S. 433.

Verlorengehen kann der Schutz durch Ablauf oder Nichteintragung der Registrierung freilich, wenn die Stadt die notwendige Registrierungsgebühr nicht bezahlt[3].

b) Gattungsbegriffe

Zumeist wird ein Gattungsbegriff keine Namensfunktion ausfüllen können. Auch für Gattungsbegriffe ist Unterscheidungskraft aber nicht von vornherein ausgeschlossen[4]. Im Einzelfall kann ein Gattungsbegriff Priorität vor einem Namen haben[5]. Aus § 12 BGB nicht schutzfähig sind Gattungsbezeichnungen wie „Volksbank"[6] oder „Datenzentrale"[7], ebenso Herkunftsangaben wie „Champagner"[8].

Haben mehrere ein legitimes Interesse an der Benutzung eines Namens (etwa als Geschäftsbezeichnung), hat nach dem **Prioritätsprinzip** das Recht dessen Vorrang, der das Kennzeichen zuerst benutzt[9]. Die Benutzung von Gattungsbegriffen wurde außerdem und schwerpunktmäßig unter wettbewerbsrechtlichen Gesichtspunkten erörtert, so etwa in den „Mitwohnzentrale"-Entscheidung des BGH (s. S. 518).

c) Namen und Domain-Levels

Nach fast einhelliger Auffassung kann ein Domain-Name Namensfunktion haben[10]. Die Namensfunktion von Domain-Namen ist regelmäßig aber nur mit der Second Level Domain (SLD) verbunden (also mit www.*name*.de). Die SLD ist ihrerseits weiter aufteilbar, nämlich in Third (Fourth etc.) Level Domains (z.B. www.vorname.name.de) und Subdomains (wie etwa www.name.de/vorname). Die Top Level Domain (TLD) wird regelmäßig keine zusätzliche, individualisierende Kennzeichnung zum Namen hinzufügen können, da sie geographischen Bezug hat (wie etwa „.de")[11] oder generisch

---

1 LG Bonn, Beschl.v.22.9.1997 – 1 O 374/97, NJW-RR 1998, 977 – detag.de.

2 OLG Stuttgart, Urt. v. 7.3.2002 – 2 U 184/01, GRUR-RR 2002, 192 = ZUM-RD 2002, 617 – netz.de.

3 So geschehen im Fall LG Erfurt, Urt.v. 31.1.2002 – 3 O 2554/01, JurPC Web-Dok. 74/2002.

4 BGH, CR 2001, 777, 779 = GRUR 2001, 1061, 1063 = MMR 2001, 66, 668 – mitwohnzentrale.de.

5 LG Deggendorf, Urt.v. 14.12.2000 – 1 O 480/00, CR 2001, 266 – winzer.de. Die Verwendung der Berufsbezeichnung als Domain wurde nicht als Verletzung des Namensrecht der Gemeinde „Winzer" angesehen.

6 LG Hamburg, MMR 2001, 196.

7 BGH GRUR 1977, 503.

8 OLG München, Urt.v.20.9.2001 – 29 U 5906/00, JurPC Web-Dok. 5/2002.

9 LG Bonn, Urt.v.22.9.1997 – 1 O 374/97, NJW-RR 1998, 977.

10 BGH GRUR 2002, 622, 624 – shell.de (die Namensfunktion implizit voraussetzend); OLG Brandenburg, MMR 2001, 174 – luckau.de; OLG Düsseldorf, WRP 1999, 343, 346 – ufa.de; OLG Hamburg, CR 1999, 184, 186 – emergency.de; OLG Karlsruhe, CR 1999, 783f – badwildbad-com; OLG München, WRP 1999, 955, 959 – shell.de; OLG Stuttgart, CR 1998, 621 – steiff.com.

11 LG Düsseldorf, Urt.v. 4.4.1997 – 34 O 191/96, CR 1998, 165 – epson.de.

ist (wie „.com“)[1], weshalb sie weder getrennt als solche noch in Verbindung mit einer SLD Namensfunktion hat[2].

Die Verwendung eines Namens als **Second Level Domain** ist eine Form der namensmäßigen Benutzung[3]. Das Gericht sah in den genannten Fällen in der Reservierung und in dem Gebrauch des jeweiligen Namenskürzels keine Verletzung des Namensrechtes der jeweiligen Verfügungsklägerin. Derartige frei wählbare Buchstabenkombinationen würden zwar in der Praxis durchaus als Kennzeichnungselement verwendet und sie stünden oftmals im Zusammenhang mit Name und Funktion des Benutzers, jedoch gelange diese Funktion weder durchgängig zur Anwendung noch werde sie zwingend durch gesetzliche oder rechtsgeschäftliche Vorgaben gefordert. Zum Rechtsstreit war es gekommen, weil die DENIC in den genannten Fällen eine Eintragung der jeweiligen Verfügungsklägerin abgelehnt hatte, da die Adresse bereits vergeben war. Abgelehnt wurde auch ein Abwehranspruch der Stadt Duisburg aus den §§ 12, 823, 1004 BGB gegen die Verwendung der Domain www.duisburg-info.de, da eine Zuordnungsverwirrung nicht feststellbar sei[4]. Nicht eigenständig schutzfähig ist außerdem markenrechtlich das Suffix „ .de“ innerhalb des Domain-Namens[5].

Die Domain-Bezeichnung kann auch dann eine Namensfunktion zugewiesen erhalten, wenn sie zugleich die rein technisch definierte Funktion einer Adresse im System der Rechnerzuordnungen hat, nämlich als einer IP-Adresse zugeordnete Bezeichnung[6]. Die freie Wählbarkeit der Bezeichnung ermöglicht die Wahl auch von solchen Bezeichnungen, die außerhalb des Internet Namensfunktion haben. Diese bleibt bei Verwendung der Bezeichnung im Internet erhalten. Keinesfalls haben aber alle Domains eine Namensfunktion, weshalb Domains nicht generell unter Namensrecht schutzfähig sein können[7]; vielmehr muss die einzelne Bezeichnung als solche bereits Namensfunktion haben, um in dieser dann auch bei Verwendung als Domain schutzfähig zu sein[8].

d) Registrierung als Namensgebrauch

Bereits in der Registrierung des Domain-Namens hat der BGH einen unbefugten Namensgebrauch gesehen[9]. Ebenso verletzt schon die Eintragung eines schlagwortartigen Firmenbestandteil als Domain-Bezeichnung den Namensschutz des Unterneh-

---

1 *Perrey*, CR 2002, 349, 352.

2 OLG Hamburg, MMR 2000, 47; OLG Karlsruhe, MMR 1999, 605f – badwildbad.de; OLG Stuttgart,CR 1998, 621.

3 OLG Karlsruhe, Urt.v.9.6.1999 – 6 U 62/99, CR 1999, 783 – badwildbad.com. Nach dem Urteil scheidet ein Eingriff in das Namensrecht nicht deshalb aus, weil die beanstandete Kennzeichnung neben dem Namen die TLD „.com“ enthält.

4 LG Düsseldorf, Urt.v.9.5.2001 – 34 O 16/01, MMR 2001, 626, mit dem Hinweis, die Stadt könne auch die Domain „www.duisburg.de\info“ verwenden (s. auch S. 423).

5 LG Düsseldorf, Urt.v.4.3.1997 – 34 O 191/96 (www.netlaw.de/Urteile/lgd_1.htm).

6 *Perrey*, CR 2002, 349, 350 m.w.N. mit dem Hinweis, dass die Domains bei rein technischer Betrachtung keine Namen sind.

7 *Wilmer*, CR 1997, 562, 564 gegen LG Mannheim, CR 1996, 353 – heidelberg.de.

8 Ebenso *Perrey*, CR 2002, 349, 350.

9 BGH, Urt.v.22.11.2001 – I ZR 138/99, CR 2002, 525; LG Düsseldorf, Urt.v.22.9.1998 – 4 O 473/97, MMR 1999, 369; abw. noch OLG Dresden, Urt.v. 28.11.2000 – 14 U 2486/00, CR 2001, 408 – Kurt-Biedenkopf.de, allerdings bezogen nur auf DENIC; das Gericht bejaht eine Prüfpflicht von DENIC nur bei groben, unschwer erkennbaren Rechtsverstößen.

mens und nicht erst der Gebrauch der Kennzeichnung[1]. Das Reservieren (bei einem Provider) soll bereits einen bestehenden Namensschutz verletzen können[2], allerdings erfolgt hier noch kein Blockieren eines Dritten. Besteht kein vorrangiges Recht zur Benutzung eines Domain-Namens, verletzt der Domain-Inhaber bei Inanspruchnahme durch den Berechtigten bereits dessen Namensrecht, wenn er gegen den Berechtigten bei DENIC einen **Dispute**-Eintrag bewirkt[3].

Die Registrierung und Verwaltung durch DENIC stellt allerdings **keine Benutzung** durch DENIC und damit keine Namensrechtsverletzung dar[4].

Lässt sich ein **Provider** nach Beendigung der Geschäftsbeziehung zum bisherigen Domain-Inhaber die Domain auf sich übertragen und ist ab dann unter der Domain nur noch die Webseite des Providers aufrufbar, wird hierdurch das Namensrecht des bisherigen Domain-Inhabers aus § 12 BGB verletzt, auch wenn DENIC dem Provider die Auskunft gab, die Domain sei frei, wobei der Anspruch aus § 12 BGB kein Verschulden voraussetzt[5]. Eine Verletzung des Namensrechts des Kunden erfolgt auch, wenn ein Gestalter von Internet-Auftritten die Domain des Kunden für sich mit dem Namen des Kunden (und mit dessen Zustimmung) registrieren lässt[6].

e) Namensrechtlicher Unterlassungsanspruch aus Namensleugnung und Namensanmaßung

Aus § 12 BGB ergibt sich grundsätzlich ein **Anspruch** auf Unterlassung der Beeinträchtigung, nicht aber ohne weiteres auch auf Übertragung der angegriffenen Domain[7]. Schutz aus § 12 BGB besteht gegen

- **Namensleugnung** (Bestreiten des Rechts zum Namensgebrauch gegenüber dem Namensträger) sowie
- **Namensanmaßung** (unbefugter Gebrauch des Namens eines anderen unter Verletzung von dessen schutzwürdigen Interessen), etwa zur Bezeichnung eines Gewerbebetriebes oder einer Ware.

Bezüglich Registrierung und Benutzung einer Domain kommt regelmäßig nur Namensanmaßung in Betracht[8].

Die Namensverwendung muss **unbefugt** geschehen. Befugt ist etwa die Verwendung desselben (tatsächlichen) Familiennamens[9], unbefugt hingegen die Verwendung des Namens eines anderen Unternehmens oder des Namens einer Stadt. Auch die

---

1 OLG Stuttgart, Urt.v. 3.2.1998 – 2 W 77/97, CR 1998, 621 – steiff.com; OLG Düsseldorf, CR 1999, 528 (Ls) = NJW-RR 1999, 626 – ufa.de (Bestreiten des Namensrechts)

2 OLG München, Urt.v. 12.8.1999 – 6 U 4484/98, GRUR 2000, 519 – rolls-royce.de,

3 OLG Nürnberg, Urt.v.5.6.2001 – 3 U 817/01, JurPC Web-Dok. 357/2002

4 OLG Dresden, Urt.v. 28.11.2000 – 14 U 2486/00, WRP 2001, 706 = JurPC Web-Dok. 98/2001 – Kurt-Biedenkopf.de

5 LG Coburg, Urt.v.7.2.2001 – 22 O 9/01, JurPC Web-Dok. 83/2001

6 OLG Celle, Urt.v.8.4.2004 – 13 U 213/03, CR 2004, 772 = JurPC Web-Dok. 188/2004 – g.de (namensrechtliche Zuordnungsverwirrung annehmend), zust. *Möbius*, JurPC Web-Dok. 231/2004; abl. *Stadler*, JurPC Web-Dok. 232/2004 (wohl zutreffend kritisierend, dass die ausdrückliche Zustimmung eine Namensanmaßung ausschließen musste).

7 OLG München, Urt.v.12.8.1999 – 6 U 4484/98, ZUM-RD 2000, 15, – Rolls-Royce.

8 *Ingerl/Rohnke*, Markengesetz, Nach § 15, Rdn. 58.

9 Baumbach/*Hefermehl* § 16 Rdn. 47 a mit weiteren Nachweisen.

Verwendung von Teilen eines anderen Namens kann unberechtigt sein, ebenso die Verwendung von Abkürzungen. Eine Zuordnungsverwirrung ist bei Pseudonymen ausgeschlossen, wenn bei Homepage-Aufruf aufgrund Gestaltung der Seite erkennbar ist, dass der Namensinhaber nicht der Betreiber ist[1].

Das Namensrecht kann auch dann verletzt werden, wenn ein Provider nach Beendigung der Geschäftsbeziehung zum bisherigen Domain-Inhaber die **Domain** auf sich **übertragen** lässt und die Domain nur noch unter der Webseite des Providers ausrufbar ist; das gilt auch dann, wenn DENIC eG die Auskunft gab, die Domain sei frei[2]. Wird die Alleinstellung eines **bekannten** Zeichens beeinträchtigt, kann sich der Verletzer weder auf die Priorität der Vergabe des Domain-Namens berufen noch auf ein eigenes Namensrecht[3].

Der Gebrauch eines fremden Unternehmenskennzeichens in einem Domain-Namen für **ideelle Zwecke** kann dann gemäß Art. 5 GG befugt sein, wenn damit wegen der Besonderheiten des Suchverfahrens eine weit größere Öffentlichkeit erreichbar wird[4].

Das Herstellen eines **Link** auf fremde Seiten stellt mangels namensmäßiger Identitäts- oder Zuordnungsverwirrung keine Verletzung von Namensrechten i.S.v. § 12 BGB dar; auch ist keine irreführende Angabe über geschäftliche Verhältnisse bzw. den Ursprung einer Leistung i.S.v. § 3 UWG anzunehmen[5].

Der Berechtigte hat aus § 12 BGB einen Beseitigungs- und/oder Unterlassungsanspruch. Aus § 12 BGB ergibt sich grundsätzlich ein Anspruch auf **Unterlassung** der Beeinträchtigung, nicht aber ohne weiteres auch auf Übertragung der angegriffenen Domain[6]. Unterlassung kann verlangt werden, wenn eine Rechtsverletzung zwar noch nicht erfolgt ist, aber droht (bzw. nahe bevorsteht), und ebenso, wenn sie erfolgt ist und eine Wiederholung droht. Einem Unterlassungsanspruch kann entgegenstehen, dass die Verwechslungsgefahr nur „auf den ersten Blick“ besteht[7]. Eine uneingeschränkte Unterlassung kann nur verlangt werden, wenn mildere Mittel (wie etwa die Umgestaltung der Home Page) nicht in Betracht kommen[8].

Der **Beseitigungsanspruch** kann auf Löschung der Domain gerichtet sein, wenn weniger weitreichende Maßnahmen nicht ausreichen (etwa eine Änderung der Domain-Bezeichnung durch klarstellende Erweiterung). Die Löschung kann nur verlangt werden, wenn der verpflichtete Dritte kein berechtigtes Interesse vorweisen kann, den Domain-Namen außerhalb des sachlichen oder räumlichen Wirkungsfeldes des kennzeichenrechtlichen Anspruches (etwa für private Zwecke oder für ein Unternehmen in einer anderen Branche) zu verwenden[9].

Aus § 12 BGB kann ein Zweitanmelder die **Freigabe** einer Domain dann verlangen, wenn für den Zweitanmelder ein legitimes Interesse an der Domain-Nutzung besteht, nicht aber für den Erstanmelder, – so etwa, wenn der Zweitanmelder ein Unternehmen mit überragender Verkehrsgeltung mit bundesweit etabliertem Firmennamen ist[10]. Die

---

1 LG Köln, Urt.v. 23.2.2000 – 14 O 322/99, MMR 2000, 437, – maxem.de.

2 LG Coburg, Urt.v.7.2.2001 – 22 O 9/01, JurPC Web-Dok. 83/2001.

3 OLG Hamm, CR 1998, 241 – krupp.de; LG Hamburg, MMR 2000, 631 – joop.de (Schutz der bekannten Modemarke gegen Verwässerung).

4 KG, Urt.v.23.10.2001 – 5 U 101/01, CR 2002, 760 (keine Aktenzeichenangabe) – „oil-of-elf.de“.

5 OLG Düsseldorf, Urt.v.29.6.1999 – 20 U 85/98, CR 1999, 12 – baumarkt.de.

6 OLG München, Urt.v.12.8.1999 – 6 U 4484/98, ZUM-RD 2000, 15 – Rolls-Royce

7 KG, Urt.v.23.10.2001 – 5 U 101/01, CR 2002, 760 – „oil-of-elf.de“.

8 BGH, Urt.v.11.4.2002 – I ZR 317/99, CR 2002, 674 = NJW 2002, 2096 = ZUM-RD 2002, 403 – vossius.

9 BGH, Urt.v.11.4.2002, a.a.O.

10 LG Paderborn, Urt.v.1.9.1999 – 4 O 228/99, JurPC Web-Dok.214/1999.

Interessen des Unternehmens mit überragender Verkehrsgeltung haben Vorrang vor den Interessen des privat nutzenden Namensträgers[1]: Wer eine Domain wie *„shell.de"* für sich eintragen lassen will, muss, dem BGH zufolge, erst mit dem Inhaber des Unternehmenskennzeichens das Bestehen von Einwänden klären. Der BGH sah hier grundsätzlich einen Unterlassungsanspruch des Unternehmens als gegeben an, verwies jedoch zur weiteren Sachaufklärung an das OLG München zurück[2]. Dem Beklagten könne nicht grundsätzlich die Verwendung seines Namens verwehrt werden, jedoch seien klarstellende Zusätze zum Domain-Namen möglich und zumutbar. Ein Anspruch auf Übertragung bestehe nicht, sondern es sei nur ein Verzicht möglich.

Gibt ein Gesellschafter sein Einverständnis zur Weiterführung seines Namens im **Briefkopf** der Sozietät auch nach seinem Ausscheiden, so verstößt die Benutzung seines Namens als Internet-Adresse einer anderen, später gegründeten Kanzlei gegen die Namensrechte der früheren Sozietät aus § 12 BGB, wenn der Domain-Name ohne jeden, insbesondere ohne unterscheidungskräftigen Zusatz benutzt wird[3].

Soweit Verschulden vorliegt, kann ein **Schadensersatzanspruch** bestehen, der sich aus Verletzung des Namensrecht als absoluten Rechts ergibt (§ 823 BGB), oder im Einzelfall, wenn nämlich ein Schädigungsvorsatz bestand (etwa beim sog. „Domain-Grabbing", s. S. 479) aus § 826 BGB, auch neben einem Unterlassungsanspruch aus den §§ 826, 226, 1004 BGB[4].

aa) Namensleugnung

Namensleugnung ist das vorsätzliche Bestreiten des Rechts zum Namensgebrauch (also das Infragestellen des Bestandes des Namensrechts) gegenüber dem Namensträger, § 12 S. 1 Alt. 1 BGB, gegen das auch Geschäftsbezeichnungen geschützt sind[5]. Im bloßen Registrierung eines Namens als Domain-Bezeichnung ist kein Bestreiten zu sehen[6] und

---

1 OLG München, Urt.v.25.3.1999 – 6 U 4557/98, CR 1999, 382 – shell.de. Der unberechtigte Domain-Inhaber wurde zur Einwilligung in die Umschreibung der Domain auf den Berechtigten verurteilt (aus – freilich nicht unumstrittener – analoger Anwendung von § 894 BGB, Grundbuchberichtigungs-anspruch). Ähnlich LG Bochum, Urt.v. 24.4.1997 – 14 O 33/97 – krupp.de. Der Familienname dürfe zwar als solcher, nicht jedoch im geschäftlichen Verkehr benutzt werden, da hierdurch Verwechslungsgefahr mit den Marken der Kläger hervorgerufen werde. Die Verpflichtung umfasse nicht nur die Unterlassung künftiger Benutzung, sondern auch die Zustimmung zur Übertragung dieser Adresse. Ein Verpflichtungsantrag gegen DENIC wurde nicht gestellt; hierzu bestät. OLG Hamm, Urt.v.13.1.1998 – 4 U 135/97, CR 1998 (Namensrecht aus § 12 BGB tritt gegenüber Recht aus Namensrecht zurück, das sich auf Firmenschlagwort mit überragender Verkehrsgeltung stützt). Bedenken gegenüber der Feststellung der überragenden Bekanntheit machte das LG Düsseldorf, Urt.v. 27.8.2003 – 34 O 71/03, MMR 2004, 111 – hudson.de geltend.

2 BGH, Urt.v.22.11.2001 – I ZR 138/99, CR 2002, 525.

3 OLG München, Urt.v.16.9.1999 – 6 U 6228/98, CR 1999, 778 = ZUM-RD 1999, 474 = JurPC Web-Dok. 14/2000 – Vossius.

4 OLG Frankfurt, GRUR-RR 2001, 5 = MMR 2000, 752 – mediafacts.de .

5 OLG Düsseldorf, NJW-RR 1999, 626, 628 – ufa.de und GRUR-RR 2002, 28f – centrotherm.de, krit. Hoeren/Sieber/*Viefhues*, Handbuch Multimedia-Recht, Teil 6.1, Rdn. 229.

6 BGH, Urt.v. 26.6.2003 – I ZR 296/00, JurPC Web-Dok. 258/2003 – maxem.de; BGH WRP 2002, 694, 697 – shell.de; OLG Brandenburg, K&R 2000, 496f – luckau.de; OLG Köln, CR 2000, 696 – maxem.de und GRUR 2000, 798f – alsdorf.de; anders noch LG Frankfurt, Urt.v. 26.2.1997 – 2/6 O 633/96, CR 1997, 287 – das.de (Bestreiten durch Blockadewirkung der Registrierung); OLG Düsseldorf, NJW-RR 1999, 626f (Namensleugnung durch bis zum 1.2.1997 bei der DENIC möglichen Reservierung, da das Recht der Namensbenutzung durch den Berechtigten im Web blockiert wird); LG Magdeburg, Urt.v. 18.6.1999 – 36 O 11/99, MMR 1999, 607f = K&R 1999, 426 – foris.de. Abl. *Perrey*, CR 2002, 349, 354, ein redlicher Anwender nur die eigene Domain nutzen

generell keine Namensbenutzung[1], auch nicht in der rein tatsächlichen, durch die Registrierung verursachten Blockadewirkung[2], ebenso generell nicht im bloßen Benutzen des Namens[3]. Bereits das Registrieren eines fremden Namens stellt eine Namensanmaßung dar[4].

Wer den Namen eines anderen als Internet-Domain für sich hat registrieren lassen und damit blockiert, bestreitet das Recht des Namensträgers zur Namensführung, und zwar auch, wenn die Domain nur reserviert ist und deshalb noch nicht benutzt wird[5].

bb) Namensanmaßung

Namensanmaßung ist der unbefugte Gebrauch des Namens eines anderen unter Verletzung von dessen schutzwürdigen Interessen, § 12 S. 1 Alt. 2 BGB, etwa zur Bezeichnung eines Gewerbebetriebes oder einer Ware. Voraussetzung ist, dass ein Dritter **unbefugt den gleichen Namen gebraucht**, dadurch eine Identitäts- oder Zuordnungsverwirrung auslöst[6] und schutzwürdige Interessen des Namensträgers verletzt, was bei Verwendung eines fremden Namens als Domain-Bezeichnung im allgemeinen zu bejahen ist [7], insbesondere bereits bei Registrierung[8]. Hier erfolgt nicht ein Bestreiten des Rechts des anderen, den Namen zu gebrauchen, sondern ein unrechtmäßiger Gebrauch des Namens dieses anderen. Ausreichend ist, dass der den Namen verwendende Dritte als Namensträger identifiziert wird, nicht aber das Auftreten von Verwechslungen[9]. Namensanmaßung wurde etwa im Verhältnis von Privaten zu

---

wolle und nicht die Absicht habe, das Recht eines anderen zur Namensführung zu bestreiten, es also mangels eines entsprechenden subjektiven Elementes an einem Bestreiten fehle.

1 OLG Dresden, Urt.v.28.11.2000 – 14 U 2486/00, CR 2001, 408 = MMR 2001, 459 – kurt-biedenkopf.de.

2 OLG Düsseldorf, Urt.v.15.1.2002 – 20 U 76/01, CR 2002, 447 = WRP 2002, 1085f – duisburg-info.de (Zuordnungsverwirrung ablehnend); abw. noch OLG Düsseldorf, WRP 1999, 343, 346 – ufa.de.

3 Für Domain-Namen BGH GRUR 2002, 622, 624 – shell.de.

4 BGH, Urt.v.26.6.2003 – I ZR 296/00, CR 203, 845 – maxem.de.

5 LG Frankfurt, Urt.v.3.3.1997 – 2/6 O 633/96 (www.netlaw.de/urteile/lgf_1.htm) – das.de.

6 BGH, Urt.v.26.6.2003 – I ZR 296/00, CR 203, 845, 846 = JurPC Web-Dok. 258/2003 – maxem.de; BGH GRUR 2002, 917, 919 – Düsseldorfer Stadtwappen. Der BGH stellt in der „maxem"-Entscheidung außerdem ausdrücklich fest, dass sich die Unterlassungsverpflichtung nur auf die Verwendung dieser Bezeichnung als Domain und in einer aus einer Domain abgeleiteten *E-Mail-Adresse* beziehe (z.B. unzulässig „maxem@maxem.de", zulässig aber „maxem@lach.de"), nicht jedoch auf den Gebrauch in anderer Form.

7 BGH, Urt.v. 26.6.2003, a.a.O. – maxem.de; BGHZ 119, 237, 245 – Universitätsemblem. Der BGH, Urt.v.26.6.2003, a.a.O., 845 stellt ausdrücklich fest: „Wird der eigene Name durch einen Nichtberechtigten als Domain-Name unter der in Deutschland üblichen Top-Level-Domain „.de" registriert, wird dadurch über die Zuordnungsverwirrung hinaus ein besonders schutzwürdiges Interesse des Namensträgers beeinträchtigt." Da jede Internetadresse nur einmal vergeben werden könne, habe der Träger des unterscheidungskräftigen Namens das berechtigte, in der Regel mit einer größeren Zahl gleichnamiger Namensträger geteilte Interesse, mit dem eigenen Namen unter der im Inland üblichen und am meisten verwendeten Top-Level-Domain „.de" im Internet aufzutreten. Zwar müsse jeder Namensträger hinnehmen, dass ein anderer Träger dieses Names ihm zuvorkommt und den Namen als Internet-Adresse für sich registrieren lässt, doch brauche er nicht zu dulden, dass er aufgrund der Registrierung durch einen Nichtberechtigten von der Nutzung seines Namens ausgeschlossen wird.

8 BGH, Urt.v.26.6.2003 – I ZR 296/00, CR 203, 845 – maxem.de; BGH GRUR 2002, 622, 624 – shell.de; OLG Köln, CR 1999, 385f – herzogenrath.de; OLG München, GRUR 2000, 519f – rolls-royce.de.

9 BGH, Urt.v.26.6.2003 – I ZR 296/00, CR 203, 845 – maxem.de; BGHZ 124, 173, 181 – röm.kath.

Gebietskörperschaften angenommen, wenn der Private nicht Namensträger war[1]. Erfasst werden auch Fälle nicht kennzeichenmäßiger Verwendung, durch die der Namensträger zu Einrichtungen, Gütern oder Erzeugnissen in Beziehung gesetzt wird, mit denen er nichts zu tun hat[2]. Bloße Namensnennung führt zu keiner solchen Verwirrung, kann aber einen Eingriff in das allgemeine Persönlichkeitsrecht darstellen[3]. Verwendung von Unternehmenskennzeichen in kritischen Domains ist zulässig[4]. Die Zuordnungsverwirrung kann durch einen Hinweis auf der Internet-Seite vermieden werden[5]. Deren Inhalt ist bei der Beurteilung der Zuordnungsverwirrung mit zu berücksichtigen[6].

Eine Form der Namensanmaßung ist die **Zuordnungsverwirrung**, die entsteht, wenn der unrichtige Eindruck hervorgerufen wird, der Namensträger habe dem Gebrauch seines Namens zugestimmt[7]. Im Internet-Bereich, auf den die Grundsätze zur Zuordnungsverwirrung anwendbar sind[8], setzt eine solche Zuordnungsverwirrung voraus, dass der durchschnittliche Nutzer durch die Benutzung des fremden Namens den Eindruck eines Zusammenhangs mit dem Namensträger gewinnt, der tatsächlich nicht besteht[9]. Eine Zuordnungsverwirrung kann entstehen, wenn der Betreiber einer Web-Agentur (unzuläsig) eine dem Kundennamen entsprechende Domain im eigenen Namen registrieren lässt[10]. Eine Zuordnungsverwirrung ist bei Pseudonymen ausgeschlossen, wenn bei Homepage-Aufruf aufgrund Gestaltung der Seite erkennbar ist, dass der Namensinhaber nicht der Betreiber ist[11]. Verwechslungsgefahr wurde bejaht bei „pinakothek.de" bei Tätigkeit auf demselben Gebiet[12]. Die Verwendung der Domain „bundesheer.at" durch einen Privaten, der auf die offizielle Webseite de staatlichen Stellen verweist, wurde als nicht mit einer Verwechslungsgefahr verbunden angesehen[13]. Jedes geschäftliche wie auch ideelle **Interesse** ist berücksichtigungsfähig[14]. Geschützt sind auch persönliche oder Affektionsinteressen[15]. Keine Interessenbeeinträchtigung liegt vor, wenn es sich etwa bei einem Familiennamen zugleich um einen beschreibenden Begriff handelt und der Verkehr keine eindeutige Zuordnung zum Namensträger vornimmt[16] oder wenn durch einen **Zusatz** klargestellt wird, dass es sich nicht um eine Homepage des Namensträgers handelt[17]. Eine

---

1 OLG Karlsruhe, JurPC Web-Dok. 40/2000 – badwildbad.com; OLG Brandenburg, JurPC Web-Dok. 79/2000 – luckau.de; AG Ludwigsburg, JurPC Web-Dok. 15/2001 – muenchingen.de.

2 BGH GRUR 2002, 917, 919; BGH GRUR 2002, 622, 624 – shell.de für Domain-Namen.

3 BGH GRUR 2000, 709, 715 – Marlene Dietrich.

4 KG MMR 2002, 686f – oil-of-elf, krit. *Ingerl/Rohnke*, Markengesetz, Nach § 15, Rdn. 73.

5 BGH, Urt.v.11.4.2002 – I ZR 317/99, CR 2002, 674f – vossius.

6 So der ÖstOGH, Urt.v. 20.5.2003 – 4 Ob 47/03w, MMR 2004, 462.

7 BGHZ 119, 237, 245; BGH NJW 1983, 1186; OLG Karlsruhe, CR 1999, 783f – badwildbad.com; LG Nürngerg-Fürth, MMR 2000, 629f – pinakothek.de.

8 BGH, Urt.v.26.6.2003 – I ZR 296/00, CR 203, 845 – maxem.de.

9 BGH, Urt.v.26.6.2003, a.a.O.; *Schönberger*, GRUR 2002, 478, 482 mit dem Beispiel der Domain „olg-jena.de", die nicht zum Thüringer Oberlandesgericht, sondern zu einer Anwaltskanzlei führe.

10 OLG Celle, Urt.v. 8.4.2004 – 13 U 213/03, MMR 2004, 486 – grundke.de.

11 LG Köln, Urt.v. 23.2.2000 – 14 O 322/99, MMR 2000, 437 – maxem.de.

12 LG Nürnberg, Urt.v.24.2.2000 – 4 O 6913/99, MMR 2000, 629 – pinakothek.de (Verwechslungsgefahr zwischen „pinakothek" und „Alte Pinakothek").

13 ÖOGH, Beschl. v. 13.9.2000 – 4 Ob 198/00x, JurPC Web-Dok. 54/2001 – bundesheer.at .

14 S. etwa BGH, GRUR 1958, 302f – Lego.

15 *Ingerl/Rohnke*, Markengesetz, Nach § 15, Rdn. 19 n.w.N.

16 OLG Stuttgart, GRUR-RR 2002, 192f – netz.de; *Ingerl/Rohnke*, Markengesetz, Nach § 15, Rdn.61.

17 OLG Düsseldorf, WRP 2002, 1085f – duisburg-info.de.

Interessenbeeinträchtigung kann bereits durch eine **unbenutzte** Homepage erfolgen[1].

Die Namensverwendung muss **unbefugt** geschehen. Dem Verwender dürfen keine Rechte am Namen zustehen[2]. Wird ein Name von einem Dritten als „Aliasname" im Internet verwendet, führt dies nicht zu dessen namensrechtlicher Berechtigung, es sei denn, dass der Verwender mit diesem Aliasnamen Verkehrsgeltung erworben hat, wobei der Schutz erst mit Erwerb der Verkehrsgeltung begründet wird[3]. Befugt ist etwa die Verwendung desselben (tatsächlichen) Familiennamens[4], also bei Gleichnamigkeit, ebenso die Verwendung aufgrund eingeräumter Befugnis, unbefugt hingegen die Verwendung des Namens eines anderen Unternehmens oder des Namens einer Stadt. Auch die Verwendung von Teilen eines anderen Namens kann unberechtigt sein, ebenso die Verwendung von Abkürzungen. Schon die bloße Registrierung kann einen unbefugten Namensgebrauch darstellen[5]. Geschützt sind auch geschäftliche Namen. Namensanmaßung ist bei Gleichnamigkeit (s. unten S. 433) nicht gegeben, auch nicht bei Verwendung von Kurzbezeichnungen[6].

Bereits die **Registrierung** der Domain ist ein unbefugter Namensgebrauch im Sinne einer Namensanmaßung, da hierdurch, technisch bedingt, für diesen Domain-Namen eine Registrierung durch andere versperrt wird[7] bzw. eine Namensanmaßung[8]. Namensanmaßung ist zu verneinen, wenn ein Domain-Name zwar mit dem bürgerlichen Namen eines Dritten übereinstimmt, aber den Inhalt der Webseite beschreibt[9].

Erteilt ein ISP im Rahmen einer **„Whois"-Abfrage** auf Eingabe durch einen Nutzer Auskunft über die Verfügbarkeit eines Domain-Namens, stellt dies bezüglich des Trägers des angefragten Personennamens keine Namenrechtsverletzung (Namensanmaßung) dar, da Interessenten auf solche Verfügbarkeitsangaben angewiesen sind. Nach den „ambiente"-Kriterien des BGH[10] träfen den Provider auch keine Prüfungspflichten, deren Verletzung eine (mittelbare) Störerhaftung begründen könnte [11].

---

1 OLG Stuttgart, CR 1998, 621 – steiff.com.

2 BGH, Urt.v.26.6.2003 – I ZR 296/00, CR 2003, 845, 846 – maxem.de.

3 BGH, Urt.v.26.6.2003, a.a.O.

4 Baumbach/Hefermehl § 16 Rdn. 47 a mit weiteren Nachweisen.

5 BGH, Urt.v.22.11.2001 – I ZR 138/99, CR 2002, 525 – shell.de.

6 OLG München, Urt.v.11.7.2001 – 27 U 922/00, JurPC Web-Dok. 236/2001 – boos.de (Vorinstanz LG Augsburg, Urt.v.15.11.2000 – 6 O 3636/00, JurPC Web-Dok. 89/2001).

7 BGH, Urt.v. 22.11.2001 – I ZR 138/99, CR 2002, 525 = JurPC Web-Dok. 139/2002 – shell.de; OLG Düsseldorf, NJW-RR 1999, 626f – ufa.de; abw. *Wüstenberg*, GRUR 2003, 109, 111, nach dem durch die Registrierung nicht einer bestimmten Person der Name abgesprochen wird, da der Inhaber der Domain sage, er habe ein Recht, nicht aber, dass ein bestimmter anderer dieses Recht nicht habe. Entscheidend kann aber wohl nicht der Erklärungshorizont des Inhabers sein, sondern nur die Beschränkung oder Sperre der Ausübung des Namensrecht des anderen. Die Behauptung des Rechts ist bei Domains insoweit mit dem Ausschluss anderer von diesem Recht verbunden.

8 BGH, Urt.v. 26.6.2003 – I ZR 296/00, NJW 2003, 2978 = JurPC Web-Dok. 258/2003 – maxem.de.

9 LG München I, Urt.v.8.3.2001 – 4 HK O 200/01, MMR 2001, 545 – saugling.de.

10 BGH, Urt.v.17.5.2001 – I ZR 251/99, CR 2001, 850 – ambiente.

11 OLG Köln, Urt.v.27.11.2001 – 15 U 108/01, 15 U 109/01, CR 2002, 533 = MMR 2002, 476 = ZUM-RD 2002, 552 = JurPC Web-Dok. 87/2002 – guenther-jauch.de. Das Gericht relativiert i.ü. die „shell"-Rechtsprechung des BGH dahin, dass für die Berechtigung zur Domainnutzung durch Gleichnamige grundsätzlich auch dann der Prioritätsgrundsatz gelte, wenn der Namensträger einen überragenden Bekanntheitsgrad habe. Das LG Köln, Urt.v. 16.5.2001 – 28 O 144/01, MMR 2001, 559 (Ls.) hatte einen kausalen Beitrag des Providers und hieraus desen Unterlassungspflicht bejaht. Mit dem OLG Dresden, Urt.v.28.11.2000 – 14 U 2486/00, CR 2001, 408 = MMR 2001, 459 wird bezweifelt, ob es Abgrenzungskriterien gibt, um in zumutbarer Weise einen Personenkreis zu definieren, der unter den Blickwinkel der „Berühmtheit" einen besonderen Namensschutz für sich reklamieren könne.

Löschung als Form der Beseitigung kommt nur in Betracht, wenn der Verpflichtete kein berechtigtes Interesse hat, den Domain-Namen außerhalb des sachlichen oder räumlichen Wirkungsfeldes des kennzeichenrechtlichen Anspruches (etwa für private Zwecke oder für ein Unternehmen in einer anderen Branche) zu verwenden[1].

Lässt sich ein **Provider** nach Beendigung der Geschäftsbeziehung zum bisherigen Domain-Inhaber die Domain auf sich übertragen und ist ab dann unter der Domain nur noch die Webseite des Providers aufrufbar, wird hierdurch das Namensrecht des bisherigen Domain-Inhabers aus § 12 BGB verletzt, auch wenn DENIC dem Provider die Auskunft gab, die Domain sei frei[2]. Das Herstellen eines **Link** auf fremde Seiten stellt mangels namensmäßiger Identitäts- oder Zuordnungsverwirrung keine Verletzung von Namensrechten i.S.v.§ 12 BGB dar; auch ist keine irreführende Angabe über geschäftliche Verhältnisse bzw. den Ursprung einer Leistung i.S.v. § 3 UWG anzunehmen[3].

f) Gleichnamigkeit

Kollidieren die Rechte zweier (z.B. gleichnamiger) Namensträger), muss ein Ausgleich gefunden und hierzu eine Interessenabwägung durchgeführt werden. Hierzu ist wesentlich der **Prioritätsgrundsatz** heranzuziehen, nach dem derjenige das Recht an der Domain ausüben und diese also eintragen lassen darf, der die Domain zuerst bei der Registrierungsstelle angemeldet hat[4]. Auch der bekanntere Namensträger unterliegt dem Prioritätsprinzip, nicht hingegen der Träger eines Namens mit überragender Bekanntheit[5]. Entscheidend ist der Zeitpunkt der ersten Registrierung (da diese bereits ausschließende Wirkung hat), nicht der der ersten Benutzung des Namens[6]. Namensbestandteile dürfen nicht weggelassen werden, wenn sie unterscheidungsgeeignet sind[7]. Die **redliche Verwendung des eigenen Namens** ist auf Seiten des Namenskonkurrenten **grundsätzlich hinzunehmen**, auch im Verhältnis einer Gebietskörperschaft und Privatperson, es sei denn, es liege eine überragende Verkehrsgeltung der Bezeichnung vor[8].

---

1 BGH, Urt.v.11.4.2002 – I ZR 317/99, CR 2002, 674 = NJW 2002, 2096 = ZUM-RD 2002, 403 – vossius.

2 LG Coburg, Urt.v.7.2.2001 – 22 O 9/01, JurPC Web-Dok. 83/2001.

3 OLG Düsseldorf, Urt.v.29.6.1999 – 20 U 85/98, CR 1999, 12 – baumarkt.de.

4 LG Augsburg, JurPC Web-Dok. 89/2001 – boos.de; bestätigt durch OLG München, JurPC Web-Dok. 236/2001 (Schutz des Namens auch bei Gleichnamigkeit, wenn der Name überragende Verkehrsgeltung habe; im konkreten Fall freilich abgelehnt); OLG Hamburg, Urt. v. 5.11.1998 – 3 U 130/98, NJW-RR 1999, 625 = JurPC Web-Dok. 21/1999; LG Coburg, JurPC Web-Dok. 212/2001 – tschirn.de.

5 OLG Koblenz, Urt.v.25.1.2002 – 8 U 1842/00, JurPC Web-Dok. 52/2002 – vallendar.de; OLG Oldenburg, Beschl.v. 30.9.2003 – 13 U 73/03, MMR 2004, 34 – schulenberg.de (Freigabeanspruch nur bei überragender Bekanntheit, Anspruch auf Unterlassung der Benutzung aber schon bei deutlich höherer Bekanntheit des gleichnamigen Anspruchstellers bejahend; krit. *Mietzel*, MMR 2004, 34: „domainrechtlicher Fehltritt", da Domain von beiden Parteien nicht weiterbenützt werden könne).

6 OLG Koblenz, JurPC Web-Dok. 52/2002 – vallendar.de (Abweichung vom Prioritätsgrundsatz nur, wenn das Allgemeinwohl eine ausschließliche Nutzung durch die Gebietskörperschaft als unabweisbar erscheinen lässt, Domain-Grabbing vorliegt oder eine überragende Bekanntheit der Gebietskörperschaft).

7 OLG München, MMR 2000, 102f – vossius.de; OLG Hamburg, MMR 2001, 196 – derrick.de; *Ingerl/Rohnke*, Markengesetz, Nach § 15, Rdn. 68.

8 LG Coburg, Urt. 13.6.2001 – 12 O 284/01, JurPC Web-Dok. 212/2001 – tschirn.de.

Aus § 12 BGB kann ein Zweitanmelder jedoch die Freigabe einer **gleichnamigen** Domain dann verlangen, wenn für den Zweitanmelder ein legitimes Interesse an der Domain-Nutzung besteht, nicht aber für den Erstanmelder. So wurde vom OLG München (und in Bestätigung vom BGH) den Interessen des Unternehmens mit überragender Verkehrsgeltung Vorrang vor den Interessen des (auch nur) privat nutzenden Namensträgers eingeräumt, da der Domain-Name nur jeweils einmal vergeben werden kann[1]. Wer eine Domain wie „*shell.de*" für sich eintragen lassen wolle, müsse erst mit dem Inhaber des Unternehmenskennzeichens das Bestehen von Einwänden klären.

Bereits das OLG Hamm hatte bei Gleichnamigkeit dann die Möglichkeit einer Namensverletzung bejaht, wenn der Name eine überragende Verkehrsbedeutung besitzt und deshalb Schutz gegen Verwechslungsgefahr wie gegen Verwässerung besteht[2], jedoch sei diese Rechtsprechung nicht auf Städtenamen anwendbar, weshalb der **Prioritätsgrundsatz** anwendbar sei[3]. Auch das LG Hamburg[4] bejahte den Anspruch des Modehauses (nicht mehr des Designers persönlich) gegen einen gleichnamigen Namenträger aus den §§ 12 BGB, 15 Abs. 3 u. 4 MarkenG (aber nur auf Verzicht auf den Domain-Namen gerichtet, nicht auf Umschreibung).

Der **BGH** sah in seinem bestätigenden Urteil zu „*shell.de*" grundsätzlich einen Unterlassungsanspruch des Unternehmens als eines Namensträgers mit **überragender Bekanntheit** zum Schutz gegen die Beeinträchtigung der Unterscheidungskraft (die einen Werbewert darstellt) als gegeben an, verwies jedoch zur weiteren Sachaufklärung an das OLG München zurück[5]. Dem Beklagten könne nicht grundsätzlich die Verwendung seines Namens verwehrt werden, jedoch seien **klarstellende Zusätze** zum Domain-Namen möglich. Ein **Anspruch auf Übertragung** wurde vom BGH, in Abweichung vom OLG München, **abgelehnt**, denn es sei nur ein Verzicht möglich[6]. Unklar ist, ab welchem Bekanntheitsgrad das zeitlich prioritäre Recht zurückweichen muss[7]. Auch eine Gemeinde kann eine starke und überragende Position innehaben, die den Rückgriff auf das Prioritätsprinzip ausschließt[8]. Ohne das Vorliegen eines überra-

---

1 OLG München, Urt.v.25.3.1999 – 6 U 4557/98, CR 1999, 382 = JurPC Web-Dok. 139/2002 – shell.de. Der unberechtigte Domain-Inhaber wurde zur Einwilligung in die Umschreibung der Domain auf den Berechtigten verurteilt (aus – vom BGH freilich abgelehnter – analoger Anwendung von § 894 BGB, Grundbuchberichtigungsanspruch (!), und § 8 PatG). Ähnlich LG Bochum, Urt.v. 24.4.1997 – 14 O 33/97, krupp.de. Der Familienname dürfe zwar als solcher, im geschäftlichen Verkehr jedoch nicht benutzt werden, da hierdurch Verwechslungsgefahr mit den Marken der Kläger hervorgerufen werde. Die Verpflichtung umfasse nicht nur die Unterlassung künftiger Benutzung, sondern auch die Zustimmung zur Übertragung dieser Adresse. Es bestand die Besonderheit, dass der Beklagte seinerseits die Domain von einer Firma erwarb, die die Eintragung vorgenommen hatte, um mit dem Anspruchsinhaber ins Geschäft zu kommen. Ein Verpflichtungsantrag gegen DENIC wurde nicht gestellt; hierzu bestät. OLG Hamm, Urt.v.13.1.1998 – 4 U 135/97, CR 1998, 241 (Namensrecht aus § 12 BGB tritt gegenüber Recht aus Namensrecht zurück, das sich auf Firmenschlagwort mit überragender Verkehrsgeltung stützt; ähnlich i.E. LG Paderborn, Urt.v.1.9.1999 – 4 O 228/99, MMR 2000, 49 = JurPC Web-Dok.214/1999 zum Schutz von Unternehmensbezeichnungen mit überragender Verkehrsgeltung).

2 OLG Hamm, CR 1998, 241 = ZUM-RD 1998, 566 – krupp.de.

3 ebenso OLG Koblenz, Urt.v.25.1.2002 – 8 U 1842/00, JurPC Web-Dok. 52/2002; LG Coburg, Urt.v.13.6.2001 – 12 O 284/01, JurPC Web-Dok. 212/2001 – tschirn.de.

4 LG Hamburg,Urt.v.1.8.2000 – 312 O 328/00, MMR 2000, 626 = JurPC Web-Dok. 58/2001 – joop.de.

5 BGH, Urt.v.22.11.2001 – I ZR 138/99, CR 2002, 525 – shell.de; OLG Oldenburg, Beschl.v. 30.9.2003 – 13 U 73/03, JurPC Web-Dok. 97/2004 – schulenberg.de.

6 BGH, Urt.v.22.11.2001 – I ZR 138/99, CR 2002, 525 = MMR 2002, 382 – shell.de.

7 *Ingerl/Rohnke*, Markengesetz, Nach § 15, Rdn. 71.

8 OLG Oldenburg, Beschl.v. 30.9.2003 – 13 U 73/03, JurPC Web-Dok. 97/2004 – schulenberg.de.

genden Bekanntheitsgrades greift das Prioritätsprinzip uneingeschränkt ein[1].

Zugleich hat der BGH mit seinem Urteil des internet-spezifischen **Grundsatz** des *„first come, first serve"* bestätigt[2], von dem nur unter besonderen (allerdings nicht abschließend abgegrenzten Umständen) abgewichen werden kann bzw. muss. Dies ist insoweit bemerkenswert, als im Kennzeichenrecht sonst grundsätzlich das ältere Recht vor dem jüngeren Vorrang hat, während für Domains auf den Eintragungszeitpunkt abzustellen ist. Konsequenz kann sein, dass der Inhaber des älteren Rechts den Inhabers des jüngeren Rechts **außerhalb** des Internet zur Aufnahme unterscheidungskräftiger Zusätze zwingen kann, **im** Internet aber nicht[3]. Die Interessen des Unternehmens mit überragender Verkehrsgeltung haben Vorrang vor den Interessen des privat nutzenden Namensträgers, da derjenige, der mit dem Unternehmen Verbindung aufnehmen will, dies unter der Domain nicht kann. Besteht keine solche überragende Verkehrsgeltung und hat der Erstanmelder (etwa eine Familie) ein berechtigtes Interesse an der Domain-Nutzung, besteht kein Freigabeanspruch des Zweitanmelders[4].

Besteht hingegen bei Gleichnamigkeit **keine** überragende Verkehrsbedeutung des bereits registrierten Namens, kann gegen diesen auch kein Unterlassungsanspruch geltend gemacht werden[5]. Keinen Vorrang genießt damit ein Unternehmen, das mit seiner Firma keine bundesweit überragende Verkehrsgeltung besitzt; hier entscheidet wieder die zeitliche Priorität[6]. Gleiches gilt für Gemeinden gegenüber privaten Namensträgern[7]. Ähnlich lehnte das LG Leipzig[8] einen Untersagungsanspruch einer Gemeinde gegen ein gleichnamiges Veranstaltungshaus mit prioritärer Domain-Eintragung mangels höher zu bewertendem Interesse der Gemeinde ab[9] ,

Private können sich damit nicht gegen die Verwendung ihres Familiennamens als (Second-Level-) Domain-Name oder gar als E-Mail-Adresse wehren, weder bei Namensgleichheit („Maier"/„Maier") noch bei Verwechslungsgefahr aus Namensähnlichkeit („Mayer"/„Maier"). **Der redliche Gebrauch des eigenen Familiennamens ist damit grundsätzlich nicht rechtsverletzend**. Bei Gleichnamigkeit sind grundsätzlich beide Namensträger aus § 12 BGB zum Namensgebrauch berechtigt. Dies gilt auch, soweit der Name als Marke verwendet wird (§ 23 Nr. 1 MarkenG[10]), wobei aber die Gebote der Lauterkeit zu beachten sind. Soweit nur einer der Berechtigten den Namen verwenden kann (weil etwa, technisch bedingt, nur einer die Registrierung erhält), soll der Interessenkonflikt dadurch gelöst werden, dass die ältere Namensbezeichnung Priorität vor der jüngeren erhält[11], deren Träger sich in hinreichender Weise von der älteren Bezeichnung abheben muss[12]. Im Rahmen des § 12 BGB kommt aber der Prioritätsgrundsatz nicht voll zum Tragen, da der Inhaber des jüngeren Rechts (schon aus

[1] LG Düsseldorf, Urt.v.27.8.2003 – 34 O 71/03, JurPC Web-Dok. 320/2003 – hudson.de.

[2] *Foerstl*, CR 2002, 518, 522.

[3] *Foerstl*, a.a.O., 523.

[4] So das Ergebnis der Entscheidung des LG Paderborn, Urt.v.1.9.1999 – 4 O 228/99, MMR 2000, 49 = JurPC Web-Dok.214/1999.

[5] OLG München, Urt.v.11.7.2001 – 27 U 922/00, CR 2002, 56 – boos.de.

[6] LG Paderborn, Urt.v. 1.9.1999 – 4 O 228/99, MMR 2000, 49.

[7] OLG München, Urt.v.16.5.2001 – 16 U 922/01 – boos.de; ähnlich OLG Koblenz, Urt.v.25.1.2002 – 8 U 1842/00 – vallendar.de und LG Deggendorf, ITRB 2001, 128 – winzer.de.

[8] LG Leipzig, Urt.v.8.2.2001 – 11 O 8573/00, JurPC Web-Dok. 6/2002 – waldheim.de.

[9] Ähnlich OLG Koblenz, Urt.v. 25.1.2002 – 8 U 1842/00, JurPC Web-Dok. 52/2002 – vallendar.de.

[10] § 23 Nr. 1 MarkenG erfasst allerdings nur den bürgerlichen Namen, nicht auch andere Bezeichnungen mit Namensfunktion (*Fezer*, Markenrecht, § 23 Rdn. 19).

[11] Allg. *Perrey*, CR 2002, 349, 354.

[12] BGH NJW 1993, 459; Palandt/*Heinrichs*, § 12 Rdn. 26.

seinem Persönlichkeitsrecht heraus) zur Namensbenutzung befugt bleibt[1], wenn er geeignete Maßnahmen zur Vermeidung oder jedenfalls Verringerung von Verwechslungen trifft[2], wobei der Inhaber des älteren Rechts einen Rest der Verwechslungsgefahr hinnehmen muss[3].

Bei Gleichnamigkeit muss die Domain nicht aufgegeben (bzw. gelöscht) werden, wenn durch einen klarstellenden **Hinweis** auf der Homepage einer Verwechslungsgefahr begegnet werden kann[4]. Es soll außerdem genügen, wenn bei Gleichnamigkeit mit einer Stadt anstelle der TLD „.de" die TLD „.com" beantragt wird, da den meisten Nutzer bekannt ist, dass die „.com"-TLD für kommerzielle Zwecke genutzt wird, also nicht durch Gebietskörperschaften[5]. Zwischen Gebietskörperschaften ist bei Gleichnamigkeit eine Abgrenzung oft durch Verwenden von Zusätzen wie „Stadt" oder „Gemeinde" möglich[6]. Gilt die Namensbezeichnung im Verkehr als berühmt (etwa als Unternehmensbezeichnung), besteht auch Schutz gegen Verwässerung[7], d.h. gegen die Schwächung der Kennzeichnungskraft[8]. Bei Gleichnamigkeit haben Gemeinden keineswegs immer Priorität, auch wenn ihre Namensrechte älter sind[9], ausgenommen Fälle, in den die Gemeindenamen überragende Bedeutung haben und der Verkehr unter diesem Namen ausschließlich diesen Ort erwartet[10]. Die Grundsätze des Gleichnamigenrechts gelten auch bei Konflikten durch Gebrauch derselben Domain durch eine Stadt und einen Privatmann, zwischen denen deshalb ein sachgerechter Ausgleich zu treffen ist[11].

Auch bei Gleichnamigkeit darf eine Domain-Bezeichnung nicht verwendet werden, wenn dadurch die Bekanntheit einer Marke als solcher verwertet wird, um deren Unterscheidungs- und Anziehungskraft gleichsam als Aufmerksamkeitswerbung zu nutzen[12].

---

1 *Fezer*, Markenrecht, § 23 Rdn. 19.

2 S. etwa BGH NJW-RR 1990, 618, 620 und 1988, 95.

3 Für alle Palandt/*Heinrichs*, § 12 Rdn. 27.

4 BGH, Urt.v.11.4.2002 – I ZR 317/99, ZUM-RD 2002, 403 = JurPC Web-Dok. 155/2002 – vossius.de/vossius.com.

5 *Perrey*, CR 2002, 349, 355; a.A. etwa OLG Karlsruhe, MMR 1999, 604f.

6 *Perrey*, CR 2002, 349, 355.

7 S. etwa BGH GRUR 1958, 339, 341; OLG Düsseldorf, GRUR 1983, 389f.

8 OLG Hamm, Urt.v. 13.1.1998 – 4 U 135/97, CR 1998, 241 – krupp.de (das Gericht bejahte einen Unterlassungsanspruch, lehnte jedoch einen Anspruch auf Übertragung der Domain als nicht von § 12 BGB umfasst ab); OLG München, Urt.v.25.3.1999 – 6 U 4557/98, CR 1999, 382 – shell.de (das Gericht bejahte einen Umschreibungsanspruch aus einer Analogie zu den §38 Abs. 1 S. 2 PatG, 894 BGB), bezüglich des Unterlassungsanspruches bestätigt durch BGH, Urt.v.22.11.2001 – I ZR 138/99, CR 2002, 525 = MMR 2002, 382 – shell.de.

9 So gab das LG Augsburg, MMR 2001, 243 – boos den Namensrecht einer Firma gegenüber drei gleichnamigen Gemeinden den Vorrang; bestätigt durch OLG München, Urt.v.11.7.2001 – 27 U 922/00, CR 2002, 56. Ebenso OLG Koblenz, Urt.v. 25.1.2001 – 8 U 1842/00, CR 2002, 280.

10 *Linke*, CR 2002, 271, 275.

11 LG Erfurt, Urt.v.31.1.2002 – 3 O 2554/01, JurPC Web-Dok. 74/2002 – suhl.de. Die Gemeinde hatte ihre Domain wegen Nichtzahlung der erforderlichen Gebühren verloren und könnte vom dann eingetragenen Unternehmen keine Übertragung verlangen.

12 OLG Hamburg, Urt.v.21.9.2000 – 3 U 89/00, ZUM-RD 2001, 131 – derrick.de (Verwechslungsgefahr ablehnend, aber Verletzung einer bekannten Marke i.S.v. § 14 Abs. 2 Nr. 3 MarkenG).

3. Schutz der Firmen- bzw. Unternehmensbezeichnung (§§ 5, 15 MarkenG[1] und §§ 17, 37 HGB)

Geschäftliche Bezeichnungen sind aus § 5 MarkenG in zwei Formen geschützt, nämlich als Unternehmenskennzeichen (§ 5 Abs. 2 MarkenG) und als Werktitel (§ 5 Abs. 3 MarkenG). § 5 MarkenG normiert ein zivilrechtliches Ausschließlichkeitsrecht, das weder Registereintragung noch Verkehrsgeltung voraussetzt, wohl aber Handeln im geschäftlichen Verkehr. Neben Schutz aus den §§ 5, 15 MarkenG ist Schutz aus § 12 BGB in den Fällen möglich, in denen markenrechtliche Tatbestände nicht erfüllt sind, etwa bei Domain-Reservierungen in der Absicht der Behinderung Dritter[2].

Der Schutz entsteht mit **Ingebrauchnahme im geschäftlichen Verkehr**[3]. Ausreichend sind Vorbereitungshandlungen wie Eintragung in das Handelsregister und die Schaltung eines Telefonanschlusses[4], damit wohl auch das Registrieren eines Domain-Namens. Die Benutzung muss kennzeichenmäßig (also nicht nur beschreibend) und namensmäßig (nicht nur markenmäßig, sondern auf das Unternehmen verweisend) erfolgen[5]. Durch Benutzungsaufnahme im Inland kann auch ein ausländischer Inhaber Kennzeichenschutz erwerben[6]. Fehlt die originäre Kennzeichnungskraft (durch die der Verkehr die Bezeichnung als individuellen Herkunftshinweis auffasst), entsteht der Schutz erst mit Eintritt der **Verkehrsgeltung** und u.U. geographisch beschränkt[7].

Erforderlich ist weiter die tatsächliche **Benutzungsaufnahme** im geschäftlichen Verkehr[8]. Das Kennzeichen muss auf das Unternehmen bezogen sein (nicht auf Produkte) und im geschäftlichen Verkehr verwendet werden. Als Firma (im Sinne von § 17 Abs. 1 HGB) wird der Name bezeichnet, unter dem der Unternehmensinhaber auftritt. **Domain-Namen** (z.B. „web.de“) können als Geschäftsbezeichnungen schutzfähig sein darstellen, jedenfalls wenn das Zeichen originäre Kennzeichnungskraft oder Verkehrsgeltung besitzt[9] bzw. Namensfunktion hat[10]. Entstehung des Schutzes als Geschäftsabzeichen setzt allerdings Verkehrsgeltung voraus. Die bloße Benutzung eines Begriffes als Domain führt noch nicht zu einer Nutzung als besondere geschäftlich Bezeichnung[11]. Das Anfügen des Präfix „http://www.“ ist für die Entstehung des Schutzes (etwa an „amazon.com“) unschädlich[12]. Wesentlich ist allein, ob eine solche Bezeichnung nicht nur wie eine Faxnummer als Adresse, sondern kennzeichenmäßig

---

1 Der bisherige Schutz geschäftlicher Bezeichnungen aus § 16 UWG wurde durch das MarkenG vom 25.10.1994 in dessen §§ 5 und 15 aufgenommen.

2 OLG Frankfurt, Urt.v. 8.6.2000 – 6 U 47/00, JurPC Web-Dok. 293/2003 – cityfloh.de.

3 *Ingerl/Rohnke*, Markengesetz, § 5 Rdn. 31.

4 OLG Hamburg, WRP 2001, 956, 960 – SEC.

5 BGH, Urt.v.22.7.2004 – I ZR 135/01, JurPC Web-Dok. 10/2005; *Ingerl/Rohnke*, Markengesetz, § 5 Rdn. 57, 58.

6 *Ingerl/Rohnke*, Markengesetz, § 5 Rdn. 59.

7 *Ingerl/Rohnke*, Markengesetz, § 5 Rdn. 33.

8 LG Frankfurt, CR 1999, 190 – warez.de.

9 So OLG München, Urt.v.16.9.1999 – 29 U 5973/98, CR 1999, 778 = ZUM 2000, 71 – TNet; s.auch bereits Vorinstanz LG München I, Urt.v.11.8.1998 – 9 HKO 8546/98, CR 1999, 325, abl. *Omsels* GRUR 1997, 328, 331.

10 *Heinrich*, MarkenR 2003, 89, 93.

11 LG Düsseldorf, Urt.v. 26.3.2003 – 2a O 186/02, CR 2003, 525 = MMR 2003, 486 – Exit-Pop-up-Fenster; *Heinrich*, MarkenR 2003, 89, 94.

12 a.A. *Omsels*, a.a.O., S. 331. Geschützt wird hier nicht das Präfix „http://“ (das i.d.R. ohnehin nicht eigens geschrieben wird), auch nicht das Präfix „.www“ oder das Suffix „.com“, sondern, etwa in „www.amazon.com“ die Kombination aus „amazon“ und „.com“. Der Schutz sperrt also keineswegs technisch zwingend für alle Teilnehmer freizustellende Prä- und Suffices.

verwendet wird bzw. verwendet werden kann.

Der Schutzbedarf ergibt sich daraus, dass der Missbrauch einer fremden Unternehmensbezeichnung den Geschäftsverkehr verwirrt und über die Herkunft irreführen kann. Außerdem ist eine Irreführung im Sinne von § 3 UWG über eine ausdrücklich behauptete oder nach der Vorstellung der Verkehrskreise aus dem Kennzeichen ableitbare Alleinstellung möglich[1]. Hierdurch können Firmenrechte eines Unternehmens verletzt werden[2].

Der Schutz erfasst als Unternehmenskennzeichen die Geschäftsbezeichnung, d.h. Name, Firma oder besondere Bezeichnung von Geschäftsbetrieb oder Unternehmen (§ 5 Abs. 2 S. 1 MarkenG), deren kennzeichenrechtlicher Schutz mit Benutzungsaufnahme entsteht. Als **Unternehmensbezeichnung** schutzfähig sind alle Zeichen, die im geschäftlichen Verkehr als Name, Firma oder besondere Bezeichnung eines Geschäftsbetriebes oder Unternehmens benutzt werden (§ 5 Abs. 2 S. 1 MarkenG). Der Begriff des **Namens** entspricht dem des § 12 BGB[3]. Der Schutz umfasst auch Vornamen[4], Spitznamen[5] und Künstlernamen[6], juristische Personen, Gebietskörperschaften. Schutzfähig sind auch Wappen und Wahrzeichen, etwa solche von Städten[7]; deren Schutz ist weniger bezüglich Domain-Namen, aber bei Wiedergabe auf Webseiten relevant. Auch Namens- und Firmenbestandteile und Abkürzungen[8] sind schutzfähig, wenn sie selbst kennzeichnungskräftig sind[9], also ohne weiteres als Name des Unternehmens wirken können[10].

Wurde als Domain ein **Unternehmenskennzeichen** gewählt, so teilt sie dessen Schutz aus § 5 Abs. 2 MarkenG[11]. Der Schutz als Unternehmenskennzeichen nach den §§ 5 Abs. 2, 14 Abs. 5 MarkenG setzt voraus, dass das verwendete Zeichen entweder originäre Kennzeichnungskraft oder Verkehrsgeltung hat[12]. Originäre Kennzeichnungskraft wurde bereits dann angenommen, wenn eine Beschreibung nicht glatt beschreibend ist[13]. Die Bezeichnung „Online" ist nicht (mehr) unterscheidungskräftig; selbst wenn eine gewisse Unterscheidungskraft gegeben wäre, fehlt es an der erforderlichen Verwechslungsgefahr[14]. Die Bezeichnung „Arena" wurde ohne Verkehrsgeltung als nicht schutzfähig beurteilt, während für „arena-berlin.de" Schutz als Geschäftsbezeichnung bejaht wurde [15].

---

1 *Kur*, CR 1996, 325, 329.

2 AG München, Urt.v.13.7.1993 – 161 C 4781/93 – RainbowBBS (www.netlaw.de/Urteile/index.html); OLG Frankfurt, Beschl.v 13.2.1997 – 6 W 5/97, BB 1997, 545 – wirtschaft-online (keine wettbewerbswidrige Behinderung einer anderen Verlagsgruppe mit entsprechendem Wirtschaftsinformationsdienst).

3 *Ingerl/Rohnke*, Markengesetz, § 5 Rdn.16.

4 BGH GRUR 2000, 709, 715 – Marlene Dietrich.

5 OLG Hamburg, GRUR 2002, 450f – Quick Nick.

6 BGHZ 30, 7, 9 – Caterina Valente.

7 BGH GRUR 2002, 917f – Düsseldorfer Stadtwappen; BGH GRUR 1994, 844f – Rotes Kreuz.

8 BGH GRUR 1985, 461 – GEFA/GEWA.

9 BGH GRUR 1997, 468f – NetCom.

10 BGH GRUR 2002, 888 – defacto.

11 OLG München, CR 1999, 778 – tnet.de.

12 OLG München, MMR 1999, 547 – buecher.de.

13 OLG München, Urt.v. 16.9.1999 – 29 U 5973/98, CR 1999, 778 – TNET ; *Ingerl/Rohnke*, MarkenG, § 5 Rdn. 5.

14 OLG Köln, Urt.v.27.10.2000 – 6 U 209/99, JurPC Web-Dok. 33/2002 – Online (auch bei Verwendung des Wortelements in einer Wort-/Bildmarke).

15 KG, Urt.v. 4.4.2003 – 5 U 335/02, GRUR-RR 2003, 370 = CR 2004, 301 = MMR 2004, 40 – arena-berlin.de.

Firma ist der Name des Kaufmanns, unter dem er im Handel auftritt (§ 17 Abs. 1 HGB), ebenso die Firma von Personenhandels- und Kapitalgesellschaften[1]. Schutz besteht gegen **unbefugten Firmengebrauch** (§§ 37 Abs. 2 HGB, 1004 BGB), also gegen Handlungen mit unmittelbarem Bezug auf den Betrieb des Geschäfts, die als Willenskundgebung des Geschäftsinhabers zu verstehen ist, sich der verwendeten Bezeichnung als des eigenen Handelsnamens zu bedienen[2]. Entscheidend ist, wie die Firma im Handelsregister eingetragen ist, nicht der tatsächliche Gebrauch[3]. § 37 Abs. 2 HGB begründet Ansprüche auf Unterlassung, Löschung und Schadensersatz.

Besondere Geschäftsbezeichnungen sind unabhängig von der Firma schutzfähig, wenn sie das Unternehmen als Ganzes oder einen bestimmten Geschäftsbetrieb charakterisieren[4]. Auch eine Internet-Domain kann als solche besondere Geschäftsbezeichnung fungieren[5].

Eine Marke als auf Produkte bezogenes Zeichen kann, muss aber nicht eine unternehmensidentifizierende Funktion als Geschäftsbezeichnung erfüllen. Die Firma oder ein Firmenschlagwort müssen also nicht in der Domain verwendet werden; vielmehr kann hier eine **eigene Bezeichnung** gewählt werden[6]. Jedoch muss die Domain-Bezeichnung Namensfunktion (originäre Kennzeichnungskraft) erfüllen, um durch bloße Benutzungsaufnahme als Geschäftsbezeichnung geschützt zu sein[7]. Andernfalls bleibt nur (freilich Verkehrsgeltung voraussetzender) Schutz als Geschäftsabzeichen (s. unten). Bei einer bekannten geschäftlichen Bezeichnung im Sinne von § 15 Abs. 3 MarkenG kommt es für die Beurteilung der Verwechslungsgefahr nicht auf die Branchennähe an[8].

Außerdem sind Geschäfts**abzeichen** schutzfähig (§ 5 Abs. 2 S. 2 MarkenG), allerdings erst beginnend ab dem Zeitpunkt, zu dem das jeweilige Identifizierungszeichen Verkehrsgeltung erlangt hat[9]. Geschäftsabzeichen sind Zeichen, die nicht aus sich heraus Namenscharakter haben, jedoch aufgrund ihrer Bekanntheit im Verkehr als Kennzeichen eines Unternehmens gelten[10], etwa Logos[11]. Ist ein Zeichen von Natur aus unterscheidungskräftig und dient es der namensmäßigen Identifizierung eines bestimmten Unternehmens, handelt es sich um eine besondere Geschäftsbezeichnung, während ohne Namensbezug auf ein bestimmtes Unternehmen ein Geschäftsabzeichen vorliegt[12].

Der Inhaber der Geschäftsbezeichnung mit älterem **Zeitrang** kann die Löschung der prioritätsjüngeren Marke verlangen (§§ 12, 9 MarkenG), ebenso das Unterlassen einer mißbräuchlichen Bezeichnungsverwendung und Ersatz der aus dieser entstandenen Schäden (§ 15 MarkenG).

---

1 BGH GRUR 1960, 530 – Promonta.

2 BGH NJW 1991, 2023f.

3 *Ingerl/Rohnke*, Markengesetz, Nach § 15, Rdn. 167.

4 BGH GRUR 1996, 109f – Grand Hotel; *Ingerl/Rohnke*, Markengesetz, § 5 Rdn.26.

5 *Ingerl/Rohnke*, Markengesetz, § 5 Rdn. 28.

6 OLG München, ZUM 2000, 71 – t-net (Schutz als besondere Geschäftsbezeichnung gegenüber den prioritätsälteren „Tnet“ und „T-Net“).

7 LG Düsseldorf, Urt.v. 18.6.1998 – 4 O 160/09 – jpnw, zit. nach *Bettinger/Leistner*, Werbung und Vertrieb im Internet, Teil 1 C, Rdn.126; ähnlich LG Frankfurt, Urt.26.8.1998 – 2/6 O 438/98 – warez.de; LG München, Urt.v. 7.12.2000 – 4 HKO 20974/00.

8 LG München I, Urt.v.20.2.2003 – 17 HKO 17818/02, MMR 2003, 677 – freundin.de.

9 *Fezer*, MarkenG, § 5 Rdn. 3.

10 Hoeren/Sieber/*Viefhues*, Handbuch Multimedia-Recht, Teil 6.1, Rdn. 37.

11 OLG Stuttgart, NJWE-WettbR 2000, 165 – Kanzleilogo.

12 *Heinrich*, MarkenR 2003, 89, 93.

Der Gebrauch eines fremden Unternehmenskennzeichens in einem Domain-Namen verletzt das Recht an diesem Unternehmenskennzeichen. Ein Gebrauch für **ideelle** Zwecke kann dann gemäß Art. 5 GG befugt sein, wenn damit wegen der Besonderheiten des Suchverfahrens eine weit größere Öffentlichkeit erreichbar wird[1].

Schutz besteht gegen identische oder verwechslungsgeeignete Bezeichnungen, für berühmte Unternehmenskennzeichnungen auch gegen eine Gefährdung der Alleinstellung und Werbekraft durch Verwässerung. Der Verletzte kann **Unterlassung** der Namensführung und/oder **Beseitigung** (durch Widerruf des Bestreitens des Namensführungsrechts) verlangen, ebenso Ersatz erlittener Schäden (Verletzung eines sonstigen Rechtes i.S.v. § 823 BGB). Unterlassung kann verlangt werden, wenn ein Teil eines Firmennamens als Internet-Adresse benutzt, auf der Homepage aber eine andere Geschäftsbezeichnung geführt wird und ein berechtigtes Interesse an der Verwendung des Firmenbestandteils nicht besteht[2].

Eine Verwechslung von zwei Unternehmenskennzeichen ist dann nicht beachtlich, wenn zwischen den Unternehmen keine **Branchennähe** besteht[3], die nicht allein schon durch einen Internet-Auftritt beider begründet wird[4]. Bei zwei **gleichnamigen** Unternehmen sind beide verpflichtet, Veränderungen der Gleichgewichtslage zu unterlassen, die geeignet sind, die Verwechslungsgefahr zu erhöhen, etwa durch Änderungen in (Sub-) Domainbezeichnungen[5].

Bestand in den **Beitrittsgebieten** (vor der Wiedervereinigung) im Prioritätszeitpunkt wegen eines bloß regionalen Bezuges nur ein räumlich begrenzter Schutz, kann eine Unternehmensbezeichnung nicht nachträglich durch Registrierung als Domain bundesweiten Schutz zum Nachteil derjenigen Domain erlangen, die bundesweiten Schutz erlangt hat[6].

4. Schutz des Titels von Druckschriften (§ 5 Abs. 3 MarkenG)

Aus § 5 Abs. 3 MarkenG sind Werktitel schutzfähig; der Schutz zielt auf Unterscheidung eines Werkes von einem anderen Werk, die nicht notwendig auch als Herkunftshinweis fungieren muss[7], und ist primär inhaltsbezogen[8]. Dieser Titelschutz ist grundsätzlich auch im Medium des Internet möglich. Möglich ist ergänzend ein Titelschutz für **Website-Titel** und Domain-Namen[9] nach (früher § 16 UWG) den §§ 5, 15 MarkenG[10], wenn sie – ähnlich Computerprogrammen – ein Kommunikationsmittel darstellen, dessen gedanklicher Inhalt für andere erst durch geistige Umsetzung beim angesprochenen Leser (Nutzer) existent wird und deshalb etwas Immaterielles, einen

---

1 KG, Urt.v.23.10.2001 – 5 U 101/01, CR 2002, 760 – oil-of-elf.de.

2 LAG Niedersachsen, Urt.v. 2.9.2003 – 13 Sa 453/03, JurPC Web-Gok. 132/2004 – results.de.

3 BGH NJW 1993, 459; *Fezer*, Markenrecht, § 15 Rdn. 73.

4 OLG Frankfurt, Urt.v. 16.12.1999 – 6 U 144/99, BB 2000, 320.

5 LG Düsseldorf, Urt.v.15.1.1998 – 4 O 353/97, K&R 1999, 137 = NJW-RR 1999, 841 – alltours.

6 OLG Karlsruhe, Urt.v. 9.10.2002 – 6 U 17/02, GRUR-RR 2003, 83 = MMR 2003, 185 – hufeland.de.

7 BGH GRUR 2002, 1083f – 1,2,3 im Sauseschritt; BGH GRUR 2000, 504, 506 – FACTS.

8 *Ingerl/Rohnke*, Markengesetz, § 5 Rdn. 71.

9 Bejaht wurde Titelschutz etwa durch OLG Dresden, CR 1999, 102 – dresden-online.de (für Homepage als fertiges Werk); OLG München, WRP 2001, 571, 577 – kueche.online.de; s. auch *Rohnke*, AIPPI-Bericht, GRUR Int. 2003, 608, 609.

10 Erläuternd *Lehmann* GRUR 1995, 250 und ausführlicher in CR 1995, 129ff; für einen entsprechenden Schutz etwa LG Düsseldorf, Urt.v.4.4.1997 – 34 O 191/96 (www.netlaw.de/Urteile/lgd_1.htm).

eigenen Bezeichnungsschutz erfordert[1]. Es gibt kaum ein besseres Mittel, einen „exklusiven Kommunikationskanal zu den Nachfragern“[2] im wörtlichen Sinne aufzubauen. Auch ein **Portal** kann nach Art eines Werktitel betrieben und schutzfähig sein[3]. Bei kombinierten Wort-/Bildzeichen ist beim Gesamteindruck des Zeichens regelmäßig der Wortbestandteil maßgeblich[4].

§ 5 Abs. 3 MarkenG bezieht ausdrücklich neben den Druckschriften auch Filmwerke, Tonwerke, Bühnenwerke oder sonstige vergleichbare Werke ein, auch Zeitschriften[5], und zwar auch wohl allein im **Internet** erscheinende Zeitungen oder Zeitschriften. nur gegen Verwechslungsgefahr, weiter Software[6], Hardware[7], Datenbanken[8] und Domain-Namen. Vom Schutzzweck her gerechtfertigt erscheint die Ausweitung des Schutzbereiches auch auf Home Pages und Folgen von sonstigen Web Pages[9], aber auch auf sonstige Log-in-Seiten in ftp oder im Usenet. Dieser Schutz ist insbesondere unter dem Aspekt wichtig, dass derartige Displayinhalte streng von der Internetadresse zu trennen sind. Auch wenn der Domain-Name z.B. keine Schutzrechte Dritter verletzt, kann dies doch für den unter dieser Adresse präsentierten Inhalt zu bejahen sein.

Der Werktitelschutz setzt die Existenz (also die Fertigstellung) und ein Mindestmaß an Kennzeichnungskraft[10] eines Werkes voraus, das nicht in einem Werk im urheberrechtlichen Sinne bestehen muss, sondern eine Druckschrift oder ein Film-, Ton- oder Bühnenwerk etc. sein kann. Der Begriff „Versicherungsrecht“ weist nur schwache Kennzeichnungskraft auf; Verwechslungsgefahr mit „versicherungsrecht.de“ wurde verneint[11]. Bei wenig unterscheidungskräftigen Titeln ist besonders sorgfältig zu prüfen, ob der Verkehr in dem beanstandeten Domain-Namen den Begriff wirklich als kennzeichnend versteht[12]. Für „Digitale Bibliothek“ wurde Unterscheidungs- und Kennzeichnungskraft verneint[13].

Der Schutz nach § 5 Abs. 3 MarkenG kann auch **Domain**-Bezeichnungen umfassen, wenn unter der Domain ein Werk im kennzeichenrechtlichen Sinne veröffentlicht wird[14], für das ein Dominieren des geistigen Gehaltes verlangt wird[15]. Auch setzt § 5

---

1 BGH GRUR 1993, 767 – Zappelfisch für Druckschriften, vom LG München I (CR 1995, 344) auf Computerprogramme übertragen.

2 *Lehmann* CR 1995, 129, 131.

3 LG Stuttgart, Urt.v. 15.7.2003 – 41 O 45/03 KfH, MMR 2003, 675 – snowscoot.de.

4 OLG München, Urt. 11.1.2001 – 6 U 5719/99, JurPC Web-Dok. 100/2001.

5 LG Hamburg, Verf.v.16.9.1997 – 315 O 588/97, – eltern.de und Urt. v.25.3.1998 – 315 O 792/97, K&R 1998, 365.

6 BGH GRUR 1998, 155 – PowerPoint; BGH GRUR 1997, 902 – FTOS; BGH GRUR 1998, 767 – WINCAD.

7 OLG Hamburg, CR 1999, 184 – emergency.de.

8 *Ingerl/Rohnke*, Markengesetz, § 5 Rdn. 77.

9 Schutzfähigkeit als Titel wurde bejaht vom LG Düsseldorf, Urt.v. 26.3.2003 – 2a O 186/02, CR 2003, 525 = MMR 2003, 486 – Exit-Pop-up-Fenster, wenn die Domain ein immaterielles, auf geistiger Leistung beruhendes Gesamtwerk in unterscheidungskräftiger Weise kennzeichne.

10 *Rohnke*, AIPPI-Bericht, GRUR Int. 2003, 608, 609.

11 LG Düsseldorf, Urt.v.12.6.2002 – 2a O 11/02, GRUR-RR 2003, 11 = MMR 2002, 758 – versicherungsrecht.

12 *Ingerl/Rohnke*, Markengesetz, Nach § 15, Rdn. 112.

13 LG Berlin, Urt.v. 21.3.2000 – 16 O 663/99, JurPC Web-Dok. 77/2001 – Digitale Bibliothek.

14 *Heinrich*, MarkenR 2003, 89, 94. Das OLG Dresden, CR 1999, 102 – dresden-online will den Schutz allerdings grundsätzlich auf Homepages ausweiten.

15 *Heinrich*, MarkenR 2003, 89, 94, der Homepages einzelfallbezogen prüfen will und die Titelschutzfähigkeit von Homepages (entgegen *Fezer*, WRP 2000, 669, 673) nicht generell ablehnt.

MarkenG eine „geschäftliche Bezeichnung" und damit **geschäftliche Nutzung** voraus[1]; ergänzend kann aber Schutz nach § 12 BGB bleiben.

Titelschutz entsteht bei originärer Kennzeichnungskraft mit Benutzungsaufnahme im geschäftlichen Verkehr[2] im Inland. Erforderlich ist die Herstellung des fertigen Produktes[3]; **nicht** ausreichend ist der Beginn der Werbung[4] oder Pressemitteilungen[5] oder eine Veröffentlichung im Internet[6]. Bei hinreichend großem Bekanntheitsgrad kann eine Domain auch ohne Eintragung als **Verkehrsgeltungsmarke** im Sinne von § 4 Nr. 2 MarkenG geschützt sein[7]. Der Schutz entsteht mit der tatsächlichen Ingebrauchnahme im geschäftlichen Verkehr[8].

Der Schutz nach § 5 Abs. 3 MarkenG kann auch Webseiten erfassen, jedoch setzt § 5 MarkenG eine „geschäftliche Bezeichnung" und damit geschäftliche Nutzung voraus[9]; ergänzend kann aber Schutz nach § 12 BGB bleiben. Der Titelschutz entsteht erst mit Erstellung des fertigen Produktes, nicht schon mit der Werbung[10]. Bei einem erst angekündigten Werktitel muss eine Handlung zur **Benutzung im geschäftlichen Verkehr** vorliegen[11], nämlich ein Erscheinen unter dem angekündigten Titel, nicht nur eine Benutzung in einer Homepage unter anderslautender Domain. Domains können also markenrechtlichen Kennzeichenschutz genießen, soweit sie ein immaterielles, auf geistiger Leistung beruhendes Gesamtwerk bezeichnen, also der Domain-Name (bzw. eine entsprechende Subdomain) unmittelbar auf das Werk verweist und zu diesem führt[12]. Ein typisches Beispiel hierfür dürfte die Domain und Online-Zeitschrift „www.jurpc.de" darstellen. Auch allein im Internet zugänglich gemachte Publikationen können schutzfähig sein[13]. Als schutzfähig wurden etwa beurteilt „bike.de"[14], „eltern.de"[15], „freundin.de"[16] oder „motorradmarkt.de"[17]. Verfolgt aber der Inhaber mit dem Aufrechterhalten einer werktitelverletzenden Domain allein das Blockieren für den Verletzten, wurde er aus dem Schikaneverbot als verpflichtet angesehen, diesen Störungszustand durch Domain-Löschung zu beseitigen[18].

Bejaht wurde Werktitelschutz etwa für „Emergency" gegenüber „emergency.de"[19],

---

1 *Hoffmann*, MarkenR 2001, 387, 388, der Online-Journale als Beispiele nennt.

2 BGH GRUR 1977, 543, 547 – Der 7. Sinn.

3 BGH GRUR 1997, 902f – FTOS; krit. *Ingerl*, WRP 1997, 1127, 1130; *Ingerl/Rohnke*, Markengesetz, § 5 Rdn. 81.

4 OLG München, Urt.v.11.1.2001 – 6 U 5719/99, CR 2001, 406.

5 *Ingerl/Rohnke*, Markengesetz, § 5 Rdn. 85.

6 OLG München, GRUR 2001, 523f – Kuecheonline; a.A. *Ingerl/Rohnke*, Markengesetz, § 5 Rdn. 85.

7 *Rohnke*, AIPPI-Bericht, GRUR Int. 2003, 608, 609, der jedoch eine Benutzung ausschließlich im Online-Bereich als selten ausreichend ansieht, um den erforderlichen Bekanntheitsgrad zu begründen.

8 OLG Hamburg, Urt.v. 2.5.2002 – 3 U 269/01, MMR 2002, 825. Das Gericht lehnt außerdem einen Anspruch auf Übertragung des Domain-Namens generell ab.

9 *Hoffmann*, MarkenR 2001, 387, 388.

10 OLG München, Urt.v.11.1.2001 – 6 U 5719/99, CR 2001, 406.

11 OLG Dresden, Urt.v. 29.9.1998 – 14 U 433/98, CR 1999, 102 – dresden-online.

12 Godefroid (www.computerrechtintern.de/elf/ci9901811.html).

13 OLG München, Urt.v.11.1.2001 – 6 U 5719/99, CR 2001, 406 = MMR 2001, 381 – kuecheonline.de.

14 LG Hamburg, Urt.v. 13.8.1997 – 315 O 120/97, MMR 1998, 46 – bike.de.

15 LG Hamburg, Urt.v.25.3.1998 – 315 O 792/97, K&R 1998, 365 – eltern.de.

16 OLG München, Urt.v.2.4.1998 – 6 U 4798/97, CR 1998, 556 – freundin.de.

17 OLG Hamburg, Urt.v.2.5.2002 – 3 U 269/01, MMR 2002, 825 – motorradmarkt.de.

18 KG, Urt.v. 17.12.2002 – 5 U 79/02, GRUR-RR 2003, 372 – america2.de.

19 OLG Hamburg, MMR 1999, 159 – emergency.de.

„Karriere“ gegenüber „karriere.de“[1], „Manager-Magazin“ gegenüber „manager-magazin.de“[2] und „Mediafact“ gegenüber „mediafacts.de“[3], ebenso für „motorrad-markt. de“[4] und einen Online-Dienst[5], **verneint** hingegen für „Bike“ gegenüber „bike.de“[6] und „Schuhmarkt“ gegenüber „schuhmarkt.de“[7].

Irreführend ist die Verwendung der Angabe „Europas unbegrenzter Karrieremarkt aus dem Internet“, wenn keine erhebliche Anzahl von Stellenanzeigen anderer europäischer Staaten enthalten ist[8].

Ein älteres Titelrecht verpflichtet den Betreiber einer gleichlautenden Domain im Internet zur Unterlassung der Benutzung und zur Löschung der Domain, wenn die auf der Webseite angebotenen Informationen und die Werbung ihrer Art nach identisch mit dem Inhalt der Druckschrift sind[9].

Aus den §§ 5 Abs. 3, 15 Abs. 2 MarkenG ergibt sich ein Schutz gegen **Verwechslungen**. Die hierbei vorausgesetzte titelmäßige Verwendung erfordert, dass ein nicht unerheblicher Teil des angesprochenen Verkehrs im Zeichen die Bezeichnung eines Werkes zur Unterscheidung von anderen Werken sieht[10], nicht notwendig auch als Herkunftsangabe[11], wobei Werktitel aber auch unternehmensbezogene Herkunftsvorstellungen auslösen können[12].

Auch **Domain-Namen** können Werktitelcharakter haben[13]. Titelschutzanzeigen stellen noch keine Benutzung im Sinne von § 15 Abs. 2 MarkenG dar. Zwischen Printmedien und Internet-Informationsangeboten kann Werkähnlichkeit bestehen[14].

5. Schutz der Marke

a) Schutzfunktion

Marken[15] individualisieren Waren und Dienstleistungen (§ 3 MarkenG). Sie weisen in ihrer zentralen Funktion[16] auf ein Unternehmen als **Herkunft** dieser Waren und Dienst-

1 LG Köln, NJW-WettbR 1998, 18 – karriere.de.
2 OLG Hamburg, ZUM-RD 2000, 190 – manager-magazin.de.
3 OLG Frankfurt, MMR 2000, 752 – mediafacts.de.
4 OLG Hamburg, GRUR-RR 2002, 393 – motorradmarkt.de.
5 OLG Karlsruhe, MMR 1998, 148 – Südwest-Online; LG Hamburg, MMR 1998, 46 – bike.de.
6 LG Hamburg, MMR 1998, 46 – bike.de.
7 LG Hamburg, Urt.v.22.3.2001 – 315 O 856/00 – schuhmarkt.de.
8 OLG Hamburg, Urt.v. 25.10.2001 – 3 U 8/01, MMR 2002, 480 – jobpilot.de.
9 LG Mannheim, Urt.v.18.12.1998 – 7 O 196/98, CR 1999, 528 – bautip.de.
10 BGH GRUR 2000, 71f – Szene; BGH GRUR 1994, 908, 910 – Wir im Südwesten.
11 BGH GRUR 2001, 1050, 1052 – Tagesschau; *Ingerl/Rohnke*, Markengesetz, § 15 Rdn. 104.
12 BGH GRUR 2000, 504f – FACTS; BGH GRUR 2000, 71f – Szene.
13 *Ingerl/Rohnke*, Markengesetz, § 15 Rdn. 94.
14 OLG Hamburg, GRUR-RR 2002, 393f – motorradmarkt.de (Fachzeitschrift und Internet-Anzeigenplattform); OLG Frankfurt, GRUR-RR 2001, 5 – mediafacts.de; ähnlich LG Köln, AfP 1997, 655 – Karriere (für Zeitungsbeilage und Internet-Rubriktitel). Verneint wurde Ähnlichkeit zwischen Computerspiel und Domain (OLG Hamburg, Magazin-Dienst 1999, 275 – emergency.de; zit.nach *Ingerl/Rohnke*, Markengesetz, § 15 Rdn. 149) sowie bei Börsendiensten (OLG Hamburg, AfP 1998, 411f – BÖRSE Online).
15 Der frühere Begriff des „Warenzeichens“ wird nicht mehr verwendet. Das MarkenG verwendet nur noch den Begriff der „Marke“.
16 Für die MRRRL und GMV EuGH, WRP 2002, 1515, 1419 – Arsenal; EuGH GRUR Int. 2002, 145f – Bravo; für das MarkenG BGH GRUR 2002, 1070f – Bar jeder Vernunft. Ergänzend können die

leistungen hin. **Domain-Namen** können selbst als Marke dienen, wenn die sonstigen Voraussetzungen erfüllt sind. Notwendig ist allerdings, dass sich aus der Verwendung des Domain-Namens für die Verkehrskreise der Eindruck ergibt, dass unter dieser Adresse eine **bestimmte, hinreichend individualisierbare Geschäftstätigkeit im Inland** betrieben wird[1], z.B. „Amazon.com" oder „web.de". Notwendig ist, dass die Kennzeichnung gerade aus und durch die Domain-Bezeichnung erfolgt und die Geschäftstätigkeit nicht nur, aber zumindest auch in Deutschland entfaltet. Dies kann genügen, einen markenrechtlichen Konflikt im räumlichen Geltungsbereich des deutschen Schutzrechts zu begründen (wenn die sonstigen Voraussetzungen erfüllt sind). Die Verwendung des „.com"-Domain muss nicht notwendig auf eine Geschäftstätigkeit schließen lassen[2].

Markenrechte sind zivilrechtliche **Ausschließlichkeitsrechte**[3]. Mit ihnen kann der Berechtigte verhindern, dass nachfolgende („prioritätsjüngere") Dritte eine Marke (oder eine Geschäftsbezeichnung) benutzen. Markenrecht gibt deliktsrechtlich ausgestaltete Ansprüche gegen Verletzer auf Unterlassung, Schadensersatz, Auskunft und Vernichtung. Markenrechte entstehen durch Registereintragung (§ 4 Nr. 1 MarkenG), Erwerb von Verkehrsgeltung durch Benutzung im geschäftlichen Verkehr (§ 4 Nr. 2 MarkenG) sowie durch notorische Bekanntheit einer Marke im Inland (§ 4 Nr. 3 MarkenG)[4]. Keine Abwehransprüche aus den §§ 14 Abs. 2 Nr. 2, 15 Abs. 2 MarkenG bestehen, wenn die Waren oder Dienstleistungen des Markeninhaber und des Domain-Nameninhabers nicht gleich oder ähnlich sind oder Branchenverschiedenheit besteht.

Kennzeichenrechtliche Ansprüche aus Markenrecht sind (bei Domain-Nutzung im geschäftlichen Verkehr) **vorrangig** vor dem Namensrecht aus § 12 BGB zu prüfen[5]. Die Verwendung einer Markenbezeichnung durch Private wird nicht erfasst[6]. Hier greifen nur die §§ 12 BGB bzw. 823, 1004 BGB.

Deutsches Markenrecht kann nur im Inland Schutz gewähren (**Territorialitätsprinzip**), jedoch diesen auch für ausländische natürliche und juristische Personen[7]. Dieselbe Marke kann aufgrund des Bezuges auf das national begrenzte Schutzterritorium in verschiedenen Ländern für verschiedene Inhaber geschützt sein[8].

Soweit das Markengesetz eingreift, ist grundsätzlich kein Platz für die Anwendung der §§ 1 und 3 UWG bzw. des § 823 BGB[9], außer, dass der Verkehr besondere Gütevorstellungen mit der betrieblichen Herkunft verbindet[10].

Markenrechtlich **schutzfähig** sind Buchstaben- und/oder Zahlenkombinationen sowie zwei- und dreidimensionale Darstellungen. Für den Bereich der Gemeinschaftsmarke wurde beanspruchten Einzelbuchstaben ohne jegliche grafische Gestaltung oder Beiwerk mangels Unterscheidungskraft Markenschutz versagt[11].

Werbe-, Kommunikations- und Garantiefunktion von Bedeutung sein (*Ingerl/Rohnke*, Markengesetz, Einl. Rdn.66).

1 *Kur*, Internet und Markenrecht, in: Loewenheim/Koch (Hrg.), 1998, Abschnitt 4.2.1.

2 *Kur*, in: Loewenheim/Koch (Hrg.), Praxis des Online-Rechts 1998, Abschnitt 4.2.2 (Fn. 75).

3 *Ingerl/Rohnke*, Markengesetz, Einl. Rdn. 1.

4 Die vorliegende Darstellung konzentriert sich auf Voraussetzungen und Durchsetzung dieser Ansprüche, während allgemeine Fragen der Markenanmeldung ausgeklammert bleiben müssen.

5 OLG Hamm, Urt.v.19.6.2001 – 4 U 32/01, JurPC Web-Dok. 208/2001 – veltins.com.

6 *Kur*, CR 1996, 590, 591.

7 *Ingerl/Rohnke*, Markengesetz, Einl. Rdn. 15.

8 *Ingerl/Rohnke*, Markengesetz, Einl. Rdn. 15.

9 BGH GRUR 2002, 622f – shell.de; *Ingerl/Rohnke*, Markengesetz, § 2 Rdn. 2.

10 Sog. qualifizierte betriebliche Herkunftsangabe, BGH GRUR 1997, 754f – grau/magenta.

11 Harmonisierungsamt für den Binnenmarkt (HABM), Entsch.v.20.11.2002 – R 224/2002-3, GRUR-RR

Schutzfähig sind auch **Webseiten**, wenn sie auf die Herkunft von Waren oder Dienstleistungen verweisen und Unterscheidungskraft haben, nicht aber Webseiten generell, insbesondere nicht private Webseiten, da es diesen am Bezug zum Vertrieb von Waren oder Dienstleistungen fehlt. Das gilt auch für von ideellen Vereinen betriebene Webseiten[1]. Dieser Schutz der Webseite ist vom Schutz des Domain-Namens zu unterscheiden. Das „@"- Zeichen kann einer Marke hinzugefügt werden, ohne deren kennzeichnenden Charakter zu berühren[2].

Nicht schutzfähig sind die Begriffe „Explorer"[3], oder „urlaubstip.de"[4], **schutzfähig** hingegen „Rainbow"[5] und „lotto"[6]. Nicht schutzfähig sind die durch die Art der Ware bedingte Form (z.B. die rechteckige Form eines Bildschirmes) oder Formen, die zur Erreichung einer technischen Wirkung erforderlich sind. Ein Beispiel hierfür sind Klemmbausteine (Lego), aber etwa auch Hyperlinks in der Form der Textunterstreichung, da sie unmittelbare Festlegungen der Webgestaltungssprache HTML sind. Der Vorsilbe (Präfix) „**D**" allein kommt keine besondere Kennzeichnungskraft zu und begründet keine Unterlassungsansprüche bezüglich einer Domain-Namensverwendung[7].

Kennzeichenschutz einer Domain nach § 5 Abs. 2 MarkenG entsteht mit **Aufnahme der Benutzung** des Zeichens im geschäftlichen Verkehr; die Domain hat gegenüber einer später eingetragenen Marke älteren Zeitrang im Sinne von § 6 Abs. 3 MarkenG[8]. Domain-Namen können mit bereits bestehenden Markenbezeichnungen identisch sein und deren Markenschutz teilen. Der offline bestehende Schutz wird hier in der Online-Bereich ausgeweitet. Dies gilt auch dann, wenn der Schutz der Marke nicht durch deren Registrierung, sondern durch faktische Benutzung entstanden ist[9].

Die „**Top-Level**-Domain" als solche scheidet allerdings bei der Schutzbegründung grundsätzlich aus, da sie nur Länder bezeichnet oder sonstige allgemeine Kennzeichnungen enthält (etwa „.de" für Deutschland oder „.com" für alle kommerziellen Anbieter vor allem in den USA) und überhaupt nicht für einzelne Antragsteller getrennt vergeben werden (kann). Allerdings ist eine Verwendung der TLD als Bestandteil einer Unternehmensbezeichnung möglich, die im Einzelfall bei der Zuordnung der Bezeichnung zu einem Unternehmen von Bedeutung sein kann[10]. Ähnliches ist etwa auch für andere TLDs möglich, z.B. die TLD für „.museum" etwa im (nicht benutzten) Domain Namen „www.deutsches.museum". Auch die Verwendung einer ausländischen

---

2003, 46.

1 Vgl. allgemein BGH GRUR 1976, 379.

2 BPatG, Beschl.v. 18.4.2000 – 24 W (pat) 185/99, CR 2000, 841 – vision.

3 LG München I, Urt.v. 19.6.1996 – 7 HKO 11205/96 (n.rkr.), CR 1997, 158. Mit Beschluss vom 16.2.2004 wies das BPatG, Beschl.v. 16.2.2004 – 30 W (pat) 199/02, MMR 2004, 405 die Beschwerde gegen die Löschung der Marke zurück, da es sich bei „Explorer" um eine beschreibende und damit freihaltungsbedürftige, nicht unterscheidungskräftige Angabe handelt. Bemerkenswerterweise bezog sich das Gericht auch auf einen Eintrag im Online-Lexikon „*Wikipedia*" (http://de.wikipedia.org/wiki/Explorer), wohl eine der ersten Bezugnahmen auf dieses Open-Content-Lexikon in der Rechtsprechung als Quellenangabe.

4 LG Düsseldorf, Urt.v.8.5.2002 – 2 a O 360/01, MMR 2003, 131 – urlaubstip.de.

5 So bereits AG München, Urt.v.13.7.1993 – 161 C 4781/93, CR 1993, 772 gegen Betreiber einer Mailbox „Rainbow BBS".

6 LG Köln, Urt.v.18.1.2001 – 84 O 66/00, MMR 2001, 546 = JurPC Web-Dok. 84/2001 – freelotto.de.

7 LG Berlin, Urt.v.9.6.1998 – 15 O 79/98, JurPC Web-Dok. 24/1999; ebenso LG Köln, Urt.v.25.2.1999 – 31 O 1080/97, ZUM-RD 1999, 502.

8 LG München I, Urt.v.4.3.1999 – 17 HKO 18453/98, JurPC Web-Dok. 76/1999 – fnet.

9 *Heinrich*, MarkenR 2003, 89, 90.

10 LG Hamburg, Urt.v. 21.2.2003 – 416 O 1/03, MMR 2003, 599 – handy.de/handy.com .

Domain für eine Webseite mit deutschem Inhalt kann bei hinreichendem Inlandsbezug deutsches Kennzeichenrecht verletzen[1].

TLDs als solche sind bei der Beurteilung einer Verwechslungsgefahr (im Sinne des Markenrechts, § 14 Abs.2 Nr.2 MarkenG) grundsätzlich nicht zu berücksichtigen, es sei denn, die TLD wird in kennzeichnender Form benutzt[2]. Die „*Second-Level*-Domains" können eine Person oder ein Unternehmen individualisieren (z.B. „www.bmw.de"). Die Kennzeichnung „www" ist wiederum nicht für eine Herkunftsbezeichnung tauglich, da sie nur das Web als Internet-Dienst bezeichnet. Bei zwei gleichnamigen Unternehmen sind beide verpflichtet, Veränderungen der Gleichgewichtslage zu unterlassen, die geeignet sind, die Verwechslungsgefahr zu erhöhen, etwa durch Änderungen in (Sub-) Domainbezeichnungen[3].

Aus Markenrecht kann gegen generische Domain-Namen nicht vorgegangen werden, sondern sind nach der BGH-Rechtsprechung[4] nur Unterlassungsansprüche bei Irreführung oder vorsätzlicher Blockade möglich[5].

Von Anfang 2002 datieren die **WIPO-Empfehlungen** zur Benutzung von Marken im Internet[6]. In Art. 2 des Entwurfes sehen sie etwa vor, das eine Benutzung einer Marke im Internet nur dann als Benutzung in einem Mitgliedsland angesehen werden soll, wenn die Benutzung **kommerzielle Wirkung** in dem betreffenden Mitgliedsland entfaltet. Damit würde entgegen der Auffassung in der deutschen Rechtsprechung nicht bereits die Sichtbarkeit einer Webseite (neben der Begründung der Zuständigkeit) als Zeichenbenutzung einzustufen sein[7].

b) Begründung markenrechtlichen Schutzes

Das Markenrecht entsteht durch Eintragung, durch Benutzung und Verkehrsgeltung oder durch notorische Bekanntheit (§ 4 Nr. 1 bis 3 MarkenG), vorausgesetzt, es stehen keine absoluten oder relativen Schutzhindernisse entgegen (§ 8 MarkenG), also etwa fehlende Unterscheidungskraft oder ein Freihaltebedürfnis (für generische Begriffe wie z.B. „Kommunikation"). Eine Marke ist unterscheidungskräftig, wenn sie geeiget ist, die einzutragende Ware als von einem bestimmten Unternehmen stammend zu kennzeichnen und somit von denjenigen anderer Unternehmen zu unterscheiden[8]. Originalität oder ästhetische Qualität werden nicht vorausgesetzt[9]. Ein Freihaltebedürfnis steht der Eintragung von Marken entgegen, die nur aus Angaben bestehen, die zur Bezeichnung der Art, Beschaffenheit oder zur Bezeichnung sonstiger Merkmale der Waren oder Dienstleistungen dienen können[10].

---

1 OLG Hamm, Urt.v. 31.7.2003 – 4 U 40/03, MMR 2004, 177 – nobia.se.

2 LG Hamburg, Urt.v.30.9.1998 – 315 O 278/98 für „xtra.net" und „xtranet".

3 LG Düsseldorf, Urt.v.15.1.1998 – 4 O 353/97, K&R 1999, 137 – alltours.

4 BGH GRUR 2001, 1061 – Mitwohnzentrale.de.

5 *Rohnke*, AIPPI-Bericht, GRUR Int. 2003, 608, 611, 612.

6 Ausf. s. *Kur*, GRUR Int. 2001, 961.

7 *Kur*, GRUR Int 2001, 961, 964 unter Hinweis auf KG K&R 1998, 36 – concert-concept.

8 So der EuGH, GRUR 1999, 723, 727 – Chiemsee, ihm folgend BGH ständig, etwa GRUR 2002, 1070f – Bar jeder Vernunft.

9 *Ingerl/Rohnke*, Markengesetz, § 8 Rdn. 114 f m.w.N.

10 BGH GRUR 2002, 162 – RATIONAL SOFTWARE Corp; BGH GRUR 2002, 64f – INDIVIDUELLE.

aa) Eintragung als Marke

Schutz wird begründet durch die Eintragung eines Zeichens als Marke in das vom Patentamt geführte Register (§ 4 Nr. 1 MarkenG). **Eintragungsfähig** sind Bezeichnungen von Waren oder Dienstleistungen, nicht allein bloße Namen. Etwas anderes gilt, wenn die Marken zugleich als Namen, Firma oder Bezeichnung eines Geschäftsbetriebes oder Unternehmens benutzt werden (§ 5 Abs. 2 Satz 1 MarkenG). Domain-Namen, die zugleich Markenbezeichnungen sind, können als letztere zum Markenschutz eingetragen werden. Die gleiche Markenbezeichnung kann in verschiedenen Waren- und Dienstleistungsklassen eingetragen werden, es sei denn, die bereits existierende Marke ist bekannt und es besteht die Gefahr der Verwässerung, Rufausbeutung oder Rufschädigung (§ 9 Abs. 1 Nr. 1 – 3 MarkenG).

Für einen **internationalen** Schutz muß eine internationale Markenregistrierung gemäß dem Madrider Markenabkommen (MMA) beantragt werden (§§ 107 - 118 MarkenG). Nur die Inhalte internationaler Marken können grundsätzlich weltweit die Nutzung dieser Marken durch Unberechtigte verhindern, freilich außerdem nur jeweils für diejenigen Staaten, die als Vertragsstaaten das MMA ratifiziert haben. EG-weit wurde das Markenrecht weitgehend durch die Richtlinie 89/104/EWG[1]. Diese Richtlinie war Rechtsgrundlage für die Novellierung des Markengesetzes.

Die **Domain-Registrierung** bei DENIC hat keinerlei markenrechtliche Wirkungen einer Registereintragung. Deshalb kann eine markenrechtlich erforderliche Eintragung nicht durch die Anmeldung der Webseite unter einer Domain-Name-Kennung ersetzt werden. Die bloße Domain-Name-Reservierung (etwa bei einem Provider) stellt noch keine mögliche rechtsverletzende Benutzungshandlung dar[2], aber auch keine Begründung von Markenschutz[3].

Die Anmeldung zur Eintragung begründet nach § 6 MarkenG unabhängig vom Eintragungszeitpunkt **Priorität**, während Verbietungsrechte erst mit Eintragung entstehen[4]. Dies führt insofern zu einer Schutzlücke, als aus einer angemeldeten, aber noch nicht eingetragenen Marke bis zur Eintragung keine Ansprüche gegen gleiche oder ähnliche Domain-Bezeichnungen geltend gemacht werden und zwischen Anmeldung und Eintragung Jahre liegen können[5]. Hier bleibt nur, unabhängig von der Eintragung den Markennamen gleich als Domain-Namen bei DENIC oder einer anderen Registrierungsstelle registrieren zu lassen.

Jedermann kann eine Marke eintragen lassen. Ein Geschäftsbetrieb muss nicht geführt werden (vgl. § 7 MarkenG). Notwendig ist ergänzend, dass das Markenzeichen ausschließlich auch tatsächlich **im Geschäftsverkehr benutzt** wird; verneint wurde dies für die Registrierung einer noch aufzubauenden Webseite[6]. Die eingetragene Marke muss im Inland „ernsthaft benutzt“ werden, um die Eintragungswirkung zu **erhalten** (§ 26 Abs. 1 MarkenG). Das bloße Aufrechterhalten der Eintragung als solcher genügt nicht[7]. Die Verwendung als Domain-Name stellt nur dann eine solche Benutzung dar, wenn der Domain-Name im Verkehr als herkunftsunterscheidende Produktkennzeichnung, als Werktitel oder als geographische Herkunftsangabe (§ 99 MarkenG) verstan-

---

1 Richtlinie 89/104/EWG vom 21.12.1988, ABl. Nr. L 40/1 vom 11.12.1989.

2 OLG Karlsruhe, Urt.v.12.9.2001 – 6 U 13/01, JurPC 17/2002 – dino.de.

3 LG Rostock, Urt.v.8.12.1998 – 3 O 522/98, K&R 1999, 90.

4 *Ingerl/Rohnke*, Markengesetz, § 4 Rdn. 4, 5.

5 *Ingerl/Rohnke*, Markengesetz, § 4 Rdn. 4.

6 OLG Köln, Urt.26.10.2001 – 6 U 76/01, WRP 2002, 244 – lotto-privat.de.

7 *Ingerl/Rohnke*, Markengesetz, § 26, Rdn. 2.

den wird, nicht hingegen bei Verwendung als reine Unternehmenskennzeichnung oder als bloß beschreibende Bezeichnung[1]. Benutzung im geschäftlichen Verkehr soll auch bei rein tatsächlicher Blockadewirkung gegenüber Mitbewerbern vorliegen[2], was insoweit zweifelhaft ist, als auch eine rein privat genutzte Domain blockierende Wirkung hat[3].

Die Bekanntheit oder auch nur bereits erfolgende Benutzung im geschäftlichen Verkehr wird nicht vorausgesetzt, wohl aber **Unterscheidungskraft** (vgl. § 8 Abs. 2 Nr.1 MarkenG; zu den weiteren Eintragungshindernissen s. § 8 Abs. 2 Nr. 2 – 9 MarkenG), außer, die Marke hat sich bereits in den beteiligten Verkehrskreisen durchgesetzt[4]. Keine Unterscheidungskraft wurde etwa beim Begriff „cyberlaw.de" zugebilligt, ebenso nicht den Bestandteilen „http: // www." und „.de"[5] oder dem Begriff „Webspace"[6]. Die **Wirkung** der **Eintragung** bleibt bei Marken für Waren nur **erhalten**, wenn durch die Benutzung der Marke ein konkreter Zusammenhang zwischen Marke und Ware hergestellt wird und der Verkehr die Marke diese als die Ware identifizierendes Unterscheidungskennzeichen erkennt[7]. Dies gilt auch für eine als Warenmarke eingetragene Domain-Bezeichnung, die ebenfalls für die einzelnen Waren des Warenverzeichnisses rechtserhaltend benutzt werden kann, sofern sie als Unterscheidungskennzeichen für die betreffenden Waren angesehen wird, etwa durch Anbieten von Waren unter dieser Bezeichnung oder durch deren Verwendung als eine Art Dachmarke für Vertrieb und Werbung, aber nicht bei bloßer Werbung ohne Produktbezug[8].

bb) Benutzung eines Zeichens

Schutz kann weiter (und unabhängig von der Eintragung) durch die Benutzung eines Zeichens im geschäftlichen Verkehr entstehen, soweit das Zeichen innerhalb beteiligter Kreise als Marke **Verkehrsgeltung** erworben hat (§ 4 Nr. 2 MarkenG).

Benutzt wird ein Zeichen, wenn es etwa zur Bezeichnung der Ware oder Dienstleistung eines Unternehmens eingesetzt wird (kennzeichenmäßige Benutzung). Allerdings entsteht der Schutz nicht unmittelbar mit Nutzungsaufnahme, sondern erst mit Erreichen der **Verkehrsgeltung**[9]. Mit dem EuGH ist Verkehrsgeltung anzunehmen, wenn die Marke die Eignung erlangt hat, die betreffende Ware (oder Dienstleistung) im Hinblick auf die Herkunft aus einem bestimmten Unternehmen zu kennzeichnen und sie somit von den Waren (oder Dienstleistungen) anderer Unternehmen zu unterscheiden[10]. Entscheidend ist der Zeitpunkt, zu dem der erforderliche Grad der Verkehrsgeltung nachgewiesen wurde; dieser dauert, solange die Verkehrsgeltung beweisbar anhält[11].

---

1 *Ingerl/Rohnke*, Markengesetz, § 26, Rdn. 36 – 40, nach denen auch eine Verwendung in einer Internet-Werbung ausreichend ist (Rdn. 49).

2 OLG Dresden, CR 1999, 589, 591 – cyberspace.de.

3 *Ingerl/Rohnke*, Markengesetz, Nach § 15, Rdn. 88.

4 Verneint wurde etwa die Unterscheidungskraft für die Bezeichnung „We make the Internet mobile" (BPatG, Beschl.v.13.8.2002 – 30 W (pat) 222/01, JurPC Web-Dok. 114/2003).

5 BPatG, Beschl.v. 26.1.2000 – 29 W (pat) 160/99, CR 2000, 535 = K&E 2000, 296 – cyberlaw.de.

6 DPMA, Beschl.v. 18.2.2000 – S 166/99 Lösch/398 06 414.8/42.

7 *Fezer*, MarkenG, § 26 Rdn. 4, 30; *Heinrich*, MarkenR 2003, 89, 91.

8 *Heinrich*, MarkenR 2003, 89, 91.

9 *Hoffmann*, MarkenR 2001, 387, 388.

10 EuGH, GRUR 1999, 723 – Chiemsee.

11 *Berlit*, WRP 2002, 177, 181.

Die jeweilige Marke kann im Einzelfall freilich eine nur regionale oder gar lokale Verkehrsgeltung aufweisen[1]. Solche Marken sind zwangsläufig **territorial** nur **eingeschränkt** geschützt[2].

Für die Feststellung der Verkehrsgeltung ist auf die **Auffassung** der **beteiligten Verkehrskreise** abzustellen. Beteiligt sind auch Nutzer des Web (oder eines sonstigen Internet-Dienstes), wobei gegebenenfalls nach Nutzerkreisen (z.B. im Chat oder in Mailing-Listen) weiter zu differenzieren ist. Für das Entstehen des Schutzes durch Benutzung genügt das Verwenden des Begriffes im Internet, etwa als Domain-Name[3], wenn dieser kennzeichnungskräftig ist und Verkehrsgeltung erlangt hat[4]. Die Verkehrsgeltung der Domain muss für bestimmte Waren oder Dienstleistungen (etwa im Datenbankenbereich) erworben worden sein, dem Verkehr also als Identifizierungskennzeichen dienen[5].

In der Literatur wurde die Registrierung und Verwendung einer Domain im Internet zugleich als eine **faktische Benutzung** angesehen, die aus sich markenrechtlichen Schutz begründet, wenn die Domain für bestimmte Waren oder Dienstleistungen kennzeichnungskräftig ist und (mittels der Domain oder offline) Verkehrsgeltung erlangt hat, der Verkehr also die Marke als identifizierendes Unterscheidungsmerkmal erkennt[6]. Bloße Benutzungsaufnahme als solche führt damit nicht zu Verkehrsgeltung[7]. Auch die bloße Erreichbarkeit des Kennzeichens im Internet begründet noch nicht Verkehrsgeltung. Jedoch kann das Erreichen der Verkehrsgeltung über das Internet beschleunigt werden. Instanzrechtsprechung hat außerdem in der bloßen Registrierung einer Domain für eine erst aufzubauende Website noch kein Handeln im geschäftlichen Verkehr, d.h. keine selbständige, wirtschaftliche Zwecke verfolgende Tätigkeit) gesehen, wenn der Registrierende im Zeitpunkt der Registrierung als Privatperson handelt[8]. Der BGH sah andererseits bereits in der Registrierung eine Beeinträchtigung des Kennzeichenrechts[9].

Ob die bloße Angabe des **Domain-Namens** in der URL-Zeile des Displays der WWW-Browser-Software als solche bereits eine kennzeichenmäßige Benutzung darstellt, kann nicht generell, sondern nur unter Berücksichtigung der Einzelfallumstände entschieden werden[10]. Da der Domain-Name (jedenfalls bei funktionierender Übertragung) nicht nur als solcher, sondern regelmäßig mit einer Home Page dem abrufenden Nutzer präsentiert wird, muss die Beurteilung der Benutzungsform im Zusammenhang mit dem Inhalt zumindest dieser erst Seite des Website erfolgen. Als Benutzung gilt auch das Verwenden als Unternehmenskennzeichnung und als Domain-Name, wenn dieser aus der Geschäftsbezeichnung der auf der entsprechenden

---

1 *Berlit*, WRP 2002, 177, 178.

2 Amtl. Begr. zum Markenrechtsreformgesetz, BT-Drucks. 795/93, 107.

3 *Heinrich*, MarkenR 2003, 89, 90.

4 *Fezer*, WRP 2000, 669, 671.

5 *Heinrich*, MarkenR 2003, 89, 92.

6 *Fezer*, WRP 2000, 699; *Heinrich*, MarkenR 2003, 89, 92.

7 *Ingerl/Rohnke*, Markengesetz, § 4 Rdn. 6.

8 OLG Köln, Urt.v.26.10.2001 – 6 U 76/01, CR 2002, 285 – lotto-privat.de.

9 BGH, Urt.v.22.11.2001 – I ZR 138/99, CR 2002, 525; ebenso OLG Karlsruhe, Urt.v.12.2.2003 – 6 U 1/02, CR 2003, 696 (jedoch im konkreten Fall mangels nachgewiesener kontinuierlicher Nutzung einen Schadensersatzanspruch ablehnend).

10 Bejahend OLG München, Urt.v.2.4.1998 – 6 U 4798/97, CR 1998, 556; zurückhaltend *Bettinger*, GRUR Int. 402, 409, der die Kennzeichenmäßigkeit der Benutzung nicht ausschließen will; ähnlich Omsels GRUR 1997, 328, 334 mit dem Hinweis, dass nicht jede Domain-Bezeichnung als Kennzeichen zu verstehen ist.

Internetseite werbenden Firma besteht[1]. Der bloße Verweis auf einen Anwaltssuchdienst mittels Link wurde nicht als Markenbenutzung angesehen[2].

Ist das Zeichen **unterscheidungskräftig** und steht kein Freihaltebedürfnis entgegen, werden 20% Durchsetzungsgrad für die Verkehrsgeltung als ausreichend angesehen[3]. Fehlt die Unterscheidungskraft oder besteht ein Freihaltebedürfnis, wird ein Bekanntheitsgrad von 50% gefordert[4]. Unterscheidungskraft fehlt, wenn die angesprochenen Verkehrskreise eine Bezeichnung immer nur als Sachhinweis auffassen[5]. Die Verkehrsdurchsetzung im Sinne von § 8 Abs. 3 MarkenG setzt, weitergehend, Durchsetzung im gesamten Bundesgebiet voraus. Hat sich eine beschreibende Bezeichnung derart durchgesetzt, dass sie die Kennzeichnungskraft einer normalen Marke hat, besteht Markenschutz[6].

Die Benutzung muss **im geschäftlichen Verkehr** erfolgen. Keine Benutzung im geschäftlichen Verkehr liegt vor, wenn eine Wortmarke auf einer Homepage unter einer der Rubriken vorkommt und der Inhaber der Homepage für den Aufruf der Seite kein Entgelt verlangt[7], oder wenn eine Domain in den Betrieb einer Hochschule für in unentgeltliches, wissenschaftliches Angebot eingebracht wird[8], wohl aber, wenn nur noch keine Homepage eingerichtet ist (da bereits dasselbe Zeichen gesperrt werde)[9]. Die **Verwendung** einer Markenbezeichnung **durch Private** wird, jedenfalls durch das Markenrecht, nicht erfasst[10]. Hier greifen nur die §§ 12 BGB bzw. 823, 1004 BGB als Grundlage möglicher Ansprüche. Ein Handeln im geschäftlichen Verkehr liegt aber vor, wenn bei Internet-Auktion Privateigentum in gewissem Umfang verkauft wird[11]. Wird auf einer privaten Webseite aus Kostengründen **Werbung** Dritter geschaltet oder auf eine entsprechende Seite umgeleitet, liegt nicht mehr Handeln zu privaten Zwecken, sondern im geschäftlichen Verkehr vor[12]. Ein Anbieten der Domain zum Verkauf begründet Handeln im geschäftlichen Verkehr[13], ebenso das Setzen von Werbebannern auf einer privaten Homepage[14]. Keine Benutzung liegt vor, wenn eine Markenbezeichnung nicht im geschäftlichen Verkehr, sondern in einer politischen Demonstration verwendet wird[15].

---

1 LG München I, Urt.v.23.9.1998 – 1 HKO 11678/98 (www. online-recht.de) – explora.de.

2 OLG Köln, Urt.v. 4.10.2002 – 6 U 64/02, CR 2003, 93.

3 *Ingerl/Rohnke*. MarkenG, § 4 Rdn. 17.

4 BGH GRUR 1997, 754f – grau-magenta; Berlit, WRP 2002, 177, 179.

5 BPatG, Beschl. v. 29.10.2002 – 33 W (pat) 3/02, CR 2003, 482 für den Begriff „handy" und die Domain „handy.de", da hier nur das schnurlose Funktelefon gemeint sei.

6 LG Hamburg, Urt.v.25.3.1998 – 315 O 792/97, CR 1999, 47 – eltern.de.

7 Schleswig-Holst. OLG, Urt.v.19.12.2000 – 6 U 51/00, CR 2001, 465 = JurPC Web-Dok. 74/2001 – Swabedoo. Das Gericht sieht auch dann keine solche Benutzung, wenn sich auf der Homepage Links zu anderen Internetanbietern befinden, die geschäftliche Zwecke verfolgen, denn zum einen sei die Verantwortlichkeit für Inhalte nach § 5 Abs. 3 TDG a.F. ausgeschlossen, zu denen lediglich der Zugang vermittelt wird, zum anderen habe sich der Homepageinhaber die fremden Inhalte gerade nicht zueigen gemacht.

8 LG Berlin, Urt.v.21.3.2000 – 16 O 663/99, JurPC Web-Dok. 77/2001 – Digitale Bibliothek.

9 OLG Dresden, Urt,v. 20.10.1998 – 14 U 3613/97, K & R 1999, 133 – cyberspace.de.

10 *Kur* CR 1996, 590, 591; *Bettinger*, GRUR Int. 402, 414.

11 LG Berlin, Urt.v. 9.11.2001 – 103 O 149/01, CR 2002, 371 (für das Durchführen von 39 Geschäften über eBay).

12 LG Hamburg, Urt.v.1.3.2000 – 315 O 219/99, MMR 2000, 436; a.A. LG München I, Urt.v.8.3.2001 – 4 HKO 200/01, MMR 2001, 545.

13 LG Hamburg, K&R 2000, 613 – audilamborghini.net.

14 LG Hamburg, MMR 2000, 436f – luckystrike.de.

15 LG Essen, Urt.v. 23.5.2002 – 11 O 96/02, JurPC Web-Dok. 209/2002 – castor.de (auch Namensschutz

Im Verwenden einer **geografischen Herkunftsangabe** mit besonderem Ruf als Internet-Domain für einen werbefinanzierten Informationsdienst kann ein Handeln im geschäftlichen Verkehr liegen, das rufbeeinträchtigend sein kann[1]. Auch in einer Abwandlung kann eine früher irreführend identisch verwandte geographische Herkunftsangabe noch irreführend sein, wenn sie sich an die Herkunftsangabe in der Weise anlehnt, dass die Erinnerung an die früher gebrauchte Kennzeichnung geweckt wird[2].

Das Zeichen muss **als Marke** benutzt werden. Das Zeichen muss in seiner Verwendung dazu dienen, Waren oder Dienstleistungen als solche eines bestimmten Unternehmens zu unterscheiden; keine Benutzung im markenrechtlichen Sinne ist eine Verwendung zu anderen Zwecken[3], so, wenn kein Bezug zu einem Produkt- oder Leistungsabsatz besteht, sondern etwa eine Ortsangabe (als Form einer beschreibenden Angabe) vorliegt[4] oder ein Bezug auf Kreditvergabevoraussetzungen[5]. Ausreichend für die Annahme einer Benutzung ist aber, dass ein Anbieter die Herkunft von Waren bestimmt, auf die sich seine Dienstleistungen bezieht (z.B. Pflege fremder Software), und sie so von anderen Waren unterscheidet, die eben-falls Gegenstand dieser Dienstleistungen sein könnten[6], obwohl nur eine mittelbare Bezugnahme auf den Markeninhaber erfolgt, so dass der zeichenrechtliche Benut-zungsbegriff nicht einen Bezug nur auf eigene Waren- oder Dienstleistungsangebote impliziert[7].

Eine **berühmte Marke** darf von einem Dritten in der Internet-Domain allenfalls mit Zusätzen verwendet werden, die auf eine Lokalisierung und auf das Fehlen einer vertraglichen Dauerbindung hinweisen, andernfalls die Verwendung namens- und wettbewerbsrechtlich unzulässig ist[8].

Auch **Domain-Namen** werden heute regelmäßig im geschäftlichen Verkehr benutzt, entweder im Web selbst oder in sonstigen Medien. Kennzeichenrechtliche Benutzung wurde abgelehnt, wenn eine Domain ohne Bezug zu einem Produkt oder Gewerbe allein zum Freihalten der Domain registriert wird[9]. Kennzeichenschutz einer Domain nach § 5 Abs. 2 MarkenG entsteht mit Aufnahme der Benutzung des Zeichens im geschäftlichen Verkehr; die Domain hat gegenüber einer später eingetragenen Marke

---

auch § 12 BGB und Vorliegen einer berühmten Marke ablehnend).

1 LG München I, Urt.v.19.10.2000 – 4 HKO 11042/00, CR 2001, 191 – „champagner.de" unter Hinweis auf § 127 Abs. 3 MarkenG, wonach eine geografische Herkunftsangabe mit besonderem Ruf unabhängig von der Irreführungsgefahr für Waren und Dienstleistungen anderer Herkunft nicht verwendet werden darf, sofern darin die Gefahr einer Ausbeutung oder Beeinträchtigung des Rufes liegt. Das OLG München, Urt.v.20.9.2001 – 29 U 5906/00, JurPC Web-Dok. 5/2002 *lehnte* allerdings einen Unterlassungsanspruch *ab*, da ein ausschließliches Recht zur Nutzung der streitigen Domain für die Gattungsbezeichnung „Champagner" nicht gegeben sei. Auch sei § 127 Abs.3 MarkenG nicht anwendbar, da Werbung für Champagner dessen Ruf grundsätzlich nicht beeinträchtige.

2 OLG München, Urt.v. 9.10.2003 – 26 U 2690/03, MMR 2004, 173 = JurPC Web-Dok. 85/2004 – Pietra di Soln (Marmor). Das Gericht sah auch einfache geographische Herkunftsangaben als gewerbliche Schutzrechte i.S.v. § 4 Abs. 3 Nr. 6 TDG an und wendete die §§ 126 ff MarkenG auch auf den für den deutschen Markt bestimmte und in Deutschland abgerufene Webseiten eines italienischen Warenanbieters an.

3 EuGH, GRUR Int. 1999, 438, 441, Tz. 38 – BMW (zu Art. 5 Abs. 1 u. 2 MarkenRL).

4 BGH, GRUR 2002, 814 – Festspielhaus.

5 OLG Hamburg, Urt.v.6.11.2003 – 5 U 64/03, CR 2004, 846.

6 EuGH, GRUR Int. 1999, 438, 441, Tz. 39 – BMW; krit. *Hotz*, GRUR Int. 2003, 993, 994.

7 Krit. *Hotz*, GRUR Int. 2003, 993, 995.

8 LG München I, Urt.v.16.11.2000 – 17 HKO 17624/00, CR 2001, 416 – BMW-Teilemarkt (für .com-Domain).

9 OLG Karlsruhe, Urt.v. 12.9.2001 – 6 U 13/01, MMR 2002, 118 – dino.de. Das Gericht lehnte auch einen Abwehranspruch aus den §§ 1 UWG, 826, 1004 BGB ab, da kein Grabbing vorlag.

älteren Zeitrang im Sinne von § 6 Abs. 3 MarkenG[1]. Der prioritätsjüngere Domain-Namensinhaber muss diesen Namen hingegen (durch einen unterscheidungsfähigen Zusatz[2]) modifizieren oder aufgeben.

Das Verwalten und **Registrieren** eines Domain-Namens für einen Dritten stellt (als mit dem Eintragen einer Marke durch das Deutsche Patent- und Markenamt vergleichbar) kein Benutzen des Domain-Namens im geschäftlichen Verkehr im Sinne von § 14 MarkenG dar[3]. Ebensowenig liegt ein Benutzen im geschäftlichen Verkehr im Sinne von § 14 MarkenG vor, wenn der Betreiber eines Domain-*Name*-Servers als Vorstufe (und technische Voraussetzung) der Registrierung eines Domain-Namens bei der Registrierungsstelle eine Domain konnektiert (d.h. technisch an das Internet anbindet)[4], wobei nicht der Umstand entgegensteht, dass der Provider für die Konnektierung einschließlich Speicherplatzvermietung eine Vergütung verlange und ein eigenes wirtschaftliches Interesse an dieser Leistung habe.

Markenrechtserhaltende **Benutzung** (im Sinne von § 25 Abs. 1 MarkenG) wurde **verneint**, soweit sie durch Verwendung als Domain-Name erfolgt[5], da es an der konkreten Beziehung zur Ware oder Dienstleistung fehle. Eine solche Beziehung kann aber nach den Umständen des Einzelfalles dennoch zu bejahen sein, wenn sich Hinweise auf Waren oder Dienstleistung aus der regelmäßig mit der Adresse geladenen Home Page ergeben. Auch das Erfordernis, dass die Ware selbst mit dem Zeichen in der Form eines körperlichen Bezuges verbunden sein muss[6], wird im vorliegenden Verwendungszusammenhang schutzzweckbezogen ausgelegt. Genügt nämlich bei Dienstleistungen der rein gedankliche Bezug zum Zeichen[7], so muss dies auch für Warenbezeichnungen im Web gelten, sofern die individualisierende Hinweisfunktion ausreichend erfüllt ist.

Eine Benutzung – und ein Verstoß gegen ein Unterlassungsgebot – liegt auch dann vor, wenn auf eine **einstweilige Verfügung** hin nicht sofort die streitgegenständliche Webseite vollständig entfernt oder umbenannt, sondern lediglich durch den Hinweis ersetzt wird, die Webseite sei „vorübergehend“ und „wegen Serverumstellung“ nicht erreichbar, da hierdurch beim Nutzer die Erwartung geweckt werde, die nicht vorgefundenen Seiten bald wieder aufrufen zu können[8].

Die Benutzung einer Warenmarke oder Dienstleistungsmarke als Domain-Bezeichnung wirkt **rechtserhaltend**, wenn unter der als Waren- oder Dienstleistungsmarke eingetragenen Domain eine bestimmte Ware oder Dienstleistung angeboten wird oder die Domain als eine Art „Dachmarke“ für den Vertrieb und die Bewerbung eines bestimmten Produkt- oder Dienstleistungsportfolios verwendet wird,

---

1 LG München I, Urt.v.4.3.1999 – 17 HKO 18453/98, JurPC Web-Dok. 76/1999 – fnet.

2 OLG Hamburg, Urt.v. 25.9.2003 – 5 U 178/02, MMR 2004, 107.

3 BGH WRP 2001, 1305 – ambiente.de.

4 OLG Hamburg, Urt.v.27.2.2003 – 3 U 7/01, GRUR-RR 2003, 332 = JurPC Web-Dok. 233/2003 – nimm2.com. Das Gericht lehnt folglich auch eine Störerhaftung und Prüfpflicht des DNS-Betreibers in dieser Phase der ursprünglichen Konnektierung ab, in der der Betreiber nur den sog. „*billing contact*“ wahrnehme. Ausreichend sei, wenn der Betreiber auf eine Abmahnung alsbald mit der Löschung der Konnektierung reagiere. Nicht näher geht das OLG Hamburg auf den Umstand ein, dass solche DNS-Verzeichnisse nicht nur auf einem Rechner des vom Kunden beauftragten Providers, sondern internetweit auf verschiedensten Systemen (etwa durch DENIC) verwaltet werden und dort weiter zugreifbar sind.

5 *Omsels* GRUR 1997, 328, 329.

6 *Omsels*, a.a.O., 330 unter Hinweis auf BGH GRUR 1996, 267 – Aqua.

7 *Omsels*, a.a.O, 330, m.w.N.

8 LG Berlin, Urt.v.29.7.1999 – 16 O 317/99 (www.online-recht.de) – „fewo-online-direkt.de“.

nicht aber bei bloßer produktunabhängiger Werbung[1].

cc) Notorische Bekanntheit

Schutz kann schließlich durch notorische Bekanntheit[2] einer Marke (§ 4 Nr. 3 MarkenG) begründet werden. Allerdings wird eine eigenständige Bedeutung des Schutzes nach Nr. 3 auf ausländische Marken beschränkt, die im Inland nicht benutzt werden, aber doch im Inland notorisch bekannt sind[3].

dd) Freihalten von Gattungsbezeichnungen

Für Gattungsbezeichnungen (auch „generische", d.h. allgemeine Begriffe genannt) wie etwa „Rechtsberater"[4], „steuerberater.de"[5], „saeugling.de"[6] oder „jeanswear.de" wurde die Eignung zur Eintragung als Marke **verneint**[7] (da eine solche Bezeichnung nur beschreibend, nicht aber kennzeichnungskräftig ist), ebenso die Kennzeichnungskraft der getrennten Bezeichnung „Schülerhilfe"[8], „hersteller-katalog.com"[9] oder „hockey-store.de"[10] bzw. einer Wort-/Bildmarke[11] oder geografische Herkunftsangaben wie „champagner.de"[12], für „karriere.de"[13] hingegen (im einstweiligen Verfügungsverfahren) bejaht.

Eintragungsfähigkeit besteht aber, wenn sich das Zeichen nahezu einhellig im Verkehr durchgesetzt hat[14]. Auch mit einem **beschreibenden** Charakter einer Marke kann deren Schutzbereich ausreichend stark sein, wenn sich die Marke auf dem Markt derart durchgesetzt hat, daß sie mindestens die Kennzeichnungskraft einer normalen Marke erlangt hat[15]. Dessenungeachtet dürfen auch diese Bezeichnungen als Domain-Namen registriert werden[16]. Ein Freihalten solcher Begriffe von sperrender Registrierung als Domain ist nicht möglich. Nur darf ein Unternehmen **keine**

---

1 *Heinrich*, MarkenR 2003, 89, 91f.

2 Im Sinne des Art. 6bis der Pariser Verbandsübereinkunft zum Schutze des gewerblichen Eigentums.

3 BGH GRUR Int. 1969, 257 – Recrin; *Ingerl/Rohnke*, Markengesetz, § 4 Rdn. 27.

4 LG Berlin, Urt.v. 18.6.2003 – 97 O 80/03, JurPC Web-Dok. 314/2003 – Rechtsbeistand als Domain-Name.

5 Zutreffend *Kur*, CR 1996, 325, 328.

6 LG München I, Urt.v.8.3.2001 – 4 HKO 200/01, CR 2001, 555 = JurPC Web-Dok. 361/2002 – „saeugling.de" (keine Verletzung der Namensrechte des Trägers eines mit der Domain identischen Familiennamens).

7 Richtig *Kur*, CR 1996, 325, 328.

8 LG Düsseldorf, Urt.v.27.9.2002 – 38 O 92/02, JurPC Web-Dok. 21/2003.

9 OLG Stuttgart, Urt.v.21.2.2002 – 2 U 150/01, MMR 2002, 754.

10 LG Frankfurt, Urt.v. 15.1.2003 – 2/6 O 374/02, JurPC Web-Dok. 161/2003.

11 BPatG, Beschl.v. 20.2.2002 – 32 W (pat) 48/01, JurPC Web-Dok. 20/2003 für die Wort-/Bildmarke „deutschland.heute.de", wobei Unterscheidungskraft dann bejaht wurde, wenn die grafischen Elemente ihrerseits charakteristische Merkmale aufweisen, in denen der Verkehr einen Herkunftshinweis sieht.

12 OLG München, Urt.v.20.9.2001 – 29 U 5906/00, MMR 2002, 115.

13 LG Köln, Urt.v. 10.5.1996 – 31 O 315/96 (www.netlaw.de/Urteile/index.htm).

14 *Kur*, CR 1996, 325, 328 unter Bezugnahme auf die ständige Rechtsprechung.

15 LG Hamburg, Urt.v.25.3.1998 315 O 792/97, CR 1999, 47 – eltern.de.

16 OLG Frankfurt, Beschl.v. 13.2.1997 – 6 W 5/97, BB 1997, 545 – wirtschaft-online; LG Köln, Urt.v.27.4.2000 – 31 O 166/00, NJW-RR 2001, 549 – zeitarbeit.de.

markenrechtliche Schutzwirkung von dieser Bezeichnung erwarten.

Auch wettbewerbsrechtlich ist die Verwendung von Gattungsdomains grundsätzlich zulässig, wie der BGH für die Domain „mitwohnzentrale.de“ entschied (s.S. 518). Allerdings kann ein wettbewerbsrechtlicher **Unterlassungsanspruch** aus § 8 UWG (3 UWG a.F.) in Betracht kommen, wenn durch den Namen der Eindruck des Angebotes einer Leistung hervorgerufen wird, die tatsächlich nicht erbracht wird[1] (zur Irreführung s. näher S. 502, 519). Für „rechtsanwalt.com“ wurde die Erstellung der jeweiligen Webseiten für einen Rechtsanwalt oder eine Rechtsanwaltskammer verlangt, andernfalls sie irreführend ist[2]. „Wirtschaft-online“ führt aber nicht über geschäftliche Verhältnisse in die Irre[3], ebensowenig die Domains „pruefungsrecht.de“[4], „drogerie.de“[5] oder „autovermietung.com“[6]. Die Domain „steuererklaerung.de“ kann hingegen irreführend sein, wenn nur eine eingeschränkte Beratungsbefugnis gemäß § 4 Nr. 11 StBerG (Lohnsteuerhilfeverein) bestehe[7]. Die Monopolisierung des Namens durch seine Eintragung verletzt nach Auffassung des Gerichts nicht § 8 Abs. 2 Nr. 1 und 2 MarkenG.

Generische (allgemeine) Begriffe dürfen freilich unabhängig von ihrer Markenfähigkeit als Domain verwendet werden. Nur darf ein Unternehmen **keine markenrechtliche** Schutzwirkung von dieser Bezeichnung erwarten. Die Verwendung von Gattungsbegriffen ist auch nicht generell wettbewerbswidrig[8]. Selbst wenn der Name „Internet“ selbst grundsätzlich markenfähig sein sollte, dürfte ein Freihaltebedürfnis für diesen Begriff zu bejahen sein[9].

c) Benutzung

Generell setzen das Markenrecht und das Recht an einer geschäftlichen Bezeichnung eine Kennzeichen**benutzung** voraus. Der Unterlassungsanspruch aus den §§ 14 Abs. 2 Nr. 1 und 2, 15 Abs. 2 MarkenG erfordert deshalb eine im geschäftlichen Verkehr erfolgende Zeichenbenutzung[10]. Im **geschäftlichen Verkehr** erfolgt eine Tätigkeit, wenn sie der Wahrnehmung oder Förderung eigener oder fremder Geschäftsinteressen

---

1 *Kur*, a.a.O, 329 mit dem fiktiven Beispiel eines Reisebüros, das unter „fastbooking.de“ nur die üblichen Buchungsverfahren anbietet. Hierfür genügt freilich nicht, dass die online angebotene Buchung nur durch die fast schon gewohnte Überlastung des Internet/Web etwa am Nachmittag verzögert wird.

2 OLG Hamburg, Urt.v.2.5.2002 – 3 U 303/01, MMR 2002, 824 = NJW-RR 2002, 1582; a.A. LG Mannheim, Urt.v. 24.8.2001 – 7 O 189/01, MMR 2002, 635 = NJW-RR 2002, 1210.

3 OLG Frankfurt, Beschl.v. 13.2.1997 – 6 W 5/97, BB 1997, 545 = NJW 1998, 165 = GRUR 1997, 481.

4 LG Braunschweig, Urt.v.20.12.2001 – 21 O 2178/01, MMR 2002, 248.

5 Zulässigkeit der Nutzung als Domain für ein Portal für branchenverwandte Anbieter OLG Frankfurt, Urt.v.12.9.2002 – 6 U 128/01, GRUR-RR 2003, 18 = MMR 2002, 471.

6 OLG München, Urt.v.19.4.2001 – 29 U 572/00, CR 2001, 463 = MMR 2001, 615 (weder Unlauterkeit nach § 1 UWG noch Irreführung nach § 3 UWG).

7 OLG Nürnberg, Urt.v. 6.11.2001 – 3 U 2393/01, GRUR 2002, 460 = WRP 2002, 343.

8 LG Hamburg, Urt.v.30.6.2000 – 416 O 91/00, CR 2000, 617 ZUM-RD 2001, 150 – lastminute.com; OLG Hamburg, Urt. v. 13.7.1999 – 3 U 58/98, CR 1999, 779, 781 – Mitwohnzentrale (wettbewerbswidrige Behinderung gem. § 1 UWG durch Umleiten von Kundenströmen).

9 In *Frankreich* wurde allerdings bereits am 31.5.1994 (mit Veröffentlichung am 15.7.1994) eine Marke „Internet“ für den Service-Provider (*fournisseur d'hébergement*) Valentin Lacambre in den Klassen 9, 38 und 42 eingetragen (s. www.celog.fr/expertises/breves/semaine30_97.htm#).

10 Der EuGH WRP 2002, 1415 – Arsenal verlangt eine auf einen wirtschaftlichen Vorteil gerichtete kommerzielle Tätigkeit, der BGH das Fördern eines beliebigen eigenen oder fremden Geschäftszwecks (BGH GRUR 1987, 438, 440), nicht aber notwendig ein Wettbewerbsverhältnis.

bzw. Geschäftszwecken dient, so etwa, wenn die Webseiten einen geschäftsbezogenen Inhalt aufweisen[1]. Keine solche Benutzung liegt vor, wenn sonstige, etwa soziale, politische[2], wissenschaftliche[3], philosophische[4] oder private Zwecke[5] verfolgt werden, unter der Domain ein kritisches Informationsforum betrieben wird[6] oder amtlicher Verkehr vorliegt[7]. In sonstigen Fällen fehlender Geschäftstätigkeit können Ansprüche aus den §§ 823, 1004 BGB auf Aufhebung der Reservierung/Registrierung der Domain zu prüfen sein. Auch auf Schadensersatz kann zu haften sein, wobei aber Fahrlässigkeit einer Markenrechtsverletzung im Einzelfall zu prüfen ist und für Begriffe mit geringem Bekanntheitsgrad mangels Nachforschungspflicht abgelehnt wurde[8]. Die unter dem Domain-Namen aufrufbare **Homepage** selbst soll die Ware bzw. Dienstleistung darstellen können[9], es kommt nicht darauf an, welche Waren oder Dienstleistungen auf der Page angeboten werden[10]. Bei bloßer Registrierung des Domain-Namens ohne Einrichtung der Website kann Benutzung im geschäftlichen Verkehr (noch) abzulehnen sein[11]. Die Verwendung der TLD „.com" kann ein Handeln im geschäftlichen Verkehr indizieren; ergänzend wird aber auf den Webseiteninhalt abzustellen sein.

Vertreten wurde, dass, da Webseiten für jedermann zugreifbar sind, die Verwendung einer Unternehmensbezeichnung in der Form eines Domain-Namens die widerlegbare **Rechtsvermutung** einer Benutzung im geschäftlichen Verkehr begründet[12]. Widerlegung kann etwa durch Darlegung eines privaten oder ideellen Inhaltes der jeweiligen Webseite erfolgen[13]. Das Schalten von Werbebannern spricht für den geschäftlichen Charakter[14].

§ 14 MarkenG verwendet einen einheitlichen (autonom nach der MRRL auszule-

1 Hoeren/Sieber/*Viefhues*, Handbuch Multimedia-Recht, Teil 6.1, Rdn. 88.

2 KG, Urt.v.23.10.2001 – 5 U 101/01 – oil-of-elf, zit. nach *Bettinger/Leistner*, Werbung und Vertrieb im Internet, Teil 1 C, Rdn. 53, Fn. 76.

3 LG Berlin, CR 2001, 197 – digitalebibliothek.de.

4 LG München I, Urt.v. 5.9.2001 – 7 HKO 10964/01 – infoversum.de, zit. nach *Bettinger/Leistner*, Werbung und Vertrieb im Internet, Teil 1 C, Rdn. 53, Fn. 75.

5 Für eine *private Homepage* BGH, GRUR 2001, 1038, 1041 = MMR 2002, 382, 384 – shell.de; für eine Lottotipgemeinschaft OLG Köln, CR 2002, 285 – lotto-privat.de, anders bei Link auf geschäftliche Angebote (OLG Hamm, MMR 2001, 611 – FTP-Explorer) oder bei Vorratsregistrierung an Dritte zu veräußernder Domain-Namen (OLG Dresden NJWE-WettbR 1999, 133, 136 – cyberspace.de; *Ingerl/Rohnke*, Markengesetz, § 14 Rdn. 56 m.w.N). Das gilt für Private dann nicht, wenn sie ihre Website als Werbeträger für Dritte zur Verfügung stellen (OLG Hamburg, MD 2002, 889, 892 – motorradmarkt.de (zit. nach Hoeren/Sieber/*Viefhues*, Handbuch Multimedia-Recht, Teil 6.1, Rdn. 91). Der erlangte finanzielle Vorteil muss allerdings unmittelbar der Förderung des Erwerbslebens dienen (OLG Köln, MMR 2002, 167, 169 – lotto-privat.de). Private Einzelverkäufe werden damit nicht erfasst.

6 OLG Hamburg, Urt.v. 18.12.2003 – 3 U 117/03, MMR 2004, 415 = JurPC Web-Dok. 164/2004 – awd-aussteiger.de (bei erkennbar kritischer Haltung keine markenmäßige Benutzung und mangels Handeln zu Wettbewerbszwecken kein Anspruch aus § 1 UWG a.F.); LG Hamburg, Beschl.v. 10.6.2002 – 312 O 280/02, MMR 2003, 53 – stopesso.de.

7 *Ingerl/Rohnke*, MarkenG, § 14, Rdn. 36.

8 LG Freiburg, Urt.v.28.10.2003 – 9 S 94/03, JurPC Web-Dok. 103/2004 – dilatrend.de.

9 LG Düsseldorf, Urt.v.4.4.1997 – epson ; a.A. LG Düsseldorf, Urt.v. 2.10.1998 – 4 O 370/97 – stk.de; *Bücking*, MMR 2000, 656, 659.

10 LG Düsseldorf, 4.4.1997 – 34 O 191/96,CR 1998, 165 – epson.de.

11 Hoeren/Sieber/*Viefhues*, Handbuch Multimedia-Recht, Teil 6.1, Rdn. 88f, jedoch mit dem Hinweis auf eine mögliche entsprechende Anwendung bei Erstbegehungsgefahr.

12 *Fezer*, MarkenG, § 3, Rdn. 328.

13 OLG Schleswig, CR 2001, 465f = MMR 2001, 220f – swabedoo.

14 LG Hamburg, MMR 2000, 436f – luckystrike.de.

genden) **Benutzungsbegriff** voraus, ohne diesen aber zu definieren. Der EuGH[1] sieht als entscheidend an, ob die Marke zur Unterscheidung von Waren oder Dienstleistungen als solche eines bestimmten Unternehmens, also als Marke, benutzt werde, oder ob die Benutzung zu anderen Zwecken erfolge. Es genüge nicht jede Benutzung im geschäftlichen Verkehr, sondern es müssen spezifische Interessen des Markeninhabers beeinträchtigt sein (können), etwa dadurch, dass der Eindruck entsteht, es bestehe eine Verbindung im geschäftlichen Verkehr zwischen den betroffenen Waren und dem Markeninhaber[2]. Der BGH, der insoweit dem EuGH[3] folgte, verlangt deshalb, dass der Verkehr in dem angegriffenen Zeichen einen **Herkunftshinweis** sieht[4]. Die Rechtsprechung hat bisher schon den Begriff der kennzeichenmäßigen Benutzung selbst weit ausgelegt und ein Hinweis auf einen Domain-Inhaber oder dessen Produkt als ausreichend angesehen[5]. Notwendig ist, dass ein nicht unerheblicher Teil der Verkehrskreise in der Bezeichnung ein Unterscheidungsmerkmal gegenüber anderen Waren erblickt[6]. Nicht erfasst wird eine Verwendung als beschreibende Angabe[7].

Verneint wurde eine solche Benutzung, wenn ein markenrechtlich geschützter Begriff nicht als Domain-Name oder in sonstiger Weise zu Werbezwecken, sondern lediglich als **Umschreibung** für einen angebotenen Speicherplatz verwendet wird[8]. Auch im **Konnektieren** einer Domain im Domain-Name-Serverrechner als Vorstufe der Registrierung wurde kein Benutzen gesehen und zugleich eine Störerhaftung des DNS-Betreibers auch für Fälle offenkundiger Rechtsverletzungen bei bekannten Marken verneint[9]. Der Betreiber von DNS-Serverrechnern ist insoweit mit DENIC vergleichbar, da auch diese DNS-Dienste (auch die von DENIC selbst) vollautomatisiert laufen müssen, um mit vertretbarem Aufwand erbracht werden zu können. Es gilt aber nicht ohne weiteres in gleichem Maße für die Registrierung im Kundenauftrag beantragende Provider. Ebenso kann im „Domain-Check" durch einen Provider eine kennzeichenrechtlich relevante Benutzung zu sehen sein, wenn der Provider über reine Auskunftserteilung bezüglich der Verfügbarkeit einer Domainbezeichnung hinaus bei

---

1 EuGH GRUR Int. 1999, 438 – BMW, Tz. 38.

2 EuGH WRP 2002, 1415 – Arsenal Football Club plc; EuGH WRP 2002, 664 – Hölterhoff; EuGH WRP 1999, 407 – BMW/Deenik.

3 EuGH GRUR Int. 1999, 438 – BMW, Tz. 38. Nach dem EuGH ist maßgeblich, ob die Marke zur Unterscheidung von Waren oder Dienstleistungen als solche eines bestimmten Unternehmens, also als Marke benutzt wird.

4 BGH WRP 2002, 982f – Frühstücksdrink L; BGH GRUR 2001, 158, 160 – Drei-Streifen-Kennzeichnung.OLG Hamburg, Urt.v. 6.11.2003 – 5 U 64/03, JurPC Web-Dok. 194/2004 – schufafreierkredit.de (produktbeschreibend, nicht aber herkunftshinweisend).

5 In diese Richtung gehen etwa KG, NJW 1997, 3321f – concert-concept.de; OLG Dresden, K&R 1999, 133, 135 – cyberspace.de; OLG Düsseldorf, NJW-RR 1999, 626, 628 – ufa.de; OLG Hamburg, CR 1999, 184, 186 – emergency.de; OLG Hamm, CR 1998, 242 – krupp.de; OLG Karlsruhe, MMR 1999, 604f – badwildbad.com; OLG Köln, NJW-RR 1999, 622 – herzogenrath.de; OLG München, MMR 2000, 104 – rolls-royce.de; OLG Rostock, K&R 2000, 303 – mueritz-online.de; OLG Stuttgart, MMR 1998, 543 – steiff.com. Hoeren/Sieber/*Viefhues*, Handbuch Multimedia-Recht, Teil 6.1, Rdn. 76 bejaht die namensmäßige Benutzung bereits dann, wenn die Benutzung des Domain-Namens eine Beziehung zwischen dem Gegenstand der Benennung und dem Namensträger vermuten lässt und somit einen Hinweis auf den Namensträger enthält.

6 OLG Hamburg, WRP 1996, 572, 576 – Les Paul Gitarrren.

7 BGH GRUR 2002, 809, 811 und 812f – Frühstücksdrink I und II.

8 LG Bochum, Urt.v.14.10.1999 – 14 O 120/99, – WEBSPACE (www.netlaw.de/urteile/lgbo_3.htm).

9 OLG Hamburg, Urt.v. 27.2.2003 – 3 U 7/01, GRUR-RR 2003, 332 = ZUM-RD 2003, 567 – nimm2.com. Auch Störerhaftung aus nachträglich unzureichendem Verhalten wurde abgelehnt, sofern der DNS-Betreiber alsbald auf eine Abmahnung (und hierdurch begründete Kenntnis) reagierte.

der Registrierung helfend mitwirkt[1].

Benutzung erfolgt ebenfalls nicht, wenn unter einer Markenbezeichnung nicht Waren oder Dienstleistungen bezeichnet, sondern die Bezeichnung zur Kennzeichnung von zu emittierenden **Aktien** verwendet wird; Aktien stellen zudem keine „Waren" dar[2].

Auch die **Homepage** (Leitseite) einer Website ist nur Darstellungsmittel, nicht aber selbst Ware oder Dienstleistung, so dass ein sog. „Schlechthin-Verbot" ohne Rücksicht auf den Inhalt der Leitseite nicht möglich ist[3]. Das bloße Registrieren einer inhaltsleeren Homepage stellt keine rechtsverletzende Benutzung dar[4]. Auch die bloß **spekulative Registrierung** einer Domain (das sog. „Domain Grabbing", s. S. 479) wurde (wegen Fehlens eines Bezuges auf Waren oder Dienstleistungen) nicht als Benutzung i.S.v. § 14 Abs. 2 MarkenG beurteilt[5], wohl aber bereits dann, wenn eine konkrete geschäftliche Benutzung beabsichtigt wird, während eine beabsichtigte private Nutzung nicht ausreicht[6].

Das Registrieren tausender Domain Namen wurde als sittenwidrige Behinderung und damit als vorsätzliche sittenwidrige Schädigung beurteilt, die einen bürgerlich-**rechtlichen** Unterlassungsanspruch begründen kann (§§ 826, 226, 1004 BGB)[7], im Wettbewerbsverhältnis zudem als sittenwidriger Behinderungswettbewerb, wenn der Inhaber die Registrierung nur vornimmt, um die Domain gegen Vergütung an Dritte zu vergeben[8]. Sittenwidrige Schädigung liegt aber nicht schon dann vor, wenn eine registrierte Domain vorübergehend nicht benutzt wird[9]. Eine berühmte Marke darf außerdem von einem Dritten in der Internet-Domain allenfalls mit Zusätzen verwendet werden, die auf eine Lokalisierung und auf das Fehlen einer vertraglichen

---

1 LG Köln, Urt.v.16.5.2001 – 28 O 144/01, CR 2001, 622.

2 OLG Köln, Urt.v.7.8.2002 – 6 U 70/02, GRUR-RR 2003, 45 – R-Aktie.

3 OLG Hamburg, Urt.v.24.7.2003 – 3 U 154/01, MMR 2003, 668 – schuhmarkt.de. Das Gericht führt aus, dass ein Gattungsbegriff außerdem keine geeignete Anspruchsgrundlage für ein Verbot aus § 1 UWG sei.

4 OLG München, MarkenR 2002, 428 – Teambus; OLG Karlsruhe, GRUR-RR 2002, 138f – dino.de; *Ingerl/Rohnke*, Markengesetz, Nach § 15 Rdn. 79.

5 *Ingerl/Rohnke*, Markengesetz, Nach § 15 Rdn. 79 gegen LG Düsseldorf, GRUR 1998, 159, 161 – epson mit dem Hinweis, offensichtliches Domain Grabbing könne auch wettbewerbs- und bürgerlich-rechtlich bekämpft werden. Benutzung ablehnend auch bei fehlender aktiver Nutzung OLG Karlsruhe, Urt.v. 12.9.2001 – 6 U 13/01, CR 2002, 60 = MMR 2002, 118 – dino.de.

6 LG Düsseldorf, Urt.v.4.3.1997 – 34 O 191/96 (www.netlaw.de/Urteile/lgd_1.htm); ebenso für Unzulässigkeit des Domain Name Grabbing, s. LG Stuttgart, Beschl.v. 12.2.1997 – 17 O 70/97 (liebherr.de, www.netlaw. de/Urteile/index.html) und LG München I, Beschl.v. 9.1.1997 – 4 HKO 14792 – dsf.de, eurosport.de, sportschau.de; (www.online-recht.de) sowie LG Hamburg, Beschl.v. 9.1.1997 – 312 O 7/97 – adn.de (a.a.O.). Eine Benutzung kann schon im Angebot einer Domain zum Erwerb liegen (LG Lüneburg, Urt.v. 29.1.1997 – 2 O 336/96, GRUR 1997, 470 – celle.de).

7 OLG Frankfurt, Beschl.v. 12.4.2002 – 6 W 33/00, CR 2000, 615f – weideglueck.de; Urt.v.10.5.2001 – 6 U 72/00, GRUR-RR 2001, 264 – weltonline.de, Urt.v. 8.3.2001 – 6 U 31/00, CR 2001, 620f – praline-tv.de und Urt.v. 4.5.2000 – 6 U 81/99, CR 2000, 698ff – alcon.de; OLG Karlsruhe, Urt.v. 24.6.1998 – 6 U 247/97, CR 1999, 389 = WRP 1998, 900 – zwilling.de; OLG München, Urt.v. 12.8.1999 – 6 U 4484/98, CR 2000, 624 = GRUR 2000, 519, 520 – rollsroyce.de; OLG Nürnberg, Urt.v. 11.1.2001 – 3 U 1352/99, CR 2001, 54; LG Düsseldorf, Urt.v. 6.7.2001 – 38 O 18/01, CR 2002, 138 = JurPC Web-Dok. 8/2002 – literaturen.de und Urt.v. 4.4.1997 – 34 O 131/96, CR 1998, 165, 170 – epson.de; LG Frankfurt, Urt.v. 23.3.2001 – 3/12 O 4/01, CR 2001, 713f – drogerie.de; LG München I, Urt.v. 19.10.2000 – 4 HKO 11042/CR 2001, 191f – champagner.de (abw. OLG München MMR 2002, 115 – champagner.de).

8 LG Hamburg, Urt.v. 22.3.2001 – 315 O 856/00, GRUR-RR 2002, 267 – schuhmarkt.de; das Gericht nahm allerdings für diesen Sachverhalt keinen Verstoß gegen ein Titelrecht aus den §§ 5, 15 MarkenG an.

9 OLG Zweibrücken, Urt.v.17.10.2002 – 4 U 59/02, NJW-RR 2003, 1270.

Dauerbindung hinweisen, andernfalls die Verwendung namens- und wettbewerbsrechtlich unzulässig ist[1].

Die mittels **Hyperlink** erfolgende Bezugnahme auf eine fremde Webseite, die eine Markenbezeichnung enthält, kann Benutzung und gemäß § 14 Abs. 2 MarkenG zu untersagen sein, wenn damit eine Kennzeichnung von Waren oder Dienstleistungen des den Link herstellenden Betreibers verbunden ist und der verweisende Betreiber über Inline-Links oder Frames die fremden Markenzeichen aus seine Webseite holt. Generell kann die (nicht genehmigte) Benutzung eines Markenzeichens als „Klickpunkt" für ein Hyperlink eine Markenrechtsverletzung darstellen[2], allerdings dann nicht, wenn der Link nur eine Möglichkeit zum Download von Software eröffnen soll[3]. Durch den Link auf ein rechtsverletzendes Angebot eines Dritten kann ein Anbieter einer Internet-Seite Beihilfe zur Markenverletzung des Dritten leisten[4]. Eine Benutzung kann auch durch Metatagging erfolgen, also das Nennen des Markenzeichens im (nicht sichtbaren) Teil der Webseite[5]. Bereits die bloße **Bildschirmwiedergabe** einer Domain wurde als markenmäßige Benutzung eingestuft[6]. Kennzeichenmäßige Benutzung wurde bejaht, wenn der ISP seine Domain in den mehrgliedrigen E-Mail-Adressen seiner Kunden verwendet[7].

Die Eröffnung einer **Download**-Möglichkeit von einer anderen Seite als der Homepage stellt keine Verletzung von § 14 MarkenG dar, auch nicht bei Einrichten von Links auf andere Internetadressen[8].

d) Abwehransprüche aus Markenrecht

Aus § 14 Abs. 2 – 4 i.V.m. Abs. 5 MarkenG steht dem Berechtigten ein Anspruch auf Unterlassung der Benutzung eines Markenzeichens zu. Neben einem Unterlassungsanspruch aus § 14 MarkenG kann ein wettbewerbsrechtlicher Unterlassungsanspruch aus § 1 UWG zur Anwendung gelangen[9]. Der Berechtigte hat außerdem gegen den Verletzer aus § 242 BGB einen gewohnheitsrechtlich anerkannten Hilfsanspruch auf **Auskunft**.

Keine Abwehransprüche aus den §§ 14 Abs. 2 Nr. 2, 15 Abs. 2 MarkenG bestehen, wenn die Waren oder Dienstleistungen des Markeninhaber und des Domain-Nameninhabers nicht gleich oder ähnlich sind oder Branchenverschiedenheit besteht. Gleiches gilt, wenn sich aus der Domain-Bezeichnung nicht entnehmen lässt, wofür die Domain stehen soll, da dann keine Verwechslungsgefahr oder Unlauterkeit des

1 LG München I, Urt.v.16.11.2000 – 17 HKO 17624/00, CR 2001, 416 – BMW-Teilemarkt (für .com-Domain).

2 LG Düsseldorf, Urt.v. 25.10.2000 – 2 a O 106/00, MMR 2001, 183; a.A. Moritz/Dreier/*Dieselhorst*, Rechtshandbuch zum E-Commerce, 595 (nur bloße Markennennung, die keine kennzeichenmäßge Nutzungshandlung darstellt).

3 LG München, Beschl.v.22.4.1999 – 9 HKO 6873/99, CR 1999, 592, CR 1999, 592.

4 OLG München, Beschl.v.30.4.1999 – 6 W 1563/99, K&R 1999, 335.

5 OLG München, Urt.v. 6.4.2000 – 6 U 4123/99, JurPC Web-Dok. 150/2000.

6 LG Köln, MMR 2000, 625f – wdr.org; abl. *Ingerl/Rohnke*, Markengesetz, Nach § 15 Rdn. 79, da eine solche bloße Wiedergabe noch keine Verbindung zu irgendwelchen Waren oder Dienstleistungen herstelle.

7 OLG München, Urt.v.16.9.1999 – 29 U 5973/98, ZUM 2000, 71 – tnet.de.

8 LG München I, Urt.v.22.4.1999 – 9 HKO 6873/99, MMR 1999, 552 – Binnenlink.

9 OLG Dresden, Urt.v.20.10.1998 – 14 U 361/97, CR 1999, 589 – cyberspace.de.

Angebotes besteht (kein „Schlechthin-Verbot“)[1].

Im **Verfügungsverfahren** wurde auf Ansprüche aus § 14 MarkenG die (widerlegbare) Dringlichkeitsvermutung des § 25 UWG als entsprechend anwendbar angesehen, da bzw. wenn hohe Schäden drohen können[2]. Unterlassungsansprüche sind über § 890 ZPO **durchsetzbar**.

Ein deutscher Anbieter kann die Unterlassung der Verwendung einer markenrechtlich geschützten Bezeichnung durch einen ausländischen Anbieter verlangen, wenn dieser sich mit seiner Werbung über das Internet an Nutzer in der Bundesrepublik Deutschland wendet[3].

aa) Unterlassungsanspruch

Der Inhaber eines nach § 4 Nr. 1, 2 oder 3 MarkenG entstandenen Markenrechts kann nach § 14 MarkenG Dritten **untersagen**,
(a) ein mit der Marke **identisches** Zeichen zu benutzen (vgl. § 14 Abs. 2 Nr. 1 MarkenG),
(b) ein identisches oder ein anderes, aber ähnliches Zeichen zu benutzen, wenn wegen der Identität oder Ähnlichkeit des Zeichens mit der Marke und der Identität oder Ähnlichkeit der durch die Marke und das Zeichen erfassten Waren oder Dienstleistungen für das Publikum die Gefahr von **Verwechslungen** besteht, einschließlich der Gefahr, dass das Zeichen mit der Marke gedanklich in Verbindung gebracht wird (§ 14 Abs. 2 Nr. 2 MarkenG),
(c) ein mit der Marke identisches Zeichen oder ein ähnliches Zeichen für Waren oder Dienstleistungen zu benutzen, die nicht denen ähnlich sind, für die die Marke Schutz genießt, wenn es sich bei der Marke um eine im Inland bekannte Marke handelt und die Benutzung des Zeichens die **Unterscheidungskraft** oder die Wertschätzung der bekannten Marke ohne rechtfertigenden Grund in unlauterer Weise **ausnutzt** oder beeinträchtigt (§ 14 Abs. 2 Nr. 3 MarkenG).

Der Unterlassungsanspruch ist **verschuldensunabhängig**. Notwendig ist aber das Bestehen einer Wiederholungsgefahr (wenn eine Verletzungshandlung bereits erfolgt ist) oder einer Erstbegehungsgefahr (wenn die Begehung ernstlich und unmittelbar zu besorgen ist). **Wiederholungsgefahr** besteht, wenn eine in der Vergangenheit begangene Kennzeichenverletzung die Besorgnis begründet, dass zukünftig dieselbe oder im Kern gleichartige Verletzungshandlung begangen wird[4]. Wiederholungsgefahr entfällt nach erfolgter Markenrechtsverletzung nicht bereits durch Aufgabe eine Domain und deren anschließender Neuregistrierung durch einen Dritten, wenn keine strafbewehrte Unterlassungserklärung abgegeben wurde[5]. Wiederholungsgefahr wird vermutet[6]. Dies gilt auch bei Kennzeichenverletzungen durch Domain-Namen. Wiederholungsgefahr besteht sogar dann, wenn der Berechtigte die Domain selbst

---

1 OLG Hamburg, Urt.v.24.7.2003 – 3 U 154/01, JurPC Web-Dok. 239/2003 – schuhmarkt.de. Das Gericht lehnte eine Verwechslungsgefahr zwischen dem Gattungsbegriff „Schuhmarkt“ und der Domain „schuhmarkt.de“ mangels besonderer Kennzeichnungskraft ab, ebenso eine Behinderung durch Benutzung der Gattungsdomain, wenn die gleichnamige Zeitschrift nicht im Registrierungszeitpunkt bekannt war.

2 OLG Dresden, Urt.v.20.10.1998 – 14 U 361/97, CR 1999, 589.

3 LG Hamburg, Urt.v.5.5.1999 – 315 O 271/98, CR 1999, 785 – animalplanet.com.

4 BGH GRUR 1996, 781, 783 – Verbrauchsmaterialien; BGH WRP 1996, 284f.

5 LG Düsseldorf, Urt.v. 27.8.2003 – 34 O 52/03, JurPC Web-Dok. 321/2003 – flyerfabrik.info.

6 OLG Hamburg, WRP 1997, 106, 108 – Gucci.

übernommen hat, der Verletzer die Domain aber unter einer anderen Top Level Domain erneut verwendet[1]. Ein vorbeugender Unterlassungsanspruch setzt **Erstbegehungsgefahr** voraus, die vorliegt, wenn die erstmalige Begehung der Kennzeichenverletzung ernstlich und unmittelbar zu besorgen ist[2], so etwa durch Beanspruchen eines Domain-Namens durch Stellen eines Registrierungsantrages bei einer Vergabestelle[3]. Angesichts nicht seltener Sammelregistrierungen kann aus der bloßen Registrierung als solcher noch keine Erstbegehungsgefahr abgeleitet werden[4].

(1) Zeichenidentität

Zeichenidentität im Sinne von § 14 Abs. 2 Nr. 1 MarkenG liegt vor, wenn das vom Dritten verwendete Zeichen restlos mit der geschützten Marke übereinstimmt[5]. Für Marken ist hierbei grundsätzlich allein auf die **Second** Level Domain abzustellen[6], nicht auf die Top Level Domain, der bei der Beurteilung der Zeichenidentität keine eigenständige Bedeutung zukommen soll[7]. Bei Zeichenähnlichkeit ist grundsätzlich ebenfalls auf die Second-Level-Domain abzustellen[8], nur im Einzelfall ergänzend auch auf die TLD. Ausreichend ist die Identität der Zeichen auf der Webseite[9] oder im URL.

(2) Verwechslungsgefahr

Weiter besteht Schutz vor der Gefahr, dass ein Zeichen durch nichtberechtigte Benutzung der Gefahr von Verwechslungen mit identischen oder ähnlichen Zeichen ausgesetzt ist (§ 14 Abs. 2 Nr. 2 MarkenG). **Voraussetzung** ist damit im vorliegenden Zusammenhang v.a. das Bestehen einer Verwechslungsgefahr, die aus der **Identität oder Ähnlichkeit des Domain-Namens mit dem geschützten Zeichen** begründet sein kann (Zeichenähnlichkeit) sowie aus der Nähe der Branche, auf die sich der Domain-Name bezieht, zu der Branche, in der der Firmeninhaber tätig bzw. eine Marke geschützt ist (Branchennähe bzw. Warenähnlichkeit)[10]. Fehlt es an **Branchen-**[11] oder **Warenähnlichkeit**, scheitert ein Unterlassungsanspruch, so etwa bezüglich der Entwicklung und dem Verkauf von Sicherheitstechnik gegenüber der Erstellung von

---

1 *Ingerl/Rohnke*, Markengesetz, Vor §§ 14 – 19 Rdn. 55 mit dem Hinweis auf das Erfordernis einer entsprechenden vertragsstrafenbewehrten Unterlassungserklärung.

2 BGH GRUR 1994, 530, 523 – Beta.

3 *Ingerl/Rohnke*, Markengesetz, Vor §§ 14 – 19 Rdn. 63.

4 *Bettinger/Leistner*, Werbung und Vertrieb im Internet, Teil 1 C, Rdn. 147 (mit dem Hinweis, dass für die nur registrierte Domain-Bezeichnung außerdem oft kein Produkt- oder Gewerbebezug und damit keine Verwechslungsgefahr feststellbar ist).

5 *Ingerl/Rohnke*, MarkenG, § 14 Rdn. 141

6 So etwa OLG dresden, CR 1999, 589 – cyberspace.de; LG Düsseldorf, CR 1988, 165 – epson.de; LG Hamburg, CR 1999, 47 – eltern.de

7 Krit. *Joller*, MarkenR, 2000, 341, 343.

8 OLG Hamburg, MMR 2001m 612, 614 – startup.de; LG Düsseldorf, CR 1998, 165 – epson.de.

9 In diesem Sinne etwa LG Düsseldorf, a.a.O. (epson); LG Hamburg, Beschl.v.1.3.2000 – 315 O 219/99, MMR 2000, 436 – luckystrike.de.

10 Hoeren/Sieber/*Viefhues*, Handbuch Multimedia-Recht, Teil 6.1, Rdn. 92.

11 BGH GRUR 1997, 468, 470 – Netcom; BGH GRZR 1959, 484, 486 – Condux; im Online-Bereich OLG Dresden, K&R 1999, 133, 135 – cyberspace.de; OLG Frankfurt, MMR 2000, 486 – teambus.de; OLG München, MMR 2000, 100f – buecher.de.

Netzwerklösungen[1]. Auch bei Branchenverschiedenheit kann über eine Unternehmensbezeichnung mit überragender Verkehrsgeltung Verwechslungsgefahr begründet sein[2]. Bei Werktiteln ist nicht Voraussetzung, dass die Werke derselben Werkgattung angehören[3].

Hauptfunktion der Marke ist, dem Verbraucher oder Endabnehmer die **Ursprungsidentität der gekennzeichneten Ware oder Dienstleistung** zu **garantieren**[4], also die Gewähr zu bieten, dass die Waren oder Dienstleistungen unter der Kontrolle eines einzigen Unternehmens hergestellt bzw. erbracht werden, das für ihre Qualität verantwortlich gemacht werden kann[5]. Maßgeblich ist die Sicht der durchschnittlich infomierten, aufmerksamen und verständigen **Durchschnittsverbraucher** der betreffenden Waren/Dienstleistungsart[6], wobei der Aufmerksamkeitsgrad je nach Waren-/Dienstleistungsart unterschiedlich sein kann. Der BGH hat sich dieser Auslegung durch den EuGH voll angeschlossen[7]. Nichtherkunftsbezogene Unterscheidungen sind nicht berücksichtigungsfähig[8], ebensowenig die Produktsicherheit[9]. Eine abweichende Beurteilung der maßgeblichen Aufmerksamkeit nur deshalb, weil es sich beim fraglichen Personenkreis um Internet-Nutzer handelt, wurde zutreffend abgelehnt[10]. Da das Internet heute fast von allen Bevölkerungsgruppen genutzt wird, können keine besonderen Vorkenntnisse oder Verhaltensweisen unterstellt werden[11]. Auch die Besonderheit der Eingabe einer Domainbezeichnung über Tastatur (Erfordernis genauer Eingabe, da Fehleingaben zu anderen Domains führen können) soll keinen besonderen Maßstab rechtfertigen, da Domains (auch) optisch und akustisch wahrgenommen werden[12]. Das KG sieht freilich bereits geringe Abweichungen als ausreichend an[13].

Verwechslungsgefahr im Sinne von § 14 Abs. 2 Nr. 2 MarkenG ist nach den **Merkmalen Kennzeichnungskraft, Produktähnlichkeit und Zeichenähnlichkeit** zu prüfen. Verwechslungsgefahr setzt neben Identität oder Ähnlichkeit der Zeichen zusätzlich Ähnlichkeit der Waren oder Dienstleistungen voraus[14], bei geschäftlichen Bezeichnungen Branchennähe (§ 15 Abs. 2 MarkenG). Tatsächliche Verwechslungen

---

1 BGH, Urt.v. 23.11.2000 – I ZR 130/98, JurPC Web-Dok. 133/2001 – Netkomm.

2 OLG Hamm, MMR 1998, 214 – krupp.de.

3 LG Düsseldorf, MMR 2002, 758f – versicherungsrecht.de; LG Hamburg, GRUR-RR 2002, 267f – schuhmarkt.de.

4 *Ingerl/Rohnke*, Markengesetz, § 14 Rdn. 232.

5 EuGH GRUR 1998, 922 – Canon.

6 EuGH WRP 1999, 806 – Lloyd; der EuGH folgt hier dem wettbewerbs- und verbraucherschutzrechtlichen Verbraucherleitbild (EuGH GRUR Int. 1998, 795 – Gut Springenheide).

7 *Ingerl/Rohnke*, Markengesetz, § 14 Rdn. 239.

8 *Ingerl/Rohnke*, Markengesetz, § 14 Rdn. 243 zur EuGH- und BGH-Rechtsprechung.

9 BPatGE 38, 83, 86.

10 OLG Karlsruhe, MarkenR 1999, 295, 207 – Südwest-Online; OLG Hamburg, GRUR-RR 2002, 100, 103 – derrick.de; *Ingerl/Rohnke*, Markengesetz, § 14 Rdn. 310.

11 *Ingerl/Rohnke*, Markengesetz, Nach § 15, Rdn. 95.

12 OLG Hamburg, GRUR 2001, 838f – 1001buecher.de.

13 KG Beschl. v. 16.2.2001 – 5 U 9865/00, ZUM-RD 2002, 4 = GRUR-RR 2002, 180f – CHECK IN/checkin.com; abl. *Ingerl/Rohnke*, Markengesetz, Nach § 15, Rdn. 97. Das KG begründete seine Zuständigkeit allein aus der Abrufbarkeit der Webseite auch in Deutschland, weshalb Deutschland auch Erfolgs- und Tatort sei (unter Verweis auf KG NJW 1997, 3321 – concertconcept), und sah nur Zeichenähnlichkeit und keine Identität der Dienstleistungen gegeben, weshalb eine Verwechslungsgefahr nicht zu bejahen sei.

14 Zur Waren- und Dienstleistungsähnlichkeit s. etwa *Bettinger/Leistner*, Werbung und Vertrieb im Internet, Teil 1 C, Rdn. 65 – 69.

müssen nicht eingetreten sein, es genügt die abstrakte **Gefahr**[1]. Diese ist objektiv zu bestimmen[2].

Bei der Beurteilung der Verwechslungsgefahr sind alle Umstände des Einzelfalles zu berücksichtigen[3] und in einer **Wechselbeziehung** zu gewichten. Zu prüfen ist auch, ob eine Bezeichnung Waren oder Dienstleistungen eines Unternehmens bezeichnet oder lediglich beschreibender Natur ist[4]. Für die Feststellung der Verwechslungsgefahr ist auf die Warenverwandtheit[5] abzustellen bzw. für die Verkehrsgeltung auf denselben sachlichen und örtlichen Geltungsbereich[6], für die Beurteilung des Grades der Ähnlichkeit zwischen Domain-Bezeichnung und Marken außerdem auf die Ähnlichkeit der Waren bzw. Dienstleistungen und auf die Kennzeichnungskraft der geschützten Bezeichnung. Soweit Domainnamen als solche keinen Bezug zu einem Produkt oder Gewerbe aufweisen, kann die Gefahr der Begehung einer rechtsverletzenden Benutzung im Sinne von § 14 Abs. 2 Nr. 2 MarkenG nur bejaht werden, wenn der kollidierende Domain-Name im Internet bereits zur Adressierung eines ähnlichen Waren- und Dienstleistungsangebots genutzt wird oder die Gefahr einer Benutzung droht oder der Domain-Inhaber sich berühmt, zur Benutzung des Domain-Namens für ein konkretes Produktangebot berechtigt zu sein[7], also nicht, wenn (noch) keine tatsächliche Benutzungsabsicht besteht[8]. Unter einer **Domain** abrufbare Informationen stellen nur dann selbst eine Dienstleistung dar, wenn sie nicht nur Produkt- und Unternehmensinformationen enthalten, sondern der Abruf eigenständiger Informations-, Unterhaltungs-, Recherche-, Vermittlungs- oder Kommunikationsleistungen ermöglicht wird[9].

Als **Kennzeichnungskraft** gilt die Eigenschaft eines Zeichens, sich dem Publikum als Marke einzuprägen und als solche wiedererkannt zu werden[10]. Gestärkt werden kann die Kennzeichnungskraft durch intensive Benutzung, geschwächt hingegen durch Benutzung von Drittzeichen[11]. Originär schwache Marken weisen einen nur geringen Schutzumfang auf[12]. Ein geringerer Grad der Warenähnlichkeit kann durch einen höheren Grad der Markenähnlichkeit ausgeglichen werden[13] und umgekehrt, ebenso durch gesteigerte Kennzeichnungskraft[14]. Bei Branchenferne besteht eine Verwechslungsgefahr jedenfalls nicht in kennzeichenrechtlicher Hinsicht und kommt deshalb der Prioritätsgrundsatz zum Tragen[15]. Allerdings kann ein bekanntes Kennzeichen auch

---

1 BGH GRUR 1966, 495, 498 – Uniplast.

2 BGH GRUR 1990, 681, 684 – Schwarzer Krauser.

3 EuGH WRP 1999, 806 – Lloyd; EuGH GRUR 1998, 922 – Canon; BGH ständig, etwa GRUR 2002, 1067f – DKV/OKV.

4 Schutz bejahend OLG Frankfurt, Urt.v.12.12.2002 – 6 U 232/01, NJW-RR 2003, 263 – Gelbe Seiten.

5 LG München I, CR 1997, 540 – freundin.de, aufgehoben durch OLG München, Urt.v.2.4.1998 – 6 U 4798/97, CR 1998, 556 – freundin.de, das aber ebenfalls Warenverwandtheit voraussetzt (*Bücking*, MMR 2000, 656, 659).

6 LG München I, CR 1997, 479 – juris.de.

7 *Bettinger/Leistner*, Werbung und Vertrieb im Internet, Teil 1 C, Rdn. 41

8 OLG München, MarkenR 2000, 428 – Teambus.

9 OLG Düsseldorf, MMR 2001, 706 – T-Box; OLG Hamburg, CR 2002, 833f – siehan.de (Homepage als solche weder Ware noch Dienstleistung im Sinne des Markenrechts); OLG Karlsruhe, GRUR-RR 2002, 138 – dino.de; *Ingerl/Rohnke*, Markengesetz, § 14 Rdn. 437 m.w.N.

10 *Ingerl/Rohnke*, Markengesetz, § 14 Rdn. 181.

11 *Ingerl/Rohnke*, Markengesetz, § 14 Rdn. 320.

12 OLG Hamm, Urt.v. 28.5.1998 – 4 U 243/97, NJW-RR 1999, 631 – pizza-direkt.de.

13 EuGH GRUR Int. 2000, 899 – Marca/Adidas.

14 BH WRP 2001, 1447f; *Bettinger/Leistner*, Werbung und Vertrieb im Internet, Teil 1 C, Rdn. 57.

15 OLG Frankfurt, Urt.v. 4.5.2000 – 6 U 81/99, NJW-RR 2001, 547.

außerhalb von Waren- oder Dienstleistungsähnlichkeit geschützt sein, wenn nämlich die Wertschätzung oder Unterscheidungskraft beeinträchtigt oder ausgenutzt wird (§§ 14 Abs. 2 Nr. 3, 15 Abs. 3 MarkenG)[1]. Auch eine Gattungsbezeichnung kann kennzeichnend sein, sofern der Verkehr nicht davon ausgeht, unter der Gattungsbezeichnung bestimmte Informationen zu erhalten[2].

Bezüglich der **Produktähnlichkeit** ist auf die jeweils angebotenen Waren oder Dienstleistungen abzustellen[3], nicht auf die Homepage als solche[4]. Hinsichtlich der Zeichenähnlichkeit ist die TLD außer Betracht zu lassen[5]. Berücksichtigungsfähig sind etwa die Wortlänge[6], Wortklang[7], Sinngehalt und zusätzliche oder abweichende Buchstaben oder Zeichen[8], Wortbilder[9], hingegen nur sehr eingeschränkt Bindestriche[10] oder Punkte[11]. Zu berücksichtigen ist, dass aufgrund der beschränkten Möglichkeiten der Namensbildungen und der damit verbundenen Annäherungen der Domain-Bezeichnungen der Verkehr zur genaueren Prüfung von Unterschieden sowohl bei den Domain-Bezeichnungen als auch bei dem Inhalt der jeweiligen Webseiten gezwungen ist[12]. Die Feststellung der Waren- oder Dienstleistungsähnlichkreit setzt voraus, dass die vermeintlich verletzende Domain im Zusammenhang mit einer Ware oder Dienstleistung benutzt wird; bloße Registrierung ohne eine solche Verbindung (zum alleinigen Zweck der Freihaltung de Domain für einen Internet-Auftritt eines Kunden) genügt – mangels Benutzungshandlung (und Erstbegehungsgefahr) – nicht; insoweit liegt nur dann sittenwidrige Behinderung vor, wenn die Registrierung ausschließlich in der Absicht erfolgt, die Domain zum Nachteil eines Konkurrenten zu sperren, um ihn an der Nutzung zu hindern[13]. Abzulehnen ist der Ansatz, im Bereich der Verwendung von Domain-Bezeichnung eine größere Nähe zum geschützten Zeichen zuzulassen[14], da hierdurch die Einheitlichkeit des Kennzeichenschutzes aufgegeben würde und kein Sonderrecht für Domains geschaffen wurde[15]. Bloß beschreibende

---

[1] So etwa OLG Frankfurt, ZUM-RD 2001, 131, 135 – derrick.de.

[2] OLG Hamburg, Urt.v. 4.5.2000 – 3 U 197/99, MMR 2000, 544 – kulturwerbung.de.

[3] OLG München, CR 1998, 556 – freundin.de; LG Hamburg, CR 1999, 47 – eltern.de. Bei der Beurteilung der Warenähnlichkeit sind insbesondere der Verwendungszweck und die Nutzung der Waren zu berücksichtigen, ebenso deren Eigenart, miteinander zu *konkurrieren* oder einander zu ergänzen (EuGH GRUR 1998, 922f – Canon; BGH GRUR 1999, 245f, – Libero).

[4] Hierfür LG Düsseldorf, CR 1998, 165 – epson.de.

[5] LG Hamburg, CR 1999, 47 – eltern.de; LG Düsseldorf, CR 1998, 165 – epson.de; abw. *Joller*, MarkenR, 2000, 341, 345.

[6] LG München I, CR 2000, 464 – intershopping.com (im Verhältnis zu „intershop").

[7] OLG München, CR 1999, 778 – tnet.de.

[8] *Joller*, MarkenR, 2000, 341, 346.

[9] OLG Köln, Urt.v. 5.7.2002 – 6 U 156/01, JurPC Web-Dok. 377/2002 – thetakom.

[10] OLG München, CR 1999, 778 – tnet.de (im Verhältnis zu „t-net.de").

[11] *Joller*, MarkenR, 2000, 341, 346.

[12] KG, Urt.v. 16.2.2001 – 5 U 9865/00, GRUR-RR 2001, 180 – CHECK IN/checkin.com (Zeichenähnlichkeit bejahend).

[13] OLG Karlsruhe, Urt.v. 12.9.2001 – 6 U 13/01, JurPC Web-Dok. 17/2002 – dino.de; ebenso OLG Frankfurt, CR 615f – weideglueck.de.

[14] So wohl etwa OLG Rostock, K&R 2000, 303 = JurPC Web-Dok. 206/2000 – mueritz-online.de (wobei das OLG im entschiedenen Fall die vorhandenen Unterschiede allerdings als zu gering ansah). Das LG Koblenz (MMR 2000, 571 – alles-ueber-wein.de) sah die Verwendung von Bindestrichen als ausreichende Unterscheidung an.

[15] LG Düsseldorf, MMR 2001, 560 – Intershop/Interplusshop; ähnlich OLG München, MMR 2000, 277 – Intershopping.com; OLG Hamburg, MMR 2001, 196 – Intershopportal; LG Köln, Urt.v.10.6.1999 – 31 O 55/99, JurPC Web-Dok. 192/2000 – ts-computer.de (Bindestrichverwendung nicht ausreichend für Unterscheidung und deshalb Verwechslungsgefahr), ähnlich LG Bremen,Urt.v. 13.1.2000 – 12 O

Zusätze beseitigen die Verwechslungsgefahr meist nicht[1], ebenso nicht das Anfügen der Vorsilbe „D"- an die Bezeichnung[2]. Die TLD ist bei der Ähnlichkeitsbeurteilung grundsätzlich nicht zu berücksichtigen, ausgenommen Fälle, in denen die TLD in kennzeichnender Weise mit benutzt wird[3].

Nach den §§ 14 Abs. 2 Nr. 2, 15 Abs. 2 MarkenG unzulässig ist grundsätzlich das Registrieren verschiedener Schreibweisen, um durch solche **„Tippfehlerdomains"** auf die richtige Domain umzuleiten, da diese der Domain gerade zum Verwechseln ähnlich sein sollen[4], vorausgesetzt, dies führt zur Annäherung an fremde Marken. Bezüglich der Zeichenähnlichkeit wird vertreten, dass auch kleinste Abweichungen in der Schreibweise zu einem neuen registrierbaren Domain-Namen führen, weshalb die Internet-Nutzer den Namen besonders aufmerksam beachten und die Verwechslungsgefahr mit Zurückhaltung zu beurteilen sei[5]. Unterschiedliche TLDs sollen nicht geeignet sein, eine Verwechslungsgefahr auszuschließen, da sie keine Unterscheidungskraft aufweisen[6], sodass, wenn „firma.de" rechtsverletzend ist, auch „firma.com" rechtsverletzend ist[7].

Zeichenähnlichkeit wurde etwa **bejaht** zwischen „buecher.de AG" und „buecherde.com"[8], „Intershop" und „intershopping-com"[9], „Juris" und „juris-solvendi. de"[10], „Nautilus" und „buchhandel.de/nautilus"[11], **verneint** zwischen einer Frauenzeitschrift und einem Bekanntschaftsvermittlungsdienst[12].

Zwischen „xtranet" und „xterna-net" wurde **Verwechslungsgefahr bejaht**,[13] ebenso zwischen „buecher1001" und „Zweitausendeins"[14], „buecher.de AG" und „buecherde. Com"[15], „Eltern" und „eltern-online.de"[16], „Gelbe Seiten" und „Gelbe Seiten der Region im Internet"[17], „Flyerfabrik" und „flyerfabrik.info"[18], „free-lotto"[1], „medi S"

453/99, CR 2000, 543 = JurPC Web-Dok. 196/2000 – photo-dose.de und LG Düsseldorf, Beschl.v. 5.1.1999 – 34 O 2/99 – klug-suchen.de (zit. nach: *Ernstschneider*, JurPC Web-Dok. 219/2002).

1 LG München I, MMR 1999, 234 236 = JurPC Web-Dok. 171/1998, – juris-solvende.de; LG Köln, Urt.v. 28.2.1997 – 31 O 792/96, AfP 1997, 655, 656 – uni-online.de/karriere; OLG Hamburg, MMR 2001, 196 – Intershopportal.

2 LG Köln, MMR 1999, 414 – d-radio.de; LG Berlin, MMR 1998, 614 f – d-tel.de.

3 So etwa in „xtra.net", LG Hamburg, Urt.v.30.9.1998 – 315 O 278/98, JurPC Web-Dok. 43/2000 für die TLD „*.net*"; s.a. *Ernstschneider*, JurPC Web-Dok. 219/2002, 3. Gleiches wird etwa für die TLD „*.info*" zu gelten haben.

4 *Ernstschneider*, JurPC Web-Dok. 219/2002, 9.

5 KG, GRUR-RR 2001, 180f – checkin.com; OLG Hamm, NJW-RR 1999, 631 – pizza-direkt.de; Hoeren/ Sieber/*Viefhues*, Handbuch Multimedia-Recht, Teil 6.1, Rdn. 95.

6 So etwa LG Braunschweig, Urt.v. 5.8.1997 – 9 O 188/97, CR 1998, 364, 366 – deta.com; LG Hamburg, CR 1999, 47f – eltern.de.

7 Hoeren/Sieber/*Viefhues*, Handbuch Multimedia-Recht, Teil 6.1, Rdn. 97.

8 OLG München, ZUM 2000, 69 – buecherde.com .

9 OLG München, MMR 2000, 277 – intershopping-com.

10 LG München I, MMR 1999, 234 – juris-solvendi.de.

11 LG Mannheim, MMR 2000, 48f – buchhandel.de/nautilus, womit der Schutz also auf Subdomains erstreckt wurde.

12 LG München I, CR 1997, 540, – freundin.

13 LG Hamburg, Urt.v. 30.9.1998 – 315 O 278/98, JurPCWeb-Dok. 43/2000, – xtra-net.

14 OLG Hamburg, Urt.v.14.12.2000 – 3 U 115/00, CR 2001, 552 – buecher1001.de.

15 OLG München, Urt.v.23.9.1999 – 29 U 4357/99, ZUM-RD 2000, 69.

16 OLG Hamburg, Urt.v. 31.7.2003 – 3 U 145/02, MMR 2004, 174 – eltern-online.de mkt dem Hinweis, dass der Zusatz „online" die Verwechsungsgefahr nicht beseitigt, sondern erhöhe.

17 OLG Frankfurt, Urt.v. 12.12.2002 – 6 U 232/01, GRUR-RR 2003, 67 – Gelbe Seiten.

18 LG Düsseldorf, Urt.v. 27.8.2003 – 34 O 52/03, JurPC Web-Dok. 321/2003 – flyerfabrik.info.

und „medis.de“[2], „Philipp Holzmann AG“ und „holzmann-bauberatung.de“[3], www.gus.de und GUS[4], „hansy“ und „handy.de“[5], sowie „lottoteam“[6] und „LOTTO“, „Mobelli“ und „mobell.de“[7], „Obelix“ und „Mobilix“[8], „playmate“ und „playmatemoni96.de“[9], „T-Online“ und „DONLINE“[10], bei „wdr.org“ und „WDR“[11] oder bei Unterschieden lediglich in der Groß/Kleinschreibweise bzw. Verwendung/ Nichtverwendung von Umlauten[12], eine absolute Verwechslungsfähigkeit wurde bei „Stadtinfo“ gesehen.[13] Verwechslungsgefahr wurde auch bejaht zwischen „Netlife“ und NET life“[14] oder zwischen „exes“ und „EXES“[15], aber **verneint** zwischen „akademie.de“ und „internet-akademie.de“[16], „alte.de“ und der Wort-Bild-Marke „Alte“[17], „Bandit“ und „bandit.de“[18], „Biovino“ und „biovin“[19], „CompuNet“ und „ComNet“[20] oder zwischen „Bioland“ und „Biolandwirt“[21], und für „FTP-Explorer“[22],

1 OLG Köln, Urt.v. 2.11.2001 – 6 U 48/01, WRP 2002, 249 – freelotto; Vorinstanz LG Köln, Urt.v. 18.1.2001 – 84 O 66/00, JurPC Web-Dok. 84/2001 – freelotto.de.

2 OLG Stuttgart, Urt.v.23.3.2001 – 2 U 149/00, MMR 2002, 326 (Ls).

3 OLG Hamburg, .25.9.2003 – 5 U 178/02, CR 2004, 536 = JurPC Web-Dok. 315/2003; OLG Köln, Urt.v. 21.12.2001 – 6 U 104/01, MMR 2002, 475.

4 OLG Köln, Urt.v. 21.12.2001 – 6 U 104/01, MMR 2002, 475.

5 OLG Hamburg, Urt.v.4.2.2002 – 3 W 8/02, CR 2002, 446 = MMR 2002, 626.

6 OLG Köln, Urt.v. 14.8.2002 – 6 U 2/02, MMR 2003, 114.

7 OLG Düsseldorf, Urt.v. 23.9.2003 – I-20 U 158/02, MMR 2004, 491 – mobell.de.

8 OLG München, Urt.v. 23.1.2003 – 29 U 4096/02, CR 2003, 723 – Obelix. Nach Auffassung des Senats kann aber aus der Berühmtheit der Bezeichnung einer Comic-Figur nicht eine Stärkung der Kennzeichnungskraft einer gleichlautenden, als solcher jedoch nicht benutzten Marke hergeleitet werden.

9 LG Stuttgart, Urt.v.3.12.2001 – 41 KfH O 131/01, MMR 2002, 486.

10 BGH, Urt.v. 27.11.2003 – I ZR 148/01, MMR 2004, 158 = JurPC Web-Dok. 76/2004.

11 LG Köln, Urt.v.23.5.2000 – 33 O 216/00, ZUM-RD 2001, 292 – wdr.org. Dem Gericht zufolge konnte sich der Beklagte nicht auf einen Namensschutz aus § 12 BGB berufen, da dieser nicht für solche Kürzel gelte.

12 OLG Rostock, Urt.v.16.2.2000 – 2 U 5/99, JurPC Web-Dok. 206/2000.

13 Verwechslung mit gleichlautender Wort-/Bildmarke: LG Braunschweig, Urt.v.24.2.1999 – 9 O 238/98, (www.online-recht.de) – stadtinfo.com.

14 OLG Hamburg, Urt.v.6.5.1999 – 3 U 244/98, MMR 1999, 606.

15 LG Düsseldorf, Urt.v.3.8.2001 – 38 O 38/01, JurPC Web-Dok. 3/2002, wenn die Dienstleistungen ähnlich sind. Bestätigt durch OLG Düsseldorf, Urt.v.19.3.2002 – 20 U 132/01, MMR 2002, 827.

16 LG Düsseldorf, Urt.v.6.1.1998 – 4 O 421/97 – internet-akademie.de, zit. nach *Bettinger/Leistner*, Werbung und Vertrieb im Internet, Teil 1 C, Rdn. 58; ebenso KG, Urt.v. 5.2.2002 – 5 U 178/01. CR 2004, 135.

17 LG Düsseldorf, Urt.v. 9.11.2001 – 38 O 81/01, MMR 2002, 324 – alte.de.

18 KG, Urt.v. 5.2.2002 – 5 U 178/01, CR 2004, 135 = MMR 2003, 119, Sittenwidrigkeit der Registrierung eines „Internet-Führers“ für eine Vielzahl von Domains ablehnend.

19 OLG Karlsruhe, Urt.v. 9.4.2003 – 6 U 80/02, MMR 2004, 108 – biovino.de (keine Verwechslungsgefahr, da sich beide Begriffe offen an eine rein beschreibende Warengattungsbezeichnung anlehne).

20 BGH, Urt.v.15.2.2001 – I ZR 232/98, GRUR 2001, 1161.

21 LG München I, Urt.v.13.8.2002 – 9 HKO 8263/02, JurPC Web-Dok. 289/200 2 (Wortbestandteil „bio“ sei für den Gesamteindruck der sich gegenüberstehenden Zeichen nicht prägend und habe keine Unterscheidungs- oder Kennzeichnungskraft).

22 OLG Braunschweig, Urt.v.15.5.2001 – 4 U 33/01, MMR 2001, 611; das OLG Düsseldorf, Urt.v.20.2.2001 – 20 U 194/00, JurPC Web-Dok. 188/2001 lehnt übrigens die Erstattungsfähigkeit der Abmahnkosten bei Serienabmahnungen ab, da hier auch ein Musterbrief hätte verwendet werden können, und der Verdacht entstehe, hier solle eine selbständige Einnahmequelle begründet werden.

„exes„[1], „LOOP“ und „nightloop.de“[2], „Pizza Direct“ und „pizza-direkt.de“[3], „Explorer“ und „Telco-Explorer“[4], „Start-up Services“ und „StartUp Consulting“[5], und „Stilwerk“ und „stilnetz.de“[6] sowie bei „T-Online“ und „donline.de“[7], „US Dental“ und „usdental.de“[8] und bei „Versicherungsrecht“[9].

Verwechslungsgefahr kann auch mit einer **beschreibenden** Bezeichnung gegeben sein, der bei Alleinstellung kein originärer Kennzeichenschutz zukommt und die diesen auch nicht durch Verkehrsdurchsetzung erworben hat[10].

Geringfügige Abweichungen können die Verwechslungsgefahr **aufheben**[11], so dass durch geringfügige Abwandlungen oder Zusätze die tatsächliche Sperrwirkung aufgehoben werden kann[12].

Verwechslungsgefahr kann begründet werden, wenn sich Domain-Namen nur durch einen Bindestrich unterscheiden[13]. Bei der Prüfung der Verwechslungsfähigkeit haben die **TLDs** „.de“ und „.com“ außer Betracht zu bleiben, da jeder Internetbenutzer weiß, dass es sich nicht um individuelle Kennzeichnungen handelt[14].

Es kommt nicht darauf an, welche Waren oder Dienstleistungen auf der Page angeboten werden[15]. Für die Feststellung der Verwechslungsgefahr ist auf die Warenverwandtheit[16] abzustellen bzw. für die Verkehrsgeltung auf denselben sachlichen und örtlichen Geltungsbereich[17].

In den **USA** wurde keine Verwechslungsgefahr gesehen, wenn eine Trademark im Unterverzeichnis eines URL verwendet wurde[18].

Das OLG Düsseldorf, Urt.v. 19.9.2001 – 27 U 18/01, JurPC Web-Dok. 10/2002 verneinte außerdem das Bestehen einer Verwechslungsgefahr zwischen „Explorer“ und „FTP-Explorer“; ähnlich LG Bielefeld, Urt.v. 29.12.2000 – 3 O 452/00, CR 2001, 473 – FTP-Explorer. Das OLG Hamm, Urt.v.15.5.2001 – 4 U 33/01, JurPC Web-Dok. 189/2001, bejahte hingegen die Erstattungsfähigkeit, wenn die Abmahnungen gesonderte Verstöße zum Gegenstand haben.

1 OLG Düsseldorf, Urt.v. 19.3.2002 – 20 U 132/01, MMR 2002, 827 (trotz Zeichenidentität, da zum Tätigkeitsbereich der Gegeneite nichts vorgetragen wurde).

2 OLG Köln, Urt.v. 21.6.2001 – 6 U 211/01, MMR 2002, 675.

3 OLG Hamm, NJW-RR 1999, 631 – pizza-direkt.de (wegen schwacher Kennzeichnungskraft reichten bereits geringe Unterschiede zum Ausschluss der Verwechslungsgefahr).

4 LG München I, Urt.v. 25.5.1999 – 9 HKO 850/99, (www.online-recht.de) – Telco-Explorer.

5 OLG Hamburg, Urt.v. 15.2.2001 – 3 U 97/00, MMR 2001, 612 – startup.de (Übereinstimmung allein im Bestandteil „startup„ für Annahme einer Verwchslungsgefahr nicht ausreichend).

6 LG Hamburg, Urt.v. 23.5.2000 – 312 O 318/00 (zitiert nach *Schuster/Müller/Drewes*, MMR-Beilage 3/2002, 26, 29) .

7 LG Düsseldorf, Urt.v. 21.7.1999 – 34 O 56/99, zit. nach *Ernstschneider*, JurPC Web-Dok. 219/2002, 6.

8 OLG München, NJWE-WettbR 2000, 238 – usdental.de.

9 LG Düsseldorf, Urt.v.12.6.2002 – 2a O 11/02, MMR 2002, 758 – versicherungsrecht.de.

10 LG Hamburg, Urt.6.10.2000 – 416 O 196/00, CR 2001, 418 – „bodenseeklinik.net“.

11 S.etwa LG Koblenz, MMR 2000, 571 (für „allesueberwein.de“ und „alles-ueber-wein.de“).

12 *Hoeren*, Internetrecht, 43.

13 LG Köln, Urt.v.10.6.1999 – 31 O 55/99, JurPC Web-Dok. 192/2000.

14 LG Braunschweig, Urt.v.24.2.1999 – 9 O 238/98, (www.online-recht.de) – stadtinfo.com., ebenso OLG Dresden, Urt.v. 29.9.1998 – 14 U 433/98, CR 1999, 102 – dresden-online.

15 LG Düsseldorf, 4.4.1997 – 34 O 191/96, CR 1998, 165 – epson.de.

16 LG München I, CR 1997, 540 – freundin.de, aufgehoben durch OLG München, Urt.v.2.4.1998 – 6 U 4798/97 – freundin.de, das aber ebenfalls Warenverwandtheit voraussetzt (*Bücking* MMR 2000, 656, 659).

17 LG München I, Urt.v. 15.1.1997 – 1 HK O 3146/96, CR 1997, 479 – juris.de.

18 Interactive Products Corp. v. A2z Mobile Office Solutions, Inc. 326 F.3d 687, C.A.6 th (Ohio) 2003, MMR 2004,382.

(3) Rufausbeutung

Rufausbeutung im Sinne von § 14 Abs. 2 Nr. 3 MarkenG kann dadurch erfolgen, dass Interessenten, die sich zur Erhöhung der Aufmerksamkeit[1] (bzw. unter Ausnützung der Unterscheidungskraft[2]) an einer bekannten Marke orientieren, auf ein fremdes Produkt umgeleitet werden[3]. Hierbei wird wesentlich auf den Inhalt der Website abzustellen sein, die den verweisenden Domain-Namen trägt[4]. Rechtsverletzungen sind auch möglich durch Beeinträchtigung der Wertschätzung („Markenverunglimpfung")[5] sowie durch Beeinträchtigung („Verwässerung")[6] oder Ausnutzung der Unterscheidungskraft[7] eines berühmten Zeichens[8]. Die Rufausbeutung ist im (mindestens) gleichen Maße auch im Internet möglich[9].

Verwendet ein Nichtberechtigter ein bekanntes Zeichen als Domain-Namen im geschäftlichen Verkehr, liegt darin eine Beeinträchtigung der Kennzeichnungskraft des bekannten Zeichens nach den §§ 14 Abs. 2 Nr. 3 bzw. 15 Abs. 3 MarkenG[10]. Ein Verstoß gegen § 14 Abs. 2 Nr. 3 MarkenG liegt schon dann vor, wenn die Bekanntheit einer Marke als solche ausgenutzt wird[11]. Das bloße Auftreten des **Domain**-Namens im URL-Feld allein ist hierfür nicht ohne weiteres ausreichend[12]. Auch wird vielfach kein Ausnützen von Gütevorstellungen oder Aufmerksamkeitswirkungen erkennbar sein[13].

Schutz gegen **Verwässerung** besteht nur gegen kennzeichenmäßigen Gebrauch[14], wobei auch Verwendung als beschreibende Angabe verwässernd wirken kann[15]. Anders als bei der Rufausbeutung muss die Marke nicht berühmt, sondern nur bekannt sein, die keine Alleinstellung besitzen muss[16].

---

1 Allgemein BGH GRUR 1981, 144 – Kräutermeister.

2 OLG Hamburg, GRUR-RR 2002, 100, 102 – derrick.de; OLG Hamburg, CR 2001, 552, 554 – 1001buecher.de.

3 OLG München, CR 1998, 556 – freundin.de; OLG Karlsruhe, WRP 1998, 900 – zwilling.de.

4 Hoeren/Sieber/*Viefhues*, Handbuch Multimedia-Recht, Teil 6.1, Rdn. 166.

5 OLG München, CR 1998, 540 – freundin.de; Völker/Weidert, WRP 1997, 659.

6 OLG München, CR 1998, 540 – freundin.de.

7 OLG Karlsruhe, WRP 1998, 900 = MMR 1999, 171 – zwilling.de. Das Gericht stufte „Zwilling" als berühmte Marke ein, also als Marke mit Verkehrsbekanntheit über 80 %. Solche berühmten Marken sind als bekannte Marke i.S.v. § 14 Abs. 2 Nr. e MarkenG auch außerhalb der Warenähnlichkeit gegen eine in unlauterer Weise erfolgende Ausnutzung oder Beeinträchtigung ihrer Unterscheidungskraft oder Wertschätzung geschützt (*Piper*, GRUR 1996, 429, 435f), außerdem gegen Verwässerung aus §§ 823 BGB, 18 Abs. 2 MarkenG. Ähnlich LG Mannheim, K&R 1998, 558 – brockhaus.de

8 Hoeren/Sieber/*Viefhues*, Handbuch Multimedia-Recht, Teil 6.1, Rdn. 178.

9 OLG Hamburg, GRUR-RR 2001, 838, 841 – 1001buecher.de; OLG Hamburg, GRUR-RR 2002, 100, 103 – derrick.de.

10 BGH, Urt.v.22.11.2001 – I ZR 138/99, CR 2002, 525.

11 OLG Hamburg, Urt.v. 21.9.2000 – 3 U 89/00, MMR 2001, 196 (Ls.) Das OLG lehnt i.ü. einen Anspruch auf Übertragung der Domain aus den §§ 823 Abs. 1, 1004 BGB ab, da der in § 1004 BGB geregelte Störungsbeseitigungsanspruch nur auf Beseitigung der Störung gerichtet ist, nicht auf Verbessserung der Stellung des Verletzten gegenüber dem vorigen Zustand (ähnlich OLG Hamm, CR 1998, 241, 243).

12 Vgl.n. *Bettinger*, GRUR Int. 1997, 402, 412.

13 *Bettinger*.a.a.O., 413.

14 BGH GRUR 1991, 863, 866 – Avon; BGH GRUR 1998, 696f.

15 *Ingerl/Rohnke*, Markengesetz, § 14 Rdn. 875.

16 *Ingerl/Rohnke*, Markengesetz, § 14 Rdn. 507.

bb) Beseitigungsanspruch

Beseitigungsansprüche richten sich auf Löschung einer Markeneintragung (§ 55 MarkenG) oder Rücknahme einer Markenanmeldung, aber auch – im vorliegenden Zusammenhang relevant – auf Verzicht auf einen Domain-Namen gegenüber der Vergabestelle, soweit dessen Benutzung sowohl im geschäftlichen Verkehr (u.U. auch für private Zwecke) uneingeschränkt rechtsverletzend ist[1]. Einen ausdrücklichen Beseitigungsanspruch regelt das MarkenG nicht, sondern nur einen Anspruch auf Vernichtung von widerrechtlich gekennzeichneten Gegenständen (§ 18 MarkenG). Zu solchen Gegenständen gehören neben der gekennzeichneten Ware selbst Verpackungen, Werbemittel, aber auch Werbeseiten auf Hostrechnern[2]. Sonstige Beseitigungsansprüche bleiben unberührt (§ 18 Abs. 2 MarkenG), also insbesondere im Gewohnheitsrecht als Ergänzung zum Unterlassungsanspruch verankerte Beseitigungsansprüche[3]. So wurde der Anspruch auf Löschung einer Domain als unselbständiger Beseitigungsanspruch zum Unterlassungsanspruch eingeordnet[4].

Die **Löschung** kann, dem BGH zufolge, nur verlangt werden, wenn der verpflichtete Dritte kein berechtigtes Interesse vorweisen kann, den Domain-Namen außerhalb des sachlichen oder räumlichen Wirkungsfeldes des kennzeichenrechtlichen Anspruches (etwa für private Zwecke oder für ein Unternehmen in einer anderen Branche) zu verwenden[5]. Der BGH führt zugleich aus, dass die Verpflichtung zur Unterlassung der Verwendung eines Domain-Namens nicht notwendig auch die Verwendung einer E-Mail-Adresse gleichen Inhaltes umfasst[6].

Einige Entscheidungen haben Rechtsverletzer nicht nur dazu verpflichtet, die Benutzung zu unterlassen, sondern ergänzend dazu, gegenüber dem DENIC die **Aufhebung der Reservierung** zu erklären und hierdurch den rechtswidrigen Zustand zu beseitigen. Das LG Düsseldorf leitet diesen Anspruch aus den §§ 14, 18 Abs.3 MarkenG, 1004 Abs.1 BGB ab[7]. Ganz präzise müsste freilich der Rechtsverletzer verpflichtet werden, auf seine bestehenden Rechte aus der von DENIC erfolgten Reservierung zu verzichten und bei DENIC die Löschung der Reservierung zu beantragen. Möglich ist auch das Löschen eines Teils einer Domain-Bezeichnung[8].

---

1 BGH GRUR 2002, 622, 626 – shell.de; *Ingerl/Rohnke*, Markengesetz, Vor §§ 14 - 19 Rdn. 104 (mit dem Vorschlag für eine Antragsformulierung entsprechend dem „shell"-Urteil: „..gegenüber der (Name der Registrierungsstelle... auf die Registrierung des Domain-Namens ... zu verzichten").

2 *Ingerl/Rohnke*, Markengesetz, § 18 Rdn. 11, wobei nicht auf eine analoge Anwendung von § 1004 BGB zurückgegriffen werden muss (BGH GRUR 1993, 556, 558).

3 *Ingerl/Rohnke*, Markengesetz, Vor §§ 14 – 19 Rdn. 101.

4 LG München I, Urt.v.20.2.2003 – 17 HKO 17818/02, MMR 2003, 677 – freundin.de.

5 BGH, Urt.v.11.4.2002 – I ZR 317/99, ZUM-RD 2002, 403 – vossius.

6 BGH, Urt.v.11.4.2002, a.a.O.

7 LG Düsseldorf, Urt.v.4.4.1997 – 34 O 191/96 (www.netlaw.de/Urteile/lgd_1.htm); ebenso das LG Magdeburg, Urt.v.18.6.1999 – 36 O 11/99, MMR 1999, 607 – foris.de aus den §§ 12 BGB, 5, 15 MarkenG gegenüber DENIC, wobei das Gericht auf den Umstand hinweist, dass über einen Unterlassungsanspruch nach dem Sachstand im Zeitpunkt der letzten mündlichen Verhandlung zu enscheiden ist (in dem DENIC die rechtsverletzende Benutzung positiv bekannt war, sodass es nicht auf die allgemeine Unzumutbarkeit der Prüfung im Tagesgeschäft ankam). Zu beachten ist weiter, dass das Urteil nur noch Altfälle erfasst, in denen eine bloße Domain-Reservierung möglich war. *Seit dem 1.2.1997 ist die Reservierung von Domain-Namen* bei DENIC *nicht mehr möglich* (www.denic.de, Stand 14.5.1997) und muss die Verpflichtung den Verzicht auf die Rechte aus der tatsächlichen Eintragung umfassen.

8 LG Berlin, Urt.v.7.7.1998 – 16 O 656/97 (www. online-recht.de/vorenth.html?/LGBerlin 980707).

cc) Schadensersatzanspruch

Der Inhaber einer Marke kann neben der Untersagung der Verwendung der Marke zur Waren- oder Dienstleistungskennzeichnung (§§ 14, 15 MarkenG) aus der Verletzungshandlung Schadensersatz verlangen (§§ 14 Abs. 6, 15 Abs. 5 MarkenG). Der Schadensersatzanspruch setzt Verschulden (also Vorsatz oder Fahrlässigkeit) voraus.

Für Markenanmeldungen setzt die Rechtsprechung hohe Anforderungen an die **Sorgfaltspflichten** für Anmeldung oder Benutzungsaufnahme an, etwa hinsichtlich der erforderlichen Recherche nach eingetragenen Marken oder in Handelsregistern verzeichneten Firmennamen[1]. Zu berücksichtigen sind auch ähnliche Kennzeichen. Diese Anforderungen gelten grundsätzlich auch, wenn ein Domain-Name markenmäßig benutzt wird[2]. Bereits die Registrierung von geschützte Markennamen beinhaltenden Domainnamen in der Absicht, diese an der Berechtigten zu veräußern, stellt eine versuchte strafbare Kennzeichnungsverletzung dar (auch wenn kein geschäftlicher Kontakt zustandekommt)[3]. Privatpersonen sind nicht recherchepflichtig[4].

Kein Schadensersatzanspruch besteht gegen den Betreiber einer **Suchmaschine**, in die angebotene Inhalte lediglich in ein Verzeichnis eingestellt sind, da es dem Betreiber grundsätzlich nicht zuzumuten ist, wettbewerbsbezogen oder markenrechtliche Unterlassungsansprüche zu prüfen und gegebenenfalls Eintragungen abzulehnen[5]. Verneint wurde eine marken- oder wettbewerbsrechtliche Störerhaftung desjenigen Suchmaschinenbetreibers, der eine fehlerhafte Verlinkung mit einem Konkurrenten herstellt[6].

Die **Schadensberechnung** kann auf drei Weisen erfolgen, nämlich (a) als Ersatz des tatsächlich erlittenen Schadens einschließlich entgangenen Gewinn (§§ 249, 252 BGB) oder (b) als Herausgabe des Verletzergewinns[7] (§§ 687 Abs. 2, 681, 667 BGB) oder (c) als Schadensersatz nach Lizenzanalogie[8]. Der Gläubiger hat ein Wahlrecht, kann die Berechnungsarten aber nicht additiv geltend machen[9]. Herauszugeben ist nur der Verletzergewinn, der gerade auf die Kennzeichenbenutzung zurückgeht[10], wobei aber eine Gewinnschätzung möglich ist[11]. Bei Heranziehen der Lizenzanalogie kann die marktübliche Lizenz für die Benutzung des Kennzeichenrechts berechnet werden, etwa hinsichtlich Domain-Nutzung noch nicht abschließend geklärte Berechnungsform. Die Bewertung der Nutzung einer das Markenrecht verletzenden Domain im Rahmen einer Schadensersatzberechnung kann im Wege der Lizenzanalogie berechnet werden, wobei die Schadenshöhe vom Wert der Domain abhängt[12]. Die Schadensberechnung im Wege der Lizenzanalogie erfolgt anhand konkreter Umsätze, ersatzweise durch Berechnen

---

1 Ausf. s. *Ingerl/Rohnke*, Markengesetz, Vor §§ 14 – 19 Rdn. 108.

2 S. etwa BGH GRUR 2002, 706, 708 – vossius.de; BGH GRUR 2002, 622, 626 – shell.de .

3 LG München II, Urt.v. 14.9.2000 – W 5 KLs 70 Js 12730/99, CR 2000, 847 = JurPC Web-Dok. 228/2000.

4 LG Freiburg, Urt.v.28.10.2003 – 9 S 94/03, CR 2004, 854.

5 LG München I, Urt.v. 20.9.2000 – 7 HKO 12081/00, NJW-RR 2001, 550.

6 OLG Zweibrücken, Urt.v.30.8.2001 – 4 U 140/00. JurPC Web-Dok. 62/2002.

7 BGH GRUR 1961, 354 – Vitasulfal.

8 BGH GRUR 1966, 375 – Meßmer Tee II.

9 *Ingerl/Rohnke*, Markengesetz, Vor §§ 14 – 19 Rdn. 112.

10 BGH GRUR 2002, 532, 535 – Unikatrahmen.

11 BGH GRUR 1993, 55, 59 – Tchibo/Rolex II.

12 LG Hamburg, Urt.v.2.7.2000 – 312 O 116/02, MMR 2002, 628. Das Gericht lehnte einen Anspruch des Verletzten auf Auskunft über den Zeitraum der Nutzung der Domain ab.

eines fiktiven Lizenzentgeltes pro Monat, bei einer bekannten Marke verdoppelt[1].

dd) Störerhaftung

Störerhaftung[2] des Providers kann bestehen, wenn der Kunde, für den er tätig war oder ist, für den Verletzten nicht erreichbar ist; der Haftungsausschluss aus § 5 Abs. 3 TDG greift insoweit nicht ein[3], da Störerhaftung ohnehin kein Verschulden voraussetzt.

ee) Haftungsprivilegierung

Die Haftungsprivilegierung des § 5 TDG (a.F.) wurde vom OLG Köln als nicht auf Markenrechtsverletzungen anwendbar angesehen[4]. § 5 TDG betreffe eine spezialgesetzlich geregelte Vorfrage (Filter), sie vor den allgemeinen Haftungsregelungen zu prüfen sei. § 5 TDG könne schon deshalb nicht eingreifen, weil § 14 MarkenG auf dem höherrangigen RL-Recht des Art. 5 der Markenrechtsrichtlinie beruhe. Das OLG München sah § 5 TDG hingegen als anwendbar an[5]. Die Argumentation des OLG Köln ist zumindest seit Januar 2002 für die novellierten §§ 9 – 11 TDG nicht mehr haltbar, da diese selbst auf Richtlinienrecht (RL 2000/31/EG zum elektronischen Geschäftsverkehr) beruhen.

e) Rechtsverletzung von Unternehmenskennzeichen

Der Inhaber einer **geschäftlichen Bezeichnung** kann nach § 15 MarkenG Dritten untersagen,
(a) „die geschäftliche Bezeichnung oder ein ähnliches Zeichen im geschäftlichen Verkehr unbefugt in einer Weise zu benutzen, die geeignet ist, Verwechslungen mit der geschützten Bezeichnung hervorzurufen" (§ 15 Abs. 2 MarkenG),
(b) die geschäftliche Bezeichnung oder ein ähnliches Zeichen auch bei Fehlen der Verwechslungsgefahr zu benutzen, soweit die geschäftliche Bezeichnung im Inland bekannt ist (vgl. § 15 Abs. 3 MarkenG). Bereits schwache Kennzeichnungskraft kann schutzbegründend wirken[6].

Auch Firmenschlagwörter oder -abkürzungen sind grundsätzlich schutzfähig[7], insbesondere bei herausgestellter, schlagwortartiger Verwendung in Alleinstellung[8], ebenso unabhängig von einer Alleinstellung bei Verkehrsgeltung[9], aber auch, wenn Schlagwort oder Abkürzung Teil des Unternehmenskennzeichens sind, namensmäßige

---

1 LG Mannheim, Urt.v.30.11.2001 – 7 O 296/01, – Zwilling.

2 Ausf. zur Störerhaftung s. S. 538.

3 LG Bremen, Urt.v. 13.1.2000 – 12 O 453/99, CR 2000, 543 = JurPC Web-Dok. 196/2000.

4 OLG Köln, Urt.v. 2.11.2001 – 6 U 12/01, MMR 2002, 110 – Rolex; krit. *Hoeren*, Urteilsanm. MMR 2002, 113 (das aus der RL transformierte Recht sei nicht höherrangig). Das OLG Köln kam konsequenterweise zu dem Ergebnis, dass das veranstaltende Auktionshaus (Ricardo) für markenrechtsverletzende Handlungen nicht nach den Grundsätzen der Mitstörerhaftung verantwortlich sei.

5 OLG München, Urt.v.3.2.2000, MMR 2000, 617 – CD-Bench.

6 *Ingerl/Rohnke*, Markengesetz, § 15 Rdn. 52.

7 *Ingerl/Rohnke*, Markengesetz, § 15 Rdn. 46.

8 BGH GRUR 2002, 972f – FROMMIA.

9 BGH GRUR 1992, 329, 331 – AjS-Schriftreihe.

Unterscheidungskraft haben und im Vergleich zur ungekürzten Bezeichnung als der eigentlich kennzeichnende Teil anzusehen sind[1]. Nicht (mehr) ausreichend unterscheidungsfähig ist der Bestandteil „Online" in einer Unternehmensbezeichnung[2]. **Verwechslungsgefahr** im Sinne von § 15 Abs. 2 MarkenG setzt neben Zeichenähnlichkeit Branchennähe zwischen dem bezeichneten und dem verwendenden Unternehmen voraus[3], nicht aber ein Wettbewerbsverhältnis[4].

Identische **Domain-Namen** können zu Verwechslungen führen[5], wobei aber der Zusammenhang der Benutzungshandlung zu berücksichtigen ist, etwa die Angaben auf der mit dem URL aufgerufenen Home Page. Da der Schutzbereich aus § 15 MarkenG im Einzelfall regional oder örtlich beschränkt sein kann, können innerhalb Deutschlands mehrere Zeichen auch bei Identität ohne Schutzrechtskollision nebeneinander existieren[6], ebenso bei Branchenferne der bezeichneten Unternehmen[7] (wobei dann jeweils das Prioritätsprinzip gilt[8]), freilich nicht bezüglich des nur einmal zu vergebenden URL, sondern hinsichtlich einer Zeichenwiedergabe auf der Webseite selbst. Zu berücksichtigen sein soll, dass der Verkehr aufgrund der beschränkten Möglichkeiten der Namensbildungen bei Domainbezeichnungen und der damit verbundenen Annäherungen dieser Bezeichnungen zur genaueren Prüfung von Unterschieden bei den Domainbezeichnungen wie auch beim Inhalt der Webseiten gezwungen ist[9].

Der Zeichenbestandteil „.de" soll als bloße Länderkennung ein Gesamtzeichen nicht prägen können, da seine Aufnahme nicht im Belieben des Domain-Inhabers steht[10]. Gleiches soll für die Angabe des jeweiligen Kommunikationsprotokolls wie insbesondere „http://www"gelten[11]. Diese Beurteilung ist aber insoweit zu modifizieren, als neue TLDs wie „.info" oder „.com" frei wählbar sind, da der Inhaber hier die TLD mit der Domain-Bezeichnung verknüpfen kann (z.B. zu „news.info" oder „deutsches.museum"). Das Verwenden einer Domain nur als E-Mail-Adresse stellt kein unerlaubtes Blockieren der Domain dar[12].

---

1 BGH GRUR 2001, 1161 – CompuNet/ComNet.

2 OLG Köln, Urt.v.27.10.2000 – 6 U 209/99, JurPC Web-Dok. 33/2002.

3 *Ingerl/Rohnke*, Markengesetz, § 15 Rdn. 60 m.w.N.

4 OLG München, OLG-Report 1999, 285, 287 – INTEC; *Ingerl/Rohnke*, Markengesetz, § 15 Rdn. 60 m.w.N., Beispiele bei Rdn. 73.

5 Ebenso *Bettinger* GRUR Int. 1997, 402, 410. *Omsels*, GRUR 1997, 328, 335 erwähnt hier zu Recht das Beispiel des deutschen Nachrichtenmagazins mit der Domain „www.spiegel.de". Unter „www.spiegel.com" fand man hingegen eine US-amerikanische Electronic Mall. Die reine Domainbezeichnung mag hier als solche eine Verwechslungsgefahr begründen, die aber durch Kenntnisnahme des Homepage-Inhaltes in der Regel wieder beseitigt wird.

6 *Kur*, in: Loewenheim/Koch (Hrg.), 1998, Abschnitt 4.2.4.2

7 OLG Frankfurt, Urt.v.4.5.2000 – 6 U 81/99, JurPC Web-Dok. 103/2000, insoweit einen Unterlassungsanspruch des prioritätsälteren Unternehmens ablehnend.

8 OLG Frankfurt, Urt.v.4.5.2000 – 6 U 81/99, NJW-RR 2001, 547.

9 KG, Urt.16.2.2000 – 5 U 9865/00, ZUM-RD 2002, 4 – checkin.de (Zeichenähnlichkeit zwischen „checkin.com" und „CHECK IN" bejahend).

10 OLG Frankfurt, MMR 2000, 486, – alcon.de; OLG Karlsruhe, WRP 1998, 900f – zwilling.de; OLG Karlsruhe, Urt.v. 9.6.1999 – 6 U 62/99, CR 1999, 783, 785 = MMR 1999, 604 – badwildbad.com; OLG München, MMR 2000, 102f – vossius.de; LG Berlin, NJW 1998, 3503; LG Düsseldorf, CR 1998, 165f – epson.de; LG Hamburg, CR 1999, 47f – eltern.de; LG Mannheim, Urt.v.10.9.1999 – 7 O 74/99, MMR 2000, 47f = ZUM-RD 2000, 74 – nautilus.

11 LG Düsseldorf, CR 1998, 688f; *Wendlandt*, Cybersquatting, Metatags und Spam, 267f.

12 OLG Frankfurt, Urt.v.4.5.2000 – 6 U 81/99, NJW-RR 2001, 547.

Schutzvoraussetzung ist ein kennzeichenmäßiger **Gebrauch**[1] unter Einbeziehung des markenmäßigen Gebrauchs als Unterfall kennzeichenmäßiger Benutzung[2]. Die Benutzung muss im **Inland** erfolgen oder zumindest einen Bezug zum Inland aufweisen. Hierfür reicht aus, dass Waren oder Dienstleistungen im Inland erhältlich sind oder dort Werbung erfolgt[3]. Inlandsbezug kann sich bereits aus dem Inhalt der Webseiten ergeben, so etwa aus der auf den Webseiten verwendeten Sprache, der Art der beworbenen Leistung oder Währungsangaben[4]. Soweit markenrechtlicher Schutz durch Benutzung oder Verkehrsgeltung begründet ist, besteht ein Unterlassungsanspruch nur dann, wenn die schutzbegründende Benutzung erfolgt ist oder die Verkehrsgeltung besteht[5].

Als Benutzung gilt auch das Verwenden als Unternehmenskennzeichnung und als Domain-Name, wenn dieser aus der Geschäftsbezeichnung der auf der entsprechenden **Webseite** werbenden Firma besteht[6]. So muss die Beziehung auf Waren oder Dienstleistungen zwar nicht notwendig direkt aus der Domain-Bezeichnung, aber aus Hinweisen auf der Home Page deutlich werden. Das gilt auch für die Fälle, in denen eine Domain-Bezeichnung bis auf das Suffix identisch ist[7]. Die bloße Abweichung im Suffix kann als solche eine bestehende Verwechslungsgefahr nicht immer ausräumen. Es genügt in diesen Fällen also nicht, auf die Registrierung der Domain mit einem anderen Suffix (etwa „.com“ , „.info“ oder „.biz“ statt „.de“) auszuweichen[8]. Verneint wurde eine Benutzung, wenn ein markenrechtlich geschützter Begriff nicht als Domain-Name oder in sonstiger Weise zu Werbezwecken, sondern lediglich als Umschreibung für einen angebotenen Speicherplatz verwendet wird[9]. Markenverletzende Benutzung liegt auch nicht vor, wenn die registrierte (noch) keinen Inhalt aufweist, also eine „Baustelle“ ist[10].

Notwendig ist, dass die Marke im **geschäftlichen Verkehr** unbefugt benutzt wird (§§ 14 Abs. 2, 15 Abs. 2 MarkenG), etwa durch Verwendung auf Geschäftspapier. Der prioritätsjüngere Domain-Namensinhaber muss diesen Namen also modifizieren. Allerdings kann eine als Unternehmenskennzeichen verwendete Domain, wenn sie älter als eine (fast) gleichlautende Marke ist, als Unternehmenskennzeichen nach § 5 Abs. 2 MarkenG geschützt sein und als Unternehmenskennzeichen den besseren Zeitrang geltend machen[11]. In Fällen fehlender Geschäftstätigkeit können Ansprüche aus den §§ 823, 1004 BGB zu prüfen sein. Soweit der Verletzer die Marke in seiner Webseite verwendet, muß die entsprechende Kennzeichnung durch ihn beseitigt werden.

Voraussetzung eines Anspruches aus § 15 Abs. 2 und 4 MarkenG ist das Bestehen einer **Verwechslungsgefahr**. Ob diese besteht, bestimmt sich nach drei Faktoren, nämlich nach (a) der Kennzeichnungskraft der geschäftlichen Bezeichnung, (b) dem

---

1 BGH GRUR 1996, 68, 70 – COTTON LINE.

2 BGH GRUR 1995, 825, 827 – Torres; *Ingerl/Rohnke*, Markengesetz, § 15 Rdn. 29.

3 Hoeren/Sieber/*Viefhues*, Handbuch Multimedia-Recht, Teil 6.1, Rdn. 83.

4 Hoeren/Sieber/*Viefhues*, Handbuch Multimedia-Recht, Teil 6.1, Rdn. 85 – 87.

5 Hoeren/Sieber/*Viefhues*, Handbuch Multimedia-Recht, Teil 6.1, Rdn. 82.

6 LG München I, Urt.v.23.9.1998 – 1 HKO 11678(98 (www. online-recht.de) – explora.de.

7 so im obigen Beispiel von Omsels „www.spiegel.de“ und „www.spiegel.com“.

8 OLG Hamburg, Beschl.v. 4.2.2002 – 3 W 8/02, CR 2002, 446 – handy.com (einen Zusatz zur Vermeidung von Verwechslungen als erforderlich ansehend).

9 LG Bochum, Urt.v.14.10.1999 – 14 O 120/99, – WEBSPACE (www.netlaw.de/urteile/lgbo_3.htm).

10 OLG München, MarkenR 2000, 428 – Teambus; OLG Karlsruhe, GRUR-RR 2002, 138f – dino.de; *Ingerl/Rohnke*, Markengesetz, Nach § 15, Rdn. 88 für unbenutzte Domains.

11 LG München, Urt.v.11.8.1998 – 9 HKO 8546/98, (www.computerrechtintern.de/fuenf/99050105. html).

Grad der Ähnlichkeit der gegenüberstehenden Bezeichnungen sowie schließlich (c) der Nähe der jeweiligen Branchen, wobei diese Faktoren in einer Wechselbeziehung zueinander stehen[1]. Eine Schwächung der Kennzeichnungskraft einer Geschäftsbezeichnung wird nicht immer schon dann angenommen, wenn zahlreiche ähnliche Drittzeichen anderer in der Zeichenrolle eingetragen sind, sondern nur, wenn diese Drittzeichen für das gleiche oder benachbarte Warengebiete eingetragen waren, da nur dann die Drittzeichen eine Auswirkung auf die tatsächlich angesprochenen Verkehrskreise haben[2].

§ 15 Abs. 2 MarkenG verlangt **Branchennähe**. Selbst wenn Bezeichnungen identisch sind und hohe Kennzeichnungskraft aufweisen, besteht bei Unterschiedlichkeit der Branchen keine Verwechslungsgefahr[3]. Weder beiderseitiger Internet-Auftritt[4] noch Börsennotierung[5] führen zur Branchennähe, ebenso nicht ein beidseitiger Internet-Auftritt zu einer Verwechslungsgefahr[6].

§ 15 Abs. 3 MarkenG unterscheidet (wie der parallele § 14 MarkenG) vier Verletzungsvarianten, nämlich Rufausbeutung, Rufschädigung, Verwässerung und Aufmerksamkeitsausbeutung[7]. **Verletzungshandlungen** sind etwa die Anmeldung einer Firma zum Handelsregister[8], ein Telefonbucheintrag[9] und die Registrierung von Domain-Namen[10].

Der Verletzte kann **Unterlassung** (§ 15 Abs. 4 MarkenG) sowie (bei Vorsatz oder Fahrlässigkeit des Verletzers) Schadensersatz verlangen (§ 15 Abs. 5 MarkenG), aber auch Vernichtung von Warenexemplaren (§ 18 MarkenG) und Auskunft (§ 19 MarkenG). Der Admin-C des Domain-Inhabers ist nur technischer Ansprechpartner, nicht aber für Unterlassungsansprüche passivlegitimiert[11].

Werden Ansprüche aus Verwendungen im Internet geltend gemacht, sollten die Webseiten zwecks Anspruchsdarlegung ausgedruckt und entsprechend gekennzeichnet werden[12].

f) Anspruchsausschluss bei mangelnder Benutzung

Die oben dargestellten Ansprüche bestehen nicht, wenn die Marke nicht benutzt wird (§ 25 MarkenG). Die Benutzung ist nicht bereits im Verwenden eines Markenzeichen im URL[13] oder auf der Web-Seite oder in einer Internet-Adresse zu sehen. Notwendig ist weiter, dass diese Webseite oder Internet-Adresse von den beteiligten Verkehrskreisen auch geschäftlich genutzt wird. Lassen sich keine „Hits" von Nutzern auf der jeweiligen Webseite feststellen, kann unter Umständen sogar eine Scheinbenutzung vorliegen, die

1 BGH GRUR 1999, 586 – White Lion.

2 BGH GRUR 1999, 241, 243 – Lions; LG Mannheim, Urt.v.10.9.1999 – 7 O 74/99, MMR 2000, 47f = ZUM-RD 2000, 74 – nautilus.

3 OLG Frankfurt, Urt.v. 4.5.2000 – 6 U 81/99, NJW-RR 2001, 547f – alcon.

4 OLG Frankfurt, Urt.v.4.5.2000, a.a.O.

5 OLG Frankfurt, BB 2000, 320 = NJWE-WettbR 2000, 92 – Jost.

6 OLG Zweibrücken, Urt.v.17.10.2002 – 4 U 59/02, NJW-RR 2003, 1270.

7 Ausf. s. *Ingerl/Rohnke*, Markengesetz, § 15 Rdn. 86.

8 BGH GRUR 1957, 426f – Getränkeindustrie.

9 BGH GRUR 1994, 841f – Suchwort.

10 *Ingerl/Rohnke*, Markengesetz, § 15 Rdn. 33.

11 OLG Koblenz, Urt.v.25.1.2002 – 8 U 1842/00, JurPC Web-Dok. 52/2002 – vallendar.de.

12 BGH, Urt. v. 28.8.2003 – I ZB 26/01, CR 2004, 92 – Park & Bike.

13 Ebenso *Kur*, in: Loewenheim/Koch (Hrg.), 1998, Abschnitt 4.2.5.

den markenrechtlichen Schutz entfallen lässt. Um eine Benutzung sicherzustellen, kann es sinnvoll sein, die Website in die Hyperlink-Listen verschiedener Suchmaschinen aufnehmen zu lassen.

Die markenrechtserhaltende Benutzung (im Sinne von § 25 Abs. 1 MarkenG) wurde verneint, soweit sie durch Verwendung als Domain-Name erfolgt[1], da es an der konkreten Beziehung zur Ware oder Dienstleistung fehle. Eine solche Beziehung kann aber nach den Umständen des Einzelfalles dennoch zu bejahen sein, wenn sich Hinweise auf Waren oder Dienstleistung aus der regelmäßig mit der Adresse geladenen Home Page ergeben. Auch das Erfordernis, dass die Ware selbst mit dem Zeichen in der Form eines körperlichen Bezuges verbunden sein muss[2], ist im vorliegenden Verwendungszusammenhang schutzzweckbezogen auszulegen. Genügt nämlich bei Dienstleistungen der rein gedankliche Bezug zum Zeichen[3], so muss dies auch für Waren**bezeichnungen** im Web gelten, sofern die individualisierende Hinweisfunktion ausreichend erfüllt ist.

g) Verwirkung bestehender Ansprüche

Nach einer Frist von fünf Jahren ab Kenntniserlangung von der Rechtsverletzung tritt eine Verwirkung der Ansprüche des Verletzten ein (§ 21 Abs. 1 MarkenG). Verwirkung setzt voraus, dass durch eine länger andauernde redliche und ungestörte Benutzung einer Kennzeichnung ein Zustand geschaffen ist, der für den Benutzer einen beachtlichen Wert hat, ihm nach Treu und Glauben erhalten bleiben muss und den auch der Verletzte ihm nicht streitig machen kann, wenn er durch sein Verhalten diesen Zustand erst ermöglicht hat[4]. Stellt eine bestimmte Nutzung eines Domain-Namens eine Verletzung von Markenrechten dar, so muss eine entsprechende Verwirkung auch hinsichtlich dieser Nutzung eintreten können[5]. Wenn aus Markenrecht die Unterlassung der Benutzung einer Markenbezeichnung als Domain-Namen verlangt werden kann, so muss § 21 Abs. 1 MarkenG ebenfalls anwendbar sein, wenn der Berechtigte die Benutzung des Domain-Namens geduldet hat.

h) Sonderfälle: Registrierung und Reservierung von Domain-Namen als „Benutzung"

Bereits die Registrierung einer Domain-Adresse kann eine Markenrechtsverletzung begründen, gleich, ob diese Adresse erreichbar ist oder nicht[6]. Schon die **Registrierung** der Domain als solche kann zudem zu einer konkreten Begehungsgefahr führen[7], ebenso

---

[1] *Omsels*, GRUR 1997, 328, 329

[2] *Omsels*, a.a.O., 330 unter Hinweis auf BGH GRUR 1996, 267 – Aqua.

[3] *Omsels*, a.a.O, 330, m.w.N.

[4] BGH GRUR 2001, 1161f – CompuNet/ComNet; BGH GRUR 2000, 605, 607 – comtes/ComTel.

[5] Für die entsprechende Anwendbarkeit s. *Kur*, in: Loewenheim/Koch (Hrg.), 1998 mit der Ergänzung, dass über § 21 Abs.4 MarkenG nach den allgemeinen Grundsätzen Verwirkung auch vor Ablauf der Frist eintreten kann.

[6] LG Bremen, Urt.v. 13.1.2000 – 12 O 453/99, CR 2000, 543 = JurPC Web-Dok. 196/2000 – photodose.de.

[7] LG Düsseldorf, 4.4.1997 – 34 O 191/96,CR 1998, 165 – epson.de und OLG Stuttgart, Beschl.v. 3.2.1998 – 2 W 77/97, CR 1998, 621, – steiff.com. Das LG Düsseldorf, Urt.v. 4.4.1997 differenziert: Zwar stelle bereits die Anmeldung eines verwechselbaren Zeichens für gleiche oder gleichartige Waren (jetzt: identische oder ähnliche) zu einem Register eine Beinträchtigung eines älteren Rechts

die Versteigerung oder (sonstige) kommerzielle Vermarktung einer Homepage[1]. Die mit der Absicht der Veräußerung an den Berechtigten erfolgte Registrierung von Domainnamen, die geschützte Markennamen beinhalten, stellt eine versuchte strafbare Kennzeichenverletzung dar (auch wenn kein geschäftlicher Kontakt zustandekommt)[2].

Die **Reservierung** kann eine schikanöse, sittenwidrige Behinderung darstellen (§§ 826, 226 BGB)[3], auch, wenn sie eine beschreibende Domain betrifft[4]. Die bloße spekulative Registrierung einer Domain soll (als sog. „Domain Grabbing") keine Benutzung i.S.v. § 14 Abs. 2 MarkenG darstellen, doch genügt es zur Annahme einer Benutzung, wenn eine geschäftliche Benutzung beabsichtigt wird und hieraus eine begründete Besorgnis einer drohenden Verletzungsgefahr begründet ist[5] bzw. vom Domain-Namen in zuordnungsverwirrender Weise Gebrauch gemacht wird[6] – wobei eine Homepage noch nicht eingerichtet sein muss[7] – , während eine beabsichtigte private Nutzung nicht ausreicht[8]. Neben Markenrecht kann subsidiär ein Unterlassungsanspruch aus Namensrecht (§ 12 BGB) in Betracht kommen[9]. Auch kann die spekulative Registrierung eine sittenwidrige Behinderung darstellen und einen

---

dar (unter Hinweis auf RG GRUR 1942, 432, 437; OLG Düsseldorf NJWE 1996, 275; OLG München NJWE 1996, 253; OLG Köln GRUR 1993, 688; *Baumbach/Hefermehl*, WZG, § 24 Rdn. 10; *v. Gamm* WZG § 24 Rdn. 29), doch gründe sich diese von der Rechtsprechung statuierte Vermutung auf den früher von § 11 WZG tatbestandlich als Eintragungvoraussetzung verlangten Benutzungswillen; es werde ein Benutzungswille im DENIC-Eintragungsverfahren nicht vorausgesetzt, sodass von der Eintragung nicht ohne weiteres auf den Benutzungswillen geschlossen werden könne. Diese Beurteilung muss sich zwischenzeitlich aufgrund der Faktenlage ändern: DENIC gestattet keine bloßen Reservierung von Domain-Namen mehr.

1 LG Hamburg, Urt.v.25.3.1998 – 315 O 792/97, K&R 1998, 365 – eltern.de.

2 LG München II, Urt.v. 14.9.2000 – W 5 KLs 70 Js 12730/99, CR 2000, 847 = JurPC Web-Dok. 228/2000.

3 OLG Frankfurt, Beschl.v.12.4.2000 – 6 W 33/2000, MMR 2000, 424 – weideglueck.de.

4 LG Düsseldorf, Urt.v.6.7.2001 – /01, CR 2002, 138 = MMR 2002, 126 = JurPC Web-Dok. 8/2002 – literaturen.de für den Fall, dass die formalrechtliche Stellung allein dazu benutzt werden soll, Gewinne zu erzielen, die nicht mit einer Leistung des Rechteinhabers im Zusammenhang stehen, sondern allein von der Bedeutung abhängen, die der „Vertragspartner" der Sache beimisst.

5 LG Düsseldorf, Urt.v.4.4.1997 – 34 O 191/96, CR 1998, 165 – epson.de, eine deliktsrechtliche Haftung dessen annehmend, der die Domain einem Dritten überlässt. Ähnlich sah das LG Braunschweig, Urt.v.5.8.1997 – 9 O 188/97, CR 1998, 364 deta.com bei Reservierung eine Benutzungsabsicht als gegeben an, auch wenn eine abrufbare Home Page noch nicht existierte. Das Gericht bejahte Unterlassungsansprüche aus den §§ 14 Abs. 2 Nr.2 MarkenG, 1 UWG, 12 S. 2 BGB, ebenso aus § 1004 BGB einen Anspruch der Klägerseite, dass der Beklagte gegenüber der IANA auf die Domain verzichtet (unter Bezugnahme auf OLG Frankfurt BB 1997, 1120), schließlich Schadensersatzansprüche aus den §§ 14 Abs. 6 MarkenG, 1 UWG, 823 BGB, 256 ZPO. Für die „.com"-TLD-Vergabe ist nur die IANA/InterNIC zuständig, nicht DENIC. Mit Erklärung des Verzichtes ist aber der Kläger noch nicht Inhaber des gewünschten Domain-Namens.

6 OLG Köln, Beschl..v.18.12.1998 – 13 W 48/98 , (www.online-recht.de) – herzogenrath.de.

7 OLG Dresden, Urt.v. 20.10.1998 – 14 U 361/97, CR 1999, 589 = K&R 1999,133 – cyberspace.de. Im Urteilszeitpunkt war vom Bundespatentgericht nicht abschließend entschieden, ob für den Begriff „Cyberspace" ein Freihaltebedürfnis besteht.

8 So das LG Düsseldorf, Urt.v.4.3.1997 – 34 O 191/96 (www.netlaw.de/Urteile/lgd_1.htm); ebenso für Unzulässigkeit des Domain Name Grabbing,s. LG Stuttgart, Beschl.v. 12.2.1997 – 17 O 70/97 (liebherr.de, www.netlaw.de/Urteile/index.html) und LG München I, Beschl.v. 9.1.1997 – 4 HKO 14792 (dsf.de, eurosport.de, sportschau.de; (www.netlaw.de/Urteile/index.html) sowie LG Hamburg, Beschl.v. 9.1.1997 – 312 O 7/97, – adn.de (a.a.O.). Eine (im geschäftlichen Verkehr erfolgende) Benutzung kann schon im Angebot einer Domain zum Erwerb liegen (LG Lüneburg, Urt.v. 29.1.1997 – 2 O 336/96, celle.de, (www.netlaw.de/Urteile/index.html).

9 OLG München, Urt.v.12.8.1999 – 6 U 4484/98, ZUM-RD 2000, 15 – Rolls-Royce.

Unterlassungsanspruch aus den §§ 826, 226, 1004 BGB begründen[1]. Die Aufgabe einer Reservierung kann nicht mittels einer einstweiligen Verfügung durchgesetzt werden[2].

i) Berechtigte Namensbenutzung

Der Inhaber einer Marke oder einer geschäftlichen Bezeichnung kann nach § 23 MarkenG einem Dritten **nicht untersagen**, im geschäftlichen Verkehr

1. dessen Namen oder Anschrift zu benutzen (§ 23 Nr. 1 MarkenG).
2. ein mit der Marke oder der geschäftlichen Bezeichnung identisches Zeichen oder ein ähnliches Zeichen als Angabe über Merkmale oder Eigenschaften von Waren oder Dienstleistungen, wie insbesondere ihre Art, ihre Beschaffenheit, ihre Bestimmung, ihren wert, ihre geographische Herkunft oder die Zeit ihrer Herstellung oder ihrer Erbringung, zu benutzen (§ 23 Nr. 2 MarkenG). Die Angabe muss beschreibende Funktion haben; sie darf sich nicht als Hinweis auf ein Unternehmen darstellen.
3. die Marke oder die geschäftliche Bezeichnung als Hinweis auf die Bestimmung einer Ware, insbesondere als Zubehör oder Ersatzteil, oder einer Dienstleistung zu benutzen, soweit die Benutzung dafür notwendig ist (§ 23 Nr. 3). Es darf aber nicht der Eindruck erweckt werden, die Website gehöre einer Tochtergesellschaft des Markeninhabers[3].

Vorausgesetzt wird weiter, dass die unter den Nr. 1 - 3 genannte Benutzung nicht gegen die guten Sitten verstößt. Es darf also keine Verwechslungs- oder Behinderungs**absicht** vorliegen. Das bloße (objektive) Bestehen einer Verwechslungs**gefahr** lässt die Befugnis nach § 23 MarkenG jedoch unberührt[4]. Ausgeschlossen sind nur kennzeichenrechtliche Verletzungsansprüche nach den §§ 14, 15, 17 Abs. 2 MarkenG[5].

§ 23 Nr. 1 MarkenG legt einen **Namensbegriff** zugrunde, der nur Vor- und Nachnamen erfasst, aber auch aus einem solchen Namen gebildete Firmenbezeichnungen[6]. In diesem Umfang werden auch Domain-Namen von Nr. 1 erfasst[7], aber nicht von Nr. 2 (Anschrift)[8]. Als **beschreibend** wurden etwa freigestellt „Infobahn“[9], „Webspace“[10] oder „Explorer“[1], verneint bei „Intershop-Portal“ [2].

---

1 OLG Frankfurt, Urt.v.10.5.2001 – 6 U 72/00, GRUR-RR 2001, 264 – weltonline.de. Das OLG Frankfurt, Urt.v.8.3.2001 – 6 U 31/00, MMR 2001, 532 = JurPC Web-Dok. 221/2001 – praline-tv.de stützte den Anspruch auf Unterlassung der spekulativen Registrierung (und Aufgabe der Reservierung) ebenfalls auf die §3 826, 226 BGB, außerdem auf die §§ 2, 14, 15 MarkenG. Im Tatbestand füllt die Aufzählung der registrierten Domains allein eine ganze Seite. Nach dem OLG Karlsruhe, Urt.v. 12.9.2001 – 6 U 13/01, MMR 2002, 118 – dino.de soll nur dann Unlauterkeit anzunehmen sein, wenn die Registrierung ausschließlich in der Absicht erfolgt, andere in deren Benutzung zu hindern und die Domain nur gegen Vergütung freizugeben.

2 OLG Frankfurt, Urt.v. 27.7.2000 – 6 U 50/00, MMR 2000, 752 – mediadacts.de.

3 LG München I, CR 2001, 416 – BMW-Domain-Name und bmw-werkstatt.com; LG München I, Urt.v. 14.2.2001 – 21 O 10131/00, – fordboerse, zit. nach *Bettinger/Leistner*, Werbung und Vertrieb im Internet, Teil 1 C, Rdn. 72; OLG München, GRUR 2000, 519 – rolls-royce.de.

4 *Kur*, CR 1996, 590, 593.

5 *Ingerl/Rohnke*, Markengesetz, § 23, Rdn. 6.

6 *Ingerl/Rohnke*, Markengesetz, § 23, Rdn. 12 m.w.N.

7 *Ingerl/Rohnke*, Markengesetz, § 23, Rdn. 13.

8 *Ingerl/Rohnke*, Markengesetz, § 23, Rdn. 16.

9 OLG München, OLG-Report 1998, 225, zit. nach *Ingerl/Rohnke*, Markengesetz, § 23, Rdn. 64.

10 LG Bochum, MMR 2000, 111.

Im Falle der Kennzeichnung anderer Waren oder Dienstleistungen ist die Kennzeichnung untersagbar, wenn das Zeichen die Unterscheidungskraft oder Wertschätzung einer bekannten Marke ohne rechtfertigenden Grund in unlauterer Weise ausnutzt oder beeinträchtigt (§ 14 Abs. 2 Nr. 3 MarkenG)[3]. Nur wenige Marken können als bekannt gelten. Zudem braucht eine Kennzeichenverwendung im Web noch nicht die Unterscheidungskraft der vorbekannten Marke zu beeinträchtigen, wenn eindeutig erkennbar ist, daß sich die Hersteller der Waren unterscheiden. Die Verwendung des **eigenen** Namens (etwa als Domain-Name-Bezeichnung) bleibt aber auch hier grundsätzlich zulässig.

Ob Domain-Namen **generell** als „Anschrift" im Sinne von § 23 MarkenG einzustufen sind[4], erscheint nicht ganz zweifelsfrei. Ein Hindernis ist weniger in der freien Wählbarkeit der Adresse zu sehen[5] als vielmehr in dem Umstand, dass der Domain-Name nicht die eigentliche (zustellfähige) Anschrift des Sitzes des Namensinhabers referiert[6], sondern die Adresse eines Rechnerports, wobei der Rechner von einem Provider an einem anderen Ort als dem Sitz des Inhabers betrieben werden kann. Bedenken bestehen, § 23 MarkenG als Markenrechte beschränkende Ausnahmevorschrift ausweitend generell auch auf solche u.U. weltweit verstreuten Rechneradressen auszuweiten. Erreichbar für Netznutzer ist der Inhaber nicht über diesen (TCP/IP-Protokoll)-Port und die zugeordnete Domain, sondern über die *E-Mailanschrift*. Diese stimmt aber vielfach weder syntaktisch noch inhaltlich mit der Domain überein.

Nicht abschließend geklärt ist, ob § 23 MarkenG nur auf eine kennzeichenmäßige Benutzung Anwendung findet[7]. Verwendung von Markenzeichen konnte nach früherer Rechtslage nicht aus Warenzeichen-, sondern nur aus Wettbewerbsrecht erfasst werden[8].

Eine rechtsverletzende Benutzung – und ein Verstoß gegen ein Unterlassungsgebot – liegt dann vor, wenn auf eine einstweilige Verfügung hin nicht sofort die streitgegenständliche Webseite vollständig entfernt oder umbenannt, sondern lediglich durch den Hinweis ersetzt wird, die Webseite sei „vorübergehend" und „wegen Serverumstellung" nicht erreichbar, da hierdurch beim Nutzer die Erwartung geweckt werde, die nicht vorgefundenen Seiten bald wieder aufrufen zu können.[9]

---

1 LG München I, CR 1997, 158.

2 OLG Hamburg, GRUR-RR 2001, 126, 129.

3 So etwa bezüglich der Zeitschrift „Freundin" gegenüber einer Partnerschaftsvermittlung „freundin.de", OLG München, CR 1998, 556 – freundin.de; für „Zwilling" gegenüber „zwilling.de", OLG Karlsruhe, WRP 1998, 900 – zwilling.de; ähnlich OLG München, MMR 2000, 104 – rolls-royceboerse.de; OLG Hamburg, ZUM-RD 2001, 131, 135 – derrick.de und OLG Hamm, MMR 2001, 749 – veltins.com, jeweils die Subsidiarität von § 12 BGB betonend.

4 Hierfür wohl *Bettinger*, GRUR Int. 1997, 402, 410 und *Kur*, CR 1996, 590, 593.

5 So *Bettinger*, a.a.O., wobei die Wahlfreiheit auch nicht grenzenlos, sondern durch maximale Zeichenanzahl sowie durch notwendige Prä- und Suffixe deutlich beschränkt ist, ebenso durch Ausschluss der Wahl von Top Level Domains als intermittierte Bezeichnung.

6 Ebenso *Kur*, CR 1996, 590, 591.

7 Für eine solche Einschränkung s. *Sack*, GRUR 1995, 81, 93 ff; *Keller*, GRUR 1996, 607; krit. *Kur*, CR 1996, 590, 592 (erfasst werde – jedenfalls im Zusammenhang mit § 23 MarkenG – auch nichtkennzeichenmäßige Benutzung, wenn die Zeichenverwendung im konkreten Kontext nicht mit den guten Sitten vereinbar ist); s. allg. auch *Fezer*, GRUR 1996, 566ff; *Starck*, GRUR 1996, 688ff; *Piper*, GRUR 1996, 429ff.

8 S. ausf. *Kur*, CR 1996, 590, 591.

9 LG Berlin, Urt.v.29.7.1999 – 16 O 317/99 (www.online-recht.de) – „fewo-online-direkt.de".

6. WIPO-Schlichtungsverfahren

Mit Wirkung vom 1.12.1999 existiert unter der Verwaltung der WIPO in Genf ein Verfahren zur Schlichtung von Streitigkeiten über die Nutzung von Domain-Namen (WIPO Arbitration and Mediation Center)[1]. In den USA arbeiten außerdem das National Arbitration Forum[2] und das CPR Institute for Dispute Resolution[3]. Im WIPO-Verfahren werden allerdings nur Fälle bösgläubiger Domain-Registrierung behandelt, nicht sonstige Ansprüche aus Kennzeichenrecht mit Bezug auf Domain-Namen. Zum wettbewerbsrechtlichen Schutz von Domain-Namen s. S. 790.

7. „Verkauf" von bzw. Handel mit Domain-Namen

Einzelne Anbieter[4] bieten Domain-Namen zum **Kauf** an[5]. Nach den obigen Ausführungen ist hier differenziert zu prüfen, welches Recht hier eigentlich erworben werden soll. Zunächst wird eine durch Registrierung bei DENIC erworbene Rechtsposition gegenüber DENIC aus den Vergabebedingungen übertragen. Insoweit sind noch nicht kennzeichenrechtliche Ansprüche, sondern allein Ansprüche aus dem Verhältnis Domain-Name-Inhaber zu DENIC zu prüfen. Besteht dieser Anspruch, ist im nächsten Schritt zu prüfen, welche kennzeichenrechtlichen Ansprüche dem Übertragenden zustehen (sollen), etwa aus Namens- oder aus Markenrecht. Bei Ansprüchen aus Markenrechten muss hier z.B. Benutzung im Sinne von § 26 MarkenG vorliegen, da sonst Ansprüche gegen Dritte nicht geltend gemacht werden können. Die aus der Marke begründeten Rechte können nach § 27 MarkenG übertragen werden. Hierbei muss freilich markenrechtlich ein Umschreibungsverfahren durchgeführt werden, sodass der Erwerber Eigentümer der Marke wird. Denkbar ist aber auch die Einräumung ausschließlicher/nichtausschließlicher Lizenzen, die sich zeitlich, räumlich und gegenständlich einschränken lassen (§ 30 MarkenG).

Die Veräußerung der Rechte an Domain-Namen darf nicht mit Domain-Name-**Grabbing** verwechselt werden und ist grundsätzlich zulässig[6]. Der Rechtsinhaber kann nicht gehindert sein, sein Recht auf Dritte zu übertragen, wenn er bestimmte Domain-Bezeichnungen nicht (mehr) nutzen will oder das bezeichnete Unternehmen verkauft werden soll. Die Anbieter treten hier oft in einer Maklerfunktion auf und vermitteln eine Rechtsübertragung *mit* Zustimmung der Berechtigten.

Abgrenzungsprobleme treten freilich auf, wenn die Anbieter selbst „auf Vorrat" Namen eintragen lassen, um dann die Rechte zu veräußern. Dies wäre wiederum unzulässiges Domain-Name-Grabbing, da mit der Vornahme der Eintragung bereits in der Rechte der Berechtigten eingegriffen wird. Gemäß § 138 BGB **nichtig** ist freilich ein Vertrag zur Übertragung eines Domain-Namens, wenn hierdurch Namensrechte Dritter verletzt werden[7], – insbesondere, wenn die Chance weitergegeben werden soll,

---

1 http://arbiter.wipo.int/domains. Eine sehr ausführliche Darstellung des WIPO-Verfahrens mit Auswertung von 4800 Panel-Entscheidungen findet sich bei *Bettinger/Leistner*, Werbung und Vertrieb im Internet, Teil 1 C, Rdn. 252 – 413 (auf 80 Seiten).

2 www.arbforum.com/domains.

3 www.cpradr.org/ICANN_Menu.htm.

4 S. etwa www.bestdomains.com oder www.domain-markt.de.

5 Business Systems Int. etwa „business.com" für US-$ 150.000 (Dyson, S. 148).

6 *Mietzel/Hero*, MMR 2002, 84f.

7 LG Frankfurt, Urt.v.10.2.1998 – 2/14 O 412/97,CR 1998, 765 = MMR 1998, 422 = JurPC Web-Dok.

daß die Inhaber bekannter Firmen oder Marken die Bezeichnung kaufen (müssen)[1]. Ein Rückübertragungsanspruch kann auf ungerechtfertigte Bereicherung (§ 812 Abs.1 BGB) zu stützen sein, im Einzelfall auch auf sittenwidrige Schädigung[2]. Eine neue Homepage muss noch nicht eingerichtet sein; es genügt für eine vorbeugende Unterlassungsklage, daß Verletzungsgefahr droht[3]. Ein Internet-Provider darf nicht eine für einen Kunden eingerichtete und verwaltete Domain auf einen Dritten übertragen; bei dieser Übertragung handeln er und der Dritte wettbewerbswidrig[4].

Domain-**Grabbing** setzt, um eine sittenwidrige Blockade der Domain darzustellen, objektiv eine schädigende Handlung durch Registrierung des Domain-Namens und subjektiv eine schikanöse, vorsätzlich sittenwidrige **Schädigungsabsicht** voraus, die immer dann auszuschließen ist, wenn auf der Seite des Registrierenden ein berechtigtes Eigeninteresse an der Nutzung der Domain gegeben ist, gleich, ob die Nutzung bereits unmittelbar nach der Domain-Registrierung erfolgt oder später[5].

Bei Domain-Name-Grabbing bestehen grundsätzlich **Abwehransprüche** auf Unterlassung oder Löschung aus Markenrecht (§§ 14, 15 MarkenG),[6] Namensrecht (§ 12 BGB)[7], Wettbewerbsrecht (§§ 3, 4 UWG), Eingriff in den eingerichteten und ausgeübten Gewerbebetrieb (§ 823 Abs. 1 BGB), vorsätzliche sittenwidrige Schädigung (§ 826 BGB), und jeweils analog § 1004 BGB, wobei der Anspruch auf Verzicht auf die Domain gerichtet und sogar im Verfügungswege durchsetzbar sein kann[8]. Bereits die Registrierung von Domain-Namen, die geschützte Markennamen beinhalten, in der Absicht, diese an der Berechtigten zu veräußern, stellt eine versuchte **strafbare** Kennzeichnungsverletzung dar (auch wenn kein geschäftlicher Kontakt zustandekommt)[9]. Bei bekannten oder berühmten Marken werden ein wettbewerbsrechtlicher Schutz auch ohne Bestehen eines Wettbewerbsverhältnisses bejaht[10] und Grundsätze zur bösgläubigen Markenanmeldung herangezogen (§ 50 Abs. 1 Nr. 4 MarkenG)[11]; ansonsten müssen objektive wie subjektive Unlauterkeit nachgewiesen werden, etwa

152/1988.

1 LG Frankfurt, a.a.O.

2 LG Frankfurt, a.a.O.

3 LG Düsseldorf, Urt.v.4.4.1997 – 34 O 191/96, NJW-RR 1998, 979.

4 LG Köln, Urt.v.17.9.1997 – 20 O 437/97, CR 1998, 30.

5 OLG Zweibrücken, Urt.v. 17.10.2002 – 4 U 59/02, JurPC Web-Dok. 210/2003 – Domain Grabbing; OLG München, Mitt. 2000, 512.

6 S.etwa LG Düsseldorf, NJW-RR 1998, 979 – epson.de; OLG München CR 1998, 556 – freundin.de und OLG Karlsruhe, Urt.v. 24.6.1998 – 6 U 247/97, WRP 1998, 900 – zwilling.de (Erstinstanz: LG Mannheim, Urt.v. 17.10.1997 – 7 U 241/97, WRP 1998, 920) für bekannte Marken (Schadensberechnung nach Lizenzanalogie oer freier Festlegung nach § 287 ZPO); OLG Frankfurt, NJW 1998, 165 – wirtschaft-online.de und LG München I, Urt.v. 10.4.1997 – 17 HK O 3447/97, CR 1997, 545f = NJW-RR 1998, 978 – sat-shop.de für beschreibende Begriffe.

7 LG Frankfurt, Urt.v. 26.2.1997 – 2/6 O 633/96, CR 1997, 287 – das.de; LG München I, NJW-RR 1998, 973 = CR 1997, 479 – juris.de (Übertragungsanspruch aus den §§ 823 Abs.2, 249 S.1 BGB, krit. *Renck*, NJW 1999, 3587, 3589); OLG Hamm, NJW-RR 1998, 909 = CR 1998, 241 – krupp.de. (zwar keine Verwechslungsgefahr, aber überragende Verkehrsgeltung des Kennzeichens; Benutzung mit Zusatz aber zulässig).

8 LG Wiesbaden, Beschl.v.9.8.2000 – 3 O 129/00, MMR 2001, 59f = JurPC Web-Dok. 26/2002 (Verfügungsgrund durch Fortbestehen der vorsätzlichen unerlaubten Schädigung)

9 LG München II, Urt.v. 14.9.2000 – W 5 KLs 70 Js 12730/99, CR 2000, 847 = JurPC Web-Dok. 228/2000.

10 OLG Frankfurt, MMR 2001, 696 – weltonline.de; OLG Frankfurt, WRP 2000, 645f – weideglueck.de (für § 826 BGB).

11 *Bettinger/Leistner*, Werbung und Vertrieb im Internet, Teil 1 C, Rdn. 46.

eine Behinderungs- oder Erpressungsabsicht[1]. Indiz kann das Angebot zum Verkauf sein, ebenso das Registrieren einer Vielzahl blockierender Domains, wobei allein das Bestehen eines größeren Domain-Namensbestandes ohne Benutzungsinteresse noch nicht notwendig auf Wettbewerbswidrigkeit geschlossen werden kann[2]. Möglich ist auch eine vorbeugende Unterlassungsklage[3]. Ergänzend kann auch Schutz (bzw. jedenfalls Sanktionierung) aus Strafrecht zum Tragen kommen, etwa aus Erpressung (§ 253 StGB) oder strafbarer Kennzeichenverletzung (§ 143 Abs. 1 MarkenG).

Wettbewerbswidrig und **sittenwidrig** im Sinne von § 826 BGB kann das Reservieren einer Vielzahl von Domain Namen sein, wenn die formalrechtliche Stellung allein dazu benutzt werden soll, Gewinne zu erzielen, deren Höhe nicht mit irgendeiner Leistung des Rechteinhabers im Zusammenhang steht[4]. Dies gilt auch dann, wenn im Registrierungszeitpunkt die Rechte der Dritten noch nicht geschützt waren. Bloßes Reservieren stellt als solches aber nicht notwendig eine sittenwidrige Schädigungsabsicht dar; sie folgt dem gerechten Prinzip der Erstanmeldung[5].

Vom Domain-Grabbing zu unterscheiden ist das „Marken-Grabbing"[6], bei dem **Marken** zu Spekulationszwecken registriert werden. Dem BGH zufolge ist das Entstehen des Markenrechts zwar nicht an einen Geschäftsbetrieb gebunden, doch darf diese Rechtsstellung nicht missbräuchlich ausgenutzt werden, also etwa nicht Registrierung zu Spekulationszwecken erfolgen, ohne dass ein Wille zur eigenen Benutzung bestünde[7]. Der Handel mit „Vorratskennzeichen" ist damit nicht bereits als solcher, sondern nur dann sittenwidrig, wenn weitere Umstände hinzutreten, etwa ein rechtsmissbräuchliches Geltendmachen ausschließlicher Markenrechte.

In den **USA** trat am 29.11.1999 trat im Rahmen eines Communications Omnibus Reform Bill der *„Anticybersquatter Consumer Protection Act"* in Kraft (Title III *„Trademark Cyberpiracy Prevention"*), der das Registrieren mit *„bad faith intent to profit"* unter zivilrechtliche Haftung stellt. Bis zum März 2000 sollte eine Studie über den Schutz von Namen von natürlichen Personen (im Sinne von § 12 BGB im deutschen Recht) erstellt werden (Sec. 3006). Ein Berufungsgericht in Boston entschied am 8.11.2001, dass ein nach der Uniform Dispute Resolution Policy (UDRP) gefällter Schiedsspruch, der die Domain corinthians.com einer brasilianischen Fußballmannschaft zusprach, aufgehoben wurde[8].

---

1 *Bettinger/Leistner*, a.a.O., Teil 1 C, Rdn. 47.

2 LG Düsseldorf, Urt.v. 9.11.2001 – 38 O 81/01 – alte.de; KG Berlin, Urt.v.5.2.2002 – 5 U 178/01 – bandit.de, beide zit. nach *Bettinger/Leistner*, Werbung und Vertrieb im Internet, Teil 1 C, Rdn. 47.

3 OLG Stuttgart, NJW-RR 1998, 1341.

4 OLG Frankfurt, MMR 2001, 532f – praline-tv.de; OLG Karlsruhe, WRP 2002, 118f – dino.de; LG Düsseldorf, Urt.v. 6.7.2001 – 38 O 18/01, CR 2002, 138 = K&R 2002, 98 – Literaturen, ähnlich bereits für § 826 BGB OLG Frankfurt MMR 2000, 424 – weideglueck.

5 BGH, Urt.v. 3.12.2004 – I ZR 207/01.

6 *Hoffmann*, Entwicklung des Internet-Rechts, NJW-Beilage 14/2001, 22.

7 BGH, Urt.v. 23.11.2000 – I ZR 93/98, GRUR 2001, 242 – Classe E; s. a. *Schafft*, CR 2002, 434, 436 ff.

8 Heise online 8.12.2001, heise.de/newsticker/data/kav-08.12.01-001.

§ 10 Wettbewerbsrechtlicher Schutz im Internet

Wettbewerbsrecht hat mit dem Zunehmen des E-Commerce auch im **Internet** wesentlich an Bedeutung gewonnen. Die neuen technischen Mittel des Web erleichtern erheblich Leistungsübernahmen durch Kopieren kompletter Webseiten oder Irreführung bzw. Abfangen von Kunden. Zugleich zwingt die grenzüberschreitende Wirkung des Handels im Web zur Angleichung der nationalen Wettbewerbsordnungen jedenfalls in der EU. Web und Wettbewerbsrechts sind so bereits untrennbar miteinander verbunden.

Die Neufassung des Gesetzes gegen den unlauteren Wettbewerb[1] (UWG) hat außerdem wichtige Weichenstellungen gebracht, die gerade für den E-Commerce wichtig sind. So wurde der Verbraucherschutz ausdrücklich in die Schutzzweckbestimmung aufgenommen[2]. Diese Änderung des UWG lässt sich auf die kurze Formel bringen: **Wettbewerbsrecht schützt das Recht der Internet-Nutzer auf Marktkommunikation.** Wettbewerb kann nur über Information der Marktteilnehmer funktionieren. Wettbewerbsrecht muss also diese Marktinformation und –kommunikation schützen, die im Web besonders leicht zugänglich gemacht und durchgeführt werden kann. Das Web stellt sich hierbei in der Praxis immer mehr als primäres Informationsmedium heraus, jedoch fehlt unverändert eine internetweite Wettbewerbsrechtsharmonisierung.

Das Gesetz stellt nunmehr auch ausdrücklich klar, dass Verbraucher ebenfalls Marktteilnehmer und als solche auch im Wettbewerbsrecht geschützt sind. Hier wurde bereits vom **Paradigmenwechsel** vom Lauterkeitsrecht **zum Verbraucherschutz** gesprochen[3] und das Wettbewerbsrecht als in ein „Recht der Marktkommunikation" transformiert angesehen[4] (wobei dieser Ansatz über den rein auf Wettbewerbsverhältnisse beschränkten Schutz nach Art. 10bis PVÜ hinausgeht[5]). Da außerdem im novellierten UWG für dessen Anwendbarkeit zwar ein Wettbewerbshandeln (das auf das Fördern des Absatzes oder den Bezug von Waren abzielt), nicht aber eine nachteilige Wirkung aus diesem Handeln auf ein anderes konkurrierendes Unternehmen vorausgesetzt wird, gewinnt das Wettbewerbsrecht unmittelbar für alle Internet-Nutzer in Deutschland neue Bedeutung. Soweit nämlich irreführende oder fehlende Informationen die Kommunikation der Nutzer als Verbraucher auf dem Markt des E-Commerce beeinträchtigen, werden hieraus (auch ohne Benachteiligung anderer Wettbewerber) Unterlassungsansprüche begründet, die auch durch Verbraucherschutzverbände geltend gemacht werden können (§ 8 Abs. 3 Nr. 3 UWG), freilich nicht durch die Verbraucher selbst.

Nachfolgend sind Grundsätze insbesondere des Lauterkeitsrechts zusammenzufassen. Allerdings ist schon aus Raumgründen keine umfassende Darstellung möglich, sondern können nur einige zentrale Problembereiche mit besonderer Internet-Relevanz behandelt werden. Das deutsche Wettbewerbsrecht ist wesentlichen Änderungen unter-

---

1 Gesetz gegen den unlauteren Wettbewerb v. 3.7.2004, BGBl 2004 I v. 7.7.2004, 1414, in Kraft seit dem 8.7.2004 (§ 22 UWG). Nachfolgend wird die frühere Fassung als „a.F." zitiert. Zur Entstehung der Gesetzesnovellierung: Referentenentwurf (RefE) eines Gesetzes gegen den unlauteren Wettbewerb, Stand: 23.1.2003, Begr., Gesetzesentwurf der Bundesregierung (RegE), BT-Drucks. 15/1487 v. 22.8.2003, verfügbar etwa unter *www.itrb.de,* sowie Beschlussempfehlung und Bericht des Rechtsausschusses zum Gesetzentwurf, BT-Drucks. 15/2795 v. 26.3.2004. Wesentliche Elemente der Novellierung wurden aus dem Regelungsvorschlag von *Köhler/Bornkamm/Henning-Bodewig,* WRP 2002, 1317ff übernommen.

2 Zwar hat die Rechtsprechung schon vor der Novellierung 2004 auch den Verbraucherschutz als Teil des Schutzzwecks betrachtet, diesen Ansatz jedoch nur zögerlich in die Urteilspraxis umgesetzt (ausf. *Micklitz/Keßler*, WRP 2003, 919, 926).

3 *Engels/Salomon*, WRP 2004, 32.

4 *Micklitz/Keßler*, WRP 2003, 919, 921.

5 *Henning-Bodewig*, GRUR Int. 2002, 389, 390.

worfen. Zum einen wurde das Gesetz gegen den unlauteren Wettbewerb (UWG) in der Novellierung vom 3.7.2004 deutlich „verschlankt", d.h. um eine Reihe von teilweise nur historisch erklärbarer und inzwischen überholter Sonderregelungen bereinigt sowie seine verbraucherschützende Funktion deutlicher hervorgehoben. Zum anderen wird eine (zunächst am 18.6.2003 im Entwurf vorgelegte, im EG-Rat aber bereits konsentierte) EG-Richtlinie über unlautere Geschäftspraktiken im binnenmarktinternen Geschäftsverkehr umzusetzen sein, die noch stärker die verbraucherbezogenen Aspekte des Wettbewerbsrechts stärken soll (s. unten) und das UWG selbst in ein wesentlich auf EG-Richtlinienrecht basierendes Recht transformieren wird.

Die Fragen des bei grenzüberschreitender Werbung anwendbaren Rechts und der internationalen Zuständigkeit von Gerichten wird unter § 17 (S. 822) näher behandelt.

I. UWG-Reform 2004

1. Grundsätze

Die Reform des UWG[1] war überfällig und bereits durch die Aufhebung des Rabattgesetzes und der Zugabeverordnung in Gang gekommen. Die Reform zielt auf eine EG-rechtskonforme Fassung insbesondere des **Lauterkeitsrechts**[2].

Geschützt wird ausdrücklich vor unlauteren **Wettbewerbshandlungen** (§ 3 UWG)[3]. Der Begriff der „Unlauterkeit" selbst wurde nicht definiert, sondern soll von der Rechtsprechung konkretisiert werden[4]; ein subjektives Element der Unlauterkeit wurde (anders als bei der Wettbewerbshandlung) als nicht erforderlich angesehen[5]. Zentral ist die Regelung in der **Generalklausel** des § 3 UWG, die durch den nichtabgeschlossenen Katalog in § 4 UWG ergänzt wird, in dem weitgehend die bisherige Rechtsprechung kodifiziert ist. Die Generalklausel stellt (mit Fezer[6]) nicht mehr auf einen Verstoß gegen die guten Sitten ab (§ 1 UWG a.F.), sondern auf eine Beeinträchtigung des lauteren und unverfälschten Leistungswettbewerbes und auf Verbraucherbelange.

Erfasst werden nur Handlungen, die sich „zum Nachteil" anderer Marktteilnehmer auswirken, also tatsächlich zu einer Interessenbeeinträchtigung geeignet sind[7]; der Verstoß per se war aber auch schon nach der aktuellen BGH-Rechtsprechung nicht ausreichend[8]. Außerdem darf die Verfälschung des Wettbewerbes „nicht unerheblich" sein[9]; sie muss also auch im Internet[10] ein gewisses Gewicht haben, damit eine

---

1 ohnehin schon gegenwärtig eine „einzige Baustelle" (*Micklitz/Keßler*, WRP 2003, 919, 923).

2 Nachfolgend kann aus Raumgründen nur auf unmittelbar internet-relevante Aspekte der Reform des UWG eingegangen werden. Einf. etwa *Henning-Bodewig*, GRUR 2004, 713.

3 Als „Wettbewerbshandlung" gilt „jede Handlung einer Person mit dem Ziel, zugunsten des eigenen oder eines fremden Unternehmens den Absatz oder den Bezug von Waren oder Dienstleistungen, einschließlich unbeweglicher Sachen, Rechte und Verpflichtungen zu fördern" (§ 2 Abs. 1 Nr. 1 UWG). Wesentlich ist damit eine subjektive Komponente der Handlung, aber auch objektive Eignung.

4 *Köhler*, NJW 2004, 2121, 2122.

5 *Köhler*, a.a.O., 2122; Baumbach/Hefermehl/*Köhler*, Wettbewerbsrecht, § 3 UWG, Rdn. 41.

6 *Fezer*, Gutachten Modernisierung, 33.

7 RegE BT-Drucks. 15/1487, 16.

8 BGH WRP 1999, 643 – Hormonpräparate; BGH GRUR 2000, 237 – Giftnotruf-Box.

9 *Fezer*, Gutachten Modernisierung, 38, hatte, weitergehend, sogar als Voraussetzung eine „wesentliche" oder „erhebliche" Beeinträchtigung gefordert.

10 Baumbach/Hefermehl/*Köhler*, Wettbewerbsrecht, Einl. UWG Rdn. 5.8

Gefährdung des Leistungs-wettbewerbs darstellen[1], wodurch **Bagatellfälle ausgeschlossen** werden sollen[2]. Mit dem Entfallen des RabattG ist auch vorher ergangene Rechtsprechung gegenstandslos geworden, soweit sie sich unmittelbar auf Verletzungen dieser Regelung stützte, etwa hinsichtlich des Powershopping[3].

Geschützt werden sollen Mitbewerber, Verbraucherinnen und Verbraucher sowie sonstige Marktteilnehmer[4] (**Schutzzwecktrias**[5] des § 1 UWG, die bereits in Art. 1 der Irreführungsrichtlinie geregelt ist). Das **Vorliegen eines Wettbewerbsverhältnisses wird nicht mehr verlangt**[6]. Geschützt werden damit auch Unternehmen in anderen Branchen oder auf anderen Wirtschaftsstufen[7]. Ebensowenig ist ein Handeln zum Nachteil eines anderen Unternehmens[8] erforderlich (da der Schutz alle Markteilnehmer erfasst, also auch Verbraucher). Die Lösung vom Wettbewerbsverhältnis stellt eine **tiefgreifende Änderung** des bisherigen Wettbewerbsrechts dar, nämlich den Übergang zu einem vom Wettbewerb abgelösten Wettbewerbsrecht, das auch das Handeln eines Monopolisten erfasst[9]. Dies muss sich auch auf das Konzept des „Marktortes"[10] auswirken. Wird nicht mehr primär auf den Schutz (unmittelbarer oder zumindest mittelbarer) Wettbewerber abgestellt, sondern sind auch sonstige Marktteilnehmer einbezogen, verliert auch der Marktort seine Bedeutung als Ort der Kollision der Interessen der Wettbewerber[11]. Jede Wettbewerbshandlung kann laterale Auswirkungen auf eine Vielzahl von weiträumig verteilten Marktteilnehmern haben, so etwa auf breitflächige Zulieferstrukturen und erst recht im Bereich größerer, EG-weiter Ausschreibungen sowie gar des internetweiten E-Commerce. Auch erfordert der Begriff der „Wettbewerbshandlung" (§ 2 Abs. 1 Nr. 1 UWG) nicht zwingend die Existenz auch nur eines konkurrierenden Unternehmens am Produkt- bzw. Dienstleistungsmarkt, weshalb auch Monopolisten erfasst werden[12]; das UWG regelt damit, streng genommen, als Lauterkeitsrecht unabhängig von bestehendem Wettbewerb jedes unlautere Handeln bei der Absatz- (oder Bezugs-)förderung[13].

---

1 BVerfG NJW 2003, 277, WRP 2003, 69, 71 – Anwaltsranglisten. Jedoch soll die Erheblichkeitsschwelle auch nicht zu hoch angesetzt werden (RegE BT-Drucks. 15/1487, 17).

2 RegE BT-Drucks. 15/1487, 17.

3 So einen Verstoß gegen die §§ 1 Abs. 1, 12 RabattG a.F. annehmend OLG Hamburg, Urt.v. 18.11.1999 – 3 U 230/99, MMR 2000, 278 = JurPC Web-Dok. 48/2000 – Powershopping.

4 Eine im Gemeinschaftsrecht nicht vorgegebene Kategorie (*Lettl*, WRP 2004, 1079, 1094).

5 Dies entspricht der bisherigen Rechtsprechung: BVerfG WRP 2002, 430f – Tierfreundliche Mode; BGH NJW 1999, 2737 – Hormonpräparate; BGH NJW 2000, 864f – Giftnotruf-Box; bestätigt durch BVerfG NJW 2001, 591 – Schockwerbung; BVerfG NJW 2001, 1058 – Therapeutische Äquivalenz; BVerfGE NJW 2002, 1187 – Tier- und Artenschutz.

6 RegE, Begr. BT-Drucks. 15/1487, 16; *Köhler*, NJW 2004, 2121, 2122.; *Lettl*, Das neue UWG 2004, Rdn. 87.

7 *Köhler*, NJW 2004, 2121, 2122.

8 *Köhler*, NJW 2004, 2121, 2122.

9 *Köhler*, NJW 2004, 2121, 2122.

10 Am Marktort treffen die Interessen der Wettbewerber aufeinander; zum Kollisionsrecht s. § 17.

11 Ähnlich i.E. Baumbach/Hefermehl/*Köhler*, Wettbewerbsrecht, Einl. UWG Rdn. 5.7

12 *Köhler*, NJW 2004, 2121, 2122; Baumbach/Hefermehl/*Köhler*, Wettbewerbsrecht, § 2 UWG Rdn. 48.

13 *Lettl*, WRP 2004, 1079, 1081, Fußn. 5 verdeutlicht freilich, dass die Begriffe ohnehin nicht einheitlich verwendet werden. So werde das Kartellrecht im Sinne des deutschen Rechts im Gemeinschaftsrecht Wettbewerbsrecht genannt.

Der Schutz der **Verbraucher**[1] wird zwar ausdrücklich[2] in die Regelung zum Gesetzeszweck aufgenommen (§ 1 S. 1 UWG)[3], aber nicht zum alleinigen Schutzobjekt (so aber bei der vorgeschlagenen Richtlinie, s. S. 489). Ein eigenes Klagerecht erhalten Verbraucher nicht eingeräumt[4]. Der Oberbegriff „**Marktteilnehmer**" (§ 2 Abs. 1 Nr. 2 UWG) umfasst Verbraucher, Mitbewerber und sonstige Marktteilnehmer. § 2 Abs. 2 UWG verweist auf die Begriffe des „Verbrauchers" in § 13 BGB und des „Unternehmers" in § 14 BGB[5]. Individuelle Rechtsschutzmöglichkeiten der Verbraucher oder besondere Informationen diesen gegenüber wurden nicht eingeführt[6].

Bereits bisher hatte der BGH zu erkennen gegeben, dass er die früher sehr strengen Maßstäbe der Rechtsprechung zum **Verbraucherleitbild** an die liberaleren europäischen Maßstäbe annähern will[7]. Insbesondere näherte sich der BGH an den weniger strengen Verbraucherschutzbegriff des EuGH an, ohne ihn aber voll zu übernehmen[8]. Bisher bildete schwerpunktmäßig der flüchtige, unkritische Verbraucher den Maßstab[9], wobei der BGH aber bisher schon eine Irreführungsquote von 10 % voraussetzte, also von etwa vier bis acht Millionen Bürgern[10], und den Begriff „verständig" nicht durch den Begriff „flüchtig" ausgeschlossen sah[11], sondern eine situationsadäquate Aufmerksamkeit des Durchschnittsverbrauchers voraussetzte[12]. Nunmehr werden an den

1 Der freilich auch bisher schon zur Schutzzwecktrias (Anbieterschutz, Schutz der Endabnehmer und insbesondere private Endverbraucher, Schutz der Allgemeinheit) gehörte (*Schricker/Henning-Bodewig*, WRP 2001, 1367, 1377). Das Gesetz spricht in § 1 UWG vom Schutz „der Verbraucherinnen und der Verbraucher", allerdings nicht konsequent auch von „Markteilnehmerinnen" (krit. auch *Sosnitza*, GRUR 2003, 739, 741).

2 *Henning-Bodewig*, GRUR 2004, 713, 715. Schon bisher schützte das UWG nicht nur die Angebotsfreiheit der Wettbewerber und die Mitbewerber, sondern auch die Verbraucher (BGH GRUR 1999, 751 – Güllepumpen) und bestand eine Schutzzwecktrias (RegE, BT-Drucks. 15/1487 v. 22.8.2003, 13).

3 Krit. (und wohl zutreffend) *Fezer*, Stellungnahme zum „Entwurf eines Gesetzes gegen den unlauteren Wettbewerb" v. 10.2.2003, 4, (zit.nach: *Sosnitza*, GRUR 2003, 739, 742) es liege nur ein „Lippenbekenntnis" vor, da dem Verbraucher nicht zugleich individuelle unmittelbare Ansprüche gegenüber einem unlauter Handelnden eingeräumt werden; a.A. *Sosnitza*, GRUR 2003, 739, 743.

4 Bereits der BGH GRUR 1975, 150 hatte ein wettbewerbsrechtliches Klagerecht als überflüssig abgelehnt, während der östOGH (GRUR Int. 1999, 181f) einen wettbewerbsrechtlichen Individualanspruch und Anspruch auf Ersatz bestimmter Schäden bejahte.

5 *Engels/Salomon*, WRP 2004, 32, 34 kritisieren hier, dass die Beschränkung der §§ 13 und 14 BGB auf abgeschlossene Rechtsgeschäfte bereits im BGB und erst recht im Wettbewerbsrecht generell verfehlt sei. Teleologisch wird dieser Bezug aber dahingehend auszuweiten sein, dass auch Fälle erfasst werden, in denen eine Störung in der Vertragsanbahnung auftritt, aber der Vertrag, wenn er abgeschlossen *würde*, ein solcher mit einem Verbraucher wäre. *Köhler*, NJW 2004, 2121, 2122 sieht diese Begriffe im Wettbewerbsrecht als nur mit gewissen Modifikationen anwendbar an.

6 *Henning-Bodewig*, GRUR Int. 2004, 183, 186.

7 BGH GRUR 2000, 1084 – Unternehmenskennzeichnung; BGH GRUR 2000, 914 – Tageszulassung II BGH GRUR 2000, 619 – Orient-Teppichmuster; BGH GRUR 2000, 73 – Tierheilpraktiker.

8 BGH GRUR 2000, 619, 621 – Orient-Teppichmuster (mit dem Hinweis, „flüchtig" und „verständig" schlössen sich nicht aus, sondern es komme auf die Kaufsituation ab); *Schricker/Henning-Bodewig*, WRP 2001, 1367, 1375.

9 *Emmerich* (FS Gernhuber 1993, 857, 870) kritisierte in kaum überbietbarer Plastizität das BGH-Leitbild eines „an der Grenze zur Debilität verharrenden, unmündigen, einer umfassenden Betreuung bedürftigen, hilflosen Verbrauchers, der auch noch gegen die kleinste Gefahr einer Irreführung durch die Werbung geschützt werden müsse".

10 *Sack*, WRP 2004, 521, 524 m.w.N.

11 *Sack*, a.a.O., 524 m.w.N.

12 BGH GRUR 2000, 619, 621 – Orient-Teppichmuster; BGH GRUR 2002, 81, 83 – Anwalts- und

Verbraucher aber auch explizit auf der Grundlage der EuGH-Rechtsprechung höhere Anforderungen gestellt (wenngleich in § 4 Nr. 2 UWG n.F. auch die „Leichtgläubigkeit" geschützt wird). Freilich sollte nun nicht die Annahme gelten, dass nur der Verbraucher sich adäquat verhält, der immer und überall Täuschung und Irreführung vermutet, bzw. dass allgemein unterstellt wird, jeder Verbraucher könne selbst auf sich aufpassen. Dann würde der Irreführungsschutz praktisch aufgehoben. Soweit der situationsadäquat aufmerksame Durchschnittsverbraucher das **Internet** (und insbesondere das Web) nutzt, dürfen, da mittlerweile etwa die Hälfte der Bundesbürger das Internet nutzen, nicht mehr die Maßstäbe besonders technikversierter und durchgängig des Englischen mächtiger Internet-Interessierter angelegt werden.

Durch die Anerkennung eines originären Verbraucherschutzes durch Lauterkeitsrecht wird das Wettbewerbsrecht zu einem **Schutzzweckgesetz** im Sinne des Schadensersatzrechts transformiert[1]. Die Generalklausel wurde (aus § 1 UWG a.F.) in § 3 UWG verlagert und um aktuelle Fallgruppen ergänzt (so die E-Mail-Werbung). Entfallen sind (im vorliegenden Zusammenhang nur begrenzt relevante) Regelungen zu Sonderveranstaltungen wie Schluss- und Jubiläumsverkäufen.

Die **Rechtsfolgen** aus Wettbewerbsverstößen sind in den §§ 8 – 10 abschließend[2] geregelt. Nach § 8 UWG kann Unterlassung und Beseitigung verlangt, nach § 9 UWG Schadensersatz. Ein spezifisches Vertragslösungsrecht für Verbraucher aus Wettbewerbsrecht wurde nicht eingeführt[3]. Lebhafte Diskussionen löste ein staatlicher **Gewinnabschöpfungsanspruch** des § 10 UWG aus, der nur bei Vorsatz eingreift[4] und etwa für E-Mail-Spammer relevant werden kann. Die Ansprüche verjähren binnen sechs Monaten ab Anspruchsentstehung und Kenntniserlangung oder Möglichkeit hierzu (§ 11 UWG).

2. Neue Regelung der Unzulässigkeit unaufgeforderter E-Mails

Besondere internet-spezifische Relevanz hat naturgemäß die Regelung zur unverlangten Versendung von **Werbe-E-Mails** (ausführlich zur Unzulässigkeit von unaufgeforderten Werbe-E-Mailings s. S. 173), ebenso unaufgeforderte Telefon- oder Fax-Werbung. Hiernach handelt unlauter, da **unzumutbar belästigend**, wer Werbemails **natürlichen Personen** ohne Einwilligung des Adressaten zusendet (§ 7 Abs. 2 Nr. 3 UWG). Vorausgesetzt wird hiermit insoweit also eine „**Opt-in**-Lösung". Allerdings sieht das Gesetz für die übrigen Formen unerbetener Nachrichten das Gegenteil, nämlich eine „Opt-out"-Lösung vor, so dass die Versendung insoweit unlauter ist, wenn der Adressat seinen entgegenstehenden Willen erklärt hat (§ 7 Abs. 2 Nr. 1 UWG).

Die Regelung in § 7 Abs. 2 Nr. 3 UWG gründet sich auf Art. 13 der **EG-Richtlinie** 2002/58/EG zum **Datenschutz in der elektronische Kommunikation** (EKDSRL[5]),

Steuerkanzlei; BGH GRUR 2002, 160, 162 – Warsteiner III; *Sack*, WRP 2004, 521, 524 m.w.N.

1 *Fezer*, Gutachten Modernisierung, 32.

2 *Köhler*, NJW 2004, 2121, 2125.

3 Für ein solches Recht etwa *Fezer*, WRP 2003, 127, 130; *Micklitz/Kessler*, GRUR Int. 2002, 885, 901; a.A. *Sosnitza*, GRUR 2003, 739, 745; *Köhler*, GRUR 2003, 265, 267.

4 und als „erste Privatisierung strafrechtlicher Ansprüche" bezeichnet wurde (*Engels/Salomon*, WRP 2004, 32, 42).

5 Richtlinie 2002/58/EG v. 12.7.2002 über die Verarbeitung personenbezogener Daten und den Schutz der Privatsphäre in der elektronischen Kommunikation, ABl EG Nr. L 201 v. 31.7.2002, 37.

die, wie auch die Begründung zur UWG-Novelle vermerkt[1], den Schutz der Privatsphäre der Betroffenen vor unverlangt auf elektronischem Wege zugesandter Werbung bezweckt. Der Gesetzgeber gibt damit freilich selbst zu erkennen, dass diese Regelung eigentlich nicht zum Regelungsbereich des UWG gehört, das auf Öffentlichkeit voraussetzende Marktkommunikation abzielt. Sachnäher wäre wohl eine Regelung im fast gleichzeitig novellierten TKG gewesen (s. unten).

Die EKDSRL soll **natürliche Personen** (zu denen auch Einzelpersonen als Gewerbetreibende gehören[2]) als Teilnehmer eines elektronischen Kommunikationssystems vor einer Verletzung ihrer Privatsphäre durch unerbetene Nachrichten für Zwecke der Direktwerbung schützen. Werbung über Telefonanruf, Fax und E-Mail ist nur bei Einwilligung des Adressaten zulässig (Art. 13 Abs. 1 und 5 EKDSRL). Diese Einwilligung muss zumindest konkludent erklärt werden (Opt-in-Modell); eine vermutete Einwilligung genügt nicht[3]. Im deutschen Recht sind alle „Adressaten" geschützt, also auch Unternehmen[4]. Allerdings ist Direktwerbung dann zulässig, wenn der Werbende die E-Mail-Anschrift (oder sonstige Adresse) vom Kunden im Zusammenhang mit dem Verkauf[5] eigener[6] ähnlicher[7] Produkte oder der Erbringung eigener ähnlicher Dienstleistungen (gemäß der Richtlinie 95/46/EG[8]) erhalten hat, sofern der Kunde klar und deutlich die Möglichkeit erhielt, eine solche Nutzung der elektronischen Kontaktinformationen bei deren Erhebung und bei jeder Übertragung gebührenfrei und problemlos abzulehnen. In diesem Fall soll der Werbende die elektronische Kontaktinformationen zeitlich unbegrenzt verwenden dürfen, solange der Kunde dies nicht von vornherein abgelehnt hat oder dem nicht widerspricht.

Aus systematischer Sicht erscheint die Umsetzung dieser Bestimmung der EKDSRL in das reformierte Wettbewerbsrecht nicht voll überzeugend, da dieses nicht die Privatsphäre schützen soll und folglich **zivilrechtliche Abwehransprüche** in der Richtlinientransformation **ausgeklammert** bleiben. Nicht zutreffend ist freilich die Auffassung, dass bei Umsetzung der Richtlinie in das reformierte UWG deren Regelungsgehalt im deutschen Recht nur zum Tragen kommt, soweit zwischen Absender und Empfänger ein Wettbewerbsverhältnis besteht[9]. Wie ausgeführt, setzen Ansprüche aus dem novellierten UWG gerade nicht das Bestehen eines Wettbewerbsverhältnisses voraus. Hiervon unabhängig sollen, gleich ob natürliche oder juristische Personen (soweit letztere nicht Wettbewerber sind), nach Auffassung des Gesetzgebers

---

1 RegE, BT-Drucks. 15/1487 v. 22.8.2003, 15.

2 So zutr. *Köhler/Lettl*, WRP 2003, 1019, 1026, woraus sich ergibt, dass die EKDSRL nicht ausschließlich verbraucherschutzrechtlichen Charakter hat.

3 *Köhler/Lettl*, WRP 2003, 1019, 1025.

4 *Köhler*, NJW 2004, 2121, 2125.

5 Bloße Vertragsanbahnung soll nicht ausreichen (*Köhler/Lettl*, WRP 2003, 1019, 1027).

6 Aus der Beschränkung auf *eigene* Produkte bzw. Dienstleistungen wird abgeleitet, dass der Werbende selbst die elektronische Kontaktinformationen erhalten haben muss, womit die Weitergabe an Dritte wie auch die Verwendung von anderen erlangter Kontaktinformationen unzulässig ist (*Köhler/Lettl*, WRP 2003, 1019, 1028).

7 Als *ähnlich* gelten Waren oder Dienstleistungen, wenn sie sich für den gleichen erkennbaren oder doch typischen Verwendungszweck oder Bedarf des Kunden eignen (*Köhler/Lettl*, WRP 2003, 1019, 1028).

8 In Bezug genommen wird hier die Richtlinie 95/46/EG des Europäischen Parlaments und des Rates v. 24.10.1995 zum Schutz natürlicher Personen bei der Verarbeitung personenbezogener Daten und zum freien Datenverkehr, ABl EG Nr. L 281 v. 23.11.1995, 31.

9 Krit. deshalb *Eckhardt*, MMR 2003, 557, 560 (Fn. 37).

auf Abwehransprüche aus dem bestehenden deutschen Recht bestehen bleiben[1]. Konsequenz hieraus ist, dass nur Wettbewerber und Verbände bzw. IHKs Ansprüche aus Verletzung der neuen Regelungen geltend machen können, nicht aber die betroffenen Adressaten selbst. Zweifelhaft erscheint, ob diese Form der Umsetzung der Richtlinie in nationales Recht den ausreichenden Schutz berechtigter Interessen gerade auch juristischer Personen sicherstellt, wie ihn Art. 13 Abs. 5 EKDSRL verlangt. Zunächst begründet der Gesetzgeber seine Auffassung allgemein aus lauterkeitsrechtlichen Erwägungen, nicht im spezifischen Zusammenhang mit der gesondert umzusetzenden EKDSRL. Schon hier erscheint diese Ansicht vom Schutzzweck des UWG her nicht zwingend, da nicht nur Wettbewerber, sondern (neben Verbrauchern) auch sonstige Marktteilnehmer (andere Unternehmen) geschützt werden, diese jedoch in § 8 UWG keine eigene Aktivlegitimation eingeräumt erhalten. Der Gesetzgeber sah (insbesondere als Argument gegen eine Klagebefugnis von Verbrauchern) die Gefahr, dass der Unternehmer mit einer Vielzahl von Klagen rechnen müsste. Dieser Gefahr wird aber weitgehend schon dadurch vorgebeugt, dass nur nicht unerheblich beeinträchtigende Wettbewerbshandlungen unzulässig sind (§ 3 UWG). Funktional reicht bereits dieses Kriterium aus, die Mehrheit möglicher Klagen auszuschließen.

Jedenfalls scheinen aber die Schutzziele zumindest im Hinblick auf die Individualansprüche Betroffener der EKDSRL nicht ausreichend umgesetzt[2]. Sie umfassen nach Art. 1 Abs. 1 EKDSRL insbesondere den Schutz auf Privatsphäre und allgemein der Grundrechte (wie des Grundrechts auf informationelle Selbstbestimmung). Die Datenschutzrichtlinie für elektronische Kommunikation detailliert und ergänzt außerdem ausdrücklich die EG-Datenschutzrichtlinie 95/46/EG, die ihrerseits in Art. 14 RL jedem Betroffenen ein (individuelles) Widerspruchsrecht gegen die Verarbeitung seiner Daten einräumt. Allen betroffenen natürlichen Personen ist deshalb – jedenfalls *de lege ferenda*, aber wohl auch in **richtlinienkonformer Rechtsprechung** – nach beiden im Zusammenhang zu sehenden Richtlinien ein **Widerspruchsrecht** gegen die Verwendung elektronischer Post einzuräumen, also (per definitionem) auch Verbrauchern. Jede Zusendung von Werbe-E-Mails an diese Personen ohne Einwilligung ist in richtlinienkonformer Auslegung und auch bei nicht erheblicher Beeinträchtigung rechtswidrig, also auch, wenn durch die Zusendung wettbewerbsrechtlich keine erhebliche Beeinträchtigung bewirkt. Die Integration der EG-Datenschutzbestimmungen der EKDSRL in das Wettbewerbsrecht darf nicht dazu führen, dass der einzelne betroffene Verbraucher in Fällen des Fehlens seiner Einwilligung keinen Datenschutzanspruch auf Unterlassung und Beseitigung eingeräumt erhält, sondern auf Ansprüche aus nationalem Recht verwiesen wird, die u.U. in anderen Mitgliedsstaaten nicht durchsetzbar sind.

Nach nationalem Recht bestehende Abwehransprüche des einzelnen betroffenen Empfängers bleiben unberührt[3] und unharmonisiert. Die Neuregelung im UWG wird deshalb die bestehenden Ansprüche der Betroffenen nicht ersetzen, sondern nur flankieren können. Sie erfasst (über die Richtlinie hinaus) allerdings nicht nur natürliche, sondern auch juristische Personen, also Unternehmen. Andererseits erweitert die Novellierung des UWG über den Schutzbereich der natürlichen Personen, wie in der EKDSRL vorgesehen, hinaus auf alle Marktteilnehmer, also auch auf juristische Personen, damit den gesamten geschäftlichen Bereich[4].

---

1 RegE, BT-Drucks. 15/1487 v. 22.8.2003.

2 Ähnlich *Eckhardt*, MMR 2003, 557, 560, 561 (noch zum RegE zum UWG).

3 RegE, BT-Drucks. 15/1487 v. 22.8.2003, 22.

4 RegE, BT-Drucks. 15/1487 v. 22.8.2003, 21.

3. Harmonisierung des Wettbewerbsrecht in der Gemeinschaft

Das Primärrecht der Gemeinschaft (EG-Vertrag, EG) strebt die Errichtung eines europäischen Binnenmarktes an (Art. 2, 3 lit. c, 14 Abs. 2 EG) und wird allein vom EuGH ausgelegt (Art. 234 EG). Die Regelungen der Mitgliedsstaaten müssen ihre Regelungen vereinbar mit den Marktfreiheiten, also insbesondere der Freiheit des Waren- und Dienstleistungsverkehrs (Art. 28, 49 EG) gestalten.

a) Vorhandenes Sekundärrecht

Das Sekundärrecht der Gemeinschaft (Richtlinien und Verordnungen) enthält spezifische Regelungen mit Auswirkungen auch auf das Lauterkeitsrecht. Schon relativ früh wurde das Recht zur Unzulässigkeit **irreführender Werbung** durch Richtlinie harmonisiert[1]. Sie schützt bereits (in der Schutzzwecktrias) Verbraucher, Gewerbetreibende und die Allgemeinheit. Hier waren bereits Spannungen zwischen Normbereichen aufgetreten, da der bisherige § 3 UWG strenger als die Irreführungsrichtlinie war, während in grenzüberschreitenden Fällen das liberalere Gemeinschaftsrecht anwendbar ist, was zu einer Inländerdiskriminierung führen kann[2]. Die Irreführungs-RL enthält in Art. 2 eine weit gefasste Legaldefinition des Begriffes „Werbung“[3], die als irreführend[4] gewertet wird. Eine andere Definition verwendet die E-Commerce-RL für den Begriff der „kommerziellen Kommunikation“, der auch Marketingpraktiken, Werbung und Verkaufsabsprachen umfasst[5]. Die Richtlinie zu irreführenden Werbung erreichte nur eine Mindestharmonisierung der nationalen werberechtlichen Regelungen und schloss national strengere Regelungen nicht aus[6]. Hier wird die Richtlinie über unlautere Geschäftspraktiken (s. u.) eine wichtige weitere Harmonisierung bringen.

Die Richtlinie zur Regelung **vergleichender Werbung**[7] definierte „vergleichende Werbung“ als Werbung, die den betroffenen Mitbewerber oder sein Angebot erkennbar macht, ohne dass eine Erwähnung des Werbenden verlangt wird. Geregelt werden insbesondere kritisierende vergleichende Werbung, Anschwärzung, sonstige Kritik im Wettbewerb, persönliche Werbung und anlehnende Bezugnahme. Diese Richtlinie vollzog eine Vollharmonisierung[8].

---

1 Richtlinie des Rates 84/450/EG v. 10.9.1984 zur Angleichung der Rechts- und Verwaltungsvorschriften der Mitgliedsstaaten über irreführende Werbung, ABl. EG v. 19.9.1984 Nr. L 250, 17 = GRUR Int. 1984, 688; geändert durch die Richtlinie 97/55/EG des Europäischen Parlaments und des Rates v.6.10.1997 zur Änderung der RL 84/450 /EWG über irreführende Werbung zwecks Einbeziehung der vergleichenden Werbung, ABl. EG v. 23.10.1997 Nr. L 290, 18 = GRUR 1998, 117.

2 *Schricker/Henning-Bodewig*, WRP 2001, 1367, 1374.

3 „Werbung“ ist „jede Äußerung bei der Ausübung eines Handels, Gewerbes, Handwerks oder freien Berufes mit dem Ziel, den Absatz von Waren oder die Erbringung von Dienstleistungen, einschließlich unbeweglicher Sachen, Rechte und Verpflichtungen zu fördern.“

4 „Irreführend“ ist nach Art. 2 Abs. 2 der RL jede Werbung, „die in irgendeiner Weise – einschließlich ihrer Aufmachung – die Personen, an die sie sich richtet, täuscht oder zu täuschen geeignet ist und infolge der ihr innewohnenden Täuschung ihr wirtschaftliches Verhalten beeinflussen kann oder aus diesen Gründen einen Mitbewerber schädigt oder zu schädigen geeignet ist.“

5 *Micklitz/Keßler*, WRP 2003, 919, 927.

6 EuGH, WRP 2003, 615 Rdn. 40 – Pippig Augenoptik; *Köhler/Lettl*, WRP 2003, 1019, 1024.

7 Richtlinie 97/55 EG v. 6.10.1997 zur Änderung der RL 84/450 EG über irreführende Werbung zwecks Einbeziehung vergleichender Werbung, GRUR Int. 1997, 985, umgesetzt im geänderten § 2 UWG.

8 Köhler/*Lettl*, WRP 2003, 1019, 1025 m.w.N.

Teilaspekte des Verbotes der Irreführung durch Werbung wurden auch die andere Richtlinien erfasst, etwa die Richtlinie 89/552/EWG[1] über die Ausübung der **Fernsehtätigkeit** (Trennung von Werbung und anderen Programminhalten, Art. 10 Abs. 1; Verbot subliminaler Techniken, Art. 10 Abs. 3, und von Schleichwerbung, Art. 10 Abs. 4; Pflicht zur Kennzeichnung gesponserter Programme, Art. 17 Abs. 1) oder die Richtlinie über den **elektronischen Geschäftsverkehr** 2000/31/EG (Kennzeichnung kommerzieller Kommunikationen, Art. 6 lit. a ECRL; Identifikation von Anbietern, Art. 6 lit.b ECRL). Eine umfassendere Regelung ist durch den Vorschlag einer Richtlinie über unlautere Geschäftspraktiken (unten b)) und einer Verordnung über Verkaufsförderung (s. S. 493) geplant, wobei diese Kommissionsdokumente wohl, entgegen der Intention ihrer Verfasser, einander diametral entgegengesetzt sind[2].

b) Vorschlag für eine Richtlinie über unlautere Geschäftspraktiken

Die von der Kommission vorgeschlagene (in einem Grünbuch[3] angekündigte) und im EG-Ministerrat konsentierte Richtlinie über unlautere Geschäftspraktiken[4] soll für den gesamten Binnenmarktbereich der EU Bedingungen festlegen, unter denen Geschäftspraktiken als unlauter zu gelten haben, und die diesbezüglichen Rechtsvorschriften aller Mitgliedsstaaten vollständig harmonisieren sowie ein angemessen hohes Verbraucherschutzniveau bieten[5]. Die Konkretisierung der Passivlegitimation, des Störerbegriffs und der Verantwortung für Hilfspersonen soll in die mitgliedsstaatliche Regelungskompetenz fallen[6].

Die Richtlinie soll unlautere Geschäftspraktiken verbieten (Art. 5 Nr. 1 Richtlinienentwurf, RL-E). Als „**Geschäftspraxis**" in diesem Sinne gilt nach Art. 2 lit. e RL-E „jede unmittelbar mit der Absatzförderung, dem Verkauf oder der Lieferung eines Produktes an Verbraucher zusammenhängende Handlung, Unterlassung, Verhaltensweise oder Erklärung, kommerzielle Mitteilung einschließlich Werbung und Marketing eines Gewerbetreibenden". Anwendbar sein soll die RL generell auf alle unlauteren Geschäftspraktiken, „die vor und nach Abschluss eines auf ein Produkt bezogenen Rechtsgeschäftes angewandt werden" (Art. 3 Nr. 1 RL-E). Hieraus folgt, dass sämtliche Geschäftspraktiken erfasst werden, gleich, ob sie online oder offline angewendet werden. Erfasst werden nicht nur grenzüberschreitende, sondern auch innerstaatliche

---

1 Richtlinie 89/552/EWG v. 3.10.1989 zur Koordinierung bestimmter Rechts- und Verwaltungsvorschriften über die Ausübung der Fernsehtätigkeit („Fernseh-Richtlinie"), ABl. EG Nr. L 298 v. 17.10.1989, 23, in der Fassung der Richtlinie 97/36/EG v. 30.6.1997, ABl EG Nr. L. 202 v. 30.7.1997, 60.

2 *Henning-Bodewig*, GRUR Int. 2004, 183, 186.

3 Grünbuch zum Verbraucherschutz in der Europäischen Union vom 2.10.2001, KOM(2001) 531 endgültig.

4 Kommission, Vorschlag für eine Richtlinie des Europäischen Parlamentes und des Rates über unlautere Geschäftspraktiken im binnenmarktinternen Geschäftsverkehr zwischen Unternehmen und Verbrauchern und zur Änderung der Richtlnien 84/450/EWG, 97/7/EG und 98/27/EG (Richtlinie über unlautere Geschäftspraktiken) vom 18.6.2003, KOM (2003) 356 endg., verfügbar unter: www. itrb.de/main.htm (zit. als „Richtlinienvorschlag"). Am 18.5.2004 erzielte der Ministerrat der EU eine politische Einigung über den Entwurf, dessen Verabschiedung im Europäischen Parlament bis Ende 2004 erwartet wird (MMR 7/2004, MMR aktuell XXI).

5 Richtlinienvorschlag, 9.

6 *Veelken*, WRP 2004, 1, 6.

Geschäftspraktiken[1]. Durch Art. 3 des Entwurfs gewinnen in der ECRL normierte vorvertragliche Informationspflichten auch lauterkeitsrechtliche Relevanz[2].

Die RL unterscheidet „irreführende" von „aggressiven" Praktiken[3], erfasst aber auch andere Klauseln[4] und zählt im Anhang 1 in einer „**Schwarzen Liste**" Praktiken auf, die unter allen Umständen als unlauter gelten und verboten sein sollen. Zu aggressiven Praktiken zählt auch die Belästigung durch Blockieren von Kommunikationseinrichtungen oder das Begründen von Mühen und Lasten für den Verbraucher zur Vermeidung oder Herausfilterung von Werbe-E-Mails[5], allgemein hartnäckiges und unerwünschtes Ansprechen u.a. über E-Mail (Anhang I zur Richtlinie, Aggressive Geschäftspraktiken, Nr. 3). Ein Kläger muss in jedem Fall vortragen und **beweisen**, dass (a) eine von ihm angegriffene Praxis den Anforderungen der beruflichen Sorgfaltspflicht[6] (verstanden als Maß an Sorgfalt und Sachkenntnis, das von einem ordentlichen Kaufmann gemäß den allgemein anerkannten Regeln des Handelsbrauchs in seiner besonderen Branche zu erwarten ist) widerspricht, und (b) die Praxis das wirtschaftliche Verhalten des Verbrauchers (verstanden als „Durchschnittsverbraucher" im Sinne der EuGH-Rechtsprechung) **wesentlich** beeinflusst oder jedenfalls dazu geeignet ist[7], ihn also zu einer geschäftlichen Entscheidung veranlasst oder zu veranlassen geeignet ist, die er andernfalls nicht getroffen hätte (Art. 6 und 8 RL-E). Jedoch trägt der Unternehmer die Beweislast für die Richtigkeit einer von ihm aufgestellten Behauptung, wenn diese Behauptung Teil einer unlauteren Geschäftspraxis sein kann (Art. 6 Abs. 1 lit. f RL-E). Nicht vorausgesetzt wird das Bestehen eines Wettbewerbsverhältnisses zwischen zwei Unternehmen; dies ergibt sich systematisch auch daraus, dass nur Geschäftspraktiken als solche in ihrer Zulässigkeit geregelt werden, **nicht Wettbewerbsverhältnisse**[8]. Die UWG-Novellierung hat diesen Ansatz bereits berücksichtigt.

Wichtig ist, dass die Richtlinie als „Kernelement"[9] ein **generelles Verbot** an die Stelle von unterschiedlichen Generalklauseln und sonstigen Grundsätzen der Mitgliedsstaaten setzt. Außerdem wird das vom EuGH[10] entwickelte Bild des „**Durchschnittsverbrauchers**" als eines „durchschnittlich informierten, aufmerksamen und verständigen" Verbrauchers der Richtlinie zugrundegelegt[11]. Dies entspricht dem bereits in

---

[1] *Veelken*, WRP 2004, 1, 11.

[2] *Apostolopoulos*, WRP 2004, 841, 844.

[3] *Veelken*, WRP 2004, 1, 23 sieht in der Regelung der „aggressiven Geschäftspraktiken" eine der wesentlichen Innovationen der Richtlinie.

[4] Richtlinienvorschlag, Begr. Nr. 50.

[5] *Veelken*, WRP 2004, 1, 25.

[6] Als ausreichend wird eine objektive Verletzung des Gebots der beruflichen Sorgfaltspflicht angesehen; der Nachweis eines Verschuldens soll nicht erforderlich sein, da das Verschuldenserfordernis nur für Schadensersatzansprüche eine Rolle spielen könne (*Köhler/Lettl*, WRP 2003, 1019, 1036).

[7] Richtlinienvorschlag, Begr. Nr. 51. Hier wurde festgestellt, dass es das Ziel oder der Zweck der Geschäftspraxis sein müsse, auf die Verbraucherentscheidung Einfluss zu nehmen, was eine entsprechende Absicht des Gewerbetreibenden voraussetze (*Köhler/Lettl*, WRP 2003, 1019, 1037).

[8] i.E. ähnlich *Köhler/Lettl*, WRP 2003, 1019, 1051.

[9] Richtlinienvorschlag, Begr. Nr. 48.

[10] Nachweise s. S. 483f.

[11] In diesem Sinne auch bereits OLG München, Urt.v. 19.4.2001 – 29 U 5725/00, MMR 2001, 615 – autovermietung.com.

Großbritannien und Frankreich bestehenden Verbraucherleitbild[1]. Die Beurteilungsmaßstäbe können für bestimmte Bevölkerungsgruppen zu differenzieren sein, etwa für Kinder[2].

Weiter soll Art. 4 Nr. 1 RL-E ausdrücklich festlegen, dass sich Gewerbetreibende lediglich an die Rechtsvorschriften desjenigen Mitgliedsstaates zu halten haben werden, in dem sie niedergelassen sind (sog. „**Binnenmarktklausel**"), und die Mitgliedsstaaten für die Einhaltung dieser Rechtsvorschriften sorgen werden. Auch ist Art. 4 Nr. 1 RL-E in der Anwendung nicht auf Dienste der Informationsgesellschaft beschränkt. Vielmehr weitet Art. 4 Nr. 1 RL-E das bereits in Art. 3 Abs. 2 der E-Commerce-RL geregelte „Herkunftslandprinzip" auf den **gesamten** Wettbewerb aus, gleich, ob er online oder offline erfolgt. Art. 4 RL-E hat damit fundamentale Bedeutung, da das Herkunftslandprinzip nunmehr umfassend geregelt wird (Binnenmarktprinzip), jedenfalls für den Bereich des Wettbewerbsrecht. Zugleich **behebt** die EU-weite Harmonisierung des Wettbewerbsrechts ein bisher wesentliches **Defizit**, das durch die bloß formale Anwendung des Herkunftslandprinzips entstand, nämlich die Möglichkeit des Ausweichens auf einen Mitgliedsstaat mit relativ niedrigerem wettbewerbsrechtlichem Anforderungsniveau (sog. *„race to the bottom"*). Gelten nach Umsetzung der Richtlinie in allen Mitgliedsstaaten insoweit vollständig harmonisierte Anforderungen im Wettbewerbsrecht, bestehen auch nicht mehr Schutzgefälle zwischen Mitgliedsstaaten, die in der Praxis als Hauptproblem des Herkunftslandprinzips gesehen wurde. Genauso wichtig ist außerdem, dass diese Harmonisierung in Kommunikationsnetzen und (über die E-Commerce-Richtlinie und den von ihr so genannten koordinierten Bereich hinaus) offline im „traditionellen" Waren- und Dienstleistungsverkehr in gleicher Weise erfolgt. Dennoch erscheint das Binnenmarktprinzip gerade in einer auf Verbraucher bezogenen Richtlinie gewissermaßen als „Fremdkörper", da sie Unternehmer begünstigt, nicht Verbraucher[3]. Den Interessen der Verbraucher trägt eher das Abstellen auf den Ort Rechnung, an dem tatsächlich Interessenkollisionen auftreten (Marktort), wie es auch der Entwurf zur „ROM II"-Verordnung vorsieht[4].

Die Wettbewerbsrichtlinie weist freilich auch eine wesentliche Einschränkung auf: Harmonisiert werden **nur** Rechtsvorschriften zu solchen unlauteren Praktiken, die die wirtschaftlichen[5] Interessen der **Verbraucher** beeinträchtigen (Art. 1 RL-E; B2C-Bereich)[6]. Ausgeklammert bleiben damit alle Regelungsbereiche, die wirtschaftliche Interessen der Verbraucher nicht beeinträchtigen[7] (B2B-Bereich), so etwa sklavische

---

1 *Köhler/Lettl*, WRP 2003, 1019, 1032 m.w.N.; *Lettl*, WRP 2004, 1079, 1083.

2 *Köhler/Lettl*, WRP 2003, 1019, 1032.

3 *Henning-Bodewig*, GRUR Int. 2004, 183, 193.

4 *Henning-Bodewig*, GRUR Int. 2004, 183, 193.

5 Ideelle Interessen werde nicht geschützt (*Köhler/Lettl*, WRP 2003, 1019, 1032).

6 Die RL greift hier die vom EuGH erarbeitete Begriffsbestimmung des *„Durchschnittsverbrauchers"* als des „durchschnittlich informierten, aufmerksamen und verständigen" Verbrauchers auf (s. etwa EuGH Slg. 1994, I-317 – Verband Sozialer Wettbewerb e.V. / Clinique Laboratoires SNC und Estée Lauder Cosmetics; EuGH GRUR Int. 1995, 804 – Mars; EuGH Slg. 1998, I-4657 – Gut Springenheide GmbH / Oberkreisdirektor Kreis Steinfurt; EuGH GRUR Int. 2000, 354, 356 Nr. 90 – Lifting). *Micklitz/Keßler*, WRP 2003, 919, 924 fassen plastisch zusammen: „Der verständige Verbraucher europäischer Provenienz besitzt den Willen und die Intelligenz, sich mit den angebotenen Waren und ihrer werblichen Vermarktung im Rahmen einer eingehenden Prüfung kritisch und distanziert auseinanderzusetzen. Er verfügt über gewisse Kenntnisse und handelt überlegt, weshalb er eigenverantwortlich, mündig und umsichtig am Marktgeschehen teilnimmt."

7 *Veelken*, WRP 2004, 1, 6.

Nachahmungen oder das Schlechtmachen eines Mitbewerbers[1], generell also das Verhältnis von Gewerbetreibenden im Horizontalverhältnis (Mitbewerber) und im Vertikalverhältnis (Anbieter, Nachfrager)[2], auf das die Richtlinie über irreführende und vergleichende Werbung als „Rumpfrichtlinie", also von den Verbraucherschutzaspekten entleert, anwendbar bleibt[3]. Andere Interessen als die wirtschaftlichen Interessen der Verbraucher sollen also keine Schutzgüter der Richtlinie sein[4]. Zutreffend wurde hiergegen eingewandt, dass etwa irreführende Werbung nicht nur den Verbraucher schädige, der hierdurch keine informierte Entscheidung mehr treffen könne, sondern mittelbar auch den Unternehmer, dessen Angebot unberücksichtigt bleibt[5]. Diese Reduzierung auf einen bloßen „B2C"-Ansatz übersieht in der Tat, dass sich Mitbewerber- und Verbraucherschutz kaum voneinander trennen lassen, weil z.B. das Herabsetzen von Mitbewerbern auch den Verbrauchern das Treffen einer informierten Entscheidung erschwert[6]. Außerdem fällt sie hinter den in den Richtlinien 84/450/EWG (zur irreführenden Werbung) und 976/55/EG (zur vergleichenden Werbung) erreichten Stand zurück[7].

Art. 7 RL-E verpflichtet den Gewerbebetreibenden dazu, dem Verbraucher einer begrenzte Anzahl von **Kerninformationen** zur Verfügung zu stellen, die diesen dazu befähigen, eine informierte geschäftliche Entscheidung zu treffen.

Vorrang vor der Richtlinie werden sektorenspezifische Regelungen des Sekundärrechts haben, die durch jene aber in von diesen nicht spezifisch geregelten Bereichen ergänzt werden können[8].

Tatsächlich hat die Verbraucherentscheidung für den auf einem dezentralen Entscheidungssystem beruhenden Marktausleseprozess eine zentrale **Steuerungsfunktion**[9]. Dennoch wäre eine weiterreichende Harmonisierung zu wünschen gewesen[10], ebenso das Beibehalten der Schutzzwecktrias[11], da ein Fortbestehen von Regelungsunterschieden, auch wenn es sich auf den Business-to-Business-(B2B)-Bereich beschränkt[12], den freien Waren- und Dienstleistungsverkehr zu behindern geeignet ist, – und damit gerade der Konzeption eines **konsistenten europäischen**

---

1 Richtlinienvorschlag, Begr. Nr. 40.

2 *Köhler/Lettl*, WRP 2003, 1019, 1049 mit dem zutr. Hinweis auf Abgrenzungsprobleme, da z.B. ein „Schlechtmachen" von Mitbewerbern nicht nur diese beeinträchtige, sondern auch Verbraucherinteressen; es sei gerade Sinn und Zweck einer solchen Äußerung, den Verbraucher von einem Kauf beim Mitbewerber abzuhalten (*Köhler/Lettl*, WRP 2003, 1019, 1050).

3 *Henning-Bodewig*, GRUR Int. 2004, 183, 188.

4 Richtlinienvorschlag, Begr. Nr. 43 und Erwägungsgrund 5.

5 *Henning-Bodewig*, Stellungnahme des Max-Planck-Instituts zum Vorschlag einer Richtlinie über unlautere Geschäftspraktiken vom 18.6.2003 und einer Verordnung über die Zusammenarbeit im Verbraucherschutz vom 18.7.2003, GRUR Int. 2003, 926, 927.

6 *Henning-Bodewig*, GRUR Int. 2004, 183, 188; *Apostolopoulos*, WRP 2004, 841, 843.

7 *Henning-Bodewig*, GRUR Int. 2004, 183, 189.

8 Richtlinienvorschlag, Begr. Nr. 44.

9 *Fezer*, Gutachten Modernisierung, 13, der den Verbraucher (oder genauer den idealtypischen Verbraucher als Modelladressaten eines europäischen Lauterkeitsrechts) in einer „Vetoposition" gegenüber dem Anbieterverhalten auf dem Markt und damit in einer Teilhabe am Marktwettbewerb sieht.

10 Krit. auch *Köhler/Lettl*, WRP 2003, 1019, 1033 (Die Beschränkung sei „wenig überzeugend"; das angestrebte Ziel einer kohärenten und systematischen Lösung werde geradezu konterkariert).

11 So bereits die Deutsche Vereinigung für gewerblichen Rechtsschutz und Urheberrecht, GRUR 2002, 408.

12 Ähnlich wohl *Gamerith*, WRP 2003, 143, 164.

Lauterkeitsrechts, nämlich dem Binnenmarkt als Rechtsprinzip (das auch das Subsidiaritätsprinzip einschränkt[1]), nicht voll gerecht wird. Das gilt etwa dann, wenn einzelne Mitgliedsstaaten unmittelbare Leistungsübernahmen in ihrem jeweiligen Wettbewerbsrecht nicht (mehr ausreichend) erfassen sollten[2]. Wichtiger noch erscheint der Einwand, dass die Harmonisierung etwa des werbungsbezogenen Wettbewerbsrechts gerade im B2B-Bereich nicht erfolgt. Für an Verbraucher adressierte Werbung gelten damit online wie offline harmonisierte Grundsätze[3]. Für an andere Unternehmen adressierte Werbung gelten hingegen (mangels Anwendbarkeit der RL) weder online noch offline EU-weit harmonisierte wettbewerbsrechtliche Grundsätze (von den vorgenannten Richtlinien zur irreführenden oder vergleichenden Werbung abgesehen) und bleibt es beim Herkunftslandprinzip, nach dem sich ein Anbieter auf das (insoweit) nichtharmonisierte Wettbewerbsrecht seines Niederlassungsstaates berufen kann.

Eine Abgrenzung zur Irreführungsrichtlinie 84/450/EG wurde darin gesehen, dass diese weiterhin irreführende Werbung gegenüber Gewerbetreibenden erfasst[4], während auf eine Verbraucher und Gewerbetreibende adressierende Werbung sowohl die Irreführungsrichtlinie als auch die Richtlinie über unlautere Geschäftspraktiken anwendbar sind[5].

c) Vorschlag einer Verordnung über Verkaufsförderung

Die Kommission hat den Vorschlag für eine Verordnung (Verordnungsentwurf, VO-E) über Verkaufsförderung vorgelegt[6]. Die VO (auch „*sales promotion*"-VO genannt) ist im Zusammenhang mit dem Entwurf zur vorgenannten Richtlinie über unlautere Geschäftspraktiken zu sehen. Die VO soll das auf die Nutzung und die kommerzielle Kommunikation[7] verkaufsfördernder Aktionen anwendbare Recht harmonisieren, zu denen Rabatte, unentgeltliche Zuwendungen, Zugaben oder die Möglichkeit der Teilnahme an Preisausschreiben oder Gewinnspielen zählen (Art. 2 b VO-E). Alle generellen nationalen Verbote und wertbezogenen Beschränkungen sollen beseitigt (Art. 3 Abs. 1 VO-E) und durch Transparenzvorschriften ersetzt werden. Den

---

1 *Fezer*, Gutachten Modernisierung, 16.

2 Das Argument, Verbraucher seien durch unlauteren Wettbewerb im B2B-Bereich immer auch jedenfalls mittelbar tangiert, erscheint allerdings nicht voll tragfähig, da bestimmte im rein investiven B2B-Bereich auftretende wettbewerbliche Nachteile zuweilen nicht einmal mittelbar auf Verbraucher durchschlagen müssen bzw. nicht über die Preise weitergegeben werden können.

3 Für die Gleichstellung ausdrücklich etwa Fezer, *Gutachten* Modernisierung, 93.

4 *Veelken*, WRP 2004, 1, 7.

5 *Veelken*, WRP 2004, 1, 18.

6 Vorschlag für eine Verordnung des Europäischen Parlamentes und des Rates über Verkaufsförderung im Binnenmarkt v. 2.10.2001, KOM (2001) 546 endg., ABl EG Nr. C 75 E v. 26.3.2002, 11 und Geänderter Vorschlag für eine Verordnung des Europäischen Parlaments und des Rates über Verkaufsförderung im Binnenmarkt v. 25.10.2002, KOM(2002) 585 endgültig, http://europa.eu.int/eur-lex/de/com/pdf/2002/com2002_0585deo1.pgf (nachfolgend: *VO-E*); erstellt durch die Generaldirektion Binnenmarkt, von der Bundesregierung allerdings bereits abgelehnt (BR-Drucks. 853/1/01 v. 14.3.2002). Ausführlich mit Kritik zur VO s. *Gamerith*, WRP 2003, 143, 154. Die Generaldirektion Binnenmarkt hielt ausweislich der Begr. eine Regelung des Lauterkeitsrechts durch eine Rahmenrichtlinie für ungeeignet und will nur einen Teilausschnitt regeln (s. auch *Sosnitza*, GRUR 2003, 739, 740, der seinerseits hingegen eine Rahmenrichtlinie befürwortet).

7 Zu „kommerziellen Kommunikationen" zählen alle Formen der Werbung, Direktmarketing, Verkaufsförderung und Öffentlichkeitsarbeit (s. auch Art. 2 f ECRL).

Veranstaltern solcher Aktionen werden bestimmte Informationspflichten auferlegt (Art. 4 VO-E). Der VO liegt das Leitbild des informierten, verständigen und aufmerksamen Verbrauchers zugrunde[1]. Die Nichteinhaltung der Informationspflichten stellt zugleich einen Verstoß gegen das Verbot irreführender Werbung im Sinne der Irreführungs-RL dar[2]. Der Anhang zur VO-E listet die obligatorischen Angaben in kommerziellen Kommunikationen für Verkaufsförderaktionen, Rabatte, unentgeltliche Zuwendungen und Zugaben sowie Preisausschreiben und Gewinnspiele auf. Innerstaatliche Vorschriften bezüglich der Bekanntmachung und Nutzung verkaufsfördernder Aktionen müssen von den Mitgliedsstaaten wechselseitig anerkannt werden.

Kritisiert wurde, dass die VO-E den Absichten des Richtlinienvorschlags über unlautere Geschäftspraktiken diametral entgegen steht, da sie nur zu eher punktuellen Harmonisierung führen würde[3].

d) Grünbuch und Mitteilung der Kommission zum Verbraucherschutz

Gleichzeitig mit dem Vorschlag einer VO zur Verkaufsförderung legte die Kommission ein Grünbuch zum Verbraucherschutz in der EU vor[4]. Ergänzt wird das Grünbuch durch eine Mitteilung zu Folgemaßnahmen zum Grünbuch[5]. Im Grünbuch wurde der Regelungsgedanke der Generalklausel näher erläutert, die in den RL-Entwurf Eingang fand. Außerdem wurde die Frage behandelt, ob eine weitere Harmonisierung besser durch sektorale Einzelrichtlinien (spezifischer Ansatz) oder durch eine umfassende Rahmenrichtlinie (kombinierter Ansatz) zu erreichen ist.

e) Globalisierung des Wettbewerbsrechts

Auch die EG-Regelungen zum Wettbewerbsrecht können nicht für sich stehen, sondern müssen ihrerseits mit den WTO-Regeln für einen globalisierten Welthandel kompatibel sein[6], sind also an die Bedürfnisse des Waren- und Dienstleistungsverkehrs auf globalen Märkten (auch im Business-to-Business-Bereich) anzupassen[7]. Dieser Prozess ist noch nicht abgeschlossen.

Bereits 1883 wurde die Pariser Verbandsübereinkunft (PVÜ) getroffen, die zur Zeit in der Stockholmer Fassung von 1967 Geltung hat. Die PVÜ erstreckt sich (seit der Brüsseler Revisionskonferenz 1900) auch auf die Unterdrückung des unlauteren **Wettbewerbs** (Art. 1 Abs. 2 und 10bis Abs. 1 PVÜ) und enthält (wie das UWG) eine generalklauselartige Definition des unlauteren Wettbewerbs (Art. 10bis Abs. 2 PVÜ), nach der jede Wettbewerbshandlung unlauter ist, die den anständigen Gepflogenheiten in Gewerbe oder Handel zuwiderläuft. Art. 10bis Abs. 3 PVÜ nennt als zentrale

1 *Köhler/Lettl*, WRP 2003, 1019, 1029.

2 VO-E, Erwägungsgrund 14.

3 *Apostolopoulos*, WRP 2004, 841, 842.

4 Grünbuch zum Verbraucherschutz in der Europäischen Union, 2.10.2001, KOM(2001) 531 endgültig = BR-DRucks. 851/01; erstellt durch die Generaldirektion Gesundheit und Verbraucherschutz (Sanco).

5 Mitteilung der Kommission Folgemaßnahmen zum Grünbuch über Verbraucherschutz in der EU, 11.6.2002, KOM(2002) 289 endgültig.

6 *Fezer*, Gutachten Modernisierung, 7.

7 *Fezer*, a.a.O., 7.

Beispiele das Hervorrufen von Verwechslungen mit der Niederlassung, den Erzeugnissen oder der gewerblichen oder kaufmännischen Tätigkeit eines Wettbewerbers, weiter das Anschwärzen durch falsche, rufherabsetzende Angaben im geschäftlichen Verkehr, und schließlich (eingeschränkt) irreführende Angaben über Beschaffenheit, Art der Herstellung, wesentliche Eigenschaften, Brauchbarkeit oder Menge einer Ware. Die PVÜ enthält aber nur Mindeststandards, die den Anforderungen der heutigen Rechtsentwicklung nicht mehr entsprechen[1], und hat wohl auch die erhoffte Harmonisierung nicht erreicht[2], ist also im E-Commerce-Bereich nur begrenzt hilfreich.

Das Übereinkommen über handelsbezogene Aspekte der Rechte des geistigen Eigentums (**TRIPS**-Übereinkommen) sieht nur recht begrenzten Schutz vor, etwa für geographische Angaben (Art. 22 – 24 TRIPS) und nicht offenbarte Informationen (Art. 39 TRIPS), wobei die Bestimmungen nur im ersten Fall als unmittelbar anwendbar gelten[3]. Das TRIPS-Übereinkommen ist nicht unmittelbar anwendbares Recht[4].

II. Voraussetzungen der Anwendbarkeit des deutschen Wettbewerbsrechts

1. Grundlagen

Die Anwendung des UWG setzt nicht mehr voraus, dass zwischen Anspruchsinhaber und Anspruchsgegner ein Wettbewerbsverhältnis besteht[5], wohl aber weiterhin die Ausführung einer Wettbewerbshandlung[6]. Dogmatisch war als problematisch angesehen worden, dass das den Anwendungsbereich des Wettbewerbsrechts begrenzende Merkmal des Wettbewerbsverhältnisses mit dem Schutz von Verbrauchern nicht vereinbar[7] bzw. für diesen nicht erforderlich sei[8]; teilweise wurde es als überflüssig angesehen[9]. Ein Wegfall dieses dogmatischen Grundmerkmals führt freilich, wie oben ausgeführt, zu einer Neukonzeption des Wettbewerbsrechts Außerdem kann eine solche

---

1 *Schricker/Henning-Bodewig*, WRP 2001, 1367, 1373.

2 *Köhler/Lettl*, WRP 2003, 1019; *Beater*, ZEuP 2003, 11, 26; *Emmerich*, Wettbewerbsrecht, 12.

3 *Schricker/Henning-Bodewig*, WRP 2001, 1367, 1373.

4 Zu TRIPS s. ausf. *Dreier*, GRUR Int. 1996, 205; *Katzenberger*, GRUR Int. 1995, 447.

5 *Köhler*, NJW 2004, 2121, 2122. Ein Wettbewerbsverhältnis wurde, noch nach RefE, Begr., 27, angenommen und vorausgesetzt, „wenn zwischen den Vorteilen, die jemand durch eine Maßnahme für sein Unternehmen oder das eines Dritten zu erreichen sucht und den Nachteilen, die ein anderer dadurch erleidet, eine Wechselbeziehung in dem Sinne besteht, dass der eigene Wettbewerb gefördert und der fremde Wettbewerb beinträchtigt werden kann." Wettbewerb zwischen Unternehmen sei in der Regel anzunehmen, wenn sie den gleichen Abnehmer- oder Lieferantenkreis haben, aber auch zwischen verschiedenen Wirtschaftsstufen möglich.

6 *Köhler*, NJW 2004, 2121, 2122. Ganz überzeugend ist diese Konstruktion durch den Gesetzgebers nicht. Das Handeln des Monopolisten gegenüber anderen Marktteilnehmern (das auch erfasst sein soll, *Köhler*, NJW 2004, 2121, 2122) ist eigentlich systematisch eher Kartellrecht zuzuordnen. Das Wettbewerbsverhältnis wurde im UWG a.F. nunmehr nur noch benötigt, um die Anspruchsberechtigung von Mitbewerbern festzustellen (*Köhler*, NJW 2004, 2121, 2122).

7 *Fezer*, Gutachten Modernisierung, 35

8 *Schricker/Henning-Bodewig*, WRP 2001, 1367, 1368. unter Hinweis auf einige Staaten wie Belgien oder Dänemark oder Schweden, die Schutzgesetze nicht gegen unlauteren Wettbewerb, sondern gegen bestimmte Geschäftspraktiken oder in Bezug auf Marktverhalten oder Marktvertrieb. Die Autoren empfahlen das der Richtlinie über irreführende Werbung entnommene Kriterium des Absatzförderzwecks im geschäftlichen Bereich, das Handel, Gewerbe, Handwerk und auch freie Berufe einschließe und *ein konkretes Wettbewerbsverhältnis nicht mehr impliziere.*

9 *Köhler/Piper*, UWG, Einf. Rdn. 240ff.

Neukonzeption nicht ohne Auswirkung auf das Marktortprinzip bleiben, das das wettbewerbsrechtliche Kollisionsrecht beherrscht[1]. Hier müsste eine neue Anknüpfung gefunden werden, wenn primär auf Auswirkungen bestimmter Geschäftspraktiken abgestellt wird. Freilich werden Konfliktfälle auch weiterhin besonders häufig in Wettbewerbsverhältnissen auftreten[2]. Für die Annahme eines Wettbewerbsverhältnisses genügt es, wenn sich Waren oder Leistungen gegenüberstehen, die einander nach der Verkehrsanschauung im Absatz behindern können[3], wobei für die verschiedenen Wirtschaftsstufen zu differenzieren sein kann[4].

Durch die nunmehr explizit auch Verbraucher einbeziehende Schutzzwecktrias werden auch **private Internet-Nutzer** erfasst und geschützt, aber nicht verpflichtet. Das UWG ist also nicht auf private Nutzer anwendbar, die etwa Webseiten von Unternehmen übernehmen, diese aber so umgestalten, dass eine Herkunftstäuschung ausscheidet (wobei natürlich Urheberrechtsverletzungen zu prüfen bleiben).

Der zentrale Anknüpfungspunkt des UWG bleibt die **Wettbewerbshandlung**. Diese entspricht dem „Handeln im geschäftlichen Verkehr zu Zwecken des Wettbewerbes“ (im Sinne von § 1 UWG a.F.)[5], also etwa nicht einem Handeln zwischen Verbrauchern, wohl aber Freiberuflern[6]. Die Wettbewerbshandlung setzt (weiterhin wie bisher[7]) eine **Wettbewerbsabsicht** voraus[8], womit wissenschaftliche, religiöse oder politische Äußerungen nicht zum Anwendungsbereich des UWG gehören[9], verlangt aber kein bestehendes Wettbewerbsverhältnis. Gewinnerzielung muss ebenso nicht beabsichtigt sein, so dass auch etwa gemeinnützige Organisationen das UWG beachten müssen[10], also z.B. auch die DENIC e.G. im Verhältnis zu anderen Vergabeorganisationen (für die anderen TLDs wie „.com“, „.info“, etc.). Eine Wettbewerbsabsicht kann auch vorliegen, wenn in einem Internet-Kommunikationsforum vor der Erteilung von Aufträgen an einen namentlich genannten Reiseveranstalter gewarnt wird[11]. Notwendig ist aber ein Bezug zur Absatzförderung oder zum Waren- bzw. Dienstleistungsbezug. Verschulden bzw. ein Bewusstsein der Unlauterkeit wird nicht verlangt[12].

Deutsches Wettbewerbsrecht ist auch auf das Sportwettenangebot eines

---

1 Dieses bestimmt das anwendbare Recht und die Gerichtszuständigkeit nach dem Ort, an dem Anbieter in Wettbewerb zueinander treten.

2 Das Wettbewerbsverhältnis kann etwa zwischen Tageszeitungen und Anzeigenblättern bestehen (BGH NJW 1956, 588), aber wohl auch zwischen Online- und Print-Publikationen. *Fezer*, Gutachten Modernisierung, 34, sah dieses Merkmal auf Grund eines extensiven Verständnisses als „faktisch bedeutungslos“ an. *Emmerich*, Unlauterer Wettbewerb, 30 (Voraufl.) hatte den Verzicht auf das Merkmal des Wettbewerbsverhältnisses gefordert, da es in den meisten Fällen nur Verwirrung schaffe und die Rechtsprechung bei Verneinung eines Wettbewerbsverhältnisses auf die allgemeine Störerhaftung (§§ 823, 1004 BGB) zurückgreife (wobei man dann wohl auch generell nicht mehr von „Wettbewerbsrecht“ sprechen könnte).

3 *Emmerich*, Unlauterer Wettbewerb, 24.

4 S. etwa BGH NJW 1983, 2505; BGH NJW-RR 1989, 360.

5 *Fezer* (Gutachten Modernisierung, 34 m.w.N.) definiert dieses als ein Verhalten, durch das in Wettbewerber auf den aktuellen oder potentiellen Kundenkreis Einfluss zu nehmen sucht.

6 Baumbach/Hefermehl/*Köhler*, Wettbewerbsrecht, § 2 UWG Rdn. 10.

7 S. etwa BGH NJW 1992, 3093f; BGH NJW-RR 1990, 1184; BGH NJW 1981, 2304.

8 RegE BT-Drucks. 15/1487, 16.

9 *Emmerich*, Unlauterer Wettbewerb, 7. Aufl. 2004, 35.

10 *Emmerich*, Unlauterer Wettbewerb, 7. Aufl., 42.

11 OLG Hamburg, Urt.v. 3.7.2003 – 3 U 211/02, CR 2004, 540 = ZUM-RD 2004, 69.

12 *Lettl*, Das neue UWG 2004, Rdn. 153.

österreichisches Unternehmens anwendbar, wenn dieses über das Internet auch in Deutschland Kunden adressiert[1].

2. Wettbewerbsrechtlicher Leistungsschutz

§ 4 Nr. 9 UWG regelt den wettbewerbsrechtlichen Schutz von Leistungen gegen die **vermeidbare Täuschung** der Abnehmer über die betriebliche Herkunft (Nr. 9 lit. a), das unangemessene **Ausnutzen** oder **Beeinträchtigen** der **Wertschätzung** der nachgeahmten Ware oder Dienstleistung (Nr. 9 lit. b, Rufausbeutung) und die **unredliche Erlangung** (Erschleichung) der für die Nachahmung erforderlichen Kenntnisse oder Unterlagen (Nr. 9 lit. c). Wettbewerbsrecht schützt aber nicht Leistungen als solche (also etwa Computerprogramme, Webseiten als solche etc.), kann also nicht in den Fällen herangezogen werden, in denen die Voraussetzungen für besondere Schutzrechte wie das Urheberrecht, Patentrecht, Markenrecht, Geschmacksmusterrecht etc. nicht erfüllt sind (sollen diese nicht funktionslos werden).

Schutz aus Wettbewerbsrecht setzt zunächst das Bestehen einer wettbewerblichen Eigenart voraus. Außerdem geht das Lauterkeitsrecht vom **Grundsatz der Nachahmungsfreiheit** aus, also der Zulässigkeit der Nachahmung eines nicht unter Sonderrechtsschutz stehenden Arbeitsergebnisses[2]. Nachahmender Wettbewerb ist grundsätzlich erlaubt, wenn nicht besondere Ausschlussrechte verletzt werden[3]. Wettbewerbsrecht kann nicht ersatzweise in den Fällen eingreifen, in denen z.B. die Voraussetzungen für Marken- oder Geschmacksmusterschutz oder sonstigen Leistungsschutz nicht erfüllt sind[4].

Geschützt sind weiter nur **Leistungen**, die eine zumindest geringfügige **wettbewerbliche Eigenart** aufweisen, also bestimmte Herkunfts- oder Qualitätsvorstellungen in den jeweils beteiligten Verkehrskreisen auslösen[5], damit nicht Massen- oder Dutzendware[6]. Notwendig ist, dass die Ausgestaltung der zu schützenden Erzeugnisse geeignet ist, im Verkehr auf ihre betriebliche Herkunft oder auf sonstige Besonderheiten hinzuweisen, mit denen der Verkehr besondere Herkunfts- oder Gütevorstellungen verbindet. Auch muss das Erzeugnis im Inland bekannt sein[7]. Allein das Aufwenden erheblicher Kosten begründet noch keine wettbewerbliche Eigenart[8], da die Kosten noch nichts darüber aussagen, ob mit ihnen auch ein schutzwürdiges Arbeitsergebnis erreicht wurde[9]. Die wettbewerbliche Eigenart wurde auch in einem zeitlichen

---

1 OLG Hamburg, Urt.v.10.1.2002 – 3 U 218/01, MMR 2002, 471 – Wetten im Internet (Verstoß gegen § 1 UWG durch Angebot eines nach § 284 Abs. 1 StGB verstoßendes Glücksspiel annehmend).

2 RegE BT-Drucks. 15/1487, 18; RefE, Begr., 35 mit *Fezer*, Gutachten Modernisierung, 54.

3 *Fezer*, Gutachten Modernisierung, 54; Baumbach/Hefermehl/*Köhler*, Wettbewerbsrecht, § 3 UWG Rdn. 9.6.

4 Zu Recht insistierend *Emmerich*, Unlauterer Wettbewerb, 129 (mit dem Hinweis, Nachahmen sei erlaubt und „auch erwünscht als Basis jedes menschlichen Fortschrittes"); *Fezer*, Gutachten Modernisierung, 54.

5 BGH, GRUR 1968, 698, 702 – Rekordspritzen; GRUR 1984, 453 – Hemdblusenkleid; Baumbach/Hefermehl/*Köhler*, Wettbewerbsrecht, § 4 UWG Rdn. 9.24.

6 *Emmerich*, Unlauterer Wettbewerb, 7. Aufl. 2004, 184.

7 *Emmerich*, Unlauterer Wettbewerb, 7. Aufl., 185 m.w.N.

8 So aber etwa OLG Celle, CR 1999, 523 – Deep Links.

9 Gounalakis/*Backhaus*, Rechtshandbuch Electronic Business, § 26 Rdn. 43 m.w.N. mit der Kritik, dass hier die wettbewerbliche Eigenart begrifflich der wesentlichen Investition i.S.v. § 87 a Abs. 1 UrhG

Vermarktungsvorsprung gesehen[1], ebenso in der Digitalisierung bei der Eingabe einer Werkkopie oder einer Datensammlung in den Rechner[2], wobei diese Eigenart eine Besonderheit der Ware begründet[3]. Man wird hier aber immer ergänzend prüfen müssen, ob neben dem rein technischen Übernahmevorgang auch Herkunftsvorstellungen ausgenutzt bzw. irreführend begründet wurden. Ein Beispiel für Leistungen, deren Lauterkeitsschutz bejaht wurde, sind **Homepage-Verzeichnisse**, deren Erstellung mit erheblichen Kosten verbunden ist[4], freilich immer unter der Voraussetzung einer möglichen Herkunftstäuschung. Erst recht nach der Novellierung des UWG erscheint eine Tendenz in der Instanzrechtsprechung nicht tragfähig, bereits die Leistungsübernahme (etwa bei Webseiten) als solche genügen zu lassen und keine erkennbaren Anforderungen an Herkunfts- oder jedenfalls funktional gleichwertige Gütevorstellungen zu stellen (s.unten).

Wettbewerbsrechtlicher Schutz besteht außerdem nicht für Lehren, Ideen, allgemeine Gestaltungen, Elemente, Motive, die **„gemeinfrei“** bleiben müssen, für Leistungen ohne wettbewerbliche Eigenart (z.B. Entwicklung von Standard-Formaten oder -Formularen, Pull-down- oder Pop-up-Menüs, etc.) und gegen die Gefahr reiner Warenverwechslung, wenn Vorlage und Nachahmung nicht irrtümlich ein und demselben Unternehmen zugeschrieben werden können[5].

Für die Leistung als solche besteht außerdem **kein Wettbewerbsschutz** gegenüber privater, betriebsinterner oder wissenschaftlicher Nutzung, gegen freie Benutzung, die nach § 24 UrhG urheberrechtlich und nach § 4 GeschmMG geschmacksmusterrechtlich gestattet und damit auch wettbewerbsrechtlich zulässig ist, weiter gegen selbständig geschaffene Konkurrenzprodukte oder für ergänzende Produktkomponenten, außerdem bei Nichtbestehen eines Wettbewerbsverhältnisses, ebenso nach Ablauf der produkttypischen Amortisationsdauer, bei Fehlen einer wettbewerblichen Eigenart (z.B. Alltags-/Dutzendware), schließlich, wenn das Produkt nicht in den Verkehr gebracht wird (z.B. nicht zur Darstellung im Web tatsächlich verwendet wird). Die Öffentliche Hand handelt nicht in Wettbewerbsabsicht, wenn ein Eingriff in den Wettbewerb notwendige Begleiterscheinung der Erfüllung öffentlicher Aufgaben ist bzw. die wirtschaftliche Tätigkeit nur bloße Hilfstätigkeit bei der Erfüllung öffentlicher Aufgaben[6].

Fehlt es an einer wettbewerblichen Eigenart und besteht keine Gefahr einer vermeidbaren betrieblichen Herkunftstäuschung, kann also ein lauterkeitsrechtlicher Schutz von Leistungen nicht in Betracht kommen. Hier wurde zutreffend vermerkt, dass die einschlägige Rechtsprechung in diesem Punkt nicht immer ausreichend klar abgrenze, sondern mitunter den Eindruck entstehen lasse, dass es letztlich doch um den Schutz bestimmter Leistungen und Leistungsergebnisse gehe und das „Anstößige“ in der Nachahmung als solcher gesehen werde, wobei auf den parasitären Aspekt und den Amortisationsgedanken abgestellt wird oder auf den Schutz vor minderwertigen

angenähert werde und sich die Rechtsprechung hier im Online-Bereich noch „auf schwankendem Grund“ befinde.

1 LG Oldenburg, CR 1996, S. 217 ff.

2 Vgl. OLG Frankfurt, CR 1996, 221 – Teleinfo-CD-ROM.

3 Verneint etwa für Buchhaltungskontenrahmen, KG, NJW-RR 1988, 1126, 1128; zu verneinen auch für rein funktional gestaltete Oberflächen von Webseiten, z.B. bloße Verzeichnisse aktivierbarer Dateien, oder Linksammlungen als solche, etwa in Suchmaschinen.

4 OLG Celle, Urt.v.12.5.1999 – 13 U 38/99, MMR 1999, 480.

5 Baumbach/Hefermehl/*Köhler*, Wettbewerbsrecht, § 4 UWG Rdn. 9.24.

6 KG, Urt.v. 19.6.2001 – 5 U 10475/99, JurPC Web-Dok. 217/2001 – Elektronisches Stadtinformationssystem „berlin.de“.

Nachahmungen[1]. Deshalb sei betont, dass die **Funktion des Wettbewerbsrecht nicht der Schutz von Leistungen als solchen bzw. Investitionen in diese** sein kann.

Eine bestehende Möglichkeit der Herkunftstäuschung kann **hinzunehmen** sein, wenn der sie Begründende im Rahmen des ihm Möglichen und Zumutbaren alles Erforderliche getan hat, um eine Irreführung des Verkehrs über die betriebliche Herkunft der übernommenen Leistung auszuschließen[2].

Das bloße Setzen eines **Links** führt jedenfalls dann zu keiner Herkunftstäuschung, wenn dem Nutzer der Wechsel auf die fremde Webseite erkennbar ist[3]. Auch soll für eine Herkunftstäuschung erforderlich sein, dass die eigene Leistung als fremde ausgegeben wird, um von der Verkehrsbekanntheit des Mitbewerbers zu profitieren, während das Ausgeben der fremden als eigene Leistung keine Herkunftstäuschung darstelle[4]. Eine Herkunftstäuschung liegt wohl aber auch hier vor, wenn auch kein Profitieren von der Verkehrsbekanntheit des Mitbewerbers.

Wettbewerbsrecht schützt außerdem nur gegen bestimmte Formen der **Benutzung** einer fremden Leistung[5], soweit die Benutzung sittenwidrig erfolgt, in diesem Umfang allerdings auch Programminhalte, gemeinfreie Algorithmen und Programmoberflächen sowie Multimediaprodukte und Webseiten. Jede Benutzung der Leistung und deren Nachahmung außerhalb des Urheberrechts und der gewerblichen Schutzrechte ist grundsätzlich zulässig, wenn die Übernahme der Leistung nicht sittenwidrig erfolgt. Das **Nachahmen von Webseiten** und sonstigen Formen der Web-Präsenz ist damit wettbewerbsrechtlich nicht als solches bereits unzulässig. Vielmehr müssen besondere sittenwidrige Umstände hinzutreten, die eine Sittenwidrigkeit dieser Nachahmungen in bestimmten Fällen begründen.

Die Neufassung des UWG unterscheidet nicht zwischen verschiedenen Formen unlauterer Leistungsausbeutung (wie das zwar auch nicht die frühere Fassung des UWG, aber die Rechtsprechung hierzu getan hat), also insbesondere nicht zwischen sklavischer Nachahmung und unmittelbarer Leistungsübernahme. In den Fällen, in denen weder eine Herkunftstäuschung erfolgt (weil es etwa an einer Herkunftsvorstellung des Verkehrs mangelt oder nicht auf Dritte verwiesen wird) noch Rufausbeutung oder unredliche Kenntniserlangung vorliegen, sondern schlicht eine Leistung übernommen und für eigene Zwecke angepasst wird (etwa die im HTML-/XML-Code jederzeit frei herunterladbare Homepage eines Unternehmens unter Eintragen eigener Daten), wird § 4 Nr. 10 UWG nicht anwendbar sein können.

Bisher waren in der Rechtsprechung im wesentlichen **drei Formen der Nachahmung** fremder Erzeugnisse unterschieden worden, nämlich die sklavische Nachahmung als maßstabsgetreue Abbildung wesentlicher Teile eines Erzeugnisses[6] und die unmittelbare Leistungsübernahme durch Einsatz eines technisches Reproduktionsverfahrens[7], so etwa das Vertreiben des übernommenen Leistungsproduktes in

---

1 *Schricker/Henning-Bodewig*, WRP 2001, 1367, 1382f mit dem Hinweis, dass insoweit eine Harmonisierung noch aussteht und angesichts der EU-weit unterschiedlichen Auffassung nicht einfach sein wird.

2 Baumbach/Hefermehl/*Köhler*, Wettbewerbsrecht, § 4 UWG Rdn. 9.45.

3 OLG Düsseldorf, CR 2000, 184, 186 – Framing; Gounalakis/*Backhaus*, Rechtshandbuch Electronic Business, § 26 Rdn. 45.

4 Gounalakis/*Backhaus*, Rechtshandbuch Electronic Business, § 26 Rdn. 45 gegen OLG Düsseldorf, CR 2000, 184, 186.

5 S. bereits *Loewenheim*, CR 1988, 799, 802.

6 *Fezer*, Gutachten Modernisierung, 55.

7 *Fezer*, Gutachten Modernisierung, 55.

unveränderter Form, wodurch der Berechtigte in unbilliger Weise um die Früchte seiner Arbeit gebracht wird[1], und schließlich das Nachschaffen. Die Unterscheidung dieser Fallgruppen ist aber nicht trennscharf, sondern sehr von Einzelfallumständen abhängig.

Beispiel einer **unmittelbaren Leistungsübernahme** ist das direkte Kopieren von Leistungen wie Publikationen, Musikwerken, etc. mittels welchen Verfahrens auch immer (Erstellen digitaler Kopien, Fotokopieren ausgedruckter Programmcodes oder Datenflusspläne etc.). Als unlauter wurde das Aufnehmen von Homepages in das Verzeichnis eines Homepage-Informationsdienstes eingestuft, die von einem Wettbewerber akquiriert und unter dessen Domain präsentiert worden sind[2]. Die Gestaltung einer Webseite kann unmittelbar durch Lesen und Verwenden des XML-Codes dieser Seite übernommen werden, aber auch mittels technischer Entwicklungswerkzeugen nachgestaltet oder sogar (zunächst) nachgemalt werden; der Einsatz technischer Verfahren muss also nicht zwingend mit einer unmittelbaren Leistungsübernahme verbunden sein. Teilweise hat die Rechtsprechung die Schutzgrenzen auch recht weit gezogen, wenn sie etwa die Übernahme einer FAQ (Frequent-Asked-Questions)-Liste in wesentlichen Teilen als nach § 1 UWG unzulässige nachschaffende Übernahme einstufte[3]. Auch bei unmittelbarer Leistungsübernahme müssen besondere Umstände wie eine Herkunftstäuschung hinzutreten, um Unlauterkeit zu begründen[4].

Beispiel einer **sklavischen Nachahmung** ist etwa der Nachbau einer Maschine oder das Abschreiben des Quellcodes eines seitengenerierenden Programmes oder bei der Übernahme bestimmter grafischer Gestaltungselemente, z.B. Menüs, Icons etc. Diese Nachahmung ist als solche grundsätzlich zulässig, auch bei maßstabsgetreuer Übernahme[5], wenn nicht besondere wettbewerbswidrige Umstände hinzutreten, so etwa eine Herkunftstäuschung durch (auch urheberrechtlich unzulässige) Übernahme fremder Urhebervermerke, oder eine Urheberrechtsverletzung vorliegt.

Auch anderes (also nicht sklavisch nah an der Vorlage bleibendes) Nachahmen, als **Nachschaffen** bezeichnet, kann wettbewerbswidrig sein. Ein Nachschaffen liegt also etwa vor, wenn eine vorgegebene Webseite über einen HTML-Editor entweder durch Codieren oder durch Anklicken von Buttons nachgeahmt wird. Hierbei ist allerdings die grundsätzliche Nachahmungs**freiheit** zu beachten. Wettbewerbswidrig wird ein Nachschaffen nur, wenn **besondere Umstände zur Unlauterkeit** führen. Allgemein ist Nachschaffen um so eher wettbewerbsrechtlich unzulässig, in je größerer Nähe das nachgeschaffene Produkt im Verhältnis zur Vorlage verbleibt. Je weiter sich umgekehrt die Nachbildung von dieser Vorlage entfernt, desto genauer sind die (noch) vorhandenen Übereinstimmungen und das Unlauterkeitsmoment des Übernahmevorgangs darzulegen und desto geringer wird auch die Gefahr etwa einer Herkunftstäuschung sein.

Die Unterscheidung zwischen diesen Fallgruppe wurde vor allem bezüglich der Frage als relevant angesehen, welche Anforderungen an die **wettbewerbliche Eigenart** und die Herkunftstäuschung zu stellen sind. Diese Anforderungen sollen umso geringer sein, je intensiver die Nachahmung ist[6]. Deshalb muss umgekehrt die Gefahr einer Herkunftstäuschung umso größer sein, je geringer die wettbewerbliche Eigenart ist[7].

---

1 BGHZ 51, 41, 71 – Reprint; BGH, GRUR 1983, 377, 378 – Brombeer-Muster.

2 OLG Celle, Urt.v. 12.5.1999 – 13 U 38/99, NJW-RR 2001, 334.

3 AG Düsseldorf, Urt.v.9.4.2002 – 29 C 556/01, JurPC Web-Dok. 55/2003 – Kopierte FAQ-Liste.

4 BGHZ 51, 41, 45 – Reprint; *Emmerich*, Unlauterer Wettbewerb, 7. Aufl., 200.

5 Baumbach/Hefermehl/*Köhler*, Wettbewerbsrecht, § 4 UWG Rdn. 9.23.

6 *Emmerich*, Unlauterer Wettbewerb, 7. Aufl., 199.

7 BGH NJW-RR 200, 338 – Rollstuhl; BGH NJW-RR 2999, 984f – Güllepumpen.

Unlauterkeit war nach dieser Voraussetzung schon bisher zu verneinen, wenn das Übernahmeergebnis mit keinen Herkunfts- oder Gütevorstellungen verbunden ist, also etwa die übernommene Webseite oder der mittels Inline Link bzw. Framing übernommene Inhalt also überhaupt nicht auf Dritte verweisen oder mit Qualitätsvorstellungen verbunden sind. Als ein wichtiges, Unlauterkeit begründendes Moment wurde etwa die Ersparnis eigener Aufwendungen durch solche Leistungsausbeutung angesehen[1], so etwa bei der Übernahme einer fremden Homepage durch Link[2]. Aber auch hier mussten bisher schon nach richtiger Auffassung und müssen nunmehr nach der UWG-Novellierung weiterhin im Einzelfall besondere Merkmale hinzutreten, etwa eine Herkunftstäuschung. Nicht ausreichen kann, dass der betroffene Unternehmer durch die unmittelbare Übernahme seitens Dritter um die legitimen Früchte seines mit Mühe und Kosten erlangten Arbeitsergebnisses gebracht und hierdurch den Anreiz verliert, erneut eine derartige Initiative zu entfalten[3]. § 4 Nr. 10 UWG ist in wortlautbezogener und systematischer Auslegung so zu lesen, dass auch dieser Anreiz nicht als solcher geschützt wird (was doch wieder auf einen Schutz der unternehmerischen Leistung neben den Sonderschutzrechten hinausliefe), sondern nur bei zugleich vorliegender Herkunftstäuschung, Rufausbeutung oder unredlicher Kenntniserlangung. Wettbewerbsrecht beinhaltet also weiterhin keinen Leistungsschutz.

Eine Leistungsübernahme sowie ein unlauterer Behinderungswettbewerb wurden etwa verneint, wenn ein Internet-Dienst Interessenten zusammenführt, um die verbilligten Gruppentarife der Deutschen Bahn AG zu nutzen[4].

Die **Schutzdauer** ist grundsätzlich zeitlich unbegrenzt, jedoch lassen sich branchenspezifische Einschränkungen feststellen[5]. Denkbar ist, dass auch eine bestimmte Form der Seitendarstellung nicht mehr schutzfähig ist, da inzwischen eine neue Darstellungstechnologie (z.B. Frames) am Markt üblich ist.

3. Unlautere Wettbewerbshandlungen

Nachfolgend werden nur einige auch im Internet besonders relevante Typen von unlauterer Wettbewerbshandlungen zusammengestellt. Eine umfassende Darstellung ist im vorgegebenen Rahmen nicht möglich. Auf besondere Aspekte wettbewerbsrechtlicher Anforderungen an Werbung im Internet wird unten (S. 506) eingegangen.

Hervorgerufen werden kann eine (nach § 4 Nr. 10 lit a UWG / § 3 UWG a.F. unzulässige) **Herkunftstäuschung** etwa durch Übernahme einer Verpackungsgestaltung, wenn die Verpackung einen gewissen Bekanntheitsgrad aufweist, oder durch Übernahme/Beibehalten von Copyright-Vermerken oder Marken. Erforderlich ist das Bestehen einer wettbewerblichen Eigenart, die von beteiligten Verkehrskreisen als

[1] BGHZ 51, 41, 45 = GRUR 1969, 186, 188 – Reprint; für Computerprogramme: OLG Frankfurt, CR 1989, 905 – PAM-Crash; LG München I, CR 1986, 332; OLG Karlsruhe, Beschl.v.25.9.1996 – 6 U 46/96, CR 1997, 149 – D-Info 2.0.

[2] OLG Celle, Urt.v.12.5.1999 – 13 U 38/99, CR 1999, 523.

[3] BGH NJW-RR 1987, 160; BGH NJW-RR 1988, 809; BGH NJW 1999, 2898 – Teleinfo-CD; *Emmerich*, Unlauterer Wettbewerb, 7. Aufl., 199f. Anders als bei Sammlungen von Telefonteilnehmerdaten zu Konkurrenzzwecken kann Unlauterkeit aber zweifelhaft sein, wenn der Übernehmende Webseiten kopiert und für eigene Zwecke außerhalb eines Wettbewerbsverhältnisses nutzt (so dass auch eine Rufausbeutung scheitern wird).

[4] LG Frankfurt, Urt. V. 17.11.2000 – 3/11 O 193/00, CR 2001, 125 – www.kartenfuchs.de.

[5] Zum Beispiel: Saisonale Begrenzung bei Modeneuheiten, BGH, GRUR 1973, 478.

kennzeichnend für die betriebliche Herkunft und/oder Güte gewertet wird[1] und in der sich das Produkt von vergleichbaren Massenartikeln abhebt und eine gewisse Bekanntheit aufweist[2], wobei aber technisch zwingende Gestaltungen keine solche Eigenart begründen. Auf den mit Entwicklung und Vertrieb des Produktes verbundenen Aufwand kommt nur insoweit an, als er in der wettbewerblichen Eigenart zum Ausdruck gelangt[3]. Der Nachahmer muss außerdem zumutbare und geeignete Maßnahmen unterlassen haben, um die Verwechslungsgefahr auszuschließen oder zu vermindern[4]. Das bloße Übernehmen üblicher Gestaltungen, etwa von Benutzeroberflächen oder von Webseiten, führt zu keiner Herkunftstäuschung, wenn auch Konkurrenzprodukte dieselben oder ähnliche Merkmale aufweisen (etwa um ergonomischen Anforderungen zu entsprechen); anderes gilt, wenn anbieterspezifische derartige Merkmale übernommen werden.

Als **irreführend** wurde ein Angebot eingestuft, unter der Domain „drogerie.de" für interessierte Nutzer E-Mail-Adressen oder Subdomains auszugestalten, weil die Verbraucher den Zugang zu einem Informationsarchiv zu Drogerie- und sachverwandten Themen erwarten[5]. Irreführend ist auch die Verwendung einer Domain „tipp.ag", da diese den Eindruck hervorrufe, es handle sich um eine Aktiengesellschaft[6], während tatsächlich die Top Level Domain „.ag" für Antigua/Barbuda steht. Der Verkehr sehe diese Endung als Hinweis auf die gesellschaftsrechtliche Form der Aktiengesellschaft an, nicht aber als Abkürzung für „Arbeitsgruppe" oder „Arbeitsgemeinschaft"[7]. Bemerkenswert ist, dass hier in einer der ersten Entscheidungen die TLD in einer Verbindung mit dem jeweiligen Webseitenangebot gesehen wird. Die TLD „.ag" wird mittlerweile von verschiedenen großen Marktteilnehmern verwendet, um auf ihre Organisation als AG hinzuweisen. Ähnlich wird die TLD „.tv" (für den Inselstaat Tuvalu) von Fernsehsendern genutzt, die TLD „.ws" (für Westsamoa) als Abkürzung für „Website", die TLD „.la" (für Laos) zur Bezeichnung von Los Angeles.

Als nicht irreführend wurde die Verwendung der Bezeichnung „Rechtsbeistand" als Domain angesehen[8], als irreführend hingegen eine Werbung durch einen Hosting-Anbieter mit einer „superschnellen" 155 Mbit/s-Internet-Anbindung in Deutschland, wenn die Werbung den Eindruck erweckt, diese schnelle Zugriffsgeschwindigkeit gelte für alle auf derselben Textseite angebotenen Tarife, diese Zugriffsgeschwindigkeit tatsächlich aber nur für bestimmte Tarife angeboten wird[9]. Nicht irreführend ist die

---

1 BGH ständig, z.B. GRUR 1963, 152, 156 – Rotaprint; BGH GRUR 1966, 617, 619 – Saxophon; 1967, 315, 317 – skai-cubana.

2 Baumbach/Hefermehl/*Köhler*, Wettbewerbsrecht, § 4 UWG Rdn. 9.25.

3 OLG München CR 1987, 298f; LG Hamburg CR 1989, 697f.

4 Baumbach/Hefermehl/*Köhler*, Wettbewerbsrecht, § 4 UWG Rdn. 9.45.

5 LG Frankfurt, Urt.v.23.3.2001 – 3/12 O 4/01, ZUM-RD 2002, 99 = JurPC Web-Dok. 186/2001 – drogerie.de, allerdings eine wettbewerbswidrige Kanalisierung ausschließend. Die Kammer wies freilich darauf hin, dass das Angebot mit einem unterscheidungskräftigen Zusatz zulässig sein könne.

6 LG Hamburg, Urt.v. 2.9.2003 – 312 O 271/03, CR 2004, 143 = MMR 2004, 796 K&R 2003, 616 = JurPC Web-Dok. 263/2003 — tipp.ag.

7 LG Hamburg, Urt.v. 2.9.2003, a.a.O. (Irreführung(sgefahr) bei Groß- wie bei Kleinschreibung); a.A. Weiler, K&R 2003, 601.

8 LG Berlin, Urt.v. 18.6.2003 – 97 O 80/03, CR 2003, 772 – rechtsbeistand.info; das Gericht zog zur Beurteilung auch den Inhalt der unter der Domain präsentierten Webseiten heran, aus der erkennbar gewesen sei, dass nicht Rechtsberatung, sondern eine Suche nach geeigneten Rechtsvertretern angeboten wurde.

9 LG Düsseldorf, Urt.v.13.11.1998 – 38 O 83/98, CR 1999, 528.

Werbeaussage „Zeitung im Netz", da der Verkehr bei einem erkennbar als Internet-Publikation beworbenen Informationsangebot keine Zeitung im „klassischen" Sinn erwartet[1]. Als irreführend wurde die Domain-Bezeichnung „rechtsanwaelte-dachau.de" eingestuft, da sie bei einem nicht unbeträchtlichen Teil der situationsadäqat durchschnittlich aufmerksamen, informierten und verständigen Internet-Nutzer die Vorstellung hervorrufen könne, unter dieser Bezeichnung sei ein örtliches Anwaltsverzeichnis mit der Auflistung sämtlicher Rechtsanwaltskanzleien in dem Raum Dachau oder jedenfalls in der Stadt Dachau zu finden[2]. Unlauter ist weiter eine **Rufausbeutung**, die etwa durch Verwenden von Marken oder durch Übernahme bestimmter rufbegründender Merkmale erfolgen kann.

Unzulässig ist jedes **Behindern eines Mitbewerbers** (§ 4 Nr. 11 UWG n.F.) etwa durch planmäßiges, systematisches Nachahmen einer Vielzahl einschlägiger Erzeugnisse des hierdurch betroffenen Mitbewerbers, der sich hierdurch nicht am Markt durchsetzen kann[3] oder durch Nachahmen von Werbemitteln[4], aber auch durch Zurverfügungstellen von Mitteln, mit denen die Programme eines Mitbewerbers gegen dessen Willen kopiert und mehrfach genutzt werden können, wodurch dessen Absatz an Programmen bis hin zur Marktsättigung stagniert und dessen Leistung ausgenutzt wird[5].

Unlauter ist weiter **Kundenfang**, also das Unterfangen, nicht nur potentielle Kunden zu gewinnen, sondern deren freie Willensentscheidung zu beeinträchtigen oder verhindern[6]. Keine im Sinne von § 1 UWG a.F. wettbewerbswidrige Marktstörung wurde im Anbieten von **Geräten** gesehen, die TV-Werbeblöcke automatisch erkennen und auf einen werbefreien Sender umschalten, da hierbei nicht auf die Werbung unmittelbar eingewirkt, sondern nur eine „technische Hilfestellung" angeboten werde, deren Anwendung dem Zuschauer überlassen bleibe[7]; ähnliche Überlegungen können auf Software (sog. „*Webwasher*") anwendbar sein, die Werbung aus Webseiten ausfiltert, deren Anwendung ebenfalls dem Nutzer überlassen bleibt .

Unlauter ist eine Selbstanpreisung mit nicht oder nicht in dieser Form vorliegenden Vorzügen, etwa durch Behaupten einer **Spitzen**- oder **Alleinstellung**[8]. Als irreführend wurde etwa ein Angebot eines Handelsunternehmens eingestuft, das sich auf seiner Website einer Spitzenstellung nicht mit seinen Produkten, sondern unter der Rubrik „Jobangebote" berühmte[9], ebenso die Aussage eines ISP, er biete einen Weg ins Netz „schnell, sicher, kostengünstig" im Hinblick auf die Unsicherheit der Übertragungs-

---

1 OLG Köln, Urt.v. 19.1.2001 – 6 U 78/00, JurPC Web-Dok. 75/2001 – Zeitung im Netz.

2 OLG München, Urt.v. 18.4.2002 – 29 U 1573/02, ZUM-RD 2003, 93 – rechtsanwaelte-dachau.de; ähnlich OLG Celle, Urt.v. 29.3.2001 – 13 U 309/00, NJW 2001, 2100 = JurPC Web-Dok. 145/2001 – anwalt-hannover.de.

3 S. etwa BGH GRUR 1952, 516 – Hummelfiguren I; 1966, 503 – Apfel-Madonna.

4 BGH GRUR 1961, 244, 246; BGH GRUR 1968, 581, 586.

5 OLG Stuttgart DB 1989, 876, ebenso für Kopierprogramme für Textverarbeitungsprogramme LG Düsseldorf, Urt.v. 20.10.1984 – 12 O 403/84, CR 1986, 133; für Hardware-Zusätze mit gleicher Funktion LG Düsseldorf, CR 1990, 46 – Kopierprogramm II (REPLICA).

6 Baumbach/Hefermehl/*Köhler*, Wettbewerbsrecht, § 4 UWG Rdn. 1.1.

7 BGH, Urt.v. 24.6.2004 – I ZR 26/02, GRUR 2004, 877.

8 LG Düsseldorf, Urt.v.2.2.2000 – 12 O 40/00, („größte Programmzeitschrift im Internet"); ähnlich für die Behauptung „der deutsche Marktführer" zu sein OLG Hamburg, Urt.v.26.6.2003 – 3 U 193/02, JurPC Web-Dok. 247/2003 – get more (bezüglich Mobilfunkanbieter). Ähnlich der BGH bezüglich der Aussage von T-Online, „Europas größter Online-Dienst" zu sein (BGH, Urt.v. 17.6.2004 – I ZR 284/01, www.heise.de/newsticker/meldung/48346), Irreführung i.S.v. § 3 UWG a.F. annehmend..

9 OLG Hamburg, Urt.v. 24.4.2003 – 5 U 168/02, JurPC Web-Dok. 190/2003 – Stellenanzeigen im Internet (unrichtige Spitzenstellungsberühmung als Irreführung i.S.v. § 3 UWG).

wege[1], weiter die Aussage „überall in der Region“, wenn Versorgungslücken bestehen[2], oder die Alleinstellungsberühmung bezüglich der Übertragungsgeschwindigkeit[3].

Unlauter ist auch das Ausnutzen der **Unkenntnis** von Verbrauchern (§ 4 Nr. 1 UWG), etwa bei nicht ordnungsgemäßer Widerrufsbelehrung[4] oder Verstoß gegen das (werbungsbezogene) Trennungsgebot[5], aber auch eine Belästigung (z.B. durch Zusenden unbestellter Waren[6]) oder gar Nötigung von Kunden bzw. Auffordern von Verbrauchern, eine persönliche Freundschaftswerbung mit einer Produktempfehlung per E-Mail an Bekannte zu versenden[7]. Unlauter ist eine Zugangsangebot „Rund um die Uhr für null Pfennig surfen“, wenn die monatliche Grundgebühr nicht genannt wird[8].

Unzulässig ist weiter das **Erschleichen von Informationen und Vertrauensbruch**, wobei meist auch die Voraussetzungen der §§ 16 – 18 UWG (17 – 19 UWG a.F.) erfüllt sein werden, das Handeln aber zu Wettbewerbszwecken erfolgt sein muss (wenn auch nicht im Wettbewerbsverhältnis). Die jeweiligen Umstände des Falles sind zu gewichten, wobei auch das subjektive Moment einer bewussten Anlehnung an die Vorlage wesentlich ist, das erst die für die Wettbewerbswidrigkeit erforderliche Unlauterkeit begründet und Fälle nicht nachgeahmter, sondern unabhängig entwickelter, aber dennoch ähnlicher Leistungsergebnisse ausgrenzt[9].

Ein **unlauteres Ausnutzen einer fremden Kundenbeziehung** liegt vor, wenn ein Anbieter Anzeigen einer Zeitung eines anderen Anbieters veröffentlicht, da hierdurch dessen Kundschaft in empfindlicher Weise gestört wird[10].

Unlauter und ein Verstoß gegen § 4 Nr. 11 UWG (§ 1 UWG a.F.) sind auch **Boykottaufrufe** (als Form des unzulässigen Behinderungswettbewerbes), so etwa ein im Chat verbreiteter Aufruf, eine bestimmte Internet-Seite durch Überlastung (etwa DdoS-Angriffe) lahmzulegen, da andere Nutzer dazu aufgerufen werden, sich an den entsprechenden Maßnahmen zu beteiligen und den Geschäftsbetrieb des Betroffenen damit aktiv zu behindern[11]. Ein Boykottaufruf kann zugleich meist auch einen Eingriff in den eingerichteten und ausgeübten Gewerbebetrieb darstellen (§ 823 Abs. 1 BGB).

Preisunterbietungskonkurrenz mit Vernichtungsabsicht wird heute regelmäßig als unlauter angesehen[12]. Jedoch ist eine bloße Vernichtungsabsicht, für sich allein genommen, wettbewerbsrechtlich irrelevant, wenn sie nicht mit entsprechenden, nach den gesamten Umständen übermäßig schädigenden Handlungen begleitet wird[13], etwa durch ein systematisches Verkaufen unter Einstandspreis, wenn hierdurch die Konkurrenten

---

[1] OLG Hamburg, Urt.v.31.10.2002 – 3 U 71/02, ZUM-RD 2003, 193.

[2] OLG Oldenburg, Urt.v. 29.4.2004 – 1 U 121/03, MMR 2004, 547 – T-DSL.

[3] OLG Hamburg, 1.3.2001 – 3 U 203/00, MMR 2001, 448.

[4] BGH GRUR 1986, 819 f.

[5] Baumbach/Hefermehl/*Köhler*, Wettbewerbsrecht, § 4 UWG Rdn. 1.209.

[6] BGH GRUR 1966, 47.

[7] LG Nürnberg-Fürth, Beschl.v. 4.3.2004 – 4 HKO 2056/04, JurPC Web-Dok. 185/2004 – Freundschaftswerbung.

[8] OLG Frankfurt, Urt.v. 12.7.2001 – 6 U 38/01, JurPC Web-Dok. 187/2001 (Verstoß gegen §§ 1 UWG, 1 Abs. 1 und 5 PAngV).

[9] *Schmitz-Diemitz*, Handb. WettbR, § 42 Rdn. 61ff.

[10] LG München I, Urt.v.28.1.2002 – 4 HKO 19285/01.

[11] LG Düsseldorf, Urt.v. 19.9.2001 – 12 O 311/01, JurPC Web-Dok. 175/2003.

[12] BGH NJW 1990, 2469 – Anzeigenpreis II; BGH NJW 1995, 2293 – Hitlisten; BGH NJW 1992, 1817 – Stadtkurier; BGH NJW 1990, 2468 – Anzeigenpreis I.

[13] *Emmerich*, Unlauterer Wettbewerb, 7. Aufl., 97.

vom Markt verdrängt und der Wettbewerb hierdurch nahezu oder völlig aufgehoben wird[1]. Preisvergleiche als Webservice begründen keine (Störer-)Haftung aus Wettbewerbsrecht (§ 3 UWG)[2].

Neu ist das ausdrückliche **Verbot der Kopplung an den Warenabsatz** (§ 4 Nr. 6 UWG), das freilich der gefestigten Rechtsprechung entspricht[3]. Allerdings geht die Entwicklung auf EU-Ebene wohl eher in Richtung Zulässigkeit, verbunden mit Transparenzpflichten.

Unzulässig ist auch **Lockvogelwerbung** (§ 5 Abs. 5 UWG), also Werbung für eine Ware, die unter Berücksichtigung der Art der Ware sowie der Gestaltung und Verbreitung der Werbung nicht in angemessener Menge zur Befriedigung der zu erwartenden Nachfrage vorgehalten ist; angemessen soll ein Vorrat für zwei Tage sein[4]. Als übertrieben anlockend wurde auch die Aussage „Europas größter Onlinedienst" angesehen, wenn das Unternehmen nicht europaweit präsent ist (weder in Großbritannien noch in Skandinavien)[5].

Zu diesem Bereich gehört auch Werbung, die mit besonderen Vorteilen **lockt** und den Kunden veranlassen kann, um dieses Vorteils willen sachfremde, mit dem Kauf nicht verbundene Entscheidungen zu treffen, also etwa Werbung mit Angeboten von 1 Euro[6]. Ein Beispiel ist das Ausnutzen sog. **„aleatorischer"** Reize, also von Spielleidenschaft, so etwa bei Power Shopping (s. S. 159), das aber nicht als solches unlauter ist, sondern nur, wenn besondere Umstände hinzutreten[7]. Beim Powershopping besteht das Risiko, beim Zuwarten auf die nächstniedrigere Preisstufe (mit freilich höherer erforderlicher Teilnehmeranzahl) die Ware nicht zu erhalten, was den Kunden dazu veranlassen kann, doch lieber den höheren Preis zu akzeptieren[8]. Ähnliches wurde für täglich im Preis reduzierte Angebote bei *„Reversed Auctions"* entschieden[9].

Ein Rechtsverstoß (**„Rechtsbruch"**[10]) kann zugleich unter besonderen Umständen sitten- und wettbewerbswidrig sein, wobei im vorliegenden Zusammenhang insbesondere gesetzliche Pflichten zur Anbieterkennzeichnung (jedenfalls bei fortgesetztem Verstoß, s. S. 252) und zur Einhaltung der Datenschutzanforderungen (s. S. 891) in Betracht kommen. Unlauter ist auch eine Vertragsverletzung durch einen Provider, wenn er eine für einen Kunden verwaltete Domain vertragswidrig auf einen Dritten überträgt[11]. Unzulässig ist es weiter, die Herkunft einer Ware aus einem anderen Mitgliedsstaat, in dem sie rechtmäßig in Verkehr gebracht wurde, als unlauter qualifiziert werden[12], da das Ausnutzen des internationalen Rechtsgefälles im

---

1 BGH, NJW 1983, 569 – ADAC; *Emmerich*, Unlauterer Wettbewerb, 7. Aufl., 98 m.w.N.

2 OLG Hamburg, Urt.v.4.3.2004 – 3 U 158/02, CR 2004, 929.

3 BGH GRUR 2002, 1003f – Gewinnspiel im Radio; BGH GRUR 2002, 976, 978 – Kopplungsangebot I; BGH GRUR 1998, 735f – Rubbelaktion; BGH GRUR 1990, 611, 616 – Werbung im Programm.

4 Die einschlägige Rechtsprechung hatte die Frist nicht schematisch festgelegt (BGH GRUR 1984, 595f – Adidas-Sportartikel; BGH GRUR 1982, 681f – Skistiefel; *Sosnitza*, GRUR 2003, 739, 743.

5 OLG Hamburg, Urt.v.28.11.2001 – 5 U 111/01, CR 2002, 370.

6 Noch für 1 DM OLG Hamburg, Urt.v. 5.7.2001 – 3 U 35/01, CR 2002, 291 = GRUR-RR 2002, 39f.

7 BGH GRUR 2000, 820.

8 *Schmittmann*, Werbung im Internet, 107.

9 OLG Hamburg Urt.v.7.12.2000 – 3 U 116/00, GRUR-RR 2001, 113, 115 – Schnäppchenbörse.

10 Eine nicht im Gemeinschaftsrecht nicht geregelte Kategorie (*Lettl*, WRP 2004, 1079, 1110).

11 LG Köln, Urt.v. 17.9.1997 – 20 O 437/97, CR 1998, 30.

12 EuGH, Slg. 1982, 2349, 2360 Rdn. 7 – Robertson.

Binnenmarkt nicht als unlauter gelten darf[1].

Als gegen die §§ 1 UWG, 1 Abs. 1 S. 1 PAngV verstoßend wurde ein Leistungsangebot einer Fluggesellschaft angesehen, bei dem der Kunde ein **Preisangebot** abgibt und sich die Fluggesellschaft vorbehält, ob sie dieses Angebot annimmt[2]. Zulässig ist aber ein System, bei dem der Veranstalter bei der Reservierung von Linienflügen nicht bereits den Endpreis angibt, sondern dieser erst bei der fortlaufenden Eingabe in das Reservierungssystem ermittelt wird, wenn der Nutzer hierauf zuvor klar und unmissverständlich hingewiesen wird[3]. Gegen § 1 PAngV verstößt ein Internet-Händler, der Unterhaltungselektronikgeräte mit der Angabe „Top Tagespreis" bewirbt, wenn der Preis vom Nutzer erst durch Anklicken dieser Angabe in Erfahrung gebracht werden kann, da insoweit keine „leichte Erkennbarkeit" oder „eindeutige" Zuordnung der Preisangabe zum Produktangebot gegeben ist[4].

4. Werbungsbezogene Grundsätze des Wettbewerbsrechts

a) Werbung im Web

Werbung findet vor allem im World Wide Web statt, weniger oder gar nicht in den anderen Internet-Diensten. Allein in Deutschland wurde am Online-Werbemarkt in 2002 ein Umsatz von 211,6 Mio. Euro erzielt[5]. Die nachfolgende Darstellung konzentriert sich deshalb auf die Werbung im **Web**. Soweit sich Probleme auch in anderen Diensten stellen, wird hierauf getrennt hingewiesen.

Im Web gibt es kein generelles Verbot, überhaupt Werbung zu treiben. Dies erklärt sich schon aus dem Umstand, dass das Web (genauso wie generell das Internet) nicht zentral verwaltet wird. Es fehlt damit eine übergeordnete Instanz, die ein Verbot von Werbung verhängen (und gar durchsetzen) könnte. Hieraus darf aber nun nicht im Gegenteil abgeleitet werden, im Web herrsche völlige Werbefreiheit. Zum einen können die **Betreiber** von Websites grundsätzlich Werbung, die von ihrem Site ausgehen soll, ausschließen oder begrenzen. Zum anderen sind auch ohne betreiberseitige Beschränkungen die werberechtlichen Bestimmungen der jeweiligen nationalen Rechtsordnung zu beachten, in der sich die Website befindet und/oder derjenigen Rechtsordnung, von deren Geltungsbereich aus der Abruf erfolgt. Weiter kompliziert wird die Beurteilung durch die Tatsache, dass Werbung im Web nicht nur einfach grenzüberschreitend, sondern prinzipiell weltweit erfolgt (da von den meisten Staaten aus ein Abruf möglich ist) und deshalb die Rechtsordnungen im Extremfall von 185 Staaten tangieren kann (s. näher S. 853).

Nach Art. 2 der EG-Irreführungsrichtlinie[6] ist **Werbung** jede Äußerung bei der

---

1 *Mestmäcker/Schweitzer*, Europäisches Wettbewerbsrecht, § 10 Rdn. 36.

2 OLG Düsseldorf, Urt.v. 9.11.2000 – 2 U 49/00, JurPC Web-Dok. 46/2001.

3 BGH, Urt. 3.4.2003 – I ZR 222/00, NJW 2003, 3055.

4 OLG Hamburg, Urt.v. 6.11.2003 – 5 U 48/03, NJW-RR 2004, 770 = JurPC Web.Dok. 79/2004 – Preisangabe bei Internet-Angeboten. Ein Verstoß wurde auch bejaht, wenn der Händler anstatt der Preisangabe nur den Hinweis anbietet: „...es handelt sich um ein beratungsintensives Produkt, bitte kontaktieren Sie unsere Hotline für eine kompetente Fachberatung" (OLG Hamburg, Urt.v. 11.9.2003 – 5 U 69/03, JurPC Web-Dok. 80/2004).

5 Computerwoche 1 /2, 2003, 26 für die ersten elf Monate 2002.

6 Richtlinie des Rates 84/450/EG v. 10.9.1984 zur Angleichung der Rechts- und Verwaltungsvorschriften der Mitgliedsstaaten über irreführende Werbung, ABl. EG v. 19.9.1984 Nr. L 250, 17 =

Ausübung eines Handels, Gewerbes, Handwerks oder freien Berufes mit dem Ziel, den Absatz von Waren oder die Erbringung von Dienstleistungen, einschließlich beweglicher Sachen, Rechte und Pflichten zu fördern.

Das Wettbewerbsrecht ist vom Wahrheitsgebot beherrscht. Alle Wettbewerbshandlungen, die auf **Täuschung** des Publikums bzw. allgemein Beeinträchtigung der Marktteilnehmer angelegt sind, gelten als unlauter und sind deshalb gemäß §§ 3, 4 Nr. 9 a UWG (§ 1 UWG a.F.) zu unterlassen. Dieser Grundsatz gilt EU-einheitlich[1]. Insoweit gilt das allgemeine Wettbewerbsrecht. Unlautere Wettbewerbshandlungen können als objektive die eigene geschäftliche Sphäre des Anbieters ebenso betreffen (insbesondere durch **unrichtige Angaben**[2] und Äußerungen über eigene Waren und Leistungen bzw. das jeweilige Unternehmen) wie die eines Mitbewerbers[3] (etwa durch herabsetzende Vergleiche oder Behinderung des Mitbewerbers). Sie können als subjektive andererseits den Anschein erwecken, Waren oder Leistungen stammten von einem anderen Unternehmen, dessen guter **Ruf ausgebeutet** und/oder dessen Leistung nachgeahmt wird[4]. Als **irreführend** (§ 5 UWG) wurde etwa Bannerwerbung beurteilt, wenn der Interessent den Eindruck erhält, dass eine Anfrage lediglich zu einem unverbindlichen Kosten-voranschlag führt und erst auf weitere Tätigwerden des Interessenten ein Beratungsmandat zustande kommt[5]. Unzulässig sind damit etwa falsche Selbstanpreisungen (mit nicht bestehenden Vorzügen von Waren oder Dienstleistungen)[6]. Das gilt z.B. für die Werbung für einen Internet-Zugang zum alle wesentlichen Leistungen abgeltenden **Festpreis**, wenn neben der festen Monatsgebühr weitere nutzungsabhängige Leistungen hinzukommen[7] oder der durchschnittlich aufmerksame Leser einer Werbung nicht erkennt, dass ein als preisgünstiger ausgewiesener Tarif eine Mindestverweildauer im Internet erfordert[8]. Auch bei der Beurteilung solcher (und anderer) Werbeaussagen ist das Verständnis des durchschnittlich informierten und verständigen Durchschnittsverbrauchers zugrundezulegen; doch darf hierbei nicht unterstellt werden, der Verbraucher prüfe besonders kritisch die ihm unterbreiteten Angebote und gehe im Grunde davon aus, dass schon irgendwo ein Haken sein wird[9]. Als irreführend wurde

---

GRUR Int. 1984, 688; geändert durch die Richtlinie 97/55/EG des Europäischen Parlaments und des Rates v.6.10.1997 zur Änderung der RL 84/450 /EWG über irreführende Werbung zwecks Einbeziehung der vergleichenden Werbung, ABl.EG v. 23.10.1997 Nr. L 290, 18.

1 EU-Richtlinie über irreführende Werbung 84/450/EWG vom 10.9.1984, s. GRUR Int. 1984, 688 f. Zur gemeinschaftsrechtlichen Beurteilung von Werbeverboten s. etwa *Meyer*, GRUR Int. 1996, 697, 703.

2 Etwa Haftung des Serverbetreibers für ihm bekannt wettbewerbswidrige Werbung OLG München, Urt.v. 26.2.1998 – 29 U 4466/97, NJW 1999, 65 (für „last minute“-Reise, deren Beginn mehr als 14 Tage hinausgeschoben wurde).

3 Baumbach/Hefermehl/*Köhler*, Wettbewerbsrecht, § 4 UWG Rdn. 10.137.

4 S. näher zum Verhältnis des UWG sowie zum Kennzeichnungsrecht im Sinne der §§ 12 BGB, 24 MarkenG: Baumbach/Hefermehl/*Köhler*, Wettbewerbsrecht, § 4 UWG Rdn. 9.4.

5 OLG Braunschweig, Urt.v. 12.9.2002 – 2 U 24/02, JurPC Web-Dok. 5/2003.

6 Baumbach/Hefermehl/*Bornkamm*, Wettbewerbsrecht, § 5 UWG Rdn. 4.45.

7 OLG Hamburg, Urt.v.11.5.2000 – 3 U 252/99, GRUR-RR 2001, 15 – Internet zum Festpeis I; ähnlich OLG Köln, Urt.v. 26.5.2000 – 6 U 191/99, GRUR-RR 2001, 17 – Internet zum Festpreis II (Blickfangwerbung) und Urt.v. 30.11.2002 – 6 U 87/01, JurPC Web-Dok. 93/2002 – Internet zum Festpreis/ „Internet-Revolution“; OLG Hamburg, Urt.v.21.9.2000 – 3 U 54/00, CR 2000, 828 für die Werbeangaben „Internet umsonst“ und „Free ins Net“; KG, Urt.v. 6.4.2001 – 5 U 6/01, JurPC Web-Dok. 180/2001 für Werbung mit Festpreis, wenn dieser tatsächlich nur für ein Gigabyte gilt.

8 OLG Köln, Urt.v.23.3.2001 – 6 U 214/00, JurPC Web-Dok. 233/2001 (Irreführung ablehnend).

9 KG, Urt.v. 6.4.2001 – 5 U 6/01, NJW-RR 2001, 1256 f – Festpreis für Internet-Zugang.

auch die Bezeichnung eines 70 bis 80 km von Düsseldorf entfernten Flughafens als „Niederrhein (Düsseldorf)“ auf einer Webseite einer Fluggesellschaft angesehen, selbst wenn über Link die genaue Lage des Flughafens in Erfahrung gebracht werden konnte[1].

Das **Hereinlegen von Kunden** (etwa durch Verleiten zum Verkauf unter Vorbehalt), Vortäuschen von Einkaufsvorteilen oder von unterschiedlicher Qualität, von (nicht bestehendem) Wettbewerb oder einer Erfolgsgarantie[2], unwahre Angaben über die Beschaffenheit, über Ursprung, Herstellungsart, Preisbemessung, Art des Warenbezuges, Verkaufsanlass, Vorratsmenge etc. ist ebenfalls wettbewerbswidrig.

Ein **unlauteres Ausnutzen einer fremden Kundenbeziehung** liegt vor, wenn ein Anbieter Anzeigen einer Zeitung eines anderen Anbieters veröffentlicht, da hierdurch dessen Kundschaft in empfindlicher Weise gestört wird[3].

Auch das **Anlocken** von Kunden kann unlauter sein, wenn etwa Geld- oder Warengeschenke angeboten werden und der Kunde seine Entscheidung nicht mehr nach Güte und Preiswürdigkeit trifft, sondern, um in den Genuss des Werbemittels zu gelangen[4]. Wirbt ein Anbieter mit der Bezeichnung „Internet-Shop“, ist für den Verkehr hieraus nicht erkennbar, dass die beworbene Ware über den Weg der Bestellung hinaus auch in den Filialen zur sofortigen Mitnahme bereitsteht[5]. Ein übertriebenes Anlocken kann auch vorliegen, wenn mit einer Gewinnspielaktion überwiegend Kinder und Jugendliche angesprochen werden und der Hauptgewinn außer Verhältnis zum Wert der angebotenen Ware steht[6] oder wenn mit der Aussage „bei uns ab 1,- DM“ geworben wird[7]. Das Werben eines Zugangsproviders mit der kostenlosen Registrierung einer „.de“-Adresse wurde als nicht unlauter angesehen[8]. Es muss jeweils aber eine durch irreführende Werbung hervorgerufene Fehlvorstellung bei Kunden für Vertragsschlüsse kausal geworden sein[9]. Der EuGH verlangt zusätzlich, dass das irreführende Anlocken geeignet war, eine erhebliche Anzahl von Kunden anzulocken[10].

Werbung mit **wissentlich unwahren Angaben** (beim Anschein eines besonders günstigen Angebotes) kann strafbar sein (§ 16 Abs. 1 UWG. Das besondere Rücktrittsrecht aus § 13 a UWG a.F. in Fällen strafbarer Werbung ist entfallen.

Verdeckte **Kopplungsgeschäfte** können wettbewerbsrechtlich unzulässig sei, wenn dem Kunden der Vergleich der Preise der einzelnen Produkte mit Konkurrenzprodukten durch die Kopplung erschwert wird[11]. Eine solche unzulässige Kopplung kann in der Verknüpfung eines (fast) kostenfreien Internet-Zugangs mit bestimmten Warenangeboten bestehen. Als nicht unlauter wurde das Angebot eines entgeltlichen Gewinnspieles angesehen, wenn das Gewinnspiel nicht von einer entgeltlich angebotenen

---

1 OLG Köln, Urt.v.5.12.2003 – 6 U 107/03, JurPC Web-Dok. 204/2004 – Flughafen Niederrhein.

2 Baumbach/Hefermehl/*Bornkamm*, Wettbewerbsrecht, § 5 UWG Rdn. 4.45.

3 LG München I, Urt.v.28.1.2002 – 4 HKO 19285/01, Quelle: Beck Aktuell (Beck-Ticker 29.1.2002), http://rsw.beck.de/rws/shop.

4 OLG Hamburg, Urt.v.28.11.2001 – 5 U 111/01, CR 2002, 370 (für Einkaufsgutscheine).

5 OLG Frankfurt, Beschl.v.30.4.1998 – 6 W 58/98, CR 1998, 688.

6 LG München I, Urt.v. 25.2.2003 – 33 O 1562/03, NJW 2003, 3066 – Rubbelaktion McDonald, krit. Schmits, NJW 2003, 3034.

7 OLG Hamburg, Urt.v. 5.7.2001 – 3 U 35/01, JurPC Web-Dok. 215/2001.

8 KG, Urt.v.6.4.2001 – 5 U 6/01, MMR 2001, 700.

9 BGH GRUR 2002, 715f – Scannerwerbung; BGH GRUR 2000, 1095f – Computerwerbung; BGH GRUR 2000, 239, 241 – Last-Minute-Reisen; *Sack*, WRP 2004, 521, 522 m.w.N.

10 EuGH Slg. 1992, I-131 Rdn. 15 f = GRUR Int. 1993, 952f – Nissan; krit. *Sack*, WRP 2004, 521, 522 .

11 Baumbach/Hefermehl/*Köhler*, Wettbewerbsrecht, § 4 UWG Rdn. 1.44.

Leistung zu trennen ist und das Gewinnspiel somit die Attraktivität der angebotenen Leistung mitbestimmt; insoweit liegt auch keine verschleierte Kopplung mit dem Warenabsatz vor[1].

Unzulässig ist das **Ausnützen** der **Unerfahrenheit** an Kinder und Jugendlichen (§ 4 Nr. 1 UWG) bzw. das Vorgehen, die Eltern über ihre Kinder im Sinne eines Kaufzwanges unter Druck zu setzen (§ 4 Nr. 1 UWG). Unzulässig ist weiter jede Geschäftsehrverletzung und Anschwärzung gegenüber Mitbewerbern (§ 4 Nr. 8 UWG). Den Betroffenen kann ein Abwehranspruch aus § 1004 BGB zustehen.

Vergleichende Werbung ist grundsätzlich dann unzulässig, wenn der Vergleich

- sich nicht auf Waren oder Dienstleistungen für den gleichen Bedarf oder dieselbe Zweckbestimmung bezieht (§ 6 Abs. 2 Nr. 1 UWG),
- nicht objektiv auf wesentliche, relevante, nachprüfbare und typische Eigenschaften oder den Preis bezogen ist (§ 6 Abs. 2 Nr. 2 UWG),
- im geschäftlichen Verkehr zu Verwechslungen zwischen dem Werbenden und einem Mitbewerber oder zwischen den von diesen angebotenen Waren oder Dienstleistungen oder von ihnen verwendeten Kennzeichen führt (§ 6 Abs. 2 Nr. 3 UWG),
- die Wertschätzung des von einem Mitbewerber verwendeten Kennzeichens in unlauterer Weise ausnutzt oder beeinträchtigt (§ 6 Abs. 2 Nr. 4 UWG),
- Waren, Dienstleistungen, Tätigkeiten oder persönliche oder geschäftliche Verhältnisse eines Mitbewerbers herabsetzt oder verunglimpft (§ 6 Abs. 2 Nr. 5 UWG),
- eine Ware oder Dienstleistung als Imitation oder Nachahmung einer unter einem geschützten Kennzeichen vertriebenen Ware oder Dienstleistung darstellt (§ 6 Abs. 2 Nr. 6 UWG).

Unzulässig sind etwa unzutreffende werbliche **Alleinstellungsbehauptungen**[2]. Bisher schon war vergleichende Werbung grundsätzlich dann unzulässig, wenn die vergleichende Angaben irreführend sind[3], hingegen zulässig, wenn der Werbende für den Vergleich hinreichend Anlass hat[4]. Für Website-Betreiber konnte ein solcher Anlass etwa in der Auszeichnung der Website durch eine Zeitschrift als zu den „Top five" gehörend bestehen. Ist ein Werbetreibender zur Unterlassung unzulässiger Werbung auf seinen Internet-Seiten verpflichtet, muss er auch überprüfen, ob sein Provider den Auftrag zur Löschung der beanstandeten Werbung ausführt[5].

b) Gebot zur Trennung von Text und Werbung

Das **Presserecht** verpflichtet allgemein Redaktionen von Zeitschriften und von sonstigen Publikationen sind verpflichtet, redaktionellen Text und Werbung zu trennen, also

1 OLG München, Urt.v. 20.2.2003 – 29 U 4850/02, CR 2003, 767 (für ein Gewinnspielangebot im Internet-Radio).

2 OLG Düsseldorf, Urt.v.18.1.2001 – 2 U 74/00, JurPC Web-Dok. 149/2001 – „Größte Programmzeitschrift im Internet".

3 Nach § 6 Abs. 1 UWG ist vergleichende Werbung jede Werbung, die unmittelbar oder mittelbar einen Mitbewerber oder die von einem Mitbewerber angebotenen Waren oder Dienstleistungen erkennbar macht.

4 BGHZ 42, 134, BGHZ 49, 325; BGH GRUR 1967, 283.

5 OLG Oldenburg, Urt.v. 27.1.2000 – 1 U 142/99, MMR 2000, 428.

bei periodischen nach § 10 LPG Anzeigen und zu deren Trennung vom redaktionellen Teil zu kennzeichnen. Auf elektronische Publikationen (wie etwa nur im Web erscheinende Tageszeitungen) wird § 10 LPG als nicht unmittelbar anwendbar angesehen[1].

Für elektronische **Mediendienste** besteht aber auch unabhängig von deren möglicher Einstufung als Presse ein Trennungsgebot, nach dem Werbung „als solche klar erkennbar und vom übrigen Inhalt der Angebote eindeutig getrennt sein" (§ 13 Abs. 2 S. 1 MDStV)[2]. Das gilt besonders für (rein) elektronische Tageszeitungen und Magazine, aber etwa auch für redaktionell betreute Unternehmenspräsentationen[3]. Außerdem dürfen in der Werbung keine „unterschwelligen Techniken" eingesetzt werden (§ 13 Abs. 2 S. 2 MDStV). Das Unterlassen einer derartigen Kennzeichnung wurde als unzulässige Vorteilserschleichung im Sinne von § 1 UWG a.F. (nun § 3 UWG) eingestuft[4].

Das **Teledienstерecht** sieht für „kommerzielle Kommunikationen" (also insbesondere Werbe-E-Mails) besondere Informations- und Kennzeichnungspflichten vor (§ 7 TDG). Die kommerziellen Kommunikationen müssen „klar als solche zu erkennen sein" (§ 7 S. 1 Nr. 1 TDG), also bereits in der Betreffzeile als unaufgeforderte Werbung gekennzeichnet werden[5]. Der Auftraggeber muss (als natürliche oder juristische Person) klar identifizierbar sein (§ 7 S. 1 Nr. 2 TDG). Als solche klar erkennbar sein müssen Angebote zur Verkaufsförderung wie Preisnachlässe, Zugaben und Geschenke (§ 7 S. 1 Nr. 3 TDG) sowie Preisausschreiben oder Gewinnspiele mit Werbecharakter (§ 7 S. 1 Nr. 4 TDG). Die Bedingungen für die Inanspruchnahme solcher Angebote bzw. die Teilnahmebedingungen solcher Ausscheiben oder Gewinnspiele müssen leicht zugänglich sein sowie klar und unzweideutig angegeben werden (§ 7 S. 1 Nr. 3 und 4 TDG).

Aber auch das **Wettbewerbsrecht** verpflichtet zur Trennung von Werbung und Text, wobei hier jedes Medium der Verbreitung der Werbung vom Wettbewerbsrecht umfasst wird – sofern das Medium nur eine Auswirkung auf den Wettbewerb haben kann. Das wettbewerbsrechtliche Trennungsgebot greift damit in all den Fällen nicht ein, in denen private, ideelle Vereine etc. elektronische Publikationen herausgeben und insoweit keine gewerbliche Tätigkeit entfalten. Auf gegen Abonnementsgebühr beziehbare Online-Dienste ist Wettbewerbsrecht aber in vollem Umfange anwendbar.

Das wettbewerbsrechtliche Trennungsgebot soll sicherstellen, dass der Leser nicht im redaktionellen Teil die subjektive Meinung wareanpreisender Gewerbetreibender, sondern die objektive Meinung der Redaktion erfährt[6]. Eine Aufhebung dieser

1 Abl. etwa *Löffler*, Presserecht 1994, Rdn. 6; *Schmittmann*, Werbung im Internet, 67 (allerdings wohl nur zur direkten Anwendbarkeit).

2 Bereits der Btx-Staatsvertrag hat in Art 8 eine Kennzeichnungspflicht vorgesehen (Kennzeichen mit Buchstabe „W").

3 Ansätze, Unternehmens-Homepages ganz vom Trennungsgebot auszunehmen (*Hoeren*, WRP 1997, 993, 995; *Gummig*, ZUM 1996, 573 ff), wurden abgelehnt (Bettinger/*Leistner*, Werbung und Vertrieb im Internet, Teil 1 A, Rdn. 47), wobei freilich immer zu prüfen bleibt, ob eine Unternehmens-Website überhaupt als Programm einstufbare redaktionell betreute Inhalte aufweist, die von Werbung zu trennen wären, also nicht ohnehin in toto Werbung (und damit u.U. bereits keinen Mediendienst) darstellt.

4 Baumbach/Hefermehl/*Köhler*, Wettbewerbsrecht, § 4 UWG Rdn. 11.118.

5 *Schmittmann*, Werbung im Internet, 19

6 Baumbach/Hefermehl/*Köhler*, Wettbewerbsrecht, § 4 UWG Rdn. 1.209 – wobei freilich leicht einschränkend anzumerken ist, dass Meinungen niemals „objektiv" sein können (und wollen), auch nicht solche von Redakteuren. Gemeint ist wohl eher die Unabhängigkeit der Redaktion und ihrer Texte von einzelnen Produktangeboten (die, angesichts des Anzeigengeschäftes des Presseunternehmens, auch gelegentlich osmotischer Beeinflussung unterliegt).

Trennung kann Leser irreführen[1]. Wettbewerbswidrig handeln bei unzureichender oder fehlender Trennung hier der Verleger, der für den Anzeigenteil Verantwortliche *und* der Anzeigenkunde (!) [2].

Die **Durchführung** der Trennung muss freilich **medienspezifisch** erfolgen. Auf Webseiten ist sie nicht immer in gleicher Weise wie in Zeitungen möglich. Entscheidend ist allein, dass der Unterschied der Inhalte für den Leser/Nutzer klar erkennbar bleibt. Werden etwa Links zu anderen Webseiten der Website oder zu anderen Websites aufgelistet, so muss auch hier für den Nutzer erkennbar sein, ob auf redaktionelle oder werbliche Inhalte verwiesen wird[3].

Die Verweisung per **Link** aus dem Text heraus auf Bezugsquellen stellt nicht bereits als solche einen Verstoß gegen das Trennungsverbot dar, wenn erkennbar bleibt, ob es sich um einen redaktionellen Hinweis handelt[4]. Auch bei gewerblichen Anzeigen mit Domain-Namen ist auf den gewerblichen Charakter der Anzeige hinzuweisen, außer, der durchschnittlich informierte, verständige Verbraucher kann keinen Zweifel am gewerblichen Charakter haben[5]. Links auf fremde Webseiten mit Werbeinhalten, die von einer ausländischen Schwestergesellschaft erstellt wurden, sind demjenigen Unternehmen zuzurechnen, das den Link setzt und nach **deutschem** Wettbewerbsrecht zu beurteilen, da bzw. wenn die Seite in Deutschland abrufbar ist[6]. Der verweisende Anbieter ist auch dann verantwortlich, wenn die anderen Webseiten[7] mit dem unzulässigen Inhalt erst durch weiteres Aktivieren von Links erscheinen[8]. Links aus redaktionellem Text auf Werbeinhalte verstoßen gegen das Trennungsverbot, wenn die Verweisung auf die Werbung nicht als solche kenntlich gemacht wird[9].

Gleiche Grundsätze gelten auf redaktionell verwaltete **Suchmaschinen** im Internet, die erreichbare Inhalte über Baumstrukturen aufschlüsseln. Auf den jeweiligen Auflistungsseiten wird hier oft Werbung eingefügt, die als solche zu kennzeichnen ist. Für den Leser muss z.B. erkennbar sein, ob auf redaktionelle Inhalte oder auf Firmenangebote verwiesen wird.

Bannerwerbung mit vermeintlichen Windows-Fehlermeldungen, die auf eine Anbieterseite umleiten, dürfte grundsätzlich nach den §§ 3 und 4 Nr. 1 UWG unzulässig sein[10] ; jedenfalls verletzen sie das Trennungsgebot[11]. Das kontextsensitive Einstellen von Bannerwerbung auf die Interessen bestimmter Nutzer(gruppen) wurde hingegen als zulässig angesehen[12].

---

1 BGH GRUR 1968, 382 – Favorit II; OLG Celle GRUR 1959, 191.

2 OLG Stuttgart WRP 1955, 241, 245; OLG Düsseldorf, BB 1962, 1059 und WRP 1972, 145.

3 Ähnlich *Gummig*, ZUM 1996, 573, 582.

4 Zur Problematik s.n. *Gummig*, ZUM 1996, 573, 582.

5 LG Essen, Urt.v.20.6.2002 – 43 O 50/02, JurPC Web-Dok. 185/2003 – gubin.de.

6 LG Frankfurt, Urt.v.27.5.1998 – 3/12 O 173/97, www.computerrechtintern.de/jan/ci99000601.html.

7 *Schmittmann*, Werbung im Internet, 19.

8 LG Frankfurt, Urt.v.27.5.1998 – 3/12 O 173/97, CR 1999, 45. Das Gericht sah den *Link* selbst als eigenen Inhalt an.

9 Ähnlich wohl Bettinger/*Leistner*, Werbung und Vertrieb im Internet, Teil 1 A, Rdn. 56, nach dem jedoch nur unentgeltliche Links zulässig sein sollen. Entscheidend ist aber wohl eher die Durchführung einer transparenten Trennung, da in diesem Falle der Link (wie eine in einem redaktionellen Zeitungstext eingefügte Kleinanzeige) selbst schon Werbung darstellt und also vergütet erfolgen kann.

10 Zu solchen FUI (Fake User Interface) Dialogs s. *Lober*, c't 2002, Heft 26, 62.

11 Bettinger/*Leistner*, Werbung und Vertrieb im Internet, Teil 1 A, Rdn. 51.

12 Bettinger/*Leistner*, a.a.O., Rdn. 52.

c) Zulässigkeit von Maßnahmen zur Kontrolle oder Verhinderung der Werbung im Web

Zunächst ist kein Nutzer verpflichtet, Werbung zur Kenntnis zu nehmen. Derartige Zwangswerbung wäre wohl auch nicht sehr produktiv. Dieser Ansatz umschließt auch einen Abwehranspruch gegen unverlangte Werbung. Der Nutzer muss selbst frei entscheiden können, ob er Werbeinhalte zur Kenntnis nehmen will. Geschützt sind nicht nur einzelne Nutzer, sondern auch Nutzermehrheiten, z.B. die Gruppe der Teilnehmer einer Newsgroup, die weltweit verteilt sein können.

Nicht zu folgen ist der Auffassung, dass der Einsatz von **Werbeblockern** zu einer unzulässigen Veränderungen der werbenden Webseiten darstelle[1]. Wird eine Webseite ohne Banner heruntergeladen, kann hierin ein teilweises Vervielfältigen gesehen werden, dass erst recht zulässig sein muss, wenn sogar das vollständige Kopieren zulässig ist[2]. Auch wird das Werkexemplar auf dem Serverrechner, von dem der Download aus erfolgt, nicht verändert.

Weiter begründen Banner Dritter in der Regel nicht den Urheberrechtsschutz an einer Seite, in der diese Banner dargestellt werden[3].

Unzulässig (im Sinne von § 3 UWG / § 1 UWG a.F.) sind andererseits Bestrebungen, die Werbung von Mitbewerbern zu behindern, etwa durch Zerstören, Überkleben oder Überdecken von Werbeplakaten oder -aufdrucken[4].

Gleiches muss für technische Maßnahmen gelten, um den Zugriff auf fremde Websites zu behindern, von denen aus zulässige Werbung betrieben wird. Möglich sind hier verschiedene Blockadetechniken sowie Versuche, durch eine Flut von E-Mails die Seite schlicht und einfach „zuzuschütten“ (*bombing*), so dass dieser mangels Speicherkapazität nicht mehr arbeiten kann.

Ist der Behindernde kein Mitbewerber bzw. überhaupt nicht geschäftlich handelnd, können die Betroffenen zwar nicht aus dem Wettbewerbsrecht, jedoch aus den §§ 1004, 823 Abs. 1 BGB Abwehransprüche zustehen. Unberechtigte Warnungen vor Waren von Mitbewerbern sind ebenfalls wettbewerbswidrig. Anbieter dürfen also nicht ihre Browser-Software anpreisen und gleichzeitig diejenige eines Konkurrenten unberechtigt als unsicher schildern.

Abwehransprüche des Werbenden können sich gegen Sperrmaßnahmen richten, die den Zugriff anderer auf die Werbung einschränken oder blockieren. Gleiches gilt sinngemäß für das Vertreiben sog. „*killfile*“-Programme[5]. *Black Lists*, in denen Anbieter angeführt werden, die unzulässig werben, dürfen grundsätzlich erstellt und auch im Netz verfügbar gemacht werden, wenn die inhaltlichen Angaben zutreffend sind.

d) Werbeverbote im Internet

(1) Produktspezifische Werberegelungen

Untersagt ist **krankheitsbezogene Werbung**, etwa mit Krankengeschichten oder Angstgefühle hervorrufenden Aussagen, im Hinblick auf Beseitigen, Lindern oder

1 So *Apel/Steden*, WRP 2001, 112, 114.

2 *Schmittmann*, Werbung im Internet, 124.

3 *Schmittmann*, MMR 2001, 792, 795; *Schmittmann*, Werbung im Internet, 123.

4 Baumbach/Hefermehl/*Köhler*, Wettbewerbsrecht, § 4 UWG Rdn. 10.71.

5 S. etwa: ftp. cs. columbia.edu (killfile-faq).

Verhüten von Krankheiten (§ 18 LMBG), während gesundheitsbezogene Werbung gestattet ist[1]. Verboten ist weiter die Werbung für **Tabakerzeugnisse** unter den Voraussetzungen des §§ 22, 23 LMBG. Dieses Werbeverbot wurde auch für als Rundfunk zu qualifizierende Mediendienste bejaht[2].

Für **Weine** darf nicht mit irreführenden Qualitäts- oder Herkunftsbezeichnungen geworben werden (§ 46 Wein-Gesetz).

Werbung für ein in Deutschland nicht zugelassenes Internet-**Glücksspiel** verstößt gegen die §§ 284 Abs. 1, 287 Abs. 1 StGB und stellt damit zugleich einen sittenwidrigen Wettbewerbsverstoß gemäß § 1 UWG dar[3]. Dies gilt nach Auffassung des Gerichtes auch, wenn das Glücksspiel in einem anderen Staat (hier in Großbritannien als Sitzstaat des Veranstalters) zugelassen wurde.

In den **USA** kontrollieren die Food and Drug Administration (FDA) und die Federal Trade Commission (FTC) die Werbung für Pharmazeutika, wobei die FDA primär für die Kontrolle verschreibungspflichtiger Medikamente zuständig ist[4].

(2) Richtlinien für Werbung im Internet

(aa) ICC-Richtlinien

Unmittelbar auf das Web bezogen sind die „ICC Guidelines on Advertising and marketing on the Internet“[5]. Sie fordern zur Einhaltung der Gesetze und besonderen Regeln bestimmter Nutzergruppen, Offenlegung der Identität der Werbenden und zusätzlicher Telekommunikationskosten auf. Außerdem sind Datenschutzrechte der Nutzer vorgesehen und Einschränkungen bei Werbung für Kinder.

Die Richtlinien der ICC (Internationalen Handelskammer, Paris – International Chamber of Commerce, ICC) haben zwar keinen rechtlich verbindlichen Charakter, sondern sollen nur ein „Instrument der freiwilligen Selbstdisziplin“ sein, jedoch auch dazu dienen, vor den Gerichten im Rahmen der jeweiligen nationalen Gesetze „als Bezugsdokument“ verwendet zu werden[6]. Die Regeln legen damit inhaltliche Maßstäbe für die grenzüberschreitende Werbepraxis fest, die grundsätzlich auch von Diensteanbietern im Internet zu berücksichtigen sind. Einige wesentliche Regelungspunkte werden im folgenden knapp zusammengestellt:

- Inhalte dürfen in Text und Bild nicht gegen allgemein anerkannte gute Sitten verstoßen (Art. 1).
- Werbung soll das Vertrauen oder den Mangel an Erfahrung oder Kenntnissen des Verbrauchers nicht mißbrauchen (Art. 2).
- Werbung darf weder (ohne rechtfertigenden Grund) Angstgefühle nutzen oder wecken (Art 3 Ziff. 1) noch soll sie den Aberglauben ausnutzen (Art. 3 Ziff. 2).

---

1 Hoeren/Sieber/*Marwitz*, Handbuch Multimedia-Recht, Teil 11.2, Rdn. 116.

2 *Hoeren*, Internetrecht, 182, unter Bezug auf die im Internet empfangbaren Sendungen etwa von Bayern 5 oder vom SWF3.

3 OLG Hamburg, Urt.v.5.6.2002 – 5 U 74/01, CR 2003, 56.

4 *Reichertz*, Legal Restrictions on the Promotion of Pharmaceutical Products and Services on the Internet (http://www.arentfox.com/telemed/articles/advpharma.html).

5 Die Guidelines sind verfügbar unter www.iccwbo.org/home/statements_rules/ rules/1998/internet_ guidelines.asp.

6 Verhaltensregeln, Einleitung, 3. Absatz.

- Werbung darf nicht enthalten, was Gewalttaten fördert oder sie unterstützt (Art. 3 Ziff. 3).
- Werbung soll keine den Verbraucher irreführenden Inhalte enthalten (Art. 4), Vergleiche in nicht irreführender und tatsachenbegründender Weise durchführen (Art. 5), Wettbewerber weder direkt noch indirekt herabsetzen (Art. 7), den Schutz des Privatlebens achten (Art. 8) und andere Werbung nicht nachahmen (Art. 10), sowie Rücksicht auf Belange von Kindern und Sicherheit von Produkten nehmen (Art. 12).
- Werbemaßnahmen sollen als solche klar erkennbar sein und entsprechend gekennzeichnet werden (Art. 11).

(bb) ZAW-Richtlinien

Der Zentralausschuss der Werbewirtschaft ZAW hat „Richtlinien für redaktionelle Hinweise in Zeitungen und Zeitschriften“ herausgegeben,[1] die von Verlegern in Geschäftsanweisungen an ihre Redaktionen aufgenommen werden sollen. Die Richtlinien sind entsprechend auch auf Anbieter von redaktionell bearbeitenden Internet- und Online-Diensten in Kommunikationsnetzen anwendbar. Die Richtlinien enthalten Grundsätze zur redaktionellen Gestaltung von Hinweisen zu Sport, kulturellen und Reiseveranstaltungen, Lotterien, Buchbesprechungen etc.

Die ZAW-Richtlinien vom 9.4.1964 (ergänzt um eine Klarstellung vom Januar 1967) enthalten außerdem Grundsätze für redaktionell gestaltete Anzeigen, insbesondere zur klaren Trennung von redaktionellem und Werbeteil und zur zusätzlichen Kennzeichnung von Anzeigen.

(cc) Standesrechtliche Werberegelungen

Allgemein sind die Grenzen zulässiger Außendarstellung im Internet nicht enger zu ziehen als außerhalb des Internet[2].

Ärzte dürfen nach § 27 Abs. 2 MBO sachlich und berufsbezogen informieren, etwa auch über erworbene Qualifikationen[3], bestimmte Therapien[4], aber nicht Eintragungen in Internet-Gästebüchern[5]. Für das Praxisschild zugelassene Information dürfen auch der Webseite präsentiert werden, ebenso sachliche Informationen medizinischen Inhaltes[6] und Hinweise auf Tätigkeitsschwerpunkte sowie Sympathiewerbung im Rahmen eines emotional geprägten Vertrauensverhältnisses zwischen Arzt und Patient[7].

---

1 Baumbach/Hefermehl/*Köhler/Bornkamm*, Wettbewerbsrecht, Anh. III. 20..

2 BVerfG, Beschl. v. 26.8.2003 – 1 BvR 1003/02, NJW 2003, 3470.

3 Ausf. *Schmittmann*, Werbung im Internet, 307 ff.

4 OLG Koblenz, Urt.v. 30.5.2000 – 4 U 192/000, OLGR 2000, 394, zit. nach *Schmittmann*, Werbung im Internet, 308.

5 OLG Nürnberg, Urt.v.23.3.1999 – 3 U 3977/98, NJW 1999, 216; *Schmittmann*, Werbung im Internet, 321.

6 Hoeren/Sieber/*Marwitz*, Handbuch Multimedia-Recht, Teil 11.2, Rdn. 158.

7 BGH, Urt.v.9.10.2003 – I ZR 167/01, CR 2003, 129 = JurPC Web-Dok. 57/2004 – Arztwerbung im Internet.

Zahnärzte ist berufswidrige Werbung und Anpreisung untersagt[1]. Zulässig ist eine interessengerechte und sachangemessene Information, die keinen Irrtum erregt[2], aber auf das Arzt-Patient-Vertrauensverhältnis bezogen sein kann[3]. Ein Zahnarztsuchservice darf zulässig betrieben werden[4]. Auch **Kliniken** dürfen in sachangemessene Form werben und über ihr Angebot unterrichten[5].

Für **Rechtsanwälte** ist nach §§ 43 b BRAO, 6 Abs. 1 BORA Werbung nur zulässig als nach Form und Inhalt sachliche Unterrichtung über die berufliche Tätigkeit oder allgemeine rechtliche Themen[6]. Werbung ist grundsätzlich im Rahmen der grundgesetzlich verbürgten Meinungs- und Berufsausübungsfreiheit nicht verboten[7], darf nicht auf Erteilung eines Auftrages ausgerichtet sein und muss sich auf berufsbezogene Angaben beschränken[8]. Webseiten dürfen farblich gestaltet sein[9]. Fotos von Anwalt und Kanzleisitz dürfen auf der Homepage präsentiert[10], ebenso Schwerpunkte (und zwar ausführlicher als auf dem Briefbogen[11]) und Referenzmandante (aber nur bei deren Einwilligung) genannt werden[12]. Zulässig sind Angaben zu Tätigkeitsbereich und Tätigkeitsschwerpunkt[13], aber nicht reklamehafte Anpreisungen ohne sachlichen Gehalt und auch nicht Qualitätsaussagen[14], jedoch immerhin Hinweise auf Erfolgsaussichten einer Klage in einem bestimmten Bereich (Kapitalanlage) mit Möglichkeit zur Vollmachtserteilung[15]. Unzulässig ist das Führen eines virtuellen Gästebuches, das jedem Internet-Nutzer zugänglich ist und in das Mitteilungen eingetragen werden können[16]. Werbung mit Sprachwitz kann zulässig sein[17]. **Werbebanner** Dritter auf der eigenen Homepage wurden als unzulässig angesehen, eigene Werbebanner auf der Homepage Dritter als zulässig, jedoch nicht als aufdringliche Pop-ups[18]. Links zu

1 LG Trier, Urt.v.30.12.1997 – 7 HO 100/07, CR 1998, 303.

2 BVerfG, Beschl. v. 26.8.2003 – 1 BvR 1003/02, NJW 2003, 3470.

3 BGH, Urt.v.9.10.2003 – I ZR 167/01, NJW 2004, 440.

4 BVerfG, Beschl.v. 18.10.2001 – 1 BvR 881/00, CR 2002, 539 = MMR 2002, 159 = NJW 2002, 1864.

5 BVerfG, Beschl.v.17.7.2003 – 1 BvR 2115/02, Pressemitt. Nr. 65/2003 v. 7.8.2003.

6 BGH, Urt.v.1.3.2001 – I ZR 300/98, DB 2001, 2043 = BRAK-Mitt. 2001, 189 – Anwaltswerbung II; LG Berlin, Urt.v. 7.3.2000 – 15 O 496/99, JurPC Web-Dok. 87/2001.

7 BGH NJW 2001, 2886f = BRAK-Mitt. 2001, 229f.

8 Ausf. zum generellen Problemkreis *Dahns/Krauter*, BRAK-Mitt. 2004, 2. Im vorliegenden Rahmen kann nur auf wesentliche *internet*bezogene Aspekte eingegangen werden.

9 *Schneider*, MDR 2000, 133; Gounalakis/*Backhaus*, Rechtshandbuch Electronic Business, § 26 Rdn.21.

10 *Dahns/Krauter*, BRAK-Mitt. 2004, 2.

11 So *Dahns/Krauter*, BRAK-Mitt. 2004, 2, 3, die es als zulässig ansehen, dass auf der Homepage mehr Schwerpunkte und/oder ausführlichere Angaben zu diesen gemacht werden als nach § 7 Abs. 1 BORA auf dem Briefkopf zulässig. Freilich kann § 7 Abs. 1 BORA dann dadurch unterlaufen werden, dass im Briefkopf auf die Homepage und die dortigen Angaben zu den Schwerpunkten verwiesen wird.

12 *Dahns/Krauter*, BRAK-Mitt. 2004, 2.

13 BGH GRUR 1996, 365 – Tätigkeitsschwerpunkte.

14 OLG Köln, NJW 1999, 63 („Ihre Rechtsfragen sind unsere Aufgabe"); LG Duisburg, MDR 1998, 802 („Fairness, Zuverlässigkeit und Spitzenqualität treffen Sie hier an"); LG Berlin, MMR 2000, 490.

15 OLG Hamburg, Urt.v. 26.2.2004 – 3 U 82/02, NJW 2004, 1668.

16 OLG Nürnberg, CR 2000, 243 – Virtuelles Anwaltsgästebuch; Gounalakis/*Backhaus*, Rechtshandbuch Electronic Business, § 26 Rdn.21 m.w.N.

17 BVerfG, Urt.v. 12.9.2001 – 1 BvR 2265/00, NJW 2001, 3324 für den Werbesatz: „So kommen Sie zu Ihrem Recht."

18 *Dahns/Krauter*, BRAK-Mitt. 2004, 2, 4.

Informationen gelten als zulässig, wenn diese fachbezogen oder sonst sachlich sind[1]. **Standesrechtliche Werbeverbote**[2] bestehen für Werbung mit Interessenschwerpunkten als amtswidrige Werbung bei Anwaltsnotar[3], ein Anwalts„gästebuch“ auf Homepage,[4], das Verwenden der Domain „www.anwalt-hannover.de“ als Kanzleiadresse[5], telefonische Rechtsberatung über Hotline gegen Zeitvergütung, Werbung für Anwaltsverzeichnis in T-Online[6], Werbung für „Bau-/Mietrecht Online-Beratung“[7] oder die Domain „immobilien-anwalt.de“[8] oder aber Qualitätswerbung[9]. Die Verwendung generischer Domain-Namen ist wettbewerbsrechtlich nicht von vornherein unzulässig, auch bei (technisch bedingter) Kanalisierung von Kundenströmen[10].

Nach § 1 UWG wettbewerbswidrige und nach § 1 Abs. 1 S. 1 **RBerG** unzulässig ist die Vermittlung der Herstellung einer telefonischen Verbindung zu einer „Anwalts-Hotline“[11]; das Wettbewerbsverhältnis besteht zu jedem anderen Rechtsanwalt in Deutschland[12]. Unzulässig ist auch ein Metatag in einer Webseite mit dem Begriff „Testamentsvollstreckung“ (nach Art. 1 § 1 S. 1 RBerG)[13], ebenso die Verwendung der Domain „rechtsanwaelte.com“ durch ein Unternehmen, das keine Rechtsberatung betreibt[14]. Als **irreführend** wurde die Domain „anwalt-hannover.de“ eingestuft, da unter dieser Adresse nicht die Webseite eines einzelnen Anwaltes, sondern eine Übersicht über diverse anwaltliche Beratungsangebote innerhalb eine Stadt erwartet werde[15], ebenso die Domain „rechtsanwaelte.de“[16].

Als z**ulässig** betrachtet wurde hingegen das Verwenden der Internetadresse „recht-freundlich.de“ durch Anwaltskanzlei[17]**,** ebenso die Verwendung der Domains „rechtsan-

---

1 *Dahns/Krauter*, BRAK-Mitt. 2004, 2, 4.

2 Ausf. s. *Schulte/Schulte*, MMR 2002, 585.

3 OLG Celle, Beschl.v. 15.1.2001 – Not 12/00, NJW-RR 2001, 1721.

4 LG Nürnberg-Fürth, Urt.v.20.5.1998 – 3 O 1435/98, (www.online-recht.de) und OLG Nürnberg, Urt.v. 23.3.1999 – 3 U 3977/98, CR 2000, 243 = MMR 1999, 489 = JurPC Web-Dok. 23/2000.

5 OLG Celle, Urt.v.29.3.2001 – 13 U 309/00, MMR 2001, 531, da der Eindruck einer lokalen Suchmaschine erweckt werde.

6 OLG Köln, Urt.v.20.8.1997 – 6 U 49/97, MMR 1999, 37

7 OLG München, Urt.v.19.12.2002 – 29 U 3722/02, JurPC Web-Dok. 192/2003 (Verstoß gegen § 7 BORA).

8 AnwG Hamm, Beschl.v.27.6.2002 – BRAK-Mitt. 2002, 286.

9 LG Berlin, Urt.v.7.3.2000 – 15 O 496/99, JurPC Web-Dok. 87/2001 (für den Werbesatz: „Fairneß, Zuverlässigkeit und Spitzenqualität finden Sie hier“).

10 BGH, BRAK-Mitt. 2003, 82 – presserecht.de; BGH, BRAK-Mitt. 2003, 22 – rechtsanwaeltenotar.de; a.A. östOGH, MMR 2003, 789 – scheidungsanwalt.at. Ausf. s. *Karl*, BRAK-Mitt. 2004, 5ff.

11 KG, Urt.v.11.1.2000 – 5 U 7694/98, GRUR-RR 2001, 16 = JurPC Web-Dok. 59/2000 – Rechtsanwalts-Hotline.

12 AG Stuttgart, Urt.v.4.6.2002 – 1 C 2871/02, MMR 2002, 766.

13 LG Hamburg, Urt.v.22.5.2001 – 312 O 145/01, MMR 2001, 624.

14 OLG Hamburg, Urt.v.2.5.2002 – 3 U 303/01, NJW-RR 2002, 1582 (Verstoß gegen Irreführungsverbot des § 3 UWG); a.A. LG Mannheim, Urt.v.24.8.2001 – 7 O 189/01, NJW-RR 2002, 1580.

15 OLG Celle, Urt.v.29.3.2001 – 13 U 309/00, MMR 2001, 531 = NJW 2001, 2100 – anwalt-hannover.de; ähnlich LG Köln, Beschl.v. 7.9.1998 – 31 O 723/98, zit. nach *Müller*, WRP 2002, 160, 163 Fn. 30.

16 LG München I, NJW 2001, 2100 = MMR 2001, 179.

17 OLG Celle, Urt.v.23.8.2001 – 13 U 152/01, CR 2001, 857 (Werbung, die aber nicht gegen BRAO, BORA verstößt), Vorinstanz LG Hannover, Urt.v.18.4.2001 – 22 O 1849/01-55, MMR 2001, 630.

waelte-notar.de“[1], „presserecht.de“[2] und „gigarecht“ für Rechtsberatungs-Service[3], die Angabe von Tätigkeits- oder Beratungsschwerpunkten[4] oder auch Interssenten-schreiben[5] auf der Homepage, aber ohne Selbsteinschätzung[6] oder ein Online-Rechtsberatungsangebot, wenn der Rechtssuchende zunächst durch einen Kostenvoranschlag eine zulässige Preisangabe erhält[7].

Die Berufsbezeichnung „Rechtsanwalt“ ist gesetzlich geschützt (§ 132 a StGB)[8]. Marken- und wettbewerbsrechtlich zulässig ist die Verwendung der Domain „rechtsbeistand.info“ für einen Suchdienst für Rechtsanwälte, Rechtsbeistände, Notare und Steuerberater[9].

Notare dürfen in Domain-Namen keine Begriffe verwenden, die eine gleichartige Beziehung zu anderen Notaren aufweisen und nicht mit individualisierenden Zusätzen versehen sind. Dies gilt insbesondere für Domain-Namen, die notarbezogene Gattungsbegriffe ohne individualisierenden Zusatz enthalten oder mit Bezeichnungen von Gemeinden oder sonstigen geographischen oder politischen Einheiten kombinieren, es sei denn, die angegebene Gemeinde oder Einheit liegt im Amtsbereich keines anderen Notars[10].

Steuerberater sind nach den §§ 57 a StBerG, 10 BO nur zu sachlich zutreffender und objektiver Werbung berechtigt. Ähnliches gilt für Wirtschaftsprüfer (§§ 52 WPO, 34 Abs. 2 Berufssatzung.

5. Wettbewerbsrechtliche Ansprüche gegen die Benutzung Gattungsbezeichnungen als Domain-Namen

Abwehransprüche gegen die Benutzung von Domain-Namen können sich (kumulativ neben Kennzeichenrecht) auch aus Wettbewerbsrecht ergeben[11]. Hier ist die „Mitwohnzentrale“-Entscheidung des Bundesgerichtshofes von grundlegender Bedeutung. Der BGH stufte die Verwendung rein beschreibender Begriffe[12] bzw. **Gattungsbegriffe** als Domain-Bezeichnung als **nicht** generell **wettbewerbswidrig** im Sinne von § 1 UWG

---

1 BGH, Beschl.v. 25.11.2002 – AnwZ (B) 8/02, CR 2003, 354.

2 BGH, Beschl.v. 25.11.2002 – AnwZ (B) 41/02, CR 2003, 355.

3 LG Berlin, Urt.v.20.2.2001 – 15 O 519/00, NJW-RR 2001, 1719 – gigarecht.de (Verstoß gegen anwaltliches Werbeverbot und allgemeines Wettbewerbsrecht verneinend.

4 OLG Hamburg, Urt.v. 3.7.2002 – 5 U 135/01, NJW 2002, 3183 (kein Verstoß gegen die §§ 43 b BRAO, 6 BORA; AG Stuttgart, Urt.v. 4.6.2002 – 1 C 2871/02, CR 2002, 920 = MMR 2002, 766 = NJW 2002, 2572 (zulässig nach § 6 Abs. 2 BORA).

5 OLG München, Urt.v.20.12.2001 – 29 U 4592/01, CR 2002, 530 = MMR 2002, 554 = NJW 2002, 760.

6 LG Berlin, MMR 2000, 490.

7 OLG Braunschweig, Urt.v. 12.9.2002 – 2 U 24/02, CR 2003, 611.

8 OLG Hamburg, Urt.v. 2.5.2002 – 3 U 303/01, MMR 2002, 824 = NJW-RR 2002, 1592 – rechtsanwalt.com.

9 LG Berlin, Urt.v. 18.6.2003 – 97 O 80/03, NJW 2004, 1254 – rechtsbeistand.info.

10 Rundschreiben Nr. 26/2003 der Bundesnotarkammer v. 23.5.2003, www.bnotk.de/bnotk-service/.

11 LG München I, Urt.v. 6.3.2000 – 7 HKO 2775/00, JurPC Web-Dok. 133/2000 – (my)intershop (bereits die Reservierung als Benutzungshandlung ansehend).

12 *v. Hellfeld*, Gattungsdomains – eine Nachlese, in: *Hohl/Leible/Sosnitza*, Domains, Frames und Links, 2002, 31, 39 weist zutreffend darauf hin, dass reine Gattungsbezeichnungen (wie „Bäckerei GmbH“) auch als Unternehmenskennzeichen nicht schutzfähig und beim Registergericht nicht eintragungsfähig sind.

a.F. (nun § 3 UWG) ein, doch kann im Einzelfall eine irreführende, weil unzutreffende **Alleinstellungsbehauptung** vorliegen[1]. Wettbewerbswidrigkeit setzt zusätzlich voraus, dass gezielt der Zweck verfolgt wird, den Mitbewerber an seiner Entfaltung zu hindern und ihn dadurch zu verdrängen, oder zumindest die Behinderung doch derart sein, dass der beeinträchtigte Mitbewerber seine Leistung am Markt durch eigene Anstrengung nicht in angemessener Weise zur Geltung bringen kann[2]. Nicht jede **Kanalisierung** durch einen beschreibenden Domain-Namen stellt, nach dem BGH, eine solche Beeinträchtigung dar. Wenn der Nutzer nicht eine Suchmaschine zur Suche verwende (die eine Trefferliste ausweist), sondern einen Gattungsnamen direkt eingibt, sei er sich grundsätzlich über den Nachteil dieser Suchmethode im Klaren. „Er ist sich bewusst, dass es auf Zufälle ankommen kann (etwa auf die Schreibweise mit oder ohne Binde- oder Unterstreichungsstrich), ob er auf diese Weise das gesuchte Angebot findet." Lade der fragliche Gattungsbegriff nicht zur Annahme einer Alleinstellung des auf diese Weise gefundenen Anbieters ein, „erkennt der Internet-Nutzers auch, dass er mit dieser Suchmethode kein vollständiges Bild des Internet-Angebotes erhält. Verzichtet er aus Bequemlichkeit auf eine weitere Suche, liegt darin keine ursächliche Beeinflussung"[3]. Bezeichnungen wie „www.auto-vermietung.de"[4] oder „www.rechts-anwaelte.de"[5] würden nicht der irreführenden Eindruck einer Alleinstellung hervorrufen, da der Verkehr von vornherein erkenne, dass die gefundene Homepage eines Anbieters nicht das gesamte Angebot repräsentiere[6]. Es liege in der Verwendung einer Gattungsbezeichnung als Domain-Namen auch kein unlauteres Abfangen von Kunden, da dieses nur gegeben sei, wenn sich der Werbende gewissermaßen zwischen den Mitbewerber und dessen Kunden stellt, um diesen eine Änderung des Kaufentschlusses aufzudrängen, während durch jene Verwendung allein auf den eigenen Vorteil gerichtet sei, nicht aber bereits dem Wettbewerber zuzurechnende Kunden einwirke[7]. Für

---

1 BGH, Urt.v.17.5.2001 – I ZR 216/99, GRUR 2001, 1061 = NJW 2001, 3262 = JurPC Web-Dok. 219/2001 – Mitwohnzentrale.de. Vorinstanzen OLG Hamburg, Urt.v.13.7.1999 – 3 U 58/98, CR 1999, 779 = MMR 2000, 40 = JurPC Web-Dok. 34/2000; LG Hamburg, Urt.v.21.1.1998 – 315 O 531/97, JurPC Web-Dok. 181/2000. Der BGH hatte den Rechtsstreit zur weiteren Verhandlung an das OLG Hamburg zurückverwiesen. Das OLG Hamburg, Urt.v. 6.3.2003 – 5 U 186/01, CR 2003, 605 = MMR 2003, 537 = JurPC Web-Dok. 165/2003 – Mitwohnzentrale II entschied nunmehr, dass bei der Prüfung einer möglichen unzutreffenden Alleinstellungsberühmung nicht allein auf die Bezeichnung der Domain abzustellen ist, sondern auf den dahinterstehenden Internet-Auftritt. Das Gericht lehnte i.ü. eine Irreführung mit dem Argument ab, dass, selbst wenn seinerzeit Irreführungsgefahr bestanden habe, im Anschluss an das Urteil vom 13.7.1999 und die BGH-Entscheidung eine nicht auf juristische Fachkreise beschränkte Diskussion jedenfalls zu einer „veränderten Erkenntnislage der angesprochenen Verkehrskreise" führte.

2 BGH, Urt.v.17.5.2001, a.a.O., 3263.

3 BGH, Urt.v.17.5.2001, a.a.O., 3263.

4 Das OLG München, Urt.v.19.4.2001 – 29 U 5725/OO, MMR 2001, 615 – autovermietung.com sah in dieser Bezeichnung keine unzulässige Behinderung im Sinne einer unlauteren Kanalisierung, da dem durchschnttlich informierten, aufmerksamen und verständigen Nutzer bewusst ist, dass er bei Eingabe eines normalen Gattungsbegriffes auch nur auf das Angebot eines einzelnen Anbieters stoßen kann.

5 Das LG München I, Urt.v.16.11.2000 – 7 O 5570/00, CR 2001, 128 = NJW 2001, 2100 – rechtsanwaelte.de hatte eine wettbewerbswidrige Behinderung des Leistungsbewerbes durch Kanalisierung der Kundenströme angenommen. Ähnlich LG Köln, Urt.v. 10.10.2000 – 33 O 286/00, JurPC Web-Dok. 22/2001. Kein unlauteres Abfangen von Kunden wurde in der Verwendung der Domain „anwalt-muelheim.de" gesehen (LG Duisburg, Urt.v.10.1.2002 – 21 O 201/01, NJW 2002, 2114).

6 BGH, Urt.v.17.5.2001, a.a.O., 3263.

7 BGH, Urt.v.17.5.2001, a.a.O., 3263/3264 (es gehe „nicht um ein Ablenken, sondern um ein Hinlenken von Kunden", mit LG Hamburg CR 1999, 617, 618).

derartige Begriffe bestehe auch kein Freihaltebedürfnis für beschreibende Angaben i.S.v. § 8 Abs. 2 Nr. 2 MarkenG, da hierdurch letztlich die Suchfunktion bei direkter Namenseingabe zerstört würde[1]. Missbräuchlich könne die Registrierung eines Gattungsbegriffes aber sein, wenn zugleich andere Schreibweisen des registrierten Begriffes unter derselben TLD mitregistriert werden[2].

Allerdings kann in der (Gattungs-)Bezeichnung eine **irreführende** Werbung i.S.v. § 3 UWG a.F. zu sehen sein[3]. In der „mitwohnzentrale"-Entscheidung konnte der BGH diese Frage offenlassen, bestätigte aber die grundsätzliche Möglichkeit einer Irreführung durch Gattungsbezeichnungen, sah es jedoch zur Vermeidung der Irreführung als ausreichend an, wenn ein Hinweis erfolgt, dass (im zu entscheidenden Fall) noch andere Mitwohnzentralen existieren. Irregeführt wird der Nutzer, der unter der Domain „drogerie.de" einen Baustoffhändler findet[4].

In der Verwendung eines Gattungsbegriffes kann eine wettbewerbswidrige Spitzenstellungswerbung zu sehen sein, wenn der Internetnutzer mit der verknüpften Bezeichnung von vornherein einen bestimmten Anbieter verbindet, etwa auf Grund der Vereinnahmung eines Stadtnamens[5]. Auch wurde untersagt, unter dem Begriff „Hauptbahnhof", der von der Deutschen Bahn und ihren Rechtsvorgängerinnen geprägt wurde, ein Internet-Forum einzurichten, da dies Grundsätze eines fairen Leistungswettbewerbs verletzt (§ 1 UWG)[6]. Nicht wettbewerbswidrig ist hingegen ein Internetdienst, der Interessenten zusammenführt, um verbilligte Gruppentarife aus dem Deutsche Bahn-Angebot zu nutzen, da weder ein unlauterer Behinderungswettbewerb zum Kartenverkauf durch die DB erfolgt noch wettbewerbswidrig fremde Leistungen übernommen werden[7]. Abgelehnt wurde eine Irreführung bezüglich der Bezeichnung „Rechtsbeistand", da der Verkehr nicht davon ausgehe, dass es sich beim Verwender um einen Angehörigen dieses Berufs handle[8], ebenso bezüglich der Bezeichnung „Auktion" oder „Versteigerung" für Verkäufe gegen Höchstgebot im Internet, auch wenn sie nicht als

---

1 BGH, Urt.v.17.5.2001, a.a.O., 3264 unter Ablehnung der entsprechenden Entscheidungen LG München I, Urt.v. 16.11.2000 – 7 O 5570/00, NJW 2001, 2100 = JurPC Web-Dok. 27/2001 – rechtsanwaelte.de und LG Köln, MMR 2001, 55f – zwangsversteigerungen.de, die annahmen, dass die angesprochenen Verkehrskreise auf Webseiten mit Gattungsbezeichnungen einen repräsentativen Marktüberblick erwarten würden, ähnlich OLG Hamburg, Urt.v. 13.7.1999 – 3 U 58, JurPC Web-Dok. 34/2000; eine solche Erwartung ablehnnend hingegen OLG Hamm, Urt.v. 2.11.2000 – 4 U 95/00 – sauna.de.

2 BGH, Urt.v.17.5.2001, a.a.O., 3265.

3 BGH, Urt.v.17.5.2001 – I ZR 216/99, GRUR 2001, 1061 = NJW 2001, 3262 = JurPC Web-Dok. 219/2001 – Mitwohnzentrale.de (Irreführung offenlassend); OLG Celle, Urt.v.29.3.2001 – 13 U 309/00, JurPC Web-Dok. 145/2001 – anwalt-hannover.de (noch vor der „Mitwohnzentrale"-Entscheidung des BGH ergangenes Urteil). Ähnlich bereits *Kur*, CR 1996, 325, 329.

4 LG Frankfurt, Urt.v.23.3.2001 – 3/12 O 4/01, MMR 2001, 542 = JurPC Web-Dok. 186/2001 – drogerie.de.

5 OLG Hamm, Urt.v. 18.3.2003 – 4 U 14/03, CR 2003, 522 = GRUR 2003, 289 – Tauchschule Dortmund. Der BGH wies die Beschwerde gegen die Nichtzulassung der Revision am 28.11.2003 zurück (heise online 28.11.2003, heise.de/newsticker/data/ad-17.05.03-000 und CR 2004, 77). *Beckmann* (CR 2003, 524) bezweifelt in einer Urteilsanm. zu Recht, dass ein durchschnittlich informierter, aufmerksamer und verständiger Internetnutzer die streitgegenständliche Domain automatisch mit dem größten Anbieter vor Ort assoziiert.

6 LG Köln, Urt.v.23.9.1999 – 31 O 522/99, MMR 2000, 40 = JurPC Web-Dok. 216/1999.

7 LG Frankfurt, Urt.v.17.11.2000 – 3/11 O 193/00, CR 2001, 125 – kartenfuchs.de; krit. Urteilsanm. *Leible* CR 2001, 127, der bereits das Vorliegen eines Wettbewerbsverhältnisses bezweifelt.

8 LG Berlin, Urt.v. 18.6.2003 – 97 O 80/03, JurPC Web-Dok. 314/2003 – Rechtsbeistand als Domain-Name.

Versteigerung im Sinne von § 34 b GewO eingestuft werden[1]. Die Unterlassung der Ausnutzung der Wertschätzung einer bekannten Marke kann aus § 1 UWG verlangt werden[2], jedoch möglicherweise dann nicht, wenn durch hinweisende Zusätze eine Irreführung der angesprochenen Verkehrskreise ausgeschlossen wird[3].

Unzulässig sind nach Auffassung des BGH sog. „**Cluster**"-Registrierungen verschiedener Schreibweisen einer Domain-Bezeichnung, wenn diese blockierend wirkt[4].

Verneint wurde eine wettbewerbswidrige Behinderung für die reinen Gattungsbegriffe „autovermietung.com"[5], „startup.de"[6], „zeitarbeit.de"[7] und „wirtschaft-online"[8]. Eine unzulässige Kanalisierung wurde auch abgelehnt, wenn eine internationale Autovermietung die Domain „www.autovermietung.com" verwendet[9] oder ein Betreiber für die Domain den Begriff „Sauna"[10] oder „stahlguss"[11] nutzt. Allgemein stellt das Registrieren und Nutzung eines Gattungsbegriffs als Domain grundsätzlich noch keine unzulässige Behinderung der Entfaltungsmöglichkeiten dar, da Wettbewerbshandlungen ihrem Wesen nach Spielräume von Mitbewerbern einschränken; die Grenze wird erst überschritten, wenn ein Mitbewerber gezielt in seiner Entfaltung im Internet gehindert wird, um ihn zu verdrängen, oder wenn er seine Leistung im elektronischen Geschäftsverkehr durch eigene Anstrengung nicht mehr angemessen zur Geltung bringen kann[12].

Kein unlauterer Behinderungswettbewerb im Sinne von § 3 UWG durch **Abfangen von Kunden** liegt außerdem vor, wenn auf der Seite einer Suchmaschine Bannerwerbung eines Unternehmens geschaltet ist, diese Seite aber auch einen Link zur Webseite eines Konkurrenten enthält[13]. Dies gilt jedenfalls dann, wenn das Merkmal des „Ausspannens", also des zielgerichteten Angriffes gerade auf die Kunden des Unter-

---

1 OLG Frankfurt, Urt.v. 1.3.2001 – 6 U 64/00, JurPC Web-Dok. 114/2001 – Internet-Auktion.

2 LG Hamburg, Urt.v. 13.1.1999 – 315 O 478/98, JurPC Web-Dok. 57/2001 – welt-online.de.

3 LG München I, Urt.v. 16.11.2000 – 17 HKO 17642/00, CR 2001, 416 – BMW.

4 Zust. *v. Hellfeld*, Gattungsdomains – eine Nachlese, in: *Hohl/Leible/Sosnitza*, Domains, Frames und Links, 2002, 31, 47.

5 OLG München, Urt.v. 19.4.2001 – 29 U 5725/00, MMR 2001, 615 – autovermietung.com (bereits Ansatz für eine Monopolisierung verneinend, da nur ein Dienstleistungsangebot beschrieben wird).

6 OLG Hamburg, Urt.v. 15.2.2001 – 3 U 97/00, MMR 2001, 612 = WRP 2001, 717 – startup.de.

7 LG Köln, Urt.v.27.4.2000 – 31 O 166/00, NJW-RR 2001, 549 – zeitarbeit.de.

8 OLG Frankfurt, Beschl.v. 13.2.1997 – 6 W 5/97, BB 1997, 545 = NJW 1998, 165 = GRUR 1997, 481 – wirtschaft-online.

9 LG München I, Urt.v.28.9.2000 – 4 HKO 1325 1/00, CR 2001, 194 – autovermietung.com. Bestätigt durch OLG München, Urt.v.19.4.2001 – 29 U 5725/00, CR 2001, 463 bereits unter Berücksichtigung der „Mitwohnzentrale"-Entscheidung des BGH.

10 OLG Hamm, Urt.v.2.11.2000 – 4 U 95/00, MMR 2001, 237 = JurPC Web-Dok. 213/2001 – sauna.de (die auch analoge Anwendung von § 8 Abs. 2 Nr. 1 u. 2 MarkenG auf die Verwendung von Gattungsbegriffen von SLDs ablehnend, ebenso die Annahme einer Kanalisierungswirkung).

11 OLG Braunschweig, Urt.v.20.7.2000 – 2 U 26/00, JurPC Web-Dok. 28/2001 – stahlguss.de (Kanalisierungswirkung erst wettbewerbswidrig, wenn den Mitbewerbern eine Mitnutzung und damit eine Partizipation am Suchvorgang verweigert worden ist und der Suchende durch die Gestaltung der Homepage davon abgehalten wird, weitere Informationen bei Mitbewerber einzuholen).

12 OLG Hamburg, Urt.v. 24.7.2003 – 3 U 154/01, ZUM-RD 2004, 66, ergänzend ausführend, dass ein „Schlechthin-Verbot" ohne Rücksicht darauf, was sich hinter einer unter dieser Domain erreichbaren Leitseite verbirgt, nicht möglich sei, da die Leitseite nicht selbst Ware oder Dienstleistung sei, sondern nur zu deren Angebot diene (unter Hinweis auf OLG Hamburg ZUM-RD 2002, 349 – Pizza-Connection; OLG Hamburg, ZUM-RD 2003. 73 – Siehan; OLG Hamburg, GRUR-RR 2001, 126, 129 – Intershop).

13 LG Frankfurt, Urt.v.13.9.2000 – 2-06 O 248/00, ZUM-RD 2002, 9.

nehmens, nicht erfüllt ist[1]. Keine unlautere Behinderung im Sinne von § 1 UWG wurde auch in der Nutzung der Domain mit der beschreibenden Angabe „startup.de“ gesehen, unter der der Nutzer kein vollständiges Beratungsangebot erwartet[2]. Ältere Entscheidungen, die undifferenziert in der Verwendung von beschreibenden Domain-Bezeichnungen eine Kanalisierung von Kundenströmen und damit eine unlautere Absatzbehinderung sahen, sind **überholt**[3].

Auch zu weiteren Aspekten der Domain-Nutzung sind aus wettbewerbsrechtlicher Sicht Entscheidungen ergangen. Aus Wettbewerbsrecht ist der Anbieter (entsprechend den §§ 1, 3 UWG) gehalten, bei Anzeigenwerbung (in Printmedien) mit einem Domain-Namen auf den gewerblichen Charakter des Angebotes hinzuweisen; es genügt nicht, dass dieser erst bei Aufruf der Webseiten erkennbar wird[4]. **Suchmaschinenbetreiber** wurden nicht als verpflichtet angesehen, wettbewerbs- oder markenrechtliche Unterlassungsansprüche zu prüfen und gegebenenfalls Eintragungen abzulehnen, sofern sich keine offenkundigen Kennzeichen rechtlicher Verletzungshandlungen aufdrängen[5]. Anbieter von elektronischen Telefonbüchern, die ihren nach TKG bestehenden Eintragungspflichten nachkommen, sind erst nach einer eine Rechtsverletzung offenkundig machenden konkreter Abmahnung verantwortlich[6].

Eine wettbewerbsrechtlich unzulässige Rufausbeutung wurde angenommen, wenn der Betreiber einer „virtuellen Parfümerie“ vermittels eines Suchmaschinenbetreibers über durch sog. „*keyword buys*“ nutzbar gemachte Suchbegriffe potentielle Kunden eines weltweit exklusive Kosmetikprodukte vertreibenden Konzerns über Links auf die eigene Homepage leitet, um so den eigenen Warenabsatz zu fördern, ohne zum Produktvertrieb autorisiert zu sein; zugleich haftet der Suchmaschinenbetreiber aufgrund des Verfügbarmachens von den mit bekannten Marken oder Firmen identischen Suchbegriffen (also für den Verkauf von *keywords*) außerdem für eigenes unlauteres Verhalten[7]. Die mit Link versehene Werbung war in der Anzeige der Suchergebnisse deutlich hervorgehoben angezeigt worden, wodurch für den interessierten Nutzer zumindest die Gefahr bestand, dass der anscheinend erste Zugriff auf die Betreiberseiten führte; hierdurch wurde eine fremde Leistung eingespannt.

Hingegen verletzt die Verwendung des Begriffes „*Webspace*" im Leistungsangebot eines ISP auf dessen Webseite keine **Markenrechte**, da dieser Begriff nicht kennzeichnungsfähig ist und er nicht als Domain-Name oder Werbeträger verwendet wird, sondern nur als Umschreibung für Speicherplatz im Internet[8].

6. Rabatte und Zugaben

Die Liberalisierung des Wettbewerbsrechts (und besonders des Lauterkeitsrechts) führte

---

1 LG Frankfurt, Urt.v.13.9.2000, a.a.O.

2 OLG Hamburg, Urt.v.15.2.2001 – 3 U 97/00, GRUR-RR 2001, 182 = MMR 2001, 612 – startup.de.

3 LG Köln, Urt.v.10.10.2000 – 33 O 286/00, CR 2001, 193 – www.zwangsversteigerungen.de.

4 LG Essen, Urt.v. 20.6.2002 – 43 O 50/02, MMR 2003, 343 – gubin.de.

5 LG München I, Urt.v. 20.9.2000 – 7 HKO 12081/00, CR 2001, 196.

6 OLG Köln, Urt.v. 19.12.2003 – 6 U 83/03, JurPC Web-Dok. 238/2004.

7 LG Hamburg, Urt.v. 16.2.2000 – 315 O 25/99, CR 2000, 392. Das LG Hamburg begründete seine internationale Zuständigkeit aus den §§ 24 UWG, 32 ZPO i.V.m. 141 MarkenG. Handlungs- und Erfolgsort sei Hamburg, da nicht nur dort abrufbar geworben, sondern auch dorthin ausgeliefert wurde.

8 LG Bochum, Urt.v.14.10.1999 – 14 O 120/99, (www.netlaw.de/urteile/lgbo_3.htm).

zur **Aufhebung** der Sonderregelungen in der Zugabeverordnung und im Rabattgesetz. Dennoch sind Zugaben und Rabatte auch weiterhin nicht uneingeschränkt zulässig, sondern etwa unzulässig, wenn sie (z.B. durch Preisverschleierung) im Sinne von § 3 UWG irreführend sind, also etwa über den Wert einer angebotenen Zusatzleistung täuschen oder unzureichend informieren[1], oder entgegen § 1 UWG a.F. (z.B. durch übertriebenes, eine rationale Nachfrageentscheidung vollständig in den Hintergrund drängendes Anlocken[2]) zu unzulässigen Kundenbindungen führen[3]. Entsprechende Werbeverbote bestehen dann, wenn etwa im konkreten Fall tatsächlich die Gefahr einer Preisverschleierung oder einer unsachlichen Beeinflussung des Kunden besteht[4]. Entscheidend ist die Auswirkung im jeweiligen Fall, da die abstrakten Gefährdungstatbestände nicht mehr bestehen. Ausreichend ist etwa, dass der Kunde sich bei Mitbewerbern über die Preise (gekoppelt) angebotener Produkte informieren kann[5]. Diese Nachfrage darf vom Kunden erwartet werden, wobei auch ein längeres Suchen nach Vergleichsobjekten als zumutbar angesehen wurde[6]. Ein übertriebenes Anlocken soll nur in wenigen Fällen anzunehmen sein, so gegenüber unerfahrenen Verbrauchern, z.B. Kindern und Jugendlichen[7].

Die **Aufhebung** des RabattG führte dazu, dass der Händler Kunden nun unterschiedliche Preise gewähren kann[8]. Hierdurch kann eine „Preisdiskriminierung" der Käufer entstehen, der das UWG nicht ausreichend entgegenwirken kann[9].

Nicht übersehen werden darf aber, dass Rabatteinräumung **kartellrechtlich** unzulässig sein kann. So verstößt etwa das Gewähren von Treuerabatten durch marktbeherrschende Unternehmen gegen Art. 82 EG[10], ebenso von Zielrabatten, die dazu anreizen sollen, den Bedarf überwiegend oder ganz beim Marktbeherrscher zu decken[11].

7. Rechte des beeinträchtigten Wettbewerbers

Der in seinen Rechten beeinträchtigte Wettbewerber kann Ansprüche auf **Beseitigung** und **Unterlassung** (§ 8 Abs. 1 UWG) sowie **Schadensersatz** (§ 9 UWG). Unterlassungs- und Beseitigungsansprüche setzen Rechtswidrigkeit, aber kein Verschulden voraus. Notwendig ist aber Kenntnis des Verletzers von den der Verletzung zugrundeliegenden Tatsachen[12], wobei Kenntnis regelmäßig durch Abmahnung begründet werden kann[13].

Der Verletzte kann vom Verletzer **Auskunft** über Dritte, z.B. Bezugsquellen,

---

[1] BGH, Urt.v.13.6.2002 – I ZR 173/01, CR 2002, 907 – Kopplungsangebot I.
[2] BGH, Urt.v.13.6.2002 – I ZR 173/01, CR 2002, 907 – Kopplungsangebot I.
[3] Ausf. *Berneke*, WRP, 2001, 615.
[4] *Steinbeck*, ZIP 2001, 1741, 1742.
[5] BGH NJW 1996, 363 – Saustarke Angebote.
[6] BGH GRUR 1996, 363f; BGH GRUR 1991, 468f.
[7] *Steinbeck*, ZIP 2001, 1741, 1745 unter Hinweis auf BGH GRUR 1998, 1037; BGH WRP 2000, 724.
[8] *Steinbeck*, ZIP 2001, 1741, 1747.
[9] *Steinbeck*, ZIP 2001, 1741, 1747, nach der diese Gefahr hinzunehmen sei.
[10] EuGH, Slg. 1999 II, 2969, 3050 Rdn. 197 – Irish Sugar/Kommission; EuGH, Slg. 2000 I, 1365, 1481 Rdn. 133 – Compagnie maritime belge transports /Kommission
[11] EuGH, Slg. 1999 II, 2969, 3056 Rdn. 213 – Irish Sugar/Kommission.
[12] BGH, GRUR 1973, 203, 204, BGH GRUR 1977, 614, 615.
[13] *Köhler*, a.a.O., 137.

verlangen (§§ 1 UWG in Verbindung mit § 242 BGB)[1]. Diese Auskunft soll zur Vorbereitung von Schadensersatzansprüchen gegen den Verletzer dienen. Soweit allerdings zugleich Auskunftsansprüche aus Urheberrecht bestehen, haben diese Vorrang[2]. Ob insoweit ein entsprechender Anspruch gegen den Host Provider auf Auskunft aus § 242 BGB (bei Urheberrechtsverletzungen) über die Identität eines Inhalteanbieters besteht, ist streitig[3]; jedenfalls werden nicht die Regelungen zur Haftungsprivilegierungen eingreifen, da die Angaben zu Inhalteanbietern keine eigenen oder fremden Informationen zur Nutzung bereitgehaltenen oder zugangsvermittelten Informationen im Sinne des TDG bzw. MDStV darstellen. Der Auskunftsanspruch besteht auch bei verschuldensunabhängigen Vorgängen, weshalb die §§ 9 – 11 TDG zwar eine Haftung ausschließen mögen, nicht aber eine Auskunftspflicht von Providern[4].

Der **Streitwert** ist vom jeweiligen Sachverhalt abhängig. Bei E-Mail-Werbung soll ein Streitwert von (jeweils umgerechnet) € 10.000,- angemessen sein können[5], wobei aber auch Streitwerte von € 250.000,-[6] und € 500.000.-[7] erreichbar sein können.

8. Störerhaftung

Störerhaftung im Wettbewerb setzt voraus, dass der Anbieter in irgendeiner Weise willentlich und adäquat kausal an der Herbeiführung einer rechtswidrigen Beeinträchtigung mitgewirkt hat, wozu auch das Unterstützen oder Ausnutzen der Handlung eines eigenverantwortlich handelnden Dritten genügt, sofern der in Anspruch Genommene die rechtlichen Möglichkeiten zur Verhinderung dieser Handlung hatte[8]. Nicht notwendig ist, dass der in Anspruch Genommene, etwa der Diensteanbieter, eine eigene Absicht zur Wettbewerbsförderung hatte oder dass ihn ein Verschulden zuzurechnen ist; die objektive Mitwirkung am Aufrechterhalten eines wettbewerbswidrigen Zustandes ist ausreichend[9]. Bejaht wurde eine Haftung des Resellers von 0190-Rufnummern für ein wettbewerbswidriges Verhalten der Endnutzer dieser Rufnummern als mittelbarer Störer, wenn ihm ein Einschreiten nicht nur technisch möglich, sondern auch zumutbar ist und dabei das Fernmeldegeheimnis gewahrt werden kann; bei Kenntniserlangung von einem konkreten Wettbewerbsverstoß im Einzelfall besteht nur eine Verpflichtung zur Sperrung der betroffenen einzelnen Rufnummer unter Wahrung des Fernmeldegeheimnisses[10].

---

1 BGH GRUR 1994, 632 – Cartier.

2 *v. Olenhusen/Crone*, WRP 2002, 164, 168.

3 Verneint von *Manz*, Die Haftung für Urheberrechtsverletzungen im Internet nach deutschem und amerikanischem Recht, 1999, 103; offengelassen bei *v. Olenhusen/Crone*, WRP 2002, 164, 168.

4 *v. Olenhusen/Crone*, WRP 2002, 164, 169f.

5 *Schmittmann*, Werbung im Internet, 59.

6 LG Mannheim, Beschl. v. 3.6.1997 – 7 O 241/91, zit. nach *Schmittmann*, Werbung im Internet, 60.

7 LG Leipzig, Beschl.v. 23.6.1997 – 5 O 5206/97, zit. nach *Schmittmann*, Werbung im Internet, 60.

8 BGH GRUR 1991, 769 – Honoraranfrage; BGH GRUR 1955, 97 – Constanze II; BGH GRUR 1988, 829 – Verkaufsfahrten II.

9 BGH GRUR 1991, 769 – Honoraranfrage.

10 OLG Stuttgart, Urt.v. 1.8.2002 – 2 U 47/01, CR 2002, 911 – Resellerhaftung bei „Power-Flirtline".

Teil 4 Zivil- und strafrechtliche Haftung

§ 11 Zivilrechtliche Haftung von Diensteanbietern in Kommunikationsnetzen

Seit Beginn der Nutzung des Internet hat die Haftung insbesondere aus dem Verbreiten rechtswidriger Inhalte und unzulässig erstellter Vervielfältigungen urheberrechtlich geschützter Werke in der Rechtspraxis erhebliche Bedeutung erlangt. Jeder Nutzer kann dieser Haftung unterliegen, der Informationen im Internet zugänglich macht.

Nachfolgend sind die zentralen Grundsätze zivil- und strafrechtlicher Haftung zu erläutern. Die Ausführungen müssen unter dem Vorbehalt zeitweilig **erhöhter Rechtsunsicherheit** erfolgen, da zu den auf der Grundlage des EG-Rechts geänderten Haftungsregelungen (den jetzigen §§ 8 – 11 TDG) noch kaum einschlägige Rechtsprechung vorliegt. Außerdem gilt für Links und Suchmaschinen doch weiterhin das bisherige nationale Haftungsrecht fort (s. S. 660), obwohl gerade hier eine Harmonisierung der Rechtsvorschriften (wenn schon nicht welt-, so doch EG-weit) vordringlich wäre.

Diensteanbieter im Netz haften für die technische Sicherheiten ihrer Dienste (Abschnitt A) und (eingeschränkt) für die über oder durch sie zugänglich gemachten Informationen (Abschnitt B). Hierbei ist jeweils zwischen der Haftung gegenüber Vertragspartnern einerseits und Dritten andererseits zu unterscheiden.

Allgemein ist vorauszuschicken, dass **online nicht weniger streng gehaftet** wird **als offline**. Ein Haftungsprivileg für das Internet/Web besteht nicht. Dies gilt grundsätzlich auch für die Haftung für (insbesondere eigene) Informationen (bisher „Inhalte" genannt), aber auch für die – unverändert gebliebene – Haftung für technische Sicherheit; in beiden Fällen rechtfertigt der Umstand, dass eine Kommunikation im Internet erfolgt, keine Reduzierung des Schutzes verletzungsbedrohter Rechtsgüter der Teilnehmer an dieser Kommunikation.

Zwei internet-spezifische **Problembereiche** haben sich herausgebildet:

- Delikte werden international unterschiedlich definiert. So werden in den USA durch die Meinungsfreiheit Äußerungen weitergehend geschützt als etwa in Deutschland. Dies erschwert einen internet-einheitlichen Schutz der Rechtsgüter. Harmonisierung ist bisher nur ansatzweise erreicht (z.B. in der Cybercrime-Convention, s. S. 644).
- Host-Provider, die fremde Inhalte nur durchleiten oder durch Zwischenspeicherung zum Abruf bereithalten, können schon rein technisch bedingt nicht sämtliche Inhalte auf alle denkbaren Rechtsverletzungen hin präventiv kontrollieren, wenn sie betriebsfähig bleiben wollen. Deshalb wird ein solches Providing gegenüber dem Anbieten eigener Informationen haftungsprivilegiert, international allerdings noch nicht einheitlich. Dies führt etwa zu der dogmatisch systemwidrigen Konsequenz, dass nach deutschem Recht der Provider für eine Überprüfung von Links auf von ihm bereitgehaltenen Webseiten strenger haftet als für den sonstigen Inhalt dieser Seiten.

Für die gegenwärtige Rechtslage ist die Haftungsregelung in den §§ 8 – 11 TDG maßgeblich, die durch das EGG (Elektronischer Geschäftsverkehr-Gesetz)[1] im Jahre

---

[1] Gesetz über rechtliche Rahmenbedingungen für den elektronischen Geschäftsverkehr (EGG) v. 14.12.2001, BGBl 2001 I 3721. Das teilnovellierte Teledienstegesetz (TDG) ist unverändert Art. 1 des Gesetzes zur Regelung der Rahmenbedingungen für Informations- und Kommunikationsdienste (Informations- und Kommunikationsdienstegesetz – IuKDG) v. 22.7.1997, BGBl 1997 I, 1870. Art. 2

2001 novelliert wurden. Haftungsprivilegierungen nach früherem Recht sind entfallen.

In der Praxis ist die **Abgrenzung** zwischen vertraglicher und gesetzlicher Haftung von Bedeutung: Vertragliche Haftung der Anbieter gegenüber ihren Kunden kann strenger als die gesetzliche Haftung gegenüber allen Dritten TDG gestaltet sein, etwa auch präventive Inhaltskontrollen umfassen. Die TDG-Regelungen gelten außerdem nicht für vertragliche oder gesetzliche Pflichten zur technischen Sicherung von Systemen, so etwa hinsichtlich der Absicherung eines Host-Rechners gegen unbefugte Zugriffe Dritter auf Datenbestände des Kunden auf dem Anbieter- oder gar dem Kundensystem.

A. Haftung für die technische Sicherung von Systemen

Die Verpflichtung zur technischen Absicherung von Systemen bestimmt sich nach den **allgemeinen vertrags- und deliktsrechtlichen Grundsätzen**. Eine Haftungsprivilegierung des Diensteanbieters nach dem Teledienstegesetz oder dem Mediendienstestaatsvertrag greift insoweit mangels Bezuges auf Informationen **nicht** ein. Allerdings können sich Abgrenzungsschwierigkeiten ergeben, die teilweise nur im Einzelfall lösbar sind, so etwa bei Angriffen Dritter auf Kundensysteme über das Anbietersystem mittels besonderen Programmen wie Trojanischen Pferde. Stuft man ein solches Schadprogramm als „Information" ein, könnte der solche Programme ohne Kenntnis zwischenspeichernde und zugänglichmachende Providing-Anbieter hier nach § 9 TDG vollständig von der Haftung freigestellt sein (s. unten S. 587). Dessenungeachtet bleibt er jedoch grundsätzlich zur technischen Absicherung seines Host-Rechners verpflichtet, wenn er etwa nach dem Stand der Technik erwartbare (oder gar mit seinen Kunden vertraglich vereinbarte) Absicherungen wie Firewalls nicht implementiert hat und diese Absicherungen (zumal bei regelmäßiger Aktualisierung) den Angriff verhindert hätten.

Die technische Sicherungspflicht wird nicht dadurch eingeschränkt oder gar aufgehoben, dass § 8 Abs. 2 S. 1 TDG den Anbietern keine Überwachungspflicht auferlegt. Diese Freistellung betrifft nur Informationen, also mögliche inhaltliche Kontrollen, nicht aber nach dem Stand der Technik mögliche und aus Vertrag (I. 1) oder allgemeinen Sicherungspflichten (I. 2) erforderte technische Prüfungen **auch präventiver Art**. Die erforderlichen Kontrollmöglichkeiten müssen bereits bei **Implementierung** des Systems vorgesehen werden; der Anbieter kann sich nicht damit entlasten, dass eine nachträgliche Implementierung zu kostenaufwendig wäre[1].

I. Sicherungspflichten aus Vertrag

Aus Vertrag treffen den Anbieter allgemeine Pflichten zur technischen Sicherung seines (provider)**eigenen Systems**, während dieses von Kunden und Dritten aus dem Internet heraus beim Surfen genutzt wird (insbesondere beim Webhosting), sowie des **Kundensystems**, soweit der Anbieter, etwa bei automatischem Updating, Sachherrschaft über dieses temporär eingeräumt erhält oder in sonstiger Weise die Sicherheit des Kundensystems beeinflusst, etwa durch laufende Virenprüfung der für den Kunden gespeicherten Mails und sonstigen Dateien. Insoweit hat der Anbieter vertragliche Schutzpflichten mit technischen Inhalt zu erfüllen, und zwar begrenzt auch für die Systeme seiner Kunden. Zwar ist das Kundensystem grundsätzlich der Risikosphäre des

---

IuKDG beinhaltet das Teledienstedatenschutzgesetz, Art. 3 IuKDG das Signaturgesetz.

1 Hoeren/Sieber/*Spindler*, Handbuch Multimedia-Recht, Teil 29, Rdn. 119; *Koch*, CR 1997, 193, 200.

Kunden zuzurechnen. Dies kann aber dann nicht gelten, wenn der Anbieter vor Ort oder online (Re-)Konfigurationen durchführt und insoweit selbst die technische Systemherrschaft übernimmt (etwa bei einer automatisierten „Service-Pack"-Installation).

Sicherungspflichten haben in bestehenden Nutzerverträgen allgemein den Status von **Nebenpflichten**. Die gefährdungsadäquate Absicherung des eigenen Systems des Anbieters gegen unberechtigte, auch seine Kunden Risiken aussetzende Zugriffe Dritter[1] kann aber, je nach Gestaltung des Einzelfalles[2], selbst als vertragliche, eigene Erfüllungsansprüche begründende **Hauptleistungspflicht** einzustufen sein, etwa bei der geschuldeten Einrichtung eines (etwa durch Firewalls) gesicherten Internetzuganges aus dem unternehmensinternen Netz. Die Absicherungspflichten des Anbieters können außerdem bereits vorvertraglich bestehen, etwa im **Anbahnungsverhältnis** (im Sinne von § 311 Abs. 2 Nr. 2 BGB) bei erstmaligem kundenseitigen Einloggen in einen Online-Dienst zwecks Downloading von Installationssoftware oder sogar **nachvertraglich** bezüglich des Löschens von auf dem Host-Rechner gespeicherten Dateien des Kunden. Stellt der Anbieter bestimmte Speicherkapazität für kundenseitiges Up- und Downloading zur Verfügung und soll er für eine näher definierte **Verfügbarkeit** (während bestimmter Tageszeiten oder rund um die Uhr) dieser Kommunikationsverbindung während der Vertragslaufzeit einstehen, ist hierin ebenfalls eine Hauptleistungspflicht zu sehen, in gleicher Weise im eigenständig vereinbarten Zurverfügungstellen und/oder Kontrollieren von Inhalten durch den Anbieter, in der Pflichtverletzung damit (zumindest teilweise) Nichterfüllung. Übertragungsmängel oder Fehler in der Kontrolldurchführung sind grundsätzlich dem Bereich der **Mängelhaftung** zuzuordnen (soweit ein Werk wie das regelmäßige Proxy Caching bestimmter aktueller Webseiten oder die zeitlich unbegrenzte und damit kaufweise Überlassung von Browser-Software geschuldet ist), wobei aber zunächst Nacherfüllungsansprüche bestehen. Gleiches gilt auch für Leistungsmängel, die im Bereich von Backbone-Betreibern auftreten, wenn diese von Providern vertraglich als Erfüllungsgehilfen mit der Erbringung von Routing-/Carrier-Leistungen beauftragt werden. Haftungsausschlüsse in den AGB dieser Betreiber können zu nicht rückabgesicherten eigenen Haftungsrisiken des Providers gegenüber seinen Kunden führen.

Wurde keine ausdrückliche Vereinbarung über Anbieterpflichten getroffen, ist (etwa bei kaufweiser Software-Überlassung) auf die **vertraglich vorausgesetzte Verwendung** abzustellen, die den Pflichtenumfang abgrenzt (§ 434 Abs. 1 S. 2 Nr. 1 BGB). Bleibt die Leistungsbeschreibung so unvollständig, dass die vorausgesetzte Verwendung nicht klar feststellbar ist, muss auf die **gewöhnliche Verwendung** zurückgegriffen werden (§ 434 Abs. 1 S. 2 Nr. 2 BGB). Dieses letztere Kriterium ist meist weniger spezifiziert als das vorgenannte. Systeme sind vielfach zur gewöhnlichen Verwendung bereits dann tauglich, wenn sie eine gängige Grundfunktionalität aufweisen. Jede Anpassung an anwendungsspezifische Erfordernisse entfällt hier. Das Risiko eines solchen Defizits spezifizierender Regelungen trägt grundsätzlich der Kunde; kompensatorische Beratungspflichten des Anbieters greifen nur in den (nicht sehr häufigen) Fällen ein, in denen der Anbieter die Beratungsbedürftigkeit seines Kunden erkannte oder erkennen musste. Auch **Sicherungs**pflichten des Anbieters sind nach diesem Stufenmodell zu beurteilen. Jedoch stellen die allgemeinen Verkehrssicherungspflichten das vom Anbieter vereinbarungsunabhängig einzuhaltende Minimum dar, also die gewöhnliche Verwendbarkeit.

---

[1] oder auch einfach nur dagegen, dass der Rechner dem PoP-Betreiber aus dem Regal fällt (*Wilde*, 146).

[2] S. ausf. *Koch,* BB 1996, 2049, 2051.

II. Außervertragliche Haftung für technische Absicherung

1. Pflichtenbegründung

Der Diensteanbieter ist auch gegenüber allen **Dritten** in begrenztem Umfange für die Sicherheit seines Systems haftbar. Die Anbieterpflicht zur technischen Absicherung des eingesetzten Hostrechnersystems gegenüber schädigenden Einwirkungen durch Dritte oder Auswirkungen auf Dritte ergibt sich aus deliktsrechtlichen **Verkehrssicherungspflichten** aus § 823 Abs. 1 BGB. Zur Pflichtenbegründung ist zunächst notwendig, dass überhaupt ein **Risiko** besteht und der Pflichtige eine wie immer geartete Bestimmungsgewalt über die Gefahrenquelle hat[1]. Außerdem muss grundsätzlich ein **Vertretenmüssen** des Diensteanbieters vorliegen.

Mit dem Anschluss von Host-Rechnersystemen an das Internet eröffnet der Provider grundsätzlich, jedenfalls in technischer Hinsicht, bereits mögliche **Gefahrenquellen** und entstehen entsprechende **Sicherungspflichten**. So kann sein eigenes System unsicher ausgelegt sein und die Systeme seiner Kunden und sonstiger Netznutzer gefährden (etwa durch Weiterverbreiten unerkannt gebliebener virenverseuchter Software oder durch unzureichende Absicherungen des Host-Rechnersystems, die ermöglichen, dass über sie in Kundensysteme einzudringen). Die Kundensysteme können dann zudem selbst wiederum zum Ausgangspunkt für Angriffe auf weitere Systeme gemacht werden. Hier können ganze **Haftungsketten** entstehen, in denen für jedes einzelne betroffene System die individuellen Schadensabwendungsmöglichkeiten des jeweiligen Betreibers zu prüfen sind (um zum einen die Verursachung und zum anderen ein mögliches Mitverschulden des Betreibers, § 254 BGB, festzustellen).

Die Begründung von Anbieterhaftung aus Verkehrssicherungspflichten setzt damit die Abgrenzung vom Anbieter steuerbarer Gefahren- bzw. **Risikobereiche** voraus. Diese Abgrenzung von Risikobereichen und Gefährdungspotentialen kann nicht pauschal für Webservices oder einen Anbietertyp (oder gar „das Internet“), sondern nur konkret für die anbieterspezifisch ausgestalteten Dienste erfolgen. Für **sein eigenes** System ist der Provider in vollem Umfang selbst verantwortlich, für die Systeme von **Kunden** nur insoweit, als er durch stichprobenweise oder als ausführlich vereinbarte Prüfungen deren Sicherheitsmängel feststellen kann oder Maßnahmen auf dem Providersystem zur Absicherung der Kundensysteme möglich sind (etwa durch regelmäßige Virenscans und Schutz durch Firewalls des Providersystems). **Firewall**-Software kann ihrerseits zur Quelle von teilweise sogar weltweiten Störungen im Internet werden und entsprechende Haftung des Anbieters dieser Software bzw. der Rechnerbetreiber begründen, die diese Software einsetzen[2].

Auch bei **Server-Housing** bzw. Co-Location (von Kundensystemen in Räumen des Anbieters) ist der Provider **sicherungspflichtig**. Hier hat zwar der Kunde begrenzt Sachherrschaft über die Rechnersysteme im Providerbereich und entsprechende Sicherungspflichten, und ist dem Anbieter deswegen allenfalls eingeschränkt eine inhaltsbezogene Kontrolle von Dateien möglich, jedoch muss der Provider, der

---

1 Vgl. BGH NJW 1975, 108; BGH VersR 1975, 87f.

2 Ein Beispiel ist ein Vorfall Ende November 2003: Tausende Clients der Personal Firewall-Software ZoneAlarm versuchten nahezu zeitgleich, ein Auto-Update durchzuführen. In kurzen zeitlichen Abständen wurden Abfragen beim Anbieterserver lockup.zonelabs.com durchgeführt. Der Software-Anbieter hatte den Provider above.net mit dem DNS-Service beauftragt, der aber nicht erreichbar war, wodurch ZoneAlarm keine IP-Adresse zum Domain-Namen erhielt und die Anfragen mehrmals pro Minute wiederholte, was sich wie eine distributed Denial-of-Service[dDoS]-Attacke auswirkte, die zu massiven Störungen weltweit *im gesamten DNS-System* führte (heise online, 27.11.2003, heise.de/newsticker/data/hob-27.11.03-000).

schließlich den Internet-Anschluss herstellt, zumindest die technischen Sicherheit so weit wie möglich selbst abklären, herstellen und aufrechterhalten, um eine Gefährdung des Kundensystems, weiterer aufgestellter Systeme und der eigenen Systeme des Providers sowie Systeme Dritter im Internet so gut wie möglich auszuschließen. **Im Zweifel darf der Provider ein ihm erkennbar gefährdendes System eines Kunden nicht an das Internet anbinden**.

Für Systeme von **Dritten** (also: von anderen Internet-Nutzern, die nicht Kunden sind) besteht eine generelle Sicherungspflicht nicht von vornherein, möglicherweise aber nach Kenntniserlangung von technisch bedingten Gefährdungen (z.B. vom Nutzer unbemerktes Weiterleiten von verborgenen Viren etc. durch sein System) eine Hinweis- bzw. **Warnpflicht**. Haftungsvoraussetzung ist stets, dass der Anbieter eine wie immer geartete Bestimmungsgewalt über die Gefahrenquelle hat[1], also überhaupt **geeignete Maßnahmen treffen kann**, um die Gefahr abzuwenden. Für Drittsysteme lassen sich solche Maßnahmen nur eingeschränkt treffen. Der Schutz umfasst auch Dritte in anderen Staaten (zum international anwendbaren Deliktsrecht s. S. 843).

Abzuwehrende Gefahren und **Gegenmaßnahmen** müssen konkret für die jeweils anbieterspezifisch ausgestalteten Dienste festgestellt und getroffen werden (etwa für ftp-Ports und Mail-Server)[2]. Gefahren abwenden oder begrenzen kann der Anbieter in seinem Bereich etwa durch regelmäßige Virenkontrollen oder Installation von Firewall-Systemen.

Weist ein Providersystem erhebliche Defizite an Kontroll- und Sicherheitsmöglichkeiten auf, kann das **System** zur Gefahrabwendung zumindest temporär zu **schließen** bzw. vom Netz zu nehmen sein. Dies ist denkbar, wenn das System etwa durch heraufgeladene Fremdsoftware virenverseucht ist und zunächst „saniert" werden muss, ebenso bei anlassbezogenen Häufungen von „Hacking-Angriffen" Dritter auf das System oder bei Uploading von Dateien mit rechtsverletzenden Inhalten, aber nicht generell in jedem Fall, in dem ein Host-Rechner keine inhaltsbezogenen Kontrollvorkehrungen aufweist[3].

Anbieter können sich von der sie treffenden Haftung **nicht** durch den allgemeinen Einwand **entlasten**, die Teilnehmer könnten die Dateien ohnehin über andere Rechner herunterladen und außerdem erfolge kein Angebot des Anbieters, sondern ein Abrufen durch den Teilnehmer. Beides ändert nichts an der bestehenden Verantwortlichkeit der Anbieter, soweit gerade sie es sind, die den Zugang ermöglichen und Dateien zwischenspeichern.

Entscheidend für Entstehung und Umfang der Pflichten zur Gefahrabwehr aus Deliktsrecht ist nicht die wirtschaftliche Leistungsfähigkeit des Providers, sondern allein die **objektive Möglichkeit der Gefahrenabwehr**. Konkret bedeutet dies, dass finanzielle Engpässe eines Providers oder besonders harter Wettbewerb den Provider nicht von seiner Verpflichtung entlasten, die technisch möglichen Sicherungsmaßnahmen durchzuführen (ebenso wie Fahrzeughalter generell und nicht nur nach Maßgabe ihrer finanziellen Leistungsfähigkeit zur Einhaltung der Verkehrssicherheit ihrer Fahrzeuge verpflichtet sind). Auch müssen kleinere Systeme gegenüber bestehenden Gefahren die gleiche Sicherheit wie große bieten, da der Schutz der Rechtsgüter der Kunden insoweit keinen „Rabatt" zulässt.

Auch **Kunden** (und sonstige Nutzer im Internet) treffen Verkehrssicherungs-

---

1 BGH, NJW 1975, 108; BGH, VersR 1975, 87.

2 So ist etwa auszuschließen, dass über SMTP auf einen Port (etwa port 25) ohne Account (und damit ohne entsprechende Kontrollen) zugegriffen werden kann.

3 Hierfür wohl *Spindler*, ZUM 1996, 533, 537. Nimmt der Provider nämlich nur Zugangsvermittlung vor, erübrigt sich die Notwendigkeit einer entsprechenden Durchführung von Inhaltskontrollen.

pflichten. Sie müssen ihre eigenen Systeme im technisch möglichen Umfang gegen Zugriffe Dritter schützen, mit Virenscan-Software überprüfen und sicherstellen, dass sich auf diesen Systemen keine Dateien mit rechtsverletzenden Inhalten befinden oder E-Mails mit virenbehafteten Attachments weiterübermittelt werden. Wird etwa ein von einem Kunden angemieteter Serverrechner von Dritten gehackt und als Serverrechner für eine MP3-Tauschbörse missbraucht, kann nicht nur eine Serversperrung durch den Provider wegen Überschreiten des zulässigen Traffic zu gewärtigen sein, sondern auch jedenfalls Mithaftung des Kunden aus Mitwirkung bei Urheberrechtsverletzungen[1].

Eine **Gefährungshaftung** für internetbezogene bzw. generell IT-Systeme oder auch Leistungen im Internet besteht **nicht**. Eine solche Haftung würde besonderer gesetzlicher Normierung bedürfen, die weder in Vorbereitung noch auch nur näher diskutiert wurde. Die Ausdehnung der Gefährdungshaftung über bestehende Haftungstatbestände hinaus per analogiam kommt grundsätzlich nicht in Betracht[2].

2. Pflichtenumfang

Art und Umfang der Sicherungspflicht bestimmen sich nach dem Inhalt und Zweck des Vertrages zwischen Provider und Nutzer, ergänzend nach den Verkehrssicherungspflichten des Anbieters aus Deliktsrecht[3].

Host-Rechner von Providern müssen grundsätzlich **nach dem Stand der Technik** gegen Angriffe **abgesichert** werden. Art und Umfang dieser Absicherung lassen sich aber nicht generell, sondern nur typisiert nach angebotenen Diensten bzw. einzelfallbezogen je nach Leistungsspektrum und spezifischen Gefährdungspotentialen feststellen. Ausgangspunkt ist der Grundsatz, dass von technischen Anlagen des Diensteanbieters keine Gefahren für Rechtsgüter seiner Kunden oder Dritter ausgehen dürfen.

Anbieter müssen im Rahmen des zu beachtenden Standes der Technik vorhandene Sicherheitsstandards einhalten, so für abgeschlossene Einzelsysteme ITSEC und FIPS 140, für die IT-Architektur als Ganzes ISO 17799 und Cobit (Control Objectives for Information and Related Technology des IT Governance Institute) bzw. die Anforderungen des IT-Grundschutzhandbuches des BSI.

Ein nicht zugriffsgeschütztes System des Anbieters – aber auch ein über Server-Housing beim Anbieter aufgestelltes und angeschlossenes, virenverseuchtes oder sonst unsicheres Kundensystem – stellt grundsätzlich eine **haftungsbegründende Gefahrenquelle** dar. Der Anbieter darf kein von Kunden zu nutzendes Rechnersystem an das Internet oder ein sonstiges Kommunikationsnetz anschließen, das nicht Sicherungen gegen unberechtigte Zugriffe Dritter[4] nach dem jeweils neuesten Stand der Technik

---

1 S. hierzu den Fallbericht *Kossel*, Teurer Webspace, c't 15/2003, 86.

2 S.n. *Larenz/Canaris*, § 84 I 1.

3 Zu technischen und strafrechtlichen Aspekten der Absicherung (auch bezüglich sog. *information warfare*) s. bereits *Koch*, RDV 1996, 123.

4 Zugriff Dritter auf den Rechner des *Betreibers* erfolgt immer dann unberechtigt, wenn dem zugreifenden Netzteilnehmer ein erforderliches Zugriffsrecht nicht eingeräumt war. Zugriffsrechte können sich auf Rechner oder Systeme insgesamt oder auf deren definierte Teilbereiche beziehen, so dass eine Rechtsverletzung bereits dann vorliegt, wenn diese Bereichsbegrenzung vom Nutzer überschritten wird. Der Betreiber muss bei der Einrichtung von Kommunikationslinien durch geeignete technische Abschottung sicherstellen, dass jedenfalls auf die sensiblen Datenbereiche unter keinen Umständen seitens Unbefugter ein Zugriff möglich ist, bzw. bei zu übermittelnden E-Mails die Nachrichten gesichert verschlüsselt sind. Das Haftungs- und Strafbarkeitsrisiko, die hierfür erforderlichen Sicherungsmaßnahmen nicht, nicht vollständig oder nicht rechtzeitig zu implementieren, liegt voll beim Betreiber des jeweiligen Rechners.

aufweist. Beispiele von – freilich zuweilen nur sehr begrenzt abwehrbaren – Angriffen sind Maskerade-Angriffe[1], Übermittlung schädlichen Programmcodes über (auf *Root*-Ebene ausgeführtes) Sendmail[2], Passwort-Sniffing[3] und Angriffe auf ein verstecktes, nur für den Unix-Superuser lesbares Passwortverzeichnis (*Shadow Password*)[4] sowie das automatisierte Austesten der Sicherheitslücken fremder Systeme durch „Testprogramme“[5].

Der Zugriff auf **Rechner der Kunden** des jeweiligen Betreibers ist zunächst durch die Kunden selbst zu kontrollieren bzw. durch Auslagern sensitiver Datenbestände im Risiko zu vermindern. Die an einen Host-Rechner als Netzzugang angeschlossenen Kunden sind damit primär selbst zur Durchführung von Sicherheitsmaßnahmen verpflichtet, jedenfalls, soweit diese ihnen – in wirtschaftlich vertretbarem Umfang – technisch möglich sind. Soweit aber Zugriffe Dritter über den Rechner des zugangsvermittelnden Diensteanbieters laufen, ist dieser aus Vertrag gegenüber seinen Kunden verpflichtet, hingegen aus deliktischer Sicherungspflicht gegenüber allen sonstigen Nutzern gehalten, ebenfalls im Rahmen des technisch und wirtschaftlich Möglichen Vorkehrungen zu treffen, um etwa das Ausforschen von Passwörtern am Betreiberrechner oder den Import von Virenprogrammen auf das System zu unterbinden, ohne aber andererseits die kundenseitige Nutzung der angebotenen Dienste unmöglich zu machen.

Der **Anbieter selber** kann aber auch in anderer Hinsicht Verursacher einer Gefährdung oder Schädigung seiner Kunden und/oder Dritter sein, so etwa, wenn[6] er seine Systeme falsch konfiguriert oder als fehlerhaft erkannte Software auf seinem Rechner nicht wechselt oder seine Mitarbeiter unberechtigt E-Mail von Kunden oder Dritten oder sonstige Datenbankeninhalte auf dem Rechner verändern oder löschen. Der Anbieter muss außerdem bestimmte kommunikationstypische Protokolle[7] einhalten oder Abweichungen von ihnen für die sonstigen Teilnehmer erkennbar machen, soll die Kommunikation im Internet möglich bleiben. Protokollgestützte Routing-Funktionen seines Host-Rechners oder einzelne E-Mails darf er nicht willkürlich verändern.

Eine relativ neue Gefahrenquelle ergibt sich aus der Nutzung von Funk-/Wireless LANs (**WLANs**), wenn deren Datenkommunikation unverschlüsselt ist. Hier kann diese Kommunikation extern einfach mittels Notebook, FunkLAN-Karte und entsprechender Software aus dem Internet abgehört[8] und E-Mail mitgelesen werden[1]. Die Gefährdung

---

1 Ausf. s. *Damker/Federrath/Schneider*, DuD 1996, 286 mit dem Beispiel eines Angriffes mittels des Simple Mail Transfer Protocol (SMTP), das über Rechner (auf TCP port 25) ohne Account zugänglich ist (mit kompletten Protokoll eines solchen Angriffes). Solche Angriffe können auf verschiedene Weise zu Schäden führen, etwa bei durch falsche Absenderangabe veranlasster Warenauslieferung.

2 United States General Accounting Office (GAO), Report to the Congressional Requesters, Information Security – Computer Attacks at DoD Pose Increased Risks, May 1996, GAO/AIMD-96-84, S. 13.

3 GAO-Report, a.a.O., wodurch IP-Pakete abgefangen und Passwörter und Nutzeridentifikationen (aus den ersten 125 Tastenanschlägen einer Verbindung) herausgefunden werden können.

4 *Hughes*, 75.

5 Z.B. wie SATAN (Security Administrator Tool for Analyzing Networks), entwickelt durch Dan Farmer und Wietse Venema, s. *Hughes*, 273 ff. Hughes warnt deutlich: „Without explicit prior permission, it is never acceptable to use SATAN or similar tools to scan for weaknesses on turf where you are not personally responsible.“

6 S. näher *Holbrook/Reynolds*, 25.

7 Insbesondere die von der Internet Engineering Task Force (IETF) herausgegebenen Requests for Comments (RFCs).

8 Hacken leicht gemacht – War Driving, www. 3sat/nano/astuecke/38854/index.html. Hacker (nicht nur) in den USA sollen bereits ganze Städte systematisch abfahren, die über Funk zugänglichen

ergibt sich hier aus unberechtigten Zugriffen/Angriffen Dritter auf Datenbestände, die etwa nur im funkbasierten Intranet zugreifbar sein sollen. Andererseits sollen bestimmte WLANS auch bestimmungsgemäß über offene **Hot Spots** im Abstand von einigen Metern durch zahlende Anwender genutzt werden können. Hier besteht eine Missbrauchsmöglichkeit bzw. –gefährdung im unberechtigten Einloggen Dritter ohne Passwort, Kennung o.ä., die auf diese Weise anfallende Kosten vermeiden wollen, ebenso im unberechtigten „Abhören" von IP-Telefonaten (durch Umleiten der IP-Pakete) oder Mitlesen fremder E-Mails.

In beiden Fällen muss der Provider ausreichende Sicherungsvorkehrungen treffen, etwa durch ausreichend starke Verschlüsselung, um Datenbestände seiner Kunden schützen zu können. Die regelmäßig implementierten Verschlüsselungssysteme werden als eher schwach und leicht zu umgehen eingestuft. Standard zur zentralen Authentifizierung von WLAN-Clients über verteilte Access Points ist IEEE 802.1x[2].

Allgemein sind regelmäßig die **neuesten Sicherheitstechniken** zu implementieren[3],

- etwa durch (auch für PC verfügbare) **Firewall-Systeme** zum Schutz gegen unberechtigte Zugriffe (s. unten),
- regelmäßiges **Untersuchen** des Providersystem auf unautorisierte Eintragungen hin (oft ein Indiz für unberechtigte Angriffe),
- ausreichend häufige **Datensicherung**, um die Folgen von möglichen Hardware-Ausfällen und die Auswirkungen unberechtigt durchgeführter Veränderungen möglichst gering zu halten[4],
- Vorhalten ausreichender Ersatzrechner-/speicherkapazität durch den Provider, um bei Ausfall von Komponenten sofort auf Ersatzrechner zurückgreifen zu können,
- ausreichende Vorkehrungen für die technische **Instandhaltung** des Anbietersystems, um Kommunikationszusammenbrüche und etwa den Verlust von E-Mails oder sonstiger, im Netz weiterzuleitender Inhalte zu verhindern,
- Begrenzung von Zugriffen über *telnet* [5] strikt auf definierte Rechnerbereiche,
- Verschlüsselung der kompletten Sitzung bei sensitiver Kommunikation, um ein „Kidnapping" von telnet-Verbindungen zu verhindern,[6] bei dem der legitime Nutzer durch Einschleusen von Befehlen in den Datenstrom (mittels des Programms Juggernaut) abgehängt und seine Pakete nicht mehr akzeptiert werden und seine Verbindung „tot" ist.

Haftungsbegründende Sicherheitslücken können auch durch das Eindringen Unbefugter

---

Netzwerkpunkte bzw. WLAN-Spots („*Access Points*") im Internet verbreiten oder die betreffenden Häuser mit Kreidesymbolen markieren (sog. „*WarChalking*"), von denen aus man günstig in Netze eindringen kann (PC Professionell 8/2002, 19). Näheres wird unter der Site www.warchalking.org aktuell dargestellt. Zwei Halbkreise „Rücken an Rücken" symbolisieren etwa einen offenen WLAN-Knoten, ein voller Kreis einen geschlossenen Zugang (*Siegele*, SZ Nr. 227 v. 1.10.2002, S. V2/13).

1 *Tönnesmann*, SZ Nr. 87 v. 14.4.2003, 22, der von einem Mitarbeiter des TÜV in Essen berichtet, der bei einem Test in sieben von zehn Fällen in WLANs eindringen konnte.

2 Im 2,4 GHz-Band erfolgt die Übertragung bei 1/2 MBit/s nach Standard 802.11, bei 5,5 / 11 MBit/s nach 802.11b, bei 22/33/44 MBit/s nach 802.11b+/PBCC, bei 6 bis 54 MBit/s nach 802.11g sowie im 5,2 GHz-Band nach 802.11a/802.11h (c't 13/2003, 30).

3 So z.B. Secure HTTP; vgl. etwa *Kyas*, Sicherheit im Internet, 133 – 168 m.w.N.

4 *Holbrook/Reynolds*, 33 (für tägliche Datensicherung).

5 Ein Protokoll, mit dem der fremde Nutzer wie über ein externes Terminal die Herrschaft über den Host-Rechner erhält und die Aktionen auf diesem ausführen kann.

6 S. n. *Schmidt*, c't 10/1997, 142.

mittels vorgetäuschter IP-Adressen entstehen[1] (sog. *IP-Address-Spoofing*).

Zum gegenwärtigen Stand der Technik zur Systemabsicherung gehört das Einrichten von Firewall-Systemen, aber auch deren laufendes Updating durch einen ständigen *Online-Alert*-Support (etwa über E-Mail). Weiter kann man bestimmte, unerwünschte Netzwerke aus den Gateway[2]-Routing-Tables[3] des Firewall-System herausnehmen und hierdurch mit diesen Netzwerken jede Kommunikation abbrechen[4] oder die Nachrichtenpakete bestimmter Quellen herausfiltern[5], dies freilich nur, soweit es mit dem Nutzungsvertrag vereinbar ist. Der Provider darf den Nutzer aber nicht zensurieren. Sicherheitslücken sind besonders riskant, wenn der Eindringling etwa eine system*interne* IP-Adresse verwendet und hierdurch Firewall-Sicherheitssysteme überwinden[6] oder Checksum-menprüfprogramme manipulieren kann [7].

Im Einzelfall kann ein Defizit an Kontroll- und Sicherungsmöglichkeiten die Entscheidung notwendig machen, den **Hostrechner** (temporär) zu **schließen**, so etwa, wenn der Rechner z.B. durch heraufgeladene Software virenverseucht ist und zunächst „saniert" werden muss, ebenso bei einer anlassbezogenen Häufung von Hacking-Angriffen Dritter auf das System oder von Uploadings mit rechtsverletzenden Inhalten (etwa Boykottaufrufen gegen Mitbewerber).

Neben den technischen Sicherheitsmaßnahmen gehört die Formulierung von **Zugangsregeln** (*Acceptable Use Policy,* AUP) zur erforderlichen Absicherung des Website. Diese Policy muss für jeden sich einloggenden Nutzer auf der Eingangsseite erkennbar sein und sollte für Kunden des Providers zum verbindlichen **Vertragsinhalt** gemacht werden, etwa in der Form der Aufnahme in die Allgemeinen Geschäftsbedingungen des Providers. In der AUP kann der Provider insoweit vertragliche Schutzpflichten des Kunden im Sinne von § 241 Abs. 2 BGB näher spezifizieren, deren Verletzung Schadensersatzansprüche und ein Kündigungsrecht des Providers begründen kann; unberührt bleibt eine deliktsrechtliche Haftung des Kunden gegenüber dem Provider und/oder geschädigten Dritten.

3. Formen von Angriffen von IT-Systemen

Bei einer Umfrage gaben 70% der befragten Unternehmen an, bereits Ziel von Systemangriffen geworden zu sein (bzw. hierauf hinweisende Anomalien wahrgenommen zu haben)[8].

---

1 S. n. *Fox*, DuD 1997, 724. Fox unterscheidet zwischen IP-Spoofing (Änderung der IP-Adresse in der Rechnerkonfiguration) und DNS-Spoofing (Fälschen von Antworten auf Anfragen des Domain Name Server, der die falsche IP-Nummer speichert). Fox kommt zu dem bemerkenswerten Ergebnis: *„Im Internet gibt es derzeit keine Gewähr, dass die WWW-Seiten, die man mit seinem Browser sieht, auch tatsächlich vom angegebenen WWW-Server stammen.*" (Hervorhebung durch Verf.) Diese Lücke machen sich inzwischen sog. *„Phishing*"-Angreifer zunutze, die fremde Webseiten etwa von Banken imitieren und von Nutzern PIN und TAN abfragen.

2 Verbindung zwischen den Netzen.

3 gewissermaßen Wegeplänen des Kommunikationsverlaufes zwischen Rechnern.

4 *Holbrook/Reynolds*, 39.

5 *Holbrook/Reynolds*, 40.

6 Möglich ist etwa ein sog. *„Terminal Hijacking*", das den Zugang zu einem weiteren, u.U. auch entfernten Rechner eröffnet (so bereits *DeHart*, CERT Advisory, 23.1.1995, 4)

7 *DeHart*, a.a.O., 6.

8 *Holznagel*, Recht der IT-Sicherheit, § 3 Rdn. 12 unter Bezug auf die KES/KPMG-Sicherheitsstudie 2002, verfügbar unter www.kes.info/studie2002/index.htm.

Typische Angriffsformen sind[1]:

- „**Trojanische Pferde**“ sind Programme, die, auf IT-Systemen (heimlich) installiert, Daten ausspähen und löschen können (z.B. Passwörter, PINs, etc.), generell verborgene zusätzliche Funktionalität aufweisen.
- **Time/Logic Bomb-Programme** stören nach Eintritt eines bestimmten Ereignisses (z.B. Datum, Passworteingabe) den Betrieb des IT-Systems.
- **Back/Trap Door-Programme** ermöglichen einen späteren unerlaubten Zugang zum System unter Umgehen von Kontrollfunktionen.
- Unter „**Malware**“ (Malicious Software) versteht man alle Programme, die mit Vorsatz ihre Entwickler Schaden anrichten. Programme, die Sicherheitslücken ausnutzen, werden „**Exploits**“ genannt.
- **Maulwürfe** (*Moles*) sind Programme, in denen das normale Verhalten einer Software nachgebildet, jedoch zusätzliche Informationen aufgezeichnet (z.B. durch Aufzeichnen der Tastatureingaben) und an nichtautorisierte Dritte weitergegeben werden.
- **Viren** sind sich selbst reproduzierende Programme, die sich in andere Programme (Wirtsprogramme) hineinkopieren und in diesen schädigende Funktionen ausüben. Die Anzahl möglicher Virengestaltungen scheint unbegrenzt, weshalb Anbieter von Virenschutzprogrammen laufend Updates online verfügbar halten.
- **Würmer** sind Programme, die sich im Netzwerk selbst (ohne Wirtsprogramme) reproduzieren und sich über Netzwerkverbindungen auf andere Systeme verbreiten können.
- Mit **Masquerading** täuschen Angreifer falsche Identitäten vor, um etwa im Bereich des Home Banking an Transaktionsnummern (TAN) zu gelangen. Möglich ist etwa das Vortäuschen einer falschen IP-Adresse (*IP-Spoofing*) oder Datenpakete abgefangen und manipuliert werden (*TCP-Hijacking*).
- Bei **Distributed Denial-of-Service**(DDoS)-Angriffen werden durch eine Vielzahl (zuweilen tausenden) von Nutzern gleichzeitig Rechner durch Anfragen (etwa Ping-Befehle) überflutet und außer Funktion gesetzt („*Ping-of-death*“), ebenso durch Verbindungsaufbauwünsche, deren Bestätigung dann nicht beantwortet werden (*TCP-SYN-Flooding*). Abhilfe schaffen meist nur Intrusion-Detection-Systeme. Angriffe auf Yahoo und eBay führten zu einem kurzzeitigen Absacken der Aktienkurse, was von Spekulanten gezielt zu Aufkäufen genutzt werden konnte[2].
- **Port-Scans** ermöglichen das systematische Austesten, auf welchen Ports Dienste Angeboten werden.
- Mit einem **Buffer Overrun/Overflow** (Speicherüberlauf) kann ein Systemabsturz oder ein Systemstatus bewirkt werden, in dem der Angreifer beliebige Befehle ausführen lassen kann.
- Mit **Packet Sniffer**-Programmen lassen sich (etwa auf Vermittlungsknoten im Internet) Daten ausspähen, z.B. über Inhalte und Zeitpunkte von (IP-)Telefonaten.
- **IRC**(Internet Relay Chat)-Server werden oft durch „Script-Kiddies“ angegriffen, die einzelne Chat-Clients um Zusatzfunktionen ergänzen, die die Nutzung beeinträchtigen können[3].

---

1 Nach insbesondere *Holznagel*, Recht der IT-Sicherheit, § 3 Rdn. 13; *Eckert*, IT-Sicherheit, 18ff.

2 *Brauch*, Alle gegen einen, c't 25/2000, 256, 260.

3 *Brauch*, Kaputt gespielt, c't 11/2000, 110 mit dem Hinweis auf den IRCnet-Server irc.gmd.de, der seinen Betrieb wegen solcher Angriffe einstellen musste.

4. Typische Risiken im Überblick:

- Generell sollte kein externer „mobiler" Code auf das System geladen werden (können), da er Dritten unkontrollierte modifizierende Zugriffe erlauben kann[1].
- **Java:** Das Java Security Model ist nicht formal spezifiziert[2]. Risiken können aus „*bugs*" in der Java Virtual Machine und in der ClassLibrary resultieren[3].
- **JavaScript:** Gefahren sind E-Mail-Forgery und die Überwachung von in anderen Windows aktivierten URLs[4] sowie den Denial-of-Service-Attacks[5], das Spoofing von User Namen und Passwort-Popups[6] sowie Spiegelwelten und unberechtigte Kopien von Web Seiten[7].
- **Plug-Ins** können **verborgene** Sicherheitsprobleme aufweisen, da sie vollen Zugriff auf alle Daten auf eine Maschine geben und meist von wenig bekannter Dritter Seite geschrieben sind und vorkompiliert sowie ohne Source Code übertragen werden[8]. Gleiches gilt für andere ausführbare Inhalte wie etwa Applets.
- **Sendmail** ist wiederholt über eine Sicherheitslücke im Message Transfer Agent (MTA) angegriffen worden[9].
- Programme können **Multimedia-Komponenten** wie Lautsprecher aktivieren und unbemerkt die Raumumgebung des Rechners abhören oder sogar Bilder/Frames aus Videokonferenzen an dritte Stellen übertragen[10].
- **Firewalls** lassen sich umgehen, indem man Informationen auf verschiedene Weisen aus einem Site „herausschleust", etwa per E-Mail, über HTTP, mit GET- oder POST-Commands, mit einem Codieren der Information in DNS-Abfragen oder dem Platzieren in IP-Ping-Paketen[11].
- **Web Server Logs** enthalten eine Vielzahl von Daten zu Nutzeraktivitäten am Site, die nicht nur bei unberechtigtem Abruf, sondern auch datenschutz- und betriebsverfassungsrechtlich problematisch sein können, so etwa bezüglich der

---

1 *Eckert*, IT-Sicherheit, 36, ActiveX Control als Beispiel nennend.

2 Kommentar aus der Java-Literatur: „*A program that has not been specified can not be incorrect, it can only be surprising*" (nach *Garfinkel/Spafford*, Web Security & Commerce, 51).

3 *Garfinkel/Spafford*, a.a.O., 51.

4 *Garfinkel/Spafford*, a.a.O., 56.

5 *Garfinkel/Spafford*, a.a.O., 57 berichten von Angriffen mit „SYNC-flooding" im September 1996, bei denen der ISP-Rechner zur Aufnahme von *Handshake*-Verbindungen mit einer Vielzahl von Rechnern veranlasst wurde und hierdurch blockiert wurde. Ebenso kann ein Speicherüberlauf verursacht werden.

6 Ein Display kann sogar mit Lautsimulation die Verbindungsunterbrechung und Neuanwahl simulieren, bei der dann Nutzerdaten unbemerkt und unberechtigt abgefragt werden (*Garfinkel/Spafford*, 63, a.a.O.,).

7 *Garfinkel/Spafford*, a.a.O., 66.

8 *Garfinkel/Spafford*, a.a.O., 71.

9 Warnung von CERT (www.cert.org) vom 31.3.2003.

10 *Garfinkel/Spafford*, a.a.O., 79 ff.

11 Auch anschaulich „*Ping of Death*" genannt (*Schmidt*, Firewall getunnelt, c't 11/1997, 332). Ping-Requests und deren Antworten können zumeist Firewalls ungehindert passieren. Diese Nachrichten werden durch das Internet Control Message Protocol (ICMP) definiert. Das Programm Ping etwa sendet Pakete vom Typ „*Echo Request*" und der adressierte Rechner ein „*Echo Reply*". Der hier notwendige Ping-Server (Dienstprogramm) ist Teil des IP-Stacks und damit des Betriebssystemkerns. Ping dient normalerweise der Leistungsmessung im Internet. In den Ping-Paketen lassen sich Befehle verstecken, über deren Ausführung der adressierte Rechner treulich im „*Echo Reply*"-Feld berichtet (sog. „*ICMP-Tunneling*"). ICMP-redirect kann missbraucht werden, um IP-Pakete umzuleiten (*Eckert*, IT-Sicherheit, 57).

aufgezeichneten Zeitpunkte der Abrufe (im Verhältnis zu Arbeitszeiten), der aktivierten fremden URLs, der User-Namen des ladenden Nutzers, der hierbei auftretenden Fehler (Fehleingaben) sowie der abgerufenen Webseiten[1]. Hierzu gehören auch „Cookies", also ASCII-Textblöcke, die Aufzeichnungen zu Nutzerpräferenzen enthalten.

- **WLANs** sind oft unzureichend gegen Zugriffe unberechtigter Dritter geschützt. Diese Angriffe sind für die Angreifer besonders bequem, da sie im angegriffenen System in der Regel nicht bemerkt werden können. Nach einer Untersuchung waren 50% (von 1389 geprüften) Access Points völlig offen; in wiederum der Hälfte dieser offenen APs konnte man problemlos in das Internet gelangen – auf Kosten des AP-Betreibers, wobei WLAN-Router sogar zum Einspeisen rechtswidriger Inhalte in das Internet genutzt werden[2]. Völlig inakzeptabel erscheint auch, das sogar Krankenkassen Patientendaten über WLANs Dritten zugänglich machen[3]. Dies verletzt nicht nur Datenschutzrechte der Betroffenen massiv, sondern ist auch nach § 203 Abs. 1 Nr. 6 StGB **strafbar**. Setzt der Router-Betreiber nicht verfügbare Verschlüsselungssoftware ein, kann er Mitstörer sein und als solcher haften. Zudem kann er auf Beweisprobleme stoßen, wenn er behauptet, nicht er, sondern ein ihm unbekannter Dritter habe die Inhalte heraufgeladen.
- **Web-Applikationen** sind nicht selten nur mit unzureichender Sicherheit ausgestattet. So lassen sich Benutzern zugewiesene Identifizierungsnummern ändern und hierdurch Daten fremder Nutzer abrufen, ein auch durch Firewalls nicht verhinderbarer Angriff[4]. Auch können Befehle zweckentfremdet werden, mit denen Web-Applikationen weitere Programme aufrufen, wodurch Angreifer über den Browser Shell-Kommandos oder SQL-Befehle an die Backend-Server oder Datenbanken schicken können („Injection-Fehler")[5].

B. Haftung für Informationen

I. Vertragliche Haftung des Diensteanbieters für die Kontrolle von Informationen

Auch bezüglich Informationen können Diensteanbieter vertraglich gegenüber ihren Kunden besondere Prüfpflichten übernehmen, die im Umfang über die gesetzlichen

---

1 *Garfinkel/Spafford*, 87.

2 *Bachfeld*, c't 13/2004, 93.

3 *Bachfeld*, c't 13/2004, 93.

4 Computerwoche 18/2004, 14.

5 Computerwoche, a.a.O. mit einem Hinweis auf den Sicherheitsreport des Open Web Application Security Projects „The Ten Most Critical Web Application Security Vulnerabilities", abrufbar unter: http://prdownloads.sourceforge.net/OWASPTopTen2004.pdf?download. Diese sind:
1. Nicht überprüfte Eingabeparameter,
2. Unzureichende Zugriffskontrolle,
3. Fehler bei Authentisierung und Session-Management,
4. Cross-Site-Scripting,
5. Pufferüberläufe,
6. Injection-Fehler,
7. Falsche Fehlerbehandlung durch die Web-Anwendung,
8. Unsichere Speicherung,
9. Denial of service,
10. Unsicheres Konfigurationsmanagement.

Pflichten aus den §§ 8 – 11 TDG hinausgehen. Hierzu kann etwa der Einsatz von Screening-Software gehören, mit deren Hilfe sich allgemein rechtsverletzende oder etwa insbesondere für Kinder nicht geeignete Inhalte nach bestimmten Kriterien (wenn auch wohl nicht in jedem Fall zuverlässig) ausfiltern lassen.

Präventiv sind solche Kontrollen zumeist nur stichprobenweise oder jedenfalls unvollständig durchführbar, wenn der hierzu erforderliche Aufwand nicht unverhältnismäßig hoch werden soll. Wohl ist es aber Providern technisch und zumutbar, als rechtsverletzend erkannte Inhalte unverzüglich zu **sperren** (etwa auf entsprechende Mitteilung der Kunden oder Dritter hin). Auch bei diesen vertraglichen Prüfpflichten kann es sich um vertragliche **Hauptleistungspflichten** handeln (etwa bei der technischen Betreuung kundenseitiger Webpräsenzen), bei eher begleitendem Charakter sonst um entsprechende Schutzpflichten gemäß § 241 Abs. 2 BGB. Die vertraglich vereinbarten Prüfpflichten werden sich grundsätzlich auf fremde Informationen beziehen. Unberührt bleibt die volle Haftung des Anbieters, für Informationen, die er selbst (als eigene) anbietet; diese bedarf gegenüber seinen Kunden keiner besonderen vertraglichen Vereinbarung.

Im Rahmen der vertraglich übernommenen Pflicht zur umgehenden Beseitigung bzw. sogar präventiven Prüfung muss der verpflichtete Provider unverzüglich nach Mitteilung zu löschender oder sperrender Informationen auch dann tätig werden, wenn er die Rechtswidrigkeit der Information nicht abschließend beurteilen kann. Bei vertraglich übernommenen Pflichten zur präventiven Prüfung kann der Provider ebenfalls entsprechend verpflichtet sein, bereits in Zweifelsfällen die Information zumindest zu sperren. Dies gilt etwa, wenn der Anbieter auf seinem System die Einsatz auf Jugendschutz bezogener Filtersoftware verspricht. Soweit freilich die Kunden als Erziehungsberechtigte selbst auf ihrem Nutzersystem zu installierende Kontrollsoftware erwerben, bleibt es ihre Obliegenheit, selbst (möglicherweise) rechtsverletzende Inhalte und der Hyperlinks zu diesen auszufiltern. Auch liegt es zunächst an den Eltern, überhaupt keine Dienste mit jugendgefährdenden Inhalten zu abonnieren, den Zugriff auf bestimmte IP-Adressen im Internet zu sperren oder Inhalte systematisch zu filtern[1]. Die Anbieter solcher **Kontrollsoftware** müssen hingegen gegenüber ihren Kunden dafür einstehen, dass diese Software die beschriebenen Merkmale (Dichte der Kontrollfilter, etc.) aufweist.

Relativ erfolgreich filtert die Perkeo ++-Software pornographische Dateien aus[2]. Allerdings führt das Programm nur Prüfsummenvergleiche durch, kann also nicht unbekannte rechtwidrige Inhalte identifizieren[3].

Aus Vertrag kann der Anbieter weiterhin verpflichtet sein, bestimmte Informationen nach Kategorien oder anderen Merkmalen zu **kennzeichnen** und außerdem **Warnhinweise** in geeigneter Form (vor bzw. anläßlich des Abrufes) zu geben. Anbieter von geschlossenen Online-Diensten (und Video-on-Demand-Systemen) können zudem die entsprechend zu kennzeichnenden (labelling[4]) Inhalte selbst vollständig überprüfen und eine bessere Kontrolle von Abrufen gestatten[5] bzw. beauftragte Subunternehmer entsprechend verpflichten. Viele Filterprogramme sind freilich nur bedingt tauglich, da sie entweder kritische Inhalte nicht finden oder unkritische Inhalte gleich mitausfiltern[6].

---

1 Green Paper, 13.

2 Kostenfrei herunterladbar von www.perkeo.net.

3 *Sieber*, Verantwortlichkeit im Internet, Rdn. 108.

4 Das Green Paper, 15 unterscheidet zwischen den Möglichkeiten neutraler Kennzeichnung, einer (negativen) *black list* und einer (positiven) *white list.*

5 Green Paper, a.a.O.

6 *Brauch*, c't 2000, 230. Fast schon klassisches Beispiel eines *false positive* ist das Ausfiltern des

Weiter können sich die Leistungspflichten auf eine Auswahl und Zuordnung von Informationsquellen zu bestimmten Themenbereichen beziehen, die entweder präferiert sein oder ausgeschlossen werden sollen, ebenso auf **störungsfreie Übertragung**, schließlich auf das zeitlich begrenzte oder auf Dauer erfolgende Überlassen entsprechender tatsächlich geeigneter – und regelmäßig zu aktualisierender – Kontrollsoftware an die Erziehungsberechtigten von Kindern oder allgemein von Virenscan-Software.

II. Außervertragliche Haftung des Diensteanbieters für Informationen

Das Recht der Verantwortlichkeit von Diensteanbietern für eigene und fremde Informationen ist durch die Richtlinie zum elektronischen Geschäftsverkehr (E-Commerce-Richtlinie, kurz: ECRL) geprägt, die über das Elektronischer Geschäftsverkehr-Gesetz (EGG)[1] in das Teledienstegesetz (TDG)[2] umgesetzt wurde. Wesentlich sind folgende **Regelungsinhalte**:

- Keine Überwachungspflicht des Diensteanbieters (Art. 15 Abs. 1 ECRL, § 8 Abs. 2 TDG, s. S. 556),
- Unverändert volle Verantwortlichkeit für eigene Informationen (§ 8 Abs. 1 TDG, s. S. 563).

Haftungseinschränkung bei

- Durchleiten von fremden Informationen (Art. 12 Abs. 1 ECRL, § 9 TDG, s. S. 587),
- Zwischenspeichern (Caching) von fremden Informationen zur beschleunigten Übermittlung (Art. 13 Abs. 1 ECRL, § 10 TDG, s. S. 592),
- Speichern (Hosting) von fremden Informationen (Art. 14 Abs. 1 ECRL, § 11 TDG, s. S. 595).

1. Abgrenzung der Anbietertypen und ihrer Verantwortlichkeitsbereiche

Das deutsche Telemedienrecht unterscheidet unverändert zwischen (vom Bundesrecht geregelten) Telediensten und (vom Recht der Länder, vereinheitlich im Staatsvertrag geregelten) Mediendiensten. Die Umsetzung der E-Commerce-Richtlinie hat hieran nichts geändert[3]. Grundsätzlich wird weiter zwischen Anbietern von Informationen (bisher: Inhalten) und Anbietern zu unterscheiden sein, die Informationen anderer Anbieter nur weiterleiten und/oder (zwischen)speichern, da nur bei letzteren eine abgestufte Haftungseinschränkung zum Tragen kommt.

Wortes „Rüstung*sex*porte". Brauch berichtet auch, dass die Programme rechtsradikale Propaganda nicht von Darstellungen zum Zweiten Weltkrieg unterscheiden können.

1 Gesetz über rechtliche Rahmenbedingungen für den elektronischen Geschäftsverkehr (EGG) v. 14.12.2001, BGBl 2001 I 3721

2 Gesetz über die Nutzung von Telediensten v. 22.7.1997, BGBl. 1997 I 1870, in der Fassung der Änderung durch Art. 1 EGG

3 Entgegen der Auffassung etwa von *Hoeren*, MMR 1999, 192, 194, der diese Unterscheidung schon als „*propria germanica*" entfallen sah.

2. Verpflichtung der Diensteanbieter zum Sperren und Entfernen von Informationen

a) Grundsatz

Provider unterliegen unverändert nach den allgemeinen Gesetzen (etwa dem Marken- oder Urheberrecht) bestehenden Sperr- und Löschansprüchen. § 8 Abs. 2 S. 2 TDG stellt klar, dass nach allgemeinen Gesetzen bestehende Verpflichtungen, Informationen zu sperren oder deren Nutzung zu sperren, auch dann unberührt bleiben, wenn „Nichtverantwortlichkeit“[1] des Diensteanbieters im Sinne der §§ 9 – 11 TDG vorliegt. Diensteanbieter müssen also auch, wenn sie nur durchleiten oder zwischenspeichern, rechtsverletzende Informationen entfernen oder jedenfalls sperren. Erfasst werden aber nur Sperr- und Löschansprüche, nicht etwa Ansprüche auf Schadensersatz.

Durch die **Sperre** einer Datei ist sicherzustellen, dass ein weiterer Zugriff Dritter auf die Datei nicht möglich ist. Ein Löschen ist hierzu nicht erforderlich, aber unter Umständen ein Entfernen der Datei aus einem dem Zugriff eröffneten Speicher bzw. Speicherbereich. Der Begriff der „Sperrung der Nutzung von Informationen“ umfasst Maßnahmen zur Verhinderung des Zugriffes auf durch den Provider selbst bereitgehaltene Datenbestände aus fremden Informationen. Abgrenzungsprobleme treten auf, wenn diese Verpflichtung auch auf Datenbestände auf Rechnersystemen Dritter im Internet ausgeweitet wird. Dies wird an Verpflichtungen aus öffentlichem Recht deutlich, den Zugriff eigener Kunden über das Providersystem auf fremde Websites zu sperren (s. S. 538, 545). Zulässig (wenn auch technisch nur begrenzt durchführbar) sind nur Maßnahmen der Nutzungsverhinderung, die auf dem providereigenen System durchführbar sind (z.B. Filterung), unzulässig hingegen alle Eingriffe in das fremde System etwa zwecks Löschung von Dateien.

Sperrungen werden auch von Internet-Organisationen durchgeführt. So sperrte **DynDNS**.org für einige Zeit für IP-Adresse im Block von 80.128.0.0 bis 80.146. 159.255 alle Zugriffe über Port 80[2]. Die Registrierung bei DynDNS erlaubt grundsätzlich, einem Rechner, der vom Provider bei Einwahl in das Internet nur eine dynamische IP-Adresse erhält, einen festen Host-Namen zuweisen zu lassen und so z.B. bei TDSL einen Webserver zu betreiben. Die Sperrung blockierte diese Möglichkeit. Auch können DNS-Rechner großer Provider ausfallen, so dass alle Kunden der Provider offline bleiben müssen[3].

b) Grundsätze der zivilrechtlichen Störerhaftung von Diensteanbietern

Sperrungs- und gegebenenfalls Löschungsansprüche richten sich regelmäßig gegen eine objektive Rechtsverletzung als solche, gründen also auf einer **Störerhaftung**. Störerhaftung (aus § 1004 BGB) setzt die Verletzung von Prüfpflichten voraus. Eine klare Abgrenzung der Störerhaftung von Diensteanbietern ist im Gesetz noch nicht erfolgt[4]. Deshalb ist auf die allgemeinen Grundsätze zur Störerhaftung zurückzugreifen.

---

1 Der Begriff der „Verantwortlichkeit“ wird im Gesetz nicht näher definiert, ebensowenig in der E-Commerce-Richtlinie. Als Begriff des EG-Sekundärrechts muss er aber grundsätzlich autonom, d.h. *gemeinschaftsrechtskonform* ausgelegt werden.

2 Heise online news 30.7.2003, www.heise.de/newsticker/data/ad-30.07.03-000.

3 heise online news 11.8.2003, www.heise.de/newsticker/data/jk-11.08.03-005 zu einem mehrstündigen DNS-Ausfall in Österreich.

4 *Helle*, JZ 2002, 593, 598 spricht davon, dass die die frühere Regelung (§§ 5 TDG/ 5 MDStV) „nur

(1) Störerbegriff

Als **Störer** kann nach der ständigen BGH-Rechtsprechung[1] grundsätzlich jeder auf Unterlassung und Beseitigung in Anspruch genommen werden, der, auch ohne Wettbewerbsförderungsabsicht und ohne Verschulden, willentlich und adäquat-kausal **an der** Herbeiführung oder Aufrechterhaltung einer **rechtswidrigen Beeinträchtigung mitwirkt** – wobei als Mitwirkung auch die Unterstützung oder Ausnutzung der Handlung eines eigenverantwortlich handelnden Dritten genügen kann, sofern der Inanspruchgenommene die rechtliche Möglichkeit zur Verhinderung dieser Handlung hatte – **und**, bei Handeln Dritter (etwa Kunden), der in Anspruch Genommene (etwa Provider) eine **zumutbare Prüfpflicht verletzt** hat, deren Umfang sich unter Berücksichtigung seiner Funktion und Aufgabenstellung sowie im Blick auf die Eigenverantwortung des unmittelbar Handelnden beurteilt[2]. Auch Personen, die lediglich rein technische **Hilfsfunktionen** erfüllen (also etwa nur weiterleitende oder zwischenspeichernde Provider), können Störerhaftung unterliegen[3]. Unzumutbarkeit der Pflichterfüllung ist anzunehmen, wenn der Störungszustand vom Inanspruchgenommenen nicht ohne weiteres oder nur mit unverhältnismäßigem Aufwand erkennbar war[4]. Freilich wird durch diesen Ansatz einer Zumutbarkeitsprüfung die Verschuldensunabhängigkeit eines Abwehranspruches gegen Störer deutlich eingeschränkt[5]. Die Regelungen des TDG (insbesondere die §§ 8, 11 TDG) wurden als auf die Störerhaftung anwendbar angesehen[6], wobei aber gemäß § 8 Abs. 2 S. 2 TDG allgemeine Pflichten zur Entfernung oder Sperrung der Nutzung von Informationen unberührt bleiben.

Ein **Verschulden** des Störers, etwa eines zwischenspeichernden Providers, setzt klassische Störerhaftung **nicht** voraus[7]. Deshalb mag ein Abstellen auf die Zumutbarkeit einer Prüfung von Rechtsverstößen überraschen. Nach Auffassung des BGH darf aber die einen Normadressaten mittels Störerhaftung treffende Pflicht nicht über Gebühr auf unbeteiligte Dritte erstreckt werden, weshalb dem in Anspruch Genommenen der Einwand offenstehen müsse, dass ihm im konkreten Fall eine Prüfpflicht nicht oder nur eingeschränkt zumutbar ist, insbesondere bei Nichterkennbarkeit des Störungszustandes[8]. In einer Entscheidung hat der BGH[9] sogar mittlerweile auf das

---

einen Wust von Unklarheiten" hervorgebracht hat und die Neuregelung sich einer Regelung überhaupt enthalte.

1 Zu diesen Grundsätzen s. BGH, Urt.v.17.5.2001 – I ZR 251/99, GRUR 2001, 1038, 1040 = CR 2001, 850 = NJW 2001, 3265 – ambiente.de (zum Kennzeichenrecht); allgemein BGH GRUR 1997, 313, 315 – Architektenwettbewerb (zum UWG); BGH GRUR 1994, 841f – Suchwort; BGH GRUR 1999, 418 – Möbelklassiker (zum UrhG).

2 BGH GRUR 2001, 1038, 1040 – ambiente.de.

3 OLG Stuttgart, Urt.v.1.8.2002 – 2 U 47/01, MMR 2002, 746.

4 BGH, a.a.O., 1040.

5 Krit. deshalb *Köhler/Piper*, Vor § 13 Rdn. 69 m.w.N.

6 OLG Brandenburg, Urt.v. 16.12.2003 – 6 U 161/02, ZUM-RD 2004, 177.

7 BGH GRUR 1988, 832, 834 – Benzinwerbung; BGH GRUR 1988, 829, 830 – Verkaufsfahrten II; BGH GRUR 1976, 256, 258 – Rechenscheibe.

8 BGH GRUR 1997, 313, 316 – Architektenwettbewerb; BGH GRUR 2001, 1038, 1040 – ambiente.de; BGH GRUR 2003, 969f – Ausschreibung von Vermessungsdienstleistungen.

9 BGH WRP 2001, 28, 30 – dentalästhetika; BGH AfP 2003, 428f – Buchpreisbindung (unter Heranziehen der auch für einen zivilrechtlichen Unterlassungsanspruch entsprechend heranzuziehenden deliktischen Teilnahmeregel in § 830 Abs. 2 BGB); BGH WRP 2003, 886, 888 – Kleidersack; krit. *Jergolla*, WRP 2004, 655, 658, in dieser neuen Tendenz der BGH-Rechtsprechung eine begrüßenswerte Abkehr von der Gründung der Störerhaftung auf eine analoge Anwendung

Vorliegen eines bewussten Rechtsverstoßes abgestellt, ähnlich das OLG Köln[1] auf eine willentliche Mitwirkung an der Herbeiführung eines rechtsverletzenden Zustands.

Schadensersatzansprüche gegen Störer setzen hingegen deren Verschulden voraus. Voraussetzung ist die Verletzung einer bestehenden Prüfpflicht und außerdem die Kausalität dieser Pflichtverletzung für die Schadensentstehung. Schadensersatzpflicht des mittelbaren Störers kommt in Betracht, wenn und soweit er seinen Pflichten als Störer nicht ausreichend nachkommt[2], obwohl ihm dies möglich und zumutbar wäre.

Nicht nur die Anbieter von Informationen, sondern auch Dritte, etwa **Provider**, können damit Störerhaftung unterliegen und auf Unterlassung in Anspruch genommen werden, wenn sie – ohne selbst Täter oder Teilnehmer (mit zumindest bedingtem Tatvorsatz) zu sein – in irgendeiner Weise willentlich und adäquat kausal zur Verletzung eines geschützten Gutes (etwa eines Markenrechts) oder zu einer verbotenen Handlung beigetragen haben[3], etwa durch Gespeicherthalten und Zugänglichmachen fremder rechtswidriger Informationen, und eine zumutbare Prüfpflicht verletzt haben. Das gilt ohnehin für jedes Unterstützen, aber auch bereits für das Nichtverhindern von Verstößen eigenverantwortlich Handelnder (und hierdurch ein Mitwirken hieran), sofern die rechtliche Möglichkeit besteht, die Handlungen dieser Handelnden zu verhindern[4].

Bereits **vor** Inkrafttreten des TDG 1997 (als Teil des IuKDG) waren zwei Provider von Staatsanwaltschaften zur (zeitweiligen) Sperrung von Inhalten aufgefordert worden, nämlich im September 1996 inländische Provider bezüglich erstellter Links zu vom niederländischen Internet-Anbieter XS4ALL gespeicherter Inhalten der Zeitschrift „radikal" durch die Bundesanwaltschaft (später durch die Anbietervereinigung Internet Content Task Force, ICTF wieder aufgehoben) und im April 1997 das DFN. Beide Betreiber waren „nur" Access Provider. **DENIC** wurde im Verhältnis zu von einer Homepage ausgehende Rechtsverletzungen weder als unmittelbare noch als mittelbare Störerin angesehen[5].

Die **Beseitigungskosten** sind vom Störer zu tragen; verursacht ein Kunde die Störung, hat der Provider gegen diesen aber grundsätzlich einen Ersatzanspruch. Der Provider, der sich vertragsrechtlich begründeten Unterlassungs- oder Beseitigungsansprüchen ausgesetzt sieht, ohne dass ihm Vorsatz oder Fahrlässigkeit werden können, kann der Provider den Geschädigten durch Zahlung einer Geldsumme entschädigen, wenn die Erfüllung der Unterlassungs- und Beseitigungsansprüche für den Provider zu einem großen Schaden führen würde und dem Geschädigten die Abfindung zuzumuten ist (§ 101 Abs. 1 UrhG).

(2) Umfang der Prüfpflichten

Der **Umfang** der Prüfpflichten von Providern aus Störerhaftung bestimmt sich danach, ob und inwieweit diesen nach den Umständen eine Prüfung zuzumuten ist[6]. Der Pflichtenumfang kann hierbei insbesondere angesichts der sehr unterschiedlichen

erblickend.

1 OLG Köln, K&E 2002, 93,97 – Rolex (ricardo).

2 OLG Stuttgart, Urt.v.1.8.2002 – 2 U 47/01, MMR 2002, 746.

3 BGH GRUR 2002, 618 – Meißner Dekor.

4 BGH GRUR 1999, 504 – Implantatbehandlungen; BGH WRP 2000, 506 – Klinik Sanssouci.

5 LG Wiesbaden, Urt.v.13.6.2001 – 10 O 116/01, ZUM-RD 2002, 219.

6 BGH GRUR 1997, 313 – Architektenwettbewerb; BGH GRUR 1994, 841 – Suchwort.

technischen Fallgestaltungen nur im Einzelfall festgestellt werden[1]. Die Prüfpflicht kann eingeschränkt sein, wenn der Störungszustand für den als Störer Inanspruchgenommenen unter Berücksichtigung seiner Funktion und Aufgabenstellung nicht ohne weiteres oder nur mit unverhältnismäßigem Aufwand erkennbar ist[2]. Das gilt insbesondere, wenn der Inanspruchgenommene nur technische oder organisatorische Beiträge leistet; er muss insoweit geltend machen können, dass ihm eine solche Prüfung nur eingeschränkt oder überhaupt nicht zumutbar ist[3]. Dies kann etwa gelten, wenn es für den Provider unzumutbar wäre, große „Serverfarmen", also eine Vielzahl von miteinander vernetzten Speicher, laufend auf bestimmte Informationen hin präventiv zu prüfen oder nach solchen Informationen ohne ausreichend genaue Angaben (etwa zu deren Anbietern) zu suchen, zumal § 8 Abs. 2 S. 1 TDG (teilweise „proaktiv" genannte) Überwachungs- und Nachforschungspflichten von Diensteanbietern ausschließt. Von einer bestehenden Pflicht zur Sperrung oder Entfernung erfasst sind auch temporäre Kopien von rechtsverletzenden Informationen (etwa in Cache-Speichern).

(3) Zumutbarkeit von Maßnahmen

Sperrung kann nur verlangt werden, wenn sie technisch **möglich** und **zumutbar** ist[4]. Gleiches gilt für Maßnahmen zur **Löschung**. Hiergegen wurde eingewendet, dass die ECRL bei Unterlassungs- und Beseitigungsansprüchen die Providerhaftung nicht nach Zumutbarkeit beurteile[5]. Art. 12 Abs. 3 ECRL verweist hierzu freilich auf die jeweiligen Rechtssysteme der Mitgliedsstaaten, weshalb § 8 Abs. 2 S. 2 TDG auf die allgemeinen deutschen Gesetze verweist, die Regelungen zur Berücksichtigung der Zumutbarkeit enthalten.

Die Einschränkungen auf das Mögliche und Zumutbare gelten auch für § 11 TDG, obwohl sie weder dort noch in Art. 14 ECRL ausdrücklich genannt sind, da weder technisch Unmögliches noch Unzumutbares verlangt werden darf [6]. Jedoch wurde ein Beseitigungsanspruch grundsätzlich selbst dann bejaht, wenn die Kosten der Beseitigung unverhältnismäßig hoch sind[7]. Strafrechtlich ist ein mögliches unechtes Unterlassungsdelikt in der Form des Vorwurfes der unterlassenen Sperrung zu prüfen[8].

Aus Wettbewerbsrecht wurde der Provider nach früherem Recht als Störer haftbar angesehen, wenn er auf seinem Server **wettbewerbswidrige Angebote** mit (zu erstellender) Software ausfiltern könnte[9]. Diese Rechtsprechung wird jedenfalls angesichts § 8 Abs. 2 S. 1 TDG keinen Bestand haben können. Provider müssen nicht von sich aus

---

[1] BGH, Urt.v.17.5.2001 – I ZR 251/99, CR 2001, 850, 851 = NJW 2001, 3265 – ambiente.de.

[2] BGH GRUR 1997, 909 – Branchenbuch-Nomenklatur.

[3] BGH GRUR 1997, 313 – Architektenwettbewerb; BGH GRUR 1999, 418f – Möbelklassiker.

[4] OLG München, Urt.v. 3.2.2000 – MMR 2000, 617 – CDBench. Das Gericht sah den Betreiber von FTP-Servern als von jeder Verantwortlichkeit freigestellt an, wenn diese Server zum Spiegeln von Datenbeständen genutzt werden.

[5] Gounalakis/*Spindler*, Rechtshandbuch Electronic Business, § 9 Rdn. 199 unter Bezug auf Art. 12 Abs. 3 ECRL, der aber nur die Möglichkeit für Regelungen betreffend das Abstellen oder Verhindern von Rechtsverletzungen eröffnet, nicht jedoch Regelungen verlangt, die Zumutbarkeit unberücksichtigt lassen.

[6] Gesetzesbegr. zum EGG, S. 23, 25; *Tettenborn/Bender/Lübben/Karenfort*, K&R Beilage 1 zu Heft 12/2001, 33.

[7] BGH LM Nr. 14 zu § 1004 BGB.

[8] *Tettenborn/Bender/Lübben/Karenfort*, K&R Beilage 1 zu Heft 12/2001, 33.

[9] OLG München, Urt.v. 26.2.1998 – 29 U 4466/97, CR 1998, 300 – Störer im Internet.

nach solchen Angeboten suchen, diese aber bei Mitteilung zugriffssperren.

Ein Unternehmen haftet auch dann als Störer, wenn es im geschäftlichen Verkehr unter Bezugnahme auf seine Website auftritt und diese **rechtsverletzende Informationen** aufweist, der Internet-Auftritt aber durch ein nicht konzernverbundenes Drittunternehmen gestaltet wird, das Inhaber der Domain ist[1].

Auch das Setzen von **Links** kann Störerhaftung begründen, so etwa, wenn der Linksetzer den Nutzer durch das Aktivieren des Links veranlasst, Werke (etwa MP3-Files) aus dem Internet herunterzuladen und abzuspeichern, hierdurch also rechtswidrig zu vervielfältigen[2] (ausführlich zur Link-Haftung s. S. 660). Wird nur generell auf eine Webseite verwiesen, muss für eine Störungshaftung im Einzelfall eine Prüfpflicht bzw. ein Kennenmüssen des Anbieters bezüglich der Inhalte auf den einzelnen Seiten zu bejahen sein[3]. Beides kann fraglich sein, wenn die Inhalte häufig wechseln und der Diensteanbieter laufend alle Inhalte überprüfen müsste, da er grundsätzlich keiner präventiven Prüfpflicht unterliegt (§ 8 Abs. 2 TDG). Allerdings können gerade bezüglich Links doch jedenfalls eingeschränkt Prüfpflichten bestehen, da die §§ 8 – 11 TDG nicht auf Links als anwendbar gesehen werden, sondern weiterhin bisheriges nationales Recht (s. S. 660). Selbst unter dieser Voraussetzung erstreckt sich eine mögliche Prüfpflicht nicht auf Links auf der Zielseite, die also auf weitere Webseiten verweisen. Anbietern von Informationen ist es in der Regel nicht zuzumuten, ganze **Link-Ketten** im Web (gar noch in kurzen zeitlichen Abständen wiederholt) nachzuvollziehen und zu prüfen.

Ein **Registrar**, der eine Domain angemeldet hat, von der mittels Metatag auf eine geschützte Marke eines anderes Unternehmens rechtswidrig verwiesen wird, ist andererseits nach Kenntniserlangung aus (Mit-)Störerhaftung verpflichtet, beim Domain-Inhaber (schon aus dem Vertrag mit diesem) auf Wiederherstellen rechtmäßiger Verhältnisse hinzuwirken[4].

Bejaht wurde auch die Störerhaftung eines Inhabers einer Webseite aus § 1004 BGB, über die Web-**Community**-Mitglieder miteinander kommunizierten, bei der aber fremde und eigene Inhalte miteinander verquickt wurden[5]. Ähnlich haftet ein Mobilfunkanbieter für ein Interner-Portal, wenn die als News angebotenen Inhalte so dargestellt werden, dass der objektive Nutzer den Eindruck haben kann, der Anbieter übernehme hierfür die Verantwortung[6]. **Disclaimer** führen hier nicht zur Haftungsentlastung, bzw. nur gegenüber Vertragspartnern, und können allenfalls als Distanzierung verstanden werden[7]. Verneint wurde eine (Mit-)Störerhaftung eines Internet-Auktionshauses wegen Unzumutbarkeit einer Überwachung in **automatisierten Massenverfahren**, die allenfalls eine „technische Sekunde" zwischen Freischalten und

1 OLG Hamburg, Urt.v.27.3.2003 – 5 U 113/02, CR 2003, 927 – Cinema Filmkalender.

2 Ernst/Vassilaki/*Wiebe*, Hyperlinks, Rdn. 41.

3 Ernst/Vassilaki/*Wiebe*, Hyperlinks, Rdn. 44.

4 OLG Karlsruhe, Urt.v. 22.10.2003 – 6 U 112/03, MMR 2004, 256 = ZUM-RD 2004, 125.

5 OLG Köln, Urt.v.28.5.2002 – 15 U 221/01, NJW-RR 2002, 1700 = ZUM 2002, 487 – Community (Haftung des Diensteanbieters für Fotomontagen von Steffi Graf als zueigengemachte Inhalte aus Persönlichkeitsrechtsverletzung unter Anwendung von § 5 TDG a.F.).

6 OLG Düsseldorf, Urt.v. 4.10.2001 – 2 U 48/01, NJW-RR 2002. 910 (wettbewerbsrechtliche Haftung bejahend).

7 OLG München, Urt.v.17.5.2002 – 21 U 5569/01, MMR 2002, 611 = ZUM-RD 2002, 357 = JurPC Web-Dok. 263/2002 – Online-Verlag (zu gewerbeschädigender Äußerung in einem Internet-Meinungsforum, Privilegierung nach § 5 Abs. 2 TDG a.F. wegen der (im zu entscheidenden Fall zu bearbeitenden) nur relativ geringen Datenmengen verneinend).

Erscheinen des Auktionsangebotstexts erlaubt[1].

Der Betreiber eines Erotik-Subdomain-Services haftet für unerwünschte Werbe-E-Mails, in denen für die auf den **Subdomains** angelegten Seiten geworben wird, auch dann, wenn er diese E-Mails nicht selbst versandt hat, aber die Identität des versendenden Kunden nicht zu ermitteln ist[2]. Allgemein ist der Provider aber durch Vergabe von Subdomains für über diese erreichbare Inhalte nicht verantwortlich[3].

Die **Sperrung** der Nutzung einer Information im Sinne von § 8 Abs. 2 S. 2 TDG kann (unabhängig von der rechtlichen Qualifikation des Linking als Zugangsvermittlung) als Maßnahme auch umfassen, die Möglichkeit zu unterbinden, auf diese Information zuzugreifen, wozu dann aber auch das (zumindest temporäre) Beseitigen des Links gehören kann. Hierfür ist nicht erforderlich, das technische Mittel des Links selbst als „Information" zu qualifizieren. Allein das Beseitigen von Links zu verbotswidrigen Webseiten genügt jedoch nicht, wenn diese bis zu ihrer Überarbeitung im Web stehen bleiben, die durch Direkteingabe des Domain-Namens oder durch Suchmaschinen zugreifbar bleiben[4]. Durch die **Sperre** einer Datei mit rechtsverletzenden Informationen ist sicherzustellen, dass ein weiterer **Zugriff** Dritter auf die Datei **nicht möglich** ist. Ein Löschen ist hierzu nicht erforderlich, aber unter Umständen ein Entfernen der Datei aus dem für den Zugriff eröffneten Speicher bzw. Speicherbereich. Soweit dem Provider ein Zugriff auf die Datei nicht möglich ist (da sie nicht auf seinem System (zwischen-)gespeichert ist), kann ein Sperren der Zugriffsmöglichkeiten im Internet in Betracht kommen, also auch der auf die rechtsverletzenden Informationen verweisenden Links.

Die **Löschung** von Webseiten geht über die bloße Sperrung hinaus und verlangt eine vollständige Dekonnektierung der jeweiligen Seite oder jedenfalls Löschung einer Datei. Ist die Seite in dieser Weise vom Verpflichteten gelöscht, kann er sich auf eine regelmäßige Aktualisierung der Datenbanken in Suchmaschinen verlassen und braucht er nicht damit rechnen, dass eine von ihm bereits gelöschte Seite sich für längere Zeit weiterhin im Speicher eines dritten Servers befindet und von dort noch ausgerufen werden kann[5].

Besteht eine **Unterlassungsverpflichtung**, wurde eine Verpflichtung des Anbieters gesehen, ungeachtet der Freistellung von einer Nachforschungspflicht in § 8 Abs. 2 S. 1 TDG für die Zukunft seine Dateien darauf hin zu durchsuchen, ob die ihm zur Unterlassung aufgegebenen Inhalte wieder vorhanden sind[6]. Diese Suche ist freilich nur durchführbar, wenn diese Inhalte bereits wieder gespeichert sind, was bereits eine

---

1 OLG Köln, Urt.v. 2.11.2001 – 6 U 12/01, CR 2002, 50 = MMR 2002, 617 = ZUM-RD 2002, 203 – Rolex (eine Privilegierung aus § 5 TDG a.F. im richtlinienbasierten Markenrecht ablehnend, was nach Umsetzung der E-Commerce-Richtlinie nicht mehr haltbar ist, BGH NJW 2004, 3102).

2 LG Leipzig, Urt.v.13.11.2003 – 12 S 2595/03, MMR 2004, 263 = ITRB 2004, 76 = heise online 12.12.2003, heise.de/newsticker/ data/jk-12.12.03-008/; Vorinstanz AG Leipzig, Urt.v. 27.2.2003 – 02 C 8566/02, CR 2003, 935.

3 AG Siegen, Urt.v. 22.8.2003 – 10 C 414/00, CR 2004, 707.

4 KG, Beschl.v.23.8.2002 – 5 W 7/02, ZUM-RD 2003, 65.

5 OLG Hamburg, Urt.v.9.9.2002 – 3 W 60/02, CR 2002, 909 (zur Löschung eines Metatag-Codes); für eine Verpflichtung des Betreibers, die Löschung auch bei *allen* Suchmaschinen zu veranlassen hingegen LG Frankfurt, Urt.v. 3.12.1999 – 3/11 O 98/99, CR 2000, 462 = MMR 2000, 493 – DiaProg; LG Mannheim, Urt.v. 1.8.1997 – 7 O 291/97, CR 1998, 306 – Arwis (für die Verpflichtung, fortgesetzte Verlinkung durch Suchmaschinen zu unterbinden). Das LG Berlin, Urt.v. 14.10.1999 – 16 O 84/98, MMR 2000, 495 sah eine allgemeine Pflicht eines Unterlassungsschuldners, dafür Sorge zu tragen, dass die nicht mehr zu verwendende Domain über das Internet nicht mehr erreichbar ist und auch eventuelle Erfüllungsgehilfen (z.B. Provider) in Kenntnis gesetzt werden.

6 Gounalakis/*Spindler*, Rechtshandbuch Electronic Business, § 9 Rdn. 202.

Rechtsverletzung darstellen kann. Ist Schuldner aus einer Unterlassungsverfügung verpflichtet, einen beanstandeten Inhalt auf einer untergeordneten Seite seiner Webpräsenz zu löschen, so wurde es nicht als ausreichend angesehen, dass er nur den Link zu dieser Seite löscht, nicht aber diese Seite selbst bzw. deren Inhalt, da die Seite über Suchmaschinen weiter erreichbar bleibt[1].

§ 8 Abs. 2 TDG soll das Bestehen von Prüfpflichten im Hinblick auf besondere Rechtsverletzungen, von denen der Anbieter durch Abmahnung oder Unterlassungsverfügung Kenntnis erlangt hat, unberührt lassen, weshalb solche Unterlassungsansprüche nicht von § 11 TDG erfasst würden[2].

Wenig behandelt wurde bisher die Frage, welcher **Haftung** ein Anbieter unterliegt, der auf entsprechende Aufforderung hin auf seinem System eine ***vermeintlich* rechtswidrige Information** löscht oder den Zugang zu ihr sperrt und von dem Kunden, für den er die Information gespeichert hat, vertraglich auf Schadensersatz in Anspruch genommen wird. Grundsätzlich kann hier eine Vertragspflichtverletzung des Providers in Betracht kommen, die ihn zu Schadensersatz verpflichtet. Das für eine solche Pflichtverletzung vorauszusetzende Vertretenmüssen kann aber entfallen, wenn der Provider nach den Umständen des Einzelfalles vom Vorliegen einer Rechtsverletzung durch den jeweiligen Webseiteninhalt ausgehen konnte bzw. musste. Die Haftungsbeschränkung nach den §§ 8 – 11 TDG greift in diesen Fällen unberechtigter anbieterseitiger Sperrung oder Löschung von als rechtswidrig behaupteten Informationen nicht ein. Ergänzend kommt eine allgemeine deliktische Haftung desjenigen in Betracht, der dem Provider den unzutreffenden Hinweis auf die angebliche Rechtsverletzung gegeben hat.

In **Großbritannien** wurde die Reaktion von Providern auf eine unsubstantiierte Mitteilung einer Urheberrechtsverletzung getestet[3]. Der britische Provider sperrte gleich am nächsten Tag die betreffende Webseite komplett. Die US-Provider schickten Formblätter für das „*Notice-and-Takedown*“-Verfahren. Ein solches Verfahren ist im EG-Bereich nicht realisiert. Auch gibt es kein Beschwerdeverfahren für betroffene Webseitenbetreiber. Beschwerden werden bei den befragten Providern nicht immer durch juristisch ausreichend qualifizierte Mitarbeiter bearbeitet. Harmonisierender Regelungsbedarf ist deshalb offensichtlich.

In den **USA** sieht der (insoweit nicht angegriffene und deshalb weitergeltende) Communications Decency Act von 1995 (47 U.S.C. § 230 c) eine ausdrückliche („*safe harbor*“-) Haftungsfreistellung des Anbieters vor, ebenso bezüglich urheberrechtlicher Haftung der Digital Millenium Copyright Act von 1998 (17 U.S.C. § 512 c), der zudem (in § 512 g) eine „*counter-notification*“ des Inhalts vor, dass keine Urheberrechtsverletzung vorliegt.

Vergleichbare Regelungen enthält das deutsche Recht nicht, weshalb auf die allgemeinen Grundsätze zurückzugreifen ist. Der Anbieter wird sich hierbei nicht generell auf ein Freistellung von einer Überwachungs- und Nachforschungspflicht gemäß § 8 Abs. 2 S. 1 TDG berufen können, da sich diese Bestimmung nur auf die gespeicherten bzw. übermittelten Informationen selbst bezieht, nicht auf Mitteilungen

---

1 LG Hamburg, Urt.v. 28.3.2003 – 315 O 569/02, MMR 2004, 195

2 *Lehment*, WRP 2003, 1058, 1063.

3 *Kleinz*, Die Legende von der Selbstregulierung, Telepolis (www.telepolis.de/deutsch/inhalt/te/17501.1.html) unter Hinweis auf die Studie von *Ahlert*, *Marsden*, *Yung*, How 'Liberty' Disappeared from Cyberspace: The Mystery Shopper Tests Internet Content Self-Regulation (http://pcmlp.socleg.ox.ac.uk). Die Wissenschaftler stellten bei Providern in den USA und in Großbritannien einen Auszug aus *John Stuart Mills* 1869 veröffentlichten (und damit nicht mehr urheberrechtlich geschützten) Text „On Liberty“ online und behaupteten dann über eine von ihnen frei erfundene „John Stuart Mill Heritage Foundation“ eine Verletzung der dieser Foundation zustehenden Urheberrechte, ohne diese Urheberrechte oder auch nur die Anschrift dieser Stiftung zu bezeichnen.

zur behaupteten Rechtswidrigkeit dieser Informationen und providerseitige Reaktionen hierauf. Soweit die Rechtswidrigkeit nicht offensichtlich ist (etwa diejenige strafbarer Informationen), sollte der Anbieter zunächst den Kunden zur kurzfristigen Stellungnahme auffordern und außerdem prüfen, ob bis zur Klärung eine Sperre des Zugriffs auf die fragliche Datei anstatt der Löschung möglich ist.

(4) Prüfpflichten von Suchmaschinenbetreiber

Nach § 10 Nr. 3 TDG sollen Diensteanbieter seit Inkrafttreten des EGG vom 14.12.2001 verpflichtet sein, Regeln der Aktualisierung der Information zu beachten, die in weithin anerkannten und verwendeten Industriestandards festgelegt sind. Ob diese Industriestandards das Löschen von Informationen etwa in Archiven von Suchmaschinen umfassen[1], kann derzeit (schon mangels Ausbildung solcher Standards) noch nicht entschieden werden. Ungeklärt ist auch bisher, welchen Anspruch der Löschverpflichtete gegenüber Suchmaschinenbetreibern geltend machen kann. Hinzu kommt, dass nach überwiegender Auffassung die §§ 9 – 11 TDG als (noch) nicht auf Suchmaschinen anwendbar angesehen werden, da Gesetz- und Richtliniengeber keine entsprechende Regelung treffen wollten. Die Rechtssicherheit wird hierdurch nicht erhöht, da für jeden Suchmaschinenbetreiber jeweils das Recht des Mitgliedsstaates zur Anwendung gelangt, in dem er seinen Sitz hat.

Nicht haltbar erscheint der Ansatz, dem Betreiber von Plattformen im Hinblick auf den nach Art. 14 GG gebotenen effektiven Schutz des geistigen Eigentums die Verpflichtung zur regelmäßige Kontrolle eingehender Informationen aufzuerlegen, wenn über die Plattform auch rechtswidrige erstellte Musikdateien geradezu als Regelfall getauscht werden[2]. Abgesehen davon, dass eine solche Auslegung die Rechtsunsicherheit für Provider erheblich erhöhen würde und der Schutz des geistigen Eigentums nicht pauschal zur Aufhebung der Grundsätze zur Einschränkung reiner Störerhaftung führen kann, besteht für eine solche Auslegung auch keine Veranlassung, da der Provider in solchen Fällen in der Regel auch Kenntnis von diesem Tausch und den Rechtsverletzungen oder jedenfalls von Umständen hat (wenn der Tausch fortlaufend stattfindet und hierfür besondere technische Kapazitäten einzurichten sind), aus denen sich beides erschließen lässt, und sogar ein bewusstes, kollusives Zusammenwirken vorliegen kann, das selbst bei reiner Durchleitung die Haftungsbefreiung entfallen lässt (§ 9 Abs. 1 S. 2 TDG).

c) Störerhaftung von Providern - Sperrpflichten aus öffentlich-rechtliche Sperrungsanordnungen

Bei rechtswidrigen Informationen, etwa Volksverhetzung, kann eine **Sperrungsverfügung** durch die zuständige Aufsichts**behörde** in Betracht kommen[3]. Für die

---

1 Hierfür wohl *Dieselhorst*, Urteilsanm. CR 2003, 66, 67.

2 So aber Bröcker/Czychowski/Schäfer/*Dustmann*, Praxishandbuch Geistiges Eigentum im Internet, § 4 Rdn. 134.

3 S. die Sperrungsverfügung des Düsseldorfer Regierungspräsidenten gegenüber *76 Providern* bezüglich Sites mit rechtsradikalen Inhalten. Eine chronologische Übersicht über die ergangenen Gerichtsentscheidungen und Verfügungen findet sich unter www.artikel5.de/enscheidungen. Die nachfolgend referierten Gerichtsbeschlüsse betreffen nur Eilentscheidungen. Bis zum Redaktionsschluss für den vorliegenden Text (Herbst 2004) lagen keine Entscheidungen in der Hauptsache vor.

Rechtsgrundlage ist zu differenzieren. Anders als das allgemeine Polizei- und Ordnungsrecht[1] genügt für eine Verfügung auf der Grundlage der §§ 22 Abs. 2 und 3 MDStV[2] nicht das Vorliegen einer Gefahr für die öffentliche Sicherheit und Ordnung, sondern muss bereits ein Verstoß gegen Vorschriften vorliegen[3]. Die Haftungsprivilegierungen der 9 – 11 TDG bzw. 7 – 9 MDStV greifen nicht ein[4]. Access Provider, die nur den Zugang vermitteln, bieten keinen Mediendienst an, werden aber über § 2 Abs. 1 MDStV in ihrem Angebot der Nutzung von Mediendiensten mit erfasst[5]; dem steht nicht entgegen, dass das Access Providing auch eine Telekommunikationsdienstleistung (§ 3 Nr. 9 TKG) darstellt bzw. nach § 3 Nr. 24 TKG 2004 einen TK-Dienst.

Bei der Auswahl mehrerer, möglicherweise in Anspruch nehmbarer Diensteanbieter ist zu beachten, dass jeder Störer in vollem Umfang zur Gefahren- bzw. Störungsbeseitigung verpflichtet und hierbei derjenige heranzuziehen ist, der in der Lage ist, die Gefahr am schnellsten und wirksamsten zu beseitigen; zunächst ist die Sperrverfügung an denjenigen zu richten, der **der Gefahr näher steht**, weil er sie eher zu verantworten hat, jedoch können subsidiär auch Nichtverantwortliche heranzuziehen sein[6]. Die jeweils zu treffende Maßnahmen muss zur Störungsbeseitigung **geeignet**, **erforderlich** (d.h. nicht in anderer Weise erreichbar) und (im Verhältnis zum zu schützenden Rechtsgut) **angemessen** sein[7]. Mit der Maßnahme muss der gewünschte Erfolg zwar nicht (voll) erreicht, aber doch zumindest gefördert werden können[8]. Die Sperrung soll Angebote nur im erforderlichen Umfang treffen (also nach Möglichkeit nur die rechtswidrigen Teile, etwa in Portals nur das einzelne rechtswidrige Angebot, nicht das ganze Portal)[9]. **Problematisch** ist, dass Sperrungsverfügungen auf der Grundlage des MDStV nur in Beschränkung des räumlichen Geltungsbereichs auf je ein Bundesland möglich sind, so etwa die Verfügung der Bezirksregierung Düsseldorf allein mit Bezug auf Nordrhein-Westfalen, womit Nutzer auf Provider in anderen Bundesländern, z.B. Hessen, ausweichen können. Bemerkenswert ist, dass kein anderes Bundesland hinsichtlich solcher Sperrungsverfügungen initiativ geworden ist.

Die Bezirksregierung sah in den Angeboten einen Verstoß gegen Bestimmungen des Strafgesetzbuches (§ 12 Abs. 1 Nr. 1 MDStV n.F.; § 8 Abs. 1 Nr. 1 MDStV a.F.), eine Verherrlichung des Krieges (§ 12 Abs. 1 Nr. 1 MDStV n.F.; § 8 Abs. 1 Nr. 2 MDStV a.F.) und eine offensichtliche Eignung, Kinder oder Jugendliche sittlich schwer zu gefährden (§ 12 Abs. 1 Nr. 1 MDStV n.F.; § 8 Abs. 1 Nr. 3 MDStV a.F.). § 18 Abs. 3 MDStV a.F. sah eine subsidiäre Sperrverpflichtung von Anbietern fremder Informationen in den Fällen vor, in denen sich Maßnahmen gegen den Verantwortlichen des

---

1 Zur polizeilichen Gefahrenabwehr im Internet s. *Zimmermann*, NJW 1999, 3145.

2 Gestützt war die Verfügung vom 13.2.2002 noch auf § 18 Abs. 2 und 3 MDStV a.F. (1997). Die Sperrungsanordnung nach § 22 Abs. 3 MDStV bezieht sich auf Diensteanbieter von fremden Inhalten (§§ 7 – 9 MDStV), ist aber nur zulässig, wenn Maßnahmen gegen den Verantwortlichen nicht durchführbar oder erfolgversprechend sind.

3 *Spindler/Volkmann*, K&R 2002, 398, 401.

4 *Spindler/Volkmann*, K&R 2002, 398, 401.

5 Begr. zm Staatvertrag über Mediendienste, 1997, zu § 5 Abs. 3 S. 2 MDStV a.F.; *Schorr*, Voraussetzungen und Reichweite von Sperrverfügungen, in: *Heermann/Ohly*, Verantwortlichkeit im Netz 2003, 103, 106.

6 Ausf. s. *Schorr*, a.a.O., 112.

7 *Zimmermann*, NJW 1999, 3145, 3150.

8 BVerfGE 67, 153, 173.

9 *Schorr*, a.a.O., 117 mit dem Hinweis, dass ganze Dienste oder Server grundsätzlich nicht stillgelegt werden können.

Angebotes selbst als nicht durchführbar oder nicht erfolgversprechend erweisen. Die inhaltsgleiche Regelung enthält § 22 Abs. 3 MDStV[1]. Ergänzend zu berücksichtigend ist inzwischen auch eine Sperrverpflichtung aus den §§ 20 Abs. 4 JMStV[2], 22 Abs. 2 – 4 MDStV.

Nach Auffassung der Bezirksregierung waren diese Tatbestände erfüllt, da die Provider nicht von sich aus zur Sperrung bereit waren und Urteile in den USA (angesichts der dortigen extensiven Rechtsprechung zur Meinungsfreiheit, *„freedom of speech*") kaum Aussicht auf Vollstreckung haben, außerdem die US-Inhalteanbieter auf ein Schreiben vom 9.8.2000 nicht reagiert haben. Auch die Einschaltung des amerikanischen Generalkonsuls und der Federal Communications Commission seien erfolglos geblieben.

Erstinstanzlich bestätigt wurde die Sperrungsverfügung durch mehrere Verwaltungsgerichte (VG)[3]. Das VG **Aachen**[4] bestätigte die Sperrungsverfügung, allerdings bezogen auf nur zwei inkriminierte Seiten, um den Sperraufwand der Provider zu senken. Ausreichend sei, dass eine nur latent vorhandene Gefahrenabwendung verringert werde.

Das VG **Arnsberg**[5] bejahte im summarischen Verfahren nach § 80 VwGO (und in einer eher knappen Begründung) einen Vorrang des öffentlichen Interesses, von Volksverhetzung im Internet verschont zu bleiben, vor dem Interesse des Access Providers, den Zugang zu den betreffenden rechtsextremen Webseiten (in den USA) vermitteln zu können. Der Provider sei nicht gegen Schäden dadurch geschützt, dass Kunden die volksverhetzenden Seiten über andere Provider herunterladen und dem Provider deshalb Gewinn entgehe. In der ersten veröffentlichten Beschwerdeentscheidung bestätigte das **OVG Münster**[6] die Entscheidung des VG Arnsberg, da das öffentliche Interesse am Vollzug der Sperrverfügung das Interesse der Antragstellerin an der Wiederherstellung der aufschiebenden Wirkung ihrer Klage überwiege. Das OVG ordnete die Webseiten als Mediendienste ein, da sie auf Meinungsbildung abzielten und publizistische Elemente mit Propagandaausrichtung aufwiesen, während die Access Provider Diensteanbieter im Sinne von § 7 MDStV darstellten. Selbst wenn man „Anbieter fremder Inhalte nach § 5 Abs. 3" MDStV 1997 nur als Anbieter von Navigationshilfen, Links oder Suchmaschinen verstehe, ergebe sich aus den §§ 7 und 22 Abs. 3 MDStV 2002, dass auch Access Provider als Nichtverantwortliche im Sinne des § 7 MDStV Adressat einer Sperrungsverfügung sein können. Auch schließe die Einordnung der Zugangsvermittlung als TK-Dienstleistung (nach TKG a.F.) nicht die gleichzeitige Anwendung des MDStV aus. Weiter reiche es aus, wenn dem Provider die Wahl überlassen werde, auf welchem Wege er seine Pflicht erfülle. Ebenso müsse die Sperrung nur den gewünschten Erfolg fördern, nicht aber die Gefahr vollständig abwenden; es genüge ein „Schritt in die richtige Richtung" (so das OVG unter Hinweis auf die entsprechenden Ausführungen der VG Gelsenkirchen und Düsseldorf), jedenfalls, da viele Nutzer Umgehungsmöglichkeiten nicht kennen oder als zu aufwendig

---

[1] Die Vorschrift spricht allerdings noch von „Diensteanbietern von fremden Inhalten", § 9 MDStV 2002 zutreffend von fremden *Informationen.*

[2] Jugendmedienschutz-Staatsvertrag, JMStV, v. 20.11.2002, Nds.GVBl. 2002, 706.

[3] Eine aktuelle Übersicht über die Rechtsprechung zu den Sperrungsverfügungen s. www.artikel5.de/entscheidungen/sperrungsanordnungen_2002.html.

[4] VG Aachen, Beschl.v. 5.2.2003 – 8 L 1284/02, JurPC Web-Dok. 75/2003.

[5] VG Arnsberg, Beschl.v. 6.12.2002 – 13 L 1848/02, JurPC Web-Dok. 10/2003.

[6] OVG Münster, Beschl.v. 19.3.2003 – 8 B 2567/02 zu 13 L 1848/02 Arnsberg, CR 2003, 361, online verfügbar unter: www.artikel5. de/entscheidungen/ovg_muenster_20030319.html = JurPC Web-Dok. 126/2003; krit. *Vassilaki*, CR 2003, 367; *Spindler/Volkmann*, MMR 2003, 353.

nicht nutzen würden. Ein unverhältnismäßiger Eingriff in die Berufsausübungsfreiheit (Art. 12 GG) oder das Recht am eingerichteten und ausgeübten Gewerbebetrieb (Art. 14 Abs. 1 S. 1 GG) sei nicht erkennbar, da nur zwei Arbeitsstunden zum Editieren der Änderungen der Einträge im DNS erforderlich gewesen seien. Allgemeininteressen an einem ungehinderten Datenverkehr, einem vollwertigen, nichteingeschränkten Internetzugriff, einem unbeeinträchtigten Waren- und Dienstleistungsverkehr und einer nichtgehemmten Entwicklung des E-Commerce würden durch die konkreten Sperrungen nicht in relevantem Umfang berührt.

Auch das VG **Düsseldorf** [1] hatte (in einer der umfangreichsten Entscheidungen zu den Sperrungsverfügungen) ein besonderes Interesse an der Sperrungsverfügung bejaht und die Wiederherstellung der aufschiebenden Wirkung der Klage (nach § 80 Abs. 5 S. 1 VwGO) abgelehnt, ebenso die hilfsweise Aufhebung der Anordnung der sofortigen Vollziehung. Das Gericht sieht die Rechtsgrundlage der Sperrungsverfügung in den §§ 22 Abs. 2 und 3 MDStV 2002 und 14 Abs. 1 Ordnungsbehördengesetz (OBG). Abgelehnt wird die Einordnung der Provider als Anbieter von Telekommunikationsdiensten i.S.v. § 4 TKG a.F., da die Sperrungsverfügung die inhaltliche Seite der Angebote betreffe, nicht die technische[2]. Die Provider werden außerdem als Anbieter von Mediendiensten qualifiziert, da sie den Zugang zu Seiten vermitteln, bei denen die Meinungsbildung für die Allgemeinheit im Vordergrund steht. Dies gelte auch dann, wenn diese Seiten Kaufangebote für kommerzielle Produkte enthielten. Unschädlich sei, dass die Provider lediglich – ähnlich einem Postboten (ein Vergleich freilich, den die Bezirksregierung in ihrem Widerspruchsbescheid gerade ablehnt) – Informationen durchleiteten, da § 7 Abs. 1 S. 1 MDStV auch die bloße Weiterleitung und Übermittlung erfasse. Die Verfügung sei schließlich auch dann ausreichend bestimmt, wenn sie nicht ein bestimmtes Mittel zur Zielerreichung vorgebe, sondern dem Provider die Wahl zwischen mehreren Mitteln lasse.

Das VG **Gelsenkirchen**[3] bestätigte ebenfalls die Sperrungsverfügung und nahm i.ü. eine Qualifikation des rechtsradikalen Angebotes angesichts dessen redaktioneller Gestaltung als Mediendienst vor. Ergänzend weist das Gericht darauf hin, dass der zum Tatbestand der Volksverhetzung (§ 130 Abs. 1 StGB) gehörende Erfolg (im strafrechtlichen Sinne, § 9 Abs. 1 Alt. 3 StGB) auch dann eintritt, wenn ein auf einem ausländischen Server(rechner) verfügbar gemachtes Angebot Internetnutzern in Deutschland zugänglich gemacht wird und hierdurch im Inland eine Friedensstörung eintrete[4]. Die Sperrung sei auch ein wirksamer Beitrag zur Gefahrenabwehr. Dem stehe nicht die Möglichkeit eines Wechsels zu einem anderen Provider entgegen, da die Sperrung den Zugang jedenfalls in technischer und zeitlicher Hinsicht nicht unerheblich erschwere und auch die andere Provider in NRW Sperrungsverfügung erhalten hätten. Damit sei die Sperrungsverfügung jedenfalls nicht offensichtlich rechtswidrig (das wesentliche Prüfkriterium im summarischen Verfahren).

Auch das VG **Köln**[5] bestätigte die Sperrungsverfügung bzw. lehnte die Wiederherstellung der aufschiebenden Wirkung ab, da die summarische Prüfung keine offensichtliche Rechtswidrigkeit ergeben habe. Die inkriminierten Content Provider seien Mediendiensteanbieter, die Access Provider Zugangsvermittler gemäß § 2 Abs. 2 Nr. 4 MDStV. Sei hingegen das TDG anwendbar, ändere dies nichts an der Recht-

---

[1] VG Düsseldorf, Beschl. v. 19.12.2002 – 15 L 4148/02, MMR 2003, 205 = JurPC Web-Dok. 27/2003.

[2] unter Hinweis auf *Spindler*/Volkmann, K&R 2002, 398f.

[3] VG Gelsenkirchen, Beschl.v.18.12.2002 – 1 L 2528/02, JurPC Web-Dok. 36/2003.

[4] Das VG verweist hier auf eine entsprechende Entscheidung des BGH, Urt.v. 12.12.2000 – 1 StR 184/00, NJW 2001, 624.

[5] VG Köln, Beschl.v. 7.2.2003 – 6 L 2495/02, JurPC Web-Dok. 116/2003.

mäßigkeit der Sperrungsverfügung, worin dem VG Düsseldorf zu folgen sei. Das Zurwahlstellen mehrerer Realisierungsmöglichkeiten widerspreche nicht dem Bestimmtheitsgebot des § 37 Abs. 1 VwVfG, zumal unterschiedliche Sperrmöglichkeiten verschiedene Provider unterschiedlich belasten könnten. Das VG Köln formuliert allerdings bezüglich der Angemessenheit recht zurückhaltend: „Die Sperrungsanordnung dürfte schließlich wohl auch angemessen sein, d.h. der der Antragstellerin entstehende Aufwand dürfte in einem noch vertretbaren Verhältnis zu dem erzielten Erfolg stehen (vgl. § 15 Abs. 2 OGB NW). Insoweit ist allerdings festzustellen, dass die Effizienz der angeordneten Maßnahmen äußerst begrenzt ist." Ein erheblicher Anteil der Nutzer seien Kunden der beiden größten deutschen Provider AOL und T-Online, die beide ihren Sitz außerhalb von NRW haben, weshalb diese Kunden von den Auswirkungen der Sperrungsanordnung unberührt blieben. Da dies auch für andere Provider gelte und zudem ein Teil der Kunden ausreichend technisch versiert sei, um die Sperrmaßnahmen zu umgehen, bleibe nur „eine relativ geringe Anzahl von Nutzern", die die in Rede stehenden Angebote nicht mehr erreichen können. Vertretbarkeit sei trotzdem „gerade noch" zu bejahen, da der vom Provider zu treibende Aufwand für die Sperrung gering sei.

Abgelehnt wurde hingegen eine Sofortsperrung durch das VG **Minden**[1]. Das VG gab dem Antrag auf Wiederherstellung der aufschiebenden Wirkung der Klage statt. Das Gericht nimmt folgende **Abwägung** vor: „Sollte die Sperrverfügung zu Unrecht ergangen sein und würde der Antragstellerin" (also dem Provider) „gleichwohl vorläufiger Rechtsschutz versagt, würden ihr bis zu einem rechtskräftigen Obsiegen in einem Hauptsacheverfahren mit großer Wahrscheinlichkeit bereits erhebliche, nicht ohne weiteres wieder gut zu machende, ungerechtfertigte finanzielle Nachteile entstehen, unabhängig von der – von den Beteiligten sehr unterschiedlich beantworteten – Frage, wie groß zudem der (gegebenenfalls letztlich vergebliche) Aufwand für eine sofortige Befolgung der Sperrverfügung tatsächlich ist. Sollte die Sperrverfügung hingegen zu Recht ergangen sein, wären die Folgen einer dann objektiv nicht berechtigten vorläufigen Rechtsschutzgewährung weniger schwerwiegend. Die inkriminierten Webseiten mit ... strafbaren rechtsextremistischen Inhalten bleiben zwar (auch) über die Antragstellerin als Provider vorläufig weiterhin erreichbar. Es ist jedoch ohne weiteres wahrscheinlich, dass die an diesen Internetseiten Interessierten im Falle der Sperrung des Zugangs zu diesen Seiten durch die Antragstellerin zu anderen, insbesondere in den übrigen Bundesländern der Bundesrepublik Deutschland ansässigen Providern wechseln würden, über die der Zugriff auf die inkriminierten Seiten nach wie vor möglich ist." (Bemerkenswert ist, dass die Möglichkeit für Nutzer, auf andere Provider auszuweichen, immerhin in dieser Abwägung Berücksichtigung gefunden hat. An der Rechtswidrigkeit vom Anbieten inkriminierter Informationen oder dem Mitwirken an diesem Anbieten ändert sich hierdurch aber nichts.) Die Beschwerde beim OVG hatte die Bezirksregierung zurückgenommen. Die anderen Sperrverfügungen bleiben aber unberührt, einmal wegen des Getrenntseins der Verfahren, zum anderen deshalb, weil sich das Verfahren vor dem VG Minden gegen den TK-Anbieter Telefonica richtete, der nach Hinweis des OVG (anders als die anderen Provider) wohl eher als Netzprovider denn als Access Provider einzustufen ist[2].

---

1 VG Minden, Beschl.v. 31.10.2002 – 11 L 1110/02, MMR 2003, 135 = JurPC Web-Dok. 381/2002 = www.artikel5.de/entscheidungen/vg-minden _20021031.html. Das Gericht weist selbst im Sachverhalt darauf hin, dass der Antragsteller einer der größten deutschen *IP-Carrier* sei, lässt aber ungeprüft, ob und ggfs. inwieweit solche Carrier überhaupt Sperrungsmöglichkeiten haben.

2 heise online v. 7.4.2003, *Ermert*, Sperrverfügungen gegen Websites: Einer kam durch; *Schreie*, Editorial: Düsseldorfer Sperrungsverfügung: Warum ein Provider erfolgreich war, MMR 2003, 297f.

d) Notstandshaftung

Access Provider werden – dies eine Besonderheit im Öffentlichen Recht – auch dann als sperrverpflichtet angesehen, wenn sie nicht Störer sind; hier greifen Regeln des Polizei- und Ordnungsrechts zur **Notstandshaftung** ein, etwa bei kinderpornographischen oder gewaltverherrlichenden Inhalten[1]. Jedoch muss eine erhebliche Gefahr für die jeweiligen Rechtsgüter bestehen. Auch tritt die Notstandshaftung zurück (Subsidiarität), wenn Maßnahmen gegen Zustands- oder Handlungsstörer möglich sind. Verpflichtete, etwa Access Provider, haben einen Entschädigungsanspruch (z.B. Art. 70 BayPAG). Sie können Ersatz des gesamten aus der Sperrung entstandenen materiellen Schadens verlangen[2].

e) Technische Maßnahmen

Technisch wurden **drei Sperrmöglichkeiten** durch die Bezirksregierung Düsseldorf in deren Sperrungsverfügung[3] aufgezählt, die alle auf das TCP(IP-Protokoll bezogen sind[4]:

(1) Ausschluss von Domains im Domain-Server (DNS): Domain-Name(DN)-Server übersetzen Domain-Namen in IP-Adressen und umgekehrt. Hierbei schickt der *Client* seine Anfrage (*Query*) an einen ihm bekannten Name Server, der die Daten oder eine Fehlermeldung zurückschickt (Response)[5]. Wenn der Name-Server, an den eine Anfrage geht, zuständig (*authoritative*) ist, kann er die Antwort seiner Datenbank entnehmen; andernfalls besorgt er die Antwort durch Weiterleiten der Anfrage vom zuständigen Name-Server (*Recursive Query*). Zuständigkeitsbereiche (*Zones*) werden anhand von Domains aufgeteilt und in Root-Server verwaltet[6].

Der DN-Server[7] kann nun so konfiguriert werden, dass Anfragen von Kunden des Providers nicht an den richtigen Server, sondern an eine ungültige oder eine andere vordefinierte Seite weitergeleitet werden. Die Webadresse der jeweiligen angegriffenen Seite wird also aus dem Nameserver des Providers genommen bzw. gegen eine andere ausgetauscht. Der Zugriff über andere Provider bleibt unberührt. Der Provider kann freilich nicht einfach beliebige Domain-Namen in DNS-Resource records im weltweiten DNS-System ändern, sondern nur eigene „*zones*“ erstellen und anstelle der Domain-

---

1 *Spindler/Volkmann*, K&R 2002, 398, 404; *Stadler*, MMR 2002, 343, 347.

2 *Spindler/Volkmann*, K&R 2002, 398, 405.

3 Sperrungsverfügung vom 6.2.2002, S. 7, verfügbar unter www.artikel5.de/entscheidungen/ sperrungs-anordnungen _2002.html.

4 *Sieber*, Verantwortlichkeit im Internet, Rdn. 143 weist auf den Umstand hin, dass bei Verwendung des X.25-Protokolls der Transport von TCP/IP-Paketen nicht erkennen lässt, weshalb erst X.25-Daten in TCP/IP-Daten umgewandelt werden müssen, wofür aber wiederum die hierzu erforderliche spezielle Hardware nicht vorhanden ist, weshalb Kontrollen also scheitern müssen.

5 Ausf. zum Folgenden s. etwa *Riepe*, Namensregister, c't 8/2003, 198.

6 Die Abfrage von Namen zu gegebenen IP-Adressen erfolgt unter in-addr.arpa.

7 Ein Domain Name System (DNS) enthält eine *Forward*-Zonen-Datenbank, in der URLs (z.B. www.cdt.org) eine Internet Protokoll-Adresse (hier 206.112.85.61) zugeordnet wird, und eine *Reverse*-Zonen Datenbank zur Zuordnung von IP-Adressen zu Domain-Namen. „*Reverse Lookup*“ ist das Erfragen einer Domain zu einer IP-Adresse (*Eckert*, IT-Sicherheit 2001, 63). Das DNS wurde zuerst von *P. Mockapetris* 1982 in den RFCs 882 und 883 beschrieben, 1987 dann in den endgültigen RFCs 1034 und 1035. Das DNS wird eifrig genutzt: Jede E-Mail verursacht drei DNS-„*Lookups*“, jeder Website-Aufruf deren zwei (*Borchers*, c't 9/2003, 32).

Namen „*fake data*“ einfügen[1].

(2) Verwendung eines Proxy-Servers: Die URL[Uniform Resource Locator]-Angabe als genaues Zuordnungskriterium der individuellen Webseite auf dem jeweiligen Server kann durch den Einsatz eines Proxys gesperrt werden. Anfragen auf die unzulässigen Angebote werden gefiltert und der Zugriff verweigert oder es wird auf eine vordefinierte Seite im Browser umgeleitet und hingewiesen.

(3) Ausschluss von IPs durch Sperrung im Router: Der Router kann so konfiguriert werden, dass der komplette Datenverkehr zu einer bestimmten IP-Adresse nicht weitergeleitet wird.

Diese drei Sperrmöglichkeiten bewirken nach Auffassung der Bezirksregierung, dass bei Eingabe der fraglichen Domain-Namen die unzulässigen Angebote nicht mehr abgerufen werden können. Variante (1) lasse sich durch einfaches Konfigurieren des DNS herbeiführen und erfordere einen einmaligen, geringen Personalaufwand; ein Sachaufwand entstehe nicht.

Im **Widerspruchsbescheid**[2] wurde der Widerspruch des Providers zurückgewiesen. Ergänzend wurde ausgeführt, dass auf den widersprechenden Provider auch in seiner Eigenschaft als Access Provider § 22 Abs. 2 S. 1 und 2 sowie Abs. 3 MDStV (n.F.) anwendbar sei (der auf Diensteanbieter von fremden Inhalten gerichtet ist)[3]. Der Provider könne nicht über § 2 Abs. 4 Nr. 1 TDG allein als Erbringer von Telekommunikationsdienstleistungen (§ 3 Ziff. 5 TKG a.F.) betrachtet werden (auf den das Aufsichtsrecht des § 22 MDStV nicht anwendbar wäre). Anders als Network-Provider biete ein Access Provider (neben der Übertragung) zusätzlich „eine bestimmte Form der Datenübertragung, die den Zugang zu einem Rechnernetz gestattet, an. Neben der Zugangsmöglichkeit stellt der Access Provider die zur Benutzung des Netzes erforderlichen Protokollfunktionen (IP-Adresse, Name-Service, Routing) zur Verfügung. Der Access Provider bietet demnach alle Funktionen an, die notwendig sind, um den Rechner des Nutzers Teil des Kommunikationsnetzes werden zu lassen und kann daher nicht mit dem Netzwerk-Provider gleich gestellt werden.“ Es gebe zwar Umgehungsmöglichkeiten, die aber nur technisch versierten Nutzern zugänglich seien, nicht dem Großteil der durchschnittlichen Nutzer: „Es sind zusätzliche Kenntnisse erforderlich und (es) bedarf einer komplizierten Vorgehensweise und des entsprechenden Detailwissen über die bestimmten Schritte, um auf andere Weise auf die inkriminierten Seiten zu gelangen.“ Die Anleitung des Chaos-Computer-Club zur Umgehung der Sperrung für Windows 2000 etwa sehe 12 Einzelschritte vor, ebenso die Kenntnis des „neunstelligen IP-Zahlencodes eines anderen DNS-Servers“. Die Sperrung sei auch zielgenau, da sie nur das konkret gesperrte Internet-Angebot unzugänglich

---

1 *Dornseif*, Government mandated blocking of foreign Web content (http://md.hudora.de/publications #blocking).

2 Widerspruchsbescheid verfügbar unter www.artikel5.de/entscheidungen/sperrungsanordnungen_ 2002.html. Am 6.9.2002 wurde der sofortige Vollzug angeordnet (Schreiben verfügbar unter http:// odem.org/material/Verfuegung/vollzug.html. Der Widerspruchsbescheid ist an der angegebenen Internet-Fundstelle undatiert, stammt aber nach der Vollziehungsanordnung vom 29.7.2002.

3 Die Anwendbarkeit des MDStV ablehnend *Stadler*, MMR 2002, 343, 344, da die Tätigkeit des Access Providers keine spezifisch inhaltliche Komponente aufweise und die bloße Übermittlung von Inhalten als TK-Dienstleistung § 3 Nr. 16 TKG a.F. zuzuordnen sei. Die Zuordnung zu Tele- und Mediendiensten sei auch nicht mit den §§ 2 Abs. 4 Nr. 1 TDG bzw. 2 Abs. 1 S. 3 MDStV zu vereinbaren, wonach TDG bzw. MDStV nicht für TK-Dienste (TKG n.F.) gelten. Die bisherige Rechtsprechung hat die Anwendbarkeit des MDStV hingegen durchwegs bejaht.

mache. Die Rechtmäßigkeit der Sperrung setze nicht voraus, dass andere Zugriffs- bzw. Umgehungsmöglichkeiten nicht mehr bestehen dürfen. Es genüge, wenn der jeweilige Anbieter (Access Provider) nach seinen Möglichkeiten den Datenfluss zwischen Nutzer und Content Provider unterbreche. Sollte im Einzelfall nicht ein Medien-, sondern ein Teledienst vorliegen, werde die Verfügung auf die §§ 8 Abs. 2 S. 2 TDG i.V.m. 14 OGB NW gestützt. Das VG Düsseldorf folgte dieser Argumentation und stellte klar, dass das Ergebnis bei Annahme eines Teledienstes kein anderes sei.

Kritisch diskutiert wurde, ob die in Anspruch genommenen Provider bezüglich der Leistung der Zugangsvermittlung überhaupt als „Mediendienste“[1] oder nicht vielmehr als Teledienste einzuordnen sind, womit der MDStV ohnehin nicht anwendbar wäre. Vereinzelt wurde sogar angenommen, dass die Betreiber der inkriminierten ausländischen Angebote Teledienste seien[2]. Hiergegen spricht aber wohl deren (überwiegende) publizistisch-redaktionelle Ausgestaltung[3]. Selbst wenn man aber der Zuordnung zu Telediensten folgt, hat die Behörde die Verfügung in ihrem Widerspruchsbescheid hilfsweise auch auf § 8 Abs. 2 S. 2 TDG gestützt, ohne dass die Behördenzuständigkeit berührt würde. Vertreten wurde, dass § 22 Abs. 3 MDStV ausdrücklich die subsidiäre Haftung der Host-Provider (d.h. subsidiär neben den Haftung der Content Provider) anordnet[4]. Tatsächlich bezieht sich § 22 Abs. 3 S. 1 MDStV generell auf „Diensteanbieter von fremden Inhalten nach den §§ 7 bis 9“, also auch auf Zugangsvermittler im Sinne von § 7 Abs. 1 MDStV, die nur reine Durchleitung vornehmen. Aus technischer Sicht wird Durchleitung aber ohnehin zumeist mit jedenfalls kurzfristiger Zwischenspeicherung verbunden sein.

Teilweise wird die Auffassung vertreten, auf Leistungen reiner Zugangsvermittlung sei ausschließlich **Telekommunikationsrecht** anwendbar, einerseits durch die Zuordnung in § 3 Nr. 16 und 9 TKG a.F., andererseits durch die Abgrenzung in § 2 Abs. 4 Nr. 1 TDG. Es liege deshalb weder ein Medien- noch ein Teledienst vor[5]. Begründet wird dies damit, dass der Gesetzgeber bei der Schaffung von § 2 Abs. 2 Nr. 3 TDG nicht auf die Tätigkeit von Access Providern, sondern auf Anbieter von Navigationshilfen und Suchmaschinen abzielte[6]. Dennoch seien die §§ 9 ff TDG und die §§ 7 ff MDStV „eindeutig auch auf Access Provider gemünzt“, so dass diese insoweit auch Adressaten von Sperrungsanordnungen sein können[7] und es auf die Abgrenzung wohl nicht ankommt. Selbst wenn man sie als erforderlich erachtet, können TKG einerseits (in technischer Hinsicht) und TDG/MDStV andererseits (inhaltebezogen) parallel anwendbar sein[8]. Soweit der MDStV nicht anwendbar ist, kommt als Rechtsgrundlage das jeweilige Landesordnungs- und Polizeirecht in Betracht[9].

Hingewiesen wurde auf den Umstand, dass § 22 Abs. 2 MDStV nicht das Vorliegen einer Gefahr für die öffentliche Sicherheit und Ordnung ausreichen lässt, sondern einen

---

1 Die überwiegende Auffassung neigt der Zuordnung zum MDStV zu, s. etwa *Rosenkranz*, Sperrungsanordnungen gegen Access Provider, JurPC Web-Dok. 16/2003, 6.

2 In diesem Sinne etwa *Hoeren*, Stellungnahme zur geplanten Sperrungsverfügung der Bezirksregierung Düsseldorf, Gutachten, Anhörung v. 13.11.2001, 2; verfügbar unter: www.odem.org/zensur/stellungnahme-prof-*Hoeren*.pdf.

3 *Rosenkranz*, a.a.O. 6.

4 *Spindler/Volkmann*, K&R 2002, 398, 399, Fn. 9.

5 *Spindler/Volkmann*, K&R 2002, 398, 399 m.w.N.; *Spindler/Volkmann*, MMR 2003, 353.

6 *Spindler/Volkmann*, K&R 2002, 398, 399.

7 *Spindler/Volkmann*, K&R 2002, 398, 399.

8 S.etwa *Sieber*, Verantwortlichkeit im Internet 1999, Rn. 266 ff.

9 *Spindler/Volkmann*, K&R 2002, 398, 399.

Verstoß gegen Vorschriften in diesem Bereich verlangt[1]. Ordnungsrechtlich sind die Access Provider weder Verhaltens- noch Zustandsstörer, weshalb sie hinsichtlich Mediendiensten nur nach § 22 Abs. 3 MDStV und hinsichtlich Telediensten nur nach den Grundsätzen der Notstandshaftung polizeilich zur Gefahrenabwehr herangezogen werden können[2].

Sperrungsverfügungen greifen in das Grundrecht auf **Informationsfreiheit** ein (Art. 5 Abs. 1 S. 1 GG), also das Recht, sich aus allgemein zugänglichen Quellen ungehindert zu unterrichten. Dies gilt insbesondere bei Sperre des Zugangs zu einer Informationsquelle und unabhängig von der Rechtswidrigkeit der Information, auf die zugegriffen wird[3]. Gerechtfertigt ist dieser Eingriff nur, wenn eine Güterabwägung ergibt, dass der Schutz der durch die – die Sperre tragenden – Strafbestimmungen Vorrang hat vor dem Schutz der Informationsinteressen, muss die Sperrmaßnahme erforderlich und angemessen sein. Hieran ist zu zweifeln, wenn die Sperre zugleich eine größere Anzahl anderer, rechtlich unbedenklicher Angebote mitblockiert und/oder wenn der Einsatz von Proxy-Servern die Möglichkeit eines vollwertigen Internet-Zugriffes einschränkt[4].

Kritisiert wurde bezüglich der **technischen Sperrmöglichkeiten**, dass der Ausschluss von Domains im **DNS** ungeeignet sei, da nicht alle Provider einen DNS betreiben und jeder Nutzer in seinen (Browser-)Zugangseinstellungen andere DNS wählen kann, als sie sein Provider ihm anbietet[5], oder die IP-Adresse direkt eingibt[6]. Die Bezirksregierung war der Auffassung, es genüge, dass sich eine Mehrheit von Nutzern nicht mit den Möglichkeiten einer Änderung der DNS-Einstellung auskennt. Hiergegen wurde eingewendet, zwar sei es zutreffend, dass es auf eine Vollständigkeit der Gefahrenabwehr nicht ankomme, vielmehr ein Fördern und Näherrücken des gewünschten Erfolges ausreicht, doch werde die Nutzbarkeit freier, allen Nutzern zugänglicher DNS „innerhalb der Internet-Community in aller Deutlichkeit kommuniziert“ und deren Bedeutung erheblich steigen[7]. Auch sei zu erwarten, dass Provider ihre eigenen DNS einstellen und öffentliche (unkontrollierte) DNS empfehlen werden[8]. Viele DNS-Datenbanken sind im Internet verfügbar, weshalb Nutzer nicht auf die DNS ihrer Provider angewiesen sind [9].

Tatsächlich kann jeder Nutzer die Browser-Einstellungen für den DNS leicht **ändern**, indem er etwa bei Windows2000 (über „Arbeitsplatz/Systemsteuerung /Netzwerk- und DFÜ-Verbindungen/Eigenschaftsdialog/Netzwerk“) die Netzwerkeinstellungen ändert und einen bevorzugten unzensierten DNS einträgt[10]. Noch

---

1 *Spindler/Volkmann*, K&R 2002, 398, 401.

2 *Spindler/Volkmann*, K&R 2002, 398, 403f.

3 *Stadler*, MMR 2002, 343, 346 m.w.N.

4 *Stadler*, MMR 2002, 343, 346.

5 *Rosenkranz*, Sperrungsanordnungen gegen Access Provider, JurPC Web-Dok. 16/2003; *Stadler*, MMR 2002, 343, 345; *Hoeren*, Internetrecht, 323 (der die Name-Server-Nummern 194.246.96.49 (dns.denic.de), 194.246.96.25 (dns3.denic.de) und 194.25.2.131 (dns02.btx.dtag.de) nennt).

6 *Stadler*, MMR 2002, 343, 345.

7 *Rosenkranz*, a.a.O.der aufgrund „der (mehr oder weniger) anarchistischen Mentalität vieler Internet-Nutzer“ eine Verlagerung der Nutzung von legalen Angeboten inländischer Provider hin zu Angeboten sieht.

8 *Rosenkranz*, a.a.O.

9 Center for Democracy & Technology, The Pennsylvania ISP Liability Law: An Unconstitutional Prior Restraint and a Threat to the Stability of the Internet, Feb. 2003 (www. cdt.org), 6.

10 Etwa 94.246.96.49 (dns2.denic.de) oder 194.246.96.26 (dns3.denic.de); Quelle: Chaos Computer Club – DNS Konfiguration how-to (www. ccc.de/censorship/dns-howto/). Primary Nameserver von DENIC ist 194.246.96.79 (dns.denic.de) in Frankfurt/M. Außerdem hatte DENIC 2002 bereits 11 *Secondary*

einfacher ist die Umgehung durch Nutzung von AOL oder T-Online oder Call-by-Call-Angeboten. Betrachtet man die Gesamtheit der Umgehungsmöglichkeiten, kann die Angemessenheit der Sperrverfügung zweifelhaft sein.

Auch die Verwendung von **Proxy**-Servern sei nicht geeignet, da erheblich weniger Provider Proxy Server als DNS betreiben und die Einrichtung des Proxy Servers mit erheblichem personellen und finanziellem Aufwand verbunden sei, was insbesondere kleine und mittlere Provider unverhältnismäßig benachteiligen würde[1]. Auch sei die Einführung eines Zwanges der Kunden zur Proxy-Nutzung mit den bestehenden Kundenverträgen nicht vereinbar[2]. Außerdem und v.a. werde dem Nutzer die Möglichkeit eines unmittelbaren und vollwertigen Internetzugriffs genommen, da er nur noch Zugriff auf solche Inhalte bekomme, die zuvor einen „staatlich definierten Filter" durchlaufen haben[3]. Schließlich können Nutzer ihren Browser auf die Option „*no-proxy*" einstellen (bzw. erhalten ihre Browser-Software mit dieser voreingestellten Option ausgeliefert)[4].

Es bleibe nur die Konfiguration der Router dergestalt, dass der komplette Datenverkehr zu einer bestimmten **IP-Adresse** nicht mehr weitergeleitet werde, was aber nur helfe, wenn z.B. die Domain nicht auf einen anderen Server bzw. eine andere IP-Adresse „umgelegt" wird[5]. Sperrmaßnahmen seien aber unverhältnismäßig, wenn sie spürbar Allgemeininteressen beeinträchtigen und relativ einfach zu umgehen sind[6]. Probleme könnten außerdem auftreten, wenn die gesperrte IP-Adresse zu einem Multi-Domain-Server gehört, da dann auch sämtliche anderen Angebote gleich mitgesperrt würden, die unter der IP-Adresse mitverwaltet werden[7]. Ein solches *IP-Address-sharing* wird häufig genutzt, insbesondere von kleineren Providern[8]. Bereits der Generalbundesanwalt hatte eine vollständige Sperrung eines Servers als unverhältnismäßig angesehen, wenn auch viele andere, strafrechtlich völlig unbedenkliche Informationen nicht mehr zugänglich wären[9].

Ein mögliches Sperrverfahren sind *Access control lists*, mit denen man Datentraffic durch den Router(rechner) filtern kann, wobei der Traffic an bestimmten Ports von oder zu einer IP-Adresse blockiert werden kann[10]. Befürchtet wurde, dass ein Umsichgreifen

---

Nameserver weltweit aufgebaut (deren Adressen unter heise online v. 6.8.2002, www.heise.de/newsticker/data/hob-06.08.02-000 angeführt sind.)

1 *Rosenkranz*, a.a.O., Sperrungsanordnungen gegen Access Provider, JurPC Web-Dok. 16/2003, 20.

2 *Rosenkranz*, a.a.O., 17.

3 *Stadler*, MMR 2002, 343, 346.

4 *Schneider*, MMR 1999, 571, 574.

5 *Stadler*, MMR 2002, 343, 345; *Schneider*, MMR 1999, 571, 572.

6 *Stadler*, MMR 2002, 343, 345.

7 *Rosenkranz*, a.a.O. und JurPC Web-Dok. 88/2003, 4; *Stadler*, MMR 2002, 343, 345 („tausende verschiedener Inhaltsangebote" auf demselben Serverrechner).

8 Center for Democracy & Technology, a.a.O., 8 mit dem Hinweis, dass in den USA ARIN (American Registry for Internet Numbers) dieses IP Address Sharing allen neuen Providern zwingend vorschreibt. Ausführlicher zum IP Address Sharing s. *Edelman*, Web Sites Sharing IP Adresses: Prevalence and Significance, http://cyber.law.harvard.edu/people/edelman/ip-sharing/.

9 Generalbundesanwalt, Einstellungsverfügung v. 26.11.1997 – s BJs 104/96-4 MMR 1998, 93, 95; s.a. *Schneider*, MMR 1999, 571, 573. Die Formulierung „Dies hat zur Folge, dass mit diesem Server überhaupt kein Datenverkehr mehr möglich ist" (Einstellungsverfügung, a.a.O., 95) legt allerdings die Vermutung nahe, dass eine komplette Sperrung des Serverrechners gemeint ist und nicht nur ein Blockieren des Zugriffes durch die Kunden eines bestimmten Access Providers, die dann auf andere Provider ausweichen können.

10 NISCC Technical Note 01/ 02, Protecting Your Computer Network, Nr. 23 (www. uniras.gov.uk/l1 /l2/l3/tech_reports/ NISCCTechnicalNote01.htm. *Anmerkung*: Im Bericht des Center for Democracy & Technology, a.a.O., 6 wird diese Technical Note zitiert, aber als übliche Methode das „null routing"

von IP-Adressblockaden die **Systemstabilität** von ISP-eigenen Routing-Tables und -Systemen und schließlich des Internet insgesamt gefährden kann, da Änderungen in Routing Tables über einzelne Provider weit hinausreichende Dienstausfälle zur Folge haben können[1]. Die Änderung (die falsche IP-Adresse) wird nämlich über automatisierte Abfragen nach dem Border Gateway Protocol quer durch das Internet proliferiert[2]. Nicht kontrollierbar sind schließlich über SSL-Verschlüsselung abgewickelte Kommunikationsvorgänge[3].

Eine unmittelbare Sperre auf dem Anbieterrechner ist grundsätzlich rechtlich mangels Verfügungsgewalt über diesen Rechner nicht zulässig[4] und meist auch schon technisch nicht möglich. Möglich sind zwar (in der Tat bereits praktizierte) weltweit verteilte Angriffe auf Hostrechner (distributed Denial-of-Service[dDoS]-Attacks), jedoch schon dann problematisch, wenn sie auf Providerrechner zielen, auf denen auch Unbeteiligte Zugang zum Internet erhalten, und sogar u.U. als Datenveränderung (§ 303 a StGB) oder als Computersabotage (§ 303 b StGB) strafbar.

Störerhaftung kann für Provider in jeder Variante ein nicht unbeträchtliches **Risiko** darstellen. Zwar kann (und braucht) vom Anbieter nicht jeder erdenkliche Aufwand getrieben werden, jedoch muss der erforderliche und zumutbare technische und wirtschaftliche Aufwand im Bezug auf jeden Einzelfall gesehen werden. Unverhältnismäßigkeit ist gegeben, wenn ein erheblicher Aufwand erforderlich ist, die Wirksamkeit der Sperrung aber mit relativ wenig Aufwand durch Zugriff über andere Netzverbindungen umgangen werden kann[5]. Damit bleibt für den Provider jedenfalls die Unsicherheit, dass mit dem Anwachsen der Bedeutung der Rechtsverletzung auch die Anforderungen an ihn wachsen, zumindest dann, wenn die Nutzer bei Verpflichtung der Mehrzahl der Provider auch nicht bequem ausweichen können.

Auch in der **Schweiz** hat 2003 eine Diskussion um Sperrmaßnahmen begonnen, nachdem eine Richterin in Lausanne Ende 2002 zwei Sperrverfügungen gegen zwei Webseiten mit ehrverletzenden Inhalten auf *ausländischen* Webseiten (in den USA) ohne Rechtshilfeersuchen und gegenüber 32 Providern in der Schweiz erließ, die aber Anfang Mai 2003 vom Kantonalgericht wieder aufgehoben wurden[6].

---

genannt, das in der Technical Note an gleicher Stelle genannt wird; in dieser heißt es: „Null routing is a way of routing traffic to the null interface (i.e. discard the traffic) from a particular IP address, which is useful if the IP address is the source of a denial service attack“. In dieser zitierten Beschreibung wird aber gerade eingehender Datenverkehr *von* einer angreifenden Datenquelle (über deren IP-Adresse) blockiert, nicht der Zugriff über das Providersystem auf IP-Adressen Dritten; dies wird vielmehr über die access control lists durchgeführt.

1 Center for Democracy & Technology, a.a.O., 10.

2 Eine solche Änderung führt 1997 zu einem Absturz des zentralen Internet-Hubs MAE-West in Virginia, der die Information erhielt, der Hub sei der beste Weg für *alle* Pakete in Internet, wodurch es in kürzester Zeit im Routerrechner zum Speicherüberlauf kam (www.wired.com/news/print/0,1294,3442,00.html) und 20 % der Worldcom-Kunden Zugangsprobleme bekamen.

3 *Schneider*, MMR 1999, 571, 575.

4 *Sieber*, Verantwortlichkeit im Internet, Rdn. 132.

5 OLG München, Urt.v.3.2.2000 – 6 U 5475/99, CR 2000, 541 = MMR 2000, 617 = JurPC Web-Dok. 80/2000 – CD-Bench (noch zu § 5 IV TDG a.F.), das Angebot des Zuganges durch eine Universität über von ihr betriebene FTP-Server auf „gespiegelte“ Software-Archive als Angebot fremder Inhalte i.S.v. § 5 Ans. 2, 3 TDG a.F. ansehend, wobei die Sperrung unzumutbar sei, wenn die Löschung der streitgegenständlichen Datei nur auf dem Quellserver beim US-Provider möglich sei.

6 Stellungnahme Prof. *Schwarzenegger*, Zürich, im Interview in c't 11/2003, 38 und *Luethi*, c't 14/2003, 42.

f) Keine Überwachungs- und Nachforschungspflicht

Diensteanbieter müssen nicht die von ihnen übermittelten oder gespeicherten Informationen überwachen oder von sich aus nach Umständen forschen, die auf eine rechtswidrige Tätigkeit hinweisen (§ 8 Abs. 2 S. 1 TDG, 6 Abs. 2 S. 1 MDStV).

In § 8 Abs. 2 S. 1 TDG (und § 6 Abs. 2 S. 1 MDStV) wird Art. 15 Abs. 1 der Richtlinie zum elektronischen Geschäftsverkehr umgesetzt, die eine **„allgemeine Überwachungspflicht" ausschließt**. Die Diensteanbieter sollen nicht übermittelte oder gespeicherte Informationen überwachen müssen[1]. Dies bedeutet in der Umkehrung jedoch nicht, dass jede (fakultativ durchgeführte) Überwachung unzulässig wäre (ausgenommen natürlich Fälle, in denen, im nationalen Bereich, eine unter das Fernmeldegeheimnis fallende Datenkommunikation erfolgt). Die ECRL schließt nur eine Verpflichtung der Diensteanbieter aus, aktiv nach Umständen zu forschen, die auf eine rechtswidrige Tätigkeit hinweisen (Art. 15 Abs. 1 2. Alt. RL). Gemeinschaftsweit müssen damit ISPs **nicht** von sich aus **anlassunabhängig** nach solchen Umständen suchen. Das Entstehen einer Prüfpflicht wurde, wenn kein Zueigenmachen erfolgt ist, erst dann angenommen, wenn der Diensteanbieter Kenntnis von den Informationen erlangt hat[2]. Allerdings kann es nach der Neufassung des TDG nicht mehr auf ein Zueigenmachen ankommen, da alle Informationen ohnehin als eigene gelten, wenn sie nicht für einen Nutzer eingespeichert wurden. Damit besteht auch keine Verpflichtung von Providern, anlassunabhängig etwa Filtersoftware einsetzen, um präventiv das Zwischenspeichern oder Zugangsvermitteln von rechtsverletzenden Informationen zu verhindern (außer natürlich, der Provider verpflichtet sich hierzu vertraglich gegenüber seinen Kunden).

Jedoch besteht aus Linksetzung eine allgemeine **„Internet-Verkehrssicherungspflicht"**[3], die aber nicht allgemein „das" Internet, sondern, unter dem Gesichtspunkt der Steuerbarkeit, grundsätzlich nur das eigene Rechnersystem und Linksetzung aus diesem heraus umfassen kann.

---

[1] Auch wenn vereinzelt in einem solchen Reduzieren der Prüfpflichten ein Herunterspielen von rechtswidrigen Äußerungen gesehen wurde, das „mehr als befremdlich" sei (so Hoeren/Sieber/*Spindler*, Handbuch Multimedia-Recht, Teil 29, Rdn. 246, Fn. 5 gegen *Koch*, CR 1997, 193, 201 (dieser, unter Hinweis auf MünchKomm/*Grunsky*, 3. Aufl. 1994, vor § 249 Rdn. 72 und Larenz/*Canaris*, Lehrbuch des Schuldrechts II/2, § 76 II 1, ein allgemeines Lebensrisiko bezüglich solcher rechtswidriger Äußerungen in offenen Kommunikationssystemen wie Newsgroups oder Chatrooms annehmend), ist doch allein die Überlegung maßgeblich, dass Provider von ECRL und TDG in ihrer Konzentration auf Prozesse technischer Kommunikationsvermittler gesehen werden, die gerade nicht inhaltsbezogene Kontrollinstanz sein und ersatzweise als Haftungsadressaten herangezogen werden sollen, weshalb auch Spindler selbst es – sogar angesichts des von ihm plastisch beschriebenen Äußerungsrisikos – doch bei für Anbieter möglichen und zumutbaren Kontrollen belassen will. Dies verlagert zwingend das Risiko, Rechtsverletzungen zu erleiden, beim Einsatz von großen, quantitativ bedingt typischerweise nicht präventiv kontrollierbaren Providersystemen auf die Nutzer. Wollte man dieses Lebensrisiko aus der Nutzung solcher Systeme ausschließen, müsste für alle nicht präventiv kontrollierbaren Systeme der Shutdown verlangt werden, also auch für Newsgroups und Chatrooms, in denen sich Inhalte schon von deren Quantität her nicht vor Online-Schalten durch den Provider prüfen lassen (ausf. s. *Sieber*, Verantwortlichkeit im Internet, Rdn. 98ff). Das erwähnte Lebensrisiko besteht nicht darin, dass selbstredend in vollem Umfang zu verurteilende rechtswidrige Angebote jeder Art in Kauf zu nehmen wären, sondern darin, dass derartige technische Systeme die (zudem weltweite) Proliferation solcher Angebote wesentlich erleichtern und ausweiten, generell also auch Missbrauchsrisiken. Außerdem ist es eine sogar vortechnische Weisheit, dass man nicht den Boten (ob Olympialäufer, Briefträger, Telefonnetzbetreiber oder Provider) für die schlechte Nachricht haften lassen sollte, die er dem Empfänger bringen muss.

[2] LG Köln, Urt.v.4.12.2002 – 28 O 627/02, JurPC Web-Dok. 140/2003.

[3] OLG München, Urt.v. 15.3.2002 – 21 U 1914/02, MMR 2002, 625 = ZUM-RD 2002, 360.

Ein **Regelungskonflikt** wurde für Fälle gesehen, in denen der Diensteanbieter zur Unterlassung verurteilt wurde, etwa zum Unterlassen des (weiteren) Verbreitens bestimmter rechtswidriger Inhalte oder rechtswidrig erstellter Vervielfältigungsexemplare von urheberrechtlich geschützten Werken. Der Diensteanbieter muss hier nicht nur derartige, auf seinen Rechnern gespeicherte Inhalte löschen oder im Zugriff sperren (also beseitigen), sondern nach einer Auffassung in Zukunft alle adäquatkausalen Beiträge dazu unterlassen, dass derartige Inhalte erneut auf seinen Rechnern gespeichert werden, wozu er die von ihm verbreiteten Inhalte überwachen müsse, um Zuwiderhandlungen gegen das Unterlassungsverbot auszuschließen[1]. Diese Verpflichtung wurde als im Widerspruch zum Ausschluss einer proaktiven Prüfpflicht nach den §§ 8 Abs. 2 S. 1 TDG/ 6 Abs. 2 S. 1 MDStV gesehen, weshalb Unterlassungsansprüche in diesem Zusammenhang praktisch nicht durchsetzbar seien, sondern nur Beseitigungsansprüche[2]. In der Tat könnte ein so verstandener Unterlassungsanspruch als solcher insoweit nicht entstehen, als der Diensteanbieter laufend prüfen müsste, ob die Unterlassungsverpflichtung eingehalten wird.

Allerdings wird die Prüfpflicht von Providern aus allgemeiner Störerhaftung auf die Rechtswidrigkeit von Inhalten/Informationen beschränkt, die diesen Providern bereits **bekannt** sind (was bei Unterlassungstiteln in der Regel vorausgesetzt werden kann), während die Überwachungspflichten im Sinne von § 8 Abs. 1 TDG die Kontrolle betreffen, ob überhaupt möglicherweise rechtsverletzende Inhalte/Informationen, die also gerade noch nicht konkret bekannt sind, bei einem Provider vorhanden sind[3]. Die Abgrenzung kann freilich nur im Einzelfall erfolgen. Tauscht etwa ein Kunde eines Providers Dateien über das P2P-Netz KaZaA (zu P2P-Netzen s. S. 712), so ist zunächst zu prüfen, ob dieses Zugänglichmachen überhaupt dem Provider bekannt war bzw. hätte bekannt sein müssen, und weiter, ob tatsächlich von diesem Kunden nicht nur eigene oder rechtmäßig erworbene, sondern durch Rechtsverletzung erlangte Files zugänglich gemacht werden, und ob auch dies dem Diensteanbieter erkennbar sein musste.

Außerdem setzt eine Störerhaftung voraus, dass **Maßnahmen** zur Verhinderung oder Eindämmung von Rechtsverletzungen bzw. von deren Folgen eine Störung verhindern können, sofern also der Provider alles Zumutbare getan hat, um die Rechtsverletzung zu vermeiden[4].

Unabhängig von einem Verschulden (und einer Kenntnis bzw. einem Kennenmüssen) des Diensteanbieters muss dieser aber vom TDG unberührt bleibenden **Verpflichtungen aus den allgemeinen Gesetzen** zur Entfernung oder Sperrung der Nutzung von Informationen (und den negatorischen Ansprüchen hieraus) nachkommen (§§ 8 Abs. 2 S. 2 TDG, 6 Abs. 2 S. 2 MDStV; Umsetzung der Artt. 12 Abs. 3, 13 Abs. 2 und 14 Abs. 3 ECRL), während aus diesen Vorschriften aber keine Verpflichtung des Diensteanbieters zur Verhinderung von Rechtsverletzungen ableitbar ist[5] (wie sie nach Art. 15 Abs. 2 ECRL zulässig gewesen wäre).

Verantwortlichkeit und hieraus eine mögliche Ersatzhaftung des Diensteanbieters kann entstehen, sowie sich ein Diensteanbieter (im Falle von Schadensersatzansprüchen) **Tatsachen oder Umständen bewusst** ist, aus denen die rechtswidrige Tätigkeit oder Information offensichtlich wird, also etwa durch Mitteilung seitens Dritter, ohne dass er unverzüglich tätig wird, um die Information zu entfernen oder den

---

1 *Volkmann*, CR 2003, 440, 442.

2 *Volkmann*, CR 2003, 440, 446f.

3 *Spindler/Volkmann*, WRP 2003, 1, 3.

4 S. bereits *Spindler/Volkmann*, WRP 2003, 1, 5 unter Verweis auf BGH GRUR 1984, 94, 96 – Kopierläden.

5 *Volkmann*, CR 2003, 440, 441.

Zugang zu ihr zu sperren (Art. 14 Abs. 1 lit. a und b RL; umgesetzt in § 11 TDG / § 9 MDStV), wodurch er in Kenntnis oder jedenfalls in Kennenmüssen die Speicherung fortsetzt. Der **Vorwurf** gegen den Diensteanbieter beinhaltet bezüglich des Kennenmüssens nicht, der Diensteanbieter habe Kenntnis von der rechtswidrigen Handlung oder der Information gehabt, sondern, dass er von den genannten Tatsachen oder Umständen auf eine solche Handlung oder Information hätte schließen müssen, dies jedoch vorsätzlich oder fahrlässig nicht tat.

Damit werden aber nicht die Grundsätze der Störerhaftung eingeschränkt, da sich die hieraus bestehenden Pflichten nur auf die Prüfung der Rechtswidrigkeit von bereits bekannten Inhalten beziehen, während § 8 Abs. 2 S. 2 TDG die präventive Prüfung ausschließt, ob überhaupt (rechtsverletzende) Inhalte bei einem Provider vorhanden sind bzw. durchgeleitet werden[1]. Für ISP-Störerhaftung genügt bereits der kausale **Beitrag zu** einer **Gefahrvergrößerung** zur Begründung von zumutbaren Sicherungspflichten, selbst wenn der eigentliche Verstoß von einem eigenverantwortlich handelnden Dritten herrührt[2]. An diese Sicherungspflichten sind (insbesondere bei Begründung durch Hinweis) um so höhere Anforderungen zu stellen, je höherrangig die gefährdeten Rechtsgüter bzw. je schwerwiegender die drohenden Schäden sind[3]. Andererseits wird nach Art der Internet-Kommunikation zu differenzieren sein und sind etwa an moderierte Inhaltsdienste (z.B. Chat-Foren) höhere Anforderungen zu stellen als an unmoderierte, die aber ebenfalls nicht völlig von Prüfpflichten freigestellt sind.[4]

Unter diesem Aspekt wurde die Verpflichtung eines Anbieters, eine Webseite zu löschen, auch auf die Abspeicherung in einem online zugänglichen *Archiv* ausgedehnt.[5]

3. Haftung und Haftungsbeschränkung aus dem Medien- und Telediensterecht

Übersicht: Haftung aus neuem Medien- und Teledienstrecht

Der Staatsvertrag über Mediendienste (MDStV) und das Gesetz zur Regelung der Rahmenbedingungen für Informations- und Kommunikationsdienste legen die Anbieterverantwortlichkeit in vier Stufen fest:

- Volle Verantwortlichkeit für **eigene Informationen** nach den allgemeinen Gesetzen (§ 8 Abs. 1 TDG /§ 5 Abs. 1 MDStV).
- Verantwortlichkeit für vom Anbieter durchgeleitete **fremde Informationen** nur, wenn der Anbieter die Übermittlung veranlasst (§ 9 Abs. 1 Nr. 1 TDG/ § 7 Abs. 1 Nr. 1 MDStV) oder den Adressaten der Übermittlung auswählt (§ 9 Abs. 1 Nr. 2 TDG/ § 7 Abs. 1 Nr. 2 MDStV) oder die übermittelten Informationen auswählt oder

1 *Spindler*/Volkmann, WRP 2003, 1, 3 unter Verweisung auf den RegE zu § 8 II TDG, BT-Drucks. 14/6098, 23, wonach „Verpflichtungen zur Entfernung oder Sperrung der Nutzung rechtswidriger Informationen nach den allgemeinen Gesetzen auch bei Vorliegen der Voraussetzungen der §§ 9 bis 11 unberührt bleiben, wenn der Diensteanbieter von solchen Informationen Kenntnis erlangt."

2 *Spindler*/Volkmann, WRP 2003, 1, 8.

3 *Spindler*/Volkmann, WRP 2003, 1, 8.

4 *Spindler*/Volkmann, WRP 2003, 1, 9.

5 *OLG München*, Urt.v. 18.11.2002 – 21 W 1991/02, das ein Ordnungsgeld von 1000 € durch die speichernde Junge Union als verwirkt ansah, die in einer Pressemeldung mitgeteilt hatte, alle Firmen zu veröffentlichen, die ihre Werbeflächen an einen Scientology-Verlag vermieten.

verändert hat (§ 9 Abs. 1 Nr. 3 TDG/ § 7 Abs. 1 Nr. 3 MDStV)

- Verantwortlichkeit des Diensteanbieters, der bei effizienzbezogener Zwischenspeicherung Informationen **verändert** (§ 10 Nr. 1 TDG/ § 8 S. 1 Nr. 1 MDStV) *oder* die Bedingungen für den Zugang zu den Informationen nicht beachtet (§ 10 Nr. 2 TDG/ § 8 S. 1 Nr. 2 MDStV) *oder* Regeln zur Aktualisierung der Informationen nicht beachtet (§ 10 Nr. 3 TDG/ § 8 S. 1 Nr. 3 MDStV) *oder* die Anwendung erlaubter Datensammlungstechnologien beeinträchtigt (§ 10 Nr. 4 TDG/ § 8 S. 1 Nr. 4 MDStV) *oder* nicht unverzüglich handelt, um in der erforderlichen Weise Informationen zu entfernen oder den Zugang zu ihnen zu sperren (§ 10 Nr. 5 TDG/ § 8 S. 1 Nr. 5 MDStV).
- Bestehenbleiben von Verpflichtungen zur Sperrung rechtswidriger Informationen, soweit mit dem Fernmeldegeheimnis vereinbar (§ 8 Abs. 2 TDG/ § 9 S. 2 MDStV).

Nachfolgend werden die Haftungsregelung des **TDG** näher dargestellt; da diese weitgehend mit den entsprechenden Regelungen des **MDStV** inhaltlich identisch sind, wird aus Raumgründen auf letzteren nur bei wichtigen Abweichungen eingegangen. Grundlage der **wesentlichen Änderungen** der Haftungsregelungen im Teledienstegesetz (TDG), insbesondere der Wiedereinführung einer Haftung für grobe Fahrlässigkeit, ist das Elektronischer Geschäftsverkehr-Gesetz (EGG)[1]. Zu beachten ist freilich, dass die haftungseinschränkenden Regelungen des novellierten TDG (anders als noch diejenigen des früheren TDG) weder das Linking noch Suchmaschinen erfassen (hierzu s. näher S. 618).

Die Haftungsprivilegierung im TDG erfasst querschnittsartig alle Regelungsbereiche einschließlich des Wettbewerbsrechts[2].

a) Änderungen der Haftungsregelungen, Begriff der „Information“, Verantwortlichkeit

(1) Änderungen der Haftungsregelung

Das Elektronischer Geschäftsverkehr-Gesetz (EGG) hat zu **wesentlichen Änderungen** der Haftungsregelungen im Teledienstegesetz (TDG) geführt. So wird die nach den allgemeinen Grundsätzen bestehende **Fahrlässigkeitshaftung** im Ergebnis zumindest für grobe Fahrlässigkeit wieder eingeführt (weshalb die Novellierung letztlich wieder zu den Grundsätzen des allgemeinen Haftungsrechts zurückkehrt).

(2) Begriff der „Information“

Die Neufassung des TDG spricht mit der E-Commerce-RL von „Informationen“, nicht mehr von „Inhalten“. Nach der Gesetzesbegründung zum EGG[3] soll der Begriff der

---

1 Gesetz über den rechtlichen Rahmen für den elektronischen Geschäftsverkehr (Elektronischer Geschäftsverkehr-Gesetz – EGG) v. 14.12.2001, BGBl. 2001 I 3721, Art. 1 Änderung des Teledienstegesetzes.

2 OLG Stuttgart, Urt.v.1.8.2002 – 2 U 47/01, MMR 2002, 746.

3 BT-Drucks. 14/ 6098, 23.

„Information“ dem des „Inhaltes“ i.S.v. § 5 TDG a.F. entsprechen; er „umfasst alle Angaben, die im Rahmen des jeweiligen Teledienstes übermittelt oder gespeichert werden“. Erfasst werden also Werke und sonstige Schutzgegenstände bzw. allgemein Inhalte im digitalen Format.

Allgemein ist festzustellen, dass weder Richtlinie noch TDG den **Begriff** der „Information“ definieren. Damit ist für eine autonome Auslegung auf den allgemeinen Sprachgebrauch bzw. den vorfindlichen Fachsprachengebrauch zurückzugreifen. In der Informatik wird „Information“ als „Gewinn an Wissen bzw. beseitigte Ungewißheit“ definiert[1] bzw. (im Duden) als „Belehrung, Auskunft, Nachricht“ oder als „Mitteilung von Tatbeständen“[2]. Gemeinsam ist diesen Begriffsbestimmungen ein eindeutiger Kommunikationsbezug[3]. Dieser spricht gegen eine weite Auslegung des Informationsbegriffes, die neben der erwähnten Software auch alle sonstigen Inhalte von übertragbaren Dateien umfasst. Eine enge Auslegung des Begriffes der „Information“, die nur auf den kommunikativen Aspekt abstellt, reduziert allerdings auch den Anwendungsbereich der haftungsbeschränkenden Vorschriften der §§ 9 – 1 TDG. Eine weite, anbieterfreundliche, alle durchleit- oder speicherbaren Daten erfassende Auslegung weitet hingegen auch den Umfang der Haftungsfreistellung der Diensteanbieter aus. Die wohl überwiegende Auffassung in der Literatur vertritt die weite Auslegung, allerdings wohl hauptsächlich mit dem rein ergebnisorientierten Argument der Erforderlichkeit einer möglichst weiten Haftungsfreistellung auch für Software, während einzelne Gerichtsentscheidungen eher zu einer engen Auslegung tendieren.

Die deutsche Rechtsprechung (zum früheren Recht) hat hier eine Auslegung gewählt, nach der der Begriff „Inhalte“ i.S.d. § 5 TDG a.F. nur solche Daten bezeichnet, „bei denen der Inhalt selbst Grundlage der Beurteilung der Rechtmäßigkeit oder Rechtswidrigkeit ihrer Bereithaltung ist und bei denen deswegen ihre Kenntnis ... die Beurteilung der Rechtmäßigkeit oder Rechtswidrigkeit der Bereithaltung für den Diensteanbieter ermöglicht.“[4] Für Urheber- und Leistungsschutzrechte seien Rechtmäßigkeit oder Rechtswidrigkeit nicht dem Inhalt und der Kenntnis von diesem zu entnehmen, sondern der Rechtszuordnung des Inhaltes und der Kenntnis hiervon. Für das **neue** Recht muss grundsätzlich die gleiche Überlegung gelten, da auch der Kenntnis der „Informationen“ als solchen von der Kenntnis der Rechtezuordnung dieser Informationen zu unterscheiden ist.

Bei der Diskussion der Auslegung des Informationsbegriffes in den §§ 8 – 11 TDG darf nicht übersehen werden, dass diese Bestimmungen nur die Regelungen in den Art. 12 – 14 der RL über den elektronischen Geschäftsverkehr umsetzen, also keiner Auslegung durch die nationale Rechtsprechung zugänglich sind. Der Begriff der **„Information“** kann deshalb nicht frei von den nationalen Gerichten divergierend und damit harmonisierungsbeeinträchtigend, sondern als Richtlinienbegriff (und Teil des sekundären EG-Rechts) nur **gemeinschaftsrechtlich** autonom durch den EuGH **ausgelegt** werden. Im Rahmen der teleologischen Auslegung wird hier nach Sinn und Zweck der Regelungen der RL zur „Verantwortlichkeit der Vermittler“ (so Abschnitt 4

---

1 S. dtv-Atlas zur Informatik, 1995, 13.

2 *C.F. v. Weizsäcker*, Die Einheit der Natur, 1974, 41. Er formuliert a.a.O., 351, prägnant: „Information ist nur, was verstanden wird.“

3 Dem entspricht auch die Wurzel im lateinischen „informatio“, das mit „Darlegung, Deutung“, aber auch „Vorstellung, Unterweisung, Belehrung“ zu übersetzen ist. Die Brockhaus Enzyklopädie definiert „Information“ als die „Nachricht, die Mitteilung oder Auskunft, die Unterrichtung, auch im übertragenen Sinne“.

4 OLG München, Urt.v. 8.3.2001 – 29 U 3282/00, CR 2001, 333 = GRUR 2001, 499 = MMR 2001, 375 – MIDI-Files; s.a. *Koch*, NJW-CoR 1997, 298, 300; *Völker/Lührig*, K&R 2000, 20, 21.

der RL) zu fragen sein. Außerdem wird bei wortlautbezogener Auslegung zu berücksichtigen sein, dass die Art. 12 – 14 RL nicht allgemein von „Informationen“ sprechen, sondern, wie erwähnt, den Ausdruck „von einem Nutzer eingegebene Informationen“. Im allgemeinen Sprachgebrauch deutet dieser Ausdruck eher auf Informationen im kommunikativen Sinne hin, da, wie ausgeführt, etwa Computerprogramme nicht „eingegeben“ werden (s. unten).

Weiter ist Art. 15 RL heranzuziehen, der zwischen der Überwachung übermittelter oder gespeicherter Informationen einerseits und dem aktiven Forschen auf Hinweise für eine rechtswidrige Tätigkeit andererseits unterscheidet (und eine allgemeine Überwachungspflicht ausschließt). Beispiel für eine rechtswidrige Tätigkeit kann das rechtwidrige Verbreiten oder öffentliche Zugänglichmachen von MP3-Dateien sein, Beispiel für eine Information eine beleidigende Äußerung. Im ersten Fall ist nicht der Inhalt der Datei (z.B. ein Musikstück) rechtswidrig, sondern dessen Übertragung ohne hierfür eingeräumtes Recht, in zweiten Fall hingegen der Inhalt der Information selbst.

Streitig ist, ob auch **Software** als „Information“ zu qualifizieren ist[1]. Dies scheint aber nach wie vor fraglich (und mehr noch als nach früherem Recht), zumal der Begriff „Information“ noch eher den Schluss auf eine Beschränkung auf **kommunikative Inhalte** nahelegt[2]. Einerseits macht die Gesetzesbegründung nicht deutlich, woraus sie diese Gleichsetzung ableitet und was unter „Angaben“ zu verstehen ist bzw. ob diese in Computerprogrammen enthalten sind oder Programme selbst solche Angaben darstellen sollen. Andererseits spricht auch der Regelungszusammenhang der Richtlinie für eine enge Auslegung. Erwägungsgrund 40 der ECRL führt das Entfernen unerlaubter Informationen und das Sperren des Zuganges zu diesen an. Art. 12 Abs. 1 ECRL bezieht sich auf „eingegebene Informationen“, Art. 13 Abs. 1 a ECRL auf das anbieterseitige Verändern von Informationen. Software ist als solche aber nicht unerlaubt (sondern allenfalls in einem Exemplar rechtswidrig erstellt), wird auch **nicht „eingegeben“** (sondern „geladen“) und in aller Regel nicht vom Provider verändert. Dies spricht gegen eine Einbeziehung von Software in den Informationsbegriff der ECRL. Ebenso erscheint es zweifelhaft, ob Software deshalb als Information gelten soll, weil § 2 Abs. 1 TDG generell von „kombinierbaren Daten wie Zeichen, Bilder oder Töne“ spricht. In Computerprogrammen sind Befehle gerade nicht beliebig (re)kombinierbar. Weiter sind Computerprogramme Mittel der Informationsverarbeitung, nicht aber selbst die verarbeitete Information. Auch aus der Erwähnung von Telespielen in § 2 Abs. 2 Nr. 4 TDG kann die Anwendbarkeit nicht abgeleitet werden, da bei Telespielen nur (jeweils vom Nutzer eingegebene) Daten und gerade nicht Programme übertragen werden. Wenn schließlich die Gesetzesbegründung zum EGG, S. 50, „Informationen“ als alle Angaben definiert, die im Rahmen des Dienstes übermittelt oder gespeichert werden, so ist zu vermerken, dass der kommunikative Bezug des Begriffes „Angaben“ noch deutlicher ist als beim Begriff „Information“. Schließlich wirkt bei Computerprogrammen mit fehlerhaften Befehlen nicht der Inhalt des Befehles rechtsverletzend (wie es bei einer geschäftsschädigenden Äußerung der Fall sein kann), sondern die rechnerbasierte Ausführung des Befehls. Nicht außer acht gelassen werden darf außerdem (gerade von der Auffassung, nach der die Begriffe „Inhalte“ und „Informationen“ semantischen Bezug gleichen Umfang haben und damit austauschbar sein sollen) das *MIDI-Files*-Urteil des OLG München, nach dem unter „Inhalten“ nur solche Daten zu verstehen sind, bei denen der Inhalt selbst Grundlage der Beurteilung für die Rechtmäßigkeit oder Rechtswidrigkeit seiner Bereithaltung ist, weshalb das

---

1 S. n. etwa *Nickels*, CR 2002, 302, 306; *Hoffmann*, MMR 2002, 284, 288.

2 *Spindler*, CR 2001, 324, 332; allgemein s. *Koch*, CR 1997, 196.

Gericht § 5 TDG a.F. nicht auf Immaterialgüterrechte anwendete[1]. Und schließlich spricht auch die erwähnte Gleichsetzung nicht gegen eine enge Auslegung, da sich der Gesetzgeber auch bezüglich § 5 TDG a.F. an der presse- und rundfunkrechtlichen Verantwortlichkeit orientierte und in erster Linie bestimmte Aussagen und Darstellungen erfassen wollte (z.B. extremistische Propaganda oder Pornographie)[2].

Letztlich kann die Klärung der Zuordnungsfrage in der Praxis aber wohl dahingestellt bleiben, da Provider auch nach den allgemeinen Haftungsgrundsätzen in der Regel nicht strenger haften würden als von den §§ 9 – 11 TDG vorgesehen, die z.B. Haftung aus dem Bekanntsein von Tatsachen oder Umständen begründen, aus denen die rechtswidrige Handlung oder Information offensichtlich ist (§ 11 S. 1 Nr. 1 TDG). Muss also etwa ein Host-Provider aus Systemabstürzen oder Mitteilungen Dritter erkennen, dass auf seinem System Schadprogramme wie Viren oder Trojaner gespeichert sind, ist er nach § 11 S. 1 Nr. 1 TDG haftbar, aber auch nach Deliktsrecht, da hier eine Gefahr erst dann haftungsbegründend wirkt, wenn sich für ein sachkundiges Urteil die naheliegende Möglichkeit ergibt, dass Rechtsgüter anderer verletzt werden können[3].

Auch die einzelnen Tatbestände der §§ 9 – 11 TDG greifen nicht ein bzw. sind nicht relevant. Diese Regelungen setzen voraus, dass die Software (deren Einordnung als fremde Information unterstellt) nicht vom Anbieter stammt. Nach Delikts- oder Produkthaftungsrecht würde er aber aus fremdbeauftragtem Transport oder entsprechender Lagerhaltung ohnehin nicht haften, sondern nur aus eigenem Vertrieb oder Import – und auch nur, wenn aus einer gefahrgeneigten Beschaffenheit eine Überprüfung nahegelegen hätte[4]. Eine solche präventive Prüfung schließt aber § 8 Abs. 2 S. 1 TDG bereits aus. Außerdem würden Vertrieb bzw. Import gerade (entgegen § 9 Abs. 1 S. 1 TDG) ein Veranlassen der Übermittlung durch den Provider selbst als übliche Vertriebsmaßnahme voraussetzen, womit § 9 TDG entfällt. Auch § 10 TDG wird nicht anwendbar sein, da er nur Zwischenspeicherungen während fremder Übermittlungsvorgängen erfasst, nicht aber eigene Vertriebsmaßnahmen. Und schließlich ist auch § 11 TDG nicht anwendbar, da § 11 S. 1 TDG voraussetzt, dass bereits das Speichern für den Hosting-, d.h. Bereithaltungsvorgang „für einen Nutzer“ erfolgt. Außerdem ist § 11 TDG richtlinienkonform dahin auszulegen, dass nur solche Informationen erfasst (und haftungsbezogen privilegiert) werden, die entsprechend Art. 14 Abs. 1 ECRL durch einen Nutzer eingegeben wurden, damit aber gerade nicht vom Provider für den Online-Vertrieb verfügbar gemachte Software. Schließlich ist das Hosten virenverseuchter Software durch den Provider (von E-Mails mit Attachments abgesehen) meist auf unvollständige oder inaktuelle Virenkontrollen durch den Provider zurückzuführen, also auf einen Mangel des von ihm angebotenen Dienstes; diese Dienste selbst werden aber von der Haftungsfreistellung in den §§ 9 – 11 TDG nicht erfasst[5], sondern nur die Nutzung von Informationen in diesen Diensten.

Der Domain-Name wurde, da Teil des Datenübermittlungsvorganges, nicht dem Begriff „Inhalt“ zugeordnet[6].

---

1 OLG München, Urt.v. 8.3.2001 – 29 U 3282/00, CR 2001, 333 = GRUR 2001, 499 = MMR 2001, 375 – MIDI-Files im AOL-Forum; krit. *Spindler*, CR 2001, 324.

2 *Barton*, Multimedia-Strafrecht, Rdn. 300.

3 BGH VersR 1975, 812; Palandt/*Thomas*, § 823 Rdn. 58.

4 Für alle Palandt/*Thomas*, § 823 Rdn. 216.

5 Gramlich/Kröger/Schreibauer/*Schreibauer*, Rechtshandbuch B2B Plattformen, § 20, Rdn. 21.

6 LG München I, Urt.v.27.2.2002 – 1 HK O 16598/01, JurPC Web-Dok. 344/2002.

(3) Begriff der „Verantwortlichkeit"

Klärungsbedürftig ist der Begriff der „**Verantwortlichkeit**". In TDG und MDStV wird der Begriff der „Verantwortlichkeit" allgemein verwendet und umfassend auf eigene oder fremde Informationen sowie die Zugangsgewährung bezogen. Die **presse**rechtliche Herkunft des Regelungsgedankens wird hier deutlich. Aufgrund des Bezuges auf die allgemeinen Gesetze ist der Begriff der Verantwortlichkeit in den §§ 8 – 11 TDG sowie in den §§ 6 – 9 MDStV weit auszulegen, sodass er sowohl zivil- wie strafrechtliche (ebenso gewerberechtliche) Haftung und Verantwortlichkeit umfasst, damit auch die Haftung aus Deliktsrecht und insbesondere aus dem Äußerungsrecht[1] sowie dem Presserecht[2] oder Rundfunkrecht. Dennoch bleibt auch hier das Erfordernis der **autonomen**, gemeinschaftsrechtlichen **Auslegung** des Begriffes zu beachten.

(4) Funktion der Haftungsregelungen der §§ 8 – 11 TDG

Überwiegend werden die §§ 8 – 11 TDG als „**Vorfilter**" verstanden, also als Regelungen, die zunächst geprüft werden müssen, bevor allgemeine Haftungsnormen zu prüfen sind[3]. Erfolgt also z.B. ein reines Durchleiten nach § 9 TDG, entfällt die weitere Prüfung, ob der Diensteanbieter bestimmte Haftungstatbestände erfüllt hat. Hat er aber etwa die Übermittlung veranlasst (§ 9 Abs. 1 S. 1 Nr. 1 TDG), ist im nächsten Schritt zu prüfen, ob er z.B. für eine Marken- oder Urheberrechtsverletzung auf Schadensersatz haftet[4]. Abgelehnt wurde diese Auffassung für den strafrechtlichen Bereich und stattdessen ein Schuldausschließungsgrund angenommen[5].

Teilweise wird allerdings auch eine nachgelagerte Prüfung („**Nachfilter**") angenommen, bei der zunächst der Haftungstatbestand und erst danach geprüft wird, ob eine Haftungsfreistellung erfolgt[6].

b) Haftung für eigene und zu eigen gemachte Informationen

Wie auch in der bisherigen TDG-Fassung sind Diensteanbieter für eigene Informationen, die sie zur Nutzung bereithalten, nach den allgemeinen Gesetzen verantwortlich, § 8 Abs. 1 TDG. Diese Bestimmungen verweist damit nur deklaratorisch auf geltendes Recht, begründet aber keine neue Verpflichtung. Die Haftungsprivilegierungen für Provider kommen damit nur für fremde Informationen in Betracht[7].

---

1 S.n. *Flechsig*, Rechtsprobleme internationaler Datennetze im Lichte des Persönlichkeits- und Äußerungsrechts, in: Becker, 57, 69ff.

2 S. etwa *Löffler/Ricker* Kap. 49, Handbuch des Presserechts, Rdn 16-18.

3 *Hoffmann*, MMR 2002, 284, 285.

4 *Hoffmann*, MMR 2002, 284, 285.

5 LG München I, MMR 2000, 171.

6 *Hoffmann*, MMR 2002, 284, 285 mit Bezug auf die Gesetzesbegründung zum EGG, BT-Drucks. 14/6098, 23, die formuliert: „Sind im Einzelfall die Voraussetzungen der allgemeinen Vorschriften für eine Haftung erfüllt, so ist der Diensteanbieter für die Rechtsverletzung gleichwohl nicht verantwortlich, wenn er sich auf das Eingreifen der §§ 9, 10 oder 11 TDG berufen kann". *Hofmann*, MMR 2002, 284, 285, ist der Auffassung, dieser Ansatz werde sich nicht durchsetzen.

7 *Hoffmann*, MMR 2002, 284, 285.

(1) Altes Recht

„Eigene“ Informationen waren – jedenfalls nach § 5 Abs. 1 TDG a.F. – nicht nur solche, die Anbieter selbst erstellen, sondern auch solche, die dem Anbieter von Dritten, insbesondere von kommerziellen Content Providern oder auch von Nutzern, zur Verfügung gestellt werden und die jener sich **zu eigen** macht[1].

Als „fremd“ galten nach **altem Recht** und sollen weiterhin[2] Inhalte gelten, die erkennbar nicht vom Anbieter stammen. Ob die Informationen eigene oder fremde sind, musste nach früherem Recht unter Berücksichtigung aller Umstände und dem gesamten Inhalt der Webseiten beurteilt werden[3]. Zu den eigenen Informationen gehören weiterhin auch Home Pages, Inhaltsverzeichnisse, Listen mit Hyperlinks zu anderen Web Sites, etc., soweit sie nicht erkennbar von Dritten stammen. Ob eine Linksetzung zu einem Zueigenmachen führt, ist nach den Einzelfallumständen insbesondere nach der Gestaltung des Links und seiner Beschreibung zu entscheiden[4]. „Fremder“ Inhalt ist hingegen eine Webseite eines identifizierbaren Nutzers im Verhältnis zu dem die Seite verwaltenden Anbieter, ebenso aber auch ein von einem Anbieter eröffneter „freier Markt der Meinungen“[5].

Als eigene oder jedenfalls **zu eigen gemacht** galten Informationen, die der Anbieter in den vom ihm selbst verantworteten Angebotsbereich übernimmt, ohne sie als von Dritten stammend zu kennzeichnen[6]. Hierdurch waren ihm diese Informationen als eigene zuzuordnen[7]. Als eigene Informationen wurden damit – jedenfalls bisher nach überwiegender Auffassung zum TDG a.F. – auch solche Informationen Dritter angesehen, die sich der Anbieter zu eigen macht[8]. Dies konnte etwa dadurch geschehen, dass Einträge Dritter in einem Internet-**Gästebuch** durch dessen Betreiber längere Zeit ungeprüft bleiben[9] oder dass von einem Dritten erstellte Nachrichten (**News**-Service) in einem Werbezwecken dienenden Portal angeboten werden und der unbefangene Nutzer aus den Umständen den Eindruck gewinnen muss, der Betreiber des Werbe-Portals wolle auch für diesen Inhalt die Verantwortung übernehmen[10]. Zueigenmachen konnte

---

1 BT-Drucks. 13/7385, 19 (noch zu § 5 TDG).

2 Gounalakis/*Escher-Weingart*, Rechtshandbuch Electronic Business, § 34 Rdn. 35 unter Verweis auf die Voraufl. des vorliegenden Werkes.

3 OLG Köln, Urt.v.28.5.2002 – 15 U 221/01, NJW-RR 2002, 1700 = ZUM 2002, 487 – Community (Vorinstanz: LG Köln, Urt.v. 5.10.2001 – 28 O 346/01, ZUM 2002, 484).

4 OLG Schleswig, MMR 2001, 401 = JurPC Web-Dok. 74/2001. Plaß (WRP 2000, 599, 608ff) ist der Auffassung, ein Zueigenmachung sei nur bei Framing und Inline-Links anzunehmen.

5 Bettinger/*Leistner*, Werbung und Vertrieb im Internet, Teil 1 E, Rdn.16.

6 Ähnlich *Engel-Flechsig*, ZUM 1997, 231, 235, allerdings für das TDG (als Teil des IuKDG, also für die bundesrechtliche Regelung).

7 Zur Annahme einer eigenen Information nicht erforderlich ist, dass dem Anbieter selbst alle urheberrechtlichen oder sonstigen Verwertungsrechte am jeweiligen Inhalt, etwa einem Text, zustehen. Er kann den Text vielmehr auch dann als eigenen im Netz präsentieren, wenn er hierdurch Urheberrechte des Verfassers *verletzt* (wodurch gerade seine Störerhaftung gegenüber dem Urheber begründet wird). Ebensowenig muss der Anbieter seine Urheberschaft behaupten. Auch auf das Bestehen einer wettbewerbsrechtlich relevanten Schutzposition, von gewerblichen Schutzrechten oder von Eigentum an den präsentierten Informationen welcher Art immer kann es nicht ankommen. Die Übernahme von Informationen kann aber umgekehrt schutz- und wettbewerbsrechtliche Abwehr- und Ersatzansprüche der Berechtigten begründen.

8 BT-Drucks. 14/ 6098, 23.

9 LG Trier, Urt.v.16.5.2001 – 4 O 106/00, MMR 2002, 694 = JurPC Web-Dok. 206/2002 – Internet-Gästebuch; ähnlich LG Düsseldorf, Urt.v.14.8.2002 – 2 a O 312/01, JurPC Web-Dok. 323/2002.

10 OLG Düsseldorf, Urt.v.4.10.2001 – 2 U 48/01, GRUR-RR 2002, 234 = JurPC Web-Dok. 296/2002 – News im Internet (noch für die §§ 5 Abs. 1 TDG a.F. und MDStV a.F.).

auch durch eine aus der Beschreibung des Links und zusätzlichen Umständen erkennbare Zustimmung erfolgen[1] oder in den Fällen, in denen der Link eine eigene Veröffentlichung ersetzen soll[2]. Als fremde Informationen wurden hingegen Verkaufsangebote von Teilnehmern in Online-Auktionen im Verhältnis zu dem Auktionsbetreiber eingestuft, auch wenn dieser einen Präsentationsrahmen (Formate, grafische Seitengestaltung, etc.) vorgibt, da der Betreiber nicht selbst Angebote abgibt, sondern nur die Handelsplattform bereitstellt[3].

(2) Neues Recht

Diese Unterscheidung zwischen fremden und zu eigen gemachten Informationen (bisher: Inhalten) Zuordnung ist nach neuem Recht nicht mehr haltbar. Die Haftungsfreistellung nach § 11 TDG (Hosting) erfasst nämlich nur Fälle, in denen **der Anbieter fremde Informationen „für einen Nutzer" speichert**, also bereits nicht Fälle, in denen er auch erkennbar fremde Informationen für eigene Zwecke speichert.

Diese Abgrenzung erlaubt auch die haftungsrechtliche Zuordnung von **anonymen Texten**, die also nicht vom Anbieter stammen, aber von ihm im Netz Dritten zugänglich gemacht werden. Als eigene Informationen galten sie bisher, wenn sie nicht als anonyme, anbieterfremde Informationen gekennzeichnet werden[4]. Nach neuem Recht kommt eine Einstufung als fremde Informationen schon deshalb nicht in Betracht, weil ein Nutzer, der die Information eingegeben hat, nicht bekannt ist, also der Provider die Information nicht für einen bestimmten (ihm bekannten) Nutzer eingegeben haben kann.

News, die auf Seiten eines Portals verfügbar gemacht werden, galten auch dann als eigene Informationen, wenn der Fremdbezug kenntlich gemacht wird[5] bzw. wenn die News im Auftrag durch einen Dritten erstellt werden[6]. Dies gilt unverändert auch nach neuem Recht.

Auch **Weblogs** oder kurz „Blogs", also meist tagebuchartige, im Internet zugänglich gemachte Texte, sind eigene Inhalte, für die deren Verfasser voll haftet. 2002 gab es weltweit mehr als 40.000 Weblogs[7] (s. auch S. 569).

Für das TDG a.F. wurde ein eigener Inhalt wurde auch angenommen, wenn sich ein

---

1 LG Lübeck, Urt.v.24.11.1998 – 11 S 4/98, ZUM-RD 1999, 503f.

2 S. etwa *Sieber*, MMR Beilage 2/1999, 15; *Spindler*, NJW 1997, 3193, 3195; *A. Koch*, MMR 1999, 704.

3 OLG Brandenburg, Urt.v. 16.12.2003 – 6 U 161/02, ZUM-RD 2004, 177.

4 Ergänzend sei darauf hingewiesen, dass die freiwillige Kennzeichnung von Angeboten mit PICS-Labels etc. Provider keineswegs pauschal von der Haftung befreien kann. Diese Labels helfen u. U. Eltern bei der Einstufung von Inhalten, auf die ihre Kinder (nicht) zugreifen können dürfen. Sie nützen aber bei rassenhetzerischen oder ähnlichen, in jedem Fall unzulässigen Inhalten wenig, die also überhaupt nicht angeboten werden dürfen. Nicht von der Haftung entlasten kann auch ein Label des Inhaltes, dass heraufgeladene Software möglicherweise raubkopiert sein könnte. Im Gegenteil könnte hieraus im Einzelfall sogar der bedingte Verletzungsvorsatz des Anbieters (im Sinne eines Inkaufnehmens möglicher Rechtsverletzungen) abzuleiten sein, der wiederum Schadensersatzansprüche des Verletzten begründen kann.

5 OLG Düsseldorf, Urt.v.4.10.2001 – 2 U 48/01, GRUR-RR 2002, 234 = JurPC Web-Dok. 296/2002.

6 OLG Düsseldorf, Urt.v.4.10.2001, a.a.O.

7 WIPO, Intellectual Property on the Internet: A Survey of Issues, WIPO/INT/02, December 2002, 21 (http://ecommerce.wipo.int). Eine Übersicht findet sich unter www.blogfinder.com oder w ww.daypop.com/top. Deutschsprachige Blogs werden unter http ://blogdex.media.mit.edu ausgelistet.

Anbieter fremde Inhalte mittels **Link** zueigen macht[1]. Diese Auffassung kann schon deshalb nicht unverändert übernommen werden, weil die ECRL und mit dieser der Gesetzgeber in den §§ 8 – 11 TDG keine (einschränkenden) Haftungsregelungen für Links (und Suchmaschinen) treffen wollte. Hier gelten vielmehr die allgemeinen Regelungen des jeweiligen nationalen Haftungsrecht der EG-Mitgliedsstaaten. Nach diesen Grundsätzen wird freilich im Einzelfall zu prüfen sein, ob eine bestimmte Form der Verknüpfung eigener Webseiten mit Informationen auf fremden Website, etwa durch Framing (s. S. 653), in der Auswirkung mit der Präsentation eigener Inhalte vergleichbar ist. Es kann insoweit keinen Unterschied machen, ob etwa eine beleidigende Äußerung beim Aufruf der Anbieterseite als eigener Inhalt des Diensteanbieters oder in einem Frame auf dieser Seite präsentiert wird, der durch Verlinkung zu einer dritten Seite entsteht. Das Setzen eines Link auf Webseiten mit ehrverletzenden Tatsachenbehauptungen wurde deshalb als Persönlichkeitsrechtsverletzung beurteilt, wenn sich derjenige, der die Behauptungen wiedergibt, nicht hinreichend von ihnen distanziert[2]. Dies muss gerade auch dann (weiterhin) gelten, wenn man die §§ 9 – 11 TDG auf Links nicht als anwendbar ansieht. Haftungsbegründend wirkt hier nicht die rein technische Zugangsvermittlung (wie sie ein Provider typischerweise durchführt), sondern das **Setzen** eines Link mit konkret gewähltem Inhaltsbezug, sofern nicht gleichzeitig von diesem Inhalt Abstand genommen wird. Im Einzelfall bleibt zu prüfen, ob die jeweilige Form des Sichdistanzierens als ausreichend erscheint. Je nach Schwere des (drohenden) Eingriffes in Rechtsposition wird ganz auf das Setzen von Links zu verzichten sein.

Für alle Informationen, die im Verhältnis zum Diensteanbieter keine fremden sind und nicht für einen Nutzer gespeichert werden, greift auch **nicht** die **Freistellung** von der Überwachungs- und Nachforschungspflicht aus § 8 Abs. 2 S. 1 TDG. Diese Bestimmung bezieht sich zwar allgemein auf übermittelte und gespeicherte Informationen, ist jedoch vom Regelungszweck her auf fremde gespeicherte oder übermittelte Informationen einzuschränken. Für diese teleologische Reduzierung ist Erwägungsgrund 42 der ECRL heranzuziehen, nachdem die (in den §§ 8 – 11 TDG umgesetzte) Richtlinienbestimmungen zur Verantwortlichkeit nur Fälle abdecken, in denen Anbieter von Dritten zur Verfügung gestellte Informationen übermitteln oder vorübergehend und automatisiert speichern. Damit müssen Diensteanbieter eigene Informationen in vollem Umfang überwachen, gleich wie umfangreich die Informationssammlungen sind und ob automatisierte Verfahren eingesetzt werden (etwa bei Suchmaschinen).

Keine Haftung sollen nach diesen Grundsätzen den Veranstalter einer Internet-**Auktionsplattform** treffen, auf der jugendgefährdende CD-ROMs, DVDs oder Computerspiele von Dritten angeboten werden, wenn der Veranstalter keine Bewertung oder Kommentierung der Verkaufsgegenstände abgibt, sondern lediglich den Kontakt zwischen Anbieter und Käufern vermittelt und deutlich macht, dass ein Kaufvertrag direkt zwischen dem Nutzer und dem Verkäufer zustande kommt[3]. Kenntnis sei etwa dann gegeben, wenn der Veranstalter neu eingehende Angebote kommentiere,

---

1 LG Lübeck, Urt.v.24.11.1998 – 11 S 4/98, CR 1999, 650 = ZUM-RD 1999, 503, 504 (Einbettung fremder Werbeaussage in eigenes Angebot).

2 LG Hamburg, Urt.v.12.5.1998 – 312 O 85/98, K&R 1998, 367 (für Link auf Zusammenstellung ehrverletzender Äußerungen). Nach Auffassung des Gerichtes genügte es nicht, nur allgemein auf die Verantwortung des jeweiligen Autors zu verweisen, da hierin keine Distanzierung zu sehen ist.

3 LG Potsdam, Urt.v.10.10.2002 – 51 O 12/02, MMR 2002, 829 = JurPC Web-Dok. 339/2002. Nach Auffassung des Gerichtes gilt dies auch dann, wenn der Veranstalter der Auktion selbst einen Treuhand- und Versandservice zur Abwicklung anbietet (um sicherzustellen, dass bei Bezahlung auch tatsächlich geliefert wird).

zusammenfasse und organisiere. Ähnliches wurde für markenrechtsverletzende Angebote angenommen, die auf einer neutralen Auktionsplattform angeboten werden[1]. Allgemein wird aber ergänzend zu prüfen sein, ob dem jeweiligen Veranstalter Tatsachen oder Umstände bekannt sind, aus denen die rechtswidrige Handlung oder Information offensichtlich wird (§ 11 S. 1 Nr. 1 TDG). Dies kann der Fall sein, wenn häufig rechtsverletzende Angebote über solche Plattformen zugänglich gemacht werden und der Veranstalter etwa selbst indizierte Computerspiele ausliefert.

Bei reiner **Durchleitung** von Informationen **entfällt** die **Haftungsfreistellung** und ist wie für eigene Informationen zu haften, wenn der Diensteanbieter die Übermittlung veranlasst oder den Adressaten auswählt oder schließlich die übermittelten Informationen auswählt oder verändert (§ 9 Abs. 1 S. 1 Nr. 1 – 3 TDG). Das Veranlassen der Übermittlung soll auch durch ein providereigenes Linkangebot erfolgen können, wenn aus den Umständen erkennbar ist, dass sich der Anbieter den Inhalt der fremden Seite zu eigen macht[2]. Nach neuem Recht ist aber, wie oben ausgeführt, nicht mehr auf das Zueigenmachen abzustellen. Die Haftungsfreistellung bei rein effektivitätsbedingten **Zwischenspeicherungen** entfällt, wenn auch nur eine der Bedingungen des Kataloges aus § 10 S. 1 Nr. 1 – 5 TDG nicht erfüllt ist.

(3) Bereiche der Haftung für eigenen Informationen

Zur Haftung für eigene Informationen werden nachfolgend die wichtigsten Bereiche und Grundsätze übersichtsweise zusammengefasst.

(aa) Teledienste

Rechtsverletzende Informationen dürfen in keinem Medium verbreitet werden, weder in traditionellen Medien wie Buch, Presse, Radio und Fernsehen, noch im Internet. Wie auch in der bisherigen (auf „Inhalte" bezogenen) TDG-Fassung sind Diensteanbieter für eigene Informationen, die sie mittels ihrer **Teledienste** zur Nutzung bereithalten, nach den allgemeinen Gesetzen verantwortlich (§ 8 Abs. 1 TDG). Diese Bestimmung verweist damit nur deklaratorisch auf geltendes Recht, begründet aber keine neue Verpflichtung[3].

(bb) Mediendienste

Eine inhaltsgleiche Regelung enthält § 6 Abs. 1 MDStV für **Mediendienste**. § 11 Abs. 2 MDStV verpflichtet Anbieter von Mediendiensten außerdem zur Einhaltung der verfassungsmäßigen Ordnung, ebenso der allgemeinen Gesetze und der gesetzlichen Bestimmungen zum Schutz der persönlichen Ehre. Im Grunde ergibt sich dieselbe Rechtsfolge aber bereits aus dem Verweis auf die allgemeinen Gesetze in § 6 Abs. 1 MDStV. Anbieter von (Medien-)Verteildiensten, die der Berichterstattung dienen und Informationsangebote enthalten, sind verpflichtet, den anerkannten journalistischen Grundsätzen zu entsprechen (§ 11 Abs. 2 S. 1 MDStV) und bei Wiedergabe periodi-

---

1 LG Düsseldorf, Urt.v.29.10.2002 – 4 a O 464/01, ITRB 2003, 71.

2 LG Bonn, Urt.v.11.12.2001 – 11 O 109/01, ZUM-RD 2002, 160; LG Lübeck, CR 1999, 650.

3 Eigentlich wäre nur eine Regelung erforderlich gewesen, wenn von den allgemeinen Gesetzen hätte abgewichen werden sollen.

scher Druckerzeugnisse einen Verantwortlichen mit Angabe des Namens und der Anschrift zu benennen (§ 10 Abs. 3 S. 1 MDStV).

Nachrichten über das aktuelle Tagesgeschehen sind vom Anbieter **vor** ihrer Verbreitung mit der nach den Umständen gebotenen Sorgfalt auf Inhalt, Herkunft und Wahrheit hin zu überprüfen (§ 11 Abs. 2 S. 2 MDStV). **Kommentare** müssen von der Berichterstattung deutlich getrennt und unter Nennung des Verfassers als solche gekennzeichnet werden (§ 11 Abs. 2 S. 3 MDStV). Bei Wiedergabe von **Meinungsumfragen** in Angeboten, die vom Diensteanbieter durchgeführt werden, ist anzugeben, ob sie repräsentativ sind (§ 11 Abs. 3 MDStV).

Unabhängig davon, ob **Presserecht** unmittelbar auf elektronische Publikationen anwendbar ist, nimmt § 6 Abs. 2 MDStV eine Rechts**folgen**angleichung für elektronische Publikationen in Mediendiensten vor: Hiernach sind Anbieter von journalistisch-redaktionell gestalteten Angeboten, in denen vollständig oder teilweise Inhalte periodischer Druckerzeugnisse in Text oder Bild wiedergegeben oder in periodischer Folge Texte verbreitet werden, verpflichtet, zusätzlich einen **Verantwortlichen** mit Angabe des Namens und der Anschrift zu benennen. Außerdem müssen sie im Rahmen solcher Angebote kostenfrei und ohne Abrufentgelt **Gegendarstellungen** von Personen in das Angebot aufnehmen, die durch eine im Angebot im Sinne von § 6 Abs. 2 MDStV enthaltene Tatsachenbehauptung betroffen sind (§ 14 Abs. 1 MDStV)[1]. Verpflichtet sind aber nur Anbieter journalistisch-redaktioneller, periodisch erscheinender Mediendienste[2]. Damit ist eine wesentliche materiell-rechtliche Stütze des Presserechts auch im Recht der Nutzung elektronischer Netze verankert.

(cc) Jugendschutz

Jugendschutz ist nunmehr einheitlich für Tele- und Mediendienste geregelt[3]. **Unzulässig** sind zur Gewalt aufstachelnde oder kriegsverherrlichende und ähnliche bzw. sonst gegen Straftatbestände verstoßende Angebote (§ 4 Abs. 1 JMStV[4]). Nur begrenzt (etwa nur in Erwachsenengruppen) verbreitet werden dürfen jugendgefährdende Angebote in Verteildiensten (vgl. § 4 Abs. 2 JMStV). Anbieter müssen schließlich sicherstellen, dass Kinder und Jugendliche Angebote üblicherweise nicht wahrnehmen, die ihre Entwicklung beeinträchtigen können (§ 5 JMStV). Gleiches gilt für jugendgefährdende Werbung (§ 6 Abs. 3 JMStV). Solche Inhalte dürfen nur **geschlossenen Benutzergruppen** zugänglich gemacht werden; der Zugang soll durch Altersverifikationssysteme gesichert werden[5]. Ob die Nichtimplementierung von Systemen persönlicher Identifikation zur Altersverifikation wettbewerbswidrig ist, ist noch umstritten[6].

Zusätzlich müssen Anbieter von Mediendiensten, die potentiell jugendgefährdend sein können, einen **Jugendschutzbeauftragten**[7] bestellen (§§ 12 MDStV, 7 JMStV[1]).

1 Ausf. s. *Barton*, MMR 1998, 294.

2 LG Düsseldorf, Beschl.v. 29.4.1998 – 12 O 132/98, MMR 1998, 678.

3 Ausf. s. *Langenfeld*, MMR 2003, 303, 304.

4 Der bisherige § 12 MDStV wurde durch eine Verweisung auf den Staatsvertrag über den Schutz der Menschenwürde und den Jugendschutz in Rundfunk und Mediendiensten (Jugendmedienschutz-Staatsvertrag – MMStV) vom 13.9.2002, BayGVBl 2003, 147 (www.schure.net/22620/jmstv.htm), in Kraft seit dem 1.4.2003, ersetzt.

5 Ausf. zur Funktionsweise von Altersverifikationssystemen s. *Döring/Günter*, MMR 2004, 231.

6 Bejahend LG Duisburg, 21 O 97/04, verneinend LG Düsseldorf, 12 O 19/04.

7 Zu dessen Aufgaben und Verpflichtung s. *Liesching*, CR 2001, 845.

Der Jugendschutzbeauftragte ist Ansprechpartner der Nutzer und berät den Anbieter in Fragen des Jugendschutzes (§ 7 Abs. 3 S. 1 JMStV), so bei der Planung von Angeboten und Nutzungsbedingungen, ohne dass der Beauftragte aber ein Weisungs- oder Entscheidungsrecht hätte[2]. In der Beratung des Anbieters durch den Beauftragten wurde keine unzulässige Rechtsberatung gesehen[3].

Eine Regelungslücke ist in dem Umstand zu sehen, dass die Mediendiensteanbieter im Rahmen ihrer Informationspflicht nach MDStV nicht ihren Jugendschutzbeauftragten benennen müssen, obwohl er doch „Ansprechpartner für die Nutzer“ sein soll (Abs. 3 S. 1 JMStV).

Unter der Domain „www.jugendschutz.net“ ist eine an die Kommission für Jugendmedienschutz (§ 14 JMStV) angebundene Stelle gegründet worden, die Angebote der Telemedien prüft und Beratungs- sowie Schulungsaufgaben wahrnimmt (§ 18 JMStV).

(dd) Deliktsrecht

Deliktsrechtliche Haftung des Anbieters für eigene Informationen bleibt von den die Verantwortlichkeit einschränkenden Regelungen in TDG und MDStV unberührt, die beide insoweit nur eine Verweisung auf die allgemeinen Gesetze enthalten, etwa in rechtlicher Hinsicht[4]. Nach den allgemeinen deliktsrechtlichen Grundsätzen genügt zur Haftungsbegründung Fahrlässigkeit. Deliktische Haftung erfasst auch im Online-Bereich alle durch § 823 BGB geschützten Rechtsgüter, da ein Vertrieb von verkörperten Produkten (z.B. teilweise kostenlos in vielen Zeitschriften verteilter Browser-Software auf Diskette/CD-ROM) nicht vorausgesetzt wird.

(ee) Äußerungsrecht

Teil des Deliktsrechts ist das Recht der Haftung aus rechtsverletzenden Äußerungen[5]. Die Schädigung Dritter durch Äußerungen, etwa Schmähkritik, ist auch dann nicht zulässig, wenn sie im Internet[6] oder in einer Newsgroup[7] erfolgt. Das gilt erst recht für Meinungsäußerungen in **Weblogs** (oder kurz „Blogs“), also private, aber öffentlich zugängliche elektronische Tagebücher (zunehmend aber auch mit politischen Inhalten, besonders nach dem 11.9.2001), in denen die Einträge chronologisch geordnet sind[8] und die in der Regel keiner redaktionellen Kontrolle oder sonstigen Prüfung durch Dritte unterliegen[9]. Blogs stellen **Teledienste** dar (Angebote zur Information und Kommunikation, § 2 Abs. 2 Nr. 2 TDG) sowie eigene Informationen (§ 8 Abs. 1 TDG).

---

1 Früher §§ 8 Abs. 5 MDStV, 7a GjSM.

2 *Liesching*, CR 2001, 845, 847.

3 LG Düsseldorf, Urt.v. 18.9.2002 – 12 O 334/02, CR 2002, 917 = JurPC Web-Dok. 316/2002; bestätigt durch OLG Düsseldorf, Urt.v.11.2.2003 – 20 U 7/03, MMR 2003, 336.

4 OLG Nürnberg, Beschl.v.23.6.1998 – Ws 1603/97, JurPC Web-Dok. 109/1998.

5 OLG Nürnberg, a.a.O.

6 LG Coburg, Urt.v. 20.11.2002 – 21 O 595/02, JurPC Web-Dok. 59/2003.

7 AG Charlottenburg, Urt.v. 25.1.2002 – 230 C 150/01, JurPC Web-Dok. 336/2002.

8 *Langham*, Diskussionsforen zum Nulltarif, Computerwoche, CW extra 4 v. 31.5.2002, 12, 13.

9 Blogs lassen sich (einfacher als Homepages) mit spezieller Software erstellen (z.B. über www.blogger.com oder www.userlandcom). Einführend www.abseits.de/weblogs.html, Übersicht in www.weblogs.com, Suchmaschine www.daypop.com.

Allerdings sind Blogs häufig vernetzt, so dass eine Haftung durch Linksetzen in Betracht kommen kann (s. S. 660). Außerdem ermöglicht der offene Einsatz von Referern (s. S. 955), automatisch Links zurück auf jene Blogs zu setzen, von denen Besucher auf die eigene Website gelangten, so dass eine **bidirektionale Vernetzung** entsteht[1]. Diese ermöglicht das Publizieren von Anmerkungen zu anderen Inhalten, weshalb man bereits von „Microcontent" bzw. „Nano-Publishing" spricht[2]. Mit Tools lassen sich Listen der News mit Kurzbeschreibung erstellen (Rich Site Summary, RSS, als in XML definiertes Format der Content Syndication), inzwischen auch über unabhängige Dienstleister (z.B. www.newsisfree.com)[3]. Mit RSS können zwischen Weblogs Nachrichten ausgetauscht werden, wodurch **gemeinsame** virtuelle Publikationen entstehen (und **gemeinsame** Haftung von deren Verfassern begründen) können. Außerdem findet sich in bestimmten Blogs eine zuweilen kritisch kommentierte Auswahl besonders interessanter Texte, quasi als Nachrichtenfilter („*Pre-Surfing*", z.B. in http://slashdot.org), was natürlich urheberrechtlich relevant werden kann, wenn diese Texte wiedergegeben werden und nicht nur auf sie verwiesen wird.

Rechtsgrundlage von Abwehransprüchen ist der **Schutz des eingerichteten und ausgeübten Gewerbebetriebes** (Recht im Sinne des § 823 Abs. 1 BGB)[4]. § 824 BGB schützt außerdem gegen Angriffe auf Kredit, Erwerb und Fortkommen (**Kreditgefährdung**). Schließlich besteht im Wettbewerb Schutz gegen gewerbeschädigende unwahre Äußerungen aus § 14 UWG (**Anschwärzung**).

Im nichtgeschäftlichen Bereich greift das **Allgemeines Persönlichkeitsrecht** (APR) ein, das Recht des einzelnen auf Achtung seiner Persönlichkeit gegenüber dem Staat und im privaten Rechtsverkehr[5]. Ausprägungen des APR sind das Namensrecht des § 12 BGB, das Recht am eigenen Bild (§ 22 KUG) und das informationelle Selbstbestimmungsrecht (weitgehend konkretisiert im Bundesdatenschutzgesetz).

Die **Intimsphäre** genießt absoluten Schutz[6]. Hierzu zählen etwa Briefe und Tagebuchaufzeichnungen (letztere allerdings nicht, wenn sie von ihren Verfassern selbst in Form von Weblogs öffentlich im Netz zugänglich gemacht werden).

Aber auch die **Privatsphäre** (insbesondere familiärer/häuslicher Bereich) darf nicht ohne zwingenden Grund verletzt werden[7]. Das Internet ist per se nicht der Privat- oder auch nur generell der Individualsphäre zuzurechnen, da es ein **allgemeines** Kommunikationsmedium darstellt. Allerdings muss auch hier differenziert werden: **Chatgroups**, die von Operatoren auch bezüglich der Zugangsgewährung gesteuert werden, können dem Bereich individueller Kommunikation zuzurechnen sein und damit der Privatsphäre. In jedem Fall gilt dies für Punkt-zu-Punkt wie Briefe übermittelte – und durch das Fernmeldegeheimnis geschützte – E-Mails. Eine Verletzung dieser Privatsphäre stellt es dar, wenn ein Empfänger nur an ihn persönlich gerichtete E-Mails an eine Mailing-Liste oder ein Forum zur öffentlichen Kenntnisnahme weiterleitet, weil er mit dem Inhalt nicht einverstanden ist (sofern der Absender in dieses Weiterleiten nicht eingewilligt hat). Eine derartige Veröffentlichung von Geschäftskorrespondenz kann

---

1 Computerwoche 11/2003, 28. Mit dem Senden eines „*Blog Ping*" können außerdem ohne Referer-Einsatz Weblogs darüber benachrichtigt werden, dass ein anderer Blog auf sie Bezug genommen hat.

2 Computerwoche 11/2003, 28, 29 unter Verweis auf www.useit.com/alertbox/980906.html und www.silicon.valley.com/mld/siliconvalley/5163515.htm.

3 Computerwoche 11/2003, 28, 29.

4 BGHZ 2, 270 – Constanze I.

5 BGH Z 24, 72, 76; Z 27, 284. Ausf. zum Persönlichkeitsrecht s. *Gounalakis/Rhode*, Persönlichkeitsschutz im Internet, Rdn. 186 ff.

6 BVerfGE NJW 2000, 2189; BGHZ 73, 120, 124.

7 BGH NJW 1965, 685.

nebenvertragliche Pflichten zur Wahrung der Vertraulichkeit verletzen[1]. Auch **Personen des öffentlichen Lebens** sind bei Tätigkeiten rein privater Art geschützt, so etwa vor der Veröffentlichung von Fotoaufnahmen. Jedoch kann bei diesen Personen, insbesondere bei Politikern, die Öffentlichkeit unter besonderen Umständen auch ein Recht auf Informationen über Aspekte ihres Privatlebens haben; nicht ausreichend ist aber das Interesse an bloßer Befriedigung der Neugier eines bestimmten Publikums[2]. Dies muss grundsätzlich auch für die Veröffentlichung im Internet gelten, insbesondere für Veröffentlichungen in elektronischen Zeitungen, aber auch in Weblogs. Der Schutzgedanke hat hier sogar erhöhtes Gewicht, da die Veröffentlichung grundsätzlich weltweit zugänglich ist.

Betroffene können sich freilich selbst des Schutzes ihrer Privatsphäre begeben, wenn sie in ihrer Wohnung ständig online geschaltete Webcams anbringen; dies gilt aber nur für diese Betroffenen selbst, nicht für andere anwesende Personen (insbesondere andere Familienmitglieder, wenn diese vom Webcam-Einsatz keine Kenntnis haben). Von der Rechtsprechung bisher nicht geklärt ist, ob etwa Sicherheitsbehörden solche Webcams laufend überwachen dürfen. Hier werden zwar wohl die gleichen engen Grundsätze wie bei der Überwachung anderer Medien zu gelten haben, jedoch kann zu berücksichtigen sein, dass der Nutzer die Informationen selbst der Öffentlichkeit freigibt.

Eingriffe sind hingegen zulässig, wenn sie im dritten Bereich, nämlich der **Sozialsphäre**, erfolgen und ein berechtigtes Interesse besteht. Hierzu lassen sich etwa Überwachungen in Internet-Cafés zählen, ausgenommen eine Überwachung von E-Mails, die dort verfasst werden.

Die möglichen **Formen der Verletzung** des APR sind so vielfältig wie die einsetzbaren Medien. Geschützt sind etwa also Tagebuchaufzeichnungen[3], Bilder einer nicht im öffentlichen Leben stehenden Person[4], ohne Wissen der Betroffenen gemachte Aufnahmen[5] oder medizinische Diagnosen[6], Verbot der Veröffentlichung heimlich abgehörter Telefongespräche[7], des unbefugten Öffnens von fremder Post[8], der Verarbeitung von Videoaufnahmen[9] des heimlichen Aufnehmens von Telefongesprächen[10], wobei alle diese Informationen auch (nach Digitalisierung) technisch im Internet zugänglich machbar sind, etwa bei einer wahrheitswidrig behaupteten Insolvenz eines Dritten[11]. Erweitert wird diese Bandbreite durch moderne Formen digitaler **Bildbearbeitung**, die es erlaubt, jede Person in jedes Foto „einzukopieren" (digitale

---

1 OLG Rostock, CR 2003, 536.

2 Europäischer Gerichtshof für Menschenrechte (EGMR), III.Sektion, Urt.v. 24.6.2004 – 59320/00; NJW 2004, 2647 – Caroline v. Hannover. Das Urteil stützt sich auf den Schutz des Privat- und Familienlebens, die Wohnung und den Briefverkehr in Art. 8 Abs. 1 EMRK, hierbei insbesondere auf den Schutz des Privatlebens. Deutschland ist nach Art. 46 Abs. 2 EMRK verpflichtet, endgültige Urteile des Gerichtshofes zu befolgen. Deutsche Gerichte müssen das Urteil also zumindest als Auslegungshilfe beachten, ohne dass aber die Rechtskraft angegriffener bestehender Urteile beseitigt wird und die Rechtswirkung des Urteils des EGMR über den entschiedenen Fall hinausginge (*Heldrich*, NJW 2004, 2634, 2636 m.w.N.).

3 BGH Z 15, 249.

4 BGH NJW 1965, 1375.

5 BGH Z 29, 243.

6 S.allg. Palandt/*Thomas* § 823 Rdn. 178, 185.

7 BGH Z 73, 120.

8 BGH BB 1990, 739 – dies muss entsprechend auch für *E-Mails* gelten.

9 OLG Frankfurt, NJW 1987, 1087.

10 BGH NJW 1981, 1089; NJW 1988, 1016.

11 LG Köln, Urt.v. 26.11.2003 – 28 O 706/02, CR 2004, 304= MMR 2004, 183 = ZUM-RD 2004, 192 = JurPC Web-Dok. 56/2004.

Collage) und generell digitalisierte Bildvorlagen oder Tondateien (z.B. von Voice-Mails) beliebig zu verändern. Die allgemeinen deliktsrechtlichen Grundsätze zum Schutze des Allgemeinen Persönlichkeitsrecht sind also in ihrer Geltung nicht medienabhängig und umgekehrt kein Medium vom Haftungsrecht freigestellt.

Teil des APR ist andererseits auch die grundgesetzlich gewährleistete Meinungs**äußerungs**freiheit (Art. 5 Abs. 1 GG), insbesondere im Bereich der Presse und der anderen Medien, – und zwar auch für das Internet. Es besteht keine Veranlassung, die Meinungsäußerungsfreiheit im Internet weiter als in anderen Kommunikationsmedien einzuschränken[1]. Zwar darf auch scharfe Kritik geübt werden, jedoch muss sie ein Mindestmaß an sachlichem Gehalt aufweisen[2]. Ebenso ist eine Diffamierung auch online unzulässig[3]. Volle Haftung begründen etwa **Drohungen** von anderen Schülern gegen Lehrkräfte im Gästebuch auf der Homepage eines Schülers[4].

Das Setzen eines **Link** auf Webseiten mit ehrverletzenden Tatsachenbehauptungen wurde als Persönlichkeitsrechtsverletzung qualifiziert, wenn sich derjenige, der die Behauptungen wiedergibt, nicht hinreichend von ihnen distanziert (ausführlich zu Links s. S. 672)[5]. Die auf einer Webseite erfolgende Mitteilung einer anwaltlichen **Abmahnung** einer Person wurde als zulässig angesehen, wenn der Sachverhalt der Abmahnung zutrifft[6]. Andererseits können im Internet erfolgende **beleidigende Äußerungen** über den Dienstherren eine ordentliche Kündigung rechtfertigen[7].

Der Anbieter einer Homepage soll als Störer verpflichtet sein, wenn er einen **Link** auf eine fremde Seite mit im Zeitpunkt der Linksetzung rechtlich unbedenklichem Inhalt setzt, in der später ein Inhalt mit unwahren Tatsachenbehauptungen zu einer Person aufgenommen werden[8]. Hier kann Unterlassen und, bei Verschulden, Schadensersatz verlangt werden[9]. Eine Pflicht zur präventiven Kontrolle wurde aber in solchen Fällen auch schon nach früherem Recht abgelehnt, vielmehr eine Sorgfaltspflicht erst dann bejaht, wenn der Link trotz Beanstandung aufrechterhalten wird[10]. Unzulässig ist auch das wahrheitswidrige Behaupten einer Insolvenz eines Dritten[11]. Zulässig ist aber das Veröffentlichen der Privatadresse eines GmbH-Geschäftsführers im Internet, außer, für den Betroffenen wird hierdurch eine besondere Gefahr begründet[12].

Als **wettbewerbswidrig** (Verstoß gegen § 1 UWG a.F.) wurde die Verknüpfung einer Webseite mit einer Seite eines Mitbewerbers über Link angesehen, wenn für Nutzer der Eindruck entsteht, es bestünden geschäftliche Beziehungen und der

---

1 Ausf. zu den nicht internetspezifischen Interessenabwägungen s. etwa Palandt/*Thomas* § 823 Rdn. 188.

2 *OLG München*, WRP 1996, 927.

3 LG München I, 4 HKO 12 190/96, CR 1997, 155 – Schmähkritik via Internet, zu der Behauptung, ein bestimmter Computerbausatz sei ein „Schrotthaufen, der in einem mit Müllstücken aufgefüllten Karton geliefert werde."

4 BayVGH, Urt.v.3.6.2002 – 7 CS 02.875, NJW 2002, 3044.

5 LG Hamburg, Urt.v.12.5.1998 – 312 O/85/98, MMR 1998, 547 = K&R 1998, 367 (für Link auf Zusammenstellung ehrverletzender Äußerungen und Zueigenmachen durch Linksetzen). Nach Auffassung des Gerichtes genügte es nicht, nur allgemein auf die Verantwortung des jeweiligen Autors zu verweisen, da hierin keine Distanzierung zu sehen ist.

6 AG Detmold, Urt.v. 21.10.1996 – 8 C 408/96, JurPC Web-Dok. 178/1998.

7 LAG Schleswig-Holstein, Urt.v.4.11.1998 – 2 Sa 330/98, JurPC Web-Dok. 63/1999.

8 *Mann*, AfP 1998, 129, 131.

9 Allg. BGH NJW 1976, 799, 800 – Alleinimporteur.

10 *Mann*, AfP 1998, 129, 132.

11 LG Köln, Urt.v. 26.11.2003 – 28 O 706/02, CR 2004, 304= MMR 2004, 183 = ZUM-RD 2004, 192 = JurPC Web-Dok. 56/2004.

12 LG München I, Urt.v. 10.9.2003 – 9 O 13848/03, MMR 2004, XV (MMR aktuell) = JurPC Web-Dok. 334/2003.

Linksetzer sei berechtigt, die Besucher von seiner Webseite auf das Angebot des Mitbewerbers zu lenken[1]. Nicht als wettbewerbswidrig wurde es angesehen, über eine Suchmaschine Stellensuchende mit Links zu Webseiten stellenanbietender Unternehmen zu leiten[2].

Ein weiteres Beispiel einer möglichen deliktsrechtlichen Haftung bilden Warnungen bzw. **Insidertipps** über Unternehmen mit finanziellen Problemen im New-Economy-Bereich (unter www.*dotcomtod*.com). Hier ist auch ein Verstoß gegen § 17 UWG durch Verletzung von Betriebsgeheimnissen möglich[3].

Unzulässig ist auch die Veröffentlichung eines **Schuldnerspiegels im Internet** ohne Einwilligung der Betroffenen (gar bezüglich untitulierter Forderungen)[4]. Der Betrieb eines Finanzdienstes „Schuldner im Internet" wurde nach Androhung rechtlicher Konsequenzen durch das Unabhängige Landeszentrum für Datenschutz Schleswig-Holstein eingestellt[5]. Als Verletzung einer vertraglichen Nebenpflicht wurde die **Veröffentlichung gewechselter Geschäftspost** nach Einscannen im Internet angesehen[6].

Deliktische Haftung aus den §§ 823 Abs. 1, 1004 Abs. 1 S. 2, 830, 840 BGB begründen **gewerbeschädigende Äußerungen** in einem Internet-Forum[7]. Das Gericht sah es für die Haftung der verfügungsbeklagten Betreiberin des Forums als ausreichend an, dass diese Kenntnis von der Datei selbst hat; Kenntnis oder Bewusstsein sei (jedenfalls für § 5 TDG a.F.) nicht erforderlich[8]. Anders als bei Access Providern, die große Datenmengen speichern, seien Foren regelmäßig kontrollierbar. Ein „*Disclaimer*" wirke allenfalls gegenüber Vertragspartnern, nicht aber gegenüber geschädigten Dritten. Hier sei eine ausreichende Distanzierung erforderlich; allein der Charakter eines Angebotes als Meinungsforum stelle keine ausreichende Distanzierung dar.

Schutz besteht weiter gegen eine sog. **Kreditgefährdung** (§ 824 BGB), also gegen das Verbreiten unwahrer *und* kreditgefährdender Behauptungen (etwa über die angeblich drohende Zahlungsunfähigkeit einer Bank).

---

[1] LG Hamburg, Urt.v.2.1.2001 – 312 O 606/00, CR 2001, 265; für Zulässigkeit der Linksetzung allerdings OLG Düsseldorf, CR 2000, 184 („Wer Webseiten ins Netz stellt, muss mit Verweisen rechnen und ist hiermit einverstanden") und die 8. Kammer des LG Hamburg, Urt.v.12.7.2000 – 308 O 205/00, CR 2000, 776, krit. *Metzger*, CR 2001, 265.

[2] OLG Frankfurt, Urt.v.13.4.2000 – 6 U 197/99, MMMR 2000, 488 – Job-Suchmaschine.

[3] Spiegel Online, 20.12.2001 (www.spiegel.de/netzwelt/netzkultur/0,1518,173314,00.html).

[4] OLG Rostock, Urt.v.21.3.2001 – 2 U 55/00, ZIP 2001, 793 = RDV 2001, 285 = JurPC Web-Dok. 170/2001 (Eingriff in eingerichteten und ausgeübten Gewerbebetrieb, § 823 Abs. 1 BGB). Verfassungsbeschwerde wurde mangels Rechtswegerschöpfung als unzulässig *abgelehnt* (BVerfG, Beschl.v. 9.10.2001 – 1 BvR 622/01, CR 2002, 363 = MMR 2002, 89 = NJW 2002, 741). Das OLG Rostock weist zutreffend auf den Umstand hin, dass selbst in das Schuldnerverzeichnis zu abgegebenen Eidesstattlichen Versicherungen nach den §§ 915, 915 b ZPO, SchuVVO nur unter eingeschränkten Voraussetzungen Einsicht genommen werden darf.

[5] Pressemitteilung des Unabhängigen Landeszentrums für Datenschutz Schleswig-Holstein vom 18.7.2001, www.datenschutzzentrum.de.

[6] OLG Rostock, Beschl.v. 17.4.2002 – 2 U 69/01, CR 2002, 536 = JurPC Web-Dok. 363/2002.

[7] OLG München, Urt.v.17.5.2002 - 21 U 5569/01, MMR 2002, 611 = ZUM-RD 2002, 357 = JurPC Web-Dok. 263/2002 (Urteilsfaksimile) für die Äußerung über den angeblichen Prozessverlust durch einen Verlag. Das Gericht lehnte eine Haftungsentlastung durch einen Disclaimer ab, da er nur vertraglich wirken könne; jedoch könne der Disclaimer auf eine (ausreichende) Distanzierung hinweisen.

[8] OLG München, Urt.v.17.5.2002 – 21 U 5569/01, JurPC Web-Dok. 263/2002. Das Gericht weist auf den Umstand hin, dass das EGG *keine Überleitungsvorschriften* enthält und also unklar sei, ob auf einen Unterlassungsanspruch wegen eines Verhaltens vor dem 21.12.2001 (Inkrafttreten des EGG) noch die alte (hierfür das OLG) oder schon die neue Fassung des TDG anwendbar sei.

Übernimmt ein Content Provider aus einem Printmedium rechtsverletzende Äußerungen in sein Online-Archiv, haftet er nach den allgemeinen Grundsätzen zur **Störerhaftung**[1].

In den **USA** löst *defamation* Haftungsansprüche[2] aus. Man unterscheidet hierbei zwei Formen, nämlich *libel*, d.h. rechtsverletzende Äußerungen in verkörperter Form[3], und *slander*, d.h. derartige Äußerungen in gewissermaßen flüchtiger Form, etwa in Reden[4]. Trotz aller Meinungsäußerungsfreiheit werden natürlich auch in den USA Aufforderungen zu „*lawless actions*" als „*hate speech*" sanktioniert[5]. Für die Diskussion in den USA zentrale Bedeutung hatte das Scheitern des Communications Decency Act (CDA) wegen Unbestimmtheit des Begriffes „*indecent*" [6].

In **Großbritannien** kann eine Berichtserstattung über laufende (*sub judice*) Zivil- oder Strafverfahren nach dem Contempt of Court Act von 1981 strafbar sein. Da das Gesetz naturgemäß nur im United Kingdom anwendbar ist, wurde eine Strafbarkeit von britischen Service Providern erwogen, die solche Publikationen im Ausland im Netz zugreifbar machen[7].

(ff) Haftung aus fehlerhaften Produkten

Möglich sind auch Gefährdungen oder Schädigungen der Rechtsgütern von Vertragspartnern oder Dritten, die nicht durch Informationen begründet werden, sondern durch fehlerhafte Produkte wie etwa nichtaktualisierte Antiviren-Software, mit deren Vertrieb das Eröffnen einer **Gefahrenquelle**[8] verbunden sein kann.

Ergänzend kann auch gesetzliches Produkthaftungsrecht zum Tragen kommen, sofern etwa Inhalte als Dateien auf dem Rechnerspeicher des Nutzers durch Abspeichern verkörpert werden [9]. Abschließender Klärung bedarf aber die Frage, ob Produkte wie z.B. Software als „Information" im Sinne der §§ 8 – 11 TDG einzustufen ist. Soweit jeder kommunikative Bezug der Software fehlt (z.B. bei Treiberprogrammen zur Druckeransteuerung), ist diese Zuordnung (entgegen der überwiegenden Auffassung) wohl abzulehnen (s. S. 560).

Deliktische Produkthaftung auf der Grundlage von § 823 Abs. 1 BGB ist im Grunde nichts anderes als Haftung für die Verletzung von Verkehrssicherungspflichten. Solche Pflichten bestehen bei der Produktherstellung („Produzentenhaftung"), aber auch beim Ausheben von Baugruben oder dem Eröffnen anderer Gefahrenquellen. Nicht

---

1 LG Hamburg, Urt.v.26.4.2002 – 324 O 598/01, JurPC Web-Dok. 352/2001.

2 Etwa Schadensersatzansprüche aus falschen Kreditinformationen, s. Dun & Bradstreet, Inc. v. Greenmoss Builders, Inc. 472 U.S. 749 (1989).

3 „...communication that has the potentially harmful qualities characteristic of written or printed words" (Restatement (Second) of Torts, § 568 (2).

4 Restatement (Second) of Torts, § 568 (2).

5 Brandenburg v.Ohio, 395 U.S. 444 (1969).

6 Supreme Court of the United States im Rechtsstreit Janet RENO, Attorney General of the U.S. eta. v. American Civil Liberties Union, et al. No. 96-511 vom 26.6.1997, http://supct.law.cornell.edu/supct/html/96-511.ZS.html.

7 *Smith*, S. 271 f.

8 Zutr. *Spindler*, ZUM 1996 533, 545; zur Haftung für fehlerhafte Software a.a.O. 547, die etwa bei Fehlern in internetweit zur Verfügung erstellter Browser-Software relevant werden kann. Die Haftungsfreistellung des MDStV/TDG griff auch schon nach früherem Recht insoweit nicht ein, da Computerprogramme keine kommunikativen „Inhalte" darstellen.

9 S.n. *Spindler*, ZUM 1996, 533, 552.

erforderlich ist, dass sich die jeweilige Anbietertätigkeit in einem Produkt verkörpert [1]. § 823 BGB setzt keine Verkörperung voraus, sondern begründet Sicherungspflichten etwa auch schon im Produktions*prozess*. Auch ein Online- oder Internet-Dienst kann eine solche Gefahrenquelle begründen, die das Leben, den Körper, die Gesundheit, die Freiheit, das Eigentum oder ein sonstiges Recht eines anderen verletzt (also die Rechtsgüter des § 823 Abs. 1 BGB, zu denen aber nicht das Vermögen als solches gehört). § 823 Abs. 1 BGB verletzt etwa, wer im Internet virenverseuchte Software vertreibt (also zum Download zur Verfügung stellt)[2].

Anderes gilt für die (v.a. hinsichtlich der Beweislastverteilung strengere) **gesetzliche Produkthaftung**[3]. § 2 ProdHaftG setzt zur Haftungsbegründung ein „Produkt" voraus, also eine bewegliche Sache. Hierzu zählen etwa fehlerhafte Bedienungsanleitungen zur Software-Installation oder defekte oder virenverseuchte Disketten, auf denen die Software vertrieben bzw. millionenfach in Zeitschriften kostenfrei verschenkt wird. Ob das ProdHaftG auch zur Anwendung gelangt, wenn die Software online auf den Nutzerrechner heruntergeladen wird und dort etwa wegen eines Fehlers zu einem *head crash* des Plattenkopfes der Festplatte führt, ist noch nicht abschließend geklärt. In der Praxis gelangt der geschädigte Nutzer aber meist auch über deliktische Produkthaftung zu Schadensersatz.

Soweit **Informationen** deliktische oder gesetzliche Produkthaftung auslösen sollen, ist zu differenzieren. Die allgemeinen Grundsätze zur Produkthaftung des Verlegers gelten, wenn der Inhalt in einem Medium **verkörpert** vertrieben wird, sei es ein Buch, eine Zeitschrift oder eine CD-ROM. In jedem dieser Fälle liegt eine Verkörperung vor, die gesetzliche Produkthaftung begründen kann. Der Druckfehler im Listing eines Java-Anleitungsbuches kann hiernach Produkthaftung auslösen, in gleicher Weise der Codefehler im selben Programm auf CD-ROM. Werden Inhalte **online** zur Verfügung gestellt, fehlt es an einer Verkörperung. Man kann nun argumentieren, dass eine Verkörperung dann jedenfalls beim Abspeichern auf dem Rechner des Nutzers erstellt wird[4]. Fraglich bleibt dennoch, ob das Online-Verfügbarmachen im Wege erweiternder Auslegung noch als Inverkehrbringen eingestuft (und damit der Anwendungsbereich des ProdHaftG wesentlich ausgeweitet) werden darf, da hierdurch unkörperliche Modi des Inverkehrbringens in die strenge Haftung des ProdHaftG einbezogen werden. Zudem erfasst das ProdHaftG unzweifelhaft nicht die Fälle, in denen das Programm oder die Information auf dem Rechner nicht abgespeichert wird[5]. Die heutige Technologie verwendet jedoch so viele Zwischenspeicher (im Browser-Cache, im Video-RAM, im RAM der Grafikkarte, im Second-Level-Cache, etc.), dass zumeist Verkörperungen feststellbar sind. In jedem Fall greifen aber deliktische Verkehrssicherungspflichten auch für das Verbreiten von unverkörperten Inhalten. Allerdings lassen sich die Grundsätze zur **eingeschränkten** Händlerhaftung im Rahmen der Produkthaftung nicht ohne weiteres auf die Anbieter übertragen, die fremde Inhalte online für den Abruf verfügbar machen. Händler unterliegen einer allgemeinen Prüfpflicht (etwa bezüglich Transportschäden an zu vertreibenden Produkten), während

---

1 *Spindler*, ZUM 1996, 533, 545.

2 Zu Software s. etwa *Spindler*, ZUM 1996, 533, 547.

3 Produkthaftungsgesetz vom 15.12.1989, BGBl 1989 I, 2198.

4 Hierfür etwa *Spindler*, ZUM 1996, 533, 550. (Veröffentlichte) Rechtsprechung zu dieser Frage ist noch nicht ergangen. Der BGH (Z 109, 97, 100f) hat im vertragsrechtlichen Bereich Übergabe durch (drahtgebundene) Online-Übertragung als möglich angesehen. Gleiches muss für sonstige leitungsgebundene und auch satellitenfunkgestützte Übertragungen gelten, wenn das wirtschaftliche Ergebnis dasselbe ist.

5 *Spindler*, ZUM 1996, 533, 551.

für Diensteanbieter bezüglich fremder, bereitgehaltener Informationen **keine** solche (jedenfalls präventiven) Prüfpflichten bestehen (§ 8 Abs. 2 S. 1 TDG).

(gg) Presserecht, Mediendienste

Als „**Presseunternehmen**" gilt jedes Unternehmen, das Druckwerke im presserechtlichen Sinne massenweise vervielfältigt. Ein „**Druckwerk**" liegt gemäß § 7 LPG der Bundesländer[1] vor, wenn ein geistiger Gehalt stofflich verkörpert wird[2] und zur Verbreitung, etwa in einer Massenvervielfältigung und nicht nur zum persönlichen Gebrauch bestimmt ist. Dateiinhalte werden freilich nicht als verkörperte Exemplare verbreitet, sondern online, also **unkörperlich** übertragen, stellen also keine Druckwerke dar. Rein technisch bedingte und in schneller Veränderung begriffene Unterschiede zwischen klassischem, papierbezogenen und elektronischem Werkvertrieb rechtfertigen jedoch nicht, elektronisch übermittelte Werke aus dem Bereich des presserechtlichen Werkbegriffs auszuklammern. Dies gilt etwa für das Verbreiten von Druckwerken per Fax (sog. „Fax-Polling"), aber auch für das Übertragen auf und Abspeichern in einem Rechner des Empfängers, gleich, ob der Absender die Übertragung initiiert oder der Empfänger das Exemplar abruft[3]. Zunächst ist nämlich nicht erforderlich, dass das Druckwerk auf Papier gedruckt vorliegt und in dieser Form verbreitet wird. Verlangt wird nur allgemein eine unterschiedlich realisierbare stoffliche Verkörperung. § 7 LPG umfasst deshalb auch besprochene Tonträger[4] (etwa mit vorgelesenen Buchauszügen) oder Videokassetten[5].

Gleiches muss für eine Werkverkörperung auf CD, Diskette oder Hauptspeicher im Rechner gelten, da diese Speichermedien, zumindest bezüglich des Werkes, funktionsgleich arbeiten (und sogar durch Online-Übertragung eine Werkverkörperung übertragen und abgespeichert werden kann). Damit sind auch Speicher in den Computern der Anbieter und Nutzer mögliche Verkörperungsträger für Druckwerke, wobei die Abspeicherung im „flüchtigen" Arbeitsspeicher (RAM) zur Annahme einer Verkörperung ausreichen kann, wenn die Programmkopie im Speicher weiterverwendet, etwa angespeichert oder übertragen werden kann. Dies gilt auch (und erst recht), wenn eine Publikation nur online verfügbar ist (z.B. die „Netzeitung"). Im Ergebnis sind Zeitungen nicht nur im zum Vertrieb gebündelten Stapel, sondern auch als im Internet abrufbar gehaltene Inhalte **presserechtlich** geschützt.

Für offline wie online vertriebene Publikationen gelten grundlegende **presserechtliche Rechte und Pflichten**, die hier nur knapp rekapituliert werden können und im MDStV ausdrücklich für Mediendienste (zumindest partiell) normiert sind:

Die **Impressumpflicht** (§ 8 LPG), also die Verpflichtung, die Herkunft eines **Druckwerks** anzugeben, hilft Geschädigten, einen möglichen Anspruchsverpflichteten festzustellen. Diese Pflicht gilt auch für elektronische Presseprodukte in Netzen, also zur Verbreitung an einen größeren Personenkreis bestimmte Inhalte. Wird das Druckwerk **nichtperiodisch** verbreitet, sind – jeweils unter Angabe der Anschrift – Drucker und Verlag zu nennen, bei **periodischer** Verbreitung auch der verantwortliche Redakteur und der für den Anzeigenteil Verantwortliche (§ 8, 1 und 2 LPG).

---

1 in Thüringen § 6, in Hessen § 4 LPG.

2 Für alle: *Löffler/Ricker*, Handbuch des Presserechts, 3.Aufl. 1994, 67.

3 a.A. *Spindler* ZUM 1996, 533, 540 .

4 *Löffler/Ricker*, a.a.O. Rdn.10.

5 BVerwG AfP 1990, 250.

Pseudonyme dürfen nicht verwendet werden. Der Verfasser kann anonym bleiben, wenn er nicht selbst Verleger ist[1].

Soweit die Pressepublikation (etwa eine auch oder nur elektronisch erscheinende Zeitung) als **Mediendienst** einzustufen ist (also bei Ausrichtung an die Allgemeinheit, § 2 Abs. 1 MDStV), unterliegt der Diensteanbieter besonderen **Informations-, Sorgfalts-** und **Gegendarstellungspflichten**. Hierin besteht ein gerade für die Praxis wichtiger Unterschied zu Telediensten und führen bestehende Abgrenzungsschwierigkeiten nach wie vor zu Rechtsunsicherheiten[2]. Der Diensteanbieter muss nach § 10 Abs. 1 und Abs. 2 Nr. 1 u. 2 MDStV entsprechende Angaben zum Vertretungsberechtigten, nach § 10 Abs. 2 Nr. 3 – 6 MDStV außerdem Angaben zur zuständigen Aufsichtsbehörde, zur Eintragung in Handels- und vergleichbaren Registern und zu möglicherweise je nach Dienst zuständigen Berufskammern sowie schließlich zur Umsatzsteueridentifikationsnummer. Die Abgrenzung zwischen Tele- und Mediendiensten kann in der Praxis meist nur einzelfallbezogen erfolgen. Chatforen können zum Meinungsaustausch dienen („Meinungsmarkt") und vom Diensteanbieter als Teledienst angeboten werden. Jedoch kann der Übergang zu einem Mediendienst (mit insbesondere Impressums- und Gegendarstellungspflicht) vollzogen sein, wenn der Anbieter das Forum **moderiert**. Hier kann der Anbieter verpflichtet sein, rechtsverletzende Äußerungen zu unterbinden[3]. Bei unmoderierten Foren muss er solche Beiträge jedenfalls nach Kenntniserlangung löschen oder jedenfalls zugriffssperren.

Stellt ein Anbieter Chat-Software im Internet zur Verfügung, kann er aber nicht willkürlich ein Nutzungsverbot aussprechen[4]. Unter dem Gesichtspunkt des Verbotes widersprüchlichen Verhaltens entsteht nach Auffassung des LG Bonn eine Bindung des Eigentümers an die Zutrittsbefugnis, die es ihm **verbietet**, sein „Hausrecht" willkürlich auszuüben. Anders sei es nur, wenn verbindliche Bedingungen für die Nutzung definiert werden oder ein Nutzer den Betriebsablauf störe. Dies wurde vom OLG Köln bestätigt, nach dem der Anbieter berechtigt ist, in einem von ihm betriebenen Chat ein „virtuelles Hausrecht" auszuüben, dies aber nicht willkürlich tun darf[5].

Die **Trennung von Information und Werbung** ist eine zentrale Anbieterverpflichtung aus dem Presserecht, die online aber oft nicht konsequent durchgehalten wird. Soweit Anbieter periodisch[6] einerseits Information, andererseits Anzeigen im Netz verfügbar machen, müssen diese beiden Komponenten klar voneinander unterschieden werden – ähnlich wie bei Zeitschriften der redaktionelle Inhalt und der Anzeigentext. Der MDStV enthält hierzu keine ausdrückliche Regelung, sondern nur eine allgemeine Verweisung auf die einzuhaltenden allgemeinen Gesetze (§ 11 Abs. 1 MDStV). Für Teledienste ist das Trennungsgebot in § 7 Nr. 1 TDG geregelt. Grundlage der Regelung ist jeweils Art. 6. c ECRL.

Die **Pflicht, Gegendarstellungen von Betroffenen abzudrucken**, gilt presserechtlich nur für periodische Druckwerke (§ 11 Abs.1 LPG in analoger Anwendung), für Mediendienste aber unabhängig vom Erscheinungsrhythmus (§ 14 MDStV). Hier ist die Gegendarstellung in gleicher Aufmachung und für die gleiche Zeitdauer wie die ursprüngliche Tatsachenbehauptung anzubieten. Redaktionelle Anmerkungen sind

---

1 *Pankoke*, Von der Presse- zur Providerhaftung, 65.

2 So schon *Gounalakis/Rhode*, K&R 1998, 321, 325.

3 OLG Köln, Urt.v. 25.8.2000 – 19 U 2/00, JurPC Web-Dok. 238/2000 – virtuelles Hausrecht.

4 LG Bonn, Urt.v. 16.12.1999 – 10 O 457/99, CR 2000, 245 – virtuelles Hausverbot.

5 OLG Köln, Urt.v. 25.8.2000 – 19 U 2/00, JurPC Web-Dok. 238/2000; Vorinstanz LG Bonn, Urt.v.16.11.1999 – 10 O 457/99, CR 2000, 245.

6 „Periodisch" erscheint ein Druckwerk, wenn es ständig, möglicherweise auch in regelmäßiger Folge und im Abstand von nicht mehr als sechs Monaten (§ 7 Abs. 4 LPG) herausgegeben wird.

grundsätzlich zulässig, jedoch nur in den Grenzen der §§ 226, 242, 826 BGB[1].

Das Presserecht begründet eine eingeschränkte **Pflichten zur Inhaltsprüfung**. Die Prüfung kann auf einen verantwortlichen Schriftleiter übertragen werden[2]. Für Beiträge Dritter müssen Presseunternehmen nach den bisherigen Grundsätzen nicht uneingeschränkt einstehen[3], wohl aber für eigene redaktionell gestaltete Beiträge[4]. So müssen **Werbeanzeigen** grundsätzlich nur auf eindeutig erkennbare Gesetzesverstöße überprüft werden[5]. Dem Verlag muss hier eine rasche Entscheidung möglich bleiben; die Pressearbeit würde erschwert, müsste jede Anzeige ausführlich auf rechtsverletzende Inhalte hin untersucht werden[6]. Dieses Argument ist strukturell (unter Beachtung aller inhaltlichen Unterschiede der Medien) auch auf Diensteanbieter in Kommunikationsnetzen übertragbar. Zum Abdruck vorgesehene **Leserbriefe** sind im gleichen Rahmen auf rechtswidrige Inhalte hin zu untersuchen[7], im Online-Bereich entsprechend Mails an Mailinglists. Die Prüfung ist unter Berücksichtigung aller Einzelfallumstände und in Abwägung gegen die Meinungsfreiheit[8] (der verantwortlichen Redaktion wie des beitragenden Dritten) durchzuführen. Auch die Mitteilung erkennbar rechtswidriger Äußerungen Dritter ist gerechtfertigt, wenn sich das Presseorgan deutlich distanziert und ein öffentliches Informationsinteresse besteht[9]. Diese Grundsätze gelten insbesondere für **präventive** Prüfungen. Erkennt der Verleger/Anbieter eine Anzeige als rechtsverletzend, ist er verpflichtet, jede weitere Publikation zu unterlassen, vorausgesetzt, dass die Anzeige eindeutig identifizierbar ist. Andernfalls kann der Verleger Unterlassungsansprüchen ausgesetzt sein.

Gleiche Grundsätze lassen sich auf **Diensteanbieter** in Kommunikationsnetzen als Anbieter eigener Inhalte anwenden, auf Anbieter technischer Dienstleistungen aber nur

---

1 OLG München, Beschl.v.20.1.1999 – 21 W 3389/98, MMR 1999, 284.

2 BGHZ 3, 270 – Constanze I.

3 Für das **US-Recht** s. Edwards v. National Audubon Society, Inc. , 556 F. 2d (2d. Cir.), cert. denied, 434 U.S. 1002 (1977) für ein bloßes Berichten von *„defamatory allegations"* bei eingeschränkter redaktioneller Kontrolle. Ohne jede redaktionelle Kontrolle (wie bei unmoderierten Newsgroups) besteht nur eine Haftung als „secondary publisher" (s. Smith v. California, 361 U.S. 147 (1959) abl. für Buchhändler hinsichtlich deren strafrechtlichen Einstehenmüssens). Ähnlich solchen secondary publishers sind mail carriers und noncontent providers wie etwa Telefongesellschaften einzustufen (die Haftung für „defamatory answering machine messages" abl. etwa Anderson v. New York Telephone Comp., 320 N.E. 2d 647 (N.Y. 1974). Auf Hinweise hin sind jedoch auch secondary publishers zu den möglichen Maßnahmen verpflichtet (*Loundy*, Computer Information Systems Law and System Operator Liability in 1995, www.leepfrog.com/E-Law: *„know or have reason to know-standard of liability"*).

4 Für das zur Haftung von Inhalte selbst gestaltenden *„primary publishers"* bezüglich des US-Recht s.etwa N.Y.Times Co.v.Sullivan, 376 U.S. 254 (1964) für defamation; Dun & Bradstreet,Inc. v. Greenmoss Builders, Inc., 472, U.S.749 (1985) für online verfügbar gemachte Kreditinformationen.

5 Vgl. etwa BGH NJW 1977, 2225ff.; BGH NJW 1992, 3093f.; BGH GRUR 1994, 454 ff; BGH WRP 1995, 302f für die Begrenzung der Prüfung auf *grobe* Wettbewerbsverstöße. In gleicher Weise können Anzeigen zu prüfen sein, deren Inhalt erkennbar gegen *urheberrechtliche* Bestimmungen verstößt, etwa Angebote von Software, die Kopiersperren in Programmen oder Systemen (sog. *„dongles"*, etc.) zu inaktivieren geeignet sind. Für eine Verpflichtung zur Prüfung von Anzeigen nach US-Recht s.etwa Brown v. Soldier of Fortune Magazine, Inc., 968 F 2d. 1110 (11th Cir. 1992), cert. denied 122 L.Ed. 173, 113 S.Ct. 1028 (1993).

6 S. etwa BGH GRUR 1994, 454, 455; BGH AfP 1995, 600, 601; ähnlich bereits BGH GRUR 1990, 1012, 1014 – Pressehaftung I, BGH GRUR 1992, 618, 619 – Pressehaftung II.

7 S. etwa BGH NJW 1986, 2503, 2505.

8 BVerfG E 85, 1, 12 sowie zur Prüfpflicht etwa BGH NJW 1987, 2225f und NJW 1996, 1131, 1133.

9 BGHZ 66, 182, 188, 189 – Panorama. Vergleichbares gilt im US-Recht etwa für den Abdruck des wirren „Unabomber"-Manifesto in der New York Times und dessen Heraufladen auf verschiedene Web Sites.

eingeschränkt [1]. Hierbei ist zu beachten, dass bei Presseprodukten oder presseähnlichen elektronischen Produkten aufgrund der **redaktionellen** Bearbeitung des Produktes grundsätzlich Kenntnis von den jeweiligen Informationen bestehen wird, weshalb § 9 MDStV nicht anwendbar sein kann (während die Anwendung der §§ 7 und 8 MDStV schon am Nichtvorliegen einer bloßen Durchleitung oder Zwischenspeicherung scheitert). **Werbeanzeigen** werden mittlerweile zunehmend auch im Internet „geschaltet“ (z.B. die sog. „Bannerwerbung“). Auf Webseiten haben freilich, bei Wahrung einer gewissen Übersichtlichkeit nach Grundsätzen des Web Page Design, Anzeigen nur in begrenzter Zahl Platz. Deren inhaltliche Kenntnisnahme und Überprüfung wird Betreiber von Web Sites in der Regel nicht überfordern[2], weshalb (auch bei Einstufung von Werbeanzeigen als fremden Informationen) eine Haftungsbefreiung aus § 9 MDStV grundsätzlich nicht in Betracht kommt. Bei Diskussionsforen kann es zumutbar sein, eine Moderation vorzusehen[3], die bei Chats freilich nicht generell üblich ist. Rechtsverletzende Äußerungen Dritter können (etwa in einem „Markt der Meinungen„ wie offenen Chats) weiterverbreitet werden, sofern keine ausdrückliche Identifikation des Anbieters mit diesen Äußerungen erfolgt[4], wobei aber eine Störerhaftung des Anbieters unberührt bleibt[5]. Bei dem Anbieter zur Kenntnis gebrachten Rechtsverletzungen ist dieser für die Zukunft zu einer Prüfung der Inhalte verpflichtet, ohne dass hier die Beschränkung der Prüfung auf grobe Rechtsverstöße eingreift[6].

Das **haftungsrechtliche Presseprivileg** – Schadensersatzhaftung nur bei **vorsätzlicher** Irreführung (vgl. § 13 Abs. 2 Nr. 2 S. 2 UWG) – wurde auch auf Medien wie Btx als anwendbar angesehen[7], nämlich aus analoger Anwendung des Grundrechts auf Pressefreiheit i.S.v. Art. 5 Abs. 1 S. 2 GG). Dies muss dann auch für andere vergleichbare Kommunikationsnetze wie das Internet gelten. Unberührt bleibt die verschuldensunabhängige **Störerhaftung** aus § 1004 BGB analog, wobei eine Störung jedoch dann als nicht rechtswidrig angesehen wird, wenn den Verleger keine Prüfpflicht hinsichtlich des Rechtsverstoßes trifft oder diese die Pressearbeit unzumutbar beeinträchtigen würde[8]. Auch Drucker bzw. Setzer können haften, wenn bestimmte Rechtsverstöße für sie leicht erkennbar sind, etwa bei Abdruck von Pornografie[9] oder deren Darstellung auf den Webseiten. Bei Zeitschriftenhändlern wurde sogar eine Erkundigungspflicht in rechtlicher Hinsicht bejaht[10], ähnlich bei Bibliothekaren[11].

(hh) Verlagshaftung

Verlage haften für ihre „informationellen“ Produkte auch insoweit, als sie diese online vertreiben, etwa als sog. „E-Book“. Der **Begriff** des Verlagserzeugnisses ist nicht

---

1 Ähnlich LG Stuttgart, jur-pc 1992, 1714, 1716; *Spindler* ZUM 1996, 533, 535 allgemein für Service-Provider.

2 a.A. wohl *Spindler*, a.a.O., 536, der allerdings an dieser Stelle Anzeigen und Nachrichten gleichsetzt.

3 *Spindler*, ZUM 1996, 533, 537.

4 BGHZ 66, 182, 188f – Panorama.

5 BGH NJW 1986, 2503f (für eine redaktionelle Verpflichtung, Leserbriefe auf offensichtliche Rechtsverstöße hin zu überprüfen).

6 BGH GRUR 1992, 618f – Pressehaftung II.

7 HdW-*Jacobs* § 28 Rdn. 35.

8 BGH NJW 1992, 3093, 3095; BGH GRUR 1990, 1012ff – Pressehaftung I.

9 *Pankoke*, Von der Presse- zur Providerhaftung, 95.

10 BGHSt 37, 55, 65 – Opus Pistorum.

11 *Pankoke*, Von der Presse- zur Providerhaftung, 97 m.w.N.

ausreichend gesetzlich definiert, wird aber grundsätzlich auf sortimenttypische Produkte im Buchhandel bezogen[1], also etwa Bücher, Disketten, CD-ROMs etc. – damit verkörperte Produkte, nicht jedoch Informationen in (Kabel)Kommunikationsnetzen[2]. Jedoch sind die Grundsätze der Verlegerhaftung *entsprechend* anwendbar, soweit verkörperte Verlagsprodukte nur zusätzlich unverkörpert elektronisch vertrieben werden, also bei dem Vertrieb nur das Medium gewechselt wird (zur Produkthaftung s. S. 574). Das gilt etwa für Fälle, in denen aus traditionell im Buchhandel vertriebenen Büchern Kapitel auf CD-ROM oder im Internet angeboten werden. Überwiegend wird die Anwendbarkeit von Sachkaufrecht auf die Veräußerung körperlicher Werkexemplare von Verlagserzeugnissen angenommen[3]. Abgelehnt wurde die Anwendbarkeit von Kaufrecht für Abonnements, und zwar auch bei Abonnements körperlicher Vertriebsstücke[4], da Informationsbriefe, anders als etwa ein Anleitungsbuch, nur kurzfristig verwertbar sind und folglich keine dauerhafte Eigenschaft einer Kaufsache vorliegt.

Mängel von Verlagserzeugnissen können unterschiedliche Quellen haben. Körperliche Fehler haften in der Regel nur verkörperten Exemplaren an (z.B. einem Buch mit seitenverkehrtem Druck oder einem fehlenden Kapitel bzw. einer CD-ROM mit Kratzern). **Druckfehler** entstehen grundsätzlich beim Satz und werden bei der Korrektur nicht entdeckt[5]. **Inhaltliche Fehler** können z.B. zu rechtlich falschen Vorstellungen führen[6]. Notwendig ist für jeden Fehlertyp, dass durch den Fehler die Verwendungseignung eingeschränkt oder aufgehoben wird (§ 434 Abs. 1 S. 2 BGB). Für Druckfehler wurde diese Beeinträchtigung nur bei nicht unerheblichen inhaltlichen Auswirkungen zu bejahen sein[7]. Jedoch ist zu beachten, dass nach der Schuldrechtsmodernisierung auch **unerhebliche** Mängel Nacherfüllungsansprüche begründen, jedoch keinen Anspruch auf Rücktritt (§ 323 Abs. 5 S. 2 BGB) oder Schadensersatz (§ 281 Abs. 1 S. 3 BGB). Das Mängelhaftungsrecht des Sachkaufs ist auch auf Inhaltsmängel anwendbar[8]; ebenso kann die aus einem Informationsdienst erteilte fehlerhafte oder unvollständige Auskunft werkvertragliche Nacherfüllungsansprüche begründen[9], allerdings nur, soweit Vollständigkeit und Aktualität des Informationsbestandes garantiert wurde. Art des Druckwerks und Verwendungszweck können eine Garantie inhaltlicher Richtigkeit und Zuverlässigkeit erschließen lassen[10]. Vom Schutzzweck her müsste dieselbe Argumentation auch dann gelten, wenn im vom BGH entschiedenen Fall die Mappe (auch) online dem eingeschränkten Empfängerkreis verfügbar gemacht worden wäre (etwa in einer Geschlossenen Benutzergruppe). **Außervertraglich** unter-

---

1 S. *Höckelmann*, 13.

2 *Höckelmann*, 15.

3 BGH, NJW 1973, 844; *Höckelmann*, 28. Bei Online-Vertrieb kommt hingegen allenfalls entsprechende Anwendbarkeit von Sachkaufrecht in Betracht, da es an einer Übergabe bzw. der Verkörperung während des Vertriebs fehlt. Eine Analogie ist aber möglich und sachgerecht, da zumindest auf dem Speicher des Nutzers eine für diesen in etwa gleich verwertbare Textkopie erstellt wird.

4 BGHZ 70, 356, 359 ff. – Börsendienst.

5 Z.B. Verwechslung von Mengenangaben: 1 % statt richtig 1 ‰ Percainlösung (SchlHOLG, Schleswig-Holsteinischer Anzeiger 1949, 293) oder 25 % statt richtig 2,5 % NaCl (BGH, NJW 1970, 1963 – Kommafehler).

6 Etwa aufgrund einer Formularmappe zur Erstellung von Nottestamenten, die falsche Angaben zu Nichtigkeitsgründen von Zuwendungen enthalten (BGH, NJW 1973, 843 – Nottestamentmappe).

7 S. näher *Höckelmann*, S. 35 ff.

8 BGH, JZ 1958, 309 ff; NJW 1973, 843 ff.

9 OLG Karlsruhe, GRUR 1979, 267 – Doppelparker. (noch zum BGB a.F.)

10 BGH, NJW 1973, 843 – Nottestamentmappe (noch zur Zusicherungshaftung des BGB a.F.)

liegt (auch der Online-) Verleger den allgemeinen Verkehrssicherungspflichten aus deliktischer Haftung nach § 823 Abs. 1 BGB. Auf eine Verkörperung des Werkes in einem Hardcover-Exemplar kommt es insoweit nicht an. Entscheidend ist allein, ob durch das Werk eine Gefahrenquelle eröffnet wird[1].

(ii) Rundfunkrechtliche Pflichten

Abrufbasierte Dienste werden mangels Gleichzeitigkeit der Übertragung nicht dem „Rundfunk"-Begriff zugeordnet[2]. Zunehmend stellt die technische Entwicklung aber die Haltbarkeit dieses Abgrenzungskriteriums in Frage, etwa durch auch im Internet weltweit live verfügbares *digital audio broadcasting* (DAB). Hieraus folgt, dass die Einordnung nicht pauschal, sondern nur einzelfallbezogen für jeden Anbieterdienst bzw. für dessen Unterformen erfolgen kann. Soweit die Voraussetzungen des Rundfunkbegriffes erfüllt sind, gelten die allgemeinen rundfunkrechtlichen Anbieterpflichten zur Programmgestaltung, zur Trennung von Programm und Werbung sowie von Nachricht und Kommentar[3], zur Gegendarstellung und allgemein zur deliktischen Haftung.

(jj) Wettbewerbsrecht

Haftung für eigene Informationen kann auch aus Wettbewerbsrecht begründet sein. So wurde der Betreiber eines Internet-Servers, der Dritten ermöglicht, über diesen Server für ihre Leistungen zu werben, wegen ihm bekannter **wettbewerbswidriger Werbung** der Dritten aus den §§ 1, 3 UWG a.F. auf Unterlassung in Anspruch genommen[4]. Voraussetzung ist freilich, dass der Betreiber mit Kontrollsoftware die fraglichen Angebote ausfiltern kann. Der Betreiber kann aus seiner Stellung heraus eigenverantwortlich handelnder Dritter sein, dem es rechtlich möglich und zumutbar ist, die Verletzungshandlung zu verhindern[5]. Warnungen bzw. **Insidertipps** über Unternehmen mit finanziellen Problemen im New-Economy-Bereich[6] können zu einem Verstoß gegen § 17 UWG durch Verletzung von Betriebsgeheimnissen führen[7].

(kk) Strafrecht

Auch die Haftung aus **Strafrecht** bleibt unberührt (ausführlich s. § 12, S. 616). Hier ist die Entscheidung des **BGH** vom 12.12.2000 von besonderer Bedeutung, derzufolge das Bereitstellen volksverhetzender Äußerungen auf einem **ausländischen** Server(rechner) den Tatbestand des § 130 Abs. 1 oder Abs. 3 StGB erfüllt, wenn die Äußerung dem

---

1 Gesetzliche Produkthaftung wird hingegen in der Regel an dem Umstand scheitern, dass nur nichtkörperliche Produkte in den Verkehr gebracht werden. Denkbar ist allenfalls eine analoge Anwendung, wenn man sich auf die Rechtsprechung des BGH (CR 1990, 24) zur analogen Anwendung des Sachkaufrechts auf die online erfolgende Überlassung von Software bezieht.

2 Für alle s. *Herrmann*, Rundfunkrecht 1994, § 2 Rdn.15.

3 *Herrmann*, Rundfunkrecht, § 23 Rdn. 57, 58.

4 *OLG München*, Urt.v.26.2.1998 – 29 U 4466/97, CR 1998, 300 = K&R 1998362 – last-minute.

5 *Hackbarth* in Urteilsanm. Zu *OLG München*, CR 1998, 302, 303.

6 So z.B. zeitweise unter www.*dotcomtod*.com (www. telepolis.de/deutsch/inhalt/te/11426/1.html).

7 Spiegel Online, 20.12.2001 (www.spiegel.de/netzwelt/netzkultur/0,1518,173314,00.html).

Internetnutzer in Deutschland zugänglich sowie die Äußerung konkret zur Friedensstörung im Inland geeignet ist und hierdurch der Taterfolg i.S.v. § 9 Abs. 1, 3.Alt. StGB im Inland eintritt[1]. Unschädlich ist, dass die Tathandlung im Ausland erfolgt, wenn die Schädigung von Rechtsgütern oder deren Gefährdung (also die volksverhetzende Wirkung) im Inland eintritt. Taterfolg ist bereits die Gefährdung, nicht erst die eingetretene Verletzung. Das Urteil ist auch für deutsche Nutzer von Bedeutung. Vermittelt ein Provider seinen Kunden oder auch ein Unternehmen seinen Mitarbeitern den Zugang zu derartigen Äußerungen, kann mit Kenntniserlangung Haftung begründet werden, und zwar auch strafrechtliche Haftung, etwa aus Anstiftung oder Beihilfe. Der in seinen Rechten Verletzte (etwa bei Verleumdung) kann über § 823 Abs. 2 BGB Ersatzansprüche geltend machen.

Für Deutschland relevant sein kann auch der Beschluss des Tribunal de Grande Instance de Paris, nach dem **Yahoo** zu einem Strafgeld von US-$ 1.390 verurteilt wurde, weil Yahoo in der Suchmaschine eine Versteigerung von Nazi-Gegenständen in den USA zugänglich gemacht hatte[2]. Bestätigt wurde diese Entscheidung durch den TGI-Beschluss vom 20.11.2000[3]. Yahoo Inc. (in den USA!) wurde in einem sehr ausführlichen Verfahren vom französischen Gericht zur **Kontrolle von Inhalten** (filtrage) und dazu verpflichtet, entsprechende Sites für Nutzer mit Providern in Frankreich als Vertragspartnern ab dem 20.2.2001 unzugänglich zu machen, andernfalls 100.000 Francs pro Tag verwirkt werden. Diese Entscheidung hat viel Aufsehen hervorgerufen, zumal Vinton Cerf (Worldcom, früher einer der zentralen Personen in der Internet-Verwaltung) in einer gutachtlichen Stellungnahme die Machbarkeit solcher Kontrollen eher deutlich bezweifelt hatte[4]. Hauptargument des Gerichtes war hingegen, dass Yahoo über die TLD „.fr“ etwa 70% der Nutzer in Frankreich erfassen konnte und bereits für andere Themenbereiche wie Organhandel Systeme der *filtrage* einsetzte. Ab Anfang Januar 2001 setzte Yahoo, Inc. USA eine alle Angebote erfassende Kontrollsoftware ein, allerdings nur für die USA. In den **USA** wurde allerdings die *Yahoo*-Entscheidung als **nicht vollstreckbar** beurteilt, da sie nicht mit der Meinungsfreiheit im Sinne der US-Verfassung vereinbar sei[5]. In einer Entscheidung vom 23.8.2004 hob allerdings das US-Berufungsgericht diese Entscheidung auf[6]. Yahoo ziehe finanzielle Vorteile aus dem Umstand, dass Nutzer in Frankreich auf die Yahoo-Website zugreifen können; Yahoo könne sich deshalb nicht vor den Nachteilen abschirmen, wenn durch die Banner mit *„hate speech“* französisches Recht verletzt werde.

Eine Unterscheidung von Nutzern nach deren Provider, die wiederum über „country codes“ wie „.de“ erfasst werden, ist auch deutschen Anbietern grundsätzlich möglich, ebenso bei Suchmaschinen eine Kontrolle zumindest der selbst in den Suchbaum genommenen Themenbereiche und ausgewählten Sites hierzu.

---

1 BGH, Urt.v.12.12.2000 – 1 StR 184/00, NJW 2001, 624 = JurPC Web-Dok. 38/2001 – Auschwitz-Lüge.

2 Tribunal de Grande Instance de Paris, Beschl.v. 22.5.2000 – procédures n° 00/05308 et 00/05309, UEJF et Licra contre Yahoo! et Yahoo France, K&R 2000, 365 (www.gyoza.com/lapres/html/jahen.html).

3 TGI de Paris, Ordonnance de référé du 20.nov. 2000, www.legalis.net/jnet/decisions/responsabilité/ord_tgi_201100.htm.

4 im Rapport de Consultation des TGI de Paris, einer insgesamt 84 Seiten (plus Anlagen) starken, sehr instruktiven Darstellung der Problematik (bei der Fundstelle der TGI-Entscheidung abrufbar).

5 U.S. D.C., N.D. Cal., 7.11.2001, CRi 2002, 13.

6 Yahoo Inc. v. La Ligue Contre le Racisme et l'Antisemitisme, Ninth Court of Appeals, 23.8.2004, No. 01-17424, www.ca9. uscourts.gov/ca9/newopinions.nsf/D079531C495 BC5E288256EF90055 E54C/$fi.

c) Haftung für fremde Informationen

Die nachfolgend aufgeführten Haftungsfreistellungen gelten nur für im Verhältnis zum Anbieter fremde Informationen. Für anbietereigene Informationen haftet der Diensteanbieter nach den allgemeinen Gesetzen (s. S. 564f). Die ECRL verwendet nicht den Begriff der „fremden" Informationen, sondern spricht von „der Speicherung von durch einen Nutzer eingegebenen Informationen" (Art. 14 Abs. 1 ECRL).

aa) Altes Recht

Als **„fremd"** wurden Inhalte im **TDG a.F.** angesehen, wenn sie – für den Nutzer erkennbar – nicht vom Diensteanbieter stammen. Versäumte ein Provider, Inhalte in seinem Dienst als fremde kenntlich zu machen, galten sie auch dann als eigene Inhalte des Providers, wenn sie tatsächlich nicht von ihm stammen. Ein Zueigenmachen des Inhaltes der Webseite, auf die verweisen wird, wurde etwa bejaht für einen Link auf beleidigende Äußerungen über einen Dritten, wenn der Link nicht mit einer Distanzierung versehen ist[1]. Kein Zueigenmachen wurde angenommen, wenn ein Verein fremde Äußerungen in ein von jedermann abrufbares Archiv auf seiner Homepage einstellte[2].

Typischerweise als fremde Inhalte wurden etwa **Werbebanner** Dritter eingestuft, die ein Inhalteanbieter in seine Webseite aufnimmt,[3] ebenso Angebote in einer Internet-Auktionsplattform (wenn die Vermittlung des Kontakts zwischen den Beteiligten im Vordergrund des Angebots steht)[4].

Die Haftungsfreistellung für fremde Inhalte wurde mit der Tatsache begründet, dass der Diensteanbieter die fremden Inhalte nicht veranlasst hat und es ihm aufgrund der technisch bedingten Vervielfachung von Inhalten und der Unüberschaubarkeit der in ihnen gebundenen Risiken von Rechtsverletzungen zunehmend unmöglich ist, alle fremden Inhalte im eigenen Dienstangebot zur Kenntnis zu nehmen und auf ihre Rechtmäßigkeit hin zu überprüfen[5].

Ein Haftungsausschluss aus § 5 Abs. 3 TDG a.F. wurde abgelehnt, wenn der Provider **markenrechtlich Störer** ist, weil sein Kunde vom Verletzten nicht erreicht werden kann[6].

Die alte Regelung des § 5 TDG wurde überwiegend[7] (auch vom BGH[8], s. unten) als eine Art **„Vorfilter"** ausgelegt, da vorab das Bestehen einer Verantwortlichkeit nach dieser Bestimmung zu prüfen war, bevor ein spezifischer Anspruch, etwa aus Urheberrecht geprüft wurde[9]. Teilweise wurde § 5 TDG als akzessorische Regelung gesehen,

---

1 LG Hamburg, Urt.v.12.5.1998 - 312 O 85/98, CR 1998, 565 = K&R 1998, 367 – „Haftung für Links" (Ersatzanspruch aus den §§ 823 Abs.1 und 2 i.V.m. 186 StGB, 824 BGB); ähnlich für das Verbreiten einer ehrverletzenden Äußerung eines Dritten BGH NJW 1996, 1131. Ähnlich wie Hamburg LG Berlin, Urt.v.17.3.1998 – 27 O 686/97, – Meinungsmarkt.

2 LG Berlin, Urt.v.17.3.1998 – 27 O 686/97, – Meinungsmarkt.

3 LG Bonn, Urt.v. 11.12.2001 – 11 O 109/01, ZUM-RD 2002, 160; *Engels*, K&R 2001, 338, 343.

4 LG Potsdam, Urt.v.10.10.2002 – 51 O 12/02, MMR 2002, 829.

5 BT-Drucks. 13/7385, 20.

6 LG Bremen, Urt.v. 13.1.2000 – 12 O 453/99, MMR 2000, 375.

7 S. etwa *Engel/Flechsig/Maennel/Tettenborn*, NJW 1997, 2981, 2984; *Sieber*, Verantwortlichkeit im Internet, 167, 173; krit. Hoeren/Sieber/*Spindler*, Handbuch Multimediarecht, Kap. 29 Rdn. 35ff.

8 BGH, Urt.v. 23.9.2003 – VI ZR 335/02, CR 2004, 48, 49 m.w.N. = JurPC Web-Dok. 323/2003.

9 Einen Sonderfall behandelte die Entscheidung AG München, Urt.v.28.5.1998 – 8340 Ds 465 Js

die die allgemeinen Regeln auf der Tatbestandsebene modifiziert[1], teilweise auch nur als Modifikation des Maßstabes des Verschuldens in der Form einer Einschränkung der Verantwortlichkeit auf vorsätzliches Handeln[2], womit ein verschuldensunabhängiger Anspruch gegenüber Providern auf Auskunft aus § 101 a UrhG entfalle[3]. Teilweise wurde das „Vorfilter"-Modell auch auf die Regelungen der §§ 9 – 11 TDG übertragen. Jedoch wurde auch darauf hingewiesen, dass die Gesetzesbegründung eher von einer **nachgelagerten** Prüfung ausgehe („Nachfilter")[4].

Der **BGH** hat ausdrücklich bestätigt, dass der Diensteanbieter auf der Grundlage der §§ 823 BGB, 5 TDG a.F. nur bei (**positiver**[5]) **Kenntnis** vom fremden Inhalt haftet und der Anspruchssteller diese Kenntnis (und ebenso die Zumutbarkeit von Maßnahmen zur Nutzungsverhinderung) darlegen und **beweisen** muss, wobei der Nachweis ausreicht, dass der Anspruchssteller den Diensteanbieter auf den beanstandeten Inhalt und die entsprechende Internet-Seite präzise hingewiesen hat und der Anbieter den Inhalt ohne unzumutbaren Aufwand finden konnte[6]. Diese Beweislastverteilung begründet der BGH damit, dass es dem Anspruchssteller jederzeit möglich sei, durch Mitteilung Kenntnis des Anbieters zu begründen. Nicht erforderlich war, dass sich auch auf die Rechtswidrigkeit des Inhaltes erstreckte[7]. Die Darlegungs- und Beweislast für die Kenntnis trug (wie auch sonst nach den allgemeinen Grundsätzen) der Anspruchssteller, da die Voraussetzungen der Verantwortlichkeit und damit auch die Kenntnis anspruchsbegründende Tatbestandsmerkmale sind[8].

Dem BGH zufolge war die Bestimmung des § 5 TDG a.F. nicht eine selbständige Anspruchsgrundlage, sondern in einer Art „**Filterfunktion**" derart **vorgelagert**, dass die

173158/95, MMR 1998, 429 = NJW 1998, 2837 – *CompuServe*, die eine deutsche Tochtergesellschaft für Inhalte der US-Muttergesellschaft ansah und den deutschen Geschäftsführer zu zwei Jahren Freiheitsstrafe auf Bewährung verurteilte. Das Urteil, das eine Freistellung als Access Provider aus § 5 Abs. 3 TDG a.F. ablehnte und Bereithalten fremder Inhalte nach § 5 Abs. 2 TDG a.F. annahm, wurde (wie einhellig erwartet) später *aufgehoben* und der (ehemalige) Geschäftsführer freigesprochen (LG München I, Urt. 17.11.1999 – 20 Ns 465 Js 173158/95, CR 2000, 117 = NJW 2000, 1052, § 5 Abs. 3 TDG a.F. anwendend, da ein Bereithalten nicht bei der deutschen Tochtergesellschaft erfolgt war und infolge der gesellschaftsrechtlichen Unterordnung keine Tatherrschaft bestand). Bemerkenswert ist, dass die Strafkammer explizit die Auffassung ablehnte, § 5 Abs. 3 TDG wirke als Filter, da *dem deutschen Strafrecht eine solche Filterfunktion fremd sei.* § 5 Abs. 3 TDG beziehe sich (mit Begriffen wie „Kenntnis" und „Verantwortlichkeit") eindeutig auf die Schuldebene. Auch habe der Betreiber von Einwahlknoten für den Zugang zu fremden Inhalten keine Garantenstellung zur Sperrung des Zugangs. Andererseits machte die Strafkammer deutlich, dass Dienstevermittler im Sinne von § 5 Abs. 3 TDG auch derjenige ist, der keine eigenen Kunden (in der Vermittlerfunktion) hat.

1 *Spindler*, MMR 1998, 639, 643.

2 *Pichler*, MMR 1998, 79, 87; BT-Drucks. 13/7385, 20.

3 *v. Olenhusen/Crone*, WRP, 2002, 164, 169.

4 *Hoffmann*, MMR 2002, 284, 285 (der von einem „Nachfilter" spricht, die Auffassung aber selbst als nicht durchsetzbar ansieht). Tatsächlich formuliert die Gesetzesbegründung: „Sind ... im Einzelfall die Voraussetzungen der allgemeinen Vorschriften für eine Haftung erfüllt, so ist der Diensteanbieter für die Rechtsgutverletzung gleichwohl nicht verantwortlich, wenn er sich auf das Eingreifen der §§ 9, 10 oder 11 berufen kann" (BT-Drucks. 14/6098, 23).

5 Womit Kennenmüssen nicht ausreichte (Bettinger/*Leistner*, Werbung und Vertrieb im Internet, Teil 1 E, Rdn. 26 m.w.N.). Das Erfordernis positiver Kenntnis hat auch der BGH bestätigt (BGH, Urt.v. 23.9.2003 – VI ZR 335/02, CR 2004, 48 = JurPC Web-Dok. 323/2003).

6 BGH, Urt.v. 23.9.2003 – VI ZR 335/02, CR 2004, 48 = MMR 2004, 166 = JurPC Web-Dok. 323/2003.

7 LG München I, Urt.v. 30.3.2000 – 7 O 3625/98, CR 2000, 389 – AOL.

8 BGH, Urt.v. 23.9.2003 – VI ZR 335/02, a.a.O. unter Bezug auf die überwiegende Literaturmeinung m.w.N.

Voraussetzungen dieser Norm erfüllt sein müssen, bevor die Prüfung der einschlägigen Vorschriften des jeweiligen Rechtsgebietes erfolgte[1]. Zutreffend trage nach der amtlichen Begründung zum TDG a.F. die Begrenzung der Verantwortlichkeit des Diensteanbieters der Tatsache Rechnung, dass es ihm aufgrund der technisch bedingten Vervielfachung von Inhalten und der Unüberschaubarkeit der in ihnen gebundenen Risiken von Rechtsgutverletzungen zunehmend unmöglich ist, alle fremden Inhalte zur Kenntnis zu nehmen und auf ihre Rechtmäßigkeit zu prüfen. § 5 TDG a.F. sollte dem Diensteanbieter dadurch, dass für die Verantwortlichkeit seine Kenntnis verlangt wird, die erforderliche Rechtssicherheit verschafft werden[2]. Dieses Ziel habe sich nicht erreichen lassen, würde dem Anbieter die Beweislast für seine mangelnde Kenntnis des fremden Inhalts auferlegt worden wäre[3]. Eine Beweislastumkehr sei auch nicht erforderlich, da der Anspruchsteller jederzeit dem Diensteanbieter „Kenntnis geben" könne, indem er etwa konkret auf einem vom Diensteanbieter bereitgehaltenen fremden Inhalt hinweist und z.B. den Aufbau, die wesentlichen Text- und Bildbestandteile und den Dateinamen einer Website auf dem Server beschreibt und gegebenenfalls einen Ausdruck beifügt, wodurch der Beweis der Kenntnis des Anbieters in aller Regel zu führen sei, wenn dieser hiermit die fraglichen Inhalte ohne unzumutbaren Aufwand finden kann[4]. Im **neuen Haftungsrecht** der §§ 8 – 11 TDG ist es hingegen der Anbieter, der für das Vorliegen eines Haftungsprivilegierungstatbestandes darlegungs- und beweispflichtig ist[5].

Die Rechtsprechung sah den Diensteanbieter nicht als verpflichtet an, jeden nur denkbaren **Aufwand** zu treiben, um die Nutzung (fremder) rechtswidriger Inhalte vermeiden, sondern beurteilte die Bedeutung des Einzelfalles und des erforderlichen technischen und wirtschaftlichen Aufwandes sowie die Auswirkungen auf andere Teile des Dienstes und anderer Nutzer im Verhältnis zueinander und sah hierbei Maßnahmen zur Verhinderung des Zugriffs auf fremde Inhalte dann als unzumutbar an, wenn sie einen erheblichen Aufwand erfordern, ihre Wirksamkeit jedoch einen Zugriff auf entsprechende Informationsangebote über andere Netzverbindungen mit einem vergleichsweise geringen Aufwand umgangen werden können[6].

Für Mediendienste war in § 5 MDStV a.F. eine mit § 5 TDG inhaltsgleiche Regelung vorgesehen (zur Haftungseinschränkung für Mediendienste s. S. 602).

bb) Neues Recht nach dem TDG 2001

Die §§ 9 – 11 TDG sehen drei Tatbestände einer möglichen Haftungsfreistellung vor, nämlich das Durchleiten, automatisierte Zwischenspeichern und das ohne Kenntnis erfolgende Speicherung von fremden Informationen.

(1) Volle Haftung für eigene Informationen, Zueigenmachen

Wie auch nach der früheren Fassung des TDG hinsichtlich eigenen Inhalten ist der

---

1 BGH, Urt.v. 23.9.2003 – VI ZR 335/02, a.a.O. mit Literaturnachweisen.
2 BGH, Urt.v. 23.9.2003 – VI ZR 335/02, a.a.O.unter Verweis auf Amtl. Begr., BT-Drucks. 13/7385, 20).
3 BGH, Urt.v. 23.9.2003 – VI ZR 335/02, a.a.O.
4 BGH, Urt.v. 23.9.2003 – VI ZR 335/02, a.a.O.
5 BT-Drucks. 14/6098, 23; *Pankoke*, MMR 2004, 211, 213.
6 OLG München, Urt.v.3.2.2000 – 6 U 5475/99, CR 2000, 541 = MMR 2000, 617 – CD-Bench.

Anbieter für eigene Informationen in vollem Umfang nach den allgemeinen Gesetzen verantwortlich (§ 8 Abs. 1 TDG).

Eine Abweichung ergibt sich aber bezüglich des **Zueigenmachens** fremder Inhalte. Bisher sollten Anbieter auch für zueigen gemachte Inhalte Dritter haften[1], jedoch diese Haftung für von ihm dargestellte fremde Inhalte dadurch abwenden können, dass er diese als fremde auswies und sich gegebenenfalls von diesen deutlich und ernsthaft distanziert[2]. Nach dem neuen Recht gilt jede Information als eigene des Anbieters, die nicht **für einen Nutzer** als fremde gespeichert wird. Dies bedeutet, dass der Anbieter nicht – jedenfalls unter der Haftungsprivilegierung des § 11 TDG – **von ihm** ausgewählte Informationen als fremde präsentieren kann. Wenn er eine Auswahl von Informationen trifft, ist dies seine Wahl und seine eigene Information (ohne dass es noch auf ein explizites Zueigenmachen oder ein Kennzeichnen der Information als fremd ankommt). Nichteigene Informationen müssen also von einem Nutzer (also einer den Dienst in Anspruch nehmende Person, § 3 S. 1 Nr. 2 TDG, damit nicht dem Provider, der den Dienst betreibt) stammen bzw. nur durchgeleitet (§ 9 TDG) oder temporär zwischengespeichert werden (§ 10 TDG). **Auf ein Zueigenmachen kommt es nicht** mehr **an**[3], da der Vorgang des Abspeicherns nur vom Nutzer veranlasst werden kann und dann vom Diensteanbieter durchgeführt wird, in dem aber kein anbieterseitiges Zueigenmachen zu sehen ist[4]; dieses käme nur in Betracht, wenn der Anbieter nicht für den Nutzer, sondern für sich speichert, wobei es hier aber nicht relevant ist, ob der Anbieter fremde oder eigene (bzw. als eigene erkennbar gemachte) Informationen speichert[5], da die Haftungsprivilegierung in beiden Fällen nicht eingreift. Konkrete Folge ist, dass **in allen Fällen, in denen Informationen nicht erkennbar für, d.h. im Auftrag eines Nutzers gespeichert werden, eigene Informationen des Anbieters angenommen werden müssen** und diese Rechtsfolge grundsätzlich auch durch keinerlei Disclaimer vom Anbieter abgewendet werden kann.

Die Unterscheidung zwischen eigenen und fremden Informationen ist also nicht relevant, wenn die Informationen jedenfalls nicht für einen Nutzer gespeichert sind. Erfolgt nicht schon das Einspeichern für einen Nutzer, der **dem Anbieter schon bei Einspeicherung bekannt sein muss** (sondern etwa auf Vorrat für zukünftige Nutzer), kann der Anbieter auch dann keine Haftungentlastung nach § 11 TDG erreichen, wenn er die Informationen als fremde deklariert oder sich von ihnen in welcher Form immer (etwa durch Disclaimer) distanziert. Die Unterscheidung zwischen „eigenen" und „fremden" Informationen wurde deshalb als überholt angesehen, da die haftungsprivilegierende Vorschrift des Art. 14 ECRL nicht von „fremden" Informationen spricht, sondern von **„durch einen Nutzer eingegebenen"** Informationen[6]. Jedenfalls besteht aber im Hinblick auf § 11 TDG kein Unterschied zwischen eigenen und fremden

---

1 Begr. zum IuKDG,BR-Drucks. 966/96, 21.

2 Hoeren/Sieber/*Spindler*, Handbuch Multimedia-Recht, Teil 29, Rdn. 95 unter Hinweis auf BGH NJW 1997, 1148.

3 Ebenso *Spindler*, MMR 2004, 440, 442; anders aber wohl die Begr. zum RegE, BT-Drucks. 14/6098, 23.

4 Gounalakis/*Spindler*, Rechtshandbuch Electronic Business, § 9 Rdn. 198; a.A. noch *Gounalakis/ Rhode*, Persönlichkeitsschutz im Internet, Rdn. 276 (auf das Einstehenwollen für einen Fremdinhalt abstellend).

5 Ähnlich *Pankoke*, MMR 2004, 211, 216, der in der Unterscheidung zwischen „eigenen" und „fremden" Inhalten die Fortsetzung eines deutschen Sonderweges sieht. Die scharfe Kontrastierung der diese Unterscheidung verwendenden §§ 9 – 11 TDG mit den Art. 12 – 14 ECRL, die allein auf eine Eingabe durch den Nutzer abstellen, vermag aber nicht voll zu überzeugen, da etwa auch § 11 S. 1 Nr. 1 TDG auf die Speicherung für einen Nutzer abstellt.

6 *Hoffmann*, MMR 2002, 284, 288.

Informationen, die jedoch nicht für einen Nutzer gespeichert werden (sondern etwa unabhängig von Nutzeraufträgen gesammelt und zugänglich gemacht werden). Auch solche **für Providerzwecke gespeicherte fremde Informationen** werden in den §§ 9 – 11 TDG wie eigene Informationen **nicht haftungsprivilegiert** behandelt. Auch wenn also Informationen von Dritten stammen, setzt das Entfallen der Haftungsfreistellung kein besonderes Sichzueigenmachen voraus. Umgekehrt kann auch ein bloßes Sichdistanzieren (etwa durch Disclaimer) die Haftung nicht ausschließen (bzw. die Freistellung nicht „retten“), wenn nicht schon das Einspeichern für einen Nutzer erfolgt ist.

Eine an Art. 14 ECRL orientierte, autonome, richtlinienkonforme Auslegung wird die Grenzen des Anwendungsbereichs der Haftungsfreistellung aus § 11 TDG sogar **noch enger** ziehen müssen. Während § 11 TDG nur darauf abstellt, ob der Diensteanbieter Informationen „für einen Nutzer speichern“, erfasst Art. 14 Abs. 1 ECRL enger nur die „im Auftrag eines Nutzers gespeicherten Informationen“. Dies setzt zumindest voraus, dass bei Beginn des Speichervorganges durch den Diensteanbieter ein bestimmter Nutzer bereits bekannt sein und zu diesem Nutzer ein **Auftragsverhältnis** bestehen muss. EG-rechtskonforme Auslegung wird also nicht auf die allgemeine deutsche Unterscheidung zwischen eigenen und fremden Informationen zurückgreifen können[1].

Die Haftung für eigene Informationen auf einer Homepage entfällt nicht dadurch, dass der Geschäftsführer den Systemadministrator zur Löschung einer untersagten Äußerung anweist; vielmehr muss der erstere im Online-Archiv enthaltenen Meldungen bzw. deren Löschung selbst überprüfen[2].

(2) Haftungsfreistellung bei durchgeleiteten fremden Informationen

Wenn Diensteanbieter fremde Informationen in einem Kommunikationsnetz nur durchleiten oder zu diesen den Zugang zur Nutzung vermitteln, sind sie nach § 9 Abs. 1 S. 1 TDG (bzw. § 7 Abs. 1 S. 1 MDStV) für diese Informationen nicht verantwortlich, – vorausgesetzt, sie haben

1. die Übermittlung nicht veranlasst,
2. den Adressaten der übermittelten Information nicht ausgewählt und
3. die übermittelten Informationen nicht ausgewählt oder verändert.

Sind diese Voraussetzungen (kumulativ) erfüllt, haftet der Diensteanbieter auch dann **nicht**, wenn er Kenntnis vom konkreten durchgeleiteten Inhalt hat[3].

Als „**Übermittlung**“ wurde der Betrieb von Rechnern bezeichnet, die den Weg der Datenpakete durch das Internet vom Absender zum Empfänger der Informationen steuern und hierbei den Inhalt nicht kennen (Routing)[4]. Nicht erfasst sind Netzprovider (Carrier), soweit sie nur die Netzinfrastruktur für Datenübermittlungen zur Verfügung stellen, nicht aber selbst Datenpakettransporte durchführen, also nicht einmal durchleiten. Die Haftung solcher Anbieter scheidet aus, da sie (anders als Access- oder Routing-Provider) weder Zugangsvermittlungen noch auch nur Speicherungen vorneh-

---

1 *Satzger*, Strafrechtliche Providerhaftung, in: *Heermann/Ohly*, Verantwortlichkeit im Netz 2003, 161, 168.

2 OLG München, Urt.v. 11.11.2002 – 21 W 1991/02, JurPC Web-Dok. 120/2003.

3 *Nickels*, CR 2002, 302, 306.

4 *Hoffmann*, MMR 2002, 284, 286.

men. Sie halten keine Tele- oder Mediendienste bereit, sondern unterliegen nur Telekommunikationsrecht (§ 2 Abs. 4 Nr. 1 TDG).

Zugangsvermitteln (Access Providing) ist genauer zu bestimmen als Vermitteln des Zuganges zu fremden Informationen zwecks deren Nutzung. Hierunter kann einerseits jede Leistung verstanden werden, mit deren Hilfe Nutzer überhaupt erst in ein Kommunikationsnetz gelangen (z.B. Aufstellen und Konnektieren von Host-Rechnern, über die Nutzer Anschluss zum Internet erhalten, aber auch bereits das Einrichten von Hot Spots für WLANs), andererseits aber auch bereits bloßes Herstellen von Links, da diese ebenfalls den Zugang zu fremden Informationen eröffnen.

Eine Bestimmung des Begriffes der „**Vermittlung des Zugangs zur Nutzung**" enthält § 9 TDG nicht. Jedoch war bereits nach dem TDG a.F. der Begriff der „Zugangsvermittlung" **weit** auszulegen. Er umfasste das Eröffnen des nutzerseitigen Zugangs zum Internet (bzw. zu sonstigen Kommunikationsnetzen) als solchen, aber auch das Zugänglichmachen bestimmter Inhalte auf Websites. Diese Überlegungen gelten unverändert auch für die Neuregelung.

Soweit diskutiert wurde, ob Access Providing als Zugangsvermitteln im Sinne von § 5 Abs. 3 TDG a.F. anzusehen ist oder als vom TDG (a.F.) nicht erfasste reine **TK-Leistung**, stellt Art. 12 Abs. 1 ECRL und mit ihm § 9 Abs. 1 TDG ausdrücklich klar, dass die Vermittlung des Zuganges zu einem Kommunikationsnetz (zumindest auch) als **Teledienst** eingestuft wird[1].

Im **Routingverfahren** in Routingrechnern[2] erfolgt durch Router-Provider keine Informationsauswahl und -übermittlung, sondern nur eine **Weiter**leitung[3]. Auch wählt nicht der Provider, sondern der veranlassende Nutzer den Adressaten der Übermittlung und die Information aus. Allerdings wählt der Provider einen (durch Algorithmen optimierten) Übertragungsweg zum Adressaten, der hierzu aber vorab bereits feststehen (d.h. vom Nutzer definiert sein) muss.

Das Übermitteln von Informationen in einem Kommunikationsnetz (§ 9 Abs. 1 S. 1 TDG; Art. 12 Abs. 1 ECRL) ist auf das Routing bezogen als Durchleiten durch die Rechnern einzustufen, die Datenpakete steuern, ohne dass die Betreiber deren Inhalt kennen müssen[4]. Betreiber von Router-Rechnern im Internet leiten nur Nachrichtenpakete, die Datei**fragmente** enthalten, in ihrem Knotenrechner weiter; sie bieten weder Informationen noch einem Nutzer den Zugang zum Netz selbst an, führen aber temporäre Zwischenspeicherungen vorformatierter Nachrichtenpakete durch[5].

Der Begriff der „**Durchleitung**" ist im TDG nicht näher definiert. Aus dem systematischen Regelungszusammenhang ist aber zu entnehmen, dass „Durchleitung" die Handlungen „Übermitteln" und „Zugangsvermitteln" umfasst. Der Begriff der „reinen Durchleitung" in Art. 12 ECRL ist insoweit missverständlich, als alle Zwischenspeicherungen ausgeschlossen erscheinen, während Art. 12 Abs. 2 ECRL aber durchaus automatische kurzzeitige Zwischenspeicherungen erfasst.

Netzprovider (sog. „Carrier"), die nur das jeweils benützte Leitungsnetz, über das die Kommunikation erfolgt[6], als solches zur Verfügung stellen, halten weder

---

1 *Tettenborn/Bender/Lübben/Karenfort*, K&R Beilage 1 zu Heft 12/2001, 29.

2 *Hoffmann*, MMR 2002, 284, 287.

3 *Koch*, CR 1997, 193, 199; *Spindler*/Schmitz/Geis, TDG-Komm. § 2 Rdn. 31.

4 *Tettenborn/Bender/Lübben/Karenfort*, a.a.O., 29

5 Ohne solche Knotenrechner würde das Internet nicht existieren. Umso bemerkenswerter ist, dass zwischen den verschiedenen Betreibern von Router-Rechnern bisher zumeist keine vertraglichen Beziehungen und damit auch durchsetzbaren Weiterleitungsverpflichtungen bestanden. Anbieter geschlossener Online-Dienste setzen i.d.R. nur eigene Router-Rechner ein.

6 S. allgemein *Hilty*, 448, 450. Netzprovider sind hier etwa die Telekom, aber auch die Bundesbahn mit

Informationen bereit noch ermöglichen sie Nutzern den Netzzugang oder übermitteln sie Informationen. Damit kann Netzprovider grundsätzlich keine Verantwortlichkeit im Sinne des TDG/MDStV treffen[1]. Zu Routing-Providern s. S. 588, zu Links S. 660.

Die Haftungsfreistellung entfällt allerdings, wenn der Diensteanbieter absichtlich mit einem der Nutzer seines Dienstes **zusammenarbeitet**, um rechtswidrige Handlungen zu begehen (§ 9 Abs. 1 S. 2 TDG). Haftung besteht auch, wenn der Provider die Informationen gezielt an seine Kunden weiterleitet, z.B. News.

Die Übermittlung und Zugangsvermittlung im Sinne von § 9 Abs. 1 S. 1 TDG umfasst auch die **automatische kurzzeitige Zwischenspeicherung** dieser Informationen, soweit diese nur zur Durchführung der Übermittlung im Kommunikationsnetz geschieht und die Informationen nicht länger gespeichert werden, als für die Übermittlung üblicherweise erforderlich (§ 9 Abs. 2 TDG; Art. 12 Abs. 2 ECRL)[2]. Von Art. 12 Abs. 2 ECRL erfasst werden Fälle, in denen der Nutzer keinen direkten Zugang zu der Information hat[3] und der Anbieter keine eigene Entscheidung trifft[4]. Eine Zugangsvermittlung im Sinne von § 9 Abs. 1 TDG erfolgt nicht, da im Routerrechner von dessen technischer Auslegung her ein Zugang (also Zugriff) zur Nutzung zwischen gespeicherter Informationen grundsätzlich nicht möglich ist; in diesen Rechnern wird softwaregestützt allein der **Weitertransport** pakettierter Dateiteile verwaltet und lassen sich Informationen nicht als einzelne suchen. Die Zugangsvermittlung zur übermittelten Informationen erfolgt entweder im Start- oder im Zielrechner, nicht in den Routerrechnern zwischen beiden. Zudem wählt der Routing-Anbieter weder Informationen noch Übermittlungsempfänger aus (sondern nur den jeweils nächstliegenden Routerrechner, während der Übermittlungsempfänger vom Absender der Information ausgewählt und festgelegt wird).

Als Beispiel automatischer kuzzeitiger Zwischenspeicherung wird das Versenden einer E-Mail genannt, die der Provider auf seinem Server speichert, um dem Empfänger den Abruf zu ermöglichen[5]. Ein weiteres Beispiel solcher technisch bedingter Zwischenspeicherung ist das Proxy-**Caching** im Hostrechner des kundenseits beauftragten Providers, soweit es nur rein technisch bedingt kurzzeitig erfolgt, etwa beim Herunterladen einer Webseite auf einen Nutzerrechner. Haftung entfällt also etwa nicht, wenn der Provider die Informationen gezielt für seine Kunden zwischenspeichert[6], z.B. fremde News. Zweifelhaft erscheint, ob auch Angebote von Mailing-Lists von § 9 Abs. 1 S. 1 TDG erfasst werden[7], soweit diese nicht nur technisch bedingt automatisch zwischengespeichert, sondern längere Zeit zugriffsbereit gehalten werden.

Betrachtet man das Routingverfahren genauer, kann allerdings bereits fraglich sein, ob überhaupt eine Übermittlung von Informationen erfolgt. Die jeweils übermittelten Datenpakete enthalten nur Bruchteile einer Information und lassen sich meist als solche nicht inhaltlich nutzen (sondern erst nach dem Wiederzusammenfügen der einzelnen Pakete)[8]. Insoweit liegt zudem wohl nur ein **Telekommunikationsdienst** vor[1], kein

---

ihrem eigenen Leitungsnetz, jeweils im Verbund mit weiteren privaten Firmen.

1 Ebenso i.E. die Mitteilung der EG-Kommission vom 16.10.1996, S. 11.

2 Nicht übersehen werden darf, dass diese automatisch gesteuerte Zwischenspeicherung nach § 9 Abs. 2 TDG nicht mit der in § 10 TDG geregelten, effizienzbezogenen Zwischenspeicherung identisch ist.

3 *Nickels*, CR 2002, 302, 307.

4 BT-Drucks. 14/ 6098, 24.

5 *Tettenborn/Bender/Lübben/Karenfort*, K&R Beilage 1 zu Heft 12/2001, 29.

6 *Hoffmann*, MMR 2002, 284, 287.

7 So Bettinger/*Leistner*, Werbung und Vertrieb im Internet, Teil 1 E, Rdn. 61.

8 In Router-Rechnern werden Dateien nicht als komplettes Exemplar, sondern in viele kleine „Pakete“ zerlegt abgespeichert und weiterübertragen, oft über verschiedene Routen, also Kommuni-

Verteil- oder Abrufdienst im Sinne von § 2 MDStV, ebenso kein „Angebot" im Sinne des Kataloges in § 2 Abs. 2 TDG. Selbst wenn Routing aber gleichzeitig auch als Teledienst einzuordnen sein sollte, bleiben die entsprechenden Diensteanbieter über § 9 TDG aus den vorgenannten Gründen haftungsfreigestellt. Die Annahme der technischen Möglichkeit einer Sperrung durch den Routing-Anbieters wurde bejaht[2].

§ 9 Abs. 1 TDG wurde auch auf **Arbeitgeber** als anwendbar angesehen, die ihren Arbeitnehmern auf dem betrieblichen IT-System den Internet-Zugang zur privaten Nutzung ermöglichen[3], da Arbeitgeber insoweit wie sonstige Diensteanbieter auftreten, ausgenommen Fälle, in denen der Arbeitgeber absichtlich mit dem Arbeitnehmer zusammenarbeitet, um rechtswidrige Handlungen zu begehen (§ 9 Abs. 1 S. 2 TDG).

Die Betreiber von „**Anonymous-Remailer**"-Rechnern sind als Zugangsvermittler einzustufen. Ihre Funktion besteht darin, die Absenderadresse einer E-Mail zu entfernen und die E-Mail dann weiterzuübertragen („*laundering*" *an e-mail*[4]). Zwar findet ein Zwischenspeichern statt (während der Adressbearbeitung), aber kein Bereithalten zum Abruf, da der Betreiber des Rechners *selbst* weiterüberträgt. Allenfalls liegt ein automatisches und kurzzeitiges Vorhalten (nicht: Bereithalten) fremder Inhalte im Sinne von § 9 Abs. 2 TDG vor, das ebenfalls haftungsfreigestellt bleibt. Kenntnis vom

kationswege. Diese Nachrichtenpakete enthalten einen Kopf („*Internet header*") mit Angaben zur Dateibezeichnung als IP-Paket, zum Sender, Empfänger sowie eine Festlegung des Kommunikationsnetzes und eines Host-Rechnern als Zwischenziel („*next hop*"); s.n. *Huitema*, Routing in the Internet 1995, 28. Der zwischengeschaltete Host-Rechner wird als derartiger „Router"-Rechner eigens für derartige Transportaufgaben technisch ausgelegt und eingesetzt. Solche Router-Rechner – nicht selten 20 und mehr für eine Strecke – reichen die Nachrichtenpakete untereinander bis zum Ziel weiter. In jedem derartigen Router-Rechner wird das Paket bis zum Weitertransport temporär abgespeichert. Das Paket kann verschiedene Netztypen (Ethernet, FDDI, etc.), verschiedene Zeitzonen und Host-Rechnertypen (Großrechner oder Unix-Systeme) intakt passieren. Hierzu muss der Nachrichteninhalt *verkapselt* werden. Die einzelnen Pakete können, je nach Verbindungssituation, mit jeweils eigenen Adressteilen auf unterschiedlichen Wegen zum Ziel gelangen. Erst im Zielrechner werden die Nachrichtenteile von Quell- und Zielinformationen getrennt und wieder zusammengesetzt („*reassembly*"). Eine *Inhaltskontrolle* solcher einzelner Pakete ist in aller Regel bereits technisch *unmöglich*, da die inkorporierten Dateifragmente „verkapselt" sind und die eingesetzte Steuerungssoftware nur die Ziel- und Absenderadresse und die Paketanzahl überprüfen kann. In Router-Rechnern können deshalb allenfalls bestimmte Zieladressen gesperrt, nicht aber Dateiinhalte kontrolliert werden.

1 Ebenso *Sieber*, CR 1997, 581, 583 (noch zu TK-Dienstleistungen des TKG a.F.).

2 Eine Sperrung kann grundsätzlich auch beim *Routing* erfolgen, etwa durch Verwerfen aller Pakete, die eine bestimmte Zieladresse aufweisen (sog. „Erden einer Route", vgl. *Köhntopp/Köhntopp/Seeger*, DuD 1997, 626, 628). Der DFN-Verein sperrte auf diese Weise den niederländischen Rechner und 6000 Anbieter auf diesem, deren Seiten (jedenfalls über DFN) nicht mehr aufrufbar waren (*Köhntopp/Köhntopp/Seeger*, a.a.O.). Soweit diese anderen Anbieter keine rechtsverletzenden Inhalte präsentieren, ist eine solche Rundumschlagsperre ihnen gegenüber aber nicht gerechtfertigt. Sie kann bezüglich der Adress*veränderung* sogar eine strafbare Datenveränderung darstellen (§ 303 a StGB). Solche Sperren sind auch gezielter über *Portnummern* möglich, etwa über Port 80 für HTTP und Port 25 für Mail (*Köhntopp/Köhntopp/Seeger*, a.a.O., 629). Freilich können Sperren des vom Provider verwendeten Routers durch Wahl eines anderen Providers umgangen werden. Es ist möglich, direkt zu einem Provider im Ausland eine TCP/IP-Verbindung aufzunehmen, der einzelne Dienste anbietet (z.B. Post boxes, Web Services wie www.geocities.com) und sogar komplette „*Exil-Logins*" (z.B. c2.org, acm.org, s. *Köhntopp/Köhntopp/Seeger*, a.a.O., 629). Auch können IP-Pakete selbst wieder in andere IP-Pakete verpackt und „unverdächtig" über andere Provider transportiert werden; auch können Anbieter ihre Internet-Adresse alle 20 Minuten ändern, so dass Sperren wirkungslos bleiben müssen (*Köhntopp/Köhntopp/Seeger*, a.a.O., 630). Hierbei handelt oft um einen routinemäßigen Wechsel zu Ausweichrechnern, etwa bei temporären Überlastungen, weshalb der Wechsel nicht als Indiz gegen den Anbieter verwendbar zu sein braucht.

3 *Barton*, CR 2003, 592, 597

4 *Samir Masri*, Remailer Liability 1997 (http://cobra.law.miami.edu/~sm2355/Remailer.html)

Mail-Inhalt erhält der Betreiber regelmäßig nicht. Kenntniserlangung wäre im Hinblick auf § 88 TKG auch nur in Ausnahmefällen möglich, da Abrechnung und Weiterleitung regelmäßig ohne Kenntnis des Mail*inhaltes* erfolgen.

Channel Operators im **IRC** (Internet Relay Chat) – einem Medium interaktiver Kommunikation, in dem mehrere Unterhaltungen online und in Echtzeit möglich sind[1] – unterliegen keiner Haftung für die während dieser Kommunikationen ausgetauschten Informationen, wenn sie diese nur jeweils durchleiten und hierzu zwischenspeichern (§ 9 TDG), ansonsten als Speicherung nach § 10 bzw. § 11 TDG (s. unten). Die Informationen sind für die als Channel Operatoren fungierenden Diensteanbieter fremde, sofern sie nicht selbst inhaltlich an der Kommunikation teilnehmen oder jedenfalls deren jeweiliges Thema festlegen[2]. Der MDStV gelangt hier zur Anwendung, soweit es sich nicht Individualkommunikation (wie bei E-Mail) handelt, sondern um an die Allgemeinheit gerichtete Mitteilungen, auf die jeder andere Teilnehmer antworten kann. Es findet auch ein Abspeichern von (Text-)Dateien statt, die abrufbar sind.

Wurde nur ein „**Markt der Meinungen**" eröffnet und distanzierte sich dessen Anbieter von den durch ihn verbreiteten Erklärungen deutlich, wurde nur Zugangsvermittlung angenommen[3], wobei aber zusätzlich Störerhaftung in Betracht kommen kann. Allerdings ist ein „Markt der Meinungen" kein Begriff des TDG/MDStV. Entscheidend kann auch nicht sein, ob eine Meinungsvielfalt wiedergegeben werden soll, sondern allein, ob Speichern für einen Nutzer erfolgte und keine Kenntnis von haftungsindizierenden Umständen bestand. Diese war aber im zu entscheidenden Fall gegeben, da der Betreiber den Beitrag in straf- und jugendschutzrechtlicher Sicht geprüft hatte. Gleiche Grundsätze gelten auch für Chat-„Räume", „Gästebücher" auf Webseiten und sonstige Internet-Foren. Der Diensteanbieter speichert hier für die Nutzer, die ihm ihre Beiträge mailen oder in sonstiger Weise übermitteln, und muss diese Beiträge nicht (präventiv) überwachen (§ 8 Abs. 2 TDG), aber bei Kenntniserlangung (etwa durch Mitteilung) Informationen zumindest für den Zugriff sperren. Führt der Diensteanbieter (quasi überobligatorisch) Kontrollen durch, muss er sich hierbei erlangte Kenntnis zurechnen lassen. Aber auch ohne Durchführung solcher eigener Kontrollen kann der Diensteanbieter zum Tätigwerden verpflichtet, wenn er im Falle von Schadensersatzansprüchen Kenntnis von Tatsachen oder Umständen hat, aus denen die rechtswidrige Handlung offensichtlich wird (§ 11 S. 1 Nr. 1 TDG).

Wenn der Diensteanbieter eine Information weder auswählt noch deren Übermittlung veranlasst, ist er von der Haftung freigestellt (Durchleitung, § 9 Abs. 1 S. 1 Nr. 1 TDG). Dies kann für automatisiert auf Nutzeranfrage nach Suchbegriffen in Suchmaschinen erstellte **Trefferlisten** mit Links gelten[4], aber nicht für vom Diensteanbieter selbst gesetzte Links, da der Diensteanbieter insoweit selbst eine Auswahl im Sinne von § 9

---

1 Im IRC sind weltweit IRC-Serverrechner vernetzt, auf denen die jeweils laufenden Kommunikationen automatisch durch Synchronisation gleichzeitig ereichbar sind. Die verschiedenen Diskussionsforen sind in „*Channels*" zusammengefasst. Nur auf die laufenden Diskussionen kann zugegriffen werden, ein Archivieren der Diskussionen erfolgt nicht. Mit Eingabe eines Textes ist dieser sofort (weltweit) für alle Teilnehmer lesbar. Teilnehmer melden sich unter Pseudonymen („*Nicknames*") an. Über einen direkten Kanal können Binärdateien unmittelbar zwischen Teilnehmern ausgetauscht werden, also ohne Zwischenschaltung eines IRC-Servers.

2 Die die IRC-Systeme nur verwaltenden, den Channel Operator quasi übergeordneten sog. „IRCops" sind deshalb, soweit sie üblicherweise keinen Einfluss auf die Kommunikationsinhalte und die einzelnen *Channels* nehmen (können), als bloße *Zugangsvermittler* im Sinne von § 9 TDG bzw. § 7 MDStV einzustufen. Zumindest die Identität der jeweils berechtigten Channel Ops werden sie aber zu dokumentieren haben.

3 LG Potsdam, Urt.v.8.7.1999 – 3 O 317/99, CR 2000, 123 – Tolerantes Brandenburg.

4 Ernst/Vassilaki/*Wiebe*, Hyperlinks, Rdn. 139.

Abs. 1 S. 1 Nr. 3 TDG trifft. Nicht als „Auswahl“ soll die automatische Auswahl der Adressaten im Rahmen einer (damit nichtmoderierten) E-Mail-Liste gelten[1]. Bei moderierten E-Mail-Listen wird aber eine Auswahl bejaht[2].

Die Abgrenzung zwischen der Speicherung nach den §§ 10 und 11 TDG und automatisierter, kurzzeitiger Zwischenspeicherung nach § 9 Abs. 2 TDG muss einzelfallbezogen und dienstespezifisch erfolgen. § 9 Abs. 2 TDG zuzuordnen sind nur solche Zwischenspeicherungen, die zur Durchführung der Übermittlung in Kommunikationsnetzen erfolgen und bei denen die Informationen nicht länger gespeichert werden, als für die Übermittlung üblicherweise erforderlich. Erfasst werden insoweit also nur Speicherungen, die für die Übermittlung selbst erforderlich sind, nicht aber Speicherungen, die Informationen für zukünftige Zugriffe verfügbar halten. Auf solche die **Effizienz** von Zugriffen **steigernde Speicherungen** ist § 10 TDG anwendbar, so etwa, wenn etwa nur automatisch die jeweils zuletzt vom Nutzer angesteuerten Webseiten zwischengespeichert werden, aber nicht, wenn der Diensteanbieter von sich aus (also nicht „auf Anfrage“) aus dem Nutzerverhalten seiner Kunden gewissermaßen „**Hitlisten**“ der meistgefragten Webseiten erstellt und diese Seiten dann zwischenspeichert, regelmäßig aktualisiert und jedem seiner Kunden zum Zugriff anbietet, erst recht bei redaktioneller Bearbeitung.

Nach § 9 TDG haftungsprivilegierte Diensteanbieter haften – auch nach der TDG-/MDStV-Novellierung – selbst dann nicht, wenn sie vom zwischenzuspeichernden jeweiligen Inhalt **positive Kenntnis** (und sogar Schädigungsvorsatz) haben, jedoch nach den Voraussetzungen des § 9 Abs. 1 Nr. 1 – 3 TDG keine Verantwortlichkeit besteht, von Fällen kollusiven Zusammenwirkens mit Nutzern abgesehen (§ 9 Abs. 1 S. 2 TDG). Verschuldensunabhängige **Störerhaftung** (als Verpflichtung zur Entfernung oder Sperrung der Nutzung von Informationen) bleibt allerdings unberührt (§ 8 Abs. 2 S. 2 TDG). **Vertraglich** kann der Anbieter außerdem ergänzend verpflichtet sein, den Kunden etwa Kontrollsoftware zum Jugendschutz zur Verfügung zu stellen und mögliche Sperren durchzuführen. Schließlich kann die für den gesetzlichen **Jugendschutz** zuständige Aufsichtsbehörde des Bundeslandes nach § 22 Abs. 3 MDStV Maßnahmen zur Sperrung von Angeboten durchführen kann, soweit diese technisch möglich und (wirtschaftlich) zumutbar ist.

(3) Haftungsfreistellung bei Zwischenspeicherung zur beschleunigten Übermittlung von Informationen

Gemäß § 10 TDG (bzw. § 8 MDStV) nicht verantwortlich sind Diensteanbieter, wenn sie fremde Informationen auf ihren Systemen zwar speichern, aber nur automatisiert und zeitlich begrenzt und nur zu dem Zweck, die Übermittlung der fremden Information an andere Nutzer auf deren Anfrage **effizienter zu gestalten**, – vorausgesetzt, sie

1. verändern die Informationen nicht,
2. beachten die Bedingungen für den Zugang zu den Informationen,
3. beachten die – in weithin anerkannten und verwendeten Industriestandards festgelegten – Regeln für die Aktualisierung der Information,
4. beeinträchtigen nicht die erlaubte Anwendung von – in weithin anerkannten und verwendeten Industriestandards festgelegten – Technologien zur Sammlung von

[1] Kommission, Begr. zum Richtlinienvorschlag, Anh. zu Art. 12 Abs. 1; *Tettenborn/Bender/Lübben/Karenfort*, K&R Beilage 1 zu Heft 12/2001, 29.

[2] *Spindler*, MMR 1999, 199, 201.

Daten über die Nutzung der Information, und
5. handeln unverzüglich, um im Sinne von § 10 gespeicherte Informationen zu entfernen oder den Zugang zu ihnen zu sperren, sobald sie Kenntnis davon erhalten haben, dass die Informationen am ursprünglichen Ausgangsort der Übertragung aus dem Netz entfernt wurden oder der Zugang zu ihnen gesperrt wurde oder ein Gericht oder eine Verwaltungsbehörde die Entfernung oder Sperrung angeordnet hat.

§ 10 TDG erfasst gerade nicht technisch bedingte bzw. nur „kurzzeitig"(also etwa für die Dauer einer Übermittlung) erfolgende **Zwischenspeicherungen** (im Sinne von § 9 Abs. 2 TDG). Vielmehr kann das Zwischenspeichern auch **längerfristig** erfolgen, sofern es nur **zeitlich begrenzt** bleibt und Nutzeranfragen effizienter gestalten soll[1]. Solches „Caching" (Art. 13 ECRL) kann auch nutzerbezogenen Zwecken dienen.

§ 10 TDG zuzuordnen ist damit auch das Einrichten und Betreiben von „**Mirror Sites**"[2], auf denen Inhalte anderer Rechner durch Kopieren „ausgelagert" werden, um durch Spiegelung (und damit Kopieren) der Speicherinhalte räumlich eine Dezentralisierung z.B. auf mehreren Host-Rechnern mit Standorten auf verschiedenen Kontinenten zu erreichen und hierdurch die Abfragen auf mehrere Rechner zu verteilen und zu beschleunigen (sowie eine mögliche Netzüberlastung zu vermeiden). Das Abfragen der zwischengespeicherten (fremden) Informationen erfolgt hier grundsätzlich nur durch die einzelnen Kunden (meist auch zeitversetzt), so dass insoweit ein Teledienst im Sinne von § 2 Abs. 2 Nr. 1 TDG vorliegt (Datenaustausch).

Ein Anspruch auf **Sperrung** derart gespiegelter, rechtswidriger Inhalte wurde von der Rechtsprechung nach früherem Recht wegen fehlender Zumutbarkeit im Sinne von § 5 Abs. 3 TDG a.F. verneint, wenn auf einem FTP-Server fremde Software via **Mirroring** bereitgehalten wurde und eine Löschung nur auf dem Quellserver des US-Providers möglich ist bzw. bei jeder (täglich erfolgenden) Spiegelung die Datei einzeln herausgefiltert werden müsste[3].

Maßnahmen zur Verhinderung des Zugriffs auf fremde Inhalte seien dann als **unzumutbar** anzusehen, wenn sie einen erheblichen Aufwand erfordern, ihre Wirksamkeit jedoch durch einen Zugriff auf entsprechende Informations-angebote über andere Netzverbindungen mit einem vergleichsweise geringen Aufwand umgangen werden könne. Dieses Zumutbarkeitskriterium ist auch im Rahmen des § 8 Abs. 2 S. 2 TDG weiterhin anwendbar.

Der Diensteanbieter darf die fremden Informationen **nicht verändern** (§ 10 S. 1 Nr. 1 TDG). Er muss also die Integrität der Ursprungsinformation wahren[4]. Systematische Auslegung ergibt, dass nur der Informationsinhalt gewahrt bleiben muss, während das Komprimieren oder Aufteilen der Datei zur routingbasierten Übermittlung unschädlich ist. Ebenso lässt die Darstellung der Information auf dynamischen Websites den Informationsinhalt unberührt[5].

Nicht von § 10 TDG erfasst ist das anbieterseitige **Auswählen** von sog. „**Favoriten**", also besonders häufig abgefragten Sites bzw. unmittelbar Informationen, die ein Provider mittels „Proxy Caching" zwischenspeichert, damit seine Kunden diese Informationen nicht erst von den Dritt-Sites herunterladen müssen. Das gilt jedenfalls dann, wenn der Diensteanbieter die Auswahl selbst und zeitlich vor möglichen Nutzer-

1 *Hoffmann*, MMR 2002, 284, 287.
2 *Hoffmann*, MMR 2002, 284, 287.
3 OLG München, Urt.v. 3.2.2000 – 6 U 5475/99, JurPC Web-Dok. 80/2000 – CD-Bench.
4 *Hoffmann*, MMR 2002, 284, 287.
5 *Tettenborn/Bender/Lübben/Karenfort*, K&R Beilage 1 zu Heft 12/2001, 30.

anfragen im Sinne von § 10 S. 1 TDG durchführt.

Als zu beachtende **Zugangsbedingungen** im Sinne von § 10 S. 1 Nr. 2 TDG wurden etwa Zugangssperren aus Gründen des Jugendschutzes oder wegen Entgeltlichkeit der abzurufenden Informationen eingestuft[1].

Die einzuhaltenden **Industriestandards** (§ 10 S. 1 Nr. 3 TDG) sind weder in der ECRL noch im TDG benannt noch bisher in der Literatur konkret bezeichnet[2]. Dies kann zu Problemen führen, da es am Provider ist darzulegen und zu beweisen, dass er die Voraussetzungen des Haftungsbefreiungstatbestandes erfüllt hat[3] bzw. dass solche Standards (noch) nicht bestehen. Unbeeinträchtigt bleiben müssen erlaubte Anwendungen zur nutzungsbezogenen Datensammlung (§ 10 S. 1 Nr. 4 TDG). Nr. 4 schließt aber nicht das Sperren von datenschutzrechtlich unzulässigen „Cookies" aus.

Mit Erlangung positiver **Kenntnis**[4] von der Information muss der Diensteanbieter entsprechend § 10 S. 1 Nr. 5 TDG **unverzüglich** handeln, also die Information **entfernen** oder den **Zugang** zu ihr **sperren**. Diese Verpflichtung gilt auch, wenn der Diensteanbieter die Informationen auf einem Proxy-Rechner speichert, sobald er Kenntnis davon erlangt, dass die Information am Ausgangsort entfernt oder der Zugang zu ihr gesperrt wurde. Allerdings führt die Kenntniserlangung „nur dann zum Wegfall der Verantwortlichkeitsbeschränkung", wenn „die Entfernung oder Sperrung technisch möglich und zumutbar ist".[5] Dieses **Zumutbarkeitserfordernis** ergibt sich zwar weder aus § 10 S. 1 Nr. 5 TDG noch aus der ECRL noch deren Erwägungsgründen, doch wird hilfsweise argumentiert, der Anbieter könne ohnehin nicht zu technisch Unmöglichem verpflichtet werden. Naheliegender scheint, die Zumutbarkeit bzw. technische Möglichkeit einer Sperrmaßnahme schon bei dem Merkmal „unverzüglich" zu prüfen ist[6], das im deutschen Recht mit „ohne schuldhaftes Zögern" definiert wird (§ 121 Abs. 1 S. 1 BGB). Wenn der Provider eine Maßnahme ohnehin nicht durchführen kann, weil sie technisch unmöglich ist, oder weil sie ihm wirtschaftlich nicht zugemutet werden kann, wird regelmäßig auch kein schuldhaftes Zögern anzunehmen sein. Allerdings verwendet die ECRL in ihrem Art. 13 Abs. 1 lit. e den (inhaltlich nicht notwendig gleich auszulegenden) Begriff „zügig", hingegen in Art. 15 Abs. 2 ECRL den Begriff „unverzüglich". Beide Begriffe müssen autonom ausgelegt werden, also nicht am Maßstab der deutschen Regelung des § 121 Abs. 1 S. 1 BGB.

Recht weitgehend erscheint die durch das LG Köln festgestellte Verpflichtung von Plattformbetreibern, Vorkehrungen dagegen zu treffen, dass in den dort wiedergegebenen Anzeigen keine das Persönlichkeitsrecht verletzenden Tatsachen verbreitet werden, wobei gravierend in das Persönlichkeitsrecht eingreifende Tatsachen als offensichtlich im Sinne von § 11 S. 1 Nr. 1 TDG eingestuft wurden[7]; jedoch hatte der Betreiber die Anzeigen manuell durchgesehen, so dass schon deshalb § 10 TDG nicht anwendbar war und das Urteil deshalb wohl nur einen Sonderfall betrifft.

Nicht erfasst wird ein Bereithalten oder ein **Zugangsvermitteln** auf einem durch einen Anbieter im **Ausland** betriebenen Server-Rechner. Der Abruf von diesem Rechner mit Standort im Ausland durch einen deutschen Nutzer genügt also nicht, um die Anwendbarkeit der genannten Regelungen zu begründen, es sei denn, der Anbieter hat

---

1 *Hoffmann*, MMR 2002, 284, 287.

2 *Tettenborn/Bender/Lübben/Karenfort*, K&R Beilage 1 zu Heft 12/2001, 31.

3 *Hoffmann*, MMR 2002, 284, 287.

4 *Nickels*, CR 2002, 302, 307.

5 BT-Drucks. 14/ 6098, 25.

6 Ähnlich i.E. *Nickels*, CR 2002, 302, 307.

7 LG Köln, Urt.v. 26.11.2003 – 28 O 706/02, CR 2004, 304 = MMR 2004, 183 = ZUM-RD 2004, 192 = JurPC Web-Dok. 56/2004.

auch seinen Sitz in Deutschland und bedient sich nur eines im Ausland aufgestellten Rechners. Gleiches muss auch für Hyperlinks gelten, soweit diese eine Form der Vermittlung des Zugangs zu Informationen darstellen und von Websites mit Standort im Ausland hergestellt werden. Die entsprechende Zugangsvermittlung erfolgt hier im Ausland, auch wenn der den Link aktivierende Nutzer sich in Deutschland befindet. Denkbar ist allerdings eine Haftung des ausländischen Anbieters insoweit, als er über den Link dem Benutzer ein Herunterladen und damit Vervielfältigen eines Werkexemplars ermöglicht (Mittäterschaft oder Teilnahme im Sinne von § 97 UrhG). Hierbei wird nicht an eine Rechtsverletzung im Ausland, sondern eine Rechtsverletzung im Inland angeknüpft, nämlich an das Vervielfältigen beim Downloading, das der ausländische Anbieter im Inland adäquat mitverursacht.

Besonderer Beachtung bedarf die (bisher im TDG a.F. nicht vorgesehene) in § 10 S. 1 Nr. 5 TDG umgesetzte Regelung des Art. 13 Abs. 1 Nr. e ECRL, wonach der Diensteanbieter zügig handeln muss, um eine von ihm gespeicherte Information zu entfernen oder zu Zugang zu ihr zu sperren, sobald er tatsächliche Kenntnis davon erhält, dass die Information am urspünglichen Ausgangsort der Übertragung aus dem Netz entfernt wurde oder der Zugang zu ihr gesperrt wurde oder ein Gericht oder eine Verwaltungsbehörde die Entfernung oder Sperrung angeordnet hat. Dies wurde in gewissem Umfang als Ansatz gesehen, der Umgehung einer Sperrung einer inkriminierten Information durch deren Spiegelung auf andere Server einen Riegel vorzuschieben[1].

(4) Haftungsfreistellung bei Speichern von fremden Informationen

Auch wenn Diensteanbieter für einen Nutzer fremde Informationen dauerhaft (also nicht nur kurzzeitig oder rein effizienzbedingt) speichern, sind sie nach § 11 S. 1 TDG (bzw. § 9 MDStV) nicht verantwortlich, wenn sie

1. von der rechtswidrigen Handlung oder der Information keine Kenntnis haben und ihnen im Falle von Schadensersatzansprüchen auch keine Tatsachen oder Umstände bekannt sind, aus denen die rechtswidrige Handlung oder die Information offensichtlich wird, oder
2. wenn sie unverzüglich tätig werden, um die Information zu entfernen oder den Zugang zu ihr zu sperren, sobald sie Kenntnis erlangt haben.

Die Freistellung nach § 11 S. 1 TDG greift nicht ein, wenn der Nutzer dem Diensteanbieter **untersteht** oder von ihm beaufsichtigt wird (§ 11 S. 2 TDG), z.B. als Arbeitnehmer. Unterlassungsansprüche bleiben unberührt[2].

Nach § 11 TDG entscheidend ist, ob der **Diensteanbieter Informationen für einen Nutzer speichert**. Allgemeine Links zu Informationen werden in der Regel nicht für einen Nutzer gespeichert, fallen also (unabhängig davon, ob Links selbst als „Informationen" einzustufen sind) nicht unter die Freistellung nach § 11 TDG. Die Haftungsfreistellung entfällt, wenn der Nutzer, für den gespeichert wird, dem Diensteanbieter untersteht oder von ihm beaufsichtigt wird (§ 11 S. 2 TDG).

Vertreten wurde, dass unter „Information" auch **Software** zu verstehen ist[3]. Dem

---

1 *Spindler*, MMR 1999, 199, 202.
2 BGH, Urt.v.11.3.2004 – I ZR 304/01, MMR 2004, 668; krit. *Hoeren*, MMR 2004, 643, 648.
3 *Hoffmann*, MMR 2002, 284, 288.

steht entgegen, dass nach dem üblichen IT-spezifischen Sprachgebrauch Software nicht (vom Nutzer) „eingegeben" (Art. 14 ECRL), sondern installiert wird. An der Richtlinie orientierte autonome Auslegung spricht damit eher gegen die Einbeziehung von Software. § 11 S. 1 TDG wäre nur anwendbar, wenn die Software als für einen Nutzer (also in dessen Auftrag) eingegebene Information anzusehen ist, nicht aber bei Speichern aus eigener Initiative des Anbieters, um mögliche zukünftige Downloads von Nutzern zu ermöglichen (wohl in der Praxis der Regelfall). **Software-Vertrieb ist also weder für den Hersteller noch den Händler bei Online-Verteilung über § 11 TDG haftungsfreigestellt**. Weiter ist ein Provider, der Software nur im Wege des Hosting zum Download bereithält, weder Hersteller nach § 4 Abs. 1 ProdHG noch Lieferant nach § 4 Abs. 2 ProdHG (sondern eher einem Produkte nur aufbewahrenden Lagerhalter vergleichbar[1]), so dass ohnehin keine Zuordnung möglicher gesetzlicher Produkthaftung in Betracht kommt, von der der ISP aus § 11 TDG Haftungsentlastung bedürfte.

Ob ein Diensteanbieter von Informationen **Kenntnis** hat, ist nur im Einzelfall und in Abhängigkeit von der jeweiligen Ausgestaltung des eingesetzten technischen Systems zu entscheiden. Noch unter altem Recht wurde die Haftung von eBay für privat angebotene jugendgefährdende CD-ROMs, DVDs und Computerspiele abgelehnt, da diese fremde Inhalte seien und eBay hierfür nicht verantwortlich zeichne, keine Bewertung oder Kommentierung der Verkaufsgegenstände abgebe, sondern lediglich den Kontakt zwischen Anbieter und Käufer vermittelt; Kenntniserlangung sei bei einem nicht moderierten, nicht redaktionell aufbereiteten und unkommentierten Forum für Auktionsangebote nicht der Fall sei[2]. Anderes kann freilich nach Presseveröffentlichungen zu missbräuchlichen Dienstenutzungen gelten. Bejaht wurde die ISP-Haftung, wenn der ISP Kenntnis von den Umständen einer Rechtsverletzung hat und ihm eine einstweilige Verfügung gegen den Domain-Inhaber vorliegt[3]. Portal-Betreiber wurden als verpflichtet angesehen, Vorkehrungen dagegen zu treffen, dass im Portal keine Persönlichkeitsrechte verletzenden Tatsachen zugänglich gemacht werden, insbesondere bezüglich hochsensibler Tatsachen (z.B. angebliche Zahlungsunfähigkeit)[4]. Gleiches wurde für die Kenntnis von Äußerungen in einem Meinungsforum angenommen[5]; ein Disclaimer konnte hier nur dann von Haftung entlasten, wenn die betreffenden Seiten erst nach Lektüre des Disclaimers erreichbar waren, wobei die Haftungsentlastung nur gegenüber Vertragspartnern wirken kann[6]. Auch im Rahmen von § 11 S. 1 Nr. 1 TDG kommt es nicht darauf an, in welcher Weise der Diensteanbieter Kenntnis erlangt[7]. Kenntnis kann auch dadurch erlangt werden, dass ein

---

[1] Gounalakis/*Escher-Weingart*, Rechtshandbuch Electronic Business, § 38 Rdn. 45.

[2] LG Potsdam, Urt.v.10.10.2002 – 51 O 12/02, JurPC Web-Dok. 339/2002.

[3] LG München I, Urt.v.27.2.2002 – 1 HK O 16598/01, MMR 2002, 690 = JurPC Web-Dok. 344/2002 (Urteilsfaksimile), das die Grundsätze zur eingeschränkten Haftung von DENIC nicht auf ISPs angewendet sehen will.

[4] LG Köln, Urt.v. 26.11.2003 – 28 O 706/02, CR 2004, 304 = MMR 2004, 183 = ZUM-RD 2004, 192 = JurPC Web-Dok. 56/2004 zur Haftung eines Portal-Betreibers für die Anzeige eines unbekannten Dritten, allerdings mit der Besonderheit, dass der Betreiber die Anzeigen vorher manuell durchgesehen hatte, Kenntnisbegründung also vorlag. Allgemein sah das LG Köln, Urt.v. 4.12.2002 – 28 O 627/02, JurPC Web-Dok. 140/2003 Diensteanbieter aber nicht als verpflichtet an, Beiträge in Internetforen zu überprüfen.

[5] OLG München, Urt.v. 17.5.2002 – 21 U 5569/01, JurPC Web-Dok. 84/2003. Kenntnis wurde angenommen, wenn der Hostprovider nach eigenem Vortrag die Webseiten alle zwei bis drei untersuchte. Für die Zuordnung von Chatroom-Betreibern zu § 11 TDG auch *Libertus*, TKMR 2003, 179, 186.

[6] OLG München, Urt.v. 17.5.2002 – 21 U 5569/01, JurPC Web-Dok. 84/2003.

[7] *Helle*, JZ 2002, 593, 598.

Betreiber eines Portals regelmäßig Verkaufsanzeigen manuell auf ihren Inhalt untersucht[1].

Zentral ist die Änderung in § 11 S. 1 Nr. 1 TDG, wonach nicht nur keine (positive) Kenntnis gegeben sein darf, sondern, soweit Schadensersatzansprüche bestehen können, dem Anbieter auch keine **Tatsachen oder Umstände** bekannt sein dürfen, aus denen die rechtswidrige Handlung oder die Information offensichtlich wird. Kurz kann man hier von „**Kennenmüssen**" sprechen. Diese Ausweitung der Haftung greift nur im Rahmen dauerhafter Speicherung nach § 11 TDG ein, also nicht bei Durchleiten oder Zwischenspeichern. In § 11 S. 1 Nr. 1 TDG wird damit die Fahrlässigkeitshaftung (wieder) eingeführt, zumindest als **Haftung** für **grobe Fahrlässigkeit**[2]. Die Haftungsfreistellung entfällt hiernach, wenn aus bestimmten Tatsachen oder Umstände eine rechtswidrige Handlung oder Information offensichtlich wird, jedoch kein Sperren oder Entfernen der Nutzung erfolgte. Das frühere Recht (§ 5 TDG a.F.) sah keine derartige Fahrlässigkeitshaftung vor, sondern hatte den Diensteanbieter weiterreichend freigestellt, war in dieser Form aber mit der Richtlinie zum elektronischen Geschäftsverkehr nicht zu vereinbaren. Der Anbieter haftete für bereitgehaltene fremde Inhalte nur, wenn er von ihnen (positive) Kenntnis hatte und es ihm technisch möglich und (wirtschaftlich) zumutbar war, die Nutzung des Inhalts zu verhindern (§ 5 Abs. 2 MDStV/TDG a.F.). Der Veränderungsschritt ist dennoch weniger groß, als er auf den ersten Blick erscheinen mag. Bereits bisher genügte bedingter Vorsatz für Kenntnis nach § 5 Abs. 2 TDG a.F.[3]. Soweit man nicht nur Kenntnis der Information verlangt, sondern auch Kenntnis der Rechtswidrigkeit der Information[4], soll die Haftung des Diensteanbieters nur durch offensichtliche Rechtswidrigkeit begründet werden[5]. Weiter wurde aus der Bezugnahme auf Tatsachen oder Umstände in § 11 S. 1 Nr. 1 TDG gefolgert, die umstrittene These des OLG München zu § 5 TDG a.F. sei überholt, nach der sich die Rechtswidrigkeit aus dem Inhalt selbst ergeben müsse, nicht erst aus weiteren Umständen[6]. Da strafrechtliche Haftung auch tatsächliche Kenntnis der Rechtswidrigkeit voraussetzt, reicht die bloße Kenntnis der Information zur Strafbarkeit

1 LG Köln, Urt.v. 26.11.2003 – 28 O 706/02, CR 2004, 304 = MMR 2004, 183 = ZUM-RD 2004, 192 = JurPC Web-Dok. 56/2004 = ITRB 2004, 52, einen Schadensersatzanspruch bejahend, wenn der Betreiber hier einen Inhalt in das Internet stellt, der zu einer schweren Persönlichkeitsverletzung führt (vermeintliche Insolvenz), ebenso einen Auskunftsanspruch des Geschädigten aus § 242 BGB gegenüber dem Portalbetreiber auf Nennung der IP-Adresse.

2 Ebenso *Tettenborn/Bender/Lübben/Karenfort*, K&R Beilage 1 zu Heft 12/2001, 32; *Nickels*, CR 2002, 302, 307; *Hoffmann*, MMR 2002, 284, 288; Bettinger/*Leistner*, Werbung und Vertrieb im Internet, Teil 1 E, Rdn. 54; *Spindler*, CR 2001, 324, 333; *Bettinger*/*Leistner*, Werbung und Vertrieb im Internet, 428; *Freytag*, CR 2000, 600, 608; *Spindler*, MMR 2000, Beilage 7, 18

3 Antwort der Bundesregierung auf die Kleine Anfrage BT-Abgeordnete Dr. Kiper, Schlauch, Such u.a. vom 2.7.1997, BT-Drucks. 13/8153; LG München I, Urt.v.30.3.2000 – 7 O 3625/98, CR 2000, 389 = K&R 2000, 307 = JurPC Web-Dok.73/2000 – MIDI-Files. Das Gericht sah ausdrücklich § 5 TDG auch im Urheberrecht als anwendbar an. Auch die Kenntnis freier Mitarbeiter („*Scouts*") wurde dem Anbieter zugeordnet. Das OLG München, Urt.v. 8.3.2001 – 29 U 3282/00, MMR 2001, 375 = NJW 2001, 3553 lehnte hingegen die Anwendung des § 5 TDG a.F. auf den Bereich des Urheberrechts ab, da mit „Inhalten" nur solche Daten gemeint seien, bei denen der Inhalt selbst Grundlage für die Beurteilung ihrer Rechtmäßigkeit ist. Diese Auffassung ist insoweit tragfähig, als die Rechtswidrigkeit der Erstellung eines Vervielfältigungsexemplares diesem oft nicht anzusehen (sondern allenfalls aus den Umständen der Erlangung ableitbar) ist.

4 *Tettenborn/Bender/Lübben/Karenfort*, BB Beilage 10/2001, 31f; a.A. *Wimmer*/*Kleineidam*/*Zang*, K&R 2001, 456, 461; *Nickels*, CR 2002, 302, 307.

5 *Helle*, JZ 2002, 593, 598 unter Bezug auf die eingeschränkte Prüfpflicht der Presse bei rechtswidrigen Anzeigen (z.B. BGH NJW 1999, 1960 = GRUR 1999, 418 – Möbelklassiker).

6 *Helle*, JZ 2002, 593, 598.

nicht aus[1], auch nicht bei grob fahrlässiger Unkenntnis der Rechtswidrigkeit[2].

Da die Regelung weiter verlangt, dass die rechtswidrige Handlung oder Information aus den Tatsachen oder Umständen **offensichtlich** werden muss, entsteht die Haftung wohl grundsätzlich nur bei **grober Fahrlässigkeit**; diese liegt im deutschen Recht vor, wenn etwa schon einfachste, ganz naheliegende Überlegungen nicht angestellt werden und dasjenige nicht beachtet wird, was im gegebenen Fall jedem einleuchten muss[3], also hier etwa dann, wenn der Zusammenhang zwischen den Tatsachen oder Umständen (etwa einem massenweisen Abspeichern von oder Linking zu rechtswidrigen, z.B. extremistischen Informationen) offensichtlich sein musste. Mit der Richtlinie über den elektronischen Geschäftsverkehr wurde deshalb im TDG/MDStV insoweit die (bisher nur bei Vorsatz bestehende) **Haftung** der Diensteanbieter (wieder) auf grobe Fahrlässigkeit[4] **erweitert**, wenn die Anbieter bei Kenntnis von einen Rechtsverletzungsverdacht begründender Tatsachen oder Umstände nicht unverzüglich nach Kenntniserlangung die Information entfernen oder den Zugang zu ihr sperren. Jeder Diensteanbieter muss rechtzeitig die geeigneten technischen Vorkehrungen treffen, um eine solche Löschung oder Sperre durchzuführen[5] (als in der Regel bereits bei näherer Spezifikation des Host-Rechnersystems); das gilt auch dann, wenn solche Vorkehrungen mit finanziellen Opfern verbunden sind[6].

Diese Haftungserweiterung auf grobe Fahrlässigkeit ist für **Schadensersatzansprüche** relevant. Erfasst werden Schadensersatzansprüche auf allen Rechtsgrundlage, etwa auch aus Schutzrechten oder Delikshaftung. Der Schadensersatzanspruch setzt außerdem voraus, dass der Diensteanbieter nicht „unverzüglich" tätig wird. Diese Regelung in Art. 14 Abs. 1 Nr. 2 RL wurde in § 11 S. 1 Nr. 2 TDG umgesetzt und insoweit für das deutsche Recht unter Heranziehen von § 121 Abs. 1 S. 1 BGB dahin ausgelegt, dass das Tätigwerden ohne schuldhaftes Zögern erfolgt. Dies schließt aus der Sicht des deutschen Rechts[7] eine angemessene Überlegungsfrist ein[8]; auch darf noch Rechtsrat eingeholt werden[9]. Allerdings führt auch diese Fahrlässigkeitshaftung nicht zu einer Verpflichtung zu einer wenn auch groben, präventiv erfolgenden Überprüfung, sondern greift erst bei Unkenntnis der offensichtlichen Rechtswidrigkeit eines bestimmten, bereits bekannten Inhaltes ein[10].

Ein Hauptproblem der Fahrlässigkeitshaftung besteht in der Anwendungspraxis in der **Kontrolle von Informationen**, die vom Anbieter z.B. in Newsgroups für den Zugriff bereitgehalten werden. Hier wurde zum TDG a.F. teilweise eine Verpflichtung des Anbieters angenommen, **alle** Beiträge einer Newsgroup **vor** dem Zugänglichmachen

---

1 *Tettenborn/Bender/Lübben/Karenfort*, K&R Beilage 1 zu Heft 12/2001, 31; *Freytag*, CR 2000, 600, 608; *Spindler*, MMR 1999, 199, 202.

2 *Tettenborn/Bender/Lübben/Karenfort*, a.a.O., 31 weisen zutreffend darauf hin, dass im deutschen Strafrecht die meisten Tatbestände ohnehin als Vorsatzdelikte ausgestaltet sind und im Rahmen des Vorsatzes ein Bewusstsein der Rechtswidrigkeit verlangen.

3 S. etwa BGH NJW 1992, 3236; BGH NJW-RR 1994, 1471; Palandt/*Heinrichs*, § 277 Rdn. 2 m.w.N.

4 *Tettenborn*, K&R 2000, 59, 63; Gounalakis/*Spindler*, Rechtshandbuch Electronic Business, § 9 Rdn. 195.

5 Allg. Palandt/*Heinrichs*, § 276 Rdn. 20.

6 Allg. BGH NJW 1953, 258.

7 Nicht geklärt ist, ob die erforderliche EG-autonome Auslegung des Begriffes „unverzüglich" in Art. 14 Abs. 1 lit. A ECRL zum selben Ergebnis führt. Vom Regelungszweck her werden aber keine großen Abweichungen zu erwarten sein.

8 *Helle*, JZ 2002, 593, 598.

9 Palandt/*Heinrichs*, § 121 Rdn. 3, m. w. N.

10 *Tettenborn/Bender/Lübben/Karenfort*, K&R Beilage 1 zu Heft 12/2001, 32.

für den Zugriff durch Dritte zumindest auf grob rechtswidrige Verstöße zu prüfen[1]. Insoweit war aber schon bisher auf die **im Verkehr** erforderliche Sorgfalt im Sinne von § 276 Abs. 1 BGB abzustellen, die sich nach der tatsächlichen Auffassung der Verkehrskreise bestimmt[2]. Diese Auffassung lässt aber (unabhängig von der erfolgten Rechtsänderung in TDG/MDStV), stichprobenweise Kontrollen ausreichen. Außerdem schließt das TDG/MDStV gerade eine Pflicht zu präventiven Prüfungen aus (§ 8 Abs. 1 TDG). Dies muss für alle Informationen gelten, also auch für Informationen in Newsgroups. Für **Meinungsforen** wurde deren Betreiber ebenfalls erst dann einer möglichen Haftung unterworfen, wenn er nach Kenntniserlangung von rechtswidrigen Inhalten eine Überprüfung nicht durchgeführt hat[3]. Für ein **Gästebuch** war hingegen für das TDG a.F. ein Zueigenmachen fremder Informationen angenommen worden, wenn dessen Betreiber nicht regelmäßig nach rechtswidrigen Inhalten sucht[4]; nach der Neufassung sieht § 8 Abs. 2 S. 1 TDG hingegen ausdrücklich eine Freistellung des Betreibers von solchen Kontrollpflichten vor. Jedoch bleiben Pflichten zur Entfernung oder Sperrung der Nutzung von Informationen nach den allgemeinen Gesetzen unberührt (§ 8 Abs. 2 S. 2 TDG).

Kenntnis der **Rechtswidrigkeit** war für das Entfallen der Freistellung bisher nicht erforderlich, jedoch konnten insoweit Prüfungspflichten bestehen[5]. Nach neuem TDG ist aber wohl für das Entfallen der Freistellung auch **Kenntnis der Rechtswidrigkeit der Handlung erforderlich**[6], vom Wortlaut her jedoch nicht von einer möglichen Rechtswidrigkeit der Information. Nach abweichender Auffassung soll § 11 Nr. 1 TDG richtlinienkonform berichtigend dahin ausgelegt werden, dass das Wort „rechtswidrig" auch auf die Information bezogen ist[7]. In der Gesetzesbegründung zum EGG wurde das Erfordernis der Kenntnis der Rechtswidrigkeit nur auf die Handlung bezogen, nicht auf die Information; dem wird überwiegend nicht gefolgt[8], sondern zutreffenderweise auch Kenntnis der Rechtswidrigkeit der Information verlangt. Das TDG unterscheidet zwischen der rechtswidrigen Handlung und der Information (die selbst nicht rechtswidrig sein muss, aber etwa ohne Erlaubnis des Rechteinhabers genutzt wird[9]), weshalb der Provider auch erkannte oder erkennbare Tatsachen oder Umstände prüfen muss, die auf die Rechtswidrigkeit bezogen sind oder sein können. Die Abgrenzung wird nur in bestimmten Fällen relevant, nicht jedoch in der Regel. Wird nämlich eine rechtsverletzende Information (z.B. eine raubkopierte MP3-Datei) zugänglich gemacht, so liegt hierin grundsätzlich auch ein rechtswidriges Handeln.

Kenntnis kann durch (ohne Verpflichtung) durchgeführte Prüfung oder durch

---

1 *Hoeren/Pichler*, Zivilrechtliche Haftung im Online-Bereich, in: Loewenheim/Koch, Praxis des Online-Rechts 1998, Abschnitt. 2.4.1.2.

2 S. etwa BGHZ 24, 21, 27, Z 39, 281, 283; BGH NJW 1980, 2464f.

3 LG Köln, Urt.v.4.12.2002 – 28 O 627/02, MMR 2003, 601.

4 LG Trier, MMR 2002, 695; LG Düsseldorf, MMR 2003, 61.; krit. *Gercke*, ZUM 2003, 349, 354.

5 LG München I, Urt.v. 30.3.2000, a.a.O., 308.

6 *Spindler*, MMR 1999, 199, 202; *Spindler*/Schmitz/Geis, TDG-Komm. § 11 Rdn. 18; *Tettenborn/Bender/Lübben/Karenfort*, K&R Beilage 1 zu Heft 12/2001, 32. *Nickels*, CR 2002, 302, 307 spricht von Kenntnis bzw. grob fahrlässiger Unkenntnis von den für das Rechtswidrigkeitsurteil maßgeblichen Tatsachen, bei Urheberrechtsverletzungen also vom Fehlen einer Erlaubnis für die Verwendung der Information.

7 A.A. *Spindler*, NJW 2002, 921, 924, unter Bezug auf die französische RL-Fassung; *Hoffmann*, MMR 2002, 284, 288.

8 *Tettenborn/Bender/Lübben/Karenfort*, K&R Beilage 1 zu Heft 12/2001, 32 mit dem Hinweis auf die englisch- und französischsprachige Fassung der ECRL, in denen eindeutig Rechtswidrigkeit auf Handlung und Information bezogen sind.

9 Gesetzesbegr. zum EGG, BT-Drucks. 14/6098, 25.

Abmahnung oder sonstige Mitteilung Dritter (etwa aus E-Mail) **begründet** werden. Aus dem Hinweis muss erkennbar sein, dass der als rechtsverletzend betrachtete Inhalt gerade auf dem Anbietersystem gespeichert ist. Hat der Diensteanbieter Kenntnis erlangt, sind, muss er die betreffenden (möglicherweise) rechtsverletzenden Dateien löschen oder den Zugang zu ihnen sperren[1], – wobei es für diese Verpflichtung keine Rolle spielt, ob die Inhalte über andere Wege im Internet weiterhin verfügbar bleiben[2].

Kaum geklärt ist bisher die Frage, welche Haftung einen Provider trifft, der nicht selbst für einen Kunden Informationen speichert, sondern diesem nur einen **dedizierten Rechner** (oft auch „Root"-Server genannt) vermietet. Hier administriert der Kunde den Rechner, nicht der Provider. Aus dem Umstand, dass der Provider noch Eigentum am Rechner hat, wurde abgeleitet, der Provider speichere also Informationen für den Kunden und sei deshalb nach § 11 TDG verantwortlich[3]. Dies erscheint zweifelhaft, wenn bzw. soweit auch die Speichervorgänge allein vom Kunden administriert werden. Trotzdem kann der Provider (zumindest als Mitstörer) zu einer Unterbindung der kundenseitigen Nutzung des Rechners (etwa durch dessen temporäre Dekonnektierung) verpflichtet sein, wenn von diesem Rechner eine Störung im Rechtssinne ausgeht. Entscheidend wird sein, welche Eingriffsmöglichkeiten der Provider während der kundenseitigen Nutzung hat. Soweit der Provider nicht mit der Übernahme bestimmter Tätigkeiten beauftragt ist, sondern der Kunde den Rechner allein administriert, ist im Einzelfall zu prüfen, ob der Provider überhaupt technisch (und vertragsrechtlich) die Möglichkeit hat, z.B. bestimmte Dateien zu sperren oder gar zu löschen.

Kritisch diskutiert wurde die „**Musiktauschbörse**"-Entscheidung des OLG München, die § 5 Abs. 2 TDG a.F. nicht in Fällen einer Urheberrechtsverletzung anwendete, sondern volle Haftung aus § 97 Abs. 1 UrhG bejahte, da im TDG von der Entstehungsgeschichte her keine Regelungen im urheberrechtlichen Bereich beabsichtigt waren[4]. Die Diskussion hat partiell an Bedeutung verloren, da das neue Recht in § 11 TDG jetzt i.E. auch Haftung für grobe Fahrlässigkeit vorsieht[5], also eine Divergenz nur noch für leichte Fahrlässigkeit verbleibt und nur hier eine mögliche Privilegierung zum Tragen kommen kann. Uneingeschränkt relevant bleibt aber die Auslegung des Gerichtes, nach der der Begriff „Inhalte" i.S.d. § 5 TDG a.F. nur solche Daten bezeichnet, „bei denen der Inhalt selbst Grundlage der Beurteilung der Rechtmäßigkeit oder Rechtswidrigkeit ihrer Bereithaltung ist und bei denen deswegen ihre Kenntnis ... die Beurteilung der Rechtmäßigkeit oder Rechtswidrigkeit der Bereithaltung für den Diensteanbieter ermöglicht."[6] Für Urheber- und Leistungsschutzrechte seien Rechtmäßigkeit oder Rechtswidrigkeit nicht dem Inhalt und der Kenntnis von diesem zu entnehmen, sondern der Rechtszuordnung des Inhaltes und der Kenntnis hiervon. Für das **neue** Recht muss grundsätzlich die gleiche Überlegung gelten, da auch der Kenntnis der „Informationen" als solchen von der Kenntnis der Rechtezuordnung dieser Informationen zu unterscheiden ist (zum Informationsbegriff s.S. 559).

---

1 Für eine solche Sperrung als Alternative zur Löschung s. bereits die Mitteilung der EG-Kommission vom 16.10.1996, 12, wobei aber ergänzend jedenfalls auch zwischengespeicherte Kopien auf dem Host-Rechner des Anbieters zu löschen sind.

2 Zu Recht lehnt die EG-Kommission die Einrichtung einer zentralen nationalen Stelle zur Zugangskontrolle als die politische und persönliche Freiheit zu weit einschränkende Maßnahme ab (s. die Mitteilung der EG-Kommission vom 16.10.1996 , a.a.O.).

3 So *Jaeger*, Haftungsfragen, c't 26/2002, 173.

4 OLG München, Urt.v. 8.3.2001 – 29 U 3282/00, CR 2001, 333 = ZUM 2001, 420 – MIDI-Files; zust. etwa v. *Olenhusen/Crone*, WRP, 2002, 164, 169f.

5 Ebenso *Spindler*, CR 2001, 324, 333.

6 OLG München, Urt.v. 8.3.2001, a.a.O., 334.

Überholt ist die Rechtsprechung des OLG Köln, das § 5 TDG a.F. im Markenrecht nicht anwendete, da das Markenrecht als die Markenrechts-Richtlinie umsetzendes Recht Vorrang vor dem TDG gehabt habe. Mit der ECRL ist nun auch das Haftungsrecht der Provider (jedenfalls in wichtigen Freistellungstatbeständen) ebenfalls richtlinienbasiert EG-weit harmonisiert.

Nicht zu Unrecht wurde kritisiert, dass die ECRL bezüglich der Frage der konkreten Kenntniserlangung eine **Lücke** aufweist[1]. Anders als etwa der Digital Millenium Copyright Act (DMCA) fehlt eine *„notice and take down-procedure"*. Umgekehrt geht der Diensteanbieter nach wie vor erhöhte Risiken ein, wenn er (ohne Verpflichtung in guter Absicht) von sich aus Kontrollen vornimmt und aus erlangter positiver Kenntnis dann eine offensichtliche Rechtswidrigkeit hätte erkennen müssen[2].

Eine Haftung eines Service-Providers aus **Kennzeichenverletzung** durch eine Domain wurde bejaht, wenn der ISP Kenntnis über die Umstände dieser Verletzung hat und ihm keine Anhaltspunkte für Firmen, Marken- oder Namensrechte des Domain-Inhabers an der Domain vorliegen[3]. Einer Störerhaftung aus Kennzeichenrecht kann auch der administrative Ansprechpartner (der sog. *„Admin-C"*) unterliegen, wenn er mit seinem Willen als Kontaktperson bei DENIC angegeben wird und aufgrund der Registrierungsbedingungen auch die Möglichkeit einer rechtlichen Einwirkung auf den Eintragungsinhalt hat, es sei denn, beim Admin-C handelt es sich nur um eine abhängige Hilfsperson in einer untergeordneten Stellung[4].

(5) Beweislast

Im **neuen Haftungsrecht** der §§ 8 – 11 TDG ist, abweichend vom früheren Recht, der Anbieter für das Vorliegen eines Haftungsprivilegierungstatbestandes darlegungs- und beweispflichtig[5].

(6) Kollisionsregelungen zur Haftung

Das EGG[6] hat in seinem Art. 1 Nr. 4 den § 4 TDG auf der Grundlage der E-Commerce-Richtlinie dahin geändert, dass grundsätzlich auf das **Herkunftsland** des Anbieters abzustellen ist (§ 4 Abs. 1 TDG).

Keine Rolle kann spielen, ob die fremden Informationen von einem inländischen oder ausländischen Anbieter stammen[7]. Entscheidend bleibt allein, dass sie im Verhältnis zum nach § 5 Abs. 2 MDStV/TDG nur bereithaltenden Anbieter fremde Informationen sind. Dies bedeutet im Umkehrschluss, dass Anbieter auch beim Bereithalten von fremden Informationen mit EU- oder sonstigen ausländischen Ursprungs nicht als Eigenanbieter im Sinne von § 8 Abs. 1 TDG behandelt werden, vorausgesetzt,

---

1 *Tettenborn/Bender/Lübben/Karenfort*, K&R Beilage 1 zu Heft 12/2001, 32.

2 *Tettenborn/Bender/Lübben/Karenfort*, K&R Beilage 1 zu Heft 12/2001, 32.

3 LG München I, Urt.v.27.2.2002 – 1 HK O 16598/01, ZUM-RD 2003, 107 = CR 2003, 67 (Ls.).

4 OLG Stuttgart, Beschl.v. 1.9.2003 – 2 W 27/03, CR 2004, 133 = JurPC Web-Dok. 277/2003, – Haftung des Admin-C (für eine Fallkonstellation, in der der Admin-C selbst den Namen angemeldet hat). Allg. die Admin-C-Haftung bejahend AG Bonn, Urt.v.24.8.2004 – 4 C 252/04, MMR 2004, 826.

5 BT-Drucks. 14/6098, 23; *Pankoke*, MMR 2004, 211, 213.

6 Gesetz über den rechtlichen Rahmen für den elektronischen Geschäftsverkehr (Elektronischer Geschäftsverkehr-Gesetz – EGG) v. 14.12.2001, BGBl. 2001 I 3721.

7 Ebenso *Smith*, 124 (Beitrag von *Raab*).

das Einspeichern erfolgt für einen Nutzer. Dieser Nutzer kann selbst in einem anderen EG-Mitgliedsstaat oder in einem Drittstaat seinen (Wohn-)Sitz haben.

Auch **ausländische Anbieter** werden erfasst, wenn und soweit sie ihre Dienste für inländische Nutzer zur Nutzung bereithalten, insbesondere diese Nutzer besonders adressieren. Probleme entstehen in diesem Zusammenhang aus § 11 TDG, soweit diese Bestimmung für leichte Fahrlässigkeit ausschließt. Führt ein in § 11 TDG erfasstes Speichern bei angenommener leichter Fahrlässigkeit (und hierdurch Haftungsfreistellung nach deutschem Recht) zu einer Rechtsverletzung im Ausland durch unerlaubte Handlung, so würde der Anbieter aus dieser unerlaubten Handlung grundsätzlich auch bei Fahrlässigkeit (§ 823 Abs. 1 BGB) haften, nicht jedoch nach der über § 11 TDG „gefilterten" Haftung. Nach Art. 38 EGBGB dürfen gegen den deutschen Anbieter aber keine weitergehenden Ansprüche geltend gemacht werden als nach deutsche Recht (zu dem auch die §§ 11 TDG bzw. 9 MDStV gehören), und zwar auch dann nicht, wenn das Recht des anderen Staates eine vergleichbare Fahrlässigkeitshaftung vorsieht. Art. 38 EGBGB schließt damit auch im Auslandsbezug Fahrlässigkeitshaftung des deutschen Diensteanbieters aus, soweit Ansprüche gegen den Anbieter in Deutschland geltend gemacht werden sollen. Für andere Staaten könnte diese Haftungsprivilegierung ein GATT-widriges Handelshemmnis darstellen, jedoch läßt sich diese Frage im vorliegenden Rahmen nicht vertiefen.

d) Haftungsfreistellung von Mediendiensten, Regelungskompetenz

Der MDStV sieht in den §§ 6 – 9 eine weitgehend dem TDG angeglichene Haftungsregelung für Anbieter von Mediendiensten vor. Insoweit kann auch die vorstehenden Ausführungen verwiesen werden.

Allerdings ist nach wie vor umstritten, ob die Bundesländer in vollem Umfang die **Gesetzgebungskompetenz** für die § 5 MDStV a.F./§§ 7 – 9 MDStV (Fassung ab 2002) hatten. Die Länder sind aus der im Grundgesetz gewählten Form der Verteilung der Gesetzgebungskompetenz für die in § 5 Abs. 2 und 3 MDStV/§§ 7 – 9 MDStV enthaltene Regelung der Beschränkung zivil- und strafrechtlicher Haftung nicht zuständig. Nach Art. 73 Nr. 9 GG hat der Bund die ausschließliche Gesetzgebungszuständigkeit für den gewerblichen Rechtsschutz, das Urheber- und Verlagsrecht. Den Ländern ist deshalb auf diesen Gebieten eine Regelung verwehrt. Auch wenn man annimmt, dass der Bund die Länder gemäß Art. 71 GG ausdrücklich durch Bundesgesetz zum Erlass einer gesetzlichen Regelung (nämlich des § 5 Abs. 2 und 3 MDStV) ermächtigen kann[1], ist eine solche Ermächtigung nicht erfolgt. Zutreffend wurde vermerkt, dass die gemeinsame Erklärung von Bund und Ländern vom 18.12.1996 zur Einigung über die Zuständigkeitsverteilung[2] keine solche gesetzliche Ermächtigung darstellt[3]. Auch § 2 Abs. 4 Nr. e TDG enthielt (und enthält) keine solche Ermächtigung (sondern eine bloße Normverweisung, die keine Aussage zur Kompetenzerweiterung trifft)[4].

Art. 74 Abs. 1 Nr. 1 GG weist dem **Bund** die konkurrierende Gesetzgebungszuständigkeit zu, der in den Bereichen des bürgerlichen Rechts und des Strafrechts die

1 *Pankoke*, Von der Presse- zur Providerhaftung, 15ff.

2 Abgedruckt bei *Engel-Flechsig*, ZUM 1997, 231.

3 *Pankoke*, Von der Presse- zur Providerhaftung, 17 Fn. 57.

4 *Pankoke*, Von der Presse- zur Providerhaftung, 18f. (Teilnichtigkeit von § 5 Abs. 2 und 3 MDStV annehmend); a.A. *Sieber*, Verantwortlichkeit im Netz, Rdn. 224.

Gesetzgebungskompetenz voll ausgeschöpft hat[1]. In die **Länder**zuständigkeit fallen hingegen Regelungen zum Presse- und Rundfunkrecht, die nach bisheriger Auffassung aber gerade nicht als typische rechtliche Grundlage des Tätigwerdens von Diensteanbietern anzusehen sind.

Deshalb wurde bereits von Inkrafttreten dieser damaligen Regelung das Fehlen einer Regelungskompetenz der Bundesländer im Rahmen der Verteilung der **Gesetzgebungskompetenzen** im Grundgesetz kritisiert. Bundesländer konnten (und können) nicht Haftungsbeschränkungen in Rechtsbereichen vorsehen, die der Bund in Ausschöpfung seiner Gesetzgebungskompetenz (konkurrierende Gesetzgebung für bürgerliches Recht und Strafrecht, Art. 74 Abs. 1 Nr. 1 GG) bereits geregelt hat[2], so etwa die Behandlung der Verletzung von Immaterialgüterrechten wie dem Urheberrecht oder die allgemeine Deliktshaftung.

Zutreffend wurde (zum alten Recht) auch eine mögliche **Annexkompetenz** der Länder kraft Sachzusammenhang[3] abgelehnt[4], da hier nicht eine unerlässliche Mitregelung einer nicht zugewiesenen Gesetzesmaterie in einem (den Ländern) zugewiesenen Bereich (Presserecht) erfolgte, sondern § 5 MDStV a.F. eine **Querschnittsmaterie** erfasste[5], für die der Bund seine Gesetzgebungskompetenz ausgeschöpft hat[6] (die also nicht ungeregelt geblieben ist). Dieses Ausschöpfen steht auch der Annahme entgegen, der Bundesgesetzgeber habe bewusst Raum für eine Regelung durch die Länder lassen wollen[7] („Korridor"-Lösung). Die Regelung im TDG a.F. war vielmehr gerade als erschöpfende einzustufen, die keinen solchen Raum ließ[8], auch nicht für einen nachträglichen Regelungsvorbehalt zugunsten der Länder[9].

Diskutiert wurde auch eine ersatzweise **analoge Anwendung** des § 5 TDG a.F. im Geltungsbereich des MDStV a.F.[10], der aber das explizite Nichtanwendungsgebot in § 2

---

1 Die verfassungsrechtliche Frage kann und muss an dieser Stelle nicht vertieft werden, da das bürgerliche Recht, dem das Recht deliktischer Haftungsrecht zuzuordnen ist, eine so umfassende Regelung erfahren hat, dass – von landesrechtlichen Vorbehalten im EGBGB abgesehen – „für die landesrechtliche Regelung kaum mehr etwas von Bedeutung übrig bleibt" (so *Maunz*, in Maunz-Dürig, Komm. zum GG, Art. 74 Rdn. 55), sicherlich nicht eine weitreichende Regelung der Anbieterverantwortlichkeit quer durch das Zivilrecht. Gleiches gilt sinngemäß für das Strafrecht (s. BVerfGE 23, 113,124; *Maunz*, a.a.O., Rdn. 63 f.; *Degenhart*, in: Sachs, Grundgesetz, Art. 74 Rdn 11: jedenfalls innerhalb der im StGB herkömmlich geregelten Materien). In beiden Fällen ist eine Nichtigkeitserklärung (Vorlage im Sinne der §§ 78, 82 Abs. 1, 95 Abs.1 BVerfGG) zu erwarten.

2 *Koch*, CR 1997, 193, 198.

3 Bejaht etwa von *Wimmer/Michael*, Online-Provider, 23, 27.

4 *Martenczuk*, ZUM 1999, 104, 111 mit dem Hinweis, dass § 5 MDStV a.F. eine keineswegs nur mediendienstespezifische Regelung trifft (wie im Presserecht etwa die strafrechtliche Verantwortlichkeit für Druckfehler) und auch keinen eigenen Straftatbestand enthält, also nicht nur als spezifischer Annex zu Mediendiensten betrachtet werden kann.

5 Spindler/*Riehmer/Hessler*, Vertragsrecht der Internet-Provider, Teil III, Rdn. 165Ff; *Martenczuk*, ZUM 1999, 104, 111.

6 BVerfGE 29, 11, 16; E 36, 193, 210; für den vorliegenden Problembereich *Pichler*, MMR 1998, 80; *Koch*, CR 1997, 198; *Mann*, AfP 1998, 132.

7 So etwa *Müller-Terpitz*, MMR 1998, 478, 480.

8 *Martenczuk*, ZUM 1999, 104, 111; *Pichler*, MMR 1998, 79, 81; Spindler/*Riehmer/Hessler*, Vertragsrecht der Internet-Provider, Teil III, Rdn. 166 (der die Regelung ausdrücklich aus verfassungswidrig einstuft).

9 *Martenczuk*, ZUM 1999, 104, 111.

10 Für unmittelbare Anwendung etwa *Müller-Terpitz*, MMR 1998, 480; *Engel-Flechsig*, ZUM 1997, 239; für analoge Anwendung *Martenczuk*, ZUM 1999, 104, 112; *Pankoke*, Von der Presse- zur Providerhaftung, 20.

Abs. 4 Nr. 3 TDG a.F. entgegenstand[1]. Außerdem konnte keine (für eine Analogebildung vorauszusetzende) Regelungslücke angenommen werden, da schließlich ausdrücklich eine Regelung getroffen wurde, jedoch von den insoweit gesetzgebungsunzuständigen Ländern. Weiter darf Bundeskompetenz generell nicht durch Analogiebildung in den Länderbereich ausgeweitet werden (insbesondere nicht, wenn eine vom Gesetzgeber übersehene Regelungslücke nicht angenommen werden darf). Hierdurch würde die (ohnehin ständig schwindende) Regelungskompetenz der Länder durch Analogieschlüsse vom Bundesrecht her föderalismuswidrig reduziert. Folge ist, dass die **allgemeinen** Haftungsregelungen für Mediendienste weitergalten, die Haftungsfreistellungen hingegen für Teledienste. Nur in von der Gesetzgebungskompetenz der Länder getragenen Bereichen, etwa dem Presserecht, konnte § 5 MDStV a.F. wirken, nicht aber allgemein zu einer Einschränkung der allgemeinen zivil- und strafrechtlichen Verantwortlichkeit der Anbieter führen. Es galten (und gelten) deshalb insoweit die allgemeinen Gesetze weiter, so dass Teledienste haftungsrechtlich privilegiert waren, Mediendienste aber grundsätzlich nicht.

Nicht zu folgen[2] war auch der Auffassung, die inhaltsgleiche Regelung des Bundes in § 5 TDG a.F. (nunmehr §§ 8 – 11 TDG) erfasse auch die Mediendienste[3] oder könne einfach de **lege ferenda** ausgeweitet werden. Hier steht wohl die Abgrenzung des Geltungsbereiches des TDG in § 1 entgegen, die eben gerade wesentlich nur individuelle **Tele**dienste erfassen soll, nicht jedoch an die Allgemeinheit gerichtete **Medien**dienste. Diese ohnehin nicht trennscharfe, sondern allenfalls schwerpunktmäßige Abgrenzung würde durch eine solche Analogie praktisch völlig aufgehoben. Aus dem Umstand, dass die Länder nicht die zivil- und strafrechtliche Verantwortlichkeit der Mediendienste regeln können, folgt außerdem nicht, dass sich diese Mediendienste einfach zu Telediensten des Bundes umdeklarieren lassen. Eine dogmatisch schlüssige Lösung dieses Problems der Kompetenzabgrenzung wird wohl erst im Rahmen der Föderalismusneubestimmung möglich sein.

Dieses Grundproblem der fehlenden Gesetzgebungskompetenz der Ländern ist freilich auch im **neuen Recht**, also in der die ECRL umsetzenden Fassung des MDStV, nicht gelöst. Auch soweit EG-Richtlinien in deutsches Recht umgesetzt werden, muss diese Umsetzung im Rahmen der Bund-Länder-Verteilung der Gesetzgebungskompetenzen erfolgen und können Bundesländer allein aus dem Umstand, dass eine EG-Richtlinie umgesetzt wird, keine Zusatzkompetenzen ableiten. Diese Transformationsnotwendigkeit lässt binnenstaatliche Kompetenzregelungen unberührt. Die Regelungen in den §§ 7 – 9 MDStV müssen deshalb wie § 5 MDStV a.F. als **verfassungswidrig** angesehen werden, soweit sie die Haftung der Mediendiensteanbieter abweichend von den allgemeinen Bestimmungen einschränken. Daran ändert sich auch nichts durch den Umstand, dass die Länder durch Staatsvertrag eine einheitlichen Regelung zur Haftungseinschränkung trafen. Dies kann ein Fehlen der Regelungskompetenz der Länder nicht kompensieren; vielmehr indiziert dieses allenfalls das Erfordernis einer bundeseinheitlichen Regelung, während Bundesländer eigentlich unterschiedliche länderspezifische Regelungen treffen sollten, mit denen sie im Wettbewerb zueinander

---

1 Für eine Analogie Spindler/*Riehmer/Hessler*, Vertragsrecht der Internet-Provider, Teil III, Rdn. 168, die Analogiefähigkeit aber letztlich offenlassend.

2 Ebenso Hoeren/Sieber/*Spindler*, Handbuch Multimedia-Recht, Teil 29, Rdn. 24 mit dem Hinweis, dass dem Gesetzgeber die Frage der Kompetenz sehr wohl bewusst gewesen sei, und es deshalb „eigenartig" wäre, hier dennoch eine planwidrige Lücke anzunehmen; Rechtsprechung und Literatur seien nicht ein „Reparaturbetrieb" für einen verfassungsrechtliche Kompetenzgrenzen ignorierenden Gesetzgeber. Ähnlich bereits *Koch*, CR 1997, 193f, 198; *Pichler*, MMR 1998, 79, 81.

3 So *Engel-Flechsig*, ZUM 1997, 231, 239.

stehen. Auch die Berücksichtigung des Subsidiaritätsgrundsatzes führt zum selben Ergebnis, hebt doch die vereinheitlichende Regelung im Staatsvertrag Länderspezifika auf. Lücken in Kompetenzverteilungsregelungen der Mitgliedsstaaten dürfen andererseits nicht dazu führen, dass Richtlinien teilweise – hier also etwa im Bereich der Mediendienste – unumgesetzt bleiben und an ihrer Stelle bisheriges nationales Recht weitergilt, wie dies als Folge einer festgestellten Verfassungswidrigkeit anzunehmen ist. Die Folge dieser Auffassung zur fehlenden Regelungskompetenz der Länder ist freilich, dass die die Grundlage der Novellierung des TDG bildende **ECRL** für diejenigen Dienste **nicht umgesetzt** wurde, die nach dem MDStV der Länderkompetenz zugewiesen sind. Da zwischen Privaten andererseits eine unmittelbare Wirkung aus der nichtumgesetzten Richtlinie nicht in Betracht kommt, können (worauf hier nur knapp verwiesen werden kann) aber insoweit Ersatzansprüche derjenigen Provider begründet sein, die bei richtiger Umsetzung haftungsprivilegiert wären und dies bei Anwendung der allgemeinen Gesetze nicht sind. Es bleibt nur, für das Online-Medienrecht im Rahmen der ohnehin erforderlichen föderalismusbezogenen Neubestimmung der Kompetenzen von Bund und Ländern eine Korrektur durchzuführen.

e) Technische Möglichkeit zur Kontrolle von Informationen

Diensteanbieter müssen rechtsverletzende Informationen löschen oder deren Nutzung sperren, soweit dies nach den allgemeinen Gesetzen erforderlich ist (§ 8 Abs. 2 S. 2 TDG). Dennoch bestehen Einschränkungen der entsprechenden Verpflichtungen des Diensteanbieters. So unterliegen Diensteanbieter keiner Pflicht zur präventiven Prüfung oder Überwachung (§ 8 Abs. 2 S. 1 TDG). Außerdem können die genannten allgemeinen Gesetze Regelungen zur Zumutbarkeit der Maßnahmen enthalten.

Der Diensteanbieter muss grundsätzlich auch aus großen Datenmengen, wie sie bei Newsgroups, Webseiten oder Massen-Mails auftreten können, bestimmte Informationen **herausfiltern** und vom Nutzerzugriff ausschließen und auch alle sonst erforderlichen Maßnahmen treffen. Ungeschriebene Voraussetzung ist aber, dass die jeweiligen Maßnahmen technisch möglich und wirtschaftlich zumutbar sind. *Sieber*[1] hat die unterschiedlichen technischen Randbedingungen ausführlich dargestellt. Er gelangt zu dem Ergebnis, dass Nutzerzugriffe vom Betreiber nur in einem sehr begrenzten Umfang **erschwert**, also jedenfalls nicht ganz ausgeschlossen werden können[2]. Dieser Engpass der Kontrollmöglichkeiten ist auch nicht einfach durch erhöhten wirtschaftlichen Aufwand zu überwinden. Auch mit sehr schneller und leistungsfähiger Hardware ist eine Kontrolle **aller** transportierten Dateien jedenfalls in Echtzeit nicht möglich[3], vom Transfer von Audio- und Video-Streams in Multimedia-Anwendungen oder ganz abgesehen. Hinzu kommt, dass Systembetreiber auch nicht wahlfrei beliebige technische Standards implementieren können, sollen die Komponenten kompatibel und Kommunikation im Internet möglich bleiben. Das Internet ist durch ein Ensemble aufeinander abgestimmter Protokolle für Dienste und Schnittstellen gekennzeichnet, die eine Art einheitlicher technischer Infrastruktur beschreiben. Nur in diesem vorgegebenen technischen Rahmen sind Verhinderungsmaßnahmen überhaupt einheitlich technisch definierbar. Bleiben aber alle technisch möglichen Maßnahmen (voraussichtlich)

1 *Sieber*, CR 1997, 581 und 653.
2 *Sieber*, a.a.O., 665.
3 *Sieber*, a.a.O., 660.

erfolglos, kann eine Einstellung des Betriebes des jeweiligen Systems in Betracht, etwa das Abschalten bzw. Dekonnektierung des an den Kunden vermieteten Host-Rechners.

Auf dieser technischen Ebene trifft den Anbieter zumindest indirekt doch auch eine **präventive Pflicht zur Implementierung** von durch den Anbieter ausreichend steuerbaren Systemen. Er wird grundsätzlich nicht abwarten dürfen, bis er von Inhalten positive Kenntnis erlangt, um erst dann mit dem Umrüsten des Systems zur Implementierung von Sperr- oder Löschmaßnahmen zu beginnen bzw. dann die Unzumutbarkeit solchen nachträglichen Umrüstens zu behaupten. Vielmehr muss er **vorab**, also schon bei Systemauswahl und -implementierung, zumindest die für solche Systeme (markt)üblichen Eingriffsmöglichkeiten vorsehen muss, die es gestatten, die Nutzung von Informationen zu entfernen oder zu sperren (§ 8 Abs. 2 S. 2 TDG). Eine solche Ausgestaltung verwendeter Systeme kann grundsätzlich als zumutbar gelten, – erst recht im Vergleich zu den Anforderungen, die Diensteanbieter[1] für überwachungsbezogen bereitzustellende Einrichtungen nach § 6 TKÜV zu erfüllen zu haben.

Die Kriterien der **Zumutbarkeit** der Durchführung von erforderlichen Maßnahmen bestimmen sich nach den allgemeinen Grundsätzen. Auf der Grundlage von § 1004 BGB (als einem allgemeinen Gesetz im Sinne von § 8 Abs. 1 TDG) wurde die Beseitigung einer Anlage auch dann als erforderlich angesehen, wenn diese Maßnahme über die Behebung der Störung hinausgeht[2] oder die Beseitigungskosten unverhältnismäßig hoch sind[3], es sei denn, dass die Beseitigung mit unverhältnismäßigem, nach den Interessen der Beteiligten und allen sonstigen Umständen unbilligem Aufwand verbunden wäre[4]. Wegen fehlender Zumutbarkeit nicht verlangt werden kann eine Sperrung, wenn auf einem FTP-Server fremde Software im Wege der Spiegelung bereitgehalten wird und eine Löschung einer Datei nur auf dem Quell-Server des US-Providers möglich ist bzw. bei jeder (täglich erfolgenden) Spiegelung herausgefiltert werden müßte[5].

Diskutiert wurde, ob die Sperre nur allgemein oder gerade in bezug auf den einzelnen rechtswidrigen Inhalt differenzierend möglich sein muss[6]. Im Interesse der übrigen Teilnehmer (und Kunden des Diensteanbieters) ist wohl eine möglichst **zielgenaue Sperrung** oder Löschung von Dateien naheliegend, jedenfalls, soweit es um als rechtswidrig erkannte Inhalte geht. Dem Anbieter muss hier daran gelegen sein, möglichst wenig andere, nicht betroffene Inhalte technisch bedingt mitzusperren. Deshalb ist auch im Urteil eine Tenorierung entsprechender Anbieterpflichten möglichst präzise zu bezeichnen. So würde die Sperrung der Port-Nummer eines Dienstes (etwa Port 119 für News-Server) für alle Kunden des Anbieters den Zugriff auf den News-

---

1 Anbieter von Host-Providing-Leistungen sind auch Betreiber von TK-Anlagen und nach § 2 TKÜV verpflichtet.

2 BGHZ 18, 266.

3 BGH LM Nr. 14 zu § 1004.

4 BGHZ 62, 388.

5 OLG München, Urt.v.3.2.2000 – 6 U 5475/99, JurPC Web-Dok. 80/2000 – CD-Bench (für Spiegelung von Daten im vom Internet getrennten Wissenschaftsnetz WiN und Speicherung auf Universitätsserver). Grundlage war ein markenrechtlicher Anspruch auf Unterlassung der Wortmarkenbenutzung nach § 14 Abs. 2 Nr. 2 MarkenG. Das OLG München stufte die angebotene Nutzung der Software als „Angebot zur Information oder Kommunikation" i.S.v. § 2 Abs. 2 Nr.2 TDG bzw. als „Angebot zur Nutzung des Internet oder weiterer Netze" i.S.v. § 2 Abs. 2 Nr. 3 TDG ein. Näher begründet hat der 6. Senat diese Auffassung nicht, da dieser Punkt zwischen den Parteien nicht streitig gewesen sei.

6 Für letzteres siehe Stellungnahme der Deutschen Telekom AG (*Müller-Using*), a.a.O. (zu § 5 IuKDG).

Dienst **insgesamt** blockieren[1] und deshalb nur bei Gefährdung hochrangiger Rechtsgüter als *ultima ratio* in Betracht kommen.

Welche **Maßnahmen technisch möglich** und erforderlich sind, kann nur spezifisch für die jeweils angebotenen Dienste, nicht aber pauschal für „das Internet„ geprüft werden. Generell wird das Sperren oder Löschen als rechtswidrig erkannter einzelner Informationen auf Anbietersystemen relativ wenig Probleme bereiten[2]. Bei Newsgroups ist etwa das Löschen einzelner News wie auch vollständiger Newsgroups möglich[3]. Ähnliches gilt bei LISTSERV für einzelne *threads*.

Bei **telnet** muss sich der Nutzer in ein fremdes System einloggen. Diese Aktivität läßt sich vom Systembetreiber meist leicht durch Monitoring seines Systems und sogar zeitsynchron mit dem Einloggen des jeweiligen Nutzers kontrollieren (wenn der telnet-port entsprechend ausgelegt ist). Der Betreiber ist gehalten, den Zugriff zu allen Teilen des Systems von vornherein zu unterbinden, auf die Unberechtigte keinen Zugriff haben sollen. Weiter ist die gesamte Datenkommunikation mit dem Nutzer zu protokollieren. Stichproben dieser Protokolle reichen hier naturgemäß nicht aus. Dem Betreiber ist es im eigenen Interesse und im Interesse seiner angeschlossenen Kunden zumutbar, Systemangriffe bzw. bereits Versuche, definierte Sperren zu überwinden, sofort festzustellen und die Verbindung zu dem angreifenden Nutzer zu kappen.

Auch bei **ftp** sind alle Datenübertragungen grundsätzlich kontrollierbar, ebenso das für den Zugriff ausgewählte und zum Verfahren bereitgehaltene Dateiangebot auf dem Server des Providers.

Bei **E-Mail** (smtp etc.) bestehen schon rechtlich deutlich eingeschränkte Kontrollmöglichkeiten. Hier sind nämlich auf jeden Fall alle Punkt-zu-Punkt übertragenen E-Mails auszusondern, da diese im Rahmen des Fernmeldegeheimnisses (§ 88 TKG) nur im Einzelfall (etwa aufgrund auftretender technischer Störungen) kontrolliert werden dürfen und auch insoweit nicht bezüglich des Inhalts, sondern nur bezüglich der fehlerfreien Übermittlung. Anderes kann allenfalls für E-Mails gelten, die erkennbar an öffentliche Mailing-Lists, Newsgroups etc. gerichtet sind, nicht aber an einzelne Empfänger. Remailers, die denselben Datei-Inhalt einfach nur kopieren und an eine Vielzahl von Einzelempfängern schicken, fallen ebenfalls unter das Fernmeldegeheimnis, da es sich insoweit nur um eine Vervielfachung von Einzelzustellungen handelt.

Die meisten Probleme treten freilich im **WWW** auf, da hier vom einzelnen Provider allenfalls Kontrollsoftware eingesetzt werden kann, die Inhalte kontrolliert, wenn sie erst einmal auf den Host-Rechner des Providers heruntergeladen wurde. Keinesfalls ist es irgendeinem Provider aber zumutbar, gleichsam präventiv alle möglichen Websites auf der ganzen Welt nach (potentiell) rechtsverletzenden Inhalten abzusuchen oder gar (ohnehin unzulässige oder strafbare) Maßnahmen zu treffen, um den Zugriff auf fremde Websites bei diesen selbst zu verhindern (etwa durch Denial-of-Service-Angriffe).

Eine Datei mit rechtsverletzenden Informationen ist auf dem **Serverrechner** des Anbieters zu löschen oder mindestens vor dem Zugriff durch Nutzer zu sperren. Eine Sperre des Zugriffs auf den Herkunftsrechner durch Filtern auf dem Anbieterrechner kann ersatzweise in Betracht kommen, wenn zu befürchten ist, dass jugendgefährdende Inhalte zugreifbar bleiben (vgl. § 22 Abs. 3 MDStV)[4]. § 22 Abs. 3 MDStV setzt

---

1 S. ausf. *Sieber*, CR 1997, 581, 653, 663.

2 *Sieber*, a.a.O., 656.

3 *Sieber*, a.a.O., 653, 655, auch zu WWW- und ftp-Server.

4 „Zugriffssperre“ bedeutet hier, technisch bedingt, nur, dass den Teilnehmern die Möglichkeit genommen wird, sich aus dem *Anbietersystem* über eine vorgegebene Adresse in das Fremdsystem einzuloggen. Der Anbieter ist i.d.R. weder technisch noch wirtschaftlich in der Lage, sämtliche *sonstigen* Zugriffsmöglichkeiten in weltweiten Netzen zu unterbinden.

übrigens wie das bisherige Medienrecht voraus, dass eine Sperrung technisch möglich und zumutbar ist; wenn diese Einschränkung schon bei jugendgefährdenden Information möglich ist, sollte sie um so mehr (zumindest de lege ferenda) auch hinsichtlich sonstiger (rechtsverletzender) Informationen und deren Sperren anwendbar sein. Die Sperre kann außerdem nicht gegenüber Nutzern durchgesetzt werden, die die betreffenden Inhalte bereits heruntergeladen haben. Anderes gilt, wenn diese den jeweiligen Inhalt wiederum für Dritte bereithalten.

f) Internet-Auktionen

Anbieter von Internet-Auktionen (ausf. s. S. 189) bieten mit der Durchführung dieser online erfolgenden Auktionen einen **Teledienst** an[1]. Die Auktionsveranstaltung wurde als ein Angebot zur individuellen Nutzung des Internet (§ 2 Abs. 2 Nr. 3 TDG) gesehen[2]. Da bei Auktionen aber die Kommunikation zwischen dem Verkäufer und den Bietenden im Vordergrund steht, dürfte eher ein Angebot im Bereich der Individualkommunikation anzunehmen sein. In jedem Fall sind die Grundsätze zur Verantwortlichkeit nach den §§ 8 – 11 TDG anwendbar. Die bei Internet-Auktionen ausgetauschten Produkt- und Preisinformationen bzw. Bieterklärungen wurden grundsätzlich als für den Auktionsveranstalter **fremde** Informationen eingestuft, da dieser im Hintergrund stehe und nicht Vertragspartner werde[3]. Allerdings schließt der Veranstalter durchaus einen Vertrag mit dem Verkäufer ab. Hierdurch macht er sich aber nicht die produktbezogenen Informationen zu eigen. Da Auktionsangebote für eine gewisse Zeit speichert, wurde für eine mögliche Haftungsentlastung nur § 11 TDG als einschlägig angesehen[4]. Zumindest für die Gebote der Teilnehmer kann aber auch § 10 TDG in Betracht kommen, da diese Gebote nur kurzfristig, nämlich bis zur Abgabe des nächsten Gebotes zwischengespeichert werden.

g) Haftung von Internet-Gremien

Rechtlich nach wie vor kaum diskutiert wurde eine **Haftung internationaler Gremien** wie des Internet Architecture Board (IAB), der Internet Engineering Steering Group (IESG) oder der Internet Society selbst. Bemerkenswert ist etwa die persönliche, unbegrenzte Haftung der Mitglieder des IAB[5]. Sie kann z. B. aus der Entwicklung fehlerhafter Übertragungsstandards aktuell werden. Weder die Internet Society noch die IESG oder der IAB sind aber Betreiber des Internet. Geschuldet sind nach dem Stand der Technik realisierbare Sicherungsmaßnahmen (Passwortkontrollen, Firewalls, etc.), soweit diese zum Aufgabenbereich des jeweiligen Gremiums gehören. Dieser Stand wird regelmäßig über die Internet Society in „RFC“ (Request for Comment) genannten, online verfügbaren Dokumenten durch die dem IAB zugeordnete Internet Engineering Task Force (IETF) definiert.

1 *Wüstenberg*, WRP 2002, 497.
2 *Wüstenberg*, WRP 2002, 497.
3 *Wüstenberg*, WRP 2002, 498.
4 *Wüstenberg*, WRP 2002, 499.
5 *Huitema*, S. 21.

h) Unzulässige Mediendienste, Jugendmedienschutz

Das Recht des **Jugendmedienschutzes** wurde durch den am 1.4.2003 in Kraft getretenen Jugendmedienschutz-Staatsvertrag (JMStV)[1] für den Medienbereich neu geordnet. Zweck des JMStV ist nach dessen § 1 „der einheitliche Schutz der Kinder und Jugendlichen vor Angeboten in elektronischen Informations- und Kommunikationsmedien, die deren Entwicklung oder Erziehung beeinträchtigen oder gefährden“, sowie der Schutz vor solchen Angeboten in elektronischen Informations- und Kommunikationsmedien, die die Menschenwürde oder sonstige durch das StGB geschützte Rechtsgüter verletzen.

Vom **Geltungsbereich** des JMStV sind Rundfunk und Telemedien erfasst (§ 2 Abs. 1 JMStV), nicht aber TK-Dienstleitungen und geschäftsmäßige TK-Dienste (§ 2 Abs. 2 JMStV). Das TDG soll nach § 2 Abs. 3 JMStV unberührt bleiben. Dennoch umfasst der Begriff der „Telemedien“ (neben Mediendiensten im Sinne des MDStV) auch **Teledienste** im Sinne des TDG, soweit sie nicht Rundfunk im Sinne des Rundfunkstaatsvertrages (RfStV) sind (§ 3 Abs. 2 Nr. 1 JMStV). Die jugendschutzrechtlichen Bestimmungen des JMStV lösen die entsprechenden Bestimmungen in § 3 RfStV und in § 12 MDStV ab. Grundlage ist eine Neuregelung der Kompetenzen von Bund und Ländern im Medienbereich, nach der der Bund weiterhin für die Trägermedien zuständig ist, die Länder hingegen für den Jugendschutz in den elektronischen Medien[2].

Absolut unzulässig sind insbesondere Angebote von gegen die freiheitlich-demokratische Grundordnung oder Völkerverständigung gerichtete Propagandamitteln im Sinne von § 86 StGB (§ 4 Abs. 1 Nr. 1 JMStV), zum Hass oder zur Gewalt aufstachelnde oder die Menschenwürde angreifende Angebote (§ 4 Abs. 1 Nr. 3 JMStV), den Nationalsozialismus verharmlosende Angebote (§ 4 Abs. 1 Nr. 4 JMStV), grausame und sonst unmenschliche Gewaltdarstellungen (§ 4 Abs. 1 Nr. 5 JMStV), kriegsverherrlichende Angebote (§ 4 Abs. 1 Nr. 7 JMStV) oder pornografische Darstellungen (§ 4 Abs. 1 Nr. 10 JMStV). Bestimmte Angebote sind jedoch **zulässig**, wenn sie nur Erwachsenen in einer „geschlossenen Benutzergruppe“ zugänglich gemacht werden (§ 4 Abs. 2 S. 2 JMStV). Bei pornographischen Seiten muss beim Zugang die Volljährigkeit geprüft werden[3]. Der Zugang ist durch Volljährigkeitsprüfung im zumindest erstmalig persönlichen Kontakt und durch Authentifizierung beim einzelnen Bestellvorgang sicherzustellen[4]. Die Überprüfungsprozedur scheint freilich noch nicht ausreichend transparent. So sah das LG Düsseldorf[5] die Überprüfung einer Personalausweisnummer als ausreichend an.

Bei **entwicklungsbeeinträchtigenden** Angeboten (also Angeboten, die geeignet sind, die Entwicklung von Kindern oder Jugendlichen zu einer eigenverantwortlichen gemeinschaftsfähigen Persönlichkeit zu beeinträchtigen) müssen die Anbieter dafür

---

1 Staatsvertrag über den Schutz der Menschenwürde und den Jugendschutz in Rundfunk und Telemedien (Jugendmedienschutz-Staatsvertrag – JMStV), LT-Drucks. Baden-Württemberg 13/1320, abrufbar unter: www.alm.de/publik/recht/pdfs//JMStV.pdf oder unter www.Artikel5.de/gesetze/jmstv.html.

2 Amtl. Begr. Zum JMStV unter „A.Allgemeines“, Bay. LT-Drucks. 14/10426 v. 8.10.2002, ausf. s. *Schmid*, ITRB 2003, 223.

3 KG, Urt.v. 26.4.2004 – (5) Ss 436/03, CR 2004, 619. Das Gericht sieht die bloße Eingabe der Personalausweisnummer als kein ausreichendes Prüfsystem an; eine mühelos zu umgehende „Scheinbarriere“ genüge nicht.

4 Pressemitt. der Kommission für Jugendschutz (KJM) v. 24.6. und 28.7.2003, zit. nach *Schmid*, ITRB 2003, 223, 224, verfügbar unter www. Alm.de/gem_stellen/presse_kjm/presse.htm.

5 LG Düsseldorf, Urt.v.31.1.2003 – XXXI 34/02; s.a. LG Düsseldorf, Urt.v.28.7.2004 – 2 O 19/04, CR 2004, 849.

Sorge tragen, dass Minderjährige der betroffenen Alterstufen sie üblicherweise nicht wahrnehmen (§ 5 Abs. 1 JMStV).

In der **Werbung** ist zu beachten, dass weder indizierte Angebote uneingeschränkt zugänglich gemacht werden dürfen (§ 6 Abs. 1 JMStV) noch Kindern oder Jugendlichen körperlicher oder seelischer Schaden zugefügt werden darf (§ 6 Abs. 2 JMStV). Geschäftsmäßige Anbieter von allgemein zugänglichen Telemedien mit entwicklungsbeeinträchtigenden oder jugendgefährdenden Inhalten sowie Anbieter von Suchmaschinen müssen einen **Jugendschutzbeauftragten** bestellen (§ 7 Abs. 1 JMStV). Weiter kann eine Kennzeichnungspflicht bestehen (§ 12 JMStV). Er soll Ansprechpartner für Nutzer sein und den Anbieter in Fragen des Jugendschutzes beraten und ist vom Anbieter bei der Angebotsplanung zu beteiligen. Der Beauftragte hat gegenüber dem Anbieter ein Vorschlagsrecht (§ 12 Abs. 5 S. 4 MDStV), aber **keine Entscheidungsbefugnis**. Der Beauftragte soll Nutzer über technische Sicherungsmöglichkeiten informieren und deren Hinweise auf jugendgefährdende Inhalte entgegennehmen; eine juristische Überprüfung des Rechtsverhältnisses zwischen Anbieter und Nutzer gehört nicht zu seinem Aufgabenkreis, würde aber keine (nach dem RechtsberatungsG) unerlaubte Rechtsberatung darstellen[1].

Die **Kommission für Jugendschutz** (KJM) ist Aufsichtsstelle zur Überwachung insbesondere der Einhaltung des JMStV (§ 14 JMStV). Ergänzend können **Einrichtungen der Freiwilligen Selbstkontrolle** gebildet werden (§ 19 JMStV), die aber die Anerkennung durch die KJM bedürfen (§ 16 S. 2 Nr. 2 JMStV). Anbieter, die Mitglieder einer solchen anerkannten Einrichtung sind, unterwerfen sich den Statuten dieser Einrichtung (§ 20 Abs. 5 JMStV).

Unter „www.jugendschutz.net" wurde eine Internet-Präsenz der Zentralstelle der Länder für Jugendschutz in Mediendiensten eingerichtet.

Die **EG-Kommission** sah in einem **Grünbuch** den Schutz insbesondere der Minderjährigen als vorrangiges Schutzziel an und hält den Einsatz von Systemen für hilfreich, die Eltern erlauben, den Medienzugang zu rechtsverletzenden, etwa pornographischen Inhalten zu kontrollieren[2]. Auch wurde engere Kooperation der Mitgliedsstaaten als erforderlich angesehen. In einer **Mitteilung** an das Europäische Parlament vom 16.10.1996[3] wurden Maßnahmen wie eine Ratsempfehlung zur Verwendung von Filtersoftware und zur Erarbeitung eines Verhaltenskodex für im Internet veröffentlichte Inhalte vorgeschlagen, jedoch keine gemeinschaftsweite richtlinienbasierte Regelung. Als möglich wird aber die Entwicklung europäisch einheitlicher Bewertungssysteme angesehen. In einem Interimsreport vom 4.6.1997 werden die verschiedenen unternommenen Initiativen zum Stand 1.6.1997 mit Länderübersichten beschrieben[4].

i) FSK Multimedia (FSM)

Seit dem 1.8.1997 arbeitet ein Verein „Freiwillige Selbstkontrolle Multimedia

1 OLG Düsseldorf, Urt.v.11.2.2003 – 20 U 7/03, CR 2003, 447.

2 Zit. nach der engl. Fassung Green Paper, S. 3.

3 Mitteilung an das Europäische Parlament, den Rat,den Wirtschafts- und Sozialausschuss sowie den Ausschuß der Regionen, Illegale und schädigende Inhalte, vom 16.10.1996, KOM(96) 487.

4 Interim Report (s.Literaturverzeichnis). Eingeleitet wird der Bericht mit dem etwas verunglückten Sprachbild eines „meteoric growth" des Internet. Meteore wachsen normalerweise nicht oder nicht beträchtlich; sie ziehen nur ihre Bahn. Gemeint ist wohl ein *exponentielles* Wachstum. Für manche Lebensbereiche und Gesetzgeber wirkte das Internet allerdings wie ein Meteor*einschlag*.

Diensteanbieter e.V."[1]. In ihrem „Verhaltenskodex" verlangt die FSM, eher allgemein, Achtung der schutzwürdigen Interessen der Nutzer von Online-Angeboten und Internet-Informationen insbes. gegenüber Jugendgefährdung, Gewaltverherrlichung und Rassendiskriminierung; Respektierung der Medien- und Wirtschaftsfreiheit, freiwillige Unterwerfung der Anbieter unter den Verhaltenskodex und die Schiedssprüche der Beschwerdestelle der FSM, sorgfältige Angebotsrecherche, klare Anbieterkennzeichnung. Die Verletzung des Verhaltenskodex als solche begründet keine Schadensersatzansprüche Betroffener.

4. Haftung des Nutzers

TDG und MDStV definieren den „Nutzer" als natürliche oder juristische Person, die Teledienste (vgl. § 1 Nr. 2 TDG) oder Mediendienste (§ 1 Nr. 2 MDStV) nachfragen. Ein solcher „Nutzer" kann die nachgefragten Inhalte aus Dienste eines anderen Anbieters im Web für den privaten oder sonstigen eigenen Gebrauch (etwa für ein eigenes Archiv im Sinne des § 53 Abs. 2 Nr. 2 UrhG) verwenden oder – selbst als Anbieter – in sein eigenes (gewerbliches) Angebot integrieren, entweder durch direkte Aufnahme der Inhalte oder durch Verweisen mittels Hyperlinking, und so selbst zum Diensteanbieter werden. Die Trennung zwischen Anbietern und Nutzern ist also nicht disjunkt. Vielmehr kann grundsätzlich jeder aus der großen Mehrheit der passiven Nutzer selbst zum aktiven Anbieter von Inhalten (bzw. im Sinne des TDG von „Informationen") und auch von Diensten werden, wenn er Dritten selbst frei ausgewählte oder erstellte Inhalte zugänglich macht.

Auch Nutzer unterliegen im Netz Pflichten zur technischen Sicherung und inhaltlichen Kontrolle. Sie müssen also etwa verhindern, dass Unberechtigte in ihr System eindringen, um es als Ausgangsbasis für Angriffe im Netz zu nutzen, aber auch rechtsverletzende Inhalte vom Nutzer nicht in das Netz gebracht werden.

5. Netiquette Guidelines

Die „Netiquette Guidelines" (RFC 1855[2]) enthalten nur Empfehlungen, nicht aber verbindliche Rechtspflichten für Anbieter und Nutzer, d.h. hauptsächlich Benimm-Regeln, eine Art Internet-Knigge. Inhaltlich maßgeblich sind die „Netiquette Guidelines" in der von der Network Working Group[3] erstellten Fassung. Diese Guidelines sind als **internetweit einheitliche Empfehlungen** zu betrachten. Diesen Regeln kommt als solchen keine Rechtsverbindlichkeit [4], doch kann der Provider sie zur Grundlage seiner Verträge mit Nutzern machen, um diese zu Einhaltung zu verpflichten. Sie können außerdem Indizwirkung bei der Feststellung außervertraglichen Verhaltenspflichten im Internet entfalten, wobei jedoch zu prüfen ist, ob und inwieweit

---

1 Anschrift: Freiwillige Selbstkontrolle Multimedia-Diensteanbieter e.V. (FSM), Dr. Müller-Using, Deutsche Telekom AG, Postfach 2000, 53105 Bonn, Tel: 0228/ 18117330, http://www.fsm.de. S.auch näher *Rath-Glawatz/Waldenberger*, CR 1997, 766.

2 Verfügbar etwa über http://marketing.tenagra.com/rfc1855.html.

3 RFC 1855/FYI 28 vom Okt. 1995, verfasst von *Sally Hambridge*, Intel Corp. 2880 Northwestern Parkway, SC3-15, Santa Clara, CA 95052 (s.a. www.alternic.net/info/rfcs/1800/rfc1855.txt oder http ://marketing/tenagra.com/rfc1855.html) Im Internet kursieren freilich auch andere, teilweise sogar providerspezifische Netiquettes.

4 Der RFC wird der Kategorie „Informational" zugeordnet.

die Empfehlungen in der Praxis tatsächlich und üblicherweise befolgt werden. Man findet in ihnen auch viele eher technische Hinweise und Ratschläge[1].

Der interessierte Provider wird freilich zumeist eine deutsche Übersetzung beifügen müssen, da mit der schnellen Kommerzialisierung insbesondere des WWW und seiner Nutzung als Medium im deutschen Markt bei einer immer größeren Anzahl von Nutzern ausreichende englische Sprachkompetenz nicht vorausgesetzt werden kann. Übrigens findet auch er viele nützliche Hinweise, wie er die Diensteadministration durchführen sollte (etwa Nr. 2.2 Administrative Issues). Sinnvoller erscheint, gleich eine eigene „Acceptable Use Policy" (AUP) zu formulieren.

6. Ausländische Rechtsprechung

a) US-Rechtsprechung

(1) Anbieterhaftung

In *CompuServe*[2] wurde die Haftung des Online-Dienstes für kreditschädigende Äußerungen abgelehnt, da CompuServe das 'Journalism Forum', in dem die Äußerung gefallen war, nicht selbst führte, sondern durch einen Subunternehmer verwalten ließ. Verlegerhaftung oder Haftung aus Vertrieb wurde verneint, da C. keine Kenntnis hatte oder haben musste. Anders wurde in *Prodigy*[3] entschieden. Prodigy hatte ausdrücklich selbst (zudem im Nutzungsvertrag) redaktionelle Verantwortung für angebotene Inhalte („*family oriented*") übernommen und die Kontrolle durch entsprechende Software automatisiert sowie eigens Mitarbeiter beschäftigt. Prodigy wurde deshalb als verlegerähnlicher Anbieter eingestuft. Ein **Börsendienst** haftet nicht generell für die Richtigkeit der online verfügbar gemachten Informationen[4]. Ein BBS, das Fotos einen (kontroversen) Radiomoderators abbildet, der für ein politisches Amt kandidiert, verletzt nicht dessen Persönlichkeitsrechte[5]. In *AOL*[6] wurde die Verantwortung des Chatroom-Betreibers für rechtsverletzende Äußerungen der Chat-Teilnehmer abgelehnt.

---

1 Etwa: „Use mixed case. UPPER CASE LOOKS AS IF YOU'RE SHOUTING."(RFC 1855, S.3). Manches ist schon recht technisch und setzt gewisse Kenntnisse voraus: „Do not include control characters or non-ASCII attachments in messages unless they are MIME attachments or unless your mailer encodes these. If you send encoded messages make sure the recipient can decode them." Sehr nützlich bezüglich der *Spamming*-Problematik ist der Hinweis: „ The cost of delivering an e-mail is, on the average, paid about equally by the sender and the recipient (or their organizations). This is unlike other media such as physical mail, telephone, TV, or radio." ... „Sending someone mail may also cost them in other specific ways like network bandwith, disk space or CPU usage. This is a fundamental economic reason why unsolicited e-mail advertising is unwelcome" (sic!).

2 Cubby, Inc. v. CompuServe, Inc. U.S.D.C., S.D.N.Y. 29.10.1991, 776 F. Supp.135.

3 Stratton Oakmont, Inc. and Daniel Porush v. Prodigy Services Corp., No. 31063/94 vom 3.10.1995t; motion for ren.den. 11.12.1995 , 24 Media L.Rep.1126, 1995 WL 805178.

4 Elridge Daniel v. Dow Jones & C., Inc., Civil Court of the City of New York, Special Term, New York County, 13.10.1987, 137 Misc. 2d 94; 520 N.Y.S.2d 334; 14 Media L.Rep.1995 http://cpsr.org/cpsr/free_speech/daniel_v_dowjones.txt. Versehentlich wurde ein Erwerbspreis in kanadischen und nicht in US-$ angegeben.

5 Stern v. Delphi Internet Services Corp., Supreme Court, N.Y.County, 20.4.1995, 626 N.YS.2d 694 (www.jmls.edu/cyber/cases/stern.txt): Keine Verletzung der Sect. 50, 51 des New York Civil Rights Law, auch wenn das Foto in einer Werbung für das BBS verwendet wurde.

6 Jane Doe v. America Online, Inc., Circuit Court, 5th Cir., Palm Beach County, Florida, 26.6.1997, No. CL 97-631AE, www.leepfrog.com/E-Law/Cases/Doe_v_AOL.html .

(2) Inhalteregulierung

Die Entscheidung *Reno* v. ACLU [1] hat grundlegende, US-verfassungsrechtliche und auch verfassungspolitische Bedeutung. Nach dieser Entscheidung widerspricht Title 47 U.S.C.A. § 223 (a) (1) (B), das (teilweise) Verbot einer „*indecent communication*", dem First und Fifth Amendment der US-Verfassung. Der Schutz der Kinder rechtfertige kein generelles Verbot, das auch die Kommunikation **zwischen** Erwachsenen einschränken würde. Es genügt nach Auffassung des Gerichts, dass nutzerbasierte Software vorhanden oder bald verfügbar sei, die Eltern eine entsprechende Kontrolle gestatte. Diese Position verfolgt inzwischen auch die Clinton-Administration[2].

(3) Kryptographie

In *Bernstein*[3] wurden die Exportverbotsbestimmungen (Export Administration Regulations, 15 C.F.R. Pt. 730 et seq. (1997)) als verfassungswidrig eingestuft, soweit sie angewendet wurden, um dem Kläger die Veröffentlichung von Forschungsergebnissen zur Kryptographie zu untersagen (ebenfalls Verletzung des First Amendment)[4].

b) Rechtsprechung in Frankreich

In *Altern-B* wurde die Haftung des Internet Service Providers abgelehnt,[5] bejaht hingegen in *Rocher*[6]. 1997 hat ein Conseil de l'Internet in Frankreich den Vorschlag für eine Charte des Internet vorgelegt, die auf eine Autoregulation der Inhalte abzielt[7].

c) Niederlande

Die Rechtsbank Den Haag[8] entschied, dass Access Provider grundsätzlich nicht für von Nutzern begangene Urheberrechtsverletzungen haften, wohl aber gegen den Nutzer einschreiten müssen, positive Kenntnis besteht.

---

1 (Janet) Reno, Attorney General of the United States v. American Civil Liberties Union (ACLU), Supreme Court, Dec. 26.6.1997, No. 96-511, 1997 U.S.Lexis 4037, http:// supct.law.cornell.edu/S upct/html/96-511.ZS.html. S.auch die *Preliminary Injunction* des *Supreme Court* vom 11.6.1996 , No. 96-1458 (www. aclu.org/court/cdadec.html) mit einer konzisen Kurzdarstellung zur „Creation of the Internet and the Development of Cyberspace" (Findings of Facts, S. 5 – 27).

2 S. etwa A Framework for Gobal Electronic Commerce vom 01.107.1997, www.whitehouse.gov.

3 Bernstein v. U.S.Dept.of State, No.C-95-0582 MHP, Opinion 25.8.1997, www.eff.org/pub/Legal/Cases/Bernstein_v_DoS/Legal/970825.decision

4 Bernstein hatte in C ein Ver- und Entschlüsselungsprogramm geschrieben („snuffle.c" und „unsnuffle.c").

5 UEJF-Costes / Altern-B et AUI, Prem. Chambre Tribunal de Grande Instance (TGI), Urt. v. 10.07.1997, www.aui.fr/communiques/verdict/uejf-costes.html., auch rassistische Inhalte noch möglicherweise als von der Meinungsfreiheit abgedeckt ansehend, die Klage aber vor allem aus prozessualen Gründen abweisend. Die Anbieterhaftung wird nicht näher behandelt.

6 Yves Rocher / BNP-Banexi, TGI Paris, Urt. v. 16.4.1996, REF 54240/96 (Verbreitung ehrverletzender Äußerungen).

7 www.planete.net/code-internet/ccode2.html.

8 Rechtsbank Den Haag, Entsch. v. 12.3.1996, GRUR Int. 1997, 556 – Scientology.

d) Australien

Der *High Court* of Australia sah die Zuständigkeit australischer Gericht auch dann als begründet an, wenn diffamierende Äußerungen in einer Online-Ausgabe einer Publikation getätigt werden, deren Herausgeber seinen Sitz in den USA hat[1]. Dem Gericht zufolge kommt es nicht auf den Standort des Serverrechners an, sondern auf den Ort, an dem der Artikel gelesen wird. Folge ist freilich, dass weltweit alle Anbieter von Inhalten im Internet (auch) australisches Recht beachten müssen.

7. Internet-Cafés

Eine Reihe von spezifischen Problemen treten auf, wenn Unternehmer in einem durch Kunden zugänglichen, etwa als Café ausgestalteten Raum Rechner mit Internet-Anbindung aufstellen und die Kunden diesen Internet-Zugang nutzen lassen.

a) Gewerberecht

Das gewerbsmäßige Aufstellen und Bereithalten von Computern in einem Internet-Café wurde als besonders erlaubnisbedürftige Betreiben einer Spielhalle im Sinne von § 33i Abs. 1 S. 1 GewO eingeordnet, wenn der Schwerpunkt des Betriebes in dem Bereitstellen zu Spielzwecken besteht[2] und jedenfalls lokal installierte Computerspiele zur Verfügung gestellt werden[3]. Ausreichend ist, dass ein multifunktionales Gerät wie ein Computer **auch** zu dem Zweck der Nutzung als Unterhaltungsspiel aufgestellt wurde[4]. Die Rechner stellen hiernach aufzustellende (d.h. stationäre[5]) **Spielgeräte** im Sinne von § 33 i Abs. 1 S. 1 GewO dar. Nicht entgegen steht, dass auch eine andere Nutzung der Rechner möglich ist. Entscheidend ist die Nutzungs**möglichkeit**, nicht die tatsächliche Nutzung[6]. Fehlt die gewerberechtliche Erlaubnis, kann eine Untersagungsverfügung ergehen (§ 15 Abs. 2 GewO).

Erlaubnispflicht wurde **verneint**, wenn das Internet-Café nicht gewerbsmäßig betrieben wird, so etwa Internet-Cafés in Bildungseinrichtungen, öffentlichen Bibliotheken, gemeinnützigen Vereinen etc., jedoch bejaht, wenn das Betreiben mit Gewinnerzielungsabsicht erfolgt und (zeitabhängiges) Nutzungsentgelt verlangt wird[7]. Der Café-Betreiber muss die Rechner installiert haben. Keine Erlaubnispflicht besteht damit, wenn sich Nutzer mit eigenen Notebooks oder vergleichbaren Mobilrechnern in ein zur Verfügung gestelltes W-LAN über Hotspots einloggen. Sind auf Rechnern in Internet-Cafés keine Computerspiele lokal installiert, ist kein Unterhaltungsspielgerät

---

1 High Court of Australia, Order 10 Dec. 2002, *Dow Jones & Co v. Gutnick*, HCA 56 (verfügbar über www. austlii.edu.au/au/cases/cth/high_ct/2002/56.html).

2 VG Berlin, Beschl.v. 21.8.2002 – VG 4 A 253.02, MMR 2002, 767. Allerdings sind Sachverhaltsbesonderheiten zu beachten. So wurden 24 mit Kopfhörern versehene Computer aufgestellt, auf denen außerdem eine Auswahlleiste mit etwa 20 verschiedenen Computerspielen angebracht war.

3 OVG Berlin, Beschl.v. 16.12.2002 – OVG 1 S 55.02, MMR 2003, 204.

4 OVG Berlin, Beschl.v. 17.12.2002 – OVG 1 S 67.02, CR 2003, 281 = JurPC Web-Dok. 29/2003.

5 BayVGH, NvwZ-RR 1995, 32; *Lober*, MMR 2002, 730, 733 m.w.N.

6 OVG Berlin, Urt.v. 12.5.2004 – OVG 1 B 20.03, MMR 2004, 707.

7 *Liesching/Knupfer*, MMR 2003, 439.

im Sinne von § 33i Abs. 1 S. 1 GewO gegeben und besteht also keine Erlaubnispflicht[1].

b) Jugendschutz

Der Aufenthalt von Kindern und Jugendlichen in Spielhallen[2] ist verboten (§ 8 Abs. 1 Gesetz zum Schutz der Jugend in der Öffentlichkeit, JÖSchG), ebenso das Spielen an Bildschirm-Unterhaltungsspielgeräten (als Geräte ohne Gewinnmöglichkeit[3]) durch Jugendliche unter 16 Jahren (§ 8 Abs. 4 JÖSchG). Nach der vorgenannten Entscheidung des VG Berlin gelten diese Grundsätze auch für Internet-Cafés jedenfalls dann, wenn überwiegend Spiele zugänglich gemacht werden[4], also nicht bei überwiegender Nutzung zum Surfen[5].

1 *Liesching/Knupfer*, MMR 2003, 439, 441.

2 Der Begriff der Spielhalle wird in § 33 i GewO und in § 8 Abs. 1 JÖSchG identisch verwendet (*Lober*, MMR 2002, 730, 731).

3 *Lober*, MMR 2002, 730, 732.

4 *Liesching/Knupfer*, MMR 2003, 439, 446.

5 Krit. *Lober*, MMR 2002, 730, 733.

§ 12 Strafbarkeit von Diensteangeboten im Internet

Das Internet hat in den letzten Jahren durch einige teils spektakuläre Straftaten eine (unverdient) negative Publizität bekommen. Im folgenden können – da sich die vorliegende Darstellung aus Raumgründen vor allem auf zivilrechtliche Aspekte beschränken muss – nur einige Hinweise zur strafrechtlichen Haftung im Internet gegeben werden. Vorab ist zu beachten, dass die Mehrzahl der Straftaten auch mittels oder über das Internet begangen werden können, wie zum Beispiel Erpressung, Verabredung von Verbrechen, Aufforderung zu Straftaten etc. Insoweit ergeben sich keine Besonderheiten, da dieselben Straftaten oft ähnlich genauso per Telefon oder Telefax verabredet und/oder durchgeführt werden können. Im folgenden sind hingegen einige Straftatbestände zusammengestellt, deren Anwendung auf Straftaten im Internet zu Schwierigkeiten führt. Hierzu gehört insbesondere der Bereich der Straftaten, die durch Verbreiten von „Schriften" begangen werden.

Vorab ist aber kurz der Rahmen abzustecken, in dem Inlands- von Auslandstaten abzugrenzen sind.

I. Auslandsstraftaten, Täterschaft

1. Auslandsstraftaten

Nach § 3 StGB gilt **deutsches Strafrecht** grundsätzlich nur für Taten, die im Inland begangen werden (sog. **Territorialitätsprinzip**). Im Ausland begangene Straftaten beurteilen sich hingegen grundsätzlich allein nach dem Recht des Staates des Tatortes. Wird also zum Beispiel die Filiale einer deutschen Bank in New York von Amerikanern über das Internet angegriffen, so handelt es sich allein um eine Straftat, die nach US-Recht zu behandeln ist. Greifen US-amerikanische Hacker/Cracker hingegen den Zentralrechner der Muttergesellschaft in Deutschland an, so liegt der Tatort in Deutschland und es ist hieraus wiederum deutsches Recht anwendbar. Eine Ausnahme vom Tatortprinzip gilt für

- Auslandstaten gegen inländische Rechtsgüter, z. B. Hochverrat im Sinne der §§ 81 bis 83 StGB (§ 5 Nr. 2 StGB).
- Auslandstaten gegen international geschützte Rechtsgüter, z. B. § 184 Abs. 3 und 4 StGB (§ 6 Nr. 6 StGB, sog. **Weltrechtsprinzip**).
- Im Ausland gegen einen Deutschen begangene Taten, wenn die Tat am Tatort mit Strafe bedroht ist oder der Tatort keiner Strafgewalt unterliegt (§ 7 Abs. 1 StGB) bzw. wenn etwa jedenfalls der Täter Deutscher war (§ 7 Abs. 2 Nr. 1 StGB).

„Ort der Tat" ist jeder Ort, an dem der Täter gehandelt hat oder (bei Unterlassen) hätte handeln müssen **oder** an dem der zum Tatbestand gehörende Erfolg eingetreten ist (§ 9 Abs. 1 StGB, sog. Ubiquitätsprinzip). Ausreichend ist, dass nur der Erfolgsort im Inland liegt (Distanzdelikte)[1], z.B. bei Internetauktionen, wenn statt ersteigerter Ware nur defekte oder gestohlene Produkte geliefert werden[2]. Bei **Gefährdungsdelikten** genügt bereits der Eintritt der Gefahr, der insoweit als Erfolg angesehen wird[3].

Für den vorliegenden Zusammenhang ist zu unterscheiden, ob bei dem

---

1 *Bär,* Die strafrechtliche Verantwortlichkeit für Hyperlinks, in: *Hohl/Leible/Sosnitza*, Domains, Frames und Links, 2002, 191, 205.

2 *Graf,* Strafrechtsschutz im Internet, in: *Heermann/Ohly*, Verantwortlichkeit im Netz 2003, 85, 95.

3 *Bär,* Die strafrechtliche Verantwortlichkeit für Hyperlinks, a.a.O., 206.

Zugänglichmachen von Inhalten auf einem Rechner für das Internet die Tat am **Standort** des Rechners begangen ist oder **auch** an demjenigen Ort, an dem ein Nutzer über das Internet den Zugriff eingeräumt erhält. Letztere Auslegung hätte freilich zur Konsequenz, dass im Internet bei weltweit möglichem Zugriff grundsätzlich die Gebiete aller anderen Staaten auch Tatort sein können, sofern von dort aus der Abruf **möglich** ist (ohne tatsächlich erfolgt zu sein). Die Funktion der Bestimmung des § 9 Abs. 1 StGB, eine bestimmte Rechtsordnung zuzuweisen, würde damit offensichtlich leerlaufen. Vielmehr ist richtigerweise auf die Tathandlung, nämlich das Zugänglichmachen abzustellen, das dem Standort des Host-Rechners als Tätigkeitsort zugeordnet werden kann. Entscheidend ist hiernach nicht der aus sämtlichen anderen Staaten potentiell mögliche Zugriff, sondern das tatsächlich erfolgte Zugänglichmachen, also das Eröffnen der Zugriffsmöglichkeit.

Problematisch ist andererseits auch, dass jeder Standort im weltweiten Web zum Tatort i.S.v. § 9 StGB werden kann, wenn der Erfolg in Deutschland eintritt (oder eintreten sollte). Dies gilt nicht bei schlichten, nicht auf einen Erfolg abstellenden Tätigkeitsdelikten und abstrakten Gefährdungsdelikten[1].

§ 9 Abs. 1 StGB stellt außerdem auf den **Erfolgsort** als denjenigen Ort ab, an dem der zum Tatbestand gehörende Erfolg eingetreten ist oder nach Vorstellung des Täters eintreten sollte.

Für das Zugänglichmachen ist auch hier zu differenzieren: Entscheidend ist allein, dass die Zugriffs**möglichkeit** eröffnet wird (Tätigkeit) und hieraus durch den Täter begründet wird (Erfolg). Ein tatsächlicher Abruf muss nicht erfolgt und ein Auslandskontakt nicht bereits hergestellt sein. Der Erfolg des Zugänglichmachens tritt damit bereits dann ein, wenn die technischen Voraussetzungen geschaffen sind, um von anderen Orten aus über das Netz auf Dateien auf dem Host-Rechner zuzugreifen. Dies hat zur Konsequenz, dass beim Zugänglichmachen Tatort wie Erfolgsort am Standort des Host-Rechners, auf den zugegriffen werden kann, liegen.

Dem **BGH** zufolge ist deutsches Strafrecht in bestimmten Fällen auch dann anwendbar, wenn Inhalte auf einem Serverrechner vom Ausland her zugänglich gemacht werden[2]. So wurden auf einem Serverrechner in Australien Thesen zur Auschwitzlüge im Internet zugänglich gemacht. Ein Abruf durch andere Personen als ermittelnde Polizeibeamte war nicht feststellbar.

Für **abstrakte Gefährdungsdelikte** wie Volksverhetzung, § 130 StGB, ist nun nach überwiegender Auffassung in der Literatur[3] (im Hinblick auf § 9 StGB) nur auf den Handlungsort (in Australien) abzustellen, nicht den Erfolgsort (in Deutschland). Auch der BGH verneinte die Vornahme einer Tathandlung in Deutschland, sah aber im Bereithalten von Informationen auf einem ausländischen Serverrechner eine Eignung zur Friedensstörung in Deutschland, die (insoweit doch) zu einem **Erfolgs**eintritt in Deutschland führt und gemäß § 9 Abs. 1, 3. Fall StGB die Zuständigkeit deutscher Gerichte begründet. Der Erfolg im Sinne von § 9 StGB tritt im Falle abstrakt-konkreter Gefährdungsdelikte in dieser Sicht überall dort ein, wo die konkrete Tat ihre Gefährlichkeit im Hinblick auf das tatbestandliche Rechtsgut entfalten kann[4]. Freilich kann dieses Ergebnis nicht unbesehen auf sonstige rechtswidrige Inhalte oder den Download rechtswidrig erstellter Werkkopien (etwa von Musikwerken im MP3-Format)

---

1 *Hilgendorf*, NJW 1997, 1873, 1875; für eine Sonderregelung (*Derksen*, NJW 1997, 1878, 1880).

2 BGH, Urt.v. 12.12.2000, BGHSt 46, 212 = NJW 2001, 624 = ZUM-RD 2001, 103.

3 *Gercke*, ZUM 2002, 283, 285 m.w.N.; *Sieber*, NJW 1999, 2065, 2067 mit ausf. Nachweisen.

4 BGH NJW 1997, 138; OLG Köln, NJW 1968, 954; OLG Saarbrücken, NJW 1975, 507; *Gercke*, ZUM 2002, 283, 285 m.w.N.

übertragen werden[1].

Für das **Linksetzen** ist darauf abzustellen, ob der Linksetzer seinen Sitz im Inland hat oder im Ausland. Abrufbarkeit im Inland reicht nicht aus. Dem BGH[2] zufolge ist allerdings, wie ausgeführt, bei abstrakten Gefährdungseintritt (und damit Erfolgseintritt) dann anzunehmen, wenn die konkrete Tat ihre Gefährlichkeit im Hinblick auf das im Tatbestand umschriebene Unrecht entfalten kann, so etwa Volksverhetzung (§ 130 StGB); insoweit ist allein die Möglichkeit der im Inland erfolgenden Aktivierung des im Ausland gesetzten Links zur Friedensstörung im Inland geeignet und Anknüpfungspunkt für die Anwendung deutschen Strafrechts[3].

Anderes gilt beim – am Host-Rechner des Providers gesteuerten – **Übertragen von Dateien** (E-Mail). Die Handlung ist hier abgeschlossen, wenn der Täter alles getan hat, was erforderlich ist, um die Datei im Netz „auf den Weg" zu bringen. Dies geschieht in der Regel am Standort des Host-Rechners oder am Ort von dessen Steuerung, etwa bei Nutzung der Host-Rechnern von Providern in Drittstaaten. Der Erfolg tritt freilich erst bei dem Eintreffen der Datei, etwa einer E-Mail, beim Empfänger ein. Erfolgsorte sind hier nicht alle Orte, von denen aus potentiell Dateien abgerufen werden können, sondern nur derjenige Ort, an den tatsächlich eine Datei übermittelt wurde. Diese wird verfasst und formatiert und abgesendet. In diesem Zeitpunkt ist die Handlung vollendet. Geht die E-Mail irgendwo im Internet verloren, tritt kein Erfolg ein, sondern kommt nur **Versuch** in Betracht.

Tritt der Erfolg erst ein, wenn die Datei tatsächlich beim Empfänger eintrifft, ist nicht auf die Abrufmöglichkeit abzustellen, sondern allein auf den tatsächlichen Zugang. Umgekehrt ist beim **Abruf** von einer Website Handlungsort der Ort, von dem aus (durch den jeweils abrufenden Nutzer) über den Rechner (z.B. Mailserver) der Abruf erfolgt.

Ein erhebliches Hindernis für Strafverfolgung (und damit auch für die Durchsetzung der Ersatzansprüche Geschädigter) besteht in der unterschiedlichen Ausgestaltung der nationalen Straf- und Deliktsrechtsordnungen. Eine Harmonisierung befindet sich erst am Anfang. Delikte werden international unterschiedlich definiert. So werden in den USA durch die Meinungsfreiheit Äußerungen weitergehend geschützt als etwa in Deutschland. Dies erschwert eine internet-einheitliche Sanktionsdurchsetzung. Harmonisierung ist bisher weder erreicht noch auch nur in Aussicht.

Allerdings existierten auch bisher schon (teils kaum bekannte) Abkommen, die die Strafverfolgung/Anspruchsdurchsetzung vereinfachen können[4]. Dies kann hier jedoch nicht vertieft werden.

---

1 *Graf*, Strafrechtsschutz im Internet, in: *Heermann/Ohly*, Verantwortlichkeit im Netz 2003, 85, 95f.

2 BGH NJW 2001, 624.

3 S. auch krit. *Bär*, Die strafrechtliche Verantwortlichkeit für Hyperlinks, in: *Hohl/Leible/Sosnitza*, Domains, Frames und Links, 2002, 191, 208f, die Gefahr einer unangemessenen Allzuständigkeit befürchtend.

4 *Engel* (AfP 1996, 220, 225) weist auf das Abkommen zur Bekämpfung der Verbreitung unzüchtiger Veröffentlichungen vom 5.5.1910 (RGBl. 19911, 209) bezüglich unzüchtiger Schriften, Zeichnungen, Bilder oder Gegenstände, die einen internationalen Charakter haben. Weiter existiert eine Konvention über die Verhütung und Bestrafung des Völkermordes vom 9.12.1948 (BGBl. 1954 II, 729), die die unmittelbare und öffentliche Anrufe zur Begehung von Völkermord unter Strafe stellt. Schließlich verbietet das internationale Übereinkommen zur Beseitigung jeder Form von Rassendiskriminierung vom 7.3.1966 /BGBl. 1969 II, 961), damit auch rassendiskriminierende Äußerungen (s. *Engel*, a.a.O., 225).

2. Täterschaft

Primär verantwortlich ist immer derjenige, der einen Inhalt in das Netz bringt (also der „Content Provider"). Ergänzend kann aber auch der Online-Dienste bzw. der zugangsvermittelnde Access Provider verantwortlich sein, wenn und soweit er technisch (und wirtschaftlich zumutbar) die Möglichkeiten hatte, die Präsentation des rechtsverletzenden Inhaltes zu erkennen und zu verhindern.

Im **internationalen** Bereich treten hier Probleme auf, wenn etwa eine neonazistische Äußerung in den USA bzw. in Kanada von der Meinungsäußerungsfreiheit gedeckt und damit nicht strafbar ist, während die Äußerung nach deutschem Recht sehr wohl strafbar ist[1]. Die Vermittlung des Zugriffes auf die ausländische rechtsverletzende Informationsquelle kann hier als solche (etwa als Beihilfe) strafbar sein, sofern das nutzerseitige Abrufen strafbar ist (wobei immer (bedingter) Vorsatz erforderlich ist).

Zu einer der ersten strafrechtlichen Verurteilungen eines **Providers** kam es in der **Schweiz**[2]. Eine strafrechtliche Verantwortlichkeit des Linksetzers wurde nur angenommen, wenn sich der Linksetzer den fremden Link zueigen macht[3]. Im **deutschen** Recht bestimmt sich die strafrechtliche Beurteilung nach den allgemeinen Grundsätzen, da die Haftungseinschränkungsregelungen der §§ 9 – 11 TDG (nach den Vorgaben der E-Commerce-RL) auf Links (und Suchmaschinen) nicht anwendbar sind. Kontrollpflichten des Linksetzers werden allenfalls bezüglich des verlinkten fremden Inhalts im Zeitpunkt der Linksetzung zu bejahen sein, wohl aber nicht hinsichtlich nach diesem Zeitpunkt eintretender Änderungen der verlinkte Webseite(n)[4].

In aller Regel liegt noch kein **Vorsatz** vor, wenn der Betreiber erst einmal den Netzbetrieb aufbaut und Zugänge installiert[5]. Für die Beförderung von rechtsverletzenden Inhalten ist zu unterscheiden, ob die Inhalte vom Betreiber selbst stammen (Strafbarkeit aus Tun) oder ob er es unterlassen hat, die Beförderung fremder Inhalte zu verhindern (Strafbarkeit aus Unterlassen, § 13 StGB). Letztere Alternative setzt allerdings die vorherige Begründung einer Garantenstellung des Betreibers voraus. Nicht jeder Web Site-Betreiber hat jedoch von vornherein eine solche Garantenstellung. Entscheidend sind die beförderten Inhalte, also deren Bereithalten/Transportieren. Sie können Verantwortlichkeit aus Ingerenz (vorausgehendes gefährdendes Tun) begründen, wozu jedoch nicht jede Rechnerinstallierung bereits als solche zählt[6]. Access Provider können eine Garantenstellung innehaben, die aber nicht bereits aus der bloßen Tätigkeit der Zugangsvermittlung ableitbar ist, da diese kein pflichtwidriges

---

1 Hinweis bei *Flechsig*, AfP 1996, 333, 342

2 Telekiosk-Entscheidung des Schweizerischen Bundesgerichtes vom 17.2.1995, BGE 121, 1995, IV 109ff; s.näher *Widmer/Bähler*, CR 1996, 178, 179. Voraussetzung der Providerstrafbarkeit war konkrete Kenntnis von der Strafbarkeit bestimmter Inhalte oder zumindest Eventualvorsatz (dolus eventualis). Diese Voraussetzungen entsprachen der deutschen Rechtslage nach § 5 TDG/MDStV.

3 Bezirksgericht Zürich, Urt.v. 10.9.2002 – GG 010848, JurPC Web-Dok. 337/2002.

4 *Satzger*, Strafrechtliche Providerhaftung, in: *Heermann/Ohly*, Verantwortlichkeit im Netz 2003, 161, 175.

5 *Altenhain*, CR 1997, 485, 486, der hier allerdings (wohl zu weitgehend) *generell* Vorsatz ausschließen will. Dem dürfte in den Fällen nicht zu folgen sein, in denen der Betreiber von vornherein z.B. ein rechtsradikales Netz (etwa als Chat oder Newsgroup) vorbereitet und in Betrieb nimmt. Hier dürfte zumindest die Versuchsphase für Verbreitungstatbestände erreicht sein.

6 *Barton*, Multimedia-Strafrecht, Rdn. 263. Nicht zu folgen ist deshalb auch *Altenhain*, CR 1997, 485, 489, wenn dieser die allgemeine Frage problematisiert, ob das Laufenlassen einer Maschine als Tun eingestuft werden könne und hierfür einen erweiterten Handlungsbegriff einführen will. Für die Rechtsprechung liefert dieser einzelne Ansatz auf absehbare Zeit wohl keine rechtssichere Beurteilungsgrundlage. Zweifelhaft ist, ob eine Verurteilung aufgrund eines innovativen Handlungsbegriffes zu einem tragfähigen Urteil führen kann.

gefährdendes Vorverhalten darstellt, sondern ein sozialübliches Handeln[1].

Auch wird der **IRC**-Betreiber nicht verantwortlich sein, wenn sich die Teilnehmer im Chat-Dialog unmittelbar zur Begehung einer Straftat verabreden und diese planen oder einander beleidigen, etc. Die Gefahr geht hier nicht von der (bereits vorher bestehenden) Chatgroup aus, sondern vom Handeln der Teilnehmer. Hält der Betreiber aber selbst heraufgeladene Raubkopien von Programmen etc. zum Downloading bereit, hat er selbst die Gefahrenquelle (in der Regel) vorsätzlich eröffnet. Eröffnen andere einen webbasierten Raubkopienhandel **auf seiner Website**, so geht die Gefahrenquelle auch von seiner verantworteten Sache aus, doch entsteht seine Verantwortlichkeit erst mit seiner tatsächlichen Kenntniserlangung oder einem Kennenmüssen.

Bisher nur begrenzt geklärt ist die Beurteilung von zugangsvermittelnden Handlungen etwa durch Provider oder auch Betreiber von Internet-Cafés. Das Betreiben eines solchen Internet-Cafés wurde als sozialübliches und grundsätzlich rechtlich zulässiges Verhalten eingestuft[2].

3. Teilnahme durch Hyperlinking

Bezüglich des Hyperlinking im World Wide Web wurde argumentiert, das Herstellen des Link eröffnet grundsätzlich allen Nutzern im Netz ein Linking, damit aber nicht nur einem individuell bestimmten Personenkreis, so dass das Herstellen eines Link nicht als Anstiftung einer Person oder eines bestimmten Personenkreises im Sinne von § 26 StGB angesehen werden könne[3]. Jedoch liege Beihilfe zugunsten des Betreibers des Website vor, auf den verwiesen werde. Bedingter Vorsatz des Verweisenden scheidet hier allerdings immer dann aus, wenn das Linking über Suchmaschinen automatisiert erfolgt[4] oder rechtsverletzende Inhalte erst nachträglich eingefügt werden. Notwendig ist also grundsätzlich immer Providervorsatz, um Beihilfe annehmen zu können.

4. Einschränkung der Strafbarkeit durch das TDG

Die Bestimmungen der §§ 9 – 11 TDG und §§ 6 – 9 MDStV enthalten verantwortlichkeitseinschränkende und -aufhebende Regelungen. Da freilich die Bundesländer das zivile Haftungsrecht (siehe oben) ebensowenig wie das Strafrecht ändern und dessen Geltungsbereich einschränken können, führen die entsprechenden Regelungen im **MDStV** zu keiner Veränderung der bestehenden Strafbarkeitsbestimmungen.

Anderes gilt für die §§ 9 – 11 **TDG**, das den Regelungsbereich des StGB wirksam einschränken kann (freilich nur für bereitgehaltene oder zugänglich gemachte **Informationen** und nur soweit, als die Inhalte über **Tele**dienste zugänglich gemacht werden, nicht jedoch für Mediendienste!).

§ 11 S. 1 Nr. 1 TDG macht die Strafbarkeit vom Bestehen positiver Kenntnis

---

1 *Satzger*, Strafrechtliche Providerhaftung, in: *Heermann/Ohly*, Verantwortlichkeit im Netz 2003, 161, 171.

2 Staatsanwaltschaft München, Besch.v. 16.1.1997 – 467 Js 19998/96, zit. nach *Liesching/Knupfer*, MMR 2003, 562, 564, verfügbar unter www.online-recht.de/vorent.gtml? LGMuenchen970116 +ref=Strafrecht., eine Garantenpflicht ablehnend. *Liesching/Knupfer*, MMR 2003, 562, 568 bejahen hingegen eine Garantenpflicht im Verhältnis zu Minderjährigen und eine Pflicht zum Einsatz von Jugendschutzprogrammen und stichprobenweisen Kontrollen.

3 *Ernst*, NJW-CoR 1997, 224, 228.

4 *Ernst*, a.a.O.

abhängig. § 9 TDG schließt überhaupt jede Strafbarkeit für Zugangsvermittlung gänzlich aus, also auch für Hyperlinking und bezüglich jeglicher Straftatbestände.

II. Beispiele für Straftaten im Internet

2002 wurden 57490 Fälle der Computerkriminalität mit einer Schadenssumme von rund 85 Millionen Euro verzeichnet[1]. Bei netzbezogener Kriminalität beliefen sich kinderpornographische Delikte auf 84,6 % [2].

1. Ehrverletzende Äußerungen (§ 185 ff. StGB)

a) Beleidigung (§ 185 StGB), Beschimpfen religiöser Bekenntnisse (§ 166 StGB)

§ 185 StGB spricht, ohne Definition, einfach von der strafbaren Beleidigung. Allgemein versteht man unter „**Beleidigung**" den rechtswidrigen Angriff auf die Ehre eines Anderen durch vorsätzliche Kundgebung der Mißachtung oder Nichtachtung[3]. Möglich ist eine solche Kundgebung in schriftlicher, bildlicher oder symbolischer Form bzw. durch schlüssige Handlung, jeweils auch im **elektronischen Format**, so etwa mittels E-Mail oder in Chats[4]. Dieser umfassende Kundgabebegriff umschließt damit grundsätzlich auch die Verwendung aller elektronischen Medien. Entscheidend ist allein die Auswirkung auf die Ehre des Betroffenen, nicht die Verwendung eines bestimmten Kommunikationsweges oder -mittels.

Auch ein **Beschimpfen religiöser Bekenntnisse** (§ 166 StGB) ist im Internet möglich, wobei hier die Eignung zur Störung des öffentlichen Friedens gegeben sein muss[5].

b) Üble Nachrede (§ 186 StGB)

Strafbar ist auch **üble Nachrede** (§ 186 StGB) als das Behaupten oder Verbreiten einer in ihrem Wahrheitsgehalt nicht erweislichen Tatsache bezüglich eines anderen, die geeignet ist, denselben verächtlich zu machen, ebenso die Verleumdung als bewusstes Behaupten oder Verbreiten einer unwahren Tatsache wider besseres Wissen[6].

Das Behaupten oder Verbreiten muss weder schriftlich noch in einem bestimmten Medium erfolgen. „Behaupten" meint hierbei, etwas als nach eigener Überzeugung

---

1 *Debie*, IuK-Kriminalität, mehr als nur Cybercrime, JurPC Web-Dok. 214/2004, mit dem Hinweis, dass zwar gegenüber 2001 ein Rückgang von etwa 27,5 % zu verzeichnen war, jedoch Datenveränderung bzw. Computersabotage um 53,9 % und gewerbliche Software-Piraterie um 90,2 % zunahmen.

2 *Debie*, a.a.O.

3 S. etwa BGHSt 1, 289; BGHSt 7, 131; BGHSt 11, 67; BGHSt 16, 63; allg. zum Straftatbestand s. etwa *Gounalakis/Rhode*, Persönlichkeitsschutz im Internet, Rdn. 99.

4 *Gounalakis/Rhode*, Persönlichkeitsschutz im Internet, Rdn. 141 unter Hinweis auf AG Rheinbach, Beschl. v. 12.2.1996 – 2 Ds 397/95 – chauvi.ger.

5 OLG Nürnberg, Beschl.v. 23.6.1998 – Ws 1603/97, JurPC Web-Dok. 109/1998.

6 *Tröndle/Fischer*, StGB, § 187, Rdn. 1.

richtig hinstellen[1], „Verbreiten" hingegen, eine Tatsache mitteilen, die von anderer Seite gehört wurde und nicht Gegenstand eigener Überzeugung ist[2]. Beide Kommunikationsziele lassen sich auch im Internet verfolgen. Zu beachten ist, dass das Herabwürdigen nicht eine tatsächlich eingetretene Rufschmälerung in der Öffentlichkeit voraussetzt, sondern bloß die objektive **Eignung** hierzu. Sowohl das Verächtlichmachen als auch das Herabwürdigen kann also auch in E-Mails erfolgen.

c) Verleumdung, Kreditgefährdung (§ 187 StGB)

§ 187 StGB erfasst eingeschränkt nur die Fälle, in denen eine erweislich unwahre Behauptung verbreitet wird (während § 186 StGB auch Fälle erfasst, in denen die verbreitete Tatsache nicht als wahr beweisbar ist). Tathandlungen sind, wie bei § 186 StGB, das Behaupten und Verbreiten. Führt die Verleumdung zu einer **Kreditgefährdung**, kann zusätzlich zivilrechtlich ein Schadensersatzanspruch aus § 824 BGB bestehen.

Schmähkritik von Konkurrenten im Internet kann auch **wettbewerbswidrig** sein und einen Verstoß gegen die guten Sitten im Sinne von § 826 BGB darstellen (der nicht das Bestehen eines Wettbewerbsverhältnisses voraussetzt).

2. Aufstacheln zum Angriffskrieg (§ 80a StGB)

Die Tat erfolgt durch gesteigertes, auf die Gefühle der Adressaten gemünztes propagandistisches Anreizen. Das Aufstacheln erfolgt öffentlich, etwa auf Plätzen, auf denen eine unbestimmte Anzahl von Personen Kenntnis nehmen *kann* (tatsächliche Kenntnisnahme wird nicht verlangt). Ein öffentliches Anreizen kann auch im Netz erfolgen, allerdings nicht in Systemen mit Einzelabruf von Dateien, aber durchaus in eine synchrone Kommunikation erlaubenden öffentlichen Diskussionsforen, z. B. im IRC[3] oder im Usenet.

Das Anreizen in einer **Versammlung** wird, bei gebotener enger Auslegung, im Netz keine mögliche Tathandlung sein, da es dort an einer erforderlichen, räumlich zu einem bestimmten Zweck vereinigten Personenmehrheit fehlt[4]. Allerdings ist das Verbreiten von Schriften im Netz möglich (s. hierzu unten Ziff. 3).

Nicht in Computernetzen strafbar ist das öffentliche Auffordern zu Straftaten, die nach § 111 StGB nur auf die Aufforderung in einer Versammlung oder auf das Verbreiten von Schriften abstellt, nicht aber auf deren Zugänglichmachen. Jedenfalls kann aber in diesem Falle § 130 a StGB eingreifen.

---

1 RGSt 38, 368.

2 RGSt, a.a.O.

3 Für Chatrooms s. *Libertus*, TKMR 2003, 179, 180 (zudem eine Strafbarkeit des Chatroom-Anbieters aus Eröffnung von Gefahrenquellen annehmend).

4 S. näher etwa LG Bonn, MDR 1974, 947.

3. Verbreiten „elektronischer Schriften“ und zugehörige Straftatbestände

a) Problematik

Schriften mit rechtswidrigem Inhalt werden im Internet in unverkörperter Form übermittelt. Der „**Schriften**“-Begriff des StGB (§ 11 Abs. 3 StGB) wurde – durch Anpassung gem. Art. 4 IuKDG in seinem Anwendungsbereich – auch auf elektronische, elektromagnetische, optische, chemische oder sonstigen (in ihren Inhalten nur unter Zuhilfenahme technischer Geräte wahrnehmbar zu machende) **Datenspeicher**, die gedankliche Inhalte verkörpern, gleichgestellt[1]. Eine entsprechende Anpassung erfolgte auch im Ordnungswidrigkeitengesetz (§§ 116 Abs. 1, 120 Abs. 1 Nr. 2, 123 Abs. 2 S. 1 OWiG durch Art 5 IuKDG) und in §§ 1 Abs. 3, 3, 5 Abs. 3 sowie 18 (und ergänzend § 7a) des Gesetz über die Verbreitung jugendgefährdender Schriften.

Das Verkörperungserfordernis verlangte eine stoffliche Verkörperung, in der eine Gedankenäußerung durch Buchstaben, Bilder und Zeichen materialisiert und durch Gesichts- oder Tastsinn wahrnehmbar zu sein hatte[2], die sowohl bei TV-Sendungen als auch bei dem bloßen Wiedergeben von Zeichen auf dem Computerbildschirm nicht vorliegt[3]. Den „Schriften“ wurden allerdings generell auch bisher schon Ton- und Bildträger[4] gleichgesetzt, ebenso Abbildungen oder andere Darstellungen (§ 11 Abs. 3 StGB in der Fassung von Art 4 IuKDG) und Speicherungen von E-Mails auf Providerrechnern[5]. Erfasst werden damit auch alle Formen von Bildern, Graphiken etc., ebenso Filme[6] und Videos, ebenso die Darstellung auf einem Bildschirm als solche (also unabhängig von einer Verkörperung)[7], aber nicht das reine Durchleiten von Daten[8] und das kurzzeitige Zwischenspeichern in TK-Netzen zum Zwecke der Echtzeitübermittlung[9] und das kurzfristige Darstellen am Bildschirm von in Chatrooms bereitgehaltenen Inhalten[10].

Vorausgesetzt wird aber immer eine Verkörperung der Darstellung, etwa in einem Hauptspeicher, auf Diskette, Band, CD-ROM[11] oder (besonders für Filme aktuell) DVD, wobei aber auch **nichtkörperliche** Übertragungsformen einbezogen sind, also das Verbreiten in Datennetzen[12]. Auch die Abspeicherung auf dem Rechner eines (Internet-)Service-Providers wird erfasst [13], kann also zu einem Verkörpern führen.

---

1 GesB, BT-Drucks. 13/7385, 36.

2 Schönke/Schröder-*Eser*, § 11 Rdn 78.

3 S. näher *Sieber*, JZ 1996, 494, 495.

4 Für eine Gleichsetzung von Datenträgern mit Bildträgern im Sinne von § 11 StGB OLG Stuttgart, NStZ 1992, 38.

5 *Barton*, Multimedia-Strafrecht, Rdn. 176.

6 RG St 39, 183; 46, 392.

7 BT-Drucks. 13/7385, 36.

8 *Barton*, Multimedia-Strafrecht, Rdn. 175.

9 BT-Drucks. 13/7385, 36.

10 *Libertus*, TKMR 2003, 179.

11 GesB, BT-Drucks. 13/7385, 36.

12 GesB, BT-Drucks. 13/7385, 36 (hiernach sollen auch Propagandatexte und -abbildungen in der elektronischen Übermittlung, etwa per E-Mail, erfasst werden, aber nur, „wenn einem nach Art und Zahl unbestimmten Personenkreis die Möglichkeit zur Kenntnisnahme dieser rechtswidrigen Inhalte gegeben wird“, a.a.O., was eigentlich mit Punkt-zu-Punkt-E-Mail-Übermittlung nicht vereinbar sein dürfte, sondern nur mit Mailing Lists bzw. Mail Explodern); *Engel-Flechsig* ZUM 1997, 231, 237.

13 Vgl. allgemein OLG Stuttgart, NStZ 1992, 38 (in bezug auf das frühere Btx-Verfahren); *Sieber*, a.a.O. m. w. N.

Immer muss außerdem die Abspeicherung **dauerhaft** erfolgen[1]. Flüchtige, also technisch bedingt rein temporäre Abspeicherungen, etwa in einem Netzknotenrechner, werden nicht erfasst[2] (ebenso nicht Fernsehübertragungen oder paketweise Übertragung in Echtzeit[3], wohl aber das bloße Lesen am Bildschirm[4] (das auch bei *telnet*-Nutzung vorliegt), – wobei hier aber ebenfalls meist im Cache der Browser-Software Kopien abgelegt werden. Für Proxy-Cache-Server wurde allerdings generell eine ausreichend lang dauernde Speicherung angenommen[5]. Außerdem stellt § 86 Abs. 1 StGB das öffentliche Zugänglichmachen in Datenspeichern unter Strafe, das auch das bloße Lesen durch Dritte erfasst (vgl. § 86 Abs. 1 StGB, Art. 4 IuKDG).

Auch Abspeicherungen bereits im Arbeitsspeicher (RAM) des Rechners sollen erfasst werden[6]. Die Gesetzesbegründung vermag in diesem Punkt nicht zu überzeugen, wenn gleichzeitig ausdrücklich eine gewisse Dauerhaftigkeit der Abspeicherung gefordert wird. Gerade im besonders relevanten Web-Surfing entschärft sich die Problematik aber durch das Caching der Browser-Software auf der Festplatte, das zu dauerhaften Kopien führen kann.

Im **Ergebnis** ist damit festzuhalten, dass Schriften auch in **elektronischer** Form bei Abspeicherung vom Strafrecht erfasst werden, nicht etwa nur in Print-Version. Strafbarkeitsbegründend ist außerdem jedes nicht nur temporäre Abspeichern auf beliebigen, dauerhaftes Speichern ermöglichenden Datenträgern.

b) Straftatbestände

Als **Tathandlung** sind verschiedene, straftatbestandsspezifische Handlungsvarianten zu berücksichtigen. Zu beachten ist, dass mit dem „Gesetz zur Änderung der Vorschriften über die Straftaten gegen die sexuelle Selbstbestimmung" vom 27.12.2003 (BGBl. 2003 I 3007) strafverschärfende Bestimmungen (mit Wirkung zum 1.4.2004) in Kraft traten.

So erfasst der **neue § 184 c StGB** auch das Verbreiten **pornographischer Darbietungen** durch Rundfunk, Tele- und Mediendienste, es sei denn, es ist durch technische oder sonstige Vorkehrungen sichergestellt, dass die Darbietung Personen unter 18 Jahren nicht zugänglich ist. Verschärft wurde der Strafrahmen für Besitz, Erwerb und Verbreitung kinderpornographischer Schriften (§ 184 b StGB). Verbreiten kinderpornographischer Inhalte war bisher schon von § 184 Abs. 3 StGB umfasst gewesen[7].

Ein „Verbreiten" (etwa im Sinne von § 184 Abs. 1 Nr. 5 StGB) beinhaltet das **Weitergeben** an mindestens eine weitere Person mit dem Ziel, die Schrift dadurch einem größeren Personenkreis zugänglich zu machen[8]. Dieses Weitergeben umfasst auch online erfolgendes Übertragen. Die Verantwortlichkeit entfällt nicht allein dadurch, dass der Anbieter eine einmalige Schlüssigkeitsprüfung von Ausweis- oder Kreditkartennummern durchführt[9]. Bilddateien wurden als „Schriften" im Sinne der §§

---

1 *Walter*, NStZ 1990, 523; *Dreher/Tröndle*, StGB § 11 Rdn. 44; *Schönke/Schröder*, StGB § 11 Rdn.78.
2 *Sieber*, a.a.O., 495.
3 GesB, BT-Drucks. 13/7385, 36.
4 GesB, BT-Drucks. 13/7385, 36.
5 *Sieber*, a.a.O.
6 GesB, BT-Drucks. 13/7385, 36.
7 BGH, Urt.v. 27.6.2001 – 1 StR 66/01, CR 2002, 45 = JurPC Web-Dok. 183/2001.
8 RG St 7, 113; 30, 224; BGHSt 13, 257, 375; 19, 63.
9 AG Neuss, Urt.v. 19.8.2002 – 7 Ds Js 6582/01 – 18/02, MMR 2002, 837.

11 Abs. 3 in Verbindung mit 184 Nr. 5 StGB angesehen[1].

Das bloße „**Zugänglichmachen**" im Sinne etwa von § 184 Abs. 1 Nr. 2 StGB setzt **keine** körperliche Überlassung voraus, ebensowenig das „öffentliche Zugänglichmachen" (s. §§ 131 Abs. 1 Nr. 3, 184 Abs. 1 Nr. 1 StGB)[2]. Es genügt hier, dass eine Darstellung auf einem Monitor zugreifbar ist[3], wobei es keine Rolle spielt, ob der Bildschirm als solcher mit dem jeweiligen Inhalt zugänglich gemacht oder der Inhalt auf Fremdbildschirme übertragen und dort zugänglich gemacht wird. Zugänglichmachen von „einfacher" Pornographie an Personen unter 18 Jahren (§ 184 Abs. 1 Nr. 1 StGB) und Zugänglichmachen an einem für Minderjährige zugänglichen Ort (§ 184 Abs. 1 Nr. 2 StGB)[4], ist damit **auch in Computernetzen** strafbar [5]. Als Schutzsystem wurde das Überprüfen von Personalausweisnummern nicht ausreichend angesehen, wenn nur (im Rahmen einer Schlüssigkeitsprüfung mittels einer „Dialer"-Software) überprüft wird, ob die eingegebene Nummer theoretisch existieren kann, nicht aber, ob sie tatsächlich von der Bundesdruckerei vergeben wurde[6]. Vielmehr muss, damit kein Zugänglichmachen vorliegt, durch Vorkehrungen sichergestellt sein, dass der Zugang von Minderjährigen zu entsprechenden Inhalten durch eine effektive Barriere regelmäßig verhindert wird; eine anonymer Schlüssigkeitsprüfung von Personalausweis- oder Kreditkartennummern stellt (auch in der Kombination mit kostenpflichtiger Einwahl über Dialer) kein solches effektives Zugangshindernis dar[7]. Dies gilt auch bei Implementierung weiterer Sicherungsbarrieren[8].

Das „**Sichverschaffen**" im Sinne von § 184 Abs. 5 StGB wird dann als nicht gegeben angesehen, wenn die Bilder nur am Bildschirm betrachtet werden und keine Zwischenspeicherung erfolgt[9]. Eine solche erfolgt aber jedenfalls, wenn die Browser-Software so konfiguriert wird, dass heruntergeladene Inhalte auf der Festplatte des Nutzerrechners gespeichert werden[10]. Jedoch soll ein solches Betrachten dennoch straflos sein, wenn die Daten zeitnah wieder gelöscht würden[11].

Das „**Verbreiten**" im Sinne von § 184 Abs. 3 Nr. 1 StGB setzte nach früherer

---

1 AG Hamburg, Urt.v. 8.7.1997 – 141a II-101/97, CR 1998, 33.

2 *Sieber*, a.a.O. 495.

3 OLG Stuttgart, NStZ 1992, 38; *Sieber*, a.a.O.

4 Etwa in einem „Internet-Café" oder in einem Kaufhaus mit an das Internet angeschlossenen Computerarbeitsplätzen . Der *bloße Betrieb* eines Internet-Cafés stellt aber nur ein sozialübliches und damit nicht rechtswidriges Verhalten dar (StA München beim LG München I, Einstellungsbeschluss v. 16.1.1997, 467 Js 319998/96, www.netlaw.de/urteile/stam_1.htm). Der Betreiber hält hier typischerweise fremde Inhalte nicht selbst bereit, sondern vermittelt über seine Nutzerrechner nur den Kunden Zugang zum Internet und zu Inhalten in diesem, so dass Freistellung von Haftung aus § 5 Abs. 3 TDG in Betracht kommt und deshalb Strafbarkeit nicht gegeben sein kann. Anderes gilt, wenn der Betreiber selbst auf bestimmte rechtsverletzende Inhalte in seiner Werbung hinweist.

5 *Sieber*, a.a.O.

6 AG Neuss, MMR 2002, 837. Nach dem LG Düsseldorf, Urt.v. 31.1.2003 – XXXI 34/02, MMR 2003, 418 sollte § 184 Abs. 1 Nr. 1 StGB nicht anwendbar sein, wenn es an einer im Rahmen von § 184 Abs. 1 Nr. 1 StGB erforderlichen Indivisualisierung des Jugendlichen fehle, dem pornographische Schrifen zugänglich gemacht werden.

7 OLG Düsseldorf, Urt.v. 17.2.2004 – II-5 Ss 143/03 – 50/03 I, CR 2004, 456 = MMR 2004, 409.

8 KG, Urt.v. 26.4.2004 – (5) 1 Ss 436/03 (4/04), MMR 2004, 478, nach dem das missbräuchliche Verwenden einer fremden Ausweisnummer durch einen minderjährigen Nutzer i.d.R. keine Straftat darstellt.

9 So *Gercke*, ZUM 2003, 349, 352 m.w.N.; offengelassen vom LG Stuttgart, NJW 2003, 36.

10 *Gercke*, ZUM 2003, 349, 353 Fn. 29 mit dem Hinweis, dass ein solches Speichern vom Nutzer unbemerkt erfolgen kann, wenn z.B. der Rechner mit derart vorkonfigurierter Software ausgeliefert wird.

11 *Gercke*, ZUM 2003, 349, 353.

Rechtsprechung[1] Verkörperung der Schriften auf Datenträger voraus, wozu auch Festplatte oder Diskette zählen, so dass das Tatbestandsmerkmal erst mit Abschluss des Download erfüllt war[2]. Der BGH änderte diese Rechtsprechung und stellt bezüglich der Verbreitung im Internet nicht mehr auf körperliche Weitergabe ab, da die bisherige Rechtsprechung auf Internet-Delikte nicht übertragbar sei[3]. „Verbreiten" wird als Unterfall des „**Zugänglichmachens**" eingestuft[4] und ist auch bei Datenübertragung auf den Rechner eines Nutzers und das Speichern nur im Arbeitsspeicher gegeben[5]. Unter das „Zugänglichmachen" fallen alle Tätigkeiten, durch die der gedankliche bzw. bildhafte Inhalt für eine andere Person durch Herbeiführen eines räumlichen Näheverhältnisses in der Weise verfügbar gemacht wird, dass dieser zumindest die Möglichkeit eröffnet wird, hiervon durch sinnliche Wahrnehmung Kenntnis zu nehmen, ohne dass aber eine substantielle Entäußerung erforderlich wäre. Bereithalten auf einem Serverrechner wird als ausreichend angesehen[6].

Erfolgt das Zugänglichmachen nicht bezüglich eigener Inhalte, sondern durch Hyperlink auf eine fremde Site, wurde § 5 Abs. 3 TDG als die Strafbarkeit generell ausschließend angesehen[7].

Bei „harter" Pornographie ist das Verbreiten im Netz (etwa per E-Mail) wie das öffentliche Zugänglichmachen auch im Netz strafbar. Notwendig ist die Wahrnehmbarkeit durch unbestimmt viele Personen, die durch uneingeschränkte Zugriffsmöglichkeiten im Netz in der Regel zu bejahen ist. Tatsächliche Kenntnisnahme wird nicht verlangt; ein Abruf muss nicht erfolgt sein[8].

Soweit **Arbeitnehmer** entsprechende Dateien auf Systeme des Unternehmens herunterladen, ist der Arbeitnehmer als Täter strafbar, der Arbeitgeber aber allein aus Unterlassen von Überprüfungen nicht strafbar, da das bloße Einrichten von mit dem Internet verbundenen IT-Systemen weder eine zu überwachende Gefahrenquelle (Ingerenz) noch eine sonstige Garantenstellung begründet[9].

Gleiche Grundsätze gelten für **Volksverhetzung** durch öffentliches Zugänglichmachen von Schriften (§ 11 Abs. 3 StGB), die zum Hass gegen Teile der Bevölkerung oder gegen eine nationale, rassische, religiöse oder durch ihr Volkstum bestimmte Gruppe aufstacheln, zu Gewalt- oder Willkürmaßnahmen gegen sie auffordern oder die Menschenwürde anderer dadurch angreifen, dass Teile der Bevölkerung oder eine vorbezeichnete Gruppe beschimpft, böswillig verächtlich gemacht oder verleumdet wird (§ 130 Abs. 2 Nr. 1 lit. b StGB). Ausreichend zur Erfüllung des Tatbestandes (konkrete Eignung zur Friedensstörung im Inland) ist, dass die Webseiten mit den strafbaren Inhalten in Deutschland abrufbar sind[10]. In gleicher Weise erfasst wird das öffentliche Zugänglichmachen von Schriften, die zum Völkermord im Sinne von § 220 a StGB

---

1 BGHSt 18, 64; BGH NJW 1977, 1696 und NJW 1963, 60.

2 BayObLG, Beschl.v.27.6.2000 – 5 St RR 122/2000, CR 2000, 843 = JurPC Web-Dok. 167/2000.

3 BGH, Urt.v. 27.6.2001 – 1 StR 66/01, MMR 2001, 676.

4 *Liesching/Knupfer*, MMR 2003, 562, 563.

5 BGH NJW 2001, 3558.

6 *Derksen*, NJW 1997, 1878, 1881; *Liesching/Knupfer*, MMR 2003, 562, 563; *Sieber*, JZ 1996, 492, 494.

7 Strafbarkeit bereits ablehnend schon das AG Berlin-Tiergarten, Az: 26 O Ds 857/96 (allerdings aufgrund fehlenden Nachweises der Kenntnis der Täterin vom rechtswidrigen Inhalt der in Bezug genommenen Site im Zeitpunkt der Linkerstellung).

8 BGH NJW 2001, 3558f.

9 *Wüstenberg*, TMR 2003, 4, 9.

10 BGH, Urt.v. 12.12.2000, BGHSt. 46, 212, 220ff; LG Mannheim, Urt.v. 12.12.2000 – 1 StR 184/00, CR 2001, 260 = MMR 2001, 228 – Auschwitzlüge; s. auch *Vec*, NJW 2002, 1535.

gehörende Handlungen billigen, leugnen oder verharmlosen (§ 130 Abs. 3 StGB) [1] oder das Leugnen des Holocaust (§§ 185, 189, 194 StGB).

Ebenso in Computernetzen strafbar ist auch die **Anleitung zu Straftaten** im Sinne von § 126 StGB (Störung des öffentlichen Friedens), wenn eine zu einer solchen Anleitung geeignete Schrift öffentlich zugänglich gemacht wird (§ 130 a Abs. 1 StGB)[2].

Auch **weitere Straftatbestände** können in und mit Hilfe von Netzen verwirklicht werden, so etwa die Vorbereitung eines hochverräterischen Unternehmens gegen den Bund (s. § 83 StGB) und Landesverrat (s. § 94 StGB). Die Netznutzung ist hier weder vorausgesetztes Tatbestandsmerkmal noch steht sie der Tatbestandsverwirklichung entgegen. Die Aufforderungs- bzw. Verabredungshandlungen können auch über das Netz erfolgen, etwa per E-Mail oder in Chat. Anderes gilt, wenn etwa ausdrücklich nur ein Verbreiten als Tathandlung definiert wird, nicht aber ein öffentliches Zugänglichmachen (so etwa bei den §§ 86 Abs. 1, 90 Abs. 1, 90 a und 90 b StGB). Hier ist zu prüfen, ob eine dauerhafte Kopie im Empfängerrechner erstellt wurde. Strafbar ist auch das Verwenden von Kennzeichen verfassungsfeindlicher Organisationen in rein elektronisch kommunizierten Inhalten, auch mittels elektronischem **Verbreitung** von Schriften, das auch das öffentliche Zugänglichmachen umfasst (§ 86 a StGB)[3]. Gleiches gilt für ein „öffentliche Bekanntmachen" (etwa im Sinne von §§ 95, 96 und 100 a StGB), das auch im Netz strafbar ist. Strafbar ist weiter das Verbreiten von Propagandamitteln verfassungswidriger Organisationen (§ 86 StGB) und das Verwenden von Kennzeichen verfassungswidriger Organisationen (§ 86 a StGB).

Das Verändern oder Löschen einer Home Page eines Ministeriums, eines Gerichtes oder einer sonstigen öffentlichen Institution, die **öffentliche Bekanntmachungen** zugänglich macht, ist nicht aus § 134 StGB strafbar, da nur angeschlagene oder ausgelegte Bekanntmachungen erfasst werden, jedoch kann zumindest Datenveränderung im betroffenen Rechner zu prüfen sein (§ 303 a StGB, s. unten S. 632).

4. Verletzung der Vertraulichkeit des Wortes (§ 201 StGB) und des Briefgeheimnisses (§ 202 StGB)

Strafbar ist nach § 201 StGB etwa, wer unbefugt das nichtöffentlich gesprochene **Wort** auf einen Tonträger aufnimmt oder eine so hergestellte Aufnahme einem Dritten zugänglich macht (§ 201 Abs. 1 Nr. 2 StGB), abhört (§ 201 Abs. 2 S. 1 Nr. 1 StGB) oder öffentlich mitteilt (§ 201 Abs. 2 Satz 1 Nr. 2 StGB) und in letzterem Fall berechtigte Interessen eines Anderen beeinträchtigt (vgl. § 201 Abs. 2 Satz 2 StGB). Zu

---

1 § 130 StGB ist abstraktes Gefährdungsdelikt, an dessen Folgen Strafrecht in Deutschland nicht anknüpfen kann (*Derksen*, NJW 1997, 1878, 1880).

2 Im Strafverfahren gegen A. Marquardt (AG Berlin-Tiergarten, Beschl.v. 30.6.1997 – 260 DS 857/96, w ww.netlaw.de/urteile/agb_1.htm) erfolge jedoch ein Freispruch, da der Angeklagten nicht zu widerlegen gewesen sei, dass sie den Link zu einer holländischen Site mit rechtswidrigen Inhalte bereits zu einem Zeitpunkt hergestellt habe, als der verfahrensgegenständliche Inhalt noch nicht auf jenen Rechner gespeichert war. Die *bloße Weiterexistenz* des Link könne keine Strafbarkeit begründen, wenn nicht beweisbar sei, dass der Link „bewusst und gewollt in Kenntnis" des Inhaltes aufrechterhalten wurde. Inzwischen erfolgte allerdings eine Verurteilung wegen Bereithaltens *der Anklageschrift* im Internet.

3 Nicht strafbar, da außerhalb des räumlichen Geltungsbereiches des StGB, ist das Verfügbarmachen auf einem ausländischen Host-Rechner (*Ringel*, CR 1997, 303, 304), wobei allerdings *Proxy Caching auf deutschen Rechnern wiederum nach deutschem Strafrecht strafbar ist,* allerdings nur, soweit nicht die Haftungsfreistellung aus den §§ 9 – 11 TDG eingreift. Für die Abgrenzung entscheidend ist hier, ob die Zwischenspeicherung automatisch und kurzzeitig erfolgt.Dies ist bei gezielter, längerdauernder Zwischenspeicherung (etwa von beliebten, besonders häufig abgerufenen Inhalten) nicht der Fall.

denken ist an das Zugänglichmachen der Inhalte von Diktatträgern über Voice-Mail im Internet. Fraglich erscheint aber, ob das auf Datenträger diktierte Wort ebenfalls geschützt ist. Dieses wird nämlich nicht von dem Täter, sondern von dem Sprechenden selbst aufgezeichnet. Der Täter führt die Aufzeichnung nur einer anderen Verwendung als vom Sprechenden beabsichtigt zu. Aufgrund des Analogieverbotes wird eine derart weite Auslegung, die auch eine derartige Verwendung noch in den Tatbestand einbezieht, nicht tragfähig sein. Etwas anderes gilt aber, wenn die an Multimedia-Computern serienmäßig angebrachten Mikrophone „offen" sind, d. h. aufnehmen und der Täter über einen Zugang zu diesem Mikrophonen Gespräche im Raum in der Umgebung um den Computer heimlich aufzeichnet. Diese Fälle erfüllen den Tatbestand des § 201 StGB.

Hingegen werden reine **E-Mails nicht** erfasst, da sie nur schriftliche Äußerungen enthalten[1]. Nicht geschützt werden auch Äußerungen in der Öffentlichkeit, die also an einen personell unbestimmten Personenkreis gerichtet sind, wohl aber etwa Äußerungen in (Online- bzw. IP-)Telefonkonferenzen[2]. Gesprochene Kommunikation ist grundsätzlich auch in WLAN-Netzen geschützt.

Das Briefgeheimnis (§ 202 StGB) schützt nicht E-Mails, da diese nicht als Brief eingestuft werden, wohl aber das Fernmeldegeheimnis (s. S. 923). § 202 StGB erfasst nur Schriftstücke (als Verkörperung eines gedanklichen Inhalts durch Schriftzeichen) und nimmt zudem nicht auf § 11 Abs. 3 StGB Bezug (der Schriften mit Bild- und Tonträgern gleichsetzt[3]).

5. Verletzung des höchstpersönlichen Lebensbereichs durch Bildaufnahmen (§ 201 a StGB)

Geschützt werden soll vor unbefugten Bildaufnahmen im höchstpersönlichen Lebensbereich, also in Wohnungen oder sonst besonders geschützten Räumen. Hierdurch soll eine Angleichung an den Schutz der Vertraulichkeit des Wortes angeglichen werden[4]. Erfasst werden alle Handlungen, mit denen das Bild auf einem Bild- oder Datenträger, gleich ob dauerhaft oder nicht, gespeichert werden[5]. Erfasst werden auch Techniken wie Webcams, Spycams und Mobiltelefone mit integrierter Kamera[6].

6. Ausspähen von Daten (§ 202 a StGB)

Die folgenden Ausführungen können nur einige Ausschnitte aus dem gesamten Problembereich des Tatbestandes aufgreifen. Sie müssen sich aus Raumgründen auf rein internetbezogene Aspekte beziehen.

Geschützt werden **Daten**[7] und die aus ihnen zusammengesetzten **Programme**[1],

---

1 *Gounalakis/Rhode*, Persönlichkeitsschutz im Internet, Rdn. 167.

2 *Gounalakis/Rhode*, Persönlichkeitsschutz im Internet, Rdn. 167.

3 *Barton*, CR 2003, 839, 841.

4 Gesetzesbegr., BT-Drucks.15/2466, 4.

5 Gesetzesbegr., a.a.O., 4.

6 *Borgmann*, NJW 2004, 2133.

7 „Daten" sind alle speicherbaren Informationen, die einer weiteren Verarbeitung in einer Datenverarbeitungsanlage unterliegen (BT-Drucks. 5/4094, 37). Jedoch schützt § 202 a StGB nicht weiter zu verarbeitende Daten, z.B. Ausgabedaten, ebenso Passwörter (*Holznagel*, Recht der IT-

unabhängig davon, auf welchem Medium sie gespeichert sind[2], also auch Daten im Cache, der auf dem Nutzer- oder Providerrechner installierten Browser-Software.

Die Daten dürfen außerdem – dem Täter erkennbar – **nicht für diesen bestimmt** sein. Typisches Beispiel sind verschlüsselte Daten[3] oder etwa verschlüsselte E-Mails (als Ansammlungen von Daten). Offen über eine Webseite zugreifbare Daten sind hingegen grundsätzlich für die Nutzer im Netz bestimmt, wenn nicht besondere Zugriffssperren eingerichtet und auch nach außen erkennbar sind. Ein „Welcome"-Vermerk auf der Home Page einer Website ist aber nicht als Freibrief für Nutzer zu beliebigen Eingriffen zu verstehen.

Wesentliches Merkmal des Straftatbestandes ist also, dass die Daten **gegen unberechtigten Zugang besonders gesichert** sind. Typisches Beispiel ist wiederum die Verschlüsselung (sie ist im wesentlichen auch die einzige Maßnahme, um Daten in der Übermittlungsphase zu schützen)[4]. Vergleichbare Funktionen erfüllt auch eine Passwortabfrage oder ein biometrisches System. Hingegen stellen Firewalls mit Protokollfunktionen keine Zugangsabsicherung im Sinne von § 202 a StGB dar[5], ebensowenig Kopiersperren[6] für Anwendungsprogramme oder sonstige Inhalte. Geschützt sind auch Daten in Datenbanken[7] und Datenverarbeitungsprogramme[8]. E-Mails als solche weisen keine derartige Sicherung auf [9], es sei denn, sie sind verschlüsselt oder sie werden auf einem privaten E-Mail-Account des Arbeitnehmers im Mailsystem des Arbeitgebers verwaltet und zumindest durch Passwort geschützt[10].

Wesentlich ist weiter, dass die **Sicherung** nicht nur vorhanden, sondern auch für den Täter **erkennbar** ist. Er muss sie **bewusst** als eine solche Sicherung **überwinden** wollen. Es genügt z.B. nicht, wenn er sich einfach nur durch eine unübersichtliche Baumstruktur einer Website durcharbeitet, ohne dass er merkt oder merken musste, dass es sich hierbei um eine Zugriffssperre handeln sollte. Normale Datenabfragen über eine CGI-Webseite stellen ebenfalls keine Sicherung im Sinne von § 202 a StGB dar, da aus ihnen eine Sperrwirkung zumindest nicht nach außen erkennbar ist. Zwar mag die CGI-Seite so eingerichtet sein, dass der Nutzer als Dialogpartner nicht auf andere Dateien als im System vorgesehen zugreifen kann, jedoch ist diese Sperrwirkung als interne grundsätzlich für den außenstehenden Täter nicht ohne weiteres erkennbar.

Ein Ausspähen ist auch bei **kabelloser Kommunikation** möglich, etwa in WLANs[11] oder bei Bluetooth-Nutzung. Voraussetzung ist aber einer besonderen Zugangssicherung. Diese fehlt, wenn eine mögliche Verschlüsselungsoption bei WLAN nicht aktiviert ist. Ist sie aktiviert, wird hierin eine ausreichende besondere Zugangssicherung gesehen. Nicht zu folgen ist aber der Auffassung, der Täter wisse

---

Sicherheit, § 7 Rdn. 9).

1 *Schönke/Schröder-Lenckner*, StGB § 202 a Rdn. 3 m. w. N., wobei freilich in EDV-technischer Sicht Programme keinesfalls einfach als Datensammlungen bezeichnet werden können (anderenfalls ließen sich lauffähige Computerprogramme nicht von Datensammlungen unterscheiden).

2 *Lenckner*, a.a.O., Rdn. 4.

3 *Lenckner*, a.a.O., Rdn. 6.

4 *Lenckner*, a.a.O., Rdn. 8.

5 *Tröndle/Fischer*, StGB, § 268 Rdn. 7a.

6 Ernst/*Ernst*, Hacker, Cracker & Computerviren, Rdn. 342. Strafbar ist allerdings (urheberrechtsspezifisch) das Umgehen von technischen Schutzmaßnahmen (§§ 95 a, 108 b UrhG).

7 *Koch*, Handbuch Software- und Datenbank-Recht, § 12 Rdn. 4.

8 *Tröndle/Fischer*, StGB, § 202a Rdn. 3; Schönke/Schröder/*Lenckner*, StGB § 202 a Rdn. 3 .

9 *Barton*, CR 2003, 839, 841.

10 *Barton*, CR 2003, 839, 842.

11 *Ernst*, CR 2003, 898, 899.

hier erst im Nach-hinein, inwieweit er sich strafbar gemacht hat[1]. Zu unterscheiden ist vielmehr zwischen dem Download der verschlüsselten Dateien und dem Entschlüsseln dieser Datei, um Zugang zu den in ihr enthaltenen Informationen zu erhalten. Erst dieses Entschlüsseln stellt ein Sichverschaffen der durch Verschlüsselung gesicherten Daten dar. Hingegen wird meist erst nach dem Download der Datei überhaupt feststellbar sein[2], ob, eine besondere Sicherung etwa durch Verschlüsselung erfolgt ist.

Als nicht strafbar wird das bloße **Überwinden der Sicherung** als solcher angesehen, bei dem kein Zugriff auf Daten erfolgt[3]. Gleiches soll für das „Anpingen", das *„Portscanning"* oder *„Traceroute"* gelten[4]. Für ein Sichverschaffen von Daten genügt bereits ein Auslesen einer Verzeichnisstruktur[5]; ein Herunterladen ist nicht erforder-lich[6]. Ein Entschlüsseln der Daten(sätze) wird nicht als erforderlich angesehen[7]. Allerdings kann Verschlüsselung selbst als Zugangssicherung[8] dienen, besonders bei File Transfer verschlüsselter Daten. Das Entschlüsseln stellt dann das Überwinden der Zugangssicherung dar. Zumindest in den Fällen, in denen die Verschlüsselung die einzige Zugriffssicherung darstellt, wird das Entschlüsseln als (einzige) Form der Überwindung dieser Zugangssicherung zu sehen sein. Kein Schutz besteht umgekehrt bei Übertragung unverschlüsselter Daten[9].

Der Versuch des Sichverschaffens der Daten ist nicht strafbewehrt. Die Tat wird nur auf Antrag verfolgt (§ 205 Abs. 1 StGB). Teilnahme an diesen Delikten ist möglich, der Versuch jedoch straflos.

7. Verletzung von Privatgeheimnissen (§ 203 StGB)

Der Straftatbestand sanktioniert die Verletzung der Schweigepflicht von Anwälten und Notaren, Ärzten und Apothekern, Steuerberatern und Wirtschaftsprüfern, Ehe- und Familienberatern, staatlich anerkannten Sozialarbeitern und Mitarbeitern privater Versicherungsunternehmen (§ 203 Abs. 1 Nr. 1 – 6 StGB). Keine Rolle spielt, auf welchem Wege bzw. mit welchem technischen Hilfsmittel das anvertraute Geheimnis preisgegeben wird. Dies kann also auch durch Mitteilung an Newsgroups oder E-Mail erfolgen.

Auch das **Anvertrauen** kann seinerseits elektronisch erfolgen, etwa mittels einer E-Mail des Mandanten an den Anwalt, ohne dass der Schutz des § 203 StGB entfällt. Der Schutz gilt auch nach dem Tode des Berechtigten. Die Veröffentlichung von Diagnosen – wie im Falle einer Mitterrand-Biographie eines behandelnden Arztes – wäre also auch nach deutschem Strafrecht strafbar.

---

1 So aber *Ernst*, CR 2003, 898, 899.

2 *Ernst*, CR 2003, 898.

3 *Tröndle/Fischer*, StGB, § 202a Rdn. 2; *Neumann/Schild/Jung*, Strafgesetzbuch, § 202 a Rdn. 9; Ernst/*Ernst*, Hacker, Cracker & Computerviren, Rdn. 232 m.w.N. Wenn aber auch DV-Programme Schutzgegenstand sein können, ließe sich vertreten, dass auch das Schutzprogramm, mit dem die Sperre implementiert wird, geschützt sein muss (z.B. ein Firewall-Programm). Allerdings schützt § 202a StGB grundsätzlich nur Daten *hinter* der Sperre, nicht diese Sperre selbst.

4 Ernst/*Ernst*, Hacker, Cracker & Computerviren, Rdn. 250.

5 Ernst/*Ernst*, a.a.O., Rdn. 232 m.w.N.

6 Ernst/*Ernst*, a.a.O., Rdn. 234.

7 Ernst/*Ernst*, a.a.O., Rdn. 234.

8 Der Begriff der „Zugangssicherung" darf nicht zu eng etwa im Sinne eines Betretens von Räumen (wie einem Rechenzentrum) verstanden werden, da auch Zugriffe auf online übertragene Daten erfasst sein sollen (Ernst/*Ernst*, Hacker, Cracker & Computerviren, Rdn.243).

9 Ernst/*Ernst*, a.a.O., Rdn. 247.

8. Verletzung des Post- und Fernmeldegeheimnisses (§ 206 StGB)

Erfasst werden vom Post- und Fernmeldegeheimnis (§ 206 StGB; § 354 StGB a.F.; zu § 95 TKG s. S. 917) alle Übertragungstechnik, auch solche im Internet. Geschützt sind nicht nur Kommunikationsinhalte, sondern auch die Umstände der Kommunikation, also ob und zwischen welchen Personen Fernmeldeverkehr stattgefunden hat[1]. Dem Schutz unterliegen damit auch alle Log-in-Daten, solange sie einen Personenbezug aufweisen.

Mögliche Täter sind nur Personen, die Inhaber oder Beschäftigte eines Unternehmens sind, das geschäftsmäßig Post- oder TK-Dienste erbringt, also auch alle Access- und Service-Provider oder Anbieter von E-Mail-Services[2], auch **Arbeitgeber** bei Ermöglichung der privaten Nutzung betrieblicher E-Mail-Systeme[3]. Diese Dienste müssen nicht gegen Entgelt erbracht werden, wenn ihre Erbringung nur auf Dauer angelegt ist.

9. Werbung für Schwangerschaftsabbruch (§ 219 a StGB)

Die öffentliche Werbung für Schwangerschaftsabbrüche ist in Computernetzen nicht strafbar, da hier ein Verbreiten von Schriften nicht möglich ist (siehe oben).

10. Täuschung im Rechtsverkehr (§ 269 StGB)

Das Vortäuschen einer anderen Identität kann eine Täuschung im Rechtsverkehr im Sinne von § 269 StGB darstellen. Ein Beispiel ist das IP-Spoofing, bei dem falsche IP-Nummern verwendet werden, die Daten im Sinne von § 269 StGB darstellen. Eine Veränderung wurde darin gesehen, dass den zu übermittelnden Nachrichtenpaketen falsche IP-Absenderadressen angefügt werden. Da die beigefügte Absenderadresse in Form der IP-Adresse dem Beweis diene, dass die Daten von einem bestimmten Rechner stammen, liege ein Verfälschen einer echten Urkunde vor[4]. Hiergegen wurde allerdings, wohl zutreffend, vertreten, dass bei E-Mails schon nicht erkennbar sei, von wem eine Absenderangabe stammt, und E-Mails wegen ihrer leichten Manipulierbarkeit die Eignung zur Beweisführung fehle, weshalb für E-Mails die Urkundseigenschaft ausscheiden müsse[5].

---

1 BGH St 35, 33.

2 *Barton*, CR 2003, 839, 843; *Büchner*, Beck'scher TKG-Komm., § 85 Rdn. 2.

3 *Barton*, CR 2003, 839, 843; *Weißnicht*, MMR 2003, 448f; *Heidrich/Tschoepe*, MMR 2004, 75, 76, die außerdem auf das Risiko hinweisen, privat veranlasste E-Mails der Arbeitnehmer ohne deren wirksame (bei potentiellem Virenbefall aber zu vermutende) Einwilligung auf Viren oder Spam hin zu überprüfen, da ein Löschen zu Strafbarkeit nach den §§ 206 Abs. 2 Nr. 2, 303 a StGB führen könne, weshalb jedenfalls als Spam verdächtige E-Mails in einem „Spam-Ordner" gesammelt werden sollten

4 *Rinker*, MMR 2002, 663, 664

5 *Frank*, CR 2004, 123, 124f

11. Veranstalten von Glücksspielen

Das Veranstalten von Glücksspielen ohne behördliche Erlaubnis ist auch im Internet strafbar (§ 284 StGB), ebenso die Beteiligung hieran durch die Spieler (siehe § 284 a StGB). Die Werbung eines deutschen Unternehmens für ein in Deutschland nicht zugelassenes Glücksspiel eines britischen Unternehmens ist ein sittenwidriger Wettbewerbsverstoß im Sinne von § 1 UWG[1].

12. Datenveränderung (§ 303 a StGB)

Der Tatbestand der Sachbeschädigung (§ 303 StGB) erfasst nur einen Teilbereich möglicher Delikte, nicht aber z.B. das Unterdrücken von Daten (etwa durch zusätzliche Einfügungen) oder deren Veränderung (z.B. durch inhaltliches Umgestalten). Erfasst werden Fälle der **Zerstörung von Kundenlisten**, des bewussten Löschens und Zerstörens von Programmen und des bewussten Einbaus von Programmfehlern bzw. Programmviren, aber auch die Manipulation von Systemdateien[2] oder Einschleusen von Programmviren[3]. Zu denken ist auch an die „Aufhebung des Personenbezuges von Daten", überhaupt an jede inhaltliche Veränderung personenbezogener Daten. Geschützt werden auch Daten, auf die der Täter kein Zugriffsrecht (mehr) hat[4], ebenso Daten in der Übermittlungsphase[5].

Geschützt werden auch als Dateien abgespeicherte **Programme**, etwa gegen lizenzvertragswidrige Eingriffe[6], z.B. durch Beseitigen von Kopiersperren des Anbieters. Zu beachten ist allerdings, dass jedenfalls ein Sicherungskopieren auch entgegen ausdrücklicher vertraglicher Verbote aus Urheberrecht zulässig bleiben muss, – insbesondere bei personenbezogener Datenverarbeitung, die Datensicherung zwingend verlangt.

Gelöscht sind Daten, wenn sie vollständig und unwiederbringlich unkenntlich gemacht wurden[7]. Beispiele für Tathandlungen sind das Löschen etwa von Passwortdateien oder sonstigen Dateien auf einem Webserver.

Unterdrückt werden Daten, wenn sie dem Zugriff des Verfügungsberechtigten entzogen werden und deshalb von diesem nicht mehr verwendet werden können[8], wobei ein zeitweiliges Entziehen genügt[9]. Unterdrückt werden Daten etwa durch Telnet-Hijacking und andere Angriffsarten, bei denen Daten **während** der Kommunikation abgefangen und durch eigene Daten des Angreifers ersetzt werden. Ein Unterdrücken wird auch angenommen, wenn Dateien auf einem Datenträger als gelöscht **markiert**,

---

1 *OLG Hamburg*, Urt.v. 5.6.2002 – 5 U 74/01, CR 2003, 56 – Sportwetten. Das Gericht sah den die Werbung schaltenden Unternehmer nicht als „Diensteanbieter" i.S.v. § 3 Nr. 1 TDG an, so dass auch nicht § 4 Abs. 2 TDG anwendbar ist. Auch sei auf das Schalten eines Werbebanners als einem mittelbares Anbieten eines Teledienstes das TDG n.F. nicht anwendbar, da die Ausnahmeregelung nach Art. 23 Abs. 2 S. 1 ECRL eingreife.

2 Ernst/*Ernst*, Hacker, Cracker & Computerviren, Rdn. 303.

3 Ernst/*Ernst*, a.a.O., Rdn. 304.

4 Ernst/*Ernst*, a.a.O., Rdn. 271.

5 Ernst/*Ernst*, a.a.O., Rdn. 272.

6 *Haurand/Vahle*, RDV 1990, 128, 129.

7 BT-Drucks. 10/5058, 34; Schönke/Schröder/*Stree*, § 303a Rdn 4.

8 BT-Drucks, a.a.O., 35.

9 Schönke/Schröder/*Stree* § 303a Rdn. 4.

nicht aber physikalisch gelöscht werden (also leicht rekonstruierbar sind)[1], jedoch nicht, wenn eine Datei „versteckt" wird[2].

Ein **Unbrauchbarmachen** liegt vor, wenn Daten in ihrer Gebrauchsfähigkeit so beeinträchtigt werden, dass sie nicht mehr ordnungsgemäß verwendet werden können und damit ihren bestimmungsgemäßen Zweck nicht mehr zu erfüllen vermögen[3]. Hierzu kann das Ausspähen von Passwörtern gehören, die hierdurch nicht mehr weiter verwendet werden können.

Verändert werden Daten, wenn sie einen anderen Informationsgehalt (Aussagewert) erhalten und dadurch der ursprüngliche Verwendungszweck beeinträchtigt wird[4] .

Auch in Spam-Aktionen wurde die Möglichkeit einer Datenveränderung durch Datenunterdrückung gesehen, da zahlreiche legitime E-Mails wegen Blockiertseins von Speicherplatz nicht mehr ihren Empfänger erreichen, und diesbezüglicher bedingter Vorsatz als ausreichend angesehen[5]. Auch liege ein Unbrauchbarmachen von Daten vor, da hier die Mailbox des Anwenders (als Datum im Sinne von § 303 a StGB) nicht mehr sinnvoll genutzt werden könne[6].

Versuch ist strafbar (§ 303 a Abs. 2 StGB); Strafantrag muss gestellt werden, sofern nicht ein öffentliches Interesse besteht (§ 303 c StGB).

13. Computersabotage (§ 303 b StGB)

Wird durch eine Datenveränderung nach § 303 a StGB oder das Zerstören einer Datenverarbeitungsanlage oder eines Datenträgers die für ein Unternehmen wesentliche Datenverarbeitung gestört, greift das höhere Strafmaß des § 303 b StGB ein (bis zu fünf Jahren Freiheitsstrafe). Hierzu können unberechtigte *root*-Zugriffe von Angreifern gehören, aber auch etwa die (temporäre) „Übernahme" von Websites („Domain-Hijacking"), wie am 27.8.2004 mit der Website von eBay geschehen[7]. Der Angreifer hatte alle Nutzer auf seine Homepage „umgeleitet". Hierdurch entstand ein (kaum abschließend bezifferbarer) Schaden, da laufende Auktionen ohne weitere Gebote automatisiert zuende geführt wurden[8].

Geschützt werden nicht Daten als solche, sondern IT-Systeme oder Datenträger.

Versuch ist strafbar (§ 303 b Abs. 2 StGB); Strafantrag muss gestellt werden, sofern nicht ein öffentliches Interesse besteht (§ 303 c StGB).

Anzumerken ist, dass auch Distributed Denial of Service-Angriffe, die oft zum Absturz des angegriffenen Rechners führen, als Computersabotage einzustufen sein dürften.

---

1 Ernst/*Ernst*, Hacker, Cracker & Computerviren, Rdn. 274.

2 Ernst/*Ernst*, Hacker, Cracker & Computerviren, Rdn. 275.

3 BT-Drucks, a.a.O.

4 Schönke/Schröder/*Stree* § 303a Rdn. 4.

5 *Frank*, CR 2004, 123, 125.

6 *Frank*, CR 2004, 123, 125. Hier erscheint allerdings zweifelhaft, ob die Mailbox (bzw. wohl der E-Mail-Account) selbst als „Datum" i.S.v. § 303 a StGB angesehen werden kann. Allenfalls für eine zugewiesene IP-Adresse wird dies angenommen werden können, nicht aber für den reservierten Speicherplatz auf dem Serverrechner eines Providers.

7 Spiegel Online 30.8.2004, www.spiegel.de/netzwelt/politik/0,1518,315760,00.html.

8 heise online, 30.8.2004, www.heise.de/newsticker/meldung/50522. Bemerkenswert ist, dass DENIC automatisiert eine Bestätigung des Providerwechsels abfragte, aber vom eBay-Provider keine Antwort erhielt.

14. Computerbetrug

Computerbetrug (§ 263 a StGB) ist eine besondere technische Manipulationsform, die eine Vermögensschädigung bewirkt, ohne dass hierzu ein Mensch getäuscht werden muss. Vielmehr werden Datenverarbeitungsvorgänge in ihren Ergebnissen direkt beeinflusst und hierdurch Vermögensschäden verursacht[1]. § 263 a StGB kommt nur in Betracht, wenn die Tat auch als Betrug strafbar wäre[2]. Insbesondere wird das Vorliegen einer **Täuschungsabsicht** verlangt; diese scheidet etwa aus, wenn Programmierfehler versehentlich unterlaufen.

Der Tatbestand kann durch unrichtige Gestaltung des Programmes (wobei sich das Ergebnis ändern muss[3]), durch Verwenden unrichtiger oder unvollständiger Daten (etwa bei der Eingabe), durch unbefugtes Verwenden von Daten (etwa durch Missbrauch von Codekarten[4]) oder durch sonstiges unbefugtes Einwirken auf den Ablauf verwirklicht werden.

Der Begriff „**Programm**" wird als eine zur Lösung einer Aufgabe vollständige Anweisung zusammen mit allen erforderlichen Vereinbarungen[5] verstanden, umfasst also in gleicher Weise Anwender-, System-, Quell- oder Maschinenprogramme[6], damit auch wohl zur Laufzeit zuladbare Programme.

„**Daten**" sind definiert als Zeichen oder kontinuierliche Funktionen, die zum Zwecke der Verarbeitung Informationen aufgrund bekannter oder unterstellter Abmachungen darstellen[7], so etwa gefälschte Zugangs-karten zu einem Computer[8]. Der strafrechtliche Datenbegriff wird weit ausgelegt[9] und umfasst auch Programme[10] und Zugangscodes[11]. Mit der Alternative der „unbefugten Einwirkung auf den Ablauf" des DV-Vorganges sollen auch Manipulationen der Hardware erfasst werden. Tatbeispiel ist etwa das unberechtigte Einsetzen des eigenen Namens in ein Lohnauszahlungsprogramm.

Der Täter „**beschädigt**" das Vermögen eines anderen dadurch, dass er das Ergebnis eines DV-Vorgangs vorsätzlich durch unrichtige Gestaltung eines Programms[12], durch Verwenden unrichtiger oder unvollständiger Daten, durch unbefugtes Verwenden von Daten oder sonst durch unbefugte Einwirkung auf den Ablauf beeinflusst. Notwendig ist, dass der Täter in der Absicht handelt, sich oder einem Dritten einen rechtswidrigen Vermögensvorteil zu verschaffen. „**Unrichtig**" ist ein Programm, wenn es dem Willen und den Gestaltungsvorstellungen des hierüber Verfügungsberechtigten nicht entspricht[13]. Beispiele für Tathandlungen sind

- unbefugtes Verwenden von Personenidentitätsnummern (PIN) und

---

1 Ausf. s. *Ulrich*, JurPC Web-Dok. 189/1999 zur Entstehungsgeschichte des § 263 a StGB.

2 SK-StGB II/*Günther* 48. Lief. § 263 a Rdn. 5.

3 Ernst/*Ernst*, Hacker, Cracker & Computerviren, Rdn. 299.

4 Ernst/*Ernst*, a.a.O., Rdn. 302.

5 DIN 44 300 Nr.40 (1972).

6 *Möhrenschlager*, wistra 1986,128,132.

7 DIN 44 300 Nr.19.

8 *Möhrenschlager*, a.a.O.

9 Schönke/Schröder/*Lenckner*, § 202 a Rdn 3.

10 BT-Drucks. 10/5058, 30 (Programme als eine besondere Art von Daten); Schönke/Schröder/*Cramer*, § 263 a Rdn. 6.

11 Schönke/Schröder/*Lenckner*, a.a.O.

12 Das also in dieser Form dem Willen des Systembetreibers nicht entspricht (*Lenckner/Winkelbauer*, CR 1986, 656).

13 BT-Drucks. 10/318, 20; Schönke/Schröder-*Cramer*, § 263 a Rdn. 6.

Transaktionsnummern (TAN)[1], etwa mittels „Phishing"-Angriffen und Benutzen der so gewonnenen Daten.

- vorsätzlich falsche Dateneingabe (bei vorsätzlich falscher Mitteilung an Datentypistin greift hingegen § 263 StGB ein).
- unbefugte Eingabe fremder Passwörter, um z.B. Umbuchungen zu veranlassen.
- Manipulieren eines Programmes durch fehlerhaftes Konzipieren oder nachträgliches Verfälschen[2].

Versuch ist strafbar (§ 263 a Abs. 2 StGB).

15. Fälschung technischer Aufzeichnungen (§ 268 StGB)

Geschützt sind alle technischen Aufzeichnungen, auch Daten in Computern[3], somit etwa **Passwörter**. Notwendig ist aber, dass ein technisches Gerät eine Darstellung von Daten, Mess- oder Rechenwerten, Zuständen oder Geschehensabläufen **selbsttätig bewirkt**[4], so etwa eine Protokollierung über Zugriffsversuche in Netzwerken. Strafbar ist das Verfälschen technischer Aufzeichnung (z.B. durch Verändern des digitalisierten Dokumentinhaltes oder Verändern digitalisierter Bildaufzeichnungen[)].

16. Fälschung beweiserheblicher Daten (§ 269 StGB)

Geschütztes Rechtsgut ist die Sicherheit und Zuverlässigkeit des Rechts- und Beweisverkehrs[5], etwa gegen das unberechtigte Verändern personenbezogener Daten, auch das Löschen einzelner Daten, wenn durch deren Fehlen die verbleibenden Daten einen anderen Aussagewert erhalten[6]. § 269 schützt aber nur **beweiserhebliche Daten**, die als möglicher Urkundeninhalt in Betracht kommen, z.B. Ausdrucke der EDV-Buchhaltung. Geschützt werden nur Daten, die visuell darstellbar (wenn auch nicht unmittelbar wahrnehmbar) sind. Die Daten können auch in einer Datenbank organisiert sein. Erforderlich ist, dass der Täter beweiserhebliche Daten speichert (durch Aufnahmen auf Datenträger zur weiteren Verwendung) oder verändert (durch inhaltliches Umgestalten)[7], um eine unechte oder verfälschte Urkunde zu schaffen oder entsprechende Daten hieraus gebraucht. Programme sind keine Daten im Sinne von § 269 StGB. Versuch ist strafbar (§ 269 Abs. 2 StGB).

17. Täuschung im Rechtsverkehr bei Datenverarbeitung (§ 270 StGB)

Geschützt wird die Sicherheit und Zuverlässigkeit des Rechts- und Beweisverkehrs[8]. § 270 StGB setzt die fälschliche Beeinflussung einer Datenverarbeitung im

---

1 *Lenckner/Winkelbauer*, a.a.O., 656.
2 SK-StGB II/*Günther* 48. Lief. § 263 a Rdn. 14.
3 Schönke/Schröder/*Cramer*, StGB, a.a.O.
4 Schönke/Schröder/*Cramer*, StGB,§ 268 Rdn 7.
5 Schönke/Schröder/*Cramer*, StGB, § 269 Rdn 4.
6 Vgl. näher Schönke/Schröder/*Cramer*, StGB, § 269 Rdn 17.
7 *Tröndle/Fischer*, StGB, § 269 Rdn. 5.
8 Schönke/Schröder/*Cramer*, StGB,§ 269 Rdn. 4.

Rechtsverkehr der Täuschung im Rechtsverkehr nach § 269 StGB gleich. Erfasst werden etwa Eingriffe in DV-Abläufe oder das Unterlassen notwendigen Updating.

18. Schutz von Geheimnissen

a) Schutz gegen Geheimnisverletzung durch Mitarbeiter (§ 17 Abs. 1 UWG)

Geschützt wird Geheimwissen, Verfahrens-Know-how etc. sowie jedes sonstige Wissen, das nicht offenkundig oder beliebigem Zugriff preisgegeben ist, also nach dem bekundeten oder erkennbaren Willen des Betriebsinhabers geheimgehalten werden soll, sofern er ein berechtigtes Interesse an der Geheimhaltung hat (z.B. nach einem geheimen Verfahren erfolgreich arbeitet)[1]. Betriebsgeheimnisse betreffen hierbei den technischen Betriebsablauf, etwa Herstellungsverfahren, Geschäftsgeheimnisse hingegen den allgemeinen kaufmännischen Geschäftsverkehr des Unternehmens[2]. Die zu schützende Tatsache braucht weder neu noch eigentümlich-schöpferisch sein[3]. Nicht geschützt sind offenkundige Tatsachen, deren Kenntnis sich jeder Fachmann ohne Mühe allein aufgrund des vorbekannten und jedermann zugänglichen Fachwissens erarbeiten kann[4]. Mit Freiheitsstrafe bis zu drei Jahren oder Geldstrafe wird bestraft,

- wer als Angestellter, Arbeiter oder Lehrling eines Geschäftsbetriebes (generell also in weisungsabhängiger Stellung)
- ein Geschäfts- oder Betriebsgeheimnis (hierzu gehören auch Computerprogramme,[5] und zwar unabhängig davon, ob im Betrieb erstellt oder nur angewandt, ebenso besonders konstruierte Hardware)
- der Geheimhaltungswille muss für die Strafbarkeit nachweisbar sein,
- z.B. durch technische Sperren oder vertragliche Verbote[6],
- das ihm vermöge des Dienstverhältnisses anvertraut worden oder zugänglich gemacht worden ist (also auch ohne oder gegen den Willen des Arbeitgebers),
- während der rechtlichen Geltungsdauer des Dienstverhältnisses,
- unbefugt an jemand zu Zwecken des Wettbewerbs, aus Eigennutz, zugunsten eines Dritten oder in der Absicht, dem Inhaber des Geschäftsbetriebes Schaden zuzufügen,
- mitteilt (§ 17 Abs. 1 UWG). Auch diese Mitteilung muss während des Dienstverhältnisses erfolgen.

Beispiele für **Tathandlungen**:

- Unbefugtes Erstellen einer Sicherungskopie von CAD/CAM-Plänen, von Quellcodes oder Datenbankeninhalten,
- Mitteilen bestimmter Hardware-Konfigurationsdaten (z.B. aus einem LAN),
- unbefugtes Abrufen oder Übertragen von Speicherinhalten eines betrieblichen Datenspeichers via DFÜ, etwa von entwickelten Programmen mit geheimen Know-how.

---

1 BGH GRUR 1955, 422; BAGE 41, 21, 20 = NJW 1983, 134; BAGE 57, 159, 167 = NJW 1988, 1686.

2 BAGE 57, 159, 168 = NJW 1988, 1686.

3 *Emmerich*, Unlauterer Wettbewerb, 119.

4 BAGE 41, 21, 29 = NJW 1983, 134.

5 S. bereits *Sieber*, BB 1981, 1547; *Kolle*, GRUR 1982, 456.

6 *Tiedemann*, § 85 Rdn. 10.

Aus § 17 Abs. 1 UWG verpflichtet sind die im Anstellungsverhältnis Beschäftigten, z.B. angestellte Software-Entwickler, aber nicht selbständige Entwickler, die nur aufgrund eines Auftrages dienst- oder werkvertraglich tätig werden[1]. Die Geheimhaltungsverpflichtung ist auf die Geltungsdauer des Dienst- oder Arbeitsverhältnisses beschränkt[2]; für den nachvertraglichen Zeitraum ist auf besonders zu vereinbarende Geheimhaltungsverpflichtungen[3] oder ersatzweise eine nachvertragliche Treuepflicht zurückzugreifen[4], die jedoch nicht mit der Strafsanktion aus § 17 UWG bewehrt sind[5].

b) Ausspähen von Geheimnissen

Strafbar ist jedes Ausspähen von Geheimnissen (§ 17 Abs. 2 UWG, „Betriebsspionage“) durch Angestellte oder Dritte, wenn es unbefugt sowie aus Eigennutz[6], zugunsten eines Dritten oder in der Absicht der Schädigung des Betriebsinhabers oder zu Wettbewerbszwecken (also zur Förderung des Absatzes eines Mitbewerbers) erfolgt. Tatmodalitäten sind hierbei die Anwendung technischer Mittel (§ 17 Abs. 2 Nr. 1 a UWG), etwa das Rückanalysieren des Quellformates durch Tools aus dem Maschinencode, weiter das Herstellen einer verkörperten Wiedergabe des Geheimnisses (§ 17 Abs. 2 Nr. 1 b UWG), etwa eines Ausdruckes, und die Wegnahme einer Sache, in der das Geheimnis verkörpert wird (§ 17 Abs. 2 Nr. 1 c UWG) und schließlich das unbefugte Verwerten (wirtschaftliche Nutzen durch eigenes oder fremdes Handeln[7]) oder Mitteilen des nach Nr. 1 erlangten oder sonst unbefugt verschafften oder gesicherten Geheimnis gegenüber einem Dritten (§ 17 Abs. 2 Nr. 2 UWG).

Als Betriebsgeheimnis wird grundsätzlich nur das Quellformat qualifiziert, nicht das maschinenlesbare Objektformat[8]. Eine besondere Absicherung gegen Zugang oder Zugriff ist nicht erforderlich, wohl muss aber ein Geheimhaltungsinteresse bestehen und erkennbar sein; das ist z.B. nicht bei im Web offen zugänglichen Programmcode der Fall. Das wird auch für den gestaltenden Code für Webseiten zu gelten haben, wenn dieser durch bloßes Anklicken eines Option im Browser vollständig angezeigt wird und damit bequem offenkundig gemacht werden kann. Unter die Anwendung technischer Mittel einzuordnen ist etwa das Abrufen von Daten, das Anzapfen von Datenfernleitungen, das Anzeigen auf dem Bildschirm (soweit es nicht zum bestimmungsgemäßen Gebrauch gehört) oder das Abfangen von Bildschirm- und Leitungsabstrahlungen etc.[9].

Der **Versuch** ist strafbar (§ 17 Abs. 3 UWG). **Strafantrag** ist erforderlich (§ 17 Abs. 5 UWG), sofern nicht öffentliches Interesse besteht (§ 17 Abs. 5 2. Halbsatz UWG).

---

1 So bereits *Sieber*, BB 1981, 1553.

2 *Wiebe*, a.a.O., 227 m.w.N.

3 Diese finden ihre Grenze freilich dort, wo sie faktisch wie ein Wettbewerbsverbot wirken und die §§ 74 ff HGB entsprechend anwendbar sein würden, also eine Begrenzung auf zwei Jahre und eine Karenzentschädigung zu vereinbaren sind (*Wiebe*, a.a.O., 229 m.w.N.)

4 *Wiebe*, a.a.O., 229 m.w.N.

5 *Schmitz*, Computerkriminalität, 1990, 51 m.w.N.

6 Der nicht notwendig materiell orientiert sein muss (*Otto*, wistra 1988, 138).

7 *Grosch/Liebl*, CR 1988, 573.

8 *Redeker*, EDV-Prozess, Rdn. 129.

9 *Wiebe*, a.a.O., 262

c) Schutz gegen Verwertung von Vorlagen (§ 18 UWG)

Mit Freiheitsstrafe bis zu zwei Jahren oder mit Geldstrafe wird bestraft,

- wer die ihm im geschäftlichen Verkehr (z.B. in Auftragsverhältnissen über Programmentwicklung oder Software-Pflege) anvertrauten Vorlagen oder Vorschriften technischer Art (also auch z.B. Datenflusspläne, Programmablaufpläne, Datenstrukturen- und Schnittstellendefinitionen, ebenso wohl auch das Programm selbst[1]), insbesondere Zeichnungen, Modelle, Schablonen, Schnitte etc., die nicht offenkundig sind,
- zu Zwecken des Wettbewerbs oder aus Eigennutz unbefugt verwertet oder an jemand mitteilt (§ 18 UWG).

Täter kann hier nur der Geschäftspartner sein, etwa der beauftragte Entwickler von Software für Webpräsenzen, die nutzerseits nicht im Code zugänglich ist. Versuch ist strafbar (§ 18 Abs. 2 UWG), Strafantrag erforderlich (§ 18 Abs. 3 UWG), sofern nicht öffentliches Interesse besteht (§ 18 Abs. 3 2. Halbsatz UWG).

19. Verbot des Abhörens von Funkanlagen

Unzulässig ist es, mittels Funkanlagen Nachrichten abzuhören, die nicht für den Abhörenden bestimmt sind (§ 89 S. 1 TKG), außerdem nach § 148 Abs. 1 Nr. 1 TKG strafbar. Der Schutz umfasst auch Daten, soweit sie Nachrichten darstellen, also etwa E-Mails[2].

20. Datenschutzrechtliche Tatbestände

Straftat ist eine gegen Entgelt oder in Bereicherungs- bzw. Schädigungsabsicht begangene vorsätzliche, in § 43 Abs. 2 BDSG bezeichnete und als **Ordnungswidrigkeit** normierte Handlung (§ 44 Abs. 1 BDSG).

Hierzu gehört das unbefugte Erheben der Verarbeiten nicht allgemein zugänglicher personenbezogener Daten (§ 43 Abs. 2 Nr. 1 BDSG, z.B. von sog. „cookie"-Dateien), übermittelt oder verändert (§ 43 Abs.1 Nr.1 BDSG), deren unbefugtes Bereithalten zum Abruf (§ 43 Abs. 2 Nr. 2 BDSG) oder Abrufen (§ 43 Abs. 2 Nr. 3 BDSG, so etwa bei Online-Abfragen[3]).

Erforderlich ist **Strafantrag** (§ 44 Abs. 1 S. 1 BDSG), den der Betroffene, aber auch die verantwortliche Stelle, der Bundesbeauftragte für den Datenschutz und die Aufsichtsbehörde stellen können (§ 44 Abs. 2 S. 2 BDSG).

21. Bestimmungen zum Jugendschutz

Das Gesetz über die Verbreitung jugendgefährdender Schriften (GjS) untersagt die Verbreitung von Schriften, die geeignet sind, Kinder oder Jugendliche sittlich zu gefährden (§§ 1, 3 GjS), allerdings nur in den Fällen, in denen eine solche Schrift in

---

[1] *Redeker*, EDV-Prozess, Rdn. 130
[2] Ernst/*Ernst*, Hacker, Cracker & Computerviren, Rdn. 265, 266
[3] *Auernhammer*, BDSG, § 43 Rdn 4

eine Liste aufgenommen und diese Aufnahme bekanntgemacht wurde (§ 3 Abs. 1 GjS).

Auch hier bestand das bereits oben diskutierte Problem der körperlichen Verbreitung von Schriften. Auch das GjS konnte nur das Verbreiten verkörperter Schriften erfassen[1]. Deshalb hat Art. 6 IuKDG nunmehr auch Ton- und Bildträger, Datenspeicher, Abbildungen und andere Darstellungen in § 1 Abs. 3 GjS einbezogen, sodass nunmehr auch unkörperliche Übertragungsformen erfasst werden [2]. Im übrigen ist zu beachten, dass die aus dem GjS abzuleitenden Maßnahmen nicht den Bezug der betreffenden Schriften durch Erwachsene beeinträchtigen dürfen, ohne deren Grundrechtsschutz zu verletzen.

III. Strafprozessuale Befugnisse - Übersicht über einige Probleme

1. Durchsuchungen (§§ 102 ff. StPO)

Als „Durchsuchen" gilt das „zweck- und zielgerichtete Durchsuchen staatlicher Organe in einer Wohnung, um dort planmäßig etwas aufzuspüren, was der Inhaber der Wohnung von sich aus nicht offenlegen will (...)"[3]. Zum Durchsuchen kann gehören, dass die Anlage im Rahmen der Suche nach Beweismitteln in Gang gesetzt wird, um mit Hilfe des Rechners nach beweisrelevanten Daten zu suchen, nicht aber, um bloß bereits aufgefundene Daten sichtbar zu machen[4].

Präventiv-polizeiliches Einwählen in eine Mailbox ist aufgrund der polizeilichen Generalklausel (siehe etwa Art. 11 BayPAG) auch **mit fremder Kennung** grundsätzlich zulässig[5], nicht aber als Durchsuchung gemäß § 102 StPO (deckt kein Durchsuchen ohne Wissen des Betroffenen ab)[6]. Zugriff auf Datenbestände in einem LAN ist zulässig, soweit diese Datenbestände sich in den der Durchsuchung unterliegenden Gebäudeteilen befinden[7]. Anderes gilt für Datenbestände etwa bei Auftragsdatenverarbeitern mit eigenen Räumen, die nicht der Durchsuchung unterliegen. Technisch mögliche Fernzugriffe auf fremde Datenbestände sind damit unzulässig[8], ebenso und erst recht Datenabfragen über die Staatsgrenzen hinaus[9].

Die **Verwertungsbeschränkung**, derzufolge nur die Staatsanwaltschaft bei einer Durchsuchung Papiere durchsehen darf, umfasst auch Datenträger wie Bänder, Disketten und sonstige Speichermedien[10] und sogar den Rechner (bzw. die Zentraleinheit) selbst[11], in modernen Systemkonfigurationen insbesondere Server-Rechner (im LAN und in Client-Server-Applikationen). Polizeiliche Ermittlungsbeamte dürfen damit Programme und Dateien nicht aufrufen bzw. laden und sichten. Nur die Staatsanwaltschaft ist hierzu befugt[12].

1 *Sieber*, a.a.O., 497.
2 *Reinwald*, ZUM 1997, 450, 461.
3 *Bär*, CR 1995, 158, 159 mit Rechtsprechungsnachweis.
4 *Bär*, a.a.O., 164.
5 Im einzelnen siehe *Bär*, CR 1995, 489, 493.
6 *Bär*, a.a.O., 494.
7 *Bär*, CR 1995, 227, 228.
8 *Bär*, a.a.O., 228.
9 *Bär*, a.a.O., 234.
10 BGH, CR 1988, 142.
11 BGH, a.a.O.
12 *Bär*, a.a.O., 231.

Beweismittel, auf die die Durchsuchung gerichtet ist, können sein:

- EDV-Anlage [1] und zugehörige Software, jeweils als Augenscheinsobjekte,
- Computerausdrucke und Handbücher, auch bei Fehlen der Urkundseignung[2],
- Datenträger, jedoch nicht als Urkunden, sondern als Augenscheinsobjekte[3].

Im Rahmen von § 45 UrhG ist die Ermittlungsbehörde berechtigt, einzelne Vervielfältigungsstücke von urheberrechtlich geschützten Werken (z.B. Computerprogramme, Texte etc.) zu Ermittlungszwecken herzustellen.

2. Überwachung (§§ 100 a, 100 b, 100 g, 100h, 103 Abs. 1, 169 Abs. 1 StPO)

§ 100 a StPO läßt in den Fällen der in dieser Bestimmung genannten Katalogstraftaten die Überwachung und den Zugriff auf Informationen in einer öffentlichen, der individuellen Kommunikation dienenden Mailbox zu.[4] Das Überwachen erfolgt hier in der Form des Einwählens in die Mailbox über das öffentliche Telefonnetz. Gleiche Pflichten gelten für Diensteanbieter im Internet.

Nach § 100 g Abs. 1 StPO kann gerichtlich angeordnet werden, dass Anbieter von TK-Diensten bestimmte **TK-Daten** mitzuteilen haben (z.B. Nutzerdaten), sofern Tatsachen den Verdacht begründen, dass mittels einer „Endeinrichtung" (im Sinne von § 3 Nr. 3 TKG) eine Straftat begangen worden ist. § 100 g StPO wird aber als nicht anwendbar angesehen, wenn kein Fall vorliegt, in dem die Daten grundsätzlich aufgezeichnet und gespeichert werden[5].

Nach § 100 h StPO soll die Anordnung bei Straftaten von nicht erheblicher Bedeutung grundsätzlich Namen und Anschrift des Betroffenen enthalten, gegen den sie sich richtet sowie die Rufnummer oder eine andere Kennung des TK-Anschlusses.

Nach § 100 i StPO Geräte- und Kartennummern ermittelt und etwa Mobilfunkgeräte durch Einsatz des Einsatz des **IMSI-Catchers** ermittelt werden, ein Gerät, das die Basisstation einer regulären Funkzelle eines bestimmten Anbieters simuliert und alle Mobil-telefone im Empfangsbereich zum Einbuchen im Catcher anstatt im regulären Netzwerk des TK-Anbieters veranlasst. Dies wird auch für **UMTS**- und vergleichbare Karten zu gelten haben, mit der IP-Telefonie und Internet-Zugang über Notebooks und andere Mobilrechner möglich ist. Keinesfalls dürfen IMSI-Catcher (oder vergleichbare Geräte) von Privaten oder Unternehmen eingesetzt werden, um etwa Mitarbeiter oder Konkurrenten zu überwachen, sondern nur durch Ermittlungsbehörden aufgrund richterlicher Anordnung[6].

TK-Diensteanbieter müssen in Ermittlungsverfahren bei Verdacht einer Straftat mittels Endeinrichtung neben Namen und Anschrift des Betroffenen auch dessen IP-Adresse mitteilen, die eine „andere Kennung" des TK-Anschlusses im Sinne von § 100h

---

1 *Bär*, CR 1995, 167, 168.

2 *Bär*, a.a.O., 167.

3 *Bär*, a.a.O., 168.

4 BGH, CR 1996, 488 = NJW 1997, 1934; teilweise kritisch *Bär*, CR 1996, 490.

5 LG Frankfurt, Besch.v. 15.9.2003 – 5/6 Qs 47/03, DuD 2003, 712 = JurPC Web-Dok. 326/2003; krit. *Gercke*, DuD 2004, 210.

6 Dies ist ein keineswegs nur theoretisch begründeter Hinweis, da es etwa durchaus technisch relativ leicht möglich ist: Entsprechende Geräte sind verfügbar und außerdem können durch Ausschalten der im GSM-Standard nur optional vorhandenen Verschlüsselung Mobiltelefone abgehört werden (*Fox*, DuD 2002, 212, 214). Durch Aktivieren des Handys lassen sich sogar Konferenzen etc. abhören.

Abs. 2 S. 1 StPO darstellt[1].

E-Mail-Adressen können vom Provider nach § 89 Abs. 6 TKG herauszugeben sein.

3. Durchsuchung, Beschlagnahme

Für Durchsuchungen müssen die gesuchten Beweismittel so weit konkretisiert werden, dass keine Zweifel über die gesuchten Gegenstände entstehen können; zu benennen sind etwa Datenträger bzw. die Art der auf ihnen zu suchenden Daten (etwa IP-Nummern)[2]. „Gegenstand" der Beschlagnahme ist eine Sache, keine Forderung und kein Lizenzrecht[3]. Die Sache muss bereits existieren[4], darf also nicht erst erstellt werden.

Beschlagnahmefähig sind [5]
- Rechner, Peripheriegeräte,
- Handbücher,
- externe Speichermedien mit auf ihnen gespeicherten Informationen,
- Computerausdrucke.

Nicht beschlagnahmefähig sind
- gespeicherte Informationen als solche[6],
- Datenausgabe am Bildschirm[7].

Möglich sind aber „screen shots" als Sicherstellung in anderer Weise im Sinne von § 94 Abs. 1, 2. Alt. StPO.

Beschlagnahme**frei** sind gemäß § 97 Abs. 5 StPO
- Rundfunkanstalten (bezüglich übermittelter Gedankeninhalte in unverkörperter Form),
- periodische Druckwerke (Presse)[8].

Auch Gegenstände, an denen Rechte Dritter bestehen, können beschlagnahmt werden. Der Verhältnismäßigkeitsgrundsatz, insbesondere im Hinblick auf drohende Schäden, ist jedoch strikt zu beachten.

Die **Beschlagnahme** muss sich auf ein konkretes, anhängiges Ermittlungsverfahren beziehen[9]. Dem zu beschlagnahmenden Gegenstand muss eine Beweisbedeutung zukommen. Computerprogramme als solche, die keine Beweisbedeutung haben (z.B. sind für das Ermittlungsverfahren nur erstellte Texte, nicht aber das zur Erstellung verwendete Standardtextverarbeitungsprogramm relevant), dürfen nur beschlagnahmt

---

1 LG Ulm, Beschl.v. 15.10.2003 – 1 Qs 1088/03, MMR 2004, 187.

2 LG Frankfurt, Beschl.v. 21.10.2003 – 5/8 Qs 26/03, JurPC Web-Dok. 134/2004.

3 *Bär*, CR 1996, 675, 677.

4 *Bär*, a.a.O., 677.

5 Nach *Bär*, a.a.O., 677.

6 *Bär*, a.a.O., 678.

7 *Bär*, a.a.O., 679.

8 *Bär*, CR 1995, 489, 496 mit einem allerdings sehr weiten Rundfunkbegriff; für das Presserecht s. *Stenger* CR 1990, 786, 792 (im Rahmen des auch weitgehend auf Mailboxen anwendbaren Zeugnisverweigerungsrechts aus § 97 StPO keine Beschlagnahme).

9 *Bär*, a.a.O., 679.

werden, wenn sie als Hilfsmittel benötigt werden (etwa zur Darstellung des Textes)[1]. Durchsuchung und Beschlagnahme des Serverrechners eines Providers bezüglich dort gespeicherter E-Mails sind in analoger Anwendung der §§ 94, 98, 99 StPO zulässig (während eine direkte Anwendung nur bei Beschlagnahme verkörperter Gegenstände möglich ist)[2].

E-Mails sind Inhalte der TK und aus Art. 10 GG geschützt, deshalb nur im Rahmen von § 100a StPO zu beschlagnahmen[3]. Auskünfte über Verbindungsdaten durch Provider können im Rahmen von § 100 g Abs. 1 S. 1 StPO nur bei Straftaten von erheblicher Bedeutung angeordnet werden[4], jedoch nicht, wenn Anordnungsgrundlage nur eine bekannte IMEI-Nummer eines Mobiltelefons vorliegt, nicht aber weitere Kenntnis über die Person des Beschuldigten[5]. Zuständig ist das Amtsgericht, in dessen Bezirk die Verbindungsdaten zu erheben und die Auskünfte zu erteilen sind[6].

Die **Sicherstellung** einer gesamten EDV-Anlage nur zum Zwecke der Sichtbarmachung der Daten wird als unzulässig angesehen[7], es sei denn, dass die Anlage auf spezifische Anwendungsbedingungen zugeschnitten ist oder spezielle Aufzeichnungsverfahren einsetzt[8]. **Speicherbausteine** sind grundsätzlich nicht selbständig beschlagnahmefähig, sondern nur zusammen mit dem Rechner als dessen wesentliche Bestandteile. Gleiches gilt grundsätzlich auch für Festplatten, die beim Einbau an einen bestimmten Rechner angepasst sein können[9]. Bildschirme und Tastaturen stellen in der Regel nur unselbständige Hilfsmittel zur Informationsdarstellung dar und sind deshalb nicht getrennt beschlagnahmefähig[10].

Die **Inbetriebnahme** von beschlagnahmten EDV-Anlagen durch Ermittlungsbehörden ist nicht generell zulässig. Kommt der Anlage selbst keine potentielle Beweisbedeutung zu, soll auch eine Inbetriebnahme als Sicherstellung in anderer Weise (§ 94 Abs. 1 StPO) ausscheiden, da § 94 StPO keine Befugnis für eine Benutzung fremder technischer Geräte enthalte, die mangels eigener Beweisbedeutung keine relevanten Beweismittel sind[11]. Freilich verliert die Anlage damit im Ergebnis auch ihre Eigenschaft als Hilfsmittel. Zulässigkeit der Inbetriebnahme wird aber bejaht, wenn sich im Rechner interne Speichermedien befinden, die nicht isolierbar sind[12].

---

1 Für Standardprogramme generell ablehnend: *Bär*, a.a.O., 680. Die Strafverfolgungsbehörden müssen sich die notwendigen Programme selbst beschaffen (z.B. ein marktübliches Textverarbeitungsprogramm, um gefundene Textdateien überhaupt lesen zu können). Eine Einschränkung wird aber dann zu gelten haben, wenn ein vorhandenes Standardprogramm über Parameter, Makros etc. individuell eingestellt oder durch Makroviren*import* verändert wurde und deswegen für die Sichtbarmachung als Hilfsmittel erforderlich ist.

2 LG Ravensburg, Beschl.v. 9.12.2002 – 2 Qs 153/02, CR 2003, 933 = MMR 2003, 679, die Anwendung von § 100 a StPO ablehnend, da diese Bestimmung (als Eingriff in das Grundrecht des Fernmeldegeheimnisses, Art. 10 GG) auf das nichtöffentlich gesprochene Wort bezigen ist, nicht auf E-Mails; a.A. LG Hanau, MMR 2000, 175; LG Mannheim, StV 2002, 242; dem LG Ravensburg zust. *Bär*, MMR 2003, 680).

3 LG Hanau, Beschl.v. 23.9.1999 – 3 Qs 149/99, RDV 2001, 27.

4 LG Dortmund, Beschl.v. 18.3.2002 – 14 (III) Qs 6/02, MMR 2003, 54; AG Ulm, Beschl.v. 18.3.2002 – 3 Gs 490/02, MMR 2003, 55.

5 AG Köln, Beschl.v. 25.2.2003 – 506 Gs 222-229/03, MMR 2003, 611.

6 BGH, Beschl.v. 6.9.2002 – 2 ARS 251/02, JurPC Web-Dok. 349/2002.

7 *Bär*, MMR 2003, 681; *Leicht*, IuR 1986, 349.

8 *Bär*, a.a.O.

9 *Bär*, a.a.O., 682.

10 *Bär*, a.a.O., 682.

11 *Bär*, CR 1996, 744.

12 *Bär*, a.a.O., 744.

Zulässig ist das **Kopieren** von Datenbeständen auf mitgebrachte Datenträger[1] (ersatzweise anstatt der Mitnahme der Anlage). Dieses Downloading ist als Sicherstellung in anderer Weise einzustufen[2]. Ein bloßes Kopieren vorhandener Datenträger reicht oft nicht aus, da die Originaldatenträger nicht mitkopierbare Eintragungen, Dateien, Dateienverzeichnisse etc. enthalten können.

Bei der Durchführung von Beschlagnahmen sind **Beschlagnahmeverbote** zu beachten, etwa hinsichtlich Gegenständen (auch Datenträgern) im Gewahrsam von Rundfunk- und Pressemitarbeitern (siehe § 97 Abs. 5 i.V.m. § 53 Nr. 5 StPO)[3]. Hierbei wird der formelle, allein auf Druckwerke abstellende Pressebegriff zugrundegelegt, der elektronische Informationsdienste nicht erfasst[4], so dass die Beschlagnahme von Datenträgern insoweit **zulässig** ist.

4. Öffentliche Fahndung im Internet

BKA und LKAs fahnden mittlerweile mit eigener Home Page im Web nach Straftätern. Vorbild ist hier etwa das FBI in den USA. Hierdurch treten neuartige Rechtsprobleme auf:

Völkerrechtlich ist die Zusammenarbeit der Staaten bei grenzübergreifender Fahndung – und im Internet ist Fahndung per definitionem grenzüberschreitend – in Rechtshilfe- [5] und im Auslieferungsübereinkommen [6] geregelt, die beide aus Zeiten weit vor dem Web stammen. Rechtshilfe kann außerdem nach dem IRG [7] geleistet werden, soweit keine völkerrechtlichen Vereinbarungen bestehen. Das bloße Verfügbarmachen von Täterinformationen im Internet/Web verstößt nach einer Auffassung dann nicht gegen völkerrechtliche Verpflichtungen, wenn nur diese Information verbreitet, aber kein Informationsaustausch gepflegt und auch nicht das Einleiten strafprozessualer Maßnahmen vor Ort veranlasst [8], also keine ausländische Behörde um Tätigwerden ersucht wird. Behördenkontakte dürfen also (jedenfalls nach noch geltender Rechtslage) nicht über das Internet angebahnt werden.

Die Möglichkeit des Erlasses eines Steckbriefes bei Gefahr im Verzuge soll bei Auslandsfahndung als Rechtsgrundlage nicht ausreichen, da die notwendigen Absprachen mit dem ersuchten Staat grundsätzlich Zeit ließen, einen Haft- oder Unterbringungsbefehl zu erlassen[9]. Damit entfällt freilich in vielen Fällen der Zeitvorteil aus internetgestützter Fahndung. Die würde sogar kontraproduktiv wirken, da Täter sich mit ausreichender Vorlaufzeit über geplante Fahndungen unterrichten könnten.

Im **Inland** ist Öffentlichkeitsfahndung (§ 131 StPO) grundsätzlich nur bei schwerwiegenden Taten zulässig[10]. Noch zurückhaltender wird man eine prinzipiell

---

1 *Bär*, a.a.O., 745.

2 *Bär*, a.a.O.

3 *Bär*, a.a.O., 748.

4 *Bär*, a.a.O., 749.

5 Europäisches Übereinkommen über die Rechtshilfe in Strafsachen (EuR-HÜbk) vom 20.4.1959, BGBl 1964 II 1386; zum Themenbereich s. näher *Soiné*, NStZ 1997, 166. Die nachfolgenden Ausführungen folgen dieser Darstellung.

6 Europäisches Auslieferungsübereinkommen (EuAlÜbk) vom 13.12.1957, BGBl 1964 II 1369.

7 Gesetz über die internationale Rechtshilfe in Strafsachen vom 1.7.1982, BGBl 1994 I, 1537.

8 *Soiné*, NStZ 1997, 166, 167.

9 *Soiné*, NStZ 1997, 321, 323.

10 *Soiné*, NStZ 1997, 321; *Bär*, CR 1997, 422, 427.

weltweit abrufbare Fahndung zu beurteilen haben, da hier vielfach deutlich tiefer als mit herkömmlichen Fahndungsbriefen in Persönlichkeitsrecht der Betroffenen eingegriffen wird. Gerichtlich ist noch nicht geklärt, ob eine Webseite als „Steckbrief" eingeordnet werden kann.

IV. Ausländisches Recht

1. Convention on Cybercrime

Die Cybercrime-**Konvention**[1] des Europarates zur Datennetzkriminalität vom 23.11.2001 ist am 1.7.2004 in Kraft getreten[2]. Die Konvention soll die Ermittlung und strafrechtliche Verfolgung insbesondere von die Vertraulichkeit, Integrität und Verfügbarkeit von IT-Systemen und -Netzen verletzenden Handlungen vereinheitlichen. Die Mitgliedsstaaten des Europarates müssen legislative und andere erforderliche Maßnahmen treffen, um den unberechtigten Zugriff auf IT-Systeme (Art. 2 Konvention) oder das Behindern von deren Funktionsfähigkeit (Art. 5 Konvention), das illegale Abfangen von Dateien (Art. 3 Konvention) und den Vertrieb von Missbrauch dienenden Geräten (Art. 6 Konvention) verfolgen und ahnden, aber auch bereits gespeicherte und Übermittlungsdaten sichern (Art. 16, 17 Konvention) und in Echtzeit aufzeichnen und speichern (Art. 20, 21 Konvention) zu können. Die Mitgliedsstaaten treffen außerdem Beistandspflichten bei der Verfolgung von Straftaten (Art. 25ff Konvention).

Als völkerrechtlicher Vertrag ist die Konvention nicht unmittelbar geltendes Recht, sondern von den 45 Mitgliedsstaaten des Europarates in nationales Recht umzusetzen.

Der **Explanatory Report**[3] zur Konvention enthält wichtige Erläuterungen und Hinweise zur Entstehung der Konvention.

Ein **Zusatzprotokoll**[4] enthält eine nähere Festlegung zur Strafbarkeit der Verbreitung rassistischer und fremdenfeindlicher Propaganda.

2. OECD-Richtlinien

Die OECD hat im Juni 2003 Leitlinien für den Verbraucherschutz im Zusammenhang mit betrügerischen und irreführenden kommerziellen Praktiken beim grenzüberschreitenden elektronischen Geschäftsverkehr[5] beschlossen.

3. US-Rechtsprechung

Die Rechtsprechung zur Computerkriminalität ist in den USA inzwischen so weit entfaltet, dass eine Rekapitulation an dieser Stelle schon aus Raumgründen nicht

---

1 Convention on Cybercrime Budapest, verfügbar über http://conventions.coe.int/treaty/en. Einführend *Kugelmann*, DuD 2001, 215 und TMR 2002, 14.

2 Heise online 18.3.2004, www.heise.de/newsticker/meldung/45742.

3 Explanatory Report, 8.11.2001, http://conventions.coe.int/treaty/en/reports/html/185.htm, Erläuterungen bei *Kugelmann*, DuD 2003, 345.

4 Additional Protocol to the Convention on Cybercrime Concerning the Criminalisation of Acts og a Recist ans Xenophobic Nature committed through Computer Systems, PC-RX (2002) 24, Straßburg, 7.11.2002 mit Explanatory Report.

5 Verfügbar unter w ww.oecd.org/pdf/M00041000/M00041835.pdf.

möglich ist. Nur einige, auf Kommunikationsnetze bezogene Entscheidungen seien knapp aufgezählt.

In *Morris* [1] war über einen geradezu paradigmatischen Fall eines Angriffes auf das Internet zu enscheiden. .Morris hatte ein „*worm*"-Programm entwickelt, das sich auf andere Rechner kopierte. Es „fragte" aber jeden Computer, ob er schon eine Kopie des Programm abgespeichert hatte. Bestätigte der Computer dies, kopierte sich das Wurm-Programm nicht auf den Rechner, andernfalls erstellte es automatisch eine Kopie. Um zu verhindern, dass das Programm durch ein Gegenprogramm „neutralisiert" werden konnte, das generell auf die Frage mit „Ja" antwortete, sah Morris außerdem vor, dass sich das Programm auch auf jeden siebten derjenigen Computer kopierte, die bejahten.

Auf die Rechner „importiert" wurde das Programm über Programmierfehler in Dienstprogrammmen wie *sendmail* oder *finger demon* sowie *trusted host*-Privilegien und schließlich ein Subprogramm, das Passwörter automatisch ausprobierte. Am 2. 11.1988 setzte Morris von Cornell über einen MIT-Rechner (um die Herkunft zu kaschieren) das Wurm-Programm in das Internet. Das Programm replizierte sich jedoch viel schneller als erwartet. Versuche, es „zurückzuholen", blieben erfolglos. Der Court of Appeals bestätigte eine dreijährige Bewährungsstrafe, verbunden mit 400 Stunden Gemeindedienst (community service) und einer Geldbuße (fine) von US-$ 10.050,00 sowie die Verfahrenskosten auf Grundlage von Sec. 2 (d) des Computer Fraud and Abuse Act von 1986 [2]. Diese Strafvorschrift sanktioniert übrigens auch vergleichbares Verhalten *ausländischer* Nutzer. Das Gericht vertrat die Auffassung, dass unter dieser Vorschrift vom Staat nicht Vorsatz der Schädigung nachgewiesen werden müsse (mens rea). Dieser Auffassung folgte die Entscheidung in *Sablan*[3].

Bestätigt wurde das Urteil in *Thomas* [4] bezüglich des Vertriebes pornographischer GIF-Files. Bemerkenswert an der Entscheidung ist, dass das Gericht die örtliche Zuständigkeit in Tennessee bejahte, da dort von dort das Material heruntergeladen werden konnte (und dort ein Regierungsagent tätig wurde), nicht in Kalifornien.

Eher spezifischen Charakter hat die Entscheidung *LaMacchia* [5], die die Anwendung der Strafvorschriften des Wire Fraud Statute auf den Vertrieb raubkopierter Software im Internet ablehnt. In *Baker*[6] wurde die Anwendung der Strafvorschrift über „interstate communications" auf E-Mail im konkreten Fall abgelehnt, da keine Beweise der tatsächlichen Androhung von Straftaten vorgetragen wurden und deshalb die Meinungsfreiheit unzulässig eingeschränkt wurde [7]. In *Davis v. Gracey*[8] wurde die

---

1 *United States of America v. Robert Tappan Morris* (No. 774, Docket 90-1336), 7.3.1991, U.S. Court of Appeals, 928 F. 2d 504 (http://seamless.com/rcl/worm.html).

2 18 U.S.C. s.1030(a)(5)(A) (198).

3 *United States of America v. Bernadette Sablan*, U.S. Court of Appeals 7.8.1996, No. 94-10533 (www.Loundy.com/CASES/US_v_Sablan.html). Sablan hatte nach ihrer Kündigung Konten der Bank of Hawaii's verändert/gelöscht, in der sie gearbeitet hatte. Unvorsichtigerweise hatte der Arbeitgeber nicht den Schlüssel zum Bankgebäude zurückverlangt, sodass sie nach einer Nacht in einer Bar zur Tat schreiten konnte.

4 *United States of America v. Robert Alan Thomas and Carleen Thomas*, Nos. 94-6648, 94-6649, U.S.Court of Appeals, 96 C.D.O.S. 609.

5 *United States of America v. David LaMacchia*, No. 9410092-RGS v. 28.12.1994, (www.jmls.edu/ cyber/ cases/ lamacchi.txt).

6 *United States of America v. Jake Baker and Arthur Gonda*, Criminal No. 95-80106, 21.6.1995 (http://ic.net/~ sberaha/baker.html).

7 *Baker* hatte im Internet besonderes Aufsehen verursacht, wurde doch fiktiv per E-Mail in den USA (Ann Arbor) und Kanada (Ontario) über ein Kidnapping kommuniziert, was ein Nutzer in St.Petersburg, Rußland zum Anlaß nahm, die US-Polizei zu benachrichtigen.

8 *Anthony A. Davis, Gayla Davis and John Burton v Anthony Gracey, Mark Wenthold and Gregory*

Frage verneint, dass eine Anordnung der Durchsuchung nach Beweismaterial für die Verbreitung pornographischen Materials ausdrücklich das auf das verwendete elektronische Equipment bezogen sein müsse. In *Steve Jackson Games*[1] wurde allerdings das anläßlich einer Durchsuchung erfolgte Lesen in einem BBS gespeicherter privater E-Mail als unzulässig angesehen.

4. Rechtsprechung in Kanada

In *Pecciarich*[2] erfolgte Verurteilung wegen Uploading und Zugänglichmachen („exposing to public view") von pornographischen Bildern, womit noch kein Übertragen verbunden sein muss. Die Tat muss in Kenntnis („*knowingly*") erfolgt sein (Criminal Code, s. 163 (8)), setzt also mindestens bedingten Vorsatz voraus Dies gilt auch für Access Provider[3] und die Moderatoren von Newsgroups und Mailing Lists. Das kanadische Strafrecht stellt bestimmte Inhalte von Meinungsäußerungen unter Strafe, so Aufforderungen zum Völkermord [4] und Aufstachelung [5].

Taylor (Police Officers of Oklahoma City), U.S. Court of Appeals, 21.4.1997, No. 95-6245 (http://zeus.bna.com/e-law/cases/davgracey.html).

1 *Steve Jackson Games, Inc. v. U.S.Secret Service*, No. 93-8661, 31.10. 1994 (www.jmls.edu/cyber/cases/sj-games.txt)

2 *Regina v. Pecciarich*, Ontario Court (Provinc.Div.), Sparrow Prov.Div.J., 6.4.1995, 22 O.R. (3d) 748-766;http::://insight.mcmaster.ca/org/efc/pages/law/court/R.v.Pecciarich.html; ähnlich R.v. Hurtubise, Unreported 28.6.1996, B.C.Prov.Ct. Surrey Registry, zit.nach *Racicot*, S. 43

3 so *Racicot*, 40 in Ableitung aus der Entscheidung R.v. Jorgensen (1995) 102 C.C.C. (3d) 97 (S.C.C.), während das deutsche TDG *selbst dann*, also bei bestehender Kenntnis Zugangsvermittler nicht haften läßt. Bei Usenet Newsgroups sieht *Racicot*, S. 45f. auch jede Inhaltskontrolle als undurchführbar und nur ein Blockieren des Zugriffes auf Newsgroups als möglich an. Gleichzeitig seien aber Kollisionen entsprechender Pflichten mit der Informationsfreiheit möglich, wenn etwa Universitäten ähnlich einem Zensor den Zugang zu Newsgroups sperrten (so ein Sprecher des kanadischen Supreme Court of Canada, zit. nach Racicot*)*.

4 „*advocating genocide*", sect.318

5 „*public incitement of hatred*", sect. 319

Teil 5 Rechtsfolgen der Nutzung besonderer Internet-Techniken, Dienste

§ 13 Links, Frames, Metatags und Suchmaschinen

Hyperlinks erlauben weltweite Verknüpfungen im Web. Ohne Hyperlinks (nachfolgend kurz: „Links") wäre das World Wide Web (WWW) nicht oder nur schwer vorstellbar. Zugleich wirft die Nutzung von Links aber eine Vielzahl von Fragen in unterschiedlichsten Rechtsgebieten auf, die bisher keineswegs vollständig erfasst sind, fehlt es doch an einer EG- oder gar weltweiten Harmonisierung der rechtlichen Beurteilung von Links. Die Beantwortung dieser Fragen kann nun nicht darin bestehen, Linksetzung schlicht als unzulässig anzusehen, da hierdurch das Web insgesamt in seiner unbestritten wichtigen Kommunikationsfunktion gefährdet würde. Vielmehr sind differenzierte Abgrenzungen zur Zulässigkeit der Linksetzung zu entwickeln. Ähnliches gilt für Frames und Metatags. Suchmaschinen führen ihrerseits zu neuen, mit Linksammlungen verbundenen Problemen. Auch hier werden allenfalls Nutzungseinschränkungen in der bestehenden Praxis (etwa aus Wettbewerbsrecht) durchsetzbar sein, nicht aber generell nationale Verbote oder Ausschlüsse solcher weltweit eingesetzten technischen Konstrukte, deren Vorteile jedenfalls überwiegen. Damit bleibt nur, dem Schutz von Rechtsgütern adäquate Abgrenzungen für den zulässigen Einsatz dieser Konstrukte zu erarbeiten. Einige Grundsätze für solche Abgrenzungen werden nachfolgend aufgezeigt. Sie sind allerdings – wie die von ihnen behandelten technischen Phänomene selbst– in schneller Entwicklung befindlich und bedürfen deshalb laufender Überprüfung, Anpassung und Ergänzung.

Ein typisches Beispiel ist das „*Paperboy*"-Urteil des **Bundesgerichtshofes**. Der BGH hat die auf den Erhalt der Funktionsfähigkeit des Internet abstellende Auffassung im für das Urheber- und Wettbewerbsrecht wesentlichen, aber auch für das Internet allgemein zentralen „*Paperboy*"-Urteil vom 17.7.2003[1] bestätigt. Das Gericht sah im Setzen eines Links unmittelbar auf eine tieferliegende Webseite einer fremden Website (dem sog. „*Deep Link*") weder eine urheber- noch eine wettbewerbsrechtliche Verletzungshandlung. Ist eine tieferliegende Webseite direkt im Web zugreifbar (technisch also: frei durch Eingabe der Webseitenadresse URL adressierbar), ist ein solcher Zugriff dem BGH zufolge zulässig, wenn der Betreiber der Website keine technischen Schutzmaßnahmen gegen solche Zugriffe implementiert hat. Bleibe die Herkunft der fremden Seiten erkennbar, ist das Setzen des Links auf diese auch nicht unlauter. Dies gelte auch dann, wenn durch das Setzen des Deep Link die Eingangsseite der fremden Website (Homepage) hierbei umgangen werde und dem Betreiber Werbeeinnahmen entgehen, weil die vorgelagerten Webseiten nicht heruntergeladen werden.

Die Bedeutung der „*Paperboy*"-Entscheidung geht weit über die Frage der (der Entscheidung zugrundeliegenden) urheber- und wettbewerbsrechtlichen Zulässigkeit der Nutzung von Pressediensten hinaus. Sie betrifft vielmehr die für das Internet kennzeichnende Technik des Linking generell und der (auf diesen basierenden) Suchmaschinen, die als grundsätzlich zulässig angesehen wird. Etwas pointiert könnte

---

[1] BGH, Urt.v. 17.7.2003 – I ZR 259/00, GRUR 2003, 958 = CR 2003, 920 = NJW 2003, 3406 = JurPC Web-Dok. 274/2003 – Paperboy; näher zu dieser Entscheidung s. unten S. 660. Zustimmend etwa *Heydn*, NJW 2004, 1361, 1363: „Der Deep Link hat die Feuerprobe bestanden".

man von einem **Bekenntnis des BGH zum Internet** sprechen. Das Gericht geht von Grundsatz aus, dass ohne Gefahr von Rechtsverletzungen frei auf jede fremde Web-Adresse (und Inhalte auf dieser) verwiesen werden darf, da die Webseiten genau für solche Zugriffe im Internet überhaupt zugänglich gemacht werden. Zugleich weist das „*Paperboy*"-Urteil über Linking-Techniken hinaus und ist von seinem Grundsatz her für alle internetspezifischen Kommunikationstechniken heranzuziehen. Deren Nutzung muss ohne Rechtsverletzung möglich sein, wenn die Techniken den allgemeinen Zugang zu Informationen eröffnen, die Funktionsgrundlage eines Kommunikationsnetzes bilden und vom Informationsanbieter in seiner freien Entscheidung eingesetzt werden können. Deshalb ist nachfolgend zu prüfen, ob diese Grundsätze für jede Form von Links gelten und außerdem auf Frames und Metatags übertragbar sind.

Bestätigt wurde diese Entscheidung durch ein **weiteres Urteil** des BGH vom 1.4.2004[1], das den Umfang von Prüfpflichten Dritter (auch) im Rahmen der Störerhaftung auf das Zumutbare beschränkt. In den Rahmen, in den die BGH-Rechtsprechung einzuordnen ist, passt auch die **US**-Entscheidung ACLU v. Miller[2], die ein Gesetz als verfassungswidrig ansah, das die Benutzung von Marken als Links verbot, wobei aber irreführende Angaben unzulässig bleiben.

Als gravierendes **Defizit** ist es anzusehen, dass die EG-Kommission die dringend erforderliche Harmonisierung der Regelungen zur Haftung insbesondere für Links und Suchmaschinen nicht angestoßen hat. Der hierzu vorgelegte Bericht (s. S. 708) hätte Anlass geboten, diese Vereinheitlichung in Angriff zu nehmen und die Regelung nicht nationalen divergierenden Initiativen zu überlassen. Die technischen Link-Mechanismen im Web sind einheitliche. Deshalb sollten auch die Haftungsregelungen zumindest EG-weit einheitliche sein, andernfalls durch Regelungsunterschiede Wettbewerbsnachteile der Anbieter entstehen können. Desiderat wäre freilich eine weltweite Regelung etwa im UNCITRAL oder WIPO-Rahmen.

I. Einige technische Grundlagen

Die in diesem Kapitel zu behandelnden rechtlichen Fragen ergeben sich wesentlich aus Besonderheiten der im Web verwendeten Verknüpfungstechniken des Linking, Framing, Metatagging und des Einsatzes von Suchmaschinen. Um diese Fragen zunächst technisch sachgerecht erfassen und formulieren sowie rechtlich zutreffend beantworten zu können, müssen zumindest die wichtigsten Merkmale dieser Techniken knapp skizziert werden.

1. Links

Links stellen Verbindungen zwischen Dokumenten (oder sonstigen Dateien) auf derselben Website oder zu einer fremden Site her (genauer gesagt: zu den Webadressen, also URLs, unter denen die Dokumente im Web zugreifbar sind). Die verschiedenen Ebenen einer Website sind in einer baumartigen Struktur verknüpft, in der man sich (über Links wahlfrei direkt) bis in die Verästelungen bewegen kann. Links ermöglichen aber auch das Springen zu Webseiten anderer Websites. Linking ist deshalb die

---

1 BGH, Urt.v. 1.4.2004 – I ZR 317/01, MMR 2002, 119 = NJW 2004, 2158 – Schöner Wetten.

2 ACLU v. Miller, 977 F. Supp. 1228 = 43 U.S.P.Q. 2D 1356 (N.D. Ga.1997), aus dem ein „*First Amendment right to link*" abgeleitet wurde (*Wendlandt*, Cybersquatting, Metatags und Spam, 579 m.w.N.).

zentrale Technik der HTML-/XML-gestützten Dokumentdarstellung **im Web** und generell im Internet (etwa zu FTP-Sites). Allerdings müssen zur Klarheit unterschiedliche Links auseinandergehalten werden, nicht nur, weil sie programmiertechnisch unterschiedlich implementiert werden, sondern auch – und im vorliegenden Zusammenhang wesentlich – , weil sie mit unterschiedlichen Rechtsfolgen verknüpft sind. Die wichtigsten Unterscheidungen werden nachfolgend zusammengestellt.

Links **verweisen** (als programmtechnisch in HTML bzw. XML realisierte Verknüpfungen[1]) auf Dokumente auf derselben Website (*inline link*[2], *local*[3] bzw. *intra-system*[4] genannt), z.B. vom fließenden Text aus auf eine Fuß- oder Endnote im selben Textdokument[5], ein anderes Kapitel des Dokumentes oder auf andere lokal (auf demselben Serverrechner[6]) verfügbare Dokumente. Links können außerdem auf Dokumente oder sonstige Inhalte auf anderen Serverrechnern verweisen (*remote*[7] bzw. *inter-system*[8] *link oder outlink*[9] genannt). Auch Inline-Links (s. unten) können *local* und *remote* erfolgen und das Integrieren einzelner Elemente, z.B. von Logos, Piktogrammen oder sonstigen Grafiken erlauben[10]. Die meisten Rechtsprobleme ergeben sich aus Remote Links.

Links sind auch möglich zu Internet-Adressen, die nicht Teil des Web sind[11], etwa Adressen in anderen Diensten (FTP, Gopher, Telnet oder Newsgroups[12]) oder E-Mail-Adressen, aber auch zu sonstigen (lokal oder entfernt angelegte) Dateien, etwa Grafikdateien wie Bilder. Diese können über einen IMG-Link (Image Source, *img src*) unmittelbar in einen Text eingebunden werden. Anders als „normale“ Links, die offen (gewissermaßen als Transversale) auf andere Dokumente verweisen, erscheinen durch IMG-Links[13] Bilder, eingebettete Objekt und Hintergrundtöne grundsätzlich als Teil des

---

[1] Die jeweilige Verweisung wird im verweisenden Code im sog. „Zielanker“ („a“ für *anchor*) festgelegt (z.B. „<A HREF=http://www.denic.de/</A>“). Im Beispiel verweist der Anker auf eine externe Seite; möglich ist aber etwa auch ein interner Verweis im Text auf eine Fußnote. „HREF“ steht für „Hypertext REFerence“ und enthält die Adresse, auf die verwiesen wird. Mit dem Tag „img“ lässt sich an der Stelle, an der der Tag gesetzt ist, ein Bild einfügen und mit „src“ der Pfad festlegen, unter dem das Bild zu finden ist.

[2] Teilweise auch *Inline-Links* (*Koch*, GRUR 1997, 417, 430) oder *Inpagelink* (Bezirksgericht Zürich, Urt.v.10.9.2002 – GG 010848, JurPC Web-Dok. 337/2002, Anhang Anklageschrift der Bezirksanwaltschaft mit Definitionen zu den Linkarten, S. 54) genannt. Als „Inline-Links“ werden andererseits Links aus einem Dokument direkt zu einem einzubindenden Objekt wie einem Bild oder Text genannt, die vom Betrachter aber nicht als Links erkennbar sind (Ernst/Vassilaki/*Wiebe*, Hyperlinks, Rdn. 6).

[3] *Cavazos/Miles*, Copyright on the WWW: Linking and Liability, 4 Rich.J.L.& Tech. 3 (Winter 1997), Abs. 5.

[4] So *Jackson*, Linking Copyright to Homepages, verfügbar unter www.law.Indiana.edu/fclj/v49/no3/jackson.html.

[5] Sog. „intra-page“-Links, *Jackson*, Linking Copyright to Homepages, a.a.O.

[6] *Insitelink* genannt (Bezirksgericht, a.a.O.).

[7] *Cavazos/Miles*, Copyright on the WWW: Linking and Liability, 4 Rich.J.L.& Tech. 3 (Winter 1997), Abs. 5.

[8] *Jackson*, Linking Copyright to Homepages, a.a.O.

[9] Bezirksgericht Zürich, a.a.O. Genauer betrachtet kann man zwischen dokumentinternen/-externen, serverinternen/externen und intranet/internet-internen/externen Verweisen unterscheiden.

[10] *Dittrich*, JurPC Web-Dok. 72/2002.

[11] *Münz*, SELFHTML, Einführung/Web-Technologien/HTML (http://selfhtml.teamone.de/intro/technologien/).

[12] *Münz*, SELFHTML:HTML/XHTML/Verweise (Links)/Projekt-externe Verweise, verfügbar unter: http://selfhtml. teamone.de/html/verweise/projektextern/htm.

[13] Ein IMG(„ImaGe“-)Link weist den Browser an, den Text, aus dem verwiesen wird, durch ein Bild aus einer getrennten Datei zu ergänzen, die ebenfalls auf demselben oder einer anderen Site gespeichert

Dokuments, von dem her verwiesen wird[1], da die Verweisung für den Nutzer in der Regel nicht erkennbar ist (wenn der Betreiber etwa in einer Bildunterschrift nicht auf sie hinweist). Ohne Hinweis bei IMG- und vergleichbaren anderen eingebetteten („*embedded*") Links auf die externe Quelle kann der Eindruck entstehen, es handle sich um eigene Informationen (zur Haftung s. S. 563). Auch kann wettbewerbsrechtlich eine Leistungsübernahme vorliegen (s. näher S. 497).

Zu anderen Webadressen wird über **URLs** (Uniform Resource Locators, einheitliche Quellenorter) referiert[2]. Ein Referenzieren zu einzelnen Wörtern oder Bildern in einem Dokument ist nicht möglich, wenn diese nicht einen eigenen URL haben[3]. In HTML werden diese URLs genauer **URIs** (Universal Resource Identifiers, universelle Quellenbezeichner) genannt[4]. Im URI wird zunächst das Internet-Protokoll (z.B. www oder ftp, aber auch wais oder irc) und dann die Datenquelle genannt, und zwar über einen Domain-Namen oder eine IP-Adresse (ausführlich s. RFC 1630). Angeschlossen werden können Angaben über lokale Pfade zu den verschiedenen Dateien, aber (vorher) auch Portnummern (z.B. :8082), wenn nicht der Standardport angesprochen wird[5]. Die jeweilige Verweisung wird im verweisenden Code im sog. „Zielanker" („a" für anchor) festgelegt (z.B. „<a href=http://www.denic.de/</a>"). In Texten sind Wörter, von denen aus ein Link zu anderen Stellen im Text (z.B. Fußnoten) oder zu anderen Sites gesetzt ist, durch Unterstreichung und/oder mit blauer (oder anderer) Farbe gekennzeichnet[6]. Durch Anklicken der Unterstreichung wird der Link aktiviert und navigiert der Nutzer zur Fundstelle/Website, auf die verwiesen wird[7]. Neben den Links auf andere Dateien bzw. andere Sites findet sich häufig (aber nicht notwendig) eine Meta-Information über die Information, auf die verwiesen wird[8]. Diese Meta-Information über den Link wird in der Regel vom verweisenden Anbieter selbst erstellt (was zu seiner Haftung für eigene Informationen führen kann, s. S. 563); sie ist vom eigentlichen Link zu unterscheiden[9]. Abgelehnt[1] wurde die Auffassung[2], der Linksetzer

sein kann. Bildteile können so mittlerweile sogar auf verschiedenen (teilweise sogar grenzüberschreitend verteilten) Host-Rechnern abgelegt werden (was die site-bezogene Einzelkontrolle nicht unbedingt vereinfacht). Hier „surft" der Nutzer nicht zu dieser anderen Site, sondern die Datei wird in den vorgegebenen Text integriert, *allerdings nicht auf der Website des verweisenden Betreibers, sondern in* der Bildschirmdarstellung *der Site beim Nutzer,* der vom einem Betreiber den Text mit dem IMG-Link herunterlädt und hierdurch mit dem Aktivieren des Link die Grafik von der *anderen* Site auf direkt *seinen* Rechner. Auf dem Rechner des Nutzers findet mit diesem Downloading also ein Kopieren (und urheberrechtlich ein Vervielfältigen) statt, auf dem Rechner des verweisenden Betreibers hingegen nicht, sodass für den Betreiber keine entsprechenden Download-Kosten entstehen. Freilich trägt der Betreiber auch das Risiko, dass der Betreiber der fremden Site, auf den der IMG-Link verweist, die Grafikdatei auswechselt oder entfernt, womit der Link ins Leere geht.

1 *Berners-Lee*, Links and Law, Commentary on Web Architecture, www.w3.org/DesignIssues/LinkLaw.html spricht von „embedded material".

2 *Münz*, SELFHTML:HTML/XHTML/Allgemeine Regeln für HTML/Referenzieren in HTML

3 *Jackson*, Linking Copyright to Homepages, verfügbar unter www.Law.Indiana.edu/fclj/v49/no3/jackson.html

4 *Münz*, a.a.O. Genauer besehen ist URI der Oberbegriff, der neben URL auch URN (Uniform Resource Names, einheitliche Quellennamen) umfasst. URNs sind dazu gedacht, nicht wirklich existierende oder nicht über ein bekanntes Internet-Protokoll abrufbare Datenquellen zu referenzieren (z.B. intern im lokalen Netz über `file`).

5 *Münz*, a.a.O.

6 Teilweise erfolgt auch nur eine farbliche Markierung von Textteilen. Meist wird dann der Cursorpfeil beim Gleiten über die Textfläche in eine kleine Hand oder ein anderes Symbol gewandelt.

7 Das Internet-Wörterbuch, www.networds.de.

8 *Münz*, SELFHTML,Einführung/Web-Technologien(http://selfhtml.teamone.de/projekt/recht.htm).

9 *Stadler*, JurPC Web-Dok. 2/2003, 5.

bringe zum Ausdruck, dass seine Seite ohne die fremden Informationen nicht vollständig sei. Dies kann aber bei Frames[3] oder Extended Links der Fall sein.

Der Link erlaubt nur einen **„Einweg"-Verweis**. Wird aus Dokument A auf Dokument B verwiesen, kann der Nutzer zwar über den Browser, der den Pfad speichert, zu Dokument A zurück„surfen", jedoch kann ein Nutzer, der Dokument B direkt aufruft, nicht zum verweisenden Dokument A navigieren und nicht einmal Kenntnis von Links vom verweisenden Dokument A auf Dokument B haben[4].

Anstatt einen Link anzuklicken, könnte der Nutzer auch den URL direkt in die URL-Zeile oder die Browser-Maske eingeben[5]. Links sind also nur **Nutzungshilfen**, das das Navigieren im Web und zu anderen Datenquellen erleichtern.

Links **verweisen** immer nur auf Dokumente (oder innerhalb von Dokumenten), stellen aber nicht selbst Dokumente dar. Fügt man einen auf eine Fotografie verweisenden Link in ein Dokument ein, ist das nicht dasselbe wie das Einfügen der Fotografie selbst in das Dokument[6]. Der Nutzer lädt von der Website des verweisenden Betreibers nur das Dokument mit den Verweisungen, von anderen Websites hingegen die Elemente, auf die verwiesen wird. Das Foto selbst ist nicht auf dem Rechner des verweisenden Betreibers gespeichert (außer natürlich, es wird nur *local* verlinkt).

Der Unterschied zwischen einem „einfachen" Link auf eine fremde Homepage (als Eingangsseite der Website) oder ein anderes vorgeordnetes Verzeichnis (teilweise auch „*surface link*" genannt[7]) einerseits und einem „*Deep Link*" auf eine unter dieser Homepage liegende Webseite andererseits besteht technisch schlicht im Hinzufügen lokaler Pfadangaben (also in den Verweisen in die „Tiefe" des fremden Angebotes[8]).

Außerdem ist zwischen Links zu unterscheiden, die der – die verweisende Webseite aufrufende – Nutzer erst durch Anklicken aktivieren muss (z.B. durch Unterstreichung oder besondere Farbgebung markierte Stichwörter[9]), um zur referierten Stelle zu gelangen (*invoke-to-load*), und Links, die automatisch beim Laden der Seite, von der aus verwiesen wird, mit geladen werden (*auto-load*)[10]. Deshalb ist für jeden Link zu unterscheiden, ob dieser vom Nutzer erst noch angeklickt werden muss oder ob er als Remote-Auto-Load-Funktion bereits beim Laden der Seite die Verknüpfung zur weiteren Website herstellt. Mit diesen Unterscheidungen lässt sich bereits die Funktion der Inline-Links verständlich machen, die in der Literatur unterschiedlich beschrieben wird. Mit Inline-Links wird unmittelbar aus der Textzeile heraus verwiesen, wobei mittels Auto-Load-Link eine Grafik oder ein anderer Text sofort beim Laden der Seite mitgeladen wird, so dass der Eindruck eines einheitlichen Dokuments entstehen kann. Auto-Load-Inline-Links ähneln deshalb Frames, ohne dass aber verschiedene Bereiche

---

1 *Stadler*, JurPC Web-Dok. 2/2003, 6.

2 So etwa der öOGH, MMR 2001, 518f.

3 Ebenso *Stadler*, JurPC Web-Dok. 2/2003, 6.

4 *Jackson*, Linking Copyright to Homepages (www. law.indiana.edu/fclj/v49/no3/jackson.html).

5 Deshalb will *A. Koch*, K&R 2002, 120, 122 URLs wie Links behandelt sehen. Zunächst wird die (nichtverlinkte) URL-Angabe als eigene Information einzustufen sein, deren Beurteilung freilich davon abhängt, welche weiteren (empfehlenden oder distanzierenden) Informationen zu dieser Angabe hinzugefügt werden. Diese Einstufung ist insbesondere dann von Bedeutung, wenn man die §§ 9 – 11 TDG als nicht auf Links anwendbar ansieht, die URL-Angabe selbst aber von § 8 TDG erfasst wird.

6 *Cavazos/Miles*, Copyright, a.a.O., Abs. 9.

7 Ernst/Vassilaki/*Wiebe*, Hyperlinks, Rdn. 4; *Plaß*, WRP 2000, 599; *Dittrich*, JurPC Web-Dok. 72/2002.

8 *Münz*, SELFHTML:HTML/XHTML/Verweise (Links)/Projekt-externe Verweise.

9 Die Markierungen sind unterschiedlich ausgestaltet. Meist erkennt man sie aber daran, dass der Cursor beim Gleiten über die Markierung Icon-Gestalt erhält (z.B. die Form einer Hand).

10 *Cavazos/Miles*, Copyright, Abs. 6.

der Seite getrennt definiert würden. Man findet bei Online-Magazinen aber auch Inline-Links mit Lade-Option; der Nutzer kann hier (teilweise gegen Vergütung) z.B. Fotografien mit unterschiedlichen Vergrößerungsfaktoren auswählen, aber auch etwa Videos oder Zusatztexte.

Da bei Inline-Links mit Auto-Load-Funktion der jeweils verlinkte Inhalt sofort (und ohne zusätzliche Entscheidung und Aktivierung seitens des surfenden Nutzers) auf den Rechner des Nutzers heruntergeladen und damit dort vervielfältigt wird, müssen für dieses Herunterladen jeweils vom linksetzenden Betreiber die **Zulässigkeitsvoraussetzungen** des Vervielfältigens erfüllt sein, denn dieses Downloading erfolgt ohne weiteres Zutun des Nutzers auf dessen Rechner allein dadurch, dass er die Webseite des Betreibers annavigiert. Für Verweise innerhalb eines einheitlichen Werkes, etwa vom Text eines Dokumentes auf die Fuß- oder Endnoten, auf zitierte Urteile oder Gesetzestexte oder auf andere Dokumente auf der Website kann sich die Zulässigkeitsprüfung auf dieses insgesamt beschränken (wenn der Autor nicht ohnehin im eigenen Werk zulässig selbst verweist). Bei Links auf andere Dokumente ist zu prüfen, ob diese vom Nutzer zulässig heruntergeladen werden dürfen.

Eine relativ neue Link-Variante stellen sog. „**Extended Links**" bzw. „Smart Tags" dar[1]. Die Besonderheit von Extended Links besteht darin, dass diese Links nicht Teil der Webseite sind, sondern in einer externen Webseite (der sog. „Linkbasis") definiert und gespeichert werden können, u.U. sogar auf einem externen Rechner eines Dritten[2]. Extended Links (**XLinks**)[3] können **bi-** oder **multidirektional** fungieren, also in zwei oder mehrere Richtungen (sog. *„traversals"*) verweisen, nicht nur auf ein Dokument (oder ein sonstiges Referenzobjekt, eine sog. *„ending resource"*) hin, sondern von diesem weg auf ein drittes[4] (sog. *„third party arc"*). Verlinkte Inhalte – zu denen nicht nur Webseiten, sondern auch beliebige Dateien und anderen Objekte gehören können – lassen sich unmittelbar in eine Ausgangsseite einbetten und so letztlich sämtliche Inhalte im Web neu anordnen und zueinander in Bezug setzen, was Integrität und Kontext der Vorlageseiten erheblich tangieren kann[5]. Verwendet der so referenzierte Autor nicht selbst die Linkbibliothek (weil sie etwa nichtöffentlich ist), kann er nicht feststellen, welche Links von seiner Seite wegführen[6].

Ein Anbieter hat das Xlink-Konzept der World Wide Web (WWW) Consortium Recommendation[7] partiell als **Smart Tags** implementiert, die durch eine lila gepunktete Linie gekennzeichnet sind. Bei ihrem Aktivieren erscheint ein (von einem Dritten definierbares) Kontextmenü mit Handlungsoptionen in Bezug auf das gekennzeichnete Wort, bei einer Adresse etwa der Link zu einer Karte oder zur Homepage eines dort

---

1 Ausf. s. *Ulbricht/Meuss*, CR 2002, 162.

2 *Ulbricht/Meuss*, CR 2002, 162, 163.

3 Einführend s. *Arciniegas*, What is XLink ? (www.Xml.com/pub/a/2000/09/xlink/index.html) und die offizielle W3C Recommendation 27 June 2001 (www.W3.org/TR/2001/REC-xlink-20010627). Diese definiert einen „extended link" als „a link that associates an arbitrary number of resources".

4 *Ulbricht/Meuss*, CR 2002, 162, 163 vergleichen deshalb dieses Konzept mit einem Kommentar eines Dritten, der mehrere verschiedene Textstellen in voneinander unabhängigen Texten miteinander verbindet und zueinander in Bezug setzt, ohne dass die Autoren dieser Texte dies billigen oder auch nur wissen müssen.

5 *Ulbricht/Meuss*, CR 2002, 162, 165 formulieren deutlich: „Sämtliche inhaltlichen, graphischen und akustischen Bestandteile einer Webseite können aus ihrem Kontext gerissen und zum Baumaterial einer völlig anderen Webseite gemacht werden." Hierdurch werden wettbewerbsrechtlich unzulässige Leistungsübernahmen technisch internet-, also weltweit möglich (soweit Herkunftstäuschung erfolgt).

6 *Ulbricht/Meuss*, CR 2002, 162, 165.

7 Verfügbar unter www.W3.org/XML/Linking.

befindlichen Geschäftes[1]. Der Smart Tags setzende Dritte könnte bezogen auf Stichwörter in fremden Texten auf eigene Produkte verweisen (um sich wettbewerbswidrig an deren Ruf anzuhängen, s. S. 507) und hierdurch die fremden Webseiten durch solches Smart Tagging verändern, ohne dass die Mitwirkung der betroffenen Anbieter erforderlich wäre[2]. Smart Tags zielen allerdings weniger auf das Verlinken von Webseiten ab, sondern sollen das kontextbezogene Aufrufen von Programmen und Datenbanken erleichtern[3].

Die Nutzung von XLinks gestattet, externe **Linkbibliotheken** zu erstellen, die als Feature in die jeweilige Browser-Software integriert werden[4]. Umfassende derartige Linkbibliotheken könnten URL-Namensräume und das zugehörige Domain-Namenssystem weitgehend ersetzen, da die Nutzer begriffsbezogen über die Linkbibliothek navigieren könnten anstatt über Domain-Namen direkt oder über Suchmaschinen[5].

Wenig beachtet wird eine **Komplikation** durch Zwischenschalten des **Providers** bei der Nutzung von Links. Beauftragen (wie häufig) Anbieter und Nutzer Provider mit Hosting und Konnektierung, sind zwei Stufen zu prüfen. Der Anbieter erstellt zunächst seine Webseite mit externen Links zu fremden Seiten. Dann führt er ein Uploading dieser Seite auf den **Hostrechner** seines Providers A durch. Der Nutzer seinerseits lädt diese Seite vom Rechner des Providers A erst zwecks Zwischenspeicherung/Durchleitung auf den Rechner seines Providers B (z.B. über Proxy Rechner) und dann auf seinen Nutzerrechner herunter. Provider A hält diese Seite (auf vereinbarte Dauer) bereit, speichert also für den Anbieter und übermittelt an abfragende Nutzer (bzw. deren Provider). Provider B ermöglicht seinerseits, wenn der abfragende Nutzer einen Link auf der heruntergeladenen Seite des Anbieters zum einer dritten Seite aktiviert, über die zwischengespeicherte Seite auch den Zugriff auf diese weitere Seite eines Dritten.

Nutzer sammeln übrigens oft selbst Links, die sie zwar nicht ausdrücklich setzen, aber als „*Bookmarks*“ über eine Funktion der Browser-Software archivieren. Durch Anklicken eines Bookmark navigiert der Browser (wie bei Anklicken eines Link) ohne erforderliche URL-Eingabe zur markierten Seite. Bookmarks können, in Listen gesammelt, in verschiedenen Programmen genutzt, und als Datei auch übertragen werden.

2. Frames

„Frames“ sind über Rahmen definierte Teilbereiche von Webseiten. In solchen Teilbereichen, etwa auf der rechten Hälfte der Bildschirmseite, können im abgegrenzten Frame **fremde** Webseiten (oder Teile solcher Seiten) in der anbietereigenen Seite dargestellt werden[6] und in deren linkem Teil etwa ein Verzeichnis mit aktivierbaren Links, wobei man die Abgrenzung durch vertikale Roll-Leisten (Scroll bars) nur noch vereinzelt verwendet und rahmenlose *embedded frames* vorzieht. Mehrere Frames lassen sich zu einem *Frameset* konfigurieren. Dies erlaubt, eine Webseite aus

---

1 *Ulbricht/Meuss*, CR 2002, 162.

2 So wurde befürchtet, dass die Implementierung dieser Technik im Internet Explorer zu Wettbewerbsnachteilen für andere Anbieter von Browser-Software führen könnte (*Ulbricht/Meuss*, CR 2002, 162f m.w.N.)

3 *Ulbricht/Meuss*, CR 2002, 162, 164.

4 *Ulbricht/Meuss*, CR 2002, 162, 163, nach denen eine solche Bibliothek eine umfassende Sichtweise des Webs (oder gar ein Weltbild) transportiert.

5 *Ulbricht/Meuss*, CR 2002, 162, 165.

6 Teilweise wird hier – ohne genaue begriffliche Abgrenzung – auch von „Inline-Links“ gesprochen.

Elementen verschiedener anderer fremder Webseiten aufzubauen, ohne dass jene Sites als solche erkennbar wären[1]. Frames können außerdem als sog. Inline-Frames direkt in einen Text eingefügt werden („IFRAME")[2]. Die Frame-Technik erlaubt damit (in unterschiedlicher Form) eine besondere Form der Verweisung auf (eigene und fremde) Webseiten durch deren Inkorporierung in die eigene Webseite. Der Unterschied zu Links besteht darin, dass der Nutzer bei Aktivieren des Verweises nicht auf eine andere (fremde) Webseite weitergeleitet wird, sondern weiterhin die **Webseite** (sog *„frame-definition page"*) **des verweisenden Anbieters** (unter demselben URL)[3] dargestellt erhält, in der aber inkorporiert Teile der anderen Webseite oder auch sonstige Dateien (teilweise auch „Inline-Link" genannt[4]) mitdargestellt werden. Hierfür genügt es, im Verweis-Tag das Attribut *target* zu verwenden[5]. Man hat hier einen „Bild-im-Bild"-Eindruck. Für den Nutzer ist aber oft nicht erkennbar, ob das „innere" Bild vom eigenen Site des Betreibers oder von einem fremden Site stammt, da der URL gleichbleibt[6]. Auch der Versuch, ein Bookmark für der *„framed site"* anzulegen, scheitert meist, da man auf der *„framing site"* verbleibt. Technisch ist es nur begrenzt möglich, das Framing einer in das Web gestellten Seite durch Dritte zu verhindern[7].

3. Metatags

Metatags sind Verknüpfungen von Websites für Suchmaschinen durch Begriffe, die in einem besonderen Verweisungsbefehl im Kopfteil der HTML-Beschreibung einer Webseite eingefügt werden[8]. Diese Suchmaschinen werten dieses Begriffsfeld aus und verweisen auf die Webseite. Sucht etwa jemand nach „DENIC" und fügt man diesen Begriff in die Beschreibung für die eigene Seite ein, wird diese eigene Seite in der Trefferliste der Suchmaschine angezeigt (wobei aber nicht alle Suchmaschinen diese *Tag*-Felder auswerten). Metatags enthalten also nur frei wählbare Begriffe, nicht jedoch Domain-Namen oder IP-Adressen. Technisch ist keine Prüfung möglich, ob zwischen Website und Metatag-Begriff ein inhaltlicher Zusammenhang besteht. Eine Abwehr von Metatags durch die in Bezug genommene Website ist technisch nicht möglich (von einem Sperren des Zugriffes durch Suchmaschinen auf jene Site einmal abgesehen).

---

1 *O. Lehmann/A. Lehmann*, Suchmaschinen, 39 mit dem Hinweis, dass Google solche Webseiten aus Frames ignoriert.

2 www.w3.org/TR/REC-html40/present/frames.html, 25.

3 Der FRAME-tag enthält das Attribut SRC, das den URL des Dokuments enthält, das im betreffenden Teilfenster angezeigt werden soll (*Schwarte*, HTML, 255). Der fremde URL wird aber nicht dem Nutzer angezeigt.

4 Frames, Inline-Links und sogar IMG-Links werden gleichgesetzt bei *Hoeren*, Internetrecht, 199. *Schmidbauer*, Was der Hyperlink nicht mit dem Urheberrecht zu tun hat (www.i4j.at/news/aktuell35a.htm), schreibt, der Begriff „Inline-Linking" sei „von Juristen erfunden worden". Richtig handele es sich um die „IMG"- und „object"-Elemente von HTML, mit denen man von derselben oder einer fremden Website Multimedia-Elemente einfügen kann.

5 *Münz*, SELFHTML:HTML/XHTML/Frames/Verweise bei Frames.

6 *Koch*, NJW-CoR 1997, 298, 300.

7 Die Web Design Group gibt in ihrem Web Authoring FAQ: HTML Frames (www. htmlhelp.com/faq/html/frames.html) Hinweise. So lässt sich etwa erreichen, dass zumindest der Netscape Browser das angefragte Dokument im vollen Browser-Bildschirm anzeigt. Das FAQ zeigt auch zwei JavaScripts, die automatisch alle bestehenden Frame Sets beseitigen.

8 So etwa der *„tag"*:
<HTML>
<META name= „KEYWORDS" Content= „Internet, Internet-Recht, Oldenbourg-Verlag".

Webseiten müssen keine Metatags enthalten[1], sind also auch ohne diese abrufbar (auch durch einige Suchmaschinen, die den Inhalt der Webseiten durchsuchen).

Metatags zugeordnet werden sog. „*Metarefresh*"-Tags, die automatisch sofort oder etwa nach einigen Sekunden Wartezeit eine neue Webseite laden[2].

4. Suchmaschinen

In Suchmaschinen[3] werden stichwortbasiert Webseiten nach Inhalten oder Metatags ausgewertet. Ergebnis sind in großen Datenbanken gesammelte Aufstellungen von Fundstellen („Trefferlisten"), die jeweils mit einem Link zu der jeweiligen Webseite verbunden sind. Suchmaschinen bestehen grundsätzlich aus drei Komponenten[4]: **Robot**-Programme (auch kurz „Roboter" oder „Bots") durchsuchen ständig automatisch das Netz, speichern alle gefundenen Seiten[5] und finden auch Links zu anderen Seiten[6]. Mittels „*Deep Crawl*" durchsucht der Robot alle tieferliegenden Seiten einer Website[7]. Mit einer „robots.txt"-Datei können bestimmte Seiten gegen den Zugriff durch Robots gesperrt werden[8]. Erkannt werden die relevanten Codeteile, etwa Metatags, aber keine Layouttechnik wie Anordnungen von Tabellenzellen[9]. Bestimmte Anbieter (z.B. Google) speichern gefundene Webseiten in Teilen oder sogar vollständig, stellen also Vervielfältigungsexemplare her. Meist folgen Suchmaschinen einem „Wiederbesuchsrhythmus" („*revisit after*") von ein bis drei Monaten[10].

Oft kann eine Suche nach bestimmten Anbieter ohne Suchmaschine unmittelbar durch Eingabe des Domain-Namens erfolgen (z.B. durch „www.denic.de"), doch helfen nur Suchmaschinen weiter, wenn etwa Allgemeinbegriffe wie „Druckertreiber" eingegeben werden.

Nicht alle Robots können Frames indexieren (sog. „*Frames Support*"), ebenso nicht „*Image Maps*", in denen mittels Inline-Links auf Bilder etc. von fremden Sites verwiesen wird[11]. Messbar ist die sog. „*Link Popularity*" als Anzahl der von außen auf eine Seite verweisenden Links (allerdings nicht von der Site selbst aus).

Suchwörter werden auch gefunden, wenn sie **unsichtbar** (z.B. weiß auf weiß) geschrieben werden. Hierdurch lassen sich Suchergebnisse manipulativ beeinflussen, ohne dass die Seite besuchende Nutzer dies bemerken. Orientiert sich eine

---

1 *Wendlandt*, Cybersquatting, Metatags und Spam, 532.

2 *Spallek/Kreinacke*, Suchmaschinen, 145 nennen als Beispiel: <meta http-equi=„refresh" content=„1; URL=http://www.net.de/"> Durch diesen Verweise wird nach einer Sekunde die Seite net.de geladen.

3 Beispiele: AltaVista, Google, Lycos, Alltheweb, etc. Unter suchlexikon.de werden etwa 2700 Suchmaschinen aufgelistet.

4 Zum Folgenden s. *Spallek/Kreinacke*, Suchmaschinen, 20.

5 Teilweise wird auch die gesamte Suchmaschine als „Roboter" bezeichnet und das eigentliche Suchprogramm als „Crawler" (*O. Lehmann/A. Lehmann*, Suchmaschinen, 53), redaktionell betreute Dienste, bei denen manuell Inhalte geprüft, bewertet und in die Suchmaschine gespeichert werden (wie „Yahoo" oder „web.de") hingegen als „Verzeichnisdienste".

6 *O. Lehmann/A. Lehmann*, Suchmaschinen, 53.

7 *Spallek/Kreinacke*, Suchmaschinen, 32.

8 *Spallek/Kreinacke*, Suchmaschinen, 33. Die Datei robots.txt ist im Hauptverzeichnis der Site einzufügen (Beispiel: User-Agent: AltaVista Disallow: /texte/eigen.html; hier wird die Seite „eigen" gesperrt). Ersatzweise kann ein „Robot-Metatag" <meta name=robots content=noindex" verwendet werden.

9 *O. Lehmann/A. Lehmann*, Suchmaschinen, 77.

10 *O. Lehmann/A. Lehmann*, Suchmaschinen, 76.

11 *Spallek/Kreinacke*, Suchmaschinen, 33.

Suchmaschine nach der Häufigkeit der Nennung, kann das **Ranking**, also die Position in der Rangliste der Links durch derartiges unsichtbares Schreiben verbessert werden, etwa, wenn Suchwörter hunderte Male auf einer Seite wiederholt werden[1].

Weitere Programme bearbeiten die gesammelten Daten und **filtern** alle Wörter, die als Suchbegriff verwendbar sind, und speichern diese in einer Datenbank. In dieser wird nach Suchbegriff sortiert, nicht nach Seiten. Schließlich greift ein Web-Interface bei Nutzeranfrage auf die Datenbank zu.

Die **Datenbank** (auch „Index" genannt) wird aus den vom Suchprogramm gefundenen Seiten (bzw. Teilen dieser Seiten) gebildet. Solche Datenbanken werden (in einer Art Outsourcing) teilweise von Dritten betrieben werden (z.B. Inktomi[2]). Aus derselben Datenbank kann ein Suchmaschinenbetreiber unter national verschiedenen Domains verschiedene Listenzusammenstellungen anbieten[3].

Die Links werden durch die Suchmaschine **automatisch** gesetzt (z.B. Google). Möglich ist aber auch die gezielte Auswahl und teilweise sogar Kurzkommentierung von Links bei redaktioneller Bearbeitung der Suchmaschinenergebnisse (z.B. Yahoo). Die automatisierte Auswahl der referierten und in der Datenbank gesammelten Inhalte erfolgt grundsätzlich mittels des vom Nutzer eingegebenen Suchwortes auf der Basis des jeweils aktuellen Status der Datenbank. Der Nutzer erhält also einen **stichwortgesteuert erstellten Datenbankauszug** präsentiert, der eine automatisch generierte Aufstellung der Suchtreffer mit Links enthält. Suchmaschinen funktionieren nahezu ausschließlich über Deep Links[4].

Je nach Suchmaschine werden bis zu 80% des „sichtbaren" Webs **nicht berücksichtigt**[5]. Die unterschiedlichen Suchsysteme können bei gleicher Anfrage unterschiedliche Suchlisten liefern, da verschiedene Suchstrategien eingesetzt werden[6]. Kein von Suchmaschinen aufgebauter Index ist eine vollständige und korrekte Abbildung aller WWW-Informationen und Vollständigkeit schon durch schnelle Veränderungen und Wachstum im Web nicht möglich[7]. **Fundgarantien** sind also **nicht möglich**.

Für die Suche nach **E-Mail-Anschriften** können spezielle E-Mail-Suchmaschinen genutzt werden, z.B. Yahoo People Search[8] oder www. suchen.de. Einzelne Suchmaschinen erlauben die („Rückwärts"-)Suche, welche Domains eine bestimmte Person besitzt[9].

In **Portals** werden von Betreibern unterschiedliche Dienste angeboten, zu denen neben E-Mail und News auch Suchfunktionen gehören können. Der Begriff „Portal" wird nicht einheitlich verwendet; teilweise werden auch Dienste wie „Yahoo" als Portal bezeichnet[10].

Sog. „**Metasuchmaschinen**" (z.B. MetaGer, suchen.com, vivisimi.com, meta-

---

1 *Spallek/Kreinacke*, Suchmaschinen, 35f.

2 *Spallek/Kreinacke*, Suchmaschinen, 28.

3 So etwa bei Google unterschiedliche Trefferlisten in google.com, google.de und google.fr (*Schüler*, c't, 1/2003, 54, 56 unter Bezug auf eine Harvard Law School Studie, http://cyber.law.harvard.edu/ Filtering/google).

4 *Stomper*, ÖBl. 2002, 212, 214.

5 *Schüler*, c't, 1/2003, 54, 55 und c't 9/2002, 174, 175.

6 *Masermann/Vossen*, Suchmaschinen und Anfragen im World Wide Web, Informatik Spektrum 21/ 1998, 9, 10.

7 *Masermann/Vossen*, a.a.O., 10.

8 *Spallek/Kreinacke*, Suchmaschinen, 112.

9 Heise online 1.2.2002, www.heise.de/newsticker/data/hob-01.02.02-000/.

10 *Köster/Jürgens*, MMR 2002, 420, 421.

spinner.de, MetaCrawler, SavvySearch[1]) werten die Ergebnisse von Suchanfragen bei mehreren Suchmaschinen aus, ebenso auch andere Datenbanken für E-Mail-Adressen oder FTP-Server[2], verwalten aber keine eigene Datenbank[3].

Suchmaschinen sind meist so konzipiert, dass Webseiten nach der **Häufigkeit** ihrer Abfrage sortiert und angezeigt werden, die meistabgefragten also an Spitzenplätzen. Teilweise ist aber festzustellen, dass große Gruppen von Website-Hosts auf Grund Verabredung Links auf bestimmte Webseiten setzen, um diese so der Rangliste nach oben zu drücken[4] (zur wettbewerbsrechtlichen Beurteilung s. S. 702).

Eine besondere Form von Suchmaschinen sind **Verzeichnisse**, in denen Seiten in **redaktioneller** Arbeit thematisch sortiert werden (z.B. Yahoo). Die Seiten werden hier also durch Mitarbeiter geprüft und in eine Baumstruktur des Verzeichnisses „einsortiert"[5]. Unmittelbare Konsequenz hieraus ist freilich, dass diese Mitarbeiter bewusst Auswahlentscheidungen treffen und notwendig **Kenntnis** von den ausgewählten und aufgenommenen Seiten haben. Ob eine Seite aufgenommen wird, wird von den jeweiligen Mitarbeitern entschieden. Ein Anspruch von Betreibern auf Aufnahme ihrer Webseiten wurde abgelehnt[6].

Als Problem wird diskutiert, dass Suchmaschinenbetreiber prominente **Platzierungen gegen Vergütung** anbieten[7]. Außerdem lässt sich mit bestimmten nutzerseitig eingegebenen Suchwörtern thematisch zugehörige Werbung verknüpfen[8].

Aber auch die Suchmaschine nutzende Webseitenbetreiber können deren Mechanismen zum eigenen Vorteil „umfunktionieren". So können sie technisch die Besonderheit von Suchalgorithmen nur, nur die Häufigkeit von Links auf eine Webseite zu erfassen, indem sie „Null-Seiten" mit der einzigen Funktion eröffnen, auf eine bestimmte Seite zu verweisen[9]. Hier wurde deshalb zu Recht mehr Transparenz der Ranking-Kriterien verlangt[10]. Da Suchmaschinen wie Google sich beim Ranking, also der Listenplatzzuweisung, stark an auf Websites erkennbaren Verlinkungen orientieren, bilden nämlich besondere Programme unter Verwendung vordefinierter, umfangreicher Stichwortlisten mittlerweile Verlinkungen tausender Webseiten, sog. „Linkfarmen", um die Suchmaschinen zu „optimieren"[11].

Technisch möglich ist außerdem das *„Cloaking"*, bei dem mittels spezieller Software, die die IP-Adresse des Anfordernden ermittelt, Suchmaschinenrobots andere Seiten (etwa mit zusätzlichen Metatags) gezeigt bekommen als Nutzer. Weiter lassen sich auch verdeckte Techniken des Verweisen einsetzen, etwa *„blind text"* (Text in der Farbe des Seitenhintergrundes). Oft werden auch Links in Gästebücher eingefügt, um

---

1 Das Internet-Wörterbuch, www.networds.de.

2 *Spallek/Kreinacke*, Suchmaschinen, 94.

3 *O. Lehmann/A. Lehmann*, Suchmaschinen, 58.

4 Spiegel Online, 27.3.2003 (www.spiegel.de/netzwelt/netzkultur/0,1518/189282,00.html).

5 *Spallek/Kreinacke*, Suchmaschinen, 22.

6 *Spallek/Kreinacke*, Suchmaschinen, 22.

7 S. hierzu die Bertelsmann-Studie „Wegweiser im Netz. Qualität und Nutzung von Suchmaschinen" 2003, www.bertelsmann-stiftung.de/. Toplistungen bei Google sollen etwa 250.000 US-$ pro Monat und Anzeige erbringen (*Schüler*, c't, 1/2003, 54). Zu intensive Kommerzialisierung kann freilich auch kontraproduktiv sein, so etwa, wenn für den Suchbegriff „Autohaftpflichtversicherung" erst an 43. Stelle der Auflistung eine nichtgewinnorientierte Seite genannt wird (*Schüler*, c't, 1/2003, 54).

8 *O. Lehmann/A. Lehmann*, Suchmaschinen, 49.

9 Manager-magazin.de, Kritik an der *Vergoogelung* des Web, mit Verweis auf die Bertelsmann-Studie, www.manager-magazin.de/ebusiness/artikel/0,2828,257290,00.html.

10 S. hierzu die Bertelsmann-Studie, a.a.O.

11 *Karzaunikat*, c't 20/2003, 88, 89.

das Ranking zu beeinflussen[1].

Schließlich werden offensichtlich auch Page Ranks von der begünstigten Websitebetreibern Dritten zur Vergütung überlassen[2]. Suchmaschinenbetreiber wie Google ändern regelmäßig die geheimen Suchalgorithmen, um ein Manipulieren der Trefferlisten zu verhindern (sog. „*Google Dance*")[3].

Gezielte Ranking-Veränderungen etwa durch sog. „*Google-Bombing*" findet auch außerhalb des kommerziellen Bereichs ab, um etwa meinungskritische Einträge im Online-Lexikon „*Wikipedia*" zu verbreiten[4].

Abschließend ein allgemeiner Hinweis: Suchmaschinen empfangen, speichern und senden keine Cookies[5].

5. Pop-up-Fenster

Zunehmend setzen Anbieter Pop-up-Fenster ein, die sich nach Aufruf einer Webseite oder vor deren Verlassen öffnen und (zumeist) „weggeklickt" werden können bzw. müssen. Manchmal wird dieses Wegklicken verzögert und/oder in sonstiger Weise erschwert. Pop-up-Fenster werden in neu geöffneten, zusätzlichen Browserfenstern dargestellt; füllen sie das ganze Fenster, spricht man von „*Interstitials*"[6]. Teilweise öffnen sich auch mehrere Seiten mit unterschiedlichen Angebote in einer vom Anbieter (oder einem ihn beauftragenden Dritten) festgelegten Reihenfolge.

6. Banner

Als sog. „Banner" werden kleine Flächen mit Werbung auf Webseiten Dritter präsentiert. Sind die Werbeflächen eher quadratisch, spricht man auch von „*Tiles*"[7]. Banner dienen zumeist Werbezwecken. Durch Anklicken der Banner gelangt der Nutzer über Links auf den Adserver des Bannerbetreibers. Banner[8] können statisch oder (filmähnlich) **animiert** sein (sog. „*Flash Banner*")[9] und sogar Videosequenzen beinhalten (sog. „*Rich Media Banner*") oder beim Berühren mit der Maus ein Auftragsformular aufrufen („*Interactive Banner*"). Banner können sich in kurzen Zeitabständen regelmäßig drehen oder sonstige Aktionen durchführen. Manche Banner folgen der Bewegung der Maus (sog. *Mouse-Move*-Banner), andere bilden eine komplette Website in Bannergröße ab und erlauben sogar Frage-Antwort-Dialoge (sog. *Nanosite*-Banner), wieder andere erlauben das Herunterladen etwa von Bestellformularen oder anderer Informationen direkt aus dem Banner (*Transactive* Banner). Andere Banner verbleiben auch beim Scrollen des Bildschirms immer an der gleichen Stelle (sog. „*Sticky Ads*"). Werden bestimmte Webseiten aufgerufen, sind zunächst

---

[1] *Karzaunikat*, c't 20/2003, 88, 90.

[2] *Karzaunikat*, c't 20/2003, 88, 90 mit dem Beispiel einer Pornoseite zwischen gelisteten Finanzportalen.

[3] Heise online 4.12.2003, heise.de/newsticker/data/anw-04.12.03-006/.

[4] *Kleintz*, Suchalgorithmen, Wahrheit und Moral, www.heise.de/newsticker/meldung/46377.

[5] *O. Lehmann/A. Lehmann*, Suchmaschinen, 111.

[6] *Graf/Gründer*, eBusiness. Grundlagen für den globalen Wettbewerb 2003, 90.

[7] *O. Lehmann/A. Lehmann*, Suchmaschinen, 48.

[8] Folgende Aufzählung nach *Heyms/Prieß*, Werbung online, 191f; s.a. www.werbeformen.de; Übersicht c't 2001, 173.

[9] *Graf/Gründer*, eBusiness. Grundlagen für den globalen Wettbewerb 2003, 90; *Fröhle*, Web Advertising, Nutzerprofile und Teledienstedatenschutz, 22.

Banner zwischengeschaltet, die der Nutzer „wegklicken“ muss, um zu der eigentlich annavigierten Seite zu gelangen (sog. „*Interstitials*“), wobei das Wegklicken u.U. erst nach Ablauf einer bestimmten Zeit möglich ist. Teilweise erscheinen die Ads auch während der Ladezeit („*Hyperstitials*“). Demgegenüber lässt sich die ähnlich zwischengeschaltete Variante der sog. „Pop-Up“ sofort wegklicken. Kleine Elemente können sich auch frei über den Bildschirm bewegen (sog. „*Floating Ads*“) und Banner wie Pingpong-Bälle über den Bildschirm springen und an den Rändern abspringen[1].

Bezahlt wird Banner-/Tiles-Werbung meist nach Views oder Page-Impressions (Angabe, wieviele Benutzer gesehen haben) oder nach Adclicks (Angabe, wieviele Benutzer auf die Werbung geklickt haben) bzw. aus Kombinationen aus beiden[2].

7. Internet-Archive

In der rechtlichen Diskussion bisher wenig beachtet sind im Internet eingerichtete Archive für Webseiten (z.B. www.archive.org, die Website, auf der die von Brewster Kahle 1996 gegründete „*Wayback Machine*“ läuft) und etwa Diskussionsforen (z.B. http://groups.google.de)[3]. In der Wayback Machine, in der über zehn Milliarden Dokumente (etwa 100 Terabyte in 200 vernetzten Einzelrechnern) gespeichert sind (vergleichbar 100 Millionen Büchern), kann etwa nachgesucht werden, wie eine bestimmte Webseite vor fünf Jahren aussah, wobei alle Versionen nach Datum sortiert sind. Webseiten-Betreiber haben die Möglichkeit, mit einer „*Robot Exclusion*“ einige oder alle Webseiten für die Suchroboter zu sperren; bereits gespeicherte Seiten können in der Wayback Machine auf Mitteilung manuell gelöscht werden [4].

In rechtlicher Hinsicht sei nur knapp auf zwei Punkte hingewiesen. Enthält eine zu archivierende Webseite urheberrechtswidrig erstellte Inhalte und werden diese mitarchiviert, können hieraus Unterlassungs- und Schadensersatzansprüche der Berechtigten entstehen[5]. Das Archivprivileg (s. S. 383) wird nicht zur Zulässigkeit der Speicherung herangezogen werden können, da die Internet-Archive nicht nur der Bestandswahrung dienen, sondern bestimmungsgemäß weltweit zugänglich sind, also eine getrennte und intensive Werknutzung ermöglichen.

Außerdem wird bei bestehender Löschungsansprüchen (etwa aus Marken- oder Namensrecht) deren Erstreckung auch auf Internet-Archive zu prüfen sein.

II. Rechtliche Beurteilung

Links, Metatags und Suchmaschinen haben bereits zu einer Vielfalt von Rechtsfragen und Rechtsprechung geführt, die nachfolgend jeweils in den wichtigsten Grundsätzen darzustellen sind. Zu beachten ist freilich, dass die Entwicklung auch der rechtlichen Beurteilung noch im Fluss ist und regelmäßiger Beobachtung bedarf. Die E-Commerce-RL regelt zudem die Haftung für Hyperlinks (und Suchmaschinen) ausdrücklich (noch)

---

1 *Graf/Gründer*, eBusiness. Grundlagen für den globalen Wettbewerb 2003, 90 .

2 *O. Lehmann/A. Lehmann*, Suchmaschinen, 48; *Fröhle*, Web Advertising, Nutzerprofile und Teledienstedatenschutz, 29 (von „Clickthrough“ sprechend).

3 Ausf. s. *Pluta*, Digitales Alexandria, c't 11/2003, 172, 173.

4 *Pluta*, Digitales Alexandria, c't 11/2003, 172, 174.

5 *Heidrich* (c't 11/2003, 173) spricht von einem „juristischen Pulverfass“, auf dem die Archivbetreiber säßen.

nicht. Vielmehr sollte erst ein – inzwischen vorgelegter – Kommissionsbericht abgewartet werden (Art. 21 Abs. 2 ECRL)[1], der aber noch keine konkreten Regelungsvorschläge enthält (s S. 667, 708). Deshalb gelangt weiter nationales Recht der Mitgliedsstaaten zur Anwendung, was im Verhältnis zur harmonisierten Regelung der Providerhaftung zu einem System-bruch führen kann (wenn etwa der Diensteanbieter für Links zu fremden Informationen auch bei Fahrlässigkeit haften soll, während er bei Speichern dieser Informationen haftungsprivilegiert ist).

A. Links

Zunächst wurde allgemein mit Recht festgestellt, dass es sich bei einem Link „nur um einen technischen Weiterleitungsvorgang" handelt, „ohne dass zwischen dem Anbieter des Links und dem verlinkten Unternehmen Nähebeziehungen bestehen müssten"[2]. Der technische Vorgang des Linksetzens kann deshalb als solcher nicht haftungsbegründend wirken. Anderes kann gelten, wenn auf einen rechtswidrigen Inhalt verwiesen wird, etwa eine rufschädigende Äußerung, oder z.B. auf eine Quelle rechtswidrig erstellter Werkexemplare[3], aber nicht bei automatisierter Linksetzung durch Suchmaschinen. Auch Ansprüche des Verlinkten scheiden meist aus, da dieser die Linkmöglichkeit selbst eröffnet. So wurde das Einstellen einer Webseite in das Internet grundsätzlich als Einverständnis mit Verweisen gewertet[4].

Nicht immer beachtet wird die **technische Besonderheit** der Linksetzung im Web. Schreibt man auf der Webseite „www.denic.de" (mit der entsprechenden URL-Verknüpfung), kann durch nutzerseitiges Anklicken dieser unterstrichenen Domain-Bezeichnung direkt die entsprechende externe Webseite auf dem Bildschirm des Nutzers ausgerufen werden. Die Unterstreichung kennzeichnet die Verlinkung. Wenn der Betreiber hingegen (auf einer Webseite oder offline in einem Text) nur auf www.denic.de verweist und der Nutzer die Adresse dann selbst eingibt, wird die Link-Funktion nicht genutzt, sondern erfolgt im Ergebnis nur eine Fundstellenangabe. Das Linksetzen führt zur Erleichterung, dass die Fundstelle sofort aufgerufen werden kann. Soweit diese nichtverlinkte Verweisung keine Haftung begründet, muss Gleiches wohl auch für einen entsprechenden Link gelten. Auch der BGH hat nunmehr diese Funktionalität der Links betont (s. unten). Das Linksetzen stellt keinen Telekommunikationsdienst dar, sondern nur eine Adresse zur Verfügung, auf die der Nutzer über seinen Access Provider zugreifen kann[5].

1. Haftung

Für die haftungsrechtliche Beurteilung ist zunächst zwischen dem Status der Zielseite

[1] In diesem Sinne auch die Gegenäußerung der Bundesregierung zur Stellungnahme des Bundesrates, BT-Drucks. 14/6098, 37, nach der es für Hyperlinks bei der Haftung nach den allgemeinen Bestimmungen bleibe; s. auch *Müglich*, Zivilrechtliche Haftung für Hyperlinks, in: *Hohl/Leible/Sosnitza*, Domains, Frames und Links, 2002, 153, 156.

[2] OLG Jena, Urt.v. 14.5.2003 – 2 U 1234/02, CR 2003, 520, 521.

[3] Zum Haftung aus Urheberrecht s. S. 673, aus Markenrecht S.682 und aus Wettbewerbsrecht S. 683.

[4] OLG Düsseldorf, Urt.v. 29.6.1999 – 20 U 85/98, CR 2000, 184 = MMR 1999, 729, 731 = JurPC Web-Dok. 42/2000

[5] *Müglich*, Zivilrechtliche Haftung für Hyperlinks, in: *Hohl/Leible/Sosnitza*, Domains, Frames und Links, 2002, 153, 184.

im Zeitpunkt der Linksetzung und Freischaltung der Seite einerseits und dem Status **nach** diesem Zeitpunkt andererseits zu unterscheiden, denn Webseiten, auf die mittels Link verwiesen wird, können von deren Betreiber nach der Linksetzung jederzeit geändert oder ganz aus dem Netz genommen werden. Die Linksetzung hindert bzw. sperrt solche Änderungen nicht (zumal der Betreiber solche externe Linksetzung auf seine Seiten nicht einmal ohne weiteres feststellen kann – und selbst bei solcher Kenntnis nicht verpflichtet ist, seine Webseiten unverändert zu lassen oder gar regelmäßig zu aktualisieren). Nutzer rechnen üblicherweise auch damit, dass Links nicht in jedem Fall zur benannten Zielseite führen, so etwa, weil diese zwischenzeitlich entfallen ist. Dies gilt erst recht, wenn die verlinkende Seite selbst einen älteren Versionsstand aufweist[1].

Der Linksetzer hat allein aus dem Umstand, einen Link auf eine fremde Seite gesetzt zu haben, **keine** (gar zeitlich unbegrenzte) **Pflicht**, die „verlinkte" Seite nun laufend **zu beobachten**. Dies gilt ungeachtet des Umstandes, dass die Freistellung der Informationsanbieter von einer präventiven Prüfpflicht in der ECRL auf Links nicht analog anwendbar ist, da insoweit keine Regelungslücke besteht (s. S. 666). Begründet wird dies regelmäßig mit dem unverhältnismäßigen und deshalb unzumutbaren Aufwand für eine solche Prüfung. Freilich wird hier nach zu schützenden Rechtsgütern und Art der angebotenen Inhalte zu differenzieren sein. Eine Nachprüfung ist etwa eher zumutbar, wenn eine Zielseite erkennbar nur relativ selten (z.B. einige Male im Jahr) geändert wird (wie etwa die DENIC-Webseiten) oder wenn die Inhalte schon beim Linksetzen erkennbar rechtsverletzend bzw. Rechtsgüter besonders gravierend betroffen sein können (etwa ausländische Sites mit politischen Inhalten).

Schließlich ist festzuhalten, dass der Anbieter einer fremden Seite in der Regel keine Möglichkeit hat, das Setzen eines Links auf diese Seite technisch zu **verhindern** (außer natürlich, die Seite komplett vom Netz zu nehmen). Weist diese Seite jugendgefährdende Inhalte auf, muss deren Anbieter geeignete Mechanismen der Zugangskontrolle bereits auf der Homepage sowie auf allen darunterliegenden Seiten vorsehen.

Die **BGH**-Entscheidung vom 17.7.2003[2] hat das auf Links bezogene Recht wesentlich geprägt. Auf dieses Urteil ist nachfolgend getrennt in seinen urheberrechtlichen (s. S.673) und wettbewerbsrechtlichen Bezügen einzugehen. Vorab sei aber auf das übergreifende Ergebnis des BGH hingewiesen, nach dem internet-spezifische Techniken der Zugangsvermittlung wie das Setzen von Links als für das Internet wesenstypisch und Funktionsvoraussetzung nicht bereits als solche zu einer Urheberrechtsverletzung oder zu einem Verstoß gegen Wettbewerbsrecht führen. Wer Inhalte im Internet verfügbar macht, muss nach zutreffender Auffassung des BGH damit rechnen, dass auf diese Inhalte zugegriffen oder Links auf sie gesetzt werden, und hieraus Haftung aus eigenen Informationen begründet werden kann. In einem weiteren Urteil vom 1.4.2004 hat der BGH[3] diese Grundsätze auch auf das Haftungsrecht ausgeweitet.

Bereits frühere Rechtsprechung hat das Setzen von Links als **sozial erwünschtes Verhalten** eingestuft, da die weltumspannende Informationsverknüpfung gerade das Wesensmerkmal des Internet ist[4].

---

1 Auch im Bereich des Internetrechts sind manche Websites noch auf dem Stand 1998. Bei Aktivierung ihrer Nachweis-Links wird entsprechend häufig die Meldung angezeigt, dass der Zielserver nicht (mehr) gefunden werden konnte.

2 BGH, Urt.v. 17.7.2003 – I ZR 259/00, CR 2003, 920 = NJW 2003, 3406 = JurPC Web-Dok. 274/2003 – paperboy.

3 BGH, Urt.v. 1.4.2004 – I ZR 317/01, MMR 2002, 119 = NJW 2004, 2158 – Schöner Wetten.

4 LG Lübeck, Urt.v. 24.11.1998 – 11 S 4/98, ZUM-RD 1999, 503 = NJW-CoR 1999, 429.

a) Früheres Recht

Haftung nach früherem Recht setzte voraus, dass entweder ein **eigener Inhalt** oder ein fremder Inhalt wissentlich vom Anbieter bereitgehalten wird. Das Setzen eines Links auf einen fremden Inhalt machte diesen aber nicht zum eigenen Inhalt, es sei denn, der Anbieter machte sich diesen Inhalt erkennbar zu eigen (etwa durch Integration in das eigene Angebot durch Framing ohne Verweis auf den fremden URL) oder distanzierte sich jedenfalls nicht ausreichend. Bloßes Linksetzen zu einem fremden Inhalt führte als solches auch nicht zu einem Bereithalten dieses fremden Inhaltes[1]. Das Setzen eines Link konnte mit einem Zueigenmachen des verlinkten Inhaltes im Sinne von § 5 Abs. 1 TDG a.F. (eigene Inhalte)[2] jedenfalls bei bewusster Einzelauswahl oder bewusster Verantwortungsübernahme[3] bzw. durch Framing[4] oder Inline-Links[5] verbunden sein.

Der **Link selbst** ist freilich nur ein Verweismechanismus und konnte (ähnlich wie das Zitat als die Form des Verweises von einem Text auf eine Fußnote in diesem oder auf einen anderen Text) nicht als Inhalt im Sinne von § 5 TDG a.F. (und nach neuem Recht nicht als Information) eingestuft werden, weder als eigener noch als fremder, sondern als (technisch weitgehend einheitlich gestalteter) **Verweis** auf einen Inhalt[6] und damit allenfalls ein **Angebot der Vermittlung des Zugangs**[7] zu einem fremden Inhalt nach § 5 Abs. 3 TDG a.F.. Der Gesetzgeber wollte eine Haftungsfreistellung nur in den Fällen einer Zugangsvermittlung, in denen Anbieter lediglich den Weg zu Inhalten öffnen, ohne auf diese Einfluss nehmen zu können[8], also etwa bei nicht redaktionell bearbeiteten Suchmaschinen. Linksetzen als solches führte damit nicht automatisch immer zu einem Inhaltsangebot des Verweisenden (wenn kein Zueigenmachen etwa durch Begleittext vorliegt[9]), ebenso nicht zu einem Zueigenmachen, für dessen Beurteilung auf die Verkehrsauffassung abgestellt wurde[10]. Hierzu notwendig gewesen wären zumindest zustimmende Bezugnahmen (z.B. Empfehlungen)[11]. Bei größeren fremden Inhalteangeboten muss ohnehin eine – zumal laufende – Überprüfung des

---

1 *Gercke*, ZUM 2001, 34, 36ff.

2 Ernst/Vassilaki/*Wiebe*, Hyperlinks, Rdn. 127; *Flechsig/Gabel*, CR 1998, 531.

3 *Sieber*, Verantwortlichkeit im Internet, Rdn. 302 ff.

4 *Plaß*, WRP 2000, 599, 608 (auch dann, wenn die fremde Leistung als solche kenntlich bleibt, da die Leistung als Bestandteil der Webseite fungiert, ohne die die Seite nicht so vollständig wie erforderlich wäre); Ernst/Vassilaki/*Wiebe*, Hyperlinks, Rdn. 128.

5 *Plaß*, WRP 2000, 599, 608.

6 *Koch*, NJW-CoR 1998, 45, 48.

7 LG Lübeck, Urt.v. 24.11.1998 – 11 S 4/98, CR 1999, 650 = NJW-CoR 1999, 429 – Fit durch Sauerstoff (Haftung, wenn Link nicht nur Querverweis darstellt, sondern den Inhalt auf den eigenen Seiten vervollständigt); LG Frankenthal, MMR 2001, 401; *Hoeren/Pichler*, in: Loewenheim/Koch, Praxis des Online-Rechts, 444; *Koch*, CR 1997, 193, 200 und NJW-CoR 1998, 45, 48; *Spindler*, in: Hoeren/Sieber, Handbuch Multimedia-Recht, Kap. 29, Rdn. 132, 319; *Engel/Flechsig/Maennel/Tettenborn*, NJW 1997, 2981, 2984; *Vassilaki*, MMR 1998, 532.

8 BT-Drucks. 13/7385, 20.

9 a.A. *Spindler*, MMR 2002, 495, 496, nach dem die „inhaltlich-wertende Komponente" von Links der Anwendung von § 9 TDG entgegenstehe. Spindler bezieht sich auf Fälle, in denen der Provider aus dem großen Inhalteangebot die zu übermittelnden Daten auswählt und hierdurch die Übermittlung der Daten präformiert (a.a.O., 496), unterscheidet aber selbst Fälle von Links „der ‚zweiten' Ebene", die sich bei den Inhalten befinden und für die die Anwendung des § 9 TDG wesentlich näher liege.

10 OLG Braunschweig, Urt.v. 19.7.2001 – 2 U 141/00, MMR 2001, 608 = JurPC Web-Dok. 20/2002 – FTP-Explorer.

11 *Köster/Jürgens*, MMR 2002, 420, 423.

Inhaltes, auf den verwiesen wird, jedenfalls als wirtschaftlich unzumutbar ausscheiden[1].

Die Anwendung von § 5 Abs. 3 TDG kam also dann nicht in Betracht, wenn der linksetzende Anbieter eine Auswahl der Inhalte vornahm (also in der Regel beim individuellen Setzen des Link) und hierdurch über reine Zugangsvermittlung hinausging[2], auf ihn also § 5 Abs. 2 TDG anwendbar war[3], wobei jedenfalls Abmahnung Kenntnis begründete[4].

Nicht unbesehen gefolgt werden kann der Auffassung, Link würden als ausgewählte Referenz zu einer anderen Webseite (bzw. zu einem dort befindlichen Dokument) immer gezielt auf Grund einer Auswahlentscheidung gesetzt, weshalb Linking generell **mehr** sei als rein technische Zugangsvermittlung[5]. Diese pauschale Zuordnung erscheint schon deshalb nicht haltbar, weil etwa in Suchmaschinen nach Stichworteingabe mittels Suchlauf Listen von Links zu fremden Sites (meist) ohne Auswahlentscheidung durch einen rein technischen Prozess laufend erstellt (bzw. aus der vorhandenen Datenbank dargestellt) werden, also auch ein Linksetzen (freilich automatisiert) erfolgt. Auch müssen selbst individuell gesetzte Links nicht immer bestimmte einzelne Dokumente oder sonstige Inhalte referenzieren, so etwa bei dem Link auf www.google.de. Schließlich sind Links als solche funktional nur eine Form der Fundstelleninformation[6]. Die Information, auf die verwiesen wird, wird nicht in das eigene Angebot eingegliedert, sondern bleibt (grundsätzlich) als eigenständiges Angebot erkennbar[7]. Die konkrete Information gibt außerdem der sie auswählende Nutzer in der Form eines Suchbegriffes ein, zu dem er die Auflistung der bereits in der Anbieterdatenbank vorhandenen Linkverweise angezeigt erhält[8].

Auch das **Bereithalten** eines solchen fremden Inhaltes im Sinne von § 5 Abs. 2 TDG a.F. allein durch Linking konnte (und kann weiter) nicht angenommen werden, da hierzu der Inhalt als solcher auf dem Serverrechner des verweisenden Anbieters hätte gespeichert und zugänglich gemacht werden müssen[9]. Diese Abgrenzung ist vom BGH

---

1 *Köster/Jürgens*, MMR 2002, 420, 423.

2 Ernst/Vassilaki/*Wiebe*, Hyperlinks, Rdn. 124; *Plaß*, WRP 2000, 599, 608; ähnlich bereits *Berners-Lee*, Links and Law, April 1997, www. w3.org/DesignIssues/LinkLaw.html; *Engels*, K&R 2001, 338, 343.

3 So etwa OLG Braunschweig, Urt.v.19.12.2000 – 6 U 51/00, MMR 2001, 608, 609; *Bettinger/Freytag*, CR 1998, 545; *Engels*, AfP 2000, 524; *Plaß*, WRP 2000, 599, 609 (wenn der Link nur Fußnotenfunktion hat, also nur ermöglicht, fremde Ausführungen nachzulesen oder sich zu verschaffen).

4 LG Bremen, CR 2000, 543f.

5 So etwa *Spindler*, MMR 2002, 495; *Plaß*, WRP 2000, 599, 606; *Stadler*, Verantwortlichkeit für Hyperlinks nach der Neufassung des TDG, JurPC Web-Dok. 2/2003, 3; *Stender-Vorwachs*, TKMR 2003, 11, 15 m.w.N.

6 *Stadler*, JurPC Web-Dok. 2/2003, 5, 6.

7 *Stadler*, JurPC Web-Dok. 2/2003, 6.

8 *Wendtland*, Cybersquatting, Metatags und Spam, 532.

9 Dies übersieht möglicherweise Roßnagel/*Spindler*, Recht der Multimedia-Dienste, Teil 2 § 5 Rdn. 120 Fn. 4, der (entgegen *Koch*, CR 1997, 193, 202) meint, es gehe nicht um technische Fragen, sondern um teleologische Auslegung. Ohne Berücksichtigung technischer Randbedingungen wird man aber wohl weder den Zweck (also den télos) der Regelung noch den Normbereich und dessen Sachstrukturen (*Friedrich Müller*, Normstruktur und Normativität, 1966) richtig erfassen können. Betrachtet man die Verweisungs*technik* beim Hyperlinking, zeigt sich, dass kein prinzipieller Unterschied zwischen Verknüpfungen innerhalb eines Dokuments (etwa zu Fußnoten) oder zu Dokumenten auf fremden Servern besteht, vielmehr nur unterschiedliche Referenzadressen einzutragen sind. Wenn Spindler von einem „qualifizierten" Link spricht (technisch übrigens eine ungebräuchliche Bezeichnung, setzt sie doch implizit die Existenz unqualifizierter Links voraus), wird hier eine inhaltliche Komponente des Links selbst behauptet (Roßnagel/*Spindler*, Recht der Multimedia-Dienste, Teil 2 § 5 Rdn. 118). Diese besteht aber schon *technisch* nicht, da in die Verweisungsadresse selbst keine zusätzlichen Informationen eingetragen werden (können). Eine inhaltliche Komponente ergibt sich vielmehr aus

(für den Bereich des Urheberrechts) bestätigt worden. Ein den Link begleitender Hinweistext wird hingegen grundsätzlich als eigene Information zu qualifizieren sein.

Für **Weiterverweisungen** (d.h. Links auf den Seiten, auf die verwiesen wird) wurden keine Prüfpflichten angenommen, zumal der Anbieter diese nicht beeinflussen kann[1] (was freilich sensu strictu auch für die Seiten gilt, die zum Verlinken ausgewählt wurden). Dies gilt erst recht für nachträgliche Änderungen solcher fremder Links, die der Verweisende grundsätzlich kontrollieren muss (und kann).

b) Die §§ 9 – 11 TDG 2001

Die oben erläuterten Grundsätze gelten – freilich modifiziert – auch, soweit das TDG 2001 den Zugang zu Informationen regelt. Auch hier stellt bloßes Linksetzen kein Zueigenmachen dar und erfolgt es nicht in jedem Fall durch individuelle Auswahl (wie nachfolgend zu erläutern ist).

Offen und zu klären ist zunächst, ob ein Link selbst eine **„Information“** i.S.d. §§ 8 – 11 TDG darstellt[2], so etwa die Verknüpfungsinformation in der URL-Angabe als solcher[3]. Als Information zu qualifizieren sind Verweistexte etc. neben einem Link, die etwa Empfehlungen enthalten oder auch die gezielte Auswahl von Stichwörtern, die mit einem Link verknüpft werden[4]. Werden sie vom Linksetzer erstellt, sind es seine **eigenen** Informationen im Sinne von § 8 Abs. 1 TDG, für die der Verweisende unverändert haftet. Das gilt auch für eine vom Anbieter getroffene Auswahl und entsprechende Auflistung von Sites. Nicht jeder Linkverweis stellt aber selbst bei Auswahl eine eigene Information dar. Wird etwa nur auf die Seite www.yahoo.de verwiesen, so ist hierin noch keine eigene Information des verweisenden Diensteanbieters zu sehen, sondern nur eine ergebnisoffene Verweisung, die dem Nutzer ermöglicht, seinerseits frei Informationen zu suchen.

Den Link begleitende Verweistext sind vom rein technischen Link-**Verweismechanismus** (im Text meist durch die Unterstreichung eines Stichwortes gekennzeichnet) zu unterscheiden[5]. Der Link als solcher fungiert grundsätzlich nur als **Verweis**, während

---

dem Verweisungs*kontext* des Links im Dokument, aus dem verwiesen wird. Hier kann ein Link etwa Belegfunktion erhalten, wie etwa ein Verweis auf ein Urteil in der Juris-Urteilsdatenbank. Diese Belegfunktion ergibt sich, um dies zu verdeutlichen, aber nicht aus der HTML-/XML-Sprachbefehlsstruktur des Links (der technisch für seine Funktion keines Begleitkommentars bedarf), sondern aus der Umgebung des Verweisungsankers. Diese Belegfunktion bzw. ein erläuternder Kommentar zum Link gehört damit nicht zum Link als solchen, sondern ist *eigener* Inhalt (i.S.d. TDG a.F.) bzw. eigene Information (i.S.d.TDG n.F.), weshalb diese Beleg- bzw. sonstige Kommentarfunktion aus dem jeweiligen Kontext (anders als die rein technische Adressreferenzierung des Links selbst) auch keiner teleologischen Reduktion bedarf, sondern volle Eigenhaftung des Verweisenden begründet.

1 *Ernst/Vassilaki/Wiebe*, Hyperlinks, Rdn. 126 m.w.N.; *Engels*, K&R 2001, 338, 343.

2 Für das frühere Recht lehnten *Völker/Lührig*, K&R 2000, 20, 21 (wohl zutreffend) die Qualifikation von Links als Inhalte ab, da der Begriff der Dienste über den kommunikativen Inhalt (im äußerungsrechtlichen Sinne) definiert sei (unter Verweis auf die BT-Drucks. 30/7385, 20).

3 Ernst/Vassilaki/*Wiebe*, Hyperlinks, Rdn. 136.

4 In diesem Sinne auch *Verf.*, Voraufl. des vorliegenden Werkes, 213.

5 Auch die RL zum elektronischen Geschäftsverkehr (ECRL) unterscheidet in ihrem Erwägungsgrund 42 Informationsangebote und rein technisch Zugangsvermittlungen: „Die in dieser Richtlinie hinsichtlich der Verantwortlichkeit festgelegten Ausnahmen decken nur Fälle ab, in denen die Tätigkeit des Anbieters von Diensten der Informationsgesellschaft auf den technischen Vorgang beschränkt ist, ein Kommunikationsnetz zu betreiben und den Zugang zu diesem zu vermitteln, über das von Dritten zur Verfügung gestellte Informationen übermittelt oder zum alleinigen Zweck vorübergehend gespeichert werden, die Übermittlung effizienter zu gestalten. Diese Tätigkeit ist rein technischer, automatischer

die Information, auf die verwiesen wird, gerade nicht auf dem Rechner des Linksetzers gespeichert wird. Aus diesem Grund kann auch die Bestimmung des § 11 TDG (die eine Speicherung auf dem Rechner des Linksetzers voraussetzt) nicht direkt anwendbar sein kann[1]. Eine analoge Anwendung soll allenfalls möglich sein, wenn der Verlinkende nicht durch besondere Hinweise oder durch eine deutliche und bewusst einseitige Auswahl der Links zu erkennen gibt, sich den verlinkten Inhalt zu eigen machen zu wollen[2], ebenso, wenn er den Link auf eine rechtmäßige Webseite setzt, die später und von ihm unbemerkt mit einem rechtswidrigen Update aktualisiert wird bzw. er nach Kenntniserlangung dem Link unverzüglich entfernt[3] oder wenn der Link auf eine Homepage/Portalseite gesetzt wird, die auf tieferen Ebenen unterschiedliche Inhalte aufweist. Eine Verantwortlichkeit wird hier umso weniger anzunehmen sein, je „tiefer" ein rechtsverletzender Inhalt auf jener Website liegt[4]. Allerdings wurde eine Analogiebildung zutreffend abgelehnt (s. unten).

Vor diesem Hintergrund erscheint es zunächst zweifelhaft, ob man jedenfalls nach neuem Recht dem OLG München in seiner Annahme einer „**Internet-Verkehrssicherungspflicht**" desjenigen folgen kann, der einen Link setzt, weil er bewusst das Risiko eingehe, dass die Verweisungsseite geändert wird[5]. Diese Überwachungspflicht soll § 8 Abs. 2 S. 1 TDG gerade ausschließen. Andererseits sollte die ECRL gerade die Haftung für Links und Suchmaschinen ausdrücklich nicht regeln, weshalb weiterhin deutsches Deliktsrecht anwendbar und der Linksetzer doch **prüfpflichtig** sein wird, allerdings nur im Rahmen des Zumutbaren. Das Web basiert wesentlich auf durch Links hergestellten Verweisungszusammenhängen. Dem objektivierten Nutzer ist bewusst, dass Seiten, auf die Links gesetzt wurden, nicht unbegrenzt unverändert bleiben werden. Er muss mit nachträglich eintretenden Veränderungen rechnen[6], hingegen üblicherweise nicht damit, dass Linksetzer die referenzierte Seite ab Linksetzung laufend überwachen. Deshalb erscheint es nicht gerechtfertigt, allein dem Linksetzer das volle Änderungsrisiko zuzuweisen. Auch lässt sich nicht jedes Linksetzen mit einem

---

und passiver Art, was bedeutet, dass der Anbieter eines Dienstes der Informationsgesellschaft weder Kenntnis noch Kontrolle über die weitergeleitete oder gespeicherte Information besitzt." Diese Abgrenzung ist allerdings dahingehend zu *relativieren*, dass es nach dem Text der Richtlinie selbst (Art. 12 Abs. 1) ausreicht, wenn der Diensteanbieter nur den Zugang vermittelt; er muss nicht das Kommunikationsnetz, in dem er den Zugang vermittelt, auch betreiben. Richtig ist Satz 1 des Erwägungsgrundes also zu lesen: „... beschränkt ist, ein Kommunikationsnetz zu betreiben *oder* den Zugang zu diesem zu vermitteln".

1 *Spindler*, MMR 2002, 495, 497; Stadler, JurPC Web-Dok. 2/2003, 3.

2 *Gounalakis/Rhode*, Persönlichkeitsschutz im Internet, Rdn. 304.

3 *Gounalakis/Rhode*, a.a.O., Rdn. 305 unter Hinweis auf AG Berlin-Tiergarten, MMR 1998, 49, 50 – Angela Marquardt.

4 *Gounalakis/Rhode*, a.a.O., Rdn. 307.

5 OLG München, Urt.v. 15.3.2002 – 21 U 1914/02, MMR 2002, 625 = ZUM-RD 2002, 360 = JurPC Web-Dok. 262/2002 – Focus (zu Gegendarstellungsanspruch von Milli Görüs bezüglich Artikel mit Aufforderung zum Waffenkauf). Das Gericht selbst hat den Begriff der „Internet-Verkehrssicherungspflicht" geprägt, will dessen nähere Begründung aber letztlich offen lassen, da für die tragenden Urteilsgründe nicht erforderlich. Eigentlich scheint der Begriff der „Verkehrssicherungspflicht" eher auf technische Aspekte der Internet-Kommunikation zu passen, etwa die Absicherung gegen Virenangriffe.

6 So auch das OLG München, Urt.v.15.3.2002, a.a.O., das dennoch das volle Risiko dem Linksetzer zugeordnet sieht. *Dippelhofer* (Verkehrssicherungspflicht für Hyperlinks ? JurPC Web-Dok. 304/2002, Anm. zum genannten Urteil des OLG München) kritisiert, dass der streitgegenständliche Link nicht direkt auf die Seite mit dem rechtswidrigen Artikel führte, sondern auf die um einige Stufen darüberliegende Homepage, die Verlinkung also eine indirekte gewesen sei und die Verantwortlichkeit für zweite, dritte und folgende Linkebenen überwiegend abgelehnt werde (etwa *Kloos*, CR 1999, 46; *Sieber*, Verantwortlichkeit im Internet, Rdn. 305 ff, 326 ff). Jedenfalls scheide ein Zueigenmachen aus.

Zueigenmachen (im Sinne des TDG a.F.) gleichsetzen[1], erst recht nicht bezüglich der **tieferliegenden Folgeseiten** zur Seite, auf die der Link gesetzt wurde, und auch nicht bezüglich der Links, die von dieser Zielseite auf deren Folgeseiten oder gar dritte Websites wegführen, ebenso nicht bei Suchmaschinen, da es hier die Nutzer sind, die frei Suchwörter eingeben. Eine Verantwortlichkeit wird hier umso weniger anzunehmen sein, je „tiefer" ein rechtsverletzender Inhalt auf jener Website liegt[2]. Eine Haftung des Linksetzers kann aber entstehen, wenn für den Linksetzer schwere Rechtsverletzungen auf der Zielseite bekannt waren oder sein mussten (etwa aus Veröffentlichungen der Tagespresse über Sites, von denen rechtsverletzende bzw. sogar strafbare Informationen herunterladbar sind).

Die (unmittelbare wie analoge) **Anwendbarkeit der §§ 9 – 11 TDG auf Links** scheitert an zwei Hindernissen, zum einen an den nicht passenden Regelungsvoraussetzungen und zum anderen an der Unzulässigkeit einer Analogiebildung:

§ 9 TDG bzw. § 7 MDStV (Durchleitung von Informationen) ist auf Links (auch analog) nicht anwendbar, wenn der Provider selbst einen Link gezielt auswählt und „setzt"[3], während automatisch erstellte Linksammlungen zum TDG a.F. als haftungsfreigestellt eingestuft wurden[4].

Die (selbst analoge) Anwendung von **§ 10 TDG** (Zwischenspeicherung zur beschleunigten Übermittlung) auf Links scheidet aus, weil diese Bestimmung nur auf **Zwischen**speicherung der Information selbst abstellt[5], nicht auf Verweise auf diese.

Die unmittelbare Anwendbarkeit von **§ 11 TDG**[6] wird schon daran scheitern, dass der Betreiber nur die Links speichert, nicht aber die Informationen, auf welche die Links verweisen[7], zumal der Vorgang dieses Speichern „für einen Nutzer" erfolgen müsste[8], was regelmäßig nicht der Fall ist[9]. Anderes kann gelten, wenn, etwa in redaktionell bearbeitenden Suchmaschinen, zu jedem Link kurze Dokumentteile, Titel oder Satzanfänge mitgespeichert werden. Allerdings bleibt auch insoweit fraglich, ob hierin eine (wenn auch nur temporäre) Speicherung „für den Nutzer" (im Sinne von § 11 S. 1 TDG) zu sehen ist[10], nämlich denjenigen, der die Suchabfrage durchführt, da die Fundstellen bereits **vor** der konkreten Abfrage in der Datenbank als Ergebnis automatisierter Suchläufe gesammelt und gespeichert werden.

Von den einzelnen Abgrenzungen unabhängig wird die **analoge** Anwendung der §§ 9 – 11 TDG mit dem grundsätzlichen Argument abgelehnt, dass der Gesetzgeber explizit keine Regelung der Haftung für Links treffen wollte, also eine direkte Anwendung ausscheidet[11], und **mangels planwidriger Regelungslücke auch eine Analogiebildung**

---

1 So aber wohl LG Hamburg, NJW-CoR 1998, 302 = JurPC Web-Dok. 86/1998.

2 *Gounalakis/Rhode*, a.a.O., Rdn. 307.

3 *Gounalakis/Rhode*, a.a.O., 197 (jedenfalls bei manuellem Setzen von Links); Ernst/Vassilaki/*Wiebe*, Hyperlinks, Rdn. 137 f. (für vom Linksetzer *ausgewählte* URL-Angaben und mitübernommene Teile der Webseite, auf die verwiesen wird); Stadler, JurPC Web-Dok. 2/2003, 3.

4 So das LG Frankfurt, MMR 2001, 405f = AfP 2001, 346; Ernst/Vassilaki/*Wiebe*, Hyperlinks, Rdn.139; offen gelassen bei *Gounalakis/Rhode*, Persönlichkeitsschutz im Internet, Rdn. 304.

5 *Gounalakis/Rhode*, a.a.O., Rdn. 304, 305.

6 Hierfür wohl Moritz/Dreier/*Hütig*, Rechtshandbuch zum E-Commerce, 535; eine Analogie abl. *Spindler*, NJW 2002, 921, 924.

7 *Spindler*, MMR 2002, 495, 497; *Stadler*, JurPC Web-Dok. 2/2003, 3

8 Abl. wohl auch Ernst/Vassilaki/*Wiebe*, Hyperlinks, Rdn. 140, da keine Speichervorgänge auf dem Rechner des Linksetzenden erfolgen.

9 *Spindler*, MMR 2002, 495, 497.

10 So wohl *Stadler*, JurPC Web-Dok. 2/2003, 3; a.A. wohl *Spindler*, MMR 2002, 495, 497.

11 BGH, Urt.v. 1.4.2004 – I ZR 317/01, MMR 2002, 119 = NJW 2004, 2158 – Schöner Wetten.

nicht zulässig ist[1]. Vielmehr ist auf die allgemeinen Grundsätze zurückgreifen[2], so etwa auf die Störerhaftung eines Dritten, die aber Verletzung von Prüfpflichten voraussetzt.

Andererseits wird vertreten, dass der Gesetzgeber selbst die weitere Entwicklung von Wissenschaft und Rechtsprechung abwarten wolle und diese deshalb berufen seien, geeignete Lösungsvorschläge zu formulieren, zu denen auch eine analoge Anwendung der §§ 9 – 11 TDG gehören könne (andernfalls ein „rechtsfreier Raum" entstünde)[3]. Festzuhalten ist, dass auch ohne Analogiebildung kein rechtsfreier Raum entsteht, da die allgemeinen Grundsätze des Haftungsrechts weiterhin gelten. Allerdings wird man nicht auf die alten Bestimmungen des § 5 TDG a.F. zurückgreifen können, da diese Bestimmung (wenn auch nicht ausdrücklich für Links etc.) durch die mit dem EGG eingeführten Neuregelungen in den §§ 9 – 11 TDG abgelöst wurden. Ist außerdem eine vom Gesetzgeber übersehene Regelungslücke auszuschließen (da der Richtliniengeber noch keine Regelung treffen und der nationale Gesetzgeber deshalb abwarten wollte), scheidet i.E. in der Tat auch die Möglichkeit einer analogen Anwendung der §§ 9 – 11 TDG aus.

Tatsächlich hat der Gesetzgeber, wie ausgeführt, wohl selbst **keine Regelungslücke** übersehen, sondern bewusst eher Regelungszurückhaltung geübt, um zunächst abzuwarten, ob die Kommission nach Vorlage des gem. Art. 21 Abs. 1 der E-Commerce-Richtlinie 2000/31/EG zu erarbeitenden Berichts Anpassungsbedarf auf Richtlinienebene sieht[4]. Dieser **Bericht** wurde am 21.11.2003 vorgelegt[5]. Der Bericht enthält noch keine rechtliche Empfehlungen zur Behandlung von Links und Suchmaschinen, beurteilt jedoch die Ansätze einiger Mitgliedsstaaten zurückhaltend positiv, Regelungen entsprechend Art. 14 ECRL zu schaffen, kündigt aber weitere Überprüfung an. Dieser Hinweis kann dafür sprechen, dass die Regelungen der §§ 9 – 11 TDG de lege ferenda auch auf Links und Suchmaschinen ausgeweitet werden, während sich für die Zulässigkeit einer Analogiebildung durch Rechtsprechung aus dem Bericht kein Anhaltspunkt zu ergeben scheint. Auch sollte in diesem Zusammenhang eine Regelung der rechtlichen Behandlung von Framing und Metatagging geprüft werden, Internet-Techniken, für die in der ECRL kein Regelungsvorbehalt enthalten ist, so dass außerdem Analogiebildung nicht ausgeschlossen erscheint.

Zu diskutieren könnte aber sein, ob das Nichthandeln des Richtliniengebers die nationalen Gesetzgeber blockieren muss. Hiergegen spricht, dass die Kommission selbst nationale legislative Initiativen zur Regelung der Haftung für Links und Suchmaschinen positiv bewertet hat. Hieraus wurde abgeleitet, dass in diesem Sonderfall doch eine Analogiebildung möglich sein sollte[6]. Überzeugender erscheint, hierin eine Anregung zu Initiativen *de lege ferenda* zu sehen, die schneller zu realisieren sind als das Abwarten auf nationale Rechtsprechung zur jeweiligen Analogiebildung.

Bis zum Zeitpunkt einer richtlinienbasierten Harmonisierung bleibt jedenfalls das

1 Gegenäußerung der Bundesregierung zur Stellungnahme des Bundesrates, BT-Drucks. 14/6098, 37; *Spindler*, MMR 2002, 495, 498; *Stadler*, JurPC Web-Dok. 2/2003, 3; *Stender-Vorwachs*, TKMR 2003, 11, 18 (für die §§ 9 und 11 TDG).

2 BGH, Urt.v. 1.4.2004 – I ZR 317/01, MMR 2002, 119 = NJW 2004, 2158 – Schöner Wetten.

3 *Gounalakis/Rhode*, Persönlichkeitsschutz im Internet, 197 (Rn. 303).

4 Gegenäußerung der Bundesregierung (zur Stellungnahme des Bundesrates), BR-Drucks.14/6098, 37.

5 Bericht der Kommission an das Europäische Parlament, den Rat und den Europäischen Wirtschafts- und Sozialausschuss, Erster Bericht über die Anwendung der Richtlinie 2000/31/EG des Europäischen Parlaments und des Rates v. 8. Juni 2000 über bestimmte rechtliche Aspekte der Dienste der Informationsgesellschaft, insbesondere des elektronischen Geschäftsverkehrs, im Binnenmarkt, v. 21.11.2003(2003) 702, endgültig; ausf. s. *Koch*, CR 2004, 213.

6 *Gounalakis/Rhode*, Persönlichkeitsschutz im Internet, Rdn. 303.

nichtharmonisierte nationale Recht (als Sitzstaatrecht[1]) maßgeblich[2]. Nachteil dieses Ansatzes ist freilich eine **Divergenz nationaler Regelungsansätze**, die dann doch durch die EG wieder harmonisiert werden muss. Dies spricht dafür, dass die Gemeinschaft ihr insoweit bestehendes Abwarten aufgibt und eine Richtlinienregelung entwickelt, auch um die E-Commerce-Nutzung zu fördern. Immerhin sollte die EG einen einheitlichen Raum für das Recht gemeinschaftsweiter Links bilden. Sollte die Haftung für Links nicht durch die ECRL geregelt werden, können auch die die ECRL umsetzenden §§ 9 – 11 TDG auf Links nicht angewendet werden, kommt die Freistellung von einer Überwachungs- und Nachforschungspflicht in § 8 Abs. 2 TDG insoweit auch nicht zum Tragen und bleibt es nationalen Haftungsgrundsätzen. Nach diesen dürfen etwa bestehende Gefahrenlagen nicht vergrößert werden dürfen, erscheint aber eine laufende Nachprüfung unzumutbar, ob ein rechtmäßiger Inhalt nach Linksetzung gegen einen rechtswidrigen ausgetauscht wurde[3]. Freilich bleibt in jedem Fall § 8 TDG unproblematisch auf den Links angefügte Betreiberkommentare und –hinweise anwendbar, da diese (betreiber)eigene Informationen darstellen.

Aus **urheberrechtlicher** Sicht ist zu beachten, dass das bloße Herstellen eines Link als solches noch nicht zu einem Vervielfältigen führt. Vielmehr muss der Nutzer erst den Link aktivieren und dann auf seinen Rechner ein Werkexemplar herunterladen. Der Zugangsvermittler kann hier allenfalls über – freilich Vorsatz erfordernde – Anstiftung oder Beihilfe beteiligt sein. Soweit aber Vorsatz verlangt wird, muss offensichtlich Kenntnis (oder jedenfalls billigendes Inkaufnehmen) bestehen.

Ist Schuldner aus einer **Unterlassungsverfügung** verpflichtet, einen beanstandeten Inhalt auf einer untergeordneten Seite seiner Webpräsenz zu löschen, so wurde es nicht als ausreichend angesehen, dass er nur den Link zu dieser Seite löscht, nicht aber diese Seite selbst bzw. deren Inhalt, da die Seite über Suchmaschinen weiter erreichbar bleibt[4].

c) Störerhaftung

Möglich ist eine Haftung des **Linksetzers als Mitstörer**. Hauptstörer wird regelmäßig der Anbieter der Informationen sein, auf die mit Link verwiesen wird: Der Linksetzer, der auf eine rechtsverletzende Information verweist, haftet grundsätzlich nur als Mitstörer[5], während der Anbieter dieser Information Hauptstörer ist[6].

Da die Information bereits im Netz zugreifbar sein muss, wenn der Link gesetzt wird, wirkt der Linksetzer am Entstehen der Störung nicht mit, jedoch kann **Beihilfe** derart in Betracht kommen, dass zusätzliche Nutzer Zugriff erhalten[7].

---

1 *Spindler*, MMR 2002, 495, 497.

2 *Spindler*, MMR 2002, 495, 498.

3 *Spindler*, MMR 2002, 495, 502; *Stadler*, JurPC Web-Dok. 2/2003, 19; Ernst/Vassilaki/*Wiebe*, Hyperlinks, Rdn. 126 (für die Kontrolle weiterverweisender Links) und 130 (generell für Links).

4 LG Hamburg, Urt.v. 28.3.2003 – 315 O 569/02, MMR 2004, 195.

5 „Als (Mit-)Störer haftet – grundsätzlich unabhängig von Art und Umfang seines eigenen Tatbeitrags – jeder, der in irgendeiner Weise willentlich und adäquat kausal an der Herbeiführung der rechtswidrigen Beeinträchtigung mitgewirkt hat, wobei als Mitwirkung auch die Unterstützung oder die Ausnutzung der Handlung eines eigenverantwortlich handelnden Dritten genügt, sofern der in Anspruch Genommene die rechtliche Möglichkeit zur Verhinderung dieser Handlung hatte“ (BGH GRUR 1994, 441, 443 – Kosmetikstudio; BGH GRUR 1991, 769, 770 – Honoraranfrage).

6 *Stadler*, JurPC Web-Dok. 2/2003, 7.

7 *Stadler*, JurPC Web-Dok. 2/2003, 8, 11, 13, der eine Haftung aber dann nicht ohne weiteres annehmen will, wenn der Link nur auf ein Oberverzeichnis verweist, von dem aus der Nutzer erst nach der

Der Handlungsbeitrag des Linksetzers als Mitstörer wird im **Fördern einer Verletzungshandlung** gesehen[1]. Nicht gefolgt werden kann der Auffassung, eine Mitstörerhaftung scheitere bereits an dem Umstand, dass der Linksetzer in der Regel nicht in der Lage ist, die Veröffentlichung des rechtsverletzenden Inhalte zu unterbinden[2]. Tatsächlich muss und kann der Linksetzer nicht den Zugriff Dritter auf den Zielrechner blockieren oder die Entfernung dort gespeicherter Dateien (etwa rechtswidrig erstellter MP3-Files) verlangen. Andererseits berechtigt ihn dies nicht, seinerseits den Zugriff auf solche Fremdrechner etwa mit rechtsradikalen Inhalten noch zu erleichtern.

Ein Dritter haftet nur als Störer, wenn für diesen **Prüfpflichten** bestehen und er diese Pflichten zur zumutbaren Prüfung beim Setzen des Links bzw. nachfolgend durch dessen Aufrechterhalten verletzt. Dem BGH[3] zufolge richtet sich der Umfang dieser Prüfpflichten nach dem Gesamtzusammenhang, in dem der Link verwendet wird, dem Zweck des Links sowie danach, welche Kenntnis der den Link Setzende von Umständen hat, die dafür sprechen, dass die Webseite oder der Internetauftritt, auf die der Link verweist, rechtswidrigem Handeln dienen, und welche Möglichkeiten er hat, die Rechtswidrigkeit dieses Handelns in zumutbarer Weise zu erkennen. Auch wenn beim Setzen des Links keine Prüfpflicht verletzt wurde, kann Störerhaftung begründet sein, sofern ein Link **aufrechterhalten** bleibt, obwohl eine nunmehr zumutbare Prüfung, insbesondere nach Abmahnung oder Klageerhebung, ergeben hätte, dass mit dem Link ein rechtswidriges Verhalten unterstützt wird[4]. Der BGH stellt weiter ausdrücklich fest, dass im Interesse der Meinungs- und Pressefreiheit (Art. 5 Abs. 1 GG) dann keine zu strengen Anforderungen zu stellen seien, wenn Links nur den Zugang zu ohnehin allgemein zugänglichen Quellen erleichtern[5]. Der BGH wiederholt hier die zugrundeliegende Auffassung, dass die sinnvolle Nutzung der unübersehbaren Informationsfülle ohne den Einsatz von Links der dort zugänglichen Dateien praktisch ausgeschlossen wäre[6].

d) Konkludente Einwilligung in das Linking und Deep Linking

Mit **Surface**-Links muss grundsätzlich jeder rechnen, der Inhalte im Web zugänglich macht[7], da das Verweisen mittels Links ein Grundprinzip des Internet/Web darstellt[8] und den Zweck des Zugänglichmachens fördert[9].

Wer Verlinkung seiner Inhalte nicht wünscht, darf den Inhalt nicht in das Web

Information suchen muss.

1 *Stadler*, JurPC Web-Dok. 2/2003, 7.

2 *Stadler*, JurPC Web-Dok. 2/2003, 8 unter Bezug auf BGH GRUR 1994, 441, 443.

3 BGH, Urt.v. 1.4.2004 – I ZR 317/01, S. 13 = MMR 2002, 119 = NJW 2004, 2158 – Schöner Wetten.

4 BGH, Urt.v. 1.4.2004, a.a.O.

5 BGH, Urt.v. 1.4.2004, a.a.O.

6 BGH, Urt.v. 1.4.2004, a.a.O.

7 OLG Düsseldorf, NJW-CoR 1999, 501. Für das US-Recht bereits 1997 *Cavazos/Miles*, Copyright, Abs. 5.

8 OLG Düsseldorf, Urt.v.29.6.1999 – 20 U 85/98, CR 2000, 184 = MMR 1999, 729 = NJW-CoR 1999, 501 = JurPC Web-Dok. 42/2000 – Baumarkt (für Framing); a.A. LG Hamburg, Urt.v. 2.1.2001 – 312 O 606/00, CR 2001, 265 – Bundesliga-Manager; *Sosnitza*, CR 2001, 693, 699 m.w.N. Nach *Plaß*, WRP 2000, 599, 603 müssen sich die Verweise im üblichen Rahmen und in den Grenzen dessen halten, was durch die Besonderheiten des Internet noch gedeckt ist.

9 *Plaß*, WRP 2000, 599, 603.

stellen, sondern muss ihn z.B. auf Anforderung ihm bekannter Dritter per E-Mail an diese übersenden. Jedenfalls für Surface-Links wurde eine zumindest stillschweigende Einwilligung angenommen, die zu einer Rechtfertigung möglicher Rechtseingriffe führt[1] und auch das Herunterladen der Webseite durch Nutzer erfasst, die solche Links aktivieren[2]. Insoweit scheidet auch eine mögliche Haftung des Linksetzers zu auf Urheberrechtsverletzungen bezogenen Anstiftungs- und Beihilfehandlungen aus[3].

Nach dem **BGH** ist die Annahme einer konkludent erteilten Zustimmung entbehrlich, da der Anbieter mit dem Setzen von Links und sogar von **Deep** Links billigerweise rechnen muss[4] (worin freilich eine generelle konkludente Einwilligung gesehen werden kann). Bisher wurde grundsätzlich ein solches (stillschweigendes) Einverständnis des „gelinkten" Anbieters nicht nur mit Surface Links, sondern auch mit „Deep Links" unterstellt[5], die ebenso üblich sind und sich technisch kaum unterscheiden[6] (nämlich nur in der differenzierteren Adressbezeichnung). Jeder, der ein Werk „in das Netz stellt", müsse damit rechnen, in das vielfältige und wechselseitige Verweisungs-system einbezogen zu werden[7], und zwar auch bezüglich „tiefer" liegender Webseiten, - ein Ansatz, der sich letztlich mit dem des BGH trifft. Soll auf solche Seiten nicht zugegriffen werden dürfen, wurde der Betreiber dieser Seiten verpflichtet angesehen, den Zugriff technisch zu verwehren[8]. Linking kann technisch aber kaum abgewehrt werden; möglich ist jedoch, bestimmte Seiten nur über besondere Sperren zugänglich zu machen, wie sie etwa bei Bezahlsystemen realisiert werden können.

In der **EG** wird Deep Linking freilich nicht einheitlich beurteilt. Ein dänisches Gericht verpflichtete den Internet-Recherche-Dienst „Newsbooster" zur Löschung von Links zu 28 dänischen Zeitungen[9].

Nach Auffassung des BGH sind auch **Deep** Links urheber- und wettbewerbsrechtlich grundsätzlich zulässig[10], wenngleich die Rechtspraxis hier durchaus differenziert. Deep Linking wird als zulässig angesehen, wenn lediglich übliche Werbebanner übersprungen werden und auch die tieferliegende Seite über einen Werbebanner verfügt[11]. Dies gilt auch dann, wenn durch das Überspringen von Seiten deren Betreiber Werbeeinnahmen entgehen, da auch mit solchen Links zu rechnen ist[12]. Auch mögliche

[1] *Dittrich*, JurPC Web-Dok. 7272002, Abs. 18.

[2] *Plaß*, WRP 2000, 599, 603. Nach Plaß ist dem Urheber auch das Risiko möglicher Rechtsverletzungen durch Dritte bekannt (etwa Weiterverbreiten des Werkes in entstellter Form), das der Urheber durch Bereitstellen des Werkes in Kauf nehme, da er den Nutzen der Abrufbarkeit der Werke im Internet höher bewerte als das Risiko einer Rechtsverletzung.

[3] *Plaß*, WRP 2000, 599, 603.

[4] BGH, Urt.v. 17.7.2003, a.a.O.; so auch bereits *Plaß*, WRP 2000, 599, 603.

[5] Ernst/Vassilaki/*Wiebe*, Hyperlinks, Rdn. 53; *Dittrich*, JurPC Web-Dok. 7272002, Abs. 19.

[6] Ernst/Vassilaki/*Wiebe*, Hyperlinks, Rdn. 55 (mit dem Hinweis, dass wegen Fehlens eines technischen Unterschiedes nicht dinglich, sondern nur schuldrechtlich wirkend eine Nutzungsrechtseinräumung zwischen Surface und Deep Link differenzieren könne).

[7] *Dittrich*, JurPC Web-Dok. 7272002, Abs. 19.

[8] *Dittrich*, JurPC Web-Dok. 7272002, Abs. 19.

[9] Danish Newspaper Publisher's Association v. Newsbooster.com ApS, Denmark Bailiff Court, 5.7.2002 (zit. nach WIPO, Intellectual Property on the Internet: A Survey of Issues, WIPO/INT/02, December 2002, 52 (http: //ecommerce.wipo.int) und Heise online v. 6.7.2002, www.heise.de/newsticker/ data/ wst-06.07.02-000.

[10] BGH, Urt.v. 17.7.2003 – I ZR 259/00, NJW 2003, 3406, 3408, 3410 = JurPC Web-Dok. 274/2003 – paperboy.

[11] *Bettinger*/*Leistner*, Werbung und Vertrieb im Internet, 116.

[12] *Plaß*, WRP 2000, 599, 603.

Rechtsverletzungen (etwa der §§ 13 S. 2, 14 UrhG) sollen durch die Einwilligung abgedeckt sein[1]. Zu weitreichend und seit der „*Paperboy*“-Entscheidung des BGH überholt ist deshalb die Auffassung, von einer Einwilligung in das Deep Linking sei nicht auszugehen, wenn dem Anbieter der Zielseiten hierdurch Werbeeinnahmen für Zugriffe auf seine Homepage entgehen könnten und er die Nutzer nicht so wie geplant durch seinen Web-Auftritt führen kann[2]. Der Anbieter hat vielmehr technisch die (Ausweich-)Möglichkeit, seine Werbung (z.B. Banner) auf jeder Seite zu integrieren[3]. Freilich ist solche umgehungssichere Mehrfachwerbung für den Werbenden meist teurer als Werbung nur auf einer Webseite.

Der Nutzer kann außerdem oft nicht einmal erkennen, ob eine fremde Webseite „tiefer“ liegt, da etwa gerade auch Suchmaschinen über Trefferlisten direkt zu einer **tiefer**liegenden Webseite führen können (wobei nur aus den „Fundstellennachweisen“, also den URL-Angaben die Unterverzweigungen zu den jeweiligen Seiten erkennbar sind). Außerdem sind Deep Links programmtechnisch **reguläre** Formen der Adressierung externer Websites (bzw. von deren URLs), weshalb das mit dem Begriff der „Umgehung“ der Homepage (und der Werbung auf dieser) verbundene, zumindest implizite negative Werturteil nicht von vornherein angebracht ist[4]. Prinzipiell kann jede Webseite weltweit direkt oder über Suchmaschinen aufgerufen werden, gleichgültig, wie tief sie auf der jeweiligen Website unter einer Homepage liegt. Man kann die Parallele zu einer nicht technisch gesperrten Nebenstellennummer in einer Telefonanlage vergleichen. Wer gleich die Nebenstelle anwählt, „umgeht“ hierdurch nicht den Hauptanschluss.

Auch von technischer Seite her werden aber mögliche Probleme aus dem Setzen solcher Links jedenfalls dann gesehen, wenn der Linksetzer ein sehr stark frequentiertes Web-Angebot hat, durch den Verweis viele Besucher auf das „verlinkte“ Angebot lenkt und so dort erheblichen *Traffic* erzeugt, der Verzögerungen der Datenübertragung oder Zusammenbrechen des Servers verursachen kann[5].

Ein **Hinweis**, dass Verlinkung nicht gewünscht wird, muss eindeutig formuliert und gut sichtbar sein; nicht ausreichend ist, wenn ein solcher Hinweis nur in (zudem schwer zugänglichen) AGB versteckt ist[6], zumal diese für verweisende Dritte ohnehin keine

---

1 OLG Düsseldorf, NJW-CoR 1999, 501; a.A. *Plaß*, WRP 2000, 599, 604 (begründet mit der Unverzichtbarkeit der Urheberpersönlichkeitsrechte im Kernbereich, wobei Plaß bei Surface-Links aber auch insoweit Verzichtbarkeit anzunehmen scheint).

2 *Schack*, MMR 2001, 9, 14. *Sosnitza*, CR 2001, 693, 699 wendet zutreffend ein, dass dann selbst das Speichern eines Lesezeichens durch den Nutzer der Einwilligung bedürfe, da dieses auch eine Abkürzung beim Surfen erlaubt.

3 *Sosnitza*, CR 2001, 693, 700.

4 *Münz*, SELFHTML:HTML/XHTML/Verweise (Links)/Projekt-externe Verweise, verfügbar unter: http://selfhtml.teamone.de/html/verweise/projektextern/htm meint, man solle sich „im Sinne der Zivilcourage“ gegen Versuche von Anbietern wenden, juristisch gegen Deep Links vorzugehen. Es gebe technische Möglichkeiten, anbieterseits das Setzen solcher Deep Links zu verhindern.

5 *Münz*, SELFHTML:HTML/XHTML/Verweise (Links)/Projekt-externe Verweise, verfügbar unter: http://selfhtml. teamone.de/html/verweise/projektextern/htm.

6 *Stomper*, ÖBl. 2002, 212, 214, mit Verweis auf den Fall des Wetterdienstes METEO-data, in dem die Verlinkung durch einen Nutzer zunächst mit *Euro 26. 523* (später reduziert auf € 1.668) abgemahnt worden war, ein Schüler sogar zunächst mit € 93.388 (*Bleich/Jaeger*, c't, 4/2003, 174). Der österreichische Oberste Gerichtshof hat letztinstanzlich den Unterlassungs- und Zahlungsantrag abgewiesen (östOGH, Urt.v.17.12.2002 – 4 Ob 248/02b, medien und recht 1/2003, 35 = GRUR Int. 2002, 863 (www.i4j.at/entscheidungen/). Das Gericht lehnte für Framing und Deep Linking die Annahme einer sittenwidrigen unmittelbaren Übernahme oder einer vermeidbaren Herkunftstäuschung (mangels Verwechslungsgefahr) ab, da auf der verweisenden Seite ein Copyright-Vermerk der referenzierten Seite erkennbar war, der unzweideutig auf die Herkunft der Seite verwies. Auch wurde

Wirkung entfalten (diesen meist nicht einmal bekannt sind oder auch nur sein müssen).

Für **Inline**-Links, also das unmittelbare Einbeziehen fremder Dateien in eine Webseite, wurde eine stillschweigende Einwilligung abgelehnt, da diese Technik weder der Struktur des Internets entspreche noch es einer solchen Technik für Zwecke des freien Informationsflusses bedürfe[1]. Das „*Paperboy*"-Urteil musste nicht auf Inline-Links eingehen, jedoch wird dessen Ergebnis auf solche verdeckten Links nicht anzuwenden sein, wenn für die im Web navigierenden Nutzer die tatsächliche fremde Quelle der Information nicht erkennbar bleibt.

Auch bei **Frames** ist zu unterscheiden, ob für den Nutzer die fremde Domain-Adresse erkennbar ist oder nicht. Für den zweiten Fall wurde die Annahme einer konkludenten Einwilligung abgelehnt[2].

e) Äußerungsrecht

Die Aufnahme eines Links auf eine ehrverletzende Äußerung auf einer anderen Webseite verpflichtet zu Schadensersatz, sofern nicht eine deutliche Distanzierung vom fremden Inhalt erfolgt; der Hinweis auf die eigene Verantwortung des jeweiligen Autors genügt hierfür nicht[3]. Das bloße Linksetzen als solches kann nicht mit einem Zueigenmachen gleichgesetzt werden; vielmehr muss hinzukommen, dass der Linksetzer eine fremde Aussage (auf die er zunächst nur per Link verweist) zusätzlich als richtig und damit als Ausdruck der eigenen Ansicht darstellt[4] oder sich jedenfalls nicht ausreichend klar distanziert[5].

Im **schweizerischen Recht** wurde ein Zueigenmachen fremder Inhalte angenommen, wenn eine enge thematische und inhaltliche Verbindung und Übereinstimmung zwischen den auf der Website angebotenen eigenen Inhalten und den verlinkten Inhalten besteht, jedoch nicht, wenn das fremde Angebot keine thematische und inhaltliche Nähe zum eigenen Angebot aufweist[6].

„**Disclaimer**" können die deliktische Haftung für Äußerungen im Internet nicht ausschließen, sondern allenfalls als Distanzierung verstanden werden[7]. Regelmäßig unwirksam sein dürften auch Versuche von Anbietern, ihre Haftung nach TDG/MDStV gegenüber vertraglich Kunden einzuschränken bzw. Informationen als fremde zu

das beim Deep Linking erfolgende Umgehen der Hompepage und der auf dieser angebrachten Werbung als „unbeabsichtigter Nebeneffekt" eingestuft.

1 *Dittrich*, JurPC Web-Dok. 7272002, Abs. 20. Hier ist aber wohl zu differenzieren: Sind Inline-Links technisch möglich sind, ein Urheber mit diesen genauso wie mit anderen Linkarten rechnen, es sei denn, dass der Linksetzer parasitär unter Herkunftstäuschung von fremder Leistung profitiert.

2 LG Hamburg, Urt.v. 12.7.2000 – 308 O 205/00, CR 2001, 776 = MMR 2000, 761 – Roche-Lexikon; bestätigt durch OLG Hamburg, Urt.v. 22.2.2001 – 3 U 247/00, CR 2001, 704 = JurPC Web-Dok. 147/2001.

3 LG Hamburg, Urt.v.12.5.1998 – 312 O 85/98, MMR 1998, 547 (zum Anspruch aus den §§ 823 Abs. 1 und 2 BGB i.V.m. 126 StGB, 824 BGB).

4 *Stadler*, JurPC Web-Dok. 2/2003, 16 unter Hinweis auf BGH NJW 1996, 1131; BGH GRUR 1969, 147 zu Meinungsmärkten.

5 LG Hamburg, CR 1998, 565.

6 Bezirksgericht Zürich, Urt.v.10.9.2002 – GG 010848, JurPC Web-Dok. 337/2002 zur Verantwortlichkeit für Links zu rassendiskriminierenden Angeboten. Am 30.9.2003 sprach das Obergericht Zürich den Angeklagten jedoch frei, da allein das Verlinken die Strafnorm nicht verletzt habe (heise online 30.9.2003, heise.de/newsticker/data/anw-30.09.03-012).

7 OLG München, Urt.v. 15.3.2002 – 21 U 1914/02, MMR 2002, 625.

definieren[1], da die Tatbestandsvoraussetzungen der §§ 8 – 11 TDG/§§ 6 – 9 MDStV nicht dispositiv sind[2].

f) Urheberrecht

(1) Vervielfältigen

In seinem zentralen „*Paperboy*"- Urteil hat der BGH festgestellt, dass das Setzen eines Links auf eine fremde Webseite mit einem dort zugreifbaren urheberrechtlich geschützten Werk **nicht** in das **Vervielfältigungsrecht** an diesem Werk **eingreift**[3]. Der Suchdienst „Paperboy" wertete tagesaktuelle Informationen mehrerer hundert Nachrichtenanbieter im Internet aus (u.a. auch von den klageführenden Publikationen „Handelsblatt" und „DM"), die im Web in Form einer Suchmaschine zugänglich gemacht wurden, allerdings jeweils nur im Rahmen der stichwortgestützter Suche. Dem BGH (und der fast einhelligen Auffassung) zufolge führt das Linksetzen als solches nicht zu einer Vervielfältigung, sondern nur zu einer elektronischen Verknüpfung der den Link enthaltenden Datei mit einer anderen in das Internet eingestellten Datei[4] auf demselben oder (überwiegend) auf einem fremden Serverrechner; vervielfältigt wird die so verlinkte Datei erst beim Abruf durch einen den Link anklickenden Nutzer in dessen Bereich[5]. Der BGH liess für den zu entscheidenden Sachverhalt die Prüfung offen, ob sich der den Link aktivierende Nutzer auf die Privilegierung zum privaten oder sonstigen eigenen Gebrauch berufen könne bzw. ob ein stillschweigendes Einverständnis des Berechtigten mit der Vervielfältigung anzunehmen sei[6]. Im Umkehrschluss aus den Feststellungen des BGH kann ein Vervielfältigen durch den Linksetzer zu bejahen sein, wenn der Nutzer nicht erst selbst auf der heruntergeladenen Webseite des Linksetzers einen Link durch Anklicken aktivieren muss, sondern über Frames und Inline-Links in die heruntergeladene Webseite eingebundene Dateien Dritter schon beim Laden der annavigierten Webseite selbst mitlädt.

Nach Auffassung des BGH[7] führt also das Setzen eines Link auf das Werk auf einer fremden Webseite als solches nicht zu einem Vervielfältigen; vielmehr **führt erst der Nutzer**, der den Link aktiviert, (durch dann erfolgendes Herunterladen) eine **Vervielfältigung** im Arbeitsspeicher seines Rechners **durch**. Bei genauerer Betrachtung erfolgt also weder durch das eigentliche Setzen des Link auf die fremde Seite ein Vervielfältigen auf dem Rechner des Linksetzers (da schon rein technisch dorthin keinerlei Kopie dieses Werks übertragen wird) noch beim nutzerseitigen Herunterladen der Seite

---

[1] *Spindler*, Vertragsrecht der Internet-Provider, 374.

[2] *Spindler*, a.a.O., 373 (noch zu § 5 TDG/MDStV a.F.).

[3] BGH, Urt.v. 17.7.2003 – I ZR 259/00, GRUR 2003, 958 = CR 2003, 920 = NJW 2003, 3406 = JurPC Web-Dok. 274/2003 – Paperboy. Ähnlich etwa bereits *Koch*, NJW-CoR 1997, 298, 300. Die zentralen Ausführungen des BGH zu möglichen urheberrechtlichen Ansprüchen erfolgten nur hilfsweise, da, so der BGH, die Kläger die urheberrechtliche Schutzfähigkeit der beklagtenseits mittels Link verknüpften Werk*teile* nicht dargetan hatten. Schon hieran musste ein Unterlassungsanspruch scheitern.

[4] BGH, Urt.v. 17.7.2003 – I ZR 259/00, GRUR 2003, 958, 961 = CR 2003, 920 = NJW 2003, 3406 = JurPC Web-Dok. 274/2003 – Paperboy.

[5] BGH, Urt.v. 17.7.2003 – Paperboy, a.a.O. unter Bezug auf Ernst/Vassilaki/*Wiebe*, Hyperlinks, Rdn. 29; *Sosnitza*, CR 2001, 693, 698; *Plaß*, WRP, 2001, 195, 202.

[6] BGH, Urt.v. 17.7.2003, a.a.O., 961.

[7] BGH, Urt.v. 17.7.2003 – I ZR 259/00, GRUR 2003, 958, 961 = CR 2003, 920 = NJW 2003, 3406 = JurPC Web-Dok. 274/2003 – Paperboy.

mit verweisendem Link als solcher (d.h. vor Aktivieren dieser Links) ein Vervielfältigen auf dem Nutzerrechner. Bei bloßer Darstellung des Dokuments mit den erst „anzuklickenden" Links am Bildschirm des Nutzerrechners erfolgt kein zustimmungsbedürftiges Vervielfältigen auch der verlinkten Dokumente auf dem Nutzerrechner (sondern erst mit anschließender Linkaktivierung seitens des Nutzers). Damit fehlt es beim Linksetzen an einer allein hierdurch bereits ausgelösten körperlichen Festlegung des durch Link verknüpften Dokumentes auf der Drittsite. Dies gilt auch für alle sonstigen Linkformen[1], wobei aber Inline-Links auszunehmen sind. Klickt der Nutzer den Link nicht an, erfolgt auch kein Vervielfältigen des Inhaltes der Zielseite, auf die der Link verweist. Der Link ist hier funktionsgleich mit einem Fundstellennachweis in einem gedruckten Text.

Aktiviert der Nutzer freilich den Link und lädt er hierdurch ein Dokument von einem fremden Serverrechner auf seinen Rechner herunter, erfolgt durch dieses Downloading eines Werkexemplares dessen **Vervielfältigung** auf den Rechner des Nutzers. Dieses Vervielfältigen bedarf grundsätzlich der Einwilligung des Berechtigten. Diese Einwilligung wird nicht dadurch entbehrlich, dass das Abspeichern in den Arbeitsspeicher des Nutzerrechners erfolgt. Auf § 44 a UrhG kann der Nutzer insoweit nicht zurückgreifen. Das Erstellen der Kopie im Arbeitsspeicher des Nutzerrechners führt zu einem neuen, voll funktionsfähigen und eigenständig nutzbaren, weil weiterkopierbaren oder -übertragbaren Werkexemplar, weist also „eigenständige wirtschaftliche Bedeutung" im Sinne von § 44 a UrhG auf. § 44 a UrhG (und der in dieser Vorschrift umgesetzte Art. 5 Abs. 1 der Richtlinie 2001/29/EG) erfasst vielmehr nur Fälle des zeitlich begrenzten Zwischenspeicherns durch Zugangsvermittlers und des Caching auf Servern von Anbietern[2]. Wird die erstellte Kopie durch die Browser-Software (wie meist üblich und voreingestellt) auf der Festplatte des Rechners abgelegt, ist solches Speichern bereits nicht mehr zeitlich begrenzt und deshalb auch nicht nach § 44 a UrhG privilegiert. Wenn der Nutzer damit das Werkexemplar durch Link-Aktivierung direkt auf seinem Rechner für einen wahlfreien Zeitraum abspeichert, muss er die Zulässigkeit eines solches Vervielfältigens grundsätzlich in eigener Verantwortung prüfen[3].

Anderes gilt für alle Techniken, durch deren Anwendung Fremddateien direkt in die nutzerseits annavigierte Seite inkorporiert und unmittelbar beim Download der Webseite auf dem Nutzerrechner abgespeichert werden. Hier erfolgt das **Vervielfältigen bereits mit dem Herunterladen** der annavigierten Webseite; der Nutzer muss nicht erst Links aktivieren. Er kann diesem Vervielfältigen nicht einmal ausweichen, da er vor dem Herunterladen der Webseite deren Inhalt nicht kennt. Dies spricht dafür, ein durch solches nutzerseitiges Herunterladen fremder Inhalte mittels inkorporierender Linkformen als Vervielfältigungshandlung des Linksetzers zu qualifizieren.

Diese Beurteilung gilt für Frames, aber auch Inline-Links, etwa für IMG-Links, mit denen Bilder aus einer getrennten Datei auf dem Rechner des Linksetzers oder (hier relevant) aus Rechnern Dritter in die heruntergeladene Webseite eingefügt werden. Neben dem Vervielfältigen kann hier, ebenfalls auf dem Nutzerrechner, ein Umgestalten des durch den IMG-Link einbezogenen Werkes erfolgen. Führt der IMG-Link auf eine externe Webseite, in der Java-Applets inkorporiert sind, also kleine Programme zur Darstellung bewegter Grafiken, so ist bereits das Setzen des Links als solchen getrennt zustimmungsbedürftig, soweit hierbei ein Bearbeiten oder sonstiges

[1] *Plaß*, WRP 2000, 599, 600 (mit dem Hinweis, dass mangels körperlichen Werkstücks insoweit auch kein Verbreiten vorliegt, was jedenfalls für den – hier entscheidenden – Übertragungsvorgang selbst zutrifft); *Koch*, GRUR 1997, 417, 430.

[2] Erwägungsgrund 33 der Richtlinie 2001/29/EG; Gesetzesbegr. BT-Drucks. 15/38, 18.

[3] So bereits die ACM Interim Copyright Policies, CommACM April 1995, vol.38/No.4, 104f.

Umarbeiten des Applets notwendig ist oder schon das Herunterladen der Webseite mit dem Inline-Link zu einem Vervielfältigen führt (§ 69 c Nr. 1 UrhG).

(2) Zugänglichmachen

In seiner „*Paperboy*"-Entscheidung kam der BGH zu dem Ergebnis, dass im bloßen Setzen eines Links auf eine Datei auf einer fremden Website kein öffentliches **Zugänglichmachen** (im Sinne von § 19 a UrhG) darstelle, da durch den Link weder das (weitere) Bereithalten des Werkes noch eine Abrufübertragung des Werkes an den Nutzer bewirkt, sondern nur in einer den Zugang erleichternden Weise auf das Werk verwiesen werde[1]. Der Linksetzer halte weder das geschützte Werk öffentlich zum Abruf bereit noch übermittle er dieses selbst auf Abruf an Dritte. Nur derjenige, der das Werk in das Internet gestellt hat, entscheide darüber, ob es der Öffentlichkeit zugänglich bleibt; lösche er die betreffende Webseite, gehe der Link auf sie ins Leere[2]. Zwar werde einem Nutzer, der den URL (Uniform Resource Locator) als genaue Bezeichnung des Fundorts der Webseite im Internet noch nicht kennt, der Zugang zu dem Werk auf dieser Seite durch den Link erst ermöglicht und damit das Werk im Wortsinne zugänglich gemacht; dies sei aber auch bei einem Hinweis auf ein Druckwerk oder eine Webseite in der Fußnote einer Veröffentlichung nicht anders[3]. Diese Beurteilung ändere sich auch nicht bei Berücksichtigung von Art. 3 Abs. 1 der Richtlinie 2001/29/EG zum Urheberrecht in der Informationsgesellschaft, deren Art. 3 Abs. 1 die öffentliche Wiedergabe regelt, denn das Setzen eines Link sei keine „Wiedergabe" im Sinne dieser Regelung sei, da es weder ein (weiteres) Bereithalten noch eine Abrufübertragung bewirke[4].

Stützen lässt sich die Begründung des BGH auch durch folgende Überlegung: Die Urheberrechtsrichtlinie 2001/29/EG stellt in Erwägungsgrund 24 klar, dass das Recht des Zugänglichmachens alle Handlungen des Zugänglichmachens für solche Mitglieder der Öffentlichkeit umfasst, die an dem Ort, an dem die Zugänglichmachung **ihren Ursprung nimmt**, nicht anwesend sind. Dieses Recht soll für keine weiteren Handlungen gelten. Damit ist dieses Recht des Zugänglichmachens typischerweise auf alle Handlungen bezogen, die mit dem Uploading auf einen Hostrechner verbunden sind, von dem aus die heraufgeladenen Dateien Dritten im Internet zugänglich gemacht werden. Das Setzen eines Link führt nicht zu einem solchen Zugänglichmachen, sondern setzt dieses bereits voraus, damit der Link nicht ins Leere geht. Auch muss der Bezug zur Öffentlichkeit, aus der der Zugriff möglich ist, bereits hergestellt sein, damit Art. 3 Abs. 1 der Richtlinie anwendbar ist. Das Setzen des Links führt also Öffentlichkeit nicht überhaupt erst herbei. Dieses muss durch den Urheber erfolgen, der durch das Zugänglichmachen im Web zugleich konkludent dem Linksetzen zustimmt[5]. Deshalb ist das Setzen eines Hyperlink auch nicht als Form des Zugänglichmachens für einen Zugriff im Sinne von Art. 3 Abs. 1 der Richtlinie zu qualifizieren. Vielmehr

---

1 BGH, Urt.v. 17.7.2003, a.a.O., 958, 961, 962. Der BGH hatte noch nach altem Urheberrecht die mögliche Verletzung eines unbenannten Verwertungsrechts zu prüfen (und verneint), parallel aber auch Art. 3 Abs. 1 der Urheberrechts-RL herangezogen.

2 BGH, Urt.v. 17.7.2003, a.a.O., 961.

3 BGH, Urt.v. 17.7.2003, a.a.O., 962.

4 BGH, Urt.v. 17.7.2003, a.a.O., 962.

5 *Plaß*, WRP 2000, 599, 602; a.A. wohl Bettinger/*Leistner*, Werbung und Vertrieb im Internet, Teil 1 B, Rdn. 70.

erleichtert ein Link nur diesen Mitgliedern den (bereits eingerichteten) Zugriff[1], ist also **dem Abruf zuzuordnen**, nicht dem Einrichten und Bereithalten zum Abruf. Nicht relevant ist hingegen, ob ein Nutzer tatsächlich einen Abruf durchführt, da das Recht des Zugänglichmachens nur das Bereithalten erfasst, nicht aber das eigentliche Übertragen Punkt-zu-Punkt vom Anbieter zum abfragenden Nutzer[2].

(3) Stillschweigende Einwilligung in Linksetzung

Offen gelassen hat der BGH, ob ein Berechtigter, der ein Werk im Rahmen seines Internet-Auftrittes allgemein zugänglich macht, stillschweigend sein Einverständnis mit Vervielfältigungen erklärt, die mit Abruf des Werkes notwendig verbunden sind[3]. Grundsätzlich wurde in der Literatur das Einverständnis (**Einwilligung**) eines Urhebers mit Links, Deep Links und Frames zu seinem im Internet zugänglich gemachten Werk unterstellt, auch grundsätzlich bezüglich Clipping-Diensten und Deep Links[4]. Auch kann, wenn Angebote nicht technisch (etwa durch Passwortsicherungen) abgesichert sind, das Geltendmachen von Abwehrabsprüchen gegen dann erfolgte Zugriffe ein widersprüchliches Verhalten (*venire contra factum proprium*) darstellen, das vom Seitenbetreiber begründetes Vertrauen enttäuscht und damit rechtsmissbräuchlich ist. In welchem Umfang allerdings Vertrauen begründet wurde bzw. ein Erklärungswille vorhanden ist bzw. vermutet werden durfte, ist für die Linkformen differenziert zu beurteilen. Zu undifferenziert erscheint hingegen die Auffassung, der Berechtigte lege selbst durch das Einstellen seiner Werke in das Internet den Grundstein für solche Verletzungen, da er gerade eine große Werkverbreitung wünsche[5]. Vielmehr bleibt dem Berechtigten auch dann grundsätzlich die Möglichkeit, Nutzungseinschränkungen und Verbote des Zugriffs auf bestimmte Werke durch entsprechende Texte auf jeder Seite oder Copyright-Links zur Home Page festzulegen oder den Nutzer durch Passwortkontrollen über Eingangsseiten zu führen. Insbesondere kann der Berechtigte vorsehen, dass heruntergeladene Dateien nicht selbst weiter gewerblich verwertet werden dürfen.

---

1 Zutreffend spricht Ernst/Vassilaki/*Wiebe*, Hyperlinks, Rdn. 35 auch davon, dass der Link neue Nutzerkreise zu erschließen geeignet ist, hierdurch die Nutzung des Werkes zumindest quantitativ erweitert wird und dies den eigentlichen verwertungsrechtlichen Beitrag des Linksetzers darstellt. Aber gerade dieser Ansatz setzt seinerseits voraus, dass das Werk heraufgeladen und der Öffentlichkeit bereits zugänglich gemacht ist. Es ist nicht der Link, der überhaupt erst die Öffentlichkeit herstellt, sondern das Freischalten auf dem Serverrechner. Wenn die Öffentlichkeit aber bereits mit dem Heraufladen (und Konnektieren des Rechners) hergestellt ist, sind alle vom Recht nach Art. 3 Abs. 1 der Richtlinie erfassten Handlungen bereits ausgeführt. Das Heranführen weiterer Nutzerkreise ändert nichts mehr am dann vorgängigen Bestehen der Öffentlichkeit.

2 Ernst/Vassilaki/*Wiebe*, Hyperlinks, Rdn. 36 lassen die Zuordnungsfrage wohl letztlich eher offen und nehmen ersatzweise eine neuartige Nutzungsform an. Selbst wenn man hier tatsächlich eine technisch und wirtschaftlich eigenständige Nutzungsart annähme, bleibt doch vorrangig zu klären, in Bezug auf welches Verwertungsrecht das Linking eine neue Nutzungsart darstellt. Für das Recht des Zugänglichmachens kann dies zumindest nicht der Fall sein, da das Linking bereits vor Einführung dieses neuen Verwertungsrechts Praxis war.

3 BGH, Urt.v. 17.7.2003 – I ZR 259/00, GRUR 2003, 958, 961 = CR 2003, 920 = NJW 2003, 3406 = JurPC Web-Dok. 274/2003 – Paperboy unter Verweis auf Bettinger/*Leistner*, Werbung und Vertrieb im Internet, 109ff.

4 *Plaß*, WRP 2000, 599, 603 f.

5 So *Ernst*, a.a.O.

(4) Störerhaftung im Urheberrecht aus Linksetzen

Der BGH konnte (allerdings mangels Parteivortrages zur urheberrechtlichen Schutzfähigkeit) auch nicht feststellen, dass durch das Setzen des Links ein urheberrechtlicher **Störungszustand** geschaffen wird[1]. Dahingestellt blieb auch die Frage, ob ein vorbeugender Unterlassungsanspruch gegen einen Störer auch dann in Betracht kommen kann, wenn (noch) nicht festgestellt ist, dass er bereits zu einer bestimmten rechtswidrigen Handlung eines Dritten beigetragen hat, und eine Beeinträchtigung lediglich zu befürchten ist, ebenso, ob eine urheberrechtliche Störerhaftung dann begründet sein kann, wenn vorhandene technische Schutzmaßnahmen umgangen werden[2]. Weitere Rechtsprechung zur möglichen Störerhaftung des Linksetzers bleibt damit abzuwarten. Sie könnte, auch im Rahmen der Grundsätze des „*Paperboy*"-Urteils des BGH, etwa zu bejahen sein, wenn der Linksetzer trotz Mitteilung einen Link zu einer Website nicht entfernt, von der aus rechtswidrig erstellte Werkkopien heruntergeladen werden können, aber u.U. auch schon, wenn beim ersten Setzen des Link keine zumutbare Prüfung des Inhalts der Zielseite und ihrer besonders hervorgehobenen Links erfolgt.

Einschränkend stellt der BGH zwar fest, dass der Linksetzer für ein rechtswidriges Handeln des den Link aktivierenden Nutzers nicht allein deshalb als Störer hafte, weil der Nutzer durch den Link den unmittelbaren Zugriff auf urheberrechtlich geschützte, vom Berechtigten öffentlich zugänglich gemachte Werke (im vom BGH zu entscheidenden Falle auf Presseartikel) vorbereitet[3]. Der BGH begründet dies damit, dass der Berechtigte, der ein urheberrechtlich geschütztes Werk ohne technische Schutzmaßnahmen im Internet öffentlich zugänglich macht, dadurch bereits selbst die Nutzungen ermögliche, die ein Abrufender vornehmen kann; es sei seine Entscheidung, ob er das Werk trotz der Möglichkeit weiter zum Abruf bereithält, dass nach Abruf auch rechtswidrige Nutzungen vorgenommen werden[4]. Aus diesem Grunde werde von demjenigen, der Links zur Erleichterung des Zuganges setze, kein urheberrechtlicher Störungszustand gesetzt; die Gefahr rechtswidriger Nutzungen werde durch das Linksetzen nicht „qualitativ verändert", sondern nur insofern (aber immerhin !) erhöht, als dadurch einer größeren Anzahl von Nutzern der Zugang zum Werk eröffnet wird[5]. Schließlich könne der Nutzer auch unmittelbar auf die jeweilige Webseite zugreifen, wenn ihm deren URL bekannt sei, also quasi die Adresse im Web. Ein Link stelle nur eine technische Erleichterung des Abrufes dar, die die URL-Eingabe ersetzt[6].

Im Umkehrschluss aus diesen Feststellungen des BGH ergibt sich aber, dass eine den Störungszustand begründende Gefahr durch das Setzen eines Links auf Webangebote eines **Nicht**berechtigten (etwa unberechtigt erstellte MP3-Files) durchaus qualitativ verändert (d.h. verstärkt) werden kann. Trägt diese Schlussfolgerung, muss der Linksetzer dann freilich auf eigenes Haftungsrisiko prüfen, ob der Betreiber der zu verlinkenden Seite berechtigt ist. Auch hier wird aber nur eine zumutbare Prüfung verlangt werden können. Ein Link wird jedenfalls dann nicht gesetzt werden dürfen, wenn die angebotenen Inhalte offensichtlich rechtswidrig hergestellt worden sind und dies dem Linksetzer erkennbar sein muss (etwa beim Setzen eines Links auf eine „*Warez*"-Site mit raubkopierter Software); hier sollte der Rechtsgedanke des § 53 Abs.

---

1 BGH, Urt.v. 17.7.2003, a.a.O., 961.
2 BGH, Urt.v. 17.7.2003, a.a.O., 961.
3 BGH, Urt.v. 17.7.2003, a.a.O., 961.
4 BGH, Urt.v. 17.7.2003, a.a.O., 961.
5 BGH, Urt.v. 17.7.2003, a.a.O., 961.
6 BGH, Urt.v. 17.7.2003, a.a.O., 961.

1 S. 1 UrhG zur Pflichtenbegrenzung in der Auslegung entsprechend herangezogen werden. Das Herstellen eines Link zu einer Website, die eine rechtsverletzende Kopie eines Werkes inkorporiert enthält, kann deshalb als **Beihilfe** zum Verbreiten der Raubkopie und/oder als **Anstiftung** zum Herunterladen dieser Kopie einzustufen sein[1]. Haftung setzt in beiden Fällen freilich Vorsatz voraus, wobei **bedingter** Vorsatz genügt (also das Inkaufnehmen, dass referenzierte Web Sites Raubkopien enthalten).

Der Umstand, dass dem gewöhnlichen Nutzer, dem kein Link direkt zur tiefer liegenden Zielseite zur Verfügung stehe, der Zugang zu den Seiten nur über die Homepage möglich sei, stellt, dem BGH zufolge, kein technisches Hindernis für den unmittelbaren Zugriff dar, da jede Fundstelle innerhalb oder außerhalb des Internet dem Nutzer den Weg über die Homepage (als Startseite) erspare[2]. Als weiterer Grund lässt sich unterstützend anführen, dass die Ordnung von Webseiten über eine Suchbaumstruktur der besseren Orientierung bei der Seitensuche dient, nicht aber der Verhinderung oder Einschränkung der Nutzung im Sinne von § 95 a Abs. 2 UrhG. Nach diesem Ansatz stellt deshalb das Setzen eines Deep Link zu einer direkt adressierbaren Webseite kein Umgehen einer wirksamen technischen Schutzmaßnahme dar.

(5) Datenbankschutz von Werken und Links

Fast alle nach § 2 UrhG schutzfähigen Werke können auch im Internet geschützt sein. Dies gilt auch für Datenbanken im Sinne der §§ 87 a ff UrhG. So ist eine **Linksammlung** im Internet (etwa eine solche für eine Suchmaschine), die systematisch (z.B. alphabetisch) angeordnet, einzeln zugänglich und durch eine arbeits- und zeitintensive Aufbau- und Pflegephase gekennzeichnet ist, als Datenbank im Sinne der §§ 87 a ff UrhG schutzfähig[3]. Schutz besteht gegen alle Nutzungshandlungen im Sinne des Urheberrechts. Das Linksetzen als solches stellt, dem BGH zufolge, freilich noch kein Vervielfältigen oder Zugänglichmachen dar (s. S. 679); wohl erfolgt aber nutzerseits durch Aktivieren des Links ein Vervielfältigen des Werkexemplares auf den Rechner des Nutzers, das jedoch (nur) bei berechtigtem Verfügbarmachen der Kopier-/Download-Vorlage nicht rechtswidrig ist. Die Aufnahme von mit erheblichen Kosten erstellten Homepages von Konkurrenten als unmittelbare Leistungsübernahme in eine Linksammlung wurde außerdem als wettbewerbswidrig angesehen[4].

Eine Sammlung von **Sound-Dateien** auf einer Website soll keinen Schutz nach § 85 UrhG (Schutz des Herstellers von Tonträgern) genießen, da § 85 UrhG seiner Rechtsnatur nach nur den mit der Fixierung des Werkes auf Tonträgern verbundenen besonderen unternehmerischen Aufwand honoriere, der bei Einstellen von Werken in das Internet nicht vorliege[5]. Allerdings wurden auch sog. „MIDI"-Files als Tonträger eingestuft[6]. Gleiches könnte dann grundsätzlich auch (auf Serverrechnern gespeicherte und abrufbereite) für **MP3-Files** gelten; schutzfähige unternehmerische Leistung wäre hier etwa das Konvertieren von Musikwerken in komprimierte MP3-Files, die dann im Internet abrufbar gemacht werden, etwa über legale Download-Quellen.

Das LG München sah das Setzen eines **Deep Link** durch eine Suchmaschine

---

1 *Plaß*, WRP 2000, 599, 602.

2 BGH, Urt.v. 17.7.2003, a.a.O., 961.

3 LG Köln, Urt.v.25.8.1999 – 28 O 527/98, CR 2000, 400 – Linksammlung.

4 OLG Celle, Urt.v.12.5.1999 – 13 U 38/99, MMR 1999, 480.

5 *Plaß*, WRP 2000, 599, 605.

6 OLG München, ZUM 2001, 420, 425 – AOL.

(newsclub.de) auf eine Zeitung als unzulässiges Vervielfältigen einer Datenbank (§ 87 b UrhG)an[1], obwohl der Link jeweils auf die Homepage der Zeitung führt, deren Seiten ein gesuchtes Stichwort aufweisen (also Werbebanner nicht übersprungen werden); allerdings hatte die Suchmaschine selbst Werbeplatz verkauft und hierbei fremde Nachrichten genutzt[2]. Dieses Urteil ist nach dem oben dargestellten „*Paperboy*"-Urteil inhaltlich überholt und derartiges Linksetzen jedenfalls urheberrechtlich dann zulässig, wenn die Inhalte auf der verlinkten Webseite berechtigt angeboten werden.

Gleiche Grundsätze gelten dem BGH zufolge für das öffentliche Zugänglichmachen von **Datenbanken** im Sinne der §§ 87 a ff UrhG, das der BGH aus § 87 b UrhG ableitet, da das Linksetzen keine der unter § 87 b UrhG fallenden Nutzungshandlungen ermögliche[3]. Dies gelte auch, wenn einzelne kleinere Bestandteile an Nutzer übermittelt werden, um diesen einen Anhalt dafür zu geben, ob der Abruf des Volltextes für sie sinnvoll wäre[4]. Würden nur „einzelne splitterhafte Kleinbestandteile" mitgeteilt, werde hierdurch die normale Auswertung der Datenbank nicht beeinträchtigt, sondern allenfalls zur Benutzung der Datenbank angeregt; auch durch wiederholte Zugriffe auf einzelne Datenbanken summierten sich die mitgeteilten Artikelbestandteile nicht zu wesentlichen Teilen der Datenbanken[5].

Der BGH sah auch keine Umstände, aus denen zu entnehmen gewesen wäre, dass urheberrechtlich unbedenkliche Handlungen gleichwohl **wettbewerbswidrig** sind. Durch das Linksetzen werde nur der Zugriff erleichtert, aber keine Leistung übernommen und die Herkunft der Artikel auch nicht verschleiert[6]. Die eigene Leistung des Suchmaschinenbetreibers bestehe darin, die verschiedenen Informationsquellen gemeinsam zu erschließen, wodurch sich für die Allgemeinheit ein erheblicher zusätzlicher Nutzen ergebe[7]. Dies gelte auch dann, wenn Links direkt auf tiefer gelegene Webseiten gesetzt werden und der Betreiber der so verlinkten Seiten Einnahmen aus Werbung einbüße, die auf der Startseite oder dazwischen liegenden Webseiten platziert sei. Der Betreiber könne nicht verlangen, dass Nutzer nur den umständlichen Weg über die Startseiten ihrer Internetauftritte gehen und Möglichkeiten des Linking ungenutzt bleiben[8]. „Ohne die Inanspruchnahme von Suchdiensten und deren Einsatz von Hyperlinks (gerade in der Form von Deep-Links) wäre die sinnvolle Nutzung der unübersehbaren Informationsfülle im World Wide Web praktisch ausgeschlossen. Ein Berechtigter, der die Vorteile des World Wide Web, die gerade auch auf der Hyperlinktechnik beruhen, für seine Angebote in Anspruch nimmt, kann es deshalb nicht als unlautere Behinderung beanstanden, wenn andere der Hyperlinktechnik zur Erschließung seines eigenen Webangebots für die Öffentlichkeit

---

[1] *Plaß*, WRP 2000, 599, 605 sieht zutreffend im bloßen Setzen des Link noch keine Verwertungshandlung i.S.d. §§ 87 a ff UrhG.

[2] Das LG München, Urt.v. 18.9.2001 – 28 O 6910/01, MMR 2002, 8 bejahte eine Urheberrechtsverletzung. Der Beklagte nahm die Berufung zum OLG München zurück (heise online, 20.3.2003). Unzulässigkeit von Deep Linking nahm auch das LG Köln, Urt.v. 28.2.2001 – 28 O 692/00, JurPC Web-Dok. 138/2001 an – stepstone.de. Zulässigkeit bejahten das LG Berlin, Urt.v, 30.1.2001 – 16 O 835/00 und 16 O 792/00, – newsclub.de, zit. nach *Joppich*, CR 2003, 504, 505; LG München I, Urt.v. 1.3.2002 – 21 O 9997/01, CR 2002, 452f – netclipping.de (auch eine wettbewerbswidrige Leistungsübernahme ablehnend).

[3] BGH, Urt.v. 17.7.2003, a.a.O., 962.

[4] BGH, Urt.v. 17.7.2003, a.a.O., 962.

[5] BGH, Urt.v. 17.7.2003, a.a.O., 962.

[6] BGH, Urt.v. 17.7.2003, a.a.O., 963.

[7] BGH, Urt.v. 17.7.2003, a.a.O., 963.

[8] BGH, Urt.v. 17.7.2003, a.a.O., 963 mit Verweis auf *Plaß*, WRP 2000, 599, 607; *Sosnitza*, CR 2001, 693, 702; östOGH, MR 2003, 35f – METEO-data.

nutzen. Die Tätigkeit von Suchdiensten und deren Einsatz von Hyperlinks ist wettbewerbsrechtlich zumindest dann grundsätzlich hinzunehmen, wenn diese lediglich den Abruf vom Berechtigten öffentlich zugänglich gemachter Informationsangebote ohne Umgehung technischer Schutzmaßnahmen für Nutzer erleichtern“[1].

Aus den gleichen Gründen stellt nach Auffassung des BGH das Setzen von Links auf einen Text in einer Datenbank keine unter § 87 b UrhG fallende Nutzungshandlung dar[2]. Der BGH leitet hierbei aus § 87 b UrhG auch das Recht ab, Datenbank öffentlich zugänglich zu machen, ohne aber entscheiden zu müssen, ob dieses Recht als Abrufübertragungsrecht oder ein Recht darstellt, das eine Abrufübertragung und ein Bereithalten umfasst[3].

Das Auswerten kleinerer Bestandteile von Zeitungs- oder Zeitschriftenartikeln verletze außerdem nicht das Datenbankrecht von deren Anbietern, da nur den Nutzern ein Anhalt gegeben wird, ob der Abruf des Volltextes für sie sinnvoll sein könnte; zwar gehe der Suchdienst „wiederholt und systematisch“ im Sinne von § 87 Abs. 1 S. 2 UrhG vor, doch würden die beanstandetem Handlungen einer normalen Auswertung der Datenbank nicht zuwiderlaufen, da möglichen Nutzern aus eingespeicherten Presseartikeln nur einzelne splitterhafte Kleinbestandteile mitgeteilt werden und die Benutzung der Datenbank nicht ersetzt, sondern allenfalls angeregt werde [4].

(6) Bearbeitung

Das Link**setzen** führt auch zu keinem Bearbeiten oder sonstiges Umgestalten des in Bezug genommenen Werkes, da hierdurch die so in Bezug genommene Datei unverändert bleibt[5] und der Bezug nur zum URL, nicht zum Werk selbst besteht. Wird, um eine Parallele zu ziehen, ein Werk nach der von einer Bibliothek vergebenen Ordnungsnummer zitiert (z.B. für „Palandt“ die Nummer „O 2335“), so wird der Text des Werkes weder ganz noch teilweise vervielfältigt oder umgestaltet.

Auch durch die Link**aktivierung** erfolgt keine inhaltliche Umgestaltung, sondern nur ein Herunterladen und Kopieren auf einen Rechnerspeicher. Die **Werkintegrität** wird durch bloßes Verweisen mittels Link auf das in das Netz gestellte Werk nicht verletzt, da sich hierbei der wahrnehmbaren Erscheinung des Werkes nichts ändert. Das Werk wäre in derselben Weise wahrnehmbar, wenn gleich die jeweilige Webseite des Urhebers aufgerufen würde, auf die mittels Link verwiesen wird. Mögliche Verzerrungen oder sonstige Veränderungen der Seite bei der Wiedergabe berühren außerdem regelmäßig nicht den geistig-schöpferischen Gehalt, der den Schutz begründet[6], sondern nur die für den Nutzer erkennbare Darstellungsform[7]. Allerdings scheidet eine Verletzungshandlung nicht schon deshalb aus, weil die Download-Vorlage unverändert bleibt, da auch das Bearbeiten oder sonstige Umgestalten von Vervielfältigungsexemplaren jedenfalls beim Abspeichern (als Verwertungshandlung nach § 23 S. 1 BGB) zustimmungsbedürftig ist.

---

1 BGH, Urt.v. 17.7.2003, a.a.O., 963.

2 BGH, Urt.v. 17.7.2003, a.a.O., 963.

3 BGH, Urt.v. 17.7.2003, a.a.O., 963.

4 BGH, Urt.v. 17.7.2003, a.a.O., 963.

5 OLG Köln, MMR 2001, 387f – Paperboy; *Dittrich*, JurPC Web-Dok. 72/2002; *Plaß*, WRP 2000, 599, 601; *Zscherpe*, MMR 1998, 404, 409.

6 *Bettinger/Leistner*, Werbung und Vertrieb im Internet, Teil 1 B, Rdn. 69.

7 *Plaß*, WRP 2000, 599, 601.

Anderes gilt auch hier aber für inkorporierende Links wie Inline-Links oder Frames, wenn diese Linkformen Werke oder Werkteile in ihren gestalterischen Merkmalen verändern und hierdurch jeweils umgestalten. Dies kann zu einer Entstellung oder anderen Beeinträchtigung der Werkintegrität im Sinne von § 14 UrhG führen[1]. Ob eine solche Beeinträchtigung auch dann anzunehmen ist, wenn das Werk durch die Verweisung vollständig, aber in einem neuen Zusammenhang dargestellt wird, bedarf der Prüfung im Einzelfall. Voraussetzung ist hier, dass berechtigte geistige oder persönliche Interessen des Urhebers gefährdet werden, etwa bei einer herabwürdigenden Form der Präsentation[2].

Viele Webseiten enthalten **Applets**, also kleine ausführbare Programme, die auf dem Rechner des herunterladenden Nutzers laufen und z.B. optische Effekte erzeugen. Hierzu muss der ausführbare Code der Applets mit auf den Nutzerrechner geladen werden. Dieser Code ist aber als Computerprogramm im Sinne von § 69 a UrhG schutzfähig und in den meisten Fällen auch tatsächlich geschützt. Für Computerprogramme ist aber bereits die Durchführung von Umgestaltungen als Bearbeitung oder Umarbeitung selbst zustimmungsbedürftig (§ 69 c Nr. 1 UrhG), nicht erst das Abspeichern der Bearbeitungsergebnisse (das freilich in aller Regel ohnehin, technisch bedingt, stattfindet). Folge ist, dass bereits das Setzen des IMG-Hyperlink auf Webseiten mit inkorporierten Java-Applets als Bearbeitung oder (nichtschöpferische Umarbeitung) bzw. jedenfalls als Vervielfältigen zustimmungsbedürftig ist.

(7) Urheberpersönlichkeitsrechte

Der Anspruch des Urhebers auf **Anerkennung** seiner Urheberschaft aus § 13 S. 1 UrhG bleibt unberührt, wenn beim Linking oder auch Deep Linking die neue Domain in der URL-Zeile stellt und damit erkennbar wird, dass ein Wechsel zu einem anderen Anbieter erfolgte, während dies beim Framing (oder Inline-Links) nicht der Fall ist[3] (soweit der verbleibende Teil der verweisenden Seite nicht den Fremdbezug erkennen lässt[4]) und hierdurch der § 13 S. 2 UrhG verletzt werden kann[5]. Außerdem hat der Urheber bzw. der sonst Berechtigte die Möglichkeit, auf jeder Seite über Link zu einer Datei mit einem Urheberrechtsvermerk (im Web oft *„Copyright Notice“* genannt) zu verweisen.

Allein das Setzen eines Links (oder auch Deep Links) führt nicht zu einer unzulässigen **Werkentstellung** im Sinne von § 14 UrhG, da der referenzierte Inhalt unberührt bleibt (und der Nutzer, der direkt auf die Seite geht, auf die mit Link verwiesen wird, den Link überhaupt nicht bemerkt), während dies beim Framing möglich ist[6] (wenn der „geframte“ Teil einer Seite in einen Kontext gesetzt wird, der nicht mit der Intention des Urhebers vereinbar ist oder der Urheber nicht mehr erkennbar ist[7]).

Ein Eingriff in **Urheberpersönlichkeitsrechte** kommt aber in Betracht, wenn etwa über Inline-Link unmittelbar fremde Materialien (z.B. Bilder) in eine Datei einbezogen

---

1 *Plaß*, WRP 2000, 599, 602; *Dittrich*, JurPC Web-Dok. 7272002, Abs. 14.

2 Wandtke/*Bullinger*, UrhR § 14 Rdn. 47.

3 *Sosnitza*, CR 2001, 693, 700f; *Bechtold* ZUM 1997, 427, 435 (für IMG-Links).

4 *Plaß*, WRP 2000, 599, 602; *Schack*, MMR 2001, 9, 14.

5 *Plaß*, WRP 2000, 599, 602 mit Verweis insbesondere auf Inline-Links.

6 *Sosnitza*, CR 2001, 693, 701, der hier zutreffend auch die Grenzen einer (konkludenten) Einwilligung überschritten sieht.

7 *Schack*, MMR 2001, 9, 17.

werden und hierbei nicht erkennbar ist, dass diese Materialien von einem anderen Urheber stammen, also nicht beim Setzen offenen eines Surface-Link auf die Homepage des anderen Urhebers[1]. Auch Deep Links und Framing können dieses Recht auf Anerkennung verletzen, es sei denn, auf der „verlinkten" Seite befindet sich ebenfalls ein Urhebervermerk oder auf der verweisenden Seite wird auf die fremde Urheberschaft hingewiesen.

g) Recht am eigenen Bild

Das Setzen eines Links auf ein im Internet verfügbar gemachtes Bildnis einer Person verletzt nicht deren aus § 22 KUG geschütztes Recht am eigenen Bild[2]. Allerdings kann eine Rechtsverletzung vorliegen, wenn etwa mittels Framing nur ausschnittsweise oder in einem nachteiligen Zusammenhang präsentiert wird.

h) Markenrecht

Das bloße Setzen eines Link auf diese so bezeichnete Webseite stellt als solches noch kein **kennzeichenmäßiges Benutzen** dar[3]. Liegt (wie etwa bei linksetzenden privaten Homepage-Betreibern) bereits keine Benutzung im geschäftlichen Verkehr (im Sinne der §§ 14 Abs. 1, 15 Abs. 1 MarkenG) vor, scheiden markenrechtliche Ansprüche aus. Zulässig ist aber auch sonst das schlichte Nennen einer Marke allein als Linkzeichen, da hierdurch nicht eine Ware oder Dienstleistung des Linksetzers gekennzeichnet wird, sondern allein ein Hinweis auf ein Angebot des Markeninhabers erfolgt[4], die keine kennzeichenmäßige Benutzung darstellt[5].

Das Setzen eines Links auf eine US-Webseite wurde als **kennzeichenmäßige Benutzung** darstellen, wenn von dieser Seite Software (kostenlos zur privaten Nutzung) heruntergeladen werden kann[6]. Das Eröffnen der Möglichkeit eines **Download** für Software von anderen Internetseiten mittels Link von der eigenen Seite stellt aber kein markenrechtswidriges Anbieten von Waren im Sinne von § 14 MarkenG dar, solange keine wirtschaftliche Verbindung zwischen dem Verweisenden und dem Softwarevertreiber besteht[7]. Das Setzen eines Links auf eine markenrechtsverletzende Webseite eines Dritten kann Beihilfe zur Markenrechtsverletzung darstellen[8]. Die Bezeichnung eines Links als „Anwalt Suchservice" ist beschreibender Natur und

1 *Dittrich*, JurPC Web-Dok. 7272002, Abs. 12.

2 *Plaß*, WRP 2000, 599, 605f.

3 *Ingerl/Rohnke*, MarkenG, Nach § 15 Rdn. 82 zweifeln, ob eine nur als „Durchgangsstation" verwendete Domain markenmäßig benutzt wird. Zu verneinen ist dies wohl, wenn von einer privaten Homepage nur verwiesen wird. Bei einer kommerziell genutzten Homepage ist markenrechtlich eine Verwechslungsgefahr und wettbewerbsrechtlich eine Herkunftstäuschung (bzw. das Vortäuschen des Bestehens einer Geschäftsbeziehung) zu prüfen.

4 *Sosnitza*, CR 2001, 693, 701.

5 *Ingerl/Rohnke*, MarkenG, § 14 Rdn. 90.

6 OLG Braunschweig, Urt.v.15.5.2001 – 4 U 33/01, MMR 2001, 611, OLG Hamm, Urt.v. 15.5.2001 – 4 U 33/01, MMR 2001, 611 – FTP-Explorer (auch bei Linksetzung auf privater Webseite Handeln im geschäftlichen Verkehr annehmend).

7 LG München I, Urt.v.22.4.1999 – 9 HKO 6873/99, MMR 1999, 552 – Binnenlink.

8 OLG München, Urt.v. 30.4.1999 – 6 W 1563/99, K&R 1999, 335 – FTP-Explorer.

deshalb **keine Benutzung** im Sinne von § 14 Abs. 2 Nr. 2 MarkenG[1], ähnlich das Anbringen von Links zu Informationszwecken[2].

Bei einem einfachen Link („Surface")-Link wurde ein Zueigenmachen im Sinne von § 5 Abs. 3 TDG a.F. angenommen, da der Nutzer – für ihn erkennbar – bei Aktivieren des Links die Webseite des Linksetzers verlässt und der Linksetzer auf die Seite keinen Einfluss hat, auf die er verweist; ohne solches Zueigenmachen sei auch keine Markenbenutzung im geschäftlichen Verkehr anzunehmen[3].

Die Betreiberin einer Internet-Suchmaschine wurde nicht als verpflichtet angesehen, bezüglich angebotener Inhalte und den Links zu diesen mögliche marken- oder wettbewerbsrechtliche Unterlassungsansprüche zu prüfen und gegebenenfalls Eintragungen abzulehnen, es sei denn, Verletzungshandlungen sind offenkundig[4].

In den **USA** wurde eine Markenrechtsverletzung durch Linksetzen bejaht[5].

i) Namensrecht

Das Herstellen eines Link bzw. das Verweisen auf fremde Internet-Seiten in eigenem Gestaltungsrahmen auf fremde Seiten stellt mangels namensmäßiger Identitäts- oder Zuordnungsverwirrung keine Verletzung von Namensrechten i.S.v. § 12 BGB dar; auch ist keine irreführende Angabe über geschäftliche Verhältnisse bzw. den Ursprung einer Leistung i.S.v. § 3 UWG anzunehmen[6].

k) Wettbewerbsrecht

Grundsätzlich ist das Setzen von Links als zum Wesen des Internet gehörend wettbewerbsrechtlich **zulässig**[7], ebenso das Setzen von Deep Links[8]. Der BGH hat in seinem – insoweit auch für das Wettbewerbsrecht Maßstäbe setzenden – grundlegenden „*Paperboy*"-Urteil das Setzen von Links unmittelbar auf tieferliegende Seiten nicht als wettbewerbswidrig eingestuft. Da das Setzen auch von Deep Links urheberrechtlich unbedenklich sei, kämen Ansprüche aus § 1 UWG a.F. (nun § 3 UWG) nur in Betracht, wenn sie wegen Vorliegens besonderer Umstände gleichwohl als wettbewerbswidrig

---

1 OLG Köln, Urt.v. 4.10.2002 – 6 U 64/02, JurPC Web-Dok. 98/2003.

2 LG Berlin, Urt.v. 5.10. 2001 – 15 O 254/01, JurPC Web-Dok. 61/2002 (Aufwendungsersatz für Abmahnung ablehnend).

3 OLG Braunschweig, Urt.v.19.12.2000 – 6 U 51/00, MMR 2001, 608, 609 (Links unter § 5 Abs. 2 TDG a.F. einordnend).

4 LG München I, Urt.v. 20.9.2000 – 7 HK O 12 081/00, NJW-RR 2001, 550. Mitstörerhaftung scheidet dem Gericht zufolge aus, wenn dem in Anspruch genommenen Betreiber eine Prüfpflicht als Mitstörer nicht oder nur eingeschränkt zuzumuten ist (unter Bezug auf BGH GRUR 1997, 909 – Branchenbuch-Nomenklatur). Die Suchmaschine wird als bloße „im Internet geführte Auskunftsstelle ohne eigene willentliche Übernahme der fremden Inhalte" eingestuft.

5 Ticketmaster Corp. v. Microsoft Corp., CV 97-3055 RAP (C.D. Cal. 28.4.1997), zit. nach WIPO, Intellectual Property on the Internet: A Survey of Issues, WIPO/INT/02, December 2002, 71 (http: //ecommerce.wipo.int).

6 OLG Düsseldorf, Urt.v.29.6.1999 – 20 U 85/98, CR 1999, 12 = MMR 1999, 729 – baumarkt.de.

7 OLG Braunschweig, Urt.v.19.7.2001 – 2 U 141/00, MMR 2001, 608; LG Verden, Urt.v. 7.12.1998 – 10 O 117/98, MMR 1999, 493.

8 Ähnlich etwa bereits LG München I, Urt.v. 18.9.2001 – 7 O 6910/01, MMR 2002, 58 – newsclub.de; *Sosnitza*, CR 2001, 693, 701; a.A. LG Hamburg, CR 2001, 265 – Bundesliga-Manager; LG München I, Urt.v. 1.3.2001 – 21 O 9997/01, CR 2002, 452 (urheber- und wettbewerbsrechtliche Zulässigkeit).

anzusehen sind, die im zu entscheidenden Fall aber nicht gegeben gewesen seien[1]. Da die Herkunft der Artikel nicht verschleiert worden sei, liege keine Irreführung vor. Auch das Ermöglichen des Zugriffes auf tieferliegende Webseiten sei trotz Umgehens der Werbung auf den höherliegenden Seiten nicht unlauter. Wer im Internet selbst Artikel zugänglich mache, könne nicht verlangen, dass nur der umständliche Weg über die Startseiten seines Internetauftrittes gegangen wird und die Möglichkeiten der Linktechnik ungenutzt bleiben[2]. Anbieter, die das Internet für ihre Angebote nutzen, müssten auch die Beschränkungen in Kauf nehmen, die sich aus dem Allgemeininteresse an der Funktionsfähigkeit des Internet für die Durchsetzung ihrer Interessen ergäben. „Ohne die Inanspruchnahme von Suchdiensten und deren Einsatz von Hyperlinks (gerade in der Form der Deep-Links) wäre die sinnvolle Nutzung der unübersehbaren Informationsfülle im World Wide Web praktisch ausgeschlossen"[3]. Die Tätigkeit von Suchdiensten und deren Einsatz von Links sei wettbewerbsrechtlich zumindest dann hinzunehmen, wenn diese lediglich den Abruf vom Berechtigten öffentlich zugänglich gemachter Informationsangebote ohne Umgehung technischer Schutzmaßnahmen für Nutzer erleichtern[4]. Außerdem könnten Anbieter ihre Werbeeinblendungen auch auf die tieferliegenden Webseiten verlagern und so eine Beeinträchtigung ihrer Werbeeinnahmen zumindest abmildern, falls es nicht möglich sein sollte, den unmittelbaren Zugriff auf die Artikel über Deep Links mit technischen Mitteln zu verhindern[5].

Nicht als unlauter galt bisher schon, mittels Deep Links für Nutzer Zeitungsartikel zu bestimmten Artikeln direkt von den jeweiligen tieferliegenden Seiten zusammenzustellen und hierbei an der mit Werbung versehenen Homepage vorbeizuführen[6].

Das bloße Setzen des Links führt – als internettypische Technik – auch nicht zu einer **Leistungsaneignung**, sondern nur zu einem Verweis auf die fremde Leistung[7]. Jedenfalls wird es an einer Wettbewerbswidrigkeit fehlen, wenn ein Anbieter in Kenntnis der Linkstruktur des Internet eine Leistung im Internet zugänglich macht. Gleiches galt auch bisher schon, wenn das Arbeitsergebnis keine gewisse wettbewerbliche Eigenart besitzt, d.h. nicht auf die betriebliche Herkunft oder Eigenart des Erzeugnisses hinweist, also nicht bei Linkverweis auf frei zugängliche Daten[8]. Schon vor *„Paperboy"* wurde auch unter Gesichtspunkten des ergänzenden wettbewerbsrechtlichen Leistungsschutzes (§ 1 UWG a.F.) das Linking auf andere Webseiten grundsätzlich nicht als unzulässig angesehen, da im Web grundsätzlich mit Verweisen zu rechnen sei[9]. Geprüft wurde, ob nach der Verkehrsauffassung der Linksetzer den Eindruck erweckt, er wolle die fremde Leistung als eigene erbringen (und deshalb ein Sichzueigenmachen i.S.v. § 5 Abs. 2 TDG a.F. vorliegt), oder ob zureichende Distanz

---

1 BGH, Urt.v. 17.7.2003, a.a.O., 3410/3411 m.w.N.

2 BGH, Urt.v. 17.7.2003, a.a.O., 3411.

3 BGH, Urt.v. 17.7.2003, a.a.O., 3411.

4 BGH, Urt.v. 17.7.2003, a.a.O., 3411.

5 BGH, Urt.v. 17.7.2003, a.a.O., 3411.

6 OLG Köln, Urt.v.27.10.2000 – 6 U 71/00, NJW-RR 2001, 904 – Suchdienst für Zeitungsartikel.

7 Dittrich, JurPC Web-Dok. 7272002, Abs. 24.

8 Ausf. *Plaß*, WRP 2000, 599, 606; ähnlich der österreichische OGH, Beschl.v.19.12.2000 – 4 Ob 225/00, GRUR Int. 2001, 882 – Online-Stellenmarkt.

9 OLG Düsseldorf, Urt.v.29.6.1999 – 20 U 85/98, CR 1999, 184 = MMR 1999, 729 – baumarkt.de. Das Gericht verneinte zudem im konkreten Fall wegen Fehlens einer wettbewerblichen Eigenart der Seite, auf die verwiesen wurde, die Wettbewerbswidrigkeit des Links, und sah auch keine Irreführung über die Person des Gestalters der Webseite, ebensowenig trotz Verweises im eigenen Gestaltungsrahmen eine Namensanmaßung i.S.v. § 12 BGB.

zu dem fremden Dokument erkennbar ist[1]. Kein die Wettbewerbswidrigkeit begründender besonderer Umstand wurde angenommen, wenn einem aus Sonderschutzrecht Berechtigten durch Deep Links oder Framing und damit verbundenes Überspringen von Seiten Werbeeinnahmen entgehen, wohl aber dann, wenn sich der Linksetzer durch den Link auf Kosten des Betreibers der fremden Website in zu missbilligender Art und Weise oder aus sittenwidrigen Motiven einen Wettbewerbsvorsprung zu verschaffen sucht [2].

Der Ansatz des BGH zur wettbewerbsrechtlichen Beurteilung von Deep Links weicht deutlich von der bisherigen Instanzrechtsprechung abweicht. Mit dem Argument, die Funktionsfähigkeit des Internet erfordere Suchdienste und deren Einsatz von Links und auch von Deep Links, wird vom BGH deren Zulässigkeit bejaht. Der BGH stellt damit klar, dass der übliche Einsatz solcher internet-typischer Techniken wie (stichwortbasiertes) Suchen und Linksetzen als solcher kein unlauteres Handeln darstellt. Es müssen vielmehr im Einzelfall besondere Umstände hinzutreten, die Unlauterkeit begründen können, etwa Irreführung durch Weglassen der Quellenangaben zu den präsentierten Artikelteilen.

Zum Einsatz technischer Mittel zur Abwehr des Zugriffes etwa auf tieferliegende Webseiten nahm der BGH nur knapp Stellung. Da diese Sicherungsmittel nicht eingesetzt wurden, müsse der Anbieter solche direkten Zugriffe in Kauf nehmen. Hieraus wird aber wohl nicht im Umkehrschluss zu folgern sein, dass der Einsatz solcher zugriffsverhindernder Techniken grundsätzlich uneingeschränkt zulässig wäre. Würden nämlich Anbieter (etwa veranlasst durch das „*Paperboy*"-Urteil des BGH) flächendeckend alle ihre tieferliegenden Seiten zugriffsblockieren, könnten Suchdienste ihre vom BGH positiv hervorgehobene Orientierungsfunktion (jedenfalls mittels gesetzter Deep Links) nicht mehr erfüllen und reduzierte sich das Web auf eine Homepage-Sammlung. Dies spricht dafür, schon im Interesse der Funktionsfähigkeit des Internet aus der Logik der BGH-Entscheidung den Einsatz derartiger Blockiertechniken nicht uneingeschränkt als erwünscht anzusehen. Andererseits wurde vertreten, dass dann, wenn nun einmal, technisch bedingt und von den Nutzungsgewohnheiten her, jede Webseite frei zugänglich (bzw. direkt adressierbar) ist, das Verweigern der Einwilligung widersprüchlich und wettbewerbsrechtlich unbeachtlich sein kann[3]. In diesem Umfang könnte auch eine technische Blockade von Webseiten durch Schutzrechte nicht abgedeckt sein und eine Umgehung ohne Rechtsverletzung erfolgen. Andererseits bleibt es jedem Anbieter freigestellt, überhaupt bestimmte Inhalte im Internet zugänglich zu machen. Unter dieser Prämisse muss der Anbieter dann auch frei sein, die Inhalte nur unter Zugangskontrolle zugänglich zu machen. Deshalb mögen Suchmaschinen zwar eine für die Internet-Nutzung wichtige Orientierungsfunktion erfüllen, die durch solche Sperren eingeschränkt wird, doch kann dies nicht zur Begründung subjektiver Rechte auf Zugangsgewährung führen.

Die Anwendung der „*Paperboy*"- Entscheidung wird nicht auf Suchdienste und von ihnen verwendeten Linktechniken zu beschränken sein. Zum einen lassen sich die vom BGH entwickelten Grundsätze generell auf das Setzen von Deep Links durch andere Anbieter als Suchmaschinenbetreiber zumindest dann erweitern, wenn solche Links eine Orientierungsfunktion erfüllen (was häufig der Fall sein wird). Hierfür spricht schon in technischer Sicht, dass derjenige, auf dessen Webseiten Links gesetzt werden, in der Regel nicht unterscheiden kann, welcher Typ von Anbieter (Suchdienst oder sonstiger

---

1 OLG Braunschweig, Urt.v.19.7.2001 – 2 U 141/00, MMR 2001, 608.

2 *Plaß*, WRP 2000, 599, 606.

3 *Sosnitza*, CR 2001, 693, 703.

Anbieter) Links setzt. Vielfach kann der Website-Betreiber sogar überhaupt nicht feststellen, ob und welche Links auf seine Seiten gesetzt sind, wenn er nicht die anderen Websites nach Links auf seine Website durchsucht. Zudem können auch Betreiber privater Homepages, die etwa für bestimmte Bereiche Listen mit Links und auch Deep Links sammeln, wichtige Orientierungsfunktionen im Internet erfüllen, so dass sich die „*Paperboy*“-Grundsätze auch auf diese Anbieter anwenden lassen, womit das BGH-Urteil dann aber grundsätzlich für **alle Formen des Linking und Deep Linking durch alle Linksetzer** Anwendung findet. So wurde das Umgehen der Homepage mit Werbung wurde dann nicht als wettbewerbswidrig angesehen, wenn der Anbieter die technische Möglichkeit hat, den direkten Zugriff auf die tieferliegende Seite zu verhindern, wobei außerdem das allgemeine Interesse am unmittelbaren und direkten Informationszugang gegenüber dem Interesse des Anbieters an Werbeeinnahmen überwiege[1].

Zu prüfen ist weiter, ob sich die zentralen Aussagen der BGH-Entscheidungen auch auf andere, für die Funktionsfähigkeit des Internet wesentliche Techniken im Internet übertragen lassen, etwa auf das Metatagging oder das Framing. So ermöglicht das **Metatagging** durch Präsentieren von Begriffen gegenüber Suchmaschinen ebenfalls eine Orientierung, da sie das Finden der Websites im Internet erleichtern. **Framing** ist andererseits wie Deep Linking eine übliche Technik der Bezugnahme auf Webseiten. Bei Metatagging wie bei Framing können aber in erhöhtem Maße Anhaltspunkte für eine Herkunftstäuschung oder eine unlautere Leistungsübernahme durch inkorporierende Aufnahme fremder Inhalte in die eigenen Webseiten bestehen. Dies spricht aber nicht generell gegen die Zulässigkeit dieser (weltweit eingesetzten) Techniken als solcher, sondern erfordert eine einzelfallbezogene Prüfung des jeweiligen Einsatzes dieser Techniken.

Nicht durch jedes Linksetzen muss der Eindruck entstehen, dass zum Betreiber der fremden Webseite eine **Geschäftsbeziehung** bestehe[2], da das bloße Linksetzen keineswegs von vornherein wettbewerbsbezogenen Bezug hat; anderes kann natürlich gelten, wenn der Verweisende durch entsprechende Angaben im Zusammenhang mit dem Link diesen Eindruck erweckt. Die Übernahme von Zeitungsinseraten über Wohnraumangebote in ein fremdes Internet-Angebot wurde als hingegen ein Ausnutzen einer fremden Kundenbeziehung und damit als **unlauter** im Sinne von § 1 UWG beurteilt, ebenso die Benutzung der Domain „welt-online.de“ als Ausnutzen der Wertschätzung einer bekannten Marke[3]. Im Einzelfall kann Framing zu einer vermeidbaren **Herkunftstäuschung** (im Sinne von § 3 UWG) führen, wenn etwa nicht erkennbar ist, dass bestimmte Inhalte von anderen Webseiten stammen[4], der Ruf einer fremden Leistung ausgenutzt wird[5] oder Angaben zum tatsächlichen Anbieter verschleiert oder unterdrückt werden[6]. Zu beachten ist, dass der Nutzer als verständiger und mündiger Verbraucher grundsätzlich Links als Verweise auf fremde Websites verstehen muss[7].

Eine wettbewerbswidrige **Rufausbeutung** durch Linksetzen kann vorliegen, wenn

---

[1] So schon OLG Köln, Urt.v. 27.10.2000 – 6 U 71/00, CR 2001, 708 = MMR 2001, 387 – Paperball.

[2] So aber wohl LG Hamburg, Urt.v. 2.1 2001 – 312 O 606/00, CR 2001, 265 – Bundesliga-Manager; krit. Ernst/Vassilaki/*Wiebe*, Hyperlinks, Rdn. 102; *Metzger*, Urteilsanm. CR 2001, 265; *Dittrich*, JurPC Web-Dok. 7272002, Abs. 25,

[3] LG Hamburg, Urt.v.13.1.1999 – 315 O 478/98, JurPC Web-Dok. 57/2001.

[4] S. etwa LG Düsseldorf, CR 1998, 763, 764f = K&R 1998, 554 – baumarkt.de.

[5] Allgemein BGH GRUR 1985, 876f – Tchibo/Rolex I.

[6] *Dittrich*, JurPC Web-Dok. 7272002, Abs. 23 m.w.N.

[7] *Plaß*, WRP 2000, 599, 607; *Köhler/Piper*, UWG, Einf. Rdn. 54.

im Einzelfall eine Förderung des eigenen Absatzes durch Anhängen an den fremden Ruf erfolgt[1].

Ist über die Homepage eines Anbieters eine **unzulässige vergleichende Werbung** zu erreichen, ist der Anbieter auch dann gemäß § 5 Abs. 1 TDG a.F. verantwortlich, wenn die Websites mit dem unzulässigen Inhalt erst durch weiteres Aktivieren von diversen Links erscheinen[2]. Das Setzen eines Link soll als von Benutzern erwartete Verknüpfung keine strafbare Werbung i.S.v. § 284 Abs. 4 StGB darstellen[3].

Nicht nach § 3 UWG **irreführend** ist ein Link auf Fachverbände, wenn der Linksetzer kein Mitglied ist, solange der Nutzer nicht den Eindruck gewinnt, dass geschäftliche Beziehungen bestehen bzw. nicht eine besondere „Nähebeziehung" zum Verband suggeriert wird[4].

Das automatische **Weiterleiten** auf die Webseite der Muttergesellschaft (wobei die verweisende Seite keine eigenen Inhalte aufweist) führt zur vollen Verantwortlichkeit (im Sinne von § 5 Abs. 1 TDG a.F.) für die Seite, auf die verwiesen wird. Das gilt zumindest, wenn der Surface Link den Eindruck eines wirtschaftliche oder organisatorischen Zusammenhangs erweckt; der Link ist dann wettbewerbswidrig[5]. Ein Zueigenmachen (im Sinne des TDG a.F.), das zur vollen Verantwortlichkeit des Content Provider führt, wurde auch bejaht, wenn über den Link eine Seite unter derselben Domain aufgerufen wird und es sich nicht lediglich um einen Querverweis handelt, sondern um eine Vervollständigung des auf den eigenen Seiten angebotenen Inhaltes[6].

l) Ausländische Rechtsprechung

Ein frühes Urteil zu Deep Links erging in den **USA**. *Ticketmaster Group, Inc.* verklagte Microsoft Corp., da diese in ihrem elektronischen Dienst „Seattle Sidewalk" unberechtigt mittels Deep Links Ticketmasters Buchungsdienst angeboten hat, wobei die Ticketmaster-Home Page mit ihrer Werbung umgangen und der Dienst direkt angesteuert wurde[7]. Ticketmaster sah hierin eine Markenrechtsverletzung, unlauteren Wettbewerb und „electronic piracy"[8], wohl deshalb, weil zunächst Verhandlung über die „Linklegung" gescheitert waren[9].

In **Großbritannien** erfuhr eine der ersten Entscheidungen zur urheberrechtlichen Zulässigkeit des Hyperlinking viel Aufmerksamkeit in den Medien. Im Verfahren *Shetland Times Ltd. v. Wills*[10] wurde der Klägerseite gegen Hyperlinks vorläufiger Rechtsschutz gewährt. Die Zeitung The Shetland News hatte auf ihrer Webseite *Überschriften* von der Website der Konkurrenzzeitung The Shetland Times identisch übernommen. Die Klägerin sah hierin eine Verletzung ihrer Urheberrechte an den

---

1 *Dittrich*, JurPC Web-Dok. 7272002, Abs. 25 unter Verweis auf BGHZ 126, 208, 121 ff.

2 LG Frankfurt, Urt.v.27.5.1998 – 3/12 O 173/97, CR 1999, 45.

3 KG, Urt.v.4.9.2001 – 5 U 124/01, MMR 2002, 119 = NJW 2004, 2158 – Schöner Wetten.

4 OLG Jena, Urt.v. 14.5.2003 – 2 U 1234/02, CR 2003, 520 = MMR 2003, 531 (abw. Vorinstanz: LG Erfurt, Urt.v. 28.11. 2002 – 2 HKO 373/02, JurPC Web-Dok. 92/2003).

5 LG Hamburg, Urt.v.2.1.2001 – 312 O 606/00, CR 2001, 265.

6 LG Lübeck, Urt.v.24.11.1998 – 11 S 4/98, CR 1999, 650.

7 *Madoff*, S. 2.

8 Ticketmaster Corp. v. Microsoft Corp., 97 Civ. 3055 DDP (C.D. Ca. filed Apr., 1997).

9 *Madoff*, S. 2.

10 Shetland Times Limited against Dr. Jonathan Wills and Zetnews Ltd. [Provider of „The Shetland Times"], Opinion of Lord Hamilton, Court of Sessions Edinburgh 24.10.1996 (www.jmls.edu/cyber/cases/shetld1.html); krit. Anm. *Campbell*, EIPR 5 (1997) 255.

betroffenen Überschriften[1]. Das Gericht sah eine solche Argumentation als möglich an, stützte die Entscheidung letztlich aber eher auf wettbewerbsrechtliche Überlegungen[2]. Von der Shetland News wurde daraufhin im Web eine intensive Diskussion ausgelöst[3].

B. Frames

1. Haftungsrecht

Über Frames können fremde Informationen in ein eigenes Informationsangebot integriert werden. Ist für den Nutzer hierbei nicht erkennbar, dass die Information von einem Dritten stammt (etwa, weil ein URL-Wechsel nicht angezeigt wird), kann Framing der fremden Information dazu führen, dass diese Informationen als **eigene** im Sinne von § 8 Abs. 1 TDG einzustufen sind, für die der Linksetzer voll haften muss. Der Haftungsfreistellungstatbestand des § 9 Abs. 1 TDG greift nicht ein, da er voraussetzt, dass der Diensteanbieter die Übermittlung nicht veranlasst (Nr. 1) und die übermittelten Informationen nicht auswählt (Nr. 3, 1. Fall). Mit dem Setzen von Frames auf eine bestimmte Webseite mit konkreten Informationen (also nicht bei Verweisen etwa auf Suchmaschinen) wählt der Diensteanbieter aber gerade die Informationen auf dieser Seite aus. Auch § 11 S. 1 TDG kann nicht eingreifen, da beim Framing das Speichern nicht „für einen Nutzer", sondern für jeden Besucher der Webseite erfolgt, und außerdem das Speichern nicht auf dem Serverrechner des Anbieters erfolgt, sondern gleich auf dem Nutzerrechner.

Eine **analoge Anwendung** der §§ 9 – 11 TDG erscheint nicht von vornherein ausgeschlossen, da das Nichtregelnwollen seitens des Richtlinien- wie des Gesetzgebers zumindest explizit nur auf Links und Suchmaschinen bezogen ist, Frames aber nicht einzuschließen scheint[4]. Andererseits sind Frames technisch Links durchaus verwandt, da ähnliche *Tag*-Verfahren verwendet werden; dies spräche dafür, vom Regelungszweck des Art. 21 Abs. 1 S. 1 der E-Commerce-Richtlinie her auch Frames in den Regelungsausschluss einzubeziehen. Ungeregelt bleiben sollten aber jedenfalls alle Links, damit auch *Inline*-Links, die Inhalte direkt zu inkorporieren erlauben. Von solchen Inline-Links unterscheiden sich Frames zwar hinsichtlich der Befehlssyntax, aber allenfalls graduell in der rechtlichen Auswirkung, weshalb Frames zumindest im Rahmen des Haftungsrechts (sei es noch national oder richtlinienbegründet) in gleicher Weise wie Links behandelt werden sollten. Folge ist dann, dass **nationales Haftungs-**

---

1 Gerügt wurde eine Verletzung von Section 17 des Copyright, Design and Patent Act 1988, wobei das rechtsverletzende Vervielfältigungsstück in der elektronisch auf der Website der Beklagten gespeicherten Kopien gesehen wurde. Außerdem wurde eine Verletzung von Section 7 des Act vorgetragen, da *die Website der Beklagten einen Kabelprogrammservice darstelle*. Beantragt wurde ein interim interdict. Nach Auffassung des Gerichtes schloss ein *Abruf*verfahren nicht von vornherein die Annahme eines Sendevorganges aus. Auch sei der Schutz einer Überschrift, die aus acht Worten und mehr bestehe, nicht von vornherein ausgeschlossen (jedenfalls nicht in einem summarischen Verfahren).

2 „It was fundamental to the setting up by the pursuers of their web site that access to their material should be gained only by accessing their web directly." (Lord Hamilton Opinion, p. 4). Genau dieser Aspekt hat auch bei der Streitbeilegung in *Totalnews* eine wichtige Rollle gespielt.

3 Siehe www.shetland-news.co.uk/appeal.html, woraufhin die Shetland Times mit eigener Webseite (www.shetland-times.co.uk/st/daily/tangle.htm) mit Unterstützung der National Union of Journalists (s. Publisher's statemment vom 11.7.1997) in die Offensive ging.

4 *Ernst*/Vassilaki/*Wiebe*, Hyperlinks, Rdn. 7 weisen darauf hin, dass Frames keinen eigenen Linktypus darstellen, sondern „quer" zu den Linkformen stünden. Bettinger/*Leistner*, Werbung und Vertrieb im Internet, 110 spricht hingegen von „Frame-Links".

recht außerhalb der §§ 9 – 11 TDG auch auf Frames **anwendbar** ist.

Nach früherem Haftungsrecht (§ 5 TDG a.F.) wurde im Framing regelmäßig ein Zueigenmachen gesehen, wenn fremde Inhalte in eigene Angebote ohne ausdrückliche Distanzierung integriert wurden[1]. Da § 5 TDG a.F. keine Geltung mehr hat, sondern allgemeine Grundsätze des nationalen Haftungsrechts zur Anwendung gelangen, wird durch die Rechtsprechung festzustellen sein, ob auch nach diesen Grundsätzen Zueigenmachen anzunehmen ist.

2. Urheberrecht

Generell kann das Zusammenstellen von Frame-Inhalten aus Webseiten Dritter eine **Bearbeitung** oder sonstige Umgestaltung (§ 23 S. 1 UrhG) der durch Framing auf die verweisende Webseite geholten Werke oder Werkteile sein, die ohne Zustimmung urheberrechtsverletzend ist[2]. Auch beim Framing kopiert der Betreiber jedoch die Datei nicht auf seinen Serverrechner, sondern ist es der Nutzer, der den referenzierten Inhalt auf seinen Rechner lädt. Der Betreiber kann insoweit zumindest aus Beihilfe zur rechtswidrigen Erstellung eines Vervielfältigungsexemplares haften.

Nimmt man zudem an, dass der Nutzer dieses Vervielfältigen nicht zu steuern vermag, sondern diesem beim Herunterladen des framesetzenden Betreibers gewissermaßen ausgeliefert ist, da er die Seiteninhalte erst nach dem Download erkennen kann, so spricht dies dafür, den framesetzenden **Betreiber** selbst als denjenigen anzusehen, der die Vervielfältigung auf den Nutzerrechner durchführt. Hiergegen wurde vertreten, dass, da nicht der Framesetzer, sondern erst der den Link anklickende und hierdurch den Frame aufrufende Nutzer eine Vervielfältigung (nämlich auf dem Nutzerrechner) durchführt, der Framesetzer nicht selbst Verletzer sei, sondern allenfalls durch Beihilfe aktiv wurde. Wenn nun das Erstellen dieser Vervielfältigung auf der Nutzerseite durch die Schrankenbestimmung des § 53 UrhG gedeckt sei, fehle es an einer Haupttat und folglich auch an einer möglichen Beihilfehandlung[3]. Dieser Ansatz ist aber nur in den Fällen tragfähig, in denen der Nutzer nach Aufrufen der mit Frame verweisenden Webseite eine zusätzliche Handlung wie das Aktivieren eines Links durchführt, jedoch nicht in den Fällen, in denen Frames gleich mit Aufruf diese Webseite ohne zusätzliches Anklicken durch den Nutzer mitdargestellt werden, etwa dann, wenn der Framesetzer seine Webseite (weitgehend) aus „geframten“ Webseiten Dritter zusammensetzt. Zu solchen sofort bei Download durch den Nutzer auf dem Bildschirm seines Rechners dargestellten Inhalten gehören etwa auch Bannerwerbungen. Eine Mitwirkung des Nutzers liegt insoweit zumeist nicht vor, da bzw. soweit er nicht weiß, welche Inhalte eine herunterzuladende Webseite aufweist, so dass jedenfalls Verschulden und Schadensersatzansprüche ausscheiden werden.

Das (u.U. sogar nur partielle) Einfügen einer fremden Webseite in die eigene Website des Betreibers kann ein **Bearbeiten** oder ein anderes Umgestalten eines referenzierten Werkes auf der Drittseite im Sinne von § 23 S. 1 UrhG darstellen, das jedenfalls bei Verwertungshandlungen wie dem Vervielfältigen durch Abspeichern der Zustimmung bedarf, – wobei **insoweit** auch kein Vervielfältigen zum privaten Gebrauch

[1] LG Lübeck, NJW-CoR 1999, 429; *Engels*, K&R 2001, 338, 341 (für auf Adservern durch Inline-Links eingebundene Werbebanner).

[2] *Madoff*, 4 schreibt : „When frames (or inlined images) are used, the contents of the secondary site are displayed under the URL address of the original, framing Web Site and allow the proprietors of the original site to choose which elements of the secondary site they will display.“

[3] LG München I, Urt.v.14.11.2002 – 7 O 4002/02, MMR 2003, 197 = JurPC Web-Dok.130/2003.

im Sinne von § 53 Abs. 1 UrhG angenommen werden kann, da dies das Unverändertbleiben des Kopiervorlageexemplares auf dem Rechner des Dritten voraussetzen würde.

Framing wurde in der Rechtsprechung als Urheberrechtsverletzung angesehen, wenn der Betreiber einer Website einen Link zu einer Seite eines anderen Betreibers setzt (ohne dass der Nutzer die Seite des Verweisenden verlassen muss), falls die Gesamtumstände objektiv erkennbare Interessen ergeben, die **gegen** ein **Einverständnis** des anderen Betreibers mit der beschriebenen Vorgehensweise sprechen, die übernommene Seite also etwa als die des Framesetzers erscheint oder die Navigationsmöglichkeiten (Laufleisten etc.) eingeschränkt oder aufgehoben werden[1]. Zwar sei im Internet grundsätzlich mit Verweisen zu rechnen und ein Einverständnis zu unterstellen, nicht aber, wenn durch die Aktivierung des Links kein vollständiger Wechsel zu der fremden Website erfolgt und dadurch der Internet-Auftritt mit der Darstellung einer urheberrechtlich geschützten Leistung in einem anderen (und u.U. mit eingeschränkten Navigations- und Nutzungsmöglichkeiten) Umfeld stattfindet und eine Herkunftsverwechslung möglich sei[2]. Vorausgesetzt ist jeweils die urheberrechtliche Schutzfähigkeit „geframter" Webseiten, ohne die Framing zu keiner Urheberrechtsverletzung führen kann[3]. Die Einbeziehung einer fremden Datenbank mittels Framing wurde als ungenehmigte Verbreitung von Teilen dieser Datenbank eingestuft[4].

Grundsätzlich gleiche Erwägungen müssen bei der Nutzung von sog. „Extended Links" gelten, die ebenfalls mittels Links zu einem unmittelbaren Einbeziehen fremder Inhalte führen können [5]. Dieser Beurteilung wird auch nicht das „*Paperboy*"-Urteil des BGH (s. S. 673) entgegenstehen, da dieses nur auf das für die Funktionsfähigkeit des Internet wesentliche Linking verweist, bei dem der Nutzer den Link selbst aktivieren und (für ihn erkennbar) zu einer fremden Webseite wechseln muss, nicht aber auf das Inkorporieren fremder Webseiten oder von Teilen solcher Webseiten in die „angesurfte" Ziel-Webseite. Ein Einverständnis kann allenfalls als auf diejenigen Fälle ausgeweitet angesehen werden, in denen der Nutzer zwar ebenfalls von der Zielseite aus Verweise auf Drittseiten aktiviert, die Inhalte dieser Drittseite(n) aber in einem Rahmen, eben dem „Frame", auf der Zielseite dargestellt werden. Muss der Betreiber dieser externen

[1] OLG Hamburg, Urt.v. 22.2.2001 – 3 U 247/00, CR 2001, 704 = MMR 2001, 533 = NJW-RR 2001, 1198 – Roche Lexikon Medizin, Vorinstanz LG Hamburg, Urt.v. 12.7. 2000 – 308 O 205/00, CR 2000, 776 = MMR 2000, 761 = ZUM-RD 2001, 33 – Frame-Linking (mit dem Hinweis auf die Einschränkung der Navigationsmöglichkeit). Vervielfältigt wurde ein Teil einer elektronischen Datenbank i.S.d. §§ 87 a ff UrhG. Dieses Vervielfältigen ist in § 53 UrhG nicht für den zulässigen privaten Gebrauch privilegiert, der aber bei anderen Werkarten zu berücksichtigen ist. Das LG München I, Urt.v.14.11.2002 – 7 O 4002/02, CR 2003, 526 – www.schwarzaufweiss.de nahm hingegen auch bei Frames eine konkludente Einwilligung in das Vervielfältigen an, da derjenige, der Webseiten in das Internet stellt, mit Verweisen rechnen müsse und hiermit grundsätzlich einverstanden sei. Diese Feststellung wird freilich durch die Feststellung des Gerichts relatviert, dass es der Zustimmung des Berechtigten ohnehin nicht bedurfte, da die „Privat-kopierschranke" des § 53 UrhG eingegriffen habe. Das LG Köln, Urt.v. 2.5.2001 – 28 O 141/01, JurPC Web-Dok. 211/2001 – Frame Linking sah im Framing eine Urheberrechtsverletzung aus den §§ 87 a Abs. 1 S.1, 87 b Abs. 2 S. 2 UrhG bezüglich des Verviefältigungsrechts, aber auch des Rechts zur öffentlichen Wiedergabe, da Datenbankinhalte zugänglich gemacht würden.

[2] OLG Hamburg, a.a.O.

[3] OLG Düsseldorf, K&R 2000, 87ff – baumarkt.de; Vorinstanz LG Düsseldorf, K&R 1998, 553 – baumarkt.de. Eine Herkunftstäuschung durch Leistungsübernahme im Sinne des Wettbewerbsrechts lehnten diese Gerichte ab, da sich Internet-Nutzer keine Vorstellung über die Person des Gestalters der Information machten. Ob solche Vorstellungen bestehen, wird aber wohl nur im jeweiligen Einzelfall festzustellen sein.

[4] LG Köln, ZUM 2001, 714 – derpoet.de.

[5] *Ulbricht/Meuss*, CR 2002, 162, 167.

Drittseite mit Links grundsätzlich rechnen, so auch mit dieser Form eines offen erkennbaren Framing, aber sicherlich nicht mit verdecktem Framing, bei dem die Verweisung und/oder der URL der Drittseite nicht erkennbar sind, sondern sich der Betreiber der Zielseite mit fremden „Federn" bzw. Webseiteninhalten schmückt.

Enthält die Webseite der Zielsite selbst wieder Frame-Verweise und Links, so werden entsprechende **weitere** Verweise im Frame geöffnet[1]. Derartige **Verweisungsketten** können auch zur Verkettungen von Rechtsverletzungen führen (zu Schadensersatzhaftung aber nur im Rahmen der Verletzung zumutbarer Prüfpflichten), wenn etwa die Inhalte mehrerer fremder Sites vom verweisenden Site zu eigenem Zwecken (etwa zum Verkauf verbleibender Werbefläche) genutzt wird. Technisch kann die Verschachtelung von Frames verwirrend wirken. Hier sollte durch Verwendung des „Top"-Parameters im HTLM-Coding der Navigationsseite sichergestellt werden, dass jede angesteuerte Seite, die Frames verwendet, in voller Bildschirmgröße dargestellt wird.

Framing kann auch Rechte eines **Datenbankhersteller** aus den §§ 87 a ff UrhG verletzen. Wird das in einer Datenbank eines Dritten enthaltene Angebot mittels Frame in das eigene Angebot integriert und erhält der Nutzer den Eindruck eines einheitlichen Angebots des Framesetzers, so wurde nicht nur eine Störerhaftung, sondern auch eine eigene unmittelbare Verletzungshandlung durch diesen bejaht[2]; dies gilt freilich nicht, wenn nur ein unwesentlicher Teil der Datenbank entnommen wird[3], es sei denn, die Entnahme unwesentlicher Teile aus der Datenbank erfolgt wiederholt und systematisch und läuft einer normalen Auswertung der Datenbank zuwider oder beeinträchtigt berechtigte Interessen des Datenbankherstellers unzumutbar (§ 87 b Abs. 1 S. 2 UrhG). Der normalen Auswertung widersprechen würde etwa der Aufbau einer Konkurrenzdatenbank durch derartige wiederholte und systematische Entnahmen[4]. Der BGH hat freilich eine – auch wiederholt und systematisch erfolgende – Entnahme einzelner kleinerer Bestandteile auf Suchwortanfrage durch eine Suchmaschine als keine Verletzung von § 87 b Abs. 1 S. 2 UrhG angesehen[5], da diese Abfragen einer normalen Auswertung nicht zuwiderlaufen; die Benutzung der Datenbank werde hierdurch nicht ersetzt, sondern zu dieser Benutzung allenfalls angeregt. Berechtigte Interessen des Datenbankherstellers (bzw. -betreibers) können freilich beeinträchtigt sein, wenn die Verknüpfung zur Datenbank nicht allgemein durch einen Link, sondern einen diese Verknüpfung verdeckenden Frame erfolgt, durch den gerade nicht zur Nutzung der fremden Datenbank angeregt, sondern diese als eigene Leistung dargestellt wird und/oder das Zugreifen auf das fremde Angebot entbehrlich macht[6].

Wird ein fremdes Angebot mittels Frame derart integriert, dass der Framesetzer als Urheber erscheint und die fremde URL nicht erkennbar ist, kann eine Anmaßung der Urheberschaft (§ 13 S. 1 UrhG) bzw. eine Verletzung des Namensnennungsrechts vorliegen (§ 13 S. 2 UrhG)[7], ebenso eine Entstellung des Werkes (§ 14 UrhG) durch seine Integration in einen fremden Zusammenhang.

---

1 *Poler*, Frames and Licende Agreements, 20.10.1997 (www.collegehill.com/ilp-news/poler1.html).

2 *Wiebe*, (Wettbewerbs)rechtliche Problem des Framing, in: *Hohl/Leible/Sosnitza*, Domains, Frames und Links, 2002, 133, 138.

3 Ernst/Vassilaki/*Wiebe*, Hyperlinks, Rdn. 76.

4 *Wiebe*, a.a.O., 139.

5 BGH, Urt.v. 17.7.2003 – I ZR 259/00, GRUR 2003, 958, 962 – Paperboy.

6 *Wiebe*, a.a.O., 141.

7 *Wiebe*, a.a.O., 150f.

3. Wettbewerbsrecht

Wettbewerbsrechtliche Ansprüche setzen das Handeln des Framesetzers im geschäftlichen Verkehr voraus. Betreiber privater Homepages handeln nicht im geschäftlichen Verkehr; dies soll auch dann gelten, wenn dem Provider gestattet ist, auf der Homepage Werbebanner zu setzen, ohne dass aber der Homepage-Betreiber hieraus Einnahmen erzielt[1].

Ein über einen Frame verknüpfter Inhalt soll ist keine irreführende Angabe über geschäftliche Verhältnisse bzw. die Angebotsherkunft (§ 3 UWG) darstellen, da Internetnutzer nicht am Gestalter, sondern an der Information interessiert sind und deshalb insoweit nicht getäuscht werden[2]. Dem Nutzer müsse jedoch erkennbar sein, dass es sich um ein fremdes Angebot handelt[3], so etwa bei Portals, die über ein Vertikalmenü auf der linken Bildschirmseite erkennbar auf verschiedene Anbieter verweisen. Anderes kann gelten, wenn der Verkehr durch die Verwendung des Frame den Eindruck gewinnen muss, dass der Inhalt des Frameangebotes vom Framesetzer stammt.

Außerdem werden die Grundsätze zum Ausbeuten fremder Markenzeichen oder das Hervorrufen des unzutreffenden Eindruckes zu gelten haben, dass zum Betreiber der fremden Webseite Geschäftsbeziehungen bestehen. Weiter kann auch eine unzulässige Leistungsübernahme vorliegen, wenn der Framesetzer im Frame aufwendig gestaltete fremde Webseiten einfach in sein eigenes Angebot inkorporiert und z.B. (soweit HTML/XML-Code beim Übertragen offen lesbar ist) einfach nur seinen Webseiten-Namen gegen den des fremden, (auch im übertragenen Sinne der englischen Wortverwendung) „geframten" Webseiten-Betreibers austauscht[4], wobei aber den übernommenen Merkmalen eine Herkunftsfunktion zukommen muss[5]. Möglich ist auch eine Rufausbeutung, wenn etwa im eigenen Angebot über Frame fremde Nachrichtenangebote (etwa in „Tickern") dargestellt werden[6]. Zu beachten ist auch das wettbewerbsrechtliche Trennungsgebot (s. S. 510).

Ein gutes Beispiel für eine transparente Gestaltung ist etwa die (leider nur unregelmäßig aktualisierte) Online-Ausgabe der Zeitschrift „Datenschutz und Datensicherheit" (www.dud.de), die im rechten Fensterteil auf fremde Dokumente verweist und diese bei Anklicken des Links dann im selben Rahmen darstellt.

In den **USA** gab die Entscheidung *Total News*[7] (TN) ein Beispiel für die wettbewerbsrechtliche Beurteilung von Framing. Ein Anbieter packte dort Marken und aktuelle Inhalte von CNN, US Today und Time und etwa 1350 anderen Anbietern[8] zusammen auf eine Webseite von TN (aber ohne die Werbeinhalte der anderen

---

1 LG München I, MMR 2001 545 – saeugling.de.

2 OLG Düsseldorf, Urt.v.29.6.1999 – 20 U 85/98, CR 2000, 184 = MMR 1999, 729 – Baumarkt. Das OLG Düsseldorf stellte bereits 1999 fest, dass derjenige, der Webseiten in das Web stellt, mit Verweisen rechnen muss.

3 OLG Düsseldorf, Urt.v.29.6.1999, a.a.O.

4 Allg. s. etwa *Wiebe*, (Wettbewerbs)rechtliche Problem des Framing, in: *Hohl/Leible/Sosnitza*, Domains, Frames und Links, 2002, 133, 145.

5 Ein typisches Beispiel sind die sog. „*Phishing*"-Angriffe, bei denen anonyme Täter Webseiten z.B. von Kreditinstituten „übernehmen"und selbst online bringen, um sich etwa Nutzerdaten zu verschaffen.

6 *Wiebe*, a.a.O., 145.

7 Washington Post Co.. v. Total News, Inc. No. 97-1190 (PKL) (S.D.N.Y. 20.2.1997); die vergleichsweise Einigung erfolgte vor Klageerwiderung am 6.6.1997; s.a. *Koch*, NJW-CoR 1997, 298, 300.

8 *Madoff*, S. 2.

Anbieter) und schuf so eine sog. „Metasite“[1], die sich eigentlich nur auf fremde, vorhandene Inhalte stützte und zudem ein attraktives Umfeld für von Totalnews angebotene Werbeflächen bot. Ein solches Vorgehen verletzte Urheber- und Markenrechte der betroffenen Dritten und war zudem wettbewerbsrechtlich (als sog. *passing off*) unzulässig (und würde dies auch nach deutschem Recht).

C. Metatags

Beim Metatagging werden bestimmte Stichwörter für Suchmaschinen zugänglich gemacht, die diese lesen und in Trefferlisten sammeln. Die Stichwörter selbst sind nicht für den Nutzer lesbar, der die Seiten anklickt.

1. Haftungsrecht

Durch Metatagging gibt ein Websitebetreiber bestimmte Informationen (in Stichwortform) über die Inhalte seiner Website vor. Für den Betreiber sind diese Informationen deshalb grundsätzlich eigene Informationen, für die er voll haftet. Für einen Suchmaschinenbetreiber sind die automatisiert ausgelesenen Stichwörter hingegen grundsätzlich fremde Informationen, die er für einen Nutzer, nämlich den Betreiber des Website, in der Datenbank der Suchmaschine speichert, so dass § 11 TDG anwendbar sein kann. Der diese Informationen in der Trefferliste herunterladene Nutzer ist aus einer möglichen Haftung ausgenommen, da nicht er diese Informationen im Netz anbietet.

2. Markenrecht

Das OLG München[2], das LG Mannheim[3] und das LG Hamburg[4] haben das Metatagging als **kennzeichenrechtliche Benutzungshandlung** im Sinne von § 14 Abs. 2 Nr. 1 MarkenG eingestuft, wenn das Markenzeichen über die Suchworteingabe zumindest mittelbar für den Nutzer wahrnehmbar ist[5], also auch bei Verwenden der Markenbe-

---

1 *Weiss*, S. 1.

2 OLG München, Urt.v. 6.4.2000 – 6 U 4123/99, CR 2000, 461, 462 = MMR 2000, 546 – hanseatic; ähnlich OLG Hamburg, Urt.v.6.5.2004 – 3 U 34/02, JurPC Web-Dok. 274/2004 – AIDOL; LG Frankfurt, Urt.v. 3.12.1999 – 3/11 O 98/99, CR 2000, 462, 464 – diaprog (Störerhaftung desjenigen, der fremden Markennamen als Metatag setzt; unter Verweis auf LG Mannheim, Urt.v. 1.8.1977 – 7 O 291/97, CR 1998, 306 – Arwis); LG Hamburg, Urt.v. 13.9.1999 – 315 = 258/99, CR 2000, 121f – Galerie d'Histoire (Möglichkeit einer Verwechslungsgefahr i.S.d. §§ 14 Abs. 2 Nr. 2, 15 Abs. 2 MarkenG, da Nutzer eine rechtliche oder wirtschaftliche Verbindung zwischen Seitenbetreiber und Markenrechtsinhaber vermuten könnten); *Koch*, NJW-CoR 1998, 45, 47; *Ernst*, CR 2000, 122; *Wendlandt*, Cybersquatting, Metatags und Spam, 540, 547 (eine zumindest mittelbare Verwechslungsgefahr dann bejahend, wenn nur der URL und eine Kurzbeschreibung in der Suchliste angezeigt werden).

3 LG Mannheim, Urt.v.1.8.1997 – 7 O 291/97, CR 1998, 306 = K&R 1998, 119 – Arwis.

4 LG Hamburg, Urt.v.13.7.2001 – 416 O 63/01, CR 2002, 136. Das Gericht sieht den Händler aber als berechtigt an, sich auf die Erschöpfungswirkung des § 24 MarkenG zu berufen und die fremde Marke als Metatag zu verwenden, wenn der Händler auf der entsprechenden Webseite die Markenprodukte tatsächlich anbietet.

5 LG Hamburg, Urt.v.13.7.2001, a.a.O.; ähnlich LG Hamburg, Urt.v. 13.9.1999, a.a.O. (zeichenmäßiger Gebrauch annehmend, wenn die Marke zwar nicht sichtbar, aber vom Rechner des jeweiligen

zeichnung im nicht sichtbaren Teil der Webseite[1]. Hingegen sah das OLG Düsseldorf[2] keine Benutzunghandlung im Sinne von § 15 MarkenG in der Verwendung des Wortes „Impuls“ im Metatag, da nicht eine Dienstleistung bezeichnet worden sei.

Das LG Hamburg sah Metatags als Begriffe an, die im Rahmen der HTML-Codierung einer Website deren Inhalt schlagwortartig charakterisieren sollen und daher bei der Indexierung und Zuordnung der Seite durch Suchmaschinen besondere Beachtung finden, weshalb der Verkehr erwarte, bei Eingabe eines dem Metatag entsprechenden Suchbegriffes auf eine Seite verwiesen zu werden, deren Inhalt den Suchbegriff wiedergibt[3]. Das LG Mannheim[4] kam trotz **Nichtsichtbarkeit** des Metatags für den Nutzer zu diesem Ergebnis. Der Site-Betreiber wird durch das Eintragen eines Suchwortes zum Störer, das von Suchmaschinen im Web ausgewertet wird.

Markenmäßigkeit der **Benutzung** des Kennzeichens durch Setzen in Metatags kann, auf der Grundlage des vom EuGH weit verstandenen Begriffs kennzeichenmäßiger Benutzung, auch dann bejaht werden, wenn die Nutzer als adressierte Verkehrskreise den Metatag selbst nicht wahrnehmen, aber, als dessen Funktion, das Nennen der Marke in der Suchliste[5]. Allerdings wird auf der Grundlage der EuGH-Rechtsprechung[6] zu fordern sein, dass der Metatag mit dem Kennzeichen zu Unterscheidungszwecken und mit einem markentypischen Identifizierungseffekt verwendet wird[7]. Anderes kann für das Auflisten der Metatags in der **Trefferliste** einer Suchmaschine gelten: Findet sich auf den Ergebnisseiten einer Suchmaschine der Eintrag einer geschützten Marke, kann der Suchmaschinenbetreiber nicht auf Unterlassung in Anspruch genommen werden; zu einer vorherigen Prüfung ist er allenfalls bei offenkundigen kennzeichenrechtlichen Verletzungshandlungen verpflichtet[8]. Soweit eine Prüfpflicht nicht zumutbar ist, entsteht keine Störerhaftung.

Die Verwendung eines **Firmenschlagwortes** als Metatag verletzt nicht das Rechts am Unternehmenskennzeichen und stellt ebensowenig ein wettbewerbsrechtlich unzulässiges Sichaufdrängen, Belästigen oder Irreführen der Internetnutzer dar[9].

Benutzers gelesen werden kann); LG Frankfurt, Urt.v. 3.12.1999 – 3/11 O 98/99, CR 2000, 464 = MMR 2000, 493 – Diaprog.

1 OLG München, Urt.v. 6.4.2000 – 6 U 4123/99, CR 2000, 461, 462 – hanseatic.

2 OLG Düsseldorf, Urt.v. 15.7.2003 – 20 U 21/03, GRUR-RR 2003, 340 = MMR 2004, 257 = JurPC Web-Dok. 190/2004 – Impuls, auch eine wettbewerbswidrige Irreführung ablehnend. Ebenso OLG Düsseldorf, Urt.v. 17.2.2004 – I-20 U 104/03, ITRB 2004, 74 = CR 2004, 936. Hingegen *bejahte* das LG München I (Urt.v. 24.6.2004 – 17 HKO 10389/04, MMR 2004, 689) eine Markenrechtsverletzung.

3 LG Hamburg, Urt.v.13.7.2001 – 416 O 63/01, CR 2002, 136.

4 LG Mannheim, Urt.v.1.8.1997, a.a.O. Wie schwierig die Verknüpfung von Internettechnik und Recht sein kann, zeigt die Bemerkung von *Hackbarth* in seiner Urteilsanmerkung CR 1998, 307f, „erstaunlicherweise“ sei die Homepage mit dem Suchwort ARWIS „verlinkt“ werden, obwohl das Wort ARWIS in der Homepage nicht vorgekommen sei. Funktion des Metatag ist aber gerade, weder in der Homepage noch im URL, sondern in einem eigenen Verzeichnis gezielt von Suchmaschinen auswertbare Stichwörter zu sammeln, die zeigen, welche Inhalte der Site aufweist. Hyperlink und Metatag sind in HTML (bzw. XML) klar unterschieden. Hier wird kein Link hergestellt, sondern der regelmäßig die Site prüfenden Suchmaschine ein irreführendes Stichwort (als haftungsbegründender Inhalt) bereitgehalten.

5 OLG Hamburg, MMR 2000, 546 – Hanseatic; *Ingerl/Rohnke*, MarkenG, Nach § 15, Rdn. 83 (Metatag übernehme die Funktion einer Marke, weshalb die besseren Gründe für die Bejahung einer markenrechtlichen Benutzung sprächen); LG München, Urt.v. 24.6.2004 – 17 HKO 10389/04, MMR 2004, 689 – Impuls; *Kur*, CR 2000, 448, 451.

6 EuGH, Urt.v.23.2.1999 – Rs C-63/97 – BMW/Deenik.

7 Ausf. s. *Kur*, CR 2000, 448, 450, eine mittelbare Kennzeichnungshandlung annehmend.

8 LG München I, Urt.v.20.9.2000 – 7 HKO 12081/00, JurPC Web-Dok. 240/2000.

9 OLG Düsseldorf, Urt.v. 15.7.2003 – 20 U 21/03, CR 2004, 462, 464 – impuls mit ausdrücklicher

Der Betreiber einer **Homepage** ist dem LG Frankfurt[1] zufolge markenrechtlich als **Störer** für Hinweise auf seine Homepage verantwortlich, die Suchmaschinen bei Eingabe einer fremden Marke als Suchbegriff ausgeben. Dieser Betreiber ist gehalten, die ihm zumutbaren Schritte zu unternehmen, um die unrechtmäßige Benutzung der Marke zu unterbinden; durch aktive Maßnahmen muss er verhindern, das Suchmaschinen (etwa über Metatags) Verbindung zu seiner Seite aufnehmen. Hierfür reicht nach Auffassung des Gerichtes die Kontaktaufnahme mit nur einem Suchmaschinenbetreiber nicht aus, sondern müssen alle Suchmaschinenbetreiber unterrichtet werden.

Die Verwendung des Metatags „Anwalt Suchservice" ist dem OLG Köln[2] zufolge beschreibend und deshalb keine markenmäßige Benutzung. Internetnutzer würden nicht nach einem Angebot „Anwalt Suchservice" suchen, sondern nach einem Angebot, das ein Anwaltssuchservice ist. Als möglich wurde auch eine **Verwässerung** einer bekannten Marke angesehen, so etwa, wenn sie in Metatags verwendet werden, um in Suchlisten aufgeführt zu werden[3]. Ein **Registrar**, der eine Domain angemeldet hat, von der mittels Metatag auf eine geschützte Marke eines anderes Unternehmens rechtswidrig verweist, ist nach Kenntniserlangung aus (Mit-)**Störerhaftung** verpflichtet, beim Domain-Inhaber auf Wiederherstellen rechtmäßiger Verhältnisse hinzuwirken[4]. Soweit Metatagging markenrechtlich unzulässig erfolgt, muss der Störer auch durch geeignete Maßnahmen **verhindern**, dass Suchmaschinen (über Metatags) eine Verbindung herstellen.

In den **USA** wurde die Möglichkeit einer markenrechtlichen Verletzung durch Metatags bejaht[5], aber die Nutzung in Suchmaschinen als zulässig angesehen[6].

3. Wettbewerbsrecht

Kritisch diskutiert wurde die Entscheidung des LG Hamburg, das eine wettbewerbsrechtliche Unzulässigkeit von Metatags annahm. Diese würden nämlich zu einem Umleiten der Kunden über das jeweilige Suchwort auf die Seiten desjenigen führen, der den Metatag setzt; die Sichtbarkeit der Metatags selbst sei nicht erforderlich; es genüge, wenn die Marke vom Rechner des jeweiligen Benutzers gelesen werden könne[7]. Hierin

Bezugnahme auf das Erfordernis eines kennzeichenmäßigen Gebrauchs für die Annahme einer Verletzungshandlung nach der EuGH-Rechtsprechung (EuGH MarkenR 1999, 84 – BMW; EuGH MarkenR 2002, 394 – Arsenal) und des BGH (BGH GRUR 2002, 814 – Festspielhaus; BGH GRUR 2002, 809, 812 – Frühstücksdrink I).

1 LG Frankfurt, Urt.v.3.12.1999 – 3/11 O 98/99, CR 2000, 462 (zum Unterlassungsanspruch aus § 13 Abs. 2 Nr. 1 MarkenG).

2 OLG Köln, Urt.v. 4.10.2002 – 6 U 64/02, JurPC Web-Dok. 98/2003 – Anwalt Suchservice.

3 *Wendlandt*, Cybersquatting, Metatags und Spam, 553.

4 OLG Karlsruhe, Urt.v. 22.10.2003 – 6 U 112/03,CR 2004, 535 = MMR 2004, 256

5 Brookfield Communications, Inc. v. West Coast Entertainment Corp., 50 U.S.P.Q. 2D 1545 (9 th Cir. 1999); Playboy Enterprises, Inc. v. Calvin Designer Label, 985 F.Supp. 1220 (N.D. Cal 1997); Playboy Enterprises, Inc. v. AsiaFocus Int., Inc., 1998 U.S. Dist. LEXIS 10459 (E.D. Va. 1998). *Fair use* nahmen hingegen an Playboy Enterprises, Inc. v. Welles, 7 F.Supp. 2D 1098, 47 U.S.P.Q. 2D 1186; Bernina of America v. Fashion Fabrics Int., 2001 U.S. Dist. LEXIS 2122, 7; Bihari v. Gross, 119 F.Supp. 2D 309 (S.D.N.Y. 2000, kein Wettbewerbsverhältnis); Promatek Industries Ltd. v. Equitrac Corp., 7 Cir. 18.10.2002 (keine Marktverwirrung), zit. nach WIPO, Intellectual Property on the Internet: A Survey of Issues, WIPO/INT/02, December 2002, 69 (http: //ecommerce. wipo.int).

6 *Fair use* annehmend Playboy Enterprises, Inc. v. NetScape Communications Corp.. 55 F 2d 1070 (C.D. Cal.), aff. 202 F 3d 278 (9 th Cir. 1999), zit. nach WIPO, Intellectual Property on the Internet: A Survey of Issues, WIPO/INT/02, December 2002, 68 (http: //ecommerce. wipo.int).

7 LG Hamburg, Urt.v.13.9.1999 – 315 O 258/99, CR 2000, 121 = ZUM 2000, 413 – Galerie d'Histoire

wurde eine Absatzbehinderung des konkurrierenden Unternehmens, eine Rufausbeutung und eine Täuschung des Nutzers über die Identität des aufgesuchten virtuellen Geschäfts gesehen[1]. Das Gericht nahm außerdem einen zeichenmäßigen Gebrauch auch dann an, wenn wie beim Metatagging die Marke selbst nicht sichtbar wird, aber vom Rechner des (abfragenden) Benutzers gelesen werden kann. Zumindest die entsprechende Anwendung der Grundsätze zum zeichenmäßigen Gebrauch erscheint plausibel[2]. Als wettbewerbswidrig wurde vom LG Düsseldorf das Verwenden von Metatags angesehen, die keinen sachlichen Bezug zu den auf der Webseite angebotenen Inhalten aufweisen[3]. Das Gericht setzte diese Metatag-Verwendung mit Werbe-Mailings gleich, da die Nutzer erst mit einiger Zeit und Mühe Treffer aus der Suchliste heraussuchen müssen. Außerdem wurde ein übertriebenes, wettbewerbswidriges Anlocken von Kunden der Wettbewerber bejaht, ebenso das Vorliegen einer irreführenden Werbung im Sinne von § 3 UWG. Das OLG Düsseldorf[4] **verneinte** hingegen die Wettbewerbs-widrigkeit der Verwendung (inhaltlich) unzutreffender Metatags. Die Metatags müssen hiernach **keinen sachlichen Bezug** zur Webseite haben, wenn beim Erscheinen der Suchliste (auf dem Bildschirm) sofort ersichtlich ist, worum es sich handelt. Hier liegt weder übertriebenes Anlocken von Kunden (im Sinne von § 1 UWG) noch Täuschung der angesprochenen Verkehrskreise (im Sinne von § 3 UWG) vor. Der Verkehr erwartet nicht, dass nur Domains mit einem Inhalt, der sich unmittelbar oder hauptsächlich mit dem Suchbegriff befasst, auf der (durch Metatags generierten) „Trefferliste" erscheinen. Zu beachten ist allerdings die Einschränkung, dass der Inhalt der Webseite sofort erkennbar sein muss.

Als wettbewerbswidrig im Sinne von § 1 UWG a.F. (nun § 3 UWG) wurde das kompendiumartige **Auflisten** vieler hunderter **Metatags** ohne jeden inhaltlichen Zusammenhang zu einer Internet-Seite beurteilt, das zu einer Manipulation von Suchmaschinen führt[5]. Wettbewerbswidrig ist das Verwenden des Begriffs „Testamentsvollstreckung" durch einen Steuerberater in einem Metatag, da diese Tätigkeit nach Art. 1 § 1 S. 1 RBerG verboten ist[6].

Irreführung ist aber möglich, wenn der Metatag den Eindruck hervorrufen kann, dass rechtliche oder wirtschaftliche Verbindungen zwischen dem den Metatag setzenden Seitenbetreiber und einem in Bezug genommenen Kennzeichenrechteinhaber bestehen[7], ebenso bei vermeidbarer Herkunftstäuschung[8].

In den **USA** wurde im Juli 1997 von der Patentanwaltskanzlei Oppedahl&Larson eine

---

(zwar beschreibend, aber noch hinreichend originell). Das Gericht nahm eine mittelbare Verwechslungsgefahr an, da für den User zwischen beiden Firmen eine Verbindung anzunehmen war. Ergänzend bejahte das Gericht einen Unterlassungsanspruch aus § 1 UWG.

1 LG Hamburg, Urt.v.13.9.1999, a.a.O.; Gounalakis/*Backhaus*, Rechtshandbuch Electronic Business, § 26 Rdn.13; zur Nutzertäuschung auch LG Mannheim, Urt.v. 1.8.1977 – 7 O 291/97, CR 1998, 306.

2 Ähnlich wohl Ernst in Urteilsanmerkung zu LG Hamburg, CR 2000, 122.

3 LG Düsseldorf, Urt.v. 27.3.2002 – 12 O 48/02, MMR 2002, 557, so etwa die Verwendung der Begriffe „Repetitorium", „ZPO", „Urteil", „Entscheidungen", „NJW" oder „Leitsatzkartei" durch einen Anbieter von Anwaltsroben, nicht aber die Verwendung der Begriffe „Rechtsprechung", „BGH", „online", „Internet" oder „www".

4 OLG Düsseldorf, Urt.v.1.10.2002 – 20 U 93/02, CR 2003, 133 = GRUR-RR 2003, 48 = NJW-RR 2003, 328 = ZUM-RD 2003, 175 = JurPC Web-Dok. 72/2003 – Keywords in Metatags.

5 LG Essen, Urt.v. 26.5.2004 – 44 O 166/03, MMR 2004, 692; www2.ivew.de/downloads/urteile/ LG_Essen _44_0_166_ 03.pdf.

6 LG Hamburg, Urt.v. 22.5.2001 – 312 O 145/01, MMR 2001, 624.

7 LG Mannheim, Urt.v. 1.8.1997 – 7 O 291/97, CR 1998, 306 – Arwis; *Wendlandt*, Cybersquatting, Metatags und Spam, 565; a.A. *Kotthoff*, K&R, 1999, 157, 161; *Viefhues*, MMR 1999, 336, 340.

8 *Wendlandt*, Cybersquatting, Metatags und Spam, 570.

der ersten Klagen erhoben, die sich gegen Markenbenutzung im Metatag eines Dokuments wendete[1]. Die Beklagten verwendeten auf ihrer eigenen Website in Dokumentkopf Metatags, in die sie den Namen der klageführenden Kanzlei einfügten[2]. Resultat war, nach der klägerseitigen Vortrag, dass jeder Nutzer, der über Suchmaschinen nach dem Namen der Kläger suchte, immer (auch) die Site der Beklagten präsentiert bekam, da die Suchmaschine einfach nach dem Vorkommen des Namens der Kläger sucht. Die Klägerseite obsiegte. Das Gericht sah im Metatagging eine kennzeichenrechtliche Benutzungshandlung; dieser Auffassung folgten weitere Gerichte. In Kalifornien wurde im einstweiligen Verfügungsverfahren ein Metatag untersagt[3], ebenso in Missouri[4]. Auch eine Berufungsinstanz sah im Metatagging eine Verletzungshandlung[5].

4. Namensrecht

Wird ein fremder Name als Metatag gesetzt, ohne dass die Seiten der Website, von der aus verwiesen wird, einen Bezug zum Namensträger aufweisen, stellt dies eine Verletzung von dessen Namensrecht dar, da hierdurch eine Zuordnungsverwirrung in dem Augenblick entstehen kann, in dem ein Nutzer den Namen unmittelbar oder über eine Suchmaschine aufruft und daraufhin eine andere, nicht mit dem Namensträger in Verbindung stehende Website erreicht[6].

5. Urheberrecht

Meist werden beim Metatagging nur einzelne Stichwörter verwendet, die (als Teil der Umgangssprache) nicht eigenständig schutzfähig sind.

---

1 Oppedahl & Larson v. Advanced Concepts, Robert A.Welch, Code Team – LBK, Inc., U.S.D.C., Colorado, civil action No. 97-Z-1592, 23.7.1997 (www.patents.com/ac/complain.sht).

2 An diesem Beispiel lässt sich auch die Funktion von Metatags verdeutlichen. Der *tag* sah im vorgenannten Fall wie folgt aus:
„<HTML>
<META name=„KEYWORDS" Content=" Internic, Silicon Graphics Computers, email, business, organization, EDU, GOV, MIL, COM, NET, InterNic, Oppedahl, Larson.."
Der Name der Kläger wurde außerdem noch unter <HEAD keywords= und unter <TITLE> eingetragen.

3 Playboy Enterprises, Inc. v. Calvin Designer Label, 44 U.S.P.Q.2d (BNA) 1156 (N.D.Cal.1997). CDL wurde untersagt, weiter in der header-Information das PEI-Markenzeichen ohne Erlaubnis zu verwenden.

4 Insituform Technologies, Inc. v. National Envirotech Group L.L.C., Civil Action No. 97-2064 (E.D., final consent judgment 27.8.1997), www.ljx.com/internet/1997_09_02.html.

5 Brookfield Communications v. West Coast Entertainment, 9th CCA No. 98-56918, Court. App. 9 th Cir, zit. nach: *Kur*, CR 2000, 448, 449 – MovieBuff, eine anfängliche Verwechslungsgefahr (initial risk of confusion) als ausreichend ansehend.

6 LG Hamburg, Urt.v. 6.6.2001 – 406 O 16/01, CR 2002, 374, einen Unterlassungsanspruch aus den §§ 12, 823 Abs. 1, 1004 BGB bejahend.

D. Suchmaschinen

1. Haftung für Informationen

Im Abschnitt zu den Links wurde bereits ausgeführt, dass der Richtliniengeber (noch) keine Regelungen zu Links und Suchmaschinen (Instrumenten zur Lokalisierung von Informationen) treffen wollte (Art. 23 Abs. 2 S. 1 ECRL). Soweit Suchmaschinen Links zu anderen Websites setzen, ist auf jenen Abschnitt zu verweisen. Soweit Suchmaschinen hingegen von fremden Webseiten Teile (z.B. die ersten Zeilen) kopieren und mit der Trefferangabe darstellen, sind sie jedenfalls Diensteanbieter im Sinne von Art. 2 lit. b ECRL, § 3 S. 1 Nr. 1 TDG. Suchmaschinen wurden deshalb als **Teledienst**, bei redaktioneller Gestaltung hingegen als Mediendienst qualifiziert[1]. Die gespeicherten Teile der fremden Webseiten sind damit **Informationen** eines Diensteanbieters, für die zu prüfen ist, ob es eigene Informationen des Anbieters oder fremde sind. Da die §§ 9 – 11 TDG nicht unmittelbar anwendbar sind, wurde eine analoge Anwendung diskutiert[2], die aber abzulehnen ist, da keine übersehene Regelungslücke vorliegt, denn der Richtliniengeber schloss die Anwendung ausdrücklich vorläufig aus. Damit ist – wie bei Links – auf bestehendes nationales Haftungsrecht zurückzugreifen.

Suchmaschinen erstellen automatisiert nach Eingabe eines Suchwortes durch einen Nutzer Trefferlisten mit Nachweisen thematisch mehr oder weniger einschlägiger Webseiten. Soweit die Erstellung der Trefferlisten automatisiert erfolgt (wie etwa bei „google.de"), wird eine Kenntnis des Suchmaschinenbetreibers von den jeweiligen Inhalten der gefundenen Seiten nicht gegeben sein. Schon deshalb wurde die Annahme einer eigenen Information des Betreibers im Sinne von § 8 TDG abgelehnt, da kein besonderer Einfluss auf Art und Herkunft genommen werde, also kein Redakteur eine Entscheidung für oder gegen die Aufnahme treffe[3]. Dieses Kriterium wird aber nur geeignet sein, die Einstufung der Suchmaschine als Mediendienst abzulehnen, während die Annahme des Bereithaltens eigener Informationen mittels eines Teledienstes im Sinne von § 8 TDG auch dann möglich bleibt, wenn die Informationen automatisch generiert werden. Auch die rein automatisch ablaufenden, redaktionell nicht betreuten Suchmaschinen können aber in ihrer Gestaltung mit einem Zueigenmachen (im Sinne des TDG a.F.) verbunden sein, wenn bestimmte Angebote bestimmte Plätze auf Ergebnislisten anbietet[4]. Werden Links redaktionell ausgewählt und (knapp) kommentiert, liegt eine inhaltlich-wertende Komponente[5] vor. Zumindest die hinzugefügten Kommentare bzw. Anmerkungen der Redaktion müssen hier als **eigene** Informationen gelten, für die keine Haftungserleichterungen vorgesehen sind.

Für eine Haftungsfreistellung nach § 11 TDG analog wäre Voraussetzung, dass die nachgewiesene Information im Verhältnis zum Betreiber der Suchmaschine eine fremde ist **und** dass diese fremde Information für einen Nutzer gespeichert wird. Fremd ist die Information, wenn sie von einer fremden Webseite stammt und durch die Robotfunktion der Suchmaschine gesammelt und gespeichert wird. Die Information bleibt auch dann eine fremde, wenn sie durch automatisierte Routinen (z.B. mittels Suchalgorithmen) erfasst, ausgewählt und gesammelt wird, da hierdurch seitens des Betreibers noch nicht Kenntnis von der Information begründet wird. Anderes gilt bei Diensten wie Yahoo, in

1 *A. Koch*, K&R 2002, 120, 121, der aber unzutreffend auf den Mediendienst das TDG anwenden will.
2 Hierfür etwa LG München I, Beschl.v. 2.12.2003 – 33 O 21461/03, CR 2004, 704.
3 *A. Koch*, K&R 2002, 120, 123.
4 *Köster/Jürgens*, MMR 2002, 420, 424.
5 *Spindler*, MMR 2002, 495, 496.

denen redaktionell und also notwendig mit Kenntniserlangung Informationen ausgewählt und etwa thematisch orientiert zugeordnet werden. Solche nicht nur rein automatisch ausgewählten Informationen werden in der Regel als eigene einzustufen sein.

Die Nutzung abstrakter **Suchalgorithmen** etwa zum Erfassen von Titeln oder Stichwörtern auf Webseiten wird hingegen nicht als hier relevante Auswahl anzusehen sein[1], da sie suchmaschinenspezifisch erfolgt, also nicht bezogen auf bestimmte Informationen.

Für automatisiert ausgewählte fremde Informationen muss aber zudem ein „für einen Nutzer" erfolgendes **Abspeichern** erfolgen. Hier ist zu differenzieren, für welche Nutzer das Informationsangebot erfolgt. Stellt man allein auf die die Suchmaschine abfragenden Nutzer ab, so ist vom Ablauf des Suchmaschinenbetriebes her zu sehen, dass die Informationen aus umfassenden und weltweiten Suchläufen gewonnen werden. Erst die so gesammelten Informationen lassen sich dann durch suchende Nutzer abfragen. Das Abspeichern der fremden Informationen erfolgt also nicht für „einen" bestimmten Nutzer (etwa gar in dessen Auftrag[2]), sondern vorab für die Gesamtheit aller Webnutzer, die auf die Suchmaschine zugreifen wollen. Allerdings ist eine Auslegung möglich, nach der doch ein Speichern für einen bestimmten Nutzer erfolgt. Dieser Nutzer wäre hier der Webseitenbetreiber selbst, der die Suchmaschine benötigt, damit man ihn im Web besser (oder überhaupt) findet. Diese Auslegung würde aber wohl unzulässig die Begriffe „Nutzer" und „Diensteanbieter" vermengen. Der Suchmaschinenbetreiber tritt primär als Diensteanbieter für andere Nutzer auf. Hiervon unabhängig ist § 11 TDG aber nach dem Richtlinien- und Gesetzgeberwillen nicht anwendbar (Art. 21 Abs. 1 S. 1 ECRL); dies ist in richtlinienkonformer Auslegung zu berücksichtigen.

Eine Haftungsfreistellung von Suchmaschinen nach § 9 TDG wurde bejaht, wenn die übermittelte Information nicht vom Betreiber ausgewählt wurde, hingegen verneint, wenn die Trefferliste auf einer Auswahl des Suchmaschinenbetreibers beruht[3]. Haftungsfreistellung wäre möglich, wenn der Nutzer das Suchwort eingibt. Abgrenzungen werden aber nur im Einzelfall erfolgen können. So erfassen Suchmaschinen weite Teile des Web nicht, worin eine Auswahl gesehen werden kann, die aber meist bereits in der Konzeption der Suchmaschine angelegt ist und nicht erst nach nutzerspezifischer Abgabe eines Suchwortes erfolgt. Außerdem darf die Suchmaschine die Information nicht verändern (§ 9 Abs. 1 S. 1 Nr. 3 2. Alt. TDG). Abgesehen hiervon ist aber § 9 TDG (nach dem Willen des Richtliniengebers, Art. 21 Abs. 2 S. 1 ECRL) ohnehin nicht auf Suchmaschinen anwendbar.

§ 10 TDG wurde als zumindest analog anwendbar angesehen[4]. Doch muss keineswegs notwendig eine zeitlich begrenzte Zwischenspeicherung von Trefferlisten erfolgen, um anderen Nutzern deren Anfragedurchführung zu erleichtern. Vielmehr wird jede Anfrage neu automatisiert bearbeitet und ein Zwischenspeichern nur erfolgen, um den Abruf durch den Nutzer zu ermöglichen (was für die Anwendbarkeit von § 9

---

1 *A. Koch*, K&R 2002, 120, 124.

2 So *Ernst*/Vassilaki/Wiebe, Hyperlinks, Rdn. 141.

3 *A. Koch*, K&R 2002, 120, 124, allerdings die Anwendbarkeit von § 9 TDG ablehnend, da eine nicht nur kurzzeitige Speicherung der Inhalte erfolge (a.a.O., 125). Bei nicht redaktionell betreuten Trefferlisten wird eine solche Speicherung aber zumeist nicht erfolgen (ausgenommen im Cache des Nutzerrechners). Gespeichert werden vom Betreiber nur die umfassende Datenbank aus den regelmäßigen, durch „Spider"-Programmen gestützten Auswertungsläufen. Aus dieser Datenbank wird dann die Trefferliste zusammengestellt.

4 *A. Koch*, K&R 2002, 120, 126.

Abs. 2 TDG spricht). Hingegen wird die Datenbank, aus der die Trefferlisten stichwortbezogen generiert werden, nicht nur zeitlich begrenzt, sondern dauerhaft gespeichert, ist sie doch die ständig benötigte Auswertungsbasis.

Nicht plausibel erscheint die (noch dem alten TDG folgende) Zuordnung von Linksammlungen als ein Bereithalten fremder Inhalte zur Nutzung im Sinne von § 5 Abs. 2 TDG a.F.[1], soweit diese Links redaktionell ausgewählt werden.

2. Urheberrecht

Der Einsatz von Suchmaschinen ist den meisten Netznutzern bekannt und von vielen sogar gewünscht, damit ihre Sites überhaupt gefunden werden. Deshalb kann eine konkludente Einwilligung in eventuelle Verwertungshandlungen unterstellt werden, die mit den regelmäßigen Auswertungs- und Aktualisierungsläufen der Suchmaschinen durch das Netz verbunden sein mögen, soweit nur suchmaschinentypische Auswertungen erfolgen.

In der Erstellen von Trefferlisten wurde eine urheberrechtlich eigenständige **Nutzungsart** gesehen, die aber bei einfachen Webangeboten konkludent gestattet sind[2]. Oft wird sogar eine ausdrückliche Einwilligung vorliegen, wenn der Anbieter eine Seite beim Suchmaschinen-Betreiber elektronisch anmeldet, um überhaupt im Web gefunden zu werden. Allerdings ist zu differenzieren: Die bloße Angabe einer URL-Bezeichnung verletzt regelmäßig keine Urheberrechte, da diese Bezeichnung in der Regel selbst kein schutzfähiges Werk ist und selbst dann, wenn sie im Einzelfall schutzfähig sein sollte, eine konkludente (oder ausdrückliche) Einwilligung vorliegen wird (andernfalls die Bezeichnung ihre Adressierfunktion im Internet nicht erfüllen könnte). Werden allerdings ergänzend Teile der Webseite in der Trefferliste mitangezeigt und sind diese Seitenteile als solche schutzfähig (was bei den meist zitierten Satzanfängen eher zweifelhaft ist), kann insoweit ein urheberrechtlich relevantes Vervielfältigen (in der Datenbank des Suchmaschinenbetreibers **und** auf dem Rechner des Kunden) vorliegen, für das aber ebenfalls zumindest insoweit eine konkludente Einwilligung unterstellt werden darf, als derartige Teile üblicherweise von Suchmaschinen erfasst werden.

Das systematische, online über eine sog. „Metasuchmaschine" erfolgende Zugreifen auf eine nach den §§ 87 a ff UrhG geschützte **Datenbank** wurde als ein die berechtigten Interessen des Datenbankherstellers unzumutbar beeinträchtigendes Vervielfältigen eingestuft[3], jedoch nicht, wenn aus eingespeicherten Artikeln den abfragenden Nutzern nur „einzelne splitterhafte Kleinbestandteile" mitgeteilt werden[4]. Das Setzen von „Deep Links" durch Suchmaschinen ist eine zulässige Auswertung von Datenbanken nach den §§ 87 a ff UrhG, wenn die Informationen (trotz technischer Verhinderungsmöglichkeit) uneingeschränkt zugänglich gemacht wurden, da hiermit konkludent erklärt wird, es

---

1 So aber wohl Bettinger/*Leistner*, Werbung und Vertrieb im Internet, Teil 1 E, Rdn. 22

2 Ernst/Vassilaki/*Wiebe*, Hyperlinks, Rdn. 84.

3 LG Berlin, Urt.v.8.10.1998 – 16 O 448/98, CR 1999, 388 – Online-Kleinanzeigenmarkt.

4 BGH, Urt.v. 17.7.2003 – GRUR 2003, 958, 962 – Paperboy; Vorinstanz: OLG Köln, Urt.v. 27.10.2000 – 6 U 71/00, GRUR-RR 2001, 97 – persönliche Tageszeitung. Das Gericht lehnte unter dieser Voraussetzung der Zulässigkeit auch Wettbewerbswidrigkeit ab, während das KG, Urt.v.26.5. 2000 – 5 U 1171/00, GRUR-RR 2001, 102 – Stellenmarkt die Übernahme eines schutzwürdigen Leistungsergebnisses annahm. Überholt LG München I, Urt.v. 18.9.2001 – 7 O 6910/01, MMR 2002, 58 – newsclub.de (Verletzung der Rechte des Datenbankherstellers durch die Übernahme verlinkter Schlagzeilen in ein eigenes Internetangebot annehmend).

bestünden keine Vorbehalte gegen diese Art des Zugriffs bestehe[1].

Bisher nur wenig untersucht ist die urheberrechtliche Relevanz von über Suchmaschinen oder direkt über Links erreichbaren **Internet-Archiven**. So speichert etwa die von Brewster Kahle gegründete, nichtkommerzielle „Wayback Machine" seit Anfang November 2001 alle ab 1996 erreichbaren Webseiten, wobei nach URL-Angabe sämtliche Seitenversionen aufgelistet und angezeigt werden[2], während im Google-Cache Webseiten-Kopien nur drei Wochen zugreifbar sind. Alle in solchen Archiven abgelegten Kopien von Webseite stellen (nicht nur temporäre) Vervielfältigungsexemplare dar, die auf dem Archivserver gespeichert sind. Dieses Vervielfältigen bedarf der gesonderten Zustimmung des Berechtigten. Eine auch nur konkludente Erteilung der Einwilligung des Berechtigten bereits durch Zugänglichmachen im Internet kann nicht angenommen werden, da den meisten Nutzern die Wayback Machine nicht bekannt ist (und es deshalb insoweit schon am Erklärungswillen fehlt) und außerdem schon vor November 2001 verfügbare Webseiten mangels Existenz der Wayback Machine ohnehin nicht zulässig erfasst werden können. Gleiches gilt sinngemäß für die Einräumung eines unbenannten Verwertungsrechts zur öffentlichen Wiedergabe (§ 15 Abs. 2 UrhG) bzw. seit 2003 zum Zugänglichmachen. Das **Archivprivileg** des § 53 Abs. 2 Nr. 2 UrhG kann schon deshalb nicht herangezogen werden, um zur Zulässigkeit des Angebotes zu gelangen, weil das Archivprivileg grundsätzlich jede Nutzung durch Online-Zugriff durch Dritte ausschließt[3]. Außerdem kann dieses Privileg auch deshalb nicht eingreifen, weil der Sitz des Archives und damit der Ort der Vornahme der Vervielfältigungshandlungen nicht in Deutschland als Geltungsbereich des UrhG gelegen ist.

Vergleichbare Probleme begründet die Nutzung neuer Dienste wie der sog. *„Digital Bindery"*, ein Host-Rechnerservice, mit dessen Hilfe dem Anwender via E-Mail regelmäßig ausgewählte *fremde* WWW-Seiten zugesandt werden. Auf der Bindery-Site werden die URLs der fremden Betreiber gesammelt und zusammen mit den Teilnehmernummern gespeichert. Bei jeder Webseitenaktualisierung werden komprimierte Kopien der jeweiligen Seite übermittelt, auch einschließlich Grafiken, und zusammen mit Werbeanzeigen, die von der Bindery hinzugefügt werden[4].

Ein weiteres Problem bei der Rechtsdurchsetzung ergibt sich aus dem Umstand, dass mögliche Sperrungen und Löschungen rechtsverletzender Webseiten nicht nur gegenüber dem Anbieter dieser Seiten und von ihm beauftragten ISPs, sondern auch gegenüber der Wayback Machine durchgesetzt werden müssen.

In den **USA** wurde der Einsatz einer Suchmaschine als unzulässig beurteilt, die nach „ *‚thumbnail' images*" suchte, mit Inline-Link verbundenen Originalfotografien, die in der Suchmaschine aufgelistet und bei Anklicken in voller Größe angezeigt wurden. Das Gericht sah das Sammeln solcher Bilder zwar als „fair use", jedoch das Urheberrecht des Fotografen durch das Einbetten von Frames in voller Größe als verletzt an[5].

---

[1] LG Berlin, Urt.v. 30.1.2001 – 16 O 792/00, JurPC Web-Dok. 185/2001 – Newsclub, auch eine unlautere Ausbeutung fremder Leistung und Irreführung verneinend; a.A. hingegen LG Köln, Urt.v. 28.2.2001 – 28 O 692/00, JurPC Web-Dok. 138/2001, eine Verletzung des Vervielfältigungs-, Verbreitungs-(!) und des öffentliche Wiedergaberechts annehmend.

[2] S. näher *Bahr*, The Wayback Machine und Google Cache – eine Verletzung deutschen Urheberrechts ? JurPC Web-Dok. 29/2002.

[3] Ähnlich *Bahr*, a.a.O., Abs. 14.

[4] s. Internet Intern, 7/97 v. 3.4.1997 (www.intern.de/7_97_1.htm).

[5] Leslie A. *Kelly* v. Arriba Soft Corp., No. 0-55521, 280 F.ed 934 (9th Cir., Feb. 6, 2002), zit. nach WIPO, Intellectual Property on the Internet: A Survey of Issues, WIPO/INT/02, December 2002, 53 (http: //ecommerce. wipo.int).

3. Markenrecht

Keine **kennzeichenmäßige Benutzung** einer Marke wurde angenommen, wenn die Markenbezeichnung nur als Suchstichwort verwendet wird, da der Nutzer die Bezeichnung nicht dem Markeninhaber zuordnet[1]. Wenn allerdings sogar das Verwenden verborgener Metatag-Stichwörter als kennzeichenmäßige Benutzung eingestuft wurde, muss dies auch für das strukturell gleichartige Eingeben von Marken als Stichwörtern in Suchmaschinen gelten. Jedoch kann diese Benutzung nach § 23 Nr. 1 oder 2 MarkenG zulässig sein. Andernfalls würde jeder Nutzer Markenrechte von Markeninhabern verletzen, der sich nur im Netz über deren Angebot informieren will und hierzu deren Markenbezeichnung eingibt; die gewünschte Suche mittels eigens als Domain registrierten Marken würde damit unmöglich, eine letztlich gerade vom Markeninhaber kaum wünschbare Folge. Der Suchmaschinenbetreiber haftet für Markenrechtsverletzungen durch Dritte nur, wenn er die Rechtswidrigkeit kannte und es ihm technisch möglich und zumutbar war, diese Rechtsverletzung zu unterbinden[2], hingegen der Homepagebetreiber nicht als Störer, wenn erst die Suchmaschine seine Daten mit einer verwechslungsfähigen Geschäftsbezeichnung verknüpft[3].

Im englischsprachigen Bereich wurde 2003 diskutiert, dass die Verwendung des Verbs „*to google*“ in der Alltagssprache zum Synomym für „suchen“ wurde[4].

4. Wettbewerbsrecht

Der BGH hat Suchmaschinen und ihrer Verwendung von Links eine für die Internetnutzung zentrale Funktion zugewiesen. „Ohne die Inanspruchnahme von Suchdiensten und deren Einsatz von Hyperlinks (gerade in der Form von Deep-Links) wäre die sinnvolle Nutzung der unübersehbaren Informationsfülle im World Wide Web praktisch ausgeschlossen. Ein Berechtigter, der die Vorteile des World Wide Web, die gerade auch auf der Hyperlinktechnik beruhen, für seine Angebote in Anspruch nimmt, kann es deshalb nicht als unlautere Behinderung beanstanden, wenn andere der Hyperlinktechnik zur Erschließung seines eigenen Webangebots für die Öffentlichkeit nutzen. Die Tätigkeit von Suchdiensten und deren Einsatz von Hyperlinks ist wettbewerbsrechtlich zumindest dann grundsätzlich hinzunehmen, wenn diese lediglich den Abruf vom Berechtigten öffentlich zugänglich gemachter Informationsangebote ohne Umgehung technischer Schutzmaßnahmen für Nutzer erleichtern“[5].

Suchmaschinenbetreiber wurden außerdem als nicht verpflichtet angesehen, wettbewerbs- oder markenrechtliche Unterlassungsansprüche zu prüfen und ggfs. Eintragungen abzulehnen, sofern sich keine offenkundigen Kennzeichen rechtlicher Verletzungshandlungen aufdrängen[6].

---

1 *Varadinek*, GRUR 2000, 279, 282.

2 LG München I, Beschl.v. 2.12.2003 – 33 O 21461/03, MMR 2004, 261 – Werbe-Keywords, eine einstweilige Verfügung gegen Google ablehnend, während das LG Hamburg, Beschl.v. 14.11.2003 – 312 O 887/03 aufgrund Annahme von Kenntnis des Betreibers die Werbung durch bestimmte „Adwords“ untersagte, ähnlich LG Hamburg, Urt.v.21.9.2004 – 312 O 324/04, CR 2004, 938 – P und das TGI Nanterre, Urt.v. 13.10.2003 – Sté Viaticum et Sté Luteciel c/ Sté Google France, *Bahr*, MMR 2004, 262.

3 OLG Hamburg, Beschl.v. 2.9.2004 – 5 W 106/04, JurPC Web-Dok. 257/2004 – polonia-hamburg.de

4 BBC NEWS 20.6.2003, http://news.bbc.co.uk/2/hi/uk_news/3006486.stm.

5 BGH, Urt.v. 17.7.2003, a.a.O., 963.

6 LG München I, Urt.v. 20.9.2000 – 7 HKO 12081/00, CR 2001, 196 = NJW-RR 2001, 550.

Als wettbewerbswidrig wurde das **Verändern von Trefferlisten** aufgrund von Werbeverträgen mit Anbietern angesehen, da sich Suchmaschinen aus der Sicht von deren Nutzern durch Werbung auf den jeweiligen Seiten finanzieren, die Suchservice-Leistung jedoch in erster Linie an Qualitätskriterien wie Schnelligkeit und Zielgenauigkeit orientiert, also mit entgeltlichen Hervorhebungen nicht gerechnet wird bzw. keine Trennung solcher Werbung vom sonstigen Inhalt erfolgt[1]. Irreführung ist anzunehmen, wenn die Tatsache nicht erkennbar gemacht wird, das bestimmte Listenplätze bezahlt wurden[2]. Ohne solche Hinweise darf der Nutzer grundsätzlich davon ausgehen, dass die Suchmaschine „eine redliche und hinreichend objektive Methode verwendet, um die Reihenfolge" insbesondere der vorderen Suchlistenplätze zu vergeben. Das ist freilich zugleich das Dilemma des Betreibers: Weist er auf den Kauf aller Listenplätze hin, wird die Anzahl der suchenden Nutzer schnell sinken, wenn sie nur Werbung mitgeteilt erhalten. Hier wurde sogar die Verwendung des Begriffs „Suchmaschine" als irreführend und sittenwidrig angesehen, da das Ranking nur auf bezahlen Zuruf erstellt werde[3].

Werden hingegen vom Suchmaschinenbetreiber gegen Vergütung höhere **Rankings** verdeckt angeboten als nach sachlicher Relevanz geboten, kann hierin auch eine vom Betreiber veranlasste Irreführung der Nutzer vorliegen, wenn diesen eine tatsächlich nicht vorhandene Relevanz vorgespiegelt wird. Gleiche Grundsätze müssen für die Anwendung von Techniken gelten, mit deren Hilfe durch missbräuchliches Ausnutzen von Indizierungsalgorithmen ein ungerechtfertigt hohes Ranking erzwungen wird[4].

Als wettbewerbswidriges unzulässiges Abfangen von Kunden wurde es angesehen, wenn nach Eingabe einer fremden Firmenbezeichnung oder Marke als Suchwort („adword") in eine Suchmaschine während der Suchzeit oder zusammen mit einem Link auf die Webseite der Firma bzw. des Markeninhabers **Bannerwerbung** eines Konkurrenten eingeblendet wird, die dieser bei dem Betreiber der Suchmaschine gebucht hat[5], jedoch als zulässig, wenn keine fremde Firmen- oder Markenbezeichnung verwendet wird[6].

Das Sortieren von Webseiten nach Relevanz kann aber rechtlich undenklich etwa dadurch beeinflusst werden, dass die besonders wichtigen Wörter auf der Webseite möglichst weit oben gesetzt oder viele Links gesetzt werden[7]. Bedenklich erscheint die Praxis, in HTML-Tags einen optimierten Text einzutragen, der für die „normalen"

---

1 Bettinger/*Leistner*, Werbung und Vertrieb im Internet, Teil 1 A, Rdn. 53; *Leupold/Bräutigam/Pfeiffer*, WRP 2000, 575, 590.

2 *Ernst*, WRP 2004, 278, 279.

3 *Ernst*, WRP 2004, 278, 279.

4 Rössel, CR 2003, 349, 353, Fn. 39.

5 So etwa LG Hamburg, Urt.v. 16.2.2000 – 315 O 25/99, CR 2000, 392, 394 – Estée Lauder/Keyword Buys; LG Berlin, Beschl.v. 12.1.2001 – 15 O 22/01, K&R 2001, 171 – Keyword Advertising; LG Hamburg, Beschl..v. 14.11.2003 – 312 O 887/03, heise online 21.11.2003, heise.de/newsticker/ data/anw-21.11.03-007, Google die Schaltung des Keyword „*Preispiraten*" untersagend, wenn der Link auf die Domain Preisserver.de (als Plagiat von Preispiraten.de) verweist, s.a. *Ernst*, WRP 2004, 278, 280. In der Hauptsache wurde die Klage gegen Google aber abgewiesen (LG Hamburg, 21.9.2004 – 312 O 324/04). In Frankreich klagte AXA gegen Google wegen Verlinken des Namens des Versicherers mit dem Begriff „*Direktversicherung*" eines Konkurrenten (heise online news 26.4.2004, w ww.heise.de/newsticker/meldung/46848) und obsiegte das Internet-Reisebüro „*Bourse des Vols*", dessen Name in die Werbung anderer Konkurrenten eingebettet war (heise online news 19.10.2003, www.heise.de/ newsticker/meldung/41188). Zur Irreführung durch Ankoppeln an fremde Angebote bereits *Hoeren*, WRP 1997, 993, 996.

6 Gounalakis/*Backhaus*, Rechtshandbuch Electronic Business, § 26 Rdn. 13.

7 *O. Lehmann/A. Lehmann*, Suchmaschinen, 138, 140, 143 (sog. „Link-Popularität"), wobei aber v.a. die referenzierten Seiten in dieser Weise bewertet werden.

Nutzer dann aus einem JavaScript in einen „freundlicheren" Titel zur Laufzeit umgewandelt wird[1]; Suchmaschinenbetreiber betrachten solches irreführendes und damit unlauteres[2] *„Cloaking"* als Anlass, eine Website aus dem Index **auszuschließen**[3].

Das Überfluten von Suchmaschinen durch Links auf die eigene Homepage („**Index-Spamming**") wurde als ein nach § 1 UWG a.F. unzulässiger Behinderungswettbewerb eingestuft (etwa in der Form des unlauteren Abfangens von Kunden[4]), bei dem der Suchmaschinenbetreiber selbst in der Regel nicht als Mitstörer in Anspruch genommen werden kann, da er nur eine Navigationshilfe zur Verfügung stellt, ohne willentlich fremde Inhalte zu übernehmen[5]. Haften kann aber eine Online-Werbeagentur, die die Werbung für ihren Kunden mit solchem Index-Spamming verknüpft hat[6]. Der Nutzer wird hier von anderen Wettbewerbern zu deren Nachteil und damit unlauter abgeschnitten, da er durch das Spamming der Listen immer wieder zu denselben Websites gelangt. Werden die Links von einer **Apotheke** gesetzt, kann solches Index-Spamming zugleich gegen § 8 Abs. 1 HeilmittelwerbeG verstoßen[7]. Irreführend sind Verfahren, dem Suchmaschinen-Crawler unter demselben URL andere Seiten als den tatsächlichen Nutzern zu präsentieren (**spoofing**). Ständig automatisch wiederholtes Submitting wird als „**Spamdexing**" bezeichnet, dass von den meisten Suchmaschinen abgewehrt werden kann[8] und rechtlich ebenfalls Behinderungswettbewerb sein kann.

Wettbewerbswidrig kann auch das Einrichten von sog. „**Linkfarmen**" sein, d.h. von ganzen Netzwerken aus Seiten, die wechselseitig aufeinander verweisen und so z.B. zu ihrem Vorteil den Suchalgorithmus bzw. das Ranking von Google in die Irre führen[9] (teilweise auch „Google-Bombing" bezeichnet[10]). Leitet ein Suchmaschinenbetreiber Stellensuchende mit Hilfe von Links zu Webseiten stellenanbietender Unternehmen, kann ihm nicht unter dem Gesichtspunkt irreführender Füllanzeigen vorgeworfen werden, er veröffentliche **Stellenangebote**, ohne von den Unternehmen hierzu beauftragt zu sein[11]. Es ist auch nicht wettbewerbswidrig, in einem Printmedium gegen Entgelt veröffentlichte **Anzeigen** zu übernehmen und im Internet kostenlos zur Verfügung zu stellen, jedoch kann eine Ausbeutung des Rufes der als Vorlage dienenden Publikation vorliegen sowie eine schädliche Störung der Geschäftsbeziehung

---

1 *O. Lehmann/A. Lehmann*, Suchmaschinen, 152.

2 *Ernst*, WRP 2004, 278, 282.

3 *O. Lehmann/A. Lehmann*, Suchmaschinen, 138.

4 *Rössel*, CR 2003, 349, 351.

5 LG Frankfurt, Urt.v.5.9.2001 – 3/12 O 107/01, CR 2002, 220 = GRUR-RR 2002, 83 = NJW-RR 2002, 545.

6 *Schmittmann*, Werbung im Internet, 125 m.w.N.

7 LG Frankfurt, Urt.v.10.8.2001 – 3/12 O 96/01, CR 2002, 222 = GRUR-RR 2002, 81f; das Gericht bejahte die Möglichkeit einer Mitstörerhaftung des mit dem Index-Spamming beauftragten Online-Marketing-Unternehmens und einen Verstoß gegen § 1 UWG. Das Gericht sah einen Disclaimer, dass sich das Angebot nicht an deutsche Adressen wende, als unwirksam an, da Inhalt und Gestaltung der Webpräsenz trotzdem einen Inlandsbezug nahelegten.

8 *O. Lehmann/A. Lehmann*, Suchmaschinen, 153

9 Heise online v. 19.9.2003 (www.heise.de/newsticker/data/uma-19.09.03-000/. Die Redaktion berichtet außerdem von einem sog. *„Google-Cloaking"*, bei dem dann, wenn der Server das Untersuchen der Seite durch eine Suchmaschine erkennt, dieser einen anderen Inhalt präsentiert als einem normalen Surfer. Hier ist ein Irreführungsvorsatz sogar manifest und technisch realisiert. *Ernst*, WRP 2004, 278, 280 spricht von „Wertschöpfungsketten" von Websites, die sich gegenseitig künstlich protegieren.

10 *Karzaunikat*, c't 20/2003, 89.

11 OLG Frankfurt, Urt.v.13.4.2000 – 6 U 197/99, MMR 2000, 488 = NJW-RR 2001, 550 – Job-Suchmaschine. Ein Übernehmen von Inhalten war nicht erfolgt; vielmehr blieb die Webseite, auf die verwiesen wurde, den Nutzern erkennbar.

zwischen den Betreibern dieser Publikation und ihren Kunden[1].

Das Verwenden von **Gattungsbezeichnungen** ist als solches nicht wettbewerbswidrig[2]. Jedoch kann im Einzelfall ein übertriebenes Anlocken oder Abfangen der Kunden vorliegen[3] oder eine Irreführung[4]. Marken- und wettbewerbsrechtlich zulässig ist die Verwendung der Domain „rechtsbeistand.info" für einen Suchdienst für Rechtsanwälte, Rechtsbeistände, Notare und Steuerberater[5].

Das Setzen eines Link auf Webseiten mit **ehrverletzenden Tatsachenbehauptungen** stellt eine Persönlichkeitsrechtsverletzung dar, wenn sich derjenige, der die Behauptungen wiedergibt, nicht ausreichend von ihnen distanziert, wofür der Hinweis auf die eigene Verantwortung des jeweiligen Autors nicht genügt[6]. Haftungsbegründend wirkt hier nicht die rein technische Zugangsvermittlung (wie sie ein Provider typischerweise durchführt), sondern das Setzen eines Link mit konkret gewähltem Inhaltsbezug bzw. das Unterlassen der Distanzierung. Auch Links wurden nicht in jedem Fall als mit einem Zueigenmachen verbunden angesehen, sondern etwa nur dann, wenn sie z.B. durch Framing für den Nutzer nicht mehr erkennen lassen, dass sie nicht vom Anbieter, sondern von Dritten stammen. Im Einzelfall konnte auch ein Zueigenmachen des Inhaltes der Webseite vorliegen, auf die verweisen wird, so etwa bei einem Link auf beleidigende Äußerungen über einen Dritten, wenn der Link nicht mit einer Distanzierung versehen ist[7]. Gleiches kann gelten, wenn auf Sites mit gecrackter Software („*Warez*") empfehlend verwiesen wird; hier kann zudem Anstiftung zu einer Urheberrechtsverletzung gegeben sein.

Kein Schadensersatzanspruch besteht gegen den Betreiber einer **Suchmaschine**, in die angebotene Inhalte lediglich in ein Verzeichnis eingestellt sind, da es dem Betreiber grundsätzlich nicht zuzumuten ist, wettbewerbsbezogen oder markenrechtliche Unterlassungsansprüche zu prüfen und gegebenenfalls Eintragungen abzulehnen[8]. Auch der verpflichtete Webseiten-Betreiber soll nicht damit rechnen müssen, dass eine von ihm bereits gelöschte Webseite für längere Zeit noch im Speicher eines dritten Serverrechners auf gerufen werden kann[9]. Abgelehnt wurde die Auffassung, es stelle einen unlauteren Behinderungswettbewerb dar, wenn ein Unternehmen auf den Seiten einer Suchmaschine eine **Bannerwerbung** schalten lässt, die auf einer Suchseite erscheint, auf der auch das Konkurrenzunternehmen eine Bannerwerbung präsentiert, da hierdurch kein „Ausspannen", d.h. Abfangen von Kunden durch „Angriff" auf deren Entschlussfreiheit erfolgt[10].

---

1 OLG München, Urt.v. 9.11.2000 – 6 U 2812/00, ZUM 2001, 255.

2 OLG Düsseldorf, Urt.v. 1.10.2002 – 20 U 93/02, CR 2003, 133, 135 (zu Begriffen wie „Urteil", „Leitsatzkartei", „Repetitorium", die als Metatags verwendet wurden).

3 *Rössel*, CR 2003, 349, 350.

4 *Ernst*, WRP 2004, 278, 279 mit dem (freilich nicht unbedingt internetspezifischen) Beispiel der Verwendung des Begriffs „Freilandeier", wenn nur Legebatterieeier angeboten werden.

5 LG Berlin, Urt.v. 18.6.2003 – 97 O 80/03, NJW 2004, 1254 – rechtsbeistand.info.

6 LG Hamburg, Urt.v.12.5.1998 – 312 O 85/98, MMR 1998, 547 = K&R 1998, 367 (für Link auf Zusammenstellung ehrverletzender Äußerungen und Zueigenmachen durch Linksetzen). Nach Auffassung des Gerichtes genügte es nicht, nur allgemein auf die Verantwortung des jeweiligen Autors zu verweisen, da hierin keine Distanzierung zu sehen ist.

7 LG Hamburg, Urt.v.12.5.1998 - 312 O 85/98, CR 1998, 565 = K&R 1998, 367 – „Haftung für Links" (Ersatzanspruch aus den §§ 823 Abs.1 und 2 i.V.m. 186 StGB, 824 BGB); ähnlich für das Verbreiten einer ehrverletzenden Äußerung eines Dritten BGH NJW 1996, 1131. Ähnlich wie Hamburg LG Berlin, Urt.v.17.3.1998 – 27 O 686/97 – Meinungsmarkt.

8 LG München I, Urt.v. 20.9.2000 – 7 HKO 12081/00, NJW-RR 2001, 550.

9 OLG Hamburg, Beschl. v. 9.9.2002 – 3 W 60/02, CR 2003, 66.

10 LG Frankfurt, Urt.v.13.9.2000 – 2-06 O 248/00, ZUM-RD 2002, 9.

Mittlerweile wird in **kartellrechtlicher** Hinsicht zunehmend die monopol- bzw. oligopolartige Position der Suchmaschinen Google, Yahoo und MS thematisch[1]. In der Praxis sind nicht nur Abfragen bei den Suchmaschine als solchen zu berücksichtigen, sondern auch deren Einbindung in andere Angebote, z.B. von Google in JurPC (aber auch in Portalen von AOL, Compuserve, Netscape, Web.de und Yahoo). Dies kann dazu führen, dass etwa AOL, Yahoo.de und Web.de die gleiche Trefferquote wie Google (und sogar denselben „toten" Link an erster Stelle) aufwiesen[2].

5. Vertragsrecht

Wenig untersucht wurde bisher die Frage, welches Vertragsrecht auf die **Registrierung** eines URL (Uniform Resource Locator) in einer Suchmaschine anwendbar ist. Die Registrierung setzt ein „*Submitting*" voraus, also die Mitteilung des URL an den Suchmaschinenbetreiber. Diese haben hierfür oft eigene Webmail-Funktionen eingerichtet[3]. Inzwischen gibt es auch eigene Submitting-Dienstleister, die etwa die Vermittlung von Einträge in tausenden von Suchmaschinen gegen Vergütung anbieten[4] und für die Unternehmen interessant sein kann, die schnell ihre Web-Präsenz bekanntmachen wollen. Die Registrierung erfolgt in der Regel kostenfrei (im Gegensatz zur Platzierung von Werbung auf Suchmaschinenseiten). Damit scheiden Dienst- und Werkvertragsrecht (mangels Gegenleistung) des Kunden aus. Möglich ist ein Auftragsverhältnis (§§ 662 BGB). Widerruf (§ 671 Abs. 1 BGB) kann entweder als Erklärung gegenüber dem Suchmaschinenbetreiber oder faktisch durch Sperre des Zugriffs durch Suchmaschinen auf die URL erfolgen. Eine Auskunfts- und Rechenschaftspflicht (§ 666 BGB) wird in der Regel nicht bestehen (und ist jedenfalls dispositiv, also – auch formlos – abdingbar[5]).

Da zwischen Nutzern und Suchmaschinenbetreibern nicht von vornherein (auch nicht aus dem Umstand der Webnutzung) Vertragsbeziehungen bestehen, ist ein vertraglicher **Anspruch** auf URL-**Registrierung** zu verneinen. Der Suchmaschinenbetreiber wird allenfalls aus Kartellrecht die Registrierung nicht verweigern dürfen, wenn ein sachlicher Grund nicht entgegensteht; aber auch hier wird ein Anspruch meist daran scheitern, dass der Nutzer auf andere Betreiber von Suchmaschinen ausweichen kann (§ 20 Abs. 2 S. 1 GWB), weshalb diese Betreiber in der Regel nicht marktbeherrschend im Sinne von § 20 Abs. 1 GWB sein werden. Marktbeherrschung wird freilich vermutet, wenn ein Unternehmen einen Marktanteil von mindestens einem Drittel hat. Google kann in diesem Sinne als marktbeherrschend einzustufen sein, da 63,7% der gefundenen Webseiten von Google aus annavigiert wurden[6]. In der Praxis werden allerdings Fälle einer Registrierungsverweigerung eher relativ seltene Ausnahme sein.

---

1 *Krempl*, Bundestag sorgt sich um Vielfalt im Suchmaschinenmarkt, heise online news 18.6.2004, www.heise.de/newsticker/meldung/48398.

2 *Kranz*, Die drei von der Fundstelle, Chip Juli 2003, 12.

3 Ausf. Für die wichtigsten Suchmaschinen *O. Lehmann/A. Lehmann*, Suchmaschinen, 117 ff.

4 *O. Lehmann/A. Lehmann*, Suchmaschinen, 130.

5 Palandt/*Sprau*, § 666 Rdn. 1.

6 *O. Lehmann/A. Lehmann*, Suchmaschinen, 66, die sich auf eine Aufstellung für 2002 durch den Dienst etracker.de beziehen, der eine Statistik beobachteter Webseiten führt. Freilich wird kartellrechtlich die Marktabgrenzung näher zu prüfen sein, jedoch wird der Sonderstatus hierbei wohl unverändert bleiben, da die anderen Betreiber nur geringe Anteile aufweisen (Yahoo 7,5 %, Lycos 6,1 % oder Web.de 3,7 %).

E. Pop-up-Fenster, Banner, Mouse-Trapping

Verwendet der Anbieter sog. „Exit-**Pop-up**-Fenster" (teilweise auch „*Interstitial*" genannt[1]), die den surfenden Nutzer am wahlfreien Verlassen der Webseite des Anbieter hindern, so wurde dieses Handeln als wettbewerbswidrig angesehen; dass dem Nutzer die Beendigung des Besuchers über den Task-Manager des Betriebssystems möglich ist, stehe dem nicht entgegen, da dieser Weg nicht jedem Internetnutzer bekannt sei[2]. Gleiches muss auch für ähnlich funktionierende sonstige Bannerwerbung gelten, erst recht für die Verwendung von sog. „Trickbannern", die etwa Schaltflächen zum Anklicken in der Form einer Fehlermeldung vortäuschen (sog. „*FUI dialogues*" für *Fake User Interface*)[3].

Banner Ads wurden als Teledienste im Sinne von § 2 Abs. 2 TDG eingeordnet[4], auf die das TDDSG anwendbar ist.

Als gegen § 1 UWG a.F. verstoßend wurden auch Pop-ups in der Form des sog. „*in-context behavioral advertising*" angesehen[5]. Sonstige Pop-Up-Werbefenster wurden als nicht belästigend angesehen, wenn diese sich unverzüglich schließen lassen, nicht aber, wenn sich beim Anklicken in einer Sequenz immer neue Fenster öffnen[6]. Vereinzelt sind bereits gefälschte Pop-up-Fenster aufgetaucht[7].

Ähnlich wie bei Suchmaschinen tritt mittlerweile auch bei Pop-ups eine Verknüpfung mit Werbung von Konkurrenten auf, so etwa über Software-Trojaner, die Surfer beim Besuch bestimmter Webseiten von Unternehmen mit Pop-up-Reklame für die Mitbewerber bomardieren[8].

Wettbewerbsrechtliche Abwehransprüche stehen dem Nutzer allerdings nur zu, insoweit er selbst Wettbewerber ist. Sonstige Nutzer können Abwehransprüche aus den §§ 823, 1004 BGB bei konkreter Beeinträchtigung geltend machen.

In den **USA** wurde die Verwendung von Pop-ups durch Betreiber von Drittseiten untersagt[9]. Als unzulässig wurden auch Techniken angesehen, die Maus-Funktionen temporär blockieren so dass der Nutzer die Webseite nicht mehr verlassen kann („**Mouse-Trapping**")[10].

---

[1] Bettinger/*Leistner*, Werbung und Vertrieb im Internet, Teil 1 A, Rdn. 43.

[2] LG Düsseldorf, Urt.v. 26.3.2003 – 2a O 186/02, CR 2003, 525 = MMR 2003, 486 = JurPC Web-Dok. 144/2003 – Exit-Pop-up-Fenster (nicht als ausreichend ansehend, dass der Nutzer den Besuch der Webseite über den Browser oder den Task-Manager beenden könne, da es sich hierbei nicht um den üblichen Weg handle).

[3] *Lober*, Ausgetrickst, c't 26/2002, 62.

[4] *Fröhle*, Web Advertising, Nutzerprofile und Teledienstedatenschutz, 75.

[5] LG Köln, Beschl.v. 12.3.2004 – 31 O 145/04, JurPC Web-Dok. 230/2004 (Rufausbeutung und Umleitung von Kundenströmen annehmend).

[6] Bettinger/*Leistner*, Werbung und Vertrieb im Internet, Teil 1 A, Rdn. 44.

[7] So wurden Nutzer gewarnt, sie hätten illegale Software-Kopien installiert, wobei fälschlich das Sicherheitsportal heise security als Absender angegeben wurde (Heise online v. 12.9.2003, www. Heise.de/newsticker/data/dab-12.09.03-001).

[8] Heise online news.3.2004, w ww.heise.de/newsticker/meldung/46067 mit Bezug auf ein nicht näher bezeichnete, von Hertz gegen Claria (früher Gator) erstrittenes Verfügungsurteil.

[9] Washingtonpost.Newsweek Interactive Co. v. Gator Corp., E.D. Va. Civil Action, Prelim. Injunction No. 02-909-A, 16.7.2002, zit nach WIPO, Intellectual Property on the Internet: A Survey of Issues, WIPO/INT/02, December 2002, 70 (http: //ecommerce. wipo.int).

[10] FTC v. Zuccarini, U.S.D.C., E.D. Penn., 2002, U.S.Dist. LEXIS 13324 (zit. nach WIPO, Intellectual Property on the Internet: A Survey of Issues, WIPO/INT/02, December 2002, 70 (http: //ecommerce. wipo.int).

F. Perspektive: EU-Bericht zur Umsetzung der E-Commerce-Richtlinie

Entsprechend ihrer Überprüfungsverpflichtung aus Art. 21 Abs. 1 E-Commerce-Richtlinie 2000/31/EG v. 8.6.2000 (ECRL) legte die EG-Kommission den **Bericht** über die Anwendung der ECRL vor[1]. Zu dem Problembereich der **Verantwortlichkeit** von Diensteanbietern aus der Vermittlung von Informationen und insbesondere zur Haftung von Linksetzern und Suchmaschinenbetreibern erfolgte die nach Art. 21 Abs. 2 S. 1 ECRL erwartete Stellungnahme noch nicht abschließend. Zwar erkenne die Rechtsprechung der Mitgliedsstaaten die Bedeutung von Links und Suchmaschinen[2], doch sah die Kommission im Ansatz einiger Mitgliedsstaaten, Links und Suchmaschinen gesetzlich zu regeln, keine Gefahr der Fragmentierung des Binnenmarkts begründet[3].

So hat Österreich *de lege ferenda* den Regelungsbereich des TDG ausdrücklich auf Links und Suchmaschinen ausgeweitet[4]. Ähnlich sollte auch in Deutschland eine ergänzende Regelung eingeführt und so gestaltet werden, dass sie nicht nur Links und (auf diesen basierende) Suchmaschinen erfasst, sondern auch Framing und Metatagging, also **alle Techniken zur Vermittlung des Zugangs zu Informationen**, soweit sie „automatischer und passiver Art" sind, also der Diensteanbieter bei ihrer Anwendung „weder Kenntnis noch Kontrolle über die weitergeleitete oder gespeicherte Information besitzt" (ECRL-Erwägungsgrund 42, Satz 2). In diesem Umfang sollten dann auch allgemeine Überwachungs- und Nachforschungspflichten ausgeschlossen sein (Art. 15 ECRL; § 8 Abs. 2 TDG).

Es wird aber wohl nicht genügen, nur die Anwendbarkeit der §§ 9 – 11 TDG als entsprechende zu regeln. Das anbieterseitige **Setzen** von durch Nutzer aktivierbaren **Links** ist nämlich weder als bloßes Durchleiten von Informationen im Sinne von § 9 Abs. 1 S. 1 TDG noch als Speichern fremder Informationen für einen Nutzer i.S.v. § 11 S. 1 TDG anzusehen[5], wenn bzw. soweit der Anbieter die Information, auf die er verweist, selbst auswählt bzw. nur den Link zur Information auf seinen Webseiten speichert, nicht aber diese selbst. Die einzuführende Regelung sollte außerdem alle Formen elektronischer Verknüpfungen, also neben Links auch Frames und Metatags und vergleichbare zukünftige Techniken abstrakt erfassen, damit die Haftungsfreistellung auf Fälle erstrecken, in denen der Diensteanbieter mittels einer online zum Abruf bereitgehaltenen **„elektronischen Verknüpfung"**[6] einen Zugang zu fremden Informationen vermitttelt und die Voraussetzungen des § 11 S. 1 Nr. 1 und 2 TDG erfüllt sind.

Auf der Grundlage einer solchen Regelung wäre der Diensteanbieter für die fremden Informationen, auf die er nur elektronisch verweist, und **für den Verweis selbst** nicht verantwortlich, wenn er einerseits von einer rechtswidrigen Tätigkeit oder Information

---

1 Bericht der Kommission an das Europäische Parlament, den Rat und den Europäischen Wirtschafts- und Sozialausschuss – Erster Bericht über die Anwendung der Richtlinie 2000/31/EG des Europäischen Parlaments und des Rates vom 8. Juni 2000 über bestimmte rechtliche Aspekte der Dienste der Informationsgesellschaft, inbesondere des elektronischen Geschäftsverkehrs, im Binnenmarkt (Richtlinie über den elektronischen Geschäftsverkehr) vom 21.11.2003, KOM (2003) 702 endgültig; http://europa.eu.int/comm/internal_market/de/ecommerce/index.htm (nachfolgend „Bericht"). Die Vorlage des Berichts erfolgte etwas verzögert (Art. 21 Abs.1 sah eine Vorlage vor dem 17.7.2003 vor).

2 wobei als Beleg das „Paperboy"-Urteil des *BGH* vom 17.7.2003 – I ZR 259/00, GRUR 2003, 958 = NJW 2003, 3406 = CR 2004, m. Anm. *Nolte* herangezogen wurde, ebenso die Entscheidung des *TGI Paris*, référé 12.5.2003, Lorie c/M.G.S. Wanadoo Portails – auch zu einer Suchmaschine.

3 Bericht, a.a.O., 15, Fußn. 72.

4 Ähnlich *Stadler*, Haftung für Informationen im Internet 2002, Rdn. 239 Fußn. 503.

5 S. n. Ernst/Vassilaki/*Wiebe*, Hyperlinks, Rdn. 137 – 140; *Spindler*, MMR 2002, 495, 497.

6 So der BGH, Urt.vom 17.7.2003, a.a.O., 958, 961.

oder (im Falle von Schadensersatzansprüchen) von Umständen keine Kenntnis hat, aus denen eine rechtswidrige Tätigkeit oder Information offensichtlich wird, und andererseits unverzüglich nach Kenntniserlangung tätig geworden ist, um die elektronische Verknüpfung zu entfernen. Kenntnis wird in der Regel durch das manuelle Setzen und Auswahl einzelner Links begründet. Auch hier greift die Haftungsfreistellung aber bezüglich nachträglicher Änderungen der Informationen, sofern von diesen Änderungen keine Kenntnis erlangt wird.

Das Setzen von Links wird damit nur dann haftungsbefreit sein können, wenn es ohne Kenntnisbegründung erfolgt, also in der Regel nur bei Anwendung automatisierter Verfahren, etwa durch **Suchmaschinen**, aber auch durch das von Providern durchgeführte, automatisierte **Hosting** der Webseiten ihrer Kunden, um diese Seiten Dritten im Web zugänglich zu machen, wobei die Webseiteninhalte für den Hosting-Provider fremde Informationen darstellen. Von solchen Seiten auf Websites Dritter gesetzte Links bleiben solche des Nutzers. Diese Links selbst stellen aber keine Informationen dar, weshalb auch die Befreiung der Diensteanbieter von der Prüfpflicht aus § 8 Abs. 2 TDG nicht eingreift. Dies führt freilich in der Praxis zum Regelungswiderspruch, dass Webhosting anbietende Provider für die Links aus den Seiten ihrer Kunden „verkehrssicherungspflichtig“[1] sein können, während bei Hosting der fremden Informationen selbst eine solche Prüfpflicht nach nationalem Deliktsrecht wegen § 8 Abs. 2 TDG nicht zum Tragen kommt.

Auch **Metatags** sollten von der Regelung umfasst sein, da durch diese ebenfalls auf elektronischem Wege Verknüpfungen hergestellt werden, allerdings nicht unmittelbar zu fremden Websites, sondern zu Suchmaschinen, die im Web gefundene Seiten zu Trefferlisten zusammenstellen. Für den den Metatag setzenden Diensteanbieter (Website-Betreiber) stellt diese eine **eigene Information** im Sinne von § 8 Abs. 1 TDG dar, für die er voll verantwortlich ist, für den die Site hostenden Provider eine fremde Information. Für den Betreiber einer Suchmaschine stellt der Metatag hingegen eine aus eigener Initiative des Betreibers automatisiert gesammelte Information dar[2], die er in der Datenbank der Suchmaschine abspeichert und nach nutzerseitiger Suchworteingabe in Form der Trefferliste (als Auszug aus der Datenbank) zum Abruf zugänglich macht.

Ebenso sind **Suchmaschinen** einzubeziehen. Wählen Betreiber von Suchmaschinen zu „verlinkende“ fremde Informationen auf fremde Webseiten selbst **manuell** aus (und betreuen sie diese Auswahl gar laufend redaktionell, wie etwa bei „Yahoo“), kommt wegen § 9 Abs. 1 S. 1 Nr. 2 TDG eine Haftungsfreistellung nicht in Betracht. Die Auswahl der Informationen kann als solche sogar ebenfalls eine eigene Information i.S.v. § 8 Abs. 1 TDG darstellen. Bei **automatisierter** Auswahl kann jedoch eine Haftungsfreistellung nach § 9 TDG in Betracht kommen. Das wenn auch automatisierte Sammeln von abgespeicherten fremden Webseiten oder Teilen von Webseiten geht[3] allerdings sichtlich über bloßes Durchleiten auch in dem Sinne hinaus, wie sie in Erwägungsgrund 42 der ECRL verstanden wird. Dieser setzt nämlich (kumulativ) voraus, dass der Diensteanbieter weder Kenntnis noch Kontrolle der weitergeleiteten

---

[1] Etwa im Sinne der vom OLG München, Urt.v.15.3.2002 – 21 U 1914/02, ZUM-RD 2002, 360 postulierten „Internet-Verkehrssicherungspflicht“.

[2] Das Sammeln und Speichern von Metatag-Angaben erfolgt nicht „für einen Nutzer“ (i.S.v. § 11 S. 1 TDG), sondern für die Gesamtheit aller Nutzer der Suchmaschine. § 11 TDG ist hier richtlinienkonform und EG-autonom dahin auszulegen, dass (entsprechend Art. 14 Abs. 1 ECRL) nur ein Speichern „im Auftrag eines Nutzers“ haftungsprivilegiert ist (typischerweise beim Hosting). Ein solcher Auftrag besteht i.d.R. aber nicht. In der Praxis steht es Betreibern von Suchmaschinen frei, ob sie Metatags überhaupt auswerten.

[3] Entgegen Ernst/Vassilaki/*Wiebe*, Hyperlinks, Rdn. 139.

oder gespeicherten Informationen besitzt, während der Suchmaschinenbetreiber über seine Datenbank mit (nicht nur temporär) gespeicherten verlinkten Nachweisen eine solche Kontrolle besitzt und durch ständiges Überarbeiten der Suchalgorithmen auch optimiert, insoweit also allein schon bei Ausübung solcher Kontrolle in richtlinienkonformer Auslegung des § 9 TDG nicht haftungsprivilegiert sein kann. Auf ein Fehlen von Kenntnis kommt es für § 9 TDG nicht an, da § 9 TDG nicht ein solches Fehlen nicht voraussetzt. Das Haftungsprivileg entfällt deshalb auch bei einer ohne konkrete Kenntniserlangung erfolgenden, d.h. insbesondere automatisierten, Auswahl zum Einspeichern in die Datenbank (wie etwa bei „Google").

Auch § 11 TDG ist für Suchmaschinen nicht einschlägig, da das Abspeichern der verlinkten Informationen quasi auf Vorrat in eigener Betreiberinitiative und nicht „für einen Nutzer", also in dessen Auftrag erfolgt[1]. Für Suchmaschinen bedarf § 11 TDG damit einer Erweiterung *de lege ferenda.* Die Haftungsfreistellung nach § 9 TDG wäre allerdings nur möglich, wenn der Betreiber die Übermittlung der abgefragten Information nicht veranlasst, den Empfänger der abgefragten Information nicht auswählt und die abgefragten Informationen weder auswählt noch verändert. Da die meisten Suchmaschinen aber fremde Webseiten(teile) quasi „auf Vorrat" in ihren Datenbanken speichern und Nutzerabfragen aus dieser Datenbank mit Trefferlisten beantworten, erfolgt insoweit ein automatisches, meist algorithmen-gestütztes Auswählen. Bei einer entsprechenden Ergänzung des deutschen TDG sollte die Haftungsfreistellung deshalb voraussetzen, dass der Diensteanbieter keine Kenntnis von der (in seiner Datenbank gespeicherten) konkreten Information oder von auf deren Rechtswidrigkeit hinweisenden Umständen hat. Hiermit bleibt auch bei einer automatisierten Auswahl von fremden Informationen durch Suchmaschinen die Haftungsbefreiung möglich, wenn bzw. soweit diese Auswahl keine Kenntnis des Betreibers begründet[2]. Eine solche Gesetzesergänzung würde auch die mit derartigen automatisierten Auswahlverfahren arbeitenden Suchmaschinen als Form der rein technischen Zugangsvermittlung erfassen und haftungsfreistellen. Dieser Regelungsansatz entspräche auch der Grundkonzeption der ECRL, die in Erwägungsgrund 42 nur solche Verfahren von der Haftungsprivilegierung ausschließen will, bei denen der Diensteanbieter Kenntnis *oder* Kontrolle über die fremde Informationen hat. Jedoch würde ohne solche Kontrolle eine Suchmaschine nicht funktionsfähig sein, da nicht einmal eine Trefferliste reproduzierbar erstellt werden könnte. Bejaht man aber mit der „*Paperboy*"-Entscheidung des BGH die für die Webnutzung zentrale Funktion der Suchmaschinen, müssen auch deren eingesetzte Such- und Auswertungsverfahren in die Haftungsfreistellung einbezogen werden, solange bei deren Anwendung nicht Kenntnis von konkreten Informationen begründet wird.

Die Kommission will die **Diskussion** zur rechtlichen Beurteilung von Links und Suchmaschinen weiter verfolgen. Zur näheren Orientierung verweist sie grundlegende Studien des „*Forums des droits sur l'Internet*" in Frankreich. Dieses legte am 3.3.2003 eine „*Recommandation*" zum rechtlichen Status von Hyperlinks[3] vor, und am

---

1 Ebenso Ernst/Vassilaki/*Wiebe, Hyperlinks*, Rdn. 141.

2 Zu weitgehend erscheint die Annahme, da Indizierungsroutinen vollständig autonom abliefen, erlange der Betreiber der Suchmaschine regelmäßig keine Kenntnis (*A. Koch*, K&R 2002, 120, 122). Das gilt jedenfalls dann nicht, wenn Suchalgorithmen, wie in der Praxis üblich, laufend optimiert und hierfür in der Qualität ihrer Ergebnisse getestet oder wenn bestimmte Suchwörter gezielt mit Bannerwerbung verknüpft werden.

3 Recommandation Hyperliens: Statut Juridique, rendue publique le 3 mars 2003, foruminternet.org/telechargement/documents. Nicht näher eingegangen werden kann auf die (im Kommissionsbericht nicht thematisierten) urheber-, wettbewerbs- und markenrechtlichen Ausführungen der Recommandation. Erwähnt sei aber die (auch vom *BGH*, Urt.vom 17.7.2003, a.a.O., 958, 961) geteilte Feststellung,

21.10.2003 eine weitere „*Recommandation*“ zur Verantwortlichkeit der Setzer von Links auf rechtsverletzende Inhalte[1]. Die Recommandation vom 3.3.2003 etwa sieht jedenfalls Framing und Inline-Links als einwilligungbedürftig an, ebenso Deep Links zwar nicht auf Webseiteninhalte, aber auf herunterladbare Dateien[2]. Weiter wird betont, dass Links niemandem gehören, sondern Werkzeuge für alle darstellen[3] und eine **Kultur der Teilhabe und Kostenfreiheit** ermöglichen[4]. Aus dieser letzten Überlegung ergibt sich ein wichtiger Ansatzpunkt für eine Weiterentwicklung *de lege ferenda*: Die Recommandation folgert nämlich, dass **Framing** und **Inline-Linking** gerade diese Kultur nicht teilen, sondern zu einem Aneignen der Information der fremden Webseite und ihrer Öffentlichkeit führen und deshalb einwilligungsbedürftig sein sollten[5]. Technisch lässt sich diese Abgrenzung an dem Umstand festmachen, dass bei Framing und Inline-Links für den die Seite annavigierenden Nutzer nicht ein Verweis auf die Information auf der fremden Seite erfolgt, sondern diese auf der annavigierten Seite selbst dargestellt ist[6], – also nicht nur eine wahlfrei nutzbare Zugangserleichterung eröffnet wird, sondern gleich den Zugang zur Information selbst. Hingegen bleibt der Verweischarakter auch bei Deep Links grundsätzlich erhalten, soweit die Zielseite als fremde (am URL) erkennbar ist. Diese Unterscheidung setzt auch die „*Paperboy*“-Entscheidung des BGH implizit mit den Feststellungen voraus, dass der Verweisungscharakter der Verknüpfung erkennbar bleibt bzw. die fremde Herkunft der „verlinkten“ Information nicht verschleiert wird[7], ebenso, dass der Nutzer die elektronische Verknüpfung erst durch Anklicken herstellen muss[8], die verlinkte Information also nicht schon mit Aufruf der linksetzenden Webseite dem Nutzer am Bildschirm angezeigt wird. Schließlich zwingt auch die Funktionalität des Web nicht dazu, Frames und Inline-Links hinzunehmen, da auch ohne den Einsatz dieser Verknüpfungsformen die Funktionalität des Internet weiterhin erhalten bleibt.

Weiter sieht die Recommandation solche Links als einwilligungsbedürftig an, deren Bestehen die **Werbeeinnahmen** des linksetzenden Betreibers durch den Umstand erhöhen, dass von den Nutzern zusätzliche Inhalte angeklickt werden können[9].

---

dass das Linksetzen ein Werk nicht (im Sinne von § 19 a UrhG) zugänglich macht, sondern nur den Zugriff auf das (bereits vom fremden Website-Betreiber selbst im Internet zugänglich gemachte Werk) erleichtert (Recommand. 3.3.2003, S. 22; ebenso BGH, Urt.vom 17.7.2003, a.a.O., 958, 961, deshalb einen Störungszustand ablehnend), und als solches auch zu keinem Vervielfältigen führt (Recommand. 3.3.2003, S. 23; BGH, Urt.vom 17.7.2003, a.a.O., 958, 961).

1 Recommandation: Quelle responsabilité pour les créateurs d'hyperliens vers des contenus illicites ? rendue publique le 23 octobre 2003, foruminternet.org/telechargement/documents.

2 Recommand. 3.3.2003, 25.

3 Recommand. 3.3.2003, 9: „utils à tous“.

4 Recommand. 3.3.2003, 9: „une culture du partage et de la gratuité“.

5 Recommand. 3.3.2003, 10 spricht von Techniken, „permettant l'inclusion de ressources extérieures dans une page web“, ... „un phénomène qui détourne le lien de sa fonction primordiale sur le web“ und auf S. 25 von einer „approbation du contenu d'autrui et, par voie de consequence, de son public.“ Die Recommandation spricht auch von „Transclusion“ (S. 15).

6 Loewenheim/*Koch*, Handbuch des Urheberrechts 2003, § 78 Rndnr. 4.

7 BGH, Urt.vom 17.7.2003, a.a.O., 958, 963.

8 BGH, Urt.vom 17.7.2003, a.a.O., 958, 961.

9 Recommand. 3.3.2003, 25.

§ 14 Peer-to-Peer-Netze – Haftung, Urheberrecht, Datenschutz

Peer-to-Peer-(P2P)Netze werfen eine Reihe rechtlicher Fragen auf, für deren Beantwortung zwischen serverbasierten und serverlosen Netzen zu differenzieren ist. Zur besseren Übersicht werden deshalb diese Rechtsfragen im vorliegenden, getrennten Abschnitt behandelt. Vorab ist kurz auf die wichtigsten technischen Grundlagen von P2P-Netzen einzugehen (Abschnitt A.). Auf dieser Grundlage ist dann der rechtliche Rahmen der Nutzung von P2P-Netzen zu erläutern (Abschnitt B.). Die hier auftretenden Fragen gewinnen schnell an Bedeutung. Dies zeigt sich schon an dem Umstand, dass nach Angaben von TK-Anbietern Peer-to-Peer-Dienste mittlerweile etwa 50% des gesamten Datenverkehrsaufkommens ausmachen, in Spitzenzeiten sogar 75%[1].

A. Grundzüge der technischen Grundlagen von Peer-to-Peer-Netzen

I. File-Sharing durch Peer-to-Peer

In Peer-to-Peer-Systemen machen Nutzer auf ihren Rechnern Dateien (*Files*) anderen Nutzern im Internet verfügbar (*Sharing*), so dass ein dezentrales grenzüberschreitendes Zugriffssystem entsteht (*File-Sharing*-System). Ein System gilt als „Peer-to-Peer"-System, wenn die beteiligten Komponenten einen gleichberechtigten Stellenwert einnehmen[2]. Ein gemeinsames Domain Name System ist nicht erforderlich, da sich mehrere Rechner auf unterschiedliche Art für einen begrenzten Zeitraum zusammenfinden, um eine Aufgabe zu erfüllen[3]. Auch muss ein Peer nicht immer unter derselben IP-Adresse zu finden sein [4].

Zentrale Systeme erlauben die Verwaltung der Dateibezeichnungen auf zentralen Serverrechnern (so wie beim früheren Napster), während bei **dezentralen** Systemen auch dieser Zugriff dezentral organisiert ist. Bei **Mischformen** übernehmen sog. „Superpeers" größere Anteile der Verwaltung von Suchanfragen, wobei diese Superpeers automatisiert und je nach Datenaufkommen von der jeweiligen Filesharing-Software ausgewählt werden, aber auch keiner zentralen Kontrolle unterliegen[5].

Allgemein können Peer-to-Peer-Systeme weltweit und rund um die Uhr „online" sein und bezüglich ihrer Inhalte und Teilnehmerdaten abgefragt werden. Auch entsteht durch das jederzeit mögliche Zusammenschalten von vielen einzelnen Rechnern zu netzbasierten, virtuellen Großsystemen ein selbst mit „Stand-alone"-Großrechnern oft kaum erreichbares Verarbeitungspotential.

Die Nutzerrechner dienen gleichzeitig zum Download wie zum Upload. Jeder Teilnehmer kann als Anbieter oder Nutzer auftreten. Die Verwaltung dieses Systems kann hierbei auf einem oder mehreren zentralen Serverrechnern erfolgen (z.B. Napster) oder ganz in die auf den Nutzerrechnern implementierte, dezentrale P2P-Software

---

1 *Steinmetz/Wehrle*, Peer-to-Peer-Networking &-Computing, Informatik Spektrum 20.2.2004, 51.

2 *Schmid/Völter/Wolff*, IT-Ameisen, iX 8/2001, 98, 99. *Oram* (in: *Oram* (ed.), Peer-to-Peer. Harnessing the Power of Disruptive Technologies 2001) spricht von einem „sich selbst organisierenden System gleichberechtigter, autonomer Einheiten (Peers)".

3 *Schmid/Völter/Wolff*, IT-Ameisen, iX 8/2001, 98, 99 unter Bezug auf das Paper von Clay *Shirky*: What Is P2P. And What Isn't; www.openp2p.com/pub/a/p2p/2000/11/24/shirky1-whatisp2p.html.

4 weshalb Inhalte meist durch unstrukturierte Identifikatoren adressiert werden, die sich mit Hilfe von Hash-Funktionen aus den jeweiligen Inhalten gewinnen und durch inhaltebasierte Wegewahl auffinden lassen (*Steinmetz/Wehrle*, Peer-to-Peer-Networking&-Computing, Informatik Spektrum 20.2.2004, 51, 52).

5 *Freiwald*, Die private Vervielfältigung im digitalen Kontext am Beispiel des Filesharing, 31.

verlagert sein (z.B. Gnutella) und sogar eine komplette Verschlüsselung der Dateien erlauben (z.B. Freenet).

Weder die bisherige Entwicklung der erwähnten P2P-Systeme noch die Ausdifferenzierung neuer Entwicklungsansätze können im Rahmen der vorliegenden Darstellung vollständig dargestellt werden. Vielmehr seien nur einige Aspekte herausgegriffen, die gegenwärtig besondere rechtliche Relevanz haben. Richtig wurde bemerkt, dass das Internet letztlich selbst nichts anderes als ein Point-to-Point-Netz ist[1], das aus dem ARPANET entwickelt wurde, – selbst schon ein Netz eigenständiger Rechner[2] im US-Verteidigungsbereich. Ein ziviles P2P-typisches File-Sharing-System wurde bereits 1979 zum Austausch von Nachrichten entwickelt, nämlich Unix-to-Unix-Copy (UUCP), aus dem das *Usenet* (UNIX User Network) entstand, das heute noch besteht[3]. Seit 1984 wurde außerdem im Fidonet ein automatisierter Dateitausch betrieben, der über eine hierarchische Netzstruktur entlang Backbones und angeschlossenen Hubs verwaltet wurde, an die wiederum die Nodes-Rechner angeschlossen waren[4].

Dateitausch ist grundsätzlich auch im **IRC** (Internet Relay Chat) möglich[5], im Instant-Messaging-Programm ICQ mit eigenem Verzeichnisdienst, der IP-Adressen unter Umgehung des DNS in Echtzeit aktualisiert[6], ebenso über das schlichte, bereits 1985 definierte Client-Server-Protokoll **FTP** (File Transfer Protocol)[7]. Und schließlich: Die wohlbekannten **Hyperlinks** im Web, die beliebig zwischen Sites im Web hergestellt werden können und dessen Wesen ausmachen, sind im Grunde nichts anderes als dezentrale Peer-to-Peer-Verbindungen[8]. Technisch unterscheidet sich **Client-Server**-Computing von P2P-Netzen darin, dass bei Client-Server-Systemen der Server den Client nicht von sich aus ansprechen, sondern nur der Client die Kommunikation anstoßen kann, während bei P2P-Netzen auf jedem angeschlossenen

---

1 So der Entwickler Clay *Shirky* auf der Peer-to-Peer-Konferenz in San Francisco am 14.-16.2.2001, zit. nach: *Möller*, Treffen unter Gleichen, Teil I: Napster, SETI, Freenet, Gnutella, espra und Groove, 25.2.2001, verfügbar unter: www.telepolis.de/deutsch/inhalt/te/7008/1.html, 2.

2 *Minar/Hedlund*, A Network of Peers, in: *Oram* (ed.), Peer-to-Peer. Harnessing the Power of Disruptive Technologies 2001, 3, 4.

3 *Minar/Hedlund*, A Network of Peers, a.a.O., 5; *Möller*, Schöner tauschen, IV, Die Klassiker: Usenet, IRC, FTP, WWW, E-Mail, Hotline, 30.8.2000, www.heise.de/tp/deutsch/inhalt/8630/1.html, 1. Wie bei Gnutella gab es keinen Servern und verwendeten die Nutzer hauptsächlich Wählverbindungen (*Möller*, a.a.O., 2). Heute können fast alle Arten von Dateien übertragen werden, auch Computerprogramme („Warez"), *Videos* (etwa von neuen Filmen) oder MP3-Dateien (auch mit digitalisierten *Audiobüchern*, *Möller*, a.a.O., 3). *Möller* sieht im Unsenet ein interessantes soziologisches Phänomen, da Uploads freiwillig erfolgen und materielle Gegenleistungen nicht zu erwarten sind, aber doch in der Binärhierarchie täglich mehr als 80 Gigabyte pro Tag reinkommen (*Möller*, a.a.O.).

4 *Labs*, Byteschieber, c't 11/1995, 298.

5 *Möller*, Schöner tauschen, IV, a.a.O., 7. IRC entstand aus „talk" unter UNIX und setzt sich aus verschiedenen Subnetzen zusammen (*Möller*, a.a.O., 7). Mit besonderen Skripten erhält IRC *Napster-artige Suchfähigkeit*. Entscheidend ist das Herstellen einer Verbindung. Die Benutzer legen einen „Locator-Trigger" in einem Channel (themenspezifische Gruppe) fest und scannen ihre Verzeichnisse nach den entsprechenden Dateien; dieses System erlaubt auch „exklusive Releases z.B. von Filmen" (*Möller*, a.a.O., 8).

6 Computerwoche 50/2001, 14.

7 *Möller*, Schöner tauschen, IV, a.a.O., 10. Viele Nutzer verwenden FTP z.B. zum Upload von Dateien auf ihre Webseiten auf Hostservern. Bei Anonymous FTP wird keine Benutzerkennung benötigt, aber die IP-Adresse mitübertragen. Mit dem passiven Modus FXP (bzw. PASV) sind Server-zu-Server-Transfers auch von großen Dateien (z.B. Filmen) möglich, Suche erfolgt über FTPSearch (*Möller*, a.a.O., 10, 11).

8 *O'Reilly*, Remaking the Peer-to-Peer Meme, in, *Oram* (ed.), Peer-to-Peer. Harnessing the Power of Disruptive Technologies 2001, 38, 53.

Rechner sowohl Server- als auch Client-Komponenten installiert sind[1]. Während Napster als Dienst eingestuft wurde, der von Anfang an zum Tausch rechtswidrig erstellter Exemplare urheberrechtlich geschützter Musik angelegt wurde, gelten die klassischen Dienste wie Usenet, FTP oder IRC als *„agnostisch"*, also nicht auf bestimmte u.U. rechtswidrige Anwendungen abgestellt[2].

Auch Gnutella und Freenet und vergleichbare Dienste sind nicht eindeutig[3] bestimmten Anwendungen zugeordnet. Diese Modelle verfolgen mehr oder weniger unterschiedliche Peer-to-Peer-Konzepte. Gemeinsam ist ihnen wie dem Open Source-Ansatz der *„community"*-Aspekt einer dezentralen Kommunikation[4], dessen *„grass-roots"*-Charakter insbesondere in den USA erkennbar ist. Unterstützt wird dieser Ansatz durch das technische Merkmal der Einbindung der Nutzer als aktive Teilnehmer, die selbst Inhalte anbieten[5]. Auch ist der Ausfall einzelner Rechner zumeist unschädlich, da dieselben Inhalte auf vielen Rechnern (gewissermaßen „massiv redundant"[6]) bereitgehalten werden.

Allerdings ist die Nutzung von P2P-Netzen **nicht** immer **sicher**. Wer P2P-Software installiert, wird meist aufgefordert, möglichst viele eigene Dateien für den Zugriff zur Verfügung zu stellen. Wenn hier nicht vorab Teilbereiche im Rechner gesperrt werden können, kann (unabsichtlich) auf diese Weise auch etwa die gesamte Privatkorrespondenz, die Outlook-Adressdatei oder ein genutztes Passwort des Nutzers im Internet zugänglich werden. Auch lassen sich Suchbegriffe manipulieren, so dass unter „paint" nicht ein Malprogramm, sondern unter „paint.exe" ein Virusprogramm übermittelt wird[7].

Zu beachten ist, dass „P2P" nicht mit dem P-to-P-Computing verwechselt werden darf, das auf dem älteren Konzept des Distributed Computing Environment (DCE) basiert (auch Distributed Resource-Management genannt) und etwa zur Verteilung umfangreicher Berechnungen auf Prozessoren genutzt wird[8] (also quasi ein Vorläufer des „Grid-Computing"). Bereits die LU 6.2 Peer-to-Peer-Kommunikation hatte die Kommunikation mit und gleichberechtigt zwischen PCs innerhalb von SNA ermöglicht[9]. P2P-Netze sind zwar erst mit Napster breiteren Nutzerkreisen bekannt geworden, jedoch bereits als kleinere Netze schon länger eingesetzt worden[10]. Auch sind die neuen, weltweiten P2P-Systeme in der Entwicklung und Nutzung keineswegs auf nichtkommerzielle *„communities"* aus *„geeks"* und *„nerds"* begrenzt, sondern haben sie auch kommerzielle Ausformungen erfahren (wobei freilich Napster durch den Erwerb durch Bertelsmann selbst kommerzialisiert wurde). Mit *„Groove"*-Networks stellte der Lotus-Notes-Groupware-Entwickler Ray Ozzie seit 1997, also lange vor

---

1 *Morrow* (Chairman der Peer-to-Peer Working Group für P-to-P-Systeme), Computerwoche 23/2001, 26; *Steinmetz/Wehrle*, Peer-to-Peer-Networking &-Computing, Informatik Spektrum 20.2.2004, 51, 52.

2 *Möller*, Schöner tauschen, Teil IV, Die Klassiker: Usenet, IRC, FTP, WWW, E-Mail, Hotline, 30.8.2000, www.heise.de/tp/deutsch/inhalt/8630/1.html, 17.

3 *Möller*, Sicherheit in Peer-to-Peer-Netzen, 29.6.2001, www.telepolis.de/deutsch/inhalt/te/7972.html.

4 *Winer* (zit.bei: O`Reilly, Remaking the Peer-to-Peer Meme, in: *Oram* (ed.), Peer-to-Peer. Harnessing the Power of Disruptive Technologies 2001, 38, 49) formuliert: „The P in P2P is People".

5 *O`Reilly*, Remaking the Peer-to-Peer Meme, a.a.O., 51.

6 *O`Reilly*, Remaking the Peer-to-Peer Meme, a.a.O., 51.

7 *Möller*, Sicherheit in Peer-to-Peer-Netzen, 29.6.2001, www .telepolis.de/deutsch/inhalt/te/7972.html.

8 Computerwoche 47/2000, 33, 34.

9 *v.Lavante*, Computerwoche v. 5.5.1989, 44.

10 Beispiele waren etwa Lansmart, Lantastic, Netware Lite oder Powerlan (s. PC Professionell, Juni 1992, 194ff und PC-Welt 1/93).

Napster, ein auch in Unternehmen einsetzbares P2P-System als „LAN on demand“[1] zur Verfügung[2], das neben File Sharing, Event-Planung oder Projektkollaboration ermöglicht[3], generell also eine direkte, spontane und Internet-übergreifende Kommunikation, allerdings nur für kleine Gruppen. Mit *„Jabber“* wird Instant Messaging auf P2P-Basis möglich[4]. Einzelne Firmen nutzen P2P-Systeme für Dienstleistungen im Finanzbereich[5]. Auch stellen mittlerweile 3 Millionen Nutzer Rechenzeit über besondere P2P-Netze (sog. *„Grids“*) zur Verfügung, etwa zur dezentralen Auswertung der astronomischen Suche nach extraterrestrischem Leben im „seti@home“-Projekt, an dem über eine Million PCs weltweit beteiligt sind[6], zur Verfügung[7]. Über Slashdot können Teilnehmer kollaborativ als P2P-Journalisten arbeiten[8]. Der P2P-Ansatz geht damit weit über Napster hinaus. Inzwischen wurden eigene **Suchmaschinen** für P2P-Netze entwickelt (z.B. pointera.com, gonesilent.com oder flycode.com)[9].

II. Serverbasierte P2P-Netze

P2P-Netze sind durch Napster bekannt geworden, wenn gleich manche Napster wegen der serverbasierten Verwaltung nicht als echtes P2P-Netz ansehen[10]. Jedenfalls kann Napster als Paradigma serverbasierter P2P-Systeme herangezogen werden. Ähnlich funktionieren auch Napster-Nachfolger und andere ähnliche, zentrale P2P-Netze.

1. Napster

Das seit Mitte 1999 verfügbare[11], sehr schnell erfolgreiche[12], aber seit Juli 2001 nicht

---

1 *O'Reilly*, Remaking the Peer-to-Peer Meme, in, *Oram* (ed.), Peer-to-Peer. Harnessing the Power of Disruptive Technologies 2001, 38, 53.

2 Unter groove.net.

3 *Möller*, Treffen unter Gleichen, Teil I: Napster, SETI, Freenet, Gnutella, espra und Groove, 25.2.2001, verfügbar unter: www.telepolis.de/deutsch/inhalt/te/7008/1.html, 6. „Groove“ ist besonders deshalb bemerkenswert, weil die Kommunikation (ähnlich wohl nur wie Freenet) dezentrale und verschlüsselte Kommunikation verwaltet (nach *Möller*, a.a.O., 7, „ideal für die illegalsten Aktivitäten im Netz überhaupt“, da es für jeden mit E-Mail „eine sichere, unzensierbare Kommunikationsplattform“ darstellt, etwa für Geldwäsche oder politische extreme Propaganda).

4 *O'Reilly*, Remaking the Peer-to-Peer Meme, in, *Oram* (ed.), Peer-to-Peer. Harnessing the Power of Disruptive Technologies 2001, 38, 52; *Miller*, Jabber. Conversational Technologies, in: *Oram* (ed.), Peer-to-Peer. Harnessing the Power of Disruptive Technologies 2001, 77 ff.

5 *Möller*, Treffen unter Gleichen, Teil I, a.a.O., 11.

6 *Bauer*, SZ Nr. 85 v.11.4.2001, 26.

7 *Möller*, Treffen unter Gleichen, Teil I, a.a.O., 12; ausführlich *Anderson*, SETI@home, in: Oram (ed.), Peer-to-Peer. Harnessing the Power of Disruptive Technologies 2001, 38, 67 ff.

8 *Möller*, Treffen unter Gleichen, Teil II: JXTA, Slashdot, Open-Source-Cola und Metadaten, 5.3.2001, verfügbar unter: www.telepolis.de/deutsch/inhalt/te/7051/1.html, 2.

9 SZ Nr. 18 v. 23.1.2001, S. V2/14.

10 Computerwoche 47/2000, 33; *Schmid/Völter/Wolff*, IT-Ameisen, iX 8/2001, 98, 99.

11 *Möller*, Schöner tauschen, 1. Teil, Napster und seine Freunde, 30.6.2000, www.heise.de/tp/deutsch/inhalt /8304/1.html.

12 Nach dem Verfügbarmachen von Napster waren in kürzester Zeit fast 40 Millionen Nutzer registriert (Computerwoche 47/2000, 33) und nutzten im Februar 2001 etwa 13 Millionen Nutzer monatlich das Angebot (*Gampp*, GRUR Int. 2003, 991, 997).

mehr existente, ursprüngliche P2P-System Napster[1] bot nicht einfach Inhalte auf eigenen Host-Rechnern an, sondern ermöglichte mittels herunterzuladender besonderer P2P-Software („MusicShare") einen zwischen Nutzerrechnern „peer-to-peer" erfolgenden Austausch von MP3[2]- und anderen Dateien (sowie Software wie etwa Photoshop), ebenso die Suche solcher Dateien auf anderen Nutzerrechnern. Napster soll nachfolgend als Paradigma für zentrale P2P-Netze In Bezug genommen werden. In vergleichbaren anderen Netzen können Filme getauscht werden, die mit Komprimierungsmethoden wie DivX im Format reduziert wurden. Auf den Serverrechnern von Napster wurden hierbei nicht die Dateien selbst gespeichert, sondern nur ein „Indexverzeichnis" gespeicherter **Datei*bezeichnungen***[3] (sog. *„client-server-indexing"*[4]). Hingegen findet der **Dateitransfer als solcher nur zwischen den Teilnehmern direkt** statt[5]. Damit konnte auf den Serverrechner selbst keine Löschung oder auch nur Sperrung rechtswidrig erstellter Dateikopien durchgeführt werden. Die einzelnen Dateibezeichnungen sind ihrerseits mit Links zu den URLs der Rechner verknüpft, von denen die Dateien heruntergeladen werden können. Derartige Indexierungssysteme funktionieren damit wie Suchmaschinen, wobei wie bei diesen die Indexerstellung automatisiert erfolgt (und der Massen der nachzuweisenden Dateien und zu bearbeiteten Suchanfragen auch gar nicht manuell möglich ist).

Wollte ein Nutzer an Napster teilnehmen, musste er sich bei Napster **registrieren** lassen und erhielt einen *„user name"* und ein Passwort sowie die notwendige MusicShare-Software zum Download. Wollte er Dateien anbieten, muss er diese in einem Verzeichnis organisieren und sich dann mit Benutzernamen und Passwort bei Napster einloggen; dies wird durch die P2P-Software automatisiert unterstützt, die nach einer Überprüfung der Files deren Namen mit der IP-Adresse[6] des speichernden Nutzers auf den Napster-Server heraufludٍ, wodurch andere Nutzer auf diese Dateien zugreifen konnten. Ein einen Titel suchender Nutzer brauchte nur diesen Titel zum Download auswählen und erhielt dann vom Napster-Serverrechner die IP-Adresse des bereitstellenden Nutzers übertragen, der die Datei direkt auf den Rechner des anfragenden Nutzers herunterlud. Bei Up- und Downloading wurden also Benutzername und Passwort übermittelt[7]. Im serverseitigen Verzeichnis sind alle Datei-Anbieter gespeichert, allerdings nur, soweit sie online sind. Da viele Nutzer nur temporär online sind (z.B. nur zu bestimmten Tageszeiten), ändert sich der weltweite Verzeichnisbestand laufend. In technischer Sicht sind alle Teilnehmer von Filesharing-Netzen zugleich „Server" und „Client"[8], gleich, ob diese Netze zentral oder dezentral organisiert sind (da diese Unterscheidung nur für die Verwaltung des Registers der Dateibezeichnungen relevant ist, nicht für den eigentlichen Dateizugriff.

---

1 www.napster.com. Napster wurde von Shawn Fanning entwickelt.

2 „MP3" steht für „MPEG Audio Layer 3"-Verfahren. Dieses wurde 1992 vom Fraunhofer-Institut für Integrierte Schaltungen entwickelt (www.iis.fhg.de/amm/techinf/layer3/index.html). Mittlerweile wird ein optimiertes Format MP3 pro vorbereitet. Das Umwandeln in das komprimierte Verfahren wird als Encodierung (encoding) bezeichnet.

3 *Gampp*, GRUR Int. 2003, 991, 992; *Freiwald*, Die private Vervielfältigung im digitalen Kontext am Beispiel des Filesharing, 26.

4 *Gampp*, GRUR Int. 2003, 991, 998.

5 *Freiwald*, a.a.O, 27.

6 *Gampp*, GRUR Int. 2003, 991, 992.

7 Die ausführlichste Darstellung zu diesem Punkt findet sich in der Entscheidung U.S. Court of Appeals for the Ninth Circuit, 12.2.2001, GRUR Int. 2001, 355, 356.

8 *Freiwald*, a.a.O., 25.

Auf mehreren, nicht voll miteinander synchronisierten[1] **Serverrechnern** werden in zentralen P2P-Netzen nicht diese Dateien, sondern nur die „MP3 *file names*" (also die Datei**bezeichnungen**) in einem „*collective directory*" gespeichert[2], aus dem zugleich zu denjenigen anbietenden Nutzern Zugang gewährt wird, die jeweils gerade online sind. Die Dateiadressierung ist an den physikalischen Standort der Datei gebunden[3], erfolgt also über den URL[4]. Über den Index des Verzeichnisses konnten alle Napster-User beliebig Files suchen und sich „Fundstellen"listen über Napster erstellen lassen. Auch die Suche erfasste hierbei keinerlei Dateiinhalte, sondern nur die Dateibezeichnungen[5]. Der anfragende Nutzer wird über den die Anfrage weiterleitenden Server[6] mit dem System des anderen Nutzers verbunden, von dem dann der Download *unmittelbar* („peer-to-peer") zum anfragenden Nutzer erfolgt. Kein Bit der Datei gelangt auf den Server[7]. Napster wies die IP-Adresse und einen (frei wählbaren) Nickname nach[8]. Der MP3-File kann direkt auf dem Rechner des anfragenden Nutzers oder auf eigenen MP3-Playern oder –Radios abgespielt oder auf CD „gebrannt" werden. In beiden Fällen treten keine Qualitätsverluste auf (von der MP3-Komprimierung abgesehen, die schon vor Übertragung besteht). Manche sahen freilich Napster als Hybrid-, nicht als genuines P2P-System an, da zwar das File-Sharing dezentralisiert war, das Downloading aber über zentrale Rechner vermittelt wurde[9]. Die Übergänge scheinen aber fließend. In Mischsystemen ist völlige Gleichheit der Peers nicht erreicht bzw. und auch nicht angestrebt; vielmehr kristallisieren sich „Super Peers" mit mehr oder besseren Files und größeren verfügbaren Bandbreiten heraus[10].

Am 29.10.2003 ging Napster 2.0 in den USA wieder online[11], allerdings mit legalen MP3-Files. Insoweit gelten die vorstehenden Ausführungen auch auf Napster bezogen weiter.

2. OpenNap, Musiccity

OpenNap ist ein Open-Source-Server mit Napster-Funktionalität, der bei Angabe eines MIME-Typs auch andere Dateitypen durchsuchen kann[12]. Die OpenNap-Serverrechner

---

1 *Möller*, Schöner tauschen, 1. Teil, Napster und seine Freunde, 30.6.2000, www.heise.de/tp/deutsch/inhalt/8304/1.html, 1.

2 S.a. *Kreutzer*, GRUR 2001, 193, 195.

3 *Möller*, Treffen unter Gleichen, Teil II: JXTA, Slashdot, Open-Source-Cola und Metadaten, 5.3.2001, verfügbar unter: www.telepolis.de/deutsch/inhalt/te/7051/1.html, 5.

4 Uniform Resource Locator.

5 Ein ähnliches Ergebnis lässt sich über eineWWW-Linkdatenbank erreichen, wie bei MP3Board.com geschehen (*Möller*, Schöner tauschen, 1. Teil, Napster und seine Freunde, 30.6.2000, www.heise.de/tp/deutsch/inhalt/8304/1.html, 2).

6 *Kreutzer*, GRUR 2001, 193, 195.

7 *Möller*, Schöner tauschen, 1. Teil, Napster und seine Freunde, 30.6.2000, www.heise.de/tp/deutsch/inhalt/8304/1.html, 2 .

8 *Möller*, a.a.O., 2.

9 *Minar/Hedlund*, A Network of Peers, in, Oram (ed.), Peer-to-Peer. Harnessing the Power of Disruptive Technologies 2001, 17.

10 *O'Reilly*, Remaking the Peer-to-Peer Meme, in, *Oram* (ed.), Peer-to-Peer. Harnessing the Power of Disruptive Technologies 2001, 38, 50.

11 Spiegel Online, 14.10.2003, www.spiegel.de/netzwelt/politik/0,1518,269703,00.html.

12 *Möller*, Schöner tauschen, 1. Teil, Napster und seine Freunde, 30.6.2000, www.heise.de/tp/deutsch/inhalt/8304/1.html, 3

sind synchronisiert[1] und erlauben über das Add-on Napigator eine Suche über selbstgewählte, Napster-unabhängige Suche. Die Suche erfasst auch hier nur Dateibezeichnungen, nicht deren Inhalt.

Ab Januar 2001 bot **Musiccity** ein schnell wachsendes Open-Napster-Netzwerk an, für das im April 2001 die Kazaa-Tauschsoftware der Fasttrack-Entwickler Friis und Zennstrom unter dem Namen Morpheus vertrieben wurde[2].

3. AudioGalaxy

Ähnlich wie Napster wesentlich auf MP3-Files spezialisiert ist **AudioGalaxy**, das auch mit einem Indexserver arbeitet[3]. Das (noch vor Napster) in Spanien entwickelte System Filetopia verschlüsselt alle Datentransfers und ermöglicht weitgehend Anonymisierung der IP-Adressen der Teilnehmer.

III. Serverlose P2P-Netze

Die Server-Funktionen werden in dezentralen Netzen wie bei Gnutella auf die Nutzerrechner selbst verteilt (eine Annäherung an die ursprüngliche Internet-/ ARPANET-Konzeption). Rechtlich relevante Folge ist, dass Ansprüche aus Rechtsverletzungen nur noch direkt gegenüber den einzelnen Nutzern geltend gemacht werden können, da kein verwaltender Anbieter existiert[4]. Vielmehr werden Anfragen zwischen einzelnen Rechnern weitergeleitet, bei dem etwa rechtswidrig bereitgehaltene MP3-Files zentral gelöscht werden könnten. Zwischengeschaltete Nutzer treten hier in der Rolle von Zugangsvermittlern (*Servants*) und Anbietern auf. Außerdem gibt es keine feste Netzstruktur, da dieses von der Anzahl und Verteilung der jeweils eingeschalteten und angeschlossenen Rechner abhängt.

Durch das Einstellen des Angebotes von Napster entstand eine Vielzahl dezentraler Angebote (wie etwa Aimster/Madster[5], AudioGalaxy, der Gnutella-Client BearShare, eDonkey, Firstpeer, Freenet, Grokster, Gnutella und die Nachfolger Genny, Gnewtell und Furi, iMesh, Kazaa, LimeWire, Mactella, Mojo Nation, Morpheus, Opennap[6], ToadNode). Kazaa (teilweise auch „KaZaA" geschrieben) soll 185 Millionen Mal heruntergeladen worden sein[7]. Grokster, StreamCast und Kazaa B.V. beruhen auf derselben Fasttracking-Netzwerktechnologie, die von Niklas Zennström und Janus Friis entwickelt wurde[8]. StreamCast verwendet inzwischen aber die Open Source Software von Gnutella und vertreibt die Morpheus-Software an die Nutzer.

Seit die Musikwirtschaft gegen Nutzer vorgeht, wichen diese zunehmend in kleinere dezentrale Netze wie **Direct Connect** (DC) aus, bei denen jeder Teilnehmer selbst auch

---

1 *Möller*, a.a.O., 3.

2 *Röttgers*, Mix, Burn & R.I.P., 47

3 *Möller*, Kopieren ohne Grenzen. Dateien tauschen in Peer-to-Peer-Netzen, c't 6/2001, 150, 151.

4 *Gampp*, GRUR Int. 2003, 991, 998.

5 Aimster hat sich nach Unterliegen in einem markenrechtlichen Rechtstreit mit AOL in Madster umbenannt (heise online news, 24.1.2002, www.heise.de/newsticker/data/ame-24.01.02-000.

6 *Gampp*, GRUR Int. 2003, 991, 997, alle herunterladbar auf http://download.com.

7 Spiegel Online, 6.2.2003, www.spiegel.de/netzwelt/netzkultur/0,1518,233982,00.html.

8 Metro-Goldwyn-Mayer Studios, Inc. v. Grokster, Ltd. Et al. 243 F.Sup.. 2d 1073, 1080 (C.D.Cal.2003) = www.Grokster.com/files/030425_order_on_motions.pdf, 4.

Dateien zum Tausch anbieten muss, um überhaupt zugelassen zu werden, – wodurch Kontrollen durch Außenstehende erschwert werden. Über DC wurden bereits im Sommer 2003 von mehr als 110.000 P2P-Fans 5.000 Terabyte Daten verfügbar gemacht, fast soviel wie über Kazaa, Imesh und Grokster[1]. Auch bilden sich Kleinstnetze („*Darknets*"), die miteinander kommunizieren und mit vertretbarem Aufwand oft kaum kontrollierbar sind[2].

Peer-to-Peer-Netze sind teilweise Basis eines Tausches rechtswidrig erstellter Musikwerke geworden. Inzwischen haben sich freilich **legale** Online-Dienste etabliert, die in Einzelfällen schnell erfolgreich geworden sind (z.B. der iTunes MusicStore von Apple, der etwa 500.000 Songs pro Woche für 99 US-Cents vertreibt[3], binnen eines Jahres seit Eröffnung im April 2003 über 50 Millionen Downloads verzeichnen konnte[4] und mittlerweile auch in Europa zugänglich ist). Im Internet herunterladbare Musik-Files sind deshalb keineswegs generell als rechtswidrig einzustufen; vielmehr muss die rechtliche Beurteilung angebotsspezifisch erfolgen. Außerdem sollte Tausch in P2P-Netzen von Downloads aus zentralen Anbietersystemen wir iTunes unterschieden werden.

1. Gnutella

Gnutella[5] stellt paradigmatisch die serverlose (Open Source-)P2P-Alternative zu Napster da, da Gnutella keinen zentraler Server benötigt[6]. Alle File-Sharing-Funktionen sind in die Software auf den Nutzerrechnern verlagert. Die Software enthält also zugleich Server- und Client-Funktionen[7]. Indexiert wird nur das lokal vorhandene Material[8]. Dieser serverlose[9] Ansatz kommt dem P2P-Modell besonders nahe[10].

Dateiaustausch findet unmittelbar zwischen Nutzerrechnern statt,[11] ebenso die

---

1 *Röttgers*, Tauschen im Untergrund, w ww.telepolis.de/deutsch/inhalt/musik/15378/1.html.

2 *Röttgers*, a.a.O.

3 heise online 9.9.2003, heise.de/newsticker/data/sha-09.09.03-000/.

4 Heise online 15.3.2004, www.heise.de/newsticker/meldung/45570. Da dieser Online-Musikhandel lizenziert erfolgt, werden sich schon aufgrund dieser Umsatzzahlen Daten über Umsatzeinbrüche der Musikindustrie jedenfalls ab 2003 relativieren, da nicht nur der CD-Verkauf, sondern auch die legalen Downloads einzurechnen sind. Im Juli 2004 waren bereits 100 Millionen Songs verkauft worden (heise online news 12.7.2004, www.heise.de/newsticker/meldung/49017).

5 *Oram*, Gnutella and Freenet Represent True Technological Innovation (The O'Reilly Network, www.oreillynet.com/lpt/a/208). Gnutella wurde von Justin Frankel entwickelt.

6 *Oram*, a.a.O.

7 „The client is the server is the network" (*Kan*, Gnutella, in: *Oram* (ed.), Peer-to-Peer. Harnessing the Power of Disruptive Technologies 2001, 94, 100).

8 *Möller*, Kopieren ohne Grenzen.Dateien tauschen in Peer-to-Peer-Netzen, c't 6/2001, 150, 151.

9 Gnutella benötigt keinen zentralen Rechner, arbeitet aber mit „semi-zentralen" Punkten, nämlich sog. Reflektoren, die als temporäre, Napster-artige Index-Server im Gnutella-Netz fungieren, um vor allem Modembenutzer zu entlasten (so der Gnutella-Entwickler *Gene Kan*, zit. nach: *Möller*, Treffen unter Gleichen, Teil I: Napster, SETI, Freenet, Gnutella, espra und Groove, 25.2.2001, verfügbar unter: www.telepolis.de/deutsch/inhalt/te/7008/1.html, 5).

10 Die Gnutella verwaltende Software war zunächst von Nullsoft entwickelt worden, nach dem Erwerb von Nullsoft durch AOL im Juni 1999 aber nicht mehr verfügbar, jedoch über IRC anonym in wesentlichen Merkmalen offengelegt (*Möller*, Schöner tauschen, Teil III, Führerlos: Gnutella, Freenet, Jungle Monkey & Co, 8.8.2000, www.heise.de/tp/deutsch/inhalt/8504/1.html, 2).

11 ähnlich wie bei Mojo Nation, s. *Möller*, Treffen unter Gleichen, Teil II: JXTA, Slashdot, Open-Source-Cola und Metadaten, 5.3.2001, verfügbar unter: www.telepolis.de/deutsch/inhalt/te/7051/1.html, 5.

Dateisuche, ohne dass auf eine zentrale Registry-Datei zugegriffen würde. Auch in Gnutella erfolgt die Dateiadressierung über den URL[1].

Die Software erlaubt, eine einstellbare Zahl von Verbindungen zu anderen Rechnern aufrechtzuerhalten[2]. Suchanfragen werden, um ein unendliches Kreisen der Suchanfrage im P2P-Netz zu verhindern[3], versehen mit einer „*Time To Live*" (TTL)-Angabe (nach deren Ablauf die Abfrage nicht mehr weitergeleitet wird[4]), an die im Netz „benachbarten", aktiven Rechner jeweils dezentral von Rechner zu Rechner weitergeleitet[5]. Der erste andere Rechner, den die Abfrage erreicht, zieht einfach 1 vom TTL-Wert der Abfrage ab und leitet sie dann an alle umgebenden Rechner weiter, die wiederum das gleiche tun[6], bis die „Lebenszeit" des Request erreicht ist. Jeder Rechner, der die Suchanfrage empfängt, prüft seine lokale Dateiliste und liefert Treffer **über den gleichen Weg**, den die Anfrage gegangen ist, mit der IP-Adresse des Dateianbieters **zurück**. Hierfür wird die Anfrage auf den Zwischenrechnern aufgezeichnet[7]. Jede Anfrage erhält eine eigene Nummer (Unique Identifiers, UIDs), mit der allein die Anfrage identifiziert werden kann[8]. In der Antwort ist grundsätzlich die IP-Adresse des Dateianbieters (in Gnutella „*Servant*" oder „*Node*" genannt) enthalten[9], aber sonst keine IP-Adressen (etwa anfragender Nutzer) enthalten[10]. Die Anfragenden oder Anbieter werden in Routing Tables dynamisch verwaltet und nur kurzzeitig gespeichert[11]. Es wird das auch im Web genutzte HTTP-Protokoll genutzt, das die Verwendung von Browsern erlaubt. Suchmaschinen können nicht genutzt werden, da sie kein gleichzeitiges Anbieten erlauben[12]. Die Nutzer können IP-Adressen aktiver anderer Servants in IP-Listen sammeln[13]. Kann ein Gnutella-Servant auf eine Suchanfrage Treffer liefern, schickt er seine Antwort über denselben Weg zurück, über den die Anfrage gekommen ist. Suchanfragen sind aber praktisch anonym, da jeder Gnutella-Host nur seinen unmittelbaren Nachbarn kennt und nicht weiß, welche Stationen eine Nachricht zuvor passiert hat. Sinnvolle Antworten müssen jedoch die IP-Adresse des Servant enthalten, um einen Dateitransfer zu ermöglichen. Der Dateitransfer selbst findet dann direkt statt. Der Server „weiß" also, an wen er die Daten schickt, der Client weiß, wo sie

---

[1] *Möller*, a.a.O., 5.

[2] *Möller*, Schöner tauschen, Teil III, Führerlos: Gnutella, Freenet, Jungle Monkey & Co, 8.8.2000, www.heise.de/tp/deutsch/inhalt/8504/1.html.

[3] *Freiwald*, Die private Vervielfältigung im digitalen Kontext am Beispiel des Filesharing, 29.

[4] *Möller*, a.a.O., 2. Wird die TTL mit 10 eingestellt und kontaktiert jeder Host sechs andere, können 1 Million Nachrichten ausgetauscht werden (s. *Oram*, Gnutella and Freenet Represent True Technological Innovation (The O'Reilly Network, www.oreillynet.com/lpt/a/208), 4).

[5] Wird die Anfrage von jedem angefragten Rechner an eine Handvoll anderer Rechner weitergeleitet und verfährt jeder dieser anderen Rechner(betreiber) ebenso, führt dies zu einem exponentiellen Wachstum und kann sich ein solches System als „Broadband-Killer" entwickeln (*Röttgers*, Mix, Burn & R.I.P., 21).

[6] *Möller*, Schöner tauschen III; Führerlos: Gnutella, FreeNet, Jungle Monkey & Co, 8.8.2000, www.heise.de/bin /tp/issue/dl-artikelnr=8504&rub_ordner=inhalte&mode=html.

[7] *Oram*, Gnutella and Freenet Represent True Technological Innovation (The O'Reilly Network, www.oreillynet.com/lpt/a/208), 2

[8] *Kan*, Gnutella, in: Oram (ed.), Peer-to-Peer. Harnessing the Power of Disruptive Technologies 2001, 94, 105

[9] *Möller*, a.a.O.

[10] *Kan*, Gnutella, a.a.O., 118.

[11] *Kan*, Gnutella, a.a.O., 118.

[12] *Möller*, a.a.O.

[13] *Kreutzer*, GRUR 2001, 193, 196.

herkommen[1].

Die gesamte Serverfunktionalität muss in die auf dem Nutzerrechner laufende Software integriert werden. Es wird das auch im Web genutzte HTTP-Protokoll genutzt, das die Verwendung von *Browsern* erlaubt. Suchmaschinen können nicht genutzt werden, da sie kein gleichzeitiges Anbieten erlauben[2]. Die Programme „*Ping*" und „*Pong*" geben Aufschluss über die jeweilige Netzstruktur.

Ein Servant schickt regelmäßig Ping-Datenpakete an seine unmittelbaren Nachbarn im Netz, die in gleicher Weise weiterverteilt werden[3]. Der Empfänger antwortet mit einem Pong-Paket, das wie eine Suchanfrage auf dem Eingangsweg zurückgeleitet wird und die Adresse des Servants, dessen Port, die Zahl seiner Dateien sowie deren Größe enthält[4]. Gnutella füllt so einen Host-Catcher mit Adressen von Hunderten oder Tausenden Servants, die beim nächsten Start durchprobiert werden[5]. Durch Firewalls hindurch können Push-Request geroutet (durchgeleitet) werden[6]. Ping/Pong und Push führen zur hauptsächlichen Belastung des Gnutella-Netzes[7].

In Gnutella sind jedem Benutzer in einem „Host-Catcher" die IP-Adressen von Hunderten anderer Servants bekannt[8]. **Im Gnutella-Netz gibt es also keine Anonymität**. Nur das Suchen ist anonym[9]. Jeder Benutzer speichert die IP-Adressen von hunderten anderer Benutzer. In Gnutella wird vom einzelnen Nutzer aus eine Verbindung zu einem „Host-Cache" (auf seinem eigenen Rechner) hergestellt, der einen Block mehr oder weniger zufällig ausgewählter IP-Adressen bereitstellt, mit denen dann eine direkte Verbindung initiiert wird[10].

Die Zahl der angeschlossenen Hosts wurde etwa mit 180.000 angegeben[11]. Anfragen zu Servants hinter **Firewalls** können mit Push-Requests geroutet werden, womit die Schutzfunktion der Firewall beeinträchtigt oder aufgehoben sein kann. Mit der Gnutella-Clienst-Software Toadnode lassen sich allerdings SOCKS-Server unterstützen, über die die Gnutella-Nutzung anonymisiert werden kann[12]. Andere Gnutella-Clients sind etwa Bearshare oder Gnotella.

Gnutella weist Leistungsgrenzen (im August 2000 wurde 2000 Nutzer als Obergrenze des Netzes angegeben[13]), womit aber auch die Host-Catcher-Kapazität gemeint sein kann) und Mängel auf[14]. Gnutella ist damit (bisher) kein echter Napster-

---

1 *Möller*, Kopieren ohne Grenzen.Dateien tauschen in Peer-to-Peer-Netzen, c't 6/2001, 150, 151.

2 *Möller*, Schöner tauschen Teil III, a.a.O.

3 *Möller*, Schöner tauschen, Teil III, Führerlos: Gnutella, Freenet, Jungle Monkey & Co, 8.8.2000, www.heise.de/tp/deutsch/inhalt/8504/1.html, 2; *Kan*, Gnutella, in: Oram (ed.), Peer-to-Peer. Harnessing the Power of Disruptive Technologies 2001, 94, 115.

4 *Möller*, a.a.O.

5 *Möller*, Schöner tauschen, Teil III, a.a.O., 3.

6 *Möller*, Schöner tauschen, Teil III, a.a.O., 3.

7 *Möller*, a.a.O., 3.

8 Vom Host-Catcher zu unterscheiden ist das ständig im Netz laufende Host-Cache-Programm, das beim Einloggen andere Hosts als Verbindungsrechner vorschlägt (*Kan*, Gnutella, in: *Oram* (ed.), Peer-to-Peer. Harnessing the Power of Disruptive Technologies 2001, 94, 113).

9 *Möller*, a.a.O., 4.

10 *Möller*, Treffen unter Gleichen, Teil II: JXTA, Slashdot, Open-Source-Cola und Metadaten, 5.3.2001, verfügbar unter: www.telepolis.de/deutsch/inhalt/te/7051/1.html, 8.

11 *Möller*, a.a.O., 9.

12 *Möller*, Schöner tauschen, Teil III, Führerlos: Gnutella, Freenet, Jungle Monkey & Co, 8.8.2000, www.heise.de/tp/deutsch/inhalt/8504/1.html, 6.

13 *Möller*, a.a.O., 3.

14 *Frankel* nennt: Schlechtes Ping-/Pong-Routing, Servants mit schlechten Verbindungen, die zuviel

Ersatz. Auch ist kein zureichender Flooding-Schutz implementiert[1]. Der Einsatz bzw. der Anschluß im Unternehmen verbietet sich also, da er die Systemsicherheit unkalkulierbar beeinträchtigen kann.

Die dargestellte Dezentralisierung der Server-Funktionen bei Gnutella hat rein technisch bedingt zur Folge, dass Ansprüche aus **Rechtsverletzungen** nur noch direkt gegenüber den einzelnen Nutzern geltend gemacht werden können, da kein verwaltender Anbieter existiert[2]. Alle Anfragen werden nämlich zwischen einzelnen Rechnern weitergeleitet.

Zwischengeschaltete Nutzer treten hier in der Rolle von Zugangsvermittlern (Servants) und Anbietern auf. Außerdem gibt es keine feste Netzstruktur, da dieses von der Anzahl und Verteilung der jeweils eingeschalteten und angeschlossenen Rechner abhängt. Ist eine ausreichende Anzahl von Rechnern konnektiert, lassen sich Maßnahmen gegen einzelne Rechner durchsetzen, bleibt aber das P2P-System als solches intakt, da **Anfragen über andere Nodes geroutet** werden, die zudem im Ausland liegen können.

Gnutella ist schnell in die Kritik geraten, da es dazu genutzt wurde, rechtsverletzende Inhalte (nicht nur raubkopierte Songs, sondern etwa auch Dateien mit rechtsradikalen oder pornographischen Inhalten)[3]. Für die Nutzer ist aber vor dem Herunterladen oft nicht erkennbar, ob es sich bei den angebotenen Dateien etwa um Shareware oder illegal freigeschaltete Software handelt[4]. Ein rechtswidrig erstellter Music File könnte sich auf jedem der angeschlossenen Rechner befinden, womit eine Löschung in der Praxis letztlich undurchsetzbar wird; verbleibt auch nur ein Rechner mit der jeweiligen Datei, bleibt auch diese zugreifbar.

Gnutella, vom Winamp-Entwickler Nullsoft als Freeware zugänglich gemacht, wurde zwar vom Nullsoft-Aufkäufer AOL gestoppt; jedoch ist Gnutella weiterhin im Internet verfügbar[5].

2. Aimster

In Aimster sind die tauschbaren Inhalte verschlüsselt, so dass die Rechnerbetreiber keine Kenntnis über den Inhalt der auf ihren Rechnern gespeicherten Dateien haben.

3. Kazaa

In Kazaa (Schreibweise teilweise auch: KaZaA)[6] muss nicht jeder Client auch als Server fungieren, da das Programm selbst feststellt, ob ein Rechner für Server-Aufgaben geeignet ist, und so einzelne Rechner zu „*Super Peers*“ bestimmt[7]. Diese Rechner, die

Datenverkehr übernehmen müssen, und ineffizientes Routing unter Verwendung nachrichtenspezifischer IDs (zit.nach: Möller, a.a.O.).

1 *Möller*, a.a.O.

2 *Oram*, Gnutella and Freenet Represent True Technological Innovation (The O'Reilly Network, www.oreillynet.com/lpt/a/208), 4.

3 Hieraus erklärt sich die Beurteilung, Gnutella sei „der schmutzige kleine Bruder von Napster“ (Spiegel 18/2001, 120).

4 PC-Welt 10/2000, 66.

5 CHIP 9/2000, 142.

6 Kazaa wurde von Niklas Zennstrom und Janus Friis entwickelt.

7 *Möller*, Kopieren ohne Grenzen.Dateien tauschen in Peer-to-Peer-Netzen, c't 6/2001, 150, 153.

eine sehr gute Netzanbindung aufweisen, übernehmen die Rolle temporärer Server (SuperNodes), mit denen sich die Nutzer in Verbindung setzen[1]. FastTrack/Kazaa nutzten 2003 mehr als 3 Millionen User, die etwa 500 Millionen Files tauschten[2].

Da die Musikindustrie immer mehr „Datenmüll" in Kazaa platzierte, d.h. Dateien, die als „Fakes" nur Störlärm enthalten (womit nicht bestimmte Musikformen gemeint sind), ist die Attraktivität und der Marktanteil deutlich gesunken (in den USA von 90% und in Europa von 70% auf jeweils 20%), während die Nutzung von eDonkey zunimmt[3].

4. Freenet

Freenet geht als seit 1997 existentes, Java- und paketprotokollbasiertes Netz noch einen – und zwar wesentlichen – Schritt weiter als Gnutella. Freenet ist, abweichend von Gnutella, als Java-basiertes, **zensurresistentes, anonymes, effizientes P2P-Netz** konzipiert[4] und besser als Gnutella skalierbar[5]. Freenet hat keine wie immer geartete zentrale Kontrolle oder Verwaltung, weshalb es fast unmöglich ist, bestimmte Dateien gezielt zu sperren oder zu löschen oder auch nur den Ort der Abspeicherung festzustellen[6]. Allerdings ist Kommunikation in Freenet nicht völlig anonym, da die Identität des Nutzers jedenfalls dem ersten Freenet Node bekannt ist, mit dem er kommuniziert[7]. Der Nutzer selbst reserviert Speicherplatz auf seinem Rechner, weiß aber nicht, welche Daten hier gespeichert werden[8].

Freenet stellt als (bisheriger) Kulminationspunkt der P2P-Technologie eine bisher nicht bewältigte Herausforderung an die Durchsetzung von Urheberrechts-, Haftungs- und Datenschutzrechtsansprüchen dar. Unter Freenet wird eine Rückverfolgung von Dateianbietern erheblich erschwert oder gar unmöglich. Sein Entwickler hat ausdrücklich festgestellt, dass das System das Verfolgen weitgehend unmöglich mache[9].

Die Freenet Node Operators wissen nicht, welche Informationen auf ihrem Rechner abgespeichert sind, da die Daten verschlüsselt sind. Gesucht wird nur über ausdrücklich von den Nutzern den Dateien beigefügten Informationen. **Der Betreiber eines Hosts kann** damit **nicht feststellen, welche Dateien er** auf seinem Rechner **eigentlich speichert**, da er die Key-Bezeichnungen nicht rückentschlüsseln kann (dies kann nur der Anfragende). Damit können Unterlassungs- bzw. Beseitigungsansprüche gegen ihn

1 *Röttgers*, Mix, Burn & R.I.P., 22

2 *Oberholzer/Strumpf*, The Effect of File Sharing ob Record Sales – An Empirical Analysis, March 2004, w ww.unc.edu/~cigar/papers/FileSharing_March2004.pdf, 1.

3 Spiegel Online, www.spiegel.de/netzwelt/netzkultur/0,1518,302278,00.html. Nachfolger ist inzwischen Overnet (*Röttgers*, Mix, Burn & R.I.P., 51).

4 s. http://freenet.sourceforge.net/freenet.pdf. Freenet basiert der Protokolbeschreibung in dem Papier von Ian Clarke *A Distributed Decentralised Information Storage and Retrieval System* (http://freenetproject.org/ index.php?page=icsi-revised).

5 *Oram*, Gnutella and Freenet Represent True Technological Innovation (The O'Reilly Network, www.oreillynet.com/lpt/a/208), 4.

6 Frequently Asked Questions About Freenet Nr. 1.2 (http: //freenetproject.org/index.php?page=faq).

7 Frequently Asked Questions About Freenet Nr. 4.1 mit dem Hinweis, dass volle Anonymität (wie bei Nutzung von Mixmaster) die Verschlüsselung der Kommunikation zwischen den Nodes erfordert.

8 *Gampp*, GRUR Int. 2003, 991, 999.

9 *Clarke*, My views on Censorship and Copyright, http://freenetproject.org/index.php?page=philosophy (The system „will make it largely imossdible to prevent violations of copyright". Dies sei „a price worth paying" ... „to create a truly censorship-proof system". Probleme der Durchsetzung von urheberrechtlichen Ansprüchen dürften, nach seiner Auffassung, die technologische Weiterentwicklung nicht behindern.)

auch nicht ohne weiteres durchgesetzt werden, da die rechtsverletzende Datei nur schwer oder gar nicht identifizierbar ist. Kenntniserlangung im Sinne von § 11 TDG ist nicht möglich bzw. kaum beweisbar, dass bestimmte rechtsverletzende Dateien überhaupt auf seinem Rechner gespeichert sind. Freenet führt so zu einer **globalen virtuellen Festplatte**, die jedem die Speicherung und den Abruf von Daten erlaubt[1].

Freenet-Prinzipien sind **Dezentralisiertheit**, **Redundanz**, **Verschlüsselung**[2] und **dynamisches Routing**. Auf jedem angeschlossenen Rechner sind „Freenet Server“ bzw. „Freenet Daemon“ installiert, wodurch der Rechner zu einem „node“ wird[3]. Jeder Node-Rechner „weiß“ nur von einer begrenzten Anzahl anderer Nodes[4], ist aber prinzipiell für alle anderen Nodes zugänglich. Alle Daten werden mit sog. *Keys* gespeichert, von denen eine Prüfsumme gebildet wird. Die Anfragen werden wie bei Gnutella weitergeleitet. Der Empfänger der Anfrage sucht in seinem Cache die Datei, die nach der Prüfsumme, nicht mit dem Key im Klartext gespeichert ist und, wie ausgeführt, von ihm auch **nicht in den Key zurückverwandelt** werden können, und reicht die Anfrage weiter, wenn er die Datei nicht findet[5].

Wesentlich ist weiter, dass in Systemen wie Freenet das Uploading anonym erfolgen kann[6]. Anstatt der IP-Adressen werden (64bit-transaction-) **ID-Nummern** verwendet, die den jeweiligen **Dateien** (nicht den Rechnern !) zugeordnet werden und eine Suche über diese Nummern ermöglichen; hierbei muss der physische Ort der Speicherung nicht bekannt sein[7]. Für eine Datei wird ein Klartext*name* vergeben. Die Abfrage kann nur über diesen „Klartext-Key“ erfolgen. Von diesem Key wird eine Prüfsumme gebildet[8]. Die Prüfsummen werden im Cache gesammelt. Die Anfragen werden (wie bei Gnutella) als *„proxy requests“* von Node zu Node weitergeleitet. Der Empfänger(rechner) der Anfrage sucht in seinem Cache auf der Routing Table unter ähnlichen Keys nach der asymmetrisch verschlüsselten Datei über die ebenfalls verschlüsselte (und vom Empfänger nicht entschlüsselbare) Bezeichnung. Der Betreiber eines dateihostenden Rechners kann damit nicht feststellen, welche Dateien er eigentlich speichert, da er die Key-Bezeichnungen nicht rückentschlüsseln kann (dies kann nur der Anfragende). Der **Zugriff** erfolgt nur über die IP-Adresse der anderen

1 *Möller*, Kopieren ohne Grenzen. Dateien tauschen in Peer-to-Peer-Netzen, c't 6/2001, 150, 153.

2 Verschlüsselung wurde gezielt zum Schutz der Anonymität implementiert. Bemerkenswert offen werden die Motive hierfür von den Gründern mitgeteilt: „For political or legal reasons, it may be desirable for node operators not to explicitly know the contents of their datastore. This is why all stored files are encrypted. ... the objective is that the node operator can plausibly deny any knowledge of the content of her datastore, since all she knows *a priori* is the file key, not the encryption key.“ (*Clarke/Sandberg/Wiley/Hong*, Freenet: A Distributed Anonymous Information Storage and Retrieval System, http://freenetproject.org/index.php?page=icsi-revised, 10).

3 The Freenet Project, http://freenetproject.org/index.php?page=how-freenet-works..

4 *Langley*, The Freenet Protocol, http://freenetproject.org/index.php?page=protocol; *Langley*, Freenet, in: *Oram* (ed.), Peer-to-Peer. Harnessing the Power of Disruptive Technologies 2001, 123, 126. Es werden bei jedem Node-Rechner drei Datentypen abgespeichert, der Key, die Daten und die IP-Adresse, von der die Daten stammen. Key und Daten sind verschlüsselt. Der Betreiber kann beide nicht entschlüsseln (*Langley*, Freenet, a.a.O., 131).

5 *Möller*, a.a.O.

6 *Oram*, a.a.O.. Gnutella und Freenet laufen über verschiedene Protokolle und Ports.

7 *Borchers*, Vom Herdfeuer zum Steppenbrand, in: NZZ-Online (www.nzz.ch/online (Abfrage 5.4.2000)). Die Adressierung erfolgt bei Freenet wie auch bei Mojo Nation nicht über den URL, sondern den URN (Uniform Resource Name, s. *Möller*, Treffen unter Gleichen, Teil II: JXTA, Slashdot, Open-Source-Cola und Metadaten, 5.3.2001, verfügbar unter: www.telepolis.de/deutsch/inhalt/te/7051/1.html, 5).

8 The Freenet Project, „Re-Wiring the Internet“, http://freenetproject.org/index.php?page=faq.

Nutzer. Für den einzelnen Nutzer, der in der Regel die IP-Adressen nicht in Angaben zum Rechner bzw. zu dessen Betreiber auflösen kann, ist der andere Nutzer nicht erkennbar. Die (Klartext-)Keys existieren in seinem lokalen Index nur in der Form von Prüfsummen, die er nicht wieder in die ursprünglichen Keys zurückwandeln kann[1]. Die Rückentschlüsselung kann nur mit dem Key selbst erfolgen. Der Nutzer müsste also die Klartextdateibezeichnung kennen, um die Datei auf seinem Rechner zu finden. Prinzipiell können die meisten Internet-Dienste auch über Freenet abgewickelt werden[2]. Die erreichte Anonymität ist aber nicht umfassend. Zum einen wird die Identität dem nächsten Freenet-Node offengelegt; zum anderen können fortgeschrittene Techniken etwa der Traffic Analysis die Identität aufdecken[3].

Ist der lexigrafisch nächste Nachbar nicht erreichbar („*down*"), wird der zweit- bzw. drittnächste Nachbar kontaktiert[4]. Wird die Datei gefunden, leitet der Site-Betreiber, der sie auf seinem Rechner findet, mit seinem öffentlichen Schlüssel über dieselbe Node-Strecke zurück[5]. Auch eine Struktur der räumlichen Verteilung der beteiligten Rechner lässt sich nicht ohne weiteres rekonstruieren. Findet der „Nachbar" auf eine Anfrage (request) im Netz die(Prüfsummen-)Dateibezeichnung nicht, reicht er die Anfrage als eigenen Request „downstream"[6] an den *lexigraphisch* nächsten Host weiter[7], also den Rechner, der eine Dateibezeichnung aufweist, die der gesuchten in alphabetischer Ordnung am nächsten kommt, wodurch „lexigrafische Cluster" entstehen[8]. Die Anfragen werden solange weitergeleitet, bis die TTL abgelaufen ist, die Datei gefunden wurde oder keine weiteren Hosts auf dem Wege mehr vorhanden sind[9]. Die Rückleitung erfolgt über den Weg der Anfrage zurück, wobei sie auf jeder Zwischenstation gespeichert wird[10] (und bleibt). Wird die Datei nicht gefunden, erfolgt eine Failure-Meldung „*upstream*" zum anfragenden Nachbarn. Nach vielen solchen Suchläufen werden die suchenden Nodes immer spezialisierter, da auf ihren Routing Tables immer mehr Eintragungen enthalten sind und auch neue Nodes aufgenommen werden, die dann direkt ansteuerbar sind[11]. In Freenet werden die Daten durch verschiedene „*hops*" gelenkt, um sie dort zwischenzuspeichern und den /Daten-)Traffic zu anonymisieren.[12] Dateisuche als solche ist *nicht* möglich[13], da die Keys einer Datei bekannt sein müssen.

---

1 *Möller*, Schöner tauschen, Teil III, Führerlos: Gnutella, Freenet, Jungle Monkey & Co, 8.8.2000, www.heise.de/tp/deutsch/inhalt/8504/1.html, 12.

2 *Möller*, a.a.O., 14.

3 The Freenet Project, „Re-Wiring the Internet", http://freenetproject.org/index.php?page=faq (4. Security Questions), weshalb Anonymität wie unter „Mixmaster" nicht erreicht wird. Zu Mixmaster s. *Langley*, Mixmaster Remailers, in: *Oram* (ed.), Peer-to-Peer. Harnessing the Power of Disruptive Technologies 2001, 89, der das „Onion-Routing"-Prinzip der Dreifachverschlüsselung erläutert.

4 *Clarke/Sandberg/Wiley/Hong*, Freenet: A Distributed Anonymous Information Storage and Retrieval System, http://freenetproject.org/index.php?page=icsi-revised, 7 („steepest-ascent hill-climbing with backtracking").

5 *Clarke/Sandberg/Wiley/Hong*, Freenet, a.a.O., 5.

6 *Möller*, a.a.O.

7 *Möller*, Schöner tauschen, Teil III, Führerlos: Gnutella, Freenet, Jungle Monkey & Co, 8.8.2000, www.heise.de/tp/deutsch/inhalt/8504/1.html, 11.

8 *Möller*, Schöner tauschen, Teil III, a.a.O., 11.

9 *Möller*, Schöner tauschen, Teil III, a.a.O., 11.

10 *Möller*, Schöner tauschen, Teil III, a.a.O., 11.

11 *Clarke/Sandberg/Wiley/Hong*, Freenet, a.a.O., 8.

12 *Möller*, Treffen unter Gleichen, Teil II: JXTA, Slashdot, Open-Source-Cola und Metadaten, 5.3.2001, verfügbar unter: www.telepolis.de/deutsch/inhalt/te/7051/1.html, 5.

13 The Freenet Project, „Re-Wiring the Internet", http://freenetproject.org/index.php?page=faq.

Mit dieser Redundanz wird erreicht, dass Dateien auf vielen Rechnern (zwischen) gespeichert, also in einem Cache abgelegt werden.

Unterlassungs- bzw. **Beseitigungsansprüche** lassen sich in Freenet nicht ohne weiters gegen einen Node-Rechnerbetreiber durchsetzen, da eine behauptet rechtsverletzende Datei auf seinem Rechner nicht oder nur schwer identifizierbar ist. Soll also gegen einen (deutschen) Nutzer im Gnutella-System ein Sperrungs- und Löschungsanspruch im Rahmen einer Störungsbeseitigung durchgesetzt werden, muss dargelegt und unter Beweis gestellt werden können, dass sich die rechtsverletzenden Dateien überhaupt auf dem Rechner des Antragsgegners befinden müssen. Dies würde aber ein Entschlüsseln zumindest der Dateibezeichnungen voraussetzen, die im Betreiberrechner nicht möglich ist. Es macht auch nicht viel Sinn, den Betreiber zur Mitteilung des Schlüssels oder zur Durchführung der Entschlüsselung verpflichten zu wollen, da er über den Schlüssel systembedingt selbst nicht verfügt und die Entschlüsselung ohne Schlüssel nur mit unverhältnismäßigem Aufwand (nämlich jahrelangen Rechenzeiten) möglich wäre. Damit bliebe noch, einfach den gesamten Rechner zu sperren bzw. den Betreiber zur Löschung der Freenet-Software zu verpflichten. Dies könnte aber oft ebenfalls unverhältnismäßig sein, da Freenet weder ausschließlich noch schwerpunktmäßig gerade zum Zugänglichmachen rechtswidrig erstellter Werkexemplare dient, sondern weitgehend politischer Kommunikation. Selbst wenn man dies unterstellen würde, kann der Verletzte aber nur Ansprüche aus Verletzungen von Rechten geltend machen, die ihm an bestimmten Werken zustehen, nicht aber generell für sämtliche möglicherweise in ihren Rechten Verletzten, die ihm weitgehend unbekannt sind, gegen einen Betreiber vorgehen. Wenn der Antragsteller aber behaupten und darlegen muss, dass seine Rechte an bestimmten Dateien verletzt sind, hat er neben dem verschlüsselungsbedingten Substantiierungsproblem ein weiteres, wiederum technisch bedingtes Problem, da – auf Grund der „hops-to-live“- Begrenzung der Anfragen – die rechtsverletzenden Datei keineswegs auf sämtlichen Freenet-Nodes gespeichert ist, sondern nur auf der eher kleinen Anzahl der Upstreamnode-Rechner. Eine sämtliche Rechner umfassende Sperrung würde zumindest auch, wenn nicht überwiegend Rechner betreffen, auf denen kein rechtsverletzendes Dateiexemplar gespeichert ist, und wäre also unverhältnismäßig.

Mit **espra** existiert eine grafische Benutzeroberfläche für Freenet, die auf MP3 (!) spezialisiert ist[1]. Hier kann eine andere Beurteilung angebracht sein, sofern die MP3-Dateien überwiegend rechtswidrig erstellt wurden. Hier sind Sperransprüche gegen die Nutzung von espra als Suchwerkzeug möglich.

Ähnlich Freenet soll auch **Mojo Nation** ein dezentrales und durch Verschlüsselung anonymes Netz darstellen, allerdings mit dem Unterschied einer konsequenten Ökonomisierung: Jede Transaktion erfordert „Mojo“, eine virtuelle Währung, die über eine zentrale Bank verwaltet werden[2]. Wer Ressourcen beiträgt und hierdurch einen „credit“ erwirbt, erhält bei angefragten Transaktionen Vorrang[3].

---

1 *Möller*, Treffen unter Gleichen, Teil I: Napster, SETI, Freenet, Gnutella, espra und Groove, 25.2.2001, verfügbar unter: www.telepolis.de/deutsch/inhalt/te/7008/1.html, 14.

2 *Möller*, Schöner tauschen, Teil III, Führerlos: Gnutella, Freenet, Jungle Monkey & Co, 8.8.2000, www.heise.de/tp/deutsch/inhalt/8504/1.html, 16.

3 Moving to the head of the line for that resource (Mojo Nation, Docs, Technical Overview, 14.2.2000, www.mojonation.net/docs/technical_overview.shtml).

IV. Hybride P2P-Formen

Einige P2P-Netze verbinden Elemente des zentralen und des dezentralen Ansatzes. In solchen Hybriden werden einige Knoten (nodes) als Super-Nodes ausgelegt, die wie Zentralserver funktionieren, Indexverzeichnisse verfügbarer Dateien verwalten und mit anderen Super-Nodes verbunden sind, während die restlichen Peers mit Super-Nodes verbunden werden[1]. Zu diesen P2P-Netzen zählen FastTrack-Netze wie Kazaa, iMesh, Grokster) mit etwa 3,5 Millionen Nutzern Ende 2002, eDonkey und WinMX mit etwa 1,5 Millionen Nutzer in 2002[2]. Durch die hybride Architektur haben z.B. Kazaa-Nutzer Zugang nur zu einer begrenzten Anzahl anderer Nutzer, da etwa 100 bis 200 Peers mit einem Super-Node verbunden werde können[3]. Beschleunigung der Downloads wird durch Einsatz von Software wie BitTorrent erreicht.

B. Ausgewählte Rechtsfragen der Nutzung von Peer-to-Peer-Netzen

Die Nutzung von P2P-Netzen hat vor allem in zwei Bereichen rechtliche Probleme aufgeworfen, im Urheberrecht und im Haftungsrecht (wobei natürlich Überschneidungen bestehen).

Allgemein muss vorab festgestellt werden, dass P2P-Netze paradigmatisch für technische Entwicklungen stehen, die rechtliche Regelungen an die Grenze ihrer Leistungsfähigkeit führen. Dies ist teilweise auf (noch) nicht ausreichend klar abgegrenzte Rechtsbegriffe zurückzuführen (so beim Begriffsverhältnis „Veranstalter" im Sinne von § 52 UrhG zum Betreiber zentraler und gar dezentraler P2P-Netze), hauptsächlich aber auf die Schwierigkeiten, bestehende Ansprüche auch tatsächlich durchsetzen zu können. So sind die Nutzer etwa rasch von Napster auf Opennap und von Morpheus zu Kazaa bzw. jeweils vergleichbare Systeme gewechselt. Auch ist die Nutzung von Tauschbörsen 2003 trotz verschiedener Prozesse gegen Nutzer wieder angestiegen (auf etwa 11 bis 12 Millionen Nutzer), jedoch noch nicht so hoch wie im Mai 2003 (20 Millionen Nutzer)[4]. Ende 2003 wurden wöchentlich etwa eine Milliarde Songs heruntergeladen[5]. Möglich ist mittlerweile auch der Download von Videos, Filmen und sonstigen Werken. Selbst Strickmuster werden getauscht[6].

Prozesse gegen die Betreiber zentraler P2P-Systeme helfen damit nur begrenzt, weil sich deren Nutzer in kleine unkontrollierbare Zusammenhänge entziehen können[7], während bloße Anbieter von P2P-Software zur Verteidigung auf rechtmäßige Möglichkeiten der Nutzung ihrer Software verweisen und Prozesse gegen einzelne

---

1 *Oberholzer/Strumpf*, The Effect of File Sharing ob Record Sales – An Empirical Analysis, March 2004, www.unc.edu/~cigar/papers/FileSharing_March2004.pdf, 6.

2 *Oberholzer/Strumpf*, a.a.O., 7.

3 *Oberholzer/Strumpf*, a.a.O., 10 Fn. 12.

4 Heise online news, 17.1.2004, www.heise.de/newsticker/data/uma-17.01.04-002.

5 Wall Street Journal, 19.11.2003 , zit. nach *Oberholzer/Strumpf*, The Effect of File Sharing on Record Sales – An Empirical Analysis, March 2004, www.unc.edu/~cigar/papers/FileSharing_March2004.pdf, 10.

6 *Röttgers*, Mix, Burn & R.I.P., 82 berichtet anschaulich: „Die lieben Omas scannen ihre Strickmuster und tauschen sie im Netz über Chaträume und Mailinglisten aus." Nach Röttgers hat die International Needlehart Retailers Guild bereits einen Fond für juristische Auseinandersetzungen gegründet.

7 *Biddle/England/Peinado/Willman*, The Darknet and the Future of Content Distribution, 9, verfügbar unter: http://crypto.stanford.edu/DRM2002/darknet5.doc; *Röttgers*, Mix, Burn & R.I.P.,65, 73.

Nutzer nur sehr begrenzt Kompensationsmöglichkeiten bieten sowie nicht immer marketingförderlich sind.

Auch gibt es inzwischen **empirische Untersuchungen**, die keinen statistisch nachweisbaren Zusammenhang zwischen dem Tausch von Musikdateien und einen Rückgang der verkauften CDs erkennen konnten[1]. Die herunterladenden Nutzer hätten ein Album ohnehin nicht gekauft[2]. Auch seien vergleichbare Umsatzrückgänge in den späten Siebziger und den frühen Achtziger Jahren (also unabhängig von Downloads) aufgetreten und die Rekordumsätze in den Neunzigern auf die Substitution der LPs durch CDs zurückzuführen gewesen[3]. Ein solches Ergebnis ändert zweifellos nichts an einer bestehenden Rechtswidrigkeit des Filesharing, doch könnte es ein Indiz dafür sein, dass bloße Durchsetzung bestehender Ansprüche geeignete Marketingmaßnahmen nicht ersetzen kann, und zugleich als Anhaltspunkt für das Erfordernis ausreichender Substantiierung behaupteter Schäden gesehen werden. Für sich gut verkaufende Alben wurde sogar ein positiver Effekt gesehen[4]. Andererseits sind auch Downloads für den Nutzer mit Kosten verbunden[5], während die Anbieter bei legalen Downloads Kosten und Umsatzbeteiligungen einsparen, die mit dem Offline-Vertrieb verbunden sind. Auf mittlere Sicht wurde schließlich generell eine Ablösung des Mediums CD/DVD zugunsten des Online-Zugriffs auf Werke gesehen[6].

Schließlich sind die technischen Entwicklungen im P2P-Bereich „spannend und meist schwindelerregend schnell"[7], wodurch gerade von Anbietern angestrebte Musterprozesse ihre Funktion verlieren. Auch könnte sich das zentrale Problem technisch vereinfachter Vervielfältigung teilweise von P2P-Netzen weg auf „traditionelle" Medien verlagern, wenn nämlich mit Einführung des **digitalen Radios** und Fernsehens Musikwerke und z.B. Filme ohne Qualitätsverlust auf Datenträgern aufgenommen werden können. Hits kommen dann nicht mehr (nur) aus Internet-Tauschbörsen, sondern aus den Musikkanälen, wobei bestimmte Suchprogramme[8] internetweit die Angebote von Digitalradios durchsuchen und in kurzer Zeit eine gewünschte Titelauswahl zusammenstellen können.

---

1 Heise online news, 30.3.2004, www.heise.de/newsticker/meldung/46118 unter Bezug auf *Oberholzer/ Strumpf*, The Effect of File Sharing on Record Sales – An Empirical Analysis, March 2004, w ww.unc.edu/~cigar/papers/FileSharing_March2004.pdf, 2. Zweifelnd auch *Freiwald*, Die private Vervielfältigung im digitalen Kontext am Beispiel des Filesharing, 38 mit dem Hinweis, dass Einbrüche beim CD-Absatz auch auf Medienbrüche zurückzuführen sind.

2 *Oberholzer/Strumpf*, The Effect of File Sharing on Record Sales – An Empirical Analysis, March 2004, w ww.unc.edu/~cigar/papers/FileSharing_March2004.pdf, 4.

3 *Oberholzer/Strumpf*, a.a.O., 24.

4 *Oberholzer/Strumpf*, a.a.O., 3.

5 *Oberholzer/Strumpf*, a.a.O., 15 berichten, dass nach ihren Auswertungen auf 260.889 gemessene Downloads 549.870 fehlgeschlagene Download-Versuche kamen. Ein bemerkenswertes Detail am Rande: Die Studie (*Oberholzer/Strumpf*, a.a.O., 17) stellt fest, dass sich US-Nutzer an Zeiten orientieren, zu denen deutsche Schüler Ferien haben oder nach der Schule zu Hause sind, da zu diesen Zeiten „*a supply stock of files*" verfügbar sei, nämlich 87 % der Schüler/Studenten zu Hause in das Internet gehen.

6 *Röttgers*, Mix, Burn & R.I.P., 156.

7 *Röttgers*, Mix, Burn & R.I.P., 75.

8 So das Programm Streamripper, das Metadaten von Online-MP3-Streams ausliest und alle gespielten Songs abspeichert, ebenso Streambox Ripper, das außerdem proprietäre Format und Standardformate wie AVIs und MP3 wandelt (*Röttgers*, Mix, Burn & R.I.P., 78f, 80).

I. Urheberrecht

Napster ist hauptsächlich bekannt geworden, weil in diesem polyzentriert (d.h. mit mehreren Serverrechnern) gesteuerten Netz urheberrechtlich geschützte Musikwerke im MP3-Format (überwiegend aus dem U-Bereich) unabhängig von bestehenden Verwertungsrechten zugänglich gemacht wurden.

Im ersten Schritt einer Analyse ist zu fragen, wie die P2P-**Software** und das mit ihrer Hilfe geschaffene Netz selbst urheberrechtlich zu beurteilen ist. Die Software als solche ist wie sonstige Software urheberrechtlich schutzfähig. Sie ist oft frei herunterladbar und kann weitergegeben werden. Ein einheitliches Open-Source-Modell ist aber nicht erkennbar, so dass meist die Einstufung als Freeware naheliegt.

Die P2P-Netze steuernde **Software** ist zumeist nicht nur relativ komplex, da in sie unterschiedliche Funktionen der Netzsteuerung integrieren werden müssen, sondern auch eigenschöpferisch. In ihr werden in nichttrivialer Weise die unterschiedlichen Steuerungsfunktionen auf individuell gewählten Wegen verknüpft. Damit besteht die Möglichkeit eines Schutzes von P2P-Software als Computerprogramm im Sinne der §§ 2 Abs. 1 Nr. 1, 69 a ff UrhG. Soweit freilich derartige Netze über Serverrechner gesteuert werden, ist zu unterscheiden, ob die Computerprogramme auf dem Serverrechner und diejenigen auf den einzelnen Nutzerrechnern („Clients") eigenständige Werke darstellen und als solche getrennt schutzfähig sind oder ob die Server- und Client-Routinen Teile eines einheitlich geschaffenen Programmes sind und als solche miteinander kommunizieren; diese Programmteile können dann als Teile **eines** Werkes eigenständig schutzfähig sein, wenn sie selbst eine eigene Werkgestalt aufweisen.

Vorbestehende **Werke** verlieren weder durch Digitalisierung[1] noch dadurch einen bestehenden urheberrechtlichen Schutz, dass sie im Internet zugänglich gemacht und übertragen werden. Das gilt auch für ein Aufteilen der digitalisierten Datei in mehrere im Internet protokollgestützt versendbare Nachrichtenpakete (Routing), die im Zielrechner wieder zusammengesetzt werden, ebenso für das **Komprimieren** (encoding) etwa von Musikdateien in das MP3-Format[2]. Wenn und soweit das Herausfiltern redundanter Signalteile zu merklichen Veränderungen in den schöpferischen Gestaltung des kompositorischen Werkes führt[3], kann eine der Werkverwertung dienende[4] (oder nach anderer Auffassung selbst urheberrechtlich schutzfähige[5]) Bearbeitung, ansonsten (jeweils) ein ebenfalls einwilligungsbedürftiges sonstiges Umgestalten im Sinne von § 23 S. 1 UrhG vorliegen[6]. Auch das Bereithalten auf einem

---

1 Für alle Schricker/*Loewenheim*, Urheberrecht, § 16 Rdn. 18.

2 Nicht gefolgt werden kann der Auffassung, Umwandlungen wie Digitalisierungen fänden erst in der Nutzersphäre statt, etwa beim Abspeichern auf dem Nutzerrechner, und seien deshalb zustimmungsfrei (*Spindler*, JZ 2002, 60, 63). Gerade für die praxistypischen Musikdateien erfolgt das Digitalisieren und Umwandeln in das MP3-Format bereits durch den Download-Anbieter. Die MP3-Files werden vom Nutzer bereits als solche heruntergeladen und nicht erst nachträglich vom Nutzer erstellt.

3 Zu streng wäre es aber darauf abzustellen, ob die zu beseitigenden Redundanzen ohnehin unhörbar sind (so wohl *Kreutzer*, GRUR 2001, 193, 198), da auch bei Einbußen an Hörqualität die schöpferische Werkgestaltung erkennbar bleiben kann.

4 OLG Düsseldorf, GRUR 1990, 263, 266 – Automaten-Spielplan; Schricker/*Loewenheim*, Urheberrecht, § 23 Rdn. 4); *Dreier*/Schulze, UrhG, § 23 Rdn. 5.

5 Wandtke/*Bullinger*, UrhR § 23 Rdn. 5.

6 a.A. etwa *Kreutzer*, GRUR 2001, 193, 198 mit dem Argument, dass die vorgenommenen Änderungen nur winzige und unhörbare Redundanzen betreffen und deshalb nicht in das Urheberrecht eingegriffen werde. Dies ist eine wohl oft nur empirisch feststellbare Abgrenzung, da viele Nutzer eben doch Unterschiede „heraushören".

Serverrechner für Zugriffe aus dem Internet (als Form des Vervielfältigens) und das Übertragen im Internet lassen den Schutz unberührt. Sind keine merkbaren Änderungen feststellbar, liegt aber auf jeden Fall eine **Vervielfältigung** des Werkes in ein anderes Format (etwa MP3) vor, die auch der Einwilligung bedarf[1], ebenso beim Speichern eines anschließend wieder (etwa in analoges Format) dekomprimierten Exemplares (decoding). Man kann damit festhalten, dass in P2P-Systemen genutzte *Techniken* grundsätzlich nicht zu einem Verlust der Werkqualität führen müssen. Vielmehr sichert der fachgerechte Einsatz dieser Techniken gerade die „Übertragungsqualität" und damit in der Regel auch die Werkqualität.

P2P-Systeme sind zwar durch den Tausch von MP3-Musikdateien bekannt geworden, jedoch lassen sich in solchen Systemen grundsätzlich auch Dateien mit anderen Inhalten wie **Texte** und sogar Videos bzw. **Filme** übertragen. Längerfristig wird eine technische Nutzung grundsätzlich für fast alle Werkarten relevant.

1. Werknutzung durch Übertragen und Vervielfältigen

Weitgehend Einigkeit besteht in der Diskussion, dass jedenfalls das **Herunterladen** von Dateien in P2P-Systemen (wie sonst im Internet/Web) mit einem Vervielfältigen verbunden ist, ebenso das **Heraufladen** auf einen Proxy-Server (etwa eines vom Nutzer beauftragten Providers oder eines P2P-Netzbetreibers), um die Datei für Dritte zum Download zugänglich zu machen und bereitzuhalten. Abgrenzungsprobleme haben sich hingegen für den an sich einheitlichen Vorgang des Bereithaltens von Werken für den Abruf und das Unterstützen der **Übertragung** nach jeweiligem Abruf ergeben. Früher wurde hier eine beide Akte umfassende öffentliche Wiedergabe angenommen und einem unbenannten Verwertungsrecht nach § 15 Abs. 2 UrhG zugeordnet. Das LG Hamburg etwa sah das Recht zur **öffentlichen Wiedergabe** durch ein Downloading verletzt[2] und das AG Cottbus das Uploasing als strafbar an[3].

Anwendbarkeit des unbenannten Rechts der nicht zeitgleichen Wiedergabe wurde angenommen, weil nichtgleichzeitige Einzelzugriffe aus der Öffentlichkeit nicht dem Senderecht zugeordnet werden können[4], und teilweise „Übertragungsrecht" genannt[5]. Grundsätzlich ist die Annahme eines solchen Rechtes möglich, da der Rechtekatalog des § 15 Abs. 2 UrhG nichtabschließend formuliert ist („insbesondere")[6]. Zweifelhaft ist

[1] Napster und Gnutella – Probleme bei der Übertragung von MP3-Dateien nach deutschem Urheberrecht, JurPC Web-Dok. 245/2000, Abs. 112 (www.jurpc.de/aufsatz/20000245.htm),

[2] LG Hamburg, Beschl.v. 26.3.2001 – 308 O 98/01, JurPC Web-Dok. 238/2001 – Napster.

[3] AG Cottbus, Urt.v. 25.5.2004 – 95 Ds 1653 Js 15556/04, ITRB 2004, 252.

[4] LG Hamburg, Urt.v. 26.3.2001, a.a.O., – Napster (ohne Begr.); Schricker/v.Ungern-Sternberg, § 15 Rdn. 24; Ahrens, ZUM 2000, 1029, 1030; *Kreutzer*, GRUR 2001, 193, 199; *Leupold/Demisch*, ZUM 2000, 379, 382; offen gelassen bei *Wandtke/Schäfer*, GRUR Int. 2000, 187, 191 (für „Music-on-Demand"-Dienste)

[5] Schricker/*v. Ungern-Sternberg*, Urheberrecht, 2.Aufl. 1999, § 15 Rdn. 14; *Schulze*, ZUM 2000, 440; *Gerlach*, ZUM 1999, 279

[6] Auch der Rechtekatalog in § 15 Abs. 1 UrhG ist übrigens nichtabschließend formuliert, ohne dass von der überwiegenden Auffassung eine online erfolgende Verbreitung als möglich angesehen wurde. Abgesehen davon, dass das US-Copyright durchaus ein entsprechend weites Verbreitungsrecht enthält (17 U.S.C § 106 (3)), bleibt in systematisch-dogmatischer Sicht anzumerken, dass sich die Annahme einer Wiedergabe gegenüber der Öffentlichkeit durch unkoordinierte Einzelzugriffe aus dieser Öffentlichkeit weiter vom Öffentlichkeitsbegriff des § 15 Abs. 3 UrhG entfernt als die Annahme einer Verbreitung durch Herstellen eines Vervielfältigungsexemplares im Zielrechner vom Begriff der „körperlichen Form" i.S.v. § 15 Abs. 1 UrhG; immerhin wird nämlich im Zielrechner tatsächlich die

aber, ob die Konstruktion des unbenannten Rechtes auch im vorliegenden Fall möglich ist, da hierbei die Analogiebildung offensichtlich als unproblematisch vorausgesetzt wird. Voraussetzung hierfür wäre aber das Bestehen einer *planwidrigen* Unvollständigkeit in der Gesetzgebung[1]. Diese ist auszuschließen, wenn der Gesetzgeber bewusst keine Regelung treffen wollte; dann darf auch die Rechtsprechung die Lücke nicht mit einer Analogiebildung schließen. Dieser Fall war hier gegeben. Der Gesetzgeber wollte nämlich ausdrücklich die Regelung eines alle unkörperlichen Verwertungsarten übergreifenden Verwertungsrechts bis zur EG-einheitlichen Regelung zurückstellen[2]; andernfalls hätte eine entsprechende Regelung bereits im IuKDG 1997 getroffen. Unabhängig davon, ob die Analogiebildung systematisch möglich war, durfte sie doch nicht gegen den Willen des Gesetzgebers erfolgen und so dessen Entscheidungen aufheben. Folge ist freilich, dass das Punkt-zu-Punkt-Ubertragen einzelner Dateien als solches eine nichttatbestandmäßige Handlung und damit urheberrechtlich keine Nutzungshandlung ist,[3] also nicht einem benannten oder unbenannten Verwertungsrecht zugeordnet werden kann, aus dem ein Berechtigter der Übertragung zustimmen müsste.

Seit der am 13.9.2003 in Kraft getretenen Novellierung des Urheberrechts regelt der eingefügte § 19 a UrhG nur noch das Bereithalten („**Zugänglichmachen**") auf dem Serverrechner, aber nicht den Übertragungsvorgang als solchen.

Die auf dem Server- wie auf dem Nutzerrechner abgespeicherte Dateikopie stellt ein **Vervielfältigungsexemplar** im Sinne der §§ 15 Abs. 1 Nr. 1, 16 Urheberrechts dar[4]. Dies gilt bereits für die Kopie im Arbeitsspeicher (RAM)[5] und nach bisher schon praktisch einhelliger Auffassung für die Kopien im Hauptspeicher (Festplatte) des Rechners (ebenso zur zusätzlich erstellte Kopien auf CD-ROM[6], DVD oder Diskette). Auf der Festplatte des zum Bereithalten verwendeten Rechners werden die Werkkopien dauerhaft (persistent) gespeichert, wenn das jeweilige P2P-System funktionieren soll. Auf dem Nutzerrechner erfolgt zumeist ein Abspeichern des vollständigen Werkexemplars im Arbeitsspeicher; von diesem kann eine weitere Kopie auf der Harddisk erstellt werden, während die Kopie im RAM erhalten bleibt, wenn der Rechner (wie häufig der Fall) rund um die Uhr in Betrieb bleibt. Genau betrachtet, werden jeweils sogar *zwei* derartige Kopien und damit Vervielfältigungsexemplare erstellt, wenn jeweils ein Rechner des nutzerseits beauftragten Providers „zwischengeschaltet" wird und von diesem Host-Rechner die Exemplare im Netz verfügbar gemacht werden. Dies dürfte bei privaten Nutzern sogar die Regel sein, da diese üblicherweise den Internet-Zugang über Provider vermittelt erhalten, nicht aber

Verkörperung hergestellt, während das Merkmal der Gleichzeitigkeit zu keinem Zeitpunkt der Übertragung erfüllt ist.

1 *Larenz*, Methodenlehre der Rechtswissenschaft, 2. Aufl. 1992, 261.

2 BT-Drucks. 7385, 44, Begr. zum IuKDG und Begründung zum Diskussionsentwurf zum Fünften Änderungsgesetz, 2.

3 Schricker/*v. Ungern-Sternberg*, § 15 Rdn. 11.

4 Ausdrücklich für MP3-Dateien etwa Ahrens, ZUM 2000, 1029, 1032; *Berger*, ZUM 2004, 257, 258; Braun, GRUR 2001, 1106; Kreutzer, GRUR 2001, 193, 197; *Mönkemöller*, GRUR 2000, 663, 667; *Leupold/Demisch*, ZUM 2000, 379, 382; *Hänel*, Napster und Gnutella – Probleme bei der Übertragung von MP3-Dateien nach deutschem Urheberrecht, JurPC Web-Dok. 245/2000, Abs. 12 (www.jurpc.de/aufsatz/20000245.htm); *Koch*, GRUR 1997, 417, 423.

5 Ähnlich etwa *Ahrens*, ZUM 2000, 1029, 1032 ; *Bosak*, CR 2001, 176, 177; Napster und Gnutella – Probleme bei der Übertragung von MP3-Dateien nach deutschem Urheberrecht, JurPC Web-Dok. 245/2000, Abs. 12 (www.jurpc.de/aufsatz/20000245.htm); *Koch*, GRUR 1997, 417, 423.

6 *Leupold/Demisch*, ZUM 2000, 379, 385.

teure Server einsetzen, um mit eigener Hardware eine solche Konnektierung durchzuführen. Ein Vervielfältigungsexemplar wird auch erstellt, wenn das Werkexemplar nicht unmittelbar per Download, sondern über E-Mail erlangt wird[1], aber nicht notwendig bei Streaming-Verfahren[2].

Erfolgt ein **Komprimieren**, stellt die komprimierte Fassung bei Abspeicherung selbst eine Vervielfältigung dar[3]. Unterscheidet man Bearbeitungen als schöpferischen und sonstigen unschöpferischen Umgestaltungen[4], so kann das Komprimieren als solche selbst einwilligungsbedürftige Umgestaltung angesehen werden. Die Einwilligung wird hingegen als nicht erforderlich angesehen, wenn die Bearbeitung als dem Werk dienende und die Umgestaltung als sonstige, nicht dienende Änderung angesehen wird, da die individuelle Werkgestalt unverändert bleibt (wenn auch u.U. nicht die Klangqualität)[5].

Beim **Routing**, also dem Zwischenspeichern von Dateien (bzw. technisch bedingt sogar in der Regel nur Dateifragmenten) werden temporäre Werk(teil)kopien erstellt. Bei transatlantischen Übertragungen im Internet können solche temporären Kopien auf einer ganzen Serie von verschiedenen „Stationen" des Übertragungsweges, nämlich den Routerrechnern entstehen[6]. Routersysteme sind hard- wie softwaremäßig so ausgelegt, allein den Weitertransport der Nachrichtenpakete zu verwalten, weshalb jede eigentliche Nutzung der in Pakete fragmentierten und oft auf unterschiedlichen Wegen transportierten Werke außer dieser Übertragung selbst nicht möglich ist. Die Kopieteile können im einzelnen Routerrechner weder zusammengeführt noch sonst anders als durch Weiterübertragen genutzt werden[7]. Erst im Zielrechner ist eine getrennte Verwertung möglich, an der Urheber ein berechtigtes Partizipationsinteresse haben können. Routing stellt damit geradezu ein paradigmatisches Beispiel für ein technisches Verfahren im Sinne von § 44 a UrhG dar, zu dem solches temporäres (und partielles) Kopieren als integraler und wesentlicher Teil gehört. Im Verlaufe des Routing erstellte (Teil-)Vervielfältigungen sind damit aus § 44 a UrhG vom Einwilligungsbedürfnis freigestellt[8].

Ein einwilligungsunabhängiges, nur „vorübergehendes" Vervielfältigen im Sinne von § 44 a UrhG liegt auch vor, wenn etwa im Wege des **Streaming** zur Wiedergabe auf dem Rechner des herunterladenden Nutzers nur kleine Werkteile zwischengespeichert und beim Herunterladen des nächsten Werkteils gelöscht werden[9], aber wiederum ein

---

1 *Leupold/Demisch*, ZUM 2000, 379, 385, mit dem zutr. Hinweis, dass jedenfalls das Versenden der Kopien per Mail nicht unter das Privileg des § 53 UrhG fällt, sofern es nicht allein im privaten Bereich, also dem Familien- und Freundeskreis und in kleinen Mengen erfolgt. Mail-Server sind also nicht privilegiert.

2 So aber generell *Leupold/Demisch*, ZUM 2000, 379, 386. Werden nur Werkkopieteile technisch bedingt zwischengespeichert, ohne dass auf dem Rechner nach Ende des Streaming eine Kopie verbleibt, erfolgt kein Vervielfältigung, wohl aber dann, wenn, wie teilweise über Optionen wählbar, ein dauerhaftes Abspeichern im Zielrechner erfolgt.

3 *Freiwald*, Die private Vervielfältigung im digitalen Kontext am Beispiel des Filesharing, 126.

4 LG Köln, GRUR 1973, 88; *Rehbinder*, Urheberrecht, Rdn. 151; *Schack*, Urheber- und Urhebervertragsrecht, Rdn. 237.

5 Schricker/*Loewenheim*, § 23 Rdn. 4.

6 *Koch*, GRUR 1997, 417, 425.

7 Der Betreiber kann die Werkteile, selbst wenn sie als solche erkennbar sind, in dem Serversystem nicht als solche wahrnehmen (so aber *Bosak*, CR 2001, 176, 178), da Routersysteme hierfür grundsätzlich nicht ausgelegt sind (sie haben z.B. weder Bildschirm noch Tastatur).

8 Ähnlich wohl *Dreier*/Schulze, UrhG, § 44a Rdn. 4 (ohne ausdrücklich auf Routing einzugehen).

9 Anders wohl *Leupold/Demisch*, ZUM 2000, 379, 386. Werden nur Werkkopieteile technisch bedingt zwischengespeichert, ohne dass auf dem Rechner nach Ende des Streaming eine Kopie verbleibt,

einwilligungsabhängiges Vervielfältigen, wenn durch Aktivieren besonderer Optionen im Streaming-Client auf dem Nutzerrechner die Werkteile zu einer kompletten Werkkopie abgespeichert werden. Ein Vervielfältigen im Sinne von § 44 a UrhG ist außerdem grundsätzlich für Zwischenspeicherungen auf Rechnern eines (vom Nutzer oder auch vom Anbieter bzw. P2P-Betreiber beauftragten) **Providers** anzunehmen, wenn diese Zwischenspeicherung nur der Weiterübertragung dient (§ 44 a Nr. 1 UrhG), ein einwilligungsabhängiges Vervielfältigen hingegen, wenn der Provider solche Werkkopien auch anderen Kunden zugänglich macht und sich für ihn hieraus eine eigenständige wirtschaftliche Bedeutung dieses Vorgangs ergibt[1], da er etwa zusätzliche Leistungen für andere Kunden abrechnen kann. Weitere Vervielfältigungsexemplare werden erstellt, wenn Kopien auf **Datenträger** wie CDs oder DVDs gespeichert werden. Ein Vervielfältigungsexemplar wird auch erstellt, wenn das Werkexemplar nicht unmittelbar per Download, sondern über **E-Mail** erlangt wird[2]. Für nur zur Weiterleitung genutzte Rechner (Knotenrechner) in dezentralen P2P-Netzen ist weiter zu differenzieren. Von diesen Knotenrechnern aus erfolgt nur ein Weiterleiten von (grundsätzlich nicht selbst schutzfähigen) **Informationen** zu Dateien, nicht ein Angebot von Dateien. Sie leiten vielmehr eine Anfrage zu dem Rechner weiter, auf dem eine gesuchte Datei gespeichert ist, und erlauben auf demselben Weg zurück die Übertragung der gesuchten Datei an den Anfragenden. Im Verlaufe dieser Übertragung werden Dateikopien auf den zwischengeschalteten Knotenrechnern erstellt.

2. Freistellung des Vervielfältigens vom Zustimmungserfordernis durch Schrankenbestimmungen

Kein Einwilligungserfordernis besteht, wenn das Dowloading von Werkkopien durch den Nutzer als Vervielfältigen zum **privaten Gebrauch** erfolgt (§ 53 Abs. 1 S. 1 UrhG)[3]. Diese Bestimmung wird auch auf digitale Kopien angewendet[4]. Als Vervielfältigender wurde hier – ähnlich wie beim Kopienversanddienst[5] – der die Datei auswählende und herunterladende Nutzer angesehen, nicht der Anbieter, der die Datei nur zugänglich macht[6]. Allerdings wird beim Filesharing die jeweilige Kopie nicht erst

---

entsteht kein getrennt und als vollständiges nutzbares Vervielfältigungsstück.

1 *Dreier*/Schulze, UrhG, § 44 a Rdn. 9.

2 *Leupold*/*Demisch*, ZUM 2000, 379, 385, mit dem zutreffenden Hinweis, dass jedenfalls das Versenden der Kopien per Mail nicht unter das Privileg des § 53 UrhG fällt, sofern es nicht allein im privaten Bereich, also dem Familien- und Freundeskreis und in kleinen Mengen erfolgt. Mail-Server sind also nicht privilegiert.

3 Dahingestellt bleiben kann angesichts des nachfolgenden Ergebnisses, ob der private Gebrauch mit einem „universalen Zurverfügungstellen im Internet" vereinbar ist (so *Ahrens*, ZUM 2000, 1029, 1032, der auf eine bisher ungeahnte Ausdehnung des Begriffes des Privaten abstellt, die aber im Rahmen der grundsätzlich eng auszulegenden Schrankenbestimmung kaum zu berücksichtigen sein dürfte). Das Vorliegen eines privaten Gebrauches kann nämlich nur beim herunterladenden und hierbei vervielfältigenden Nutzer zu prüfen sein, nicht beim im Internet selbst zum Download bereithaltenden Anbieter (so aber wohl *Ahrens*, a.a.O., 1032, der den privaten Gebrauch beim Versenden in die privaten Haushalte prüft, weil das Versenden (von CDs oder per Uploading) selbst von zu Hause aus erfolgen könne; das Versenden wird aber über § 53 UrhG ohnehin nicht freigestellt, da es ein Verbreiten oder öffentliches Wiedergeben bzw. Zugänglichmachen darstellt). Nicht haltbar erscheint deshalb die Aussage, das Internet sei als Medium für eine Tauschbörse nicht per se ein außerprivates Ereignis (so *Ahrens*, a.a.O., 1032).

4 Möhring/Nicolini/*Decker*, UrheberrechtsG, § 53 Rdn. 3, 5; *Braun*, GRUR 2001, 1106, 1107.

5 BGH GRUR 1999, 707 – Kopienversanddienst.

6 *Spindler*, JZ 2002, 60, 62; *Freiwald*, Die private Vervielfältigung im digitalen Kontext am Beispiel des

nach Auftragserteilung erstellt, sondern bereits vorher als eigenes Angebot. Eine solche **Vorratsherstellung** soll von § 53 UrhG gerade nicht erfasst sein[1] (da die Herstellung der abrufbaren Kopie vor Auftragserteilung erfolgt), ebensowenig das gleichzeitige Anbieten eines **Recherchedienstes**[2], der mit der Verwaltung der Dateinamen durch zentral administrierte Server oder auch durch andere Nutzer vergleichbar ist. Beides kann nicht mehr als – allein dem privilegierten Nutzer zuzurechnendes – Herstellen durch einen Anderen im Sinne von § 53 Abs. 1 S. 2 UrhG eingeordnet werden.

Allerdings muss die Bedeutung dieses Privatgebrauches im Zusammenhang mit P2P-Netzen aus mehreren Gründen eingeschränkt werden. So stellt § 53 UrhG nur das Vervielfältigungen als solches frei, nicht aber sonstige zusätzlich erforderliche Nutzungshandlungen wie (früher) ein öffentliches Wiedergeben (§ 15 Abs. 2 UrhG) oder seit dem 13.9.2003 das **Zugänglichmachen** (§ 19 a UrhG)[3]. Über § 53 UrhG kann bereits ein **Anbieten** im P2P-System zum Downloading durch Dritte nicht freigestellt werden[4].

Privatkopien dürfen also in keinem Fall in P2P-Netzen zugänglich gemacht oder sonst für den allgemeinen Zugriff Dritter auf Serverrechner heraufgeladen werden. Die von § 53 UrhG vorausgesetzte Privatsphäre wird auch bei solchem Uploading unzweifelhaft und mit weitem Abstand verlassen[5]. Gleiches gilt grundsätzlich für den sonstigen eigenen Gebrauch gemäß § 53 Abs. 2 UrhG. Die Abgrenzung zum privaten Gebrauch wird zuweilen von spezifischen technischen Randbedingungen abhängig sein. So erfolgt das Herunterladen in P2P-Netzen zunächst in einen von der jeweiligen P2P-Software eingerichteten **öffentlichen Ordner** auf dem Nutzerrechner, aus dem auch Dritte wieder auf die Datei zugreifen können[6]. Ein solches Abspeichern auf dem Nutzerrechner mit erhaltenbleibenden Zugriffsmöglichkeiten Dritter stellt **keinen privaten Gebrauch** dar und ist damit von der Privilegierung nach § 53 Abs. 1 UrhG ausgeschlossen. Etwas anderes kann nur gelten, wenn der Nutzer die Möglichkeit hat, vor dem Download diese Zugriffsmöglichkeit für Dritte zu deaktivieren[7]. Besteht diese Deaktivierungsmöglichkeit nicht, kann der Nutzer auch nicht den privilegierten Bereich des privaten Gebrauches erreichen[8]. Besteht sie, muss die Deaktivierung vor dem

---

Filesharing, 144.

1 *Dreier*/Schulze, UrhG, § 53 Rdn. 13.

2 BGH GRUR 1997, 459, 462 – CB-Infobank I; BGH GRUR 1997, 464, 466 – CB-Infobank II.

3 Amtl. Begr. BT-Drucks. 15/38, 17; *Dreier*/Schulze, UrhG, § 53 Rdn. 11 (ausdrücklich für P2P-Systeme).

4 *Berger*, ZUM 2004, 257; *Mönkemöller*, GRUR 2000, 663, 667, der zutreffend hierin ein Weitergeben des (unterstellt zulässig) privat erstellten Vervielfältigungsexemplares über die Grenze des privaten Beeich hinaus sieht, wobei etwa bei Napster kein Uploading erfolgen muss, sondern es genügt, wenn Adresse und Passwort dem Anbieter für den Zugriff durch Dritte mitgeteilt werden, auch wenn damit kein Vervielfältigen verbunden ist.

5 Ähnlich *Hänel* (Napster und Gnutella – Probleme bei der Übertragung von MP3-Dateien nach deutschem Urheberrecht, JurPC Web-Dok. 245/2000, 11ff mit dem zutr. Hinweis, es sei offensichtlich, dass der Datentransfer unter 38 Millionen Nutzern der Napster-Community nicht über § 53 Abs. 1 UrhG zulässig sein könne; allgemein Schricker/*Loewenheim*, Urheberrecht, § 53 Rdn. 17.

6 *Freiwald*, Die private Vervielfältigung im digitalen Kontext am Beispiel des Filesharing, 146.

7 was für einzelne P2P-Systeme als möglich angegeben wurde (*Freiwald*, Die private Vervielfältigung im digitalen Kontext am Beispiel des Filesharing, 146).

8 *Freiwald*, Die private Vervielfältigung im digitalen Kontext am Beispiel des Filesharing, 146 will allerdings auch dann noch privaten Gebrauch annehmen, wenn der Nutzer die heruntergeladene Datei nicht im Download-Ordner belässt. Zunächst wird aber das bloße Kopieren im Download-Ordner nicht ausreichen, wenn eine weitere Kopie in diesem Ordner verbleibt. Selbst wenn der Nutzer die Dateikopie in diesem Ordner löscht, bleibt doch festzustellen, dass das uno actu mit dem Download erfolgende Vervielfältigen in diesen Ordner nicht zum privaten Gebrauch erfolgt (Fälle der erwähnten

Download erfolgt sein.

Auch ein nutzerseitig zulässig veranlasstes **Herstellenlassen** durch den Betreiber des Serverrechners, von dem der Download erfolgt, kann regelmäßig nicht angenommen werden, da hierfür die Organisationshoheit über Gegenstand und Umfang der Vervielfältigungen beim Nutzer verbleiben muss[1]. Der Nutzer selbst muss hierfür die Kopiervorlage beibringen, also vor dem Kopieren bereits im Besitz haben. Dies ist beim Downloading von Servern nicht der Fall, auch nicht im P2P-Bereich, soweit dort für im Zeitpunkt des Anbietens noch unbekannte, beliebige Dritte Dateien zum Download angeboten und bereitgehalten werden. Eine erweiternde Auslegung, nach der der herstellende Anbieter selbst die Vorlage für alle Nutzer bereithalten würde, ist für § 53 UrhG als Schrankenbestimmung grundsätzlich nicht möglich[2]. Auch werden zusätzliche Tätigkeiten wie das Nachweisen über zentrale Server nicht mehr als bloßer Hilfsdienst im Sinne von § 53 Abs. 1 S. 2 UrhG anzusehen sein[3].

3. Problem des Erstellens einer Privatkopie von einer rechtswidrigen Kopiervorlage

a) Rechtssituation vor dem 13.9.2003

Vor dem 13.9.2003[4] musste das **Erstellen** der Kopiervorlage selbst rechtmäßig erfolgt sein[5]. Begründung hierfür war, dass andernfalls die Rechtswidrigkeit aus der Anfertigung einer Raubkopie dadurch perpetuiert wird, weil die Raubkopie ihrerseits als Vorlage für rechtmäßige Privatkopien diente. Es kann nämlich nicht Regelungszweck der Schrankenbestimmung des § 53 UrhG sein, dass „Früchte des verbotenen Baums" geerntet werden dürfen[6].

Hiergegen wurde ein „Recht der Allgemeinheit an dem ungehinderten Zugang zu den Kulturgütern" herangezogen, das ein Vervielfältigen auch von rechtswidrig erstellten Vorlagen erlauben soll und nur durch ein explizit im Gesetzeswortlaut geregeltes Tatbestandsmerkmal hätte eingeschränkt werden können[7].

Doch erscheint der Verweis auf ein solches Recht im Zusammenhang des § 53 UrhG (gerade im Hinblick auf die Inhalte vieler MP3-Files) etwas zu großformatig geraten und zweischneidig. So entstünde die kaum mit rechtlichen Mitteln entscheidbare Frage, welche Dateiinhalte denn zu diesen Kulturgütern gezählt werden dürfen bzw. müssen.

Deaktivierung ausgenommen). Bis zur später erfolgenden Löschung bleibt die heruntergeladene Datei für Dritte im Netz zugänglich.

1 Schricker/*Loewenheim*, Urheberrecht, § 53 Rdn. 15.

2 Schricker/*Melichar*, Urheberrecht, vor §§ 45 ff, Rdn. 15f m.w.N

3 Ähnlich *Spindler*, JZ 2002, 60, 69.

4 Zeitpunkt des Inkrafttretens des Gesetzes zur Regelung des Urheberrechts in der Informationsgesellschaft v. 10.9.2003, BGBl 2003 I 1774.

5 I.E.ähnlich *Leupold/Demisch*, ZUM 2000, 379, 385; *Braun*, GRUR 2001, 1106, 1107 (mit dem Hinweis, dass sich das Verwertungsverbot aus § 96 UrhG auch an jeden Dritten richtet, der das Ergebnis der rechtswidrigen Handlung für sich ausnutzt,ohne selbst an der rechtswidrigen Herstellung oder Veranstaltung mitgewirkt zu haben); ähnlich auch i.E. *Hänel*, Napster und Gnutella – Probleme bei der Übertragung von MP3-Dateien nach deutschem Urheberrecht, JurPC Web-Dok. 245/2000, 8 (www.jurpc.de/aufsatz/20000245.htm), 8.

6 *Braun*, GRUR 2001, 1106, 1107 unter Bezug auf *Schack*, Urheber- und Urhebervertragsrecht, Rdn. 677.

7 *Bosak*, CR 2001, 176, 181.

Und außerdem kann dieses Recht wohl kaum zur einer Nutzung rechtswidrig erstellter Werkexemplare berechtigten. Das rechtswidrige Vervielfältigen eines Werkes wird nicht allein dadurch rechtmäßig, dass das Werk als Kulturgut eingestuft wird. Rechtswidrig erstellte Vervielfältigungsexemplar sind vielmehr überhaupt nicht berechtigt nutzbar, auch und gerade nicht durch ein öffentliches Wiedergeben bzw. Übertragen. Dass die Rechtsprechung die Rechtmäßigkeit der Vorlage nicht verlangt[1], kann deshalb nicht entscheidend sein, da offensichtlich nur über einen entsprechenden Sachverhalt (noch) nicht zu entscheiden war.

Auch der Umstand, dass § 54 a UrhG eine **gesetzliche Lizenz** in der Form eines (gegen Gerätehersteller gerichteten) Vergütungsanspruchs vorsieht, machte die Einräumung von Nutzungsrechten nicht überflüssig[2]. Selbst in den Fällen, in denen Online-Anbieter als solche Gerätehersteller identifizierbar wären (was schon faktisch zweifelhaft ist, da die Online-Anbieter typischerweise die von ihnen genutzten Rechner nicht selbst herstellen), könnte gegen diese Anbieter gerichteten Vergütungsansprüche die Rechtswidrigkeit erstellter Download-Vorlagen nicht beseitigen bzw. kompensieren.

b) Rechtssituation seit dem 13.9.2003

Seit dem 13.9.2003 darf auch von **rechtswidrig** erstellten Kopiervorlagen eine Privatkopie erstellt werden, wenn die Rechtswidrigkeit dieser Kopiervorlage nicht offensichtlich ist[3]. Auch hier ist zunächst nur das (auch digital zulässige) Vervielfältigen (allein zum privaten Gebrauch) von der Vorlage freigestellt (ebenso weiteres Vervielfältigen[4], wenn auch nur im Rahmen des privaten Gebrauches), nicht aber eine sonstige Verwertungshandlung. Der Privatnutzer darf also ein berechtigt nach § 53 Abs. 1 erstelltes Vervielfältigungsexemplar nicht selbst wieder Dritten online zugänglich machen[5], da aus § 53 UrhG keine Einräumung eines Rechts auf Zugänglichmachen ableitbar ist. Hieraus folgt bereits, dass der Nutzer seine MP3-File-Sammlungen nicht im Rahmen von § 53 UrhG im Netz zugänglich machen darf [6], gleich, ob man hierin früher eine unkörperliche Wiedergabe oder nunmehr ein Zugänglichmachen sieht. Allerdings darf die Rechtswidrigkeit der Kopiervorlage **nicht offensichtlich** sein. Über diese Offensichtlichkeit kann generell bei Online-Abrufen und besonders im Rahmen von P2P-Netzen wohl nur im Einzelfall entschieden werden, da viele Verzeichnisse neutral gestaltet sein können und vor dem Download keinen Aufschluss erlauben, ob eine bestimmte Datei rechtswidrig vervielfältigt, in das MP3-Format konvertiert und/oder zugänglich gemacht wird[7].

Offensichtlichkeit wurde angenommen, wenn an der Rechtswidrigkeit bei verständiger, objektivierter Würdigung der Umstände des Einzelfalls, insbesondere der Art der Vorlage oder der spezifischen Form ihrer Zurverfügungstellung, keine vernünftigen Zweifel bestehen konnten[8]. Aus dieser Perspektive wurde die generelle

---

1 *Leupold/Demisch*, ZUM 2000, 379, 383.

2 *Kreutzer*, GRUR 2001, 193, 200.

3 Ausf. zu dieser Bestimmung s.S. 375.

4 *Dreier*/Schulze, UrhG, § 53 Rdn. 11 mit zutreffender Kritik, dass durch diese Neuregelung die Zielrichtung des § 53 UrhG letztlich unterlaufen werde.

5 *Freiwald*, Die private Vervielfältigung im digitalen Kontext am Beispiel des Filesharing, 140f.

6 *Dreier*/Schulze, UrhG, § 53 Rdn. 9 und 11.

7 Ähnlich i.E. *Dreier*/Schulze, UrhG, § 53 Rdn. 12.

8 *Freiwald*, Die private Vervielfältigung im digitalen Kontext am Beispiel des Filesharing, 150, der kein

Annahme der Offensichtlichkeit für P2P-Netze zutreffend abgelehnt[1], da auch Künstler P2P-Netze als legale Vertriebswege einsetzen und außerdem am Ort des Uploading bzw. Sitz des Anbieters das Zugänglichmachen nicht rechtswidrig zu sein braucht[2]. Tatsächlich wird wohl eine einzelfallbezogene Prüfung nicht zu vermeiden sein. In Kazaa können durchaus auch legale Angebote zugänglich gemacht sein.

Andererseits sind Download-Angebote von gerade erst auf den Markt gebrachten Musik-CDs oder Filmen wohl in der Regel offensichtlich rechtswidrig. Gegen eine pauschale Einstufung von P2P-Angeboten als (gar offensichtlich) rechtswidrig spricht schließlich allein schon die Existenz von legalen Angeboten wie iTunes.

Rechtswidrig ist ohne Zweifel auf das Anbieten von Musikdateien (oder anderen Werken), die durch Umgehen technischer Schutzmaßnahmen im Sinne von § 95 a ff UrhG erstellt wurden. Getrennt zu prüfen ist andererseits, ob diese Umgehung für die herunterladenden Nutzer offensichtlich sein musste[3].

c) Rechtmäßiges Herstellen und Zugänglichmachen der Kopiervorlage

Nicht abschließend geklärt ist die rechtliche Beurteilung derjenigen Fälle, in denen eine Werkkopie zunächst im Rahmen des privaten Gebrauchs zulässig erstellt, aber dann selbst wieder im Netz Dritten zugänglich gemacht wird. Einigkeit besteht zwar darin, dass ein solches Zugänglichmachen, wie ausgeführt, nicht mehr zum privaten Gebrauch gehört und deshalb rechtswidrig ist. Das Problem tritt vielmehr auf der nächsten Stufe auf, nämlich bei der Erstellung der Kopie durch einen herunterladenden Nutzer.

Eine Auffassung scheint hier zu vertreten, dass auch das rechtswidrige Zugänglichmachen einer zunächst rechtmäßig erstellten Privatkopie als „Herstellen" im Sinne von § 53 Abs. 1 S. 1 UrhG zu gelten hat[4]; dies hat zur Folge, dass der Nutzer per Download auch von der rechtswidrig zugänglich gemachten Kopiervorlage eine zulässige Privatkopie durch Abspeichern erstellen darf, es sei denn, das Zugänglichmachen erfolgte offensichtlich rechtswidrig[5].

Hier ist aber genauer zwischen dem (rechtswidrigen) Herstellen der Kopievorlage und dem (rechtswidrigen) Inbesitzgelangen bzw. Zugänglichmachen der (wenn auch rechtmäßig erstellten) Kopiervorlage zu differenzieren. § 53 Abs. 1 S. 1 UrhG erfasst vom Wortlaut und Regelungszweck her nur Fälle, in denen die **Herstellung** der Kopiervorlage offensichtlich rechtswidrig ist, nicht aber derartige Fälle, in denen nicht schon das Herstellen, sondern erst das **Zugänglichmachen** der (rechtmäßig) erstellten Kopiervorlage **rechtswidrig** erfolgt[6]. „Herstellung" meint im Rahmen des § 53 UrhG nur den rein technischen Vorgang der Vervielfältigung[7] der Kopiervorlage, also nicht

Erfordernis von Nachforschungen tatsächlicher oder rechtlicher Art annimmt, da ein solches Erfordernis bereits gegen die Offensichtlichkeit spräche.

1 *Freiwald*, a.a.O., 151.

2 *Freiwald*, a.a.O., 153.

3 *Freiwald*, a.a.O., 155, Offensichtlichkeit bejahend, wenn ein Kopierschutz auch auf der Kopie noch enthalten und erkennbar ist.

4 *Jani*, ZUM 2003, 842, 849.

5 In diesem Sinne wohl etwa *Dreier*/Schulze, UrhG, § 53 Rdn. 13; *Berger*, ZUM 2004, 257, 260; nicht näher zwischen Herstellen und Zugänglichmachen unterscheidend *Nordemann*/*Dustmann*, CR 2004, 380, 381, womit die Verf. solche Fälle nicht erfassen können, in denen z.B. von Filmen (auf DVD) berechtigt einzelne Privatkopien erstellt werden, die dann im Internet zugänglich gemacht werden.

6 a.A. Wandtke/Bullinger/*Lüft*, Ergänzungsband, § 53 Rdn. 13

7 *Dreier*/Schulze, UrhG, § 53 Rdn. 14

auch weitere technische Handlungen. Trägt diese Unterscheidung, kommt es dann, wenn etwa rechtmäßig erstellte Privatkopien von Werken durch die Nutzer selbst wieder in P2P-Netzen zugänglich gemacht werden, auf die Offensichtlichkeit **dieser** Rechtswidrigkeit des Zugänglichmachens nicht an, da der Bereich der Herstellung der **Vorlage** nicht tangiert ist.

§ 53 UrhG will nämlich den Rahmen einwilligungsunabhängig zulässigen Vervielfältigens zum privaten oder sonstigen eigenen Gebrauchs nur auf die Fälle ausweiten, in denen die Herstellung der Kopiervorlage zwar rechtswidrig erfolgt, diese Rechtswidrigkeit aber nicht offensichtlich ist. Eine ausweitende Auslegung, nach der auch Fälle eines (sei es auch nichtoffensichtlich) rechtswidrigen Zugänglichmachens umfasst sein sollen, wäre mit der Rechtsnatur der Schrankenbestimmung des § 53 UrhG nicht vereinbar. § 53 UrhG ist als Schrankenbestimmung grundsätzlich eng auszulegen ist[1]. Aus § 53 Abs. 1 UrhG ist also gerade nicht abzuleiten, dass es im Rahmen dieser Bestimmung auf eine rechtswidrige Bereitstellung der Datei nicht ankomme[2], wenn dies dahin verstanden werde sollte, dass das Vervielfältigen auch bei (gar offensichtlich) rechtswidrigem Zugänglichmachen zum privaten oder sonstigen eigenen Gebrauch zulässig sein soll.

§ 53 Abs. 1 UrhG kann damit dem Nutzer nur insoweit „helfen", als das Herstellen der Kopiervorlage (nichtoffensichtlich) rechtswidrig ist, nicht aber in den Fällen, in denen andere rechtswidrige Verwertungshandlungen erfolgen, weshalb § 53 UrhG den Vervielfältiger nicht von den Folgen aus solchen rechtswidrigen Verwertungshandlungen wie einem unberechtigten Zugänglichmachen freistellen kann. Hiergegen wurde argumentiert, der private Nutzer könne eine Werkkopie zunächst zulässig im Rahmen von § 53 UrhG erstellt und dann nachträglich (gemäß § 53 Abs. 6 S. 1 UrhG) unberechtigt online zugänglich gemacht haben; damit sei zwar dieses Zugänglichmachen als solches unzulässig, doch werde hierdurch nicht das zeitlich vorgelagerte Herstellen der Werkkopie unzulässig, die für Nutzer online als Kopiervorlage zugänglich gemacht wird.

Hieraus wurde sogar gefolgert, hiermit seien „legale Wege aufgezeigt", selbst von einer Download-Plattform zu rechtmäßigen Werkexemplaren zu gelangen[3]. Hiergegen spricht, dass § 53 UrhG schon vom Regelungsbereich her ein Zugänglichmachen der erstellten Kopiervorlage und die Folgen aus der Rechtswidrigkeit eines solchen Zugänglichmachens nicht erfasst. Der Regelungstext besagt letztlich nur, dass das rechtswidrige Herstellen der Kopiervorlage einem zulässigen Vervielfältigen im Rahmen von § 53 Abs. 1 UrhG nicht entgegensteht, wenn die Rechtswidrigkeit der Herstellung nicht offensichtlich ist; er besagt nicht, dass das rechtswidrige Zugänglichmachen, gleich, ob offensichtlich oder nicht, ebenfalls unschädlich wäre.

§ 53 UrhG entlastet den herunterladenden Nutzer deshalb nicht davon, dass der heruntergeladenen Werkkopie der **Makel** der **unrechtmäßigen Zugänglichmachung** anhaftet, wobei es auf die Offensichtlichkeit dieser Rechtswidrigkeit nicht ankommt. Der Berechtigte kann vom Verantwortlichen der unberechtigten Zugänglichmachung deren Unterlassung und die Beseitigung (Löschung) der unberechtigt auf dem Serverrechner zugänglich gemachten Werkkopien verlangen, ebenso Auskunft über

---

1 BGH GRUR 1997, 459, 463 – CB-Infobank I. Im Einzelfall kann eine erweiternde Auslegung in Betracht kommen, wenn ein in der Schrankenregelung verwendeter Begriff technisch veraltet ist (BGH GRUR 2002, 963ff – Elektronischer Pressespiegel; *Dreier*/Schulze, UrhG, Vor §§ 44 a ff, Rdn. 7), wovon bei der Neuregelung des § 53 Abs. 1 UrhG offensichtlich nicht ausgegangen werden kann.

2 So aber wohl *Heghmanns*, MMR 2004, 14.

3 *Heghmanns*, MMR 2004, 14, 16.

diejenigen, denen die Werkkopien zugänglich gemacht wurden (soweit in Serverlogs aufgezeichnet), und schließlich Schadensersatz, etwa nach der Lizenzanalogie eine angemessene Lizenzgebühr[1]. Auch der herunterladende **Nutzer** kann (aus § 97 Abs. 1 UrhG) auf Unterlassung und Beseitigung in Anspruch genommen werden, wenn er das heruntergeladene Werkexemplar seinerseits Dritten im Netz zugänglich macht. Das gilt in allen Fällen, in denen die P2P-Nutzer verpflichtet sind, heruntergeladene Werke selbst wieder Dritten zugänglich zu machen. Nimmt man zudem an, dass auch derjenige in das Recht aus § 19 a UrhG eingreift, der lediglich hinsichtlich der Übermittlung des zugänglich gemachten Werkes tätig wird[2], so kann sogar der herunterladende Nutzer (und der von diesem beauftragte Provider) auch dann auf Unterlassung, Beseitigung und gegebenenfalls Schadensersatz in Anspruch genommen werden[3], wenn das heruntergeladene Werkexemplar nicht wieder online zugänglich gemacht, sondern nur privat genutzt wird. Auf ein möglicherweise zulässiges Vervielfältigen käme es hiernach nicht an, da bereits das notwendig zeitlich vorangehende Downloading rechtsverletzend wäre.

Zudem sind, wie erwähnt, diejenigen Fälle gesondert zu beurteilen, in denen der Nutzer die Datei zunächst in einen wiederum für Dritte zugänglichen Ordner abspeichert, den die P2P-Software definiert. Dateien in solchen Dateiordnern sind in ihrer Nutzung auf Grund dieses weltweit möglichen Zugriffs ohnehin gerade nicht zum privaten Gebrauch bestimmt, so dass § 53 UrhG von vornherein nicht anwendbar sein kann.

Dieser Auffassung kann außerdem nicht entgegengehalten werden, dass im Rahmen von § 53 Abs. 1 UrhG unter dem „privaten Gebrauch" auch die Benutzung durch andere[4], durch ein persönliches Band verknüpfte Personen in der Privatsphäre verstanden wird, weshalb eine Privatkopie eines Werkes in diesem Rahmen weiterverschenkt werden dürfe. Zum einen verlässt der Nutzer mit dem Präsentieren seiner Privatkopie im Internet bzw. in P2P-Netzen ganz offensichtlich diesen Rahmen privater Verbundenheit[5] (da er sich hier an eine unbestimmte Vielzahl von anderen Nutzern wendet), zum anderen berechtigt die Schrankenbestimmung des § 53 UrhG explizit gerade nicht zu einem öffentlichen Wiedergeben (§ 53 Abs. 6 S. 2 UrhG), zu dem zutreffend auch das unbenannte Wiedergaberecht und nunmehr das Recht der Zugänglichmachung (§ 19 a UrhG) gezählt wird.

Zutreffend wurde vermerkt, dass bereits das mit den Komprimieren verbundene Vervielfältigen nur dann über § 53 Abs. 1 UrhG privilegiert sein kann, wenn dieses Vervielfältigen allein für private Zwecke erfolgt, also gerade nicht, soweit die komprimierte Datei selbst auf einem Serverrechner (zumal eines Providers) Dritten öffentlich zugänglich gemacht werden soll[6]. Damit ist die für Download-Zwecke erstellte **komprimierte Dateifassung** (etwa im MP3-Format) selbst schon **rechtswidrig** hergestellt, ebenso dann die durch Laden auf den Serverrechner erstellte weitere Kopie.

Im Kontext der Online-Nutzung kommt es allerdings nicht darauf an, ob der Nutzer

---

1 Schricker/*Wild*, Urheberrecht, § 97 Rdn. 60.

2 So etwa *Dreier*/Schulze, § 19 a , Rdn. 6, der dies offensichtlich auf Provider bezieht, da er insoweit Haftungsfreistellungen nach den §§ 8 ff TDG als anwendbar ansieht.

3 Ähnlich *Jani*, ZUM 2003, 842, 845.

4 Schricker/*Loewenheim*, Urheberrecht, § 53 Rdn. 12.

5 *Hänel*, Napster und Gnutella – Probleme bei der Übertragung von MP3-Dateien nach deutschem Urheberrecht, JurPC Web-Dok. 245/2000, 8 (www.jurpc.de/aufsatz/20000245.htm), Abs. 41.

6 *Freiwald*, Die private Vervielfältigung im digitalen Kontext am Beispiel des Filesharing, 139.

rechtmäßig in den **Besitz** der Kopiervorlage gekommen ist [1]. Inbesitznahme kommt nur bei Erwerb verkörperter Werkexemplare in Betracht. § 53 Abs. 1 S. 1 UrhG stellt deshalb zutreffend allein auf das Verwenden der Vorlage ab, das auch möglich ist, wenn der Nutzer die Vorlage nicht in Besitz nimmt, sondern nur auf seinen Rechner „fernkopiert".

Unproblematisch sind hingegen Fälle, in denen etwa ein Musikwerk für privaten Gebrauch von einer kaufweise erworbenen CD auf einen anderen Datenträger (in begrenzter Anzahl) kopiert wird, da hier die Kopiervorlage rechtmäßig in den Besitz des Vervielfältigers gelangt ist[2]und der private Bereich nicht verlassen wird. Der Nutzer darf aber eine solche auf seinem Rechner privat erstellte Kopie nicht wiederum allgemein im Internet oder konkret in P2P-Netzen zugänglich machen.

4. Bereithalten zum Abruf (Zugänglichmachen), Übertragen

Einzelübertragungen von Dateien in Kommunikationsnetzen wie dem Internet bereiten bei der Zuordnung zu Verwertungsrechten Schwierigkeiten. Eine Zuordnung scheitert allerdings nicht daran, dass bestimmte Nutzungshandlungen unentgeltlich erfolgen,[3] wie es bei vielen Downloads der Fall ist.

Das Herunterladen stellt schon deshalb kein **Verbreiten** dar, weil dieses Verkörperung des Werkexemplars während der Übertragung voraussetzt[4]. Das Verbreitungsrecht erfasst vielmehr den Vertrieb von Werkexemplaren auf Datenträgern.

Auch ein **Senden** kann nach überwiegender Auffassung nicht angenommen werden, da es bei dem Zugänglichmachen an der zeitgleichen Ausstrahlung fehlt (zum Senderecht s. S. 352). Hingegen kann ein Übertragen mittels Push-Techniken (bzw. Streaming) ein Senden darstellen, wenn die Dateien einseitig vom der Datenquelle (Sender) übermittelt werden und alle Datensenken (Empfänger) dieselbe Datei erhalten, die zum selben Übertragungszeitpunkt angeschlossen sind, also der Nutzer nicht von sich aus zu einem beliebigen Zeitpunkt die Dateiübertragung starten, sondern sich nur gewissermaßen in den laufenden Stream (wie in eine Radio- oder TV-Sendung) „einschalten" kann, also eigenes Auswählen und Abrufen durch die Nutzer nicht möglich ist. Für derartige Übertragungen mittels Push-Techniken muss sich der Anbieter der zu übertragenden Inhalte vom Berechtigten ein entsprechendes Senderecht im Sinne von § 20 UrhG einräumen lassen. Diese Verwertungsform kann im Bereich von UMTS-Übertragungen und von Hochgeschwindigkeitsnetzen an praktischer Relevanz gewinnen, soweit dort die erweiterten Übertragungsbandbreiten die für Push/Streaming-Dienste erreichbare Übertragungsgeschwindigkeit erhöhen.

Das Bereithalten für wahlfreie, zeitlich versetzte Download-Zugriffe ist ein **Zugänglichmachen** im Sinne von § 19 a UrhG. Vor dem 13.9.2003 war diese Nutzung einen unbenannten Recht der unverkörperten Wiedergabe im Sinne von § 15 Abs. 2 UrhG zugeordnet worden.

Die Abgrenzung von Downloading und Weitergabe wird technisch bedingt selbst

---

1 KG GRUR 1992, 168f – Diakopien.

2 So das ungeschriebene Tatbestandsmerkmal im Sinne der Rechtsprechung des KG, GRUR 1992, 168, 169 – Dia-Kopien.

3 Schricker/*v. Ungern-Sternberg*, Urheberrecht, § 15 Rdn. 6.

4 so auch der Schwedische Oberste Gerichtshof GRUR Int. 2001, 264 für eine MP3-Dateiübertragung. Das distribution right des US-Copyright umfasst hingegen auch die online erfolgende „distribution to the public" (*Nimmer*, CRi 2001, 46, 47).

unscharf. Programme wie Shareaza oder Bitorrent ermöglichen nämlich die zeitparallele Durchführung von Download und Weitergabe[1].

Neue Programme wie Steganos Secure Filesharing erlauben außerdem, eingehende Musikdateien aus P2P-Börsen direkt zu verschlüsseln und damit „verschwinden" zu lassen[2].

5. Freistellung der öffentlichen Wiedergabe durch § 52 UrhG ?

a) Regelung des § 52 UrhG a.F.

Aus der Annahme eines unbenannten Rechts der öffentlichen Wiedergabe wurde die Möglichkeit abgeleitet, dass der Dateitransfer als öffentliche Wiedergabe im Sinne von § 52 UrhG vom Erfordernis der Zustimmung des Berechtigten freigestellt war[3]. Hiergegen sprachen zumindest zwei Gründe:

Zunächst waren nur bereits **erschienene** Werke in § 52 Abs. 1 UrhG freigestellt (§ 52 Abs. 1 UrhG 2003 stellt nunmehr auf das Veröffentlichtsein der Werke ab). „Erschienen" ist ein Werk, wenn mit Zustimmung des Berechtigten Vervielfältigungsstücke der Öffentlichkeit in genügender Anzahl angeboten oder in Verkehr gebracht worden sind (§ 6 Abs. 2 UrhG). Für die öffentliche Wiedergabe im Sinne von § 52 Abs. 1 UrhG mussten damit verkörperte Werkexemplare verwendet werden[4]. Nicht privilegiert war das Herunterladen von digitalen Werkkopien. § 6 Abs. 2 UrhG spricht nämlich ausdrücklich von (verbreitungsfähigen) Vervielfältigungs**stücken**, also von verkörperten Werkexemplaren[5]. Streitig war, ob im Rahmen der Privilegierung des § 52 UrhG trotzdem auch eine online erfolgende öffentliche Wiedergabe zulässig war[6]. Hiergegen sprach, dass für eine solche Wiedergabeform das verkörperte Werkstück erst in einem Zwischenschritt hatte digitalisiert werden müssen, um den Verkörperungscharakter aufzuheben. Hierin war eine Umgehung des Verkörperungserfordernisses zu sehen, zumindest aber eine nicht vom Regelungszweck gedeckte ausweitende Auslegung der eng auszulegenden Schrankenbestimmung[7], da die Wiedergabe des verkörperten Werkes als solchen online gerade nicht möglich ist, sondern die Umwandlung in ein digitales Format erforderlich ist. § 52 UrhG a.F. erfasste also nicht Fälle der Online-Übertragung von Werkexemplaren allgemein im Internet und in P2P-Netzen, und zwar auch dann nicht, wenn die Versendung der Werkexemplare auf Datenträger auf Webseiten angeboten wird, da hierin gerade keine öffentliche Wiedergabe im Sinne von § 52 UrhG zu sehen war.

§ 52 UrhG a.F. setzte außerdem (selbst wenn man der ausweitenden Auslegung folgte) die Durchführung einer (öffentlichen) Wiedergabe voraus, die öffentlichen Aufführungen nach früherem Recht entspricht, die aber im Rahmen einer **Veranstaltung** im Sinne zeitlich begrenzter, aus besonderem Anlass stattfindender

---

1 *Störing*, Lücken im Gesetz, Spiegel Online 31.3.2005, www.spiegel.de/netzwelt/politik/0,1518, 293329,00.html.

2 *Störing*, Lücken im Gesetz, a.a.O.,.

3 *Kreutzer*, GRUR 2001, 193, 202; hiergegen *Braun*, GRUR 2001, 1106, 1108.

4 Schricker/*Melichar*, Urheberrecht, § 52 Rdn. 9.

5 Schricker/*Katzenberger*, Urheberrecht, § 6 Rdn. 30.

6 Bejahend etwa Wandtke/Bullinger/*Lüft*, UrhR, § 52 Rdn. 5; abl. *Fromm/Nordemann*, Urheberrecht, § 52 Rdn. 4.

7 Wandtke/Bullinger/*Lüft*, UrhR, § 52 Rdn. 2.

Einzelveranstaltungen erfolgen[1]. Soweit ein Anbieter nur die P2P-Software im Internet zugänglich macht, war hierin noch keine Wiedergabe von im Netz zu übertragenden Werken zu sehen und muss deshalb die Anwendung von § 52 UrhG auf Anbieter dezentraler P2P-Systeme ausgeschlossen werden.

Weiter schloss das Erfordernis einer engen Auslegung auch eine analoge Anwendung auf ein **unbenanntes Recht** der öffentlichen Wiedergabe aus[2]. Ausweitende Auslegung solcher Freistellungen darf insbesondere nicht dazu führen, dass typische Regelfälle einer Werknutzung zustimmungsfrei und damit unverwertbar gestellt werden. Genau dies wäre aber das Ergebnis, wenn etwa das Napster-System als „Veranstaltung" im Sinne von § 52 UrhG eingestuft würde.

b) Regelung des § 52 UrhG 2003

In § 52 Abs. 3 UrhG ist umstandslos klargestellt, dass öffentliche Zugänglichmachen stets nur mit Einwilligung des Berechtigten zulässig ist, also die Schrankenbestimmung des § 52 UrhG nicht eingreift.

6. Freistellung durch § 52 a UrhG ?

Ein einwilligungsunabhängiges Zugänglichmachen von Werken ist nur für Zwecke des Unterrichts und der Forschung freigestellt (s. S. 380). Die wichtigste Einschränkung in diesem Zusammenhang ist das Erfordernis, dass dieses Zugänglichmachen nur gegenüber einem „bestimmt abgegrenzten Kreis" von Unterrichtsteilnehmer (§ 52 a Abs. 1 Nr. 1 UrhG) bzw. sonstiger Personen (§ 52 a Abs. 1 Nr. 2 UrhG) erfolgen darf. Hingegen bleibt die öffentliche Zugänglichmachung stets einwilligungsabhängig (§ 52 a Abs. 2 UrhG). Damit kommt § 52 a UrhG in P2P-Netzen grundsätzlich nicht zum Tragen, weil hier immer eine unbestimmte Anzahl von Nutzern adressiert wird, die zudem keineswegs nur Unterrichts- oder Forschungszwecke verfolgen.

7. Urheberrechtliche Ansprüche auf Unterlassung, Beseitigung und Schadensersatz

Führt ein Herunterladen von Dateien mit urheberrechtlich geschützten Inhalten (z.B. Musikwerken im MP3-Format) auf Nutzerrechner zu einer Urheberrechtsverletzung, so kann ein Betreiber zentraler P2P-Netze Unterlassungs- und Ersatzansprüchen aus § 97 UrhG ausgesetzt sein. Im Betreiben der Zentralserver wurde eine kausale **Beihilfehandlung** im Verhältnis zu den Taten der anbietenden Peers gesehen[3]. Zweifelhaft erscheint aber, ob Beihilfe auch dann angenommen werden kann, wenn der Betreiber weder die Personen noch die Einzelheiten der Taten kennt[4]; hier wird wohl im

---

[1] *Braun*, GRUR 2001, 1106, 1109.

[2] Für eine solche analoge Anwendung wohl *Kreutzer*, GRUR 2001, 193, 199; ebenso i.E. *Ahrens*, ZUM 2000, 1029, 1031, der für die ursprünglich auf eng begrenzte Fälle zugeschnittene Norm des § 52 Abs. 1 S. 2 UrhG durch das univeral zur Verfügung stehende Medium des Internet einen ganz neuen Sinn sehen will, aber damit selbst erkennen lässt, hierdurch entgegen dem Konstruktionsprinzip der Schrankenbestimmungen den Ausnahme- zum Regelfall zu machen.

[3] *Heghmanns*, MMR 2004, 14, 16.

[4] So aber *Heghmanns*, MMR 2004, 14, 16.

Einzelfall zu prüfen sein, ob das jeweilige P2P-Netze zu einem nicht unwesentlichen Teil auch für den Tausch nicht rechtswidriger Werke oder sonstiger Inhalte genutzt wird, da dann konkrete Kenntnis vom rechtsverletzenden Tausch zu verlangen wäre. Hier müssen die Grundsätze zur Haftung von Suchmaschinenbetreibern entsprechend gelten (s. S. 378), da auch solche zentralen P2P-Netze die auf Dateinformationen gestützte Suche nach Fundstellen (für Downloads) ermöglichen, eigentlich sogar als Variante von Suchmaschinen betrachtet werden können.

Da in solchen zentralen Systemen aber nur **Informationen** über Dateinamen gesammelt und zugreifbar sind, nicht diese Dateien selbst, können sich Unterlassungs- und Beseitigungsansprüche auf das Speichern und Zugänglichmachen nur dieser Informationen, nicht der derart bezeichneten Dateien selbst richten, da diese nicht über die Serverrechner der Betreiber übermittelt werden. Meist sind solche dateiindividualisierenden Informationen als solche nicht urheberrechtlich schutzfähig, so dass sich Ansprüche aus § 97 UrhG auch nicht auf die Verwertung dieser Informationen stützen können, sondern nur auf Handlungen der Mitwirkung an nutzerseitigen Verletzungshandlungen; dies gilt für zentrale und erst recht für dezentrale[1] P2P-Netze. Von Betreibern zentraler P2P-Netze sowie von Anbietern dezentraler P2P-Software kann deshalb nicht Überlassung bzw. Vernichtung aus § 98 UrhG verlangt werden, da der Betreiber bzw. Anbieter überhaupt nicht in den Besitz von rechtswidrig hergestellten Vervelfältigungsexemplar gelangt, sondern nur Informationen zu deren Fundstellen sammelt. Hier kann nur, aber immerhin an kausalen Mitwirkungshandlungen des Betreibers der Serverrechner angeknüpft werden, von denen sich die Informationen abrufen lassen.

Gegen Anbieter von **zentral** auf Serverrechnern verwalteten Peer-to-Peer-(P2P)Netzen wie Napster haben Musikanbieter erfolgreich Ansprüche aus Urheberrechtsverletzung durchgesetzt[2].

Schwieriger wird die Rechtsdurchsetzung bei Nutzung **dezentraler** P2P-Netze, da die Verwaltung der Dateien (z.B. MP3-Files) nicht mehr über zentrale Rechner gesteuert wird, sondern die Dateisuche direkt in den online geschalteten anderen Nutzerrechnern erfolgt. Die Nutzung der gelieferten P2P-Software ist nicht in jedem Fall zwingend allein auf rechtswidrige Zwecke ausgerichtet, sondern eher als neutrale Beihilfehandlung anzusehen, die zwar Straftaten fördern kann, aber auch und v.a. anderen, gesellschaftlich erwünschten Zwecken dient[3]. Anbieter dezentraler P2P-Software wurden mit einem Veranstalter verglichen, sofern bzw. soweit der Anbieter die rechtswidrige Beeinträchtigung willentlich und adäquat kausal ins Werk setzt[4], also etwa ein System einrichtet, das Dritten den Dateitausch erst ermöglicht oder jedenfalls erleichtert und primär auf das Tauschen rechtswidriger Dateiinhalte ausgerichtet ist, was etwa bei legalen *Pay*-Modellen oder allgemeiner kommerzieller P2P-Software für Business-Nutzung wie Groove nicht anzunehmen ist. Die Zweckbestimmung der jeweiligen P2P-Systeme muss deshalb fallspezifisch geprüft werden.

Ein tauschende Nutzer betreffender **Auskunftsanspruch** gegen Zugangsanbieter

---

1 Für dezentrale, d.h. ohne Serverbasierung betriebene P2P-Netze nahm das LG Hamburg, CR 2001, 477 sogar eine Haftung des P2P-Softwareanbieters als Veranlasser an. Dies ist zumindest dann zweifelhaft, wenn die fragliche P2P-Software auch für rechtmäßige Zwecke eingesetzt werden kann.

2 So gegen Napster im Rechtsstreit A&M Records, Inc. v. Napster, Inc. 284 F.3d 1091 (9th Cir. 2002) und A&M Records, Inc. v. Napster, 239 F.3d 1004 (9th Cir. 2001) = GRUR Int. 2001, 355 (Erstinstanz A&M Records, Inc. v.Napster, Inc. 114 F.Supp.2d 896 (N.D.Cal. 2000).

3 *Heghmanns*, MMR 2004, 14, 17.

4 Schricker/*Wild*, Urheberrecht, § 97 Rdn. 36.

wurde aus einer analogen Anwendung des § 101 a UrhG abgeleitet[1]. Dem kann in dieser Allgemeinheit wohl nicht gefolgt werden. § 101 a UrhG ist von Wortlaut und Systematik her nur auf das Herstellen und Verbreiten von Vervielfältigungsstücken anwendbar, also nicht auf das Downloading unverkörperter Werkexemplare im elektronischen Format. Eine für die Analogiebildung vorauszusetzende Regelungslücke besteht nicht; außerdem lehnt die Rechtsprechung eine analoge Anwendung ab[2], bejaht jedoch einen wettbewerbsrechtlichen Anspruch auf Drittauskunft auf der Grundlage von § 242 BGB[3], der freilich im Bereich zwischen privaten Nutzern mangels Wettbewerbsverhältnis nicht zum Tragen kommt.

8. US-Rechtsprechung zum Urheberrecht in P2P-Netzen

a) Zentrale P2P-Netze

In den USA wurde am 12.2.2001 eine urheberrechtliche Verantwortlichkeit von **Napster** bejaht bzw. instanzgerichtlich bestätigt[4]. Voraussetzung sei aber, dass einerseits unmittelbare Verletzungshandlungen vorliegen (*direct infringement*) und andererseits Napster Kenntnis von Urheberrechtsverletzungen erlange (*knowledge*); erst dann könne von mitwirkendem Verschulden ausgegangen werden (*contributory infringement*[5]), das außerdem eine „*material contribution*" (wesentlicher Beitrag zur Rechtsverletzung) voraussetzt. Der Betreiber solcher Netze sei zur Überwachung und Sicherung verpflichtet, wenn er das Recht und die Möglichkeit zur Überwachung urheberrechtsbezogener Aktivitäten (*right and abilitiy to control*) und ein mit diesen Aktivitäten verbundenes finanzielles Interesse (*direct financial benefit*) hat (*vicarious copyright liability*)[6]. „Fair Use" (§ 107 Copyright Act) kam nicht in Betracht, da Napster einen digitalen Vertrieb ermöglichte. Die Möglichkeit eines nicht rechtsverletzenden Einsatzes der Technologie habe Napster (in Abweichung vom Betamax-Standard[7]) nicht entlasten können, da Napster vom rechtsverletzenden Einsatz wusste oder wissen musste sowie außerdem den Serverrechner, der zum Dateitausch eingesetzt wurde, kontrollieren konnte und finanzielle Vorteile vom Tausch hatte (*Common Law* Tort-Konzept des *respondeat superior*[8]). Das Berufungsgericht (Court of Appeals) sah im Heraufladen von **Datei*namen*** auf den Serverrechner das Verbreitungsrecht (*distribution right*, Copyright Act 17 U.S.C. § 106 (3)) und im Herunterladen von diesem das Vervielfältigungsrecht (*reproduction right*, Copyright Act 17 U.S.C. § 106 (1)) verletzt.

---

1 *Nordemann/Dustmann*, CR 2004, 380, 386.

2 *Dreier*/Schulze, UrhG, § 101 a Rdn. 22.

3 BGH GRUR 1994, 630 – Cartier-Armreif; *Dreier*/Schulze, UrhG, § 101 a Rdn.22.

4 A&M Records, Inc. and Leiber, v. Napster, Inc., U.S. Court of Appeals for the Ninth Circuit 12.2.2001, 239 F.3d 1004, 1022 = GRUR Int 2001, 355 (mit ausführlicher Anmerkung Stier) = CRi 2001, 50, a.a.O., 364 (= www.cr-international.de/ 9th_circuit _opinion_aum_records_ v_napster.htm).

5 Zur Abgrenzung dieser Begriffe einführend s.etwa *v. Lohmann* (EFF), What Peer-to-Peer Developers Need to Know about Copyright Law, v. 3.0, Dec. 2003, w ww.eff.org/IP/P2P/p2p_copyright_wp.pdf.; *Gottschalk*, GRUR Int. 2002, 95, 102.

6 Das Vervielfältigen durch Nutzer stellt ein „direct infringement" dar. Contributory und vicarious infringement setzen ein direct infringement voraus, auf das sie sich beziehen.

7 *Gottschalk*, GRUR Int. 2002, 95, 103.

8 *Gottschalk*, GRUR Int. 2002, 95, 97, 103.

Napster wurde damit nicht eigenes rechtswidriges Vervielfältigen von MP3[1]-Dateien von Musikwerken vorgeworfen, sondern das indexweise Verweisen auf solche Dateien. Nach der Registrierung konnten Nutzer diejenigen Dateien auflisten, die sie selbst von seinem Rechner aus im Netz (als „eigene Informationen") zur Verfügung stellten. Nur die Namen dieser Dateien (die sog. „*MP3 file names*") wurden auf dem Napster-Serverrechner in einem „*collective directory*" gespeichert. In diesem Verzeichnis konnte ein Inhalt nach dem Dateinamen gesucht werden. Die Suche erfasste aber keinerlei Dateiinhalte, sondern nur die Dateibezeichnungen. Der anfragende Nutzer wurde über den Server mit dem System des anderen Nutzers verbunden, von dem dann der Download („peer-to-peer") erfolgte. Der MP3-File konnte direkt auf dem Rechner des anfragenden Nutzers abgespielt oder auf CD gebrannt werden.

Die Napster-Software („Musicshare") erlaubte dann, die gesuchte Datei vom Rechner desjenigen Betreibers herunterzuladen, der sie jeweils gespeichert hat, und den MP3-File abzuspielen. Der Napster-Rechner teilt hierbei nur diesen Dateinamen mit. Das Gericht sah hierin das erwähnte contributory infringement.

Kenntnisbegründung wurde darin gesehen, dass nicht nur technische Einrichtungen in dem Wissen zur Verfügung gestellt wurden, die Nutzer würden diese Einrichtungen zum unberechtigten Verviel-fältigen benutzen, sondern auch tatsächliches Wissen von bestimmtem rechtsverlet-zenden Material bestand, ohne dass Sperrmöglichkeiten ausgeschöpft wurden[2]. Von diesem Ansatz her schränkte das Gericht freilich den Umfang der Verfügung dahin ein, dass Napster zwar eine Kontrolle ihres Systems durchzuführen habe, aber in den Grenzen dieses Systems[3], wobei zu beachten sei, dass das System nicht erlaubte, auf die MP3-Files der Nutzer zuzugreifen.

Das (nach Rückverweisung wieder zuständige) Bezirksgericht Nord-Kalifornien erliess durch Richterin Marlyn Hall Patel die entsprechend geänderte Verfügung, die Napster zur Kontrolle innerhalb des im System möglichen Rahmens verpflichtete und überraschend eine Arbeitsteilung dergestalt vorschlug, dass die Musikindustrie Songtitel, Künstler und Dateinamen und den Rechtenachweis mitteilte und Napster binnen drei Tagen die jeweiligen Dateien aus dem Suchindex entfernte[4]. Die tatsächliche Sperrung erwies sich allerdings als schwierig durchsetzbar, da es nicht

---

1 Mittlerweile wird das optimiertes Format MP3 pro verwendet.

2 Court of Appeals, GRUR Int 2001, 355, 360 unter Bezug auf Sony Corp. v. Universal City Studios, Inc. 464 U.S. 417, 439 (1984) (... „Napster has *actual* knowledge that *specific* infringing material is available using its system, that it could block access to the system by suppliers of the infringing material, and that it failed to remove the material." (Kursivierung durch das Gericht). Das Gericht brauchte in dem Verfahrensstadium einer Entscheidung im Verfügungsverfahren (*preliminary injunction*) nicht abschließend zu prüfen,ob die Haftungsbeschränkung nach dem DMCA auf Napster anwendbar war, meldete aber Zweifel an, ob Napster ISP war und, dies unterstellt, eine „detailed copyright compliance policy" eingerichtet hatte.

3 Court of Appeals, a.a.O., 363/364 (unter Bezug auf Netcom, 907 F. Supp., 1374/75): „We believe, however, that the scope of the injunction needs modification in light of our opinion. ...contributory liability may potentially be imposed only to the extent / that Napster: (1) receives reasonable knowledge of specific infringing files with copyrighted musical compositions and sound recordings; (2) knows or should know that such files are available on the Napster System; and (3) fails to act to prevent viral distribution of the works." ... „The mere existence of the Napster system, absent actual notice and Napster's demonstrated failure to remove the offending material, is insufficient to impose contributory liability"... „Conversely, Napster may be vicariously liable when it fails to affirmatively use its ability to patrol its system and preclude access to potentially infringing files listed in its search index. Napster has both the ability to use its search function to identify infinging musical recordings and the right to bar participation of users who engage in the transmission of infringing files."

4 Heise online 6.3.2001, Napster Verfügung: Die letzten Stunden ohne Sperre, heise.de/newsticker/data/vza-06.03.01-001/.

möglich war, innerhalb der Dreitagesfrist mehrere Millionen Dateien und Songs zu korrelieren. Auch wurden nutzerseits Dateinamen bewusst geändert[1]. Außerdem wichen zunehmend Nutzer auf das von Napster unabhängige Suchsystem Opennap aus[2]. Deshalb wurde Napster im Juli 2001 (im März durch das Berufungsgericht bestätigt) verpflichtet, seine Dienste einzustellen.[3] Auch die Kooperation mit Bertelsmann seit Ende Oktober 2000 änderte nichts daran, dass ein kontrollfähiges System nicht eingerichtet werden konnte. Im Mai 2002 wurde Napster insolvent.

Nachdem der Erwerb von Napster durch die Bertelsmann Group zwecks Fortführung in „MusicNet"[4] scheiterte (da BMG als Kläger gegen Napster aufgetreten war), erwarb Roxio im Insolvenzverfahren die Reste von Napster[5]. BMG wurde aber in den USA verklagt. Der Napster-Rechtsstreit erreichte mittlerweile sogar das **Bundesverfassungsgericht**, das in einem Verfahren der Einstweiligen Anordnung nach § 32 Abs. 1 BVerfGG die Zustellung einer Sammelklage US-amerikanischer Musikautoren und -verlage in Höhe von 17 Mrd. US-Dollar gegen das zeitweise an Napster beteiligte Unternehmen Bertelsmann AG ablehnte[6]. Der 2. Senat sah die Gefahr, dass mit einer offensichtlich jedenfalls der Höhe nach einer Sachgrundlage entbehrenden Klage[7] versucht werde, mit publizistischem Druck und dem Risiko einer Verurteilung „einen Marktteilnehmer gefügig zu machen", wodurch deutsches Verfassungsrecht verletzt sein könnte.

Ähnlich wurde auch die ebenfalls zentrale Tauschbörse Madster nach einer RIAA-Klage geschlossen[8]. Ein Berufungsgericht in Chicago sah Madster (früher: Aimster), einen der letzten P2P-Dienste nach dem Napster-System, als verpflichtet an, ihre Server vom Internet zu trennen[9].

b) Dezentrale P2P-Netze

Für dezentrale P2P-Systeme lehnte die US-Rechtsprechung eine Verantwortlichkeit der Anbieter solcher P2P-Software ab (bezüglich Grokster als Teil von Kazaa und Lizenznehmer im FastTrack-Netzwerk sowie Morpheus mit Gnutella-Client-Software), da diese Software auch in einer keine Urheberrechte verletzenden Weise genutzt werden kann. US-Gerichte bejahten ihre Zuständigkeit auch gegenüber Kazaa B.V., obwohl deren Muttergesellschaft Sharman Networks ihren Sitz aus Vanuatu ihren Sitz hat, da die erforderlichen minimal contacts durch die Möglichkeit des Herunterladens der P2P-Softare begründet wurden[10].

---

[1] Etwa von Metallica.mp3 zu Etallicam.mp3 (*Röttgers*, Mix, Burn & R.I.P., 37).

[2] Heise online, Napster zu 60 Prozent gefiltert, heise.de/newsticker/data/vza-16.03.01-000/.

[3] *Gampp*, GRUR Int. 2003, 991, 997.

[4] Heise online 29.7.2001, www. heise.de/newsticker/data/jk-29.07.01-009.

[5] *Gampp*, GRUR Int. 2003, 991, 99.

[6] BVerfG, Beschl.v. 25.7.2003 – 2 BvR 1198/03, CR 2003, 762.

[7] *Lejeune* weist in seiner Urteilsanmerkung CR 2003, 764, 765 darauf hin, dass die Klagesumme bei weitem den Gesamtumsatz der betroffenen US-amerikanischen Industrie übertreffe und eine Schadensverursachung in dieser Höhe durch Napster auch bei großzügigster Bewertung ausgeschlossen erscheine.

[8] Heise online, 4.12.2002, w ww.heise.de/newsticker/data/jk-04.12.02-000.

[9] Circuit of Appeals, Chicago, June 2003, Aimster Copyright Litigation, 334 F.3s 643 (7 th. Cir. 2003), heise online, 1.7.2003, w ww.heise.de/newsticker/data/jk-04.12.02-000.

[10] Metro-Goldwyn-Mayer Studios, Inc. v. Grokster, Ltd. et al., 25.4.2003, 243 F.Sup.. 2d 1073, 1080 (C.D.Cal.2003) = CRi 2003, 116 = www. Grokster.com/files/030425_order_on_motions.pdf; *Gampp*,

Die **Anbieter** dezentraler P2P-Netzsoftware (wie Grokster, Kazaa, Morpheus und eDonkey) wurden in den **USA** als weder direkt noch mittelbar für hierbei erfolgende Urheberrechtsverletzungen haftbar (contributorily liable) angesehen[1]. Die **Haftung** der Anbieter dieser Software wurde mit dem Argument **verneint**, dass diese Programme sowohl für rechtmäßige wie rechtswidrige Zwecke genutzt werden können und deren Anbieter (wie Grokster, Ltd. oder Morpheus bzw. der Hersteller Streamcast Networks, Inc.) mit Herstellern von Videorecordern oder Kopiergeräten zu vergleichen seien (sog. „Betamax defense“[2]), denn selbst bei Beendigung der Tätigkeit der Anbieter könnten die Nutzer ihrer P2P-Software ihre Aktivitäten ungehindert fortsetzen[3]. Auch sei kein Beweis für die Fähigkeit der Beklagten vorgelegt worden, das rechtsverletzende Verhalten der Nutzer zu überwachen und zu kontrollieren. Allerdings sah das Gericht durchaus die (im Rechtsstreit freilich nicht unter Beweis gestellte) Möglichkeit einer Auslegung der Geschäfte durch Grokster und Morpheus in der Weise, dass diese Anbieter nicht für indirekte Urheberrechtsverletzungen verantwortlich gemacht werden können, aber doch von der illegalen Nutzung ihrer Angebote profitierten[4]. Diese Entscheidung wurde im dringend erwarteten Urteil des Berufungsgerichts vom 19.8.2004 **bestätigt**[5]. Dieses stellte nicht einmal darauf ab, in welchem Verhältnis rechtmäßiger und rechtswidriger Einsatz zueinander stehen, wenn nur ein Einsatz zu rechtmäßigen Zwecken möglich sei. Die Entwickler seien auch nicht verpflichtet, ihre Technologien so zu gestalten, dass sie den Interessen der Unterhaltungsindustrie entspricht. Die Entwicklung neuer Technologie wirke für alte Märkte immer einschneidend (disruptive). Damit dürften jedenfalls im US-Urheberrecht die Weichen für dezentrale P2P-Netze gestellt sein. Ähnliche Rechtsprechung ist auch in Deutschland zu erwarten.

Klagen der Musikanbieter richten sich nunmehr gegen die tauschenden **Nutzer** selbst. Um an deren Daten zu gelangen, hat die RIAA in den USA ISPs auf **Auskunft** über ihnen bekannte Nutzer verklagt. Der Court of Appeals sah die Provider allerdings **nicht** als auskunftsverpflichtet an[6]. Ende März 2004 wurden 532 Tauschbörsennutzer verklagt, darunter 89 Angehörige von 21 Universitäten[7].

GRUR Int. 2003, 991, 999.

[1] Metro-Goldwyn-Mayer Studios, Inc. v. Grokster, Ltd. 259 F.Supp. 2D 1029 (U.S.D.C., C.D. Cal. 2003), zit. nach Recording Industry Association of America (RIAA) v. Verizon Internet Service, Inc., U.S. App.D.C., Dec.19.12.2003, www.cadc.uscourts.dov, 4

[2] *v. Lohmann* (EFF), What Peer-to-Peer Developers Need to Know about Copyright Law, v. 3.0, Dec. 2003, w ww.eff.org/IP/P2P/p2p_copyright_wp.pdf., 4 unter Bezug auf Universal City Studios v. Sony, 464 U.S. 417 (1984) „capable of substantial noninfringing uses“. *v. Lohmann* (a.a.O., 8) weist darauf hin, dass jedenfalls bei vicarious infringements mögliche noninfringing uses außer Betracht bleiben. Bei contributory infringements kommt es nach Kenntniserlangung (unter den Bedingungen des DMCA) ebenfalls nicht mehr auf das Bestehen von noninfringing uses an.

[3] So der Metro-Goldwin-Mayer Court unter Bezug auf die US Supreme Court Betamax-Entscheidung 1984.

[4] Metro-Goldwyn-Mayer Studios, Inc. v. Grokster, Ltd. et al., 25.4.2003, 243 F.Sup.. 2d 1073, 1080 (C.D.Cal.2003) = CRi 2003, 116 = www. Grokster.com/files/030425_order_on_motions.pdf, 33.

[5] Metro-Goldwin-Mayer, Inc. et al. v. Grokster, Court of Appeals, Ninth Circuit, 19.8.2004, w ww.ca9.uscourts.gov/ca9/newopinions.nsf/E9CE41F2E90CC8D788256EF40082232/$fi.

[6] Recording Industry Association of America (RIAA) v. Verizon Internet Service, Inc., U.S. App.D.C., Dec. 19.12.2003, www.cadc.uscourts.dov, MMR 2004, 237 – RIAA II (für Service-Provider), in Bestätigung zur Erstinstanz U.S.D.C., D.C.Col., RIAA v. Verizon, Urt.v. 21.1.2003, GRUR Int. 2003, 870 (Anm. Kitz) = CRi 2004, 17 = MMR 2003, 325 auf der Grundlage des Digital Millenium Copyright Act (DMCA) 17 U.S.C. § 501, Sec. 512, chap. 5 für einen Fall, in dem ein Nutzer 600 Raubkopien aus Kazaa heruntergeladen hat.

[7] Heise online news 24.3.2004, w ww.heise.de/newsticker/meldung/45946.

Wenn sich diese Rechtsprechung festigen sollte[1] und in der Folge weder Anbieter von P2P-Software haftungs- noch ISPs auskunftsverpflichtet sind, stößt die Durchsetzung urheberrechtlicher Ansprüche in dezentralen P2P-Netzen offensichtlich an ihre Grenze. Das gilt nicht nur für den Vertrieb von Musikwerken, sondern etwa auch den von **Filmen** (weshalb die US-Vereinigung MPAA bereits den Untergang der Filmindustrie befürchtete[2]), ebenso den Vertrieb von Videos oder E-Books.

Zwar gelingt es immer wieder, auch ohne ISP-Auskunft direkt im jeweiligen Netz Nutzer ausfindig zu machen, wobei die Auswahl freilich eher zufällig erscheint, Millionenklagen gegen Studenten[3] oder Schüler auch von Industrievertretern nicht als marketingförderlich angesehen werden und zudem zum Ergreifen von Abwehrmaßnahmen wie Anonymisierung motivieren. Betrachtet man diese Entwicklungstendenz, sollten die Anbieter die Lösung eher in neuen Vemarktungsformen (wie iTunes) suchen als in Rechtsstreitigkeiten[4].

Der Website-Betreiber MP3.com, Inc. wurde zu **Schadensersatz** aus dem urheberrechtsverletzenden Bereithalten von MP3-Dateien verurteilt[5]. Fair Use wurde abgelehnt. Noch ungeklärt erscheint sogar in den USA bisher, ob MP3-Dateien (im Rahmen des fair use zustimmungsfrei) aus dem Netz heruntergeladen, in das Handy (*cell phone*) oder den *Palm Pilot* gestreamt werden dürfen[6]. Nach den Grokster-Grundsätzen wird zumindest wohl eine Haftung der Fraunhofer-Gesellschaft ausscheiden, die das MP3-Format ursprünglich entwickelt hat.

9. Weitere Rechtsprechung im Ausland

Haftung dezentraler P2P-Anbieter wurde durch das höchste **niederländische** Gericht, den **Hoge Raad** abgelehnt, der ein Verbot aufhob, die Kazaa-Software zu vertreiben[7].

Einen Auskunftsanspruch gegen ISP auf Offenlegen der Identität von 29 Tauschbörsen wurde durch den Federal Court of **Canada** abgelehnt[8], da weder das Herunterladen der Musikwerke noch das Bereitstellen von P2P-Software durch Kazaa eine Urheberrechtsverletzung darstellten. Das Bereithalten zum Abruf sei mit dem Aufstellen von Kopierautomaten in einer Bibliothek zu vergleichen, die voll von

---

1 Die RIAA-Entscheidungen ergingen zunächst nur zu einem im vereinfachten Verfahren durchsetzbaren Gerichtsbeschluss (Subpoena).

2 *Gampp*, GRUR Int. 2003, 991, 1002.

3 Im Frühjahr 2003 verklagte die RIAA vier Studenten auf Zahlung von 150 Milliarden US-$, beendete den Rechtsstreit aber mit einem Vergleich, auf dessen Grundlage die Beklagten nur rund US-$ 15.000 bezahlten (Spiegel Online, 17.7.2003, www.spiegel.de/netzwelt/politik/0,1518,257490,00.html). Das BVerfG hat zu solchen kaum substantiierbaren Klagesummen bereits das Nötige gesagt.

4 Ähnlich wohl *Gampp*, GRUR Int. 2003, 991, 1002.

5 UMG Recordings, Inc. v. MP3.com, 92 F.Supp. 2D 349 (S.D. N.Y.) 9.11.2000 (www.nysd.uscourts.gov/cgi-bin/foxweb.exe/courtweb); ähnlich bereits Recording Industry Association of America (RIAA) v. Diamond Multimedia systems, Inc. 29 F. Supp. 2D 624 (C.D. Cal 1998) und Berufungsinstanz Recording Industry Association of America (RIAA) v. Diamond Multimedia systems, Inc., 180 F. 3D 1072, 1076 (9 th. Cir 1999).

6 So jedenfalls die Einschätzung des MP3.com, Inc.-CEO M. Robertson in einem US.Senatshearing des Judiciary Committee am 11.7.2000 (www.senate.gov/~judiciary/7112000_mr.htm), 3.

7 Heise online 19.12.2003, www.heise.de/newsticker/data/anw-19.12.03-002. Erstinstanz Kazaa v. Buma-Stemra, Gerechtshof Amsterdam, 28.3.2002, rolnr./1370/01 (w ww.javisite.nl/Artikel1/0201-028JU.pdf).

8 BMD, EMI, SONY et al. v. John Doe, Fed. Court 31.3.2004, 2004 FC 488, CRi 2004, 87, www.fct-cf.gc.ca/bulletins/whats new/T-292.04.pdf.

urheberrechtlich geschütztem Material sei. Hierin sei kein Verbreiten (im Sinne von „distribution“) zu sehen[1]. Das Gericht wies aber ergänzend darauf hin, es sei bereits nicht klar und umfassend dargelegt worden, wie von Kazaa- oder iMesh-Nutzern verwendete Pseudonyme mit durch ISP zugewiesenen IP-Adressen verknüpft wurden und ob es sich überhaupt um Nutzer mit (Wohn-)Sitz in Kanada handelt.

In **Australien** wurden die Geschäftsräume der Kazaa-Muttergesellschaft und Privaträume von Mitarbeitern durchsucht[2].

II. Haftung

Auch außerhalb des Urheberrechts[3] hat die Nutzung von File-Sharing-Systemen Rechtsfragen aufgeworfen, hier vor allem im (sonstigen) Haftungsbereich[4]. Auch hier ist zwischen serverbasiert-zentralen (z.B. Napster) und dezentralen P2P-Systemen (z.B. Gnutella) zu unterscheiden.

Unberührt bleibt in beiden Fällen naturgemäß die Haftung der **Nutzer**, die rechtswidrig erstellte Werkkopien oder rechtsverletzende Informationen im Netz zugänglich machen. Allein der Umstand, dass diese Aktivitäten über P2P-Systeme laufen, kann weder deren Rechtswidrigkeit noch die Haftung hierfür einschränken oder aufheben.

Klärungsbedürftig und hier näher zu behandeln ist aber die Frage, ob und inwieweit sich Betreiber von P2P-Systemen auf die Haftungsbeschränkungen in den §§ 9 – 11 TDG sowie die Befreiung von einer Überwachungspflicht in § 8 Abs. 2 TDG berufen können.

1. Haftung der Anbieter zentraler P2P-Systeme

Eine Prüfpflicht und mögliche Haftung wurde für Betreiber zentraler P2P-Netze bejaht[5]. Dies gilt zumindest dann, wenn das jeweilige P2P-Netz in nicht unbeträchtlichem Umfang oder gar bestimmungsgemäß zum Tausch rechtswidrig erstellter Kopien genutzt wird. In zentralen P2P-Netzen ist deren Betreiber Anbieter von Telediensten (Datenaustausch, § 2 Abs. 2 Nr. 2 TDG), nicht aber die Nutzer[6].

In zentralen P2P-Systemen speichert deren Betreiber zwischen den Nutzern getauschte Informationen zu Dateien, nicht aber Dateien mit rechtsverletzenden Inhalten, weder dauerhaft (im Sinne von § 11 TDG) noch temporär automatisiert (im Sinne von § 10 TDG); nicht einmal ein Durchleiten dieser Dateien erfolgt in diesen

---

1 Das Gericht wies freilich darauf hin, dass das Making-Available-Right des WPPT im Entscheidungszeitpunkt in Kanada noch nicht umgesetzt war. Das relativiert die Bedeutung der Entscheidung, verdeutlicht aber zugleich, dass Kanada einen engeren „distribution“-Begriff zugrundelegt als das US-Recht.

2 Heise online 10.2.2004 und 4.3.2004, www.heise.de/newsticker/meldung/44459 und ..../meldung/ 45259.

3 Nach dem LKA Bayern entwickelte sich Napster mittlerweile zur zentralen Plattform für den Austausch rechtsextremer Musik; auch würden kinderpornographische Videos angeboten (SZ 7, 10.1.2001, S. L8).

4 Allg. zur Haftung und den Regelungen in TDG und MDStV s. S. 563ff.

5 *Freiwald*, Die private Vervielfältigung im digitalen Kontext am Beispiel des Filesharing, 161.

6 *Spindler*/Schmitz/Geis, TDG-Komm. § 3 Rdn. 15.

Systemen, da die Nutzer diese Dateien direkt tauschen. Allerdings wird jede solche Datei, um in diesen Systemen getauscht werden zu können, mit einer Information, z.B. einem Dateinamen, versehen. Deshalb wurde ein Bereithalten von Inhalten im Sinne von § 5 Abs. 2 TDG a.F. grundsätzlich für die Fälle verneint, in denen über ein P2P-System nur Speicherorte nachgewiesen, jedoch keine Inhalte auf dem Anbietersystem selbst gespeichert werden. Nach neuem Recht ist aber jedenfalls die Dateiinformation, mit deren Hilfe gesucht wird, selbst eine Information im Sinne der §§ 8 – 11 TDG. Im Indexverzeichnis des Betreibers werden diese die Dateien individidualisierenden Informationen gespeichert (nicht die Dateien selbst). Dies ermöglicht die inhaltliche Suche im Indexverzeichnis in Orientierung an den dort gesammelten Dateiinformationen, also eine Art „Fundortvermittlung"[1]. Hierin ist ein Teledienst im Sinne von § 2 Abs. 2 Nr. 4 TDG (Angebot zur Information) zu sehen und der Betreiber als Diensteanbieter im Sinne von § 3 S. 1 Nr. 1 TDG zu qualifizieren.

Dementsprechend wurde auch **Napster** als Anbieter eines Teledienstes[2] zugeordnet und eine Haftung über § 5 Abs. 2 bzw. Abs. 3 TDG a.F. abgelehnt[3] bzw. als Zugangsvermittler i.S.v. § 5 Abs. 3 S. 1 TDG a.F. eingestuft[4], da insoweit eine suchmaschinenähnliche Funktion erfüllt wird. In Suchmasken werden die Musikdateien in einer Trefferliste angeordnet und Verbindungen zum speichernden Rechner (über Link) angeboten.[5] Auch bei Zuordnung zu § 5 Abs. 3 TDG blieb der jeweilige Anbieter aber jedenfalls aus einer Störungshaftung zur Sperrung verpflichtet, freilich nur, wenn der Anbieter von den jeweiligen Inhalten Kenntnis erlangt und ihm die Sperrung technisch möglich und (wirtschaftlich) zumutbar ist.

Auf den Betreiber zentraler P2P-Netze kann die **Haftungsbeschränkung** aus § 11 TDG anwendbar sein. Er nimmt nämlich in seinem Indexverzeichnis eine Speicherung fremder dateiindividualisierender Informationen für jeden Nutzer vor, der seine Dateisammlung mit den zugehörigen Bezeichnungen bei dem Netz registrieren lässt. Diese Informationsspeicherung ist nicht zeitlich begrenzt (wenngleich naturgemäß Aktualisierungen vorzunehmen sind). Haftungsbefreit ist der Anbieter hiernach, wenn er die Rechtswidrigkeit der Information[6] weder kannte noch (im Falle von Schadensersatzansprüchen) aus den Umständen erschließen musste.

Freilich wird die reine Dateiinformation als solche in der Regel nicht rechtswidrig sein, da sie nur ein Merkmal zur Identifikation einer Datei beinhaltet. Aus dem Umständen kann aber erkennbar sein, dass die Information eine Datei bezeichnet, die etwa eine Raubkopie oder eine rechtsverletzende Äußerung beinhaltet und die der registrierte Nutzer anbieten will. Anknüpfungspunkt ist hier dann nicht die Information an sich, sondern die **Handlung** eines solchen Angebotes. Die Dateiinformation ihrerseits stellt insoweit einen Umstand dar, aus dem auf die rechtswidrige Handlung

---

1 *Kreutzer*, GRUR 2001, 307, 309.

2 Hierfür *Kreutzer*, GRUR 2001, 307, 308.

3 *Kreutzer*, GRUR 2001, 307, 308.

4 *Hänel* (Napster und Gnutella – Probleme bei der Übertragung von MP3-Dateien nach deutschem Urheberrecht, JurPC Web-Dok. 245/2000, Abs. 55.

5 *Hänel* (Napster und Gnutella – Probleme bei der Übertragung von MP3-Dateien nach deutschem Urheberrecht, JurPC Web-Dok. 245/2000, 8 (www.jurpc.de/aufsatz/20000245.htm), 17, faktisch unzutreffend aber wohl ein Zwischenspeichern auf Napsterrechnern unterstellend, was wegen § 5 Abs. 3 S. 2 TDG aber i.E. keinen Unterschied macht.

6 Überwiegend wird der auf eine Handlung oder Information abstellende § 11 S. 1 Nr. 1 TD dahin ausgelegt, dass der Anbieter (über den Wortlaut hinaus) nicht nur die Rechtwidrigkeit der Handlung kennen (oder aus den Umständen erschließen können) muss, sondern auch die Rechtswidrigkeit der Information.

geschlossen werden kann.

Ob die **Rechtswidrigkeit** in dieser Weise für den Anbieter **offensichtlich** war, also hätte erschlossen werden müssen, kann allerdings selbst in der Regel nur nach den Umständen des Einzelfalls entschieden werden. Hierbei ist zu berücksichtigen, ob dem anbietenden Betreiber des zentralen P2P-Netzes bei millionenfachen Tauschaktionen und demzufolge Eintragungen in das Indexverzeichnis seines Systems eine Überprüfung auf mögliche Rückschlüsse auf rechtswidrige Handlungen zumutbar war. Dient das System ohnehin primär dem Tausch rechtswidriger Inhalte (wie wohl das alte Napster-System), ist eine solche Prüfung nicht erforderlich, da der Betreiber regelmäßig mit rechtswidrigen (Tausch-)Handlungen rechnen muss; hier kann er sich nicht auf die Undurchführkeit von Kontrollen berufen. Ist das System hingegen für den legalen Tausch bestimmt und hat es große Nutzerzahlen zu bewältigen, kann, unter Zugrundelegen der Grundsätze der „Ambiente"-Rechtsprechung des BGH, die Zumutbarkeit von solchen Prüfungen auf Fälle offensichtlicher Rechtswidrigkeit beschränkt sein, also insbesondere auf Fälle, in denen Rechtsverletzungen mitgeteilt wurden. Ähnlich wurde bereits zum früheren Recht eine Sperrverpflichtung nach § 5 Abs. 4 TDG a.F. zwar grundsätzlich bejaht, aber als technisch wohl nicht möglich eingestuft, da die Nutzer anonym seien[1]. Wirkliche Anonymität besteht freilich allenfalls im Freenet, nicht aber bei Gnutella, Grokster etc. Hinsichtlich der Sperrverpflichtung kann es zweifellos Probleme geben, Nutzer zu identifizieren[2], aber bestimmte Inhalte werden meist (außer im Freenet) identifizierbar, d.h. auf einem Rechner lokalisierbar – und damit sperrbar – sein.

Nicht abschließend geklärt ist bisher, ob die Regelungen zur Haftungsprivilegierung auch dann zur Anwendung gelangen, wenn die gespeicherten oder übermittelten Informationen Urheberrechtsschutz genießen. Das OLG München hat diese Frage für das (noch auf „Inhalte" abstellende) TDG a.F. verneint[3], da § 5 TDG nur auf Inhalte anwendbar sei, bei denen der Inhalt selbst Grundlage der Beurteilung der Rechtmäßigkeit oder Rechtswidrigkeit sei, nicht aber „auf Urheber- oder Leistungsschutzrechte verletzende Inhalte", da für die Beurteilung der letzteren nicht der Inhalt selbst maßgeblich sei, sondern die Rechtszuordnung des Inhaltes und deren Kenntnis[4].

---

1 *Kreutzer*, GRUR 2001, 307, 309, 310.

2 *Kreutzer*, GRUR 2001, 307, 310, weist zur Begründung darauf hin, dass das Netz anonym sei und keine statischen Adressen verwendet würden. Dies ist aber keineswegs generell so, insbesondere nicht bei Flat-Rate-Netzzugängen, die ununterbrochen aktiviert sind. Auch beschreibt *Kreutzer* selbst Listen auf den Napster-Servern, die über angeschlossene Teilnehmer und angebotene Inhalte informieren (a.a.O., 195); ohne IP-Adressen oder andere dauerhaft zuordnungsfähige Merkmale könnte eine solche Liste wohl nicht erstellt werden.

3 OLG München, Urt.v.8.3.2001 – 29 U 3282/00, CR 2001, 333, 334/335; s.a. *Koch*, CR 1997, 193, 203. Zu entscheiden hatte das Gericht in einem Fall, in dem einzelne Mitglieder von AOL Online Inc. Musikwerke im „MIDI-File"-Format in einem besonderen AOL-Forum auf die AOL-Serverrechner hinaufluden und so zum Downloading durch andere Mitglieder verfügbar machten. Die durch das Gericht erfolgte Einstufung dieser MIDI-Files der Musikstücke als Vervielfältigungsstücke ist auch in der Literatur nicht streitig. „MIDI" steht übrigens für „Musical Instrument Digital Interface", einen 1983 geschaffenen Standard zur Übertragung von digitalen Daten zwischen Computern und elektronischen Musikinstrumenten (für alle: *Irlbeck*, Computer-Lexikon, 3. Aufl.1998, 524).

4 OLG München, Urt.v.8.3.2001, a.a.O., 335.

2. Dezentrale P2P-Netze

In dezentralen Peer-to-Peer-Systeme werden die **Nutzer** selbst zu **Teledienste-**Anbietern[1] von Dateien oder jedenfalls Informationen zu diesen. Für die Informationen auf deren Rechnern ist damit zu unterscheiden, ob sie als fremde oder als eigene bereitgehalten werden. Bei Gnutella etwa speichert der Nutzer auf seinem Rechner grundsätzlich nur Dateien, die er selbst bei anderen Rechnern abgefragt hat und nun selbst zugänglich macht. Die Dateien kann er in der Dateiliste prüfen. Es erfolgt zumindest ein Zueigenmachen vor, das zur **vollen Anbieterhaftung** im Sinne der §§ 8 Abs. 1 TDG/ 6 Abs. 1 MDStV führt.

Allerdings erfolgt der Zugriff nur über die IP-Adresse der anderen Nutzer. Deshalb ist der andere Nutzer u.U. für den anfragenden Nutzer nicht erkennbar. Damit kann der Nutzer auch nicht sehen, in welchem Staat der andere Nutzer seinen Sitz/Wohnsitz/ Aufenthalt hat. Gegen einen deutschen Nutzer im Gnutella-System kann zwar ein Sperrungs- und Löschungsanspruch im Rahmen einer Störungsbeseitigung durchgesetzt werden, der von diesem Nutzer durch Upload bereitgehaltene Dateien umfaßt. Gegen Mirror Sites in anderen Staaten muss der Rechtsinhaber/Verletzte aber jeweils getrennt vorgehen, was bei Spiegelung von Sites oder Files in eine Vielzahl anderer Staaten nahezu aussichtslos ist.

Bei **Freenet** (und ähnlichen dezentralen Netzen) speichert der Nutzer Files, ohne von ihrem Inhalt oder auch nur dem Klartext-Dateinamen Kenntnis nehmen zu können. Zwar liegt ein Speichern für andere Nutzer im Sinne der §§ 9 Abs. 1 S. 1 TDG/ 9 MDStV vor, aber der speichernde Nutzer hat keine Kenntnis von den Informationen. Selbst wenn er vermutet, dass rechtswidrige Informationen durch ihn gespeichert wurden, kann er sie bereits rein technisch nicht finden. Die Nutzung verhindern könnte er nur, wenn er den Rechner als solchen gleich ganz vom (Free-)Netz nimmt. Dies könnte als wenn auch extreme Konsequenz zumindest aus der Störerhaftung abzuleiten sein, doch sind nicht einmal Sperrungsansprüche durchsetzbar, soweit sie auf konkrete Informationen bezogen sind, da der Betreiber von diesen gerade keine Kenntnis haben kann. Auch das De-Installieren der Freenet-Software kann unverhältnismäßig sein, wenn nicht feststellbar ist, ob gerade auf dem betreffenden Betreiberrechner überhaupt rechtsverletzende Informationen gespeichert sind. Als Alternative scheint nur zu bleiben, die Nutzung von Freenet generell zu untersagen, eine allerdings in der Netzwirklichkeit kaum durchsetzbare Forderung.

In dezentralen P2P-Systemen ist der **Anbieter** der P2P-Software Diensteanbieter im Sinne der §§ 3 S. 1 Nr. 1, 8 – 11 TDG allenfalls für den Software-Download (wenn man die Software als „Information" einstuft) und u.U. für Informationsangebote um die Nutzung der jeweiligen Software herum. Dateien der Nutzer hält er weder bereit oder zwischenspeichert noch leitet er sie durch. Vielmehr kommt er mit diesen Dateien überhaupt nicht in wie immer gearteten Kontakt. Dies schließt zwingend seine Haftung für solche zwischen den Nutzern direkt getauschten Dateien aus. Bezüglich der Software gilt dies ebenfalls, wenn deren Nutzung auch für rechtmäßige Zwecke möglich ist und praktiziert wird[2]. Jedoch können allgemeine Pflichten bestehen, den Nutzern Warnhinweise zu geben, keine rechtswidrig erstellten Kopien zu tauschen [3].

Allenfalls kann eine allgemeine **Störerhaftung** der Anbieter von P2P-Software in

---

1 Ebenso *Kreutzer*, GRUR 2001, 307, 308.

2 BGH GRUR 1964, 94, 96 – Tonbandgerätehändler.

3 BGH GRUR 1984, 54, 56 – Kopierläden; *Freiwald*, Die private Vervielfältigung im digitalen Kontext am Beispiel des Filesharing, 161.

Betracht kommen, wenn der Betreiber durch Verfügbarmachen der Software an Rechtsverletzungen kausal mitwirkt und er die rechtliche Möglichkeit hat, die Rechtsverletzung zu verhindern und ihm Maßnahmen zur Störungsbeseitigung zumutbar sind. Außerdem muss den P2P-Software-Anbieter eine Prüfpflicht aus einer Garantenstellung oder aus Kenntnis von mehrfachen, nicht unerheblichen Rechtsverletzungen treffen[1]. Einer solchen Prüfpflicht steht nicht der Ausschluss der Überwachungspflicht in § 8 Abs. 2 **S. 1** TDG entgegen, da § 8 Abs. 2 **S. 2** TDG ausdrücklich Verpflichtungen zur Entfernung oder Sperrung von Informationen unberührt lässt. Soweit man Software hingegen nicht als „Information" im Sinne der §§ 8 ff TDG einordnet, bleibt das Ergebnis doch das gleiche, da dann die §§ 8 ff TDG ohnehin nicht anwendbar sind, sondern nur das allgemeine Recht der Störerhaftung. Damit ist, von diesen Grundsätzen her, zu prüfen, ob, wenn die P2P-Software Mittel bzw. Werkzeug zur Durchführung von Rechtsverletzungen ist (etwa durch Tausch rechtsradikaler oder pornographischer Dateien), eine Modifikation (etwa durch Einbau von Filtersystemen) der Software technisch möglich und zumutbar ist[2] oder, wenn dies nicht der Fall ist, als Alternative nur das Beenden des Angebotes solcher Software bleibt. Eine solche weitreichende Maßnahmen wird nur in Betracht kommen, wenn die jeweilige P2P-Software ausschließlich oder weitaus überwiegend zum Tausch rechtswidriger Inhalte bestimmt ist und genutzt wird. Dies konnte wohl für das frühere Napster-System bejaht werden, trifft aber schon für das neue Napster/Roxio-System oder das von vornherein kommerzielle Groove-System nicht zu, während bei dezentralen P2P-Systemen eine Prüfung des jeweiligen Einzelfalls erforderlich ist, die zudem in zeitlichen Abständen zu wiederholen sein kann (da sich die Systeme unterschiedlich entwickeln können), in rein dezentralen P2P-Netzen aber kaum möglich ist[3]. In der Praxis zeigt sich freilich, dass Maßnahmen gegen Anbieter von P2P-Software oft nur begrenzten Erfolg haben, da Nutzer die meist frei im Source Code verfügbare Software abändern und selbst im Netz verfügbar machen.

Auch Betreiber von **Portalseiten**, die Links zu Dateien mit urheberrechtsverletzenden Filmen in P2P-Netzen anbieten, ohne selbst an diesen teilzunehmen, wurden als Störer eingestuft[4].

3. Haftung der Nutzer für Informationen

Stellt der Nutzer eigene Dateien, etwa MP3-Files „ins Netz", sind diese als eigene Informationen zu beurteilen. Das muss auch gelten, wenn diese Informationen rechtswidrig erstellt und/oder rechtswidrig im Internet zugänglich gemacht werden. Hier trifft den Nutzer die volle Haftung nach den allgemeinen Grundsätzen.

Eine Haftungsbeschränkung kann hingegen in Betracht kommen, wenn der Nutzer Informationen nur durchleitet oder zeitlich begrenzt zwischenspeichert. In dezentralen Netzen werden Suchanfragen solange über Nutzerrechner weitergeleitet, bis in einem Rechner die gewünschte Datei gefunden ist. Von diesem Zielrechner wird freilich diese gesuchte Datei meist nicht über diese ganze Kette der Rechner auf dem Suchweg, sondern direkt an den Anfragenden übermittelt. Möglich sind aber auch

1 Für alle *Dreier*/Schulze, UrhG, § 97 Rdn. 33.

2 Nach den Grundsätzen von BGH GRUR 1999, 418, 420 – Möbelklassiker.

3 *Freiwald*, Die private Vervielfältigung im digitalen Kontext am Beispiel des Filesharing, 163.

4 LG Frankfurt, Beschl.v. 21.1.2003 – 2/3 O 14/03, unveröff., zit. nach *Czychowski*/*Nordemann*, NJW 2004, 1222, 1228.

Konstellationen, in denen die Übertragung der Datei über diese Kette zurück erfolgt.

Im ersten Fall (Anfrage durch die Kette, Übermittlung direkt an den Suchenden) kann ein Nutzer auf die Suchanfrage entweder die gesuchte Datei übermitteln oder die Suchanfrage weiterleiten. Die **Übertragung der Datei** kann nicht nach § 9 TDG haftungsfreigestellt werden, da es der adressierte Nutzer ist, der die Übermittlung veranlasst. Auch erfolgt hier nicht bloß eine zeitlich begrenzte Zwischenspeicherung im Sinne von § 10 TDG , da die Datei dauerhaft abrufbereit gehalten wird und hierfür gespeichert ist. Schließlich greift auch § 11 TDG nicht ein, da der Nutzer als Diensteanbieter, an den sich die Suchanfrage richtet, die Datei nicht „für einen Nutzer", sondern für sein eigenes Online-Angebot im P2P-Netz speichert. Jedoch kann § 10 TDG anwendbar sein, wenn der adressierte Nutzer nur die Suchinformation unverändert weitergibt.

Im zweiten Fall (Übermittlung zurück auf dem Weg, den die Suchanfrage genommen hat) gelten die Überlegungen zur Weiterleitung der Suchinformation entsprechend. Wird die gefundene Datei auf dem Suchweg über mehrere Rechner anderer Nutzer **zurückübertragen**, gelangt jedenfalls für den Absender der Datei § 9 TDG nicht zur Anwendung, da er die Übermittlung selbst veranlasst. Diese Übermittlung ist hierbei an den Rechner des Anfragenden adressiert. Deshalb kann auf die Weiterübermittlungen (Durchleitungen) auf den zwischengeschalteten Rechnern § 9 TDG anwendbar sein, wenn die Datei unverändert weiterübertragen wird. Dieser Auffassung kann entgegengehalten werden, dass auf jedem Rechner auf dem Rückübermittlungsweg ein technischer Übertragungsvorgang ausgelöst werden muss, damit die Datei an das Ziel, den Anfragenden, gelangt. Richtigerweise wird aber der Begriff des „Veranlassens" der Übermittlung in § 9 Abs. 1 S. 1 Nr. 1 TDG teleologisch reduzierend dahin auszulegen sein, dass die Bestimmung nur das bewusste Auswählen eines Empfängers und einer Information (Datei) erfasst, nicht aber jeden rein technischen Übertragungsvorgang, zumal in der erwähnten Fallkonstellation die Betreiber der zwischengeschaltete Rechner überhaupt keinerlei Abläufe veranlassen müssen, sondern die Software die Verwaltung der Weiterleitung automatisiert übernimmt (andernfalls das Netz zusammenbrechen würde, wenn immer erst alle beteiligten Nutzer tätig werden müssten).

Kenntnisnahme an dezentralen P2P-Netzen beteiligter Nutzer ist weder als Kenntnis von Verletzungshandlungen noch von auf solche Handlungen verweisenden Umständen oder Tatsachen möglich, wenn das P2P-System durch **Verschlüsselung** geschützt wird, wie das etwa bei Freenet der Fall ist. Hier speichert der Nutzer Files, ohne von ihrem Inhalt oder dem Klartext-Dateinamen und auch nur von dem Umstand Kenntnis nehmen zu können, dass er diese Informationen bzw. Dateien auf gerade seinem Rechner (zwischen)speichert oder durchleitet. Zwar kann hier ein Speichern im Sinne von § 11 TDG (bzw. ein Bereithalten zur Nutzung i.S.d. §§ 5 Abs. 2 TDG/MDStV a.F.) vorliegen, aber der Nutzer hat hiervon keine Kenntnis und kann sie systembedingt auch nicht haben. Selbst wenn er vermutet, dass rechtswidrige Informationen von ihm gespeichert oder übermittelt werden, kann er sie bereits rein technisch nicht finden. Die Nutzung verhindern könnte er nur, wenn er gleich den Rechner als solchen vom (Free-)Net nimmt. Gerade Freenet wird aber allenfalls partiell zur Übermittlung rechtswidrig erstellter Werkkopien und wohl überwiegend als Medium freier Meinungsäußerung in zensurgefährdeten Staaten (früher im Kosovo und noch heute in China) genutzt, weshalb bereits die Konstruktion einer Teilnahme aller Nutzer an Rechtsverletzungen durch einige Nutzer am Fehlen eines tatbestandlichen Vorsatzes scheitern wird bzw. jedenfalls für jeden Nutzer eine Einzelfallprüfung voraussetzt.

Die ersten Schadensersatzansprüche wurden mittlerweile auch in Deutschland gegen einzelne Nutzer von P2P-Netzen durchgesetzt[1].

C. Datenschutz

Wenig beachtet wurde bisher, dass in P2P-Netzen vielfach auch personenbezogene Daten übermittelt werden. Für die Übermittlung dieser Daten müssen – jedenfalls für den Geltungsbereich des BDSG – die entsprechenden Zulässigkeitsvoraussetzungen erfüllt sein. Allgemein zum Datenschutz im Internet s. § 18.

1. Personenbezug von Daten im Internet

Zunächst werden jedenfalls Unternehmen, aber auch sonstigen Nutzer, die etwa ständig online sind, meist **statische**, d.h. unverändert bleibende IP-Adressen [2] zugeordnet, bei denen also dauernd Nutzername und Zugangsrechner verknüpft bleiben. Nun werden zwar Unternehmen, soweit sie juristische Personen sind, nicht vom BDSG geschützt, wohl aber die Arbeitnehmer, die über den Arbeitgeber (als Telediensteanbieter) Zugang zum Internet erhalten. Aus den Log-Dateien der Serverrechner des Unternehmens können die Rechner ermittelt werden, die Zugang zum Internet erhalten haben und damit regelmäßig auch die Arbeitnehmer, die diese Rechner genutzt haben, so dass Personenbezug oder jedenfalls Personenbeziehbarkeit besteht.

Datenschutzprobleme können auch auftreten, wenn „nur" dynamisch vergebene IP-Adressen übermittelt werden. Zwar erfolgt diese Adressvergabe nur für die jeweiligen Session. Dies erschwert Dritten, einen rückverfolgbarer Personenbezug herzustellen. Doch erlaubt auch eine dynamisch vergebene IP-Adresse jedenfalls während der Dauer der Surf-Session und zumindest dem adressvergebenden Provider das Herstellen eines Personenbezuges zum surfenden Nutzers, die bereits ein Auswerten des Surfverhaltens gestattet. Zumindest für den Zeitraum der Session besteht nämlich der Bezug zum konnektierten Rechner und zumindest eine Personen**beziehbarkeit** zum Nutzer, außerdem in jedem Fall im Verhältnis zum zugangsvermittelnden Provider[3]. Dies gilt erst recht, wenn neben der IP-Adresse noch das Nutzerpasswort (User Name) auch beim Provider beim Login des Nutzers gespeichert wird. Derartige User-IDs werden auch in P2P-Netzen verwendet. Auch kann eine Verknüpfbarkeit mit Cookies bestehen. Enthalten Cookies mehr Daten als nur dynamische IP-Adressen (was wohl zumeist der Fall ist), führt nämlich auch die bloße Verwendung dynamischer IP-Adressen zum einem Personenbezug, weshalb hier keine „faktische Anonymisierung" von Cookies angenommen werden kann[4]. Aber selbst bloße IP-Adressen reichen aus, wenn aus der Rückverfolgung des Übermittlungsweges zumindest der Provider des Proxy-Server-Rechners festgestellt werden kann, der seinerseits die dynamische Adresse einem Nutzer zuordnen kann. Auf diese Weise lassen sich auch bei dynamischer Adressvergabe der Empfänger etwa einer rechtsverletzenden MP3-Datei feststellen.

---

[1] So wurde ein 23-Jähriger außergerichtlich zur Zahlung von € 8.000 Schadensersatz und € 400 Geldstrafe (LG Cottbus (95 Ds 1653 Js 15556/04, 57/04; heise online news 8.6.2004, www.heise.de/newsticker/meldung/48028) und ein 57-jähriger Lehrer zur Zahlung von € 10.000 verpflichtet (Spiegel Online 16.6.2004, www.spiegel.de/netzwelt/politik/0,1518,304384,00.html).

[2] *Köhntopp/Köhntopp*, CR 2000, 248.

[3] *Schmitz*, in: Hoeren/Sieber, Handbuch Multimediarecht, 16.4, Rdn. 40.

[4] So aber *Ihde*, CR 2000, 413, 416.

Jedenfalls im Rahmen einer Strafverfolgung kann der Provider zudem verpflichtet sein, solche Nutzungsdaten des Nutzers offenzulegen (§§ 6 Abs. 3 S. 2 TDDSG, 106 Abs. 1 UrhG).

Weiter werden die Internet-Adressen mit dem (freilich nur sehr zögerlich eingeführten) Internet-Protokoll IPv6 neu organisiert und deren „Namensraum“ erheblich erweitert, so dass auch jeder Rechner[1] etwa von Privatnutzer und dessen (UMTS-) Mobiltelefon oder sonstige Geräte eine dauerhafte IP-Adresse erhalten können.

Session-IDs werden bei Zugriff auf eine Webseite als Nummer vergeben, die als Teil der Adresse (URL) beim Verfolgen von Links im eigenen Angebot mitgeführt und auch in der Anzeige der Adresse im Browser dargestellt wird[2].

2. Zulässigkeit der Übermittlung personenbezogener Daten in P2P-Netzen

Grundlage für zulässige Übermittlungen kann die Zweckbestimmung eines Vertragsverhältnisses sein (§ 28 Abs. 1 S. 1 Nr. 1 BDSG). Nun schließen Teilnehmer an P2P-Netzen regelmäßig keine Nutzungsverträge. Die Nutzung beginnt faktisch durch Installieren der jeweiligen Software und den Start der ersten Dateisuche. Dennoch kann auch hierin bereits ein Vertragsverhältnis zu sehen sein, nämlich ein **Gefälligkeitsverhältnis**, so etwa in File-Sharing-Systemen wie Napster, Gnutella etc. In Systemen wie Mojo Nation werden vom Anbieter sogar Nutzungsbedingungen zugrunde gelegt, die die Teilnehmer verpflichten; auch ist die Nutzung hier keineswegs unentgeltlich.

Da P2P-Netze grundsätzlich weltweit aufgespannt sind, werden Informationen und Dateien in ihnen bei Suchanfragen fast immer über die Grenzen Deutschlands und meist auch über die Grenzen der EU hinaus übermittelt werden. Oft können hierbei Zielrechner in einem Drittland stehen, bei dem noch nicht festgestellt wurde, ob dessen Datenschutz(rechts)niveau angemessen erscheint. In ein solches Land darf damit jedenfalls ein personenbezogenes Datum aus der EU nicht übermittelt werden. Auch eine von den Nutzern erklärte Einwilligung in solche Übermittlungen könnte nicht substituierend als Rechtsgrundlage dienen, da solche Erklärungen zum einen in der Praxis überhaupt nicht abgegeben werden und zum anderen selbst, wenn sie abgegeben würden, mangels Bestimmtheit wirkungslos wären, da die Nutzer nicht wissen können, in welche Länder ihre Daten überhaupt übertragen werden und welche Durchsetzungschancen und –sicherungen für ihre datenschutzrechtlichen Ansprüche dort bestehen.

Die Nutzung von P2P-Netzen ist zumindest immer dann mit dem Austausch auch von personenbezogenen Daten verbunden, wenn **IP-Adressen** (mit)übermittelt werden. Auch erfolgt allein schon durch das Suchen und Herunterladen von rechnerbezogenen Identifikationsdaten ein Beschaffen von Daten über den Rechnerbetreiber als Betroffenen und damit ein Erheben im Sinne von § 3 Abs. 3 BDSG, auf das das BDSG auch dann anwendbar ist, wenn die datenerhebende Stelle nicht in einem EU-Mitgliedsstaat belegen ist (§ 1 Abs. 5 S. 2 BDSG). Das anschließende Übermitteln darf nun unter Geltung des BDSG in den Fällen nicht erfolgen, in denen im Sitzland der abrufenden Stelle ein angemessenes Datenschutzniveau nicht gewährleistet ist (§ 4 b

[1] *Minar/Hedlund*, A Network of Peers, in, Oram (ed.), Peer-to-Peer. Harnessing the Power of Disruptive Technologies 2001, 19.

[2] *Köhntopp/Köhntopp*, CR 2000, 248, 253.

Abs. 2 S. 2 und Abs. 3 BDSG). Eine solche Schutzniveauprüfung ist der übermittelnden Stelle regelmäßig nicht möglich, einmal, weil die Übermittlung automatisiert und durch die jeweilige File-Sharing-Software gesteuert läuft, zum anderen, weil sie mit einer solchen, weltweit notwendigen Prüfung überfordert wäre. Der datenschutzrechtliche Status derartiger, weltweiter File-Sharing-Systeme ist damit, zurückhaltend formuliert, zumindest prekär.

§ 15 Recht der Verwaltung von Domain-Adressen

Die Anzahl der unmittelbar auf die Registrierung und Verwaltung von Domain-Adressen bezogenen Probleme hat deutlich zugenommen, ebenso aber die Anzahl der Rechtsprobleme, die bisher nur teilweise in der Rechtsprechung ihren Niederschlag gefunden hat. Im vorliegenden Kapitel sind wesentliche, auf die Nutzung und Verwaltung von Domain-Namen bezogene Rechtsfragen zusammengefasst. Der kennzeichenrechtliche Schutz wird in § 9 behandelt.

I. Domain-Namensvergabe

1. Internet-Adressen und Domain-Namen

Die eigentlichen **Internet-Protokoll (IP)-Adressen** sind, wie Telefonnummern, reine Zahlenreihen (und deshalb etwa zur Benutzung im markenrechtlichen Sinne, s. S. 448, wenig geeignet). Eine typische Adresse lautet etwa: „207.151.159.3" (für „www. internic.net"). Jeder Zahlenblock hat bestimmte technische Kennzeichnungs- und Identifizierungsfunktion. Deshalb werden IP-Adressen Domain-Namen zugeordnet, die mnemonisch leichter merkbar sind. Die Zuordnung der IP-Adressen für deutsche Nutzer erfolgt nicht über DENIC, sondern über RIPE NCC. Soll kein Anschluss an das Internet erfolgen, kann auch mit einem „privaten Adressraum" gearbeitet werden, der in RFC 1918 (Address Allocation for Private Internets) beschrieben wird.

Domain-Namen haben eine festgelegte **Struktur**, die von rechts her aufgeschlüsselt wird. In der Domain „www.denic.de" steht „.de" als Top Level Domain für Deutschland, „www." für den Dienst World Wide Web und „denic" für die eigentliche individuelle Domain-Bezeichnung, die die Second-Level-Domain ist. Nach links können weitere Untergliederungen als Third, Fourth, Fifth etc. Level erfolgen.

IP-Adressen werden in Domain Name-Verzeichnissen mit Domain Namen verknüpft und in DNS-Rechnern verwaltet[1]. Die Struktur des Domain Name Systems[2] wird in RFC 1591[3] beschrieben, die Implementierung in RFC 1035[4]. RFC 1518 beschreibt eine Architektur zur Verteilung von IP-Adressen im Internet. Hierbei werden bestimmte topologische Informationen in die IP-Hostadresse integriert, um das Routing-Protokoll zu vereinfachen. Wichtig ist hier insbesondere der Aspekt der Bildung von Adressunterräumen. Diese können erhebliche praktische Bedeutung haben, nämlich

---

1 Eine technische Einführung in das Domain Name System (DNS) findet sich in RFC 1034 (*Mockapetris*, Nov.1987).

2 Das DNS besteht im wesentlichen aus drei Komponenten:

- *Domain Name Space und Resource Records*, die über einen baumstrukturierten Namensraum und zugeordnete Daten spezifiziert werden (RFC 1034, Nr. 2.4). Jeder Baumknoten stellt mit einem zugehörigen „Blatt" (*leaf*) eine Informationsmenge (Adresse) dar, die über Suchoperationen (*query operations*) extrahiert werden kann.
- *Name Server*, also Serverprogramme, die Informationen über die Baumstruktur bzw. Teile dieser in Datenbanken halten und für diese Teile als „*authorities*" bezeichnet werden, die sich wiederum in Zonen strukturieren lassen. Die Gesamtheit der „*zones*" bilden die Domain-Datenbank. Die Zoneneinteilung erleichtert die Mitteilung von Änderungen in einer Zone.
- *Resolvers* sind Programme, die auf Clientanforderung Informationen von Name-Servern extrahieren.

3 RFC 1591 Domain Name System Structure and Delegation, http://ds1.internic.net/rfc/rfc1591.txt.

4 beide unter info.internet.isi.edu/in-notes/rfc/files/rfc1034.txt bzw. .../rfc1035.txt. Sicherheitserweiterungen (Security extensions) werden im RFC 2065, Jan. 1997 zu den „Domain Name System Security Extensions" als Internet Official Protocol Standards (STD1) beschrieben, die auch Mechanismen zur Verteilung von Public Keys enthalten. Die Syntax des DNS wird in RFC 2181 (Clarifications to the DNS Specification) vom Juli 1997 beschrieben.

erlauben, dass der Routing-Verkehr innerhalb eines Staates tatsächlich nicht die Grenzen dieses Staates überschreiten muss, wenn für diesen eine Routing Domain festgelegt wird (die mit anderen solchen Domains über Transit Routing Domains verbunden sind). RFC 2008 (Oktober 1996) enthält Hinweise zur Verwaltung von IP Unicast-Adressen. RFC 1886[1] definiert Änderungen zur Anpassung des Domain Name Systems an IPv6 mit 128-Bit Adressdatensatz.

IP-Adressen werden bisher nach dem Standard IPv4 gebildet[2]. IPv6-Adressen werden bisher (Herbst 2004) noch nicht von ICANN in das Rootverzeichnis eingetragen[3].

Das „@"-Zeichen (in E-Mail-Adressen) wurde als nicht geeignet angesehen, im **Handelsregister** eingetragen zu werden, da es selbst nicht sprechbar sei, auch wenn für das Zeichen ein aussprechbares Wort existiert[4].

2. Top Level Domain-Typen

Den Internet-Adressen lassen sich nun grundsätzlich frei wählbare sog. „**Domain Namen**" zugeordnet[5] (wobei diese Zuordnung für die Funktion der Adressverwaltung technisch nicht zwingend erforderlich ist, da die Suche auch nummernbasiert erfolgen kann). Jede Domain-Bezeichnung folgt einer einheitlichen Syntax. Das Präfix „www." (oder „ftp.") bezeichnet hierbei das Netzprotokoll, „denic" z.B. den Adressaten DENIC eG[6], „.de" den Ländercode für Deutschland.

Länderbezogen sind die *Country Codes* (cc)-Top Level Domains wie „.de", „.uk" (Großbritannien), „.fr" (Frankreich), „.us" (USA)[7] oder „.it" (Italien). Die ccTLDs werden nach dem ISO-Code 3166-1 Alpha 2 gebildet [8].

Außerdem kann jedermann die **generischen** Top Level Domains (gTLDs) wie „.com" VeriSign), „.org" oder „.net" (VeriSign Global Registry Services) wählen und einen Domain-Namen unter ihr beantragen. Einschränkungen gelten für bestimmte TLDs, die etwa für US-Regierungsbehörden („gov."), das US-Militär („.mil"), im US-Erziehungsbereich („edu"), internationale („.int")[9] und sonstige Organisationen („.org",

---

1 info.internet.isi.edu/in-notes/rfc/files/rfc1886.

2 Dies entspricht der Syntax xxx.xxx.xxx.xxx., wobei Zahlen von 0 bis 255 eingesetzt werden können, etwa 10.136.66.12 (DENIC, Alle FAQs (www.denic.de/de/faqs/alle_faqs/index.html), Stand 23.2. 2004, 6, 9) und für jede Adresse vier Bytes zur Verfügung stehen. Mit IPv4 können etwa Milliarden IP-Adressen verwaltet werden.

3 heise online news 2.2.2004, w ww.heise.de/newsticker/meldung/44256.

4 OLG Braunschweig, Beschl.v. 27.11.2000 – 2 W 270/00, JurPC Web-Dok. 158/2001; BayObLG, Beschl.v. 4.4.2001 – 3 Z BR 84/01, JurPC Web-Dok. 169/2001; Vorinstanz: LG München I, Urt.v. 25.1.2001 – 17 HK T 24115/00, BB 2001, 854.

5 Diese Zuordnung wurde erstmals im Dokument Request for Comments (RFC) 799 bereits aus dem Jahre 1981 beschrieben. Die konzeptuellen Grundlagen insbesondere der Syntax wurden im RFC 1035 (Mockapetris 1987) definiert. Security Extensions werden in RFC 2065 beschrieben. Für eine sehr instruktive *Einführung* in die Nutzung von Domain Namen s. DENIC, Alle FAQs (www.denic. de/de/faqs/alle_faqs/index.html), Stand 23.2.2004.

6 DENIC Domain Verwaltungs- und Betriebsgesellschaft eG, Wiesenhüttenplatz 26, 60329 Frankfurt a.M.

7 Solche ccTLDs sind in der Vergabe nicht auf Bürger des jeweiligen Staates beschränkt. Dies wird etwa an dem Umstand empirisch deutlich, dass etwa 12 % der Registrierungen für die „.us"-TLD aus Deutschland kommen.

8 S. den RFC 920 v. Oktober 1984, 8; aktuell RFC 1591 (Domain Name System Structure and Delegation). Zu ISO 3166 s. www.din.de/gremien/nas/nabd/iso3166ma.

9 Die TLDs „.gov", „.mil", „.edu" und „.int" werden auch als „restricted generic TLDs" bezeichnet, die

Public Interest Registry, PIR) freigehalten werden oder für netzbezogene Einrichtungen („.net"). Eine Liste der nationalen Registrare aller generischen TLDs findet sich unter www.icann.org/registrars/accredited-list.html. So registriert etwa die Deutsche Telekom AG „.biz", „.com", „,info", „.name", „.net" und „.org".

Neu sind die „unsponsored"[1] gTLDs „.info" allgemein kommerziell und privat (Afilias[2]), „.biz" (Neulevel, Inc.[3]), „.pro" (RegistryPro) und „.name" (Global Name Registry[4] für Privatpersonen)[5] und die „sponsored" gTLDs „.aero" für Luftfahrtunternehmen[6], „.coop" und „.museum" (s. unten).

ICANN hat die jeweilige Registry-Funktion den genannten Unternehmen zugewiesen und verlangt, dass die WIPO-UDRP (Uniform Domain Name Dispute Resolution Policy, s. auch S. 767) als **Schlichtungs**verfahren verwendet werden. Die seit dem 26.8.1999 geltende UDRP gelangt für die gTLDs „.com", „.org" und „.net" zur Anwendung, aber auch für die neuen gTLDs „.aero", „.biz", „.coop", „.info", „.museum", „.name" und „.pro". Vorgesehen sind „.coop" (für National Cooperative Business Association, für Unter-nehmen, NCBA[7]), „.museum" (für das Museum Domain Management Organization[8]), „.pro" (für Anwälte, Ärzte[9]). Eine aktuelle Übersicht gibt DENIC eG[10]. In den USA können sich Ärzte, Juristen und zertifizierte Buchhalter (CPA) auch unter der ergänzenden Second Level Domain „.med.pro", „.law.pro" und „.cpa.pro" registrieren lassen[11].

Für die neue TLD „**.info**" wurde 2001 eine „**sunrise period**" von 30 Tagen (25.7.2001 bis 31.8.2001) durchgeführt, innerhalb der Markenrechtsinhaber die Möglichkeit hatten, ihre Marken bevorrechtigt anzumelden. Vom 28.8.2001 bis zum 26.12.2001 konnten die Registrierungen angegriffen werden (Sunrise Challenge Period), wobei eine Sunrise Challenge Policy (SCP)[12] auf 1579 Challenges[13] zur Anwendung gelangte. Hier wurde befürchtet, dass die Nichtteilnahme in dieser Frist zu einer Verwirkung geführt haben könnte[14]. Jedenfalls für eine kennzeichenrechtliche Verwirkung erscheint eine solche Frist aber zu kurz (zumal auch nach Fristablauf die

TLDs „.com", „.net", „.org" als „open generic TLDs" (FAQ, www.dnso.org/dnso/faqdnso.html).

1 Zit. nach WIPO, Intellectual Property on the Internet: A Survey of Issues, WIPO/INT/02, December 2002, 87 (http://ecommerce. wipo.int).

2 Afilias, LLC, w ww.afilias.info. Unter www.afilias.info/register findet sich eine Liste der nationalen Registrare für die „.info"-TLD.

3 Neulevel, Inc., www.neulevel.com. Ausführlichere Informationen unter www.neulevel.biz/faqs/ registry_ qa.html. Die Registrierung erfolgt über von NeuLevel benannte Registrare. NeuLevel verwendet eine eigene „Restriction Dispute-Resolution Policy" und „Start-up Trademark Opposition Policy" sowie die UDRP.

4 www.theglobalname.org; s. ausf. *Ermert*, Ein Königreich für einen (Internet-)Namen, heise-online, www.heise.de/ct/00/25/066.

5 S. ausf. *Ermert*, a.a.O.

6 Société internationale de télécommunications aéronautiques SC (SITA), w ww.sita.com/aero/info.

7 NCBA, w ww.cooperative.org.

8 Museum Domain Management Association (MuseDoma), www. musedoma.museum. So finden sich z.B. unter „boston.museum" das Museum of Fine Arts und das Museum of Science in Boston. Die TDL „.museum" ist ein gutes Beispiel für eine offensichtlich die Benutzung der jeweiligen konkreten Domain-Bezeichnung prägenden Bezeichnungswahl.

9 RegistryPro Ltd., www.registrypro.com.

10 www.denic.de/doc/gtld/index.html.

11 heise online news 25.1.2004, w ww.heise.de/newsticker/sara/hon-25.01.04-001.

12 Verfügbar unter http://websvr01.afilias.info/register/dispute_resolution/sunrise_challenge_policy.

13 WIPO, Intellectual Property on the Internet: A Survey of Issues, WIPO/INT/02, December 2002, 96 (http://ecommerce.wipo.int)

14 *Dittrich*, JurPC Web-Dok. 161/2001.

Markeneintragung nicht generell ausgeschlossen wird); außerdem wird eine Verwirkung nur nach Prüfung der Einzelfallumstände angenommen werden können.

Fälle des Domain-Grabbing scheinen sich auch hier gehäuft zu haben; Afilias soll etwa 10.000 Adressen wieder freigegeben haben, für die kein markenrechtlicher Anspruch bestand[1]. Auch konnte die SCP keine immaterialgüterrechtliche Prüfungen durchführen, weshalb Afilias alle nicht ohnehin angegriffenen Registrierungen einer Challenge unterwarf, so dass die WIPO bis Sommer 2002 13592 „challenges of last-resort" zu bearbeiten hatte[2]. Die allgemeine Registrierung zur „.info"-TLD ist seit dem 12.9.2001 möglich.

Für die „**.biz**"-TLD lief eine Implementierungsphase zur Anmeldung von kennzeichenrechtlichen Ansprüchen vom 21.5.2001 bis zum 6.8.2001, die unter der „Start-Up Trademark Opposition Policy" (STOP)[3] angegriffen werden konnten. Bis Ende 2002 bearbeitete die WIPO etwa 334 solche Streitfälle[4]. Allgemein ist die Registrierung unter „.biz" seit dem 25.6.2001 möglich. Parallel zur UDRP ist Schlichtung unter einem besonderen Restriction-Dispute-Resolving-Policy(RDRP)-Verfahren möglich, in dem erfolgte Registrierungen als nicht mit den „.biz"-Registrierungsbedingungen vereinbar angegriffen werden können[5].

Eine ähnliche Einführungsphase war für die „**.name**"-TLD vom 15.8.2001 bis zum 14.12.2001 implementiert. Registrierungen unterliegen der Eligibility Dispute Resolution Policy (ERDRP). Für die TLDs „**.coop**", „**.museum**" und „**.aero**" gelangt die Charter Eligibility Dispute Resolution Policy (CEDRP) zur Anwendung[6].

28 Administratoren von **ccTLds** haben die WIPO für die Schlichtung vorgesehen[7]. Die WIPO legte außerdem einen Entwurf zu den „ccTLD Best Practices for the Prevention and Resolution of Intellectual Property Disputes" auf einer Konferenz am 20.2.2001 vor[8] sowie am 20.6.2001 die endgültige Fassung[9].

Ein Domain-Name muss (nach DENIC-Vorgabe auf RFC-Basis) von der **Syntax** her mindestens drei und maximal 63 Buchstaben und Ziffern einschließlich Bindestrich) und mindestens einen Buchstaben aufweisen. Groß- und Kleinschreibung sind möglich. Im Namen selbst dürfen nicht Top-Level-Domains, Kfz-Kennzeichen, 1- und 2-buchstabige Abkürzungen, Umlaute und Sonderzeichen verwendet werden. Reine **Ziffernfolgen** dürfen nicht registriert werden, da diese mit IP-Adressen verwechselt werden können; für die Verweigerung der Registrierung einer solchen Ziffernfolge besteht deshalb im Sinne von § 20 GWB ein sachlich gerechtfertigter Grund[10]. Technisch bedingt können mehrere TLDs nicht kombiniert werden (etwa in „com.de")[11]. Das @-Zeichen kann nicht in einer Domain verwendet werden[1].

---

1 Spiegel Online, 19.02.2002 (www.netzwelt.de/netzwelt/politik/0,1518,18132,00.html).

2 WIPO, Intellectual Property on the Internet: A Survey of Issues, WIPO/INT/02, December 2002, 96 (http://ecommerce. wipo.int)

3 www.arbiter.wipo.int/domains/gtld/biz/stop/index.html.

4 WIPO, Intellectual Property on the Internet: A Survey of Issues, WIPO/INT/02, December 2002, 96 (http://ecommerce. wipo.int).

5 www.arbiter.wipo.int/domains/gtld/biz/rdrp/index.html#1.

6 www.icann.org/tlds/agreements/sponsored/sponsorship-agmt-att12-08sept01.htm.

7 WIPO, Intellectual Property on the Internet: A Survey of Issues, WIPO/INT/02, December 2002, 97 (http://ecommerce.wipo.int).

8 http://ecommerce.wipo.int/meetings/2001/cctlds/index.html.

9 http://ecommerce.wipo.int/domains/cctlds/bestpractices/index.html.

10 LG Frankfurt a.M., Urt.v. 22.3.2000 – 3/8 O 153/99, ZUM 2001, 259 = JurPC Web-Dok. 2/2002.

11 DENIC, Alle FAQs (w ww.denic.de/de/faqs/alle_faqs/index.html), Stand 23.2.2004, 14, da das @-Zeichen als Trennzeichen zwischen Nutzerkennung und Rechnerkennung dient.

Seit Frühjahr 2004 registrieren DENIC, SWITCH (Schweiz) und nic.at (Österreich) auch Domain-Namen mit **Umlauten** (VeriSign schon seit Ende 2003), die dem Standard der **Internationalized Domain Names (IDN)** entsprechen[2] und auch das Registrieren in Sprachen wie Arabisch, Chinesisch, Japanisch oder Russisch ermöglichen. Dokumentiert sind die IDNs in dem RFC 3490[3], RFC 3491[4] und RFC 3492[5], die in den Guidelines for Implementation vom 20.6.2003 verbindlich gemacht wurden[6]. Für das Lesbarmachen der IDNs ist eine Anpassung von Browser-, Chat- und E-Mail-Programmen erforderlich. Außerdem waren sämtliche Domains durch IETF vom (Nicht ASCII-)Standard RACE (Row-based ASCII Compatible Encoding) in den sog. „*Punycode*"-Standard nach RFC 3492 zu migrieren[7], ohne dass das DNS seine Stabilität verlor. Die Registerung von IDNs unterliegt der UDRP[8].

3. Internet Keywords, INNs

Einige Unternehmen wie CommonName Ltd. (www.commonname.com) oder Netscape (www.netscape.com) erlauben, Websites nicht über URLs zu lokalisieren, sondern direkt über Suchwörter. Man muss nicht mehr bestimmte TLDs eingeben, sondern nur den Begriff selbst (etwa „DENIC"). Ähnlich lassen sich die Websites auch über Suchmaschinen suchen. Die kennzeichenrechtlichen Grundsätze zur Benutzung von Domain-Namen lassen sich auch auf die Benutzung solcher Keywords übertragen[9]. Die WIPO ist auch für die Schlichtung von Streitigkeiten über Keywords zuständig[10].

Keinen besonderen kennzeichenrechtlichen Schutz genießen International Nonproprietary Namens (**INNs**) für pharmazeutische Substanzen, soweit sie im Bereich des DNS benutzt werden[11].

4. Weitere Internet-Organisationen

Die **ISOC** (Internet Society)[12] definiert sich als internationale Organisation für globale Kooperation und Koordination des Internet und dessen Netzwerktechnologie und -anbindungen. Die ISOC gilt nach US-Recht als non-profit-corporation. Mitglieder sind Einzelpersonen, Körperschaften, Vereinigungen und Behörden.

Ziel der Aktivitäten der 1991 gegründeten ISOC ist, die Entwicklung und

---

1 DENIC, Alle FAQs (w ww.denic.de/de/faqs/alle_faqs/index.html), Stand 23.2.2004, 16.

2 heise online 24.11.2003, heise.de/newsticker/data/anw-24.11.03-001.

3 www.rfc-editor.org/rfc/rfc3490.txt.

4 www.rfc-editor.org/rfc/rfc3491.txt für das Protokoll zur korrekten IDN-Eingabe („stringprep").

5 www.rfc-editor.org/in-notes/rfc3490.txt für den „Punycode"-Standard zur umkehrbaren Transformation von Unicode- in ASCII-Zeichenketten.mittels des „Bootstring"-Algorithmus.

6 Guidelines for the Implementation of Internationalizes Domain Names, Version 1.0 v. 20.6.2004, w ww.icann.org/general/idn-guidelines-20jun03.htm.

7 Heise online 15.12.2003, heise.de/newsticker/data/jk-15.12.03-001.

8 WIPO, Intellectual Property on the Internet: A Survey of Issues, WIPO/INT/02, December 2002, 97 (http: //ecommerce. wipo.int)

9 WIPO, Intellectual Property on the Internet: A Survey of Issues, a.a.O., Nr. 197.

10 WIPO, Intellectual Property on the Internet: A Survey of Issues, a.a.O., 98.

11 S. den Final Report of the Second WIPO Process „The Recognition of Rights and the Use if Names in the Internet Domain Name System", 3.9.2001 Fn. 292 (http://wipo2.wipo.int/process2/ report/ index.html) und *v. Gamm*, GRUR Int. 2002, 738.

12 S. FAQ zur ISOC: www.isoc.org/whatis/what-is-isoc.html.

Verfügbarkeit des Internet und der mit ihm verbundenen Technologien und Anwendungen aufrechtzuerhalten und weiterzuentwickeln, auch, um Organisationen, Berufsgruppen und Einzelpersonen eine effektivere Zusammenarbeit und Innovationen zu ermöglichen. Die ISOC entwickelt und betreut hierzu Standards für das Internet und die mit ihm verbundenen Technologien und Anwendungen, ebenso die Internet-Architektur und internetbezogene Forschung und Ausbildung. Die ISOC unterstützt die Entwicklung der technischen Prozesse zur Internet-Verwaltung und die Harmonisierung internationaler Aktivitäten zur Erleichterung der Internet-Entwicklung.

Die ISOC wird über ihren internationalen Board of Trustees (18 Mitglieder) und internationale Networking Conferences tätig, durch regionale und lokale Abteilungen („*chapters*")[1], Kommittees und ihr Sekretariat[2]. Die Mitglieder der ISOC haften als natürliche Personen persönlich. ISOC ist nicht gewinnorientiert (Art. of Incorporation, sect. 3).

Die **IETF** (Internet Engineering Task Force) besteht aus verschiedenen Arbeitsgruppen, die sich mit Themenbereichen wie Routing und Sicherheit, Anwendungen, IP: next Generation (IPnG), Network-Management, Transport etc. im Internet befassen. Jedermann kann Mitglied der IETF werden[3]. Die Bereichsdirektoren bilden zusammen mit dem IETF-Vorsitzenden die **IESG** (Internet Engineering Steering Group), die den operationalen Prozess der Standardentwicklungen und -festlegungen im Internet nach den Vorgaben der ISOC Trustees steuert.

Die **IRTF** (Internet Research Task Force) setzt sich aus verschiedenen Forschungsgruppen mit längerfristigen Zielsetzungen zusammen.

Der **IAB** (Internet Architecture Board) beschäftigt sich als technische Beratergruppe der ISOC mit allen Fragen der (Netzwerk-)Architektur des Internet und soll Streitigkeiten bei der Standardfestlegung schlichten[4]. Der bereits 1983 gegründete IAB steuert den Prozeß der Entwicklung der Internet-Architektur[5].

Das am 21.10.2003 gegründete **Internet Software Consortium** (www.isc.org)[6] bearbeitet unabhängig von ICANN Fragen zur Sicherheit und Überwachung im Internet und soll die Datenströme im Internet-Namenssystem überwachen, Gegenmaßnahmen bei Störfällen oder Attacken koordinieren und gezielt Aufklärung über die Sicherheit im DNS betreiben.

5. Vergabe- und Verwaltungsorganisationen

a) Überblick

Verschiedene Network Information Center (NIC) – auch *Registries* (Registrierorganisationen) genannt – haben die weltweite Verwaltung der Vergabe und Nutzung

---

1 etwa dem Internet Society German Chapter (ISOC.de), der Deutschen Interessen-Gemeinschaft Internet eV (www.digi.de). ISOC.de darf nicht mit dem de-cix (commercial internet exchange-server) verwechselt werden, über den deutsche Provider ihre Nachrichten untereinander austauschen (siehe www.eco.de/de-cix.htm).

2 Die Internet-Society-By-Laws finden sich unter www.isoc.org/infosvc/96-007.htm. Anschrift: Internet Society, 12020 Sunrise Valley Drive, Suite 210, Reston, VA 22091, USA Tel.: 176489888; E-Mail: @isoc.org.

3 S. näher www.ietf.org.

4 Eine erfrischend geschriebene Aufgabenbeschreibung findet sich unter www.iab.org/iab/connexions.html.

5 siehe näher RFC1601.

6 Heise online 21.10.2003, heise.de/newsticker/data/anw-21.10.03-004.

von Domain Namen übernommen[1].

Die **IANA** (Internet Assigned Numbers Authority)[2] ist für die Verwaltung der internen Dienste, die Parameterfestlegung (wie die ports für TCP) und die Vergabe von TLD's (und IP-Adressen) verantwortlich, generell für die Verwaltung eines einheitlichen DNS (Root of the Domain Name System) -Dienstes, der für die NSF (National Science Foundation) arbeitet und Internetadressen zuweist[3]. Die IANA hat InterNIC, RIPE NCC (Europa, Naher Osten, Teile von Afrika), ARIN (Nordamerika, Teile von Afrika), APNIC (Asien-Pazifik) und LACNIC (Lateinamerika) mit der Vergabeverwaltung beauftragt[4]. Diese vier Regional Internet Registries (RIR) haben auf der Grundlage des im April 2004 geschlossenen Memorandum of Understanding (MoU) zur ICANN Address Supporting Organization einen Nummernrat zur Regelung der IP-Adressvergabe gegründet[5].

IANA wurde viele Jahre von DARPA unterstützt. IANA ist über den IAB im IETF tätig (s. unten). IANA und InterNIC arbeiteten bei der Namensverwaltung zusammen. Hinter der IANA steht das Information Sciences Institute (ISI) der University of Southern California (USC). ISI steht (für die IANA-Funktion und) noch heute unter DARPA-Kontrakt und hat aus dieser Befugnis die Durchführung der Verwaltung NSI übertragen (s.u.). Streng genommen ist damit das Internet weiter unter militärischer Verwaltung bezüglich der Internet-Nummernvergabe[6].

Die Funktionen von IANA hat im Oktober 1998 **ICANN** (Internet Corporation for Assigned Names and Numbers) übernommen (so insbesondere die Zuweisung von IP-Nummernblöcken), wobei die Möglichkeit konkurrierender Systeme zur Domain-Namenvergabe eröffnet wurden. Zur ICANN s. S. 766.

InterNIC ist in den USA durch IANA-Beauftragung für die Vergabe von edu-, gov-, com-, org-, net- und root-Domains zuständig[7], also nicht für Top-Level-Domains anderer Staaten (z.B. „.de" für Deutschland). InterNIC teilt den Providern außerdem freie Adressenräume im Internet zu. InterNIC wurde Januar 1993 von AT&T, General Atomics und Network Solutions, Inc. gegründet. Das InterNIC arbeitet nach dem Prioritätsprinzip. Die Adresszuweisung erfolgt in der Reihenfolge der Antragstellung. Wer zuerst kommt, erhält die gewünschte Adresse zuerst[8]. Marken und sonstige Kennzeichenrechte werden nicht auf ihr Bestehen hin geprüft. Auch das Bestehen eines solchen Rechts schafft andererseits keinen Anspruch auf nachträgliche Neuzuweisung

---

1 Zu verschiedenen europäischen Vergabeorganisationen und -bedingungen s. *Rayle*, Die Registrierungspraktiken für Internet-Domain-Namen in der EU, 21ff.

2 IANA wird betrieben von der University of Southern California (USC9/Information Sciences Institute, Suite 1001, 4676 Admiralty Way, Marina del Rey, CA 90292, Fax: 1 310 823-6714; www .iana.org.

3 RFC 1591, S. 3.

4 heise online news 2.4.2004, www.heise.de/newsticker/meldung/46253.

5 heise online news 2.4.2004, www.heise.de/newsticker/meldung/46253 mit Link zum MoU.

6 Der Leiter der IANA, Jon Postel schreibt ausdrücklich in einem „Statement on DNS Authority" (www.isi.edu:80/div7/iana/dns-mangament.html) : „Under DARPA contracts, ISI (through the IANA function) has the discretionary authority to delegate portions of its function, and has delegated that portion of the responsibility concerning some aspects of numeric network and autonomous system identifiers to an Internet Numbers Registry (IR)..."...„ISI (as the IANA) ha[s] delegated to the DISA NIC (currently NSI) the registration of users for the Internet" (zit.nach RFC 1174). *DISA* wiederum steht für „Defense Information Systems Agency" (Website: nic.ddn.mil; DDN registriert die SLD im militärischen Bereich, s. rfc 1591, ftp://ftp.isi.edu/in-notes/rfc1591.txt)). Auch die vergebende Organisation NSI hat enge militärische Kontakte, s.u.).

7 S. die ausf. Erläuterungen in den FAQs „Domain Name Registration" (http://rs.internic.net/domain-info/registration-FAQ.html). Inzwischen ist die Aufgabe an die NSI, Inc. delegiert worden.

8 *Kochinke/Bäumer*, CR 1996, 499, 500.

einer Adresse. „InterNIC“ bezeichnet heute eine Marke des Handelsministeriums, die von ICANN auf vertraglicher Grundlage genutzt wird[1].

Für Europa ist die **RIPE NCC** (Réseaux IP Européens Network Coordination Center, in Amsterdam[2]) zuständig, für Asien das **APNIC** (Asia Pacific Registry). Zwischen den Registerbereichen findet ein Classless Interdomain Routing (CIDR) statt[3]. RIPE ist ein informeller Zusammenschluss europäischer Organisationen. RIPE wurde im November 1989 gegründet. RIPE NCC ist als regionales Zentrum für Europa und angrenzende Regionen von der IANA mit der Koordination der Vergabe von Internetnummern beauftragt worden und hat diese Aufgabe an die nationalen Vergabe-organisationen delegiert, in Deutschland an DENIC (s.u.). RIPE teilt nur Providern, nicht einzelnen Nutzern IP-Adressen zu[4].

Die Second-Level Internet Domain Names in den TLDs com, org. gov, edu und net werden von der **Network Solutions, Inc.** (**NSI**) vergeben[5]. Es gilt weiter die „first come, first serve“-Basis[6]. Zugrunde liegt die gemeinsame InterNIC-Vergabe-Policy. Bei Streitigkeiten passiv legitimiert ist aber die NSI.

Die Vergabebefugnis von NSI ergibt sich aus einem Fünfjahresvertrag mit der National Science Foundation (NSF), der zunächst bis Ende September 1998 lief, aber verlängert wurde.

NSI hat nicht mehr die Monopolstellung für die generischen Domains „.com“, „.net“ und „.org“. Für diese TLDs wurde in Deutschland die Registrierungsstelle EpAG (Enter-Price Multimedia AG) gegründet[7].

b) Funktion der ICANN

International vergibt ICANN (Internet Corporation for Assigned Names and Numbers) beantragte ccTLDs und gTLDs über das InterNIC zur Verwaltung als Registry und in Akkreditierungsvereinbarungen mit den Registrars[8]. ICANN verwaltet den IANA (Internet Assigned Numbers Authority)-Betrieb, die IP-Adressregistrierung, die regionale Weitergabe der IP-Adressräume an die Regional Internet Registries (RIR), das Root-Server-Management, die Domain-Datenbanken-Verwaltung und die Einführung von IPv6[9]. ICANN ist nach kalifornischem Recht als private Non-profit, public benefit-

---

1 ICANN, License Agreement Concerning InterNIC ® v. 8.1.2001.

2 RIPE NCC, Kruislaan 409, NL-1098 SJ Amsterdam, Niederlande.

3 Zur Adressregistrierung (etwa durch einzelne Nutzer, aber insbesondere durch ISPs bei „upstream providers“ s. ftp://rs.internic.net/policy/internic/internic-ip-1.txt). Das Dokument enthält auch ein *NSI-Non-Disclosure-Agreement.*(.../internic-ip-2.txt).

4 s. www.ripe.net/faq.html. Diese Aussagen beziehen sich auf *IP-Adressen*, nicht Domain-Namen. Diese werden von RIPE nicht registriert.

5 Grundlage ist das NSF Cooperative Agreement No. NCR-9218742 zwischen der National Science Foundation (NSF) und NSI mit einer Vertragslaufzeit bis zum 30.September 1998 (s.http://rs.internic.net/nsf/agreement/agreement). AT&T ist für die Verwaltung des InterNIC Directory and Database Services project verantwortlich, NSI für das Registration Services project und General Atomics für die Information Services. Von allen drei Beteiligten wird die Bezeichnung „InterNIC“ nach außen einheitlich als „seamless interface“ verwendet (Art.1).
Anschrift NSI: 505 Huntmar Park Drive, Herndon, VA 22070, Tel: (703)742-4884; Fax (703) 742-8708; E-Mail: daveg@netsol.com.

6 S. unter http://rs.internic.net/domain-info/internic-domain-6.html.

7 www. epag.de.

8 *Rayle*, Die Registrierungspraktiken für Internet-Domain-Namen in der EU, 11.

9 ICANN Information, Stand 13.1.2004, www.icann.org/general/.

Organisation gegründet und hat ihren **Sitz** in Kalifornien[1].

ICANN bestellt **Registrare** zur Vergabe der Domains an Nutzer. Mit diesen Nutzern schließt ICANN jeweils ein (33seitiges) „*Registrar Accreditation Agreement*“[2]. Die Registrare sind verpflichtet, eine elektronische Kopie ihrer vollständigen Datenbank an ICANN oder, nach Wahl des Registrars, an einen *Escrow Agent*, zu übermitteln (Nr. 3.6 Agreement). Hierbei werden alle auch personenbezogenen Daten (etwa zu *Admin-C*) aus aller Welt nach Kalifornien übertragen, wofür die datenschutzrechtliche Zulässigkeit noch nicht abschließend geklärt erscheint. Der europäische Registrar sollte deshalb vorsorglich einen Escrow Agent in der EU beauftragen. Streitigkeiten sind nach den International Arbitration Rules der American Arbitration Association („AAA“) in Englisch in Los Angeles County, California durchzuführen (Nr. 5.6 Agreement).

Im September 2002 wurde das Memorandum of Understanding zwischen US-Wirtschaftsministerium und ICANN (nach zustimmender Erklärung durch die National Telecommunication and Information Agency, NTIA) bis zum 30.9.2003[3], am 18.9. 2003 außerdem für (erstmals) drei Jahre bis zum 30.9.**2006** verlängert[4]. In dieser Frist soll die **Privatisierung** der DNS-Verwaltung abgeschlossen werden.

Im Sommer 2003 wurde ein Gesetzentwurf im US-Repräsentantenhaus vorgelegt, der das Vergabeverfahren durch ICANN der Überprüfung durch das General Accounting Office (GAO) unterwerfen soll[5].

ICANN wird durch die ICANN Domain Name Supporting Organizations (**DNSO**) bzw. (seit dem 26.6.2003) als Generic Namen Supporting Organization (GNSO) bezeichnet unterstützt. Die DNSO besteht aus dem Names Council und der General Assembly (www.dnso.org/dnso/aboutdnso.html). Außerdem berät die Country-Code Names Supporting Organization (ccNSO). Eine wichtige Rolle spielt das Governmental Advisory Committee (GAC), das (was in der Diskussion manchmal übersehen wird) keineswegs auf die US-Regierung beschränkt ist, sondern allen Regierungen offenstehen soll[6]. Diese Möglichkeit sollte genutzt werden. Bezogen auf Sicherheit und Integrität der Internet-Namensverwaltung berät das Security and Stability Advisory Committee (SAC), während sich das Root Server System Advisory Committee mit der Root-serververwaltung befasst und das At-Large Advisory Committee (ALAC) Nutzerinteressen berücksichtigen soll.

ICANN verwaltet die **WHOIS**-Datenbank, in der registrierte Domains angefragt werden können. Die Registrare sind durch einen am 23.3.2003 angenommenen Beschluss verpflichtet worden, im Rahmen einer „*WHOIS data reminder policy*“ (WDRP) Domain-Nameinhaber jährlich deren WHOIS-Daten mitzuteilen und sie an

---

1 Internet Corporation for Assigned Names and Numbers, 4676 Admiralty Way, Suite 330, Marina del Rey, CA 90292-6601 USA.

2 Verfügbar unter www.icann.org/registrars/ra-agreement-17.ay01.htm in der Fassung vom 17.5.2001 mit Ergänzungen vom 25.11.2002, 23.1.2003 und vom 3.4.2003 mit Anhängen für „.aero“, „.biz“, „.com“, „.coop“, „.info“, „.museum“, „.name“, „.net“, „.pro“ und die Logo License.

3 Heise online 21.9.2002, heise.de/newsticker/data/tol-21.09.02-004. Vereinbart wurde hiernach auch, dass Vertreter des US-DoC an Verhandlungen zwischen ICANN einerseits und Rootserver-Betreibern, Regional Internet Services und ccTLD-Registry-Betreibern teilnehmen. Der Bericht zitiert *Jeanette Hofmann*, die von einen zunehmenden Einfluss von US-Behörden auf ICANN sprach.

4 heise online 18.9.2003, heise.de/newsticker/data/wst-18.09.03-003/ mit Link zum „Memorandum of Understanding Between the U.S. Department of Commerce and the Internet Corporation for Assigned Names and Numbers“, Amendment 6 (www.ntia.doc.gov/ntiahome/domainname/ agreement/amendment6_09162003.htm).

5 Initiative der Angeordneten *Brian Baird* und *Jay Inslee* für einen *Fair, Transparent & Competitive Internet Naming Assurance Act (ICANN Accountability Act)*, heise online 20.6.2003, heise.de/newsticker (data/jk-20.06.03-000/).

6 ICANN Bylaws, 26.6.2003, Sec. 2.1 (b).

eventuell erforderliche Korrekturen zu erinnern. Die WDRP ist Teil die Accreditation Agreements[1]. Die nationalen NICs, z.B. DENIC, übernehmen die jeweilige Teilverwaltung von WHOIS. Problematisch ist datenschutzrechtlich, ob die vollständigen Datensätze („*handles*") im Internet zugänglich sein müssen bzw. dürfen.

ICANN folgt dem WIPO-Schlichtungsmodell der **Uniform Domain Name Dispute Resolution Policy** (UDPR)[2] mit den zugehörigen UDPR-Rules[3] für alle generischen Top Level Domains[4]. Mit Stand Januar 2004 wurden mehr als 5000 Domain-Streitigkeiten bearbeitet[5]. Die UDPR wird allen Verträgen von ICANN mit den akkreditierten Registraren zugrundegelegt. Für die ccTLDs wurden keine vergleichbaren Schlichtungsregelungen geschaffen, jedoch können Registrare sie in ihren Registrierbedingungen für ihre Kunden verbindlich machen[6]. Nach Nr. 4 (a) (iii) UDRP ist das Verfahren nur auf **missbräuchliche Registrierungen** von Domains anwendbar, bei denen dem Registrierten kein Recht an der Domain zusteht (etwa auf sog. „Domain Grabbing"), nicht aber auf Konflikte zwischen bestehenden Rechten etwa bezüglich deren Priorität. Das jeweilige nationale Recht bindet das Verfahren nicht, kann jedoch herangezogen werden[7]. Kritisiert wurde, dass der Beschwerdeführer den Dispute Resolution Provider (insbesondere WIPO oder NAF) auswählen dürfe, was Form Shopping begünstige und die Tendez verstärke, dass die beauftragten Schiedsstellen Panelists auswählen, die zugunsten der Beschwerdeführer befangen seien[8]. Besondere Dispute Resolution Policies werden für die sponsored TLDs „.aero", „.coop", „.museum", „.name", „.pro", „.biz" und „.info" bereitgehalten[9].

ICANN hat seit dem 12.11.2004 geltende Regeln zum Umzug von Domains definiert, die von allen ICANN-akkreditierten Registraren einzuhalten sind[10].

Die Weiterentwicklung der Funktion von ICANN bleibt abzuwarten. Hier wurde das Entstehen eines „globalen Regulators" befürchtet[11]. Das US-Department of Commerce, das ICANN gegründet hat, übt weiterhin die Kontrolle über das DNS-Management aus[12].

---

1 S. das Memorandum from ICANN-CEO *Paul Twomey* Concerning WHOIS v. 18.9.2003, www.icann.org/announcements/announcement-18sept03.htm.

2 Mit Stand 24.10.1999, www.icann.org/udrp/udrp-rules-24oct99.htm.

3 Mit Stand 24.10.1999, www.icann.org/udrp/udrp-rules-24oct99.htm.

4 Zur Entstehung der UDRP s. ICANN, Frequently Asked Questions (FAQ), www.icann.org/general/faq1.htm.

5 ICANN Information, Stand 13.1.2004, www.icann.org/general/.

6 *Heisz*, TMR 2002, 24, 26 mit Verweis auf die Aufstellung der auf ccTLDs anwendbaren UDRP unter www.icann.org/udrp/udrp-schedule.htm.

7 *Heisz*, TMR 2002, 24, 28 mit dem Hinweis, dass in Schiedspanels mit US-Beteiligung häufig auf das Fallrecht zum Anticybersquatting Consumer Protection Act von 29.11.1995 (www.gigalaw.com/library/anticybersquattingwar -1999-11-29-p1.htm) zurückgegriffen werde.

8 *Heisz*, TMR 2002, 24, 32.

9 S. die Übersicht „Domain Name Dispute Resolution Policies", www.icann.org/udrp.

10 Advisory Inter-Registrar Transfers: Implementation Requirements, 12.7.2004, (www.icann.org/announcements/advisory-12jul04.htm).

11 So die DENIC-Geschäftsführerin *Sabine Dolderer*, heise online 19.9.2002, heise.de/newsticker/data/anw-16.09.02-000/.

12 heise online 2.4.2001, heise.de/newsticker/data/jk-02.04.01-006/.

c) VeriSign GRS/NSI, Inc.

Die Network Solutions, Inc. (NSI)[1], nunmehr VeriSign Global Registry Services (VeriSign GRS)/NSI, war für die Verwaltung der Namensvergabe von Second Level Domains (SLDs) unter der „.org"-TLD bis Ende 2002 zuständig. Die Verwaltung von SLDs unter der TLD „.net" durch VeriSign/NSI soll bis Ende Juni 2005 abgegeben werden[2] bzw. (am 2.3.2001 verlängert) bis zum 1.1.2006, die Verwaltung von SLDs unter der „.com"-TLD im Jahr 2007[3]. VeriSign kaufte NSI Anfang 2000. Am 2.3.2001 hatte VeriSign GRS/NSI im Vertrag mit ICANN vereinbart, sowohl die Registry als auch die Registrarfunktion für die „.com"-TLD weiterzuführen, die Verwaltung der „.org"-TLD aber abzugeben. Mit dem Concurrent Agreement vom 17.5.2001 anerkannte ICANN die durch NSI durchgeführten Registrarbestellungen. Mit selbem Datum schloss ICANN mit VeriSign das Registry Agreement für die „.com"-TLD. Am 16.10.2003 verkaufte VeriSign die Registrar-, E-Mail- und Hosting-Dienste von NSI an Pivotal Private Equity, behielt aber die „.com"- und „.net"-Registry sowie alle DNS-Infastrukturen[4]. VeriSign/NSI ist nun Registry für die „.com"- und „.net"-TLD und verwaltet TLD-Zone files für „,com" und „.net" (auch 'master „white pages" of the Internet' genannt[5]). Grundlage ist das ICANN/NSI Registry Agreement vom 11.11. 1999 und das Cooperative Agreement 92-18742 zwischen des US-Department of Commerce und VeriSign. Kunden von VeriSign/NSI sind die durch ICANN akkreditierten Registrare, nicht die Domain-Inhaber.

VeriSign/NSI hat mit Wirkung vom 25.1.2003 als Verfahren eine (von ICANN entwickelte) **„Redemption Grace Period"** (RGP) eingerichtet, nach der bei Löschen einer Domain durch den Registrar die Domain für 30 Tage auf die „Redemption Period" gesetzt wird, während der die Eintragung gegen Gebührenzahlung beim Registrar wiederhergestellt werden kann. Innerhalb von sieben Tagen nach diesem Wiederherstellungsverlangen muss der Registrar die Wiederherstellung an VeriSign (im sog. *„Restore Report"*) melden. Ohne Wiederherstellungsverlangen wird der Domain-Eintrag fünf Tage als *„Pending Delete"* gespeichert und dann gelöscht[6].

Die Namen werden auf einer *„first come, first served"*-Basis vergeben. Wer zuerst kommt, wird also zuerst registriert. Die Löschung (oder Übertragung) einer „.com"-TLD kann nur bei VeriSign/NSI bzw. einer der neuen Vergabeorganisationen durchgesetzt werden. In einer Entscheidung des OLG Hamburg war der Antragsgegner verpflichtet worden, nicht länger die Providerfunktionen zu erfüllen, die für die Aufrechterhaltung einer „.com."-Domain erforderlich sind, allerdings nicht im Verhältnis zu NSI, sondern zu InterNIC[7].

---

1 NSI wurde mittlerweile von Verisign gekauft. VeriSign/NSI ist für „.com", „.org" und „.net" sowohl Registry wie Registrar (heise online 2.4.2001, ICANN sichert marktbeherrschende Stellung von NSI bei „.com", www.heise.de/newsticker/data/jk-02.04.01-006; *Rayle*, Die Registrierungspraktiken für Internet-Domain-Namen in der EU, 11).

2 ICANN/VeriSign.net Registry Agreement v. 25.2.2001, CR 2001, 489.

3 ICANN/VeriSign.net Registry Agreement v. 25.2.2001, CR 2001, 489.

4 Heise online 16.10.2003, heise.de/newsticker/data/gob-16.10.03-000/.

5 www.verisign.com/nds/naming/faq.html.

6 www.verisign.com/nds/naming/faq.html.

7 OLG Hamburg, Urt.v.4.11.1999 – 3 U 274/98 (www.netlaw.de/urteile/olghh_3.htm) – Online-Casino.

c) DENIC e.G.

Für die einzelnen europäischen Staaten bestehen eigene Vergabeorganisationen, in **Deutschland** etwa das *DE*utsche *N*etwork *I*nformation *C*enter (DENIC) e.G.. DENIC wurde 1994 gegründet[1]. DENIC ist nur für die Verwaltung der ccTLD „.de" zuständig, also die Registry. Von *„Registry"* spricht man, wenn die Verwaltung der Datenbanken mit den Informationen zu den registrierten Domain-Namen und das Betreiben der Nameserver(rechner) für die jeweilige TLD gemeint ist, hingegen vom *„Registrar"*, wenn Bezug auf Organisationen genommen wird, die Endkunden registrieren, ohne selbst das Register zu verwalten[2]. DENIC wurde als *Non-profit*-Organisation eingestuft, da das Arbeiten nach dem Kostendeckungsprinzip eine Gewinnerzielungsabsicht ausschließe[3]. DENIC unterliegt keiner besonderen behördlichen Aufsicht oder Kontrolle, wird (seit Ende 1996) als eingetragene Genossenschaft (eG) jedoch durch den Genossenschaftsverband Hessen, Rheinland-Pfalz, Thüringen e.V. bezüglich der Ordnungsmäßigkeit der Geschäftsprüfung geprüft, nicht jedoch spezifisch in domainrechtlicher Sicht[4]. DENIC hatte mit Stand 23.4.2004 180 Mitglieder und verwaltet etwa 7,5 Millionen „.de"-Domains.

DENIC betreibt einen Primary Nameserver in Frankfurt (DNS-Name: dns.denic.de; IP-Adresse: 194.246.96.79) und 11 Secondary Nameserver, die insgesamt täglich mehr als 100 Millionen Anfragen an die DNS-Server beantworten[5]. DENIC ermöglicht Domain-Abfragen über „Whois". Hier wurden im Sommer 2003 pro Minute (!) etwa 6000 bis 7000 Anfragen registriert[6]. Seit dem 20.1.2004 betreibt DENIC mit dem Verband eco eine sog. „Anycast"-Instanz des von RIPE NCC betriebenen k-Root-Servers am DeCIX in Frankfurt. Mittels Anycast kann für jeden Rootserver ein eigenes ausfallsicheres Netz von verteilten Servern aufgebaut werden, die über einen identischen Datenbestand verfügen und über ein und dieselbe IP-Adresse erreichbar sind[7]. Der k-Server ist einer von 13 Rootservern, die als oberste und einzige berechtigte Instanz für die Root-Zone Domain- und Hostnamen in IP-Adressen umsetzen.

Die Zuweisung der **Zuständigkeit** für die Vergabe der IP-Adressen liegt bei dem Bundesministerium für Post und Telekommunikation (Verwaltung von „Nummern" im Sinne von § 3 Nr. 13 TKG; § 3 Nr. 10 TKG a.F., d.h. Zeichenfolgen, die in Telekommunikationsnetzen der Adressierung dienen); diese Zuständigkeit umfasst nicht die Vergabe von Domain-Namen[8]. Der Entwurf einer Nummerierungsverordnung 2003 sah vor, dass die Regulierungsbehörde (RegTP) auch für die Strukturierung, Ausgestaltung und Verwaltung der Nummernräume (Nummern, Namen und Adressen) zuständig sein sollte, ebenso für die neuen ENUM-Nummern[9]. Unter „Namen und

---

1 Die „.de"-TLD wurde freilich schon früher, nämlich erstmals im November 1986 im Rootserver des Internet eingetragen. Die Informatikrechner-Betriebsgruppe (IRB) der Universität Dortmund startete dann 1991 den ersten Nameserver-Dienst für die „.de"-TLD, also ein NIC (Network Information Center). DENIC verwaltete Anfang 1994 1000 Domain, Anfang 2004 sieben Millionen Domains (heise online 1.1.2004, heise.de/newsticker/data/bo-01.01.04-003).

2 *Rayle*, Die Registrierungspraktiken für Internet-Domain-Namen in der EU, 11.

3 LG Frankfurt, Urt.v.24.10.2001 – 2/6 O 280/01, MMR 2002, 126 = ZUM-RD 2003, 47 = JurPC Web-Dok. 248/2001; anders noch LG Frankfurt, Beschl.v. 23.8.2001 – 2-06 O 280/01 im Verfügungsverfahren (www.connect world.de/img/beschluss.pdf).

4 *Rohnke*, AIPPI-Bericht, GRUR Int. 2003, 608, 609.

5 Heise online, www.heise.de/newsticker/data/hob-06.08.02-000/.

6 heise online 24.6.2003, heise.de/newsticker/data/hob-26.06.03-000/.

7 heise online news 20.1.2004, www.heise.de/newsticker/data/jk-20.01.04-008.

8 Antwort der Bundesregierung auf Kleine Anfrage, BT-Drucks. 13/7764 v. 27.5.1997

9 **ENUM** (für: Elecronic/(telephonic) Number Mapping) ist ein Standard, durch den sich

Adressen“ werden hier auch Domains und IP-Adressen eingeschlossen. Diese Zuweisung zur RegTP wurde in der TKG-Novellierung (zunächst) nicht weiter verfolgt. Allerdings sieht die Rahmenrichtlinie 2002/21/EG[1] in Art. 10 Abs. 1 S. 1 eine Kontrolle der Zuteilung „aller nationalen Nummerierungsressourcen“ und die Verwaltung der nationalen Nummerierungspläne durch die nationalen Regulierungsbehörden vor.
DENIC hat kein besonderes Streitschlichtungsverfahren vorgesehen.

In einem Entwurf zu einer TK-**Nummerierungsverordnung** (Stand: 30.4.2003) war die Zuweisung der Zuständigkeit der Nummernzuteilung zur Regulierungsbehörde vorgesehen worden. In der Novellierung des Telekommunikationsgesetzes vom 22.6.2004 wurde dieses Vorhaben nicht weiter verfolgt. In einer Stellungnahme vom 28.5.2003 zum Referentenentwurf auf verschiedene Bedenken auch verfassungsrechtlicher Art hingewiesen.

d) EURid

Die neue, europäische „.eu“-TLD[2] wird von der Vergabestelle ab dem 1.11.2004 vergeben. Bis zu diesem Zeitpunkt hat EURid Registrare akkreditiert[3]. Die VO Nr. 874/2004[4] enthält die Grundregeln der Registrierung. Unternehmen und Bürger können sich direkt nach dem First-Come-First-Serve-Prinzip registrieren lassen.

e) CENTR

Die europäischen Verwalter der Länderdomains haben sich in der Organisation CENTR zusammengeschlossen (w ww.centr.org).

Telefonnummern auf Internet-Domains abbilden lassen, die sich dann zur Speicherung und Identifizierung unterschiedlichster Kommuikationsdienste heranziehen lassen (z.B. Fax- und Mobilfunkrufnummern, Voice-Mail-Systeme, E-Mail-Adressen, IP-Telefonieadressen, Webseiten, GPS-Koordinaten, Anrufumleitungen, Unified Messaging etc.). Dies erlaubt, anstatt einer Vielzahl einzelner Nummern nur noch eine einzige Nummer zu verwenden, der sich unterschiedliche Ausgabegeräte durch Eintrag in den ENUM-Nameserver zuordnen lassen. Zum ENUM-Protokoll s. International Telecommunication Union, „Tutorial Paper of the Committee on ICANN Evolution and Reform“, Oct. 2, 2002 (w ww.itu.org/itu-t/workshop/enum/index.html).
Als gemeinsame Subdomain wird „e164.arpa“ verwendet, wobei E 164 den Standard für den internationalen Rufnummernplan der ITU beschreibt. Registrierung erfolgt in einer gemeinsamen Datenbank durch die Registrierungsstelle RIPE NCC in Amsterdam. Eine ENUM-Domain wird dadurch gebildet, dass die Telefonnummer in der Nummernfolge umgekehrt und durch Punkte getrennt wird. Beispiel: Aus 49 069 272350 (für DENIC) wird 0.5.3.2.7.2.9.6.9.4.e164.arpa. Über diese Domain kann ein ENUM-Client auf einen Nameserver mit sog. NATPR (Naming Authority Pointer)-Records zugreifen. Der deutsche Teilbaum des ENUM-Namensbaumes ist .9.4.e164.arpa. Eine private australische Gruppe bietet eine Registrierung nach ENUM-Standard unter e164.org an (heise online news 21.5.2004, www.heise.de/newsticker/meldung/47555). DENIC betreibt seit 2002 einen Testbetrieb (siehe www.denic.de/doc/DENIC/presse/enumvertrag.html, vom 15.8.2003).

1 Richtlinie 2002/21/EG des Europäischen Parlaments und des Rates v. 7.3.2002 über einen gemeinsamen Rechtsrahmen für elektronische Kommunikationsnetze und -dienste (Rahmenrichtlinie), ABl. EG 2002 Nr. L 108, 33.

2 Ausführlich zur Einführung der „.eu“-TLD s. etwa *Koenig/Neumann*, JurPC Web-Dok. 154/2002.

3 Heise online 2.1.2004, heise.de/newsticker/data/cp-02.01.04-001.

4 Verordnung (EG) Nr. 874/2004 der Kommission v. 28.4.2004 zur Festlegung von allgemeinen Regeln für die Durchführung und die Funktionen der Domäne oberster Stufe „.eu“ und der allgemeinen Grundregeln für die Registrierung, ABl 2004, Nr. L 162 v. 30.4.2004, 40.

6. Registrierungsverträge

a) Vertragsgestaltung

Um einen Domain-Namen registrieren zu lassen, ist mit der jeweils zuständigen Registrierungsstelle ein Vertrag über die Registrierung und Konnektierung zu schließen. Für die Top Level Domain (TLD) „.de" ist die DENIC zuständig, auf die nachfolgend Bezug genommen wird. Meist schließen die Nutzer den Vertrag nicht direkt mit DENIC, sondern ein von ihnen beauftragter (und damit als ihr Stellvertreter auftretender[1]) Provider lässt die Registrierung bei DENIC vornehmen. Eine entsprechende Verpflichtung ist im Vertrag zwischen Kunden und Provider aufzunehmen, ebenso eine Verpflichtung, Auskunft über bereits anderweitig vergebene Domain-Bezeichnungen zu erteilen, wobei er sich meist auf die Online-Auskunft der DENIC verlassen wird und seine Haftung gegenüber dem Kunden entsprechend einschränken sollte[2]. Die verschiedenen Pflichten können in einer Geschäftsbesorgung im Sinne von § 675 BGB gebündelt sein (s. unten S. 773). Schadensersatzpflichtig kann sich der Provider machen, wenn er die Domain verzögert registrieren lässt oder durch sein Nichtzahlen der Registrierungsgebühr die Domain zwischenzeitlich anderweitig vergeben wird[3].

DENIC legt der Registrierung die **Registrierungsbedingungen** („DENIC-Domainbedingungen") und die **Registrierungsrichtlinien** („DENIC-Domainrichtlinien") zugrunde (beide gegenwärtig mit Stand 11.5.2004), die beide AGB darstellen[4] und in den Registriervertrag zwischen DENIC und Kunde einbezogen werden. Als ausreichend wurde angesehen, wenn diese Bedingungen durch DENIC gegenüber dem beauftragten Provider in den Vertrag einbezogen wurden[5] (§ 305 BGB), die zugleich Genossen der DENIC sind[6]. Möglich ist aber auch die Einbeziehung direkt gegenüber dem Kunden, wenn der Kunde die Registrierung direkt bei DENIC vornimmt.

Nach § 2 Abs. 1 Domainbedingungen ist DENIC verpflichtet, die Domain und ihre technische Daten in die Nameserver aufzunehmen (zu konnektieren).

Der **„Admin-C"** (für: *„Administrative* Contact") ist Zustellungsbevollmächtigter des Domain-Inhabers (im Sinne der §§ 174 ff ZPO). Verpflichtend wird seine Bestellung nur verlangt, wenn der Domain-Inhaber seinen Sitz nicht in Deutschland hat (§ 3 Abs. 1 S. 2 Registrierungsbedingungen; Ziff. VIII S. 2 Domainrichtlinien. Die **Verwaltung** dieser *„Admin-C"*-Position kann wiederum Gegenstand des Providervertrages mit dem Kunden sein. Der Kunde loggt sich bei „DENICdirect" für eine elektronische Registrierung ein und stellt einen elektronischen oder gleich einen schriftlichen Registrierungsantrag „Domainauftrag"[7], in dem am Ende des Formularvordruckes auf die Geltung der Registrierbedingungen und –richtlinien und deren Download-Adresse verwiesen wird; damit ist die Kenntnisnahme**möglichkeit** im Sinne von § 301 Abs. 1 BGB begründet. § 2 Abs. 3 der Domainbedingungen verpflichtet also wirksam jeden

---

1 *Ernst*, MMR 2002, 714.

2 *Ernst*, MMR 2002, 714, 717.

3 *Ernst*, MMR 2002, 714, 719 m.w.N.

4 *Ernst*, MMR 2002, 714, 715 m.w.N.; *Mankowski*, Die Vertragsbeziehungen zwischen DENIC, Provider und Website-Betreiber, in: *Hohl/Leible/Sosnitza*, Domains, Frames und Links, 2002, 99, 103 (jedenfalls für die Registrierungsbedingungen)

5 *Ernst*, MMR 2002, 714, 715.

6 Statut der DENIC e.G. – Domain Verwaltungs- und Betriebsgesellschaft e.G., www.denic.de/doc/ DENIC/ statuten.html

7 Abrufbar unter: www.denic.de/DENICdb/domainreg/DENICdirect/index.html.

Domaininhaber. Das Angebot der elektronischen Registrierung stellt einen Teledienst im Sinne von § 2 Abs. 2 Nr. 1 TDG dar.

Bestellt und benannt werden können vom Kunden außerdem der technische Ansprechpartner (*Tech-C*) und der Zonenverwalter (*Zone-C*), teilweise auch ein Rechnungsempfänger (*Billing-C*)[1].

Die **frühere** Fassung der Domainbedingungen sah in § 2 Abs. 1 S. 1 die Möglichkeit einer **Verweigerung** der Registrierung bei „offensichtlichen Rechtsverletzungen" (§ 2 Abs. 1 S. 1 Registrierungsbedingungen). Jedoch prüfte DENIC in der Praxis nur im automatisierten Verfahren, ob der zur Registrierung angemeldete Domain-Name bereits vergeben ist[2]. Dies bedeutet, dass **präventiv** überhaupt **keine Prüfung** auf Verstöße gegen die öffentliche Ordnung[3] oder gegen Schutzrechte stattfindet, – eine vom BGH ausdrücklich gebilligte Praxis[4]. Ungeprüft blieb aber wohl, ob die automatisierten Verfahren derart verändert oder erweitert werden können, dass zumindest bestimmte gravierende Rechtsverletzungen verhinderbar sind, etwa durch Verwenden eines Dictionary bekannter Markenbezeichnungen oder in der Verwendung strafbarer (z.B. rechtsradikaler) Begriffe. Eine Analogie zu den Eintragungshindernissen nach § 8 MarkenG kommt nicht in Betracht, da aus Domain-Namen keine Verbietungsrechte gegen Dritte entstehen[5], ebensowenig eine wettbewerbsrechtliche Unzulässigkeit der Verwendung beschreibender Domain-Namen[6], sofern nicht Irreführung oder Behinderungswettbewerb vorliegt[7].

Die **neue** Fassung der Registrierungsbedingungen schließt jegliche Prüfpflicht aus (§ 2 Abs. 2), damit zugleich aber auch implizit die Möglichkeit der Verweigerung der Registrierung.

Die Möglichkeit der Eintragung von *Dispute*-Eintragungen ist in § 2 Abs. 3 der Domainbedingungen vorgesehen[8]. Vorausgesetzt wird, dass ein Dritter glaubhaft macht, dass ihm ein Recht an der Domain zukommen mag, und erklärt, dieses gegenüber dem Domain-Inhaber geltend zu machen. Der Dispute-Eintrag wirkt für ein Jahr (§ 2 Abs. 3 S. 2 Domainbedingungen). Der Eintrag kann verlängert werden, wenn der Inhaber des Dispute-Eintrag nachweist, dass die Auseinandersetzung noch nicht abgeschlossen ist (§ 2 Abs. 3 S. 3 Domainbedingungen). Eine mit Dispute-Eintrag versehene Domain kann weiter genutzt, aber nicht auf Dritte übertragen werden (§ 2 Abs. 3 S. 4 Domainbedingungen).

Name und Anschrift des Domain-Inhabers werden in der *WHOIS*-Datenbank gespeichert und weltweit im Internet zugänglich gemacht (§ 8 Domainbedingungen). Dies wurde als datenschutzrechtlich zulässig angesehen, da der Domain-Inhaber als Anbieter von Tele- und Mediendiensten ohnehin nach § 6 TDG/MDStV zur Angabe von Name und Anschrift verpflichtet sei[9]. Allerdings gilt die Informationspflicht nach § 6 TDG/MDStV nur für geschäftsmäßige Dienste, also wohl nicht für den private Homepage-Betreiber.

---

1 *Rayle*, Die Registrierungspraktiken für Internet-Domain-Namen in der EU, 19.

2 *Rohnke*, AIPPI-Bericht, GRUR Int. 2003, 608, 610.

3 *Rohnke*, AIPPI-Bericht, GRUR Int. 2003, 608, 610.

4 BGH, Urt.v. 17.5.2001 – I ZR 251/99, CR 2001, 850 = GRUR 2001, 1038, 1040 = JurPC Web-Dok. 220/2001 = www. denic.de/doc/recht/urteile/ambiente-BGH.pdf – ambiente.

5 BGH GRUR 2001, 1061 – mitwohnzentrale.

6 BGH GRUR 2001, 1061 – mitwohnzentrale; *Rohnke*, AIPPI-Bericht, GRUR Int. 2003, 608, 610.

7 *Rohnke*, AIPPI-Bericht, GRUR Int. 2003, 608, 610.

8 Ein Formular für die Einrichtung des Dispute-Eintrages findet sich unter www.denic.de/media /pdf/formulare/Einrichtung_ DISPUTE.pdf.

9 *Ernst*, MMR 2002, 714, 717.

b) Rechtsnatur des Registrierungsvertrages

Der **Registrierungsvertrag** mit DENIC wurde **Werkvertragsrecht** zugeordnet[1]. Geschuldeter Erfolg ist das Eintragen der Domain-Bezeichnung im Primary Name Server und das Herstellen (und Aufrechterhalten) der Konnektierung, also der Möglichkeit, diese Eintragung anzurufen. Das Aufrechterhalten der Eintragung und Konnektierung wurde **Dienstvertragsrecht** zugeordnet; aber auch hier kann das Element eines geschuldeten Erfolges, nämlich das verschuldensunabhängige Einstehenwollen für das Aufrechterhalten der Konnektierung, das den Vertrag als Werkvertrag prägende Element sein[2], dem der Charakter des Dauerschuldverhältnisses dieses Aufrechterhaltens nicht entgegensteht[3]. Ein „kleines mietvertragliches Element" wurde in der Überlassung von Speicherplatz gesehen, die Hilfsmittelfunktion hat[4]; dies erscheint zweifelhaft, da der Nutzer nicht (wie bei Webhosting) Speicherplatz als solchen zur Verfügung gestellt erhält, auf dem er beliebige Daten speichern kann, sondern nur die Eintragung in einem Verzeichnis verlangen kann.

Der **Vertrag Provider – Nutzer**, der als Leistungsmerkmal die Registrierung der Domain etwa bei DENIC umfasst, wird ebenfalls Werkvertragsrecht in der Gestalt einer entgeltlichen **Geschäftsbesorgung** (§ 675 Abs. 1 BGB) zugeordnet, die auch Auskunfts- und Rechnungslegungspflichten des Providers begründet (§ 666 BGB)[5]. Der Provider tritt bei der Registrierungsstelle als Stellvertreter des Kunden auf; auch als Genosse von DENIC ist er nicht Erfüllungsgehilfe für DENIC[6]. Der Registrierungsvertrag kommt damit direkt zwischen Registrierungsstelle und Kunden zustande. Weiter kann der Provider – neben dem eigentlichen Access Providing – dem Kunden gegenüber bei entsprechender vertraglicher Vereinbarung zur Wahrnehmung die Aufgaben als „*Admin-C*" und/oder als „*Tech-C*" verpflichtet sein, ebenfalls eine entgeltliche Geschäftsbesorgung, die aber dienstvertraglichen Charakter haben kann[7]. Der Provider verletzt seinen Vertrag mit dem Kunden, wenn er die Domain auf seinen Namen und nicht den des Kunden registriert, wobei der Kunde Erfüllungs- bzw. Schadensersatzansprüche nur gegen den Provider geltend machen kann, nicht gegen die Registrierungsstelle[8], wenngleich der Kunde aber bei DENIC direkt die Eintragung eines Dispute-Eintrages beantragen kann.

Noch nicht abschließend geklärt ist, ob durch die Registrierung der Domain nicht nur ein schuldrechtlicher Anspruch gegenüber DENIC (oder, bei anderen Domains, gegenüber anderen Registrierungsstellen) begründet wird, sondern (auch) ein Kennzeichenrecht „eigener Art"[9] (sui generis), das nicht aus der Registrierung als

---

1 *Ernst*, MMR 2002, 714, 715.

2 *Mankowski*, Die Vertragsbeziehungen zwischen DENIC, Provider und Website-Betreiber, in: *Hohl/Leible/ Sosnitza*, Domains, Frames und Links, 2002, 99, 114 spricht vom „werkvertraglichen Zentrum" des Registrierungsvertrages.

3 *Mankowski*, a.a.O., 116.

4 *Mankowski*, a.a.O., 118.

5 *Mankowski*, a.a.O., 119.

6 *Mankowski*, a.a.O., 120.

7 *Mankowski*, a.a.O., 123.

8 *Mankowski*, a.a.O., 127.

9 Hierfür etwa *Mankowski*, a.a.O., 111; OLG Dresden, MMR 1999, 624 – dresden-online.de; LG Düsseldorf, CR 2001, 468; LG Essen, MMR 2000, 286; LG Frankfurt, CR 1999, 190 – warez.de; LG München I, MMR 1999, 427; *Mankowski*, a.a.O., 117 führt aber schließlich selbst aus, die Domain sei kein gewerbliches Schutzrecht sui generis, sondern bilde nur die Grundlage für die Entstehung eines Schutzrechts. Dann reicht es aber aus, auf die vorhandenen Schutzrechte zurückzugreifen anstatt ein

solcher erwachse, vielmehr aus konkreter Benutzung und hieraus eventuell folgender Verkehrsgeltung[1]. Der Annahme eines Immaterialgüterrechts für Domain-Namen kann nicht gefolgt werden, da es sich bei diesen nur um Adresszuordnungen handelt[2]. Zwar kann durchaus die Benutzung des Domain-Namens ein Recht begründen, etwa ein Recht an einem Unternehmenskennzeichen, jedoch ist der Domain-Name nicht selbst das Recht[3].

c) Providerwechsel, Konnektivitäts-Koordination

Da der Kunde den Registrierungsvertrag mit DENIC abschließt und der Provider hierbei nur als **Stellvertreter** des Kunden auftritt, lässt ein Providerwechsel den Vertrag zwischen DENIC und dem Kunden unberührt. Jedoch muss der neue Provider bei DENIC eine Umregistrierung beantragen (**Konnektivitäts-Koordination** [KK], § 6 Abs. 1 S. 2 Domainbedingungen) und der bisherige Provider (am besten schriftlich[4]) zustimmen[5] und die Zustimmung des Domain-Inhabers mitteilen (ACK, von *acknowledged*) oder die Ablehnung (NACK, *not acknowledged*). Bis zur vollständigen Ausgleichung noch offener Restforderungen hat der bisherige Provider aber ein Zurückbehaltungsrecht[6]. Erteilt der bisherige Provider in solchen und anderen Fällen diese Zustimmung nicht, ist auch die Abgabe der Zustimmungserklärung unmittelbar durch den Domain-Inhaber möglich, und zwar auch bei bestehendem Zahlungsverzug gegenüber dem bisherigen Provider[7].

d) Vertragskündigung, Herausgabe der Domain

Das **Kündigungsrecht** des Kunden bestimmt sich nach den Registrierbedingungen. Getrennter Prüfung bedürfen die Rechtsfolgen einer Kündigung im Verhältnis Kunde (Content Provider) und Access Provider. Die Rechtsprechung gewährt dem Access Provider ein **Zurückbehaltungsrecht** am Domain-Namen aus § 320 BGB, wenn der Content Provider unberechtigterweise die Kündigung seines Vertrages mit dem Access Provider erklärt[8].

---

eigenes sui-generis-Schutzrecht zu behaupten.

1 *Mankowski*, Die Vertragsbeziehungen zwischen DENIC, Provider und Website-Betreiber, in: *Hohl/Leible/ Sosnitza*, Domains, Frames und Links, 2002, 99, 112

2 BGH GRUR 2002, 622, 626 – shell.de gegen *Fezer*, Markenrecht, § 3 Rdn. 301; *Ingerl/Rohnke*, Markengesetz, Nach Rdn. 37.

3 *Ingerl/Rohnke*, Markengesetz, Nach § 15 Rdn. 38 mit dem anschaulichen Verweis auf ein Ladenschild, das auch ein Recht an einer Unternehmenskennzeichnung begründen kann, ohne dass das Ladenschild aber seinerseits zu einem Recht wird.

4 *Ernst*, MMR 2002, 714, 716.

5 Das KK-Verfahren wird in der Praxis auch bei der Übertragung auf einen neuen Domain-Inhaber verwendet (*Rayle*, Die Registrierungspraktiken für Internet-Domain-Namen in der EU, 34).

6 LG Hamburg, Beschl. v. 17.9.1996 – 404 O 135/96, CR 1997, 157; *Mankowski*, Die Vertragsbeziehungen zwischen DENIC, Provider und Website-Betreiber, in: *Hohl/Leible/Sosnitza*, Domains, Frames und Links, 2002, 99, 129 m.w.N.

7 *Ernst*, MMR 2002, 714, 716, 720.

8 LG Hamburg, Beschl. v. 17.9.1996 – 404 O 135/96, CR 1997, 157; ebenso: LG Berlin, Beschl.. 2.4.1997, zit.nach www.inet.de/denic/urteil2.html#2. Zur Entscheidung des LG Hamburg ist nachzutragen, dass bei genauerer Betrachtung zwischen dem Zurückbehaltungsrecht aus § 273 BGB und der Einrede des nichterfüllten Vertrages aus § 320 BGB zu unterscheiden ist, da zwar § 273 Abs.3 BGB, nicht aber § 320 BGB die Möglichkeit vorsieht, dass der Gläubiger die Ausübung des

Wenn der Provider seiner Pflicht zur Registrierung einer Domain für den Kunden nicht nachkommt, wurde dieser als aus Vertrag berechtigt angesehen, **Herausgabe** der Domain zu verlangen[1]. Zweifelhaft ist dies insoweit, als man erst in der Registrierung eine Rechtsposition des Kunden gegenüber der Registrierungsstelle begründet sieht. Vorher kann wohl nur vertragliche Nichterfüllung festgestellt werden, ist aber keine übertragbare Rechtsposition entstanden. Tatsächlich hatte nach den Urteilsgründen der Provider die Registrierung durchaus durchführen lassen, jedoch für sich, so dass insoweit eine Rechtsposition entstanden ist.

Auch im Verfügungsverfahren soll eine **endgültige Freigabe** des Domain-Namens vom Antragsgegner verlangt werden können, wenn der Antragsteller im Hinblick auf eine erst später erfolgende Entscheidung seine Existenzgrundlage verlöre[2]. Erkennt der Verfügungskläger im Verlaufe des Verfügungsverfahrens, dass der Beklagte lediglich Content Provider ist, hinter dem ein Dritter steht, muss dieser zur Vermeidung der Kostenfolge zunächst abgemahnt werden[3].

Der **Streitwert** bei einer Klage auf Herausgabe eines Domain-Namens bemisst sich nicht nach der Höhe ausstehender Zahlungen, wenn der Provider ein Zurückbehaltungsrecht geltend macht[4]. Bei Zahlung hat der Provider den Anschluss (z.B. eines virtuellen Servers) sowie die „*Mailconnectivity*“ wiederherzustellen[5].

Probleme können auch auftreten, wenn der Domain-Inhaber den Vertrag mit dem Registrar über einen **Reseller** schließt und der Reseller beim Wechsel des Registrars später einen Fehler macht; hier kann der DNS-Dienst nicht mehr genutzt werden und sind Webseiten deshalb offline[6].

e) Haftung des „Admin-C“

Der Domain-Inhaber hatte nach Ziffer III Abs. 1 Registrierungsbedingungen a.F. (zur Neufassung s. S. 773) gegenüber DENIC einen „*Admin-C*“ als Zustellanschrift zu benennen. Dieser ist aber nur eine vom Inhaber bevollmächtigte, ihn vertretende natürliche Person und Ansprechpartner für DENIC, also nicht selbst Vertragspartner der DENIC (oder sonstiger Registrierstellen). Der Admin-C muss in Deutschland ansässig sein (§ 3 Abs. 1 Registrierungsbedingungen). Bei der Registrierung zu benennen waren weiter der technische Ansprechpartner („*Tech-C*“[7]) für technische Probleme und der Zonenverwalter („*Zone-C*“) für die Betreuung der angegebenen Name Server zu benennen (in der Neufassung sind diese nicht mehr erwähnt).

Die Rechtsprechung bejaht (wohl mittlerweile überwiegend) eine **persönliche Haftung** des bestellten Admin-C jedenfalls als Störer, obwohl er nur Stellvertreter ist[8]. Dieses Problem bleibt auch unter der Neufassung der Domain-Bedingungen bestehen

---

Zurückbehaltungsrechts durch Sicherheitsleistung abwenden kann.

1 LG Stuttgart, Beschl.v. 26.4.2000 – 11 KfH O 28/00, JurPC Web-Dok. 194/2000 (auch einen Herausgabeanspruch aus § 1 UWG bejahend, wenn die Vertragspartner Wettbewerber sind).

2 LG Hamburg, Beschl. v. 17.9.1996 – 404 O 135/96, CR 1997, 157.

3 LG Stuttgart, Urt.v. 25.10.2001 – 17 O 396/01, JurPC Web-Dok. 15/2002 – Michas-Formel 1-site.de

4 LG Berlin, Beschl.v.2.4.1997 (www.netlaw.de/urteile/index.html).

5 AG Berlin Charlottenburg, Beschluss v. 8.4.1997, zit.nach www.inet.de/denic/urteil2.html#2.

6 S. den Bericht aus der Schweiz *Ermert*, Domain-Gerangel zu Lasten des Kunden, heise online 11.2.2003, heise.de/newsticker/data/hob-11.02.03-000/.

7 Diese Begriffe werden oft klein geschrieben („tech-c“, „zone-c“), „Admin-C“ hingegen, auch in den Urteilen, meist groß. Zur Vereinheitlichung wird hier die Großschreibung gewählt.

8 *Stadler*, CR 2004, 521, 523.

(da nur die Bestellpflicht eingeschränkt, nicht aber der Status des Admin-C geändert wurde). Da meist Provider für Kunden die Admin-C-Funktion ausfüllen, entsteht hier ein u.U. nicht unbeträchtliches Haftungsrisiko des beauftragten Provider. Ansatzpunkt der Prüfung war die Frage, ob Ansprüche wegen Verletzung von Namensrechten und sonstigen Rechten nur gegen den Inhaber geltend gemacht werden können oder auch gegen den Admin-C persönlich. Das OLG Stuttgart[1] bejahte Passivlegitimation und Haftung des Admin-C als Störer, ebenso das OLG München[2], jeweils in Verbindung mit einer Verpflichtung des Admin-C, einer Löschung der Domain zuzustimmen. Verneint wurde die Haftung des Admin-C etwa vom OLG Koblenz, soweit der Admin-C nur als Stellvertreter des Inhabers auftritt[3]. Das OLG Hamburg[4] erstreckte die Haftung mangels Erreichbarkeit von Domain-Inhaber und Admin-C sogar auf den „Tech-C" und das LG Bremen[5] auf den Access Provider. Diese Ausweitung möglicher Haftung betrifft nur Störer-, nicht etwa Vertragshaftung. Für **Störerhaftung** genügt eine Mitwirkung dergestalt, dass der Störer (Admin-C) eine rechtsverletzende Handlung eines anderen (Domain-Inhaber) unterstützt, obwohl er die rechtliche **Möglichkeit zur Verhinderung** hat. Diese Verhinderung muss technisch möglich und wirtschaftlich sowie rechtlich zumutbar sein. Ob dies bei Tech-C, Zone-C oder Provider zutrifft, kann nur nach den Einzelfallumständen entschieden werden[6]. Für den Zonenverwalter wurden Prüfpflichten auf den Umfang der Prüfpflichten von DENIC beschränkt[7]. Als erforderlich wurde angesehen, dass Rechtsverstöße offensichtlich erkennbar sind[8]. Verhinderbarkeit wurde verneint, wenn die als Admin-C benannte Person in einem Arbeitsverhältnis zum Domain-Inhaber steht[9]. Allerdings kann eine arbeitsvertragliche Weisung, durch Domain-Registrierung erkennbar etwa ein Markenrecht zu verletzen, keine Wirkung entfalten bzw. die Verletzung dieser Weisung keine Sanktionen aus diesem Vertrag stützen. In Verträgen zwischen Domain-Inhaber und von ihm beauftragten Dritten, etwa Providern, ist selbst bei dem Admin-C der Umfang der jeweils erteilten Vertretungsvollmacht zu prüfen. Sie wird eine Passivlegitimation dann nicht tragen, wenn nur eine Empfangsvollmacht bzw. Zustellungsvollmacht nach § 184 ZPO erteilt wurde.

---

1 OLG Stuttgart, Beschl.v. 1.9.2003 – 2 W 27/03, MMR 2004, 38 = JurPC Web-Dok. 277/2003 für den Fall der kennzeichenrechtsverletzenden Eintragung einer nichtexistenten GmbH, wobei nur der Admin-C eingetragen war. Hierdurch wurde er zumindest Mitstörer. Das Gericht setzte einen Regelstreitwert von 50.000 Euro an. Ähnlich das LG Magdeburg, Urt.v. 18.6.1999 – 36 O 11/99, JurPC Web-Dok. 41/2000 für den Fall einer Identität von GmbH-Geschäftsführer und Admin-C.

2 OLG München, Urt.v. 20.1.2000 – 29 U 5819/99, JurPC Web-Dok. 185/2000 – Intershopping (der Admin-C war hier einer der Gesellschafter einer Personengesellschaft als Domain-Inhaber); LG Berlin, MMR 2002, 631f – news@h; *Rohnke*, AIPPI-Bericht, GRUR Int. 2003, 608, 612.

3 OLG Koblenz, Urt.v.25.1.2002 – 8 U 1842/00, JurPC Web-Dok. 52/1002 – vallendar.de. Ähnlich das LG Kassel, Urt.v. 15.11.2002 – 7 O 343/02, JurPC Web-Dok. 329/2003; offen gelassen bei LG Frankfurt, Urt.v. 28.3.2003 – 3-12 O 151/02, JurPC Web-Dok. 153/2003.

4 OLG Hamburg, Urt.v.4.11.1999 – 3 U 274/98, JurPC Web-Dok. 39/2000.

5 LG Bremen, Urt.v. 13.1.2000 – 12 O 453/99, JurPC Web-Dok. 196/2000.

6 Abl. *Stadler*, CR 2004, 521, 524, da diese nur technische Hilfspersonen sind.

7 LG Bielefeld, Urt.v. 14.5.2004 – 16 O 44/04, CR 2004, 701 = MMR 2004, 551.

8 LG Bielefeld, Urt.v. 14.5.2004, a.a.O. 701.

9 In diesem Sinne wohl auch eine Erwägung des OLG Stuttgart, Beschl.v. 1.9.2003, a.a.O.; *Stadler*, CR 2004, 521, 523.

f) Wirtschaftliche Bewertung von Domains

Die wirtschaftliche Bewertung einer Domain kann mittels unterschiedlicher Verfahren erfolgen, etwa durch die sog. „*RICK*“-Formel[1] (R = Risiko, rechtliche Probleme bei der Verwendung der Domains zu bekommen; I = Image der Domain; C = Frage der kommerziellen Verwertbarkeit; K = Kürze der Domain) oder der *Horatius*-Formel[2], die etwa Visits, Eintragungen in Suchmaschinen, Pflege der Domain und das Bestandsalter einbezieht. Bei der Schadensberechnung aus unberechtigter Domain-Registrierung wurden allerdings die Kriterien Bekanntheit der Marke, Ausnutzung der Wertschätzung und des guten Rufes nicht als Bewertungsmaßstäbe herangezogen[3].

7. Verträge zur Domain-Übertragung

Die Rechte an Domain-Namen können grundsätzlich im Geschäftsverkehr übertragen werden. Zu prüfen ist aber, welche Rechtsposition jeweils übertragen werden soll. Bestehen Namens- oder Kennzeichenrechte, bestimmt sich die Übertragung nach den Regelungen zu diesen jeweiligen Schutzrechten. Bestehen solche Rechte nicht (etwa an generischen Domain-Namen wie „mitwohnzentrale.de“), kommt eine Abtretung der Rechtsposition aus der Registrierung bei DENIC eG[4] oder bei einer anderen zuständigen Registrierungsstelle in Betracht.

DENIC kann nach § 6 Abs. 2 seiner Registrierungsbedingungen an einen vom Kunden benannten Dritten übertragen, wenn der Kunde den Registrierungsvertrag kündigt und der Dritte Registrierungsauftrag erteilt[5]. Hingegen scheidet die Übertragung bzw. Einräumung eines besonderen Schutzrechts am Domain-Namen aus, da Domain-Namen als solche nicht Gegenstand eines besonderen Schutzrechts sind[6].

Inhaber der Rechte an einer Domain können diese Rechte Dritten zeitlich unbegrenzt nach **Kaufrecht** oder zeitlich begrenzt nach **Miete** bzw. Pachtrecht[7] einräumen. Der Domain-Kauf wurde pauschal als Rechtskauf (§ 453 BGB) eingeordnet[8], jedoch ist z.B. das Namensrecht als höchstpersönliches Recht nicht selbst übertragbar[9], sondern es kann insoweit nur eine Benutzung gestattet werden[10], woraus kein dingliches Rcht ableitbar ist.

Teilweise wird dieselbe Domain von **mehreren Nutzern** gewissermaßen als gemeinsames Portal mit verweisenden Links verwendet[11]. Hier ist zu unterscheiden, ob gemeinsame Rechte gegenüber DENIC begründet werden sollen, was schon von der Registrierung her problematisch ist, oder ob der Domain-Inhaber nur Dritten die Homepage-Mitnutzung gestattet.

---

1 *Hoeren*, Internetrecht, 67; www.rick-formel.de. Verwendbar ist auch www. bewertungsformel.de.

2 *Hoeren*, Internetrecht, 67; www.adresso.de/horatius.

3 OLG Karlsruhe, Urt.v.12.2.2003 – 6 U 1/02, JurPC Web-Dok. 99/2003 – zwilling.de.

4 *Rohnke*, AIPPI-Bericht, GRUR Int. 2003, 608, 609.

5 *Rohnke*, AIPPI-Bericht, GRUR Int. 2003, 608, 609.

6 Nach Auffassung der Bundesregierung besteht auch kein Bedarf zur Einführung eines solchen besonderen Schutzrechts für Domain-Namen (Antwort der Bundesregierung auf die Kleine Anfrage der Abgeordneten *Mayer*, *Uldall*, *Börnsen* u.a. BT-Drucks. 14/3956 v. 28.7.2000, 4).

7 Für Rechtspacht *Ernst*, MMR 2002, 714, 720.

8 *Ernst*, MMR 2002, 714, 720; *Härting*, CR 2001, 39, 41.

9 Palandt/*Putzo*, § 453 Rdn. 4.

10 BGHZ 44, 372, 375.

11 *Ernst*, MMR 2002, 714, 721.

Von der Rechtsposition her klarer abzugrenzen sind Fallgestaltungen, in denen die Dritten Subdomains (z.B. www.denic.de/*doc*) oder Third-Level-Domains (z.B. www. denic.*deutschland*.de) eigenständig nutzen dürfen[1]. Die Dritten werden nicht bei DENIC registriert, da der Domain-Inhaber diese nachgeordneten Domains frei definieren kann.

8. Dispute-Eintrag

Ist das Bestehen von Rechten an der Domain-Bezeichnung im Streit, kann DENIC auf Antrag einen **Dispute**-Eintrag vornehmen. Dieser verhindert für die (verlängerbare) Sperrungsdauer von einem Jahr, dass sich Dritte registrieren lassen (§ 6 Abs. 2 S. 3 Registrierungsbedingungen). Der Dritte muss dann versuchen, die Löschung des Dispute-Eintrages gerichtlich durchzusetzen. In der Zwischenzeit kann die Domain vom Inhaber weiter genutzt werden. Eine Anspruchsdurchsetzung im Eilverfahren wurde abgelehnt, weil hierdurch die Hauptsache vorweggenommen würde[2].

Von DENIC kann nur aufgrund eines rechtskräftigen, eine **Freigabeverpflichtung** titulierenden Urteils gegen den Anmelder verlangt werden, die bisherige Registrierung aufzuheben und nach der Reihenfolge der Warteliste zu verfahren[3].

Ähnlich der Dispute-Eintragung sieht VeriSign Global Registry/NSI eine „*Redemption Grace Period*" von 30 Tagen vor, bevor eine Domain neu registriert oder übertragen werden kann. In dieser Zeit kann nur der ursprüngliche Registrar die Domain wieder in Benutzung nehmen (lassen)[4].

9. Kein Anspruch auf unmittelbare Übertragung der Domain

Soweit die Benutzung eines Domain-Namens Rechte Dritter verletzt (etwa Namens- oder Markenrechte), stehen dem Dritter Ansprüche auf Beseitigung, Unterlassung und, bei Verschulden, auf Schadensersatz zu. Der Anspruch auf Beseitigung richtet sich auf Löschung der Eintragung des Domain-Namens im jeweiligen Register. Bei rechtsverletzender Nutzung eines Domain-Namens kann der Verletzte dem BGH [5] zufolge nur

---

1 *Ernst*, MMR 2002, 714, 721.

2 *Ernst*, MMR 2002, 714, 716.

3 So das OLG Frankfurt, Urt.v.14.9.1999 – 11 U Kart 59/98, CR 1999, 707 = MMR 2000, 36 – ambiente.de und der BGH in seinem Grundsatzurteil BGH, Urt.v.17.5.2001 – I ZR 251/99, NJW 2001, 3265 = JurPC Web-Dok. 220/2001 – ambiente.de. Notwendig sei nur Prüfung auf *offenkundige*, aus Sicht von DENIC eindeutige *Rechtsverstöße*, wenn für DENIC unschwer zu erkennen ist, dass die Nutzung dieses Domain-Namens Rechte Dritter beeinträchtigt. Zulässig ist grundsätzlich der Einsatz eines mit wenigen Mitarbeitern betriebenen automatisierten Verfahrens, das allein eine große Anzahl von SLDs zu registrieren vermag. Auch bei Hinweis auf – angebliche – Rechtsverletzung besteht Pflicht zur Löschung nur bei offenkundiger Rechtsverletzung. Auf die Frage der Anwendbarkeit der §§ 5 TDG/MDStV ging der BGH nicht ein. Auch das OLG Naumburg, Beschl.v.15.1.2001 – 7 W 23/00, MMR 2002, 57 – anwalts-auskunft.de verlangte eine rechtskräftige Untersagung gegenüber dem Inhaber der Domain, die Domain registriert zu halten.

4 heise online 11.2.2003, heise.de/newsticker/data/hob-11.02.03-000/.

5 BGH, Urt.v.22.11.2001 – I ZR 138/99, CR 2002, 525 – shell.de. Der BGH lehnt die (vom OLG München, Urt.v.25.3.1999 – 6 U 4557/98, CR 1999, 382, 383 – shell.de als Vorinstanz gezogene) Analogie zu den Ansprüchen auf patentrechtliche Vindikation (§ 8 S. 2 PatG) und Grundbuchberichtigung (§ 894 BGB) ab, da es zwar ein absolutes Recht an einer Erfindung oder einem Grundstück geben könne, nicht aber ein absolutes Recht auf Registrierung eines Domain-Namens. Auch ein Anspruch aus Schadensersatz komme nicht in Betracht, da der Anspruchssteller hier u.U.

Löschung der Eintragung der Domain bei der jeweiligen Registrierstelle verlangen, **nicht** hingegen die unmittelbare **Übertragung** der Domain auf den Verletzten. Dies ergibt sich nicht nur aus der (vom BGH vorgenommenen) Prüfung der zivilrechtlichen Lage, sondern auch bei Anwendbarkeit von Markenrecht. So kann aus dem Beseitigungsanspruch aus den §§ 14, 18 Abs. 3 MarkenG, 1004 BGB nur die Markenbenutzung verhindert und hierzu die Beseitigung der Eintragung beim DENIC, nicht aber darüber hinaus die Übertragung des Domain Namens auf den Markeninhaber verlangt werden.

Einen direkten Übertragungsanspruch leitete allerdings das LG München I[1] aus einem Beseitigungs- und ebenfalls gegebenen Schadensersatzanspruch aus §§ 823 Abs. 1 BGB i.V.m. 12 BGB ab. Das Urteil bezog sich aber nicht auf eine Domain-Eintragung als solche, sondern auf die – inzwischen nicht mehr mögliche – Reservierung bei DENIC, weshalb es nicht unmittelbar herangezogen werden kann. Auch stellt sich die Frage, ob eine Schadensrestitution im Sinne von § 249 BGB zu einer Übertragung der Domain(eintragung) führen kann oder doch nur zur Herstellung des Zustandes vor Eintragung des Nichtberechtigten (also: Eintragung von keinem von beiden und Erstattung von eventuellen Schäden)

Sache des Verletzten ist es damit, nachfolgend dafür Sorge zu tragen, dass die streitgegenständliche Domain für ihn registriert wird. Hier kann es geschehen, dass während eines Rechtsstreits zwischen Verletzer und Verletztem ein Dritter eine Eintragung der Domain registrieren lässt. Der BGH verweist deshalb ausdrücklich auf die Möglichkeit, sich den Rang durch einen *Dispute*-Eintrag bei DENIC[2] absichern zu lassen, wenn der Anspruchssteller der erste Prätendent ist[3]. Die Dispute-Eintragung führt aber, wie erwähnt, nur dazu, dass der Verletzer während der Dauer dieser Eintragung die Domain nicht auf Dritte übertragen kann, nicht aber zu einer Sperre der Benutzung des Domain-Namens. Der Verletzte kann damit zwar einen Eintragungsantrag stellen, doch ist die Eintragung bis zur Aufhebung des Dispute-Eintrags nicht möglich. Weiter muss der antragstellende Berechtigte rechtzeitig seinerseits alle technischen Voraussetzungen für die Domain-Eintragung treffen, etwa Benennen des

---

besser gestellt würde, als er ohne das schädigende Ereignis stünde, da möglicherweise weitere Prätendenten vor ihm zum Zuge gekommen wären; das LG Bielefeld, Urt.v.21.11.2001 – 16 O 202/01, JurPC Web-Dok. 40/2002 hatte hingegen noch einen Übertragungsanspruch aus Naturalrestitution abgeleitet. In die Richtung des BGH-Urteils gingen bereits die Entscheidungen OLG Hamm, Urt.v. 13.1.1998 – 4 U 135/97, MMR 1998, 214, 216 (der Verletzer könne nur verpflichtet werden, den Störzustand nicht aufrechtzuerhalten, nicht aber, an einer Verbesserung der Rechtsstellung des Verletzten in namensmäßiger Hinsicht mitzuwirken; OLG Hamburg, Urt.v.2.5.2002 – 3 U 269/01, GRUR-RR 2002, 393 = MMR 2002, 825 – Motorradmarkt (nur Anspruch auf Abgabe einer Freigabeerklärung durch Verletzer gegenüber Vergabestelle).

1 LG München I, Urt.v.15.1.1997 – 1 HKO 3146/96, CR 1997, 479, – juris.de.

2 Die Registrierungsbedingungen der DENIC mit Stand 15.8.2000, www.denic.de/doc/DENIC/agb-html, trafen in § 2 Abs. 3 folgende Regelung: „(3) Die DENIC versieht eine Domain mit einem *Dispute*-Eintrag, wenn ein Dritter glaubhaft macht, dass er ein Recht auf die Domain hat und dieses gegenüber dem Domaininhaber geltend macht, vorausgesetzt, er stellt die DENIC und den ISP" [Internet Service Provider, d.V.] „von möglichen Ansprüchen des Domaininhabers und Dritter frei. Der Dispute-Eintrag hat Wirkung für ein Jahr. Die DENIC verlängert auf Antrag den Dispute-Eintrag, wenn der Dritte nachweist, dass die Auseinandersetzung noch nicht abgeschlossen ist. Eine Domain, die mit einem Dispute-Eintrag versehen ist, kann vom Inhaber weiter genutzt, jedoch nicht übertragen werden." Der „*Wait*"-Eintrag wird, wie in den FAQs „Ansprüche" erläutert, seit dem 15.8.2000 nicht mehr verwendet. Außerdem wird klargestellt, dass der Dritte (also derjenige, der die Rechtsverletzung behauptet) nicht auf einer Warteliste geführt wird, „denn Wartelisten werden bei DENIC nicht geführt". Dies galt bereits für den (von DENIC eingeräumt insoweit missverständlichen) „*Wait*"-Eintrag.

3 BGH, Urt.v.22.11.2001 – I ZR 138/99, CR 2002, 525 – shell.de.

Admin-C und Bereitstellen von *drei* Domain-Name-Serverrechnern[1].

Bejaht wurde allerdings von einzelnen Instanzentscheidungen ein Anspruch auf Einwilligung in die „Umschreibung des domain name" (Zug um Zug gegen Erstattung der Registrierungskosten)[2] bzw. auf Einwilligung in die Übertragung bejaht[3]. Der Unterschied besteht darin, dass mit Erklärung der Einwilligung des Verpflichteten (deren Wirkung mit Rechtskraft eines verpflichtenden Urteils nach § 894 Abs. 1 ZPO eintritt) die Übertragung noch keineswegs erfolgt ist, sondern dann erst bei DENIC die Übertragung vom Verpflichteten beantragt und von DENIC durchgeführt werden muss[4]. Diese Entscheidungen sind (mit der BGH-Entscheidung) insoweit überholt, als der Verletzte durch den Dispute-Eintrag eine Sperrwirkung und bei Beendigung des Rechtsstreits die Eintragung an derselben „Rangstelle" erreichen kann.

Die Verpflichtung des rechtsverletzenden Domaininhabers wurde teilweise sogar ausdrücklich darauf begrenzt, nur die Domain aufgeben (Verzicht), nicht aber diese dem Verletzten verschaffen zu müssen (Übertragung), da die Beseitigung der Rechtsverletzung nur mit der Aufgabe einer „Sperrposition", nicht aber einer Einwilligung in eine Übertragung verbunden sei[5] und der Domaininhaber nicht an einer Verbesserung des Verletzten mitwirken müsse[6]. Zumindest das Vollziehen des Dispute-Eintrages wird der Verletzer aber zusätzlich dulden müssen, womit freilich faktisch schon der wesentliche Schritt zur Übertragung der Domain getan ist.

Bisher nur vereinzelt behandelt wurde die **Rechtsnatur** der *Dispute*-Eintragung[7]. Die Regelung in § 2 Abs. 3 der Registrierbedingungen, nach der ein Dritter (der Verletzte) bei Glaubhaftmachen eines Rechtes gegenüber DENIC die Eintragung und Erhaltung des *Dispute*-Eintrages mindestens für ein Jahr beanspruchen kann, kann als Vertrag zugunsten Dritter nach § 328 Abs. 1 BGB qualifiziert werden, durch den ein (in der Zeitdauer verlängerbarer[8]) **prioritätssichernder Anspruch des Dritten** als potentiellen Inhabers von Zeichenrechten oder sonstigen Schutzansprüchen begründet wird, auch wenn § 2 Abs. 3 der Registrierbedingungen nicht ausdrücklich bestimmt. § 2 Abs. 3 ist aber dahin auszulegen, dass mit Abschluss der „Auseinandersetzung" des Dritten mit dem Domaininhaber die Domain unmittelbar auf den Dritten zu übertragen sei, also nicht einfach gelöscht, sondern bis dahin gehalten werden solle. Die Auslegung des Vertrages zugunsten des Dritten hat hierbei auf den Vertragszweck und die jeweiligen Fallumstände abzustellen (§ 328 Abs. 2 BGB). Zentral für die Auslegung der gewollten Regelung zum Prioritätserhalt ist die Aussage von DENIC in den FAQs „Ansprüche":

---

1 Vgl. für alle die Hinweise zum Antrag für deutsche Internet-Domains, www.xlink.net/de-domain/de-tips.html.

2 OLG München, Urt.v.25.3.1999 – 6 U 4557/98, CR 1999, 382, 383 – shell.de.

3 LG Hamburg, Urt.v.25.3.1998 – 315 O 792/97, CR 1999, 47 – eltern.de

4 Übersicht bei *Weisert*, ITRB 2001, 17.

5 OLG Hamm, Urt.v.13.1.1998 – 4 U 135/97, CR 1998, 241, 242, – krupp.de; ähnlich OLG München, Urt.v. 2.4.1998 – 6 U 4798/97, NJW-RR 1998, 984, 986, – freundin.de. Nach dem Sachverhalt der Entscheidung LG Berlin, Urt.v.10.8.2000 – 16 O 101/00, CR 2000, 700, – deutschland.de hatte die klageführende Bundesregierung im Klageantrag Unterlassung der Benutzung des Namens und „Freigabe" der Adresse beantragt; dies ist nicht mit der Einwilligung zur Übertragung der Adresse gleichzusetzen.

6 OLG Frankfurt, Beschl.v.5.12.2000 – 6 W 122/00, ITRB 2001, 80.

7 Jährlich soll DENIC etwa 5000 Dispute-Einträge registrieren (*König*, c' t 2/2003, 158).

8 § 2 Abs.3 der Bedingungen sollte insoweit geändert werden, als für den ursprünglichen Antrag auf Dispute-Eintragung nur Glaubhaftmachung eines Rechtes verlangt wird, für den Verlängerungsantrag hingegen der „Nachweis" der Fortdauer des Rechtsstreites. Wenn für den ursprünglichen Antrag, der die Wirkung nach § 2 Abs. 3 überhaupt erst auslöst, eine Glaubhaftmachung ausreicht, so sollte dies erst recht für den Antrag auf bloße Verlängerung gelten.

„Außerdem gewährleistet der zu Ihren Gunsten eingerichtete Dispute-Eintrag, dass Sie automatisch neuer Domaininhaber werden, wenn der bisherige Domaininhaber die Domain freigibt.“[1] Diese Aussage ist zwar (bedauerlicherweise[2]) nicht Teil der § 2 Abs. 3 der Registrierbedingungen und wird als Teil der FAQs auch nicht Inhalt des Vertrages zwischen DENIC und Kunden bzw. ISP des Kunden, kann und muss aber bei der Auslegung von § 2 Abs. 3 herangezogen werden, welche Funktion bzw. Wirkung der Dispute-Eintrag haben soll. § 2 Abs. 3 ist deshalb dahingehend auszulegen, dass durch den Dispute-Eintrag nicht nur die Übertragung seitens des Inhabers an weitere Nutzer gesperrt wird, sondern der anspruchsstellende Dritte mit Rechtskraft des Urteils gegen den Inhaber der Domain in dessen Rechtsposition eintritt[3]. Weiter wird in § 2 Abs. 3 ausdrücklich auf „ein Recht auf die Domain“ Bezug genommen, was keinen Sinn machen würde, wenn § 2 Abs. 3 nur die Löschung und eine Neubeantragung der Domain regeln wollte.

Im **Ergebnis** ist also festzuhalten, dass die DENIC-Registrierbedingungen in § 2 Abs. 3 einen Anspruch von in ihren Rechten verletzten (im Zeitpunkt des Vertragsschlusses noch nicht bestimmten, aber als möglicherweise verletzte Rechtsinhaber bestimmbaren) Dritten begründen, nach gerichtlicher Anspruchsklärung mit dem Domaininhaber in dessen Eintragungsposition Domaininhaber zu werden, – freilich nur, wenn der Dritte die üblichen technischen Voraussetzungen (über seinen Provider) erfüllt. Dieser Anspruch wird zulässig[4] unter der Bedingung begründet, dass der jeweilige Dritte die *Dispute*-Eintragung bei DENIC beantragt. Ausgehend von einer durch Urteil bestätigten Rechtsverletzung kann der Verletzte, nach dieser Auslegung, vom Domaininhaber (zwar nicht direkt die Übertragung, aber) die Erklärung der Einwilligung zur Übertragung der Domaineintragung nach § 2 Abs. 3 der DENIC-Registrierbedingungen und mit dieser Erklärung dann von DENIC die Übertragung der Domain auf sich verlangen. DENIC hat damit einen (gegen DENIC gerichteten) vertraglichen Anspruch auf Übertragung der Domain begründet, der aus den bisher diskutierten gesetzlichen Anspruchsgrundlagen als nicht konstruierbar angesehen wurde[5].

Zu beachten ist freilich, dass bei der gerichtlichen **Durchsetzung** dieses Anspruches nach dieser neuen Konstellation der Verletzte vortragen und beweisen muss, den *Dispute*-Eintrag bei DENIC bereits vor Antragstellung bei Gericht bewirkt zu haben, da nur dann die prioritätswahrende Position aus § 2 Abs. 3 der Registrierbedingungen begründet wurde, ansonsten nur ein Verzicht bzw. eine Löschung möglich wäre und Einwilligung des Domaininhabers in die Übertragung nach § 2 Abs. 3 der Registrierbedingungen nicht verlangt werden könnte. Im **Eilverfahren** nach den §§ 935 ZPO darf außerdem keine endgültige, d.h. irreversible Erfüllung des Hauptsacheanspruches erfolgen, also jedenfalls dann, wenn keine „sicheren Anhaltspunkte“ für das Bestehen dieses Anspruches bestehen[6]. Deshalb kann im Verfügungsverfahren wohl nur die –

---

1 Dokumente/DENICrecht/FAQs/Ansprüche, a.a.O., S. 3.

2 Insoweit empfiehlt sich ebenfalls eine klarstellende Änderung in § 2 Abs. 3 durch Aufnahme der vorstehend zitierten Aussage in den FAQs „Ansprüche“.

3 Ähnlich wohl *Bottenschein*, Anm. zu LG Hamburg, Urt.v.1.8.2000, a.a.O., MMR 2000, 623, 625 o.Begr.

4 S. allg. Palandt/*Heinrichs*, § 328 Rdn. 4 m.w.N. „Leistung“ im Sinne von § 328 Abs.1 BGB ist hier die Sperre der Position des Verpflichteten und die Eintragung des berechtigten Dritten in diese Position.

5 *Weisert*, ITRB 2001, 17, 19.

6 OLG Frankfurt, Urt.v.27.7.2000 – 6 U 50/00, MMR 2000, 752, – mediafacts.de; das LG Wiesbaden, Beschl.v.9.8.2000 – 3 O 129/00, MMR 2001, 59 sah hingegen auch im Verfügungsverfahren einen Anspruch auf Domain-Verzicht als durchsetzbar an.

auch bei Dispute-Eintrag möglich bleibende – weitere Benutzung des Domainnamens bis zur rechtskräftigen Hauptsacheentscheidung untersagt, nicht aber bereits die Einwilligung in die Übertragung verlangt werden. Auch kann im Verfügungsverfahren nicht die Unterlassung der Weiterübertragung der Domain auf einen anderen verlangt werden, da diese „Sperre“ bereits durch den außergerichtlichen Dispute-Eintrag bei DENIC direkt erreichbar ist[1]. Auch im Verfügungsverfahren soll eine **endgültige** Freigabe des Domain-Namens vom Antragsgegner verlangt werden können, wenn der Antragsteller im Hinblick auf eine erst später erfolgende Entscheidung seine Existenzgrundlage verlöre[2]. Wird ohne Rechtsgrund die Eintragung eines Dispute-Eintrages verlangt, kann dies eine **Schadensersatzpflicht** begründen, wenn etwa der Betroffene in der Ausübung eines Namens- oder Kennzeichenrechts beeinträchtigt wird[3].

Soweit eine **Reservierung** eines Domain-Namens zulässig ist (bzw. bei DENIC war), kann bei Rechtsverletzung durch diese Domain die Aufgabe der Reservierung verlangt werden, allerdings nicht im Wege der einstweiligen Verfügung, da die Aufgabe der Reservierung die Vornahme einer Handlung darstellt, die nicht im Eilverfahren durchsetzbar ist, ohne den Hauptsacheanspruch in vollständiger und möglicherweise nicht mehr rückgängigmachbar zu erfüllen, da ein Dritter in die so frei gewordene Rechtsposition eintreten könnte[4].

Gleiche Grundsätze gelten auch im Verhältnis Kunde-Provider. In den FAQs (Frequent Asked Questions, FAQs) zum Stichwort „Domaininhaber“[5] wird die Möglichkeit eines *Dispute*-Eintrages gegen einen Provider genannt, der sich weigert, die Domain aus ISP-Vertrag dem Kunden zu übertragen. Der Kunde hat i.ü. nach Kündigung des Geschäftsbesorgungsvertrages mit dem Provider gegen diesen einen Anspruch auf Übertragung der Domain[6], genauer: auf Erklärung der Freigabe und Einwilligung in die Übertragung.

Unternimmt der aus einem rechtskräftigen Titel Verpflichtete keine ausreichenden Anstrengungen, um umgehend nach Eintritt der Rechtskraft die Registrierung der fraglichen Domain und deren Konnektierung mit seiner Homepage zu beenden, kann gegen ihn ein Ordnungsgeld verhängt werden[7].

Der aus einer **Unterlassungserklärung** Verpflichtete muss aktiv und umfassend dafür Sorge tragen, dass die Domain, die er nicht mehr verwenden darf, über das Internet nicht mehr erreichbar ist; er muss auch eventuelle Erfüllungsgehilfen wie Provider unter Hinweis auf mögliche Regressansprüche von der Notwendigkeit schnellen Handelns in Kenntnis setzen[8]. Der Verpflichtete muss auch einen von ihm beauftragten Provider zur Freigabe veranlassen[9].

---

1 Das LG Frankfurt, Urt.v.24.5.2000 – 2/6 O 126/00, CR 2001, 51 sah DENIC verpflichtet an, Domain-Namen nicht an Dritte weiterzuübertragen, wenn erkennbare Zeichenrechte entgegenstehen. Dem hat DENIC in den Bedingungen durch die *generelle* Übertragungssperre bei Dispute-Eintrag Rechnung getragen. Besteht jedoch kein solcher Eintrag, bleibt es bei der Prüfpflicht von DENIC im Sinne der Entscheidung des LG Frankfurt.

2 LG Hamburg, a.a.O.

3 OLG Nürnberg, Urt.v.5.6.2001 – 3 U 817/01 – haug.de.

4 OLG Frankfurt, Urt.v.27.7.2000 – 6 U 50/00, GRUR-RR 2001, 5 – mediafacts.de.

5 Dokumente/DENICrecht/FAQs/Domaininhaber, www.denic.de/doc/recht/faq/inhaber.html, S.2.

6 LG Stuttgart, Urt.v.26.4.2000 – 11 KfH O 28/00, JurPC Web-Dok. 194/2000 (www.jurpc.de/rechtspr/20000194.htm).

7 OLG Hamm, Urt.v. 26.3.2002 – 4 W 151/01, CR 2002, 752.

8 LG Berlin, Urt.v. 14.10.1999 – 16 O 84/98, MMR 2000, 495.

9 OLG Nürnberg, Urt.v.11.1.2000 – 3 U 1352/99, JurPC Web-Dok. 146/2000. Die Besonderheit war hier, dass die Beklagte im Zeitpunkt der mündlichen Verhandlung nicht mehr registriert war, sondern eine andere Firma, und das Gericht hier eine Störerhaftung des Verpflichteten annahm, weil dieser

Dem Schuldner, dem die Verwendung einer Domain untersagt wurde, kann aber nicht als schuldhafte Zuwiderhandlung gegen dieses Unterlassungsgebot angelastet werden, dass später noch über **Suchmaschinen** auf die verbotene Domain verwiesen wird, weil weder der Schuldner noch der Provider die Möglichkeit haben, Zugriff auf die Datenbanken der Betreiber der Suchmachinen zu nehmen[1].

10. Haftung von DENIC aus der Registrierung von Domain-Namen

a) Begrenzung der Prüfpflichten der Registrierungsstelle

DENIC kann aus der Namensvergabe/Registrierung (neben dem Anmelder) als möglicher (Mit-)**Störer** nach § 1004 BGB analog sowie aus Marken- bzw. Kartellrecht **haften**, allerdings grundsätzlich nur bei **offensichtlichen Rechtsverstößen**, etwa bei einer unschwer erkennbaren Übereinstimmung eines Domain-Namens mit einem berühmten Kennzeichen[2], und auch dann nur nach Hinweis auf eine (behauptete) Rechtsverletzung[3], also nicht bei nicht ohne weiteres oder (selbst bei Vorliegen eines Hinweises auf eine behauptete Rechtsverletzung) nur mit unverhältnismäßigem Aufwand erkennbaren Störungszuständen[4]. Wichtig ist hierbei die Zweistufigkeit der Prüfung durch den BGH:

a) Für die **Phase** der ursprünglichen **Registrierung** will der BGH im Urteil vom 17.5.2001 der DENIC unter Berücksichtigung ihrer Funktion und Aufgabenstellung sowie mit Blick auf die Eigenverantwortlichkeit des Anmelders **keine Prüfpflichten** zumuten. Aufgabe von DENIC sei es, die Second-Level-Domains unterhalb der deutschen (cc)-Top-Level-Domains „.de" zu vergeben und zu verwalten. DENIC verfolge bei der – im Interesse sämtlicher (deutscher) Internet-Nutzer erfolgenden – Wahrnehmung keine eigenen Zwecke, handle ohne Gewinnerzielungsabsicht und erfülle eine Aufgabe, die zugleich im öffentlichen Interesse liege. Auch arbeite DENIC zur Zufriedenheit der deutschen Internetgemeinschaft und gewährleiste durch ihr Registrierungsverfahren eine funktionsfähige und faire Versorgung aller Antragsteller mit Domain-Namen[5]. DENIC beschäftige nur wenige Beschäftigte und versuche, das Registrierung insbesondere dadurch effektiv zu gestalten und eine möglichst schnelle

(nicht rechtzeitig) die Rücknahme der Registrierung durch den Provider veranlasste.

1 OLG Köln, Beschl..v.13.6.2001 – 6 W 25/01, ZUM-RD 2002, 6 = JurPC Web-Dok. 234/2001.

2 BGH, Urt.v.17.5.2001 – I ZR 251/99, CR 2001, 850 = GRUR 2001, 1038 = NJW 2001, 3265 – ambiente.de; Vorinstanz OLG Frankfurt, Urt.v.14.9.1999 – 11 U Kart 59/98, MMR 2000, 36. Ähnlich bereits OLG Dresden, Urt.v.28.11.2000 – 14 U 2486/00, JurPC Web-Dok. 98/2001; LG Magdeburg, Urt.v. 18.6.1999 – 36 O 11/99, JurPC Web-Dok. 41/2000 (Beschränkung auf grobe und unschwer zu erkennende unzulässige marken- und wettbewerbsrechtliche Anmeldungen), folgend LG Kiel, Urt.v. 15.3.2001 – 15 O 194/00, MMR 2002, 64 – nordsee.de; zu den Grundsätzen schon *Bettinger/Freytag*, CR 1999, 28. Zu weitgehend das LG Wiesbaden, Urt.v. 13.6.2001 – 10 O 116/01, JurPC Web-Dok. 184/2001, das generell eine Störerhaftung für Rechtsgutverletzungen durch Inhalte auf einer registrierten Homepage ablehnte.

3 BGH, Urt.v.17.5.2001 – I ZR 251/99, CR 2001, 850 = NJW 2001, 3265 – ambiente.de. Ähnlich bereits LG OLG Dresden, Urt.v.28.11.2000 – 14 U 2486/00, JurPC Web-Dok. 98/2001; Magdeburg, Urt.v. 18.6.1999 – 36 O 11/99, JurPC Web-Dok. 41/2000 (Beschränkung auf grobe und unschwer zu erkennende marken- und wettbewerbsrechtliche Anmeldungen).

4 OLG Frankfurt, Urt.v.13.2.2003 – 6 U 132/01, GRUR-RR 2003, 143 = JurPC Web-Dok. 195/2003 – viagratip.de (mit dem Hinweis, dass Denic die Prüfung nicht auf den Inhalt von Webseiten erstrecken muss, die über die Domain erreichbar sind).

5 BGH, Urt.v.17.5.2001, a.a.O. 851, unter Verweis auf die Stellungnahme der Bundesregierung, BT-Drucks. 14/3956 v. 28.7.2000, 4.

und preiswerte Registrierung zu gewährleisten, dass sie die angemeldeten Domain-Namen in einem automatisierten Verfahren allein nach dem Prioritätsprinzip vergebe, ohne zu prüfen, ob an der angemeldeten Bezeichnung Rechte Dritter bestehen[1]. Nur hierdurch sei DENIC in der Lage gewesen, die Registrierung einer großen Anzahl von SLDs zu bewältigen. Auch eine auf offensichtliche Verstöße beschränkte Prüfung sei mit diesem Verfahren nicht in Einklang zu bringen. Nicht geprüft wurde allerdings die Frage, ob etwa eine Verdopplung der Anzahl der mit der Registrierung zuständigen Mitarbeiter und eine Verlängerung der Dauer der Durchführung der Registrierung solche Prüfungen möglich machen würde und wirtschaftlich (durch relative Gebührenanhebung) zumutbar wäre. Sicherlich wären auch unter diesen Bedingungen keine umfassenden Überprüfungen von Kennzeichenrechten möglich, wohl aber eine Vorabprüfung zumindest möglicher offensichtlicher Rechtsverstöße.

In einer weiteren Entscheidung hat der BGH seine Auffassung auch für solche Fälle bestätigt, in denen weitere Anträge zur Registrierung desselben Domain-Namens gestellt werden[2]; der BGH unterstreicht hier außerdem, bei der Erstregistrierung brauche DENIC wegen der Automatisierung des Verfahrens auch auf völlig eindeutige, für jedermann erkennbare Verstöße nicht zu achten. **Kritisch** anzumerken ist, dass diese Ausgestaltung des Registrierungsverfahrens zunächst nicht unter Berücksichtigung möglicher kennzeichenrechtlicher oder sonstiger haftungsrechtlicher Rechtsverletzungen, sondern allein unter Effizienzgesichtspunkten erfolgte. Diese Gesichtspunkte sollten aber nicht ein Übergewicht dergestalt bekommen, dass sämtliche Rechte Dritter ausnahmslos verdrängt werden. Automatisierung von Verfahren ist kein Wert an sich. Deshalb sollte – gerade auch angesichts der Umstrukturierung der Vergabeorganisationen und der Verteilung der Registrierungsarbeit und -lasten auf verschiedene TLDs (neben „.de" auch auf „.com", „.info" und andere, nicht bei DENIC zu registrierenden TLDs) zumindest eine Prüfung evidenter Rechtsverletzungen bereits bei der (Erst-)Registrierung möglich sein und eingerichtet werden. Auch gilt dieser Ansatz, die Haftungseinschränkung wesentlich mit dem erforderlichen Einsatz automatisierter Verfahren zu begründen, die keine inhaltliche Kontrollen gestatten, keineswegs für alle Vergabeorganisationen (ist also nicht inhärent unausweichlich). So werden Registrierungsanträge in Irland und Portugal (noch) überprüft[3].

b) Eine abweichende Beurteilung gilt für die Fälle, in denen ein Dritter DENIC auf eine Verletzung seiner Rechte hinweist. Hier sieht der BGH im Urteil vom 17.5.2001 nur eingeschränkte Prüfpflichten. Eine Verpflichtung zur Löschung der Registrierung bestehe nur, wenn die **Verletzung** der Rechte Dritter **offenkundig** und für DENIC ohne weiteres feststellbar ist. Bei der großen Zahl der zu bearbeitenden Registrierungsanträge sowie der personellen und sachlichen Ausstattung von DENIC könne diese eine weitergehende Prüfung nicht durchführen[4]. Allgemein könne von DENIC auch nicht die Prüfung einer markenrechtlichen Verwechslungsgefahr oder des Vorliegens einer bekannten Bezeichnung verlangt werden, da hierfür jeweils besondere, bei den DENIC-Mitarbeitern nicht vorauszusetzende besondere Kenntnisse im Markenrecht erforderlich sind.

Auch erscheine es nicht angemessen, das Haftungs- und Prozessrisiko aus Ausein-

---

1 BGH, Urt.v. 17.5.2001, a.a.O., 851f, wobei freilich zu ergänzen ist, dass die Anwendung des Prioritätsgrundsatzes nicht von DENIC erstmals gewählt wurde, sondern die internationalen Vergabegrundsätzen entspricht.

2 BGH, Urt.v. 19.2.2004 – I ZR 82/01, CR 2004, 531 = NJW 2004, 1793 = JurPC Web-Dok. 216/2004 – kurt-biedenkopf.de (auch Sperrungsansprüche aus § 12 BGB ablehnend).

3 *Rayle*, Die Registrierungspraktiken für Internet-Domain-Namen in der EU, 29.

4 BGH, Urt.v. 17.5.2001, a.a.O., 852.

andersetzungen um die Rechtmäßigkeit eines Domain-Namens auf DENIC zu verlagern. Die Prüfung der rechtlichen Zulässigkeit einer bestimmten Domain-Bezeichnung falle grundsätzlich zunächst allein in den Verantwortungsbereich des Anmelders, da er die zu registrierende Zeichenfolge auswähle und die Bezeichnung für seine Zwecke nutze. Zwar ist eine Haftung der DENIC aus einem Verursachungsbeitrag durch „mittelbare Benutzung" möglich, jedoch ist primär der Anmelder zur Prüfung der kennzeichen- und wettbewerbsrechtlichen Zulässigkeit verpflichtet und dürfen einem (Mit-)Verursacher keine unzumutbar aufwendigen Prüfpflichten auferlegt werden. Die Haftungsregelungen der §§ 5 TDG a.F. bzw. MDStV a.F. waren auf DENIC (auch analog) nicht anwendbar, da es sich bei Domain-Namen (als auf den technischen Übermittlungsvorgang bezogene Daten) nicht um „Inhalte" handelte[1]. Strukturell entspricht aber die Haftung nach den Grundsätzen der „ambiente"-Entscheidung des BGH grundsätzlich § 11 TDG. Bezüglich Rechtsverletzungen, die von einer Homepage ausgehen (Verbreiten von Äußerungen/Darstellungen), wurde DENIC als weder unmittelbare noch mittelbare Störerin eingestuft[2], da keine adäquat kausale Veranlassung vorgelegen habe. Unter den gleichen Voraussetzungen ist DENIC bei einem erkennbaren groben kennzeichen- oder wettbewerbsrechtlichen Verstoß nach Hinweis auf die Rechtswidrigkeit zur Sperrung verpflichtet[3], jedenfalls bei deren technischer Möglichkeit und Zumutbarkeit.

Die **Registrierung** eines Domain-Namens als solche führt damit im **Ergebnis** zu keiner Rechtsverletzung durch die Registrierungsstelle[4]. Eine Pflicht von DENIC zur Prüfung von Kennzeichenverletzung (aus Störerhaftung, § 1004 BGB analog) besteht nämlich damit dem BGH zufolge also grundsätzlich nur bei offensichtlichen Zeichenverletzungen, nicht aber proaktiv, also nicht in der Form von Prüfungen ohne vorherigen Hinweis. Selbst ein bloßer **Hinweis** soll nicht zur Begründung einer Löschpflicht ausreichen es sei denn, die Rechtsverletzung ist offenkundig und ohne weiteres feststellbar, so etwa, wenn DENIC ein rechtskräftiger gerichtlicher Titel oder eine unzweifelhaft wirksame Unterwerfungserklärung vorgelegt wird oder wenn die Rechtsverletzung derart eindeutig ist, dass sie sich aufdrängen muss[5]. Nach Auffassung des BGH ist im Interesse einer möglichst schnellen und preiswerten Registrierung sogar der Einsatz automatisierter Verfahren zulässig, der letztlich dazu führt, dass überhaupt keine Prüfung auf mögliche Rechtsverstöße durchgeführt wird, seien sie auch noch so leicht erkennbar[6]. Hier wurde zutreffend das Fazit gezogen, die **Kontrolldichte** gegenüber Handlungen der DENIC sei so gering, dass ein effektiver Rechtsschutz nur in der Auseinander mit dem Domain-Inhaber zu erreichen sei, nicht aber gegenüber DENIC[7]. Das „ambiente"-Urteil des BGH macht die DENIC damit praktisch zu

---

1 *Bettinger/Freytag*, CR 1999, 28.

2 LG Wiesbaden, Urt.v.13.6.2001 – 10 O 116/01, NJW 2001, 3715 = JurPC Web-Dok. 184/2001.

3 LG Frankfurt, Urt.v.21.3.2001 – 2/6 O 687/00, ZUM-RD 2002, 299.

4 *Rohnke*, AIPPI-Bericht, GRUR Int. 2003, 608, 611 (der in seinem – ansonsten ausgezeichneten – Bericht mehrfach etwas missverständlich von einer Registrierungs„behörde" schreibt, die die DENIC als eingetragene Genossenschaft aber gerade nicht ist). Mit gleichem Ergebnis bereits zum Namens- und Markenrecht OLG Dresden, Urt.v.28.11.2000 – 14 U 2486/00, CR 2001, 408 = MMR 2001, 459, eine Mittäterschaft und auch Mitstörereigenschaft (mangels Zumutbarkeit einer Prüfung) bezüglich dem die Registrierung Beantragenden ablehnend; zu eng sah das Gericht aber eine Pflicht von DENIC zur Aufhebung der Domain nur, wenn ein rechtskräftiges und vollstreckbares Urteil vorliegt. Dem BGH zufolge können aber auch offensichtlich erkennbare Rechtsverletzungen Pflichten von DENIC begründen.

5 OLG Frankfurt, Urt.v. 13.2.2003 – 6 U 132/01, CR 2003, 607 – viagratip.de.

6 wobei der BGH freilich nur markenrechtliche Prüfungen betrachtet.

7 *Rohnke*, AIPPI-Bericht, GRUR Int. 2003, 608, 612.

mitwirkenden, aber generell haftungsfreigestellten Störer. Die folgende Rechtsprechung bestätigt dieses Ergebnis[1].

Diese DENIC-spezifischen Grundsätze können nicht ohne weiteres auf **Service-Provider** übertragen werden[2]. Vielmehr ist konkret auf die technische und administrative Abwicklung der Domain Services und die in diesen bestehenden Möglichkeiten für Maßnahmen zur Vermeidung von Rechtsverletzungen abzustellen[3]. Der ISP haftet zumindest dann, wenn er Kenntnis von den Umständen einer Rechtsverletzung hat (oder haben musste) und ihm eine einstweilige Verfügung gegen den Domain-Inhaber vorliegt, aber keine Anhaltspunkte für Zeichenrechte des Domain-Inhabers bekannt sind[4]. Auf andere **Registrierungsstellen** können aber, wenn sie ähnlich DENIC organisiert sind und vergleichbar hohe Registrierungszahlen zu bewältigen haben, die vom BGH zu DENIC entwickelten Grundsätze anwendbar sein.

Die **Haftungsfreistellungsregelungen** der §§ 5 TDG a.F. bzw. MDStV a.F. waren auf DENIC (auch analog) nicht anwendbar, da es sich bei Domain-Namen (als auf den technischen Übermittlungsvorgang bezogene Daten) nicht um „Inhalte" handelte[5]. Auch wenn Domain-Namen nunmehr durch als Informationen im Sinne der §§ 8 ff TDG (bzw. 6 ff MDStV) qualifiziert werden können, werden diese allerdings nicht übermittelt, sondern bezeichnen nur die Zieladresse einer Übermittlung, so dass Provider diese domainbezogenen Informationen weder weiterleiten oder zwischenspeichern. Anderes kann aber für, in providerverwalteten DNS-Rechnern gespeicherte, Informationen zu Domain-Namen gelten. Hier wird eine generelle präventive Prüfpflicht von Providern schon angesichts der anfallenden Datenmengen zu verneinen sein, entweder unter Bezug auf die §§ 8 Abs. 2 und 11 TDG oder, bei Nichtanwendbarkeit der §§ 8 ff TDG, jedenfalls aus den allgemeinen Grundsätzen wegen Unzumutbarkeit zu verneinen sein. Gleiches wird auch für DENIC gelten müssen, sofern die Speicherung von Domain-Namen als Speicherung im Sinne von § 11 TDG qualifiziert wird.

Bezüglich Rechtsverletzungen, die von einer **Homepage** selbst ausgehen (etwa Verbreiten von rechtswidriger Äußerungen/Darstellungen), wurde DENIC als weder unmittelbare noch mittelbare Störerin eingestuft[6], da keine adäquat kausale Veranlassung vorgelegen habe.

Möglich ist jedoch eine (Mit-)Haftung von DENIC e.G. als (Mit-)**Störer**, soweit DENIC e.G. dadurch an der Störung des jeweiligen Zeichenrechts durch den Verletzer mitwirkt, dass die technische Einrichtung des Domain-Namens dem Verletzer überhaupt erst die rechtswidrige Benutzung ermöglicht und DENIC e.G. im

[1] So wurde DENIC auch nach dem Hinweis auf eine vermeintliche markenrechtsverletzung nicht zur Löschung von Domains als verpflichtet angesehen (OLG Frankfurt, Urt.v.13.2.2003 – 6 U 132/01, GRUR-RR 2003, 143 – viagratip.de). Das Gericht sah eine Kennzeichenrechtsverletzung nur dann als unschwer erkennbar an, wenn ein rechtskräftiger Titel oder eine unzweifelhaft wirksame Unterwerfungserklärung vorgelegt wird, oder allenfalls dann, wenn der Domain-Name mit einer berühmten Marke identisch ist, die über eine überragende Verkehrsbedeutung auch in allgemeinen Verkehrskreisen verfüge.

[2] *Bettinger*/Leistner, Werbung und Vertrieb im Internet, Teil 1 C, Rdn. 144; a.A. wohl *Schmittmann*, Werbung im Internet, 145 für die Vergabe von Subdomains.

[3] *Bettinger*/Leistner, a.a.O., Teil 1 C, Rdn. 145 (gegen eine proaktive und für eine nur „hinweisinduzierte" Prüfpflicht).

[4] LG München I, Urt.v.27.2.2002 – 1 HK O 16598/01, MMR 2002, 690.

[5] *Bettinger*/*Freytag*, CR 1999, 28.

[6] LG Wiesbaden, Urt.v.13.6.2001 – 10 O 116/01, NJW 2001, 3715 = ZUM-RD 2002, 219 = JurPC Web-Dok. 184/2001.

Verletzungszeitpunkt eine rechtliche Möglichkeit zur Verhinderung hat [1]. Allerdings kann von DENIC e.G. nicht ein Unterlassen verlangt werden (da der Domain-Name bereits eingetragen ist), sondern nur eine Beseitigung (der Eintragung). Hierfür ist Voraussetzung, dass zunächst im Verhältnis Verletzter-Verletzer das Vorliegen einer Rechtsverletzung (zumindest im Wege der einstweiligen Verfügung) geklärt ist. Hierbei ist der Verletzer gleichzeitig zu verpflichten, die Eintragungslöschung zu beantragen und zu bewilligen. Hierdurch erhält DENIC e.G. auch im Verhältnis DENIC-Verletzer die Möglichkeit, ohne Verletzung dieses Vertrages die Löschung durchzuführen. Handelt DENIC e.G. nach entsprechender Aufforderung und Fristsetzung nicht, kann der Beseitigungsanspruch des Verletzten auch gegen DENIC e.G. gerichtlich durchsetzbar sein.

b) Registrierung als kennzeichenrechtliche Benutzung

Das **Registrieren** und **Verwalten** der Domains ist seitens der Registrierungsstelle keine Benutzung im kennzeichenrechtlichen Sinne[2]. Durch die Eintragung des Domain-Namens stellt DENIC e.G. (oder eine sonstige zukünftige vergleichbare Vergabestelle) nur den Bezug zu einer **Internetadresse** her, nicht aber zu Waren oder Dienstleistungen. Es ist erst der Antragsteller, der eine entsprechende Benutzungshandlung durchführt[3]. Sähe man die Vergabe von markenrechtlich schutzfähigen Domain Namen durch DENIC e.G. selbst bereits als eine Benutzung der Marke an[4], könnte diese rechtliche Wertung, auch wenn sie nur einen Teil aller Domain-Namen beträfe, zwangsläufig das gesamte Vergabesystem infrage stellen, müsste es doch in verschiedene, von den zur Zustimmung jeweils Berechtigten abhängige Bereiche (nämlich auch für Namens-, Titel- oder Firmenbezeichnungsrechte) aufgesplittet werden. Außerdem darf die zeichenmäßige Benutzung nicht mit der technischen Hinweisfunktion verwechselt werden: Durch die Eintragung des Domain-Namens stellt DENIC e.G. (oder eine sonstige zukünftige vergleichbare Vergabestelle) nur den Bezug zu einer Internetadresse her, nicht aber zu Waren oder Dienstleistungen.

Aus einem auf einen Domain-Namen bezogenen Unterlassungsanspruch ergibt sich kein Anspruch auf Unterlassung der Verwendung auch einer gleichlautenden E-Mail-Anschrift. In Bezug auf diese muss getrennt eine Verwechslungsgefahr bestehen[5].

---

1 *Völkert/Weidert* WRP 1997, 652, 661 mit Rechtsprechungsnachweisen.

2 OLG Dresden, Urt.v. 28.11.2000 – 14 U 2486/00, CR 2001, 408 = MMR 2001, 459 = JurPC Web-Dok.98/2001 – Kurt-Biedenkopf.de, das deshalb durch diese Tätigkeiten keine Namensrechtsverletzung durch DENIC annahm, auch nicht als Mittäter oder Gehilfe (§ 830 Abs. 1 u. 2 BGB), ebenso keine Störung i.S.v. § 1004 BGB. Der BGH (Urt.v. 19.2.2004 – I ZR 82/01) wies die Revision zurück (w ww.heise.de/newsticker/meldung/44804).

3 In diesem Sinne auch die US-Rechtsprechung: s. Data Concepts, Inc. v. Digital Consulting, Inc. (Defendant and Third-Party Plaintiff) v. Network C+Solutions, Inc. (Third Party Defendant), Order Jan. 31st, 1997, No. 3-96-0429, U.S.D.C., M.D.Tenn., Nashville Div. und Lockheed Martin, Inc. v. Network Solutions, Inc., U.S.D.C.,C.D. Cal, No. CV 96-7438 DDP(ANx), http://zeus.bna.com/e-law/cases/locknsi.html.

4 So *Wilmer*, CR 1997, 562, 565, hieraus einen Untersagungsanspruch aus § 14 Abs. 4 Nr.2 MarkenG und die Passivlegitimation von DENIC ableitend.

5 BGH, Urt.v.11.4.2002 – I ZR 317/99, ZUM-RD 2002, 403, 405.

c) Wettbewerbsrechtlicher Schutz

Abwehransprüche gegen die Benutzung von Domain-Namen können sich (kumulativ) auch aus Wettbewerbsrecht ergeben[1]. Freilich wird hierbei zwischen Anspruchsinhaber und -gegner das Bestehen eines **Wettbewerbsverhältnisses** vorausgesetzt.

Kein unlauterer **Behinderungswettbewerb** i.S.v. § 1 UWG a.F. durch Abfangen von Kunden liegt vor, wenn auf der Seite einer Suchmaschine Bannerwerbung eines Unternehmens geschaltet ist, diese Seite aber auch einen Link zur Webseite eines Konkurrenten enthält[2]. Dies gilt jedenfalls dann, wenn das Merkmal des „Ausspannens", also des zielgerichteten Angriffes gerade auf die Kunden des Unternehmens, nicht erfüllt ist[3].

Grundsätzlich besteht im Wettbewerbsrecht (anders als im Markenrecht) kein Freihaltebedürfnis für **generische Begriffe**, da aus der Verwendung dieser Begriffe keine Schutzrechte begründet werden[4], wenngleich andere Nutzer faktisch von der Registrierung desselben Begriffes als Domain-Name ausgeschlossen werden. Die Verwendung beschreibender Begriffe bzw. Gattungsbegriffe als Domain-Bezeichnung (und damit der Ausschluss anderer von dieser Verwendung) ist, dem **BGH** zufolge, nicht generell wettbewerbswidrig im Sinne von § 1 UWG[5], insbesondere nicht als wettbewerbswidriges Abfangen von Kunden zu werten. Solche generischen Bezeichnungen gewinnen in der Praxis insbesondere bei Portals Bedeutung[6], aber etwa auch für Freiberufler wie Rechtsanwälten. Als missbräuchlich gegen § 1 UWG verstoßen können nach Auffassung des BGH aber Registrierungen solcher Domain-Bezeichnungen unter verschiedenen Top-Level-Domains und in verschiedenen Schreibweisen[7].

In der Verwendung einer generischen Domain-Bezeichnung kann, dem BGH zufolge, nur dann eine irreführende **Alleinstellungsbehauptung** vorliegen, wenn besondere Umstände hinzutreten[8]. Deren Wettbewerbswidrigkeit würde aber zusätzlich voraussetzen, dass gezielt der Zweck verfolgt wird, den Mitbewerber an seiner Entfaltung zu hindern und ihn dadurch zu verdrängen, oder zumindest eine Behinderung derart, dass der beeinträchtigte Mitbewerber seine Leistung am Markt durch eigene Anstrengung nicht in angemessener Weise zur Geltung bringen kann[9]. Nicht jede **Kanalisierung** durch einen beschreibenden Domain-Namen stellt eine solche

---

1 LG München I, Urt.v. 6.3.2000 – 7 HKO 2775/00, JurPC Web-Dok. 133/2000 – (my)intershop (bereits die Reservierung als Benutzungshandlung ansehend).

2 LG Frankfurt, Urt.v.13.9.2000 – 2-06 O 248/00, ZUM-RD 2002, 9.

3 LG Frankfurt, Urt.v.13.9.2000, a.a.O.

4 S. allg. OLG Frankfurt, CR 1997, 271; *Kur*, CR 1996, 325, 328.

5 BGH, Urt.v.17.5.2001 – I ZR 216/99, NJW 2001, 3262 = WRP 2001, 717 – Mitwohnzentrale.de. *Wettbewerbswidrigkeit* nahm die Vorinstanz OLG Hamburg, CR 1999, 779 – Mitwohnzentrale an; ebenso LG Köln, MMR 2001, 55; LG München I, CR 2001, 128 – rechtsanwaelte.de; LG Köln, MMR 2000, 45 – hauptbahnhof.de; LG Köln, CR 2001, 193 – zwangsversteigerungen.de. Für die grundsätzliche *Zulässigkeit* von Gattungsbegriffen als Domain Namen bereits OLG Braunschweig, CR 2000, 614f – stahlguss.de; OLG Frankfurt, CR 1997, 271 – wirtschaft-online.de; OLG Hamm, MMR 2001, 237 – sauna.de; OLG Hamburg, GRUR-RR 2001, 182f – startup.de; OLG München, CR 2001, 463 – autovermietung.com; LG Braunschweig, MMR 202, 248 – pruefungsrecht.de; LG Köln, Urt.v. 27.4.2000 – 31 O 166/00, NJW-RR 2002, 549 – zeitarbeit.de; LG Hamburg, CR 2000, 617 – lastminute.com.

6 Ausf. s. *Abel*, WRP 2001, 1426, 1427.

7 Krit. *Abel*, WRP, 2001, 1426, 1429f, der Zulässigkeit annimmt.

8 BGH, Urt.v.17.5.2001, a.a.O., 3263.

9 BGH, Urt.v.17.5.2001, a.a.O., 3263.

Beeinträchtigung dar[1]. Wenn der Nutzer nicht eine Suchmaschine zur Suche verwende (die eine Trefferliste ausweist), sondern direkt einen Gattungsnamen eingibt, sei er sich grundsätzlich über den Nachteil dieser Suchmethode im Klaren. „Er ist sich bewusst, dass es auf Zufälle ankommen kann (etwa auf die Schreibweise mit oder ohne Binde- oder Unterstreichungsstrich), ob er auf diese Weise das gesuchte Angebot findet."

Lade der fragliche Gattungsbegriff nicht zur Annahme einer Alleinstellung des auf diese Weise gefundenen Anbieters ein, „erkennt der Internet-Nutzers auch, dass er mit dieser Suchmethode kein vollständiges Bild des Internet-Angebotes erhält. Verzichtet er aus Bequemlichkeit auf eine weitere Suche, liegt darin keine ursächliche Beeinflussung"[2]. Bezeichnungen wie „www.autovermietung.de"[3] oder „www.rechtsanwaelte.de"[4] würden nicht der irreführenden Eindruck einer Alleinstellung hervorrufen, da der Verkehr von vornherein erkenne, dass die gefundene Homepage eines Anbieters nicht das gesamte Angebot repräsentiere[5]. Es liege in der Verwendung einer Gattungsbezeichnung als Domain-Namen auch kein unlauteres Abfangen von Kunden, da dieses nur gegeben sei, wenn sich der Werbende gewissermaßen zwischen den Mitbewerber und dessen Kunden stellt, um diesen eine Änderung des Kaufentschlusses aufzudrängen, während durch jene Verwendung allein auf den eigenen Vorteil gerichtet sei, nicht aber bereits dem Wettbewerber zuzurechnende Kunden einwirke[6]. Für derartige Begriffe bestehe auch kein Freihaltebedürfnis für beschreibende Angaben im Sinne von § 8 Abs. 2 Nr. 2 MarkenG, da hierdurch letztlich die Suchfunktion bei direkter Namenseingabe zerstört würde[7].

Missbräuchlich könne die Registrierung eines Gattungsbegriffes aber sein, wenn zugleich andere Schreibweisen des registrierten Begriffes unter derselben TLD mitregistriert werden[8]. Kanalisierung wird deshalb nur dann anzunehmen sein, wenn die betreffende Domain begrifflich eindeutig ist und sich dazu eignet, eine gesamte Branche von Anbietern eines hinreichend konkret gefassten Leistungsbildes (Waren oder Dienstleistungen), dessen Bezeichnung sich für eine direkte Eingabe als Domain-Adresse geradezu aufdrängt, in den Händen des Domain-Inhabers zu monopolisieren

---

1 Ähnlich bereits OLG Braunschweig, CR 2000, 614 = MMR 2000, 610 – stahlguss.de.

2 BGH, Urt.v.17.5.2001, a.a.O., 3263.

3 Das OLG München, Urt.v.19.4.2001 – 29 U 5725/OO, MMR 2001, 615 – autovermietung.com sah in dieser Bezeichnung keine unzulässige Behinderung im Sinne einer unlauteren Kanalisierung, da dem durchschnttlich informierten, aufmerksamen und verständigen Nutzer bewusst ist, dass er bei Eingabe eines normalen Gattungsbegriffes auch nur auf das Angebot eines einzelnen Anbieters stoßen kann.

4 Das LG München I, Urt.v.16.11.2000 – 7 O 5570/00, CR 2001, 128 – rechtsanwaelte.de hatte eine wettbewerbswidrige Behinderung des Leistungsbewerbes durch Kanalisierung der Kundenströme angenommen. Dies ist nach der „mitwohnzentrale"-Enscheidung des BGH wohl nicht haltbar, jedoch kann eine Irreführung dahingehend bestehen, dass hinter einem solchen Domain-Namen von den Verkehrskreisen eine Anwaltsvereinigung oder -liste vermutet wird, nicht aber eine einzelne Kanzlei (*Müller*, WRP, 2002, 160, 163). Dies muss auch für (als irreführend eingestufte) Bezeichnungen wie „anwalt-hannover.de" (OLG Celle NJW 2001, 2100) oder „rechtsanwaelte-koeln.de" (LG Köln, Urt.v.7.9.1998 – 31 O 723/98, zit. nach *Müller*, WRP, 2002, 160, 163), ebenso „rechtsanwaelte-berlin.de" oder „rechtsanwaelte-hamburg.de" (nach *Müller*, WRP, 2002, 160, 163) gelten.

5 BGH, Urt.v.17.5.2001, a.a.O., 3263. *Abel*, WRP, 2001, 1426, 1428 vermutet, dass die Erwartungshaltung von Internetnutzern „sehr diffus" sei und nur in den seltensten Fällen die Feststellung einer Irreführung erlaube.

6 BGH, Urt.v.17.5.2001, a.a.O., 3263/3264 (es gehe „nicht um ein Ablenken, sondern um ein Hinlenken von Kunden", mit LG Hamburg CR 1999, 617, 618).

7 BGH, Urt.v.17.5.2001, a.a.O., 3264 unter Ablehnung der entsprechenden Entscheidungen LG München I, NJW 2001, 2100 – rechtsanwaelte.de und LG Köln, MMR 2001, 55f – zwangsversteigerungen.de.

8 BGH, Urt.v.17.5.2001, a.a.O., 3265.

und dadurch, dass die Domain nicht allen Wettbewerbern zur Verfügung steht, Nutzerströme zu kanalisieren[1].

Schon das OLG Braunschweig hatte die Verwendung von generischen Begriffen als zulässig angesehen, wenn die Wettbewerber eine Chance haben, an der Kanalisierung einer generischen Domain zu partizipieren[2], ein freilich nur auf Portals mit grundsätzlich für Wettbewerber offenem Zugang anwendbarer Grundsatz. Nach der „mitwohnzentrale"-Entscheidung des BGH kommt es aber nicht darauf an, ob die Gattungsbezeichnung für ein Portal verwendet wird bzw. ob es solches allgemeinzugänglich ist[3]. Jedoch kann die Verwendung der Portal-Bezeichnung irreführend sein, wenn sie einen Verband oder eine Werbegemeinschaft bezeichnen soll[4].

Der BGH hat seine Rechtsprechung im „presserecht.de"-Urteil[5] bestätigt und festgestellt, eine **Irreführung** liege nur vor, wenn der Internet-Nutzer mit der Eingabe des Gattungsbegriffes als Internet-Adresse die Vorstellung verbinde, der hinter dem Begriff stehende Anbieter wolle mit seiner Webseite ausschließlich das Informationsinteresse der Nutzer befriedigen, ohne hierbei eigene, geschäftliche oder berufsbezogene Werbeinteressen zu verfolgen. Ähnlich hat das OLG Braunschweig in der Verwendung „pruefungsrecht.de" weder eine Irreführung noch eine unlautere Absatzbehinderung gesehen[6].

Allerdings konnte in der (Gattungs-)Bezeichnung eine **irreführende Werbung** im Sinne von § 3 UWG a.F. zu sehen sein[7]. Auch wurde untersagt, unter dem Begriff „*Hauptbahnhof*", der von der Deutschen Bahn und ihren Rechtsvorgängerinnen geprägt wurde, ein Internet-Forum einzurichten, da dies Grundsätze eines fairen Leistungswettbewerbs verletze (§ 1 UWG a.F.)[8], da das Publikum diesen Begriff ausschließlich der Deutschen Bundesbahn zuordne. Mit der Zulassung privater Bahnbetreiber könnte sich dies aber ändern.

Verneint wurde eine wettbewerbswidrige Behinderung für die reinen Gattungsbegriffe „zeitarbeit.de"[9] und „wirtschaft-online"[10], „lastminute.de"[11], „autovermietung. com"[12] und „kueche.de"[13]. Irreführend ist aber die Verwendung des Begriffes „www.steuererklaerung.de" durch einen Lohnsteuerverein, der keine Lohnsteuererklä-

1 *Buecking*, MMR 2001, 543, 544 (Urteilsanmerkung zu LG Frankfurt, MMR 2001, 542).

2 OLG Braunschweig, MMR 2000, 610.

3 *Abel*, WRP, 2001, 1426, 1428.

4 *Abel*, WRP, 2001, 1426, 1428.

5 BGH, Urt.v. 25.11.2002 – AnwZ (B) 41/02, JurPC Web-Dok. 94/2003. Der BGH lehnte in dieser Entscheidung außerdem ausdrücklich die Befugnis einer Rechtsanwaltskammer ab, kraft Berufsrecht von einem kammerangehörigen Anwalt die Vornahme oder Unterlassung bestimmter Handlungen zu verlangen.

6 OLG Braunschweig, Urt.v.21.6.2002 – 2 W 26/02, MMR 2002, 754 = JurPC Web-Dok. 286/2002.

7 OLG Celle, Urt.v.29.3.2001 – 13 U 309/00, JurPC Web-Dok. 145/2001 – anwalt-hannover.de (noch vor der „Mitwohnzentrale"-Entscheidung des BGH ergangenes Urteil).

8 LG Köln, Urt.v.23.9.1999 – 31 O 522/99, MMR 2000, 40 = JurPC Web-Dok. 216/1999.

9 LG Köln, Urt.v.27.4.2000 – 31 O 166/00, NJW-RR 2001, 549 – zeitarbeit.de.

10 OLG Frankfurt, Beschl.v. 13.2.1997 – 6 W 5/97, BB 1997, 545 = NJW 1998, 165 = GRUR 1997, 481 – wirtschaft-online.

11 LG Hamburg, MMR 2000, 763 – lastminute.de, eine unzulässige Kanalisierung von Kundenströmen ablehnend, da durch das Verwenden des Gattungsbegriffes zwar, bedingt durch das Suchverfahren mittels Suchmaschinen ein Umleiten erfolgen könne, jedoch kein Abfangen erfolge, dem sich ein Kunde (etwa im herkömmlichen Ladengeschäft) nur schwer widersetzen kann.

12 LG München I, Urt.v.28.9.2000 – 4 HK O 13251/00 – autovermietung.com

13 LG Darmstadt, Urt.v. 17.4.2001 – 16 O 501/00, MMR 2001, 559 (Ls.).

rungen anfertigen darf[1]. Irreführung kann durch die Kombination von Gattungsbegriffen und individualisierenden Begriffen entstehen[2].

In der Verwendung der Domain „www.zwangsversteigerungen.de" für eine Präsentation von Immobilienzwangsversteigerungsdaten wurde eine **unlautere Absatzbehinderung** der übrigen Wettbewerber gesehen, da hierdurch (potentielle) Kunden abgefangen und Kundenströme kanalisiert werden[3]. Dies ist seit der „Mitwohnzentrale"-Entscheidung des BGH nicht mehr haltbar.

Keine unzulässige Kanalisierung wurde angenommen, wenn eine internationale Autovermietung die Domain „www.autovermietung.com" verwendet[4] oder ein Betreiber für die Domain den Begriff „Sauna"[5] oder „stahlguss"[6] nutzt. Das LG Hamburg sah in der Verwendung von „lastminute.com" kein wettbewerbswidriges Abfangen von Kunden, da keine Vergleichbarkeit mit psychologischen Zwangssituationen vor Ladengeschäften bestehe[7].

Die Verwendung des Begriffes „*Webspace*" im Leistungsangebot eines ISP auf dessen Webseite verletzt keine Markenrechte, da dieser Begriff nicht kennzeichnungsfähig ist und er nicht als Domain-Name oder Werbeträger verwendet wird, sondern nur als Umschreibung für Speicherplatz im Internet[8]. Keine unlautere Behinderung i.S.v. § 1 UWG a.F. ist auch die Nutzung der Domain mit der beschreibenden Angabe „startup.de", unter der der verständige Durchschnittsverbraucher kein vollständiges Beratungsangebot erwartet[9].

Das Übernehmen von Homepages (genauer: Folgeseiten), die mit erheblichen Kosten akquiriert bzw. erstellt wurden, in ein eigenes Homepage-Verzeichnis ohne Hinweis auf den Site-Betreiber, zu dem gelinkt wird, stellt eine **unzulässige** (unlautere) **Leistungsübernahme** dar, da der Wettbewerber systematisch um die Früchte seiner Arbeit gebracht wird[10]. Eine sittenwidrige **Absatzbehinderung** i.S.v. § 1 UWG a.F. wurde

---

1 OLG Nürnberg, Urt.v. 6.11. 2001 – 3 U 2393/01, WRP 2002, 343 – steuererklaerung.de.

2 So etwa bei der Bezeichnung „rechtsanwaelte-dachau.de", OLG München, Urt.v.18.4.2002 – 29 U 1573/02, CR 2002, 757 (a.A. LG Duisburg, 21 O 201/01 für „anwalt-muehlheim.de", heise online 2.10.2002, und OLG Hamburg, Urt.v.2.5.2002 – 3 U 303/01, NJW-RR 2002, 1582 für „rechtsanwalts.com", sowie LG Mannheim, Urt.v.24.8.2001 – 7 O 189/01, NJW-RR 2002, 1580 = JurPC Web-Dok. 320/2002, ebenfalls für „rechtsanwalt.com"). Das OLG München sah eine Irreführungsgefahr dadurch als gegeben an, dass diese Bezeichnung bei einem nicht unbeträchtlichen Teil der situationsadäquat durchschnittlich aufmerksamen, informierten und verständigen Internet-Nutzer die Vorstellung hervorrufen kann, unter dieser Bezeichnung sei ein örtliches Anwaltsverzeichnis mit der Auflistung sämtlicher Anwaltskanzleien zu finden.

3 LG Köln, Urt.v.10.10.2000 – 33 O 286/00, CR 2001, 193 – www.zwangsversteigerungen.de.

4 LG München I, Urt.v.28.9.2000 – 4 HKO 1325 1/00, CR 2001, 194 – autovermietung.com. Bestätigt durch OLG München, Urt.v.19.4.2001 – 29 U 5725/00, CR 2001, 463 bereits unter Berücksichtigung der „Mitwohnzentrale"-Entscheidung des BGH.

5 OLG Hamm, Urt.v.2.11.2000 – 4 U 95/00, MMR 2001, 237 = JurPC Web-Dok. 213/2001 – sauna.de. Das Gericht lehnte die (auch analoge) Anwendung von § 8 Abs. 2 Nr. 1 u. 2 MarkenG auf die Verwendung von Gattungsbegriffen von SLDs ab.

6 OLG Braunschweig, Urt.v.20.7.2000 – 2 U 26/00, JurPC Web-Dok. 28/2001 – stahlguss.de (Kanalisierungswirkung erst wettbewerbswidrig, wenn den Mitbewerbern eine Mitnutzung und damit eine Partizipation am Suchvorgang verweigert worden ist und der Suchende durch die Gestaltung der Homepage davon abgehalten wird, weitere Informationen bei Mitbewerber einzuholen).

7 LG Hamburg, Urt.v.30.6.2000 – 416 O 91/2000, JurPC Web-Dok. 171/2000 in ausdrücklicher Abweichung OLG Hamburg, CR 1999, 779f = MMR 2000, 40 – mitwohnzentrale, da anders als dort nicht der Eindruck erweckt werde, es handele sich um ein Portal für ein bestimmtes Angebot.

8 LG Bochum, Urt.v.14.10.1999 – 14 O 120/99, (www.netlaw.de/urteile/lgbo_3.htm).

9 OLG Hamburg, Urt.v.15.2.2001 – 3 U 97/00, GRUR-RR 2001, 182 = MMR 2001, 612 – startup.de.

10 OLG Celle, Urt.v.12.5.1999 – 13 U 38/99, CR 1999, 523 – Deep Link.

angenommen, wenn ein mit einem Firmenschlagwort übereinstimmender Domain-Name registriert und die Registrierung aufrechterhalten sowie ohne eigenes rechtliches oder wirtschaftliches Interesse blockiert wird[1].

Suchmaschinenbetreiber wurden nicht als verpflichtet angesehen, wettbewerbs- oder markenrechtliche Unterlassungsansprüche zu prüfen und gegebenenfalls Eintragungen abzulehnen, sofern sich keine offenkundigen Kennzeichen rechtlicher Verletzungshandlungen aufdrängen[2]. Das Überfluten von Suchmaschinen durch Links auf die eigene Homepage („Index-Spamming“) kann einen nach § 1 UWG a.F. unzulässigen **Behinderungswettbewerb** darstellen, bei dem der Suchmaschinenbetreiber selbst i.d.R. nicht als Mitstörer in Anspruch genommen werden kann[3]. Werden die Links durch eine Apotheke gesetzt, kann solches Index-Spamming zugleich gegen § 8 Abs. 1 HeilmittelwerbeG verstoßen[4].

Aus den §§ 1 und 3 UWG a.F. besteht, dem OLG Frankfurt zufolge, kein Abwehranspruch gegen die Verwendung der Domain „drogerie.de“ für ein Internet-Portal[5]. Die Vorinstanz hatte demgegenüber (nicht unplausibel) vertreten, der Nutzer erwarte unter der Domain „drogerie.de“ nicht einen Baustoffhändler, sondern ein sach- und fachkundiges, redaktionell bearbeitetes Informationsarchiv[6].

Wettbewerbswidrig und **sittenwidrig** im Sinne von § 826 BGB kann das Reservieren einer Vielzahl von Domain Namen sein, wenn die formalrechtliche Stellung allein dazu benutzt werden soll, Gewinne zu erzielen, deren Höhe nicht mit irgendeiner Leistung des Rechteinhabers im Zusammenhang steht[7].

Das Angebot einer kostenlosen Registrierung einer „.de“-Domain verstößt nicht gegen § 1 UWG a.F., da weder eine wettbewerbswidrige Wertreklame noch ein zu einer Markstörung führendes Verhalten vorliegt[8]. Irreführend ist eine Werbung für ein „Deutsches Anwaltsverzeichnis“, wenn dieses entgegen der bei den angesprochenen Verkehrskreisen geweckten Vorstellung nicht alle oder die allermeisten Namen enthält[9].

Der Hinweis in den Registrierungsrichtlinien der **DENIC** e.G., dem zufolge die Vergabestelle ohne Gewinnabsicht tätig und „Non-Profit-Organisation“ sei, wurde als nicht im Sinne von § 3 UWG a.F. irreführend angesehen, da ein Arbeiten nach dem Kostendeckungsprinzip eine Gewinnerzielungsabsicht ausschließe.

---

1 OLG Nürnberg, Urt.v. 11.1.2000 – 3 U 1352/99, JurPC Web-Dok. 146/2000.

2 LG München I, Urt.v. 20.9.2000 – 7 HKO 12081/00, CR 2001, 196.

3 LG Frankfurt, Urt.v.5.9.2001 – 3/12 O 107/01, CR 2002, 220.

4 LG Frankfurt, Urt.v.10.8.2001 – 3/12 O 96/01, CR 2002, 222; das Gericht bejahte die Möglichkeit einer Mitstörerhaftung des mit dem Index-Spamming beauftragten Online-Marketing-Unternehmens.

5 OLG Frankfurt, Urt.v. 12.9.2002 – 6 U 128/01, GRUR-RR 2003, 18 = MMR 2002, 811 – drogerie.de. Dies soll auch gelten, wenn der Inhaber der Domain eine Vielzahl generischer Domains hält, ohne entsprechende Portals geschaffen zu haben.

6 LG Frankfurt, Urt.v.23.3.2001 – 3/12 O 4/01, MMR 2001, 542 ZUM-RD 2002, 99 = JurPC Web-Dok. 186/2001 – drogerie.de.

7 LG Düsseldorf, Urt.v. 6.7.2001 – 38 O 18/01, K&R 2002, 98 – Literaturen, ähnlich bereits für § 826 BGB OLG Frankfurt MMR 2000, 424 – weideglueck.

8 KG, Urt.v.24.11.2000 – 5 U 7264/00, GRUR-RR 2001, 279 – „.de“-Adresse.

9 LG Berlin, Urt.v.16.12.2002 – 97 O 192/02, MMR 2003, 490.

II. Kartellrechtlicher Status von Registrierstellen

1. DENIC eG

DENIC handelt bei der TLD-Verwaltung nicht als öffentliche Einrichtung und auch nicht im öffentlichen Auftrag bzw. aufgrund Beleihung, wenn auch die Aufgabenerfüllung im öffentlichen Interesse liegt. Auf die Tätigkeit ist damit Privatrecht und Wettbewerbs-[1] bzw. Kartellrecht voll anwendbar. DENIC hat dadurch, dass die „.de"-TLD nur von DENIC verwaltet wird, am deutschen Markt eine überragende Stellung[2] und ist deshalb, auch wenn Registrierungsstellen für generische TLDs am Markt auftreten, zumindest als marktstark im Sinne der §§ 19 Abs. 2, 20 Abs. 2 GWB einzustufen[3], wenn nicht marktbeherrschend[4]. Dies wird sich nur ändern können, wenn auch andere Registrierstellen SLDs für die „.de"-TLD vergeben dürfen.

Die Marktbeherrschung durch DENIC für die TLD „.de" oder jedenfalls der Status als marktstarkes Unternehmen ist, schon technisch bedingt durch die Alleinstellung in der Registrierung der „.de"-Second Level Domains, kaum zweifelhaft (§§ 19, 20 GWB, Art.. 85, 86 EGV). Der BGH spricht von einer „überragenden Stellung"[5] und betrachtet DENIC sogar als marktbeherrschend. Eine solche Stellung ist aber nicht als solche unzulässig, sondern verpflichtet DENIC kartellrechtlich zu einer **diskriminierungsfreien** Handhabung der Vergabe[6]. Die DENIC eG unterliegt damit hinsichtlich der Vergabe von Subdomains unter der „.de"-Top-Level-Domain der in Art. 82 EGV, § 19 Abs. 4 Nr. 4 GWB geregelten „*Essential Facilities*"-Doktrin[7]. Nach dieser muss der Zugang zu wesentlichen Einrichtungen oder Infrastrukturen eines marktbeherrschenden Unternehmens gewährt werden, da ausschließlich DENIC für diese Top-Level-Domain Second-Level-Domains vergibt[8]. Allgemein wird eine Einrichtung dann als wesentlich eingestuft, wenn ein Wettbewerber ohne deren Nutzung seinen Kunden keine Dienste anbieten kann[9]. Ein tatsächlicher oder potentieller Ersatz darf nicht zur Verfügung stehen[10]. Kein Anspruch auf Domain-Registrierung besteht aus den §§ 19 Abs. 1, 20 Abs. 2 GWB, wenn technische Gründe, etwa die Nichteinhaltung der Vorgabe für die Registrierung von Domain-Bezeichnungen, bestehen[11].

1 *Rayle*, Die Registrierungspraktiken für Internet-Domain-Namen in der EU, 88.

2 BGH, MMR 2001, 671, 675 – ambiente.de.

3 *Welzel*, MMR 2001, 744; a.A. *Rayle*, Die Registrierungspraktiken für Internet-Domain-Namen in der EU, 89. Eine Monopolstellung und Einstufung als marktstarkes Unternehmen annehmend OLG Frankfurt, MMR 2000, 36f – ambiente.de.

4 Bereits LG Frankfurt/M., CR 1999, 452f – ambiente.de; *Bücking*, GRUR 2002, 27, 28; allgemein für nationale Vergabeorganisationen *Rayle*, Die Registrierungspraktiken für Internet-Domain-Namen in der EU, 89, 104.

5 BGH, Urt.v.17.5.2001 – I ZR 251/99, CR 2001, 850, 853 = NJW 2001, 3265 – ambiente.de.

6 *Rohnke*, AIPPI-Bericht, GRUR Int. 2003, 608, 610. Der BGH sah in „ambiente.de" eine unbillige Behinderung nicht als gegeben an, BGH, a.a.O., 853.

7 Zur „essential facilities"- Doktrin und allgemein zur kartellrechtlichen Beurteilung s. *Bücking*, GRUR 2002, 27, 32f, nach dem DENIC den deutschen Netzausschnitt des alphanumerischen Adressierungssystems repräsentiere und so zur Verfestigung der Monopolstellung dieses Standards beitrage; *Holzhäuser*, Esssential Facilities in der Telekommunikation 2001.

8 S. n. *Bücking*, GRUR 2002, 27.

9 KomE v. 21.12.1993, ABl 1994 Nr. L 15, 8 – Sea Containers /Stena Sealink; KomE v. 21.12.2003, ABl. 1994 Nr. L 55, 52 – Hafen von Rødby.

10 EuGH, Slg. 1998 I, 7791 – Oscar Bronner

11 LG Frankfurt, Urt.v. 22.3.2000, MMR 2000, 627 (für die Bezeichnung „01051.de", da im Namen kein Buchstabe enthalten ist).

2. VeriSign/NSI

VeriSign/NSI übernimmt keine Verpflichtung zu überprüfen, ob ein Domain-Name Rechte Dritter verletzt. Jeder Bewerber muss erklären, dass nach seinem besten Wissen in urheber-, marken-, namens-, wettbewerbsrechtlicher oder sonstiger Hinsicht keine Rechte Dritter verletzt werden[1] (und muss dementsprechend vorab eigene Aufklärung betreiben[2]). Der Bewerber ist für die Wahl des Namens allein verantwortlich und haftbar und muss NSI und alle übergeordneten Organisationen[3] von allen hieraus eventuell entstehenden Ansprüchen Dritter freistellen.

NSI ist berechtigt, aufgrund rechtskräftigen Urteils innerhalb von 30 Tagen die Registrierung zurückzunehmen[4]. In den USA wurde eine Haftung und sogar Mithaftung von NSI aus Markenrechts-verletzung abgelehnt, da eine solche eine Auslieferung eines markenrechtsverletzenden Produktes vorausgesetzt hätte und auch eine regelmäßige Kontrolle nicht möglich sei[5]. Insoweit entspricht diese US-Rechtsprechung den Ergebnissen der deutschen.

III. Gerichtliche Geltendmachung und Vollstreckung von Ansprüchen

1. Durchsetzung des Löschungsanspruches

Die Durchsetzung eines Anspruches auf Löschung oder Übertragung einer „.com"-TLD ist nicht unproblematisch, wenn der Verpflichtete zur Durchführung der Löschung erst einen Prozess in den Staaten führen muss, wozu er u.U. getrennt im Urteil verpflichtet werden müsste. Einen Ausweg bietet hier letztlich nur ein Schlichtungsverfahren. Es kann auch eine Erklärung gegenüber der IANA abzugeben sein[6] oder gegenüber beauftragten Providern[7]. In einer Entscheidung des OLG Hamburg war der Antragsgegner verpflichtet worden, nicht länger die Providerfunktionen zu erfüllen, die für die Aufrechterhaltung einer „com."-Domain erforderlich sind, allerdings nicht im Verhältnis zu NSI, sondern zu InterNIC[8].

Besteht eine Verpflichtung durch rechtskräftiges Urteil, die Registrierung und Konnektierung einer bestimmten Domain zu unterlassen, ist auch dann ein schuldhafter **Verstoß** gegen diese Verpflichtung anzunehmen, wenn der Verpflichtete gegenüber seinem Provider die Löschung der Domain erfolglos beantragt und diesem gegenüber auf die Bearbeitung hinwirkt, obwohl er selbst gegenüber der DENIC die Löschung

1 *Ernst*, MMR 2002, 714, 716.

2 Eine entsprechende weltweite Recherche ist über den WHOIS-Server möglich (http://rs.internic.net/rs-internic.html), wobei WHOIS nicht immer auf dem neuesten Stand ist.

3 insbesondere NSF, IANA, IAB und ISOC (Internet Society).

4 S. hierzu und zu weiteren Bestimmungen das NSI Domain Name Dispute Policy Statement, verfügbar über ftp://rs.internic.net/policy/internic-domain-4.txt.

5 U.S.Court of Appeals in Lockheed Martin Corp. v. NSI, No.97-56734, s. MMR 2000, XVII.

6 LG Braunschweig, Urt.v.5.8.1997 – 9 O 188/97, CR 1998, 364 = MMR 1998, 272, – deta.com (Tenoriert wird auch die Verpflichtung, bezüglich „deta.com" eine schriftliche Verzichtserklärung gegenüber der IANA abzugeben und Auskunft über die bisherige Namensnutzung zu geben. Annahme der internationalen Gerichtszuständigkeit bei Verwendung der TLD „.com").

7 LG Nürnberg/Fürth, Verf.. 22.10.1997 – 4 HKO 9273/97, – big.de (Verfügung auf Unterlassen der Benutzung und Verpflichtung, Domain-Namen freizugeben, d.h. gegenüber Provider Registrierungslöschung zu beantragen und zu bewilligen)

8 OLG Hamburg, Urt.v.4.11.1999 – 3 U 274/98 (www.netlaw.de/urteile/olghh_3.htm) – Online-Casino.

bewirken kann[1]. Macht der Berechtigte nur einen Löschungsanspruch geltend, muss der zur Löschung Verpflichtete keine Erkundigungen darüber einziehen, ob die Domain tatsächlich wieder zur Registrierung zur Verfügung gestellt wurde[2].

Von DENIC kann nur aufgrund eines rechtskräftigen, eine **Freigabeverpflichtung** titulierenden Urteils gegen den Anmelder verlangt werden, die bisherige Registrierung aufzuheben und nach der Reihenfolge der Warteliste zu verfahren[3]. Zunächst ist also gegen den Domain-Inhaber ein Anspruch auf Beseitigung in der Form eines Verzicht auf den Domain-Namen durchzusetzen[4].

Die Durchsetzung der Aufgabe einer Registrierung im **einstweiligen Verfügungsverfahren** wurde abgelehnt[5], die Durchsetzbarkeit des Anspruches auf Übertragung der Domain aus den §§ 14 MarkenG, 823 Abs. 2, 1004 BGB durch einstweilige Verfügung jedoch bejaht[6]. Der Anspruch auf Verzicht auf die Domain ist nach § 888 ZPO vollstreckbar (unvertretbare Handlung), nicht nach § 894 ZPO (Abgabe einer Willenserklärung mit Urteil)[7]. Entsprechend muss die Antragstellung formuliert werden.

Ein Titel auf Unterlassung der Verwendung eines Domain-Namens und auf eine gegenüber DENIC erfolgende Erklärung des Verzichtes auf diese Domain wurde als nach § 888 ZPO (gegen Sicherheitsleistung) **vollstreckbar** angesehen, und zwar, anders nach § 894 ZPO, vor Rechtskraft des Urteils, da der Titel nicht auf die Abgabe einer Willenserklärung lautet, sondern auf Beseitigung eines Störungszustandes[8].

2. Pfändung einer Domain

Nach Auffassung einiger sind Domain selbst als eigenes pfändbares Recht, nämlich als anderes Vermögensrecht im Sinne von § 857 Abs. 1 ZPO zu behandeln[9] und dessen Pfändung zulässig[10]. Andere die Pfändbarkeit bejahenden Entscheidungen gingen nicht

---

1 OLG Hamm, Urt.v. 26.3.2002 – 4 W 151/01, JurPC Web-Dok. 66/2003.

2 AG Lüdenscheid, Urt.v. 31.7.2003 – 94 C O 158/03, CR 2003, 858.

3 So das OLG Frankfurt, Urt.v.14.9.1999 – 11 U Kart 59/98, CR 1999, 707 = MMR 2000, 36 – ambiente.de und der BGH in seinem Grundsatzurteil BGH, Urt.v.17.5.2001 – I ZR 251/99, NJW 2001, 3265 – ambiente.de. Notwendig sei nur die Prüfung auf offenkundige, aus Sicht von DENIC eindeutige Rechtsverstöße, wenn für DENIC unschwer zu erkennen ist, dass die Nutzung dieses Domain-Namens Rechte Dritter beeinträchtigt. Zulässig ist grundsätzlich der Einsatz eines mit wenigen Mitarbeitern betriebenen automatisierten Verfahrens, das allein eine große Anzahl von SLDs zu registrieren vermag. Auch bei Hinweis auf – angebliche – Rechtsverletzung besteht Pflicht zur Löschung nur bei offenkundiger Rechtsverletzung. Auf die Frage der Anwendbarkeit der §§ 5 TDG/MDStV ging der BGH nicht ein. Auch das OLG Naumburg, Beschl.v.15.1.2001 – 7 W 23/00, MMR 2002, 57 – anwalts-auskunft.de verlangte eine rechtskräftige Untersagung gegenüber dem Inhaber der Domain, die Domain registriert zu halten.

4 BGH GRUR 2002, 622, 627 – shell.de.

5 OLG Frankfurt, Urt. 27.7.2000 – 6 U 50/00, GRUR-RR 2001, 5 = CR 2001, 412 = MMR 2000, 752 – mediafacts.de. Ausf. s. *Kleespieß*, GRUR 2002, 764.

6 LG Saarbrücken, Urt.v.30.1.2001 – 7 IV O 97/00, JurPC Web-Dok. 175/2001 mit LG Wiesbaden, Beschl.v.9.8.2000 – 3 O 129/00, MMR 2001, 59f.

7 OLG Frankfurt, Urt.v.17.1.2002 – 6 U 128/01, MMR 2002, 471 = JurPC Web-Dok. 103/2002 – drogerie.de.

8 OLG Frankfurt, Teilurt.v.17.1.2002 – 6 U 128/01, MMR 2002, 471.

9 *Stickelbrock*, Die Zwangsvollstreckung in Domains, in: *Hohl/Leible/Sosnitza*, Domains, Frames und Links, 2002, 49, 53; *Lwowski/Dahm*, WM 2001, 1135, 1140. Ähnlich *Koos*, MMR 2004, 359, 361, der die Absolutheit des Domain-Rechts aus der technisch bedingten Monopolstellung ableiten will.

10 LG Essen, Urt.v.22.9.1999 – 11 T 370/99, CR 2000, 247 = MMR 2000, 286 = JurPCWeb-Dok 49/2000; LG Düsseldorf, Beschl.v. 16.3.2001 – 25 T 59/01, CR 2001, 468; *Welzel*, MMR 2001, 13.1

näher auf die Rechtsnatur der Domain ein[1]. Teilweise wurde aber auch die Annahme eines solchen eigenständigen Rechts und die Pfändbarkeit abgelehnt[2]. Nach der überwiegenden Auffassung kann nicht die Domain, sondern nur das an ihr bestehende **Vermögensrecht** bzw. der auf sie gerichtete Registrierungs- und Konnektierungsanspruch (als anderes Vermögensrecht im Sinne von 857 Abs. 1 ZPO[3], das mit dem Recht an einer Marke oder Lizenz vergleichbar sei[4]) **gepfändet** werden (aber nur solange, bis der Anspruch des pfändenden Gläubigers gedeckt ist[5]), da die Domain selbst weder Sache noch unbewegliches Vermögen oder Geldforderung ist. Die Domain sei (außerhalb des Markenrechts) am ehestens als Name oder Unternehmenskennzeichen schutzfähig, worin aber nicht selbständig übertragbare Vermögensrechte zu sehen seien, weshalb deren Pfändbarkeit ausscheide[6]. Nach anderer Auffassung wird jedenfalls der gegen die Registrierungsstelle gerichtete (werkvertragliche[7]) Anspruch auf Eintragung und Aufrechterhalten der Domain (Dauerschuldverhältnis) eigenständig übertragen und damit gepfändet werden können[8]. Zu unterscheiden ist, ob nur der (Werkvertragsrecht folgende[9]) Registrierungs- und Konnektierungsanspruch des Domain-Inhabers gegenüber der DENIC als pfändbares Vermögensrecht im Sinne von § 857 ZPO gepfändet wird oder, weitergehend, die gesamte Vertragsstellung des Inhabers[10]. Auch ist zu prüfen, ob die Entziehung der Domain das Rechts des Schuldners auf Namensschutz verletzt; insoweit kann die Pfändung unzulässig sein[11].

1 AG Langenfeld, CR 2001, 477 sowie (zit. nach *Stickelbrock*, Die Zwangsvollstreckung in Domains, in: *Hohl/Leible/Sosnitza*, Domains, Frames und Links, 2002, 49, 50 Fn. 3); AG Bremen, Beschl.v. 16.10.2000 – 247 M 472032/00; AG Krefeld, Beschl.v. 1.8.2000 – 16 M 621/00; AG Viersen, Beschl.v. 7.10.1999 – 15 M 2322/99.

2 LG München I, Urt.v. 12.2.2001 – 20 T 19368/00, CR 2001, 343f = MMR 2001, 319 (wegen Fehlens einer ausdrücklichen gesetzlichen Regelung der Pfändbarkeit von Domain-Namen und fehlender, vorgeschalteter Prüfung des Rechts durch DENIC; krit. *Kleespies*, GRUR 2002, 764, 772) und bereits LG München I, Beschl.v.28.6.2000, CR 2000, 620; abl. auch *Rohnke*, AIPPI-Bericht, GRUR Int. 2003, 608, 611.

3 AG Langenfeld, Beschl.v. 21.12.2000 – 12 M 2416/00, CR 2001, 477 (eine unzulässige Beeinträchtigung des Namensrechts des Domain-Inhabers verneinend); *Lwowski/Dahm*, WM 2001, 1135,1140.

4 *Stickelbrock*, Die Zwangsvollstreckung in Domains, in: *Hohl/Leible/Sosnitza*, Domains, Frames und Links, 2002, 49, 58.

5 LG Düsseldorf, Beschl.v. 16.3.2001 – 25 T 59/01, JurPC Web-Dok. 157/2001.

6 *Rohnke*, AIPPI-Bericht, GRUR Int. 2003, 608, 609 gegen *Welzel*, MMR 2001, 321.

7 *Kleespies*, GRUR 2002, 764, 766.

8 Ähnlich *Kleespies*, GRUR 2002, 764, 767 (der aber, dogmatisch eher zweifelhaft, (auch) die „Vertragsstellung" des Domain-Inhabers als konkreten Vollstreckungsgegenstand ansehen will).

9 *Welzel*, MMR 2001, 131, 132, wobei Welzel diesen Anspruch als mit Durchführung der Registrierung erfüllt ansieht, zugleich aber zutreffend im Rahmen eines Dauerschuldverhältnisses eine eher dienstvertragliche Verpflichtung von DENIC sieht, den Eintrag der Domain aufrecht zu erhalten, der allerdings gemäß den §§ 857 Abs. 1, 851 ZPO unpfändbar ist; doch gestatte § 6 Abs. 2 der DENIC-Registrierungsrichtlinien eine Übertragung der Domain auf einen einzutragenden Dritten, auf die wiederum § 851 ZPO nicht anwendbar sei.

10 *Kleespies*, GRUR 2002, 764, 771, der die Pfändung der gesamten Vertragsstellung als vorteilhafter ansieht, da der Domain-Inhaber dann nach erfolgter Pfändung nicht mehr mittels Kündigung des Domain-Vertrages die Domain der Verwertung entziehen kann, wie es bei Pfändung nur des isolierten Registrierungsanspruches möglich wäre (zur Unterscheidung bereits *Hanloser*, CR 2001, 456f). *Welzel* (MMR 2001, 131, 137) weist allerdings darauf hin, dass mit Zustellung des Pfändungsbeschlusses die Verstrickung eintritt, die zu einem schuldnerseitig wirkenden Verfügungsverbot i.S.v. § 135 BGB führt, das nicht nur eine Domain-Übertragung, sondern auch eine Kündigung des Registrierungsvertrages ausschließe, während hingegen die Fortsetzung der Nutzung möglich bleibe (weswegen DENIC auch keine Dekonnektierung durchführt, *Welzel*, MMR 2001, 131 137).

11 LG München I, Urt.v. 28.6.2000 – 20 T 2446/00, JurPC Web-Dok. 165/2000.

Unpfändbar sind allerdings Rechte an Domain-Bezeichnungen, wenn diese mit Namen oder mit (nur mit dem Geschäft selbst übertragbaren) Geschäfts- bzw. Firmenbezeichnungen identisch sind[1]. Die Pfändung kann im Einzelfall unzulässig sein, wenn die Übertragung der Domain z.B. das **Namensrecht** des Vollstreckungsschuldners verletzen würde, weil etwa der Erwerber nicht den in der Domain genannten Namen trägt[2].

Die Nutzungsrechte an der Domain gehen nicht schon mit der Pfändung auf den Gläubiger über; möglich ist aber **Überweisung zur Einziehung** oder an Zahlungs statt[3].

Möglich ist die Verwertung im Wege der **Versteigerung** durch den Gerichtsvollzieher[4]; hier ist jedoch die Zuschlagserteilung von der Zustimmung der DENIC eG abhängig[5]. Bejaht wurde auch die Pfändbarkeit des Konnektierungsanspruches (als anderes Vermögensrecht i.S.v. § 857 Abs. 3 ZPO)[6], wobei aber die Ausübung dem Erwerber übertragen werden muss[7]. Nutzungsrechte dürfen (über § 857 ZPO) nur solange gepfändet werden, bis der Anspruch des Vollstreckungsgläubigers gedeckt ist[8]. Die jeweils bestehende Priorität der Domain bleibt bei der Pfändung unberührt[9].

Grundsätzlich muss DENIC nach § 6 Abs. 2 der Registrierungsbedingungen der vertraglichen Übertragung einer Domain **zustimmen**. Diese Zustimmung muss diesen Bedingungen zufolge jedoch nicht als ausdrückliche erfolgen. Als konkludente Genehmigung wurde das Eintragen des Domain-Erwerbers in den Primary Nameserver und die damit verbundene Umkonnektierung angesehen[10]. Es besteht aber kein Anspruch auf Erteilung einer solchen Zustimmung, wenn dieser nicht besonders vereinbart wurde. DENIC könnte deshalb die Erteilung der Zustimmung verweigern[11], wenn der Vertragspartner im Wege der Vollstreckung wechselt (vom Vollstreckungsschuldner zum -gläubiger). Hier wurde eine Verpflichtung von DENIC aus § 6 Abs. 2 DENIC-Registrierungsrichtlinien abgeleitet, bei Einhalten der erforderlichen Formalitäten Domains auf einem vom Domain-Inhaber benannten Dritten zu übertragen[12]. Vorauszusetzen ist freilich weiter, dass der Dritte den Inhalt des übernommenen Vertrages und der zugrundeliegenden Registrierungsbedingungen akzeptiert. Nur in diesem Rahmen ist eine Domain-Übertragung möglich. Diese

1 *Stickelbrock*, Die Zwangsvollstreckung in Domains, in: *Hohl/Leible/Sosnitza*, Domains, Frames und Links, 2002, 49, 60, die Pfändbarkeit aber dennoch nicht generell ausschließend.

2 *Welzel*, MMR 2001, 131, 135 für den Fall des Schutzes eines berühmten Kennzeichens.

3 *Lwowski/Dahm*, WM 2001, 1135, 1143.

4 *Welzel*, MMR 2001, 131.

5 AG Bad Berleburg, Beschl. v. 16.5.2001 – 6 M 576/00, CR 2003, 224 = JurPC Web-Dok. 79/2002.

6 AG Langenfeld, Urt.v.21.12.2000 – 12 M 2316/00, CR 2001, 477 = JurPC Web-Dok.156/2001 (mit Angabe Az 14 M 2416/00); AG Bad Berleburg, Beschl. v. 16.5.2001 – 6 M 576/00, CR 2003, 224 = JurPC Web-Dok. 79/2002.

7 AG Bad Berleburg, Beschl. v. 16.5.2001, a.a.O.

8 LG Düsseldorf, Beschl.v. 16.3.2001 – 25 T 59/01, JurPC-Web-Dok. 157/2001.

9 *Hartmann/Kloos*, CR 2001, 469, Anm. zu LG Düsseldorf, Beschl. v. 16.3.2001.

10 *Kleespies*, GRUR 2002, 764, 770.

11 wie dies in einer früheren Fassung der Registrierungsbedingungen der Fall war (worauf sich *Hanloser*, CR 2001, 456f noch bezieht).

12 *Kleespies*, GRUR 2002, 764, 770 sieht hier eine vertragliche Selbstverpflichtung von DENIC gegenüber jedem Domain-Inhaber, einer vom Domain-Inhaber gewünschten Vertragsübernahme zuzustimmen (unter Verweis auf die freilich allgemeine Entscheidung des BGH NJW 1967, 821). Soll der Dritte freilich einen Anspruch eingeräumt erhalten, muss die Selbstverpflichtung als Vertrag zugunsten Dritter ausgestaltet sein. Dieser setzt freilich voraus, dass der Dritte im Zeitpunkt des Abschlusses dieses Vertrages zumindest bestimmbar ist (RGZ 106, 126). Hierzu kann es ausreichen, den Kreis auf diejenigen zu beschränken, die aus einem Vollstreckungstitel Rechte geltend machen können.

Zustimmung kann weder selbst noch im Registrierungsvertrag zwischen DENIC und Domain-Inhaber noch in der Vollstreckung fingiert werden, sondern ist vom Dritten zusätzlich zu erklären. Diese Erklärung wird konkludent durch Ausfüllen der Anmeldeformulare durch den Dritten zu sehen sein[1]. Der Pfändungs- und Überweisungsbeschluss als solcher führt damit noch nicht zu einer Übertragung der Domain, weshalb auch (anders als bei Geldforderungen) eine gerichtliche Anordnung der Überweisung der Domain zur Einziehung an den Gläubiger nicht möglich ist[2], da hierfür eine aktive Weiternutzung durch den Gläubiger erforderlich ist. Der Beschluss kann schließlich scheitern, wenn es dem Dritten nicht gelingt, seinerseits die für die Registrierung erforderlichen technischen Voraussetzungen zu erfüllen (Anschluss Serverrechner, etc.).

DENIC hat die Stellung einer **Drittschuldnerin**, die nach § 840 ZPO zu informieren ist[3]. Mangels Durchführbarkeit nicht sinnvoll sind allerdings Aufforderungen, nicht mehr an den Schuldner zu leisten, bzw. gar, die Konnektierung nicht (weiter) zu halten[4], da dies naturgemäß einer Löschung gleichkäme. Hingegen bleibt die Verpflichtung von DENIC zum Aufrechterhalten der Konnektierung von der Pfändung unberührt[5].

Soweit Pfändung zulässig ist, tritt mit Zustellung des Pfändungsbeschlusses **Verstrickung** (d.h. öffentlich-rechtliche Beschlagnahme) ein und erwirbt der Gläubiger ein Pfändungspfandrecht, während der Schuldner über die Domain nicht mehr verfügen und sie auch nicht aufgeben, wohl aber weiter **nutzen** darf[6].

Als sinnvollste **Verwertungsart** wurde die Versteigerung oder Veräußerung angesehen (§ 816ff, 825 ZPO).

---

1 *Kleespies*, GRUR 2002, 764, 770.

2 *Welzel*, MMR 2001, 131, 137.

3 *Welzel*, MMR 2001, 131, 137, der (unter Fn. 96) diese Drittschuldnerstellung der DENIC aber als „unsinnig" ansieht, da ohnehin keine Zahlungsansprüche *gegen* die DENIC bestehen.

4 *Welzel*, MMR 2001, 131, 136 unter Verweis auf die entsprechende Formulierung in AG Langenfeld, Beschl.v. 18.9.2000 – 14 M 2416 (unveröff., zit. nach *Welzel*, a.a.O.).

5 *Stickelbrock*, Die Zwangsvollstreckung in Domains, in: *Hohl/Leible/Sosnitza*, Domains, Frames und Links, 2002, 49, 63

6 *Welzel*, MMR 2001, 131, 137.

§ 16 Das Recht der Dienste der Informationsgesellschaft

1. Begriffsabgrenzungen: Tele- und Mediendienste, Verteil- und Abrufdienste

a) Diensteanbieter

Der Begriff „Diensteanbieter“ im Teledienstegesetz (TDG)[1] bzw. „Anbieter“ im Mediendienstestaatsvertrag (MDStV) wird in der Internetpraxis allenfalls eingeschränkt verwendet, die vielmehr zwischen Content Provider, Host-Providing und Access Providing unterscheidet. Diese Begriffe sind deshalb zu den vorgenannten Rechtsbegriffen in Bezug zu setzen, aber auch zu den haftungsspezifischen Begriffen etwa der „Durchleitung“ oder „Zwischenspeicherung“. „**Diensteanbieter**“ ist gemäß § 3 S. 1 Nr. 1 **TDG** „jede natürliche oder juristische Person, die eigene oder fremde Teledienste zur Nutzung bereithält oder den Zugang zur Nutzung vermittelt“. Die inhaltsgleiche Definition verwendet § 3 Nr. 1 MDStV in Bezug auf „Mediendienste“.

Zugrunde liegt die allgemeinere Definition des „Diensteanbieters“ in Art. 2 lit. a **ECRL**[2] als „jede natürliche oder juristische Person, die einen Dienst der Informationsgesellschaft anbietet“. Die ECRL definiert den Begriff des „Dienstes der Informationsgesellschaft“ nicht näher, sondern verweist in Art. 2 a ECRL nur auf Art. 1 Nr. 2 der Richtlinie 98/34/EG[3] in der Fassung der Richtlinie 98/48/EG[4]. Erwägungsgrund 17 S. 2 der ECRL erläutert hierzu, dass die Definition der ECRL alle Dienstleistungen erfasst, „die in der Regel gegen Entgelt im Fernabsatz mittels Geräten für die elektronische Verarbeitung (einschließlich digitaler Kompression) und Speicherung von Daten auf individuellen Abruf eines Empfängers erbracht werden.“ Vertreten wird, dass ein Anbieter, um Diensteanbieter im Sinne der Richtlinie zu sein, niedergelassen sein und auf unbestimmte Zeit eine wirtschaftliche Tätigkeit ausüben muss, weshalb alle nichtkommerziellen Anbieter ausgeschlossen seien[5], nach dieser Auffassung damit wohl auch alle privaten Homepage-Anbieter.

Die ECRL ist selbst als Teil eines in einer **Rahmenrichtlinie** geregelten[6]

---

1 Das TDG ist Teil des IuKDG. Das IuKDG wird vom Gesetzgeber auf eine „einheitliche Kompetenz des Bundes für Multimedia“ gegründet (*Engel-Flechsig*, ZUM 1997, 231, 232), nämlich auf

- Art. 74 Abs. 1 Nr. 11 GG (Recht der Wirtschaft) für die Zugangsfreiheit, den Verbraucherschutz, den Datenschutz und die Datensicherung,
- Art. 73 Nr. 9 GG für den gewerblichen Rechtsschutz und das Urheberrecht,
- Art. 74 Abs. 1 Nr. 1 GG für das Strafrecht und
- Art. 74 Abs. 1 Nr. 7 GG für den Jugendschutz.

Auch Anbieter von Telediensten können grundsätzlich eigene Inhalte anbieten, freilich nur (schwerpunktmäßig) im Wege der Individualkommunikation.

2 Richtlinie 2000/31/EG des Europäischen Parlaments und des Rates über bestimmte rechtliche Aspekte der Dienste der Informationsgesellschaft, insbesondere des elektronischen Geschäftsverkehrs, im Binnenmarkt („Richtlinie über den elektronischen Geschäftsverkehr“ oder auch „E-Commerce-Richtlinie“, ECRL),v. 8.6.2000, ABl EG 2000 Nr. L 178, 1.

3 ABl EG Nr. L 204 v. 21.7.1998, 37. Art. 2 a der Richtlinie 98/34/EG definiert als „Dienst“ („Service“) jeden Dienst der Informationsgesellschaft, der üblicherweise gegen Entgelt, sowie mit elektronischen Mitteln und auf individuellen Abruf auf Entfernung (d.h. ohne gleichzeitige Anwesenheit von Anbieter und Nutzer) erbracht wird. Zugleich werden Rundfunk- und Fernsehdienste ausgeschlossen.

4 ABl EG L 217 v. 5.8.1998, 1

5 Gounalakis/*Spindler*, Rechtshandbuch Electronic Business, § 9 Rdn. 9 m.w.N.

6 Richtlinie 2002/21/EG des Europäischen Parlaments und des Rates v. 7.3.2002 über einen gemeinsamen Rechtsrahmen für elektronische Kommunikationsnetze und -dienste (Rahmenrichtlinie), ABl. EG 2002 Nr. L 108, 33 (nachfolgend: RahmenRL).

gemeinsamen Rechtsrahmens für elektronische Kommunikationsnetze[1] und -dienste[2] zu sehen. Die **Genehmigungsrichtlinie**[3] regelt die Verfahren zur Genehmigung elektronischer Kommunikationsnetze und -dienste, die aufgrund Art. 3 Abs. 2 im deutschen TKG den Übergang von der Genehmigung zur bloßen Meldung ohne vorherige behördliche Entscheidung begründet hat. Die **Zugangsrichtlinie**[4] regelt den Zugang zu Netzen, die zur Bereitstellung öffentlich zugänglicher Kommunikationsdienste genutzt werden, sowie Zusammenschaltvereinbarungen[5] zwischen Diensteanbietern, somit auch etwa auf **Peering**-Vereinbarungen (s. S. 66). Schließlich regelt die **Universaldienstrichtlinie**[6] die Bereitstellung eines festgelegten Mindestangebots an Diensten für alle Endnutzer zu eine erschwinglichen Preis. Ergänzend sind die Leitlinien[7] zur Marktanalyse und Ermittlung beträchtlicher Marktmacht zu beachten.

„Dienste der Informationsgesellschaft" im Sinne der ECRL spalten sich im deutschen Recht in Tele- und Mediendienste auf[8]. Beide Dienste sind zulassungsfrei. Nicht erfasst werden Punkt-zu-Mehrpunkt-Übertragungen wie Video-Abruf oder Teletext[9]. Regelun-gen des Internationalen Privatrechts und der Gerichtszuständigkeit

---

1 Als „elektronisches Kommunikationsnetz" definiert Art. 2 lit. a RahmenRL „Übertragungssysteme und gegebenfalls Vermittlungs- und Leitwegeinrichtungen sowie anderweitige Ressourcen, die die Übertragung von Signalen über Kabel, Funk, optische oder andere elektromagnetische Einrichtungen ermöglichen, einschließlich Satellitennetze, feste (leistungs- und paketvermittelte, einschließlich *Internet*) und mobile terrestrische Netze, Stromleitungssysteme, soweit sie zur Signalübertragung genutzt werden, Netze für Hör- und Fernsehfunk sowie Kabelfernsehen, unabhängig von der Art der übertragenen Informationen" (Hervorh. durch Verf.).

2 Als „elektronische Kommunikationsdienste" definiert Art. 2 lit. b RahmenRL „gewöhnlich gegen Entgelt erbrachte Dienste, die ganz oder überwiegend in der Übertragung von Signalen über elektronische Kommunikationsnetze bestehen, einschließlich Telekommunikations- und Übertragungsdienste in Rundfunknetzen, jedoch ausgenommen Dienste, die *Inhalte* über elektronische Kommunikationsnetze und -dienste anbieten oder eine redaktionelle Kontrolle über sie ausüben; nicht dazu gehören Dienste der Informationsgesellschaft im Sinne von Artikel 1 der Richtlinie 98/34/EG, die nicht ganz oder überwiegend in der Übertragung von Signalen über elektronische Kommunikationsnetze bestehen" (Hervorh. durch Verf.).

3 Richtlinie 2002/20/EG des Europäischen Parlaments und des Rates v. 7.3.2002 über die Genehmigung elektronischer Kommunikationsnetze und – dienste (Genehmigungsrichtlinie), ABl EG 2002 Nr. L 108, 21.

4 Richtlinie 2002/19/EG des Europäischen Parlaments und des Rates v. 7.3.2002 über den Zugang zu elektronischen Kommunikationsnetzen und zugehörigen Einrichtungen sowie deren Zusammenschaltung (Zugangsrichtlinie), ABl EG 2002 Nr. L. 108, 7.

5 Die Zugangsrichtlinie definiert „Zusammenschaltung" in Art. 2 S. 2 lit. b als „die physische und logische Verbindung öffentlicher Kommunikationsnetze, die von demselben oder einem anderen Unternehmen genutzt werden, um Nutzern eines Unternehmens die Kommunikation mit Nutzern desselben oder eines anderen Unternehmens oder den Zugang zu den von einem anderen Unternehmen angebotenen Diensten zu ermöglichen. Dienste können von den beteiligten Partein erbracht werden oder von anderen Parteien, die Zugang zum Netz haben. Zusammenschaltung ist ein Sonderfall des Zugangs und wird zwischen Betreibern öffentlicher Netze hergestellt".

6 Richtlinie 2002/22/EG des Europäischen Parlaments und des Rates v. 7.3.2002 über den Universaldienst und Nutzerrechte bei elektronischen Kommunikationsnetzen und -diensten (Universaldienstrichtlinie), ABl EG 2002 Nr. L 108, 51.

7 Leitlinien der Kommission zur Marktanalyse und Ermittlung beträchtlicher Marktmacht nach dem gemeinsamen Rechtsrahmen für elektronische Kommunikationsnetze und -dienste, 2002/C 165/03, ABl EG 2002 Nr. C 165, 6.

8 Erläuternde Hinweise zum Arbeitspapier „Entwurf eines Gesetzes über rechtliche Rahmenbedingungen für den elektronischen Geschäftsverkehr – EGG", 7.

9 Erläuternde Hinweise, a.a.O., 9.

sollen unberührt bleiben[1]. Unter „kommerziellen Kommunikationen" sind sämtliche Formen der Werbung zu verstehen; sie decken sich begrifflich mit dem Merkmal des § 1 UWG a.F. (bzw. § 3 UWF 2004) „Handeln im geschäftlichen Verkehr und zu Zwecken des Wettbewerbes"[2]. Mit der Umsetzung von Art. 3 Abs. 1 ECRL in § 4 Abs. 1 TDG n.F. unterliegt ein in Deutschland niedergelassener Diensteanbieter im koordinierten Bereich auch für die Teledienste den innerstaatlichen Rechtsvorschriften und der Aufsicht, die er in einem anderen Mitgliedsstaat anbietet oder erbringt[3]. Unberührt bleibt aber die Freiheit der Rechtswahl für Vertragsparteien (§ 4 Abs. 3 Nr. 1 TDG), bei Verbraucherverträgen aber nur, soweit das ausländische Recht den Verbraucher nicht schlechter stellt als sein nationales Recht.

Rundfunk und Telekommunikation gelten nicht als Dienst im genannten Sinne[4], ebenso nicht reine Punkt-zu-Punkt-Kommunikation wie E-Mail zwischen zwei Nutzern.

Die ECRL beschränkt ihren Regelungsbereich allein auf **Abruf**dienste und nimmt Verteildienste ausdrücklich aus (Art. 2 a ECRL i.V.m Art. 1 Nr. 2 Transparenzrichtlinie 98/34/EG in der Fassung der Richtlinie 98/48/EG), während das Teledienstegesetz (über die ECRL hinaus) auch Verteildienste umfasst (§ 3 Nr. 3 TDG).

Die ECRL kennt **keine Unterscheidung zwischen Tele- und Mediensten**, sondern nur einheitlich „Dienste der Informationsgesellschaft" (Art. 2 lit a ECRL). Dies führt zu einem EG- und kollisionsrechtlichen **Problem**: Nimmt man Art. 3 Abs. 2 ECRL hinzu, ergibt sich, dass ein Diensteanbieter aus einem anderen Mitgliedsstaat nur die in seinem Niederlassungsstaat geltenden Anforderungen erfüllen muss. Sehen diese keine besonderen Anforderungen an „Mediendienste" vor, so folgen auch ihre nach Deutschland ausgerichteten Angebote dem Recht ihres Herkunftsland für Dienste der Informationsgesellschaften. Stellen diese Angebote nach deutschem Recht „Mediendienste" dar, nach ihrem Niederlassungsrecht jedoch nicht, dürfen an diese Diensteanbieter deshalb nicht solche Anforderungen gestellt werden, die mediendienstespezifische Besonderheiten aufweisen, so etwa die Bestellung von Jugendschutzbeauftragten (§ 12 MDStV und JMStV) oder die Verpflichtung zur Aufnahme von Gegendarstellungen (§ 14 MDStV). Über Art. 3 Abs. 4 lit a i) und ii) ECRL erlaubt den Mitgliedsstaaten zwar jugendschutzbezogene Maßnahmen, aber nicht pauschal für alle Mediendienste, sondern nur im Bezug auf einen **bestimmten** Dienst eines Anbieters, der ein Schutzziel beschränkt. Zweifelhaft erscheint, ob es mit der ECRL vereinbar ist, einen EG-ausländischen Anbieter, der mit seinem vielgestaltigen Website-Angebot teils als Tele- und teils als Mediendienst eingestuft wird, bezüglich derselben Website an unterschiedliche Aufsichtsbehörden zu verweisen, ohne dass eine unzulässige Einschränkung der Dienstleistungsfreiheit im Sinne der Art. 49, 50 EGV vorläge.

Nach Art. 2 S. 1 lit. c ECRL, umgesetzt in § 3 Nr. 6 TDG, wird klargestellt, dass für die **Niederlassung** des Diensteanbieters auf den Ort abgestellt wird, an dem mittels einer festen Einrichtung auf unbestimmte Zeit eine Wirtschaftstätigkeit tatsächlich ausgeübt wird, so dass also etwa nicht auf den (frei wähl- und veränderbaren) Standort von Servern abzustellen ist[5].

Ob **Content Provider** Dienste anbieten, muss für jeden Einzelfall geprüft werden.

---

1 Erläuternde Hinweise, a.a.O., 7.

2 Erläuternde Hinweise, a.a.O., 10.

3 Erläuternde Hinweise, a.a.O., 13.

4 *Tettenborn/Bender/Lübben/Karenfort*, K&R Beilage 1 zu Heft 12/2001, 6 unter Hinweis auf den Bezug auf Richtlinie 98/48/EG in der ECRL.

5 *Tettenborn/Bender/Lübben/Karenfort*, K&R Beilage 1 zu Heft 12/2001, 6.

Als „Content Provider“ werden nämlich in der Praxis auch reine Informationszulieferer[1] bezeichnet, die ihre Informationen auf Datenträger (teilweise über Dritte vermittelt, sog. Content Syndication) einem Diensteanbieter zur Verfügung stellen, ohne selbst einen Dienst zu betreiben oder über beauftragte Provider betreiben lassen[2]. Wer aber nur bestimmte Inhalte offline zuliefert, ist kein Diensteanbieter[3].

Der private Betreiber einer **Homepage** (also in der Praxis der Regelfall des Nutzers) wird dann als Diensteanbieter eingestuft und stellt ein Angebot auf dieser einen „Dienst der Informationsgesellschaft“ dar, wenn das Angebot unentgeltlich, aber nachhaltig, d.h. auf Dauer angelegt, erfolgt, also nicht, wenn es nur kurzzeitig erfolgt. Bei Nachhaltigkeit der Angebote ist der Inhaber einer eigenen **Homepage** als Diensteanbieter im Sinne von § 3 S. 1 Nr. 1 TDG einzustufen[4] und den **Verantwortlichkeitsregelungen** der §§ 8 – 11 TDG zu unterwerfen[5].

Der Betreiber einer privaten Homepage betreibt allerdings nicht selbst einen eigenen elektronischen Dienst „mittels Telekommunikation“ im Sinne der §§ 1 und 2 Abs. 1 TDG und vermittelt auch nicht selbst einen Zugang zum Internet. Jedoch gilt ein Nutzer auch dann als Diensteanbieter, wenn er entsprechende Dienste Dritter (also: fremde Dienste i.S.v. § 3 Nr. 1 TDG, die durch Provider als Erfüllungsgehilfen erbracht werden) nutzt und selbst die Inhalte der Homepage selbst frei gestaltet. Vereinzelt wurden Homepage-Betreiber aber dann nicht als Diensteanbieter eingestuft, wenn sie ihre Webseite nicht auf einem eigenen Rechner bereithalten, sondern Webspace von einem Hostprovider anmieten[6].

Ist die Homepage des Nutzers hingegen Teil des Diensteangebotes eines Internet-Service-Providers oder Online-Dienstes (und als solche i.d.R. auch kenntlich gemacht) und von diesem (als fremder Inhalt) technisch verwaltet, so wird der Homepage-Betreiber als „Nutzer“ im Sinne von § 3 S. 1 Nr. 2 TDG / Art. 2 d ECRL einzustufen sein, der den entsprechenden Dienst des Anbieters nur in Anspruch nimmt, um Informationen zugänglich zu machen. Dies gilt etwa für Informationen, die in eine von

---

1 *Ernst*, Vertragsgestaltung im Internet, Rdn.2 spricht von „Lieferanten von Inhalten“, womit das Abgrenzungsproblem möglicherweise aber nur verschoben wird, da unter diesem Begriff auch reine Transportdienstleister verstanden werde können (z.B. UPS).

2 Abweichend wohl Hoeren/Sieber/*Spindler*, Handbuch Multimedia-Recht, Teil 29, Rdn.76, aber wohl unterstellend, dass der Zulieferer selbst einen Dienst betreibt.

3 Gounalakis/*Escher-Weingart*, Rechtshandbuch Electronic Business, § 34 Rdn. 20

4 So etwa das OLG Braunschweig, Urt.v. 19.7.2001 – 2 U 141/00, MMR 2001, 608 o.Begr. (aber mit Hinweis auf *OLG München* CR 2000, 541, 542); ähnlich Engel-Flechsig/Maennel/*Tettenborn*, Beck'scher IuKDG-Kommentar, TDG § 2 Rdn. 53

5 *Hoffmann*, MMR 2002, 284.

6 Kröger/Gimmy/*Moos*, Handbuch, 284; allgemein *Koch*, CR 1997, 193, 195. Abweichend wohl Hoeren/Sieber/*Spindler*, Handbuch Multimedia-Recht, Teil 29, Rdn. 75, nach dem es für die Annahme eines „Bereithaltens“ nicht erforderlich sei, dass der Betreiber der Homepage eigene Server oder Speicherkapazität vorhält, sondern es ausreiche, dass überhaupt Speicherkapazität vorhanden sei, in deren Rahmen Dienste zur Abfrage durch Nutzer bereitgehalten werden können und über die der Anbieter bestimmen kann, was etwa beim Einrichten eines Diskussionsforums möglich sei. Hier zeigt sich aber die Abgrenzungsproblematik deutlich. Liefert der Nutzer nur einen Beitrag online zu einem solchen Forum, betreibt er keinen Dienst, da er nicht über das Forum selbst bestimmen kann; er kann nur (soweit technisch möglich) den Beitrag wieder löschen oder auf dessen Übermittlung von vornherein verzichten. Der bloße Beitrag konstituiert also noch keinen Dienst. Strukturell Gleiches gilt, wenn der Nutzer in einem Online-Dienst seine schematisch vorgegebene Homepage verwaltet. Er kann auch hier nur über seinen beigesteuerten Anteil, also die Homepage bestimmen, nicht über den Online-Dienst. Der Online-Dienst liefert mit der durch diesen technisch vordefinierten Homepage eine Art „Online-Schaufenster“, in dem der Nutzer ähnlich wie in einer Diskussionsgruppe oder in einem Online-Chat im vorgegebenen Format Inhalte mitteilen kann.

Dritten geführte Mailing-Liste oder ähnlich zugängliche „*Wikis*" eingetragen werden. Ähnliches gilt wohl für sonstige vergleichbare Eintragungen in Meinungsforen bzw. Bewertungsspalten von Auktionsanbietern oder Buchversendern. Hier erfolgt ein Zugänglichmachen von Informationen durch einen Nutzer im Sinne von § 3 S. 1 Nr. 2 TDG, das nicht mit dem Bereithalten des Teledienstes gleichgesetzt werden kann (soll der Unterschied zwischen „Diensteanbieter" und „Nutzer" nicht aufgehoben werden).

Zweifelhaft erscheint, ob zur Abgrenzung eine Bezugnahme auf die Bestimmung des § 3 Nr. 10 TKG (§ 3 Nr. 5 TKG a.F.) ausreichend ist, nach der jedes **nachhaltige Angebot** von Telekommunikation ein „geschäftsmäßiges Erbringen von Telekommunikationsdiensten" darstellt. Hieraus wurde, wie ausgeführt, zumindest implizit abgeleitet, dass der Betreiber einer Homepage ebenfalls Diensteanbieter im Sinne von § 3 S. 1 Nr. 1 TDG darstellt[1], da bzw. soweit er die Homepage dauerhaft präsentiert. Allerdings kann eine Regelung im TKG nicht zur Auslegung des TDG herangezogen werden. Das TDG selbst enthält den Bezug auf eine Nachhaltigkeit des Angebotes (den auch die ECRL nicht enthält) nicht. Außerdem setzt das TDG insoweit nur die ECRL um und erfordert deshalb eine autonome, richtlinienkonforme Auslegung, die also nicht im Kontext des sonstigen deutschen Rechts erfolgen kann, weshalb der Begriff der Nachhaltigkeit hier nicht herangezogen werden kann. Andererseits umfasst § 2 Abs. 3 TDG auch unentgeltlich nutzbare Teledienste (gleich, ob sie nachhaltig angeboten werden oder nicht). Schließlich erscheint es zumindest widersprüchlich, dass auch ein nichtwirtschaftlicher Verein im Sinne von § 21 BGB beim Betreiben einer Homepage nachhaltig und damit „geschäftsmäßig" handeln soll, ebenso ein „Verbraucher" im Sinne von § 13 BGB durch Betreiben seiner Homepage.

Die allgemeinen **Informationspflichten** des § 6 S. 1 TDG (s. näher S. 246) sind andererseits nur Diensteanbietern **geschäftsmäßiger** Teledienste auferlegt. Legt man nun allerdings jedes nachhaltige (d.h. auf zeitliche Dauer angelegte) Anbieten im Sinne von § 3 Nr. 10 TKG als geschäftsmäßiges Anbieten aus, wäre jeder private Homepage-Betreiber zur Anbieterkennzeichnung verpflichtet, der seine Webseiten länger als kurze Zeit im Web präsent hält. Auch hier ist aber eine autonome Auslegung des Begriffes der „Geschäftsmäßigkeit" von der ECRL her erforderlich und muss damit der Rückgriff auf das TKG ausscheiden. Jedoch setzt die ECRL ihrerseits für die Kennzeichnungspflicht keine Geschäftsmäßigkeit voraus. Während Art. 2 ECRL zwischen „Diensteanbietern" (Buchst. b)) und „niedergelassenen Diensteanbietern" (Buchst. c)) unterscheidet und nur für letztere die tatsächliche Ausübung einer Wirtschaftstätigkeit mittels einer festen Einrichtung verlangt (und hierbei mehr verlangt als nachhaltige, aber unentgeltliche Angebote), und für erstere keine Entgeltlichkeit voraussetzt, verpflichtet Art. 5 ECRL nur niedergelassene Diensteanbieter (arg. e Art. 5 Abs. 1 Buchst. b ECRL, wonach die **Niederlassungs**anschrift anzugeben ist) zur Kennzeichnung. Gemeinschaftsrechtskonforme Auslegung von § 6 TDG erfordert deshalb, nur solche Website-Betreiber zur Kennzeichnung zu verpflichten, die ihre Webseiten nicht nur dauerhaft, sondern diese auch für ihre wirtschaftliche Tätigkeit als feste Einrichtung nutzen.

Betreiber von **Weblogs** (Blogs) sind (unter den Bedingungen wie Homepage-Betreiber) Anbieter von Telediensten, wobei je nach Blog-Gestaltung auch eine Einstufung als Mediendienst (etwa als Abrufdienst, § 2 Abs. 2 Nr. 4 MDStV) in Betracht kommen kann. Der Nutzer wird hier bereits dadurch zum Betreiber, dass er die jeweilige spezielle Weblog-Software installiert und ein Angebot erstellt, etwa ein

---

[1] In diesem Sinne wohl Gounalakis/*Spindler*, Rechtshandbuch Electronic Business, § 9, Rdn. 13; für Beschränkung auf selbständige, erwerbswirtschaftliche Tätigkeit hingegen MünchKomm/*Wendehorst*, § 312 e Rdn. 16.

Tagebuch (Diary). Wer aber nur Eintragungen in fremde Blogs (soweit technisch möglich) vornimmt, z.B. Kommentierungen, wird allein hierdurch nicht selbst zum Anbieter des Blogs. Betreiber von **Routerrechnern** wurden zutreffend nicht als Anbieter von Tele- oder gar Mediendiensten eingeordnet, da sie keinerlei Inhalte anbieten[1], sondern nur vorformatierte Datenpakete weiterleiten.

Der Begriff des „**Internet**" ist kein rechtlich, sondern ein technisch definierter[2]. Gleiches gilt für die technischen Dienste im Internet File Transfer Protocol, World Wide Web oder E-Mail.

b) Nutzer

„Nutzer" ist nach § 3 S. 1 Nr. 2 TDG (in Umsetzung von Art. 2 lit. d ECRL) „jede natürliche oder juristische Person, die zu beruflichen oder sonstigen Zwecken Teledienste in Anspruch nimmt, ins, um Informationen zu erlangen oder zugänglich zu machen". Zu beachten ist, dass der Begriff des „Nutzers" nicht mit dem des „Verbrauchers" identisch ist (der in der Fernabsatz-RL 97/7/EG definiert wurde).

c) Teledienste

„Teledienste" sind nach dem Teledienstegesetz (TDG)[3] „alle elektronischen Informations- und Kommunikationsdienste, die für eine individuelle Nutzung von kombinierbaren Daten wie Zeichen, Bilder oder Tönen bestimmt sind und denen eine Übermittlung mittels Telekommunikation zugrunde liegt" (§ 2 Abs. 1 TDG). Als „Teledienste" definiert **§ 2 Abs. 2 TDG** insbesondere[4] :

- **Angebote im Bereich der Individualkommunikation** wie z.B. Telebanking[5], E-Mail und Fernwirkungsdienste[6], Datenaustausch (§ 2 Abs. 2 Nr. 1 TDG), aber auch Diskussionsforen, Newsgroups und Chatrooms[7]. Datenaustausch erfolgt etwa auch bei **Internet-Print-Diensten** zur Erstellung von Papierbildern aus digitalen

---

1 Hoeren/Sieber/*Spindler*, Handbuch Multimedia-Recht, Teil 29, Rdn. 77; *Koch*, CR 1997, 193, 199; *Spindler*/Schmitz/Geis, TDG-Komm. § 2 Rdn. 31; a.A. *Sieber*, CR 1997, 581, 583.

2 Der Federal Network Council (FNC) hat am 24.10.1995 in einer einstimmigen Resolution eine **Definition** dieses Begriffes festgelegt (FNC-Resolution 24.10.1995, www.fnc.gov/Internet_res.html):
„ 'Internet' refers to the global system that -
(i) is logically linked together by a globally unique adddress space based on the Internet Protocol (IP) or ist subsequent extensions/follow-ons;
(ii) is able to support communications using the Transmision Control Protocol/ Internet Protocol (TCP/IP) suite or its subsequent extensions/follow-ons, and/or other IP-compatible protocols; and
(iii) provides, uses or makes accessible, either publicly or privately, high level services layered on the communications and related infrastructure described herein. "

3 Art.1 des Informations- und Kommunikationsdienstegesetzes (IuKDG) BGBl I, 1997, 1870.

4 Der Aufzählungskatalog in § 2 Abs. 2 TDG ist also nicht abschließend.

5 Engel-Flechsig/Maennel/*Tettenborn*, Beck'scher IuKDG-Kommentar, TDG § 2 Rdn. 63.

6 Engel-Flechsig/Maennel/*Tettenborn*, Beck'scher IuKDG-Kommentar, TDG § 2 Rdn. 67, 68

7 Engel-Flechsig/Maennel/*Tettenborn*, Beck'scher IuKDG-Kommentar, TDG § 2 Rdn. 69, der auch den einzelnen Beitrag als Teledienst einstuft. Insoweit wird aber der jeweilige Forenbetreiber (ähnlich einem Hosting-Provider) nur als Erfüllungsgehilfe des einzelnen Anbieters zu sehen sein, da das Gesetz einen gewisssermaßen „doppelstöckigen" Dienst nicht vorsieht. Ähnlich *Libertus*, TKMR 2003, 179, 183.

Vorlagen[1], wobei zwar die Datenübermittlung nur in Richtung Anbieter verläuft, aber doch auch Individualkommunikation darstellt (die nicht notwendig bidirektional sein muss), ebenso bei Anonymisierugsangeboten[2]. Angebote an die Allgemeinheit zum Herunterladen von **Software** sollen nicht erfasst sein[3], damit also auch nicht der Download von Peer-to-Peer-Software, wohl aber der **Download** von Musik- oder Filmdateien. Telearbeit soll erfasst werden, soweit die Nutzung unmittelbar interaktiv erfolgt[4]. Internet-**Telefonie** (auch „IP-Telefonie") kann, da (bzw. soweit) sie zwischenzeitlich durch rasche technische Entwicklung telefonietauglich ist[5], Telekommunikation im Sinne von § 3 Nr. 22 TKG und ein öffentlich zugänglicher Telefondienst sein (§ 3 Nr. 17 TKG) sein und der Meldepflicht nach § 6 TKG unterliegen[6]. Ausreichend ist, dass auf bzw. in dem IP-Telefoniesoftware installiert und in Benutzung genommen wird. Dies wird erst recht gelten, wenn diese Telefoniesoftware in standardmäßig mitausgelieferte Browser-Software integriert ist, da hier die Öffentlichkeit erreich-bar ist, nämlich alle anderen mit dem Netz verbundenen Nutzer und bei bestimmten Software-Varianten auch bereits alle Teilnehmer im Festnetz. Freilich werden hier die Grenzen zu Telediensten schon technisch bedingt durchlässig, wie Web-Angebote auf Mobiltelefonen zeigen. Hier ist kumulativ auch eine Einordnung des jeweiligen Angebotes als Teledienst anzunehmen, wobei freilich das (an die Allgemeinheit gerichtete) Versenden redaktionell bearbeiteter Nachrichten etwa von Nachrichtenmagazinen „auf's Handy" als Mediendienst zuzuordnen sein wird[7].

- **Angebote zur Information oder Kommunikation, soweit nicht die redaktionelle Gestaltung zur Meinungsbildung für die Allgemeinheit im Vordergrund steht**, wie z.B. Datendienste wie Verkehrs-, Wetter-, Umwelt- und Börsendaten sowie Telematik[8], Datenfernübertragungsdienste wie Datev oder Juris[9], Verbreitung von Informationen über Waren und Dienstleistungsangebote (§ 2 Abs. 2 Nr. 2 TDG).

---

1 *Meyer*, Licht statt Tinte, c't 17/2002, 142.

2 *Spindler*/Schmitz/Geis, TDG-Komm. § 2 Rdn. 34.

3 *Pankoke*, Von der Presse- zur Providerhaftung, 36.

4 Engel-Flechsig/Maennel/*Tettenborn*, Beck'scher IuKDG-Kommentar, TDG § 2 Rdn. 64. *Innerhalb* des Arbeitsverhältnisses wird aber i.d.R. kein Diensteangebot „an die Allgemeinheit" (i.S.v. § 2 Abs. 1 S. 1 TDG) vorliegen.

5 Dies lässt sich daran erkennen, dass etwa ab 2003 TK-Anlagen in Unternehmen zunehmend regulär als IP-Telefonieanlagen eingeführt werden. Anders noch (aber inzwischen technisch überholt) Engel-Flechsig/Maennel/*Tettenborn*, Beck'scher IuKDG-Kommentar, TDG § 2 Rdn. 70.und TDG § 4 Rdn. 29, der noch von spürbaren Zeitverzögerungen ausging. Gewisse kleine Zeitverzögerungen konnten freilich auch schon bei „klassischer" Telefonie etwa an die Westküste der USA auftreten, ohne das hieran das Echtzeitmerkmal scheitern musste. Tettenborn, a.a.O., weist freilich andererseits darauf hin, dass eine bewusst so eingerichtete Zeitverzögerung unbeachtlich ist, wenn sie nur dazu dienen soll, die Lizenzpflicht zu umgehen. Erforderlich ist grundsätzlich eine isochrone (zeitgleiche) Übertragung. Eine Verzögerung bei der Übertragung (*End-to-End-Delay*) darf nach einem ITU-T-Grenzwert nicht mehr als 150 ms betragen. Dies lässt sich durch Messung der Laufzeit von ICMP-Pings zumindest begrenzt feststellen (ausf. zu Messproblemen *Zäncker*, Die Wiederentdeckung der Qualität, Computerwoche 27/2002, 18).

6 In diesem Sinne im US-Recht bereits die New York Public Service Commission in einer Entscheidung vom 21.5.2004 (MMR 7/2004 MMR aktuell XIV).

7 Ähnlich für E-Mail-basierte Abo-Dienste Engel-Flechsig/Maennel/*Tettenborn*, Beck'scher IuKDG-Kommentar, TDG § 2 Rdn. 72.

8 Engel-Flechsig/Maennel/*Tettenborn*, Beck'scher IuKDG-Kommentar, TDG § 2 Rdn. 74.

9 Engel-Flechsig/Maennel/*Tettenborn*, Beck'scher IuKDG-Kommentar, TDG § 2 Rdn. 74.

Hierzu wurden auch Angebote zu Mailing-Lists, IRC, BBS und Newsgroups[1] gerechnet, da (bzw. soweit) sie auf individualkommunikativen Beiträgen einzelner beruhen[2], während moderierte Mailing-Lists und Newsgroups Mediendienste darstellen sollen, wenn ihre redaktionelle Gestaltung im Vordergrund steht[3]. Als „Datendienste" wurden (private) Homepages[4], Gopher-, Telnet- und File Transfer Protocol (FTP)-Angebote eingestuft[5], solange sie keine redaktionelle Gestaltung aufweisen, andernfalls sie Mediendienste darstellen[6].

- **Angebote zur Nutzung des Internet oder weiterer Netze** (§ 2 Abs. 2 Nr. 3 TDG). Unter solchen Angeboten zur Nutzung des Internet sollen nur Navigationshilfen und Suchmaschinen zu verstehen sein[7], nicht aber das Access Providing[8]. Diese Einschränkung vermag nicht zu überzeugen, da zwar § 9 Abs. 1 TDG die Vermittlung des Zugangs zu fremden Informationen in einem Kommunikationsnetz regelt, der dieser Bestimmung zugrundeliegende Art. 12 ECRL aber allgemeiner die Vermittlung des Zugangs zu einem Kommunikationsnetz als solche erfasst[9]. Richtlinienkonforme Auslegung erfordert also, mit § 9 TDG auch das bloße Vermitteln des Zuganges zu einem Netz zu erfassen. Teilweise werden auch Links, Suchmaschinen (als Linksammlungen) und Frames § 2 Abs. 2 Nr. 3 TDG zugeordnet, wobei diese Bestimmung aber derart ausgelegt wird, dass sie Angebote zur Verknüpfung mit fremden Inhalten (bzw. jetzt Informationen) umfasst[10].
- **Angebote zur Nutzung von Telespielen** (§ 2 Abs. 2 Nr. 4 TDG). Die Regelung soll interaktiv online nutzbare wie herunterzuladende und offline nutzbare Spiele umfassen[11]. Erfasst werden auch unmittelbar interaktiv und weltweit durchführbare Spiele.
- **Angebote von Waren und Dienstleistungen in elektronisch abrufbaren Datenbanken mit interaktivem Zugriff und unmittelbarer Bestellmöglichkeit** (§ 2 Abs. 2 Nr. 5 TDG, sog. „Teleshopping" in virtuellen Warenhäusern), etwa interaktiv blätterbare Verkaufskataloge[12] oder Buchungsdienste wie virtuelle Reisebüros oder Maklerdienste.

---

1 So das AG München, NJW 1998, 2836 = MMR 1998, 429; Roßnagel/*Spindler*, Recht der Multimedia-Dienste, Teil 2, § 2 TDG, Rdn. 73.

2 Kröger/Gimmy/*Moos*, Handbuch, 282.

3 Kröger/Gimmy/*Moos*, Handbuch, 283.

4 Engel-Flechsig/Maennel/*Tettenborn*, Beck'scher IuKDG-Kommentar, TDG § 2 Rdn. 74.

5 Roßnagel/*Spindler*, Recht der Multimedia-Dienste, Teil 2, § 2 TDG, Rdn. 83.

6 Kröger/Gimmy/*Moos*, Handbuch, 283 mit dem Hinweis, dass Homepages je nach Inhalt als Tele- oder Mediendienst einzustufen sind.

7 BT-Drucks. 13/7385, 19.

8 BT-Drucks. 13/7385, 19; *Spindler*/Schmitz/Geis, TDG-Komm. § 2 Rdn. 31; Kröger/Gimmy/*Moos*, Handbuch, 284 (der auch Links als solche Angebote einstuft; überwiegend werden Links aber nicht selbst als Angebot, sondern als Verweisung auf ein Angebot verstanden, während natürlich der erläuternde Begleittext ein solches Angebot und eine eigene Information darstellen kann); Roßnagel/*Spindler*, Recht der Multimedia-Dienste, Teil 2, § 2 TDG, Rdn. 85f.).

9 Engel-Flechsig/Maennel/*Tettenborn*, Beck'scher IuKDG-Kommentar, TDG § 2 Rdn. 77 bezieht deshalb ausdrücklich Access Provider mit ein.

10 *Pankoke*, Von der Presse- zur Providerhaftung, 37, Links als selbständigen Teledienst einordnend. Diese Auffassung kann aber zu einer regelungszweckwidrigen Zersplitterung von Angeboten führen (etwa bei Linklisten wie solchen in Suchmaschinen).

11 Kröger/Gimmy/*Moos*, Handbuch, 284.

12 Engel-Flechsig/Maennel/*Tettenborn*, Beck'scher IuKDG-Kommentar, TDG § 2 Rdn. 82.

Viele Websites enthalten unterschiedliche Angebote, die teilweise Tele-, teilweise Mediendienste darstellen. Stellt man wertend in einer Gesamtschau[1] auf das **Gesamtangebot** ab, kann dies zur Konsequenz haben, dass eine über Produkte informierende Unternehmens-Webpräsenz auch dann als Teledienst anzusehen ist, wenn über sie (auch) redaktionell bearbeitete Pressemitteilungen wie z.B. Laufbändern mit Nachrichtentickern abrufbar sind[2] und für solche Teilelemente wesentliche mediendiensterechtliche Verpflichtungen wie diejenige zur Gegendarstellung (§ 14 MDStV) und zur Kennzeichnung von Werbung (§ 13 Abs. 2 MDStV) entfallen würden. Andererseits ist wohl der Hinweis zutreffend, dass ein einzelnes Werbeangebot in einem elektronischen Presseangebot, also Mediendienst, isoliert als Teledienst im Sinne von § 2 Abs. 2 Nr. 2 TDG qualifiziert zu sein kann[3]. Erforderlich ist deshalb eine **differenzierende, einzelfallbezogene Prüfung**. So wird das erwähnte, in einem Presseangebot präsentierte Werbeangebot notwendig wie das Presseangebot an die Allgemeinheit gerichtet und deshalb letzterem zuzuordnen sein, wenn es in das Presseangebot integriert ist. Die Einstufung als Teledienst liegt eher bei sonstigen Webpräsenzangeboten nahe. Andererseits wurden Suchmaschinen als werbefinanzierte, jedermann eine schnelle Stichwortsuche ermöglichende Dienstleistung, obwohl an die Allgemeinheit gerichtet, Angeboten zur Nutzung des Internet zugeordnet[4]. Der Unterschied relativiert sich freilich insoweit, als sowohl § 7 TDG als auch § 10 Abs. 4 MDStV eine Kennzeichnungspflicht für kommerzielle Kommunikationen vorsehen.

Das **Internet** als solches stellt weder einen Tele- noch einen Mediendienst dar; vielmehr ist auf die einzelnen Angebote im Internet abzustellen[5]. Für **Business-TV** wurde zwar die Zuordnung als Verteildienst, aber dennoch nicht als Mediendienst vorgeschlagen, da es sich um einen Wirtschaftsdienst eigener Art handle[6].

Von Telediensten zu unterscheiden sind **Telekommunikationsdienste** im Sinne von § 3 Nr. 24 TKG. Das TDG ist auf TK-Dienste nicht anwendbar (§ 2 Abs. 4 Nr. 1 TKG). Allerdings ist die entsprechende Abgrenzung der Angebote nicht trennscharf möglich. Deshalb wird das TKG als auf den technischen Vorgang der Übertragung anwendbar angesehen, das TDG hingegen auf die übertragenen Inhalte[7]. Gleiches wurde für das Routing angenommen[8]. Vertreten wurde, dass auf Access Provider, die sich auf die technische Zugangsvermittlung beschränken, allein das TKG und nicht das TDG anwendbar sei[9]. Die parallele Anwendung von TKG und TDG scheint vor allem deshalb

---

1 Engel-Flechsig/Maennel/*Tettenborn*, a.a.O., TDG § 2 Rdn. 43, der allerdings auch für Portals und Suchmaschinen auf die einzelnen Angebote abstellt.

2 So Kröger/Gimmy/*Moos*, Handbuch, 285.

3 *Pankoke*, Von der Presse- zur Providerhaftung, 31.

4 *Pankoke*, a.a.O., 34.

5 Engel-Flechsig/Maennel/*Tettenborn*, Beck'scher IuKDG-Kommentar, TDG § 2 Rdn. 49.

6 Engel-Flechsig/Maennel/*Tettenborn*, a.a.O., TDG § 2 Rdn. 51.

7 Roßnagel/*Spindler*, Recht der Multimedia-Dienste, Teil 2, § 2 TDG, Rdn. 37; ähnlich Engel-Flechsig/Maennel/*Tettenborn*, a.a.O., TDG § 2 Rdn. 88 für eine funktionsbezogen nach Regelungsbereichen aufgeteilte Anwendung. Für Zuordnung der Gesamtleistung als TK-Dienst OLG Hamburg, MMR 2000, 611; krit. Spindler/*Schmitz*/Geis, TDG-Komm., TDDSG§ 1 Rdn. 13f).

8 *Pankoke*, Von der Presse- zur Providerhaftung, 44.

9 Gounalakis/*Böhm*, Rechtshandbuch Electronic Business, § 37 Rdn. 9. Diese Auffassung erscheint zum einen widersprüchlich, da Access Provider im üblichen internet-technischen Sprachgebrauch ohnehin nur die Provider sind, die bloß technische Zugangsvermittlung betreiben. Nach Erwägungsgrund 42 der ECRL sollen zum anderen genau nur diejenigen Fälle erfasst werden, in denen die Tätigkeit des Anbieters auf den technischen Vorgang des Betreibens des Kommunikationsnetzes und Zugangvermittelns beschränkt ist. Unter beiden Gesichtspunkten ist damit ohnehin nur derjenige Betreiber Access Provider, der den rein technischen Vorgang betreut; andere Tätigkeiten werden nicht erfasst.

wünschenswert, um von der Haftungsfreistellung im TDG zu profitieren[1]. Gelangen statt dessen aber die allgemeinen Haftungsgrundsätze zur Anwendung, so wird das Ergebnis also meist das gleiche sein, da der Betreiber von Router- bzw. Gateway-Rechner ohnehin aufgrund der Fragmentierung der zu transportierenden Nachrichtenpakete und der Automatisierung der technischen Abläufe eine Kontrolle von Informationen grundsätzlich nicht möglich ist – und deshalb die Grundsätze des „ambiente"-Urteils des BGH (s. S. 783) in entsprechender Anwendung herangezogen werden können.

Ebenfalls nicht vom TDG erfasst werden **Rundfunkangebote** (§ 2 Abs. 4 Nr. 2 TDG). Unterschieden werden „Teledienste" als individuell, autonom und interaktiv ausgestaltete Abrufangebote stückweise verbreiteter Informationen einerseits und „Rundfunk" als Verbreiten von zeitlich planmäßig ablaufendem Gesamtprogramm, bei dem sich die Auswahlmöglichkeiten im wesentlichen auf das Ein- und Ausschalten des Programms beschränkt[2], andererseits. Praktisch aufgehoben ist diese Unterscheidung freilich bei Einbau einer einfachen TV-Karte in den PC, durch die parallel Webseiten und, in einem zweiten, eigenen Fenster auf demselben Bildschirm zum selben Zeitpunkt, ein laufendes TV-Programm empfangen werden können; hier wird ein Verbreiten von Rundfunk im Sinne von § 2 RfStV bejaht werden müssen.

Vom Geltungsbereich des TDG ausgenommen sind schließlich **Mediendienste**, also Angebote, bei denen die redaktionelle Gestaltung zur Meinungsbildung für die Allgemeinheit im Vordergrund steht (§ 2 Abs. 4 Nr. 3 TDG). Jedes Angebot muss im Hinblick auf diese Abgrenzung individuell geprüft werden. Das entscheidende Abgrenzungskriterium einer im Vordergrund stehende redaktionelle Gestaltung zur Meinungsbildung für die Allgemeinheit soll eine klare Trennung beider Regelungsbereiche erlauben[3]. Nähere Betrachtung zeigt aber eine verbleibende Trenn*un*schärfe. Das Merkmal der Adressierung der Allgemeinheit allein erscheint wohl nicht als ausreichend. Die redaktionelle Gestaltung muss hinzutreten[4]. Ein durchlaufendes Börsentickerband mit alphabetisch durchsortierten Notierungen auf einer Webseite ist zwar offensichtlich an die Allgemeinheit gerichtet, nämlich von allen Webnutzern weltweit empfangbar, aber (meist) nicht besonders redaktionell bearbeitet. Unzweifelhaft unter den Bereich der Mediendienste fallen hingegen elektronische Publikationen mit voller redaktioneller Bearbeitung[5]. Auch die Unterscheidung von Abruf- und Verteildiensten ist nicht ausreichend trennscharf, da Verteildienste wie eine elektronische Zeitung Elemente einer Interaktivität aufweisen können, etwa die Möglich-keit, direkt von der Webseite aus einem Artikel zusätzliche Artikel und/oder Videos online gegen Entgelt herunterzuladen. Mediendienste können also auch Gestaltungen aufweisen, die (partiell) interaktive Nutzung gestatten. Umgekehrt kann sich ein typischer Teledienst in einen Mediendienst wandeln, wenn etwa ein Börsendatendienst redaktionell aufbereitete Unternehmenbewertungen zu den Notierungen hinzufügt.

Für die Abgrenzung soll ein **Ausschließungskriterium** gelten, nach dem ein Dienst immer nur entweder Teledienst oder Mediendienst sein kann[6]. Dies soll sicherstellen, dass nicht TDG und MDStV zugleich auf den Dienst anwendbar sind, begründet aber

[1] So ausdrücklich *Pankoke*, Von der Presse- zur Providerhaftung, 44.

[2] Engel-Flechsig/Maennel/*Tettenborn*, Beck'scher IuKDG-Kommentar, TDG § 2 Rdn. 90; *Bullinger/Mestmäcker*, Multimediadienste 1996, 64.

[3] Engel-Flechsig/Maennel/*Tettenborn*, a.a.O., TDG § 2 Rdn. 93.

[4] Ebenso wohl i.E. Engel-Flechsig/Maennel/*Tettenborn*, a.a.O., TDG § 2 Rdn. 95.

[5] Beispiele: www.science.com, www.netzeitung.de oder www.spektrumdirekt.de.

[6] Engel-Flechsig/Maennel/*Tettenborn*, a.a.O., TDG § 2 Rdn. 98.

einen Entscheidungs- bzw. Zuordnungszwang. In der Praxis wird (und kann) die Zuordnung freilich dennoch in den Fällen offenbleiben, in denen die jeweiligen Rechtsfolgen identisch sind (etwa bei der Haftungsfreistellung reiner Durchleitung, §§ 9 TDG, 7 MDStV).

Ausgenommen ist schließlich auch der pauschal so bezeichnete „Bereich der **Besteuerung**" (§ 2 Abs. 4 Nr. 4 TDG). Konsequenz dieser Zuordnung ist, dass der individuell und interaktiv nutzbare Dienst der Abgabe der elektronischen Steuererklärung („Elster") nicht als Teledienst einzustufen ist, also auch die Haftungsprivilegierungen nicht eingreifen.

Nicht erforderlich ist für den Geltungsbereich des TDG, dass die Dienste **geschäftsmäßig** angeboten werden. Nach § 2 Abs. 3 TDG werden vielmehr auch ganz oder teilweise unentgeltlich erbrachte Dienste erfasst[1]. Art. 2 lit. a und b ECRL ist im Geltungsbereich hingegen auf entgeltlich erbrachte Dienste beschränkt[2]. Zwar wurde diese „überschießende Umsetzung" des sekundären Gemeinschaftsrechts als zulässig angesehen[3], doch führt die Ausweitung der Definition der „Dienste der Informationsgesellschaft" in § 2 lit. a TDG auf unentgeltlich erbrachte Angebote für den räumlichen Geltungsbereich des deutschen Transformationsgesetzes zur ECRL faktisch auch zu einer richtlinienwidrigen Ausweitung des „koordinierten Bereiches" im Sinne von § 2 lit. h ECRL. Tatsächlich wird der Begriff der „Dienstleistung" in Art. 60 EGV weit ausgelegt und insoweit definitorisch nicht vorausgesetzt, dass die Dienstleistung von demjenigen bezahlt wird, dem sie zugute kommt, weshalb auch (internettypische) werbefinanzierte, für den Nutzer aber unentgeltliche Angebote erfasst werden, nicht jedoch eine rein private Homepage ohne gewerblichen Charakter[4].

Diensteanbieter geschäftsmäßiger Teledienste sind zur **Anbieterkennzeichnung** verpflichtet (§ 6 TDG; Art. 5 ECRL, s. näher S. 246).

Neu eingeführt wurde durch Art. 2 lit. h ECRL der Begriff des „**koordinierten Bereiches**", der die für die Anbieter von Diensten der Informationsgesellschaft und die Dienste der Informationsgesellschaft in den Rechtssystemen der Mitgliedsstaaten festgelegten Anforderungen bezeichnet, ungeachtet dessen, ob sie allgemeines oder speziell für sie bestimmt sind. Die Anforderungen betreffen die Aufnahme (z.B. Qualifikationen, Genehmigung oder Anmeldung) und die Ausübung der Tätigkeit eines Dienstes (also etwa Qualität und Inhalt des Dienstes), aber nicht Anforderungen an Waren, deren Lieferung oder auf nichtelektronischem Wege erbrachte Leistungen (Art. 2 lit h ii ECRL. Der Begriff wurde nicht in das TDG bzw. den MDStV übernommen, grenzt aber wesentlich die Reichweite des Herkunftslandprinzips ab[5].

Die (in der ECRL nicht vorgesehene) Unterscheidung von Verteil- und Abrufdiensten im MDStV und TDG ist von unmittelbarer Bedeutung, da die Grundsätze des Herkunftslandprinzips (§ 4 Abs. 1 uns 2 TDG) nicht für Verteildienste gelten (§ 4

[1] Für das TDG a.F. setzte das *AG München* (CR 1998, 500, 503) für die Annahme der Eigenschaft als Diensteanbieter voraus, dass dieser über Kunden verfügen müsse. Diese Auffassung war bereits mit § 2 Abs. 3 TDG Fassung 22.7.1997 nicht zu vereinbaren, der auch unentgeltliche Leistungen umfasste. Insoweit ist das TDG auch bei seiner Novellierung unverändert geblieben.

[2] Art. 2 lit. a ECRL bezieht sich (im Einklang mit Art. 50 S. 1 EGV) ausdrücklich auf Dienste im Sinne der Transparenzrichtlinie 98/34/EG in der Fassung 98/48/EG, ABl. L 217 v. 5.8.1998, 18, die in ihrem Art. 1 Nr. ausdrücklich Dienste erfasst, die normalerweise gegen Entgelt erbracht werden. Diese Beschränkung ergibt sich schon aus dem Umstand, dass zwischen Anbietern unentgeltlicher Leistungen kein wettbewerbsrechtliches, von der EG regelbares Verhältnis besteht.

[3] *Hoffmann*, MMR 2002, 284.

[4] *Maennel*, MMR 1999, 187, 188.

[5] *Tettenborn/Bender/Lübben/Karenfort*, K&R Beilage 1 zu Heft 12/2001, 7.

Abs. 4 Nr. 5 TDG).

Als „**Abrufdienste**" definiert § 3 Nr. 4 TDG „Teledienste, die im Wege einer Übertragung von Daten auf Anforderung eines einzelnen Nutzers erbacht werden"; dem entspricht die Begriffsbestimmung in § 3 Nr. 4 MDStV. Abrufdienste sind Punkt-zu-Punkt erbrachte Dienste, die individuell und interaktiv genutzt werden[1].

Als „**Verteildienste**" bestimmt § 3 Nr. 3 TDG „Teledienste, die im Wege einer Übertragung von Daten ohne individuelle Anforderung gleichzeitig für unbegrenzte Zahl von Nutzern erbracht werden". § 2 Nr. 1 MDStV enthält eine inhaltsgleiche Definition; Verteildienste sind überwiegend Mediendienste. Verteildienste sind Punkt-zu-Multipunkt-Dienste, die zwar individuell aufgerufen, aber nicht interaktiv beeinflusst werden können. Sie entsprechen der hergebrachten Form der Massenkommunikation etwa durch Hörfunk- und Fernsehangebote; sie sind Zugriffsdienste, in denen dieselben Informationen in rascher Folge wiederholt verbreitet werden[2]. Ein als Rundfunk einzustufender Verteildienst kann vorliegen, wenn etwa ein Radiosender im Internet zeitgleich gehört werden kann (technisch als „Push"-Dienst implementiert), ein rundfunkgleicher Abrufdienst hingegen, wenn Nachrichtensendungen nach ihrer Ausstrahlung im Netz später beliebig individuell abrufbar sind.

Die **Abgrenzung** zwischen Verteildiensten und Abrufdiensten einerseits und Rundfunk andererseits ist nicht anhand fester technischer Kriterien möglich, da die verwendete Techniken schneller Entwicklung unterliegt. Abruf- bzw. Verteildienste wurden als Rundfunk qualifiziert, wenn diese funktional an die Stelle des klassischen Rundfunks als Verteildienst treten[3].

Neu ist die Begriffsbestimmung der „**kommerziellen Kommunikation**" in § 3 Nr. 5 TDG (in Umsetzung von Art. 2 lit. f ECRL) als „jede Form der Kommunikation, die der unmittelbaren oder mittelbaren Förderung des Absatzes von Waren, Dienstleistungen oder des Erscheinungsbildes eines Unternehmens, einer sonstigen Organisation oder einer natürlichen Person dient, die eine Tätigkeit im Handel, Gewerbe oder Handwerk oder einen freien Beruf ausübt" [4], während keine Form der kommerziellen Kommunikation darstellen

a) „Angaben, die direkten Zugang zur Tätigkeit des Unternehmens oder der Organisation oder Person ermöglichen, wie insbesondere ein Domain-Name oder eine Adresse der elektronischen Post,
b) Angaben in Bezug auf Waren und Dienstleistungen oder das Erscheinungsbildes eines Unternehmens, einer Organisation oder Person, die unabhängig und insbesondere ohne finanzielle Gegenleistung gemacht werden".

Die inhaltsidentische Definition verwendet § 3 Nr. 5 MDStV. Der Begriff der „**reglementierten Berufe**" des Art. 8 ECRL wurde nicht in das TDG bzw. den MDStV umgesetzt, da eine Umsetzung nicht erforderlich erschien[5].

---

1 *Tettenborn/Bender/Lübben/Karenfort*, K&R Beilage 1 zu Heft 12/2001, 7.

2 Kröger/Gimmy/*Moos*, Handbuch, 272.

3 Kröger/Gimmy/*Moos*, Handbuch, 276.

4 Nach *Tettenborn/Bender/Lübben/Karenfort*, K&R Beilage 1 zu Heft 12/2001, 7 zählen praktisch alle Arten des „Auf-sich-aufmerksam-Machens", damit auch PR, Sponsoring etc.

5 *Tettenborn/Bender/Lübben/Karenfort*, K&R Beilage 1 zu Heft 12/2001, 7.

d) Mediendienste

Als „Mediendienste" erfasst der Mediendienstestaatsvertrag der Bundesländer[1] „das Angebot und die Nutzung von an die Allgemeinheit gerichteten Informations- und Kommunikationsdiensten (Mediendienste)" (§ 2 Abs. 1 Satz 1 MDStV). Der „Mediendienst" umfasst „alle an die Allgemeinheit gerichteten Informations- und Kommunikationsdienste" ... „in Text, Ton oder Bild", die „unter Benutzung elektromagnetischer Schwingungen ohne Verbindungsleitung oder längs oder mittels eines Leiters verbreitet werden" (§ 2 Abs. 1 MDStV). Hierzu gehören nach **§ 2 Abs. 2 MDStV** insbesondere

- Verteildienste in Form von direkten Angeboten an die Öffentlichkeit für den Absatz von Waren oder Erbringung von Dienstleistungen, einschließlich unbeweglicher Sachen, Rechte und Verpflichtungen, gegen Entgelt, z.B. Teleshopping[2] (§ 2 Abs. 2 Nr. 1 MDStV).
- Verteildienste, in denen Messergebnisse (etwa Wetterdaten[3]) und Datenermittlungen in Text oder Bild mit oder ohne Begleitton verbreitet werden (§ 2 Abs. 2 Nr. 2 MDStV).
- Verteildienste in Form von Fernsehtext, Radiotext und vergleichbaren Textdiensten (§ 2 Abs. 2 Nr. 3 MDStV). Hiermit soll das Videotext-Angebot von TV-Anstalten dem Rundfunkrecht entzogen und zulassungsfrei gemacht worden sein[4].
- Abrufdienste, bei denen Text-, Ton- oder Bilddarbietungen auf Anforderung aus elektronischen Speichern zur Nutzung übermittelt werden, mit Ausnahme von solchen Diensten, bei denen der individuelle Leistungsaustausch oder die reine Übermittlung von Daten im Vordergrund steht, ferner von Telespielen (§ 2 Abs. 2 Nr. 4 MDStV). Hierzu sollen auch Rundfunksendungen gehören, wenn sie gespeichert und einzeln dem Abruf zugänglich gemacht werden, da angesichts der geringen Übertragungsgeschwindigkeit die (rundfunkspezifische) Suggestivkraft noch gering sei[5]. Mit den neueren DSL-Übertragungstechniken lässt sich diese Bewertung wohl nicht mehr aufrechterhalten und wird die qualitativ vergleichbare Übertragung (etwa auf Breitbildschirme von Notebooks) als **Rundfunk** einzustufen sein[6].

Die föderalismusbedingt notwendige **Abgrenzung** zwischen Mediendiensten und Telediensten ist nach wie vor streitig[7] und zudem stark von der technischen Entwicklung abhängig, für die Praxis aber nur noch von begrenzter Relevanz, da TDG und MDStV weitgehend inhaltsgleiche Regelungen enthalten, etwa im Haftungsbereich,

[1] Der MDStV (www.artikel5.de/gesetze/mdstv.html) enthält in Art.3 die nach der E-Commerce-RL erforderlichen Änderungen enthält, wie sie auch im TDG durchgeführt wurden, so etwa in § 5 zum Herkunftslandprinzip.

[2] Der Begriff „Teleshopping" ist missverständlich, besonders wenn er im Sinne von Homeshopping-TV verstanden wird (so ausdrücklich etwa Engel-Flechsig/Maennel/*Tettenborn*, Beck'scher IuKDG-Kommentar, MDStV § 2 Rdn. 53), der völlig ohne Internetbasierung erbracht wird.

[3] Engel-Flechsig/Maennel/*Tettenborn*, Beck'scher IuKDG-Kommentar, MDStV § 2 Rdn. 57.

[4] Engel-Flechsig/Maennel/*Tettenborn*, a.a.O., MDStV § 2 Rdn. 59.

[5] Engel-Flechsig/Maennel/*Tettenborn*, a.a.O., MDStV § 2 Rdn. 64.

[6] Ähnlich in der Tendenz das Strukturpapier der Direktorenkonferenz der Landesmedienanstalten (DLM) v. Dezember 1998 (www.alm.de/presse/struktur2.htm, S. 9, 10); Engel-Flechsig/Maennel/*Tettenborn*, a.a.O., MDStV § 2 Rdn. 64.

[7] Inhaltlich wurde die Abgrenzung als misslungen bezeichnet (Roßnagel/*Waldenberger*, Recht der Multimedia-Dienste, Teil 2, § 2 TDG, Rdn. 5).

und v.a. die Haftungseinschränkung für (jedenfalls grobe) Fahrlässigkeit in der früheren Fassung des TDG/MDStV entfallen ist. Klärungsbedürftig erscheint allerdings etwa, ob Access Provider Angebote zur Nutzung des Internet oder weiterer Netze erbringen (§ 2 Abs. 2 Nr. 3 TDG) oder den Zugang zur Nutzung im Sinne von § 5 Abs. 3 Satz 1 MDStV vermitteln.

Unklar ist auch, wie sich etwa der „Fernseheinkauf" (§ 2 Abs. 2 Nr. 1 MDStV) vom „Teleshopping" im Sinne von § 2 Abs. 2 Nr. 5 TDG abgrenzt[1]. Homepages wurden als „Mediendienst" eingestuft, wenn sie sich regelmäßig an die Allgemeinheit richten (Angebote an die Öffentlichkeit im Sinne von § 2 Abs. 2 Nr. 1 MDStV), was eigentlich für die meisten Homepages gelten mag.

Nicht zu folgen ist der Auffassung, dass das TDG nur Werkzeuge wie Suchmaschinen (z.B. Yahoo oder Google) erfassen solle und nicht auch Access Providing[2]. Allgemein wird man Teledienste nicht mit Abrufdiensten gleichsetzen können, da sich auch Abrufdienste meist an eine beliebige Öffentlichkeit und damit an die Allgemeinheit richten, jedoch werden sie als auf eine in der Regel individuelle Rezeption abzielend und damit für eine individuelle Nutzung durch Einzelabruf bestimmt angesehen[3]. Ganz eindeutig ist diese Abgrenzung freilich nicht, da auch Medienangebote immer vom einzelnen Nutzer individuell abgerufen werden. Newsgroups wurden als Mediendienste angesehen, da in ihnen eine potentiell unbeschränkte Vervielfältigung von Meinungen möglich sei und sich die Teilnehmer direkt aneinander wendeten[4]. Moderierte Newsgroups wurden als „redaktionelle Gestaltungen" eingeordnet[5].

Ausgangspunkt der Abgrenzung der Tele- von Mediendiensten war eine nichtabschließende Aufgabenteilung (Länder: Massenkommunikation wie Presse und Rundfunk/Fernsehen; Bund: Individualkommunikation wie E-Mail-Beförderung). In dem Maße, in dem etwa Massenmedien wie Rundfunk und Fernsehen mit der Computerkommunikation zusammenwachsen, wird dieser traditionellen Unterscheidung der Boden aus technischen Gründen entzogen werden. Das Internet ist nicht von Bundesland zu Bundesland verschieden, ebenso nicht seine massenmedienähnliche Wirkung, soweit sie besteht. Föderale Strukturen auf das Internet abzubilden, erscheint deshalb – zumal angesichts angestrebter internationaler rechtlicher Vereinheitlichung netzbezogener Rechtsregime – als eher kontraproduktiv.

In der Praxis können Anbieter – angesichts schnell voranschreitender Funktionsintegration fast schon typischerweise – Dienste aller drei Bereiche nebeneinander erbringen (z.B. Angebot einer elektronischen Zeitung als an die Allgemeinheit gerichtetes Inhaltsangebot, E-Mail-/SMS-Übermittlung als aktualitätsbezogener Leserservice als Individualkommunikation und Internet-Telefonie als Telekommunikationsdienst im Sinne des TKG), wodurch drei unterschiedliche rechtliche Regime vom selben Anbieter bei einer zeitlich unter Umständen eng verknüpften Leistung (u.U. sogar *auf derselben Web-Seite)* zu beachten sind. Außerdem sind auch der

---

1 Zu diesem Problemkreis s. etwa *Kröger/Moos*, AfP 1997, 675, 679.

2 Deshalb für eine entsprechend *weite* Auslegung, die auch Access Providing erfasst, s. *Kröger/Moos*, AfP 1997, 675, 679, die gopher, telnet und ftp als *Mediendienste* einordnen wollen, ebenso Home Pages im WWW, wobei sie feststellen, dass die Seite (erst) mit der Einspeisung in das WWW der Allgemeinheit zugänglich gemacht wird. Führt etwa AOL diese Einspeisung durch, ist AOL – und nicht der Nutzer – Diensteanbieter und die Seite für AOL ein fremder Inhalt, von dem AOL aufgrund des Akzeptierens in Einspeisens grundsätzlich positive Kenntnis hat.

3 Kröger/Gimmy/*Moos*, Handbuch, 279.

4 Hoeren/Sieber/*Spindler*, Handbuch Multimedia-Recht, Teil 29, Rdn. 56.

5 Hoeren/Sieber/*Spindler*, a.a.O., Teil 29, Rdn. 59.

Individualkommunikation (schwerpunktmäßig) zugeordnete Teledienste letztlich (in einem weiteren Sinne) alle an die Allgemeinheit gerichtet[1].

2. Abgrenzung Teledienste – Telekommunikationsdienstleistungen

Das Erbringen von Tele- und auch Mediendiensten ist immer mit einer Telekommunikationsdienstleistung verbunden, nämlich einer „Telekommunikation" im Sinne einer Nachrichtenübertragung gemäß § 3 Nr. 16 TKG. Dies führt zum Abgrenzungsproblem, ob auf solche Datenkommunikation TDG/MDStV und/oder das TKG anwendbar sind. Diese Abgrenzung hat praktische Konsequenzen: Würde man die gesamte Datenkommunikation etwa zwischen Provider und Nutzer nur als Telekommunikation einstufen, entfielen die in TDG/MDStV eingeführten Haftungsprivilegierungen für Provider ersatzlos. Stellt man andererseits allein auf das Telemedienrecht ab, würden unzulässigerweise alle telekommunikationsrechtlichen Pflichten der Provider entfallen (etwa zur Anmeldung). Überwiegend wird deshalb vertreten, dass das TKG allein den technischen Datentransport betrifft, TSG/MDStV hingegen den Inhalt der Nachrichtenpakete[2], was freilich zur Konsequenz hat, dass auf die technisch einheitliche Leistung unterschiedliche Regelungen zur Anwendung gelangen, und etwa bezüglich der (nur TK-bezogenen) Entgeltregulierung (§§ 24 ff TKG) Abgrenzungsprobleme auftreten können[3].

3. Zulassung von Diensten der Informationsgesellschaft

Dienste der Informationsgesellschaft sind **zulassungs-** und **anmeldefrei**[4] und dürfen keiner sonstigen Anforderung gleicher Wirkung unterworfen werden (Art. 4 Abs. 1 ECRL, umgesetzt in den entsprechenden Regelungen des § 5 TDG für Teledienste und § 4 MDStV für Mediendienste). Der Ausschluss von Anforderungen gleicher Wirkung hat nicht zur Folge, dass allgemeine Zulassungsanforderungen entfallen würden. Unberührt bleiben deshalb allgemeine Anzeigepflichten (z.B. aus Gewerberecht) oder Zulassungsregelungen für reglementierte Berufe wie Rechtsanwälte (§§ 3, 4 BRAO) oder Ärzte[5], ebenso mögliche Meldepflichten aus TK-Recht (§ 6 TKG)[6]. Klärungsbedürftig erscheint, ob die Zulassungspflicht von als Rundfunk qualifizierten Mediendiensten nach § 20 RStV als eine solche unzulässige Anforderung gleicher Wirkung einzustufen ist.

Teledienste unterliegen keiner besonderen Aufsicht. Dies gilt auch hinsichtlich der Einhaltung von Anbieterpflichten zur Kennzeichnung. Für **Mediendienste** regelt allerdings § 22 MDStV eine Kontrollbefugnis und -aufgabe. Für die Einhaltung der datenschutzrechtlichen Bestimmungen sind die jeweiligen Datenschutzkontrollbehörden

---

1 Hinweis in der Stellungnahme der Deutschen Telekom vom 14.05.1997, a.a.O.

2 Beck TKG-Komm/*Schütz*, § 3 Rdn. 21 a, b; Moritz/Dreier/*Lammich*, Rechts-Handbuch zum E-Commerce, Teil B, Rdn. 240 mit dem Hinweis, dass Teledienste immer auch als Zugangsdienstleistungen TK-Dienstleistungen sind.

3 Moritz/Dreier/*Lammich*, Rechts-Handbuch zum E-Commerce, Teil B, Rdn. 243.

4 Die nur in der Überschrift von § 5 TDG (nicht in der ECRL) verwendete Überschrift „Zugangsfreiheit" ist missverständlich, da diese Bestimmungen nur die freie Ausübbarkeit dieser Dienste regelt, nicht aber den (etwa entgelt-)freien Zugang zu den Diensten durch Nutzer.

5 *Tettenborn/Bender/Lübben/Karenfort*, K&R Beilage 1 zu Heft 12/2001, 15.

6 *Tettenborn/Bender/Lübben/Karenfort*, a.a.O., 15.

zuständig (§ 22 Abs. 1 S. 1 MDStV), für die Einhaltung der sonstigen Bestimmungen des MDStV (zu denen gemäß § 12 MDStV auch Jugendschutz gehört) gesondert nach Landesrecht bestimmte Aufsichtsbehörden (überwiegend die Landesmedienanstalten oder Innenministerien). Eine Verpflichtung zu regelmäßiger Berichterstattung (wie etwa im Datenschutzbereich) ist für die allgemeine Aufsicht nicht vorgesehen.

Bei Feststellung von **Verstößen** kann die jeweils zuständige Aufsichtsbehörde die zur Beseitigung des Verstoßes erforderlichen Maßnahmen gegenüber dem Diensteanbieter treffen (§ 22 Abs. 2 S. 1 MDStV). Zu prüfen ist auch die Verpflichtung zur Anbieterkennzeichnung (§§ 22 Abs. 2 S. 1, 10 Abs. 1 und 2 MDStV), die Einhaltung der allgemeinen Gesetze und der gesetzlichen Bestimmungen zum Ehrschutz (§ 11 Abs. 1 MDStV), der Kennzeichnungspflichten bezüglich kommerzieller Kommunikationen (§ 10 Abs. 4 MDStV) und Werbung (§ 13 MDStV), der Jugendschutzbestimmungen (§ 12 MDStV).

Die **Aufsichtsbehörde** kann insbesondere Angebote untersagen und deren Sperrung anordnen (§ 22 Abs. 2 S. 3 MDStV), außer, die Maßnahme stünde zur Bedeutung des Angebots für den Diensteanbieter und die Allgemeinheit außer Verhältnis (§ 22 Abs. 2 S. 4 MDStV). Eine Untersagung ist nur zulässig, wenn ihr Zweck nicht in anderer Weise erreicht werden kann (§ 22 Abs. 2 S. 5 MDStV). Außerdem ist eine Untersagung auf bestimmte Arten und Teile von Angeboten oder zeitlich zu beschränken, soweit der Zweck der Untersagung hierdurch erreicht werden kann (§ 22 Abs. 2 S. 6 MDStV). Können Maßnahmen gegen den Verantwortlichen nach § 6 Abs. 1 MDStV nicht durchgeführt werden oder wären sie nicht erfolgversprechend, lassen sich Sperrmaßnahmen auch gegen Diensteanbieter fremder Inhalte richten, sofern die Sperrung technisch möglich und zumutbar ist (§ 22 Abs. 3 S. 1 MDStV). Verpflichtungen der Anbieter zur Entfernung oder Sperrung der Nutzung von Informationen nach dem MDStV oder den allgemeinen Gesetzen bleiben auch im Falle der Nichtverantwortlichkeit unberührt (§§ 22 Abs. 3 S. 2 i.V.m. 6 Abs. 2 S. 2 MDStV). Aufsichtsbehörden dürfen Angebote im Rahmen ihrer Kontrollaufgaben kostenfrei abrufen und Anbieter diesen Abruf nicht sperren (§ 22 Abs. 6 MDStV).

Zulassungspflichtig sind allerdings private Veranstalter von **Rundfunkveranstaltungen** (§ 20 Abs. 1 RStV). Ebenso zulassungspflichtig sind Anbieter von Mediendienste, *soweit* diese Mediendienste dem Rundfunk zuzuordnen sind (§ 20 Abs. 2 S. 1 RStV). Wird diese Zuordnung von der zuständigen Landesmedienanstalt festgestellt, muss der Anbieter binnen sechs Monaten nach Bekanntgabe dieser Feststellung einen Zulassungsantrag stellen oder den Mediendienst so anbieten, das er nicht dem Rundfunk zuzuordnen ist (§ 20 Abs. 2 S. 2 RStV). Soweit der Anbieter im Zweifel über die Zuordnung seines Angebotes ist, kann er bei der zuständigen Landesmedienanstalt die Feststellung der rundfunkrechtlichen Unbedenklichkeit beantragen. Dies wird empfohlen, um das bußgeldbewehrte Betreiben (§ 49 Abs. 1 Nr. 24 RStV, Bewehrung mit Bußgeld bis zu 500.000 Euro) eines nicht als Rundfunk zugelassenen Dienstes zu vermeiden[1].

4. Meldung von Telekomunikationsdiensten

Nach § 6 S. 1 TKG bedarf das Aufnehmen, Ändern und Beendigen des Betriebes der TK-Netzen und -Diensten der unverzüglichen Meldung.

1 Kröger/Gimmy/*Moos*, Handbuch, 296.

5. Dienstleistertypen in der Praxis

Der Begriff des „**Content Provider**" ist nicht klar definiert. Soweit er nur Zulieferer von Informationen umfassen soll, die diese Informationen nicht selbst im Netz verfügbar machen, betreiben diese Zulieferer in dieser Funktion nicht selbst einen „Dienst" im Sinne des MDStV/TDG. Anderes kann etwa für Online-Dienste oder Webservices-Anbieter gelten, die die Informationen auch selbst im Netz zugreifbar machen und halten. In beiden Fällen unterliegen Content Provider voll den (unabhängig vom TDG/MDStV) geltenden Regelungen für ihre Informationen, etwa aus dem Presserecht.

Host-Rechner-Betreiber halten eigene und fremde Inhalte im Kundenauftrag oder im eigenen Angebot auf ihrem (Webserver-)Rechner zum Abruf bereit. Bei **Web-Hosting** ist zu unterscheiden, ob der Provider die auf dem Hostrechner abgespeicherten Informationen selbst als fremde anbietet oder ob der Kunde nur die technischen Mittel des beauftragten Providers nutzt, um seine eigene Webpräsenz zu installieren. Das Bereithalten der Informationen erfolgt hier durch den Teilnehmer, nicht durch den Provider. Provider müssen technisch die Möglichkeit eines Sperrens rechtsverletzender Inhalte vorsehen. Bei **Server-Housing** etc. mit angemietetem Rechner und Anschluss zum Internet über Gateway-Rechner, über den der Teilnehmer selbst Informationen in das Netz bringt, wird allein der Nutzer möglicher Anspruchsgegner sein, wenn die gesamte Systemadministration bei diesem liegt. Dies kann auch für die Nutzung dedizierter Rechner gelten.

Access Provider ermöglichen nur den Zugang zu Netzen wie dem Internet und zu Inhalten in diesen, halten aber selbst keine eigenen oder fremden Inhalte bereit. Die Möglichkeit zur Kontrolle von Inhalten ist hier naturgemäß begrenzt; dies gilt erst recht für Routing Provider, durch die in der Regel nur einzelne Nachrichtenpakete weitertransportiert werden. Die Weiterübermittlung von Dateien bestimmter Absender kann aber im Einzelfall unterbunden werden. In die Gruppe der Access Provider gehören auch Anbieter von **Server-Housing**-Dienstleistungen, *sofern* sie gleichzeitig den Zugang zum Internet vermitteln. In ihrer Vermittlungsfunktion stellen Anbieter selbst keine Informationen zur Verfügung, sondern nur die genannten und weitere technische Dienstleistungen. Allerdings speichern Access Provider auf ihren Host-Rechnern Dateien aus einer dritten Quelle aus technischen Gründen, nämlich zur Vereinfachung des Downloading, zwischen, bis der Kunde sie abruft (etwa E-Mail), ebenso von ihm heraufgeladene Dateien bis zur Weiterübermittlung.

Gleiche Grundsätze gelten für Betreiber von **Router-Rechnern**. Die Technik des paketvermittelten Nachrichtentransportes hat auf die technisch realisierbaren Kontrollmöglichkeiten unmittelbare Auswirkungen. In Router-Rechnern werden Dateien nicht als komplettes Exemplar, sondern in viele kleine „Pakete" zerlegt abgespeichert und weiterübertragen, oft über verschiedene Routen, also Kommunikationswege. Diese Nachrichtenpakete enthalten einen Kopf („*Internet header*") mit Angaben zur Dateibezeichnung als IP-Paket, zum Sender, Empfänger sowie eine Festlegung des Kommunikationsnetzes und eines Host-Rechnern als nächstes Zwischenziel („*next hop*") [1]. Routing-Provider vermitteln keinen Zugang zum Netz oder zu Informationen, sondern leiten ausschließlich Nachrichtenpakete weiter, sind also grundsätzlich aus dieser Übermittlung nach § 9 Abs. 1 TDG freigestellt. Eine Kontrolle einzelner Pakete ist in aller Regel bereits technisch unmöglich, da die inkorporierten

---

1 *Huitema*, 28.

Dateifragmente „verkapselt“ sind und die eingesetzte Steuerungssoftware nur die Ziel- und Absenderadresse und die Paketanzahl überprüfen kann. Außerdem werden die verschiedenen Teile oft über unterschiedliche Wege geleitet, je nach Aus- oder Überlastung des jeweils benutzten Subnetzes des Internet und dem Rechenergebnis des Routing-Programms. Der eigentliche Dateiinhalt kann erst im Zielrechner vollständig rekonstruiert werden. In Router-Rechnern können deshalb allenfalls bestimmte Zieladressen gesperrt, nicht aber Dateiinhalte kontrolliert werden.

Betreiber von geschlossenen Online-Diensten (AOL, CompuServe, T-Online etc.) treten teilweise als Anbieter von eigenen oder fremden Inhalten auf, nämlich soweit sie selbst Inhalte beisteuern oder von Dritten heraufgeladene Dateien redigieren, sequentiell anordnen und nach gewissen Zeiträumen auch wieder löschen. Vielfach bieten sie andererseits einen Internet-Zugang an, so dass insoweit Leistungsmischformen vorliegen. Hier müssen die einzelnen Leistungskomponenten haftungsrechtlich unterschiedlich beurteilt werden.

Netzprovider (auch „Carrier“ genannt) stellen das jeweils benützte Leitungsnetz als solches zur Verfügung, über das die Kommunikation erfolgt. In keinem Fall gewährt der Netzprovider Zugang zu nutzbaren Informationen. Er führt nicht einmal eine Übermittlung im Kommunikationsnetz durch, sondern hält dieses nur als solches zur Übermittlung bereit. Netzprovider können freilich zugleich auch Betreiber von Router-Rechnern und zentralen Strecken im Übertragungsnetz („*Backbones*“) sein. Online-Dienste verfügen grundsätzlich über keine eigenen Netze, sondern greifen auf vorhandene zurück. Betreiber von Router-Rechnern, Netzprovider und vergleichbare Dienstleister werden üblicherweise unter dem Begriff „*Common carrier*“ zusammengefasst.

6. Anspruch auf Zugang zu Netzen oder Diensten

Aus der grundsätzlichen Freiheit, Schuldverhältnisse durch Vertrag einzugehen (§ 311 Abs. 1 BGB), ergibt sich, dass kein Anbieter (Provider) verpflichtet, Nutzerverträge mit Kunden einzugehen. Eine mögliche Abschluss**verpflichtung** kann sich primär aus Kartellrecht ergeben, das eine Ungleichbehandlung möglicher Kunden untersagt. § 26 Abs. 2 S. 2 GWB verpflichtet auch relativ marktstarke Provider, Unternehmen Nutzungsverträge nicht aus sachfremden Gründen zu verweigern, wenn diese Unternehmer z.B. nicht auf (geographisch) andere Märkte ausweichen können[1]. Auch der Zugang fremder Suchmaschinendienste darf nicht willkürlich behindert werden[2]. Ein Provider darf aber für ein Wegweiserangebot gewisse inhaltliche Auswahlkriterien verwenden; eine Behinderung eines Anbieters, dessen Angebote quantitativ und qualitativ nicht vergleichbar sind, wird hierdurch nicht behindert[3]. Sehen Web-Provider Einschränkungen von ihren grenzüberschreitenden Leistungen vor, kann ein Verbot des Missbrauches einer marktbeherrschenden Stellung durch Geschäftsverweigerung oder mittelbare Diskriminierung aus Art. 86 Abs. 1 EWGV zum Tragen kommen. Allerdings ist hier jeweils zu prüfen, ob der Anbieter gerade im europäischen Rahmen eine marktbeherrschende Stellung hat, aus der heraus er wirksamen Wettbewerb auf einem

---

1 BGH, 17.1.1979 – Nordmende, WuW/E BGH 1567, 1569; *Langen/Schultze*, KartR (8.Aufl.1998), § 26 Rdn. 89.

2 OLG Frankfurt, Urt.v.23.11.1999 – 11 U (Kart) 1/99, CR 2000, 845 = MMR 2000, 559 – Augur-Online (Verstoß gegen §§ 20 GWB, 33 TKG, 1, 3 UWG).

3 OLG Frankfurt, Urt.v.23.11.1999 – 11 U (Kart) 1/99, MMR 2000, 559.

relevanten Markt verhindern kann[1]. Aufforderungen zum Boykott oder Bestreiken von Konkurrenten sind kartellrechtswidrig, nicht jedoch ein von *Kunden* initiierter Streik[2].

§ 3 MDStV schreibt außerdem die **Netzbetreiberverpflichtung** fest, Anbietern und Zugangsvermittlung den Zugang zu gleichen Bedingungen anzubieten. Ein Content Provider hatte gegen den Service Provider keinen Anspruch aus dem Btx-Staatsvertrag auf Zuteilung eines bestimmten Kürzels, da der Staatsvertrag durch en MDStV außer Kraft gesetzt wurde. Der Service Provider ist insbesondere nicht zur Zulassung von die Mediennutzer irreführender Kürzel verpflichtet[3].

7. Gegendarstellungsanspruch

Aus Rundfunkrecht (z.B. Art. 17 BayRFG) besteht ein Gegendarstellungsrecht, ebenso aber für Mediendienste (§ 14 MDStV).

8. Medienrechtliche Beurteilung von Web-Radio und –TV

Rundfunk und Fernsehen können – besonders bei Nutzung von Breitbandzugängen – auch im Internet angeboten und genutzt werden. Einige Anbieter bieten reines „Webradio" an (z.B. zdnet.com/zdtv/radio). Hinzu kommen Angebote von privaten Veranstaltern und öffentlich-rechtlichen Anstalten (z.B. bayern3.de oder dwelle.de). Programme lassen sich über die Suchmaschine radio-on-the-internet.com finden.

Die medienrechtliche Abgrenzung kann im vorliegenden Rahmen nur knapp skizziert werden. Der Rundfunkstaatsvertrag definiert in seinem § 2 Abs. 1 RStV „**Rundfunk**" als „die für die Allgemeinheit bestimmte Veranstaltung und Verbreitung von Darbietungen aller Art in Wort, in Ton und in Bild unter Benutzung elektromagnetischer Schwingungen ohne Verbindungsleitung oder längs oder mittels eines Leiters."

Die Abgrenzung zwischen „Rundfunk" und „**Telediensten**" scheint zwar (auch) nicht randscharf, aber doch leichter möglich, da Teledienste als erweiterte Individualkommunikation nicht die Allgemeinheit adressieren und keine redaktionelle Gestaltung aufweisen[4]. Allerdings wachsen bei näherer Betrachtung auch hier die Abgrenzungsprobleme. So richten sich etwa Waren- und Dienstleistungsangebote in abrufbaren Datenbanken (§ 2 Nr. 5 TDG) durchaus an alle Nutzer im Web. Zugleich können auch Telediensteangebote durchaus redaktionelle Gestaltung aufweisen, z.B. kommentierte Verkehrsmeldungen und webbasierte Stauvermeidungssysteme (etwa in NRW). Andererseits kann man auch das Lesen einer – unzweifelhaft den Mediendiensten zuzuordnenden – elektronischen Tageszeitung als individuelle Nutzung ansehen, da jeder Nutzer an seinem Rechner diese Quelle für sich zu von ihm frei wählbaren Zeiten abrufweise nutzt. Dennoch wird die Mehrzahl der Grenzfälle wohl im Verhältnis zu Mediendiensten auftreten, nicht im Verhältnis zu Rundfunk.

Die Abgrenzung zwischen „Rundfunk" und „**Mediendiensten**" muss **funktionsbezogen** erfolgen.

---

1 S.etwa EuGH Slg. 1979, 461, 520 – Hofmann/La Roche.

2 Wie etwa eine Streikaufforderung gegen AOL im Februar 1997 in den USA, die allerdings nicht sehr erfolgreich war (siehe PC Week Online, 07.2.1997).

3 OLG Frankfurt, Urt.v.10.2.1998 - 11 U (Kart) 40/97, CR 1998, 562.

4 *Kibele*, Multimedia im Fernsehen, 68, die Möglichkeit einer eindeutigen Abgrenzbarkeit in den meisten Fällen annehmend.

Als **Rundfunk** wurden Verteil- und Abrufdienste beurteilt, die an die Allgemeinheit gerichtet sind, einen Beitrag zur öffentlichen Meinungsbildung leisten und so der dienenden Funktion des Rundfunks entsprechen[1]. In der Praxis werden solche Angebote (etwa die Abrufbarkeit des laufenden Programms von ntv unter www.n-tv.de) freilich als zulassungsfreie Mediendienste behandelt[2]. Keinen Rundfunk stellen Angebote frei für den Abruf wählbarer Inhalte in Datenbanken dar, da hier keine feste Programmstruktur gegeben ist[3]. Mediendienst ist also etwa ein Download-Angebot wie iTunes.

Auch **Peer-to-Peer-Netze** sind als (zulassungsfreie) Mediendienste einzustufen, wobei für dezentrale P2P-Netze aber dennoch zusätzliche Probleme auftreten. Hier sind die **Nutzer** nämlich (weitgehend) **selbst** zugleich auch die Dateien bereithaltender **Diensteanbieter**. Da die Nutzer von P2P-Netzen meist (fast) weltweit verteilt sind und kein Nutzer allein das gesamte Netz steuern bzw. etwa „abschalten" kann, kann mediendiensterechtlich auf einen alleinverantwortlichen Diensteanbieter zugegriffen werden.

Der einzelne Nutzer kann deshalb allenfalls für sein Angebot als Telediensteanbieter qualifiziert werden. Folgt man dieser Beurteilung, muss aber (wegen § 5 Abs. 1 MDStV) jedes Angebot getrennt nach dem Recht des Sitzes bzw. Wohnsitzes des Nutzers beurteilt werden, und auch nur, soweit er vom Inhalt des Angebotes Kenntnis hat bzw. haben kann, was etwa bei dem P2P-Netz Freenet ausgeschlossen ist.

Wenn und soweit Mediendienste dem Rundfunk zuzuordnen sind (sog. „rundfunkähnliche" Mediendienste), bedürfen Anbieter solcher Dienste einer Zulassung nach Landesrecht (§ 20 Abs. 2 S. 1 RstV). Sie unterliegen Transparenzpflichten nach § 23 RStV, müssen einen Programmverantwortlichen benennen, bestimmte Programmgrundsätze einhalten (§ 41 RStV) und journalistische Grundsätze wahren.

Der Begriff der **rundfunkähnlichen Mediendienste** ist eng auszulegen und auf Sonderfälle zu beschränken, andernfalls der MDStV leerliefe[4]. Erforderlich ist eine redaktionelle Gestaltung und eine rundfunkähnliche Breitenwirkung, Aktualität und Suggestivkraft des Angebotes[5]. Soweit diese Mediendienste von öffentlich-rechtlichen Rundfunkanstalten angeboten werden, ist grundsätzlich der RStV anwendbar, weshalb Zulassung erforderlich ist und die Werbefreiheit nicht eingreift[6].

Ob ein Mediendienst rundfunkähnlich (oder gar unmittelbar) Rundfunk ist, muss im Einzelfall festgestellt werden. So wurde das Split-Screen-Börsentickerband des Senders ntv als Mediendienst eingestuft[7]. Außerdem ist der Rundfunkbegriff nicht statisch, sondern dynamisch-offen zu verstehen[8].

Nach weit überwiegender Auffassung wurden bereits frühzeitig weder das Internet als solches noch Diensteanbieter wie CompuServe oder AOL unter den Begriff des „Rundfunks" eingeordnet[9]. Das Hauptargument gegen die Anwendbarkeit von Rund-

1 *Gersdorf*, Der verfassungsrechtliche Rundfunkbegriff, 134; *Kibele*, Multimedia im Fernsehen, 159.

2 *Kibele*, Multimedia im Fernsehen, 163; *Janik*, AfP 2000, 7, 12.

3 *Kibele*, a.a.O., 171.

4 *Kibele*, a.a.O., 67.

5 Eine solche ist – dank Breitbandzugängen – allerdings zunehmend auch durch Mediendenste erreichbar, so etwa, wenn ein Dienst wie T-Online bestimmte Bundesligaspiele überträgt. Deshalb erscheint es fraglich, ob rundfunkähnliche Medendienste mittelfristig die Ausnahme bleiben werden.

6 *Kibele*, a.a.O., 101.

7 VG Berlin, MMR 1999, 175.

8 BVerfGE 83, 238, 302; *Eberle*, ZUM 1995, 249, 254; *Kibele*, Multimedia im Fernsehen, 56.

9 S. grundlegend *Bullinger/Mestmäcker*, Multimediadienste - Aufgabe und Zuständigkeit von Bund und Ländern, Rechtsgutachten erstattet im Auftrage des Bundesministeriums für Bildung, Wissenschaft,

funkrecht auf Mediendienste ist, dass sich die Online-Dienste nicht an die Allgemeinheit wenden, sondern auf einem System individueller Abrufe beruhen, während der Rundfunkstaatsvertrag eine simultane Signalverbreitung voraussetzt. Die Informationsangebote werden zunehmend individualisiert, während die bisher klassisch individuelle Telekommunikation (Beispiel: Telefon) immer stärker den Abruf bereitgehaltener Informationen erlaubt[1]. Bei netzgestützten Multimediadiensten werden nicht mehr Vollprogramme zu bestimmten Sendezeiten für alle Teilnehmer gleichzeitig angeboten, sondern Paletten für jeden Teilnehmer – zum von ihm gewünschten Zeitpunkt – auswählbarer Informationen, während beim Rundfunk nicht beliebige Inhalte zu beliebigen Zeitpunkten erreichbar sind. Über das Internet werden solche Informationsquellen weltweit zugänglich.

Diese Entwicklung führt zu einem „Übergang von einer Gesamtversorgung mit politisch-kulturellen Informationen zum wirtschaftlichen Einzelvertrieb von Informationen"[2], also zu einer neuen Funktion elektronischer Kommunikation. Der durch neue Technologien entstandene „Frequenzüberfluss" ermöglicht die parallele Existenz *beider* Angebotsformen, der Gesamtversorgung und des Einzelvertriebes. Deshalb lässt sich die institutionelle, grundgesetzliche Rundfunkgarantie (Art. 5 Abs.1 S.2 GG), die zu einer institutionellen staatlichen Ausgewogenheitspflege verpflichtet, nicht auf offene, nicht-institutionelle Multimedia-Dienste übertragen[3], die aus diesem Grunde auch nicht, kurz gesagt, dem Pluralitätsgebot folgen müssen. Für die Rundfunkgarantie konstitutiv ist ein „zeitlich planmäßig ablaufendes Programm als Macht über die individuelle und öffentliche Meinungsbildung"[4], die besonderer, institutionalisierter Kontrolle und Ausgewogenheitspflege bedarf [5], da dieser (bisherige) Rundfunk besondere Breitenwirkung, Aktualität und Suggestivkraft aufweist[6] und damit wesentlicher Faktor der öffentlichen Meinungsbildung ist[7]. Diesem, an einem einheitlichen Inhaltsangebot orientierten Rundfunkbegriff sind auch Dienste wie Videotext[8] zuzuordnen. Entscheidend hierfür ist nicht die Art des technischen Übertragungsmediums, sondern die inhaltliche rundfunkäquivalente Funktion des jeweiligen Dienstes[9].

Bei Abruf gestückelter Informationen fehlt es aber an einem Gesamtangebot, das ein Faktor der Bildung öffentlicher Meinung sein könnte[10], und somit an einer (mit dem

Forschung und Technologie vom Mai 1996; *Bullinger* AfP 1996, 9; *Kreile*, in: Schwarz (Hrg.), Recht im Internet, 10-2.1, 1, 6; *Gersdorf*, Internationale Datennetze und Rundfunkrecht, in: Becker, Rechtsprobleme internationaler Datennetze 1996, 87, 89.

1 *Bullinger/Mestmäcker*,a.a.O., 10f.

2 *Bullinger/Mestmäcker*,a.a.O., 15.

3 *Bullinger/Mestmäcker*,a.a.O., 31; *Lerch*, CR 1997, 261, 263 (für das Internet); a.A. etwa *Scherer*, AfP 1996, 213, 218.

4 *Bullinger/Mestmäcker*,a.a.O., 41, 43.

5 Der Rundfunk ist, dem BVerfG (E 31, 314, 325) zufolge, „nicht zuletzt infolge der Entwicklung der Fernsehtechnik, zu einem der mächtigsten Kommunikationsmittel und Massenmedium geworden, das wegen seiner weitreichenden Möglichkeiten und Wirkungen sowie der Gefahr des Missbrauchs zum Zweck einseitiger Einflußnahme auf die öffentliche Meinung nicht dem freien Spiel der Kräfte überlassen werden kann".

6 S. näher BVerfGE 90, 60, 87.

7 BVerfGE 12, 205, 260; 57, 295, 320; 73, 118, 152; 83, 238, 296.

8 BVerfGE 74, 297, 252.

9 S. n. BVerfGE 83, 238, 302 ff.

10 *Bullinger/Mestmäcker*,a.a.O., 47: Das Merkmal der Gleichzeitigkeit reicht zur Differenzierung allein aber nicht aus, da die Massenbeeinflussung etwa auch über ungleichzeitig rezipierte Pressepublikationen erfolgen kann (*Bullinger*, AfP 1996, 9, 13).

Rundfunk vergleichbaren) Breitenwirkung[1]. Das Internet eröffnet zwar ein – weltweites – Medium, aber (jedenfalls bisher) gerade keinen Faktor der demokratischen Meinungsbildung im nationalen Rahmen[2]. Hier gilt es vielmehr, für Anbieter und Abnehmer den Zugang rechtlich wie faktisch offenzuhalten (Gebot der sog. Offenheitspflege)[3], um deren Grundrechtsschutz aus den Wirtschaftsfreiheiten zu sichern. Im Internet bleibt das **Inhaltsangebot dezentral, ungesteuert** und (insbesondere international) **keiner „Ausgewogenheitspflege" unterworfen**. Schnell veränderliche technische Kriterien sind also nicht zu einer schutzzweckorientierten Abgrenzung geeignet. Entscheidend ist allen die rundfunkähnliche Wirkung eines Mediendienstes im Web.

Da auch Mediendienste in gleicher Weise verbreitet und in ihren (auch nicht selten programmäßig gestalteten) Darbietungen an die Allgemeinheit gerichtet sind, bleibt als Abgrenzungskriterium nur die besondere Breitenwirkung von Radio und Fernsehen und hiermit verbundene erhöhte Suggestivkraft. Mit verbesserter Technik (z.B. ISDN, DSL) sind aber (jetzt schon) Radio und (zukünftig) Fernsehen auch via Internet zugänglich und mit Internet-Angeboten kombinierbar, so dass eine Konvergenz von Rundfunk, Medien- und auch Teledienste abzusehen ist[4]. Da Veranstalter von Mediendiensten, die dem Rundfunk zuzuordnen sind, der besonderen Zulassung bedürfen (§ 20 RStV), bleibt die Abgrenzbarkeit aber relevant und wird zunehmend problematisch. Dies gilt nicht nur für Anbieter von Spezialangeboten (etwa TV-Übertragungen von Hauptversammlungen von Aktiengesellschaften im Internet mittels Webcam), die bei redaktioneller Gestaltung Mediendienste darstellen und als Rundfunk einzuordnen sein können, sondern umgekehrt (in negativer Abgrenzung) auch für öffentlich-rechtliche Rundfunkanstalten, die ihre Angebote zusätzlich teilweise auch im Internet zugänglich machen und hier getrennt zulassungsverpflichtet sein können. Ein Teleshopping-Programm wurde als Mediendienst Rundfunk zugeordnet, da es zusätzlich zu Produktinformationen publizistische Inhalte und journalistische Darstellungsformen sowie Unterhaltungs- und Showelemente aufwies[5]. Vermutet wurde bereits, dass mit der Zunahme der Online-Präsenz von kommerziellen Rundfunkunternehmen diese fordern werden, den gleichen Anforderungen wie sonstige Online-Anbieter unterworfen zu werden, um keine Wettbewerbsnachteile zu erleiden[6].

Anbieter von wenn auch funktional rundfunkähnlichen Diensten mit Audio- und/oder Video-Inhalten sind nach dem Mediendienstestaatsvertrag als Anbieter von Mediendiensten **nicht zulassungs- und anmeldepflichtig** (§ 4 MDStV)[7]. Hingegen sind Programme, die von Rundfunkanstalten im Sinne des Rundfunkstaatsvertrages netzgestützt verbreitet werden[8], dennoch **funktional** dem Bereich des Rundfunks oder jedenfalls den rundfunkähnlichen Diensten zuzuordnen und entsprechend **genehmigungs-** und **kontrollpflichtig**. Entscheidend kann hier nicht allein das bloße Medium der Verbreitung des Inhalts sein, sondern ist vielmehr auf den Inhalt und die Wirkung

[1] S. etwa *Lerch*, CR 1997, 261, 164 (ohne auf das Bullinger/Mestmäcker-Gutachten einzugehen).

[2] *Ory*, AfP 1996, 105, 109.

[3] *Bullinger/Mestmäcker*,a.a.O., 48f.

[4] Ähnlich auch Kröger/Gimmy/*Moos*, Handbuch, 290f, der darauf hinweist, dass der Empfang eines mittels TV-Karte am Computer empfangbaren TV-Senders dennoch Rundfunk bleibt.

[5] VG Stuttgart, Beschl.v. 24.9.1997 – 1 K 4025/97, MMR 1998, 322, 324; ähnlich das VG Berlin, Beschl.v. 26.3.1997 – VG 27 A 875/96, MMR 1998, 219, 222, das ein horizontales Laufband am unteren Bildschirmteil des Fernsehbildes, das u.a. Aktienkurse auflistete, als eigenen Mediendienst qualifizierte.

[6] *Holznagel*, JZ 2001, 905, 908.

[7] u.U. auch nicht nach dem TKG (s. *Bartosch* CR 1997, 517, 522).

[8] z.B. das des Bayerischen Rundfunks über www.br-online.de.

seiner Verbreitung abzustellen. Umgekehrt ist hinsichtlich der bestehenden, institutionell garantierten Rundfunkanstalten eine enge Auslegung der Kompetenz der Rundfunkanstalt zum Angebot neuer Dienste, die nur ergänzenden oder Hilfscharakter haben dürfen, also in Mediendiensten nicht eigenständige, zusätzliche Angebote präsentieren dürfen. Konkret bedeutet dies, dass Mediendienste wie etwa T-Online oder AOL, aber auch Inhalteanbieter im Web dann frei Inhalte via Internet auch in Deutschland verbreiten dürfen, wenn diese Inhalte nicht funktional mit ausgewogenheitsverpflichteten Programmen gleichzusetzen sind, sondern Ausschnittscharakter haben und grundsätzlich auf Abrufbasis verbreitet werden[1]. **„Web-Funk“ ist also anmelde- und zulassungsfrei, jedoch nicht für Rundfunk- und Fernsehanbieter**. Rundfunk- und/oder TV-Anbieter, gleich, ob mit öffentlich-rechtlichem oder privatem Status, unterliegen weiterhin dem Medienrecht der Länder.

Die im Internet sprunghaft ansteigenden, individualisierten Formen ungeordneter überindividueller Kommunikation werden grundsätzlich dem Bereich individueller Meinungsäußerungsfreiheit im Sinne von § 5 Abs. 1 Satz 1 GG zugeordnet, nicht der institutionellen Garantie nach § 5 Abs. 1 Satz 2 GG[2]. Diesem individual-kommunikationsnahen Bereich sind auch spartenbezogene Web-Radios und Internet-TV-Sender zuzuordnen, die etwa nur Sport-, Wirtschafts-, Unterhaltungsinhalte etc. anbieten.

---

1 *Knothe*, AfP 1997, 494, 494 fand die schlichte, gleichwohl zutreffende Formel: „... Was wie Rundfunk wirkt, muss auch wie Rundfunk behandelt werden“. Diese Formel greift freilich bei rundfunkähnlichen Diensten nur begrenzt. Hier muss nämlich zunächst einmal geklärt werden, ob der jeweilige Dienst (z.B. internetbasierte Übertragung von Audio- oder Videodateien) tatsächlich wie Rundfunk wirkt. Diese Abgrenzung fällt umso schwerer, als sich der klassische Rundfunk mittlerweile selbst in das Web diversifiziert.

2 *Bullinger/Mestmäcker*, a.a.O., S. 30, 35, 173. Bullinger nennt diese Medien „Forumsmedien“, die nur den Rahmen inhaltlich nicht vom Betreiber gesteuerter Beiträge zur Verfügung stellen und nicht dem Gebot einer „Ausgewogenheitspflege“ unterliegen.

Teil 6 Sonderfragen

§ 17 Anwendbares Recht und Gerichtszuständigkeit im Internet

Das Internet erlaubt weltweite Kommunikation. Rechtsordnungen sind hingegen auf nationale Territorien begrenzt, soweit sie nicht in der Europäischen Union oder weltweit in völkerrechtlichen Verträgen in Teilen harmonisiert wurden. Diese Angleichung ist selbst in der EU von einer vollständigen Angleichung noch weit entfernt (die möglicherweise auch weder erforderlich noch wünschenswert ist). Ein (gar weltweit) einheitliches Internet-Recht gibt es erst recht nicht[1]. Doch ist der „Problemdruck" aus der Vielgestalt der Rechtsordnungen für Anwendungen im Internet deutlich zu erkennen. Nur dieser Druck vermochte wohl auch, derart rasch Anpassungen herbeizuführen, wie sie im Bereich des Urheberrechts (so die WIPO-Übereinkommen WCT, WPPT[2]), des Marken- und Domainrechts (WIPO-Schlichtung[3]) oder generell des E-Commerce erfolgt sind (EG-Richtlinien zum elektronischen Vertragsschluss, zur elektronischen Signatur und zur Vereinheitlichung der Haftungsregelungen sowie das UN-Model Law).

Soweit in der EU und erst recht weltweit für den Waren- und Dienstleistungsverkehr Rechtsbereiche noch nicht harmonisiert sind, muss weiterhin auf nationale **Kollisionsnormen** zurückgegriffen werden, die festlegen, ob in einem Rechtsfall das materielle **Recht** des eigenen oder das eines anderen Staates anwendbar ist, etwa bei grenzüberschreitenden Verträgen. Dieses Kollisionsrecht wird meist unter den Titel „Internationales Privatrecht" (IPR) gefasst[4]. In Deutschland ist es wesentlich im Einführungsgesetz zum BGB (EGBGB) geregelt. Dieses Kollisionsrecht findet auch auf Sachverhalte mit Internetbezug Anwendung. Das Internet bildet also keine aus dem wechselseitigen Verweisungszusammenhang der Kollisionsregelungen ausgeklammerte Rechtssphäre. Für den Bereich der EU wird ein einheitliches Binnenmarktkollisionsrecht[5] angestrebt. Dies erscheint nur konsequent. Wenn bzw. soweit freilich die einzelnen Rechtsordnungen der Mitgliedsstaaten (zumindest in für den Waren- und Dienstleistungsverkehr relevanten Bereichen) harmonisiert werden, verlieren auch Kollisionsregeln an Bedeutung, zumal im Bereich der Gemeinschaft der Vorrang des selbst harmonisierend wirkenden Primärrechts (EGV) nicht ohne Auswirkung auf nationale kollisionsrechtliche Kodifikationen bleiben kann[6].

Der Regelung bedarf nicht nur die Zuweisung des anwendbaren Rechts, sondern auch die Festlegung, welches **Gericht** bei grenzüberschreitenden bzw. gar weltweiten Sachverhalten entscheidungszuständig ist. Diese Frage wird insbesondere dann proble-

---

1 So auch *Petersen*, Medienrecht, Rdn. 413. Entgegen *Petersen* impliziert die Verwendung des Begriffes „Internetrecht" aber nicht notwendig die separate Existenz eines solchen Rechtskorpus, sondern wird der Begriff üblicherweise als auf die Gesamtheit der Rechtsregelungen mit Bezug auf das Internet bezogen verstanden.

2 S. näher S. 840.

3 S. näher S. 843.

4 Kritisiert wurde zuweilen, es handle sich gerade nicht um ein „internationales" Privatrecht. Das ist insoweit zutreffend, als die Kollisionsnormen solche des nationalen Rechts sind. Doch beruhen sie in Teilen durchaus auf harmonisierenden internationalen Übereinkommen.

5 *Grundmann*, RabelsZ 67 (2003), 246, 254. Nach *Grundmann*, a.a.O., 269 soll ein Mitgliedsstaat einem Anbieter aus einem Drittstaat ebenfalls nur diejenigen zwingenden Gründe gegen die Anwendbarkeit des Rechts des Heimatsstaates des Anbieters entgegenhalten, die auch gegen das Recht eines anderen Mitgliedsssstaates entgegengehalten werden können.

6 *Grundmann*, RabelsZ 67 (2003), 246, 259.

matisch, wenn eine eigentlich nur national begrenzte Urteilswirkung, etwa eine Verpflichtung zur Unterlassung aus einem Immaterialgüterrecht (z.B. Markenrecht), weltweite Auswirkung hat, ohne dass in allen anderen betroffenen Staaten Vollstreckbarkeit des Urteils herbeigeführt werden müsste. Paradigmatisch ist hier die (z.B. aus einem markenrechtlichen Beseitigungsanspruch beruhende) Verpflichtung, die Registrierung eines – technisch bedingt weltweit nur einmal vergebbaren – Domain-Namens löschen zu lassen. Die Registrierung wird dann mit ebenfalls weltweiter Wirkung „aus dem Internet genommen".

Die Schwierigkeit der Anknüpfung einer **Zuständigkeitsfestlegung** beginnt bereits bei der Frage, ob jedes Gericht als zuständig zu betrachten ist, in dessen räumlichen Zuständigkeitsbereich von einer ausländischen Website aus ein Downloading rechtsverletzender Inhalte möglich ist. Da solches Herunterladen aber grundsätzlich an jedem Punkt der Erde erfolgen kann (von einzelnen zensurierenden Staaten einmal abgesehen), wäre mit einem derart weiten Anknüpfungskriterium wenig gewonnen. „Im Netz" ist überall und nirgendwo[1]. Im Marken- und Wettbewerbsrecht sind die Bemühungen deutlich, eine solche Anknüpfung durch Heranziehen weiterer, nicht rein technischer Kriterien wie Benutzungshandlung oder Aufeinandertreffen von Wettbewerberinteressen handhabbar zu machen. Nicht unbedingt vereinfacht wird dieses Bemühen durch den Umstand, dass das Internet (mit Ausnahme von Länderkennungen wie „.de") weitgehend in logischen Adressräumen organisiert ist (etwa mit Zuschreibungen geographisch neutraler Kennungen in Top Level Domains wie „.com", „.info" oder „.org"). Andererseits führt die Nutzung des Internet keineswegs zwangsläufig immer zu einer Internationalisierung, wie das alltägliche Beispiel einer online erfolgenden Warenbestellung durch einen deutschen Verbraucher bei einem deutschen Anbieter belegt. Ein IPR-Bezug fehlt hier völlig. Schließlich ist allgemein zu beachten, dass der Ort, an dem etwa eine Vertragsleistung erbracht oder ein Delikt begangen wird, nicht notwendig mit dem Standort des Serverrechners identisch sein muss, von dem aus die Leistungserfüllung oder Rechtsverletzung technisch durchgeführt bzw. ausgelöst wird. Allein der Standort dieses Rechners im Gebiet der EU kann deshalb nach überwiegender Auffasung (s. S. 831, 843, 852, 876) keine Anwendbarkeit von EG-Recht (etwa der EuGVVO) begründen, wenn der jeweils Handelnde seinen Sitz/Wohnsitz in einem Drittstaat hat bzw. dort seine Leistung erbringt.

Auch eine Vereinheitlichung der Grundsätze über die internationale Zuständigkeit hilft Anspruchsinhabern freilich nicht entscheidend weiter, wenn die Durchsetzung des Anspruch an der **Anerkennung** und **Vollstreckung** eines im eigenen Land erlangten Urteils in einem anderen Staat scheitert, wie etwa französische Gerichte im Verhältnis zu den USA bei Verfolgung von Haftungs- und Unterlassungsansprüchen aus rechtsradikalen Äußerungen und Aktivitäten erfahren mussten[2]. Diese Aspekte können schon aus Raumgründen nicht weiter vertieft werden; außerdem weisen sie, ebenso die Grundsätze der internationalen Zustellung, (noch) wenig internetspezifische Besonderheiten auf.

Die Problembereiche der Festlegung des anwendbaren Rechts und des zuständigen Gerichts werden in diesem Kapitel zur besseren Übersicht getrennt zusammengefasst, wobei auch auf Kollisionen des Immaterialgüter- und Haftungsrecht einzugehen ist.

---

1 *Lurger*, Internationaler Verbraucherschutz im Internet, in: *Leible* (Hrg.), Die Bedeutung des Internationalen Privatrechts im Zeitalter der neuen Medien 2003, 33, 39.

2 S. näher S. 582.

A. Anwendbares Recht

Weltweite Kommunikation im Internet führt zwangsläufig dazu, dass Regelungen unterschiedlicher Rechtsordnungen miteinander kollidieren. Allgemein enthält das Einführungsgesetz zum BGB für wesentliche Rechtsbereiche **Kollisionsnormen**, die festlegen, ob im jeweiligen Falle des Konfliktes zwischen zwei verschiedenen Rechtsordnungen deutsches Recht oder das Recht des jeweils anderen Staates anwendbar ist, etwa bei grenzüberschreitenden Warenlieferungen oder Zugänglichmachen von Raubkopien in Peer-to-Peer-Netzen. Diese Normen sind grundsätzlich auch für netzgestützte Kommunikation anwendbar.

Im vorliegenden Rahmen kann das Internationale Privatrecht des EGBGB auch nicht ansatzweise dargestellt werden. Deshalb werden nur zwei Regelungsbereiche herausgegriffen, nämlich die vertraglichen Schuldverhältnisse (einschließlich Verbraucherverträgen) und die unerlaubten Handlungen als Teil außervertraglicher Schuldverhältnisse. Vorangestellt werden jedoch themenbezogen internationale Übereinkommen, die vorrangig vor nationalen Kollisionsnormen gelten.

I. Internationale Verträge

1. UN-Übereinkommen

a) Verträge nach UN-Kaufrecht

Das UN-Kaufrecht (**CISG,** Convention on Contracts for the International Sale of Goods; sog. „Wiener Übereinkommen" vom 11.4.1980)[1] führt für grenzüberschreitende Kauf- und Werklieferverträge zu einer Sonderanknüpfung. Es ist Einheitsrecht. Die CISG enthält keine kollisionsrechtlichen Regelungen, sondern stellt eine materiellrechtliche *loi uniforme* (Einheitsrecht) dar[2] und ersetzt die divergierenden nationalen materiellen Bestimmungen zum Kaufrecht. Aus Raumgründen können nur knapp einige Punkte hervorgehoben werden:

Die Geltung von UN-Kaufrecht kann zulässig vertraglich **abbedungen** werden. Dies sollte aber ausdrücklich im Vertrag geregelt werden, andernfalls das UN-Kaufrecht anwendbar ist. Sehen die Vertragsparteien nur die Anwendbarkeit deutschen Rechts im Vertrag vor, so gehört zu diesem auch (früher) vereinheitlichte Kaufrecht bzw. (nunmehr) das UN-Kaufrecht[3].

Art. 7 Abs. 1 CISG verlangt in allen Mitgliedsstaaten eine **einheitliche** Auslegung. Auf verbraucherbezogene Verträge findet die CISG keine Anwendung (Art. 2, Ausschluss des Kaufs von Waren für den persönlichen Gebrauch oder den Gebrauch in der Familie oder im Haushalt, außer, der Verkäufer kannte diesen Gebrauch nicht und musste ihn nicht kennen).

Die Annahme eines **Angebotes** führt auch dann zu einem wirksamen Vertragsschluss, wenn diese Annahmeerklärung mit – freilich nur unwesentlichen – Ergänzungen oder Änderungen verbunden ist (sog. „*last-shot-rule*" des Art. 19 Abs. 2 CISG), während nach deutschem Recht in dieser Annahmeerklärung ein neues Angebot zu sehen, also kein Vertragsschluss erfolgt ist.

---

1 Einführend etwa *Schlechtriem*, IPRax, 1990, 277.

2 *Kegel*, Internationales Privatrecht, 513.

3 BGHZ 96, 313, 322; *Herdegen*, Internationales Wirtschaftsrecht, 184.

Die CISG wird nach deutscher Rechtsauffassung auf **Standardsoftware** als anwendbar angesehen[1], auf **information download** jedoch wohl nicht[2], da hier keine – wie von Kommentierungen[3] zum CISG vorausgesetzt – bewegliche körperliche Sache beim Transfer übermittelt wird[4], sondern ein Datenstrom. Die einheitliche Auslegung scheint aber bereits für Software nicht mehr gewährleistet, da zwar vereinzelt deutsche Instanzgerichte die entsprechende Anwendbarkeit des CISG auf Online-Übertragungen bejaht haben, aber mittlerweile eine **ablehnende** britische Entscheidung vorliegt[5], so dass **international** nicht einheitlich von der entsprechenden Anwendbarkeit ausgegangen werden darf.

b) UNCITRAL

Das **UNCITRAL Model Law on Electronic Commerce 1996** harmonisiert in Art. 7 auf UN-Ebene Anforderungen an die elektronische Form als Substitut für das gesetzliche Schriftformerfordernis. Umsetzung erfolgte in der E-Commerce-Richtlinie (s. S. 98).

Das **UNCITRAL Model Law on Electronic Signatures 201** stellt in Ergänzung zum Model Law 1996 harmonisierte Regeln für sichere elektronische Signaturen auf (zur elektronischen Signatur s. S. 132).

2. EG-Recht, Europa

a) Vertragliche Schuldverhältnisse

Für Vertragsverhältnisse wurde bereits 1980 (und damit lange vor dem Entstehen der internet-spezifischen Rechtsprobleme) noch als völkerrechtliches Übereinkommen (also nicht als EG-Sekundärrecht) im Rom-Übereinkommen[6] (EVÜ) eine Rechts-

---

1 *Endler/Daub*, CR 1993, 601, 603f, auch bei Online-Übertragung (S. 605), wobei die nationalen Auslegungen aber unterschiedlich ausfallen können. Ähnlich *Brandi-Dohrn*, CR 1993, 473, 476 sogar für Individualsoftware. Bejahend auch OLG Köln, zit.nach *Marly*, Software-Überlassung, 2.Aufl. Rdn. 402.

2 da entweder eine vom CISG ausgenommene Dienstleistung vorliegt (Art. 3 Abs. 2) oder jedenfalls keine Ware im Sinne einer beweglichen körperlichen Sache, denn Informationen können, anders als abzuspeichernde Computerprogramme, auch durch bloßes Lesen ohne Speichern genutzt werden (z.B. eine elektronische Fahrplanauskunft). Abl. auch *Bettinger*/Leistner, Werbung und Vertrieb im Internet, Teil 3 C, Rdn. 25; a.A. wohl *Schmitz*, MMR 2000, 256, 258.

3 Staudinger/*Magnus*, BGB, Art. 1 CISG Rdn. 43; Schlechtriem/*Ferrari*, Komm. zum Einheitl.UN-Kaufrecht, Art. 2 Rdn. 35.

4 Moritz/Dreier/*Terlau*, Rechts-Handbuch zum E-Commerce, Teil C, Rdn. 59.

5 St.Alban's City and District Council v. Intl. Comp.Ltd 1996 All ER 481, 492, zit. nach: *Gringras*, 39 (keine *Waren*übereignung bei Online-Übertragung).

6 Römisches EWG-Übereinkommen über das auf vertragliche Schuldverhältnisse anzuwendende Recht v. 19.6.1980, BGBl 1980 II, 810 (EVÜ), für die Bundesrepublik Deutschland seit dem 1.4.1991 im Verhältnis zu Belgien, Dänemark, Frankreich, Griechenland, Italien, Luxemburg und dem Vereinigten Königreich in Kraft getreten, seit dem 1.9.1991 gegenüber den Niederlanden, seit dem 1.1.1992 gegenüber Irland, seit dem 1.9.1995 gegenüber Portugal und Spanien, seit dem 1.1.1999 gegenüber Österreich und Schweden und seit dem 1.4.1999 gegenüber Finnland (s. *Jayme/Hausmann*, Internationales Privat- und Verfahrensrecht, 11. Aufl. 2002, 171; konsolidierte Fassung des Übereinkommens auch in EG-ABl. Nr. C 27 v. 26.1.1998, 34).

harmonisierung durchgeführt. Auf der Grundlage des EVÜ wurden die Art. 27 – 37 EGBGB novelliert. Nunmehr soll im nächsten Schritt durch eine Verordnung eine Harmonisierung erfolgen. Die Kommission hat ein **Grünbuch** zur sog. „Rom I"-Verordnung über Internationales Schuldvertragsrecht vorgelegt[1]. Eine grundsätzliche Revision des Rom-Übereinkommens ist nicht vorgesehen, da es als bewährte Regelung betrachtet wird.

b) Außervertragliche Schuldverhältnisse – Vorschlag zur „Rom II"-Verordnung

Am 22.7.2003 legte die Kommission[2] den Vorschlag für eine Verordnung über das Recht vor (nachfolgend kurz „ROM II-VO-E"), das auf außervertragliche Schuldverhältnisse anzuwenden sein und mit der VO „Brüssel I"[3] harmonisiert werden soll, die vertragliche und außervertragliche Schuldverhältnisse umfasst. Ziel ist die Angleichung des materiellen Rechts im Bereich insbesondere des Deliktsrechts, so etwa bei der Abgrenzung zwischen verschuldenabhängiger und verschuldensunabhängiger Haftung, Ersatz indirekter bzw. immaterieller oder Dritten entstandener Schäden, Zulässigkeit von Strafschadensersatz, etc. Die Begründung will, so die ausdrückliche Zielsetzung, die mehr[4] als fünfzehn einzelstaatlichen Kollisionsnormsysteme durch ein einheitliches Regelwerk ersetzen[5].

Zentrale Regelung soll nach Art. 3 Abs. 1 ROM II-VO-E eine Kollisionsnorm sein, nach der auf ein außervertragliches Schuldverhältnis aus **unerlaubter Handlung** in Abhängigkeit davon, in welchem Staat das **schädigende Ereignis**[6] eintritt und in welchem Staat oder welchen Staaten die indirekten Schadensfolgen festzustellen sind, das Recht desjenigen Staates anzuwenden ist, in dem der Schaden eintritt oder einzutreten droht[7]. Eine Wahl des Handlungsortsrecht ist nicht möglich[8]. Hierin weicht der

---

1 Grünbuch über die Umwandlung des Übereinkommens von Rom aus dem Jahr 1980 über das auf vertragliche Schuldverhältnisse anzuwendende Recht in ein Gemeinschaftsinstrument sowie über seine Aktualisierung (KOM (2002) 654 endgültig, www.europa.eu.int/eur-lex/de/com/gpr/2002/com2002_0654de01.pdf). Ein Fragenthema ist die Modernisierung von Art. 5 EVÜ, da die Regelung nicht den „mobilen" Verbraucher erfasse und auch mit dem verbraucherschutzrechtlichen Kollisionsrecht nicht übereinstimme (s. näher *Ehle*, GPR 1/03-04, 49, 51).

2 Kommission, Vorschlag für eine Verordnung des Europäischen Parlaments und des Rates über das auf außervertragliche Schuldverhältnisse anzuwendende Recht („Rom II") v. 22.7.2003, KOM 427 endgültig, 2003/0168 (COD). Die Bezeichnung „Rom II" schließt an das oben erwähnte Rom-Übereinkommen v. 19.6.1980 an. Der VO-Entwurf basiert auf Arbeiten und einem hieraus resultierenden Entwurf der Europäischen Gruppe für Internationales Privatrecht (Groupe Européen de Droit International Privé, GEDIP). Die VO soll die Art. 39 ff EGBGB ablösen und zum 1. Januar 2005 in Kraft treten.

3 S. unten S. 870.

4 Das System in Großbritannien ist nicht einheitlich.

5 VO-Entwurf, 6.

6 Die VO (Begr, 12) weist darauf hin, dass der Begriff des „schädigenden Ereignisses" nach der EuGH-Rechtsprechung sowohl die schadensbegründende Handlung als auch den Schaden selbst erfasst. Diese Anknüpfung erlaubt aber den Parteien nach Auffassung der Kommission nicht, das auf ihre Situation anwendbare Recht mit hinreichender Sicherheit vorherzusehen.

7 Die Regelung greift gewissermaßen erst an vierter Stelle ein, nämlich dann, wenn keine Rechtswahl getroffen wurde (Art. 10 VO-E; Art. 42 EGBGB), kein gemeinsamer Aufenthalt von Schädiger und Geschädigtem und keine engere Verbindung zu einem anderen Staat vorliegt (Art. 3 Abs. 2 u. 3 VO-E; Art. 40 Abs. 2 u. 41 EGBGB, s.n. *Benecke*, RIW 2003, 830, 832)

8 *Spickhoff*, Das Internationale Privatrecht der sog. Internet-Delikte – Art. 40 – 42 EGBGB, „Rom II" und Herkunftslandprinzip, in: *Leible* (Hrg.), Die Bedeutung des Internationale Privatrechts im Zeitalter

Entwurf vom – durch fast alle Mitgliedsstaaten angewandten – Grundsatz ab, nach dem unerlaubte Handlungen dem Recht des Ortes unterliegen, an dem diese vorgenommen wurden (*lex loci delicti commissi*)[1]. Dieser Grundsatz führt in den Fällen zu Problemen, in denen das schädigende Ereignis und der Schaden nicht demselben Staat zuzuordnen sind. Auch stellen einige Mitgliedsstaaten nicht auf den Handlungsort im erwähnten Sinne, sondern auf den Ort des Schadenseintrittes ab; weiter ist die Wahlmöglichkeit des Klägers bezüglich des anwendbaren Rechts unterschiedlich geregelt, so dass Harmonisierungsbedarf gegeben ist. Bisher schon sieht Art. 5 Nr. 3 der „Brüssel I"-VO (EuGVVO) eine besondere Gerichtszuständigkeit für deliktische oder quasideliktische Schuldverhältnisse an dem Ort vor, an dem das schädigende Ereignis eingetreten ist. Jedoch hat der Geschädigte auch die Möglichkeit, in Fällen, in denen das schädigende Ereignis und der Schaden an unterschiedlichen Orten eingetreten sind, den Schädiger nach seiner Wahl entweder vor dem Gericht des Ortes zu verklagen, an dem das schädigende Ereignis eingetreten ist, oder vor dem Gericht an dem Ort, an dem der Schaden eingetreten ist[2], wobei der Schaden an jedem Ort eintritt, an dem rechtswidriges Material heruntergeladen wird[3]. Diese Wahlfreiheit kann die Gefahr eines sog. „Forum Shopping" begründen, den der VO-E abwehren soll.

Das durch die VO bestimmte Recht soll auch dann anzuwenden sein, wenn es nicht das Recht eines Mitgliedsstaates ist (Art. 2 Rom II-VO-E). Damit definiert die VO eine universale Kollisionsnorm.

Nach Art. 5 Abs. 1 Rom II-VO-E soll auf aus **unlauterem Wettbewerbsverhalten** entstandene, außervertragliche Schuldverhältnisse das Recht desjenigen Staates anzuwenden sein, in dessen Gebiet die Wettbewerbsbeziehungen oder die kollektiven Interessen der Verbraucher unmittelbar und wesentlich beeinträchtigt worden sind oder beeinträchtigt werden könnten (**Marktort**). Die Begründung zum Entwurf (S. 16 – 18) geht allerdings nicht auf den Umstand ein, dass die E-Commerce-Richtlinie gerade nicht auf den Marktort abstellt, sondern auf das Herkunfts- bzw. Niederlassungsland des Anbieters[4]. Qualifiziert man die E-Commerce-RL als Sonderregelung für den Bereich des Online-Handels, hätte sie insoweit Regelungsvorrang vor der nunmehr vorgeschlagenen allgemeinen Verordnung, aber auch vor den Art. 40 – 42 EGBGB[5]. Dies führt aber nur begrenzt zu Änderungen in der Rechtspraxis, da es auch nach der ECRL bei einer kollisionsrechtlichen Verweisung auf den Markort bleiben kann, jedoch im koordinierten Bereich das Recht am Marktort in seinen materiellen Anforderungen im Umfang so weit zu reduzieren ist, dass es denjenigen des Rechts des Herkunftslandes

der neuen Medien 2003, 89, 105.

1 Nach *Benecke*, RIW 2003, 830, 833 ist auf den Ort abzustellen, an dem eine Verletzung erlitten wird, nicht auf den Ort, an dem haftungsausfüllende Umstände eintreten.

2 EuGH, Urt.v. 30.11.1976, Rs. C-21/76, Slg. 1976, 1735 – Handelskwekerij Bier B.V. v. Mines de Potasse d'Alsace S.A.; EuGH, Urt.v. 7.3.1995, Rs. C-38/68, Slg. 1995, I-415 – Fiona Shevill ./. Presse Alliance SA. (Schadensersatzklage aus Presseveröffentlichung entweder vor dem Gericht am Ort der Niederlassung des Herausgebers für den gesamten Schaden oder vor den Gerichten an den Orten der Verbreitung der Veröffentlichung in jedem Staat, in dem das Ansehen des Betroffenen beeinträchtigt worden ist, aber beschränkt auf jene Schäden, die im jeweiligen Staat verursacht worden sind).

3 WIPO, Intellectual Property on the Internet: A Survey of Issues, WIPO/INT/02, December 2002, 124 (http://ecommerce.wipo.int).

4 Gounalakis/*Spindler*, Rechtshandbuch Electronic Business, § 9 Rdn. 119 nimmt an, dass nach ROM II zwar vereinheitlicht das Marktortprinzip gelte, dieses jedoch sofort wieder vom Herkunftslandprinzip der ECRL überlagert oder verdrängt werde.

5 *Spickhoff*, Das Internationale Privatrecht der sog. Internet-Delikte – Art. 40 – 42 EGBGB, „Rom II" und Herkunftslandprinzip, in: *Leible* (Hrg.), Die Bedeutung des Internationale Privatrechts im Zeitalter der neuen Medien 2003, 89, 117.

äquivalent ist, nicht dem des Bestimmungslandes.

Auch ist diese Abgrenzung in der VO wohl insoweit nicht haltbar, als Art. 4 Abs. 1 Satz 1 der vorgeschlagenen Richtlinie über verbraucherbezogenen Schutz vor unlauteren Geschäftspraktiken[1] vorsehen soll, dass es ausreicht, wenn sich Gewerbetreibende lediglich an die Rechtsvorschriften desjenigen Mitgliedsstaates halten, in dem sie niedergelassen sind, womit online und offline-bezogene Geschäftspraktiken erfasst werden. In Konsequenz hieraus würde die Richtlinie über unlautere Geschäftspraktiken auch im Offline-Bereich Anwendung finden und das Herkunftslandprinzip auch in diesem durchsetzen, so dass Art. 5 ROM II-VO-E nur noch im **nicht** verbraucherbezogenen Restbereich des reinen Verhältnisses von Wettbewerbern zueinander anwendbar sein kann.

Für **Persönlichkeitsrechtsverletzungen** ist nach Art. 7 ROM II-VO-E an das Recht am gewöhnlichen Wohnsitz (*habitual residence*) des Geschädigten anzuknüpfen.

Art. 8 Abs. 1 ROM II-VO-E hält den allgemeinen Grundsatz fest, dass auf außervertragliche Schuldverhältnisse aus der **Verletzung von Rechten an geistigem Eigentum** das Recht desjenigen Staates anzuwenden ist, in dem der Schutz beansprucht wird, für Urheberrechte das Recht desjenigen Landes, in dem die Verletzungshandlung begangen worden ist. Art. 8 Abs. 1 bestätigt den Grundsatz der *lex loci protectionis* (Schutzlandprinzip). Bei Verletzungen eines einheitlichen gemeinschaftsrechtlichen Schutzrechtes soll das einschlägige Recht der Gemeinschaft (die insoweit einheitlich Schutz„ort“, *locus protectionis* ist) angewendet werden (Art. 8 Abs. 2 ROM II-VO-E), bei Fehlen einer solchen Regelung das Recht desjenigen Mitgliedssstaates, in dem die Verletzungshandlung begangen wurde (Art. 8 Abs. 2 ROM II-VO-E).

3. Deutsches Kollisionsrecht (EGBGB)

Soweit mangels internationaler Harmonisierung Unterschiede in den einzelnen nationalen Rechtsordnungen verbleiben, behält die Frage nach den Kollisionsregelungen dieser Rechtsordnungen Relevanz, da sie festlegen, welche dieser Rechtsordnungen materiellrechtlich zur Anwendung gelangen.

a) Vertragsrecht

Art. 32 Abs. 1, 27 – 30 EGBGB legen die Grundsätze für die Bestimmung des auf Verträge anwendbaren Rechts (**Vertragsstatut**) fest. Formbestimmungen werden nach Art. 11 EGBGB angeknüpft.

(1) Freie Rechtswahl

Grundsätzlich können die Vertragsparteien frei vereinbaren, welches Recht sie auf den von ihnen zu schließenden Vertrag anwenden wollen (**freie Rechtswahl**, Art. 27 EGBGB, sog. Vertragsstatut)[2]. So können die Vertragsparteien aus zwei Staaten das Recht eines dritten Staates wählen, ein Deutscher und ein Franzose also die Geltung

---

[1] S. näher S. 489.

[2] Abgesichert auf EU-Ebene durch das EG-Übereinkommen vom 19.6.1980 über das auf vertragliche Schuldverhältnisse anwendbare Recht (vgl. BGBl. 1986 II 810).

deutschen, französischen oder eines dritten, z.B. des niederländischen, Rechts vereinbaren und sogar zwei Deutsche die Geltung eines ausländischen Rechts[1]. Das gilt grundsätzlich auch im Internet. Nach dem Vertragsstatut bestimmt sich etwa auch die Einräumung von Nutzungsrechten an Immaterialgütern[2], seien es Computerprogramme oder sonstige Schutzgüter.

Eine „Entnationalisierung" durch Abwahl aller nationalen Rechtsordnungen ist aber nicht möglich[3], damit auch nicht auf vertraglicher Ebene die Verankerung einer der lex mercatoria des Handelsrecht vergleichbaren harmonisierenden Regelung (wohl aber auf völkerrechtlicher Ebene). Allerdings geht die Entwicklung zumindest einige Schritte in diese Richtung, wie die UN Model Laws on Electronic Commerce von 1996 und on Electronic Signatures von 2001 zeigen.

Verträge zu grenzüberschreitenden Leistungserbringungen im Internet sollten aus Gründen der Rechtssicherheit grundsätzlich eine entsprechende **Rechtswahlklausel** enthalten[4]. In Allgemeinen Geschäftsbedingungen kann eine Rechtswahl getroffen werden[5]. Formzwang besteht nicht. Die Rechtswahl kann auch **konkludent** getroffen werden[6]. Indizien für eine konkludente Rechtswahl können die Vereinbarung eines einheitlichen Gerichtsstandes oder Erfüllungsortes sein, ebenso die Verweisung auf Vorschriften eines bestimmten Rechts oder die Benutzung von AGB, nur sehr begrenzt die verwendete Sprache oder genannte Währung[7]. Die Prüfung, ob die Rechtswahlvereinbarung wirksam getroffen wurde, erfolgt ebenfalls nach dem **gewählten** Recht, also dem **Vertragsstatut** (Art. 27 Abs. 4 i.V.m. Art. 31 Abs. 1 EGBGB)[8]. Hieraus folgt konkret, dass z.B. das Recht desjenigen US-Staates (z.B. Ohio oder Kalifornien) über die Wirksamkeit der Rechtswahlvereinbarung entscheidet, auf den die Vertragsparteien im Vertrag verweisen. Dies gilt auch für Rechtswahlklauseln, die in AGB enthalten sind[9]. Grenze für diese Bezugnahme ist freilich Art. 34 EGBGB.

Die Vertragsparteien können nur **Sachvorschriften** des anzuwendenden Rechts wählen, nicht dessen Internationales Privatrecht (Art. 4 Abs. 2 EGBGB), sodass eine Rückverweisung (*renvoi*) durch dieses auf deutsches Recht oder eine Weiterverweisung auf das Recht eines Drittstaates ausgeschlossen sind. Die Wahlfreiheit gilt außerdem nur für das Vertragsrecht, grundsätzlich nicht etwa z.B. für das Delikts- oder Immaterialgüterrecht.

Muss für den abzuschließenden Vertrag die **Form** (z.B. Schriftform) eingehalten werden, so ist dies nicht für die Rechtswahlvereinbarung als solche erforderlich[10]. Allerdings verweist Art. 27 Abs. 4 EGBGB auf Art. 29 Abs. 3 EGBGB, der auf die Formvorschriften des Staates abstellt, in dem der Verbraucher seinen gewöhnlichen Aufenthalt hat. Kollidieren Rechtswahlklauseln in den Vertragsbedingungen der

---

1 Palandt/*Heldrich*, EGBGB, Art. 27 Rdn. 3.

2 *Obergfell*, K&R 2003, 118, 120.

3 Palandt/*Heldrich*, EGBGB, Art. 27 Rdn 3; a.A. *Lorenz* RIW 1987, 573).

4 Man spricht insoweit von einem kollisionsrechtlichen Verweisungsvertrag (s. Palandt/*Heldrich*, Bürgerliches Gesetzbuch, EGBGB, Art. 27 Rdn.1). Dies darf nicht dahingehend missverstanden werden, dass auf fremdes Kollisionsrecht verwiesen würde.

5 Staudinger/*Magnus*, BGB, Art. 27 CISG Rdn. 53.

6 Palandt/*Heldrich*, a.a.O., Rdn. 5 ff.

7 *Gruber*, DB 1999, 1437, 1441.

8 *Kegel*, Internationales Privatrecht, 487; *Borges*, ZIP 1999, 565, 566; *Borges*, Verträge im elektronischen Geschäftsverkehr, 863.

9 BGHZ 123, 383; BGH, NJW 1994, 2700.

10 BGHZ 57, 337; BGHZ 73, 391.

Vertragsparteien, kommt keine Rechtswahl zustande[1].

Eingeschränkt wird die Wahlfreiheit durch **Sonderanknüpfungen** wie in Art. 29 EGBGB und Art. 29 a EGBGB für Verbraucherverträge. Unberührt bleiben außerdem Bestimmungen des deutschen Rechts, die ohne Rücksicht auf das auf den Vertrag anzuwendende Recht „den Sachverhalt zwingend regeln" (Art. 34 EGBGB), z.B. Ausfuhrverbote oder Preis- und Devisenkontrollen[2].

Die Rechtswahl umfasst als solche nicht auch die Wahl des zuständigen Gerichtes (im fremden Staates). Eine **Gerichtsstandsvereinbarung** kann im Geltungsbereich der ZPO durch Vertragsparteien nur vereinbart werden, wenn beide Parteien Kaufleute sind (§ 38 Abs.1 ZPO) oder zumindest eine Partei keinen allgemeinen Gerichtsstand im Inland hat (§ 38 Abs. 2 S. 1 ZPO). Diese Vereinbarung bedarf der Schriftform (§ 38 Abs. 2 S. 2 ZPO). Ist keine Vereinbarung erfolgt oder zulässig, ist für den Gerichtsstand der Erfüllungsort maßgeblich (§ 29 ZPO, in der EU Art 5 Nr. 1 EuGVVO). Die Wirksamkeit der Gerichtsstandsvereinbarung wird auch dann vom deutschen Gericht geprüft, wenn die Vereinbarung von einem Anbieter mit Sitz im Ausland verwendet wird[3].

Die Rechtswahl kann auch **elektronisch** erfolgen, ist aber an den §§ 305 c Abs. 1, 307 BGB zu messen[4]. Ist die Rechtswahlklausel unwirksam, bestimmt sich das anwendbare Recht im Wege der objektiven Anknüpfung[5].

(2) Fehlen einer Rechtswahl

Fehlen (wie häufig) Vertragsbestimmungen zur Rechtswahl, unterliegt der Vertrag dem Recht desjenigen Staates, mit dem der Vertrag die **engsten Verbindungen** aufweist (Art. 28 Abs. 1 Satz 1 EGBGB[6]). Hierbei besteht eine **Vermutung**, dass der Vertrag die engsten Verbindungen mit dem Staat aufweist, in dem die Partei, die die charakteristische **Leistung** zu erbringen hat (so etwa der Lieferant von Produkten oder ein Auktionshaus[7]), im Zeitpunkt des Vertragsabschlusses ihren gewöhnlichen Aufenthalt hat (Art. 28 Abs. 2 Satz 1 EGBGB), es sei denn, aus der Gesamtheit der Umstände ergibt sich, dass der Vertrag engere Beziehungen mit einem anderen Staat aufweist (Art. 28 Abs. 5 EGBGB). Nach den vorstehenden Regelungen bestimmen sich etwa

- der Ort, an dem die Leistung zu erbringen, d.h. die vertraglich begründete Verpflichtung zu erfüllen ist (Art. 32 Abs. 1 Nr. 2 EGBGB),
- die Festlegung möglicher Ersatzansprüche aus teilweiser oder vollständiger Nichterfüllung dem Grunde und der Höhe nach (Art. 32 Abs. 1 Nr. 3 EGBGB),
- die Folgen aus Verjährung oder Vertragsnichtigkeit (Art. 32 Abs. 1 Nr. 4 und 5 EGBGB).

---

1 Palandt/*Heldrich*, EGBGB, Art. 27 Rdn. 8.

2 Palandt/*Heldrich*, a.a.O., Rdn. 1.

3 Ausf.s. *Rüßmann*, K&R 1998, 129, 131.

4 Gounalakis/*Pfeiffer*, Rechtshandbuch Electronic Business, § 12 Rdn. 47.

5 Gounalakis/*Pfeiffer*, Rechtshandbuch Electronic Business, § 12 Rdn. 55.

6 entspricht Art. 4 Abs.1 des Römischen EWG-Übereinkommens über das auf vertragliche Schuldverhältnisse anzuwendende Recht (Rom-Abkommen).

7 Gounalakis/*Pfeiffer*, Rechtshandbuch Electronic Business, § 12 Rdn. 111.

Charakteristisch wird meist die vom **Anbieter** zu erbringende Leistung sein[1], im Internet z.B. die Leistung des Informationsanbieters[2] durch Zugänglichmachen auf einem Serverrechner im Web. Hierbei wird grundsätzlich auf den Sitz des Anbieters abzustellen sein, nicht auf den (zuweilen eher zufälligen) Standort eines Serverrechners[3] oder die Nutzung einer Top-Level-Domain wie „.de“[4].

Die **Intensität** der jeweiligen Verbindungen lässt sich naturgemäß nicht abstrakt, sondern nur vom jeweiligen konkreten Sachverhalt her feststellen. Bietet jemand im Internet Zugriff auf Informationen in seinem Rechner an, so liegt der Schwerpunkt der Leistung im Einrichten des Rechners, im Bereitstellen der Information und im Eröffnen des Zugangs. Diese Leistungen lassen sich dem Standort des Rechners und damit der Rechtsordnung desjenigen Staates zuordnen, in dem sich dieser Standort befindet, allerdings nur, wenn dieser Standort und der Sitz des Anbieters übereinstimmen. Wenn der Provider einen anderen Staat als den des Standortes von Hostrechnern wählt und von dort aus seine Leistungen erbringt, wird allein der **Sitz** des Anbieters (Niederlassung) als maßgeblich angesehen, von dem aus das Zugänglichmachen auf dem Serverrechner gesteuert wird, nicht der beliebig wählbare Standort des Serverrechners[5]. Dies kann freilich zur Sitzverlegung in „Safe Harbors“ verleiten, während die technische Infrastruktur im Inland verbleibt.

Freilich ist auch bei **internet-basierter Leistungserbringung** zu differenzieren. Wird nur die Möglichkeit eines Downloading angeboten, ist der Sitz des Anbieters entscheidend[6]. Bietet der Betreiber hingegen das automatisierte Downloading z.B. von Browser-Software für den Anschluss an einem Online-Dienst oder Leistungen im Rahmen von Application Service Providing (ASP) an, dürfte der Schwerpunkt dieser Leistung am Sitz/Wohnort des Kunden sein, wenn dort etwa das Downloading vom Anbieter durchgeführt, das Modem initialisiert und die Registrierung vorgenommen wird. Der Anbieter richtet also via Netz den Kundenrechner so ein, dass für diesen Rechner technisch der Anschluss überhaupt erst möglich wird. In diesem Fall ist, mangels abweichender Vereinbarung, der Schwerpunkt der Leistungserbringung am Sitz des Kunden zu sehen und folgt die Leistung der Rechtsordnung des Staates, in dem der Kunde seinen (Wohn-)Sitz bzw. gewöhnlichen Aufenthalt hat. Der Vertrag hat hier engere Beziehungen zum Niederlassungs- bzw. Wohnsitzstaat des Kunden als zum Niederlassungsstaat des Anbieters (Art. 28 Abs. 5 EGBGB)[7]. Konsequenz ist freilich, dass in diesen Fällen die gleiche technische Leistung den unterschiedlichen Rechtsordnungen der verschiedenen Staaten unterliegen kann, in denen die Kunden des Anbieters ihren gewöhnlichen Aufenthalt haben.

Eine **engere Verbindung mit einem anderen Staat** (Art. 28 Abs. 5 EGBGB) kann anzunehmen sein, wenn etwa der Anbieter wie ein inländischer Anbieter auftritt, nämlich mit deutscher Internet-Adresse und in deutscher Sprache gezielt für den

---

1 *Gruber*, DB 1999, 1437, 1441; *Horn*, MMR 2002, 209, 213.

2 *Mankowski*, RabelsZ 1999, 205, 220.

3 *Mankowski*, RabelsZ 1999, 205, 227f; Gounalakis/*Pfeiffer*, Rechtshandbuch Electronic Business, § 12 Rdn. 34.

4 Gounalakis/*Pfeiffer*, Rechtshandbuch Electronic Business, § 12 Rdn. 34, m.w.N.

5 Moritz/Dreier/*Terlau*, Rechts-Handbuch zum E-Commerce, Teil C, Rdn. 55.

6 *Bettinger*/Leistner, Werbung und Vertrieb im Internet, Teil 3 C, Rdn. 12.

7 a.A. Moritz/Dreier/*Terlau*, Rechts-Handbuch zum E-Commerce, Teil C, Rdn. 46; *Mankowski*, CR 1999, 512, 515 gegen die Vorauflage, allerdings allein auf bloßes Downloading abstellend, während hier zusätzliche Handlungen des Anbieters zu berücksichtigen sind, die spezifisch für jeden Kundenrechner erfolgen müssen.

deutschen Markt werbend, und die Erfüllung in Deutschland erfolgt[1]. Dies kann auch gelten, wenn die Webseite nicht auf einen bestimmten Staat zugeschnitten ist, wohl aber das Leistungsangebot selbst[2].

Art. 28 EGBGB ist nicht anwendbar, soweit die Sonderregelungen der Art. 29 und 29 a EGBGB eingreifen (s.unten (3)).

(3) Internationale Verbraucherverträge

Eingeschränkt wird die freie Rechtswahl bei grenzüberschreitenden Verbraucherverträgen. Hierbei handelt es sich um Verträge über die Lieferung beweglicher Sachen (die unmittelbar über das Netz abgeschlossen werden können) oder über die Erbringung von Dienstleistungen zu einem nicht dem beruflichen oder gewerblichen Bereich des Kunden zuzuordnenden Zweck (vgl. Art. 29 Abs. 1 EGBGB, Definition des „Verbrauchers"). Eine analoge Anwendung dieser Bestimmung wird überwiegend ausgeschlossen[3]. Anwendbar sind die zwingenden Bestimmungen des Rechts desjenigen Staates, in dem der Verbraucher seinen gewöhnlichen **Aufenthalt**[4] hat. Art. 29 setzt das Römische EG-Übereinkommen vom 19.6.1980 um und lässt sich als Universalisierung des *ordre-public*-Gedankens verstehen (wie er allgemein in Art. 34 EGBGB normiert ist). Art. 29 ist allseitige Kollisionsnorm, gilt also zugunsten ausländischer wie inländischer Rechtsnormen[5]. Art. 29 EGBGB soll auch auf **Online**-Auslieferung von (informationellen) Produkten wie E-Books oder Software[6] anwendbar sein, ebenso bereits auf Aufforderungen zur Angebotsabgabe[7] (invitationes ad offerendum).

Auch bei Verbraucherverträgen **bleibt** eine **Rechtswahl** grundsätzlich **möglich**, jedoch werden deren **Auswirkungen eingeschränkt**. Die Rechtswahl darf nämlich nicht dazu führen, dass dem Verbraucher derjenige Schutz entzogen wird, der ihm durch zwingende Bestimmungen des Rechts des Staates seines gewöhnlichen Aufenthaltes gewährt wird (Art. 29 Abs. 1 EGBGB). Voraussetzung dieser Einschränkung ist, dass

- ein Angebot oder die Werbung in diesem Staat erfolgt ist und der Verbraucher in diesem Staat die zum Vertragsabschluss erforderliche Rechtshandlung (z.B. Angebotsannahme) vorgenommen hat (Art. 29 Abs. 1 Nr. 1 EGBGB) oder dass
- der Vertragspartner (Anbieter) oder dessen Vertreter in diesem Staat die Bestellung des Verbrauchers angenommen hat (Art. 29 Abs. 1 Nr. 2 EGBGB) oder dass
- der Vertrag den Verkauf von Waren betrifft und der Verbraucher von diesem Staat in einen anderen Staat gereist ist und dort seine Bestellung aufgegeben hat, sofern diese Reise vom Verkäufer mit dem Ziel herbeigeführt worden ist, den Verbraucher zum Vertragsschluss zu veranlassen (Art. 29 Abs. 1 Nr. 3 EGBGB).

Außerdem ist Art. 29 nur in den Fällen anzuwenden, in denen wenn das inländische

---

1 Gounalakis/*Pfeiffer*, Rechtshandbuch Electronic Business, § 12 Rdn. 40; *Gruber*, DB 1999, 1437, 1441.

2 *Borges*, Verträge im elektronischen Geschäftsverkehr, 877.

3 *Borges*, ZIP 1999, 565, 567 m.ausf.N.; *Horn*, MMR 2002, 209, 213 m.w.N.

4 Ein bloß vorübergehender Aufenthalt (wie z.B. bei einem Urlaub) genügt nicht (*Gruber*, DB 1999, 1437).

5 *Borges*, ZIP 1999, 565, 569.

6 *Bettinger*/Leistner, Werbung und Vertrieb im Internet, Teil 3 C, Rdn. 5.

7 BGHZ 123, 380, 389; *Borges*, Verträge im elektronischen Geschäftsverkehr, 705.

Recht für den Verbraucher im konkreten Fall günstiger ist als das ausländische Recht, so dass ein Günstigkeitsvergleich erforderlich ist[1].

Art. 29 Abs. 1 **Nr. 1** EGBGB setzt grundsätzlich voraus, dass ein Webseiteninhalt Werbung[2] oder ein ausdrückliches **Angebot** enthält, wobei bereits eine invitatio ad offerendum (s. S. 103) ausreicht[3]. Dies ist für jede Webpräsenz getrennt zu prüfen, bei kommerziellen Sites aber wohl grundsätzlich zu bejahen. Ausreichend ist auch, wenn der Anbieter bereits durch andere Werbung im Zielstaat ausgetreten ist[4]. Außerdem müssen sich aber [5] Werbung oder Angebot **gezielt** (auch) **auf** das **Aufenthaltsstaat des Verbrauchers richten**[6], was jedenfalls bei Verwendung von Englisch als Angebots- bzw. Werbesprache regelmäßig anzunehmen sein soll[7] und vom Inhalt der Werbung her zu beurteilen ist[8].

Bloße Abrufbarkeit von Webseiten genügt nach richtiger Auffassung[9] nicht[10], da sie praktisch weltweit gegeben ist, ohne dass die Werbung deshalb schon notwendig weltweit mögliche Kunden ansprechen will[11]. Verbraucherschutz würde hier systemwidrig zum „Touristenschutz"[12]. Selbst wenn man aber auf die bloße Abrufbarkeit abstellt, ist doch eine Einschränkung des (werbenden) Angebotes auf bestimmte Zielstaaten zu berücksichtigen (wenn der Anbieter sich an diese Einschränkung auch tatsächlich hält). Werbung im Aufenthaltsstaat des Verbrauchers wird bejaht, wenn die Webseite des Anbieters die Durchführung von Online-Bestellungen gestattet („aktive"

---

1 *Mankowski*, RIW 1993, 453, 459; *Borges*, ZIP 1999, 565, 567; *Borges*, Verträge im elektronischen Geschäftsverkehr, 703.

2 Nach *Borges*, ZIP 1999, 565, 567 letztlich jede Form von Produktinformation, auch solche auf Webseiten (*Mankowski*, RabelsZ 1999, 1129; Palandt/*Heldrich*, EGBGB 29 Rdn. 5).

3 *Borges*, ZIP 1999, 565, 567.

4 *Horn*, MMR 2002, 209, 213.

5 Nach der Begründung zu Art. 5 des EWG-Übereinkommens vom 19.6.1980 über das auf vertragliche Schuldverhältnisse anzuwendende Recht (s. *Giuliano/Lagarde*, BT-Drucks. 10/503, 36, 56), auf dem Art. 29 EGB BGB gründet (*Gruber*, DB 1999, 1437).

6 *Horn*, MMR 2002, 209, 213; Bröcker/Czychowski/Schäfer/*Nordemann-Schiffel*, Praxishandbuch Geistiges Eigentum im Internet, § 3 Rdn. 203; in diesem Sinne bereits der *Giuliano/Lagarde*-Bericht zu Art. 5 EuGVÜ (BT-Drucks. 10/503, 36, 56).

7 S. etwa *Gruber*, DB 1999, 1437, 1438.

8 *Borges*, ZIP 1999, 565, 569.

9 *Borges*, Verträge im elektronischen Geschäftsverkehr, 711 m.w.N. Die wohl überwiegende Auffassung will aber bloße Abrufbarkeit ausreichen lassen, so dass jede Webseite, da grundsätzlich weltweit abrufbar, omnipräsent ist (so etwa *Ernst*, VuR 1997, 259f; *Junker*, RIW 1999, 809, 815; *Kronke*, RIW 1996, 985, 988; *Mankowski*, RabelsZ 63 (1999), 203, 234; Palandt/*Heldrich*, Art. 29 EGBGB Rdn. 5; *Thorn*, IPRax 1999, 1, 5. *Borges*, a.a.O., 714 kritisiert zutreffend, dass die Annahme einer Omnipräsenz letztlich dazu führe, dass es für Verbraucher im Internet kein Ausland gibt. Eingeschränkt trifft die Kritik, dass sich der Anbieter dann nach sämtlichen ausländischen Rechtsordnungen richten müsse, was unzumutbar sei. Der Anbieter kann dieses Risiko aber dadurch steuern, dass er nur in Staaten liefert, mit deren Rechtsordnung er sich vertraut gemacht hat.

10 *Horn*, MMR 2002, 209, 213; Gounalakis/*Pfeiffer*, Rechtshandbuch Electronic Business, § 12 Rdn. 74 m.w.N. Fehlt der Bezug der Werbung oder des Angebotes auf den Zielstaat und tritt der Anbieter dort auch nicht in sonstiger Weise auf, ist Art. 29 nicht anwendbar. Andernfalls gäbe es für über das Internet Verträge schließende Verbraucher gar kein Ausland (*Borges*, ZIP 1999, 569; *Horn*, MMR 2002, 209, 213).

11 Kaminski/Henßler/Kolaschnik/*Papathoma-Baethke/Nehrenberg/Finke*, Rechtshandbuch E-Business, 75 nehmen hingegen allgemein an, dass sich eine WWW-Seite an potentielle Kunden in der ganzen Welt richte ähnlich *Köhler/Arndt*, Recht im Internet, Rdn. 381; *Mankowski*, RabelsZ 63 (1999), 206, 234.

12 *Paefgen*, ZEuP 2003, 266, 274.

Webseiten). Fehlt es an einer solchen Interaktionsmöglichkeit und präsentiert der Anbieter nur seine Produkte bzw. Dienstleistungen („passive" Webseiten), kann aus dem Inhalt der Webseiten doch zu entnehmen sein, dass der Anbieter Verbraucher im Aufenthaltsstaat anspricht[1]. Selbst unter Zugrundelegen dieser einschränkenden Anforderungen muss sich der Anbieter bei internet-weiter Werbung auf die Beachtung einer Vielzahl von Rechtsordnungen einstellen[2].

Schließlich muss der Verbraucher die zum Vertragsschluss erforderlichen **Handlungen** (also etwa die Bestellung) im Staat seines gewöhnlichen Aufenthaltes vornehmen. Hierfür muss der Standort des Rechners des Verbrauchers im Aufenthaltsstaat belegen sein[3], während es auf den Standort eines zwischengeschalteten Serverrechners nicht ankommt[4].

Art. 29 Abs. 1 **Nr. 2** EGBGB setzt voraus, dass der Anbieter bei der Entgegennahme der Bestellung physisch **präsent** ist (etwa auf Ausstellungen), weshalb eine bloße Internet- „Präsenz" nicht ausreicht[5], ebensowenig die Entgegennahme einer Bestellung auf einer Webseite oder Aufstellen eines Serverrechners im Verbraucherstaat[6]. Art. 29 Abs. 1 Nr. 2 EGBGB soll aber anwendbar sein, wenn der Verbraucher nach der Gesamtheit der Umstände sowie aufgrund des auf den Webseiten angegebenen inländischen Sitzes des Anbieters von einem reinen Inlandsgeschäft ausgehen musste[7].

Art. 29 Abs. 1 **Nr. 3** EGBGB greift nur bei „echten" Reisen ein (etwa den sog. „Kaffeefahrten"), nicht bei „virtuellen" Reisen wie dem Surfen im Internet[8].

In jedem der Fälle des Art. 29 Abs. 1 EGBGB bleiben zwingende Bestimmungen des Rechts des Staates des gewöhnlichen Aufenthaltes trotz des Rechtswahl anwendbar, so etwa die Bestimmungen zu Fernabsatzverträgen (§§ 312 b ff BGB). Der Anbieter wurde als in der Lage angesehen, das angesichts der Vielzahl unterschiedlicher nationaler Regelungen hohe Rechtsanwendungsrisiko zu tragen, wenn er dieses Medium Internet wählt und die Möglichkeit hat, über die Lieferanschrift das Aufenthaltsland eines möglichen Kunden festzustellen und gegebenenfalls einen Vertragsschluss abzulehnen[9].

Beispiel: Bestellt ein deutscher Verbraucher bei einem englischen Software-Versand (zu nicht beruflichen/nicht gewerblichen Zwecken) ein Programm, so kann in diesem Liefervertrag nicht die Geltung deutschen Verbraucherschutzrechtes (etwa die Geltung des Verbraucherkreditgesetzes) abbedungen werden. Gleiches gilt sinngemäß für (online erfolgende) Reisebuchungen (Geltung der §§ 651 a – 651 l BGB zum Reisevertragsrecht)[10] und für den Schutz aus dem AGB-Recht bei der Verwendung von Formularverträgen[11].

Streitig ist, ob Art. 29 EGBGB, da auf „die Lieferung beweglicher Sachen" abstellend, die nichtkörperliche **Online-Übertragung** (z.B. von Textdateien, von

1 Gounalakis/*Pfeiffer*, Rechtshandbuch Electronic Business, § 12 Rdn. 75.

2 *Mankowski*, RabelsZ 1999, 205, 235 mit dem Hinweis, dass diese Erhöhung des Rechtsrisikos durch die Vergrößerung der Reichweite des Angebotes ausgeglichen werde, was aber wohl nicht für jedes Angebot in gleicher Weise gelten dürfte.

3 *Borges*, ZIP 1999, 565, 571.

4 *Horn*, MMR 2002, 209, 213.

5 *Gruber*, DB 1999, 1437.

6 *Borges*, ZIP 1999, 565, 567.

7 Gounalakis/*Pfeiffer*, Rechtshandbuch Electronic Business, § 12 Rdn. 78 m.w.N.

8 *Gruber*, DB 1999, 1437 m.w.N.

9 *Mankowski*, MMR-Beilage 7/2000, 22, 25.

10 Palandt/*Heldrich*, EGBGB, Art. 29 Rdn. 2 m.w.N.

11 OLG Düsseldorf, WM 1995, 1351; *Palandt/Heldrich*, a.a.O., Rdn. 6.

Musikwerken aus CD-ROMs oder von Computerprogrammen) erfasst[1] oder nur für die Lieferung beweglicher Sachen, also von Datenträgern, gilt[2]. Erweiternde Auslegung ist nicht möglich, da Art. 29 EGBGB als Ausnahmeregelung *eng* auszulegen ist[3]; dies spricht dafür, Art. 29 EGBGB auf Online-Übertragungen nicht anzuwenden, sofern die Übertragung nicht als Dienstleistung einzustufen ist.

Die Schutzbestimmungen sind in den Fällen **nicht anwendbar**, in denen die dem Verbraucher geschuldeten Leistungen ausschließlich im anderen Staat erbracht werden müssen (Art. 29 Abs. 4 Nr. 2 EGBGB) oder in denen der Anbieter seine Werbung nicht auf Deutschland ausgerichtet hat[4]. Für einen Anbieter von Web-Services oder einen Online-Dienst bedeutet dies etwa, dass der Download unter Art. 29 EGBGB einzuordnen sein kann (wenn man dessen Anwendbarkeit auf Online-Übertragungen bejaht), jedoch die Erbringung der site-gebundenen Online-Dienste *nicht*, da diese im anderen Staat erbracht werden und zugreifbar sind.

Aber auch dann, wenn keiner der Fälle des Art. 29 Abs. 1 EGBGB vorliegt, kann zwingendes Recht des Staates des gewöhnlichen Aufenthaltes anzuwenden sein, sofern die (freilich eng auszulegende) Bestimmung des **Art. 34 EGBGB** eingreift. Art. 34 EGBGB ergänzt Lücken der (vorrangigen[5]) Regelung in Art. 29 EGBGB, etwa bei Miete oder Verbraucherkrediten[6], jedoch nur bei hinreichendem Inlandsbezug des Rechtsgeschäftes[7]. Soweit Art. 29 EGBGB aber eingreift, hat diese Bestimmung Vorrang[8].

Für Verträge mit Vertragspartnern in **Drittstaaten** (außerhalb der EU/EWR, sog. „besondere Gebiete", Island, Liechtenstein, Norwegen[9]) sieht Art. 29 a EGBGB einen vergleichbaren Schutz vor, wenn der Vertrag einen engen Zusammenhang mit dem Gebiet eines der Mitgliedsstaaten auf.

Ob für die jeweiligen Verträge **Schriftformerfordernis** besteht, beantwortet sich nach dem Recht des gewöhnlichen Aufenthaltes des Verbrauchers (Art. 29 Abs. 3 S. 2 EGBGB), nicht nach dem allgemeinen Formstatut (Art. 11).

Die **E-Commerce-Richtlinie** geht vom Herkunfts- bzw. Ursprungslandprinzip aus. Jeder Mitgliedsstaat hat die in seinem Gebiet niedergelassenen Anbieter an ihrem Sitz nach seinem Recht zu prüfen (Art. 3 Abs. 1 ECRL). Für Verträge gilt damit im koordinierten Bereich (der Online-Verträge), das Recht am Sitz des Anbieters, nicht dasjenige am Wohnsitz/Aufenthaltsort des Kunden. Das Sitzstaatsrecht gilt auch, wenn es günstiger ist als das Recht am Marktort. Außerhalb des koordinierten Bereichs gilt hingegen weiter das Recht des Bestimmungslands (also das des Marktortes), womit sich der Anbieter bei mehrere Staaten erfassender Werbung und Vertrieb nach dem

---

1 Hierfür etwa Kaminski/Henßler/Kolaschnik/*Papathoma-Baethke/Nehrenberg/Finke*, Rechtshandbuch E-Business, 71f (o.Begr.).

2 Für die Einbeziehung der Online-Übertragung *Horn*, MMR 2002, 209, 213 m.w.N.; *Mankowski*, CR 1999, 512, 515 da der Übermittlungsmodus nicht entscheidend sein dürfe.

3 Zu Art. 27 EG s. OLG Hamm NJW-RR 1989, 496.

4 *Mankowski*, MMR-Beilage 7/2000, 22, 24 mit der Hinweis, wer sich als Verbraucher aus eigenem Antrieb und ohne Verleiten durch den Unternehmer über eine Grenze begibt, dürfe nicht erwarten, dass er sein eigenes Recht mitnehme.

5 BGHZ 123, 390, 391.

6 BGHZ 123, 390, 391.

7 *Gruber*, DB 1999, 1437, 1440.

8 Palandt/*Heldrich*, EGBGB 34, Rdn. 3a.

9 Palandt/*Heldrich*, EGBGB 29 a, Rdn. 2.

strengsten Recht richten muss („race to the top")[1]. Das Herkunftslandprinzip führt umgekehrt zu einer „Inländerdiskriminierung", da inländische Anbieter an das strengere Recht ihres Sitzstaates gebunden bleiben, während sich der EG-ausländische Anbieter auf seine ihm günstigere Rechtsordnung berufen kann, wodurch Wettbewerbsverfälschungen entstehen können[2].

In § 4 Abs. 1 TDG wird (über § 4 Abs. 2 des Elektronischen Geschäftsverkehr-Gesetzes) wird das Herkunftslandprinzip in deutsches Recht umgesetzt. Dem Verbraucher wird aber das Recht eingeräumt, entweder am Sitz des Anbieters oder an seinem eigenen Wohnsitz Klage zu erheben. Hier trägt er zunächst das Recht der lex fori vor, während der Beklagte sich auf ein niedrigeres Schutzniveau in seinem Sitzland berufen muss[3]. Die Vertragsparteien können ein außergerichtliches Schlichtungsverfahren vereinbaren[4].

(4) Recht eines dritten Staates

Unterliegt ein Vertrag auf Grund **Rechtswahl** nicht dem Recht eines Mitgliedsstaates der EU (oder des EWR), weist jedoch der Vertrag einen engen Zusammenhang mit dem Gebiet eines dieser Staaten auf, so sind die im Gebiet dieses Staates geltenden Bestimmungen zur Umsetzung von Verbraucherschutzrichtlinien anzuwenden (Art. 29 a Abs. 1 EGBGB). Ein solcher enger Zusammenhang ist etwa anzunehmen, wenn der Vertragsabschluss auf Grund eines öffentlichen Angebotes, einer öffentlichen Werbung oder einer ähnlichen geschäftlichen Tätigkeit in einem Mitgliedsstaat erfolgt **und** der andere Teil seine auf Vertragsabschluss gerichtete Erklärung in einem Mitgliedsstaat abgibt (Art. 29 a Abs. 2 EGBGB). Europäisches Verbraucherschutzrecht wird auf diese Weise indirekt über den EU-/EWR-Bereich hinaus **ausgedehnt**. Ein weltweites Angebot auf einer Webseite wird überall dort erklärt, wo der Kunde es abrufen kann; bei Abrufbarkeit in der EU/ dem EWR und gewöhnlichen Aufenthalt des Kunden in diesem Gebiet ist Art. 29 a anwendbar[5]. Das Recht des Mitgliedsstaates ist auch dann anwendbar, wenn das Recht des Drittstaates (etwa im US-Bundesstaat Kalifornien) verbraucherfreundlicher wäre; ein Günstigkeitsprinzip ist nicht geregelt[6]. Art. 29 a EGBGB ist eine allseitige Kollisionsnorm[7].

Unberührt bleiben aber Bestimmungen des deutschen Rechts, die ohne Rücksicht auf das auf den Vertrag anzuwendende Recht „den Sachverhalt zwingend regeln" (Art. 34 EGBGB), z.B. Ausfuhrverbote oder Preis- und Devisenkontrollen[8].

---

1 *Lettl*, WRP 2004, 1079, 1086 mit dem Hinweis, dass sich hierdurch die Markteintrittskosten deutlich erhöhen können.

2 *Lettl*, WRP 2004, 1079, 1087.

3 *Ahrens*, CR 2000, 835, 838.

4 Art. 17 a der Legislativen Entschließung, a.a.O.

5 Palandt/*Heldrich*, EGBGB § 29 a Rdn. 3.

6 Palandt/*Heldrich*, EGBGB § 29 a Rdn. 5 m.w.N.

7 Palandt/*Heldrich*, EGBGB § 29 a Rdn. 5 (Die Norm regelt also nicht nur, wann deutsches, sondern auch, wann das Recht eines anderen Staates anwendbar ist).

8 Palandt/*Heldrich*, a.a.O., Rdn. 1.

3. Internationale Übereinkommen

a) Immaterialgüterrecht

(1) Urheberrecht

Jeder Staat gestaltet sein Urheberrecht eigenständig aus. Es gibt kein international bzw. gar weltweit einheitliches Urheberrecht (sog. *loi uniforme*). Auch das Kollisionsrecht ist nicht einheitlich[1]. Die Folge ist, dass für jedes Land das Entstehen und die Ausgestaltung eines Urheberrechts getrennt geprüft werden muss (sog **Territorialitätsprinzip**) und auch für Verletzungshandlungen an das Schutzland anzuknüpfen und nach dessen Recht zu beurteilen ist. Wichtiges Beispiel für Regelungsunterschiede sind etwa Datenbanken im Sinne der §§ 87 a ff UrhG, die zwar EG-weit vereinheitlicht (und damit insoweit durchaus fast als loi uniforme), aber nicht außerhalb der Gemeinschaft geschützt sind, weshalb bereits eine Verletzungshandlung durch Kopieren einer Datenbank in den USA nicht möglich ist.

(aa) Revidierte Berner Übereinkunft (RBÜ)

Allerdings wäre die Wirkung des Territorialitätsprinzips unbefriedigend, wenn der Urheber zwar in seinem jeweiligen Heimatstaat geschützt, im Ausland aber ungeschützt wäre, insbesondere bei Bewertung eines Werkes im Internet. Von Bedeutung ist hier zunächst die **Revidierte Berner Übereinkunft** (RBÜ)[2]. Sie harmonisiert das materielle Urheberrecht zumindest in wesentlichen Teilen und erfordert konventions-freundliche Auslegung des deutschen Urheberrechts[3]. Hierdurch ist sichergestellt, dass ein literarisches Werk (als das die RBÜ Computerprogramme nicht ausdrücklich einstuft, aber umfassen soll[4]) nicht nur in Deutschland (oder in der EU), sondern etwa auch in den USA, Japan oder China geschützt ist. Die RBÜ legt aber keinen Standard für die schöpferische Qualität fest.

Die RBÜ enthält außerdem auch Kollisionsnormen. So legt Art. 5 Abs. 1 RBÜ den Grundsatz der sog. „**Inländerbehandlung**" fest. Hiernach genießen ausländische Urheber für ihre Werke in allen Vertragsstaaten mit Ausnahme des Ursprungslandes des Werkes die Rechte, die die einschlägigen Gesetze den inländischen Urhebern gewähren. Im Ursprungsland genießen die Urheber hingegen (nur) den Schutz nach dem nationalen Recht (Art. 5 Abs. 3 S. 1 RBÜ). Ausländische Urheber können damit grundsätzlich die Rechte in Anspruch nehmen, die das deutsche Urheberrecht den deutschen Urhebern gewährt (§ 121 Abs. 1 UrhG). Dieser Grundsatz der Inländerbehandlung „funktioniert" freilich in den Fällen nicht, in denen der Ursprungsstaat keinen ausreichenden oder gar überhaupt keinen Schutz gewährt, aber dennoch für seine Staatsangehörigen in einem anderen Staat vollen Schutz verlangen kann. Deshalb regelt

---

1 So schlug *Ginsburg*, GRUR Int. 2002, 97, 108 vor, dass die Rechtswahlregeln als einziges Recht das Recht desjenigen Landes bestimmen sollten, zu dem die Werkschöpfung die engste Verbindung aufweist (also i.d.R. das Ursprungsland).

2 Revidierte Berner Übereinkunft zum Schutz von Werken der Literatur und Kunst vom 9.9.1886, revid. Pariser Fassung vom 24.7.1971 (BGBl 1973 II 1071); geänd. durch Beschl. v. 2.10.1979 (BGBl 1985 II 81). Liste der Mitgliedsstaaten: www.wipo.int/treaties/documents/english/pdf/e-berne.pdf.

3 BGH GRUR 1999, 707, 713 – Kopienversanddienst.

4 *Haberstumpf*, in: *Lehmann*, Rechtsschutz, II, Rdn. 30. Die RBÜ verpflichtet aber nicht zur Gewährung von Mindestrechten für Computerprogramme (RegE, BT-Drucks. 12/4022, 7).

§ 121 Abs. 4 S. 2 UrhG ein materielles Reziprozitätserfordernis, nach dem Angehörige eines Staates, mit dem keine Staatsverträge bestehen, Schutz genießen, wenn ein entsprechender Schutz in jenem Staat durch ministerielle Bekanntmachung festgestellt wurde.

Ein weiteres Problem besteht bei der **Veröffentlichung** von Werken (im Sinne von Art. 3 Abs. 3). Zum einen sieht die RBÜ kein (dem *Making-Available-Right* des Art. 8 WCT/der Art. 10, 14 WPPT entsprechendes) Recht des öffentlichen Zugänglichmachens vor[1]. Zum anderen wirft die Verortung des Ursprungslandes bei Erstveröffentlichung im Internet Probleme auf. Veröffentlicht nämlich ein Urheber sein Werk zuerst im Internet, soll sich der Urheber in keinem einzigen Verbandsland auf den Berner Mindestschutz berufen können, da hier jedes an das Internet angeschlossene Land als Ursprungsland anzusehen wäre, im Ursprungsland der Schutzumfang aber allein durch das innerstaatliche Recht bestimmt wird[2]. Hier wurde ein Abstellen auf die Niederlassung des Webseitenbetreibers[3] oder der Verzicht auf ein einzelnes Ursprungsland vorgeschlagen[4].

Materiell schützt die RBÜ die in Art. 2 RBÜ definierten Werke der Literatur und Kunst im Sinne von Erzeugnissen auf dem Gebiet der Literatur, Wissenschaft und Kunst, ohne Rücksicht auf die Art und Form des Ausdrucks. Die RBÜ definiert außerdem zu gewährende Mindestrechte, nämlich das Urheberpersönlichkeitsrecht sowie Übersetzungs-, Vervielfältigungs- und Senderechte (Art. 6 bis , Art. 15 TRIPs).

Die RBÜ ist von der urheberpersönlichkeitsrechtsorientierten Gesamtkonzeption her eher auf das herkömmliche künstlerische und literarische Schaffen zugeschnitten, nicht so sehr auf die Sicherung unternehmerischer Nutzungsinteressen[5]. Die Verwaltung der RBÜ (und des sog. Rom-Abkommens über den Schutz der ausübenden Künstler, der Hersteller von Tonträgern und der Sendeunternehmen) erfolgt durch die WIPO[6] in Genf.

Art. 9 Abs. 2 RBÜ sieht einen Drei-Stufen-Test für Schrankenbestimmungen vor (s. S. 374).

(bb) Welturheberrechtsabkommen (WUA)

Das WUA weist ein geringeres Schutzniveau auf als die RBÜ, die Vorrang vor dem WUA hat (Art. XVII WUA). Seit dem Beitritt der USA und der GUS hat das WUA nur noch eingeschränkte Bedeutung[7]. Art. 1 WUA gewährt ebenfalls einen Mindestrechtekatalog und die Inländerbehandlung (Art. 5 Abs. 3 WUA).

---

1 *Thum*, GRUR Int. 2001, 9, 10.

2 *Thum*, GRUR Int. 2001, 9, 11 unter Verweis auf *Ginsburg*, Private International Law Aspects of the Protection of Works and Objects of Related Rights Transmitted Through Digital Networks, Study for the Group of Consultants on the Private International Law Aspects of the Protection of Works and Objects of Related Rights Transmitted Through Global Digital Networks, Geneva Dec. 16-18. 1998, GCPIC/2, 30.11.1998, www.wipo.int/eng/meetings/1998/gcpic/.

3 *Ginsburg*, Aspects, a.a.O.

4 *Thum*, GRUR Int. 2001, 9, 14.

5 *Ullrich*, Computerprogrammschutz, Rdn. 101.

6 World Organization of Intellectual Property.

7 *Rehbinder*, Urheberrecht, Rdn. 481.

(cc) Rom-Abkommen

Das Rom-Abkommen vom 26.10.1961[1] regelt die (dem Urheberrecht) verwandten Schutzrechte ausübender Künstler, Tonträgerhersteller und Sendeunternehmen. Wesentliche Regelungsgrundsätze sind die Inländerbehandlung, Mindestrechte und Formalitätenverbot.

(dd) TRIPS-Abkommen

Als Teil des WTO-Abkommens gilt seit dem 1.1.1995 das TRIPS-Abkommen[2], das materiell- und verfahrensrechtliche Vorgaben für die Mitgliedsstaaten enthält, aber keine Grundlage für Individualansprüche darstellt[3]. Das TRIPS-Abkommen regelt alle Immaterialgüterrechte (auch für Computerprogramme und Datenbanken, Art. 10, 11 TRIPS), gewerblichen Schutzrechte (Art. 15 – 21, 27 – 34 TRIPS) und Rechte an geographischen Herkunftsangaben (Art. 22 – 24 TRIPS) sowie den Schutz von Geschäftsgeheimnissen (Art. 39 TRIPS) und inkorporiert materiellrechtliche Regelungen von PVÜ und RBÜ in deren jeweils schutzintensivsten Fassungen[4] (aber noch nicht aus den WIPO-Abkommen WCT und WPPT[5]), führt bestimmte **Mindestrechte** ein und gleicht so das durch den Grundsatz der Inländer(gleich)behandlung (Art. 3 TRIPS) entstandene, erwähnte Schutzdefizit aus. TRIPS ist aber nicht auf reine Inlandssachverhalte anwendbar, wodurch eine Inländerdiskriminierung möglich bleibt[6]. Es enthält außerdem eine (in den anderen Konventionen nicht enthaltene) **Meistbegünstigungsklausel**, nach der sämtliche urheberrechtliche Vergünstigungen, die ein Mitgliedsstaat den Urheber eines anderen Staates gewährt, auch den Angehörigen dritter Staaten einzuräumen sind (Art. 4 TRIPS). TRIPs basiert auf einem sog. „Bern-Plus"-Ansatz, der die Mitgliedsstaaten verpflichtet, die materiellen Vorschriften der RBÜ einzuhalten zur Angleichung national gewährter Vorteile[7] (wodurch alle unter der RBÜ geschützten Werke auch unter TRIPS geschützt sind). TRIPs schützt ausdrücklich Computerprogramme als Sprachwerke, ebenso Datensammlungen, soweit diese Sammlungen geistige Schöpfungen darstellen (Art. 10 Abs. 1 und Abs. 2 TRIPS). TRIPS erfasst damit nicht den Sui-generis-Schutz, wie ihn etwa die EG-Datenbankrichtlinie einführte.

Die Art. 44 – 48 TRIPS vereinheitlichen den durch Gerichte zu gewährenden Schutz, indem sie **Ansprüche** auf Unterlassung (Art. 44 TRIPS), Schadensersatz (Art. 45 TRIPS), Einziehung und Vernichtung verletzender Ware (Art. 46 TRIPS), Drittauskunft

1 Abkommen über den Schutz der ausübenden Künstler, der Hersteller von Tonträgern und der Sendeunternehmen, BGBl 1965 II, 1243. Liste der Mitgliedsstaaten: www.wipo.int/treaties/documents/english/pdf/k-rome.pdf.

2 Agreement on Trade-related Aspects of Intellectual Property Rights, ABl. EG 1994 Nr. L 336, 213 (BGBl 1994 II 1730).

3 BPatG GRUR 1997, 53f – Chinesische Schriftzeichen; *Ingerl/Rohnke*, Markengesetz, Einl. Rdn. 23f. Allerdings müssen die Mitgliedsstaaten die in der Präambel explizit als private bezeichneten Rechte den Wirtschaftsakteuren der anderen Mitgliedsstaaten einräumen (Art. 26 Abs. 1, 39 Abs. 2, 41 Abs. 4 TRIPS; s.a. *Weiß/Herrmann*, Welthandelsrecht, Rdn. 237).

4 *Weiß/Herrmann*, Welthandelsrecht, Rdn. 920.

5 *Weiß/Herrmann*, Welthandelsrecht, Rdn. 1094.

6 *Weiß/Herrmann*, Welthandelsrecht, Rdn. 917; *Katzenberger*, GRUR Int. 1995, 447, 459.

7 Ein Ausländer kann hiernach verlangen, die einem anderen Ausländer aus einem Drittstaat gewährten Vorteile ebenfalls zu erhalten.

(Art. 47 TRIPS) festlegen und vorläufigen Rechtsschutz etwa zu Beweissicherung ermöglichen (Art. 50 TRIPS).

Die **EG** (nicht: die EU[1]) ist mit eigenem Rechtsstatus Vertragspartei und Mitglied der WTO (Art. XI.1 ÜWTO). Die EG-Mitgliedsstaaten sind außerdem selbst WTO-Mitglieder. Die EG kann allerdings nur insoweit tätig werden, als ihr von den Mitgliedsstaaten Kompetenzen übertragen wurden[2].

Sekundärrecht der EG muss von den Mitgliedsstaaten bzw. unmittelbar vom EuGH WTO-konform ausgelegt werden[3], soweit es WTO-Bezug hat (Art. XVI.4 ÜWTO), ist aber nicht Prüfmaßstab für EG-Sekundärrecht[4], weshalb EG-Sekundärrecht nicht unter Berufung auf völkerrechtliche Abkommen der EG für rechtswidrig erklärt werden kann[5]. Unmittelbare Anwendbarkeit von WTO-Recht im Gemeinschaftsrecht wird vom EuGH abgelehnt[6] (außer in Bereichen, in denen noch keine Rechtsvorschriften der EG bestehen[7]), während der BGH unmittelbare Anwendbarkeit von TRIPS-Recht in der Bundesrepublik Deutschland[8] bejahte.

(ee) WIPO

Insbesondere auch für den Online-Bereich sind im WIPO[9] Copyright Treaty (**WCT**) und den WIPO Performances and Phonograms Treaty (**WPPT**) – jeweils vom 20.12.1996, beide in Kraft seit dem 6.3.2002[10] – einheitliche Regelungen getroffen worden. Beide Verträge beruhen (wie bereits die RBÜ und das Rom-Abkommen) auf den drei zentralen Schutzprinzipien des internationalen Urheberrechts (Art. 5 und 2-4 RBÜ), dem Grundsatz der **Inländergleichbehandlung** (Werke oder Leistungen aus einem Vertragsstaat sind in einem anderen Staat ebenso zu schützen wie inländische Werke und Leistungen in diesem anderen Vertragsstaat), dem Grundsatz der **Mindestrechte** (ausländischen Rechtsinhabern an Werken und Leistungen sind in den Konventionen bezeichnete Mindestrechte zu gewähren, selbst wenn sie nach dem nationalen inländischen Gesetz den inländischen Werken und Leistungen nicht gewährt werden) und dem **Formalitätenverbot** (kein Einführen von Formalitäten als Schutzvoraussetzung)[11]. Art. 3 WCT nimmt auf die Art. 2-4, 5 RBÜ Bezug. Art. 1 Abs. 2 WPPT regelt ausdrücklich den Mindestrechtegrundsatz, Art. 20 WPPT das Formalitätenverbot und Art. 4 den Inländergleichbehandlungsgrundsatz für die im WPPT gewährten

---

1 Die EU (für „Europäische Union“) bildet den einheitlichen institutionellen Rahmen für unterschiedliche, durch völkerrechtliche Verträge geschaffene Gestaltungsformen des Zusammenwirkens zwischen den Staaten, besitzt aber selber keine eigene Rechtspersönlichkeit, während die Europäischen Gemeinschaften eine eigene Rechtspersönlichkeit besitzen (Art. 281 EG) und durch ihre von den Mitgliedsstaaten unabhängigen Organe Europäisches Parlament, Rat und EG-Kommission handeln, weshalb es auch nur *EG*-Richtlinien bzw. -Verordnungen gibt (*Jeske*, NJW 2001, 1986).

2 *Weiß/Herrmann*, Welthandelsrecht, Rdn. 117 f.

3 *Weiß/Herrmann*, Welthandelsrecht, Rdn. 135 f.

4 EuGH, Rs. C-149/96, Slg. 1999, I-8395, Rz. 47 – Portugal/Rat.

5 *Weiß/Herrmann*, Welthandelsrecht, Rdn. 132.

6 EuGH, Rs. C-307/99, Slg. 2001, I-3159, Rz. 25 – OGT Fruchthandelsgesellschaft (zum TRIPS).

7 EuGH, Rs. C-300/98, 302/98, Slg. 2000, I-11307, Rz. 48 – Christian Dior.

8 BGH NJW 1999, 1953, 1958.

9 World Intellectual Property Organization.

10 Mitteilung in CRi 2002, 25. Die Frist zur Umsetzung in nationales Recht lief bis zum 22.12.2002.

11 Hoeren/Sieber/*v. Lewinski*, Handbuch Multimedia-Recht, Teil 7.9, Rdn. 14 – 16.

Rechte.

Der WCT schützt in Art. 4 Computerprogramme als Werke der Literatur im Sinne der RBÜ (Art. 4 S. 1 WCT), wobei der Schutz Computerprogramme unabhängig von der Art und Form ihres Ausdruckes erfasst (Art. 4 S. 2 WCT). Art. 5 WCT schützt Datensammlungen, soweit sie in Auswahl und Anordnung geistige Schöpfungen darstellen, gewährt also keinen Sui-generis-Schutz.

Der WCT und der WPPT umfassen das Verbreitungsrecht (Art. 6 WCT, Art. 8 WPPT), das Vermietrecht (Art. 7 WCT, Art. 9 WPPT), das Recht der öffentlichen Wiedergabe (Art. 8 WCT, Art. 10 WPPT[1]), eine Schrankenbestimmung (Art. 10 WCT und Art. 16 WPPT) und den Schutz technischen „Vorkehrungen" (Art. 11 WCT und Art. 18 WPPT). Die Umsetzung erfolgte für den Bereich der EU in der Richtlinie zum Urheberrecht in der Informationsgesellschaft (s. näher S. 299).

(ff) EGV

Für den Bereich der Gemeinschaft leitete der EuGH[2] aus dem Diskriminierungsverbot des Art. 6 Abs. 1 **EGV** (Art. 7 a.F.) die Pflicht der Mitgliedsstaaten ab, Urheber und Leistungsschutzberechtigte aus anderen Mitgliedsstaaten unabhängig davon gleichzubehandeln und vollen urheberrechtlichen Schutz zu gewähren, ob Schutz nach einem internationalen urheberrechtlichen Übereinkommen zu gewähren ist (Art. IV TRIPS).

(2) Kennzeichenrecht

(aa) Pariser Verbandsübereinkunft

Mit der Pariser Verbandsübereinkunft (PVÜ) zum Schutz gewerblichen Eigentums[3] werden alle gewerblichen Schutzrechte wie Patente und Gebrauchsmuster, Marken, Handelsnamen, Herkunftsangaben und Unternehmenskennzeichnungen erfasst und unlauterer Wettbewerb unterdrückt (Art. 1 Abs. 2 PVÜ). Nach Art. 10 ^{bis} Abs. 2 PVÜ werden Wettbewerbshandlungen erfasst, die den anständigen Gepflogenheiten in Gewerbe oder Handel zuwiderlaufen.

Die Art. 2 und 3 PVÜ legen den Inländerbehandlungsgrundsatz fest, Art. 4 PVÜ Mindestschutzrechte. Nach dem Inländerbehandlungsgrundsatz müssen ausländische Schutzrechtsinhaber unter den gleichen Voraussetzungen und mit den gleichen Rechtsfolgen Schutzrechte erwerben können wie Inländer. Art. 6 ^{quinquies} PVÜ gewährt einen sog. „*telle-quelle*"-Schutz, nach dem im Ursprungsland eingetragene Marken in den anderen Verbandsländern grundsätzlich im gleichen Umfang geschützt sein müssen, wenn nicht bestimmte Ausnahmefälle vorliegen. Geschützt werden also Programme, soweit sie patentfähig sind oder Betriebsgeheimnisse darstellen oder ergänzenden

1 Bereits im WCT und WPPT ist die Formulierung „einschließlich der Zugänglichmachung ihrer Werke in der Weise, das sie Mitgliedern der Öffentlichkeit an Orten und zu Zeiten ihrer Wahl zugänglich sind" („the exclusive right of autorizing any communication to the public of their works, by wire or wireless means, including the making available to the public of their works in such a way that members of the public may access these works from a place and at a time individually chosen by them").

2 EuGH, Urt.v.20.10.1993, Rs C-92/92 und 326/92, GRUR Int. 1994, 53 = JZ 1994, 142 – Phil Collins

3 PVÜ vom 20.3.1883, Stockholmer Fassung vom 14.7.1967, BGBl II 1970, 1073; II 1015. Mittlerweile gehören 160 Staaten der PVÜ an.

Leistungsschutz genießen[1] bzw. gegen unlauteren Wettbewerb etwa durch eine Herkunftstäuschung (Art. 10 bis PVÜ), aber nicht im Bereich des Urheberrecht.

(bb) Madrider Markenabkommen

Das Madrider Markenabkommen (MMA) sieht (als Nebenabkommen zur PVÜ) eine internationale Registrierung von Marken als „Markenbündel" aus in den einzelnen Registrierungsstaaten nebeneinander bestehenden Markenrechten vor[2]. Das MMA soll die parallele Markenanmeldung in mehreren Mitgliedsländern erleichtern. Art. 4 MMA regelt, dass die internationale Registrierung Schutz entsprechend dem nationalen Recht bewirkt.

(cc) Gemeinschaftsmarkenverordnung

Die Gemeinschaftsmarkenverordnung (GMV) schafft für den EU-Bereich eine einheitliche Gemeinschaftsmarke, die selbständig neben nationalen Marken besteht (also auch nicht mit einer Marke nach dem MMA identisch ist), damit auch dann, wenn kein nationales Schutzrecht besteht[3]. Verletzungen des aus einer Gemeinschaftsmarke begründeten Rechts sind nach dem jeweiligen nationalen Markenrecht zu beurteilen (Art. 14 Abs. 1 S. 2 GMV). Auch soweit die GMV (neben der Unterlassung) keine besonderen Sanktionen regelt, bestimmen sich die Sanktionen nach dem Recht der Mitgliedsstaaten einschließlich deren Kollisionsrecht. Hierin wurde eine Bestätigung der Geltung des Schutzlandprinzips auch im Bereich der GMV gesehen[4].

(3) Deutsches Kollisionsrecht

Im Bereich des Urheberrechts und des Kennzeichenrechts (etwa dem Markenrecht[5] und dem Recht geographischer Herkunftsangaben) ist nach deutschem Kollisionsrecht, aber auch EG-weit[6], auf das **Schutzlandprinzip** abzustellen, damit auf das Recht desjenigen Landes, für dessen Gebiet aus dem geltend gemachten Immaterialgüterschutz Schutz begehrt wird[7]. Das Recht des jeweiligen Schutzlandes entscheidet über das Entstehen, den Inhalt, Umfang, die Schranken und das Erlöschen der jeweiligen Immaterialgüterrechte für sein Territorium (sog. „*lex loci protectionis*"). Bei Urheberrechten entsteht der Schutz allerdings ohne besondere Eintragung, Registrierung, Prüfverfahren etc. allein durch das schöpferische Gestalten, bei Kennzeichenrechten hingegen nur besondere Anmeldeverfahren und Rechtsverleihung bzw. Benutzungshandlungen.

---

1 *Ullrich*, Computerprogrammschutz, Rdn. 97.

2 BGHZ 18, 1, 13 – Hückel, BGHZ 39, 220, 228 – Waldes-Ko-i-noor.

3 *Ingerl/Rohnke*, Markengesetz, Einl. Rdn. 27.

4 Bröcker/Czychowski/Schäfer/*Nordemann-Schiffel*, Praxishandbuch Geistiges Eigentum im Internet, § 3 Rdn. 81.

5 Der kollisionsrechtliche Begriff der „Marke" wird als auch Unternehmenskennzeichen und Werktitel umfassend angesehen (Bröcker/Czychowski/Schäfer/*Nordemann-Schiffel*, Praxishandbuch Geistiges Eigentum im Internet, § 3 Rdn. 84; MünchKomm/*Kreuzer*, Nach Art. 38 EGBGB, Anh. II, Rdn. 36ff).

6 EuGH, Slg. 1994, I-2789, 2844 – Ideal Standard.

7 Für alle MünchKomm/*Kreuzer*, nach Art. 38 EGBGB, Anh. II, Rdn. 1.

Das kollisionsrechtliche Schutzlandprinzip ergibt sich aus dem sachrechtlichen **Territorialitätsprinzip**, das die Schutzwirkungen eines nationalen Immaterialgüterrechts (wie eines Urheberrechts oder gewerblichen Schutzrechts) auf das jeweilige nationale Territorium beschränkt. Dies bedeutet in der Praxis, dass ein Rechtsinhaber im jeweiligen Staat nur durch solche Benutzungshandlungen verletzt werden kann, für die dieser Staat Schutz gewährt, und die auf dem Gebiet dieses Staates erfolgen, – dass also ein deutsches Schutzrecht nur durch Benutzungshandlungen in Deutschland verletzt[1] und auch nur nach den deutschen Rechtsbestimmungen begründet werden kann[2].

Benutzungshandlungen etwa im Sinne des Markenrechts können sich in verschiedenen Schutzländern auswirken, bei internet-basierter Benutzung sogar grundsätzlich weltweit, d.h. in (fast) allen Schutzländern. Wesentlich ist auch insoweit der Territorialbezug. Ausländische Schutzrechte können hiernach nicht durch inländische Benutzungshandlungen und inländische Schutzrechte nicht durch ausländische Benutzungshandlungen verletzt werden[3]. Deshalb ist für jede Rechtsverletzung angesichts der territorial teilweise unterschiedlichen Regelungen kollisionsrechtlich auf das Recht desjenigen Staates anzustellen, in dem Schutz begehrt wird und kann etwa kein weltweit geltendes Markenrecht begründet werden, sondern nur ein Bündel nationaler Schutzrechte[4].

(a) Internationale Deliktshaftung

Das Internet steht paradigmatisch für die Kollision zwischen nationalen Regelungen des Haftungsrecht und dem internationalen und sogar weltweit grenzüberschreitenden Bezug von Kommunikation im Netz. Wer an einem Ort einen Serverrechner aufstellt und Informationen im Internet verfügbar macht, kann hierdurch in fast allen Staaten der Welt Rechte Dritter verletzen, nämlich überall da, wo diese Informationen von Nutzen abgerufen werden können (und, wie auszuführen ist, jedenfalls nach dem Recht des Ortes haften, von dem aus das Uploading auf den Serverrechner erfolgt). Geradezu paradigmatisch hierfür sind Hacker-Angriffe nicht nur auf ein System, sondern weltweit auf alle Systeme eines bestimmten Typs oder mit einer bestimmten System- oder E-Mail-Software. Der Rechtsverletzer wird quasi global aktiv, ohne auch nur seinen Wohn- oder Geschäftssitz verlassen zu müssen. Er kann zwar in jedem der Staaten haften und verklagt werden, in denen er Rechtsverletzungen auslöst (wobei die Download-Möglichkeit als solche noch nicht notwendig ausreicht, etwa im Wettbewerbsrecht), aber zumindest die Urteilsvollstreckung wird oft recht langwierig und aufwendig sein.

Deliktshaftung (im deutschen Recht nach den §§ 823ff BGB) richtet sich grundsätzlich nach dem Recht des **Tatortes**[5] als das Recht des Ortes, an dem der Ersatzpflichtige **gehandelt** hat (Art. 40 Abs. 1 EGBGB, sog. „Tatortregel" des Deliktsstatus, *lex loci delicti commissi*); dies gilt auch für im Internet begangene

---

1 BGHZ 126, 252, 255 – Folgerecht bei Auslandsbezug.

2 *Fähndrich/Ibbeken*, AIPPI-Bericht Gerichtszuständigkeit und anwendbares Recht im Falle grenzüberschreitender Verletzungen der Rechte des geistigen Eigentums, GRUR Int. 2003, 616, 619.

3 BGH Z 126, 256; OLG Karlsruhe, Urt.v. 10.7.2002 – 6 U 9/02, CR 2003, 375; *Sack*, WRP 2000, 269, 271.

4 BGH GRUR Int. 1998, 427, 429 = NJW 1998, 1395f – Spielbankaffäre.

5 BGHZ 87, 95, 97. Ein inländischer Begehungsort ist immer dann zu bejahen, wenn jedenfalls ein Teil des Tatbestandes, der keine reine Vorbereitungshandlung ist, im Inland verwirklicht wurde, so etwa das Benutzen eines Kennzeichens in der werbung (*Ingerl/Rohnke*, Markengesetz, Einl. Rdn. 48).

Delikte[1]. Der Verletzte kann aber nach Art. 40 Abs. 1 S. 2 EGBGB entsprechend dem Ubiquitätsprinzip (das auch im Ausland ohne Vorbild ist[2]) verlangen, dass anstelle dieses Rechts des **Handlungsortes** das Recht desjenigen Staates angewendet wird, in dem der Erfolg eingetreten ist, also der Ort des Eintritts der Rechtsgutverletzung (**Erfolgsort**). Diese Wahl muss spätestens bis zum Ende des frühen ersten Termins im ersten Rechtszugs oder dem Ende des schriftlichen Vorverfahrens ausgeübt werden (Art. 40 Abs. 1 S. 3 EGBGB, eine typische anwaltliche „Regressfalle"[3]). Tritt das Schadensereignis an mehreren Erfolgsorten (etwa Rufschädigungen in mehreren Staaten) ein (sog. „**Streudelikt**"), ist der jeweils am einzelnen Ort auftretende Schaden jeweils nach dem Recht dieses Schadens und begrenzt auf diesen Schadensteil geltend zu machen.

Der **EuGH** hat in seiner „*Shevill*"-Entscheidung ebenfalls an beiden Orten, also Handlungs- oder Erfolgsort, eine Gerichtszuständigkeit begründet gesehen[4], wobei aber nur am Ort der Niederlassung des Verletzers (etwa des Verlegers eines Presseorganes) über sämtliche, d.h. auch über ausländische Verletzungshandlungen entschieden werden darf, am Ort des Eintritts des schädigenden Ereignisses (i.S.v. Art. 5 Nr. 3 EuGVVO) aber bloß für solche Verletzungen zu haften ist, die im Staat des angerufenen Gerichtes verursacht worden sind[5]. „*Shevill*" führt im Internet freilich zu kaum zu bewältigenden Anforderungen, wenn etwa in 120 Staaten durch eine weltweit elektronisch abrufbare Zeitung Schäden z.B. durch Rufschädigung verursacht werden. Als **Handlungsort** wird überwiegend der Sitz oder der Wohnsitz des Dateien mit rechtsverletzenden Inhalten heraufladenden Handelnden angesehen[6], nicht der Standort des Serverrechners[7], erst recht nicht Durchleitungs- oder Abruforte bzw. Orte des Zielrechners[8].

Eine Ausnahme von der Anknüpfung nach Art. 40 EGBGB gilt, wenn mit dem Recht eines (anderen) Staates eine **wesentlich engere Verbindung** besteht als mit dem Recht, das nach Art. 40 Abs. 1 EGBGB maßgebend wäre (Art. 41 Abs. 1 EGBGB). Für **gewerbliche Schutzrechte** wird Art. 40 EGBGB als unanwendbar angesehen[9] und an die „wesentlich engere Verbindung" im Sinne von Art. 41 EGBGB angeknüpft, die sich aus dem Schutzlandprinzip ergibt, nach dem die Verletzung der territorial begrenzten Schutzrechte immer nur in dem Land stattfinden kann, in dem das Schutzrecht besteht[10].

Überträgt man diese Grundsätze auf das **Internet**, ist nicht nur auf den Staat des

---

1 *Sack*, WRP 2000, 269, 277.

2 *Spickhoff*, IPRax 2000, 1, 3.

3 *Pfeiffer*, NJW 1999, 3674, 3676.

4 EuGH, 7.3.1995 – Rs. 68/93, Slg. 1995, I-415; NJW 1995, 1882 – Shevill/Presse Alliance.

5 EuGH, a.a.O.; *Sack*, WRP 2000, 269, 289.

6 *Spickhoff*, Das Internationale Privatrecht der sog. Internet-Delikte – Art. 40 – 42 EGBGB, „Rom II" und Herkunftslandprinzip, in: *Leible* (Hrg.), Die Bedeutung des Internationale Privatrechts im Zeitalter der neuen Medien 2003, 89, 97; *v. Hinden*, Persönlichkeitsverletzungen im Internet, 64, 68, auf den Ort der Absendung („Einspeisung") einer E-Mail abstellend.

7 *Mankowski*, RabelsZ 63 (1999), 203, 257; Palandt/*Heinrichs*, Art. 40 EGBGB Rdn. 12; a.A. wohl LG Düsseldorf, NJW-RR 1998, 979 (auf Serverstandort abstellend).

8 *Spickhoff*, Das Internationale Privatrecht der sog. Internet-Delikte – Art. 40 – 42 EGBGB, „Rom II" und Herkunftslandprinzip, in: *Leible* (Hrg.), a.a.O., 99 m.w.N. (für Delikte außerhalb des Immaterialgüterrechts).

9 Begr. zur IPR-Teilkodifikation, BT-Drucks. 14/343, 10; Palandt/*Heldrich* EGBGB 40, Rdn. 13; *Ingerl/Rohnke*, Markengesetz, Einl. Rdn. 50 für das Markenrecht.

10 Zum Schutzlandprinzip im Urheberrecht s. BGH GRUR 1992, 697f – ALF; BGHZ 136, 380, 385 – Spielbankaffäre; für das Markenrecht s. etwa *Ingerl/Rohnke*, Markengesetz, Einl. Rdn. 50.

Uploading (Serverstandort) bzw. auf den Sitz des auf den Server heraufladenden Anbieters abzustellen (wenn Sitz und Standort unterschiedlich sind), sondern auf jeden Ort, an dem das Internet-Angebot dritten Personen bestimmungsgemäß (also nicht nur zufällig oder bloß technisch bedingt) zur Kenntnis gebracht werden[1]. Dies kann beim Downloading freilich grundsätzlich jeder Staat der Erde sein, wenn etwa eine englischsprachige Publikation auf ihrer Website weltweit ausgerichtet ist (z.B. die New York Times). Bei Pressedelikten befindet sich der Handlungsort i.d.R. am realen Verlagssitz[2], der Erfolgsort hingegen der Ort der Eintrittes der Rechtsgutverletzung, der nicht mit dem Ort des Eintrittes der Schadensfolgen identisch sein muss[3].

Im Internet werden zumeist Handlungs- und Erfolgsort auseinanderfallen, da vom selben Server bzw. Sitz des Handelnden rechtsverletzende Inhalte weltweit auf Nutzerrechner abgerufen werden können (Distanz- bzw. Streudelikte), was zur Anwendbarkeit des Rechts am Handlungsort oder auch des Rechts am Erfolgsort führen kann[4]. Im Immaterialgüterrecht wird allerdings nur an Verletzungshandlungen (z.B. rechtswidriges Vervielfältigen) im jeweiligen Schutzland angeknüpft, was die Wahl des Rechts eines Handlungsortes in einem anderen Staat ausschließt[5]. Zwingend ist die Anknüpfung an das am Erfolgsort geltende Recht, wenn etwa Urheber- oder Markenrecht verletzt werden, die nur im jeweiligen Schutzland gewährt werden und nur Verletzungshandlungen im jeweiligen Schutzland erfassen (**Mosaiktheorie**). Gleiches gilt etwa für Persönlichkeitsrechtsverletzungen als Streudelikte im Internet[6].

Wird also etwa eine rechtswidrig vervielfältigte (nach den §§ 87 a ff UrhG geschützte) Datenbank rechtswidrig auf einem Serverrechner im Gebiet der EG zugänglich gemacht, den aber eine Person mit Sitz oder Wohnsitz in den USA betreibt, so kann nicht auf deren (Wohn-)Sitz abgestellt werden, sondern nur auf den Ort der Verletzungshandlung (des **Uploading**)[7]. Diese Unterscheidung ist von Bedeutung, da das Uploading nur innerhalb der EG, nicht aber in den USA eine Verletzungshandung darstellt. Zu beachten ist, dass der eigentliche Übertragungsvorgang vom Making-Available-Right nicht erfasst wird[8] (sondern nur das Verfügbarmachen auf dem Serverrechner) und also auch nicht für eine Anknüpfung genutzt werden kann. Wird mit der überwiegenden Auffassung[9] nicht an den Standort des Serverrechners angeknüpft, da dieser frei wählbar ist, sondern an den **Sitz** (bzw. Wohnsitz) des Betreibers des Rechners, verletzt Uploading in das EG-Gebiet kein Recht, wenn etwa der Betreiber eines der erfolgreichsten dezentralen P2P-Netzwerke seinen Sitz auf Vanuatu hat, der

---

1 OLG Karlsruhe, MMR 2002, 814f – Intel; OLG Hamburg, MMR 2002, 822s – hotel-maritime.dk; OLG Karlsruhe, MMR 1999, 607 – bad-wildbad.com; LG Düsseldorf, Urt.v.4.4.1997 – 34 O 191/96, GRUR 1998, 159, 160.

2 *Ehmann/Thorn*, AfP 1996, 20, 23.

3 *Ehmann*, a.a.O.

4 BGH NJW 1981, 1606 – Benomyl.

5 Hoeren/Sieber/*Hoeren*, Handbuch Multimedia-Recht, Teil 7.10, Rdn. 10.

6 Gounalakis/*Pfeiffer*, Rechtshandbuch Electronic Business, § 12 Rdn. 161.

7 Ähnlich Hoeren/Sieber/*Hoeren*, Handbuch Multimedia-Recht, Teil 7.10, Rdn. 16.

8 Hierfür aber wohl Hoeren/Sieber/*Hoeren*, Handbuch Multimedia-Recht, Teil 7.10, Rdn. 19. Erwägungsgrund 24 der Urheberrechtsrichtlinie 2001/29/EG besagt jedoch ausdrücklich, dass nur solche Handlungen erfasst werden, die an dem Ort erfolgen, „an dem die Zugänglichmachung ihren Ursprung nimmt“, und dass keine weiteren Handlungen erfasst sein sollen. Damit sind die Abrufe als solche (einschließlich dem jeweiligen Übertragungsvorgang) nicht erfasst.

9 *Dreier*/Schulze, UrhG, Vor §§ 120 ff, Rdn. 41; a.A. Wandtke/Bullinger/*v. Welser*, UrhR, Vor §§ 120 ff, Rdn. 11 (auf Staatsangehörigkeit abstellend).

Betreiber von einem anderen P2P-Netz, Grokster, auf der Südseeinsel Nevis[1].

Beim **Downloading** kann grundsätzlich unproblematisch an das Erstellen eines Vervielfältigungsexemplares auf dem Rechner des herunterladenden Nutzers und damit an den Standort dieses Rechners angeknüpft werden.

Ergibt sich aus dem Umstand, dass Webseiten (fast) von der ganzen Welt aus heruntergeladen werden können, dass in sämtlichen Empfängerstaaten eines **potentiellen** Download ein Erfolgsort (und generell Gerichtszuständigkeit) anzunehmen ist ? Hierfür wurde argumentiert, durch diese Download-Möglichkeit sei der Anbieter der jeweiligen Dateien „virtuell" weltweit präsent[2]. Jedoch wird wohl im nächsten Schritt zu prüfen sein, ob die bloße, vielleicht bisher von keinem Nutzer ausgeschöpfte Möglichkeit des Downloading an sich bereits einen „Erfolg" im deliktsrechtlichen Sinne darstellt. Dies ist nicht in jedem Fall zu bejahen, sondern nur dann, wenn ein straf- und/oder zivilrechtlicher Deliktstatbestand bereits das Zugänglichmachen bzw. Bereithalten als solches erfasst (aber nach dem Recht des Staates, in dem der Rechner betrieben wird, von dem aus das Bereithalten erfolgt).

Kollisionsrechtlich ist außerdem die **Schranke** des Art. 40 Abs. 3 EGBGB zu beachten. Nach dieser Regelung können gegen einen Deutschen aus einer von ihm im Ausland begangenen Tat nicht weitergehende Ansprüche geltend gemacht werden als nach deutschem Recht. Art. 40 enthält keine Zuweisung materiellen Rechts und damit keine Ausgestaltung des Deliktsstatuts, die vielmehr von der Rechtsprechung vorgenommen wurde. Gleiche Grundsätze gelten für Wettbewerbsverstöße[3], ebenso für Verletzungen des Allgemeinen Persönlichkeitsrechts[4].

Rechtswahl ist bei außervertraglichen Schuldverhältnissen nur nach Eintritt des Ereignisses zulässig, das das außervertragliche Schuldverhältnis, also etwa Deliktshaftung, begründet (Art. 42 EGBGB).

(b) Urheberrecht

Das deutsche Kollisionsrecht enthält keine ausdrücklich dem Schutzlandprinzip entsprechende Regelung, sondern wendet die allgemeinen Regelungen der Art. 40 – 42 EGBGB an. Dieser Ansatz führt in zwei Punkten zu einem **Regelungskonflikt** mit dem Schutzlandprinzip. Zum einen soll in den Fällen, in denen der Ersatzpflichtige und der Verletzte zur Zeit des Haftungsereignisses ihren gewöhnlichen Aufenthalt in demselben Staat haben, das Recht dieses Staates anzuwenden sein (Art. 40 Abs. 2 S. 1 EGBGB); diese Regelung, die zu einer Verweisung auf das Recht anderer Staaten als des jeweiligen Schutzstaates führt, ist mit dem fundamentalen Schutzlandprinzip nicht vereinbar[5]. Zum anderen nehmen Art. 40 Abs. 1 S. 1 und 2 EGBGB sowohl auf den Handlungsort als auch, bei Wahl durch den Geschädigten, auf den Ort des Erfolgseintrittes, also den Ort des Eintrittes der Rechtsverletzung (Erfolgsort), Bezug; nach dem Schutzlandprinzip ist der Erfolgsort aber unbeachtlich, wenn hierunter der Ort verstanden wird, an dem keine verletzende Handlung begangen wurde, sondern nur Schäden (z.B. Folgeschäden) eintreten. Befindet sich dieser Erfolgsort in einem anderen Staat, so sind solche Schäden nur nach dem Recht dieses Staates und nur dann

1 *Röttgers*, Mix, Burn & R.I.P., 49, 50.

2 *Kuner*, CR 1996, 453, 455.

3 Maßgeblichkeit des Tatortes, s. BGHZ 40, 391.

4 BGH, NJW 1996, 1128.

5 So auch die Begr. zum RegE zur IPR-Teilkodifikation, BT-Drucks. 14/343, 10.

ersatzfähig, wenn in diesem anderen Staat auch eine Verletzungshandlung erfolgte. Das **freie Wahlrecht** des Art. 40 Abs. 1 S. 2 EGBGB ist **mit dem Schutzlandprinzip also nicht vereinbar**. Deshalb wird vertreten, dass die allgemeine Tatortregel des Art. 40 EGBGB zum Recht des Schutzlandes führen muss[1]. Alternativ wird vorgeschlagen, die Geltung des Schutzlandprinzip aus Art. 41 EGBGB dergestalt abzuleiten, dass entgegen Art. 40 EGBGB nicht auf das Recht des Staates des Tatortes abzustellen ist, sondern auf das Recht desjenigen Staates, zu dem eine wesentlich engere Verbindung besteht (Art. 41 EGBGB)[2].

Die **Rechtsprechung** wendet deshalb die allgemeinen Kriterien des Deliktsstatuts im Bereich des **Urheberrechts** nicht an[3]. Ein Tatort kann immer nur dort gegeben sein, wo auch der Schutz gewährt wird[4], also im jeweiligen Schutzland. Bei Verletzung von Immaterialgüterrechten ist nach Art. 40 Abs. 1 EGBGB allein auf den Ort abzustellen, an dem der Ersatzpflichtige gehandelt hat, den sog. **Handlungsort**[5]. Handlungsort ist jeder Ort, an dem die für den Eintritt der Rechtsverletzung maßgebliche Ursache gesetzt wurde[6], also eine rechtsverletzende Benutzungshandlung stattgefunden hat[7], etwa ein Abspeichern der im Internet übermittelten Datei (wobei auch zwischenspeichernde Provider in Drittstaaten zu berücksichtigen sein können) oder ein Heraufladen auf Serverrechner, wobei bisher schon an das Herstellen einer Vervielfältigung im Rechnerspeicher[8], nach der Urheberrechtsnovellierung 2003 aber auch an das hiervon getrennt Verfügbarmachen von Werkexemplaren zum Abruf (§ 19 a UrhG) angeknüpft werden kann (nicht hingegen an die Online-Übertragung als solche). Das Schutzlandprinzip kann dennoch mit dem EGBGB in Einklang gebracht werden, nämlich über Art. 41 EGBGB, da Schutzrechtsverletzungen zum jeweiligen Schutzland eine wesentlich engere Verbindung aufweisen, auf dessen Gebiet die beanstandeten Benutzungshandlungen stattgefunden haben (oder drohen)[9].

Der Ort der Vervielfältigung als Handlungsort gilt grundsätzlich auch als **Erfolgsort**, d.h. als Ort des Eintrittes der Rechtsverletzung[10]. Auch das (rechtswidrige) Abspeichern beim Nutzer als Adressaten einer Datenübertragung ist Verletzungshandlung, ebenso das Verbreiten in ein anderes Schutzland[11]. Bloße Vorbereitungshandlungen begründen noch keinen Handlungsort, da sie noch keine relevanten Benutzungshandlungen dar-

---

1 S. etwa *Schack*, WRP 2000, 269, 271.

2 Bröcker/Czychowski/Schäfer/*Nordemann-Schiffel*, Praxishandbuch Geistiges Eigentum im Internet, § 3 Rdn. 12.

3 BGH Z 135, 380, 386 = GRUR Int. 1998, 427, 429 = NJW 1998, 1396, – Spielbankaffäre; *Sack*, WRP 2000, 269, 271 m.w.N.

4 Bröcker/Czychowski/Schäfer/*Nordemann-Schiffel*, Praxishandbuch Geistiges Eigentum im Internet, § 3 Rdn.44.

5 Schricker/*Katzenberger* , vor §§ 120 ff., Rdn. 81, 84.

6 Palandt/*Heldrich*, EGBGB Art. 40 Rdn. 3.

7 BGHZ 129, 66, 75 – Mauer-Bilder.

8 *Sack*, WRP 2000, 269, 277.

9 *Sack*, WRP 2000, 269, 271 m.w.N.

10 *Sack*, WRP 2000, 269, 271.Für diese Gleichsetzung von Handlungs- und Erfolgsort etwa *Sack*, WRP 2000, 269, 271, a.A. etwa Stellungnahme des Max-Planck-Institutes, GRUR Int. 1985, 104, 106; *Bornkamm*, in: Bartsch/Lutterbeck, Neues Recht für neue Medien 1998, 99, 108 (nur einen Erfolgsort annehmend, wenn die Benutzungshandlung im jeweiligen Schutzland erfolgt, was unter dieser Voraussetzung das Zusammenfallen von Handlungs- und Erfolgsort nicht ausschließt).

11 *Sack*, WRP 2000, 269, 271.

stellen[1]. Erfolgt eine grenzüberschreitende Verletzungshandlung in einem einheitlichen Lebenssachverhalt, ist auf die im Schutzland erfolgten Verletzungshandlungen abzustellen. Treten in einem Drittland Schäden aus dieser inländischen Verletzungshandlung auf (etwa aus einer Markenrechtsverletzung), können diese Schäden dem inländischen, z.B. deutschen Recht unterworfen werden[2].

Gerade für eine Werknutzung im Web erscheint die Klärung der Frage von besonderer Aktualität, welches Urheberrecht ist auf das **Zugänglichmachen** von Werken über Serverrechner anwendbar ist. Zu prüfen ist hier, ob das Zugänglichmachen im Sinne von § 19 a UrhG nur das Bereithalten und Anbieten auf diesem Serverrechner umfasst oder auch das anschließende (durch den Nutzer veranlasste) Übertragen auf einen Fremdrechner, der in einem anderen Staat aufgestellt sein kann. Nimmt man den Übertragungsakt selbst mit in den Geltungsbereich von § 19 a UrhG hinein[3], könnte die zum Senderecht entwickelte **Bogsch**-Theorie zur Anwendung gelangen[4], nach der der Programmveranstalter die jeweils erforderlichen Verwertungsrechte nicht nur für das „Sendeland" (hier also: das Land des Abrufbarhaltens), sondern auch für sämtliche Empfangsländer (hier: Länder, in denen auf den Rechner heruntergeladen wird) erwerben muss[5]. Die Folge wäre freilich, dass für praktisch sämtliche Staaten zusätzlich eine Rechtseinräumung vorliegen müsste[6], ohne dass feststünde, aus welchen Staaten tatsächlich Abrufe erfolgen. Jedes Abrufen bzw. zumindest jedes abrufausgelöste Übertragen könnte zu einer Rechtsverletzung führen (wobei zudem noch zu klären wäre, ob Rechtsverletzungen auf in nur durchleitenden Transitländern erfolgen könnten). Zugänglichmachen von digitalen Werkexemplaren im weltweiten Internet wäre damit praktisch ausgeschlossen.

Klammert man hingegen (mit der wohl überwiegenden Auffassung[7]) den Übertragungsvorgang aus und beschränkt die Verwertungshandlung allein auf das Abrufbarhalten, kann wesentlich einfacher auf den Sitz bzw. Wohnsitz des Anbieters abgestellt werden, also auf den Ort, von dem aus der Anbieter den Upload-Vorgang steuert[8]. Abrufe und durch diese aktivierte Übertragungsvorgänge werden dann von

---

1 BGHZ 126, 258f – Folgerecht bei Auslandsbezug; *Sack*, WRP 2000, 269, 271.

2 Für Markenrecht *Ingerl/Rohnke*, Markengesetz, Einl. Rdn. 51.

3 Wie etwa *Dreier*/Schulze, UrhG, § 19 a Rdn. 6.

4 *Dreier*, ZUM 2002, 28, 32; Wandtke/Bullinger/*Grützmacher*, Ergänzungsband zum UrhR, § 69 c Rdn. 13

5 *Schack*, Urheber- und Urheberbertragsrecht, Rdn. 933; Schricker/*Katzenberger*, vor §§ 120 Rdn. 141. Bogsch war früher WIPO-Generaldirektor. Nach BGH, Urt.v.7.11.2002 – I ZR 175/00, GRUR Int. 2003, 470 sind erdgebundene Rundfunksendungen über einen inländischen Sender auch dann dem Senderecht (§ 20 UrhG) zuzuordnen, wenn sie von einem grenznahen Ort aus gezielt für die Öffentlichkeit im benachbarten Ausland (im konkreten Fall Frankreich vom von der Grenze nur 300 m entfernten deutschen Sender Felsberg aus) abgestrahlt werden und im Inland nur in sehr geringem Umfang empfangen werden können. Das Bestimmungsland könne bestimmen, ob es die Sendungen den nach seiner Rechtsordnung gewährten Schutzrechten unterwirft.

6 *Dreier*/Schulze, UrhG, Vor §§ 120 ff, Rdn. 42 versucht deshalb auch eine Einschränkung der Anknüpfung mittels des kartellrechtlichen Spürbarkeitskriterium.

7 *Ginsburg*, Private International Law Aspects of the Protection of Works and Objects of Related Rights Transmitted Through Digital Networks, Study for the Group of Consultants on the Private International Law Aspects of the Protection of Works and Objects of Related Rights Transmitted Through Global Digital Networks, Geneva Dec. 16-18. 1998, GCPIC/2, 30.11.1998, www.wipo.int/eng/meetings/1998/gcpic, 38

8 *Schack*, MMR 2000, 59; *Spindler*, GRUR 2002, 105, 109 und *Spindler*, Morpheus, Napster & Co – Die kollisionsrechtliche Behandlung von Urheberrechtsverletzungen im Internet, in: *Leible* (Hrg.), Die Bedeutung des Internationale Privatrechts im Zeitalter der neuen Medien 2003, 155, 173.

dem derart enger ausgelegten Zugänglichmachungsrecht nicht erfasst, können also auch keine Verletzungshandlung darstellen, – wohl hingegen ein beim Nutzer durch Abspeichern auf dessen Rechner (oder dem Rechner des von ihm beauftragten Providers) erfolgendes Vervielfältigen.

Diese Unterscheidung wirkt sich bis in das **Deliktsrecht** aus. Nach der engen Auffassung können Verletzungshandlungen nur durch den Anbieter erfolgen, nach der weiten Auffassung auch durch den abrufenden Nutzer. Eine der ersten Entscheidungen zu § 19 a UrhG folgte dieser weiten Auffassung und unterschied zwischen dem Ort, an dem das Uploading erfolgt, als Handlungsort einerseits und dem Ort, an dem eine Abrufmöglichkeit besteht, als Erfolgsort andererseits[1]. Deutsches Urheberrecht sei hierbei bereits dann anwendbar, wenn der Nutzungstatbestand mit zumindest einem wesentlichen Teil – hier also dem Bestehen eine Abrufmöglichkeit – **auch** im Inland erfüllt sei. Nach der dargestellten überwiegenden, den Übertragungsakt ausklammernden Auffassung wird aber richtigerweise nicht auf die Orte abzustellen sein, von denen her auf den Serverrechner mittels Abruf zugegriffen werden kann (Sitz bzw. Wohnsitz der Nutzer), sondern auf den Ort, von dem her der Abruf ermöglicht wird (Sitz des Anbieters). Zudem fallen im Bereich des Urheberrechts Handlungsort und Erfolgsort (als Ort des Eintritts der Rechtsverletzung) grundsätzlich zusammen[2]. Allgemein kann ein Tatort immer nur dort gegeben sein, wo auch der Schutz gewährt wird[3], also im jeweiligen Schutzland. Bei Verletzung von Immaterialgüterrechten ist nach Art. 40 Abs. 1 EGBGB allein auf den Ort abzustellen, an dem der Ersatzpflichtige durch sein Handeln die für den Eintritt der Rechtsverletzung maßgebliche Ursache gesetzt (Handlungsort)[4], also eine rechtsverletzende Benutzungshandlung stattgefunden hat[5]. Ist nun aber § 19 a UrhG eng als Übertragungsakte nicht erfassend auszulegen, kann insoweit für das reine Übertragen vom ausländischen Serverrechner zu einem inländischen Nutzer nach deutschem Schutzlandrecht auch keine Verletzungshandlung angenommen werden, wohl aber für das nutzerseitige Vervielfältigen durch Abspeichern[6].

(c) Kennzeichenrecht

Anwendbar ist immer das Recht des Schutzlandes, in dem gegen eine bestimmte Verletzungshandlung Schutz beansprucht wird (sog. *lex loci protectionis*). Begehungsort (im Sinne von § 32 ZPO), also Handlungs- und Erfolgsort fallen zusammen, da eine Handlung im Inland kein ausländisches Kennzeichenrecht verletzen kann und umgekehrt[7]. Die bloße internetgestützte Abrufbarkeit eines Kennzeichens im Inland soll zur Begründung der Tatortzuständigkeit (wenn auch nicht zur Schutzbegründung) ausreichen[8]. Allerdings muss das Bereithalten für den Abruf eine Benutzungshandlung

---

1 LG Hamburg, Urt.v. 5.9.2003 – 308 O 449/03, CR 2004. 855 = MMR 2004, 558 = JurPC Web-Dok. 146/2004 – Thumbnails.

2 So etwa *Sack*, WRP 2000, 269, 271.

3 Bröcker/Czychowski/Schäfer/*Nordemann-Schiffel*, Praxishandbuch Geistiges Eigentum im Internet, § 3 Rdn.44.

4 Schricker/*Katzenberger* , vor §§ 120 ff., Rdn. 81, 84.

5 BGHZ 129, 66, 75 – Mauer-Bilder.

6 So auch das LG Hamburg, a.a.O., 14.

7 *Bettinger*/*Thum*, GRUR Int. 1999, 659, 663.

8 OLG Karlsruhe, Urt.v. 10.7.2002 – 6 U 9/02, MMR 2002, 814 – Intel. Das Gericht bejaht gegenüber

im kennzeichenrechtlichen Sinne darstellen. Ein ausländischer Rechtsinhaber genießt für sein Unternehmenskennzeichen im Inland Schutz, wenn eine Ingebrauchnahme der angegriffenen Kennzeichnung vorliegt, die auf den Beginn einer dauernden wirtschaftlichen Betätigung im Inland schließen lässt[1].

Die technische Natur des Internet führt zu einem „*overspill*“ des erreichbaren Schutzes, da ein nach einem nationalen Recht ergehendes Unterlassungsurteil nicht nur im Urteilsstaat, sondern weltweit wirkt. Zwar ist Vollstreckung nur im Urteilsstaat möglich (am *locus protectionis*) und könnte die Domain (von cc-TLDs einmal abgesehen) in anderen Staaten neu eingetragen werden, doch wäre sie dann (auch) im Urteilsstaat abrufbar. Im Umkehrschluss sperrt das Urteil in nur einem Schutzland die Domain weltweit, also sogar in Staaten, in denen bestimmte Schutzrechte keine Geltung haben. Auch ist eine konfliktlose Koexistenz von Kennzeichen aus mehreren nationalen, auf das jeweilige Staatsterritorium begrenzten Kennzeichenrechten[2] dann nicht mehr möglich, wenn diese Kennzeichen als Domains verwendet werden. Deshalb wurde vorgeschlagen, die Wirkung eines Urteils zu beschränken und etwa Schadensersatzansprüche nur im jeweiligen Schutzland zu gewähren[3]. In Betracht werden aber v.a. eine Unterscheidung erlaubende Ergänzungen der Domain (etwa als Subdomain) oder das Ausweichen auf andere TLDs wie „.eu“ kommen, so dass Unterlassung der Kennzeichenverwendung nicht pauschal, sondern nur dann verlangt werden kann, wenn der Rechtsverletzer solche Ergänzungen nicht einführen will oder kann.

Für das **Markenrecht** wurde eine inländische Verletzungshandlung bereits dann angenommen, wenn eine ausländische Webseite im Inland abrufbar ist[4]. Diese Auffassung wurde für diejenigen Fälle als zu weit kritisiert, in denen der ausländische Anbieter nur in seinem Staatsgebiet geschäftlich tätig wird; auch werde eine Zeichenbenutzung im Internet durch Unterlassungsansprüche auch für solche Staaten blockiert, in denen kein Kennzeichenschutz besteht[5]. Das LG Hamburg[6] und das OLG Hamburg[7] haben deshalb bereits Ansprüche gegen Kennzeichenverletzungen auf die Fälle eingeschränkt, in denen eine ausländische Website über die bloße Abrufmöglichkeit hinaus einen eigenständigen Inlandsbezug aufweisen. Ansprüche wurden also etwa dann abgelehnt, wenn auf einer englischsprachigen Webseite in einer durch Flaggen gekennzeichneten Auswahl Deutschland fehlt, keine deutsche Kontaktadresse

---

einem italienischen Verletzer die internationale Tatortzuständigkeit aus den Art. 5 Nr.3 in Verbindung mit 2 Abs. 1, 53 Abs. 1 EuGVÜ, da ein inländischer Erfolgsort vorlag, an dem Benutzungshandlungen erfolgten, wobei es nach Auffassung des Gerichtes nicht darauf ankam, ob die kennzeichnungsverletzenden Informationen bestimmungsgemäß auch auf den deutschen Markt ausgerichtet waren (mit *Ingerl/Rohnke*, MarkenG, § 140 Rdn. 48).

1 OLG Karlsruhe, Urt.v. 10.7.2002 – 6 U 9/02, MMR 2002, 814 – Intel.

2 Es gibt auch national nicht begrenzte Territorialrechte, so etwa die Gemeinschaftsmarke.

3 zit. nach WIPO, Intellectual Property on the Internet: A Survey of Issues, WIPO/INT/02, December 2002, 80 und 120 (http: //ecommerce.wipo.int).

4 KG, CR 1997, 685 = MMR 1998, 56 = NJW 1997, 3312 – concert-concept.com (für *auch* in Deutschland abrufbares Angebot eines US-Unternehmens); OLG Karlsruhe, MMR 1999, 604 – badwildbad.com; LG Braunschweig, CR 1998, 364 – deta.com; LG Hamburg, CR 1996, 785, 787 – animalplanet.com; LG München I, K&R 2000, 360 – Intershopping und Berufungsinstanz hierzu OLG München, MMR 2000, 277 (Abrufort als Erfolgsort einstufend).

5 *Bettinger*/Leistner, Werbung und Vertrieb im Internet, Teil 1 C, Rdn.210.

6 LG Hamburg, CR 1999, 785, 787 – Animal Planet; ähnlich LG Köln, MMR 2002, 60 – budweiser.com .

7 OLG Hamburg, Urt.v.2.5.2002 – 3 U 312/01 – hotel-maritime.dk.

angegeben ist und mit Personen geworben wird, die in Deutschland nicht bekannt sind[1]. Damit bleibt letztlich nur, mangels ausdrücklicher Kollisionsregel im jeweiligen Einzelfall das Bestehen eines Inlandsbezug aus der Gesamtheit der Umstände abzuleiten[2], etwa aus der Feststellung von kennzeichenrechtlichen Benutzungshandlungen. Das bloße Sichtbarmachen der Marke auf der Webseite führt hierbei noch nicht notwendig zu einer solchen Benutzung[3].

Bei länderbezogenen Top-Level-Domains (ccTLDs) wie „.de" oder „.it" wird eine Ausrichtung jedenfalls auf die deutschen oder italienischen Nutzer anzunehmen sein. Bei sonstigen TLDs (z.B. „.com") muss auf den Inhalt der Webseiten, die verwendete Sprache, angegebene (E-Mail-)Anschriften, Währungen etc. abgestellt werden, die unter der Domain präsentiert bzw. genannt werden[4].

Die Verwendung einer schwedischen Domain für eine Webseite mit deutschem Inhalt kann bei hinreichendem Inlandsbezug deutsches Kennzeichenrecht verletzen, wobei diese bloße Abrufbarkeit als nicht ausreichend angesehen, sondern zusätzlich ein nach Art und Intensität spürbarer Inlandsbezug verlangt wurde[5].

Auch in einer Abwandlung kann eine früher irreführend identisch verwandte geographische Herkunftsangabe noch irreführend sein, wenn sie sich an die Herkunftsangabe in der Weise anlehnt, dass die Erinnerung an die früher gebrauchte Kennzeichnung geweckt wird[6].

Von der **WIPO** wurde, ebenfalls vom Ansatz eines Auswirkungsprinzips her, eine Einschränkung dahingehend vorgeschlagen, dass eine Benutzung im Schutzland nur anzunehmen ist, wenn sie dort zu einer wirtschaftlichen Wirkung führt[7]. Der betroffene inländische Rechtsinhaber muss bei Vorliegen einer solchen Auswirkung auf den Konflikt hinweisen, um eine Haftung des ausländischen Nutzers zu begründen, sofern dieser Nutzer nicht unverzüglich Maßnahmen zum Ausschluss dieser Wirkung trifft. Auch sollen Gerichte in Unterlassungsverfügungen möglichst nicht die ganze Webpräsenz vom Netz nehmen lassen, sondern ein Gestalten von Disclaimern oder Portallösungen derart verlangen, dass die Auswirkung im Inland ausgeschlossen wird[8].

---

1 LG Köln, Urt.v. 20.4.2001 – 81 O 160/99, MMR 2002, 60 – budweiser.com.

2 Bröcker/Czychowski/Schäfer/*Nordemann-Schiffel*, Praxishandbuch Geistiges Eigentum im Internet, § 3 Rdn. 107.

3 OLG Karlsruhe, MMR 2002, 814.

4 Bröcker/Czychowski/Schäfer/*Nordemann-Schiffel*, a.a.O., § 3 Rdn. 31.

5 OLG Hamm, Urt.v. 31.7.2003 – 4 U 40/03, MMR 2004, 177 – nobia.se (Gefahr der Verwechslung mit „Nobilia" bejahend) unter Bezug auf OLG Karlsruhe, MMR 2002, 814, 816 – Intel. Der Inlandsbezug wurde aus dem Umstand abgeleitet, dass der schwedische Anbieter sich werbend an deutsche Verbraucher wandte und auf deutsche Tochterunternehmen verwies.

6 OLG München, Urt.v. 9.10.2003 – 26 U 2690/03, MMR 2004, 173. Das Gericht sah auch einfache geographische Herkunftsangaben als gewerbliche Schutzrechte i.S.v. § 4 Abs. 3 Nr. 6 TDG an und wendete die §§ 126 ff MarkenG auch auf den für den deutschen Markt bestimmte und in Deutschland abgerufene Webseiten eines italienischen Warenanbieters an.

7 Vorschlag des WIPO Standing Committee on Trademarks, Joint Recommendation Concerning the Protection of Marks and other Industrial Propety Rights in Signs on the Internet, WRP 2001, 833 und www.wipo.int/ sct/en/documents/session_6/pdf/sct_7.pgf.

8 Ausf. *Ohly*, Kennzeichenkonflikte im Internet, in: *Leible* (Hrg.), Die Bedeutung des Internationale Privatrechts im Zeitalter der neuen Medien 2003, 135, 143f.

(d) Äußerungsdelikte

Für Äußerungsdelikte wird vorgeschlagen, als **Handlungsort** den Ort anzusehen, von dem aus der Inhalt der Äußerungen gesteuert wird (und der nicht mit dem Ort identisch sein muss, an dem der verteilende Serverrechner steht)[1]. Als **Erfolgsort** wird nicht jeder Ort angesehen, an dem eine Webseite oder eine Datei abrufbar ist (da dann grundsätzlich die ganze Welt Erfolgsort wäre), sondern nur der Ort, an dem eine Information **bestimmungsgemäß** abrufbar ist[2]. Dies erschwert freilich die Zuordnung zumindest insoweit, als die Prüfung grundsätzlich für jedes Informationsangebot individuell durchführt werden muss. Hierbei wurden unterschiedlich aussagekräftige und nicht selten widerlegbare Indizien herangezogen, so die Verwendung der „.de"-Domain[3] oder die Sprache, in der das Angebot formuliert ist, wobei Englisch insoweit meist keine ausreichend konkrete Zuordnung erlaubt[4].

Bezüglich entstehender **Schäden** soll nach dem „Mosaikprinzip" der Lehre[5], dem EuGH[6] und etwa dem OLG Hamburg[7] jeder Erfolgsort nach dem auf ihn entfallenden Schaden gesondert nach dortigem Recht zu beurteilen sein[8]. Bei weltweit verbreiteten Beleidigungen muss damit der Schaden in jedem Staat geprüft werden, in dem der rechtsverletzende Inhalt abrufbar war, wodurch sich die Anspruchs-durchsetzung in der Praxis erheblich erschweren kann. Eine Aufspaltung in Haftungs-quoten wird in den Fällen kaum möglich sein, in denen – wie etwa bei immateriellen Nachteilen – die Beeinträchtigung schwer zu beziffern ist[9].

(e) Pressedelikte

Bei Pressedelikten wurde als Handlungsort der Ort angesehen, von dem aus Herstellung und Vertrieb gesteuert werden[10], als Erfolgsort hingegen der Ort, an dem der „Erfolg", also die Rechtsgutverletzung eintritt und der Schaden entsteht[11]. Für News-Server wurde auf den Ort der Abrufbarkeit (Standort des Serverrechners) abgestellt[12]; auch hier wird bei Ortsabweichung auf Sitz bzw. Niederlassung des heraufladenden Betreibers abzustellen sein.

---

1 *Pfeiffer*, NJW 1997, 1207, 1215; *v. Hinden*, Persönlichkeitsverletzungen im Internet, 61, 68 (Ort des „Einspeisens")..

2 *Gounalakis/Rhode*, Persönlichkeitsschutz im Internet, Rdn. 16 m.w.N.

3 LG Düsseldorf, NJW-RR 1998, 979, 980.

4 *Gounalakis/Rhode*, Persönlichkeitsschutz im Internet, Rdn. 16 m.w.N.; krit. *v.Hinden*, a.a.O., 146.

5 *Spindler*, ZUM 1996, 533, 559; *Pfeiffer*, NJW 1997, 1207, 1215; *Mankowski*, RabelsZ 63, 1999, 203, 274; *v.Hinden*, a.a.O., 154ff.

6 EuGH, Urt.v. 7.3.1995 – 68/93, Slg. 1995-I, 415, 450, 462 – Fiona Shevill/Press Alliance SA..

7 OLG Hamburg NJW-RR 1994, 990,

8 *Pfeiffer*,a.a.O, unter Hinweis auf BGHZ 131, 332, 335 = NJW 1996, 1128 (Caroline v. Monaco II).

9 *Gounalakis/Rhode*, Persönlichkeitsschutz im Internet, Rdn. 17, die keine Schadensaufteilung vornehmen, sondern allein auf den Ort der bestimmungsgemäßen Abrufbarkeit abstellen wollen. Allerdings entstünde hierdurch wiederum die Gefahr, an anderen als bestimmungsgemäßen Orten tatsächlich entstandene Schaden vom Ersatz auszuschließen.

10 *Ehmann*, AfP 1996, 20, 23 m.w.N.

11 *Ehmann*, AfP 1996, 20, 23.

12 *Bachmann*, IPRax 1998, 179 mit LG München I, Urt.v. 17.10.1996 – 4 HK O 12190/96, IPRax, 1998, 208. S.a. LG Düsseldorf, GRUR 1998, 959f.

(f) Namensrecht

Da deutsche Kollisionsrecht knüpft generell an das Deliktsstatut (Art. 40 – 42 EGBGB) an. Maßgeblich ist damit der am Tatort geltende Schutz des Namensrechts[1]. Bei Streitigkeiten aus der Verletzung von Namensrechten (durch Domains) wurde das Gericht an jedem Ort als zuständig angesehen, von dem aus ein Abruf aus dem Internet erfolgen kann (örtliche Zuständigkeit für Klagen aus unerlaubter Handlung, § 32 ZPO)[2].

(g) Angebot von Tele- und Mediendiensten

Im Bereich der **EU** und beschränkt auf **Teledienste** regelt § 4 Abs. 1 TDG (Umsetzung von Art. 3 ECRL mit EGG v.14.12.2001), dass für die Anbieter und ihre Dienste auch dann deutsches Recht anzuwenden ist, wenn sie ihre Dienste in einem anderen Mitgliedsstaat anbieten (§ 4 Abs. 2 S. 2 TDG). Erfasst werden nur Abrufdienste im Sinne von § 3 Nr. 4 TDG und auch nur, soweit sie **geschäftsmäßig** erbracht werden (§ 4 Abs. 1 a.E. TDG), nicht jedoch Verteildienste i.S.v. § 3 Nr. 3 TDG (Ausschluss in § 4 Abs. 4 Nr. 5 TDG), ebenso nicht kommerzielle Kommunikationen durch E-Mail (§ 4 Abs. 4 Nr. 3 TDG). Für einen spanischen Anbieter gilt also sein spanisches Recht auch für Deutschland adressierende Angebote. Soweit möglich bzw. durchsetzbar, empfiehlt sich deshalb eine vertragliche **Vereinbarung** zwischen Anbieter und Kunden über das anwendbare Recht; freilich hilft dies in Wettbewerbsstreitigkeiten und im allgemeinen Deliktsrecht nicht weiter, schon, weil zum Geschädigten in der Regel keine Vertragsbeziehungen bestehen.

Für **Mediendienste** enthält § 5 MDStV eine entsprechende Regelung zum Herkunftslandprinzip. Insoweit kommt nicht zum Tragen, dass die ECRL keine besondere Regelung für Mediendienste vorsieht.

(h) Wettbewerbsrecht

Bei wettbewerbswidrigen, im Internet verbreiteten Warenangeboten ist die Zuständigkeit auch in Deutschland begründet, wenn das Angebot dort abgerufen und sich auf potentielle Kunden am Sitz des Gerichtes auswirken kann[3]. Maßgeblich ist nach der neueren Rechtsprechung[4] das Recht am „Marktort", also an dem Ort, an dem Interessen von Wettbewerbern aufeinander stoßen[5]. Der Marktort ist insoweit Handlungsort im Sinne der Tatortanknüpfung nach Art. 40 Abs. 1 EGBGB[6], an dem Wettbewerbshandlungen (in einem bestehenden Wettbewerbsverhältnis) erfolgen. Handlungs- und

---

1 Bröcker/Czychowski/Schäfer/*Nordemann-Schiffel*, Praxishandbuch Geistiges Eigentum im Internet, § 3 Rdn. 15, der auch hier das Schutzlandprinzip anwenden und damit ein Wahlrecht des Geschädigten (wie in Art. 40 Abs. 1 S. 2 EGBGB vorgesehen) ausschließen will.

2 LG Paderborn, Urt.v. 1.9.1999 – 4 O 228/99, MMR 2000, 49.

3 OLG Hamburg, Urt.v. 7.11.2002 – 3 U 122/02, CR 2003, 286 = MMR 2003, 538 (für nach § 3 UWG relevante Irreführung Dritter); allg. BGHZ 35, 329, 343; BGHZ 40, 391, 394.

4 seit BGH GRUR 1962, 243 – Kindersaugflaschen; BGH GRUR 1998, 419f – Gewinnspiel im Ausland; ausf. s. Jakobs/Lindacher/Teplitzky/*Schricker*, UWG-GK, 9.Lieferung, Einl. Rdn. F. 184f.

5 BGHZ 35, 329, 333f – Kindersaugflasche; BGH GRUR 1971, 153f – Tampax; BGHZ 113, 11, 14f – Kauf im Ausland (Marktort als der Ort, an dem auf die Entschließung der Kunden eingewirkt wird).

6 *Sack*, WRP 2000, 269, 272; *Mankowski*, GRUR Int. 1999, 909f.

Erfolgsort fallen am Marktort zusammen[1], wobei etwa Erfolg der Werbemaßnahme die Einwirkung auf den Kunden ist. Abzustellen ist damit auf den Markt, auf den sich eine unlautere Handlung auswirkt[2]. Nicht relevant ist der Ort, von dem das Uploading (teilweise veraltet noch „Einspeisung" genannt) erfolgt oder der Serverrechner aufgestellt ist[3]. Für Domain-Grabbing wurde auf den Markort angestellt, an dem der behinderte Wettbewerber seine Webseite mit für ihn spürbaren Auswirkungen nicht einsetzen kann[4]. (Nachträgliche) Rechtswahl und Anwendung des Rechts am gewöhnlichen Aufenthaltsort sind grundsätzlich ausgeschlossen[5], allein schon, weil (auch) Interessen der Verbraucher und der Allgemeinheit betroffen sind[6].

In der Praxis ist das Missverständnis zu vermeiden, „Marktort" lokal im Sinne eines tatsächlichen einzelnen, räumlich auf einen Platz begrenzten Marktes zu verstehen. Der Markt für eine Ware oder Dienstleistung kann das gesamte Staatsgebiet erfassen, aber auch über dieses hinausgehen, etwa bei (internet-basiertem) Versand in alle Mitgliedsstaaten der EU oder sogar weltweit bei internetweitem Vertrieb. Hier sind dann zusätzliche Bezugsmerkmale heranzuziehen, etwa die verwendete Sprache, um wieder reduzierend den erforderlichen Bezug auf deutsches Wettbewerbsrecht herzustellen.

Das Marktortprinzip kann zu potentiellen Interessenkollisionen auf einer Vielzahl von Märkten führen und damit zu prohibitiv hohen **Rechtsinformationskosten**[7], im Internet sogar grundsätzlich zur Anwendung jedes Wettbewerbsrechts der Welt[8]. Jedoch sollen nur **spürbare** Auswirkungen auf einen Markt eine Interessenkollision begründen können[9], während neue Rechtsprechung (jedenfalls für den Internet-Bereich) eher auf das Kriterium der Zielrichtung abstellt[10] und eine Rechtsverletzung im Inland **verneint**,

---

1 *v.Bar*, Internationales Privatrecht Bd. 2, Rdn. 696; *Mankowski*, GRUR Int. 1999, 909, 910; Gounalakis/*Pfeiffer*, Rechtshandbuch Electronic Business, § 12 Rdn. 170.

2 Bröcker/Czychowski/Schäfer/*Nordemann-Schiffel*, Praxishandbuch Geistiges Eigentum im Internet, § 3 Rdn. 131.

3 Gounalakis/*Pfeiffer*, Rechtshandbuch Electronic Business, § 12 Rdn. 175; an den *Serverstandort* anknüpfend etwa LG Düsseldorf, NJW-RR 979f, an den Ort, von dem aus das *Uploading* erfolgt *Mankowski*, RabelsZ 63 (1999), 206, 257, 268; Kaminski/Henßler/Kolaschnik/*Papathoma-Baethke/ Nehrenberg/Finke*, Rechtshandbuch E-Business, 84. *Kieninger*, Die Lokalisierung von Wettbewerbsverstößen im Internet – Ist das Marktortprinzip zukunftsfähig ?, in: *Leible* (Hrg.), Die Bedeutung des Internationale Privatrechts im Zeitalter der neuen Medien 2003, 121, 122f.

4 Gounalakis/*Pfeiffer*, Rechtshandbuch Electronic Business, § 12 Rdn. 177.

5 MünchKomm/Kreuzer, Art. 38 EGBGB, Rdn. 234; *Baumbach/Hefermehl*, Einl. UWG, Rdn. 184; Schack, MMR 2000, 59, 61.

6 *Kieninger*, Die Lokalisierung von Wettbewerbsverstößen im Internet – Ist das Marktortprinzip zukunftsfähig ?, in: *Leible* (Hrg.), Die Bedeutung des Internationale Privatrechts im Zeitalter der neuen Medien 2003, 121, 123.

7 Bettinger/*Leistner*, Werbung und Vertrieb im Internet, Teil 1 A, Rdn. 78; Gounalakis/*Pfeiffer*, Rechtshandbuch Electronic Business, § 12 Rdn. 176.

8 *Kieninger*, Die Lokalisierung von Wettbewerbsverstößen im Internet – Ist das Marktortprinzip zukunftsfähig ?, in: *Leible* (Hrg.), Die Bedeutung des Internationale Privatrechts im Zeitalter der neuen Medien 2003, 121, 125.

9 BGH GRUR 1971, 151, 154 – Tampax; *Sack*, WRP 2000, 269, 277; *Mankowski*, GRUR Int. 1999, 909, 195; Bettinger/*Leistner*, Werbung und Vertrieb im Internet, Teil 1 A, Rdn. 78, mit dem Hinweis (Rdn. 81), dass sich das Spürbarkeitskriterium in der Rechtsprechung noch nicht durchgesetzt hat. Freilich ist streitig, ob dieses aus dem Kartellrecht genommene Kriterium im wettbewerbsrechtlichen Kollisionsrecht anwendbar sein kann.

10 KG GRUR Int. 2002, 448 – Knoblauch-Kapseln; LG Köln, MMR 2002, 60 – budweiser.com; LG Hamburg, CR 1999, 785, 787 – animalplanet.com; *Ingerl/Rohnke*, Markengesetz, Einl. Rdn. 54 für das

wenn die Rechtsverletzung unvermeidbare Begleiterscheinung technischer und organisatorischer Sachverhalte ist (z.B. Möglichkeit des Zugriffs auf ausländische Websites von Deutschland aus) **und** wenn der Inanspruchgenommene vom inländischen Spillover nicht profitiert; ein solches Profitieren wird angenommen, wenn etwa an inländische Adressen ausgeliefert oder im Inland eine Dienstleistung erbracht wird[1] oder sich Werbung an inländische Verkehrskreise wendet[2]. Diese Anknüpfung kann durch einen **Disclaimer** ausgeschlossen werden, nach dem nicht in einen bestimmten Staat geliefert wird, aber nur, wenn diese Vorgabe auch tatsächlich eingehalten wird[3], weshalb die Disclaimer-Wirkung durch trotzdem erfolgende Lieferung bzw. Leistung (auch ex tunc) entfallen kann.

Zufällige Kenntnisnahme reicht in der Regel nicht aus[4], ebenso nicht bloße Abrufbarkeit einer Webseite mit Werbung[5], wohl aber die (wenn auch nur potentielle) Beeinflussung des Nachfrageverhaltens inländischer Abnehmer bezüglich eines ausländischen Marktes[6].

Für die generelle Anwendbarkeit deutschen Wettbewerbsrechts genügt es bereits, dass die Wettbewerbshandlung zumindest **teilweise** im Inland begangen wurde[7], wobei die Handlung aber wettbewerbliche Relevanz haben muss und nicht nur vorbereitenden Charakter aufweisen darf [8]. Das bloße Bereithalten von den Wettbewerb fördernden Mitteln soll nun zwar noch kein Teilstück der Wettbewerbshandlung sein[9], doch hat eine im Ausland eröffneter Website dann einen Inlandsbezug, wenn die angebotenen Inhalte **auch** im Inland zugreifbar sind und das Angebot jedenfalls auch an das inländische Publikum adressiert ist[10] bzw. wenn die Seite im Inland abgerufen werden kann **und** dort eine Interessenkollision hervorruft[11]. Selbst wenn ein Inlandsbezug

Markenrecht.

1 OLG Hamburg, MMR 2002, 822f – hotel-maritime.dk.

2 OLG Hamburg, MMR 200222f.

3 KG GRUR Int. 2002, 448, 450 – Knoblauch-Kapseln.

4 BGH GRUR 1971, 153f – Tampax.

5 LG Köln, Urt.v. 20.4.2001 – 81 O 160/99, CR 2002, 58 = JurPC Web-Dok. 148/2001 – budweiser.com; LG Hamburg, CR 1999, 785f – Animal Planet; OLG Hamburg, MMR 2002, 822f – hotel-maritime.dk ; KG GRUR Int. 2002, 448 – Knoblauch-Kapseln.

6 OLG Frankfurt, IPRspr. 1990, Nr. 155, S. 307, 309 f – Physikzeitschrift (seinerzeit nach deutschem Recht unzulässigen Preisvergleich in US-Publikation als nicht wettbewerbswidrig einstufend, da er in der US-Rechtsordnung nicht als unzulässig angesehen werde); krit. Anm. *Kotthoff*, CR 676, 679.

7 *Baumbach/Hefermehl*, UWG, Einl. Rdn. 176.

8 BGHZ 35, 329, 334.

9 S. etwa BGHZ 35, 329, 343, BGHZ 40, 391, 394; für Internet-Werbung eines US-TV-Anbieters: LG Hamburg, Urt.v. 5.5.1999 – 315 O 271/98, CR 1999, 785 – Animal Planet (Verbot betrifft nicht jede in Deutschland abrufbare Werbung, sondern nur für Deutschland bestimmte Werbung).

10 Ähnlich für Zeitschriften BGH, GRUR 1971, 153 – Tampax. Hier wurde eine schweizerische Zeitschrift mit wissenschaftlich ungesicherten Werbeaussagen auch in Deutschland vertrieben. Der BGH sah deutsches Wettbewerbsrecht als anwendbar an (für das Teilvertriebsgebiet). Nach dieser Rechtsprechung wäre z.B. bei Vertrieb in Österreich auch österreichisches Wettbewerbsrecht anwendbar , wenn dort für das beworbene Produkt ein Markt besteht, auf dem Wettbewerberinteressen konfligieren können. Ähnlich OLG Frankfurt IPRspr. 1990, Nr. 155, S. 307, 309 – Physical Reviews, (Anwendbarkeit deutschen Rechts aufgrund Beinflussung des Nachfrageverhaltens deutscher Abnehmer, aber kein wettbewerbsrechtlicher Verstoß, da das zu beurteilende Wettbewerbsverhalten mit der amerikanischen Rechtsordnung im Einklang stehe, sodass auch nach der inländischen Auffassung keine Wettbewerbswidrigkeit vorliege); krit. *Kotthoff* CR 1997, 676, 679.

11 OLG Frankfurt, Beschl.v.3.12.1998 – 6 W 122/98, K&R 1999, 138 (auf *bestimmungsgemäße* Abrufbarkeit abstellend); ähnlich etwa LG Köln, Urt.v. 20.4.2001 – 81 O 160/99, CR 2002, 58 =

vorliegt, kann aber – soweit es im konkreten Fall auf den Auslandssachverhalt ankommt, also auf die Wettbewerbswirkung in einem anderen Staat – für die wettbewerbsrechtliche Beurteilung auf die Anschauung im Ausland abzustellen sein[1]. Umgekehrt kann eine Wettbewerbshandlung eines Inländers in das Ausland wirken, sich doch aber ausschließlich oder überwiegend gegen schutzwürdige Interessen eines inländischen Mitbewerbers und die Interessen der Werbeadressaten (insbesondere Endkunden)[2] richten: Hier beurteilt sich die Zulässigkeit wegen dieser besonderen Inlandsbeziehung in der Regel nach dem inländischen Wettbewerbsrecht [3].

Zur näheren Abgrenzung der erforderlichen **spürbaren Beeinflussung** des deutschen Marktes[4] ist auf Kriterien[5] wie die Art der angebotenen Leistung[6], Quantität der Verbreitung der Werbung im Inland, die Regelmäßigkeit des Vertriebes[7], verwendete Zahlungs- und Versandbedingungen[8] und die verwendete Sprache des Angebotes abzustellen, aber auch auf die Zielrichtung der Werbung[9]. „Disclaimer" helfen, wie erwähnt, dem Anbieter dann wenig, wenn er auf Bestellung dann doch in eigentlich ausgeschlossene Staaten liefert[10] oder wenn die Webseiten deutschsprachig sind und Kundenanfragen in deutscher Sprache beantwortet werden[11]. Deutsches Wettbewerbsrecht wurde angewendet, wenn sich ein Angebot gezielt (auch) zur Nutzung an den deutschen Markt richtet[12]. Die Ausrichtung einer (werbenden) Webseite auf Deutschland kann zu verneinen sein, wenn die Webseite in englischer Sprache gehalten ist, in der durch Flaggen gekennzeichneten Auswahl Deutschland fehlt, keine Kontaktadresse angegeben ist und mit Personen geworben wird, die in Deutschland nicht bekannt sind[13]. Die Verwendung der englischen Sprache als gewissermaßen Universalsprache jedenfalls im Internet spricht andererseits nicht notwendig als solche bereits gegen eine Ausrichtung (auch) auf den deutschen Markt, jedoch kann ein Bezug auf diesen je nach Angebot zusätzliche Indizien erfordern[14]. Zu berücksichtigen ist auch, inwieweit die

---

JurPC Web-Dok. 148/2001 – budweiser.com (keine Ausrichtung auf Deutschland, wenn Präsentation nicht auf Deutschland ausgerichtet ist).

1 *Baumbach/Hefermehl*, Einl. UWG, Rdn. 178, allerdings nur bis zur Grenze des Art. 6 EGBGB.

2 Jakobs/Lindacher/Teplitzky/*Schricker*, UWG-GK, 9.Lieferung, Einl. Rdn. F. 203.

3 BGH GRUR 1964, 316 (LS).

4 BGH GRUR 1971, 151, 154 – Tampax.

5 Zu diesen Kriterien s. etwa *Kotthoff*, CR 676, 680, der die Anwendbarkeit des Spürbarkeitsprinzips (als Ausformung des vom Kartellrecht her stammenden Auswirkungsprinzips) auf das Wettbewerbsrecht ablehnt.

6 *Mankowski*, GRUR Int. 1999, 909, 918 bringt hierzu das schöne Beispiel eines Ticketverkaufs für Fahrten mit Greyhound-Bussen in den USA, die außerhalb der USA kaum von Interesse seien. Allerdings kann auch für europäische Touristen der rechtzeitige, internet-basierte Ticketkauf vorteilhaft sein.

7 BGH GRUR 1971, 153.

8 *Mankowski*, GRUR Int. 1999, 909, 918.

9 BGHZ 113, 11, 15; Kotthoff, CR 676, 680.

10 *Mankowski*, GRUR Int. 1999, 909, 920.

11 LG Frankfurt, Urt.v.10.8.2001 – 3/12 O 96/01, GRUR-RR 2002, 81f.

12 OLG Hamburg, Urt.v. 4.11.1999 – U 274/98, JurPC Web-Dok. 39/2000 für erlaubnispflichtiges Glücksspiel. Der bloße, auf der Eingangsseite eingefügte Hinweis des Anbieters auf gesetzliche Regeln und Einschränkungen wurde als nicht ausreichend angesehen, Spieler in Deutschland von der Teilnahme abzuhalten.

13 LG Köln, Urt.v.20.4.2001 – 81 O 160/99, CR 2002, 58 = MMR 2002, 60 = JurPC Web-Dok. 148/2001 – budweiser.com.

14 *Koch*, CR 1999, 121, 124.

angesprochenen Kreise ausländische **Sprachen** verstehen und ob die beworbenen Waren auf dem Markt überhaupt erhältlich sind[1].

Werden mehrere Märkte durch eine Wettbewerbsmaßnahme in paralleler Weise berührt (sog. „**Multistate-Wettbewerb**"[2]), sind die nationalen Rechte nebeneinander heranzuziehen, und zwar jedes für den jeweiligen nationalen Markt[3] (nicht aber etwa das Recht desjenigen Staates, in dem das Schwergewicht der Werbung liegt[4]), der Schaden insoweit also zu „parzellieren"[5] (sog. Mosaikprinzip). Nur marginal berührte Märkte (bei nicht spürbarem „Spillover") bleiben außer Betracht[6] (sog. „kollisionsrechtliche Spürbarkeitsgrenze"[7]), etwa bei Import nur einzelner Exemplare einer Zeitschrift[8]. Wirkt sich Werbung in verschiedene Staaten aus (wie im Internet oft der Fall), kann jeweils nur der Teil einer Werbeaktion untersagt werden, der auf den Markt des jeweiligen Staates einwirkt[9] (wobei dennoch die einheitliche Internet-Präsenz insgesamt blockiert sein kann). Handelt es sich aber um eine einheitliche, grenzüberschreitende Wettbewerbshandlung, etwa eine Werbeaktion, die z.B. technisch bedingt nicht auf bestimmte Länder beschränkbar ist, muss diese Aktion u.U. sogar weltweit unterlassen werden, damit auch in Ländern, in denen entweder überhaupt kein Marktort, keine Spürbarkeit oder jedenfalls keine wettberbsrechtliche Unzulässigkeit gegeben wäre[10]. Ist in einem Land eine Unterlassungsverfügung gegen eine internetgestützte Werbung ergangen, soll der Anbieter verpflichtet sein, die Website ganz vom Netz zu nehmen, auch wenn in einer Vielzahl anderer Länder die Werbung zulässig ist[11]. Allerdings wird wohl nur der **Inhalt** einer werbenden Webseite betroffen sein können, nicht der Sammlung von Webseiten (Website) als solche.

Auch im **Internet** ist bezüglich Wettbewerbshandlungen auf den Markort abzustellen, also den Ort, an dem auf die Marktgegenseite eingewirkt wird[12], nicht hingegen den Ort, von dem aus ein Uploading erfolgt, ebenso nicht abstrakt auf jeden Ort, von dem her ein Downloading möglich ist[13]. Das Internet als elektronisches Medium) bildet keinen eigenen Markt im Sinne des Wettbewerbsrechts[14], jedoch kann sich ein Markt räumlich internetweit erstrecken.

Auch wird es ausreichen, dass der Anbieter die Werbung unverändert lässt, wenn er

---

1 *Schricker*, a.a.O., F 191.

2 Jakobs/Lindacher/Teplitzky/*Schricker*, UWG-GK, 9.Lieferung, Einl. Rdn. F 178.

3 BGH GRUR 1971, 153f – Tampax; *Schricker*, GRUR Int. 1982, 720, 723f; *Schricker/Henning-Bodewig*, WRP 2001, 1367, 1370; Jakobs/Lindacher/Teplitzky/*Schricker*, a.a.O., Rdn. F 185 (gegen eine Wahl zwischen mehreren einschlägigen Rechtsordnungen) und F 205.

4 Jakobs/Lindacher/Teplitzky/*Schricker*, UWG-GK, 9.Lieferung, Einl. Rdn. F 189.

5 *Sack*, WRP 2000, 269, 274.

6 LG Köln, MMR 2002, 60 – budweiser.com.

7 *Schricker*, a.a.O., F 190.

8 *Schricker*, a.a.O. F 190.

9 BGH GRUR 1971, 153, 155 – Tampax.

10 *Sack*, WRP 2000, 269, 278.

11 *Kieninger*, Die Lokalisierung von Wettbewerbsverstößen im Internet – Ist das Marktortprinzip zukunftsfähig ?, in: *Leible* (Hrg.), Die Bedeutung des Internationale Privatrechts im Zeitalter der neuen Medien 2003, 121, 125; *Mankowski*, GRUR Int. 1999, 909, 912; *Sack*, WRP 2000, 269, 278.

12 OLG Hamburg, Urt.v. 7.11.2002 – 3 U 122/02, ZUM-RD 2003, 124 – Öko-Lavamat (Auswirkung einer irreführenden Werbung eines Anbieters aus Coburg auf den Markt in Hamburg); *Sack*, WRP 2000, 269, 277.

13 *Sack*, WRP 2000, 269, 277.

14 *Mankowski*, GRUR 1999, 909, 911.

auf der Webseite klarstellt, dass er nicht in den Verfügungsstaat und außerdem nur in solche Staaten liefert, für die er die Zulässigkeit seiner Werbung hat prüfen lassen (oder für die ohnehin das Herkunftslandprinzip gilt, also alle EG-Mitgliedsstaaten)[1]. Eine solche Einschränkung wird als geeignet angesehen, die Spürbarkeit einer Marktbeeinflussung auszuschließen[2]. Die Verwendung der englischen, französischen oder auch der deutschen Sprache spricht eher gegen eine gewollte Einschränkung[3].

(4) Sonderregelung Herkunftslandprinzip

Die E-Commerce-Richtlinie führte mit dem Herkunftslandprinzip für den Bereich der Gemeinschaft eine Verweisung auf das Recht des Sitzlandes des jeweiligen Diensteanbieters ein, die dem Anbieter die rechtliche Orientierung erleichtert, aber zugleich unterschiedliche, dogmatisch-theoretische wie aber auch praktische Probleme aufwirft. Im vorliegenden Zusammenhang kann nur eine kurze Übersicht gegeben werden.

(aa) Primärrechtliche Grundlagen des Herkunftslandprinzips

Das Herkunftslandprinzip ist erst mit der E-Commerce-Richtlinie eingeführt worden, ergibt sich aber schon aus dem EG-Primärrecht, also dem EG-Vertrag (EGV). Den EG-rechtlichen Rahmen geben die Art. 28, 30 EGV (Warenfreiheit) und Art. 49 EGV (Dienstleistungen) vor. Sie begründen ein **Herkunftslandprinzip** in der Weise, dass **Waren und Dienstleistungen im Binnenmarkt frei zirkulieren** dürfen, wenn sie den Anforderungen des Ursprungsstaates genügen und keine überwiegenden Gründe des Allgemeinwohles des Bestimmungslandes entgegenstehen[4]. Im Sinne von Art. 28 EGV wurde das Herkunftslandprinzip dahin verstanden, dass eine Ware oder Dienstleistung, die den Anforderungen des Rechts des Herkunftsstaates genügt, überall im Gemeinsamen Markt abgesetzt bzw. erbracht werden können soll, auch wenn die entsprechenden Regelungen der Empfangsstaaten nicht erfüllt sind[5].

Die ein zulässiges grenzüberschreitendes Verhalten verbietenden Regelungen im Bestimmungsland müssen nach den zentralen Entscheidungen *Dassonville*[6] und *Cassis*

---

[1] Für die Wirksamkeit eines solchen Ausschlusses *Kieninger*, a.a.O., 127. Eine bloß interne Anweisung, in bestimmte Staaten nicht zu liefern, ist hingegen nicht ausreichend (OLG Frankfurt, K&R 1999, 138).

[2] *Kieninger*, a.a.O., 128 m.w.N.

[3] *Kieninger*, a.a.O., 129. Sie sieht allerdings derartige, aus Unsicherheit über die Anwendbarkeit fremden Wettbewerbsrecht veranlassten Einschränkungen als schlecht mit der Transnationalität des World Wide Web vereinbar an. Die Voraussage sei gewagt, dass dann, wenn E-Commerce internetweit an Bedeutung zunimmt, auch der Druck zunimmt, weltweit das Wettbewerbsrecht zu harmonisieren, um gleiche Wettbewerbsbedingungen für alle Anbieter unabhängig von ihrem Sitzland zu schaffen.

[4] So sind Werbeverbote für ausländische Arzneimittel zulässig (EuGH, EuZW 1995, 86 – Ortscheit).

[5] So etwa *Roth*, RabelsZ 55 (1991), 623, 665.

[6] EuGH Slg. 1974, 837 ff = GRUR Int. 1974, 467f = NJW 1975, 515 – *Dassonville*: Unzulässig sind mengenmäßige Beschränkungen und *Maßnahmen gleicher Wirkung* im gemeinschaftsinternen Warenaustausch. Zu den Maßnahmen gleicher Wirkung gehört nach der Dassonville-Formel „jede Handelsregelung der Mitgliedsstaaten, die geeignet ist, den innergemeinschaftlichen Handel unmittelbar oder mittelbar, tatsächlich oder potentiell zu behindern." Unzulässig ist damit die unterschiedliche Behandlung von Importwaren im Verhältnis zu inländischen Erzeugnissen und ein grundsätzliches Beschränkungsverbot (im Sinne der Warenverkehrsfreiheit). Auch werberechtliche Vorschriften sind Handelsregelungen (*Meyer*, GRUR Int. 1996, 697, 699). Solche Maßnahmen

de Dijon[1] an den Art. 28 und 49 EGV gemessen werden, ausgenommen „Verkaufsmodalitäten“[2], zu denen auch die grenzüberschreitende Werbung gerechnet wird[3] bzw. deren Beschränkung[4]. Die *Dassonville/Cassis*-Rechtsprechung konnte bewirken, dass besonders strenge wettbewerbsrechtliche Vorschriften eines Mitgliedsstaates auf grenzüberschreitende Sachverhalte (schon vor und außerhalb der ECRL) unanwendbar waren[5]. Allerdings sind nach der „*Keck*“-Formel nur produktbezogene[6] Handelshemmnisse zu beseitigen (z.B. zu Kennzeichnungen), nicht vertriebsbezogene. Diese zentralen Urteile haben zwar die gesetzgeberische Tätigkeit in den Mitgliedsstaaten beeinflusst, aber noch keine Rechtsharmonisierung herbeigeführt[7]. Erfasst wurden hauptsächlich Sachverhalte aus dem Warenverkehr, doch gelten weitgehend gleiche Grundsätze auch im **Dienstleistungsverkehr** (Art. 49 ff EGV)[8]. Auch hier dürfen Beschränkungen nicht diskriminierend sein; sie müssen durch zwingende Gründe des Allgemeininteresses gerechtfertigt sein[9]. Dies gilt auch für die Werbung und sonstige geschäftliche Aktivitäten von Dienstleistungsunternehmern[10].

(bb) Ausgestaltung des Herkunftslandprinzips im EG-Sekundärrecht

Das Herkunftslandprinzip findet sich als Regelungsinhalt (wenngleich noch nicht mit dieser Bezeichnung) bereits im Sendelandprinzip des Art. 2 lit a Abs. 1

verstoßen gegen Art. 28 EGV, soweit sie nicht durch Art. 30 EGV gerechtfertigt sind. Unzulässig sind hiernach nicht nur die unterschiedliche Behandlung von Importwaren im Verhältnis zu inländischen Erzeugnissen, sondern außerdem grundsätzlich alle hoheitlichen Eingriffe in den Warenverkehr (etwa Werbeverbote), sofern sie nicht im Einzelfall gerechtfertigt sind (z.B. Verbraucherschutz).

1 EuGH Slg. 1979, 649 = NJW 1979, 1766 – *Cassis de Dijon*: Unzulässig sind staatliche Handelsregelungen (z.B. Werbevorschriften), die sich nicht durch zwingende Erfordernisse rechtfertigen lassen und die diskriminierend sind. Zu solchen zwingenden Erfordernissen kann das Lauterkeitsrecht des Handelsverkehrs und der Verbraucherschutz gehören, aber nur, wenn sie nichtdiskriminierend sind und nicht eine abschließende gemeinschaftliche Regelung vorliegt. Als unzulässig wurde etwa ein Verbot der Preisgegenüberstellung nach dem (schon vor der UWG-Novellierung aufgehobenen) § 6 e UWG angesehen (EuGH GRUR Int. 1993, 747 – *Yves Rocher*)

2 EuGH Slg. 1993 I-6097 = GRUR 1994, 296 = NJW 1994, 121 – *Keck und Mithouard*: Regelungen von Verkaufsmodalitäten (also Regelungen, die festlegen, wer verkaufen darf sowie wann, wo und wie der Verkauf vonstatten gehen darf (*Meyer*, GRUR Int. 1996, 697, 700)) wurden nicht als handelsbehindernd im Sinne der Dasson-Formel (bzw. als Maßnahmen gleicher Wirkung im Sinne von Art. 28 EGV) angesehen, „sofern die Bestimmungen für alle betroffenen Wirtschaftsteilnehmer gelten, die ihre Tätigkeit im Inland ausüben und sofern sie den Absatz der inländischen Erzeugnisse aus anderen Mitgliedsstaaten rechtlich wie tatsächlich in der gleichen Weise berühren.“

3 *Thünken*, IPRax 2001, 15, 18 m.w.N.

4 EuGH NJW 1994, 781 – Hünermund.

5 Etwa ein Verbot der Abgabe der Dauer eines Sonderangebotes (EuGH GRUR Int. 1990, 955 – GB-Inno-BM) oder ein Verbot blickfangmäßiger Gegenüberstellungen von Preisen (EuGH GRUR Int. 1993, 763 – Yves Rocher).

6 Also Bestimmungen, die unmittelbar Eigenschaften der Warensubstanz oder der Produktaufmachung regeln (*Meyer*, GRUR Int. 1996, 697, 700), so etwa Verbote, kosmetische Produkte zu führen (EuGH, Rs. C315/92, Slg. I 1994, 317 – Clinique) oder Produktaufdrucke anzubringen (EuGH EuZW 1995, 611 – Mars).

7 *Schricker/Henning-Bodewig*, WRP 2001, 1367, 1371.

8 EuGH, Slg. 1997, S. I-6959, Rdn. 56 – Bauernproteste.

9 *Schricker/Henning-Bodewig*, WRP 2001, 1367, 1371.

10 EuGH, GRUR Int. 1995, 900 – Alpine Investment (Telefonwerbung für Finanzdienstleistungen).

Fernsehrichtlinie[1], ist hier aber wesentlich auf den öffentlich-rechtlichen Bereich bezogen[2] und betrifft nur einen relativ schmalen Bereich tangierter Rechte (etwa bezüglich Werbeinhalten oder Schutz von Minderjährigen). Weitergehend gefasst ist das Herkunftslandprinzip im Sinne der ECRL und des § 4 TDG[3] (Art. 1 Abs. 4[4] i.V.m. Art. 3 Abs. 1[5] und 2[6] ECRL). Hiernach muss sich jeder Anbieter nach dem Recht desjenigen Mitgliedsstaates beurteilen lassen, in dem er niedergelassen ist. Das Herkunftslandsprinzip weicht wesentlich vom allgemeinen Marktortprinzip ab, da mit ihm auf das am **Sitz** des ausländischen EG-Anbieters anwendbare Recht abgestellt wird, nicht auf das an dem Ort anwendbare Recht, an dem Wettbewerbsinteressen kollidieren. Allerdings prüft das am Ort der wettbewerbsrechtlichen Kollision zuständige Gericht (nach seiner jeweiligen lex fori) diese Kollision nach dem dort anwendbaren materiellen Recht (wie bisher), wendet dieses jedoch dann von Amts wegen in den Fällen nicht an, in denen das Recht am Sitz des ausländischen Konkurrenten für diesen weniger streng ist[7]. Das am Marktort geltende Recht bleibt also anwendbar[8], jedoch in seinen Rechtsfolgen nur insoweit, als das Recht des Herkunftsland des Anbieters geht.

Das Herkunftslandprinzip wird in den Fällen durch die EuGH-Rechtsprechung durchbrochen, in denen ein Anbieter seinen Sitz allein zu dem Zweck in einen anderen Mitgliedsstaat verlegt, um die Anforderungen im (bisherigen) Sitzstaat zu **unterlaufen**[9]. Das gilt aber nur, wenn die Tätigkeit dieses Anbieters (weiterhin) ausschließlich oder

---

1 Richtlinie des Rates zur Koordinierung bestimmter Rechts- und Verwaltungsvorschriften der Mitgliedsstaaten über die Ausübung der Fernsehtätigkeit, 89/552/EWG v. 3.10.1989, ABl 1989 Nr. L 298, 23. Art. 2 lit a bs. 1 Fernseh-RL (i.d.F. der RL 97/36/EG, ABl EG Nr. l 202, 60 = GRUR Int 1998, 120) lautet: „Die Mitgliedsstaaten gewährleisten den freien Empfang und behindern nicht die Weiterverbreitung von Fernsehsendungen aus anderen Mitgliedsstaaten aus Gründen, die Bereiche betreffen, die durch diese Richtlinie koordiniert werden." Art. 2 Abs. 1 Fernseh-RL: „Jeder Mitgliedsstaat sorgt dafür, dass alle Fernsehsendungen, die von seiner Rechtshoheit unterworfenen Fernsehveranstaltern gesendet werden, den Vorschriften des Rechtssystems entsprechen, die auf für die Allgemeinheit bestimmte Sendungen in diesem Mtgliedsstat anwendbar sind." Eine ähnliche Regelung findet sich in der Richtlinie 93/83/EWG v. 27.9.1993 zur Koordinierung bestimmter urheber- und leistungschutzrechtlicher Vorschriften betreffend Satellitenrundfunk und Kabelverbreitung, ABl EG 1993 Nr. L 248, 15.

2 *Lurger/Vallant*, RIW 2002, 188, 193.

3 § 4 Abs. 1 TDG: „In der Bundesrepublik Deutschland niedergelassene Diensteanbieter und ihre Teledienste unterliegenden Anforderungen des deutschen Rechts auch dann, wenn die Teledienste in einem anderen Staat innerhalb des Geltungsbereiches der Richtlinie 2000/31/EG" (E-Commerce-RL)...„geschäftsmäßig angeboten oder erbracht werden." § 4 Abs. 2 S. 1 TDG: „Die freie Dienstleistungsverkehr von Telediensten, die in der Bundesrepublik Deutschland von Diensteanbietern geschäftsmäßig angeboten oder erbracht werden, die in einem anderen Staat innerhalb des Geltungsbereiches der Richlinie 2000/31/EG niedergelassen sind, wird nicht eingeschränkt."

4 Art. 1 Abs. 4 ECRL: „Diese Richtlinie schafft weder zusätzliche Regeln im Bereich des internationalen Privatrechts noch befasst sie sich mit der Zuständigkeit der Gerichte."

5 Art. 3 Abs. 1 ECRL: „Jeder Mitgliedsstaat trägt dafür Sorge, dass die Dienste der Informationsgesellschaft, die von einem in seinem Hoheitsgebiet niedergelassenen Diensteanbieter erbracht werden, den in diesem Mitgliedsstaat geltenden innerstaatlichen Vorschriften entsprechen, die in den koordinierten Bereich fallen."

6 Art. 3 Abs. 2 ECRL: „Die Mitgliedsstaaten dürfen den freien Verkehr von Diensten Informationsgesellschaft aus einem anderen Mitgliedsstaat nicht aus Gründen einschränken, die in den koordinierten Bereich fallen."

7 *Ahrens*, CR 2000, 835, 838; *Fezer/Koos*, IPRax 2000, 349, 353; Bettinger/*Leistner*, Werbung und Vertrieb im Internet, Teil 1 A, Rdn. 86.

8 Gounalakis/*Spindler*, Rechtshandbuch Electronic Business, § 9 Rdn. 85 gegen *Mankowski*, IPRax, 2002, 257, 261.

9 Gounalakis/*Spindler*, a.a.O., § 9 Rdn. 123.

überwiegend auf den bisherigen Niederlassungsstaat ausgerichtet ist (Erwägungsgrund 57 der ECRL). Die Niederlassungsfreiheit als solche bleibt damit unberührt.

Das Herkunftslandprinzip gilt nur im sog. „**koordinierten Bereich**" im Sinne von Art. 2 lit. h der E-Commerce-RL, also nicht für den „Offline"-Bereich, für den weiter die bisherigen Grundsätze gelten[1]. Folge ist, dass Anbieter Werbung (also sog. „kommerzielle Kommunikation") als EG-weite u.U. für den Offline-Bereich restriktiver konzipieren müssen als für den Online-Bereich. Zutreffend wurde bemerkt, dass das Herkunftslandprinzip (anders als die „Keck"-Rechtsprechung in Abgrenzung zu vertriebsbezogenen Beschränkungen) nicht nur produktbezogene Handelshemmnisse beseitigt, sondern sämtliche das Online-Marketing potentiell einschränkenden Regelungen, wodurch der Online-Marketingbereich bemerkenswert begünstigt werde[2].

Das Herkunftslandprinzip gilt auch für das jeweilige **öffentliche Recht**, etwa bei gewerberechtlichen Zulassungen[3]. Ist dieses Recht (etwa im Bereich des Wettbewerbsrechts) eher liberal, kann sich der Diensteanbieter hierauf auch dann berufen, wenn er an einem Marktort in einem anderen Mitgliedsstaat mit anderen Anbieter in Wettbewerb tritt und das Recht dieses Marktortes strenger wäre. Wenig nützt das Herkunftslandprinzip allerdings dem Anbieter, wenn das Recht seines Niederlassungsstaates strenger ist (wie etwa in Deutschland), da ihm diese Unzulässigkeit auch in anderen Staaten vorgehalten werden könnte.

E-Commerce kann freilich zu einer Multiplikation anwendbarer Heimatrechtsordnungen führen. So ist z.B. für Angebote und Werbung hierzu eines Anbieters aus Portugal nach dem Wortlaut des § 4 TDG portugiesisches Recht auch dann anwendbar, wenn das Angebot bzw. die Werbung über einen Teledienst (Internet) Nutzer in Deutschland zugänglich gemacht wird. Tritt er nun mit einem Anbieter in Deutschland in Konkurrenz, gilt zwar an diesem Marktort deutsches (u.U. strengeres) Wettbewerbsrecht, jedoch greift es dann bzw. insoweit nicht ein, als der portugiesische Anbieter sich darauf berufen kann, dass sein Angebot bzw. seine Werbung nach seinem Sitzlandrecht zulässig ist. Treten freilich im Beispiel am deutschen Markt ein finnischer, irischer und österreichischer Anbieter hinzu, führt dies freilich zu einer Zersplitterung der rechtlichen Beurteilung des Wettbewerbs auf diesem Markt, da jeder dieser Anbieter auf sein eigenes, u.U. divergentes Sitzlandrecht verweisen kann. Jeder EG-ausländische Anbieter bringt so gewissermaßen sein eigenes Werberecht mit.

Tatsächlich breitenwirksam relevant wird das Herkunftslandprinzip aus wettbewerbsrechtlicher Sicht freilich nur im **B2B-Bereich** und auch nur dann (wenn keine Rechtswahl getroffen wurde, die Vorrang vor dem Herkunftslandprinzip hat[4]), damit also primär im Wettbewerbsrecht. Aufmerksam gemacht wurde auf den Umstand, dass das in Vorbereitung befindliche Rom-II-Abkommen über das auf außervertragliche Schuldverhältnisse anzuwendende Recht auf das Marktortprinzip zurückgreift, das dem Herkunftslandprinzip diametral entgegensteht[5]. Teilweise wurde hier aber kein Widerspruch gesehen, da das Herkunftslandprinzip als gemeinschaftsrechtlicher Ausgleich auf der Ebene des Sachrechts binnenmarktstörende Ergebnisse des vom Marktortprinzip kollisionsrechtlich berufenen Rechts über eine Nichtanwendbarkeit der

1 Bettinger/*Leistner*, Werbung und Vertrieb im Internet, Teil 1 A, Rdn. 95.

2 Bettinger/*Leistner*, a.a.O., Teil 1 A, Rdn. 95.

3 *Tettenborn/Bender/Lübben/Karenfort*, K&R Beilage 1 zu Heft 12/2001, 14. Dies kann dazu führen, dass etwa eine teilweise als erforderlich angesehene gewerberechtliche Genehmigung von Online-Auktionen jedenfalls nicht von Auktionsanbietern aus anderen Mitgliedsstaaten verlangt werden kann

4 *Tettenborn/Bender/Lübben/Karenfort*, a.a.O., 10 m.w.N.

5 *Tettenborn/Bender/Lübben/Karenfort*, a.a.O., 13; *Spindler*, MMR-Beilage 7/2000, 4, 15.

konkreten Norm beziehungsweise über eine Rechtsangleichung beseitige[1]. Freilich würde Rom-II damit schon mit Inkrafttreten leerlaufen.

Für das **Deliktsrecht** führt die Auffassung, die das Herkunftslandprinzip als rein materiellrechtliches (und prozessuales) Prinzip betrachtet, zu dem Ergebnis, dass die Tatortregel weiterhin bestimmt, welches nationale Deliktsrecht anwendbar ist, jedoch dieses Deliktsrecht nicht über den Umfang derjenigen Haftungspflichten hinausreichen darf, die dem Provider in seinem Herkunftsland etwa für Persönlichkeitsverletzungen auferlegt werden – womit freilich die Tatortregel faktisch ins Leere läuft[2]. Der Bereich des Persönlichkeitsrechtsschutzes ist ebenfalls durch unterschiedliche Schutzstandards in den Mitgliedsstaaten gekennzeichnet[3], ebenso der Bereich des Delikts- und Strafrechts, wobei für letzteres aber die Bereichsausnahme für Straftaten (Art. 3 Abs. 4 lit a ECRL) zum Tragen kommt, während beim Deliktsrecht die Konsequenz gesehen wurde, dass der Geschädigte nicht mehr zwischen dem Recht des Handlungs- und des Erfolgsortes wählen kann (wie es Art. 40 Abs. 1 S. 2 EGBGB vorsieht), sondern durch das Herkunftslandprinzip an das Recht des Handlungsort gebunden ist[4]. Allerdings muss das Herkunftsland nicht immer Handlungsort im Sinne von Art. 40 Abs. 1 EGBGB sein[5]. Außerdem erfasst § 4 TDG nur den **koordinierten** Bereich im Sinne der ECRL, also hier Teledienste.

(cc) Herkunftslandprinzip als Kollisionsnorm ?

Allerdings ist die Prüfung komplizierter, als dem Wortlaut des § 4 TDG zu entnehmen ist. Nicht abschließend geklärt ist nämlich, ob das **Kollisionsrecht** (in Deutschland im EGBGB geregelt) von der Regelung des § 4 TDG erfasst bzw. ausgeschlossen wird.

Die **E-Commerce-RL** (ECRL) ist hier nicht so klar, wie eigentlich erforderlich. Art. 1 Abs. 4 ECRL bestimmt, dass die RL weder zusätzliche Regeln im Bereich des Internationalen Privatrechts schaffen noch sich mit der Zuständigkeit von Gerichten befassen soll. Das jeweilige nationale IPR soll also unberührt bleiben. Andererseits verlangt Art. 3 Abs. 2 ECRL, dass die Mitgliedsstaaten den freien Verkehr von Diensten der Informationsgesellschaft aus einem anderen Mitgliedsstaat (Niederlassungsstaat des fremden Anbieters) nicht aus Gründen einschränken dürfen, die in den koordinierten Bereich fallen. Zugleich soll jeder Mitgliedsstaat seine Sachnormen im Regelungsbereich der RL durch deren Umsetzung anpassen (Art. 1 Abs. 2 ECRL).

Die ECRL sieht ein zweistufiges Modell vor, in dem RL-Recht und jeweiliges nationales IPR in Beziehung zueinander gesetzt werden. Dies wird aus Erwägungsgrund 23 deutlich, der sich auf „Vorschriften des anwendbaren Rechts" bezieht, „die durch Regeln des Internationalen Privatrechts bestimmt sind" und die die „Freiheit zur Erbringung von Diensten der Informationsgesellschaft im Sinne dieser Richtlinie nicht einschränken" dürfen. Damit wird das anwendbare Recht im ersten Schritt über die Kollisionsnormen bestimmt, aber im zweiten Schritt dann richtlinienkompatibel gemacht. Eine Kollisionsrechtsregelung will die ECRL ausdrücklich nicht bestimmen.

---

1 *Fezer/Koos*, IPRax 2000, 349, 351.

2 *Gounalakis/Rhode*, Persönlichkeitsschutz im Internet, 17.

3 *Tettenborn/Bender/Lübben/Karenfort*, K&R Beilage 1 zu Heft 12/2001, 14.

4 *Spindler*, MMR-Beilage 7/2000, 4, 19, der insoweit die ECRL noch über EuGH Slg. 1995, I-450 = NJW 1995, 1881 – Shevill hinausgehen sieht, der dem Geschädigten (neben der Schadensliquidierung am Handlungsort) noch die Möglichkeit eines Schadensteils am Erfolgsort zubilligte.

5 *Sack*, WRP 2002, 271, 273.

Eine ausdrückliche Zuständigkeitszuweisung hierfür hätte ohnehin gefehlt; eine ausweitende Auslegung zur Erzielung einer „nützlichen Wirksamkeit“ (*effet utile*) scheidet aus, da bereits das ausdrückliche Nichtregelnwollen des Richtliniengebers entgegensteht. Statt dessen soll das nach den nationalen IPR-Regelungen bestimmte Recht immer dann zurücktreten, wenn es über den Standard des Herkunftslandprinzips hinausgeht[1].

ECRL und damit TDG enthalten also nach dem Regelungswillen von Richtlinien-/Gesetzgeber keine Kollisionsnorm[2]. Für das internationale Wettbewerbsrecht sind solche Kollisionsnormen vielmehr im geplanten Rom II-Abkommen vorgesehen, das an das Marktortprinzip anknüpft[3]. Demzufolge ist weder das Herkunftsland immer der Handlungsort im Sinne von Art. 40 Abs. 1 EGBGB (sondern der Marktort) noch besteht im internationalen Wettbewerbsrecht zum Herkunftsland die engste Beziehung im Sinne von Art. 41 EGBGB noch verlangen die europäischen Marktfreiheiten gemäß den Art. 28ff, 49 ff EG für den EG-Bereich eine Anknüpfung an das Herkunftslandesrecht[4] .

Die Mehrheit der Stimmen in der Literatur hält das nationale Kollisionsrecht weiter für anwendbar[5], da das Herkunftslandprinzip keine gemeinschaftsrechtliche Kollisionsnorm darstelle[6], und stuft § 4 TDG (bzw. Art. 3 Abs. 1 ECRL) als **Sachnormverweisung** ein[7] (bzw. als IPR-rechtliche Sonderverweisung[8]), während eine abweichende Auffassung das Herkunftslandprinzip als Kollisionsnorm einstuft[9]; hiernach gilt zunächst die nach der IPR-Norm der lex fori anzuwendende Rechtsordnung im Ganzen, jedoch ist diese (materiell) insoweit nicht anzuwenden, als

---

1 *Tettenborn*, K&R 2000, 59, 60, bereits auf die abweichende Regelung im Rom II-Rechtsakt hinweisend, die auf den Markort abstellt, wodurch kollisionsrechtliche Auswirkungen im vertraglichen und im außervertraglichen Bereich auseinanderdriften könnten.

2 Zu weitgehend aber wohl die Folgerung bei *Sack*, WRP 2002, 271, 273, dass die IPR-Neutralität Vorrang vor den Regelungen des Herkunftslandsprinzips habe, da sich aus dem (auch bei *Sack* zitierten) Erwägungsgrund 23 eher das Gegenteil ergibt.

3 *Sack*, WRP 2002, 271, 273.

4 *Sack*, WRP 2002, 271, 273 und WRP 2001, 1408, 1413.

5 S.etwa *Ahrens*, CR 2000, 835, 837; a.A. *Ohly*, GRUR Int. 2001, 899, 902, der einen kollisionsrechtlichen Mindestgehalt des Art. 3 ECRL sieht und doch auch zu einem Günstigkeitsvergleich zwischen dem kollisionsrechtlich bestimmten Recht und dem Recht des Herkunftslandes gelangt. Für den faktischen kollisionsrechtlichen Charakter von Art. 3 Abs. 1 ECRL auch Moritz/Dreier/*Tettenborn*, Rechtshandbuch zum E-Commerce, 490 (aber die gesamte kollisionsrechtliche Literatur unberücksichtigt lassend).

6 *Ohly*, GRUR Int. 2001, 899, 904; *Reuss*, E-Commerce-Richtlinie, 73. Für diese Auffassung spricht, dass das primäre EG-Recht eine grundsätzlich andere, nämlich integrationsbezogene Funktion hat und deshalb nicht einfach als (zusätzliche) Norm zur Regelung der Kollision nationaler Rechtsdordnungen anzusehen ist. *Ohly*, a.a.O. spricht plastisch von einer paradoxen „Magritte“-Theorie, da eine Kollisionsnorm unter gleichzeitigem Hinweis vorgestellt wird, es sei keine Kollisionsnorm. Dies erinnere an Magrittes Bild einer Pfeife mit der Unterschrift „*Ceci n'est pas une pipe*“. Sprachtheoretisch ist diese Kombination allerdings keineswegs paradox, da Magritte tatsächlich keine Pfeife, sondern das *Bild* einer Pfeife gemalt hat. Ähnlich regelt das Herkunftslandprinzip nicht die Normenkollision, sondern die sachrechtlichen Auswirkungen der Normen, die nach unverändertem Kollisionsrecht festzustellen sind.

7 *Fezer/Koos*, IPRax 2000, 349, 353; *Ahrens*, CR 2000, 835, 837; *Spindler*, MMR 1999, 199, 206. *Tettenborn/Bender/Lübben/Karenfort*, K&R Beilage 1 zu Heft 12/2001, 10 nehmen eine „Metakollisionsnorm“ an, die sämtliche Verweisungen des IPR verdränge.

8 *Tettenborn/Bender/Lübben/Karenfort*, K&R Beilage 1 zu Heft 12/2001,

9 So etwa *Mankowski*, ZvglRWiss 100 (2001), 137; *Thünken*, IPRax 2001, 15, 19; a.A. z.B. *Lurger/Vallant*, RIW 2002, 188, 192 m.w.N.; *Reuss*, E-Commerce-Richtlinie, 98 (mit dem etwas resignativen Vermerk, der Widerspruch zu Art. 1 Abs. 4 ECRL bleibe ungelöst).

sie über einen niedrigeren Schutzstandard im Herkunftsland des Anbieters hinausgeht[1]. Verweisen im obigen Portugal-Beispiel die Art. 27 ff EGBGB auf portugiesisches Recht, ist dieses anwendbar (wie sich auch aus dem Wortlaut des § 4 TDG ergibt). Verweisen sie auf deutsches Recht, ist dieses anwendbar, jedoch kann sich der Anbieter vor dem deutschen Gericht (das deutsches Kollisionsrecht als Teil der lex fori prüft[2]) darauf berufen, dass sein Dienst in seinem Herkunftsland rechtmäßig betrieben wird. Zeigt im Beispiel die amtswegige Aufklärung, dass portugiesisches (oder etwa gerade auch britisches[3]) Werberecht günstiger ist als deutsches, so ist dieses Recht zu berücksichtigen, soweit es günstiger ist. Umgekehrt kann der Verstoß gegen eine niederländische, dem rechtstreuen Wettbewerber dienende Vorschrift einen Verfügungsgrund vor einem deutschen Gericht begründen[4].

Sachrechtsverweisung bedeutet, dass nicht auch auf Kollisionsrecht des anderen Mitgliedsstaates verwiesen wird[5]; die angestrebte Harmonisierung wäre nämlich gefährdet, wenn das IPR des anderen Mitgliedsstaates doch wieder auf das Recht desjenigen Staates verweisen würde, in dem der Anbieter etwa seine Leistung präsentiert, hier also auf deutsches Recht; nationales IPR könnte so das EG-rechtliche Herkunftslandprinzip unterlaufen. Vielmehr wird das Herkunftslandprinzip dahin verstanden, dass von dem nach internationalem Zivilprozessrecht zuständigen, mitgliedsstaatlichen Gericht diejenigen Sachnormen des nach allgemeinen kollisionsrechtlichen Grundsätzen anwendbaren Sachrechts nicht anzuwenden sind, die als gemeinschaftswidrig zu beurteilen sind[6]. Eine Sachrechtsverweisung im eigentlichen kollisionsrechtlichen Sinne liegt hier wohl nicht vor, da das Herkunftslandprinzip gerade IPR-neutral bleiben soll[7]. Auch die Annahme einer rein sachrechtlichen Verweisung vermag aber nicht voll zu überzeugen, wenn sie zur Folge hat, dass bereits jede strengere oder irgendwie beschränkende Regel des Empfangsstaates als Eingriff in den freien Informationsverkehr zu sehen ist; hier wirkt nämlich das sachrechtliche Herkunftslandprinzip letztlich doch wie ein kollisionsrechtliches Prinzip[8].

Fast einhellig wurde **kritisiert**, dass das wohl zwangsläufige Ergebnis des Herkunftslandprinzips ein Ausweichen auf den Staat mit den geringsten rechtlichen Anforderungen etwa im Wettbewerbsrecht (sog. „*race to the bottom*“) sein könne[9]. Zumindest für das Wettbewerbsrecht könnte dies zutreffen, wobei aber der Teilbereich der vergleichenden Werbung ohnehin EG-einheitlich richtliniengeregelt ist[10]. Hier wurde freilich auf eine Einschränkung entsprechend Erwägungsgrund 57 der ECRL und

---

1 *Bettinger/Leistner*, Werbung und Vertrieb im Internet, 55.

2 *Ahrens*, CR 2000, 835, 838 (Recht des Herkunftslandes werde zur „beweisbedürftigen Ausnahme“); *Arndt/Köhler*, EWS 2001, 102, 106.

3 *Ohly*, a.a.O., 905.

4 So in einer der ersten Entscheidungen zum Herkunftslandprinzip das OLG Hamburg, Urt.v. 18.3.2004 – 5 U 1134/03, NJW 31/2004, aktuell S. X.

5 *Spindler*, MMR-Beilage 7/2000, 4, 9; *Spindler*, RIW 2002, 183, 185.

6 *Fezer/Koos*, IPRax 2000, 349, 352.

7 *Sack*, WRP 2002, 271, 274.

8 *Lurger/Vallant*, RIW 2002, 188, 197 (die das Herkunftslandprinzip kollisionsrechtlich deuten, 198).

9 *Ohly*, a.a.O., 906; *Tettenborn/Bender/Lübben/Karenfort*, K&R Beilage 1 zu Heft 12/2001, 13; Spindler, MMR-Beilage 7/2000, 4, 8; Bettinger/*Leistner*, Werbung und Vertrieb im Internet, Teil 1 A, Rdn. 94.

10 RL 97/55/EG vom 6.10.1997 zur Änderung der RL 84/450/EG über irreführende Werbung zwecks Einbeziehung der vergleichenden Werbung, ABl. EG L 290 v. 23.10.1997.

der dort erwähnten EuGH-Rechtsprechung[1] hingewiesen[2], nach der ein Mitgliedsstaat Maßnahmen gegen einen in einem anderen Mitgliedsstaat niedergelassenen, in seiner Tätigkeit aber ausschließlich oder überwiegend auf den ersten Mitgliedsstaat ausgerichteten Diensteanbieter ergreifen kann, Niederlassung im anderen Mitgliedsstaat nur aus Umgehungsgründen gewählt wurde. Das löste aber allenfalls einen kleinen Teilbereich der Probleme. Jedoch hat die Kommission eine Richtlinie zur Harmonisierung des Lauterkeitsrechts vorgeschlagen, auch um zu verhindern, dass Diensteanbieter in Niedrigstandard-Ländern einen rechtlichen Standortvorteil haben[3].

Vorteil des Herkunftslandprinzip ist andererseits, dass sich der Diensteanbieter, der gemeinschaftsweit anbieten will (zumindest im koordinierten Bereich) nicht mit den entsprechenden rechtlichen Anforderungen anderen Mitgliedsstaaten (zeit- und kostenaufwendig) zu befassen hat[4], ein erst recht nach der EU-Osterweiterung wichtiger Gesichtspunkt. Die Verweisung auf das Recht des Herkunftslandes in den Regelungen des EG-Vertrages wurde hier zutreffend als „ein gemeinschaftsrechtliches Korrektiv binnen-marktstörender Ergebnisse der Anknüpfung nach dem Markortprinzip" verstanden[5], nicht aber als Kollisionsnorm i.S.d IPR[6]. Das Herkunftslandprinzip verdränge lediglich die Rechtswirkungen der zugunsten einer Anwendbarkeit des Inlandsrechts getroffenen, kollisionsrechtlichen Entscheidung[7].

Art. 3 ECRL regelt **nicht** ein allseitiges **Günstigkeitsprinzip**; dies ergibt sich schon daraus, dass das Herkunftslandrecht auch dann anwendbar ist, wenn das Recht des Bestimmungslandes dem Anbieter günstiger wäre[8]; verweisen die IPR-Normen auf das Recht des Niederlassungsstaates, bleibt es bei dieser Verweisung. Nur wenn diese Normen auf das Recht des Bestimmungsstaates verweisen, ist die Möglichkeit der sekundärgemeinschaftsrechtlichen Ausgleichung über Art. 3 ECRL offen. Auch die Umsetzung in § 4 Abs. 1 TDG nimmt nicht auf die Günstigkeit einer Rechtes Bezug[9]. In der Praxis wird sich der Anbieter in einem anderen Mitgliedsstaat aber nur dann auf sein Niederlassungsrecht berufen, wenn dieses günstiger ist. Dieses kommt dann nur in den Fällen zur Anwendung, wenn das jeweils zuständige Gericht das ausländische Recht von Amts wegen prüfen muss. Insoweit ist der Anbieter in einem Niederlassungsland mit hohen Schutzstandards in einer unvorteilhaften Situation[10].

Die Regelungen zum Herkunftslandprinzip gehen über die Grundsätze der Rechtsprechung des EuGH hinaus, die Vermarktungsmodalitäten der Überprüfung anhand der Grundfreiheiten des EGV weitgehend entzogen hatte (Keck-Rechtsprechung)[11].

Das Herkunftslandprinzip führt für den Waren- und Dienstleistungsverkehr freilich

---

1 EuGH ZIP 1999, 438 – Centros.

2 *Spindler*, MMR-Beilage 7/2000, 4, 9.

3 So die Kritik bei *Schricker/Henning-Bodewig*, WRP 2001, 1367, 1370.

4 *Spindler*, MMR-Beilage 7/2000, 4, 8.

5 *Fezer/Koos*, IPRax 2000, 349, 350.

6 *Fezer/Koos*, IPRax 2000, 349, 352; a.A. etwa *Mankowski*, ZvglRWiss 100 (2001), 137, 140 (Herkunftslandprinzip sei „klar kollisionsrechtlicher Natur").

7 *Fezer/Koos*, IPRax 2000, 349, 351.

8 *Thünken*, IPRax 2001, 15, 19.

9 Das Günstigkeitsprinzip war im 1.Entwurf des EGG enthalten, wurde aber aufgegeben (Moritz/Dreier/ *Tettenborn*, Rechtshandbuch zum E-Commerce, 491).

10 *Lurger/Vallant*, RIW 2002, 188, 194.

11 *Fezer/Koos*, IPRax 2000, 349, 353.

zu einem doppelten Bruch, einerseits zu einem „**Online-Offline-Chaos**"[1] bzw. der Privilegierung der Online-Werbung[2] (mit der Konsequenz eines Erfordernisses, die Werbung jeweils unterschiedlich gestalten zu müssen[3]), zum anderen zu einem **gespaltenen IPR-Regime** für europäische und für außereuropäische Sachverhalte[4] (jedenfalls für das EG-Gebiet).

Für Werbetreibende besteht damit in der **Praxis** das Erfordernis, die jeweiligen Unterschiede in der Ausgestaltung ihrer Werbung zu berücksichtigen, also etwa Offline-Werbung und Werbung in Drittstaaten weiterhin nach dem Marktortprinzip auszurichten. Auch bleiben die Kollisionsnormen zu prüfen. Verweisen die Art. 27 ff EGBGB auf das Sitzland des Anbieters, ist dieses anwendbar (wie sich auch aus dem Wortlaut des § 4 TDG ergibt). Verweisen sie auf deutsches Recht, ist dieses anwendbar[5]. Der ausländische Anbieter kann sich aber vor dem deutschen Gericht (das deutsches Kollisionsrecht als Teil der lex fori prüft[6]) darauf berufen, dass sein Dienst in seinem Herkunftsland rechtmäßig betrieben wird. Das entsprechende ausländische Recht ist von Amts wegen aufzuklären[7]. Dies verhindert, für die Praxis wichtig, dass der Kläger erst einmal die Recherchelasten für ihm unbekannte Rechtsordnungen tragen muss[8].

Greift der ausländische Anbieter umgekehrt die Werbung seines deutschen Konkurrenten in Deutschland an, kann sich dieser auf die Zulässigkeit dieser Werbung nach deutschem Recht berufen. Der portugiesische Anbieter kann dem **nicht** entgegenhalten, dass die Werbung nach portugiesischem Recht nicht zulässig sei – allerdings schon kollisionsrechtlich nicht, da kollisionsrechtlich ohnehin nicht auf portugiesisches Recht abzustellen wäre. Insoweit könnte sich der ausländische (z.B. portugiesische) Anbieter gerade **nicht** auf sein insoweit strengeres Herkunftslandrecht berufen. Umgekehrt kann sich aber ein deutscher Konkurrent nicht mit dem Argument verteidigen, zwar sei seine Werbung nach deutschem Wettbewerbsrecht am deutschen Marktort wettbewerbswidrig, jedoch nach portugiesischem Recht zulässig; entscheidend bleibt allein, ob die Werbung nach dem deutschen Wettbewerbsrecht (als Recht des Herkunftsland des

---

1 *Mankowski*, ZvglRWiss 100 (2001), 137, 165. *Spindler*, MMR-Beilage 7/2000, 4, 7 weist auf den Umstand hin, dass die Mitgliedsstaaten zwar nicht gegen einen online geschlossenen Vertrag vorgehen können, wohl aber gegen dessen Erfüllung offline, da diese nicht in den koordinierten Bereich fällt. Allerdings würde durch eine solche Aufspaltung letztlich auf den koordinierten Bereich beeinträchtigend zurückwirken; immerhin ist Art. 2 lit h ECRL keine Einschränkung seines Anwendungsbereichs nur auf elektronisch erfüllbare Verträge zu entnehmen.

2 *Tettenborn/Bender/Lübben/Karenfort*, K&R Beilage 1 zu Heft 12/2001, 13. Diese Privilegierung wurde als sachlich nicht gerechtfertigt gerügt (*Fezer/Koos*, IPRax 2000, 349, 354). Eine Rechtfertigung aus dem Umstand, dass etwa Internet-Aktivitäten nicht mehr lokalisierbar seien (*Thünken*, IPRax 2001, 15, 20), scheint empirisch weitgehend unzutreffend (*Lurger/Vallant*, RIW 2002, 188, 194).

3 *Lurger/Vallant*, RIW 2002, 188, 194f.

4 *Mankowski*, ZvglRWiss 100 (2001), 137, 164

5 da deutsches IPR unberührt bleibt, § 2 Abs. 6 TDG, während innerstaatliches Recht schon *kollisionsrechtlich* ausscheidet, wenn nur ausländische Markte betroffen sind (*Sack*, WRP 2002, 271, 275)

6 *Ahrens*, CR 2000, 835, 838 (Recht des Herkunftslandes werde zur „beweisbedürftigen Ausnahme")

7 *Arndt/Köhler*, EWS 2001, 102, 107, sehen der ausländischen Anbieter als behauptungs- und beweisbelastet an und befürchten deshalb eine „Flut von rechtsvergleichenden Gutachten". *Ohly*, a.a.O., 903, zweifelt zutreffend an der Beweisbedürftigkeit (genauer wohl: Beweislast-zuweisung), da das anwendbare Recht von Amts wegen zu bestimmen und zu ermitteln sei. Jedenfalls bleibt der Anbieter aber wohl für die *Einhaltung* dieses Rechts beweisbelastet.

8 *Ahrens*, CR 2000, 835, 838.

deutschen Anbieters) wettbewerbswidrig ist. In Portugal läge kein Marktortverhältnis vor, so dass bereits die kollisionsrechtliche Anknüpfung scheitern würde. Besteht freilich ein Wettbewerbsverhältnis (auch) in Portugal, kann an das dortige Wettbewerbsverhältnis am jeweiligen Marktort angeknüpft werden, der deutsche Anbieter im Einzelfall aber auf sein (für ihn vorteilhafteres) deutsches Wettbewerbsrecht verweisen.

Bei EU-weiter internetbasierter Werbung (z.B. Banner) bleibt also jeweils die Anknüpfung an ein Wettbewerbsverhältnis an Marktorten zu prüfen. Der Werbende muss bei Wettbewerbswidrigkeit seiner „kommerziellen Kommunikation" weiterhin in jedem dieser möglichen Marktorte mit einem Rechtsstreit rechnen, in dem er sich aber mit seinem „Heimatrecht" verteidigen kann.

Das Herkunftslandprinzip kann zu einer **Inländerdiskriminierung** führen, so etwa dann, wenn das deutsche Recht bei Wettbewerb in einem anderen Mitgliedsstaat über das Kollisionsrecht „eigentlich" auf das liberalere Recht des anderen Mitgliedsstaates verweisen würde[1] (aber insoweit für deutsche Anbieter nicht zum Zuge kommt, weil der deutsche Wettbewerber am deutschen Marktort (im koordinierten Bereich) an das strengere deutsche Recht gebunden bleibt), während der ausländische Konkurrent aber auf die günstigere Rechtslage in seinem Herkunftsland verweisen kann. Art. 3 Abs. 2 ECRL verlangt nur, dass ein Mitgliedsstaat (von ausgenommenen Bereichen abgesehen) **nicht höhere** Anforderungen stellen darf als der Herkunftsstaat des ausländischen Anbieters, jedoch nicht, dass, sollten im Herkunftsland selbst höhere Anforderungen als am Marktort bestehen, diese höheren Anforderungen des anderen Mitgliedsstaates auch im Mitgliedsstaat durchzusetzen sind, in denen sich etwa der Marktort befindet[2].

Kaum näher betrachtet wurde die Frage, ob das Herkunftslandprinzip auf für die Anwendung von Web-Techniken wie **Linking**, Framing oder Metatagging gilt. Konkrete Bedeutung gewinnt diese Frage, wenn der EU-ausländische Anbieter z.B. für seine Produkte oder Dienstleistungen am deutschen Marktort mit Links zu Inhalten wirbt, die nach deutschem Recht (also für den deutschen Konkurrenten) unzulässig wären, nicht aber nach dem Recht des Herkunftsstaates den anderen Anbieters. Die Anwendung solcher Techniken ist weder in Art. 3 Abs. 4 ECRL ausgenommen noch außerhalb des koordinierten Bereichs. Die Folge wäre freilich, dass sich das etwa auf Linking anwendbare Recht nach dem Herkunftsland bestimmt.

(dd) Ausnahmen vom Herkunftslandprinzip

Das Herkunftslandprinzip gilt nach Art. 3 Abs. 3 i.V.m dem Anhang zu Art 3 ECRL nicht für

- Urheberrechte und verwandte Schutzrechte (die grundsätzlich dem Territorialitätsprinzip folgen),
- das Verbraucherschutzrecht (also *nicht* im B2B-Bereich, für den aber zumeist die

---

1 Gounalakis/*Spindler*, Rechtshandbuch Electronic Business, § 9 Rdn. 79 mit dem Beispiel eines britischen und eines deutschen Wettbewerbers auf dem französischen Markt, auf die auch britisches bzw. deutsches Recht als Recht des Herkunftslandes anwendbar sei, wenn französisches Recht weniger streng sein sollte.

2 Ähnlich wohl i.E. Gounalakis/*Spindler*, Rechtshandbuch Electronic Business, § 9 Rdn. 97f. Allerdings soll nach Spindler, a.a.O., Rdn. 113 *allein* das Deliktsrecht des Herkunftslandes des Anbieters anwendbar sein (und die Möglichkeit des Geschädigten, das Recht des Erfolgsortes zu wählen, entfallen). Auch im Deliktsrecht wird aber wohl nur quasi der „Normüberschuss" des Rechts am Erfolgsort „gekappt", das anwendbar bleibt (jedenfalls, wenn es vom Geschädigten gewählt wird).

zulässig bleibende Rechtswahl zum Tragen kommt[1]),

- gesetzliche Formvorschriften für immobilienbezogene Verträge,
- die Zulässigkeit nicht angeforderter kommerzieller Kommunikationen,
- Ausgabe von elektronischem Geld,
- Bedingungen für grenzüberschreitende Tätigkeiten von Versicherungsunternehmen,
- Rechtswahlklauseln,
- aber auch Mediendienste in der Form der Verteildienste da die ECRL im Rahmen des Herkunftslandprinzip nur Abrufdienste regelt[2].

Vom Geltungsbereich ausgeklammert sind schließlich die Tätigkeit von Notaren sowie Angehörigen anderer Berufe, Vertretung von Mandanten, Gewinnspiele, kartellrechtsrelevante Vereinbarungen und Verhaltensweisen und Datenschutz (Katalog des Art. 1 Abs. 5 ECRL). Auch der Bereich des Strafrechts ist ausgeklammert[3].

Die Staaten haben aus Art. 4 Abs. 4 ECRL zur Verhütung, Aufklärung und Verfolgung von Straftaten, zur Wahrung der öffentlichen Sicherheit und der öffentlichen Gesundheit sowie zum Schutz von Verbraucherinteressen Eingriffsmöglichkeiten. Außerdem erfasst § 4 TDG nur den koordinierten Bereich im Sinne der ECRL, also hier Teledienste, aber etwa nicht TK-Dienstleistungen.

Die Möglichkeit einer **Rechtswahl** wird vom Herkunftslandprinzip nicht ausgeschlossen (§ 4 Abs. 3 Nr. 1 TDG).

(ee) Wettbewerbsrechtliches Kollisionsrecht außerhalb des koordinierten Bereichs

Das Herkunftslandprinzip erfasst – jedenfalls bisher auf der Grundlage der E-Commerce-Richtlinie – nur Wettbewerbshandlungen im (von der ECRL geregelten) sog. „koordinierten Bereich". Außerhalb dieses Bereiches gelten weiter die bisherigen Grundsätze, auf die nachfolgend kurz einzugehen ist. Jedoch will die EG-Kommission das Wettbewerbsrecht mit der Fokussierung auf den Verbraucherschutz harmonisieren und hierbei das Herkunftslandprinzip auch außerhalb des koordinierten Bereichs einführen. Dies wird auch im kollisionsrechtlichen Bereich entsprechende Anpassungen erforderlich machen. Die allgemeinen Grundsätze gelten aber selbst dann unverändert im Verhältnis zu Nicht-EG-Staaten.

Die Frage, das Recht welchen Landes im grenzüberschreitenden Wettbewerb anzuwenden ist, wird von der neueren Rechtsprechung[4] mit der Anknüpfung an das Recht des Ortes beantwortet, an dem die **wettbewerbliche Interessenkollision** eintritt[5] (sog. „Marktortprinzip"[6]). Für die generelle Anwendbarkeit deutschen Wettbewerbsrechts genügt es bereits, dass die Wettbewerbshandlung zumindest teilweise im Inland

---

1 *Thünken*, IPRax 2001, 15, 17.

2 *Tettenborn/Bender/Lübben/Karenfort*, K&R Beilage 1 zu Heft 12/2001, 12.

3 *Tettenborn/Bender/Lübben/Karenfort*, a.a.O., 14.

4 seit BGH GRUR 1962, 243 – Kindersaugflaschen; ausf. s. Jakobs/Lindacher/Teplitzky/*Schricker*, UWG-GK, 9.Lieferung, Einl. Rdn. F. 184f.

5 *Schricker*, a.a.O. Rdn. F 184, 194.

6 Grundsätzlich s. BGH NJW 1998, 1227 Gewinnspiel im Ausland; BGH GRUR 1991, 463f – Kauf im Ausland; BGH GRUR 1988, 453f – Ein Champagner unter den Mineralwassern; BGH GRUR 1982, 495, 497 – Domgarten-Brand; BGH GRUR 1977, 672f – Weltweit-Club ; BGH GRUR 1971, 153f – Tampax;BGH GRUR 1964, 316, 318 – Stahlexport; BGH GRUR 1962, 243 – Kindersaugflaschen.

begangen wurde[1], wobei die Handlung aber wettbewerbliche Relevanz haben muss und nicht nur vorbereitenden Charakter aufweisen darf[2]. Das bloße Bereithalten von den Wettbewerb fördernden Mitteln soll nun zwar noch kein Teilstück der Wettbewerbshandlung sein[3], doch hat eine im Ausland eröffnete Website dann einen Inlandsbezug, wenn die angebotenen Inhalte **auch** im Inland zugreifbar sind und das Angebot jedenfalls auch an das inländische Publikum adressiert ist[4] bzw. wenn die Seite im Inland abgerufen werden kann und dort eine Interessenkollision hervorruft[5].

Selbst wenn ein Inlandsbezug vorliegt, kann aber – soweit es im konkreten Fall auf den Auslandssachverhalt ankommt, also auf die Wettbewerbswirkung in einem anderen Staat – für die wettbewerbsrechtliche Beurteilung auf die Anschauung im Ausland abzustellen sein[6].

Umgekehrt kann eine Wettbewerbshandlung eines Inländers in das Ausland wirken, sich doch aber ausschließlich oder überwiegend gegen schutzwürdige Interessen eines inländischen Mitbewerbers und die Interessen der Werbeadressaten (insbesondere Endkunden)[7] richten: Hier beurteilt sich die Zulässigkeit wegen dieser besonderen Inlandsbeziehung in der Regel nach dem inländischen Wettbewerbsrecht [8].

Zusätzliche Probleme entstehen besonders, wenn **eine Wettbewerbshandlung mehrere Staaten berührt** (sog. „Multistate-Wettbewerb“[9]). Tritt auf verschiedenen nationalen Märkten eine Interessenkollision auf, so ist für jeden dieser Märkte das dort geltende Recht anzuwenden [10], nicht aber etwa das Recht desjenigen Staates, in dem das Schwergewicht der Werbung liegt [11].

Auf das Recht des einzelnen Staates ist nicht mehr abzustellen, wenn dieser nur am Rande, marginal berührt wird, etwa durch Import nur einzelner Exemplare einer Zeitschrift[12]. Schricker spricht hier plastisch von einer (eigentlich aus dem Kartellrecht übernommenen) **„kollisionsrechtlichen Spürbarkeitsgrenze“**[13]. Hier sei auch zu berücksichtigen, inwieweit die angesprochenen Kreise ausländische Sprachen verstünden und ob die beworbenen Waren auf dem Markt überhaupt erhältlich seien [14].

---

1 *Baumbach/Hefermehl*, UWG, Einl. Rdn. 176.

2 BGHZ 35, 329, 334.

3 S. etwa BGHZ 35, 329, 343, BGHZ 40, 391, 394; für Internet-Werbung eines US-TV-Anbieters: LG Hamburg, Urt.v. 5.5.1999 – 315 O 271/98, CR 1999, 785 – Animal Planet (Verbot betrifft nicht jede in Deutschland abrufbare Werbung, sondern nur für Deutschland *bestimmte* Werbung)

4 Ähnlich für Zeitschriften BGH, GRUR 1971, 153 – Tampax. Ähnlich OLG Frankfurt IPRspr. 1990, Nr. 155, 307, 309 – Physical Reviews (Anwendbarkeit deutschen Rechts aufgrund Beeinflussung des Nachfrageverhaltens deutscher Abnehmer, aber kein wettbewerbsrechtlicher Verstoß, da das zu beurteilende Wettbewerbsverhalten mit der amerikanischen Rechtsordnung im Einklang stehe, sodass auch nach der inländischen Auffassung keine Wettbewerbswidrigkeit vorliege); krit. *Kotthoff*, CR 1997, 676, 679.

5 OLG Frankfurt, Beschl.v.3.12.1998 – 6 W 122/98, K&R 1999, 138.

6 *Baumbach/Hefermehl*, Einl. UWG, Rdn. 178, allerdings nur bis zur Grenze des Art. 6 EGBGB.

7 Jakobs/Lindacher/Teplitzky/*Schricker*, UWG-GK, 9.Lieferung, Einl. Rdn. F. 203.

8 BGH GRUR 1964, 316 (LS).

9 Jakobs/Lindacher/Teplitzky/*Schricker*, UWG-GK, 9.Lieferung, Einl. Rdn. F 178.

10 *Schricker*, a.a.O., Rdn. F 185 (gegen eine Wahl zwischen mehreren einschlägigen Rechtsordnungen) und F 205.

11 Jakobs/Lindacher/Teplitzky/*Schricker*, UWG-GK, 9.Lieferung, Einl. Rdn. F 189.

12 *Schricker*, a.a.O. F 190.

13 *Schricker*, a.a.O., F 190.

14 *Schricker*, a.a.O., F 191.

Allgemein (und unabhängig von § 4 TDG a.F.) ist für die Anwendbarkeit von § 1 UWG zu prüfen, ob die jeweilige Webseite auf Deutschland ausgerichtet ist. Dies kann zu verneinen sein, wenn die Page in englischer Sprache gehalten ist, in der durch Flaggen gekennzeichneten Auswahl Deutschland fehlt, keine Kontaktadresse angegeben ist und mit Personen geworben wird, die in Deutschland nicht bekannt sind[1].

B. Gerichtszuständigkeit

Das Internet führt nicht nur bei der Feststellung des auf einen Sachverhalt anwendbaren Rechts, sondern auch bei der Frage zu neuen Abgrenzungsproblemen, welches Gericht international in einem Streitfall zuständig ist. Nachfolgend ist knapp der Rahmen darzustellen, in dem diese Probleme zu lösen sind.

I. EG-Recht

1. Allgemeine Regelungen

Bereits im Jahre 1968 wurde das „**Brüsseler Übereinkommen**"[2] (EuGVÜ) geschlossen, dessen Regelungsziel es war, dass ein Gemeinsamer Markt nur realisiert werden kann, wenn in einem Mitgliedsstaat erlassene Gerichtsentscheidungen ohne weiteres in jedem anderen Mitgliedsstaat anerkannt und vollstreckt werden können. Das Brüsseler Übereinkommen erfasste vertragliche und außervertragliche Schuldverhältnisse.

Ersetzt wurde dieses Übereinkommen durch die seit dem 1.3.2001 geltende EG-Verordnung 44/2001 (**EuGVVO**, „**Brüssel I**"). Wie das Brüsseler Übereinkommen sieht die VO Brüssel I für den Kläger eine Möglichkeit vor, zwischen mehreren Rechtsordnungen für seine Anspruchsdurchsetzung die günstigere zu wählen.

Die Auslegung des Gemeinschaftsrechts wie etwa der EuGVVO (s. unten) hat vertragsautonom, d.h. aus sich heraus unter Zugrundelegen des EG-Vertrages zu erfolgen[3], so etwa die Begriffe „Zivil- oder Handelssache"[4] oder „unerlaubte Handlung"[5].

2. Zuständigkeit in Verbrauchervertragsstreitigkeiten

a) EuGVÜ

Für Rechtsstreitigkeiten durch oder gegen Verbraucher **war** zwingender Gerichtsstand der Wohnsitz des Verbrauchers (Art. 13 EuGVÜ) und zwingend das Heimatrecht des

[1] LG Köln, Urt.v.20.4.2001 – 81 O 160/99, CR 2002, 58 = MMR 2002, 60 = JurPC Web-Dok. 148/2001 – budweiser.com.

[2] Brüsseler EWG-Übereinkommen über die gerichtliche Zuständigkeit und die Vollstreckung gerichtlicher Entscheidungen in Zivil- und Handelssachen v. 27.9.1986, BGBl 1972 II, 774.

[3] *Schack*, Internationales Zivilverfahrensrecht, Rdn. 93.

[4] EuGHE, Slg. 1976, 1541, Rdn. 3 – Eurocontrol.

[5] EuGHE, Slg. 1988, 5565 Rdn. 17 – Kafelis/Schröder.

Verbrauchers anzuwenden (Art. 29 EGBGB). Gerichtsstand **ist** weiterhin im Verhältnis EU/EFTA (nicht abdingbar) der Wohnsitz des Verbrauchers (Art. 13 Abs. 1 Nr. 3 EuGVÜ, Art.13 Abs. 1 Nr. 3 Lugano-Abkommen).

b) EuGVVO

Die Verordnung über die gerichtliche Zuständigkeit und die Anerkennung und Vollstreckung von Entscheidungen in Zivil- und Handelssachen (**EuGVVO**) Nr. 44/2001[1] (Verordnung „Brüssel I“) ersetzt (als sekundäres Gemeinschaftsrecht) weitgehend[2] das EWG-Übereinkommen über die gerichtliche Zuständigkeit und die Vollstreckung von gerichtlichen Entscheidungen in Zivil- und Handelssachen (EuGVÜ). Das Luganer Übereinkommen (LugÜ)[3] gilt im Verhältnis zu Island, Liechtenstein, Norwegen, der Schweiz (EFTA-Staaten), also im EWR, und zu Polen[4]. Das LugÜ ist anwendbar, wenn der Beklagte seinen Wohnsitz innerhalb eines Lugano-Vertragsstaates hat, der nicht EG-Mitgliedsstaat ist[5], also etwa in der Schweiz. Soweit weder EuGVVO, EuGVÜ oder LugÜ anwendbar sind, bleibt es bei der Anwendung der Bestimmungen der ZPO zur internationalen Zuständigkeit.

Für Rechtsstreitigkeiten aus **Verträgen** verweist Art. 5 Nr. 1 a EuGVVO auf den **Erfüllungsort** als besonderen Gerichtsstand, also den Ort, an dem die streitige Verpflichtung erfüllt worden ist oder zu erfüllen wäre. Die EuGVVO legt ein **autonomes** Konzept des Erfüllungsortes zugrunde, nach dem entsprechend der *Tessili*-Formel[6] der Erfüllungsort gerade für die streitige Verpflichtung festgelegt wird[7] (wobei die *lex fori* das anwendbare Sachrecht festlegt). Für den Online-Versand von Programmen oder Musiktiteln wurde als Liefer- und faktischer Erfüllungsort der Zielrechner des Bestellers angesehen[8].

---

1 Verordnung (EG) Nr. 44/2001 des Rates vom 22.12.2000 über die gerichtliche Zuständigkeit und die Anerkennung und Vollstreckung von Entscheidungen in Zivil- und Handelssachen, ABl. L 12 v.16.1.2001, 1. Abdruck und Kommentierung in: *Thomas/Putzo*, ZPO, S. 1753 ff., in Kraft seit dem 1.3.2002. Die Zuständigkeit bei Verbrauchersachen wird in den Art. 14 – 17 EuGVVO geregelt. Die EuGVVO wird auch „*Brüssel I*“- Verordnung genannt, während die Brüssel-II-VO familienrechtliche Anerkennungs- und Vollstreckungsverfahren betrifft. In nationalem Recht bestehen außerdem die Regelungen im Gesetz zur Ausführung zwischenstaatlicher Anerkennungs- und Vollstreckungsverträge in Zivil- und Handelssachen v. 30.5.1988, BGBl. I 1988, 662, novelliert im AVAG BGBl I 2001, 288; ausf. s. *Hub*, NJW 2001, 3145.

2 Die EuGVÜ bleibt in Einzelbereichen anwendbar (s. Artt. 66, 67 EuGVVO). Außerdem gilt die EuGVVO nicht im Verhältnis zu Dänemark (Art. 1 Abs. 3 EuGVVO), sondern bleibt die EuGVÜ anwendbar.

3 Lugano-Übereinkommen über die gerichtliche Zuständigkeit und die Vollstreckung gerichtlicher Entscheidungen in Zivil- und Handelssachen v. 16.9.1988, BGBl 1994 II, 2660, Vertragsstaaten sind neben den EuGVÜ-Staaten die EFTA-Staaten Finnland, Island, Norwegen, Österreich, Schweden und die Schweiz sowie Liechtenstein (*Schack*, Internationales Zivilverfahrensrecht, Rdn.109).

4 *Fähndrich/Ibbeken*, AIPPI-Bericht Gerichtszuständigkeit und anwendbares Recht im Falle grenzüberschreitender Verletzungen der Rechte des geistigen Eigentums, GRUR Int. 2003, 616, 617.

5 Gounalakis/*Pfeiffer*, Rechtshandbuch Electronic Business, § 13 Rdn. 22.

6 Nach der *Tessili*-Formel des EuGH, Slg. 1976, 1473 – Tessili/Dunlop; EuGH, Slg. 1982, 1891 – Ivenel/Schwab bestimmt sich der Erfüllungsort nicht nach prozessualen Kriterien, sondern in autonomer Auslegung (noch des EuGVÜ) nach dem materiellrechtlichen Erfüllungsort. Dessen Regeln zum Vertragsrecht bestimmen sich nach dem materiellen Recht, das vom IPR des angerufenen Forums berufen ist (Gounalakis/*Pfeiffer*, Rechtshandbuch Electronic Business, § 13 Rdn. 30).

7 Gounalakis/*Pfeiffer*, Rechtshandbuch Electronic Business, § 13 Rdn. 36.

8 Gounalakis/*Pfeiffer*, Rechtshandbuch Electronic Business, § 13 Rdn. 39.

Art. 5 **Nr. 1 a** EuGVVO erfasst sämtliche Vertragstypen, also auch Verträge jeglicher Art aus dem **Online-Bereich**[1], was freilich zu einem Regelungskonflikt mit dem materiell anwendbaren Recht führen kann, wenn dieses auf den Sitz des Anbieters verweist. Die Bestimmung ist nur im Geschäftsverkehr („B2B“) anwendbar, nicht bei Verträgen mit Verbrauchern (Art. 15 Abs. 1 EuGVVO). Die Möglichkeit einer abweichenden Vereinbarung ist in der VO für den Bereich des Art. 5 Nr. 1 nicht ausdrücklich vorgesehen.

In Art. 5 **Nr. 1 b** EuGVVO wird (mangels abweichender Vereinbarung) eine nähere Bestimmung des Erfüllungsortes eingeführt. Gegenüber der ähnlichen (wenngleich ausführlicheren) Regelung in Art. 5 Nr. 1 EuGVÜ a.F. weicht Art. 5 Nr. 1 b EuGVVO darin wesentlich ab, dass nicht mehr[2] für jede (potentiell) verletzte Vertragspflicht der Erfüllungsort separat festzustellen ist, sondern generell der Ort der vertragscharakteristischen Leistung maßgeblich ist. Der Erfüllungsort wird damit nunmehr autonom nach der Verordnung bestimmt, also nicht mehr nach dem IPR des jeweils angerufenen Gerichtes[3]. Erfasst werden alle Vertragspflichten, also etwa auch die Zahlungspflicht des Kunden, für die kein abweichender Erfüllungsort (jedenfalls im Rahmen von Art. 5 Nr. 1 b) angenommen wird[4], aber nur im Bereich von Kaufverträgen und Dienstleistungsverträgen. Für den Verkauf **beweglicher Sachen** ist der Ort maßgeblich, an dem sie nach dem Vertrag geliefert worden sind oder hätten geliefert werden müssen (Art. 5 Nr. 1 b 1. Spiegelstrich EuGVVO). Ob Sachen beweglich sind, bestimmt sich nach der lex rei sitae (Lagerecht)[5]. Für **Dienstleistungen** ist der Ort maßgeblich, an dem diese nach dem Vertrag erbracht worden sind oder hätten erbracht werden müssen (Art. 5 Nr. 1 b 2. Spiegelstrich EuGVVO). Der Begriff der „Dienstleistung“ ist autonom (also nach Richtlinienrecht) zu qualifizieren und weit auszulegen[6].

Für **Verbrauchersachen** („B2C“) legt die EuGVVO die **Wohnsitzgerichtszuständigkeit** fest. Der Verbraucher kann in Aktivprozessen aus Verträgen, die er nicht zu beruflichen oder gewerblichen Zwecken geschlossen hat, zwischen einer Klage an seinem Wohnsitz und am Sitz des Vertragspartners wählen (Art. 16 Abs. 1 EuGVVO), während der Vertragspartner gegen den Verbraucher nur an dessen Wohnsitz klagen kann (Art. 16 Abs. 2 EuGVVO). Dies gilt für den Kauf beweglicher Sachen auf Teilzahlung (Art. 15 Abs. 1 Buchst. a EuGVVO) und Kreditgeschäfte zur Kauffinanzierung (Art. 15 Abs. 1 Buchst. b EuGVVO). Eine abweichende **Vereinbarung** ist nach Art. 17 EuGVVO nur zulässig, wenn die Vereinbarung nach Entstehen der Streitigkeit getroffen wurde und der Verbraucher das Recht behält, andere Gerichte anzurufen.

Außerdem enthält Art. 15 Abs. 1 Buchst. c EuGVVO eine gerade für **internetbezogene Verträge** zentrale Regelung. Hiernach besteht das Wahlrecht des Verbrauchers auch dann, wenn der andere Vertragspartner in dem Mitgliedsstaat, in dem der Verbraucher seinen Wohnsitz hat, eine berufliche oder gewerbliche Tätigkeit ausübt (also dort seine Haupt- oder Zweigniederlassung hat oder grenzüberschreitend dort

---

1 *Wernicke/Hoppe*, MMR 2002, 643, 644.

2 entsprechend der sog. „Tessili“-Formel gemäß der *lex causae*, also gemäß dem Recht und damit den Kollisionsnormen des mit dem Rechtsstreit befassten Gerichtes (EuGH NJW 1997, 491 – Industria Tessili Italiana Como/Dunlop AG).

3 Thomas/Putzo/*Hüßtege*, Art. 5 EuGVVO, Rdn. 4.

4 *Wernicke/Hoppe*, MMR 2002, 643, 64.

5 Thomas/Putzo/*Hüßtege*, Art. 5 EuGVVO, Rdn. 6.

6 Thomas/Putzo/*Hüßtege*, Art. 5 EuGVVO, Rdn. 8.

Dienstleistungen erbringt[1], Art. 15 Abs. 1 Buchst. c, 1. Alt EuGVVO) oder eine solche berufliche oder gewerbliche **Tätigkeit** auf irgendeinem Wege auf diesen Mitgliedsstaat (oder auf mehrere Staaten einschließlich dieses Mitgliedsstaates) **ausrichtet** (etwa durch Einrichtung einer Online-Bestellmöglichkeit[2]) und der Vertrag in den Bereich dieser Tätigkeit fällt (Art. 15 Abs. 1 Buchst. c, 2 Alt. EuGVVO). In diesem zweiten Fall übt der Unternehmer also keine Tätigkeit im Wohnsitzstaat des Verbrauchers aus, sondern bewirbt er seine Tätigkeit vom Ausland her[3]. Hierbei muss die im **Verbraucherstaat** entfaltete Tätigkeit gerade auf den **Abschluss von Verträgen** der fraglichen Art gerichtet sein, wobei aber der Abschluss des Vertrages nicht im Wohnsitzstaat erfolgen muss, sondern es ausreicht, dass der Verbraucher im Wohnsitzstaat (durch die Werbung) zum Vertragsabschluss animiert wurde[4]. Abweichend vom früheren Art. 13 Abs. 1 Nr. 3 a) und b) EuGVÜ ist nach Art. 15 EuGVVO damit nicht mehr erforderlich, dass Werbung oder Angebot im Wohnsitzstaat des Verbrauchers erfolgen und der Verbraucher die zum Vertragsabschluss erforderlichen Rechtshandlungen dort vornimmt. Hierdurch wird jeder in der EU ansässige Anbieter mit einer entsprechenden Webseite (mit auf Verbrauchern bezogenen Werbeinhalten) in **jedem** beliebigen Mitgliedsstaat gerichtspflichtig, auf den die Webseite (etwa durch die Wahl der Sprache oder Währung, Einrichten eines Passwortsystems oder Begrenzen des Absatzgebietes[5]) ausgerichtet ist[6] , wenn es zu einem Vertragsabschluss kommt.

Erfasst werden also Fälle, in denen die Tätigkeit über Internet aus dem Ausland durch eine „**aktive Website**" angeboten wird[7]. Allerdings ist nicht abschließend geklärt, was unter einer „aktiven Website" zu verstehen ist. Teilweise wird vertreten, diese liege nur vor, wenn sie die Vornahme für den Vertragsschluss erforderlicher Rechtshandlungen ermögliche[8], teilweise soll es genügen, dass die Website zwar auch, aber nicht nur auf den Verbraucherstaat ausgerichtet und eine Interaktion (z.B. Online-Bestellung über CGI-Formular) nicht erforderlich ist[9], während eine **passive** Website vorliegen soll, wenn der Unternehmer seine Leistungen unter ausdrücklichem Ausschluss des Wohnsitzstaates des Verbrauchers über das Internet bewirbt[10], nach anderer Auffassung aber bereits dann, wenn die Webseiten nur reine Produktpräsentationen enthalten oder die Werbeinhalte eine Zielrichtung aufweisen[11]oder auch noch dann, wenn von der Webseite aus also keine Bestellung interaktiv durchführbar ist[12]. Teilweise wird auch

---

1 Thomas/Putzo/*Hüßtege*, Art. 15 EuGVVO, Rdn. 7.

2 Gounalakis/*Pfeiffer*, Rechtshandbuch Electronic Business, § 13 Rdn. 55.

3 Thomas/Putzo/*Hüßtege*, Art. 15 EuGVVO, Rdn. 8.

4 Thomas/Putzo/*Hüßtege*, Art. 15 EuGVVO, Rdn. 8.

5 *Reich/Gambogi Carvalho*, VuR 2001, 273

6 *Reich/Gambogi Carvalho*, VuR 2001, 271

7 Thomas/Putzo/*Hüßtege*, Art. 15 EuGVVO, Rdn. 8.

8 So etwa *Jayme/Kohler*, IPRax 2001, 501, 505 unter Hinweis auf die gemeinsame Erklärung von Rat und Kommission, IPRax 2001, 259; hierbei kann weiter zu differenzieren sein, ob die bloße Nennung der vollständigen Anbieteranschrift (etwa im Sinne der Anbieterkennzeichnung nach § 6 TDG) genügt oder die Möglichkeit einer direkten elektronischen Kommunikation (z.B. mittels CGI-Fenster) eingerichtet sein muss, das sofortige Bestellung am Bildschirm gestattet.

9 *Micklitz/Rott*, EuZW 2001, 325, 330; Thomas/Putzo/*Hüßtege*, Art. 15 EuGVVO, Rdn. 8 mit dem Argument, dass durch diese Auslegung der Verbraucherschutz in Art. 13 Abs. 1 Nr. 1 EuGVÜ erweitert würde.

10 Thomas/Putzo/*Hüßtege*, Art. 15 EuGVVO, Rdn. 8.

11 *Wernicke/Hoppe*, MMR 2002, 643, 646.

12 *Wernicke/Hoppe*, MMR 2002, 643, 646 unter Verweis auf die Begr. zur VO, 17.

die unterschiedliche Behandlung von Vertragsschlüssen kritisiert, da der Verbraucher, der mittels der auf der Homepage angegebenen Telefonnummer abschließt, weil ein elektronischer Abschluss nicht möglich ist, nicht anders behandelt werden könne als jener Verbraucher, der den Vertrag mittels Anklicken im Internet abschließt[1].

Bei der Auslegung ist die **Auffassung von Rat und Kommission**[2] zu beachten, nach der es für die Anwendbarkeit von Art. 15 Abs. 1 c VO nicht ausreiche, dass ein Unternehmen seine Tätigkeit auf den Mitgliedsstaat, in dem der Verbraucher seinen Wohnsitz hat, oder auf mehrere Staaten – einschließlich des betreffenden Mitgliedsstaates – , ausrichtet, sondern im Rahmen dieser Tätigkeiten auch ein Vertrag geschlossen worden sein müsse. Es reiche die Zugänglichkeit einer Website allein für die Anwendbarkeit von Art. 15 nicht aus, sondern sei erforderlich, dass diese Website auch **zum Vertragsabschluss im Fernabsatz auffordert** und **tatsächlich ein Vertragsabschluss im Fernabsatz erfolgt** ist, mit welchem Mittel auch immer ungeachtet der auf der Website benutzten Sprache oder Währung.

Für die Zuständigkeitsbestimmung ist nicht mehr erforderlich, dass dem Vertragsschluss Angebot, Werbung oder Abruf des Angebotes im Wohnsitzstaat vorausgegangen sind und der Verbraucher die zum Vertragsschluss führenden Rechtshandlungen von seinem Wohnsitzstaat aus vorgenommen hat; er kann dies etwa auch während einer Reise (z.B. über einen mobilen Internet-Zugang) tun[3].

Die Zuständigkeitsregelung der EuGVVO steht nicht im Widerspruch zum Herkunftslandprinzip des Art. 3 ECRL, da die ECRL nach ihrem Art. 1 Abs. 4 ausdrücklich Regelungen zur Zuständigkeit von Gerichten unberührt lässt[4]. Die internationale Zuständigkeit ist von Amts wegen zu prüfen (Art. 25 EuGVVO).

3. Internationale Zuständigkeit deutscher Gerichte

a) Grundsatz

Die internationale Zuständigkeit wird durch Bestimmungen zu allgemeinen und besonderen Gerichtsständen festgelegt. Allgemeiner Gerichtsstand ist der Wohnsitz des Beklagten (§§ 13, 17 ZPO). Ein (im Rahmen der vorliegenden Darstellung relevanter) besonderer Gerichtsstand ist derjenige des **Tatortes** (§ 32 ZPO bzw. Art. 5 Nr. 5 EuGVVO). Für Verträge ist auf das Recht am Erfüllungsort abzustellen (§ 29 ZPO), wobei für verschiedene Leistungspflichten verschiedene Erfüllungsorte bestehen können und insoweit auf ausländisches Recht abzustellen ist[5].

Für **Verbraucher** ist Gerichtsstand im Bereich der EU /EFTA (AGB-rechtlich nicht abdingbar) der Wohnsitz des Verbrauchers (Art. 13 Abs.1 Nr. 3 EuGVÜ bzw. 15 Abs. 1 EuGVVO, Art.13 Abs.1 Nr. 3 Lugano-Abkommen).

Bei Verneinung der internationalen Zuständigkeit ist durch Klage durch **Prozessurteil** abzuweisen.

---

1 *Lurger*, Internationaler Verbraucherschutz im Internet, in: *Leible* (Hrg.), Die Bedeutung des Internationale Privatrechts im Zeitalter der neuen Medien 2003, 33, 41.

2 Rat der EU: Erklärungen zur Brüssel I-Verordnung, IPRax 2001, 259, 261.

3 *Wernicke/Hoppe*, MMR 2002, 643, 645.

4 Reich/Gambogi Carvalho, VuR 2001, 274.

5 *Schack*, Internationales Zivilverfahrensrecht, Rdn. 265, 268. Das Beispiel zeigt plastisch, dass die Trennung von lex fori und lex causae kaum trennscharf durchzuhalten ist, da für die Festlegung des Erfüllungsortes nach § 29 Abs. 1 ZPO selbst wieder auf materiellrechtliche Anknüpfung abzustellen ist.

Verweisung an ein zuständiges Gericht im Ausland ist nicht möglich[1].

b) Vor deutschen Gerichten anwendbares Verfahrensrecht

Wie auch in anderen Rechtsordnungen gilt im deutschen Recht der Grundsatz, dass deutsche Gerichte in den vor ihnen anhängigen Verfahren nur deutsches Verfahrensrecht an[2] (sog. „*lex fori*“[3]), so etwa bei der Qualifikation des Begriffs „Wohnsitz“[4] oder der Entscheidung der Frage, ob ein vertraglicher Anspruch vorliegt[5].

Internationale Zuständigkeit, anwendbares Kollisionsrecht und der Inhalt eines für anwendbar erklärte ausländischen Rechts sind vom Gericht von Amts wegen zu bestimmen[6].

c) Zuständigkeit bei Haftung aus unerlaubter Handlung

(1) Sekundäres Gemeinschaftsrecht

Nach Art. 5 Ziff. 3 **EuGVVO** ist das Gericht des Ortes einer unerlaubten Handlung zuständig. Als „unerlaubte Handlung“ gilt, dem EuGH zufolge, eine Handlung, mit der eine Schadensersatzhaftung des Beklagten geltend gemacht wird und diese nicht an einen Vertrag anknüpft[7].

Ort der unerlaubten Handlung ist der Erfolgsort, aber auch jeder Handlungsort; fallen Handlungs- und Erfolgsort auseinander, kann der Geschädigte zwischen beiden Orten wählen[8]. Im Immaterialgüterrecht fallen Handlungs- und Erfolgsort freilich zusammen, da die Rechtsverletzung immer an dem Ort erfolgt wird, an dem eine dem Rechtsinhaber vorbehaltene Handlung vorgenommen wird[9]. Voraussetzung ist weiter, dass der Beklagte seinen Sitz oder Wohnsitz in einem Vertragsstaat hat. Die Gerichtszuständigkeitsregelung in Art. 5 Abs. 3 EuGVVO umfasst auch die quasideliktischen

---

1 *Schack*, Internationales Zivilverfahrensrecht, Rdn. 395; OLG Köln, RIW 1988, 555, 558.

2 BGH WM 1977, 793f.

3 Das Komplement hierzu die Gesamtheit der jeweils anwendbaren Sachnormen, etwa des jeweiligen Vertragsrecht (sog. „lex causae“); für diese sind die Verweisungen im nationalen Kollisionsrecht zu berücksichtigen. Die Abgrenzung zwischen der lex fori und der lex causae kann selbst national unterschiedlich erfolgen. So qualifiziert etwa deutsches Recht die Klagbarkeit eines Anspruchs, die Verjährung, Aufrechnung, Beweislast sowie Auskunfts- und Rechnungslegungsansprüche materiellrechtlich, also als der lex causae zugehörend (*Schack*, Internationales Zivilverfahrensrecht, Rdn. 48). Dies bedeutet, dass bei kollisionsrechtlicher Verweisung auf ausländisches materielles Recht dessen Auskunftsansprüche (etwa gegen Provider) anwendbar sein können, die nach deutschem Recht nicht bestehen würden.

4 Für die Qualifikation lege fori *Schack*, Internationales Zivilverfahrensrecht, Rdn. 244.

5 *Schack*, Internationales Zivilverfahrensrecht, Rdn. 261

6 *Fähndrich/Ibbeken*, AIPPI-Bericht Gerichtszuständigkeit und anwendbares Recht im Falle grenzüberschreitender Verletzungen der Rechte des geistigen Eigentums, GRUR Int. 2003, 616, 619; BGH NJW 1998, 1321.

7 EuGHE Slg. 1988, 5565 Rdn. 17 – Kalfelis/Schröder.

8 EuGH NJW 1977, 493 – Mines de Potasse; EuGH GRUR Int. 1998, 298 – Fiona Shevill (jeweils zum EuGVÜ).

9 *Ohly*, Internationale Kennzeichenkonflikte im Internet, in: *Heermann/Ohly*, Verantwortlichkeit im Netz 2003, 37, 49; *Schack*, MMR 2000, 135, 137.

Tatbestände des Kennzeichen- und Wettbewerbsrechts. Hierbei ist Ort der unerlaubten Handlung ist bei **Kennzeichenverletzungen** durch das Internet jeder Ort, an dem die Domain abgerufen werden kann[1], wobei aber die bloße Abrufmöglichkeit nicht ausreicht, sondern ein darüber hinausgehender besonderer Inlandsbezug gegeben sein muss, da ansonsten jeder online im Inland abrufbare Inhalt auch eine Verletzungshandlung im Inland begründen würde[2].

Nach Art. 5 Nr. 3 EuGVVO ist auf den Ort abzustellen, an dem das schädigende Ereignis eingetreten ist oder einzutreten **droht**, woraus Gerichtsstände der §§ 32 ZPO, Abs. 2 UWG auch für **vorbeugende Unterlassungsklagen** begründet sind[3].

(2) Internationale Zuständigkeit nach der ZPO

Nach deutschem internationalen Zivilprozessrecht begründet § 32 **ZPO** die Zuständigkeit des Gerichts in dem Bezirk, in dem die unerlaubte Handlung begangen wurde, also am „Tatort", d.h. an jedem Ort, an dem durch eine Handlung die Verwirklichung eines wesentlichen Tatbestandsmerkmals (Handlung oder Rechtsgutverletzung) in Gang gesetzt wurde (sog. Ubiquitätsprinzip[4]), etwa[5] durch Uploading (Handlungsort), oder an dem Ort, an dem der Erfolg eingetreten ist (Erfolgsort)[6] bzw. ein rechtsverletzender Inhalt bestimmungsgemäß abrufbar ist. § 32 ZPO setzt hierbei einen inländischen Begehungsort voraus. Nur aus einem inländischen Begehungsort ergibt sich zugleich die internationale **Zuständigkeit** deutscher Gerichte[7]. „Begehungsort" im Sinne von § 32 ZPO (und Art. 5 Nr. 3 EuGVVO) kann der Handlungsort sein, aber auch der Erfolgsort, also der Ort, an dem die Rechtsgutverletzung eintritt (Ubiquitätsprinzip)[8].

Für die örtliche Zuständigkeit bei **inlandbezogenen** Streitigkeiten ist zu differenzieren: So wurde ein konkretes Wettbewerbsverhältnis zwischen einer in Berlin und einer in Heilbronn ansässigen Rechtsanwaltskanzlei verneint und damit die Zuständigkeit des LG Potsdam bezüglich einer im Internet angebotenen „Online-Rechtsberatung" abgelehnt[9]. Ähnlich wurde in **Australien** entschieden: Der High Court von Victoria nahm eine Zuständigkeit australischer Gerichte für eine Klage gegen eine in

---

1 So allgemein KG NJW 1997, 3321 – concert.concept.com; LG Düsseldorf NJW-RR 1998, 979, 980 – epson.de.

2 OLG Hamburg, Urt.v.2.5.2002 – 3 U 212/01, JurPC Web-Dok. 317/2002 (Urteilsfaksimile).

3 *Schack*, Internationales Zivilverfahrensrecht, Rdn. 292.

4 BGH NJW 1980, 1224f.

5 LG Frankfurt, ZIP 2000, 2080; krit. Gounalakis/*Pfeiffer*, Rechtshandbuch Electronic Business, § 13 Rdn. 58.

6 Übersicht etwa bei *Fähndrich/Ibbeken*, AIPPI-Bericht Gerichtszuständigkeit und anwendbares Recht im Falle grenzüberschreitender Verletzungen der Rechte des geistigen Eigentums, GRUR Int. 2003, 616, 618.

7 BGH GRUR 1980, 227, 229 – Monumenta Germaniae Historica.

8 BGH NJW 1990, 1533.

9 OLG Brandenburg, Beschl.v. 27.3.2002 – 6 U 150/01, MMR 2002, 463. Das Gericht scheint freilich das eigentliche Problem zu umgehen, da es bezweifelt, ob sich ein möglicher Mandant des Anwaltes in Berlin „ausgerechnet" durch den Anwalt in Heilbronn online beraten lasse. Reine Online-Rechtsberatungen treten aber mangels besonderer Einschränkungen grundsätzlich bundesweit auf, so dass wohl auch an jedem Ort, an dem der Dienst bestimmungsgemäß abrufbar ist, mögliche Mandanten adressiert werden und demzufolge ein Wettbewerbsverhältnis besteht.

den USA erschienene Publikation annahmen[1]. Wenigstens ein **Teil**akt der unerlaubten Handlung, etwa einer Markenrechtsverletzung, muss im Bezirk des angerufenen Gerichtes begangen sein.

Das KG sah im **urheberrechtlichen** Bereich die örtliche Zuständigkeit aus § 32 ZPO nur dort gegeben, wo eine rechtswidrige **Vervielfältigung** erfolgt, nicht auch dort, wo das vervielfältigte Werk abrufbar ist[2]. Das muss auch im Rahmen eines Anspruches aus Verletzung des Rechts auf Zugänglichmachen gelten. Freilich stellt das Abspeichern nach dem Downloading selbst wieder ein möglicherweise rechtswidriges Vervielfältigen dar.

Für das **Wettbewerbsrecht** ergibt sich eine besondere Zuständigkeit aus § 24 Abs. 2 Nr. 1 **UWG**, soweit nicht die EuGVVO (bzw. noch das EuGVÜ) anwendbar sind. Deutsche Gerichte sind hiernach zuständig, wenn der beklagte Werbetreibende seine gewerbliche Niederlassung oder jedenfalls seinen Wohnsitz in Deutschland hat (§ 24 Abs. 1 S. 1 UWG). Für Personen ohne inländische gewerbliche Niederlassung oder ohne inländischen Wohnsitz genügt als Anknüpfungspunkt auch der inländische Aufenthaltsort (§ 24 Abs. 1 S. 2 UWG). Örtlich zuständig für **inländische Werbung** ist damit jedes deutsche Gericht, in dessen Zuständigkeitsbereich der Wettbewerb durch die Werbung beeinflusst wird oder werden kann[3], sich also Nutzer in nicht ganz geringer Anzahl in das Internet und auf der bereithaltenden Website einloggen. Nicht ausreichend wäre, allein auf die Ansiedlung von Internet-Nutzern im Gerichtsbezirk abzustellen[4]. Auch beim Zeitschriftenvertrieb genügt für eine Anknüpfung an § 24 Abs. 2 UWG nicht, dass im Gerichtsbezirk überhaupt Leser irgendwelche dort vertriebenen Druckschriften lesen. Vielmehr muss gerade die streitgegenständliche Druckschrift im Bezirk vertrieben worden sein. Ähnlich muss eine ausländische Website sich in ihrem Inhalt zumindest auch an deutsche Nutzer gezielt richten und hierdurch ein Konkurrenzverhältnis zu inländischen Anbietern gleicher oder ähnlicher Waren oder Dienstleister begründen.

Richtigerweise ist damit nicht auf den Abruf der Werbung oder gar die Abrufmöglichkeit als solche abzustellen, sondern auf die bestehende und **bestimmungsgemäße Einwirkungsmöglichkeit** des Anbieters auf den jeweiligen, hier also auf den deutschen Markt[5]. Zu berücksichtigen sind also **Inhalt und Zielrichtung der herunterladbaren Werbung.** Auch reicht ein rein zufälliges Zur-Kenntnis-Gelangen zur Erfüllung des Handlungsbegriffes nicht[6]. Vielmehr muss der Abrufende bestimmungsgemäß in der Werbung adressiert werden und nicht nur der Werbende über Suchmaschinen zufällig vom Nutzer gefunden werden. Deshalb gelangt deutsches Wettbewerbsrecht in all den Fällen nicht zur Anwendung, in denen deutsche Nutzer durch Zufall oder über allgemeine weltweit operierende Suchmaschinen auf Werbung für Produkte stoßen, die nur auf anderen Märkten vertrieben werden. Zu prüfen ist, an welchen Orten ein Website-Betreiber bestimmungsgemäß „in Erscheinung tritt" bzw. in

---

1 High Court of Austalia, Dow Jones & Co.Inc. v. Gutnick, Order 10.12.2002, HCA 56, CRi 2003, 17. Der Kläger hatte seinen Ersatzanspruch auf den Schaden beschränkt, der in Australien (genauer: im Bundesstaat Victoria) entstanden war.

2 KG, Urt.v. 1.2.2002 – 5 W 315/01, MMR 2002, 685.

3 LG Bremen, Urt.v. 25.11.1999 – 12 O 440/99 und 12 O 441/99, ZUM 2001, 257.

4 So aber wohl *Waltl*, in: *Lehmann* (Hrg.), Internet und Multimediarecht, 186, 192.

5 Vgl. *Baumbach/Hefermehl*, UWG § 24 Rdn. 6 (entscheidend sei, dass wettbewerbliche Interessen der Wettbewerber aufeinanderstoßen). Auf bestimmungsgemäße Abrufbarkeit und zudem das Auftreten einer Interessenkollision stellt etwa das OLG Frankfurt, Urt.v.3.12.1998 – 6 W 122/98, K&R 1999, 138 für § 1 UWG, Art. 38 EGBGB ab.

6 *Baumbach/Hefermehl*, UWG § 24 Rdn. 6.

welchem Gebiet sich das Unternehmen nach seiner wirtschaftlichen Zielsetzung betätigt[1].

Soweit ein Marktbezug eines ausländischen Angebotes vorliegt, kann auch bereits das bloße Herstellen eines Links zu diesem Angebot wettbewerbsrechtliche Relevanz erlangen, da bzw. insoweit der Link (auch) den deutschen Markt zu eröffnen geeignet ist. Fraglich ist hier aber weiter, ob derjenige, der den Link herstellt, überhaupt in einem Wettbewerbsverhältnis zu deutschen Konkurrenten steht und ob der ausländische Anbieter über technische Möglichkeiten verfügt, die Linkherstellung zu unterbinden. Ähnlich haben Router- und Proxy-Cache-Rechnerbetreiber nur eine technische Vermittlerrolle inne. Sie sind selbst keine Wettbewerber, so dass auf sie die §§ 1 und 3 UWG ohnehin nicht anwendbar ist. Außerdem ist die jeweils transportierte Nachricht beim Routing und auf dem Router-Rechner ohnehin nicht als solche lesbar und für Dritte darstellbar, sondern fragmentiert und paketiert. Die genannten Tätigkeiten können deshalb als solche keine wettbewerbsrechtliche Relevanz haben und auch keine inländische Gerichtszuständigkeit begründen. Nur knapp verwiesen werden kann auf die internetbezogene Richtlinien der ICC (International Chamber of Commerce)[2].

Bei **Presseerzeugnissen** ist zu prüfen, an welchem Ort die Zeitschrift im regelmäßigen Geschäftsverkehr bzw. bestimmungsgemäß verbreitet werden, also nicht nur zufällig zugänglich sind[3].

Bei **Ehrverletzungen** und Schadensersatzklagen hieraus ist der EG-Gerichtsstand der unerlaubten Handlung gemäß Art. 5 Nr. 3 EuGVVO sowohl bei den Gerichten des Vertragsstaates zu sehen, in denen der Herausgeber der ehrverletzenden Veröffentlichung niedergelassen ist, als auch bei den Gerichten, in denen die Veröffentlichung verbreitet und das Ansehen des Betroffenen nach dessen Behauptung beeinträchtigt worden ist, wobei im letzeren Fall aber über denjenigen Schaden entschieden werden kann, der im Vertragsstaat der zweiten Art entstanden ist[4]. Nach Auffassung des EuGH beurteilen sich die Voraussetzungen des schädigenden Ereignisses und des erlittenen Schadens nach dem materiellen Rechts des nach dem Kollisionsrecht angerufenen Gerichts.

Bei deliktischer **Schadensersatzhaftung** bestimmt sich die Gerichtszuständigkeit nach Art. 5 Nr. 3 EuGVÜ, § 32 ZPO. Fallen Handlungs- und Erfolgsort auseinander, sind sämtliche Orte gleichberechtigte Tatorte[5]. Der Geschädigte kann zwischen dem Handlungs- und dem Erfolgsort wählen und wird diese Wahl danach treffen, an welchem Ort das Recht für ihn günstiger ist, allerdings nicht bei Verletzung von Immaterialgüterrechten (wie Urheberrechten), da sich diese jeweils nach dem Recht des jeweiligen Schutzlandes (*lex loci protectionis*) bestimmen und der Anspruch vor dessen Gerichten durchzusetzen ist[6].

Im **Kennzeichenrecht** besteht die internationale Zuständigkeit als Folge des Schutzlandprinzips nur für Klagen aus inländischen, nicht auch aus ausländischen Zeichenrechten[7]. Hier besteht freilich ein Konflikt im Verhältnis zu internetbezogenen,

---

1 *Bettinger*, GRUR Int. 1997, 402, 416

2 ICC Guidelinies on Advertising and Marketing on the Internet v. 2.4.1998, www.iccwbo.org/home/statements_rules/rules/1998/internet_guidelines.asp.

3 BGH GRUR 1971, 153f.; BGH WRP 1977, 487, 488.

4 EuGH, Urt.v.7.3.1995 – Rs. C-68/93 – Fiona Shevill, Ixora Trading, Inc., Chequepoint SARL u. Chequepoint Int. Ltd. / Presse Alliance SA, EuZW 1995, 248.

5 *Schack*, MMR 2000, 135, 137.

6 *Schack*, MMR 2000, 59, 64.

7 *Mankowski*, MMR 2002, 817, 819 m.w.N.

zeichenrechtlichen Unterlassungsgeboten, da diese – bei Gebot des Unterlassens eines Domain-Namens – überschießendes, quasi-globales Moment aufweisen[1], nämlich über den nationalen Geltungsbereich des jeweiligen Kennzeichenrechts hinaus weltweit zu gelten. Anwendungsvoraussetzung ist außerdem, dass der Verletzer seinen Sitz im Gebiet der Gemeinschaft hat. Er kann dann vom Geschädigten am Ort des Eintritts des schädigenden Ereignisses, d.h. wahlweise am Ort des Sitzes des Beklagten oder am Ort des Schadenseintrittes verklagt werden[2]. Eine Begründung der Zuständigkeit wurde allein schon in der Abrufbarkeit einer Webseite gesehen[3], jedoch bei fehlender Beziehung zum deutschen Markt (mangels hierauf gerichteter Geschäftstätigkeit) eine Markenrechtsverletzung durch Domain-Namensverwendung verneint[4]. In **markenrechtlichen** Streitigkeiten nahmen das KG[5], das LG Braunschweig[6] und das OLG Stuttgart[7] ihre (internationale und örtliche) Zuständigkeit auch für die Beurteilung von „**.com**"-TLDs an und wendeten deutsches Kennzeichenrecht an (ähnlich das OLG Karlsruhe für das Namensrecht aus § 12 BGB[8]), wenn (wie regelmäßig) die jeweilige Webseite zumindest auch in Deutschland abrufbar[9] war und hier zu einem Interessenkonflikt führte, – unabhängig davon, dass die TLD nicht in Deutschland registriert worden ist. Teilweise wird hingegen enger auf die **bestimmungsgemäße** Abrufbarkeit abgestellt[10].

Für die Prüfung einer Rüge der Verletzung von Markenrechten durch den Gebrauch einer „**.de**"-Domain ist jedes deutsche Gericht örtlich **zuständig**[11] (Zuständigkeit aus

1 *Mankowski*, MMR 2002, 817, 819, der hier einen sehr zurückhaltenden Einsatz solcher umfassender Unterlassungsgebote als erforderlich ansieht.

2 EuGH, NJW 1997, 493 – Mines de Potasse d'Alsace.

3 OLG Hamburg, MMR 2002, 822, 823; OLG Karlsruhe, MMR 2002, 814f, jeweils aber eine Benutzungshandlung ablehnend; *Ohly*, Internationale Kennzeichenkonflikte im Internet, in: *Heermann/Ohly*, Verantwortlichkeit im Netz 2003, 37, 49.

4 *Omsels*, GRUR 1997, 328, 336.

5 KG, CR 1997, 695 – concert-concept.com. Ausgangspunkt war ein Verfügungsverfahren des LG Berlin (Urt.v. 20.11.1996 – 97 O 193/96), KG Berufungsabweisung Urteil v. 25.3.1997 – 5 U 659/97, CR 1997, 685 concertconcept.de und concertconcept.com. Das LG Berlin sah sich hier auch für den Rechtsstreit über die von InterNIC in den USA vergebene com.-SLD als international und örtlich zuständig an. Entscheidend sei, dass die Website in Deutschland erreichbar sei. Das KG bestätigte die Entscheidung mit der Begründung, als für die internationale Zuständigkeit nach § 32 ZPO analog einschlägiger Erfolgsort sei jeder Ort anzusehen, in dem ein Domain-Name bestimmungsgemäß abrufbar sei.

6 LG Braunschweig, CR 1998, 354 – deta.com.

7 OLG Stuttgart, NJW-RR 1998, 1341 – steiff.com.

8 OLG Karlsruhe, Urt.v.9.6.1999 – 6 U 62/99, MMR 1999, 604 – Bad Wildbach für einen Fall, in dem die Domain von einem Server in den USA in das Internet eingespeist wurde.

9 OLG München, Urt.v. 15.11.2001 – 29 U 3769/01, CR 2002, 449 – literaturhaus.de; ähnlich KG, Urt.v.25.3.1997 – 5 U 659/97, CR 1997, 685 – concert-concept.

10 LG Hamburg, Urt.v.22.3.2001 – 315 O 856/00, JurPC Web-Dok. 7/2002 – schuhmarkt.de; LG München I, Urt.v. 21.9.1999 – 9 HK O 12244/99, CR 2000, 464; *Mankowski*, Urteilsanm. zu OLG München, Urt.v. 15.11.2001, CR 2002, 450.

11 LG Düsseldorf, Urt.v.4.4.1997 – 34 O 191/96 (www.netlaw.de/Urteile/lgd_1.htm) hat die Zuständigkeit nach den §§ 140, 141 MarkenG, 24 Abs. 2 UWG bejaht. Soweit sich die Zuständigkeit nach dem Tatortprinzip bestimme, sei die Zuständigkeit in jedem Gerichtsbezirk begründet, in dem eine unerlaubte Handlung – und eine solche sei im weiteren Sinne jeder Wettbewerbsverstoß – ernsthaft drohe (unter Bezugnahme auf OLG Düsseldorf NJW-RR 1988, 232,233; WRP 1994 877, 879). Für wettbewerbswidrige Handlungen in einem Massenmedium gelte der allgemeine Grundsatz, dass Begehungsort nicht nur der Ort des Erscheinens ist (bei Internet-Angeboten der Standort des Servers), sondern auch der Ort, an dem das Medium dritten Personen bestimmungsgemäß und nicht bloß

den §§ 140, 141 MarkenG i.V.m. 24 Abs. 2 UWG). Begehungsort ist nicht nur der Ort des Erscheinens, sondern jeder Ort, an dem die notwendigen technischen Empfangsgeräte vorhanden sind[1] bzw. Ort der unerlaubten Handlung (zu der auch eine Kennzeichenverletzung gehört) jeder Ort, an welchem die Domain bestimmungsgemäß abgerufen werden kann[2].

In jedem Staat können immer nur die **inländischen** Zeichenrechte verletzt werden, also in Deutschland immer nur Kennzeichenrechte nach deutschem Recht. Deshalb fallen im Kennzeichenrecht Handlungs- und Erfolgsort zusammen und ist der deliktische Gerichtsstand des § 32 ZPO auf deutsche Zeichenrechte beschränkt[3].

4. Streitschlichtung

Art. 17 ECRL verpflichtet die Mitgliedsstaaten, Verfahren zur außergerichtlichen Beilegung von Streitigkeiten zwischen Anbietern und Nutzern vorsehen. Im deutschen Recht ist hier die Möglichkeit einer Schiedsvereinbarung vorgesehen (§ 1031 Abs. 1 ZPO), die auch in AGB aufgenommen werden kann (§ 1031 Abs. 3 ZPO). Auch sollen die Mitgliedsstaaten Einrichtungen für solche außergerichtliche Streitbeilegung zur Einhaltung angemessener Verfahrensregelungen ermutigen (Art. 17 Abs. 2 ECRL), woraus aber keine Verpflichtung der Mitgliedsstaaten zu entnehmen ist, selbst solche Einrichtungen zu schaffen.

Zur Zeit wird ein europäisches Netz für die **außergerichtliche Streitbeilegung** (European Extra-Judicial Network – EEJ-Net) geschaffen[4].

5. US-Rechtsprechung zur internetbezogenen Gerichtszuständigkeit

Insbesondere Verfahren aus markenrechtlichen Ansprüchen, aber zunehmend auch Streitigkeiten aus Verbraucherschutzrecht, aus Äußerungsdelikten oder Verletzung von Schutzrechten haben in den USA zu einer seit etwa 1995/1996 intensiv einsetzenden Diskussion über die Zuständigkeit von US-Gerichten für auf das Internet bezogene Rechtsstreitigkeiten geführt. Diese Entwicklung ist einerseits rechtsvergleichend, andererseits und v.a. aber insoweit relevant, als US-Gerichte auch Zuständigkeit in Rechtsstreitigkeiten mit ausländischen Sachverhalten beanspruchen. Dies führt unmittelbar zur Frage, ob **Inhaltsangebote auf europäischen**, also etwa auch

zufällig zur Kenntnis gebracht werde (mit *Köhler/Piper*, UWG § 24 Rdn.17). Es gelte nichts anderes als bei der teilweise auch weltweiten Verbreitung von deutschen Presseerzeugnissen. Auf den Standort des Server könne nicht abgestellt werden, da „es jedem Anbieter möglich wäre, sich der Rechtsverfolgung durch die Plazierung eines Servers an einem beliebigen Ort der Welt, an dem ein effektiver Rechtsschutz nicht oder nur schwer zu erlangen ist, zu entziehen." Ob dieses Argument in internationalprozeßrechtlicher Sicht tatsächlich tragfähig ist, erscheint jedenfalls für die Fälle fraglich, in denen Rechtsschutz etwa problemlos am Sitz im Nachbarstaat, etwa Österreich, zu erlangen ist, also keine Gefahr der *venue escape* besteht. Das Gericht sieht einen Anspruch aus den §§ 4, 14 Abs.1 und 2 Nr.1 sowie Abs.5 MarkenG als gegeben an.

1 LG Düsseldorf, a.a.O.

2 LG München, Urt.v.21.9.1999 – 9 HKO 12244/99 – intershopping.com (www.online-recht.de), die einstweilige Verfügung vom 23.7.1999 bestätigend.

3 *Geimer*, IZPR Rdn. 1519; *Bettinger*/Leistner, Werbung und Vertrieb im Internet, Teil 1 C, Rdn. 178 m.w.N.

4 Mitteilung der Kommission zur „Erweiterung des Zugangs der Verbraucher zur alternativen Streitbeilegung" vom 4.4.2001, KOM(2001) 161 endgültig.

deutschen **Websites zur Haftung nach US-Recht und Prozessen vor US-Gerichten führen** können. Derartige Inanspruchnahmen traten zwar schon in der Vor-Internetzeit auf, doch erhöht die prinzipiell weltweite Kommunikation in Netzen die Haftungsrisiken wesentlich.

Die wohl eindeutig überwiegende Auffassung in der US-Rechtsprechung sieht ein US-Gericht nicht bereits dann als zuständig an, wenn eine Website irgendwo auf der Welt an das Internet angeschlossen wird (womit letztlich geographisch Allzuständigkeit begründet würde). Vielmehr müssen bestimmte **minimale** (zusätzliche) **Kontakte** (certain minimum contacts) zum Forumsstaat bestehen, also auf den US-Bundesstaat, in dem sich das Gericht befindet. Sind diese Voraussetzungen für die *specific jurisdiction* jedoch erfüllt, wirkt sich diese Rechtsprechung unmittelbar auch auf deutsche Sites aus. Der deutsche Betreiber einer Website, der auf dieser in Englisch und auch für den US-Markt etwa seine PKW bewirbt, muss sich z.B. in Kalifornien aus kalifornischem Verbraucherschutzrecht verklagen lassen, wenn der Inhalt bzw. die Werbung auf seinem Web Site nicht jenem Recht entspricht.

Die Zuständigkeit der Gerichte in den US-Bundesstaaten ist keineswegs auf die jeweiligen geographischen Grenzen des einzelnen Staates beschränkt. In den einzelnen US-Bundesstaaten existiert vielmehr weitgehend ein sog. *„Long-Arm Statute“*, etwa in Massachusetts (M.G.L. ch. 223 A § 3)[1], das die Zuständigkeit über diese Grenzen hinaus erstrecken kann, zumindest für außerhalb begangene Handlungen mit Auswirkungen in das Gebiet des jeweiligen Staates. Besonderheiten gelten, wenn für bestimmte Ansprüche Bundesgerichte zu ständig sind. Hier müssen die Voraussetzungen der *„due process principles“* des Fifth Amendments der US-Verfassung eingehalten werden[2], wobei ausreichende Kontakte zu den USA insgesamt genügen[3]. Für einige Bundesgesetze (z.B. den Lanham Act) ist aber wiederum auf die Bestimmungen der einzelnen Bundesstaaten abzustellen, sodass insoweit ein Bundesrichter keine weiterreichende Zuständigkeit als ein Richter des Einzelstaates hat[4].

Der jeweilige Beklagte muss ein ausreichendes Minimum an Kontakten (*„sufficient minimum contacts“*) zum Forumstaat haben, wobei, wie zu zeigen sein wird, nach der fast einhelligen US-Rechtsprechung das bloße Eröffnen einer Home Page oder einer sonstigen Webseite als solche noch nicht die Zuständigkeit der Gerichte eines bestimmten Staates begründet. Weitere Umstände müssen hinzutreten. Auf diese weiteren Umstände ist im folgenden näher einzugehen, da sie – in spiegelbildlicher Umkehrung – zugleich Verpflichtungen aller ausländischen und damit auch der deutschen Internet-Nutzer begründen können. Die Prüfung betrifft die Frage, welche Aktionen im Netz ein Minimum an Kontakten zum anderen Staat herzustellen geeignet

---

1 *Digital Equipment Corp. (DEC) v. Altavista Technology, Inc. (ATI)*, Memorandum and Order 12.3.1997, 960 F.Supp. 456, 463 (D.Mass.1997). DEC und ATI boten beide unter der Bezeichnung „AltaVista“ eine Suchmaschine zum örtlich nicht begrenzten Dienst im Internet/Web an. 223 A § 3 („Section 3“) definiert: „A court may exercise personal jurisdiction over a person, who acts directly or by an agent, as to a cause of action in law or equity arising from the person's (a) transacting an b) business in this commonwealth; ... (c) causing tortuous injury by an act or omission in this commonwealth; (d) causing tortious injury in this commonwealth by an act *outside this commonwealth* if he regularly does or solicits business, or engages in any other persistent course of conduct, or derives substantial revenue from goods used or consumed or services rendered, in this commonwealth...“(Hervorh. durch Verf.). Die Regelung entspricht inhaltlich weitgehend den Bestim-mungen in anderen US-Bundesstaaten.

2 *U.S.v.Martinez De Ortiz*, 910 F.2d 376, 381 (7th cir. 1990); *Lifeway Foods, Inc. v. Fresh Made, Inc.* 940 F.Supp.1316 (N.D.Ill.1996).

3 *U.S.v.Martinez De Ortiz*, 910 F.2d 376, 381 (7th cir. 1990).

4 *RAR, Inc. v. Turner Diesel, Inc.*, 107 F. 3d 1272, 1275 (7th Cir. 1997).

sind, das die Gerichtszuständigkeit begründet. US-Recht wirkt sich hier unmittelbar auf die Darstellung auch der deutschen Netznutzer aus. Das Zugänglichmachen erfolgt hierbei grundsätzlich nur am Sitz bzw. Wohnsitz des Anbieters (also etwa in Deutschland), das Herunterladen und Vervielfältigen hingegen am Sitz bzw. Wohnsitz des Nutzers in den USA. Der deutsche Anbieter verletzt in diesem Beispiel zwar nicht selbst ein US-Urheberrecht folgendes Vervielfältigungsrecht, wirkt an dieser Verletzung durch den US-Nutzer aber mit bzw. ermöglicht sie überhaupt erst, wobei die Haftung des deutschen Anbieters begründet, wenn dieser nicht unbeträchtliche finanzielle Vorteile aus der Verletzungshandlung zieht.

„*Specific jurisdiction*" besteht hierbei[1], wenn der Beklagte vertragliche Beziehungen zum Forumsstaat hat[2], „*general jurisdiction*" hingegen, wenn der Beklagte laufende und regelmäßige Kontakte unterhält (doing business in a systemic and continous fashion in the forum) [3], die aber keinen Bezug zum klägerischen Anspruch haben müssen[4]. Dies bedeutet, dass ein ausländischer Beklagter zum Forumsstaat keine vertraglichen Beziehungen haben muss, um in diesem verklagt werden zu können. Er muss auch nicht physisch präsent sein[5]. Es genügen unter bestimmten Voraussetzungen bereits regelmäßige Kontakte, wie sie sich etwa aus (Electronic) Mailing-Aktionen ergeben können oder generell aus Rechtsverletzungen[6]. Aber auch der Vertrag als solcher begründet nicht in jedem Fall die Zuständigkeit, sondern es ist auf die den Vertrag

---

1 *Ginsburg*, Private International Law Aspects of the Protection of Works and Objects of Related Rights Transmitted Through Digital Networks, Study for the Group of Consultants on the Private International Law Aspects of the Protection of Works and Objects of Related Rights Transmitted Through Global Digital Networks, Geneva Dec. 16-18. 1998, GCPIC/2, 30.11.1998 (www.wipo.int/eng/meetings/1998/gcpic), 14.

2 *SF Hotel Comp.,L.P. v.Energy Investments, Inc.* Memorandum and Order 19.11.1997, U.S.D.C.,D.of Kansas, No 97-1306-JTM (http://zeus.bna.com/e-law/sfhotel.html); *International Shoe Co. v. Washington*, 326 U.S.310 (1945) („...relationship between the defendant and the forum falls within the 'minimum contacts' framework"), *Kuenzle v. HTM Sport-und-Freizeitgeräte AG*, 102 F.3d 453, 456 (10th Cir. 1996), („...when the defendant purposely avails itself of the privilege of conducting activitites within the forum state, and the claims against it arise out of those contacts", Zitat nach der hier zentralen Entscheidung *Burger King Corp. v. Rudzewicz*, 471 U.S. 462, 475 (1985): Defendants who „reach out beyond one state and create continuing relationship and obligations with the citizens of another state are subject to regulation and sanctions in the other state for consequences in their actions"); *Digital Equipment Corp. v. AltaVista Technology, Inc.* 960 F.Supp. 456, 463 (D.Mass.1997),(„...no issue of parties being haled into the courts of a given jurisdiction solely by virtue of a Web-site, without meaningful notice that such an outcome was likely"). Das „minimum-contacts"-Erfordernis folgt der Due-Process-Clause der US-Verfassung; diese Clause gilt auch gegenüber Ausländern.

3 *Helicopteros Nacionales de Columbia, S.A. v. Hall*, 466 U.S. 408, 414-16 (1984); *International Shoe Co. v. Washington*, 326 U.S.310 (1945).

4 *SF Hotel Comp.,L.P. v.Energy Investments, Inc.* Memorandum and Order 19.11.1997, a.a.O.), *Trierweiler v. Croxton and Trench Holding Corp.*, 90 F.3d 1523, 1523-33 (10 th.Cir. 1996) („...when the defendant's contacts with the forum state are so continuous and systematic that the state may exercise personal jurisdiction even when the claims are unrelated to the defendant's contacts with the forum state.").

5 *Telco Communications v. An Apple a Day*, Memorandum Op. 24.9.1997, U.S.D.C, E.D.Vir., (http://zeus.bna.com/e-law/cases/telco.html); *Stover v. O'Connell Assocs., Inc.* 84 F.3d 132, 136 (4th Cir.1996).

6 *World-Wide Volkswagen v. Woodson*, 444 U.S.286, 297 (1980) für „negligent tort", *Honeywell Inc. v. Metz Apparatwerke*, 509 F.2d 1137 (7th Cir.1975) für vorsätzliche Verletzung von intellectual property rights (für Patentrechte), *Calder v. Jones*, 465 U.S. 783, 788-89, 104 S.Ct. 1482 (1984) für „libelous statements", jedenfalls, soweit die Auswirkungen *im jeweiligen Staat* vorhersehbar sind (*EDIAS Software Int., L.L.C. et al. v. BASIS Int.,Ltd.*Order Nov.19, 1996, U.S.D.C.,D.Ariz., Civ 96-0932 (http://zeus.bna.com/e-law/cases/edias.html).

umgebenen Umstände abzustellen[1]. Generell zu prüfen sind v.a. Anzahl und Art sowie Qualität der Kontakte, Verbindung der Kontakte zu dem Klageanspruch, Interesse der Forumsstaates[2]. Werden auf einer Website nur Informationen zum Abruf bereitgehalten („passive web site"), ist keine general jurisdiction anzunehmen[3], ebensowenig bei einzelnen „mail shots"[4], wohl aber dann, wenn vom eingerichteten Web-Site aus Kommunikation mit Internetnutzern begonnen wird oder Rechtsverletzungen erfolgen, etwa durch Annahme von Subskriptionen aus dem Forumsstaat[5] (interactive web site). Hierbei ist im Einzelfall auf den Grad der Interaktivität und den geschäftlichen Bezug des interaktiven Website abzustellen[6]. Bloße weltweite (nicht auf bestimmte Staaten abzielende) Werbung begründet keine solche internationale Zuständigkeit[7]. Zwischen DEC und ATI etwa bestanden aus Markenrecht Vertragsbeziehungen und damit Geschäftsbeziehungen (transaction of business) zu Massachusetts[8]. Auch wurde das „Senden" der Marke von DEC durch ATI als zuständigkeitsbegründender „tortuous use" eingestuft[9], wobei keine Rolle spielte, dass ATI seinen Sitz in California hat.

---

1 *Burger King v. Rudzewicz*, 471 U.S. 462, 472-73, 105 S.Ct. 2174, at 2177 (1985).

2 *Superguide Corp.v.Daniel Kegan*, Memorandum, Recommendation and Order 7.10.1997, U.S.D.C., W.D.N.C., Shelby Division 4:97v181-C, personal jurisdiction bejahend; *Western Ster-Mom&Pops v. FMT Invs.,Inc.*578 F.Supp.260, 264 (W.D.N.C. 1984), *Fieldcrest Mills.Inc.v. Mohasco Corp.*, 442 F. Supp. 424, 426 (M.D.N.C.1997). Der Kläger muss das Vorliegen der Voraussetzungen des Long Arm Statute beweisen (*Marion v. Long*, 72 N.C.App.585, cert.den.313 N.C. 604 (1985); *Agar Corp.,Inc. v. Multi-Fluid, Inc. et al.*, S.D.Tex.No.95-5105, 25.6.1997, (http://zeus.bna.com/e-law/cases/agar-html).

3 *SF Hotel Comp.,L.P. v.Energy Investments, Inc.* , a.a.O. („Creating a site, like placing a product into the stream of commerce, may be felt nationwide - or even worldwide - but, without more, it is not an act purposefully directed toward the forum state...") , *Transcraft Corp. v Doonan Trailer Corp.*, U.S.D.C., N.D.Ill. No. 97 C 4943, Memo.Op.and Order Nov.12, 1997 unter Bezugnahme auf *Bensusan Restaurant Corp. v. Richard B. King*, 937 F.Supp.295 (S.D.N.Y. 1996), wonach die Möglichkeit, Produktinformationen zu erhalten, nicht mit Marketingmaßnahmen zu vergleichen sei) als typischen passiven Web-Site personal jurisdiction ablehnend. Werbung im *nationalen* Rahmen genüge nicht, um die Zuständigkeit gerade der Gerichte in Illinois zu begründen (unter Bezugnahme auf IDS Life Ins. Co. v. Sunamerica, Inc., 958 Supp. 1258, 1268 (N.D.Ill. 1997); *Agar Corp.,Inc. v. Multi-Fluid, Inc. et al.*, a.a.O. für eine Website, die über zwei Buttons nur „Feedback" und „Registration" erlaubte.

4 *Agar Corp.,Inc. v. Multi-Fluid, Inc. et al.*, a.a.O., „Mail solicitations" seien nicht geeignet, ausreichende Geschäftsbeziehungen für die Begründung der Gerichtszuständigkeit herzustellen.

5 *American Network, Inc. v. Access America/Connect Atlanta, Inc.* 975 F.Supp. 494 (S.D.N.Y. 1997).

6 *Cybersell,Inc.*(Az)*v.Cybersell,Inc.* (Fl), 9th Cir.Ct.of App. Dec 2, 1997 (www.jmls.edu/cyber/index/findlaw.gif = www.uscaselaw.com/9th/9617087.html). Allein die Verwendung des registrierten Namens „Cybersell" stelle, auch wenn Markenrechte verletzt sein sollten, noch nicht zur Gerichtszuständigkeit, da jeder sonstige Bezug zum Forumsstaat fehle.

7 *Weber v. Jolly Hotels*, F.Supp. 1997 WL 574950 (D.N.J. Sept. 12, 1997), ablehnend zu Schadensersatzansprüchen einer US-Touristen, die nach einem Sturz in einem Hotel auf Sizilien den im Web Werbung treibenden Hotelbesitzer an ihrem Wohnsitz in New Jersey verklagt hatte (Verletzung der Due Process Clause des Fourteenth Amendments, s.u.). Die gleichen Überlegungen müssten grundsätzlich auch auf Klagen *deutscher* Touristen anwendbar sein, die in Deutschland gegen einen ausländischen, im Web werbenden Tourismusveranstalter/Hotelbesitzer klagen wollen. Anderes müsste gelten, soweit der Reisevertrag *über das Web abgeschlossen* wurde (und keine wirksame Gerichtsstandsvereinbarung vorliegt). Die abweichende, Zuständigkeit annehmende Entscheidung *Inset Systems, Inc. v. Instruction Set, Inc.* 937 F. Supp. 161 (D.Conn. 1996) blieb vereinzelt (*Dinwoodie*, Private International Aspects of the Protection of Trademarks, WIPO Forum on Private International Law and Intellectual Property, Geneva, 30./31.1.2001, WIPO/PIL/01/4).

8 Allerdings genügt nicht ein einzelner Vertragsabschluss, sondern notwendig ist eine „purposeful and successful solicitation of business" (*Tatro v. Manor Care, Inc.* 416 Mass. 763, 767 (1994)).

9 *DEC v. ATI*, a.a.O. (alleged *tort* caused by acts *in* *Massachusetts* nach Sec. 3 (c)).

Schließlich wurde auch eine Zuständigkeit durch eine Handlung *außerhalb* von Massachusetts bejaht[1], ebenso die Zumutbarkeit der Gerichtszuständigkeit in Massachusetts für ATI [2]. Wendet sich aber eine Zeitung nur an die Leser im Sitzstaat, besteht keine Zuständigkeit in einem anderen US-Bundesstaat[3].

Mindestvoraussetzung der Due Process Clause ist, dass der jeweilige Beklagte damit rechnen muss, etwa durch seine Markenrechtsverletzung in dem Staat verklagt zu werden, in dem die Wirkungen der Rechtsverletzungen eintreten[4]. Auch werden die

---

1 *DEC v. ATI*, a.a.O. (alleged tort caused by acts *outside Massachusetts* in Sec. 3 (d)). Das Gericht führt aus: „ATI's Web-site, generally accessible twenty-four hours a day and seven days a week to all Massachusetts residents who can access the Web, plainly solicits business in Massachusetts. It also constitutes continuing contacts with this state insofar as ATI sells advertising space and software through the Web-site to citizens of Massachusetts."

2 *DEC v. ATI*, a.a.O. Verlangt wird eine „substantial, continuous and systematic presence in the forum state" oder „certain minimum contacts" with the forum state such that maintenance of the suit does not offend „traditional notions of fair play and substantial justice" (s. Grundsatzentscheidung *Int. Shoe Comp. v. Washington*, 326 U.S. 310, 314 (1945). The „claim underlying the litigation must directly arise out of, or relate to, the defendant's forum state activities."(*Relatedness*)...„the defendant's in-state contacts must represent a purposeful availment of the privilege of conducting activities in the forum state, thereby invoking the benefits and protections of that state's laws and making the defendant's involuntary presence before the state's courts foreseeable."(*Purposeful Availment*) Schließlich muss die Ausübung der „jurisdiction" ...„be reasonable" (*Reasonableness*, s. *United Electrical Radio and Machine Workers of America v. 163 Pleasant St. Corp.*, 960 F.2d 1080, 1089 (1st. Cir. 1992)

3 *Young* v. *New Haven Advocate* et al. U.S.4th. Cir. 13.12.2003, CA-00-86, http://paper.ca4.uscourts.gov/opinion.pdf/012340.P.pdf, die Zuständigkeit der Gerichte in Virginia für Rechtsverletzungen durch Publikation in Connecticut ablehnend, bestätigt durch US Supreme Court (Certiorari denied 19.5.2002, Order List No. 02-1394). Die Zeitungen New Haven Advocate und Hartford Courant hatten einen Gefängnisaufseher in Big Stone Gap, Va. beschuldigt, ein Rassist zu sein.

4 Reasonable anticipation of being „haled into court there to answer for the truth" of statements (*Calder v. Jones*, 465 U.S. 783 (1984). When „ATI posted a Web-site which over time more and more mirrored that site of a Massachusetts corporation, arguably in violation of Digital's trademark rights and the licensing agreement, a site that plainly would attract Massachusetts residents, and did so"...„should have anticipated being haled into a Massachusetts court to answer for its acts."(*DCI v. ATI*, a.a.O.). Die „foreseeability" folgt als Erfordernis aus der „*Due Process Clause*" des Fourteenth Amendment der US-Verfassung (s.allg. *International Shoe*, 326 U.S., 318; allgemein spricht man mittlerweile vom „*Shoe"-Test*). Diesem Erfordernis zufolge muss der Handelnde in der Lage sein, das Verhalten so auszurichten, daß er die Haftung nach einer bestimmten Gerichtsbarkeit vermeiden kann (... „that he should reasonably anticipate being haled into the court there ...", *World-Wide Volkswagen Corp.v. Woodson*, 444 U.S. 286, 297-98 (1979)). Notwendig ist *erstens*, dass sich der Beklagte „purposefully avails [itself] of the privilege of conducting activities with the forum state" (*Hanson v. Denckla*, 357 U.S. 235, 253, 78 S.Ct. 1228, 1240 (1958); notwendig ist *zweitens*, dass „the defendant's contacts with the forum are continuous and systematic, or that the suit arises out of or is related to those contacts" (vgl. *Helicopteros Nacionales de Colombia v. Hall*, 466 U.S. 408, 415-416, 104 S.Ct. 1868, 1872-73 (1984). Due process requires (*drittens*) „that the defendant's conduct and connection with the forum are such that he should reasonably anticipate being haled into the court there" (*World-Wide Volkswagen Corp. v. Woodson*, 444 U.S. 286, 295, 297, 100 S.Ct. 559, 567 (1980). Damit ist der Beklagte davor geschützt, willkürlich oder zufallsbedingt vor ausländischen Gerichten verklagt zu werden („forced to answer ...in a foreign jurisdiction based on 'random, fortuitous or attenuated' contacts", *Keeton v. Hustler Magazine, Inc*, 465 U.S.770, 774 (1984)). *Viertens* kann das Gericht andere die personal jurisdiction prägende Umstände berücksichtigen (*Burger King Corp. v. Rudzewicz*, 471 U.S. 462, 476-77, 105 S.Ct. 2174, 2184 (1985). Jede dieser Voraussetzung kann durch *Online*-Vertrieb erfüllt sein. Dogmatisch begründbar erscheint letztlich nur eine Zuständigkeit der Gerichte in *einzelnen* Staaten, nicht eine welt- bzw. webweite Allzuständigkeit (die zudem die Funktion von Gerichtszuständigkeitsregelungen ad absurdum führen würde). Würden sich aus der Eröffnung einer Home Page alle Staaten für zuständig ansehen, bliebe dem Betreiber des Web Site nur, das Internet gleich ganz zu verlassen. Burk (Federalism in Cyberspace, Paper 1996, 26, 28) lehnt ein allgemeines purposeful availment im Internet ab: ... „the remote user is entirely indifferent, and frequently ignorant,

Erfordernisse der *fairness* und *reasonableness* als erfüllt angesehen[1]. Das Gericht weist außerdem darauf hin, dass bereits mehrere andere Entscheidungen das Einrichten und Aufrechterhalten einer Website als Begründungselement für die Gerichtszuständigkeit angesehen haben[2]. In einem weiteren, für die Problematik zentralen Rechtsstreit, *Hearst*[3], verneinte der District Court (S.D. of New York) seine Zuständigkeit. Allein die Eröffnung einer Website führe noch nicht zu einer vorauszusetzenden dauerhaften Geschäftstätigkeit[4]. Die Website richte sich an alle fünfzig Staaten, ähnlich der Werbung in einem nationalen Magazin, ziele damit nicht besonders auf Bürger im Staat New York ab[5]. Die bloße Existenz einer Website kann, nach diesen – auch für andere Bundesstaaten verallgemeinerungsfähigen – Kriterien, bei Fehlen dauerhafter Geschäftsbeziehungen also noch keine Zuständigkeit in einem US-Bundesstaat begründen.

Zuständigkeitsbegründende Geschäftsbeziehungen können in verschiedener Weise begründet und aufrechterhalten werden, auch mittels E-Mail werden [6], ebenso das

---

as to which jurisdiction is providing these benefits" (of the form in which the resource is located) „the resource could just as well be in one jurisdiction as another." Dies gilt besonders bei Verwendung von „com."-Top-Level-Domains.

1 Hier wird auf folgende fünf „*gestalt factors*" verwiesen: „(1) the defendant's burden of appearing, (2) the forum state's interest in adjudicating the dispute, (3) the plaintiff's interest in obtaining convenient and effective relief, (4) the judicial system's interest in obtaining the most effective resolution of the controversy, and (5) the common interests of all sovereigns in promoting substantive social policies." (*Nowak*, 94 F. 3d at 717). Ausländische Web-Site-Betreiber werden schon angesichts erforderlicher Anreise zumeist Voraussetzung (1) nicht erfüllen (wollen/können), von internationalprozessrechtlichen Aspekten abgesehen. Eine Reise von New York in den Forum-Staat Puerto Rico wurde allerdings als *zumutbar* angesehen (*Pritzker v. Yari*, 42 F. 3d 53, 64 (1st. Cir. 1994)).

2 *Panavision Int'l, L.P. v. Toeppen*, 938 F.Supp. at 622,623; *Inset Systems, Inc. v. Instruction Set, Inc.*, 937 F.Supp.161, 163-165 (D.Conn. 1996); *Maritz, Inc. v. Cybergold, Inc.* 1936 U.S. Dist. LEXIS 19478; at *6-7 (E.D. Mo. August 19, 1996); *Edias Software Int'l v. Basis Int'l Ltd.* 947 F.Supp. 413, 419,420 (D. Az. 1996).

3 *The Hearst Corp. v. Ari Goldberger* (Report and Recomm. 26.2.1997, 1997 U.S. Dist. LEXIS 2065,*39; 1997 WL 97097, *12 (S.D.N.Y. Feb.26, 1997).

4 Anwendbar sind hier die jurisdictional statutes in CPLR §§ 301 und 302. Section 301 verlange als zuständigkeitsbegründenden Bezug ein „doing business", das „not occasionally or casually, but with a fair degree of permanence and continuity" erfolgen müsse (*Hearst v. Goldberger*, a.a.O. unter Bezugnahme auf Joseph McLaughlin, Practice Commentary to CPLR § C301:1; C301:2 at pp. 7-9, m.w.N.). Dahingestellt bleiben könne, ob, neben juristischen Personen, auch einzelne (natürliche) Personen derartige Geschäftsbeziehungen unterhalten können.

5 *Hearst v. Goldberger*, a.a.O.: „New York law is clear, however, that advertisement in national publications are not sufficient to provide personal jurisdiction under Section 302(a)(1)" (unter Bezugnahme auf Davidson Extrusions, Inc. Touche Ross & Co., 131 A.D. 2d 421, 424, 516 N.Y.S. 2d 230, 232 (2d Dep't 1987); Simplicity Machine & Mfg. Co. v. Stevens Co.., 30 A.D. 2d 768, 769-89, 292 N.Y.S. 2d 259, 260-61 (4th Dep't 1968); Naples v. Janesville Apparel Co., 29 A.D. 972, 289 N.Y.S. 2d 268, 269-70 (2d Dep't 1968). Ähnlich auch IDS Life Insurance Co. v. SunAmerica, Inc. 1977 U.S. Dist. LEXIS 56, *25, 1997 WL 7286, *8 (N.D. Ill. Jan. 2, 1997).

6 *Resuscitation Technologies, Inc. v. Continental Health Care Corp.* , 1997 U.S.Dist. LEXIS 3523, *17, 1997 WL 149567, *5 - *6 /S.D. Ind. Mar.24, 1997), ebenso *Cody v. Ward*, 954 F.Supp.43, 44 (D.Conn. 1997), („a nonresident's transmission of fraudulent misrepresentation to a Connecticut resident by telephone and electronic mail for the purpose of inducing him to buy and hold securities renders the nonresident subject to suit in Connecticut in an action based on the misrepresentations."), *Edias Software Int'l, L.L.C. v. Basis Int'l, Ltd.*, 947 F.Supp. 413, 420 (D.Az. 1996), (... „e-mail messages to Arizona and Compuserve Web site which reaches Arizona customers count as an additional 'contacts' under a minimum contacts analysis..."), ähnlich *Richard Howard, Inc. v. Hogg*, 1996 WL 689231, *3 (Ct.App.Ohio, 3d, Dist., Nov. 19, 1996); abweichend *Hearst v. Goldberger*, a.a.O.

Versenden von Software-Paketen[1], die Annahme von Registrierungen und Vergabe von Passwörtern[2] oder das E-Mailing herabsetzender Werbung[3].

Anstelle der Geschäftsbeziehung, etwa aus einem Leasingvertrag[4], kann auch die Auswirkung rechtsverletzenden Handelns den Bezug zum Einzelstaat herstellen. Dies gilt einerseits für eine im Einzelstaat begangene rechtsverletzende Handlung[5], andererseits aber auch für außerhalb des Staates begangene Handlungen, wenn sie Auswirkungen im Bundesstaat haben[6] und der Verletzer zumindest relevante Erlöse aus zwischenstaatlichem (US-Binnenhandel) oder internationalem Handel erzielt [7].

Es genügt, dass die (schädliche) Auswirkung in einem abgrenzbaren geographischen Bereich in Kauf genommen wird[8]. Die Attorney Generals mehrerer US-Bundesstaaten gehen sogar noch weiter und wollen es genügen lassen, dass überhaupt Kontakte zur Nation insgesamt bestehen[9]. Dem Website-Betreiber wird grundsätzlich zugemutet, sich

---

1 *American Network, Inc. v. Access America/Connect Atlanta, Inc.* 96 Civ. 6823 (LLS), Opinion and Order 13.8.1997, www.bna.com/e-law/cases/amnet.html , hierin „acts showing purposeful availment of the forum" sehend.

2 *Zippo Manuf.Co. v. Zippo Dot Com, Inc.* No. 96-397 Erie, Jan 16, 1997, 952 F.Supp.1119, 1124 (U.S.D.C., W.D.Penn.); s.a. Cybersell, Inc. v. Cybersell, Inc, 130 F. 3D 414 (9 th Cir. 1997).

3 *Telco Communications v. An Apple A Day*, Civ. No. 97-542-A, Memorandum Opinion 24.9.1997, www.ljx.com/internet/decapple.hml.

4 *Pres-Kap, Inc.v. System One*, No. 93-1440, 636 So.2d 1351, D.C. of Appeals of Florida, 3d. Distr., 12.4.1994, rehear. 21.6.1994 (www.leepfrog.com/E-Law/Cases/Pres-Kap_v_ System_One; s. auch *Blake Hall v. Brad Laronde*, Court of Appeal of the State of California, 2d. Appellate Distr., 7.8.1997, 2d. Civil No. B107423 („... the use of electronic mail and the telephone by a party in another state may establish sufficient minimum contacts"). Von anderen Entscheidungen war hingegen die Zuständigkeitsbegründung durch Briefzusendungen und Telefonanrufe abgelehnt worden (s. etwa Bross Utils. Serv. Corp. v. Aboubshait, 489 F.Supp. 1366, 1371-72 (D.Conn.)). *Pres-Kap* wies die Besonderheit auf, dass ein *Verbraucher* einen Online-Flugticketservice nutzte. Hier bestanden Vertragsbeziehungen.

5 CPLR § 302 (a)(2): Committing a Tortuous Act in New York. Eine solche Handlung liegt bei Markenrechtsverletzungen vor: Trademark infringement occurs „where the passing off occurs, i.e., where the deceived customer buys the defendant's product in the belief that he is buying the plaintiff's" Vanity Fair Mills, Inc. v. Eaton Co., 234 F.2d 633, 639 (2d Cir.), cert.den., 352 U.S. 871, 77 S.Ct. 96 (1956). Diese Voraussetzung war in Hearst v. Goldberger nicht erfüllt, da Goldberger keine verfügbaren Produkte oder Dienstleistungen hatte.

6 *Calder v. Jones*, 465 U.S. 783, 789-90 (1983)

7 CPLR § 302 (a)(3): Tortuous Act Outside New York Causing Injury in New York. Hierfür genügt nicht, daß der eine Verletzung seiner Rechte behauptende Kläger seinen Sitz in New York hat. Ergänzend „plaintiff traditionally must show direct interference with its New York customers or business" (*Rolls-Royce Motors, Inc. v. Charles Schmitt & Co.*, 657 F.Supp. 1040, 1054-55 (S.D.N.Y. 1987). § 302 (a)(3) verlangt weiter, the defendant must be one who either (i) regularly transacts business or „derives substantial revenue from goods used or consumed or services rendered, in the state" or (ii) expects his act *„to have consequences in the state and derives substantial revenue from interstate or international commerce"*.(Hervorh.durch Verf.). „The 'one shot business' is insufficient and a regular course of conduct in the state is required" (*Weinstein, Korn, Miller*, New York Civil Practice: CPLR § 302. 14 at 3-156 bis 3-157 (1996)). Soweit andererseits CPLR § 302 (a)(3)(i) auf ein bloßes „soliciting business" abstellt, erfolgte dies in *Hearst* am Sitz der Website, nicht in New York (Report, l.c.).

8 *Calder v. Jones*, a.a.O.; , so etwa beim Verbreiten rechtsverletzender Inhalte über Usenet Newsgroups (*California Software, Inc. v. Reliability Research, Inc.* , 631 F. Supp.1356, 1358, 1361-62 (C.D. Cal. 1986).

9 *Minnesota A.G.* (www.state.mn.us/ebranch/ag/brief.txt (s. 1-39); bestätigt durch State of *Minnesota v Granite Gate Resorts, Inc.* v. 1996 WL 767431 (Minn.Dist.Ct., 2d Dist., Dec. 11, 1996), (248 Zugriffe aus Minnesota und Werbung für gebührenfreie Anrufmöglichkeit); ähnlich der Texas Attorney General, abweichend der A.G. von Florida, s.n. Slutky, a.a.O., S. 7.

auf verschiedenartige rechtliche Standards einzustellen[1]. Auch die Federal Trade Commission (FTC)[2] und das Department of Transport (DOT)[3] beanspruchen i.ü. Zuständigkeit über den Handel im Internet. Mit dem Eröffnen der Website wird dann freilich regelmäßig auch zumindest dieser nationale Bezug zu bejahen sein. Bisher wurde aber wohl überwiegend der Bezug zu einem Einzelstaat verlangt. Freilich kann es im Web schwer fallen, sich der Auswirkungen eines Web-Dienstes oder bestimmter Inhalte auf eine geographische Region (oder einen US-Bundesstaat) bewusst zu werden, wenn die E-Mail-Anschrift etwa *JohnDoe@aol.com* lautet[4] oder eine nichtgeographische Top Level Domain genutzt wird. Auch ist, anders als in Newsgroups oder Mailing Lists, im Web grundsätzlich nicht vorhersehbar, aus welchem Teil des Web die verfügbar gemachten Materialien abgerufen werden[5].

In *Bensusan* [6] wurde vom Gericht ausdrücklich die Auffassung abgelehnt, dass allein die Einrichtung einer Web-Seite in einem einzelnen US-Bundesstaat die Gerichtszuständigkeit in einem anderen Bundesstaat begründen könne[7]. Dies würde letztlich dazu führen, dass allein die Web-Site-Eröffnung zu einer Zuständigkeit *aller* US-Bundesstaaten und – in weiterer Konsequenz dieser Argumentation – aller Staaten dieser Welt führen würde, in denen Bürger Zugang zum Web haben[8]. In diese

1 So der Supreme Court in *Sable Communications of California, Inc. v. F.C.C.*, 492 U.S. 115, 125 (1989); ebenso *U.S. v. Thomas*, 74 F.3d 701 (6th Cir. 1996), cert.denied.(... „not unconstitutional to subject interstate distributors of obscenity to varying community standards“). Deutliche Schlussfolgerung in *Parretti v. U.S.*, 1997 WL 222841, *25 (9th Cir., May 6, 1997: „Modern telecommunications and the internet enable ordinary people to become ‘international criminals’ in their own living rooms“).

2 Etwa zu Schneeball-/Pyramidensystemen im Wettbewerbsrecht (www.ftc.gov/opa/9605/for-tuna.html) und die online erfolgende Beschaffung persönlicher Daten direkt von Kindern über das Web (KidsCom, KidsCash, s. www.ftc.gov/os/9707/cenmed~1.html).

3 www.dot.gov/affairs/virad.htm (gegen Virgin Airways aus unterbliebener Anpassung der Preisangaben auf der Web Page).

4 *Slutsky*, a.a.O., 3 mit dem Hinweis, dass die tatsächliche Anschrift des Empfängers kaum noch feststellbar ist, wenn dieser sich eine anonymen Remailers bedient (etwa in der Form *JohnDoe@alpha.c2.org).*

5 *Slutsky*, a.a.O., 5.

6 *Bensusan Restaurant Corp. v. Richard B. King*, 937 F.Supp.295 (S.D.N.Y. 1996); *bestätigt* durch U.S. Court of Appeals, No. 1383 - Docket No. 96-9344, 10.9.1997 (126 F.ed25). *Bensusan* ist die mittlerweile fast „klassische“ Entscheidung in der Richtung einer eingeschränkten, auf zusätzliche Umstände anknüpfenden Zuständigkeitsbegründung. Hier wurde keine interaktive Site eingerichtet, sondern nur eine rein passive mit abrufbaren Informationen.

7 „The mere fact that a person can gain information on the allegedly infringing product“ (hier: Jazz-Club in Missouri) „is not the equivalent of a person advertising, promoting, selling or otherwise making an effort to target its product in New York“ (*Bensusan*, a.a.O.). Substantial revenues of interstate commerce wurden nicht erzielt. Auch lag kein „discernable effort ... to serve, directly or indirectly, a market in the form state“ (*Bensusan*, a.a.O..). Ganz deutlich wird diese Abgrenzung in einer weiteren wichtigen Entscheidung (*McDough v. Fallon McElligot, Inc.* No. 95-4037, slip.op. (S.D. Cal.Aug. 6.1996, 40 U.S.P.Q. 2d 1826 (S.D. Cal. 1996), zit. nach *Hearst*): *„Because the web enables easy world-wide access, allowing computer interaction via the web to supply sufficient contacts to establish jurisdiction would eviscerate the personal jurisdiction as it currently exists; the Court is not willing to take this step.“* (Hervorh.durch Verf.) Einschränkend bereits *Pres-Kap, Inc. v. System One Direct Access, Inc*, 636, 2d 1351.

8 So ausdrücklich der *Hearst*-Court (a.a.O..): ... to allow personal jurisdiction based on an Internet web site „would be tantamount to a declaration that this Court, and *every other court throughout the world,* may assert [personal] jurisdiction over all information providers on the global World Wide Web. Such a holding would have a devastating impact on those who use this global service“ (unter Bezugnahme auf *PEI v.Chuckleberry*; Hervorh.durch Verf.). Ähnlich die Übersicht in *Zippo Mfg. Comp. v. Zippo*

Richtung einer Einschränkung der Anknüpfung geht auch die Entscheidung *People v. Lipsitz*[1]. Die US-Rechtsprechung verlangt deshalb richtigerweise zusätzliche Bezugspunkte. In ihrer Grundstruktur sind diese Überlegungen auch im deutschen Recht anwendbar und etwa im Wettbewerbsrecht von der Rechtsprechung bestätigt worden.

Auch bei solcher Einschränkung müssen ausländische Anbieter, auch solche in der EU, damit rechnen, dass ihre Webpräsenz die Zuständigkeit von US-Gerichten begründen kann. In *PEI v. Chuckleberry*[2] wurde etwa die Zuständigkeit der US-Gerichte auf eine Website *in Italien* ausgedehnt, jedoch nicht aufgrund allgemeiner prozessrechtlicher Bestimmungen[3], sondern einer durch ein früheres Verfügungsverfahren begründeten und beibehaltenen Zuständigkeit. Auch wurden aktiv Kunden gerade in den USA über Subskriptionsverfahren angeworben. Keine Rolle spielte, dass die Dateien erst aus dem Rechner in Italien auf die Kundenrechner in New York heruntergeladen werden mussten. Entscheidend war das Werben für diesen Download in New York. Die Grundsätze dieser Entscheidung sind entsprechend etwa auch auf Angebote auf Websites in Deutschland anwendbar, die insoweit also einer Haftung aus US-Recht unterliegen können, wenn sie (auch) US-Nutzer adressieren bzw. Download durch diese ermöglichen bzw. nicht ausschließen.

Auch *Patterson*[4] knüpfte an Sachverhaltsbesonderheiten an, da Patterson den gesamten von ihm online angebotenen Service des Software-Vertriebs über die Rechner von CompuServe in Columbus, Ohio durchführte. In *Panavision*[5] trat als Besonderheit auf, dass Toeppen als „Cybersquatter" Domain-Namensregistrierungen an Markeninhaber veräußert(e). Im wesentlichen die Website-Einrichtung ausreichen lassen wollten die Gerichte in *Maritz*[6], *Inset*[7] und *Heroes*[8], jeweils im Zusammenhang mit

---

Dot Com, Inc. Civ. Action No. 96-397, 1997, 952 F.Supp.1119, 1124 (W.D.Pa. 16.1.1997), 4. In Zippo sah das Gericht das Zuteilen von Passwörtern an etwa 3000 Abonnenten als zuständigkeitsbegründenden *additional contact* an.

1 *People of the State of New York v. Kevin Jay Lipsitz,* Supreme Court of the State of New York, No. 400945/97, June 23, 1997, N.Y. Misc.LEXIS 382, 1997 WL 555721. Das Gericht entwickelt das zutreffende und verallgemeinerungsfähige Argument, dass im Geltungsbereich auf US-Bundesstaaten begrenztes *Recht, etwa zum Verbraucherschutz, nicht in den Fällen aufhöre anwendbar zu sein, in denen die rechtsverletzenden Handlungen über das Internet erfolgen.*

2 *Playboy Enterprises, Inc. v. Chuckleberry Publishing, Inc.* 939 F.Supp. 1032 (S.D.N.Y. 1996); ähnlich *Asahi Metal Industry, Inc.* Superior Court of California, Solano County, 480 U.S. 102, 112 (1987).

3 Nach der Rechtsprechung des Supreme Court sind im Verhältnis zu anderen Nationen zusätzliche Fairnessfaktoren zu berücksichtigen, etwa bezüglich der Auswirkungen auf die Politik dieser Staaten (*Asahi Metal . a.a.O.*).

4 *CompuServe, Inc. v. Patterson*, 89 F.3d 1257 (6th Cir. 1996)

5 *Panavision Int'l, L.P. v. Toeppen*, 938 F.Supp. 616 (C.D.Cal. 1996). Das Gericht nahm seine Zuständigkeit an, da „Toeppen's out of state conduct was intended to, and did, result in harmful effects in California."

6 *Maritz, Inc. v. Cybergold, Inc.* 947 F.Supp. 1328 (E.D.Mo.1996).(„...Missouri's long-arm statute reaches the defendant, even assuming Cybergold's allegedly infringing activities were wholly outside of Missouri, because the allegedly infringing activities have produced an effect in Missouri as they have allegedly caused Maritz economy injury..."). Hier wurden über eine *Mailing-List* Adressen von Interessenten für einen Internet-Service gesammelt. Das Gericht sah hierin nicht nur eine *„passive web site"*, sondern *„active solicitation"* und *„promotional activities"*.

7 *Inset Systems, Inc. v. Instruction Set, Inc.* 937 F.Supp. 161 (D.Conn. 1996), die Werbung über das Web als ausreichend ansehend („advertising via the Internet is solicitation of a sufficient repetitive nature"). *Zippo Manuf.Co. v. Zippo Dot Com, Inc.* No. 96-397 Erie, Jan 16, 1997, U.S.D.C., W.D.Penn. sah hiermit die „outer limits of the exercise of personal jurisdiction" als erreicht an.

8 *Heroes, Inc. v. Heroes Foundation* (www.bna.com/e-law/cases/heroes.html) unter Bezugnahme auf eine Werbeanzeige in einer *lokalen* Zeitung.

markenrechtlichen Verfahren.

Eine Verletzung des US-Urheberrechts konnte, dem Territorialitätsprinzip folgend, nicht in Großbritannien nach britischem Urheberrecht unter der lex fori eingeklagt werden[1]. Umgekehrt wurde es aber als möglich angesehen, dass in den Fällen, in denen eine rechtswidrige Kopie („*root copy*") Ausgangspunkt für das Erstellen weiterer unrechtmäßiger Kopien in anderen Staaten ist, in den Staaten auch Schäden geltend gemacht werden können, die in diesen anderen Staaten verursacht wurden[2]. Dieser Ansatz gewinnt besonders für das Making-Available-Right an Bedeutung, da er erlaubt, in den USA Schäden aus einem rechtswidrigen Downloading in Deutschland einzuklagen.

Auch das Bestehen eines Tochterunternehmens in den Staaten kann eine Zuständigkeit von US-Gerichten begründen, und zwar selbst dann, wenn das vom Mutterunternehmen verursachte Schadensereignis in einem Drittstaat eintrat[3].

Schließlich setzt die Commerce Clause der US-Verfassung Grenzen. Hiernach darf ein Einzelstaat seine Regelungen nicht in andere (US-)Staaten „exportieren" und hierdurch etwa Handel über das Internet einschränken oder behindern[4].

---

1 *Pearce v. Ove Arup Partbership Ltd.* [1999] 1 All ER 769.

2 *Update Art v Modiin Publishing Ltd.*, 843 F.2d 67, 82 (2d Cir. 1988), zit. nach *Austin*, Private International Law and Intellectual Property Rights – A Common Law Overview, WIPO Forum on Private International Law and Intellectual Ptoperty, Geneva, 30./31.1.2001, WIPO/PIL/01/5.

3 *TACA International Airlines, S.A.* v. *Rolls Royce of England Ltd.* 204 N.E. 2D, 329 (1965), für eine Fall, in dem ein Produktionsfehler des Flugzeugmotors der Muttergesellschaft einen Flugzeugunfall in Mittelamerika verursachte, wobei das Tochterunternehmen in den USA Fahrzeuge verkaufte und betreute (s. a. *Herdegen*, Internationales Wirtschaftsrecht, 4. Aufl. 2003, 119)

4 s. ausf. *American Library Association, et al v. George Pataki,* Governor of the State of New York, U.S.D.C., S.D.N.Y. vom 20.6.1997, No. 97 Civ. 0222 (LAP), zur Verfassungswidrigkeit einer Strafbestimmung des N.Y. Penal Law (§ 235.21) zur Verbreitung von Inhalten, soweit die Bestimmung, unabhängig vom Wortlaut, „interstate commerce" einschränkt und/oder Verhalten Dritter außerhalb des Staates N.Y. reguliert.

§ 18 Datenschutz im Internet

Personenbezogene Daten dürfen auch im Internet nicht frei genutzt werden. Das gilt für Daten von anderen Netznutzern, aber auch für Daten von Kunden oder Mitarbeitern. Alle datenschutzrechtlichen Pflichten (daten-)verarbeitender Stellen gelten in gleicher Weise im Internet wie für sonstige Datenkommunikation. Auch wenn dieser Grundsatz einfach und klar erscheint, stößt die Darstellung der Grundsätze des Datenschutzrechts im Internet auf mindestens zwei Schwierigkeiten:

Zum einen sind auf personenbezogene[1] Datenverarbeitung mit Internet-Bezug mehrere unterschiedliche Rechtsregelungen anzuwenden, wodurch ein mitunter *komplexer* Verweisungsbezug[2] entstehen kann. Die Grundlage für alle Sonderregelungen bildet das **Bundesdatenschutzgesetzes** (BDSG). Auf dem BDSG bauen die Sonderregelungen zum Datenschutz bei **Tele-** und **Mediendiensten** auf, ebenso die Regelungen für den Bereich des Datenschutzes im **Telekommunikations**bereich. Das BDSG gilt (gemäß § 1 Abs. 4 BDSG) subsidiär, soweit in den erwähnten besonderen Regelungsbereichen keine spezifischen Regelungen getroffen wurden. Das BDSG greift etwa unmittelbar bezüglich der datenschutzrechtlichen Pflichten von Unternehmen ein, die nicht Tele- oder Mediendienste erbringen, sondern nutzen, um z.B. personenbezogene Daten an ihre Kunden oder Partnerfirmen („Business-to-Business", B2B) zu übermitteln. Das BDSG ist außerdem unmittelbar auf Kommunikation personenbezogener Daten im Internet anwendbar, soweit Nutzer oder Unternehmer Tele- oder Mediendienste nicht selbst anbieten, sondern sich ihrer bedienen, etwa Kunden- oder Mitarbeiterdaten untereinander austauschen (s. die Ausschlussbestimmung in § 1 Abs. 1 S. 2 Nr. 2 TDDSG). In § 7 wird ergänzend auf arbeitsvertragliche, mitbestimmungs- sowie datenschutzrechtliche Aspekte der Internet-Nutzung im **Arbeitsverhältnis** eingegangen. Die Geltung des BDSG kann in Verträgen **nicht abbedungen** werden[3].

Weiter ist das BDSG auf öffentliche Stellen anwendbar, also Behörden, Körperschaften, Anstalten und Stiftungen des öffentlichen Rechts (§ 2 Abs. 1 BDSG), die Länderdatenschutzgesetze auf entsprechende öffentliche Stellen der Bundesländer, wenn sie Daten von Bürgern verarbeiten. Dies ist etwa dann der Fall, wenn öffentliches Handeln („E-Government") über das Web erfolgt, z.B. Auskunft gegeben, ein Steuerbescheid im elektronischen Format übertragen oder sonst gegenüber dem Bürger gehandelt wird. Die Darstellung geht aus Raumgründen schwerpunktmäßig nur auf die Verpflichtungen nichtöffentlicher Stellen ein.

Allgemein müssen Datenverarbeiter beachten, dass sie von der unterschiedlichen Regelungsebenen her **Ansprüchen** der Betroffenen auf Auskunftserteilung, Berichtigung, Sperrung und Löschung ausgesetzt sein können, außerdem Kontrollen der Aufsichtsbehörden und schließlich noch – und dies kann in der Praxis für Unternehmen besonders wichtig sein – wettbewerbsrechtlichen Abwehransprüchen von Konkurrenzunternehmen, etwa auf Unterlassen von Datenschutzverletzungen[4].

---

1 Datenschutzrecht findet nur Anwendung, wenn die erhobenen, verarbeiteten und genutzten Daten Personenbezug aufweisen. *Personenbezogen* sind Daten, wenn sie Einzelangaben über persönliche oder sachliche Verhältnisse einer bestimmten oder bestimmbaren natürlichen Person („Betroffener") enthalten (§ 3 Abs. 1 BDSG). Kein Schutz besteht nach deutschem Datenschutzrecht für Daten juristischer Personen. *Bestimmt* im Sinne von § 3 Abs. 1 BDSG ist etwa ein Nutzer, dessen Mail-Anschrift gespeichert ist. *Bestimmbar* ist ein Nutzer, dessen Identität zwar nicht unmittelbar aus den Daten selbst, aber über Hilfsmittel, etwa ein Log oder Kundenverzeichnis eines Providers, feststellbar ist.

2 *Bäumler*, DuD 1999, 258, 259 („Ausdruck einer komplexen Netzwelt").

3 *Blömer/Moos*, Datenschutz und Datensicherheit, in: Kaminski u.a., Rechtshandbuch E-Business, 204.

4 Bejaht durch BGH, Urt.v. 6.5.1999 – I ZR 199/96, GRUR 1999, 923 = MMR 1999, 470 – Teleinfo-CD in Bestätigung der Entscheidung des LG Mannheim, Urt.v.29.3.1996 – 7 O 43/96, NJW 1996,

Nicht nur Diensteanbieter in Kommunikationsnetzen, sondern auch und gerade an das Internet angebundene **Unternehmen** sind zur Einhaltung des geltenden Datenschutzrechts verpflichtet, sowohl gegenüber ihren Mitarbeitern als auch gegenüber ihren Kunden, Zulieferern und sonstigen Dritten und generell im „Business-to-Business"-Bereich. Die Internet-Anbindung darf nicht dazu führen, dass dieser Schutz plötzlich eingeschränkt oder gar aufgehoben wird. Auch bei **Nutzung des Internet** oder sonstiger Kommunikationsnetze dürfen also personenbezogene Daten nur verarbeitet werden, soweit dies zulässig ist und die Betroffenen ihre Rechte ungeschmälert wahrnehmen können. Soweit das Internet als Übertragungsmedium genutzt wird, müssen außerdem geeignete Sicherungmaßnahmen getroffen werden, um den Zugriff unberechtigter Dritter (und das sind praktisch alle sonstigen Nutzer im Internet außer dem eigentlichen Empfänger) auszuschließen. Für diese Absicherung kommen gegenwärtig letztlich nur Verschlüsselungsverfahren in Betracht.

Ein besonderes Datenschutzproblem ergibt sich aus der prinzipiell **grenzüberschreitenden** Natur der **Datenkommunikation im Internet. Cookies** etwa können von einem Anbieter fast zeitgleich auf über die ganze Welt verteilten Rechnern gesetzt werden (s. S. 933) oder Suchmaschinen Rechner weltweit abfragen. Datenschutzrecht ist hingegen nach dem Territorialitätsprinzip organisiert, auf mehr oder weniger kleine Geltungsräume von Staaten oder Bundesländern (oder – in der Schweiz – Kantonen) eingeschränkt. Zwar ist die EU-weite Harmonisierung des Datenschutzrechts ein wichtiger Fortschritt, der aber, selbst nach der EU-Erweiterung, doch nur den kleineren Teil des Internet abdeckt. Hier ist weitere Harmonisierung erforderlich, die wohl am ehesten als Harmonisierung der als Handelsschranken wirkenden staatlichen Unterschiede der Datenschutzregime erreichbar ist.

Datenschutzrecht kann auch **wettbewerbsrechtlich** zwischen Unternehmen relevant werden: Möglich sind wettbewerbsrechtliche Abwehransprüchen von Konkurrenzunternehmen, etwa auf Unterlassen von Datenschutzverletzungen[1]. Hier wurde von einer bisher weniger beachteten wettbewerbsrechtlichen Flanke des Datenschutzrechts gesprochen[2]. Sittenwidrigkeit wird bei das Recht zur informationellen Selbstbestimmung verletzenden Verstößen angenommen[3], ebenso wohl bei Verletzung des **Zweckbindungsgebotes** und des **Transparenzprinzips** im TDDSG bzw. MDStV, da deren Verletzung nicht nur Persönlichkeitsrechte Einzelner verletzen können, sondern – etwa durch nicht datenschutzgerechte Ausgestaltung von Systemen – zu Kosten- und damit Wettbewerbsvorteilen derjenigen Unternehmen führen, die „am Datenschutz sparen" (Wettbewerbsvorsprung durch Rechtsbruch). Wesentlich für den wettbewerbsrechtlichen Wertbezug der Normen ist insbesondere der Schutz öffentlicher Interessen, hierbei auch der Schutz der übrigen Marktbeteiligten und besonders der Verbraucher. Allerdings reicht das Vorliegen von Beeinträchtigungen der

1829 = CR 1996, 411.

1 Bejaht durch BGH, Urt.v. 6.5.1999 – I ZR 199/96, GRUR 1999, 923 = MMR 1999, 470 – Teleinfo-CD in Bestätigung der Entscheidung des LG Mannheim, Urt.v.29.3.1996 – 7 O 43/96, NJW 1996, 1829 = CR 1996, 411.

2 Ausf. s. *Hoeren*, Datenschutz als Wettbewerbsvorteil, 263, 268.

3 OLG Frankfurt, Urt.v. 2.2.2001 – 13 U 204/98, CR 2001, 294 = RDV 2001, 131 (für Nichteinhaltung des Schriftformerfordernisses für Einwilligungen i.S.v. § 4 a BDSG). Bejaht wurde außerdem ein gleichzeitiger Verstoß gegen das BDSG und § 1 UWG, wenn etwa ein „Tool"-Programm ohne Einwilligung der Betroffenen vertrieben wird, mit dem auf CD-ROM-Telefonverzeichnissen über die Rufnummer andere personenbezogene Daten wie Adressen rückerschlossen werden können (OLG Köln, Urt.v.10.11.2000 – 6 U 105/00, CR 2001, 454 = ZUM-RD 2001, 178). Diese Inverssuche ist freilich seit der TKG-Novellierung 2004 zulässig. Allgemein s. *Frhr.v. Gamm*, GRUR 1996, 574; *Bergmann/Möhrle/Herb*, Datenschutzrecht, § 4 BDSG 01, Rdn. 53.

Persönlichkeitsrechte einzelner Betroffener grundsätzlich nicht bereits aus, da diese nicht ohne weiteres als sittenwidrig gerade im Sinne des auf Wettbewerbsschutz angelegten § 1 UWG zu beurteilen ist[1].

Die Funktion des Wettbewerbs geht aber darüber hinaus, bloße Grundlage von Abwehransprüchen für einzelne beeinträchtigte Wettbewerber zu sein. Genauer betrachtet – und positiv gewendet – kann **praktizierter Systemdatenschutz selbst als ein Leistungsmerkmal im Wettbewerb** genutzt werden, besonders im Bereich des „Electronic Commerce", für den nach wie vor **unzureichende Akzeptanz** durch die Kunden festzustellen ist, die auch mit der unzureichenden Transparenz und Sicherheit der Datenverwendung zusammenhängt. Bei mehreren Umfragen in den USA und in Europa zeigte sich jeweils die Mehrheit der Befragten über mögliche Gefährdungen ihrer Privatsphäre bei Internet-Nutzung besorgt[2], dies nicht zu Unrecht, da etwa zwei Drittel der Unternehmen im Internet gegen internationale Datenschutzbestimmungen verstoßen[3]. Für 1999 wurde der Umsatzverlust durch Datenschutzbedenken in den USA auf 2,8 Milliarden US-$ geschätzt[4]. Die Verbesserung des Datenschutzes kann sich deshalb unmittelbar in verbesserten Chancen des E-Commerce selbst niederschlagen, zumal, wenn sie werblich als Leistungsmerkmal herausgestellt wird.

A. Datenschutz bei der Nutzung von Tele- und Mediendiensten

Angebote elektronischer Dienste[5] im Internet müssen besondere datenschutzrechtliche Pflichten erfüllen, die für Teledienste im Teledienstedatenschutzgesetz (TDDSG als Art. 2 IuKDG), für Mediendienste im Mediendienstestaatsvertrag (MDStV in Abschnitt III) festgelegt sind. TDDSG und MDStV unterscheiden nicht zwischen Datenverarbeitung im öffentlichen und im privaten Bereich, sondern unterwerfen diese bei Personenbezug einer einheitlichen Initiativkontrolle[6]. Nachfolgend werden schwerpunktmäßig die Regelungen für den Datenschutz bei Telediensten behandelt. Diese sind weitgehend mit den Regelungen bei Mediendiensten inhaltlich identisch; auf die parallelen Regelungen im MDStV wird jeweils verwiesen. Abweichende Regelungen für Mediendienste werden unter S. 915 dargestellt.

Das **BDSG**[7] greift subsidiär ein, soweit das TDDSG keine Regelungen enthält (§ 1 Abs. 2 TDDSG, 1 Abs. 3 S. 1 BDSG). Vom sachlichen Geltungsbereich her erfasst das TDDSG auch personenbezogene Datenverarbeitung, soweit Daten nicht in Dateien verarbeitet werden[8]. **Schlüsselbestimmung** ist § 4 Abs. 1 BDSG, wonach das Erheben, Verarbeiten und Nutzen personenbezogener Daten nur zulässig ist, wenn das BDSG oder eine andere Rechtsvorschrift wie das TDDSG oder der MDStV dies erlauben oder

---

1 *v.Gamm*, GRUR 1996, 574, 578.

2 Nachweise bei: *Wenning/Köhntopp*, P3P im europäischen Rahmen, DuD 2001, 139, 140 (zu der Pew- und IBM-Umfrage in den USA und der Eurobarometer-Umfrage); ähnlich eine Umfrage von NCR Teradata, nach der 85 % der Deutschen beim Surfen um ihre Privatsphäre besorgt sind (*Lütge*, Verdatet und verkauft, Zeit Nr. 18 v. 26.4.2001, 28).

3 *Wermelskirchen*, Im Visier der Datenjäger, Handelsblatt v. 5.2.2001, 8, eine Untersuchung von Consumers International zitierend.

4 Federal Trade Commission, Privacy Online: Fair Information Practices in the Electronic Marketplace. A Report to Congress, May 2000 (www.ftc.gov/reports).

5 Zur Abgrenzung von Tele- und Mediendiensten s. S. 813.

6 *Moos*, Datenschutz im Internet, in: Kröger/Gimmy, Handbuch zum Internetrecht, 496, 502.

7 In der Neufassung v. 14.1.2003, BGBl 2003 I, 66.

8 *Bäumler*, DuD 1999, 258, 259.

der Betroffene eingewilligt hat (Regelungsprinzip des Verbotes mit Erlaubnisvorbehalt). Im Geltungsbereich des BDSG gibt es also **keine freie Verarbeitung von Daten mit Personenbezug**, – auch und gerade nicht, soweit sie im bzw. mittels des Internet erfolgt. Vielmehr müssen immer die gesetzlich festgelegten Zulässigkeitsvoraussetzungen erfüllt sein. Das Datenschutzrecht verlangt deshalb generell und damit auch für **jede Datenverwendung im Internet**, dass die Verarbeitung personenbezogener Daten nur erfolgen darf, wenn ein **Erlaubnistatbestand erfüllt** ist. Die Erlaubnistatbestände sind zudem als Ausprägungen (auch) des Rechts der Betroffenen auf informationelle Selbstbestimmung eng auszulegen[1] (soweit die autonome Auslegung nach dem Recht der EG-Richtlinie nicht Vorrang hat).

„**Andere Rechtsvorschriften**" im Sinne von § 4 Abs. 1 BDSG können auch Betriebsvereinbarungen sein. Zu Recht wurde aber darauf hingewiesen, dass die frühere Rechtsprechung des BAG, nach der von BDSG-Vorschriften in Betriebsvereinbarungen auch zuungunsten des Betroffenen abgewichen werden könne[2], bereits seit der Novellierung 1990 und erst recht seit der Novellierung 2001 nicht mehr haltbar ist, da die Rechte der Betroffenen bereits nach § 6 BDSG 1990[3] unabdingbar waren und außerdem vom Richtlinienrecht nicht abgewichen werden kann[4].

Räumlich ist das BDSG in seiner Geltung auf das Bundesgebiet beschränkt. Nur verantwortliche Stellen im Inland werden erfasst, allerdings auch inländische Niederlassungen von verantwortlichen Stellen in einem anderen Mitgliedsstaat der Europäischen Union oder des EWR-Abkommens (§ 1 Abs. 5 S. 1 BDSG). Allerdings ist das BDSG auf das im Inland (über eine Niederlassung oder in sonstiger Weise) erfolgende Erheben, Verarbeiten oder Nutzen von personenbezogenen Daten durch verantwortliche Stelle in Drittstaaten (außerhalb EG und EWR) anwendbar (§ 1 Abs. 5 S. 2 BDSG) anwendbar, also etwa auf die deutsche Niederlassung eines US-Providers[5], ebenso auf die (heimliche) Übermittlung der Daten von Nutzern oder Cookies in den Drittstaat[6], nicht aber auf Webseiten auf Rechnern in Drittstaaten, die nur im Inland abrufbar sind[7].

„**Verantwortliche Stellen**"[8] sind nicht nur Anbieter von Dienstleistungen (also Tele-, Medien- oder Telekommunikationsdiensten) im Netz, sondern auch Nutzer, wenn sie personenbezogene Daten speichern (selbst dann, wenn es nur ihre eigenen sind, da die Anwendung des BDSG erst über § 27 Abs. 1 S. 2 für persönliche oder familiäre Tätigkeiten ausgeschlossen wird), etwa **Empfängerverzeichnisse** in E-Mail-Programmen oder „Favoriten"-Auflistungen anderer Homepages bzw. Websites von Einzelpersonen. Verantwortlicher Stellen sind auch die in der Regel als juristische Personen organisierten großen Anbieter, aber auch einzelne natürliche Personen, etwa sog. „PoP"[9]-Betreiber[1]. Juristisch unselbständige Zweigstellen eines Unternehmens (oder

---

1 *Schmitz*, TDDSG, 129.

2 BAG, Beschl.v. 27.5.1986, NJW 1987, 674 = DuD 1989, 100.

3 Unverändert in § 6 BDSG 2001.

4 *Bergmann/Möhrle/Herb*, Datenschutzrecht, § 4 BDSG 01, Rdn. 25.

5 *Schaar*, Datenschutz im Internet 2002, Rdn. 236.

6 *Schaar*, Datenschutz im Internet, Rdn. 241.

7 *Schaar*, Datenschutz im Internet, Rdn. 242.

8 „Verantwortliche Stelle" ist nach § 3 Abs. 7 BDSG „jede Person oder Stelle, die personenbezogene Daten für sich selbst erhebt, verarbeitet oder nutzt oder dies durch Andere im Auftrag vornehmen lässt." In den früheren Fassungen des BDSG wurde der Begriff „Speicherstelle" verwendet, der insoweit zu eng war, als er rein begrifflich weitere Verarbeitungen und die Nutzung auszuschließen schien.

9 „PoP" steht für *Point of Presence*, Zugangspunkt.

Teile einer Behörde) sind Teil der verantwortlichen Stelle; sie gelten deshalb nicht als Dritte, es sei denn, sie sind im EU-Ausland (also in Drittstaaten) gelegen[2]. Die Datenübertragung an einen Drittstaaten-Access Point eines deutschen Diensteanbieters ist deshalb eine Übermittlung; die Übertragung an einen Access Point in einem EG-Mitgliedsstaat ist hingegen keine Übermittlung, aber eine Nutzung. Das Bekanntgeben personenbezogener Daten gegenüber **Mitarbeiter** ist kein Übermitteln (aber ein Nutzen), da die Mitarbeiter Teil der verantwortlichen Stelle sind; eine Übermittlung ist aber anzunehmen, wenn die Mitarbeiter die Daten bei *privat* veranlasster Nutzung der Dienste des Anbieters mitgeteilt erhalten (etwa Kundenandressen).

Keine Verpflichtung begründet das BDSG für solche nichtöffentlichen Stellen, die personenbezogene Daten ausschließlich für **persönliche** oder **familiäre Tätigkeiten** nutzen (§§ 27 Abs. 1 S. 2, 1 Abs. 2 Nr. 3 BDSG).

Die **Abgrenzung** zwischen Teledienst und TK-Dienstleistung muss spezifisch für jedes Angebot erfolgen. Die E-Mail-Übermittlung ist Telekommunikation[3]. Zu unterscheiden[4] ist aber zwischen dem Vorgang der Telekommunikation als solchem (technischer Übermittlungsvorgang im TCP/IP-Protokoll, Routing[5]) und dem spezifischen E-Mail-Dienst (Vergabe von IP-Adressen und Name Service als Teledienst[6] sowie Darstellen und Verwaltung der Mails, Versenden und Empfangen, FTP), der auf TK-Diensten aufbaut[7].

Die **Rechte der Betroffenen** bei Nutzung von Tele- bzw. Mediendiensten, also die Berichtigungs-, Sperrungs- und Löschungsansprüche, folgen dem BDSG. Gegenüber **Mediendiensten** hat der Nutzer aus dem Mediendienstestaatsvertrag zusätzlich ein Auskunftsrecht (§ 20 MDStV) und bei journalistisch-redaktionellen Angeboten ein Berichtigungsrecht (§ 20 Abs. 3 S. 2, Nr. 2 S. 2 MDStV). Nicht nur jeder Nutzer, sondern jedermann hat bezüglich ihn betreffender Tatsachenbehauptungen einen Gegendarstellungsanspruch (§ 14 MDStV). Soweit Host-Provider personenbezogene Daten der Nutzer in Log-Dateien erheben und verarbeiten, müsse sie diese Nutzer hierüber nach § 4 Abs. 3 BDSG unterrichten[8].

§ 6 TDG und § 6 MDStV verlangen eine **Anbieterkennzeichnung**[9]. Diese ist auch datenschutzrechtlich relevant, da sich aus der Kennzeichnung der datenschutzrechtliche Anspruchsgegner etwa für Auskünfte nach § 7 TDDSG ergeben muss[10].

Die Vorschriften von TDDSG bzw. MDStV sind im **Arbeitsverhältnis** dann nicht anwendbar, wenn die Dienste ausschließlich dienstlich genutzt werden (hier gilt unmittelbar das BDSG), wohl aber bei privater Nutzung dieser Dienste durch den Arbeitnehmer[11].

Auch für Dienste im Bereich des **M-Commerce** (Mobilen E-Commerce über

---

1 Also Betreiber einzelner PoPs zum Internet im regionalen/lokalen Bereich.

2 *Gola/Schomerus*, BDSG, § 3 Rdn. 53.

3 *Schmitz*, TDDSG, 67 m.w.N.

4 Ähnlich *Hoeren*, Recht der Access Provider, Rdn. 69f.

5 *Schmitz*, TDDSG, 90.

6 *Schmitz*, TDDSG, 74.

7 Begr. zum IuKDG, BT-Drucks. 13/7385, 18.

8 *Hoeren*, Recht der Access Provider, Rdn. 81.

9 Allgemein zur Anbieterkennzeichnung s. *Pernice*, DuD 1999, 635; zur technischen Umsetzung *Grimm*, DuD 1999, 628.

10 *Wolters*, DuD 1999, 633; *Bizer/Trosch*, DuD 1999, 621.

11 Bericht der Bundesregierung über die Erfahrungen und Entwicklungen bei den neuen Informations- und Kommunikationsdiensten im Zusammenhang mit der Umsetzung des Informations- und Kommunikationsdienste-Gesetzes (IuKDG), BT-Drucks. 14/1191, Bericht v. 18.6.1999, 18.

GPRS/WAP- oder UMTS-Mobiltelefone oder PDAs, Communicators oder Blackberries) gelten die gleichen Grundsätze, sind also alle Verpflichtungen des Anbieters aus TDG und TDDSG bzw. MDStV zu erfüllen, so etwa die Notwendigkeit der Anbieterkennzeichnung (auch auf kleinen Bildschirmen, etwa bei WAP), der Datensparsamkeit und Zweckbindung der Erhebung, Verarbeitung und Nutzung der Nutzerdaten. Ein Unterschied besteht freilich darin, dass Datenübertragung in mobilen Kommunikationsdiensten meist wesentlich weniger gut gegen unbefugte Kenntnisnahme gesichert ist[1].

Der Grundsatz des **Systemdatenschutzes** verlangt, durch Auswahl und Gestaltung der technischen Einrichtungen das Erreichen der Regelungsziele des TDDSG sicherzustellen (§§ 4 Abs. 4 S. 1 TDDSG; § 18 Abs. 4 S. 1 MDStV). Frei wählbare[2], mögliche Realisierungsmaßnahmen sind eine dateneinsparende Organisation der Übermittlung, Abrechnung und Bezahlung sowie die Abschottung von Verarbeitungsbereichen[3], ebenso die anonymisierte und pseudonymisierte Nutzung der Dienste (als Form der Vermeidung der hierbei anfallenden Nutzungsdaten[4]). Systemdatenschutz muss in der Regel schon während des Software- und Systems-Engineering-Prozess bei Gestaltung und Implementierung der späteren Systemstrukturen realisiert werden[5]. Hierzu gehört etwa, die Möglichkeiten der Anonymisierung (Aufhebung des Personenbezuges) und der Pseudonymisierung (Entfallen der Zuordnung der Daten zu einer Person ohne Kenntnis der Zuordnungsvorschrift) **technisch einzurichten**[6], wie dies das TDDSG vorsieht. Dies scheint insbesondere im weltweiten Internet der einzige Weg, die – nach wie vor gravierenden – Defizite der Durchsetzung von Datenschutzrechten auszugleichen. Die erforderlichen technischen Einrichtungen bzw. Ausstattungsmerkmale sollten möglichst bereits bei **Beschaffung** bzw. Pflichtenhefterstellung oder im eigenen Entwicklungsprozess als Parameter für den eigentlichen Architekturentwurf und in der **Implementierung**[7] im Vertrag Kunde-Anbieter vereinbart und realisiert werden, da eine Nachrüstung auf das datenschutzrechtlich erforderliche Niveau zumeist schon technisch nicht oder jedenfalls nur mit erheblichem Zusatzaufwand möglich ist.

§ 9 BDSG verlangt freilich nur Maßnahmen, die in einem **angemessenen Verhältnis** zum Schutzzweck stehen. Es muss also nicht in jedem Fall der technisch absolut höchste Standard erreicht sein. Ebenso sind nicht laufend die neuesten Techniken zu implementieren (die nicht zwangsläufig immer auch die sichersten sind, wie gerade der Software-Bereich zeigt). Doch kann der Betreiber andererseits nicht unter Hinweis auf den erforderlichen Aufwand von vornherein schlichtweg auf Mindestschutzmaßnahmen verzichten.

Sollen personenbezogene Datenbestände etwa von Mitarbeitern oder Kunden im **Internet** zugänglich gemacht werden, müssen besondere **Zugriffsabsicherungen** implementiert werden. Der Systembetreiber muss feststellen können, aus welchem Staat sich welcher (ausländische) Nutzer einloggen will. Auch ein Passwortschutz stellt hierbei nicht sicher, dass der Standort des abrufenden Nutzers erkennbar ist. Ist aber nicht ein bestimmter Empfängerstaat feststellbar, also auch nicht dessen Datenschutzniveau, ist bereits das Bereithalten als Form der Übermittlung **unzulässig**.

---

1 Ausf. s. *Hülsmann/Mörs/Schaar*, DuD 2001, 196 mit Überblick über die verschiedenen Dienste.

2 *Rasmussen*, CR 2002, 36, 39.

3 *Engel/Flechsig*, DuD 1997, 5, 8, 13.

4 *Schmitz*, TDDSG, 113.

5 *Ulrich*, „Protection Profile", 18.

6 *Ulrich*, „Protection Profile", 20.

7 *Ulrich*, „Protection Profile", 18.

Datenschutz muss hier durch **Verfahrenseinrichtung** implementiert werden. Dies gilt auch für Intranet-/Internet-Kopplungen und Extranets bzw. Virtual Private Networks (VPNs).

Der Betreiber kann sich zudem nicht darauf verlassen, alle Kommunikation über eine netzbasierte externe Einrichtung, etwa die eines ASP-Providers oder Outsourcing-Dienstleisters, laufen zu lassen. Vielmehr muss er immer auch alternativ **netzunabhängige Kommunikations- bzw. Verarbeitungsmöglichkeiten bereithalten**, auf die er zurückgreifen kann, wenn z.B. die Datenübertragung via Internet datenschutzrechtlichen Bedenken begegnet oder technisch bedingt temporär unterbrochen ist, ein Betroffener aber etwa eine Berichtigung oder Löschung seiner Daten verlangt.

Systeme können mittlerweile auch bezüglich der Einhaltung der Vorgaben für technischen Datenschutz objektiviert geprüft und **zertifiziert** werden. Die „Gemeinsamen Kriterien für die Prüfung und Bewertung der Sicherheit von Informationstechnik" (*Common Criteria*) sehen hierfür eine eigene **Sicherheitsanforderungsklasse** „Privatsphäre" vor[1]. Hiernach lässt sich etwa das Schutzziel, Nachrichten zwischen Kommunikationspartnern vertraulich zu behandeln, durch Unbeobachtbarkeit und Unverkettbarkeit von Operationen durch Dritte realisieren[2].

Die verantwortliche Stelle muss die **Zweckbindung** ihrer personenbezogenen Datenverarbeitung sicherstellen. § 3 a BDSG verpflichtet jede verantwortliche Stelle zur **Datenvermeidung und –sparsamkeit** sowie zum Gebrauchmachen von Anonymisierung oder Pseudonymisierung, soweit diese möglich sind. In Übernahme der Regelung aus § 3 Abs. 4 TDDSG soll, wie erwähnt, bereits bei der Gestaltung der **Systemstrukturen** die Einhaltung dieser Grundsätze sichergestellt werden[3].

Anbieter von elektronischen Kommunikationsdiensten unterliegen als verantwortliche Stelle im datenschutzrechtlichen Sinne dem **Datengeheimnis** (§ 5 BDSG) und der Pflicht zur Durchführung erforderlicher technischer und organisatorischer **Sicherheitsmaßnahmen** (§ 9 BDSG). Sie müssen dafür eingerichtet sein, von ihnen gespeicherte Daten Dritter gegenüber den Betroffenen zu beauskunften sowie gegebenenfalls zu berichtigen, zu sperren oder zu löschen (unabdingbare Rechte der Betroffenen nach § 6 Abs. 1 BDSG). Außerdem hat die verantwortliche Stelle **Schäden** aus der unzulässigen oder unrichtigen Erhebung, Verarbeitung oder Nutzung personenbezogener Daten zu ersetzen, sofern die nach den Umständen des Falles gebotene Sorgfalt nicht beachtet wurde (§ 7 BDSG). Dieser gesetzliche Schadensersatzanspruch kann kumulativ zu vertraglichen Ansprüchen bestehen, die in Allgemeinen Geschäftsbedingungen nicht wirksam unter seine Vorgabe reduziert werden können.

I. Datenschutz bei Telediensten

Das Gesetz über den Datenschutz bei Telediensten (TDDSG) regelt den Schutz personenbezogener Daten bei Telediensten im Sinne von § 2 des TDG und trat als Art. 2 des Informations- und Kommunikationsdienstegesetzes (IuKDG)[4] am 1.8.1997 in Kraft (Art. 11 IuKDG), die Novellierung des TDDSG durch das Elektronischer

---

1 *Ulrich*, „Protection Profile", 37, 41; *Fumy*, 2000, 385, 390.

2 *Ulrich*, „Protection Profile", 41.

3 BT-Drucks. 14/4329, 33.

4 Gesetz zur Regelung der Rahmenbedingungen für Informations- und Kommunikationsdienste (Informations- und Kommunikationsdienste-Gesetz, IuKDG), BGBl 1997 I, 1870.

Geschäftsverkehr-Gesetz (EGG) vom 14.12.2001[1] mit Wirkung zum 21.12.2001 (am Tage nach der Verkündung, Art. 5 EGG). Erfasst werden alle Teledienste im Sinne von § 2 Abs. 1 TDG. Die Novellierung vom 14.12.2001 enthält eine Verbesserung in der Transparenz der Verarbeitung und sieht eine anlassunabhängige Kontrolle vor.

Regelungsbereich ist der Schutz personenbezogener Daten bei der Erhebung, Verarbeitung und Nutzung durch Diensteanbieter (§ 1 Abs. 1 S. 1 TDDSG), **nicht** aber bei der Erhebung, Verarbeitung und Nutzung im Dienst- und **Arbeitsverhältnis**, soweit die Nutzung der Teledienste zu ausschließlich beruflichen oder dienstlichen Zwecken erfolgt (§ 1 Abs. 1 S. 2 Nr. 1 TDDSG). Ebenso nicht anwendbar ist das TDDSG für Erhebung, Verarbeitung und Nutzung innerhalb von oder zwischen Unternehmen oder öffentlichen Stellen, soweit die Dienstenutzung zur ausschließlichen Steuerung von **Arbeits- oder Geschäftsprozessen** erfolgt (§ 1 Abs. 1 S. 2 Nr. 2 TDDSG), also im B2B-Bereich. Erfasst werden außerdem nur Daten aus der eigentlichen Dienstenutzung, nicht aber Daten, die bei Abwicklung von über den Dienst geschlossenen Verträgen gewonnen werden und deren Verarbeitung dem BDSG folgt[2].

Auch für den Teledienstedatenschutz gilt der allgemeine **Grundsatz des Verbotes** der personenbezogenen Datenverarbeitung **mit Erlaubnisvorbehalt**. Zulässig ist das teledienstebezogene Erheben, Verarbeiten und Nutzen von Daten mit Personenbezug, wenn das TDDSG oder eine andere Rechtsvorschrift (insbesondere das BDSG) dies erlauben oder die Einwilligung des Betroffenen vorliegt (§ 3 Abs. 1 TDDSG). Für die Bestands- und Nutzungsdaten treffen die §§ 5 und 6 TDDSG abschließende Regelungen, so dass insoweit nicht (auch nicht subsidiär) auf das BDSG zurückgegriffen werden kann.

Der **räumliche Geltungsbereich** des TDDSG erfasst nur deutsche bzw. in Deutschland niedergelassene Anbieter, nicht aber ausländische Anbieter, es sei denn, durch diesen findet im räumlichen Geltungsbereich ein Verarbeitungsvorgang statt. Nach den §§ 8 Abs. 1 TDDSG, 38 BDSG ist die Aufsichtsbehörde auch für diese Verarbeitungsvorgänge kontrollbefugt. Maßnahmen kann die Aufsichtsbehörde gegen Anbieter in Drittländern schon wegen Fehlens einer entsprechenden grenzüberschreitenden Kompetenz nicht durchsetzen, jedoch kann zu prüfen sein, ob zumindest große Internet Service Provider wie etwa Online-Dienste verpflichtet werden können, für ihre Kunden bereits die Weiterleitung von Cookie-Dateien eines rechtsverletzenden Anbieters aus einem oder in ein Drittland zu sperren.

1. „Diensteanbieter“ und „Nutzer“, geschützte Daten

§ 2 TDDSG führt zwei Begriffsbestimmungen ein: „**Diensteanbieter**“ definiert § 2 S. 1 Nr. 1 TDDSG wie § 3 S. 1 Nr. 1 TDG als „jede natürliche oder juristische Person, die eigene oder fremde Teledienste zur Nutzung bereithält oder den Zugang zur Nutzung vermittelt“. Auch **Zugangsvermittler** (Access Provider) gelten als Diensteanbieter (Angebot zur Nutzung des Internets[3] oder weiterer Netze, § 2 Abs. 2 Nr. 3 TDG). Jedoch muss die Tätigkeit des Bereithaltens des Teledienstes zu Nutzung oder des

1 EGG BGBl I 2001, 3721; Begr. zum Gesetz über rechtliche Rahmenbedingungen für den elektronischen Geschäftsverkehr (EGG), BT-Drucks. 14/6098 v. 17.5.2001.

2 *Imhof*, CR 2000, 110, 112; *Wolber*, CR 2003, 859, 860.

3 Nur aus Gründen der notwendigen Begriffsabgrenzung sei auf den Umstand verwiesen, dass eine Nutzung „des Internets“ technisch nicht möglich ist. Das Internet als solches kann man, streng genommen, nicht nutzen, da es sich nur um einen *Sammelbegriff* für Dienste wie WWW, File Transfer Protocol (FTP) oder Telnet handelt.

Vermittelns des Zuganges zur Nutzung im Inland geschehen und von TK-Diensten unterschieden werden.

„**Nutzer**" ist „jede natürliche Person, die Teledienste in Anspruch nimmt, insbesondere um Informationen zu erlangen oder zugänglich zu machen" (§ 2 S. 1 Nr. 2 TDDSG). Nutzer können auch Personen sein, die nicht privat bzw. persönlich, sondern freiberuflich bzw. gewerblich nutzen. Sogar Anbieter von Diensten können für andere Dienste Nutzer sein oder diese anderen Dienste (auf Grund entsprechender Nutzungsverträge) selbst mit anbieten. Anders als die alte Fassung des TDDSG erfasst die novellierte Fassung des § 2 S. 1 Nr. 2 TDDSG nicht mehr juristische Personen. Nutzer sind auch Personen mit Wohnsitz oder Aufenthalt in EG-Mitgliedsstaaten oder in Drittländern, da § 2 Nr. 2 TDDSG nicht nach dem Ort unterscheidet, von dem aus das Nachfragen der Teledienste erfolgt. Entscheidend ist allein das Erheben, Verarbeiten oder Nutzen ihrer Daten im Geltungsbereich von TDDSG bzw. BDSG.

Keine Nutzer im Sinne des TDDSG sind **Arbeitnehmer**, die im Unternehmen in Ausführung ihrer zugewiesenen Aufgaben Dienste des vom Unternehmen beauftragten Service-Providers in Anspruch nehmen[1]. Deshalb führt das arbeitnehmerseitige Nutzen der Dienste des Arbeitgebers in Erfüllung des Arbeitsvertrages zu keinem Nutzungsverhältnis im Sinne des TDDSG, wohl aber dann, wenn der Arbeitnehmer den Dienst **privat** veranlasst nutzt (s. näher § 7), etwa durch Electronic Banking[2]. Das BDSG ist hingegen auch diesen Fällen ergänzend anwendbar. Der Anbieter darf nicht personenbezogenen Daten seiner Kunden oder sonstiger Nutzer bzw. auch seiner Arbeitnehmer Dritten im Internet weltweit, also über den Geltungsbereich des BDSG und der noch umzusetzenden EG-Datenschutzrichtlinie hinaus, zugänglich machen darf, da insoweit die nach § 28 Abs. 2 lit. a) BDSG erforderliche Prüfung des berechtigten Interesses des Übermittlungsempfängers nicht einmal pauschal möglich wäre.

Geschützt werden nur Daten mit **Personenbezug** bzw. Daten, die jedenfalls auf Personen beziehbar sind. Statische IP-Adressen können Personenbezug haben, dynamische IP-Adressen jedenfalls für den vergebenden Provider (s. S. 950)[3].

Anonym sind Daten[4], wenn ein Personenbezug nicht besteht und auch nicht hergestellt werden kann, wobei über das Bestehen des Personenbezuges nicht abstrakt, sondern unter Berücksichtigung der jeweiligen Möglichkeiten der verantwortlichen Stelle zu entscheiden ist. Ein bestimmtes technisches Verfahren der Anonymisierung ist nicht vorgeschrieben[5]. Der Diensteanbieter muss dem Nutzer die Inanspruchnahme des Teledienstes und ihre Bezahlung anonym (oder pseudonym) ermöglichen, soweit dies technisch möglich und zumutbar ist (§ 4 Abs. 6 S. 1 TDDSG). Das Anonymisieren der Daten eines Nutzers ist selbst ein **Teledienst**[6]. Das TDDSG verlangt nicht, dass der

1 *Gola/Müthlein*, TDDSG, § 2 Anm. 4.1.

2 *Gola/Müthlein*, TDDSG, § 2 Anm. 4.3.

3 Ähnlich *Dix/Schaar*, in: Roßnagel, Recht der Multimedia-Dienste, TDDSG 3, § 6 Rdn. 86.

4 Anonymisieren ist nach § 3 Abs. 6 BDSG „das Verändern personenbezogener Daten derart, dass die Einzelangaben über pesönliche Verhältnisse nicht mehr oder nur mit einem unverhältnismäßig hohen Aufwand an Zeit, Kosten und Arbeitskraft einer bestimmten oder bestimmbaren natürlichen Person zugeordnet werden können".

5 *Federrath/Pfitzmann*, DuD 1998, 628, 630 stellen drei typische Techniken der Anonymisierung vor, nämlich den „*Anonymizer*" (Proxydienst, der alle personenbezogenen Informationen, z.B. Cookies, in den Headern der Webanfragen entfernt, aber nicht verschlüsselt), „*Crowds*" (ein Dienst, bei dem Nutzeranfragen nicht direkt an den Server gehen, sondern erst die Client-Software („Jondo") mehrerer anderer Nutzer durchlaufen) und *Onion Routing* (ein Dienst mit einem Initiator-Proxy auf der Nutzerseite und einem Responder-Proxy auf der dem Internet „zugewandten" Seite und mehreren zwischengeschalteten Routerrechnern, die gestufte Mehrfachverschlüsselung erlauben).

6 *Raabe*, DuD 2003, 134, 135, den AN.ON.-Dienst aber eher der reinen TK-Leistung zuordnend.

Diensteanbieter die Anonymisierung durchgeführt haben muss. Hieraus ist ableitbar, dass der Nutzer die Anonymisierung auch selbst durchführen kann, etwa über sog. „*Anonymizer*“, also einen Proxydienst, der erlaubt, über einfachen Aufruf einer Webseite, in die ein URL eingegeben werden muss[1]; in der Praxis wird diese Möglichkeit aber meist ausscheiden, da der Diensteanbieter dann seine Leistungen nicht abrechnen kann, da er den Nutzer nicht kennt. Meist werden Anonymisierungsdienste zur Nutzung der Angebote Dritter verwendet, die damit die Identität der Besucher ihrer Websites nicht feststellen können. Eingesetzt werden der *Rewebber*, der über die Anonymisierung der Client-IP-Adresse hinaus noch identifizierende Informationen im HTTP-Header unterdrückt und für den Client verbindungsorientiert SSL-Verschlüsselung durchführt, außerdem etwa der *AN.ON.*-Dienst, der durch „*Mixen*“ verhindert, dass ein global operierender Angreifer ein- und ausgehende Nachrichten miteinander verketten kann[2].

Bei **Pseudonymen** (§ 4 Abs. 6 TDDSG) besteht ein Personenbezug. Der vom Nutzer gewählte Decknamen hat für den das Pseudonym vergebende Diensteanbieter immer Personenbezug, da dieser die Zuordnung von Namen und Pseudonymen des Nutzers verwalten (und abrechnen) muss. Pseudonymisieren ist nach § 3 Abs. 6 a BDSG „das Ersetzen des Namens und anderer Identifikationsmerkmale durch ein Kennzeichen zu dem Zweck, die Bestimmung des Betroffenen auszuschließen oder wesentlich zu erschweren.“ Bei Referenz-Pseudonymen wird das Zuordnungsmerkmal anhand einer Referenzliste zugeordnet; eine Auflösung ist durch die listenführende Stelle jederzeit möglich[3].

2. Grundsätze für die Verarbeitung personenbezogener Daten

Einzuhalten sind die – bereits im BDSG enthaltenen – Grundsätze des **Systemdatenschutzes**[4] und der **Datenvermeidung**, die schon bei Auswahl und Gestaltung technischer Einrichtungen für Teledienste zu berücksichtigen sind, ebenso die **Zweckbindung** nach § 28 Abs. 1 S. 2 i.V.m Abs. 3 BDSG. Die Dienste müssen in datenschutzrechtlicher Sicht **transparent** gestaltet werden[5].

Die Zulässigkeit der Verwendung[6] bzw. des Erhebens der Bestands- und Nutzungsdaten ist für jede DV-Phase getrennt zu prüfen, also für das Erheben, das Nutzen sowie das Verarbeiten. Der Dateibezug wurde im BDSG 2001 aufgegeben. Die Vorschriften des TDDSG sind deshalb auch dann anzuwenden, wenn die Daten **nicht in Dateien** verarbeitet oder genutzt werden. Die Begriffe „Verarbeiten“ oder „Nutzen“ werden im Sinne der Begriffsbestimmungen des BDSG verwendet.

Der Grundsatz des **Systemdatenschutzes** verlangt, durch Auswahl und Gestaltung der technischen Einrichtungen sicherzustellen, dass die Regelungsziele des TDDSG erreicht werden (vgl. §§ 4 Abs. 4 S. 1 TDDSG sowie § 18 Abs. 4 S. 1 MDStV).

---

1 *Federrath/Pfitzmann*, DuD 1998, 628, 630. Der Anonymizer entfernt alle potentiell personenbezogenen Informationen aus den Headern der Webanfragen; Verschlüsselung wird nicht verwendet (*Federrath/Pfitzmann*, a.a.O.).

2 *Raabe*, DuD 2003, 134 m.w.N.

3 *Schaar*, Datenschutz im Internet 2002, Rdn. 164.

4 Begründung zum IuKDG, S. 22.

5 *Bäumler*, DuD 1999, 258, 260.

6 Der Begriff der „Verwendung“ in § 3 Abs. 2 TDDSG nicht näher bestimmt. „Verwenden“ umfasst Verarbeiten und Nutzen (arg. e § 3 Abs. 5 BDSG). Die Begriffe des „Erhebens“, „Verarbeitens“ und „Nutzens“ bestimmen sich nach den (subsidiär) eingreifenden Bestimmungen in § 3 Abs. 3, Abs. 4 und 5 BDSG.

Das TDDSG regelt **Grundsätze** der **Datenvermeidung**, der anonymen und pseudonymen Nutzung von Telediensten, der technischen und organisatorischen Trennung von verschiedenen Datenarten (Bestands-, Nutzungs- und Abrechnungsdaten) sowie der nur eingeschränkt zulässigen Übermittlung bestimmter personenbezogener Daten. Das Prinzip der Datenvermeidung, das in § 3 Abs. 4 TDDSG a.F. geregelt, ist im TDDSG als Regelungsinhalt entfallen, ergibt sich aber aus § 3 a BDSG 2001. Hiernach sollen keine oder so wenige personenbezogene Daten wie möglich erhoben und genutzt werden.

Nutzungsprofile dürfen nur unter Verwendung von Pseudonymen und nur erstellt werden, wenn der Nutzer nicht widerspricht (§ 6 Abs. 3 TDDSG). Die Verbindung mit dem Nutzernamen oder ihn sonst identifizierenden Daten ist nicht zulässig. Bei Personenbezug sind Nutzungsprofile selbst personenbezogene Daten[1]. Da der einzelne Betroffene den weiteren Ablauf der Datenverwendung nicht beeinflussen kann und ein Kontextverlust der vorhandenen Daten in der Profilerstellung eintritt, ist eine wirksame Erteilung der Einwilligung in die Profilerstellung nicht möglich, erst recht nicht in Allgemeinen Geschäftsbedingungen[2].

Nach § 4 Abs. 1 S. 1 TDDSG/ § 18 Abs. 1 MDStV muss der Diensteanbieter zu Beginn des Nutzungsvorganges über Art, Umfang und Zwecke der Erhebung, Verarbeitung und Nutzung personenbezogener Daten sowie über deren Verarbeitung in *Drittstaaten* (außerhalb der EU) **unterrichten**. Bei Verletzung dieser Verpflichtung kann eine Geldbuße bis zu € 50.000 verwirkt werden (§ 9 Abs. 1 Nr. 2 TDDSG).

Hyperlinking zu fremden Websites kann mit einem Beschaffen fremder personenbezogener Daten (also Erheben, § 3 Abs. 3 BDSG) verbunden sein, etwa, wenn dort Daten von Nutzer von Newsgroups bereithalten werden. Das Aktivieren des Link durch den abfragenden Nutzer kann auch eine Verarbeitung von Personendaten durch den Nutzer darstellen, die ihn zur Einhaltung der §§ 27 ff BDSG verpflichten, wenn er nicht nur persönliche oder familiäre Zwecke verfolgt (§ 27 Abs.1 S. 2 BDSG).

Die Datenschutzgruppe (Art. 29 RL) empfiehlt **Mindestanforderungen** für die **Online-Erhebung** personenbezogener Daten in der EU (und damit zugleich ein Programm zur Weiterentwicklung des Datenschutzrechts im Online-Bereich)[3]. Hiernach sind den Betroffenen insbesondere folgende **Informationen** direkt auf dem Bildschirm zu geben:

a) Identität und physische und elektronische Adresse des für die Verarbeitung Verantwortlichen und des Dienstes oder der Person, die mit der Beantwortung der datenschutzrechtlichen Fragen beauftragt ist,
b) Zwecke der Verarbeitung der Daten,
c) Erkennbarmachen, ob Angaben zwingend oder freiwillig zu machen sind, und unter welchen Voraussetzung die Zustimmung zur Verarbeitung verweigert werden kann,
d) Bezeichnen der (Kategorien der) Empfänger der erhobenen Informationen,
e) Angaben über die Angemessenheit des Datenschutzniveaus in einem Drittland,
f) Hinweis auf automatisierte Datenerhebungsverfahren, z.B. Cookies, vor Beginn der Erhebung mittels dieser Verfahren,
g) Hinweis auf Auskunfts- und Berichtigungsrecht sowie das Recht, der Offenlegung der Daten gegenüber Dritten zu anderen Zwecken als zur Erbringung der gewünschten Leistung zu widersprechen,
h) Angaben zum Sicherheitsniveau in allen Phasen der Übermittlung.

---

1 *Wittig*, RDV 2000, 59, 60.

2 *Wittig*, RDV 2000, 59, 62.

3 Art. 29 – Datenschutzgruppe, Empfehlung zu einigen Mindestanforderungen für die Online-Erhebung personenbezogener Daten in der EU, 17.5.2001, 5020/01/DE/endg. WP 43 (europa.eu.int/comm/ Internal_market/ en/media/dataprot/wdocs/ index-htm). Die Datenschutzgruppe hat diese Empfehlung als ersten Schritt zur Festlegung von Mindestanforderungen an die Verarbeitung von personenbezogenen Daten auf Websites auf europäischer Ebene konzipiert.

Die Datenschutzgruppe empfiehlt auch sicherzustellen, dass das Auskunfts- und Berichtigungsrecht wirklich in Anspruch genommen werden kann und Sicherheitsmaßnahmen implementiert werden, damit nur die betroffene Person online Zugang zu den sie betreffenden Daten hat. Auch sollten kommerzielle Websites anonym abzufragen sein. Die Aufbewahrung der Daten solle nicht länger erfolgen, als dies für die Zweckrealisierung erforderlich ist.

3. Bestands- und Nutzungsdaten

Das TDDSG erfasst nur die mit der Nutzung des Dienstes verbundenen **Bestands-** und **Nutzungsdaten**, nicht aber Daten, die Inhalt eines Dienstes sind, also z.B. nicht Daten aus Auskunftssystemen oder Arbeitsverhältnissen; hier gelten die Bestimmungen des BDSG[1]. Das TDDSG gilt nur im Verhältnis zwischen Anbietern und Nutzern von Telediensten, also etwa nicht für das Bereitstellen technischer Einrichtungen oder die technische Konfiguration eines Online-Shop-Systems[2], auch nicht in den Bereichen, in denen zwischen den Beteiligten besondere Interessen bestehen, also Informations- und Kommunikationssysteme ausschließlich zu beruflichen oder dienstlichen Zwecken oder zur ausschließlichen Steuerung von Arbeits- oder Geschäftsprozesse innerhalb von oder zwischen Unternehmen bereitgestellt werden[3]. Auch greifen die Strafnormen des § 43 BDSG ergänzend ein[4], ebenso für (geschäftsmäßig erbrachte) Telekommunikationsdienstleistungen die Regelungen zum Fernmeldegeheimnis und zum Abhörverbot.

a) Bestandsdaten

Bestandsdaten sind personenbezogene Daten, die für das Begründen, inhaltliche Ausgestalten oder Ändern des Vertrages über die Teledienste-Inanspruchnahme erforderlich sind, also die „Grunddaten des Vertragsverhältnisses“[5]. Zu den Bestandsdaten gehören etwa allgemeine, d.h. von der Dienstenutzung unabhängige Daten zu Namen, Anschrift, Bankverbindung[6], Telefon-/Fax-Anschluss, E-Mail-Anschrift, etc., aber auch dienstebezogene Daten wie Passwörter, Art des Zugangsprotokolls oder Informationen zum vom Nutzer verwendeten System (Hardware oder Software)[7] sowie eine statisch vergebene IP-Adresse. Nur im Rahmen der **Erforderlichkeit** dürfen Bestandsdaten erhoben, verarbeitet oder genutzt werden (§ 5 S. 1 TDDSG). Eine Erweiterung der Zulässigkeitsvoraussetzungen, um auch andere bzw. nicht im obigen Sinne erforderliche Daten einzubeziehen, ist unter Bezugnahme auf eine subsidiäre Anwendung des BDSG nicht möglich, da die Regelung in § 5 TDDSG abschließend ist[8].

---

1 *Gola/Müthlein*, TDDSG, § 1 Anm. 4.2.

2 Begr. zum Entwurf eines Ersten Gesetzes zur Änderung des TDDSG (TDDSGÄndG), 8.

3 Begr., a.a.O., 9.

4 *Gola/Müthlein*, TDDSG, § 1 Anm. 5.3.

5 *Engel-Flechsig*, RDV 1997, 59, 65.

6 *Schmitz*, TDDSG, 147.

7 *Schmitz*, TDDSG, 148.

8 *Schmitz*, TDDSG, 123.

Nach Maßgabe der jeweils einschlägigen Bestimmungen darf[1] der Diensteanbieter Auskunft an Strafverfolgungsbehörden und Gerichte für Zwecke der Strafverfolgung erteilen (§ 5 S. 2 TDDSG). Notwendig ist (bei Strafverfolgung) das Vorliegen eines Anfangsverdachtes im Sinne von § 152 Abs. 2 StPO. Eine Übermittlung für Zwecke der Gefahrenabwehr und der Vorbeugung ist nur nach den Polizeigesetzen der Länder zulässig[2].

b) Nutzungsdaten

Nutzungsdaten nach § 6 TDDSG sind personenbezogene Daten, die für die Nutzung der Netzinhalte notwendig sind oder mit diesen im Zusammenhang stehen (z.B. IP-Adressen, Name Service, Routing Angaben zu genutzten Diensten wie FTP, Standort und Verwendung der nachgefragten Ressource, GUIDs, Cookies[3]). Von den auf den Dienst bezogenen Nutzungsdaten zu unterscheiden sind die **Verkehrsdaten** im Sinne des Telekommunikationsrechts (§ 3 Nr. 30 TKG; s. S. 920). Sie sind nicht mit Verkehrsdaten (bisher: Verbindungsdaten nach § 5 TDSV a.F.) identisch[4]. Allerdings werden IP-Adressen auch als Verbindungsdaten anzusehen sein, wenn die Verbindungen IP-Adressen referenzieren. Insoweit müssen von der verantwortlichen Stelle die Vorgaben aus TDDSG wie TDSV eingehalten werden.

Nutzungsdaten ergeben sich aus der jeweiligen Inanspruchnahme von Telediensten durch einen Nutzer, z.B. durch Interaktionen des Nutzers mit dem Diensteanbieter[5], etwa als abrechnungsbezogene Daten[6]. § 6 Abs. 1 S. 2 lit. (a) – (c) TDDSG zählt ergänzend und exemplarisch („insbesondere") als Nutzungsdaten **Merkmale** zur Identifikation des Nutzers, Angaben über Beginn und Ende sowie des Umfanges der jeweiligen Nutzung und Angaben über die vom Nutzer in Anspruch genommenen Dienste auf. Erhoben, verarbeitet und genutzt werden dürfen diese Daten nur, um dem Nutzer die Inanspruchnahme der Teledienste und dem Diensteanbieter die Abrechnung der Nutzung zu ermöglichen (§ 6 Abs. 1 S. 1 TDDSG, **Abrechnungsdaten**). Für die Abrechnung der Dienstenutzung dürfen nur die hierfür erforderlichen Daten erhoben und verarbeitet bzw. genutzt werden, wobei auf den Inhalt des jeweiligen Vertragsverhältnisses abzustellen ist[7]. Wesentlich werden hier Daten zur Nutzungsdauer sein. Wird eine „Flatrate" (Pauschale) für die Nutzung (etwa monatlich) berechnet, dürfen generell keine Nutzungsdaten erhoben oder gespeichert werden, da ihre Inhalte keinen Einfluss auf die Abrechnung haben können.

Zulässig ist aber eine auf Missbräuche bezogene Speicherung der Nutzungsdaten, wenn etwa eine die Aufrechterhaltung des Dienstes gefährdende Nutzung erfolgt (z.B.

---

1 Das Gesetz verwendet das Verb „dürfen", da es nur eine teledienstedatenschutzrechtliche Berechtigung normiert, nicht aber eine Pflicht zur Auskunft an die genannten Behörden. Diese Pflicht muss nach den im Gesetz in Bezug genommenen „geltenden Bestimmungen" bestehen. § 5 S. 2 TDDSG ist also keine Befugnisnorm für die auskunftsverlangende Behörde.

2 *Bäumler*, DuD 1999, 258, 261.

3 *Schaar*, Datenschutz im Internet 2002, Rdn. 426.

4 Bericht der Bundesregierung über die Erfahrungen und Entwicklungen bei den neuen Informations- und Kommunikationsdiensten im Zusammenhang mit der Umsetzung des Informations- und Kommunikationsdienste-Gesetzes (IuKDG), BT-Drucks. 14/1191, Bericht v. 18.6.1999, 32.

5 BT-Drucks. 13/7385, 24.

6 Anders als in § 6 Abs. 1 Nr. 1 und 2 TDDSG 1997 werden Nutzungs- und Abrechnungsdaten nicht mehr unterschieden, sondern als Form der Nutzungsdaten definiert (§ 6 Abs. 4 S. 1 BDSG).

7 *Schmitz*, TDDSG, 126.

durch rund um die Uhr erfolgende Video- etc. Downloads); eine solche Speicherung dient dazu, weiterhin (anderen Nutzern) die Inanspruchnahme des Dienstes zu ermöglichen (§ 6 Abs. 1 S. 1 TDDSG). Soweit IP-Adressen und andere Nutzungsdaten nicht zu Abrechnungszwecken benötigt werden, dürfen sie überhaupt nicht gespeichert werden. Das gilt auch für URL-Daten vom Nutzer „angesurfter" Webseiten und insbesondere für E-Mails auf dem Hostrechner des Providers, wenn diese vom Nutzer abgerufen wurden[1]. Schließlich ist es auch unzulässig, pauschal alle Nutzungsdaten zu Kontrollzwecken in sog. „Log-Files" zu speichern[2]. Ziel-IP-Adressen werden grundsätzlich wohl nur erhoben bzw. gespeichert werden dürfen, wenn die Erstellung von Einzelverbindungsnachweisen vereinbart war[3]. In diesem Fall darf die Abrechnung über die Dienste-Inanspruchnahme Anbieter, Zeitpunkt, Dauer, Art, Inhalt und Häufigkeit bestimmter, von einem Nutzer in Anspruch genommener Teledienste erkennen lassen (§ 6 Abs. 7 TDDSG). Jedoch dürfen für Einzelnachweise verarbeitete Daten höchstens bis zum Ablauf des sechsten Monats nach Versendung der Rechnung gespeichert bleiben, es sei denn, es werden innerhalb dieser Frist Einwendungen gegen die Entgeltforderung erhoben oder diese trotz Zahlungsaufforderung nicht beglichen § 6 Abs. 7 TDDSG). An **andere Diensteanbieter** darf der Diensteanbieter abrechnungsbezogene Nutzungsdaten nur **übermitteln**, soweit dies zur Entgeltermittlung und zur Abrechnung erforderlich ist (§ 6 Abs. 5 S. 1 BDSG). Diese Dritten müssen das Fernmeldegeheimnis wahren (§ 6 Abs. 5 S. 3 TDDSG).

Nutzungsdaten sind auch Daten zum genutzten **Dienst** (z.B. WWW, FTP, Telnet), Bezeichnung der annavigierten Webseite (Uniform Resource Locator, URL), vermittelnde Suchmaschine, etc., ebenso vom Nutzer verwendete Browser-Software, Seriennummer des Prozessors oder Registrierungsnummer der Software[4], Informationen zur Bestimmung des Interaktionspartners, z.B. IP-Adressen, Mail-Adressen, Nutzerkennungen, PINs und TANs[5], aber auch Daten zur Identifizierung des Nutzers. Anders als § 6 Abs. 1 TDDSG 1997, der allgemein von „personenbezogene(n) Daten über die Inanspruchnahme von Telediensten" sprach, bezieht sich § 6 Abs. 1 S. 1 TDDSG 2001 auf „personenbezogene Daten eines Nutzers". **Daten** des Nutzers über die Inanspruchnahme **verschiedener Dienste** dürfen **zusammengeführt** werden, soweit dies für Abrechnungszwecke erforderlich ist (§ 6 Abs. 2 TDDSG). Ein Zusammenführen mit den Daten des Pseudonymträgers ist unzulässig (§ 6 Abs. 3 S. 1 BDSG).

Daten **Dritter** dürfen nicht erhoben werden, da sie nicht als zulässig verarbeitbare Nutzungsdaten definiert sind. Während Bestandsdaten (also Grunddaten über den Nutzer) zumeist nur bei erstmaliger (Online-)Registrierung gespeichert werden[6], werden Nutzungsdaten bei jeder Nutzung des Dienstes gespeichert, etwa auch zur Authentifizierung des Nutzers[7].

§ 6 Abs. 2 TDDSG enthält eine **Löschpflicht**: Der Anbieter muss die Löschung immer dann durchführen, wenn die objektiven Voraussetzungen hierfür erfüllt sind, also unabhängig davon, ob der Nutzer Löschung verlangt.

---

1 Der Nutzer lädt natürlich (ähnlich wie bei Fax) nur eine Kopie auf sein System herunter, weshalb eine Kopie auf dem Providersystem verbleibt und zu löschen ist.

2 *Schmitz*, TDDSG, 151.

3 *Schmitz*, TDDSG, 127.

4 *Dix/Schaar*, in: Roßnagel, Recht der Multimedia-Dienste, TDDSG 3, § 6 Rdn. 82.

5 *Dix/Schaar*, a.a.O., TDDSG 3, § 6 Rdn. 84.

6 *Schaar*, DuD 1996, 134.

7 *Schaar*, a.a.O.

Nutzungsdaten sind frühestmöglich, spätestens aber nach Ende der jeweiligen Nutzung zu **löschen**, die Abrechnungsdaten dann, wenn sie für Abrechnungszwecke nicht mehr benötigt werden (§ 4 Abs. 4 Nr. 2 TDDSG, § 6 Abs. 7 TDDSG), einzelnachweisbezogene Abrechnungsdaten spätestens 80 Tage nach Versendung des Einzelnachweises, es sei denn, die Entgeltforderung wird innerhalb dieser Frist bestritten oder trotz Zahlungsaufforderung nicht beglichen. Der Anbieter darf also keine längerfristigen Nutzungsprofile aus den Nutzerdaten anlegen. Der Anbieter muss eine Löschung immer dann durchführen, wenn die objektiven Voraussetzungen hierfür erfüllt sind, also unabhängig davon, ob der Nutzer Löschung verlangt. Die Löschung muss als **physikalische** erfolgen[1], das Setzen eines bloßen Löschvermerkes genügt also nicht. Zu löschen sind sämtliche Daten, für die die Löschvoraussetzungen erfüllt sind. Eine Weiterverwendung für andere Zwecke ist unzulässig, erst recht hinsichtlich der Daten Dritter (etwa der Mail-Empfänger). Zu löschen sind etwa auch Cookie-Dateien, in denen z.B. der komplette Warenkorb eines Einkaufes eingespeichert wird, wenn die Bestellung bearbeitet ist[2].

Nutzungsprofile dürfen bei Verwendung von Pseudonymen für Zwecke der Werbung, Marktforschung oder zur bedarfsgerechten Gestaltung der Teledienste des Anbieters erstellt werden, sofern der Nutzer dem nicht widerspricht (§ 6 Abs. 3 S. 1 TDDSG). Der Anbieter darf keine längerfristigen **Nutzungsprofile** aus den Nutzerdaten anlegen. Keine Übermittlung (aber eine Nutzung) liegt bei anbieterseitiger **Auftragsdatenverarbeitung** für den Nutzer vor, die etwa bei Web-Hosting oder Call-Centern erfolgt[3].

Die Abgrenzung der Datentypen muss **dienstespezifisch** erfolgen[4]. Bestimmte Daten können sowohl als Nutzungsdaten als auch als Verkehrsdaten sein. Insoweit ist der Anbieter nach TDDSG wie TKG zur Einhaltung der jeweils definierten datenschutzrechtlichen Vorgaben verpflichtet, so etwa bei Daten aus einem **E-Mailservice**[5]. Das Transportieren von E-Mails ist einerseits Teledienst (so etwa das Zurverfügungstellen von Client-Software und Unterstützen der Kommunikation), andererseits aber auch ein Telekommunikationsdienst (nämlich die eigentliche Datenübertragung im Kommunikationsnetz. Dies gilt auch für IP-Telefonie. Bereits beim Einloggen entstehen in der Regel sowohl Nutzungsdaten (in der Log-Datei des Terminalrechners des Access Providers Login-Name, Datum, Uhrzeit, IP-Adresse) als auch Verkehrsdaten (beim TK-Anbieter etwa der ISDN-Kommunikationsdatensatz, bestehend aus Versions- und Satzkennung, Datum und Uhrzeit von Beginn und Ende der Verbindung, Kennungen über das verwendete Kommunikationsprotokoll, Dienstemerkmale, Transaktionen und Tarife)[6]. Ähnliches gilt für DSL-basierte Kommunikation.

c) Erhebung, Verarbeitung und Nutzung personenbezogener Daten

Erhebung, Verarbeitung oder Nutzung personenbezogener Daten des Nutzers dürfen nur erfolgen, wenn das TDDSG oder eine andere Rechtsvorschrift dies erlaubt oder der

---

1 *Dix/Schaar*, a.a.O., TDDSG 3, § 6 Rdn. 126.

2 *Dix/Schaar*, in: Roßnagel, Recht der Multimedia-Dienste, TDDSG 3, § 6 Rdn. 132.

3 *Dix/Schaar*, a.a.O., TDDSG 3, § 6 Rdn. 144 f.

4 *Dix/Schaar*, in: Roßnagel, Recht der Multimedia-Dienste, TDDSG 3, § 6 Rdn. 33.

5 *Bizer*, in Roßnagel, Recht der Multimediadienste 3, § 3 Rdn. 34, und in: *Gerling* (Hrg.), Datenschutz und Medien, 1998, 23, 44.

6 *Köhntopp/Köhntopp*, CR 2000, 248, 250.

Nutzer eingewilligt hat (§ 3 Abs. 1 TDDSG). Es gibt also für deutsche Diensteanbieter auch im Internet keine freie Verarbeitung von Nutzerdaten.

Weiter ist zwischen Bestands- und Nutzungsdaten zu unterscheiden: Das Erheben[1], Verarbeiten[2] und Nutzen[3] personenbezogener Daten des Nutzers ist, wenn dessen Einwilligung nicht erfolgt ist, bezüglich **Bestandsdaten** nur für die Begründung, Ausgestaltung oder Änderung eines Vertragsverhältnisses mit dem Nutzer über die Nutzung von Telediensten bzw. Mediendiensten zulässig (§ 5 TDDSG bzw. § 19 Abs. 1 S. 1 MDStV), bezüglich **Nutzungsdaten** nur, soweit erforderlich, um die Inanspruchnahme von Teledienste bzw. Mediendiensten zu ermöglichen oder abzurechnen (§ 6 Abs. 1 S. 1 TDDSG bzw. § 19 Abs. 2 S. 1 MDStV).

Nutzungsprofile sind nur bei Verwendung von Pseudonymen zulässig (vgl. § 4 Abs. 4 TDDSG).

4. Unterrichtung über die Erhebung, Verarbeitung und Nutzung

Nach § 4 Abs. 1 S. 1 TDDSG muss der Diensteanbieter zu Beginn des Nutzungsvorganges über Art, Umfang und Zwecke der Erhebung, Verarbeitung und Nutzung personenbezogener Daten sowie über deren Verarbeitung in EG-Drittstaaten **unterrichten** (§ 4 Abs. 1 S. 1 TDDSG; § 18 Abs. 1 MDStV). Bei Verletzung dieser Verpflichtung kann eine Geldbuße bis zu € 50.000 verwirkt werden (§ 9 Abs. 1 Nr. 2 TDDSG).

Setzt der Anbieter **automatisierte Verfahren** (zu denen auch **Cookies** gehören[4]) ein, mit deren Hilfe Nutzer später identifiziert werden können, und die eine Erhebung, Verarbeitung oder Nutzung personenbezogener Daten vorbereiten, muss er den Nutzer vor Beginn dieser Verfahren unterrichten (§ 4 Abs. 1 TDDSG, § 18 Abs. 1 MDStV), also bereits vor Beginn mit einer Datenerhebung. Der Inhalt der Unterrichtung muss für den Nutzer **jederzeit abrufbar** sein (§ 4 Abs. 1 S. 3 BDSG).

Die Aktivität „Entgegennahme der Information/Verzicht auf die Information" muss **protokolliert** werden und die Informationsseite jederzeit für den Nutzer (durch Zugriff aus den verschiedenen anderen Seiten heraus) verfügbar sein. Der Nutzer muss sich jederzeit über den Inhalt der Unterrichtung informieren können[5]. Beides ist unter Umständen nur mit erheblichem zusätzlichen (insbesondere finanziellen) Aufwand realisierbar[6]. Über den **Ort** der Datenverarbeitung ist nach der Novellierung des TDDSG nicht mehr zu unterrichten, da dies angesichts der Globalisierung der Netze und der Märkte kam praktikabel sei. Es soll eine Unterrichtung über die Verarbeitung von Nutzerdaten in Drittländern genügen[7]. Allerdings ist zu beachten, dass der

---

1 „Datenerhebung" ist gemäß § 3 Abs. 3 BDSG „das Beschaffen von Daten über den Betroffenen".

2 „Verarbeiten" ist, nach § 3 Abs. 4 S. 1 BDSG, das „Speichern, Verändern, Übermitteln, Sperren und Löschen personenbezogener Daten".

3 „Nutzung" ist, gemäß § 3 Abs. 5 BDSG, „jede Verwendung personenbezogener Daten, soweit es sich nicht um Verarbeitung handelt".

4 *Gola/Müthlein*, TDDSG, § 3 Anm. 7.5; *Schaar*, Datenschutz im Internet 2002, Rdn. 340; *Schaar*, DuD 2001, 383, 386 mit Hinweis auf die Stellungnahme der Art. 29 – Arbeitsgruppe zu Online-Profilen vom Mai 2000 und auf die Prinzipien der Network Advertising Initiative (*NAI*) zum Online-Profiling. Ebenso *Engel/Flechsig*, DuD 1997, 1, 12; *Schmitz*, TDDSG, 105 Die NAI-Prinzipien sind über die FTC (www.ftc.gov/opa/2000/07/onlineprofiling) verfügbar.

5 *Engel/Flechsig*, DuD 1997, 12

6 Stellungnahme der Deutschen Telekom AG zum IuKDG vom 7.5.1997, BT-Ausschussdrucksache.

7 Begr. zum Entwurf, 11.

Diensteanbieter Nutzungsdaten auch nach dem novellierten TDDSG nur zu Zwecken der Entgeltermittlung oder –abrechnung übermitteln darf, Bestandsdaten nur, soweit für die Inanspruchnahme von Telediensten erforderlich. Für eine Übermittlung dieser Daten gerade in Drittstaaten wird regelmäßig kein Bedürfnis bestehen und der Diensteanbieter Aufträge zur Durchführung des „**Billing**" innerhalb der EG vergeben können.

Die Unterrichtung muss **vor Beginn** der Erhebung erfolgen, so etwa gleich mit der Aufforderung zur Eingabe der Daten. Die Unterrichtung muss vollständig und verständlich sein. Sie muss etwa auch einen Hinweis auf die Verwendung von „**Cookies**" umfassen, soweit diese „länger leben" sollen[1] und einen Personenbezug aufweisen. Die Unterrichtung durch den Anbieter wird nicht dadurch ersetzt, dass der Nutzer über seinen Browser die Möglichkeit hat, einen Hinweis auf das Setzen von Cookies zu aktivieren[2]. Keine Rolle spielt auch, dass die Daten im Cookie auf einem System des Arbeitgebers abgespeichert werden, soweit es sich um Daten des Arbeitnehmers aus freier privater Nutzung handelt.

Die **Kosten** der Benachrichtigung hat die verantwortliche Stelle zu tragen, hier also der Diensteanbieter auch die Kosten der Unterrichtung. Eine **Fristregelung** ist nicht getroffen. Der Diensteanbieter ist deshalb zur unverzüglichen, „zu Beginn" des Verfahrenseinsatzes erfolgenden Unterrichtung verpflichtet. Diese muss bestehende Abrufmöglichkeiten umfassen.

Gleiche Grundsätze gelten bei automatisierten Verfahren, die eine **spätere Identifizierung** des Nutzers ermöglichen, zu denen auch die Cookies gehören[3]. Nicht vorausgesetzt wird hierbei, dass der Diensteanbieter später den Personenbezug tatsächlich herstellt; es genügt die objektive Möglichkeit der Personenbeziehbarkeit, da § 3 Abs. 1 BDSG auch bestimm*bare* Personen einbezieht. Die in der Praxis anbieterseits nicht selten verwendete Frage, ob der Nutzer mit dem Setzen eines Cookie einverstanden ist, stellt keine ausreichende Unterrichtung dar, wenn keine Angabe über Umfang, Ort und Zweck der Datenerhebung gemacht wird. Außerdem wird anbieterseits meist nur gefragt, ob der Nutzer mit einem Abspeichern auf seinem Rechner einverstanden ist, nicht aber, ob er überhaupt mit dem Erstellen des Cookie und dessen Rückübermittlung einverstanden ist. Bedenklich hieran ist, dass Nutzer den Eindruck erhalten können, nur das Abspeichern als solches sei einwilligungsbedürftig. Eine derart begrenzte Einwilligung ist deshalb für die übliche Cookie-Verarbeitung nicht ausreichend bzw. unwirksam.

5. Änderung des Verwendungszwecks, Zweckbindungsgebot

Der Diensteanbieter darf erhobene Daten nur dann für andere Zwecke verarbeiten und nutzen (bisher „verwenden"), wenn das TDDSG oder eine andere Rechtsvorschrift dies erlauben oder der Nutzer eingewilligt hat (§ 3 Abs. 2 TDDSG, Zweckbindungsgebot[4]). Diese Verwendungsbindung gilt sowohl für die Verarbeitung als auch für die Nutzung und schließt jede bloße **Kenntnisnahme** durch Einsichtnahmegewährung von Dateninhalten zu anderen Zwecken aus. Unzulässig ist damit eine Nutzung von Bestandsdaten

1 *Wolters*, DuD 1995, 277, 280; *Schaar*, DuD 2000, 275; *Gundermann*, Das Teledienstedatenschutzgesetz – ein virtuelles Gesetz ?, 61.

2 *Gundermann*, a.a.O., 61.

3 S. näher S. 935.

4 Das Zweckbindungsgebot ist Teil des Rechts auf informationelle Selbstbestimmung und deshalb eng auszulegen (*Schmitz*, TDDSG, 107).

für Werbezwecke, wenn der Betroffene nicht eingewilligt hat[1], ebenso jede Vorratsspeicherung[2]. Ebenso ist – ganz abgesehen von der Mitbestimmungsbedürftigkeit – keine weitere Verwendung zulässig, um etwa Rückschlüsse auf das Verhalten des Arbeitnehmers zu ziehen, der einen Dienst des Arbeitgebers privat veranlasst nutzt.

Anzuzeigen ist die **Weitervermittlung** zu einem anderen Diensteanbieter (§ 4 Abs. 5 TDDSG), so insbesondere bei (automatischem) Weiterleitung zu einer anderen Website, nicht aber bei durch nutzerseitiges Anklicken ausgelöstes Weiterleiten[3].

6. Einwilligung des Nutzers

Der Einwilligung des Nutzers bedarf der Diensteanbieter, wenn und soweit Erhebung, Verarbeitung und Nutzung der Nutzungsdaten nicht aufgrund des TDDSG oder einer anderen Rechtsvorschrift erlaubt ist (§ 3 Abs. 1 TDDSG; § 12 Abs. 2 MDStV), ebenso bei jeder nicht bereits vom TDDSG oder einer anderen Rechtsvorschrift erlaubten Änderung des Verwendungszwecks (§ 3 Abs. 2 TDDSG). Die Einwilligung bietet dem Diensteanbieter gegenüber allen Diensteanbietern, die nicht seine Vertragspartner sind, die einzige Möglichkeit, deren personenbezogene Daten zulässig zu erheben, zu verarbeiten und zu nutzen. Für Cookies ist regelmäßig die Einwilligung erforderlich, soweit die Cookies Personenbezug[4] oder Personenbeziehbarkeit aufweisen. Hierbei ist die weitere Verwendung des Cookie zu beschreiben (in der Praxis seltene Ausnahme).

Voraussetzung für die Wirksamkeit der Einwilligung ist, dass der Betroffene ausreichend konkret auf den Zweck der Erhebung, Verarbeitung oder Nutzung hingewiesen wird (§ 4 a Abs. 1 S. 2 BDSG). Die **Unterrichtungspflicht** in § 3 Abs. 5 TDDSG ist zwar auf den Beginn des Nutzungsvorganges selbst bezogen, jedoch greift insoweit subsidiär § 4 a Abs. 1 S. 2 BDSG ein. Ohne erforderliche Unterrichtung grundsätzlich keine wirksame Einwilligungserklärung möglich, auch wenn sonst alle ihre Voraussetzungen erfüllt sein mögen. Ist die Unterrichtung vor Erteilung der Einwilligung erfolgt, muss sie nicht bei Nutzungsbeginn wiederholt werden. An den in der Unterrichtung angegebenen Zweck ist der Diensteanbieter gebunden; in dieser Zweckbindung nach dem TDDSG ist zugleich die entsprechende Verpflichtung aus dem Recht des jeweils Betroffenen auf informationelle Selbstbestimmung konkretisiert[5].

Die Einwilligung selbst muss **ausreichend konkret,** d.h. gegenständlich und zeitlich beschränkt (d.h. in einem engen zeitlichen Zusammenhang) und auf einen konkreten Verwendungszweck bezogen sein, der zudem im engen zeitlichen Zusammenhang mit der Einwilligungserklärung stehen muss. Allgemein gilt, dass „je sensibler die bearbeiteten Daten sind, je weiter weg vom ursprünglichen Bearbeitungszweck sie sind und je weiter der Zugriffsbereich auf diese Daten ausgedehnt wird, desto höhere Anforderungen sind an eine solche Einwilligungserklärung in Bezug auf die Transparenz zu stellen“[6] (sog. „Transparenzprinzip“ als Teil des Rechts auf informationelle Selbstbestimmung[7]). **Vorratsspeicherung** sowie jede weitere Vorratsdaten-

---

1 *Bäumler*, DuD 1999, 258, 260.
2 *Schmitz*, in: Hoeren/Sieber, Handbuch Multimediarecht, 16.4, Rdn. 60.
3 *Schaar*, Datenschutz im Internet 2002, Rdn. 354, 355.
4 *Schaar*, DuD 2000, 275, 277.
5 *Schmitz*, TDDSG, 98/99.
6 *Baeriswyl*, RDV 2000, 6, 8.
7 *Schmitz*, TDDSG, 105.

verarbeitung ist **unzulässig**[1]. Oft nicht ausreichend konkret bezeichnet ist der Einwilligungsumfang etwa bei Data Warehouse- und Data Mining-Systemen, da diese in der Regel nicht mit der Ausführung der einzelnen Verträge mit Kunden begründbar sind[2], ebenso vom einzelnen Nutzer in der Weiterverwendung nicht beeinflussbare und mit Kontextverlust verbundene Persönlichkeitsprofile[3] oder auch Anwendungen mit Daten aus Geographischen Informationssystemen (GIS), die etwa Versicherungen die Zuordnung von Personen zu Gebieten mit erhöhtem Risiko des Auftretens von Krebserkrankungen erlauben[4]. Auch erstellen viele Banken in den USA bereits für ihre Kunden aus den verschiedenen Geschäftsvorgängen **Rentabilitätsprofile** hinsichtlich des von ihnen zukünftig erwartbaren Nutzens[5].

In **Allgemeinen Geschäftsbedingungen** enthaltene Einwilligungsklauseln müssen ausreichend deutlich **hervorgehoben** bzw. drucktechnisch abgesetzt werden, andernfalls sie gemäß den §§ 307 Abs. 2 Nr. 1 BGB unzulässig sind. Es muss verhindert werden, dass der Betroffene die Klausel übersieht[6]. Unwirksam sind pauschale Einwilligungsklauseln in Formularverträgen (§ 307 Abs. 1 und 2 BGB)[7]. Gleiches muss auch für die Regelungen im TDDSG und MDStV gelten. Unangemessen (§ 307 Abs. 2 BGB) und überraschend (§ 305 c Abs. 1 BGB) ist eine zur Speicherung über das Vertragsende hinaus berechtigende Einwilligungsklausel[8], ebenso eine Klausel, in der unterschiedslos und undifferenziert sowohl von Geschäftsunfähigen, beschränkt Geschäftsfähigen und uneingeschränkt Geschäftsfähigen die Einwilligung in die Erhebung und Verarbeitung von Terminen, E-Mail-Adressen und Namen gefordert wird[9].

Als mit § 308 Nr. 5 BGB (§ 10 Nr. 5 AGBG a.F.) nicht vereinbar wurde eine Klausel mit dem Text „Du bist sicher einverstanden und bestätigst dies durch Deine Teilnahme" beurteilt, mit der das Einverständnis zur Speicherung und Nutzung personenbezogener Daten herbeigeführt werden soll[10]. Hinreichend bestimmt im Sinne von § 4 Abs. 2 S. 1 BGSG ist die Formulierung „zur Erbringung der Versicherungs- und Serviceleistungen"[11]. Anspruchsberechtigte Stellen (jedoch nicht der Betroffene[12]) können nach dem **Unterlassungsklagengesetz** auf Unterlassung und Widerruf klagen (§ 3 UKlaG), wobei das BDSG als Verbraucherschutzgesetz im Sinne von § 2 Abs. 1 UKlaG eingestuft wurde[13].

---

1 Zur Unzulässigkeit s. a. Bergmann/Möhrle/*Herb*, Datenschutzrecht, § 4 a BDSG 01, Rdn. 29.

2 *Baeriswyl*, RDV 2000, 6, 8.

3 *Wittig*, RDV 2000, 59, 62.

4 *Baeriswyl*, RDV 2000, 6, 10.

5 *Baeriswyl*, RDV 2000, 6, 10.

6 Bergmann/Möhrle/*Herb*, Datenschutzrecht, § 4 a BDSG 01, Rdn. 91 f.

7 LG München I, Urt.v.1.2.2001, DuD 2001, 292 – Payback-Rabattverein (Verbot des gläsernen Kunden; s.a. Bergmann/Möhrle/*Herb*, Datenschutzrecht, § 4 a BDSG 01, Rdn. 27).

8 Bergmann/Möhrle/*Herb*, Datenschutzrecht, § 4 a BDSG 01, Rdn. 32.

9 LG Bremen, Urt.v. 23.2.2001, DuD 2001, 620 = JurPC Web-Dok. 227/2002 – Erinnerungsdienst. (Verstoß gegen § 307 Abs. 2 BGB). Diese Entscheidung hat auch für Workgroup-Softwareanwendungen Bedeutung.

10 OLG Hamburg, Beschl.v. 16.8.2001 – 5 U 23/01, JurPC Web-Dok. 230/2002.

11 OLG Hamm, Urt.v. 18.6.1998 – 17 U 149/97, www.computerrechtintern.de/jan/ci99000502.html.

12 Anderer Auffassung wohl Bergmann/Möhrle/*Herb*, Datenschutzrecht, § 4 a BDSG 01, Rdn. 41. Der Betroffene kann aber (etwa als Kunde) nach § 256 ZPO auf Feststellung der Unwirksamkeit der Klausel klagen (Palandt/*Bassenge*, UKlaG 3, Rdn. 1).

13 Bergmann/Möhrle/*Herb*, Datenschutzrecht, § 4 a BDSG 01, Rdn. 40

Der Betroffene muss **persönlich** einwilligen (Vertretung ist nicht zulässig) und die **Erklärung im voraus abgeben**: Eine nachträglich erfolgende Erklärung wirkt **nicht** zurück. Vor Erklärungsabgabe gespeicherte Daten sind zu löschen (§§ 28 Abs. 1, 35 Abs. 2 S. 2 Nr. 1 BDSG). Eine im nachhinein erfolgende Zustimmung (= Genehmigung) ist allenfalls als Verzicht des Betroffenen auf mögliche Schadensersatzansprüche aufzufassen[1], kann aber die Zulässigkeitsvoraussetzungen nicht rückwirkend ersetzen.

Die Einwilligung kann auch **elektronisch** erklärt werden (§§ 3 Abs. 3, 4 Abs. 2 TDDSG). § 4 a Abs. 1 S. 3 BDSG erlaubt ein Abweichen von der Schriftform, wenn aufgrund besonderer Umstände „eine andere Form angemessen ist", so etwa, wenn Erklärungen wie die Einwilligung elektronisch übermittelt werden sollen. Hier ist etwa an die Eingabemaske einer CGI-Schnittstelle zu denken, in der der Nutzer ein „Ja"-Feld anklickt. Nach § 4 Abs. 2 TDDSG muss der Diensteanbieter allerdings sicherstellen, dass die elektronische Einwilligungserklärung nur durch eine **eindeutige** und **bewusste Handlung** des Nutzers erfolgen kann (§ 4 Abs. 2 Nr. 1 TDDSG). Sicherzustellen ist damit im Ergebnis auch, dass es die Person des Nutzers ist, die die Erklärung abgibt und nicht eine unberechtigte andere Person. Um dieser Folge zu entgehen, müsste der Diensteanbieter die Einwilligungserklärung über das TDDSG hinaus vom Nutzer doch wieder elektronisch **signieren** lassen[2]. Andernfalls würde das Authentikationsrisiko auf den Nutzer verlagert. Nach Auffassung des Gesetzgebers soll es aber genügen, wenn ein Übermittlungsbefehl bestätigend wiederholt und gleichzeitig die Einwilligungserklärung mindestens auszugsweise auf dem Bildschirm dargestellt wird[3]. Der Anbieter trägt aber jedenfalls die **Beweislast** dafür, dass es tatsächlich der Nutzer war, der die Einwilligung derart erklärt hat. Für Internet-Auktionen wurde allerdings entschieden, dass die Angabe einer E-Mail-Adresse ist (auch in Verbindung mit einem Passwort) kein ausreichendes Indiz dafür ist, dass tatsächlich der E-Mail-Inhaber an der Internet-Auktion teilgenommen hat, da jedermann, dem Mail-Adresse und Passwort eines Nutzers bekannt sind, an der Auktion teilnehmen kann[4]. Dies muss wohl sinngemäß auch für die Abgabe von elektronischen Erklärungen der Einwilligung gelten.

Die Einwilligungserklärung muss **protokolliert** werden (§ 4 Abs. 2 Nr. 2 TDDSG) und der Inhalt der Einwilligung jederzeit vom Nutzer **abrufbar** sein (§ 4 Abs. 2 Nr. 3 TDDSG)[5]. Entfallen ist das Erfordernis aus § 3 Abs. 7 Nr. 2 TDDSG 1997, dass die Einwilligung „nicht unerkennbar verändert" werden kann, ebenso das Erfordernis aus Nr. 3, dass ihr Urheber erkannt werden kann[6]. Das Authentikationserfordernis ergibt sich aber, wie erwähnt, bereits daraus, dass der Diensteanbieter gemäß § 3 Abs. 2 Nr. 1 TDDSG die Einwillligung als eindeutige und bewusste Handlung dem jeweiligen Nutzer zuordnen können muss. Auch wird sicherzustellen sein, dass der Inhalt einer konkreten Einwilligung des Nutzers nicht (nach § 4 Abs. 2 Nr. 3 TDDSG) durch beliebige Dritte abgerufen werden kann. Der Nutzer muss nach Einwilligungserteilung dauerhaft registriert sein, um einen Abruf authentisiert durchführen zu können[7]. Dies

---

1 *Simitis-Dammann*, BDSG, Rdn. 30 zu § 3.

2 So noch die Begründung zum IuKDG, S. 23. Die Begründung zum TDDSG-E geht auf diese Frage nicht ein. S. a. Roßnagel/*Bizer*, Recht der Multimedia-Dienste, § 3 TDDSG Rdn. 132.

3 BT-Drucks. 13/7385, 23.

4 AG Erfurt, Urt.v.14.9.2001 – 28 C 2354/01, CR 2002, 767 = MMR 2002, 127.

5 Der Nutzer muss also auf die Einwilligungserklärung „rund um die Uhr über das Internet zugreifen" können, wobei die Verfügbarkeit des Standardtextes ausreichen soll (*Schaar*, MMR 2001, 644, 646).

6 Dieses Erfordernis war entsprechend auch im MDStV enthalten, wurde jedoch aus der Fassung 2002 gestrichen.

7 An der Zulässigkeit zweifelnd und eine mögliche Verletzung des Rechts auf informationelle Selbstbestimmung annehmend *Schmitz*, TDDSG, 101; dem ist nicht zuzustimmen, da der Eingriff

gilt auch nach der Novellierung des TDDSG 2001, da das Authentikationserfordernis erhalten geblieben ist. Es soll ausreichen, dass nur ein Standardtext der Einwilligung abrufbar ist, nicht aber die tatsächlich erteilte Einwilligungserklärung des Nutzers[1]. Der Diensteanbieter wird hier aber im Streitfall darzulegen und zu beweisen haben, dass, etwa bei zeitlich nachfolgenden Änderungen des Standardtextes in der Zeitfolge, der Nutzer gerade diejenige Fassung des Textes seiner Einwilligungserklärung zugrundegelegt hat, von der der Diensteanbieter dies behauptet. Hierzu wird die Protokollierung der Erklärungsabgabe mit Datum und einem Hinweis auf diese Textversion zu versehen sein.

Der Diensteanbieter darf die Erbringung von Telediensten **nicht** von einer Einwilligung des Nutzers in eine Verarbeitung oder Nutzung für andere Zwecke **abhängig machen,** wenn dem Nutzer ein anderer Zugang zu diesen Telediensten nicht oder in nicht zumutbarer Weise möglich ist (§ 3 Abs. 4 TDDSG, **Kopplungsverbot**). Die Regelung soll verhindern, dass Diensteanbieter Monopolstellungen ausnützen[2]. Nicht vorausgesetzt wird aber, dass der Diensteanbieter tatsächlich eine marktstarke oder gar marktbeherrschende Position innehat. Generell muss der Betroffene die Einwilligung **freiwillig**, also ohne Zwang erteilen können. Die Einwilligung erfolgt dann nicht freiwillig, wenn der Betroffene etwa durch übermäßige Anreize finanzieller oder sonstiger Art zur Preisgabe seiner Daten verleitet wird[3]. Eine nicht freiwillig erteilte Einwilligung ist von Anfang an **nichtig** und die erfolgte Datenverarbeitung unzulässig, wenn nicht zugleich andere Zulässigkeitsvoraussetzungen erfüllt waren.

Soweit der Diensteanbieter vom Nutzer eine Einwilligungserklärung benötigt, hat er den Nutzer auf dessen **Recht auf jederzeitigen Widerruf** der Einwilligung mit Wirkung für die Zukunft (*ex nunc*) hinzuweisen (§ 4 Abs. 3 TDDSG). Das TDDSG geht hier über § 4 Abs. 3 Satz 1 BDSG hinaus, der nur einen Hinweis auf den Zweck der Speicherung und auf eine vorgesehene Übermittlung sowie, auf Verlangen, auf die Folgen der Verweigerung der Einwilligung notwendig macht. Aufgrund der subsidiären Anwendbarkeit des BDSG ist dieser Hinweis mit dem in § 4 Abs. 3 Satz 1 BDSG beschriebenen Inhalt allerdings auch vom Diensteanbieter gegenüber Nutzern zu geben. Auch der Hinweis auf die Widerrufsmöglichkeit muss jederzeit abrufbar sein (§ 4 Abs. 3 S. 1 i.V.m. Abs. 1 S. 3 TDDSG). Der Widerruf kann nicht durch Rechtsgeschäft ausgeschlossen werden.

In **Formularverträgen** kann AGB-rechtlich nicht wirksam von grundlegenden Regelungen des Gesetzgebers im TDDSG (MDStV) abgewichen werden. Der Diensteanbieter kann die zu erklärende Einwilligung also grundsätzlich nicht auf Verarbeitungszwecke ausweiten, die im Gesetz nicht vorgesehen sind[4]. Eine Ausnahme gilt nur für im Gesetz vorgesehene Zwecke, für die der Diensteanbieter die Einwilligung einholen darf, wie etwa für die Verwendung von **Bestands**daten bezüglich Beratung, Werbung, Marktforschung oder bedarfsgerechte Dienstegestaltung[5]. Eine Verwendung von **Nutzungs**daten für diese Zwecke ist auch bei Einwilligung unzulässig, darf also erst recht nicht formularvertraglich vorgesehen werden. Der Gesetzgeber hat hinsichtlich der Bestandsdatenverwendung eine „*Opt-in*"-Lösung geschaffen[6], so dass der

bereits zur Absicherung der Identifikation erforderlich ist.

1 *Rasmussen*, DuD 2002, 406, 409 m.w.N.

2 *Schmitz*, TDDSG, 109.

3 Bergmann/Möhrle/*Herb*, Datenschutzrecht, § 4 a BDSG 01, Rdn. 7.

4 So der BGH, Urt.v.27.1.2000 – I ZR 241/97, NJW 2000, 2677 – Telefonwerbung IV (Verstoß gegen § 9 Abs. 2 Nr. 2 AGBG a.F.).

5 *Schmitz*, DuD 2001, 395, 397.

6 *Schmitz*, DuD 2001, 395, 397.

Anbieter also nur bei Vorliegen der Einwilligung verarbeiten darf (während bei „*Opt-out*“-Lösungen erst die Nichteinwilligung erklärt werden müsste und bis dahin die Verarbeitung zulässig wäre). Unzulässig bzw. in Formularverträgen unwirksam wird auch der vereinbarte Verzicht auf Unterrichtung oder die Abrufbarkeit einer Unterrichtung oder der erteilten Einwilligung oder gar der AGB selbst sein, da hier von wesentlichen Wertungen des TDDSG abgewichen würde. Unwirksam wäre deshalb auch ein pauschales Abbedingen der Geltung des TDDSG.

7. Besondere datenschutzrechtliche Pflichten des Diensteanbieters

Der Diensteanbieter muss durch **technische und organisatorische Maßnahmen** folgende Randbedingungen der Teledienstenutzung erfüllen:

- Jederzeitiger Abbruch der **Verbindung** mit dem Diensteanbieter (§ 4 Abs. 4 S. 1 Nr. 1 TDDSG). Die Einrichtung dieser Möglichkeit bedarf keiner besonderen technischen Vorkehrungen, da das TCP/IP-Protokoll ohnehin keine Dauerverbindung vorsieht („*stateless*“)[1].
- **Löschung** oder Sperrung der anfallenden personenbezogenen Daten über den Ablauf des Abrufs oder Zugriffs oder der sonstigen Nutzung unmittelbar nach deren Beendigung (§§ 4 Abs. 4 S. 1 Nr. 2 TDDSG sowie § 6 Abs. 4 TDDSG). Unzulässig ist etwa das Einrichten von Gültigkeitsfristen von zwanzig bis dreissig Jahren[2]. Nach § 4 Abs. 4 S. 1 Nr. 2 TDDSG genügt es, wenn alternativ statt der Löschung die **Sperrung** vorgesehen ist. Nach § 4 Abs. 4 S. 2 TDDSG tritt an die Stelle der Löschung die Sperrung, soweit einer Löschung gesetzliche, satzungsmäßige oder vertragliche Aufbewahrungsfristen entgegenstehen.
- **Schutz** des Nutzers **gegen Kenntnisnahme** Dritter bei Nutzung der Teledienste (§ 4 Abs. 4 S. 1 Nr. 3 TDDSG, Prinzip der „unbeobachtbaren Netznutzung“[3] bzw. Schutz der Vertraulichkeit[4]),
- **getrennte Verarbeitung** der personenbezogenen Daten über die Inanspruchnahme **verschiedener Teledienste** durch einen Nutzer, wobei eine Zusammenführung dieser Daten unzulässig ist, soweit sie nicht für Abrechnungszwecke erforderlich ist (§ 4 Abs. 4 S. 1 Nr. 4 TDDSG, sog. „informationelle Trennung“ als Schutz vor Erstellung umfassender Persönlichkeitsbilder[5]).
- Nach § 4 Abs. 4 S. 1 Nr. 5 TDDSG dürfen die Daten nach § 6 Abs. 2 (Nutzungsdaten) ausdrücklich **nur für Abrechnungszwecke** und gemäß Nr. 6 Nutzerprofile nach § 6 Abs. 3 überhaupt nicht mit Daten über den Träger des Pseudonyms zusammengeführt werden, ebenso nicht Nutzerprofile nach § 6 Abs. 3 mit Daten über den Träger des Pseudonyms (§ 4 Abs. 4 S. 1 Nr. 6 TDDSG).
- Gestaltung und Auswahl technischer Einrichtung in der Weise, dass keine oder so wenige personenbezogene Daten wie möglich erhoben, verarbeitet und genutzt werden (§ 3 a BDSG, **Prinzip der Datenvermeidung**).

---

1 *Schmitz*, TDDSG, 120; *Rasmussen*, CR 2002, 36, 40.

2 *Wolters*, DuD 1999, 277, 280.

3 *Bäumler*, DuD 1999, 258, 261, der als wichtiges Mittel hierzu den Einsatz wirksamer Verschlüsselungsverfahren sieht.

4 *Schmitz*, TDDSG, 120.

5 *Schmitz*, TDDSG, 121, 122.

Führt der Diensteanbieter eine **Weitervermittlung** zu einem anderen Diensteanbieter durch, muss er dies dem Nutzer anzeigen (§ 4 Abs. 5 TDDSG). Dies entspricht dem Gebot aus dem Recht auf informationelle Selbstbestimmung, dass der Betroffene wissen muss, „wer was wann und bei welcher Gelegenheit über ihn weiß“[1].

Soweit es dem Anbieter technisch möglich und zumutbar ist, muss der Nutzer die Teledienste **anonym** oder unter **Pseudonym**[2] in Anspruch nehmen können (§ 4 Abs. 6 S. 1 TDDSG) und ist der Nutzer über diese Möglichkeit zu informieren (§ 4 Abs. 1 S. 2 TDDSG). Unter dem Merkmal der Zumutbarkeit sind etwa Größe und wirtschaftliche Leistungsfähigkeit des Anbieters zu berücksichtigen[3]. Die Beweislast dafür, dass technische Unmöglichkeit oder Unzumutbarkeit der Pseudonymvergabe oder anonymen Nutzung vorliegt, wurde dem Diensteanbieter zugeordnet[4]. Nur unter Pseudonym dürfen Nutzerprofile erstellt werden (§ 6 Abs. 3 S. 1 TDDSG).

Unter gewöhnlichen Umständen darf Datenempfängern keine Deanonymisierung[5] únter gewöhnlichen Umständen möglich sein (sog. „faktische Anonymisierung“[6]), weshalb z.B. in jedem Fall statische IP-Adressen zu löschen sind[7], ebenso sonstige Daten, die das Herstellen eines Personenbezuges ermöglichen. Dies darf nicht nur für die Daten des Nutzers gelten, sondern muss auch die Daten Dritter, etwa Übermittlungsempfänger oder anderer Diensteanbieter, umfassen. Die aus der Anonymisierung resultierenden Daten können (und dürfen) über die Nutzung eines bestimmten Telediensteangebotes Aufschluss geben, aber nicht über das Nutzungsverhalten eines bestimmten Nutzers. Während des Vorganges der Nutzung eines Dienstes wird der Nutzer allerdings nicht vollständig anonym bleiben können, da der Diensteanbieter ihm zumindest eine dynamische IP-Adresse zuweisen muss und außerdem Daten zur Abrechnung der Nutzung temporär speichern muss[8]. Gegenüber anderen Nutzern oder Diensteanbietern im Netz ist Anonymität aber möglich. Gleiche Grundsätze gelten für die Verwendung von Pseudo-nymen, die einem identifizierten Nutzer zugewiesen werden[9]. Sobald eine Inan-spruchnahme der Dienst beendet und Abrechnung möglich ist (§ 6 Abs. 1 S. 1 TDDSG), muss eine vorgesehene Anonymisierung erfolgen und sind die hierzu als Ausgangsbasis dienenden Personendaten zu löschen. Eine spätere Anonymisierung würde die Löschpflicht verletzen[10].

Ein „**Pseudonym**“ kann ein Name oder eine Kurzbezeichnung sein, die aus sich heraus die Identität des Nutzers nicht preisgibt, aber über eine Referenzherstellung beim

---

1 BVerfGE 65, 1, 43; *Schmitz*, TDDSG, 122.

2 Dieser Begriff ist weder im TDDSG noch im BDSG 1990 definiert (*Gola/Müthlein*, TDDSG, § 4 Anm. 2.3). Das BDSG 2001 definiert hingegen „Pseudonymisieren“ als „das Ersetzen des Namens und anderer Identifikationsmerkmale durch ein Kennzeichen zu dem Zweck, die Bestimmung des Betroffenen auszuschließen oder wesentlich zu erschwere“ (§ 3 Abs. 7 BDSG).

3 Begründung zum IuKDG, S. 23.

4 *Bäumler*, DuD 1999, 258, 260.

5 „Anonymisieren“ ist (gemäß § 3 Abs. 6 BDSG, der über § 1 Abs. 2 TDDSG anwendbar ist) das „Verändern personenbezogener Daten derart, dass die Einzelangaben über persönliche oder sachliche Verhältnisse nicht mehr oder nur mit einem unverhältnismäßig großen Aufwand an Zeit, Kosten und Arbeitskraft einer bestimmten oder bestimmbaren natürlichen Person zugeordnet werden können“.

6 *Schmitz*, TDDSG, 140 m.w.N.

7 *Schmitz*, TDDSG, 141, Fn. 683.

8 Datenschutzbedürftigkeit bejaht etwa auch *Dix*, DuD 2002, 234, 235.

9 *Schmitz*, TDDSG, 117.

10 *Schmitz*, TDDSG, 141.

Diensteanbieter mit der Identität des Nutzers zusammengeführt werden kann[1]. Nur unter Pseudonym dürfen etwa **Nutzerprofile** erstellt werden (§ 6 Abs. 3 TDDSG). Das Pseudonym ist unter Anwendung des Zuordnungsverfahrens jederzeit auf die Person beziehbar, für die es steht[2]. Die Profilbildung darf nicht zunächst mit den personenbezogenen Daten erfolgen, um dann die Pseudonymzuordnung durchzuführen; vielmehr muss umgekehrt zunächst die Pseudonymzuordnung erfolgen, bevor die Profilbildung beginnen kann[3]. Die Nutzungsprofile dürfen auch nicht unter Pseudonymisierung zu Persönlichkeitsbildern ausgeweitet werden[4]. Zulässig unter einem Pseudonym erfasste Nutzungsprofile dürfen nicht mit Daten über den Träger des Pseudonyms zusammengeführt werden (§ 6 Abs. 3 S. 3 TDDSG). Auch bei nach § 6 Abs. 3 TDDSG zulässiger Erstellung dürfen die Nutzungsprofile nicht an Dritte übermittelt werden[5].

Unzulässig ist nach dem **Hamburgischen Datenschutzbeauftragten**[6] das obligatorische Personalisieren, soweit es nicht für die Erbringung des jeweiligen Dienstes erforderlich ist, das Verwenden von Pseudonymen, die vom Anbieter ohne weiteres den Trägern der Pseudonyme zugeordnet werden können, oder von den Nutzern verwendeten IP-Nummern als Pseudonyme (wenn diese Nummern den Benutzen direkt zugeordnet werden können), die unzureichende Information über die Möglichkeit der anonymen Nutzung oder der Nutzung unter Pseudonym, das Erstellen von direkt personenbezogenen Nutzungsprofilen unter Verwendung der Identität der Nutzer oder unter Verwendung von Cookies als Pseudonyme ohne vorherige Information der Nutzer, die nachträgliche Zuordnung eines Pseudonyms zu Daten über den Träger desselben ohne dessen ausdrückliche informierte Einwilligung oder das nachträgliche Personalisieren von Nutzungsprofilen, die unter Pseudonym gebildet wurden, ohne ausdrückliche informierte Einwilligung des Nutzers.

8. Unterrichtung und Auskunftsrecht des Nutzers, weitere Nutzerrechte

Vor Erhebung muss die verantwortliche Stelle über Art, Umfang, Ort und Zweck der Erhebung, Verarbeitung und Nutzung **unterrichten** (§ 4 Abs. 1 S. 1 TDDSG, s. S. 905). Der Nutzer kann dann (auf der Basis dieser Unterrichtung) unentgeltlich und unverzüglich **Auskunft** über die zu seiner Person oder zu seinem Pseudonym gespeicherten Daten verlangen (§ 4 Abs. 7 TDDSG). Die Verletzung der Auskunftspflicht war weder im TDDSG noch im BDSG 1990 sanktioniert, wohl ist aber nunmehr eine Sanktion in § 43 Abs. 2 Nr. 10 BDSG 2001 als Ordnungswidrigkeit ausgestaltet. Der Nutzer kann die über ihn bzw. sein **Pseudonym** gespeicherten Daten beim Diensteanbieter einsehen.

Die Einsichtnahme erfolgt in den Räumen des Diensteanbieters. Jedoch ist die Auskunft im Sinne von Satz 1 auf Verlangen des Nutzers auch **elektronisch** zu erteilen (§ 4 Abs. 7 S. 2 TDDSG). Als „elektronische" Erteilung wird auch die Erteilung im

1 Begründung zum IuKDG, S. 23.

2 Ähnlich *Schmitz*, TDDSG, 133.

3 *Schmitz*, TDDSG, 134.

4 *Schmitz*, TDDSG, 137, der dieses Verbot auch auf pseudonymisierte Teilabbildungen der Persönlichkeit ausgeweitet sehen will. Zwar verbietet das BVerfG (E 65, 1, 53f) in der Tat auch das Erstellen von Teilabbildern, jedoch kann in der Einführung des Widerspruchsrechts (§ 6 Abs. 3 TDDSG) eine ausreichende Absicherung gesehen werden, sofern der Nutzer über Art und Umfang der Profilerstellung ausreichend unterrichtet ist.

5 *Schaar*, DuD 2001, 383, 386.

6 Hamburgischer Datenschutzbeauftragter, Orientierungshilfe Tele- und Mediendienste, 9.

Internet zu gelten haben, nicht nur innerhalb eines geschlossenen Online-Dienstes („eine andere Form" der Auskunftserteilung im Sinne von § 34 Abs. 3 BDSG); die elektronische Auskunft ist eine solche andere Form. Auch eine elektronische Form der Auskunftserteilung hat unentgeltlich zu erfolgen (§ 4 Abs. 7 TDDSG).

Über **Berichtigung**, **Sperrung** und **Löschung** enthält das TDDSG keine Bestimmungen, so dass insoweit die einschlägigen Vorschriften des **BDSG** zur Anwendung gelangen. Hiernach dürfen z.B. auch gesperrte Daten ohne Einwilligung des Betroffenen zu wissenschaftlichen Zwecken (z.B. Medienforschung) übermittelt oder genutzt werden. Diese Erweiterung der Nutzungsbefugnis wird durch das TDDSG nicht ausgeschlossen.

Eine besondere **Schadensersatzregelung** enthält das TDDSG nicht (ebensowenig der MDStV bzw. das Länderdatenschutzrecht). Auch insoweit gelangt (über § 1 Abs. 2 TDDSG) das **BDSG** zur Anwendung, das seit der Novellierung 2001 in § 7 BDSG eine eigene Bestimmung zur Schadensersatzpflicht der verantwortlichen nichtöffentlichen Stellen enthält. Diese erfasst alle Vorgänge des Erhebens, Verarbeitens und Nutzens (§ 7 S. 1 BDSG). Die Ersatzpflicht entfällt, wenn die verantwortliche Stellen vortragen und beweisen kann, dass sie die nach den Umständen des Falles gebotene Sorgfalt beachtet hat (§ 7 S. 2 BDSG).

Nutzern empfiehlt der niedersächsische Landesdatenschutzbeauftragte[1]:

- „Informieren Sie sich über die Risiken des Netzes.
- Wählen Sie Verfahren zur anonymen Internet-Nutzung (z.B. Verwendung von Proxy-Servern, „anonymous remailer").
- Halten Sie sich bei der Vernetzung sensitiver Anwendungen zurück.
- Schützen Sie das eigene Unternehmens- bzw. Behördennetz durch Firewalls.
- Verwenden Sie Verschlüsselungsverfahren zur Wahrung der Vertraulichkeit und der Integrität der übermittelten Infomationen (Pretty Good Privacy).
- Verwenden Sie Einmal-Passwörter als Schutz gegen Ausforschung.
- Benutzen Sie die Option „Network:Preferences:Protocol" gegen „cookie"-Protokolle (kleine Dateien mit aufgezeichneten Aktivitätsdaten über den Nutzer).
- Benutzen Sie die Funktion „x-no-archive:yes" gegen Autorenprofile.
- Prüfen Sie Daten aus dem Netz grundsätzlich auf Virenbefall."

9. Kontrollbefugnis der Aufsichtsbehörde

Der Diensteanbieter unterliegt mit seiner personenbezogenen Datenverarbeitung voll der Überprüfung durch die Aufsichtsbehörde, die eine anlassfreie, systematische Kontrolltätigkeit erlaubt[2]. Für die Verarbeitung von Mitarbeiterdaten gelangt § 38 BDSG unmittelbar, für die Verarbeitung von Nutzerdaten mittelbar über § 8 Abs. 1 TDDSG zur Anwendung. Der Bundesbeauftragte für den Datenschutz ist außerdem gehalten, die Entwicklung des Datenschutzes bei Telediensten zu beobachten und hierzu in seinen Tätigkeitsberichten Stellung zu nehmen (§ 8 Abs. 2 TDDSG).

---

1 Pressemitteilung „Datenschutzprobleme im Internet" vom 27.8.1996 (www.datenschutz-berlin.de/aktuelle/andere/niedersa.htm).

2 *Bäumler*, DuD 1999, 258, 262, mit dem (wohl unverändert aktuellen) Hinweis, dass die Kontrollbefugnisse mangels Mittelaufstockung nur auf dem Papier stünden.

II. Mediendienstestaatsvertrag (MDStV)

Auch für Mediendienste wurden Verarbeitungsgrundsätze und Anbieterpflichten festgelegt. Rahmen hierfür ist der MDStV, der zum 1.8.1997 in Kraft trat,[1] nachdem ihm alle Länderparlamente durch entsprechendes Gesetz zugestimmt haben. Seine Novellierung erfolgte mit Wirkung zum 1.7.2002. Inhaltlich **stimmen** das TDDSG und die entsprechenden Regelungen im III. Abschnitt des MDStV weitgehend **überein**, so etwa hinsichtlich der Anbieterpflichten sowie der Behandlung von Bestands-, Nutzer- und Abrechnungsdaten. Es bestehen aber auch Abweichungen, so etwa bezüglich des sog. „Datenschutz-Audit", der nur auf Länderebene eingeführt werden soll. Hierfür war ergänzende Gesetzgebung vorgesehen[2], die bisher nicht erfolgt ist. § 9 a BDSG enthält bisher nur die Ankündigung eines Gesetzes zur näheren Ausgestaltung von Audit-Verfahren. Allerdings wurden auf Selbstregulierungsbasis von verschiedenen Verbänden und anderen Beteiligten Leitlinien zum Datenschutz bei Multimedia-Diensten entworfen[3]. Die Auditierung soll freiwillig sein und durch unabhängige und zugelassene Prüfer erfolgen. Durch Auditierung soll festgestellt werden, ob Systeme, Programme und Schutzkonzepte den gesetzlichen Vorgaben entsprechen[4]. Audits können als Merkmal datenschutzfreundlichen Unternehmerverhaltens im Wettbewerb genutzt werden[5] und sind bei öffentlicher Auftragsvergabe jedenfalls hinsichtlich der Merkmale der Transparenz und Nichtdiskriminierung zwingend zu beachten[6].

1. Sachlicher Geltungsbereich

Die Bestimmungen der §§ 16 - 21 MDStV gelten für die Verarbeitung und Nutzung personenbezogener Daten im Rahmen des Bereithaltens von Mediendiensten im Sinne von § 2 Abs. 2 MDStV. Anbieter von Mediendiensten dürfen zu deren Durchführung personenbezogene Daten nur verarbeiten und nutzen, soweit der MDStV oder eine andere Rechtsvorschrift dies erlauben oder der Betroffene eingewilligt hat (§ 16 Abs. 1 MDStV).

Nach § 18 Abs. 1 MDStV ist der Nutzer vor der Erhebung über Art, Umfang, Ort und Zwecke der Erhebung, Verarbeitung und Nutzung seiner personenbezogenen Daten zu **unterrichten**. Soweit automatisierte Verfahren zum Einsatz gelangen, die eine spätere Identifizierung des Nutzers ermöglichen und eine Erhebung, Verarbeitung oder Nutzung personenbezogener Daten vorbereiten, ist der Nutzer vor Beginn dieses Verfahrens zu unterrichten (§ 18 Abs. 1 MDStV).

Benötigt der Anbieter die **Einwilligung** des Nutzers im Hinblick auf § 17 Abs. 2 MDStV, darf er die Erbringung der Mediendienste nicht von der Einwilligung des Nutzers abhängig machen (§ 17 Abs. 4 MDStV). Die Erklärung der Einwilligung kann elektronisch erfolgen (§ 17 Abs. 3 MDStV). Der Nutzer ist vom Anbieter **vor** Erklärung der Einwilligung auf die Möglichkeit der Erklärung des jederzeitigen Widerrufs

---

1 S. etwa BayGVBl. 1997, 225.

2 S.n. *Roßnagel*, DuD 1997, 505.

3 Arbeitskreis „Datenschutz-Audit Multimedia", Prinzipien und Leitlinien zum Datenschutz bei Multimedia-Diensten, DuD 1999, 285.

4 *Gerhold/Heil*, DuD 2001, 377, 378, 379.

5 *Bizer/Petri*, DuD 2001, 97.

6 *Petri*, DuD 2001, 150, 152 (für eine „bevorzugte Vergabe von öffentlichen Aufträgen an datenschutzfreundliche Unternehmen").

hinzuweisen (§ 18 Abs. 3 MDStV). Bestands-, Nutzungs- und Abrechnungsdaten dürfen nur im erforderlichen Umfang erhoben, verarbeitet und genutzt werden (§ 19 Abs. 2 MDStV).

2. Datenschutzrechtliche Pflichten des Anbieters; Bestands-, Nutzungs- und Abrechnungsdaten, Auskunftsrecht

Das Auskunftsrecht des Nutzers bestimmt sich nach § 20 MDStV. Aus der journalistisch-redaktionellen Verwendung personenbezogener Daten resultierende Ansprüche auf **Gegendarstellung**, Unterlassung oder Widerruf begründen eine Verpflichtung des Anbieters, zu den Daten Stellung zu nehmen und die Stellungnahme mit diesen zu übermitteln (§ 20 Abs. 2 MDStV). Bei journalistisch-redaktioneller Verarbeitung angebotsbezogener Daten kann der Betroffene Auskunft über diese Daten verlangen (§ 20 Abs. 3 MDStV). Enthält der Inhalt eines Mediendienstes unrichtige Daten des Nutzers, steht diesem ein **Berichtigungsanspruch** aus § 16 Abs. 3 Satz 3 MDStV zu.

3. Datenschutz-Audit (§ 17 MDStV)

Der MDStV führt die Möglichkeit eines Datenschutz-Audit (§ 21 MDStV) ein. Die Einrichtung eines Audits ist **fakultativ**. Die Durchführung des Audits kann nicht die Bestellung eines betrieblichen Datenschutzbeauftragten ersetzen, soweit diese nach den gesetzlichen Voraussetzungen erforderlich ist. Gegenstand eines Audits ist nicht die Verarbeitung der Daten vor Ort in den Unternehmen, sondern die Zertifizierung von DV-Systemen und –Programmen[1]. Deshalb kann von einem Audit nur begrenzt ein Zertifikat für datenschutzfreundliches Unternehmerverhalten erwartet werden[2].

4. Kontrolle

Die Kontrollbefugnis der Aufsichtsbehörden für Anbieter von Mediendiensten sind in § 22 Abs. 1 Satz 2 MDStV festgeschrieben.

5. Datenschutz im Bereich der Telekommunikationsdienste

Das BDSG erfasst die personenbezogene Datenverarbeitung ganz generell und ist deshalb in allen Bereichen anwendbar, in denen keine bereichsspezifischen Regelungen bestehen (§ 1 Abs. 4 Satz 1 BDSG). TDDSG und MDStV enthalten bereichsspezifische Regelungen, allerdings nur für die jeweiligen Tele- und Mediendienste, nicht für die hiervon abzugrenzenden Tele**kommunikations**dienste. Hier ist als dritte Schutzebene des Datenschutzrechts das Telekommunikationsgesetz (TKG) heranzuziehen. In der Fassung der Novellierung vom 22.6.2004 umfasst das TKG nun auch in den TKG-Text integriert die Regelungen, die vorher in die Telekommunikations-Datenschutzverord-

---

1 *Gerhold/Heil*, DuD 2001, 377, 379.

2 So aber *Bizer/Petri*, DuD 2001, 97.

nung ausgelagert waren. Die TDSV ist durch die Novellierung entfallen[1]. Besondere Verpflichtungen zu technischen und organisatorischen Vorkehrungen zur Datensicherheit sieht § 109 TKG vor.

III. Datenschutzbestimmungen des TKG

Das TKG[2] regelt in den §§ 91 – 107 den Schutz personenbezogener Daten der Teilnehmer und Nutzer von Telekommunikation bei der Erhebung und Verwendung dieser Daten durch Unternehmen und Personen, die geschäftsmäßig TK-Dienste erbringen oder an deren Erbringung mitwirken (§ 91 Abs. 1 S. 1 TKG). Die Darstellung muss auf die internetrelevanten Aspekte beschränkt werden.

Als **Telekommunikation**[3] wird nur Signalübertragung im technischen Sinne verstanden, nicht aber das Übermitteln von Inhalten[4]. Zur Telekommunikation zählt insbesondere und paradigmatisch die Telefonie (öffentliches Telefonnetz gemäß § 3 Nr. 16 TKG; Sprachtelefondienst nach § 3 Nr. 15 TKG a.F.). **Internet-Telefonie** wird insoweit erfasst, als Echtzeitkommunikation technisch möglich ist[5]. Streitig war bisher, ob auch **IP-Telefonie** als Telefonie einzuordnen ist. Nach dem Stand der Technik im Jahr 2004 dürfte diese Zuordnungsmöglichkeit aber zu bejahen sein, da IP-Telefonie eine zumindest fast gleiche Übertragungsqualität gestattet und immer mehr Unternehmen zum Einsatz von standardmäßigen IP-Telefonsystemen (oder jedenfalls Hybridsystemen) übergehen. **E-Mail** wurde hingegen als Teledienst eingestuft[6], weist aber auch eine Signalübertragungskomponente auf und wird deshalb auch als TK-Dienst zu beurteilen sein.

Das TKG regelt Bestimmungen für in der Regel **gegen Entgelt erbrachte Telekommunikationsdienste**[7], bei denen es (anders als früher bei den (begrifflich nunmehr entfallenen) TK-Dienst**leistungen**[8], § 3 Nr. 24 TKG a.F.), nicht darauf ankommt, ob

---

1 Begr. zum Gesetzesentwurf 2003, 42.

2 Telekommunikationsgesetz v. 25.7.1996, BGBl 1996 I 1120, durch die Postreform III eingeführt, die verbleibende Monopolrechte aufhob und den TK-Markt deregulierte. Das TKG wurde mit Fassung vom 22.6.**2004**, BGBl 2004 I Nr. 29 v. 25.6.2004, 1190, in Kraft seit dem 26.6.2004 novelliert.

3 „Telekommunikation" wird in § 3 Nr. 22 TKG (unter Bezug auf Art. 2 c S. 1 RRL) definiert als „der technische Vorgang des Aussendens, Übermittelns und Empfangens von Signalen mittels Telekommunikationsanlagen".

4 *Holznagel/Enaux/Nienhaus*, Grundzüge des Telekommunikationsrechts, 11 m.w.N.

5 Zum Streitstand s. *Holznagel/Enaux/Nienhaus*, a.a.O., 56. Diese Zuordnung wurde bisher überwiegend abgelehnt, da der durch die Übertragung verursachte Zeitabstand zu groß sei, als dass eine Sprachübertragung in Echtzeit vorliege; die Laufzeitverzögerung dürfe nicht mehr als 400 msec betragen (*Holznagel/Enaux/Nienhaus*, a.a.O., 58, allerdings noch aufgrund von technisch wohl überholten Fundstellen aus 1998 und 1999).

6 So der Bundesrat, BT-Drucks. 13/7385, 52; krit. *Königshofen*, DuD 2001, 85, 87.

7 Die seit dem 26.6.2004 geltende Fassung des TKG definiert in § 3 Nr. 24 TK-Dienste als „in der Regel gegen Entgelt erbrachte Dienste, die ganz oder überwiegend in der Übertragung von Signalen über Telekommunikationsnetze bestehen, einschließlich Übertragungsdienste in Rundfunknetzen". § 3 Nr. TKG a.F. definierte *Telekommunikationsdienste* als das „nachhaltige Angebot von Telekommunikation einschließlich des Angebots von Übertragungswegen für Dritte mit oder ohne Gewinnerzielungsabsicht".

8 *TK-Dienstleistungen* umfassten nach den TKG a.F. das gewerbliche Angebot von Telekommunikation einschließlich des Angebots von Übertragungswegen für Dritte (§ 3 Nr. 18 TKG a.F.). In der Neufassung ist der Begriff der „Telekommunikationsdienstleistungen" nicht mehr definiert. Ausf. s. *Scherer*, Das deutsche Telekommunikationsgesetz und sein europarechtlicher Rahmen, 59, 68; *Engel-Flechsig*, Zusammenarbeit und Abgrenzung von Telekommunikationsgesetz des Bundes und Medien-

Gewinnerzielungsabsicht besteht (oder das Entgelt nur die Kosten deckt). Die Datenschutzbestimmungen der §§ 91 bis 107 TKG sind auf das geschäftsmäßige Erbringen von TK-Diensten bzw. das Mitwirken an diesem Erbringen anwendbar. **Geschäftsmäßig** werden TK-Dienste dann erbracht, wenn ihr Angebot **nachhaltig** für Dritte erfolgt, also **auf Dauer angelegt** ist[1], wobei ebenfalls Gewinnerzielungsabsicht nicht bestehen muss (§ 3 Nr. 10 TKG, der unverändert § 3 Nr. 5 TKG a.F. übernimmt). In diesem Sinne geschäftsmäßig bieten etwa auch nichtgewerbliche Anbieter wie Krankenhäuser, Hotels, etc. TK-Dienste an, ebenso Firmen und Behörden in Bezug auf deren Netze (wobei letztere aber vielfach die private Nutzung untersagen, um hierdurch nicht dem TK-Datenschutz und dem Fernmeldegeheimnis zu unterliegen)[2].

Vom TK-Datenschutz geschützt sind personenbezogene Daten der Teilnehmer und Nutzer der TK bei Erhebung und Verwendung dieser Daten durch TK-Dienste Unternehmen und Personen, die TK-Dienste geschäftsmäßig erbringen (§ 91 Abs. 1 S. 1 TKG), aber auch dem Fernmeldegeheimnis unterliegende Einzelangaben über Verhältnisse juristischer Personen oder Personengesellschaften (§ 91 Abs. 1 S. 2 TKG).

Das gewerbliche Betreiben öffentlicher TK-Netze und das gewerbliche Erbringen von TK-Diensten für die Öffentlichkeit ist bei Aufnahme und Beendigung der Tätigkeit unverzüglich zu **melden** (§ 6 Abs. 1 S. 1 TKG). Die frühere Lizenzpflicht war durch Umsetzung des EG-Richtlinienpakets zur elektronischen Kommunikation **entfallen**[3].

Erfasst werden gewerbliche und nichtgewerbliche, öffentliche oder nichtöffentliche TK-Diensteangebote[4], als Dienste E-Mail[5], auch etwa Voice-Mail[6], Short-Message-Service (SMS)[7] und die private Mitnutzung der betrieblichen oder behördlichen TK-Infrastruktur[8], als Adressaten auch Betreiber von Corporate Networks[9] oder Nebenstellenanlagen in Hotels und Krankenhäusern oder in Betrieben oder Behörden[10]. **Access Provider**, die den Kunden durch dessen Einwahl in das Netz bringen, erbringen sowohl TK-Dienste (etwa bei Dateiübermittlung durch FTP) als auch Teledienste (etwa bei Angebot von Suchmaschinen)[11]. Verpflichtet sind Unternehmen und Perso-nen, die geschäftsmäßig TK-Dienste erbringen oder an der Erbringung solcher Dienste mitwirken (§ 1 Abs. 1 TDSV).

Das TKG erfasst etwa auch **Corporate Networks** (z.B. VPNs), unabhängig davon, ob sie in Gewinnerzielungsabsicht betrieben werden[12], aber nur, wenn sich ihr Angebot an die Öffentlichkeit richtet[13], also nicht interne TK-Dienste[14]. Keine Rolle spielt nun-

dienstestaatsvertrag der Länder, 83; *Schaar*, DuD 1997, 1, 17, 19.

1 *Ohlenburg*, MMR 2004, 431, 432.

2 *Ohlenburg*, MMR 2004, 431, 432.

3 Begr.zum Gesetzesentwurf 2003, 7, zu § 5.

4 *Koenig/Neumann*, K&R 2000, 417, 418.

5 *Königshofen*, TDSV, § 2 Rdn. 9.

6 *Büttgen*, RDV 2001, 6, 8.

7 *Königshofen*, TDSV, § 2 Rdn. 8.

8 *Königshofen*, TDSV, § 1 Rdn. 4.

9 Allerdings nur bei Angebot an Dritte (*Königshofen*, TDSV, § 2 Rdn. 11).

10 Für §§ 89 Abs. 1, 3 Nr. 5 TKG s. *Löwnau-Iqbal*, RDV 1999, 210, 211; *Königshofen*, DuD 2001, 85.

11 *Königshofen*, TDSV, § 2 Rdn. 10.

12 Vgl. *Schaar*, DuD 1997, 17, 18. Zu Corporate Networks, deren Einrichtung und Zulässigkeit ausf. *Berger/Gramlich*, CR 1999, 150.

13 Begr.zum Gesetzesentwurf 2003, 7, zu § 5.

14 *Schaar*, a.a.O.19, sprach sich bereits de lege ferenda für eine Erstreckung der §§ 85 und 89 TKG auch auf interne, insbesondere durch Unternehmen betriebene TK-Anlagen und Netze aus.

mehr, ob bei der Diensterbringung Grundstücksgrenzen überschritten werden, solange sich das Angebot nicht an die Öffentlichkeit richtet. Für Dritte betriebene Netze (etwa WLANs) werden also im Umkehrschluss auch **innerhalb** der Grundstücksgrenzen erfasst, wenn die Öffentlichkeit sie innerhalb des Grundstücks nutzen darf (z.B. auf einem Flughafengrundstück oder in einem Internet-Café). Nicht an die Öffentlichkeit gerichtete Corporate Networks sind nicht nach § 6 Abs. 1 Nr. 1 TKG meldepflichtig. Das gilt auch für W(ireless) LANs[1]. Das Angebot muss an die Öffentlichkeit gerichtet sein. Dies ist nicht der Fall, wenn Dritte, etwa Hacker, unberechtigt ohne Anmeldung beim Provider einen Access Point (auch „*Hot Spot*" genannt) ausfindig machen und über diesen kostenfrei einen Internet-Zugang suchen, wohl aber bei Angeboten eines WLAN in frei zugänglichen Internet-Cafés.

§ 3 Nr. 33 TKG definiert „**Zugangsberechtigungssysteme**" als „technische Verfahren oder Vorrichtungen, welche die erlaubte Nutzung geschützter Rundfunkprogramme von einem Abonnement oder einer individuellen Erlaubnis abhängig machen" und erfasst damit Zugangskontrollsysteme im Sinne des Zugangskontrolldienstegesetzes[2].

Die Regelungen der §§ 95 ff TKG erfassen weder Tele- noch Mediendienste[3]. Das BDSG bleibt (subsidiär) anwendbar, soweit die genannten Bestimmungen nicht besondere Regelungen vorsieht[4] (§ 1 Abs. 3 BDSG), so etwa bezüglich der auch im TK-Bereich erforderlichen **Datensicherungsmaßnahmen** im Sinne von § 9 BDSG. Auch gelten die **Rechte** der Betroffenen auf Auskunft (§§ 19, 34 BDSG), Berichtigung, Sperrung und Löschung (§ 35 Abs. 1 – 3 BDSG), ebenso der Schadensersatzanspruch aus § 7 BDSG[5].

Bei **Vertragsabschluss** müssen Diensteanbieter ihre Teilnehmer über Art, Umfang, Ort und Zweck der Ergebung und Verwendung der Daten in der Weise unterrichten, dass die Teilnehmer in allgemeinverständlicher Form Kenntnis von den grundlegenden Verarbeitungstatbeständen erhalten (§ 93 S. 1 TKG). Hinzuweisen ist auch auf zulässige Wahl- und Gestaltungsmöglichkeiten (§ 93 S. 2 TKG). **Verpflichtet** ist der **Diensteanbieter**, also jeder, der ganz oder teilweise geschäftsmäßig TK-Dienste erbringt oder an der Erbringung solcher Dienste mitwirkt (§ 3 Nr. 6 TKG).

1. Zulässige Datenverarbeitung in Vertragsverhältnissen

§ 95 Abs. 1 TKG erlaubt das Erheben, Verarbeiten und Nutzen personenbezogener Daten natürlicher und juristischer Personen, soweit dies erforderlich ist. Die §§ 95 Abs. 1, 96 Abs. 1, 97 Abs. 1 TKG verpflichten den Anbieter auf eine strenge **Zweckbindung** der Daten. Die Verwendung darf nur im Rahmen der TKG-Bestimmungen erfolgen.

a) Bestandsdaten

Bestandsdaten (§ 3 Nr. 3 TKG; früher § 2 Nr. 3 TDSV a.F.) werden als personen-

---

1 *Röhrborn/Katko*, CR 2002, 882, 885.

2 Begr.zum Gesetzesentwurf 2003, 7.

3 Anders noch § 12 der TELEKOM-Datenschutzverordnung (TDDSV), BGBl 1991 I 1390, und die Telediensteunternehmen-Datenschutzverordnung (UDSV), BGBl 1991 I 2337; *Schaar*, DuD 1997, 17, 18; sowie ergänzend für Postdienstleistungen die Postdienstunternehmen-Datenschutzverordnung (PDSV), BGBl. 1996 I 1636, s. n. *Schadow*, RDV 1997, 115, jeweils noch zur TDSV.

4 *Ohlenburg*, MMR 2004, 431, 432.

5 *Ohlenburg*, MMR 2004, 431, 432.

bezogene Daten eines an der TK Beteiligten legaldefiniert, die erhoben werden, um ein Vertragsverhältnis über TK-Dienste einschließlich dessen inhaltlicher Ausgestaltung mit dem Diensteanbieter zu begründen, inhaltlich auszugestalten, zu ändern oder zu beenden. Bestandsdaten sind etwa statische IP-Adressen[1]. Bestandsdaten dürfen nur **erhoben** und **verwendet** werden, soweit dies zur Erreichung des in § 3 Nr. 3 TKG genannten Zwecks erforderlich ist, also für die Begründung, inhaltliche Ausgestaltung, Änderung oder Beendigung eines Vertragsverhältnisses über TK-Dienste (§ 95 Abs. 1 S. 1 TKG), ebenso in Vertragsverhältnissen mit anderen Dienstanbietern die Bestandsdaten der Teilnehmer beider Diensteanbieter (§ 95 Abs. 1 S. 2 TKG).

Für die **Beratung** der Teilnehmer, die **Werbung** für eigene Angebote und zur **Marktforschung** dürfen die Bestandsdaten nur verwendet werden, soweit dies für diese Zwecke erforderlich ist **und** der Teilnehmer **eingewilligt** hat (§ 95 Abs. 2 S. 1 TKG, Opt-in-Prinzip[2]). Im Rahmen einer bestehenden Kundenbeziehung darf der Diensteanbieter aber eine ihm im Rahmen dieser Kundenbeziehung bekanntgewordene Rufnummer sowie Post- und **E-Mail-Adresse** eines Teilnehmers für die Versendung von Text- oder Bildmitteilungen **verwenden**, außer, der Teilnehmer hat dieser Verwendung **widersprochen** (§ 95 Abs. 2 S. 2 TKG, Opt-out-Prinzip). Der Diensteanbieter muss freilich den Teilnehmer bereits bei Erhebung oder erstmaliger Speicherung der Rufnummer oder Adresse **und** bei jeder Versendung einer Nachricht an diese Rufnummer bzw. Adresse auf die Möglichkeit des schriftlichen oder elektronischen **Widerspruchs** gegen die weitere Nachrichtenversendung **hingewiesen** wird (§ 95 Abs. 2 S. 3 TKG).

Der Diensteanbieter darf die Erbringung seiner TK-Dienste nicht von einer Einwilligung des Teilnehmers in eine Verwendung von dessen Daten für andere Zwecke abhängig machen, wenn dem Teilnehmer ein anderer Zugang zu diesen TK-Diensten nicht oder nicht in zumutbarer Weise möglich ist (§ 95 Abs. 5 TKG). Mit diesem Kopplungsverbot soll das Ausnutzen einer eventuellen Monopolstellung des Diensteanbieters verhindert werden[3].

Bestandsdaten sind bei Vertragsbeendigung mit Ablauf des folgenden Kalenderjahres zu löschen (§ 95 Abs. 3 TKG).

b) Verkehrsdaten

Verkehrsdaten (bisher: „Verbindungsdaten") sind gemäß § 3 Nr. 30 TKG Daten, die bei der Erbringung eines TK-Dienstes erhoben, verarbeitet oder genutzt werden. Der Begriff der Verbindungsdaten (§ 2 Nr. 4 TDSV) ist entfallen. Zu den Verkehrsdaten gehören etwa die Rufnummer des Anrufers und des Angerufenen, Datum, Uhrzeit und Dauer der Verbindung sowie Art der vom Teilnehmer in Anspruch genommenen TK-Dienste[4]. Folgende Verkehrsdaten dürfen erhoben und verwendet werden (§ 96 Abs. 1 Nr. 1 – 6 TKG:

1. die Nummer oder Kennung der beteiligten Anschlüsse oder der Endeinrichtung, personenbezogene Berechtigungskennungen, IP-Adressen[5], bei Verwendung von Kundenkarten auch die Kartennummer, bei mobilen Anschlüssen auch die

---

1 *Königshofen*, TDSV, § 5 Rdn. 7; *Schaar*, Datenschutz im Internet 2002, Rdn. 392.
2 *Ohlenburg*, MMR 2004, 431, 433.
3 *Ohlenburg*, MMR 2004, 431, 433.
4 *Ohlenburg*, MMR 2004, 431, 434.
5 *Ohlenburg*, MMR 2004, 431, 434.

Standortdaten.
2. den Beginn und das Ende der jeweiligen Verbindung nach Datum und Uhrzeit und, soweit die Entgelte davon abhängen, die übermittelten Datenmengen,
3. den vom Nutzer in Anspruch genommenen TK-Dienst,
4. die Endpunkte von festgeschalteten Verbindungen, ihren Beginn und ihr Ende nach Datum und Uhrzeit und, soweit die Entgelte davon abhängen, die übermittelten Datenmengen,
5. sonstige zum Aufbau und zur Aufrechterhaltung der TK sowie zur Entgeltabrechnung notwendige Verkehrsdaten.

Die gespeicherten Verkehrsdaten dürfen über das Verbindungsende hinaus nur (weiter)verwendet werden, soweit für die Zweck der §§ 97, 99, 100 und 101 TKG erforderlich (§ 96 Abs. 2 TKG). Der Diensteanbieter darf teilnehmerbezogene Verkehrsdaten, die vom Anbieter eines TK-Dienstes für die Öffentlichkeit verwendet werden, zu Zwecken der Vermarktung von TK-Diensten, zur bedarfsgerechten Gestaltung von TK-Diensten oder zum Bereitstellen von TK-Diensten mit Zusatznutzen im dazu erforderlichen Zeitraum verwenden, sofern der Betroffene in diese Verwendung eingewilligt hat (§ 96 Abs. 3 S. 1 TKG).

Die Verkehrsdaten dürfen zur Entgeltermittlung und -abrechnung verwendet werden, soweit sie hierfür erforderlich sind (§ 97 Abs. 1 S. 1 TKG), sowie in diesem Rahmen Verkehrsdaten Teilnehmeranschrift, Anschlussart, Zahl der Entgelteinheiten und übermittelten Datenmengen, Ratenzahlungen und Sicherheitsleistungen erhoben und verwendet werden (§ 97 Abs. 2 Nr. 1 – 3 TKG).

Den Teilnehmer ist bei Einholung ihrer Einwilligung mitzuteilen, welche Datenarten für die Zwecke im Sinne von § 96 Abs. 3 TKG verarbeitet werden sollen und wie lange sie gespeichert werden sollen (§ 96 Abs. 4 TKG).

c) Standortdaten

Standortdaten dürfen nur bei Bereitstellen von Diensten mit Zusatznutzen und nur im erforderlichen Umfang sowie nur bei Anonymisierung oder bei (jederzeit widerruflicher Einwilligung des Teilnehmers verarbeitet werden (§ 98 Abs. 1 TKG). Erfasst werden etwa Navigationshilfen zur Hotelsuche oder zur Ortung von Kindern[1].

2. Störungsbeseitigung

Bestandsdaten und Verkehrsdaten von Teilnehmern und Nutzern dürfen außerdem zum Erkennen, Eingrenzen oder Beseitigen von Störungen oder Fehlern erhoben und verwendet werden (§ 100 Abs. 1 TKG), ebenso bei Vorliegen zu dokumentierender tatsächlicher Anhaltspunkte zwecks Aufdecken und Unterbinden von Leistungserschleichungen (§ 100 Abs. 3 TKG). Für die Störungssuche nach Satz 1 ist ein Aufschalten auf bestehende Verbindungen, soweit erforderlich, zulässig (§ 100 Abs. 2 TKG), jedoch allein zum Erkennen und Eingrenzen von Störungen sowie zur Durchführung von Umschaltungen (§ 100 Abs. 2 S. 1 TKG). Das Aufschalten ist den betroffenen Gesprächsteilnehmern durch ein akustisches Signal anzuzeigen (§ 100 Abs. 2 S. 2TKG). Diese Grundsätze gelten grundsätzlich auch für IP-Telefonie (VoIP).

---

1 *Ohlenburg*, MMR 2004, 431, 436.

3. Einwilligung im elektronischen Verfahren (§ 94 TKG)

Für die Einwilligung gelten die Anforderungen nach dem BDSG. Die Einwilligung kann nach § 94 TKG auch elektronisch erklärt werden, wenn der Diensteanbieter sicherstellt, dass

- der Teilnehmer oder Nutzer seine Einwilligung bewusst und eindeutig erteilt hat (§ 94 Nr. 1 TKG).
- die Einwilligung protokolliert wird (§ 94 Nr. 2 TKG). Zu protokollieren sind jedenfalls Zeitpunkt und Umfang der Einwilligung, damit die Betroffenen erfahren können, wann und in welchem Umfang sie eingewilligt haben[1]. Die elektronisch gespeicherte Einwilligung stellt selbst ein personenbezogenes Datum dar[2].
- der Teilnehmer oder Nutzer den Inhalt der Einwilligung jederzeit abrufen kann (§ 94 Nr. 3 TKG). Der Diensteanbieter muss sicherstellen, das nicht unberechtigte Dritte die Informationen abrufen können[3].
- der Teilnehmer oder Nutzer die Einwilligung jederzeit mit Wirkung für die Zukunft widerrufen kann (§ 94 Nr. 4 TKG).

4. Technische Schutzmaßnahmen

Diensteanbieter müssen zum Schutz des Fernmeldegeheimnisses, personenbezogener Daten und der TK- und DV-Systeme gegen Angriffe angemessene technische Vorkehrungen treffen (§ 109 Abs. 1 TKG), ebenso bei TK-Diensten für die Öffentlichkeit nach dem Stand der Technik angemessene technische Vorkehrungen zum Schutz gegen Störungen vorsehen, die TK-Netze erheblich beeinträchtigen können (§ 109 Abs. 2 TKG). Die entsprechende Verpflichtung war bisher nur in § 9 BDSG vorgesehen. Außerdem ist ein Sicherbeauftragter zu bestellen (§ 109 Abs. 3 TKG). Verpflichtet sind etwa Reseller, die für ihre Kundenverwaltung und Rechnungsstellung Daten erheben, verarbeiten oder nutzen.

5. Nachrichtenübermittlungssysteme mit Zwischenspeicherung

Erfordern Dienste eine Zwischenspeicherung (etwa in Mailbox-, Voice-Mail- oder Anrufbeantwortersystemen), darf der Diensteanbieter nach § 107 Abs. 1 Nr. 1 – 5 TKG Nachrichteninhalte (insbesondere Sprach-, Ton-, Text- und Grafikmitteilungen) von Teilnehmern in seinem entsprechenden Angebot nur verarbeiten, wenn

1. die Verarbeitung ausschließlich in TK-Anlagen des zwischenspeichernden Diensteanbieters erfolgt, außer, die Nachrichteninhalte werden im Auftrag des Teilnehmers oder durch Eingabe seitens des Teilnehmers in TK-Anlagen anderer Diensteanbieter weitergeleitet.
2. ausschließlich der Teilnehmer durch seine Eingabe Inhalt, Umfang und Art der Verarbeitung bestimmt,
3. ausschließlich der Teilnehmer bestimmt, wer Nachrichteninhalte eingeben und darauf zugreifen darf,

---

1 *Ohlenburg*, MMR 2004, 431, 433.

2 *Königshofen*, TDSV, § 4 Rdn. 5.

3 *Königshofen*, TDSV, § 4 Rdn. 7.

4. der Diensteanbieter dem Teilnehmer mitteilen darf, dass der Empfänger auf die Nachricht zugegriffen hat,
5. der Diensteanbieter Nachrichteninhalte nur entsprechend dem mit dem Teilnehmer geschlossenen Vertrag löschen darf.

6. Verzeichnisse

Diensteanbieter können Teilnehmer mit ihrem Namen, ihrer Anschrift und zusätzlichen Angaben wie Beruf, Branche und Art des Anschlusses und auf Verlangen der Mitbenutzer, in öffentlich gedruckte oder elektronische Verzeichnisse eintragen, soweit vom Teilnehmer beantragt (§ 104 S. 1 und 3 TKG). Der Teilnehmer hat das Recht zu bestimmen, welche Angaben in den Kundenverzeichnissen veröffentlicht werden sollen (§ 104 S. 2 TKG).

In Rechnernetzwerken werde außerdem Benutzerinformationen wie User- und Group-IDs in „Network Information Services" (NIS) gesammelt.

7. Fernmeldegeheimnis

Das Fernmeldegeheimnis schützt den **Inhalt** von jeder Telekommunikation und ihre **näheren Umstände** (§ 88 TKG, Art. 10 GG), erfasst also auch Daten mit Personenbezug, insbesondere Verkehrsdaten, aber zusätzlich auch kommunizierte Inhalte. Grundlage der Regelung sind Art. 10 GG und das Gesetz zur Neuregelung von Beschränkungen des Brief-, Post- und Fernmeldegeheimnisses[1], die staatliche Stellen sowie Anbieter von Post- und Telekommunikationsdiensten, also alle diejenigen verpflichten, die TK-Leistungen erbringen oder daran mitwirken[2], damit auch Netzdienste-Anbieter und Arbeitgeber, die gegenüber ihren Arbeitnehmern als Diensteanbieter auftreten. Art. 10 GG schützt auch den Informations- und Datenverarbeitungsprozess mit Bezug auf die Telekommunikation sowie die inländische Erfassung und Auswertung einer im Ausland stattfindenden Telekommunikation[3]. Das Fernmeldegeheimnis enthält eine strafbewehrte (§ 206 StGB) **Geheimhaltungspflicht** für den „Inhalt der Telekommunikation und ihre näheren Umstände" (§ 85 Abs. 1 Satz 1 TKG), also für den gesamten technischen Vorgang des Aussendens, Übermittelns und Empfangens von Nachrichten jeglicher Art in der Form von Zeichen, Sprache, Bildern oder Tönen mittels TK-Anlagen (siehe § 3 Nr. 16 TKG). Ergänzend kann ein nach § 202 a StGB strafbares Ausspähen von (insoweit nicht notwendig personenbezogenen) Daten in Betracht kommen. Geschützt sind auch Daten juristischer Personen[4]. Private Anbieter können aus § 823 Abs. 1 BGB haften, öffentliche Anbieter aus § 44 TKG.

Geschützt werden nicht nur kommunizierte Inhalte, sondern auch **Verkehrsdaten** bisher: Verbindungsdaten), ob und zwischen welchen Personen (wann) Fernmeldeverkehr stattfand[5], außerdem Abrechnungs- und Nutzungsdaten, also Rufnummer, Beginn und Ende der jeweiligen Verbindung und die in Anspruch genommene

---

1 Gesetz zur Neuregelung von Beschränkungen des Brief-, Post- und Fernmeldegeheimnisses vom 26.6.2001, BGBl I 2001 Nr. 30 v. 28.6.2001, 1254.

2 *Holznagel/Enaux/Nienhaus*, Grundzüge des Telekommunikationsrechts, 188.

3 BVerfGE Urt.v. 14.4.1999 – 1 BvR 2226/94, 1 BvR 2420/95 und 1 BvR 2437/95, DuD 1999, 657.

4 *Königshofen*, TDSV, § 1 Rdn. 8.

5 BGH St 35, 33; OLG Köln, NJW 1970, 1856; Schönke/Schröder/*Lenkner*, § 354 Rdn 6.

Dienstleistung, nicht aber die Bestandsdaten[1]. Auch die näheren Umstände **erfolgloser** Verbindungsversuche werden vom Fernmeldegeheimnis erfasst (§ 85 Abs. 1 S. 1 TKG).

Erfasst werden neben Telefon und Fernschreiben auch weitere elektronische Kommunikationsformen wie (früher) Telex und Teletext, Telefax, Btx/Datex-J (T-Online), Funkrufdienste und IP-Telefonie, sonstige Bild- und Datenübermittlungen und alle sonstigen neuen Übertragungstechniken[2], damit aber grundsätzlich auch **E-Mail**[3], soweit sie (in Punkt-zu-Punkt-Übertragung) **an einen einzelnen Empfänger** gerichtet ist und nicht an Mailing-Lists oder über Mail Exploder an eine große Zahl Empfänger (als eine Art elektronische Hauswurfsendung). Für E-Mails besteht erhöhter Schutzbedarf, da Mails auf jedem Host-Rechner mitgelesen werden können[4]. Der Schutz besteht gegen jede Art der Auswertung von Inhalten etwa von E-Mails. Deshalb werden Angebote von E-Mail-Dienstleistern unzulässig sein, die stichwortbezogen Inhalte von E-Mails mit Links zu **Werbeeangeboten** verknüpfen (etwa bei Erwähnung von Orten Reiseangebote verlinken). Selbst wenn die Nutzer solcher Angebote zustimmen sollten, kann hierdurch der Schutz aus dem Fernmeldegeheimnis nicht entfallen, insbesondere nicht gegenüber dem **Empfänger** solcher E-Mails (der ohnehin in der Regel keine Vertragsbeziehungen zum Diensteanbieter hat). Das Fernmeldegeheimnis ist auch in AGB nicht abdingbar.

Virenkontrollen von E-Mails durch den Provider sind jedenfalls dann zulässig, wenn diese automatisiert erfolgen und keine Kenntnisnahme von Inhalten bei diesen Kontrollen erfolgt, unzulässig hingegen als stichwortbasiertes Scanning[5]. Ein uneingeschränktes Löschen tatsächlich oder gar nur möglicherweise virenbehafteter E-Mails ist providerseits nicht zulässig, wohl aber ein Ablegen in einem gesonderten Ordner, wenn der Nutzer über den Eingang der E-Mail unterrichtet wird[6].

Erfasst werden damit auch **Corporate Networks** oder Nebenstellenanlagen in Betrieben und Behörden, soweit Beschäftigte diese privat nutzen können[7]. Nicht geschützt sind an Newsgroups, Mailing-Lists etc. gerichtete Nachrichten, Anfragen, etc.[8]. Eine genaue Abgrenzung zwischen Fernmeldegeheimnis und Datenschutz ist teilweise nicht möglich, da Daten über Beteiligte als Verbindungsdaten im Sinne der TDSV *und* als Gegenstand des Fernmeldegeheimnisses schutzfähig sein können[9]. Die Unschärfe dieser Tatbestandsabgrenzung ist allerdings im Hinblick auf die Strafbewehrung in § 206 StGB nicht ganz unproblematisch.

Im Verhältnis **Arbeitgeber-Arbeitnehmer** ist nur die *nicht* betrieblich veranlasste Kommunikation durch das Fernmeldegeheimnis geschützt[10] (in der der Arbeitgeber also

---

1 *Gola/Müthlein*, TDDSG, § 1 Anm. 6.2 m.w.N.

2 *Schönke/Schröder-Lenkner* § 354 Rdn 6, m.w.N.

3 Die Praxis, jedenfalls in den *USA*, scheint aber eine andere zu sein. Esa Eklund (www.niksula.cs.hut.fi/~eklund/Opinnot/netsec.html) berichtet von der Äußerung eines CEO im Silicon Valley: „Hell no ... Half the nerds in my company can hack e-mail. E-mail is a party line !" (aus: *Bacard*, FAQ about E-Mail Privacy, 1995). In *Smith v. The Pillsbury Comp.*, No. 95-5712 (E.D.Pa. 1996) wurde entschieden, dass vernünftigerweise Privatheit von E-Mail jedenfalls von Angestellten gegenüber dem Arbeitgeber nicht erwartet werden könne.

4 *Eklund*, a.a.O.: „Electronic mail is notoriously unprivate."

5 *Hoeren*, Recht der Access Provider, Rdn. 144.

6 *Hoeren*, Recht der Access Provider, Rdn. 147 f m.w.N.

7 TKG-Gesetzesbegründung, BT.Drucks. 13/3609, 53; *Königshofen*, Die Umsetzung von TKG und TDSV, in: Büllesbach: Datenschutz im Telekommunikationsrecht 1997, 161, 165.

8 *Eklund*, a.a.O., vergleicht diese Kommunikation mit dem Anruf in einer Radio Talkshow.

9 *Holznagel/Enaux/Nienhaus*, Grundzüge des Telekommunikationsrechts, 189.

10 *Gola/Müthlein*, TDDSG, § 1 Anm. 7.6 m.w.N.

als Teledienstleister auftritt), betrieblich veranlasste Kommunikation hingegen über das Persönlichkeitsrecht des Arbeitnehmers[1], allerdings grundsätzlich nur hinsichtlich des gesprochenen, damit flüchtigen Wortes, nicht bei (in E-Mails oder Briefen) fixierten Inhalten[2]. Der Arbeitgeber darf also ein- und ausgehende elektronische Post kontrollieren[3]. Die in einem E-Mail-System (zwischen-)gespeicherten **Mails** sind Inhalte der Telekommunikation und als solche durch das Fernmeldegeheimnis geschützt[4].

Verpflichtet ist jeder Diensteanbieter im Sinne von § 3 Nr. 6 TKG. Jedes Offenbaren von dem Fernmeldegeheimnis unterliegenden Tatsachen stellt einen Verstoß gegen dieses dar[5]. Diese Verpflichtung zur Geheimhaltung besteht auch **nach** Ende der Tätigkeit fort, durch die sie begründet worden ist (§ 88 Abs. 2 S. 2 TKG).

8. Abhörverbot

Nach § 89 S. 1 TKG dürfen mit einer Funkanlage nur Nachrichten abgehört werden, die für den Betreiber der Funkanlage, Funkamateure[6], die Allgemeinheit oder einen unbestimmten Personenkreis bestimmt sind. Verboten ist auch das Abhören von Mobiltelefonen, und zwar auch, soweit diese ermöglichen, Inhalte aus dem Web (über WAP oder UMTS) herunterzuladen. Geschützt sind damit alle Telefonieverbindungen und damit auch IP-Telefonie zwischen bestimmten Personen. Sollte dennoch (unbeabsichtigt) Kenntnis von geschützten Nachrichten erlangt werden, besteht eine Geheimhaltungspflicht (§ 89 S. 2 TKG).

9. Zulässige gesetzliche Überwachungsmaßnahmen

Soweit Unternehmen und Personen nach den §§ 111, 112 TKG personenbezogene Daten für die Begründung, inhaltliche Ausgestaltung oder Änderung eines Vertragsverhältnisses erhoben haben, haben sie diese **Daten** auf Ersuchen an die zuständigen Stellen zu **übermitteln**, soweit dies für die Verfolgung von **Straftaten** und Ordnungswidrigkeiten, zur Abwehr von Gefahren für die öffentliche Sicherheit oder Ordnung oder für die Erfüllung der gesetzlichen Aufgaben der Verfassungsschutzbehörden des Bundes und der Länder, des Bundesnachrichtendienstes, des Militärischen Abschirmdienstes sowie des Zollkriminalamtes (AWG) erforderlich ist.

Auskünfte aus den genannten Kundendateien sind Gerichten und Staatsanwaltschaften, Polizeibehörden, Zollfahndungsämtern und Verfassungsschutzbehörden auf Ersuchen jederzeit unentgeltlich zu erteilen, soweit dies zur Erfüllung ihrer gesetzlichen Aufgaben erforderlich ist (§ 112 TKG). Damit müssen Private präventiv für Ermittlungszwecke und Zwecke des Verfassungsschutzes Kundendateien vorab erzeugen und im Online-Verfahren bereitstellen, ohne den Zugriff auf diese Dateien kontrollieren zu können[7]. Der Verpflichtete hat die Vorkehrungen zu treffen, die für die

1 BVerfG NJW 1992, 815.

2 S. etwa BAG MDR 1998, 421

3 *Gola/Müthlein*, TDDSG, § 1 Anm. 7.4

4 S. etwa LG Hanau, Beschl.v. 23.9.1999 – 3 Qs 149/99, RDV 2001, 27 (für eine abgelehnte Beschlagnahme nach StPO).

5 BVerfG, Beschl. v. 25.3.1992 – 1 BvR 1430/88, ArchivPT 1992, 57.

6 Im Sinne des Gesetzes über den Amateurfunk v. 23.6.1997, BGBl 1997 I, 1494.

7 *Rieß*, RDV 1996, 109, 111 sieht hier einen unverhältnismäßigen Eingriff in das Recht auf informationelle Selbstbestimmung der Kunden.

Ermöglichung des automatisierten Abrufs notwendig sind (§ 110 TKG). Die Kosten für diese Dateiverwaltung tragen die Telekommunikationsdiensteanbieter[1]. Das nähere Verfahren ist in der TKÜV (s. S. 928) geregelt.

Die (nachfolgend behandelte) Überwachung von Kommunikationsinhalten ist von der Beauskunftung von Daten der Kunden zu unterscheiden. In festgelegten besonderen Fällen ist auf der Grundlage des Art. 73 Nr. 1 GG nach dem Art.10 GG– bzw. „G 10"–Gesetz[2] eine Überwachung möglich[3]. Erforderlich für die Anordnung einer Überwachung ist das Vorliegen tatsächlicher Anhaltspunkte für den Verdacht einer Katalogstraftat im Sinne von § 2 G-10-Gesetz (etwa Bildung einer terroristischen Vereinigung, § 129 a StGB, Hochverrat gegen den Bund, § 81 StGB, oder geheimdienstliche Agententätigkeit, § 99 StGB), zur Abwehr drohender Gefahren für die freiheitlich-demokratische Grundordnung und nur, wenn der Sachverhalt erschwert oder gar nicht erforscht werden kann[4].

Rechtsgrundlagen gesetzlicher Überwachungsmaßnahmen sind etwa die Anordnung der Überwachung und Aufzeichnung des Fernmeldeverkehrs nach § 100 a und 100 b StPO (Richtervorbehalt), §§ 39, 40 - 43 Außenwirtschaftsgesetz, § 114 Abs. 1 TKG, oder die Überwachung nach § 1 Abs. 2 Satz 2 des „G 10-Gesetzes" [5]. Das G 10-Gesetz regelt Sonderbefugnisse der Verfassungsschutzbehörden, des militärischen Abschirmdienstes (MAD) und des Bundesnachrichtendienstes[6] (§§ 114 Abs. 2 TKG, 10 Abs. 3 MAD-G, 8 Abs. 3 a BND-G). Keinerlei Befugnisse stehen ausländischen Nachrichtendiensten zu. § 2 Abs. 1 S. 3 Art. 10-Gesetz sieht nur eine allgemeine Auskunftspflicht der geschäftsmäßigen Anbieter von TK-Diensten an. Die technisch erforderlichen Maßnahmen sind in der Technischen Richtlinie zur Beschreibung der Anforderungen nach der **TRTKÜ** niedergelegt.

In strafgerichtlichen Verfahren kann ein Richter, bei Gefahr in Verzug auch ein Staatsanwalt, Auskunft über die Verbindungsdaten der Telekommunikation verlangen (bzw. diese anordnen), wenn die per Telekommunikation übertragenen Mitteilungen an den Beschuldigten gerichtet waren oder wenn Tatsachen vorliegen, aus denen zu schließen ist, dass die Mitteilungen von dem Beschuldigten herrührten oder für ihn bestimmt waren und dass die Auskunft für die Untersuchung Bedeutung hat. Ermittlungsmaßnahmen von Strafbehörden sind auf die §§ 100 g, 100 h StPO zu stützen und können auch zumindest feste IP-Adressen umfassen („Kennungen" im Sinne von § 100 g StPO[7], ebenso Bestandsdaten (§ 113 TKG). Die Überwachung muss unentbehrlich sein und darf nur im verhältnismäßigen Umfang erfolgen. Die erlangten Informationen müssen nach Verfahrensabschluss gelöscht und die Betroffenen von der

---

1 *Rieß*, a.a.O.

2 Gesetz zur Neuregelung von Beschränkungen des Brief-, Post- und Fernmeldegeheimnisses v. 26.6.2001, BGBl 2001 I Nr. 30 v. 28.6.2001, 1254, in Kraft seit dem 29.6.2001.

3 BVerfG, Urt.v. 14.7.1999 – 1 BvR 2226/94, 1 BvR 2420/95 und 1 BvR 2437/95, DuD 1999, 657.

4 *Bansberg*, Staatsschutz im Internet, in: *Holznagel/Nelles/Sokol*, Die neue TKÜV, 23, 47, 50.

5 Nach früherem Recht galt diese Verpflichtung aus § 10 b S.2 FAG, §§ 3, 4 FÜV (Verordnung über die technische Umsetzung von Überwachungsmaßnahmen in Fernmeldeanlagen, die für den öffentlichen Verkehr bestimmt sind (Fernmeldeverkehrsüberwachungsverordnung, FÜV vom 18.05.1995, BGBl 1995 I 722); ausf.s. *Wuermeling/Felixberger*, CR 1997, 555). Diese Verpflichtungen erstreckten sich ausdrücklich auch auf *Telekommunikationsdienstleistungen* bzw. deren Anbieter (vgl. § 3 Abs. 2 Nr. 5 FÜV). § 99 Abs.1 Nr. 3 TKG hob § 10 b FAG auf. Bis zum Erlass der neuen VO auf Grundlage von § 88 Abs. 2 S. 2 TKG galt die *FÜV* nicht weiter, blieb aber inhaltlich verbindlich.

6 Noch zum Entwurf s. der Bundesbeauftragte für den Datenschutz *Jacob*, DuD 2001, 192.

7 *Hoeren*, Recht der Access Provider, Rdn.192.

Maßnahme unterrichtet werden (§§ 100 Abs. 6, 101 Abs. 1 S. 1 StPO)[1].

Nach § 110 Abs. 1 TKG haben Betreiber von TK-Anlagen technische Einrichtungen zur Umsetzung gesetzlich vorgesehener **Überwachungsmaßnahmen** vorzuhalten und diese Vorkehrungen der Regulierungsbehörde mitzuteilen (§ 110 Abs. 1 S. 1 TKG) sowie bei Überlassung von Netzanschlusspunkten an Dritte den zur Überwachung gesetzlich berechtigten Stellen auf Anforderung Netzanschlusspunkte bereitstellen (§ 110 Abs. 6 TKG). Wer TK-Dienste ohne eigene TK-Anlagen erbringt, muss sich beim ausgewählten Anlagenbetreiber über die Einrichtung und Vorhaltung dieser Maßnahmen zu vergewissern (§ 110 Abs. 1 S. 2 TKG). Dies gilt grundsätzlich auch für mit herkömmlicher Telefonie qualitativ vergleichbare IP-Telefonie. Befürchtet wurde bereits, dass VoIP bei Verwendung des symmetrischen Verschlüsselungsverfahrens *„Secure Real-Time Transport Protocol"* (SRTP) mit dem 128-Bit-Schlüssel AES (*„Advanced Encryption Standard"*) die Überwachung von VoIP erschwert[2].

Sicherheitsbehörden sind Teilnehmerdaten im Rahmen von § 111 TKG mitzuteilen. Hierfür und zur Auskunftserteilung an die berechtigten Stellen sind diese Daten in Kundendateien zu speichern (§ 112 TKG).

Geschäftsmäßige Erbringer von TK-Diensten sind verpflichtet, **Kundendateien** zu führen, in die unverzüglich die Rufnummern und Rufnummernkontingente, die zur weiteren Vermarktung oder Nutzung an andere vergeben werden, sowie Name und Anschrift der Inhaber von Rufnummern und Rufnummernkontingenten aufzunehmen sind, auch soweit diese nicht in öffentliche Verzeichnisse eingetragen sind (§ 112 Abs. 1 TKG). Diese aktuellen Kundendateien sind von dem Verpflichteten im Sinne von § 112 Abs. 1 TKG verfügbar zu halten, so dass die Regulierungsbehörde einzelne Daten oder Datensätze in einem von ihr vorgegebenen **automatisierten Verfahren abrufen** kann. Der Verpflichtete hat durch technische und organisatorische Maßnahmen sicherzustellen, dass ihm Abrufe nicht zur Kenntnis gelangen können. **Auskünfte** aus Kundendateien nach § 112 Abs. 1 TKG sind Gerichten und Staatsanwaltschaften, Polizeibehörden, Zollfahndungsämtern und Verfassungsschutzbehörden jederzeit unentgeltlich zu erteilen, soweit dies zur Erfüllung ihrer gesetzlichen Aufgaben erforderlich ist. Der Verpflichtete hat die nach Abs. 1 zu treffenden Vorkehrungen *auf seine Kosten* zu treffen, die für die Ermöglichung des automatisierten Abrufs notwendig sind (§ 112 Abs. 5 TKG).

Auf der Grundlage von § 90 TKG ist ein **bundesweiter Gesamtdatenbestand** aller Telekommunikationsteilnehmer für eine Behörde zum Direktzugriff bereitzuhalten. Die Kosten für diese Dateiverwaltung tragen die Telekommunikationsdiensteanbieter[3]. Access Provider sind zu Auskünften (über Rufnummern bzw. Rufnummernkontingente) nicht verpflichtet, da IP-Adressen bzw. Domains keine „Rufnummern" im Sinne der §§ 111, 112 TKG sind[4].

Eine auf einem E-Mail-Server zwischengespeicherte **Mail** fällt unter den Schutzbereich des Fernmeldeverkehrs i.S.v. Art. 10 GG; die Beschlagnahme einer Mail ist über § 100a StPO, nicht über § 94 StPO möglich[5]. Der Einsatz von Geräten (sog. *„IMSI* [d.h.

---

1 S. *Holznagel/Enaux/Nienhaus*, Grundzüge des Telekommunikationsrechts, 193.

2 *Voregger*, Lauscher verstehen nur noch Bahnhof, Spiegel Online 19.4.2004, www.spiegel.de/netzwelt/politik/ 0,1518, 295301,00.html.

3 *Rieß*, a.a.O.

4 *Moritz*, in: Loewenheim/Koch, Praxis des Online-Rechts, 1998, 473, 497.

5 LG Hanau, Urt.v.23.9.1999 – 3 Qs 149/99, MMR 2000, 175; LG Mannheim, StV 2002, 242; a.A. LG Ravensburg, MMR 2003, 679.

Kartennummer] -Catchern“[1]) zur Überwachung von Mobiltelefonen ist im Rahmen des § 100 i Abs. 1 Nr. 1 StPO zulässig[2].

Der Überwachung unterliegen **Endgeräte** im Geltungsbereich von StPO bzw. AWG[3], also etwa auch Notebooks mit Handy-Verbindung, jedoch diese dann nicht mehr, wenn ihre Besitzer das deutsche Staatsgebiet verlassen. Die Datenkommunikation auf Serverrechnern in anderen Staaten darf nicht überwacht werden; vielmehr müssen hier Rechtshilfeersuchen gestellt werden[4]. Umgekehrt müssen deutsche Provider bei zu vergebender Auftragsdatenverarbeitung auch bei ihren ausländischen Auftragnehmern für die verordnungsgemäße Installation der erforderlichen technischen Einrichtungen Sorge tragen[5].

In den **USA**[6] ist elektronische Kommunikation über den Electronic Communications Act (ECPA) 1986 (18 U.S.C. § 2510) geschützt. Wahlwiederholungsvorrichtungen, die Dritten das Ablesen der vom Teilnehmer gewählten Anschlussnummern ermöglichen (sog. „pen register“), werden über das Pen Register and Trap and Trace Statute (18 U.S.C. §§ 3121 – 3127) geschützt. Abhörregelungen finden sich im „Combating Terrorism Act of 2001“, sec. 816[7]. Verwendet wurde zeitweise die sehr detailliert arbeitende Überwachungssoftware („Carnivore“[8]). Schwierigkeiten treten auf, bei Webtelefonie („Voice over IP“, VoIP) Gespräche aus dem „Grundrauschen“ des Webtraffic herauszu-filtern; Kontrolle scheint nur bei den Service Providern möglich[9].

In Großbritannien sind behördliche **Überwachungs**befugnisse im RIPA vom 24.10.2000 geregelt[10].

10. Telekommunikationsüberwachungsverordnung

Am 29.1.2002 trat die neue TK-Überwachungsverordnung **(TKÜV)** v. 22.1.2002 in Kraft[11]. Hiernach ist der Verpflichtete (etwa der Betreiber eines Corporate Network)

1 Mit IMSI-Catchern hat man die Möglichkeit, die IMSI (International Mobile Subscriber Identity) für ein Handy im Einzugsbereich über die SIM(Subscriber Identity Module)-Chipkarte zu ermitteln, auf der die IMSI gespeichert ist (*Fox*, DuD 2002, 212). Der IMSI-Catcher simuliert hierfür die Basisstation einer regulären Funkzelle, wodurch sich *alle* Handies im Einzugsbereich der Basisstation automatisch beim IMSI-Catcher einloggen und hierdurch lokalisieren sowie Gespräche mitschneiden lassen (*Fox*, a.a.O., 213). Erheblichen rechtlichen Bedenken begegnet der unkontrollierte Einsatz von IMSI-Catchern durch Private, der zudem technisch nicht feststellbar sein soll (*Fox*, a.a.O., 215).

2 S. näher *Eckhardt*, CR 2002, 770, 771; *Gercke*, MMR 2003, 453.

3 Begr. zum Entwurf einer VO über die technische und organisatorische Umsetzung von Maßnahmen zur Überwachung der TK (Stand 9.9.2001), 7 f.

4 Begr., a.a.O., 8.

5 Begr., a.a.O., 8.

6 Ausf. s. der Bericht „The Electronic Frontier: The Challenge of Unlawful Conduct Involving the Use of the Internet. A Report of the President's Working Group on Unlawful Conduct on the Internet“, March 2000 (www.usdoj.gov/criminal/cybercrime/unlawful.htm)

7 Combating Terrorism Act 2001, sec. 812 Disclosure by the Law Enforcement Agencies of Certain Intelligence Obtained by Interception of Communications.

8 Ausf. s. *Rötzer*, Telepolis 11.7.2000, www.telepolis.de/deutsch/inhalt/te/8357/1.html.

9 Spiegel Online, 31.7.2003, VoIP macht die Lauscher taub, www.spiegel.de/netzwelt/politik/0,1518, 259371,00.html.

10 Regulation of Investigatory Powers Act 2000 (www.legislation.hmso.gov.uk/acts/achts2000/ 20000023.htm); s.n. *Bradbury*, RDV 2001, 84.

11 Verordnung über die technische und organisatorische Umsetzung von Maßnahmen zur Überwachung der Telekommunikation (Telekommunikations-Überwachungs-Verordnung – TKÜV), BGBL 2002 I, 458, in der Fassung der Ersten Verordnung zur Änderung der Telekommunikationsüberwachungs-

gehalten, auf eigene Kosten die technischen Einrichtungen zur Überwachung und Aufzeichnung der TK zu gestalten und vorzuhalten[1]. Verpflichtet sollen alle sein, die TK-Anlagen im Sinne von § 88 TKG betreiben, mit denen TK-Dienste für die Öffentlichkeit i.S.v. § 3 Nr. 24 TKG 2004 erbracht werden (§ 2 Abs. 1 TKÜV), – damit nicht Internet-Provider, soweit sie nicht E-Mail-Dienste anbieten[2]. Erfasst werden selbst *Notebooks* (oder sonstige Mobilrechner) mit TK-Anschluss[3], damit wohl auch ähnlich ausgestattete Personal Digital Assistants oder Communicators. Der Verpflichtete muss seine technischen Anlagen so gestalten, dass er eine Anordnung unverzüglich umsetzen kann (§ 6 Abs. 1 TKÜV), und auch ausreichende **Verfügbarkeit** sicherstellen, soweit dies mit vertretbarem Aufwand realisierbar ist (§ 6 Abs. 2 TKÜV). Der Betreiber muss ein „Doppel" von der zu überwachenden Kommunikation bereitstellen (§§ 5 Abs. 1 TKÜV), wobei die Kopie an einem geschaffenen Übergabepunkt erfolgen muss (§ 8 Abs. 1 TKÜV). Jede Nutzung der für die Überwachung vorgesehenen technischen Einrichtungen ist zu protokollieren (§ 16 Abs. 1 TKÜV). Vor Inbetriebnahme bedarf die TK-Anlage der Genehmigung (§ 18 Abs. 2 TKÜV). Die erforderlichen Einrichtungen waren bis zum 30.6.2003 bereitzustellen (§ 30 Abs. 1 S. 2 TKÜV). Bei im Zeitpunkt des Inkrafttretens bereits bestehender Anlage sollen die erforderlichen technischen Einrichtungen spätestens bis zum 1.1.2005 geschaffen sein (§ 26 Abs. 1 TKÜV).

Die Abwälzung der mit der Pflichtenerweiterung verbundenen höheren **Kosten** auf die Provider hat Kritik hervorgerufen[4]. Der österreichische Verfassungsgerichtshof verpflichtete den Staat zum Ersatz der den Netzbetreibern entstehenden Kosten[5]. Unterschieden wurde[6] zwischen „harter" TK-Überwachung (§ 88 TKG a.F.) durch Mithören von Gesprächen und „weicher" TK-Überwachung (§ 90 TKG a.F.) durch Auskunftserteilung über Bestandsdaten der Kunden wie Name, Telefonnummer, Adresse, etc. Die TKÜV konkretisiert die Verpflichtungen aus § 88 Abs. 2 TKG a.F., die außerdem in der Ergänzenden Richtlinie TKÜV (TR TKÜ) näher spezifiziert werden. Abgelehnt wurde eine staatliche Kostentragungspflicht durch das VG Köln[7].

Inzwischen werden mehrere Komplettpakete zur E-Mailüberwachung angeboten[8]. Dies darf Provider natürlich keinesfalls in Versuchung führen, solche Überwachung von sich aus, also ohne Gerichtsbeschluss durchzuführen.

Am 30.4.2003 wurde von der Bundesregierung der Entwurf zur Änderung der TKÜV vorgelegt[9], die wegen der inzwischen erlassenen EG-Genehmigungsrichtlinie zu ändern ist. Dieser zufolge ist die Aufnahme des Betriebs einer TK-Anlage oder das Angebot eines TK-Dienstes nicht mehr von der Erteilung einer Genehmigung abhängig, so dass

verordnung (TKÜV) v. 16.8.2002, BGBl 2002 I, 3317, die Vorschriften zur Umsetzung von Maßnahmen der strategischen i.S.d. §§ 5 und 8 des Gesetzes zu Art. 10 GG. Der Text ist verfügbar unter ww.bfd.bund.de/information/tkuev.pdf.

1 Begründung zur TKÜV, www.bmwi.de/Homepage/download/telekommunikation_post/TKUEV-Begruendung. pdf. Diese Verpflichtung besteht spätestens ab dem 1. Januar 2005.

2 So der BfD, Pressemitteilung, www.bfd.bund.de/aktuelles/index.html (undatiert).

3 Begr., 9 zur TKÜV.

4 So etwa *Pernice*, DuD 2002, 207 (Verfassungswidrigkeit annehmend). So wurden Summen wie 2 Millionen DM, also etwa 1 Million Euro pro durchschnittlichem Provider genannt (*Summa*, Was sagen die Internetprovider ?, in: *Holznagel/Nelles/Sokol*, Die neue TKÜV, 23, 31).

5 ÖVerfGH v. 27.2.2003 – G 37/02-16 u.a., CR 2003, 663.

6 *Kube/Schütze*, CR 2003, 663 (eine staatliche Ausgleichspflicht bejahend).

7 VG Köln, Urt.v. 15.2.2000 – 22 K 5896/96, CR 2000, 747 (zum GSM-Netz).

8 *Ermert*, Rundum-Sorglos-Pakete zur Mail-Überwachung, heise online news 18.12.2003, www.heise.de/newsticker/ data/jk-18.12.03-006.

9 Verfügbar unter: www.computerundrecht.de.

der das Genehmigungsverfahren regelnde § 18 TKÜV entfallen muss. Ebenso wird anstatt der Abnahme ein Verfahren eingeführt, in dem der Betreiber der TK-Anlage in angemessener Frist deren Vorschriftsmäßigkeit nachzuweisen hat. Neben anderen Änderungen wird auch die Überwachung von TK-Verbindungen zulässig, die aus dem Inland zu einer Rufnummer im Ausland hergestellt wird („Auslandskopf"). Unklar war im Herbst 2004 noch, ob auch reine Routerrechner unter die Überwachungspflicht fallen, was Provider bzw. Carrier mit erheblichen zusätzlichen Kosten belasten würde.

B. Internettypische Datenarten und -verarbeitungsformen

Einige besonders wichtige **internettypische Datenarten** bzw. -sammlungen und zugehörige Verarbeitungen werden nachfolgend in alphabetischer Folge **aufgelistet**, wobei die Auflistung allein schon deshalb nicht vollständig sein kann, weil laufend neue Formen entwickelt werden.

Vorab sei festgehalten, dass Betreiber von automatisierten Sammlungen wie Cookies etc. gegenüber Nutzern im Netz, zu denen sie kein tele- oder mediendienstbezogenes Vertragsverhältnis haben oder für die sie keine sonstigen Leistungen auf Vertragsgrundlage erbringen, auch nicht zur Erhebung, Verarbeitung oder Nutzung von deren Daten berechtigt sind. Selbst erteilte Einwilligungen sind oft unwirksam, weil ihnen nicht eine ausreichende Unterrichtung über Verarbeitungszwecke vorausging[1] und allenfalls ein Teil der vorgesehenen Verarbeitungsvorgänge erwähnt wird, etwa nicht ausdrücklich die Rücksendung von Cookies. Erst recht unzulässig sind verdeckte Datenübermittlungen (wie etwa bei Bannerwerbung), für die weder ein zu erfüllendes Vertragsverhältnis oder eine Einwilligung gegeben ist. Derartige Verarbeitungen können eine **Haftung** nicht nur der Webseiten-Betreiber begründen, die die Daten erheben, verarbeiten und nutzen, sondern auch der Provider, die etwa den Zugang zu solchen Angeboten vermitteln. Diese **Providerhaftung** wird insbesondere dann relevant, wenn der Webseiten-Betreiber in einem Drittland außerhalb der EU seinen Sitz hat.

1. Application Service Providing (ASP)

ASP wird überwiegend der **Auftragsdatenverarbeitung** im Sinne von § 11 BDSG (s. S. 966) zugeordnet, so etwa, wenn ein Unternehmen als Dienstleister im Auftrag des Kunden ein System betreibt, das ständig an das Internet angebunden ist[2], aber nicht, wenn etwa nur fremde DV-Anlagen **gemietet** werden und der Anbieter für ein einsatzbereites System sorgt[3] (z.B. Teile der Speicherkapazität von Host-Rechnern). Hierzu gehört auch das Verknüpfen mit fremdverwalteten Speichermedien in Storage Area Networks (SANs). Keine Auftragsdatenverarbeitung liegt vor, wenn der Anbieter die **Funktion** selbst **übertragen** erhält, also etwa Kundenbefragungen durchführen soll[4] oder eine Auswertung des Nutzerverhaltens, oder wenn die bisher zum Unternehmen gehörende IT-Abteilung mittels Outsourcing rechtlich selbständig (und „Dritter"

---

1 Zur Unterrichtungspflicht s. S. 913.

2 *Wächter*, Personenbezogene Datenverarbeitung im E-Commerce, in: Moritz/Dreier, Rechtshandbuch zum E-Commerce, Rdn. D 751.

3 *Gola/Schomerus*, BDSG, § 11 Rdn. 8.

4 *Gola/Schomerus*, BDSG, § 11, Rdn. 9.

bezüglich Datenübermittlungen) wird[1]. Bei einer Funktionsübertragung ist der Anbieter selbst verantwortliche Stelle und die Weitergabe der Daten vom Kunden an den Anbieter eine Übermittlung[2]. Wenn die Funktionsübertragung nicht im Einzelfall zur Erfüllung eines Vertrages mit dem Betroffenen erforderlich ist, muss für die Annahme der Zulässigkeit der Übermittlung ein berechtigtes Interesse des Betroffenen vorliegen und darf kein Grund zur Annahme bestehen, dass das schutzwürdige Interesse des Betroffenen an dem Ausschluss der Verarbeitung oder Nutzung überwiegt (§ 28 Abs. 1 S. 1 Nr. 2 BDSG). Ein schutzwürdiges Interesse kann schon dadurch beeinträchtigt sein, dass der Betroffene, etwa der Kunde eines Unternehmens, mit einer weiteren verantwortlichen Stelle konfrontiert wird (dem Outsourcing-Dienstleister), gegen die er seine Datenschutzrechte zusätzlich geltend machen muss.

2. Bannerwerbung

Bannerwerbung auf Webseiten eines Anbieters wird meist von Servern anderer Betreiber aus gesetzt. Der Nutzer lädt hierbei eine Seite des „angesurften" Websites mit der Bannerwerbung Dritter auf dieser Seite auf seinen Rechner herunter und erhält den Eindruck einer einheitlichen Webseite. Beim Herunterladen der Seite werden **Nutzungsdaten** des **Teilnehmers** im Sinne von § 6 TDDSG auf dem Nutzerrechner und beim nächsten Surfen wieder auf den „Ad-Server" des werbenden Dritten oder auf die Rechner seiner beliebigen Vertragspartner[3] zurück übertragen und dort gespeichert[4]; diese Daten können einen Rückschluss auf Präferenzen des Nutzers (etwa bezüglich der Auswahl annavigierter Webseiten) ermöglichen[5], ohne dass zumeist die erforderliche Einwilligung des Nutzers vorläge oder dieser auch nur **vor** Setzen des Cookies unterrichtet worden wäre[6]. Dieselbe Bannerwerbung (etwa eines Produkteanbieters) kann zudem auf viele Anbieter-Seiten verteilt werden; die Datenaufzeichnung (und Verwaltung) erfolgt auf dem Drittserver (Werbeserver)[7]. Besucht nun ein Nutzer mehrere dieser Seiten, kann der Ad-Server-Betreiber diese **Daten zusammenführen** und aus ihnen Rückschlüsse über den „Surfweg" des Nutzers ziehen. Über Bannerwerbung können auch Cookies (s. unten S. 935) auf den Nutzerrechner geladen werden[8].

Die Rückübermittlung der Daten an den Betreiber der Ad-Server (bzw. dessen Auftraggeber) ist datenschutzrechtlich bereits innerhalb der **EU** unzulässig[9], wenn der Nutzer nicht vorher nach ausreichender Unterrichtung in diese Übermittlung eingewilligt hat[10]; die Einwilligung ist hier immer dann die einzige mögliche erfüllbare Zulässigkeitsvoraussetzung, wenn zwischen Nutzer und Betreiber der Bannerwerbung

1 *Gola/Schomerus*, BDSG, § 11, Rdn. 13.

2 *Hoeren*, Rechtsfragen des Internet, 306.

3 *Mayer-Schönberger*, Cookies, 5.

4 *Whalen*, The Unofficial Cookie FAQ, Nr. 2.9.

5 *Dix/Schaar*, in: Roßnagel, Recht der Multimedia-Dienste, TDDSG 3, § 6 Rdn. 103.

6 *Dix/Schaar*, a.a.O., § 6 Rdn. 103.

7 *Wiese*, Unfreiwillige Spuren im Netz, 15.

8 *Gundermann*, Das Teledienstedatenschutzgesetz – ein virtuelles Gesetz ?, 61.

9 Art. 29-Data Protection Working Party 5035/01/EN/FINAL, WP 56, 30.5.2002, Working Document on determining the international application of EU data protection law to personal dara process on the Internet by non-EU based web sites, 12, ausdrücklich von „a form of invisible and not legitimate processing" sprechend.

10 *Hillenbrand-Beck/Greß*, DuD 2001, 389, 393.

kein Vertragsverhältnis besteht. Die Daten im Cookie sind außerdem nicht erforderlich, da der Diensteanbieter diese für das Erbringen seiner Dienste (etwa Zugangsvermittlung) nicht benötigt, während der Dritte, der die Bannerwerbung setzt, in keinem Vertragsverhältnis zum Nutzer steht, weshalb auch das Setzen der Cookies mit Datenschutzrecht nicht vereinbar ist. Der Dritte ist selbst zur Unterrichtung und zur Einholung der Einwilligung des Nutzers verpflichtet[1].

Wird Bannerwerbung auf Ad-Servern in **Drittländern** (außerhalb EU bzw. EWR) verwaltet, findet hier mit jedem Herunterladen der Seite und/oder dem Anklicken der Banner eine Übertragung der Nutzerdaten an den Drittland-Server (z.B. in den USA) statt, gleich, ob das Drittland die datenschutzrechtlichen Voraussetzungen (angemessenes Datenschutzniveau) für eine solche Übertragung erfüllt. Bannerwerbung von Anbietern außerhalb der EU/EWR, der Schweiz und Ungarn auf Rechnern in die EU/den EWR ist deshalb grundsätzlich datenschutzrechtlich **unzulässig**, bei US-Unternehmen, soweit sie nicht die Safe-Harbor-Kriterien erfüllen. Auch zugangsvermittelnde Provider im Inland, über deren Serverrechner die Daten in das Drittland übermittelt werden, können (auch durch die Aufsichtsbehörde, § 38 Abs. 5 S. 2 BDSG) verpflichtet werden, Verfahren für solche automatisierten Datenübermittlungen in Drittstaaten zu sperren bzw. einzustellen. Auch wenn Ad-Server-Anbieter ihren Sitz im EU-Ausland haben, ist auf das Setzen von Cookies auf Rechnern in Deutschland über Bannerwerbung deutsches Datenschutzrecht anwendbar, wenn die Verarbeitung im Inland erfolgt, etwa durch automatisierte, im Inland belegene Mittel wie Server[2] oder auch das Cookie selbst.

Setzt der Diensteanbieter auf seiner Webseite Bannerwerbung und werden, wenn der Nutzer die Werbung anklickt (oder bereits, wenn diese auch nur auf seinen Rechner übertragen wird) Daten des Nutzers auf den Ad-Serverrechner des Werbenden übertragen, liegt hierin bei fehlender Einwilligung und/oder Unterrichtung eine rechtswidrige Übermittlung, die – als unbefugte Verarbeitung – eine **Ordnungswidrigkeit** darstellt (§ 43 Abs. 2 Nr. 1 2. Alt. BDSG). Vergütet der Werbende dem Diensteanbieter diese Datenübermittlung (wohl der Regelfall), handelt der Diensteanbieter gegen Entgelt (nach § 11 Abs. 1 Nr. 9 StGB „jede in einem Vermögensvorteil bestehende Gegenleistung“), so dass eine **Straftat** vorliegt (§ 44 Abs. 1 BDSG).

3. Browser-Kennung

Eine Übermittlung personenbezogener Daten des Nutzers erfolgt bei jedem Seitenaufruf durch einen Nutzer, da die **Browser-Software** vom Kundenrechner einen **festgelegten Datensatz** an den Serverrechner des Anbieters überträgt, nämlich insbesondere die Internet-Adresse des Nutzerrechners, die aufgerufene Seite sowie den Zeitpunkt des Seitenaufrufes, weiter die Seite, von der aus der Nutzer auf die Anbieterseite kam („*Referrer*“), den Browsertyp, je nach Betriebssystemeinstellung auch die Nutzerkennung, die identisch mit der E-Mail-Adresse sein kann sowie auf dem Nutzerrechner abgelegte und der Serverdomain zugeordnete Cookies[3].

Die Kennung des auf einem Rechner eingesetzten Browsers erlaubt den Rückschluss auf das benutzte Betriebssystem und die Browser-Version. Da die Kennung jedoch

---

1 *Hillenbrand-Beck/Greß*, DuD 2001, 389, 393.

2 *Hillenbrand-Beck/Greß*, DuD 2001, 389, 393.

3 *Wolters*, DuD 1995, 277, 278.

beliebig modifizierbar ist[1], muss im Einzelfall überprüft werden, ob zumindest Personenbeziehbarkeit besteht. Wesentlich ist hier, ob die Kennungsdaten mit anderen Daten, etwa zur Aktivierung von Optionen oder der IP-Adresse, verknüpft werden können. Die Auswertung des Browsers lässt sich außerdem die besuchte IP-Adresse und Website und hieraus etwa bei Arbeitnehmern eine unzulässige private Nutzung erkennen.

4. Cache-Speicher

Auch in Zwischenspeichern von Rechnern können Personendaten (dauerhaft) gespeichert sein. Browser enthalten eine **Cache**-Datenbank, in der Dokumententitel, Typ, URL, Name der lokalen Datei, ihre Größe und Zeitpunkt des letzten Besuchs gespeichert sind. Zudem finden sich im Browser **History**-Listen der zuletzt besuchten Webseiten, die Aufschluss geben können, wann der Nutzer welche Webseiten angesurft hat, woraus sich wiederum Profile erstellen lassen.

5. Chipkarten, automatisierte Verfahren

Das BDSG erfasst unterschiedslos jede Verarbeitung durch automatisierte Verfahren (im Sinne von § 3 Abs. 2 BDSG)[2], auch, soweit sie mittels mobiler personenbezogener Speicher- und Verarbeitungsmedien (§ 6 c BDSG) erfolgt, also etwa in Chipkarten (§ 3 Abs. 10 BDSG) oder in Notebooks. Rein auf **automatisierte Verfahren** dürfen Einzelentscheidungen grundsätzlich nicht gestützt werden (§ 6 a BDSG). Das gilt etwa für Bewertungen der Kreditwürdigkeit durch sog. „Scoring"-Verfahren[3]. § 6 c BDSG verlangt, dass die verantwortliche Stelle, die derartige mobile Medien ausgibt oder Verarbeitungsverfahren auf solche Medien aufbringt bzw. auf ihnen bereithält, die Betroffenen über Identität und Anschrift der Stelle, Funktionsweise des Mediums, die Ausübung ihm zustehender Rechte und über bei Verlust oder Zerstörung des Mediums zu treffenden Maßnahmen **unterrichtet** (§ 6 c Abs. 1 BDSG).

6. Cookies

Cookie-Dateien bestehen aus **Textstrings**[4], die die Bezeichnung der Domain des Anbieters sowie einen Dateipfad (URL) enthalten und eine festgelegte Lebensdauer (lifetime) aufweisen[5], außerdem eine Identifikation des Nutzers (durch „name-value

---

1 *Brauch*, a.a.O.

2 Das BDSG erfasst, wenngleich eingeschränkt, auch nichtautomatisierte Verfahren (§ 3 Abs. 2 Nr. 2 BDSG), die im vorliegenden Zusammenhang aber keine Relevanz haben.

3 BT-Drucks. 14/4329, 37

4 „...a simple piece of text" (*Whalen*, The Unofficial Cookie FAQ, Version 2.6, 8.6.2002, www.cookiecentral.com/faq/). Ein Cookie ist kein Virus und kann nicht auf die Festplatte zugreifen (*Whalen*, a.a.O.). Ein Beispiel für eine Cookie-Datei findet man unter http://www.cookie central.com/code/cookie3.txt und eine Aufschlüsselung der Cookie-Syntax unter www.cis.ohio-state.edu/cgi-bin/rfc/rfc2109.html.

5 *Whalen*, a.a.O., Cookie FAQ, Nr. 1.1. Unter Nr. 3.2 werden die genauen Details wie etwa die einzelnen Wertefestlegungen erläutert.

pairs"[1]), um Kunden (etwa beim Wiederbesuch von Websites) wiederzuerkennen[2] oder während einer Nutzungssitzung virtuelle Warenkörbe zu steuern[3]. Bei Bannerwerbung wird über Links auf der vom Nutzer angesteuerten Website eine Verbindung zum Adserver aufgebaut, dessen Betreiber hierdurch feststellen kann, welche Banner wann gesehen wurden, aber auch, auf welchen Webseiten die Banner eingeblendet wurden, was Rückschlüsse auf die inhaltlichen Interessen der jeweiligen Nutzer erlaubt[4].

Cookies werden regelmäßig mit IP-Nummern an den Webserver übertragen, wodurch Nutzer identifizierbar sein können[5]. Die Größe der Cookies ist auf maximal 4000 Zeichen beschränkt[6]. Cookies sind (jedenfalls bisher) keine Programme, die auf Nutzerrechnern ausführbar wären[7]. Die **Datensätze** in Cookies werden auf dem Serverrechner des Anbieters definiert, auf dem Nutzerrechner gespeichert und bei einem folgenden Seitenaufruf von diesem auf den Serverrechner rückübermittelt und gespeichert[8]. Cookies können als normaler Bestandteil des HTTP-Verkehrs technisch ungehindert im IP-Verkehr übertragen werden; hierzu wird etwa das Set-Cookie in den HTTP-Antwort-Header gesetzt, also gewissermaßen in unsichtbare Hyperlinks, aber auch in JavaScripts oder Metatags im HTML-Code[9]. **Rücksendung erfolgt ohne Zutun des Nutzers in der Form eines Cookie-Feldes beim „Chattering" auf HTTP-Ebene**[10] und kann Datenerhebung darstellen[11].

Die **Daten** in Cookies können Aufschluss geben über die individuelle Nutzung von Web-Angeboten, angeklickte Werbeseiten, die Reihenfolge ihrer Nutzung („Click-stream") und Nutzeridentifikationsnummern[12], den Inhalt eines bestellten Warenkorbes oder von Nutzungsprotokollen[13]. Cookies lassen sich für jeden Besucher einer Webseite erstellen (etwa um verlässlich Besucherzahlen zu erstellen) und auf dessen Nutzerrechner abspeichern[14]. Von der Website aus wird sofort beim Annavigieren geprüft, ob auf dem Rechner des Nutzers bereits ein Cookie gespeichert ist. Dieses wird dann vom Website des Anbieters abgerufen. Wird kein Cookie gefunden, setzt das Serverprogramm automatisch auf dem Nutzerrechner ein Cookie. Solche Nutzungsdaten können für Marketingzwecke nutzbar[15] und sogar in Links versteckt eingefügt sein[1].

---

1 *Brain*, How Internet Cookies Work (www.howstuffworks.com/cookie.htm), z.B. user und 35005.

2 *Schaar*, Datenschutz im Internet 2002, Rdn. 180.

3 *Schaar*, a.a.O., Rdn. 181.

4 *Schaar*, a.a.O., Rdn. 184.

5 *Schaar*, a.a.O., Rdn. 186. Personenbezug besteht, wenn Cookies Namen oder E-Mail-Adressen enthalten.

6 *Schaar*, a.a.O., Rdn. 179.

7 *Brain*, How Internet Cookies Work, a.a.O.

8 Ausf. s. *Ihde*, CR 2000, 413; *Schaar*, Datenschutz im Internet 2002, Rdn. 177; *Wolters*, DuD 1995, 277, 279; *Wiese*, Unfreiwillige Spuren im Netz, 13; *Brain*, How Internet Cookies Work. Cookies transportieren als HTTP-Header Daten nach den Festlegungen in Request for Comment (RFC) 2109, Feb. 1997, 11.

9 Art.29-Datenschutzgruppe, Arbeitspapier über die Frage der internationalen Anwendbarkeit des EU-Datenschutzrechts bei der Verarbeitung personenbezogener Daten im Internet durch Websites außerhalb der EU, 5035/01/DE/endg., WP 56, v. 30.5. 2002, 12.

10 Art.29-Datenschutzgruppe, Arbeitspapier v. 30.5.2002, a.a.O., 12.

11 Roßnagel/*Bizer*, Recht der Multimedia-Dienste, § 4 TDDSG, Rdn. 205.

12 Art. 29-Data Protection Working Party 5063/00/EN/FINAL, WP 37, 21.11.2000, Working Document: Privacy on the Internet – An integrated EU Approach for Online Data Protection, 16.

13 *Wolters*, DuD 1995, 277, 279.

14 *Brain*, How Internet Cookies Work, a.a.O.

15 Ein (cookie-generiertes) Kundenprofil soll etwa einen Wert von DM 1000,00 haben (*v.Radetzky*, Computerwoche 13/2000, 32 nach Angaben von Doubleclick).

Nach den Begrenzungen in RFC 2109 wird die Anzahl der Cookies von den Browsern auf 300 (und 20 pro Website) beschränkt[2].

Eine **datenschutzrechtliche Beurteilung** setzt **Personenbezug** von Cookies voraus. Wird ein Cookie auf einem in Deutschland belegenen Rechner abgespeichert, ist deutsches Datenschutzrecht anwendbar[3]. Cookies weisen Personenbezug auf, wenn sie Einzelangaben über eine bestimmte oder bestimmbare natürliche Personen enthalten (§ 3 Abs. 1 BDSG), z.B. über den Betreiber des Rechners, auf dem sie „gesetzt" werden, oder Passwörter. Kein Personenbezug besteht, wenn Cookies nicht persistent (auf Dauer), sondern nur für die Session gespeichert werden, der Anbieter bei der nächsten Session keine Zugriffsmöglichkeit auf das Cookie hat und auch nicht über andere Datenverknüpfungen eine Identifizierung durchführen kann. Mehrere Cookies (bzw. die Daten aus diesen) werden außerdem meist über **Indexnummern** verknüpft, die sich „anbieterübergreifend" nutzen lassen (etwa bei Bannerwerbung dritter Anbieter[4]) und das Rekonstruieren des „Surfverhaltens" von Nutzern erlauben[5], damit aber den **Bezug auf deren Person**. Einzelne Firmen **speichern** sogar genau **jede Bewegung des Nutzers** auf ihren Webseiten, um etwa Anzeigen je nach Nutzerverhalten anzupassen[6]. Solche „Cookie-Aggregate" stellen damit selbst personenbezogene Daten dar, auf deren Speicherung in der Regel nicht einmal vorab hingewiesen wird und für deren Speicherung deshalb keine Einwilligung des Nutzers vorliegt. Kann die Person der Nutzers über eine Cookie-Sequenz identifiziert werden, spielt es keine Rolle, dass bei den einzelnen nutzerseitigen Zugriffen wechselnde (dynamische) IP-Adressen vergeben werden, sofern cookie-gestützte Identifizierung möglich bleibt. Die ID-Nummern gestatten es, Cookies auch bei wechselnden IP-Adressen wiederzufinden und auch durch dritte Anbieter auslesen zu lassen[7]. Beliebige Dritte sind datenschutzrechtlich grundsätzlich nicht berechtigt, über Cookies oder andere derartige Verfahren uneingeschränkt im Internet Nutzerdaten zu sammeln, auch nicht wenn diese Dritten im Auftrag wieder anderer Dritter, nämlich bestimmter Diensteanbieter Cookies setzen[8].

Die **Verwendung** von Cookies mit Personenbezug ist bereits nach geltendem Tele- und Mediendiensterecht **unzulässig**[9], wenn weder die Erforderlichkeit der Verarbeitung oder Nutzung der Daten im Cookie gegeben ist noch eine ausreichend konkret gefasste Einwilligung vorliegt. Die Verwendung von Cookies kann auch außerhalb von Vertragsverhältnissen (oder vertragsähnlichen Vertrauensverhältnissen) zulässig sein, wenn der Betroffene **eingewilligt** hat. Die bloße elektronische Mitteilung, es werde ein

---

1 Art. 29-Data Protection Working Party 5063/00/EN/FINAL, WP 37, 21.11.2000, Working Document: Privacy on the Internet – An integrated EU Approach for Online Data Protection, 16.

2 *Whalen*, The Unofficial Cookie FAQ, Nr. 2.5.

3 Art. 29-Data Protection Working Party 5035/01/EN/FINAL, WP 56, 30.5.2002, Working Document on determining the international application of EU data protection law to personal dara process on the Internet by non-EU based web sites, 11.

4 *Hillenbrand-Beck/Greß*, DuD 2001, 389, 390. Nicht zuzustimmen ist den Autoren, wenn diese Cookies als Pseudonyme im Sinne von § 3 Abs. 6 a BDSG einstufen, da (entgegen § 3 Abs. 6 a BDSG) die Zweckbestimmung des Setzens des Cookies gerade nicht ist, die Bestimmung des Betroffenen auszuschließen oder wesentlich einzuschränken, sondern vielmehr das Zusammenführen der Nutzungsdaten von Kunden.

5 *Fuhrberg*, Internet-Sicherheit, 353.

6 *Sinrod/Jolish*, 1999 Stanford Technology Law Review 1.

7 *Hillenbrand-Beck/Greß*, a.a.O., 390. Man spricht kurz von „Cookie-IDs".

8 So etwa „ad.double.click.net" als Mediaservice-Anbieter.

9 *Ihde*, CR 2000, 413, 420, der eine teleologische Reduzierung auf einen Übereilungsschutz befürwortet.

„Cookie gesetzt", führt noch zu keiner Einwilligung[1]. Es fehlt bereits an der erforderlichen **Unterrichtung** des Nutzers (§ 4 Abs. 1 TDDSG)[2], **welche Daten** das Cookie von ihm enthalten wird und wie diese Daten weiterverarbeitet oder genutzt werden sollen. Die Unterrichtung ist für eine konkrete Einwilligung („informed consent") in verständlicher, umfassender und deutlich sichtbarer Form **unabdingbar**[3], da der Nutzer in der Regel weder vorab noch nach erfolgter Speicherung die Möglichkeit hat herauszufinden, was in dem Cookie über sein Verhalten gespeichert ist[4]. Die Unterrichtung muss über Art, Umfang und Zwecke der Erhebung, Verarbeitung und Nutzung erfolgen (§ 4 Abs. 1 TDDSG)[5]. Die Erteilung der Einwilligung muss außerdem **protokolliert** werden (§ 4 Abs. 2 Nr. 2 TDDSG). In der Praxis ist eine Aufforderung zur Einwilligung und die Unterrichtung über Erhebung oder Verarbeitung bzw. Nutzung im Zusammenhang mit dem Setzen von Cookies nicht die Regel[6]. Die Einwilligung bleibt auch dann erforderlich, wenn sich in beteiligten Verkehrskreisen eine Übung herausgebildet haben sollte, einwilligungsunabhängig Cookies zu setzen. Unwirksam ist ein vorab erfolgter Verzicht auf die Einwilligung (insbesondere bei Vorformulierung in AGB). Verzichtet werden kann nur auf den ex nunc wirkenden **Widerruf** und die Unterrichtung (arg. e § 4 Abs. 3 TDDSG).

Eine **Einwilligung** wurde teilweise darin gesehen werden, dass der Nutzer **nicht** von der Möglichkeit Gebrauch macht, die **Browser-Software** so **einzustellen**, dass Cookies vom Rechner nicht akzeptiert werden. Allein das Einstellen der Browser-Option „Cookie akzeptieren ohne Warnung" hat aber (als rein tatsächliches Handeln, das an keinen Dritten adressiert ist) noch **keine Erklärungswirkung**. Der Anbieter muss trotzdem zunächst elektronisch abfragen, ob der Nutzer Cookies akzeptiert, und den Nutzer ausreichend konkret auf den Zweck der vorgesehenen Verarbeitung der Nutzerdaten hinweisen. Erst wenn der Nutzer hier ein entsprechendes Feld anklickt, kann der Optionseinstellung eine Erklärungswirkung zugeordnet werden. An der Erklärungswirkung fehlt es insbesondere dann, wenn der Nutzer (etwa mangels Kenntnis von ihr seit Systeminstallation) überhaupt keine Einstellung der Optionen wählt, sondern die bei anbieterseitiger Installation vorgesehene „Akzeptiert"-Option einfach eingestellt lässt[7]. Hier fehlt dem Nutzer bereits das Erklärungsbewusstsein. Deshalb kann auch umgekehrt aus dem Umstand, dass der Nutzer diese **Option nicht deaktiviert**, in der Regel noch keine Erklärung einer Einwilligung abgeleitet werden[8]. Dies gilt erst recht, wenn außerdem keine ausreichende Unterrichtung vorab erfolgt ist. Interessant ist der Hinweis auf eine mögliche Produkthaftung des Anbieters von Browser-Software, wenn

---

1 *Ihde*, Ihde, CR 2000, 413, 418.

2 *Schmitz*, TDDSG, 154 f. Zur Erforderlichkeit der Unterrichtung, wenn Cookies länger als eine jeweilige Nutzungssitung abgespeichert werden, s. Hamburgischer Datenschutzbeauftragter, Orientierungshilfe Tele- und Mediendienste, Stand: 1.7.2002 (www.hamburg.datenschutz.de), 12. Die Unterichtung muss *beim Setzen* erfolgen (a.a.O., 13).

3 *Hillenbrand-Beck/Greß*, DuD 2001, 389, 392.

4 Hinweise des Landesbeauftragten für den Datenschutz Baden-Württemberg vom 26.10.1998, Datenschutz und Internet, (www.baden-wuertttemberg.de/datenschutz), 12.

5 Sicherlich nicht ausreichend ist ein kryptischer Text wie etwa „The server 209.10.56.12 wishes to set a cookie that will be sent back to .10.56.12. The name and value of the cookie are s=pc8744648763. Do you want this cookie to be set?" (zit. nach: *Mayer-Schönberger*, Cookies, 4). Weder verantwortliche Stelle noch Verwendungszweck sind hier erkennbar. Auch fehlt jede Unterrichtung über die Art der gespeicherten Daten. Schließlich bleibt offen, ob sich der Standort des Serverrechners außerhalb der EU befindet und der Empfängerstaat ein angemessenes Datenschutzniveau sicherstellt.

6 *Gundermann*, Telediensteddatenschutzgesetz, 58, 61.

7 *Schmitz*, in: Hoeren/Sieber, Handbuch Multimediarecht, 16.4, Rdn. 139.

8 Vgl. auch *Ihde*, CR 2000, 413, 419.

diese keine dem geltenden Datenschutzrecht entsprechende Einstellung von Wahloptionen gestattet[1].

Aber selbst im allgemeinen **Aktivieren** der „Akzeptiert“-Option ist noch keine Einwilligung in das Speichern und Rückübertragen von Cookies durch einen bestimmten Anbieter zu sehen. Unzutreffend ist auch, dass im Setzen noch keine Verarbeitung durch den Diensteanbieter erfolgt[2]. Zunächst darf die Einwilligung in einen DV-Vorgang nicht mit diesem selbst verwechselt werden. Willigt ein Nutzer in eine Übermittlung des Cookies auf seinen Rechner ein, führt er sie damit noch nicht selbst durch. Willigt der Nutzer in das Setzen eines Cookies ein, bleibt also nach wie vor der Diensteanbieter derjenige, der den Verarbeitungsvorgang des Speicherns auf dem Rechner des Nutzers tatsächlich steuert. Der Nutzer stellt nur eine Option ein, ohne die Cookies damit auch selbst abzuspeichern. Das Setzen als DV-Vorgang führt der Diensteanbieter durch. Dem steht nicht entgegen, dass es dem Nutzer frei steht, das Cookie zu löschen, setzt dies doch voraus, dass es erst einmal (vom Diensteanbieter) gesetzt, also (zulässig) gespeichert wurde, bevor es gelöscht werden kann. Weiter wird die Einwilligungserklärung immer schon dann unwirksam sein, wenn der Nutzer nicht vor Erklärung über den konkreten Zweck der Erhebung, Verarbeitung und Nutzung unterrichtet wurde (§ 4 Abs. 1 TDDSG). Eine solche konkrete Unterrichtung ist einer pauschalen Anfrage, ob Cookies akzeptiert werden, nicht einmal ansatzweise zu entnehmen[3]. Zutreffend ist weiter, dass der Nutzer, dem die Funktion und das Setzen des Cookies nicht bekannt sind, nicht wirksam in die **Nutzung seiner Systemressourcen** beim Setzen und Rückübertragen des Cookie einwilligt[4], jedoch ist dieser Einwilligungsinhalt nicht mit der datenschutzrechtlich relevanten Einwilligung identisch und auf rein datenschutzrechtlicher Ebene nicht zu berücksichtigen. Entscheidend ist eher, dass bereits für den datenschutzrechtlich relevanten Teil der Einwilligungserklärung das Erklärungsbewusstsein fehlt (und auch nicht einfach unterstellt werden darf, insbesondere nicht in Formularverträgen). Schließlich entbindet das Aktivieren des Akzeptanzoption des Anbieter nicht davon, die Zulässigkeitsvoraussetzungen für das Setzen und die weitere Verarbeitung, insbesondere Rücksendung, von Cookies einzuhalten.

Die Nutzung von Cookies ist zudem mit verschiedenen **Verarbeitungsvorgängen** verbunden, deren datenschutzrechtliche Zulässigkeit jeweils getrennt zu prüfen ist. Das Erstellen („**Setzen**“) von Cookies auf dem Nutzerrechner lässt sich als Erheben im Sinne der §§ 3 Abs. 3 BDSG, 3 Abs. 1 TDDSG, 16 Abs. 1 S. 2 MDStV einstufen[5], ist aber zugleich mit einem Speichern verbunden und in beiden Fällen einwilligungsbedürftig, wenn das Setzen nicht zur Vertragserfüllung erforderlich ist. Ein Setzen könnte allenfalls im Rahmen der konkreten Nutzung eines Tele- oder Mediendienstes erforderlich sein, deren Einrichtung und Abrechnung aber regelmäßig über andere Programme auf dem Anbieterrechner durchgeführt wird, so dass Cookie-Daten auch insoweit nicht benötigt werden und keine im Sinne von § 6 Abs. 1 TDSG erforderlichen Daten sind, insbesondere nicht, wenn etwa auf bestimmten Sites allein beim Ansurfen der Ausgangsseite zwei Dutzend Cookies gesetzt werden[6]. Da Nutzungsdaten (zu denen auch Cookies gehören), anders als Bestandsdaten, mit Ende

1 *Mayer-Schönberger*, Cookies, 6.
2 *Engel-Flechsig*, DuD 1997, 8, 12.
3 Im Erg. ebenso *Schmitz*, TDDSG, 155.
4 *Schmitz*, TDDSG, 154, Fn. 731.
5 *Ihde*, a.a.O., CR 2000, 413, 415.
6 *Meyer*, E-Mail-Marketing in Zeiten der Ungewissheit, Computerwoche 31/2001, 13.

der jeweiligen Sitzung zu löschen sind (§§ 6 Abs. 2 Nr. 1 TDDSG, 15 Abs. 1 Nr. 1 MDStV i.V.m. § 35 Abs. 2 S. 2 Nr. 3 BDSG), ist generell das **Weiterspeichern** von Daten des Nutzers, etwa in Cookies, nach Erfüllung des Vertragszweckes nur mit gesonderter Einwilligung der Nutzer zulässig, die selten gesondert eingeholt wird. Unzulässig ist auch die Verlängerung der Speicherdauer durch den Webserver (bzw. dessen Betreiber) auf Jahre hinaus[1] unabhängig von dem Verarbeitungszweck und der Erforderlichkeit. Das Setzen von Cookies, die beim nächsten Start des Nutzerrechners automatisiert an den Serverrechner des Diensteanbieters oder gar an den „Ad-Server" eines dritten Betreibers (rück)übermittelt werden, kann zudem als das **Einrichten eines automati-sierten Abrufverfahrens** eingestuft werden (§ 10 BDSG, s. S. 975), das weder vom TDDSG oder MDStV abgedeckt noch mit dem BDSG vereinbar ist, da das Abruf**verfahren** nicht auf dem (aufsichtsbehördlich zu kontrollierenden) Serverrechner des Anbieters, sondern auf dem **Kundenrechner installiert** wird. § 10 BDSG regelt Verfahren der Weitergabe der Daten an Dritte im Rahmen einer „Selbstbedienung"[2], etwa an Betreiber von Ad-Servern für Bannerwerbung (s. S. 931). Der Dritte braucht nur noch die Daten abrufen. In dem Einrichten dieses Abrufverfahrens (das zudem einen Teledienst im Sinne von § 2 TDG darstellt[3]) liegt ein **unbefugtes Bereithalten** der Nutzerdaten im Verhältnis Anbieter-Dritter (Werbeanbieter) vor (Ordnungswidrigkeit i.S.v. § 43 Abs. 2 Nr. 2 BDSG). Ein ohne Nutzereinwilligung erfolgendes Übermitteln kann außerdem ein unbefugtes **Verschaffen** der Daten für einen Dritten zum Nachteil des Nutzers im Sinne von § 202 a StGB darstellen. Das unbefugte Setzen eines Cookies kann schließlich einen zivilrechtlichen Anspruch auf Beseitigung der **Besitzstörung** im Sinne von § 823 Abs. 1 BGB bzw. § 1004 BGB begründen, wobei der Abwehranspruch bezüglich des Nutzerrechners jedoch bereits dadurch erfüllbar sein kann, dass der Kunde die Cookie-Dateien selbst auf seinem Rechner löscht und zukünftig die Cookie-Option deaktiviert. Das Setzen von Cookies wurde außerdem als **sittenwidrige Handlung** im Sinne von § 1 UWG[4] bzw. als Besitzstörung[5] qualifiziert.

Bei **Rücksenden** des Cookies beim nächsten Kontakt erfolgt eine Übermittlung der in ihm enthaltenen Daten vom Kunden- zum Anbieterrechner, die regelmäßig ihrerseits der gesonderten Einwilligung des Betroffenen bedarf[6]. Deren wirksame Erteilung würde voraussetzen, dass der Betroffene **vorab** von dieser (Rück-)Übermittlung und die weitere Cookie-Verwendung **unterrichtet** wird, – in der Praxis offensichtlich ein Ausnahmefall[7]. Werden gar Cookies mit (vorgegebenen) Nutzerdaten dann an den Anbieter zurückgesendet, obwohl der Nutzer schon die Abspeicherung nicht akzeptiert hat[8], verletzen **beide** DV-Vorgänge Datenschutzrecht. Hinzu kommt, dass etwa über Netscape-Browser eingestellte Standardoptionen („*cookie defaults*") überschrieben („*overwrite*") werden können; hierdurch kann nicht nur der Cookie-setzende Webserver, sondern auch jeder sonstige Webserver Cookies abfragen[9], ohne dass hierzu eine Einwilligung des Nutzers vorläge oder auch dessen Unterrichtung erfolgt wäre. In

1 *Mayer-Schönberger*, Cookies, 3.

2 *Gola/Schomerus*, § 10, Rdn. 5.

3 *Gola/Schomerus*, § 10, Rdn. 7.

4 *Moritz/Dreier/Hermann*, Rechtshandbuch zum E-Commerce, 674.

5 *Hoeren*, DuD 1998, 455.

6 *Schmitz*, a.a.O., 156.

7 Ebenso *Schmitz*, TDDSG, 155.

8 *Whalen*, a.a.O., Nr. 2.3 mit dem Vermerk : „... without a cookie to tell the server who you are, it can't remember *not* to send you any cookies" (Hervorh. durch Verf.).

9 *Mayer-Schönberger*, Cookies, 3.

diesem Überschreiben kann eine strafbare Datenveränderung zu sehen sein (§ 303 a StGB).

Ein nutzerseitiges **Löschen** von Cookies ist datenschutzrechtlich **zulässig**[1] und im Rechner grundsätzlich technisch problemlos möglich, so dass beim nächsten Online-Kontakt keine Cookies mehr (rück)übertragen werden können. Hierfür muss aber das Löschen nach Schließen, also Deaktivieren des Browsers erfolgen, da beim Löschen während einer Sitzung der Browser bei deren Beendigung ein Kopie auch der Cookies erstellt und doch dann doch wieder vorhanden sind[2]. Sicherungstechniken wie Firewalls oder zwischengeschaltete Proxy-Server-Rechner können Cookies in der Regel ausfiltern[3]. Auch dies ist datenschutzrechtlich zulässig. **Es besteht grundsätzlich kein Anspruch, auf fremden Rechnern Dateien speichern zu dürfen**, insbesondere nicht Dateien mit personenbezogenen Daten der Nutzer dieser Rechner. Umgekehrt ist der Anbieter nicht völlig frei, Dienste nur denjenigen Nutzern anzubieten, die vorher die Cookie-Option in ihrer Browser-Clientsoftware aktiviert haben. Zumindest dann, wenn der Nutzer nicht auf vergleichbare Dienste anderer Anbieter unter zumutbaren Bedingungen zurückgreifen kann, besteht die Möglichkeit, die Aufforderung zur Aktivierung im nutzerseitigen Browser (die mit einer Aufforderung gleichzusetzen ist, Cookies zu akzeptieren) als nach § 3 Abs. 4 TDDSG unzulässig einzustufen und die Erbringung des Dienstes ohne Aktivierung zu beanspruchen.

Nutzt ein **Arbeitnehmer** Internet-Zugänge des Arbeitgebers betrieblich veranlasst, kann der Arbeitgeber den Arbeitnehmer zwar anweisen, diese Option bezüglich seiner Cookies oder der Cookies bestimmter anderer Anbieter nicht zu deaktivieren (damit bestimmte fremde Angebote genutzt werden können, die eine Aktivierung erfordern), doch ist hier Mitbestimmungsbedürftigkeit nach § 87 Abs. 1 Nr. 6 BetrVG zu prüfen, wenn bei Aktivierung der Option eine Überwachung von Leistung und Verhalten anhand der Nutzungsdaten möglich ist. Da die Cookie-Daten im Internet offen übertragen werden[4], ist Datenschutz in der Übertragungsphase nur unzureichend implementiert. Zumindest aus betriebsverfassungsrechtlicher Sicht wird der Betriebsrat dahingehend zu wirken haben, die Datenschutzbestimmungen einzuhalten (§ 80 Abs. 1 Nr. 1 BetrVG) und deshalb solche unzulässigen Übermittlungen jedenfalls von Arbeitnehmerdaten nicht durchzuführen, auch wenn fremde Diensteanbieter bzw. Partnerunternehmen die Cookies setzen wollen. Nutzt hingegen der Arbeitnehmer den Zugang **privat veranlasst**, ist der Arbeitnehmer **insoweit** jederzeit berechtigt, die entsprechende Option bezüglich des Akzeptierens von Cookies des Arbeitgebers oder Dritter zu deaktivieren, so dass keine Cookies gespeichert werden können.

Die Verwendung von Cookies kann unter verschiedenen Aspekten sogar **strafbar** sein, so etwa bereits deren **Setzen** ohne Einwilligung als Datenveränderung, oder dann, wenn beim Setzen auf dem Nutzerrechner das Inhaltsverzeichnis der Festplatte (File Allocation Table, FAT) verändert wird[5]. Das Serverprogramm führt außerdem vor dem Abfragen vorhandener oder dem Setzen neuer Cookies zunächst eine **Dateisuche** nach

---

1 Dies gilt selbst bei wirksam erteilter Einwilligung in das Setzen des Cookies, da das Löschen faktisch einem Widerruf der Einwilligung mit Wirkung ex nunc, also für die zukünftige Nutzung gleichkommt. Die Einwilligung bezieht sich zudem nur auf das Setzen des Cookies als solchen, nicht aber auf dessen Gespeicherthalten oder Weiter- bzw. Rückübertragung.

2 *Whalen*, The Unofficial Cookie FAQ, a.a.O.

3 *Whalen*, a.a.O., Nr. 2.7.

4 *Fuhrberg*, Internet-Sicherheit, 353.

5 *Strömer*, Online-Recht, 284; a.A. *Lapp*, ITRB 2001, 113, 114. Strafbarkeit wird zu verneinen sein, wenn das Abspeichern in einem von der Browser-Software ohnehin bereits eingerichteten Verzeichnis erfolgt und vorhandene Daten unverändert und nutzbar bleiben.

Cookies auf dem Nutzerrechner durch. Ohne Einwilligung in diesen Verarbeitungsvorgang könnte hierin ein **strafbares Ausspähen** (i.S.v. § 202 a StGB) zu sehen sein, wenn hierbei eine besondere Sicherung gegen unberechtigten Zugang überwunden wurde. Diese wird aber regelmäßig nicht vorliegen, da allein das Aktivieren der Option in der Browser-Software, keine Cookies akzeptieren zu wollen, (auch wenn man unterstellt, dass diese Option bewusst gewählt wurde und nicht nur wegen Unkenntnis eingestellt blieb) noch keine solche Sicherung darstellt, vielmehr das Setzen rein technisch möglich bleibt. Ordnungswidrig handeln Diensteanbieter, die nicht, nicht richtig oder nicht vollständig oder rechtzeitig **unterrichten** (§ 9 Abs. 1 Nr. 2 TDDSG) oder Cookie-Daten ohne Einwilligung verarbeiten (§ 9 Abs. 1 Nr. 1 TDDSG). Veranlasst der Dien-steanbieter durch Setzen eines entsprechend eingerichteten Cookies, dass dieses von Dritten abgerufen werden kann, so ist hierin ein Bereithalten (als Form der Übermittlung) zu sehen, das bei Fehlen einer Einwilligung unbefugt und eine Ordnungswidrigkeit ist (§ 43 Abs. 2 Nr. 1 BDSG). Erhält der Anbieter vom Dritten (etwa einem bannerwerbenden Ad-Server-Betreiber) ein Entgelt (nach § 11 Abs. 1 Nr. 9 StGB „jede in einem Vermögensvorteil bestehende Gegenleistung"), ist diese Übermittlung sogar Straftat (§§ 44 Abs. 1 i.V.m. 43 Abs. 2 Nr. 1 BDSG). Sieht man in dem Setzen des durch Dritte abrufbaren Cookie das Einrichten eines automatisierten Abrufverfahrens, so ist bereits dies Straftat (§§ 43 Abs. 2 Nr. 2, 44 Abs. 1 BDSG), wobei der Tatbestand auch dann erfüllt ist, wenn der Diensteanbieter die Möglichkeit zum Datenabruf nicht auf dem eigenen Serversystem einrichtet, sondern auf dem Rechner des Nutzers, da das Ergebnis für den betroffenen Nutzer das gleiche ist. In der Praxis werden nun fast alle derart zur Abfrage durch Dritte eingerichtete Cookies vom Diensteanbieter gesetzt, **ohne** dass auf die Rückübertragung hingewiesen würde; damit ist eine Einwilligung, selbst wenn sie überhaupt eingeholt wird, doch unwirksam, da auf einen unzureichend beschriebenen Sachverhalt bezogen, und folglich jedenfalls die Rücksendung des Coo-kies in diesen Fällen notwendig unbefugt, die Übermittlung also strafbar, ebenso bereits das einrichten zum Abruf. Konsequenz ist freilich, dass **das Setzen von Cookies** unter diesen Voraussetzungen häufiger als zuweilen von Anbietern gedacht **strafbar** (oder zumindest eine Ordnungswidrigkeit) sein kann.

7. Data Warehouses und Data Mining

Durch Einsatz neuer Techniken können sich datenschutzrechtliche Risiken erhöhen. So werden früher meist getrennt verwaltete Datenbestände – auch für den **Online**-Bereich – zunehmend in „Data Warehouses" (als Dateien im Sinne von § 3 Abs. 2 Nr. 1 BDSG[1]) zusammengeführt und aus längeren Zeiträumen aggregiert[2]; dies erlaubt, in sog. „Customer Relationship Management" (CRM)-Systemen automatisiert verschiedenste Zusammenhänge von Daten herauszufinden („**Data Mining**")[3], etwa zwischen

1 *Möncke*, DuD 1998, 561, 564.

2 *Möncke*, DuD 1998, 561.

3 *Wilke*, RDV 2002, 225 nennt als Beispiel für die Komplexität der Auswertung ein Unternehmen, das mit 400 Filialen und täglich je 8000 Transaktionen täglich einen Bericht mit weit über 3 Millionen Zeilen erzeugt, die manuell nicht mehr ausgewertet werden können, um etwa Anhaltspunkte über Unehrlichkeit von Kassenpersonal zu gewinnen. *Wilke*, RDV 2002, 227 spricht plastisch von der zu schaffenden „gläsernen Kassiererin". Keine Aktion bleibe im Dunkeln, alles werde „minutiös aufgelistet", auch die „flottesten" Kassiererinnen – also im Sinne von § 87 Abs. 1 Nr. 6 BetrVG eine durchgängige Überwachung sowie Erstellung von Persönlichkeitsprofilen (*Wilke*, RDV 2002, 225, 229).

Surf- und Kaufverhalten[1], wobei Hypothesen automatisch generiert werden können[2], z.B. mittels der Software generierte „Kaufwahrscheinlichkeiten", um hieraus eine mittel- und längerfristige strategische Unternehmensplanung zu ermöglichen[3], etwa Angebotsunterbreitung, Vertreterbesuche, etc., wobei sich (dank des Internet) Daten **weltweit** auswerten lassen[4]. Hierbei lässt sich ein **konkreter**, auf einen bestimmten Betroffenen bezogener **Zweck der Verarbeitung vorab nicht bezeichnen**, da mögliche Zwecke erst mittels bestimmter „Discovery"- Verfahren erarbeiten werden sollen. Mit besonderen Techniken lassen sich auch zunächst unerkannte Zusammenhänge aufdecken, wodurch freilich auch datenschutzrechtliche Risiken erhöht werden. Der Personenbezug von Daten im Data Warehouse wird meist über Attribute wie Kundennummern hergestellt[5]. Erweitert werden diese Systeme durch (z.B. *Payback*-)Kundenkarten, mit denen umfangreiche Sammlungen Zum Kaufverhalten der Kunden angelegt werden.

Konzeptionell sollte ein Data Warehouse möglichst wenig Schranken für Volumen und Inhalte aufweisen, denn alles könnte interessant sein[6]. Über ein einheitliches Zugriffsprotokoll werden die Daten ermittelt, Redundanzen bereinigt und in das DW übernommen. Ein „**Drill-down**" führt hierbei von hochverdichteten Kennzahlen zu operativen Rohdaten. Auf diese lassen sich unterschiedliche Verfahren anwenden. Im „**Roll-up**" werden Daten innerhalb einer oder mehrerer Dimensionen aggregiert und im „**Slicing**" Schnittanalysen durchgeführt (etwa zum Erwerb eines bestimmten Produktes in allen Filialen eines Anbieters)[7]. Diese Verfahren erlauben das Erstellen individueller **Kundenprofile**, also das Zusammenfassen strukturierter Informationen über Nutzer. Unternehmen können hieraus etwa feststellen, welche Kunden(gruppen) in welcher Region zu einer bestimmten Uhrzeit bestimmte Produkte bestellen[8], oder die Zahlungsfähigkeit potentieller Kunden unter Berücksichtigung von deren Wohnadresse und eventuellen Insolvenzverfahren analysieren (sog. „Web Scoring")[9]. Qualitätssicherung des DB-Betriebes kann sogar verlangen, die Verknüpfung zu den operativen Datenbasen (also zu personenbezogenen Daten) beizubehalten[10], womit freilich auch der Personenbezug oder jedenfalls die Personenbeziehbarkeit erhalten bleiben. Inzwischen haben insbesondere Programme zum „Customer Relationship Management" (CRM) sogar einen eigenen Markt herausgebildet. Mit CRM-Software lässt sich –

[1] *Baeriswyl*, RDV 2000, 6. So sammelt ein schwedischer Mobilfunkanbieter tagesaktuell Daten aus Befragungen, warum Handy-Besitzer den Netzbetreiber wechseln (IDG Compendium „Data Mining", 1, 11).

[2] *Möncke*, DuD 1998, 561, 563 spricht von Hypothesengewinnung und „Knowledge Discovery".

[3] *Möncke*, Sicherheit im Data Warehouse, 30, 31.

[4] *Schaar*, Datenschutz im Internet 2002, Rdn. 38, der von einer „globalen Datenbank" spricht, die praktisch von jedermann genutzt werden könne. Daten aus Suchmaschinen, Newsgroups und Chatrooms seien „wahre Fundgruben" für Datensammler.

[5] *Möncke*, DuD 1998, 561, 564 mit einer Schilderung der Schwierigkeiten, eine sichere Anonymisierung herzustellen (a.a.O., 566).

[6] *Möncke*, a.a.O., 30, 42 begründet dies damit, dass mit der Anzahl der Daten die Qualität der Information steige. „Der Kontext, in dem die Daten des Einzelnen eingebettet sind, wird reichhaltiger: Man kann die Daten des Einzelnen im Lichte des Kontextes der über alle anderen gewonnenen Daten besser interpretieren. Höhere Aggregationsformen heben Eigenschaften ans Licht, die sonst in den Details untergingen". Diese Aussage verdeutlicht ex negativo sehr anschaulich, welchen geradezu datenschutzkonstitutiven Sinn das Prinzip der Datenvermeidung hat.

[7] *Merz*, Electronic Commerce, 249.

[8] *Merz*, a.a.O., 248.

[9] *Taeger*, K&R 2003, 220.

[10] *Möncke*, a.a.O., 30, 44.

gerade für das Internet relevant – feststellen, ob Verbraucher bei einem Unternehmen anrufen, dessen Webseiten besuchen oder einen Händler aufsuchen, außerdem, wie profitabel Kunden sind, d.h. welche Umsätze sie bisher gebracht haben, und welche auf sie zugeschnittene Angebote („*customized*“) ihnen gemacht werden können[1]. Wer nur wenig Geld auf dem Konto hat, muss sich in der Warteschleife gedulden, während sich bei Wohlhabenderen sofort eine menschliche Stimme meldet[2]. Ein US-Anbieter solcher Software soll diese bereits auf seine eigenen Mitarbeiter anwenden, überprüfen, ob sie ihre quartalsweisen Zielvorgaben erfüllt haben und alle sechs Monate den schlechtesten fünf Prozent der Mitarbeiter kündigen[3]. Auch existieren bereits Programme, die z.B. bundesweit für alle Filialen von Ladenketten zeitnah bzw. realtime auswerten, ob Mitarbeiter(innen) an Ladenkassen diese ohne Verkauf öffnen, besonders häufig stornieren, Leergut buchen, Bons stornieren oder abbrechen, etc., also auffälliges Verhalten zeigen[4].

Datenschutzrechtlich problematisch ist vor allem, dass dieser **Erhebungs- und Verarbeitungszweck** regelmäßig über die Zweckbestimmung des mit Kunden- (oder Arbeitnehmern) bestehenden Vertragsverhältnisse hinausgeht[5] und sich **vorab nicht bezeichnen** lässt, da mögliche Zwecke gerade erst mittels bestimmter „Discovery“-Verfahren erarbeiten werden sollen, woraus sich die datenschutzrechtliche Unzulässigkeit dieser Verarbeitung ergibt[6]. Sinn der Anwendung von Data Warehouses ist es vielmehr, aus den Daten erst **neue Korrelationen herauszufiltern**, deren Gegenstand und Anwendungsmöglichkeiten noch nicht bekannt sind. Der Zweck eines Data Warehouse ist also (notwendig) sehr unbestimmt und allgemein, da im Data Warehouse Daten **auf Vorrat** liegen[7]. Im Data Warehouse werden nämlich bestimmungsgemäß möglichst viele Daten aus operativen Datenbasen über längere Zeiträume gespeichert[8]. Grundprinzip des Data Warehouse ist gewissermaßen gerade die **Aufhebung** der für den Datenschutz wesentlichen **Zweckbindung** der Datenverwendung. Konzeptionell sollte ein DW möglichst wenig Schranken für Volumen und Inhalte aufweisen, denn alles könnte interessant sein.

Sollen aber personenbezogene Daten in ein Data Warehouse datenschutzrechtlich **zulässig** aufgenommen werden, müssen die Voraussetzungen der §§ 28, 29 BDSG erfüllt sein. Für die Durchführung des Vertragsverhältnisses (§ 28 Abs. 1 Nr. 1 BDSG) ist eine solche Speicherung (insbesondere, wenn sie erst nach Begründung oder gar Ende des Vertragsverhältnisses erfolgen soll) zumeist **nicht** erforderlich[9], da die Erforschung bisher unentdeckter Zusammenhänge in Kundendatenaggregationen in der Regel nicht der Durchführung des einzelnen Kundenvertrages dient. Der Erhebungs- und Verarbeitungszweck geht hier **regelmäßig über die Zweckbestimmung** des mit Kunden- (oder Arbeitnehmern) bestehenden Vertragsverhältnisse **hinaus**[10].

Da die Verarbeitung der Daten im DW nicht operativen Zwecken dient (also dem

1 *Siegele*, Zeit Nr. 42 v. 10.10.2002, 27.

2 *Siegele*, Zeit Nr. 42 v. 10.10.2002, 27.

3 *Siegele*, a.a.O., ein Ansatz, der hierzulande meist schon an der Mitbestimmungsbedürftigkeit der Einführung einer solchen Leistungsüberwachung als technischer Einrichtung (§ 87 Abs. 1 Nr. 6 BetrVG) scheitern wird, aber doch den Trend zu einem Gefährdungspotential aufzeigt.

4 *Wilke*, RDV 2002, 225.

5 Die Zulässigkeit verneinend etwa *Hoeren*, Rechtsfragen des Internet, 280.

6 *Gola/Schomerus*, BDSG, § 28 Rdn. 12.

7 *Möncke*, Sicherheit im Data Warehouse, 31.

8 *Möncke*, a.a.O., 30, 31.

9 Ähnlich *Baeriswyl*, RDV 2000, 6, 7; *Büllesbach*, CR 2000, 11, 13.

10 Die Zulässigkeit verneinend etwa *Hoeren*, Rechtsfragen des Internet, 280.

Tagesgeschäft der Durchführung konkreter Verträge), sondern unternehmensinterner Geschäftsplanung, kann das Speichern grundsätzlich auch nicht auf § 28 Abs. 1 Nr. 1 BDSG (**Vertragserfüllung**) gestützt werden. In deren Rahmen dürfen beispielsweise Auflistungen von Bestellungen und Zahlungseingängen nur bis zur konkreten Vertragserfüllung gespeichert bleiben, nicht aber zeitlich unbestimmt[1].

Auch die **Wahrung berechtigter Interessen** (§ 28 Abs. 1 Nr. 2 BDSG) scheidet zumeist aus, da in diesem Zusammenhang in der Regel Grund für die Annahme besteht, dass schutzwürdige Belange am Ausschluss von Verarbeitung oder Nutzung gerade überwiegen. Die Daten der betroffenen Nutzer werden nämlich im Data Warehouse für die verschiedensten, zumeist im Voraus nicht genau festlegbaren Auswertungszwecke gesammelt und verwaltet werden sollen, womit die notwendige Zweckbindung der Verarbeitung durch die bestimmungsgemäßen Systemnutzung zwingend **aufgehoben** wird[2].

So werden zunehmend erst für den möglichen zukünftigen Abschluss von Verträgen relevante Auswertungen durchführbar, in denen festgestellt wird, welchen bisherigen und potentiellen zukünftigen Nutzen ein Kunde gebracht hat bzw. bringen wird („*Scoring*“), ohne dass der Kunde über solche Verarbeitungen konkret benachrichtigt wird oder Auskunft erhält (etwa bezüglich seiner Scoring-Einstufung)[3]. Auch können, basierend auf Daten über frühere Aufträge und Kundenverhalten, die zu Verhaltensmustern aggregiert und zu Modellen für Risikoeinstufung erweitert wurden, **Prognosen** über das Verhalten der Kunden generiert werden. Kunden, die diesem Risikoprofil entsprechen (etwa Abschluss längerfristiger Ratenkreditverträge durch Kunden in höherem Alter), werden dann keine Verträge angeboten[4], möglicherweise auch, wenn sie nur mehrfach (berechtigt) Mängel gerügt haben.

Schutzwürdige Interessen des Betroffenen können überwiegen, wenn persönliche Käuferprofile etc. erstellt werden können[5]. Je aussagekräftiger diese Profile werden, desto eher kann das Schutzinteresse an der Kontrolle über seine Daten überwiegen[6]. Schon das Bestehen eines berechtigten Interesses des Anbieters wird zu verneinen sein, wenn Zwecke der Werbung und Marktbeobachtung auch ohne Personenbezug der Daten möglich sind[7]. Über das Bestehen eines solchen Schutzinteresses kann nur im **Einzelfall** anhand der Frage entschieden werden, ob zumindest eine faktische Anonymisierung möglich ist (bei der nur mit unverhältnismäßigem Aufwand ein Deanonymisieren möglich wäre). Dem widerspricht der Ansatz der automatisierte Auswertung, der gerade keine einzelfallbezogene Prüfung gestattet (ansonsten man kein automatisiertes Verfahren benötigte). Schutzwürdige Interessen des Betroffenen können außerdem überwiegen, wenn persönliche Käuferprofile etc. erstellt werden können[8]. Je aussagekräftiger diese Profile werden, desto eher kann das Schutzinteresse an der Kontrolle über seine Daten überwiegen[9]. Schon das Bestehen eines berechtigten Interesses des Anbieters wird zu verneinen sein, wenn Zwecke der Werbung und Marktbeobachtung

[1] *Bizer*, Datenschutz im Data Warehouse, 60, 64.
[2] Ebenso *Büllesbach*, CR 2000, 11, 14.
[3] *Baeriswyl*, RDV 2000, 6, 10.
[4] IDG Compendium „Data Mining“, 1, 7.
[5] *Bizer*, a.a.O., 66.
[6] *Bizer*, a.a.O., 66.
[7] *Bizer*, a.a.O., 65.
[8] *Bizer*, a.a.O., 66.
[9] *Bizer*, a.a.O., 66.

auch ohne Personenbezug der Daten möglich sind[1]. Mangels Bezug der Verarbeitung auf gesetzlich zulässige Zwecke wie Vertragserfüllung bleibt für Datenverarbeitungsformen wie Data Warehouses und Data Mining nur der Rückgriff auf die **Einwilligung** des Betroffenen. Die Einwilligung kann aber grundsätzlich nicht wirksam erteilt werden, wenn und soweit der Betroffene nicht über die vorgesehenen Verarbeitungszwecke ausreichend konkret **vorab informiert** wurde. Eine solche Information ist aber bei Data Warehouses geradezu konzeptionell nicht möglich, denn wenn man die Zwecke schon kennen würde, bräuchte man das Data Warehouse und die Einwilligung nicht. Den Einwilligenden über Zwecke und Nutzungen im Data Warehouse (DW) zu unterrichten ist deshalb „sehr viel schwieriger" zu bewerkstelligen als bei einer operativen Datenbank[2]. Auch ist methodisch zu berücksichtigen, dass ein DW allein mit einwilligenden Kunden nicht repräsentativ wäre[3]. Die Einwilligung muss sich zudem auch auf Daten beziehen, die erst sich aus bestimmten klassifizierenden Abläufen im DW ergeben, wenn diese wiederum Personenbezug haben[4]. Also müssten diese Daten zumindest vom Typ her (z.B. Kundeneinstufungen wie „gefährdeter" oder „unzufriedener" Kunde[5], Bonitätsprobleme, etc.) dem Nutzer beschrieben werden, wofür sie schon bekannt sein müssten. Auch dürfen solche Klassifizierungen grundsätzlich nicht rein automatisch erfolgen (Art. 15 DSRL, § 6 a BDSG[6]). Die Voraussetzungen für eine wirksame Einwilligung im Sinne eines „*informed consent*" werden deshalb zumeist nicht erfüllt werden können. Das gilt auch und erst recht für alle Auswertungen zum Verhalten von Internet-Nutzern im sog. „Online-Profiling".

Keinesfalls darf der Data Warehouse-Betreiber schließlich Daten von **Kunden**, die er als **Telediensteanbieter** erhebt oder verarbeitet, zusätzlich im Data Warehouse auswerten, wenn der Kunde nicht (ausreichend konkret) eingewilligt hat (§ 3 Abs. 2 TDDSG). In gleicher Weise ist die Zweckbindung der Daten aus dem Erbringen von Telekommunikationsdiensten zu beachten (§ 95 Abs. 1 S. 1 TKG)[7]. Eine der Konzeption des Data Warehouse entsprechende freie Nutzung und beliebige Verknüpfbarkeit der Daten ist also auch hier datenschutzrechtlich nicht zulässig.

Die Konferenz der Datenschutzbeauftragten des Bundes und der Länder hat ausdrücklich eine Ausgestaltung solcher Verfahren dergestalt verlangt, dass **zweckändernde Verwendungen nur bei Einwilligung der Betroffenen möglich** sind, wobei die Einwilligung in unbestimmte und zeitlich unbegrenzte Zweckänderungen unwirksam sei[8]. Freilich ist dann der Einsatz von Data Warehouse- und Data Mining-Systemen im Rahmen personenbezogener Datenverarbeitung generell als **unzulässig** anzusehen, da die Konzeption dieser Systeme gerade verhindert, dass Einwilligungserklärungen auf vorab beschreibbare Sachverhalte beschränkt werden können. Das gilt auch und erst

---

1 *Bizer*, a.a.O., 65.

2 *Möncke*, a.a.O., 30, 49.

3 *Möncke*, a.a.O., 49, da die Analysen auf der so gewonnenen Stichprobe nicht verallgemeinert werden können. Trotzdem wird die Einwilligung nicht entbehrlich, wenn die anderen Voraussetzungen nicht erfüllt sind.

4 *Möncke*, a.a.O., 49.

5 *Möncke*, a.a.O., 49.

6 *Taeger*, K&R 2003, 220, 221 leitet aus § 6 a BDSG die Unzulässigkeit von Web Scoring-Verfahren ab, merkt aber selbst an, dass eine entsprechende Datenschutzsensibilität bei vielen Online-Händlern und ihren Software-Lieferanten nicht vorhanden sei.

7 *Bizer*, Datenschutz im Data Warehouse, 60, 69.

8 Entschließung der 59. Konferenz der Datenschutzbeauftragten des Bundes und der Länder vom 14./15.3.2000, zit. nach 18. Tätigkeitsbericht des Bundesbeauftragten für den Datenschutz, BT-Ds. 14/5555, 182 und Anlage 27.

recht für alle Auswertungen zum Verhalten von Internet-Nutzern im sog. „**Online-Profiling**".

Getrennt zu prüfen ist außerdem, ob Data Mining übergreifend im **Konzern** erfolgen darf, da Datenweitergaben im Konzern zwischen juristisch selbständigen Unternehmen und damit verantwortlichen Stellen erfolgen und deshalb Übermittlungen darstellen[1] und deren besondere Zulässigkeitsvoraussetzungen erfüllen müssen.

Datenschutzrechtlich bedenklich erscheint weiter, dass bei **Data Mining** oft sehr große Datenmengen verarbeitet werden müssen, die eine vorhandene interne betriebliche DV überfordern kann, weshalb die eigentliche Data-Mining-Verarbeitung nicht selten extern auf parallelverarbeitenden Spezialrechnern erfolgt und die gewonnenen Daten auf – auch grenzüberschreitenden – Speichernetzwerken (Storage Area Networks, SANs) zwischengespeichert werden[2], was zu zusätzlichen Problemen bei derartigen Datenübertragungen in Drittstaaten (außerhalb der EU) führt, etwa bei Data Mining in den USA.

8. Directory Services

Directory Services sind Namensdienste, die grundsätzlich eine konzern- und sogar weltweit einheitliche Verwaltung von Mitarbeiter- und Nutzerdaten ermöglichen. Diesen technischen Möglichkeiten steht datenschutzrechtlich entgegen, dass personenbezogene Daten keinesfalls uneingeschränkt in Drittstaaten außerhalb der EU übermittelt werden. Weiter muss die Speicherung grundsätzlich von einem Vertragszweck gestützt sein. Schließlich dürfen Daten von Mitarbeitern aus ihrem Arbeitsverhältnis nicht mit Daten aus ihrer privat veranlassten Nutzung von Telediensten zusammengeführt werden.

9. Domain Namen

Nimmt der Provider im Kundenauftrag die Registrierung eines Domain Namens bei einer Registrierungsstelle (etwa DENIC e.G.) vor, werden bei ihm die erforderlichen Kundendaten gespeichert, aber auch bei der Registrierungsstelle. Die Online-Registrierung ist ein Teledienst im Sinne von § 2 Abs. 2 Nr. 1 TDG (Datenaustausch).

Über diese Speicherung muss die Registrierungsstelle (bzw. der Provider) den Nutzer unterrichten (§ 4 TDDSG). Für die Übermittlung der Daten vom Provider zur Registrierungsstelle kann sich der Provider auf das Vertragsverhältnis zwischen ihm und seinem Kunden stützen, soweit dieses die Registrierungsbeantragung als Leistung mit umfasst. Die domainbezogenen Kundendaten stellen zudem Bestandsdaten dar (§ 5 TDDSG), soweit der Provider für den Kunden die Internetpräsenz betreut.

Soweit der Provider den Kunden nun davon unterrichtet, dass die Kundendaten etwa bei Denic über eine *Whois*-Abfrage für jedermann zugreifbar sind, wird grundsätzlich im Vertrags-schluss auch eine Einwilligung des Kunden in der Datenspeicherung bei DENIC zu sehen sein. Erforderlich ist aber, dass der Kunde seine Einwilligung auch verweigern können muss, ohne dass die Registrierung dann verweigert wird.

---

1 *Büllesbach*, CR 2000, 11, 14.

2 IDG Compendium, a.a.O., 10.

Der Provider muss in seinen AGB die Regelung zur Erteilung der Einwilligung des Kunden zur Verarbeitung seiner Daten bei Registrierungsstellen drucktechnisch im Text deutlich hervorheben und die Datenarten bezeichnen.

10. Digital-Rights-Managements(DRM)-Systeme

Mit Digital-Rights-Management(DRM)-Systemen kann jedes elektronische Exemplar eines Werkes codiert und dessen Nutzung abgerechnet. Dies erlaubt es, für jedes einzelne Werkexemplar Nutzungsbedingungen für das Kopieren, Speichern und Abspielen zu definieren. Der Anbieter kann hierbei über das Internet Nutzer**daten** grenzüberschreitend bzw. gar weltweit sammeln und Nutzungsprofile erstellen[1]. Nehmen Werkanbieter die Abrechnung selbst im Netz vor, sind sie Anbieter eines eigenen Teledienstes und als Telediensteanbieter – über die subsidiäre Geltung des BDSG – verpflichtet, jede Datenübermittlung in Drittländer außerhalb der EU ohne Prüfung der Angemessenheit des dortigen Datenschutzniveaus zu unterlassen bzw. zu verhindern. Der Teledienstedatenschutz könnte auf diese Weise DRM-Systeme blockieren, wenn die Anbieter keinen Weg finden, die Systemfunktionen anonymisiert anzubieten, etwa über Anonymität ermöglichende Prepaid-Card-Systeme.

Weiterentwickelt wurden DRM-Systeme in der Form von in Hardware implementierten Kontrollfunktion (Trusted Computing Platform Alliance, **TCPA**), wobei Trusted Computing Modules (Chips) bei jedem Booten den Rechner authentifizieren, die Software-Seriennummer überprüfen und mit der TCPA-genehmigten Liste abgleichen sowie bei Feststellung von Abweichungen den PC zwecks Zertifizierung online schalten[2].

11. E-Mail-Anschriften

Daten aus E-Mail-Anschriften weisen regelmäßig Personenbezug auf[3], ebenso Kenn- oder Passwörter oder PINs[4], jedenfalls, soweit der Anbieter diese dem Nutzer zuteilt. Mail werden meist über mehrere zwischengeschaltete Serverrechner weitertransportiert, auf denen jeweils eine temporäre Abspeicherung erfolgt, bei der die Mail technisch ohne große Probleme ausgewertet werden kann[5]. Bestimmter Code in der Client-Software auf dem Nutzerrechner kann es ermöglichen, Mail-Adressen an den Software-Anbieter verdeckt zu übermitteln („invisible processing")[6]. Bei E-Mail-Übermittlungen werden in der Regel folgende Traffic-Daten mitübertragen[7]:

- E-Mail- und IP-Adresse des Absenders (etwa unter „*Received from*", wobei die jeweilige Nummer mit „*ping –a*" überprüft werden kann),
- Typ, Version und Sprache der E-Mail-Client-Software,

---

1 *Krempl*, Digitale Rechte und ihre Manager, heise online, 29.8.2001 (www.telepolis.de/deutsch/inhalt/te/9412/1.html)

2 Chip Mai 2003, 12.

3 *Hoeren/Sieber*, Handbuch Multimediarecht, 16.4, Rdn. 42; *Schmitz*, TDDSG, 94.

4 *Dix*, Rdn. 100.

5 *Schmitz*, TDDSG, 57 m.w.N.

6 Art. 29-Data Protection Working Party 5063/00/EN/FINAL, WP 37, 21.11.2000, Working Document: Privacy on the Internet – An integrated EU Approach for Online Data Protection, 32.

7 Working Document: Privacy on the Internet, a.a.O., 33.

- E-Mail-Adresse des Empfängers,
- Datum und Zeitpunkt der Absendung,
- Größe der Mail, verwendeter Zeichensatz,
- Bezeichnung des Gegenstandes der Mail („Betreff"),
- Bezeichnung, Größe und Typ angehängter Dokumente („Attachments"),
- Liste der SMTP-Relays (Zwischenstationen) bei der Übertragung.

Mit sog. „*Sniffing Software*" ist außerdem ein „*Traffic Monitoring*" möglich, bei dem Dritte alle unverschlüsselten Mails im Klartext lesen können, wodurch gezielte Überwachung („*large scale interception*") möglich wird[1].

Bereits das Erheben der Maildaten ist unzulässig[2]. Mail-Adressen lassen sich über Suchmaschinen abfragen. Maildaten von Nutzern dürfen allein dann weitergegeben bzw. übertragen werden, wenn die Nutzer diese Daten selbst in offen Newsgroups zugänglich gemacht haben, als bereits nicht bei geschlossenen Benutzerforen[3].

Auch wenn E-Mail-Dienste kostenfrei angeboten werden, muss das Fernmeldegeheimnis (§ 88 TKG) gewahrt bleiben[4]. Keinesfalls dürfen E-Mail-Inhalte ausgewertet werden, um den Absendern Werbeangebote zu machen.

12. Favoriten, Bookmarks

Sog. „Favoriten" (vom Nutzer oft abgerufene Seiten) werden z.B. über den Internet Explorer ab Version 5.0 in der Logdatei des Servers des Providers gespeichert[5]. Beim NetScape Navigator ist diese Funktion über „Verwandte Objekte" realisiert. Auch die nachfolgend angesurften Seiten werden gespeichert. Nach Wiese surft man hier mit einem „Schatten"[6].

Nach § 4 Abs. 1 TDDSG unzulässig ist diese Form der Datener-hebung, wenn keine Unterrichtung über die Abspeicherung auf dem Serverrechner und keine Einwilligung vorliegt. Der Nutzer sollte beachten, dass die von ihm vorgemerkten „Lesezeichen" (*bookmarks*) nicht nur auf seinem Rechner, sondern auch auf dem des Anbieters gespeichert werden.

13. File Transfer Protocol

Über FTP können Dateien heruntergeladen werden, also etwa Texte oder auch Software (z.B. Updates von Browser Software). FTP erlaubt durch einheitliches Protokoll den Dateiaustausch zwischen unterschiedlichen Rechnerwelten. Hierbei werden grundsätzlich auch (jedenfalls in Server-Logs) Daten der Nutzer und der Sites gespeichert, von denen Dateien heruntergeladen wird.

---

1 Art. 29-Data Protection Working Party 5063/00/EN/FINAL, WP 37, 21.11.2000, Working Document: Privacy on the Internet – An integrated EU Approach for Online Data Protection, 34; s.a, Rdn. 300 zu „SiteRadar".

2 *Schmitz*, TDDSG, 157.

3 *Schmitz*, TDDSG, 159.

4 S. die kritische Diskussion eines Diensteangebotes von Google, GMail, heise online news, 6.4.2004, w www.heise.de/news-ticker/meldung/46339 und 8.4.2004,.../meldung/46383.

5 *Wiese*, Unfreiwillige Spuren im Netz, 16.

6 *Wiese*, a.a.O., 16.

14. GUIDs

Globally Unique Identifiers (GUIDs) sind weltweit eindeutige Identifikatoren, mit denen sich Hardware und Software markieren (und online wiedererkennen) lassen, z.B. die Processor Serial Number (PSN) in Pentium-III-Prozessoren oder die Media-Access-Control-(MAC)-Adresse der Netzwerkkarte. Das Internet-Protokoll IP v6 sieht in den Datenpaketen Informationen zur Übertragung von MAC-Adressen vor[1]. GUIDs führen aber nicht notwendig zu einer Personenidentifikation. So können etwa mehrere Personen den Rechner nutzen, die nur unter bestimmten Voraussetzungen bestimmbar sind (etwa bei den Mitglieder einer Familie, die einen PC zu Hause nutzt). GUID-Übertragungen erfolgten etwa für die Realjukebox und GUID-Daten in allen mit Word oder Excel erstellten Dokumenten[2]. Die GUID-Verwendung ist auch im Hinblick auf den Arbeitnehmerdatenschutz problematisch, wenn sie erlaubt, die Internet-Nutzung zu kontrollieren und Nutzungsprofilen zu erstellen[3]. GUIDs können in Cookies enthalten sein.

15. Individualisierungen

Bestimmte Angebote wie News oder Portals lassen sich personalisieren, d.h. auf individuelle Kundenbedürfnisse zuzuschneiden. Hierfür müssen freilich Nutzerpräferenzen auf Serverrechnern von Diensteanbietern abgespeichert werden. Über diese Datenverwendung ist zu unterrichten, soweit nicht bereits Kenntnis besteht, und die Nutzereinwilligung einzuholen, soweit nicht Vertragszwecke erfüllt werden. Daten aus solchen Personalisierungen sind Nutzungsdaten (§ 6 TDDSG), die Dritten – wie etwa Ad-Server-Betreibern – nur aufgrund Einwilligung zugänglich gemacht werden dürfen.

16. Übertragung personenbezogener Daten nach dem Internet-Protokoll

Das Internet hält technisch, etwa über das User Datagram Protocol (UDP) und das Transmission Control Protocol (TCP), definierte **Mechanismen** bereit, um Nachrichten weltweit **integritätsgeschützt übertragen** zu können, so im IP Authentication Header[4] und im IP Encapsulated Security Payload (**ESP**) Header, der auch gegen den Verlust der Vertraulichkeit sichern kann[5]. Eine TCP-Verbindung bedarf außerdem neben der Quell- und Ziel-IP-Adresse auch der Angabe der Quell- und Zielportnummer[6]. **Ports** sind gewissermaßen Anschlussstellen des Serverrechners; ein Rechner kann im Internet nur über die für jeden Dienst einheitlich definierten Portnummer angesprochen werden[7]. Anders als (dynamisch) wechselnde IP-Adressen sind Portnummern „statisch", d.h. als einheitlich in der Systemsoftware definiert permanent einem Rechner – und damit häufig einem Nutzer oder einer identifizierbaren Nutzergruppe – zugeordnet. **Port-**

---

1 *Wiese*, a.a.O., 18; *Köhntopp/Köhntopp*, CR 2000, 248, 257.

2 *Schulzki-Haddouti*, Verdeckte Ermittlungen..., 21 mit dem Hinweis, dass es möglich sei, die Herkunft jeder markierten Datei zu ermitteln.

3 *Tinnefeld/Viethen*, NZA 2000, 977, 979.

4 *Fuhrberg*, Internet-Sicherheit, 19.

5 *Fuhrberg*, a.a.O., 19.

6 *Fuhrberg*, a.a.O., 24, 68, 175.

7 *Fuhrberg*, a.a.O., 60. Dies bedeutet, dass auf jedem Rechner ein bestimmter Dienst über dieselbe Portnummer ansprechbar ist.

nummern können also wie eine CPU-Nummer (und mit dieser) **personenbezogen** oder **personenbeziehbar** sein, wenn für den Rechner ein Nutzer bekannt oder benennbar ist. Der Start eines Serverprozesses erfolgt etwa in der Regel über Port 80[1] und ist mit „Root-Privilegien" ausgestattet (d.h. Zugriffsrechten auf das Gesamtsystem[2]). Portanschlüsse können Gegenstand gezielter Ausspähangriffe sein[3].

Umfassend ist die personenbezogene Datenübertragung naheliegenderweise bei **E-Mail**, insbesondere, wenn keine Verschlüsselung eingesetzt wird[4]. E-Mail-Adressen werden zunehmend in **Verzeichnisdiensten**[5] verwaltet (z.B. X.500[6] oder Network Directory System, NDS[7]), also einer Art elektronischer Telefonbüchern. Diese Verzeichnisse können – neben der Adresse selbst – auch weitere personenbezogene Daten enthalten, etwa Angaben zu Mitarbeitern. Der Verzeichnisdienst wird dann als Tele- oder Mediendienst einzuordnen sein, wenn etwa das zunächst intern erstellte Verzeichnis auch außerhalb des Betriebes zugänglich gemacht wird[8]. Dies kann bereits dann der Fall sein, wenn ein Arbeitnehmer ein betriebliches Mail-System auch zur privaten Nutzung angeboten erhält und hierbei auf das Verzeichnis zugreift. Datenschutzrechtlich erforderlich ist etwa, Verzeichniseinträge auf die notwendigen Angaben zu beschränken, Zugriffsregelungen möglichst eng zu fassen und mit starken Authentifizierungsmechanismen auszustatten und den Eintrag vorab dem Betroffenen zur Kenntnis zu bringen[9]. Problematisch ist etwa die Inverssuche, d.h. das Auffinden eines unbekannten Teilnehmers zu einer bekannten Rufnummer[10].

Internetspezifisch ist etwa relevant, dass Zugangsprovider Domain-Name-System-(**DNS**)Serverrechner einsetzen, in denen Domain-Namen (als URLs) in IP-Adressen übersetzt werden. Hierbei lassen sich alle Adressen speichern und auflisten, mit denen ein Nutzer beim Surfen Kontakt aufnimmt[11]. Die Übermittlung personenbezogener Daten an **DNS-Rechner in Drittländern** ist ohne Prüfung der Angemessenheit des datenschutzrechtlichen Niveaus im jeweiligen Drittland (als dem Standortland für den Rechner) generell **unzulässig** (aber Praxis). Allerdings würde mit der Durchführung einer solchen Prüfung das gesamte DNS-Konzept undurchführbar und Kommunikation zwischen Rechnern mir URL-Adressen im Internet unmöglich.

Weiter lässt sich mit einem „**Ping**"-Kommando jederzeit und durch jeden Nutzer feststellen, ob ein bestimmter Rechner eingeschaltet ist[12]. Ist der Rechner einem

---

1 die für das HTTP-Protokoll des WWW definiert und in RFC 2068 beschrieben ist (*Fuhrberg*, Internet-Sicherheit, 25); ähnlich ist dem Domain Name System (DNS) Port 69 zugeordnet, das File Transfer Protocol dem Port 21, telnet dem Port 23 und das Post Office Protocol (POP) den Ports 109, 110.

2 *Fuhrberg*, Internet-Sicherheit, 213.

3 *Fuhrberg*, a.a.O., 60.

4 Mit Privacy Enhanced Mail (PEM) ist (in RFC 1421 – 1424 beschrieben) ein internetweiter Sicherheitsstandard definiert.

5 Zur datenschutzrechtlichen Beurteilung von Verzeichnissen s. S. 959.

6 X.500 (ISO-9594) ist ein vom Comité Consultatif International Télégraphique et Téléphonique (CCITT) und der International Standard Organization (ISO) erarbeiteter Standard für einen *global* verteilten Verzeichnisdienst, also eine Art erweitertes elektronisches Telefonbuch (*Meyer zu Natrup/Ernestus*, Orientierungshilfe „Verzeichnisdienste", 2). Zum Schutz gegen unautorisierten Zugriff definiert Norm X.509 eine schwache und eine starke Authentisierung.

7 NDS ist ein von Novell entwickelter, als verteilte Datenbank konzipierter Verzeichnisdienst zur Verwaltung von Netzwerken (*Meyer zu Natrup/Ernestus*, Orientierungshilfe „Verzeichnisdienste", 6).

8 *Meyer zu Natrup/Ernestus*, Orientierungshilfe „Verzeichnisdienste", 8.

9 *Meyer zu Natrup/Ernestus*, Orientierungshilfe „Verzeichnisdienste", 9, 10.

10 *Schaar*, Datenschutz im Internet 2002, Rdn. 42.

11 Working Document: Privacy on the Internet, a.a.O., 14.

12 Working Document: Privacy on the Internet, a.a.O., 14.

bestimmten Nutzer zuzuordnen (etwa über eine statisch vergebene IP-Adresse), lassen sich mit „Ping" also weltweit personenbezogene Daten erheben und sammeln. Wird außerdem **Mail** mittels des HTTP-Protokolls übertragen, lassen sich nicht nur IP-Adressen, sondern auch (meist für den Nutzer unbemerkt und ohne seine Einwilligung) bestimmte Merkmale (auch in Drittstaaten) übertragen, so etwa, ob Word, Excel oder Powerpoint installiert sind[1]. Die technische Infrastruktur des Internet erlaubt damit keine Abschottung der EU. Datenschutz muss deshalb, soll er auch im Internet gelten, in diese technischen Strukturen implementiert werden.

Dies gilt auch und gerade für die wesensmäßig grenzüberschreitende DV im **Internet**, etwa durch **Suchmaschinen**. Diese suchen regelmäßig (oft täglich) wenn nicht alle so doch eine große Anzahl von Sites im Web weltweit durch und sammeln aus diesen (auch personenbezogene) Daten sammeln. Solches Erheben und Übermitteln von Daten lässt sich nicht auf bestimmte Territorien begrenzen oder von diesen ausschließen, damit auch nicht durch Regelwerke wie das BDSG oder die EG-Datenschutzrichtlinie einschränken und kontrollieren. Internet und Datenschutzrecht sind deshalb bisher noch nicht aneinander angepasst.

Allgemein hinterlässt der Nutzer beim Surfen im Internet folgende Datenspuren: IP-Adresse, Betriebssysten, Typ und Version des Browsers, verwendete Protokolle, URL der Seite, über die der Nutzer weitergeleitet wurde (*Referrer*), Wahl der Sprache, Cookies[2].

17. IP-Adressen

IP(Internet-Protokoll)-Adressen werden bei Internet-Sessions von Providern automatisiert an die **Rechner** der Kunden vergeben[3]. Soweit sich ein solcher Rechner einem bestimmten Nutzer zuordnen lässt[4], verweisen damit die jeweils zugewiesenen IP-Adressen notwendig über diesen Rechner auch auf seinen Besitzer oder jedenfalls Nutzer und das Teilnetz, in das der Rechner eingebunden ist[5]; zumindest in diesem Umfang sind IP-Adressen personenbezogene Daten. Eindeutig ist dies etwa bei Nutzern an Einzelarbeitsplätzen der Fall, die (etwa über Flatrate) dauernd online sind. Kein Personenbezug wird hingegen oft im Verhältnis zu den wechselnden Nutzern in Internet-Cafés bestehen, wenn bzw. soweit die Nutzer dort nicht namentlich registriert werden. Provider protokollieren in ihren Webserver-Logs auch die IP-Adressen[6]. Auf separaten Domain-Name-Server (DNS)-Rechnern werden die Zuordnungen von Domain Namen zu IP-Adressen gespeichert[7].

Allgemein besteht Personenbezug bei sog. **statischer Vergabe** von IP-Adressen, bei

---

1 Working Document: Privacy on the Internet, a.a.O., 15.

2 *Schaar*, Datenschutz im Internet 2002, Rdn. 34.

3 Jeder Nutzer kann seine (auch dynamisch vergebene) IP-Adresse in einem „Selbsttest" feststellen (s. Landesbeauftragter für den Datenschutz Niedersachsen unter https://check.lfd.niedersachsen.de/ Selbsttest/ service/selbsttest.php). Mit dem Test der Fachhochschule Rapperswil (www.ita.hsr.ch/ fe/projekte/datenschutz/NetBIOSscan.html?) kann man zudem feststellen, ob Dritte (unbemerkt und unbefugt) während des Surfens auf ungenutzte Rechnerressourcen zugreifen können, ebenso, ob Cookies, JavaScript und Java zugelassen sind.

4 Hinweise des Landesbeauftragten für den Datenschutz Baden-Württemberg vom 26.10.1998, Datenschutz und Internet (www.baden-wuertttemberg.de/datenschutz), 14.

5 *Schmitz*, TDDSG, 38 m.w.N.

6 *Dix/Schaar*, in: Roßnagel, Recht der Multimedia-Dienste, TDDSG 3, § 6 Rdn. 109.

7 *Köhntopp/Köhntopp*, CR 2000, 248, 251.

der sich die rechnerbezogene Adresse dauernd einer Person zuordnen lässt, wie dies etwa in Mehrbenutzersystemen erfolgt[1]. Für die adressvergebende Stelle ist die statische IP-Adresse in jedem Fall personenbezogen und Datenschutzrecht anwendbar (wenn der Nutzer nicht eine juristische Person ist), für sonstige Dritte dann, wenn zwischen designiertem Rechner und natürlichen Personen eine Verbindung hergestellt bzw. herausgefunden werden kann (etwa mittels des Dienstes *„Finger"*[2]). Jedenfalls bei statisch vergebenen IP-Adressen ist eine Speicherung ohne Anonymisierung nicht erforderlich und damit nicht zulässig[3].

Dynamisch vergebene IP-Adressen, deren Zuteilung bei jeder Session über DHCP-Server des Access Providers neu erfolgt, sollen nach überwiegender Auffassung grundsätzlich keinen Personenbezug aufweisen. Hier wird aber unter Berücksichtigung der technischen Gegebenheiten jeweils auf den Einzelfall abzustellen sein. Bei dynamischer Vergabe von IP-Adressen gelten diese nur temporär bis zum Ende des Browsing[4] und kann oft nur adressvergebende Provider den Personenbezug[5] aus dem Log seines DHCP-Serverrechners herstellen[6]. Hierdurch lassen sich immerhin Millionen Nutzer identifizieren, für die etwa Online-Dienste wie AOL oder T-Online Zugangsprovider sind. Insoweit gelten auch dynamisch vergebene IP-Adressen jedenfalls **im Verhältnis zwischen Nutzer und Anbieter als personenbezogene Daten**, wobei dieser Personenbezug (da die IP-Adresse während der Dauer der jeweiligen Verbindung gespeichert bleiben muss, um mit ihr als Bezug im Zielrechner die in Datagramme gespaltenen Dateipakete wieder zusammensetzen werden können) während der gesamten Verbindungsdauer erhalten bleibt[7]. Dynamische IP-Adressen werden an den Zielrechner übertragen und dort gespeichert, – übrigens auch bei E-Mailtransfer[8]. Zumindest für den Zeitraum der Session besteht der Bezug zum konnektierten Rechner und damit eine Möglichkeit der Personen**beziehbarkeit** zum Nutzer[9], außerdem in jedem Fall im Verhältnis zum zugangsvermittelnden Provider[10]. Soweit der Empfänger nicht auf die durch den Provider des Absenders erfolgte Zuordnung der dynamischen IP-Adresse zu einem Nutzer zugreifen kann, besteht auch im Verhältnis zwischen Nutzer und Drittem kein Personenbezug und scheidet Personenbeziehbarkeit aus (außer natürlich, der Übertragungsempfänger kann aus dem Inhalt der übertragenen Daten selbst die Absenderidentität feststellen).

Selbst wenn für Dritte mangels Möglichkeit des Zugriffs auf Server-Logs eine abgespeicherte (dynamisch vergebene) IP-Adresse nicht einem Rechner zugeordnet werden kann, ist doch im Einzelfall zu prüfen, ob ein **Personenbezug** auf anderem Wege **herstellbar** ist[11]. Enthalten Cookies mehr Daten als nur dynamische IP-Adressen

---

1 *Fuhrberg*, Internet-Sicherheit, 353; *Köhntopp/Köhntopp*, CR 2000, 248.

2 „Finger" unterstützt den Austausch von Benutzerinformationen wie E-Mail-Adressen, Login-Name, Vor- und Zuname, Telefonnummer, etc. (s. bereits *Scheller/Boden/Geenen/Kampermann*, Internet: Werkzeuge und Dienste 1994, 113).

3 So ausdrücklich *Dix/Schaar*, in: Roßnagel, Recht der Multimedia-Dienste, TDDSG 3, § 6 Rdn. 112 für „Vollprotokollierung".

4 *Köhntopp/Köhntopp*, CR 2000, 248, 252.

5 *Schmitz*, TDDSG, 38f, 46.

6 *Schmitz*, a.a.O., 93f.

7 *Dix/Schaar*, in: Roßnagel, Recht der Multimedia-Dienste, TDDSG 3, § 6 Rdn. 98.

8 *Brauch*, Von wegen Incognito, Wie anonym ist man im Internet ?, c`t, 2002, 128.

9 Etwa in Unix durch Anfrage mittels des Zuordnungsprogrammes „finger", *Schmitz*, TDDSG, 39, m.w.N.

10 *Schmitz*, in: Hoeren/Sieber, Handbuch Multimediarecht, 16.4, Rdn. 40.

11 Zum Folgenden ausf. *Brauch*, Von wegen Incognito, Wie anonym is man im Internet ?, c`t, 2002,

(was wohl häufig der Fall ist), führt auch die Verwendung von dynamischen IP-Adressen als solche nicht zu einer „faktischen Anonymisierung“ der Cookies[1]. Mit dem Ipv6-Protokoll wächst zudem der „Namensraum“ i.Ü. derart an, dass für jeden Nutzer und für jedes von ihm genutzte Gerät eine IP-Adresse **statisch** vergeben und der Personenbezug fixiert bleiben kann (jedenfalls, wenn bestimmte regelmäßige Nutzer des adressierten Rechners feststehen). Auch setzen etwa große Provider in den Hostnamen ihrer Einwahlknoten ein eindeutiges **Kürzel** für den Ort. Dem Einwahlknoten selbst ist außerdem ein fester Name zugeordnet (etwa das Autokennzeichen des Standortes). So lässt sich etwa über den Unix-Befehl *traceroute*[2] Schritt für Schritt die Verbindung zur IP-Adresse zurückverfolgen und damit auch zum Einwahlknoten und dessen Ort[3]. Mit diesen Angaben kann dann oft in Kombination mit einer *Whois*-Abfrage festgestellt werden, wem eine bestimmte IP-Adresse gehört und wer den Rechner administriert[4].

Auch in Peer-to-Peer-Netzen können über das „*netstat*“-Kommando die IP-Adresse des Absenders und alle bestehenden Verbindungen mit Port und IP-Adresse herausgefunden werden. In Kommunikationsdiensten wie Chat, Web-Foren oder dem Usenet werden ebenfalls IP-Adressen übermittelt. So ist etwa im IRC die eigene IP-Adresse für alle „Mitchatter“ sichtbar[5] oder über Whois erfragbar[6]. Auch im IRC können private Nachrichten an einen bestimmten (mit /msg-Kommando) ausgezeichneten Teilnehmer übermittelt werden[7]. Mit dem /dcc-Kommando (direct client-to-client) können unabhängig vom IRC-Server Verbindungen zu anderen Teilnehmern im Internet etabliert werden, die für den Betreiber und IRC-Operator verborgen bleiben[8].

Erleichtert sein kann das Herstellen eines Personenbezuges, wenn die **Internet-Nutzung im Unternehmen** stattfindet. Unternehmen selbst erhalten meist statische Adressen zugewiesen. Damit kann bereits zumindest **Personenbeziehbarkeit** zu allen Mitarbeitern gegeben sein, die Zugang zu Rechnern mit Internet-Anschluss haben. Außerdem lässt sich in Unternehmensnetzen – über System-Logfiles und zugewiesenen Nutzerrechte – unabhängig von vergebenen IP-Adresssen (über Logs des Systems Operator) meist genau rekonstruieren, wer an welchem Rechner zu welchem Zeitpunkt welche Netznutzung durchgeführt hat. Die Auswertung von IP-Adressen kann etwa Rückschlüsse erlauben, ob der Nutzer aus einem Firmennetz heraus von seinem Arbeitsplatz oder von zu Hause aus auf ein Angebot zugegriffen hat. Die Auswertung von IP-Adressen kann etwa Rückschlüsse erlauben, ob der Nutzer aus einem Firmennetz heraus von seinem Arbeitsplatz oder von zu Hause aus auf ein Angebot zugegriffen hat. Auch LAN-Manager können IP-Adressen speichern[9].

Die Vergabe der IP-Adresse mit zugehörigen Routing- und Name-Service-

---

128.

1 So aber *Ihde*, CR 2000, 413, 416.

2 *Brauch*, a.a.O. für das P2P-Netzwerk eDonkey. Jeder Nutzer im Netz kann diese Informationen etwa über www. visualroute.de auswerten, wenn er die IP-Adresse kennt (*Brauch*, a.a.O.).

3 Aus der Bezeichnung eines Einwahlknotens „DO-EB1.DO.DE.net.dtag.de“ kann etwa entnommen werden, dass sich der entsprechende Nutzer über einen Dortmunder (DO) T-Online-Zugang eingewählt hat (*Brauch*, a.a.O.).

4 *Brauch*, a.a.O.. Er berichtet, dass mehrere Ad-Server-Firmen über ein solches „*Localizing*“ spezifische Werbung schalten.

5 *Brauch*, a.a.O., 130.

6 *Köhntopp/Köhntopp*, CR 2000, 248, 256.

7 *Köhntopp/Köhntopp*, CR 2000, 248, 256.

8 *Köhntopp/Köhntopp*, CR 2000, 248, 251.

9 Art. 29-Data Protection Working Party 5063/00/EN/FINAL, WP 37, 21.11.2000, Working Document: Privacy on the Internet – An integrated EU Approach for Online Data Protection, 21.

Funktionen wurden als eigenständiges **Tele-Diensteangebot** eingestuft[1].

Das Regierungspräsidium Darmstadt hat die **Speicherung von IP-Daten durch Provider** als datenschutzrechtlich zulässig eingestuft[2]. Der Provider (hier T-Online) benötige die IP-Nummern, um die Leistungserbringung „wirklich korrekt und durchsetzbar nachweisen" zu können. Dies gelte auch für „Flatrate"-Tarife, da Mitbenutzer hier zeitabhängig abgerechnet würden.

18. IP-IDs

IP-IDs sind Teil des IP-Headers (FRC 791 von 1981). Mit der ID werden IP-Pakete voneinander unterschieden. Die ID-Nummern erlauben verschiedene Auswertungen. So kann an einen Zielrechner ein Ping-Paket versendet werden, anschließend ein zweites Ping-Paket. Da nun die meisten Betriebssysteme die IP-ID-Nummer für jedes neue Paket um 1 erhöht wird, erhält etwa das zweite Ping-Paket eine um 17 höhere ID als das erste Paket und kann hieraus geschlossen werden, dass vom Zielrechner in der Zwischenzeit 16 andere Pakete verarbeitet wurden. Regelmäßiges Ping-Versenden erlaubt so verdeckte Lastmessungen; ein stetiges Absinken der Last kann etwa auf Umsatzrückgänge des sitebetreibenden Unternehmens schließen lassen[3].

19. Logfiles

Fragt der Browser (als Client) beim Webserver an, speichert dieser Server die Anfrage mit weiteren Daten im Common Logfile Format (CLF), nämlich die

- Adresse des anfragenden Rechners (IP-Adresse und gegebenenfalls Namensadresse) bzw. Clients,
- Logname des Benutzers[4],
- Username des Teilnehmers bei aktivierter Authentisierung (z.B. Passwort),
- Anfrage (Request) des Browsers an den Webserver in Volltext, Datum der Anfrage, Zeitdauer des Download, beim Download auftretende Fehler,
- Status der Anfrage, die dem Browser vom Server übermittelt wird,
- Länge der übertragenen Webseite in Byte[5] und
- Zugriffszeiten[6].

In erweiterten Logdateien werden zusätzliche Daten gespeichert, etwa die URL der Webseite, von der aus das abgerufene Dokument per *Link* erreicht wurde (sog.

1 Bericht der Bundesregierung über die Erfahrungen und Entwicklungen bei den neuen Informations- und Kommunikationsdiensten im Zusammenhang mit der Umsetzung des Informations- und Kommunikationsdienste-Gesetzes (IuKDG), gemäß Beschl. des Deutschen Bundestages vom 11.6.1977 (BT-Dr. 13/7935), vorgelegt am 18.6.1999, BT-Dr. 14/1191, 15.

2 Regierungspräsidium Darmstadt, Schreiben v. 14.1.2003, II 21.4 -3v-04/03-043/02, MMR 2003, 213 = JuPC Web-Dok. 43/2003; krit. das Landeszentrum für Datenschutz Schleswig-Holstein, www.heise.de/ct/aktuell/data/hob-14.01.03-000 und *Breyer*, DuD 2003, 491, 493.

3 *Borrmann/Schreiber*, Wer zählt, gewinnt, c't 23/2003, 213.

4 S. n. RFC 931.

5 *Wiese*, Unfreiwillige Spuren im Netz, 11; *Garfinkel/Spafford*, Web Security & Commerce, 88.

6 *Schaar*, Datenschutz im Internet 2002, Rdn. 35.

„*Referrer*")[1], Browser-Version, Angaben zu Sprache, Konfiguration des Rechners (z.B. Bildschirmauflösung), Aktivierung von ActiveX, Java oder JavaScript[2], Betriebssystem[3] sowie Daten zur **Akzeptanz von Cookies**[4]. Weiter lassen sich auch sog. „Session-Ids" als Identifikatoren verwenden, die der URL einer Seite hinzugefügt werden[5]. Diese einzelnen Angaben und mehr noch ihre Kumulation können Grundlage für einen Personenbezug der Dateiinhalte oder jedenfalls eine Personenbeziehbarkeit darstellen[6]. Ein Personenbezug lässt sich auch durch Abgleich von Log- und Cookie-Dateien herbeiführen[7]. Aus Log-Dateien lassen sich außerdem die Zeitpunkte der Seitenzugriffe entnehmen und hieraus die Verweildauer eines Nutzers auf einer Seite berechnen, von der wiederum auf dessen Interessenschwerpunkte rückgeschlossen werden kann[8]. Auch kann man das Problem der teilweise fehlenden Möglichkeit der Zuordnung einer dynamisch zugewiesenen IP-Adresse dadurch umgehen, dass man aus den Logfiles rekonstruiert, welcher Nutzer eine Datei abgerufen hat[9]. Möglich ist in Web-Portals auch das nutzerspezifische „Customizing", bei dem Angebote auf das Surf„verhalten" des Nutzers angestimmt werden; auch dies ist nur mit Unterrichtung und Nutzereinwilligung zulässig. In Netzwerken (LANs) in Unternehmen können sich Nutzungsdaten der Mitarbeiter auch aus im Rechner abgespeicherten Dateien, etwa im Verzeichnis „*Temporary Internet Files*" oder „*Downloaded Program Files*" oder einer „*History-List*" ergeben.

Das Speichern von Log-Dateien ist bereits dann unzulässig, wenn hierzu der Nutzer nicht vorab nach § 4 Abs. 1 S. 2 TDDSG unterrichtet wurde. Außerdem muss grundsätzlich eine Einwilligung des Nutzers erfolgt sein, da das Erheben, Verarbeiten und Nutzen von Nutzerdaten in Log-Dateien in der Regel nicht zur Erfüllung der Zwecke von Verträgen zwischen Anbieter und Nutzer erforderlich ist. In der Praxis treten Probleme deshalb auf, weil **Mailserver** in ihrer Grundkonfiguration alle diensterelevanten Informationen in Logfiles speichern, also auch alle entgegengenommenen und weitergeleiteten Mails protokollieren. Diese undifferenzierte Speicherung ist, zumal bei fehlender zeitlicher Limitierung, unzulässig. Zulässig erscheinen aber Warnmeldungen an den Systemadministrator (Admin), dass sich etwa unbekannte Anwender Zugang zu Mail-„Postfächern" verschaffen wollen, oder über Versuche unberechtigter Nutzer, Mails zu versenden[10]. Gleiches gilt grundsätzlich auch für **Webserver**, in deren Logfiles etwa protokolliert wird, welcher Rechner auf welchen Site zugreift und welche Inhalte abgerufen werden[11].

---

1 *Köhntopp/Köhntopp*, CR 2000, 248, 251 (oft auch „Referer" geschrieben); zum Referrer s. S. 955.

2 *Köhntopp/Köhntopp*, CR 2000, 248, 251.

3 *Wiese*, a.a.O., 11.

4 *Wiese*, a.a.O., 11.

5 *Wiese*, a.a.O., 14.

6 Nicht generell zutreffend ist die Auffassung, bei der Verwendung temporärer IP-Adressen liege kein Personenbezug vor (*Moos*, Datenschutz im Internet, in: Kröger/Gimmy, Handbuch zum Internet-Recht, 496, 521), da die hier wohl gemeinten dynamisch vergebenen IP-Adressen im Einzelfall durchaus Personenbezug aufweisen können.

7 *Wiese*, a.a.O., 12.

8 *Wolters*, DuD 1995, 277, 278; *Dix/Schaar*, in: Roßnagel, Recht der Multimedia-Dienste, TDDSG 3, § 6 Rdn. 105, 106.

9 *Garfinkel/Spafford*, Web Security & Commerce, 88.

10 *Reibold/Werthenauer*, Überwachung von E-Mails, www.tecchannel.de/internet/288/2.html mit dem Hinweis, dass der Admin theoretisch jede E-Mail lesen oder gar einen Blick in die Dateiablage des Mitarbeiters werfen könne.

11 *Reibold/Werthenauer*, Datenquelle Webserver, www.tecchannel.de/internet/288/2.html (Abruf 14.3.

20. Newsgroups

Newsgroups (im eigenen Internet-Dienst Usenet) sind Diskussionsforen, die (ähnlich Schwarzen Brettern) unterschiedlichste Informationen und Angaben zu ihren Verfassern enthalten können, also personenbezogene oder personenbeziehbare Daten, die für alle Teilnehmer zugänglich sind[1]. Hier wird in der Regel bereits bei Heraufladen von Beiträgen mit zugehörigen Absenderangaben Einwilligung mit der Weitergabe dieser Daten für Zwecke der Newsgroup-Nutzung anzunehmen sein. Oft wird eine Möglichkeit bestehen, in der Newsgroup nur unter Pseudonym aufzutreten. Newsgroup-Einträge können unterschiedliche personenbezogene Daten aufweisen, so etwa unter „*From*" Angaben zum Absender, unter „*Date*" Datum und Uhrzeit der Absendung, unter „*Message-ID*" der Sitz des Providers und unter „*Sender*" z.B. die Login-Nummer von Nutzern.

21. Plug-Ins

Plug-Ins sind eigenständig lauffähige Programme für ein Anwendungssystem, so etwa RealPlayer oder Windows Media Player für das Streaming von MP3-Dateien oder einer Radio- oder TV-Sendung. Werden beim Installieren des Plug-In ohne Einwilligung der Nutzer Daten über die heruntergeladenen Musikstücke und den herunterladenden Nutzer an den Firmensitz des Anbieters übermittelt[2], kann dies eine unzulässige Datenübermittlung (strafbar nach § 43 Abs. 1 Nr. 4 BDSG) sein, wobei der Datenabruf vom in Deutschland stehenden Nutzerrechner für die Begründung der Strafbarkeit ausreicht.

22. Referrer-URL

Die Referrer-URL ist die Adresse, über die eine Webseite aufgerufen werden kann (z.B. www. cert.org). Wird auf dieser Seite nun etwa über einen Werbebanner auf eine andere Webseite geklickt, wird an diese die Referrer-URL der Seite übermittelt, von der aus geklickt wurde[3]. Durch Auswertung der Referrer-Daten kann verfolgt werden, welche Webseiten von einem bestimmten Nutzer in welcher Reihenfolge abgerufen werden (sog. „*Clickstream*")[4]. Ein Clickstream ergibt sich etwa auf derselben Seite, die aber

2000). Die Autoren berichten, dass zur Analyse unberechtigter Zugriffe besonders sog. „5xx-Server-Fehler" von Interesse sind, die angezeigt werden, wenn der Server einen gültigen Request nicht bearbeiten kann. Diese Fehlermeldungen werden in der Error-Log-Datei abgelegt, deren Auswertung oft mit sog. „Logfile-Analyzern" efolgt, die in der Datei enthaltene Informatonen analysieren, auswerten und grafisch aufbereiten. Auch (dynamisch IP-Adressen vergebende) DHCP- sowie FTP-Server führen Protokolle. Für eine genaue Auflistung von Logdaten Bundesbeauftragter für den Datenschutz, G 8 Government/Private Sector High-Level Meeting on High-Tech Crime, 22.-24.5.2001, Workshop 1, Appendix A to Workshop 1 Potential Consequences for Data Retention of Various Business Models Characterizing Internet Service Providers, www.bfd.bund.de/europa/t ohio1.html.

1 *Schmitz*, TDDSG, 54.

2 www.lawnewsnetwork.com/stories/A9266-1999Nov9.html über das Plug-in RealJukeBox von Real Networks.

3 *Brauch*, a.a.O. 129.

4 *Wiese*, a.a.O., 12; Federal Trade Commission, Online Profiling, A Report to the Congress, June 2000 (www.ftc.gov), 8.

unterschiedliche anklickbare Angebote enthält, oder sogar bei verschiedenen Sites dann, wenn ein Adserver-Betreiber über diese Sites jeweils auf den Rechnern der surfenden Nutzer Cookies setzt und aus den rückübermittelten Cookies (automatisiert) rekonstruieren kann, zu welchen Seiten der Nutzer in welcher Reihenfolge wann gesurft ist[1]. Der Anbieter kann dann die vom Nutzer gewählten Angebote kombinieren und ihm weitere einschlägige Angebote übermitteln oder darüber hinaus für Kunden, deren Profil auf ein höheres Einkommen schließen lässt, Produkte zu höheren Preisen anbieten; Versicherungen können für Nutzer, die die Anhaltspunkte erhöhter Gesundheitsrisiken bestehen, Verträge mit höheren Prämien anbieten[2]. Auf diese Weise können über die Zeit dem Nutzer unbekannte Betreiber weitreichende Nutzungsprofile des Nutzers erstellen. Über den US-Anbieter Doubleclick tauschen mittlerweile etwa 9.000 Anbieter solche Nutzerdaten aus[3].

23. RFIDs

RFID (Radio Frequency Identification)-Tags an Waren erlaubt die genaue Identifizierung von Produkten auf Vertriebswegen, etwa in Ladengeschäften. RFIDs sollen die bisher verwendeten Barcodes ablösen. RFID-Tags bestehen aus Transpondern, d.h. kleinen Mikrochips mit Mikroprozessor, nichtflüchtigem Speicher und Antenne auf einer weniger als 1 mm dünnen Folie. Die Transpondermarke ist mit einer 64 Bit langen, weltweit eindeutigen Kennung versehen und wird mit einem vom Lesegerät erzeugten magnetischen Wechselfeld energetisch angeregt, das zugleich zur Übertragung von Informationen mittels induktiver Kopplung zwischen Tag und Lesegerät genutzt wird[4].

VeriSign plant einen weltweiten Verzeichnisdienst für ein RFID-basiertes EPC(Electronic Product Code)-Netzwerk[5]. RFID-Etiketten sind kontaktlos, durch Umverpackungen und unbemerkt lesbar. Die EPC-Tag-Spezifikation 1.0 weist eine 96 Bit-EPC-Implementierung auf, mit der über 68 Milliarden Seriennummern vergeben werden können[6]. Die Tags lassen sich auch in Kleidung und Wäschestücken anbringen, in Waffen und Geldscheinen, in und an Tieren und Menschen[7]. RFIDs lassen sich etwa in Zutrittssystemen, elektronischen Wegfahrsystemen und im Warenmanagement sowie für die Akten- und Dokumenterfassung (etwa in Büchereien) einsetzen.

Datenschutzrechtlich relevant ist die Verknüpfung von RFID-Daten mit personenbezogenen Daten von Kunden oder Mitarbeitern, Ausleihdaten oder Daten aus Zeiterfassungssystemen[8]. Hier sollte eine Funktion vorgesehen sein, mit der nach Kauf eines Produktes der RFID-Chip deaktiviert wird; eine solche Funktion kann auch im Wettbewerb von Vorteil sein.

---

1 Federal Trade Commission, a.a.O., 7, 8.

2 Zu diesem „*Weblining*" s. ausf. Federal Trade Commission, Online Profiling, A Report to the Congress, June 2000 (www.ftc.gov), 16.

3 *Schulzki-Haddouti*, Verdeckte Ermittlungen, 22, 23. DoubleClick sammelt hiernach die Daten E-Mail-Adresse, Name, Postanschrift und Telefonnummern, als fast prototypisch personenbezogene Daten.

4 Ausf. s. *Müller*, DuD 2004, 215 m.w.N.

5 Heise online news, 13.1.2004, ww w.heise.de/newsticker/data/nhe-13.01.04-000.

6 Heise online news, 12.1.2004, w ww.heise.de/newsticker/ data/ciw-12.01.04-000.

7 Heise online news, 12.1.2004, a.a.O. und 26.11.2003 (RFID-Chip als implantierte Kreditkarte), .../data/anw-26.11.03-004.

8 *Kelter/Wittmann*, DuD 2004, 331, 332.

24. Session-IDs

Bei Zugriff auf eine Webseite werden Nummern vergeben, die als Teil der Adresse (URL) beim Verfolgen von Links im eigenen Angebot mitgeführt und auch in der Anzeige der Adresse im Browser dargestellt wird[1]. Soweit diese IDs einem Nutzer zugeordnet werden (können), müssen die Zulässigkeitsvoraussetzungen für die Erhebung, Verarbeitung und Nutzung, insbesondere auch die Übermittlung erfüllt sein.

25. Spyware

Unter „Spyware" versteht man kostenlos testbare Programme mit versteckten, angehängten Auswertungsprogrammen, die mit größeren Softwarepaketen (unbemerkt) heruntergeladen werden kann, etwa beim (automatischen) Updating. Man spricht auch von „E.T.-Anwendungen", da sie, sobald sie auf dem Computer des Nutzers installiert sind, wie Spielbergs ET „zu Hause anrufen"[2]. Spyware ist oft mit Werbung verbunden und überträgt die Daten des herunterladenden Nutzers auf den Drittserver[3], so z.B. „*eMarker*" die Daten gerade gespielter Musiktitel mit Nutzerdaten. Komplette Internet-Bewegungsmuster zeichnet etwa „mySmart.com" auf[4].

26. Suchmaschinen

Suchmaschinen suchen regelmäßig (oft täglich) wenn nicht alle so doch eine große Anzahl von Sites im Web weltweit durch und sammeln aus diesen (auch personenbezogene) Daten. Solches Erheben und Übermitteln von Daten lässt sich nicht auf bestimmte Territorien begrenzen oder von diesen ausschließen, damit auch nicht durch Regelwerke wie das BDSG oder die EG-Datenschutzrichtlinie einschränken und kontrollieren. Internet und Datenschutzrecht sind deshalb bisher noch nicht aneinander angepasst.

27. Telefoniedaten

Auch bei Telefonienutzung anfallende Nutzerdaten lassen sich auf vielfältige Weise auswerten[5]. Die anfallenden Verbindungs- und Inhaltsdaten dürfen aber im Rahmen des **Fernmeldegeheimnisses** nur mit erheblichen Einschränkungen verwendet werden dürfen. Dies gilt nicht nur für Verbindungsdaten und Gesprächsinhalte, sondern, bei WAP- und erst recht UMTS-Nutzung, auch für sonstige kommunizierte Inhalte wie

---

1 *Köhntopp/Köhntopp*, CR 2000, 248, 253.

2 Art.29-Datenschutzgruppe, Arbeitspapier über die Frage der internationalen Anwendbarkeit des EU-Datenschutzrechts bei der Verarbeitung personenbezogener Daten im Internet durch Websites außerhalb der EU, 5035/01/DE/endg., WP 56, v. 30.5. 2002, 14.

3 *Wiese*, a.a.O., 17, so etwa Daten von Nutzern der Player-Software „RealJukeBox" und RealNetworks (eSecurities Newsletter, www.lawnewsnetwork.com/stories/A9266-1999Nov9.html).

4 heise.online 9.3.2001, www.heise.de.

5 *Baeriswyl*, RDV 2000, 6, 9 berichtet, dass in Frankreich Daten aus Mobiltelefongesprächen drei Jahre aufbewahrt werden und eine Lokalisierung dieser Gespräche in Großstädten auf 100 – 350 Meter und sonst auf ca. 15 – 30 Kilometer möglich ist, woraus sich „einwandfreie Bewegungsprofile" rekonstruieren lassen.

heruntergeladene Webseiten, E-Mails und SMS-Mitteilungen, aber auch MP3-Files oder Videos. Die Grundsätze gelten auch für IP-Telefonie, also Telefonate über das Internet.

Internet-Telefonie, elektronische Online-Telefonauskunft oder auch Instant Messaging wurden als **Teledienst** im Sinne von § 2 Abs. 2 Nr. e TDG qualifiziert[1].

28. Telnet

Mit der Terminalemulation wird der Nutzer an einen entfernten Rechner angeschlossen, als arbeite er an dessen Tastatur. Die Kabelverbindung zwischen Tastatur und Rechner wird quasi durch das Internet und dessen Dienst Telnet ersetzt. Der Nutzer erhält so direkten Zugriff auf den externen Rechner (soweit der Zugriff für bestimmte Bereiche vom System Operator freigegeben wurde). Soweit bei dem Rechner, an den der Anschluss erfolgt, Daten des Nutzers gespeichert werden, bedarf dies der Unterrichtung und der Einwilligungserteilung.

Telnet ermöglicht Datenfernzugriff und kann deshalb als auf Datenaustausch bezogener Teledienst qualifiziert werden (§ 2 Abs. 2 Nr. 1 TDG). Unter dieser Voraussetzung treffen den Betreiber die allgemeinen und besonderen Informationspflichten aus den §§ 6 und 7 TDG. Haftungsentlastung ist angesichts der Dauerhaftigkeit der Speicherung nur über § 11 TDG in Betracht kommen.

Bei Telnet können (je nach Auslegung der Zugriffsrechte) beliebige Fremde (weltweit) unmittelbar Zugriff nicht nur auf bestimmte Dateien, sondern auf das gesamte System erhalten können. Keinesfalls dürfen deshalb personenbezogene Datenbestände für Dritte über Telnet frei im Unternehmensnetz zugreifbar oder gar veränderbar sein. Dies gilt etwa insbesondere für medizinische Daten, die für **Ferndiagnosezwecke** zunehmend in Kliniken oder an Rechner des **Betriebsarztes** in Netzen übermittelt werden. Ein unberechtigter Zugriff Dritter muss hier – insbesondere im Hinblick auf § 203 Abs. 1 Nr. 1 StGB – gesichert unterbunden werden.

29. Update-Funktionen

Einige Anbieter (etwa von Browser-Software oder Online-Diensten) führen zuweilen automatisch ein Update der auf dem Nutzerrechner gespeicherten Software durch. Manche Programme (etwa Browser-Software) haben sogar eine automatische Update-Funktion, die bei **jeder** Internet-Session durchgeführt wird. Datenschutzrechtlich unzulässig ist ein solches Updating, wenn hierbei personenbezogene Daten des Nutzers (etwa sein Namen und das Datum des letzten Downloading eines Update) mit abgefragt werden. Problematisch können auch automatisierte **Softwaresysteme** als solche werden, die eine (zudem vom Nutzer unbemerkte) Abfrage auf dem Nutzerrechner nach installierten Programmexemplaren durchführen, **während er online ist**, und hierbei personenbezogene Daten des Nutzers in Drittstaaten außerhalb der EU übertragen, etwa nach Kalifornien.

Von der 25. Internationalen Konferenz der Beauftragten für den Datenschutz wurden Software-Hersteller in einer Entschließung vom 12.9.2003[2] aufgefordert, Verfahren für

---

[1] *Schaar*, Datenschutz im Internet 2002, Rdn. , 264.

[2] Verfügbar unter www.lda.brandenburg.de/internat/intkonf/25_01.htm.

Programm-Updates nur auf Initiative oder den Wunsch des Nutzers hin, auf transparente Weise und nur so anzubieten, dass kein unkontrollierter Zugang zum Computer des Nutzers eröffnet wird, weiter das Offenbaren personenbezogener Daten nur mit der informierten Einwilligung des Nutzers zu verlangen und nur, soweit es zur Durchführung der Aktualisierung erforderlich ist, sowie schließlich Wahlfreiheit vorzusehen durch Online-Updates als eine Alternative zu anderen wie z.B. Distribution auf Datenträger.

30. Verzeichnisdienste

Umfassend ist die personenbezogene Datenübertragung naheliegenderweise bei **E-Mail**, insbesondere, wenn keine Verschlüsselung eingesetzt wird[1]. E-Mail-Adressen werden zunehmend in **Verzeichnisdiensten** verwaltet (z.B. X.500[2] oder Network Directory System, NDS[3]), also einer Art elektronischer Telefonbüchern. Diese Verzeichnisse können – neben der Adresse selbst – auch weitere personenbezogene Daten enthalten, etwa Angaben zu Mitarbeitern. Der Verzeichnisdienst wird dann als Tele- oder Mediendienst einzuordnen sein, wenn etwa das zunächst intern erstellte Verzeichnis auch außerhalb des Betriebes zugänglich gemacht wird[4]. Dies kann bereits dann der Fall sein, wenn ein Arbeitnehmer ein betriebliches Mail-System auch zur privaten Nutzung angeboten erhält und hierbei auf das Verzeichnis zugreift. Datenschutzrechtlich erforderlich ist etwa, Verzeichniseinträge auf die notwendigen Angaben zu beschränken, Zugriffsregelungen möglichst eng zu fassen und mit starken Authentifizierungsmechanismen auszustatten und den Eintrag vorab dem Betroffenen zur Kenntnis zu bringen[5].

31. Videoüberwachung

Erstmals geregelt wurde die Zulässigkeit von Videoüberwachung öffentlich zugänglicher Räume mittels „optisch-elektronischer Einrichtungen" und zwar unabhängig von einer anschließenden Datenverarbeitung[6] (freilich etwas außerhalb der auf Daten bezogenen Regelungssystematik, § 6 b BDSG). Erfasst wird etwa die Überwachung von öffentlichen Bereichen vor dem Betriebs- bzw. Werksgelände, aber auch der mögliche Einsatz von „Webcams"[7] oder von mobilen Speicher- und Verarbeitungsmedien (§ 6 c BDSG), also etwa Notebooks, Personal Digital Assis-tents, etc.,

---

1 Mit Privacy Enhanced Mail (PEM) ist (in RFC 1421 – 1424 beschrieben) ein internetweiter Sicherheitsstandard definiert.

2 X.500 (ISO-9594) ist ein vom Comité Consultatif International Télégraphique et Téléphonique (CCITT) und der International Standard Organization (ISO) erarbeiteter Standard für einen *global* verteilten Verzeichnisdienst, also eine Art erweitertes elektronisches Telefonbuch (*Meyer zu Natrup/ Ernestus*, Orientierungshilfe „Verzeichnisdienste", 2). Zum Schutz gegen unautorisierten Zugriff definiert Norm X.509 eine schwache und eine starke Authentisierung.

3 NDS ist ein von Novell entwickelter, als verteilte Datenbank konzipierter Verzeichnisdienst zur Verwaltung von Netzwerken (*Meyer zu Natrup/Ernestus*, Orientierungshilfe „Verzeichnisdienste", 6)

4 *Meyer zu Natrup/Ernestus*, Orientierungshilfe „Verzeichnisdienste", 8.

5 *Meyer zu Natrup/Ernestus*, Orientierungshilfe „Verzeichnisdienste", 9, 10.

6 Von der Regelung erfasst werden soll die Beobachtung. Nicht erforderlich sei, dass das Bildmaterial anschließend gespeichert wird (BT-Drucks. 14/4329, 38).

7 *Gola/Klug*, RDV 2004, 65, 66.

freilich nur, soweit aus der Beobachtung **Daten** mit bestehendem oder zumindest herstellbaren Personenbezug **gewonnen** werden, also nicht reine Personen-beobachtung durch Videocams/Webcams ohne Datenspeicherung. Die Aufsichtsbehörden wollen aber bereits die reine Beobachtung erfasst sehen[1]. Gemeinsame Klammer für diese Schutzregelungen bleibt das grundrechtsgleiche, indirekt auch zwischen Privaten geltende Recht auf informationelle Selbstbestimmung[2]. In jedem Fall unzulässig ist Videoüberwachung im nichtöffentlichen Bereich, erst recht bei heimlicher Durchführung und Verbreiten der Aufnahmen im Internet[3].

32. Webbugs

Unter „Webbugs" (bzw. Clear GIFs) versteht man (meist nur 1 x 1 Pixel große) transparente GIF-Bilder, die sich auf einer Webseite von einem dritten Server setzen lassen[4] und vom Abrufer etwa einer Bannerwerbung mit Webbugs nicht[5] bzw. nur im Quellcode der Webseite zu erkennen sind[6]. Der Anbieter sendet die Webbugs von seinem Serverrechner an den Rechner des Nutzers zur Darstellung der Seite[7]. Der HTML-Code dieser gesendeten Seite enthält dann einen Link zum Rechner des Werbebanner-Anbieters, weshalb also nach IMG-Tags zu suchen ist, die Bilder von fremden Sites laden[8] (etwa von Adserverrechnern). Die Webkäfer ihrerseits senden die IP-Adresse, die Internet-Adresse der besuchten Webseite und diejenige des Webkäfers, den Zeitpunkt, an dem der Webkäfer angeschaut wurde, den Browsertyp sowie die Informationen eines zuvor gesetzten Cookies an den Server des Dritten bei Zugriff auf die angesurfte Webseite, aber auch die Idenitifikationsnummer von jedem Cookie auf dem Nutzerrechner[9]. Webbugs können in Werbe-Mails eingesetzt werden[10] und sogar selbst Cookies setzen[11].

Die Verwendung von Webbugs ohne Einwilligung des Nutzers gesetzt (und gar ohne seine Kenntnis) stellt eine **unzulässige** Datenverarbeitung im Rahmen eines Teledienstes vor, da keine der Voraussetzungen des § 3 Abs. 1 TDDSG erfüllt sind. Bei Bannerwerbung von Drittservern fehlt häufig zudem eine nach § 3 Abs. 5 TDDSG erforderliche Unterrichtung des Nutzers, so dass der Nutzer von diesen „Dritt-Cookies" nicht wissen kann (Ordnungswidrigkeit nach § 9 Abs. 1 TDDSG).

---

1 *Gola/Klug*, RDV 2004, 65, 68 m.w.N.

2 Zum Recht auf informationelle Selbstbestimmung siehe näher BVerfG E 65, 1 = NJW 1988, 3009 – Volkszählung.

3 So etwa Videoüberwachung in Umkleidekabinen mit Internet-Übertragung (Bundesbeauftragter für den Datenschutz, 18. Tätigkeitsbericht 1999/2000, 57, zit. nach: *Schaar*, Datenschutz im Internet 2002, Rdn. 31).

4 *Köhntopp/Köhntopp*, a.a.O., 253.

5 *Köhntopp/Köhntopp*, a.a.O., 253.

6 Federal Trade Commission, Online Profiling, A Report to the Congress, June 2000 (www.ftc.gov), 6.

7 Federal Trade Commission, Online Profiling, a.a.O., 10.

8 Federal Trade Commission, Online Profiling, a.a.O., 6.

9 Federal Trade Commission, Online Profiling: A Report to Congress, June 2000 (www.ftc.gov/reports), 6.

10 *Schulzki-Haddouti*, Verdeckte Ermittlungen, 20, 22, 23; *Krol/Conner-Sax*, The Whole Internet, 151; *Wiese*, Unfreiwillige Spuren im Netz, 15.

11 *Köhntopp/Köhntopp*, a.a.O., 253.

33. Webcams und sonstige optoelektronische Einrichtungen, Beobachtung

Die Nutzung von Webcams[1], die technisch-funktional einer Nutzung von Videokameras nahekommt, wird nur in begrenztem Umfang als zulässig angesehen. Das Übertragen der Bilder im Internet stellt einen Teledienst i.S.v. § 2 Abs. 2 Nr. 1 TDG dar[2], womit bezüglich personenbezogener Daten das TDDSG anwendbar ist, allerdings nur, soweit diese Bilddaten Bestands- und Nutzungsdaten[3] sind, nicht, wenn sie sich aus dem jeweiligen Bild selbst ergebende Inhaltsdaten darstellen. Werden freilich etwa Passanten auf einem öffentlichen Platz aufgenommen, fallen grundsätzlich nur solche Inhaltsdaten an, da keinerlei Dienstenutzung durch diese (zudem von ihnen selbst unbemerkt) beobachteten Passanten vorliegt, und ist das TDDSG nicht anwendbar, wohl aber das TDG (und das BDSG). Webcams lassen sich über USB-Schnittstellen mit dem PC verbinden, erlauben Aufnahme von Einzelbildern und Videosequenzen, die bearbeitet oder per E-Mail (oder über Instant Messaging) verschickt werden können, per Intervallautomatik auch alle paar Sekunden.[4]

Eine **Beobachtung** im Sinne von § 6 b BDSG kann angenommen werden, wenn etwa eine Webcam Standbilder aufnimmt, erst recht bei Generieren einer Sequenz von Einzelbildern, aber nur, wenn die Cam auf einen *öffentlichen* Platz ausgerichtet ist[5], also etwa nicht am Arbeitsplatz, und außerdem nur bei Aufzeichnung oder jedenfalls Auswertung der Daten[6]. Ein öffentlich zugänglicher Raum ist jeder Bereich, der ohne besondere Voraussetzungen betreten werden kann[7]. Nicht notwendig ist, dass eine beobachtete Person für die verantwortliche Stelle bestimmt oder auch nur bestimmbar ist[8]. § 6 b BDSG setzt nicht voraus, dass personenbezogene Daten erhoben, verarbeitet oder genutzt werden[9]. Keinesfalls dürfen gezielt einzelne Personen in das Blickfeld der Kamera kommen[10].

Soweit mit der Webcam Bilder und mit diesen personenbezogene Daten **übertragen** werden, etwa als Ergänzungen zu den Bilddateien, müssen die allgemeinen Übermittlungsvoraussetzungen[11] erfüllt sein, wobei gegenüber Passanten regelmäßig weder auf Vertragsverhältnisse noch auf eine erteilte Einwilligung zurückgegriffen werden kann[12]. Für diese Übertragungen oder jedenfalls Übertragungs*typen* sind die Zulässigkeitsvoraussetzungen zu prüfen, hierbei auch die Möglichkeit einer Übertragung in Drittländer und das Vorhandensein einen angemessenen Schutzniveaus

1 *Garfinkel*, Database Nation, 110.

2 So die Hinweise des Innenministeriums des Landes Baden-Württemberg für privaten Unternehmen und Organisationen Nr. 39, 10.

3 Hinweise des Innenministeriums des Landes Baden-Württemberg Nr. 39, a.a.O., 10.

4 *Meier*, Wirtschaftswoche 8 v. 14.2.2002, 82.

5 Beispielsfälle für staatliche Videoüberwachung schildert *Wohlfahrt*, RDV 2000, 101, 102.

6 *Gola/Schomerus*, BDSG, § 6 b Rdn. 10.

7 Hinweise des Innenministeriums des Landes Baden-Württemberg Nr. 39, a.a.O., 8.

8 *Gola/Schomerus*, BDSG, § 6 b Rdn. 3.

9 *Gola/Schomerus*, BDSG, § 6 b Rdn. 13.

10 Unabhängiges Landeszentrum für Datenschutz Schleswig-Holstein, Video- und Webkameras, häufig gestellte Fragen, Nov. 2000, www.rewi.hu-berlin.de/Datenschutz/DSB/SH/faq/video.htm: auch nicht vom „bösen Nachbarn" oder von Patienten im Wartezimmer (um zu sehen, ob es noch voll ist).

11 Die nach den Hinweisen des Innenministeriums des Landes Baden-Württemberg Nr. 39, a.a.O., 9 in der Regel (für nichtöffentliche Stellen) nicht erfüllt sein dürften.

12 Deshalb verweist der Eidgenössische Datenschutzbeauftragte in seinem 8. Tätigkeitsbericht 2000/ 2001 (www.edsb.ch), 18 auf die Notwendigkeit, solche Webcams dann derart zu konfigurieren, dass keine Personen erkennbar sind.

in diesen. **Datenschutzrechtlich** ist es **unzulässig, Webcams** einfach an das **Internet** anzuschließen und eine weltweite Übertragung durchzuführen, da in jedem Fall eine unbekannte Anzahl von Nutzern in Drittländern mit nicht angemessenem Datenschutzniveau solche Daten abrufen können. Soweit mit der Webcam Bilder und mit diesen personenbezogene Daten **übertragen** werden, etwa als Ergänzungen zu den Bilddateien, müssen die allgemeinen Übermittlungsvoraussetzungen[1] erfüllt sein, wobei gegenüber Passanten regelmäßig weder auf Vertragsverhältnisse noch auf eine erteilte Einwilligung zurückgegriffen werden kann[2]. Außerdem ist zu beachten, dass nach § 22 Kunsturhebergesetz (KUG) das Verbreiten und Zurschaustellen eines Abgebildeten ohne dessen Einwilligung grundsätzlich unzulässig ist, wobei im Netz aber ein Verbreiten nicht in Betracht kommt, jedoch ein Zurschaustellen zu prüfen ist, das freilich öffentlich sein muss[3]. Der Einzelabruf solcher Bilder wird durch den im Rahmen einer Novellierung des UrhG einzufügenden § 19 a UrhG als Nutzung erfasst, während der bisherige Schutz aus dem KUG wohl gegenwärtig gegenüber Webcams nicht griff, da die Einzelübertragung nicht erfasst wurde.

Die **Überwachung von Nutzern** kann auch durch verschiedene Systeme unmittelbar am Rechner erfolgen; so zeichnet „WinWhatWhere" jede Aktion am Rechner auf, jeden Mausklick, jeden Tastendruck und sogar die zurückgelegte Strecke des Mauszeigers[4]. Mit dem „InternetManager" kann der gesamte Netzwerktraffic auf WWW-, FTP- und Newsservern und jede Aktion der identifizierbaren Benutzer aufgezeichnet sowie der Zugriff zu Sites gesperrt werden[5]. Besonders problematisch wird der Einsatz solcher mittlerweile überall verfügbaren Tools, wenn etwa der Arbeitgeber diese zur Überwachung von durch seine Arbeitgeber privat genutzten Mail-Diensten oder Internet-Zugängen einsetzt, da er hierzu nur selten berechtigt sein wird (etwa bei konkretem Verdacht auf schwerwiegende Vertragsverletzungen).

Auch sonst ist jedes Beobachten öffentlich zugänglicher Räume mittels opto-**elektronischer Einrichtungen** unzulässig (§ 6 b Abs. 1 BDSG), wenn nicht das Hausrecht oder berechtigte Interessen[6] für konkret festgelegte Zwecke der Beobachtung erfordern[7] und keine Anhaltspunkte bestehen, dass schutzwürdige Interessen der Betroffenen überwiegen oder wenn der (vorher ausreichend informierte) Betroffene einwilligt[8]. Davon kann etwa ausgegangen werden, wenn durch Wahl der Bildgröße bzw. –auflösung Einzelpersonen nicht erkennbar sind; da eine solche Beobachtung aber nur selten Sinn machen wird, ist dieser Fall meist nicht gegeben. Auch sind die **Beobachtung** und die hierfür verantwortliche Stelle **erkennbar** zu **machen** (§ 6 b Abs. 2 BDSG) und muss bei einer Zuordnung von aus Videoüberwachung gewonnenen Daten zu einer

1 Die nach den Hinweisen des Innenministeriums des Landes Baden-Württemberg Nr. 39, a.a.O., 9 in der Regel (für nichtöffentliche Stellen) nicht erfüllt sein dürften.

2 Deshalb verweist der Eidgenössische Datenschutzbeauftragte in seinem 8. Tätigkeitsbericht 2000/2001 (www.edsb.ch), 18 auf die Notwendigkeit, solche Webcams dann derart zu konfigurieren, dass keine Personen erkennbar sind.

3 Schricker/*Gerstenberg*/*Götting*, § 60 UrhG/§ 22 KUG, Rdn. 12.

4 *Reibold*/*Wertenauer*, tecChannel, 2000, (www.tecchannel.de/internet/288/index.html).

5 *Reibold*/*Wertenauer*, a.a.O.

6 Zur Nutzung von Videoüberwachung durch öffentliche Stellen s. *Wohlfahrt*, RDV 2000, 101.

7 Etwa solche von Betreibern von Internetcafés, s. Hinweise des Innenministeriums des Landes Baden-Württemberg Nr. 39, a.a.O., 9.

8 Wobei die Einwilligung bei automatisch betriebenen Webcams oder vergleichbaren Überwachungseinrichtungen in der Regel nur schwer oder überhaupt nicht einholbar ist (etwa auf öffentlichen Plätzen), ebenso Hinweise des Innenministeriums des Landes Baden-Württemberg für privaten Unternehmen und Organisationen Nr. 39, 9.

Person diese Person benachrichtigt werden (§ 6 b Abs. 4 BDSG). Derartige Daten können sich aus den Videobändern ergeben. Diese können, wenn sie auf Harddisks von Rechnern gespeichert werden, auch unmittelbar als personenbezogene Daten einzustufen sein. Videobänder können etwa die Auswertung durch Bilderkennungssoftware erlauben. Eine Zuordnung kann automatisiert in der Weise erfolgen, dass mittels Suchprogrammen Bilder von Passanten mit gespeicherten Bildern gesuchter Personen abgeglichen werden („*Thinking Cameras*“[1]). Auch wenn (und soweit) die Beobachtung berechtigt erfolgt, wird damit noch nicht eine (gar weltweite) Übermittlung der aus ihr gewonnenen Daten im Internet zulässig. Videoüberwachung kann auch von privaten Betreibern eingesetzt werden (nicht nur Polizeiorganen), etwa zu Werkschutzzwecken zu Sicherung von Plätzen vor Betrieben, aber auch Einkaufspassagen, Tankstellen oder Geldautomaten[2]. Da Videoaufzeichnungen nicht notwendig mit einer Datenerfassung verbunden sein muss, wird Videoüberwachung nicht generell als automatisierte Verarbeitung einzustufen sein.[3] Videoüberwachung im privaten Bereich, etwa am Arbeitsplatz[4] oder zwischen Nachbarn, wird nicht erfasst,[5] kann aber das Persönlichkeitsrecht verletzen[6].

Generell unzulässig ist auch das Installieren von Webcams am **Arbeitsplatz** von Mitarbeitern, wodurch diese weltweit in ihrer Arbeitsleistung oder im sonstigen Verhalten überwachbar würden. Ersichtlich überschreitet eine solche Überwachung grundsätzlich jede denkbare Zweckbestimmung eines Arbeitsverhältnisses; sie greift unverhältnismäßig in das Persönlichkeitsrecht und die informationelle Selbstbestimmung des Mitarbeiters ein und ist unzulässig. Das gilt selbst dann, wenn er seine Einwilligung erklärt, da im Hinblick auf deren Zusammenhang mit dem Arbeitsverhältnis Zweifel an deren Freiwilligkeit bestehen können.

Auch wenn die Voraussetzungen des § 6 b BDSG nicht erfüllt sind, kann ein **Abwehranspruch** des Betroffenen aus § 1004 BGB gegeben sein[7].

34. Webseiten

Auch auf Homepages und anderen Webseiten kann personenbezogene Datenverarbeitung erfolgen. Der EuGH hat festgestellt, dass ein Hinweisen auf durch ihre Namen, Telefonnnummer oder Angaben zu ihrem Arbeitsverhältnis individualisierte Personen auf Webseiten eine zumindest teilweise automatisierte Datenverarbeitung im Sinne von Art. 3 Abs. 1 DSRL 95/46/EG darstellt[8]. Die Ausnahme einer rein auf persönliche oder familiäre Tätigkeiten bezogenen DV (Art. 3 Abs.

---

[1] *Gola/Schomerus*, BDSG, § 6 b Rdn. 4.

[2] *Gerhold/Heil*, DuD 2001, 377, 378, 379.

[3] So aber *Schild*, DuD 2001, 282, 283. *Königshofen*, RDV 2001, 220, 221 will „reine“ Videoüberwachung vom § 6 b BDSG ausgeklammert sehen, wenn keine Daten erhoben werden, wobei er aber einräumt, dass Wortlaut und Entstehungsgeschichte dieser Auslegung entgegenstehen.

[4] *Gola/Schomerus*, BDSG, § 6 b Rdn. 9.

[5] *Gerhold/Heil*, DuD 2001, 377, 378, 380.

[6] Für die Unzulässigkeit ständiger Überwachung am Arbeitsplatz durch versteckte Kamera s. BAG BB 988, 137; Unzulässigkeit der Überwachung eines Tiefgaragenstellplatzes OLG Karlsruhe, Urt.v. 8.11.2001 – 12 U 180/01, NJW 2002, 2799 (Verwertungsverbot für mitgeschnittene Bänder im Zivilprozess).

[7] *Gola/Schomerus*, BDSG, § 6 b Rdn. 13.

[8] EuGH, Urt.v. 6.11.2003 – Rs. C-101/01, MMR 2004, 95 = CR 2004, 286 – Lindquist; ausf. zur Lindquist-Entscheidung *Taraschka*, CR 2004, 280.

2 2. Spiegelstrich DSRL) liegt bei einer Internetpräsenz nicht vor, da die Daten hier einer unbegrenzten Anzahl von Personen zugänglich gemacht werden[1]. Als personenbezogenes Datum über die Gesundheit im Sinne von Art. 8 Abs. 1 DSRL zählt hierbei die Angabe, dass eine Person sich den Fuß verletzt hat und partiell krankgeschrieben ist[2]. Allein das Aufnehmen personenbezogener Daten in die Webseite soll nach Auffassung des EuGH allerdings noch keine Datenübermittlung in ein Drittland darstellen, auch wenn Personen aus Drittländern die Daten abrufen können[3]. Der EuGH argumentiert hier freilich deutlich ergebnisbezogen: Wenn bereits das Uploading eine Datenübermittlung in ein Drittland darstelle und auch nur ein Drittland über kein ausreichendes Datenschutzniveau verfüge, wären die Mitgliedsstaaten verpflichtet, jede Aufnahme personenbezogener Daten in das Internet zu unterbinden, weshalb das Uploading keine Übermittlung darstelle[4]. Dies überzeugt nicht, da mit Uploading und Freischalten jedenfalls durch den beauftragten Hostprovider alles getan ist, was für eine Übermittlung an beliebige Dritte erforderlich ist[5].

Möglich ist weiter eine **Personalisierung** (Customization) von Websites dergestalt, dass Webseiten individuell für den abrufenden Nutzer gestaltet werden. Die hierfür erforderlichen personenbezogenen Daten der Nutzer lassen sich durch Logfile-Analysen, Session-IDs und Cookies gewinnen[6]. Derart gewonnene Daten werden nicht selten anderen Anbietern zugänglich gemacht, also an diese übermittelt.

35. WHOIS

Kritisiert wurde die regelmäßige Veröffentlichung persönlicher Daten aller Domain-Inhaber im WHOIS-Verzeichnis von ICANN; es müssten der Umfang der erhobenen Daten reduziert und ihre Verwendungszwecke begrenzt werden[7]. Bis Anfang April 2004 hat ICANN (im WHOIS Data Problem Reports System, WDPRS) etwa 25.000 Beschwerden durch Falscheinträge durch Registrare erhalten[8].

36. Zugriffabsicherungen

Im weltweiten **Internet** und in grenzübergreifenden Online-Diensten kann technisch

1 EuGH, Urt.v. 6.11.2003 – Rs. C-101/01, MMR 2004, 95, 96 = CR 2004, 286 – Lindquist.

2 EuGH, Urt.v. 6.11.2003, a.a.O.

3 EuGH, Urt.v. 6.11.2003, a.a.O.

4 EuGH, Urt.v. 6.11.2003, a.a.O.; a.A. die überwiegende Meinung in Deutschland, die in der Veröffentlichung bereits die Übermittlung sieht, *Gola/Schomerus*, BDSG § 3 Rdn. 33; *Simitis/Dammann*, Komm. zum BDSG, § 3 Rdn. 163. Der EuGH geht allerdings selbst (Urt.v. 6.11.2003, a.a.O. Rdn. 60) von einer besonderen Konstellation aus, bei der die Daten nur hochgeladen wurden und die Empfänger dann die notwendigen Schritte zum Herunterladen der Daten vornehmen mussten (*Taraschka*, CR 2004, 280, 284).

5 Ähnlich i.E. *Roßnagel*, Urteilsanm. MMR 2004, 99, 95. Krit. auch *Brühann*, DuD 2004, 201, 206.

6 *Janetzko/Zugenmaier*, c't 18/2000, 88.

7 So die Kritik von *Giovanni Butarelli* Mitglied der Artikel-29-Gruppe der EU, heise online news, www.heise.de /newsticker/ meldung/45265.Ebenso die nationalen Datenschutzinstitutionen IWGDPT, Common Position on Privacy and Data Protection Aspects of the Registration of Domain Names, 4./5.5.2000, www.datenschutz-berlin.de/doc/int/iwgdpt/dns-en-htm.

8 Heise online news, 1.4.2004, www.heise.de/newsticker/meldung/46221. Ausf. s. ICANN, Community Experiences with the InterNIC Whois Data Problem Reports System, 13.4.2004, www.icann.org/wgois/wdprs-report-final-31mar04.htm.

frei und unabhängig von Grenzen auf Datenbestände zugegriffen werden, sofern die Rechner konnektiert sind. Der ausländische Nutzer kann sich hier in ein in Deutschland aufgestelltes System einloggen, ohne dass der Systembetreiber immer in der Lage wäre, festzustellen, von welchem Staat aus und durch wen der Zugriff erfolgt. Aber auch bei passwortgeschützten Diensten (z.B. Telnet oder nichtanonymes FTP oder ein Web-Angebot mit Passwortschutz) ist aufgrund der u. U. über viele Zwischenrechner laufenden Kommunikation keineswegs in jedem Fall sichergestellt, dass der **Standort** des abrufenden Betreibers erkennbar ist. Die Folge hieraus ist, dass eine **Übermittlung** in den Fällen **unzulässig** ist, in denen nicht ein bestimmter Empfängerstaat feststellbar ist oder sogar eine (unbestimmte) Vielzahl von Empfängerstaaten in Betracht gezogen werden muß, da immer ein Drittland ohne angemessenes Schutzniveau (auch) Empfängerland sein kann. Im Ergebnis darf die verantwortliche Stelle also *personenbezogene Datenbestände keinesfalls uneingeschränkt im Internet für den Zugriff freigeben.*

Die datenschutzrechtliche Prüfung beginnt hier nicht erst mit dem konkreten einzelnen Abruf, sondern bereits mit der **Verfahrenseinrichtung**. Intranet-/Internet-Kopplungen sind damit datenschutzrechtlich unzulässig, wenn und soweit sie ohne besondere Sicherheitsmaßnahmen (wie Verschlüsselung) personenbezogene Datenbestände dem Zugriff Dritter im Netz (gar weltweit) verfügbar machen. Das gilt wohl auch für Extranets bzw. Virtual Private Networks (VPNs), wenn in diesen zwar verschiedene Systeme (meist von Unternehmen) verschlüsselungsgesichert miteinander kommunizieren, jedoch Teile der Kommunikation über Gebiete von Drittstaaten (z.B. die USA) geleitet werden.

C. Personenbezogene Datenverarbeitung im Internet

Datenschutzrecht erfasst nicht nur das Erbringen und Nutzen von Tele- und Mediendiensten, sondern auch jede sonstige Erhebung, Verarbeitung und Nutzung von personenbezogenen Daten, etwa Daten von Unternehmenskunden und Mitarbeitern im oder mittels des Internet, die an andere Unternehmen übertragen oder bei Beschaffung oder Vertrieb verwendet werden.

1. Geltungsbereich des BDSG

Datenverarbeitung im Internet erfolgt zumeist **grenzüberschreitend** und damit auch über den räumlichen Geltungsbereich des BDSG hinaus. Keine Anwendung findet das BDSG, wenn eine in einem anderen EU-Mitgliedsstaat oder Vertragsstaat des EWR-Abkommens belegene verantwortliche Stelle im Inland personenbezogene Daten erhebt, verarbeitet oder nutzt, es sei denn, dies erfolgt durch eine Niederlassung im Inland (§ 11 Abs. 5 S. 1 BDSG). Anwendbar ist das BDSG hingegen, wenn die verantwortliche Stelle in einem Drittstaat (z.B. in den USA) belegen ist (§ 11 Abs. 5 S. 2 BDSG). Ein Unternehmen hat seine Niederlassung an dem Ort, an dem es seine wirtschaftliche Tätigkeit ausübt, und nicht dort, wo sich die technischen Einrichtungen, etwa Serverrechner, befinden oder wo auf eine Webseite zugegriffen werden kann[1].

---

1 Art.29-Datenschutzgruppe, Arbeitspapier über die Frage der internationalen Anwendbarkeit des EU-Datenschutzrechts bei der Verarbeitung personenbezogener Daten im Internet durch Websites außerhalb der EU, 5035/01/DE/endg., WP 56, v. 30.5. 2002.

Ausländische Provider werden nicht erfasst, solange sie nicht DV-Vorgänge im Inland durchführen. Die bloße Zugänglichkeit einer **Webseite** auf einem Rechner mit Standort in einem anderen Staat führt auch dann nicht zur Anwendbarkeit des BDSG, wenn diese Seite von Deutschland aus annavigiert werden kann; dies gilt auch, wenn über diese Seite Daten deutscher Nutzer verarbeitet werden. Das Eröffnen einer **Download**-Möglichkeit auf bzw. von einem Rechner im Ausland führt noch nicht zu einem DV-Vorgang im Inland. Jedoch kann der herunterladende **Nutzer** verpflichtet sein, wenn er etwa Adresslisten speichert. Auch jede in- oder ausländische Einzelperson kann verantwortliche Stelle sein (etwa ein Freiberufler[1], der personenbezogene Daten seiner Kunden/Mandanten auf einem Notebook oder Personal Digital Assistant verarbeitet), wenn sie sich nur so lange im Geltungsbereich des BDSG aufhält, wie die Durchführung der personenbezogenen Datenverarbeitung erfolgt[2], etwa bei einer Zwischenlandung auf einem inländischen Flughafen.

Nicht anwendbar ist das BDSG wiederum, soweit Datenträger nur zu Zwecken des **Transits** durch das Inland eingesetzt werden (§ 1 Abs. 5 S. 4 BDSG), also ein Datentransfer erfolgt, ohne dass die Daten in Deutschland zur Kenntnis genommen werden[3]. Ein solcher Transfer wurde auch angenommen, wenn Daten über einen Rechner im Inland **geroutet** werden[4].

2. Auftragsdatenverarbeitung

Auftragsdatenverarbeitung ist eine für das Internet typische Leistungskonstellation. Beispiele sind etwa Access und Web Presence Providing, aber auch Webhosting. Dienstleister verarbeiten hier im Auftrag auf eigenen Systemen Daten, die oft auch Personenbezug aufweisen. (etwa Kundendaten). **Auftraggeber** ist das nutzende Unternehmen, für das diese Leistungen erbracht werden (nicht aber der Kunde des Unternehmens, der eine internetbasierte Bestellmöglichkeit des Unternehmens nutzt). Auftragnehmer sind Dienstleister (meist juristische Personen, oft durch Outsourcing entstandene Tochtergesellschaften des Auftraggebers). **Auftragnehmer** im Sinne von § 11 Abs. 1 Satz 1 BDSG kann nur eine „andere Stelle" sein. Juristisch unselbständige Zweigstellen sind hingegen ohnehin dem Auftraggeber zuzurechnen.

In datenschutzrechtlicher Sicht gilt Auftragsdatenverarbeitung als **stelleninterne** Datennutzung durch den Auftraggeber, wenn der Dienstleister die Datenverarbeitung nach Weisungen des Auftraggebers durchführt (§ 11 Abs. 3 BDSG). Das TDDSG ist hier nur bezüglich der Daten des Nutzers anwendbar, die bei der Erbringung der Leistung bzw. aus deren Nutzung als Tele- oder Mediendienst anfallen und außerdem nur, soweit die Daten Personenbezug aufweisen, also Bestandsdaten (§ 5 TDDSG) und Nutzungsdaten (§ 6 TDDSG). Das BDSG ist hingegen auf die Verarbeitung der Daten des nutzenden Unternehmens anwendbar (etwa auf die Bestellungen der Kunden des auftraggebenden Unternehmens). Der Kunde kann deshalb seine datenschutzrechtlichen

1 *Gola/Schomerus*, BDSG, § 2 Anm. 7.

2 *Simitis*, BDSG, § 1 Rdn.82 m.w.N. spricht insoweit vom „Territorialitätsprinzip".

3 *Gola/Schomerus*, BDSG, § 1 Rdn. 30.

4 *Moos*, Datenschutz im Internet, in: Kröger/Gimmy, Handbuch zum Internetrecht, 496, 505. Teleologische Auslegung des § 1 Abs. 5 S. 4 BDSG wird dem nicht folgen können, da diese Bestimmung als den Geltungs- und damit Schutzbereich des BDSG einschränkende Bestimmung grundsätzlich eng auszulegen ist und beim Routen die Daten selbst transportiert werden, nicht aber Datenträger, auf denen die Daten gespeichert sind. Eine entsprechende Anwendung auf Fälle, in denen keine Datenträger transportiert, sondern Daten übertragen werden, erscheint nicht als möglich.

Betroffenenrechte z.B. aus einer Produktbestellung nur gegen das auftraggebende Unternehmen geltend machen, nicht gegen den Dienstleister als Auftragnehmer des Unternehmen.

Nur das auftraggebende Unternehmen ist also im Verhältnis zu seinen Kunden für die Einhaltung der datenschutzrechtlichen Bestimmungen **verantwortliche Stelle** (§ 11 Abs. 1 BDSG). Diese Verantwortlichkeitszuordung rechtfertigt sich aus der Weisungsabhängigkeit des Dienstleisters. Der Auftraggeber bleibt damit gegenüber dem Betroffenen (und der Aufsichtsbehörde) auch zur Auskunftserteilung, Berichtigung, Sperrung oder Löschung verpflichtet; er muss deshalb sicherstellen, dass der Auftragnehmer die entsprechenden technischen DV-Vorgänge auf Weisung umgehend durchführt. Dies sollte unbedingt im **Dienstleistungsvertrag** ausdrücklich **geregelt** (und **schriftlich** als Auftrag „**erteilt**" , § 11 Abs. 2 S. 2 BDSG) werden, erst recht gegenüber Dienstleistern (z.B. für Webhosting) im Ausland. § 11 Abs. 2 S. 4 BDSG enthält eine ausdrückliche **Verpflichtung** des Auftraggebers, sich von der Einhaltung der beim Auftragnehmer getroffenen technischen und organisatorischen Maßnahmen zu überzeugen. Hierzu hat der Auftragnehmer vorvertraglich ein Sicherheitskonzept vorzulegen und sich vertraglich zu dessen Einhaltung verpflichten[1], das ein angemessenes **Datensicherungs-** und **Notfallkonzept** umfassen muss (Anlage zu § 9 BDSG, Ziff.9)[2]. Die Grundsätze zur Auftragsdatenverarbeitung sind schließlich entsprechend auf die Prüfung oder **Wartung** automatisierter Verfahren oder Datenverarbeitungsanlagen durch Stellen außerhalb der verantwortlichen Stelle anzuwenden (§ 11 Abs. 5 BDSG). Bei der Beauftragung sind Datenerhebung, -verarbeitung und –nutzung sowie die technischen und organisatorischen Maßnahmen und etwaige **Unterauftragsverhältnisse** im schriftlichen Auftrag „festzulegen" (§ 11 Abs. 2 S. 2 BDSG).

Der Auftraggebers ist verpflichtet, sich von der Einhaltung der beim Auftragnehmer getroffenen technischen und organisatorischen Maßnahmen zu überzeugen (§ 11 Abs. 2 S. 4 BDSG), die Einhaltung also zu **kontrollieren**.

Datenübertragungen zwischen Auftraggeber und Auftragnehmer gelten nicht als Datenübermittlung, so dass Zulässigkeitsvoraussetzungen der Übermittlung (§§ 28 – 30 BDSG) in diesem Innenverhältnis nicht erfüllt sein müssen; der Auftragnehmer ist nicht Dritter, sondern datenschutzrechtlich dem Auftraggeber als verantwortlicher Stelle zugeordnet. Dies gilt auch für Auftragnehmer in EU-/EWR-Staaten (§ 3 Abs. 8 BDSG), die insoweit nicht als Dritte gelten[3]. Auftragnehmer in Drittstaaten gelten hingegen als **Dritte** (arg. e § 3 Abs. 8 S. 3 BDSG), das gilt auch dann, wenn dieser Drittstaat ein angemessenes Schutzniveau aufweist. Auch wenn keine Übermittlungen vorliegen, stellen Datenübertragungen doch **Nutzungen** dieser Daten dar, für die gleiche Zulässigkeitskriterien wie bei Übermittlungen zu erfüllen sind.

Der **inländische** Auftragnehmer eines Auftraggebers ist nicht Dritter; auf diesen Auftragnehmer sind aber die §§ 5, 9, 43 Abs. 1, 3 und 4, 44 Abs. 1 BDSG anwendbar, so etwa, wenn eine Firma in einem anderen EU-Mitgliedsstaat ein deutsches DV-Serviceunternehmen beauftragt und diese Auftragsdatenverarbeitung im Gebiet der Bundesrepublik Deutschland erfolgt[4]. Entscheidend ist allein der Verarbeitungsort[5]. Selbst das bloße Erheben von Daten im Inland genügt[6]. Der inländische Auftragnehmer

---

1 *Dolderer/v.Garrel/Müthlein/Schlumberger*, RDV 2001, 223, 225.

2 *Dolderer/v.Garrel/Müthlein/Schlumberger*, RDV 2001, 223, 226.

3 So bereits *Simitis/Dammann/Geiger/Mallmann/Walz*, BDSG, § 11 Rdn. 29.

4 *Simitis*, BDSG, § 1 Rdn. 78.

5 *Simitis*, BDSG, § 1, Rdn.76

6 *Simitis*, BDSG, Rdn.76

ist hingegen Dritter, wenn es im Auftrag einer ausländischen verantwortlichen Stelle mit Sitz in einem Drittstaat[1].

3. Datenübermittlung in das und aus dem Ausland

Für Übermittlungen[2] personenbezogener Daten sind besondere Zulässigkeitsvoraussetzungen zu erfüllen, die danach differenziert sind, ob der Empfängerstaat EU-Mitgliedsstaat ist.

Soweit die Verarbeitung auf der Grundlage einer **Einwilligung** erfolgt, muss der Betroffene auf den Auslandsbezug der Übermittlung besonders hingewiesen werden[3]. Eine erforderliche Einwilligung kann nur als wirksam erteilt gelten, wenn der Betroffene insbesondere auch über das Datenschutzniveau im Empfängerland und Einbußen in der Durchsetzbarkeit datenschutzrechtlicher Ansprüche in diesem Land hingewiesen wird. Generell ist das Einholen einer solchen Einwilligung vom Arbeitnehmer selbst **mitbestimmungspflichtig** (§ 94 BetrVG)[4].

4. EU- und EWR-Staaten

Übermittlungen von personenbezogenen Daten an Stellen im **EU-/EWR-Ausland** müssen die Zulässigkeitsvoraussetzungen der §§ 28 – 30 BDSG erfüllen (§ 4 b Abs. 1 BDSG). Übermittlungen in andere EU-Mitgliedsstaaten oder an zwischen- oder überstaatliche Stellen werden mit Übermittlungen innerhalb von Deutschland gleichgestellt (§§ 4 b Abs. 1 Nr. 1, 28 bis 30 BDSG). Ausländische **Empfänger** von übermittelten Daten gelten als **Dritte**, ausgenommen Auftragnehmer in anderen Mitgliedsstaaten (§ 3 Abs. 8 S. 2 BDSG).

5. Drittstaaten, angemessenes Datenschutzniveau

Übermittlungen an Stellen in **Staaten außerhalb von EU/EWR** sind die §§ 28 – 30 BDSG[5] ebenfalls anwendbar. Die Übermittlung muss hier unterbleiben, soweit der

---

1 *Auernhammer*, BDSG, a.a.O.

2 Als „Übermitteln" definiert § 3 Abs. 4 Nr. 6 BDSG „das Bekanntgeben gespeicherter oder durch Daenverarbeitung gewonnener personenbezogener Daten an einen Dritten in der weise, dass a) die Daten an den Dritten weitergegeben werden oder b) der Dritte zur Einsicht oder zum Abruf bereitgehaltene Daten einsieht oder abruft". In Abrufverfahren erfolgt die Übermittlung erst mit *tatsächlichem Abruf* (*Schaar*, Datenschutz im Internet 2002, Rdn. 206). Auch das Veröffentlichen ist eine Form des Übermittelns (*Schaar*, a.a.O., Rdn. 207, der in der Veröffentlichung die „intensivste Form einer Übermittlung" sieht).

3 Bergmann/Möhrle/*Herb*, § 4 Rdn. 50.

4 *Däubler*, CR 1999, 49, 52.

5 Diese Regelungen sind richtlinienbasiert. Nach der EG-Datenschutzrichtlinie (95/46/EG) ist die Übermittlung in ein Drittland nur zulässig, wenn entweder in diesem Drittland ein *angemessenes Schutzniveau gewährleistet* ist (Art. 25 Abs. 1 RL) oder der für die Verarbeitung Verantwortliche ausreichende Garantien hinsichtlich des Schutzes der Privatsphäre, der Grundrechte und der Grundfreiheiten der Personen sowie hinsichtlich der Ausübung der damit verbundenen Rechte bietet und der Mitgliedsstaat diese Übermittlung oder Übermittlungskategorie genehmigt (Art. 26 Abs. 2 RL). Die nach Art. 26 Abs. 2 RL erforderliche Mitteilung erfolgter Genehmigungen an die Kommission ist bisher kaum erfolgt. Der Erste Bericht der Kommission über die Durchführung der Datenschutzrichtlinie (EB 95/96) v. 15.5.2003, KOM(2003) 265 endgültig, 20, notiert, dass die Zahl

Betroffene ein schutzwürdiges Interesse am Ausschluss der Übermittlung hat; dies gilt insbesondere, wenn bei den Stellen ein **angemessenes Datenschutzniveau** nicht gewährleistet ist (§ 4 b Abs. 2 S. 2 BDSG). Durch diese Datenübermittlungen verschlechtert sich nämlich die Rechtsposition des Betroffenen und werden seine schutzwürdigen Belange in der Regel beeinträchtigt[1]. Die Angemessenheit des Datenschutzniveaus ist hierbei unter Berücksichtigung aller Umstände zu prüfen, die bei einer Datenübermittlung (oder Kategorien von Datenübermittlungen) von Bedeutung sind, insbesondere die Art der Daten, die Zweckbestimmung, die Dauer der geplanten Verarbeitung, Herkunfts- und Endbestimmungsland, die für den betreffenden Empfänger geltenden Rechtsnormen, Standesregeln und Sicherheitsmaßnahmen (§ 4 b Abs. 3 BDSG. Ob eine angemessene Regelung vorliegt, muss von jeder Speicherstelle in eigener Verantwortung und im jeweiligen Einzelfall geprüft und (mit eigenem **Haftungsrisiko**) entschieden werden. § 7 BDSG gilt auch und gerade für Übermittlungen in Drittländer mit nicht angemessenem Datenschutzniveau, wobei die Kausalität aus dem Unterlassen der erforderlichen Angemessenheitsprüfung mit begründet sein kann. Die Rechte gerade des konkret Betroffenen dürfen nicht durch ein Regelungsgefälle zwischen Inland und Ausland beeinträchtigt werden. Summarische Prüfungen genügen hier nicht[2]. Notwendig ist eine einzelfallbezogene Prüfung der Übermittlung[3]. Die Angemessenheit ist freilich erst zu prüfen, wenn feststeht, dass die zu übermittelnden Daten rechtmäßig verarbeitet werden, also etwa nicht unrichtig oder unrechtmäßig erhoben sind[4].

Die Prüfung ist auch bei Datenübermittlungen in Erfüllung eines Vertrages erforderlich[5]. Erleichterungen bestehen nach § 4 c Abs. 2 BDSG etwa bei Vorliegen einer **Einwilligung** (deren Reichweite aber zu beachten ist) und bei Übermittlungen im Rahmen der **Erfüllung eines Vertrages** oder vertragsähnlichen Vertrauensverhältnisses, der durch den Betroffenen selbst oder durch einen Dritten in seinem Interesse geschlossen wird (§ 4 c Abs. 1 Nr. 3 BDSG). Alternativ kann (was freilich zeitaufwendig ist) die Klärung der durch die **EG-Kommission** abgewartet werden (Art. 25 Abs. 4 RL)[6]. Die Angemessenheit festgestellt hat die Kommission für die Schweiz[7] sowie Ungarn[8], während die Angemessenheit für Australien und Kanada zweifelhaft erschien[9].

---

der Meldungen „lächerlich" sei verglichen mit dem, was zu erwarten wäre. Dies führe zur Vermutung, „dass viele unerlaubte und möglicherweise unzulässige Übermittlungen an Bestimmungsorte oder Empfänger stattfinden, die keinen angemessenen Schutz garantieren."

1 *Auernhammer*, BDSG, § 28 Rdn. 47 und *Simitis*, BDSG Rdn.54 zu § 22.

2 *Simitis*, BDSG, Rdn.56 zu § 22.

3 *Simitis*, CR 2000, 472, 475.

4 *Simitis*, CR 2000, 472, 475.

5 *Auernhammer*, BDSG, § 28 Rdn. 47.

6 Selbst wenn die EG-Kommission (und nicht nur die übermittelnde Stelle im Inland) die Angemessenheit des Datenschutzrechts im Empfängerland festgestellt hat, ist aber ergänzend zu prüfen, welche Sicherheitsmaßnahmen vom konkreten Empfänger getroffen wurden.

7 Kommissionsentscheidung v. 26.7.2000, 2000/518/EG, ABl. EG Nr. L 215 v. 25.8.2000, 1.

8 Kommissionsentscheidung v. 26.7.2000, 2000/519/EG, a.a.O., 4.

9 Keine ausreichende Datenschutzgesetzgebung existiert etwa in **Australien** (*Raab/Bennett/Gellman/Waters*, Final Report, 5; ähnlich Art. 29 – Datenschutzgruppe, Stellungnahme 3/2001 v. 26.1.2001 zum Datenschutzniveau des australischen Privacy Amendment (Privacy Sectors) Act 2000, 5095/00/DE, WP 40 endg., 3, wonach etwa alle Kleinunternehmen und Arbeitsverhältnisse ausgeklammert sind) oder in **Kanada**, Quebec ausgenommen (so Final Report, 11). Nach *Cavoukian/Tapscott*, Who Knows, 4 hat sich Kanada allerdings zur Einhaltung der OECD-Leitlinien (s. unten Rdn. 264) verpflichtet und Datenschutzregelungen auch in weiteren Provinzen geschaffen. Am

Die **Europarats-Konvention** stellt die Angemessenheit des Datenschutzniveaus nicht notwendig sicher und kann deshalb als Prüfungsgrundlage nicht ausreichen. Soweit Staaten der Konvention Nr. 108 des Europarates beigetreten sind, besteht ein Problem darin, dass die Konvention Nr. 108 keine Bestimmungen für Übermittlungen an Länder enthält, die nicht Vertragsparteien der Konvention sind, wodurch ein der Konvention Nr. 108 beigetretenes Land als Zwischenstation für eine Übermittlung in ein weiteres Drittland mit völlig unangemessenem Schutzniveau benutzt werden kann[1]. Auch enthält die Konvention Nr. 108 keine Verpflichtung zur Einrichtung von institutionellen Mechanismen zur unabhängigen Untersuchung von Beschwerden[2].

6. Safe Harbor-Grundsätze

Für **US-Anbieter**[3] gelten seit dem 1.11.2000 die **Safe-Harbor-Grundsätze**, die in der Kommissionsentscheidung vom 26.7.2000 für die EU in ihrer Geltung als Grundlage für ein angemessenes Schutzniveau bestätigt wurden[4]. Erfasst werden aber nur US-Unternehmen unter der Kontrolle von FTC[5] und US-Verkehrsministerium, weshalb

13.4.2000 wurde ein Gesetz betreffend privatwirtschaftlicher Organisationen im Rahmen kommerzieller Tätigkeiten verabschiedet, das in Stufen bis Januar 2004 in Kraft trat, allerdings nur für begrenzte Anwendungsbereiche (krit. Art. 29 – Datenschutzgruppe, Stellungnahme 2/2001 v. 26.1.2001 zum Datenschutzniveau des kanadischen Personal Information and Electronic Documents Act, 5109/00/DE, WP 39).

1 Gruppe für den Schutz der Rechte von Personen bei der Verarbeitung personenbezogener Daten, Arbeitsunterlage: Übermittlungen personenbezogener Daten an Drittländer: Anwendung von Art. 25 und 26 der Datenschutzrichtlinie der EU, GD XV D/5025/98, WP 12, 9.

2 Gruppe, a.a.O., Übermittlungen personenbezogener Daten an Drittländer, 9/10.

3 Generell zum internetbezogenen Datenschutzrecht in den USA s. *Grimm/Roßnagel*, DuD 2000, 446; zu den Safe Garbor-Priciples *Nycum*, Journal of Internet Law, Jan. 2001, 7.

4 Entscheidung der Kommission vom 26.7.2000 gemäß der Richtlinie 95/46/EG des Europäischen Parlamentes und des Rates über die Angemessenheit des von den Grundsätzen des „sicheren Hafens" und der diesbezüglichen „Häufig gestellten Fragen" (FAQ) gewährleisteten Schutzes, vorgelegt vom Handelsministerium der USA (bekanntgegeben unter Aktenzeichen K(2000) 2441), 2000/520/EG, ABl. L 215 v. 25.8.2000, 7. Die Entscheidung enthält im Anhang I die „Grundsätze des „Sicheren Hafens" zum Datenschutz" und in Anhang II die FAQ (Frequent Asked Questions, Häufig gestellte Fragen) und Erläuterungen zu den Befugnis der US-Einrichtungen. Die Grundsätze legen eine Informationspflicht der Organisation gegenüber Personen fest, deren Daten die Stelle erhebt und verwendet, weiter eine Verpflichtung, die Daten nur dann an Dritte weiterzugeben, wenn sie die Informationspflicht erfüllt oder die Privatperson die Möglichkeit zum Opt-out hat, also die Wahl, ob ihre Daten weitergegeben werden; bei sensiblen Daten (z.B. über ethnische Zugehörigkeit oder politische Überzeugungen) muss die Privatperson ausdrücklich zustimmen (Opt-in). Den Privatpersonen steht ein Recht auf Auskunft, Korrektur, Änderung und Löschung zu. Die Organisation muss die Sicherheit der Verarbeitung und die Datenintegrität sicherstellen. Zur Entstehung der Entscheidung s. auch Gruppe für den Schutz der Rechte von Personen bei der Verarbeitung personenbezogener Daten, Stellungnahme 7/99 v. 3.12.1999 zum Datenschutzniveau, das die Grundsätze des sicheren Hafens in ihrer veröffentlichten Form, die dazu gehörigen häufig gestellten Fragen (FAQ) und andere vom US-Handelsministerium am 15./16.11.1999 veröffentlichte Dokumente gewährleisten, 5146/99/DE/endg., WP 27.

5 Jedermann kann sich an die FTC wenden, auch im Internet. Die FTC stellt unter https://rn.ftc.gov/dod/ eine „FTC Consumer Complaint Form" bereit, die online ausgefüllt werden kann. Über eine SSL-gesicherte Verbindung ist es möglich, bei der FTC online eine Beschwerde einzureichen. Unter www.ftc.gov wird auch über „Privacy Online: Fair Information Practices in the Electronic Marketplace" informiert. Zu den Safe-Harbor-Arragements s. http://europa.eu.int/comm/internal_market/en/ dataprot/news/datstransf.htm

weite Teile der Wirtschaft nicht teilnehmen können[1]. Die datenempfangende Organisation muss sich zur Einhaltung der Grundsätze verpflichten (Art. 1 (2) a) und den gesetzlichen Befugnissen einer US-Kontrolleinrichtung unterliegen (Art. 1 (2) b)[2]. Es genügt eine „**Selbstzertifizierung**"[3]. Sind die Safe-Harbor-Grundsätze erfüllt, darf die Datenübermittlung nicht behindert werden[4]. Die **Datenübermittlung** kann aber durch die zuständigen nationalen Behörden **ausgesetzt** werden, wenn diese Behörde eine Verletzung der in den FAQ festgelegten Grundsätze (Art. 3 Abs. 1 lit. a) oder die hohe Wahrscheinlichkeit einer solchen Verletzung feststellt (Art. 3 Abs. 1 lit. b). Missachtet eine Organisation fortgesetzt die Safe-Harbor-Grundsätze, verliert sie ihren Safe-Harbor-Status und müssen Datenübermittlungen beendet werden[5]. **Vertragsrechtlich** kann sich hier der Vertragspartner in den USA bei Vertretenmüssen schadensersatzpflichtig machen. Zulässig ist auch **Auftragsdatenverarbeitung**[6]. Auch Personaldatenverarbeitung fällt unter die Safe-Harbor-Kriterien. Betroffenen sind schon aus EG-Recht **vor** dem Setzen von Cookies zu informieren, wenn diese personenbezogene Daten enthalten[7]. Unzulässig sind z.B. verdeckte Übermittlungen von Kundendaten und das freie Weiterverkaufen von Kundenadressen innerhalb der USA oder an Empfänger in anderen Drittstaaten.

7. Vertragslösungen

Kann die verantwortliche Stelle für das Empfängerland ein angemessenes Schutzniveau nicht feststellen (und greifen auch die Safe-Harbor-Grundsätze nicht ein), muss sie selbst durch **Vertrag** mit dem Übermittlungsempfänger eine besondere **Garantie** für bestimmte Datentransfers oder Kategorien solcher Transfers übernehmen und die Übermittlung oder bestimmte Übermittlungsarten durch die Aufsichtsbehörde genehmigen lassen (§ 4 c Abs. 2 BDSG)[8]. Hierbei sind Vertragsregelungen zu verwenden, die die Privatsphäre der Betroffenen ausreichend absichern und von der Rechtsordnung des Drittstaates als wirksam angesehen werden[9]. Die Übermittlung bedarf in diesen Fällen der Genehmigung durch die Aufsichtsbehörde (§ 4 c Abs. 2 S. 1 BDSG)[10]. Die Garantie muss an die **spezifische Schutzsituation im Empfängerland** angepasst sein. Hierbei wird die Rechtssicherheit für die betroffene Person als umso größer angesehen, je mehr der Vertrag den Empfänger in seiner Freiheit beschränkt wird, die Daten ohne Kontrolle von außen im eigenen Namen zu verarbeiten[11]. Weitergabe der Daten an nicht durch den Vertrag gebundene verarbeitende Stellen sind

---

1 *Räther/Seitz*, MMR 2002, 425, 429.

2 Eine Liste der beigetretenen Organisationen findet sich unter http://web.ita.doc.gov/safeharbor/ shlist.nsf/webPages/ safe+harbor+list).

3 Safe-Harbor-FAQ, a.a.O. 6.

4 *Klug*, RDV 2000, 212, 214.

5 Safe-Harbor-FAQ, a.a.O., 11 ; s.a. allg. *Büllesbach/Höss-Löw*, DuD 2001, 135.

6 *Klug*, RDV, 2000, 212, 215.

7 *Béjot*, Journal of Internet Law, Vol. 4, No. 7, Jan. 2001, 1, 3.

8 Näher zur Ausgestaltung *Räther/Seitz*, MMR 2002, 520.

9 *Ehmann/Helfrich*, EG-Datenschutzrichtlinie, Art. 26 Rdn. 20, 21.

10 So auch die Hinweise des Innenministeriums des Landes Baden-Württemberg für privaten Unternehmen und Organisationen Nr. 39, 5; entgegen der Formulierung in § 4 c Abs. 2 handelt es sich bei dieser Genehmigung nicht um eine fakultative zusätzliche Zulässigkeitsvoraussetzung, sondern die Übermittlung ist in den Fällen des Abs. 1 nur bei Vorlegen einer Genehmigung nach Abs. 2 zulässig.

11 Arbeitsunterlage: Übermittlungen personenbezogener Daten an Drittländer, 24.

explizit auszuschließen[1]. Die verantwortliche Stelle muss die Erfüllung der substantiellen Grundsätze des Datenschutzes (und die entsprechende Haftung) zu übernehmen hat[2], während ein zwischengeschalteter Auftragsdatenverarbeiter nur für die Datensicherheit verantwortlich ist[3]. Der zu schließende Vertrag muss einen „befriedigenden Ausgleich für das Fehlen eines allgemeinen angemessenen Schutzniveaus bieten“[4]. Die Arbeitsgruppe in der Generaldirektion XV der Kommission sieht folgende zentrale **Regelungspunkte** für entsprechende **Verträge** vor:[5]

1. Beschränkung der Verarbeitung auf die jeweilige Zweckbestimmung.
2. Ausreichende Berichtigung und Aktualisierung der Daten.
3. Transparente Information der Betroffenen über die Zweckbestimmung der Verarbeitung und die Identität des im Drittland für die Verarbeitung Verantwortlichen.
4. Ausreichende technische und organisatorische Sicherung durch den im Mitgliedsstaat Verantwortlichen.
5. Recht der betroffenen Person auf Zugriff auf eine Kopie aller sie betreffenden Daten, auf Berichtigung bei Unrichtigkeit und Widerspruch gegen die Verarbeitung.
6. Beschränkung der Weiterübermittlung an Nichtvertragspartner.
7. Verarbeitung sensibler Daten nur bei ausdrücklicher Einwilligung des Betroffenen.
8. Recht auf jederzeitigen Widerspruch gegen Verarbeitung zu Zwecken des Direktmarketing.
9. Recht des Betroffenen, vom Übermittlungsempfänger über die Logik von ihm eingesetzter Verfahren für eine automatisierte Einzelentscheidung informiert zu werden.

Sicherzustellen ist eine gute **Befolgungsrate** der Bestimmungen[6], die Verfügbarkeit von **Unterstützung** und Hilfe für die einzelne betroffene Person und eine angemessene **Entschädigung** für die geschädigte Partei, wenn die Bestimmungen nicht eingehalten werden[7]. Die Unterstützung setzt außerdem eine „Art von institutionellem Mechanismus“ voraus, der eine unabhängige Untersuchung von Beschwerden ermöglicht[8].

Die **Kommission** hat am 27.12.2001 eine Entscheidung zu standardisierten Übermittlungsklauseln getroffen[9]. Hiernach können die zuständigen Kontrollstellen (Aufsichtsbehörden im Geltungsbereich des BDSG) Datenübermittlungen in Drittländer verbieten oder aussetzen, wenn der ausländische Datenimporteur nach den für ihn geltenden Rechtsvorschriften in nicht richtlinienverträglicher Weise vom anwendbaren Datenschutzrecht abweichen muss, wenn er die Standardklauseln nicht einhält oder eine Wahrscheinlichkeit für die jetzige oder zukünftige Nichteinhaltung besteht (Art. 4 Abs. 1 Entscheidung). Die Entscheidung enthält Musterklauseln für Exporteure und Importeure von Daten sowie Regelungen zur Haftung und zu Schlichtungsverfahren.

---

1 Arbeitsunterlage: a.a.O., 24.

2 Gruppe, a.a.O., Arbeitsunterlage: Erste Überlegungen zur Verwendung vertraglicher Bestimmungen im Rahmen der Übermittlungen personenbezogener Daten an Drittländer, vom 22.4.1998, DG XV D/5005/98 endg., WP9, 3/13.

3 Arbeitsunterlage: Erste Überlegungen, a.a.O., 3/13.

4 Arbeitsunterlage: Erste Überlegungen, a.a.O., 4/13.

5 Arbeitsunterlage: Erste Überlegungen, a.a.O., 4/13 ff.

6 Zu den Kriterien zur Prüfung der Gremien, die die Kodexeinhaltung kontrollieren sollen s. Gruppe für den Schutz der Rechte von Personen bei der Verarbeitung personenbezogener Daten, Arbeitsunterlage: Übermittlungen personenbezogener Daten an Drittländer: Anwendung von Art. 25 und 26 der Datenschutzrichtlinie der EU, GD XV D/5025/98, WP 12, 13.

7 Arbeitsunterlage, Erste Überlegungen, a.a.O., 4/13.

8 Arbeitsunterlage: Erste Überlegungen, a.a.O., 9/13.

9 Entscheidung der Kommission hinsichtlich Standardvertragsklauseln für die Übermittlung personenbezogener Daten in Drittländer nach der Richtlinie 95/46/EG, ABl. Nr. L 6 v. 10.1.2002, 52 = RDV 2001, 192 (Kommissionsentscheidung) und RDV 2002, 88 (Klauseln).

Der„**Datenexporteur**" muss sich (nach der Kommissionsentscheidung vom 27.12.2001) verpflichten und garantieren, dass die Verarbeitung der personenbezogenen Daten einschließlich der Übermittlung durch ihn entsprechend den einschlägigen Bestimmungen desjenigen Mitgliedsstaates erfolgt, in dem er ansässig ist (Klausel 4 (a)). Außerdem muss er die betroffene Person, sofern die Übermittlung besondere Datenkategorien einbezieht, davon (vorab) in Kenntnis setzt, dass ihre Daten in ein Drittland (außerhalb der EG) übermittelt werden könnten, das kein angemessenes Schutzniveau bietet (Klausel 4 (b)), und der betroffenen Person auf Anforderung eine Kopie der vereinbarten Klauseln zur Verfügung stellen (Klausel 4 (c)).

Der „**Datenimporteur**" muss sich verpflichten und garantieren, dass er seines Wissens keinen nationalen Gesetzen unterliegt, die ihm die Erfüllung seiner Vertragsverpflichtung unmöglich machen, und dass er im Falle einer Gesetzesänderung, die sich voraussichtlich sehr nachteilig auf die Garantien auswirkt, die die Klauseln bieten, den Datenexporteur und die Kontrollstelle des Landes informieren wird, in dem der Datenexporteur ansässig ist; der Datenexporteur ist in einem solchen Fall berechtigt, die Datenübermittlung auszusetzen und/oder vom Vertrag zurückzutreten (Klausel 5 (a)). Klausel 5 enthält außerdem weitere Pflichten des Datenimporteurs. Klausel 6 sieht die Möglichkeit der Vereinbarung einer verschuldensabhängigen Haftung vor, Klausel 7 die Vereinbarung eines Schlichtungsverfahrens. Anlage 2 zu den Klauseln enthält eine Auflistung verbindlicher Datenschutzgrundsätze, so insbesondere zu Zweckbindung, Datenqualität und –verhältnismäßigkeit, Transparenz, Sicherheit und Vertraulichkeit, Rechte auf Zugriff, Berichtigung, Löschung und Widerspruch, Beschränkung der Weiterübermittlung, Direktmarketing und zu automatisierten Einzelentscheidungen. Kritisiert wurde, dass keine Regelung für diejenigen Fälle getroffen wurde, in denen Auftragsdatenverarbeiter in Drittländern Datenempfänger sind[1].

Die **Rechtsordnung des Empfängerlandes** muss speziell für die Verarbeitung personenbezogener Daten entwickelte, „den harten Kern" der Datenschutzanforderungen garantierende, rechtlich verbindliche Regeln enthalten, die auch durch vertragliche Vereinbarungen nicht voll kompensiert werden können[2]. Stellt sich bei dieser konkreten, fallspezifisch durchzuführenden Prüfung ein Datenschutzgefälle zwischen der Bundesrepublik Deutschland bzw. EU und dem Empfängerland (etwa im osteuropäischen Raum) heraus, wird grundsätzlich ein Überwiegen der schutzwürdigen Interessen des Betroffenen anzunehmen sein, das zu einem **Ausschluss** der Datenübermittlung führen muss (vgl. § 28 Abs. 1 Satz 1 Nr. 2 BDSG).

Die Standardvertragsklauseln wurden als **eigenständiges EG-Recht** eingestuft, das neben die Übermittlungstatbestände des § 4 c BDSG tritt[3].

8. Automatisierte Verarbeitung personenbezogener Daten mit besonderen Risiken

Sind automatisierte Verarbeitungen[4] mit **besonderen Risiken** verbunden, etwa bei

---

1 Art. 29 – Datenschutzgruppe, Stellungnahme 1/2001 vom 17.1.2001 zum Entwurf einer Entscheidung der Kommission betreffend die Standardklauseln für die Übermittlung personenbezogener Daten in Drittländer nach Art. 26 Abs. 4 der RL 95/46 (5102/00/DE, WP 38).

2 S. näher *Simitis*, BDSG, § 1 Rdn. 99.

3 *Räther/Seitz*, MMR 2002, 520, 522, unter Bezug auf ein Schreiben des Bayer. Staatministeriums des Inneren an das Büro des Bundesratsausschusses für Fragen de EU, Az. IA7-1081.11-45 v. 22.11.2001.

4 Als „automatisierte Datenverarbeitung" definiert das BDSG ist „die Erhebung, Verarbeitung oder Nutzung personenbezogener Daten unter Einsatz von Datenverarbeitungsanlagen" (§ 3 Abs. 2 S. 1 BDSG). Der Begriff der automatisierten Verarbeitung ist damit weiter als der Begriff der

Verarbeitung sensibler Daten im Sinne von § 3 Abs. 9 BDSG oder bei auf Bewertung der Persönlichkeit des Betroffenen abzielender Verarbeitung (Beispiel: Übermittlung von Patientendaten in Hochgeschwindigkeitsnetzen, z.B. Wissenschaftsnetzen), muss vor Beginn dieser Verarbeitungen eine **Vorabkontrolle** erfolgen (§ 4 d Abs. 5 S. 1 BDSG), die der Beauftragte für den Datenschutz durchzuführen hat (§ 4 d Abs. 6 S. 1 BDSG). Wurde kein Beauftragter bestellt, ist die Verarbeitung gemäß § 4 d Abs. 1 BDSG der zuständigen Aufsichtsbehörde zu melden; bei Bestellung genügt das Erstellen der Übersicht. Die Vorabkontrolle ist nach Empfang und auf der Grundlage der Übersicht über diejenigen Angaben durchzuführen (§§ 4 d Abs. 6 S. 2, 4 g Abs. 2 BDSG), die Inhalt der **Meldepflicht** sind (§ 4 e BDSG). Der Beauftragte hat zu prüfen, ob die vorgesehene automatisierte Verarbeitung durch eine Erlaubnis getragen wird[1] und ob im Einzelfall Risiken bestehen[2]. Hierbei ist zu berücksichtigen, dass die Anzahl der Verarbeitungen mit besonderen Risiken gemäß Erwägungsgrund 54 der Datenschutzrichtlinie **beschränkt** sein sollte. Als Beispiel für solche Verfahren wird das „*Credit Scoring*" genannt, in dem nichtkreditwürdige Kunden festgestellt werden, ebenso die Verwendung von Smart Cards im Gesundheitswesen[3]. Die Zustimmung des Beauftragten (oder auch nur Durchführung der Prüfung) ist allerdings nicht Rechtmäßigkeitsvoraussetzung für die jeweilige automatisierte Verarbeitung[4]. Der Vorabkontrolle unterliegen auch Verarbeitungen, die dazu bestimmt sind, die **Persönlichkeit** des Betroffenen zu **bewerten** (§ 4 d Abs. 5 S. 2 Nr. 2 BDSG), so etwa Auswertungen in Data Warehouses und von Videoüberwachungen[5]. Da hierzu auch Formen der Verhaltensbewertung gehören, können jedenfalls Datensammlungen von einigem Umfang über das Surfverhalten eines Nutzers vorab kontrollpflichtig sein, wenn aus dem Verhalten etwa Rückschlüsse auf Interessen gezogen werden können.

Automatisierte DV ist **internettypisch**, wobei aber nicht in jedem Fall die Verwendung der Daten mit besonderen Risiken verbunden ist. Üblicherweise erhält der Diensteanbieter auf seinem **Zugangsrechner** (Terminal Server) bei internetbasierten Übertragungen – automatisiert schon durch Vorgabe des TCP/IP-Protokolls – in der Regel folgende, zumindest teilweise Personenbezug aufweisende Daten übermittelt[6]:

- IP(Internet-Protocol)-Adresse des anfragenden Clients,
- Logname des Teilnehmers (sofern vom Client aktiviert),
- Username des Teilnehmers bei eingestellter Authentisierung (mit Passwort),
- Request,
- Angabe des Betriebssystems,
- Typ und Version des Browsers auf dem Nutzerrechner, verwendete Protokolle,
- URL (Uniform Resource Locator) der Seite, über die der Nutzer weiterverwiesen wurde,
- Wahl der Sprache,
- Evtl. Cookies und deren Akzeptanz, installierte Plug-Ins, Aktivierung von Java-Scripts, etc.
- Teilweise Logprotokolle über alle Zugriffe mit Uhrzeitangabe.

Datenübermittlungen im Internet sind damit schon **protokollbedingt nicht anonym**. Dies gilt auch dann, wenn nur dynamisch, d.h. wechselnd vergebene IP-Adressen

Verarbeitung in § 3 Abs. 4 BDSG (*Schild*, DuD 2001, 282).

1 *Klug*, RDV 2001, 12, 14 .

2 *Klug*, a.a.O., 14.

3 *Klug*, a.a.O., 15.

4 *Klug*, a.a.O., 18.

5 *Gola/Schomerus*, BDSG, § 4 d , Rdn. 13.

6 Nach: *Schaar*, Persönlichkeitsprofile im Internet, DuD 2001, 383; *Köhntopp/Köhntopp*, CR 2000, 248, 250.

verwendet werden und diese (jedenfalls für Dritte) keinem Nutzer zuzuordnen sind, da in der Regel wesentlich mehr Daten übertragen werden. Außerdem werden auch Daten auf den Serverrechnern **zwischengeschalteter Telekommunikationsanbieter** abgespeichert (Versions- und Satzkennung, Nummer des anrufenden Anschlusses und Zielnummer, Datum und Uhrzeit von Beginn und Ende der Verbindung, Kennungen über das verwendete Kommunikationsprotokoll, Dienstemerkmale, Transaktionen und Tarife)[1]. Eine weitere Zwischenspeicherung ist auf Proxy-Rechnern beauftragter Provider möglich. Proxy-Speicherung findet etwa bei dem Bereithalten abrufbarer Mails statt.

9. Automatisiertes Abrufverfahren

Erfolgt der Abruf von personenbezogenen Daten durch den Dritten nicht nur vereinzelt, sondern in der Form eines **automatisierten Abrufverfahrens**, so sind bereits bei **Einrichtung** dieses Verfahrens die schutzwürdigen Interessen der Betroffenen zu berücksichtigen (§ 10 Abs. 1 S. 1 BDSG). Getrennt ist außerdem zu prüfen, ob der **einzelne Abruf zulässig** ist (§ 10 Abs. 1 S. 2 BDSG). Diese letztere Prüfung ist vom **Empfänger** als abrufender Stelle durchzuführen (§ 10 Abs. 4 S. 1 BDSG), von der den Abruf ermöglichenden verantwortliche Stelle hingegen (zusätzlich) nur, wenn Anlass hierzu besteht (§ 10 Abs. 4 S. 2 BDSG).

Bei **Abrufen aus dem Internet** ist generell ein solcher Anlass anzunehmen, da die verantwortliche Stelle prüfen muss, ob der abrufende Dritte seinen Sitz in der EU hat oder in einem Drittstaat, dessen datenschutzrechtliches Niveau der Angemessenheitsprüfung bedarf. Ein Abrufverfahren kann nach § 10 BDSG nur zulässig eingerichtet werden, wenn die jeweiligen **Datenempfänger** schriftlich **festgelegt** sind (§§ 10 Abs. 2 S. 2 Nr. 2, 28 Abs. 1 BDSG). Auch setzt jede Übermittlung in Drittländer nach § 4 b Abs. 2 BDSG die Überprüfung der Angemessenheit des Datenschutzniveaus im Empfängerland voraus. Bei weltweit im Internet möglichen Zugriffen muss bereits eine solche Prüfung naheliegenderweise ausscheiden und dürfen generell **personenbezogene Daten nicht im Internet über Webseiten für den beliebigen Zugriff Dritter zugänglich gemacht werden**. Aus diesem Grund erscheint auch das Setzen von Cookies bedenklich, da deren Rückübertragung an den Anbieter automatisch beim nächsten Online-Kontakt des Nutzers erfolgt, also in einem automatisierten Abrufverfahren (das der Anbieter auf dem Rechner des Nutzers einrichtet).

Wahlfreier Abruf durch unbekannte Dritte aus dem Internet (etwa über FTP) ist damit **unzulässig** und demzufolge ein datenschutzrechtlich unbedenkliches Abrufverfahren im Internet nicht realisierbar. Das Abrufverfahren kann selbst ein Tele- bzw. Mediendienst sein[2]. § 10 BDSG hat als spezielleres Gesetz Vorrang vor den Bestimmungen des TDDSG, soweit die Regelung nicht auf den Schutz der Daten des Nutzers bezogen ist, sondern auf den Schutz der Daten betroffener Dritter vor dem Nutzer bzw. auf den Inhalt der Daten[3], etwa bei Kreditauskunftsystemen.

§ 10 BDSG erfordert nicht, dass der Abruf laufend und/oder über Standleitung erfolgt. Es genügt, wenn das eingerichtete und Dritten angebotene Verfahren **gelegentlich genutzt** wird und der Abruf etwa über Wählleitungen erfolgt. Vom

---

[1] *Köhntopp/Köhntopp*, CR 2000, 248, 250; AK Technik der Konferenz der DSB des Bundes und der Länder, Arbeitspapier Datenschutzfreundliche Technologien in der Telekommunikation 1997, www.datenschutz-berlin.de/to/tk/ds_tk123.htm.

[2] *Gola/Schomerus*, BDSG, § 10 Rdn. 7.

[3] *Gola/Schomerus*, BDSG, § 10 Rdn. 7.

gesetzlichen Schutzzweck des BDSG her ist allein entscheidend, dass es der Dritte jederzeit in der Hand hat, das ihm zugängliche Verfahren zu nutzen[1]. Richten Online-Diensten und Website-Betreiber Verfahren zum kundenseitigen beliebigen Abruf von Dateien (z.B. Mails) ein, handelt es sich im Verhältnis Anbieter-Kunde jedenfalls datenschutzrechtlich nicht um ein automatisiertes Abrufverfahren, sofern nur Kunden, also Betroffenen, und nicht Dritte ihre eigenen personenbezogene Daten abrufen können.

10. Outsourcing

Wird nicht nur die DV, sondern eine **Unternehmensfunktion ausgelagert**, so ist das **beauftragte** Unternehmen hier also **selbst verantwortliche Stelle** mit aller datenschutzrechtlichen Verantwortlichkeit[2] und damit auch Anspruchsgegner von Betroffenen, also etwa auskunftspflichtig, sowie zur Führung eines Datenschutzregisters und zur Bestellung eines Datenschutzbeauftragten verpflichtet.

Das **Auslagern von Verarbeitungskapazitäten** oder -vorgängen auf ein System, das im Ausland gelegen ist (z.B. durch Outsourcing) kann datenschutzrechtlich problematisch sein. So nutzen etwa Betreiber von Web-Server-Rechnern zuweilen, z.B. bei Nachfragespitzen der Kundenkommunikation, Rechnerkapazität ausländischer Anbieter (z.B. in der Form von – auch grenzüberschreitend ausgelegten – Speichernetzwerken, sog. „*Storage Area Networks*", SANs). Bei dieser Miete von Rechenzentrumskapazität bleibt der Betreiber gegenüber Betroffenen allein voll datenschutzrechtlich verantwortlich, da er es ist, der die Datenverarbeitung durchführt (§ 3 Abs. 8 S. 3 BDSG). Eine derartige Auslagerung personenbezogener Datenbestände in **Drittstaaten** ist nur bei besonderer Prüfung der Angemessenheit des Datenschutzniveaus im jeweiligen Drittstaat zulässig. Dies gilt sinngemäß auch für die Fälle, in denen der Kunde Speicherkapazität auf dem Rechner eines Proxy-Serverproviders anmietet (sog. „**Web-Hosting**"), während er bei **Collocation**, also dem Aufstellen des eigenen Serverrechners in den Räumen des Providers und dem Anschluss an das Internet durch letzteren, ohnehin selbst die Verarbeitung durchführt und verantwortliche Stelle ist.

11. International vereinheitlichter technischer Schutz (P3P)

Die „Platform for Privavy Preferences" (**P3P**)[3] soll eine durch technische Implementierung international einheitliche sichere Übermittlung eines Standardprofils personenbezogener Daten (Open Profiling Standard, OPS) garantieren[4]. Der Webserver kann über die P3P-„Schnittstelle" einem Nutzerrechner in maschinenlesbarer Form (XML) seine natürlich-sprachliche Datenschutz-Policy mitteilen[5], also, welche Daten er konkret sammelt und was der dahinterstehende Service macht; der Browser auf dem Nutzerrechner kann diese Information verarbeiten, mit den eigenen Einstellungen vergleichen und Cookies akzeptieren oder die Option deaktivieren bzw. dem Nutzer eine

---

[1] Ebenso wohl Bergmann/Möhrle/*Herb*, Datenschutzrecht, § 10 Rdn. 4.

[2] *Mühlein/Heck*, 35.

[3] S. auch www.w3.org/TR/WD-P3P10-syntax.

[4] S. ausf. *Merz*, Electronic Commerce, 154.

[5] *Cranor*, DuD 2000, 479.

Warnmeldung anzeigen, wenn er in ein öffentliches Forum schreibt. Generell kann eine P3P-Implementierung dem Nutzer zeigen, welche seiner Daten ein Web-Anbieter zu welchem Zweck zu verarbeiten gedenkt[1]. P3P kann durch jeden Nutzer einfach mit einem Update der jeweiligen Browser-Software implementiert werden[2]. Das „P3P-Agreement" zu Datenschutzpraktiken des Anbieters wird als technischer Prozess zwischen Anbieter-Server und User Agent (Client-Prozess) des Nutzer durchgeführt. Die Anwenderdaten werden in eine besondere Datei gespeichert. Der Nutzer kann festlegen, welche Daten übertragen werden[3]. Der P3P-Standard kann Transparenz schaffen und dies technisch vereinfachen, da an die Stelle der anbieterseitigen Unterrichtung die nutzerseitige Einstellung von Optionen im Browser tritt[4]. Auch sieht P3P verpflichtend eine Anbieterkennzeichnung vor[5].

Allerdings sollten die Standard-einstellungen, mit denen etwa Browser-Software ausgeliefert werde, mit P3P abgestimmt werden, da die meisten Nutzer diese Einstellungen nicht änderten[6]. Soweit die P3P-Datentypen „HTTP-Referrer", „Clickstream" und „Cookies" die Bildung von Nutzungsprofilen ermöglichen, darf nach TDDSG/MDStV die Profilerstellung allerdings nur unter Verwendung von Pseudonymen erfolgen, nicht unter der von P3P auch unterstützten Personalisierung[7]. Auch sind die im P3P-Standard enthaltenen Übermittlungskategorien nicht am Verarbeitungszweck orientiert sind, sondern an der Vergleichbarkeit der jeweiligen Datenschutz-„Policies", weshalb Übermittlungsverbote und andere vergleichbare gesetzliche Anforderungen in P3P nicht abgebildet werden können.[8] Aus diesem Grunde genügt auch nicht die Vereinbarung der P3P-Kriterien in Vertragsklauseln oder Codes of Conduct[9].

Generell ist der nach dem TDDSG bzw. dem BDSG erforderliche Systemdatenschutz in P3P noch nicht ausreichend implementiert[10]. Beim Surfen stellt der Browser nach automatisierter Prüfung über ein Menü fest, ob ein fremder Site P3P-konform ist und kann entscheiden, ob er das Agreement eingeht. Eine Sicherung der Daten nach Übermittlung besteht aber nicht. Verschlüsselungs- und Signaturverfahren sind nicht implementiert, so dass jedenfalls die gegenwärtigen Anforderungen von TDDSG bzw. MDStV nicht erfüllt werden können[11]. Jedoch sind Anpassungen bzw. Ergänzungen technisch möglich, etwa hinsichtlich Anforderungen nach der EG-Datenschutzrichtlinie[12], wobei aber grundsätzlich möglichst Einheitlichkeit der Anforderungen anzustreben ist, um einer Aufsplitterung der P3P-Versionen vorzubeugen. Als problematisch wurde angesehen, dass die Verantwortung für den

1 *Wenning/Köhntopp*, DuD 2001, 139, 142.

2 *Cranor*, DuD 2000, 479.

3 *Fuhrberg*, Internet-Sicherheit, 355.

4 *Greß*, DuD 2001, 146.

5 *Greß*, a.a.O., 146.

6 Stellungnahme 1/98 der Gruppe für den Schutz der Rechte von Personen bei der Verarbeitung personenbezogener Daten, „Platform for Privacy (P3P)" und „Open Profiling Standard (OPS)" v. 16.6.1998, XV/5032/98, WP 11, 3.

7 *Greß*, a.a.O., 148.

8 *Greß*, a.a.O., 148.

9 *Greß*, a.a.O., 149.

10 *Grimm*, Can P3P help to protect privacy worldwide ? (http://sit.gmd.de/~grimm/texte/P3P-Germany-e.pdf).

11 *Greß*, DuD 200, 147.

12 *Grimm*, Can P3P help to protect privacy worldwide ?, a.a.O.

eigenen Schutz vordringlich dem einzelnen Nutzer zugeschoben [1] und eine technisch fortschrittliche Minderheit favorisiert werde[2].

D. Internationale Datenschutzregelungen

1. Europäische Union

Die anlässlich des Europäischen Rates vom 7.12.2000 verkündete Europäische **Charta der Grundrechte**[3] sieht in Art. 8 den Schutz von personenbezogenen Daten vor[4]. Schon der EuGH hatte unter Bezugnahme auf Art. 8 EMRK die Geltung der Grundrechte auf Schutz der Privatsphäre und der freien Entfaltung der Persönlichkeit anerkannt[5]. Schließlich wurde der Datenschutz der Betroffenen im Verhältnis zu Organen der Gemeinschaft als Verpflichtung im Gemeinschaftsrecht im Art. 286 des EG-Vertrages-Amsterdamer Fassung aufgenommen.

Zwei Richtlinien der Europäischen Union prägen das Datenschutzrecht in der Gemeinschaft. Dies ist für jede Form der Datenverarbeitung die EG-**Datenschutzrichtlinie** 95/46/EG. Wesentliche Regelungsinhalte der Richtlinie sind[6] die Reduktion der Verarbeitung der personenbezogenen Daten auf das Unvermeidbare, ein Höchstmaß an Transparenz, Informationspflichten des Verantwortlichen der Verarbeitung und die Pflicht zur Dokumentation der Verarbeitung. Die Richtlinie übernimmt und verdeutlicht hierbei die Regelungselemente der Europarat-Konvention 108[7] und gewährleistet zugleich den „freien Verkehr personenbezogener Daten“ im Binnenmarkt, der nicht aus datenschutzbezogenen Gründen, etwa unterschiedlichen datenschutzrechtlichen Regelungsniveaus in anderen Mitgliedsstaaten, beschränkt oder untersagt werden darf[8]. Die Richtlinie enthält bestimmte Mindestbedingungen der Verarbeitung. So sieht sie den konkreten Absender einer Nachricht (etwa E-Mail) als für die Verarbeitung Verantwortlichen an, nicht den Provider, der solche Nachrichten übermittelt,[9] während der Provider für diejenigen personenbezogenen Daten verantwortlich ist, die zusätzlich für den Betrieb des Dienstes erforderlich sind[10].

---

1 Gruppe für den Schutz der Rechte von Personen bei der Verarbeitung personenbezogener Daten, Stellungnahme 1/98 „Platform for Privacy Preferences (P3P)“ und „Open Profiling Standard (OPS)“, GD XV/5032/98, WP 11 v. 16.6.1998, die zugleich darauf hinweist, dass (zumindest) die P3P-Vorgaben in die Browser-Software eingebracht werden müssen, da die meisten Nutzer die Standardvorgaben unverändert ließen.

2 *Rotenberg*, Fair Information Practices and the Architecture of Privacy, 2001 Stan. Tech.L.Rev.1.

3 Charta der Grundrechte der Europäischen Union, ABl. EG Nr. C 364 v. 18.12.2000, 10, abgedruckt in: DuD 2001, 236.

4 Art. 8 der Charta der Grundrechte der Europäischen Union (2000/C 364/01) lautet:
Schutz personenbezogener Daten
(1) Jede Person hat das Recht auf Schutz der sie betreffenden personenbezogenen Daten.
(2) Diese Daten dürfen nur nach Treu und Glauben und mit Einwilligung der betroffenen Personen oder auf einer sonstigen gesetzlich geregelten legitimen Grundlage verarbeitet werden. Jede Person hat das Recht, Auskunft über die sie betreffenden Daten zu erhalten und die Berichtigung der Daten zu erwirken.

5 S. EuGH, Slg. 1989, 3165 – Dow Chemical; s.a. *Kröger/Moos*, DuD 1999, 647, 648.

6 S. n. *Dammann/Simitis*, EG-Datenschutzrichtlinie Einl., Rdn. 31 ff.

7 *Dammann/Simitis*, EG-Datenschutzrichtlinie, Art. 1, Rdn. 2.

8 *Dammann/Simitis*, a.a.O., Art. 1, Rdn. 5.

9 *Ehmann/Helfrich*, a.a.O., Art. 2 Rdn. 46.

10 *Ehmann/Helfrich*, a.a.O., Art. 2 Rdn. 47 .

Die **Datenschutzrichtlinie für elektronische Kommunikation**[1] 2002/58/EG (EKDSRL) löste schließlich die Richtlinie 97/66/EG ab und ist seit dem 31.10.2003 in Kraft. Erfasst wird neben der Privatsphäre die Kommunikation aller elektronischen Nachrichten, gleich, mit welcher Technologie. Art. 2 lit. b) EKDSRL verwendet den weiteren Begriff der „**Verkehrsdaten**" (anstatt wie bisher von „Verbindungsdaten"), der auch Daten zur Fakturierung (Gebührenabrechnung) umfasst. Neu eingeführt wird der Begriff der „**Standortdaten**", der Daten bezeichnet, die in einem elektronischen Kommunikationsnetz verarbeitet werden und den geografischen Standort des Endgeräts eines Nutzers eines öffentlich zugänglichen elektronischen Kommunikationsdienstes angeben (Art. 2 lit. c EKSDRL). Außerdem wird als „Dienst mit Zusatznutzen" ein Dienst definiert, der die Bearbeitung von Verkehrsdaten oder anderen Standortdaten als Verkehrsdaten in einem Maße erfordert, das über das für die Übermittlung einer Nachricht oder die Fakturierung dieses Vorgangs erforderliche Maß hinausgeht (Art. 2 lit. g EKDSRL). Als Beispiel werden hier „*location-based services*" genannt, die am jeweiligen Standort des Kunden erbracht werden[2], etwa der Hinweis auf in der Nähe befindliche Hotels oder Restaurants. Art. 5 EKDSRL verlangt von den Mitgliedsstaaten das Sicherstellen der Vertraulichkeit der Kommunikation und erstreckt in seinem Abs. 3 diesen Schutz auch auf Informationen, die im Endgerät eines Teilnehmers gespeichert werden; der Teilnehmer muss klare und umfassende Informationen über den Zweck der Verarbeitung erhalten und auf die Möglichkeit hingewiesen werden, diese Verarbeitung zu verweigern. Art. 5 Abs. 3 erfasst damit „Spyware", Webbugs und Cookies[3], für die jedenfalls gegenwärtig in der Regel diese Voraussetzungen noch nicht erfüllt sind, da weder umfassend über den Verarbeitungszweck aufgeklärt noch auf ein Verweigerungsrecht hingewiesen wird. Zulässig ist das Speichern solcher Informationen, wenn es entweder der Durchführung oder Erleichterung der Übertragung dienst oder ein Nutzer einen Dienst ausdrücklich wünscht und das Speichen hierzu unbedingt erforderlich ist. Schließlich enthält die Richtlinie eine Regelung zur Zulässigkeit unerbetener elektronischer Nachrichten.

Ein für alle Betroffenen verständlicher **Leitfaden** zum Datenschutz in der EU wurde von der Kommission am 15.5.2001 verfügbar gemacht[4].

2. Europarat

Der Europarat traf am 28.1.1981 das völkerrechtlich verbindliche[5] Übereinkommen zum Schutz des Menschen bei der automatischen Verarbeitung personenbezogener Daten (sog. **Konvention 108**)[6]. Am 23.2.1999 verabschiedete er internetbezogene

1 Richtlinie 2002/58/EG des Europäischen Parlaments und des Rates vom 12.7.2002 über die Verarbeitung personenbezogener Daten und den Schutz der Privatsphäre in der elektronischen Kommunikation v. 31.7.2002, ABl. EG 2002 Nr 201.

2 *Ohlenburg*, MMR 2003, 82, 83.

3 *Ohlenburg*, MMR 2003, 82, 83.

4 Kommission, Datenschutz in der Europäischen Union, http://europa.eu.int/comm/internal_market/en/dataprot/news/guide.htm Auf der Webseite kann die deutsche Fassung als PDF-Datei heruntergeladen werden. Besonders hilfreich ist auch die Übersicht über alle nationalen Datenschutzbehörden in der EU.

5 *Dix*, Internationale Aspekte, 93, 95; *Ellger*, CR 1994, 558, 559.

6 abgedruckt in: *Simitis*, BDSG-Dokumentation, 16. Lief. August 1991, am 1.10.1985 nach Ratifikation durch fünf Staaten in Kraft getreten. Gesetz zum Übereinkommen v. 28.1.1981 zum Schutze des Menschen bei der automatischen Verarbeitung personenbezogener Daten v. 13.3.1985, BGBl 1985 II 538. Bekanntmachung über In-Kraft-Treten des Übereinkommens BGBl 1985 II, 1134. Zum

Leitlinien, die aber nur nichtverbindliche Empfehlungen des Ministerausschusses darstellen[1]. Am 8.11.2001 wurde ein ergänzendes Protokoll zur Konvention 108 zu beschließen sein, das auch für den Bereich des Europarates Datenübermittlungen in Drittstaaten nur bei Vorhandensein eines angemessenen Datenschutzniveaus (adequate level of protection) als zulässig einstuft[2]. Am 28.5.2003 wurde eine Erklärung zur Meinungsfreiheit im Internet verabschiedet.

Ergänzend zu erwähnen ist weiter die Verbürgung des Grundrechts auf Privatsphäre in **Art. 8 EMRK**[3].

3. World Trade Organization

Das Allgemeine Übereinkommen über den Handel mit Dienstleistungen (GATS) der World Trade Organization (WTO) regelt verbindlich, dass einzelstaatliche Maßnahmen zum Schutz der Persönlichkeit bei der Verarbeitung und Weitergabe von personenbezogenen Daten und zum Schutz der Vertraulichkeit persönlicher Aufzeichnungen und Konten sowie zur Gewährleistung der Sicherheit mit der Liberalisierung des Welthandels vereinbar sind, wenn sie diskriminierungsfrei und ohne verdeckte Handelsbeschränkungen angewandt werden[4].

4. Vereinte Nationen (UN)

Die UN-Richtlinien[5] betreffend die Verarbeitung personenbezogener Daten in automatisierten Dateien sind völkerrechtlich **nicht verbindlich**. Sie sehen in Ziff. 9 vor, dass bei einem grenzüberschreitenden Datenverkehr zwischen zwei oder mehr Staaten frei wie innerhalb jedes Einzelstaates ausgetauscht werden können sollen, wenn die Gesetzgebungen „mehr oder weniger gleichwertige Sicherungen für den Schutz der Privatsphäre“ bieten. Dieser Austausch soll durch nationale Gesetzgebungen nicht unangemessen, sondern nur soweit beschränkt werden, wie dies für den Schutz der Privatsphäre erforderlich ist. Die Leitlinien sind bisher der erste, wenngleich weder staatenverpflichtende noch internetspezifische Ansatz, weltweit einheitliche Datenschutzregelungen im Internet zu schaffen.

5. OECD

Die Organisation for Economic Co-Operation and Development (**OECD**)

Vergleich von EG-Richtlinie und Konvention s. *Ellger*, CR 1994, 558, 561.

1 *Dix*, a.a.O., 95 (Quelle der Leitlinien: www.coe.fr/dataprotection/elignes.fr); abgedruckt auch bei *Schaar*, Datenschutz im Internet 2002, Rdn.88.

2 Pressemitt. http://conventions.coe.int/Treaty/EN/projets/projets.htm und der Protokollentwurf Additional Protocol to the Convention for the Protection of Individuals with regard to Automatic Processing of Personal Data regarding supervisory authorities and transborder data flows, http://conventions.coe.int/Treaty/EN/Treaties/Html/181.htm. Art. 2 regelt den Datenverkehr mit Drittstaaten im Verhältnis zur Konvention 108.

3 S.näher http://europa.eu.int/comm/internal_market/en/dataprot/law/fechr.htm.

4 Art. XIV c) ii) GATS, BGBl. 1994 II, 1650; s.a. *Dix*, Internationale Aspekte, 93, 96.

5 Richtlinien betreffend personenbezogene Daten in automatisierten Dateien vom 4.12.1990, BAnz Amtl. Teil v. 14.11.1981, Nr. 215 (www.datenschutz-berlin.de/recht/int/uno/gl_pbdde.htm).

verabschiedete bereits am 23.9.1980 **Leitlinien** für den Schutz des Persönlichkeitsbereiches und den grenzüberschreitenden Verkehr, die **nicht** völkerrechtlich **verbindlich** sind[1]. In einem Bericht wurde 1997 fordert, dass die Leitlinien auch für das „*Electronic Environment*" Gültigkeit haben sollen und diensteanbietende Unternehmen ausreichend schützende eigene Regelungen treffen sollten[2]. 1998 hat die OECD außerdem Empfehlungen zum Verbraucherschutz im elektronischen Geschäftsverkehr vorgelegt[3].

6. „Budapest-Berlin-Memorandum", „Venice Declaration"

Im „Budapest-Berlin-Memorandum"[4] wurden zur Verbesserung des Datenschutzes im Internet zehn Prinzipien zur Verbesserung des Datenschutzes zusammengestellt. Sie verpflichten die Diensteanbieter, jeden Benutzer des Internet unaufgefordert über die Risiken für seine Privatsphäre informieren. Auch sollen personenbezogene Daten nur auf nachvollziehbare Art und Weise gespeichert werden. Medizinische und vergleichbare Daten sollten nur verschlüsselt übertragen und Fahndungsaufrufe bzw. Steckbriefe nicht im Internet veröffentlicht werden. Andere Organisationen wie der ISOC sollen einen internationalen Kontrollmechanismus aufbauen und nationale Gesetze das jeweilige Post- und Fernmeldegeheimnis auch auf das Internet erstrecken. Technische Mittel sollten den Nutzer in den Stand setzen, die Verwendung seiner Daten zu kontrollieren und Vertraulichkeit (etwa über Verschlüsselung) sicherzustellen. Anonymität sollte nur im unbedingt erforderlichen Umfange eingeschränkt werden.

In der „*Venice Declaration*" der 22. Internationalen Konferenz der Datenschutzbeauftragten wurde gefordert, den verbindlichen Charakter der Prinzipien der Konvention Nr. 108 des Europarates zu bestätigen, die Betroffenen mit mehr Schutz durch unabhängige Überwachung der Datenverarbeitungsprozesse auszustatten und den Schutz sensibler Daten und vor elektronischer Überwachung zu stärken[5].

---

1 *Dix*, a.a.O., 93, 94.

2 Implementing the OECD „Privacy Guidelinies" in the Electronic Environment„: Focus on the Internet,DSTI/ICCP/REG(97)6/FINAL (www.oecd.org/dsti/sti7it/secur/prod/reg97-63.htm).

3 OECD, Recommendations of the OECD Council Concerning Guidelines for Consumer Protection in the Context of Electronic Commerce, www oecd.org.

4 International Working Group on Data Protection in Telecommunications, Doc. 675.13.19, v. 19.11.1996.

5 Die Declaration ist verfügbar unter www. datenschutz-berlin.de/doc/int/konf/22/declar.htm.

Teil 7 Musterverträge

1. Vertrag mit Anbietern von Kommunikationsdiensten

zwischen

____

(Anbieter)

und

____

(Nutzer)

wird folgende vertragliche Vereinbarung geschlossen:

§ 1 Vertragsleistung

1.1. Gegenstand der Vereinbarung ist die Nutzung von durch den Anbieter zu erbringenden Kommunikationsleistungen.

1.2. Der Anbieter stellt folgende Leistungen zur Verfügung:

(1) E-Mail-Beförderung: Senden und Empfangen elektronischer Nachrichten von und an einen bestimmten Absender bzw. Empfänger
- im eigenen Kommunikationsnetz des Anbieters
und/oder
- im Internet
und/oder
- mit Übergang zu anderen Netzen ......

(2) Dateitransfer: Heraufladen (Uploading) und Herunterladen (Downloading) sowie Browsing von Dateien.
(3) Chat Areas : Teilnahme an Online-Echtzeit-Diskussionsgruppen.
(4) Nachrichtenservice
- eigener online abrufbarer Nachrichtendienst,
und/oder
- Zugang zu elektronischen Serviceleistungen angeschlossener Nachrichtenagenturen.
(5) Proxy Web Site: Anbindung an das Internet.

Weitere Leistungen werden im Leistungsschein spezifiziert.

1.3. Der Anbieter ist berechtigt, das unter Ziff. 1.2. näher bezeichnete Leistungsangebot in Inhalt und Benutzeroberfläche zu ändern oder zu ergänzen sowie den Zugang zu einzelnen Leistungen zu sperren, wenn und soweit hierdurch die Zweckerfüllung des mit dem Nutzer geschlossenen Vertrages nicht oder jedenfalls nicht erheblich beeinträchtigt wird.

1.4. Kostenfrei angebotene Dienste und sonstige Leistungen kann der Anbieter jederzeit einschränken oder ganz einstellen.

§ 2 Nutzungsvergütung und Zahlungsweise

2.1. Die vom Nutzer zu leistende Nutzungsvergütung setzt sich aus einer monatlichen Grundgebühr und verbrauchsbezogenen Leistungsgebühren zusammen. Die Gebührensätze sind den im Zeitpunkt des Vertragsschlusses geltenden, dem vorliegenden Vertrag als Anlage beigefügten Preislisten des Anbieters zu entnehmen.

2.2. Die verbrauchsbezogene Abrechnung bestimmt sich

(1) bei zu übermittelnden Nachrichten aus der Größe der Nachricht (Datei- bzw. Textgröße), wobei Nachrichteninhalt wie Nachrichtenkopf berücksichtigt werden.

(2) bei heraufzuladenden Dateien nach der Datenmenge pauschaliert wie folgt

	Euro (€):
10 MB/Monat	________________
20 MB/Monat	________________
50 MB/Monat	________________
100 MB/Monat	________________
150 MB/Monat	________________
200 MB/Monat	________________
500 MB/Monat	________________
1 GB/Monat	________________

(3) bei dem Zugriff auf Dateien und deren Herunterladen nach
- *der Dateigröße*

oder
- *der Anzahl der Zugriffe*

und/oder
- *einer Mindestpauschale*

(4) bei der werblich kommerziellen Darstellung des Nutzers im Netz wird das System des Anbieters durch

- *Einrichten und laufendes Verwalten einer „Home Page„ zum Internet,*
  - *pauschal DM :*
  - *nach Aufwand pro Stunde bei Stundensatz von Euro:*

- Zurverfügungstellen in sonstiger Weise zum vorstehend genannten Zweck zu nutzen der Speicherkapazität des Anbietersystems

	Euro:
20 MB/Monat	________________
50 MB/Monat	________________
100 MB/Monat	________________
150 MB/Monat	________________
200 MB/Monat	________________
500 MB/Monat	________________
1 GB/Monat	________________
2 GB/Monat	________________
5 GB/Monat	________________

(5) Die jeweils anfallenden Vergütungen werden mit Zugang der Rechnung beim Nutzer ohne Abzug, jedoch zuzüglich Mehrwertsteuer zum jeweils geltenden Steuersatz fällig.

(6) Der Anbieter ist berechtigt, die Vergütung für die von ihm angebotenen Leistungen innerhalb von 24 Monaten anzupassen. Führt diese Anpassung zu einer Erhöhung von mehr als 10 Prozent ist der Kunde zur Vertragskündigung berechtigt.

§ 3 Haftung, Mängelhaftung

3.1. Der Anbieter haftet für Vorsatz und grobe Fahrlässigkeit, für leichte Fahrlässigkeit aber nur bei Verletzung vertragswesentlicher Pflichten, auch bezüglich Erfüllungsgehilfen. Der Höhe nach sind Ersatzansprüche auf den Umfang vorhersehbarer Schäden begrenzt.

3.2. Soweit der Anbieter Zugriff auf Datenbanken oder Dienste Dritter gewährt, haftet er weder für Bestand oder Sicherheit dieser Datenbanken oder Dienste noch für die inhaltliche Richtigkeit, Vollständigkeit oder Aktualität bzw. Freiheit von Rechten Dritter bezüglich der durch den Nutzer heruntergeladenen Daten, Informationen und Programme.

3.3. Gleiches gilt sinngemäß insoweit, als die Datenkommunikation zwischen Betreiber und Nutzer über Netze Dritter, etwa das der Telekom AG, geführt wird.

3.4 Soweit Leistungen des Anbieters nach Ziffer 1 Mängel aufweisen, wird sie der Anbieter umgehend nach schriftlicher oder per E-Mail erfolgender Mitteilung beseitigen. Dies kann nach Wahl des Anbieters durch inhaltliche online-Berichtigung beim Kunden oder Update-Auslieferung erfolgen. Soweit der Kunde Verbraucher ist, steht ihm das Wahlrecht nach Ziff. 3.4 S. 2 zu. Die gesetzliche Gewährleistung bleibt im Übrigen unberührt.

§ 4 Verpflichtung des Nutzers

Der Nutzer ist verpflichtet,

(1) die erforderlichen Datensicherungsvorkehrungen während der gesamten Vertragslaufzeit einzurichten bzw. aufrechtzuerhalten.

(2) in seinem Bereich eintretenden technische Änderungen dem Anbieter dann umgehend mitzuteilen, wenn sie geeignet sind, die Leistungserbringung und/oder die Sicherheit des Anbietersystems zu beeinträchtigen.

(3) bei der Aufklärung von Angriffen Dritter auf das Anbietersystem mitzuwirken, soweit diese Mitwirkung durch den Nutzer erforderlich ist.

(4) seinen Verpflichtungen zur Registrierung, Anmeldung, Genehmigungsbeantragung oder Gerätezulassung umgehend nachzukommen.

(5) keine die Rechte Dritter verletzende Inhalte, in welcher Form immer, zu kommunizieren.

§ 5 Eigentumsvorbehalt

Soweit der Anbieter dem Nutzer Waren liefert (etwa Handbücher, Geräte, etc.), geht das Eigentum an diesen erst mit vollständiger Bezahlung über.

§ 6 Nutzungsrechte an Software

6.1. Soweit der Anbieter dem Kunden Software zur Nutzung überlässt (etwa zur Konfigurierung von dessen System zwecks Nutzung der Dienste des Betreibers), erhält der Nutzer an dieser Software ein einfaches, nichtübertragbares, auf den Zeitraum der Vertragslaufzeit begrenztes Nutzungsrecht eingeräumt.

6.2. Der Nutzer ist berechtigt, die Software in dem Umfang sicherungszukopieren, wie es für deren bestimmungsgemäße Nutzung zu eigenen Zwecken des Nutzers erforderlich ist.

§ 7 Zugriffsschutz

7.1. Der Anbieter teilt dem Nutzer ein individualisiertes, nur vom Nutzer zu verwendendes Passwort mit, das Zugang zu den Diensten des Anbieters gewährt. Der Nutzer ist verpflichtet, dieses Passwort geheimzuhalten und dem Anbieter den Schaden zu ersetzen, der aus unbefugter Verwendung des Passwortes im Risikobereich des Anbieters entsteht.

7.2. Der Nutzer ist berechtigt, daß Passwort jederzeit zu ändern. Die Änderung erfolgt gemäß den entsprechenden Verfahrensbeschreibungen im Technischen Merkblatt des Anbieters. Eine regelmäßige Änderung des Passwortes aus Sicherheitsgründen wird dem Nutzer angeraten.

§ 8 Schutzrechte

Urheber- und sonstige Schutzrechte an der Gestaltung des gesamten Dienstes des Anbieters, an dessen Software, zugehöriger Dokumentation und an allen leistungszugehörigen Schriftwerken wie Bedienungsanleitungen etc. bleiben vorbehalten. Der Nutzer ist nur im Rahmen der vertraglich eingeräumten bestimmungsgemäßen Nutzung zur Verwendung dieser Unterlagen berechtigt.

§ 9 Kündigung

9.1. Die vorliegende Nutzungsvereinbarung kann seitens des Nutzers unter Einhaltung einer Mindestfrist von ein/zwei/drei/sechs Monaten zum Quartals-/Halbjahres-/Jahresende gekündigt werden.

9.2. Außerordentliches Kündigungsrecht des Anbieters bei Vertragsverletzungen seitens des Nutzers bleibt unberührt.

§ 10 Anwendbares Recht, Erfüllungsort, Gerichtsstand

Auf den Vertrag ist auch im Verhältnis zu ausländischen Nutzern allein bundesdeutsches Recht anwendbar. Erfüllungsort ist der Sitz des Anbieters. Gegenüber vollkaufmännischen Nutzern gilt der Sitz des Anbieters als Gerichtsstand vereinbart, ebenso gegenüber juristischen Personen des Öffentlichen Rechts oder öffentlich-rechtlichem Sondervermögen.

2. Vertrag zur Online-Datenbanknutzung

zwischen

(Datenbankenbetreiber)

____

- nachfolgend „Betreiber„ genannt -

und

(Nutzer)

____

- nachfolgend „Nutzer" genannt -

§ 1 Vertragsleistungen

1.1 Der Betreiber bietet dem Nutzer online über EDV-Geräte abrufbare Information über ... [z.B. Firmendaten, Gerichtsentscheidungen, Patente, etc.] aus den in der dem Vertrag als Anlage beigefügten Beschreibung benannten Datenbanken an.

Der Betreiber bemüht sich, die vertragsgegenständlichen Datenbanken regelmäßig zu aktualisieren. Die im vorliegenden Vertrag festgelegten Leistungen beziehen sich immer nur auf die bereits in der Datenbank vorhandenen Daten, nicht auf eine Verpflichtung des Betreibers, Daten erst zu beschaffen bzw. zu aktualisieren. Eine Verpflichtung zur Aktualisierung von Daten bedarf besonderer vertraglicher Vereinbarung.

1.2 Die in Ziff. 1 genannten Datenbanken stehen dem Nutzer in der Zeit von _________ bis __________ (z.B. Montag bis Freitag von 7.00 Uhr bis 22.00 Uhr täglich/werktäglich zur Verfügung.

1.3 Der Nutzer hat das Recht, in den unter Ziff. 1 genannten Datenbanken während der Zeiten gemäß Ziff. 2 im Rahmen der ihm eingeräumten Nutzungsrechte zu recherchieren, soweit die Datenbanken für den öffentlichen Zugriff als zugänglich gekennzeichnet sind.

Der Betreiber ist berechtigt, das Leistungsangebot (insbesondere also Inhalt und Struktur der Datenbank und zugehöriger Benutzeroberflächen) zu ändern, zu ergänzen oder auch zu löschen, wenn und soweit hierdurch die Zweckerfüllung des mit dem Nutzer geschlossenen Vertrages nicht oder nicht erheblich beeinträchtigt wird.

Die Einrichtung des Online-Anschlusses des Nutzers ist gemäß den Vorgaben und Verfahrensbeschreibungen im Technischen Merkblatt des Betreibers vorzunehmen

Die durch die Einrichtungen oder Änderungen des Anschlusses anfallenden Kosten trägt der Nutzer, ebenso alle Kosten aus der Nutzung des öffentlichen Kommunikationsnetzes und der Anschaffung und Instandhaltung oder Instandsetzung erforderlicher eigener Kommunikationsgeräte des Nutzers.

1.4 Eine teilweise oder vollständige Übertragung der Befugnis des Nutzers aus diesem Vertrag auf Dritte ist unzulässig.

§ 2 Verwendungsbindung

2.1 Der Nutzer ist berechtigt, abgerufene Daten in einer Kopie auf frei wählbarem Datenträger in einem Exemplar abzuspeichern und/oder auszudrucken. Jede weitere Vervielfältigung bedarf der vorherigen Zustimmung des Betreibers.

2.2 Der Nutzer darf die Daten nur zum eigenen Gebrauch abrufen, speichern und nutzen. Jedes anderweitige Vervielfältigen, Umgestalten, öffentliche Vorführen, Verbreiten, Senden oder sonstige Verwerten von nicht unwesentlichen Teilen der Datenbank bedarf der Zustimmung des Betreibers. Urheberrechtshinweise und Markenbezeichnungen dürfen weder verändert noch beseitigt werden.

2.3 Die teilweise oder vollständige Erstellung von Datenbanken des Nutzers unter Verwendung von Daten des Betreibers bedarf der vorherigen Zustimmung des Betreibers.

2.4 Die Weitergabe erstellter Kopien im Sinne von Ziff. 2.1 bedarf ebenfalls, auf welchem Medium immer sie erfolgt, der vorherigen Zustimmung des Betreibers.

2.5 Der Nutzer ist berechtigt, aus den Daten gewonnene Rechercheergebnisse an seine Vertragspartner weiterzugeben, wenn er diese vertraglich dazu verpflichtet, ihrerseits diese Ergebnisse nur zu eigenen Zwecken zu verwenden und die vorstehenden ergänzenden Verwendungsbedingungen einzuhalten.

§ 3 Nutzungsvergütung

3.1 Die Nutzungsvergütung berechnet sich nach den am Tage des jeweiligen Zugriffes geltenden Preislisten des Betreibers.

3.2 Die ausgewiesenen Beträge sind ohne Abzüge, Spesen, Skonti etc., aber zuzüglich Mehrwertsteuer zum jeweils geltenden Satz mit Zugang der Rechnung beim Nutzer fällig.

§ 4 Mängelhaftung

4.1 Der Betreiber übernimmt die Gewähr für Richtigkeit und Abrufbarkeit der in der Datenbank vorhandenen Daten bzw. ebenso für deren Aktualisierung, soweit diese gem. Ziff. 1.2 gesondert vereinbart wurde. Keine Mängelhaftungsrechte begründen technische Ungenauigkeiten und Schreibfehler, die den Gebrauch des Datenbankeninhaltes nichtbeeinträchtigen.

4.2 Von jeder Mängelhaftung ausgenommen sind Bestand, Eignung und Fehlerfreiheit der vom Nutzer verwendeten öffentlichen Übertragungsleitungen und der eigenen Datenkommunikationsgeräte des Nutzers.

4.3 Soweit ein Datum oder Daten der Datenbank des Betreibers einen Fehler aufweisen, der die Gebrauchsfähigkeit des Datums oder der Daten in inhaltlicher oder technisch-darstellungsbezogener Weise nicht unerheblich beeinträchtigt, wird der Betreiber diesen Fehler umgehend beseitigen. Ist diese Mängelbeseitigung nicht möglich oder schlägt sie fehlt, ist der Nutzer berechtigt, die für den Abruf geleistete Vergütung im Verhältnis der Beeinträchtigung zu mindern.

§ 5 Haftung

5.1 Der Betreiber haftet für Vorsatz und grobe Fahrlässigkeit, für leichte Fahrlässigkeit bei Verletzung vertragswesentlicher Pflichten, jeweils auch bezüglich Erfüllungsgehilfen. Der Höhe nach sind Ersatzansprüche auf den Umfang vorhersehbarer Schäden begrenzt.

5.2 Die Haftung erstreckt sich nicht auf diejenigen Schäden, die der Nutzer durch Verlust oder Missbrauch seines Passwortes erleidet, ebenso nicht auf von Dritten stammende Daten in der Datenbank.

§ 6 Zugriffsschutz

6.1 Der Betreiber teilt dem Nutzer ein individualisiertes, nur vom Nutzer zu verwendendes Passwort zu. Der Nutzer ist verpflichtet, dieses Passwort geheimzuhalten, und dem Betreiber den Schaden zu ersetzen, der aus der unbefugten Verwendung des Passwortes zu Lasten des Betreibers entsteht.

6.2 Der Nutzer ist berechtigt, daß Passwort jederzeit zu ändern. Die Änderung erfolgt gemäß den entsprechenden Verfahrensbeschreibungen im technischen Merkblatt des Betreibers sowie auf Kosten des Nutzers.

§ 7 Schutzrechte

7.1 Urheber- und sonstige Schutzrechte an der Datenbank, der Datenbankensoftware oder an Datenbankeninhalten bleiben vorbehalten, soweit nicht die Nutzer im vorliegenden Vertrag einfache Nutzungsrechte eingeräumt werden. Gleiches gilt sinngemäß für bestehende Schutzrechte Dritter an Datenbankeninhalten.

7.2 Die Geltung möglicher weitergehender gesetzlicher Nutzungsbefugnisse wird zwischen den Vertragsparteien abbedungen.

§ 8 Kündigung

Die vorliegende Nutzungsvereinbarung kann jederzeit von beiden Seiten gekündigt werden. Die Kündigung bedarf keiner Begründung, wohl aber der Schriftform.

§ 9 Erfüllungsort, anwendbares Recht und Gerichtsstand

Auf den Vertrag ist auch gegenüber ausländischen Nutzern allein bundesdeutsches Recht anwendbar. Erfüllungsort ist der Sitz des Betreibers. Gegenüber vollkaufmännischen Kunden gilt der Sitz des Betreibers als Gerichtsstand vereinbart, ebenso gegenüber juristischen Personen des öffentlichen Rechts oder öffentlich-rechtliches Sondervermögen.

3. Hosting-Vertrag

zwischen

____

- nachfolgend „Auftragnehmer“ genannt -

und

____

- nachfolgend „Auftraggeber“ genannt -

§ 1 Vertragsgegenstand

Der Auftragnehmer überlässt dem Auftraggeber zur zeitlich begrenzten Nutzung Hardware und Systemsoftware (nachfolgend: „System“) des Auftragnehmers. Der Auftragnehmer erbringt Leistungen zur technischen Unterstützung dieser Nutzung, zur Konnektierung des Systems und zum Aufrechterhalten dieser Konnektivität. Die

Einrichtung und Verwaltung von Internet-Präsenzen und E-Mail-Accounts bedarf besonderer Vereinbarung.

§ 2 Nutzung des vertragsgegenständlichen Systems

2.1 Der Auftragnehmer stellt dem Auftraggeber in Räumen des Auftragnehmers oder in Räumen eines vom Auftragnehmer benannten Dritten mietweise das in Anlage 1 bezeichnete System zur Nutzung zeitlich begrenzt zur Verfügung.

.... *[Systembezeichnung mit Systemsoftware, Schnittstellen, etc.]*.....

2.2 Der Auftragnehmer darf das System in dem Umfange für eigene Zwecke nutzen, der mit der vertraglichen Nutzung durch den Auftraggeber vereinbar ist.

2.3 Der Auftragnehmer räumt dem Auftraggeber an der zugehörigen Systemsoftware ein auf die Laufzeit des Vertrages begrenztes Nutzungsrecht ein.

§ 3 Haftungseinschränkung

3.1 Der Auftragnehmer übernimmt keine Gewähr und Haftung für die Nutzbarkeit und Verfügbarkeit des Systems, soweit diese durch Hindernisse im Leistungs- und Risikobereich des Netzdiensteanbieters beeinträchtigt sind, ebenso nicht für die Verfügbarkeit von Netzressourcen dieses Anbieters und die fehlerfreie Datenverarbeitung durch diesen, den Netzzugang und die auftraggeberseits präsentierten Inhalte sowie den Datentransfer von und zum System durch den Auftraggeber.

3.2 Die Installation und Nutzung von Software und Dateien des Auftraggebers erfolgt ausschließlich durch den Auftraggeber und in eigener Verantwortung.

oder

Die Installation und Nutzung von Software und Dateien des Auftraggebers wird vom Auftragnehmer durchgeführt.

3.3 Für den Zugang zu der Domain auf dem (Server-)System stellt der Auftragnehmer die einer der Anlage 1 zu diesem Vertrag angegebene Anzahl von Passwörtern, auf Wunsch des Auftraggebers auch mehrere Passwörter, zur Verfügung. Die Zuteilung weiterer Passwörter ist gegen gesonderte Vergütung nach der Preisliste möglich.

3.4 Der Auftragnehmer wird in erforderlichem Umfang die Sicherung der auftraggeberseitigen Daten auf dem System durchführen.

3.5 Der Auftraggeber verpflichtet sich, nur nach vorheriger Zustimmung Programme in das System einzubringen oder Änderungen welcher Art immer an diesem vorzunehmen.

§ 4 Vergütung

4.1 Für die Einräumung der Nutzung des Systems wird folgende Vergütung vereinbart:

____

oder

Die Vergütung wird in Anlage 1 bestimmt.

4.2 Für die konnektivitätsbezogenen Leistungen des Auftragnehmers wird folgende Vergütung berechnet:

____

oder

Die Vergütung wird in Anlage 1 bestimmt.

4.3 Fällig wird die Vergütung jeweils bis zum 3. Arbeitstag eines Kalendermonats/Quartals.

§ 5 Funktionsprüfung, Mängelmitteilungen

5.1 Zu Nutzungsbeginn überprüft und bestätigt der Auftraggeber die Funktionalität des zur Nutzung bereitgestellten Systems. Die Mängelhaftung bezieht sich auf diesen festgestellten Systemstatus.

5.2 Der Auftraggeber wird Mängel der Funktionalität des Systems dem Auftragnehmer umgehend in nachprüfbarer Form schriftlich / per E-Mail mitteilen.

§ 6 Mängelhaftung

6.1 Der Auftragnehmer leistet dafür Gewähr, dass das System die vertraglich vereinbarte und durch Funktionsprüfung festgestellte Funktionalität aufweist. Unwesentliche Abweichungen begründen keine Mängelrechte des Auftraggebers.

6.2 Der Auftragnehmer wird mitgeteilte Mängel umgehend beseitigen. Der Auftragnehmer ist berechtigt, zwei Beseitigungsversuche durchzuführen.

6.3 Sind Einschränkungen der Funktionalität nicht auf Leistungsmängel des Auftragnehmers zurückzuführen und ist dem Auftragnehmer eine Beseitigung möglich, erfolgt diese gegen gesonderte Vergütung nach der jeweils geltenden Preisliste.

6.4 Der Auftragnehmer führt nach dem Stand der Technik erforderliche Maßnahmen zur Virenschutzkontrolle durch.

6.5 Die Mängelhaftung entfällt, soweit der Auftraggeber ohne Zustimmung des Auftragnehmers Programme oder Teile des Systems selbst ändert oder von Dritten ändern lässt, es sei denn, der Auftraggeber weist nach, daß die noch in Rede stehenden Mängel nicht durch die von ihm oder Dritten vorgenommenen Programmänderungen verursacht wurden.

§ 7 Mitwirkungspflichten des Auftraggebers

Der Auftraggeber wirkt in der erforderlichen Weise und in Abstimmung mit dem Auftragnehmer an der Bereitstellung des vertragsgegenständlichen Systems mit, insbesondere durch die umgehende Funktionsprüfung.

§ 8 Schutzrechte an Software und Datenbanken

8.1 An der überlassenen bestehende Schutzrechte stehen dem Auftragnehmer bzw. dem Dritten zu, von dem der Auftragnehmer die Software zur vertragsgemäßen Nutzung überlassen erhalten hat. Der Auftraggeber ist nur in dem Umfang zur Nutzung berechtigt, der ausdrücklich im Vertrag eingeräumt wird.

8.2 Soweit die vertragsgemäße Nutzung des Auftraggebers durch geltend gemachte Schutzrechtsverletzungen beeinträchtigt wird, wird der Auftragnehmer nach seiner Wahl Maßnahmen treffen, um die weitere Nutzung zu ermöglichen. Außerdem stellt der Auftragnehmer den Auftraggeber von Ansprüchen Dritter aus der Verletzung von deren Schutzrechten frei.

§ 9 Haftung

9.1 Der Auftragnehmer haftet für die selbst oder die von ihm beauftragten Dritten vorsätzlich oder grob fahrlässig zu vertretenden Schäden. In allen anderen Fällen beschränkt sich die Haftung des Auftragnehmers für entstandene Schäden, gleich aus welchem Rechtsgrund, je Schadensereignis auf die Vergütung der Leistungen des entsprechenden Nachtrages zu diesem Vertrag.

9.2 Der Auftraggeber haftet für Schäden aus Änderungen an dem System, seiner Konfiguration oder seiner zugehörigen Software, wie sie in der Funktionsprüfung festgestellt wurden, sowie aus dem auftraggeberseitigen Einbringen von Software oder Komponenten des Auftraggebers in das System, das ohne vorherige Zustimmung des Auftragnehmers erfolgt ist, ebenso aus Schäden durch Zugänglichmachen von Passwörtern gegenüber unberechtigten Dritten. Von dieser Haftung umfasst sind auch durch Dritte verursachte Schäden, soweit diese ohne die Änderung am System oder das Einbringen nicht aufgetreten wären. Dies gilt auch, soweit die Änderungen oder das Einbringen durch Erfüllungsgehilfen bzw. unterbeauftragte Unternehmen des Auftraggebers erfolgen. Der Auftraggeber wird diese ausdrücklich auf die Einhaltung der Pflichten aus diesem Vertrag verpflichten; der Auftraggeber bleibt auch dann selbst voll aus diesem Vertrag verpflichtet.

§ 10 Vertragsbeendigung

10.1 Mit Ablauf des Vertrages wird der Auftraggeber in Abstimmung mit dem Auftragnehmer eigene Programme und Datenbestände auf dem System löschen. Die Unterstützung des Auftraggebers bei der Datenübernahme auf andere Systeme bedarf besonderer Vereinbarung.

10.2 Soweit der Auftraggeber Kopien der Systemsoftware erstellt hat, sind diese physikalisch zu löschen.

§ 11 Verschwiegenheitsverpflichtung

Beide Vertragspartner und deren Erfüllungsgehilfen werden alle ihnen im Rahmen dieses Vertrages mitgeteilten oder zugänglich gemachten Informationen der Vertragspartner, die offensichtlich vertraulich sind, nicht verwerten oder Dritten mitzuteilen. Darüber hinaus verpflichten sich beide Vertragspartner sensibel mit den erhaltene Informationen umzugehen. Nach Beendigung des Vertrages sind alle vertraulichen Unterlagen an den Auftraggeber zu übergeben. Sie verpflichten sich außerdem, die Vorschriften des Bundesdatenschutzgesetzes einzuhalten. Die vorstehenden Regelungen gelten auch für die Zeit nach Vertragsbeendigung.

§ 12 Allgemeine Regelungen

12.1 Änderungen und Ergänzungen dieses Vertrages bedürfen zu ihrer Gültigkeit der Schriftform. Dies gilt auch für den Verzicht auf dieses Schriftformerfordernis.

12.2 Sollten einzelne Bestimmungen dieses Vertrages ganz oder teilweise unwirksam sein oder werden, oder sollte sich in diesem Vertrag eine Lücke befinden, so soll hierdurch die Gültigkeit der übrigen Bestimmungen nicht berührt werden. Anstelle der unwirksamen Bestimmung gilt diejenige wirksame Bestimmung als vereinbart, die dem Sinn und Zweck der unwirksamen Bestimmung entspricht. Im Falle einer Lücke gilt diejenige Bestimmung als vereinbart, die dem entspricht, was nach Sinn und Zweck dieses Vertrages vereinbart worden wäre, hätte man die Angelegenheit von vornherein bedacht.

Anlage 1

1. Bezeichnung des Vertragsgegenstandes

1.1 Dem Auftraggeber zur Nutzung zur Verfügung gestellte Hardware
- *Konfiguration:*
- *Peripheriegeräte:*
- *Zubehör:*

1.2 Software
- *Vorausgesetzte /mitgelieferte Systemsoftware:*

1.3 Leistungszeit

- *Bereitstellen der Hardware :*
- *Installieren der Software:*
- *Funktionsprüfung und Abnahme:*
-

2. Vergütung

2.1 Nutzung der Hardware:

2.2 Programmüberlassung
Einmalzahlung
monatliche Zahlung

2.3 Programmerstellung
Werkvergütung

2.4 Wartung/Pflege
monatliche Gebühr

2.5 Begleitende Leistungen wie Beratung

- *regelmäßig fällige Gebühr?*
- *Einmalzahlung*

3.4 Einweisung

- *Besondere Vereinbarung: Ja/Nein*
- *Zu erbringen am __________ (Tag)/ ____________ (Kalenderwoche)*
- *Einweisung bestätigt: ____________________*

3.5 Funktionsprüfung

- *Durchführung erfolgt*
  - *allein durch Kunden*
  - *oder gemeinsam mit Anbieter*
- *Datum der Funktionsprüfung __________________*
- *Nachholzeitpunkt ________________*
- *spätester Termin ________________*
- *Funktionsfähigkeit bestätigt: ______________________*

4. Vertrag zur Entwicklung/Einrichtung einer Website

Zwischen

(Anbieter)

____

und

(Kunde)

____

wird folgende vertragliche Vereinbarung geschlossen:

§ 1 Vertragsleistung

1.1 Gegenstand der Vereinbarung ist die Erstellung eines Web Site und der Einrichtung der Präsenz des Site im Web.

1.2 Der Kunde stellt erforderliche Hardware und Inhalte, der Anbieter qualifiziertes Personal und notwendige Software-Werkzeuge.

1.3 Die technische Anbindung des Site an den von einem Provider zur Verfügung gestellten Internet-Zugang ist nicht Gegenstand des Vertrages.

§ 2 Site-Erstellung

2.1 Der Anbieter erstellt zunächst einen Prototyp des Site mit der erforderlichen Grundfunktionalität einschließlich Nutzbarkeit der Dienste WWW, FTP, Telnet, Newsgroups und E-Mail. Weitere Angaben zur Grundfunktionalität werden in einem getrennten Protokoll von beiden Seiten festgehalten, das Teil der vorliegenden vertraglichen Vereinbarung ist.

2.2 Der nach Ziff. 2.1 erstellte Prototyp wird nach den Vorgaben des Kunden ausgestaltet, so etwa bezüglich der Reihenfolge der verfügbar zu machenden Web-Seiten und deren Gestaltung sowie der Link-Herstellung innerhalb und zwischen diesen Seiten.

2.3 Technische Spezifikationen

2.3.1 Grafikdateien haben das Format __________ (z.B. GIF).

2.3.2 Texte und sonstige Dateien werden über HTML in der bei Vertragsabschluss neuesten verfügbaren Version erstellt und eingebunden.

2.3.3 Auf der Home Page des Kunden wird der Name und/oder die Marke des Kunden zentriert und deutlich hervorgehoben präsentiert, ebenso, in kleinerem Format, die

Anschrift des Kunden sowie ein Schutzrechtsvermerk bezüglich des Site.

2.3.4 Die einzelnen Web-Seiten werden in der Weise realisiert, dass von jeder Seite aus über optische Elemente (z.B. Buttons) durch Links die nachfolgende und die vorhergehende Web-Seite sowie die Home Page und/oder das zentrale Verzeichnis angesteuert werden können. Jede Web-Seite ist durch einen Titel und eine Seitenzahlangabe zu identifizieren.

2.3.5 Nach Möglichkeit sind randlose Rahmen zu verwenden.

2.3.6 Die zu integrierenden Datei-Inhalte werden übereinstimmend festgelegt. Der Anbieter ist nicht berechtigt, ohne diese Abstimmung eigene Inhalte oder Inhalte Dritter zu integrieren.

2.3.7 Soll durch entsprechende Code-Ergänzung die Ansteuerung des Site durch bestimmte Suchmaschinen ausgeschlossen werden, bedarf dies besonderer Vereinbarung.

2.3.8 Der Anbieter ist nicht berechtigt, wesentliche Gestaltungselemente (insbesondere „Look and Feel") des Site in andere Sites zu übernehmen.

2.3.9 Alle Verwertungsrechte am Site liegen ausschließlich beim Kunden.

2.4 Sicherheit

2.4.1 Soweit vereinbart, wird der Anbieter die Einbindung eines Firewall-Systems unterstützen. Der Anbieter stellt aber nur die Anbindung an das Firewall-System her; der Kunde beschafft rechtzeitig die erforderliche Hardware und Systemsoftware sowie Firewall-Software.

2.5 Projektverantwortliche und -durchführung

2.5.1 Beide Vertragspartner benennen einen Mitarbeiter, der für die gesamte Projektdurchführung verantwortlicher Gesprächspartner bleibt („Projektverantwortlicher").

2.5.2 Die Projektverantwortlichen beider Vertragsparteien treffen sich regelmäßig (z.B. monatlich) oder nach Vereinbarung, um die nach Ziff. 2.2 erforderlichen Entwicklungsschritte und den Abnahmetermin abzustimmen.

2.5.3 Vom Kunden zur Verfügung gestellte Inhalte werden vom Anbieter grundsätzlich innerhalb einer Woche nach Übergabe in den Prototyp integriert.

2.5.4 Nach Abschluss der Abstimmung erstellt der Anbieter die endgültige Version des Web Site. Die Erstellung der endgültigen Version erfolgt binnen sechs Wochen ab diesem Zeitpunkt bzw. bis zum ____________.

2.5.5 Nach Erstellung der endgültigen Version erfolgt die Abnahme des Web Site durch den Kunden in gemeinsamer Inspektion des Site im Online-Einsatz. Vor Abnahmedurchführung ist der Kunde, soweit erforderlich, einzuweisen und ihm eine

Benutzungsanleitung zur Site-Verwaltung zu übergeben.

§ 3 Dokumentation

3.1 Mit Abnahme übergibt der Anbieter dem Kunden eine vollständige Entwicklungsdokumentation einschließlich der kompletten Programmcodes auf Datenträger und im Ausdruck sowie einschließlich der integrierten Dateien in einem Exemplar auf Datenträger.

3.2 Der Anbieter ist berechtigt, für eventuelle Pflege- und/oder Weiterentwicklungsarbeiten ein Exemplar der Entwicklungsdokumentation im Sinne von Ziff. 3.1 bei sich aufzubewahren. Jegliche Verwendung für andere Zwecke ist jedoch ausgeschlossen. Wird keine Pflegevereinbarung getroffen, so hat der Anbieter alle Codes und Dateien nach Ablauf der Gewährleistung zu löschen, anderenfalls nach Ende der Pflegevertragsverpflichtung.

§ 4 Vergütung

Als Vergütung vereinbaren die Vertragsparteien

(a) eine Pauschale in Höhe von Euro __________.
(b) einen Betrag von Euro ________ / Mann-Tage für maximal _____ Mann-Tage bzw. Euro ________ / Entwicklungsstunde für maximal ______ Entwicklungsstunden.
(c) Anfahrt und Abfahrt sowie Reisekosten werden getrennt berechnet.

Die Vergütung ist jeweils zuzüglich der geltenden Mehrwertsteuer zu bezahlen.

§ 5 Mängelhaftung

Der Anbieter leistet für die Erstellung der Site, nicht aber für integrierte Inhalte und die Nutzbarkeit Gewähr.

§ 6 Haftung

Der Anbieter haftet für Vorsatz und grobe Fahrlässigkeit, für leichte Fahrlässigkeit aber nur bei Verletzung vertragswesentlicher Pflichten. Der Höhe nach sind Ersatzansprüche auf den Umfang vorhersehbarer Schäden begrenzt.

§ 7 Anwendbares Recht, Erfüllungsort, Gerichtsstand

Auf den Vertrag ist deutsches Recht anwendbar. Erfüllungsort ist der Sitz des Anbieters. Gegenüber vollkaufmännischen Nutzern gilt der Sitz des Anbieters als Gerichtsstand vereinbart.

______________________ ______________________

Auftraggeber *Auftragnehmer*

5. Software-Entwicklungsvereinbarung für Multimediaprodukte /Content Management

§ 1 Vertragsgegenstand

1.1 Gegenstand des Vertrages ist die Entwicklung einer Multimedia-Anwendung.

1.2 Der Auftraggeber ist Inhaber von Verwertungsrechten an Medieninhalten, die im Format einer digitalen, maschinenlesbaren, interaktiven Multimedia-Anwendung auf CD-ROM verkörpert und verwertet werden sollen. Die Multimedia-Anwendung wird im folgenden kurz „Produkt" genannt.

1.3 Der Auftragnehmer trägt zu dieser Entwicklung seine Entwicklungssoftware und die Durchführung von Entwicklungsarbeiten bei.

1.4 Für die Zwecke dieses Vertrages treffen die Vertragsparteien folgende Begriffsvereinbarungen:

1.4.1 „Funktionale Spezifikationen" definieren die vom vertragsgegenständlichen Produkt zu erfüllenden Aufgaben und Funktionen. Hierzu gehören auch Daten zur Systemsoftware und notwendigen Systemumgebung, Computersprachspezifikationen, Dateninhalte und -formate, sowie Leistungskapazität und -verhalten.

1.4.2 „Spezifikationen der Benutzerschnittstellen" definieren Bildschirmoberflächen, Fenster, Menüs, Online-Hilfen, Verweisungen und Pop-up-Menüs, sowie vergleichbare Gestaltungselemente zur Darstellung oder Übermittlung von Informationen oder von Daten bzw. Benutzerhinweisen.

1.4.3 „Spezifikationen des technischen Designs" definieren die Art und Weise, in der das Produkt erstellt und gestaltet und die Medieninhalte zusammengestellt und miteinander verknüpft werden sollen.

1.4.4 Unter „Medieninhalten" werden Texte, Daten, Musikalien, Klangaufnahmen, unbewegte und bewegte Bilder, Illustrationen, Graphiken und sonstige audiovisuelle Materialien und Informationen verstanden, die vom Auftraggeber zur Aufnahme in das Produkt zur Verfügung gestellt werden.

1.4.5 „Search-and-Retrieval-Software" ist Software in ausführbarem Format, die es, verbunden mit Indizes, Tabellen, Zeigern und vergleichbaren Elementen, gestattet, Medieninhalte zu suchen, auf diese zuzugreifen und sie zu nutzen und zu verknüpfen.

1.4.6 Die „Benutzerschnittstelle" ist eine vom Auftragnehmer entwickelte Software-Ebene, die als Teil des Produktes beim Laden als dessen Benutzeroberfläche dargestellt wird, hauptsächlich zur Interaktion zwischen Benutzer und Produkt dient und Online-Hilfen und ähnliche Elemente enthält.

1.4.7 Die „Entwicklungsdokumentation" enthält alle bei der Entwicklung des

Produktes gemäß DIN/ISO 9000-9004 und dem Stand der Technik erstellten Dokumente, Pläne und Codeausdrucke. Die „Bedienungsanleitung“ besteht aus einer Broschüre für den Endkunden, die zusammen mit dem Produkt auf CD-ROM im Verpackungskarton vertrieben wird und die Benutzung des Produktes einschließlich Fehlermeldungen beschreibt.

§ 2 Entwicklung des Produktes

2.1 Entwicklung der Spezifikationen

2.1.1 Der Auftragnehmer erarbeitet unter Mitwirkung des Auftraggebers die Spezifikationen des technischen Designs gemäß Ziffer 1.4.3 sowie die Spezifikationen der Benutzerschnittstelle gemäß Ziffer 1.4.2.

2.1.2 Der Auftraggeber prüft innerhalb einer Frist von ______ Tagen/Wochen die nach Ziffer 2.1.1 erstellten Spezifikationen hinsichtlich der Erfüllung der funktionalen Spezifikationen gemäß Ziffer 1.4.1 der sonstigen Kundenanforderungen. Stellt der Auftraggeber die Spezifikationserfüllung fest, teilt er dies dem Auftragnehmer mit, andernfalls die erforderlichen Änderungen. Nach Durchführung der entsprechenden Anpassung beginnt der Prüfprozeß gemäß Ziffer 2.1.2 Satz 1 erneut.

2.2 Entwicklung des spezifizierten Produktes

2.2.1 Der Auftragnehmer übernimmt die Verpflichtung zur Erstellung eines Multimedia-Produktes gemäß den nach Ziffer 2.1 erarbeiteten Spezifikationen. Hierzu gehören das Programmieren des notwendigen Codes, die Digitalisierung und Anpassung der vom Auftraggeber zur Verfügung gestellten Inhalte, eine Indexerstellung und das Abspeichern der fertigen Applikationen auf CD-ROM.

2.2.2 Der Auftraggeber ist verpflichtet, sämtliche in das Produkt aufzunehmende Inhalte entweder selbst zu erstellen oder Lizenzen für diese Inhalte zu erwerben und die Inhalte dem Auftragnehmer rechtzeitig zur Verfügung zu stellen. Entsprechende Termine werden die Vertragsparteien im Leistungsschein festlegen.

2.2.3 Der Auftragnehmer ist verpflichtet, die zur Produktherstellung erforderliche Software bzw. Tools, sowie benötigte Search-and-Retrieval-Software und Schnittstellen entweder selbst zu erstellen oder bei Dritten eine den vorliegenden Entwicklungsauftrag abdeckende Entwicklerlizenz zu erwerben.

2.2.4 In jedem Fall eines Lizenzerwerbes durch den Auftragnehmer im Sinne von Ziffer 2.2.3 muss der Auftraggeber dem Inhalt der Lizenzbedingungen vorab zustimmen.

2.2.5 Der Auftragnehmer wird eine dem Stand der Technik entsprechende Dokumentation erstellen. Die Dokumentation besteht aus Entwicklungsdokumentation und Anwenderhandbuch. Das Anwenderhandbuch wird vom Auftragnehmer gedruckt, gebunden und vertriebsfähig ausgeliefert .

2.2.6 Spezifikationsänderungen während des Entwicklungsablaufes sind nur zulässig, wenn der Auftraggeber zunächst die gewünschten Änderungen dem Auftragnehmer mitteilt und dann den vom Auftragnehmer zu spezifizierenden Mehraufwand an Zeit und

Kosten in angemessener Form schriftlich bestätigt.

2.3 Funktionsprüfung

Nach Erstellung gemäß Ziffer 2.2 unterziehen die Vertragsparteien das Produkt einer an den funktionalen Spezifikationen orientierten Funktionsprüfung.

2.3.1 Termin und Zeitdauer der Funktionsprüfung legen die Vertragsparteien einvernehmlich fest. Die Funktionsprüfung muß aber spätestens ________ Wochen nach Produktübergabe begonnen werden, wenn nicht Abweichendes vereinbart wird.

2.3.2 Führt der Auftraggeber die Funktionsprüfung allein durch, muß sie spätestens 4/6 Wochen nach Übergabe beendet sein, andernfalls die Funktionsprüfung als rügefrei durchgeführt gilt.

2.3.3 Stellt der Auftraggeber im Laufe der Funktionsprüfung oder schon vor deren Beginn bei ersten Vorführungen Abweichungen von den Spezifikationen fest, wird der Auftragnehmer diese Abweichungen innerhalb von ______ Tagen beseitigen und das Produkt neu zur Funktionsprüfung stellen. Die Funktionsprüfung kann erst als abgeschlossen gelten, wenn alle derartigen festgestellten Abweichungen beseitigt sind und das Produkt laufstabil ist.

§ 3 Mängelhaftung

3.1 Der Auftragnehmer leistet für einen Zeitraum von einem Jahr /oder: *zwei Jahren* /oder: *während der gesamten voraussichtlichen Dauer des Vertriebes des Produktes Gewähr für dessen bestimmungsgemäße Funktionsfähigkeit und Mängelfreiheit. Der Auftragnehmer garantiert außerdem, am Produkt alle Rechte entweder durch Eigenentwicklung oder durch Lizenzerwerb zu besitzen.*

3.2 Mängel wird der Auftragnehmer dem Auftragnehmer umgehend mitteilen. Nach Eingang wird der Auftragnehmer den Mangel bzw. die Abweichung binnen acht/vierzehn Werktagen durch Ausliefern eines fehlerbereinigten Update kostenfrei beseitigen und den Auftragnehmer in der erforderlichen Weise bei der diesbezüglichen Kundenbetreuung unterstützen, insbesondere durch Angaben zur Mängelursache, zur möglichen schädigenden Auswirkung (z.B. Datenverlusten) und zu Installationsmodalitäten.

3.3 Erweist sich eine vom Auftragnehmer mitgeteilte Abweichung von vorgegebenen Spezifikationen als nicht beseitigbar, wird der Auftragnehmer versuchen, eine Ausweichlösung zu entwickeln. Gelingt ihm auch dies nicht und erweist sich das Produkt aufgrund dieser Abweichung als nicht vertriebsgeeignet, wird der Auftragnehmer dem Auftraggeber den diesem hieraus entstehenden Schaden ersetzen.

§ 4 Vergütung

4.1 Vergütungsumfang

Die Vertragsparteien vereinbaren eine pauschale Vergütung von Euro ______, mit der sämtliche auftragnehmerseitigen, zur Produktentwicklung erforderlichen Arbeiten abgegolten sind, ausgenommen die aufgrund ausdrücklich vereinbarter Spezifikationsänderungen notwendig werdenden Arbeiten.

oder

Der Auftragnehmer erhält eine Pauschalvergütung von Euro _______, sowie ______ % (z.B. 5%) Vergütungsanteil aus dem Nettoerlös aus jedem vom Auftraggeber an Endkunden verkauften Exemplar des Produktes.

4.2 Fälligkeit

Die Pauschalvergütung gemäß Ziffer 4.1 wird in folgenden Raten fällig:

- *20 % bei Vertragsunterzeichnung,*
- *30 % bei vollständiger Erstellung der Spezifikationen,*
- *20 % bei Übergabe des Produktes,*
- *30 % bei Abschluss der Funktionsprüfung.*

oder

- *20 % bei Vertragsunterzeichnung,*
- *10 % bei vollständiger Erstellung der Spezifikationen,*
- *20 % bei Übergabe des Produktes,*
- *30 % bei Abschluss der Funktionsprüfung,*
- *20 % nach Ablauf der Gewährleistungsfrist.*

4.3 Umsatzsteuer

Die Vergütung berechnet sich einschließlich der bei Vertragsabschluss geltenden gesetzlichen Mehrwertsteuer.

§ 5 Rechte am Produkt

5.1 Der Auftraggeber ist zum ausschließlichen, räumlich und zeitlich nicht begrenzten Vertrieb des Produktes berechtigt. Dies gilt bezüglich der Urheberrechte und aller sonstigen Schutzrechte am Produkt. Der Auftraggeber erhält das gesamte Produkt in maschinenlesbarer sowie in Quellcode-Version. Der Auftraggeber ist berechtigt, beliebige Änderungen oder Ergänzungen am Produkt durchzuführen oder Dritte hiermit zu beauftragen.

5.2 Alle Rechte an den vom Auftraggeber dem Auftragnehmer zwecks Produkterstellung übergebenen Inhalten verbleiben voll beim Auftraggeber. Dies gilt auch, soweit die Inhalte nicht selbständiger Gegenstand von Schutzrechten sein können. Der Auftragnehmer ist nicht befugt, die Inhalte zu anderen Zwecken als zur Ausführung des Vertrages zu verwerten oder zu nutzen.

5.3 Alle Urheber- und sonstigen Schutzrechtsvermerke im oder am Produkt sind so zu gestalten, daß sie allein auf den Auftraggeber verweisen.

5.4 Der Auftragnehmer stellt den Auftraggeber von allen Ansprüchen frei, die Dritte aus der möglichen Verletzung ihrer Schutzrechte durch die Produktentwicklung geltend machen, ausgenommen nur die vom Auftraggeber selbst zur Verfügung gestellten Inhalte.

§ 6 Haftung, höhere Gewalt

6.5 *Der Anbieter haftet für Vorsatz und grobe Fahrlässigkeit sowie für leichte Fahrlässigkeit bezüglich vertragswesentlicher Pflichten, jeweils auch hinsichtlich Erfüllungsgehilfen. Der Höhe nach ist die Ersatzhaftung aus Fahrlässigkeit auf vorhersehbare Schäden begrenzt.*

6.4 *Soweit der Auftragnehmer seine vertraglichen Leistungen infolge Arbeitskampf, höherer Gewalt, Krieg, Aufruhr oder anderer für den Auftragnehmer unabwendbarer Umstände nicht oder nicht fristgerecht erbringen kann, treten für ihn keine nachteiligen Rechtsfolgen ein. Das gilt nicht, wenn die Behinderung oder Unterbrechung durch einen Arbeitskampf verursacht wird, den der Auftragnehmer durch rechtswidrige Handlungen verschuldet hat. Wird dem Schuldner die Leistungserbringung aus einem nicht von ihm zu vertretenden Umstand unmöglich, kann der Schuldner die Leistung verweigern, soweit diese Leistungserbringung für ihn nur mit unverhältnismäßigem Aufwand möglich wäre und in einem groben Missverhältnis zum Interesse des Kunden stünde. Der Anbieter wird sich in diesem Fall aber bemühen, mit dem Kunden eine Ausweichlösung zu finden und zu realisieren.*

6.3 *Tritt die Behinderung oder Unterbrechung aus den in Absatz 1 genannten Gründen bei Unterauftragnehmern ein, so gilt Abs. 1 entsprechend.*

§ 7 Vertragsdauer

7.1 *(*Vertragswirksamkeit*) Der Vertrag wird mit Unterzeichnung durch beide Vertragsparteien wirksam.*

7.2 *(*Ordentliches Kündigungsrecht*) Ein zeitlich begrenztes Nutzungsverhältnis kann vom Kunden mit einer Frist von drei Monaten gekündigt werden.*

7.3 (Außerordentliche Kündigung*) Bei erheblichen Verstößen gegen vertragliche Verpflichtungen durch den Kunden ist der Anbieter zur sofortigen Kündigung berechtigt.*

7.4*(*Rückgabe*) Bei Vertragsbeendigung ist der Kunde zur Zurückgabe der gesamten Software einschließlich erstellter Kopien und Dokumentationsmaterial verpflichtet.*

§ 8 Allgemeine Bestimmungen

8.1 *(*Abgeschlossenheit der Regelung*) In diesem Vertrag sind sämtliche Rechte und Pflichten der Vertragsparteien geregelt. Änderungen sind nur in Schriftform und bei Bezugnahme auf diesen Vertrag wirksam und beiderseitig zu unterzeichnen. Allgemeine Geschäftsbedingungen des Anbieters gelten nur, wenn sie vom Kunden ausdrücklich bestätigt werden.*

8.2 (Nachträge) *Die zugehörigen Nachträge sind bei Unterzeichnung Bestandteil des vorliegenden Vertrages.*

8.3 (Erfüllungsort, Gerichtsstand) *Der ausschließliche Erfüllungsort für alle Vertragsleistungen und der Gerichtsstand für alle Rechtsstreitigkeiten aus diesem Vertrag sind, soweit nach den gesetzlichen Bestimmungen zulässig vereinbar, der Geschäftssitz des Anbieters.*

8.4 (Salvatorische Klausel) *Sollten einzelne Bestimmungen dieses Vertrages nicht rechtswirksam sein oder ihre Rechtswirksamkeit durch einen späteren Umstand verlieren oder sollte sich in diesem Vertrag eine Lücke bzw. das Fehlen der Voraussetzungen für ein Leistungsschutzrecht herausstellen, so wird hierdurch die Rechtswirksamkeit der übrigen Bestimmungen nicht berührt. Anstelle der unwirksamen Vertragsbestimmungen bzw. zur Ausfüllung von Lücken soll eine angemessene Regelung treten, die, soweit rechtlich und faktisch möglich, dem am nächsten kommt, was die Vertragsparteien gewollt haben würden, sofern sie diesen Punkt bedacht hätten.*

Anhang zum Entwicklungsvertrag:

Erwerb von Einzellizenzen

Vereinbarung zwischen

____________________ ______________________

Rechteinhaber *und* *Hersteller eines Multimedia-roduktes („Produkt“)*

Präambel

(1) Der Titel des Werkes, an dem Rechte einzuräumen sind, lautet ____.

Das Werk wird im folgenden als „Produkt“ bezeichnet.

(2) Der Hersteller ist bereits im Besitz des Produktes oder der Rechteinhaber wird dem Hersteller das Werk in einem Exemplar auf Datenträger (Diskette, CD-ROM, DVD) und im Ausdruck spätestens bis zum __________________ *übergeben.*

Auslieferung online ist möglich, bedarf aber besonderer Vereinbarung. Eine Datei kann an folgende E-Mail-Anschrift des Herstellers übermittelt werden:
____.

§ 1 Einräumung eines Verwertungsrechtes

Der Rechteinhaber räumt dem Hersteller des Produktes hiermit ein übertragbares/nicht übertragbares, ausschließliches/nicht ausschließliches, unbegrenztes/räumlich auf die Staaten _______________________________________ *begrenztes sowie zeitlich unbegrenztes/auf den Zeitraum von* ________ *Monaten/Jahren begrenztes Nutzungsrecht ein. Dies gilt für alle sich aus Urheberrecht und Datenbankschutzrecht ergebenden Nutzungsrechte und sonstigen Nutzungsbefugnisse sowie für die Verwertung auf jeder verkehrsüblichen Datenträgerform.*

1. Variante: Text/Datenbank
Das hiermit eingeräumte Recht berechtigt den Hersteller,

- den nachfolgend bezeichneten Text zu digitalisieren, den Text/die Datenbank ganz oder teilweise in das Produkt als dessen Bestandteil aufzunehmen, als Teil dieses Produktes zu vervielfältigen und vorzuführen, sowie in einer Vertriebskette oder unmittelbar an Endkunden zu vertreiben. Jede andere Nutzung oder sonstige Verwertung des Textes/der Datenbank ist unzulässig. Auf den Rechtsinhaber ist im Produkt in einem an der Benutzeroberfläche erkennbaren Urheberrechtsvermerk hinzuweisen, ebenso in zugehörigen Dokumentationsunterlagen.

Bezeichnung des Textes/der Datenbank:

____

____

Ein Exemplar des Textes bzw. eine Kopie der Datenbank auf Datenträger wird dem Vertrag als Anlage beigefügt.

2. Variante: Musiklizenz/Aufnahmelizenz)
Das Verwertungsrecht berechtigt den Hersteller,

- *die nachbezeichnete Musikkomposition des Rechteinhabers aufzunehmen und die erstellte Aufnahme bzw. eine bereits vorhandene Aufnahme in ein digitalisiertes Format umzuwandeln,*
- *die Aufnahme des Musikstücks in digitalisiertem Format ganz oder teilweise in das Produkt aufzunehmen und ggf. mit anderen Teilen des Produktes zu synchronisieren oder in sonstiger Weise zu verbinden*
- *das die Aufnahme enthaltende Produkt in beliebiger Anzahl zu vervielfältigen und in eine Vertriebskette oder unmittelbar an Endkunden zu vertreiben.*

Das hiermit eingeräumte Verwertungsrecht umfasst keine Aufführungsrechte, ebenso keine sonstige, nicht produktionsbezogene Verwertung. Der Hersteller wird auf den Rechtsinhaber an geeigneter Stelle im Produkt durch einen Urheberrechtsvermerk hinweisen.

Bezeichnung der musikalischen Komposition:

____

Bezeichnung der sonstigen Aufnahme:

____

Ein Exemplar im Notenschriftformat/der Aufnahme auf Datenträger (z.B. als MIDI-File) wird dem Vertrag als Anlage beigefügt.

(3. Variante Fotografielizenz)
Das Verwertungsrecht berechtigt den Hersteller,

- *die Fotografie zu digitalisieren und ganz oder teilweise in das Produkt als Bestandteil aufzunehmen und gegebenenfalls mit anderen Produktteilen zu synchronisieren oder in sonstiger Weise zu verbinden,*
- *das die Fotografie beinhaltende Produkt auf jedem Medium beliebig zu vervielfältigen und in eine Vertriebskette oder unmittelbar an Endkunden zu vertreiben, vorzuführen bzw. auszustellen.*

Das hier miteingeräumte Verwertungsrecht umfasst keine vom Produkt unabhängige Verwertung der Fotografie.

Der Hersteller wird auf den Rechtsinhaber an geeigneter Stelle im Produkt durch einen Urheberrechtsvermerk hinweisen.

Der Rechtsinhaber übergibt dem Hersteller ein repographie-geeignetes Exemplar der Fotografie als Farbdia/digitalisiertes Format. Der jeweils verwendete Datenträger bzw. das Dia verbleibt im Eigentum des Rechtsinhabers/geht in das Eigentum des Herstellers über.

4. Variante Filmcliplizenz)
Das Verwertungsrecht berechtigt den Hersteller,

- *den Filmclip zu digitalisieren und teilweise oder vollständig in das Produkt als Bestandteil aufzunehmen und ggf. mit anderen Produktteilen zu synchronisieren oder in sonstiger Weise zu verbinden,*
- *das den Filclip beinhaltende Produkt auf jedem Medium beliebig zu vervielfältigen und in eine Vertriebskette oder unmittelbar an Endkunden zu vertreiben. Jede sonstige, vom Produkt unabhängige Verwertung des Filmclips ist unzulässig.*

Der Hersteller wird auf den Rechtsinhaber an geeigneter Stelle im Produkt durch einen Urheberrechtsvermerk hinweisen.

Der Rechtsinhaber übergibt dem Hersteller ein Exemplar des Filmclips in digitalisierungsfähigem Format oder auf Datenträger (CD-ROM) als digitalisierte Datei.

§ 2 Rechte Dritter, Haftung

Der Rechtsinhaber garantiert, über die eingeräumten Nutzungsrechte und Befugnisse für alle bekannten Nutzungsarten verfügen zu können und stellt den Hersteller von möglichen Ansprüchen Dritter aus Rechtsverletzungen frei. Für die Richtigkeit, Vollständigkeit oder Aktualität des Inhaltes des Lizenzgegenstandes übernimmt der Rechtsinhaber keine Haftung, ebenso nicht für die Vermarktungsfähigkeit des Lizenzgegenstandes oder des den Lizenzgegenstand enthaltenen Produkts.

§ 3 Lizenzgebühr

(1) Der Hersteller vergütet die Nutzungseinräumung durch den Rechtsinhaber mit

– einer einmal fälligen Pauschalzahlung in Höhe von Euro ....

oder

– einer monatlich für den Zeitraum von ...... Monaten/ .... Jahren fälligen Zahlung in Höhe von Euro ....

oder

– einer Zahlung in Höhe von .... von Hundert (z.B. 2 %) für jedes verkaufte Exemplar des Produktes (einschließlich Online-Vertrieb).

jeweils zuzüglich der im Zahlungszeitpunkt/Zeitpunkt des Vertragsabschlusses geltenden gesetzlichen Mehrwertsteuer.

(2) Die Abrechnung und Zahlung der fälligen Lizenzgebühren erfolgt bei laufenden Zahlungen jeweils zum Quartalsende des Kalenderjahres.

§ 4 Abnahme

Soweit der Rechteinhaber das Produkt erst ausliefern wird, erfolgt die Abnahme des Werkes durch den Hersteller. Rügt der Hersteller nicht wesentliche Mängel des Produktes, gilt das Werk spätestens 14 Tage nach Übergabe/Zusendung abgenommen.

§ 5 Änderungen

Vom Hersteller durchzuführende Änderungen am Produkt sind nur mit Einwilligung des Rechteinhabers zulässig. Die Durchführung der Änderungen durch den Rechteinhaber bedarf besonderer Vereinbarung.

6. Muster für Allgemeine Vertragsbedingungen

Allgemeine Vertragsbedingungen der Firma

....

- im folgenden "Anbieter" genannt -

§ 1 Regelungsgegenstand

1.1 *Dieser Allgemeinen Vertragsbedingungen (AVB) regeln die Erbringung oder Durchführung aller derzeitigen und künftigen Leistungen und Lieferung der Vertragsparteien.*

1.2 *Der Anbieters liefert oder leistet ausschließlich zu den nachfolgenden Bedingungen. Entgegenstehende Einkaufs- oder sonstige kundenseitige Bedingungen erkennt der Anbieter nicht an.*

1.3 *Mündliche Nebenabreden wurden von den Vertragsparteien nicht getroffen. Nachträgliche Ergänzungen oder Änderungen der geschlossenen Vereinbarungen bedürfen der Schriftform. Ein mündlicher Verzicht auf die Schriftform wird ausgeschlossen.*

1.4 *Die jeweiligen Leistungen und Lieferungen werden in eigenständigen, auf der Grundlage dieser AVB zu schließenden Verträgen festgelegt.*

1.5 *Angebote des Anbieters sind stets freibleibend und unverbindlich. Bestellungen gelten erst dann als angenommen, wenn sie vom Anbieter schriftlich bestätigt sind.*

1.6 *Technische und gestalterische Abweichungen von Beschreibungen und Angaben in Prospekten, Katalogen und schriftlichen Unterlagen sowie Modell-, Konstruktions- und Materialänderungen im Zuge des technischen Fortschrittes oder bei Veränderung der Marktsituation bleiben vorbehalten, ohne, daß der Kunde hieraus Rechte gegen den Anbieter herleiten kann.*

§ 2 Zahlungsbedingungen

2.1 *Software wird entweder auf unbegrenzte Zeitdauer gegen Einmalvergütung oder gegen regelmäßig fällige Gebühr überlassen. Die vom Kunden getroffene Wahl ist im Leistungsschein festgelegt. Alle Preise verstehen sich ab dem Geschäftssitz des Anbieters.*

2.2 *Soweit Nutzungsgebühren aufgrund von Gebührenstaffeln berechnet werden, richten sich diese nach der Anzahl der installierten Bildschirmarbeitsplätze, die in Nutzungsklassen eingestuft werden. Bei einem Wechsel in eine höhere Nutzungsklasse wird mit dem Zeitpunkt des Wechsels deren Gebührensatz fällig. Der Kunde ist verpflichtet, einen entsprechenden Wechsel unverzüglich dem Anbieter mitzuteilen.*

2.3 *Kosten aus Sonderleistungen sowie Leistungen aufgrund unrichtiger oder unvollständiger Kundenangaben oder nicht nachprüfbarer Mängelrügen oder unsachgemäßen Systemgebrauchs sind vom Kunden zu tragen.*

2.4 *Alle angegebenen Preise verstehen sich zuzüglich der jeweils zum Zeitpunkt des Vertragsabschlusses gesetzlich gültigen Mehrwertsteuer. Soweit laufende Leistungen geschuldet sind, ist der im Zeitpunkt der Fälligkeit der jeweiligen Forderung geltende Mehrwertsteuersatz entscheidend.*

2.7 *Der Anbieter ist berechtigt, regelmäßig fällige Nutzungsgebühren durch schriftliche Mitteilung an den Kunden unter Einhaltung einer Dreimonatsfrist zu erhöhen. Der Kunde ist im Falle einer als zehnprozentigen Gebührenerhöhung zur ordentlichen Kündigung unter Einhaltung der Kündigungsfristen berechtigt. Zwischen zwei Erhöhungen müssen mindestens ...... Monate liegen.*

2.8 *Datenträger und sonstiges Zubehör werden vom Anbieter zu den jeweiligen Listenpreisen gesondert berechnet.*

2.9 *Alle Zahlungen sind bei Fälligkeit ohne Abzug zu leisten. Der Anbieter ist berechtigt, auch entgegen anderer Zahlungswidmung des Kunden dessen Zahlung zunächst auf dessen älteste Schuld anzurechnen. Sind bereits Kosten und Zinsen entstanden, so ist der Anbieter berechtigt, die Zahlungen zunächst auf die Kosten, dann auf die Zinsen und zuletzt auf die Hauptleistung anzurechnen.*

2.10 *Fälligkeit tritt zu den jeweils vereinbarten Fälligkeitsdaten bzw. bei Lieferung ein.*

2.11 *Der Kunde kann gegen Forderungen des Anbieters nur mit solchen Gegenforderungen aufrechnen, die rechtskräftig festgestellt oder nicht bestritten sind.*

2.12 *Zurückbehaltungsrechte des Kunden sind ausgeschlossen.*

§ 3 Eigentumsvorbehalt

3.1 *Vertragsgegenständliche Leistungen verbleiben bis zur vollständigen Zahlung des vereinbarten Preises im Eigentum des Anbieters. Dies gilt auch für Programmexemplare, die auf Datenträger übergeben oder online übermittelt werden, ebenso für alle Begleitmaterialien. Soweit nur Nutzungsrechte an Software eingeräumt werden, gilt vorstehende Regelung für zu übergebende Datenträger entsprechend.*

3.2 *Der Kunde ist berechtigt, die Vorbehaltsware im ordnungsgemäßen Geschäftsverkehr zu verarbeiten, zu verändern oder in sonstiger Weise an Erfordernisse des Kunden anzupassen, solange der Kunde nicht im Verzug ist und die Lizenzbedingungen des Anbieters nicht entgegenstehen. Verpfändungen oder Sicherheitsübereignungen sind unzulässig. Die aus dem Weiterverkauf oder einem sonstigen Rechtsgrunde bezüglich der Vorbehaltsforderungen tritt der Kunde bereits mit Vertragsunterzeichnung sicherheitshalber in vollem Umfange an den Anbieter ab. Der Anbieter ermächtigt den Kunden in stets widerruflicher Weise, die an den Anbieter abgetretenen Forderungen für seine Rechnung im eigenen Namen einzuziehen. Auf Aufforderung des Anbieters hin wird der Kunde die Abtretung offenlegen und entsprechende erforderliche Auskünfte erteilen und Unterlagen vorlegen.*

3.3 *Bei Zugriffen Dritter auf die Vorbehaltsware, insbesondere etwa bei Pfändung, will der Kunde auf das Eigentum des Anbieters hinweisen und diesen unverzüglich benachrichtigen. Kosten und mögliche Schäden trägt in vollem Umfange allein der Kunde.*

3.4 *Bei vertragswidrigem Verhalten des Kunden, insbesondere etwa bei Zahlungsverzug, ist der Anbieter berechtigt, die Vorbehaltsware auf Kosten des Kunden zurückzunehmen oder gegebenenfalls Abtretung des Herausgabeanspruchs des Kunden gegenüber dem Dritten zu verlangen. In der Zurücknahme sowie der Pfändung der Vorbehaltsware durch den Anbieter liegt vorbehaltlich der Geltung abweichender gesetzlicher Bestimmungen kein Rücktritt vom Vertrag.*

3.5 *Verarbeitung oder Umbildung durch den Kunden erfolgen stets für den Anbieter als Hersteller, jedoch ohne Verpflichtung für diesen. Erlischt das Eigentum oder Miteigentum des Anbieters durch Verbindung, so soll bereits mit Vertragsunterzeichnung gelten, daß das Eigentum oder Miteigentum des Käufers an der einheitlichen Sache wertanteilsmäßig (Rechnungswert) auf den Anbieter übergeht. Der Kunde verwahrt das Eigentum bzw. Miteigentum des Anbieters in diesem Falle unentgeltlich.*

§ 4 Zahlungsverzug

4.1 *Kommt der Kunde mit der Zahlung in Verzug, kann der Anbieter unbeschadet aller sonstigen Rechte die Software zurücknehmen und anderweitig darüber verfügen.*

4.2 *Außerdem kann der Anbieter Zinsen in Höhe von 4,5 % über dem jeweiligen Diskontsatz der Deutschen Bundesbank verlangen.*

§ 5 Lieferungen

5.1 *Auszuliefernde Programme werden auf im Leistungsschein zu spezifizierenden Datenträger überlassen.*

5.2 *Lieferung und Gefahrenübergang erfolgen mit Übergabe der Programme einschließlich Begleitmaterialien an den Kunden. Bei Versand geht die Gefahr auf den Kunden über, sobald die Sendung an die den Transport ausführende Person durch den Anbieter übergeben worden ist. Wird der Versand ohne ein Vertretenmüssen des Anbieters verzögert oder unmöglich gemacht, geht die Gefahr mit der Absendung der Mitteilung der Versandbereitschaft an den Kunden auf diesen über. Eine Versicherung der Ware gegen Transportschäden erfolgt nur auf ausdrücklichen Wunsch und Kosten des Kunden.*

Die vom Anbieter genannten Termine und Fristen sind unverbindlich, sofern nicht ausdrücklich schriftlich etwas anderes vereinbart wurde. Alle Liefertermine stehen außerdem unter dem Vorbehalt richtiger und rechtzeitiger Selbstbelieferung des Anbieters. Sie beginnen mit dem Tage der Auftragsbestätigung durch den Anbieter, und verlängern sich vorbehaltlich aller Anbieterrechte um die Zeit, in der der Kunde in Zahlungsverzug ist. Teillieferungen sind zulässig.

5.3 *Der Kunde ist zur fristgerechten Entgegennahme der Software verpflichtet.*

5.4 *Teillieferungen sind zulässig, wenn ihre Entgegennahme für den Kunden nicht mit unverhältnismäßigen Aufwendungen verbunden ist.*

5.5 *Vom Anbieter zu Testzwecken mitgelieferte Gegenstände (wie etwa Datenträger, Begleitmaterialien etc.) verbleiben im Eigentum des Anbieters.*

5.6 *Kommt der Kunde seinen Mitwirkungspflichten gemäß Ziffer 7 nicht rechtzeitig nach, so verlängern sich Liefer- und Leistungsfristen entsprechend. Kommt der Kunde in diesem Fall seinen Mitwirkungspflichten auch trotz Fristsetzung und Kündigungsandrohung weiterhin nicht nach, so kann der Anbieter den Vertrag mit dem Kunden kündigen und wird der Anbieter hierbei von seiner vertraglichen Leistungspflicht frei. Außerdem ist der Anbieter in diesem Fall berechtigt, alle bis zum Kündigungszeitpunkt entstandenen Aufwendungen in Rechnung zu stellen.*

5.7 *Bei von keiner Seite zu vertretenden Verlängerungen einer Liefer- oder Leistungsfrist (z.B. Streiks, Aussperrung), stehen dem Kunden hieraus keine Schadensersatzansprüche zu.* oder:

Liefer- und Leistungsverzögerungen aufgrund höherer Gewalt oder aufgrund von Ereignissen, die dem Anbieter die Lieferung wesentlich erschweren oder unmöglich machen wie etwa Materialbeschaffungsschwierigkeiten, Betriebsstörungen, Arbeitskämpfe, behördliche Anordnungen etc., auch wenn sie bei Lieferanten oder unter Lieferanten des Anbieters eintreten, sind vom Anbieter auch bei verbindlich vereinbarten Fristen und Terminen nicht zu vertreten. Sie berechtigen den Anbieter, die Lieferung bzw. Leistung um die Dauer der Behinderung zuzüglich einer angemessenen Anlaufzeit hinauszuschieben oder wegen des noch nicht erfüllten Teils der Leistung ganz oder teilweise vom Vertrag zurückzutreten.

5.8 *Der Anbieter gerät erst dann in Verzug, wenn der Käufer ihm schriftlich eine Nachfrist von mindestens vier Wochen gesetzt hat. Im Falle des Verzuges hat der Käufer Anspruch auf Verzugsentschädigung in Höhe von 0,5 % / 1 % für jede vollendete Woche des Verzuges, insgesamt jedoch höchstens bis zu 5 % des Rechnungswertes der vom Verzug betroffenen Lieferungen und Leistungen. Darüber hinausgehende Ansprüche, insbesondere Schadensersatzansprüche sind ausgeschlossen, jedoch unter Beachtung der näheren Haftungsregelung von Ziffer 7.2.*

§ 6 Mängelhaftung

6.1 *Fehler in EDV-Programmen lassen sich nach dem Stand der Technik niemals völlig ausschließen. Der Kunde nimmt von diesem Umstand hiermit Kenntnis. Der Anbieter gewährleistet, daß er Produkte frei von herstellungs- und sonstigen gebrauchsbeeinträchtigenden Mängeln ist. Die Verjährungsfrist beträgt ein Jahr/zwei Jahre für das vertragsgegenständliche Produkt.*

6.2 *Soweit der Anbieter Standard-Software Dritter dem Kunden überlässt, sind deren Garantie-Erklärungen Teil der vorliegenden Vereinbarung. Dem Kunden steht in diesem Fall frei, Ansprüche, aus dieser Garantieerklärung auch gegenüber dem Dritten geltend zu machen. Der Anbieter schließt jede Mängelhaftung und sonstige Haftung aus, die über den Inhalt der Erklärung dieses Dritten hinausgeht.*

6.3 *Auftretende Mängel teilt der Kunde dem Anbieter umgehend mit einer kurzen Beschreibung des Mängelbildes mit. Der Kunde hat hierbei ein Protokollformular des Anbieters zu verwenden, das als Muster dem jeweils abgeschlossenen Vertrag beigefügt ist. Der Kunde ist verpflichtet, gelieferte Software auf offensichtliche Mängel, die einem durchschnittlichen Kunden üblicherweise ohne weiteres auffallen, zu untersuchen. Derartige offensichtliche Mängel sowie erhebliche leicht sichtbare Beschädigungen von Leistungsteilen sind dem Anbieter innerhalb von einer Woche ab Lieferung schriftlich mitzuteilen und als Mängel zu rügen. Soweit für Mängel nur Fehlerbilder erkennbar sind, sind diese so genau wie möglich schriftlich mitzuteilen.*

6.4 *Mitgeteilte und reproduzierbare Mängel wird der Anbieter in angemessener Frist durch Übergabe und Installation einer neuen Programmversion beseitigen.*

6.5 *Lassen sich mitgeteilte Mängel bei Überprüfung nicht feststellen, trägt der Kunde die Kosten der Überprüfung. Dies gilt auch, wenn Fehler zwar festgestellt werden können, aber auf fehlerhafte Bedienung oder auf Störungen zurückzuführen sind, die der Anbieter nicht zu vertreten hat.*

6.6 *Ändert oder erweitert der Kunde Programme oder Programmteile oder lässt er solche Änderungen oder Erweiterungen durch Dritte vornehmen, erlischt insoweit die Mängelhaftung, außer, dem Kunden gelingt der Nachweis, daß die jeweilige Änderung oder Erweiterung für den Mangel nicht ursächlich oder nicht mitursächlich ist.*

6.7 *Der Anbieter steht nicht ein für Fehler, Störungen oder Schäden, die auf unsachgemäße Bedienung, Verwendung ungeeigneter Betriebsmittel oder unübliche Betriebsbedingungen zurückzuführen sind.*

6.7 *Soweit Änderungen oder Erweiterungen zu einem Mehraufwand des Anbieters bei der Suche oder Beseitigung von Mängeln führen, ist dieser Mehraufwand vom Kunden zu tragen.*

6.8 *Bleiben wiederholte Nachbesserungsversuche des Anbieters (insbesondere im Rahmen von Versionswechseln) erfolglos und stehen der Übernahme weiterer Programmversionen kundenseitig unzumutbare Nachteile entgegen, kann der Kunde den Erwerbsvertrag wandeln. Vom Kunden bis zu diesem Zeitpunkt gezogene Nutzungen sind von diesem dem Anbieter vor Rückzahlung des Erwerbspreises zu erstatten. Der Anbieter hat insoweit ein Zurückbehaltungsrecht.*

6.9 *Die vertragliche Mängelhaftung ist auf ein Jahr/zwei Jahre ab Übergabe bzw. ab Abnahme, soweit diese vereinbart wurde, beschränkt. Für durchgeführte Mängelbeseitigungsmaßnahmen übernimmt der Anbieter eine zusätzliche Mngelhaftung von drei/sechs Monaten ab dem Zeitpunkt der Beendigung der jeweiligen Maßnahmen.*

6.10 *Kaufmännische Untersuchungs- und Rügepflichten des Kunden bleiben unberührt.*

§ 7 Haftung, Kundenpflichten

7.1 *Der Anbieter haftet für Vorsatz und grobe Fahrlässigkeit sowie für leichte Fahrlässigkeit bezüglich vertragswesentlicher Pflichten auch hinsichtlich Erfüllungsgehilfen, jedoch jeweils begrenzt auf vorhersehbare Schäden.*

7.2 *Voraussetzung einer Haftung für Datenrekonstruktion ist außerdem, daß die Daten vom Kunden ausreichend aktuell und vollständig gesichert wurden und eine Rekonstruktion mit vertretbarem Aufwand möglich ist. Ansprüche aus deliktischer oder gesetzlicher Haftung bleiben unberührt.*

7.3 *Der Kunde wird alle Informationen über die Software, verwendete Methoden und Verfahren zu deren Erstellung sowie alle zum Programm gehörigen Unterlagen, dessen Inhalte, Datenträger und zugehörige Korrespondenz vorvertraglich, während der gesamten Nutzungsdauer und nach deren Beendigung vertraulich behandeln und keinem Dritten zugänglich machen. Der Kunde wird auch seine Mitarbeiter entsprechend verpflichten.*

7.4 *Der Kunde wird außerdem erforderliche Vorkehrungen treffen, um den unbefugten Zugriff oder Zugang Dritter zu den Programmen zu verhindern.*

7.5 *Diese Verpflichtung gilt auch für Abnehmer oder sonstige Vertragspartner des Kunden sowie für Arbeitsgemeinschaften, Tochtergesellschaften und Zweigniederlassungen seiner Firma.*

7.6 *Der Kunde verpflichtet sich, unentgeltlich alle Voraussetzungen zu schaffen, die für die Durchführung der vertraglich vereinbarten Anbieterleistung erforderlich sind. Zu diesen Voraussetzungen gehört unter anderem, daß der Kunde*

- *Arbeitsräume für die Mitarbeiter des Anbieters einschließlich aller erforderlichen Arbeitsmittel nach Bedarf ausreichend zur Verfügung stellt,*
- *dem Anbieter nach Bedarf ungehindert und ausreichend Rechenzeit mit notwendiger Priorität einräumt,*
- *Testdaten und sonstige zur Erstellung des Werkes notwendige Informationen und Hilfsmittel rechtzeitig bereitstellt,*
- *das Operating sowie die Systempflege (Betriebssysteme, etc.) wahrnimmt,*
- *Mitarbeiter aus seinem Bereich (Kontaktpersonen aus den Fachabteilungen, Datenerfasser, Schreibkräfte) zur Unterstützung des Anbieters zur Verfügung stellt.*

7.7 *Der Kunde wird auf Wunsch des Anbieters Sollkonzepte, Organisationskonzepte, -vorschläge und Programme unverzüglich nach Lieferung bzw. Erstellung beim Kunden förmlich abnehmen. Die Abnahme gilt als erfolgt,*

- *wenn der Kunde innerhalb von vier Wochen nach Übergabe mit der Abnahme noch nicht begonnen hat,*
- *wenn der Kunde die ihm übergebene Software nutzt,*
- *wenn nach Übergabe des Sollkonzeptes, des Organisationsvorschlages oder der Software vier Wochen verstrichen sind, ohne daß der Kunde wesentliche, die Gebrauchsfähigkeit beeinträchtigende Mängel mitteilt oder*
- *wenn der Kunde oder ein Dritter ohne vorherige schriftliche Zustimmung des Anbieters in ein übergebenes Programm eingreift.*

7.8 *Der Anbieter behält das Recht, jederzeit in den üblichen Geschäftszeiten Zugang zu dem Programm verlangen zu können, um, soweit notwendig, von dem Programm eine Kopie zu erstellen. Dem Kunden obliegt es, mangels abweichender Vereinbarungen das einer Programmentwicklung zugrundeliegende Pflichtenheft selbst zu erstellen. Die Verbindlichkeit des Pflichtenheftes für die verschiedenen Stufen der Programmentwicklung, insbesondere im Hinblick auf die Vollständigkeit der für eine Anwendung erforderten Arbeitsfunktionen, Mengen- und Zeitangaben, wird vom Kunden durch Unterschrift auf dem Pflichtenheft bestätigt.*

7.9 *Der Kunde haftet uneingeschränkt aus der Verletzung dieser Vertragsverpflichtung. Diese Haftung erstreckt sich auch auf die unberechtigte Verwendung vertragswidrig erstellter Programmkopien, etwa deren Mehrfachnutzung oder Überlassung an Dritte.*

Der Kunde wirkt rechtzeitig und im notwendigen Umfang bei der Leistungserbringung seitens des Anbieters mit. Der Anbieter wird den Kunden auf entsprechende Mitwirkungspflichten rechtzeitig hinweisen.

7.10 *Die Vertragspartner verpflichten sich gegenseitig, einander keine jetzigen oder ehemaligen Mitarbeiter während oder nach der Vertragsdurchführung selbst oder über Dritte abzuwerben.*

7.11 *Soweit der Anbieter bei seinen Arbeiten an der Vertragsgegenständlichen Software personenbezogene Daten zu verarbeiten hat, wird der Anbieter geltendes Datenschutzrecht beachten und notwendige Sicherungsmaßnahmen treffen bzw. mit dem Kunden vereinbaren.*

7.12 *Der Kunde ist im Falle einer Weiterveräußerung erworbener Software verpflichtet, dem Anbieter den Namen und die vollständige Anschrift des Käufers der Software schriftlich mitzuteilen.*

§ 8 Schutzrechte des Anbieters, Freistellung

8.1 *Der Anbieter bleibt Inhaber aller Rechte an der dem Kunden übergebenen Software, aller Rechte an Teilen dieser Software oder aus ihr ganz oder teilweise abgeleiteten Software einschließlich des jeweils zugehörigen Materials. Dies gilt auch dann, wenn der Kunde die Software im vertraglich zulässigen Umfang ändert oder mit eigener Software oder solcher eines Dritten verbindet.*

8.2 *Der Kunde wird vorhandene Kennzeichnungen, Schutzrechtsvermerke oder Eigentumshinweise des Anbieters in der Software nicht beseitigen, sondern gegebenenfalls auch in erstellte Kopien aufnehmen.*

8.3 *Der Anbieter stellt den Kunden von allen Ansprüchen Dritter gegen den Kunden aus der Verletzung von Schutzrechten an vom Anbieter entwickelten und überlassenen Programmen in ihrer vertragsgemäßen Fassung frei.*

Das Entstehen dieser Haftung setzt voraus, daß der Kunde gegenüber dem Dritten weder schriftlich noch mündlich Erklärungen über die Schutzrechtsverletzung abgibt, insbesondere keine Rechte oder Sachverhalte anerkennt und keine Haftung übernimmt. Außerdem darf der Kunde die Software nicht mit Fremdsoftware ohne vorherige schriftliche Zustimmung des Anbieters verbunden und in keinem Fall die Software bestimmungswidrig genutzt haben.

8.4 *Der Anbieter ist berechtigt, auf eigene Kosten notwendige Software-Änderungen aufgrund der Schutzrechtsbehauptungen Dritter bei dem Kunden durchzuführen. Der Kunde kann hieraus keine vertraglichen Rechte ableiten. Der Kunde wird den Anbieter unverzüglich und schriftlich davon unterrichten, falls er auf Verletzung von gewerblichen Schutz- und Urheberrechten durch ein vom Anbieter geliefertes Produkt hingewiesen wird.*

Der Kunde darf die Software nur zu eigenen Zwecken einsetzen, wenn nicht ausdrücklich anderes vereinbart wurde. Die gleichzeitige Nutzung des Programms auf mehreren Rechnern bedarf der besonderen vertraglichen Vereinbarung.

Der Kunde darf Kopien des ihm übergebenen Programmes oder von Teilen dieses Programmes nur zu Sicherungszwecken erstellen. Ein Kopieren übergebener Unterlagen wie Dokumentation, Benutzungsanleitungen etc. ist nur mit schriftlicher vorheriger Zustimmung des Anbieters zulässig.

Der Kunde haftet dem Anbieter für alle Schäden, die sich aus der Verletzung der vorgenannten Verpflichtungen des Kunden ergeben.

§ 9 Abtretung von Rechten

9.1 *Der Kunde kann Rechte aus dem Vertrag an Dritte nur mit vorheriger Zustimmung des Anbieters abtreten.*

9.2 *Der Anbieter ist berechtigt, sämtliche ihm aus den Verträgen obliegenden Verpflichtungen und zustehenden Rechte auf Dritte zu übertragen. Er wird dafür Sorge tragen, dass dem Kunden hieraus keine Nachteile entstehen.*

9.3 *Der Anbieter ist weiter berechtigt, sämtliche Pflichten durch Dritte im Auftrag erfüllen zu lassen. In diesem Fall gewährleistet der Anbieter weiterhin als Vertragspartner die ordnungsgemäße Erfüllung seiner Vertragspflichten gegenüber dem Kunden und der Kunde nimmt die erbrachte Leistung als Leistung des Anbieters an.*

§ 10 Vertragslaufzeit, Kündigung

10.1 *Die Laufzeit des Vertrages wird im jeweils einzelnen Vertrag selbst festgelegt, der auf der Grundlage dieser AVB geschlossen wird.*

10.2 *Die Erklärung der Kündigung oder des Rücktritts seitens des Kunden setzt voraus, daß anbieterseits eine vereinbarte und verlängerte Lieferungs- oder Leistungspflicht überschritten wurde und eine dann vom Kunden gesetzte, nach Art, Umfang und Schwierigkeitsgrad der geschuldeten Lieferung oder Leistung angemessenen Nachfrist erfolglos verstrichen ist.*

§ 11 Erfüllungsort, Gerichtsstand

11.1 *Erfüllungsort für sämtliche vertragliche Leistungen ist* ....

11.2 *Gegenüber kaufmännischen Kunden (im Sinne des HGB) gilt der Gerichtsstand* .... *als vereinbart.*

11.3 *Der Export von Waren des Anbieters in Nicht-EU-Länder bedarf der schriftlichen Einwilligung des Anbieters.*

§ 12 Allgemeine Vertragsbestimmungen

12.1 *Es gilt das Recht sämtlicher getroffener Vertragsvereinbarungen, ergänzend das Recht des BGB. Bestimmungen des internationalen einheitlichen Kaufgesetzes sind, soweit zulässig, abbedungen.*

12.2 *Sollten eine oder mehrere Bestimmungen dieser Bedingungen bzw. der auf ihnen gründenden weiteren Bedingungen und Vereinbarungen unwirksam sein oder werden oder sollte sich in ihnen eine Lücke herausstellen, so soll die Gültigkeit der übrigen Bestimmungen nicht berührt werden und anstelle der unwirksamen Bestimmungen oder zur Ausfüllung der Lücke eine angemessene, zulässige Regelung treten, die die Vertragsschließenden gewollt haben oder nach Sinn und Zweck der Bedingungen gewollt haben würden, hätten sie die Unwirksamkeit oder Lücke bedacht.*

Stichwortverzeichnis